2023
中国审计年鉴

中国时代经济出版社

图书在版编目(CIP)数据

中国审计年鉴. 2023 / 《中国审计年鉴》编辑委员会编.—北京 ：中国时代经济出版社，2024.2
ISBN 978-7-5119-3323-2

Ⅰ. ①中… Ⅱ. ①中… Ⅲ. ①审计－中国－2023－年鉴 Ⅳ. ①F239.22-54

中国国家版本馆CIP数据核字(2023)第252169号

书　　名：中国审计年鉴2023
　　　　　Zhongguo Shenji Nianjian 2023
作　　者：《中国审计年鉴》编辑委员会

出版发行：中国时代经济出版社
社　　址：北京市丰台区玉林里25号楼
邮政编码：100069
发行热线：（010）63508271 63508273
传　　真：（010）63508274
网　　址：www.icnao.cn
电子邮箱：shenjinianjian@163.com
经　　销：各地新华书店
印　　刷：北京汇林印务有限公司
开　　本：787mm×1092mm 1/16
字　　数：1750千字
印　　张：正文63.75印张 彩插2印张
版　　次：2024年2月第1版
印　　次：2024年2月第1次印刷
书　　号：ISBN 978-7-5119-3323-2
定　　价：330.00元

ISBN 978-7-5119-3323-2

2022年10月27日，审计署召开学习宣传贯彻党的二十大精神动员部署会，审计署党组书记、审计长侯凯主持会议

2022年11月29日，联合国审计委员会在智利首都圣地亚哥举行第52次特别会议，决定自2023年1月1日起，由中国审计署审计长侯凯担任联合国审计委员会主席，任期两年

2022年11月14日，审计署召开学习贯彻党的二十大精神宣讲会，审计署党组书记、审计长侯凯为全署党员干部讲党课

2022年1月6日，全国审计工作会议在北京召开

2022年1月7日，审计署召开党史学习教育总结会议

2022年2月10日，审计署召开传达十九届中央纪委六次全会精神暨2022年全国审计机关党风廉政建设工作视频会议

2022年6月1日，审计署在北京（国家电网有限公司）召开审计署特高压电网工程建设运营情况专项审计调查进点会，审计署副审计长秦博勇（主席台中）出席并讲话

2022年6月8日，内蒙古自治区审计厅召开提升审计干部高素质专业化能力动员会

2022年6月21日，江苏省审计厅召开全省审计机关“五个强审”三年行动总结大会

2022年5月24日，浙江省审计厅召开审计数字化改革第一次专题例会

2022年3月22日，安徽省审计厅召开党的建设工作领导小组会议

2022年2月14日，福建省审计厅召开实施“提高效率、提升效能、提增效益”行动动员部署会

2022年6月16日，山东省审计厅召开2022审计年度地方党政主要领导干部经济责任审计巡审同步联动视频培训暨动员大会

2022年12月28日，河南省审计厅组织召开学习贯彻党的二十大精神宣讲会

2022年11月25日，四川省委组织部、省委审计委员会办公室、省委宣传部、省委教育工委联合在四川省审计厅召开经济责任审计集体约谈会

2022年1月21日，贵州省审计厅召开全省审计工作会议

2022年10月18日，审计署党组成员、副审计长王文斌（左三）到航空工业审计现场指导工作

2022年6月28日，审计署党组成员、副审计长王陆进（左六）到审计署驻武汉特派员办事处调研

2022年7月22日，审计署党组成员、中央纪委国家监委驻审计署纪检监察组组长任洪斌（左四）到审计署驻哈尔滨特派员办事处调研

2022年3月12日，审计署党组成员、中央经济责任审计工作部际联席会议办公室主任郝书辰（左三）到重庆市审计局调研

2022年9月2日，审计署党组成员、副审计长章轲（右一）到贵州省丹寨县调研

2022年1月20日，湖南省委副书记、省长毛伟明（右三）主持召开全省审计工作汇报会

2022年1月24日，四川省委副书记、省长黄强（左三）到四川省审计厅调研

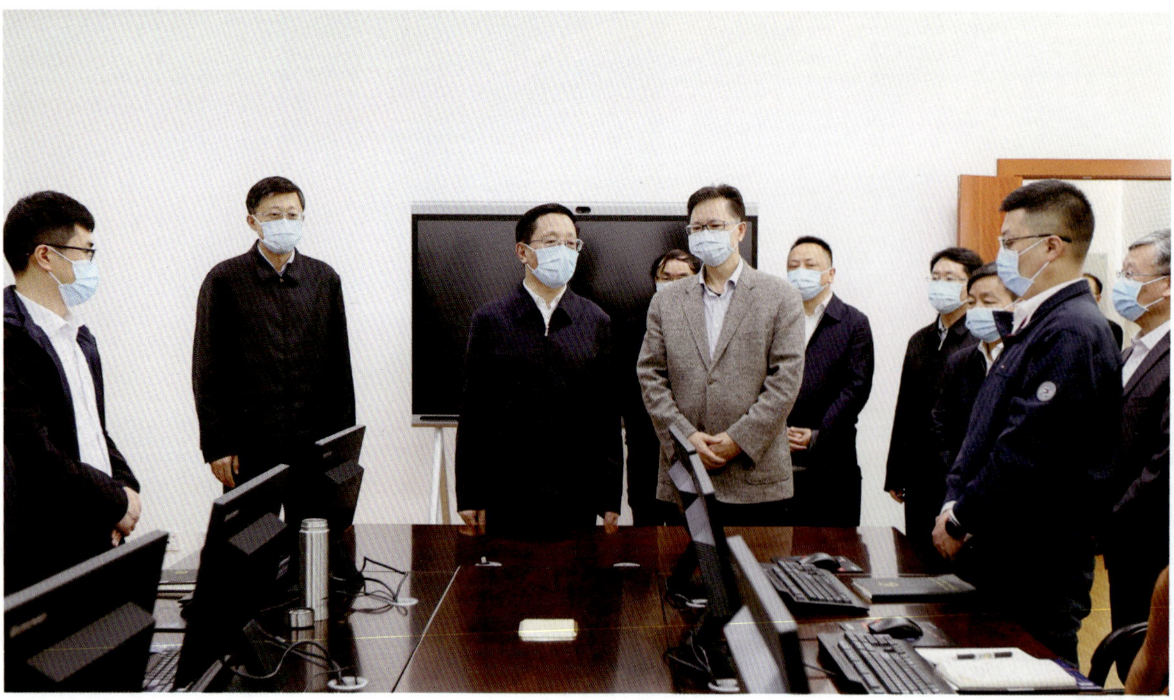

2022年5月24日，云南省委副书记、省长王予波（左三）到审计署驻昆明特派员办事处调研

2022年2月22日，广东省委常委、广州市委书记林克庆（右一）到审计署驻广州特派员办事处调研

2022年6月13日，吉林省委常委、长春市委书记、市委审计委员会主任张志军（左二）到长春市审计局调研

2022年11月28日，联合国审计委员会委员、中国审计署审计长侯凯（右七）率团出访智利参加联合国审计委员会第52次特别会议

2022年3月31日，中国审计署审计长侯凯（上排中右二）以视频方式参加上海合作组织成员国最高审计机关负责人第五次会议

2022年10月10日，金砖国家最高审计机关负责人第三次会议以视频方式召开，中国审计署副审计长章轲（上排中）以视频方式出席会议并致辞

2022年7月20日，中国审计署派员赴美国纽约参加联合国审计委员会第76次例会

2022年11月15日，审计署党组成员、总审计师赵保林（第二排左五）参加审计署财政审计司党支部主题党日，赴北京展览馆参观“奋进新时代”主题成就展

2022年4月22日，审计署贸易审计局、教育审计局等单位开展“以机关党建推动落实习近平总书记重要指示和党中央经济工作决策部署专项工作”党支部联学活动

2022年12月23日，审计署发展统计审计局在国家能源局预算执行审计现场学习党的二十大精神

2022年11月17日，审计署金融审计二局赴北京圆明园开展党支部活动

2022年6月24日，审计署企业审计二局组织党员干部赴中国空间技术研究院开展"弘扬航天精神 牢记初心使命"主题党日

2022年4月8日，审计署企业审计四局与中国移动集团审计部联合开展党支部活动

2022年9月9日，审计署京津冀特派员办事处在京审计组联合开展主题党日，参观电网安全全国重点实验室和科技研发中心、国网北京电力调度大厅和安管中心

2022年6月23日，审计署驻南京特派员办事处杭州经济责任审计组临时党支部在杭州G20峰会举办地组织党建活动

2022年4月9日，审计署驻兰州特派员办事处青年理论学习小组组织青年干部开展“我来当主讲”主题学习活动

2022年4月22日，审计署驻昆明特派员办事处组织开展“奋进杯”登山比赛

2022年5月30日，审计署驻长沙特派员办事处、广西壮族自治区审计厅、来宾市审计局、武宣县审计局的审计干部赴来宾市武宣县复旦村、双龙村等地开展定点帮扶志愿服务活动

2022年7月27日，审计署驻长春特派员办事处女职工到吉林省孤儿学校开展 “心手相牵 温暖相伴” 献爱心主题活动

2022年8月26日至27日，吉林省吉林市审计局举办“喜迎二十大　建功新时代”2022年吉林地区审计系统首届干部职工乒乓球比赛

2022年6月17日，湖北省监利市审计局组织党员干部在黄麻起义和鄂豫皖苏区革命烈士纪念碑前重温入党誓词

2022年10月26日，湖南省审计厅举办学习宣传贯彻党的二十大精神知识竞赛

2022年1月25日，广西壮族自治区审计厅召开“审计党旗红 巾帼奉献美”新时代文明实践活动

2022年6月30日，云南省审计厅举办云南省第十九届职工职业技能大赛大数据审计竞赛初赛

2022年12月18日，西藏自治区昌都市审计局开展“千名干部进千村 党的二十大精神送万家”宣讲活动

2022年7月13日，审计署驻太原特派员办事处审计人员在国家重点实验室查看仪器运行、设备采购使用等情况

2022年12月8日，审计署驻沈阳特派员办事处审计人员实地查看矿山开发和生产现场

2022年7月4日，审计署驻上海特派员办事处审计人员就贯彻落实长江三角洲区域一体化发展规划纲要情况开展调研工作

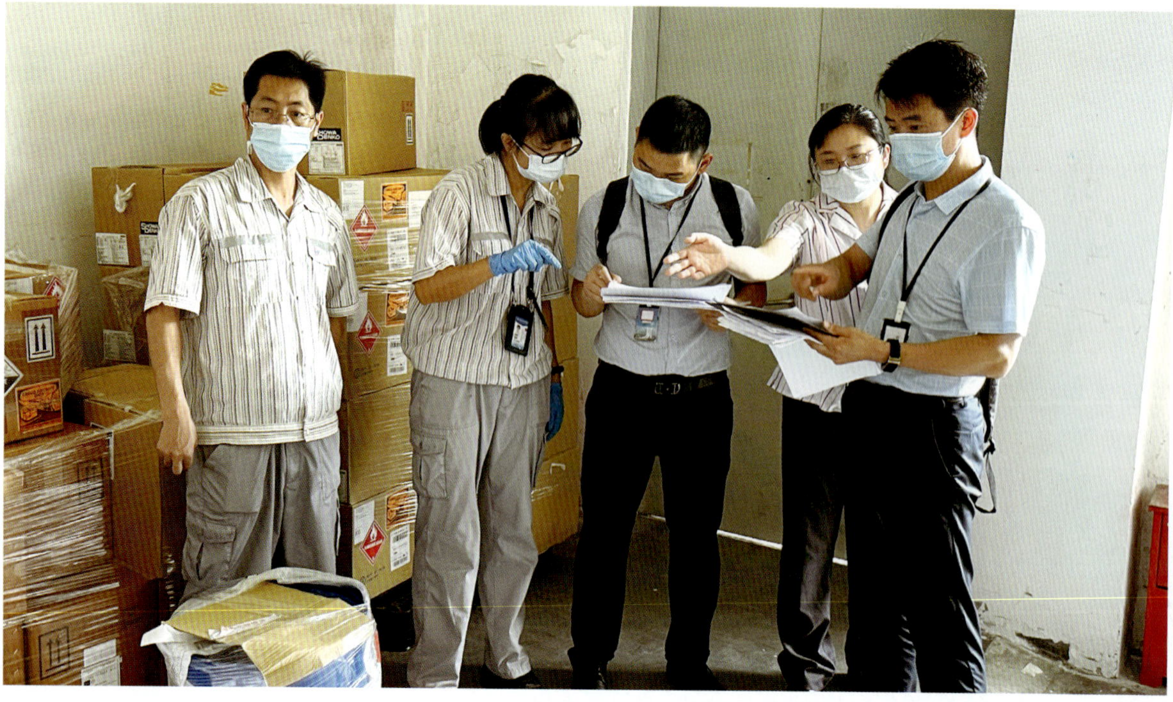

2022年7月20日，审计署驻武汉特派员办事处审计人员实地了解危险化学品存储情况

2022年7月28日，审计署驻郑州特派员办事处审计人员关注保税区内固体废物（洋垃圾）出区处理情况

2022年7月5日，审计署驻济南特派员办事处审计人员在济南海关查看码头危化品装卸工作流程、安全保障措施落实以及存储运输等情况

2022年9月13日，审计署驻西安特派员办事处审计人员现场检查某段铁路工程质量

2022年2月16日，审计署驻成都特派员办事处审计人员实地调查酒类企业生产情况

2022年7月7日，审计署驻深圳特派员办事处审计人员前往地下综合管廊工程开展延伸调研，实地查看项目进展情况及运营维护情况

2022年7月4日，北京市审计局审计人员现场核实应急物资储备情况

2022年6月1日，江西省萍乡市湘东区审计局审计人员在粮食产后服务中心储备加工现场进行抽样检查

2022年3月8日，重庆市审计局审计人员在市体育局开展经济责任审计

《中国审计年鉴 2023》编辑委员会

张海燕（审计署工信建设审计局局长）
马　刚（审计署民政社保审计局局长）
丁　雁（审计署资源环境审计局局长）
崔　明（审计署交通运输审计局局长）
姜江华（审计署农业水利审计局局长）
常　利（审计署贸易审计局局长）
张宣波（审计署卫生体育审计局局长）
丛　娜（审计署社会管理审计局局长）
杨健奎（审计署经济执法审计局局长）
孙继宇（审计署广电通讯审计局局长）
刘　贝（审计署发展统计审计局局长）
周　晖（审计署群团文化审计局局长）
王晓东（审计署金融审计一局局长）
姚洪敏（审计署金融审计二局局长）
罗　键（审计署金融审计三局局长）
洪承旭（审计署企业审计一局局长）
史英利（审计署企业审计二局局长）
张京奕（审计署企业审计三局副局长）
吴兆军（审计署企业审计四局局长）
孔繁杰（审计署企业审计五局局长）
梁璐璐（审计署企业审计六局局长）
李迎珠（审计署企业审计七局局长）
胡力勇（审计署企业审计八局局长）
张　俊（审计署京津冀特派员办事处特派员）
杨卫东（审计署驻太原特派员办事处特派员）
马文辉（审计署驻沈阳特派员办事处特派员）
尹树伟（审计署驻哈尔滨特派员办事处特派员）
彭华彰（审计署驻上海特派员办事处特派员）
吕建伟（审计署驻南京特派员办事处特派员）
夏循福（审计署驻武汉特派员办事处特派员）
庄　军（审计署驻广州特派员办事处特派员）
王彦斌（审计署驻郑州特派员办事处特派员）
许永利（审计署驻济南特派员办事处特派员）
郭　西（审计署驻西安特派员办事处特派员）
文卫国（审计署驻兰州特派员办事处特派员）
周应良（审计署驻昆明特派员办事处特派员）
武晓晨（审计署驻成都特派员办事处特派员）
程　光（审计署驻长沙特派员办事处特派员）
邵永春（审计署驻深圳特派员办事处特派员）
赵　萍（审计署驻长春特派员办事处特派员）
孙　剑（审计署驻重庆特派员办事处特派员）
李　伟（审计署机关服务局局长、办公厅一级巡视员）
杨　莉（审计署计算机技术中心主任）
刘力云（审计署审计科研所所长兼中国审计学会副会长、秘书长）
刘　瑛（审计署国外贷援款项目审计服务中心主任）

《中国审计年鉴》编辑部

总　编　辑：胡大华
副 总 编 辑：杜光宇
编辑部主任：王　静
责 任 编 辑：李　倩
美 术 编 辑：刘雪冰

《中国审计年鉴2023》特邀编辑

编辑说明

一、《中国审计年鉴2023》是由中华人民共和国审计署组织编纂的第二十七部年鉴，具有较强的权威性、资料性、实用性、前瞻性和馆藏价值。

二、本卷年鉴全面、系统、集中地反映了我国2022年审计工作发展的总体情况，起讫时间为2022年1月1日至2022年12月31日。

三、本卷年鉴基本保持以往的编纂体例和风格，文字部分由“特载”“审计署工作概况”“地方审计机关”“科研、培训、宣传出版、学术团体”“审计理论与科研”“重要财经审计法规文件”“审计结果公告”“大事记”“审计工作统计”共九部分组成，图片部分包括“特载”“会议回放”“领导调研”“国际交往”“基础建设”“一线风采”六部分。

四、本卷年鉴采用栏目、条目、统计表等体例分类排列，栏目下设类目和条目。各类目和条目在字号、字体及编排上有所区别，以便读者阅读。

五、本卷年鉴采用的稿件均由审计系统和相关部门提供。在编辑过程中得到各级审计机关的大力支持和协助，在此深表谢意。

受编辑人员水平所限，缺点和遗漏在所难免，敬请广大读者批评指正。

《中国审计年鉴》编辑部

2023年12月

目　录

特　载

审计署工作概况

地方审计机关

科研、培训、宣传出版、学术团体

审计理论与科研

重要财经审计法规文件

审计结果公告

大　事　记

审计工作统计

Table of Contents

Special Issues

Overview on the Work of CNAO

Local Audit Institutions

Scientific Research, Training, Communication, Publication and Academic Institutions

Audit Theories and Researches

Major Laws and Regulations on Finance, Economics and Audit

Audit Findings Announcements

Chronicle of Events

Audit Statistics

特　　载

国务院关于2021年度中央预算执行和其他财政收支的审计工作报告

——在第十三届全国人民代表大会常务委员会第三十五次会议上

审计署审计长　侯　凯

（2022年6月21日）

委员长、各位副委员长、秘书长，各位委员：

我受国务院委托，报告2021年度中央预算执行和其他财政收支的审计情况，请予审议。

2021年是党和国家历史上具有里程碑意义的一年。按照党中央、国务院决策部署，审计署依法审计了2021年度中央预算执行和其他财政收支情况。审计结果表明：面对复杂严峻的国内外形势和诸多风险挑战，在以习近平同志为核心的党中央坚强领导下，各地区各部门坚持以习近平新时代中国特色社会主义思想为指导，深入贯彻党的十九大和十九届历次全会精神，坚决落实党中央、国务院决策部署，严格执行十三届全国人大四次会议有关决议，统筹疫情防控和经济社会发展，扎实做好“六稳”工作、全面落实“六保”任务，全年主要目标任务较好完成，“十四五”实现良好开局。

——宏观调控政策针对性和有效性进一步增强，经济保持恢复发展。确保必要的财政支出规模，新增地方政府专项债券额度3.65万亿元。持续推进减税降费，全年新增减税降费超过1万亿元。常态化实施财政资金直达机制，基本实现中央财政民生补助资金全覆盖。落实过紧日子要求，节省资金用于支持基层“三保”。精准实施稳健的货币政策，两次全面降准，实施普惠金融发展示范区奖补政策，引导撬动更多金融资源流向中小微企业。港珠澳大桥等国家重大项目胜利竣工。圆满举办北京冬奥会和冬残奥会，全面兑现对国际社会的庄严承诺，再次向世界展示大国风采。

——常态化疫情防控有力有效，着力保障和改善民生。安排专项资金支持处置和化解局部地区疫情，加强疫情防控科研攻关经费保障。全国城镇新增就业1269万人，基本实现有劳动力的易地搬迁家庭至少1人就业。企业职工基本养老保险基金中央调剂比例提高至4.5%，优抚对象抚恤和生活补助标准提高10%左右。

——乡村振兴战略深入实施，生态文明建设取得明显成效。对160个国家乡村振兴重点帮扶县加大财政支持力度，在832个脱贫县延续实施涉农资金统筹整合试点。种业振兴行动加快实施。

在13个粮食主产省[①] 60%的产粮大县开展三大粮食作物完全成本保险和种植收入保险。持续打好污染防治攻坚战，中央财政对大气、水、土壤污染防治资金稳步增长，实施黑土地保护利用试点和保护性耕作6300万亩，碳达峰碳中和工作有序推进。

——防范化解重点领域风险，地方政府债务管理更加规范。压实地方属地责任、部门监管责任和企业主体责任，对严重违规违法的大型企业集团和一些地方的高风险金融机构“精准拆弹”，金融风险总体继续收敛。加强跨部门跨区域协同监管，地方政府隐性债务风险进一步缓释。持续加强地方政府专项债券借用管还全流程管理，稳妥推进专项债券合理补充中小银行资本金。

——党中央对审计工作集中统一领导更加实化制度化，整改效果明显提升。2021年5月至2022年4月，全国共审计8.7万多个单位，促进增收节支和挽回损失3800多亿元。出台《关于建立健全审计查出问题整改长效机制的意见》，建立计划、实施、审理、整改的工作闭环。至2022年4月，2020年度审计发现问题已基本整改到位，完善制度1520多项，追责问责8300多人，整改责任意识明显增强。

一、中央财政管理审计情况

重点审计了中央决算草案编制、财政资源统筹、财政部管理分配的直达资金等转移支付和发展改革委管理分配的投资专项、地方政府债务管理等情况。

2021年，中央一般公共预算收入总量93405.41亿元、支出总量120905.41亿元，赤字27500亿元，与预算持平；中央政府性基金收入4419.9亿元、支出4003.31亿元；中央国有资本经营收入2420.3亿元、支出1077.8亿元；中央社会保险基金收入10621.37亿元、支出10602.99亿元。

2021年，发展改革委管理分配中央财政投资6100亿元，其中安排中央本级支出1574.3亿元，对地方转移支付4525.7亿元，主要投向保障性安居工程、“三农”和水利建设、重大基础设施、科技创新和结构调整、国家重大战略和区域协调发展、社会事业和社会治理、生态文明建设、其他重大项目等8大领域。

审计结果表明，财政部、发展改革委认真贯彻落实党中央、国务院决策部署，加强重点领域财力支撑，深化财税和投融资体制改革，预算和投资计划执行情况总体较好。发现的主要问题：

（一）中央决算草案个别事项编报不够完整。主要包括：未按规定单独反映财政专户的资金情况，共计1506.65亿元；除财政部以外的中央部门代表国家定向无偿受赠的国际援助1.85亿元未在决算草案附表中列示。审计指出后，财政部已就相关事项作出调整。

（二）财政资源统筹仍需向纵深推进。近年来，按照中央要求，中央财政在加强财政资源统筹方面取得重要进展。但此次审计发现，财政资源统筹还有待挖深挖细。

1. 部分国有资本经营收益应缴未缴。2021年，已纳入国有资本经营预算的6户部门所属企业（以下简称部属企业）未按规定申报缴纳国有资本经营收益1487.81万元。还有58个部门所属679户企业未按规定纳入预算管理，抽查其中12户应缴国有资本经营收益3.59亿元。

2. 项目结转结余资金统筹规定执行不严格。6个部门和13个所属单位项目结余资金9068.01万元未及时清理上交财政；2021年中央财政向已结转31.55亿元的7个项目，继续安排的11.2亿元仅使用3.72%，年底结转增至41.16亿元。已收回的164.19亿元未及时统筹使用。

3. 财政收支统筹兼顾不够。一方面，多申领预算。10个部门和18家所属单位在专项资金结存的情况下又申报同类资金，造成54.48亿元闲置；4个部门和4家所属单位在已有足额预算安排、无预算需求等情况下，多申领11.78亿元。另一方面，部分收入游离于预算之外。14个部门和150家所属单位未将事业收入、结转资金等34.36亿元纳入部门预算；8个部门未将24家所属单位纳入预算管理，涉及2021年收入7.26亿元；5个部门和15家所属单位5.03亿元非税收入未上缴财政。

4. 四本预算之间还不衔接。预算管理改革要求建立定位清晰、分工明确的政府预算体系，政

① 省级行政区统称为省，地市级行政区统称为市，县区级行政区统称为县，省市县统称为地区；中央一级预算单位统称为部门。

府性基金预算、国有资本经营预算等应与一般公共预算衔接。发现的主要问题：一是国有资本经营预算与一般公共预算收支功能定位不够清晰。均安排对企业项目支出以及政府投资基金注资等，2021 年共向 36 户企业拨款 915.48 亿元。二是政府性基金预算与一般公共预算部分支出项目重叠。2021 年政府性基金预算中的彩票公益金，通过 27 个中央本级项目和 8 项转移支付安排 191.63 亿元，与一般公共预算相关支出项目重叠。

（三）中央财政支出分配投向和使用效果还不够精准优化。

1. 中央本级部分支出效率不高。按照中央要求安排支出预算，保持支出强度，优化支出结构，开展重大支出政策后评价，但也发现一些应当改进的问题。

一是 2 项资金管理不精细。科研专项存在“钱等项目”问题。一些重点科研项目集中在 5 月至 7 月启动申报，但实际从项目申报到资金下达一般需 6 个月，2021 年科研经费中有 79.02 亿元（占 46.9%）12 月才从部门所属的项目管理专业机构拨付，至年底大量结转。基本科研业务费支持范围未调整。此项经费主要用于支持科研院所开展符合公益职能定位、代表学科发展方向、体现前瞻布局的自主选题研究。2006 年以来，该项目支持范围未作调整。抽查发现约三分之一的已经科技主管部门认定的非营利性科研机构未及时研究纳入。

二是部分支出管理有待加强。国有资本经营预算中，有 543.83 亿元（占 50.4%）未具体细化，有 52 亿元分配不够精准。发展改革委向资金支出进度与计划下达不够衔接的 77 个中央本级基建项目安排投资 55.67 亿元，至年底 46.09 亿元未支出。

2. 转移支付分配管理不够精准合理。

一是少数直达资金使用效果有待提升。审计的 18 省共收到 1.78 万亿元、支出 1.68 万亿元。从审计结果看，常态化实施财政资金直达机制在推动积极财政政策提质增效、冲抵部分阶段性政策“退坡”影响、保障经济社会持续健康发展等方面发挥了重要作用。但有 13 个地区 684.24 亿元资金分配下达不及时不精准，29 个地区违规将 56.28 亿元超进度拨付或拨付至财政专户等，22 个地区违规使用 9.1 亿元，12 个地区 36 个项目的 17.67 亿元闲置。

二是部分资金分配不规范。涉及 37 项转移支付 452.43 亿元和 9 个投资专项 15.34 亿元。分配程序不严谨。7 个部门未将转移支付资金分配事项纳入党组（党委）“三重一大”决策范围或执行不严格。部分资金分配出现基础数据错误等问题。分配与实际脱节。在 16 省市“医疗服务与保障能力提升补助”资金 3 年平均预算执行率低于 30%的情况下，2021 年仍将该项资金分配至上述地区。至年底该项资金在上述地区结存 24.69 亿元。分配结果小散。“外经贸发展资金”涉及的 2.05 万个项目中有 5616 个实获补助不足 1 万元，最少仅 114 元，难以有效发挥财政资金撬动作用。

三是中央投资专项下达不及时、跟进督促不到位。共涉及 32 个投资专项、资金 447.45 亿元。其中：有 11 个投资专项 410.93 亿元未按规定在全国人大批准预算后的 90 日内下达。对地方管理使用情况跟进督促不到位。有 77 个项目的 21.14 亿元下达后，基层存在滞留截留、挤占挪用等问题；有 77 个项目的 15.38 亿元下达后，因项目进度缓慢等闲置；9 省 15 个项目存在采购设备不达标、超限超概算建设等问题。

此外，地方政府专项债务管理中还存在问题。10 个地区违规将 136.63 亿元专项债券资金用于企业经营、人员工资等，33 个地区 217 亿元专项债券资金闲置 1 年以上。

二、中央部门预算执行审计情况

2021 年，审计的 41 个部门共收到财政预算拨款 5961.75 亿元，抽查其中 2100.16 亿元（占 35.2%）发现的问题主要是：落实过紧日子要求不严格，违反财经纪律的行为仍有发生，共涉及 25 个部门和 121 家所属单位资金 25.73 亿元。

（一）违规使用财政资金。7 个部门和 24 家所属单位无预算、超预算支出等 6908.34 万元；3 个部门和 17 家所属单位在年底前超进度支付、以拨作支等 5505.6 万元；6 个部门和 11 家所属单位通过挤占项目专项、转嫁摊派等方式增加一般性支出 2.68 亿元；2 个部门的 5 家所属单位未经批准违规出借资金、购买理财等 7.24 亿元；13 个部门和 26 家所属单位未公开招标、设定不合理招标条件等违规采购 13.63 亿元。

（二）依托部门职权或行业资源违规收费。1个部门和8家所属单位依托部门职权或影响力等，通过强制开展培训、收取企业赞助等违规收费6400.9万元；1个部门和3家所属单位未经批准违规举办论坛庆典、开展评比表彰等活动收费501.79万元；6个部门所属的6家新闻出版单位通过有偿新闻等方式，收取版面费、赞助费等2442.73万元。

（三）公务用车改革仍需深化。相对于公务接待、公务出国已较规范的情况，公务用车管理还显薄弱。1个部门和8家所属单位变相或超编制配备60辆；3家所属单位超标准购置26辆；1个部门和11家所属单位违规占用所属单位及民营企业48辆；5个部门所属单位仍未完成公车改革，涉及公车11辆，有的已超时5年多。

三、重大项目和重点民生资金审计情况

（一）重大项目审计情况。北京冬奥会和冬残奥会、港珠澳大桥均是党中央确定的世纪性、战略性工程，对于提升我国国际形象、拉动内需意义重大。

1. 北京冬奥会和冬残奥会跟踪审计情况。自2017年9月，连续5年对北京冬奥会场馆建设、北京冬奥组委财务收支等情况进行跟踪审计。至2021年底，北京冬奥会和冬残奥会累计投资建设项目145个。审计共发现549个问题，至2021年底有关单位已基本整改完毕。在5年的跟踪审计中，审计按照党中央常态化“经济体检”和“治已病”“防未病”的要求，一体推动揭示问题、规范管理和完善制度，推动各项筹办任务如期开展，推动党风廉政建设和反腐败工作在北京冬奥会和冬残奥会筹办工作中落地生根，有力保障了北京冬奥会和冬残奥会像冰雪一样纯洁干净。

2. 港珠澳大桥建设审计情况。港珠澳大桥2011年1月开始建设至2018年10月通车试运营。此次抽审了竣工决算投资的80%。审计结果表明，在党中央坚强领导下，有关管理部门和参建单位认真落实粤港澳三地共建共管要求，积极筹措到位建设资金，严格工程建设管理，全力打造世界一流工程。发现的问题主要是竣工决算草案编制和工程价款结算不准确、不真实，涉及金额17.53亿元。有关部门已根据审计结果调减决算投资16.78亿元、调增0.75亿元。

（二）重点民生专项资金审计情况。重点审计了养老、就业、住房、救助、“三农”等民生资金管理使用情况。审计结果表明，各地区各部门聚焦群众急难愁盼问题，加大工作力度，人民群众的幸福感获得感进一步增强。

1. 基层“三保”、就业补助审计情况。2020年共安排全国县级国家标准“三保”支出5.43万亿元，采取发行抗疫特别国债、加大转移支付力度等方式支持基层“三保”，全力以赴稳就业保就业，就业局势总体稳定。发现的主要问题：一是13省35县未落实12.53万名“保基本民生”个人补助10.14亿元，7省12县挤占挪用“保基本民生”经费22.64亿元。二是部分地方稳就业相关政策落实不严格。8省5294名高校毕业生通过与企业签订虚假劳动合同、见习抵顶就业等方式虚假就业；5省违规将5.04亿元就业补助资金和失业保险基金用于补充创业担保贷款基金、办公经费等；7省16家中介或企业协助996人办理社保挂靠手续、虚构劳动关系，随即登记失业申领补贴，涉嫌骗取失业保险金等1898.44万元。

2. 困难群众救助补助资金审计情况。重点审计了全国2925个社会救助机构，抽查基本生活救助、急难社会救助和专项社会救助等资金共计2038.35亿元。各地均出台了《关于改革完善社会救助制度的意见》的细化措施，初步将5800万人信息录入低收入人口动态监测信息平台。发现的主要问题：一是一些民生救助底线未兜住兜准兜好。未兜住底，31省7.48万名符合条件人员应享未享生活救助，10.4万名困难群众少获医疗救助1.16亿元。未兜准底，28省向3.41万名收入财产超标人员发放救助1.38亿元，各地共向6.92万名已死亡等不符合条件人员发放救助8919万元，向1.71万人重复发放2011万元。未兜好底，一些地方在救助资金大量结余的情况下，未适度动态提高救助标准，而是用于城市建设、偿还债务等支出。二是挤占挪用和骗取套取19.74亿元。26省225个单位编造虚假资料等骗取套取5.43亿元，28省594个单位挪用14.31亿元用于偿还债务、基建工程等。

3. 住房公积金和住宅专项维修资金审计情况。重点审计了住房公积金和住宅专项维修资金归集管理及相关政策落实情况。2020年至2021

年9月底，重点审计的11省共缴存公积金1.03万亿元，发放个人贷款5359.66亿元，期末缴存余额1.61万亿元；代管的维修资金交存732.39亿元，使用37.86亿元，期末结存3909.89亿元。发现的主要问题：一是470多亿元维修资金低息活期存储待改进。按规定，维修资金只能在银行存储或在一级市场购买新发国债。至2021年9月，11省结存余额中仅持有少量国债，471.89亿元为活期存款，收益率偏低，亟待探索开展投资运营。二是公积金违规放贷和维修资金多头管理。9省向购买第3套及以上住房的3069人发放公积金贷款11.09亿元；8省向购买第2套住房的2.78万人发放贷款时，未按规定上浮贷款利率，涉及贷款109.8亿元；10省违规向公积金贷款未结清的944人再次发放贷款2.53亿元。维修资金政府代管机构设置五花八门。11省共有739个代管机构，其中581个隶属住房城乡建设部门、27个隶属财政部门、131个隶属其他部门。

4. 巩固拓展脱贫攻坚成果同乡村振兴有效衔接相关政策和资金审计情况。10省本级2021年共安排帮扶资金522.1亿元，抽查的52个国家乡村振兴重点帮扶县共排查识别和跟踪帮扶42.13万人。重点抽查帮扶资金266.94亿元，涉及5522个项目，走访5424户脱贫家庭，未发现规模性返贫风险。发现的主要问题：

一是一些地区防止返贫致贫工作不扎实。19县巩固“两不愁三保障”的力度有所放松，共涉及7.37万名群众。住房保障上，个别基层搞面子工程，如四川凉山州盐源县对379间危房仅采取墙面抹灰刮白等改造，未进行实质性加固，450.26万元帮扶资金实质浪费。义务教育和医疗保障上，4县未按规定向6.92万名困难学生发放生活补助3875.16万元；17县未按要求宣传动员，使4523名脱贫群众未及时缴纳保费，造成基本医疗保险“断保”。一些地区帮扶工作出现偏差，4县对773名易返贫致贫群众中有劳动能力的给予低保等兜底保障措施、丧失劳动能力的却安排就业；18县对纳入易返贫致贫监测的1894人未采取帮扶措施，却将其中1777人标注为“风险消除”。

二是部分产业就业帮扶项目效果不佳。产业帮扶重在群众受益，但有35县投入27.69亿元实施的771个项目未与脱贫群众建立稳固的利益联结，或未足额分红，或未吸纳就业；41县投入17.6亿元建设的472个项目效益较差，其中206个建成后闲置或废弃。就业帮扶措施执行走样，23县1958个公益性岗位被吃空饷或顶岗，7县拖欠1.67万名脱贫群众工资2704.09万元；11县投入4191.43万元开展的41个就业培训项目存在凑人数现象。

三是少数政策衔接滑坡断档。按规定过渡期内要保持各级财政衔接资金投入总体稳定，对国家乡村振兴重点帮扶县予以倾斜。但有3县2021年接收和安排的地方衔接资金同比大幅下降，最高达47.78%；2县因机构职能调整等小额信贷工作停滞超7个月，新增规模同比下降92.73%。

四是农厕整改存在形式主义和弄虚作假问题。重点调查了11省28县8.57万个农村户厕摸排及整改情况，发现3方面问题：有的确定范围时搞选择性摸排，将已毁损灭失的户厕从排查范围剔除，人为降低应上报问题户厕比例。有的具体实施时搞纸面摸排，在未按规定开展入户摸排的情况下，向基层乡镇下发摸排表格填报，全部按无问题上报，其中部分户厕实际不能使用。有的上报结果时层层瞒报。如哈尔滨市双城区摸排发现问题户厕2168个，向省级上报1571个，省级主管部门向中央部门上报505个，瞒报率达76.7%。这些问题发生在基层，但反映出上级部门在安排工作时，不注重源头整治和强基固本，虚功多、抓落实少。

5. 种业发展相关资金和政策落实审计情况。对农业农村部、科技部和9省种业发展情况及相关资金75.29亿元审计情况表明，有关地区和部门组织开展农业种质资源普查，初步形成种质资源保护体系，审定主要农作物品种1.68万个，实施七大农作物育种等重点研发项目，支持建设3大国家级育制种基地和152个良种繁育基地县。

一是种业振兴的基础工作还不扎实。主要表现在3个方面：种质资源家底不清。由于缺乏统一的登记编码和明确的逐级汇交制度，各省难以统计辖内种质资源，导致国家库无法确认是否完整收集了全国资源。种质资源保管不善。抽查38个种质资源库中有13个未及时监测种质活力，监测发现活力降低的部分种质未及时补充更新；抽查22个野生稻、土猪等保护区、保种场中有5个出现明显的面积下降或种群减少。种质资源开发利用不足。开发利用的公益性、外溢性不足，自管自用现象突出，抽查57个库（圃）中共享种质数量仅14%，且主要提供给本单位。

二是育种创新研发机制存在明显短板。育种研发周期与项目周期错配。研发周期一般7年至15年甚至更长，但抽查的74个重点项目财政支持周期平均仅为4年，有37个项目为完成验收，用立项之前研发的206个品种、23个专利抵顶。育种审定程序执行不严。抽查6省通过审定的新育种品种发现，有2057个未开展必要检测或存在检测漏项，有的还在试验环节偷工减料。这与审定回避制度执行不严有关。2019年以来，国家农作物品种审定委员会有44位委员在品种申请单位或育种单位任职或参股。

三是种子稳产稳供能力亟待加强。抽查9省享受中央制种大县专项奖励的36个制种基地中，有34个较2013年资格认定时制种面积、产量平均分别下降19%、31%，奖励效果不升反降。救灾备荒种子应急保障能力不足，全国有9省尚未开展省级储备，已开展的省级储备缺乏适宜灾后补种的蔬菜、杂粮豆等快熟种子，还有21户承储企业存在储量亏空、品种不实、违规动用等问题，涉及种子1.69万吨。

6. 农业保险费补贴资金审计情况。2018年至2021年6月，审计的10省和北大荒农垦集团共安排农保补贴773.02亿元，相关保费收入960.57亿元、理赔支出655.93亿元。重点抽审了农保补贴182.85亿元，涉及354个农保管理部门及保险分支机构。发现的主要问题：一是保险覆盖率和保额标准偏低，难以有效弥补受灾损失。至2021年6月，3省尚未按规定开展全部三大主粮的政策性保险，涉及5882.71万亩。9省和北大荒集团部分保额标准低于国家规定，单位保额无法覆盖种子、化肥等直接物化成本。二是部分地方政府履职存在越位失位，影响实际工作成效。7省通过直接指定保险机构、强制保险机构违规承保理赔等方式，违规干预具体保险事务；部分地方违反“农业保险愿保尽保”政策，直接或变相限制农户投保，如重庆3个生猪调出大县违规出台限制散户投保的规定，造成12.33万散户的39.29万头育肥猪无法投保。9省和北大荒集团2018年以来存在未按规定足额配套、拨付结算不及时等问题金额94.56亿元，其中28县还违规提高自缴保费比例，变相将1.94亿元配套责任转嫁给农户。三是挤占挪用、申领不实、骗取套取农保资金，损害农民利益。8省和北大荒集团违规发放保险业务协办费等5483.55万元；4省虚报多得中央农保补贴2.95亿元；7省11家保险机构通过虚增保险标的等骗取农保补贴1686.04万元；19家省级保险机构“拖赔惜赔”，未按时或足额支付投保农户理赔金3.65亿元；49家省级保险机构“店大欺客”，未落实“无赔款优待”等惠民政策，变相增加农户投保负担。

7. 大中型灌区节水改造资金审计情况。大中型灌区是国家粮食和优质农产品的主要产区。此次审计重点抽查了10省44处大中型灌区改造和运行管护等情况，涉及相关资金87.62亿元，走访农户375户。从审计情况看，抽查灌区渠系运行情况有所改善，农业节水能力得到提升。发现的主要问题：一是灌区改造任务未完成且利用不足，实际灌溉面积不升反降。9省76万余亩耕地因未完成890.88公里的病险骨干渠系改造任务，灌溉效果未改善；5省9处灌区442.39万亩耕地，由于田间渠系设计不合理、改造不配套等未实现通水到田，其中156.03万亩已连续5年未灌溉，基本靠天吃饭；另有10省23处灌区的2218.23公里渠道出现淤积、滑坡现象，灌区内377.93万亩耕地被迫抽水灌溉。受上述问题影响，44处灌区实际灌溉总面积不升反降，其中10处较“十二五”期末平均下降52%。二是灌区水资源分配使用环节“重工轻农”“与农争水”。由于工业等领域用水价格是农业用水的5倍至10倍，部分地区为追求经济效益，大幅缩减农业灌溉用水量，其中5省2016年以来违规占用农业灌溉用水指标4.32亿立方米向工业、生态等领域供水，其中向景观工程供水7713.29万立方米。

8. 税收征管审计情况。对税务总局和17省市的审计情况表明，税务部门持续完善税费优惠政策直达快享机制，办税缴费事项全部实现“非接触式”办理，2021年组织税收收入17.12万亿元。发现的主要问题：一是税收优惠红利释放不充分。至2021年底，有9752户纳税人未按规定享受研发费用加计扣除或高新技术企业等优惠46.41亿元，8586户纳税人未按规定享受制造业中小微企业缓税优惠2.88亿元。二是个人所得税征管执法不严。2018年至2021年，22省市544名高收入人员通过隐瞒收入、弄虚作假等手段，偷逃个税47.22亿元。有的地方在近年来连续查处少数高收入群体偷逃税款的情况下，仍以财政扶持资金等名义，违规向10省市22县的高收入人员返还个税，有违个税调节收入差异、促进社会公平的初衷。三是人为调节收入，影响财政真实完整。2020年至2021年，收入形势好的地区完成任务后，延压入库1471.14亿元；收入形势差的地区为完成任务，征收过头税费91.97亿元。

四、国有资产管理审计情况

2021年，在各项审计中继续重点关注企业、金融、行政事业、自然资源等4类国有资产管理使用情况。

（一）企业国有资产审计情况。审计了34户央企和176户部属企业。其中：34户央企2020年底账面资产总额31.2万亿元、负债总额23.51万亿元、国有资本权益4.4万亿元，国有资本保值增值率介于92.69%～150.7%；176户部属企业2021年底账面资产总额4575.6亿元、负债总额2181.73亿元、国有资本权益1760.84亿元。发现的主要问题：

1. 会计信息失真。34户央企收入不实414.15亿元、成本费用不实532.03亿元、利润不实229.62亿元，其中多计收入333亿元、多计利润116.2亿元。2户部属企业收入不实1.24亿元、成本费用不实3360.95万元，其中少计收入9066.59万元。

2. 违规经营导致国有权益损失风险。共涉及33户央企和6户部属企业280.68亿元。一是26户央企和2户部属企业违规或盲目决策等存在损失风险198.82亿元。二是7户央企和4户部属企业违规对外出借资金、提供担保等存在损失风险38.76亿元；19户央企因违规垫付工程款、超比例承担亏损等存在损失风险43.1亿元。此外，577户部属企业尚未办理国有资产产权登记，部分存在纠纷风险。

3. 境外经营存在亏损风险。18户央企的1427户境外子企业中，有近3成出现亏损，其中有的连续3年亏损，有的境外事项“出血点”长期未止血，已拖累集团公司发展。还有的过度依赖境外非主业业务，可持续经营存在较大风险。

（二）金融企业国有资产审计情况。审计了23家地方中小银行、20家地方资产管理公司和信达资产管理公司，至2020年底，44家金融企业账面资产总额12.46万亿元、负债11.31万亿元，除1家亏损外，43家净资产收益率介于0.03%～14.84%。对5家大型银行信贷资金流向进行了跟踪。发现的主要问题：

1. 中小金融机构存在经营风险。一是资产质量不实。23家中小银行少披露不良资产1709.62亿元。20家地方资产管理公司偏离主业违规对外融资，其中151.07亿元形成不良或逾期。二是存在一定流动性风险。23家中小银行有9家资本充足率不足，13家未按监管要求对流动性进行全面实时监测，8家流动性指标虚假或人为调节，6家出现流动性风险后采取高息揽储等短视行为。

2. 内部控制薄弱，外部监管不到位。一是内部治理机制存在重大缺陷。审计的23家中小银行和20家地方资产管理公司普遍存在治理结构不完善、治理制度不健全、监督制衡机制失效的问题，主要是董事会和经理层职责模糊，监事会职责悬空或走偏；内控合规形同虚设，授信管理、贷款“三查”等核心业务制度和内控流程缺失或执行不严。二是外部监管尚需加强。2018年以来，金融监管机构对23家银行开展现场检查176次，但有的检查过度依赖金融机构报送的“注水”材料，部分风险未被提早发现和纠正。20家地方资产管理公司中有9家从未接受过地方政府金融监管部门现场检查，其余11家平均2年不到1次。

3. 普惠金融政策执行中存在变形走样。中小银行普惠信贷不精准，中小银行的主责主业是支小支农，但23家中小银行至2021年3月普惠小微企业贷款余额占比10.33%，仅为亿元以上大客户贷款占比的五分之一，其中6家涉农贷款余额也已连续3年下滑。大型银行投放不精准，4家大型银行通过人为调节贷款企业类型等虚增普惠小微企业贷款87.18亿元；有24.96亿元实际流向房地产或大型集团；抽查517户小微客户有364户无实际经营。利用普惠信贷管理漏洞套取资金问题凸显，2家大型银行的13.66亿元被一些个人或团伙通过注册空壳公司或虚构贸易背景等方式套取，用于购买商品房、偿还债务等。

（三）行政事业性国有资产审计情况。在41个中央部门预算执行审计中，对相关行政事业性资产管理使用情况开展审计。发现的主要问题：

1. 国有资产基础管理还存在薄弱环节。涉及26个部门的155.67万平方米房产和1.67万亩土地、24.01亿元资产。其中：16个部门共17.43万平方米房产等，以及1.42亿元对外投资、无形资产和设备等未入账，成为账外资产；11个部门的18个基建项目建成投用后应计入未计入固定资产账，涉及金额20.32亿元；5个部门136.71万平方米房产和1.66万亩土地未及时办理产权登记，时间久远后易产生产权纠纷；1个部门1.53万平方米房产和2.27亿元资产未及时进行划转。

2. 违规使用和处置国有资产。涉及26个部门的57.19万平方米房产和2.78万亩土地、3.52亿元资产。其中：19个部门无偿向外部单位等出借35.53万平方米房产、1495.71万元设备用于经营等；20个部门未经批准或备案违规出租21.66万平方米房产和2.78万亩土地、1.15亿元资产，对外投资和处置资产1.55亿元；2个部门超标准配备办公设备1.03万台（件），涉及6734.44万元。

3. 部分国有资产使用效益低下。涉及9个部门的351.14万平方米房产、土地等。其中：1个部门机构改革后未按规定重新核定公务用车编制，全国所属278家二三级单位公务用车超出规定441辆；2个部门所属单位2470辆公务用车使用率较低，其中289辆2021年全年未使用。8个部门351.14万平方米房产、土地及3569.91万元设备长期闲置，有的还需按期支付物业管理费。

（四）国有自然资源资产审计情况。对9省市17名领导干部开展自然资源资产离任（任中）审计，对4省21个典型黑土区重点县黑土地保护等情况进行审计。审计结果表明，相关领导干部能够认真落实党中央关于生态文明建设决策部署，履行自然资源资产管理和生态环境保护责任。发现的主要问题：

1. 资源和环境保护相关制度执行不严格。2省87宗矿业权未按时关闭退出或完成环境恢复治理、化整为零分散审批填海造地3341.3亩。4省市519家单位无证或超量取水22亿吨。5省市61万亩林地被违规占用或采伐。5省应征未征土地出让收入、水资源费等53亿元，4省市违规筹集和使用生态环保资金48亿元。8省市268个污染防治和生态修复等项目未按期完工或未达预期效果。

2. 耕地严保严管要求未充分落实。3省1870万亩高标准农田建设任务未完成，其中虚报建成面积386万亩。5省市10.26万亩补充的耕地或建设的高标准农田分布在不能长期稳定利用或禁止开垦区域。新增高标准农田难以及时划入永久基本农田得到严格保护，17省已建成的高标准农田中，有1038万亩（占12.43%）未依法划为永久基本农田。

3. 黑土地保护治理责任落实不力。一是部分保护治理任务未完成。4省的657.51万亩黑土地未完成改善农田设施和提升地力年度任务、占22.6%，2.38万条侵蚀沟未开展治理、占81.46%，影响地力提升和水土流失防治目标实现。有的地方还人为调高耕作层厚度或土壤有机质含量监测数据，弄虚作假提高绩效评价结果。二是一些重点保护措施未落实。4省未全面落实建设占用耕地后将剥离的耕作层土壤用于中低产田改造等要求，有581个建设项目占用的4.73万亩黑土地未按要求剥离耕作层土壤，145个建设项目剥离的556.83万立方米黑土未用于中低产田土壤改良，有的长期露天堆放，造成黑土资源流失。三是相关保护措施未统筹。有123.39万亩黑土地上同时实施“秸秆离田利用”和“秸秆覆盖还田”2项内容截然相反的治理项目。18县的151.56万亩黑土地保护治理任务未统筹实施高标准农田建设、畜禽粪污综合利用等措施，导致建设内容不完整，影响治理效果。

五、重大违纪违法问题线索

2021年5月以来，审计共发现并移送重大违纪违法问题线索300多起，涉及1300多亿元、3000多人。

（一）利益团伙围猎做势问题日益突出。这类案件大多以一人或少数人为核心，以能调动的公共权力范围为半径，以经济利益为纽带，案件全链条往往牵扯多达数十人。如江西宜春1家生物能源公司2019年以来与中介机构合谋，通过伪造批复文件、冒用其他项目资质、虚构设立技术中心事实等手段，将自身包装成拥有19项专利的高新企业，已骗得中央相关补助600万元，并从中支付中介费138万元。期间，当地相关银行、工业和信息化等单位多名工作人员接受该公司围猎请托，为上述造假行为违规出借财政资金、出具贷款证明等“背书”。

（二）权钱交易的贪腐方式更加隐蔽多样。一些违纪违法事项往往貌似平等交易、合法合规，实则暗度陈仓、中饱私囊，且跨度广、持续时间长。如云南曲靖市人大常委会原副主任傅学宾在任该市麒麟区区长期间，通过多次商请市建设局扶持等“合法”方式，协助1家条件不符的民企违规获得预拌商品混凝土业务资质，使其10多年间获利6.24亿元。至2020年底，私下伙同其妻累计收受该民企“赠送”的价值200多万元的房产、车位及10余次外出游玩等。

（三）“靠山吃山”问题仍需加力治理。实质都是依托行政权力、优势地位、行业资源或职务之便，将所管理的公共资金、国有资产、国有资源等视为私有财产，大肆设租寻租，谋求个人私利。如2010年以来，中储粮所属11家单位的18名工作人员违规经商办企业或在外兼职，所办企业、兼职企业与本人任职企业发生业务往来4.31亿元。其中有的还利用主管或具体经办粮食购销、存储的职务便利，内外勾结甚至监守自盗。

（四）基层单位和民生领域腐败加剧群众急难愁盼问题。主要发生在县乡（镇）等基层单位和医疗、住房、涉农等领域，涉及公职人员500多名。如山东济宁市微山县公共就业和人才服务中心原股长李斌在2019年至2020年，利用其具体审核失业保险待遇的职务之便，违规将不符合条件的227人编入发放名单，以此骗领一次性生活补助金709.16万元，有的已被其个人取现、消费等。

（五）违反中央八项规定及其实施细则精神和过紧日子要求。8省市29个地区未有效压减一般性支出和三公经费，其中3个地区不降反升。个别行业或单位顶风违纪、性质恶劣。如北京植保系统及相关部门和镇村多名基层干部2018年以来，在工作中多次接受3户病虫害防控产品供应商的宴请、娱乐等安排并收受礼品，共涉及金额164.93万元。

六、审计建议

（一）推动宏观调控政策更加稳健有效。一是推动积极财政政策提升效能，更加注重精准、可持续。立足地方政府经济发展实际需求，保持财政支出强度，加快支出进度，确保地方政府专项债券实际使用形成的投资规模大幅增加；进一步优化财政支出结构，重点支持科技攻关、生态环保、基本民生、区域重大战略、乡村振兴。二是保持稳健的货币政策灵活适度。充分发挥货币政策工具总量和结构双重功能，进一步疏通货币政策传导机制，有效扩大普惠金融覆盖面，推动普惠小微贷款合理增长，引导金融机构聚焦主责主业，加大对实体经济的支持。三是加强财政政策与货币政策的协调联动。注重与产业、投资、消费、区域等其他领域政策的协调，优化政策组合，实现宏观政策跨周期和逆周期调节有机结合，提升实施效果，避免政出多门、政策打架现象，形成保持经济运行在合理区间的合力。

（二）健全完善党中央重大决策部署落实保障机制，确保党中央对经济工作的集中统一领导更加细化实化制度化。一是坚持系统观念，严格执行请示报告制度。防止局部合理政策叠加起来造成负面效应，不能把分工负责变成只顾自己，不能在政策执行中搞“一刀切”、层层加码，坚决纠正有令不行、有禁不止行为，防止产生破窗效应。在重大项目的立项、规划、建设等关键环节遇到重大问题、重要情况，及时向党中央汇报。二是统筹需要和可能，坚持在发展中保障和改善民生。不好高骛远、吊高胃口，避免超越发展阶段，坚决兜住兜准兜好民生底线。

（三）防范化解重点领域突出风险隐患，严格规范重大经济事项决策权力运行。财政金融领域，重点要防范化解地方政府债务风险和不良资产处置、信贷资金审批等风险，更多运用市场化、法治化手段化解风险隐患。健全地方党政主要领导负责的金融风险处置机制，对中小银行加强党的领导，对违规举债情节严重的地区和单位主要负责人倒查责任、终身追责。国企国资领域，针对经营不善、决策不当等造成重大投资损失的突出问题，应切实健全细化“三重一大”决策机制及操作规程，加快国有经济布局优化和结构调整，增强竞争力和抗风险能力。资源环境领域，落实好领导干部资源环境相关决策和监管履职情况的评价标准。进一步压实地方耕地严保严管责任，确保农田就是农田，而且必须是良田，强化农田水利建设和黑土地保护，切实保障粮食安全。深化改革领域，正确处理政府和市场的关系，使市场在资源配置中起决定性作用，更好发挥政府作用。为资本设置“红绿灯”，防止资本野蛮生长和无序扩张。

（四）进一步增强预算约束刚性，严肃财经纪律。一是健全完善有利于财政资源统筹的体制机制。加强四本预算衔接，打破支出固化格局，增强公共财政统筹能力；健全专项资金定期评估和动态调整机制，压缩资金分配中的自由裁量空间。严格部门预算管理主体责任，督促将全部收入和支出依法纳入预算。二是继续压减非必要非刚性支出。严格落实中央八项规定及其实施细则精神，压实地方政府、央企主体责任和中央部门主管监督责任，把政府过紧日子作为常态化纪律要求，勤俭办事业，对财政资金损失浪费问题追责问效。三是推进省以下财政体制改革。在中央和地方分税制的原则框架内，划分省以下各级政府财政事权和支出责任，依据税种属性划分省以下政府间收入，健全省以下转移支付制度，推动建立县级财力长效保障机制。四是加强各类监督的贯通协调。在监督计划、关注重点、组织方式等环节加强沟通协调，各有侧重、优势互补，利用好各类监督成果，探索严重违反财经纪律问题行刑衔接，形成监督合力。

本报告反映的是此次中央预算执行和其他财政收支审计发现的主要问题。对这些问题，审计署依法征求了被审计单位意见，出具了审计报告、下达了审计决定；对重大违纪违法问题线索，依纪依法移交有关部门进一步查处。有关地方、部门和单位正在积极整改。审计署将跟踪督促，年底前报告全面整改情况。

委员长、各位副委员长、秘书长，各位委员：

2022 年是我国踏上全面建设社会主义现代化国家、向第二个百年奋斗目标进军新征程的重要一年。我们将更加紧密团结在以习近平同志为核心的党中央周围，以习近平新时代中国特色社会主义思想为指导，增强“四个意识”、坚定“四个自信”、做到“两个维护”，按照党中央、国务院决策部署，全面贯彻落实新修订的审计法，依法严格履行审计监督职责，自觉接受全国人大监督，以实际行动迎接党的二十大胜利召开！

面向现代化　奋进新征程
在新的起点推进公共投资审计迈上新台阶

——在2022年投资审计视频培训班上的讲话

审计署副审计长　秦博勇

（2022年11月23日）

同志们：

大家下午好！

根据审计署2022年度培训项目计划，今天我们在这里举办2022年度投资审计视频培训班。主题是：以习近平新时代中国特色社会主义思想为指导，深入学习贯彻党的二十大精神，深入贯彻落实习近平总书记关于审计工作的重要讲话和重要指示批示精神，总结新时代公共投资审计工作，分析投资审计面临的新形势新任务，聚焦主责主业，开拓进取，守正创新，推动投资审计高质量发展。下面，我讲三点意见。

一、深刻认识新时代投资审计面临的新形势新任务

党的十九大以来，在全国审计机关的共同努力下，投资审计取得明显成效。特别是从2017年我们推动投资审计转型发展以来，进行了积极探索，在推动经济社会高质量发展方面，发挥了重要作用。

（一）党的十九大以来投资审计取得了重要成效。

党的十九大以来，全国审计机关共核减投资额6700多亿元，移送案件线索数千件，在促进经济高质量发展、促进全面深化改革、促进权力规范运行、促进反腐倡廉等方面发挥重要作用。各地立足法定职责，投资审计制度的“废、改、立”取得良好成效。推动制定、修订、废止各类投资审计法规制度2800余项，清理强制或变相强制“以审代结”项目31000余个。按照“三个转变”要求，不断深化投资审计监督，各级投资审计转型发展取得新进展。北京、天津、江苏、浙江、山东、湖南、安徽等省级审计机关，围绕本地区的重大项目、地方补短板重大工程等开展审计监督，推进重大建设项目实施，保障项目又快又好建成；云南省丽江市、浙江省湖州市南浔区等市县级审计机关采用“纪审协同”，达到了促进建设单位、主管部门、监督部门更好履行各方责任，有效管控项目投资，减少工程建设损失浪费的目标。同时，着力研究现代技术在投资审计中运用的途径和措施，与各省（自治区、直辖市）审计厅（局）、各特派办建立了纵向贯通、横向互联的联络员制度，大数据分析的比重不断增加，审计的内容更加系统全面，查出的问题疑点稳步增多，审计效果更加显著。

（二）新时代公共投资审计积累了重要经验。

多年来的投资审计实践充分证明，经过投资审计人员的辛勤努力和积极探索，已经积累了宝贵经验。一是坚持党的集中统一领导，确保投资审计工作正确的政治方向；二是坚持严格依法审计，种好投资审计的“责任田”，立足经济监督定位聚焦财政财务收支主责主业这一看家本领和独特优势，把投资结构、投资效率等重点关注内容和重点审计事项置于经济社会运行的大背景下进行分析，聚焦政策支持力度大、投资密集、资源集中的领域和环节，坚决查处重大基础设施建设方面存在的各类问题，促进更好发挥有效投资的关键作用；三是加强研究型审计，以创新的思路和办法破解难题，沿着“政治—政策—项目—资金”这条线，自上而下、自下而上开展研究，围绕项目立项、存在的问题、审计建议等加强研究，同时，坚持系统观念，研究解决投资审计本身的重大问题；四是加强人才队伍专业化建设，坚持提升政治能力，加强培训指导，重点培养青年干部和业务骨干，夯实投资审计事业发展的根基。这是对以往工作的总结，也是对今后工作的指引。

（三）现代化建设大局中的公共投资审计大有可为。

2018 年，中共中央政治局召开会议分析研究经济形势时提出要做好“六稳”工作。此后，连续三年中央经济工作会议均把稳投资作为“六稳”的重要内容，要求完善和强化“六稳”“六保”举措，保持经济运行在合理区间。2022 年 5 月国务院印发《扎实稳住经济的一揽子政策措施》，其中 9 条与投资直接相关；8 月国务院出台的三个方面 19 条接续政策中，又有 5 条着眼于促进投资。有效投资已成为稳住经济大盘的“定盘星”“压舱石”。要深刻领会党中央国务院对“稳投资”的总体要求，加大投资审计力度，促进完善支持政策，强化资金等要素保障，推进项目建设尽快形成实物工作量，促进发挥有效投资对经济增长的基础性作用；要紧紧围绕供给侧结构性改革相关要求，从提高供给质量出发，加大对全局性、基础性、引领性重大工程审计监督，促进充分发挥市场在资源配置中的决定性作用，真正把今天的投资转化为明天发展的强大动力。

二、全面贯彻落实党的二十大精神，努力开创公共投资审计工作新局面

党的二十大报告是中国共产党团结带领人民全面建设社会主义现代化国家、全面推进中华民族伟大复兴的政治宣言和行动纲领。审计机关要把党的二十大精神贯彻落实到谋划投资审计工作、实施投资审计项目全过程各环节，更好服务保障现代化建设大局。

（一）围绕促进高质量发展，紧扣“国之大者”加强投资审计监督。

党的二十大报告指出，要坚持以推动高质量发展为主题，完整、准确、全面贯彻新发展理念，坚持社会主义市场经济改革方向，坚持高水平对外开放，加快构建以国内大循环为主体、国内国际双循环相互促进的新发展格局。就投资审计而言，就是要牢牢把握推动高质量发展主题，关注构建全国统一大市场，建设高标准市场体系等政策落实情况，关注推进新型工业化，加快补齐基础设施短板等政策落实情况，关注区域协调发展战略、区域重大战略、新型城镇化战略等重大战略落实情况，把推动党中央重大经济决策部署贯彻落实作为工作的重中之重；就是要围绕国家“十四五”规划、地区和区域规划、专项规划、地方规划等规划中的重大建设项目和党中央国务院以及地方党委政府确定的重大投资项目、重大举措、重要工作，做好谋划，开展审计。

（二）围绕促进完善国家治理，紧扣投资领域重大改革任务加强投资审计监督。

党的二十大报告指出，重点领域改革还有不少硬骨头要啃，要深入推进改革创新，坚定不移扩大开放，着力破解深层次体制机制障碍，不断彰显中国特色社会主义制度优势，不断增强社会主义现代化建设的动力和活力，把我国制度优势更好转化为国家治理效能。这就要求投资审计着眼投融资体制改革、供给侧结构性改革、“放管服”改革等重点领域重大改革任务和重要改革举措，着力揭示投资领域投资效益不高、投资结构不合理、地方政府债务负担过重等问题，以改革视角揭示问题，以改革思路推动问题解决，促进相关领域改革全面发力、纵深推进，促进发挥改革突破和先导作用。

（三）围绕贯彻总体国家安全观，紧扣重大风险隐患加强投资审计监督。

党的二十大报告指出，要坚定不移贯彻总体国家安全观，把维护国家安全贯穿党和国家工作各方面全过程，确保国家安全和社会稳定。投资审计要牢固树立底线思维、强化风险意识，发挥投资审计专业优势，增强工作的敏锐性和判断力，围绕重大基础设施安全保障体系建设、能源安全、

质量安全、地方政府债务风险等，着力揭示国家有关任务、项目建设方案要求未得到细化落实，联建管理体制不完善、建设职责任务不清晰、项目组织推进不力等问题，主动识别、精准识别并反映影响发展安全的重大风险隐患，推进项目尽快建成，促进发挥重大基础设施在安全保障体系建设方面的作用。

（四）围绕落实以人民为中心的发展思想，紧扣增进民生福祉加强投资审计监督。

党的二十大报告指出，要紧紧抓住人民最关心最直接最现实的利益问题，着力解决好人民群众急难愁盼问题，健全基本公共服务体系，提高公共服务水平，增强均衡性和可及性，扎实推进共同富裕。投资审计要坚守人民至上的政治立场，将以人民为中心的发展思想贯彻落实到每一项工作中，关注基本公共服务均等化，关注民生和社会热点、难点问题，紧盯学校、医院、保障性住房等重点建设项目加大审计力度，切实维护人民利益，让群众获得感成色更足、幸福感更可持续、安全感更有保障。同时，在这些项目审计中，要注意和资源环境审计、农业农村审计等审计工作的区别，把工程建设项目作为我们审计的重中之重。

（五）围绕加强反腐廉政建设，紧扣权力运行加强投资审计监督。

党的二十大报告指出，必须时刻保持解决大党独有难题的清醒和坚定，全面推进党的自我净化、自我完善、自我革新、自我提高，使我们党始终成为中国特色社会主义事业的坚强领导核心。我们必须站在巩固党的执政基础和国家长治久安的高度，以对腐败无禁区、全覆盖、零容忍的态度，扎紧制度笼子，收紧权力运行“紧箍咒”，把查处重大违纪违法问题线索作为重大任务重要成果来落实。要发挥审计的独特优势和投资审计的专业特长，通过强化全过程资金使用监管，盯紧重大公共投资项目立项审批、设计概算、征地拆迁、物资设备采购、服务外包和工程验收等重点环节，揭露靠工程吃工程、资金层层截留等增加工程成本的违纪违法行为，以及重大损失浪费、重大质量安全事故中存在的违纪违法问题，推动规范工程建设领域乱象，促进惩治贪污腐败。

三、坚持守正创新，扎实推进投资审计高质量发展

习近平总书记在中央审计委员会第五次会议上指出，审计要有力服务保障党和国家工作大局，要坚持稳中求进工作总基调，围绕完整、准确、全面贯彻新发展理念，加快构建新发展格局，努力以高质量审计监督保障经济社会高质量发展。贯彻落实习近平总书记重要指示要求，必须贯彻新修订审计法，全面履行投资审计职责，统筹揭示问题和推进解决问题，加强全面贯通协调，加强自身能力建设，努力实现新时代投资审计工作高质量发展。

（一）贯彻新修订审计法要求，全面履行投资审计职责。

一是紧盯重大建设项目，依法全面履行好投资审计监督职责。2022 年是新修订审计法实施的元年，这是我国审计发展史和审计法治建设史上的一件大事，具有承先启后、继往开来的里程碑意义。大家一定要深刻认识审计法中投资审计相关条款修订的历史背景和重大意义，认真学习领会新修订审计法，特别是涉及投资审计的新变化新要求，主动作为，将审计法要求的投资审计法定职责列入审计规划和年度审计计划，努力开创投资审计新局面。具体来说就是要组织开展政府投资和以政府投资为主的建设项目审计，组织开展国有企业投资建设的项目审计，组织开展以 PPP、政府购买服务、特许经营等形式建设的项目审计。

二是要处理好继承与发展的关系。既不能放弃原有审计职责任务，对政府投资和政府投资为主的建设项目进行审计依然是我们的法定职责；也不能对新职责不研究、不实践，要推动对关系国家利益和公共利益的重大公共工程项目及时开展审计。要围绕贯彻落实党和国家重大经济政策、投资决策、工程项目结（决）算、工程项目建设程序、工程项目建设财务、招标投标、质量管理、材料设备管理、征地拆迁、水土保持、公共投资绩效审计 11 个重点方面开展全面审计。同时，把握好全面覆盖和突出重点之间的关系，集中优势兵力攻克重大建设项目，着力打造精品项目。

三是认真学习、宣传贯彻新修订审计法。要强化学法效果，全面深入系统学习审计法，重在理解贯通，注重整体性、系统性。要把审计法的主要内容和精神学透。做好研讨，凝聚共识，组织行业内外专家，围绕公共工程的概念范围，以及事关国家利益和公共利益的标准等展开研讨，广纳真知灼见，重要研究成果和专家意见、实践中遇到的重大问题要及时报告投资司。

（二）加强全面贯通协调，充分发挥投资审计监督整体合力。

一是坚持全国一盘棋，做好投资审计行业指导和领导。投资司要提高宏观研究、科学决策、统筹谋划的能力水平，积极主动作为，加强调查研究，做好顶层设计，进一步加强公共投资审计的政策研究、制度规范、业务指导、技术推广等工作，发挥好业务司的职能作用。特派办、地方审计机关要创新审计理念，积极探索符合自身特点的投资领域审计组织模式，切实提高工作效率。要按照审计工作全国一盘棋的要求，加强上级审计机关对下级审计机关的领导，上下级之间要相互贯通，可根据各级审计机关的分工和范围，充分利用审计资源，就某些领域谋划开展一些全国性的审计项目，以审代训，整体提高地方审计机关的工作水平，形成合力。上级审计机关在组织审计项目时，也可以有意识地把下级审计机关从事投资审计的同志吸纳进来。要统筹中央和地方、国家审计和内部审计、地方审计和军队审计的力量，形成不同层次、不同角度、全方位的审计监督体系，努力构建集中统一、权威高效、全面覆盖的审计监督体系，更好发挥投资审计在党和国家监督体系中的重要作用。

二是突出沟通协作，贯通监督机制。要加强与纪检监察、组织人事、巡视巡察，以及人大监督、民主监督、行政监督、司法监督等其他监督的贯通协作，完善审计查出问题整改工作机制，形成监督合力。要加强与相关主管部门间的协同监管，用创新的思路和方法，促进解决工程建设领域普遍存在的虚假招标投标、违规转分包等问题。如江苏省南京市雨花台区审计局、河北省唐县审计局，以数字审计、智慧审计，打通了工程管理各相关部门之间的割裂，也打通了投资建设管理的信息孤岛，一定程度上实现了建设项目的全覆盖。

（三）统筹揭示问题和推进解决问题，更好提升投资审计监督质效。

一是敢于担当，敢审敢严。我们要担当负责，牢记有问题没发现是失职、发现问题不报告是渎职，瞪大眼睛，明察秋毫；要坚持原则，敢于查真相，较真碰硬，再大的问题，都要一查到底；要坚持报实情，真相是什么就报什么，不要有顾虑，问题取舍必须上业务会，不能模糊事实定性，更不能消化有关问题。特别是要加强对延伸审计的管理。坚持“论从事出”“由事及人”，而不能“由人及事”，违反审计法律规定。

二是一体推进揭示问题、规范管理、促进改革。习近平总书记指出，揭示问题是审计的基本职责，目的是推动问题解决，要一体推进揭示问题、规范管理、促进改革。要充分发挥好审计的建设性作用，既“查病”，又“治已病”“防未病”；必须着眼全局，既要形成震慑，管住当下，又要触动根本，见效长远，真正防患于未然。我们要加强研究型审计，把各方面的情况摸准、政策吃透，下足研究功夫，才能做到在高效揭示问题的基础上，摸清问题背后的体制性障碍、机制性缺陷、制度性漏洞，有针对性提出解决问题的意见建议；需要我们想党中央之所想、急党中央之所急，研究分析投资审计能做什么，统筹需要和可能，抓住经济社会发展中的主要矛盾和矛盾的主要方面，精准立项，精准选择审计重点和内容，精准揭示问题，精准提出建议，为推动高质量发展贡献审计智慧和力量。

三是统筹抓好审计“上半篇文章”和“下半篇文章”。随着我们这几年的转型发展，审计机关围绕中心、服务大局，在全面履行投资审计监督职责，揭示投资领域突出问题方面取得长足进步，审计质量和成果有了显著提高。这是做好了审计的“上半篇文章”，关键还要做好审计的“下半篇文章”，否则就会形成“破窗效应”。要严格落实中共中央办公厅、国务院办公厅印发的《关于建立健全审计查出问题整改长效机制的意见》，形成全面整改、专项整改、重点督办 3 种方式相结合的审计整改格局。在下一步工作当中，大家一定要按照有关文件要求，在审计整改上下足功夫，抓好落实。

（四）加强自身能力建设，锤炼具有现代化素质的公共投资审计队伍。

一是加强党的建设，为新时代投资审计工作高质量发展提供坚强政治引领和政治保障。深入学习贯彻习近平新时代中国特色社会主义思想，紧紧围绕全面领会党的二十大精神，组织引导广大审计干部深刻领悟“两个确立”的决定性意义，各级审计机关要做到真抓真管、抓好管好，确保党对审计工作的领导落实落地，把思想和行动统一到党中央重大决策部署上来。要严格执行重大事项请示报告制度，认真落实“下级审计委员会向上级审计委员会请示报告重大事项”要求。要加强审计职业精神建设，把敢审敢严、真审真严形成习惯自觉、体现在一言一行上，努力做政治上的明白人、工作上的实干人、业务上的内行人。

二是提高审计业务能力，更好发挥审计在推进党的自我革命中的作用。侯凯审计长指出，业务精通是肩负重任、履职担当的基础，审计事业的长远发展取决于审计骨干队伍的培养，要把审计能力建设摆在突出位置。各级审计机关要勇于担当，进一步加强学习型机关建设，充分利用审计干部职业教育体系，把实践作为第一跑道，积极推进研究型审计，在干中学、在学中干，建立健全学习机制，形成浓厚的研究氛围；要着力提高审计干部的专业能力，特别是青年干部的能力素质，通过有针对性培训和实践造就一批能够胜任新时代投资审计工作的人才。

三是坚持严的主基调不动摇，持续加强党风廉政建设。党的二十大报告指出，要坚持以严的基调强化正风肃纪，坚决打赢反腐败斗争攻坚战持久战。我们一直讲，审计机关不是世外桃源，审计干部不具有天然的免疫力，党风廉政建设须臾不能放松，必须把严的主基调长期坚持下去。对审计机关党风廉政建设形势，一定要做出科学判断，要时刻保持警醒，有针对性地加强廉政教育和警示教育，让每个审计干部都绷紧廉政这根弦。要严格遵守党纪国法，遵守各项廉政纪律。特别是围绕审谁不审谁、什么时候实施审计、审减金额多少、出具审计报告时间等关键环节，建立健全廉政风险防控机制。同时，要做好文明审计，既要敢于斗争讲原则，又要善于斗争讲策略，树立良好职业形象，用专业能力赢得被审计单位的尊重。

同志们，面向现代化、奋进新征程，投资审计工作将迎来新的重要发展时期。让我们更加紧密地团结在以习近平同志为核心的党中央周围，深入全面贯彻党的二十大精神，坚持稳中求进、开拓创新，齐心协力、团结拼搏，为全面建设社会主义现代化国家、全面推进中华民族伟大复兴贡献更多审计力量！

重实干　务实效　以党建工作优异成绩迎接党的二十大胜利召开

——在审计署2022年度党务干部综合培训班上的辅导报告

审计署党组成员、副审计长　王文斌

（2022年7月26日）

同志们：

2022年下半年，我们党将召开具有重大而深远意义的第二十次全国代表大会，这是党和国家政治生活中的一件大事，抓好党建工作意义重大，我们使命光荣、责任在肩。举办这次党务干部综合培训班，是审计署进一步做好机关党建工作、以实际行动迎接党的二十大的具体举措。培训班的主要任务是，以习近平新时代中国特色社会主义思想为指导，持续学习贯彻党的十九大和十九届历次全会精神，聚焦迎接服务党的二十大和学习贯彻党的二十大精神，推动专兼职党务干部与时俱进提升政治能力和履职水平，进一步鼓士气、增干劲，以高质量机关党建营造风清气正政治氛围，为审计工作守正创新发展提供坚强政治保证，以优异成绩迎接党的二十大胜利召开。下面，我与大家交流三个方面内容。

一、2022年上半年机关党建工作取得扎实成效

上半年，在中央和国家机关工委、署党组的正确领导下，署各单位党组织坚决贯彻落实党中央决策部署，认真履职，扎实工作，统筹推进机关党建各项重点任务，抓出了特色、抓出了实效。

一是扎实有序开展党的二十大代表、中央和国家机关党代会代表推选工作。党的二十大代表候选人预备人选推荐提名、中央和国家机关党代会代表推荐产生工作，是一项重大政治任务，标准高、责任重、要求严。署党组高度重视，指导署机关党委依照工委部署制定方案，按步骤有序推动落实。各单位党组织以高度政治责任感组织开展推荐工作，通过召开会议、电话联系、登门走访等形式，做实做细组织发动，引导广大党员积极参与，正确行使党员权利，认真履行党员义务，全署基层党组织和党员参与率实现两个100%；充分发扬党内民主，严格落实民主集中制，严肃政治纪律、组织纪律和选举纪律，把政治标准贯穿推选工作全过程各环节。在基层推选的基础上，署机关党委多次召开全委会、常委会会议集体研究审议，按程序对人选进行考察和公示，推选产生了3名出席党的二十大代表候选人预备人选、3名中央和国家机关党代会代表，圆满完成了我署推选任务。7月17日至19日，中央和国家机关党代会在京召开，通过差额选举，产生了中央和国家机关出席党的二十大代表。

二是聚焦主责主业开展“学查改”专项工作。署党组把开展“学习研讨、查摆问题、改进提高”专项工作，作为以机关党建推动落实习近平总书记重要指示和党中央经济工作决策部署的重要契机，侯凯同志专门作出批示，要求“要体现出审计特色，抓实、抓出成效”。署党组理论学习中心组率先开展专题学习研讨，带动署机关综合部门、业务司、派出机构和直属单位党组织以机关党建为引领，结合实际、各有侧重地学习贯彻习近平经济思想。通过部署推动学、互动交流学、思想碰撞学、常态系统学等方式，将学习研讨不断引向深入。“读写编讲行”理论学习法得到很好推行，“更好按经济规律办事”成为热议的话题，“我来当主讲”“关键小事”等活动调动了青年同志的参与热情，为扎实开展研究型审计营造了“审学研”氛围。各基层党组织按照“六对照六看六查”的要求，围绕经济监督定位和“经济体检”功能，召开专题组织生活会，查摆问题不足，标本兼治落实整改取得实效，保障了各领域审计工作的顺利开展。

三是以清查整治工作为抓手进一步规范党务工作。清查整治突出问题、规范党务工作是中央组织部部署的专项工作，工委对相关工作进行了部署。清查整治工作中，我署各基层党组织政治站位高、反应行动快，严格对照是否存在“将直接履职的党务工作事项外包、审核把关不严格导致党建工作不规范、安排非党员从事党务工作”等3个方面突出问题，对2020年以来开展的党务工作逐项逐条“过筛子”，从讲政治高度认真组织自查，实事求是反馈自查结果。署机关党委从不同类型的单位中，分别选取了自查“零报告”的6个单位党组织，开展了专项抽查。通过清查整治，各单位党组织和党务干部提高了对党务工作政治性严肃性规范性的深刻认识，清查整治过程成为党组织规范提高、党员干部接受教育的过程，为进一步依法依规开展党务工作奠定了扎实基础。

四是巩固拓展中央巡视整改成果，积极稳妥推进署内巡视全覆盖。6月，我署关于内部巡视的工作情况在中央巡视工作总结调研座谈会上作了书面交流。署党组坚持把巩固拓展落实中央巡视整改任务、强化内部巡视作为履行全面从严治党主体责任的重要抓手，发挥署巡视整改工作领导小组的作用，推动中央巡视整改目标任务落实。署巡视办运用专网“巡视督查系统”盯紧盯牢分阶段任务，切实提高了巡视整改效能。截至4月，十九届中央第六轮巡视反馈的31个问题已全部整改完成，确定的92项整改措施已全部落实并持续巩固。组建10个巡视组，克服疫情等困难，对4个特派办开展了常规巡视、对6个派出局开展了巡视“回头看”、对3个直属单位开展了专项巡视，高质量实现署内巡视全覆盖，政治巡视利剑作用进一步彰显，署党组对第五轮巡视给予了高度评价。

五是进一步加强和改进直属事业单位党的领导。科研所、教育学院2家直属事业单位党委领导下的行政领导人负责制试点工作深入推进，试点单位党委在党组织设置、委员配备，以及运行机制、决策程序、工作方式等方面积极探索，党委班子聚焦强化政治机关意识，加强了对单位思想政治、意识形态、中心工作、干部队伍建设、内部管理等的全面领导，推动党建与业务进一步深度融合，取得了初步成效。根据《中共审计署党组关于加强直属事业单位党的建设的意见》精神，在调研评估基础上，审慎稳妥地逐步推开试点工作，批复服务局、报社2家直属事业单位设立基层党委，正在按程序组建。

六是以钉钉子精神推动对口支援和定点帮扶工作走深走实。署相关部门党组织、挂职干部以习近平总书记关于定点帮扶工作的重要指示精神为根本遵循，用情用力协调推进支援帮扶工作，取得实实在在的成效。2022年以来，为河北顺平、贵州丹寨协调引进无偿帮扶资金8455万元、有偿帮扶资金1.39亿元，推动河北顺平曲逆河综合治理和农村电网安全升级改造；协调有关单位对贵州丹寨茶叶和土壤进行微量元素检测，并推动当地页岩气产业发展；助力江西会昌争取到优惠贷款，推动高速公路连接线建设。在争取项目资金过程中，署内相关单位高度重视，给予了大力支持，做了很多沟通协调的工作。同时，我们积极支持帮扶县壮大特色主导产业，完善产业链和强化产销对接，在署管媒体免费登载产品广告，直接购买产品近200万元，“送教上门”培训干部200余人，为当地乡村振兴、城乡融合发展贡献了审计机关智慧和力量。

在凝心聚力抓重点任务的同时，机关党建各项日常工作压茬跟进、持续发力。

——政治建设上，政治机关意识教育持续巩固并不断深化，开展“对党忠诚，始于足下”“对党说句话”“奋进新征程、建功新时代”“强国复兴有我”等多种形式的学习教育，培养加深了党员干部对党的认同、对党的感情和对党忠诚。各级党组织书记对标习近平总书记提出的和平时期对党忠诚“四个能不能”，以“走好第一方阵 我为二十大作贡献”为主题的专题党课、微党课，在“七一”前后纷纷开讲，推动党员干部政治意识不断提升。

——思想建设上，把理论武装作为第一任务，将学懂弄通做实抓在日常、抓在经常。署党组领学示范，3 篇学习发言在《中央和国家机关中心组学习文选》全文刊载，带动党员干部学习与审计领域相关的习近平总书记重要指示精神不断深入。学习贯彻党的十九届六中全会精神集中教育网络培训班如期举办，庆祝中国共产党成立 101 周年系列主题活动有声有色，《审计署基层党组织党建工作巡礼》专题片在署网站、公众号发布后反响热烈，“庆七一 学党史 喜迎二十大”主题活动在微信平台推出，全署学党史、悟思想、办实事、开新局的热度只增不减，推动党史学习教育常态化长效化。

——组织建设上，着力打造有审计署特色的党建品牌，圆满完成基层党组织建设质量提升三年行动评估，择优推荐 35 个党支部参评中央和国家机关“四强”党支部，以“典型引路、示范带动”的模范机关创建活动，推动署基层党组织全面进步、全面过硬。完成 7 个基层党组织按期换届，批复成立 5 个审计组临时党支部，任免党务干部 26 人次，向符合条件的 17 名老党员颁发“光荣在党 50 年”纪念章。落实“三会一课”和民主生活会、组织生活会、民主评议党员等制度不放松，扎实推进党支部建设标准化规范化。

——纪律和作风建设上，组织召开全国审计机关党风廉政建设工作视频会，传达学习贯彻十九届中央纪委六次全会精神。组织召开警示教育大会，重要时点教育提醒常抓不懈，编写《审计干部反腐倡廉教育警示录（第四册）》，加强对交流干部的廉政教育。深入贯彻落实《关于加强中央和国家机关部门机关纪委建设的意见》，署纪检机构“学、抓、改、强”活动让监督实起来、执纪硬起来。用好“四种形态”，精准稳妥监督执纪。印发审计机关精神文明建设工作指导意见，推动依法文明廉洁审计的理念在工作中践行。

——群团工作上，喜迎二十大系列活动相继推出，征文比赛、书画摄影展、线上运动会增添了文化自信，“署机关智慧工会平台”成为手机必点项。组织青年干部认真学习习近平总书记在庆祝中国共产主义青年团成立 100 周年大会上的重要讲话，激发昂扬斗志。“三八”国际劳动妇女节宣传教育活动和“六一”国际儿童节线上活动让优良家教家风建设深入到审计干部家庭。为 19 名残疾重病子女争取到补助金，暑期爱心托管班如期开班，交流干部、援疆援藏、过年过节、生病住院等慰问持续送温暖送健康。

在做好机关党建各项工作的基础上，我们注重总结经验、探索规律，我署关于机关党建与审计业务深度融合的做法，在中央和国家机关党的工作暨纪检工作会议上作了书面交流。这些成绩的取得，是署党组正确领导的结果，是全署各级党组织扎实工作的结果，也是全体党务干部努力付出的结果。借此机会，向大家并通过大家向全体党务干部表示衷心感谢和诚挚慰问！

二、着眼巩固深化，狠抓责任落实，切实把思想和行动统一到党中央决策部署上来

2022 年是中央和国家机关党的建设“巩固深化年”。今年的党建工作，无论是党员干部思想政治引领、党的创新理论武装、政治能力提升，还是发挥基层党组织政治功能、推进党风廉政建设和反腐败工作、激发群团组织活力，都要紧紧围绕迎接服务党的二十大和学习贯彻党的二十大精神这条主线来谋划、部署和推进。

（一）*要始终突出政治建设的统领地位*。党的政治建设是党的根本性建设，决定党的建设方向和效果。审计机关首先是政治机关，必须旗帜鲜明讲政治，发挥好“第一方阵”的风向标作用。新时代审计工作驶入高质量发展的快车道，取得历史性成就，实现中国特色社会主义审计事业新的飞跃，根本在于以习近平同志为核心的党中央的坚强领导，在于习近平新时代中国特色社会主义思想的科学指引。新时代审计工作的生动实践充分证明，只有坚持和加强党中央对审计工作的集中统一领导，才能确保审计工作取得更大成就。

以政治建设为统领是高质量推动机关党建的必然要求和根本方法。当前和今后一个时期，机关党建工作要在深刻领悟“两个确立”的决定性意义上持续用力，更加坚定自觉地做到“两个维护”，不折不扣把党中央关于加强党的政治建设的部署要求落实到全面从严治党全过程各方面，把习近平总书记关于审计工作的重要讲话和重要指示批示精神落实到具体工作中，把党的二十大精神学深学透并贯穿到审计实践中。强化政治机关意识，首先要对党忠诚，对党忠诚是纯粹的、无条件的、时时刻刻的，同时也是具体的、实践的，既要在思想上深化，也要在行动上自觉。对党忠诚必须始于足下，要用心种好党组织交给的“责任田”，把牢意识形态工作责任制，对重要审计业务和重要工作，首先对标习近平总书记要求和党中央部署，把从政治上看、政治上干，作为一种政治历练、形成一种政治自觉，脚踏实地完成好党中央部署的各项工作任务。

（二）要紧紧围绕高质量发展这个主题开展工作。抓不抓党建的问题，可以说，现在已经基本解决，而抓得实不实、好不好的问题，是我们必须着力解决的重要课题。年初，按照署党组的部署安排，署考核工作领导小组对各单位开展了2021年度考核。从党建考核的情况看，发现部分单位党组织还存在一些短板和不足。在如何推动党建质量提升上，需要我们下更大气力。一方面，政治学习要提质增效。重中之重是学懂弄通做实习近平新时代中国特色社会主义思想，做到学思用贯通、知信行统一。基本方法是读原著、学原文、悟原理，深刻认识其核心要义、丰富内涵和实践要求。政治学习要同业务学习融合起来，结合审计需要，研究审计对象领域贯彻落实党中央决策部署的着力点，进而研究审计的切入点，努力做到问题揭示客观标准。这方面，党组织要引对路，千万别把实的工作做虚了。另一方面，组织建设要标准和规范。基层党组织是贯彻落实党中央决策部署的“最后一公里”，工作是否严格规范，会影响甚至决定其他工作的层次和水平。这次清查整治规范党务工作中，发现个别基层党组织存在一些不规范问题，要引起足够重视，针对薄弱环节抓标准促规范。

（三）要牢牢扭住党建工作责任制“牛鼻子”。署党组在6月份通报了第五轮巡视情况，既反映出“病灶”，又分析了“病因”。被巡视单位主要负责同志要以巡视整改为契机，做到抓具体、具体抓，全面加强本单位各项建设。第一，要认清职责。各单位党组织是落实全面从严治党要求的主体，抓班子、带队伍是领导班子的重要职责。书记是第一责任人，班子其他成员是“一岗双责”，各级党员领导干部和专兼职党务干部是分工协作、齐抓共管职责。要认清责任所在，把党建握在手中，抓得紧而又紧、实而再实。第二，要管好思想。思想政治工作如果缺乏针对性、不会做人的工作，或者只管人头、不管人心，是行不通的。要把用人和育人责任扛起来，把严管与厚爱结合起来，激发出全体人员的动能。第三，要强化监督。中央办公厅印发的《关于加强新时代廉洁文化建设的意见》，大家要带头贯彻落实好。培育风清气正的审计机关廉洁文化，要注重从思想上固本培元，增强拒腐防变的能力，以优良的党风政风振奋精神，把党的纪律这颗“螺丝钉”拧得越来越牢固。署各级纪检机构要贯通用好“四种形态”，既要惩处极少数不收敛、不收手严重违纪违法行为，更要抓早抓小、防微杜渐，提早教育党员、干部。对已经露出苗头的，要及时提示提醒，咬耳扯袖，别等真出了事再管，就晚了，来不及了。

（四）要切实提高做好党建工作的使命感。做好任何一项工作，胸怀大局是不可或缺的。做好党建工作也一样，一定要发自内心地、带着情怀地、充满热情地全身心投入。可以这样看待党建工作的意义，就是通过我们做党建工作，党组织的政治引领作用发挥充分了，党中央决策部署和署党组要求延伸下去了，党建与审计业务同心同向、同频共振了，大家自然会对我们做的工作更加认可和支持，就会不断从工作中收获荣誉感、成就感、幸福感。工作上求真务实是非常重要的，这是我们做好党建工作的本质要求，要牢记“围绕中心、建设队伍、服务群众”的定位，用好“我为群众办实事”实践活动形成的良好机制，激发出为民担当尽责的内生动力。要把持续的工作热情转化为做好党建工作的不竭动力，主动投身到奋进新征程、推进审计发展的事业中，引导广大党员干部立足岗位拼搏奉献，让每个单位不断发生积极正向的新变化，形成好的文化、好的生态、好的集体。

三、坚持以训促学，做到以学促干，将培训成果转化为推动党建工作的过硬本领和能力

开展党务干部培训是对标中央要求、夯实机关党建的基础性工作，也是实现党务干部能力素质过硬的一项重要举措。近年来，我们坚持高标准、严要求，加强党务干部队伍建设，每年举办署党务干部综合培训班，有针对性地提高党务干部的能力水平，培养了一支素质较高的专兼职党务干部队伍，这是做好我署机关党建工作的基本前提。但我们也深深感到，与习近平总书记和党中央要求相比，机关党建工作和党务干部队伍还存在不小差距，特别是去年各单位党组织集中换届后，一大批新同志、年轻同志走上党务工作岗位，一些同志政治能力、业务能力与岗位工作需要还有不够匹配、不相适应的地方，必须加快补短板、强弱项。

（一）*要在深学细研中凝心聚力*。专业训练是一种责任和工作，更是一种担当和追求。要把党建工作培训作为向以习近平同志为核心的党中央看齐的严格政治培训，作为对习近平新时代中国特色社会主义思想的系统政治学习，作为提高政治判断力、政治领悟力、政治执行力的重要政治历练。要把习近平总书记“7·9”重要讲话作为学习培训的重点，这是我们做好党建工作的根本遵循、行动指南，在一点一滴积累中练好基本功，用“文火慢炖”的功夫提升履职能力和工作水平。只有把“要我学”变成“我要学”，如饥似渴学习、时刻不停提高，才能越学越会干、越学越能干、越学越想干。

（二）*要在融会贯通中加强统筹*。做好党建工作需要把握好时点和节奏，看清重点、优化安排，合理摆布、做好整合，正确处理好工学关系。要坚持用研究型审计的思路方法，多深入基层、深入一线、深入实际，加强党建研究和基层调研，做到边学习、边实践、边工作、边总结，进一步明晰思路、把准方向，着力引导和督促广大审计干部真正学深悟透党中央大政方针，着力解决制约党建工作高质量发展的问题难点，更加精准有效地推进工作，坚决防止“拍脑袋”主观臆断，严格杜绝跑偏走样、有损大局，有效推进党建与业务同向发力、协调用力，确保贯彻执行始终不偏向、不走样。

（三）*要在增强本领中奋发有为*。党务干部培训班是提升能力素质和推动工作的“加油站”。全体学员要珍惜这次集中学习培训的机会，认真学习、深入研讨、积极互鉴，学会在“热运行”中“冷思考”和“踱方步”，把学习培训的过程变成思考提升的过程，不断积累工作经验，努力增长过硬才干，积极探索推动本单位党建工作有新思路、新举措，真正实现学有所思、学有领悟、学有收获。

最后要强调的是，要严守培训班的各项纪律要求，时刻绷紧疫情防控这根弦。这次培训班，分别在署机关和怀柔基地设了两个培训点，安排因疫情等原因不能到京的特派办通过视频培训，尽最大可能为全署党务干部“面对面”交流创造条件。虽然没有直接在一起培训，但实际上，我们是在线上线下的不同地点开展集中培训，培训要求是一样的。请各单位党组织主要负责人务必高度重视，按照培训班的课程安排，统筹安排相关党务干部按时参加培训。署机关党委要将培训情况纳入各单位党组织党建考核。

同志们，下半年机关党建工作任务非常繁重，我们要紧紧围绕党的二十大作出的各项决策部署，坚持重实干、务实效，以锐意进取的奋进姿态，坚定扛起机关党建工作责任，为审计事业高质量发展提供更加坚实的政治保证。

最后，祝全体学员学习工作顺利、身体健康！预祝培训班取得圆满成功。

深化规律性认识　强化派驻监督效能 为审计事业高质量发展提供更加坚强有力保障

——在2022年度省级纪委监委驻审计机关纪检监察组组长工作研讨班上的讲话

中央纪委国家监委驻审计署纪检监察组组长、审计署党组成员
任洪斌

（2022年7月29日）

同志们：

大家上午好，很高兴通过视频的方式与大家第一次见面。按照研讨班安排，下面结合我的学习工作思考，跟大家交流三点体会和感受。

一、深入学习领会习近平总书记重要讲话精神，充分汲取派驻监督历史经验，进一步增强做好派驻监督工作的责任感和使命感

（一）在深入学习领会习近平总书记关于派驻监督工作的重要论述中提高政治站位。

党的十八大以来，习近平总书记多次主持召开中央政治局会议、中央政治局常委会会议、中央深改委会议，对深化派驻机构改革、强化派驻监督提出明确要求，发表一系列重要讲话、作出一系列重要指示批示，这是我们做好派驻监督工作的根本遵循。在这里，跟大家一起，重温习近平总书记有关重要论述。关于派驻监督的地位作用，习近平总书记强调，派驻监督是党和国家监督体系的重要内容，是深化纪检监察体制改革的重要举措。实行派驻全覆盖，就是使党内监督不留死角、没有空白，让所有权力都受到监督制约。派驻监督要与巡视监督、监察监督一起，形成全覆盖的权力监督格局，把制度优势转化为治理效能。关于派驻监督的职能定位，习近平总书记指出，派驻监督本质上是政治监督，是上级纪委对下级党组织和领导干部的监督，主业就是党风廉政建设和反腐败、就是监督执纪问责。派驻纪检组要发挥“派”的权威和“驻”的优势，盯住被监督单位领导班子和成员及下一级干部，提高发现和解决问题能力。关于派驻监督的工作机制和保障条件，习近平总书记强调，派驻机构与驻在部门是监督与被监督的关系，要有相对独立性和权威性。纪检组长不分管其他业务，专门履行监督职责、干好监督这件事，不能既当裁判员，又当运动员。派驻机构经费要单列，不能依附在被监督单位。被监督单位党组（党委）必须落实全面从严治党主体责任，积极支持派驻机构工作，自觉接受监督，对履行主体责任不力的要严肃问责。关于派驻机构的自身建设，习近平总书记要求，坚持高标准、严要求，选好配强派驻机构领导班子，不能降格以求，搞照顾性安排。要加大干部交流力度，加强内部约束、经常敲打，及时清除害群之马。派驻机构干部要牢记使命、坚持原则，敢于监督，敢于负责，做到忠诚干净担当。

（二）在回顾派驻机构建设历程中汲取前进力量。

派驻监督是具有中国特色的监督机制，新中国成立后，派驻监督在探索中初步构建，在完善中逐步成型，在改革中不断深化，已经成为党和国家监督体系的重要组成部分，为深入推进全面从严治党、党风廉政建设和反腐败斗争提供了重要保障，积累了宝贵历史经验。在这里跟大家一起，重温派驻机构建设历程的几个关键节点。

1. 新中国成立后到党的十二大前：初步探索阶段。1955年中央监委成立后，尤其是到1962年9月，党的八届十中全会作出《关于加强党的监察机关的决定》，明确指出"党的各级监察委员会，应当加强对同级国家机关的党员的监督工作""中央监察委员会可以派出监察组常驻国务院所属各部门""监察组由中央监委直接领导"。派驻监督在党内得以确认，正式成为一项重要的制度安排，成为党的纪律检查工作的重要组成部分。

2. 党的十二大到十三大：恢复重建阶段。1978年中央纪委恢复重建后，1982年党的十二大党章规定"党的中央纪律检查委员会根据工作需要，可以向中央一级党和国家机关派驻党的纪律检查组或纪律检查员"，同时开始逐步分批向多家单位派驻纪检组，在中央纪委直接领导和驻在部门党组指导下进行工作。

3. 党的十三届四中全会到党的十八大：再次恢复重建并不断健全完善阶段。党的十三届四中全会后，1993年中央纪委、国家监察委员会实行合署办公，在发展探索的过程中逐步完善对派驻机构的直接领导和统一管理。

4. 党的十八大以来：持续深化并走向成熟阶段。党的十八大后，党中央进一步明确派驻机构的职能定位，优化整合原有派驻机构，实现对中央一级党和国家机关派驻的全覆盖。2018年，国家监委挂牌成立后，与中央纪委合署办公，适应党和国家机构改革和深化国家监察体制改革新任务，中央办公厅先后印发了《中央纪委国家监委派驻机构改革方案》《关于深化中央纪委国家监委派驻机构改革的意见》，进一步优化了派驻机构设置，统一派驻机构名称，赋予其纪律检查和国家监察两项职权，持续深化派驻机构改革，对完善领导体制、工作机制等作出全面部署。今年6月，中央办公厅印发《纪检监察机关派驻机构工作规则》（以下简称《规则》），对党的十八大以来派驻机构改革的理论、制度、实践成果进行总结提炼，既是对过去成绩的肯定，又是做好今后派驻监督的基石、新起点。

（三）在学思践悟中砥砺初心使命。

通过深入学习领会习近平总书记关于纪检监察、审计工作的重要讲话和重要指示批示精神，深刻感受到派驻监督工作职责特殊、责任重大。

强化派驻监督是坚持和加强党的全面领导、维护党中央集中统一领导的必然要求。派驻监督是党和国家自我监督的制度设计，是纪委监委监督全覆盖的重要方式。深化派驻机构改革、强化派驻监督工作，根本目的就是要坚持和加强党的全面领导，加强党中央权威和集中统一领导，就是要充分发挥派驻机构作为构建严密有效监督体系重要载体的作用，通过构建在党中央的集中统一领导下的自上而下、横向到边、组织严密的政治监督和纪法监督体系，监督推动各部门党组织履行主体责任，确保党的领导全面覆盖、上下贯通，坚决维护党中央权威和集中统一领导。

强化派驻监督是深化标本兼治、巩固发展反腐败斗争压倒性胜利的有效举措。权力是最大的腐蚀剂，腐败的本质是权力滥用、以权谋私。提高治理腐败效能，必须把党和国家自我监督的有效制度确立起来，强化监督、管住权力。深化派驻机构改革、强化派驻监督工作，通过加强对党和国家机关、企事业单位等依法履职、从严管治、秉公用权、廉洁从政从业等情况的监督检查，一方面可以推动被监督单位直面问题、自觉革命、端正作风、补齐短板、积极作为；另一方面可以推动有关部门和领域进一步深化改革、弥补制度漏洞，明晰权力边界、规范工作流程、强化权力制约，推动构建一体推进不敢腐、不能腐、不想腐的体制机制。

强化派驻监督是完善党和国家监督体系、推动纪检监察工作高质量发展的内在要求。随着全面深化改革向纵深推进，各领域各环节监督的关联性互动性明显增强，健全党和国家监督体系进入系统集成、协同高效的新阶段。一方面，通过深化派驻机构改革、提高派驻监督效能，有利于推动派驻监督与纪律监督、监察监督、巡视监督统筹衔接，在发现问题、处置问题、整改问题等关键环节形成监督合力；另一方面，通过强化派驻监督职能作用，推动驻在部门党组（党委）切实扛起主体责任，在本单位本系统把全面从严治党主体责任、党内监督主体责任层层压实、上下贯通，把全面从严治党落实到每条战线、每个领域、每个环节。尤其是作为派驻审计机关的纪检监察组，审计监督本身就是党和国家监督体系的重要组成部分，督促推动更好发挥审计监督的建设性作用、强化贯通协同，也是我们的重要职责所在。

二、把握规律特点，强化对审计权力运行制约监督，更好发挥监督保障执行、促进完善发展作用

审计是党和国家监督体系的重要组成部分，是推进国家治理体系和治理能力现代化的重要力量。党的十九大以来，党中央着眼党和国家事业发展全局，改革审计管理体制，组建中央审计委员会，着力构建集中统一、全面覆盖、权威高效的审计监督体系，习近平总书记亲自担任中央审计委员会主任，亲自谋划、部署、推动审计领域重大工作，推动新时代审计工作取得历史性成就。在中央审计委员会第五次会议上，习近平总书记提炼的6条重要经验之一，就是“推进全面从严治审，建设高素质专业化审计干部队伍”。习近平总书记强调，实现审计工作高质量发展，要加强审计自身建设，以更高标准、更严纪律要求自己，依法忠诚履职、担当尽责。这对审计机关全面从严治党、党风廉政建设和反腐败工作提出了更高要求。

审计机关历来高度重视全面从严治党、党风廉政建设和反腐败工作，认真落实管党治党政治责任，严肃党内政治生活，坚持严的主基调，持之以恒正风肃纪，党风廉政建设持续加强，政治生态总体较好，为审计事业发展提供了重要保证。同时，从我们近期查处的案件来看，审计机关不是“世外桃源”，更不是“保险箱”，审计干部也没有天生的“免疫力”，尤其是随着审计工作重要性的提升，审计监督覆盖面的扩大，审计干部面临的环境更加复杂，对被“围猎”、被腐蚀的风险一点也不能低估。

从查处案件来看，审计干部违纪违法案件发案率保持较低水平，情节严重、性质恶劣的重大案件不多，多数案件涉案金额不大。从违纪违法问题类型来看，有违反中央八项规定精神、违规兼职取酬、“八小时”外违纪违法等问题。从违纪违法主体看，有基层干部多、领导干部占比高、出现年轻化趋势等问题，具有与其他系统违纪违法问题的普遍性，需要我们高度关注。与此同时，更需要我们关注、研究、努力查处的则是以审谋私的问题，这涉及审计权力运行风险防控的核心问题。

审计监督点多面广，人员分散，长期在外，一个审计项目从开始到结束，要经过制订计划、确定对象、查证问题、征求意见、审理复核、汇总上报等诸多环节，整个过程链条长、环节多，任何一个链条松弛都有可能产生廉政风险，任何一个环节疏漏都可能被钻空子，在“审不审”“查不查”“报不报”“移不移”“严不严”等都存在被“围猎”风险。加强对审计权力运行监督制约，关键要从两个方面着手。

一方面，要重点围绕审计权力运行关键环节加强监督检查，督促建立健全廉政风险防控机制。关注审计自由裁量权行使情况，是否存在在审计发现问题的取舍、定性、处理处罚和报告编制等方面滥用审计自由裁量权的问题。关注审计现场管理情况，是否严格执行中央八项规定及其实施细则精神、审计“四严禁”工作要求和审计“八不准”工作纪律。关注延伸审计问题，是否严格执行报批手续、两人以上同行等规定，尤其是延伸到民营企业时可能存在的廉政风险。

另一方面，则是加大对滥用审计职权或职务影响谋取私利等违纪违法行为查处力度，发挥惩治震慑作用。办案是最严厉最有效的监督方式，失去办案的监督，必然陷入失之于宽、失之于软。近年来，随着纪检监察体制改革成效逐步显现，反腐败斗争不断深入，监督关口前移，监督合力提升，办案能力经验积累，一些隐蔽性很强的利用审计职权或影响力谋取私利行为日益浮出水面。

三、以学习贯彻《规则》为契机，推动派驻监督高质量发展，以实际行动迎接党的二十大胜利召开

（一）抓好《规则》学习贯彻，进一步把思想和行动统一到党中央精神上来。

持续深入学习领会，准确把握《规则》制定

出台的政治考量、主旨要义和实践要求，做好“四个结合”：一是与学习贯彻习近平新时代中国特色社会主义思想相结合，努力提升理论学习主动性、及时性和深入性，不断深化对纪检监察、审计工作的规律性认识；二是与学习纪委工作条例等党内法规、监察法等法律法规相结合，全面贯通学习，更好地把握定位和职责、权限和要求；三是与推动驻在部门学习贯彻相结合，积极争取驻在部门的理解、支持、配合，让每一个监督对象了解掌握《规则》相关内容，不断增强主动接受监督的政治意识；四是与解决问题、强化监督相结合，针对《规则》提出的明确要求和具体任务，抓好任务分解，以实施《规则》为契机，梳理完善组内制度规定，找差距、补短板、抓整改、促实效，不断提升工作规范化、法治化、正规化水平。

（二）推进政治监督具体化常态化，以实际行动践行“两个维护”。

准确把握审计在党和国家治理体系中的特殊重要位置，聚焦监督重点，督促审计机关在践行“两个维护”上作出示范、树立标杆。一是紧扣“国之大者”开展监督。要坚持审计监督的再监督定位，聚焦集中统一、全面覆盖、权威高效的重点难点，找准履职尽责的切入点和着力点，推动审计更好发挥在推进党的自我革命中的重要作用。二是发挥“纽带桥梁”作用，推动审计监督与纪检监察监督贯通协同走深走实。6月，相关部门联合印发了《关于进一步发挥改革效能　有力推进纪检监察监督巡视巡察监督与审计监督贯通协同高效的指导意见》，我们要跟进监督，督促审计机关认真抓好落实。三是聚焦“关键少数”，围绕督促“一把手”和领导班子履职尽责抓监督。既要通过有力有效的监督，推动“一把手”和领导班子切实担负起管党治党政治责任，又要通过旗帜鲜明的支持，为其坚决贯彻落实中央决策部署的行为撑腰鼓劲、增加底气。

（三）落实一体推进“三不腐”方针方略，坚决打赢反腐败斗争攻坚战、持久战。

坚持“全周期管理”理念，推动不敢腐、不能腐、不想腐同时发力、同向发力、综合发力。一是增强不敢腐的震慑。“不敢”既可能是“怕被查处”的不敢，也可能是“怕被及时发现”的不敢，要把及时有效发现问题作为震慑、强化“不敢”的有效举措。这就需要我们加强对腐败手段隐形变异、翻新升级等新特征的分析研究，加强对审计权力运行风险分析研判，提高主动发现问题、甄别研判问题的能力。二是要扎紧不能腐的笼子。每查处一个违纪违法案件，都要举一反三，督促支持审计机关查找漏洞、深化改革、完善制度，做实以案促改，让类似问题不再出现。三是构筑不想腐的思想堤坝。要加强教育，把反腐败防线前移，把严管与厚爱、教育与觉悟贯通起来，把正向引导和负面警示结合起来，用身边事身边人开展具体生动的警示教育。

（四）健全系统集成、协同高效的监督工作机制，不断增强监督合力。

面对人少事多的客观情况，我们要坚持内涵式发展：一是要强化组内协同，发挥机构规模小、便于统筹的优势，把“四项”监督在内部首先贯通起来，坚持组内分工不分家、群攻群守，不能分兵把守、分散力量，尤其是综合派驻机构，要发挥好组内协同效应。二是要发挥“派”的权威，树牢作为纪委监委的重要组成部分的意识，严格落实请示报告制度，充分发挥“室组”联动监督、“室组地”联合办案、“组组”协作机制的优势。三是要体现“驻”的优势，进一步细化实化对驻在部门监督、支持、协助、指导作用，推动审计机关党组织认真履行党内监督主体责任，加强对内设纪检机构的业务指导和监督检查，建立健全与驻在单位机关党委、组织人事、内审等部门常态化信息沟通、线索移交、措施使用、成果共享的机制和程序。此外，要健全完善与审计系统纪检监察组的日常联系机制和交流平台，在经验分享、工作协助、联合办案等方面加强合作，共同推动审计机关全面从严治党向纵深发展。

（五）践行忠诚干净担当，锻造让党放心、人民信赖的纪检监察铁军。

7月1日，我给组内同志讲党课，要求组内同志弘扬纪检监察机关光荣传统，践行忠诚干净担当，做可亲、可信、可敬的纪检监察干部，在这里，与大家分享、共勉。

一是信念坚定、对党忠诚，做可亲的纪检监察干部。作为党内的“纪律部队”，忠诚都是打头的、第一位的，要更加自觉地在“两个革命”

中找准定位、担当作为。要时刻牢记“惩前毖后、治病救人”的政治方针，在日常监督、审查调查等工作中，坚持靠理想信念、初心使命，靠政策策略、事实证据，靠春风化雨、人文关怀，深入细致地做好思想政治工作；让有苗头性、倾向性问题的同志认识到监督的目的是抓早抓小、防微杜渐，“有则改之”，从而自觉自愿地接受监督；让犯了错误的同志认识到自己错在哪里，“回头是岸”，真正体会到组织的良苦用心，依靠组织、相信组织，达到教育挽救转化的目的；对没有问题的同志，也可以帮助提高思想认识，“无则加勉”，做到自警自省自励。

二是注重实际、实事求是，做可信的纪检监察干部。纪检监察工作政治性、政策性、专业性都很强，是一种极为严肃和重要的工作，也是需要极其精细和负责的工作。每条线索处理、每个案件查办、每件事情得出结论，都关系到党员干部的政治生命、声望名誉等切身利益和党的形象、纪法的权威。因此，我们的工作必须一丝不苟、实事求是，对党负责、对干部负责，坚持事实为上、证据为王；坚持全面、历史、辩证地看待问题，具体问题具体分析，精准量纪执法，坚决防止主观臆断、自以为是，确保我们的工作经得起实践、人民和历史的检验，做可信的纪检监察干部。

三是无私无畏、勇于担当，做可敬的纪检监察干部。自身廉洁过硬是我们执纪执法最大的底气，从事执纪执法的队伍，如果在作风和纪律上偏出一尺，反腐败工作离中央的要求就会偏出一丈。因此，要始终以彻底的自我革命精神严防“灯下黑”，自觉接受特殊的、严格的要求和约束。腐败与反腐败的斗争是尖锐的和长期的，较量的是意志、勇气，考验的是智慧、本领，因此，我们既要敢于斗争，又要善于斗争。既要注重理论学习，又要注重实务操作，既要学好纪检监察业务，也要学好审计业务知识，避免“外行监督内行”。坚持在工作实践中不断经受严格的思想淬炼、政治历练、实践锻炼、专业训练，在全面从严治党、反腐败斗争一线积极作为、作出贡献，做可敬的纪检监察干部。

同志们，今年下半年，我们党即将召开第二十次全国代表大会，这是党和国家政治生活中的一件大事。我们要按照习近平总书记和党中央的决策部署，坚定信心、保持定力，努力开创派驻监督工作新局面，为推进审计机关全面从严治党向纵深发展、推动审计监督在推进党的自我革命中充分发挥职能作用，提供更加坚强有力保障，以实际行动和工作实效迎接党的二十大胜利召开！

在援青援藏干部见面会上的讲话

审计署党组成员、中央经济责任审计工作部际联席会议办公室主任
郝书辰

（2022 年 7 月 22 日）

同志们：

上午好！根据中央组织部统一安排，大家将于本月底赴西藏、青海，开启为期 3 年的援藏援青工作征程，受署党组和侯凯审计长的委托，临行前与大家开一个见面会，是送行，也代表署党组谈几点希望和要求。对口支援西藏、青海是中央着眼党和国家大局作出的重大战略决策，大家要充分认识援派工作的重要意义，切实增强做好援派工作的光荣感、责任感和使命感。这 3 年时间，大家在高原缺氧的气候条件下，要适应民族地区的风俗习惯，要克服长期离家的各种困难，在这里，向各位同志表示崇高的敬意，向各位同志的家属表示衷心感谢。下面谈几点希望和要求。

一是深化思想认识，珍惜援派机会。西藏是重要的国家安全屏障和生态安全屏障，是维护祖国统一、反对民族分裂的重要地区。青海是三江发源地，有着除西藏以外最大的藏民聚居区，在维护国家安全和生态安全上发挥着重要作用。改革开放以来，党中央先后召开 7 次西藏工作座谈会，出台多项重大举措，推进了西藏和青海等涉藏工作重点省的经济发展和社会稳定。进入新时代，西藏工作面临的形势和任务发生深刻变化，党中央深化对西藏工作的规律性认识，总结党领导人民治藏兴藏的成功经验，形成了新时代党的治藏方略。我们要认真学习贯彻中央第七次西藏工作座谈会精神和新时代党的治藏方略，切实把思想和行动统一到党中央精神上来，在工作中推动党中央决策部署落实到位。

围绕贯彻落实对口支援战略，中组部牵头组织开展了干部人才对口支援工作。1994 年开始选派干部对口支援西藏，2010 年，中央第五次西藏工作座谈会将青海藏区纳入对口支援范围。近 30 年，广大援派干部作为对口支援战略的具体参与者，为推进当地的发展稳定、长治久安，促进各民族交往交流交融，维护民族团结和国家统一作出了重要贡献。西藏、青海的发展需要干部人才支援，同样，干部人才的锻炼成长也需要对口支援平台。习近平总书记指出，对口支援是我们党培养干部的重要平台，要把优秀人才选派到条件艰苦和情况复杂的地区去磨炼意志、增长才干。众多援派干部舍小家、顾大家，把他乡当故乡、视群众为亲人，涌现出一大批先进典型。从他们身上可以看到，在条件艰苦、环境复杂的边疆民族地区工作，就是对干部最现实、最直接的考验，也是干部成长成熟的“加速器”。大家一定要有挑大梁、打硬仗的准备，要倍加珍惜组织上提供的干事创业舞台，履行好职责，发挥好作用。

二是快速转变角色，积极融入新集体。西藏、青海条件艰苦、情况复杂，既有民族地区的特殊矛盾，也有工作方式方法的差异；既有“独在异乡为异客”的思乡之情，也有高原地区缺氧的现实挑战。到新的工作岗位后，大家要主动适应新环境，融入新集体，尽快熟悉当地的社情民意、历史人文和风土人情。要注意团结，懂团结是大智慧，会团结是大本事，要搞好班子团结与各族干部的团结，增进同当地人民群众的感情，只有

融进去了，才能干成事、干好事。解决了“融”的问题，再思考怎么“援”。

这些年，西藏和青海经济社会发展迅速，但和内地省市相比，仍存在较大差距，当地的审计工作基础相对也比较薄弱。大家都是审计战线的行家里手，有水平有能力，要发挥专业特长优势，当好“战斗员”。在当地党委政府和审计厅党组领导下，主动出谋划策，带头冲锋陷阵，积极担当作为，推动当地审计事业高质量发展。同时还要发挥好桥梁纽带和传帮带作用。大家一头连着当地审计机关，一头连着审计署，要加强沟通交流，把个人优势和组织优势紧密结合起来，跟踪了解有关政策落实情况，及时反映遇到的问题；要通过业务培训、审计实践指导等方式，把好的审计理念、工作思路和方式方法传授给当地干部，促进提升当地干部的审计业务水平。

三是提升能力素质，锤炼过硬作风。越是条件艰苦、困难大、矛盾多的地方，越能锤炼人。大家要深入基层、提高本领、砥砺品质。一要讲政治。援派工作具有高度的政治性，大家要带头严守政治纪律和政治规矩，努力提高看问题的政治眼光、想事情的政治考量、做工作的政治担当。二要重学习。深入学习习近平新时代中国特色社会主义思想，特别是中央第七次西藏工作座谈会精神和新时代党的治藏方略，学习党的民族政策和宗教政策，虚心向当地干部群众学习，在实践中不断提升驾驭复杂局面和处理矛盾问题的能力。三要强作风。要低调谦虚，放下身段、放低姿态、放平心态，遇事多请示汇报，做优秀的干部，不做带有中央机关援派优越感的干部。要带着问题深入调查研究，切忌情况还没搞清楚，就急于提想法、谈思路。四要守底线。大家要时刻牢记自己是审计署派出的干部，始终绷紧纪律规矩这根弦，绝不触碰廉政底线，行得端、走得正，严于律己，慎独慎微，坚决维护好审计机关和审计干部的良好形象。

西藏平均海拔在4000米以上，青海平均海拔在3000米以上，希望大家能保持“缺氧不缺精神”的工作作风，同时也要做好入藏入青准备，到达后合理安排作息，向有高原工作经验同志和当地干部学习高原保健知识，科学适应高原的气候条件，同志们一定要多多保重！署党组对援派干部很关心，人教司要会同有关单位，做好各项服务保障工作，落实好援派干部的补贴、探亲休假等待遇。新冠肺炎疫情期间，大家还要严格遵守有关疫情防控规定，做好个人防护。

最后，预祝同志们在新的岗位上工作顺利，身体健康，取得更大的成绩！

深入学习贯彻党的二十大精神 扎实做好“十三五”社会服务兜底工程审计

——在“十三五”社会服务兜底工程审计培训班上的讲话

审计署党组成员、副审计长　章　轲

（2022 年 11 月 21 日）

同志们：

大家上午好！根据审计署工作安排，社保司即将组织 18 个特派办在 18 个省（自治区、直辖市）开展“十三五”社会服务兜底工程审计项目。今天，我们利用半天的时间，组织 18 个特派办相关参审同志开展视频培训。这是党的二十大胜利召开后审计署开展的首个民生领域审计项目，大家要按照侯凯审计长在审计署学习宣传贯彻党的二十大精神动员部署会及专题党课上的要求，紧扣增进民生福祉，在强化研究上下功夫，坚持问题导向，认真谋划、积极作为，切实履行好审计监督职责。下面，我讲三点意见。

一、深入学习贯彻党的二十大精神，提高政治站位

党的二十大刚刚胜利闭幕，学习宣传贯彻党的二十大精神是当前和今后一个时期的首要政治任务。我们要按照党中央统一部署和署党组要求，认真学习领会党的二十大精神，努力把学习成果转化为指导推动审计实践的思路举措和强大动力。

（一）深入学习领会党的二十大精神，增强履职尽责的政治自觉。

党的二十大报告指出：“社会保障体系是人民生活的安全网和社会运行的稳定器。健全覆盖全民、统筹城乡、公平统一、安全规范、可持续的多层次社会保障体系。”习近平总书记指出，社会保障是促进经济社会发展、实现广大人民群众共享改革发展成果的重要制度安排，是治国安邦的大问题。我国积极发展养老、托幼、助残等福利事业，人民群众不分城乡、地域、性别、职业，在面对年老、疾病、失业、残疾、贫困等风险时都有了相应制度保障，为人民创造美好生活奠定了坚实基础。

但是，我国人口基数大，老龄化程度不断加深，截至 2021 年末，我国 60 周岁及以上老年人口 2.67 亿人，占总人口的 18.9%；65 周岁及以上老年人口 2 亿人，占总人口的 14.2%。我国已从轻度老龄化迈向了中度老龄化国家。这意味着全体老人享有基本养老服务的需求大，失能失智、高龄慢病、生活困难等老人的兜底保障需求也格外突出。我国还有 8500 多万名残疾人，残疾人事业仍然是经济社会发展的短板，困境儿童无人抚养、留守儿童缺乏关爱，群众“治丧难”“治丧贵”等社会热点问题也频频出现，精细化、专业化的社会服务需求日益增长。在这种情况下，从“十三五”开始，国家专门通过发展改革委立项启动兜底工程建设，发挥中央预算内投资的带动作用，加快建设为老年人、残疾人、困境儿童等特殊群体提供服务的各类设施。

“十三五”社会服务兜底工程实施以来，中央和地方各级政府不断加大投入力度，健全养老服务体系，加强残疾人康复托养、未成年人保护、公共殡仪馆等设施建设并取得积极成效，增强了兜底保障能力，提升了社会服务水平。但从前期掌握的情况看，“十三五”社会服务兜底工程存在的问题依然不少。开展审计时，要紧扣人民日益增长的美好生活需要和不平衡不充分的发展这个主要矛盾，立足我国基本国情，把握政府主导、社会参与、市场运作、保障基本的原则，紧盯老百姓急难愁盼问题，及时揭示和反映审计发现的新情况、新问题、新趋势。同时，要认真领会党的二十大在社会服务领域的新部署、新任务、新要求，用审计的专业视角审视“十四五”相关规划的科学性、合理性，促进政令畅通，推动党中央各项惠民政策得到全面有效贯彻，真正兜住底、兜准底、兜好底。

（二）深刻领会党中央对审计工作的要求，增强履职尽责的思想自觉。

习近平总书记在历次中央审计委员会上要求加大对重点民生资金和项目审计力度。侯凯审计长在学习宣传贯彻党的二十大精神动员部署会上指出，审计要坚守人民至上的政治立场，贯彻以人民为中心的发展思想，围绕健全社会保障体系等重大部署，紧盯养老、社会救助等重点领域，持续加大审计力度，找准小切口，做好大文章，切实维护人民利益。

党中央国务院高度重视普惠性、基础性、兜底性民生建设。习近平总书记多次就民政、退役军人、残疾人等工作发表重要讲话，作出重要指示批示。社会服务兜底工程建设是保障困难群众基本权益的制度性安排，是做好“六稳”工作、落实“六保”任务的重要内容，是扎牢民生保障的重要防护网。开展社会服务兜底工程审计，是审计机关的职责任务，也是审计机关深刻领悟“两个确立”的决定性意义，自觉做到“两个维护”，充分发挥审计在党和国家监督体系中重要作用的必然要求。各审计组要提高政治站位，认真学习领会习近平总书记关于社会服务领域的重要讲话精神和中央决策部署，在我们的审计工作中依法履职尽责，不折不扣贯彻落实。每位参审人员要切实扛起人民至上的责任担当，始终把维护人民群众利益作为根本目标，将老百姓的幸福感和满意度作为检验审计工作的指南针和度量衡，用心用情做好此次社会服务兜底工程审计工作。

（三）践行为民情怀，增强履职尽责的行动自觉。

“十三五”社会服务兜底工程涵盖养老服务体系建设、社会福利服务体系建设和残疾人服务体系建设三大领域。兜底工程旨在加强社会服务薄弱环节建设，立足兜底线、补短板、调结构，逐步形成布局合理、设施完善、服务便捷、保障有力的社会服务体系。

审计人员要不断增强政治责任感和历史使命感，充分认识到民生工作是一项具有长期性、艰巨性、复杂性的系统工程，需要日积跬步、久久为功地持续发力。社保审计的目标，归根结底是为了维护广大人民群众的切身利益。我们在开展社保审计项目过程中，虽然看的是资金、是项目，但财政资金分配承载着政治意图，重大项目实施影响着政策效果，首先审深审透具体项目和资金，进而再回溯上升到政策政治。规划的项目没建成，意味着有的困难群众没有地方住；应有的设施和人员不到位，意味着有的困难群众获得服务质量不佳；筹集的资金没落实，意味着有的困难群众不能及时得到帮扶。审计人员要本着人民至上的政治立场，深刻揭示这些问题可能产生的严重后果，把审计力量和资源向基层一线下沉、向群众身边延伸，深入群众、深入基层，切实推动解决问题。

二、带着感情和温度，扎实做好社会服务兜底工程审计

我们要把看好和推动用好民生资金作为审计最大的为民情怀，努力把审计监督跟进到民生项目和资金的“最后一公里”。本次审计涵盖了养老、社会福利和残疾人服务三大领域，各审计组要准确把握新时代审计工作职责定位和使命任务，从项目规划、资金分配的源头审起，直到政策执行和资金使用的末梢环节，做到上下贯通。在全面摸清各省项目建设、资金收支余的规模结构及各项救助标准、救助人数等基本情况的基础上，重点审计资金分配和拨付情况，项目建设管理和救助职责履行情况，督促解决人民群众最关心最直接最现实的利益问题，兜住兜牢民生保障底线。

（一）以项目规划建设为抓手，促进政策落地见效。

目前社会服务设施发展不平衡不充分的矛盾还较为突出。要检查项目规划是否符合事业发展需要，符合城乡规划、土地利用总体规划要求，与当地人口、土地、环境、交通等实际状况相适宜，选址布局是否科学合理。要检查项目是否根据本地区实际需求和财政承受能力，科学制定投资计划建议方案，是否按照批复的建设规模、内容、方案和工期建设，重点审计借兜底工程名义非法占地、擅自改变土地性质和用途用于商业开发、甚至建设楼堂馆所的问题。要紧盯项目建设运营情况和有关法人责任制、招标投标制、工程监理制的落实情况，严肃落实制度改革要求，增强制度的刚性约束，推动党中央决策部署和各项改革方案的贯彻落实。

（二）以资金使用为主线，提高财政资金使用绩效。

社会服务兜底工程的资金来源主要有发展改革委下达的中央预算内投资、地方财政投入和彩票公益金等。审计要重点关注资金的申报、分配和使用全过程，以零容忍的态度严厉打击欺诈挪用贪占救助资金的行为，确保弱有所扶、困有所助、难有所帮。要在资金的投入上下功夫。关注中央预算内投资是否发挥了引导和撬动作用。根据民政部等部门《关于开展养老院服务质量建设专项行动的通知》（民发〔2017〕51号）规定，民政部本级补助地方的福利彩票公益金及各地留成的福彩公益金应优先安排用于养老院服务质量建设。《国务院办公厅关于推进养老服务发展的意见》（国办发〔2019〕5号）规定，民政部本级和地方各级政府用于社会福利事业的彩票公益金，要加大倾斜力度，到2022年要将不低于55%的资金用于支持发展养老服务。要在资金的使用上下功夫。重点关注资金在使用过程中是否存在被截留挪用、闲置浪费甚至资金损失等情况。要在资金的效益上下功夫。有的地方建项目盲目上马，在设计施工阶段没有认真规划，导致项目在建设过程中出现质量不达标、手续不完善等各类问题，钱花了但事儿没办成；有的地方建项目打着“建设公益项目”的旗号，实际上却是在谋取私利，必须严肃查处。

（三）以困难群众保障为核心，保障群众合法权益。

保障特殊困难群体基本生活，加强社会服务兜底能力建设，体现着国家的民生温度和治理精度，是推动共享发展的具体体现。党中央要求，推动健全社会救助、社会福利对象精准认定机制，实现应保尽保、应助尽助、应享尽享。根据《“十三五”社会服务兜底工程实施方案》，发展目标主要包括，在养老服务体系建设中，规定床位数要达到每千名老年人35—40张，且护理型床位比例达到30%以上；在社会福利服务体系建设中，规定在人口50万人以上或孤儿200个以上的县（市、区）要建设儿童福利设施，为困境儿童提供临时监护照料和家庭服务；在残疾人服务体系建设中，到2020年每个省（自治区、直辖市）都建有一所专业化的残疾人康复设施，地市都建有一所专业化的残疾人康复设施或残疾人托养设施。各审计组要对照被审计地区保障对象的真实底数，重点了解被审计地区困难群众主动发现机制是否完善，救助职责是否履行到位，被审计地区是否围绕困难群众的实际需求开展兜底工程。要重点关注被审计地区兜底工程项目长期空置和应保障困难群众保障不到位问题并存的情况，要深挖问题原因，揭示地方主管部门工作敷衍了事、不担当不作为现象及带来的问题后果。

三、几点工作要求

（一）高度重视，精心组织实施。

侯凯审计长在审计长会议审定工作方案时强调，“十三五”社会服务兜底工程是重点民生项目，务必组织实施好，取得预期成效。今年年初，各特派办对本地区的“十三五”兜底工程项目情况有过一个简单的调查摸底，有些发现的问题和线索很有参考价值，要做好项目衔接。审计组进入审计现场后，要迅速开展调查了解，摸清底数，按照社保司的要求，不折不扣延伸足够数量的项目。要加强与发展改革、民政、财政、残联、医保等部门的沟通交流，盯住资金使用主线，运用大数据审计加强民政、残联、医保等相关数据的关联比对分析，深入养老院、福利院、残疾人托养中心等基层一线进行现场调查，入户走访困难群众，了解各项救助政策享受情况，确保问题查实查准。各特派办分管领导和处长要深入一线，靠前指挥，倒排工期，合理安排审计力量。各审计组每15天向社保司报送审计进展情况和审计发现的主要问题，社保司做好指导督促、审核把关和综合提炼，共同保障好审计质量。

（二）创新审计方式方法，提高审计效能。

本次审计兼具审计和审计调查的特点，要充分运用审计调查的方法，创造性地做好本次审计工作。“十三五”兜底工程审计覆盖老幼弱等多个领域，项目多，范围广，资金量大。要按照“上侦查下核查”的思路，对长期未建成、建成后没有使用，以及使用率低于50%的项目进行重点核查。不断提升审计揭示问题的精准性，在深入研究政策出台背景、历史沿革基础上，分析问题背后的深层次原因，提出“可批示、能落实”的审计建议，使审计结果既有事实有数据有底气，又有站位有高度有思路，为党中央、国务院决策部署提供可靠依据和重要参考。

（三）依法文明审计，严守各项纪律。

侯凯审计长多次强调要依法文明审计，这次审计涉及项目数量多，延伸任务量大，审计组的每位同志都代表着审计署的形象，在开展审计工作时，要态度诚恳、实事求是、有理有据、以理服人，避免出现主观臆断、盛气凌人、口大气粗、以监督者自居的行为。要恪守权力边界，严格现场管理，始终保持谦虚的工作态度和求真务实的工作作风，加强与被审计单位沟通和协调。要严格遵守中央八项规定及其实施细则精神，严格执行审计“八不准”工作纪律，严守保密纪律和宣传纪律。目前部分地区疫情防控形势有所反复，兜底工程涉及的养老院、福利院等很多场所都有大量防疫重点人群，对防疫有着特殊严格的要求，我们一定要尊重规则、遵守秩序，做好自身防护的同时，也要坚决防范疫情风险，努力完成好各项工作任务。

同志们，民生工作无小事。让我们坚持以习近平新时代中国特色社会主义思想为指引，深入学习贯彻党的二十大精神，牢固树立以人民为中心的发展思想，以饱满的精神状态完成好本次审计任务，切实维护好困难群众合法权益，为推进我国社会服务体系建设贡献力量。

深入学习贯彻党的二十大精神 扎实做好地方财政收支审计工作

——在 2022 年地方财政收支审计培训班上的讲话

审计署党组成员、总审计师　赵保林

（2022 年 11 月 4 日）

同志们：

大家上午好！2022 审计年度财政审计工作已经全面启动。今天，我们举办地方财政收支审计培训班，主要任务是学习贯彻党的二十大精神，认真落实习近平总书记关于审计工作重要讲话和重要指示批示精神，学习传达署党组和侯凯审计长部署要求，明确目标方向、工作思路和任务，扎实做好今年地方财政收支审计工作。下面，我讲三点意见。

一、深入学习贯彻党的二十大精神，全力做好年度财政审计工作

（一）深入学习贯彻党的二十大精神，牢牢把握财政审计方向。

党的二十大于 10 月 22 日胜利闭幕，这次大会是在全党全国各族人民迈上全面建设社会主义现代化国家新征程、向第二个百年奋斗目标进军关键时刻召开的一次十分重要的大会，在党和国家发展进程中具有极其重大的历史意义。习近平总书记所作的报告，全面总结了过去五年的工作和新时代十年的伟大变革，深刻阐述了开辟马克思主义中国化时代化新境界、中国式现代化的中国特色和本质要求等重大问题。深入学习宣传贯彻党的二十大精神，是当前和今后一个时期的首要政治任务。我们要紧密结合审计工作实际，做到学思践悟、知行合一，深入贯彻落实二十大精神和党中央各项决策部署，以实际行动拥护“两个确立”、做到“两个维护”。

侯凯审计长在学习宣传贯彻党的二十大精神动员部署会上，阐释了全面加强党对审计工作集中统一领导的重大意义和新时代审计工作的战略定位，提出要紧扣“国之大者”强化监督，在推动高质量发展中更好发挥审计作用；紧扣深化重要领域改革强化监督，在推进深化改革完善治理中更好发挥审计作用；紧扣防范化解重大风险强化监督，在统筹发展和安全中更好发挥审计作用；紧扣增进民生福祉强化监督，在推进共同富裕中更好发挥审计作用；紧扣规范权力运行强化监督，在推进党的自我革命中更好发挥审计作用。侯凯审计长用“五个紧扣”“五个发挥审计作用”高度概括了今后一段时期审计工作的目标方向，每一项内容都与财政审计息息相关，我们要在财政审计工作中抓好落实。要深刻领会、认真落实侯凯审计长提出的审计高质量发展的理念思路和实现路径，将署党组和侯凯审计长的部署要求转化成财政审计工作实效。

（二）充分认识新时代新征程财政审计工作的使命担当，始终立足经济监督定位，聚焦财政财务收支真实合法效益主责主业，履行好法定职责。

今年地方财政收支审计，要坚持围绕党和国

家中心工作、围绕总体国家安全观、围绕以人民为中心的发展思想、围绕推进党的自我革命来谋划和推动。按照党的二十大报告提出的“健全现代预算制度，优化税制结构，完善财政转移支付体系”的改革目标，按照侯凯审计长要求，持之以恒开展研究型审计，逐步建立财政审计人员心目中规范化、现代化的财政管理体制机制制度的“理想王国”，最终从整体上推动财政体制改革。着眼财政领域重大改革任务和重要改革举措，坚持以改革视角揭示问题，以改革思维推动解决问题，锚定目标，久久为功。

这次审计，是党的二十大以后组织的重大审计项目，审计结果要纳入“四个报告”，向新一届中央审计委员会报告。这一时点，承前启后，意义重大。我们要认清肩负的重要职责，以责无旁贷的使命感、时不我待的紧迫感、不进则退的危机感，更加积极主动、奋发有为，以扎实有效的审计工作和高质量的审计成果，回报党中央对审计工作的信任和期望。

二、聚焦地方财政收支审计重点内容，做好上下贯通

侯凯审计长对今年地方财政收支审计工作的总体要求是，聚焦重点、做好贯通。为落实侯凯审计长的要求，此次审计要坚持目标导向、问题导向、结果导向，聚焦地方财政管理的重点方面，与中央预算执行审计做好衔接贯通，揭示突出问题，深挖典型案例，从中央财政管理的高度揭示和反映问题，服务支撑“四个报告”。具体从两个方面着手。

（一）聚焦地方财政管理中的突出问题、风险隐患。

一是聚焦突出问题。各地财政运行状况和管理情况各有特点，要在整体把握、总体判断各地财政状况和特点基础上，查深查透普遍性、典型性突出问题，汇总成有分量的审计成果。各特派办要围绕审计工作方案确定的重点内容开展工作，主要有4个方面：财政收入真实性合规性情况，财政支出合规性和县级“三保”支出情况，财政往来款项清理、国库库款和财政账户管理情况，地方政府债务管理情况。

二是聚焦风险隐患。党中央要求，疫情要防住、经济要稳住、发展要安全。安全始终是财政审计关注的重点。本次审计要坚定不移贯彻总体国家安全观，切实扛起防范化解重大风险的政治责任。政治安全是根本，经济安全是基础，而财政安全又是经济安全的重要组成部分。要重点关注以下几个方面：

首先是法定债务风险。去年地方财政收支审计对政府法定债务“借、用、管、还”进行了全流程审计和全链条分析，相关问题作为重要板块纳入“四个报告”，同时移交财政部处理。今年要继续加大审计力度，揭示法定债务尤其是专项债务存在的风险隐患，但要注意不要面面俱到，要按照审计工作方案内容突出重点。

其次是隐性债务风险。几年来，我们结合年度审计项目对地方政府隐性债务开展审计，并将审计结果移交财政部，已经形成了常态化工作机制。今年还要继续深入开展地方政府隐性债务审计。

最后是国库库款支付风险。有些地区基层政府只想花钱办事，不考虑资金来源和偿还渠道，不考虑收支平衡、量入为出；有些地区违规出借财政资金，预算外安排支出、长期挂账；有些地区甚至挤占上级转移支付资金，乱支乱花。这些都会造成国库库款紧张。

（二）与中央预算执行审计同向发力，同题共答，扎实做好贯通事项。

一是主动融入年度财政审计工作总体安排。完整、准确、全面贯彻新发展理念，加快构建新发展格局，要牢牢把握推动高质量发展主题，把推动党中央重大经济决策部署贯彻落实作为重中之重。要发挥财政审计监督专业优势，坚持宏观着眼、微观入手，紧盯财政管理和改革核心问题，促进深化财税体制改革、投融资体制改革，完善预算管理制度、转移支付体系，推动“十四五”规划和国家重大战略落地实施。地方财政收支审计要主动对标财政审计总体安排，把年度财政审计的总体目标落到地方财政收支审计的全过程、各方面、各环节，把审计总意图贯彻好。

在加强地方财政管理情况审计的同时，要着力为中央预算执行审计提供强有力的支撑。以大财政视角看待审计发现的问题，在“向后”做实做细问题后果的同时，主动“向前”思考问题产生的根源，分析与政策制定、行业规划和部门管理的关联，以重大政策落实、重大项目落地、重点资金使用“最后一公里”中存在的偏差，来揭示有关部门政策制定、项目规划、行业监管“最先一公里”的问题。

二是齐心合力、齐抓共管，扎实做好上下贯通事项。落实财政部、发展改革委审计贯通事项是地方财政收支审计的应有之义，是服务“四个报告”的直接体现。今年按照财政审计总体方案部署，围绕中央转移支付资金管理使用情况、“十四五”规划 102 项重大工程项目落地见效情况等内容，确定了若干重点资金和专项，编写了相应的审计指引，在地方财政收支审计和中央预算执行审计中同步关注，协同贯通。

要加大对中央转移支付资金的审计力度。去年审计了中央部门参与分配转移支付资金情况，发现资金分配方面存在的突出问题，审计结果纳入“四个报告”，成效较为明显。今年要再进一步，与地方财政收支审计做好上下贯通。要通过深入查核问题，从分配到使用做到上下贯通，揭示存在的体制机制制度问题，推动完善转移支付体系、推进财政体制改革。

三、提升质量，加强统筹，严格做到依法文明审计

（一）注重提升审计质量。

一是要把研究型审计贯穿始终。要围绕“国之大者”深入开展研究，把审计服务保障“国之大者”落实到具体审计过程中，只有如此，才能更好地增强审计作用的宏观性、整体性、系统性，财政审计尤其如此。特派办要持续深化研究型审计，始终以审计项目为平台，沿着“政治—政策—项目—资金”这条主线双向贯通，强化对审计实施、审计问题、审计建议的研究，努力在高度上做文章，在深度上下功夫，以深入研究推动谋划好项目、管理住现场、控制好质量、提炼好成果。财政审计人员要切实提高政治站位，始终站在党中央、国务院的高度，坚持用政治眼光观察和分析经济社会问题，通过揭示经济问题反映政治问题，保障党中央决策部署、政治意图和战略目标有效实现。

二是要高度重视审计查出问题质量。审计查出的问题要经得起检验，事实要清楚、定性要准确、法规引用要恰当、数字勾稽要严丝合缝。财政司的复核是实质性复核，要看底稿、看取证，对每个问题逐个核实。特派办一定要高标准、严要求，从审计取证开始就夯实基础，把问题来龙去脉查清楚，深挖原因，紧追后果，提出务实管用的建议，形成审计查核问题的闭环。要及时加强研判，集中人力和精力查重点问题、突出问题。要树立查处重大违纪违法问题和经济案件线索的意识，财政审计涉及项目多、资金量大，要更好发挥财政审计在反腐败斗争和推进党的自我革命中的作用。

三是要高度重视审计报告质量。从今年 PPP 项目专项审计调查和省级地方党政主要领导干部经济责任审计情况看，审计报告质量参差不齐。审计报告是一个审计项目的主要产品，代表着审计实施单位的形象，请大家务必高度重视。特派员和分管办领导要靠前指挥，加强审计项目全流程控制，抓好审计实施方案制定、审计现场管理，加强复核审理，切实提高审计报告质量。

四是要抓紧抓实审计质量过程控制。审计质量的过程控制，除了特派办要抓好之外，更是业务司的重要职责。财政司要从项目开始就全程跟进，加强个性化指导，把住方向重点、把住工作进度、把住典型案例。要认真研究审计组上报的审计实施方案，对抽审地区情况做到心中有数，指导特派办形成具体管用的审计实施方案，真正用方案引领实操。要始终做到“心中有报告”，12 月底特派办提交中期汇报材料后，财政司要认真研究梳理，拿出报告框架，努力做成“标准件”。大家共同努力，争取多出高质量的成果，提升财政审计的整体质效。

（二）做好人力资源统筹调配。

今年的财政审计工作，没有新增专项审计项目，并从严从紧确定审计贯通事项数量，同时要求业务司除必要的业务指导、方法指引、经验交流外，不得以任何形式向特派办追加审计事项，这样安排就是为了能最大程度为特派办全力以赴开展地方财政收支审计留出空间。项目开始后，特派办要围绕这一阶段中心工作，切实加强人力资源统筹调配，将本阶段没有单独项目的业务处室全部整合进来，确保各项审计任务衔接顺畅、执行有力。今年继续从特派办抽调部分人员参加财政部、发展改革委审计，既是年度财政审计工作的总体安排，也是通过实战培养财政审计骨干队伍的重要举措。各特派办服从大局，积极支持配合，在此表示感谢。

（三）切实加强审计现场管理。

审计中要严格执行审计“四严禁”工作要求和审计“八不准”工作纪律，加强审计组廉政管理，发挥好审计组临时党支部的管理监督作用。这里特别强调依法文明审计。与被审计单位沟通时，既要坚持原则，敢于较真碰硬，也要尊重他人，以理服人，切不可口大气粗、盛气凌人，任何时候都不能以“监督者”自居。要不卑不亢，有理有节，文明审计是一种素质。我们去其他单位审计，时时处处都在展示新时代审计干部的形象，不能有任何随意和懈怠。要严格遵守审计程序，是非曲直都要清清楚楚，尊重自己的工作成果，坚守职业操守，维护审计监督的权威。

当前，新冠疫情多点散发，审计中要时刻绷紧疫情防控这根弦，严格遵守属地和被审计单位疫情防控要求。特派办要抢先抓早，把收集资料、分析数据、核查问题疑点做在前面，留出时间上的提前量。还要做好预案，要有应对措施，在落实疫情防控措施的前提下，保障审计工作有序进行。

同志们，财政审计在审计工作服务国家治理中占有重要地位，意义重大，使命光荣。今天的培训是审前动员，接下来大家就要投入紧锣密鼓的工作中了。我们一定要深入学习贯彻党的二十大精神，全面落实署党组的各项部署要求，恪尽职守、勤勉尽责，高效完成各项工作任务，向署党组交出一份满意的答卷！

国务院关于 2021 年度中央预算执行和其他财政收支审计查出问题整改情况的报告

——在第十三届全国人民代表大会常务委员会第三十八次会议上

审计署副审计长　王本强

（2022 年 12 月 28 日）

委员长、各位副委员长、秘书长，各位委员：

我受国务院委托，向全国人大常委会报告 2021 年度中央预算执行和其他财政收支审计查出问题的整改情况，请予审议。

党中央、国务院高度重视审计查出问题的整改工作。习近平总书记多次作出重要指示批示，要求各有关部门和单位自觉接受审计，严肃认真整改审计发现问题，做好审计工作“下半篇文章”。李克强总理主持召开国务院常务会议部署审计整改工作，要求逐条制定方案尽快整改。根据党中央、国务院决策部署，2021 年度审计整改工作通过全面整改、专项整改、重点督办 3 种方式进行，将《国务院关于 2021 年度中央预算执行和其他财政收支的审计工作报告》（以下简称《审计工作报告》）反映的所有问题及提出的建议全部纳入整改范围。审计署按立行立改、分阶段整改、持续整改明确整改要求，向 140 个地方、部门和单位印发整改通知，由其全面落实审计整改责任。国务院办公厅将审计整改情况纳入国务院第九次大督查开展专项督查，审计署开展整改情况专项审计，从不同角度对审计整改进行督促检查。现将有关情况报告如下：

一、2021 年度审计整改工作部署和成效

各地区各部门各单位坚持以习近平新时代中国特色社会主义思想为指导，深入贯彻习近平总书记关于审计整改工作的重要指示批示精神，认真落实《关于建立健全审计查出问题整改长效机制的意见》各项规定，严格执行十三届全国人大常委会第三十五次会议有关审议意见，抓紧抓实国务院各项工作部署，审计整改工作进展顺利、成效显著。

（一）政治站位更高，整改责任压得更实。31 个省[①]和新疆生产建设兵团主要负责同志认真履行审计整改第一责任人的责任，通过主持召开党委常委会会议、政府常务会议和专题会议、作出批示等，对审计整改工作直接抓、直接管，有的与巡视整改、督查考核等工作协同推进。主管部门认真履行监督管理责任，在督促被审计单位整改的同时，坚持举一反三，一体推动揭示问题、规范管理、促进改革。

（二）审计整改总体格局初步成型，贯通协作更加顺畅。全面整改、专项整改、重点督办 3 种方式相结合的审计整改总体格局，既把握总体、努力做到全覆盖，又突出重点、以重点问题深入整改引领全面整改推进。有关部门在承担整改任务的基础上，积极推动健全贯通协作机制。财政部、国资委、银保监会等部门常态化开展整治财

① 本报告对省级行政区统称为省，地市级行政区统称为市，县区级行政区统称为县。

经领域重大信息虚假问题。一些地方完善省、市、县三级联动机制，建立多部门参与的联席会议或会商机制，重点推动解决跨部门跨领域的重点难点问题。

（三）整改成效更加显著，重大问题整改取得实质性突破。截至2022年9月底，《审计工作报告》反映的6639个问题中，要求立行立改的问题有4412个（占4573个此类问题的96%）已整改到位，比上年提高1个百分点；要求分阶段整改的问题有1162个（占1496个此类问题的78%）已完成整改；要求持续整改的问题（共570个）均制定了措施和计划。有关地方、部门和单位已整改问题金额6632.74亿元，制定完善相关规章制度2800多项，追责问责1.4万人，纠治了一些阻碍改革发展和长期未解决的顽瘴痼疾。

二、审计查出问题的整改情况

有关地方、部门和单位采取多种方式加强审计整改：中央财政通过收回结余资金、调整投资计划、加快拨付等整改1287.22亿元，中央部门和所属单位通过加强预算管理、清理违规收费等整改24.62亿元，各地通过追缴退回、统筹盘活、补发待遇、落实税收优惠政策等整改2358.79亿元，央企和部门所属企业（以下简称部属企业）通过调整账目、加强投资管理等整改1575.34亿元，金融机构通过清收贷款、调整贷款分类等整改1386.77亿元。主要情况是：

（一）中央财政管理审计查出问题的整改情况。已整改1473.23亿元，完善制度95项，处理处分7人。

1. 关于中央决算草案个别事项编报不够完整的问题。财政部已在2021年中央决算草案中反映了中央财政专户资金余额情况；部署编制2023年部门预算时，要求有关部门将国外定向无偿援助收入纳入预算，并在预算草案中予以披露。

2. 关于财政资源统筹仍需向纵深推进的问题。

一是对部分国有资本收益应缴未缴问题。3个部门加强对所属6户企业国有资本收益审核，其中5户已补缴或正在履行补缴程序。对未纳入预算管理的部属企业，财政部推进国有资本经营预算扩围，新增纳入600多户，并指导中央部门做好国有资本收益申报、审核、上缴等工作。

二是对项目结转结余资金统筹规定执行不严格问题。有关部门和所属单位制定未上交项目结余资金的清理方案，涉及的9068.01万元中有6322.9万元已上交财政。对向存在大量结转资金的项目继续安排预算问题，财政部督促中央部门将项目结转资金全部纳入下年预算，收回3个部门项目结余30.26亿元，并压减2022年项目预算。未统筹使用的164.19亿元中，有143.98亿元财政部将统筹用于“十四五”规划重点项目，20.21亿元根据需要尽快安排。

三是对财政收支统筹兼顾不够问题。对闲置的54.48亿元专项资金，有关部门和所属单位加快支出进度，同时将其中的30.18亿元上交财政。对多申领的11.78亿元专项资金，已通过上交财政等全部整改完毕。对未纳入部门预算的34.36亿元，已编入或拟编入部门预算。未纳入预算管理的24家所属单位中，已有16家纳入预算编报范围。未上缴财政的5.03亿元非税收入中，有4.85亿元已上缴。

四是对四本预算之间不衔接问题。财政部完善国有资本经营预算与一般公共预算统筹衔接机制，2022年将国铁集团政策性补贴、政府投资基金注资等只通过国有资本经营预算安排。财政部梳理并调整彩票公益金和一般公共预算同时支持的具体项目，将2022年中央彩票公益金用于社会福利事业支出方向，避免与一般公共预算相关领域重复安排；2023年中央彩票公益金拟不再安排医疗救助和法律援助项目，同时进一步明确对残疾人事业的支持重点。

3. 关于中央财政支出分配投向和使用效果还不够精准优化的问题。

一是对中央本级部分支出效率不高问题。对科研专项存在“钱等项目”问题，财政部督促有关部门进一步优化相关科研项目管理流程，压缩行政管理时间，2022年项目指南于4月中旬发布，比上年提前1个月；截至9月底已拨付经费114.14亿元，支出进度同比提高约10个百分点。对基本科研业务费支持范围固化问题，财政部开展专题调研，启动调整基本科研业务费支持范围研究工作，拟在2023年预算中作出调整。对部分支出管理不规范问题，财政部大幅压缩国有资本经营预算年初未细化资金规模，在执行中将未细化资金统筹用于能源电力保供、航空运输企业纾困等急需领域。发展改革委要求申报单位加强项目成熟度审核，督促加快项目前期工作进度，跟踪投资计划执行情况；对 77 个项目未支出的 46.09 亿元，已支出 22.07 亿元。

二是对转移支付分配管理不够精准合理问题。针对少数直达资金使用效果有待提升问题，财政部印发通知，督促地方落实直达资金管理要求，调整相关补助分配方案，避免闲置浪费。审计查出的问题资金中，有关地方已整改 752.02 亿元，并完善制度 10 项。其中：对分配下达不及时不精准问题，通过加快资金分配下达、提高发放精准度等整改 684.22 亿元；对违规拨付资金问题，通过收回超进度拨付资金、加快项目建设等整改 56.28 亿元；对违规使用资金问题，已追回资金重新安排使用或调整资金用途 3.54 亿元；对资金闲置问题，已使用或拨付 7.98 亿元。

针对部分资金分配不规范问题，财政部、发展改革委与行业主管部门建立会商机制，加强行业规划、项目计划与预算安排的统筹衔接，改进资金分配方法、加快拨付使用，已整改 379.65 亿元，完善制度 14 项，共涉及 34 项转移支付和 12 个投资专项。其中：对分配程序不严谨问题，有关部门修订“三重一大”事项清单，明确转移支付资金分配的决策程序。财政部印发进一步规范转移支付分配管理的意见，在分配下达 2022 年转移支付时，加强基础数据校核查验。对分配与实际脱节问题，医保局会同财政部统计各省“医疗服务与保障能力提升补助”存量资金情况，要求地方定期清理，在分配 2022 年补助时与预算执行进度挂钩。对分配结果小散问题，商务部会同财政部研究优化“外经贸发展资金”补助方式，要求地方聚焦关键领域、设定补贴条件、控制项目数量，集中财力支持重点外向型产业、重要对外开放载体及提质增效示范项目。

针对中央投资专项下达不及时、跟进督促不到位问题，发展改革委督促地方加强项目储备，进一步优化流程，加快工作节奏，截至 9 月底，2022 年投资计划已下达 4746 亿元，占全年的 95.9%；跟进督促地方管理使用情况，要求各地发展改革部门及时分解投资计划、加强与同级财政部门的沟通衔接，加快资金拨付进度。目前 1 个项目已购置设备 33 台（套），3 个项目调整超限超概算建设面积 9886 平方米。

此外，对违规使用地方政府专项债券资金问题，5 个地区通过归还原渠道、推动形成实物工作量等整改 14.76 亿元；对债券资金闲置问题，33 个地区已使用 171.25 亿元，其余 45.75 亿元正按程序调整用途等。对以上问题，财政部印发通知，要求各地按规定对责任单位和责任人进行处理处罚；有关地区已问责处理 14 个单位和 15 名责任人。

（二）中央部门预算执行审计查出问题的整改情况。25 个部门和 121 家所属单位已整改 24.62 亿元，完善制度 68 项，处理处分 33 人。

1. 关于违规使用财政资金的问题。对无预算、超预算支出等问题，已归还原渠道、调整账目及决算等 2277.03 万元。对超进度支付、以拨作支等问题，已收回各类非必要预付款等 175.11 万元。对增加一般性支出问题，已冲回挤占经费或补付转嫁摊派费用等 3330.79 万元。对违规出借资金、购买理财等问题，已收回或到期兑付 6.34 亿元。对违规采购问题，采取终止原合同、重新组织招标或签订补充协议等整改 2186.54 万元。

2. 关于依托部门职权或行业资源违规收费的问题。有关部门和所属单位已停止培训和收费，退还 205.47 万元；取消论坛庆典、评比表彰等活动，完善制度 2 项；停止有偿新闻等活动，上缴或退回违规所得 79.15 万元，完善制度 9 项。

3. 关于公务用车改革仍需深化的问题。有关部门和所属单位已处置超编公务用车 15 辆，清退超标准购置的公务用车 4 辆，退还占用所属单位及民营企业的汽车 48 辆，纠正以长租方式变相配备公务用车问题；未完成公车改革的 5 家所属单位中，4 家已完成车改方案审批及 11 辆公务用车的划转处置，另 1 家的车改方案已报批。

（三）重大项目和重点民生资金审计查出问题的整改情况。

1. 关于重大项目审计查出的问题。一是北京冬奥会和冬残奥会跟踪审计方面，审计查出的 549 个问题中，有 540 个已完成整改，完善制度 61 项。对整改中的 9 个问题，建设单位正与有关地方和部门加强沟通、妥善解决。二是港珠澳大桥建设审计方面，竣工决算草案编制和工程价款结算不准确不真实的17.53亿元已全部整改完毕，有关部门根据审计结果调减决算投资16.78亿元、调增0.75亿元，完善制度4项。

2. 关于重点民生专项资金审计查出的问题。已整改1778.6亿元，完善制度1255项，处理处分2995人。

（1）基层“三保”、就业补助审计方面。已整改19.97亿元，完善制度13项。一是对基层“三保”问题。13省35县通过重新安排追缴退回的资金、统筹盘活等，落实“保基本民生”个人补助9.22亿元。7省12县归还垫资或追回被挤占挪用的资金5.52亿元。二是对稳就业相关政策落实不严格问题。8省责成有关高校和部门进一步核实毕业生就业情况，明确就业数据统计责任。对挪用就业补助资金和失业保险基金问题，5省通过归还原渠道、完善制度等整改5.04亿元。7省核查挂靠参保、虚构劳动关系骗保等问题，被骗取的1898.44万元失业保险金等已全部追回。

（2）困难群众救助补助资金审计方面。已整改38.69亿元，完善制度1015项，追究2620人刑事责任或给予党纪政务等处理处分。一是对民生救助底线未兜住兜准兜好问题。兜住底方面，31省已将7万多名符合条件人员纳入生活救助范围；将10万余名困难群众纳入医疗救助范围，并通过补发待遇等整改1.16亿元。兜准底方面，对发放给财产超标人员的救助资金，28省已追缴退回或挽回损失等1.38亿元；各地取消6万多名不符合条件人员的救助资格，已追缴退回资金等8919万元；重复发放的资金中，已追回或上缴财政等2011万元。兜好底方面，有关地方结合救助资金结余情况，适度提高城乡低保标准和城乡特困基本生活标准，并建立动态调整机制。二是对挤占挪用和骗取套取问题。19.74亿元问题金额中，已追缴退回或上缴财政11.27亿元，其余资金通过调整账表等完成整改。

（3）住房公积金和住宅专项维修资金审计方面。已整改123.42亿元，完善制度55项，处理处分48人。一是对维修资金低息存储和多头管理问题。住房城乡建设部指导各地结合维修资金收支余等情况，合理确定使用需求，提高定期存款占比，探索委托专业机构投资运营维修资金，促进保值增值；加强与有关部门沟通协调，推动优化维修资金政府代管机构设置。二是对公积金违规放贷问题。已全部完成整改，其中：6省提前收回向购买第3套及以上住房人员发放的贷款1.18亿元，8省出台禁止向3套及以上住房发放贷款等制度31项；8省制定修订第2套住房贷款利率等制度9项；9省提前收回向公积金贷款未结清人员再次发放的贷款7068.93万元，完善加强贷款审核等制度15项。

（4）巩固拓展脱贫攻坚成果同乡村振兴有效衔接审计方面。已整改7.14亿元，完善制度81项，处理处分50人。

一是对一些地区防止返贫致贫工作不扎实问题。住房保障方面，四川凉山州盐源县制定抗震、危房、避险搬迁改造实施方案，逐一核实审计指出的379间房屋安全性，对鉴定为危房的实施改造。义务教育和医疗保障方面，3县已向148名困难学生发放生活补助34.75万元，1县从2022年起直接向困难学生发放生活补助；17县通过补缴保费、加大排查力度、加强宣传等方式，使4523名脱贫群众基本医疗保险实现续保。防止返贫监测帮扶方面，乡村振兴局制发防止返贫动态监测和帮扶机制工作指南，组织各地开展集中排查。4县根据防止返贫监测对象的实际劳动能力，对给予低保、安排就业等帮扶措施作出调整；18县将标注为“风险消除”的防止返贫监测对象重新识别纳入监测范围，并采取相应帮扶措施。

二是对部分产业就业帮扶项目效果不佳问题。乡村振兴局制定指导意见，健全完善帮扶项目联农带农机制；34县督促合作企业或经营主体履行帮扶承诺，收回投入资金或兑现分红1.78亿元，促进就业987人。对效益较差的项目，乡村振兴局指导地方防范化解产业发展风险；40县分类盘活资产，通过调整项目经营方向、拓展市场渠道等支持当地特色产业发展。对就业帮扶措施执行走样问题，22县已解聘吃空饷或顶岗人员1828人，追缴资金60.38万元；7县已将2704.09万元工资发放到位；11县加强培训管理，对存在凑人数等问题的培训机构进行通报，追回补助资金35.32万元。

三是对少数政策衔接滑坡断档问题。财政部等6部门联合印发《关于加强中央财政衔接推进乡村振兴补助资金使用管理的指导意见》（财农〔2022〕14 号），进一步明确对重点帮扶县给予倾斜支持。3 县积极争取上级补助，加大涉农资金统筹整合，投入规模较上年有所增加；2 县与金融机构续签合作协议，2022 年 1—9 月小额信贷发放额同比上升。

四是对农厕整改中的形式主义和弄虚作假问题。农业农村部会同乡村振兴局组织开展全国问题户厕摸排整改“回头看”，以“四不两直”方式对 15 省摸排整改情况进行跟踪调研，推动整改取得实效。对选择性摸排问题，1 县成立专门工作组，全面复核辖区内农村户厕。对纸面摸排问题，1 县已完成辖区内行政村的逐户摸排，改建问题户厕，达到可用标准。对层层瞒报问题，黑龙江派出 10 个督导组赴哈尔滨市双城区驻村督导，截至 9 月底，除 7 个户厕因地下水位高暂不具备整改条件外，其余已完成整改。

（5）种业发展相关资金和政策落实审计方面。已整改 9392.09 万元，完善制度 50 项，处理处分 3 人。

一是对种业振兴基础工作不扎实问题。对种质资源家底不清问题，农业农村部正在研究制定农作物种质资源登记细则，明确可登记的资源类型和程序；各地与农业农村部、国家作物种质库（圃）对接移交种质资源，新增入库资源明显增加。对种质资源保管不善问题，13 个种质资源库升级改造保存设施，开展种质活力监测及更新工作；加快实施保种能力建设工程，3 个保种场种群数量得到恢复。对种质资源开发利用不足问题，农业农村部启动农作物种质资源大数据平台建设，完善种质资源利用情况强制反馈和通报措施。

二是对育种创新研发机制存在短板问题。对育种研发周期与项目周期错配问题，科技部制定实施规范，在“十四五”国家重点研发计划中，采取滚动支持方式，对农业生物育种等项目实行长期稳定支持。加强科研项目成果审核把关，对立项之前的研发成果予以剔除。对育种审定程序执行不严问题，农业农村部修订主要农作物品种审定办法，严格品种审定条件、程序等，组织各省对近 3 年品种审定工作进行自查，强化试验监管。国家农作物品种审定委员会印发通知，要求严格落实品种审定回避制度。

三是对种子稳产稳供能力亟待加强问题。农业农村部调整制种基地认定标准，发布新一轮认定结果，对存在政策落实不到位等问题的县调减支持规模或暂停奖励；有关地方加强制种基地基础设施建设，对“非粮化”制种田制定有序退出措施。对救灾备荒种子应急保障能力不足问题，农业农村部要求各省 2023 年底前建立省级救灾备荒种子储备制度；广东省已增加省级蔬菜种子储备量。对承储企业品种不实等问题，农业农村部将储备质量不达标的企业纳入“黑名单”，要求各地对有关承储企业进行调查，目前有 19 户企业已通过完善管理办法、专库存储等完成整改。

（6）农业保险费补贴资金审计方面。已整改 43.88 亿元，完善制度 37 项，处理处分 15 人。

一是对保险覆盖率和保额标准偏低问题。财政部修订农业保险保费补贴管理办法，会同农业农村部、银保监会扩大三大主粮完全成本保险和种植收入保险范围；3 省已落实三大主粮保险政策。中央财政将中西部和东北地区种植业保险保费补贴比例统一提至 45%，2022 年安排预算 439.35 亿元，缓解地方财政压力；5 省提高保额标准，增加单位保额对直接物化成本的覆盖度。

二是对部分地方履职越位失位问题。5 省和北大荒集团规范承保机构遴选，加强承保理赔工作监督，完善制度 10 项。重庆取消对小农户的投保限制，以村、社为单位为散户集体投保，推动实现愿保尽保。财政部要求地方加快保费补贴审核拨付，8 省和北大荒集团已配套资金、拨付补贴等 39.73 亿元。

三是对挤占挪用、申领不实、骗取套取资金问题。银保监会、财政部完善农业保险协办机制和费用管理，严查套取骗取补贴问题。对违规发放保险业务协办费等问题，7 省和北大荒集团已追回资金、上缴财政或调整账目等 3787.61 万元；对虚报多得补贴问题，3 省已统筹盘活、调整账目、退回资金等 2.64 亿元；对骗取补贴问题，6 省已追回资金、上缴财政等 1622.82 万元；对“拖赔惜赔”问题，19 家省级保险机构提高理赔效率，加快支付理赔款，已完成整改；对未落实惠民政策问题，4 省鼓励保险机构探索新型措施，减轻农户投保负担。

（7）大中型灌区节水改造资金审计方面。已整改1.5亿元，恢复灌溉面积4.46万亩，完善制度4项。一是对灌区改造任务未完成且利用不足问题，8省制定建设方案，将未完成任务纳入“十四五”改造规划，筹措资金推进项目建设，已恢复1.13万亩耕地灌溉。水利部会同发展改革委、农业农村部印发文件，规范大型灌区续建配套等项目建设管理，督促地方落实农田水利设施管护责任；5省加大维修养护投入，推动田间渠系建设，已恢复3840亩耕地灌溉；7省已完成150.66公里淤积、损毁渠道的维修，2.95万亩耕地恢复灌溉。二是对“重工轻农”“与农争水”问题，水利部印发通知，进一步强化取用水监督管理，规范水资源开发利用。3省停止违规占用农业灌溉用水指标向工业、生态等领域供水，追缴补偿费、超范围供水水资源费等1738.5万元。

（8）税收征管审计方面。已整改1543.06亿元，处理处分259人。一是对税收优惠红利释放不充分问题。税务机关已为8446户未享受研发费用加计扣除等税收优惠的企业办理退抵税费34.2亿元。对纳税人未享受制造业中小微企业缓税优惠问题，税务总局升级完善信息系统功能，纳税人在申报时可获弹窗提醒。二是对个人所得税征管不严问题。税务机关已追缴税款及滞纳金37.72亿元，立案稽查13户企业，追责问责2人。对以财政扶持等名义向高收入人员违规返税问题，有关地方发文取消财政扶持政策与纳税直接挂钩。三是对调节收入问题。1471.14亿元延压税费已缴入国库；征收的过头税费中，属虚增收入的已退回，属提前征收的已办理退抵税费，追责问责257人。

（四）国有资产管理审计查出问题的整改情况。

1. 关于企业国有资产审计查出的问题。已整改1557.46亿元，完善制度351项，处理处分4220人。

一是对会计信息失真问题。有关部门健全国有资产管理基础工作制度体系。34户央企已调整账表1023.29亿元，其中：收入380.07亿元、成本费用410.37亿元、利润143.17亿元，同时完善制度152项，追责问责3756人。2户部属企业中，有1户已调整账表3362.47万元，1户补缴税款及滞纳金4369.17万元。

二是对违规经营导致国有权益损失风险问题。33户央企和5户部属企业已整改248.48亿元。对违规或盲目决策问题，26户央企和2户部属企业通过追缴资金、解除协议等整改190.77亿元，完善投资管理、重大决策等制度96项，加强对重点项目的管控。对违规对外出借、提供担保等问题，7户央企挽回损失4.22亿元，3户部属企业已确认坏账损失或计提减值准备等2.03亿元，并完善融资担保、资金管理等制度。对违规垫资、超比例承担亏损等造成的损失风险，19户央企已通过追缴资金、盘活资产等挽回损失17.17亿元，追责问责196人。此外，有关部门和单位组织所属企业梳理产权资料，推动解决国有资产产权登记问题。

三是对境外经营亏损风险问题。有关央企完善境外项目管理制度，持续推动业绩提升。2户央企针对境外事项“出血点”，开展违规投资经营责任追究，制定提质增效方案，有的项目已实现盈利。

2. 关于金融企业国有资产审计查出的问题。已整改1386.77亿元，完善制度948项，处理处分6906人。

一是对中小金融机构经营风险问题。资产质量不实方面，银保监会会同有关地方制定不良资产入表方案。23家中小银行加大清收力度、调整贷款分类或重组贷款等，已化解处置少披露的不良资产1265.77亿元，追责问责2906人。20家地方资产管理公司的违规对外融资到期不再续作或修改还款计划等，问题资金规模正逐步压减。流动性风险方面，9家中小银行通过引进战略投资者或利用地方政府专项债补充资本等，提高资本充足率；13家中小银行优化信息系统功能，加强流动性风险指标监测；银保监会修订监管统计办法，将数据质量纳入评级标准，7家中小银行调整了流动性监控指标；6家中小银行加强存款产品管理，逐步降低对高息揽储等依赖。

二是对内部控制薄弱、外部监管不到位问题。内部治理方面，23家中小银行和20家地方资产管理公司多措并举健全公司治理机制，包括增补董（监）事会人员、完善“董监高”工作规则、健全专门委员会职能等；强化内控合规管理，落实岗位职责分工，加强流程控制监督。外部监管方面，银保监会要求对地方商业银行每3年进行一次综合现场检查，已选取29家重点地方金融机构开展检查，揭示并通报了相关典型问题。在银保监会统一组织下，地方金融管理部门对地方资产管理公司开展了专项检查。

三是对执行普惠金融政策变形走样问题。中小银行普惠信贷方面，23家中小银行采取成立普惠金融部、加强产品创新和绩效考核等措施，提升普惠小微企业贷款供给，余额较审计时有所增长，其中6家中小银行落实有关政策要求，遏制涉农贷款金额下降趋势。大型银行投放方面，3家大型银行排查经营异常、流向房地产等贷款，已提前结清、调整统计口径等24.96亿元；4家大型银行优化普惠小微企业贷款统计规则，通过调减未用额度、调整统计口径等整改87.18亿元。对被套取的资金，2家大型银行已收回或结清贷款等8.86亿元，处理处分审核把关不严等责任人318名。

3. 关于行政事业性国有资产审计查出的问题。已整改17.88亿元，完善制度35项，处理处分7人。

一是对国有资产基础管理存在薄弱环节问题。26个部门已整改房产90.67万平方米、土地1.61万亩、资产14.36亿元。其中：16个部门将15.72万平方米房产以及1.36亿元对外投资、无形资产和设备等入账，并调整部门决算草案；8个部门将已建成、价值12.99亿元的11个基建项目计入固定资产账；5个部门开展土地房产专项清查等，推进办理产权登记工作；1个部门正在研究资产划转方案，将按程序报批后实施。

二是对违规使用和处置国有资产问题。26个部门已整改房产18.87万平方米、土地2.78万亩、资产3.52亿元。其中：对无偿对外出借房产、设备等问题，19个部门已停止出借或收回房产、设备，或签订出租协议；对违规出租等问题，20个部门完善资产出租手续，或终止出租、收回资产等；对超标配备办公设备问题，2个部门将部分设备调拨给其他单位，适度缩减采购计划。

三是对部分国有资产使用效益低下问题。9个部门已整改房产199.94万平方米、土地251.55亩。其中：1个部门开展非执法执勤公务用车编制重新核定的数据统计工作，完成后将按程序报批；1个部门对使用率较低的公务用车，在系统内调剂使用或以公开拍卖等方式处置；对闲置房产、土地和设备，8个部门通过重新使用、出租等进行统筹利用。

4. 关于国有自然资源资产审计查出的问题。已整改77.39亿元，完善制度77项，处理处分40人。

一是对资源和环境保护相关制度执行不严问题。自然资源部督促有关地方推进矿业权退出工作，87宗矿业权中有78宗已注销或废止，另9宗完成矿山环境恢复治理并通过省级验收；对违规用海问题，自然资源部制定化整为零、分散审批问题的认定标准，1省按要求加强用海项目审批。4省市为506家取水单位补办或注销取水许可证，追缴水资源费4387.94万元。5省市规范林地审核审批，复绿2.69万亩被违规占用或采伐的林地。5省补征土地出让收入、水资源费等28.98亿元。3省市通过偿还违规筹资、加快拨付等整改生态环保资金38.04亿元。6省市109个污染防治和生态修复等项目已完工。

二是对耕地严保严管要求未充分落实问题。3省已将未完成的1870万亩高标准农田建设任务，分解下达至有关市县逐步完成补建任务。5省市进一步严格补充耕地项目审核，通过扣减不实占补平衡指标、恢复原状等整改5.72万亩。17省将927.4万亩高标准农田划入永久基本农田，并报自然资源部审批。

三是对黑土地保护治理责任落实不力问题。对部分保护治理任务未完成问题，4省已完成336.02万亩黑土地农田设施改善和地力提升相关任务，加大侵蚀沟治理投入，加快项目建设进度，修复、重建不达标项目。农业农村部要求各地做好黑土区耕地质量监测评价工作，杜绝数据造假；3省采取秸秆还田、施撒有机肥等措施，提升耕作层厚度和土壤有机质含量，重新调查上报黑土地监测数据。对重点保护措施未落实问题，自然资源部印发通知，进一步加强黑土耕地保护；4省摸排黑土耕作层土壤剥离情况，出台加强土壤剥离管理等制度14项，推进剥离土壤回填，处理处罚违规用地项目。对保护措施未统筹问题，农业农村部会同有关部门印发通知，实施国家黑土地保护工程，推动加强黑土地保护相关项目统筹，实施综合治理；对30万亩以上的保护性耕作重点县原则上不再安排秸秆综合利用项目，确需安排的也以秸秆覆盖还田为主。3县在黑土地保护任务中统筹实施高标准农田建设、秸秆覆盖还田、畜禽粪污资源化利用等项目。

（五）重大违纪违法问题线索的办理情况。对审计移送的300多起违纪违法问题线索，有关部门和地方正在组织查处，加紧追赃挽损，依规依纪依法作出处理处分，同时深入剖析问题原因，举一反三，推动标本兼治。

1. 关于利益团伙成伙做势、围猎腐蚀的问题。自然资源部结合第三次全国国土调查、“三区三线”划定等开展行业治理，加强不动产登记队伍作风常态化建设。银保监会规范承诺类业务审批流程，明确银行各层级管理职责，探索严重违反财经纪律问题行刑衔接。对江西宜春1家生物能源公司与中介合谋骗取中央补助、相关银行等单位为其“背书”问题，银保监会已对涉事银行罚款50万元，对4名责任人给予警告、罚款等处理处分，涉嫌违法问题已移送司法机关。

2. 关于权钱交易更加隐蔽多样的问题。有关地方和部门紧盯权力集中、资金密集、资源富集、资产聚集的重点岗位、重点事项和重点环节，加强对“关键少数”的监督，规范权力运行，以案为鉴、加强警示。对云南曲靖市人大常委会原副主任傅学宾利用职务影响为民企提供便利并受贿问题，傅学宾被开除党籍、开除公职，已移送司法机关。

3. 关于“靠山吃山”的问题。水利部开展取用水管理专项整治行动，强化取水许可事中事后监管，加大对违法取用水行为的查处力度。国资委围绕产权管理、民企挂靠、投融资等重点领域开展专项整治，严肃查处靠企吃企、利益输送等问题。粮食和储备局加强对中央储备粮棉政策执行情况的监督检查。对中储粮集团下属单位工作人员违规经商办企业甚至监守自盗问题，该集团已给予18名涉案人员党内严重警告、开除等党纪政务处分。

4. 关于基层单位和民生领域腐败的问题。卫生健康委会同纪检监察、公安、市场监管、医保等部门开展医药领域腐败问题整治，维护行业环境和群众健康权益。民政部严肃查处骗取套取和贪污侵占救助资金等侵害困难弱势群体合法权益的问题，指导各地深化治理成果。对山东济宁市微山县公共就业和人才服务中心原股长李斌编造名单骗取失业保险待遇问题，李斌已被判处有期徒刑11年，并处罚金50万元。

5. 关于违反中央八项规定精神和过紧日子要求的问题。8省市加强一般性支出控制，从严从紧编制“三公”经费预算。对北京植保系统及相关部门和镇村基层干部违规接受民企供应商宴请娱乐等问题，纪检监察机关已对相关责任人进行审查调查，给予开除党籍、开除公职、降低退休待遇等党纪政务处分，涉嫌犯罪问题已移送司法机关。

（六）审计建议落实情况。有关部门和地方认真研究采纳审计建议，促进深化改革、完善制度、加强管理，推动将审计整改成果转化为治理效能。

1. 关于推动宏观调控政策更加稳健有效的建议。一是推动积极财政政策提升效能方面。2022年全国一般公共预算支出安排同比增加约2万亿元；财政部分两批储备专项债项目7.1万个，推动地方加快专项债发行使用；优化支出结构，加大对科技攻关、生态环保、基本民生、乡村振兴等领域的支持。二是保持稳健的货币政策灵活适度方面。人民银行发挥货币政策总量和结构双重作用，在保持流动性合理充裕基础上，实施普惠小微贷款支持、科技创新再贷款等结构性工具；会同银保监会引导金融机构加大对实体经济的支持，提升服务普惠小微企业质效。三是加强财政政策与货币政策协调联动方面。财政部及时预调微调财政政策，与货币政策协同稳住宏观经济大盘；推动财政政策与产业、区域等政策衔接，支持区域重大战略实施。人民银行制定实施货币政策时，与财政部、发展改革委、银保监会加强沟通，推进金融政策与产业政策协调联动。

2. 关于健全完善党中央重大决策部署落实保障机制的建议。一是坚持系统观念、严格执行请示报告制度方面。有关部门建立政策文件与宏观政策取向一致性评估机制，推动各项政策措施同向发力。对重点规划编制、重大项目建设等遇到的重大问题、重要情况，有关部门和地方及时向党中央请示报告，有的建立清单实行台账式管理，提高请示报告工作的规范化、制度化。二是坚持在发展中保障和改善民生方面。财政部指导省级财政最大限度下沉财力，支持基层助企纾困和落实“三保”任务。人力资源社会保障部兼顾需要和可能，指导各地为参加城乡居民基本养老保险的困难群体代缴最低档次基本养老保险费。民政部完善社会救助主动发现机制，维护弱势群体合法权益。

3. 关于防范化解重点领域突出风险隐患、严格规范重大经济事项决策权力运行的建议。财政金融领域，财政部提高地方政府债务限额分配合理性，加强跨部门协同监管，妥善化解地方政府债务风险，完善违规举债问责管理机制，2022 年已公开通报 16 起典型案例。人民银行、银保监会等部门推动各地建立省级党政领导负责的金融风险化解委员会，处置高风险中小金融机构，促进中小银行完善公司治理。国企国资领域，国资委推进国企改革三年行动，优化调整国有经济布局结构，构建业务监督、综合监督、责任追究“三位一体”监督体制，指导央企健全“三重一大”决策机制，深入开展“严肃财经纪律、依法合规经营”综合治理专项行动，成立央企风险管控工作领导小组，防范化解金融、债务、资金等领域重大风险。资源环境领域，自然资源部进一步严格黑土耕地用途管制，实行党政同责、终身追责。水利部会同农业农村部督促地方落实农田水利设施管护责任，推动将其纳入省级党委、政府考核。深化改革领域，市场监管总局落实公平竞争审查制度，坚决破除地方保护和市场分割。人民银行、银保监会等部门规范金融领域资本准入管理，加强股东股权管理。

4. 关于进一步增强预算约束刚性、严肃财经纪律的建议。一是健全完善有利于财政资源统筹的体制机制方面。财政部加大政府性基金预算和国有资本经营预算调入一般公共预算的力度，对共同财政事权转移支付和专项转移支付开展定期评估。各中央部门预估年度收入和上年结转结余，将所属单位收支纳入预算管理。二是继续压减非必要非刚性支出方面。中央财政带头过紧日子，结合审计、绩效等情况严格压减支出；按季度评估中央部门落实过紧日子要求情况，将评估结果用于年度预算安排。各中央部门加强对专项资金的全过程监督管理，严查铺张浪费、资金损失等问题。三是推进省以下财政体制改革方面。财政部指导各地贯彻落实《国务院办公厅关于进一步推进省以下财政体制改革工作的指导意见》（国办发〔2022〕20 号），推进省以下财政事权和支出责任划分，适度增强省级调控能力，健全省以下转移支付体系。四是加强各类监督贯通协调方面。全国人大常委会预算工委、审计署完善工作协调机制，进一步完善人大监督与审计监督的贯通协作。国资委与审计署等部门建立监督信息共享机制，推动出资人监督与审计监督等贯通配合。

需要说明的是，按照有关工作要求，财政部、商务部、国资委、医保局、国管局、银保监会等 6 个部门，针对四本预算之间不衔接、违规使用财政资金、转移支付分配不规范、地方政府专项债务管理、国有资产管理基础薄弱等 5 方面突出问题进行了专项整改，相关整改情况连同按要求需报告的中央部门单位 2021 年度预算执行等审计查出问题的整改情况，均已作为本报告的附件，一并提交本次会议审议。

三、审计整改工作中存在的问题及后续工作安排

从整改情况看，要求立行立改的问题还有 161 个（占 4%）尚未整改到位：一是中央财政管理和中央部门预算执行审计方面的问题 23 个；二是重点民生专项资金审计方面的问题 94 个；三是国有资产管理审计方面的问题 44 个。统筹国务院大督查对审计整改情况的专项督查和审计署开展的 2021 年度审计查出问题整改情况专项审计结果，综合考虑要求分阶段整改或持续整改问题的相关情况，当前审计整改工作中还存在未按时完成整改、违规整改、虚报整改完成情况、长效机制未健全、监督管理责任履行不到位等问题。究其原因，除一些问题确实受制于外部条件或不可抗力等难以整改外，也反映出审计整改工作有 3 点值得关注的问题与困难：一是审计查出问题的综合性、复杂性交织，相应整改难度加大。具体表现为有的问题整改本身即属于中长期改革任务，需要伴随着改革深化持续推进；有的问题制度性漏洞未能有效堵塞，导致类似问题反复发生。二是审计整改总体格局和贯通协作机制还不够成熟和定型。全面整改、专项整改、重点督办的审计整改总体格局需进一步巩固深化，贯通效率有待提高、力度有待加大。三是落实审计整改责任还不到位。整改压力传导存在层层衰减现象，整改责任落实还存在偏差。

对尚未完成整改的问题，有关地方、部门和单位已对后续整改工作作出安排：一是细化整改要求。对未完成整改的问题，加快落实、一抓到底；对已完成整改的问题，强化建章立制和跟踪问效，适时组织“回头看”，不断规范财政财务管理。二是压实整改责任。加强跟踪督办，确保应改尽改、高质量清零，对虚假整改等问题严肃追责问责。三是推动健全制度机制。深入分析短板弱项，加强顶层设计和过程管理，切实巩固整改成果，实现标本兼治。下一步，审计署将严格落实《关于建立健全审计查出问题整改长效机制的意见》要求，持续加强跟踪督促检查，深刻剖析问题根源，查改联动、破立并举，确保整改合规到位，确保党中央、国务院决策部署落实落地。

委员长、各位副委员长、秘书长，各位委员：

我们将更加紧密地团结在以习近平同志为核心的党中央周围，坚持以习近平新时代中国特色社会主义思想为指导，全面贯彻落实党的二十大精神，依法全面履行审计监督职责，为全面建设社会主义现代化国家、全面推进中华民族伟大复兴作出新贡献！

审计署工作概况

审计署党组成员·署领导

审计署党组书记：侯　凯
审计署党组成员：王文斌（—11 月）
王陆进（—9 月）
宋依佳（—3 月）
任洪斌（5 月—）
郝书辰
章　轲
赵保林（6 月—）
王本强（11 月—）
审计署审计长：侯　凯
审计署副审计长：秦博勇
王文斌（—11 月）
王陆进（—10 月）
章　轲（3 月—）
王本强（11 月—）
审计署总审计师：章　轲（—3 月）
赵保林（7 月—）
中央纪委国家监委驻审计署纪检监察组组长：
宋依佳（—3 月）
任洪斌（5 月—）
中央经济责任审计工作部际联席会议办公室
主任：郝书辰

审计署机关

【审计工作概况】　2022 年，审计机关坚持以习近平新时代中国特色社会主义思想为指导，全面贯彻落实党中央、国务院关于审计工作的重大决策部署，紧扣署党组提出的坚持党中央集中统一领导是政治统领、立足经济监督定位聚焦主责主业是看家本领、开展研究型审计是必由之路、审计职业精神和专业能力是重要保障 4 点工作体会开展工作，较好发挥了审计在党和国家监督体系中的重要作用。总体上看：对党中央集中统一领导审计工作的规律性认识更加深刻，审计方向更加明确；审计服务党和国家大局的主动性更强、契合性更高，独特监督作用更加彰显；审计整改这一审计工作“下半篇文章”总体格局初步成型，审计成果运用贯通协作更加顺畅、权威和高效。

把坚持党中央对审计工作的集中统一领导作为政治统领，不断提高政治判断力、政治领悟力、政治执行力。深刻认识“两个确立”的决定性意义，增强“四个意识”、坚定“四个自信”、做到“两个维护”，以落实完成好党中央关于审计工作的重大决策、重要要求和重点任务为纲，纲举目张把党中央对审计工作集中统一领导的部署要求更加细化实化制度化。各省党委审计委员会办公室认真落实中央审计委员会办公室工作要求，加强对省以下党委审计委领导和指导，推动各类监督贯通协作，进一步压实整改政治责任。

把聚焦主责主业依法审计作为看家本领，走好研究型审计这一审计工作高质量发展的必由之路。心怀“国之大者”，立足经济监督定位，深入开展研究型审计，聚焦财政财务收支真实合法效益主责主业，依法履行监督职责。2022 年，全国共审计 7.7 万多个单位，促进增收节支和挽回损失 5200 多亿元，推动健全完善规章制度 1.9 万多项。

担负起促进稳定宏观经济的责任，保障宏观经济调控政策落实和重大项目落地。全面、完整、准确把握稳中求进工作总基调，认真落实稳中求进工作要求，组织对 2021 年中央经济工作会议部署的宏观、微观等 7 项重大政策落实情况开展审计，组织开展电力、水利、铁路等重大投资审计。

及时揭示重大经济风险隐患，维护国家经济安全。践行总体国家安全观，瞪大眼睛、明察秋毫，始终把推动防范化解重大风险摆在突出位置。财政领域，首次审计了地方政府债券管理全链条，重点审计了 PPP 项目管理投资运营情况。金融领域，聚焦地方中小金融机构系统性风险和道德风险，重点审计了地方资产管理公司和信托公司。国企国资领域，牢牢把握习近平总书记对国有企业“五个重要力量”的战略定位，对 18 户央企开展经济责任审计，对 15 户央企开展财务收支审计。生态能源领域，对 18 省节能减排资金进行审计，开展自然资源资产离任（任中）审计。

践行以人民为中心的发展思想，推动保障和改善民生。将促进解决老百姓最关心、最直接、最现实的利益问题作为审计着力点和切入点，组织全国开展困难群众救助、就业、住房、医疗、教育、脱贫攻坚与乡村振兴衔接等民生审计项目，严肃查处个别地区发生冲击道德底线事件、骗取套取挤占挪用“救命钱”“救急钱”等侵害群众切身利益的问题。

着力在财经领域打假治乱，维护财经纪律严肃性。深刻认识财经纪律是党的路线方针政策在财经领域的集中体现，严肃查处严重扰乱财经秩序、违反财经纪律的问题。持续加强对中央八项规定精神和过紧日子要求落实情况的审计，严肃查处部分地区违规动用财政资金购置或兴建楼堂馆所问题。

加强权力制约和反腐倡廉，严肃查处重大问题线索。工作中紧扣领导干部履职特点，从党中央重大决策部署的宏观视野到具体经济事项实施效果的微观角度，逐项梳理领导干部履职情况，精准“画像”，为干部考核、任免、奖惩提供重要参考。

把审计整改作为审计工作“下半篇文章”抓细抓实，推动整改更加权威高效。在党中央、国务院的坚强领导和有力支持下，审计整改工作权威进一步树立、效率进一步提升、成效进一步彰显。

政治站位更高，整改责任压得更实。各地方、部门和单位从拥护“两个确立”、做到“两个维护”的高度，把抓好审计整改作为重大政治任务。主要负责同志认真履行第一责任人的责任，对审计整改工作直接抓、直接管。有关主管部门认真落实监督管理责任，一体推动揭示问题、规范管理、促进改革。

审计整改总体格局初步成型，贯通协作更加顺畅。全面整改、专项整改、重点督办 3 种方式相结合的审计整改总体格局，既把握总体、努力做到全覆盖，又突出重点、以重点问题深入整改引领全面整改推进。中央审计委员会各成员单位及有关方面从不同角度专项开展审计整改及督促检查。

整改成效更加显著，重大问题整改取得实质性突破。针对上年度中央预算执行和其他财政收支审计查出的问题，有关地方、部门和单位整改工作取得积极进展。较之以往，问题整改率得到提升、整改完成时限大幅提前。重点督办的问题线索总体进展顺利，铲除了一些阻碍改革发展和长期未解决的顽瘴痼疾。

把塑造职业精神和专业能力作为重要保障，不断加强审计自身建设。培养鼓励支持广大审计人员敢于担当、敢于碰硬，在职责范围内大胆监督、如实报告；着力提升斗争本领，通过强化专业知识学习研究和审计项目实践历练，培养提升能查能说能写本领；聚焦主责主业开展“学习研讨、查摆问题、改进提高”专项工作；严格落实中央八项规定精神和过紧日子要求，力戒形式主义、官僚主义。

此外，中国审计署审计长侯凯接任联合国审计委员会主席。认真履行联合国审计委员会委员职责，完成对联合国秘书处等机构和维和行动等项目审计。（撰稿单位：审计署政策研究室）

【中央审计委员会办公室秘书局】 2022 年，中央审计委员会办公室秘书局（以下简称秘书局）实有 11 人。设有一处、二处、三处。

领导成员

局　　长：尚　锐

副 局 长：张耀鼎

工作综述 在中央审计委员会办公室和审计署党组的坚强领导下，秘书局以政治建设为统领，认真履职尽责，积极发挥参谋助手作用，着力保运转、抓落实、促改革，较好完成各项工作任务，有效保障中央审计办高效协调运转。

交办任务 持续完善习近平总书记重要指示批示贯彻落实机制。加强习近平总书记重要指示批示台账日常管理，进一步理顺办理流程，及时转送有关部门和地方办理，规范督办催办程序，确保件件有落实、事事有回音。会同署办公厅做好年度“回头看”，按要求向党中央报告。加强习近平总书记关于审计工作的重要讲话和重要指示批示精神研究阐释，为审计干部教育培训提供培训课件。

全力服务中央审计委员会年度会议。认真做好会议筹备工作，加强与中共中央办公厅秘书局联系沟通，加强对署内责任单位跟踪督促，及时报批会议方案、议题材料和会议纪要。认真总结改革审计管理体制成效和经验，全面梳理中央审计委员会会议议定事项落实情况，起草会议材料3份。编发会议精神传达稿，印发贯彻落实会议精神的分工意见，统一思想，推动落实。

严格执行重大事项请示报告制度。跟踪督促省级审计委员会严格落实向中央审计委员会请示报告重大事项制度，加强日常检查指导。加强对地方请示报告成果利用，组织编报中央审计办简报，建立地方请示报告情况月度汇报制度，对署内司局运用地方请示报告成果情况开展调研，推动审计工作全国一盘棋。

推进委员会成员单位贯通协同。召开成员单位联络员会议，传达学习中央审计委员会会议精神，协调推进议定事项落实。向中央纪委、中央组织部转送省级审计委员会履职材料，协助加强检查考核。参与纪检监察监督、巡视巡察监督、审计监督贯通协同专题调研，推动5部门联合出台指导意见。推进财经领域重大信息虚假问题常态化整治，发挥监督合力，维护财经秩序。

加强对地方党委审计办工作指导。组织开展地方党委审计委员会和审计办履职情况调研，针对调研发现的地方党委审计委员会运行中的突出问题，向中央审计办提出建议，以中央审计办名义向各地通报问题，提出加强和改进工作的措施要求，督促各地补短板、强弱项、提能力。

相关工作 切实加强政治建设。把学习贯彻党的二十大精神作为首要政治任务，围绕“五个牢牢把握”“九个深刻领会”“七个聚焦”等，研究制定工作要点，细化任务要求，统筹抓好落实，推动党员干部学深悟透，努力把学习成效转化为提升工作质量的内生动力。积极推进理论学习教育常态化长效化，扎实开展“对党忠诚，始于足下”主题活动和“学习研讨、查摆问题、改进提高”专项工作，全年组织集体学习8次、专题研讨3次，还开展了专题党课、实地参观、青年“微党课”，丰富学习载体和内容，提升理论学习的吸引力和实效性。

切实加强干部队伍建设。依托“三立课堂”、党支部理论学习等，开展政治理论、时政热点、审计业务等学习培训，促进党员干部打牢理论功底、夯实基本功。坚持把实践锻炼作为“第一跑道”，组织全员参与重点任务落实、服务重要文稿写作，搭建传帮带平台，带动干部能力素质提升。选派干部到地方挂职锻炼，引进地方审计干部到局内交流，通过双向交流促进干部加强历练、增长才干。扎实推进党风廉政建设，按组织程序开展支部换届，在各处室均成立党小组，严格组织生活；认真开展警示教育，对易发高发风险点重点提醒，严明纪律要求，弘扬新风正气。

着力打牢规范管理基础。健全局内重点事项督办机制，年初统筹全局工作要点，将目标任务分解到处室、明确到人，实行清单式管理，每月通报工作进度。针对中央审计办日常运转中的新情况新问题，加强与署内外单位沟通联系，总结工作规律，完善制度规定，规范办文办会办事程序，提高工作质量和效率。 （撰稿人：邵　颖）

【办公厅】 2022年，办公厅实有63人。设有办公室、审计长办公室、督查处、计划统计处、财务一处、财务二处、秘书处、保密处、新闻宣传处、档案处、信访处、电子政务（政务公开）处、资产管理处。

领导成员

主　　任：胡大华

副 主 任：罗　泉　郝敬苏

　　　　　只　洋（6月—）

一级巡视员：杨蕴毅　李　伟　孙玉花

二级巡视员：赵素琴

工作综述 2022年，办公厅在审计署党组的坚强领导下，坚持以习近平新时代中国特色社会主义思想为指导，深入学习贯彻党的二十大精神，认真落实审计署党组决策部署，主动适应新形势新任务新要求，提高政治站位，加强统筹谋划，积极担当作为，着力提升“三服务”质量和水平，顺利完成各项工作任务，取得较好成效。值班、督查、预算、资产管理、档案等多项工作得到主管部门肯定或表扬，办公厅第一党支部被命名为中央和国家机关“四强”党支部。

聚焦主责主业，围绕中心工作当好参谋助手

确保政令畅通，抓好督查督办。督促落实习近平总书记批示事项12件，并向驻审计署纪检监察组、秘书局通报，督促落实李克强总理批示事项10件、国务院常务会议议定事项21件。向中共中央办公厅、国务院办公厅专题报告事项进展15次。对129个署重点任务、64个培训项目、17个法治建设事项立项督办。立项督办署党组会议和审计长会议议定事项68项，署领导批示任务193项。督办署外来文会签和办理反馈24项。牵头协调相关业务司参加中共中央办公厅督查室来署开展防范排查化解重大风险专项督查调研，报送的相关情况被中共中央办公厅督查室调研报告采用。加强研究谋划，抓好计划统计管理。认真落实研究型审计要求，在广泛征求署外30家部门单位、特约审计员和审计系统各单位意见的基础上，立足经济监督定位，紧扣“国之大者”，深化立项研究，系统谋划审计项目，扎实做好年度审计项目计划草案编制工作。出具29份对审计工作方案的审核意见，公示并通报计划执行情况。报送23个审计项目后评估情况。通报全国审计情况结果，向有关司局提供统计数据服务35次。坚持稳中求进，抓好审计宣传。做好党的二十大精神宣传工作、“奋进新时代”主题成就展筹备工作。组织开展“审计这十年”“奋进新征程　建功新时代”等特色专题宣传。完成审计工作报告、审计查出问题整改情况报告、审计结果公告、全国审计工作会议等重点审计宣传任务。协调服务署领导出席中宣部“中国这十年·系列主题新闻发布会”，做好侯凯审计长接任联合国审计委员会主席等重要事项的宣传报道。加强成果运用，推进监督贯通。向中央巡视办提供66份相关审计文书。协调配合署内有关司局向纪检监察机构移送疑点线索16件，向中央纪委国家监委提供审计项目计划、审计报告等203件，向纪检监察机关等提供审计资料110批次。立足审计工作全国一盘棋，加强对地方审计机关的管理。修订完成《省级审计机关重大事项报告工作规定》，重点加强与《省级党委审计委员会重大事项请示报告实施办法》的统筹。收集分析各省级地方审计机关备案的年度审计项目计划，优化审计计划统计直报系统。落实新修订审计法的规定，组织接收并转办4800余份审计文书，提供署相关单位工作参考。完成2021年度省级审计机关主要负责同志向署党组述职报告工作，汇编35位省级审计机关主要负责同志述职材料报告署领导。

强化担当作为，严谨细致做好服务保障工作

做好重大会议保障工作。组织承办或配合完成中央审计委员会会议、向全国人大常委会作审计工作报告和审计整改情况报告、全国审计工作会议，以及署党组会议、审计长会议等重大会议活动。认真做好署领导工作活动安排协调保障。进一步提升财务和资产管理水平。强化预算管理，保障经费支出需求。从严从紧编制预算，硬化预算执行约束，强化“三公”经费和一般性支出管理。强化预算绩效考核，研究起草《审计署预算管理年度绩效考核办法》。履行财务核算工作职责，保障机关运转。加强房屋资产保障，严格公务用车管理。做好通用资产配置和处置相关工作。加强政府采购全流程监管，严格审核把关，统筹协调采购脱贫地区农副产品工作。规范公文文秘管理。收到各类文件5024件、信函6336件；制发各类文件2155件，发文1.6万份、机要交换1.1万件、用印976次，通过远程站收发各类电子文件1.12万件。优化向署外单位提供审计资料流程，规范审计工作方案的审批流程和发文范围，编发核文要点，加强署内签报管理。认真做好文稿复核工作。持续改进档案管理。审查接收文书档案10098件，审计档案1996卷。提供312人次查借阅实体档案，查借阅文书档案2857件，审计档案1201卷，基建档案34卷434件，党中央、国务院文件14件；通过数字档案室线上借阅档案363件。组织22个单位开展档案安全风险隐患排查。编制《审计署文件材料归档范围和档案保管期限表》。组织完成审计署驻地方特派员办事处数字档案室系统部署。组织落实“两会”有关工作要求。协调视频收看全国人大代表贵州1组、江苏6组的小组讨论，整理记录67条意见建议。组织完成8件代表建议和6件委员提案的办理工作，报送建议提案办理工作情况总结。

加强统筹协调，全力以赴做好各项安全稳定工作 认真扎实做好保密密码工作。组织开展全署微信泄密专项整顿行动，自查4254人次、微信工作群1737个、微信图文识别小程序80个；开展全署保密自查自评工作，督促整改，通报结果。组织开展保密密码宣传教育系列活动。持续开展全署国家秘密解密工作，变更保密期限44件，解密1764件。稳妥有序做好信访工作。扎实做好新修订《信访工作条例》学习宣传贯彻工作，修订《审计署信访工作规定》，推进信访制度规范化建设。接收处理信访来信1083件，来访41人次，网上信访6520件。做好疫情防控和来访接待工作，保障重大节点期间信访工作平稳有序。向业务司局及地方审计机关转送问题线索234条。依法依规做好信息公开工作。主动公开各类信息35条，有关规范性文件做到应公开尽公开。办理各类依申请公开申请133件，妥善处理群体申请事项。配合完成中国政府网网民建言3条，答复署门户网站网上咨询345条。严格落实疫情防控各项措施。配合组织开展核酸检测，做好重要公务出行服务保障和政策咨询工作。研究制定署机关应急处置预案。建立新冠病毒感染情况跟踪统计工作机制。建立完善疫苗接种督办机制、周报制度和各单位接种人员详细情况台账。协调配合属地，组织完成在京单位第二剂加强接种工作，在京单位在职职工加强免疫完成率达到93.43%。

（撰稿人：李从杰）

【政策研究室】 2022年，政策研究室（以下简称政研室）实有18人。设有一处、二处、三处、四处、五处。

领导成员

主　　任：王本强

副 主 任：籍吉生　胡治海

　　　　　林　海（6月—）

工作综述 2022年，政研室在审计署党组的正确领导下，牢固树立政治机关意识，将信息编发、报告核改、整改落实、审计业务、综合管理等各项工作一体推进、协同发力，较好地完成了署党组交办的各项任务。

坚定不移推进政治建设 深入学习习近平新时代中国特色社会主义思想，深入学习贯彻党的二十大精神，坚定不移推进政治建设，坚决拥护“两个确立”、做到“两个维护”。

把牢政治方向，深入学习贯彻党的二十大精神。将学习贯彻党的二十大精神作为首要政治任务和头等大事，全面抓好党的二十大精神的学习落实。自发、自觉、自省地学习，做到学原文、悟原理，将党的二十大精神落到实处。

严守政治规矩，认真落实重大事项请示报告制度。坚持重大事项随时向署党组报告、每月定期向署领导报告审计长批示落实情况、对派出机构审计信息批示办理情况。建立办理事项工作台账，每周滚动更新，及时督促办理，按月向办公厅报送署督查事项落实情况。

强化政治能力，切实加强支部建设发挥战斗堡垒作用。通过强化政治理论学习、加强思想政治工作、规范党建基础工作加强支部建设。组织开展“我来当主讲”主题学习、关键小事调研，起草调研报告获机关党委推荐报送中央和国家机关工委。坚持严暖结合做好干部谈心谈话，加强新冠肺炎疫情期间对干部关心关爱，在严格落实疫情防控要求情况下调动好干部工作积极性。严格落实“三会一课”制度，开展主题党日、主题联学活动，锤炼党性修养，提升支部组织力和战斗力。

涵养政治生态，加强自身党风廉政建设。积极贯彻落实国务院第五次廉政会议要求和署内相关规定。及时传达驻署纪检监察组等有关违规违纪问题通报，引导党员干部汲取教训。从严管理干部队伍，加强廉政文化建设，要求党员干部守住底线、不踩红线。

扎实做好重要文稿起草和报告信息核改工作 坚持将审计成果利用视作引导审计工作聚焦主责主业的重要抓手，审计成果质量取得新突破，审计成果利用迈上新台阶。

扎实做好“四个报告”起草工作，“重器”地位进一步凸显。坚持高站位高水平高质量起草

“四个报告”，通过“四个报告”更好把党中央对审计工作的集中统一领导落实落细。坚持早谋划早部署早安排对起草工作进行统筹，将各项工作及成果具体化、网格化、标准化，做到日程安排有节奏、工作推进有章法。强化审计成果与“四个报告”的深度融合，将全年重要审计成果全部纳入“四个报告”，确保“颗粒归仓”。

扎实做好审计信息核改工作，打造审计信息“精品工程”成效显著。加强信息审核，纠正成果偏离主业、质量不高、逻辑关系不清晰、政策研究不深透等问题，严把信息入口关做到宁缺毋滥，严控信息出口关务必精益求精。按照把握节奏、适度超前的原则，有节奏报送重要信息。以信息化建设为抓手，建立从信息归集、督促办理、审核上报到采纳情况反馈以及中央领导批示办理情况跟踪的全链条信息管理系统。

扎实做好综合报告审改工作，综合报告质量不断提升。将政策性审核作为核改综合报告的前置工作，明确综合报告审核框架逻辑、重要观点、审计建议及文字和审计范围四方面标准。规范综合报告审改环节，核改后以签报形式汇报综合报告修改情况。始终心怀“国之大者”，围绕“主题要鲜明、结构要清晰、论证要严谨、文字要简洁”的要求修改报告，打造综合报告精品。

扎实做好综合文稿起草工作，服务全署重要会议和重点工作。全面总结年度审计工作，研究起草关于2022年审计工作总结和2023年初步考虑、2022年审计工作的汇报提纲等重要文稿。围绕全署重点工作，研究起草2021年度审计整改情况报告、审议意见以及落实情况报告。2022年度“四个报告”反映问题的初步整改情况等材料。

扎实做好业务培训、考核评比、经验交流分享等相关工作，切实推进审计成果利用能力建设。加强信息报告核改经验交流，挑选代表性的综合报告和信息脱密编写案例材料，组织审计成果利用专题培训班。配合开展考核评选，严格对照审计成果，客观审慎做好审核审计信息等事项的量化评分、优秀案例评选等工作。加强地方审计机关业务交流，密切关注地方工作动态，通过《审计工作通讯》《中央审计委员会办公室简报》等载体共享经验做法，助推审计工作全国一盘棋。

构建审计整改制度框架和总体格局 坚持将审计整改视作审计工作高质量发展的重要组成部分，围绕贯彻落实《关于建立健全审计查出问题整改长效机制的意见》（以下简称《意见》）精神，积极探索实践，审计整改制度框架基本建立，审计整改总体格局初步成型。

着力搭建审计整改制度框架。聚焦审计机关督促检查责任，起草贯彻落实《意见》的实施意见及任务分工方案，出台审计整改分类试行办法，明确立行立改、分阶段整改、持续整改的划分标准以及相应整改时限。开发建设“审计整改管理系统”，初步实现各类审计成果建账、督办、销号的全口径、全周期管理。

着力构建审计整改总体格局。通过全面整改、专项整改、重点督办3种方式相结合，推动取得扎实成效，审计整改格局初步形成。全面整改方面，印发整改通知要求被审计单位履行整改主体责任、主管部门落实监督管理责任。专项整改方面，配合中央审计委相关成员单位从不同角度对审计整改进行督促检查。组织对731个问题的整改情况开展专项审计。重点督办方面，梳理选取若干重大问题线索，分别移送有关主管部门进行查办督办，向中央审计委员会报告了相关问题线索重点督办情况。

创新组织方式开展重大区域战略落实情况审计 坚持将重大区域战略落实情况审计视作推进审计工作高质量发展的不可或缺的重要内容。做好2021年度3个审计项目收尾和后评估工作，开展京津冀协同发展、长江三角洲区域一体化发展2个区域重大战略实施推进情况跟踪审计项目。

全过程介入。全过程组织实施，精心起草工作方案，做好审前培训，开好中期汇报会，建立中期汇报会议定事项督办台账，加强与被审计单位沟通，充分研究考虑被审计单位意见。

全方位统筹。组成发展改革委审计组和7个省市审计组，精心统筹实施。做好上下联动，扎实开展发展改革委现场审计，指导地方审计组密切跟进重大问题。加强横向贯通，及时共享问题线索和审计重点。针对跨区域问题，统一问题处理口径原则、整改要求等，确保同一问题同一处理标准。

全要素研究。紧扣规划纲要，编制工作方案，审定实施方案，对各项要素深入研究，精准把握审计切入点。紧扣发展改革委履行职责，探索开展对发展改革委贯彻落实规划纲要情况进行审计，推动健全规划实施保障机制。与各审计组谋划研究提出审计重点事项，安排专人对接协调，发现一批有价值的问题线索。

切实加强政研室规范化建设 注重健全完善工作运行机制，严格落实执行各项规章制度，工作的规范性不断提升。

健全完善机制制度。总结2021年度工作得失，撰写“四个报告”与“整改报告”工作规范。结合考核办法，研究审计信息和综合报告考核机制和审计整改工作考核计分办法，促进发挥好考核指挥棒作用。立足工作实际更新室内制度汇编，推动依规照章办事。

严格落实内部管理相关制度。做好文件流转管理，做到工作留痕、有迹可循。强化档案管理，坚持办结即归、统一管理。有序完成干部日常考勤、选拔考察、职级晋升、交流同志调入调出。加强保密安全管理，开展涉密审查，杜绝失泄密隐患。

严格执行疫情防控相关要求。实时统计疫苗接种、人员到岗等情况，定期分发防疫物资，及时上报人员离岗情况，统筹疫情防控和日常工作，为需要临时居住单位的干部做好后勤保障，开展丰富多彩的工会活动，营造团结暖心工作氛围。

（撰稿单位：审计署政策研究室）

【法规司】 2022年，法规司实有13人。设有检查指导处、法规准则处、法律事务处。

领导成员

司　　长：彭新林

副 司 长：黄跃进

一级巡视员：季怀银

工作综述 2022年，法规司在审计署党组的正确领导下，坚持以习近平新时代中国特色社会主义思想为指导，深入学习贯彻党的二十大精神和习近平法治思想，坚决贯彻落实习近平总书记关于审计工作的重要讲话和重要指示批示精神，紧紧围绕署党组决策部署和全署中心工作，扎实推进审计法治建设，竭力为审计事业高质量发展提供坚强法治保障，取得较好成效。

审计法律规范体系建设 出台《审计署审计查出问题整改分类试行办法》，为审计整改工作提供指引。进一步规范审计报告出具、向署外单位提供审计资料等工作要求，切实防范审计风险。修订完善涉及账户查询等相关审计工作制度，废止提请对审计发现涉嫌犯罪人员边控有关规定，严格落实依法审计，确保审计权力恪守法律边界。对审计署审计业务制度进行“大起底、大排查”，共梳理制度120多项，深入查找是否存在与上位法相抵触、互相不协调不衔接、影响审计工作质量和效率等问题，提出初步研究意见。组织完成《政府和社会资本合作项目审计指南》《人身保险公司审计指南》以及海关审计领域法规向导制定修订工作。

审计机关法治政府建设 起草印发《审计署2022年度审计法治工作计划》，对年度法治工作作出具体安排。严格落实法治政府建设情况报告制度，按规定向党中央、国务院报送《审计署关于2021年度法治政府建设情况的报告》，同时将报告全文在署门户网站刊载，接受社会监督。按照中央机构编制委员会办公室有关要求继续做好审计署权责清单编制工作。充分发挥法律顾问作用，加强对法律顾问服务的监督管理。

普法依法治理 坚持制度制定和执行并重，扎实推进“八五”普法工作。深入开展新修订审计法宣传落实工作，将各地学习宣传贯彻新修订审计法情况呈报中央审计委员会，配合国际司翻译新修订审计法英文稿。印发《审计机关工作人员应知应会法律法规清单》，组织宪法宣传周、观看法庭庭审录像、征集法治动漫微视频等形式多样的普法活动。以《审计工作通讯》为平台编发5期审计法治专刊，宣传、推广各地审计法治工作好经验好做法。多次为地方审计机关和署有关培训班宣讲审计法规制度，配合署干部教育学院开发录制法规课程4门，为初任公务员培训提供有力支持，在审计机关营造尊法学法守法用法浓厚氛围。会同审计署科研所组织开展“1982年宪法确立审计监督制度四十周年”主题征文活动，回顾总结党领导下中国特色社会主义审计监督制度的演变历程和实践经验。

优秀审计项目评选和审计业务质量检查 坚持质量成果并重，评选出115个2022年全国审计机关优秀审计项目。会同署宣传中心宣传报道

2021年优秀审计项目案例，充分发挥优秀审计项目的激励和示范引领作用。修订《审计机关审计业务质量检查办法》，探索与省级审计机关主要负责人经济责任审计统筹开展的模式，组织对江苏、广西两省（区）的审计业务质量检查。切实抓好2021年检查发现问题整改工作，督促各单位进一步夯实基础，完善制度。

行政复议和应诉 全年依法办理行政复议案件125件，对明显不当的具体行政行为坚决予以撤销。依法办理行政诉讼案件14件，审结11件，全部胜诉。

合法性审核 严格执行合法性审核制度，对10件规范性文件、92份合同进行了合法性审核。梳理重大合同合法性审核中发现的普遍性、典型性问题，印发《审计署办公厅关于合同合法性审核工作情况的通报》，供有关单位学习借鉴，推进提升工作质效。

审计法治队伍建设 全年共组织政治理论学习16次，安排6次微党课全面深入学习习近平法治思想，以“微课堂”方式组织处室工作交流6期，鼓励每位青年干部登台授课。组织5个署相关单位党组织开展联学共建演讲活动。组织“我来当主讲”活动，择优推荐的学习成果在机关党委评选中荣获三等奖。会同审计署审理司、审计科研所等单位开展地方政府专项债研究练兵活动，主导的研究成果《政策法规视角下地方政府专项债券审计初探》在审计研究报告刊登，为审计实务工作提供了重要参考。

全年7人次轮岗交流，先后选派17人次参加项目审计、专题调研、年终考核、军委审计署优秀审计项目评选等工作。

其他工作 办理人大议案政协提案答复1件，立法协调23件，署内署外征求意见84件，公众咨询和信访答复20件，署党组规范性文件备案2件，政府信息公开申请答复意见审核23件。

（撰稿人：王修平）

【审理司】 2022年，审理司实有25人。设有一处、二处、三处、四处、五处、六处。

领导成员

司　长：胡家俊

副司长：王　芳　欧　山

工作综述 2022年，在审计署党组的正确领导下，审理司以习近平新时代中国特色社会主义思想为指导，坚决贯彻落实署党组决策部署，依法全面履行审理职责，较好完成各项工作任务。

思想政治建设 坚持以习近平新时代中国特色社会主义思想为指导，深入学习贯彻党的二十大精神和习近平总书记关于审计工作的重要讲话和重要指示批示精神，坚决贯彻落实审计署党组的决策部署，坚持以党的政治建设为统领，坚持正确政治方向，严明党的政治纪律和政治规矩，牢固树立政治机关意识，深刻领悟“两个确立”的决定性意义，增强“四个意识”、坚定“四个自信”、做到“两个维护”，不断提高政治判断力、政治领悟力、政治执行力。持续强化理论武装，认真组织开展“学查改”专项工作，通过集中学习、研讨交流、邀请外部专家授课、开展党支部和党小组对口联学联建等方式深化学习效果，推动党建与审理业务深度融合。青年理论学习小组围绕建团100周年、“对党忠诚，始于足下”“更好按经济规律办事，青年怎么办”等主题开展学习研讨，促进青年干部坚定理想信念，走好成长成才之路。坚持严的主基调不动摇，压紧压实全面从严治党和党风廉政建设主体责任，切实做好日常教育监督管理和节假日重要节点监督提醒，加强审理权力运行风险排查管控，健全完善风险防控机制，坚持重大事项集体研究决定，切实防范廉政风险。

审理工作 坚持围绕中心、服务大局，依法客观、聚焦重大，规范作业、优化管理，充分沟通、良性互动，促进审理效率和质量有机统一、促成更多审计成果落地见效。坚持围绕中心、服务大局，深化对习近平总书记关于审计工作的重要讲话和重要指示批示精神的理解把握，认真落实署党组关于审计质量控制工作要求，提高工作站位，主动从全局、全系统谋划工作。坚持依法审理、客观求实，全年高质高效完成313件审计报告和问题线索的审理，认真把好政治关、政策关、法律法规关、事实证据关，确保审计发现问题事实清、证据实、定性准，以过硬的审计质量夯实审计整改基础。积极创新审理工作模式，促进效率提升。统一流程、规范作业，深化审理工作一盘棋，统筹做好集中审理和日常审理任务。

批量审计报告集中审理任务提前明确分工到处室到个人，先行对接沟通、充分研究，夯实审理基础。审理过程中分级并联同步、先易后难、倒排工期、按日调度。重大问题线索审理任务区别情况、分类办理，要事要办、科学用时，最大限度提升工作效率。注重加强与业务部门和审计组充分有效沟通，推动全流程贯通协调。通过集体研究、会审等方式统一标准尺度、梳理核心证据、研讨疑点分歧、促进达成共识。审理结束后持续跟进审理意见采纳情况，及时改进工作。扎实做好审理发现实质性质量问题定期通报，推动加强全流程审计质量控制，促进落实质量分级负责制。

业务指导培训 做好审理“后半篇文章”，加强质量控制指导和服务。加大对审计质量控制工作理念思路和规则流程的宣传力度，以点带面，进一步深化、放大审计质量控制工作效果。陪同署领导对部分审计署派出审计局进行实地调研，接待地方审计机关审计质量控制工作调研组，派出司处级干部19人次送教上门。加强对各省级党委审计委员会及其办公室报送的审计报告、问题线索及处理情况分析利用，就相关工作提出意见建议。坚持审理工作总结“复盘”工作常态化，梳理提炼审理组织模式、技术方法、证据标准、典型问题，为审计一线审计质量控制工作提供务实管用的实践指导。发布审计报告集中审理情况通报3篇，组织开展中央企业主要领导人员经济责任审计项目审理案例测试及专题研讨活动，结合审理实践编写多篇审计质量控制提示和典型案例，在《中国审计报》开设审计质量控制专栏并组织刊发研究文章6篇，促进业务部门和审计项目实施单位举一反三、提升质量。

加强贯通协同 加强问题线索移送分析指导和整改跟踪督促，积极推动与纪检监察机关贯通协同。为贯彻落实党中央重大决策部署和相关法律法规要求，适应纪检监察体制改革需要，切实解决审计移送工作突出问题，研究修订移送问题线索工作办法。用好移送信息模块，研究归纳问题线索新变化新特点新趋势，定期撰写分析报告供署领导参阅，向署内相关部门报送问题线索移送方面典型案例，服务管理决策。强化移送事项整改情况跟踪，督促业务司及时跟踪审计移送事项调查处理结果，并配合政研室做好年度审计整改报告相关工作，确保审计成果权威高效运用。加强与驻审计署纪检监察组沟通协调，积极配合相关调研工作。

队伍建设 着力培养审理人员依法审理、敢于担当负责的斗争精神，增强能查能说能写本领，以专业能力保证审理结论客观公正、让人信服。一是把研究作为保质量提效率的重要抓手，提高把握总体和解决复杂问题的能力。努力打造学习型机关，营造苦练内功、钻研业务的浓厚氛围，定期梳理汇编党中央、国务院重大决策部署发送全司党员干部学习，各处持续做好对口业务领域政策法律法规、审计报告、审理案例的收集整理工作，在审计业务知识把握方面努力向业务部门看齐。全员参加审计署审计科研所组织的地方政府专项债务练兵活动，两篇研究报告分获二等奖和三等奖。二是把审理实践作为干部能力提升的第一跑道，加强干部多渠道历练。司领导班子带头研判、聚焦重点，处级领导干部务实重干、全程把关，青年审理骨干立足本职、苦练内功，有效锻炼提升队伍能力水平。积极扩宽干部培养渠道，派出7人参加重大审计项目、1人参加联合国审计、1人参加国务院督查、2人赴特派办交流锻炼、2人参加会计基础知识培训班。三是改进作风、正向引导。面对审理任务叠加、时间紧迫、新冠肺炎疫情影响等多重困难，党员领导干部率先垂范，团结带领全司党员干部迎难而上，凝心聚力、攻坚克难，高质量完成审理任务。大力弘扬审计职业精神和“闻令而动、马上就办、高效务实”的工作作风，教育引导审理干部秉承服务审计工作高质量发展理念，坚持以理服人、实事求是、文明审理。加强和改进思想政治工作，分层级开展谈心谈话，做好引导解惑，构建精诚团结、相互尊重、互帮互学、共同进步、和谐发展的良好氛围。

相关工作 建章立制保证质量，优化管理提升效率。制定完善司内规章制度，明确工作环节、责任人员、职责任务和注意事项，做到夯实基础、突出重点、压实责任。坚持月计划、周重点和日报告机制，全程掌握审理进度，持续强化要事要办。严格执行请销假审批和考勤公示制度，落实落细常态化保密管理和自查工作，不断提升内部管理科学化精细化水平。配合人教司做好年度综

合考核中业务工作定量考核评分工作，会同政研室、人教司做好优秀审计案例和相关审计人员评比表彰工作。（撰稿人：常伟华）

【内部审计指导监督司】 2022年，内部审计指导监督司（以下简称内审司）实有14人。设有一处、二处、三处。

领导成员

司　　长：李凤雏

副 司 长：黄　涛　屠红梅

工作综述 2022年，内审司积极履行内部审计指导监督工作职责，把实现内部审计在新时代高质量发展，充分发挥内部审计在我国审计监督体系中的重要作用，推进国家治理体系和治理能力现代化，作为首要政治任务，注重通过建章立制、监督检查等方式引领和推动全国内部审计事业发展。截至2022年底，全国依法属于审计机关审计监督对象的单位共设置内部审计机构8.97万个，配备内审人员37.63万人，全年完成审计项目134.6万个，审计发现问题金额3.91万亿元，整改2.1万亿元，给予党纪、政务和内部纪律处分4.72万人，向司法机关移送或报告案件线索346件，涉及人员232人。

稳步推进内部审计检查工作 结合央企2018年至2021年财务收支审计项目，对1家央企2018年至2021年内部审计工作情况进行检查。通过检查，发现内部审计领导体制机制、职责履行和审计整改等方面的问题，并提出改进建议，为该单位收回资金、修订完善公司内部审计管理制度、积极推动相关单位设立审计中心等方面发挥了促进作用。

做好社会审计机构出具的审计报告核查工作，促进执业行为更加规范 开展社会审计核查工作，共核查社会审计机构出具的审计报告41份，涉及8家社会审计机构。发现存在未履行必要审计程序、未识别出重大错报和审计质量控制不到位等问题。核查发现的相关情况已按规定移送有关监管部门及审计组处理。通过对社会审计核查的组织形式、工作方式、质量控制、成果利用等方面的有益探索，促进社会审计机构以核查发现的问题为抓手，进一步规范执业行为，提升业务质量。

持续做好内部审计统计调查工作，提升成果利用水平 探索对统计调查数据进行拓展应用，对开展财务收支审计的13家中央企业内部审计工作情况进行专项分析，重点关注不同企业主营业务方向与侧重内部审计项目类型的联系，以及历年内部审计发现问题整改情况，服务深化国有企业审计工作。做好2021年度及2022年度统计调查工作，强化报表汇总、年报备案、数据分析等工作，推广使用单机版填报程序生成统计报表，为改善工作方法、提升数据质量、提高工作效率打好基础。

以课题研究为切入点，加强对中国内部审计协会的政策和业务指导 会同办公厅签订购买服务合同，指导中国内部审计协会履行好课题研究、内部审计统计调查等约定事宜。委托中国内部审计协会组织实施2021—2022年度内部审计科研课题公开招标和立项评审工作，择优确定9个科研课题。根据民政部要求，配合有关部门做好中国内部审计协会脱钩改革后清理整治相关工作，及时上报相关情况。参加中国内部审计协会第七届理事会第五次会议、年度重点工作交流总结大会等活动。

切实履行审计署内部审计职责 以“经济责任审计两办规定”为依据，以向署党组提交“责任报告、家底报告、发展报告”为目标，深入贯彻落实侯凯审计长指示，紧紧围绕领导干部权力运行和责任落实开展审计。组织开展3家单位原主要负责同志的经济责任审计，通过审计，公正客观评价被审计对象经济责任履行情况，摸清被审计单位财务和资产“家底”，加大了揭示问题和风险隐患的力度，提出了改进管理和完善制度的建议。

扎实开展审计署内控报告编制相关工作 指导审计署本级及各特派办、各直属单位按照财政部要求，完善内部控制机制、工作流程和岗位职责，总结经验做法和成效，查找工作薄弱环节，组织做好编报审计署内部控制报告和开展风险评估工作。2022年内部控制报告编报工作获得财政部的肯定，内审司同志受邀担任内部控制报告评审专家，参与评审标准制定和对13个部门74家单位的评审工作，得到财政部的认可。

履行促进注册会计师行业健康发展联席会议成员单位职责 参加财政部牵头的规范财务审计

秩序促进注册会计师行业健康发展联席会议机制并参加相关会议，与财政部会计司建立固定沟通工作机制，定期通报相关工作进展情况。

（撰稿人：孙扬乐）

【电子数据审计司】 2022年，电子数据审计司（以下简称数据司）实有26人。设有一处、二处、三处、四处、五处、六处、七处。

领导成员

司　　长：邵永春（—11月）

　　　　　马晓方（11月—）

副 司 长：王　忠

一级巡视员：薛　亮

工作综述 2022年，数据司在审计署党组的正确领导下，全面深入贯彻习近平新时代中国特色社会主义思想，充分认识党的二十大的重要意义，深刻领悟"两个确立"的决定性意义，增强"四个意识"、坚定"四个自信"、做到"两个维护"。深入贯彻落实科技强审理念，认真落实署党组各项决策部署，以推进服务支撑为出发点、以强化能力建设为落脚点、以推动信息化建设为支撑点、以提升网络和数据安全服务管理水平为着力点，以"政治—政策—项目—资金"为主线，努力完成网络安全和信息化建设审计及其他专项审计调查，大数据审计国际影响力不断提升，数据司党支部被命名为中央和国家机关"四强"党支部，各项工作取得较好成效。

领会总体国家安全观，贯彻落实网络安全工作责任 认真履行审计署网络安全和信息化领导小组办公室职责，对照《党委（党组）网络安全工作责任制实施办法》要求，严格落实署党组对网络安全工作的各项部署，强化各单位网络安全直接责任人职责。探索网络安全保护工作组织模式，优化网络安全日常联络及信息通报机制，通过审计专网等信息化平台建立重要时段实时响应体系，组织完成党的二十大、北京冬奥会和冬残奥会等重要时段网络安全保障任务。推动建立署本级常态化网络安全和信息化值班值守机制，通过会议、文件、宣传周、专题讲课与专项保护等方式，营造网络安全人人有责、人人参与的良好氛围，圆满完成本年度各项实时监测、信息通报、应急事项处理等工作，安全防护底线进一步筑牢，防护水平和能力不断提升。

落实重大决策部署，开展网络安全和信息化建设审计 组织有关业务司、派出审计机构和省级审计机关对31个省（自治区、直辖市）和新疆生产建设兵团、46个中央部门开展网络安全和信息化建设情况审计，揭示了数字造假、违纪违法、形式主义等问题，向党中央、国务院及有关主管部门报送审计要情1篇、专题审计报告2篇、《审计信息转送函》1篇，编发中办约稿1篇、指导形成特派办移送2篇。8月，会同主管部门组织对14个省（自治区、直辖市）和25个中央部门审计发现问题整改情况开展联合督导检查。加强与主管部门的沟通协调，联合印发关于做好审计发现问题整改工作的通知，指导相关地区和部门深入开展审计整改，进一步做实审计整改"下半篇文章"。

强化审计数据服务支撑，加大大数据审计研究及推广应用 立足提升数据服务质量，做好数据采集、处理和授权等基础保障工作，挖掘数据使用价值，研究推出常用数据标准表，并提供简单易用的数据查询服务。着眼审计方法创新，升级完善财政、企业等专业审计平台，加强与相关业务司交流合作，认真研究重大违纪违法案件规律特点，提炼总结数据分析常用模型。紧跟前沿技术发展，引入桌面云平台并开展试点应用，为审计人员提供现场数据分析环境，实现商业查询软件本地化部署，满足审计人员对法律法规、企业查询平台和数据的需求。坚持全国一盘棋，加强业务指导，提升地方审计机关大数据审计能力，克服新冠肺炎疫情影响，对6个省三级审计机关以视频会议、书面形式开展调研，了解掌握电子数据审计和信息化等情况，提升工作指导成效。

践行科技强审理念，重视审计信息化建设 截至7月，金审三期已完成国家审计大数据中心、审计综合作业平台、国家审计数字化管理平台、审计综合研究系统和综合服务支撑系统5大应用系统21个分子系统建设，中央投资部分顺利通过竣工验收。地方审计机关金审三期部署稳步推进，截至2022年底，37个省级审计机关中，11个通过竣工验收，6个通过项目合同终验，7个通过项目合同初验，10个完成招投标进入建设部署阶段。企业审计平台项目建设通过初验，财政审计数据分析系统、经责审计管理平台陆续投入运行，审计整改系统进行重构。工作中注重技术方法提炼，搭建经验交流平台，编发审计工作通讯、金审三期建设动态、技术标准或指南，发布系统升级近40次，组织开展视频会商、专题会议、协调网络联通等工作，为金审三期地方部署推进提供强力支持，助力审计工作高质量发展。

注重政治机关建设，扎实做好党建引领工作

深入学习宣传贯彻习近平新时代中国特色社会主义思想和党的二十大精神，领导班子发挥领学促学作用，统筹将党的二十大报告学习、《中国共产党章程》修正案、《习近平谈治国理政》第四卷与习近平总书记关于审计工作的重要讲话和重要指示批示精神学习紧密结合，数据司党支部被命名为中央和国家机关"四强"党支部。重视青年干部教育引导，组织青年理论学习小组成员积极学习研讨习近平总书记重要讲话和重要指示批示精神，引导青年干部不断提高政治觉悟和政治能力。强化党风廉政建设，开展警示教育活动，组织全体人员深刻剖析违纪违法典型案例并展开讨论，围绕金审三期建设等重点工作，全面排查廉政风险点，强化对党员干部的日常监督和教育，提升党风廉政建设教育成效。

重视人才培养工作，着力提升审计工作能力

通过案例宣讲、操作指引制订等方式，拓展大数据审计经验交流组织方式，完善审计实务导师制，培养青年干部能查能说能写能力。建立大数据审计智库团队，强化专业能力提升，定期邀请高校及金融机构专家系统讲授解读当前经济形势，提高大数据审计为党和国家重大现实问题和改革热点服务的宏观性。立足岗位职责，培育职业精神，引导审计干部养成严谨细致、雷厉风行的工作作风，锤炼忠诚干净担当的政治品格。发挥司分工会以及职工代表委员会、文稿审核和起草小组等群众性自治组织的力量作用，调动青年干部主动思考、干事创业的积极性，锻造纪律严明、作风优良和业务精湛的干部队伍。

加强国际交流合作，提升国内外影响力 履行世界审计组织大数据工作组职责，全年新吸纳4个成员国家入驻大数据工作组，组织召开第6次国际视频会议，发表《世界审计组织最高审计机关大数据审计五年发展报告》，发布《大数据审计指南》《审计技术方法创新》等研究课题，系统总结各国大数据审计工作先进做法和前沿实践，加强与各国间的日常沟通交流。开展国际国内审计信息化标准化工作，推动国际标准化组织"审计数据服务"技术委员会（TC 295）标准制定、宣传推广等各项工作，全年新吸纳2个成员国家加入TC 295，推荐审计信息化国际标准《审计数据采集》（ISO 21378：2019）参评并荣获中国标准创新贡献奖标准项目一等奖。

（撰稿人：欧阳菁菁　韩明毅）

【财政审计司】 2022年，财政审计司（以下简称财政司）实有34人。设有一处、二处、三处、四处、五处、六处、七处。

领导成员

司　　长：赵保林（—10月）

副 司 长：张　琦（9月—）

　　　　　雷　达　周　岩

工作综述 2022年，财政司认真履行审计监督职责，共组织实施中央预算执行审计、地方财政收支审计、省级地方党政主要领导干部经济责任审计、政策落实情况跟踪审计、政府和社会资本合作（PPP）项目专项审计调查等各类审计项目11项，有685个问题被署"四个报告"汇总反映。呈报综合报告4篇、审计信息20篇，出具审计报告65份，报送推动有效投资专项审计专报信息1篇，综合报告和审计信息得到中央领导同志批示23篇。办理移送事项35件、转送函4件，推动被审计单位完善制度141项，追责问责125人。组织特派办实施的经济责任审计、地方财政收支审计项目中有4个获评审计署优秀审计项目。

政策落实情况跟踪审计 围绕重点专项资金开展审计，实施的2021年第四季度政策跟踪审计中，积极探索"直达机制+专项资金"审计模式，较为系统揭示了学生资助补助经费分配使用不当、政策目标未实现等方面的突出问题。在2022年第一季度审计中，重点反映了地方财政收入质量、楼堂馆所等方面问题，受到党中央、国务院高度重视。

财政审计 组织开展中央预算执行和决算草案审计、地方财政收支审计等审计项目，发挥财政审计工作领导小组办公室"抓总"职能以及财政部审计和国家发展改革委审计“龙头”作用，精心编制财政审计总体方案，强化融合贯通，统筹年度财政审计项目围绕总体目标协同开展，提升财政审计整体效能。

中央预算执行审计。组织实施财政部具体组织2021年度中央预算执行和编制中央决算草案情况审计、国家发展改革委2021年度组织分配中央财政投资情况审计。财政部审计聚焦提升积极财政政策效能、规范财政资金分配权责、防范化解重大财政风险、社会政策兜住兜牢民生底线等重点方面，重点揭示中央财政在财政资源统筹、转移支付分配管理、防范重大风险隐患、预决算管理等方面存在的问题，推动深化财税体制改革和建立现代财政制度；国家发展改革委审计聚焦被审计单位作为宏观管理和经济综合协调部门、投资主管部门的职能特点，围绕中央财政投资分配、管理和使用，揭示了重大战略规划落实、投资专项管理和计划执行、投资项目事中事后监管、重点权责事项开展等方面问题，努力做到重点问题有突破、常规问题有深化、技术方法有创新，促进中央预算内投资提质增效。

PPP专项审计调查。组织18个特派办对部分地区政府和社会资本合作（PPP）项目投资运营等管理情况开展审计调查，同时具体实施对财政部、中国PPP基金的审计调查。围绕党中央、国务院关于PPP项目“规范发展、阳光运行”的决策部署，重点审计了PPP项目管理投资运营情况，主要发现PPP模式在我国引入融合过程中，顶层制度安排和执行偏离引入初衷，许多项目形成损失浪费和违纪违法等深层次问题。

地方财政收支审计。组织特派办对18个省（自治区、直辖市）2021年度财政收支和政府债务管理情况进行审计。服务中央预算执行审计，统筹开展贯通事项审计。首次审计了地方政府债券管理全链条，严肃查处部分地区通过骗取发债资格等违规发债、通过转为国企债务等虚假化债、通过集资或担保等违规新增等问题，促进主管部门完善专项债券发行审核流程、及时下达资金、提高资金使用效益。抽审54个地区隐性债务相关问题，移交财政部汇总上报，为党中央、国务院准确把握地方政府债务风险情况提供参考。

经济责任审计　组织特派办对6个地区10名省级地方党政主要领导干部进行经济责任审计。聚焦中央重大关切编制审计工作方案，梳理习近平总书记近年来在被审计地区考察调研时的重要指示精神和国家规划有关要求，将被审计地区落实总书记要求情况作为审计关注的首要事项，从重大规划和地方特色中抓住重点、审出亮点。注重加强审计质量全过程控制，先后印发6期审计指引，强化审计报告复核把关。注重提升审计成果，围绕地区特点，抓住地方经济社会发展规律和主要矛盾，突出精准“画像”；聚焦被审计领导干部任期内贯彻党和国家重大经济方针政策、决策部署的大事要事，围绕审计重点，突出“经济责任”；围绕审计职能，突出“治已病、防未病”；围绕审计整改，突出被审计单位的主体责任。

审计查出问题整改　全面整改方面，加强与相关主管部门的沟通，督促被审计单位落实整改主体责任，抓好问题整改，认真审核审计整改情况，促进举一反三，强化管理。建立单项报告、综合报告、“四个报告”、审计信息、审计移送等问题台账，做好纳入审计结果报告、工作报告的685条、295条问题与单项报告相关问题关联挂号、对账销号。专项整改方面，扎实做好财政部、国家发展改革委整改2021年度审计查出问题专项审计，促进财政部出台《审计查出问题内部责任追究工作规程（试行）》，制定完善规章制度17项，国家发展改革委印发《关于建立健全审计查出问题整改长效机制的通知》，提出7方面14项举措。配合全国人大常委会预算工委对相关问题整改情况的跟踪监督；派员参加国务院第九次大督查，督促落实专项债券资金闲置、地方政府隐性债务、“三保”政策落实不到位等问题的整改。重点督办方面，配合财政部、中央纪委国家监委、人民银行、银保监会对重大问题整改进行重点督办，成效显著。着眼反腐治乱作用发挥，始终将财经纪律执行情况作为审计监督的重要内容，持续紧盯政策支持力度大、投资密集、资源集中的重点领域和关键环节，揭示了一批违规兴建楼堂馆所和形象工程、财经数据造假、领导干部涉嫌滥用职权以权谋私等重大违纪违法问题。

研究型审计　坚持研究的最终目标是服务于审计实践，通过书面调研、座谈等方式向专家学者、财政审计工作领导小组成员单位、部分特派办开门问策，赴财政部开展审前调研，以年度财政审计总体方案为牵引，推动年度财政审计内容整合和成果利用。司内组成多个研究小组或联合财科院、社科院等专业研究机构，对央地财政关系、地方政府招商引资财税优惠政策、PPP 项目等 8 项财政领域重要课题进行研究。课题成果对于开展 PPP 项目专项审计调查、相关专项转移支付资金贯通审计，以及做好审计项目储备发挥了重要参考作用。举办 5 期“财政审计课堂”，就经济政策理解、审计思路创新、技术方法探索、优秀审计案例应用、审计信息（报告）撰写等开展研讨；邀请专家学者就《财政总会计制度改革》《地方政府专项债券风险研究分析》等专题进行交流，夯实财政审计人员业务基础，拓展审计思维。

财政审计信息化建设 加强数据分析和系统建设，完成“财政审计数据分析应用系统”验收、上线测试和试运行，于 2023 年 1 月 9 日正式上线运行。加强标准和信息化建设，《财经信息技术 财政预算管理软件审计数据接口》国家标准修改文稿，顺利通过社会公开征求意见、审计署信息化标准化委员会全体委员函审、国家标准委技术审查。

加强对地方审计机关指导和成果利用 建立工作机制，实行审计报告分发机制、每月分办机制、按季度报告办理和反馈利用情况机制；加强成果利用，多个审计项目中参考借鉴省级审计机关审计报告等 156 件，梳理 123 份报告共性问题，编写《省级审计机关审计发现地方财政收支重点问题案例汇编》供审计参考；在 2022 年省级地方党政主要领导干部经济责任审计工作方案的编制过程中，对 7 个省级审计机关审计报告进行研究，为完善审计工作方案、明确相关审计重点提供参考。

相关工作 不断加强党支部建设，两任党支部书记认真履行党建工作第一责任人职责，团结带领全司党员干部，坚持以党的政治建设为统领，扎实开展“学查改”专项工作等党建重点工作，严格落实“三会一课”制度，全年召开支委会 12 次，召开支部党员大会 10 次，党小组集中学习 40 次，开展专题党课教育 4 次、主题党日活动 6 次。认真开展警示教育，以案促学正风肃纪，7 名党员在支部大会上进行学习交流，让全司党员干部从违纪违法人员的切身之悔感受到锥心之痛，用身边的“活教材”常敲廉洁从审的警钟；结合各处室职责特点，认真梳理、深入排查了 5 方面 22 个廉政风险点，并制定了相应防范措施 15 项。2022 年，财政司党支部被命名为中央和国家机关“四强”党支部。

始终聚焦能力提升，切实加强干部队伍建设。将侯凯审计长在财政司领导班子党史学习教育专题民主生活会上的点评讲话要求作为推动深化财政审计工作的指导，从作风建设、能力建设、研究型审计和思想政治工作 4 方面梳理出 17 项需要整改落实的问题和工作要求，建立整改台账，定期“回头看、盯着改”。大力提高干部“能查、能说、能写”本领，组织和抽调全司各处、相关业务司、派出局、特派办、直属单位审计人员参加财政部和国家发展改革委审计，培养锻炼财政审计业务骨干。扎实推进审计实务导师制，精选师资、因材施教、考核评价，大力加强青年干部培养。健全完善《财政审计司审计信息复核意见书（试行）》《财政审计司公文资料定密原则》等工作制度，提高内部管理水平。

（撰稿人：王艳青）

【税收征管审计司】 2022 年，税收征管审计司（以下简称税收司）实有 23 人。设有一处、二处、三处、四处、五处。

领导成员

司　　长：王爱梅

副 司 长：吴正恩　沈　葳

审计成果 2022 年，税收司共组织实施国家税务总局税收和非税收入征管等情况审计、人民银行国库资金管理等情况审计、海关履行监管职责和税收征管情况审计、税务总局和海关总署部门预算执行等情况审计、税务总局和海关总署整改 2021 年度审计查出问题有关情况审计等 7 个审计项目。向党中央、国务院报送专题报告 1 篇，形成审计报告 7 篇，编发审计要情 2 篇、审计重要信息 2 篇，向相关部门移送违纪违法问题线索 30 余件。

财政审计 组织 18 个特派员办事处和 17 个省级审计机关对税务部门税收收入、非税收入等征管情况开展审计，共审计国家税务总局和17个省级税务局，紧紧围绕巩固拓展新冠肺炎疫情防控和经济社会发展成果，扎实做好“六稳”工作、全面落实“六保”任务，持续关注税务部门贯彻落实党中央国务院重大政策措施情况、税收和非税收入征管和部门预算执行等情况，揭示了研发费用加计扣除、高新技术企业税收优惠等减税降费政策落实不到位、个人所得税征管执法不严及征收“过头税费”、违规延压税费等问题，推动优化税收征管机制，降低企业负担，助力经济高质量发展。

组织17个特派员办事处对中国人民银行17省（市）国库税费资金管理等情况进行审计，紧扣税收审计特点，聚焦税收和非税收入、预算支出和预算收入退库等相关业务内容，揭示部分国库部门在管理监督征收机关和商业银行经收处解缴库款、办理库款支拨、办理增值税留抵退税等方面存在的问题，推动完善信息系统，出台或修订相关制度，提升国库管理水平。

组织17个特派员办事处对海关履行监管职责和税收征管情况开展审计，共审计海关总署及其直属海关16个，紧紧围绕全面贯彻新发展理念，统筹新冠肺炎疫情防控和经济社会发展、统筹发展和安全、畅通国内国际双循环和促进对外贸易高质量发展，持续关注海关履行进出境环节监管、税收征管等职责情况和部门预算执行等情况，揭示了海关在贯彻落实口岸新冠肺炎疫情防控、进出口环节减税降费等党中央国务院重大决策部署，及履行进出境实货监管、税收征管、涉案财物管理等职责和部门预算执行等方面存在的问题，推动优化海关监管机制，堵塞漏洞，促进提升海关全链条监管水平，确保国门安全。

实施税务总局和海关总署预算执行等情况审计，持续关注部门贯彻落实中央八项规定及其实施细则精神和政府过紧日子要求情况，揭示了税务和海关部门预算编制不完整、不科学，以及超标准采购、配备办公设备，资产长期闲置，结余资金未及时清理并上交财政等影响财政资金使用效益等突出问题，被“四个报告”采用反映，推动提升部门预算管理水平。

审计查出问题整改 认真贯彻落实党中央、国务院关于审计查出问题整改工作的重要部署，将出具审计报告与建立审计整改台账同步进行，对所有审计反映的问题明确整改要求，同类问题统一认定整改标准，司内严格复核把关，定期对账，逐项销号，确保审计整改情况全面、准确、真实。对于普遍性、系统性问题，督促被审计单位纠正问题的同时，完善相关制度、机制和信息系统。

研究型审计 将研究型审计贯穿审计工作全过程各环节。做细做实审计工作方案，认真学习领会习近平总书记关于税收、海关工作的重要指示批示精神和党中央、国务院重大决策部署，深入研究分析税务、海关部门贯彻落实情况，通过实地开展调研、细化专题研究、审计后评估等方式，初步确定审计重点内容，再运用大数据关联分析，印证方案内容重点的可行性，增强审计工作方案科学性、精准性和可操作性。抓好“三个结合”精准揭示问题，将学习领会党中央、国务院对税收、海关工作的决策部署和研究分析税务、海关部门职责履行情况紧密结合，将政策分析和数据分析紧密结合，实施税务总局、海关总署审计组与各省税务局和直属海关审计组密切上下联动、点面结合，找准突出问题，力求查深查透。系统深入研究提好审计建议，在发现具体问题的基础上，将审计发现问题与改革发展方向贯通起来分析研究，通过研究政策思考分析产生问题的原因，揭示问题背后存在的体制机制障碍和制度漏洞，有针对性地提出审计建议。在此基础上，坚持抓好审计后评估工作。

党建工作 认真贯彻落实党的二十大和十九届历次全会精神，持续强化政治机关意识，全面推动机关党建与业务工作深度融合。严格落实“三会一课”、组织生活会、民主评议党员、谈心谈话等制度。强化日常廉政监督管理，在审计进点前、节假日等重要时间节点，利用开会、短信、微信等方式提醒干部严守廉政纪律。将廉政风险防控贯穿审计项目全过程，规范延伸审计台账，强化数据管理，对省以下税务部门和直属海关实行异地交叉审计，严格审计成果利用，切实规范审计权力运行。守正创新，探索家庭助廉模式，通过寄送“清廉家书”，让审计干部家属既加深对审计事业理解，又协助管好干部八小时以外的生活圈、交际圈。

队伍建设 认真贯彻侯凯审计长关于带好税收审计队伍的要求，坚持严暖结合，在对干部严格管理、严格教育、严格监督的同时，从政治上、思想上、工作上、生活上真诚关爱，始终把“家”的理念贯穿思想政治工作始终。以审计实践为第一跑道，补短板、强弱项，认真落实审计实务导师制，着力锻炼和提升税收审计干部队伍业务能力水平。抽调特派办和地方审计机关业务骨干开展数据分析，安排司内数据分析能手现场辅导；审计现场安排业务骨干带新手、特派办干部和司内干部混合编组，充分发挥专业协同、优势互补作用；以管用、实用为原则，先后组织开展税收审计基础知识培训，海关、税收审计项目审前培训，科学设置培训内容，有效提升审计干部业务能力。（撰稿人：高寿鹏）

【行政事业审计司】 2022 年，行政事业审计司实有 25 人。设有一处、二处、三处、四处、五处。

领导成员

司　　长：金　莹

副 司 长：崔　明（—10 月）　赵旭东

黄瑞深（6 月—）

二级巡视员：乔曼丽（—1 月）

工作综述 2022 年，行政事业审计司组织开展了中央部门预算执行情况审计、中央部门所属单位及重点资金专项审计、中央部门主要领导干部经济责任审计、高校主要领导人员经济责任审计、国家某基金审计和国家重点研发计划资金审计等工作，并抓好问题整改。全年共向党中央、国务院和相关部门报送审计报告、综合报告等重要成果 59 篇，其中综合审计报告 2 篇均得到批示；编发审计要情 4 篇、审计重要信息 3 篇、审计移送重大问题线索 26 件，其中 4 篇审计要情和 2 篇审计重要信息获得批示，1 篇审计要情和 1 篇审计重要信息被评为审计署优秀审计案例；出具部门预算执行审计报告 46 篇，经责审计报告 12 篇，经责审计结果报告 12 篇。2022 年，有 1132 个问题被审计署“四个报告”汇总反映，涉及金额 5966.45 亿元。

2022 年组织实施的国家某基金审计项目评为审计署优秀审计项目一等奖；中国残联、水利部预算执行审计等项目被评为审计署优秀审计项目二等奖。

财政审计 组织开展 2021 年度中央部门预算执行情况审计，重点突出财政资源统筹、参与分配转移支付资金和部属企业管理 3 个审计专题，安排 7 个企业局参与 2 个部门京外单位的上下联动审计。共出具审计报告 46 篇，查出 1000 多个问题，其中 955 个问题汇入“四个报告”，多个案例被“四个报告”采纳，向党中央报送重要审计信息 1 篇，获得多位中央领导同志重要批示，向中央纪委国家监委等有关部门移送案件线索 17 件。

9 月至 10 月，组织 19 个驻中央部门派出局开展了对 16 个中央部门所属的 16 家二级行政事业单位财务收支情况、1 项专项资金管理使用情况、1 个政府部门财务报告编报情况的审计。审计共发现问题 353 个，涉及金额 195 亿元，向有关部门移送问题线索 8 件。

经济责任审计 完成 9 个中央部门 10 位党政主要领导干部和 3 所中管高校 6 位主要领导人员的经济责任审计工作。审计发现与中央部门领导干部有责任关系的问题 200 个，其中直接责任问题 2 个；审计发现与中管高校领导人员有责任关系的问题 83 个，其中直接责任问题 2 个。已编发审计要情 1 篇、审计重要信息 1 篇，均获得中央领导同志的重要批示，向有关部门移送问题线索 2 件。

科技审计 在国家重点研发计划资金审计中，聚焦国家战略定位和特定要求，分析提炼审计观点，深挖典型问题和鲜活案例，不断提升审计深度。审计共发现问题 371 个，涉及金额 62.73 亿元，向党中央、国务院报送综合报告 1 篇，得到了多位中央领导同志的批示。

政府投资基金审计 组织部分特派办开展国家某基金审计。深入揭示基金管理中存在的突出问题和风险点，审计共发现问题 457 个，涉及金额 1173.32 亿元。向党中央、国务院报送综合报告 1 篇，编发审计要情 3 篇，得到了多位中央领导同志的批示。该审计项目被评为审计署优秀审计项目一等奖，1 篇审计要情被评为审计署优秀审计案例。

审计查出问题整改 全面落实中共中央办公

厅、国务院办公厅关于建立审计整改长效机制的意见，一方面，履行好审计整改监督责任，对2021年度46个中央部门开展预算执行审计的整改情况统一部署、全面梳理，将审计报告发现问题、反映重大问题线索以及审计信息反映的重要情况全部纳入整改范围。在审计结束后，30多个中央部门的主要领导对审计整改作出批示，目前46个部门已整改资金116亿元。另一方面，抓紧推动审计整改长效机制建设。适应新研发的整改管理系统，优化审计条线整改工作流程，积极完成“四个报告”、综合报告以及60篇单项报告有关问题整改情况录入系统和检查工作。在审计中，将整改要求、时限等细化到审计发现问题清单中，建立整改台账，按季度报送审计整改情况。

相关工作 编写了《部门预算执行数据审计技术方法汇编》《2021年度预算执行审计方法案例汇编》《2021年度中央部门预算执行审计发现问题及定性依据汇编》《党中央国务院及其主要部门出台的重要政策制度汇编》，并印送各派出局参考借鉴。落实科技强审要求，积极参与财政审计数据分析应用系统建设，系统已完成验收、试运行、上线测试等工作正式上线运行。

（撰稿人：廖　丰）

【农业农村审计司】 2022年，农业农村审计司（以下简称农业司）实有22人。设有一处、二处、三处、四处、五处。

领导成员

司　　长：和　杰

副 司 长：高　宇

曹　湜（1—5月广西挂职）

李建全

一级巡视员：胥连碧（3—7月）

审计成果 2022年，农业司共完成审计项目4个，向党中央、国务院报送专题（综合）报告6篇、编发审计重要信息2篇，并得到中央领导同志重要批示。在12月召开的中央农村工作会议上，习近平总书记在谈到推进乡村产业振兴相关工作时，特别提到乡村振兴重点帮扶县审计综合报告反映的乡村产业发展三个方面问题，要求各地区各部门要严格贯彻落实乡村振兴责任制，针对存在的问题，采取有效措施抓整改，扎扎实实推进乡村振兴各项任务落实。向中央纪委移交典型问题线索89条、组织特派办办理审计移送事项20件。农业司党支部被评为审计署“四强”党支部。

种业发展相关资金和政策落实情况审计 2021年9月至10月，组织对农业农村部、科技部和四川等9个省（自治区）种业发展相关资金和政策落实情况进行了审计，抽查种业相关资金75.29亿元，重点关注种质资源保护利用、种业科技创新、国家育种和良种繁育基地建设、救灾备荒种子储备、种业市场监管等内容。项目前期加强调查研究，先后多次前往农业农村部、科技部、国家发展改革委、中国农科院、国家种子基地等单位座谈和调研；实施期间组织审计组开展研究型审计，先后下发“种业审计中强化调查研究做好审计实施方案”“审计要点”“答疑提示”等业务动态5期。2022年3月，审计综合报告报送中央审计委员会和国务院后得到中央领导同志阅批，且被政研室推荐作为5篇优秀报告范例之一供各司局学习借鉴。

黑土地保护相关资金和政策落实情况审计 2021年9月至10月，组织对农业农村部和黑龙江等4省（自治区）开展黑土地保护相关资金和政策落实情况审计，抽查黑土地保护相关资金337.83亿元。重点关注黑土地保护资金管理使用和任务目标完成情况、黑土地保护利用试点示范与其他涉农资金项目统筹整合和衔接配合情况、黑土地保护利用制度落实情况等，揭示黑土地保护利用中存在的法规制度不完善、长效机制未建立、补助资金绩效不高等突出问题，促进黑土地保护政策措施落实和提高资金项目绩效，推动完善黑土地保护法规制度和形成遏制黑土地退化减少的长效机制。梳理共性问题和典型问题，先后下发审计动态要点7份，引导各审计组加强对4省区总体情况的审计，完整落实审计工作方案内容，强化典型案例挖掘，确保审计揭示问题的丰富性、整体性和鲜活性。2022年2月，审计综合报告报送中央审计委员会、国务院后得到中央领导同志批示，相关主管部门督促4省区认真整改落实。

农村人居环境整治相关资金和政策落实审计 2021年11月至2022年1月，组织对河北等11个省开展农村人居环境整治相关资金和政策落实情况审计，抽查相关资金128.44亿元，重点关注农村改厕、垃圾和污水治理、畜禽粪污治理、村容村貌提升等人居环境整治各类任务目标完成情况、项目库建立和乡村规划引领情况、相关资金管理使用情况等，揭示了部分地区农村改厕质量差、任务完成不实、问题户厕摸排整改工作流于形式，农村生活垃圾、污水和畜禽粪污治理不达标，专项资金管理使用不规范等突出问题。审计反映的一些地方农村户厕摸排整改工作弄虚作假、漏报瞒报问题，作为“四个报告”典型案例披露后中央领导同志作出重要批示，主管部门对相关问题予以全国通报，并组织开展全国农村户厕问题摸排整改“回头看”。2022年4月，此次农村人居环境整治审计结果作为政策落实跟踪审计综合报告重要内容呈报国务院并得到中央领导同志批示。

巩固拓展脱贫攻坚成果同乡村振兴有效衔接相关政策落实和资金审计　2021年11月至2022年1月，组织对10省（自治区、直辖市）开展巩固拓展脱贫攻坚成果同乡村振兴有效衔接相关政策落实和资金审计，重点抽查52个国家乡村振兴重点帮扶县，抽查帮扶资金266.94亿元（占52县投入资金的43.15%），涉及项目5522个，入户走访脱贫家庭5424户。重点揭示少数地方防止返贫致贫工作还存在薄弱环节、部分地方产业就业帮扶效果欠佳、少数地方帮扶政策措施稳定性不足、部分资金管理不严绩效不佳等问题。编发2期《重点帮扶县审计典型性、共性问题提示》，组织各审计组对照“标准件”查找问题。2022年4月，审计综合报告报送中央审计委员会和国务院后得到中央领导同志阅批。

大中型灌区续建配套节水改造相关资金审计　2021年11月至2022年1月，组织对水利部和山东等10省开展大中型灌区续建配套节水改造相关资金审计，重点抽查了10个省44处大中型灌区改造和运行管护等情况，抽查改造和管护等资金87.62亿元（占10省投入资金的27.4%）。重点关注灌区改造和利用情况、水资源分配管理情况、资金分配和管理使用情况，重点揭示灌区改造任务未完成且利用不足、灌区水资源分配管理失序、资金分配与管理使用不严等问题。做实审前调查研究，到水利部、陕西省等地开展调研，摸清大中型灌区续建配套节水改造的项目资金管理使用情况和影响农田灌溉存在的各类问题；组织业务骨干到河南开展试点审计，形成7篇审计方法指引，为各审计组提供思路和方法指导；完善标准件设计，及时归纳梳理问题疑点，先后编制2期《大中型灌区续建配套节水改造相关资金审计典型性、共性问题提示》，共计90余个典型问题下发给各审计组。2022年4月，审计综合报告报送国务院后得到中央领导同志阅批。

乡村振兴重点帮扶县产业帮扶政策落实和资金审计　6月至8月，组织对10个省（自治区）开展产业帮扶政策落实和资金情况审计，重点抽查92个国家乡村振兴重点帮扶县，抽查产业帮扶资金585.64亿元（占92县投入资金的51.61%），涉及项目3527个，入户走访脱贫家庭7636户。重点揭示部分地方帮扶产业发展基础不牢、产业项目联农带农机制不够持续稳固、落实产业配套支持政策不够精准有效等问题。严格落实署党组关于民生审计以地方审计机关实施为主的部署要求，全部审计任务由10省的地方审计机关完成。扎实组织好项目实施，先后编发2期《乡村振兴重点帮扶县相关政策落实和资金审计典型性和共性问题提示》，组织编写21篇审计方法指引；组织召开中期视频汇报会，对各审计组的工作思路等提出具体指导意见；严格审计质量控制，组织对审计查出问题进行了三轮交叉复核。11月，审计综合报告报送中央审计委员会和国务院后得到中央领导同志重要批示。习近平总书记在2022年12月中央农村工作会议上的重要讲话引用了综合报告的相关内容。

农产品目标价格补贴专项审计调查　6月至7月，组织对12个省（自治区）和新疆生产建设兵团2020年至2022年6月农产品目标价格补贴实施专项审计调查，重点抽查中央财政补贴资金329.45亿元。重点反映了农产品目标价格补贴政策在执行中存在脱离实际种植面积、背离改善粮食生产目标、忽视小农户利益、变相鼓励“非粮化”，以及新疆棉优质优补政策未落实和补贴资金违规管理使用等三大类9方面的突出问题。2022年12月，审计综合报告报送中央审计委员会和国务院后得到中央领导同志重要批示。编发审计重要信息2篇，并得到中央领导同志重要批示；审核办理特派办审计简报13份、审计事项移送处理书8份。

审计整改开展情况 把审计整改作为政治任务，不断提高政治站位，主要负责同志直接抓、亲自管，建立项目牵头处室跟踪督促复核具体问题整改成效、参审单位实地检查整改真实性、完整性、合规性的工作机制，层层压实审计整改责任。按照“谁审计，谁负责跟踪检查”的原则，督促指导相关特派办、派出局和地方审计机关审计组第一时间建立全口径审计查出问题整改台账并及时录入审计整改系统，明确具体问题整改分类和整改要求，并及时跟踪调度审计整改进展情况，研究整改中遇到的疑难问题。加强与农业农村部、自然资源部、科技部等主管部门的沟通协同，对种业、黑土地、农村人居环境整治中反映出的重点问题，督促相关中央主管部门从完善制度办法、健全规范标准、强化监督考核等方面加强源头整改和治理，一体推进揭示问题、规范管理、促进改革。在种业、黑土地、农村人居环境整治等审计查出问题整改中，已整改问题金额1.82亿元，有关部门和地方完善制度107项，追责问责90人，其中，中央主管部门完善制度办法15项，出台的关于加强农作物品种审定回避制度、严格品种审定绿色通道和联合体试验管理等制度，填补了相关方面的制度空白、堵塞了监管漏洞。在巩固拓展脱贫攻坚成果同乡村振兴有效衔接审计查出问题整改中，已整改问题金额13.24亿元，完善制度107项，处理处分89人。在乡村振兴重点帮扶县产业帮扶政策落实和资金审计查出问题整改中，已盘活追回资金2.07亿元，制定或完善制度办法67项，追责问责28人。在大中型灌区续建配套节水改造相关资金审计查出问题整改中，已整改问题金额1.51亿元，完善制度9项，恢复灌溉面积4.46万亩。在农业保险费补贴资金审计查出问题整改中，10个省和2家中央单位的相关部门和单位通过加快拨付、追缴资金、调整账目等措施整改问题金额43.88亿元，制定完善相关规章制度36项，追责问责14人。

信息化建设 开展乡村振兴审计数据接口国家标准制定工作。3月，召开《财经信息技术 乡村振兴审计数据接口》国家标准计划项目启动会；6月，召开工作交流会，向各项目成员单位介绍以往国家标准项目有关案例，回答项目开展过程中需要解决的问题，并下发了相关参考资料指导下一步工作，推动项目有序深入开展。6月至12月，组织各项目成员单位开展标准化接口工作。

业务指导 强化全国农业农村审计工作一盘棋，以统一组织审计项目为抓手，加强署地农业农村审计项目计划统筹衔接、成果共用，充分发挥地方审计机关作用和优势，实现审计力量下沉基层和对涉农政策资金项目“穿透式”审计。对各审计厅局农业农村审计工作情况开展全面调研梳理，按照“4个一批”的工作思路，审核筛选出“一批优秀审计工作方案”“一批优秀审计报告”“一批优秀审计案例”和“一批审计经验方法”，并整理编写《乡村振兴审计重要政策文件汇编》，通过编发11期《审计工作通讯》下发给全国各级审计机关学习使用，促进地方审计机关借鉴兄弟省份涉农审计工作思路和项目经验，促进农业农村审计实务总结和学习交流，引领强化研究型审计，提高审计质效。完成计算机审计中级培训涉农大数据审计教材修订，进一步提高教材编排的科学性。建立农业农村审计专家库，已申报审核入库300余人，加强地方审计机关农业农村审计业务骨干培养和使用。组织开展2022年度农业农村审计视频培训班，通过转播使业务培训贯通到基层审计机关，参训人数超过5000人，切实将署党组关于农业农村审计工作的部署和要求，传达到全国各级审计机关，不断提升农业农村审计业务能力和审计成效。

党建工作 聚焦实效，扎实开展“学查改”专项工作。按照署机关党委“学查改”工作要求，形成问题清单和改进措施，建立整改工作台账促进整改落实。强化支部建设，强化思想理论武装，充分运用微信群等线上平台，推送有关乡村振兴等系列文件50余份，同时积极开展线下专题学习研讨。严格落实“三会一课”制度、组织生活会制度、民主评议党员制度、谈心谈话制度等。严格按照规定收缴、管理、使用党费和支部党建活动经费，做好党员组织关系的转接工作，发展1名预备党员和接续培养2名入党积极分子。司党支部共召开党员大会13次、支委会12次、党小组会64次，司领导和其他党员干部讲党课5次，青年干部交流10余次。通过“三会一课”、集中研讨、个人自学等方式，分专题、分步骤全面系统深入学习贯彻党的二十大精神。全司积极参加专题网络培训班，参观“奋进新时代”主题成就展，司支部书记撰写的学习文章在署管媒体发表，实现了全司党员干部学习培训全覆盖。

队伍建设 持续优化司内干部队伍结构，不断提升履职担当能力。1名副司级领导干部和3名处级领导干部试用期满转正，2名干部晋升职级，接收3名交流干部到司工作，司内人员结构不断优化。青年业务骨干先后参加了农业审计培训、计算机审计中级培训等，2名同志参加了财政部、国家发展改革委相关情况审计，1名同志参加中央巡视并获评优秀，1名同志参加署机关开展的“我来当主讲”主题学习活动获得一等奖，2名同志分别参加了中央党校、中央和国家机关党校学习，表现优异。 （撰稿人：夏　斌）

【固定资产投资审计司】 2022年，固定资产投资审计司（以下简称投资司）实有23人。设有一处、二处、三处、四处、五处、六处。

领导成员

司　　长：许　亚

副 司 长：郭　宁　夏胜权（6月—）

一级巡视员：卢华胜（—11月）　郝云松

二级巡视员：张天维

审计成果 2022年，投资司共完成审计项目4个，其中审计3个、专项审计调查1个。向中央审计委员会、国务院报送综合报告3篇，得到了中央领导同志的重要批示。编发审计信息39篇，其中，审计要情1篇、审计重要信息1篇、移送处理书37篇。

投资司被党中央、国务院评为“北京冬奥会、冬残奥会突出贡献集体”。牵头组织实施的港珠澳大桥主体工程竣工决算审计项目被评为2022年全国审计机关优秀审计项目二等奖。

研究型审计 立足经济监督定位，围绕投资审计法定职责，深入研究和领会党中央有关重大决策部署、国家发展战略和规划、重大改革、施政举措的政策背景，目标要求，丰富内涵。做好顶层设计，明确功能定位，紧紧围绕促进经济社会高质量发展，紧扣国家“十四五”规划确定的目标任务，沿着“政治—政策—项目—资金”这条主线，研究确定将特高压电网工程、川藏铁路、国家区域应急救援中心等纳入审计年度工作计划，明确全年审计工作重点，始终做到心中有数。投资司主要负责同志深入认识和把握新时代投资审计面临的新形势、新任务和新要求，总结投资审计发展创新的成功经验，提出新时代推进投资审计高质量发展的总体思路，撰写《以公共投资审计助推经济社会高质量发展》等文章，在《中国审计报》《审计观察》杂志等媒体上发表。

强化对审计对象历史沿革、发展脉络、改革方向和业务背景的研究。在审计项目中，投资司以赴主管部门实地了解、邀请业内专家讲座等方式，熟悉审计对象的整体情况，把握审计对象的自身特点，力求做专业上的明白人，在审计时有的放矢。组织实施交通、水利、能源等行业重点建设项目审计，积极摸清所审计领域的审计对象底数、建好审计项目储备库。青年干部理论学习小组以研究服务于审计实践，结合审计项目深入思考分析，撰写《准确把握适度超前开展基础设施投资政策　充分发挥投资审计在稳投资中的职能作用》等多篇文章，在《审计观察》杂志等媒体发表。

强化对审计立项、审计实施、审计问题、审计建议的研究。切实加强审计项目立项研究和论证，结合审计项目涉及的具体政策、项目和资金情况，分析审计的可行性、切入点和目标等，精准提出项目安排建议。项目经批准立项后，积极开展试点审计工作，通过试审“解剖麻雀”，拿出审计工作方案，确定审计内容、重点和组织方式等，形成适于推广组装的报告“标准件、常用件”，预研审计建议，使下一步审计工作更加聚焦目标、靶向发力。同时，走科技强审之路，推进投资审计技术现代化。加强数据分析应用实践，提升投资审计战斗力。4月，向国家标准委秘书处申请《财经信息技术　公共投资审计数据接口》国家标准立项，推进投资审计数据标准化。

公共投资审计 6月至7月，组织15个特派办审计组对国家电网有限公司和中国南方电网有限责任公司建设的14个特高压电网工程建设运营情况进行专项审计调查，向国务院呈报综合报告1篇，获中央领导同志批示。

9月至11月，组织成都特派办、西安特派办、重庆特派办、四川省审计厅和西藏自治区审计厅开展川藏铁路建设项目跟踪审计，向中央审计委员会、国务院呈报综合报告各1篇，获中央领导同志批示。

组织开展北京冬奥会和冬残奥会跟踪审计。4月至5月、9月至10月、11月至12月，组织北京市审计局、河北省审计厅以及京津冀特派办等单位分别开展了北京冬奥组委赛时运行阶段财务收支审计、场馆审计和北京冬奥组委财务决算审计，出具单项审计报告6篇，在确保冬奥工程按时优质完工、发挥投资效益等方面发挥了重要作用。

组织开展国家区域应急救援中心建设项目跟踪审计。9月，组织社会管理审计局以及6个省审计厅，在7个审计点同步实施现场审计。重点关注制约相关规划落实和项目推进的因素，揭示了预算管理、资金效益等方面的问题，圆满完成了工作任务。

配合中央纪委国家监委专案工作，对某项目进行了专项审计，派员参与某审计移送的案件线索查处工作；派员参加国家发展改革委、国家能源局2022年预算执行等情况审计，以及国务院大督查等。

加大督促力度，做实整改“下半篇文章” 压实整改责任、强化监督检查、贯通整改渠道，抓实抓细各个环节，切实加强审计整改全口径、全周期规范管理，将审计反映的所有问题全部纳入整改范围，纳入范围的每个问题都进行对账销号，按要求运用好审计整改信息系统，加强跟踪督促检查，做到件件有回音。3月，某国家重大项目建设领导小组办公室组织10个相关部委和单位召开审计整改专题会议，安排投资司主要负责同志在会上做专题发言，提出审计整改要求和目标任务，贯彻落实中央领导同志重要批示，促进重大建设项目有序有力开展。审计报告中反映的初步设计和概算审批管理体制改革等体制性机制性问题，国家发展改革委、交通运输部、铁路局等部门围绕铁路建设高质量发展，加快出台行业发展意见、推动修订《中华人民共和国铁路法》等制度，完善某国家重大项目工程设计概（预）算编制补充规定等标准，推动体制机制问题从根源上得到解决。

贯彻审计工作全国一盘棋，加强对全国投资审计工作的领导和指导 严格依法审计，注重示范引领，深入基层调查了解各地投资审计开展情况，因地制宜、实事求是地改进行业指导，以视频形式举办2022年度投资审计培训班，引导地方投资审计转变理念、思路、方法，互相借鉴提高；确定7家基层审计机关作为第二批试点单位，不断探索实践新发展，以先进经验引领投资审计全面发展；加强上下贯通，精心指导援藏援疆审计工作，指导河南省审计厅开展河南郑州7·20暴雨灾后恢复重建跟踪审计；强化贯通协调机制，组织召开2022年度某国家重大项目审计监督工作机制协调会，印发审计署关于加强和完善某国家重大项目审计监督工作机制的意见。同时，不断完善现代化投资审计制度理论，编写《投资领域重要政策法规摘编》《政府和社会资本合作审计指南》《PPP法规文件汇编》等面向社会公开印发。

党建工作 加强政治建设，强化政治机关意识。坚持党建统领，落实责任担当，组织党员干部认真学习党的二十大精神，积极开展“对党忠诚，始于足下”学习教育，做好“学查改”专项工作，教育引导党员干部深刻领悟“两个确立”的决定性意义，增强“四个意识”、坚定“四个自信”、做到“两个维护”。2022年组织人员参加党务等培训100余人次，切实提升队伍能力素质。

坚持严字当头，落实“一岗双责”。严格落实署党组全面从严治党主体责任清单，党支部书记认真落实第一责任人责任，领导班子成员认真履行“一岗双责”，并将“两个责任”覆盖到投资司各党员领导干部和党务干部。严格执行党的组织生活制度，召开支部大会和支委会26次，党小组会72次，组织青年干部理论学习小组活动10次。出台《投资司党支部关于加强青年工作的通知》，进一步加强和改进青年工作。

（撰稿人：姚　睿）

【社会保障审计司】 2022年，社会保障审计司（以下简称社保司）实有21人。设有一处、二处、三处、四处、五处。

领导成员

司　　长：文华宜

副 司 长：华海峰 吴 星 陈 博

审计成果 2022 年，社保司组织实施了就业补助资金和失业保险基金审计、困难群众救助补助资金审计等审计项目。社保司始终践行以人民为中心的发展思想，有力推动兜牢民生底线，促进“稳就业”“保就业”任务全面落实，保障人民群众住有所居，推进社会服务体系更加保障有力。

民生审计 社保司聚焦就业优先战略，围绕当前经济和就业形势，组织开展就业补助资金和失业保险基金审计。发现的主要问题有，8 省 5294 名高校毕业生通过与企业签订虚假劳动合同、见习抵顶就业等方式虚假就业；5 省违规将 5.04 亿元就业补助资金和失业保险基金用于补充创业担保贷款基金、办公经费等；7 省 16 家中介或企业协助 996 人办理社保挂靠手续、虚构劳动关系，随即登记失业申领补贴，涉嫌骗取失业保险金等 1898.44 万元。

开展困难群众救助补助资金审计。重点审计全国 2925 个社会救助机构，抽查基本生活救助、急难社会救助和专项社会救助等资金共计 2038.35 亿元。发现的主要问题有，一是一些民生救助底线未兜住兜准兜好。在未兜住底方面，31 省 7.48 万名符合条件人员应享未享生活救助，10.4 万名困难群众少获医疗救助 1.16 亿元；在未兜准底方面，28 省向 3.41 万名收入财产超标人员发放救助 1.38 亿元，各地共向 6.92 万名已死亡等不符合条件人员发放救助资金 8919 万元，向 1.71 万人重复发放 2011 万元；在未兜好底方面，一些地方在救助资金大量结余的情况下，未适度动态提高救助标准，而是用于城市建设、偿还债务等支出。二是挤占挪用和骗取套取 19.74 亿元。26 省 225 个单位编造虚假资料等骗取套取资金 5.43 亿元，28 省 594 个单位挪用 14.31 亿元用于偿还债务、基建工程等。从审计情况来看，这次审计是从民生“小切口”形成审计“大成果”，各地均出台了《关于改革完善社会救助制度的意见》的细化措施，初步将 5800 万人信息录入低收入人口动态监测信息平台。

开展住房公积金和住宅专项维修资金归集管理及相关政策落实情况审计。发现的主要问题有，一是 470 多亿元维修资金低息活期存储待改进。按规定，维修资金只能在银行存储或在一级市场购买新发国债。至 2021 年 9 月，11 省结存余额中仅持有少量国债，471.89 亿元为活期存款，收益率偏低，亟待探索开展投资运营。二是公积金违规放贷和维修资金多头管理。9 省向购买第 3 套及以上住房的 3069 人发放公积金贷款 11.09 亿元；8 省向购买第 2 套住房的 2.78 万人发放贷款时，未按规定上浮贷款利率，涉及贷款 109.8 亿元；10 省违规向公积金贷款未结清的 944 人再次发放贷款 2.53 亿元。维修资金政府代管机构设置五花八门。11 省共有 739 个代管机构，其中 581 个隶属住房城乡建设部门、27 个隶属财政部门、131 个隶属其他部门。

研究型审计 聚焦民生审计主责主业，深入贯彻落实关于开展研究型审计的工作部署。在审计理念上，探索由碎片化的程序型审计向系统深入的研究型审计转变；在审计内容上，通过调研、试审等抓住重点精准发力；在审计组织上，上下联动步调一致推进全国审计一盘棋；在方式方法上，充分发挥大数据审计的靶向和支撑作用；在结果运用上，一体推进揭示问题规范管理促进改革。研究型审计成效突出，组织撰写的《社保审计四十年的历史变迁、实践演进及经验启示》一文获得审计署办公厅组织的“1982 年宪法确立审计监督制度四十周年”主题征文活动一等奖；《新业态从业人员劳动权益保障问题研究——以“快递小哥”为例》《聚焦重点精准发力 促进兜牢民生底线》的学习成果分别获得“关键小事”调研攻关活动三等奖和“我来当主讲”主题学习活动二等奖。

相关工作 社保大数据审计方面。一是规范数据定期采集制度。与相关派出局、省级审计机关建立常态化数据采集机制，定期采集整理各相关部门社保业务和财务数据，为开展全国社保审计大数据分析打下良好基础。二是修订完善审计标准表，研究制定省级业务主管部门和审计机关共同组织、层层校验的数据采集校验工作方案。三是探索打造功能完善的社会保障大数据审计监督平台，主要实现数据管理、数据分析、线索核查、法规查询、数据模型管理、审计案例管理等功能，以此开展全国社保相关数据的定期采集入库、定期集中分析和定期分散核查，同步实施跨部门、跨系统、跨类别的综合分析。

审计培训方面。举办2022年度社保审计专题研讨班，署党组成员、副审计长章轲同志以“深入学习贯彻党的二十大精神　推动社保审计事业高质量发展”为题目，作辅导讲话。参会学员研讨提出推动社保审计高质量发展的思路和举措，促进全面提升社保审计效能。举办社保审计技能提升培训班，强化社保审计人员的大数据审计理念，培养大数据审计思维，拓展数据分析思路，参训学员围绕如何深化社保大数据审计展开分组讨论，培训班取得显著成效。同时，还举办就业补助资金和失业保险基金审计等项目的审前培训班，讲解审计工作方案及审计操作指引，为更高效开展审计工作奠定基础。

党建方面。一是采用多种形式相结合高质量学习宣传贯彻党的二十大精神。通过党支部书记讲专题党课、党小组长带头领读领学、线上线下结合、原原本本读报告、开展主题联学等多种方式，力求做到学思用贯通、知信行统一。二是结合民生审计实践，做实做细各项学习教育活动。严格落实组织生活制度，认真组织开展“学查改”专项工作、学习《习近平谈治国理政》第四卷、中央审计委员会第五次会议精神等，赴香山革命纪念地开展党建活动。三是结合身边人、身边事、身边案例进行警示教育，开展专项活动持续推进党风廉政建设。深入学习贯彻十九届中央纪委六次全会和国务院第五次廉政工作会议精神，召开全司大会传达学习侯凯审计长讲话要求，组织学习《审计干部反腐倡廉教育警示录》等，以案释纪、以案说法，警示教育全司党员干部知敬畏、存戒惧、守底线。为进一步提升社保司党员干部思想政治水平，6月至12月开展“从我做起，营造风清气正干事创业的工作环境”思想政治教育专项活动，着力强化全体党员干部政治机关意识、集体主义意识，加强党性修养，提高政治觉悟，净化思想灵魂。

人才培养方面。制订《社会保障审计司青年干部能力建设实施细则》，要求每名青年干部结合自身情况提出2022年落实举措和未来五年规划，通过审计实务导师传帮带、参与课题研究等方式，给年轻干部压担子、练身手，派出青年干部到特派办和派出局交流，全年接收特派办和地方审计机关交流干部3名，深入一线提高审计实战能力，鼓励青年干部参加相关职业资格考试，全年有2名同志通过注册会计师专业阶段科目考试。依托审计项目加大“以审代训”的力度，注重在社保审计项目中发现和识别业务骨干，选派人员全程参与试审、调研等工作。同时注重送教上门，全年派出骨干人员赴地方审计机关等交流社保审计工作经验4人次，组织编写《失业保险基金和工伤保险基金大数据审计》一书，为各级审计机关开展类似审计项目提供帮助和借鉴。

（撰稿人：周稚媛）

【自然资源和生态环境审计司】　2022年，自然资源和生态环境审计司（以下简称资环司）实有20人。设有一处、二处、三处、四处、五处。

领导成员

司　　长：李　锋

副 司 长：高永宁　王　琳
　　　　　罗　涛（6月—）

二级巡视员：丁世平　崔　研（—5月）

审计成果　2022年，资环司共组织实施审计项目3个，报送综合报告1篇，出具审计意见7份和审计报告17篇，办理署移送3篇和特派办移送7篇，提交审计要情1篇和审计重要信息12篇。

领导干部自然资源资产离任审计　组织7个特派办和1个派出局对6个省（市）和1个中央部门的11位领导干部实施了自然资源资产离任（任中）审计。围绕中央决策部署落实，按照“审计评价与审计内容相统一”的要求，严格对照领导干部自然资源资产离任审计评价指标体系（以下简称评价指标体系）确定审计范围、审计内容，严格对照评价指标体系评分，重点关注被审计地区和单位落实中央生态文明建设决策部署情况、全面执行最严格的耕地保护制度情况、资源环境数据真实准确情况、自然资源监管职责履行情况、生态环境风险管控情况等，揭示一批分量足、质量高的问题，产生了良好的效果。

2022年，起草的《关于建立健全领导干部自然资源资产离任审计评价指标体系的意见》（以下简称《意见》），4月由习近平总书记主持召开的中央全面深化改革委员会第二十五次会议审议通过。《意见》为更好发挥审计在党和国家监督体系中的重要作用、更好助力美丽中国建设提供了制度保障。

节能减排相关资金审计 2021 年底至 2022 年初，组织 16 个特派办对 15 个省（自治区）和 2 家电网公司 2019 年至 2021 年节能减排相关资金进行审计。审计紧紧围绕党中央、国务院关于碳达峰碳中和的重大决策部署，以可再生能源电价附加补助和新能源汽车推广资金的分配、管理、使用为主线，重点关注可再生能源（主要包括风能、光能和生物质能）开发利用、新能源汽车产业发展以及能源、工业和交通等领域落实能耗控制等政策情况。审计对于加强可再生能源电价附加征收管理、促进解决可再生能源发电补贴拖欠、打击不法单位骗补、推动电源建设与电网建设规划统筹衔接、提高新能源汽车产业管理和财政支持精准性、建立健全科学有效节能降碳激励约束机制等发挥了重要作用。

耕地占补平衡相关资金审计 组织对 18 个省（直辖市）2019 年至 2022 年耕地占补平衡相关资金进行审计。审计紧紧围绕党中央、国务院关于最严格的耕地保护制度的决策部署，按照“揭示问题，规范管理，促进改革”的总体思路，紧紧围绕耕地占补平衡政策落实，通过审计各级财政投入安排的土地整治、农田建设补助，以及耕地指标流转形成的收入等资金，从数量、质量、生态 3 个维度揭示资金管理、项目建设、政策设计方面存在的突出问题。

审计国际交流 认真履行亚审组织环境审计工作组秘书处工作职责，推进完成亚洲审计组织“湄公河流域水环境管理”和“可持续交通”2 个合作审计项目以及“气候金融审计”合作科研项目；组织开展亚洲审计组织碳减排审计在线培训 1 次，邀请泰国审计署国际司司长以及中央财经大学绿色经济研究中心专家共同授课，菲律宾、不丹等十几个国家 50 余人在线参与；启动了亚洲审计组织第九次环境审计研讨会暨第九次环境审计工作组工作会议以及第二届绿色愿景奖评选的前期工作，以及 2022—2025 亚洲审计组织环境审计工作组工作计划草案编写工作。

积极承担世界审计组织课题，牵头编写《可持续交通审计指南》，参与编写《气候金融审计指南》，均由世界审计组织发布；派员参加世界审计组织环境审计工作组第 21 届大会、指导委员会会议、COP27 研讨会，金砖国家最高审计机关研讨会、中俄审计研讨会等国际会议，参加世界审计组织环境审计工作组“全球气候适应合作审计”前期规划研讨会，并代表中国审计署确定参与 2022—2025 年“气候变化适应合作审计项目”。其中，在中俄审计研讨会上介绍了节能减排相关资金审计情况，在金砖国家审计研讨会上做了“可持续城市交通审计”主题发言。

审计查出问题整改 审计查出的问题已整改问题金额 77.39 亿元，完善制度 77 项，处理处分 40 人。

研究型审计 把审计立项当做课题研究，不断完善审计中长期项目库；持续推动可视化数据分析平台构建工作，利用前期数据采集获得的数据，在项目开始前即开展数据分析，并将结果发放至审计组，提高审计组的效率；坚持“心中有报告”，把政策研究体现在审计汇总报告的起草中；以“双周四”学习制度和绿色论坛学习品牌为抓手，持之以恒开展研究，2022 年资环司有 18 名同志做了研究成果分享。

审计理论研究 资环司 1 名同志在英文刊物《亚洲审计》发表《应对气候变化新能源审计》《塑料污染治理审计》两篇文章；青年理论学习小组起草的论文《新时代资源环境审计回顾与展望》获得审计署“1982 年宪法确立审计监督制度四十周年”主题征文二等奖，并在《审计研究》发表。

相关工作 资环司党建工作以迎接党的二十大和学习贯彻党的二十大精神为主线，与业务工作统筹谋划、融合并进，2022 年资环司党支部被评为中央和国家机关“四强”党支部。1 名同志获得全国人民满意的公务员荣誉称号；1 名同志入选世界审计组织发展培训委员会“最高审计机关青年领军人才计划”；1 名同志获得国务院大督查优秀督察员荣誉称号；2 名同志获得审计署组织的“我来当主讲”主题学习活动优秀奖；青年理论学习小组提交的论文获得审计署组织的“关键小事”调研攻关活动一等奖。

（撰稿人：翟汉征）

【金融审计司】 2022年，金融审计司（以下简称金融司）实有24人。设有一处、二处、三处、四处、五处、六处。

领导成员

司　　长：赵圣伟

副 司 长：石　磊　郑体纲

工作综述 2022年，金融司认真落实研究型审计要求，聚焦主责主业，组织实施审计项目33个，包括对4家中央金融机构主要领导人员的经济责任审计，对5家重点金融机构政策落实和风险防控等情况审计，以及对21家国有信托公司风险情况的专项审计调查等。年内形成专题报告、审计重要信息等重要审计成果以及移送重大问题线索合计逾30篇次，组织的4个审计项目获评审计署优秀审计项目。

推动重大政策落实，保障金融领域政令畅通 深刻领会党中央关于经济金融工作的决策部署，持续跟踪货币信贷政策执行、加大重点领域和薄弱环节金融支持、推动实体经济综合融资成本稳中有降等金融领域重大政策措施落实情况，深入揭示金融资源向实体经济配置效率和精准度不高、服务响应不及时等问题，促进有关金融机构积极落实整改，提升服务实体经济质效。深化经济金融领域数据分析，揭示部分地区数据造假行为，推动有关部门开展专项行动予以严肃查处，提升宏观经济数据准确性。

揭示重大风险，维护经济社会安全稳定 深入贯彻习近平总书记关于维护金融安全的重要指示精神，组织开展21家国有信托公司风险情况专项审计调查，揭示信托行业“三假”“两乱”问题，推动有关部门和地方完善制度、加强监管，促进信托行业稳定健康发展，中小金融机构风险专项审计“三部曲”顺利收官。密切关注重大风险化解处置情况，揭示部分地区不当掩盖或虚假化解不良资产问题，推动有关地方政府切实履行职责，及时纠偏止错，完善区域性风险防范化解机制。针对部分头部房企资金链紧张的情况，按照国务院部署，配合有关部门开展“保交楼”相关工作，切实维护重点领域稳定运行。

强化体制机制制度分析，促进金融行业发展改革 切实增强系统观念，加大对中小银行补充资本、村镇银行可持续发展等行业内典型性、普遍性、倾向性问题的研究和反映力度，督促有关部门完善政策措施，强弱项、补短板，促进金融机构健康规范发展。以支付结算、上市公司信息披露等“小问题”为切口，密切关注金融基础设施、资本市场运行等方面的问题，推动主管部门开展行业整顿、规范行业秩序。

查处重大违纪违法问题线索，推动金融领域反腐治乱 坚持高悬反腐利剑，聚焦金融领域权力集中、资金密集、资源聚集的重点领域和环节，加大对信贷发放、股权投资、招标采购及监督管理、处理处罚过程中违纪违法行为查处力度。对造成金融机构重大损失和影响金融市场稳定的风险隐患坚持“走深一步”，揭示风险背后隐藏的以权谋私、设租寻租、利益输送等腐败行为，核查发现多起金融领域关键岗位高管人员违法犯罪案件线索，推动一些金融领域重大违纪违法问题得到有力惩治。

推动审计整改，做好金融审计“下半篇文章” 着眼当下，履行好审计整改的监督责任。建立全口径审计整改台账，结合开展的审计项目跟踪整改责任落实情况，杜绝书面整改、虚假整改等问题，全年纳入“四个报告”的问题千余个，对立行立改和阶段性整改任务的整改率超过90%，追责问责数千人。立足长远，推动审计整改长效机制建设。以商业银行为样本，研究制定金融审计整改标准，运用审计整改管理系统，优化整改工作流程；加强与人民银行、银保监会等主管部门工作交流，加强与纪检监察机关贯通协调，努力发挥整改工作合力。

强化理论研究，推进技术创新 立足实际开展理论研究，获批立项的国家社科基金课题“新发展格局下国家审计促进完善中小银行治理体系研究”顺利启动并形成初步成果，总结实践经验编写完成《人身保险公司审计指南》；持续跟进金融领域发展改革情况，动态更新金融审计政策库、资料库、项目库，深化研究对审计工作的引领作用，撰写的工作方案、项目后评估报告多次得到署领导肯定。继续做好金融领域数据规划、采集和治理等工作，持续提升金融审计数据质量；探索新形势下数字化审计模式，开展多维度数据分析，为审计项目方案编制、报告汇总、成果运用以及相关专题研究工作提供有力支持；面向审计工作实际需要研发推广审计数据分析及跟踪工具，助力提升审计查核问题的效率和精度。

强化队伍建设，提升综合能力 全面贯彻“以审计精神立身、以创新规范立业、以自身建设立信”的总体方针，坚持以政治建设为统领，推进金融审计干部队伍职业精神培养和专业能力建设。立足“能查、能说、能写”的目标要求，利用中高级培训班、审前培训班等载体开展多层次教育培训，邀请外部专家解构金融行业改革发展前沿，司内处室定期开展审计经验案例分享，鼓励、推荐多名干部到审计项目、审计巡视和审计专案等实践中历练，切实提高综合技能。通过学先进、树典型，强化职业精神塑造，以高标准、严要求进行管理监督，督促和引导大家严守各项工作纪律和工作要求，切实做到依法廉洁文明审计。

优化工作流程，规范内部管理 巩固“效率提升年”活动成果，采取压实责任、明确时限、优化流程、定期督办等多种举措，改进项目计划、组织实施、成果汇总等环节工作，促进工作效率和工作质量同步提升。下力气改进信息经办工作，梳理归纳金融领域10类常见的违规违纪违法问题，就复核要求、重点关注事项以“标准件”形式作出安排，最大限度统一评判标准、规范处理方式，依托信息流转单和质量控制单加强后续流程控制，提升信息经办时效。在规范内部管理基础上，配合署相关部门做好各项宣传交流工作，派员参加联合国审计、为国内外培训班授课，交流金融审计的最新进展，展示金融审计人员的职业素养和良好形象。 （撰稿人：周　颖）

【企业审计司】 2022年，企业审计司（以下简称企业司）实有29人。设有一处、二处、三处、四处、五处、六处、七处。

领导成员

司　　长：郑新举

副 司 长：梁璐璐（—10月）

　　　　　李　健　李小波

二级巡视员：程建勤

审计成果 2022年，企业司坚持以习近平新时代中国特色社会主义思想为指导，全面贯彻落实党的十九大、十九届历次全会和二十大精神，深入贯彻落实习近平总书记关于审计工作的重要讲话和重要指示批示精神，坚决贯彻落实审计署党组工作部署，切实履行全面从严治党政治责任，坚决做实研究型审计，依法履行企业审计监督职责，充分发挥企业审计领导组织协调作用，持续创新企业审计工作方式方法，一体推进揭示问题、规范管理、促进改革，为推动中央重大政策措施贯彻落实、促进深化国资国企改革、维护国有资产安全和促进国有资本保值增值发挥了重要作用。

2022年，根据审计署项目计划安排，组织实施了18户中央企业经济责任审计、15户中央企业财务收支审计、专项经费审计等项目，以及2021年18户中央企业经济责任审计后续工作。组织起草报送综合报告、专题报告、审计要情、审计重要信息等被中办、国办采用20余篇，10余篇得到领导同志重要批示，向有关部门移送问题线索70余起，组织实施的7个审计项目获评全国审计机关优秀审计项目。

组织开展18户中央企业经济责任审计 在2022年经济责任审计中，将研究型审计思维和成果融入日常，深入分析研究被审计领导人员及其所在企业特点、分行业研究共性问题、分企业研究经营管理和改革发展情况，随工作方案制定重点行业政策法规汇编、重点业务审计操作指引等8项专题材料；组织开展集中数据分析，对近些年审计发现的虚假贸易问题有关交易信息进行筛选分析并发各个审计组重点排查，精准锁定目标；项目推进过程中，努力做到方法创新、流程优化、沟通有效，重大事项及时向署领导报告，做好项目的提前预判、统筹安排和上传下达，开展现场调研加强过程指导，制发5期工作动态，及时查漏补缺、提升审计质量。

组织开展15户中央企业财务收支审计 2022年，继续组织新一轮财务收支审计项目，促进实现“岗位练兵、提升素质”的目标。从审计结果看，15户企业均不同程度存在会计信息失真情况。同时，反映了涉及落实供给侧结构性改革、国企改革和创新驱动发展战略等措施不力，违规决策、违规经营造成重大损失和风险，境外投资和境外国有资产管理存在薄弱环节，违反中央八项规定及其实施细则精神和廉洁从业规定情况仍有发生等方面的问题。

组织开展专项经费审计 2022年，克服年初严峻复杂的新冠肺炎疫情形势，选派专人蹲守审计现场，靠前督导和直接参与专项经费审计工作，与审计组一道逐项梳理、共同研究重大问题，编制专项审计报告。围绕促进项目研制经费使用合规、节约、高效，重点揭示项目研制、资金使用中存在的突出问题和风险隐患，注重从强化概算约束、规范经费使用、完善项目管理等方面提建议。

牵头组织撰写国有资产审计情况专项报告 在梳理审计署国有资产管理审计情况基础上，牵头撰写国有资产审计情况报告，作为年度审计工作报告的子报告。报告重点揭示企业、金融、行政事业、自然资源4类国有资产管理中存在的突出问题、制度漏洞和风险隐患。进一步从制度层面健全完善国有资产审计情况专项报告工作机制，规范深化国有资产管理情况审计工作。

督促抓好审计发现问题的整改落实 深入贯彻落实习近平总书记关于做好审计发现问题整改工作的重要指示批示精神，贯彻落实中办、国办关于建立健全审计查出问题整改长效机制文件精神，督促相关单位抓好审计发现问题的整改落实。针对2021年度18户央企经济责任审计发现的典型问题，派员赴部分央企开展审计整改“回头看”检查，并组织对整改情况进行梳理总结后专题上报。针对2021年企业国有资产审计查出的问题，已整改1557.46亿元，完善制度351项，处理处分4220人。

企业审计信息化工作取得新进展 按照审计署信息化建设的统一规划部署，积极推进企业审计业务管理与信息平台建设及应用，为企业审计人员有针对性地开展数据分析提供了有力技术保障。推动全员共建共享数据分析成果，起草数据分析操作指引和数据分析报告框架等材料，形成了企业司带头研究、各相关单位深度参与的常态化数据分析机制。配合署计算机中心、数据司完成企业审计信息平台工程验收，加强与数据司的业务沟通，优化企业审计大数据查核手段，与数据司共同研究开发常用数据分析模型，以方便审计人员快速查询、锁定疑点、提高效率。

强化对地方审计机关的业务指导和成果挖掘 建立司内处室分别对口各省级审计机关的联系制度，按对口分工对各地审计报告审读分析，采取现场调研、接待来访、送教上门等方式，座谈了解地方企业审计工作开展情况，听取意见建议，沟通交流企业审计思路、重点、方法；持续组织开展“以审代训”，抽调76名地方审计机关人员参与企业经济责任审计项目；注重利用地方审计机关请示报告成果，加强与地方审计机关的共享互通；针对地方审计中发现的涉及央企的问题，及时研究移交处理。

健全完善内部管理制度 持续巩固“效率提升年”活动成效，继续推行《企业审计司审计报告复核制度》《企业审计司经济责任审计报告复核流转登记表》《审计信息登记管理台账》等管理制度，研究制定相关制度办法，从6个方面对围绕中心依法文明廉洁开展审计予以制度规范。认真贯彻落实审计署各项规章制度，加强对重大事项的督查督办，优化工作流程，按时完成审计署督查督办事项、各类承办事项。

（撰稿人：张世鹏）

【涉外审计司】 2022年，涉外审计司（以下简称涉外司）实有19人。设有一处、二处、三处、四处。联合国审计委员会委员工作领导小组办公室（以下简称联审办）设在涉外司。

领导成员

司　　长：陈达时

副 司 长：范厚胜　梁　晶

　　　　　赵远博（6月—）

一级巡视员：胡学文

工作综述 2022年，涉外司认真履行涉外审计归口管理职责，组织实施了联合国秘书处、维和行动、基金方案和“团结”信息系统四大类42个联合国审计项目；组织地方审计机关和署外资中心，完成国外贷援款审计项目234个；认真履行涉外审计归口管理职责，与金融司、企业司协作配合，参与做好境外国有资产审计；参与“一带一路”建设工作领导小组等相关议事协调机构工作。

涉外审计制度建设 修订完善《联合国审计文书起草复核指引（2022版）》，研究制定《审计署联审办关于审计业务会议研究重要业务事项的补充规定》。废止《审计机关国外贷援款项目公证审计结果公告实施细则（修订）》。

联合国审计 11月下旬，侯凯审计长率团出访智利，参加联合国审计委员会第52次特别会议、外聘审计团第62次例会。会议期间，侯凯审计长顺利接任审计委员会主席，与联合国秘书长古特雷斯、智利总统分别进行了视频和现场会见，与智利、印度尼西亚等国家最高审计机关负责人，分别进行了双边会谈和工作交流，出访取得圆满成功。7月下旬，侯凯审计长参加审计委员会第76次例会，正式审签我署组织实施的联合国秘书处等11份审计报告，在会上介绍了相关审计报告的主要内容，并就审计发现联合国改革中存在的主要问题发表重要意见。

在全球新冠肺炎疫情形势依然严峻的情况下，组织联合国审计人员，统筹疫情防控和审计业务，采取赴纽约、内罗毕等7个国外城市进行实地审计与境内远程审计相结合的组织方式，对联合国秘书处、维和行动、基金方案和“团结”信息系统4大类42个项目进行了审计。共出具13份管理意见书，向联合国大会、安理会等提交11份审计报告。审计发现和揭示多个重要问题。审计委员会报送联合国大会的汇总报告中采用中国审计署审计发现问题61个。维和行动审计报告中，供应链管理部分特派团层面典型案例14个，均为中国审计署审计发现问题。联合国行政当局和治理机构高度评价审计结果。

国外贷援款项目审计 在坚持传统经验做法的同时，认真研究和统筹谋划，积极转变审计理念，改变审计技术方法，切实强化对全国贷援款审计工作的组织领导，推动国外贷援款项目审计转型发展。统一组织31个省级审计机关和署外资中心，对208个国外贷援款项目实施了年度公证审计；统一组织河北、山西等21个省级审计机关和署外资中心，对26个无公证审计要求的外国政府贷款项目开展绩效审计。共涉及项目计划投资额4298亿元，其中协议利用外资额1876亿元。对外出具公证审计报告202份、绩效审计报告25份，共发现问题1128个，涉及问题金额166亿元，提出审计建议1026条。审计署编发审计重要信息1篇；各省级审计机关向当地党委、政府报送审计专报和信息8篇，其中4篇得到省级领导批示；移送个人违法犯罪案件线索15件；促进有关部门建章立制27项。

境外国有资产审计 与金融司、企业司协作配合，参与做好境外国有资产审计。积极参与推进“一带一路”建设工作领导小组办公室工作，及时报送贯彻落实“一带一路”建设“十四五”规划、推动共建“一带一路”情况等材料，在促进加强境外投资和境外国有资产管理、健全境外廉洁风险防控体系、深入推进廉洁丝绸之路建设和中央企业境外反腐败工作机制等方面发挥积极作用。

亚洲审计组织秘书处审计 根据《亚洲审计组织章程》等规定，组织实施了亚洲审计组织秘书处2021年度财务收支情况审计，形成中英文审计报告。

相关工作 会同社保司、国际司、科研所等6个党支部（党委），举办为期4天的“能查、能说、能写”主题联学活动。举办全国审计机关视频培训班，章轲副审计长出席培训班并对做好2023年审计工作作出部署和要求。

认真贯彻落实中央和国家机关工委、审计署党组、审计署机关党委关于基层党组织建设的各项部署。坚持不懈加强“新·融·立”支部品牌建设，持续推动党支部“三会一课”等标准化规范化建设，引领党支部充分发挥战斗堡垒作用，党员发挥先锋模范作用。9月，涉外司党支部被评为审计署“四强”党支部。

领导班子和干部队伍建设。注重加强领导班子建设，努力建设团结和谐、坚强有力的领导班子；领导班子成员坚持以身作则，发挥“头雁效应”，带头加强学习，带头严守纪律规矩，带头发扬民主集中制。注重对司里干部的培养锻炼，统筹安排全司党员干部参与联合国审计、国外贷援款项目审计和境外国有资产审计，选派鼓励年轻干部担任审计组组长、主审，促使审计干部在各项工作中经受历练，增长才干。坚持事业为上、公道正派，做好干部教育培养和选拔任用工作，在2022年的司局级干部选拔任用中，1名同志晋升职务职级。

（撰稿人：李　娜）

【经济责任审计司】 2022年，经济责任审计司实有16人。设有一处、二处、三处、四处。

领导成员

司　　长：胡利民

副司长：李珊珊　王晓生

工作综述　2022年，在审计署党组的正确领导下，经济责任审计司坚持以习近平新时代中国特色社会主义思想为指导，深入学习贯彻党的十九大、十九届历次全会以及二十大精神等，认真学习领会习近平总书记关于审计工作的重要讲话和重要指示批示精神，认真履行中央经济责任审计工作部际联席会议办公室及署经济责任审计工作领导小组办公室职责，聚焦主责主业，做实研究型审计，推动经济责任审计工作高质量发展。

党建工作　一是深入学习宣传贯彻党的二十大精神。把学习宣传贯彻党的二十大精神作为首要政治任务和头等大事，围绕党的二十大主题，深入学习党的二十大报告和新党章，深刻领悟"两个确立"的决定性意义，更加自觉增强"四个意识"、坚定"四个自信"、做到"两个维护"。司领导带头读原文、悟原理，党小组、党员干部、青年理论小组通过集中学习、个人自学、交流研讨等方式将学习宣传贯彻工作不断走深走实。二是扎实开展党建各项工作。修订司党支部工作制度，强化内部管理。认真开展"学查改"专项工作，针对查找的问题，制定有针对性的改进措施，持续推进整改。全年共组织召开党员大会5次、支委会13次、党小组会52次。打造学习型党支部，推进学习教育常态化制度化，组织青年理论小组集中学习4次。集体参观"奋进新时代"主题成就展、"慈悲庵党的早期革命活动"专题展等。

经济责任审计归口管理　一是指导全国经济责任审计工作。印发《中央经济责任审计工作部际联席会议办公室2021审计年度工作总结及2022审计年度工作建议》《2022审计年度经济责任审计工作指导意见》。做好经济责任审计相关法规制度解读和宣传贯彻落实工作，编写《经济责任审计责任界定实务研究》《经济责任审计读本》，服务审计实践。编发6期《经济责任审计工作通讯》，总结宣传地方、中央单位经济责任审计工作经验做法。配合举办全国经济责任审计能力培训班等，及时办理地方和中央单位经济责任审计相关咨询事项，做好业务指导和监督。二是完善组织协调机制。及时发文调整中央经济责任审计工作部际联席会议成员及办公室组成人员。按程序办理2022年署经济责任审计和自然资源资产离任审计项目计划事项，研究2023年审计项目计划初步安排。商请中组部、国资委等成员单位介绍2022年经济责任审计对象情况，提供相关材料。优化完善经济责任审计报告报送机制，起草部门类领导干部经济责任审计情况的报告和重大问题线索清单。三是强化审计质量控制。会同做好2022年中管干部经济责任审计业务文书复核工作，重点关注评价标准、责任界定等，确保同类领导干部审计评价的一致性、可比性。加强审计信息化建设，完成经济责任审计管理平台测试工作，在署内网部署运行。

经济责任审计项目组织实施　一是组织实施6家省级法院检察院主要领导干部经济责任审计。组织召开审前培训会议，讲解审计工作方案，提出整体工作要求。收集以往审计常见问题和适用法规，整理审计关注要点等资料发各审计组参考使用。深入审计一线，指导现场审计工作，研究重大问题线索，帮助审计组解决实际困难。编写审计发现问题统一处理原则，组织做好报告复核审理和修改报送。严肃查处重大违纪违法问题线索，不断提升审计成果水平。认真总结审计项目实施效果及存在不足，做好审计项目后评估，不断提升审计质效。二是具体实施2家省级审计机关主要领导干部经济责任审计项目。围绕领导干部履职特点，聚焦贯彻落实重大决策部署、财政财务资金及资产管理绩效等内容，编制审计重点查核事项清单。加大数据分析力度，提前锁定问题疑点，提高现场审计效率。首次探索与审计质量检查组同步进点开展工作，加强沟通协商，做好成果共享和审计项目后评估。

经济责任审计反馈整改　一是调整优化经济责任审计结果反馈工作机制。进一步提高工作时效性，理顺经济责任审计结果反馈工作机制，协调将经济责任审计结果反馈工作由一年一批改为一年两批，统一编制工作方案、文书模板、注意事项、整改工作要求等，传达学习习近平总书记重要指示批示精神，向被审计单位领导班子反馈审计情况。二是深化中管企业经济责任审计整改工作。坚持全面整改、专项整改、重点督办3种方式相结合，会同相关部门组织召开2021年中管企业主要领导人员经济责任审计整改工作推进会，组织相关联席会议成员单位全覆盖开展督导调研暨整改“回头看”。会同相关部门进行会商研判，对突出问题开展立项督办追责问责，对个别领导干部进行诫勉或扣减薪酬处理。首次与相关部门联合开展非中管金融机构主要领导人员审计结果反馈工作。

经济责任审计法治化建设　深入学习贯彻习近平法治思想，认真抓好法治政府建设任务落实相关工作，及时组织学习新修订《审计法》等，依法履行审计监督职责。研究制定《中央经济责任审计工作部际联席会议成员单位审计整改工作职责清单（试行）》，健全审计查出问题整改长效机制。梳理编写《地方审计机关经济责任审计工作法规制度选编》，印送中央和各省级联席会议成员单位等参考使用。在项目组织实施、审计反馈整改等工作中加大审计普法宣传力度，配合做好署门户网站“公众咨询”相关内容答复工作，积极回应群众诉求，不断提升依法行政和依法审计能力。

党风廉政和干部队伍建设　认真落实十九届中央纪委六次、七次全会、国务院第五次廉政工作会议部署，严格执行中央八项规定及其实施细则精神，司党支部书记认真履行“一岗双责”，切实担负起第一责任人责任。严格做细做实日常监督，通过理论学习、交流研讨等方式，持续做好警示教育，在节假日等重要节点，对全司党员干部进行廉政提醒，切实筑牢廉政防线。加大干部培养锻炼力度，强化干部专业训练和审计实践锻炼，不断改进工作作风，提升能查能说能写本领。选派 1 人参加中央巡视，1 人参加国务院专项督查，1 人参加联合国审计，5 人参加优秀审计项目评选等专项工作。2022 年全司 7 名干部职级晋升，3 名副处级领导干部跨处室交流轮岗。

（撰稿人：赵振华）

【国际合作司（港澳台办公室）】　2022 年，国际合作司（港澳台办公室）实有 17 人。设有一处、二处、三处、四处。

领导成员

司　　长：姜海鹰

副 司 长：邢剑锋

二级巡视员：赵　兵　郭　静

工作综述　2022 年，在审计署党组的坚强领导下，国际合作司（港澳台办公室）（以下简称国际司）积极践行习近平新时代中国特色社会主义思想，认真贯彻党的十九大、十九届历次全会和党的二十大精神，克服疫情不利影响，广泛而深入地参与国际审计事务，切实服务国家外交、服务审计事业发展，较好完成全年计划任务。

全方位深化审计对外交往　2022 年实现了新冠肺炎疫情发生以来高级审计代表团出访的突破，共有 2 个出国高访团组；同时开展高级别线上交流 9 次、录制视频讲话 1 次，工作层开展视频交流 90 次；全年共保障 24 个出国团组，包括 19 个联合国审计工作团组和 3 个国际组织任职团组、共计 103 人次顺利出入境。

发挥领导层作用，全面巩固多双边和机制性审计交流　审计长侯凯在线出席亚洲审计组织（以下简称亚审组织）理事会第 58 次会议，副审计长秦博勇陪同出席；审计长侯凯在线出席上海合作组织成员国最高审计机关负责人第五次会议并以“远程审计”为题发言；审计长侯凯以视频方式出席联合国审计委员会第 76 次例会，副审计长章轲陪同出席；审计长侯凯以视频方式会见古巴共和国驻华大使佩雷拉；副审计长秦博勇在世界审计组织（以下简称世审组织）环境审计工作组第 21 次大会作视频报告。副审计长王文斌在线出席世审组织大数据工作组第六次会议；副审计长王文斌在线出席国际标准化组织“审计数据服务”技术委员会第三次全体会议。发挥领导层作用，全面巩固多双边和机制性审计交流，副审计长章轲在线出席首届“二十国集团最高审计机关负责人会议”，促成将“推动实现更加强劲、绿色、健康的全球发展”等中国理念反映在会议成果文件中；副审计长章轲在线出席“金砖国家”最高审计机关负责人第三次会议，阐述“以人民为中心”的发展思想；副审计长章轲在线出席中老（挝）高级审计研讨班；副审计长章轲在线出席中俄审计研讨会；经认真研判全球疫情形势，在外交部的指导配合下，经国务院批准，审计长侯凯率团赴智利圣地亚哥出席联合国审计委员会会议并顺利接任联合国审计委员会主席，其间应邀与智利审计长、印度尼西亚审计委员会主席举行双边会谈；副审计长章轲率团赴巴西出席世审组织第24届大会，世审组织理事会第76次会议和国际审计论坛，其间与十余个最高审计机关和国际组织的代表进行双边会谈。

认真履行国际组织关键职责，积极开展审计领域对外援助 积极运筹同主要大国、周边国家和新兴国家以及主要国际组织的关系，倡导合作共赢，共同促进国家审计事业发展。一是以亚审组织秘书长工作为抓手，履行好国际审计领域职责。启动亚审组织第13次科研项目，克服新冠肺炎疫情影响，组织协调并在线参加可持续发展目标工作组、危机管理审计工作组等活动，特别是在线组织召开了亚审组织规章研究特别工作组启动会议；派代表参加世界审计组织各专业委员会和工作组会议，介绍中国审计经验，并深度参与有关工作。二是广泛参加国际审计机制性活动。加入“二十国集团最高审计机关负责人会议”机制并参加各层级研讨活动；成功举办金砖国家最高审计机关“可持续农业和粮食安全”研讨会；在线参加中日韩最高审计机关第17次工作层会议；在线参加中日韩合作国际论坛；参加匈牙利审计署廉政研讨会。三是持续开展审计领域对外援助。为蒙古审计署205位高级审计官员举办培训，介绍中国审计署在新冠肺炎疫情防控审计、资源环境审计、税收审计方面的审计经验成果；举办中老（挝）高级审计研讨班，围绕“审计改革创新”和“审计制度体系”两个主题开展深入交流；做好2022年度“中国政府审计奖学金”项目执行工作，协助招收来自19个国家最高审计机关的36名学员。

积极传播中国声音，不断提高中国审计国际话语权 在世审组织大数据工作组主导发布《运用数据分析开展审计工作指南》《创新审计技术研究报告》和《2016—2021年各国最高审计机关大数据审计发展综述》三本报告；在世审组织环境审计工作组，由中国审计署牵头编写并发布《可持续交通审计指南》，参与编写《气候金融审计指南》；编写《中国审计实践论文集英文版》，积极向国外介绍中国审计工作最新理论与实务成果，中国审计的国际话语权不断增强。

持续保持与港澳台审计联系 认真履行港澳台事务办公室职能，保持沟通联系渠道畅通；协调港澳审计机关负责人以中国审计代表团成员的身份出席世审组织第24届大会。

推动党建和业务深度融合 支部书记围绕“走好第一方阵，我为二十大作贡献”给全体党员干部讲授专题党课并在《中国审计》撰写文章介绍党的十八大以来审计领域外交工作丰硕成果；与社保司组织主题联学，邀请党的二十大代表、副审计长章轲作宣讲报告；结合具有外事工作特色的晨读活动，组织开展青年外事干部领学《习近平谈治国理政》（英文版第四卷）和英文解读党的二十大报告等活动。司内青年干部荣获全署“关键小事”调研攻关活动二等奖和“我来当主讲”主题学习活动三等奖。

（撰稿人：陶　玮）

【人事教育司】 2022年，人事教育司实有37人（其中交流干部5人）。设有办公室、干部一处、干部二处、干部三处、干部四处、工资调配处、教育处、监督处。

领导成员

司　　长：茅东萍

副 司 长：苏　丹　肖振东（5月—）

　　　　　刘　铮（—5月）

工作综述 2022年，在审计署党组的正确领导下，人事教育司坚持以习近平新时代中国特色社会主义思想为指导，践行新时代党的组织路线，系统推进干部工作五大体系建设，努力深化研究型人事工作，围绕中心、服务大局，真抓实干、踔厉奋发，较好完成全年工作。

机关党建工作 党的二十大胜利召开之后，按照党中央、国务院统一部署和署党组指示要求，迅速响应号召，制订学习方案，通过党员个人自学、党支部书记带头领学谈体会、党小组专题学习研讨、党支部集中学习交流、青年理论学习小组知识竞赛促学等方式，将学习党的二十大精神不断引向深入。充分发挥党支部战斗堡垒作用，严肃党内政治生活，高质量召开司领导班子民主生活会和党支部组织生活会，全年司领导讲授党课4次，组织召开支部党员大会4次、支委会12次、主题党日活动12次，切实增强党支部凝聚力、战斗力。2022年，人教司党支部获得中央和国家机关工委“四强”党支部荣誉称号。

选优配强领导班子 加强各单位领导班子和

领导干部常态化分析研判，动态实现配备目标，优化队伍梯次结构，增强班子整体合力。全署配有45岁左右干部的领导班子占比从46.3%上升至48%，“70后”司局级正职、“75后”司局级副职占比从24%、22%分别上升至31%、28%。进一步优化派出局领导班子结构，调整6个派出局的主要负责同志，从署机关、直属单位调入6名审计业务能力强、项目组织经验丰富的司局级干部，充实到派出局领导班子。突出实干实绩，发挥职务职级并行“双车道”激励作用，署机关、派出局晋升一级至四级调研员209人，16名工作业绩突出、任现职年限较长的实职干部晋升为一级、二级巡视员。

选拔优秀年轻干部 坚持系统思维和全局观念，常态化深入分析研判，建设性规划干部队伍成长，及时大胆使用优秀年轻干部，用当其时、用其所长，扩大年轻干部蓄水池。全年选拔任用司局级领导干部19人，平均年龄47岁，多名优秀“80后”干部走上司局级领导岗位。坚持严格把关，考察优秀年轻干部时，注重深入了解其政治觉悟、思想意识、品行操守、素质能力，把好干部标准落到实处。健全优秀年轻干部选育管用环环相扣、统筹推进的全链条机制，注重司局级正职人选的储备和使用，全面锻炼把大局明方向、抓班子带队伍能力，提任4名负责工作的司局级副职为正职，安排4名较为成熟的司局级副职负责本单位工作。

加强和改进干部交流 着眼于提高干部能力素质、优化班子结构推进干部交流工作，从交流干部来源、数量、工作经历等方面细化要求，一方面交流干部总体规模同比缩减21%，一方面地方审计机关干部占比较上年提升10%，且参加审计工作年限达到人均7年。持续通过挂职锻炼、参与重大专项工作等方式，选派政治素质好、专业能力突出、责任意识强的年轻干部到艰苦复杂地区和关键岗位磨炼，全年选派6名干部援藏援青，选派2名干部到西部地区、革命老区挂职，选派54人次参加中央巡视、国务院大督查、中央纪委专案等工作，安排10名选调生参加基层锻炼。打造高端化、专业化、国际化人才，会同涉外司开展四批联合国审计人员遴选工作，共遴选371人进入人才储备库；推送19人申报财政部2022年度高层次财会人才素质提升工程选拔，其中2人成功入选。

不断提升公务员招录工作质量 深入学习贯彻习近平总书记关于高校毕业生就业工作的重要指示批示精神，持续扩大应届生招录规模，署机关招录公务员32人，组织特派办招录75人，招录质量较上年显著提升。优化招录方式流程，严把考察关口，编制《考察工作案例集》总结经验做法，将3名涉嫌档案造假、失真失实等问题的考察对象“拒之门外”。

统筹推进教育培训工作 与人社部联合印发《审计专业技术资格规定》《审计专业技术资格考试实施办法》。将高级审计师考试科目由2科调整为1科，重点考查应试者的分析判断、组织协调等实操能力，让干得好的同志也能考得好。考试科目和内容优化调整后，2022年度审计专业技术资格考试全国报名人数达到近8.7万人，其中高级考试报名人数同比增长了66%，报名人数和参考比率均创历年新高。推动国务院学位委员会、教育部在《研究生教育学科专业目录》中将审计增列为管理学门类下的专业学位类别，授予学位层次由硕士调整到博士，成为36个博士专业学位类别之一，学科地位大幅提升。全年组织开展56期培训班，受训人员达14万余人次，整体提升审计干部队伍专业化水平。

加强激励和监督 会同政研室、审理司组织开展优秀审计案例先进个人奖励，对问题查核中发挥主要作用的干部给予嘉奖。与中组部等有关评选部门积极沟通，扎实做好全国性评选表彰推荐工作，推荐1名同志获得全国“人民满意的公务员”荣誉称号、1名同志获得“全国机关事务工作先进个人”荣誉称号、1个业务司获评北京冬奥会突出贡献集体、1名同志获评冬奥会冬残奥会北京市先进个人。组织对特派办和直属单位开展“一报告两评议”，对沈阳办等4个特派办开展选人用人工作专项检查。根据2022年个人事项报告表的新变化，梳理编发填报注意事项、易错易漏点等辅导材料，组织1907人集中填报，开展随机抽查和重点查核，对存在瞒报和漏报较重情形的6人，按规定给予诫勉等处理。依据有关部门调查结果，对3名干部分别给予行政处分或停职处理。

加强组工干部自身建设 营造浓厚学习氛围，开展研究型组织人事论坛，在全司征集领导班子和干部队伍建设等5个方面17篇研究文章，展现了全体干部主动学习思考的进取精神。积极拓展年轻干部成长锻炼平台，培养全方位能力素质，全年选派4人参加中组部专项工作、2人参加审计项目，工作表现均得到有关部门充分肯定。鼓励干部结合本职工作加强思考，多名青年干部围绕审计干部担当作为等内容撰写理论文章，在《中国审计》杂志、《中国审计报》等媒体发表。1人获得“中央国家机关会计领军人才”称号，1人获世审组织审计师职业化特别工作组褒奖。

（撰稿人：杨江海）

【机关党委（巡视工作办公室）】 2022年，机关党委（巡视工作办公室）实有28人（其中交流干部6人）。设有办公室、组织处、宣传处、群团工作处、纪律审查室、巡视督查室。

领导成员

机关党委常务副书记、巡视工作办公室主任：吕劲松

机关党委副书记、机关纪委书记、巡视工作办公室副主任：许　君

机关纪委副书记、一级巡视员：刘森标

工作综述 2022年，审计署机关党建工作以习近平新时代中国特色社会主义思想为指导，以迎接服务党的二十大和学习贯彻党的二十大精神为主线，持之以恒抓好习近平总书记在中央和国家机关党的建设工作会议上重要讲话精神的贯彻落实，主动担当、务实作为，着眼巩固深化，狠抓薄弱环节，统筹推进年度重点任务，推动机关党的建设有新提升，为新时代审计工作取得新成就提供了坚强保证。

聚焦“两个维护”深化党的政治建设 把党的政治建设摆在首位，坚持党对审计工作的集中统一领导，持续加强政治机关建设，组织开展“对党忠诚，始于足下”“对党说句话”等多种形式的学习教育，各级党组织书记以“走好第一方阵　我为二十大作贡献”为主题讲授专题党课，进一步培养加深党员干部对党的认同、对党的感情和对党忠诚，切实将对“两个确立”决定性意义的深刻领悟转化为做到“两个维护”的思想自觉政治自觉行动自觉。深入开展“学习研讨、查摆问题、改进提高”专项工作，组织全署基层党组织聚焦主责主业学习贯彻习近平经济思想，积极推进“我来当主讲”系列活动，集中组织“关键小事”攻关调研，各基层党组织专题组织生活会查摆问题700多个，落实整改取得实效，保障了审计工作顺利开展。巩固拓展中央巡视整改成果，截至4月，十九届中央第六轮巡视反馈的31个问题全部整改完成，确定的92项整改措施全部落实并持续巩固。组建10个署内巡视组，对13个党组织分别开展了常规巡视、巡视“回头看”和专项巡视，高质量实现署内巡视全覆盖。组织开展为期一个月的署内巡视相关工作走访调研，为编制今后五年署党组巡视工作规划打下坚实基础。认真履行机关党建专责机构职责，召开机关党委全委会会议5次、常委会会议1次，书记办公会20次。

迎接服务党的二十大和学习贯彻党的二十大精神 扎实有序开展党的二十大代表推选工作，把严肃政治纪律、组织纪律、选举纪律贯穿推选工作全过程，基层党组织和党员参与率实现两个100%，推选产生的3名候选人预备人选在中央和国家机关党代会上当选党的二十大代表。持续用力学习贯彻党的二十大精神，组织党员干部多方式收听收看党的二十大开幕会盛况，服务署党组迅速传达学习大会精神，及时举办署党组理论学习中心组学习研讨、动员部署会、宣讲会暨署党组书记专题党课等，先后制定下发学习宣传贯彻党的二十大精神的通知、工作方案和集中学习培训方案，组织参观“奋进新时代”主题成就展，教育引导全署党组织和党员干部把学习贯彻党的二十大精神作为当前和今后一个时期的首要政治任务，深入学习领会党的二十大报告新部署新要求，不断在审计工作中贯彻落实。

持续推动党的创新理论武装走深走实 把学懂弄通做实作为第一任务，做好署党组理论学习中心组学习服务保障，协助举办集体学习19次，署党组成员3篇学习发言在《中央和国家机关中心组学习文选》全文刊载。抓好《习近平谈治国理政》第四卷学习，通过党员个人自学、集中研讨、专题学习班、主题联学、学习测试等方式，推动理论武装走深走实。巩固拓展党史学习教育成果，举办学习贯彻党的十九届六中全会精神集

中教育网络培训班，开展庆祝中国共产党成立101周年系列主题活动，会同宣传中心制作《忠诚勇担当　建功新时代——审计署基层党组织党建工作巡礼》专题片，在微信平台推出“庆七一　学党史　喜迎二十大”主题活动，推动党史学习教育常态化长效化。加大党建典型做法宣传力度，深挖基层党组织党建工作亮点特色，党建信息在新华社、《人民日报》等刊登12篇。压紧压实意识形态工作责任制，制发《关于进一步落实网络意识形态工作责任制的通知》，夯实互联网信息发布平台管理主体责任。

切实发挥基层党组织的政治功能和组织功能　持续深耕基层党支部，严格基层党组织按期换届和党务干部任免，做好党员发展工作，推动落实“三会一课”和民主生活会等党内政治生活制度不放松，加强临时党支部建设，促进党支部标准化规范化建设不断夯实。开展基层党组织建设质量提升三年行动评估，35个党支部被命名为中央和国家机关“四强”党支部，43个党支部被命名为审计署“四强”党支部。开展清查整治突出问题、规范党务工作专项工作，进一步提高了党务工作的政治性、严肃性、规范性。加强和改进直属事业单位党的领导，在调研评估科研所、教育学院2家单位试点情况基础上，审慎稳妥地逐步推开试点工作，服务局、报社2家直属事业单位设立基层党委，事业单位党组织的运行机制更加健全。强化对党员的日常监督，重点是对年轻干部的教育管理监督，向17名老党员颁发“光荣在党50年”纪念章，走访慰问老党员、生活困难党员和群众119人。加强机关党委自身建设，举办审计署党务干部综合培训班，培训专兼职党务干部260多人次，分期选派29人参加中央和国家机关系列培训班，推选党务干部参加署内巡视、领导班子考核、干部选拔任用考察等专项工作，持续推进将党务工作经历纳入干部履历。

持之以恒以严的基调正风肃纪反腐　加强日常教育监督，组织召开全国审计机关党风廉政建设工作视频会、审计署警示教育大会，编写《审计干部反腐倡廉教育警示录（第四册）》，开展为期两个月的警示教育活动，会同驻审计署纪检监察组、审计报社推出警示教育片《审诫——“卫士”的褪色人生》、系列小视频《审纪小课堂》，重要时点提前开展廉政教育提醒，加强对新录用公务员、交流干部、新提任干部的廉政教育，将贯彻落实中央八项规定及其实施细则精神情况纳入日常监督检查内容。扎实开展“学、抓、改、强”活动，加大对纪检干部监督执纪实务培训力度，以“实训实战”提升监督执纪能力和水平。署各级纪检机构全年共收到信访举报45件，处置问题线索31件。加强案件审理质量控制，规范纪律处分执行，做好受处分党员干部回访工作，推进由处分决定“一张纸”到警示教育“一堂课”的延伸，帮助受处分党员干部真正放下思想包袱，积极投入工作。印发审计机关精神文明建设工作指导意见，加强廉洁文化建设，培树审计职业精神，推动依法审计和文明审计理念在工作中践行。

以党建引领激发群团活力　深化群团组织建设，建立完善民主党派和无党派人士信息库，不断汇聚团结奋进正能量。署机关工会组织征文比赛、书画摄影展、线上运动会等喜迎二十大系列活动，累计参与近2万人次。署机关团委组织青年干部认真学习贯彻习近平总书记在庆祝建团100周年大会上的重要讲话，积极落实年轻干部下基层、接地气工作，激发昂扬斗志。“三八”“六一”等节日期间，署妇工委开展多种形式的宣传教育活动，让家教家风建设深入到审计干部家庭。暑期爱心托管班等举措，以及对援疆援藏、交流挂职、生病住院职工和残疾重病子女等慰问，持续送关爱送温暖。协调推进支援帮扶工作，为帮扶县协调引进各类帮扶资金4.53亿元，组织购买贫困地区农产品近200万元，“送教上门”培训干部200余人。贵州省丹寨县茶产业发展、江西省会昌县人才建设、河北省顺平县农村养老的典型案例先后在人民网发布。

（撰稿人：刘　慧）

【离退休干部办公室】　2022年，离退休干部办公室（以下简称离退休办）实有14人。设有综合处、服务一处、服务二处、服务三处。

领导成员

主任、一级巡视员：王雅静

工作综述　2022年，离退休办坚持以习近平新时代中国特色社会主义思想为指导，紧紧围绕迎接服务党的二十大和学习宣传贯彻党的二十大精神这条主线，深入推进党史学习教育常态化长效化，认真学习贯彻全国老干部工作“双先”表彰大会和全国老干部局长会议精神，贯彻落实《关于加强新时代离退休干部党的建设工作的意见》（以下简称《意见》），更加注重党建引领，更加注重发挥作用，更加注重服务管理，围绕中心、服务大局，用心用情、精准服务，守正创新、扎实工作，进一步推进新时代离退休干部工作高质量发展。

离退休干部党的建设 坚持以政治建设为统领，把深入学习贯彻习近平新时代中国特色社会主义思想作为首要任务，依托“三会一课”，组织生活会、主题党日、“互联网+党建”，通过收看专题辅导报告、主题宣讲、开设手机 APP 学习专栏、微信每日推送、线上线下学习研讨，撰写感言体会和诗词书画摄影礼赞等多种方式组织全体老同志深入学习宣传贯彻党的十九届六中全会精神和党的二十大精神，引导老同志始终做到政治坚定、思想常新，坚定拥护“两个确立”、坚决做到“两个维护”，始终关心支持审计事业的建设发展。完成党总支和 9 个党支部的换届选举工作。举办党支部书记、委员学习培训。开展“喜迎二十大，永远跟党走”“深情颂党恩，喜迎二十大”等主题党日活动，不断提升党组织的凝聚力、战斗力。2 个离退休干部党支部被命名为审计署“四强党支部”，为 6 名老党员颁发“光荣在党 50 年”纪念章。编印学习手册，组织在职和离退休党员干部深入学习《意见》精神。开展专题调研，结合实际研究制定《关于加强新时代离退休干部党的建设工作的具体措施》，修订《离退休干部党支部党建工作实用手册》《审计署机关离退休干部服务管理工作手册》《离退休干部党支部党建活动有关事项清单》等制度，持续用制度规范工作、巩固经验、提升效能。落实全面从严治党主体责任，将管理教育融入日常联系服务中。坚持离退休干部报到时谈心谈话制度。坚持开展“廉洁警示教育月”活动，不断增强离退休干部党员队伍的党性观念和党纪意识。认真落实好意识形态工作责任制，加强网上言行的规范引导，倡导正能量，牢牢把握意识形态主阵地。全员动员、严密组织，高标准完成党的二十大代表候选人预备人选推荐提名及中央和国家机关党代表会议代表推荐产生工作。

组织引导老同志进一步发挥自身优势和作用 组织审计署机关 8 个离退休干部党支部和 18 个特派办离退休干部党支部，开展“建言二十大”和“我看中国特色社会主义新时代”专题调研。持续开展“增添正能量·共筑中国梦”活动。以《离退休干部园地》期刊和“情暖桑榆”手机 APP 为平台，组织离退休干部以文章、诗词、绘画、书法、摄影等文艺作品弘扬伟大建党精神，讲好中国共产党的故事、中国特色社会主义的故事、新时代的故事和审计故事。老同志积极投身研究和弘扬延安精神、关心教育下一代，积极参与社区治理、疫情防控、垃圾分类等首都志愿者活动，持续为党和国家事业增添正能量。开展“奋进新时代”群众性主题宣传教育活动。紧扣审计中心工作，聚焦改革发展大局，把主题宣传教育与开展文化活动相结合，组织开展线上“喜迎冬奥·共度新春”和“同心筑梦迎盛会·重温党史度重阳”等活动，引领老同志唱响主旋律，为党的审计事业点赞加油，为新时代新征程再添胜利荣光。

离退休干部服务管理工作 落实好政治待遇和生活待遇，做好离退休干部困难帮扶等工作。坚持“一人一策”，突出做好离休干部的服务保障。做好离退休干部阅文、参加重要政治和社会活动、情况通报、过组织生活等保障工作。认真落实署离退休干部工作领导小组征求意见座谈会精神，配合相关部门及时答复和解决老同志的急难愁盼问题。积极协助职能部门落实离退休干部养老金调整、医疗费报销、年度体检等事项。2022 年，陪同署领导走访慰问，室领导带队走访署老领导、离休干部、老党员、老干部、困难党员等 310 余人次，上门祝贺生日、金婚 21 次；为支部和老同志订阅报刊 23 种 440 余份、代办报销药费 700 余人次、发放防暑降温药品 400 余份；与 2 家社会养老机构续签优惠服务协议，受到广大老同志的欢迎。

应用信息化建设成果服务老同志。应用中央国家机关养老服务云平台，主动对接社会化养老资源，让中央国家机关家庭养老照护支持、养老服务津贴补贴、助餐服务等涉老助老政策包惠及审计署离退休干部。2022 年有 46 人次享受该项服务。办好线上老年大学，开设五门网络课程，录播、直播 1100 余课时，为 200 余名老同志申请中央国家机关老年大学线上听课权限。充分发挥“情暖桑榆”手机 APP、支部工作微信群等信息平台的作用，为老同志提供时政要闻、涉老法律、健康知识、养老信息 1650 余条，组织线上活动 6 次，疫情防控常态化下满足老同志精神文化生活需求。

持续抓好新冠肺炎疫情防控工作。严格落实新冠肺炎疫情防控的各项要求，积极宣传疫情防控政策规定和科学知识，落实好老同志新冠疫苗接种工作。为老同志送、寄防疫口罩 3.2 万只，购买抗原检测试剂 400 余份，以实际行动落实审计署党组对老同志的关心爱护。

完成离退休干部活动中心维修改造。坚持为老同志办实事、办好事，巩固“我为群众办实事”实践活动成果。室领导带队开展调研，充分了解老同志的需求，研究维修改造方案，积极配合机关服务局进行施工，高质量完成离退休干部活动中心 1376 平方米活动场地的维修改造工程。改造后，活动中心环境简洁明亮，活动场地安全舒适，整体面貌焕然一新。

队伍建设 深入学习新时代党的创新理论，坚持每周“理论学习日”制度，全年以室领导领读领学、专题学习、主题参观、收看辅导报告、讲专题党课、党小组研讨等多种形式开展理论学习 43 次，持续强化理论武装和党性教育。聚焦离退休干部工作，以深学、真查、实改开展“学查改”专项工作。坚持贯彻落实积极应对人口老龄化国家战略，认真学习研究离退休干部工作新形势新任务新要求，提升干部队伍把积极老龄观、健康老龄化理念融入老干部工作的能力。组织青年干部参加审计业务知识培训，拓展学习范围，担任重点工作，不断加强青年干部的学习教育和历练培养。坚持教育、管理与监督并重，持之以恒推进党风廉政建设。党支部书记履行全面从严治党主体责任，及时传达学习中央纪委国家监委关于违反中央八项规定精神典型问题的通报、驻审计署纪检监察组查处违纪违法案件通报和审计署机关党风廉政建设工作通知精神。组织党员干部全文学习《审计干部反腐倡廉教育警示录》，集中收看《零容忍》反腐电视专题片，节假日前开展党风廉政专题教育。重要工作坚持集体研究决策等制度，防范廉政风险。始终贯彻执行中央八项规定及其实施细则精神和过紧日子要求，力戒形式主义、官僚主义，持续改进工作作风，营造风清气正、团结奋进的工作氛围。扎实推进法治政府建设。认真落实普法责任，坚持依法决策，依法依规做好矛盾化解。重点组织党员干部学习《审计机关工作人员应知应会法律法规清单》，参加“宪法宣传周”主题活动和全国普法办网上专项答题活动。在落实意识形态工作责任制、网络安全、保密工作、疫情防控、财务工作制度和日常管理中始终做到“严”字当头，单位全面建设水平显著提升。（撰稿人：郭龙帅）

【机关服务局】 2022 年，审计署机关服务局（以下简称服务局）实有 68 人。设有办公室、人事处、基建办公室、保卫处、机关事务管理处、房产管理处、固定资产管理处、事业单位财务处、医疗保健处、服务一部、服务二部、文印室、怀柔机构管理处。

领导成员

局　　长：李　伟

副 局 长：熊国威　谢　金

　　　　　张俊哲（6月—）

工作综述 2022 年，服务局在审计署党组的坚强领导下，以党的二十大精神为指引，深入学习贯彻习近平总书记对审计工作的系列重要讲话和对机关事务工作的重要指示精神，立足后勤服务保障本职，围绕审计中心工作，着力解决干部职工急难愁盼问题，统筹新冠肺炎疫情防控和服务保障，始终坚持以提升服务能力和管理水平为出发点和落脚点，推动工作取得新成效。

机关事务管理 一是抓好制度建设，健全完善工作机制。加强对机关事务管理的监督制约，修订《审计署机关服务局政府采购管理办法（暂行）》，严格按照规定履行政府采购程序。修订完善《审计署机关服务局中层管理人员选拔聘用办法（试行）》《审计署机关服务中心岗位聘任管理办法（试行）》等办法，落实用制度管人，规范队伍建设。印发《审计署机关服务局值班管理办法（暂行）》，确保重要时期值班值守有据可依。

二是加强内部安全防范，积极建设平安机关。举办社会管理综合治理培训班，组织开展“国家安全日”“全国防灾减灾日”系列宣传活动，在“119”全国消防日，组织署机关消防和地震器材体验活动，培养干部职工高效逃生自救能力。聚焦房地产安全、消防安全、防汛安全等重点领域，开展安全检查，消除安全隐患。全面升级署机关门禁系统，提高安防水平。做好办公楼、自管宿舍区、机关招待所等地设备设施日常维保，利用施工窗口期做好升级改造。强化驾驶员管理教育，实现考核管理和监督双轨并行，全年公务用车安全运行零事故。加强涉密网络、涉密载体和人员管理，定期组织保密培训检查，确保不发生失泄密问题。

三是扎实推进节能工作，大力推动绿色发展。组织召开节能减碳工作布置会，科学设置节能指标，规范能源资源消费统计调查制度。应用新科技设计节能改造方案，指导编制空调节能改造项目可行性研究报告及概算报告，署本级、广州办、审计干部教育学院等3家办公楼空调节能改造项目已经国管局节能司批复入库。2022年审计署所属21家单位（含署本级、特派办、京外直属单位）提前全面建成节约型机关。审计署机关食堂被选为中央国家机关反食品浪费工作成效评估和通报制度首批试点单位。制作审计署反食品浪费宣传视频《不忘勤俭“传家宝”牢记节约“新食尚”》，并在国管局节能宣传平台上展播。

四是严格执行财务制度，抓好资产管理和政府采购。加强预算管理和预算执行分析，强化财务基础工作，保证资金安全。组织实施署本级和服务局资产全面清查，确保及时掌握资产变动情况。全面完成原监事会研究中心资产划转工作。坚持修旧利用、厉行节约，通过维修保养、调剂使用家具、更换耗材等，不断做优做细日常保障。建立住房配售配租腾退联动机制，动态管理职工住房。严格规范办公用品管理，信息化管理库存。严格做好政府采购工作，组织完成署机关物业、餐饮和公务用车驾驶员服务采购工作，大幅节约了服务经费。按规定向法规司报备服务局2021年对外签订合同32份，未出现违约或争议等情况。

五是推动数字化信息化智慧化机关后勤建设。加快智慧后勤建设，利用数据赋能提升服务质效。电子显示屏广泛应用于审计署机关智慧食堂项目，已实现人脸识别、自助充值、智能菜单、餐后点评等功能场景。房产管理系统稳步搭建，住房档案电子数据管理加快进行。依托审计专网设计开发电子通信录模块，推动审计署内各单位通讯更新实时联动。

服务保障工作　一是统筹做好新冠肺炎疫情防控和服务保障工作。面对复杂多变的疫情防控形势，建立有效指挥体系，安排24小时应急值班，局领导带头坚守一线，相关处室在健康监测、风险区域消杀、食品药品物资保障、会务接待、文件印制等方面持续发力，在北京市新冠肺炎疫情感染高峰期间轮岗不停岗，及时筹措防疫物资配发干部职工，安排人员保障核酸采样，协调属地为署机关干部职工提供隔离场所和就医服务，保障审计事业正常运转。审计署机关招待所先后作为冬奥会服务保障单位和怀柔区应急集中隔离点，圆满完成冬奥会配合接待外国领导人服务保障，怀柔区红螺寺中学新疆内高班返京学生隔离观察，审计署两批归国人员闭环管理保障、联合国专项审计服务保障等多项保障任务，未发生任何疫情传播事故，获北京市人民政府外事办函谢。

二是聚焦干部职工急难愁盼优化服务举措。坚持后勤服务保障意见季度征集机制，及时了解干部职工需求，回应干部职工关切问题，定向优化服务举措。2022年共征集并解决意见建议140条，服务满意率逐季度提升。调整改善署机关食堂就餐环境，逐步丰富餐品种类。医疗服务能力显著增强，为署干部职工提供差异化定制体检、优先就诊等服务。妥善安排新招录职工和交流干部周转住房，为住房困难职工临时调配住房，依法依规做好职工住房补贴调整和预算编报工作。调整署机关办公楼车辆管理方式，便捷干部职工行车出入。对双榆树办公楼空调系统进行节能升级改造，高质高效完成双榆树老干部活动中心维修改造工程。

三是因地制宜绿化美化办公环境。利用4个周末夙夜奋战近300个小时，调整升级署机关院区苗木274棵，播撒草籽500平方米，招录专人专职对院区植被进行专业化养护，苗木移植存活率达100%。审计署机关荣获“首都绿化美化花园式单位”称号。采摘院区自种的梨、山楂、杏、石榴、樱桃等时令水果，提供给机关食堂作佐餐水果。

党风廉政建设 一是加强政治理论学习，增强党建引领作用发挥。通过服务局党委书记领学，讲授专题党课，各党支部集中研讨，青年干部轮流分享学习心得，全体党员干部参加专题辅导，主题党日参观主题展览、制作宣传展板、印发学习材料等多种方式，及时跟进学习贯彻党的二十大精神。加强党建推动服务保障工作高质量发展，2022 年 11 月，经中共审计署机关委员会批准，组建成立服务局党委，更好发挥党委把方向、管大局、作决策、促改革、保落实的领导作用。高度重视党员管理，吸纳优秀积极分子入党。做好退休党员慰问和困难职工帮扶，持续提供送温暖送健康服务。2022 年服务局党总支被评为“审计署先进基层党组织”，服务局第三党支部被评为中央和国家机关“四强”党支部。

二是全面从严治党推进党风廉政建设。严格落实中央八项规定及其实施细则精神，坚决落实过紧日子要求，认真履行“一岗双责”，层层压实责任，督促整改落实。强化监督提醒，认真组织开展干部任前谈话和节假日前廉政教育提醒，结合重要事件及时开展党风廉政警示教育，注重抓早、抓小、抓日常。经常性开展批评和自我批评，互相查找不足、互相提醒，让“红红脸、出出汗”成为常态，筑牢防腐拒变思想防线。

队伍建设工作 抓好干部队伍思想政治建设。采取个别谈话、集体谈话和调查问卷等形式，对全体干部职工开展教育培训、交流轮岗、评优评先、工资薪酬和职务晋升等方面的思想调研，掌握干部职工思想动态。选贤任能优化队伍结构，推荐提拔 1 名司局级干部、1 名处级正职、1 名副高级工程师、3 名处级副职和 2 名处级非领导职务干部。锻炼提升队伍专业能力，推荐 3 名干部到机关司局交流学习，安排 11 名干部局内处室轮岗交流，选送干部职工参加署党校处级干部进修班等 8 个班次的进修培训，不断提升政治素质和业务能力。2022 年，服务局局长李伟被推选为北京市第十六届人大代表，办公室主任李晓宁荣获“全国机关事务工作先进个人”称号。

（撰稿人：马　楠）

审计署派出审计局

【审计署中央机关审计局】 2022 年，审计署中央机关审计局实有 14 人。设有一处、二处、三处。

领导成员

局　　长：王　刚

副 局 长：肖振东（—5 月）　陈全民

审计成果 2022 年，审计署中央机关审计局完成审计项目 4 个，其中中央部门预算执行等情况审计项目 2 个，部门财务报告编报等情况审计项目 1 个，参与部长经济责任审计项目 1 个；出具审计报告、审计决定等审计文书 6 份，提交重要审计情况 1 篇，并以审计署审计重要信息报中共中央办公厅、国务院办公厅，多位中央领导作出批示。

独立实施的全国人大常委会办公厅 2020 年度预算执行等情况审计项目被审计署评为 2022 年全国审计机关优秀审计项目三等奖，该项目移送事项及发现的典型问题被中央纪委国家监委驻全国人大纪检监察组查办，并得到多位中央领导同志签批或圈阅，发挥了审计在反腐治乱方面的重要作用。

财政审计 完成中央纪委国家监委机关和中央组织部的预算执行等情况审计项目，重点关注预算编制合规性、存量资金管理、政府采购、资产管理、所属企业经营管理等方面问题，查出主要问题 30 个，涉及金额 1205285 万元，其中违规金额 2163 万元，管理不规范 1203122 万元。

对国管局 2021 年度政府部门财务报告编报等情况进行审计，在政府财务报告审计的目标、内容、组织方式和技术方法等方面进行了积极探索。在把握总体的基础上，揭示了财务信息失真等影响政府财务报告改革目标实现的突出问题，立足推动政府综合财务报告改革，深入分析报表信息失真背后的制度性原因，提出有针对性的审计建议。

经济责任审计 参与实施中国日报社原总编

辑经济责任审计项目，紧紧围绕报社贯彻落实习近平总书记关于对外宣传工作的重要讲话精神和党中央决策部署，反映了《中国日报》出版发行、推进全球化传播网络建设中存在的主要问题；聚焦职责履行中的权力运行，揭示了个别人员以权谋私、损害新闻公信力的违纪违法行为。

相关工作 持续以政治建设为统领加强党的建设，强化理论武装，不断推进学思用贯通、知信行统一。及时跟进学习党的二十大精神和最新理论成果，深入贯彻落实中央审计委员会会议精神；认真落实“学查改”等重点工作，组织召开专题组织生活会逐级查摆问题，抓好6个方面问题整改；扎实推进支部组织力建设，从增强政治意识和提升政治工作能力的高度组织好党的二十大代表候选人预备人选、中央和国家机关党代表推荐，开好班子民主生活会，班子成员之间、班子与党员干部之间深入交流，对照检查5项15条问题，制定4项7条措施并抓实整改，支部书记围绕“走好第一方阵，我为二十大作贡献”主题讲党课，介绍身边党员干部的优秀事迹，弘扬审计正能量，副书记以“中国共产党领导下的政府和市场辩证关系”为题讲党课，增强了党员干部对党领导下经济工作的系统认识。

针对职责重要、信息敏感、保密级别高等特点的被审计单位，中央机关审计局将党建和业务深度融合，有力推进各项工作，取得较好成效。一是坚持从政治上把握具体业务。坚持服务大局、紧贴实际，时刻把发现的疑点和问题线索放到党和国家发展大局中考量，深入理解被审计单位政治属性，把讲政治体现到审计人员的一言一行中。二是坚持把严谨审慎贯穿审计全程。坚持实施精细化管理，有序推进项目实施，既尊重被审计单位严谨细致的管理要求，又保证法定审计程序在有限时间内严格执行。三是坚持把保持专业独立作为审计前提。一方面客观辩证看待被审计单位的特殊性，给予足够理解与尊重；另一方面依法独立行使审计监督权，加强沟通协调，客观准确完整反映问题。

领导班子和党员领导干部切实履行全面从严治党和党风廉政建设主体责任，敢管敢严、宽严相济，持续打造高素质专业化干部队伍。领导班子率先垂范落实“一岗双责”，支委委员、党小组长、处级领导干部切实担负起教育管理监督党员、组织宣传凝聚服务群众职责。抓好重点人群和重要时间节点，深入开展警示教育，组织全局党员干部认真研读《审计干部反腐倡廉教育警示录（四）》，深刻剖析30个违纪违法案例，主要负责同志以审计署10个违纪案例的因果教训为重点进行剖析，以身边人身边事警示提醒。选派5名政治过硬的处级干部参加十九届中央第九轮巡视，1名局级和1名处级干部参加财政部审计，增强了党员干部大局意识，提升了队伍政治素质和业务本领。（撰稿人：周晓波）

【审计署宣传审计局】 2022年，审计署宣传审计局实有15人（含交流干部1人）。设有一处、二处、三处。

领导成员

局　　长：姜跃山

副 局 长：习为国

一级巡视员：林　清

二级巡视员：汪照全　尹玉来（12月—）

审计成果 2022年，审计署宣传审计局共完成审计项目5个，共查出违规或管理不规范等问题108个，涉及金额27亿多元，参与形成审计重要信息2篇，均得到中央领导重要批示，牵头实施的人民日报社原社长经济责任审计项目荣获全国审计机关优秀审计项目一等奖，审计工作取得新的成效。

财政审计 完成对经济日报社和求是杂志社等单位2021年度预算执行等情况的审计。审计中，紧紧围绕促进深化预算管理制度改革、全面实施预算绩效管理、落实中央八项规定精神和过紧日子要求等，聚焦“国之大者”，深入揭示重大问题和风险隐患，有关典型案例被审计重要信息采用，得到中央领导重要批示。

经济责任审计 作为牵头单位会同中央机关审计局完成对中国日报社原总编辑经济责任审计。审计中，深入学习并深刻领会中央关于新闻宣传领域的有关纪律要求，聚焦职责履行中的权力运行，全面评价领导干部任职期间履行经济责任情况，准确界定应承担的责任，参与形成审计重要信息1篇，得到中央领导重要批示。

专项资金审计 作为牵头单位会同广电通讯

审计局和统战审计局开展专项资金审计，深入揭示了有关单位在贯彻落实党中央重大决策部署、资金分配和管理使用等方面存在的突出问题，提出加强和改进相关工作意见建议。

审计查出问题整改 严格执行审计署审计查出问题整改分类试行办法，把审计“上半篇文章”和整改“下半篇文章”统筹起来谋划，对审计整改处理作预先研究，定期跟踪被审计单位整改情况，督促整改落实到位。完成经济日报社2021年度预算执行审计发现问题整改专项审计，促进整改落实有关问题资金3550.39万元，其中增收节支3550.39万元，促进建立健全规章制度7项，有效发挥审计监督“治已病、防未病”作用。

相关工作 2022年，审计署宣传审计局坚持把党的政治建设摆在首位，认真履行管党治党责任，持续深化政治机关意识教育，深入学习宣传贯彻党的二十大精神，扎实有序开展“学查改”专项工作，严格执行“三会一课”、主题党日等党内政治生活制度，组织开展主题联学、集中研讨和参观“奋进新时代”主题成就展等活动，认真开展集中警示教育活动，紧盯关键节点持续加强纪律作风建设，涵养风清气正的政治生态。

坚持把研究型审计贯穿审计项目全过程，加强对审计对象核心业务和相关政策制度等学习研究，持续推进“实务导师制”，加力开展“传帮带”，不断提高审计人员能查能说能写的本领。积极搭建实践平台，选派10人次参加专题研修、中央巡视、重要项目审计、业务培训、复核审理等工作，促进干部综合素质提升。

统筹做好疫情防控和项目实施，推动全体人员新冠疫苗加强针应接尽接；认真学习宣传和贯彻落实新修订的审计法，积极落实法治政府建设任务，坚持依法、文明审计；严格规范内部综合管理，严格执行请示报告制度，确保各项工作安全有序进行。 （撰稿人：蔡方圆）

【审计署统战审计局】 2022年，审计署统战审计局实有17人。设有一处、二处、三处、四处。

领导成员

局　　长：朱登云

副 局 长：郭文光　孔鹏程

二级巡视员：熊　伟

审计成果 2022年，审计署统战审计局完成审计项目4个。查出主要问题涉及金额51623万元，其中违规金额4239万元、管理不规范金额47384万元；审计发现非金额计量问题63个；出具审计报告4篇。审计处理处罚金额17560万元，其中应上缴财政4891万元、应归还缴纳其他资金21万元、应调账处理金额12647万元。移送纪检监察机关和相关部门处理事项3件，审计促进整改落实有关问题资金15565万元。审计提出建议11条，被采纳11条。

财政审计 1月至4月，开展国家民委、中央社会主义学院两家单位2021年度部门预算执行审计和信息化建设专项审计，办理移送处理事项2件。其中，国家民委预算执行审计发现问题52个，中央社会主义学院预算执行审计发现问题22个。8月至11月，开展国家民委所属西南民族大学财务收支审计，其间，审计人员克服高温限电、疫情封控、地震等不利因素，主动在中秋、国庆假期坚守审计现场，揭示和反映西南民族大学违规授权合作办学单位代收学费、超范围使用高校专项资金等26个问题；同期，参加国际传播能力建设专项资金审计，完成对中央统战部所属中国新闻社、中国侨联的现场审计，揭示和反映中国新闻社、中国侨联国际传播能力建设专项资金使用绩效不高、项目管理不规范等问题，办理移送处理事项1件。10月，完成国家民委整改2021年度部门预算执行审计查出问题的审计。自11月起，按照本级统揽、数据先行、突出重点的审计思路，推进中央统战部2022年度预算执行等情况审计。

经济责任审计 6月至8月，参加国家中医药管理局党组书记、局长经济责任审计，完成对国家中医药管理局贯彻执行党和国家经济方针政策、决策部署等事项及所属广安门中医院、中医师资格认证中心2家单位的现场审计，揭示和反映国家中医药管理局落实中医药传承创新发展意见的措施不细化、部分任务未完成、履行推动部门和行业发展及监管职责不到位、所属单位违规收费等问题。

审计查出问题整改 贯彻落实督促审计发现问题整改有关法规和制度规定，加强与被审计单位的沟通联系和协调，促进强化审计整改主体责任意识。采取措施督促被审计单位认真落实审计整改，组织专人严格审计整改核查工作，帮助被审计单位认真总结各类问题产生原因，从根源上解决问题，杜绝屡查屡犯问题再次出现，充分发挥好审计“经济体检”功能和“治已病、防未病”作用。

相关工作 深入学习宣传贯彻党的二十大精神。局党支部扛实学习宣传贯彻党的二十大精神的政治责任，把学习宣传贯彻党的二十大精神作为首要政治任务，制定学习宣传贯彻的工作方案，认真学习党的二十大精神。充分利用局党建学习园地、网络媒介、辅导书籍等学习资料和载体，教育引导全局党员干部把党的二十大精神贯彻落实到谋划审计工作、实施审计项目全过程各环节，为推动实现党的二十大提出的各项目标任务贡献审计力量。

严格落实全面从严治党要求。始终坚持以政治建设为统领，把讲政治贯彻落实到履职尽责和审计工作全过程，促进党建、业务工作有机融合。加强支部组织建设，强化政治理论学习，加强支委党建工作能力建设，严格落实“三会一课”制度，认真开展主题党日活动。扎实开展“学习研讨、查摆问题、改进提高”专项工作，强化党风廉政学习教育，教育提醒全局党员干部改进作风，筑牢拒腐防变防线，强化纪律法纪意识。

打造过硬领导班子和干部队伍。认真执行领导班子定期学习制度，加强领导班子思想政治建设，严格党内政治生活，带头遵守政治纪律政治规矩和民主集中制，严格执行重要事项报告制度。注重干部能力建设，积极发挥领导干部领学促学、支部集中交流学习和青年理论学习小组学习等学习载体，组织开展审计案例培训，选派2名干部赴特派办交流锻炼，2名干部参加高校经济责任审计实践锻炼。从严管理干部队伍，抓好党员干部节假日廉洁提醒等日常教育。

抓好内部管理和服务群众工作。进一步规范优化综合管理工作，不断提升日常行政管理、后勤综合保障能力。积极发挥局分工会等群众组织作用，先后开展“团结友爱迎新春，共建进步大家庭”“践行生态文明建设，弘扬中华传统文化”等活动。深入学习宣传贯彻习近平法治思想，认真学习、宣传和实施新修订审计法，开展应知应会法律法规学习，推动审计人员不断增强依法行政思想自觉和行动自觉。 （撰稿人：何　俊）

【审计署外交审计局】 2022年，审计署外交审计局实有15人。设有一处、二处、三处。

领导成员

局　　长：张新芳（8月—）

副 局 长：张新芳（—8月）　陈晓飞　谭志武

审计成果 2022年，审计署外交审计局共完成审计项目3个，联合完成审计项目1个。查出主要问题金额67598.63万元，其中违规金额2985.75万元、损失浪费金额127.28万元、管理不规范金额64485.6万元；审计发现非金额计量问题3个；出具审计报告2篇，提出审计建议7条、被采纳7条；联合报送审计信息4篇、联合办理移送纪检监察机关处理事项1件；向社会公告审计结果1篇。

财政审计 完成外交部、中联部2021年度预算执行等情况审计，坚持问题导向，在深入推进外交领域审计全覆盖、扫除监督盲区方面取得新进展。按照审计署统一部署，首次在预算执行审计中对部门下属企业开展专题审计，揭示了外交部下属企业国有资产管理体制不健全、监管不到位、内部控制不健全、经营管理混乱、存在国有资产损失风险等问题；选取外交部部分实际执行在地方的专项资金，从资金使用的末端发现了财政资金沉淀、被执行单位挪用、支出缺乏标准、扩大范围列支等问题，对“横向到边、纵向到底”的审计方式作出了有益的探索；揭示了多年未审计的外交部某下属单位政府购买服务方式与现行法规制度不符，服务类采购化整为零规避政府采购以及财政资金被“层层剥皮”等问题。

专项审计 按照审计署统一部署，首次开展对部门所属二级预算单位的财务收支专项审计，完成了外交部所属北京外交人员服务局（外交服务集团有限公司）2020年以来的财务收支等情况审计。按照研究型审计的方法和思路，全面梳理其主要业务板块和重大风险隐患，认真研究其业务流程和工作特点，集全局力量对其开展全面深入的“经济体检”，揭示了未将经营类收支纳入部门预算、有关收入未上交财政、虚报人数多向外支付费用、部分收入账外存放形成“小金库”、土地使用权未入账管理、未按规定开展政府采购、规避审批挪用财政性资金违规建设办公楼、公务用车制度改革不到位存在超标准超范围配备公车、部分下属企业主要业务内部控制不健全、有关对外投资未入账核算等20多个问题，有力促进其规范管理，防范风险。

经济责任审计 按照审计署统一部署，与贸易审计局联合完成贸促会原主要负责人经济责任审计。紧紧围绕贸促会贯彻落实党中央重大决策部署和领导干部履行重大经济决策职责等情况，揭示了某建设项目设计方案重大调整未经报批且存在串标和违规转包等多个问题，取得较好审计成效。

相关工作 局党支部被命名为“中央和国家机关‘四强’党支部”。全年召开支委会12次，党员大会4次，党小组会36次，讲党课4次，开展主题党日活动13次。

深入学习贯彻党的二十大精神。制订学习宣传贯彻党的二十大精神工作计划，明确细化专题学习内容和方式，采取领读领学、撰写文章、青年论坛、党小组会、宣传展板、知识竞答等多种形式，迅速兴起学习热潮，引导党员干部切实把学习成果转化为干好审计工作的精神动力和具体行动。

扎实开展“学查改”专项工作。围绕学习习近平经济思想指定书目，通过支部书记带头领学、党小组长分专题领学、青年理论学习小组“我来当主讲”等方式，认真开展学习研讨，召开专题组织生活会，严肃开展批评和自我批评，认真开展整改。

不断加强党风廉政建设。开展警示教育活动，以身边人身边事教育全体党员知戒惧、守底线。坚持逢会必讲廉政，重要节假日和集中休假前开展廉政提醒。严格执行审计“八不准”工作纪律，加强审计项目现场管理。进一步改进文风、会风，开短会讲短话，坚决反对形式主义和官僚主义。

领导班子以上率下，充分发挥“火车头”作用。局领导在审计项目中既当指挥员又当战斗员，到审计小组兼任小组长，与全局干部一起驻守审计现场，切实做到走在前面、干在实处、抓在细处。

多措并举，着力提升干部队伍能力素质。坚持审计项目总结点评会等制度。以主审岗位为平台锻炼年轻干部素质能力。组织7批66人次参加署业务培训，选派1名干部到署业务司交流，1名干部参加联合国审计，抽调5人次参加署业务司复核审理等工作。

关心关爱干部，增强队伍凝聚力和向心力。坚持支委会定期分析干部思想状况制度，局主要负责同志带队到休产假同志家中看望慰问，传递组织关心和温暖。充分发挥局工会桥梁纽带作用，增强党员干部对组织的认同感。

统筹做好疫情防控和审计工作，密切掌握干部身体健康状况，组织发放防疫药品和物资。积极开展法治宣传教育，进一步加强内部管理，提升公文运转效率和督办质量，加强保密宣传教育，归档工作得到审计署办公厅通报表扬。

（撰稿人：坎　坷）

【审计署政法审计局】 2022年，审计署政法审计局实有17人。设有一处、二处、三处、四处。

领导成员

局　　长：张振良

副 局 长：汪春贵　左东明

一级巡视员：赵京琳

二级巡视员：王世成

审计成果 2022年，审计署政法审计局按照审计署工作安排，单独完成审计署统一组织的审计项目5个，参与审计署统一组织的审计项目2个。查出主要问题金额32.36亿元，其中违规金额2.36亿元，管理不规范金额30亿元；出具审计报告（整改建议函）5篇。审计处理处罚金额8.22亿元，其中应上缴财政金额0.52亿元，应调账处理金额7.7亿元；移送纪检监察机关处理事项2件。审计促进整改落实有关问题资金3.64亿元。审计提出建议11条，被审计单位全部采纳；推动被审计单位制定整改措施67项；促进被审计单位建立健全规章制度3项。提交审计信息6篇，被批示、采用3篇次。

财政审计 完成了公安部、司法部2021年度预算执行等情况审计。审计中重点关注了两部门预算编报完整性、预算执行合法性、基本建设管理以及资产和政府采购情况等内容，发现上述两部门存在预算编报不完整、未考虑以前年度结转资金申报预算导致资金大量结转、未经批准违规开展评比活动、未按规定履行政府采购程序等 25 个问题，上报重要审计情况 2 篇。

开展中国人民公安大学财务收支审计。审计过程中结合公安院校特点和部属高校共同点开展工作，围绕公安大学合作办学、科研经费管理使用、预算编制及执行、基本建设管理等进行审计，发现公安大学违规出让非学历教育招生权和教学权、科研项目未按期结题、科研经费长期闲置等问题。

经济责任审计　配合工信建设审计局完成了住房城乡建设部原党组书记、部长经济责任审计。同时，根据审计署统一安排，选派 4 名干部参加武汉大学党委书记、校长经济责任审计。

审计查出问题整改　按照习近平总书记关于做好常态化“经济体检”工作，不仅要“查病”，更要“治已病、防未病”的指示精神，强化审计查出问题整改落实。建立整改台账，紧盯问题整改，按照审计署有关规定，逐项确定主体责任、整改类型、整改时限、整改要求等，督促被审计单位及时整改，推动其完善制度。将以往整改情况作为审计的重要内容，检查整改成效，保障审计成果发挥应有作用。

研究型审计　为切实贯彻落实侯凯审计长坚决做实研究型审计的要求，政法审计局把研究型审计作为头等大事来抓。定期完善《被审计单位基本情况动态表》，动态了解被审计单位与审计相关的基本情况和日常研究思考的初步成果。针对各政法单位不同业务特点和管理方式，利用专题调研探索建立个性化的、管用的重要文件资料常态化收集机制和联学联建机制，明确资料收集范围、方式、周期以及衔接部门等。结合被审计单位特点分别研究制定调研工作规划，提前谋划对有关单位未来一个时期调研的重点内容、时间安排和预期成果等，强化调查研究的计划性、针对性、系统性，逐步扩大调研工作覆盖面。围绕被审计单位业务寻找切入点，不定期与被审计单位组织联学活动，开展专题调研，为更好履行审计监督职责奠定坚实基础。

相关工作　一是强化政治统领，落实从严治党责任。全局干部持续深入学习习近平新时代中国特色社会主义思想，局领导干部先学一步、学深一层；全局干部及时跟进，紧密联系思想和工作实际，开展专题学习研讨。二是强化组织功能，深化党建业务融合。深入学习贯彻机关基层党组织工作条例等党内各项要求，严格执行组织生活制度。严格落实“三会一课”制度，全年共召开党员大会 21 次、支委会 12 次，组织主题党日活动 12 次，讲授专题党课 4 次。深入开展“学查改”专项工作，全面学习习近平总书记在历次中央经济工作会议上的重要讲话精神和中央审计委员会历次会议精神，召开专题组织生活会，认真查摆和整改存在的问题，打通“政治—政策—项目—资金”链条，切实将思想和行动统一到党中央决策部署和署党组工作要求上来。三是认真履行全面从严治党主体责任。党支部书记、局长履行全面从严治党第一责任人职责，抓全面、负总责；班子成员严格履行“一岗双责”。全年召开民主生活会 2 次，组织生活会 2 次。深入开展警示教育，做好常态化提示提醒，坚持抓在日常、严在经常，持之以恒推进党风廉政建设。四是持续加强审计干部队伍建设。认真落实审计署干部选拔任用办法，坚持好干部标准，积极向署党组推荐优秀干部。加强干部培养，2022 年，共选派 52 人次参加各类专题培训，选派 6 人次参加中央巡视、审计署相关审计项目复核汇总和审理等，选派 4 人次参加高校经济责任审计，选派 1 人到审计署机关业务司交流锻炼，切实提高干部审计“查、说、写”能力。五是规范内部管理，推进法治政府建设。不断完善局内各项规章制度，安排专人承办局内文件的收发、传阅、督办、立卷归档等工作。认真做好保密培训、保密自查工作，利用各种机会，采取多种形式，加强保密教育，严格保密管理，强化监督检查，确保保密工作不出问题。

（撰稿人：张　赫）

【审计署教育审计局】　2022 年，审计署教育审计局实有 18 人。设有一处、二处、三处、四处。

领导成员

局　　长：孙亚男（8 月—）

副 局 长：孙亚男（—8月） 孙继宇
周国栋

审计成果 2022年，审计署教育审计局完成审计项目7个，其中独立组织实施3个、合作完成2个、派员参与2个。查出各类违规违法和管理不规范问题涉及金额659.94亿元。出具审计报告7篇、专项审计调查报告1篇、整改建议函3篇，预算执行审计查出15个问题，被署“四个报告”汇总纳入，其中作为典型事例被采用1篇次。移送纪检监察机关和有关部门处理事项2件，移送处理人员2人，参与移送案件线索2件，移送处理处罚金额9164.33万元，上缴财政2.05亿元；促进被审计单位建立健全规章制度6项；提交审计信息2篇（其中主要作用1篇），被审计要情采用。向社会公告审计结果2篇。

财政审计 对教育部、中国文联2021年预算执行等情况审计，对外经济贸易大学财务收支等情况审计；参与财政部2021年预算执行等情况审计。预算执行审计中，聚焦财政财务收支真实合法效益审计主责主业，有效统筹2个部门财政资源统筹、中央转移支付资金、所属企业管理情况、网络安全和信息化建设情况等审计，综合分析部门特点和近年来审计情况，科学选取重点延伸单位，高质量推动审计全覆盖。对外经济贸易大学审计中，全面深入了解高校教学科研、对外培训、财务收支、资产后勤管理等各方面情况，既锻炼了队伍，又积累了经验。各项目中，领导班子成员全程驻扎一线，定期召开全组工作碰头会，沟通情况、分享经验、校正方向、明确措施，统筹调度局内人员完成项目任务、突破重点线索；健全完善审计业务会制度和重要事项请示报告制度，严格审计程序、规范审计行为，由审计组组长、审计小组负责人、审计质量控制小组对审计取证单和底稿层层审核把关，严格把控审计质量。

经济责任审计 与民政社保审计局合作开展国家自然科学基金委员会主要负责同志经济责任审计，派员参与中南大学书记、校长经济责任审计。在国家自然科学基金委员会审计中，负责3个科学部、1个所属单位和4所高校延伸审计，聚焦部门权力运行和经济责任，强化问题研究和工作协同，及时将发现的基础科学研究中心项目和重大研究计划项目资金管理、大型科研仪器研制等方面问题提供给综合组，并在多家参审单位中进行推广扩面，取得较好效果。在中南大学书记、校长经济责任审计中，在配合完成报告的基础上，参与提交了多篇审计信息。

研究型审计 强化审前审中审后全过程研究。审前，紧密结合审计范围内的部门（单位）以及年内计划实施的审计项目，梳理被审计单位职责、业务和重要政策法规，加强数据采集和分析，找准审计切入点和着力点。审中，坚持问题导向和结果导向，紧盯财政资金管理使用、重大项目建设、重大风险防范等方面，聚焦财政资金分配、国有资产处置、项目审批监管等重要领域和关键环节，根据被审计单位具体情况动态调整审计着力点和业务分工，促进更准确聚焦重点、突破难点、形成高质量审计成果。审后，开展专题研讨深入进行项目后评估，集中智慧、总结经验、查找不足、谋划提升，并将审计过程中收集、形成的资料按部门进行归集，充实完善审计资料库和问题线索库。

交办任务 选派3名同志参加审计署业务司组织的中央部门预算执行审计报告和党政主要领导干部经济责任审计报告的复核和审理工作，1名同志参加中央巡视组工作，1名同志参加第九次国务院大督查，均表现出良好的政治素质和业务能力，受到相关单位来函表扬或被评为优秀督察员。

相关工作 强化政治引领，推动党建重点工作落实落细。坚持以习近平新时代中国特色社会主义思想统领党建和审计业务实践，严格落实“三会一课”制度，强化干部思想理论武装。组织深入学习党的二十大精神、《习近平谈治国理政》第四卷、习近平经济思想和中央经济工作会议精神、中央审计委员会第五次会议精神等，扎实开展“学查改”专项工作，深学、细查、真改。组织“我是党员”每月一学专题活动，开展支部联学，邀请专家就“国际战略形势与中国外部环境”开展专题讲座。不断推动党建与业务深度融合，支部书记结合学习中央审计委员会第五次会议精神讲专题党课，研究提出做好教育审计局工作的思路措施。其他领导班子成员分别以参加国务院大督查经验体会、2022年度政府工作报告解读等为题讲专题党课。青年理论学习小组积极开展“我来当主讲”等活动。建立完善教育审计局综合管理细则等管理制度，规范层级管理，加强文件运转等综合保障工作，做好人文关怀，为符合政策的干部申请相关补助，统筹做好疫情防控和审计业务工作，及时分发防疫包。聚焦职责任务，加强实践锻炼、专业训练，不断增强干部能查、能说、能写能力。持之以恒强化党风廉政建设，抓牢关键节点风险防控，深入开展警示教育活动，强化干部知敬畏、存戒惧、守底线，严格做到依法审计、文明审计、廉洁审计。

（撰稿人：孙国伟）

【审计署科学技术审计局】 2022 年，审计署科学技术审计局实有 20 人。设有审计一处、审计二处、审计三处、审计四处。

领导成员

局　　长：丁仁立

一级巡视员：江显华

副 局 长：成佳富　张保国

二级巡视员：李晓南　赵石柱

审计成果 2022 年，审计署科学技术审计局完成审计项目 6 个，其中组织实施审计项目 5 个。查出主要问题金额 48.43 亿元，其中违规金额 1.43 亿元、管理不规范金额 47 亿元；审计发现非金额计量问题 37 个。出具审计报告和整改建议函 5 篇。审计处理处罚金额 7.21 亿元，其中应上缴财政 1284.96 万元、应归还原渠道资金 1013.06 万元、应调账处理金额 6.98 亿元。审计促进整改落实有关问题资金 9.85 亿元。审计提出建议 15 条，被采纳 15 条，推动被审计单位制定整改措施 139 项，向社会公告审计结果 2 篇。

财政审计 对中国科学院、中国社会科学院 2021 年预算执行和中国科学院化学所财务收支等情况进行了审计。

中国科学院预算执行等情况审计：重点审计了院本级所属计算机网络信息中心、大气物理研究所、科技战略咨询研究院等 8 个单位，并对有关事项进行了延伸审计。审计本级 2021 年财政拨款预算 24.14 亿元，所属单位 2021 年财政拨款预算 29.06 亿元，共计 53.2 亿元，占部门 2021 年财政拨款预算的 11.69%。审计主要发现中科院本级为 3 家非所属单位代编预算 6181.25 万元；年初预算 18.9 亿元未细化；在专项资金预算中编报所属企业经费预算 2387.31 万元；2 个采购合同未按规定实施政府采购，涉及金额 602.46 万元；到期未收回中科院知识产权专项引导资金 4000 万元，其中 2900 万元长期闲置。院本级和所属科技战略咨询研究院扩大开支范围，在项目支出中列支所属企业培训经费、人员绩效工资等 124.6 万元。所属文献情报中心和科技战略咨询研究院等 2 家单位项目支出预算 1474.3 万元未细化。所属科技战略咨询研究院 3 个项目预算编报超出实际需求或执行缓慢，资金使用效率低，至 2021 年底结转资金 1597.8 万元。所属单位在自有房产对外出租情况下，以更高价格承租房产。所属计算机网络信息中心未按规定采取公开招租方式出租房产 4037.52 平方米。所属计算机网络信息中心等 3 家单位违规将 3 个非预算单位业务纳入财务核算，其中 2 个是未按规定登记的社会组织。所属中国科学院大学等 3 家单位教育收费收入 2.07 亿元未按要求及时上缴财政。所属 7 家单位在基本科研业务费中违规分摊院所公共管理和运行费用、发放在编人员工资等 2315.98 万元。所属中国科学院控股有限公司、微电子研究所、自动化研究所等单位下属 43 户企业未办理国有产权登记，未依法确认产权归属。所属中科院科技服务有限公司未按政策要求减免小微企业和个体户承租人房租，涉及金额 369.56 万元。所属中国科学院控股有限公司 6939.03 万元往来款长期挂账未清理。所属心理研究所部分职工未经审批在职创办企业或兼职，有的还以该所名义开展业务并无偿占用科研用房和固定资产等问题。

中国社会科学院预算执行等情况审计。重点审计院本级及所属中国社会科学院服务局、中国社会科学院工业经济研究所、中国社会科学院财经战略研究院等 6 个二级预算单位，并对有关事项进行了延伸审计。审计社科院本级 2021 年财政拨款预算 7.75 亿元，所属单位 2021 年财政拨款预算 4.24 亿元，共计 11.99 亿元，占 2021 年财政拨款预算的 34.63%。审计主要发现社科院本级中心档案馆项目未及时办理竣工财务决算，未转入固定资产，涉及金额 4022 万元；未经批准将 197.9 平方米房产对外出租，取得租金 22.5 万元。院本级和所属财经战略研究院等 4 家单位的 13 个项目预算编制不准确、执行率低，至2021年底结转资金2.25亿元。所属财经战略研究院和工业经济研究所的53个课题未按期结项。所属财经战略研究院和经济研究所的2个项目绩效指标不完整、不细化。院本级和所属经济研究所等44家单位的3220个已结项课题结余资金3.32亿元，未按规定统筹使用。所属经济研究所未经批准无偿出借房产233.01平方米。所属信息情报研究院等3家单位扩大开支范围，在财政项目资金中列支劳务费等74.99万元。所属外国文学研究所未按规定将房屋处置收入259万元上缴财政。所属亚太与全球战略研究院2个项目结余资金110.59万元，未按规定上交财政。所属服务局未将190.3万元房租收入纳入账务核算；未经批准将203平方米房产对外出租，取得租金76.38万元。所属中国社会科学出版社和社会科学文献出版社部分物资采购无比价记录或审批流程，涉及采购金额1.22亿元。所属当代中国研究所960.56万元往来款长期挂账未清理。所属哲学研究所和工业经济研究所的2个项目绩效指标设定不合理，部分绩效指标的实际完成值远超设定值。所属中国社会科学出版社未按规定计提图书存货跌价准备等问题。

中国科学院化学所财务收支审计：重点审计了化学所2020年1月至2022年8月财务收支等情况，共发现问题11个，涉及金额9616.45万元。

经济责任审计 牵头对中国社会科学院原院长任职期间经济责任履行情况进行了审计。

信息化建设审计 对中国科学院、中国社会科学院两家单位本级2021年度网络安全与信息化建设情况进行了审计，共发现问题6个，涉及金额582.03万元。（撰稿人：焦广耀）

【审计署工信建设审计局】 2022年，审计署工信建设审计局实有18人。设有一处、二处、三处、四处。

领导成员

局　　长：樊　华

副 局 长：苏慧娟（—12月）　吴一亮

一级巡视员：苏慧娟（12月—）

二级巡视员：石绍懿　李晓军　罗继东（—4月）　张岩平

审计成果 2022年，审计署工信建设审计局共完成审计项目5个，其中审计5个。查出主要问题金额590314.75万元，其中违规金额948.16万元、损失浪费金额231.68万元、管理不规范金额589134.91万元；审计发现非金额计量问题47个；出具审计报告7篇。审计处理处罚金额2447.6万元，其中应上缴财政1991.25万元、应调账处理456.35万元。审计提出建议20条，被采纳20条；推动被审计单位制定整改措施7项；促进被审计单位建立健全规章制度1项。向社会公告审计结果2篇。

财政审计 审计署工信建设审计局以习近平新时代中国特色社会主义思想为指导，全面贯彻党的十九大及十九届历次全会和中央审计委员会历次会议精神，把握推动高质量发展对审计工作提出的新任务新要求，认真贯彻党中央决策部署和署党组要求，落实《“十四五”国家审计工作发展规划》，通过揭示问题、剖析原因、提出建议，推动被审计单位深化预算管理制度改革、进一步严肃财经纪律、规范权力运行，更好发挥审计在党和国家监督体系中的重要作用。组织实施对工业和信息化部、住房城乡建设部等2个部门2021年度预算执行等情况审计，发现本级及所属单位违规开展政府采购、本级及所属单位未经审批出租房产、所属单位上年结转资金未纳入部门预算、所属单位项目未按计划支出、所属单位违规向下属企业出借资金、参与分配资金管理不规范等43个问题。组织实施对工业和信息化部所属中国信息通信研究院2020年1月至2022年8月财务收支等情况审计，发现国有资本经营收益未上缴、未经审批出租房产、未报备案变更基地建设项目开发建设主体、未严格履行对所属全资和控股企业的工资总额预算或清算管控、违规收费、违规对外提供行政许可数据获利、违规开展中介服务并收费等14个问题。认真贯彻习近平总书记关于网络强国等的重要讲话和指示批示精神，落实审计署相关规定和要求，聚焦重点资金和重点项目，组织实施对工业和信息化部及住房城乡建设部2个部门2021年度网络安全和信息化建设专项审计，发现部门本级及所属单位设备闲置、网络安全责任制未落实和日常安全管理不严格等10

个问题。

经济责任审计 坚持把党中央决策部署和署党组工作要求贯穿审计工作始终，不断提高政治站位，坚持用政治眼光观察和分析经济社会问题，坚持服务大局，坚持以人民为中心，坚持依法审计，围绕规范权力运行和促进干事担当开展经济责任审计，加强权力监督，促进干部履职尽责、担当作为，保障党中央令行禁止。组织对住房城乡建设部原党组书记、部长开展经济责任审计，发现深化“放管服”改革力度不够、部分管理工作推动部署不够、未严格执行“三重一大”决策制度、部分改革任务未完成、对所属单位改革工作任务未及时落实、党风廉政建设责任制和全面从严治党主体责任中与考核问题相关的制度不够健全、人员违规兼职取酬、以前年度审计发现问题未整改到位等14个问题。

研究型审计 严格落实侯凯审计长的要求，坚决做实研究型审计。紧盯国之大者和前沿问题，持续开展对习近平总书记重要讲话和重要指示批示精神、重大决策部署和战略安排的学习领会，对专家学者的意见、观点的研究分析，对审计对象职责履行、业务开展、财政财务运行、内部管理状况的梳理掌握，沿着“政治—政策—项目—资金”的主线研究谋划，沿着“资金—项目—政策—政治”的主线分析提议，做到一条主线双向贯通、首尾循环、正反可逆。先后制定了《工信建设审计局研究型审计工作方案（试行）》《工信建设审计局研究型审计“十四五”规划》《工信建设审计局研究型审计管理规定》等文件，以深入研究有效支撑全局审计业务工作，精确锁定审计重点、提供高效的审计策略和方法步骤。在审计过程中不断完善研究型审计落实机制，健全审计对象资料库，组织开展审计项目后评估，总结提炼积累工作经验，形成《研究型审计在住房城乡建设部经济责任审计中的应用总结报告》等材料。做到既善于发现问题，又注重解决问题，在精准高效揭示问题的基础上，摸清问题背后的体制性障碍、机制性缺陷、制度性漏洞，有针对性提出解决问题的意见和建议，充分发挥审计的建设性作用，一体推进揭示问题、规范管理、促进改革。

相关工作 坚持以政治建设为统领，牢固树立政治机关意识，自觉做到“两个维护”，全面贯彻习近平新时代中国特色社会主义思想，坚定不移在思想上政治上行动上同以习近平同志为核心的党中央保持高度一致。组织全体党员干部参加署关于学习宣传贯彻党的二十大精神动员部署大会，制订学习计划。支部书记带头在局内宣讲党的二十大精神，带头撰写理论文章，谈学习收获体会，带头讲党课，引导党员干部完整、准确、全面领会党的二十大精神。在审计现场开展联合党日活动，组织青年理论学习小组开展“学习二十大 青年心向党”等青年干部联学活动4次，切实推动党的二十大精神学习走深走实。坚持学以致用知行合一，把学习成果转化为推动新时代审计实践的思路举措、强大动力和扎实成效。胸怀“国之大者”，把会议精神转化为实际的审计工作成效。聚焦主责主业，依法履行审计监督职责，自觉服务党和国家经济社会发展大局。以钉钉子精神发现问题报告问题。在支部党员干部中牢固树立“有问题没发现是失职、发现问题不报告是渎职”意识，严肃查处重大违纪违法问题，始终做到查真相、说真话、报实情，高标准完成审计工作任务。

坚持从严治审，坚持纠“四风”树新风，把纪律建设摆在突出位置，做深做细做实日常监督，强化审计现场管理和监督检查。坚持实事求是、客观公正，用事实说话、用现场发现问题说话，始终做到论从事出、以事立论。局领导班子特别是“一把手”以身作则、率先垂范，班子成员认真履行“一岗双责”。将廉洁从审写入审计实施方案，在审计组设置兼职党风廉政监督员，在审计组进点前组织典型案例通报、召开警示大会，严控审计组与被审计单位接触中可能发生廉政风险的环节。组织全体党员干部开展警示教育活动，集中组织学习《习近平谈治国理政》第四卷党风廉政建设相关篇章、《审计署党风廉政建设工作规定》《审计干部反腐倡廉教育警示录（四）》等，邀请署机关党委相关同志为全局讲授党风廉政专题教育课，始终做到一刻不停推进全面从严治党，依法忠实履行审计监督职责。

全力锻造过硬审计干部队伍。坚持新时代党的组织路线，树牢忠诚干净担当的选人用人导向，把政治标准放在首位，大力发扬斗争精神，坚持敢审敢严，鼓励支持全局干部敢于担当、敢于碰硬，坚持原则、一查到底。着力提升全局干部能查能说能写本领，建设“信念坚定、业务精通、作风优良、清正廉洁”的干部队伍。关心干部成长，营造积极向上的良好氛围，全年晋升一级巡视员 1 人，晋升三级调研员 3 人。

（撰稿人：董佳丽）

【审计署民政社保审计局】 2022 年，审计署民政社保审计局实有 19 人。设有一处、二处、三处、四处。

领导成员

局　　长：马　刚

副 局 长：商　昆

审计成果 2022 年，审计署民政社保审计局完成审计项目 5 个，其中组织实施民政部、国家医疗保障局等部门预算执行审计项目 2 个，组织实施人力资源社会保障部所属中国博士后科学基金会（留学人员和专家服务中心）财务收支专项审计项目 1 个，组织实施经济责任审计项目 1 个，配合社会保障审计司开展就业补助资金和失业保险基金审计项目 1 个。查出主要问题金额 260634.52 万元；审计发现非金额计量问题 40 个；应上交财政金额 3408.46 万元。出具审计报告 4 篇，提出审计建议 13 条，被采纳 13 条。参与编写提交审计信息 5 篇，被批示 4 篇次。向社会公告审计结果 2 篇。

财政审计 按照审计署统一部署，聚焦财政财务收支主责主业，坚持问题导向和成果意识，扎实做好民政部、国家医疗保障局 2 家单位的 2021 年度预算执行等情况审计和人力资源社会保障部所属中国博士后科学基金会（留学人员和专家服务中心）2020 年 1 月至 2022 年 8 月财务收支专项审计工作。通过审计，揭示了预算执行和财务收支管理相关的部门预算编制、转移支付资金管理、绩效管理、存量资金、资产管理等方面问题，其中医保能力提升补助资金预算执行率低且长期结余问题作为单独案例在审计署 2022 年度审计工作报告中反映，有效地推动了部门规范预算管理、严肃财经纪律。

民生审计 充分发挥部门驻在优势，组织精干力量，全面全程参加审计署组织的就业补助资金和失业保险基金、医疗保险基金及“三医联动”改革等民生审计项目，审计揭示的就业政策落实、转移支付资金分配、药品耗材集中带量采购等多项问题被审计报告或审计信息采用，其中 2 篇审计信息得到中央领导同志批示。

经济责任审计 认真落实两办规定和审计署的工作要求，把握被审计单位的职责特点，把审计项目当课题研究，将做实研究型审计要求贯穿于审前调查、现场审计、报告撰写、征求意见等项目实施全过程各环节，以学促审，以审践学，着力揭示科研领域的深层次问题。通过审计，揭示了科研作风和学风建设、项目立项评审验收、依托单位监督管理、预算财务管理等方面问题，并提出了有针对性和可操作性的审计建议。审计报告得到审计署党组的充分肯定，被审计单位也高度重视、全盘接受、积极整改，取得了较好的效果。

审计查出问题整改 认真贯彻落实《关于建立健全审计查出问题整改长效机制的意见》要求，将抓好审计整改作为一项重大政治责任，主要负责同志作为第一责任人，对重大问题亲自抓、亲自管，领导班子成员和各处室按照职责分工各负其责，定期对被审计单位的问题整改落实情况进行跟踪督促和核实确认，及时做好问题整改台账的信息登记更新工作。按照审计署统一部署，对民政部整改 2021 年度审计查出问题有关情况进行审计，抽审问题均已按要求完成整改，审计整改成效得到明显提升。

研究型审计 坚持把立项、问题、建议当课题研究，以学促审，以审践学，确保审计项目的高质量完成。在审前调查阶段，坚持政策研究和数据分析先行一步，全面梳理研究被审计单位主责主业和全业务流程，明确重点“查什么”；在现场审计阶段，坚持统分结合和上下联动密切协同，抓住关键环节，充分运用大数据分析等手段挖掘线索实现靶向发力、点面结合，有效解决“怎么查”；在审计报告阶段，坚持依法审计、实事求是，用政策法规说话、用数据事实说话、用扎实取证说话，确保问题“查得准”、建议“提得实”，全面提升审计工作的质量和水平。

交办任务 认真落实审计署的工作部署，坚持围绕中心，服从大局，先后选派 8 名同志参加中央巡视、行政事业审计司报告复核和问题汇总、审理司报告审理等工作，工作成绩得到相关部门的充分肯定和好评。

相关工作 始终将政治建设摆在首位，深入学习贯彻习近平新时代中国特色社会主义思想和党的二十大精神，强化政治机关“第一方阵”意识，落实全面从严治党责任，驰而不息加强作风建设，不断推动党建业务深度融合；认真研究落实署党组的决策部署，围绕年度审计工作重点，聚焦财政财务收支主责主业，积极谋划，主动作为，着力提升工作成效；持续加强队伍建设，通过实行审计实务导师制、项目双主审制、优化审计小组设置、选派参与业务司工作等多种形式，提升全局同志能查能说能写的业务本领和过硬作风；认真落实法治政府建设要求，以提升各项工作规范化、法制化为目标，不断加强机关内部管理，为做好年度审计工作，提升审计质量和效率提供保障。（撰稿人：刘泓辉）

【审计署资源环境审计局】 2022年，审计署资源环境审计局实有18人（其中含交流干部1人）。设有一处、二处、三处、四处。

领导成员

局　　长：丁　雁

副 局 长：景贵亮　魏东平　安志蓉

审计成果 2022年，审计署资源环境审计局完成自然资源部和中国地质调查局自然资源综合调查指挥中心（以下简称指挥中心）2021年度预算执行审计、自然资源部原部长经济责任审计和自然资源资产离任审计、国家林草局所属林草调查规划院财务收支审计、自然资源部整改2021年度审计查出问题有关情况审计等6个审计项目，共报送审计报告、审计决定等审计文书8份。查出主要问题金额224304.41万元，其中违规金额52.3万元、管理不规范金额224251.7万元。审计发现非金额计量问题37个。审计处理处罚金额82409.98万元，其中应上交财政52.3万元、应调账处理金额82357.68万元。审计促进整改落实有关问题资金82409.98万元；移送司法机关、纪检监察机关和有关部门处理事项1件，移送处理人员1人，移送处理金额114.74万元。撰写或参与撰写的审计信息被审计署审计重要信息采用4篇，领导批示2篇。审计揭示的14个问题作为典型案例被审计署专题报告采用；审计揭示的41个问题被纳入预算执行审计汇总报告。

参加的人民日报社原社长经济责任审计项目获得2022年全国审计机关优秀审计项目一等奖，在审计署2022年度单位考核中获优秀等次。

财政审计 在自然资源部和指挥中心预算执行审计项目中，有针对性开展审前调研，总结履职特点，剖析内控薄弱环节和体制弊病、机制缺陷、制度短板，研究提出审计思路和方法。项目实施中，紧密结合实际，重点关注预算编制、资产管理、政府采购等关键事项，通过揭示问题，促进所属单位牢固树立预算法治意识，严格规范预算管理，强化预算执行刚性约束。如在自然资源部预算执行审计中，聚焦部属企业的审计监督盲区，重点审计了部属企业监管、企业经营管理及风险管控等方面存在的问题，取得很好成效。指挥中心作为2018年机构改革新成立单位，首次开展现场审计，审计组认真研究该单位特点，以加强和规范预算管理、依法依规做好预算管理基础工作作为审计重点，审计成效显著。同时，把提高审计质量效率作为中心工作抓实抓好，对证据材料、事实表述、问题定性、适用法规和反馈意见等深挖细究，充分反映问题实质和全貌。此外，提高部门对落实整改监督管理责任的认识，巩固审计整改成效，扩大审计工作成果。

所属单位财务收支审计。对国家林草局所属林草调查规划院2020年以来财务收支等情况的审计，是近年来首次开展此类审计项目。针对被审计单位的规模和资金量相对较小的特点，审计组优化实施方案，明确目标定位，制定重点突出、全面覆盖的实施方案，重点关注预算编制和执行情况、承担中央基建项目和其他使用财政资金项目管理、所属企业监管等内容。审计过程中，注重分析研究，覆盖监管盲区，深入查找并揭示审计对象在项目预算管理、所属企业监管、经营管理及风险管控等方面的问题，取得较好成效。同时，深挖存在的风险隐患，取得突破性成果。

经济责任审计和自然资源资产离任审计 在组织开展自然资源部原部长经济责任审计和自然资源资产离任审计中，认真落实审计长关于聚焦主责主业、坚决做实研究型审计的各项要求，沿着“政治—政策—项目—资金”的主线，对照部门“三定”职责、党中央国务院决策部署、中央领导指示批示等，对部门业务、政策、资金进行深入研究和全面系统研学，初步锁定了20多个业务司局的几十个重点审计事项，为搞好审计打下坚实基础。审计中统筹做好参审单位的协调工作，做到科学分工，相互配合，形成合力。始终聚焦被审计领导任职期间的主责主业，抓住部门核心职责和重要改革事项、规划任务、政策目标和约束指标等关键工作的落实情况，深入核查揭示重大问题和苗头性、趋势性问题及带来的后果，在审计成果的系统全面深度上下功夫，审计不局限于问题表象，而是实事求是、客观反映问题原貌，合理采纳反馈意见，使审计结果经得起检验，较好实现了审计目标。

相关工作 一是党建工作方面。按照《审计署关于深入学习宣传贯彻党的二十大精神的通知》及工作方案等要求，采取多层次、多轮次、多形式的学习培训，积极运用党支部“三会一课”、主题党日活动、领读领学、交流研讨等形式，深入学习党的二十大报告和党章等重要文件，深刻领会蕴含其中的重要思想、重要观点、重大战略、重大举措，牢牢把握精神实质、核心要义和实践要求。抓好审计期间的现场学习，重点学习二十大报告有关资源环境领域的重要论述，结合被审计单位政策业务加强学习研究，学思践悟、融会贯通。二是廉政工作方面。把党风廉政建设、遵纪守法放在突出位置，落实全面从严治党主体责任。自觉配合巡视工作，积极查摆存在的问题和不足，深入剖析原因。加强廉政监督，纠“四风”树新风，坚持实行节前提醒、节后报告制度。严肃审计纪律，紧扣审计质量控制和现场管理的主要环节，宣读张贴审计工作纪律，保障依法文明廉洁审计。三是队伍建设方面。加大年轻干部岗位锻炼，营造比学赶帮、创先争优的浓厚氛围。在审计项目实践中搭建干部成长平台，加快在审计一线造就专业化高素质干部队伍。继组织开展2020基础夯实年、2021固本提效年之后，谋划实施、深化细化2022提质增效年的相应举措，把做实研究型审计贯穿审计工作全过程。依托局青年理论学习小组，调动中青年骨干主动性创造性，提升审计干部能查能说能写能力。

（撰稿人：王中杰）

【审计署交通运输审计局】 2022年，审计署交通运输审计局实有18人。设有一处、二处、三处、四处。

领导成员

局　　长：彭　琦（—10月）

副 局 长：崔　明（10月—）

　　　　　邢伟彬　许朝阳

一级巡视员：赵文彪（—10月）

审计成果 2022年，审计署交通运输审计局完成交通运输部2021年度预算执行审计等7个项目，发现和反映问题160个，报送审计信息4篇。

审计查出问题整改 牢固树立督促检查责任意识，将问题整改在审计工作中通盘考虑，加大督促整改力度。一是在发现和反映问题的同时研究问题整改方向、方法，有效提高了审计建议的针对性和可操作性。二是加强组织领导，严格按要求落实整改情况审计、整改情况跟踪报送等工作。

2022年，被审计单位高度重视审计问题的整改工作。交通运输部制定5方面12项举措，推动审计整改工作制度化、规范化，完善车辆购置税收入补助地方资金、公务用车、招标采购等方面制度11项。民航局建立了审计问题清单销号制度，下发专门工作通知，要求相关部门、单位全面强化审计问题整改的紧迫感和责任感，建立健全长效机制，确保问题彻底整改到位，制定完善政府采购、国有资产出租方面的制度3项。

研究型审计 坚持围绕党和国家中心工作谋划审计、推进审计，把研究型审计贯穿始终。一是多次召开全局业务工作会议、审计组会议学习研讨，围绕党的二十大作出的相关部署，结合审计工作方案深入研究分析被审计单位预算执行的关键环节、主要问题、风险隐患，突出审计重点。二是抓住审前调查“牛鼻子”，主要负责同志亲自挂帅开展审前调查，重点关注被审计单位权力线、资金线、项目线，全面开展调查并形成报告，问题线索查实率较以前年度显著提升。三是加强对普遍性问题的梳理和研究，努力在高度上做文章，在深度上下功夫，编发审计简报等反映有关行业和系统的机制体制性问题。

相关工作 党建工作。一是深入学习贯彻党的二十大精神，深化学思践悟。主要负责同志组织研究制订《交通运输审计局认真学习贯彻党的二十大精神工作计划》，统筹安排集中宣讲、学习心得交流、实践经验分享等举措。运用《习近平谈治国理政》第一卷至第四卷等辅导资料，通过“学习强国”“支部工作”APP、审计署机关智慧工会等平台，组织相关同志参加中国干部网络学院学习贯彻党的二十大精神网上专题班，全方位、多角度推动学习贯彻党的二十大精神。将2个党小组调整为4个党小组，进一步发挥党小组优势，确保学习贯彻工作不留死角、整体推进。局分工会组织“学习党的二十大线上知识竞赛”，以赛促学，推动二十大精神进一步入脑入心。二是强化政治机关意识，加强政治建设。结合庆祝建党101周年，重点对照和平时期对党忠诚“四个能不能”检验标准，扎实开展“对党忠诚，始于足下”学习教育。在审计现场开展庆“七一”主题党日活动，重温入党誓词，严格落实“三会一课”制度。三是扎实开展警示教育活动，规范审计权力运行。召开党员大会专题学习研讨《审计干部反腐倡廉教育警示录（四）》，组织学习《关于加强新时代廉洁文化建设的意见》。坚持把党风廉政建设与审计业务工作同部署、同检查、同落实、同考核，强化执行《审计署审计现场管理办法》力度，充分发挥廉政监督员作用，围绕“关键少数”、关键部位、关键环节，加强审计现场管理监督检查。四是深化“学查改”，开展“强化四个修炼”活动。支委会召开3次会议研究制定“学查改”专项实施方案，对预算执行审计项目全流程复盘推演，深入反思查摆出来的问题。青年理论学习小组开展“我来当主讲”主题学习活动，获得署机关党委表彰，两位同志获优秀奖。联合参加“关键小事”调研攻关活动，调研报告获三等奖。开展“强化信念修炼，做到心有所属；强化业务修炼，做到胸有成竹；强化作风修炼，做到干有所成；强化廉洁修炼，做到行有所止”活动，进一步激励全局同志勇于担当、争创一流。

队伍建设。注重培养青年干部扎实过硬的专业能力，所有项目均安排青年干部担任主审，通过强化专业知识学习研究和审计目实践历练，练好基本功，提升能查能说能写本领。营造人人向学、个个钻研的良好氛围，为青年干部加强党务、业务锻炼和各类培训提供更多机会，1位同志在署计算机审计中级培训中综合排名第一，被评为“优秀学员”。（撰稿人：冯　辉）

【审计署农业水利审计局】 2022年，审计署农业水利审计局实有18人（含1名交流干部）。设有一处、二处、三处、四处。

领导成员

局　　长：姜江华

副 局 长：孙庆红　王　华　郭文艺

一级巡视员：乔红兵

审计成果 2022年，审计署农业水利审计局完成审计项目6个，提交审计报告4份，查出违规、损失浪费和管理不规范等问题金额约25.06亿元。审计处理处罚金额0.16亿元。审计提出建议17条，被采纳17条；推动被审计单位制定整改措施28项；促进被审计单位建立健全规章制度9项。审计成果被审计重要信息采用4篇，其中，中办采用4篇，国办采用3篇，中央领导批示2篇。

2021年度、2022年度均被审计署考核为优秀单位。局党支部被命名为中央和国家机关“四强”党支部。2022年牵头实施的水利部2021年度预算执行等情况审计项目，获评“全国审计机关优秀审计项目二等奖”，1名干部获评“2016—2020年全国普法工作先进个人”。

财政审计 组织实施了对水利部和国家乡村振兴局2021年度预算执行等情况审计。聚焦预算编制、决算编制、预算执行、财政资源统筹、部属企业管理等重点内容，紧紧围绕“发展、改革、安全、绩效、反腐”，通过揭示问题、剖析原因、提出建议，推动加强部门预算管理和财政管理体制改革，促进全面实施预算绩效管理。在开展预算执行情况数据分析的基础上，对2021年度预算执行、其他财政收支和决算草案以及参与分配的专项转移支付资金等情况开展现场审计。审计涉及2021年度部门财政拨款预算合计54.15亿元，分别占40.43%和100%。

组织实施了对水利部所属水利水电规划设计

总院2020年1月至2022年8月财务收支等情况审计，共发现年底突击花钱、编造虚假会议套取财政资金账外存放、收入核算不完整、未据实申报核定科技成果转化项目成本等问题16个，涉及资金1.28亿元。

审计查出问题整改 组织实施了对农业农村部整改2021年度审计查出问题有关情况专项审计，共抽审了农业农村部承担整改主体责任的16个问题，以及履行整改监督管理责任的情况，发现3个问题整改不到位。通过核查整改结果的真实、完整、合规，督促被审计单位落实整改主体责任、主管部门履行监督管理责任，促进完善相关规章制度9项。

经济责任审计 6月，配合相关派出审计局开展了对某部主要领导干部经济责任审计，并持续督促审计发现问题的整改落实工作。

交办任务 2022年，全年审计任务饱满，审计项目压茬进行。在继续做好疫情防控工作的前提下，全局同志发扬连续作战、团结协作的优良作风，克服自身审计任务较重的困难，大力支持署内专项工作，协调署相关司局开展审计调研6次，配合署外资中心开展3个国外贷援款审计项目，协助署相关派出局核实审计事项20余次，选派干部10人次，参加审计报告复核、审理等专项工作。1名干部到京津冀特派办交流，1名干部被外交部选调为驻外人员。（撰稿人：顾振纬）

【审计署贸易审计局】 2022年，审计署贸易审计局实有18人。设有一处、二处、三处、四处。

领导成员

局　　长：常　利

副 局 长：方炳兴　李光林

审计成果 2022年，审计署贸易审计局组织实施了商务部、供销合作总社、国际发展合作署2021年度预算执行、网络安全与信息化建设等情况审计，牵头组织中国贸促会原会长、党组书记经济责任审计，开展商务部所属外贸中心财务收支审计。查出主要问题金额809559万元，其中违规金额22765万元、管理不规范金额786793万元；审计发现非金额计量问题44个；损益（收支）不实金额81587万元；出具审计报告和专项审计调查报告7篇。审计处理处罚金额22845万元，其中应上缴财政428万元、应调账处理金额22417万元；审计促进整改落实有关问题资金530935万元。审计提出建议21条，被采纳21条；推动被审计单位制定整改措施21项；促进被审计单位建立健全规章制度48项；提交审计信息7篇，被批示、采用4篇次。向有关部门移送处理事项1件，正在办理移送处理事项1件。

财政审计 深入推进审计全覆盖，全面发挥“经济体检”作用。在商务部预算执行审计中，重点对商务部本级及所属中国国际电子商务中心等4个二级预算单位进行了审计，充分发挥常驻商务部优势，认真做好审前调研，通过设计、发放、整理审计调研表格，与相关司局座谈沟通等方式，掌握第一手资料、加强第一道研判。在审计实施方案制定过程中，认真研究分析商务部工作，统筹审计力量，将实施方案细化为审计事项，明确负责人和审计期限，紧扣审计工作方案和实施方案，重点事项实现新突破。在商务部转移支付专项报告中反映外经贸发展专项资金“小”“散”等问题作为典型案例被署“四个报告”单独采用，作为人大预工委监督整改典型，推动商务部制定修订2项规章制度，使得常规预算执行审计项目打开新思路、做出新亮点。聚焦重点项目，揭示重大风险。对商务部所属外贸中心财务收支情况开展专项审计，统筹审计力量分赴广州、天津两个审计现场，按照“一体两翼”审计框架，重点对广交会展览收支管理规范性，广交会展馆和天津国家会展中心两个基建项目运行管理的合法合规性进行审计。在供销合作总社预算执行审计中，聚焦所辖部门在落实供销合作社系统改革等党中央重大政策措施落实情况，每个项目制定任务清单，突出问题导向，提升审计质量和成果。在国际发展合作署预算执行审计中，关注对外援助立项工作的经济活动，跟随对外援助立项业务的开展情况实施审计。

经济责任审计 由贸易审计局牵头组织，外交审计局等单位共同参与的中国贸促会经济责任审计，组织人员力量收集整理与中国贸促会相关的党中央、国务院重大决策部署，部门职责、行业规划等资料，到所属企事业单位进行调研，制定审计实施方案，明确审计重点，注重审计重点研究贯穿审计工作全过程。现场审计过程中，8个审计小组根据实施方案确定的审计任务、关注重点等，各负其责，深挖违规违法问题和重大风险，兼顾疫情防控，随审计进度持续开展取证，审计组加强审计现场进度控制，动态调整审计方向和审计资源配置，每周汇总各组审计成果并形成审计报告报送审计组组长。针对审计发现的相关问题提交重要审计情况2篇、审计简报3篇。

研究型审计　深化研究型审计，将研究贯穿审计工作始终，注重日常分析研究贯穿审计工作全过程，围绕国家经济社会发展主要目标，发挥对推进国家“十四五”规划纲要实施的审计监督作用，以研究引领思路提升、业务提升、成果提升。完善被审计单位资料库、重点库、数据库、整改库建设，组织编辑供销合作总社审计基本情况汇编和供销合作总社系统适用法规规定汇编。注重日常对被审计单位的审计研究，在审计项目中，将研究成果同审计重点确定、审计方法运用、审计成果使用等结合起来，推进审计工作有序高效开展。组织对商务部落实党中央、国务院重大方针政策和决策部署等重点内容开展调研，提出重点关注参与分配的转移支付资金、“稳外贸”“稳外资”2项公共服务项目等审计重点；在供销合作总社调研中，按人按事项分领域开展研究，确定重点审计内容，精准实施审计。出具调研报告2篇。

相关工作　坚持以习近平新时代中国特色社会主义思想为指导，认真落实署党组的工作部署和要求，以良好的精神状态带领全局同志紧紧围绕“六抓”工作思路，即抓研究、抓成效、抓重点、抓数据、抓质量、抓总结，忠诚履行审计监督职责。年初，制定贸易审计局2022年度工作要点和党支部2022年度工作计划，推进党建廉政与审计工作、队伍建设、内部管理深度融合，同谋划同部署，加强督办有效落实。

坚持依法审计，提升斗争本领。自觉把法律法规作为开展审计工作的行为准则，做到审计程序合法、审计方式遵法、审计标准依法；聚焦业务骨干攻坚能力提升，扎实做好“传帮带”，不断提高综合分析和攻坚突破能力；安排年轻干部在重大专项工作中强化一线锻炼，增强过硬的专业能力；加强对新入职干部的培养，落实实务导师指导并定期做好考核反馈，通过实战锻炼，提升能查能说能写本领。

坚持党建目标引领。坚持围绕中心抓党建、抓好党建促业务，充分发挥党支部的组织力和政治功能，以“争当先进支部、争创一流业绩、建设过硬队伍、营造良好氛围”的局党建“四目标”为引领，运用“一二三”支部工作法开展党建工作，深入开展“学查改”专项工作，严格落实“三会一课”，制定局领导、支委、党小组长、处室负责人落实全面从严治党责任清单，层层传导压力，压实主体责任。贸易审计局党支部被评为中央和国家机关“四强”党支部。

（撰稿人：米春云）

【审计署卫生体育审计局】　2022年，审计署卫生体育审计局实有18人。设有一处、二处、三处、四处。

领导成员

局　　长：张宣波

副 局 长：张京奕

一级巡视员：崔一贺

二级巡视员：孙　刚

审计成果　2022年，审计署卫生体育审计局组织开展了卫生健康委、体育总局年度预算执行情况审计、部门所属单位及重点资金专项审计、体育总局领导干部经济责任审计等4个项目，配合外资中心对中央部门接受国外无偿援助资金情况开展专项审计调研，另选派10人次参加或借调署行政司、社保司工作，参加财政部、国家发展改革委审计，以及审计报告复核审理汇总等工作。审计揭示各类违规违法问题103个，共涉及金额103.26亿元，其中有20多个问题被汇总或单独案例采用。移送案件线索3件，《重要审计信息》采用2篇，大力督促相关问题整改，取得了较好成效。

参与的气象局领导干部经济责任审计项目被评为审计署表彰项目。

财政审计　预算执行情况审计。按照审计署统一部署安排和确定的审计要点，组织开展了卫生健康委、体育总局2021年度预算执行情况审计，围绕重大资金使用、重大项目落地、重大政策实施等加强审前调研，审计并反映财政资源统筹不及时、部门预算编制不准确，部分事权财权划分不清、政策交叉重叠、经费测算分配不科学、分配因素与新任务要求脱节、资金结存较大和绩效因素未发挥作用，收支核算不完整，扩大支出范围、未经批准出借办公用房、财政资金损失浪费、政府采购不规范等方面问题51个，共涉及金额73.65亿元。出具了财政资源统筹、参与分配转移支付资金、所属企业管理情况等三项专题审计报告及预算执行审计报告。

部门所属单位及重点资金专项审计 组织实施了卫生健康委所属中国医学科学院（以下简称医科院）2020年1月至2022年8月财务收支等情况审计，结合医科院院校合一的管理体制特点，围绕深化预算管理制度改革、提高财政资金绩效、加强所属单位监管等，坚持问题导向和研究型审计，从科研和高校重大政策、重大改革，被审计单位工作职责、业务特点加强审计和分析研究，重点反映了收支纳入预算管理、未盘活结余资金、部分资产未按规定登记入账、未执行政府采购程序、无偿占用下属单位车辆、工程项目建设进展缓慢、未经批准发放绩效工资、部分日常运行经费和劳务费未纳入财务账统一核算等方面问题17个，共涉及金额16.82亿元。

经济责任审计 组织实施了体育总局领导干部经济责任审计，从政策、规划落实、重大决策及运作、制度及执行、重大资金分配和项目安排实施等方面加强审计和分析研究，做实研究型审计，共揭示部门发展职责履行不到位、“三重一大”决策制度执行不严格、对所属单位财务监管不到位、“三公”经费管理不严等方面问题35个，共涉及金额12.79亿元，有多个问题被作为案例综合采用，较好发挥了审计在党和国家监督体系中的重要作用。

相关工作 坚持以党的政治建设为统领，深入学习贯彻党的二十大精神，持续深化政治理论学习，坚持把学习教育融入日常、抓在经常，推进“两学一做”学习教育、党史学习教育常态化制度化，组织开展警示教育活动、“学查改”专项工作，认真落实署巡视整改措施，深入贯彻全面从严治党要求，推进党支部标准化规范化建设。全年共召开党员大会20次，支委会12次，党小组（含青年理论学习小组学习）会64次，局级领导干部讲党课4次，开展主题党日活动5次，召开组织生活会、党史学习教育专题民主生活会、“学查改”专题组织生活会、巡视整改专题民主生活会各1次。共编发《工作动态》等党建宣传材料3篇，有的被署公众号“各级审计机关热议党的二十大报告——奋楫扬帆启新程踔厉奋发谱新篇”采编。

加强领导班子和干部队伍建设，努力打造高素质专业化审计干部队伍。结合落实党务日常工作轮值制，积极推进党建工作与审计业务的深度融合。强化履职担当，做实研究型审计，着力培养锤炼能查、能说、能写能力，召开审计业务交流会，注重成果经验分享与交流，增强集体凝聚力与向心力。

认真落实综合管理责任，严格内部管理。深入学习贯彻习近平法治思想，落实法治政府建设和普法责任，推进依法审计，认真履行保密管理责任，切实加强日常教育管理，开展保密专项检查自查。认真抓好社会治安综合治理工作，及时通报安全事故警示案例，针对审计人员经常在外延伸审计的实际，在重要时间节点及时提示提醒，强化审计现场安全防范工作。（撰稿人：俞　扬）

【审计署社会管理审计局】 2022年，审计署社会管理审计局实有18人。设有一处、二处、三处、四处。

领导成员

局　　长：孙秀春

副 局 长：丛　娜　孔秋敏

二级巡视员：龙济川　宣宝平　孟丽瑗

审计成果 2022年，审计署社会管理审计局组织开展审计项目10个，完成审计项目8个，出具审计报告8篇。查出主要问题129个，涉及违规金额57.47亿元。完成审计移送2件。

2021年开展的经济责任审计项目获全国审计机关优秀审计项目三等奖。

财政审计 完成应急部2021年度预算执行等情况审计，发现应急部预算不完整不规范、参与分配的中央财政转移支付资金调整无依据、政府采购不合规、国有资产和所属企业管理不规范等30个问题，涉及金额16.66亿元，并形成1个违规违纪问题线索移送有关部门。

完成矿山安监局2021年度预算执行等情况审计，发现矿山安监局预算编制不完整、部门预算支出标准体系建设未按规定开展、国有资产和所属企业管理不规范等10个问题，涉及金额1.02亿元。

完成北京市消防救援总队2020年1月至2022年8月财务收支等情况审计，发现北京市消防救援总队预算编制不完整、资产管理不规范、落实过紧日子要求不到位等21个问题，涉及金额22.20亿元。

完成国家区域应急救援中心建设项目跟踪审计，发现项目推进缓慢、财政资金未及时发挥效益等方面的问题，并对项目建成后健全运行保障机制等方面提出审计建议。

完成矿山安监局整改2021年度审计查出问题有关情况审计，对矿山安监局的整改情况进行了全面核查，按署工作方案要求完成了工作任务。

完成应急部2021年度网络安全和信息化建设审计，发现应急部存在网络安全责任制未落实、未按规定开展等级保护测评工作、日常安全管理不严格等9个问题，涉及问题金额6433.72万元。

完成矿山安监局2021年度网络安全和信息化建设审计，发现矿山安监局存在网络安全责任制未落实、网络安全资金保障不足、日常安全管理不严格等8个问题，涉及问题金额2365.24万元。

此外，持续跟踪2021年经济责任审计项目问题线索，形成移送处理书1份。

经济责任审计 完成经济责任审计项目1个，发现问题49个，涉及金额16.71亿元。

审计查出问题整改 高度重视审计整改工作，认真贯彻落实《关于建立健全审计查出问题整改长效机制的意见》有关精神，坚持揭示问题与推动问题整改相统一，对每个项目建立整改台账，及时核查整改材料，实时跟踪问题整改完成情况，督促有关单位落实整改责任，并对矿山安监局整改2021年度审计查出问题有关情况进行了专项审计。

研究型审计 深入开展研究型审计，一是加强对党中央重大决策部署、重大政策的学习研究，着眼“国之大者”谋划项目实施；二是加强对中央部门的政策制度、职责履行、预算管理、内控风险等的分析研究；三是把研究型审计要求贯穿项目审计全过程，全面提升审计工作质量和水平。

交办任务 积极选派骨干参加中央巡视、国务院大督查、联合国审计、财政部审计等专项工作，多人次参加署行政司和审理司等组织的中央部门预算执行审计和领导干部经济责任审计等报告的复核、审理、汇总等工作。

相关工作 坚持以习近平新时代中国特色社会主义思想为指导，全面学习贯彻党的二十大精神，深入开展“学查改”专项工作，深刻领悟“两个确立”的决定性意义，不断增强“四个意识”、坚定“四个自信”、做到“两个维护”。

不断强化政治机关意识，切实履行全面从严治党和党风廉政建设主体责任；加强支部建设，增强党组织政治功能和组织功能；加强纪律作风建设，规范审计权力运行，做到依法文明廉洁审计。

强化干部队伍建设，树立正确选人用人导向，坚持德才兼备、以德为先、任人唯贤，突出政治标准，坚持事业为上，激励担当作为，保护和激发干事创业的积极性。（撰稿人：余志远）

【审计署经济执法审计局】 2022年，审计署经济执法审计局实有18人。设有一处、二处、三处、四处。

领导成员

局　　长：杨健奎

副 局 长：王雷鸣　崔　鹏（—5月）

杨晋山（7月—）

审计成果 2022年，审计署经济执法审计局完成市场监管总局和药监局2021年度预算执行等情况审计以及某部门主要领导经济责任审计等4个审计项目。查出主要问题金额120331.57万元，其中违规金额191.83万元、管理不规范金额120139.74万元；审计发现非金额计量问题22个；损益（收支）不实金额1918.01万元；出具审计报告和审计整改建议函6篇，被批示、采用6篇次。审计处理处罚金额66810.93万元，其中应缴纳其他资金229.45万元、应调账处理金额66581.48万元。审计提出建议11条，被采纳11条；推动被审计单位制定整改措施4项；促进被审计单位建立健全规章制度3项。提交审计信息2篇，被批示、采用1篇次。向社会公告审计结果2篇。

财政审计 围绕强化预算执行监督管理作用，聚焦全面实施预算绩效管理的要求，完成市场监管总局、药监局2021年度预算执行等情况审计和市场监管总局所属中国标准化研究院财务收支等情况审计，查出问题51个，涉及问题金额96522.56万元。一是以预算资金为主线，揭示常见多发问题，如部门预算不完整、未及时清理结余资金、为经费自理单位安排基本支出等，促进部门提高预算编制科学性，规范财政资金使用；二是推动落实中央八项规定精神，审查“三公”经费和会议费问题，推进巩固公务支出改革成果，揭示违规使用公务车辆、会议费管理不规范等问题；三是关注经费支出和资金使用，揭示未履行政府采购程序实施采购等问题，促进权力规范运行。

经济责任审计 按照审计署统一部署，参加某部门主要领导经济责任审计项目。审计紧扣经济责任，聚焦权力运行和责任落实，促进领导干部依法用权和担当作为，查出问题9个，提出审计建议2条，有效推动领导干部责任落实。重视审计反腐倡廉，紧盯违纪违法问题线索，提交审计信息1篇。

其他审计项目 按照审计署统一部署，派人参加海关履行监管职责和税收征管情况、医疗保险基金和“三医联动”专项等审计项目，参与撰写审计信息3篇，1篇由经济执法审计局主办。

审计查出问题整改 审计促进整改落实有关问题资金85233.40万元。推动部门预算管理规范化，提高预算编制的合规性、完整性、准确性。及时收回管理不规范资金，盘活部门存量资金。推动部门规范国有资产管理，建立科学合法的管理机制，确保国有资产保值增值。推动部门建立健全规章制度，如针对预算编制不完整，药监局制定了预算管理暂行办法，明确全口径预算等要求；针对政府采购不规范问题，市场监管总局有关单位修订了政府采购实施细则等制度。

相关工作 坚持以习近平新时代中国特色社会主义思想为指导，深入学习贯彻党的二十大精神，教育引导全体党员干部深刻领悟“两个确立”的决定性意义，增强“四个意识”、坚定“四个自信”、做到“两个维护”，不断提升党建工作成效。一是持续加强党的政治建设。牢固树立抓党建的主业意识、主动意识、主责意识，推进支部标准化规范化建设，确保党建工作落地见效。二是扎实推进“学查改”专项工作。通过开展学习研讨，深入对照查摆问题，制定整改措施，不断改进提高，进一步发挥好党建的政治引领和政治保障作用。三是持续提升审计干部素质能力。倡导“团结、紧张、严肃、活泼”的工作氛围，注重人才队伍建设，加大干部多岗位锻炼力度，加强审计力量。2022年经济执法审计局新调入局级干部1名，1名副局长赴贵州省挂职，主动输送2名年轻干部分别到署机关、特派办交流锻炼，接收新疆交流干部1人，4名同志职务职级得到晋升。

（撰稿人：史署光）

【审计署广电通讯审计局】 2022年，审计署广电通讯审计局实有18人。设有一处、二处、三处、四处。

领导成员

局　　长：胡力勇

副 局 长：俞　立

一级巡视员：周建军　余宁琪

二级巡视员：王蕴智

审计成果 2022年，审计署广电通讯审计局共完成审计项目4个。查出主要问题金额19170万元，其中违规金额129万元、管理不规范金额19041万元；审计发现非金额计量问题30个；出具审计报告和专项审计调查报告4篇。审计处理处罚金额1231万元，其中应归还原渠道资金129万元、应调账处理金额1102万元。审计促进整改落实有关问题资金5752万元；审计后挽回（避免）损失129万元。审计提出建议11条，被采纳11条；推动被审计单位制定整改措施19项；促进被审计单位建立健全规章制度12项。向社会公告审计结果2篇。

财政审计 聚焦主责主业，对中央广播电视总台（以下简称广电总台）、中华全国新闻工作者协会（以下简称中国记协）2021年度预算执行等情况开展审计，突出重点，坚决做实研究型审计，围绕资金全流程，将资金跟到底，关注资金实际使用情况，确保查实审透，有力揭示问题，防范审计风险。认真研究广电总台和中国记协特点，有针对性地拓宽审计深度和广度，反映具有行业特色的问题，审计重点关注国际传播能力建设、采编与经营两分开、报刊发行管理、评比表彰、突击花钱、违规收费等方面存在的问题。审计共揭示了项目绩效指标自评结果未得到有效应用、结余资金未上交财政、违规接受外商对企业投资、“三公”经费、资产管理、政府采购、项目执行和企业管理等方面问题，编发审计重要信息一篇，获得中央领导同志批示。

信息化建设资金和项目审计 深入领会和贯彻落实习近平总书记历次重要讲话和重要指示批示精神，以政策落地执行情况为抓手、关注资金全脉络，把握各单位特点、突出审计重点，加大核查力度、关注实际效果。通过对广电总台、中国记协网络安全和信息化建设等情况开展审计，共揭示了预算管理、规划落实、资金使用和项目效果等方面问题，重点揭示存在的突出问题和风险隐患，加大了提示提醒力度，推动党中央、国务院决策部署高质量完成，保障相关项目建设依法合规和财政资金规范高效运行，充分发挥审计监督效能。

审计查出问题整改 认真贯彻落实习近平总书记重要指示精神和党中央、国务院以及署党组对审计整改工作的重要部署安排，强化学习研究和责任落实，打造审计整改的闭环管控模式。按照职责分工建立审计问题清单及整改分解表，督促被审计单位整改落实，认真填报整改系统，及时跟进了解最新整改情况，确保所有问题全部纳入整改范围，确保整改流程可追溯、整改结果可印证。按照中央组织部2021年度中管领导干部审计情况反馈工作的安排，参加广电总局审计情况反馈会，并通报审计情况反馈意见，推动发挥审计监督“治已病、防未病”的建设性作用。

相关工作 深入学习贯彻党的二十大精神，牢牢把握审计方向，以习近平新时代中国特色社会主义思想为指导，把讲政治摆在更加突出的位置，切实把政治机关意识扎根于心，不断增强政治判断力、政治领悟力和政治执行力，深刻领悟“两个确立”的决定性意义，增强“四个意识”、坚定“四个自信”、更加自觉做到“两个维护”，坚定不移在思想上政治上行动上同以习近平同志为核心的党中央保持高度一致。以“学查改”专项工作为契机，提升各项工作质量，针对“学查改”专项工作查摆出的7条问题，建立专项工作基层党组织问题清单和基层党组织工作台账，并以此为契机进一步提升党支部工作水平；认真履行“一岗双责”，严格落实“三会一课”制度，认真组织开好领导班子民主生活会和支部专题组织生活会，通过抓政治学习、制度建设、规范运行、日常提醒、警示教育等多种措施，切实做到围绕中心工作抓党建，抓好党建促进审计业务的高效开展；开展反腐败斗争形势教育，以支部大会、党小组会等形式，先后3次组织学习反腐倡廉形势和要求，引导审计干部对反腐败斗争形势树立清醒、正确的认识，持续增强党风廉政建设和反腐败工作的责任感、使命感和紧迫感；培养选拔审计工作需要的好干部，5名同志职级晋升，1名同志到审计署政策研究室交流工作，1名同志在贵州省丹寨县排调镇甲石村交流任“第一书记”，多名年轻同志担任项目主审、参加报告汇总和集中审理工作，积极打造信念坚定、业务精通、作风务实、清正廉洁的高素质专业化审计干部队伍。

（撰稿人：白　雪）

【审计署发展统计审计局】 2022年，审计署发展统计审计局实有17人。设有一处、二处、三处、四处。

领导成员

局　　长：蔡　峰（—3月）

副 局 长：刘　贝（3月—）　杨亦工　李纯琳　徐新宇

审计成果 2022年，审计署发展统计审计局以党建统领业务，聚焦主责主业，依法履行审计监督职责，扎实开展研究型审计，切实提升工作效率，深入揭示重大风险隐患，严肃查处重大违纪违法问题，圆满完成各项任务。完成审计项目4个，查出主要问题金额28297万元，其中违规金额94万元、管理不规范金额28203万元；审计发现非金额计量问题18个；损益（收支）不实金额8477万元；出具审计报告和专项审计调查报告4篇。审计处理处罚金额3841万元，其中应上缴财政94万元、应调账处理金额3746万元；移送纪检监察机关处理事项1件。审计促进整改落实有关问题资金16427万元；移送处理落实事项1

件。审计提出建议 12 条，被采纳 12 条；推动被审计单位制定整改措施 32 项；促进被审计单位建立健全规章制度 23 项。向社会公告审计结果 2 篇。

财政审计 独立完成能源局、统计局 2021 年度预算执行审计项目和网络安全和信息化建设审计项目，共出具审计报告 4 篇、审计决定 2 篇，查出问题 32 个，深入揭示了利用行政许可事项帮助技术服务单位承接业务、新闻宣传单位违规开展有偿新闻、项目推进缓慢影响项目绩效等违反财经纪律、影响部门发展等问题，其中 2 个案例被重要信息要目采用并得到中央领导批示，7 个案例被审计署“四个报告”采用，1 件问题线索被移送纪检监察机关处理，有效推动被审计单位加强预算财务及信息化管理，严肃财经纪律。独立开展粮食科学院财务收支情况审计项目，紧扣部门特点，突出科研单位特色，深入揭示了违规使用项目资金、房产管理不规范和虚假招标造成财政资金损失等 23 个问题，有效推动被审计单位规范资金管理、提升项目绩效。

经济责任审计 配合科学技术审计局完成中国社会科学院原院长经济责任审计，按照分工主要负责对所属情报院等 6 家二级单位进行审计，紧紧围绕权力运行，聚焦经济责任，重点检查审计对象任职期间重大经济决策、重大对外投资、重大经济风险防范情况等，揭示了直接指定院属公司负责图书采购、人为增加采购环节增加财政支出，文物古籍管理存在漏洞，监管缺失导致社会机构利用社科院影响力牟利等 7 个问题，得到了署领导的肯定和被审计单位的重视。

审计查出问题整改 2021 年粮食和储备局局长经济责任审计项目提出的 39 个问题、能源局和统计局 2021 年度预算执行审计项目提出的 16 个问题以及网络安全和信息化建设审计项目提出的 16 个问题均已整改完成。推动被审计单位举一反三、建章立制，从制度层面确保各类问题有效整改，如粮食和储备局制定了《国家粮食和物资储备局关于建立健全审计查出问题整改长效机制的意见》等 9 项规章制度，能源局制定了《国家能源局政务信息化项目建设管理暂行办法》等 11 项规章制度，统计局制定了《关于进一步加强统计部门预算绩效管理工作的通知》等 12 项规章制度。

研究型审计 以审计项目为平台，坚持从审计视角研究审计对象，做足审前工作，做深审中研究，不断提升审计工作的政治性和前瞻性。发挥派出局派驻在部门的优势，每个项目审计进点前认真研究近年来党中央相关决策部署和战略安排等，及时了解被审计单位的部门规划、发展战略，深入分析研究其重大政策措施、重点业务开展、重大项目、预算决算、所属单位等情况，把握部门特点，评估可能存在重大风险隐患的部位和环节，找准审计工作着力点和主攻方向，编制具体可操作的实施方案，切实做到“研以致用”。审计项目中，结合年度财政审计工作重点，紧紧依托政策落实、项目实施、资金运行等经济活动开展审计，围绕重大问题查深查透，充分发挥审计监督的职能作用。审后及时开展项目后评估，总结经验、反思不足，2021 年开展的粮食和储备局局长经济责任审计中好的经验和做法在署行政司组织的经济责任审计培训班上作交流发言，审计案例《帮助第三方企业承接业务问题分析》被署行政司《部门预算执行数据审计技术方法汇编》采用。

交办任务 派出 2 名同志配合署外资中心参与能源局世界银行贷款可再生能源规模化发展二期项目专项审计。派出 1 名同志配合署财政审计司参与国家发展改革委具体组织分配中央财政投资情况审计。

相关工作 深入学习贯彻党的二十大精神，以“学查改”专项工作为契机，落实党风廉政建设主体责任，党建工作质量不断提高，党员的先锋模范作用和党组织的凝聚力、战斗力不断增强。青年理论学习小组获“我来当主讲”活动署优秀组织奖，一篇讲稿获署二等奖，一篇讲稿获优秀奖。积极推动“送出去、引进来”，为审计干部成长进步搭建平台，先后有 1 名同志作为访问学者到国外交流，1 名同志参加中央巡视、1 名同志参加国务院第九次大督查和国务院专项督查、1 名同志到特派办交流、1 名同志到署税收征管审计司任职，各项工作均得到相关单位的表扬和肯定；引入贵州省审计厅 1 名同志到局内进行挂职锻炼，充实干部队伍。（撰稿人：周伽骐）

【审计署群团文化审计局】 2022年，审计署群团文化审计局实有14人。设有一处、二处、三处。

领导成员

局　　长：马晓方（—11月）

副 局 长：周　晖（11月—）　崔云凯

审计成果 2022年，审计署群团文化审计局完成审计项目3个，查出问题37个，问题金额2.56亿元；出具审计报告3篇，移送处理人员3人；形成的审计成果被署重要信息要目采用1个。审计提出建议7条，被采纳7条；推动被审计单位制定整改措施32项；向社会公告审计结果2篇。

组织实施的中国残疾人联合会（以下简称中国残联）2021年度预算执行等情况审计和全国妇联党组书记、书记处第一书记经济责任审计2个项目分别获得2022年全国审计机关优秀审计项目二等奖、三等奖。

财政审计 组织完成中国残联2021年度预算执行等情况审计。揭示了中国残联人为调整转移支付资金基础数据、领导人员违规取酬等14个问题，其中所属单位领导人员违规取酬，侵吞国有资产的问题作为典型案例被署重要审计要目采用，得到习近平总书记和多位中央领导的明确批示。同时，重视对审计整改工作的跟踪督促，建立了整改台账，持续跟踪中国残联整改情况，认真审核整改的真实性，并配合行政司向中纪委工作组汇报了移送线索的详细情况。中国残联按照审计报告建议修订完善了预算绩效、资金资产等方面管理制度，建立了相关工作机制。形成了揭示问题、规范管理、促进改革工作闭环。组织实施故宫博物院财务收支专项审计，揭示了故宫博物院预算编报不完整、门票收入未及时上缴、虚报预算获取财政资金、超标准超范围列支会议费、未有效监管国有资产收益等问题，针对故宫博物院可移动文物管理存在的问题，拟形成审计信息单独上报。

经济责任审计 配合完成住房和城乡建设部经济责任审计，揭示了转移支付资金未制定明确规划、所属单位转企改制进展缓慢、未履行政府采购规定、对主管社会组织管理不到位、未及时清理拖欠中小企业账款等多个问题，圆满完成了审计任务。

审计查出问题整改 组织人员对中国残联、全国妇联审计发现问题的整改情况进行了认真核查，确保整改到位。

研究型审计 在中国残联预算执行审计中，全过程落实研究型审计要求。在审前调查阶段，深入调研，确定审计重点。在现场审计阶段，按照“政治—政策—项目—资金”的思路，认真研究党中央对中国残联和残疾人事业的决策部署、习近平总书记关于残疾人事业的重要指示批示精神、党的十九大报告、国家发展规划等对残疾人事业领域的战略安排，中国残联的历史沿革、发展现状、改革方向，发现了一些重大问题。在报告阶段，重点研究取证单和征求意见稿反馈意见，防范审计风险。

相关工作 全面准确学习领会党的二十大精神，坚持做到学思用贯通，知信行统一。在大会召开当天，党支部组织全局党员干部在局内集中收看开幕会直播，会后即安排交流研讨。在署党组的统一部署下，支部召开支委会专题研讨制订学习宣传贯彻二十大精神方案，明确了分步骤、分层次、全覆盖的学习计划和重点任务，并按方案组织学习。通过学习，推动全局同志深刻领悟“两个确立”的决定性意义，增强“四个意识”、坚定“四个自信”、做到“两个维护”，以实际行动践行对党忠诚，切实把学习成果有效转化为抓好工作的动力源泉和具体实践。

深入推进党风廉政建设，营造风清气正的干事创业环境。层层压实领导班子成员、各处室负责人的全面从严治党主体责任，抓好关键节点风险防控，结合审计业务流程和被审计单位特点，从重要事项和关键环节入手，明确廉政目标，分解廉政责任，严格落实廉政监督员制度。在局内定期开展警示教育，紧盯重要节假日，加强提醒和监督，坚决杜绝“节日腐败”。

着力推动党支部标准化规范化建设，打造坚强战斗堡垒。认真贯彻党支部工作条例、机关基层组织工作条例等规定，重点从6个方面推进支部标准化规范化建设。全年召开支部党员大会17次、支委会16次、党小组会议36次、专题组织生活会2次，深入开展“学查改”专项工作和以“对党忠诚，始于足下”为主题的学习教育。

把准方向重点，加强领导班子和干部队伍建设。局领导班子始终坚持以政治建设为统领，认真执行民主集中制，带头落实中央八项规定及其实施细则精神。11 月，审计署群团文化审计局主要负责同志调整，在署党组的正确领导下，全局队伍稳定、工作不断、干劲不减，继续保持着班子齐心协力、干部积极奋进、人人争先创优的良好工作局面。坚持局内业务交流学习制度，积极选派人员参加署财政、社保等业务培训，选派 1 名同志参加财政部审计，抽调 4 名同志参加署业务司复核、审理及报告汇总等专项工作，积极为局内年轻干部丰富阅历、提升本领提供机会和舞台。及时了解掌握局内同志思想动向和精神状态，开展经常性的谈心谈话，充分发挥局党支部和工会组织桥梁纽带作用，真诚关心关爱干部。

（撰稿人：周建春）

【审计署金融审计一局】 2022 年，审计署金融审计一局实有 20 人。设有一处、二处、三处、四处、五处。

领导成员

局　　长：王晓东

副 局 长：刘　春

一级巡视员：班东启

二级巡视员：管　涛

审计成果 2022 年，审计署金融审计一局完成审计项目 3 个，其中审计 2 个、专项审计调查 1 个。查出主要问题金额 718.84 亿元，其中违规金额 3.34 亿元、管理不规范金额 715.5 亿元；审计发现非金额计量问题 24 个；损益（收支）不实金额 6.44 亿元；出具审计报告和专项审计调查报告 3 篇。审计处理处罚金额 687.55 亿元，其中应上缴财政 0.08 亿元、应归还原渠道资金 401.75 亿元、应缴纳其他资金 0.44 亿元、应调账处理金额 285.28 亿元。审计促进整改落实有关问题资金 18.17 亿元。审计提出建议 10 条，被采纳 10 条。向社会公告审计结果 1 篇。

独立实施的某商业银行风险情况专项审计调查项目荣获全国审计机关优秀审计项目一等奖。

财政审计 完成人民银行 2021 年度财务收支情况审计、人民银行 2021 年度网络安全和信息化建设审计，重点揭示了违规提前列支费用、扩大开支范围、经费补助在往来科目核算、所属单位未按规定进行等保测评等问题，通过审计积极促进人民银行规范经营管理。

金融审计 完成地方国有信托公司风险情况专项审计调查，重点关注风险防范化解、有关政策落实和国有资产管理情况，通过实施“穿透式”审计，精准揭示各类风险隐患，发现被审计单位风险底数不实、重大事项决策流程不完备、违规决策造成损失、对非金子公司及出资企业资产管理不到位等问题。

经济责任审计 配合完成某银行主要负责人经济责任审计，聚焦负债端业务、外汇资产、内控管理等传统领域，通过提升审计工作站位，以政治政策视角和专业化审计取证，深入揭示“存贷挂钩”影响信贷资金支持效果及损害金融消费者权益、“一带一路”外汇贷款发放额逐年降低但不良率持续上升且潜在风险突出、部分涉外业务风险控制制度及流程落实不到位等问题。

审计查出问题整改 注重从严抓实审计整改督查，“对症下药”提出针对性强和可操作的审计建议。同时，项目结束后做好“回头看”，定期对被审计单位回访督查，督促其全面落实追责问责和构建整改长效机制，2022 年审计项目整改率达 90% 以上。

研究型审计 制定实施《金融审计一局研究型审计对象资料库建设框架》，着手建立完善审计对象资料库体系，为研究型审计不断深入开展打下坚实基础。持续做实做细研究型审计实践，如在某单位专项审计调查中，注重把握被审计单位行业特点和运行规律，精准揭示重大风险和发展瓶颈，先后上报反映体制机制性问题的审计简报 2 篇，为促进被审计单位行业健康发展，推动金融更好服务实体经济贡献审计力量。

相关工作 坚持以习近平新时代中国特色社会主义思想为指导，以党建工作为统领，及时跟进学习党中央决策部署和习近平总书记最新重要讲话精神，深刻领悟“两个确立”的决定性意义，更加自觉做到“两个维护”，践行好“三个务必”，不断提高政治站位，强化责任担当，完成好署党组交办的工作任务。

严肃党内政治生活，认真落实“三会一课”，全年召开 1 次民主生活会及 2 次组织生活会，定期开展主题党日活动，局领导干部讲党课 4 次，通过扎实党性教育营造风清气正的良好政治生态，不断增强全局干部的凝聚力和战斗力。认真开展“学查改”专项工作，拟订具体实施计划，对照查摆出党支部存在的 5 方面问题，有针对性制定 10 条整改措施，并建立工作台账推进整改落实。

切实转变工作作风，将整治“四风”问题、加强作风建设作为局内常态化工作常抓不懈。坚持谈心谈话制度，全面了解干部所思所想，为干部思想和生活排忧解难。实行领导干部“一线工作法”，局领导班子坚持做到带头工作在一线、调研在一线、指挥在一线、解决问题在一线，切实发挥领导表率作用；在重大项目审计中，局领导干部全部下一线已成工作规矩，班子成员常年奔波在审计现场，分工明确，切块包干，适时为审计项目把关。

坚守廉政底线，把严的主基调长期坚持，落实落细。强化责任担当，领导干部切实履行好党风廉政建设责任，把提高党员干部廉洁自律意识作为工作重点；鼓励纪检委员和廉政监督员当好“移动探头”，防微杜渐，一旦发现负面动向及时汇报预警。（撰稿人：张　雪）

【审计署金融审计二局】 2022 年，审计署金融审计二局实有 21 人。设有一处、二处、三处、四处、五处。

领导成员

局　　长：姚洪敏

副 局 长：张莹（6 月—）

审计成果 2022 年，审计署金融审计二局完成审计项目 4 个，查出主要问题金额 29225065 万元，审计发现非金额计量问题 37 个；出具审计报告和专项审计调查报告 6 篇。审计处理处罚金额 3355 万元，其中应上缴财政 107 万元、应归还原渠道资金 2332173 万元；审计促进整改落实有关问题资金 23657773 万元。审计提出建议 66 条，被采纳 66 条；推动被审计单位制定整改措施 54 项；提交审计信息 6 篇。

财政审计 中央部门预算执行审计。在银保监会 2021 年度预算执行等情况审计中，查出银保监会在预算管理、监管履职等方面存在的问题 23 个，其中虚设项目反映虚结转资金等 7 个问题被“四个报告”采用，相关问题受到全国人大关注。除了揭示预算管理方面的问题外，还将财政资金使用与监管履职结合起来，揭示了银保监会在监管评级、监管评价、监管处罚等三个方面的问题。

信息化建设专项资金审计 在银保监会网络和信息化建设有关情况审计中，查出银保监会在网络安全责任制未落实、日常安全管理不严格、部分信息系统缺少必需的安全登录措施等方面存在的 6 个问题，涉及银保监会和 23 个地方银保监局，提出审计建议 2 条。银保监会高度认可审计指出的问题和建议，专门召开系统内会议，积极组织整改，研究分析审计指出的问题，完善相关制度，修补工作漏洞，提高网络安全和信息化建设管理水平。

金融审计 2022 年 5 月至 7 月，在西藏信托有限公司（以下简称西藏信托）风险情况专项审计调查中，揭示了西藏信托违规向房地产及政信类企业融资并新增地方政府隐性债务、违规新增金融同业通道和融资类业务、以“永续债”等方式违规帮助国有企业虚降杠杆、掩盖信托风险资产、在账外设立企业违规开展关联业务等系列问题，出具审计调查报告 1 篇。

2022 年 8 月至 11 月，在中国工商银行主要负责同志经济责任审计项目中，发现并指出中国工商银行对普惠小微企业信贷支持不精准、虚报普惠及涉农贷款规模、违规开展个人信贷类业务、房地产业务存在风险隐患、违规决策承接代销产品形成损失、工银租赁对薄弱环节支持不足等 37 个问题。出具审计报告 1 篇，提出审计建议 37 条，推动被审计单位制定整改措施 22 项。

审计查出问题整改 根据审计署统一安排，对银保监会整改 2021 年度审计查出问题有关情况开展了专项审计，反映了银保监会人员经费超支挂账问题整改推进缓慢、部分问题整改不彻底不到位、审计整改长效机制建设不到位、审计整改工作流程管控仍存在薄弱环节等 7 个问题，有力推动了审计整改落地见效。

研究型审计 定期召开研究型审计专题落实推进会，不断推动学习研究走深走实。选派干部参加国家社会科学基金项目“新发展格局下国家审计促进完善中小银行治理体系研究”课题研究、《人身保险公司审计指南》编写以及对“四大”会计师事务所在金融领域开展业务情况的调研等工作。认真落实审计监督与纪检监督协调贯通要求，与中纪委相关部门开展座谈。

相关工作 深化理论学习。组织全体干部收看习近平总书记在党的二十大上的报告，开展领读领学、集中研讨，交流学习体会，报送学习工作动态5期，被署宣传中心公众号报道2次。加强组织建设。完成党支部换届，认真落实“三会一课”制度，扎实推进党支部建设标准化规范化。组织开展了“对党忠诚，始于足下”系列主题党日活动，组织参观黑山扈抗日战斗纪念园、通州大运河清风廉政文化主题公园、赴日坛公园瞻仰马骏烈士墓、赴圆明园缅怀“三一八”革命烈士，组织观看“奋进新时代”主题成就展。加强党建引领。认真组织开展“学查改”专项工作，召开党员大会学习研讨和查摆问题，推动党建和业务深度融合、互促共进。局青年理论学习小组与金融司等司局开展“我来当主讲”联学活动。2022年，局党支部被命名为审计署“四强”党支部。

加强自身建设，提升履职能力。积极组织干部职工参加各类培训，提升专业能力。进一步完善实务导师制，帮助年轻干部迅速成长。开展“总结 传承 超越——审计人讲审计”案例研讨活动，促进审计成果总结提升。以考促学，督促干部考取审计师资格。推行主审“揭榜挂帅”，召开信托公司审计项目主审自荐会，为顺利开展审计工作奠定基础。

积极开展法治宣传教育。加强对宪法和新修订审计法的学习，坚持学习金融审计业务相关法律法规，认真落实《审计机关法治建设实施方案（2021—2025年）》。推动法治宣传教育融入审计项目全过程，充分利用进点会、现场审计、督促整改等环节，宣传宪法有关审计监督的内容。

（撰稿人：刘 潭）

【审计署金融审计三局】 2022年，审计署金融审计三局实有22人。设有一处、二处、三处、四处、五处。

领导成员

局 长：罗 键

副 局 长：邢胜强

一级巡视员：赵宏越（—5月）

二级巡视员：唐中宁

工作综述 2022年，审计署金融审计三局坚持以习近平新时代中国特色社会主义思想为指导，深入学习贯彻党的二十大精神，扎实推进署党组工作部署和全国审计工作会议要求，加强自身建设，聚焦主责主业，做实研究型审计，圆满完成了全年各项工作任务。承担审计项目3个，参与审计项目1个，出具审计报告4篇，参与编写重要信息要目和审计专项报告5篇，完成审计移送处理书5篇，较好发挥了审计监督“四个促进”作用。

承担的证监会2021年度预算执行等情况审计项目被评为审计署优秀（表彰）审计项目。

财政审计 在证监会2021年度预算执行等情况审计中，按照高质量发展要求，坚持新发展理念，促进构建新发展格局，推动党中央重大经济决策部署贯彻落实。围绕推进财政资源统筹，聚焦预算约束和绩效管理揭示问题，推动会管单位将2.24亿元资金上缴财政；围绕推进高质量发展，聚焦减税降费政策落实情况，反映减税降费落实不合理不到位、部分会管单位强制收费6000万元等问题，促进监管部门优化营商环境；围绕金融服务实体经济，反映地方金融机构支持中小微民营企业发展不到位、支持实体经济发展不到位、资金违规流向国家限制性行业或领域等问题，促进国家重大决策部署贯彻落实；关注网络安全，揭示监管部门网络安全管理与防护、信息化建设等方面问题24个。

金融审计 在地方信托公司风险情况专项审计调查项目中，通过揭示信托公司经营风险、外溢性风险以及管理中存在的突出问题，重点反映信托公司风险底数不实以及虚假化解地方政府隐性债务等问题，促进防范金融领域重大内在风险、系统性风险。

经济责任审计 在中央金融企业主要负责人经济责任审计项目中承担保险、银行金融市场板块审计工作，揭示子公司风险管控不到位、公司治理存在重大缺陷、违规开展结构性存款业务、财务数据严重不实等突出问题，促进金融机构强化风险管控能力。

审计查出问题整改 通过揭示深层次问题，

提高被审计单位认识，切实增强审计整改的主动性和自觉性；针对有延续性的审计项目，逐项核实问题整改情况，做到见人见事见物，对推诿、敷衍的问题坚持原则要求整改到底；促进建立审计整改长效机制，推动审计整改结果运用机制。

审计理论研究 加强宏观政策和金融理论研究，坚持研究贯穿审计项目全过程，不断完善审计研究机制建设。组织研究小组收集、整理党的十八大以来党中央、国务院召开的重要会议和中央领导同志重要讲话精神，形成“国家宏观经济金融政策汇编”；加强资本市场研究，紧扣部门职责，做到“守土有责”，围绕“政治—政策—项目—资金”主线梳理驻在部门的主要职能和内部运行机制，深入学习资本市场的主要业务模式；不断完善审计研究机制建设，根据职责范围定期收集整理、归纳分析被审计单位财务、业务数据以及重要会议资料，深入分析研究被审计单位特点及发展变化情况，形成资料接收整理、研究成果归集、信息动态更新的工作机制。

相关工作 深入推进中央和国家机关党的建设“巩固深化年”活动，坚定不移推进党建工作高质量发展，狠抓支部党建与审计业务深度融合，以学习贯彻习近平新时代中国特色社会主义思想为重点，努力在学懂弄通做实上下功夫，注重把学习成果转化为谋划工作的思路、破解难题的举措和推动发展的成效，为金融审计工作提质增效提供政治保证，2022 年局党支部被中央和国家机关工委评为“四强”党支部。全年召开党员大会 10 次、支委会 14 次、专题组织生活会 2 次、民主评议党员 1 次。开展主题党日活动 12 次，共学习文件 18 份、参观红色教育基地 3 个、观看视频 2 个、主题交流发言 9 人次、领读领学 16 人次。加强政治机关意识教育，强化理论武装，组织全局党员干部读原著学原文，综合运用“三会一课”、主题党日活动、集中研讨等组织生活开展集中学习教育，充分利用审计现场红色教育资源开展主题廉政教育，督促党员干部利用多样化学习平台多方位开展自学和专题培训活动。加强队伍建设，提升综合素质，充分利用审计项目作为学习实践平台，全面提高年轻干部“能查、能说、能写”各项技能，注重发挥青年理论学习小组作用，结合业务开展理论学习，积极参与审计署开展的“关键小事”调研攻关、“我来当主讲”、审计监督制度四十周年征文等活动并均有获奖。

（撰稿人：朱　钊）

【审计署企业审计一局】 2022 年，审计署企业审计一局实有 21 人。设有一处、二处、三处、四处、五处。

领导成员

局　　长：洪承旭

副 局 长：周正良（—8 月）　钱　缨

一级巡视员：张世雯（10 月—）

审计成果 2022 年，审计署企业审计一局实施或参与 7 个审计项目。其中，独立完成了国资委 2021 年度预算执行审计、中国铁路通信信号集团有限公司财务收支审计、中国盐业集团有限公司财务收支审计发现问题整改情况审计等审计项目，配合京津冀特派办开展对国家电网有限公司党组书记、董事长经济责任审计，抽调人员参加了财政部财政收支审计、军地联合审计和联合国审计。全年累计查出违规问题 125 个，涉及金额 521.51 亿元，出具审计报告 3 份、审计决定 2 份、专题审计报告 3 份。2022 年报出的审计报告或简报中，有 22 个问题被审计署“四个报告”汇总采用，有 6 个问题被审计署报送中办、国办的重要信息要目采用，办理重大移送事项 3 件，其中 2 件为独立作用。

加强审计监督 聚焦主责主业，胸怀“国之大者”，结合被审计单位职责定位，扎实推进研究型审计。在预算执行审计中，以财政财务收支和资金为主线，立足国资委职责，紧扣历次部委和国家局改革历史，注重发现问题“背后的故事”和深层次原因，形成高质量的体现国资委特色的审计报告。重点关注预算编制、结转结余资金、国有资产使用管理等事项，揭示国资委本级和 31 个所属单位 2.32 亿元结转资金未纳入预算等 36 个问题；查出某文化企业违反新闻宣传纪律，片面追求经济效益，传播错误政治思想，得到习近平总书记及多位中央领导同志批示；移送某机关服务中心领导人员违规决策出借财政性资金形成重大风险隐患，以及利用假发票套取大额资金等重大案件线索。在企业财务收支审计中，抓住某中央企业主业单一的特点，重点关注非主业过快增长造成的问题和风险、重点投资项目类型和风险点等方面，揭示了企业虚增资产做大收入、少计成本、多计资产等收支不实问题和“两金”压控不到位、亏损企业治理未完成等政策落实不到位问题 52 个，涉及金额 86.4 亿元。在中央企业负责人经济责任审计中，紧紧围绕电力企业行业特点，集中关注电力体制改革、电力成本和电价政策、物资采购和工程建设等重点领域，揭示了央企部分地方公司违规执行电价政策、招投标不规范等问题，涉及资金 439 亿元。首次独立实施的中国盐业集团有限公司财务收支审计发现问题整改情况的审计，在短时间内圆满完成审计报告，揭示虚报整改情况、追责问责不到位等 3 个问题。

督促审计整改 通过召开审计整改推进会等多种形式，督促被审计单位认真贯彻落实习近平总书记关于加强审计整改工作的指示要求，增强主责意识，克服畏难思想，健全长效机制，推动整改落实。全年有效推动相关部门和单位开展专项整改 3 次，出台制度 20 余项，处理处罚 14 人，有效发挥了审计“治已病、防未病”的监督作用。

强化党建责任 加强政治建设，坚决做到“两个维护”。坚持实施“年计划月安排”学习制度，采用集中与分散学习相结合、线上线下相结合、领学领读与自行研学相结合、学习园地宣传与青年理论学习小组研讨相结合等方式，原原本本学习近平新时代中国特色社会主义思想以及各类重要会议和文件精神，引导全局同志旗帜鲜明讲政治、忠诚履职见实效，不断增强政治判断力、政治领悟力、政治执行力，在审计实践中加强党性锻炼和政治历练，坚决做到“两个维护”。加强组织建设，凝心聚力促团结。认真贯彻落实党支部工作条例和机关基层党组织工作条例，顺利完成支部副书记补选和预备党员转正工作。以落实“学查改”和“六对照六看六查”工作为契机，查找问题、认真剖析、切实整改，以党建工作推动全局工作取得新成效。指导分工会定期开展交流分享、节日慰问、学习园地等活动，增强凝聚力和向心力。2022 年，局党支部被评为审计署“四强”党支部。1 名预备党员按期转正。加强纪律建设，廉洁审计树威信。严格落实《审计署党风廉政建设工作规定》有关要求，加强审计现场廉政建设，紧盯重点人重点事重点环节，抓住关键少数重点人员，节假日、进点前等重要时点，就餐、用车等重点环节，以学习《审计干部反腐倡廉教育警示录（四）》为契机，集中开展廉政教育提醒，抓好廉政风险防范，全年未收到任何不良反映。

加强队伍建设 认真贯彻落实习近平总书记“三立”要求，以培养“能查、能说、能写”的审计干部为目标，坚持业绩导向、成果导向，重视干部的教育培训与实战训练。精心组织审前培训会、现场业务会、审后总结交流会，为审计人员搭建研究分析问题、相互学习交流的平台。安排青年骨干担任项目主审或承办重大问题线索查证任务，着力给年轻同志重任加压、跟踪问效，在比学赶超中提升团队的组织战斗能力，在交流互动中提升骨干带动能力，在重大事项的查证中提升审计人员的攻关突破能力。实施“季度之星”评选制度，发挥先进模范引领作用，营造比学赶帮的进取氛围。2022 年，3 名正、副处长按期转正，8 名同志分别晋级一级、三级和四级调研员，干部队伍建设成效显著。

严格内部管理 探索实行突出业绩导向的内部考核评价机制，树立事业为先、业绩第一的鲜明激励导向。严格执行落实目标责任动态管理制度，以年度目标确定方向、统领全局，以月任务明确分工、强化落实，通过动态管理强化压力传导，确保目标责任落实到位，为全局各项工作顺利开展提供有力保障。建立疑点线索和审计信息跟踪管理台账，责任到人、密切跟踪，切实提高审计成果意识，积极推动审计成果转化。坚守安全保密红线，严格落实保密责任和保密工作要求，经常性开展安全教育警示和提醒，筑牢安全保密防线。

（撰稿人：彭　彬）

【审计署企业审计二局】 2022 年，审计署企业审计二局实有 23 人。设有一处、二处、三处、四处、五处。

领导成员

局　　长：曲建坤（—10 月）
　　　　　史英利（10 月—）

副 局 长：史英利（—10 月）　杨文生

二级巡视员：卢　松

审计成果 2022 年，审计署企业审计二局认真落实全面从严治党主体责任，树立更“高”、更“严”、更“紧”、更“实”的目标，采取有力举措，推动各项工作扎实落地。全年独立组织或参与实施审计项目3个。查出主要问题金额487.61亿元；审计发现非金额计量问题11个；损益（收支）不实金额32.75亿元；出具审计报告1篇。审计应调账处理金额119.33亿元；移送司法机关、纪检监察机关和有关部门处理事项2件，移送处理人员5人，移送处理金额307.07万元。审计促进整改落实有关问题资金31.94亿元；审计提出建议4条，被采纳4条；推动被审计单位制定整改措施67项；促进被审计单位建立健全规章制度74项；参与撰写审计信息8篇，被批示、采用5篇次。

某公司党组书记、董事长经济责任审计项目被评为全国审计机关优秀审计项目一等奖；某部委2021年度预算执行等情况审计项目被评为全国审计机关优秀审计项目二等奖；某公司专项审计项目被评为全国审计机关优秀审计项目三等奖。

国有企业审计　组织实施1户中央企业财务收支审计，紧紧围绕党中央相关改革部署要求，深入把握被审计企业特点，克服疫情阻碍，高效实施现场审计。全过程紧扣方案标准化开展审计工作，揭示企业收入确认不合规、施工项目成本账实不符、固定资产未入账等财务数据不实问题和落实国家重大政策措施不到位、执行重大经济决策制度不严格、内部管理存在薄弱环节等问题67个。移送违纪违法问题线索1件。

经济责任审计　全员参与某中央企业主要领导人员经济责任审计，分工负责原料、金融和新业务板块。优化项目组织管理模式，完善引导指导、组织协调和审计质量控制工作机制，加强与牵头特派办配合协作。深入把握国家相关工业体系建设要求，聚焦领导人员经济责任和重大决策事项，紧扣企业重点单位和重大并购等主要事项，审计发现有关政策落实不到位、财务数据不实等43个问题纳入经济责任审计报告。

审计查出问题整改　深刻认识加强审计整改工作的重要意义，全面落实整改工作要求，密切跟踪企业整改进展，进一步优化审计查出问题整改台账，加强台账动态管理，研究制定审计整改工作实施办法，推动提升整改成效。实施某公司整改2021年度审计查出问题有关情况审计项目，核查员工违规经商办企业问题25个、涉及金额3913.57万元；持续跟踪督促，推动2021年财务收支审计发现的112个问题全面整改落实，完成2022年财务收支审计发现问题整改60个、涉及金额31.55亿元。

研究型审计　深入开展研究型审计，依托审计项目，重点关注和揭示党中央方针政策贯彻落实、经营管理和改革发展中的重大问题。持续运用大数据审计技术，审前阶段重点开展大数据分析，审计现场核查重点线索，助力提高审计效能。加强队伍建设，以“能力提升年”为主题，聚焦提高能查能说能写本领，推动提升全局同志能力素质。

相关工作　认真学习贯彻习近平新时代中国特色社会主义思想，把学习宣传贯彻党的二十大精神作为首要政治任务，教育引导党员干部不断增强履职尽责的政治自觉、思想自觉和行动自觉，主要负责同志带头讲授专题党课，局领导分专题接续领学，党支部、党小组、青年理论学习小组充分发挥作用，创新丰富学习形式，依托“二局夜话”平台，推动每周党建学习全年持续开展。发挥党支部政治引领作用，积极培育新生力量，1名预备党员按期转正，2名年轻同志积极向党组织靠拢。9月，局党支部被评为中央和国家机关“四强”党支部。

积极探索完善审计工作组织模式，促进提高审计效能。业务工作双线并行，统筹做好审计项目和分工联系中央企业日常监督，积极发挥派驻优势。完善审计项目组织管理模式，优化综合组和各小组协同协作，提升整体工作效率。推进审计业务制度化规范化，改进审计质量控制流程，细化实施方案表格清单，探索推进审计工作流程化标准化。（撰稿人：王　倩）

【审计署企业审计三局】　2022年，审计署企业审计三局实有22人。设有一处、二处、三处、四处、五处。

领导成员

局　　长：王建雄

副 局 长：张　静　王晓灿

一级巡视员：张　进

二级巡视员：祝旭霞

审计成果　2022 年，审计署企业审计三局完成审计项目 4 个。在主管业务司的组织和指导下，局领导班子坚持以研究型审计为指引，牢牢把握经济监督这个本质定位，全面统筹疫情防控和审计工作，优化组织方式，提高工作成效，各类项目共计查出问题 141 个，涉及问题金额 1744.91 亿元。

财政审计　4 月至 7 月，独立组织实施了中国黄金集团有限公司 2018 年至 2021 年财务收支情况审计，面对审计现场封控、疫情散发居家办公等突发情况，领导班子及时决策，以“五个坚持”高效统筹疫情防控和审计工作，即坚持视频会引领工作，通过统一通信系统召开 4 次线上审计业务会；坚持方法总结及时纠偏，有效督导项目按期、按计划、按方案实施；坚持工作衔接保持效率，先电话沟通后取证；坚持报告更新聚焦问题；坚持辩证思维科学精准。项目共查出财务收支、重大政策落实、内部管理等方面问题 43 个，涉及问题金额 247.37 亿元。

经济责任审计　8 月至 11 月，分别与哈尔滨特派办、西安特派办联合开展了对国家能源投资集团有限责任公司、中国铝业股份有限公司原党组书记、董事长经济责任审计，并派员担任项目副主审，发现并揭示了煤炭保供稳价政策未有效落实、国家重大能源项目推进缓慢、财务核算不规范等 57 个问题，涉及问题金额 1490.51 亿元。

审计查出问题整改　10 月，按照建立健全审计查出问题整改长效机制要求和相关工作安排，组织对中国煤炭科工集团有限公司整改 2021 年度审计查出问题有关情况开展了专项审计，共抽审审计查出问题整改情况 13 项，提出整改的意见建议 3 条，抽审问题全部按要求完成整改。此外，安排专人全年不间断跟踪 2021 年度中国盐业集团有限公司财务收支审计、中国五矿集团有限公司原党组书记、董事长经济责任审计查出问题整改情况，有力督促被审计单位认真落实整改主体责任，促进审计成果运用，推动审计整改取得实效。

相关工作　在署党组的正确领导下，全局同志踔厉奋发，笃行不怠，坚持正确的世界观、价值观和方法论，不断总结提高，逐步形成了一套富有“三局特色”的经验和做法，有效引领和推动各项工作发展进步。

注重领导班子建设。坚持做政治上的引路人、工作中的带头人、生活中的暖心人。在政治上，坚持把贯彻落实党中央重大决策部署作为首要政治任务，积极落实法治政府建设任务，带头遵纪守法，以法治思维履职，规范用人用权。在工作中，局领导班子下沉一线，靠前指挥，分兵把口，带头攻坚克难，指导破解工作难题。在生活中，团结、爱护全体同志，经常开展谈心谈话，在新冠肺炎疫情防控期间充分关心、提醒，缓解同志们的燃眉之急。

注重审计业务建设。通过开展多领域、多对象、多种组织方式的审计项目实践，逐步积累并形成了“领导小组+组长+项目总协调+主审+业务总稽核”的组织模式，“3 个阶段、6 个关键环节、96 个字”的工作流程，“一报告、两清单”“项目现场圆桌会议”“每日碰头会”“每周业务会”“审计工作动态”等工作方法；同时，积极探索企业日常经济监督方式方法，促使建立在思想动员和业已形成的局审计组织模式基础上的组织体系更加完备；建立在数据先行理念上的预审分析更加深入，指导性和方向性更加突出；建立在对任务方案理解和审计对象研究基础上的工作重点和问题把握更加聚焦；建立在领导把关、集体研究、“一报告两清单”机制基础上的现场审计更有效率；建立在已有工作基础和扎实思想作风基础上的团队作战能力更加坚强有力。

注重先进文化建设。始终坚持“团结、学习、廉洁、效率”的核心价值观。以“两个检验”动员思想，把审计工作成果作为对落实署党组决策部署、做实研究型审计的检验，作为对局治理体系、“八字”文化以及随之形成的工作模式、运行规则和干部队伍能力作风的检验，在全局形成积极进取、团结向上、乐见其成、共同进步的氛围环境。

注重干部队伍建设。在实战中锻炼和检验队伍，有效落实实务导师制各项要求。在连续两年 3 轮的财务收支审计中，先后由 3 个处室总牵头、3 名同志担任主审；连续 3 年的经济责任审计中，多位同志编入特派办项目综合组培养锻炼，同志们的业务能力有了突飞猛进的进展，精气神非常

足，一批年轻同志在财务专业能力、组织协调能力、文字表达能力等各方面得到锻炼成长，逐步成为业务骨干。（撰稿人：郑　欣）

【审计署企业审计四局】 2022年，审计署企业审计四局实有21人。设有一处、二处、三处、四处、五处。

领导成员

局　　长：吴兆军

一级巡视员：彭　琦（10月—）　周子祥

张世雯（—10月）　刘丽杰

二级巡视员：张锦梅

审计成果 2022年，审计署企业审计四局完成审计项目5个。提交审计简报4篇、重要审计情况2篇，参与完成审计要情1篇、重要审计信息要目2篇，办理移送4件，参与办理移送2件。审计查出主要问题金额316.99亿元，其中，违规金额312.84亿元、管理不规范金额4.1亿元，积极推动相关单位认真整改。

财政审计 完成交通运输部所属长江航务管理局的预算执行审计，揭示了财政结转资金未纳入预算管理、无偿占用所属单位车辆、所属企业未按规定办理产权登记等严重问题，纳入交通运输部审计报告问题19个，3个问题被作为典型事例采用，参与完成重要审计信息要目1篇，办理移送2件。

国有企业审计 完成中国铁塔股份有限公司的财务收支审计，出具审计报告1篇，出具审计决定1篇，共查出问题68个，涉及问题金额310.62亿元，揭示了未经评估以15.7亿元资金违规购置总部产业园、248.13亿元采购项目应招标未招标、虚增收入2.12亿元等重大问题。

军地联合审计 与长沙特派办、南京特派办联合实施了某军工企业的军地联合审计，查出"以领代耗"套取军费、虚列成本、违规经商办企业、清理欠款、利益输送等多方面的严重问题，参与完成专题报告1篇，获总书记重要批示。

经济责任审计 参加中国移动主要领导人员经济责任审计，揭示了多报研发经费投入54.68亿元，违规决策计提委托贷款减值准备130亿元，违规列支通信费、交通费、员工健身费、采暖费等54.62亿元，利用积分造假虚增收入3.32亿元，国际海缆1.35亿元资源闲置，违规出售2.43亿人的个人数据信息并取得违法收入0.95亿元等严重问题。

审计查出问题整改 全面抓好审计整改工作，建立审计整改清单和台账，定期督促被审计单位反馈整改情况。上年开展的审计项目，除个别园区土地闲置等需多部门协同、持续整改的疑难问题外，其余问题均已全部整改，整改率达到98%以上。

专项审计 完成中国农业发展集团有限公司整改2021年度审计查出问题有关情况的专项审计，揭示了虚报整改完成低效无效资产清理及4.2万亩土地闲置整改进展缓慢等问题。

相关工作 坚持以政治建设为统领，不断强化政治机关建设。把深入学习贯彻党的二十大精神作为首要政治任务，教育引导全局同志更加深刻领悟"两个确立"的决定性意义，增强"四个意识"、坚定"四个自信"、做到"两个维护"。学习方式上坚持"三结合"，即坚持自学与集中学习研讨相结合，加强日常学习与开展党日活动、创建党建品牌相结合，政治理论学习与审计业务工作研讨相结合，做到上下贯通深入学、精研细读反复学，切实把思想和行动统一到党的二十大精神上来；着力建设"四强"党支部，积极推进落实党支部工作条例和机关基层党组织工作条例，严格"三会一课"制度，着力培育创建党支部学习活动品牌——"涤新小站"，净化提升党性修养和思想境界，推动形成新氛围、新气象、新局面；深入开展"学查改"专项工作，坚持高质量学习研讨、高标准履职尽责、高效能改进提高，扎实推进"学查改"工作走深走实，召开专题组织生活会，认真梳理主观差距和能力上的不足，坚持把"学查改"专项工作与巡视整改相结合，促进各项工作提质增效。

不断加强党风廉政和作风纪律建设。严明纪律，持之以恒正风肃纪，以严明的纪律树正气、立新风、出成果，将廉政教育做在当下、抓在日常，让广大党员干部受警醒、明底线、知敬畏；提振精气神，鼓舞斗志，清醒认识差距和问题，教育干部强化责任担当，树立敢于争先创优的勇气信心；全面开展"三整治"工作，即整治安于平庸、不思进取、"庸懒散、骄娇暮""当一天和尚撞一天钟”和无所作为混日子的“躺平”心态，整治作风漂浮和工作拖沓、低效率，整治官僚主义和形式主义，提倡踏实苦干、埋头实干，以业绩论英雄、凭实效见真章，通过整治，全局工作节奏明显提速，成果意识、拼搏意识有效提升。

强化领导班子建设。严格坚持民主集中制，充分发挥每位局领导的工作积极性主动性，打造团结有力、务实高效、分工明确、互相补台、带头实干的新领导团队，构建崭新政治生态和良好发展环境，局领导坚持学在先、干在前，靠前指挥，在一线和大家一起看资料、查数据、座谈讨论、谈话问询，疫情肆虐期间坚持到岗，既当指挥员又当战斗员，以实际行动为全体同志做出表率。2022 年在审计署年度考核中取得 30 个派出审计局中名列第二的优异成绩，1 名同志荣立三等功，1 名同志晋升副处级领导职务，1 名同志晋升职级。

提升干部队伍素质。2022 年，6 人次参加了审计署现场培训班，全员参加了视频培训、网络专题培训班、研讨班和年度集中整训；以战代训，把审计实践作为第一跑道，切实提升能查能说能写的本领，探索建立符合派出局实际的内部考核激励机制，充分调动全体干部干事创业的积极性和主观能动性，各项工作任务得到贯彻落实，全局同志政治站位和业务工作能力得到提升。

（撰稿人：孟庆才）

【审计署企业审计五局】 2022 年，审计署企业审计五局实有 23 人。设有一处、二处、三处、四处、五处。

领导成员

局　　长：刘　珊

副 局 长：廖国华　张素荣

一级巡视员：孔繁杰　郭小伟（—8 月）

彭碧莲

审计成果　2022 年，审计署企业审计五局完成审计项目 6 个。查出主要问题金额 425.84 亿元，其中违规金额 308.14 亿元、损失浪费金额 3.57 亿元、管理不规范金额 114.13 亿元；审计发现非金额计量问题 27 个；损益（收支）不实金额 89.09 亿元；出具审计报告和专项审计调查报告 4 篇。审计处理金额 354.58 亿元，其中应调账处理金额 302.31 亿元。审计促进整改落实有关问题资金 13.71 亿元。审计提出建议 10 条，被采纳 10 条。向社会公告审计结果 2 篇。

参与的水利部 2021 年度预算执行等情况审计项目和某公司专项审计项目分别获得 2022 年全国审计机关优秀审计项目二、三等奖。

财政审计　参加水利部 2021 年度预算执行等情况上下联动审计工作，具体负责水利部长江水利委员会（以下简称长江委）2021 年预算执行等情况审计。局领导班子高度重视，带领全局同志克服疫情严峻、长期出差等困难，揭示了长江委在预算执行等方面的一系列问题。

国有企业审计　组织实施中国中车集团有限公司财务收支审计。局领导班子精心组织、靠前指挥，克服疫情困扰，搭建起远程数据分析和审计平台，紧紧围绕“财务收支真实、合法、效益”主线，按照“财务收支审计经责化”要求，从线索排查和全面审计两个维度，点面结合开展审计工作，揭示出企业存在的一系列问题，形成较强的警示效应，获得分管署领导肯定。

经济责任审计　与广州特派办联合实施了国家开发投资集团有限公司（以下简称国投集团）主要负责人经济责任审计。在审计过程中，企业审计五局充分发挥作为国投集团驻在单位的优势，承担数据分析、资料收集、现场准备、进点汇报等多项工作，并独立承担对中国国投高新产业投资有限公司等重要子企业的审计，揭示出企业存在的一系列重大问题。

涉外审计　与署外资中心协同对“亚洲开发银行贷款京津冀区域大气污染防治中投保投融资促进项目”和“亚洲开发银行贷款京津冀大气污染防治中节能区域减排及污染防治基金项目”开展审计。通过审计，督促被审计单位尽快安排符合标准的子项目、加强投后资金监管，促进被审计单位规范、高效使用贷援款资金。

审计查出问题整改　始终把认真抓好审计整改作为一项重大政治责任和政治任务，认真落实《关于建立健全审计查出问题整改长效机制的意见》和《审计署审计查出问题整改分类试行办法》。在日常工作中，采取报送整改材料并结合现场督促的方式，推动被审计单位举一反三，一体推进揭示问题、规范管理、促进改革。10月，对中国节能环保集团有限公司整改2021年度审计查出问题有关情况开展专项审计，针对被审计单位承担整改主体责任的25个立行立改问题、3个持续整改问题整改情况做了全面检查，并对整改不到位问题做了揭示与督促。

研究型审计 研究制定《企业审计五局研究型审计实施办法》，从三个层面做实研究型审计工作。首先，从政治、政策入手，以政策与理论学习为主要内容，以集中整训、“云平台”交流为抓手，把党的大政方针学习好；其次，从日常联系企业入手，加强对相关企业历史沿革、发展现状、改革方向以及所属行业运行态势等情况的研究，各处室做好对口联系企业财务与经营活动综合分析工作；最后，从具体审计项目入手，在实施过程中，将审计对象、审计发现的问题和审计建议当课题研究，注重依托数据开展研究分析，不断促进审计成果和审计效率的提升。

交办任务 3月，派出1名青年干部参加署审理司预算执行集中审理；9月，派出1名青年干部参加国务院大督查，完成3篇信息，其中1篇被国家领导人批示。

相关工作 政治建设。深入学习贯彻习近平新时代中国特色社会主义思想和党的十九届六中全会、党的二十大精神，用党的二十大精神统一思想、统一意志、统一行动，不断巩固党史学习教育成果。制订详细周密的学习计划，创建了依托网络开展的“局党建学习交流云平台”，推动学习教育常态化长效化。高质量开展“学查改”专项工作，结合审计项目开展“我来当主讲”活动，获署机关党委表彰。全年召开支部大会13次、支委会13次、两个党小组会议各11次、讲党课9次、民主生活会2次、组织生活会2次。邀请全国工程勘察设计大师讲党课，参观八七会议会址、长江文明馆，传承红色血脉；参观北京长辛店二七纪念馆和中车集团北京轨道交通装备产业园，传承工人阶级敢于斗争、善于斗争的精神，学习现代工人的工匠精神、创新精神；参观“奋进新时代”主题成就展，进一步增强“四个自信”。

审计信息化工作。坚持树立从观念到行动都重视大数据审计的工作导向，发挥骨干带动效应，将强化大数据审计能力作为提高审计效率、实现审计全覆盖的重要抓手。积极向兄弟单位学习，在每个审计项目上，充分发挥数据分析团队的作用；在日常工作中，持续完善审计监督对象的基础数据库，夯实大数据审计基础。

队伍建设。领导班子认真落实署党组各项工作要求，贯彻民主集中制，班子成员积极发挥表率作用，确保各项工作顺利推进。坚持建设学习型组织，营造崇尚先进、学习先进、争当先进的浓厚氛围。把青年干部培养摆在突出位置，青年干部在多个审计项目中担任现场负责人、小组长和主审。5名青年干部分获三等功、嘉奖，7名青年干部职级晋升。

党风廉政建设。密切配合署党组巡视“回头看”，以加强制度建设落实整改，共出台或修订6项局内制度。把落实党风廉政建设主体责任落实在日常，严格执行中央八项规定及其实施细则精神，持之以恒严防“四风”问题；以加强审计现场廉政纪律为重点，严格执行审计“八不准”工作纪律；逢会必提纪律要求，逢节假日必做纪律提醒。扎实开展警示教育活动，纪检委员、宣传委员结合《审计干部反腐倡廉教育警示录（四）》讲党课，分享廉政主题宣传海报，取得了良好的学习效果。

2022年9月，企业审计五局党支部被评为中央和国家机关“四强”党支部。

（撰稿人：杜　辉）

【审计署企业审计六局】 2022年，审计署企业审计六局实有18人。设有一处、二处、三处、四处、五处。

领导成员

副 局 长：梁璐璐

审计成果 2022年，审计署企业审计六局共完成审计项目4个。发现问题146个，审计查出主要问题金额464.65亿元。其中，违规金额1.19亿元，损失浪费金额8亿元，管理不规范金额445.45亿元。参与编发审计要情1篇，审计重要信息3篇，被审计署“四个报告”采用典型案例1个。年内派出2名业务骨干参加某专项审计项目，派出1名业务骨干参加审理司2021年中央部门预算执行审计项目集中审理工作。

财政审计 派员赴上海具体实施交通运输部所属上海海事局及东海航海保障中心2021年度预算执行情况审计工作，共揭示各类问题23个。其中，8个问题被“四个报告”汇总采用。

国有企业审计 实施新兴际华集团有限公司2018年至2021年财务收支情况审计工作，共揭示各类问题63个。

经济责任审计 与济南特派办共同实施中国航空工业集团主要负责同志经济责任审计项目，共揭示各类问题57个。

审计查出问题整改 完成对中国检验认证（集团）有限公司整改2021年度审计查出问题有关情况的审计工作，揭示了个别整改不到位的问题，进一步督促企业审计整改工作。

通过问题台账“挂销号”体系，每季度上报上一年度财务收支审计查出问题整改进度，督促被审计单位按期整改到位，打造审计监督闭环。

研究型审计 强化守土有责、守土负责、守土尽责的政治担当，梳理近20年的审计项目，各处室分别开展对口联系企业审计档案研究，涉及各类审计共45项，审计档案1616卷。重点从学习习近平总书记重要讲话精神、研究政策法规、熟悉企业情况和确定审计重点等四个方面入手，充分利用大数据分析为被审计单位精准“画像”，确保在审计进场即把握被审计单位的主要问题和风险。加强审计过程研究，围绕重点问题和风险配置审计资源，确保问题查深查透。深入对审计项目复盘，剖析被审计单位问题的根源。通过认真总结审计过程中好的做法，2位青年干部在《中国审计报》发表了3篇文章，得到署领导的充分肯定。

相关工作 党支部完成补选工作，补选3名同志为支委委员，1名同志任党支部书记，1名同志任党支部副书记。完成主要领导同志任职工作，1名同志晋升一级巡视员，5名同志职级晋升，1名新录用公务员入职，推荐2名同志参与中央巡视工作。支部书记多次组织学习党的二十大精神和习近平总书记关于审计工作的重要指示精神，制定支部13项学习计划和实施方案，分3批召开全局干部学习贯彻二十大精神心得交流会，并及时编报多篇工作动态。纪律委员通过全局大会、微信工作群以廉洁警句、漫画、身边事教育身边人等多种形式，春节、端午、中秋等关键时间节点廉政提醒常态化。支部书记组织召开全体党员大会传达《关于2021年查处违纪违法案件情况的通报》《审计干部反腐倡廉教育警示录（四）》中反映的典型案例，要求大家吸取教训，通过以案释法、议案明纪、谨言慎行、严格自律，不违反法律法规，不发表不当言论。

（撰稿人：白子骞）

【审计署企业审计七局】 2022年，审计署企业审计七局实有21人。设有一处、二处、三处、四处、五处。

领导成员

局　　长：李迎珠

副 局 长：朱文山　杨雅君

一级巡视员：吴荣奎（—10月）

审计成果 2022年，审计署企业审计七局完成审计项目1个，参与审计项目3个。查出主要问题金额3042841.67万元，其中管理不规范金额3042841.67万元；审计发现非金额计量问题11个；出具审计报告1篇，参与出具审计报告3篇。审计处理处罚金额1570136.72万元，其中应调账处理金额1570136.72万元；移送纪检监察机关和有关部门处理事项2件，移送处理人员12人，移送处理金额32095.38万元。审计提出建议3条，被采纳3条；提交的审计信息被采用4篇。参与的政策性粮食储备管理相关政策落实情况审计调查项目获2022年全国审计机关优秀审计项目一等奖。

财政审计 完成交通运输部所属2家单位年度预算执行等情况审计，紧扣财政体制改革方向，紧扣审计工作方案要求，紧扣单位职能及业务特点，围绕所属企业管理情况，上下贯通、齐抓共查，分析共性问题深层次原因，提出解决问题的意见建议。

国有企业审计 开展1户中央企业财务收支审计。克服新冠肺炎疫情影响，牢牢把握经济监督职责定位，认真总结2021年企业财务收支审计工作经验，不断改进项目组织实施方式，提升审计项目质量和效率。紧紧围绕审计工作方案，针对中央企业业务特点，以财务收支真实合法效益为基础，聚焦重大战略举措、重大项目和重大资金，揭示企业财务收支真实性、贯彻执行中央重大经济方针政策和决策部署、履行重大经济决策等7个方面60个问题，移送案件线索1件，报送典型问题材料6篇；进一步夯实企业财务收支审计基本功，提升能查能说能写能力，积累审计项目组织和审计现场管理经验，为承担大型审计项目打下坚实基础。

经济责任审计 参加1户中央企业主要领导人员经济责任审计。在牵头单位统一组织下，独立负责2个分公司和总部部分专题事项审计，重点核查政策粮食购销以及财政资金使用方面的问题，确保重要事项核查到、重点问题说清楚、重大风险要反映。与牵头单位精诚合作、密切配合，展现了良好的精神风貌和过硬的基本功，较好地完成了审计任务。

审计查出问题整改 一是强化整改意识，维护审计工作权威。认真学习领会习近平总书记关于审计整改工作的重要指示批示精神，要求被审计单位高度重视整改工作，履行好整改主体责任。对审计问题整改情况逐一审核认定，对账销号，切实履行督促检查责任。二是坚持实事求是，推进整改工作落到实处。根据审计问题定性，综合考虑提出明确具体的整改意见。三是做实审计发现问题整改审计，认真梳理未完成整改事项存在的障碍，提出切实可行的整改建议。

研究型审计 一是加强政策研究。深刻领会党中央、国务院重大经济决策部署，定期学习研讨国资国企改革材料，为企业审计工作做好政策储备。审计中着力揭示政策落实过程中的不良苗头和有害倾向，一体推进揭示问题、规范管理、深化改革。二是坚持数据先行。关注企业贯彻落实重大政策情况、重大经济事项进展和经济运行风险。审计中分析企业重要业务数据，梳理关键风险事项。三是突出总体概念。结合被审计单位行业和业务特点，努力对被审计单位精准“画像”，做到总体把握、突出重点、体现特点。

相关工作 深化全面从严治党，党建工作取得新进展。一是强化理论武装，深入学习贯彻党的二十大精神。加强组织领导，推动党的二十大精神入脑入心。理论联系实际，将学习成效转化为工作动力。二是突出政治引领，推动党建与审计业务深度融合。不断提高政治站位。扎实开展“学查改”专项工作。强化基层党组织建设。三是落实主体责任，不断强化党风廉政建设。严格落实“一岗双责”，层层压实责任。扎实开展警示教育，筑牢思想防线。切实树立问题意识，防范廉政风险。

突出依法规范高效，综合管理取得新进步。一是严格审计现场管理，努力提升审计质效；二是抓好法治政府建设，依法文明审计；三是强化制度执行力度，不断提升基础管理水平。

持续强化队伍建设，履职能力取得新提升。一是加强领导班子建设，充分发挥带头作用；二是理论与实践相结合，切实提高审计专业能力；三是严管与厚爱相结合，激励干部敢于担当、积极作为。 （撰稿人：刘　麒）

【审计署企业审计八局】 2022年，审计署企业审计八局实有19人。设有一处、二处、三处、四处、五处。

领导成员

局　　长：方　超

副 局 长：薛梅梅

一级巡视员（正局长级）：董维明

审计成果 2022年，审计署企业审计八局完成审计项目4个，其中牵头实施审计项目2个，配合实施审计项目2个。审计查出主要问题金额164.29亿元，其中违规金额1965万元、管理不规范金额164.09亿元；审计发现非金额计量问题12个；损益（收支）不实金额208.66亿元；出具审计报告2篇。审计处理处罚金额117.05亿元，其中应上缴财政1092万元、应归还原渠道资金873万元、应调账处理金额116.86亿元。审计提出建议7条，被采纳7条。

财政审计 参与水利部2021年度预算执行等情况上下联动审计项目，具体负责审计水利部海河水利委员会。局领导班子高度重视、统筹安排，认真研究被审计单位特点做好审前调查，形成问题线索清单并制定详细审计实施方案，带队赴审计现场开展工作。审计期间共查实各类问题48个，涉及金额17.23亿元，按期提交审计报告。该项目获2022年全国审计机关优秀审计项目二等奖。

国有企业审计 牵头实施中国建材集团有限

公司财务收支审计项目。认真落实署党组关于财务收支审计工作相关部署和企业司的工作要求，针对被审计单位特点，紧紧围绕审计方案确定工作重点和思路，做深做细前期数据分析，结合财务分析形成问题疑点并逐项分工落实，合理把控现场审计节奏，对重点问题开展延伸审计。审计期间共查实财务收支核算不实等各类问题 49 个，涉及金额 160.69 亿元，按期出具审计报告。

经济责任审计 配合武汉特派办开展中国建筑集团有限公司原法定代表人经济责任审计。充分发挥了解派驻企业情况的优势，积极参与数据分析等审前调查，配合制定审计实施方案。按照分工，企业八局具体承担被审计单位两家所属企业中建二局、中建八局的现场审计工作，统筹人员分工和现场审计时间，将疫情不利影响降至最低，按时保质完成审计任务。共有 33 个问题在审计报告（征求意见代拟稿）中列示（部分问题已合并），涉及金额 373.53 亿元。

审计查出问题整改 开展中国化学工程集团有限公司审计查出问题整改情况专项审计，抽调专人对以往审计查出问题整改情况逐项进行核实，督促被审计单位严格按审计建议整改到位，按期出具专项审计报告，如实反映企业整改完成情况。

研究型审计 落实研究型审计工作要求，针对所联系建筑施工企业参与地方政府 PPP 项目较为普遍的情况，组织对 7 家主要建筑企业 PPP 项目投资建设和运营情况进行了摸底调研，发现部分项目应由政府方承担的可行性缺口补助和股权出资等出现逾期、部分已运营项目实际使用者付费远低于预期等五个方面问题。

相关工作 深入学习习近平新时代中国特色社会主义思想，认真学习宣传贯彻党的二十大精神，深刻领会中央审计委员会历次会议精神和习近平总书记关于审计工作重要讲话和重要指示批示精神，准确把握新时代审计工作的职责定位和使命任务。落实“一岗双责”，以组织力的提升促进审计工作质量和效率的提高。始终坚持把党风廉政建设摆在突出位置，深入学习领会习近平总书记关于党风廉政建设相关重要讲话精神，在审计项目实施期间和节假日等廉政风险敏感期开展警示提醒，做实做细日常监督，教育引导全局同志筑牢廉洁防线。

按照“努力建设信念坚定、业务精通、作风务实、清正廉洁的高素质专业化审计干部队伍”的要求，对全局干部严格教育、严格管理、严格监督，坚持在“自身硬”“业务强”上下功夫。全局同志团结一心、不折不扣地执行党中央决策部署和署党组决定。在业务上立足经济监督，聚焦主责主业，做实研究型审计，强调团队精神和协作意识，强化务实担当和执行能力。

积极推进法治政府建设。深入学习贯彻习近平法治思想，努力实现法治政府建设全面突破。自觉践行法治理念，恪守审计权力边界，严格依法行使审计监督权。（撰稿人：吴竞男）

审计署驻地方特派员办事处

【审计署京津冀特派员办事处】 2022 年，审计署京津冀特派员办事处（以下简称京津冀特派办）实有 163 人。设有办公室、法规审理处、财政审计处、税收征管审计处、行政事业审计处、农业审计处、资源环保审计处、固定资产投资审计处、金融审计一处、金融审计二处、企业审计一处、企业审计二处、社会保障审计处、计算机审计处、人事教育处、机关党委。

领导成员

分党组书记、特派员：胥连碧（—3 月）
张　俊（3 月—）
分党组成员、副特派员：吕建伟（—3 月）
陈　峰　刘　焱
李正辰（—11 月）
陈文夏（6 月—）
分党组成员、纪检组长：赵　勇
二级巡视员：吴占利　杨光煜　曹德起

审计成果 2022 年，京津冀特派办完成审计项目 19 个。查出主要问题金额 7528.58 亿元，其中违规金额 13649 万元、损失浪费金额 5610 万元、管理不规范金额 7526.66 亿元；审计发现非金额计量问题 365 个；损益（收支）不实金额 1370.28 亿元；审计发现侵害人民群众利益 420 万元；出具审计报告和专项审计调查报告 22 篇。审计处理处罚金额 11439 万元，其中应上交财政 11249 万元、应归还原渠道资金 190 万元；向司法机关、纪检监察机关移送有关事项 25 件。审计促进整改落实有关问题资金 1800.35 亿元；审计促进拨付资金到位 436.85 亿元；审计后挽回（避免）损失 828 万元。审计提出建议 62 条，被采纳 62 条；推动被审计单位制定整改措施 116 项；促进被审计单位建立健全规章制度 75 项。被采用审计信息 58 篇次，包括审计要情 7 篇（独立采用 2 篇），审计重要信息 17 篇。

5 个审计项目被评为全国审计机关优秀审计项目，其中牵头实施的政策性粮食储备管理相关政策落实情况审计调查项目、参与实施的国家某基金审计项目被评为一等奖。

财政审计 充分认识新时代新征程财政审计工作的使命担当，始终立足经济监督主责主业，聚焦财政财务收支真实合法效益，履行审计法定职责。按照党的二十大报告提出的“健全现代预算制度，优化税制结构，完善财政转移支付体系”的改革目标开展财政审计，着眼财政领域重大改革任务和重要改革举措，坚持以改革视角揭示问题，以改革思路推动解决问题。聚焦财政资金分配、国有资产处置、公共资源交易、项目审批监管等重点领域和关键环节，揭示重大违纪违法问题线索和违反中央八项规定精神和过紧日子要求问题。在财政收支审计项目中，针对北京市开展全域无隐性债务试点工作，围绕土地一级开发项目普遍少报漏报政府隐性债务的问题，展开重点核查，揭示相关问题，形成该类事项核查的思路方法。

在冬奥会跟踪审计项目中，结合北京冬奥会国际关注度高、政治敏感性强、资金量大等特点，按照“抓两头、查中间，按部门分工贯穿筹办任务始终，围绕业务和资金查找异常，核查重大违纪违法问题”审计基本思路，深入核查重大财务收支问题，注重反映经济问题背后的政策和机制问题。在 PPP 项目专项审计调查中，围绕党中央的决策部署，深入领会“要推动政府和社会资本合作模式规范发展、阳光运行，引导社会资本参与市政设施投资运营”要求，结合北京市 PPP 项目行业分布特点，重点核查 PPP 模式不规范、政府监管不到位问题，以及建设运行过程中的违纪违法问题。

坚持聚心“国之大者”、聚责部门权力运行、聚力重大案件线索、聚焦项目闭环管理四项工作重点，持续提升税收和海关审计质效。围绕税务和海关部门税收征管、实货监管、预算执行等职责履行情况，全面梳理各核心业务执行控制节点，寻找存在自由裁量权的风险部位，精准切入展开审计工作，揭示履职尽责过程中存在的突出问题，推动完善体制机制，规范权力运行。在审计项目中持续关注税务和海关部门履行税收征管职责缺位、越位情况，揭露某地税务机关放纵政府平台企业以自买自卖土地手段虚增税收收入和漏征高收入人群个人所得税，以及某海关采用“以保代税”方式人为调节税收等问题，推动税务和海关部门健全权力运行机制，依法履职尽责。

国有企业审计 聚焦企业审计主责主业，以“政治—政策—项目—资金”为主线，做到一条主线双向贯通、首尾循环、正反可逆。认真履行企业审计监督职责。在某药企审计项目中，审计组认真研究被审计单位特点，在对相关财务、业务指标进行总体、趋势和结构分析的基础上，以资金、项目为切入点，聚焦集团重点企业财务收支、新冠疫苗生产销售、医疗器械购销等内容，发现部分经销商、药品配送商与多家医院医生相互串通、层层分利、推高药品价格问题。

金融审计 围绕党中央的决策部署，从金融支持实体经济、防范化解重大风险出发，履职尽责，充分发挥经济监督作用，严肃查处重大违纪违法问题，始终做到查真相、说真话、报实情，围绕促进权力规范运行和反腐倡廉，查办重大问题线索。在政策跟踪专项审计中，深度揭示房地产、政府融资平台两类客户业务风险，跟踪审计普惠、煤电两大实体领域金融支持政策落实落地情况，相关问题纳入审计署“四个报告”典型案例；持续关注重大风险项目和重大资金运用问题，发现其中存在的违规投资、违规放贷及利益输送等问题线索，上报审计信息被审计要情采用。

资源环境审计 对自然资源的审计，关系到经济社会的可持续发展，审计始终围绕加快生态文明建设的重大部署，重点关注资源节约集约循环利用和生态环境保护等政策的落实，促进形成绿色发展方式。开展审计项目，必须数据先行，在资源环境审计中加大数据分析力度，充分挖掘数据，拓展问题面，将问题查深查透。在地方领导干部自然资源资产离任审计中，充分发挥数据分析优势，熟练操作 ArcGIS、SQL 等软件，对地方规划数据、地理信息、国土数据等进行分析，通过图斑比对、现场延伸等，发现了耕地保有量不实、永久基本农田“非农化”“非粮化”比例高、土地整治项目后期管控不到位、新增后备耕地被违规占用等问题。

京津冀协同发展审计 在实施北京市贯彻落实京津冀协同发展规划纲要情况审计项目中，立足于从政治上看北京，将重点聚焦在疏解北京非首都功能、城市副中心建设、中关村发展等方面。向上准确理解党中央大政方针的目标指向，向下深入研究审计对象及所在地区、行业、领域的历史沿革、行业现状和改革方向。京津冀协同发展规划纲要落实情况审计中揭示了多名人员涉嫌在工程项目承揽中非法牟利的问题。

民生审计 聚焦民生政策落实情况，推动国家重大政策方针落地；聚焦违规违法线索，大力查处民生领域微腐败问题；聚焦资金管理使用，维护资金安全提升绩效。在民生资金和项目审计中重点关注民生政策的普惠性、基础性和兜底性，促进各项惠民富民政策落到实处。通过揭示困难群众未参加基本医疗保险、医疗救助范围对象应享未享财政全额补贴、符合事实无人抚养条件儿童未享受救助待遇等问题，推动救助政策贯彻落实，切实保障困难人员权益。审计查出的某民营医院通过伪造随货同行单等方式虚增中药饮片采购成本涉嫌骗取医保基金上千万元，某儿童福利机构管理人员通过虚假培训虚开发票套取困境儿童基本生活费等案件线索已移送相关部门处理。

经济责任审计 坚持用政治眼光观察和分析经济社会问题，从讲政治的高度做好领导干部经济责任审计的谋篇布局，牢牢把握领导干部任职期间管辖范围内贯彻落实习近平总书记重要指示批示精神，执行党和国家重大经济方针政策、决策部署这条主线，为做好经济责任审计探明路径。在北京市领导干部经济责任审计项目中，按照经济责任审计要体现地方经济发展特点的要求，审计组从党中央、国务院对北京市发展的重大战略、决策部署方面入手，甄选党和国家最为关注关切、人民群众最能感知期盼、最能体现首都发展特色的重大战略和决策事项作为着力方向，对表核验北京市具体推进落实情况并揭示矛盾问题。审计过程中突出重点、凸显特色，做到“画像”像、问题明、分量重、定性准、责任清、建议实。侯凯审计长对京津冀特派办经责项目予以充分肯定，项目审计报告作为地方党政主要领导干部经济责任优秀审计报告被审计工作通讯刊载供各特派办借鉴。

在国家电网领导干部经济责任审计中，揭示企业贯彻落实决策部署、电力体制改革要求等方面不到位的情况，紧紧围绕能源企业特点精准“画像”，时刻做到“心中有报告”，较好发挥了审计监督的建设性作用和震慑力。

审计查出问题整改 认真贯彻落实习近平总书记对审计整改工作的相关要求，扎实推动问题解决，促进被审计单位规范管理、完善制度。坚持“查病”和“治已病、防未病”相统一，把审计查出问题的整改成效作为检验审计工作效果的重要标准之一，推动建立整改长效机制，促进被审计单位结合具体问题举一反三，认真排查，堵塞管理漏洞，完善规章制度，有效防范风险。建立督促整改工作台账，积极与相关单位沟通，逐项明确整改责任单位和整改要求，制定问题清单，实行“对账销号”，跟踪落实审计查出问题的整改工作情况。

研究型审计 坚持“出成果就是讲政治”工作理念，提高政治站位，把“讲政治、重研究、比优秀、守规矩”作为自觉和习惯，始终坚持问题导向，坚持“以人民为中心”的立场作为审计的价值判断，坚持“不唯上、不唯书、只唯实”的唯物观点和“交换、比较、反复”的辩证方法，工作中坚持“大事不放过、小事不纠缠，坚持斗争、斗而不破”，全面开展审计监督。做实研究型审计，秉持“引进来”和“走出去”，邀请财政部、国务院发展研究中心、浙江省审计厅行业专家来办授课，夯实全办干部理论基础，拓展工作思路。各业务处室负责人带头研究京津冀三地涉及本领域的政策文件和执行情况，每季度定期汇报交流，进一步增强研究型审计的深度和实效性，为高质量开展审计工作奠定坚实基础。

相关工作 办分党组坚持把加强作风建设作

为锤炼干部队伍、提升审计业绩的主要抓手，坚持综合施策与专项教育相结合，完善制度与加强管理相结合，推动作风建设持续走深走实，为提升工作业绩注入动力。为切实解决作风突出问题，办分党组认真研究、精心制定实施方案，在全办集中开展作风教育活动，以聚焦担当作为，强化斗争精神；聚焦爱岗敬业，增强责任意识；聚焦科学规范，提升质量效率；聚焦慎独慎微，严守纪律规矩等4个方面为着力点，深入查摆问题，深刻剖析原因，深化整改落实。通过开展作风教育活动，全办党员、干部精气神大幅提升，工作节奏明显提速，成果意识、拼搏意识、斗争精神进一步增强，涌现出一批舍小家顾大局的感人事迹。

办分党组高度重视党风廉政建设，办分党组书记在全办大会、分党组理论学习中心组学习会、党风廉政建设和反腐败工作专题研究会和审计组会议上多次强调廉政纪律，要求全办党员、干部时刻保持高度警觉，强化自我约束，算清长远账，过好人情关，切实防范滥用审计权力风险，一体推进不敢腐、不能腐、不想腐。机关党委制发《关于加强警示教育和风险防控的通知》《中共审计署京津冀特派办机关委员会关于开展警示教育活动的通知》，扎实开展警示教育，要求全办党员、干部以案为鉴，决不能把自己置身事外；向各党支部发放《零容忍》《守望家风》等教育宣传片，配合运用《审计干部反腐倡廉教育警示录（四）》，教育引导党员、干部知敬畏、存戒惧、守底线；在国家法定节日前夕，有针对性地开展反“四风”教育，实现关键节点精准警示提醒。

干部选拔任用工作是凝聚人心、推动发展的指挥棒。坚持“信念坚定、为民服务、勤政务实、敢于担当、清正廉洁”的好干部标准和党章规定的干部条件，突出政治标准，严格执行《党政领导干部选拔任用工作条例》《审计署司处级干部选拔任用办法》等各项规定，严肃、规范组织开展选拔任用工作，创新选人用人工作思路，坚持在审计一线近距离考察识别干部，畅通职务职级相互转任和交叉任职渠道，明确选拔干部标准和业绩导向，不唯票、不唯指标，只唯实，通过创造适度竞争环境，以岗择人，全年选拔正处级领导干部1名，副处级领导干部6名，20名干部晋升调研员职级，树立了正确的选人用人导向，群众满意度高。（撰稿人：马　琳）

【审计署驻太原特派员办事处】 2022年，审计署驻太原特派员办事处（以下简称太原特派办）实有142人。设有办公室、法规审理处、财政审计处、税收审计处、行政事业审计处、农业审计处、资源环保审计处、投资审计处、金融审计处、企业审计处、社保审计处、计算机审计处、人事教育处、机关党委。

领导成员

分党组书记、特派员：杨卫东

分党组成员、副特派员：贺建荣
王景东（—8月）
王　伟
张兴明（6月—）

分党组成员、纪检组长：厉从斌

一级巡视员：刘文杰　张晓霞

二级巡视员：郭永贵（—5月）　杨蓬勃
靳　辉

审计成果 2022年，太原特派办共完成审计项目22个，其中审计18个、专项审计调查4个。查出主要问题金额17302635万元，其中违规金额13378万元、损失浪费金额270475万元、管理不规范金额17018781万元；审计发现非金额计量问题322个；损益（收支）不实金额1672479万元；出具审计报告和专项审计调查报告16篇。审计处理处罚金额13378万元，其中应归还原渠道资金10870万元、应缴纳其他资金2508万元；报经审计署批准后以太原特派办名义移送司法机关、纪检监察机关和有关部门处理事项11件，移送处理人员11人，移送处理金额2112万元。审计促进整改落实有关问题资金1526914万元；审计促进拨付资金到位915380万元；审计后挽回（避免）损失26835万元；移送处理落实事项19件。审计提出建议73条，被采纳73条；推动被审计单位制定整改措施183项；促进被审计单位建立健全规章制度6项；提交审计信息60篇，被批示、采用22篇次。

太原特派办开展的山西省2021年度财政收支审计、联合实施的国家某基金审计2个项目被评为全国审计机关优秀审计项目一等奖，独立承担的内蒙古自治区高级人民法院院长经济责任审计、联合实施的某公司专项审计2个项目被评为全国审计机关优秀审计项目三等奖。

财政审计 开展地方财政收支审计，围绕保持经济平稳运行，做好“六稳”“六保”工作，持续关注中央直达资金分配下达、县级“三保”预算、债券资金安排使用、党政机关过紧日子、盘活闲置资金等财政收支情况。不完全统计，查出各类问题金额600余亿元。聚焦地方重大改革任务，严肃查处了重大数字造假、巨额财政资金支出无效等问题，被审计署上报党中央、国务院的相关信息采用，党和国家主要领导同志作出批示，相关涉案人员陆续被批捕、留置。同时，审计进一步分析问题产生的原因，提出完善体制机制的建议，再次得到中央领导同志批示，充分发挥了审计一体推进揭示问题、规范管理、促进改革的作用。该案例被评为审计署优秀审计案例，2名同志荣获审计署优秀审计案例先进个人。

金融审计 围绕防范化解重大风险，重点关注金融机构落实金融政策、风险防控等情况，反映影响经济安全的苗头性、倾向性、普遍性问题。以城投债为切入点，揭示了某市财政金融风险交织传导的风险隐患问题205亿元，有效遏制了地方政府债务风险。开展地方国有信托公司风险情况专项审计调查，揭示了某地方信托公司存在突出的经营风险，内部控制薄弱、外部监管不到位，压实化解重大风险隐患责任有偏差等问题400余亿元，有效推动中小金融机构防范化解风险隐患，促进其完善内部控制制度、审慎经营。

农业农村审计 开展灌区节水改造资金、农产品目标价格补贴等2个审计项目，查出各类问题金额200余亿元。围绕富农强农民生目标，揭示了1.6亿元生产者补贴、轮作补贴等资金闲置或未兑付，2.68万亩农田灌溉“最后一公里”未打通等典型性问题，严肃查处了某国有农场虚报种植面积骗取生产者补贴等问题线索，推动惠农政策落实落地、涉农资金高效安全使用，保障重要农产品安全和维护农民利益。

资源环境审计 开展节能减排相关资金审计，查出各类问题金额10余亿元。立足某省能源转型发展省情，对可再生能源电价附加基金征收情况进行调查研究，重点揭示了地方政府未对接入地方电网系统的部分企业征收基金、国家相关部门出台的基金征收标准不一致等问题，促进中央和地方规范相关基金收支，统筹推进经济发展和生态保护。

民生审计 坚持以人民为中心的发展思想，开展困难群众救助补助资金、住房租赁资金等2个民生项目审计，查出各类问题金额30余亿元。严肃查处了侵害群众切身利益的典型问题。着眼民生资金使用绩效，揭示了7所高校违规发放研究生国家助学金等问题，已追回并上缴国库45万元；着眼民生政策的兜底性，揭示了未尽责救治患病孤儿、违规捐献孤儿角膜等问题，促进规范短板弱项。

经济责任审计 开展1户中央企业和1户中央金融机构主要领导人员经济责任审计，揭示了贯彻落实党中央决策部署不到位、重大决策失误造成国有资产损失等各类问题，客观精准反映了领导干部履职情况，为干部考核、任免、奖惩提供重要参考。聚焦财政资金分配、国有资产处置、公共资源交易、项目审批监管等重要领域和关键环节，坚决揭示重大违纪违法问题线索，坚决揭示违反中央八项规定精神和过紧日子要求问题，坚决揭示发生在基层的“微腐败”等突出问题，不完全统计，全年通过审计署以及报经批准后以太原特派办名义向纪检监察、司法等部门移送案件线索20余起，涉及中管干部2人、厅局级干部9人、处级及以下相关人员10余人，金额近3亿元。

审计查出问题整改 强化制度建设，出台《关于进一步规范审计整改认定标准的通知》《关于进一步加强审计整改工作的通知》等，完善细化审计整改台账审核、填报时间、跟踪督办等要求；建立审计整改研究、被审计单位审计整改承诺、整改审核督办责任、整改情况通报考核“四项机制”，压实被审计单位的整改主体责任、主管部门的监督职责、审计人员的督促检查责任。定期开展审计整改情况“回头看”，及时发现责任认定、审计建议不精准等问题，推动有关地区和部门制定修订相关规章制度，全年共对13个项目447个问题的整改情况进行了审理，当期整改率均达到90%以上，整改效率进一步提升。

研究型审计 把做实研究型审计作为推动审

计工作高质量发展的必由之路，聚力“三个强化”，将“研究、实践、总结、提升”贯穿审前、审中、审后全过程，以学习带动研究、以研究推动工作的特色研究机制逐渐形成。如财政审计领域成立“财政信息失真研究”“债务专项研究”等5个专项研究小组，围绕服务审计实践，强化日常对山西、内蒙古两省区经济社会发展和财政运行情况、地域特色等的基础研究，财政收支审计以地方政府债务为重点，审计组充分利用日常研究成果，快速启动审前调研，聚焦审计重点，为后续取得审计成果奠定了基础。审计中，以习近平总书记在中央审计委员会上的历次重要讲话精神为根本遵循，敏锐捕捉信息点，重点揭示了相关地区存量隐性债务化解不实、新增债务有禁不止、借道国有企业虚假化债等新情况新问题。

审计理论研究 坚持把审计理论与实践中的重大问题作为研究重点，聚焦财政领域风险，开展中国审计学会合作课题、审计署财政审计司课题2项。积极参加审计署“1982年宪法确立审计监督制度四十周年”主题征文活动，报送征文2篇。着力提升研究能力，在全办开展“审计信息面面观”“研究型审计在税收审计领域的实用价值”等系列专题视频讲座。注重激发研究活力，农业审计处撰写的案例《“火眼金睛”看破真假“美猴王”》入选审计署乡村振兴审计案例汇编，并在审计署农业审计司举办的全国审计机关农业农村审计视频培训会上作经验交流。

相关工作 深入学习贯彻党的二十大精神，研究细化学习研讨、主题活动、成果转化等三方面14项具体举措，紧抓办分党组、各党支部、青年理论学习小组和团支部4个学习主体，开展领学督学。聚焦财政、金融、民生等领域新论述、新观点、新部署，学用结合，撰写心得体会，相关理论文章在《中国审计》《审计观察》上刊载。强化党建和党风廉政建设，坚定不移全面从严治党，统筹谋划、全面推进三方面17项具体内容；持续完善廉政纪律监督体系，对2020年以来工作开展全面自查，开展“严纪律　强作风”警示教育回头看、“以案为鉴　纪法铸廉”等系列廉政教育活动。强化“三能”“一专”干部队伍建设，在持续强化审计干部能查能说能写的基础上，提升专业型人才培养；注重加强青年干部培养，通过建强导师库、建立成长档案、搭建实践锻炼平台、设置差异化的考核指标、学员实务能力测试等举措，实现实时跟踪培养。强化审计法治化规范化建设，深化全过程跟踪审理、审计现场管理，推动审计质量控制关口前移。提升机关综合管理水平，创新审计项目绩效管理、成本效益分析，持续抓好机关精神文明建设和“双拥”单位创建工作。

（撰稿人：李　妍）

【审计署驻沈阳特派员办事处】 2022年，审计署驻沈阳特派员办事处（以下简称沈阳特派办）实有137人。设有办公室、法规审理处、财政审计处、税收征管审计处、行政事业审计处、农业审计处、资源环保审计处、固定资产投资审计处、金融审计处、企业审计处、社会保障审计处、计算机审计处、人事教育处、机关党委。

领导成员

分党组书记、特派员：马文辉

分党组成员、副特派员：李伟光

许　斌（11月—12月）

李正辰（11月—）

关　李

分党组成员、纪检组长：李冬波

一级巡视员：李志民（—10月）　宋　民

二级巡视员：郑广民

审计成果 2022年，沈阳特派办完成审计项目17个。查出主要问题金额8057.07亿元，其中违规金额2.55亿元、损失浪费金额4224万元、管理不规范金额8054.10亿元；审计发现非金额计量问题241个；损益（收支）不实金额754.48亿元；出具审计报告和专项审计调查报告17篇。审计处理处罚金额179.04亿元，其中应上缴财政21.43亿元、应归还原渠道资金6.13亿元、应缴纳其他资金3914万元、应调账处理金额151.09亿元；署办两级移送司法机关、纪检监察机关和有关部门处理事项14件。审计信息被审计署采用15篇，被中共中央办公厅采用15篇，被国务院办公厅采用8篇，领导批示8篇；2个案例被审计署“四个报告”独立采用；2个审计项目获评审计署优秀审计项目，2个案例入选审计署研究型审计优秀案例。

财政审计 围绕财政资金提质增效等，加大财政资金审计力度。在审计中，有效推动中央直达资金、财政收支、政府和社会资本合作项目（以下简称 PPP）管理、税收等政策落实，查出某市压减一般支出的同时另行安排“三公”经费支出、某市通过虚增收入掩盖财政赤字或维系平台信用、某省税务局违规征收契税等问题，移送某县违规决策并举借债务 3 亿余元建设文化旅游 PPP 项目、某自然人虚报蚕茧收购价格多获取出口退税等案件线索。在某特高压直流工程建设运营情况审计中，揭示招标评标不规范、违法分包等问题。

国有企业审计　围绕财务收支真实合法效益等，加大国有企业审计力度。在某央企财务收支情况等审计中，查出通过名股实债、设置账外企业不予并表等方式隐匿亏损，通过将应计为负债的永续债、永续票据融资计入所有者权益等方式变相完成国资委考核目标，未按规定比例计提坏账准备，合并报表范围不完整等问题。某央企财务信息造假的审计信息被中央领导同志批示，要求中央纪委会同相关部门严肃查处。

金融审计　围绕防范化解重大金融风险等，加大金融机构审计力度。在某国有信托公司风险情况等审计中，查出风险底数不实、风险抵御能力指标虚假等问题，揭示某平台借助信托违法放贷等问题，查出某公司部分中高级管理人员涉嫌转嫁投资亏损或收取资金等案件线索。某央企违规与某集团开展网络“现金贷”的审计信息被中央领导同志批示，中央纪委开展相关业务清查。

农业农村审计　围绕耕地保护和粮食安全等，加大农业农村审计力度。在某省农产品目标价格补贴等审计中，查出部分永久基本农田被用于种植经济作物、农厕整改存在形式主义和弄虚作假、虚报黑土地保护性耕作实施面积、部分黑土耕地用于发展苗木花卉产业、使用财政资金建成的部分耕地质量监测点因缺少管护等无法正常使用等问题，移送某县农业农村局对农村户用厕所问题摸排不到位等案件线索。

资源环境审计　围绕生态环境保护等，加大资源环境审计力度。在某市领导干部自然资源资产离任（任中）、某省节能减排相关资金等审计中，查出部分批而未供、闲置土地处置完成情况不实，光伏发电项目骗取可再生能源电价附加补助资金，国土“三调”数据中耕地保有量不实等问题。与辽宁省人民检察院联合出台的《关于在生态环境和资源保护领域公益诉讼中建立协作配合机制的意见》入选最高检公益诉讼五周年“五好”宣传素材“好机制”。

民生审计　围绕增进民生福祉等，加大重点民生资金和项目审计力度。在某省困难群众救助补助资金、某省医疗保险基金和“三医联动”改革等审计中，查出某县财政局挪用困难群众救助补助资金偿还政府债务等支出、某市未经审核将特定人群整体纳入低保形成“政策保”、某县某服务中心降低特困集中供养人员生活标准等问题；注重查处百姓身边微腐败，移送擅自改变养老项目用途对外销售房屋并违规设立“小金库”等案件线索。

经济责任审计　围绕促进权力规范运行等，加大经济责任审计力度。组织或参与实施某央企主要领导人员经济责任、某市党政主要领导干部经济责任、某金融机构主要负责人经济责任等审计项目，查出违规为参股企业申请原油配额、未按国家产业政策要求淘汰落后产能、绿色信贷数据不实等问题；查出某企业部分管理人员违规汇集资金认购信托产品、某企业违法“变名”销售应税产品涉嫌偷逃成品油消费税等案件线索。

审计查出问题整改　抓好审计整改，切实做好审计“下半篇文章”。建立整改工作台账，以规范流程保障质量，按照“谁审计、谁负责督促”原则，边审边促、边审边改、边审边建，推动审计整改取得实效。某省节能减排相关资金审计报告中 34 个问题均完成当期整改要求，促进被审计单位出台制度 4 项，退回或追缴资金 9 亿余元；某央企主要领导人员经济责任审计整改调整账目 290 余亿元，清退资金 110 余亿元，上缴财政 60 亿元，建章立制 70 余项，追责问责 280 余人次；认真开展审计查出问题整改情况审计，揭示未按要求时限完成问题整改、追责问责不到位等情况。

研究型审计　扎实推进研究型审计，推动审计工作高质量发展。制定《审计署沈阳特派办关于开展研究型审计的实施意见（试行）》；将研究型审计纳入考核；办领导带领部分业务骨干对相关审计信息题目进行研讨分析；每季度通报审计信息采用情况等，比对分析、查找不足；召开研究型审计案例专题经验交流会等，选取部分研究型审计典型案例进行交流研讨；开展“沈办讲武堂”、审计项目总结会等活动，及时总结推广审计实践中的优秀思路成果；研究型审计方法被审计署宣传中心专访、多家署管媒体报道。

审计理论研究 大力开展理论研究，强化对审计实践的理论总结和指导。编发审计宣传136篇，被审计署网站、署微信平台、《中国审计报》和《中国审计》等署管媒体采用90篇次；开展中国审计学会合作课题1篇，并在合作课题成果汇报暨专题研讨会上做主题发言；1篇论文入选中国审计学会“‘十四五’时期国家审计创新发展”专题研讨会论文集；组织全办季度理论成果评选活动，26篇理论成果在评选中获奖。

党建工作 把党的政治建设摆在首位，压紧压实全面从严治党主体责任。紧扣学习贯彻党的二十大精神这条主线，办分党组领学、支部集中研学、结合实践深学，开展寄语党的二十大等活动；深化政治机关意识教育，突出对党忠诚教育，严格落实“三会一课”制度，开展“对党忠诚，始于足下”等活动，异地大型审计项目均成立临时党组织；拓展“互联网+党建”模式，组织开展线上参观中国共产党历史展览馆等活动；建立“机关党委委员、机关纪委委员联系党支部”工作制；深化“四强”党支部建设；切实抓好“学查改”专项工作；调研报告《小厕所里的大民生——辽宁省农村改厕工作》在“关键小事”调研活动中获评审计署二等奖。

相关工作 坚持筑牢廉政风险防线，强化党风廉政建设。认真落实全国审计机关党风廉政建设会议要求，严格执行中央八项规定及其实施细则精神，抓好常态化廉政教育，纪检组长开展新提任干部任职谈话、参审人员审前谈话，在“两会”、法定节假日等时点发布廉政要求和提醒，定期在统一通信、微信群推送违纪案例、廉政宣传，纪检组长和机关纪委对“三重一大”事项全程监督，纪检干部列席审计业务会，开展审计项目廉政检查和廉政回访。深入开展“十个一”集中警示教育活动，深刻汲取潘述功等违纪违法案件教训，积极推进以案促改，召开专题民主生活会和支部组织生活会，出台《党员干部“八小时以外”行为规范》，组织观看廉政教育片等。高度重视署巡视整改工作，细化问题、任务和责任清单，修订和出台人员统筹等制度，整改任务全部完成。

围绕“科技强审”的工作要求，扎实推进信息化建设。加强网络安全检查和信息化自查，加固关键信息基础设施和信息系统，确保网络安全畅通；做好数据积累，依托审计项目加强数据采集、清理和更新；完成中央预算管理一体化系统联网工作；为73人开通审计署专网云桌面；开通万得数据试用账号；开展数据审计优秀思路评选活动、大数据审计季度技能竞赛。

围绕增强政治能力和提升专业水平，持续加强干部队伍建设。严格执行民主集中制，召开办分党组会议及特派员会议46次；开展办分党组理论学习中心组学习、专题学习及专题读书班9次。持续深化“全员学　全员讲　全员考”平台分层分类建设，继续开展“鼎臣讲坛”等专题培训，选派39名干部参加审计署等举办的各类培训，组织283人次参加各类网络培训。安排20人交流轮岗，选派2人到署机关交流，选派10余人次参与大督察、署内巡视、部门预算执行审计等工作。整合“效率技能双提升”岗位大练兵系列活动，组织业务成果、理论宣传、数据分析等3个板块共8项评选等。1人提任副司级领导干部，3人提任正处级领导干部，5人提任副处级领导干部，31人晋升职级，向驻地央企推荐1名处长提任副厅级领导干部。加强人文关怀，组织全员体检，提供“24小时热线”服务，送病号饭65次、水电维修等74次。（撰稿人：芮星海）

【审计署驻哈尔滨特派员办事处】 2022年，审计署驻哈尔滨特派员办事处（以下简称哈尔滨特派办）实有139人。设有办公室、法规审理处、财政审计处、行政事业审计处、农业审计处、资源环保审计处、固定资产投资审计处、金融审计处、企业审计处、社会保障审计处、税收征管审计处、计算机审计处、人事教育处、机关党委。

领导成员

分党组书记、特派员：尹树伟

分党组成员、副特派员：董耀文

张　琦（—9月）

刘世新

曹亚男（6月—）

一级巡视员：范东军

审计成果 2022年，哈尔滨特派办共组织完成审计项目16个，查出各类问题金额8678亿元，督促整改落实、推动各级政府和相关单位建立健全规章制度和制定整改措施100余项。反映的问题被审计要情采用5篇，被审计重要信息采用16篇，中央领导批示7篇；向有关部门移送违纪违法问题线索26件，69人受到党纪政纪处分；反映的相关部门层层瞒报农厕整改等问题作为典型案例被审计署“四个报告”采用。

2个项目分获全国审计机关优秀审计项目一等奖和三等奖。

政策落实情况跟踪审计 关注党中央重大决策部署贯彻落实情况，揭示某省部分东北振兴战略任务未实施、国家规划确定的重大项目或任务未按期实施等问题，促进加快项目建设，推动东北老工业基地全面振兴；关注耕地保护等“藏粮于地”战略实施效果，揭示了部分黑土地保护性耕作任务未完成、多报高标准农田建成面积、占用耕地未落实占补平衡等问题，推动加强耕地保护；关注“六稳”“六保”、减税降费等政策落实情况，揭示了某央企部分国家规划重大能源项目推进缓慢、未有效落实保供稳价政策、某国有商业银行前置存款条件及乱收服务费加重普惠型小微企业融资负担等问题，推动严格执行国家政策，确保中央政令畅通和重大部署落实落地。

财政审计 坚持看好财政资金，紧盯收入“虚收空转”、政府债务化解及财政资金分配使用等情况，揭示了某地市采取“自买自卖”国有资产等手段虚增财政收入、某市虚假化债、某省财政部门超需求向市县大量分配安居工程补贴资金导致资金长期闲置等问题，推动相关政府部门规范财政收支、严肃财经纪律，防范化解财政风险。

国有企业审计 紧盯企业内部管控薄弱环节和关键风险点，组织查处某集团向资不抵债的11家所属企业提供融资担保存在风险、以融资性贸易等方式违规出借资金面临损失风险、“一带一路”海外重点建设项目管理失控巨额亏损等问题，推动企业规范管理，防范化解经营风险；深入研究某集团特点，关注企业财务舞弊问题，查处某央企通过空转贸易等方式，虚增营业收入和利润等重大财务数据失真问题，并深挖问题根源及危害，上报的信息被审计要情独立采用，习近平总书记作出重要批示。

金融审计 聚焦金融领域风险以及与其他领域风险之间的交叉传导，组织揭示部分地方金融机构掩盖不良贷款、信托公司虚假清理压降通道类信托业务等问题，反映的某商业银行以公租房为底层资产向地方政府贷款用于虚假化解隐性债务问题，银保监会组织全面摸排，及时叫停该业务，有效防范财政风险向金融风险转移。

民生审计 紧盯社保、医药、教育等领域，跟踪到民生项目和资金的“最后一公里”，坚决查处损害群众切身利益的突出问题，推动兜牢基本民生底线。揭示了某药企哄抬新冠肺炎疫情防控期间重症药品及原料价格牟取暴利、个别药商暴力加价销售高值医用耗材、部分医疗机构未按规定实施集中带量采购等问题，推动医疗行业药品保供稳价，减轻百姓医疗费用和医保基金支付负担，推动民生领域各项政策落实，维护群众切身利益。

经济责任审计 组织实施了党政经责、中央企业和金融机构经责审计等3个项目。党政经责审计中，紧扣领导干部权力运行，聚焦地方特色，准确界定责任，力争“画像”精准，共反映某省违规对限制开发区域按GDP等指标进行考核、部分中央投资公共卫生项目未及时完工、湿地保护责任落实不力等问题70余个；央企经责审计中，抓住企业特点，紧盯重点事项，共揭示企业依托优势地位违规收费或转嫁成本、违规压降“两金”等问题近50个；金融机构经责审计中，共揭示违规开展信托业务、助企纾困政策落实不力等问题30余个，有力促进领导干部履职尽责、担当作为。

审计查出问题整改 严格落实审计署审计整改工作业务流程，按照“加强检查、跟踪督办、定期通报”的工作要求，逐个问题细化整改类型、整改时限、整改要求等，加强整改台账“全周期”管理；突出对重点问题审计整改的跟踪督办，推动问题整改到位、标本兼治。如持续跟进某省农村“厕所革命”任务未完成问题整改情况，反映的相关部门层层瞒报农厕整改问题被审计署“四个报告”及新华社“国内动态清样”采用，农业农村部等开展全行业整治。认真开展某省整改审计查出问题有关情况专项审计，揭示了某县虚假整改未向符合条件的被征地农民发放补贴资金等问题，促进建立完善了相关制度。

研究型审计 积极推进全办提升研究能力、加强政研团队建设等11条措施，定期梳理下发政策制度包、开展研究型审计交流和审计项目后评估等；结合职责领域和审计项目成立专题小组，按照“政治—政策—项目—资金”一条主线双向贯通的标准，深入研究审计对象、审计问题、审计建议，集中精力、持续跟进重大问题，注重研究新情况、反映新问题、提出新思路，在打造原创性成果、提高审计成果层次上发力，取得较好成效。如农业审计围绕粮食安全，深入调研某省大豆扩种及产能提升情况，反映的大豆疫病问题被审计重要信息独立采用，国家领导人作出批示，推动采取措施精准治理。海关审计持续跟踪进口糖浆问题，认真研究相关政策，全面分析全国数据，揭示了部分企业为规避关税大量进口蔗糖糖浆影响我国食糖贸易保护措施效果的问题，并深入分析原因、提出建议，以审计重要信息上报后被中办国办采用。

相关工作 党建工作方面。一是深入学习贯彻党的二十大精神。制订学习贯彻方案，明确10项重点工作，组织各支部开展主题研讨，通过专题学习、支部联学等方式深学热议，开展“每日一学”，营造浓厚氛围；对标对表党的二十大提出的新要求新举措，积极落实署党组提出的“五个紧扣”工作要求，做好成果转化。二是坚决做到“两个维护”。办分党组严格落实主体责任，每季度听取支部党建、业务工作等情况，做到围绕中心抓党建，抓好党建促业务、强队伍；抓好巡视整改工作，扎实开好专题民主生活会，建立“三个清单”和工作台账，研究制定42项整改措施，并全部完成整改。三是扎实推进组织建设。做好“学查改”专项工作，组织参与“我来当主讲”主题活动，1篇讲稿获署一等奖并向中央国家机关工委推荐；抓好支部建设，3个党支部分获中央和国家机关、审计署“四强”党支部称号。四是持续强化党风廉政建设。强化教育警示，查找廉政风险点，制定防范措施，坚持“跟踪式监督”与“随机式抽查”双管齐下，开展重点项目现场检查和廉政回访19次，廉政工作得到署纪检组肯定。

队伍建设方面。一是强化班子建设。充分发挥中心组学习示范作用，全年开展集中学习13次，打造学习型班子；班子成员带头尽责担当，常驻审计现场带领审计组开展工作，打造实干型班子；带头严守纪律，主动接受监督，打造廉洁型班子。二是坚持正确选用导向。选拔任用9名处级领导干部，20名干部晋升调研员，3名表现优秀科级干部按规定提前晋升，进一步优化队伍结构。三是狠抓能力建设。落实建设高素质专业化审计干部队伍的实施意见，全年安排63名干部参加署培训，务实开展集中整训、“青蓝讲堂”等；修订审计实务导师制实施办法，坚持“双主审”制，持续加强“四个团队”建设，强化多平台交流锻炼干部。四是强化作风建设。选树先进典型，开展优秀审计案例评选，对重大成果全办通报表扬，弘扬勇于担当、甘于奉献的优良作风；出台《公务员平时考核办法》，按季度开展平时考核；严格队伍管理，用好督查通报制度，实行质量较差信息、报告退稿制，促进提高执行力。五是加强思想政治工作。定期分析研判队伍思想总体情况，开展干部职业发展意愿调研，加强人文关怀，积极推进购置周转住房，在政策范围内帮助解决干部实际困难，激发队伍凝聚力。

机关管理方面。一是推动法治政府建设。落实“谁执法谁普法”责任制，举行新任处级干部宪法宣誓，通过“审计组+普法”模式面向被审计单位开展普法宣传，提升依法审计能力。二是筑牢国家安全人民防线。强化国家安全人民防线建设领导小组作用，抓好重点环节安全保密工作，坚持在重要节点开展安全检查，确保全办安全稳定。三是深化社会综治工作。加强安全教育和技能培训，组织消防讲座，定期开展安全隐患排查整治，提升能源利用效率，巩固节约型机关建设。四是加强机关综合管理。全力有效应对疫情，加强审计现场疫情管理；深化制度治办，修订审计档案管理等制度6项；落实按季度通报、日常督办等工作，强化财务管理，开展内部审计，组织资产清查，持续提升绩效管理水平。

（撰稿人：连明霄）

【审计署驻上海特派员办事处】 2022年，审计署驻上海特派员办事处（以下简称上海特派办）实有140人。设有办公室、法规审理处、财政审计处、税收征管审计处、行政事业审计处、农业与资源环保审计处、固定资产投资审计处、金融审计一处、金融审计二处、企业审计处、社会保障审计处、计算机审计处、人事教育处和机关党委。

领导成员

分党组书记、特派员：彭华彰

分党组成员、副特派员：张冬霁 孙 俭

分党组成员、纪检组长、机关党委书记：王 燚

一级巡视员：夏明东（—9月） 徐 勇

二级巡视员：于新生 毕 兰

审计成果 2022年，上海特派办完成审计项目16个。查出主要问题金额52982216万元，其中违规金额804602万元、损失浪费金额749万元、管理不规范金额52176865万元；审计发现非金额计量问题250个；审计发现侵害人民群众利益334374万元；出具审计报告和专项审计调查报告16篇。审计处理处罚金额3011160万元，其中应上缴财政129862万元、应减少财政拨款或补贴31975万元、应归还原渠道资金1111362万元、应缴纳其他资金138990万元、应调账处理金额1598970万元；移送司法机关、纪检监察机关和有关部门处理事项16件，移送处理人员12人，移送处理金额431004.21万元。审计促进整改落实有关问题资金1600435万元；审计促进拨付资金到位39413万元；审计后挽回（避免）损失2961万元。提出审计建议48条，被采纳19条；推动被审计单位制定整改措施145项；促进被审计单位建立健全规章制度17项；提交审计信息24篇，被批示、采用17篇次。

参与的国家某基金审计项目和政策性粮食储备管理相关政策落实情况审计调查项目被评为全国审计机关优秀审计项目一等奖。

政策落实情况跟踪审计 开展长三角一体化发展、粮食丰产增效等国家区域重大战略、重大改革事项、重大政策等落实情况跟踪审计，深刻领会党中央决策部署的政治意图、战略谋划和实践要求，把实施好重大战略、重大举措、重大项目推进落实情况审计，作为审计服务保障“国之大者”的具体行动。在上海市贯彻落实长三角一体化发展规划纲要情况审计项目中，紧扣“一体化”和“高质量”两个关键，聚焦重大政策、重大项目开展审计，所出具的审计报告获得审计署A档评价。在粮食丰产增效专项审计中，紧紧围绕“藏粮于地”“藏粮于技”国家战略，着力揭示了项目立项、组织管理资金使用等方面问题，推动更好实现科研项目全链条一体化制度变革。

财政审计 开展了地方财政收支、PPP专项、特高压电网工程建设运营情况专项审计调查、海关、税收等审计项目，牢牢把握财政财务收支真实合法效益主责主业，在审计中注重维护财经纪律严肃性。持续加强对中央八项规定精神和过紧日子要求落实情况的审计，严肃查处部分地区违规动用财政资金购置或兴建楼堂馆所问题。在特高压电网工程审计调查中，揭示了某省配套电网网架薄弱影响长三角区域电力保障等问题，助推市场经济体制改革。

国有企业审计 开展了某央企财务收支审计、某央企主要负责人经济责任审计等项目，聚焦权力运行和责任落实，反映了中央企业在深化改革、内控制度、财务管理等方面问题，促进国有企业领导人员依法、秉公、廉洁用权，深化国企改革，完善企业治理。

金融审计 开展了某信托有限公司风险防范化解等情况专项审计调查、某中央金融机构经济责任审计等项目，揭示贯彻落实中央重大经济金融政策和决策部署不及时、公司治理不健全、风险防控不到位等问题，推进贯彻宏观政策，完善公司治理，防范化解风险。

民生审计 开展了某省2021年困难群众救助补助资金审计、某市医疗保险基金和“三医联动”改革专项审计等项目，紧紧围绕以人民为中心的理念，把看好和推动用好民生资金作为审计最大的为民情怀。持续加大对重点民生资金和项目的审计力度，坚持把审计力量下沉到民生项目和资金的“最后一公里”，推动各项惠民富民政策落实。

经济责任审计 开展了某央企和某金融机构主要负责人经济责任审计等项目，注重责任与权

力并重、成绩与问题结合，强调整体站位、突出工作重点、力争准确“画像”，促进领导干部守纪、守法、守规、尽责。

审计查出问题整改 严格落实审计整改长效机制意见和审计署相关制度要求，制定《审计署上海特派办审计查出问题整改工作管理规定》，健全审计整改工作机制，不断提高整改工作的制度化、规范化水平。加强对审计整改情况进行督促检查，并在后续审计中重点关注以往审计整改情况，重点核实整改结果的真实性和完整性，防止虚假整改、敷衍整改，压实被审计单位落实整改主体责任。

研究型审计 全办上下深刻认识开展研究型审计是实现新时代审计事业高质量发展的必由之路。通过制定《审计署上海特派办审计项目后评估办法（试行）》、将研究型审计开展情况纳入处室和个人年度考核等举措，进一步推进研究型审计落实落好。各审计组以审计项目为依托，设立“百川讲坛”“登攀讲堂”“企业审计小讲堂”等平台，建立工作专班、研究小组等队伍，不断强化对审计实施、审计问题、审计建议的研究，积极落实全员全过程研究理念。

审计理论研究 坚持研审融合、研以致用，推动全员研究，积极打造“浦江研审”理论研究品牌。认识和把握进入新发展阶段、贯彻新发展理念、构建新发展格局、推动高质量发展对审计工作提出的新要求，聚焦国家审计实践发展的新情况新问题，找准审计理论研究的方向与重点，服务审计高质量发展。加强对审计理论研究领军人才和骨干人才的培养，鼓励青年干部参与课题研究。较好完成了审计署重点课题“国家审计在构建新发展格局中的作用研究”。

相关工作 健全落实办分党组中心组带头学、党支部跟进学、理论小组研讨学、学习平台辅助学的学习机制，及时制定关于全办深入学习宣传贯彻党的二十大精神的实施方案，精心安排部署，周密组织实施，积极推动全面学习、全面把握、全面落实。办分党组举办专题读书班，带头读原著、学原文，办分党组书记带头撰写《明确使命 真抓实干 以强有力审计监督护航新征程创造新业绩》等4篇学习心得，发挥示范带动作用；各党支部通过个人自学、集中研讨、专题党课、网络培训等多种形式，迅速兴起学习宣传贯彻的热潮。开展“一支部一品牌”行动，14个党支部提炼总结“三力”“亮剑式”等特色支部工作法，着力推进“四强”党支部建设。金融审计一处党支部、办公室党支部等2个党支部分别被评为中央和国家机关“四强”党支部、审计署“四强”党支部。对照“四责协同”要求，推动主体责任落实。办分党组书记严格履行第一责任人责任，其他班子成员认真落实“一岗双责”，检查督促分管处室的全面从严治党工作，对党员干部从严进行教育管理监督。持续加强干部教育培训，健全完善“四位一体、两级互补”培训机制，切实增强培训的针对性和实效性。全年组织开展宏观政策分析、审计业务培训等12次全办层面的培训，积极打造我办自主培训品牌，同时大力推进各处室特色培训品牌建设。持续完善制度体系，制定修订《审计署上海特派办关于推进特色品牌建设的实施意见》等多项内部制度。

（撰稿人：叶田军）

【审计署驻南京特派员办事处】 2022年，审计署驻南京特派员办事处（以下简称南京特派办）实有146人。设有办公室、法规审理处、财政审计处、税收征管审计处、行政事业审计处、农业审计处、资源环保审计处、固定资产投资审计处、金融审计处、企业审计处、社会保障审计处、计算机审计处、人事教育处、机关党委。

领导成员

分党组书记、特派员：周敦祥（—4月）
吕建伟（4月—）

分党组成员、副特派员：梁　兵
刘步龙（—12月）

分党组成员、纪检组长：周　旋

审计成果 2022年，南京特派办完成审计项目18个，其中审计15个、专项审计调查3个。查出主要问题金额33666919万元，其中违规金额2914万元、损失浪费金额3170万元、管理不规范金额33660834万元。出具审计报告和专项审计调查报告16篇，办理署移送18件、办移送8件。审计促进整改落实有关问题资金13444639万元；审计促进拨付资金到位1601174万元；审计后挽回（避免）损失25428万元。审计提出建议被采纳33条；推动被审计单位制定整改措施236项；促进被审计单位建立健全规章制度38项；提交审计信息59篇，被批示、采用24篇次。

独立实施的江苏省节能减排资金审计项目被评为全国审计机关优秀审计项目三等奖，参与实施的某中央专项投资基金审计项目被评为审计署优秀审计项目一等奖。

政策落实情况跟踪审计 开展中央直达资金审计、PPP专项审计调查、住房租赁相关资金审计、贯彻落实长江三角洲区域一体化发展规划纲要审计等，时刻关注党中央关心什么、强调什么，及时对标对表，促进中央政令畅通和重大部署落实落地。在某市住房租赁相关资金审计中，揭示了部分地区通过重复上报等手段虚报完成专项资金绩效目标任务、"以拨代支"虚列财政支出等问题；在某地贯彻落实长三角规划纲要情况审计中，揭示了相关地区在环保、交通等方面不够协同的问题，被审计重要信息采用。

财政审计 开展苏皖两省地方财政收支审计。以研究型审计为抓手，聚焦重点领域重大改革任务和重要改革举措，密切关注新情况新动向新要求，坚持以改革视角观察问题、剖析问题、挖掘原因、提出建议，促进相关领域改革全面发力、纵深推进。如发现个别地市相关数据指标不实、虚假完成任务等问题，被审计重要信息采用；揭示隐性债务化解不实、违规新增隐性债务以及隐性债务未按规定纳入监测等问题，切实防范隐性债务风险。深化税收审计，紧密围绕党中央各项惠企利民政策和经济工作要求，通过审计工作促进税务部门落实落细减税降费政策。

专项资金及重大工程审计。在某地方国企财务收支情况专项审计调查中，关注相关人员"靠企吃企"等问题，参与编发多篇移送；在某电网工程建设运营情况专项审计中，揭示了电网行业深化改革不到位、规划衔接协调机制不健全、电网领域营商环境亟待优化等情况，促进输电产业优化升级，17个问题被纳入汇总报告，办理审计移送6篇。在参与某专项投资基金审计项目中，紧扣习近平总书记重要指示精神，对标产业发展推进纲要，深入揭示基金管理公司管理不到位、权力过大的问题，审计成果获审计要情采用，该项目被评为署优秀审计项目一等奖。

国有企业审计 企业审计聚焦财务收支真实合法效益审计主责主业，提升工作精准化、专业化、系统化，沿着"政治—政策—项目—资金"开展审计，思考和解剖问题时，按照国家政策要求，以企业承担和开展的具体项目为载体，从经济数据中揭示政策目标的实现情况，反映国企改革中存在的问题。创新审计方式，完成对重点事项的核查，以审计项目为载体，始终围绕加强权力制约和反腐倡廉，锲而不舍紧盯重大违纪违法问题线索，办理审计移送4件。

金融审计 紧盯金融领域风险隐患，聚焦金融领域重大改革任务和重要改革举措，巩固金融领域风险隐患防范化解成效。始终将"聚焦地方金融机构特点、围绕金融服务实体经济、突出地方金融潜在风险"的思路贯彻审计项目全过程。对违反中央八项规定精神和过紧日子要求问题颗粒归仓，对基层"微腐败""小官巨贪"等突出问题能移尽移、形成威慑。审计发现某国有信托机构违规开展业务，增加地方政府隐性债务风险；多名金融机构领导干部违规发放贷款，个人或其亲属从中收取利益，大额贷款资金逾期无法收回等问题。

资源环境审计 组织实施领导干部自然资源资产任中审计、生态环保资金审计等项目，在某省节能减排资金审计中，揭示了因相关建设程序不够完善形成风险隐患，该事项被独立编发署审计重要信息；有关部门就该事项形成专题报告，促进了项目整改及消除隐患。该项目被评为署优秀审计项目。

民生审计 坚持审计力量下沉基层，持续加大对重点民生资金和项目审计力度。揭示了某省向不符合条件人员发放失业保险待遇，部分人力资源公司截留稳岗补贴削弱稳就业政策效果、部分企业骗取就业补贴资金等问题，引起人社部门高度重视，就上述问题开展专项整治工作。审计发现某省部分地区背离政策目标，挤占部分农户种粮补贴问题，推动党中央、国务院关于粮食安全、农产品收储制度和价格形成机制改革等方面的重大决策部署、战略意图、改革目标的落实落地。在海关审计中，对关系国家和百姓安全的事项进行了重点审计。在某省困难群众救助补助资金审计中，揭示了困难群众救助机构挤占套取补助经费等问题。

经济责任审计 组织开展3个经济责任审计项目，聚焦权力运行和责任落实，着重围绕关键人物、关键环节、关键部位和重大资金、重大项目、重大决策等开展研究、挖掘问题，促进权力规范运行。提前谋划数据分析、精准锁定审计重点，在审前阶段就确立审计重点核实方向及事项。如在某市主要领导干部经济责任审计中，聚焦重要领域和关键环节靶向发力，明确了招商引资、产业发展等重点关注事项，对重大违纪违法问题线索一追到底，办理审计移送6篇。在某国有信用保险公司经济责任审计中，发现企业落实新冠肺炎疫情防控期间降费措施存在不足；坚守政策性保险机构职能定位不到位；服务支持小微客户数和小微企业覆盖率数据虚高等问题。

审计查出问题整改 紧跟署印发审计整改工作业务流程，启动南京特派办业务流程制订工作，做好审计整改台账的全口径和全周期管理。加强整改审核，综合管理和统筹协调审计整改工作。报告审理阶段，重点关注整改类型、整改时限、整改要求等内容的合规性、合理性、可操作性，确保整改建议可操作、能落实。督办审核阶段，认真审核整改报告及相关证明材料，确保审计查出的问题按时整改。精心组织完成了某省整改2021年度审计查出的问题有关情况专项审计。

审计理论研究 坚持在审计实践中将理论研究融于业务、贯穿日常。分党组书记、特派员带头撰写多篇理论文章，在《审计研究》《中国审计》、审计署公众号刊发；积极参与“地方政府专项债效应评估、风险约束与跟踪审计路径研究”合作课题研究，组织参加“十四五”时期国家审计创新发展专题研讨会、在《中国审计》杂志发表《提高站位加强研究　创新组织提升成果》理论研究文章。参与“1982年宪法确立审计监督制度四十周年”、全球减贫案例主题征文活动，定期召开青年理论学习小组专题学习会，青年理论学习小组获审计署“关键小事”调研攻关活动三等奖。

相关工作 信息化建设。紧紧依托署办大数据分析平台，进一步加强政策研究和大数据分析力度，积极探索大数据环境下开展审计的新思路、新方法，提升数据分析的系统性、全面性和精准度。在各个审计项目中，积极探索全新领域，在加强宏观政策分析研究的基础上，同时研究各领域政策的执行情况和效果，并充分利用大数据审计优势，及时揭示和反映经济社会各领域的新情况、新问题、新趋势，进而提出改进和优化的建议。在某省信息化建设项目审计中，积极关注相关系统和数据安全情况，受到被审计单位高度重视，取得了较好的效果。

全面压实管党治党责任。2022年，研究出台《关于全面提升工作水平加快推动高质量发展的意见》，编发党建工作动态59期，有3个党支部被评为中央和国家机关、审计署“四强”党支部。办分党组书记以“干在实处　勇立潮头　奋楫扬帆　携铸辉煌”等主题讲党课。围绕建党101周年，积极开展“对党忠诚，始于足下”“奋进新征程、建功新时代”“缅怀革命先烈、传承红色基因”主题教育；开展青年理论学习小组“我来当主讲”“关键小事”调研、审计工作服务基层、青年干部谈廉政等活动。加强审计质量控制，优化两项清单。提前研究，编写《审计情报参阅》4期，为审计组提供信息支持。做深廉政警示教育、做实日常监督管理，组织开展12个审计项目的综合检查，完成17个审计项目的廉政回访。组织开展各项工会活动，持续改进思想政治工作，修订《审计署南京特派办平时考核办法》等4项人事考核制度，推出“每季一榜”，加强对青年干部的教育引导。举办2期“博厚论坛”，深入实施审计实务导师制，积极营造“愿干事、能干事、干成事、不出事”的工作氛围，为建优班子培优队伍提供制度保障。

（撰稿人：刘舒瑶）

【审计署驻武汉特派员办事处】 2022年，审计署驻武汉特派员办事处（以下简称武汉特派办）在编133人。设有办公室、法规审理处、财政审计处、税收征管审计处、行政事业审计处、农业审计处、资源环保审计处、固定资产投资审计处、金融审计处、企业审计处、社会保障审计处、计算机审计处、人事教育处、机关党委。

领导成员

分党组书记、特派员：夏循福

分党组成员、副特派员：张海燕　吴　昊

申博文

分党组成员、纪检组长：罗日丽（—8月）

一级巡视员：曹　山

二级巡视员：吴陵涌（—11月）

审计成果　2022年，共组织实施审计项目26个（其中9个项目尚未完结），发现问题金额886.36亿元，促进增收节支和挽回损失216.88亿元，移送违纪违法问题线索21件。提交审计信息29篇，其中审计要情4篇、审计重要信息25篇。

1个独立实施的审计项目被评为全国审计机关优秀审计项目三等奖、2个参与实施的审计项目被评为一等奖。

财政审计　在某省财政收支审计项目中，总体把握全省财政收支情况，加强对中央转移支付和地方政府债务管理典型性、普遍性问题的研究，严格按要求对资金使用、项目建设等情况进行核查分析，从政策角度找违规点，从业务流程找高风险环节，切实把研究型审计融入工作。在税收和非税收入征管审计中，重点关注相关部门在贯彻落实国家重大政策措施、收入征管、国库税费资金管理和预算执行等方面的问题。在海关履行监管职责和税收征管审计中，以数据分析为抓手，从减税降费、“放管服”改革、贸易反制等国家重大政策措施贯彻落实及新冠肺炎疫情防控、实货监管等业务板块入手揭示问题。在特高压电网工程建设运营情况专项审计调查中，关注项目建设管理过程中的工程造价真实性，通过对建设项目全过程管理情况分析梳理，揭示某施工单位项目部经理滥用职权，组织项目部人员编造虚假合同对分包商结算，造成巨额国有资金损失，并涉嫌收受分包商钱款的典型问题。

国有企业审计　在国有企业领导人员经济责任审计中，紧扣被审计领导人员经济责任，坚持有所为有所不为，聚焦经济活动，突出审计重点，根据制造业行业特点，加大对材料采购等关键环节、关键业务重大腐败案件的查处力度，揭示部分企业管理人员“靠企吃企”问题；按照“审计一家企业，搞懂一个行业”的要求，潜心钻研行业特点，力争打破常规，创新成果，通过全面研究国家对汽车产业转型升级的政策导向，深度挖掘存在的突出问题，形成一份高质量的产业转型升级调研报告，获得中央领导人批示。

金融审计　在地方国有信托公司风险情况专项审计调查中，深入贯彻习近平总书记“维护金融安全，守住不发生系统性风险底线”的重要指示精神，克服信托公司业务“两头在外”以及交易结构复杂、业务实质隐蔽、资金链条交错等困难，反映了信托公司通过各类方式大量掩盖表内外风险资产、资金池业务表外风险向表内传导、风险抵御能力指标不实等问题，有力推动该信托公司全面出清风险底数、稳妥有效处置风险隐患。在证券公司审计中，聚焦权力集中、资金密集、资源聚集重点领域和环节，深挖托管业务、场外衍生品业务的数据和业务疑点，发现某上市公司实控人涉嫌内幕交易等案件线索，有力发挥金融审计在推动金融领域反腐败斗争方面的重要作用。

农业农村审计　在大中型灌区续建配套节水改造相关资金审计和农产品目标价格补贴专项审计调查中，将审计事项与所审地区农业生产特点紧密结合，把握农时与地方农作传统，将农业生产中遇到的新问题予以反映，并从体制机制层面深入分析原因；加大对关系农民群众切身利益问题的审计力度，严查挤占挪用、虚报冒领和层层截留等突出问题，以审计力量维护涉农资金安全，提升涉农资金使用绩效。

资源环境审计　聚焦“双碳”战略和绿色发展，在某省节能减排相关资金审计中，通过电力数据分析、地理信息数据比对及现场实地核查等方式，揭示光伏等可再生能源项目建设运行、新能源汽车推广补助资金和相关政策落实等方面问题。在某省耕地占补平衡相关资金审计中，紧紧围绕资金和项目管理、新增耕地数量和质量、相关政策协同等方面开展工作，突出地理信息系统的运用，加强对国土、林业等数据进行交叉关联分析，筛查数据疑点，通过上下联动提高工作效率。

民生审计　在住房租赁相关资金审计中，关注住房租赁建设运营全流程，反映了虚报住房租赁市场发展试点筹集房源完成数量、配建公租房长期未建成、公租房存在安全隐患、租赁住房未享受民水民电政策等与老百姓切身利益相关的问题。在医疗保险基金和“三医联动”改革专项审计调查中，深入省市县乡4级医疗机构，从原材料采购，药品耗材生产、销售，到阳光平台采购，再到医疗机构使用等全链条进行研究，揭示药品耗材价格虚高背后的问题。在城乡义务教育补助经费审计中，围绕资金安排、拨付使用等人民群众关心的热点问题，揭示地方政府支出责任落实不到位、套取资金等问题，推进教育领域基本公共服务均等化。

经济责任审计 在某高校党委书记和原校长经济责任审计中，聚焦高等教育内涵式发展，结合党中央对高等教育工作提出的要求开展审计，反映了某高校一流学科建设任务未按计划完成等问题。在某省人民检察院检察长经济责任审计中，围绕检察长经济责任履行，结合检察院业务工作特点，重点揭示领导干部在履行重大经济决策职责、履行财政财务和内部管理职责以及落实党风廉政建设责任和遵守廉洁从政规定等方面的问题。

审计查出问题整改 实时跟踪、精准施策，在抓审计整改工作台账、审计移送问题线索台账、定期跟踪进度的同时，促进被审计单位举一反三、建章立制，同时深化审计监督和纪检监察等各类监督贯通协作，推动形成整改合力。推动被审计单位整改39项、健全制度规定10项。

研究型审计 审计项目研究分析团队召开3次会议，沿着“政治—政策—项目—资金”主线，研究政策意图、审计对象、技术方法，结合党的二十大报告梳理相关政策并进行分析讲解，探讨研究型审计的大站位与小切口；开展2022年度优秀审计案例征集和评选活动，收集各领域审计案例15个进行学习交流；对多个重大项目开展审计项目后评估，全方位复盘取长补短；骨干力量组成课题组所撰写的论文《预算执行审计创新与发展的若干问题研究》在《审计研究》发表。

相关工作 2022年，武汉特派办分党组把学习宣传贯彻党的二十大精神作为当前和今后一个时期的首要政治任务，教育引导全办党员干部切实把思想和行动统一到党的二十大精神上来，坚定践行“两个维护”。

一是扛起政治责任，统一思想凝心聚力。武汉特派办分党组深刻认识党的二十大的重大意义，出台了学习宣传贯彻党的二十大精神实施方案，将学习宣传贯彻党的二十大精神作为理论学习中心组的重要内容。办领导深入各支部带领党员干部研读党的二十大报告和新修改的党章，并通过微党课、线上测试、革命遗址参观等方式引导党员干部传承红色基因，赓续红色血脉。党员干部集中观看开幕会现场直播盛况，认真收看审计署学习宣传贯彻党的二十大精神动员部署会。各党支部分专题开展学习交流，党支部书记联系具体工作讲党课，青年党员积极撰写学习体会，把学习党的二十大精神激发出的热情和干劲，转化为全面履行审计监督职责的强大动力。

二是优化培养管理，努力建设高素质专业化审计干部队伍。办领导从政治上入手、从青年特点出发，为青年干部讲团课，指导青年干部研读习近平新时代中国特色社会主义思想的原著原文，用好“读写编讲行”理论学习法，明确跟党走坐标航向，在“我来当主讲”主题学习活动中，1名青年干部的主讲内容被署机关党委评为一等奖并进行宣传展示。积极推进青年干部“一三五”培养机制，即扎实做好一年试用期培养、纵深推进三年审计实务导师制、建立进办五年干部成长档案，落实量身定制的学员年度培养计划，以五年为周期跟踪问效促成长，年内新增11对师生指导关系，9名青年干部成功出师。在审计一线“训练场”支持青年干部当主审担担子、迎难上挑大梁；安排青年干部在集中整训等场合讲案例讲方法讲心得，着力补短板、提素质、强能力，全面提升青年干部能查能说能写的综合素质。青年理论学习小组开展“关键小事”调研攻关活动，撰写的调研报告获评审计署二等奖。

三是坚持正风肃纪，崇廉倡廉的政治生态更加风清气正。办分党组扛起党风廉政建设主体责任，认真贯彻落实署党组关于坚决维护党中央集中统一领导和贯彻落实中央八项规定精神的实施办法，将党风廉政建设与审计业务工作一同谋划部署，组织党员干部反复学习《审计干部反腐倡廉教育警示录》，全年“铭纪讲坛”微课堂平台推送各类纪律教育信息120余条，有效引导党员干部自觉抵制不良风气，强化法纪观念。精准运用监督执纪“四种形态”，聚焦关键环节抓早抓小，办分党组带头接受班子成员和党员干部监督；署党组派驻纪检组长参加办分党组会议，强化“三重一大”事项监督；机关纪委建立覆盖全面、更新及时的电子廉政档案体系并及时跟进参与业务会议、线索移送、内部审计、机关管理等工作，创新编发《审计现场党风廉政建设工作指引》，认真开展廉政检查和回访工作。全年共完成30余个审计现场廉政检查或回访，在被审计单位召开11次座谈会并开展问卷调查，提出意见或建议32条。

（撰稿人：熊　莹）

【审计署驻广州特派员办事处】 2022年，审计署驻广州特派员办事处（以下简称广州特派办）实有140人。设有办公室、法规审理处、财政审计处、税收征管审计处、行政事业审计处、农业审计处、资源环保审计处、固定资产投资审计处、金融审计处、企业审计处、社会保障审计处、计算机审计处、人事教育处、机关党委。

领导成员

分党组书记、特派员：庄　军

分党组成员、纪检组长：纪　兵

分党组成员、副特派员：刘　宇　陈丽华　何学军

一级巡视员：漆江梅

二级巡视员：代　斌

审计成果 2022年，广州特派办完成审计项目21个，其中审计17个、专项审计调查4个。查出主要问题金额59216577万元，其中违规金额4161万元、损失浪费金额12935万元、管理不规范金额59199480万元；审计发现非金额计量问题323个；损益（收支）不实金额4016150万元；出具审计报告和专项审计调查报告21篇，被批示、采用2篇次。审计处理处罚金额4161万元，其中应归还原渠道资金37万元、应缴纳其他资金4124万元；移送司法机关、纪检监察机关和有关部门处理事项6件，移送处理人员11人，移送处理金额40546万元。审计促进整改落实有关问题资金4706223万元；审计促进拨付资金到位14418万元；移送处理落实事项1件。审计提出建议73条，被采纳73条；推动被审计单位制定整改措施136项；促进被审计单位建立健全规章制度44项；提交审计信息55篇，被批示、采用34篇次。

政策性粮食储备管理相关政策落实情况审计调查项目、某工程竣工决算审计项目、广东省2021年节能减排相关资金审计项目、某银行风险情况专项审计调查项目被评为审计署优秀（表彰）审计项目。

政策落实情况跟踪审计 在政策落实跟踪审计中，紧紧围绕党中央、国务院稳住经济大盘的系列决策部署，重点关注政府与社会资本合作（PPP）项目，揭示某省PPP项目在审批、采购、建设、运营等各环节存在的突出问题和在招投标时违规设置条件排斥民营企业等问题，提出具体切实的审计建议，推进某省PPP模式规范发展、阳光运行。

财政审计 在财政审计中，紧盯财政资金管理使用，重点关注财政收支真实合规性、政府债务管理等情况，揭示了部委工作不协调导致债券发行出现问题、地方政府虚增财政收入等，推动加强财政管理，防范化解地方财政风险。在某省税务局税收和非税收入征管及部门预算执行审计中，揭示某省减税降费政策贯彻落实及社保费征管、票证管理等方面问题，及时督促整改到位。在公共投资审计中，围绕“发展、改革、安全、绩效”目标，重点关注国家重大投资项目规划落实、运营绩效等重点内容，积极揭示特高压电网工程市场化程度低、电力交易存在壁垒等问题，推动完善电力行业市场化改革，提升工程投资绩效。在网络安全和信息化建设审计中，揭示了某省内网建设不符合安全规范、某省部分地市“一网通办”评估数据造假等问题，通过审计推动地方堵塞安全漏洞，切实防范风险。在税收海关审计项目中，揭示了部分企业利用分红基金免税的漏洞大量偷逃企业所得税、某地区市场采购贸易试点大量虚构交易骗取巨额财政补贴等问题，通过及时揭示突出风险隐患促进体制机制创新。

国有企业审计 在军地联合审计中，立足国家发展战略全局，认真研究装备研制生产各环节内容，聚焦项目计划管理、采购成本控制等方面，积极揭示装备建设管理中存在的问题，对于重大的普遍性问题，注重探寻规律、深化标本兼治，推动消除监督盲区，推动完善体制机制，推动国防投入发挥效益。

金融审计 在金融机构审计中，重点关注金融机构合规经营、金融服务实体经济、金融改革创新等内容，揭示支付行业数据造假并造成国有资产重大流失，引发行业震动。揭露某保险公司实际控制人违规挪用巨额保险资金，严重侵害投

保人及中小股东权益；揭露某大型企业集团利用大宗商品交易，违规向海外转移巨额银行资金；揭露某民营企业隐藏某商业银行大股东身份，内外勾结骗取信贷资金近300亿元，数十名责任人被问责；督促某省采取有力措施化解区域金融风险隐患，维护了国家经济金融稳定和人民财产安全。

农业农村审计 在某省农产品目标价格补贴专项审计调查项目中，紧紧围绕中央经济工作会议和中央一号文件精神，重点关注了棉花目标价格补贴、棉花大县奖励等相关资金分配管理使用和政策落实情况，揭示了某省农产品目标价格补贴在资金管理使用、相关政策落实中存在的突出问题，揭示了某县骗取财政补贴资金近2000万元问题，通过审计促进相关资金规范合理使用，对稳定某省全年粮食播种面积和产量，合理保障种粮农民收益起到积极作用。

资源环境审计 在资源环境审计中，一是围绕中央关于耕地保护的决策部署，重点关注耕地保护相关资金管理使用、补充耕地数量真实质量可靠等情况，揭示了某市自然资源部门工作人员失职渎职弄虚作假，造成了当地政府巨额财政资金损失等重大问题；二是聚焦国家节能减排相关政策，通过揭示某些地方政府违规给予高耗能企业优惠电价政策、可再生能源发展基金征收分配等方面存在的问题，推动经济与生态文明建设统筹发展。

民生审计 在困难群众救助补助资金审计中，始终坚持以人民为中心的发展思想，揭示了涉及困难群众群体生命安全的重大风险，全国开展了专项整治，促进兜住兜牢基本民生保障底线，推动特殊困难群体保障体系健康发展。在医保基金审计中，揭示了某头部医药集团协助代理商套取巨额资金用于医疗领域商业贿赂的行业潜规则，维护医保基金安全，守护人民群众切身利益。在住房租赁相关资金审计中，围绕“房住不炒”定位，揭示某省住房租赁规划计划不准确、租赁住房底数不清等问题，推动政府和有关部门完善政策，提高资金项目使用效益，切实保障租赁住房有效供应。在医疗保险基金和“三医联动”改革专项审计中，通过揭示医疗保险基金筹集使用问题，以及药品耗材供应保障、公立医院综合改革等方面存在的突出问题，推动破除体制机制障碍，推动解决老百姓看病难、看病贵问题。在“十三五”社会服务兜底工程审计中，聚焦社会服务兜底工程“最后一公里”的堵点痛点难点，揭示中央资金使用管理和兜底工程项目建设运营存在的问题，确保中央资金落到实处。

经济责任审计 在中央企业领导人员经济责任审计中，紧紧围绕党中央、国务院对行业发展的要求，重点关注重大经济决策和管理职责履行情况、财务收支真实合法效益等情况，聚焦权力运行薄弱环节，按照权责一致、定量和定性相结合的原则，积极揭示企业落实中央重大政策不到位、违规决策等问题，推动领导干部履职尽责、担当作为。在国家自然科学基金委员会负责人经济责任审计中，认真研究科研领域热点，揭示了科研耗材管理、科研经费管理、学术不端等方面问题，推动有关单位积极整改，确保国家规定落实到位。

审计理论研究 认真贯彻落实《广州办关于深入开展研究型审计的实施意见》，办领导带头撰写理论文章，办分党组书记、特派员庄军同志撰写的《学懂弄通做实党的二十大精神　奋力走好高质量发展新的赶考之路》的理论文章被审计署政务微信采用。认真组织参加审计署“十四五”时期国家审计创新发展和东部南部片区专题研讨会，2篇论文同时入选大会论文集。1篇论文获得审计署“1982年宪法确立审计监督制度四十周年”主题征文三等奖。联合广东省审计厅、广东财经大学等高校专家学者组成研究团队，承担的署重点科研课题“深化党政领导干部经济责任审计研究”顺利结项，研究报告入选《审计署重点科研课题研究优秀报告（2021—2022）》。

相关工作 主动适应信息化快速发展新形势，按照数据归集要“全”、数据分析要“深”、技术应用要“新”的要求，着力抓好“构建一套大数据审计作业模式、锻造一支大数据审计机动部队、形成一批大数据审计重要成果、打造一张大数据审计特色名片”的审计信息化“四个一”工程建设，切实提高数字化审计水平，持续提高运用信息化技术核查问题、评价判断、宏观分析的能力。

坚持不懈用党的创新理论凝心铸魂，广州特派办“知秋学堂”读书会入围全国工会示范职工读书会。报送的工作动态被署“新时代党建”专栏采用，选送的1篇青年理论学习小组调研报告获署“关键小事”调研攻关活动二等奖，1篇青年干部学习成果获署“我来当主讲”主题学习活动二等奖。紧紧抓住学习宣传贯彻党的二十大精神这条主线，通过制作展板、“金句上墙”、开辟专栏等多种形式宣传解读党的二十大精神。不断深化提升基层党建工作成效质量。有1个党支部被评为中央和国家机关“四强”党支部，2个党支部被评为审计署“四强”党支部。积极参加党建课题研究，派员参加“党的十九大以来机关党建的经验和启示研究——2022年全国党建研究会机关专委会第三重点课题研讨会”并作交流发言，课题报告“党的十九大以来机关党建推动审计工作高质量发展的做法与启示”荣获“全国党建研究会机关专委会2022年度优秀课题研究成果二等奖”。

认真组织开展警示教育活动，在办公楼显示屏滚动播出“微视频”，在局域网专栏发布“漫画说纪”等内容，在办微信工作群发布“每周一警”警示教育提醒，组织学习违纪违法案例和《审计干部反腐倡廉教育警示录（四）》等。加强对日常管理重点环节和关键部位的检查，促进制度规定贯彻落实，不断深化风险防控。

坚持党管干部原则，组织开展干部选岗位、处长选干部双向选择工作，进一步修订处室年度绩效考核制度，按季度开展干部平时考核工作。与广东省审计厅联合组建审计专硕合作培养实务导师组，为合作高校审计专硕研究生开展专题授课。加大干部交流任职培养力度，推荐4名干部到地方工作，选派和抽调干部到署机关交流锻炼，参与联合国审计、国务院大督查、署内巡视、相关部委专项审计工作，接收13名学生来办开展实践锻炼。重修老干部活动室，疫情防控期间通过电子贺卡、慰问信、邮寄慰问品等方式加强对老干部的关心关怀。

实现审理信息分享常态化，编发微刊物《法治广办专刊》，及时进行归纳总结，解读司法案例，推动全体干部提高依法审计能力。认真落实普法责任制，印发《法规审理指导性案例》（2022年版），制订《2022年度法治宣传工作计划》，明确宣传主题和方式，全面履行“谁执法谁普法”职责，全年共编发7期法治宣传，切实推动审计人员做尊法学法守法用法的模范。

（撰稿人：史　勇）

【审计署驻郑州特派员办事处】 2022年，审计署驻郑州特派员办事处（以下简称郑州特派办）实有133人。设有办公室、法规审理处、财政审计处、税收征管审计处、行政事业审计处、农业审计处、资源环保审计处、固定资产投资审计处、金融审计处、企业审计处、社会保障审计处、计算机审计处、人事教育处、机关党委。

领导成员

分党组书记、特派员：王彦斌

分党组成员、副特派员：孙　剑　闫建军

分党组成员、纪检组长：董星辰

二级巡视员：李炳生（—10月）

审计成果 2022年，郑州特派办完成审计项目17个。查出主要问题金额60977294万元，其中违规金额18749万元、损失浪费金额9769万元、管理不规范金额60948774万元；非金额计量问题320个；损益（收支）不实金额79096万元；侵害人民群众利益2602万元。审计期间整改金额130122万元，审计处理处罚金额3653004万元，其中应上交财政18604万元、应归还原渠道资金391万元、应调账处理金额3634008万元。移送司法机关、纪检监察机关和有关部门处理事项5件，移送处理人员4人，移送处理金额465.58万元。审计促进整改落实有关问题资金15399064万元，促进拨付资金到位277302万元。提出建议48条，推动被审计单位制定整改措施198项；促进被审计单位建立健全规章制度66项。上报的审计信息被审计署采用29篇，其中，审计要情6篇，审计重要信息23篇；中办采用27篇、国办采用15篇，领导同志批示20篇。

实施的某省领导干部自然资源资产离任（任中）审计项目被评为全国审计机关优秀审计项目二等奖，参与实施的国家某基金审计、牵头实施的某企业专项审计分别荣获一等奖和三等奖。

政策落实情况跟踪审计 围绕重大战略落实落地，紧扣“国之大者”，揭示某省在落实京津冀协同发展重大战略中多个详细规划未出台、多项任务未如期完成、部分企业在土地征拆中牟利等问题，推动党中央战略目标有效实现，上报的生态环境治理保护项目推进不力等问题被审计重要信息单独采用，中央领导同志给予重要批示。围绕重大项目建设实施，开展特高压电网工程审计，聚焦项目建设、政策落实、招投标等方面，揭示合同管理不规范、违规转分包、损失浪费等问题，促进重大投资项目更好地发挥在稳增长中的基础作用。

财政审计　在财政收支审计领域，揭示通过虚收空转、先征后返等方式虚增财政收入，假借PPP模式虚假盘活存量资产、虚增一般公共预算收入，违规新增、虚假化解隐性债务等问题，被审计署综合报告采用；上报的某债务风险沉重地区斥巨资建设楼堂馆所及形象工程问题，被审计署“四个报告”采用，维护财经纪律严肃性，推动隐性债务稳步化解。在税收征管领域，既揭示多家企业应享未享增值税留抵退税等多项税费优惠政策，又反映网红主播等群体偷逃大额税款、贸易公司低报货物成交价偷逃关税和进口税等问题，推动相关部门深化改革、完善制度，助企纾困的同时确保税款应征尽征。

国有企业审计　在企业专项审计中围绕重大举措贯彻执行，关注重点项目研发制造成本控制和资产管理情况，揭示下属企业通过隐瞒真实成本预算、虚报生产采购资料等方式套取巨额生产资金问题，被审计要情采用，中央领导同志作出重要批示。在其他企业审计中重点反映国企改革、向境外企业支付佣金和服务费、民企挂靠、财经数据造假、应收账款核销等问题，涉及金额3000多亿元，有效推动国企国资改革。

金融审计　在信托风险情况专项审计调查中，一方面紧盯信托公司自身经营风险，揭示风险底数不实，掩盖风险资产，以固有资金垫资兑付风险项目，少计减值准备和风险资本等问题，督促被审计单位加强风险管理，落实“资管新规”等监管要求；另一方面针对信托公司“两头在外”的业务特点，重点揭示向“四证”不全的房地产项目提供融资，虚假压降通道业务为其他金融机构规避监管提供资金渠道等问题，推动防范化解外溢风险。对审计过程发现的部分员工非法获利、套取个人奖励等违纪违法问题及时移交纪检监察机关。

资源环境审计　在节能减排审计中，紧紧围绕党中央关于碳中和、碳达峰的政策要求，紧盯可再生能源电价附加补助资金、新能源汽车推广和充电设施建设补助资金，揭示的可再生能源利用项目占用耕地造成耕地撂荒、项目占用河道影响防洪安全等典型案例，被综合报告采用；上报的可再生能源发展基金欠征欠补、能耗数据失真等信息，被审计重要信息采用。同时，聚焦生态风险，反映的某地未完成涉重金属项目居民搬迁问题已被审计署移送相关部门；揭示的危险废物处置问题，被综合报告及审计重要信息单独采用；相关省份出台76项制度完善管理，1名司局级、2名处级干部受到党纪政纪处分。

民生审计　坚持以人民为中心的发展思想，下沉审计力量，开展住房、就业、农产品、困难群众救助等项目。从推动民生保障政策落实入手，揭示小麦最低收购价政策执行不到位，虚报住房租赁任务完成情况、重复保障和保障空白并存，农村户厕摸排整改不规范等问题，促进惠民富民政策落地；从解决群众急难愁盼问题着眼，促进加大困难群众救助的财政投入，严肃查处骗取套取、挤占挪用、重复领取民生资金3000多万元，揭示国储林违法占地损害失地农户权益等问题，持续推动兜住兜准兜好民生底线。

经济责任审计　在金融机构经济责任审计等项目中，聚焦权力集中、资金密集、资源富集领域靶向发力，既关注领导人员权力运行和责任落实相关情况，反映部分信贷资金未有效支持实体经济，制造业融资数据不实，落实减轻企业负担政策不到位，违规发放贷款协助地方政府虚假化解隐性债务等问题，又着力揭示重大经济贪腐问题，查处部分高管及员工违规兼职取酬、“靠山吃山”、以权谋私等问题，促进坚决打赢反腐败斗争攻坚战持久战。在央企经济责任审计中，围绕领导人员经济责任和重大经济决策事项，聚焦企业内部管控、主责主业实施等，揭示核心主业竞争力不强、子企业风险凸显、内控管理薄弱等问题，反映互联网平台问题，被审计署“四个报告”采用，多位中央领导同志给予长篇批示；同时深化审计监督效能，加强对以前年度重点企业审计的后续跟踪，相关企业根据审计报告反映问题，追责问责242人次，有效发挥了审计在推进党的自我革命中的作用。

审计查出问题整改 健全机制制度，出台审计整改跟踪检查办法，明确工作流程，压实各级责任，及时对账销号，并将整改跟踪检查情况纳入处室考核，确保整改工作落实到位。提升整改质量，建立形成实施、审理、整改的工作闭环，审计报告中将查处问题与整改要求同步送达被审计单位，督促其按照立行立改、分阶段整改、持续整改分类及时整改，整改结果二次复核，切实提升整改质量。扩大整改成效，加强以重点问题深入整改引领全面整改推进，帮助被审计单位举一反三、扩大成效，确保揭示问题、规范管理、促进改革一体推进。

研究型审计 依托每季度政策研究和业务推进会、审计业务会等，将研究贯穿于项目全过程、落实到各环节。审前，通过业务培训、审前调查等加强对党中央决策部署政治意图、战略谋划和政策要求的研究，沿着“政治—政策—项目—资金”，摸清主攻方向，找准切入点和着力点。审中，把问题和建议当课题来研究，审计组坚持日跟踪、周调度、月分析，根据问题查处情况随时调整“战术”，为重点工作留足提前量，确保反映问题切中要害，提出建议可批示、能落实。审后，及时总结经验教训，做好项目后评估，并依托政策研究和业务推进会、大数据审计案例评选等向全办推广应用优秀经验。

相关工作 纵深推进全面从严治党。把学习宣传贯彻党的二十大作为首要政治任务和头等大事，收看党的二十大开幕会，线上线下交流学习心得，确保学深悟透。加强支部建设，组织党务干部培训、年度党建述职评议等，深入实践“五个一线”党建工作法，促进“两个责任”在一线有效落实。扎实开展“学查改”专项工作，组织“我来当主讲”活动，锤炼对党绝对忠诚的政治品格。加强纪法教育，召开警示教育大会，观看警示教育片，讲授廉政党课，开展“纪律教育·天天学”活动，签订廉政承诺书，与重点人员“一对一”开展廉政谈话，修订多项制度，一体推进“三不腐”。1 名同志当选中央和国家机关党代表会议代表；4 个集体或个人荣获中央和国家机关、审计署“四强”党支部等称号。

培养锻造高素质专业化干部队伍。全力塑造敢于担当的职业精神和扎实过硬的专业能力，连续两年举办“微课堂”，细化实务导师培养措施，对“师带徒”成效进行考核，帮助新入职青年干部适应审计工作节奏，顺利完成审计署重点课题，在经济责任等大型审计项目中，打破处室界限，促进财政、金融、企业等各领域审计技能融合发展，通过重大违纪违法案件查处、与被审计单位交换意见、撰写信息报告等方式练好基本功，提升能查能说能写本领。在署党组的大力支持下，2 名干部分别提任司局级领导，2 名同志被评为审计署优秀审计案例先进个人。

加强机关综合管理。紧扣审计一线需求，转变作风、优化管理，切实为一线松绑减负，积极开展内部审计并及时进行整改完善，推进法治政府建设和强化国家安全人民防线建设，扎实做好社会治安综合治理工作。成功复创省级文明标兵单位，全国审计机关“五个十”正能量展播活动连续三年特派办第一，再次荣获服务河南经济社会发展优秀中央驻豫单位，河南省综合治理和平安建设考评连续三年获优秀等次。

（撰稿人：敬苗苗）

【审计署驻济南特派员办事处】 2022 年，审计署驻济南特派员办事处（以下简称济南特派办）实有 143 人。设有办公室、法规审理处、财政审计处、税收征管审计处、行政事业审计处、农业审计处、资源环保审计处、固定资产投资审计处、金融审计处、企业审计处、社会保障审计处、计算机审计处、人事教育处、机关党委。

领导成员

分党组书记、特派员：许永利

分党组成员、副特派员：王　成　山军辉

高　勇（7 月—援青）

宋　歌（6 月—）

分党组成员、纪检组长：于　滨

审计成果 2022 年，济南特派办完成审计项目 20 个，其中审计 16 个、专项审计调查 4 个。查出主要问题金额 2116.62 亿元；发现非金额计量问题 271 个；损益（收支）不实金额 379.07 亿元；审计发现侵害人民群众利益 1182 万元；出具审计报告和专项审计调查报告 15 篇，审计处理处罚金额 6636 万元；移送司法机关、纪检监察机关和有关部门处理事项24件；审计促进整改落实有关问题资金599.28亿元；审计促进拨付资金到位15.43亿元；审计后挽回（避免）损失4.44亿元；审计提出建议42条，被采纳42条；推动被审计单位制定整改措施113项；促进被审计单位建立健全规章制度17项；提交的审计信息被中办、国办采用及党和国家领导同志批示44篇次。

济南特派办组织实施的某市委原书记、原市长经济责任审计项目荣获全国审计机关优秀审计项目一等奖；牵头实施的某公司专项审计项目荣获全国审计机关优秀审计项目三等奖。

政策落实情况跟踪审计 心怀“国之大者”，推进国家重大战略实施。完成某省贯彻落实长江三角洲区域一体化发展规划纲要情况审计项目。结合地区实际，揭示长三角区域生态共保未形成合力、同水不同策及环境治理和环境信用现行标准各异等问题，推动破解一体化发展中的体制机制障碍。

财政审计 盯紧财政资金强化监督，促进财政政策加力提效。完成财政收支情况审计、海关履行监管职责和税收征管情况审计、政府和社会资本合作项目专项审计调查、特高压电网工程建设运营情况专项审计调查等7个项目。坚持以改革的视角揭示财政、投资等领域重大改革任务和改革举措落实情况。如揭示某省部分地市违规新增隐性债务及隐性债务化解不实100余亿元等问题，推动化解财政风险；查出部分高新技术企业未享受研发费用加计扣除政策、企业应享受未享受增值税留抵退税政策等问题，推动税费支持政策落实落地；揭示某省部分政府和社会资本合作项目存在投向不合规、政府承诺兜底收益形成隐性债务等问题，推动加强项目管理、深化投融资体制改革；查出某企业利用配额政策规避关税及进口增值税的典型问题，促进对外贸易高质量发展。

国有企业审计 维护国有资产安全，促进国有企业高质量发展。牵头完成某中央企业专项审计项目。重点核查损益的真实性，反映某专项资金长期未确认收入和成本，通过成本结转等方式跨周期调节企业利润等问题，促进国有企业加强财务管理；深入揭示某装备在科研、装机、验证等环节存在的问题，上报的审计要情中央领导作重要批示。

金融审计 坚持底线思维，促进防范化解金融风险。完成某地方国有信托公司风险情况专项审计调查。反映掩盖表内外风险资产、变相向不符合政策要求的房地产项目提供融资等问题，推动回归信托本源，服务实体经济；揭示股东资质不合格、信托资产管理中“三查”不严造成国有资产损失等问题，推动健全内部管控，提升治理能力。

农业农村审计 助力全面推进乡村振兴，加快农业农村现代化。完成某省大中型灌区续建配套节水改造相关资金审计项目和农产品目标价格补贴专项审计调查项目。反映部分地区耕地撂荒、农业灌溉机井和灌区建设管理等方面的突出问题对粮食生产的影响，推动防范化解国家粮食安全风险；查出某省部分地区涉农财政资金存在挤占挪用、申领不实和被骗取套取等问题，推动创新完善农业补贴政策工具和手段，提升政策资金效能。

资源环境审计 推动绿色低碳发展，助力美丽中国建设。完成某省节能减排相关资金审计项目。聚焦能源、工业、交通运输等碳排放重点领域，重点关注可再生能源项目审批和国有企业收购新能源发电项目相关事项。查出某省巨额可再生能源电价附加资金征收不及时、补贴被套取等问题；反映新能源汽车产业项目进展缓慢、充电基础设施利用率低等问题；揭示部分“两高”企业少报煤炭消费量，部分“两高”项目未批先建或批建规模不一致等违反环保政策的问题；查处某公司有关人员靠企吃企问题，上报的某企业领导特定关系人经商办企业获利数亿元的审计要情得到中央领导批示。

民生审计 践行以人民为中心的发展思想，推动保障和改善民生。完成某省困难群众救助补助资金审计、就业补助资金和失业保险基金审计、住房租赁相关资金审计等项目。查出的某市社会福利中心挪用特困人员、儿童、流浪乞讨人员经费等5类财政补助500余万元用于发放聘用人员工资和社保费问题，得到中央领导批示并被中央纪委监委列为重点督办问题；揭示个别地市人为设置住房租赁补助资金使用障碍，部分地区将政府投资公租房直接或间接转为国有企业所有，进而用于抵押融资造成被处置风险，推动有效保障困难群众的居住权益。

经济责任审计 紧扣领导干部履职情况精准“画像”，促进权力规范运行和反腐倡廉。完成中央企业、中央金融机构和部属高校主要领导人员经济责任审计等3个项目。揭示某高校未按要求落实科研改革、科技创新等政策，造成近5000万元科研资金长期闲置，违规引入中介机构参与中外合作办学教学和学费分成损害国有权益等问题，督促高校领导人员认真贯彻落实党中央决策部署；揭示某企业领导涉嫌利用职权为特定关系人谋利的问题，由署办公厅移送至中纪委查处；查处某地省市县三级自然资源部门严重失职、多名领导干部涉嫌受贿，致使不法企业虚报新增耕地近4万亩、套取财政资金20多亿元，多位中央领导同志作出批示，并由自然资源部、农业农村部会同某省组成专项调查组核查处理。

审计查出问题整改 坚持边审边促、边审边改，增强审计监督时效。2022年新纳入整改台账的476个问题中，259个立行立改问题已全部完成整改，217个分阶段整改和持续整改问题稳步推进，涉及问题整改金额2427亿元，促进被审计单位出台完善制度216项，追责问责7315人次；组织对2021年度的38个重点问题整改情况进行审计，揭示虚报整改完成情况、违规整改等问题，推动整改合规到位；派员参加国务院关于审计查出问题的专项督查，促进某市170余亿元闲置财政资金盘活使用。

研究型审计 以开展研究型审计为抓手，全面提升审计工作质量和水平。审前精研政策，对审计项目做好提前谋划，深入研究党中央关于被审计领域重大决策部署的政治意图和政策要求，把握好审计的政治方向和政策切入点。研究被审计领域的业务特点、发展战略、改革举措以及重点资金项目，找准项目资金的重点和落脚点，从政治层面把大局、看问题、提建议；审中分析研判，注重结合具体职责和审计项目，有的放矢开展研究，着力找准研究侧重点和着力点；审后总结提炼，开展项目后评估，立足经验推广做好成果开发研究，组织经验交流会，汇总形成审计操作指引等经验材料，实现内部的相互学习、共同提高。

审计理论研究 与中国审计学会合作开展“中小银行风险及其审计研究”课题研究，《农业支持保护补助资金补了谁》等5个审计案例被《审计工作通讯》采用，《身份证信息解读及审计应用》等2个审计案例入选审计署案例库，《总体协调 贯通研究 服务发展》等2篇经验总结被《中国审计》采用。

机关党建 把牢政治机关定位，持续用习近平新时代中国特色社会主义思想凝心铸魂。强化理论武装，组织全办干部深入学习贯彻党的十九届六中、七中全会和党的二十大精神，专题学习《习近平谈治国理政》第四卷，办分党组通过组织专题学习研讨、举办专题读书班、党课宣讲、分享学习体会等方式领学带学促学，引导党员干部深刻领悟“两个确立”的决定性意义，坚决践行“两个维护”；修订机关党务工作规则，督促指导各党支部严格落实党支部工作条例，严肃党内政治生活；组织实施党支部书记述职评议考核，以评促建，压实党支部书记党建工作责任；举办党务和纪检工作专题培训，讲解党规党纪和党建实务工作重点，组织部分党支部书记分享党建和业务工作深度融合的经验做法；扎实推进署内部巡视整改，照单全收巡视组反馈的问题，坚持立查立改，制定的具体整改措施已全部完成。2022年，3个党支部被中央和国家机关工委或审计署机关党委评为“四强”党支部。

相关工作 坚持一体推进“三不腐”，以严的基调正风肃纪。以案示警明纪，督促指导各党支部以警示录和通报案例为反面教材常态化开展警示教育，形成“不敢腐”的强大震慑；修订审计现场综合检查办法等5项制度，对延伸审计、取证审理、报告出具、线索移送等全流程实施监督，强化“不能腐”的刚性约束；依托办局域网和文明风尚群，推送党规党纪及解读文章和廉洁文化典故等内容，夯实廉洁从审的思想道德基础，提升“不能腐”的思想自觉。强化教育监督扎紧廉政风险防护网，聚焦抓早抓小做实日常监督，紧盯审计一线，加强审计现场检查和廉政风险防控，实施审前谈话提醒、审中现场检查、审后廉政回访的全过程监督；聚焦审计延伸小组、业务关键环节，对审计项目进行全覆盖监督，督促审计干部讲纪法、明底线、守规矩。2022年，济南办没有发现违纪违法问题。

优化干部育选管用，着力锻造忠诚干净担当的审计干部队伍。加强组织培养，确定长期在审计一线工作、表现优秀、群众公认度较高的2名副处长临时负责处室工作，安排3名处长轮岗任职，进一步提升处室负责人综合能力；厚植青年干部成长沃土，修订审计实务导师制度，严格选配实务导师，建立动态管理台账，强化实务指导。安排青年干部轮流担任项目主审，在审计实践锻炼中提升能查能说能写能力；推进精准施训施教，举办案例沙龙、专题讲座，召开研究型审计和大数据审计交流会，强化互动交流，增强培训实效；修订处室和公务员年度考核办法，督促审计人员按季度总结工作中的亮点和不足，复盘得失，扬长避短，提升履职水平；工青妇群团组织积极开展书画摄影展、健步走、主题团日、红色经典诵读等活动，进一步激发审计人员干事创业的内生动力。2022年，1个处获评“全国巾帼文明岗”，2名干部被审计署评为优秀审计案例先进个人，1名干部获评审计署巾帼建功先进个人。

（撰稿人：郑秀芹）

【审计署驻西安特派员办事处】 2022年，审计署驻西安特派员办事处（以下简称西安特派办）实有145人。设有办公室、法规审理处、财政审计处、税收征管审计处、行政事业审计处、农业审计处、资源环保审计处、固定资产投资审计处、金融审计处、企业审计处、社会保障审计处、计算机审计处、人事教育处、机关党委；下设机关后勤服务中心。

领导成员

分党组书记、特派员：郭　西

分党组成员、副特派员：王　磊　王云峰
刘　铮（5月—）
王　栋

分党组成员、纪检组长：李华阳

一级巡视员：张晓青　赵田录（—7月）

审计成果 2022年，西安特派办完成审计项目12个，其中审计11个、专项审计调查1个。查出主要问题金额49679126万元，其中违规金额73949万元、损失浪费金额435万元、管理不规范金额49604741万元；审计发现非金额计量问题146个；损益（收支）不实金额5429378万元；审计发现侵害人民群众利益83184万元；出具审计报告和专项审计调查报告12篇。审计处理处罚金额2665581万元，其中应上缴财政14948万元、应归还原渠道资金145627万元、应调账处理金额2505005万元；移送司法机关、纪检监察机关和有关部门处理事项11件，移送处理人员74人，移送处理金额43764万元。审计促进整改落实有关问题资金4082359万元；审计促进拨付资金到位789033万元。审计提出建议42条，被采纳42条；推动被审计单位制定整改措施169项；促进被审计单位建立健全规章制度43项；提交审计信息63篇，被批示、采用60篇次。

参与实施的国家某基金审计项目、牵头实施的政策性粮食储备管理相关政策落实情况审计调查项目和负责实施的西安市委书记、市长经济责任审计项目被评为审计署优秀审计项目。

政策落实情况跟踪审计 聚焦重大战略、重大举措、重大项目，组织实施了京津冀协同发展、国家重点研发计划资金和某专项资金审计。京津冀协同发展审计揭示了某开发区以“自卖自买”国有企业股权、资金循环反复“空转”等方式虚增财政收入等问题，审计发现的某开发区向企业输送利益问题被审计署重要移送采用。国家重点研发计划资金审计揭示的某科研机构挪用科研资金利息违规发放工资，专家关联单位参与的科研项目弄虚作假、关联专家违规参与评审并通过验收等问题被典型事例采用。

财政审计 聚焦地方政府债务风险和税收政策落实，组织开展了陕西财政收支、PPP项目和政策落实跟踪审计，宁夏财政收支审计，以及四川税收审计和天津海关审计，审计揭示某市违规新增政府隐性债务500多亿元，其中财政投入和举债建设国际会议中心问题被习近平总书记在中纪委六次全会上点名批评；审计反映的某市脱离实际大拆大建造成群众未妥善安置、拆迁补偿款未及时兑付等忽视甚至侵害群众利益以及形成巨额政府隐性债务问题，被独立审计重要信息采用并得到习近平总书记批示，当地为此成立专门领导小组进行全面整改，及时化解风险。税收和海关审计开展多维度数据分析，揭示了多家企业伪报商品编码出口杨树板材骗取出口退税、部分企

业利用金税三期系统漏洞虚开发票等问题。围绕国家战略深度挖掘与工程相关的问题点，在川藏铁路审计中，结合西藏海拔高、参建人员多的特点，发现川藏铁路西藏段按项目参保政策未落实的问题，推动切实保障农民工权益；在特高压专项审计调查中，深入研究参建单位“业务流”“资金流”和“发票流”，发现施工单位违规操作签订虚假合同多支付工程款造成国有资产流失、相关单位违规私设“小金库”等问题形成审计署移送和特派办移送各 1 篇。

金融审计　聚焦中小金融机构风险管控，组织开展了地方国有信托公司风险情况专项审计调查，审计组多次走访监管机构、调查外部单位、判断人物关系，确定了法人治理、金融风险两大主攻方向，揭示了某信托公司违法经营、掩盖风险、落实政策严重不到位以及信托风险外溢等问题，相关问题线索被独立审计要情采用，并得到了习近平总书记批示，有力防范化解金融风险。2022 年，由西安特派办查处并上报的案件线索，央行副行长范某被查处，这是党的二十大后中纪委拿下的“首虎”，在我国金融领域影响重大。

农业农村审计　在陕西省灌区改造资金审计中，沿着“资金—项目—政策—政治”线谋划实施、分析提炼，揭示了多个单位私设“小金库”、管理部门截留挪用农业灌溉设施补偿款、部分工作人员涉嫌受贿，建设单位违规串通投标等重大违规违纪问题，被典型事例采用，并形成审计署重要移送和特派办重要移送各 1 篇。

资源环境审计　在陕西省节能减排审计中，围绕“碳达峰碳中和”重大国家战略贯彻落实情况，揭示财政资金征管用等方面典型问题；透过新能源项目火热上马的表象，发现光伏电站项目建设和交易中违规骗取国家补贴、私自倒卖项目获取利益等乱象；紧盯光伏电站项目用地环节，查出某管委会干部违规低价出租土地进行利益输送的违纪问题线索，由审计署移送省级纪检监察机关；反映的可再生能源发展基金、光伏扶贫及电站乱占耕地、能耗数据不实等问题被审计重要信息采用 5 篇。

民生审计　聚焦民生领域急难愁盼问题，组织开展了陕西省困难群众救助、住房保障、就业等民生审计，打通项目和资金“最后一公里”，把看好和推动用好民生资金作为审计最大的为民情怀，累计揭示违规问题近 20 亿元，推动各项惠民富民政策落实。困难群众救助审计反映的某儿童福利院相关人员涉嫌失职渎职和贪污等突出问题，被审计署重要移送采用，公安部、民政部等联合开展专项行动进行查处；就业补助资金审计反映了部分机构或个人截留套取、骗取就业补助资金和失业保险基金等问题。

经济责任审计　聚焦重点领域和关键环节，加强对权力运行的监督制约，牵头实施中信集团经济责任审计和独立实施中铝集团经济责任审计。2022 年是国企改革三年行动的收官之年，审计组从央企经济责任审计项目立项阶段开始提早谋划，深入研究被审计单位的历史沿革、发展现状、改革方向、政策规定、中长期发展规划等；统筹安排前期调查、人员选调、方案编制、确定分工等工作，确保疫情防控期间审计工作有序推进。审计反映违规经营和决策导致损失、违规财务核算、法人治理漏洞等问题，重点揭示存在影响企业发展的严重风险，促进权力规范运行。

审计查出问题整改　聚焦重大违纪违法问题和群众身边的“微腐败”，全年向纪检监察、公安等部门累积移送问题线索 25 件，其中审计署移送数量较上年翻了一番，审计要情反映的违纪违法问题涉及中管干部 2 人，有力发挥了审计反腐利剑作用。坚决扛起审计整改政治责任，探索建立“四位一体”审计整改管理模式，严格落实审计整改长效机制和《审计整改工作业务流程》，扎实做好“下半篇文章”。2021 年度审计查出问题已完成整改 543 项，立行立改问题整改率 96%，推动完善相关制度 227 项；已办理移送的问题线索中有 9 起主管部门已办结，处分处理人员 25 人。组织对 5 个审计项目 30 个问题整改情况开展专项审计，推动所有问题按照要求整改到位。

研究型审计　一是加强日常性的政策研究，将学习党的创新理论、党中央重大决策部署与研究型审计工作相结合，深刻领会党中央决策部署的政治意图、战略谋划和实践要求。如资源环境审计深入学习党中央关于生态文明建设的战略部署，提升揭示问题的高度和深度。二是加强特定性的项目研究，重点研究项目背景、历史沿革、项目特征，如企业审计围绕“2022 年是国企改革三年行动的收官之年”这一目标定位开展政策研究，提前锁定审计重点。三是加强针对性的专业研究，注重研究审计，思路和方法，如国家重点研发计划资金审计，针对项目数量多、散等特点，加强对业务流程和资金脉络研究，寻找审计突破口。四是加强研究型审计和大数据审计“双核驱动”。审计中将研究型审计与大数据分析同部署、共落实，积极挖掘审计成果最大化，2022 年全办形成数据分析成果 124 项，其中 22 项服务审计信息、68 项服务审计报告。此外，持续完善“三个清单”（“宏观政策学习清单”“支部学习清单”和“审计法规制度学习清单”）和“四库”（“政策库”“问题库”“情报库”和“案例库”）建设，全年完善审计案例和案件线索 67 个。

审计理论研究 一是以办审计理论研究会为平台，组织理论研究骨干参加各项学术活动，加强学术交流，发挥引领作用，切实提高全办理论研究水平，努力建设学习型审计机关。财政审计处和行政事业审计处承担了 2022 年度重点课题——“政府专项债券课题研究”；金融审计处承担了 2022 年度合作课题——“中小商业银行风险课题研究”。二是积极搭建信息沟通和资源共享平台，为分散在各地审计现场的审计人员提供便利，以有效利用碎片时间开展研究交流。积极搜集时政资讯和社会热点，编发信息重要观点摘录 7 期，为审计一线提供信息参考和资源共享。三是提供“一条龙”服务，助力审计人员集中精力开展理论研究。定制了“中国知网”论文查重服务，对所有投稿统一出口、严格把关、杜绝抄袭。先后开展了财政、税收、金融、企业、资环、社保审计等多个领域的案例交流，在办内开展新技术在审计中的应用等相关课题讲座和学术交流活动。

相关工作 为强化责任落实，解决干部职工不想为、不会为、不敢为等突出问题，西安特派办深入开展“责任担当年”主题活动，积极构建“明责、定责、履责、督责、评责”一体推进、协同发力的责任体系，组织各党支部以“老办变强办，我该怎么办”为主题开展大讨论，认真梳理岗位职责，深入查摆具体问题 81 条，逐条挂账销号。通过主题活动，全办人员责任担当意识明显增强，工作效率和干事劲头明显提高。2022 年为克服疫情影响，异地审计组长期坚守审计一线，有的同志在外出差近 3 个月未回家，为圆满完成审计任务争取了宝贵时间，如中信集团经济责任审计组在特派员和分管办领导的带领下坚守审计现场 110 多天，人均回办休整不足 2 天；企业审计全年人均出差时间超过 250 天，最长达 290 多天；投资审计克服缺氧等不良反应，在青藏高原连续战斗 2 个多月等等，审计人员用实际行动彰显了审计“野战军”的责任与担当。

（撰稿人：侯青杨）

【审计署驻兰州特派员办事处】 2022 年，审计署驻兰州特派员办事处（以下简称兰州特派办）实有 140 人。设有办公室、法规审理处、财政审计处、税收征管审计处、行政事业审计处、农业审计处、资源环保审计处、固定资产投资审计处、金融审计处、企业审计处、社会保障审计处、计算机审计处、人事教育处、机关党委。

领导成员

分党组书记、特派员：钱夫中

分党组成员、副特派员、机关委员会书记：强　军

分党组成员、副特派员：万宗霖　杨　凡

一级巡视员：张燕飞

二级巡视员：谢积强　张培林　段连洲

审计成果 2022 年，兰州特派办完成审计项目 17 个，查出违规金额 16.27 亿元、管理不规范金额 3682.05 亿元，促进整改落实金额 581.2 亿元，移送司法、纪检监察及有关部门问题线索 34 起，提交的审计信息被中办、国办采用及国家领导人批示 41 篇次。

参与实施的审计项目荣获全国审计机关优秀审计项目一、二、三等奖各 1 个。

政策落实情况跟踪审计 紧紧围绕习近平总书记关于甘肃发展的重要指示批示精神和地方经济社会发展大局，开展中央直达资金专项审计、政府和社会资本合作项目专项审计调查等项目，跟踪关注中央直达资金分配、拨付和使用等机制运行情况，紧扣政府和社会资本合作项目总体运行管理关键环节反映突出问题。

财政审计 围绕加快建立现代财政制度、提高财政资金效益，开展地方财政收支审计、海关

履行监管职责和税收征管情况审计、税收和非税收入征管及税务部门预算执行审计等，关注重点专项转移支付资金管理使用、落实政府过紧日子要求、税收征管和实货监管等方面存在的突出问题。

围绕电网领域重大政策措施贯彻落实，开展特高压电网工程建设及运营情况审计，重点揭示规划和政策落实、工程建设管理、工程投资绩效、安全管控和运营管理等方面存在的问题。

农业农村审计 立足促进惠农政策贯彻落实、提高财政补贴资金绩效、保障重要农产品安全，实施大中型灌区续建配套节水改造相关资金审计、农产品目标价格补贴专项审计调查等项目，推动乡村振兴战略落实落地。

民生审计 围绕社会政策落实，开展住房租赁相关资金审计、医疗保险基金审计和“三医联动”改革专项审计调查等项目，严肃查处各类损害群众切身利益的突出问题和不正之风，推动社会保障体系更好惠及人民。

资源环境审计 围绕碳达峰碳中和重大战略决策，实施节能减排相关资金审计，揭示可再生能源电价附加补助资金征收管理、可再生能源建设运行、新能源汽车推广补助资金和相关政策落实、“两高”项目管控和能耗双控政策落实等方面的主要问题。

金融审计 围绕防范化解重大风险要求，立足财务收支真实合法效益，开展地方国有信托公司风险情况专项审计调查，关注重点金融机构服务实体经济、支持小微企业发展、支持科技创新、风险防控等情况，强化综合分析研判，加大对各类风险的揭示力度。

经济责任审计 聚焦权力运行和责任落实，找准审计重点，紧盯财政资金分配、国有资产处置、公共资源交易等重要领域和关键环节，开展某国有企业领导人员经济责任审计，参与某国有银行领导人员经济责任审计，促进权力规范运行和反腐倡廉。

审计查出问题整改 严格落实中办、国办关于建立健全审计查出问题整改长效机制的意见，研究制定审计整改认定暂行标准、审计整改工作规程等规范性要求，构建完善全周期、全口径的整改管理机制，坚持一体推进揭示问题、规范管理、促进改革，推动审计发现问题整改涉及金额581.2亿元。

研究型审计 制订年度学习研究工作方案，按照全办、处室、个人分层次统筹安排260余项学习研究任务持续推进。各处室结合审计领域和审计项目安排，确定专项债管理、税收优惠政策、中小银行风险等研究方向，摸清重点领域、关键环节。在审计、审理、审核中坚持“来龙去脉清楚、原因后果清楚、基础理论清楚、改革发展方向清楚”的审计成果标准，对较难把握的问题采取会商机制，由办公室、法规审理处和业务处共同协商、妥善解决。全覆盖开展项目后评估，全面总结审计项目实施得失，形成具有可操作性的审计思路和方法“标准件”，做到沿着“政治—政策—项目—资金”一条主线双向贯通、首尾循环、正反可逆。

审计理论研究 深入研究习近平总书记关于审计工作的重要指示批示、新时代审计工作发展思路和目标任务等，发表《以“四个清楚”为纲 提升审计服务经济社会发展的质量》《踔厉奋发 笃行不怠 坚定迈出特派办高质量发展新步伐》《以高度的政治责任感推动特派办审计工作高质量发展》等理论文章。与中国审计学会合作完成研究课题《优化专项债券管理 推动有效投资和重大项目建设》，撰写的《财政审计发挥宏观调控“工具箱”作用探讨》入选中国审计学会“十四五”时期国家审计创新发展专题研讨会论文集。青年理论学习小组组织青年干部开展理论研究，举办10个课题的验收答辩会，表彰优秀研究课题。

相关工作 深入学习党的二十大精神，研究制定13项具体学习贯彻措施，开展“对党忠诚，始于足下”学习教育，对标对表党中央战略部署和重大举措，认真研究各审计领域工作思路、内容重点、实现路径。扎实开展“学查改”专项工作，持续深化全国文明单位创建工作，1名干部被授予“甘肃青年五四奖章”，3个党支部荣获中央和国家机关或审计署“四强”党支部称号，金融审计处被审计署推荐为“全国三八红旗集体”候选对象。强化党风廉政建设，认真践行监督执纪“四种形态”特别是第一种形态，持之以恒纠治“四风”，定期召开专题会议分析研究党风廉政建设工作形势，扎实开展警示教育活动，召开党支部廉政风险提醒会“一对一”“面对面”提醒。系统梳理廉政风险点，制定《审计组执行廉政纪律情况自查表》，开展审计档案专项检查，加强对审计权力运行的监督。

科学修订年度考核办法，细化平时考核指标，完善实务导师考核细则，完成8名处级领导干部选拔任用和28名干部职级晋升工作，干部管理制度不断健全，干部结构进一步优化。加大干部培训力度，分层级分专题开展专业知识培训，组织开展“处长上讲台”“大数据审计论坛”等活动，组织网络培训近400人次，提升干部宏观政策把握能力。将纪律执行作为干部监督管理的重点，认真落实领导干部配偶、子女及其配偶经商办企业行为常态化管理机制，加强拟选拔任用考察对象重点核查和其他干部报告随机抽查，按季度通报工作纪律检查结果，全面提升干部纪律规矩意识。

开展“质量提升年”活动，从加强政治素养、强化专业技能、提高工作效率、锤炼工作作风等方面提出49项具体任务，推动提高审计工作质量。制定、修订数据分析室使用细则等5项制度规定，加大对公文、档案等基础工作的监督检查力度，对规定执行不到位的处室和人员实名通报，将领导指示批示、重要会议议定事项、重要专项任务、重要审计信息全面纳入督办管理，牢固树立规范意识和严谨细致的工作作风。积极推进预算管理一体化建设，强化资产全生命周期管理，严格规范处置资产，严格落实过紧日子要求。积极克服疫情对各项工作的不利影响，每月开展安全隐患排查整治，做好党的二十大等重大活动期间安全保障，2021年度平安甘肃建设考核获良好等次。

（撰稿人：王　芸）

【审计署驻昆明特派员办事处】 2022年，审计署驻昆明特派员办事处（以下简称昆明特派办）实有135人。设有办公室、法规审理处、财政审计处、税收征管审计处、行政事业审计处、农业审计处、资源环保审计处、固定资产投资审计处、金融审计处、企业审计处、社会保障审计处、计算机审计处、人事教育处、机关党委。

领导成员

分党组书记、特派员：周应良

分党组成员、副特派员：杨恒田　文卫国
马敏周（8月—）

分党组成员、纪检组长：李飞（6月—）

一级巡视员：哈耀卿

审计成果 2022年，昆明特派办共完成审计项目20个。查出主要问题金额7710.83亿元，其中违规金额5.26亿元、损失浪费金额0.18亿元、管理不规范金额7705.39亿元；审计发现非金额计量问题74个；损益（收支）不实金额4.17亿元；出具审计报告和专项审计调查报告13篇。审计处理处罚金额5.11亿元，其中应上缴财政0.087亿元、应归还原渠道资金5.023亿元；移送司法机关、纪检监察机关和有关部门处理事项1件，移送处理人员1人，移送处理金额0.037亿元。审计促进整改落实有关问题资金5459.84亿元；审计促进拨付资金到位0.28亿元；移送处理落实事项1件。审计提出建议37条，被采纳37条；推动被审计单位制定整改措施3项；促进被审计单位建立健全规章制度67项；提交审计信息37篇，被批示、采用29篇次。审计业务成果在特派办排第1位，年度考核结果在特派办排第2位。

牵头实施的国家某基金审计项目被评为全国审计机关优秀审计项目一等奖；独立实施的云南省党政主要领导干部经济责任审计项目被评为全国审计机关优秀审计项目二等奖；3个优秀审计案例和4名先进个人受到署党组表彰。

政策落实情况跟踪审计 组织实施云南省、贵州省政策落实跟踪审计，围绕中央直达资金使用管理环节，紧扣增进民生福祉强化监督，揭示了资金分配不规范等问题；围绕PPP项目管理各环节，紧扣规范权力运行强化监督，揭示了不顾财力建设景观工程、“搭便车”修建楼堂馆所、转嫁财政支出责任规避监管、项目“包装”入库等问题。

财政审计 开展贵州省2021年财政收支审计、云南省政府和社会资本合作项目专项审计调查、广东省2021年度税收和非税收入征管及部门预算执行审计。揭示了违规核算、“空转”虚增财政收入等收入质量不高、违规修建楼堂馆所等落实过紧日子要求不严格、税务部门后续监管不到位，优惠政策不明晰不细化导致企业违规享受所得税优惠等问题。

金融审计 牵头实施中国工商银行股份有限公司风险防控和政策落实情况专项审计、兴业国际信托有限公司风险情况专项审计调查。重点关注金融创新业务脱实向虚等深层问题，揭示金融领域各类违纪违法问题和金融风险、财政风险、企业风险等相互交织、相互传导的乱象。

农业农村审计 实施了贵州省国家乡村振兴重点帮扶县巩固拓展脱贫攻坚成果同乡村振兴有效衔接相关政策和资金审计。揭示了未按要求设定衔接阶段农村危房改造补助标准、医保政策衔接不到位致数万名困难群众应保未保、耕地地力保护补贴资金被挪用未按时发放等问题，审计接续助力巩固拓展脱贫攻坚成果同乡村振兴有效衔接。

资源环境审计 开展了贵州省节能减排相关资金审计、云南省耕地占补平衡相关资金审计。揭示了能源消费统计数据失真造假、新能源汽车存在产能过剩风险和资源浪费等问题。

民生审计 实施了贵州省困难群众救助补助资金审计、广西壮族自治区住房租赁相关资金审计、云南省医疗保险基金和“三医联动”改革专项审计调查、云南省“十三五”社会服务兜底工程审计。揭示了儿童福利机构挤占挪用和截留救助资金、虚报租赁住房筹集任务完成数、中央补助资金长期闲置未发挥效益等问题。

经济责任审计 实施了贵州省人民检察院检察长经济责任审计、2 户国有企业主要领导人员经济责任审计。深入研究影响行业健康发展的体制性问题，笃定反映历次审计都未能解决的行业“惯常做法”，推动规范行业管理；揭示了某国有企业在保障网络和信息安全、绿色低碳发展等 6 个方面政策落实中存在的具体问题，推动中央政策不折不扣落实落细，把“两个维护”转化为实际举措。

审计查出问题整改 坚持边审边改和审后跟踪督查相结合，审计过程中即对被审计单位提出明确的整改要求，督促其立审立改、边审边改，增强审计实效；审计结束后对审计报告、审计意见、审计决定、审计事项移送处理书等反映的问题和提出的意见建议及时建立问题整改清单，明确问题责任单位、整改标准、整改时限等，实行整改台账全口径和全周期管理，定期跟踪未整改到位问题。组织实施贵州省整改 2021 年度审计查出问题有关情况审计项目，有力揭示被审计单位在整改过程中存在的虚假整改、表面整改等问题，推动审计整改工作走深走实。

研究型审计 树立抓实研究型审计的鲜明导向，处室考核、公务员平时考核、优秀审计项目评选等工作重点关注研究型审计开展情况及取得的成果。紧扣实施方案开展审计，在做好“必答题”的基础上，有针对性地开展特色专题研究，培养审计干部“带着专题做项目”的研究型思维习惯，更加注重审计发现问题的原因分析、定性定责，不断提升思维层次、拓宽审计思路。把对象研究作为开展研究型审计的一个重要方向，全面梳理云贵两省审计对象的基本专业知识和党的二十大精神关于各领域的要求，同时对审计人员是否掌握本领域的应知应会知识点进行抽查，做到研以致用、以研促审。

审计理论研究 聚焦审计主责主业，坚持审计成果导向，推进审计项目与课题研究的双向贯通，组织完成署重点科研课题“省级地方党政领导干部经济责任审计项目优化组织管理的思路与实现路径”、中国审计学会合作课题“PPP 项目审计研究”等 5 项课题研究。分审计领域组建 9 个专业政策研究分析团队形成 26 个研究题目，以研究助力审计成果最大化。初步构建涉及研究型审计、审计成果、审计项目管理和质量控制、审计整改 4 个维度的 20 项量化指标的审计项目后评估体系，完成 16 个审计项目的总结评估。刊发理论研究会刊《审计·探索》2 期，刊载理论研究文章 33 篇。组织开展“宏观政策研究岗位大练兵”活动，持续开展全办大数据审计政策清单、数据清单、算法清单“三张清单”研究。开展“我来当主讲”青年论坛宣讲，1 篇优秀学习成果、“关键小事”调研攻关活动分别获审计署一等奖、三等奖。

相关工作 围绕主题主线，深化二十大精神学习，组织党员干部收看党的二十大开幕会盛况，及时制订昆明特派办学习宣传贯彻二十大精神实施方案，办分党组书记讲授专题党课，分层分类组织实施专题学习讨论，开展“我们这十年”短视频征集、“党的二十大精神应知应会微课堂”“砥砺奋进守初心、审计礼赞二十大”系列活动，激发党员干部在丰富的学习活动中学出坚定信仰、绝对忠诚和强烈担当。开展“对党忠诚，始于足下”政治机关意识主题教育，培养党员把对党忠诚转化为以身许党许国的理想情怀和献身审计事业的责任担当。深入推进“学查改”专项工作，把学习过程同步转化为增强党性修养、完善工作思路、解决实际问题、提高工作水平的实践过程。修订规范审计组临时党组织工作的意见，制定昆明特派办审计组党风廉政建设工作参考，进一步强化党建引领，压实管党治党责任。开展副处级领导干部能力素质提升专项活动，提升处级领导干部带队伍、抓管理、出成果的综合能力。精准科学选拔考核干部，坚持党管干部原则，突出选人用人硬标尺，20名干部晋升职级。细化内部管理，开展内部审计和“粗心大意”专项整治活动，细化综合管理各环节责任，制定或修订9项内部管理制度。印发法治宣传教育和法治建设工作要点，编发5期《昆办普法 on line》、16期“普法园地”，开展民法典宣传月活动，参加审计署“1982年宪法确立审计监督制度四十周年征文”活动并获二等奖。统筹做好定点帮扶、精神文明建设、疫情防控等工作，加强安全保密管理和社会治安综合治理。　（撰稿人：杨希楠）

【审计署驻成都特派员办事处】　2022年，审计署驻成都特派员办事处（以下简称成都特派办）实有140人。设有办公室、法规审理处、财政审计处、税收征管审计处、行政事业审计处、农业审计处、资源环保审计处、固定资产投资审计处、金融审计处、企业审计处、社会保障审计处、计算机审计处、人事教育处、机关党委。

领导成员

分党组书记、特派员：武晓晨

分党组成员、副特派员：刘　峰　陈　超

分党组成员、纪检组长：李衡峰

一级巡视员：景东华　程一平（—9月）

二级巡视员：李　琦

审计成果　2022年，成都特派办完成审计项目20个，其中审计项目18个，专项审计调查2个。查出主要问题金额34976893万元，其中违规金额285195万元、损失浪费金额100529万元、管理不规范金额34591167万元；审计发现非金额计量问题410个；损益（收支）不实金额50779万元；审计发现侵害人民群众利益108863万元；出具审计报告和专项审计调查报告23篇。审计处理处罚金额284696万元，其中应上缴财政143657万元、应归还原渠道资金132587万元、应调账处理金额8451万元；移送司法机关、纪检监察机关和有关部门处理事项5件，移送处理人员56人，移送处理金额5741万元。提交审计信息26篇，被批示、采用审计信息42篇次。

成都特派办在审计署2022年度综合考核中被评为优秀等次。牵头实施的四川省贯彻落实成渝地区双城经济圈建设规划纲要情况审计项目、某银行风险防控和政策落实情况专项审计项目分别被评为全国审计机关优秀审计项目一、二等奖，参与实施的国家某基金审计项目、政策性粮食储备管理相关政策落实情况审计调查项目被评为全国审计机关优秀审计项目一等奖。

政策落实情况跟踪审计　完成浙江省贯彻落实长江三角洲区域一体化发展规划纲要情况审计。审计发现在提升基础设施互联互通水平、强化生态环境共保联治、高水平建设长三角生态绿色一体化发展示范区等方面存在问题，进一步总结完善了区域战略审计的工作方法。

财政审计　完成四川省2022年度财政收支情况审计。审计发现“三公”经费管理不到位、招商引资违规返还收入、违规新增暂付性款项、教育经费管理不到位、过紧日子要求执行不到位、102项重大工程实施和预算一体化实施存在问题。

完成国家税务总局云南省税务局2022年度税收和非税收入征管及部门预算执行等情况审计、成都海关履行监管职责和税收征管情况审计。审计发现在政策落实、组织收入和履行征管职责、部门预算执行等方面存在问题。

完成特高压电网工程建设运营情况专项审计调查、川藏铁路雅安至林芝段建设项目审计。审计发现在重大能源政策落实、重要改革方案推进、工程建设过程中财务管理及招投标合同管理、部分已投运项目投资绩效、施工安全风险排查以及项目部分生态环境保护措施执行方面的问题。

完成四川省2021年度网络安全和信息化专项资金情况审计。审计发现在信息化目标任务和政策落实、信息化资金筹集管理使用、网络和数据安全制度执行、信息化项目建设管理和应用等方面存在问题。

国有企业审计 完成中国核工业集团有限公司经济责任审计和中国广核集团有限公司 2018 年至 2021 年财务收支情况审计。审计发现在贯彻执行中央重大经济方针政策和决策部署方面，企业财务的真实、合法、效益方面，履行境内重大经济决策职责和管理职责方面，境外投资和国有资产管理使用方面，落实党风廉政建设责任制和遵守廉洁从业规定方面存在问题。

金融审计 完成国家开发银行风险防控和政策落实等情况专项审计、中铁信托有限责任公司风险情况专项审计调查。审计（调查）发现在防控政信类企业债务风险、普惠金融服务以及支持煤电保供稳价等方面，在经营风险、政策落实、外溢性风险以及公司治理和内部控制等方面存在问题。

农业农村审计 完成四川省农产品目标价格补贴专项审计调查。审计发现在资金管理使用、目标价格补贴政策落实、目标价格补贴政策与其他相关政策衔接等方面存在问题。

资源环境审计 完成四川省党政主要领导干部自然资源资产离任（任中）审计。审计发现在生态屏障建设、贯彻相关产业发展等生态文明决策部署、部分国家战略性矿产资源开发利用、部分生态环境治理工作落实等方面存在问题。审计意见受到侯凯审计长高度肯定，被审计署作为模板下发各特派办学习借鉴，成为实施自然资源资产审计以来第一份审计意见模板。

完成四川省节能减排相关资金审计。审计发现在可再生能源电价附加补助资金的征收、管理和使用方面，在可再生能源规划、建设和运行方面，在新能源汽车推广应用补助资金和相关政策落实方面，在“两高”项目管控和能耗双控等政策落实方面存在问题。

民生审计 完成四川省 2021 年困难群众救助补助资金审计和贵州省医疗保险基金和“三医联动”改革专项审计调查。审计发现在困难群众救助补助资金分配拨付和待遇发放、救助政策落实、药品耗材供应保障、医疗服务供给等方面存在问题。

经济责任审计 完成四川省党政主要领导干部经济责任审计。审计发现在贯彻执行中央重大经济方针政策、决策部署和履行民生保障和改善职责方面，在履行财政财务管理和经济风险防范等职责方面，在经济活动中落实党风廉政建设责任和遵守廉洁从政规定方面存在问题。

完成四川省高级人民法院经济责任审计。审计发现在重大经济决策制度执行、预算执行和管理、资产管理、政府采购和重大项目建设以及落实党风廉政建设等方面存在问题。

审计查出问题整改 印发《审计署成都特派办关于推动落实审计整改有关工作的通知》，完成整改 2021 年度审计查出问题审计，切实做好审计整改“下半篇文章”。2022 年，审计促进整改落实有关问题资金 4784730 万元，其中，增收节支 203742 万元、已调账处理 362913 万元。审计促进拨付资金到位 270276 万元；审计后挽回（避免）损失 10487 万元。审计提出建议 102 条，被全部采纳；推动被审计单位制定整改措施 179 项；促进被审计单位建立健全规章制度 10 项。

研究型审计 坚持定期分地区分行业收集汇编习近平总书记有关重要讲话精神、战略政策规划、权威热点解读、法律法规等研究资料，常态化开展审计现场研究交流活动，探索提炼审计成果选题方法和形成思路，大力构建审计项目后评估制度，持续推进“桂溪学堂”学习平台建设，培育打造“扬帆企航”企审讲堂、“碧水丹心”绿色讲堂、“税收知识小课堂”等研究型审计学习品牌。

审计理论研究 与中国审计学会合作完成《深化收入预算执行审计》等理论研究课题。

内部审计 对办本级、机关后勤服务中心和机关工会 3 个核算单位 2021 年度预算执行及财务收支情况进行了内部审计。

相关工作 一是推进全面从严治审。以迎接党的二十大召开和学习宣传贯彻党的二十大精神为主线，组织开展“强党建 扬清风 聚合力 促发展”向党的二十大献礼主题实践活动，持续掀起学习宣传贯彻热潮。深入学习贯彻习近平新时代中国特色社会主义思想，强化政治机关建设，增强“四个意识”、坚定“四个自信”、做到“两个维护”，更加深刻领悟“两个确立”的决定性意义。大力提升机关党建质量，1 个党支部被评为中央和国家机关“四强”党支部，2个党支部被评为审计署“四强”党支部。一体推进“三不腐”，对重大审计项目实行审前纪律提醒、审中现场检查、审后廉政回访、未在报告反映问题合规性检查“四个全覆盖”，促进依法审计、文明审计、廉洁审计。

二是提升审计监督效能。持续完善全员全流程审计质量控制体系，加强审计质量培训，严格审计现场、审计审理、集中审议的质量把关，实行审计现场管理必备资料清单、审计事项清单、质量检查记录表单、未在审计报告反映问题清单管理，重大审计项目配备“双主审”、兼职审理人员，大力开展专项审计质量检查，确保审计质量过硬。深入推进法治政府建设，积极营造良好的学法守法用法氛围。充分运用大数据技术，全面推行数字化审计模式，积极优化审计数据资源，大力营造良好数据分析环境，扎实做好网络数据安全管理，不断提高审计信息化建设水平。

三是加强干部队伍建设。以“能查、能说、能写”为培养重点，举办各类专题培训活动，积极选派干部参加审计署集中培训，大力塑造敢于担当的职业精神，培养扎实过硬的专业能力，构建分层分类干部培养体系。每季度定期分析研究干部思想动态，有针对性做好干部思想政治工作，在政策允许范围内积极协调解决干部职工实际困难，大力鼓励创先争优，6人被表彰为审计署优秀审计案例先进个人。坚持每月动态调整审计组人力资源配置，加大轮岗交流力度。严格公务员平时考核，树立更加鲜明的选人用人导向，选拔任用一批优秀干部。 （撰稿人：刘　杨）

【审计署驻长沙特派员办事处】　2022年，审计署驻长沙特派员办事处（以下简称长沙特派办）实有139人。设办公室、法规审理处、财政审计处、税收征管审计处、行政事业审计处、农业审计处、资源环保审计处、固定资产投资审计处、金融审计处、企业审计处、社会保障审计处、计算机审计处、人事教育处、机关党委。

领导成员

分党组书记、特派员：程　光

分党组成员、副特派员、一级巡视员：车列武

分党组成员、副特派员：张秋雷（—7月）
张　辉（6月—）

分党组成员、纪检组长：任　康

一级巡视员：谢岳山　黄建宇

二级巡视员：李厚琼　田　芳

审计成果　2022年，长沙特派办完成审计项目22个，查出主要问题金额910.31亿元，其中违规金额22.32亿元、损失浪费金额2.01亿元、管理不规范金额885.97亿元；审计发现非金额计量问题307个；损益（收支）不实金额35.32亿元；审计发现侵害人民群众利益0.96亿元；出具审计报告和专项审计调查报告22篇，提交审计信息被审计要情采用5篇、审计重要信息采用21篇，审计信息转送函采用1篇；移送司法机关、纪检监察机关和有关部门处理事项7件，移送处理人员17人，移送处理金额0.4亿元。审计促进整改落实有关问题151.3亿元，审计后挽回（避免）损失4.79亿元，推动被审计单位制定整改措施448项，促进被审计单位建立健全规章制度38项。

牵头实施的某公司专项审计项目被评为全国审计机关优秀审计项目二等奖。

财政审计　组织开展某省财政收支审计、网络安全和信息化审计、政府和社会资本合作项目审计，某市税务局税收和非税收入征管审计，某海关履行监管职责和税收征管等情况审计。紧紧围绕国家重大政策措施落实、重大改革任务推进、重大战略部署实施，增强审计系统性整体性，推动各地区各部门切实担负起稳定宏观经济的责任，促进经济社会高质量发展。财政收支审计中深入剖析某市政府债务情况，深层次揭示该市多任领导政绩观偏差违规决策大肆举债大建政绩工程、形象工程，违规举债、违规化债与腐败交织并存，债务风险突出等问题。税收和海关审计中加强对税收征管、海关通关流程等业务的研究，全面系统摸清税务、海关工作规程、核心业务，关注权力运行的关键环节和重点领域，组织查处了某海关违规放行存在质量安全风险的食品、空壳企业虚假出口贸易骗取财政补贴、个人物品类快件进口乱象丛生走私偷逃税风险大等问题。

国有企业审计　组织开展某企业审计，聚焦国有资产处置、公共资源交易、项目审批监管等

重点领域和关键环节，深入揭示重大违纪违法问题线索，促进规范权力运行，有效发挥审计在推进党的自我革命中的积极作用。围绕“三重一大”事项深入开展审计核查，揭示某领导干预采购涉嫌收取大额贿赂，某集团公司一下属单位虚增成本挤占费用问题，进而举一反三对整个集团公司进行核查，揭示该集团公司“以领代耗”套取巨额财政资金问题。

金融审计 组织开展某商业银行风险防控和政策落实情况专项审计、某信托公司风险情况专项审计调查，一体推进惩治金融腐败和防控金融风险，揭示某金融机构高管涉嫌收受业务对象巨额资金、信托高管“靠企吃企”谋取私利等问题。在金融审计中把推动防范化解重大风险摆在突出位置，深入揭示某自治区地方政府和金融监管部门主导和纵容地方金融机构虚假处置不良资产导致财政、金融风险交织叠加，被审计重要信息采用。

农业农村审计 组织开展大中型灌区续建配套节水改造相关资金审计、农产品目标价格补贴专项审计。审计中通过数据分析精准锁定某乡镇挤占挪用涉农资金，再扩面延伸到全县所有乡镇，揭示出该县长期克扣挪用中央惠农补贴过亿元，严重侵害种粮农民利益重大问题，被审计重要信息独立采用并获中央领导同志批示，国家相关部门组成联合调查组予以彻查，推动该省开展三年专项整治行动。

资源环境审计 组织开展某省节能减排资金审计，参与某部部长自然资源资产离任审计，紧扣国家能源安全和能源结构优化调整政策措施落实，揭示地方政府不当干预电力市场化交易、企业自备电厂管理及可再生能源电价附加征缴随意等问题，被审计重要信息采用。

民生审计 组织开展某省困难群众救助补助资金、住房租赁相关资金、医疗保险基金及“三医联动”改革审计，紧盯民生短板弱项加大审计力度，促进在发展中保障和改善民生。坚持审计力量下沉、审计人员入户，沿着资金项目追查到底，以点带面深挖细查，深入揭示惠民富民政策落实中的制度缺陷、机制障碍和管理漏洞，促进解决基层和群众急难愁盼问题。困难群众救助补助资金审计中揭示出某市违规办理儿童收养、流浪乞讨人员未及时安置或被长期托养在精神病院等问题，推动国家相关部门联合开展专项治理行动，20多名责任人受到党纪政纪处分。医疗保险基金审计中紧盯药品流向，追踪发现湖南省某乡镇卫生院工作人员大肆倒卖麻醉药品牟利，引发涉毒风险问题，由审计署移送有关部门查处。

经济责任审计 组织开展某中央企业、某高校和某法院经济责任审计。在企业经济责任审计中，围绕大型集团企业资金项目规模大、业务类型多、管理链条长、信息化程度高等特点，通过构建多功能分析查询模型，快速摸清核心业务，抓住关键问题；在高校经济责任审计中深入研究审计对象，重点摸清高校经济活动的特征特点和薄弱环节，查出重点领域和关键环节70多个问题，同时围绕权力运行，把握高校运转规律，抓住重大疑点层层抽丝剥茧，审计发现的重大问题线索被审计要情采用并获中央领导同志批示。

审计查出问题整改 研究制定《审计署长沙特派办审计整改工作实施办法》，细化审计整改管理系统各环节规范性要求，强化审计查出问题的整改要求，并对其适当性开展实质性审理，为后续审计整改督促工作打下坚实基础。进一步加大审计移送事项跟踪督促力度，组织对2015年以来的移送事项进行全面清理，推动湖南省政府将审计移送办理纳入省长督办事项，与湖南省公安厅建立移送案件线索对接联系机制，扎实做好审计整改“下半篇文章”。

研究型审计 立足办领导、处级干部、一般干部三个层级，区分审计项目不同阶段，沿着“政治—政策—项目—资金”主线，明确各层级各阶段的主要问题、重点任务和实现方式，并融入日常学习积累、专题研究深化、项目实战强化等各环节各方面，不断增强系统思维，大力培养善于从个性问题中发现普遍性问题、提升运用联系的观点分析的能力，审计监督全局性整体性和审计层次水平明显提升。

审计理论研究 成功申报1个审计署重点科研课题和1个中国审计学会合作课题，2篇论文入围“十四五”时期国家审计创新发展中部片区专题研讨会，在署管媒体发表审计理论和实务文章22篇，先后编印2期《政策参考与理论研究》，持续打造长沙特派办理论研究品牌。

相关工作 坚持以习近平新时代中国特色社会主义思想培基铸魂，坚定不移强化政治建设。全办深入学习宣传贯彻党的二十大精神，深刻领悟“两个确立”的决定性意义，充分发挥分党组理论学习中心组示范带动作用，全年召开分党组中心组（专题）学习会8次，举办马克思主义读书班1期，40余名党员干部在全办大会和专题学习会做交流发言，开展6次青年干部大学习大讨论，推动全办切实把思想和行动统一到党中央决策部署上来。扎实开展“学查改”专项活动和警示教育活动，做深做细纪律教育和监督管理，全年未发现违反廉政纪律问题和群众反映强烈的作风问题。着力增强基层党组织政治功能和组织功能，1个党支部获评中央和国家机关“四强”党支部，3个党支部获评审计署“四强”党支部。

坚持不懈强化和完善干部教育培养体系措施，久久为功推进干部培养，持续提升队伍素质能力。健全干部评先评优、选拔任用与考核结果挂钩机制，鲜明重实干重实绩的用人导向，营造风清气正的选人用人政治生态。1名同志晋升二级巡视员，11名同志晋升二、四级调研员；加强干部政治历练，选派1名司局级干部援藏、1名司局级干部参加中央党校培训班、1名处级干部到党校脱产培训、1名处级干部到雄安新区挂职；优化处室干部队伍结构，分2批次开展干部轮岗工作，涉及10人次11个处室；充分发挥先进典型示范引领作用，评选3个“人才培养示范处室”、4名优秀导师和4名优秀学员。

大力推进机关制度化规范化精细化建设，综合管理质效再上新台阶。坚持科技强审，融合推进多维数据关联分析与现场精准核查紧密衔接，贯通整合社保、金融、工商、民政、财政等多源数据，构建常用数据分析模型，打造个人信息一键快捷查询平台，有效提升审计质效。积极开展法治宣传和教育，1篇研讨论文获评二等奖并在《审计研究》发表。将原有6大类75项规章制度修订归并为35项；坚持审计质量闭环管理，推行审计质量分析报告制度，根据审理情况归纳普遍性问题，剖析实质性原因，提出针对性建议，按季度形成分析报告作为部署加强审计质量控制工作的重要依据。完善疫情防控举措，在常态化核酸检测、采购分发防疫药品物资、职工感染康复等方面加强组织关怀和组织保障，确保干部职工身心健康。大力推进机关管理提质增效，年度资产绩效考评位列审计署驻地方特派办第1名，获评湖南省“节水型单位”、国管局等四部门授予“节约型机关”等称号，连续获评湖南省平安建设先进单位。继续讲好长沙办审计故事，全年在署管媒体发表宣传稿件230篇（次），继续保持在特派办前列，一篇文章获“五个十”正能量文字作品；改建多功能“职工书屋”，组织干部开展素质拓展、亲子活动各类体育活动，机关凝聚力和职工归属感持续增强。（撰稿人：罗先鄂）

【审计署驻深圳特派员办事处】 2022年，审计署驻深圳特派员办事处（以下简称深圳特派办）实有103人。设有办公室、法规审理处、财政审计处、固定资产投资审计处、金融审计处、企业审计处、社会保障审计处、税收征管审计处、农业与资源环保审计处、计算机审计处、人事教育处、机关党委。

领导成员

分党组书记、特派员：段大波（—11月）
邵永春（11月—）

分党组成员、副特派员：李　菁　胡尊锴

分党组成员、纪检组长：罗日丽（8月—）

一级巡视员：郝士坤（—11月）

审计成果 2022年，深圳特派办完成审计项目21个，审计查出的违规或管理不规范金额1000多亿元，促进整改落实金额逾300亿元，被审计署审计要情或者重要信息要目采用15篇，被中办、国办或领导人批示28篇次，移送重大违纪违法问题线索2件。

参与实施的政策性粮食储备管理相关政策落实情况审计调查项目被评为全国审计机关优秀审计项目一等奖；牵头实施的某重大工程竣工决算审计项目被评为全国审计机关优秀审计项目二等奖；牵头实施的某公司原董事长、党委书记经济责任审计项目被评为全国审计机关优秀审计项目三等奖；1篇案例入选审计署优秀审计案例。

政策落实情况跟踪审计 在海南省政府和社会资本合作项目专项审计调查中，紧扣党中央国务院重要会议精神、重大战略规划、重要方针政策，重点反映了项目进展缓慢等问题，被审计署专题报告采用，其中某PPP项目的案例入选典型案例，有力促进被审计单位加强管理、深化改革、防范化解重大风险。

财政审计 在海南省财政收支审计中，围绕地域特点，重点揭示地方财政管理中存在的突出问题、风险隐患，以及中央财政转移支付资金管理使用中存在的主要问题，防范化解地方财政风险，提高财政资金使用效益，推动完善转移支付制度。

在江苏税收审计中，围绕做好“六稳”工作、落实“六保”任务，揭示反映税务机关落实国家减税降费政策不到位、预算执行不合规等多个问题，积极推动党中央重大经济决策部署贯彻落实。

在特高压电网工程建设运营情况专项审计调查中，围绕完整、准确、全面贯彻新发展理念，主要反映安全板块、集体企业“靠电吃电”等问题，深入查处了系列违规违法问题线索，并总结归纳了不做“无用功”、不打“加时赛”、不避“硬骨头”的查办案件经验，得到高度认可，在审计署投资审计研讨班分享经验。

国有企业审计 在华侨城财务收支审计中，重点反映了集团在贯彻落实重大政策措施、重大经济事项决策、内部管控等方面存在的问题，深刻揭示了企业持续发展面临的重大隐患，有效地推动了集团管理变革和制度建设。

金融审计 在金融机构审计中，查处了某金融机构领导干部滥用职权谋取私利违纪违法问题，被审计署审计要情采用；开展专题研究，切实把握好当前金融风险的表现形式和传导路径，及时揭示问题，推动化解风险，维护平稳健康的经济环境。

资源环境审计 在贵州省耕地占补平衡审计中，主要发现了农田建设补助资金使用、指标流转等方面的突出问题，促进严守耕地红线，保障国家粮食安全。

民生审计 在海南省困难群众救助补助资金审计中，重点揭示了救助补助财政资金结余被挪用等问题，被审计署综合报告采用，促进保障和改善民生，增强人民群众获得感、幸福感、安全感。在深圳市住房租赁相关资金审计中，结合深圳实际人口和住房特色，重点反映深圳市未科学测算即上报“十四五”保障性租赁住房任务数等体制机制和财政资金方面的典型问题，促进住房租赁市场体系和保障体系建设，更好保障人民群众住有所居。

经济责任审计 在中国电子科技集团有限公司主要负责同志经济责任审计项目中，重点关注了贯彻落实中央重大经济方针政策和决策部署、财务状况和经营成果的真实合法效益等相关情况，促进领导人员履职尽责、担当作为，推动经济高质量发展。

海关审计 在深圳海关审计中，聚焦深圳关区特点，将政策研究发现的关注点、切入点纳入审计重点，对深圳海关实货监管、风险分析、事中事后监管等全流程开展审计，切实维护国家经济安全、人民生命健康安全、生态环境安全和税收安全。

审计查出问题整改 认真落实党中央、国务院关于审计工作的重大决策部署，依据审计署审计整改工作业务流程的相关内容，明确专人专职负责审计发现问题整改台账的更新，按照立行立改、分阶段整改、持续整改的分类标准，研究完善分领域审计整改要求，定期汇总、实时掌握，确保压力传导到位。开展海南省整改有关情况审计项目，督促海南省全面履行审计整改责任，确保高标准、高质量、全方位落实整改。

研究型审计 紧紧围绕习近平总书记在中央政治局常委会会议上对审计工作提出的4条明确要求，认真贯彻落实署党组和侯凯审计长关于坚决做实研究型审计的工作要求，制定2022年度审计工作研究方向要点，在“分领域、跨处室、全员性参与”为特征的研究型审计组织框架体系基础上，进一步从研究内容、成果利用、分享交流、考核机制等方面予以完善。如“新时期国家审计监督规范性研究小组”根据审计署审计整改工作业务流程，动态修订审计项目实施规范化指导意见，促进审计人员对标对表，严守职责边界，树立底线思维。

相关工作 坚决贯彻习近平总书记关于“科技强审”的要求，做好数据采集、维护、上报等基础工作。加强数据安全管理，制定数据分类管理办法，严格数据查询审批和数据输出，确保数据安全。

把迎接党的二十大、学习宣传贯彻党的二十

大精神作为贯穿全年的首要政治任务，办分党组自觉扛起带头学习和强化推进“双重责任”，组织召开专题学习会，研究审定学习贯彻党的二十大精神工作计划，各党支部、审计组临时党支部灵活采取“三会一课”、主题党日等多种方式，引导党员干部学懂弄通做实，更好担当职责使命。坚持将强化政治机关意识作为履行全面从严治党主体责任的重要任务，深刻领悟“两个确立”的决定性意义，更加坚定做到“两个维护”。通过中心组引领学、党支部集中学等方式，突出抓好政治理论学习，全年办领导班子以“总结经验　持续奋斗　更好发挥审计监督作用”为题的专题党课及开展中心组学习近10次，各党支部交流研讨、主题联学和党课宣讲120余次，发布党建学习要点提示12期40余条。坚持以“学查改”专项工作为抓手，组织各党支部召开专题组织生活会，把“六对照六看六查”作为查摆问题的基本参照，直面问题、寻找差距，严格建立工作台账逐项改进提高。持续加强对青年干部政治理论学习和思想政治建设的组织引领，结合处室分工成立8个青年理论学习小组，组织“我的学习故事”分享交流会，推动政治理论学习与审计业务研究相融合。

将全面从严治党纳入办分党组工作全局进行统筹谋划、推动落实，全年先后6次召开办分党组会、中心组学习会等研究通报党风廉政建设工作情况。办分党组书记自觉履行第一责任人责任，坚持负总责、亲自抓，全力支持署党组派驻纪检组长和纪检部门履行监督职责。班子成员和各党支部书记认真履行“一岗双责”，形成“一级抓一级、一级带一级、层层抓落实”的良好局面。围绕规范审计权力运行健全制度，研究制定审计权力风险点防控表和综合管理廉政风险点防控表，出台“审计行为规范必做事项清单”和“审计行为规范负面清单”，加强对审计工作的指导和监督。采取召开座谈会、审计组集体谈话、填报检查表等方式，对海南省2021年度财政收支等10个审计项目开展现场检查或廉政回访，与被审计单位同志召开座谈会7次，收到被审计单位廉政意见回函5份。线上线下相结合抓好常态化纪律教育，审计组进驻后、结束现场审计后，分别向机关党委报告审计组现场管理情况、向纪检组长报告审计纪律执行情况。严把政治关、廉洁关，全年对职级职务晋升干部、获评审计署及各类推荐表彰人选25人次出具纪检部门廉政回复意见。运用审计系统的违纪违法典型案例开展警示教育，办分党组召开专题会议进行研究部署，将专题警示教育活动细化为16个方面重点工作，推动警示教育活动走深走实。办领导结合宣讲《审计干部反腐倡廉教育警示录（四）》，深入党支部、审计一线开展廉政教育。各党支部和审计组临时党支部将警示教育活动纳入支部日常工作，确保警示教育步骤不虚、措施不空。

立足实际，认真梳理干部队伍建设总体思路，撰写《找准培养路径　坚持稳中求进　推动干部队伍建设新发展》及相关工作动态。从部门工作经历、审计工作领域、专业能力建设等多维度分析队伍结构特点，进一步明晰年轻干部在政策研究、数据分析及问题线索查处等方面的优势与差距。坚持党管干部原则和新时期好干部标准，多渠道、近距离考察干部的日常表现，选拔3名政治素质过硬、实绩突出、敢于担当的同志至处级领导岗位，晋升7名一级至四级调研员，选拔任用结果获得群众认可。严格落实民主评议反馈制度，连续三年剖析“一报告两评议”结果反馈并向全办公示通报，全办干部对选人用人工作总体评价较高。组织修订审计实务导师制度，将传帮带工作做细做实，统筹培训资源，全年开展集中培训3次、处室培训逾10次。打造“我是主讲人”精品课程，模拟再现数据分析发现线索、扎实取证固化成果全过程，培养年轻干部练就用简练语言表达清楚观点和立场的能力。年度考核坚持聚焦主责主业，突出高质量审计报告和重大审计成果的影响，日常考核注重在工作一线考察识别干部，将激励和提醒做在平常。通过“我为深办添光彩”评选活动和实务导师制考核“优秀学员”和“优秀导师”，有效发挥榜样示范作用。

（撰稿人：戴小六）

【审计署驻长春特派员办事处】　2022年，审计署驻长春特派员办事处（以下简称长春特派办）实有104人。设有办公室、法规审理处、财政审计处、税收征管审计处、农业与资源环保审计处、固定资产投资审计处、金融审计处、企业审计处、社会保障审计处、计算机审计处、人事教育处、机关党委。

领导成员

分党组书记、特派员：赵　萍

分党组成员、副特派员：刘险峰　张　峰　霍　旋

分党组成员、纪检组长：许　斌（—11 月）

一级巡视员：王　波　王玉芳　申丽芬　曲铁胜

二级巡视员：郭振林（12 月—）

审计成果　2022 年，长春特派办完成审计项目 13 个，其中审计 11 个、专项审计调查 2 个。查出问题金额 47016713 万元，其中违规金额 77239 万元、损失浪费金额 596 万元、管理不规范金额 46938878 万元；审计发现非金额计量问题 455 个；损益（收支）不实金额 401087 万元；出具审计报告和专项审计调查报告 4 篇。审计处理处罚金额 3924370 万元，其中应上缴财政 693342 万元、应减少财政拨款或补贴 11 万元、应归还原渠道资金 1301313 万元、应缴纳其他资金 28215 万元、应调账处理金额 1901489 万元；移送司法机关、纪检监察机关和有关部门处理事项 8 件，移送处理人员 11 人，移送处理金额 77151 万元。审计促进整改落实有关问题资金 2659854 万元；审计促进拨付资金到位 5681 万元；审计后挽回（避免）损失 536 万元；移送处理落实事项 6 件。审计提出建议 62 条，被采纳 62 条；推动被审计单位制定整改措施 70 项；促进被审计单位建立健全规章制度 94 项；提交审计信息 40 篇，被批示、采用 18 篇次。

独立实施的内蒙古自治区 2021 年度节能减排相关资金审计、参与实施的政策性粮食储备管理相关政策落实情况审计调查 2 个项目被评为全国审计机关优秀审计项目一等奖。

财政审计　在内蒙古自治区 2021 年度财政收支审计中，牢固树立底线思维，紧扣防范化解重大风险强化监督，持续关注违规新增、少报漏报政府隐性债务和化解债务不实等重大问题，促进防范债务风险；在内蒙古自治区 2021 年度网络安全和信息化建设审计中，加强对被审计单位的研究，通过交叉分析揭示反映未经审批即建设大量项目等问题，引起相关部门高度重视，出台相关政策加强整改，进一步规范信息化项目管理；在国家税务总局天津市税务局 2022 年税收和非税收入征管及部门预算执行审计中，深化对税务部门贯彻落实党中央、国务院重大政策措施情况、收入征管和部门预算执行等情况的审计监督，反映企业偷逃税款、地方政府违规引税、税务部门土地增值税清算不及时等问题，推动税务部门规范管理、深化改革。

国有企业审计　在中国能源建设集团有限公司 2018 年至 2021 年财务收支情况审计中，牢牢把握审计首先是经济监督的定位，紧紧围绕财务收支真实合法效益开展工作，围绕企业自身特点深入剖析，重点揭示会计信息失真、开展境外项目过程中恶性竞争等问题，推动防范风险隐患。

金融审计　在苏州信托有限公司风险情况专项审计调查中，深入研究信托公司自身经营特点，聚焦重点领域和重点业务准确定位抽查业务，摸清业务风险底数，揭示信托公司虚假降低杠杆率、信托资金被挪用偿还贷款等问题，促进资产管理行业改革深入推进。

农业农村审计　在内蒙古自治区国家乡村振兴重点帮扶县巩固拓展脱贫攻坚成果同乡村振兴有效衔接相关政策和资金审计中，重点关注了政策衔接推进落实、防止返贫监测和帮扶、促进脱贫群众稳定增收等方面情况，发现内蒙古自治区未按国家要求落实困难群众饮用低氟边销茶财政支持政策、部分农村安全饮水设施未能正常运行、产业扶持项目稳定增收持续性不强等问题；在吉林省农产品目标价格补贴专项审计调查中，认真贯彻落实习近平总书记关于东北振兴的重要指示批示精神，揭示反映资金被违规挪用、相关单位有组织虚报面积套取骗取目标价格补贴等问题，促进提高目标价格补贴资金导向性和精准度。

资源环境审计　在内蒙古自治区 2021 年度节能减排相关资金审计中，紧紧围绕党中央、国务院关于“双碳”工作决策部署，加强对政策法规和业务流程等学习研究，聚焦主责主业，立足经济监督职能定位，揭示反映了相关主管部门监管审核长期缺位、部分风光发电项目涉嫌骗取中央发电补贴等重大违规违法问题，引起相关部委高度重视；在哈尔滨市党政主要领导干部自然资源资产离任审计中，围绕被审计地区主体功能定位

和自然资源禀赋特点，紧扣领导干部主体责任履行情况，研究谋划审计思路和重点，揭示反映落实黑土地保护规划重点任务不力、永久基本农田“非粮化”、盘活存量土地弄虚作假等问题。

民生审计 在内蒙古自治区2021年度困难群众救助补助资金审计、吉林省医疗保险基金和“三医联动”改革专项审计调查中，以研究型审计为先导，聚焦困难群众生活保障，深入学习习近平总书记关于民生工作的重要指示批示精神，围绕制度公平性和可持续性开展宏观分析、趋势分析，集中揭示了部分地区困难群众权益保障政策落实不到位以及药品耗材价格虚高、部分医保基金被挤占挪用等影响医药改革推进效果问题，切实维护人民群众利益。

经济责任审计 在哈尔滨市党政主要领导干部经济责任审计中，围绕领导干部任职期间经济责任履行情况，以推动被审计地区扎实做好“六稳”工作，全面落实“六保”任务为重点，揭示了哈尔滨市相关统计数据不实，耕地保护及菜篮子建设不到位，债务风险、金融风险突出等问题，引起相关部门高度重视；在中国一汽主要领导人员经济责任审计中，持续加强研究型审计工作，结合企业自身特点深入剖析，围绕整车、零部件、金融等主要业务板块，重点核查汽车销售、采购、物流等易发生重大风险隐患的关键环节，揭示反映企业违规投资新能源汽车项目并为其提供融资，造成损失风险等问题，推动防范风险隐患；在中信保主要领导人员经济责任审计中，揭示反映主要政策性业务增长乏力系列问题，促进国有政策性保险公司进一步聚焦主业，更好为中国企业走出国门保驾护航。

审计查出问题整改 严格落实审计整改工作要求，统筹考虑审计“上半篇文章”和整改“下半篇文章”，结合审计实施、报告、建议等环节，实事求是提出整改要求，主动跟踪整改进展。扎实做好吉林省整改2021年度审计查出问题有关情况审计，揭示反映个别问题未按期完成整改、整改结果部分不实等情况，不断巩固整改成效。

研究型审计 认真学习侯凯审计长关于研究型审计的工作要求，紧扣“政治—政策—项目—资金”这一主线，坚持把研究作为基本方法贯穿审计项目实施始终，不断拓展审计工作的深度和高度。反对“搭车”“追风”思想，鼓励多出具有长春特派办特色的独创性、原创性审计成果，以此带动审计工作质量全面提升。组织开展审计信息撰写专题讲座，召开“强化研究型审计 提高审计质量”专题研讨会，各审计组采取处室小课堂、业务专题研究等方式，加强对政策背景、法律法规、业务流程、改革方向的学习研究，努力将研究成果运用到服务大局、提升效率、多出成果中，推动长春特派办审计工作由“人员密集型和数量规模型”向“学习研究型和质量效率型”转变。

相关工作 把党的政治建设摆在首位，深入学习中央审计委员会第五次会议精神，时刻牢记“党的工作重点抓什么，审计就审什么”职责使命，不断增强“四个意识”、坚定“四个自信”、做到“两个维护”。坚决扛起学习宣传贯彻党的二十大精神政治责任，紧紧围绕“五个牢牢把握”、牢记“三个务必”，多维度、全覆盖组织学习宣传贯彻党的二十大精神，努力将学习成效转化为推动审计工作高质量发展的思路和举措。全面推进基层组织建设，严格落实“三会一课”等制度，制定临时党支部工作要点、党支部重点工作流程表等，不断提升党建工作水平。加强党风党纪教育，加大党规党纪宣传和政策解读力度，对廉政建设的薄弱环节和风险隐患及时提醒纠正，教育党员干部知敬畏、存戒惧、守底线。严格落实审计组廉政责任制，抓好审计现场廉政风险防控，及时对派出的审计小组开展廉政检查和廉政回访，确保审计权力规范运行。

树牢业绩导向和成果意识，坚定不移走“业绩兴办”的发展之路。办领导坚持靠前指挥，带领分管处室准确领会署党组意图和各业务司要求，深入研究、独立思考、大胆实践。以考核和选人用人导向彰显业绩导向，在年度考核、选拔任用等工作中，牢牢把握业绩导向和实事求是原则，充分发挥考核和选人用人的正向激励作用。严守审计质量生命线，严格执行审计项目审理制度，开展现场集中审理，建立审理发现问题通报工作机制，组织开展质量控制专题培训，落实落细各环节质量控制责任。强化法制宣传教育，全面提高审计人员法治思维，引导全办干部树牢法治意识，提升依法审计能力，依照法定职责、权限和程序实施审计。

明确选人用人导向，严格选人用人程序，坚持公平、公开、公正，顺利开展处级领导干部选拔任用和公务员职级晋升工作，3 名同志走上正处级领导岗位，7 名同志走上副处级领导岗位，5 名同志分别晋升一级至三级调研员职级。注重能力培养，组织开展年中整训，着力培养敢于担当的职业精神和扎实过硬的专业能力。关心关爱干部成长，结合青年干部特点，修订完善实务导师制实施细则，组织青年干部确定指导关系并制订培养计划，选派青年干部担任小组长或主审，扎实推进人才梯队建设。大力弘扬正气，运用“六心工作法”深入开展思想政治工作，在全办倡导做老实人、办老实事、说老实话，杜绝“要小聪明、动小心眼、搞小动作、占小便宜”，坚决纠正享乐主义和“躺平”思想，培养锻造吃苦耐劳、敢打敢拼、甘于奉献的“野战军”作风。狠抓作风转变，持续提高工作效率，改进审计现场管理方式，明确工作流程和岗位职责，引导审计干部牢固树立“不负责要问责、出了错要追责”的责任意识，锤炼严谨细致工作作风。

（撰稿人：纪　楠）

【审计署驻重庆特派员办事处】 2022 年，审计署驻重庆特派员办事处（以下简称重庆特派办）实有 104 人。设有办公室、法规审理处、财政审计处、税收征管审计处、农业与资源环保审计处、固定资产投资审计处、金融审计处、企业审计处、社会保障审计处、计算机审计处、人事教育处、机关党委。

领导成员

分党组书记、特派员：崔振龙

分党组成员、副特派员：王　斌　戴华虎　余　林

分党组成员、纪检组长：马敏周（—8 月）

二级巡视员：彭德兴

审计成果 2022 年，重庆特派办完成审计项目 17 个，其中审计 14 个、专项审计调查 3 个。查出主要问题金额 67264441 万元，其中违规金额 272516 万元、损失浪费金额 10082 万元、管理不规范金额 66981842 万元；审计发现非金额计量问题 446 个；损益（收支）不实金额 18838 万元；出具审计报告和专项审计调查报告 17 篇。审计处理处罚金额 12974981 万元，其中应上缴财政 33275 万元、应归还原渠道资金 250388 万元、应缴纳其他资金 95 万元、应调账处理金额 12691222 万元；移送司法机关、纪检监察机关和有关部门处理事项 10 件，其中办移送 5 个，署移送 5 个。审计促进整改落实有关问题资金 22723 万元；审计促进拨付资金到位 3291 万元。审计提出建议 53 条，被采纳 53 条；推动被审计单位制定整改措施 20 项；促进被审计单位建立健全规章制度 6 项；提交审计信息 34 篇，被批示、采用 24 篇次。

参与实施的国家集成电路产业投资基金审计项目被审计署评为全国审计机关优秀审计项目一等奖；参与实施的港珠澳大桥主体工程竣工决算审计项目及独立实施的中国长江三峡集团有限公司董事长、党组书记经济责任审计项目被审计署评为全国审计机关优秀审计项目二等奖；参与实施的某公司专项审计项目被审计署评为全国审计机关优秀审计项目三等奖。

企业审计处党支部获评中央和国家机关“四强”党支部，金融审计处党支部及人事教育处党支部获评审计署“四强”党支部，计算机审计处获评“重庆市优秀青年文明号”。

政策落实情况跟踪审计 始终紧盯地方政府债务风险，对新情况新问题组织专题研究，揭示部分地区绕道新增隐性债务等一批“换马甲”的问题；在某工程建设审计调查中，聚焦体制改革与破除自然垄断，揭示有关工程无法落地、相关设施建设不同步、市场化改革滞后等问题，从深化改革的角度促进发挥有效投资的关键作用。

财政审计 在税收、海关等审计项目中，揭示地方政府违规返还税收优惠，相关企业和个人偷逃税款，企业利用监管漏洞虚增外贸数据，骗取财政补贴等问题，通过促进财政资金规范安全高效使用，推动相关地区稳经济、促发展政策措施落实落地；在某重大项目审计中，审计组克服疫情、地震和高海拔等困难，加大政策落实、建设资金管理、环境保护和征地拆迁等方面的查核力度，推动相关单位追回多结算工程款、清退不合格分包商、完成相关环保设施建设、对责任人给予处罚。

国有企业审计 紧盯国有资产安全，关注央

企在开展贸易业务、“两金”化解、表外业务等资金量大、问题频发重点领域的风险隐患和境外重大投资项目运行情况，披露隐性债务、虚假贸易以及影子公司等问题。

金融审计 高度关注金融风险外溢，尤其是中小金融机构风险管控问题，反映信托公司通过设立形式合规的资产服务信托计划、协助互联网企业发放互联网贷款并违规外包核心业务的问题被综合报告典型案例采用，该报告获得中央领导批示；科技平台公司通过信托通道违规发放“校园贷”进行监管套利，被中办约稿信息采用。

资源环境审计 重点关注新能源等重点行业，反映新能源项目手续不齐全争先上马，推动多个中央部门通过专项治理、出台制度解决新能源项目无序开发、欠征欠补突出等行业性问题；在相关资金审计中，反映可再生能源项目骗取补助资金，相关单位工作推进不力导致多获补助资金，国家发展改革委、财政部、国家能源局等部门联合组成国家核查组对可再生能源发电补贴开展全面核查和处置。

民生审计 在就业补助资金和失业保险基金审计等项目中，坚持审计力量下沉基层，跟进到项目和资金的“最后一公里”，积极反映地方相关补助资金在管理使用、就业重大政策贯彻落实等方面的问题。在住房租赁相关资金审计中，紧盯住房租赁规划任务下达上报、资金拨付使用、住房困难群众权益保障等重点环节，揭示住房租赁建设目标任务超出地方实际需求、地方政府虚报完成任务、公租房盘活后住房使用不规范和闲置等问题，被审计重要信息采用，获中央领导批示。在困难群众补助资金审计中，揭示困难群众救助资金筹集分配和使用、集中供养救助机构职责履行、救助政策落实等方面存在的问题。

经济责任审计 在经济责任审计项目中，深入查核工程建设和资金使用管理的关键环节，突出问题导向，揭示项目弄虚作假，未经审批违规推动骗取贷款形成重大损失风险且存在利益回流的问题，被审计要情独立采用后得到中央主要领导同志批示，相关部门成立专案组将其作为典型案例通报，推动相关中央部门出台制度堵塞管理漏洞。

审计查出问题整改 建立审计整改长效机制，制定《审计署重庆特派办审计整改工作业务流程》，建立单项审计报告和审计事项移送处理书整改台账制度，精准把控落实整改的各时间节点，建立完善报告和存档制度；构建审计整改责任体系，形成由法规审理处审核把关、业务处室组织实施、办公室统筹协调、计算机处提供技术支撑的整改监督合力，协同推进被审计单位整改问题落实；加大跟踪督促检查力度，推动发挥“治已病、防未病”的建设性作用，在直达资金审计、困难群众救助补助资金审计等项目中指出的问题，整改率均达100%，促进制定出台完善儿童保障、“两残”补贴等规章制度9项，促进地方政府、儿童福利院、救助站等完善内部管理制度19项。

研究型审计 把研究型审计作为实现新时代审计事业高质量发展的必由之路，积极探索研究型审计的有效路径和务实举措，办主要负责同志对如何做好研究型审计提出具体要求，对政策研究与工作目标、审计对象与工作重点、揭示问题与剖析原因、审计建议与推动整改等内容进行全面部署。办领导坚持深入审计现场，指导审计组深入研究政策意图、审计对象，审深审透具体项目和资金，强化分析提炼并提出审计建议；定期收集汇编印发相关政策制度文件资料，按季度组织召开审计信息分析会，坚持把研究作为一种基本方法贯穿审计工作始终。如在住房租赁相关资金审计中，加强审前调查研究，多方走访，认真研究和深入剖析地区住房租赁相关资金和项目特点，积极反映地方通过各种手法虚报住房租赁任务等典型案例。

相关工作 牢固树立政治机关意识，认真落实全面从严治党主体责任，推动全办党员干部深刻领悟“两个确立”的决定性意义，坚定不移在思想上政治上行动上同以习近平同志为核心的党中央保持高度一致。深入学习宣传贯彻党的二十大精神，对照署工作方案各项目标任务，进一步细化分解具体措施，第一时间组织制作宣传展板，配发辅导百问、文件汇编等资料用书，及时编发学习指导清单和资料包，组织各党支部认真学习，重庆特派办特派员崔振龙受《中国审计报》邀请作为专家学者在《我看审计这十年》专栏发表署名文章并接受视频专访，取得良好社会反响；扎实开展巡视整改工作，针对巡视指出的问题，逐项逐条研究分析，制定整改方案和整改台账，明确整改责任人、任务分工；扎实开展“学查改”专项工作，积极开展“我来当主讲”主题学习活动，1名同志获署有关活动三等奖，相关工作经验做法在署微信公众号和“新时代党建”专栏刊发；持续推进正风肃纪，坚持对审计项目监督检查“全覆盖”，开展审计组廉政检查或回访，督促审计人员严格执行审计“四严禁”工作要求和“八不准”工作纪律，切实做到依法文明廉洁审计；切实发挥群团作用，组织开展“不忘初心 筑梦远航”集体拓展活动、“心随高铁律动 梦由童心启航”亲子活动和“献礼二十大·图说醉美金秋”摄影活动等，持续打造“团员青年大讲堂”学习品牌，开展“喜迎二十大、永远跟党走、奋进新时代”“青听团史，述说百年”等主题教育实践活动，活跃机关氛围；开展女性专题健康讲座，办理女职工特殊疾病保险，依法依规把实事落到实处。

稳步走好干部队伍强基之路。强化实战练兵，始终注重为年轻干部搭平台、压担子，鼓励青年干部担任小组长、主审等，促进提升实战能力；加强学习型机关建设，印发青年干部培养实施意见，针对入办时间长短，分别制定相应培养措施，自主命题组织青年干部进行应知应会测试，实现学考结合、以考促用；持续打造处室自主培训品牌，提升培训针对性和有效性，组织开展一年期的“观潮”读书活动，促进干部养成终身学习习惯；进一步拓展优化实务导师制，安排专项导师开展专项培训，促进提升审计干部能查能说能写本领，重庆特派办加强青年干部实战能力培养和“导师团”的经验做法被《审计工作通讯》采用；精心开展分类考核，不断优化完善综合考核体系，促进加压驱动、担当作为；切实强化人员出入境和干部人事档案管理，严格做好个人有关事项查核提醒。

全面推进法治政府建设。制订《2022年度审计法治工作计划》并推动落实，采取组织线上学习问答、开展宪法确立审计监督四十周年征文活动等形式持续加强普法宣传，在办内营造尊法、学法、守法、用法氛围；在审计实践中，认真学习领会新修订审计法新变化新要求，准确引用有关条款，修订完善审计现场管理等业务制度，为规范开展审计工作提供可靠依据。

持续提高机关综合管理水平。把疫情防控措施落实到位，加强环境消杀和人员健康监测，多方筹措保障防疫物资，全力保障机关运转，及时传达防疫要求引导干部职工落实防疫措施，集结志愿者参与社区疫情防控工作，有力构建群防群治的严密防线；严格落实中央八项规定精神和过紧日子要求，勤俭节约办一切事业，持续减压公用经费支出，严控办公用品及食堂采购成本，推行绿色办公，加大节能改造力度，建成节约型机关；加强保密安全管理，通过开展全办干部保密教育线上培训学习、拍摄保密故事视频等多形式强化宣传教育，切实提升保密管理规范化精准化水平；深入推进审计宣传和理论研究成效，坚定唱响主旋律，充分利用楼宇电视、展报展板、微信群组等，营造积极向上团结奋进的舆论氛围，2个青年理论学习小组联合研究成果获署“关键小事”调研攻关活动三等奖，完成1项与中国审计学会合作课题，1篇论文入选片区“十四五”时期国家审计创新发展专题研讨会论文集。

（撰稿人：罗　安）

地方审计机关

北京市

【北京市审计局】 2022年，北京市审计局设有办公室（宣传处）、综合处、研究室、法规处（审理处）、内部审计指导监督处、电子数据审计处、财政审计处、行政事业审计处、农业与资源环境审计处、固定资产投资审计处、社会保障审计处、企业审计处（涉外审计处）、城市运行管理审计处、经济责任审计处、人事处、机关党委、机关纪委、工会、离退休干部处，第一派出局、第二派出局、第三派出局、第四派出局、第五派出局、第六派出局、第七派出局、第八派出局、第九派出局、第十派出局、第十一派出局、第十二派出局、第十三派出局、第十四派出局、第十五派出局、第十六派出局、第十七派出局、第十八派出局、第十九派出局、第二十派出局，以及9个业务分局和1个事业单位。

领导成员

党组书记、局长：马兰霞

党组成员、副局长：徐 涓 王 炜
曾晓冬 陈 新
姜 娜（8月—）

党组成员、总审计师：张永红

保留正局长级待遇：李拥军（7月—）

一级巡视员：郭 彤

二级巡视员：匡贡献

审计成果 2022年，北京市审计局本级完成审计143个单位，其中审计136个，专项审计调查7个。查出主要问题金额2178.28亿元，审计发现非金额计量问题4525个；出具审计报告和审计调查报告192篇，被批示、采用89篇次。审计处理处罚金额29.37亿元；移送司法机关、纪检监察机关和有关部门处理事项82件，移送处理人员16人。审计提出建议618条；推动被审计单位制定整改措施1140项；促进被审计单位建立健全规章制度520项；提交审计信息57篇，被批示、采用44篇次。向社会公告审计结果3篇。

北京市审计局实施的某区区委书记、区长经济责任审计项目获得全国审计机关优秀审计项目二等奖。

审计委员会办公室工作 及时传达学习中央和市委审计委员会会议精神，结合实际研究制定贯彻落实的具体措施。进一步理顺工作机制，配合做好市、区党委审计委员会会议筹备工作，认真抓好议定事项的贯彻落实。加强审计委员会各成员单位的贯通协作，协调推进审计整改、各类监督高效贯通协同等重点事项、重要制度落实。严格落实重大事项请示报告制度，全年向中央审计委员会及其办公室报送重大事项和重要文稿9件，向市委审计委员会报送重大事项和重要文稿45件，其中审计结果报告类30件。研究制定并推动出台关于加强各区委审计委员会工作的实施意见，加强对区委审计委员会及其办公室的工作指导。

政策落实情况跟踪审计 围绕党中央、国务院重大战略决策和市委、市政府重要部署，持续开展重大政策措施落实情况跟踪审计，重点关注供给侧结构性改革、减税降费、就业优先、优化营商环境等重大战略实施，关注国际科技创新中心、“两区”“三平台”等建设情况。召开市属国有企业领导人员座谈会和民营企业家座谈会，调研了解并及时反映市场主体生存发展中的困难和问题。研究制定审计推进国务院一揽子政策措施，着力促进政令畅通。按照京津冀审计协同发展合作框架协议，深化三地审计机关协作，组织对京津冀水资源管理政策落实情况进行平行审计，聚焦任务目标完成、具体措施落实、水资源利用效率提升、水环境质量改善状况等方面，促进京津冀协同发展战略部署的落实。

财政审计 围绕财政预算收支统筹、资金分配管理和使用，深入开展“四本预算”审计，关注重点支出项目、财政转移支付、全面实施预算绩效管理、政府购买服务改革推进、行政事业单位资产管理等情况，促进建立现代财政制度和财政可持续发展。运用 70 项数据指标对 202 家市级一级预算单位预决算和财务管理开展常态化“经济体检”，提出加强管理、防范风险的建议，督促各单位自查反馈，提高市级部门预算管理水平。结合经济责任审计、信息化建设专项审计等，对 49 家市级一级预算单位和 126 家基层单位开展现场审计，组织 4 个部门对所属 18 家基层单位开展内部审计，促进规范高效使用资金、提高财政支持和保障能力。紧盯重大项目建设，连续第六年开展冬奥会和冬残奥会项目跟踪审计，组织实施市级基本建设预算执行、副中心市级投资公共工程建设、科学中心装修改造项目成本控制等专项审计，促进完善支持政策、压控成本费用和低效无效投资，有效发挥投资在稳增长中的基础性作用。

国有企业审计 组织实施 8 家市属国有企业（集体企业）主要领导人员经济责任审计，统筹实施 7 家市属国有企业财务收支审计，开展市管企业非经营性资产情况等审计或审计调查项目。落实“六位一体”监督协同机制，持续推动国资国企监督协同，形成监督合力。

农业农村审计 组织开展农业生产补贴资金管理使用情况专项审计，重点关注普惠性、购置机具和生产资料类、建设类、资源化利用类补贴等 13 项农业生产补贴。

资源环境审计 加大资源环境审计力度，开展包括市生态环境局、通州区、昌平区领导干部自然资源资产离任（任中）审计及北京市水资源利用管理情况专项审计等资源环境类审计项目。

民生审计 紧盯民生保障和改善，紧扣“七有”“五性”，聚焦就业补助和失业保险、困难群众救助补助、老旧小区综合整治、基层管理体制改革及运转能力建设，以及城市道路公路养护、公共卫生应急管理体系建设、对口支援和对口协作项目等专项审计，促进解决群众的急难愁盼问题，兜牢民生底线。

经济责任审计 紧扣领导干部履职特点，聚焦经济责任，统筹开展区党政主要领导干部、市级党政工作部门主要领导干部、市管企业主要领导人员经济责任审计和自然资源资产离任（任中）审计等 46 个审计项目。组织召开 2022 年局级领导干部经济责任审计工作部署会、2022 年市经济责任审计工作联席会议。深化联席会议成员单位协作配合，在对上一轮经济责任审计和自然资源资产离任（任中）审计工作规划评估的基础上，研究制定并推动出台《北京市领导干部经济责任审计和自然资源资产离任审计工作规划（2023—2027 年）》。与联席会议成员单位组成联合反馈组，通报经济责任审计结果。制定《北京市 2022 年经济责任审计工作指导意见》。

涉外审计 组织实施新开发银行贷款北京燃气天津南港液化天然气应急储备项目、亚洲基础设施投资银行贷款北京燃气天津南港液化天然气应急储备项目、亚洲基础设施投资银行贷款新型冠状病毒肺炎疫情防控紧急援助项目和全球环境基金赠款可持续城市综合方式项目等 4 个国外贷援款项目审计。

防风险相关审计 围绕防范化解重大风险，推动首都高质量发展，聚焦区政府债务风险、粮食储备及购销管理情况、首都应急保障能力建设应急资金使用情况等开展专项审计，及时反映影响经济安全的突出问题，推动源头治理，防患于未然。

信息化建设和项目审计 按照审计署金审工程三期项目“统一规划、两级部署、以用为本”总体要求，加强与市级部门工作对接，加快推进项目建设。开展区级网络安全和信息化建设审计和重点领域信息化建设专项审计，关注信息化建设目标任务和政策落实、资金筹集管理和使用、项目建设管理、应用和运维、网络安全防护体系建设等情况，推动相关决策部署贯彻落实，保障项目建设依法合规，促进提高网络安全和信息化建设水平。举办全市审计机关大数据审计研讨班，开展大数据审计案例交流，提高大数据审计能力水平。

审计查出问题整改 贯彻落实中央关于建立

健全审计查出问题整改长效机制的部署要求和北京市实施方案，坚持揭示问题与规范管理、促进改革一体推进。加强审计整改全口径、全周期规范管理，组织审计整改“回头看”，严格落实督促检查责任。市委审计委员会办公室向16个区印发整改通知和问题清单，要求限时整改，实行“对账销号”。配合筹备召开全市审计整改工作专题部署会，进一步压实被审计单位的整改主体责任、主管部门的监督管理责任。充分运用市审计整改工作联席会议机制，通过部署专项整治、联合督查督办等，合力推动解决审计查出突出问题、行业领域存在的共性问题。配合市人大开展审计整改情况跟踪监督。配合市政府办公厅做好国务院大督查中相关问题的整改督促工作。

研究型审计 围绕全市中心工作，深入研究首都经济社会改革发展过程中的重点、难点、热点问题，及时向市委市政府报送审计报告和信息，为党委政府决策提供重要参考。将开展研究型审计纳入年度审计工作要点、部门年度考核的重要内容，制订年度重点课题调研计划，建立健全研究型审计落实机制。紧扣“政治—政策—项目—资金”主线开展双向研究，把研究贯彻到审计立项、审计实施、审计问题、审计建议等审计工作全过程各环节，以研究引领思路提升、业务提升、成果提升，全面提高审计工作质量和水平。

内部审计 推进《北京市内部审计规定》的贯彻落实，加强内部审计指导和监督工作。发布内部审计工作的指导意见和内部审计指导监督工作要点。推动市有关部门及大中型国有企业建立健全内部审计机构，完善内部审计制度，推动国有企业总审计师制度建设，建工集团和首农集团经批准设立总审计师。组织相关部门和国有企业对未纳入国家审计范围的11家基层预算单位和34家二级及以下企业开展内部审计。助力审计监督全覆盖持续拓展改进监督方式，将审计机关重点抽查和单位自查相结合，组织173家市级部门开展内部审计项目质量自查，对55家行政事业单位内部审计项目实施重点检查。首次组织开展社会审计机构出具相关审计报告的核查工作。完成2021年度全市内部审计统计调查工作。举办北京市内部审计机构负责人研修班，约2.7万人次参加学习交流。

相关工作 将党的政治建设摆在首位，坚持党建领业务、业务促党建，全年局党组会研究党建议题43项，推动党建责任和重点任务落实，促进政治建设与业务开展高度融合。坚决扛起巡视整改政治责任，市委巡视反馈问题全部按时限完成整改。召开全市审计机关全面从严治党（党建）工作会，开展13轮审计工作巡回检查，推进作风建设常态化、长效化。在全市审计机关部署开展“专业能力提升年”工作，通过强化专业知识学习研究、审计项目实践锻炼和组织开展审计职业技能大赛，培养提升审计干部能查能说能写特别是查深写清本领。管好用好数据分析团队、青年突击队、政策研究团队三支队伍，抽调选派干部参与署市重要专项工作、下沉社区参加疫情防控，在攻坚克难中提高综合素质、锤炼过硬作风。加强年轻干部选、育、管、用工作，选优配强各级领导班子。注重发挥“党员之家”“干部之家”“职工之家”三个家作用，了解干部思想和工作状态，激发干事创业的工作热情和机关活力，保持昂扬奋进的精神状态。

（撰稿人：姜 娜 饶 伟 刘东旭）

【东城区审计局】 2022年，东城区审计局实有75人。党组书记、局长侯立华，副局长赵文杰、田熙娟、于永兵、赵鹏。设有办公室、人事科、党群工作办公室、综合科、法规审理科、电子数据审计科、内部审计指导监督科、固定资产投资审计科、企业审计科、教科文体审计科、财政审计科、街道财政审计科、社会保障审计科、经济责任审计科、城市运行管理审计科；下设审计事务中心。

审计成果 2022年，东城区审计局完成审计项目28个，其中审计项目21个，专项审计调查项目7个。审计查出主要问题金额72517万元，发现非金额计量问题126个；出具审计报告和专项审计调查报告29篇，被批示、采用14篇次。审计处理处罚金额120万元。审计促进整改落实有关问题资金9626万元。审计提出建议77条，被采纳73条；推动被审计单位制定整改措施225项；提交审计信息46篇，被批示、采用41篇次。向社会公告审计结果3篇。

政策落实情况跟踪审计 在落实市级审计要

点的基础上，充分发挥局政策跟踪审计工作领导小组机制作用，出台了东城区重大政策措施落实情况跟踪审计要点，将稳住经济一揽子政策措施落实执行情况纳入审计监督范围，推动政策落实、项目落地、资金使用合规安全发挥应有绩效，积极发挥审计政策落地“督查员”作用。

财政审计 加强对执行财政经济制度、财政资金提质增效等方面的关注，着力揭示和反映支出政策和资金绩效问题，推进同步实施、直击要害的精准审计，以自上而下追踪资金流、政策流的审计新模式，不断拓展预算执行审计的深度和广度，持续推进审计监督高质量全覆盖。深入落实首都核心区控规，紧紧抓住疏解非首都功能“牛鼻子”，对东城区固定资产投资计划执行的84个建设项目实施情况进行审计调查，对老旧小区综合整治项目的27个实施单位、127个整治项目进行跟踪审计，创新开展前门视廊景观提升专项资金效益情况、共生院开发建设情况、简易楼腾退再利用情况审计项目，以“绣花功夫”推进城市治理，助力打造天蓝水美舒适宜居的花园城市。

国有企业审计 在优化营商环境、为企业纾困解难、加快恢复市场活力方面持续发力，对市区出台的稳定增长的方案和实施细则等文件中涉及的房租减免、中小企业账款清欠、用于留抵退税等直达资金3项助企纾困政策落实情况进行阶段性审计，并出具审计专报获得了区主要领导批示。

民生审计 以“接诉即办”难点问题推进资金使用情况审计调查，推动提升服务群众实效和治理能力水平；以公共卫生应急体系建设专项审计调查，推动提升东城区应对突发公共卫生事件的能力；以提示提醒方式为抓手，对各街道疫情期间防控资金和物资管理使用提出审计建议，涵盖资金管理使用、物资采购使用、决策程序等方面，促进各街道防疫资金和物资规范使用。

经济责任审计 出台领导干部离任经济事项交接工作制度，修订完善东城区审计局经济责任审计项目计划管理办法、整改监督工作办法和结果运用办法等多项制度，以制度研究规范审计实践；以审中研究确保审深审透；配合做好市人大代表候选人、政协委员候选人审查等工作，强化审后结果应用，服务各项工作。

审计查出问题整改 以“转变审计职能，提高审计质量”为主线，严格落实新修订的审计整改规程和“红黄绿灯”对账销号机制，突出审计服务职能，及时进行整改“回头看”，做好审计整改“下半篇文章”。打通落实审计整改联动机制，在压实被审计单位整改主体责任的基础上，协同相关主管部门督促审计整改落实，实现横向贯通，将审计监督质效转化为治理效能。在重大政策措施落实情况跟踪审计中，与区财政局联动，对于审计查出质保金届满未退还问题及时督促区公安分局整改，促进财政资金提质增效。持续跟踪审计整改，针对以前年度开展的文物保护情况审计调查项目中查出的可移动文物底数不清问题，区文旅局2022年聘请了专业的第三方机构协助开启了封存多年的地下文物库，以审计力量推动文物保护工作，助力“文化东城”建设，所开展项目被评选为2022年度北京市审计机关优秀审计案例。

相关工作 落实《东城区审计局大数据审计三年行动计划》，对全区67个一级预算单位实行数据审计全覆盖，将研究型思维贯穿数据审计项目全过程，运用数据库技术，建立数据模型，以小见大，关注各部门在机关运行中落实过紧日子要求的具体情况，切实发挥科技强审作用。

（撰稿人：吴　兰）

【西城区审计局】 2022年，西城区审计局实有63人。党组书记、局长吕青波，副局长耿兵、周春青、褚海燕。设有办公室、综合科（西城区审计委员会秘书科）、法制审理科、内部审计指导监督科、电子数据审计科、财政金融审计科、教科文体审计科、固定资产投资审计科等16个科室。

审计成果 2022年，西城区审计局完成审计项目44个，其中审计项目32个，专项审计调查项目12个。查出主要问题金额66981万元，发现非金额计量问题279个；出具审计报告和审计调查报告55篇，被批示、采用18篇次。审计处理处罚金额7248万元。审计提出建议134条，被采纳134条；促进被审计单位建立健全规章制度21项；提交审计信息52篇，被批示、采用20篇次。向社会公告审计结果11篇。

政策落实情况跟踪审计 着力促进重大政策措施落实，围绕中央和市级重大政策和区委区政府重要部署，开展重大政策措施落实情况跟踪审计。重点关注租金减免政策、中小企业账款清欠政策落实情况及中央直达资金拨付管理使用情况等，促进财政资金惠企利民。配合开展市区联动审计工作，关注上级政策在西城区贯彻执行情况。

财政审计 对区本级财政和区一级预算单位开展全覆盖预算执行审计，聚焦财政财务真实合法效益，关注全区财政运行情况、政府债务借用管情况、过紧日子要求落实情况、直达资金管理使用情况等。加大延伸审计力度，从资金申报、拨付到资金使用、绩效管理，全方位、全链条开展审计监督。针对住建、妇联、信访办等部门开展部门预算执行审计，重点关注收支预算与部门职能及年度工作内容匹配、国有资产管理及配置、全面预算绩效管理、政府购买服务等事项。从预算编制与执行、专项资金使用、落实过紧日子要求等方面提出针对性建议。对张仪村、高立庄、南苑三项保障房投资项目进行审计。重点关注保障性安居工程项目有关政策落实、履行基本建设程序、资金筹集管理使用、项目建设管理情况等，发现和反映政府投资领域存在的问题和关键风险，提出优化政府投资管理、促进有效投资的审计建议。

国有企业审计 开展区属国有企业资产管理情况审计，关注企业总体资产负债情况、国有资本投向布局、国有企业改革及国有资产监管等情况，首次在审计工作中引入企业行业标准值和绩效评价体系。开展华天饮食集团董事长经济责任审计项目，围绕贯彻重大经济方针政策和决策部署、完善法人治理和管控体系、落实自身战略发展任务和绩效目标等内容，促进国有资本市场化经营机制改革稳步推进和国有资产保值增值。

经济责任审计 对 10 名处级主要领导干部开展经济责任审计。一是以任中审计为主，强化任期内监督，任中审计比例达到 80%；二是持续推进街道党政同步审计全覆盖，年内选取金融街、白纸坊和展览路 3 个街道开展党政同步经济责任审计；三是对区生态环境局领导同步开展经济责任审计和自然资源资产离任审计，关注相关政策措施的落实、管理、治理任务完成及部分项目资金的管理使用情况。

民生审计 对教育、卫生、节能减排、垃圾分类等重点项目资金管理使用情况开展专项审计，重点关注政策落实、项目推进及资金使用中的难点痛点，揭示民生资金在政策落实、资金使用、项目运营等方面存在的突出问题。从规范管理、推动工作方面提出建议。街巷物业专项审计调查项目获评北京市优秀审计项目三等奖。

审计查出问题整改 构筑审计整改动态管理机制，出具审计报告时编制“问题清单”，督促被审计单位将问题整改落实到位；创新方式方法提升整改效果，针对问题形成原因及性质，提出更具针对性的整改建议，有效发挥“审计一点、规范一片”的作用；强化审计整改跟踪检查力度。及时跟进整改落实情况，组织开展“回头看”。

内部审计 制定 2022 年内部审计工作的指导意见，重点推进辖区各单位加强对本单位内部审计工作的进一步指导，在完善相关制度、确定内审项目、提升人员素质等重点环节取得突破。调动内部审计力量，指导监督区教委、区卫健委、区属国有企业组织实施内部审计项目。组织开展全区内部审计统计工作。

相关工作 加强审计项目计划执行控制，确定关键节点跟踪进度，建立周小结工作制度，确保按期完成年度项目计划。高质量报送信息，获评 2022 年度北京市审计系统优秀信息工作单位。参加审计署“宪法确立审计监督制度四十周年”主题征文活动，两篇文章分获二、三等奖。打造“西审在线”学习平台，推进学习型机关建设。组织干部参加北京市审计职业技能竞赛，11 人晋级复赛，1 人获得第二名，并获评优秀组织单位。

（撰稿人：赵　曦）

【朝阳区审计局】 2022 年，朝阳区审计局实有 83 人。党组书记孙玉辉，局长战春燕，副局长付秀莲、石磊、宋再星，三级调研员韩淑文，四级调研员夏梅。设有办公室、综合科、研究室、法规科（审理科）、电子数据审计科、内部审计指导监督科、财政审计科、经济责任审计科、资源环境审计科、教科文卫审计科、社会保障审计科、固定资产投资审计科、城市运行管理审计科、企业审计科、绩效审计科、街乡审计科；下设审计指导中心、审计监督检查中心。

审计成果　2022 年，朝阳区审计局完成审计项目 68 个，其中审计 61 个，专项审计调查 7 个。查出主要问题金额 340976 万元，其中违规金额 6812 万元、管理不规范金额 334163 万元；审计发现非金额计量问题 430 个；出具审计报告和专项审计调查报告 129 篇。审计处理处罚金额 3546 万元，其中应上缴财政 3543 万元、应归还原渠道资金 2 万元；移送司法机关、纪检监察机关和有关部门处理事项 2 件，移送处理金额 232 万元。审计促进整改落实有关问题资金 5893 万元；核减投资额 22043 万元。审计提出建议 391 条，被采纳 391 条；推动被审计单位制定整改措施 198 项；促进被审计单位建立健全规章制度 126 项；并向社会公告审计结果。

政策落实情况跟踪审计　围绕助企纾困等政策落实，完成对 17 家部门单位开展重大政策措施落实跟踪审计。

财政审计　完成对 7 个重点一级预算单位现场审计，推动实现重点行业基层单位 5 年轮审。转变投资审计观念，聚焦非造价审计内容，完成环境整治、美丽乡村建设、公园建设等投资项目审计。

国有企业审计　完成对 3 家企业领导人员经济责任审计；与区国资委建立信息通报交流、审计问题及整改结果反馈等工作联动配合机制。

经济责任审计　完成对 18 家单位领导干部经济责任审计和 5 家单位领导干部自然资源资产离任审计；出台区经济责任审计结果运用办法。

大数据审计　实现对一级预算单位开展数据审计全覆盖，采集原始财务数据和财政数据并建立数据分析模型，形成标准表并生成疑点数据，核实 14 类问题，疑点转化率 55.2%。

审计查出问题整改　完成《关于朝阳区 2021 年度区级预算执行和其他财政收支审计查出问题整改情况的报告》公告及解读；召开全区审计整改部署会，建立审计工作整改台账，完善“问题清单”和“整改清单”对接机制。

交办任务　完成审计署、北京市审计局对朝阳区开展的市区联动审计项目的服务保障工作。抽调骨干成立审计专班，开展北京 2022 年冬奥会和冬残奥会经费专项审计、相关环境及配套设施工程审计。结合相约北京测试赛专项资金审计工作实际情况，编制《大型活动项目资金审计规范指南》。落实区委各项防疫部署要求，累计派出 3218 人次支援属地及安贞、十八里店、东坝等街乡防疫工作。

相关工作　召开党组（扩大）会议传达学习重要讲话精神 8 次，组织召开区委审计委员会会议 2 次，组织召开全区审计工作会；向区审计委员会报送重大事项和重要文稿 98 件、获领导批示 90 件；向市委审计委员会办公室报送重大事项和重要文稿 8 件。全年各种培训参训干部达 3328 人次；完成 7 个科室负责人轮岗交流；抽调选派 62 人次参加市委巡视、市审计局重大审计项目、北京冬奥会冬残奥会服务保障、区疾控中心防疫等工作。（撰稿人：张亚青）

【丰台区审计局】　2022 年，丰台区审计局实有 54 人。党组书记、局长刘月梅，副局长刘海梅、刘玉宾，四级调研员郭凤芝。设有办公室、组织人事科、综合科、法规审理科、教科文卫审计科、财政审计科、固定资产投资审计科、经济责任审计科、内部审计指导监督科、企业社保审计科、农业与资源环境审计科、电子数据审计科；下设审计监督中心 1 个事业单位。

审计成果　2022 年，丰台区审计局完成审计项目 45 个。出具审计报告 128 篇。审计查出主要问题金额 169816.16 万元，发现非金额计量问题 102 个；移送有关部门处理事项 3 件；审计促进整改落实有关问题资金 70618 万元；审计提出建议 148 条，被采纳 142 条；推动被审计单位制定整改措施 235 项；促进被审计单位建立健全规章制度 64 项；提交审计信息 203 篇。丰台区国有企业国有资产管理情况审计项目被评为北京市审计机关优秀审计项目一等奖、全国审计机关优秀审计项目三等奖。

政策落实情况跟踪审计　落实季度重大政策跟踪审计，关注稳经济一揽子政策措施落实情况，中央直达资金拨付使用及惠企利民情况，贯彻落实过紧日子要求情况，优化营商环境及清理拖欠民营企业中小企业账款情况等，推动党中央重大决策贯彻落实；聚焦信息化建设等重点项目，推动区委重要决策部署落地实施，促进本地区高质量发展。

财政审计 紧扣实施全面预算绩效管理和人大预算审查监督要求，不断加大对支出政策和预算绩效管理的审计力度。持续深化大数据审计工作模式，开展全区75家一级预算单位预算执行和决算草案数据分析审计，总体资金量230多亿元，重点对区市场监督管理局等5家机构改革后新成立单位的预算执行情况开展现场审计工作。围绕区委区政府中心工作，关注区域重要项目推进情况，开展了档案馆新馆建设跟踪审计和4个河道治理工程竣工决算审计，重点关注项目建设程序和管理、项目资金使用及工程投资、工程结算复核、资产交付使用、概算执行、决算报表编制等情况。开展拆违资金使用情况专项审计调查，保障资金使用安全、提高使用效益。

国有企业审计 立足当前国企改革发展的重点难点，以推动国有企业高质量发展、国有资产保值增值为目标，对城市建设综合开发集团开展财务收支审计，并统筹经济责任审计项目，对丰台区发展投资有限公司领导开展经济责任审计，推动企业贯彻落实国资国企改革政策措施，防范化解重大风险隐患。

资源环境审计 聚焦绿色发展和生态文明建设，组织开展了林木（树木）伐移专项审计和区生态环境局领导自然资源资产离任（任中）审计，促进自然资源保护相关政策的落实和管理体制机制不断完善，提高资金管理使用的规范性和使用效益，助力推动建设绿色美丽丰台。

民生审计 推动兜牢民生底线，把促进实现好、维护好、发展好最广大人民根本利益作为审计工作的出发点和落脚点，开展公共卫生应急管理体系建设情况、雪亮工程等重点民生资金和项目审计。

经济责任审计 聚焦干部管理监督，促进干部履职尽责、担当作为，开展14家区级党政工作部门、国有企事业单位的17位领导干部、领导人员的经济责任审计。积极发挥区经济责任审计工作联席会议统筹协调的平台作用，出台《丰台区经济责任审计结果运用办法》《丰台区审计局经济责任审计结果反馈会操作规程（试行）》，强化审计结果运用。

审计查出问题整改 首次组织召开区政府审计整改工作专题会，一体推进中央、市级、区级三个层面预算执行审计查出问题整改工作。将审计查出问题按立行立改、分阶段整改和持续整改分类推进落实。2022年度本级预算执行和其他财政收支审计查出问题立行立改类和分阶段整改类问题整改完成率100%，持续整改事项已明确整改措施、计划，审计整改取得较好成效。

审计理论研究 对审计领域理论、技术等进行深入研究，完成《做实研究型审计的实践与思考——研究型审计在控违拆违专项资金使用情况专项审计调查项目中的应用》《聘用社会审计机构及人员参与审计项目管理研究》2篇调研，撰写《关于丰台区公共卫生应急管理体系建设及资金使用情况专项审计调查结果的专题报告》《关于丰台区国有资产管理审计情况的报告》等专报15篇。 （撰稿人：李怡格）

【石景山区审计局】 2022年，石景山区审计局实有46人。党组书记、局长王亚兰，副局长马岩、陈彤、黄何、王铁铮。设有办公室（主体责任办）、综合法规审理科（审计委员会办公室秘书科）、电子数据审计科、财政审计科、固定资产投资审计科、经济责任审计科、行政事业审计科、企业审计科、内部审计指导监督科；下设经济责任审计中心、内部审计指导中心。

审计成果 2022年，石景山区审计局完成审计项目30个，其中审计项目20个、专项审计调查10个。审计查出主要问题金额34184.64万元，非金额计量问题394个；出具审计报告和审计调查报告30篇，被批示39篇次。审计处理处罚金额2911.03万元，移送处理事项4件。审计提出建议199条，被采纳审计建议199条；推动被审计单位制定整改措施316项；提交审计信息139篇次；向社会公告审计结果11篇。

实施的石景山区一级预算单位2020年度预算执行和其他财政收支审计项目获得北京市审计局优秀审计项目三等奖。

政策落实情况跟踪审计 重点关注国有房屋租金减免政策、承租非国有房屋科技型孵化器房租减免补贴政策落实情况，以及地方债务管理情况，审查了区内行业协会商会涉企收费情况，促进区相关机关事业单位、国有企业从快从实落实减免租金政策助企纾困；促进相关单位加强对行业协会商会的监管，各行业协会商会规范涉企收费。

财政审计 对55个一级预算单位预算执行、决算草案和其他财政收支情况进行了数据审计，首次集体约谈了屡审屡犯单位，推进整改落实；首次对区教育系统预算执行、决算草案和其他财政收支情况实现数据审计全覆盖，对环卫系统开展了现场审计全覆盖。代政府向区人大常委会汇报《2021年度预算执行和其他财政收支审计工作报告》《2021年度预算执行和其他财政收支审计查出问题整改报告》，针对预算执行审计发现的普遍性或者个别苗头性、倾向性问题开展警示通报，下发《关于2021年度部门预算执行和决算草案审计发现问题的情况通报》。完成对地块开发、道路建设、楼宇改造、园林绿化美化等8个政府投资项目的监督任务；对保障性住房建设管理情况、自然资源资产管理使用情况、背街小巷环境精细化整治实施情况等方面开展了专项审计调查，对发现的问题要求相关单位及时整改到位。

经济责任审计 对5家单位（区司法局、区生态环境局、园区管委会、区残联、实兴集团）的5名主要领导开展了经济责任审计。促进领导干部履职尽责、担当作为，规范权力运行，助力经济社会健康发展。

民生审计 组织开展支持企业创新发展资金、电动自行车充电设施建设、公共卫生应急管理体系建设、保障性住房建设、国有企业收入管理等10项重大民生资金和项目审计，有效促进制度完善和提高资金绩效。

审计查出问题整改 不断加大整改督促检查力度，压实被审计单位整改责任，针对“屡审屡犯”问题，召开审计整改专题会议，约谈相关单位负责人；利用“三清单一台账”落实对账销号机制，通过线上主动预警、线下动态督办持续开展跟踪督促检查；建立整改督办机制，结合工作需要下发整改督办函，实行动态跟踪督促。

内部审计 印发2022年内审工作指导意见，在全区开展内部审计质量检查，组织56家一级预算单位和11家国企进行自查，重点抽查了10家单位，对2021年问题单位进行了整改“回头看”，就发现问题向区委区政府报送了《关于我区内部审计工作质量检查情况的报告》。组织并指导北京万商投资发展集团有限公司和北京实兴集团有限公司两家国有企业对所属11个下属单位开展内部审计工作。

相关工作 加强组织建设，突出审计实战特色抓培训，制订年度培训计划，完善新进人员培训机制和德才培养导师制，以审计系统“专业能力提升年”为契机，加强干部专业素质提升培训，共组织346人次参加署市区各类专题培训。

（撰稿人：夏山丹　吉香伊）

【海淀区审计局】 2022年，海淀区审计局实有63人。党组书记、局长王彩霞，副局长苏立杨、唐尉杰。设有办公室、财政金融审计科等12个职能科（室）；下设资源环境审计中心。

审计成果 2022年，海淀区审计局组织开展审计项目34个，查出主要问题金额39.58亿元，发现非金额计量问题71个，审计期间整改金额3.69亿元。出具审计报告和专项审计调查报告29篇，移送相关线索1条，提出审计建议443条。审计处理处罚金额4.07亿元，审计促进整改落实有关问题资金5.71亿元。提交审计信息76篇，获署市区级媒体平台采编64次。

《基层审计机关推进“两统筹”探索及思考》荣获区级调研成果优秀三等奖；《以研究型审计助力推动投资审计高质量发展的路径研究》入选《“十四五”时期国家审计创新发展东华北片区专题研讨会文集》；《新时代高素质专业化政府审计队伍建设的探析》《浅析新时期审计机关深化财政本级预算执行审计监督路径》在北京市审计局征文活动中分获三等奖和优秀奖。

政策落实情况跟踪审计 重点围绕房租减免政策落实情况，行业协会商会涉企违法收费、罚款、摊派情况开展政策措施落实跟踪审计，完成四个季度政策审计工作，促进稳住经济一揽子政策措施在海淀区落实落地。对海淀区网络安全和信息化建设专项资金进行审计，促进专项资金高效使用。

财政审计 将财政本级预算执行审计与重大政策措施落实情况跟踪审计相融合，及时反映财政预算管理执行中存在的突出问题，督促收回财政各类资金3.18亿元。对76家一级预算单位预算执行情况进行数据审计，延伸审计382个二级单位，同时还对3个重点行业的6家基层单位进行了现场审计。并在审计过程中首次采用45项绩效量化指标，以69家单位的平均值作为衡量依据综合评价预算管理情况，有效增强审计效能。采取指导中介机构跟踪审计与自主立项审计相结合的方式推进全区政府投资审计全覆盖，会同区发改委、区财政局组织中介审计机构审结31个政府投资项目，其中拆迁类项目2个，竣工决算项目29个。竣工决算项目送审金额133.79亿元，审定金额123.68亿元，促进减少财政支出10.11亿元。

经济责任审计　对18家区属单位的27位主要领导干部、领导人员开展任中或离任审计，同时对区生态环境局及苏家坨镇、上庄镇主要领导干部同步开展自然资源资产离任（任中）审计。配合区委组织部开展各类代表委员资格审查工作，组织召开2022年度经济责任审计联席会议，起草制定《海淀区经济责任审计结果运用办法》。

民生审计　开展就业补助、电梯管理及加装、道路停车电子收费设施建设、全民健身等方面专项审计调查，推动民生领域各项政策措施落实。运用信息化技术，开展园林绿化资源资产审计，汇总近两年审计结果，向区人大常委会报告，促进领导干部及有关部门履行自然资源资产管理和生态环境保护责任。

审计查出问题整改　与人大、纪委巡察、组织人事、财政等多部门建立固定的协调联动机制。配合区人大对7项突出问题通过现场调研、书面报告等方式进行重点检查，审计工作报告查出问题整改率达99.53%，推动出台完善区级及部门90余项规章制度。编辑制作部门预算执行审计发现问题提示提醒清单和政府投资审计发现问题提示提醒清单，向全区各单位、部门印发。

（撰稿人：尹广景）

【门头沟区审计局】　2022年，门头沟区审计局实有46人。党组书记、局长白晓芳，副局长高建政、邢世悦、王青、田宝华。设有办公室、综合法规审理科、固定资产投资审计科、行政事业审计科、企业审计科、财政审计科、经济责任审计科、电子数据审计科；下设1个事业单位。

审计成果　2022年，门头沟区审计局完成审计项目29个，其中审计项目27个，专项审计调查项目2个。查出主要问题金额238950万元；出具审计报告和专项审计调查报告39篇，被批示、采用3篇次。移送有关部门处理事项1件。审计促进整改落实有关问题资金52436万元。审计提出建议146条，被采纳146条；推动被审计单位制定整改措施146项；促进被审计单位建立健全规章制度8项；提交审计信息96篇，被批示、采用82篇次。向社会公告审计结果8篇。

“十三五”期间城市路网重点工程建设专项审计项目被评为北京市审计机关优秀（表彰）审计项目。

政策落实情况跟踪审计　围绕中央及市区重大决策部署，每季度开展重大政策措施落实情况跟踪审计，拟定《门头沟区审计局关于充分发挥审计职能作用　促进稳住经济一揽子政策措施落实落地审计工作方案》，持续关注减负降费、清欠中小企业账款、稳经济等重大政策落实情况。

财政审计　通过大数据审计方式实现一级预算单位审计全覆盖，揭示了全区预算单位存在的共性问题及区域管理体制机制问题，促进解决问题定性及整改标准不统一、相同问题在不同年度不同预算单位反复出现的情况。持续拓展审计深度，重点对区市场监督管理局等5个单位2021年度预算执行和决算草案情况开展现场审计。

国有企业审计　开展对北京石龙经济开发区投资开发有限公司、北京京西鑫融投资管理有限公司经济责任审计，深入揭示国有企业领域突出问题，为区委区政府决策部署提供支持。

农业农村审计　开展农村生活污水治理专项审计，重点关注门头沟区污水管网建设工程、农村污水处理厂（站）建设项目推进情况，揭示了区级目标工作任务未完成、PPP建设厂（站）长期未确认进入商业运营等问题。

资源环境审计　开展斋堂镇等3个单位的领导干部自然资源资产审计，重点关注资源环境相关决策与监管职能履行情况、自然资源开发利用与生态保护修复情况、资源环境相关资金项目管理绩效情况等，推动领导干部切实履行生态保护职责。

民生审计 开展城乡环境建设专项审计、养老和救助保障资金绩效情况审计、“疏解整治促提升”市级治理类街乡镇补助专项资金跟踪审计。重点关注区属老旧小区及棚改回迁小区房屋修缮情况，智慧社区建设情况，垃圾分类工作推进情况，养老、助残、社会救助绩效目标落实及资金绩效实现情况等，揭示了智慧平安小区建设工作机制不健全，缺少有效的配套指导制度，养老项目资金使用效益有待提升等问题。

经济责任审计 开展13位领导干部经济责任审计，重点关注领导干部贯彻执行上级经济方针政策及决策部署、重要发展规划及重大经济事项的决策、执行和效果等情况，着力推动领导干部履职尽责、担当作为、廉洁用权。

审计查出问题整改 切实履行审计整改监督检查职责，研究完善分类整改标准。开展审计发现问题整改督促检查专项行动，全面梳理2019年以来审计项目的整改落实情况，整改率达96.47%，累计促进29.25亿元问题金额得到落实，促进相关部门制定完善管理制度76项。

研究型审计 扎实做好研究型审计，预算执行审计过程中召开项目进展研究分析会5次，形成项目进展情况表35份，周报5份。对审计报告中的突出问题进行深入剖析，探索体制机制层面原因，提出推动全区工作的建设性意见，拟形成专报报送区委区政府，推动审计发现问题有效整改。

内部审计 引导各单位内部审计职能充分发挥，印发年度内部审计工作指导意见，开展内部审计工作质量检查、工作交流座谈，对近年来150余个审计项目进行分析，形成近年审计发现常见问题清单并向全区各单位印发，推动各单位进一步健全完善内部管理制度。

（撰稿人：王珊婷）

【房山区审计局】 2022年，房山区审计局实有58人。党组书记、局长舒展，副局长许春成、石海静、陈莉，二级调研员刘志勇。设有办公室、综合科、人事教育科、行政财政审计科、农业与资源环境审计科、政府投资审计科、企业审计科、经济责任审计科；下设内部审计指导中心、数据审计分析中心。

工作综述 2022年，房山区审计局完成审计项目73个，其中审计项目71个，专项审计调查项目2个。审计查出主要问题金额188918万元，发现非金额计量问题182个；出具审计报告和专项审计调查报告153篇，被批示、采用48篇次。审计处理处罚金额82890万元，移送有关部门处理事项2件。审计促进整改落实有关问题资金12502万元。审计提出建议220条，被采纳220条；推动被审计单位制定整改措施38项；提交审计信息23篇，向社会公告审计结果6篇。

政策落实情况跟踪审计 围绕重大政策措施落实情况，以涉企违法收费、罚款、摊派，房租减免政策落实，中小企业账款清欠，中央财政直达资金等内容作为审计重点，向区政府、市审计局提交审计结果报告，审计结果报告多次得到区领导批示。

财政审计 重点对“四本预算”安排和使用情况，以及决算编制的真实性、合法性进行审计。2022年预算执行及其他财政收支情况审计涉及资金量约602亿元，提出审计建议2条，已全部督促整改完毕。

国有企业审计 完成企业审计项目9个，其中国有企业审计1个，专项审计1个，专项审计调查1个，国有企业领导人员经济责任审计2个，党政领导干部经济责任审计项目4个。出具审计报告、专项审计调查报告、审计专报11篇，被批示、采用5篇次。

农业农村审计 对2018年至2021年农村人居环境整治相关资金统筹管理及资金使用情况、畜禽养殖禁养区内规模养殖场清退专项资金管理使用情况、2020年新一轮百万亩平原造林绿化工程施工及后期养护管理情况进行了审计，审计资金量32.05亿元，提出审计建议12条。

民生审计 加强对棚户区改造等民生工程，河道综合整治、环境治理工程等领域开展审计，突出审计重点，完成审计项目21项，审计资金量336亿元，查出管理不规范金额4894.59万元，核减工程款金额3720.97万元，应归还原渠道金额341.74万元，提出有针对性的合理化审计建议55条。完成审计信息3篇。加强对老旧小区改造、积水治理、城市环境提升、市政道路建设等领域开展审计，突出审计重点，完成审计项目22项，审计资金量116.36亿元，查出管理不规范金额1239.80万元，核减工程款金额1.25亿元，应归还原渠道金额1624.67万元，提出有针对性的合理化审计建议38条。完成审计信息4篇。

经济责任审计 完成审计项目7项，涉及10名处级领导干部。出具审计报告10份、审计结果报告10份、自然资源审计意见书5份、审计决定3份。审计资金量58.05亿元，共查出违规行为金额165.01万元，应缴财政165.01万元，向被审计单位提出审计建议29条。起草了2022年度房山区行政事业单位及乡镇的经济责任审计和自然资源资产审计工作方案，规范了审计报告及其他公文模板，为统筹安排经责和资源审计项目打下了基础。

内部审计 强化信息安全意识，完善内审数据网络信息平台，依托政府内网搭建内部审计工作中心节点服务器，进一步完善了内部审计数据安全报送网络。为被审计单位交换内部审计信息、查询相关法律法规、学习审计业务知识，提供了安全便捷通道。

数据分析云计算审计应用平台 加强数据分析能力，加快比对分析模型的建立，形成了数据采集—数据分析—发放疑点—现场核实—统一定性—集中整改的标准化流程。对网络安全、信息化建设、软件正版化工作提供保障支持。完成了数据分析云计算审计应用平台项目的开发、升级与验收。

（撰稿人：吴晓雪）

【通州区审计局】 2022年，通州区审计局实有51人。党组书记、局长杜伟，党组成员、副局长黄海青、唐荣光、王丹，三级调研员姜东升。设有办公室、人事教育科、综合科、内审指导科、投资审计科、财政审计科、经济责任审计科、民生保障审计科；下设专项审计工作中心。

审计成果 2022年，通州区审计局完成审计项目32个，其中重大政策落实审计板块10个，预算执行审计板块11个，经济责任审计板块11个。组织开展64个一级预算单位2021年预算执行和决算草案审计，区市场监管局、区生态环境局、区应急管理局等7个重点部门开展一级预算单位现场审计，同时对区市场监管局、区退役军人服务局所属的5家基层预算单位开展全覆盖审计。

财政审计 对区财政局具体组织2021年度区级预算执行和决算草案情况进行了审计，重点审计区一般公共预算、政府性基金预算和国有资本经营预算的预算执行和决算草案编制情况、落实各项决策部署和预算管理等情况。对区64个一级预算单位2021年度预算执行和决算草案进行审计，重点审计了决算草案编制、政府采购、国库集中支付、项目支出管理等事项。按照北京市审计局的工作安排，对城镇保障性安居工程专项资金及中央财政城镇保障性安居工程专项资金的分配、拨付及使用情况、优化营商环境政策落实情况、房租减免政策落实情况、中小企业账款清欠政策落实情况等进行了审计。开展了2021年行政事业单位国有资产管理专项审计，重点延伸公务用车使用情况，按程序向区人大常委会进行汇报。制定了《关于加强政府投资项目审计风险防范的实施意见（试行）》，完成了艺农番茄联合国园区前期资金投入情况和安贞医院通州院区北区地块征拆等4个项目的专项审计工作，切实加强对政府投资重点工程项目的审计监督，充分发挥投资审计在维护财政资金安全、规范项目管理、节约政府投资、提高投资使用效益、为政府宏观决策服务等方面的积极作用。

民生审计 开展公共卫生应急管理体系建设情况及资金使用情况专项审计调查，重点关注公共卫生应急管理体系建设、资金筹集、管理使用及相关政策落实情况等，审计了区应急局、区财政局、区医保局以及区卫健委和下属全区9家二级以上公立医院和综合医院、22家卫生服务中心、40个卫生服务站三年行动计划涉及39个任务完成情况以及资金使用情况。开展冬奥会和冬残奥会专项资金审计，对多个单位的资金延伸到末端核实，深入实地了解资金使用情况。做好副中心无障碍环境建设项目专项审计问题整改“下半篇文章”，对全区36个单位任务完成情况进行调查，重新梳理各单位数据，帮助相关部门“破除僵局”推进工作，进一步优化通州区营商环境，保障二十大顺利召开。

经济责任审计 对11个单位18名处级领导干部开展经济责任审计。其中，乡镇政府党政领导干部4名，街道党政领导干部3名，区级部门党政领导干部 9 名，区管企业领导人员 2 名。开展宋庄镇和区农业农村局主要领导干部自然资源资产离任（任中）审计。推动经济责任审计制度化建设，制定北京市通州区经济责任审计结果运用办法，制定任前经济责任以及自然资源资产管理和生态环境保护责任告知办法，制定 2022 年经济责任审计工作方案。

专项审计 2022 年，审计中心新增“彩虹之门”原址项目成本费用和广渠路东延征拆项目等三个临时交办审计项目。对协审机构报送的新华南北路景观提升工程等两个政府投资项目的资料进行了复核，提出补充证据资料、签章等复核意见，确保审计资料的真实性、完整性，防范审计风险。全年承担了信息化建设专项资金审计、潞城镇原镇长任职期间相关事项的专项审计、宋庄镇政府三位领导干部经济责任审计和主要领导干部自然资源资产离任审计及政府投资建设项目结算、决算工作推进情况专项审计调查等 5 个项目。提出审计建议，帮助被审计单位建章立制，从根源上解决问题。

内部审计 印发 2022 年度通州区内部审计工作指导意见，明确服务方法和目标，推动内部审计队伍建设，为指导和服务通州区 2022 年内部审计工作提出了明确要求。按照审计署、北京市审计局关于开展内部审计统计工作的部署要求，面向全区 80 余家行政事业单位以及国有企业发送统计调查工作通知，明确报送时限、方式及相关工作要求，并按时汇总上报。通过内部审计统计调查工作准确掌握了全区内部审计机构、人员以及内部审计工作准确情况。开展全区内部审计人员培训班，全区 169 家单位的 611 名内部审计人员参加了此次线上培训。筹备完成国企线上培训班。

（撰稿人：田佳宁）

【顺义区审计局】 2022 年，顺义区审计局实有 59 人。党组书记曾中坚，局长王民，副局长于海英、崔大成、侯健、穆鑫然，二级调研员绳桂华，四级调研员田学光、肖建民。设有办公室、综合法规审理科、教科文卫审计科、财政审计科、农业与资源环境审计科，经济责任审计科、企业审计科、固定资产投资审计科；下设内部审计指导所。

审计成果 2022 年，顺义区审计局完成审计项目 46 个，其中审计项目 44 个，专项审计调查 2 个。审计查出主要问题金额 268924 万元，发现非金额计量问题 268 个；出具审计报告和专项审计调查报告 151 篇，被批示、采用 1 篇次。审计处理处罚金额 112637 万元，移送有关部门处理事项 13 件，移送处理金额 131475 万元。审计促进整改落实有关问题资金 83552 万元。审计提出建议 127 条，被采纳 66 条；推动被审计单位制定整改措施 39 项；促进被审计单位建立健全规章制度 17 项；向社会公告审计结果 10 篇。

政策落实情况跟踪审计 根据审计署和北京市审计局统一安排部署，按季度开展重大政策措施落实情况跟踪审计，重点关注国有房租减免、中小企业账款清欠、新增财政资金直达基层、社会保险费缓缴及一次性扩岗补助等有关政策措施落实情况。

财政审计 完成 2021 年度区本级预算执行情况审计、部门预算执行和决算草案审计、镇级预算执行和决算草案审计、网络安全和信息化建设审计、中小河道治理工程项目竣工决算审计、天竺综保区二期围网项目专项审计调查、开发区领域财政性资金专项审计和行政事业性国有资产审计。共查出违规问题金额 5486 万元、管理不规范问题金额 204420 万元、非金额计量问题 96 个。

国有企业审计 为推动国有企业高质量发展、促进国有资产保值增值，完成区属国有企业财务收支审计，查出违规问题金额 1000 万元，管理不规范问题金额 2530 万元，非金额计量问题 9 个。

资源环境审计 为贯彻落实绿色发展理念，促进领导干部认真履行自然资源资产管理和生态环境保护责任，完成 5 项自然资源资产离任（任中）审计。重点关注生态文明建设政策措施落实情况、遵守资源环境法律法规情况、资源环境重大决策情况、相关目标任务完成情况、相关监督职责履行情况等，查出违规问题金额 8 万元，非金额计量问题 16 个。

民生审计 为推动建立现代化公共卫生应急管理体系和推进耕地保护相关政策的落实和执行，完成顺义区公共卫生应急管理体系建设情况及资金使用情况专项审计调查和耕地保护管理情况专项审计，查出管理不规范问题金额 197 万元，非金额计量问题28个。

经济责任审计　完成15项处级领导干部的经济责任审计。重点关注领导干部贯彻执行重大经济方针政策及决策部署、遵守有关法律法规、重大改革任务推进、有关目标责任制完成、预算执行和财务管理等情况，查出违规问题金额181万元、管理不规范问题金额55102万元、非金额计量问题119个。

审计查出问题整改　公开《北京市顺义区2021年度预算执行和其他财政收支审计查出问题整改情况报告》，公开10篇审计结果及初步整改情况。

内部审计　出台2022年内部审计工作指导意见，明确全区内部审计工作的年度重点任务；组织区属单位内部审计人员线上直播培训班，全区175个单位3000余名内部审计人员参加了线上直播培训；充分运用内部审计人员后续教育网上平台开展培训学习，全区1073名内部审计人员登录内部审计人员网络后续教育平台系统进行有针对性的学习，全年累计完成14634个有效学时；开展两次全区内部审计统计调查，全面收集区属各单位内部审计工作情况数据，系统分析内部审计工作总体状况；对37个行政事业单位内部审计工作开展情况进行质量检查，进一步促进了内部审计机构依法依规履行职责；指导区住建委、区民政局、北京顺义科技创新集团有限公司和北京顺义文化旅游投资集团有限公司4个单位，分别对其所属部分二级单位进行内部审计；编辑完成四期《内审园地》季刊，发送给各区属单位，介绍顺义区内部审计工作动态，宣传审计先进经验和正面典型，提高内部审计的社会认知度。

（撰稿人：刘　倩　王　颖　陈宝江）

【昌平区审计局】　2022年，昌平区审计局实有60人。党组书记、局长秦建柱（—8月）、张田华（8月—），副局长张建强、王文、蔚津花、孙晓芳。设有办公室、综合科、经济责任审计科、财政审计科、教科文卫审计科、企业审计科、固定资产投资审计科、法规审理科、资源环境与城市运行管理审计科；下设重点工程审计服务中心、内部审计指导服务中心。

审计成果　2022年，昌平区审计局完成审计项目54个，查出主要问题金额115230万元；审计发现非金额计量问题364个；出具审计报告和专项审计调查报告75篇，被批示、采用17篇次。审计处理处罚金额373万元；移送区纪委监委案件线索7条。审计促进整改落实有关问题资金28676万元。审计提出建议222条，被采纳222条；推动被审计单位制定整改措施308项；促进被审计单位建立健全规章制度41项；提交审计信息39篇，被批示、采用21篇次。

昌平区卫健委经济责任审计项目被评为北京市审计局优秀审计项目二等奖。

政策落实情况跟踪审计　按季度完成重大政策措施落实情况跟踪审计，重点关注供给侧结构性改革、减税降费、就业优先、优化营商环境、乡村振兴等重大战略实施，着力促进政令畅通，发挥实效。

财政审计　对全区52个一级预算单位进行数据分析审计，筛查出疑点及线索776条，核实问题143条，问题转化率为18.4%；开展区级预算执行和决算草案审计，发现6方面问题，提出审计建议6条；重点选取区人力社保局、区民政局、区文化和旅游局3个部门及其下属10个基层预算单位开展现场审计，审计发现问题107个。完成6个政府投资审计项目；研究制定《北京市昌平区审计局政府投资重大项目审计操作规范及流程（试行）》，明确范围职责、工作流程、结果管理等9部分内容，规范审计流程。

国有企业审计　完成区属金融及其他国有企业国有资产管理情况专项审计，重点关注区国资委对区属国有企业监管情况；同步开展2家区属国有企业领导干部经济责任任中审计、2021年财务收支审计，重点关注企业资产、负债、损益的真实性、合法性、效益性，贯彻落实“三重一大”等决策制度情况。

资源环境审计　完成2个镇、1个区属部门党政主要领导干部自然资源资产任中（离任）审计，查出问题12个，促进领导干部和有关部门履行自然资源资产和生态环境保护责任。

经济责任审计　完成14个经济责任审计项目，涉及行政事业单位6个、镇街5个、区属国有企业3个，查出问题191个。积极配合审计署、市审计局，选派10余名审计干部全过程参与完成市区领导干部经济责任审计。积极配合市审计局完成对区审计局开展的经济责任审计，审计查出问题均已完成整改。

审计查出问题整改 针对审计工作报告查出问题的整改情况进行了回访，起草2021年度区级预算执行和其他财政收支审计查出问题整改情况的报告，据统计，368个具体整改事项的审计整改率为98.9%。起草昌平区关于进一步建立健全审计查出问题整改长效机制的实施细则，明确8方面23项主要任务，以区两办名义印发全区。充分发挥审计“治已病、防未病”作用，总结提炼2021年下半年和2022年上半年审计发现问题，制定部门、镇街和国有企业审计发现问题提示提醒清单，涵盖21类196个风险点。

研究型审计 坚持从体制机制制度层面揭示问题，对近年来审计发现的主要问题以及整改落实情况进行综合分析，形成专题报告，推动健全完善《政府投资建设项目管理办法》等制度。

内部审计 发挥内部审计作用，搭建“内审快线”平台，畅通沟通渠道，通过政府审计与内部审计的“五同步”措施，开展对全区内部审计工作的指导监督检查82次，推动各部门、单位加强内部审计建设、开展内部审计项目，前移监督关口、形成监督合力。 （撰稿人：张潇天）

【大兴区审计局】 2022年，大兴区审计局实有59人。党组书记、局长王悦力，副局长沈建宙、李雪、郭颖（6月—）、庄琪（—6月），一级调研员瞿春生，三级调研员王亚男（7月—），四级调研员崔春雷。设有财政金融审计科、行政事业审计科、企业经济审计科、经济责任审计科、投资审计科、内部审计指导科、电子数据审计科、审计综合科、办公室、人事教育科；下设内部审计指导所、审计事务管理中心、审计项目服务中心。

审计成果 2022年，大兴区审计局完成审计项目43个，其中审计项目38个，专项审计调查5个。查出主要问题金额306011.47万元，其中违规金额809.31万元、管理不规范金额305202.16万元；审计发现非金额计量问题181个；损益（收支）不实5941.82万元；出具审计报告和专项审计调查报告55篇。审计处理处罚金额6821.78万元，其中应上交财政1.47万元、应减少财政拨款或补贴110.58万元、应缴纳其他资金1.26万元、应调账处理金额6708.47万元；移送处理事项2件，其中有关部门2件。审计促进整改落实有关问题资金57513.06万元。审计提出建议123条，被采纳121条；促进被审计单位建立健全规章制度1项；提交审计信息137篇，采用107篇次。向社会公告审计结果3篇。

2020年度区级预算执行和决算草案情况审计项目荣获北京市审计机关2022年度优秀审计项目三等奖。

政策落实情况跟踪审计 查出管理不规范金额1.89万元，非金额计量问题3个，审计提出建议4条。预算执行情况审计共计查出违规金额180.62万元，管理不规范金额142021.91万元，发现非金额计量问题21个，审计提出建议18条，出具审计决定书2份，向社会发布审计公告3篇。

财政审计 完成审计项目9个（含上一年中日产业园等8个项目），查出管理不规范金额27898.90万元，非金额计量问题28个，提出审计建议26条。中日产业园建设项目跟踪审计等6个投资项目数据将在下一年度年鉴中体现。

国有企业审计 共完成审计项目5个（含上一年大兴发展国有资本投资运营有限公司、区保障房公司）共发现管理不规范金额5941.82万元，非金额计量问题11个，提出审计建议6条。

资源环境审计 共完成审计项目2个，发现非金额计量问题6个，审计提出建议2条，出具审计移送处理书2份。瀛海镇、旧宫镇及园林绿化局的相关数据将在下一年度年鉴中体现。

经济责任审计 严格执行轮审制度开展经济责任审计工作。完成13个单位17名处级领导干部（人员）经济责任审计项目（含上一年区残联等10个单位），共查出违规金额628.69万元，管理不规范金额128570.99万元，发现非金额计量问题98个，审计提出建议56条，出具审计决定书1份，审计移送处理书1份。瀛海镇、旧宫镇及园林绿化局的相关数据将在下一年度年鉴中体现。

市区联动项目审计 完成审计项目1个，共发现非金额计量问题4个，提出审计建议2条。

专项审计 开展采育经济开发区专项审计，

发现非金额计量问题8个，审计提出建议6条。

内部审计 出台《北京市大兴区审计局关于2022年内部审计工作的指导意见》《北京市大兴区内部审计规定》，组织开展12次培训活动，指导各单位内部审计机构开展1000余个内部审计项目。

（撰稿人：王 硕）

【怀柔区审计局】 2022年，怀柔区审计局实有61人。党组书记、局长周榕立，副局长张文龙、张红艳、张久利，二级调研员张艳苹、陈志林、杨封伟。设有办公室、综合科、财政审计科、农业与资源环境审计科、固定资产投资审计科、社会保障审计科、政工科、经济责任审计中心、法规审理中心、内部审计指导监督所、电子数据审计中心、镇乡和企业审计中心、审计局财政监督检查所。

审计成果 2022年，怀柔区审计局完成审计项目57个，其中，部门预算执行、经济责任、专项审计项目44个，固定资产投资审计项目13个①。查出主要问题金额39156万元，审计发现非金额计量问题186个，审计期间整改金额2949万元，损益（收支）不实金额6628万元，出具审计报告和专项审计调查报告130篇。审计处理处罚金额2800万元，移送处理事项1件。审计促进整改落实有关问题资金11885万元②，审计提出建议223条，促进被审计单位建立健全规章制度26项，提交审计信息3篇，向社会公告审计结果3篇。

财政审计 完成区本级部门预算执行及其他财政收支审计和53个部门、24个二级预算单位、14个镇乡的预算执行及决算草案审计。查出主要问题金额36264万元；审计促进整改落实金额3293万元。提出审计建议152条，促进被审计单位建立健全规章制度26项。开展科学城区域配套资源整理、雁栖河生态廊道、雁栖小镇等重点项目跟踪审计，持续开展科学城产业转化示范项目升级改造项目跟踪审计，充分发挥审计监督职能，为加快科学城建设保驾护航。全年完成全过程跟踪审计5项，项目成本清算2项，一级开发项目隐性债化解6项。

经济责任审计和资源环境审计 完成20名领导干部经济责任审计，同时，完成区农业农村局和3个镇乡领导干部自然资源资产审计。查出主要问题金额2836万元，提出审计建议61条。

专项审计 独立开展并完成3项市区联动项目，即重大政策措施落实情况跟踪审计、区级网络安全和信息化建设专项审计、北京市公共卫生应急管理体系建设情况及资金使用情况专项审计调查。参与市审计局组织的区级政府财政运行情况专项审计调查1项。

内部审计 制定《怀柔区内部审计工作指导意见》，指导内部审计单位开展预算执行、经济责任、固定资产、专项资金等审计项目475个，发现问题个数583个，查处违规金额63878.76万元；同时，以每年不少于五分之一的比例对内部审计单位进行督导，实现五年全覆盖。指导内部审计单位撰写理论研讨论文，荣获市级内部审计审计研讨优秀论文奖4篇。组织74余家内部审计单位，共计500余人次进行网络视频培训学习。进一步促进职责落地见效，提升工作规范性。

（撰稿人：石 磊）

【平谷区审计局】 2022年，平谷区审计局实有66人。党组书记、局长邢宇，副局长陈月侠、梁景文、胡晓波，三级调研员王林、于长松。设有7个行政科室；下设3个事业单位（其中一个为参公事业科室）。

审计成果 2022年，平谷区审计局完成审计项目42个；查出主要问题金额482038.12万元，审计发现非金额计量问题297个；出具审计报告和专项审计调查报告54篇，应上交财政6439.55万元，应调账处理金额43874.66万元；审计期间整改金额653.63万元，审计促进整改落实有关问题资金62716.38万元；审计提出建议199条，被采纳137条；推动被审计单位制定整改措施566项；促进被审计单位建立健全规章制度49项；提交审计信息203篇，采用102篇次。

政策落实情况跟踪审计 根据审计署和北京市审计局的统一部署，按照“市区联动、分级实施”的组织方式，对重大政策措施落实情况跟踪审计，审计重点内容含房租减免政策落实情况、

---

① 为往年延续性项目。

② 其中8867万元为2021年度经责项目整改资金。

中小企业账款清欠政策落实情况和新增财政资金直达基层政策落实情况，涉企违法收费、罚款、摊派等行为专项审计。

财政审计 开展上年度区财政局具体组织区级预算执行情况审计，重点关注各项财政政策落实情况和财政体制改革效果及重点支出情况，检查评价重点项目资金的分配管理情况和资金使用效果。开展63个一级预算单位数据审计全覆盖，对区民政局、区文化和旅游局、区水务局3个预算资金规模较大、项目较多的重点一级预算单位开展现场审计；同时对区卫生健康委员会重点行业的本级及3个二级预算单位进行了现场审计，主要审计部门及所属基层单位预决算编制、预算执行情况、关注项目资金使用管理情况；政府采购、国库集中支付、政府购买服务、国有资产管理等政策措施落实情况。对城乡环境提升工程——农村水环境治理二期工程、兴谷开发区5条市政道路工程建设等10个政府投资项目进行了政府投资项目管理情况审计，重点对项目管理、资金管理使用及效益情况进行审计，审计项目涉及了民生、公共服务、政府重点工程等领域。

国有企业审计 完成4个部门的上年度财务收支审计，其中对2个国有企业、2个重点行业基层单位进行了财务收支情况审计；重点检查4个部门中央和北京市重大经济方针政策落实情况，财务的真实、合法、效益情况，重大经济事项决策及执行效果等情况。

资源环境审计 对1名党政主要领导干部进行了自然资源资产离任审计，重点审查落实上级生态文明建设方针政策及部署情况，检查自然资源资产管理和环境保护法律法规执行情况，目标落实等履职情况。

民生审计 对区民政局、区残联、区农业农村局、区委办开展困难残疾人生活补贴和重度残疾人护理补贴政策落实情况、残疾人自主创业就业社会保险补贴资金政策措施落实情况、部分种植业专项资金使用情况、部分养殖业专项资金使用情况、信息化建设目标任务和政策落实情况等5个方面进行了专项资金审计，针对发现问题提出了审计建议，并进行了整改落实。

经济责任审计 对平谷区兴谷街道工委、平谷区水务局等9名党政主要领导干部进行了经济责任审计，重点审查财政、财务收支的真实、合法等情况，“三重一大”落实情况以及个人廉洁从政、履行经济责任情况；其中4名党政主要领导干部进行经济责任离任审计，5名党政主要领导干部进行经济责任任中审计。

大数据审计 共采集被审计单位上年度原始业务数据107.30G。通过标准化分析，制作标准数据1.50G，标准表51张。根据《2021年平谷区财政一级预算单位数据审计全覆盖工作实施方案》，建立18个分析模型，针对63家被审计单位共生成343条疑点数据，确定为问题数据154条，疑点核实率44.90%。（撰稿人：李立娟）

【密云区审计局】 2022年，密云区审计局实有58人。党组书记、局长孙红军，副局长魏宝俊、谢卫东、孙长立，党组成员王立新。设有党建科（办公室）、综合法规审理科、经济责任审计科、财政金融审计科、教科文卫审计科、固定资产投资审计科、电子数据审计科、内部审计指导监督科；下设经济责任审计中心、政府投资审计中心。

审计成果 2022年，密云区审计局完成审计项目47个。查出主要问题金额278462.49万元，审计发现非金额计量问题141个；审计期间整改金额2448.47万元；出具审计报告和审计调查报告59篇。审计处理处罚金额4066.72万元，移送司法机关、纪检监察机关和有关部门处理事项8件。审计促进整改落实有关问题资金7253.76万元。审计提出建议121条，被采纳121条；推动被审计单位制定整改措施339项；提交审计信息2篇。

政策落实情况跟踪审计 开展重大政策措施落实情况跟踪审计，聚焦区“十四五”规划重点目标和任务，重点关注供给侧结构性改革、创新驱动发展、减税降费、优化营商环境、就业优先政策落实、“放管服”改革、污染防治、乡村振兴等重大战略实施。揭示出4家协会未按规定在“信用中国”网站公示收费信息等问题。

财政审计 对区财政局组织2021年度区本级财政预算执行、区人力社保局等11个部门（单位）2021年度预算执行和决算草案情况进行了现场审计，对区教委、区卫健委2个重点部门所属

98个基层单位2021年度预算执行和其他财政收支情况进行数据审计。揭示出预算编制不准确、资产管理要求未有效落实等问题111个。开展政府重大投资建设项目审计和跟踪审计，重点关注项目审批、招投标、项目建设管理、征地拆迁等重点环节合法合规性，持续对密云区“基本无违法建设区、镇街（地区）”创建工作资金使用情况、潮河体育休闲公园建设一期工程等24项政府重大投资建设项目进行跟踪审计。

资源环境审计 开展自然资源资产离任审计项目4个，审计领导干部6人，涉及1个区直部门、3个镇。重点关注领导干部贯彻执行生态文明建设方针政策和决策部署、遵守自然资源资产管理和生态环境保护法律法规、履行监督职责、相关目标任务完成等。揭示农村污水治理工作三年行动任务未完成、生活饮用水设施管护不到位，违规审批在饮用水水源保护区范围内改扩建排放污染物建设项目等问题。

经济责任审计 开展经济责任审计项目16个，审计领导干部16人，涉及9个区直部门、3个镇、1个区属国有企业。重点关注贯彻执行党和国家经济方针政策、决策部署情况，部门重要发展规划和政策措施的制定、执行和效果情况，重大经济事项的决策、执行和效果情况，财政财务管理和经济风险防范情况，生态文明建设项目、资金等管理使用和效益情况，以及在经济活动中落实有关党风廉政建设责任和遵守廉洁从政规定情况等。揭示国民经济和社会发展“十三五”规划部分指标未完成，“三重一大”制度执行不到位等问题。

审计查出问题整改 贯彻区委区政府工作部署，统筹落实2021年度中央、市级、区本级预算执行和其他财政支出审计查出问题整改，全力推进区原党政主要领导经济责任和自然资源资产离任审计发现问题的进一步整改。制定《北京市密云区关于进一步建立健全审计查出问题整改长效机制的实施方案》，进一步完善审计整改联动机制，与纪检监察、巡视巡察等部门建立线索会商、监督协同、结果运用等工作机制，推动问题整改和成果共享。实行“三联单一台账”制度，严格落实整改销号制度。

内部审计 印发2022年内部审计指导监督的工作要点，指导各单位、各部门内部审计工作有序开展。组织密云区水务局等10家不在政府审计范围内的区一级预算单位对所属67个基层预算单位对照密云区部门预算执行审计发现问题提示提醒清单（2022版）列示的各类问题，开展2021年基层预算单位预算执行和其他财政收支内部审计，达到基层单位内部审计全覆盖和规范整体行业的目的。（撰稿人：赵丽杰）

【延庆区审计局】 2022年，延庆区审计局实有65人。党组书记、局长张利忠（—5月）、冯改新（5月—），党组副书记宋海田，副局长丁继玲、吕艳云、周健，二级调研员马海林，四级调研员张平利、杨喜元（—10月）、张延革、耿海江。设办公室（宣传科）、审计业务管理科、企业审计科、行政事业审计科、财政金融审计科、经济责任审计科、固定资产投资审计科，电子数据审计中心、审计事务管理中心、审计监督检查所。

审计成果 2022年，延庆区审计局完成审计项目97项。审计查出主要问题金额146141万元，审计发现非金额计量问题292个。审计期间整改金额81621万元。审计处理处罚35922万元。审计促进整改落实有关问题资金54618万元，其中，已上交财政2354万元、已归还原渠道资金251万元、已调账处理52012万元。向有关部门移送案件线索2件，移送金额320万元。提交审计报告115篇，提出审计建议263条，被采纳审计建议236条，促进被审计单位制定整改措施129项，建立健全规章制度25项。向社会公告审计结果8项。

2021年实施的延海协作项目专项资金审计项目被北京市审计局评为2022年北京市审计机关优秀审计项目三等奖；撰写的《多措并举 推动审计监督全覆盖》调研报告获评2019年度至2021年度北京市审计机关优秀调研成果三等奖。

政策落实情况跟踪审计 重点检查贯彻落实过紧日子要求、国有房屋租金减免、中小企业账款清欠和新增财政资金直达基层政策落实情况等政策措施落实以及中央直达资金分配使用管理情况，对相关政策措施落实提出改进措施和审计建议。

财政审计 对区财政局、区教委、区城市管理委等7个一级预算单位进行审计。受区政府委托，向区第三届人大常委会第四次会议报告本级预算执行审计工作情况。通过延庆政务网将6个部门预算执行和其他财政收支审计结果向社会公告。受区政府委托，向区三届人大常委会第七次会议报告审计发现问题整改情况。重点对区城市管理委、区水务局等7个单位3个工程类项目和13个经费类项目区级冬奥专项资金管理使用情况实施专项审计，督促相关问题整改到位。

资源环境审计 对区发展改革委协调指导全区生态保护和绿色发展职责落实情况进行审计；对八达岭镇、大庄科乡2个乡镇开展土地、森林和水资源资产管理和生态环境保护责任履行情况审计。提出加大河长制、林长制等工作落实监督检查力度，强化重点项目全过程管理，推动项目建、管、用一体化闭环管理等审计建议和意见。

经济责任审计 对八达岭镇、区发展改革委等14个单位17名主要领导干部开展经济责任审计。提出严格执行重大经济事项决策制度，强化内部控制及约束力度等审计建议和意见。

大数据审计 对全区63个一级预算单位150个账套6.17GB电子数据进行整合分析，核实疑点490个，确定问题109个，疑点转化率22.24%，较上年提高6.53%。

专项审计 开展专项资金审计3项，包括：区级信息化建设资金审计、延海协作项目专项资金审计、公共卫生应急管理体系建设及资金使用情况专项审计调查。对个别项目进度慢、成本控制不到位等问题，提出加强项目进度管理、严格审核工程变更内容等审计建议和意见。

内部审计 制定下发内部审计工作指导意见，对11家区属国有企业开展《北京市内部审计规定》落实情况专项检查；组织召开国有企业监督工作联席会议和区属国有企业内部审计工作座谈交流，向全区各部门单位发送《中国审计报》《中国内部审计》等报刊279份。

相关工作 组织召开2022年延庆区国有企业监督工作联席会议。学习《北京市经济责任审计结果运用办法》。区审计局和区国资委分别通报近年来国企审计共性问题及整改情况、内部审计工作开展情况。配合市审计局开展2022年冬奥会及冬残奥会延庆赛区跟踪审计。

（撰稿人：刘宝生）

【燕山审计分局】 2022年，燕山审计分局实有18人。党支部书记、局长葛干（—7月）、夏军（7月—），副局长王丽丽、江爽。设有综合办公室、审计业务科；下设经济责任审计所、行政事业经贸审计所。

审计成果 2022年，燕山审计分局完成审计项目12项，其中，预算执行审计1项，经济责任审计项目7项，政府投资审计4项。审计发现管理不规范问题23个，涉及管理不规范金额14.2亿元。政府投资审计审核总资金5118.84万元，核减资金742.98万元，资金核减率为14.51%。

财政审计 对燕山财政分局组织实施的燕山办事处2021年度财政预算执行和其他财政收支情况进行审计。此次审计以促进重大决策部署贯彻落实等为目标，紧扣全面预算绩效管理，重点审查绩效目标设定的充分性和合理性，支出的实效性，绩效评价结果的合理性。完成4项政府投资审计项目，审计中关注建设项目合同的规范及履行情况，加强建设项目资金使用程序的规范性审计，提出了规范合同管理、加强项目资金管理的审计意见和建议。对燕山前进中学、燕山向阳小学2021年1月至2021年12月的财务收支情况进行了审计，重点对学校财务收入来源的合法性、入账的完整性、支出的真实性，内部控制程序的合理性开展审计。

经济责任审计 完成经济责任审计项目7项，针对审计发现问题提出压实整改主体责任，分类施策抓整改，突出建章立制抓整改等要求，把好审计整改关，实现对领导干部履行经济责任全流程闭环监督。

民生审计 围绕基础教育这一民生热点，聚焦“双减”政策，开展地区中小学课外活动资金专项审计调查，切实当好政策措施落实的“督察员”。

内部审计 印发《2022年燕山地区内部审计工作指导意见》，组织地区内部审计工作人员开展线上培训，保质保量完成内部审计统计报表。

相关工作 燕山工委审计委员会召开第三次会议；开展疫情防控下沉一线工作；开展党的二

十大精神学习宣传贯彻；开展“能力提升年”活动；组织党员志愿者服务队、青年先锋队等活动；配合教委开展教育收费检查 1 次，配合纪委开展“四风”检查 1 次。（撰稿人：王　钰）

2022 年北京市本级及所辖区审计工作统计表

审计机关	完成审计项目/个	审计查出主要问题金额/万元	审计发现非金额计量问题/个	审计期间整改金额/万元	出具审计报告和审计调查报告/篇	审计处理情况		审计促进整改落实有关问题资金/万元	审计提出建议/条	提交审计信息/篇
						审计处理处罚金额/万元	移送处理事项/件			
北京市本级	143	21782829	4525	792065	192	293713	82	9472763	618	57
东城区审计局	28	72517	126		29	120		9626	77	46
西城区审计局	44	66981	279	1533	55	7248		7170	134	52
朝阳区审计局	68	340976	430	8225	129	3546	2	5893	391	197
丰台区审计局	45	169816	102	4143	128	1274	3	70618	148	203
石景山区审计局	30	34184	394	14210	30	2911	4	170825	199	105
海淀区审计局	34	395786	71	36896	29	40678	1	57147	443	76
门头沟区审计局	29	238950	379	4	39		1	52436	146	96
房山区审计局	73	188918	182	77577	153	82890	2	12502	220	23
通州区审计局	32	20680	189		40	1548	1	12473	128	11
顺义区审计局	46	268924	268	20474	151	112637	13	83552	127	207
昌平区审计局	54	115230	364	10990	75	373	7	28676	222	39
大兴区审计局	43	306011	181	87271	55	6821	2	57513	123	137
怀柔区审计局	57	39156	186	2949	130	2800	1	11885	223	3
平谷区审计局	42	482038	297	653	54			62716	199	203
密云区审计局	47	278462	141	2448	59	4067	8	7254	121	2
延庆区审计局	97	146141	292	81621	115	35922	3	54618	263	12
燕山审计分局	12	142002	10		12				22	

天津市

【天津市审计局】　2022 年，天津市审计局实有 384 人。设有市委审计委员会办公室秘书处；审计局内设办公室、财务保障处、法规处、审理处、整改检查处、内部审计指导监督处、综合业务处、电子数据审计处、政策跟踪审计一处、政策跟踪审计二处、财政审计一处、财政审计二处、行政事业审计一处、行政事业审计二处、行政事业审计三处、行政事业审计四处、农业农村审计处、固定资产投资审计一处、固定资产投资审计二处、固定资产投资审计三处、社会保障审计一处、社会保障审计二处、社会保障审计三处、自然资源和生态环境审计一处、自然资源和生态环境审计二处、金融审计一处、金融审计二处、企业审计一处、企业审计二处、企业审计三处、经济责任审计处、信息化处（网络安全和信息化办公室）、人事教育处、机关党委办公室、离退休干部处；下设审计科研所。

领导成员

党组书记、局长：张　健（9月—）

马珊珊（—9月）

一级巡视员：谢津秋

党组成员、副局长：王维章　孙建国

童仕欢　张锦琳

党组成员、市纪委监委驻市审计局纪检监察组组长：赵　红

党组成员、市经济责任审计工作联席会议办公室主任：郑国强

党组成员、总审计师：刘金龙

审计成果　2022 年，天津市审计局完成审计项目 109 个，其中审计 78 个，专项审计调查 31 个。出具审计报告和专项审计调查报告 181 篇，审计提出建议 405 条，被采纳 386 条。推动被审计单位制定整改措施 451 项，促进被审计单位建立健全规章制度 131 项。提交审计信息 349 篇，被批示、采用 100 篇次。向社会公告审计结果 1 篇。

双城中间绿色生态屏障建设项目实施情况专项审计调查项目被评为全国优秀审计项目一等奖。

政策落实情况跟踪审计　对提高自然灾害防治能力政策落实情况进行了审计。发现的主要问题有：自然灾害应急管理设施不完备，居民避险搬迁工作不到位，工程项目管理不严格，资金管理不严格等。

财政审计　重点对 2021 年度市级财政一般公共预算、政府性基金预算、社会保险基金预算、国有资本经营预算，市发展改革委组织分配市级财政投资情况，市级部门预算执行情况进行审计。

一般公共预算审计发现的主要问题有：市财政局在推进零基预算管理改革方面有待深化，包括未严格依据公用支出定额标准核定部门公用经费预算，涉及金额 1.56 亿元；超过实际需求安排市交通运输委部分项目年初预算，涉及金额 6295.7 万元。在存量资金统筹管理方面不到位，包括未统筹使用以前年度收回的项目结余资金，涉及金额 2.62 亿元，收回部门预算存量资金未有效盘活使用，涉及金额 7.9 亿元。在财政资金管理方面有待加强，包括部分资金预算下达不及时、政府购买服务项目审核流程不规范，涉及 31 个预算单位 87 个项目金额 1.71 亿元。

政府性基金预算审计发现的主要问题有：市规划资源局划拨用地征地和拆迁补偿支出预算安排不细化，涉及金额 3.91 亿元。

社会保险基金预算审计发现的主要问题有：社会保险基金垫支资金未及时收回，包括城镇职工基本医疗保险基金垫支定点医疗机构复产复工预付金 14.94 亿元、“冠状病毒周转金” 1.3 亿元、长期护理保险基金垫付定点护理机构护理服务费 678.35 万元；定点医疗机构多申报医疗保险基金，涉及金额 665.25 万元。

国有资本经营预算审计发现的主要问题有：国有资本收益未实现应缴尽缴，包括市国资委所属津诚资本未上缴国有资本收益，涉及金额 2.3 亿元；市国资委所属城投集团等 4 户企业国有资本收益缴纳不及时，涉及金额 3.1 亿元；市财政局核准 3 户企业无须上缴国有资本收益事项的依据不充分。

对市发展改革委组织分配市级财政投资情况进行审计，发现的主要问题有：2021 年度市发展改革委下达 166 个市级政府投资计划项目中，26 个项目不在 2020—2022 年市级政府投资三年滚动计划内。市发展改革委通过国家重大建设项目库进行专项债券调度工作，但未完全实现对使用一般债券等其他资金来源项目的在线监测。

对 2021 年 17 个市级部门及所属 126 家单位进行审计，抽查部门支出 548.36 亿元，发现部门预算编制不完整、不准确、部门预算执行不规范、资金绩效管理水平有待提高等问题。

开展 PPP 地铁项目征拆专项审计，对 4 号线北段、7 号线一期、8 号线一期和 11 号线一期等 4 条地铁线路征拆管理情况开展专项审计调查。发现的主要问题有：挪用征拆资金，规划线路长期未获批复，征拆资金长期沉淀等。

国有企业审计　对 12 家企业进行了审计，其中市管企业 9 家，委管企业 3 家。发现的主要问题有：国企改革评估范围不准确，法人治理结构不健全，未按要求治理低效无效企业，未达到

“三项制度”“双百行动”等改革目标。在企业资产损益方面，多计资产、多计收入、少计成本费用。在风险防控方面，违规担保，投资管理不善，内控制度不健全，执行内控制度不到位。在资产管理方面，应收款项存在损失风险，对资产处置监管不严，房产、土地闲置，房产被占用，部分资产未办理国有产权登记、变更手续等。

金融审计 审计2家国有金融企业，重点抽查了企业金融类业务。发现的主要问题有：在信用风险防控方面，企业贷款风险分类不准确；违规办理借新还旧以及以贷还贷；借款人关联度高。在内部控制方面，“三重一大”事项决策程序不清晰，制定发展规划等部分事项未经集体决策；贷前调查、贷后管理不到位；资产未纳入固定资产核算；未建立相应管理制度。在业务合规性方面，开展不良资产收购业务不规范；清尾垫资业务不符合相关规定；违规发放贷款偿还银行承兑汇票垫款；贸易背景不真实，贷款资金回流、未按规定用途使用等。

资源环境审计 对市水务局等9家市级单位和5个行政区2019年至2021年水务资金管理使用情况开展专项审计调查。发现的主要问题有：在水资源开发方面，水源转换工程进展缓慢；地下水取用和地热水管理不严格。在水资源利用方面，再生水规划实现程度不高；取用水税费收缴不严格；市级重点用户水监控不全面。在水资源保护方面，污水处理费收缴不规范；农村污水处理设施运行效果较差。

对津滨双城中间绿色生态屏障项目持续跟踪审计。发现的主要问题有：在资金使用效益方面，专项资金闲置；未及时收回并上缴拆迁废料处置款。在项目管理方面，个别道路未按设计图纸施工；未经审批变更部分树种；建设工期滞后；工程截至计划完成时间尚未立项实施等。

民生审计 对2家医院2021年度医疗政策执行和财务收支情况进行了审计。发现的主要问题有：违规将“医保三目”范围内项目按自费项目收费；医院超医保支付政策范围使用限制性用药；委托外检项目未向医保部门备案；部分低值耗材未及时调整价格；违规使用医保基金；财务管理不规范等。

对2022年度天津市甘肃省东西部协作政策落实和项目资金管理使用情况进行了审计。发现的主要问题有：3个津甘协作项目推进缓慢；甘肃省甘谷县部分项目资金未充分发挥效益；甘肃省2个援建项目未按合同约定分配收益，村集体利益存在受损风险等。

经济责任审计 在党政工作部门主要领导干部经济责任审计方面，对市司法局、市城市管理委、市交通运输委、市水务局、市文化和旅游局、市应急局、市医保局、市教委、市规划资源局（市海洋局）9个党政工作部门的9名主要领导干部进行了经济责任审计，时间跨度为2018年至2021年。发现的主要问题有：贯彻执行上级决策部署不到位、重大经济事项决策执行不规范、预算管理不规范、对下属单位管理失责缺位、国有资产管理薄弱等。

在事业单位主要领导人员经济责任审计方面，对天津师范大学、天津理工大学、天津体育学院、天津开放大学4所高校的8名主要领导人员进行了经济责任审计，时间跨度为2016年至2022年。发现的主要问题有：未严格落实中央和天津市经济方针政策、未严格执行财政财务管理有关法律法规、未严格执行“三重一大”决策决议制度等。

研究型审计 建立研究型审计工作机制。制定《天津市审计局审计项目备选库管理办法》，提高审计工作中长期规划管理水平；出台《天津市审计局关于开展研究型审计的实施意见》；健全完善审计项目计划管理制度、审计项目时间节点控制机制；严格落实分级质量控制制度。

审计理论研究 2022年申报审计署重点科研课题、内部审计重点科研课题；与中国审计学会以“关于构建国内PPP项目全过程审计新模式的研究”为题合作开展课题研究；开展2022年度局级课题研究。2022年共有1篇研究论文在全国经济类核心期刊《审计研究》第228期刊发，1篇研讨论文在《中国审计》刊发，3篇论文入选中国审计学会举办的“十四五”时期国家审计创新发展专题研讨会论文集；7篇论文入选中国审计学会2022年度研讨会论文集；市内部审计协会组织开展实践案例展示和内部审计理论研讨活动，获得中国内部审计协会通报表扬，其中3个单位4篇研究成果入选典型案例和优秀论文集。

内部审计 对240家市级单位2021年度内部审计工作情况开展专项检查；对20家单位内部审计发现问题整改情况开展专项检查；推动市区两级审计机关在经济责任审计项目中检查内部审计工作；推动9家单位整改内部审计方面的问题；和天津市教育委员会签署关于加强部门合作推动市属高校内部审计工作高质量发展的框架意见；组织起草《天津市内部审计工作规定》；组织开展全市内部审计统计调查。

相关工作 在队伍建设和教育培训方面，完善机制制度，初步形成审计人才评价标准体系，制定印发《关于"十四五"时期培养审计业务骨干人才和审计专业领军人才的意见》；制定印发《关于进一步做好年轻干部培养选拔和监督管理具体措施》；制定出台《天津市审计专业技术类公务员专业技术任职资格评定规程》。在推进法治化规范化建设方面，持续推进《法治建设五年规划（2021—2025年）》各项任务落实；落实行刑衔接工作要求，强化审计与纪委监委、公安、检察院等部门的协同配合，推进审计执法与刑事侦查、公益诉讼、合规检察的横向贯通；严格执行《合法性审查工作实施办法》。

（撰稿人：段 玮）

【和平区审计局】 2022年，和平区审计局实有38人。党组书记、局长陈青松，党组成员、副局长李娜，副局长李斌。设有办公室、人事教育科、法制科（中共天津市和平区委审计委员会办公室）、经济责任审计科、财政审计科、行政事业审计科、企业审计科、固定资产投资审计科、内部审计指导科、电子数据审计科（网络安全与信息化办公室）。

审计成果 2022年，和平区审计局完成审计项目17个，其中预算执行及其他财政收支审计1个、经济责任审计项目5个、部门预算和其他财政收支审计5个、专项审计1个、重大政策落实情况跟踪审计3个和非立项项目2个。查出主要问题金额55866.70万元，其中违规金额2.26万元、管理不规范金额55864.44万元；审计发现非金额计量问题16个；出具审计报告和专项审计调查报告15篇。审计处理处罚金额2767.74万元，其中应上缴财政108.66万元、应调账处理金额2659.08万元；下达审计决定书4份；审计促进整改落实有关问题资金11977.21万元；审计提出建议38条，被采纳38条；促进被审计单位建立健全规章制度2项；提交审计信息83篇，被天津市审计局采用56篇，被和平区委和区政府采用15篇，被《经济责任审计工作通讯》采用1篇。向社会公告审计结果1篇。

政策落实情况跟踪审计 开展和平区2021年下半年和2022年上半年中央直达资金政策措施落实情况审计，重点关注教育、卫生、民生等方面的支出；成立网信审计突击队，围绕政策落实、资金流向、实物流动三条主线，对全区27家一级预算单位开展2022年度网络安全和信息化建设审计。

财政审计 开展和平区2021年本级预算执行、决算草案和其他财政收支情况审计，共查出7类28项问题；对和平区政府债券的发行、拨付、使用和管理情况进行跟踪审计，不断提高政府新增债券资金使用绩效。

经济责任审计 对和平区5个单位6名党政领导干部任期经济责任情况进行审计，组织审计结果会商2次，3名被审计单位干部由区级分管领导提醒谈话，7名干部由单位内部领导逐级提醒谈话、约谈。

审计查出问题整改 及时组织对审计整改情况的跟踪督促检查，严格落实记账销账制度，做到见底清零。重视审计成果运用，加大对普遍性问题、重大政策落实情况的分析，有效推动各方面制度更加健全完善。

内部审计 加强对全区各单位内部审计工作的业务指导和监督，多家单位成立了内部审计委员会，建立了内部审计工作长效机制；完成2次内部审计统计调查工作；举办2022年度内部审计培训。

相关工作 组织召开区委审计委员会第八次、第九次、第十次会议，审议2021年度本级预算执行和其他财政收支情况审计报告、2021年审计发现问题及整改情况、2022年度审计项目计划调整等审计监督重大事项；提拔晋升14名年轻干部，平职交流8名干部，副科长全部进行了轮动，1名年轻科长援派甘肃任职。 （撰稿人：王丹阳）

【河东区审计局】 2022年，河东区审计局人员编制42人。党组书记、河东区委审计委员会办公室主任彭承荣，局长张大勇，党组成员、副局长何云翔、苏阳。设有办公室、组织人事科、财务科、法制科、内部审计指导科、社会保障审计科、财政审计科、行政事业审计科、经济责任审计科、固定资产投资审计科、联网审计科。

审计成果 2022年，河东区审计局完成审计项目28个，查出主要问题金额4728万元，其中违规金额3396万元、管理不规范金额1332万元；审计发现非金额计量问题64个；出具审计报告和专项审计调查报告26篇。审计处理处罚金额4149万元，其中应上缴财政3395万元、应调账处理金额754万元。审计促进整改落实有关问题资金4099万元；审计提出建议54条，被采纳54条；推动被审计单位制定整改措施45项；促进被审计单位建立健全规章制度7项；提交审计信息46篇，被批示、采用22篇次。

政策落实情况跟踪审计 组织开展智能制造政策措施落实及财政资金绩效情况专项审计调查、中央直达资金政策措施落实情况审计，及时收回市级奖补资金50万元（已上缴财政），核减区级匹配资金50万元，避免财政资金流失。

财政审计 开展对区本级2021年预算执行、决算草案和其他财政收支情况审计和3个部门2021年预算执行情况和其他财政审计，揭示财政资金管理和使用中存在的突出问题，分析产生问题的原因，规范预算执行和管理，提高资金使用绩效。

开展对区信创工程建设项目和2个区级部门网络安全和信息化建设审计。通过审计，促进相关单位完善网络安全的制度建设，规范资产合理配置，推进相关暂不使用设备的区内统筹使用，提高财政资金的使用效率。

经济责任审计 2022年，开展领导干部经济责任审计项目9个，涉及领导干部11名。审计查出违规违纪违法和管理不规范等问题金额1788.54万元，上缴财政资金164.76万元。界定领导干部领导责任19个，向有关部门移送1件。

审计查出问题整改 与区委督查室建立常态化推送机制，区委审计委员会印发实施了《关于贯彻落实建立健全审计查出问题整改长效机制意见的具体工作措施》，推动被审计单位履行审计整改主体责任，主管部门履行监督管理责任。开展审计整改“回头看”，督促被审计单位不断完善制度建设，督促审计查出问题整改落实。

内部审计 开展对天津市音乐街、十二个街道卫生服务中心经营情况摸底调查等工作。组织全区纳入内部审计范围的278家一、二级单位和29户国有企业认真开展了2021年度常态化内部定期审计工作。完成了以“定期对内部审计开展指导和监督工作的研究”为题的局级科研课题。荣获天津市2022年度审计通联宣传工作先进单位。

交办任务 2022年共派出4名干部参与市纪委、区纪委多项巡视巡察工作，组织3名干部参与区重点案件专项组工作，配合区纪检委开展了政府购买服务专项清理整治工作；为区委巡察工作提供审计专业支持。

落实疫情防控要求，2022年先后派出党员干部参加4个街道的核酸检测大筛查工作71次，707人次；执行9个街道12个中高风险区封控值守任务88天，323人次；参与完成了机场接驳任务2轮，隔离点管控工作8轮，共210余天；参加疫苗接种宣传动员工作71天，400余人次。

相关工作 推进机关党建工作与审计业务深度融合，开展“迎盛会、铸忠诚、强担当、创业绩”主题学习宣传教育实践活动。加强干部培养，按程序开展公务员考核、晋升和选拔，2名正科级干部被提拔为副处级领导干部，交流引进1名正科级干部，1名副科级干部试用期满转正，招录公务员1名，安置军转干部1名。选派年轻干部参与百名党员青年干部培训班、审计机关业务骨干培训班、东西部对口支援审计等学习实践活动。加强机关支部与静墅里社区党委结对共建，研究制定落实民生项目和群众诉求清单，构建了“我为群众办实事”长效机制。持续加强审计廉政文化建设，深入推进讲担当促作为抓落实、治理形式主义官僚主义不担当不作为问题专项行动，落实谈心谈话、廉政谈话和履职谈话制度，有效运用四种形态特别是“第一种形态”，使审计干部自觉筑牢拒腐防变的思想防线。

（撰稿人：王皓炜）

【河西区审计局】 2022年，河西区审计局实有39人。党组书记、局长张钟（9月—），党组成员、副局长赵力伟（9月—），副局长丁亦岑（12月—），四级调研员郎玲。设有办公室、组织人事科、法规科、财政审计科、行政事业及社会保障审计科；经济责任审计科、固定资产投资审计科、政策跟踪及资源环保审计科、企业审计科、联网审计科（网络安全和信息化办公室）、内部审计指导科；下设河西区审计事务服务中心。

审计成果 2022年，河西区审计局完成审计项目20个，其中审计20个。查出主要问题金额173274万元，其中违规金额3万元、管理不规范金额173271万元；审计发现非金额计量问题24个；损益（收支）不实金额108万元；出具审计报告32篇，移送司法机关、纪检监察机关和有关部门处理事项1件，移送处理人员8人。审计提出建议33条，被采纳18条；提交审计信息95篇，被批示、采用76篇次。

区级行政事业单位国有房产出租管理情况审计调查项目获得天津市优秀审计项目三等奖。

审计委员会办公室工作 落实中央和市委审计委员会历次会议精神，强化制度约束，召开区委审计委员会第五次会议，传达学习市委审计委员会第七次会议精神，审议年度审计项目计划。落实请示报告制度，调整审委会组成人员，强化审计监督、发挥监督合力，实现审计与纪检监察、组织人事、巡视巡察的有机贯通和相互协调。

政策落实情况跟踪审计 开展行政事业单位闲置资产盘活情况审计、补交党费使用管理情况专项检查和河西区区属国有房屋租金减免情况专项审计调查，有效促进政策落地落实。

财政审计 加大对重大政策落实情况、资金资产统筹管理、部门预算绩效管理等重点事项的审计力度。将《关于对委办局和街道关键岗位主要负责人实行“提级监督”的工作办法（试行）》的内容纳入审计重点，在街道系统审计中落实“提级监督”工作，有效规范财政收支行为。

国有企业审计 河西区审计局将“减轻企业负担”落实情况纳入重要审计事项。对制约企业发展的重点领域开展审计，重点关注涉企乱收费乱罚款乱摊派、防范和化解拖欠中小企业账款、降低涉企收费助企纾困等政策落实情况。

经济责任审计 2022年对9个单位党政主要领导干部和1个国有企事业单位主要领导人员开展经济责任审计。将行政机关的重大行政决策纳入审计内容审计实施中，重点关注领导干部是否遵守重大行政决策程序制度、是否做到依法决策。

审计查出问题整改 推行审计问题整改动态管理，阶段性更新审计发现问题整改台账，对所有审计项目发现问题实行“清单式”管理，明确整改任务和完成期限，严格对账销号。认真落实审计整改报告机制、审计整改销号机制、审计整改问责机制，提高审计整改措施的针对性和有效性。

内部审计 按照《关于在经济责任审计项目中增加“内部审计监督”检查事项的工作指引》相关要求，修订完善年度经责审计工作方案。2022年累计完成328个单位的全年内部审计统计调查。线上内部审计分类培训共推送42个专题内容，涵盖多种维度，取得较好的预期效果。

相关工作 统筹疫情防控和审计工作，推动重点人群疫苗接种工作。抽调230人次参加动员新冠疫苗接种、疫情防控核酸检测、社区值守、隔离点防控、楼宇值守、市区巡察检查等任务。开展“迎盛会、铸忠诚、强担当、创业绩”主题教育。完成天津市出席党的二十大代表候选人初步人选和河西区出席天津市第十二次党代会代表候选人初步人选的推荐工作。3名同志在“我与河西这十年”主题征文活动中荣获优秀奖。2022年拟订公务员选调生招录计划，开展2名科级领导干部和2名新录用公务员试用期满转正工作。2022年在职机关党员干部全部完成下沉社区入列轮值任务。开展新时代文明志愿服务活动79批次1236人次。

（撰稿人：冯　程）

【南开区审计局】 2022年，南开区审计局实有41人。党组书记、局长刘美乐，党组成员、副局长魏丽娟、陈琪，副局长秦剑宇。设有综合科、区委审计委员会办公室秘书科、法规科、行政事业审计科、经济责任审计科、企业审计科、财政审计科、固定资产投资审计科、联网审计科、内部审计指导科。

审计成果 2022年，南开区审计局完成审计项目28个，完成区委区政府特别交办的审计任务5项。全年查出问题金额614522万元，其中违规金额7271万元、管理不规范金额607251万元；审计发现非金额计量问题39个；出具审计报告和专项审计调查报告39篇，向区领导报送审计专报15期，审计工作信息12篇。向市委审计办请示报告事项5件，其中获市委主要领导批示2次。审计处理处罚金额22379万元，其中上交财政4727万元，减少财政拨款（审减额）1481万元，应归还原渠道资金70万元、应调账处理金额17581万元，审计促进整改落实有关问题资金871万元；移送司法机关、纪检监察机关和有关部门处理事项1件。审计提出建议79条；促进被审计单位建立健全规章制度8项；提交审计信息69篇，采用14篇。向社会公告审计结果2篇。

南开区困难群众救助补助资金分配管理使用及相关政策落实情况的审计被评为2022年天津市审计机关优秀审计项目一等奖。

政策落实情况跟踪审计 开展2022年度中央直达资金政策措施落实情况审计。围绕直达资金分配下达、资金拨付、管理使用及绩效发挥情况，揭示了部分预算分解下达不及时、违规扩大支出范围等问题。

财政审计 开展区本级预算执行、决算草案和其他财政收支情况审计，揭示未按规定比例设置预备费、财政专户管理不规范、非税收入未及时缴库、财政资金使用效率不高等问题。以区本级财政预算执行审计为引领，与经济责任审计统筹安排，审计部门预算编制、调整、执行和决算情况，揭示典型性、倾向性、普遍性问题。围绕政府债务风险防控、隐性债务化解和政府债券资金使用绩效等情况，揭示了专项债券资金闲置、使用效率不高等问题。

对南开区重点民生项目第二十五中学改扩建工程竣工决算审计，核减投资额1481万元。

国有企业审计 组织开展天津市凯兴房地产有限公司和天津市南开区西区开发建设有限公司领导干部经济责任审计项目，查出违规违纪金额49.31亿元，移送区纪委监委审计线索3件，报送区领导审计专报3份。

资源环境审计 对南开区生态环境局主要领导干部开展自然资源资产管理和生态环境保护责任审计。发现2020年生态环境质量的关键性指标未完成、2021年地表水环境质量考核不理想、2022年内$PM_{2.5}$浓度月均值同比上升等问题，从3个方面给出审计建议。

民生审计 开展服务群众专项资金审计。对南开区困难群众救助补助资金分配管理使用及相关政策落实情况进行审计并完成整改工作。该项目深入剖析民生领域问题背后的机制体制梗阻，形成重大事项报告3篇、审计专报2篇、审计信息4篇，得到上级党委、政府领导批示1次，本级党委、政府领导批示5次。促进市级制度建设1项、市级系统优化完善1项、区级制度建设2项。

经济责任审计 安排经济责任审计项目11个，倾向任中审计。重点关注领导干部任职期间公共资金、国有资产、国有资源的管理、分配和使用，以领导干部权力运行与责任落实为基础的情况。

审计查出问题整改 构建区委审计委员会统筹领导下的审计整改工作体系，健全巩固审计整改长效机制，压实审计整改各方责任。健全与人大监督的协调机制，向区人大常委会报告2022年区本级预算执行和其他财政收支情况审计查出问题以及整改情况，共计28个问题，整改率100%。

内部审计 组织全区95个单位、109名内部审计人员参加中国内部审计协会举办的“研究型审计的思考和实践探索”公益直播讲座；摸清73个区属单位、国有企业内部审计机构设置和人员结构，并建立内部审计工作资料库。

相关工作 制定《南开区审计局关于进一步加强年轻干部教育培养和监督的若干措施》，制定《南开区审计监督绩效考核实施办法》，设立区委审计委员会办公室秘书科，建设大数据分析室，成立大数据分析队伍。实施审计专业技术公务员分类管理，2022年共有3人通过专家评审获评审计专业技术副高级任职资格。制定完善《南开区审计局党组关于加强机关党的政治建设的工作举措》等13项制度。配合区纪委监委出台《关于进一步加强纪检监察监督与审计监督协作配合的工作举措》，配合区委巡察办修订《南开区关于加强巡察监督与审计监督协作配合的办法》。累计参加市、区及区域大筛84次，隔离点保障16人次，专机接驳9人次，24小时卡口值守32人次，推动疫苗接种123人。

（撰稿人：张　哲）

【河北区审计局】 2022年，河北区审计局实有41人。党组书记、局长王凌（—12月），党组成员、副局长张趁祥、程凤香（—12月），副局长王文英（—12月）。设有办公室、人事教育科、综合业务科、法制审理科、经济责任审计科、内部审计指导监督科、电子数据审计科、财政审计科、社会保障审计科、行政事业审计科、固定资产投资审计科、企业审计科。

审计成果 2022年，河北区审计局完成审计项目20个。审计查出主要问题金额402116.17万元；审计发现非金额计量问题51个；出具审计报告等29篇。提出审计处理意见和建议50条，提交审计信息53篇。向区纪委监委等部门移送问题线索2件。

政策落实情况跟踪审计 开展中央直达资金政策措施落实情况审计。延伸审计21家单位，审计资金17762余万元，发现未按规定时间分解下达指标等4项问题。

财政审计 开展区级预算执行、决算草案和其他财政收支情况审计，发现5方面14项问题，涉及金额121885万余元。开展部门预算执行和其他财政收支情况专项审计调查，实现对全区195家一、二级预算单位预算执行审计全覆盖，发现14类64个问题，涉及金额635.07万元，整改上缴财政489.47万元。有序开展网络安全和信息化建设审计及政府债务审计。

国有企业审计 开展天津市河北区供热燃气有限公司、内环建设开发有限责任公司主要领导人员经济责任审计；对供热部门清产核资报告进行跟踪审核，参与供热办资产出清专班工作，有针对性地提出建议20余条。

民生审计 开展困难群众救助补助资金审计，发现2类4项问题，帮助6人享受困难救助，促进出台《河北区困境儿童工作检查办法》，区纪委监委依据线索对7名人员追责问责。开展区第一医院绩效及运营管理情况专项检查，发现4类24个问题，涉及金额20083.94万元。

经济责任审计 对10个单位14名党政主要领导干部、领导人员开展经济责任审计及自然资源资产离任（任中）审计。制定《河北区行政事业单位主要领导干部和国有企业主要领导人员履行经济责任风险提示清单》，区分高、中、低风险等级，列明15个方面55类问题98种风险表现形式，针对性提出预防措施。

专项资金审计 开展补交党费使用管理情况专项检查和行政事业单位闲置资产盘活专项审计。参与和开展区属部分单位财务专项检查、政府购买服务领域问题专项整治检查等；跟进监督区人工智能新型基础设施EPC项目和中西医结合医院建设工程。

相关工作 先后2次协助召开区委审计委员会全体会议，制定《河北区“十四五”审计工作发展规划》。认真落实重大事项请示报告制度，向市委审计委员会及其办公室报告报备审计工作重要事项、文件7项；向区委审计委员会呈报审计工作重要事项、情况专报、审计成果等40余份，主要领导及分管区领导作出指示批示20余次。加强党风廉政建设，聘请4名人大代表、政协委员为审计特约监督员。加大干部培养力度，2名年轻同志晋升科级领导岗位，3名同志晋升职级。完善行政决策制度机制，制定《天津市河北区审计局合法性审查工作实施办法》，对58种审计文书、文本进行修订，提升审计执法规范化水平。

（撰稿人：石　彧）

【红桥区审计局】 2022年，红桥区审计局实有31人。党组书记、局长张军，党组成员、副局长陈岚、许蕾（11月—），副局长卢敢（—9月）。设有办公室、组织人事科、法规审理科、内部审计指导科、电子数据审计科、行政事业审计科、企业审计科、财政审计科、固定资产投资审计科、经济责任审计科。

审计成果 2022年，红桥区审计局完成审计项目23个。查出主要问题金额29317.06万元，其中违规金额112.74万元、管理不规范金额29204.32万元；审计发现非金额计量问题154个；损益（收支）不实金额65.67万元；出具审计报告和专项审计调查报告58篇，被批示、采用4篇次。审计处理处罚金额820.66万元，其中应上缴财政55.69万元、应调账处理金额764.97万元；

移送司法机关、纪检监察机关和有关部门处理事项9件，移送处理人员5人，移送处理金额3315.57万元。审计促进整改落实有关问题资金808.26万元；移送处理落实事项2件。审计提出建议80条，被采纳80条；促进被审计单位建立健全规章制度4项；提交审计信息104篇，被批示、采用98篇次。向社会公告审计结果2篇。

政策落实情况跟踪审计 组织开展2022年财政直达资金管理使用情况审计、开展2022年政府债务情况审计、开展网络安全和信息化建设审计，区委网信办根据审计建议制定出台《红桥区政务信息化项目管理办法（试行）》。

财政审计 组织开展红桥区2021年区级财政预算执行和其他财政收支审计、开展2021年区级部门预算执行和其他财政收支审计，对全区48家一级预算单位和118家二级预算单位的7类财务事项进行数据筛查、开展区政府综合财务报告审计。

国有企业审计 对宾园物业公司和区公租房公司开展资产、负债、损益情况审计，揭示公租房分配、运营等环节存在的弊端，规范堵塞管理漏洞，促进国有企业深化改革、规范运行。创新审计方式，引入社会审计力量，参与到企业审计、预算执行审计等5个项目，形成国家审计和社会审计优势互补。

民生审计 组织开展困难群众救助补助资金专项审计，通过审计遏制错保骗保，促进应保尽保。开展大丰西等老旧小区配套幼儿园加固维修项目专项审计，关注工程质量安全隐患等问题，推动民生政策落到实处。开展疫情防控资金审计，揭示资金使用、项目建设、物资保障中的风险隐患。

经济责任审计 组织开展区政府政务服务办、区文化和旅游局等4个单位7名领导干部经济责任审计。召开全区经济责任审计工作联席会议，完善成员单位间“审前充分协商、审中协作配合、审后结果共用”的工作机制。加强与区纪委监委、区委组织部、区委巡察办等部门协同联动，促进协同贯通，形成监督合力。

审计查出问题整改 建立审计问题整改清单，督促被审计单位压实整改责任，对未完成整改的问题，定期督促跟踪到底。制定《天津市红桥区审计局审计整改检查工作实施办法》。

内部审计 组织街道系统开展人大换届工作经费内部审计项目。开展内部审计培训，完成全区200余家单位2021年度内部审计统计调查工作。走访区教育局、区卫健委、区总工会等单位，加强内部审计工作指导。

交办任务 开展涉粮资金管理使用及相关情况审计，揭示涉粮资金管理使用不规范、粮食领域工作开展不到位等问题，移送问题线索1件，编发审计专报2篇，均得到区领导批示。完成红桥交警支队区财政资金使用情况审计。开展补交党费使用管理情况专项审计、行政事业单位资产盘活审计，推动闲置低效资产有效盘活。

相关工作 召开3次区委审计委员会会议，向市、区委审计委员会报送重大事项报告47篇。坚持党建业务融合，完善《党建和审计业务工作融合一体推动责任清单》。加强审计法治建设，全年修订制定《审计业务电子数据管理规定》《党组网络安全管理办法》等5项制度。践行党的群众路线，开展“我为群众办实事”“扶贫助困爱相连”等爱心捐赠活动；服务社区疫苗接种、核酸检测、疫情防控、创文创卫、政策宣讲等志愿服务工作。加强干部队伍建设，组织参加多种形式培训20余次；选派干部参加市委巡视、区委专项巡察工作；选拔2名年轻干部任职正科长，2名预备党员转正，1名年轻干部被接收为预备党员。

（撰稿人：陈柏羽）

【东丽区审计局】 2022年，东丽区审计局实有34人。党组书记、局长柴梅，副局长张祺睿，党组成员、副局长张伟伟、胡淑俊。设有办公室、法制科、财政审计科、行政事业审计科、联网审计科、经济责任审计科、内部审计指导科、国有企业审计科、固定资产投资审计科。

审计成果 2022年，东丽区审计局完成22个审计项目，其中审计21个、专项审计调查1个，延伸审计95个单位，发现问题250个，查出主要问题金额640250万元，其中违规金额2400万元、管理不规范金额637850万元；审计发现非金额计量问题108个，出具审计报告和专项审计调查报告22篇，移送司法机关、纪检监察机关和有关部门处理事项27件，审计促进整改落实有关问题资金 4854 万元，审计提出建议 89 条，促进被审计单位建立健全规章制度 5 项，提交审计信息 159 篇。

政策落实情况跟踪审计 完成中央直达资金政策措施落实情况审计，发现教育领域中城乡义务教育补助经费、学生资助补助经费直达资金支出进度慢等问题金额 4353.56 万元。

财政审计 完成 2021 年度区级预算执行及决算草案审计。聚焦区级财政“三本预算”，延伸审计 22 家单位，发现国有资本经营支出预算未进行预算调整、未严格实施零基预算管理、地方政府债券资金使用效率低于 30% 等方面 6 个问题，查出管理不规范金额 20.55 亿元，提出审计建议 4 条。

完成区农业农村委、公安东丽分局、区卫健委等 8 个区级部门预算执行审计。发现专项资金未专款专用、项目结余资金未上缴财政、内控制度执行不严格、往来款长期挂账等方面 45 个问题，查出管理不规范金额 4.19 亿元，违规金额 21.62 万元，促进上缴财政金额 2354.74 万元，提出审计建议 29 条。

国有企业审计 完成天津东方财信投资集团有限公司资产负债损益情况专项审计调查。发现担保事项管理制度不完善、部分房产房租未收回、对外投资项目未产生投资收益等 8 个问题，管理不规范金额 3.09 亿元，提出审计建议 1 条。

资源环境审计 完成区水务局党政主要领导干部自然资源资产管理和生态环境保护责任履行情况审计。发现河道管理范围内违建清理力度不足、未监督指导超计划用水单位进行水平衡测试等 5 个问题，提出审计建议 5 条，促进水资源资产节约集约利用和生态环境保护。

民生审计 完成 6 个街道城市化拆还迁资金管理使用情况专项审计调查，出具专项审计调查报告 6 份，查出虚报、虚增、重复计取拆迁补偿费，违规提高补偿标准，违规认定资格人员，挤占拆迁资金等类型问题 146 个，查出违规及管理不规范资金 29.41 亿元、损失浪费资金 2031 万元、违规面积 11.46 万平方米。向有关部门移送线索 26 件，撰写审计专报 5 份，推动区相关单位出台相关制度 9 项。

经济责任审计 完成 6 名区级部门主要领导干部及 1 名国有企业负责人经济责任审计，发现“三重一大”事项未履行民主决策程序、执行政府采购不规范、往来款长期挂账等 27 个问题，查出违规金额 168.71 万元，管理不规范资金 6.11 亿元，提出审计意见 17 条，促进区管干部履职尽责、担当作为。

交办任务 完成困难群众救助补助资金审计。审计发现 7 个问题，提出审计建议 3 个，管理不规范金额 21.77 万元；完成天津市东丽区行政事业单位闲置资产盘活情况审计，发现 4 个问题，提出审计建议 2 个。安排 2 人次参与市委巡视工作，安排 5 人次参与区委巡察工作，安排 1 人次参与宁河区委统配巡察，安排 1 人次参与新立街道新立村股份经济合作社及下属企业 2021 年资产负债损益情况专项审计调查。（撰稿人：宋柯娜）

【西青区审计局】 2022 年，西青区审计局实有 28 人。党组书记、局长张艳红，党组成员、副局长王军、李鑫，副局长龚彦，二级调研员张建伟，三级调研员魏津元，四级调研员陈艳、王洪梅。设有办公室、综合科（审理科）、内部审计指导监督科、电子数据审计科、财政金融审计科、行政事业审计科、固定资产投资审计科、经济责任审计科；下设审计指导服务中心。

审计成果 2022 年，西青区审计局完成审计项目 23 个。完成委托交办审计任务 9 个。审计查出主要问题金额 93422 万元，其中管理不规范金额 93300 万元，违规金额 122 万元；审计发现非金额问题 136 个；审计期间整改金额 936 万元；出具审计报告和审计调查报告 72 篇；审计促进整改落实有关问题资金 20182 万元；审计提出建议 54 条；提交审计信息 208 篇，被上级部门采用 198 篇次；审计报告、专报被领导批示 21 件次。

西青区 2018 年至 2020 年原农业户籍居民养老保险补贴和农民养老补贴资金专项审计调查项目被评为天津市优秀审计项目三等奖。

政策落实情况跟踪审计 开展中央直达资金政策措施落实情况审计，发现直达资金监控系统中项目台账个别项目支出数据不准确的问题，督促相关单位及时整改，将直达资金下达、拨付、使用等情况及时导入监控系统。

财政审计 组织区级预算执行、部门预算执行和政府债务审计，发现 17778.69 万元政府专项债券资金超 1 年未使用、1987.2 万元直达资金进度缓慢等 18 个问题。

安排实施西青区“1010”工程——为明国际学校工程项目审计，发现应废标未废标等未严格履行建设工程招标类问题 3 个，涉及金额 832.7 万元；虚增工程造价等结算审核不实类问题 5 个，涉及金额 211.57 万元；未按期收取租金等后续项目绩效管理不善类问题 6 个，涉及金额 668.27 万元。

国有企业审计 组织安排区管国有企业审计调查，发现部分国企存在党组织、董事会、经理层权责边界不清，未建立完善法人治理结构等问题。

资源环境审计 开展领导干部自然资源资产离任（任中）审计 2 项，发现被审计单位未完成耕地保护目标任务、水环境质量主要污染物浓度超标等问题，督促后续整改，切实推动生态环境保护工作。

民生审计 开展耕地地力补贴资金、就业补助等 3 个民生审计项目，发现向已死亡人员发放补贴、重复发放困难村劳动力生活费补贴等问题。

经济责任审计 组织对 10 个单位 22 名处级干部进行经济责任审计，揭示重大对外投资未按规定履行决策程序、违规占地、未批先建等问题，促进依法履职、廉洁用权。组织召开西青区经济责任审计工作联席会议，推进审计监督与纪检监察、组织人事、巡视巡察等监督协同配合，形成合力。

审计查出问题整改 修订《西青区审计局审计整改检查工作管理办法》，健全整改检查制度。运用金审三期整改平台，形成审计整改问题清单和整改清单，定期跟踪回访、及时通报进度、实时销号管理，形成整改闭环。

研究型审计 探索建设审计项目储备库和经济责任审计对象库，科学谋划年度审计项目计划，合理匹配审计计划与审计资源。审计前组织项目实施方案研讨会，审计中实行重大疑难问题分析会，审计后进行优秀案例总结交流。

内部审计 组织区管国有企业内部审计人员学习新修订审计法、企业内部控制审计、内审工作底稿编制等课程。组织西青区九街镇及重点委局内部审计部门负责人座谈交流内部审计工作，积极引导内部审计人员参加 2022 年全国内部审计理论研讨活动。

交办任务 完成西青区疫情防控应急资金管理使用情况的审计、西青区地方国有平台腐败问题的专项调研等 9 个交办任务。

相关工作 出台西青区“十四五”审计工作规划。强化政治理论学习，全年理论中心组集中学习 34 次，党小组学习 12 次。严格履行全面从严治党主体责任，明确 12 个方面 51 项具体任务，每月召开局务会、每季度考核、每半年研究部署，压紧压实责任。（撰稿人：李　琳）

【津南区审计局】 2022 年，津南区审计局实有 34 人。党组书记孟祥凯，局长王玉爱，党组成员、副局长吴春艳、王凤海。设有办公室（网络安全和信息化办公室）、法规科、内部审计指导监督科、联网实时审计科、行政事业审计科、财政金融审计科、经济责任审计科、固定资产投资审计科（工业商业审计科）。

审计成果 2022 年，津南区审计局完成审计项目 17 个。查出主要问题金额 1360939 万元，其中违规金额 3155 万元、管理不规范金额 1357784 万元；审计发现非金额计量问题 70 个；损益（收支）不实金额 118 万元；出具审计报告 34 篇，区委书记、区长等区级领导干部批示 60 篇次。审计处理处罚金额 5590 万元，其中应上缴财政 2651 万元、应调账处理金额 2939 万元；移送有关部门处理事项 2 件，移送处理金额 269 万元。审计促进整改落实有关问题资金 4056 万元；审计促进拨付资金到位 2397 万元。审计提出建议 52 条，被采纳 52 条；推动被审计单位制定整改措施 24 项；促进被审计单位建立健全规章制度 2 条；提交审计信息 60 篇，被批示、采用 51 篇次。

津南区 2019 年度财政预算执行、决算草案及其他财政收支情况审计项目被评为天津市审计机关 2022 年优秀审计项目二等奖。

政策落实情况跟踪审计 开展残疾人居家托养服务补贴审计、中央直达资金审计、疫情防控物资和捐赠款物专项审计 3 项。

财政审计 完成区级预算执行和决算草案审计、部门预算执行审计、网络安全和信息化建设审计、政府债务审计、区级行政事业单位闲置资产盘活情况专项审计 12 项，规范预算执行和管理，提高资金使用绩效，促进各项政策制度落实。

资源环境审计 开展双桥河镇党政主要领导干部自然资源资产管理和生态环境保护责任履行情况审计，促进自然资源资产节约集约利用和生态环境保护。

民生审计 完成困难群众救助补助资金审计，促进惠民政策贯彻落实，切实维护困难群众的权益。

经济责任审计 开展区发改委、区卫健委、农业园区、区残联、融媒体、双桥河镇 6 个单位 7 名党政主要领导干部经济责任审计，促进权力规范运行。

审计查出问题整改 配合津南区政府召开专题整改推动会，推进整改工作落实。持续深化“挂销号”制度，开展专项督办整改 5 轮次，推动 229 个问题完成整改，纠正问题资金 13.38 亿元，促进完善内部管理制度 8 项，切实发挥审计“治已病、防未病”作用。

研究型审计 把研究型思维贯穿审计立项、实施、报告等各环节。开展调查，摸清底数，建立经济责任审计对象库，实行动态化管理。

内部审计 组织开展全区内部审计统计调查 2 次；组织本区内部审计人员参加中国内部审计协会和市审计局组织的内部审计人员业务培训 2 次；对全区重点镇街、委办局、区属国有企业进行了内部审计工作专项检查。

交办任务 参与全市补交党费使用情况专项检查、关于借款项目原有预售资金使用情况的专项审计检查等任务，有效规范资金管理。

相关工作 坚持党建与业务相融合，强化班子成员“一岗双责”，组织开展“明责尽责、担当作为、岗位职责大练兵活动”，全员亮明岗位职责和工作标准。优化干部队伍结构，营造良好环境。严格实行科级干部家访制度，加强廉政风险防控，强化审计干部廉洁自律意识。以大数据审计为依托，采取“1+N”、嵌入式、融合式等组织方式，不断加大审计力度，拓展审计监督的广度深度。

（撰稿人：解 锦）

【北辰区审计局】 2022 年，北辰区审计局实有 27 人。党组书记、局长徐继清，党组成员、副局长李军、刘术莲，副局长龚宝环（—8 月），四级调研员赵红英。设有办公室、法规综合科、财政审计科、行政事业审计科、固定资产投资审计科、企业审计科、经济责任审计科、内部审计指导科、电子数据审计科。

审计成果 2022 年，北辰区审计局完成审计项目 24 个，其中审计 23 个，专项审计调查 1 个。查出主要问题金额 170652 万元，其中违规金额 753 万元、管理不规范金额 169899 万元；审计发现非金额计量问题 61 个；出具审计报告和专项审计调查报告 25 篇，被批示、采用 34 篇次。审计处理处罚金额 759 万元，其中应上缴财政 756 万元，应归还原渠道资金 3 万元；移送司法机关、纪检监察机关和有关部门处理事项 1 件。审计促进整改落实有关问题金额 3235 万元。审计提出建议 57 条，被采纳 23 条；提交审计信息 80 篇，被批示、采用 34 篇次。向社会公告审计结果 2 篇。

政策落实情况跟踪审计 完成中央直达资金政策落实情况审计，促进直达资金及时分配下达、规范安全使用、提高资金效益。完成北辰区行政事业单位闲置资产盘活专项审计，有效盘活闲置资产。

财政审计 完成 2021 年区级财政预算执行及决算草案和其他财政收支情况审计，4 个部门预算执行及其他财政收支情况审计和 3 个镇级财政决算（草案）审计。完成网络安全和信息化建设审计，揭示资产管理不规范等问题。完成政府性债务审计，推动健全政府债务管理制度和风险防控机制，提高政府新增债券资金使用绩效。

国有企业审计 完成《国企改革三年行动方案（2020—2022 年）落实情况专项审计调查》，提出持续推动改革、加强参股管理，强化监管责任、落实绩效考核建议，推进国企改革依法有序进行。

资源环境审计 完成 1 个部门和 2 个镇领导干部自然资源资产任中审计，促进领导干部履行资源管理和环境保护等方面的职责。

经济责任审计 完成 7 个单位 13 名区管党政主要领导干部经济责任审计，促进领导干部规范用权、秉公用权、廉洁用权。充分发挥经济责任审计联席成员单位监督合力，组织召开经济责任审计联席会议1次。

审计查出问题整改 对北辰区2017—2020年审计未整改问题，持续开展审计整改跟踪检查和“回头看”工作。加强审计整改全口径、全周期规范管理，将审计反映的所有问题全部纳入整改范围。向区人大常委会报告审计问题整改情况，向区纪检移送审计问题线索1件。

内部审计 开展全区内部审计情况调查，深入被审计单位进行现场指导和服务，接受20余家单位电话咨询答疑。

交办任务 开展市审计局统一组织实施的党费审计、“保交楼”专项审计检查，抽调人员配合市审计局开展水务资金管理使用情况专项调查。

相关工作 加强天津市北辰区委审计委员会办公室工作，研究制定《天津市北辰区“十四五”审计工作实施方案》，对“十四五”时期北辰区审计工作进行总体部署。筹备召开3次区委审计委员会会议研究推动重点工作任务，严格执行重大事项请示报告制度，向市委审计委员会办公室报送重大事项报告8件。

开展“迎盛会、铸忠诚、强担当、创业绩”主题学习宣传教育实践活动，自主创办“弘扬最美家风 助力审计发展”特色党建系列活动。组织党员干部下沉社区入列轮值，参加疫情防控工作。选派干部进驻集中隔离点15人次，7名干部加入抗击疫情突击队，累计参加大筛服务400余人次，全力开展60+疫苗接种攻坚工作，86名社区老人成功接种。与3户困难群众结成帮扶对子，开展定向帮扶。 （撰稿人：王德君 卢丽娜）

【武清区审计局】 2022年，武清区审计局实有35人。党组书记、局长李长春，党组成员、副局长尤剑敏、袁征，副局长杨红艳，四级调研员高勇，二级调研员赵新刚。设有办公室、法规与审理科、综合科、数据与信息化科、行政事业审计科、财政金融审计科、资源环境与农业农村审计科、固定资产投资审计科、经济责任审计科、企业审计科。

审计成果 2022年，武清区审计局完成审计项目26个，审计查出主要问题金额62964万元，审计发现非金额计量问题95个，审计促进整改落实有关问题资金26539万元，出具审计报告和审计调查报告58篇，提出审计建议71条，提交审计信息196篇，获评全国审计宣传先进单位。

天津市通利置业有限公司负责人经济责任审计项目获天津市审计系统优秀审计项目二等奖。

政策落实情况跟踪审计 开展中央直达资金政策措施落实情况审计1项，揭示和反映直达资金管理中存在的突出问题，促进完善常态化的财政资金直达机制，更好发挥惠企利民实效。

财政审计 开展财政审计6项，包括：市级政府综合财务报告专项审计，区级财政财务预算执行审计，信息化建设情况专项审计调查，政府债务审计，部门结余资金上缴及留存情况大数据审计，武清区行政事业单位闲置资产盘活情况专项审计。

国有企业审计 开展国有企业审计1项，区属国有资产经营投资公司财务收支及资产负债损益情况审计。

资源环境审计 开展资源环境审计4项，包括：全市水务资金管理使用情况专项审计调查，大孟庄镇党委书记、镇长自然资源资产审计，河西务镇党委书记、镇长自然资源资产审计，南蔡村镇党委书记自然资源资产审计。

民生审计 开展民生项目审计3项，包括：困难群众救助补助资金审计，相关镇街“一镇一业”产业帮扶资金效益审计，疫情防控资金收支情况审计。

经济责任审计 开展经济责任审计11项，包括：区委网络安全和信息化委员会办公室，区委区级机关工作委员会，区住房和建设委员会，区文化和旅游局，区退役军人事务局，区市场监督管理局，杨村一中，大孟庄镇党委书记、镇长，河西务镇党委书记、镇长，南蔡村镇党委书记经济责任离任（任中），天津京滨工业园开发有限公司主要领导干部经济责任审计。查出主要问题56个，问题金额6221.76万元；其他问题13个，涉及金额8066.18万元，发现其他需要关注的情况7个。

审计查出问题整改 针对2022年区级审计中查出问题，共向相关单位发送89件催办函。指导基层内部审计查出各类问题231个，已全部整改完毕，涉及资金301.5万元，完善制度机制86个。

内部审计 指导成立内部审计机构181个，内部审计人员930人。为各单位配备指导员，指导开展内审项目349个。出台“以审代训”内部审计人员管理办法，开展指导服务424人次，培训内部审计人员461人次。《中国审计报》先后刊发武清区审计局文章16篇，武清区2个课题分别被评为市、区级“优秀课题”。

相关工作 组织召开2次区委审计委员会会议，建立了审计同巡察巡视、信访、统计等部门的联动机制，修订完善领导干部履行经济责任审计风险防范清单。区委审计办专题研究审计署、天津市委审计委员会会议精神10次，制定落实举措11条，全年请示报告14次，全年办结区领导批示和督办事项共计263件次。

（撰稿人：赵　鑫）

【宝坻区审计局】 2022年，宝坻区审计局实有36人。党组书记、局长刘广安，党组成员、副局长李云山、张继伟，党组成员、四级调研员李建营，副局长付建军（—8月），一级调研员吕玉霞，二级调研员郭杰，三级调研员张国娟。设有办公室、法治综合科、财政金融审计科、行政事业审计科、农业与资源环保审计科、企业审计科、经济责任审计科、固定资产投资审计科、电子数据审计科、内部审计指导监督科。

审计成果 2022年，宝坻区审计局完成审计项目28个，其中审计24个，专项审计调查4个。查出主要问题金额144505万元；审计发现非金额计量问题119个；出具审计报告和专项审计调查报告31篇，被批示、采用31篇次。审计处理处罚金额58327.98万元。移送司法机关、纪检监察机关和有关部门处理事项8件。审计促进整改落实有关问题资金94532.02万元；审计提出建议38条，被采纳38条；提交审计信息60篇，被批示、采用28篇次。

政策落实情况跟踪审计 全年共完成政策落实跟踪审计项目2个，开展中央直达资金政策措施落实情况审计和宝坻新城搬迁改造资金管理和使用情况专项审计调查，揭示搬迁改造资金使用监管不严、挪用搬迁改造资金等16个问题，向宝坻区纪委监委移送问题线索5件，查出问题金额8209.51万元。

财政审计 开展宝坻区2021年度财政预算执行和其他财政收支审计，对宝坻区文化和旅游局、宝坻区城市管理委员会等4个单位开展了2021年度部门预算执行和其他财政收支审计，查出预算编制不规范、未按规定收回项目结转资金、部分转移支付资金支出进度低、往来款挂账未及时清理、拖欠市场主体账款等20个问题，向宝坻区纪委监委移送问题线索1件。开展了信息化建设资金审计调查、网络安全专项资金审计和政府债务审计。

对京津新城基础设施项目和高标准农田工程项目2项政府投资项目进行审计，查出未按设计图纸施工、工程结算不实、监理单位履职尽责不到位、未及时办理竣工财务决算等18个问题。

国有企业审计 对天津地成建设投资有限公司主要领导人员开展经济责任审计，查出低效无效企业未清退、国有资产出借程序不合规、项目中标单位投标文件未实质性响应招标文件、未按照合同约定派遣人员、固定资产管理不规范、费用支付不当、大额资金出借未签订借款协议，未执行对外借款年度报告制度等12个问题，涉及金额23820.55万元。

资源环境审计 开展口东镇党政主要领导干部自然资源资产管理和生态环境保护责任履行情况审计，查出部分政府购买服务未执行绩效管理、部分河道水环境管护不到位、土地承包费收缴不及时等3个问题。开展了宝坻区水务资金管理使用情况专项审计调查。

民生审计 开展了困难群众救助补助资金审计，查出违规将3名不符合救助条件的人员上报增加医疗救助标识享受医疗救助、救助管理站救助物资管理不到位、不符合条件人员违规享受救助待遇和符合条件人员应享未享救助待遇等4个问题，向宝坻区纪委监委移送问题线索1件。开展了天津甘肃东西部协作政策落实和项目资金管理使用情况专项审计调查。

经济责任审计 对9个单位12名党政主要领导干部经济责任审计，查出应缴未缴财政资金、未按照约定使用财政资金、拖欠市场主体账款、往来款长期挂账、部分事项未经集体研究决策、工程项目未完成竣工财务决算、固定资产管理不规范、财务管理不规范、项目绩效管理不规范、用工手续不规范、国有资产出借程序不合规等54个问题，涉及金额88605万元，向区委、区政府提交审计结果报告12份，向主管部门移送问题线索1件。

审计查出问题整改　组织开展审计整改情况跟踪检查，对2022年以前582个挂号问题进行推动，挂号问题销号率达到96%，加大力度督促被审计单位对2022年度197个审计查出问题及时整改。

研究型审计　制定《天津市宝坻区审计局审计项目计划管理办法》，科学制订审计项目计划。研究出台《天津市宝坻区审计局激励考核制度（试行）》，建立和完善精准考核、奖惩分明的激励约束制度，优化审计工作流程。

审计理论研究　开展了“全面建设社会主义现代化新宝坻背景下　发挥审计监督作用面临的挑战与实施路径研究”课题调研，就如何提高审计工作质量和更大程度发挥审计监督作用得出结论。

内部审计　对宝坻区行政事业单位、国企、社团等108个单位的内部审计机构、人员情况和机构增减变动情况进行两次统计。统一下发内部审计常见问题定性参考资料，全年共查出未建立内部审计制度等问题1个，查出关注类情况3项，促进建章立制1项。

相关工作　宝坻区审计局党组理论学习中心组集中学习14次，进行交流研讨11次，开设读书班2次，进行联点访户6次。制定审计廉政风险清单，对117人次开展了谈心谈话、履职和廉政谈话，运用监督执纪“第一种形态”对9人次进行提醒谈话、批评教育，加强党员干部监督管理工作。（撰稿人：贾春雅）

【滨海新区审计局】　2022年，滨海新区审计局实有59人。党组书记、局长刘钺，党组成员、副局长张武、李宁博、张轶君。设有审计委员会办公室秘书室；内设办公室、党建室、财政审计室、行政事业审计室、经济责任审计室、资源环境审计室、企业审计室、投资审计室。

审计成果　2022年，滨海新区审计局完成审计项目40个。查出主要问题金额147.72亿元，其中违规金额307万元、管理不规范金额147.69亿元；审计发现非金额计量问题170个；损益（收支）不实金额67万元；出具审计报告66篇，被批示、采用2篇次。审计处理处罚金额2436万元，其中应上缴财政7万元、应归还原渠道资金1万元、应调账处理金额1568万元；移送司法机关、纪检监察机关和有关部门处理事项10件，移送处理金额1425万元。审计促进整改落实有关问题资金115.76亿元；核减投资额5523万元；移送处理落实事项1件。审计提出建议132条，被采纳132条；推动被审计单位制定整改措施3项；促进被审计单位建立健全规章制度2项；提交审计信息53篇，被批示、采用49篇次。向社会公告审计结果1篇。

政策落实情况跟踪审计　对中央财政直达资金政策落实情况进行审计。重点关注成品油税费改革转移支付、就业补助资金、增值税留抵退税资金转移支付、减税降费资金转移支付等专项资金。审计发现部分2021年结转资金使用进度慢、部分项目绩效管理不规范等问题。

财政审计　对区本级、中新天津生态城管委会、部门预算执行情况进行审计，开展网络安全和信息化建设审计、地方政府债务审计，对村级组织活动场所项目等16个政府投资项目进行审计。2022年共完成审计项目22个，查出问题金额137.11亿元，工程结算款不实6697万元。审计发现部分财政资金闲置、部分专项资金管理不规范、部分工程虚报未施工项目、重复报审、超概算批复投资、超合同工期建设等问题。

国有企业审计　完成国有资产、国有企业领域3个审计项目，发现问题26项。审计发现部分国有企业存在不同程度的经营风险、内部控制制度执行弱化等问题。

资源环境审计　围绕加快推动改善生态环境质量、提高资源利用效率，完成自然资源资产离任审计1个，发现问题11项。审计发现部分农村基础设施管护不到位、部分污水处理站无考核机制、个别地区饮用水水质未达标等问题。

民生审计　围绕民计民生保障和改善，推动民生领域各项政策落实。审计发现民生救助底线未兜准，存在财政资金重复发放、重复购买的问题。

经济责任审计　围绕规范权力运行和促进干

事担当，完成经责审计项目 11 个，发现问题 137 项。审计发现部分单位存在政府采购程序不规范、“三重一大”制度执行不严谨、内控制度执行弱化、财经纪律淡漠等问题。

审计查出问题整改 完善整改机制，压实整改责任，将审计查出问题整改情况纳入区“三考合一”考核工作中。对未整改完成的审计问题，通过召开政府专题会、组织审计“回头看”、下发工作提示函、谈话提醒等多种形式，确保审计查出问题改到位、改彻底。2022 年推动市审计查出问题整改 21 个，推动区审计查出问题整改 241 个。

相关工作 创新形式学习宣传贯彻党的二十大精神，以“六个一”为载体开展“滨海三问”主题活动。机关党支部组织的“新时代共产党人的良好家风暨廉洁家风家训展示活动”主题党日活动案例获区委区级机关工委组织的“喜迎二十大、建功新时代”最佳案例。

创新“审巡联动”监督模式，整合监督力量。向巡察组提交审计移送处理书 2 份、审计问题线索疑点函 2 份，移送问题线索 40 余项。《滨海新区探索实施“审巡联动”创新区委统一领导下的大监督“滨城模式”》被滨海新区《改革创新工作交流》刊用。

全面加强干部队伍建设，2022 年完成内设机构正职、副职选拔任用 4 名。（撰稿人：宋　鸽）

【宁河区审计局】 2022 年，宁河区审计局实有 30 人。党组书记、局长王凌，调研员张国仲（—11 月）、周春芬，党组成员、副局长、调研员陈景路、胡志耘（4 月—），党组成员、副局长张维众（—4 月）、胡兆新，副局长刘西柱（—2 月）、刘桂艳（2 月—）。设有办公室、综合法制审理科、电子数据审计科、财政审计科、行政事业审计科（政策跟踪审计科）、固定资产投资审计科、农业农村和自然资源审计科、经济责任审计科（内部审计指导科）。

审计成果 2022 年，宁河区审计局完成审计项目 25 个，其中审计 23 个，专项审计调查 2 个。查出主要问题金额 1450176.43 万元，其中违规金额 15197.05 万元、管理不规范金额 1434979.38 万元；审计发现非金额计量问题 84 个；审计发现侵害人民群众利益 2523.21 万元；出具审计报告和专项审计调查报告 38 篇。审计处理处罚金额 15528.26 万元，其中应上缴财政 528.26 万元、应归还原渠道资金 15000 万元；移送司法机关、纪检监察机关和有关部门处理事项 3 件，移送处理金额 75.10 万元。审计促进整改落实有关问题资金 187693.17 万元。审计提出建议 44 条，被采纳 41 条；提交审计信息 60 篇，被批示、采用 56 篇次。

政策落实情况跟踪审计 完成天津市审计局统一组织的中央直达资金政策措施落实情况审计，查出管理不规范金额 8285.60 万元，非金额计量问题 2 个，移送纪检监察机关处理事项 1 件。

财政审计 完成 2021 年区本级和 5 个区级部门预算执行、决算草案和其他财政收支审计，2 个镇财政决算审计，网络安全和信息化建设审计，政府债务审计，行政事业单位闲置资产盘活情况专项审计，共查出主要问题金额 1505565.09 万元，非金额计量问题 32 个，审计促进整改落实有关问题金额 157814.30 万元。

资源环境审计 完成宁河区岳龙镇领导干部自然资源资产离任（任中）审计，查出违规金额 46.38 万元，审计处理处罚金额 46.38 万元，非金额计量问题 2 个。

民生审计 抽调人员参与天津市审计局统一组织的天津甘肃东西部协作政策落实和项目资金管理使用情况专项审计调查。

经济责任审计 完成 9 个单位 12 位党政领导干部经济责任履行情况审计。查出管理不规范金额 386279.37 万元，非金额计量问题 18 个，移送处理事项 1 件，审计促进整改落实有关问题金额 27414.54 万元。

审计查出问题整改 按照《区委审计办　区审计局关于贯彻落实建立健全审计查出问题整改长效机制意见的工作措施》，针对审计发现的问题，制定任务清单，明确整改要求，共发现审计问题 167 个，2022 年已推动完成整改 123 个，涉及金额 187693.47 万元。

内部审计 按照审计署和市审计局要求，完成 274 个单位内部审计统计调查，帮助 2 个单位建立内部审计制度，指导 1 个单位内审机构开展内部领导干部经济责任审计。

相关工作 组织召开区委审计委员会第七、八、九次会议。落实全面从严治党主体责任，完成任务清单123条。严格落实“三会一课”制度，共召开民主生活会1次，党员大会19次，支部委员会17次，开展党日活动12次。完成法治建设工作要点20项内容。先后24次组织全体党员干部下沉4个社区配合开展核酸检测工作，安排18人次赴隔离点参加隔离服务，24人入格社区担任四级网格小组长，助力疫情防控工作平稳有序开展。（撰稿人：郭富华）

【静海区审计局】 2022年，静海区审计局实有39人。党组书记、局长靳秀江，党组成员、副局长王立俊、吕跃臣，副局长刘秀华。设有综合办公室、政策法规科、内审指导科（整改检查科）、农业和资源环保审计科（政策跟踪审计科）、经济责任审计科、财政金融审计科、联网审计科、固定资产投资审计科、企业审计科；下设天津市静海区审计事务中心。

审计成果 2022年，静海区审计局完成年度计划内审计项目27个、跨年度审计项目2个，其中审计26个，专项审计调查3个。查出主要问题金额341704.72万元，其中违规金额27.47万元、管理不规范金额341677.25万元；审计发现非金额计量问题109个；出具审计报告和专项审计调查报告38篇。审计处理处罚金额（应归还原渠道资金）2万元；移送有关部门处理事项1件，移送处理金额10.82万元。审计促进整改落实有关问题资金284249.01万元。审计提出建议70条，被采纳70条；提交审计信息127篇，被《中国审计报》《中国审计》等多家媒体采用。

政策落实情况跟踪审计 完成2021年第四季度、2022年上半年中央直达资金审计项目，促进资金直达基层、惠企利民。开展静海区疫情防控资金和捐赠款物审计，促进疫情防控物资规范管理、高效使用。

财政审计 完成2021年度区级财政预算执行、决算草案及其他财政收支情况审计，查出管理不规范金额52600.58万元、非金额计量问题3个。对57家区直一级预算单位及90家二级预算单位开展联网实时全覆盖审计，查出违规金额25.48万元、管理不规范金额843.50万元、非金额计量问题8个。完成独流镇、台头镇、大丰堆镇2021年度财政收支情况审计、2021年下半年政府债务审计。开展2021年度网络安全和信息化建设情况审计。完成2020年度区级政府综合财务报告审计项目，查出管理不规范金额37827.96万元、非金额计量问题3个。开展“村村好”校舍提升改造项目情况审计，发现非金额计量问题4个，提出审计建议3条。

国有企业审计 对61家区管国有企业2021年度运营和管理体制情况开展专项审计调查，助力国有企业加强监督管理、提升资产质效。

农业农村审计 完成2021年度静海区设施农业建设项目政策落实情况审计、静海区2020年度和2021年度高标准农田建设情况专项审计调查项目，助力乡村振兴战略有效实施。

资源环境审计 开展水务资金管理使用情况专项审计调查，促进区域水资源节约集约利用和生态环境保护。

经济责任审计 对11个单位14名党政领导干部开展经济责任审计，查出贯彻落实重大政策措施和决策部署不到位、重大经济事项决策程序不规范等问题59个，提出审计建议30条。

审计查出问题整改 严格落实审计整改报告和问题对账销号制度，完善问题清单和整改清单对接机制，2022年度静海区审计整改工作在全市全面从严治党主体责任考核中取得满分。成立审计整改工作领导小组，明确审计整改跟踪检查逐级负责制。定期开展审计整改“回头看”专项检查。完成问题整改199个，促进有关单位制定完善相关制度63项，约谈问责处理36人次，问题整改完成率为96.60%。

内部审计 落实备案机制，启动内部审计资料备案工作；完成两轮全区内部审计统计调查，配合市审计局内审处开展金审三期内审模块应用测试；对4个重点部门单位进行业务指导咨询服务，组织100余名内审人员参加新修订审计法线上学习，加强对内部审计工作的指导监督。

交办任务 开展全市补交党费使用管理情况专项检查、行政事业单位闲置低效资产盘活情况审计项目。围绕区委、区政府中心工作，完成甘肃镇原东西部协作资金审计、静海区公务用车问题专项检查等9个交办配合事项。

相关工作 2022年在全区全面从严治党主体责任考核中被评为优秀单位。启动实施了上廉洁文化党课、观廉洁文化展览、建廉洁文化阵地等八项润心工程。

科学编制年度审计项目计划，将研究型审计理念贯穿审计工作全过程，做实做细审前调查工作，确定审计重点，细化审计实施方案，组织审计业务质量自查自纠，开展业务经验总结交流。强化“数据分析+现场核查”，将大数据审计与现场延伸有机结合。深入学习宣传新修订行政处罚法、审计法，组织开展法治宣传教育活动。

落实金审三期相关应用系统使用要求，组织人员多途径系统培训。建立完善相关制度规章，规范数据使用，明确责任主体，保障数据使用的安全性。

（撰稿人：王利稼）

【蓟州区审计局】 2022年，蓟州区审计局实有34人。党组书记、局长计东，党组成员、副局长汪玉国，党组成员、四级调研员苏昌春，副局长、三级调研员金宝泉。设有办公室（党建办公室）、法制综合科（内审指导科，区委审计委员会办公室秘书室）、行政事业审计科、财政金融审计科、农业资金审计科、基建审计科、经济责任审计科、企业审计科、联网审计科。

审计成果 2022年，蓟州区审计局完成审计项目36个，其中审计32个，专项审计调查4个，查出主要问题金额939036万元，其中，违规金额7704万元，损失浪费金额81万元，管理不规范金额931251万元；审计发现非金额计量问题110个；损益（收支）不实金额2489万元；出具审计报告和专项审计调查报告50篇，被领导批示3篇。审计处理处罚金额25066万元，其中应上交财政3943万元，应归还原渠道资金495万元，应缴纳其他资金3302万元，应调账处理金额17326万元；移送司法机关、纪检监察机关和有关部门处理事项16件，相关部门处理移送人员77人。审计促进整改落实有关问题资金47277万元，促进拨付资金到位26781万元，审计提出建议127条，提交审计信息15篇。

政策落实情况跟踪审计 完成了中央直达资金政策落实情况审计，通过对中央直达资金分配下达、资金拨付、管理使用等情况开展审计，揭示和反映直达资金管理中存在的突出问题，促进直达资金及时分配下达、规范安全使用、提高资金效益。

财政审计 完成蓟州区2021年度财政预算执行和其他财政收支情况审计，完成市、区审计局上下联动完成政府综合财务报告审计、网络安全和信息化建设审计、政府债务审计工作，促进提升政府运行绩效，推动积极稳妥有序化解风险。

完成全区75个一级预算单位部门预算执行和财政收支全覆盖审计及3个行政事业单位部门预算执行及决算草案审计。揭示财政资金管理和使用中存在的突出问题，及时纠正违规行为，促进单位规范管理，提高资金使用绩效。

重点开展天津市蓟州区城镇基础设施建设投资有限公司下营镇定向安置经济适用房建设情况审计，揭示工程建设和管理中存在的风险隐患，确保资金使用安全和使用效益。

国有企业审计 完成企业审计4个单位，揭示企业贯彻经济政策、深化改革、防控债务风险以及经营管理中存在的突出问题，健全完善内部监管制度，促进国有资本保值增值。

资源环境审计 完成区委组织部委托对3个镇3名主要领导干部开展的自然资源资产离任审计工作，增强领导干部生态环保意识，促进区域自然资源资产节约利用和生态环境保护。

民生审计 完成困难群众救助补助资金审计，以促进惠民政策贯彻落实，保障特殊困难群体权益为目标，关注困难群众救助补助资金投入分配、下达拨付、管理使用、资金绩效和政策目标实现等情况。

经济责任审计 完成区委组织部委托对14个单位14名党政正职领导干部经济责任审计工作，促进领导干部依法履职，廉洁用权，守法守纪守规尽责。

专项审计调查 完成4个专项审计调查项目，开展了蓟州区生态储备林项目审计调查、蓟州区国有企业改革情况专项审计调查、蓟州区公产房租赁费收缴及管理使用情况专项审计调查、蓟州区行政事业单位闲置资产盘活专项审计调查等工作，关注项目资金来源及管理使用情况，促进相关政策落地落实。

联网实时审计 依托联网实时审计构建的大

数据环境，注重加大计算机数据平台建设，完成对全区75家一级预算单位数据采集，实现对教育系统240家二、三级预算单位数据的采集全覆盖。

内部审计 组织做好区级单位内部审计工作专项检查。2022年，全区内部审计机构共32个，内部审计人员145人，全区内部审计机构发现问题49个，已全部整改完毕，促进相关单位新制定制度2个，修订完善制度5个，优化完善业务流程17项。同时，及时传达、组织内部审计理论研讨、内部审计评先评优表彰等工作。

交办任务 完成党费专项检查和补交党费使用情况审计；完成全区购买服务领域不担当不作为问题专项整治工作；抽调人员配合市审计局赴甘肃开展天津甘肃东西部协作政策落实和项目资金管理使用情况专项审计调查。

相关工作 召开3次中共天津市蓟州区委审计委员会会议。发挥党支部政治功能和组织功能，助推疫情防控、乡村振兴、“双万双服”、基层治理等重点工作有效开展，严格落实执法责任，加强执法监督检查，不断强化审计干部依法行政、依法审计的责任意识。 （撰稿人：宗雪峥）

2022年天津市本级及所辖区审计工作统计表

审计机关	完成审计项目/个	审计查出主要问题金额/万元	审计发现非金额计量问题/个	审计期间整改金额/万元	出具审计报告和审计调查报告/篇	审计处理情况		审计促进整改落实有关问题资金/万元	审计提出建议/条	提交审计信息/篇
						审计处理处罚金额/万元	移送处理事项/件			
天津市本级	109	27703072	1451	578638	181	2530490	86	13112127	405	349
和平区审计局	17	55867	16	3917	15	2768		11977	38	83
河东区审计局	28	4728	64	570	26	4149		4099	54	46
河西区审计局	20	173274	24	3232	32		1		33	95
南开区审计局	28	614522	39		39	22379	5	871	79	69
河北区审计局	20	402116	51		29		2	2	50	53
红桥区审计局	23	29317	154	99	58	821	9	808	80	104
东丽区审计局	22	640250	108	10059	22		27	4854	89	159
西青区审计局	23	93422	136	936	72			20182	54	208
津南区审计局	17	1360939	70	3759	34	5590	2	4056	52	60
北辰区审计局	24	170652	61	1292	25	759	1	3235	57	80
武清区审计局	26	62964	95	4183	58			26539	71	196
宝坻区审计局	28	144505	119	84	31	58328	8	94532	38	60
滨海新区审计局	40	1477238	170	107743	66	2436	10	1157553	132	53
宁河区审计局	25	1450176	84	7332	38	15528	3	187693	44	60
静海区审计局	29	341705	109		38	2	1	284249	70	127
蓟州区审计局	36	939036	110	36275	50	25066	16	47277	127	15

河北省

【河北省审计厅】 2022年，河北省审计厅实有308人。设有省委审计委员会办公室秘书处、办公室、综合计划处、法规审理处、人事教育处、机关党委、离退休干部处、财政审计处、政策跟踪审计处、经济责任审计处、自然资源和生态环境审计处、企业审计局、农业农村审计处、社会保障审计处、固定资产投资审计处、金融和涉外审计处、内审指导监督和整改督查处、行政事业审计一处、行政事业审计二处、行政事业审计三处、行政事业审计四处、行政事业审计五处、行政事业审计六处、行政事业审计七处、行政事业审计八处、行政事业审计九处、派出审计一处、派出审计二处、派出审计三处、派出审计四处、派出审计五处、派出审计六处、派出审计七处、派出审计八处和派出审计九处；下设河北省审计厅计算机信息审计中心、河北省电子数据审计中心、河北省财政审计中心、河北省公共投资审计服务中心。

领导成员

党组书记、厅长：赵文海

党组副书记、副厅长：张明利（—3月）
左晓龙（3月—）

党组成员、副厅长：韩　龙
李永新（3月—）

党组成员、总审计师：郝　婷

党组成员、省纪委监委驻省审计厅纪检监察组组长：梁宝卿

正厅级干部：李国良
马建平（北京冬奥组委监察审计部部长）

副厅级干部：褚建东（—12月）
张庆祥（—12月）　巴利凯

一级巡视员：段　宁
赵建护（—7月）
左晓龙（2月—）
张明利（3月—）
张庆祥（11月—12月）
褚建东（12月—）

二级巡视员：李永新（—2月）　刘西田
王子奇（—6月）
孟晓端（—8月）
闫进军（—12月）
曹　伟（3月—4月）
张金贺（3月—4月）
王建民（3月—4月）
郝卫宁（7月—8月）
王书文（7月—8月）
辛继哲（7月—8月）
苏振江（7月—8月）
张顺青（11月—）
赵建蕊（11月—）
张同珍（11月—）

审计成果 2022年，河北省审计厅完成审计项目248个，其中审计231个、专项审计调查17个。查出主要问题金额40383304万元，其中违规金额74080万元、损失浪费金额1276万元、管理不规范金额40307946万元；审计发现非金额计量问题2227个；损益（收支）不实金额7066217万元；审计发现侵害人民群众利益43万元；出具审计报告和专项审计调查报告337篇。审计处理处罚金额2793317万元，其中应上缴财政72724万元、应归还原渠道资金1352万元、应调账处理金额2719240万元；移送司法机关、纪检监察机关和有关部门处理事项93件，移送处理人员61人，移送处理金额2140万元。审计促进整改落实有关问题资金5564115万元；审计促进拨付资金到位33167万元；审计后挽回（避免）损失8466万元；移送处理落实事项6件。审计提出建议743条，被采纳743条；推动被审计单位制定整改措施1352项；促进被审计单位建立健全规章制度323项；向社会公告审计结果2篇。

企业经营风险管控情况专项审计调查项目被评为审计署优秀（表彰）审计项目。

政策落实情况跟踪审计 重点关注“京津冀协同发展、雄安新区规划建设、冬奥会筹办三件大事”、河北省稳定经济运行的一揽子措施及20个配套政策落实情况，统筹开展优化营商环境、减费降负、减轻企业负担等20个方面的专项政策跟踪审计，对太行山高速、国外贷援款等投资项目进行审计，有效促进重大战略、重大项目落地

见效。

财政审计 全省共完成财政审计项目2470个，查出问题金额4759.03亿元，深入揭示财政管理、部门预算执行、稳经济、保民生、促发展等方面问题，提出审计建议，促进各级各部门落实过紧日子要求，进一步规范财政管理。着力揭示风险隐患，财政领域持续关注政府隐性债务、债券资金管理使用等风险防范情况。组织全省审计机关对河北省2021年度网络安全和信息化建设情况、信创专项资金进行了审计，共抽查省、市、县（区）三级1385家单位，共发现15类395个问题。将全省2021年度网络安全和信息化建设审计情况综合报告上报审计署和省委。审计署将审计报告分别报中央网信委和中央安可工作领导小组，得到中央领导同志的肯定性批示。

国有企业审计 紧紧围绕省委、省政府中心工作，加大对国资国企的审计力度，紧盯国有资产安全，开展企业经营风险审计查出问题“回头看”，纠正问题金额430.99亿元，促进建章立制170项，追责问责48人。

金融审计 重点关注河北省地方城市商业银行业务经营运行及风险管控情况，对9家城商行开展风险状况专项审计调查，此次审计调查共发现9家城商行及其下属子公司在国家重大政策措施贯彻执行和信用风险管控、流动性风险管控、治理管控及操作风险管控五方面22类407个问题，涉及金额1467.48亿元。

农业农村审计 组织实施了62个乡村振兴重点帮扶县巩固拓展脱贫攻坚成果同乡村振兴衔接政策跟踪审计，发现问题980个，涉及金额43.5亿元；统筹开展农村厕所改造提升、农村生活水源江水置换等专项审计，促进政策资金有效落实、改善农村人居环境。组织全省审计人员166名，组成29个审计组，重点抽审高标准农田建设资金44.88亿元，抽审项目78个，抽审单位61个，抽审乡镇91个，抽审行政村185个，入户调查124户。此次审计共发现项目建设资金未充分发挥效益、项目管理不到位、高标准农田建设项目配套资金不到位等方面问题182个，涉及金额32744.21万元。审计督促被审计单位立审立改完成整改问题27个，整改到位资金1022.87万元。

资源环境审计 组织全省审计机关完成领导干部自然资源资产离任（任中）审计项目205个，揭示问题1095个，审计促进健全完善制度机制67项，追缴盘活资金27.79亿元，取得了显著成效，为促进河北省生态文明建设发挥了重要作用。

民生审计 组织部分市县审计机关，对石家庄、承德、保定、沧州等4个设区市2020年1月至2021年9月困难群众救助补助资金筹集、分配和拨付，集中供养和救助机构资金管理使用和救助职责履行，以及困难群众基本生活救助和医疗救助政策落实情况进行了审计。重点审计了4个市本级（含开发区）、34个县区民政、财政、医疗保障、残联等相关部门，13个儿童福利机构、47个特困人员供养机构、18个流浪乞讨人员救助站等集中供养和救助机构，审计资金总额70.14亿元。

经济责任审计 全省共审计1327个单位的1581名领导干部，查出涉及领导干部责任的问题金额973.9亿元。

涉外审计 共完成7个国外贷援款审计项目，按期出具无保留意见中英文公证审计报告6份，中文审计报告1份。审计揭示了部分项目提款进度缓慢、部分子项目未实现绩效目标、资产闲置等问题。

审计查出问题整改 形成了“1+8”审计整改监督制度体系，审计整改监督长效机制更加健全。聚焦重点问题，对2021年度审计项目整改情况进行专项督查，完成2021年国务院大督查提出的相关问题整改情况“回头看”，压实整改责任。对审计中发现的省直行政事业性资产、省属国有企业经营风险、省属高校办学等领域突出问题开展专项治理，推动相关问题彻底整改，完善制度机制；建立健全审计与其他监督贯通协同的制度体系，落实完善信息沟通、线索移交、措施配合、成果共享工作机制，合力监督的质效得到有效提升。

研究型审计 制定实施《全面深化研究型审计的实施意见》，在审计全过程各环节中全面深化研究工作，积极探索建立健全研究型审计工作机制、工作程序、成果评价标准等，切实做到以研究促审计、以研究提质量、以研究拓成果。特别是以审计成果研究为突破口，深入分析审计查出问题和提出建议，形成12期审计要情直报省委主要领导，得到肯定性批示。

审计理论研究 形成了一批对实践工作具有很强指导意义的理论研究论文。其中，《审计全覆盖视域“两横两纵”预算执行审计模式研究报告》《医疗机构数据分析及应用》《大数据环境下数据挖掘技术方法研究》《浅谈我国国家审计风险及防范》《聚焦服务发展创新理念——以三才思想贯彻党中央精神做好新时代审计工作》等论文在全国审计青年论坛、全国审计机关优秀论文征集评选中获奖。

内部审计 修订《河北省内部审计工作规定》，印发《关于进一步推动市县内审机构建设的通知》等文件，协同推动市县内部审计机构应设尽设全覆盖。持续推进内部审计信息化建设，分类指导各地市建设内部审计平台。发挥省级统领协调优势，持续加强内部审计工作指导力度。按照审计署内审司统一部署，组织完成2021年全省内部审计统计调查，采取自上而下的方式，逐级收集内部审计数据，汇总形成2021年度内部审计统计调查结果。全省共设置内部审计机构7135个，共有内部审计人员21678人，完成内部审计项目20345个，发现问题33956个，涉及金额577.1亿元，根据审计建议给予党纪、政务和内部纪律处分25人。

相关工作 以深入学习贯彻落实党的二十大精神为主线，紧密联系实际，在“三个全面”上下功夫，进一步推动理论学习和实践运用走深走实。认真学习贯彻中央审计委员会第五次会议精神，深刻领悟习近平总书记重要讲话精神，召开各级党委审计委员会会议研究部署审计领域重大工作，高效抓好议定事项的督办落实。认真履行全面从严治党和党风廉政建设主体责任，严格落实中央八项规定精神和过紧日子要求，自觉接受纪委监委派驻监督，狠抓作风建设。积极主动做好省委优化营商环境专项巡视工作，坚持边巡边改，以巡视整改推动工作提质提效。以学习宣传新修订审计法为契机，强化法治宣传教育，制定完善审计业务规范、计划管理、质量管理、成果评估等20余项制度，健全完善依法审计机制制度。不断加强自身建设，完善干部选拔任用、考核激励和培养培训制度，全省累计参训9138人次，选派调训88人次，采取全省性审计项目混合编组、交流轮岗等方式进行实战培训，深入开展“争做争创”“双十佳”评选和典型选树活动，激励干部担当作为。 （撰稿人：尹　卿）

【石家庄市审计局】 2022年，石家庄市审计局实有169人。党组书记、局长、一级调研员裴晓青（—3月），党组书记、局长王建敏（3月—），党组副书记、二级调研员冯英录（—12月），党组成员、副局长、一级调研员尹建明（—6月），党组成员、三级调研员高力（—10月），二级巡视员裴晓青（3月—），党组成员、副局长、三级调研员李强平，党组成员、副局长梁春景（12月—），党组成员、总审计师莫苏芳（12月—）。中共石家庄市委审计委员会办公室设在市审计局，设中共石家庄市委审计委员会办公室秘书科。设有办公室、政策法规科、内部审计指导科、财政审计科、重大政策跟踪审计科、行政事业审计科、企业审计科、农业农村审计科、自然资源和生态环境审计科、社会保障审计科、固定资产投资审计科、重点建设项目审计科、审计整改监督科、园区审计一科、园区审计二科、园区审计三科、机构编制审计科、经济责任审计一科、经济责任审计二科、经济责任审计三科、经济责任审计四科、人事教育科、6个派出审计科、机关党委（机关纪委）、数据审计服务中心。

审计成果 2022年，石家庄市审计机关共实施审计项目359个，经济责任审计130人，出具审计报告和专项审计调查报告486篇，查出主要问题资金约430多亿元，促进节约财政资金2.38亿元，移送事项37件，涉及金额约130多亿元。提出建议条数1118条，被采纳条数1078条，促进被审计单位制定整改措施39项。

赞皇县审计局实施的1个审计项目获评2022年度全国优秀审计项目。石家庄市审计局2个项目和新乐市审计局1个项目获评全省审计项目成果评估A类。市局先后获得全省审计管理体制改革考核第一名，审计署“两社”审计信息宣传、市级法治宣传教育、依法行政、全面深化改革、志愿服务、机关党建先进集体和单位，全市年终绩效考核A等次等荣誉。

政策落实情况跟踪审计 组织全市21个县

（市、区）审计局开展政府隐性债务和政府专项债券管理使用情况审计，及中央财政直达资金情况专项审计。组织实施了6个县（市、区）义务教育学校扩容增位工程、10个县（市、区）“四好农村路”提升工程和11个县（市、区）2022年度城镇老旧小区改造工程的审计工作。按照市政府批示要求，对全市2022年上半年“五大产业”专项资金奖补进行了审计核查。持续推进减税降费相关审计和京津冀协同发展规划纲要情况审计的整改工作。同时，实施了市主导产业发展基金管理使用情况审计，参与了2022年度税收和非税收入征管及部门预算执行审计工作。

财政审计 完成2021年预算执行审计工作，对全市16个重点预算单位、2个园区和2个专项资金进行了全面审计，组织对元氏、行唐等4个县级政府财政收支进行审计，同时，选取战略性新兴产业、科技、工业、农业、金融、社保、环保等7个领域的9项重点资金进行审计，对99家一级预算单位和44家二级预算单位电子数据进行处理和分析，形成39项数据分析模型，并进行了线索核查。同步开展财政联网审计工作，实现网络互联互通，完成市本级财政数据采集，为实时监督预算单位财政支出情况奠定了基础。实施投资类审计35个。组织开展石家庄职业技术学院新校区、主城区应急水源工程、复兴大街与新城大道互通立交工程项目资金及建设管理情况、市政基础设施工程建设等审计项目。组织实施雄安郊野公园石家庄展园及雄安郊野公园石家庄林项目竣工决算审计，促进节约财政资金2500多万元。

国有企业审计 全市审计机关组织实施企业类审计28个。组织开展全市粮食系统专项审计，有效揭示粮食系统存在的突出问题，提出审计建议6条，审计专报得到市委、市政府主要领导批示。实施了市属国企五大投资集团组建和运行情况专项审计调查，提出审计建议29条。

经济责任审计 全市审计机关组织实施了130名领导干部经济责任审计。召开经济责任审计工作联席会议，修订联席会议议事规则，出台了经济责任审计告知制度；积极探索乡（镇、街道）党政领导干部自然资源资产离任（任中）审计，推进建立县级党政主要领导干部自然资源资产离任审计评价指标体系、离任审计数据分析平台以及监督系统，不断推进经济责任和自然资源审计工作制度化、科学化，促进权力规范运行和生态文明建设。

民生审计 完成了元氏、赞皇、行唐、灵寿、无极和保定曲阳6个县的乡村振兴审计项目，统筹开展元氏、赞皇、行唐、灵寿、无极5个县的农村厕所改造提升工程和农村生活污水无害化处理工程专项审计，以及无极县高标准农田建设工程专项审计，审计移送问题事项2件。

审计查出问题整改 组织召开审计整改工作调度会5次，督查通知1次，印发催办整改文书36份，到被审单位现场督促检查31次，完成了国务院第八次大督查涉及审计整改相关工作，以及中央、省本级、市本级预算执行审计查出问题督促整改工作，并组织对部分整改问题的真实性、完整性及超过整改期限仍未整改的问题，进行了跟踪督促检查。

内部审计 开展全市2900多家单位内部审计统计调查年报工作；对市直30多家单位40多名内部审计人员进行示范培训，将被审计单位内部审计制度建立、机构设置、工作效果等情况，列入审计内容；主动筹措资金，申请政务云资源，搭建内部审计管理平台，实现与省审计厅平台一体联动，推动内部审计工作有效开展。

信息化建设 建设网上联动（财政）审计系统，建立6个方面26类预警分析模型，实现了审计与财政信息网络互联互通。持续推进全市电子数据标准化，健全了数据采集推送技术标准和实时数据采集（推送）机制。加强审计管理系统和审计专网网站国产化改造，建设了市县两级数据分析网，传输采集数据和数据分析结果，在审计工作中发挥了较好作用。

（撰稿人：贾嫚斐　周治宏）

【唐山市审计局】 2022年，唐山市审计局实有116人。局长艾文志，副局长卢翠娟、葛庆学（—11月）、易敏（—8月）、李旭刚（8—12月）、李富、赵晓光（11—12月），总审计师李旭刚（—8月）、郑树海（8—12月），纪检监察组组长张玉军。设有办公室、法规审理处、内部审计指导监督处、财政审计一处、财政审计二处、农业农村审计处、固定资产投资审计处、社会保障审计处、自然资源和生态环境审计处、企业审计处、经济责任审计处、行政事业审计处、审计整改监督处、人事教育处，另设市委审计委员会办公室秘书处、机关党委（机关纪委）；下设经济责任中心、政府投资审计中心、计算机审计中心等事业单位；派驻高新技术开发区、海港开发区 2 个直属分局。

审计成果 2022 年，唐山市审计机关共完成审计项目 618 个，其中审计 607 个，专项审计调查 11 个。查出主要问题金额 6471231 万元，其中违规金额 499841 万元、管理不规范金额 5970947 万元；审计发现非金额计量问题 1578 个；损益（收支）不实金额 1643722 万元；出具审计报告和专项审计调查报告 797 篇。审计处理处罚金额 499841 万元，其中应上缴财政 491815 万元；移送司法机关、纪检监察机关和有关部门处理事项 26 件，移送处理金额 12934 万元。审计促进整改落实有关问题资金 35394 万元；审计后挽回（避免）损失 47579 万元；核减投资额 35375 万元；移送处理落实事项 10 件。审计提出建议 1585 条，被采纳 1585 条；提交审计信息 22 篇，被批示、采用 22 篇次。

唐山市第三医院原党委书记任期经济责任审计项目，迁西县林业局党组书记、局长自然资源资产任中审计项目，唐山市曹妃甸区湿地和鸟类省级自然保护区管理服务中心 2019 年度预算执行及其他财政收支情况审计项目被评为河北省审计厅优秀审计项目。

政策落实情况跟踪审计 围绕全市稳定经济运行一揽子措施及 18 项配套政策落实等，统筹开展了减税降费、稳就业、稳投资、保基本民生等政策 18 项要点内容跟踪审计。赴秦皇岛市开展了京津冀水资源统筹利用保护资金管理使用情况交叉审计，赴兴隆县开展巩固拓展脱贫攻坚成果同乡村振兴有效衔接等政策落实情况跟踪审计。

财政审计 实现了市本级 68 家一级预算单位审计全覆盖，查出问题资金 6413.59 万元，揭示了在全面绩效预算管理政策落实等 5 个方面 24 项问题。报告测评满意率 100%。开展了市新体育中心、南湖景区 5A 创建、城市超级绿道工程等 74 个政府投资项目的决（结）算审计，审减财政建设资金 10 亿余元。

资源环境审计 对 2 名市管领导干部开展自然资源资产审计，促进其有效履行自然资源资产管理和生态环境保护责任。

民生审计 组织开展了全市农村地区冬季清洁取暖落实情况跟踪审计调查及农房抗震改造资金专项审计。对政府重点实施的“全域治水清水润城”项目开展审计调查。建立了“20+5”项民生工程跟踪审计预警机制。对市属 3 家医院开展了财务收支及管理情况专项审计。采取“交叉审”方式，对全市 2022 年农村厕所改造提升工程和农村生活污水无害化处理工程进行了跟踪审计。完成了 3 个县（市）的就业补助资金和失业保险基金审计。

经济责任审计 对全市 26 名党政领导干部开展了经济责任审计，有效促进了领导干部依法秉公廉洁用权。

审计查出问题整改 扎实开展了 2021 年度中央和省本级预算执行审计查出问题整改，对国务院第八次大督查、省委优化营商环境专项巡察以及唐山市党政原主要领导经济责任审计发现问题整改等进行了“回头看”。

内部审计 与唐山市委编办联合印发了《关于内部审计机构设置有关事宜的通知》，市直各相关单位（部门）均已按要求设立内部审计机构（或承担内部审计工作职责）、配备专（兼）职内部审计人员，全市共有内部审计人员 819 人，其中专职 245 人，兼职 574 人。建立了市级内部审计管理平台，促进了全市内部审计工作提质增效。

交办任务 结合审计工作实际，研究制定了 2022 年度改革任务台账，涉及 4 项改革任务已全部完成。唐山市审计局在省改革考核工作中被评为优秀等次，位列全省审计机关前 3 名。

相关工作 唐山市审计局继续保持“全国文明单位”“全省文明单位”称号；被评为 2022 年度全省审计信息宣传和通联工作先进单位；领导班子连续第二年被市委考核为优秀等次，位列执法系统前 3，连续 12 年获评全市依法行政优秀单位，机关党建、保密、信息化工作、网络安全、网络意识形态及驻村工作考核均为优秀等次。坚持实施重大审计项目集体审理制度，共对 58 个大型审计项目进行了集体审理，提出修改完善意见 118 条。坚持对出具的每份审计业务文书进行质量审核把关，全年未发生一起行政复议和诉讼案件。基本完成金审三期工程市县两级建设，顺利完成大数据分析监督平台建设及验收。高效开展了全市审计数据分析应用工作，全年完成转换账套910余家，分析生成疑点线索22.1万条。制定出台了《专业化大数据审计队伍建设工作方案》《关于提高大数据审计水平的实施意见》，在唐山审计系统连续七年组织开展“三个争创”活动，激励全体干部职工创出特色、干出亮点。

（撰稿人：梁 原）

【秦皇岛市审计局】 2022年，秦皇岛市审计局实有82人。局长刘忠全，副局长殷建兵、刘勇、王义民，总审计师顾玮琦，市纪委监委驻局纪检监察组组长周贤发（—7月）、朱凤英（7月—），二级调研员印洪、唐继华（—9月），三级调研员张伟，四级调研员董艳红、惠兴梅、崔向荣、刘守礼。设有办公室（人教科、内部审计指导监督科）、业务综合审理科、财政审计科、政策落实跟踪审计科、投资审计科（重大项目稽察科）、社会保障审计科、农业农村审计科、行政事业审计科、企业审计监事工作办公室、经济责任审计办公室、自然资源和生态环境审计科，另设机关党委、中共秦皇岛市委审计委员会办公室秘书科；下设基本建设审计中心、电子数据审计中心。

审计成果 2022年，秦皇岛市审计局完成审计项目61个，其中审计59个、专项审计调查2个。查出主要问题金额1199223.57万元，其中违规金额951.95万元、管理不规范金额1198271.61万元；审计发现非金额计量问题211个；损益（收支）不实金额51987.59万元；出具审计报告和专项审计调查报告71篇。审计处理处罚金额9764.45万元，其中应上缴财政951.95万元、应调账处理金额8812.5万元；移送司法机关、纪检监察机关和有关部门处理事项17件，移送处理人员1人，移送处理金额408.3万元。审计促进整改落实有关问题资金951.95万元。审计提出建议176条，被采纳176条。

政策落实情况跟踪审计 完成清洁取暖、乡村振兴、高标准农田建设、沧州市水资源管理政策落实等审计项目，查出问题金额13822.35万元，揭示各类问题60余个，对7个县（区）开展税务专项审计和债券管理使用情况及中央财政直达资金情况专项审计，追缴税费1214.88万元。

财政审计 对市本级及8个市直单位年度预算执行情况进行全面审计，对卢龙县2020年度和2021年度财政收支情况开展审计，对“支农”资金、道路交通管理和设施维护管理资金使用情况开展专项审计调查，审计查出主要问题金额661286.53万元。对北物流路建设工程等项目开展审计，发现税费应缴未缴等问题。对卢龙县2022年度引青灌区续建配套与现代化改造工程开展专项审计。对市本级网络安全和信息化建设情况进行审计，查出主要问题金额7875.65万元。

国有企业审计 对市建筑设计院等3家国有企业开展年度资产负债损益情况审计，对开发区国有资产监管情况开展审计调查，查出主要问题金额660.71万元，管理不规范资金34.79亿元，移送有关部门处理事项9项。

资源环境审计 对市发改委主要领导开展经济责任审计和自然资源资产离任（任中）审计，查出管理不规范资金290.81万元。

民生审计 完成城镇老旧小区改造等4项民生工程的专项审计，对市本级、抚宁区就业补助资金和失业保险基金进行审计，完成北京大学第三医院秦皇岛医院建设工程等4个项目的审计，向公安机关移送重大问题线索1项。

经济责任审计 完成11名党政主要领导干部的经济责任审计工作。审计查出主要问题金额1787.65万元，非金额计量问题20个。完成秦皇岛交通建设投资有限公司主要领导人员经济责任审计工作，查出主要问题3个。

审计查出问题整改 对2021年秦皇岛市党政主要领导干部经济责任审计、2021年度市本级预算执行和其他财政收支审计等审计项目揭示出的685个问题逐项明确责任主体、整改措施、整改结果认定标准和完成时限，围绕国务院第八次大督查问题线索“回头看”工作涉秦事项开展“回头看”，坚决打通问题整改“最后一公里”。

研究型审计 出台《关于认真做实研究型审计推动审计工作高质量发展的实施意见》，明确做实研究型审计的基本路径，提出把握研究方向、加强工作统筹、注重人才培养等保障措施。

相关工作 加强党建工作，全面深化审计机关政治“领头雁”，经济“啄木鸟”党建工作品牌。召开全市审计机关党风廉政建设工作会议，谋定年度党风廉政建设工作要点。加强法治建设，严格落实审计组组长负责制，严格执行审计质量分级负责制。推进信息化建设，采取“专人专项，全程负责”的运作模式和“人随项走，按需支撑”的保障方式，为开展财政、金融、民生等审计项目提供了科技支撑。开展“形势任务怎么看、对标对表怎么办、履职尽责怎么干”大研讨和“能力提升年”活动，全面提升审计干部能查能说能写本领。

（撰稿人：李　卓）

【邯郸市审计局】 2022 年，邯郸市审计局实有 90 人。党组书记、局长高明波（—11 月）、王伟江（11 月—），党组成员、副局长李文灿、戴笑丛、姚建荣，总审计师谭顺祥，党组成员李书杰，一级调研员王自林，二级调研员刘九思，三级调研员高云山、范旭东，副县级干部张大鹏。设有办公室、人事教育处、法规审理处、财政审计处、农业农村审计处、固定资产投资审计处、重点建设项目审计处、社会保障审计处、金融审计处、企业审计一处、企业审计二处、自然资源和生态环境审计处、行政事业审计处、政策跟踪整改审计处、经济责任审计一处、经济责任审计二处、计算机信息审计处；另设市委审计委员会秘书处、机关党委和 4 个派出审计处；下设政府投资项目审计中心、内部审计指导中心。

审计成果 2022 年，邯郸市审计机关完成审计项目 643 个，审计查出违规及管理不规范金额 499.2 亿元，促进增收节支 0.8 亿元，提出审计建议被采纳 1571 条，推进完善制度措施 222 项。

财政审计 对市本级及 21 家市直单位预算执行情况进行审计，促进财政增收节支 1.35 亿元，加快财政支出 2.61 亿元，完善规章制度 50 项。对 18 个县（市、区）财政直达资金管理使用情况、政府隐性债务、政府债券和财政暂付性款项及 3 个县（区）财政收支情况进行审计，促进稳经济一揽子政策落地落实。对 96 个市本级政府投资基础设施项目建设情况进行审计调查，促进项目工程款加快支出 0.1 亿元，推进完善制度 3 项。开展滏阳河生态修复等专项审计，促进有关单位进一步规范资金管理，加快项目建设。

国有企业审计 聚焦国企改革三年行动，对市属国有企业进行审计，揭示 6 个方面 34 个问题，涉及问题资金 0.7 亿元；完成市政府交办 6 家国有企业利润审核任务。

农业农村审计 统筹实施“四好农村路”提升工程、巩固拓展脱贫攻坚成果同乡村振兴有效衔接工作、农村厕所改造提升工程和农村生活污水无害化处理工程、高标准农田建设等审计，助力乡村振兴建设。

资源环境审计 全市对 312 名领导干部进行经济责任审计（市审计局直接审计 18 名），统筹开展领导干部自然资源资产审计，查出管理不规范金额 246.8 亿元，被采纳审计建议 669 条，有力促进领导干部依法行政、履职尽责。

民生审计 对医保费用结算情况进行审计，揭示 6 类问题。组织就业补助资金和失业保险基金、冬季安全清洁取暖及老旧小区改造、义务教育扩容增位等民生工程审计，增强群众的获得感、幸福感、安全感。

审计查出问题整改 出台《审计整改督促检查工作管理办法》等文件，现场督办相关区县和市直单位 20 余次，有效推动审计问题整改。

内部审计 市县两级审计机关与编办联合发文，召开内部审计机构建设推进会，推动建立内部审计机构 1119 家，实现内部审计机构全覆盖。

相关工作 深入学习贯彻党的二十大精神，扎实开展“解放思想、奋发进取”大讨论活动，党建工作多次在审计署网站、《中国审计报》等媒体平台宣传报道；顺利完成领导干部自然资源资产离任审计数据分析平台建设，并投入使用；深化“转作风、提效能、比担当、作贡献”活动，开展纠正“四风”和作风纪律专项整治“回头看”，对审计组现场检查 40 余次，完善整改措施 22 条，持续优化党风政风。

（撰稿人：王　坤）

【邢台市审计局】 2022 年，邢台市审计局实有 70 人。党组书记、局长、一级调研员赵雪峰，党组成员、副局长、三级调研员王志军（1 月—），党组成员、副局长王伟，党组成员、纪检组长张珍，党组成员、二级调研员宋万达（1

月—)，党组成员、副局长郭树桐（1月—），党组成员、四级调研员刘志忠（—1月），二级巡视员张万双，一级调研员杨正学，二级调研员赵春敏（—4月）、刘益民，正处级干部张立峰，三级调研员刘彦兵、常红，四级调研员李永泽、董瑞强。设有办公室、市委审计委员会办公室秘书科、机关党委、法规审理科、审计整改监督科、财政审计一科、财政审计二科、农业农村审计科、固定资产投资审计科、社会保障审计科、自然资源和生态环境审计科、金融和涉外审计科、企业审计科、经济责任审计一科、经济责任审计二科、行政审计科、事业审计科、开发区特派员办事处。

审计成果 2022年，邢台市审计局完成审计项目99个，审计查出主要问题资金812220万元，其中违规资金3777万元，损失浪费资金28万元，管理不规范资金808413万元。审计发现非金额计量问题621条。移送处理事项21项，移送处理金额4384万元，提出并被采纳审计建议279条。审计期间整改金额13004万元。

政策落实情况跟踪审计 围绕重大政策措施落实，组织13个县（市、区）通过交叉审计方式，抽审全市177个老旧小区改造项目，12个县55项“四好农村路”提升工程项目，22个义务教育学校扩容增位工程建设项目，揭示政策措施落实、资金管理、项目建设、项目绩效及监督等4方面116个问题，涉及问题资金3.64亿元，提出审计建议117条。2022年度中央直达资金专项审计发现直达资金分配下达、拨付、使用、管理等5方面81个问题，涉及资金3.39亿元，提出审计建议63条。就业补助资金和失业保险基金审计发现问题20个，涉及资金575万元，提出审计建议6条，督促人社部门追回失业补助金233万元，审计期间即审即改问题10个、涉及资金432万元，移送审计事项1件。

财政审计 在2021年度市本级和158家部门预算执行审计中，揭示问题621项，促进财政资金加快支出进度9414万元，规范财政资金核算1.1亿元，完善国有股权投资管理4400万元，推动出台政府采购、行政事业单位资产处置等方面制度文件3项，有效促进了财政政策精准落地和财政资金发挥效能。在任泽区2020—2021年度财政收支审计中，发现问题资金9.8亿元，推动相关单位收回或上缴结余资金1.3亿元，推进项目开竣工23个，加快资金分配或拨付2.1亿元，规范预决算管理或财政资金管理4.9亿元。

国有企业审计 对邢襄集团、交建集团财务收支情况开展专项审计调查，审计发现问题83个，其他披露事项4个，问题涉及资金2.2亿元，提出审计建议7条。

资源环境审计 组织开展了市自然资源和规划局领导干部自然资源资产管理情况审计、清河县领导干部自然资源资产离任审计。在沙河市、平乡县试点推动乡镇领导干部资环审计改革。

经济责任审计 先后开展市教育局、市城管局、市三院、市医专等单位主要领导干部经济责任审计，移送移交案件线索11件。完成了12次市委组织部交办的干部提拔、省市人大政协代表经济方面核查工作。

内部审计 持续推动内部审计机构建设，县级基层单位内部审计机构实现全覆盖。组织实施了内部审计工作开展（实施）情况专项审计，推动87个单位建立内部审计制度，实施内部审计项目303个，发现问题258项，其中金额类问题59个，非金额类问题266个。

相关工作 完成“邢台数字审计”建设，高标准建成审计数据分析室、分析结果研判室，14个大数据审计分析系统服务项目平台。数据分析结果在审计中发挥积极作用，在财政预决算审计中，大数据筛选问题数量占比已达46%。

（撰稿人：贾杨博）

【保定市审计局】 2022年，保定市审计局实有63人。党组书记、局长、一级调研员李习谦，党组成员、副局长、三级调研员肖健，党组成员、市纪委监委驻局纪检监察组组长、三级调研员王敏，党组成员、总审计师王世良，党组成员、副局长刘建秀，党组成员、副局长赵卫军，一级调研员温丽娜，二级调研员刘栓乔、张建波，三级调研员苏海彬。设有办公室、法规审理处、内部审计指导监督处、财政审计一处、财政审计二处、农业农村审计处、固定资产投资审计处、社会保障审计处、自然资源和生态环境审计处、金融审计处、企业审计处、外资运用审计处、经济责任审计一处、经济责任审计二处、行政事业审计处、审计整改监督处、重点建设项目审计处、计算机审计处、人事教育处、3 个派出审计处，另设市委审计委员会办公室秘书处、机关党委、妇委会、工会；下设保定市经济责任审计中心、保定市基建审计服务中心。

审计成果 2022 年，保定市审计局完成审计项目 136 个。查出主要问题资金 236420 万元，其中违规金额 16257 万元、管理不规范金额 220163 万元；审计发现非金额计量问题 970 个；损益（收支）不实金额 103620 万元；出具审计报告和专项审计调查报告 136 篇。审计处理处罚金额 16503 万元，其中应上缴财政 13592 万元、应归还原渠道资金 2507 万元、应调账处理金额 403 万元；移送纪检监察机关和有关部门处理事项 5 件，移送处理金额 192 万元。审计促进整改落实有关问题资金 24042 万元，审计提出建议 355 条，被采纳 355 条。

政策落实情况跟踪审计 聚焦民生保障、教育公平、乡村振兴、生态环境、优化营商环境等方面，开展了巩固拓展脱贫攻坚成果同乡村振兴有效衔接审计、优化营商环境政策落实情况审计、义务教育学校“扩容增位”工程审计等 17 个审计项目，以高质量审计工作为全市改革发展大局保驾护航。

财政审计 围绕预算执行及财政政策贯彻落实情况，对市本级 78 个一级预算单位进行全覆盖审计，对 12 个市直单位部门进行了重点审计。持续对主城区城中村连片开发、东二环快速路、环城水系治理建设、古动物博物馆、黄花沟生态设施综合提升等 7 个重大投资项目进行了跟踪审计，在助力现代化品质生活之城建设中发挥了积极作用。

农业农村审计 聚焦乡村振兴，对脱贫县巩固拓展脱贫攻坚成果同乡村振兴有效衔接情况及高碑店市乡村振兴政策落实和资金管理情况进行审计，推动了精准脱贫和乡村振兴的有效衔接。

民生审计 组织开展市属公立医院资产负债情况、中小学校（幼儿园）新建改扩建情况、义务教育学校扩容增位工程等专项审计，有效助推惠民工程落实落地见效。

经济责任审计 聚焦领导干部权力运行和责任落实，集中开展了对 12 个部门单位 16 名领导干部的经济责任审计，不断加大对国有企业和公立医院的审计监督力度，重点揭示决策不规范、不作为、慢作为等问题，推动领导干部依法用权、秉公用权、廉洁用权。

审计查出问题整改 主动作为，不断探索审计与纪检监察、巡察等部门融合贯通，推动形成了整改合力。组织召开审计整改工作调度会 8 次，印发整改催办通知书 23 份，到被审计单位现场督促检查 14 次，促进了问题整改清零。

相关工作 搭建基于财政专网和政务外网的市直预算部门的数据传输平台，为实施联网审计奠定基础；邀请专家就保定数字审计“建什么”“怎么建”“怎么用”“怎么管”等问题进行了深入研讨，为数字审计建设提供了参考。

局党组始终坚持以政治建设为统领，认真学习贯彻党的二十大精神与习近平总书记关于审计工作的重要指示批示精神，认真落实全面从严治党主体责任，严格落实《关于新形势下党内政治生活的若干准则》；深入开展“建功十四五、奋进党旗红、机关当先锋”等活动，积极推进机关党建和审计业务深度融合；积极开展“对标对表先进”工作，瞄准先进地区，对标学赶、争创一流；积极开展线上线下培训，累计培训 400 多人次，组织开展“学百年党史　强审计技能”党史暨新审计法知识竞赛活动，审计人员能查能说能写的综合素养得到明显提升；组织召开了政治性警示教育大会，对 14 名 2021 年以来新任职干部进行了集体廉政谈话，广泛接受群众和被审计单位监督，有效促进了审计人员廉洁从审。

（撰稿人：张　璇）

【张家口市审计局】 2022 年，张家口市审计局实有 61 人。党组书记刘全文（—8 月）、李建龙（9 月—），局长李建龙，一级调研员李家富（—8 月），副局长马晓文、赵乃竽、米田虎（4 月—），总审计师米田虎（—4 月）、周永红（4 月—），纪检监察组组长高继彬（—12 月）、韩小青（12 月—），三级调研员马经纬（8 月—），副处级领导孟建军。设有市委审计委员会办公室秘书科、办公室、法规审理科、内部和社会审计监督核查科、财政审计科、农业农村审计科、建设项目和固定资产投资审计科、社会保障审计科、自然资源和生态环境审计科、企业审计科、金融审计科、经济责任审计一科、经济责任审计二科、行政事业审计科、机关党委（干部人事科）；下设张家口市财政审计服务中心、张家口市公共投资项目审计服务中心、张家口市电子数据审计分析中心。

审计成果 2022年，张家口市审计机关共完成审计项目230个，其中审计226个、专项审计调查4个。查出主要问题金额888118万元，其中管理不规范金额888118万元；审计发现非金额计量问题459个；损益（收支）不实金额524634万元；出具审计报告和专项审计调查报告281篇，被批示、采用40篇次。审计处理处罚金额35万元，其中应调账处理金额35万元。审计核减投资额94234万元。审计提出建议642条，被采纳631条；提交审计信息520篇，被批示、采用1篇次。向社会公告审计结果1篇。

政策落实情况跟踪审计 把国家重大政策措施落实作为重要内容贯穿重点民生工程、政府隐性债务和专项债券管理使用、农村地区冬季洁净煤取暖政策跟踪等重点项目审计中，12个项目均按照计划有序实施。

财政审计 完成市本级及9个市直单位预算执行情况审计，依托大数据实现市本级一级预算单位审计全覆盖；对16个县区税务局2021—2022年国家重大政策落实情况、税收和非税收入征管及部门预算执行情况实施了审计；完成23个冬奥及涉奥项目、114项冬奥临建项目的跟踪审计和竣工决算审计，以及23个单位152个冬奥会、冬残奥会筹办项目的专项资金审计；完成廉政教育基地跟踪审计。

国有企业审计 完成市融资担保集团有限公司资产负债损益情况审计；开展华侨农场和中华永久陵园资产负债损益情况专项审计调查。

金融审计 完成河北银行风险管控情况专项审计调查。

农业农村审计 完成全市11个重点帮扶县巩固拓展脱贫攻坚成果同乡村振兴有效衔接审计及9个县区农村厕所改造提升工程和农村生活污水无害化处理工程专项审计；对19个县区开展农田建设资金审计，重点对经开区、察北管理区、阳原县及蔚县2021年至2022年高标准农田建设相关政策落实和资金管理使用情况进行了现场审计。

资源环境审计 开展京津冀协同全省水资源统筹利用保护资金管理使用情况专项审计调查；完成市农业农村局领导干部自然资源资产离任审计。

民生审计 开展市本级就业补助资金和失业保险基金审计；对19个县区三项民生工程实施了审计。

经济责任审计 对发改委、张家口学院、张家口交通建设投资控股集团有限公司等主要领导开展经济责任审计。

研究型审计 遴选造价、财务审计人才纳入投资审计人才库，并制定《关于聘请中介机构和专业技术人员参与审计工作管理办法（试行）》。

内部审计 重点围绕审计整改工作开展督察督办，督促指导被审计单位严格落实整改主体责任，推进审计查出问题即审即改。

相关工作 以“创模范机关、争一流业绩”“奋进新征程·建功新时代”等主题活动为抓手，推进载体创新，打造机关党建品牌，形成了以党建促审计、以审计促发展的良好格局。

2022年实施的冬奥项目审计得到市委市政府领导的肯定性批示；被评为“2022年冬奥会、冬残奥会河北省先进集体”；1人被评为“2022年冬奥会、冬残奥会河北省先进个人”；建设项目和固定资产投资审计科荣获2021年度河北省审计系统“争创人民满意的公务员集体”十佳集体；视频作品《不负青山》入选审计署“五个十”正能量精品展播；承担的审计改革任务成效明显，在全省深化改革工作年终考核中被评为优秀等次。

（撰稿人：胡　纲）

【承德市审计局】 2022年，承德市审计局实有87人。党组书记、局长李桂梅，党组成员、副局长柳海东、刘国锋、朱延丽（9月—），党组成员、总审计师付德忠，二级巡视员王允昌（4月—），二级调研员谷锦川、魏景林（9月—）、沈泽琪（11月—）。设有办公室、市委审计委员会办公室秘书科、法规审理科、审计整改监督科、内部审计指导监督科、财政审计一科、财政审计二科、农业农村审计科、固定资产投资审计科、社会保障审计科、自然资源和生态环境审计科、金融与外资审计科、企业审计科、经济责任审计一科、经济责任审计二科、行政事业审计科、承德市审计局高新技术产业开发区分局、人事教育科、机关党委、离退休干部科；下设承德市计算机审计中心、承德市政府投资项目审计中心2个事业单位。

审计成果 2022年，承德市审计机关共完成审计项目310个。查出主要问题金额428.47亿元，其中违规金额0.0649亿元、损失浪费金额0.0912亿元、管理不规范金额428.31亿元；审计发现非金额计量问题3597个；损益（收支）不实金额42.55亿元；出具审计报告和专项审计调查报告422篇。移送纪检监察机关和有关部门处理事项40件，移送处理人员8人，移送处理金额4.34亿元。审计提出建议1033条，被采纳914条；推动被审计单位制定整改措施2项。《河北承德探索全过程全要素管理 全面提升审计工作质效》被审计署审计工作经验交流专刊采用，向全国审计系统推介。

滦平县2020年1月至2021年9月困难群众救助补助资金审计等3个项目被河北省审计厅评为2022年优秀审计项目。

政策落实情况跟踪审计 紧紧围绕国家宏观政策和省市重大决策部署有效落实，开展中央财政直达资金审计，共抽查7类200家单位、82个建设项目，发现五大类275个问题。

财政审计 开展市本级和一级预算单位2021年度预算执行、决算草案和其他财政财务收支情况审计，促进落实过紧日子要求。开展全市政府隐性债务和政府专项债券管理使用情况审计，推动规范地方政府隐性债务管理。开展网络安全和信息化建设情况审计，发现两个方面13个问题，涉及资金163.93万元。对会龙山隧道贯通工程等10个项目实施跟踪审计，促进工程建设提质增效。

国有企业审计 组织开展市属13家国有企业2021年度资产负债损益以及其他财务收支情况审计，涉及违规资金422086万元，有效促进国有企业资产保值增值。

金融审计 对秦皇岛银行开展地方城商行风险情况专项审计调查，共审计资金850亿元，发现问题30个，涉及问题资金253267.14万元，推动其合规经营，有效落实国家宏观政策。

农业农村审计 开展丰宁等6个县（市）2021年度巩固拓展脱贫攻坚成果同乡村振兴有效衔接审计，共发现问题211个，涉及管理不规范资金67136.34万元。开展平泉、隆化2个县（市）高标准农田建设相关政策落实和资金管理使用情况审计，共发现问题28个，提出审计建议6条。

资源环境审计 开展市自然资源规划局等9个单位13名领导干部自然资源资产审计，发现问题282个，提出审计建议26条，移送处理事项1个。对唐山市开展全省水资源统筹利用保护资金管理使用情况专项审计调查，审计资金77715.66万元，发现问题45个。在全市首次开展52个国有林场2021年度林业资源资产管理情况专项审计，发现问题841个，涉及违规资金662588.09万元，提出审计建议51条，移送处理事项9个。

民生审计 组织开展困难群众救助补助资金审计，揭示资金分配管理使用和政策执行中的突出问题136项。对5个县（市）“四好农村路”提升工程项目开展审计，审计共发现43个问题，涉及金额9047.92万元。对6个县（市）老旧小区改造工程项目进行审计，审计共发现49个问题，涉及资金4115.03万元。对4个县（市）义务教育学校扩容增位工程开展审计，审计资金1622.09万元，共发现44个问题。开展兴隆县等6个县2022年度农村厕所改造提升工程和农村生活污水无害化处理工程情况专项审计，共发现问题64个，提出审计建议14条。

经济责任审计 以强化干部管理监督，促进领导干部履职尽责、担当作为为目标，对61名党政主要领导干部开展经济责任审计，共查出问题1096个，涉及违纪违规资金34.02亿元。

审计查出问题整改 印发《关于推进审计查出问题即审即改工作的意见》。与市委巡察办联合印发《关于建立市委巡察机构与市审计局协作机制的意见》，强化审计机关与纪检监察机关、巡察机构的协作贯通。全程跟进2021年度中央、省本级预算执行和其他财政支出审计查出问题整改工作，督促完成审计署哈尔滨特派办、郑州特派办督查问题整改工作。

研究型审计 创新运用“四边六带”工作法

（“四边”即边审计、边研究、边分析、边总结提炼；“六带”即要求审计中带着目标、带着问题、带着重点、带着要求、带着职责、带着纪律开展工作）。积极探索审计项目全过程全要素管理，实行“两会一审”质量管控模式和“纵横双向”组织管理模式，基本实现项目管理制度化、时间管理精细化、监督管理全面化、审计整改清零化。

内部审计　打造承德市内部审计管理平台，完成105个市直部门（单位）、企业内部审计机构设置和内部审计人员配备工作。

（撰稿人：李冬梅）

【沧州市审计局】　2022年，沧州市审计局实有119人。党组书记、局长、一级调研员张建亭，一级调研员郑瑞强，二级调研员刘根常，党组副书记、三级调研员赵向东，三级调研员张全栋，党组成员、副局长代联群、温力超，副局长田聪颖，党组成员、总审计师孙洁，党组成员、市纪委监委驻局纪检监察组组长贾洪量。设有办公室、法规审理科、财政审计科、行政事业审计科、金融和企业审计科、社会保障和涉外审计科、农业农村和自然资源资产审计科、经济责任审计科、整改监督和内部审计管理科、固定资产投资和重点建设项目审计科、人事科；另设机关党委、市委审计委员会办公室秘书科及渤海新区分局、经济开发区分局和高新技术产业开发区；下设沧州市审计局计算机信息审计中心、沧州市审计局政府投资审计中心。

审计成果　2022年，沧州市审计局完成审计项目85个，其中审计84个、专项审计调查1个。查出主要问题金额3576144万元，其中违规金额238万元、管理不规范金额3575905万元；审计发现非金额计量问题643个；损益（收支）不实金额238336万元；出具审计报告和专项审计调查报告98篇。审计处理处罚金额117983万元，其中应上缴财政238万元、应调账处理金额117745万元；移送司法机关、纪检监察机关和有关部门处理事项16件，移送处理人员2人，移送处理金额15820万元。审计促进整改落实有关问题资金117983万元；审计促进拨付资金到位4137万元；审计后挽回（避免）损失11708万元；核减投资额4622万元。审计提出建议285条，被采纳261条；促进被审计单位建立健全规章制度124项；提交审计信息205篇，被批示、采用188篇次。

沧州市审计局开展的孟村县委书记、县长任期经济责任审计项目在2022年全国优秀审计项目选拔评估结果中名列前茅（B等级）。

政策落实情况跟踪审计　开展大运河文化带建设项目审计调查，对园博园建设、河道治理、征迁安置、垃圾清理等情况开展审计调查。实施地下水超采综合治理项目审计，共发现5方面66个问题，查出问题金额108150万元，促进财政增收节支549.54万元。

财政审计　推动实现市本级88家一级预算单位审计全覆盖，揭示了财政收入支出、债务风险防范等方面存在的7大项22方面472个问题，违规问题金额34977.96万元，追回违规发放的资金947.5万元，促进财政资金拨付到位13574.65万元，移送纪检监察等部门问题线索25条。

国有企业审计　对渤海投资集团、金融控股、国粮储备公司三家国有企业开展资产负债损益审计，共发现71个问题，问题金额7.53亿元，促进国有企业资产保值增值，推进国有企业改革目标任务完成。

金融审计　组织开展了2022年城商行风险状况专项审计调查工作，对沧州银行重大金融政策落实、业务经营及风险情况等开展专项审计调查，发现4方面29个问题，问题金额14亿元，有效防范化解金融风险。

资源环境审计　对市生态环境局主要领导干部进行自然资源资产离任（任中）审计，共发现问题35个，查出问题金额2.2亿元，提出审计建议4条，被审计单位全部采纳。

民生审计　统筹开展困难群众救助补助资金等审计，实施6个乡村振兴重点帮扶县的巩固拓展脱贫攻坚成果同乡村振兴有效衔接、农村厕所改造提升工程、农村生活污水无害化处理工程、高标准农田建设审计；组织开展城市排水管网雨污分流改造、“四好农村路”提升、城镇老旧小区改造、义务教育学校扩容增位、就业促进工程审计、幼儿园建设工程审计项目，守护民生资金安全。

经济责任审计　组织开展了3个市直单位和4所市属高校主要领导人员的经济责任审计，披露风险隐患，共发现问题298个，涉及资金21.66亿元。

审计查出问题整改 制定《关于进一步加强纪检监察机关、审计机关协同配合的办法》《关于深化市委巡察机构与市审计局协作配合的办法》等文件，促进市委与市政府督查部门、纪检监察机关与巡察机构、组织部门“三方联动”。对2021年度中央和省本级预算执行和其他财政收支审计涉及的9项整改任务和省本级预算执行涉及的16项整改任务，逐条梳理，促进相关问题全部整改到位。对市本级2021年度预算执行审计中发现的7大项22方面472个问题，督促整改完成458个，整改率97.03%。通过整改，增收节支资金68462.73万元，促进提前收回被套取或长期闲置资金1909.87万元，促进资金及时分配下拨或使用17970.66万元，规范资金使用31760.3万元。

研究型审计 在全省率先印发实施《关于深入开展研究型审计 推动审计工作高质量发展的实施意见》，提出成立审计专家库等16项具体措施及《沧州市审计项目计划管理实施细则》等10余项配套制度，对115个部门和单位开展常态化研究。搭建理论实践合作平台，与河北工业大学等高校签署加强研究型审计、推进人才高质量发展合作协议，推进审计理论与实践深度融合。政校合作模式获省审计厅主要领导肯定性批示，在全省审计系统宣传推广。建立资源共享审计专家库。在财政、工程、金融等多个领域征集专家，组建沧州审计专家库，首批入库116名专家，有效提升了审计整体监督效能。

内部审计 全市内部审计机构共完成各类审计项目1044项，审计发现问题金额10.6亿元，促进制度制定修订132项。

相关工作 搭建“一核两翼六智库”智慧审计平台，收纳近三年审计项目199个，包含审计发现问题2471个，常用法律法规3997部，常见问题定性及处理依据756条，被列为全省审计系统2022年改革重点任务试点和沧州市2022年改革重点任务。省审计厅主要领导来沧调研时对智慧平台进行肯定。工程建设项目审计管理平台受邀参加第五届数字中国建设峰会及成果展。审计发现问题定性及处理应用平台与中国时代经济出版社签约合作，在全国推广使用。建立审计人员廉洁从审承诺卡制度；持续开展“审计讲堂”，完善《沧州市审计局审计人员年度业务工作考核办法（试行）》等，深化考核设计、强化结果运用。8月12日，在中组部干部考核课题成果交流运用暨联系点调研座谈会上作了题为“扎实有效开展平时考核 助推审计工作高质量发展”的典型发言，市领导和省审计厅领导作出肯定性批示。研究制定了《“党建互联筑基础 共享共赢促发展”党建互联共建协议》，积极响应“双报到”号召。

（撰稿人：刘思齐）

【廊坊市审计局】 2022年，廊坊市审计局实有80人。局长许伯，副局长赵志生、牛静、马永生，总审计师施文河，监事会主席韩会才、赵国清、陈锡柱，二级调研员万茂才，三级调研员常静明、刘自力，四级调研员李多强、李玉艾。设有22个科室；下设电子数据审计中心。

审计成果 2022年，廊坊市审计机关共完成审计项目76个，其中审计71个、专项审计调查5个。查出主要问题金额1793069万元，其中违规金额181万元、管理不规范金额1792888万元；审计发现非金额计量问题434个；损益（收支）不实金额118534万元；出具审计报告和专项审计调查报告86篇。审计处理处罚金额4831万元，其中应上缴财政4717万元、应归还原渠道资金31万元、应调账处理金额82万元；移送司法机关、纪检监察机关和有关部门处理事项15件，移送处理人员1人，移送处理金额93万元。审计促进整改落实有关问题资金4567万元；审计促进拨付资金到位16548万元；审计提出建议261条，被采纳261条；促进被审计单位建立健全规章制度72项；提交审计信息11篇，被批示、采用5篇次。向社会公告审计结果1篇。

廊坊市自然资源与规划局主要领导经济责任审计项目被评为审计署“全国优秀审计项目一等奖”。

政策落实情况跟踪审计 围绕稳经济一揽子政策措施落实开展跟踪审计，在落实增值税留抵退税政策上，各县税务局办理增值税留抵退税44.72亿元；在落实阶段性免除市场主体房屋租金情况上，免除租金1694.57万元。在落实《关于实施住房公积金阶段性支持政策的通知》相关政策上，累计缓缴住房公积金企业26家，累计缓缴职工11844人，累计缓缴金额3884.45万元。

财政审计 运用大数据审计模式，实现市本级85家一级预算单位的预算编制、预算执行率、收入完整性等事项审计监督全覆盖。同时，组织实施市财政局等9个单位预算执行审计，针对审计发现问题，提出持续深化预算管理制度改革、优化财政支出结构等方面意见建议。

国有企业审计 开展2021年企业国有资产管理情况专项审计调查，廊坊市生产力科技发展有限公司、廊坊市国兴融资担保有限公司资产负债损益及其他财务收支审计。其中，2021年企业国有资产管理情况专项审计调查项目，调查了15个市直部门出资的62家一级企业，发现企业治理结构不完善等6类9项问题。

农业农村审计 在张家口市涿鹿县巩固拓展脱贫攻坚成果同乡村振兴有效衔接落实情况审计中，关注资金分配管理使用、衔接资金、社会帮扶资金等方面情况。在就业补助资金、失业保险基金审计中，审计查出问题18项，涉及违规资金1294.02万元，追回失业保险基金134.4万元，上缴财政收入1000.18万元。

资源环境审计 开展京津冀三地水资源管理政策落实情况协同审计，审计共查出问题26大项59小项，涉及违规资金4036万元，促进被审计单位出台相关制度16项。出台了《关于建立健全领导干部自然资源资产离任审计评价指标体系的实施意见》。

民生审计 查处固安县、三河市两地人社局工作人员为他人虚构劳动关系骗取失业补助金重大违纪违法问题，对相关问题进行移送处理。组织实施高标准农田审计、农厕改造提升审计、城镇老旧小区改造专项审计等一批民生项目，有效促进各项惠民政策落实。

经济责任审计 组织实施对市委组织部等9个单位10名党政主要领导干部经济责任审计工作。其中，在对市住建局主要领导干部经济责任审计中，查出应缴未缴项目结余资金4019万元；在对市医保局主要领导干部经济责任审计中，审计发现城乡居民基本医疗保险基金缺口资金未执收到位11788万元。

审计查出问题整改 对国务院第八次大督查相关问题线索、2021年度中央及省本级预算执行和其他财政收支审计涉及廊坊问题的整改工作，进行全面安排部署。涉及廊坊问题19个，已整改完成18个，1项正在分阶段整改；同时，加大市本级审计项目整改力度。已到整改期限审计项目21个，涉及问题230个，已全部整改到位。

内部审计 完成内部审计平台搭建工作，实现内部审计工作的信息化管理；印发《关于进一步加强内部审计工作相关要求的通知》，督促各县、市直部门实现内部审计机构应设尽设。继续开展“以审代训”专项行动，抽调14名内部审计人员参加审计项目，切实加强对内部审计人员指导。

相关工作 开展“党的二十大精神大学习”活动。在读原文悟原理的基础上，通过局党组中心组的示范引领作用和基层党支部的主体作用，充分调动党员干部学习贯彻的积极性主动性；扎实开展系列主题党日活动。组织全体干部职工赴保定阜平开展“传承红色基因、牢记初心使命”主题党日活动，组织参观北华航天工业学院航天博物馆、“党的光辉历程”主题展。开展党员“双报到”工作。号召在职党员与所居住社区、居委会党组织联系，主动报到，主动亮身份、敢于上一线、勇于当先锋。（撰稿人：杨　健）

【衡水市审计局】 2022年，衡水市审计局实有61人。局长左俊勇，副局长骆卫华、潘振兴、刘毓韬。设有市委审计委员会办公室秘书科、办公室、法规审理科、财政审计一科、财政审计二科、企业审计与内部审计指导监督科、行政事业审计科、农业外资与资源环保审计科、投资审计监督科、经济责任审计一科、经济责任审计二科、社会保障与金融审计科、机关党委；下设基建审计中心、计算机辅助审计中心、重点项目建设审计监督中心等事业单位。

审计成果 2022年，衡水市审计局完成审计项目106个，查出主要问题金额539457万元，其中违规金额363万元，管理不规范金额539094万元；审计发现非金额计量问题807个；督促审计期间整改6339万元；出具审计报告和审计调查报告123篇；审计处理处罚金额1282万元；移送司法机关、纪检监察机关和有关部门处理事项14

件；审计促进整改落实有关问题资金 1093 万元；促进增收节支 174 万元；核减投资 2344 万元；审计提出建议 391 条，全部被采纳；提交审计信息 96 篇，被批示、采用 30 篇次。

市生态环境局 2021 年度预算执行审计项目被评为河北省审计厅 2022 年优秀审计项目质量评估 B 等级。

政策落实情况跟踪审计　完成邢台市农村生活水源江水置换工程审计和京津冀三地水资源管理政策落实情况审计。完成脱贫攻坚成果同乡村振兴衔接相关审计，促进规范了防贫监测、低收入人口兜底保障、就业帮扶、乡村教师“特岗计划”等衔接政策措施的落实。开展高标准农田建设相关政策落实和资金管理使用情况审计，促进了高标农田建、管、护、用等方面的问题整改。

财政审计　完成了 57 个单位的预算执行审计，查出问题资金 259801 万元，通过审计清退违规收取的保证金 1280 万元，督促发放执行款 23065 万元，促进相关单位建立和完善内控制度 29 项，向有关部门移送问题线索 13 件。对 7 个重点建设项目持续开展跟踪审计，对 25 个重大工程政策措施落实情况、项目管理和资金管理使用情况进行了审计，揭示了 6 个方面 30 个问题。完成 18 个投资项目的决算审计，核减工程款 2344 万元，对立项手续不齐全等问题，提出审计建议，防范风险，督促整改。升级了预算执行数据分析平台，重新整理 42 个数据分析模型，新增 6 个非税数据分析模型。优化、完善了政府投资审计平台相关功能，督促市县两级完成了金审三期工程建设测试及验收工作，对部分县财政审计人员进行了财政一体化数据分析应用培训，高质高效完成了市县两级一级预算单位的数据采集、整理、上报工作。

资源环境审计　坚持严格落实生态优先绿色发展理念，科学界定领导干部任职期间自然资源资产管理和生态环境保护方面的履责情况，提出了针对性操作性较强的 5 条建议。

民生审计　采取“上审下”和“同级审”的方式统筹全市审计人员开展就业补助资金、失业保险基金和就业促进工程审计，共发现 4 类 15 项问题，审计期间完成整改 5 项，针对审计发现的相关问题提出审计建议 4 条。围绕农村人居环境整治，关注农村厕改建设任务、使用效率等情况，揭示了政策措施落实不到位等问题。围绕乡村振兴战略加快实施，关注城镇老旧小区改造和“四好农村路”提升工程项目，揭示了滞留项目建设资金等多个方面的问题，并将相关事项向主管部门进行了移送处理。

经济责任审计　完成了 19 名领导干部的经济责任审计，查出主要问题资金 5919 万元。

审计查出问题整改　制定了《衡水市审计局关于审计整改认定原则和依据（试行）》，从制度层面解决整改认定标准不一致的问题，强化了审计查出问题的整改落实。建立审计整改平台，完善审计整改台账，强化责任落实，推进审计查出问题即审即改，提升审计监督的时效性。配合政府部门积极推动上级审计发现问题的整改落实，强化业务指导和工作协调，及时反馈问题整改的成效。

（撰稿人：赵占英）

【定州市审计局】　2022 年，定州市审计局实有 31 人。党组书记、局长乔义峰（5 月—），党组成员、副局长姚德胜，党组成员、二级主任科员赵晨光，三级主任科员刘素娟、胡会敏，四级主任科员高焕琴（10 月—）。设有办公室、法规审理科、财政审计科、社会保障审计科、固定资产投资审计科、农业农村审计科、自然资源与生态环境审计科、经济责任审计科、行政事业审计科、审计整改监督科 10 个科室；下设定州市计算机审计服务中心 1 个事业单位。

审计成果　2022 年，定州市审计机关共完成审计项目 32 个。查出主要问题金额 147404 万元；审计发现非金额计量问题 121 个；损益（收支）不实金额 23 万元；出具审计报告和专项审计调查报告 32 篇。审计促进拨付资金到位 1863 万元。审计提出建议 85 条，被采纳 85 条。提交审计信息 13 篇，被批示、采用 3 篇。

政策落实情况跟踪审计　为确保重大政策措施落地见效，完成了“四好农村路”提升工程审计、老旧小区改造工程审计、农村生活水源江水置换工程审计、农村生活污水无害化处理工程审计、农村厕所改造提升工程审计、农村地区冬季清洁取暖政策落实跟踪审计。

财政审计　以加强财政资源统筹、优化财政支出结构、提高财政资金使用绩效为目标，开展网络安全和信息化建设资金审计；开展2021年度市本级财政预算执行、决算（草案）和其他财政收支审计。

资源环境审计 以贯彻落实绿色发展理念，促进领导干部认真履行自然资源资产管理和生态环境保护责任为目标，对农业农村局局长、高蓬镇党委书记开展领导干部自然资源资产离任（任中）审计。以促进京津冀协同发展，推进生态文明体制改革和制度体系建设为目标，开展京津冀协同全省水资源统筹利用保护资金管理使用情况专项审计调查。

民生审计 以促进落实积极的就业政策，提高资金使用效益，推进完善就业保障体系，促进充分就业和解决好重点群体的就业为目标，开展就业补助资金和失业保险基金审计。

经济责任审计 以强化干部管理监督，促进领导干部履职尽责、担当作为为目标，对市人力资源和社会保障局、市卫健局等16个单位18名领导干部开展经济责任审计。

审计查出问题整改 制定下发了《关于推进审计查出问题即审即改工作的意见》文件，组织开展国家重大政策措施贯彻落实情况、2021年国务院第八次大督查交办问题线索以及市主要领导干部经济责任审计查出问题的整改检查，指导监督全市63个单位开展2021年度内部审计发现问题的整改工作。省委审计办简报连续三期报道了定州审计整改工作的开展情况和做法。

内部审计 大力推进内部审计机构设立。已有92个单位单独设立内部审计机构，63个单位设立合署办公内部审计机构。督促各内部审计机构明确工作职责、制定工作流程，根据工作职责和工作流程开展内部审计工作。独立（合署办公）内部审计机构均制定了工作职责、工作流程并做到制度上墙。组建全市内部审计人员微信工作群，建立内部审计人才库，印发《定州市内部审计文件汇编》和《内部审计业务工作规范模板》，下发各内部审计机构和内部审计人员。开展内部审计人员培训。抽调政治意识强、有财务基础的内部审计人员分批到审计局轮训，对轮训人员集中进行业务培训并直接加入审计组参加审计项目，提高内部审计人员实务操作能力。督促指导各独立（合署办公）内部审计机构制订年度审计计划、按照审计计划开展审计项目并到审计局备案。制定内部审计考核打分体系及考核方案，将其纳入市委组织部年终考核内容，每年对设立独立（合署办公）内部审计机构的单位进行年度考核。

相关工作 开展“解放思想、奋发进取”大讨论活动。广泛征求意见建议，组织学习讨论，结合审计实际制定了具体的实施方案，共撰写29份心得体会、21份提纲。持续推进纠正“四风”和作风纪律专项整治行动，建立干部“廉政档案”，摸清“廉情”底数，初步录入审计干部职工廉政档案27份、退休人员24份。组成局疫情防控党员突击队下沉基层，持续帮助包联社区做常态化居民的全员核酸检测任务；推荐2名同志参加健康驿站隔离点工作，为打赢防疫攻坚战贡献审计力量。 （撰稿人：魏灵莎）

【辛集市审计局】 2022年，辛集市审计局实有26人。局长王彦妥，副局长魏铁旺、赵燕、李明辉。设有办公室、法规审理科、财政审计科、行政事业与社会保障审计科、固定资产投资审计科、农业与资源生态审计科；下设辛集市计算机审计中心等事业单位。

审计成果 2022年，辛集市审计局完成审计项目28个，跟踪建设项目9个，审计资金总额120.5亿元，审计查出管理不规范金额15.2亿元，节约建设资金和补贴资金6033.3万元，提出审计建议52条，促进被审计单位制定整改措施和建立健全规章制度21项。派出6人次参加省委巡视和省审计厅审计项目。

财政审计 对市本级和55个一级预算单位进行大数据审计，审计资金总额93.90亿元。通过数据分析，发现审计疑点11类303项，核实发现9类76个问题，主要是部分支出预算执行不到位、财政存量资金未充分发挥资金效益、暂付资金规模较大、国库存款保障水平过低、PPP项目运行需进一步规范等问题，涉及管理不规范金额14.83亿元。对市生态环境局、市住房和城乡建设局、市农业农村局、市交通运输局4个部门和新城镇、马庄乡2个乡镇进行了预算执行、决算草案和其他财政财务收支情况审计。完成了市区防水排涝设施建设项目、市疫情应急隔离设施建设项目、老旧小区改造提升工程等 9 个项目的结算审计，审计资金 26610.38 万元，审减 3086.51 万元。完成了市清洁能源供热替代补贴和燃气补贴的审核工作，核减补贴面积 55.77 万平方米，核减补贴金额 2976.08 万元。对市第一医院迁建、市澳森全民健身中心、农村生活水源江水置换项目配套设施工程等 8 个项目进行了跟踪审计，涉及建设资金 17.08 亿元。对全市网络安全和信息化建设开展了专项审计，审计资金 6632.34 万元，发现资金、项目管理等方面存在问题 3 个，提出了审计建议，同时对往年审计查出问题整改情况进行了“回头看”。

经济责任审计 对市住房和城乡建设局、市农业农村局、市交通运输局 3 个单位主要负责同志进行了离任经济责任审计，对辛集镇党委书记开展了自然资源资产任中审计，准确认定了经济责任，如实评价领导干部的工作业绩，促进了领导干部履职尽责。中共辛集市委审计委员会第八次会议审议通过了《辛集市 2022 年度经济责任审计综合报告》。

民生审计 对辛集市 2021 年度促进就业优先政策落实情况进行了审计，审计资金 6558.53 万元，发现不规范资金 1.89 万元。对辛集市 2021 年新冠肺炎疫情防控资金、物资管理和使用情况进行了审计调查，审计资金 3854.28 万元，促进了疫情防控资金专款专用、物尽其用。

审计查出问题整改 认真贯彻落实习近平总书记关于审计整改工作的重要指示批示，严格执行市委、市政府印发的《关于建立健全审计查出问题整改长效机制的实施意见》，推进审计查出问题即审即改，建立审计整改平台，完善审计整改台账，强化责任落实，提升了审计监督的时效性。

内部审计 全市 15 个乡镇 55 个部门（单位）设立内部审计机构、增加了内部审计职能，配备了专职或兼职内部审计人员 78 名。全年各类内部审计机构完成审计项目 235 个，发现问题 106 个，涉及金额 320 万元，节约预算资金支出 130 余万元，较好地发挥了内审监督作用。

（撰稿人：陈玉茂）

2022 年河北省所辖市、县（市、区）审计工作统计表

审计机关	完成审计项目/个	审计查出主要问题金额/万元	审计发现非金额计量问题/个	审计期间整改金额/万元	出具审计报告和审计调查报告/篇	审计处理情况		审计促进整改落实有关问题资金/万元	审计提出建议/条	提交审计信息/篇
						审计处理处罚金额/万元	移送处理事项/件			
石家庄市										
石家庄市本级	187	4135278	941	117899	257	78305	32	20259	613	
长安区审计局	5	10345	11	3	6				32	
桥西区审计局	6	2693	11	5	10				10	
新华区审计局	12	2662	29	18	17	34			47	
井陉矿区审计局	6	1678	7		8				12	
裕华区审计局	5	676	9		7				12	
藁城区审计局	19	2128	27	10	25	1458		6	48	
鹿泉区审计局	7	13396	9		9	2719			17	
栾城区审计局	10	2447	17	125	12		1		32	

续表

审计机关	完成审计项目/个	审计查出主要问题金额/万元	审计发现非金额计量问题/个	审计期间整改金额/万元	出具审计报告和审计调查报告/篇	审计处理情况：审计处理处罚金额/万元	审计处理情况：移送处理事项/件	审计促进整改落实有关问题资金/万元	审计提出建议/条	提交审计信息/篇
井陉县审计局	6	22800	15	1303	7				18	
正定县审计局	7	13833	9	11656	8		1		25	
行唐县审计局	7	6079	13	84	8			1397	29	
灵寿县审计局	6	1012	13	110	7				30	
高邑县审计局	7	5361	5	3024	8				17	
深泽县审计局	5	10130	3	55	6				8	
赞皇县审计局	17	34754	32	5612	28	15946		15946	48	
无极县审计局	5	990	9	70	8		2		13	
平山县审计局	9	54457	23		11		1		24	
元氏县审计局	9	713	18		11	158			22	
赵县审计局	9	8219	17	1792	13				22	
晋州市审计局	7	15426	5	88	11				19	
新乐市审计局	8	24303	12		9	25			20	
唐山市										
唐山市本级	159	4309586	921	279042	185	474727	25	10280	268	22
路南区审计局	18	44140	35	363	30			997	39	
路北区审计局	17	28279	14		20				103	
古冶区审计局	16	72069	22	5503	19				74	
开平区审计局	25	46432	11		30				57	
丰南区审计局	65	76773	57	27210	73				68	
丰润区审计局	25	490507	33		38				60	
曹妃甸区审计局	51	516631	100	68	75				149	
滦南县审计局	33	5507	57		49			24220	174	
乐亭县审计局	18	32395	37		26				78	
迁西县审计局	24	109098	87		26				68	
玉田县审计局	35	28467	52	536	70				87	
遵化市审计局	12	516848	31		17				32	
迁安市审计局	93	157656	75		109	960	1		159	
滦州市审计局	24	36839	46		30				32	
秦皇岛市										
秦皇岛市本级	61	1199223	211	101146	71	9764	17	952	176	82

续表

审计机关	完成审计项目/个	审计查出主要问题金额/万元	审计发现非金额计量问题/个	审计期间整改金额/万元	出具审计报告和审计调查报告/篇	审计处理情况		审计促进整改落实有关问题资金/万元	审计提出建议/条	提交审计信息/篇
						审计处理处罚金额/万元	移送处理事项/件			
海港区审计局	10		19		13				22	
山海关区审计局	8	63420	3		10				9	2
北戴河区审计局	6	12763	4		6	716			11	1
抚宁区审计局	13	16989	20	12979	21	2		2	35	1
青龙满族自治县审计局	20	209894	42	9	30	89		10	61	4
昌黎县审计局	10	5346	17	1117	13	1724	2		44	45
卢龙县审计局	15	12109	33	215	23	19			37	2
开发区审计局	6	490193	6		6				14	
北戴河新区审计局	6	148	8		8				8	1
邯郸市										
邯郸市本级	120	4489901	1071	26291	138	159124	17	79432	365	3
邯山区审计局	21	7251	20		38				47	
丛台区审计局	22	22432	14		38				39	
复兴区审计局	35	72825	143		64	269		269	109	
峰峰矿区审计局	15	26893	25		22				64	
肥乡区审计局	25	676	59		32				38	
永年区审计局	46	14621	23		88	50	2	50	78	
临漳县审计局	50	142007	69	351	79	22734		22734	117	
成安县审计局	29	6720	59	3669	40				60	
大名县审计局	28	5836	48		53				71	
涉县审计局	32	125462	76	4	41				72	
磁县审计局	8	4912	14		9	5			30	
邱县审计局	22	12554	171	769	35				57	
鸡泽县审计局	24	14524	47		31				56	
广平县审计局	13	9785	3		23	12		12	25	
馆陶县审计局	12	16079	21	13083	14				25	
魏县审计局	106	12	301		154				269	
曲周县审计局	8	7175	10		8				12	
武安市审计局	27	12350	87	63	49	33		34	59	
邢台市										
邢台市本级	99	812220	621	13004	99	9962	21		279	

续表

审计机关	完成审计项目/个	审计查出主要问题金额/万元	审计发现非金额计量问题/个	审计期间整改金额/万元	出具审计报告和审计调查报告/篇	审计处理情况		审计促进整改落实有关问题资金/万元	审计提出建议/条	提交审计信息/篇
						审计处理处罚金额/万元	移送处理事项/件			
襄都区审计局	14	11395	9	268	14				22	1
信都区审计局	13	227615	28	452	14			93313	27	28
任泽区审计局	14	7501	34	159	15	193		193	29	
南和区审计局	33	124			28				70	32
临城县审计局	18	17640	65		18		5		97	1
内丘县审计局	21	24287	53	30	21			7658	71	12
柏乡县审计局	18	140831	14	20	21	2689		2689	34	
隆尧县审计局	15	31200	40	41	15		3	31167	45	1
宁晋县审计局	24	31500	59		24		8		66	42
巨鹿县审计局	12	6815	46		14			6628	36	30
新河县审计局	7	2421	10	1645	6			1573	17	48
广宗县审计局	18	4252	26	2000	18	420	4	4252	43	48
平乡县审计局	46	97566	81		64			97566	59	60
威县审计局	25	185049	10		25	5		4061	75	7
清河县审计局	14	20516	7		19				29	38
临西县审计局	47	21773	62	1199	47	15		20969	124	69
南宫市审计局	37	55853	22	353	62			353	86	16
沙河市审计局	16	17615	3	22	17			22	27	17
保定市										
保定市本级	136	236420	970	5636	136	16503	5	24042	355	
竞秀区审计局	29	34621	32		42	959		959	53	
莲池区审计局	28	1059195	13	307	41				96	
满城区审计局	17	97460	17	146	22	1296	3		18	
清苑区审计局	13	16986	38	6	16		26	5	44	
徐水区审计局	25	5218	22		43	1			25	
涞水县审计局	28	22796	64		43	715			81	
阜平县审计局	30	3692	55	702	43	1738	1		50	
定兴县审计局	21	46897	50	13	32	46		44	39	
唐县审计局	10	1251	16		10	724			30	
高阳县审计局	17	3186	49	147	23				55	
涞源县审计局	17	49496	22		22	476		476	42	

续表

审计机关	完成审计项目/个	审计查出主要问题金额/万元	审计发现非金额计量问题/个	审计期间整改金额/万元	出具审计报告和审计调查报告/篇	审计处理情况		审计促进整改落实有关问题资金/万元	审计提出建议/条	提交审计信息/篇
						审计处理处罚金额/万元	移送处理事项/件			
望都县审计局	22	457	45		33	456		456	41	
易县审计局	28	47982	102	19174	36	8		8	87	
曲阳县审计局	14	919	25	17	81				36	
蠡县审计局	16	2332	31	4	20	24	2	24	38	
顺平县审计局	12	44225	43		14				35	
博野县审计局	6	249	8		6				18	
涿州市审计局	13	28704	79	1	14				49	
安国市审计局	18	3696	40	7	25	21			41	
高碑店市审计局	19	4332	11	4193	33	540	1	97	35	
张家口市										
张家口市本级	39	277305	203		44				111	340
桥东区审计局	11	235242	25		11				28	8
桥西区审计局	7	5997	13		8				23	8
宣化区审计局	16	12585	32	10636	18				54	22
下花园区审计局	8	2646	5	63	10				18	15
万全区审计局	9	82495	14	2	13				28	
崇礼区审计局	8	6554	19		11				20	17
张北县审计局	10	21482	13	620	11				22	10
康保县审计局	13	2202	14	1809	15				36	8
沽源县审计局	7	3958	27		7	31			21	1
尚义县审计局	11	29977	4	16170	12				32	7
蔚县审计局	13				23				32	22
阳原县审计局	17	63849	5	10319	23				42	6
怀安县审计局	11	34060	55	2364	13				40	5
怀来县审计局	11	13953	7		12	3			13	1
涿鹿县审计局	9		1		10				21	13
赤城县审计局	11	76857	19	52	13		1		18	23
经济开发区审计局	7	2337			12				33	4
察北区审计局	4				5				17	8
塞北区审计局	8	16609	3		10				33	2
承德市										
承德市本级	165	3530415	3197	51523	226		40	6	619	48

续表

审计机关	完成审计项目/个	审计查出主要问题金额/万元	审计发现非金额计量问题/个	审计期间整改金额/万元	出具审计报告和审计调查报告/篇	审计处理情况		审计促进整改落实有关问题资金/万元	审计提出建议/条	提交审计信息/篇
						审计处理处罚金额/万元	移送处理事项/件			
双桥区审计局	2	56	2		3	3			6	12
双滦区审计局	12	302529	28		17				42	10
鹰手营子矿区审计局	11	526	17		14				35	13
承德县审计局	15	9006	53	5164	19				30	23
兴隆县审计局	18	77633	44	5588	33				70	24
滦平县审计局	5	104112	10		5				8	25
隆化县审计局	6	438	15	438	6				13	26
丰宁满族自治县审计局	8	8970	35	2	11				23	40
宽城满族自治县审计局	25	11347	82		30				63	33
围场满族蒙古族自治县审计局	13	28032	66	186	15				43	20
平泉市审计局	30	211657	48	10899	43				81	36
沧州市										
沧州市本级	85	3576144	643	7885	98	117983	16	117983	285	205
新华区审计局	9	11354	63	54	14		2		24	16
运河区审计局	9	18235	15		11				24	14
沧县审计局	16	279188	25		18				48	
青县审计局	20	15526	46	193	24		4		62	20
东光县审计局	15	10764	19	7	16	25		25	44	3
海兴县审计局	15	34845	66	34402	24		5		56	
盐山县审计局	34	176559	135	2091	40		7		151	85
肃宁县审计局	16	59659	50	2023	21		3		68	31
南皮县审计局	20	66423	88		25		29		172	
吴桥县审计局	10	3171	10		14				40	
献县审计局	18	4362	22	200	19				44	45
孟村回族自治县审计局	15	7048	21		22				39	
泊头市审计局	20	13067	56	552	28	3456	1	3456	126	87
任丘市审计局	28	129012	22	40	37		14		55	26

续表

审计机关	完成审计项目/个	审计查出主要问题金额/万元	审计发现非金额计量问题/个	审计期间整改金额/万元	出具审计报告和审计调查报告/篇	审计处理情况		审计促进整改落实有关问题资金/万元	审计提出建议/条	提交审计信息/篇
						审计处理处罚金额/万元	移送处理事项/件			
黄骅市审计局	15	35848	69	7277	19				47	1
河间市审计局	14	31499	18	1350	15				37	
廊坊市										
廊坊市本级	76	1793069	434	19183	86	4831	15	4567	261	
安次区审计局	51	90856	79		91				231	
广阳区审计局	10	4203	12	82	11			32252	46	1
固安县审计局	19	5423	36	6	22				50	
香河县审计局	8	47388	17		8				25	
大城县审计局	22	8636	75	283	26	4716		4716	74	
文安县审计局	20	143148	22	17	23				62	
大厂县审计局	16	458167	2	35	19				36	
霸州市审计局	34	297154	62		49	26		691	103	12
三河市审计局	33	106590	79		49		1	197	370	3
衡水市										
衡水市本级	106	539457	807	6339	123	1282	14	1093	391	96
桃城区审计局	53	19592	126	1	87	3206		3138	151	50
冀州区审计局	22	113698	102	47	29	224		193	58	21
枣强县审计局	18	62644	51	62	21				60	16
武邑县审计局	14	806	28		16	14			36	10
武强县审计局	30	14098	192	200	35	10		10	119	27
饶阳县审计局	21	6647	125		25				78	17
安平县审计局	19	6851	37		24	3002		3002	31	15
故城县审计局	30	10625	208	70	32	3795	7		120	26
景县审计局	41	14632	96		65				128	38
阜城县审计局	19	1930	34		23				40	16
深州市审计局	21	7764	85		25	134		130	71	18
省直管										
定州市审计局	32	147404	121	1651	50				85	13
辛集市审计局	28	6563	28	4352	29			2211	52	19

山西省

【山西省审计厅】 2022年，山西省审计厅实有332人。设有省委审计委员会办公室秘书处、办公室、政策研究室、法规审理处、内部审计指导监督处、电子数据审计处、财政审计处、税收征管审计处、教科文卫审计处、农业农村审计处、固定资产投资审计处、社会保障审计处、自然资源和生态环境审计处、地方金融审计局、国有企业审计局、涉外审计处、经济责任审计处、计划督查处、人事教育处、机关党委、离退休人员工作处。设有23个派出审计处，分别为：省委机关审计处、政法审计处、教育审计处、科技审计处、工信建设审计处、民政社保审计处、资源环境审计处、交通运输审计处、农业水利审计处、贸易审计处、卫生体育审计处、社会管理审计处、经济执法审计处、广电通讯审计处、发展统计审计处、群团文化审计处、金融审计一处、金融审计二处、金融审计三处、企业审计一处、企业审计二处、企业审计三处、企业审计四处；下设审计专业技术服务中心、审计科学研究所、内部审计服务中心。

领导成员

党组书记、厅长：陈　磊

副 厅 长：焦斌龙

党组成员、副厅长：南春林　孙　翔

马翠珍（1月—）

党组成员、省纪委监委驻省审计厅纪检监察组组长：芮辰文

党组成员、总审计师：王文仙（6月—）

副厅长级干部：王克建

省经济责任联席会议办公室主任：曹满堂

一级巡视员：宋世华　王银燕（4月—）

审计成果 2022年，山西省审计厅完成审计项目133个，查出主要问题金额38657432万元，其中违规金额1124799万元、损失浪费金额54019万元、管理不规范金额37478611万元；审计发现非金额计量问题2023个；损益（收支）不实金额3079153万元；出具审计报告和专项审计调查报告133篇，被批示、采用9篇次。审计处理处罚金额10194274万元，其中应上缴财政989594万元、应减少财政拨款或补贴70885万元、应归还原渠道资金172704万元、应缴纳其他资金6891754万元、应调账处理金额2069332万元；移送司法机关、纪检监察机关和有关部门处理事项33件，移送处理人员33人，移送处理金额251774万元。审计促进整改落实有关问题资金3261164万元；审计促进拨付资金到位68806万元；审计后挽回（避免）损失14688万元；核减投资额77363万元；移送处理落实事项2件。审计提出建议312条，被采纳247条；推动被审计单位制定整改措施89项；促进被审计单位建立健全规章制度7项；提交审计信息18篇，被批示、采用11篇次。向社会公告审计结果11篇。

省审计厅实施的山西省粮食购销领域专项审计项目，获全国审计机关优秀审计项目——省级审计机关二等奖。

政策落实情况跟踪审计 组织对87个开发区“承诺制+标准地+全代办”改革发展政策落实和3个市困难群众救助政策落实，以及3个重点项目投资管理情况进行了审计。发现开发区改革发展政策落实不到位，24个开发区尚未全面编制取水许可、水土保持等5项区域评估报告；7个开发区21宗标准地设定的投资强度、绿地率、容积率等3项控制性指标，低于省有关土地节约集约利用标准等。2个重点竣工项目，结算控制不严，多结算工程款5152.38万元；大水网四大骨干工程增加的5.49亿元投资，未按规定履行报批程序等。

财政审计 对省财政厅具体组织省本级预算执行及编制决算草案情况进行了审计。发现财政支出功效未充分释放，收回的23.52亿元存量资金未统筹盘活，债券资金79.32亿元闲置或使用效益不高。预算收支管理仍需加强，省财政未将22个部门单位所属195户企业41.53亿元国有资本纳入国有资本经营预算管理范围。预算绩效管理有待改进，涉及预算77.59亿元的45个项目未按规定设定绩效目标、23个项目未根据预算调整变化相应变更绩效目标。

对94个部门进行了全覆盖审计，其中现场审计部门18个，延伸审计二、三级预算单位169个。对部门管理的12项专项资金的分配、管理、

使用情况和矿业权出让收益征收管理情况进行了审计。审计发现预算编制不够完整准确、预算收支管理不够严格、预算绩效管理还需加强、政府采购制度执行不够到位、专项资金管理水平有待提高等问题。

国有企业审计 组织对18户省属国有企业的资产负债损益和项目投资、带息债务等情况进行了审计和审计调查。发现5户企业142个停缓建、停产项目，沉淀资金1115.16亿元。8户企业计划实施的32个项目未编制可研报告，编制可研报告的4个项目超3年未实施，14个项目因不符合国家产业政策等原因无法实施。

金融审计 组织对6户地方金融机构和类金融机构资产负债损益等情况进行了审计。发现个别企业偏离经营主业，开展资金借贷业务，47.68亿元资产存在损失风险。2户企业违规开展煤炭贸易和借贷融资业务，形成资金沉淀3.11亿元。基金管理不规范，有9.7亿元基金未按规定比例投向省内，7.86亿元政府投资基金被违规出借。

农业农村审计 组织对14个县2019年和2020年高标准农田建设资金和项目情况进行了审计。发现部分项目选址不当，部分资金管理不规范，未按要求落实高标准农田建设配套资金，拖欠工程进度款等问题。

组织对13个县“十三五”期间易地扶贫搬迁资金项目及后续扶持情况进行了审计，发现返贫致贫监测与帮扶措施落实不精准，产业项目建成后闲置等。对4个县2018年以来农村人居环境整治相关政策和资金情况审计，发现2个县户厕改造任务未按期完工验收。

资源环境审计 组织对全省耕地保护情况和27个市县领导干部履行自然资源资产管理及生态环境保护责任情况进行了审计。发现部分市县存在基本农田“非粮化”以及违法占用耕地、批而未供土地和闲置、撂荒耕地等问题。5个县的54个单位未办理采矿许可证等开采矿山和地热资源，11个市县未按期完成矿山生态环境恢复治理任务。7个县存在违规批准临时用地、超期占用临时用地等问题。

民生审计 组织对9个市防汛救灾资金和物资进行了审计。发现部分资金分配使用不规范，部分物资管理不到位，部分水利设施修复工程进展缓慢，水毁修复工程未及时竣工。

经济责任审计 紧扣规范权力运行，以领导干部经济责任履行为主线，重点关注重大政策贯彻落实、重大经济决策、重大风险防范以及廉洁从政从业等情况，审计领导干部72名，查出违规金额10.67亿元，促进领导干部履职尽责、担当作为。

涉外审计 认真履行国外贷援款项目审计职责，按时保质完成审计署下达的7个国外贷援款项目审计。其中，对有履约审计要求执行期内的世界银行贷款山西煤层气综合利用、亚洲开发银行贷款山西包容性农业产业融合发展等5个国外贷援款项目，2021年度财务收支和项目执行情况进行了公允审计。对无履约审计要求的2个项目进行了绩效审计。

审计查出问题整改 严格落实审计整改督促检查责任，制定了《山西省审计机关审计整改跟踪督促检查办法》；与省经济责任审计联席会议各成员单位沟通协作，共同组成工作组，现场反馈审计结果、提出整改要求，形成督促问题整改合力。组织对近5年未整改到位问题进行全面清查，推动审计查出问题“见底清零”。近5年审计发现问题整改率达到95%；2021年度省本级预算执行审计发现的问题，整改金额336.86亿元、促进完善制度221项，审计整改成效明显。

研究型审计 围绕省委、省政府工作大局，沿着“政治—政策—项目—资金”主线研究立项、谋划实施，建立了省直一级预算单位、省直医疗教育单位、省属国有企业金融机构中长期审计项目库。结合审计项目探索研究型审计，开展《发挥金融审计作用防范化解中小银行风险》《地方政府专项债及其审计研究》等科研课题。持续关注优化营商环境、清理涉企收费、清理拖欠账款等政策措施落实情况，为省委、省政府深化国资国企改革、防范化解风险隐患提供决策参考。

审计理论研究 审计署重点科研课题“新时代党政领导干部经济责任审计创新”完成结题；全省2022年度至2023年度审计科研课题立项，研究型审计、大数据审计等25项课题入选；“建设审计全覆盖信息管理系统　推动预算执行审计不断深化发展”在中国审计学会课题成果汇报研讨会上作了交流发言，入选《深化预算执行审计合作课题研究报告集》。组织开展内部审计理论研讨论文征集活动5次，推荐的4篇论文获奖。编辑发行《山西审计》6期。

内部审计 加强分类指导监督，印发了《2022年内部审计工作要点》，推动内部审计工作规范、有序开展。大力推进全省内部审计统计调查工作，《中国审计报》以“山西省审计厅扎实推进内部审计统计调查工作”“山西省内部审计工作稳步提升初具规模”为题，两次对此项工作报道宣传。开展“以审代训”，为厅机关15个处室，安排了50余名内部审计人员参加预算执行和经济责任审计项目。邀请审计署、南京审计大学、央企等6位专家，围绕新修订审计法、内部审计工作规定、经济责任审计、大数据审计等作了政策解读与审计实务辅导，全省约5000人参加培训。

相关工作 厅党组坚定扛牢全面从严治党主体责任，认真执行全省“四级四岗”责任清单制度，明确了厅党组、机关党委、各支部抓党建工作职责，进一步压实党建工作责任。深入推进党风廉政建设，召开全省审计机关党风廉政建设工作会议，开展述职述廉，与党支部书记签订《党风廉政建设责任书》。强化监督检查，开展警示教育645人次，组织150余人次赴廉政警示教育基地开展主题党日活动，推进清廉机关建设。坚持正确的选人用人导向，在坚持政治标准的前提下，突出实践标准、业绩导向，组织干部晋升、选拔任用、轮岗交流；建立健全干部考核机制，探索工作业绩考核到个人；推行重大审计项目招标“揭榜挂帅”，干事创业、风清气正的氛围进一步浓厚。把2022年确定为大数据审计能力提升年，完成金审三期工程建设，建立常态化数据报送、共享机制，完善采集财政财务、农业水利、投资建设、社会保障等8个领域电子数据，11个行业入库数据资源1.87TB。联合南京审计大学举办中级计算机培训班，为审计数字化转型提供人才支撑。广泛开展法治宣传和普法教育，将法治培训纳入审计人员教育培训体系，不断提高审计人员专业素养。 （撰稿人：王卫东）

【太原市审计局】 2022年，太原市审计局实有128人。党组书记、局长闫晓红，党组成员、副局长李东山、邢丽琳、王爱国（10月—），党组成员、总审计师张喜玲，纪检组长王慧（9月—），党组成员李光泉（9月—）、王素玲（9月—）。设有28个科室，下设1个事业单位。

审计成果 2022年，太原市审计局完成审计项目42个，其中审计40个、专项审计调查2个。查出主要问题金额2271100.25万元，其中违规金额13555万元、损失浪费金额128.96万元、管理不规范金额2257414.29万元；审计发现非金额计量问题317个；损益（收支）不实金额357245万元；审计发现侵害人民群众利益230万元；出具审计报告和专项审计调查报告39篇。审计处理处罚金额423285万元，其中应上缴财政13234万元、应归还原渠道资金6765万元、应缴纳其他资金145万元、应调账处理金额403139万元；移送司法机关、纪检监察机关和有关部门处理事项13件，移送处理人员6人，移送处理金额381656.96万元。审计促进整改落实有关问题资金1104966万元；审计促进拨付资金到位434591.29万元；审计后挽回（避免）损失542.85万元；移送处理落实事项6件。审计提出建议103条，被采纳103条；促进被审计单位建立健全规章制度29项；提交审计信息21篇，被批示、采用21篇次。

太原某公司2019—2020年度资产负债损益审计项目被评为审计署市级审计机关优秀审计项目三等奖、山西省审计厅市级审计机关优秀审计项目一等奖。2人被评为山西省审计系统先进工作者。

政策落实情况跟踪审计 交叉审计重大政策措施落实情况跟踪审计项目1个，查出管理不规范等主要问题金额122470.58万元，非金额计量问题12个，审计期间整改问题金额5559.34万元。

财政审计 开展全市93个一级预算单位全覆盖，其中现场审计12个，同时对部门管理的9项专项资金进行审计，查出主要问题金额1198034.57万元，非金额计量问题130个，审计期间整改问题金额46910.35万元。

国有企业审计 开展2个国有企业审计，查出管理不规范等主要问题金额626674.88万元，移送处理事项1件。

资源环境审计 开展领导干部自然资源资产离任审计2项，查出违规及管理不规范等主要问题金额3684.49万元，非金额计量问题32个；交叉审计资源环境审计项目1个。

民生审计 交叉审计民生审计项目4个，查出管理不规范及损失浪费等主要问题金额15066.38万元，非金额计量问题39个，移送处理事项2件，推动完善制度5项。

经济责任审计 开展领导干部经济责任审计15个，查出违规和管理不规范问题金额322470.82万元，非金额计量问题117个，审计期间整改问题金额8301.55万元，移送处理事项2件。

专项审计和审计调查 交叉开展专项审计和审计调查2项，查出主要问题金额105000万元，非金额计量问题75个，责成主管部门追责问责5起。

审计理论研究 提请市委审计委员会出台《关于加强新时代太原审计工作的意见》。

（撰稿人：王　莉）

【大同市审计局】 2022年，大同市审计局实有96人。党组书记、局长王伟，党组成员、二级调研员李江涛、刘向东、张晓民，党组成员、副局长孟建春、杨文泉，党组成员、总审计师王朝晖。设有27个职能科室，下设2个事业单位。

审计成果 2022年，大同市审计局开展8大类64个审计项目，查出违规金额2亿元、管理不规范金额51.88亿元、应上缴财政收入和存量资金1.8亿元，发现非金额计量问题598个，提出审计建议250条，审计促进整改落实有关问题资金2.5亿元，为全方位推动高质量发展贡献了审计力量。在上年度全省审计系统考核和全市目标责任考核中被评为优秀单位，研究型审计成果明显，组织撰写的2篇研究型审计业务论文被中国审计学会采用。乡村振兴《审计手册》印发全市审计机关，撰写的审计案例和大数据审计应用论文被《山西审计》采用。

政策落实情况跟踪审计 聚焦党中央和省委、市委各项决策部署落实落地，开展了市本级及10个县区重大政策措施落实情况跟踪审计，着力推动各项政策措施落实到位，促进优化营商环境、经济平稳运行和转型升级。

财政审计 聚焦财政资金稳定运行，开展了12个市本级预算执行审计项目和2个县区财政决算审计项目。预算执行审计共发现问题146个，涉及金额18.15亿元。财政决算审计共发现各类问题金额2.92亿元。

经济责任审计 聚焦规范权力运行，开展了27个领导干部经济责任审计项目和2个领导干部自然资源资产离任审计项目。共发现问题374个，涉及金额10.61亿元。

固定资产投资审计 聚焦规范项目管理和提高政府投资绩效，开展了3个审计项目，共发现问题金额5.63亿元。

民生审计 聚焦全方位推动农业农村高质量发展，开展了3个审计项目。乡村振兴交叉审计共发现问题金额1.06亿元。灾后基础设施修复建设和资金使用情况跟踪审计共发现问题金额860.16万元。困难群众救助补助资金审计共发现问题金额230.05万元。

企业审计 聚焦推动国企国资提质增效，开展了对7家市属国有企业的审计，共发现问题金额15.26亿元。

专项审计 按照省审计厅统一部署，完成了2021年度网络安全和信息化建设审计等7个审计项目。按照市委、市政府安排，对3家地方煤矿开展了专项审计，共发现问题48个，涉及金额21.18亿元。

（撰稿人：李东星）

【阳泉市审计局】 2022年，阳泉市审计局实有64人。党组书记、局长巨建军（—12月）、郗文保（12月—），党组成员、副局长郭海天、李军、黄慧文，党组成员、总审计师董海庆，调研员张东明（—6月）、李燕飞、彭乃良、张凤莲、陈锋、路毅、杨建康、王锦平。设有办公室（市委审计委员会办公室秘书科）、人事教育科、计划督查科、法制审理科（政策研究室）、电子数据审计科、财政审计科、金融审计科、行政事业审计科（科教文卫审计科）、农业农村审计科、固定资产投资审计科、自然资源和生态环境审计科、企业审计科、社会保障审计科、经济责任审计科、开发区审计科、内审指导科；下设事业单位阳泉市电子数据审计服务中心。

审计成果 2022年，阳泉市审计局完成审计项目52个，审计查出违规资金87300万元；促进增收节支56600万元；移送纪检监察机关和有关部门处理事项30件，促进建章立制140项。荣获省耕地保护资金和土地出让金收支审计第三名，市城市管理局预算执行及其他财政收支情况审计项目荣获2022年省审计系统“移送案件线索奖”。

财政审计 查出决算草案编制不规范等4方面存在的32个问题；公共工程投资项目审计揭示了资金绩效不高等8大类29个问题，核减投资11300万元，追回超付工程款55.69万元，提出审计建议26条；网络安全与信息化建设审计发现了资金管理不规范等问题16类资金6748.45万元。

国有企业审计 对2户国有涉粮企业财务收支审计，查出超计划擅自轮换270.50吨代储成品油等问题24个。

民生审计 救助政策落实审计发现拨付补助资金不及时2728万元、经办人涉嫌侵占1.69万元，追回资金98万元。

资源环境审计 查出重大问题线索1条，追回专项资金59万元。

农业农村审计 乡村振兴补助资金审计发现超范围享受资金扶持120万元。

研究型审计 制定了《阳泉市审计局关于开展研究型审计的三年行动工作方案》，“党政工作部门领导干部和事业单位领导人员经济责任审计评价指标体系”科研课题被省审计科学研究所批准立项。

内部审计 出台了《阳泉市审计局关于加强对内部审计监督检查工作的通知》，在矿区开展了内部审计试点工作。

相关工作 强化审计机关政治建设，市委审计委员会三次召开会议传达贯彻中央、省委审计委员会会议精神；开展清廉机关建设系列活动，制定了《党政主要负责人履行推进法治建设第一责任人职责工作清单》《开展法治宣传教育第八个五年规划（2021—2025年）》；出台了《关于规范投资审计工作的办法（试行）》《审计项目廉政风险防控办法》等10余项制度。

（撰稿人：张大鹏）

【长治市审计局】 2022年，长治市审计局实有104人。党组书记、局长贾文革，党组成员、副局长张国庆、李卫东（—5月）、艾合力木江（2月—）、张硼乾，党组成员、总审计师李秋生，二级调研员吕双河，四级调研员宋宏斌、段建斌。设有科室16个，下设长治市审计发展中心、长治市内审业务指导中心。

审计成果 2022年，长治市审计局完成审计项目46个。查出主要问题金额1752644万元，其中违规金额60443万元、管理不规范金额1692201万元；审计发现非金额计量问题356个，出具审计报告和专项审计调查报告46篇，审计处理处罚金额175561万元，移送司法机关、纪检监察机关和有关部门处理事项50件，其中，纪检监察机关9件，有关部门41件；审计促进整改落实有关问题资金15028万元，审计发现应上交财政资金28068万元、应归还原渠道资金5178万元、应调账处理金额142312万元；涉及金额75344万元，审计提出建议145条，被审计单位采纳106条。

2022年3月，长治市审计局荣获“山西省审计系统先进集体”称号，段风藻等4名同志荣获“山西省审计系统先进工作者”称号。吉县人民政府2018年至2020年易地扶贫搬迁资金项目及后续持续情况审计项目荣获省优秀审计项目二等奖。

政策落实情况跟踪审计 对长子县、襄垣县2022年度第三季度重大政策落实情况进行跟踪审计，保障重大决策部署顺利实施、落地生根。

财政审计 对市本级2021年预算执行情况及决算草案和市直5个部门预算执行进行审计，同步开展4项专项资金审计，共查出主要问题金额610946.92万元。组织开展长治市泽馨苑住宅小区建设项目和长治市普通国省干线收费公路自由流收费试点专项审计调查。

民生审计 对应县巩固拓展脱贫攻坚成果同乡村振兴有效衔接相关政策和资金进行了审计，共发现五大类38个问题，涉及金额18364万元，移送主管部门问题线索2件，移送纪委监委问题线索5件，提出审计建议4条。对2022年灾后基础设施修复建设和资金使用情况开展了跟踪审计。

经济责任审计 对18名市管领导干部进行经济责任审计（含2名县长的自然资源资产离任审计），对2021年已完成的经济责任审计项目均召开了审计结果反馈会。

专项审计 对临汾经开区和侯马经开区开展全省开发区高质量发展重大政策落实及相关重点事项专项审计，对9个县区开展全市开发区高质量发展重大政策落实及相关重点事项专项审计工作。

审计查出问题整改 持续推进审计整改问题台账“销号”管理，推动党的十八大以来审计查出问题整改工作。对国务院第九次大督查发现问题对照检查类似问题进行整改督促，开展2020年省级重点工程产业转型项目落地情况审计调查发现问题督促整改专项检查。

相关工作 认真履行市委审计委员会办公室职责，严格落实重大事项请示报告制度。向市委审计委员会呈报省委审计委员会及办公室文件5件、汇报审计工作开展情况3次、报送审计报告63篇，筹备召开市委审计委员会会议2次。

认真贯彻落实研究型审计要求，印发《推进研究型审计的实施方案》，创优《长治审计》载体，强化内部审计经验交流，扎实推进研究型审计。

涵养清廉生态，推动清廉机关建设。成立工作专班，印发实施方案，发挥机关纪委监督作用，制定廉政风险点台账，排查岗位廉政风险点21个，层层签订《廉洁自律承诺书》88份。

（撰稿人：杨菲菲）

【晋城市审计局】 2022年，晋城市审计局实有72人。党组书记、局长张国文，党组成员、副局长曹和生、郭义光、吕丽芳、张向阳，党组成员、总审计师宋晋丰，二级调研员王国斌，三级调研员郭宏。设有办公室、市委审计委员会办公室秘书组、财政审计科、经济责任审计科等18个科室；下设晋城市审计服务中心等2个事业单位。

审计成果 2022年，晋城市审计机关共完成审计项目313个。查出主要问题金额2109303.22万元，其中违规金额486000.88万元、损失浪费金额6324.3万元、管理不规范金额1616978.04万元；审计发现非金额计量问题1544个；损益（收支）不实金额2898万元；出具审计报告和专项审计调查报告319篇，被批示、采用5篇次。审计处理处罚金额517983.61万元，其中应上缴财政180532.81万元、应减少财政拨款或补贴2164.15万元、应归还原渠道资金50784.15万元、应缴纳其他资金206499.19万元、应调账处理金额38139.82万元；移送司法机关、纪检监察机关和有关部门处理事项40件，移送处理人员5人，移送处理金额109534.28万元。审计促进整改落实有关问题资金341176.16万元；审计促进拨付资金到位47500.15万元；审计后挽回（避免）损失7426.51万元；核减投资额8203.4万元；移送处理落实事项8件。审计提出建议711条，被采纳656条；推动被审计单位制定整改措施364项；促进被审计单位建立健全规章制度42项；提交审计信息123篇，被批示、采用64篇次。

晋城市2020年度医疗保障基金审计项目获得全省优秀审计项目三等奖。

财政审计 完成了对市本级12个部门预算执行和城区、泽州县、沁水县、晋城开发区管委会2020—2021年底财政决算审计，同步实施了大数据审计。开展投资项目审计和审计调查6个，开展全市开发区重大政策落实、全市网络安全和信息化建设专项审计。

国有企业审计 完成了市公交公司、兰花科创集团资产负债损益财务收支和资产负债损益情况审计。

金融审计 完成了开发区谷雨股权投资基金运营管理情况审计。

农业农村审计 完成了对岢岚县乡村振兴相关政策和资金异地交叉审计。

资源环境审计 完成了全市大气、水污染防治专项资金审计。

民生审计 完成了对长治市就业补助资金和失业保险基金、晋城市本级医院医疗收费数据审计和全市2021年灾后基础设施修复建设和资金使用情况跟踪审计。

经济责任审计 完成了领导干部经济责任审计项目17个。

审计查出问题整改 提请市政府召开审计整改专题会议9次，压实整改责任，全面提升审计整改工作质效。

研究型审计 制定“五年全覆盖”工作规划，建立市属国有企业审计项目库。

审计理论研究 在《山西审计》发表《统筹谋划 持续发力 推动审计工作高质量发展》

《审计整改工作及对策》等文章。

交办任务 完成了市委、市政府交办的市级住宅维修资金专项审计。积极开展农村集体“三资”管理贪腐问题专项整治工作。

（撰稿人：柴俊艳）

【朔州市审计局】 2022 年，朔州市审计局实有 61 人。党组书记、局长赵香花（4 月—），党组成员、副局长谷如发、李志强（4 月—），党组成员、总审计师韩杰，正处级干部李启军（4 月—），二级调研员高志勇、雷占虎（4 月—），三级调研员谭国栋，四级调研员赵保明。设有办公室、市委审计委员会办公室秘书科、政策法规科、电子数据审计科、财政审计科、教科文卫审计科、农业农村与涉外审计科、固定资产投资审计科、社会保障审计科、自然资源和生态环境审计科、金融审计科、企业审计科、经济责任审计科、计划监督科；下设朔州市审计事务中心、朔州市企业审计服务中心。

审计成果 2022 年，朔州市审计机关共安排审计项目 7 大类 361 项，审计单位 423 个，共查出问题线索 22 条，移送纪委监委 7 件，共报送各类审计报告、信息简报等 450 多篇，主要领导批示 98 篇次，提出审计建议 280 多条，促进建章立制 68 项。

政策落实情况跟踪审计 落实省厅要求，开展了开发区高质量发展审计，发现 8 个方面 86 个问题，涉及金额 5.15 亿元，审计期间督促整改问题 54 个。

财政审计 对 94 个一级预算单位进行大数据审计分析全覆盖，对 12 个一级预算单位预算进行现场审计，并对其中 4 个单位管理的重点资金进行专项审计，促进增收节支 4826 万元，规范了预算管理，严肃了财经纪律。

对 7 个项目开展竣工决算审计，对 2 个项目开展跟踪审计，共核减工程投资 10969 万元，促进规范工程项目建设管理和提高投资综合效益。

国有企业审计 对 6 家市属国有企业开展资产、负债及损益审计，对 3 名市属国有企业领导人员开展经济责任审计。审计中及时向市政府提出了企业在使用政府专项债券中存在的风险，促进了国企规范经营。

农业农村审计 开展巩固拓展脱贫攻坚成果同乡村振兴有效衔接相关政策和资金情况审计，查出违规问题金额 8088 万元，移送纪检监察机关 2 件 6 人，促进普惠政策落实。

民生审计 开展就业补助资金和失业保险基金审计，促进困难群众救助补助资金 12434 万元发放到位，48 名流浪人员得到妥善安置，维护了社会公平正义。

经济责任审计 对 132 名领导干部开展经济责任审计，审计查出管理不规范资金 35600 万元，违规资金 6438 万元，促进领导干部依法行政和履职尽责。

审计查出问题整改 对 6 个县区和 200 多个部门单位进行了整改督促，追回出借的财政资金 686 万元，规范国有资产管理 11 处，审计整改率进一步提高。

（撰稿人：樊宇祥）

【晋中市审计局】 2022 年，晋中市审计局实有 76 人。党组书记、局长范亮珍，党组成员、副局长张海涛、常青，党组成员、总审计师孙振华。设有 16 个职能科室、1 个派出机构；下设 2 个事业单位。

审计成果 2022 年，晋中市审计局完成审计和审计调查项目 109 个（含承接省厅统一组织审计项目 4 类 70 个），涉及政策落实、民生、资源环境、专项资金、财政、企业、投资、经济责任等 8 个类别。全年查出违规违纪及有问题资金 168498 万元，管理不规范金额 409811 万元，非金额计量问题 314 个，应上缴财政 125244 万元，应归还原渠道资金 16621 万元，应缴纳其他资金 2443 万元，移送问题 34 件，提出审计建议 112 条，计划执行率达到 100%。

政策落实情况跟踪审计 围绕优化营商环境、清理拖欠民营企业中小企业账款进度等重点认真组织实施审计，推动党和国家重大政策措施落实。

财政审计 对市本级预算单位进行大数据审计分析全覆盖，对市本级财政 2021 年度预算执行及决算草案、市人社局等 8 个单位 2021 年度预算执行情况进行现场审计。认真实施对介休、祁县、平遥、和顺等 4 个县（市）的财政决算审计。

国有企业审计 实施对晋中市水务投资建设有限责任公司 2020 年、2021 年度财务收支情况审计和晋中保盛供热公司2021—2022年采暖季运营费专项审计。

农业农村审计 组织全市11个县（区、市），结合2021年度预算执行情况审计，同步开展衔接推进乡村振兴补助资金审计。

资源环境审计 开展左权县原县长自然资源资产离任审计，开展山西黄河沿线城市污水处理厂、垃圾处理厂建设运营情况审计。

民生审计 开展就业补助资金和失业保险基金审计、全省脱贫攻坚成果同乡村振兴有效衔接相关政策和资金审计、灾后基础设施修复建设和资金使用情况审计、防汛救灾资金和物资分配使用情况跟踪审计等项目。

经济责任审计 对左权县原县长、市教育局原局长、市城市管理局局长等15名领导干部实施经济责任审计。

审计查出问题整改 注重关口前移，突出事前事中监督；严格遵循《山西省审计机关审计整改跟踪督促检查办法（试行）》中关于整改结果的认定原则；将“当下改”与“长久立”结合起来，推动各级各部门举一反三、建章立制，2022年相关市直部门在审计整改中共建章立制20余项。

内部审计 强化宏观引领，与重点单位建立起内部审计协商议事制度；积极组织参加各类内部审计培训；促进成果转化，在各类审计中融入内部审计监督检查。

队伍建设 举办全市审计干部专业化能力建设专题培训班，邀请审计厅相关领导和处室负责人系统讲解相关课程，全市审计机关共计300余名干部通过现场面授和线上视频方式参加培训。主动对接加入审计署2022年度审计机关业务骨干培训，由局党组班子成员带领全员参与学习。

（撰稿人：刘　娟）

【运城市审计局】 2022年，运城市审计局实有109人。党组书记、局长王继宏，党组成员、副局长张国伟（8月—）、张卫宏（—8月），副局长马丽娟，党组成员、三级调研员姚向国（—3月），党组成员、一级调研员牛永贵，三级调研员王志刚（—9月），党组成员、总审计师程一。设有秘书科、办公室、法规审理科、财政审计科等18个科室；下设运城市固定资产投资审计中心、运城市自然资源资产审计中心、运城市经济责任审计中心。

审计成果 2022年，运城市审计局聚焦运城市委市政府的决策部署组织实施审计项目，切实为党委政府解难题、防风险。如运城市民服务中心项目，通过审计扭转了复工谈判被动局面，助推了项目复工进程，依法维护了党和政府的形象。先后起草了10份审计专报，运城市委市政府主要领导逐一作出批示，市政府召开专题会议进行研究，促进了财政资金规范管理和被审计单位治理效能的提升。完成审计项目38个，查出主要问题金额232119万元；移送司法机关、纪检监察机关和有关部门处理事项37件；审计提出建议108条，被采纳92条；提交审计信息12篇，均被批示、采用。被山西省人力资源和社会保障厅、山西省审计厅联合授予“山西省审计系统先进集体”称号；组织实施的运城市本级涉粮问题专项审计项目被评为山西省审计厅优秀审计项目二等奖。

政策落实情况跟踪审计 对运城市12个开发区2022年一季度“承诺制+标准地+全代办”实施情况和高质量发展重大政策落实及相关重点事项进行了审计；组织开展了2020年以来运城市新冠疫情防控资金使用情况审计。

财政审计 对215个运城市本级一、二级预算单位预算执行情况进行了全覆盖审计，对绛县和垣曲县人民政府2020年度和2021年度财政决算情况进行了审计。

实施了运城市公交停保场建设项目等5个工程结算审计，共核减工程价款2272万元。

资源环境审计 对汾河流域（运城段）生态保护资金管理使用情况和有关工程建设项目进行了审计调查。

审计查出问题整改 将审计整改情况纳入了对各县（市、区）人民政府和市直各部门年终考核的检查内容。

研究型审计 聚焦审计成效，探索实施了全市医疗保险基金审计效果调查；聚焦审计转型，对汾河生态保护工程项目管理、实施成效等开展了系统、全面的专项审计。

大数据审计 部署完成财政和部门预算执行分析两大子系统，固化审计方法模型50余个；市县两级金审三期项目建设已基本完成。

（撰稿人：郑晓雄）

【忻州市审计局】 2022年，忻州审计局实有73人。党组书记、局长施静宁，党组成员、副局长李月文、陈建忠，一级调研员顾连宽，二级调研员韩建柱，三级调研员曹建斌，四级调研员张文利、焦雪茜、韩建荣。设有市委审计委员会办公室秘书科、办公室、法规科、财政税收征管审计科、教科文卫审计科、农业农村审计科、固定资产投资审计科、社保审计科、金融审计科、企业审计科、涉外审计科、经济责任审计科、计划督查科、人事教育科（机关党总支）、党务群团审计科、建设交通审计科、经济发展审计科、政法事务审计科；下设忻州市审计业务服务中心、忻州市审计专业技术服务中心。

审计成果 2022年，忻州市审计局完成审计项目55个，查出主要问题金额431395万元，其中违规金额104064万元、管理不规范金额327320万元；审计发现非金额计量问题157个。审计处理处罚金额217146万元，移送司法机关、纪检监察机关和有关部门处理事项32件，移送处理人员39人。审计促进整改落实有关问题资金168584万元；审计促进拨付资金到位3934万元。审计提出建议126条，被采纳126条；促进被审计单位建立健全规章制度30项；提交审计信息65篇，被批示、采用27篇次。神达集团资产负债损益情况审计项目被评为全省优秀审计项目。

政策落实情况跟踪审计 聚焦转型发展、污染防治、开发区建设、疫情防控等重点领域开展跟踪审计，有效推动重大政策落实到位。

财政审计 聚焦财政财务收支真实合法效益开展7个部门单位预算执行审计，有效促进财政资金提质增效；聚焦重大项目落地开展12个政府投资项目审计，有效促进项目规范实施和提高资金使用绩效。

国有企业审计 聚焦深化改革开展2户市属国有企业和26户国有涉粮企业审计，有效促进企业健康发展。

农业农村审计 聚焦“三农”开展巩固拓展脱贫攻坚成果同乡村振兴有效衔接相关政策和资金审计，助推乡村振兴战略实施。

资源环境审计 聚焦生态文明建设开展2名县级政府主要领导干部自然资源资产离任审计和黄河沿线城市污水处理厂、垃圾处理厂建设运营情况审计，有效促进践行绿色发展理念。

民生审计 聚焦保障和改善民生开展灾后重建、保交楼、乡村振兴、中职院校等民生审计，有效保障民生资金安全高效使用和民生政策落到实处。

经济责任审计 聚焦权力运行开展27名市管主要领导干部经济责任审计，有效促进领导干部守法尽责、廉洁用权和担当作为。

审计查出问题整改 研究制定《中共忻州市委审计委员会办公室关于审计整改工作的实施办法》，推动整改工作制度化、规范化。强化边审边改、以审促改、以改促治、对账销号，定期梳理问题台账，跟踪整改情况，推动问题按期整改到位。

研究型审计 深入挖掘同类型审计、行业性审计发现的共性问题，归纳形成高质量的研究型审计成果，撰写的多篇审计信息，得到市委市政府主要领导高度重视，全部批转有关部门进行专项整改。

（撰稿人：李　耿）

【临汾市审计局】 2022年，临汾市审计局实有76人。党组书记、局长陈焕成（—4月）、程军（4月—），党组成员、副局长毛志中、焦宗宁、张临萍，党组成员、总审计师孙成选，副县级干部陈云波、贺广愈。设有15个职能科室、2个事业单位。

审计成果 2022年，临汾市审计局完成审计项目72个，查出主要问题金额713527万元，出具审计报告和专项审计调查报告67篇。审计处理处罚金额117032万元，审计促进整改落实有关问题资金10255万元，核减投资额2838万元。移送处理事项97件，其中移送纪检部门78件。移送处理落实事项43件，处理涉案人员80人。

在2021年度目标责任考核中被山西省审计厅评为先进单位；农业农村审计科被山西省审计厅表彰为山西省审计系统先进集体。

财政审计 上半年，完成对市直17个单位2021年度预算执行情况审计和13个单位2020年度财政财务收支审计，查出预算编制不科学、收入管理不规范等问题 55 个。下半年，开展 8 个县（市）财政决算审计，查出虚列财政支出等问题 67 个，提出建议 25 条。

开展河西（第三）污水处理厂建设工程项目竣工决算审计，核减投资 2619.52 万元，核减率达 27.78%。

经济责任审计 开展 18 名党政领导干部经济责任审计和自然资源资产离任审计，其中县委书记 1 名、县（市）长 8 名、市直领导干部 4 名、县公安局局长 2 名、县审计局局长 3 名。查出重大决策部署贯彻执行不到位等方面问题 126 个，提出建议 56 条。

民生审计 开展临汾市县两级和吕梁市石楼县 2021 年度衔接推进乡村振兴补助资金审计，共查出项目实施不规范等问题 133 个，督促加快资金拨付 8700 万元，完善项目相关手续 36 个，移送处理事项 11 件。开展“人人持证 技能社会”专项资金审计，查出违规发放培训补贴等问题 11 个，移送纪委监委线索 2 件，追回培训补贴 170.51 万元、基金存款利息收入 1792.42 万元。开展市本级和 5 个县（市）2022 年防汛救灾灾后基础设施修复建设和资金使用情况跟踪审计，查出资金闲置、项目进展缓慢等问题 53 个。

专项审计 对全市 16 个县（市）2011 年至 2021 年高标准农田建设资金和项目开展交叉审计，查出违纪违规和管理不到位等问题 315 个，办理完善相关手续 67 项。开展开发区高质量发展重大政策落实及相关重点事项专项审计，查出招商引资项目落地建设投产等问题 48 个，移送纪委监委案件线索 60 件。（撰稿人：茹　江）

【吕梁市审计局】 2022 年，吕梁市审计局实有 80 人。党组书记、局长杨谈文，党组成员、副局长赵晓岗、王建福，总审计师刘建平，党组成员、审计专业服务中心主任葛鹏飞。设有办公室、法规审理科、电子数据审计科、财政审计科等 17 个科室；下设审计专业服务中心、审计技术保障中心等事业单位。

审计成果 2022 年，吕梁市审计机关共完成审计项目 308 个，其中审计 303 个、专项审计调查 5 个。查出主要问题金额 208.39 亿元，其中违规金额 24.95 亿元、损失浪费金额 0.21 亿元、管理不规范金额 183.23 亿元；审计发现非金额计量问题 1004 个；损益（收支）不实金额 8.76 亿元；出具审计报告和专项审计调查报告 414 篇，被批示、采用 8 篇次。审计处理处罚金额 29.05 亿元，其中应上缴财政 9.35 亿元、应减少财政拨款或补贴 0.22 亿元、应归还原渠道资金 1.29 亿元、应缴纳其他资金 1.41 亿元、应调账处理金额 16.78 亿元；移送司法机关、纪检监察机关和有关部门处理事项 64 件，移送处理人员 1 人，移送处理金额 2.13 亿元。审计促进整改落实有关问题资金 9.54 亿元；审计促进拨付资金到位 1.07 亿元；审计后挽回（避免）损失 0.02 亿元；核减投资额 0.45 亿元；移送处理落实事项 4 件。审计提出建议 871 条，被采纳 630 条；推动被审计单位制定整改措施 111 项；促进被审计单位建立健全规章制度 44 项；提交审计信息 35 篇，被批示、采用 16 篇次。

政策落实情况跟踪审计 累计抽查单位 40 个，查出问题 30 个，整改资金 643.82 亿元，包括专款专用、收回等，落实“承诺制”等政策 12 项。

财政审计 对 102 个单位进行了审计，共查出主要问题金额 130.62 亿元。

国有企业和金融审计 对 16 户企业、金融机构进行了审计，查出问题金额 1.03 亿元。

农业农村审计 开展了高标准农田建设资金、光伏扶贫项目运行维护及收益情况等审计。

资源环境审计 开展了大气污染、水污染防治专项资金等审计。

民生审计 对城乡义务教育经费保障资金、新动能专项资金、基本公共卫生服务等开展了审计。

经济责任审计 对 119 名领导干部进行了经济责任审计，查出主要问题金额 70.42 亿元，其中违规金额 4.77 亿元。

审计查出问题整改 与市人大财经工委联合组织专项督导，通过约谈、督查等方式，推动整改问题 208 个，整改资金 15.3 亿元，督促相关部门单位修改完善内控管理制度 50 余项。

相关工作 首创审计廉政誓词。开展作风纪律专项整顿。以刀刃向内的勇气，开展了为期两个月的作风纪律专项整顿，共查摆问题 160 个，制定各类整改措施共 141 条。（撰稿人：秦　伟）

2022年山西省所辖市、县（市、区）审计工作统计表

审计机关	完成审计项目/个	审计查出主要问题金额/万元	审计发现非金额计量问题/个	审计期间整改金额/万元	出具审计报告和审计调查报告/篇	审计处理情况		审计促进整改落实有关问题资金/万元	审计提出建议/条	提交审计信息/篇
						审计处理处罚金额/万元	移送处理事项/件			
太原市										
太原市本级	42	2271101	317	60871	39	423285	13	1104966	103	21
小店区审计局	26	30889	13		30				67	
迎泽区审计局	21	33348	28	4218	33	60		33348	71	74
杏花岭区审计局	22	11854	162	4	22			26	79	12
尖草坪区审计局	27	964	17	25	27			196	90	29
万柏林区审计局	17	61278	47		17	19	6	47897	56	51
晋源区审计局	11	191665	36	863	11		1	19118	36	4
清徐县审计局	36	48420	135		54	30784		15356	74	8
阳曲县审计局	16	1910219	43	7617	16	1910219		70074	54	
娄烦县审计局	26	8908	35	30	26			5936	32	
古交市审计局	16	64302	37	15294	17	61536			52	
大同市										
大同市本级	64	538947	598	1253	101	5780	19	25049	250	59
新荣区审计局	3	150	17	4	3				11	8
平城区审计局	14	98	29	23	21	98		98	30	13
云冈区审计局	13	24204	36	4	18	13	11	12	52	12
云州区审计局	21	50345	21		21	1551		32240	54	13
阳高县审计局	12	8684	11	12	17	606		164	39	12
天镇县审计局	15	43687	12	5769	15	28837		78	40	12
广灵县审计局	19	2440	14	1432	19	2422		1626	13	28
灵丘县审计局	22	515	15		22	512		512	20	15
浑源县审计局	5	3046	20	740	5	603			16	10
左云县审计局	24	3676	3		24			1432	35	24
阳泉市										
阳泉市本级	52	1146156	808	2302	54	48002	30	55033	140	12
城区审计局	16	14115	45		17	516	1	38	47	24
矿区审计局	47	2742	113	11	47	705	1	1409	122	27
郊区审计局	47	49709	56	628	47	13709	9	13202	61	3

续表

审计机关	完成审计项目/个	审计查出主要问题金额/万元	审计发现非金额计量问题/个	审计期间整改金额/万元	出具审计报告和审计调查报告/篇	审计处理情况		审计促进整改落实有关问题资金/万元	审计提出建议/条	提交审计信息/篇
						审计处理处罚金额/万元	移送处理事项/件			
平定县审计局	26	22860	85	18791	26		1		51	4
盂县审计局	49	28606	38	1	49	21771	3	16255	156	118
长治市										
长治市本级	46	1752644	356	5422	46	175561	50	15028	145	0
潞州区审计局	17	231058	9	230996	17	39727		39721	47	1
上党区审计局	16	31131	50		16		8			
屯留区审计局	18	33088	18	5	18		5		61	
潞城区审计局	29	58587	42	7	29	48631	10	6070	76	
襄垣县审计局	36	81408	20	76049	36	81116				
平顺县审计局	24	37591	57		24		3		15	
黎城县审计局	8	7750	20		8		2		17	
壶关县审计局	12	54126	5	2	12	54017		8854	29	
长子县审计局	24	110282	60	224	24	2821	11	33260	75	
武乡县审计局	20	29963	94		20				66	
沁县审计局	12	52682	31	1971	12			554	32	
沁源县审计局	23	118257	27	4	23		3	104659	61	
晋城市										
晋城市本级	53	1321056	339	116821	54	8586	22	73339	91	30
城区审计局	23	81563	149	15552	22	52195		15596	66	6
沁水县审计局	73	31779	523	278	73	14233	7	9269	170	10
阳城县审计局	44	69313	203	56	32	78813		105245	65	46
陵川县审计局	19	21966	20	3967	19				38	31
泽州县审计局	58	73997	127	270	58	70549	5		100	
高平市审计局	43	509629	183	3646	61	207079	6	137727	139	
朔州市										
朔州市本级	73	123417	86	686	73	43688	19	28229	160	79
朔城区审计局	71	15809	25	1243	71		3	4852	85	52
平鲁区审计局	55	19399			55		1	37	44	15
山阴县审计局	52	11562	15	8524	52	3038		2302	66	26
应县审计局	40	1346		1218	40		2	1321	62	2
右玉县审计局	34	11048	30	4	34	9657	14	10554	86	5

续表

审计机关	完成审计项目/个	审计查出主要问题金额/万元	审计发现非金额计量问题/个	审计期间整改金额/万元	出具审计报告和审计调查报告/篇	审计处理情况		审计促进整改落实有关问题资金/万元	审计提出建议/条	提交审计信息/篇
						审计处理处罚金额/万元	移送处理事项/件			
怀仁市审计局	51	20754	38	20541	51	2841	23	20754	120	24
晋中市										
晋中市本级	109	578310	314	45629	64	223792	34	282618	112	41
榆次区审计局	18	126886	69	129	21	157		276	67	
太谷区审计局	28	100579	67	35575	25		5		66	1
榆社县审计局	26	61351	72	3058	35			19298	66	20
左权县审计局	27	48205	82	2	33		1	32635	75	27
和顺县审计局	27	16639	60		38				57	8
昔阳县审计局	62	86132	172		58	50277		35856	133	61
寿阳县审计局	30	45655	55	20593	30	1283		3637	81	27
祁县审计局	11	54771	44	1403	11	10192	3	22556	34	29
平遥县审计局	27	24388	48	1552	27	1566	1	1566	63	
灵石县审计局	28	66172	91		32	2485	2	2485	63	
介休市审计局	33	97392	148		33	40619		40619	105	35
运城市										
运城市本级	38	232119	341	2777	51	48219	37	38504	108	12
盐湖区审计局	33	103304	55	4554	53	86944		98381	35	31
临猗县审计局	22	44416	30	1	31	15717	2	15717	42	
万荣县审计局	20	7065	128	2765	28	993	4	993	47	
闻喜县审计局	14	1752	41		14	1404	3	592	9	6
稷山县审计局	14	52854	87	2758	20	3686	2	3592	39	37
新绛县审计局	14	1585			14	48	1	48	41	
绛县审计局	19	16003	40		19		4	21	68	
垣曲县审计局	50	10550	137		50	3659	8	3645	167	
夏县审计局	19	14136	71	19	20	138	5	137	56	14
平陆县审计局	23	34713	114	57	23	100		92	84	
芮城县审计局	53	15256	51	5	63	11567	7	11504	104	59
永济市审计局	20	9471	113	54	25	1116	10	241	62	26
河津市审计局	38	79798	106	33	46	4413	3	4413	73	
忻州市										
忻州市本级	55	431395	157	57900	55	217146	32	168584	126	65

续表

审计机关	完成审计项目/个	审计查出主要问题金额/万元	审计发现非金额计量问题/个	审计期间整改金额/万元	出具审计报告和审计调查报告/篇	审计处理情况		审计促进整改落实有关问题资金/万元	审计提出建议/条	提交审计信息/篇
						审计处理处罚金额/万元	移送处理事项/件			
忻府区审计局	27	29518	30	4428	27			23526	44	
定襄县审计局	40	9099	84	162	40		6	3198	115	12
五台县审计局	45	49182	79	2808	45	4634		4634	98	7
代县审计局	18	12322	21		18				34	
繁峙县审计局	32	108373	57	2452	32	12	7	2428	81	6
宁武县审计局	22	784998	62	1420	22			1420	60	1
静乐县审计局	7	20258	14	3092	7			18909	24	7
神池县审计局	23	404	13	7	23			397	43	17
五寨县审计局	41	13127	35	3	41	1504		12223	59	12
岢岚县审计局	9	28	5		9	28			21	
河曲县审计局	20	49715	32	22	20			37301	38	5
保德县审计局	32	9873	20	9873	32			9873	73	10
偏关县审计局	21	28011	11	14011	21	14024			57	
原平市审计局	33	3255	61		33	3255		3255	46	2
临汾市										
临汾市本级	72	713527	405	8676	67	117032	97	10255	112	96
尧都区审计局	44	119351	20	38	6	38	4		15	
曲沃县审计局	20	2011	17		18	2	9	2	41	
翼城县审计局	32	4730	37		20	4005	13	1636	52	33
襄汾县审计局	43	10053	7	400	14		5	400	29	
洪洞县审计局	9	83530	56	2355	10	5			33	
古县审计局	37	176309	9		7		1		19	
安泽县审计局	29	32972	55	6670	24	17365	16	10436	62	38
浮山县审计局	26	66237	63	167	26	18324	8	18324	55	
吉县审计局	38	8367	114	942	32	470	17	394	86	61
乡宁县审计局	21	91176	64		21	11528	8		63	
大宁县审计局	21	4435	49	258	18	1474	1	1474	42	29
隰县审计局	61	12538	56	3066	23	3065	34	13	70	28
永和县审计局	17	20121	44	1	11	577	2	4	26	
蒲县审计局	24	115600	33		20		6		29	33
汾西县审计局	16	8287			4	4358	11	4358	23	

续表

审计机关	完成审计项目/个	审计查出主要问题金额/万元	审计发现非金额计量问题/个	审计期间整改金额/万元	出具审计报告和审计调查报告/篇	审计处理情况		审计促进整改落实有关问题资金/万元	审计提出建议/条	提交审计信息/篇
						审计处理处罚金额/万元	移送处理事项/件			
侯马市审计局	38	11850	59	4	16		7		34	
霍州市审计局	34	9852	42	403	16	319	4	319	42	12
吕梁市										
吕梁市本级	43	1199039	379	23337	58	156828	36	64634	142	56
离石区审计局	9	4024	51	1	12			82	23	16
文水县审计局	65	46391	58	34062	110				165	11
交城县审计局	19	13066	111		26	7	3	8961	77	18
兴县审计局	4	113707	6	2624	4		2		12	18
临县审计局	20	230699	53	49	24	118		21333	56	30
柳林县审计局	20	2105	72		20		1		51	11
石楼县审计局	27	78586	35	26	44	323		319	79	13
岚县审计局	9	29799	31	2	9	7752	10	2	26	24
方山县审计局	21	4924	58	12	21	2354		12	50	8
中阳县审计局	11	28816	48	821	12	8968	9	6	34	31
交口县审计局	9	23526	18	7	10	7		7	21	
孝义市审计局	30	236861	47		39	114056			81	36
汾阳市审计局	21	72426	37	324	25	68	3	5	54	12

内蒙古自治区

【内蒙古自治区审计厅】 2022 年，内蒙古自治区审计厅实有 246 人。内蒙古自治区党委审计委员会办公室设在内蒙古自治区审计厅，下设内蒙古自治区党委审计委员会办公室秘书处。内蒙古自治区审计厅设有办公室、综合督查处、人事处、法规处、审理处、电子数据审计处、财政审计处、税收征管审计处、行政政法审计处、教科文卫审计处、农业农村审计处、固定资产投资审计处、政府投资审计处、社会保障审计处、社会民生审计处、自然资源和生态环境审计处、金融审计处、企业审计一处、企业审计二处、涉外审计处、经济责任审计局、机关党委（含机关纪委）、离退休人员工作处；派出区直机关审计处有党委机关审计处、政府机构审计处、企事业单位审计处、金融企业审计处；派驻盟市审计处有驻海拉尔审计处、驻赤峰审计处、驻乌海审计处；下设内蒙古自治区审计厅综合保障中心、内蒙古自治区审计科研所、内蒙古自治区内部审计发展中心。主管内蒙古自治区审计学会、内蒙古自治区内部审计师协会社团组织。

领导成员

党组书记、厅长：霍照良

党组成员、副厅长：冯　茂　赵保平

党组成员：乔　燕

党组成员、副厅长、机关党委书记：徐　旺

党组成员、总审计师：王佳平

内蒙古自治区经济责任审计工作联席会议办公室专职副主任：武志杰（—2 月）
岳　久（11 月—）
一级巡视员：刘文磊　武志杰（1 月—）
二级巡视员：刘润生（—2 月）
张海斌（—11 月）
郭　俊（1 月—）
李欣荣（1 月—）
李斌义（4 月—12 月）

审计成果　2022 年，内蒙古自治区审计机关共完成审计项目 1910 个。促进增收节支 47.2 亿元；提交审计报告和审计信息 3875 篇，被批示、采用 1081 篇；提出审计建议 4231 条；向纪检监察机关和有关部门移送处理事项 484 件。

2022 年，内蒙古自治区供销合作社联合社专项审计项目被审计署评为全国省级审计机关优秀审计项目二等奖；通辽市 2020 年度基本医疗保险基金筹集、使用及运行情况审计项目被审计署评为全国市级审计机关优秀审计项目一等奖；伊金霍洛旗供销合作社联合社及所属企业专项审计项目被审计署评为全国县级审计机关优秀审计项目（非民生类）一等奖。全区三级审计机关 36 个优秀审计项目获得内蒙古自治区审计厅通报表彰。

审计委员会办公室工作　向中央审计委员会报送重要报告、重要事项和文稿 25 篇；向自治区党委审计委员会报送重要报告、重要事项和文稿 63 篇，自治区领导作出明确批示指示 33 篇。联合中央军委审计署呼和浩特审计中心制定出台《中共内蒙古自治区委员会审计委员会办公室、自治区审计厅、中央军委审计署呼和浩特审计中心关于印发军地审计工作协作机制实施办法的通知》，推动军地审计协作配合。制定印发《中共内蒙古自治区委员会审计委员会办公室关于印发〈盟市党委审计委员会重大事项请示报告制度〉的通知》，推动盟市重大事项请示报告全面规范、全面加强。全年收到各盟市请示报告 185 件，对晚报、漏报、报告不规范等问题予以通报。强化盟市审计机关主要负责人工作述职，充分发挥考评“指挥棒”作用，推动构建全区审计“一盘棋”的工作格局。

政策落实情况跟踪审计　组织开展全区沉淀财政资金“大起底”专项行动重点核查，发现应上缴金额 24.83 亿元。连续三年开展全区优化营商环境政策落实跟踪审计，揭示涉企专项资金拨付不及时、拖欠中小企业账款、向企业违规转嫁费用等问题 688 个，提出审计建议 230 条，促进出台制度 88 项。聚焦“科技兴蒙”发力，整改问题 622 个，整改问题金额 69.59 亿元，初步实现标本兼治。

财政审计　围绕国家稳经济大盘一揽子政策，开展对内蒙古自治区财政厅 2021 年组织的内蒙古自治区本级预算执行的审计，组织对部分盟市进行财政决算审计、财政收支质量审计、财政补助资金审计，组织开展对内蒙古自治区 2022 年财政资金支出进度专项审计调查和 2022 年地方政府专项债券资金管理使用情况专项审计调查。反映财政资源统筹工作还需向纵深推进、财政支出效率还不够高、国库管理还存在薄弱环节、地方政府债务管理还存在不规范的地方等情况；揭示预算编制未细化、专项资金分配无章可循或有章不循、预算绩效管理不规范、财政资金未充分发挥效益等问题。汇总形成的财政资金支出进度和专项债券资金管理使用综合报告、财政补助资金综合报告等报告上报内蒙古自治区政府，内蒙古自治区主席作出批示。全区网络安全和信息化审计项目审计案例汇入审计署 3 篇综合报告，得到中央领导同志三次肯定性批示。

国有企业审计　组织开展包钢集团主要领导人员经济责任审计，揭示企业发展战略规划制定不够科学完整、主要产品竞争力不强、法人治理结构不够完善等问题。围绕包钢集团高质量发展、稀土资源开发利用管理情况，同步开展专项审计调查，向内蒙古自治区党委、政府报送 2 篇审计专报。内蒙古自治区党委书记批示，要求主管部门从探矿到最终产品整体研究，拿出完整方案。审计为推进国有企业深化改革、稀土战略资源高效开发利用提供重要决策依据。

金融审计　组织开展 10 家村镇银行和鄂尔多斯银行的专项审计，全面揭示村镇银行股权管理混乱、资产质量不实、关联交易严重超标、违规代持等乱象。内蒙古自治区政府领导给予高度评价。

农业农村审计　开展对内蒙古自治区农牧厅 2021 年预算执行和其他财政财务收支情况的审

计、对内蒙古科技大学包头医学院党委书记和院长任职期间经济责任履行情况的审计；助力巩固拓展脱贫攻坚成果同乡村振兴有效衔接，加强对乡村振兴政策措施落实和项目资金管理使用等情况的审计监督。审计揭示了在预算编制、预算执行，在产业帮扶项目建设管理、联农带农机制建立健全、产业帮扶项目资产和资金管理，在政策措施落实、惠农补贴、农村基础设施建设等方面存在的典型性、普遍性、倾向性问题。乡村振兴重点帮扶县产业帮扶项目被审计署采纳 59 个问题，获得中央领导批示。2021 年、2022 年乡村振兴综合报告获得内蒙古自治区党委、政府 6 位主要领导批示，报告批至内蒙古自治区纪委监委、乡村振兴局、财政厅以及各盟市，形成监督合力，跟进督促整改。

资源环境审计 开展对各盟市水、森林、草原等资源和矿山环境修复治理以及水污染、工业大气污染防治等专项审计调查，实现一个年度内对 12 个盟市审计全覆盖。向内蒙古自治区党委审计委员会报送综合报告 2 篇、专报信息 6 篇，揭示超总量用水、私采盗用黄河水以及违法违规占用林草地、土地资源闲置浪费等 11 个方面 980 个具体问题。审计成效充分彰显审计在推进筑牢我国北方重要生态安全屏障的政治担当，引起《人民日报》《内蒙古日报》等主流媒体关注，给予报道。

民生审计 内蒙古自治区审计厅组织开展的困难群众救助补助资金审计项目被审计署采用 44 个问题，涉及资金 2846.38 万元、人员 976 人，覆盖综合报告反映的全部三大类问题，获得 8 位中央领导同志批示。组织对 3 个盟市及所属 6 个旗县就业补助资金和失业保险基金、9 个旗县乡村振兴、全区义务教育等民生项目审计，揭示救助资金未足额拨付、骗取套取挤占挪用“救命钱”“救急钱”、集中供养救助机构履职不到位等问题，促进兜紧兜牢民生防护网，推动惠民富民政策有效落实。

经济责任审计 全年对 715 名领导干部开展经济责任审计，其中自治区审计厅直接审计 21 名。审计查出负有直接责任问题 1.33 亿元，移送处理人员 1474 人。从重大决策部署的宏观视野到具体经济事项实施效果的微观角度，逐项梳理领导干部履职情况，力求“画像”精准，为干部考核、任免、奖惩提供重要参考。

审计查出问题整改 坚持问题导向，集中力量打赢审计整改“翻身仗”。认真落实中共中央办公厅、国务院办公厅《关于建立健全审计查出问题整改长效机制的意见》，制定出台《内蒙古自治区审计整改约谈办法（试行）》《内蒙古自治区审计厅审计查出问题整改销号实施办法（试行）》，打牢整改制度基础。按照“立行立改、分阶段整改、持续整改”三种类型和“全面、精准、督办、严格、问责、报告”六项要求，全口径建立整改台账，压实整改责任，强化部门协同，常态化推进审计发现问题有效整改、彻底整改，维护审计监督的权威性和公信力。特别是对 2018 年内蒙古自治区党委审计委员会成立以来审计查出问题进行“大起底”“大整改”，推动未完成整改的 925 个问题实现全部清仓见底，审计整改“下半篇文章”扎实到位。在以往审计成果基础上，及时将审计掌握的损失浪费问题形成综合专报，被自治区主要领导多次引用，并在内蒙古自治区全区高质量发展座谈会上通报，推动自治区党委在全区开展“五个大起底”专项行动，将审计成果转化为治理效能。内蒙古自治区审计整改方面的经验做法获得中央审计办、审计署采用推广。

研究型审计 通过制定落实研究型审计工作实施方案、开展审前立项研究确定审计命题、以处室为依托的经常性研究、每半年提交所审领域动态分析综合报告、审计项目评优评差、“四个一”机制加大审计附属成果报送力度，将研究型审计作为必备能力素质纳入持续提升审计干部高素质专业化能力建设当中、将研究型审计开展情况纳入盟市审计机关综合考评加分因素，举办“三能”干部评选、征集研究型审计案例、组织审计研究成果评比、创办《研究型审计》通讯等一系列机制措施，基本形成全员性、全局性研究型审计工作体系。内蒙古全区审计机关开展研究型审计意识普遍提高。

审计理论研究 一是强化理论研究。在学习贯彻党的二十大精神上，结合习近平总书记关于审计工作的重要论述，以“在中国式现代化中更好发挥审计监督作用，深入推进国家治理体系治理能力现代化”为题，持续开展中国式现代化与审计价值取向方面的研究；深化对“审计服务构建新发展格局”的研究，课题阶段性成果分别被《审计观察》《中国审计》《审计研究》等期刊采纳或予以报道，完整课题被中国审计学会头版收录在《中国审计学会2021年度合作课题研究报告选编》一书中；深入研究党中央集中统一领导下的审计监督成效，自治区党委审计委员会办公室主任研究撰写的“履行职责使命　服务工作大局　以强有力的审计监督护航内蒙古高质量发展”文章被《中国审计》“审计委员会之声”栏目特约采用；申获中国审计学会合作课题资格，组织开展“如何开展好地方政府专项债券资金管理使用绩效审计研究”，通过中国审计学会结项评审；开展“强化审计监督与各类监督贯通协同助推内蒙古治理体系和治理能力现代化”课题研究中标内蒙古自治区2022年第二批社科基金项目（编号2022DY34）。二是强化研究引导。组织内蒙古自治区审计厅各业务处室每半年开展所属业务领域动态分析2次，提交动态分析综合报告44个，完成审计研究课题24个，盟市审计机关提交研究型审计案例（课题）105个。三是创新研究方式。探索研发研究型审计信息化审计管理软件平台法规库自建与运用模块，将研究型审计理念物化到可操作的审计实践层面。四是加大研究推广宣传力度。以《内蒙古审计》为抓手，促进提升审计研究水平，编辑出版《内蒙古审计》刊物6期。编辑出版《内蒙古审计工作（2018—2020）》一部，编发《研究型审计》16期。

内部审计　全区共有内部审计机构625个，内部审计人员2215名。内蒙古自治区内审机构和内审人员比上年增加8%和5%。其中专职机构238个，内审专职人员863名。2022年，共完成审计项目2081个，查出违纪金额91亿元，收回资金2亿元，给予党纪、政务和内部纪律处分56人，向司法机关移送1人，审计建议被采纳1899条，促进单位完善制度373项。

相关工作　坚持以习近平新时代中国特色社会主义思想为指导，以党的政治建设为统领，以学习宣传贯彻党的二十大精神为主题主线，扎实推进机关党建、干部队伍建设和党风廉政建设工作，为审计工作取得更大成绩提供坚实的政治保障。一是坚持学理论、见行动，用党的创新理论推动审计事业的坚定性自觉性更加巩固。党组中心组把学懂弄通做实习近平新时代中国特色社会主义思想作为首要政治任务和党组织会议活动的“第一议题”来抓，全年开展中心组集体学习22次，“风向标”作用更加明显。开展“迎接二十大、奋进新时代”主题系列活动，制定学习宣传贯彻实施方案，创新提出“2+5”学习模式，按照“会学、会讲、会落实”要求，党组书记带头宣讲，班子成员深入研讨，各处室结合主责主业对标对表党的二十大精神进行深入研究，把党的二十大精神转化为工作新思路。打造青年理论学习小组特色品牌，开展“北疆审计青年讲”25期，引导审计青年积极践行“不负韶华、强审有我”青春誓言。二是牢牢把握审计机关的政治属性和审计工作的政治功能，抓住重大事项请示报告、审计项目计划编制、审计整改督促等关键环节，把党的领导落实到审计工作全过程，推动全区审计形成“一盘棋”。三是修订党建责任清单，推动党建工作更加规范，开展党内政治生活庸俗化交易化问题集中治理，贯通推进学、查、改工作。四是制定党史学习教育常态化长效化实施方案，把铸牢中华民族共同体意识贯彻于干部思想教育和各类培训之中，有形有感有效开展民族团结进步教育。五是以“揭榜领题”为契机，强化审计实战能力锤炼，提升审计干部专业素养。开启年轻干部高素质专业化能力提升三年行动，选树“能查、能说、能写、能数据分析”等各类业务能手54名；坚持科技强审，积极推进金审三期工程完成各项建设任务；加大法治宣传教育力度，始终做到依法审计、文明审计、廉洁审计。

（撰稿人：其乐格尔）

【呼和浩特市审计局】　2022年，呼和浩特市审计局实有99人。局长曾令鸣，副局长王晓燕、田春阳、陈振华，总审计师廖雁渝（5月—），纪检组长宝欣（6月—）。设有办公室、人事科、法规科、督查执行科、固定资产投资审计科等22个职能科室；下设综合保障中心、内部审计发展中心事业单位。

审计成果　2022年，呼和浩特市审计机关共完成审计项目161个，其中审计147个、专项审计调查14个。查出主要问题金额2055219万元，其中违规金额129133万元、损失浪费金额2972万元、管理不规范金额1923114万元；审计发现非金额计量问题262个；损益（收支）不实金额50607万元；出具审计报告和专项审计调查报告171篇，被批示、采用4篇。审计处理处罚金额1178058万元，其中应上缴财政167135万元、应归还原渠道资金186543万元、应缴纳其他资金655584万元、应调账处理金额168794万元；移送司法机关、纪检监察机关和有关部门处理事项34件，移送处理人员1406人，移送处理金额176098万元。审计促进整改落实有关问题资金315721万元；审计促进拨付资金到位5660万元；移送落实处理事项21件。审计提出建议345条，被采纳232条；推动被审计单位制定整改措施96项；促进被审计单位建立健全规章制度26项；提交审计信息211篇，被批示、采用32篇次。向社会公告审计结果1篇。

呼和浩特市供销合作社联合社专项审计获得内蒙古自治区审计厅盟市审计机关审计项目一等奖，托克托县审计局实施的托克托县供销合作社联合社专项审计获得内蒙古自治区审计厅旗县审计机关审计项目三等奖。

政策落实情况跟踪审计 第一季度开展2021年度政策跟踪审计整改“回头看”，对盘活存量资金、贯彻中央八项规定及其实施细则和落实过紧日子要求进行审计。第二季度重点开展帮扶县巩固拓展脱贫成果同乡村振兴相关政策落实和资金审计、全市7个旗县区乡村振兴（高标准农田建设）相关政策和资金审计、促进优化营商环境审计。第三季度重点对义务教育阶段政策措施落实情况及义务教育专项资金管理使用情况开展审计调查。第四季度开展减税降费政策落实审计。

财政审计 对市本级和7个部门2021年度预算执行和其他财政财务收支情况进行审计。开展全市沉淀财政资金“大起底”专项行动重点核查，上缴沉淀资金8726万元。8月31日，受市政府委托，向市第十六届人大常委会第四次会议作《关于2021年度呼和浩特市本级预算执行和其他财政收支的审计工作报告》。

国有企业审计 完成呼和浩特市春华水务开发集团有限责任公司资产负债情况专项审计调查。完成北京内蒙古宾馆2019—2021年资产负债、经营管理情况专项审计调查，完成涉粮企业财务收支情况专项审计调查。

金融审计 由内蒙古自治区审计厅统一组织，完成了赛罕区村镇银行改革化险专项审计。

农业农村审计 结合二季度政策落实跟踪审计开展。

资源环境审计 参加审计厅组织实施的锡林郭勒盟自然资源资产管理和生态环境保护暨沿黄河流域生态治理和环境保护专项审计、赤峰市煤炭资源开发利用专项审计。开展武川县党政主要领导干部自然资源资产离任（任中）审计。

民生审计 完成“四好农村路”建设项目审计，完成了就业补助资金和失业保险基金审计。

经济责任审计 开展了13个单位的17名领导干部的经济责任审计，从重大决策部署的宏观视野到具体经济事项实施效果的微观角度，逐项梳理领导干部履职情况，力求“画像”精准。

审计查出问题整改 把审计整改作为重大政治任务，按照“立行立改、分阶段整改、持续整改”三种类型和“全面、精准、督办、严格、问责、报告”六项要求，全口径建立整改台账，压实整改责任，强化部门协同，常态化推进审计发现问题有效整改，切实维护审计监督的权威性和公信力。深入各旗县区，对2018年以来审计查出问题整改情况进行“回头看”，推动未完成整改的73个问题清仓见底。向市人大常委会报告审计查出问题整改情况，满意度表决为“满意”。

交办任务 完成全市已售逾期难交付住宅项目预售资金管理使用情况专项审计调查。完成呼和浩特市2022年应对新冠肺炎疫情防控接受捐赠款物情况的审计。完成呼和浩特市2022年9月底以来应对新冠肺炎疫情防控资金情况审计。

相关工作 市委审计委员会办公室工作。严格执行重大事项请示报告制度，全年向自治区党委审计办上报文件13份，向市委审计委员会上报文件13份，制定印发了《旗县区党委审计委员会重大事项请示报告制度》《公文运行工作规定（暂行）》等制度规范；与市纪委监委、市委巡察办、共同制定《关于有力推进“三类监督”贯通协同高效的具体措施》，把党对监督工作的领导落实落细；市委审计办主任多次带队赴9个旗县区调研，了解各地审委会工作开展情况、存在的问题和困难，指导和规范旗县区党委审计办工作。机关党建方面。加强政治理论学习，开展局党组理论学习中心组（扩大）学习会12次，党组书记讲党课3次，交流研讨5次，深入学习习近平新时代中国特色社会主义思想、党的二十大精神；认真落实意识形态工作责任制，牢牢掌握意识形态工作领导权、主动权和话语权，积极开展民族政策宣传等活动，以实际行动精心维护“模范自治区”荣誉；全面加强文明机关创建，局机关被国家机关事务管理局、中共中央直属机关事务管理局、国家发展和改革委员会、财政部四部门联合授予“节约型机关”荣誉称号。党风廉政建设方面。深入贯彻落实市纪委十三届一次全会精神，召开会议对党风廉政建设工作进行专题部署。集中治理党内政治生活庸俗化交易化问题，深入开展自查自纠。干部队伍建设方面。聚焦审计实战能力，培养审计干部能查、能说、能写的能力，培养审计人员敢担当、善作为，敢于查真相、说真话、报实情。树立鲜明用人导向，提拔5名“90后”副科级干部，进一步使用1名“90后”副科级干部。审计信息化建设方面。坚持科技强审，作为自治区审计厅试点单位，积极推进金审三期工程完成各项建设任务。审计法治建设方面。大力开展法治宣传教育，始终做到依法审计、文明审计、廉洁审计。

（撰稿人：陈　超）

【包头市审计局】 2022年，包头市审计局实有132人。党组书记、局长李平（1月—4月），党组书记李平（4月—10月），党组成员、局长刘清义（4月—10月），党组书记、局长刘清义（10月—），党组成员、副局长、三级调研员白有明，党组成员、副局长史晓红、梁守礼，党组成员、副调研员任长武，党组成员、总审计师云晓清，一级调研员李平（10月—11月），二级巡视员李平（12月—）。设有办公室、综合督查科、人事科、法规科、审理科、电子数据审计科、财政审计科、税收征管审计科、行政政法审计科、教科文卫审计科、农业农村审计科、固定资产投资审计科、社会保障审计科、社会民生审计科、自然资源和生态环境审计科、金融审计科、企业审计一科、企业审计二科、涉外审计科、党政领导干部经济责任审计科、企事业单位领导经济责任审计科；另设市委审计委员会办公室秘书科、机关党委、离退休人员工作科；下设审计事业发展中心、综合保障中心等事业单位。

审计成果 2022年，包头市审计机关共完成审计项目144个。查出主要问题资金额217535.2万元，其中违规金额64069万元、损失浪费金额4.9万元、管理不规范金额153461.29万元；审计发现非金额计量问题487个，损益（收支）不实金额15244.7万元；出具审计报告和专项审计调查报告144篇。审计处理处罚金额111266.42万元，其中应上缴财政42077.47万元、应减少财政拨款或补贴74.14万元、应归还原渠道资金30820.58万元、应缴纳其他资金6796.24万元、应调账处理金额31497.98万元；移送司法机关、纪检监察机关和有关部门处理事项47件，移送处理人员6人，移送处理金额1246.1万元。审计促进整改落实有关问题资金94133.21万元；核减投资额69.67万元；移送处理落实事项25件。审计提出建议338条，被采纳330条；提交审计信息363篇，被采用289篇，向社会公告审计结果1篇。

包头市水务（集团）有限公司党委书记、董事长任职期间经济责任履行情况审计被评为全区优秀审计项目一等奖；东河区供销合作社联合社专项审计被评为自治区旗县区审计机关审计项目一等奖；九原区供销合作社联合社专项审计被评为自治区旗县区审计机关审计项目三等奖。

政策落实情况跟踪审计 按照自治区审计厅统一部署，完成了盘活存量资金、优化营商环境、乡村振兴、义务教育政策措施落实情况审计。促进盘活存量资金968.77万元、清理拖欠民营企业中小企业账款478.7万元、制定完善制度办法6项。特别是针对全市义务教育政策措施落实情况审计成果，撰写了专报，得到了市领导的批示。

财政审计 完成了市本级和市交通运输局、市退役军人事务局、市市场监督管理局、市金融办等4个部门，东河区、土右旗等2个旗县区的预算决算审计，促进加快财政资金拨付1.21亿元、盘活统筹使用资金1813.1万元、完善相关制度办法6项。受市政府委托，向市人大常委会及其主任会议作了审计整改报告、审计工作报告和审议意见研究处理情况报告，3 个报告均受到肯定。

金融审计 开展了昆都仑蒙银村镇银行、固阳县农信社专项审计，促进防范化解金融风险。其中，对蒙银村镇银行不良资产清理清收工作、金融机构经营风险和连带风险清除工作、高风险机构化险工作等专项审计中，重点关注不良资产清理真实性和清收效果，公司治理、内控制度建设和运行等 7 个方面，运用大数据审计通过对银行存贷款、资产等数据的筛查、对比、分析，锁定业务数据疑点。上报的昆都仑蒙银村镇银行审计报告，揭示的问题被审计厅汇入审计综合专报，专门发函表扬。

农业农村审计 完成了达尔罕茂明安联合旗人民政府 2021 年至 2022 年乡村振兴与巩固拓展脱贫攻坚成效相关政策措施落实及资金管理使用情况审计，发现涉及高标准农田、人居环境整治、惠农补贴等五大类问题，针对问题提出了审计建议，促进惠农政策有效落实。

资源环境审计 深入贯彻习近平生态文明思想，配合审计厅，完成了通辽市自然资源管理和生态环境保护专项审计调查。

民生审计 完成了包头市 2020 年至 2021 年义务教育阶段政策措施落实情况及资金管理使用情况专项审计调查。配合审计厅，完成了全市就业补助资金和失业保险基金审计。

经济责任审计 两级审计机关完成了对 119 名领导干部的经济责任审计，发现问题 828 个。其中，市审计局实施 27 名领导干部的经济责任审计，现已实现对国企经济责任审计全覆盖。按照政府要求，组织对市本级 27 个部门履行经济责任情况进行了自查，形成工作报告，及时纠正履职中的新情况新问题。加强各类监督贯通协同，主动向纪委监委、组织部门汇报并征求审计计划意见；年内提供审计报告 23 份，抽调 55 人次参加纪检和巡视巡察等工作。

信息化建设 加快实施信息化综合改造三期工程，在市委、市政府和自治区审计厅的大力支持下，在各盟市率先建成大数据审计中心，该项目被纳入全市数字政府建设重点项目。9 月，列为审计厅金审三期试点，按照自治区审计厅统一部署，开展金审三期工程建设。深入推进大数据审计，在财政、社保、资源环境、优化营商环境等审计项目中，利用分析模型，比对分析数据，极大地提高了审计质量和效率。加快计算机人才培养，连续两年独立举办计算机中级培训班，选派 3 人参加审计厅计算机中级培训。全市已有 1 人通过高级数据分析师考试，39 人通过审计署计算机中级培训考试，位居各盟市前列。

审计查出问题整改 制定了《审计查出问题整改时限确认和整改销号实施办法》《审计查出问题整改督查工作实施办法》等制度，审计发现问题全部纳入清单台账，加大督促检查力度，实行动态管理。对 2018—2021 年所有审计查出问题进行“大起底”，共排查问题 1699 个、涉及金额 1107.56 亿元，经集中清理，所有问题全部整改完成，实现了销号清零。2022 年已审结并达到整改反馈时限的 24 个审计项目共查出问题 341 个，已整改 339 个，整改率达到 99.41%。

研究型审计 把研究贯穿于审计工作全过程、落实到各环节，从项目立项、审前调查、项目实施、审计建议、成果开发等方面突出研究的具体事项、内容、步骤等，明确要实现的具体目标和审计价值，做到凡审必研、以研促审、研以致用，形成研究型审计案例 13 个，筛选 5 个上报审计厅。制定了《以“三能标准”打造高素质专业化审计干部队伍工作方案》，通过聚焦主责主业提升“能查”本领，丰富活动载体提升“能说”本领，注重成果运用提升“能写”本领，着力打造“三能”审计干部队伍。先后选派 20 名干部到审计署、自治区审计厅等部门挂职、调训、参与审计项目，抽调 55 名干部参加自治区党委巡视、市委巡察、市纪委监委办案等工作，组织 50 人次投身政策跟踪审计、预算决算审计、资源环境审计、经济责任审计和重点专项审计等工作。

审计理论研究 向上级内部审计协会推荐的 10 篇论文中有 3 篇获二等奖、3 篇获三等奖、4 篇获提名奖。在审计厅下发的《关于盟市审计机关 2021 年度审计课题开展情况考评结果的通报》中，包头市审计局位列组织单位第一，获评等次为“好”。研究制定了《包头市审计局内部审计质量检查工作方案》《包头市审计局优秀内部审计项目评选实施办法》，推动规范内部审计行为，充分发挥内审工作重要作用。

内部审计 为了全面了解和总结会员单位2022年内部审计工作开展情况，协会要求会员单位报送年度内审工作总结及情况报表。根据各会员单位上报“单位内部审计业务情况表”统计结果表明，截至12月底，有内部审计机构的单位有100个，市本级58个，旗县区42个。完成审计项目644项，内部审计查出问题1339个，审计发现问题金额351725.51万元；审计整改金额97137.48万元，新制定制度31个，修订完善制度107个，优化完善业务流程162个。各会员单位从实际情况出发，开展了各具特色的审计工作，推动本单位审计改革和发展创新，促进企业防范化解风险、推动内部控制体系建设、提高财政资金使用效益、杜绝资金损失浪费，充分发挥了内部审计的监督作用。

交办任务 完成了市委组织部及5个二级单位财政财务收支咨询服务、市政协机关财务收支咨询服务；完成市委5个直属党（工）委和10个旗县区党费审计检查；完成了市本级2021年度履行经济责任情况自查，对27个市直部门自查的103个问题进行比对、分析和梳理，最终归并为46个问题，形成专项报告。完成了全市沉淀资金“大起底”核查阶段任务，对1676家单位、3081个资金账户进行全面、逐一核查，核查后新增上缴资金1.26亿元（市本级0.73亿元、旗县区0.53亿元）、撤并多余账户116个（市本级47个、旗县区69个）。

相关工作 2022年，研究党建工作11次，局党组书记严格落实党建“第一责任人”责任，审定下发年度《党建工作要点》，实施了提升“能查、能说、能写”能力的党建书记项目。严格落实“第一议题”学习机制，按照要求梳理细化学习内容，按月下发学习计划。以不同形式学习宣传贯彻党的二十大精神，结合审计工作特点录制了12期宣讲视频。成立了青年理论学习小组，积极开展年轻党员、团员、青年干部的政治理论学习教育，开通“审计青年说”专栏，定期更新审计青年作品，开展青年研讨2次，形成文章60余篇。局机关党委将党支部设立5个党员先锋队，累计开展志愿服务306人次。深入开展党内政治生活庸俗化交易化问题集中治理和强化作风建设学习实践活动，立足强化学习教育、开展情境教学、聚焦问题查摆等6个方面工作内容，制定了《市审计局抓机关党建促作风建设达标示范行动（2022—2024年）实施方案》。修订完善《关于落实意识形态工作责任制实施方案》《包头市审计局意识形态工作责任清单》，明确意识形态工作责任和重点工作任务，严格落实意识形态学习培训制度、专题研究和报告制度、考核管理制度等。5个党支部被评为工委级“最强党支部”，其中第一、第三党支部被评为市级“最强党支部”。

制定了《包头市审计机关开展法治宣传教育第八个五年规划（2021—2025年）》《2022年度普法责任清单》。组织开展新修订审计法、包头普法APP集中学习，学法用法意识持续提升。制定了《创建优秀审计项目实施意见》《优秀审计项目评选办法》《审计报告评优评差实施方案》等一系列文件，对局机关和旗县区的审计项目、审计报告全面评比。围绕审计业务质量、依法行政和审计档案管理等工作情况，对5个旗县区进行业务质量检查，形成通报督促整改。

注重选任具有相关专业背景和工作经历的干部，提任职务和晋升职级的9名干部均为在本部门业务能力过硬、工作实绩突出的同志。统筹做好“三少”干部的选任工作，2022年，共有3名女干部、1名少数民族干部、2名党外干部晋升职务职级。报送了《年轻干部常态化培养选拔和教育管理监督研究》，按期调度“揭榜领题”项目完成情况和年轻干部配备情况。制订了《包头市审计局干部教育培训五年规划（2021—2025年）》，并持续督促落实。组织集中培训900人次，干部队伍业务水平和工作效率得到了明显提升。

（撰稿人：申秋艳）

【乌海市审计局】 2022年，乌海市审计局实有42人。局长薛峰，副局长李春艳、白永耀、魏成娥，总审计师郝晓会，纪检组长刘宇格。设有办公室、综合督查科、法规审理科、财税金融外资审计科、行政政法审计科、农业农村审计科、固定资产投资审计科、政府投资项目稽查审计科、社会保障民生审计科、自然资源和生态环境审计科、企业审计科、经济责任审计局12个科室

(局)；下设乌海市内部审计发展中心、乌海市审计事务中心。

审计成果 2022年，乌海市审计局完成审计项目45个，审计查出主要问题金额56.71亿元，审计发现非金额计量问题363个，审计期间整改金额13.15亿元，出具审计报告和审计调查报告43篇，审计处理处罚金额6.59亿元，移送处理事项6件，审计促进整改落实有关问题资金54.81亿元，审计提出建议125条，提交审计信息291篇。被采纳、批示审计报告、专报、内参等74篇，促进相关部门制定完善内部管理制度14项。

开展实施的乌海市甘德尔黄河大桥工程竣工决算审计等2个审计项目在2022年内蒙古自治区审计厅优秀审计项目评选中取得盟市级二等奖、三等奖的历史最好成绩。

政策落实情况跟踪审计 完成了全市优化营商环境、减税降费、乡村振兴政策落实和资金使用等9个审计项目。通过审计，促进归还原渠道资金2571.6万元，加快拨付资金8971.54万元。

财政审计 完成市本级2021年预算执行和其他财政收支及决算草案编制情况审计。共发现11个方面42类问题，涉及违规和管理不规范金额8.88亿元。完成了乌海市本级截至2022年2月底财政盘活存量资金专项审计调查、乌海市本级贯彻中央八项规定及其实施细则精神和落实过紧日子要求审计等专项审计调查9个，共发现问题244个，涉及问题金额7.4亿元。完成政府重大投资项目审计15个，共发现问题259个，报审金额33.21亿元，核减金额2.18亿元，核减比例6.56%。同时完成审计厅交办引绰济辽水利建设政府投资项目审计。

经济责任审计 完成了7名领导干部经济责任审计，共查出问题113个，涉及问题金额12.8亿元，完成了审计厅交办锡林郭勒盟检察分院检察长任职期间经济责任审计。

审计查出问题整改 2021年度市本级预算执行和其他财政收支情况审计发现179个主要问题，已整改167个，整改率93.3%，通过审计整改，促进加快资金分配拨付3.05亿元、追缴资金2.49亿元、归还原渠道资金484.8万元、核减财政拨款或补贴1.13亿元、调整账务2.99亿元、规范管理资金3.87亿元。

相关工作 乌海市审计局党支部被评为全市2022年度“最强党支部”示范点、2022年度市直机关党建工作“流动杯”先进单位荣誉称号，党组书记在2022年乌海市直机关党组织书记“机关党建大比武”活动中荣获三等奖。2022年6月、12月召开两次党风廉政建设工作分级抽查述职会议，4名县处级干部和12名科室负责人围绕落实党风廉政建设工作进行述职，强化监督约束。组织开展习近平法治思想专题学习活动，开展《中华人民共和国审计法》《中华人民共和国民法典》等法治宣传工作。运用信息化手段开展市本级一级预算单位预算执行等审计项目。归集全市预算单位财务、财政一体化及国库集中支付等数据。初步完成大数据审计平台建设工作，构建100个财政、财务多行业关联的分析模型。2022年一级主任科员晋升四级调研员1人，事业副科级干部调任公务员副科级3人。2022年3名同志办理转正手续。

（撰稿人：李越颖）

【赤峰市审计局】 2022年，赤峰市审计局实有76人。局长杨树友（—3月）、潘存国（3月—），副局长高忠泽、曹立新（—7月）、刘艳春（—7月）、王洪武（9月—）、刘金超（9月—），总审计师焦冰，调研员杨树友（10月—）、于宝珠、曹立新（7月—）、吕俊杰，纪检组长金子成。设有办公室、机关党总支、法规科、审理科、财政审计科、行政事业审计科、农牧审计科、固定资产投资审计科、社会保障审计科、社会民生审计科、自然资源和生态环境审计科、金融涉外审计科、企业审计科、经济责任审计一科、经济责任审计二科、市委审计委员会办公室秘书科；下设审计事务中心。

审计成果 2022年，赤峰市审计机关共完成审计项目233个，其中审计230个、专项审计调查3个。查出主要问题金额670197万元，其中违规金额113171万元、管理不规范金额557023万元；审计发现非金额计量问题161个；损益（收支）不实金额15425万元；出具审计报告和专项审计调查报告248篇。审计处理处罚金额665161万元，其中应上缴财政87248万元、应减少财政拨款或补贴44844万元、应归还原渠道资金98573

万元、应缴纳其他资金 13283 万元、应调账处理金额 421211 万元；移送司法机关、纪检监察机关和有关部门处理事项 5 件，移送处理金额 202 万元。审计促进整改落实有关问题资金 159589 万元；审计促进拨付资金到位 119894 万元；审计后挽回（避免）损失 13320 万元；核减投资额 228 万元。审计提出建议 376 条，被采纳 319 条；推动被审计单位制定整改措施 6 项；提交审计信息 149 篇，被批示、采用 16 篇次。

政策落实情况跟踪审计　组织开展就业补助资金和失业保险基金、盘活存量资金、促进优化营商环境等政策落实跟踪审计 8 项，审计发现未制定财政存量资金管理办法、出借资金未及时收回等问题 154 个，提出了有针对性的审计建议，促进了中央和国家重大政策落地落实。

财政审计　完成对市本级 45 家一级预算单位 2021 年预算执行以及其他财政收支情况审计，累计发现 3 类 16 个具体问题、涉及金额 107.88 亿元。对 3 个旗县实施了财政决算审计工作，发现问题 54 个，涉及资金 134.13 亿元。完成赤峰市 2022 年 1 月至 8 月财政补助资金、2022 年地方政府专项债券资金管理使用和加快财政资金支出进度专项审计、有效扩大投资政策落实情况审计，共发现问题 21 个。

国有企业审计　实施全市园区入驻企业经营状况审计调查，现场审计喀喇沁旗 2018 年 1 月至 2022 年 6 月园区建设及入驻企业情况，发现问题 16 个，提出审计建议 5 条。

农业农村审计　对阿鲁科尔沁旗、喀喇沁旗 2021 年至 2022 年 6 月末乡村振兴与巩固拓展脱贫攻坚成果相关政策措施落实及资金管理使用情况进行审计，发现主要问题 241 个。

资源环境审计　组织赤峰市专项审计调查组赴乌兰察布市开展自然资源资产管理和生态环境保护专项审计调查工作，共查出 11 方面 93 个具体问题，提出审计意见和建议 4 条。对赤峰市巴林右旗原党政主要领导开展了自然资源资产责任审计，查出涉及森林、草原资源管理、开发、利用等方面问题 35 个，涉及项目资金 3351.08 万元。

民生审计　完成了旗县区社保资金、城镇老旧小区改造工程、社会救助补助资金等审计项目，审计查出问题 56 个。

经济责任审计　对 14 名领导干部履行经济责任情况进行审计，深入查找重大问题、重要事项，共查出问题 127 个，提出审计建议 50 条，助推了各级领导干部严格规范行使权力。

审计查出问题整改　制定了《赤峰市审计局发现问题整改销号流程》，完成审计整改监督管理平台建设，共印发督促整改函 48 个。2021 年，赤峰市审计局完成各类审计项目 82 项，审计发现 486 个问题，现已整改 478 个，整改率 98.35%。涉及资金 34.95 亿元，追责问责 20 人，制定出台、修订完善规章制度 21 项。

研究型审计　以各业务科室为主体，在审计项目实施前制订研究型审计计划，明确立项研究、审前调查、项目实施等具体事项、步骤，争创“研究型审计精品”，2022 年，形成研究型审计案例 26 篇。

内部审计　完成赤峰市党政机关、事业单位、国有企业、金融机构等内部审计机构设置、人员配备、开展情况等数据统计分析，推动制定了《关于市直属国有企业完善内部审计制度的实施意见》，协调将全市内部审计工作情况列入依法治市考核，促进了全市党政机关建立健全内部审计工作机制。

（撰稿人：田　阔）

【通辽市审计局】　2022 年，通辽市审计局实有 109 人。局长庄路轲，副局长刘庆林、郑大伟、赵喆贤、周海航（1 月—），调研员关文涛、马砚春（—3 月）、王化明、包志敏，市纪委监委派驻纪检组组长潘香梅。设有党政办公室、法制审理科、金融外资审计科、农业农村审计科、经济责任审计办公室、开发区审计分局、电子数据审计科、社会保障审计科、企业审计科、行政事业审计科、固定资产投资审计科、财政税务审计科、自然资源和生态环境审计科、政府投资审计科、综合督查科、内部审计管理科、人事科、市委审计委员会办公室秘书科等 18 个科室；下设审计事务服务中心、审计技术服务中心。

审计成果　2022 年，通辽市审计机关共审计单位 174 个，出具审计和审计调查报告 167 篇，审计查出主要问题金额 390168 万元，审计发现非金额计量问题 46 个，审计期间整改金额 17776 万元，审计处理处罚金额12014万元，移送处理事项143件，审计促进整改落实有关问题金额42617万元，审计提出建议367个，被采纳194个，提交审计信息186篇。全年编写审计专报12期，被市委市政府主要领导批示3次。

通辽市审计局实施的医疗保险基金审计被审计署评为全国地市级优秀审计项目一等奖，被自治区审计厅评为全区盟市级优秀审计项目一等奖；通辽市审计局在全区审计系统综合考评获得第二名，为优秀等次；科左中旗审计局实施的人防系统腐败问题专项治理审计获全区旗县优秀审计项目二等奖。

政策落实情况跟踪审计 完成四子王旗城商行改革化解风险专项行动、科左中旗农信社系统资产负债损益审计，助力防范化解金融风险，3个问题被审计厅专报和简报采用。开展盘活存量资金专项审计调查、2021年政策跟踪审计发现问题整改情况“回头看”、贯彻中央八项规定及其实施细则和落实过紧日子要求情况等审计项目。重点关注土地供给和园区基础设施建设情况，深入分析问题产生的原因，找准制约全市招商引资工作的难点、堵点，以审计监督成效推动政策落实落地。

财政审计 对市财政局等14个市直部门开展预算执行审计，重点关注财政资金的使用绩效，着力检查财政支出强度和进度、各地区各部门落实过紧日子要求情况。对市本级（不含开发区）政府部门财务报告编报情况开展了专项审计调查，发现并指出部门财务报告的真实性、准确性、完整性和规范性等方面存在的问题，有针对性地提出了整改建议。配合财政部门开展沉淀财政资金“大起底”行动，在各单位自查的基础上，组织审计干部核查单位2294个、账户4344个，截至12月底，已督促各单位上缴沉淀资金3.32亿元，撤销账户298个。运用大数据技术对政府投资项目进行在线监测。完成全市2021—2022年度政府投资重点项目推进情况审计调查。市旗同步对全市2021年度至2022年度批复（开工）的208个政府投资重点项目推进情况进行了审计调查，及时发现并指出项目因前期手续不全、疫情影响资金拨付等原因造成的进度缓慢问题，并有针对性地提出整改建议，有效揭示风险隐患，推动项目建设进度，发挥投资效益。

国有企业审计 完成文旅集团2021年度资产负债损益审计，全面核实资产、负债、损益的真实性，揭示财务收支不规范、经营管理中存在的违法违规、国有资产管理以及内部控制制度缺陷或执行不力等问题。从体制机制入手，深入分析企业经营方式、经营效益及发展面临的困难，为推动国有企业深化改革、经营绩效管理提出有针对性的意见建议。

农业农村审计 开展全市2019—2021年度高标准农田建设项目专项审计，指出部分旗县存在高标准农田“非农化、非粮化”，项目质量及后期管护不到位等问题，分别有针对性地提出了审计建议，并积极推动各地落实整改，以审计监督促进粮食安全。

资源环境审计 受自治区审计厅委托，对呼伦贝尔市开展自然资源资产管理使用及生态环境保护情况专项审计调查，向自治区审计厅报送高质量专报14篇。组织开展科尔沁草原山水林田湖草沙一体化保护和修复工程跟踪审计，审计报告得到市委主要领导批示肯定。

民生审计 开展老旧小区改造项目审计调查，重点关注通辽市老旧小区改造项目的实施进度、项目资金绩效及群众满意度等，揭示问题50余项，审计报告得到政府领导批示肯定。完成全市中央扶持发展嘎查村集体经济和红色村组织振兴建设试点项目审计调查，对2021年度全市93个中央扶持发展嘎查村集体经济、1个红色村组织振兴建设情况开展审计调查，推动项目落地和规范实施，确保专项资金拨付到位、安全规范和有效监管。

经济责任审计 对192名领导干部开展经济责任审计，其中市本级直接审计处级领导干部10名。获得党政主要领导批示21次，提出审计建议308条，全部被采纳。同时组织经济责任审计知识进党校课堂，结合审计工作中的真实案例“讲故事”，促使各级领导干部守法、守纪、守规，提升整改责任意识，推动审计发现问题整改，全年共培训科级以下领导干部300余人次。

审计查出问题整改 积极探索巡审联动工作模式，将预算执行审计与巡察工作有机结合，整合力量、成果共享，利用巡察监督推动审计查出问题整改。创立审计整改“12345”工作法，切实履行了审计机关督促检查责任。按照《审计查出问题整改销号实施办法（试行）》的要求，运用审计查出问题整改监督系统，对2018年以来审计发现问题“清仓见底”。2018—2021年审计发现问题1139个，整改完成1089个，整改率95.61%。

研究型审计　《运用大数据技术探索投资审计监督全覆盖——基于内蒙古自治区通辽市审计局的实践探索》《浅谈当前形势下财政预算执行审计中应重点关注的内容》2篇科研论文被中国审计学会收录在“十四五”时期国家审计创新发展东华北片区论文集，《大数据助力提高审计治理能力现代化水平——通辽市审计局推行审计项目管理、任务落实、问题整改、成果利用“四位一体”全覆盖监督管理方式的探索与实践》被自治区审计厅、自治区审计学会在《研究型审计》2022年第3期刊发，并得到厅领导的高度认可。

相关工作　组织开展在线宣讲、研讨、青年论坛、参观教育基地等形式学习、讨论活动，深入学习贯彻习近平新时代中国特色社会主义思想、习近平总书记对内蒙古和对审计工作系列重要讲话重要指示批示精神，制定并落实《通辽市审计局学习宣传贯彻党的二十大精神工作方案》，通过系列学习教育活动，深化、细化、实化对党的二十大精神的学习领悟，主动将党的二十大精神贯穿工作各环节。开展知识竞赛、趣味运动会等党日活动，发挥党建带群建、党建促队伍建设作用，有力促进了党建与审计工作的融合发展。全年共开展理论中心组学习12次、组织研讨8次，党组成员深入审计一线宣讲党的二十大精神3次，开展党员线上学习宣传党的二十大精神微视频展播13次。认真落实党风廉政建设责任制，健全外出审计组成立临时党小组和设置廉政监督员制度，构建党委、党支部、科室、审计组四级廉政风险防控机制，严防廉政风险发生。优化结构提升班子整体功能，党组及班子成员坚持以上率下，抓班子、带队伍，充分发挥了领导班子的示范和引领作用。继续畅通职务晋升、职称聘任两个渠道，完善干部管理制度，制定干部考核评价管理办法和中长期培养计划，有计划地评聘晋转。2022年，推荐提拔副处级干部1名，晋升四级调研员2名，提拔科级干部6名，晋升一级主任科员7名、晋升二级主任科员1名，聘任中高级职称37人，事业人员中高级职称聘任比例达54%。强化干部教育培训，采取上挂下派、以老带新、以审代训等方式，加大对年轻审计干部培养力度，着重提升审计干部能查能说能写水平。同时，加大对旗县市区审计机关业务指导培训力度，增强培训的针对性和实效性。进一步加强党对法治建设的全面领导。年内，党组听取并研究法制建设工作2次，将法制建设责任落实情况纳入领导干部个人年度述职。坚持依法全面履行审计监督职责。营造良好的审计法治工作环境，进一步加大对审计人员的法治宣传教育。2022年全体审计干部均学习并参加了在线普法考试，合格率达到100%，平均分名次靠前。　（撰稿人：白茹雪）

【鄂尔多斯市审计局】　2022年，鄂尔多斯市审计局实有95人。局长杨庚，总审计师董政华，纪检监察组组长陈柯卉（—9月）、张孝平（9月—），副局长杨敏、杨培峰（—9月）、王玉君（4月—）、张雨春（11月—），三级调研员杨培峰（9月—），四级调研员麻平一。设有办公室、综合督查科、干部管理科、法规科、审理科、电子数据审计科、财政税收审计科、行政事业审计科、农业农村审计科、固定资产投资审计科、社会保障和民生审计科、自然资源和生态环境审计科、金融外资审计科、企业审计科、经济责任审计局；另设市委审计委员会办公室秘书科和机关党委；下设审计事业发展中心、综合保障中心等事业单位。

审计成果　2022年，鄂尔多斯市审计机关共完成审计项目289个，其中审计246个、专项审计调查43个。查出主要问题金额171955万元，其中违规金额29583万元、管理不规范金额142372万元；审计发现非金额计量问题1652个；损益（收支）不实金额351万元；出具审计报告和专项审计调查报告329篇，被批示、采用2篇次。审计处理处罚金额140568万元，其中应上缴财政52906万元、应减少财政拨款或补贴764万元、应归还原渠道资金6023万元、应缴纳其他资金3169万元、应调账处理金额77773万元；移送司法机关、纪检监察机关和有关部门处理事项

208件，移送处理人员10人。审计促进整改落实有关问题资金115922万元；审计促进拨付资金到位6757万元；审计后挽回（避免）损失307万元。审计提出建议959条，推动被审计单位制定整改措施22项，促进被审计单位建立健全规章制度165项；提交审计信息422篇，被批示、采用151篇。

鄂尔多斯市审计局在自治区审计厅2022年业务工作考评中被评为“优秀”等次，在全区12个盟市审计局中排名第一，较2021年度考评结果提升5位。鄂尔多斯市审计局实施的“乌审旗供销合作社联合社专项审计项目”获得全区审计机关优秀审计项目三等奖；伊金霍洛旗审计局实施的“伊金霍洛旗供销合作社联合社及所属企业专项审计项目”获得全国审计机关（非民生类）优秀审计项目一等奖、全区审计机关优秀审计项目一等奖；鄂托克前旗审计局实施的“鄂托克前旗供销合作社联合社专项审计项目”获得全区审计机关优秀审计项目一等奖。

政策落实情况跟踪审计 实施了国家重大政策措施落实情况跟踪审计、市本级及伊金霍洛旗和康巴什区优化营商环境情况审计、全市有效扩大投资政策落实情况专项审计调查等18个审计项目，查出问题177个，盘活财政存量资金51727万元，推动拨付工会经费和退还水表安装费共220万元，清理拖欠民营企业账款1616万元。

财政审计 实施了预算执行、财政决算、财政收支质量、化解地方政府隐性债务情况、政府投资项目竣工决算等148个审计项目，查出问题1061个，核减投资3464万元。聚焦“五个大起底”行动，开展沉淀资金全覆盖核查工作，发现应上缴沉淀资金56000万元、应撤销账户98个，推动沉淀资金应缴尽缴，账户应撤尽撤。

国有企业审计 对市、旗区17家国有企业资产损益情况进行审计，查出问题230个，涉及问题金额30913万元，完成整改金额15109万元。

金融审计 开展了康巴什村镇银行不良资产清理清收工作和经营风险、连带风险管理情况审计监督检查，完成了伊金霍洛旗矿区农村信用合作联社资产负债损益情况现场审计。

农业农村审计 对全市9个旗区和4个市直单位乡村振兴与巩固拓展脱贫攻坚成果相关政策及资金实施审计，查出问题151个，涉及问题金额12426万元，完成整改金额10541万元。

资源环境审计 对赤峰市自然资源资产管理和生态环境保护情况进行了专项审计调查；首次开展了准格尔旗、伊金霍洛旗矿山地质环境治理恢复基金审计和鄂托克旗河湖长制贯彻落实情况审计等6个特色审计项目，查出问题34个，涉及问题金额5056万元。

民生审计 开展了全市义务教育阶段政策措施落实情况及义务教育专项资金管理使用情况专项审计调查和鄂尔多斯市4所高校财政财务收支审计，查出问题151个，涉及问题金额1656万元，完成整改金额429万元，收回国有资产出租收入157万元。实施全市文化旅游专项资金审计，查出问题12个，涉及问题金额14万元，完成整改金额10万元。参与了自治区审计厅对鄂尔多斯市2021年至2022年9月就业补助资金和失业保险基金审计工作。

经济责任审计 完成了87名领导干部经济责任审计工作，查出问题587个，涉及问题金额20495万元，完成整改金额10656万元。

审计查出问题整改 紧盯2018年至2021年审计查出的问题，实施审计查出问题“大起底、大整改”攻坚行动，全市查出的8282个问题全部销号清零。2022年审计查出问题2403个，已完成整改1726个，完成整改金额127547万元。

研究型审计 积极探索研究型审计工作，从项目谋划、政策分析、审计实施、结果运用等环节入手进行筹划研究，通过全过程研究，实现精准揭示问题、深入剖析根源，科学提出建议，在盟市审计机关完成2021年度审计课题情况综合等次评定中，获评“好”等次；课题“如何通过审计促进国有企业深化改革”获评优秀等次。

内部审计 推动全市国有企业和行政事业单位积极开展内部审计工作，共实施审计项目570多个，审计发现问题2100多个，涉及问题金额11000万元，较好发挥了内部审计作用。

交办任务 抽调2人参与市纪委对鄂尔多斯商业银行改革化险工作专班工作；配合市纪委，抽调2人参与鄂尔多斯农村商业银行的专项审计工作，配合自治区审计厅对鄂尔多斯银行进行了审计。鄂尔多斯市审计机关先后抽调近百人参与各级党委巡察、纪委办案和督查等工作。

相关工作 推动全面从严治党向纵深发展，深化“三立审计·四促发展”品牌建设，创新“审计组+临时党支部”工作模式，党的建设持续深化，党建引领审计监督、铸牢中华民族共同体意识、疫情防控、驻村包联、“双报到双融入”等工作成效凸显。严格落实党风廉政建设责任制，严格落实中央八项规定精神，集中治理党内政治生活庸俗化交易化问题，严防“四风”问题反弹回潮，坚决维护风清气正的干事创业环境。聚焦干部队伍素质能力提升，市本级组织干部职工参加各级各类培训15次，参训人员400余人次；开拓“以审代培”模式，选派干部参与上级审计机关审计工作，加强年轻干部的培养，将2021年和2022年招录的12名年轻干部安排到审计工作一线进行实践锻炼。修订《鄂尔多斯市审计局干部平时考核管理办法》，强化干部平时考核工作。完善干部培养激励机制，全市审计机关2022年度晋升职级、提拔（调整）任用干部45人，其中，市审计局2名科长和旗区审计局2名局长提任副处级领导干部职务。（撰稿人：王栓忠）

【呼伦贝尔市审计局】 2022年，呼伦贝尔市审计局实有86人。局长包宝龙（—3月）、孙微（3月—），副局长王建国、安斯琴、康壮志、杨艳婷（7月—）、常雅君（—3月），总审计师王企，二级巡视员包宝龙，二级调研员桑玉萍（—9月）、常雅君（3月—12月）。设有审计委员会办公室秘书科、办公室、综合督查科、人事科、党总支、法制科、审理室、财税审计科、行政事业审计科、农业农村审计科、固定资产投资审计科、政府投资审计科、金融外资审计科、企业审计科、社会保障审计科、自然资源和生态环境审计科、经济责任审计一科、经济责任审计二科、电子数据审计科、内部审计指导监督科、离退休人员管理科；下设审计局综合保障中心。

审计成果 2022年，呼伦贝尔市审计机关共完成审计项目329个，审计查出主要问题金额105.73亿元，审计期间整改金额2.86亿元。向被审计单位提出审计建议576条，被采纳443条。向纪委监委和有关部门移送处理事项27件，移送处理人员7人。两级审计机关全年累计抽调140余人次配合上级机关、纪委监委、巡视巡察机构开展工作。市本级完成审计项目48个，其中完成审计署审计项目3个、自治区审计厅审计项目13个，完成对5个一级预算部门预算执行审计及1个相关部门的大数据核查、2个旗市区政府财政决算、7名领导干部经济责任审计、3个地区自然资源资产审计、14个专项审计任务。

参评的审计项目被自治区审计厅表彰全区盟市级优秀审计项目二等奖、旗县级优秀审计项目三等奖。

政策落实情况跟踪审计 开展2021年第一季度至第四季度政策跟踪审计发现问题整改情况“回头看”专项调查。完成优化营商环境政策落实情况跟踪审计。实施阿荣旗2020年至2021年乡村振兴相关政策落实和资金审计，同步开展阿荣旗高标准农田建设项目审计。开展义务教育阶段政策措施落实情况及义务教育专项资金管理使用情况审计调查。完成市本级第一季度国家重大政策措施落实（盘活存量资金）专项审计调查。

财政审计 完成市本级和4部门2021年度预算执行及其他财政财务收支情况审计。对市本级15家一级预算单位开展2021年预算执行非现场大数据审计。开展全市沉淀资金“大起底”专项行动核查。开展根河市、新巴尔虎右旗人民政府财政决算审计和财政收入质量审计调查，结合领导干部经济责任审计，将3个审计项目一并开展实施，实现“一审多项、一审多果、一果多用”，实现审计效能最大化。开展市本级2022年财政补助资金、地方政府专项债券资金管理使用情况审计调查和市本级2022年加快财政资金支出进度专项审计调查。开展内蒙古农信社系统资产负债损益审计。受市政府委托，草拟《2020年市本级预算执行和其他财政收支整改情况的报告》《2021年度市本级预算执行和其他财政收支审计工作报告》，得到了市人大常委会的认可。

国有企业审计 完成呼伦贝尔农垦集团2016年至2020年度财务收支审计和呼伦贝尔大地生态环境建设投资有限责任公司2021年资产负债损益审计。坚持从体制机制入手，深入分析企业经营方式、经营效益及发展面临的困难，对发现的问题提出有针对性的意见建议。

资源环境审计 配合自治区审计厅对呼伦贝

尔市实施的自然资源管理使用及生态环境保护情况审计调查，牵头组织旗、市、区和两级资源环境主管部门进行自查，汇总并代市委、市政府起草了报告。受自治区审计厅委托，开展对兴安盟自然资源资产管理使用及生态环境保护情况专项审计调查。完成新左旗原党政主要领导干部自然资源资产离任审计和新右旗、额尔古纳市人民政府2019—2021年度履行土地资源、水资源管理责任情况审计。

民生审计 完成全市2020年1月至2021年9月困难群众救助补助资金专项审计，开展市红十字会2021年度捐赠款物接收、分配、管理和使用情况审计，对全市残疾人保障金、就业补助资金和失业保险基金进行了审计。

经济责任审计 成立呼伦贝尔市经济责任审计工作联席会议，印发议事规则和办公室工作规则，7月组织召开经济责任审计联席会议。编制完成市本级经济责任审计中长期规划；与市委组织部共同细化经济责任审计项目计划的制订流程，将审计结果和整改情况纳入领导班子民主生活会及党风廉政建设责任制检查考核范围；与市委编办建立事前沟通、事中配合、事后反馈的机制，加大对机构编制管理情况的审计力度。2022年开展部分旗市区和市直部门共7名处级领导干部离任（任中）经济责任审计。

审计查出问题整改 认真落实自治区审计委员会办公室、自治区审计厅《贯彻落实〈关于建立健全审计查出问题整改长效机制的意见〉实施方案》《审计查出问题整改销号实施办法（试行）》和《内蒙古自治区审计整改约谈办法（试行）》，制定出台了呼伦贝尔市市委审计委员会《关于进一步加强审计整改工作的实施意见》和《审计整改督查办法（试行）》。将审计整改情况列入市委常态化大督查工作内容，市委市政府督查部门牵头部署，审计部门具体督办，人大、纪检、组织部门联动的整改工作机制已建立。市人大常委会对呼伦贝尔市审计局审计整改工作问询满意度测评，获得第一名的好成绩。2022年，组织全市审计机关开展了2018年至2021年审计查出问题整改“清仓见底”专项行动，市委市政府先后4次召开审计整改工作推进会，市本级先后下达整改督办函47件，局党组多次召开审计整改专题会议推进整改工作。截至12月底，1662个审计查出未完成整改问题，已完成整改1577个，整改率达95%。“治、防”结合，以“防”为先，“防未病”效果明显。举办全市领导干部经济责任审计专题培训大讲堂，3次深入旗市区和市直部门开展“贯彻落实国家重大政策措施、遵守财经纪律、依法用权”专题培训，取得良好效果。

研究型审计 全年共形成审计课题研究理论文章22篇。2021年申报的“地方党政领导干部贯彻执行党和国家经济方针政策、决策部署情况审计实务方法研究”被自治区审计厅评为优秀审计课题，并在《内蒙古审计》刊登。2022年，市审计局共向市委市政府和自治区审计厅报送审计专报24篇。制定《呼伦贝尔市审计系统信息工作考评办法》，2022年全市审计系统发布信息1042篇，市本级发布信息260篇，被上级机关和媒体采用203篇，其中被“学习强国”采用1篇。在《中国审计》年度评比中，呼伦贝尔市审计局被评为2022年度审计宣传先进单位，1人被评为宣传工作先进个人。

内部审计 认真落实《中共内蒙古自治区委员会审计委员会关于加强内部审计工作的实施意见》，2次组织召开全市内审机构座谈会研究该意见落实情况，组织开展内部审计工作培训会，积极与市委组织部、市委编办、市国资委对接，推动完善内部审计工作职责和内部审计机构建立。

相关工作 制定并落实《呼伦贝尔市审计局关于学习宣传贯彻党的二十大精神工作方案》，加强思想政治引领，筑牢意识形态主阵地，落实意识形态工作责任制。全年5次召开党组会研究部署和听取党建、意识形态工作，理论中心组集中开展学习28次、交流研讨5次，所属支部开展学习32次、研讨12次，党组书记及班子成员讲党课18次，开展红歌展演等主题党日活动24次，局党总支获得直属机关“喜迎二十大奋进新征程”线上知识竞赛优秀组织奖，一个科室被评为市级“巾帼文明岗”，有力促进了党建与审计工作的融合发展。认真落实“党内政治生活庸俗化交易化问题”“三多三少三慢”集中治理和“转观念、强作风、优环境、重落实、树形象”学习实践活动，积极推进正在开展的“大学习、大宣讲、大宣传、大培训、大调研、大落实”活动，通过细化措施、明确时限、确定责任人，定期调度、跟踪落实、销号管理，确保各项活动达到预期效果。实行“外出审计组+临时党支部”模式，将党风廉政建设工作延伸到审计现场，将党的建设与审计工作互融互促，做到审计干部在哪里，风清气正的审计工作作风就体现在哪里。不断完善机关制度建设，2022 年制定完善了《审计项目现场管理办法》《审计报告评优评差实施方案》《进一步优化审计工作流程提高审计质量的若干措施》《干部职工考勤、公出备案及请销假管理办法》《采购内控管理制度（试行）》《财务管理办法》《审计系统信息工作考评办法》等 11 项内部管理制度，优化了工作管理举措，规范了审计工作程序，提升了工作效能。全面完成自治区审计厅和呼伦贝尔市法治政府建设指标任务，党组会议全年研究推进法治建设工作 2 次。规范线索移送审核流程，开展新修订《中华人民共和国审计法》《中华人民共和国国家审计准则》和《中华人民共和国行政处罚法》专题辅导讲座。积极开展法治宣传工作，发布法治工作信息 10 余篇，开展党组书记讲专题法治课活动，组织观看普法电影、法庭观摩、法律援助法宣传等形式多样的活动 10 余次。新增 3 个内设机构，增加正科级领导职数 3 名、副科级领导职数 1 名；组织开展事业单位公开招聘和人才引进工作，共录入 14 名事业编制人员，缓解了审计力量不足的压力；始终坚持正确的用人导向，认真落实《关于推进领导干部能上能下的若干规定（试行）》，2022 年经过充分酝酿共任免科级干部和职级晋升人员 22 人，逐步形成良性干部梯队建设；打好培养青年干部成长“组合拳”，实行审计导师制，发挥“传帮带”作用，出台《审计导师制实施办法》，开展审计导师业务指导和授课工作，导师课堂开讲 4 次，辅导学员撰写审计专报 10 余篇；组建青年理论学习小组，举办两期审计青年论坛；举行了新入职公务员宪法宣誓仪式；选派 2 名优秀年轻干部到乡镇苏木和嘎查村挂职锻炼；树立科学考核导向，强化科室职责，制定科室考核细则，修订局机关平时考核办法，加强考核结果运用，形成“比学赶超”的浓厚氛围；全年围绕党建、审计业务知识、审计法规、公文写作、保密工作等内容开展培训 5 次。（撰稿人：杨　帆）

【巴彦淖尔市审计局】 2022 年，巴彦淖尔市审计局核定编制 87 个。党组书记、局长杜振荣，党组成员、副局长王秉章（—3 月）、王来平、余静、解树霞（3 月—），党组成员、总审计师聂玉梅（—12 月），党组成员、总审计师、经济责任联席会议办公室主任王本华（12 月—）。设有办公室、法规审理科、财政审计科、金融贸易审计科、行政事业审计科、社会保障审计科、农牧业审计科、资源环境审计科、固定资产投资审计科、政府投资审计科、经济责任审计分局、企业审计科、综合稽查科，另设局机关党委；下设市内部审计发展中心、市审计局综合保障中心。

审计成果 2022 年，巴彦淖尔市审计机关共完成审计项目 191 个，查出问题金额 78.31 亿元，发现非金额计量问题 405 个，移送处理事项 49 项，其中违规金额 5.21 亿元、损失浪费金额 1.06 亿元、管理不规范金额 72.04 亿元；损益（收支）不实金额 701 万元；出具审计报告和专项审计调查报告 157 篇。审计处理处罚金额 10.65 亿元，其中应上缴财政 788 万元、应归还原渠道资金 6.15 亿元、应缴纳其他资金 6357 万元、应调账处理金额 3.73 亿元；移送处理金额 19.16 亿元。审计促进整改落实有关问题资金 24.42 亿元；审计促进拨付资金到位 1.21 亿元；核减工程投资额 2927 万元。审计提出建议 428 条，被采纳 400 条；推动被审计单位制定整改措施 28 项；促进被审计单位建立健全规章制度 2 项；提交审计信息 707 篇，被批示、采用 258 篇次。向社会公告审计结果 21 篇。

巴彦淖尔市审计局实施的巴彦淖尔市城市发展投资有限责任公司原董事长经济责任审计、巴彦淖尔市五原县审计局实施的五原县第三完全小学 2019 年至 2021 年 12 月末社保基金缴纳情况专项审计调查 2 个审计项目获得全区优秀项目二等奖，巴彦淖尔市乌拉特中旗审计局实施的乌拉特中旗信访局 2019 年 3 月至 2020 年 12 月财政财务收支情况审计项目获得全区优秀项目三等奖。

政策落实情况跟踪审计 完成全市 2021 年第一季度至第四季度政策跟踪审计发现问题整改情况专项审计调查，涉及资金 6.04 亿元，查出 12 个问题；五原县乡村振兴与巩固拓展脱贫攻坚成果相关政策及资金审计，抽查资金5.73亿元，查出49个问题；全市义务教育阶段政策措施落实情况和资金审计调查，涉及资金40.47亿元，查出152个问题。

财政审计 完成了市本级及14个相关部门预算执行情况审计、市属20个国有企业经营情况审计、市本级2021年公务支出和公款消费情况审计，开展了2个旗县区的财政决算审计。在巴彦淖尔市五届人大常委会第三次会议上，受市政府委托，作《关于2021年度市本级预算执行和其他财政收支的审计工作报告》，人大常委会充分肯定了审计工作成效。

完成了乌梁素海流域山水林田湖草生态修复试点工程、包银高铁项目巴彦淖尔境内三电及管线迁改工程和"天赋河套"冷链物流基地建设项目等16项重点投资项目审计。

资源环境审计 积极对全市2020年至2021年情况开展自查；同时，完成包头市自然资源资产管理和生态环境保护专项审计调查，查出141个问题。

民生审计 完成就业补助资金和失业保险基金审计，涉及资金2.74亿元，查出25个问题；完成全市2019年至2021年度高标准农田建设情况审计，涉及专项资金23.28亿元，查出30个问题。

经济责任审计 开展了市农牧局、市交通运输局等20名领导干部经济责任审计，查出问题金额2.1亿元；完成五原县开发区以案促改工作。

审计查出问题整改 对全市2019年以来审计查出问题进行"回头看"和"大起底"，建立的审计整改"四级"台账（2019—2022年），共计5568个问题。按照"月调度、季提醒、半年通报、年终考评"机制，督促整改问题5177个，整改完成率达到92.98%。形成审计监督与纪检监察监督、巡察监督工作贯通协同机制，合力督促整改。定期向市纪委监委、市委巡察办通报整改情况。巡察办将审计发现的重要问题纳入巡察内容，重要事项写入巡察报告。纪委监委将审计移交重要事项和问题的整改情况作为监督重要内容，压紧压实被审计单位整改主体责任和主管部门监管责任，通过问责利器督促相关部门整改到位。

交办任务 按照市委、市政府的要求，完成维信公司上访事件核查、蒙草公司债务核实等15项交办工作，其中蒙草公司债务核实，审核了7个旗县区涉及总投资为19.79亿元的11个PPP项目债务情况。按照自治区审计厅要求，完成了沉淀资金"大起底"专项行动重点核查、全市有效扩大投资政策落实情况审计调查、财政收支质量审计等7项交办工作。全市加快财政资金支出进度情况专项审计调查，抽查了187个项目、涉及支出2.45亿元，查出7个问题。按照市纪委监委、巡察办等有关部门要求，抽调12人次参与完成了城投公司原董事长涉嫌违纪违法案件查处、行政执法专项案件线索研判、中央环保督察反馈问题整改及协助核查相关项目资金等事项。

相关工作 印发《进一步创建党建品牌实施方案》，强化领导班子、局机关和审计队伍三个层面上的建设，促进党建工作和审计业务深度融合、互促共进；围绕明责知责、履责尽责，开展大学习大讨论大落实活动，组织学习865人次、研讨6次，形成《进一步规范审计业务流程的实施意见》《加快推进研究型审计实施方案》《投资审计风险防控意见》等11项规章制度，真正把制度建设覆盖到审计工作各个方面；印发了《关于持续提升审计干部高素质专业化能力的意见》，把"五学"（学理论、学法规、学政策、学业务、学技能）、"五强化"（强化集中培训、强化专业提升、强化实践锻炼、强化新老互助、强化争先创优）、"五好"（思想好、学习好、业务好、作风好、业绩好）作为审计队伍建设抓手，明确了五项主要任务、八项具体措施；进一步修订《巴彦淖尔审计机关党的建设、审计业务建设和审计队伍建设考评方案》，将党建工作与审计业务、队伍建设一同纳入实绩目标，考核工作实效。

（撰稿人：贺彬彬）

【乌兰察布市审计局】 2022年，乌兰察布市审计局实有120人。局长安军，副局长吕君亮、宋利民、林永清、周济生，总审计师严立新，二级调研员董鹏飞，三级调研员兰志军，四级调研员郭志强、韩志刚、杜福山，纪检组长张利成。设有市委审计委员会办公室秘书科、办公室、法规科、固定资产投资审计科、财政税收审计科、行政事业审计科、社会保障审计科、经贸审计科、农业审计科、经济责任审计科、资源环保审计科、综合审计科、电子数据审计科、审理科、社会民生审计科、金融外资审计科；下设乌兰察布市审计局综合保障中心、乌兰察布市重大政策审计保障中心、乌兰察布市自然资源审计辅助中心、乌兰察布市国有资产审计服务中心4个事业单位。

审计成果 2022年，乌兰察布市审计机关共完成审计项目共267个，审计查出主要问题金额8.3亿元。审计期间整改金额2.5亿元。审计促进整改落实有关问题资金4.3亿元。提交审计信息395篇。

政策落实情况跟踪审计 完成了2021年1季度至4季度政策跟踪审计发现问题整改情况“回头看”、盘活存量资金专项审计调查、全市贯彻中央八项规定及其实施细则精神和落实过“紧日子”专项审计调查、促进优化营商环境审计，全市9个旗县乡村振兴、高标准农田建设相关政策落实和资金审计、乌兰察布市义务教育阶段政策措施落实情况及义务教育专项资金管理使用情况审计调查。

财政审计 完成本级财政及市财政局、市公安局、市文旅局等15个单位2021年度预算执行（决算草案）和其他财政财务收支情况审计，扎实做好沉淀资金“大起底”工作，组织市本级及11个旗县市区审计局同财政局在自查、核查数据的基础上，对本地区应缴回资金数、应撤销银行账户数等基础数据开展全面核对确认。

金融审计 完成乌兰察布农信社系统资产负债损益审计。对察右前旗蒙银村镇银行不良资产清理清收等工作开展情况进行现场监督检查，重点对银行不良资产清理真实性和清收效果、公司治理、内控制度建设和运行情况、风险管理情况、业务合规性及资产质量等方面进行监督检查。该审计监督成果取得了良好效果，获得了自治区领导肯定性批示。

农业农村审计 完成了对四子王旗2021年至2022年6月末乡村振兴与巩固脱贫攻坚成果相关政策及资金的审计任务，并将审计结果及时上报审计厅。

资源环境审计 在自治区审计厅对乌兰察布市2020年至2021年自然资源资产管理和生态环境保护情况专项审计调查中，乌兰察布市审计局对11个旗县市区自然资源资产管理和生态环境保护专项审计调查自查工作进行了督查，并积极协助审计组做好审计准备、审计开展、审计沟通和审计立行立改工作，取得了上级审计机关的理解和认可，把问题解决在基层，把满意带回上级机关，减少了关注点，避免了审计风险，围绕“补短板、强弱项”，审计发挥了在保障全市经济社会高质量发展中的积极作用。此外，由自治区审计厅统一安排部署，对阿拉善盟2020年至2021年自然资源资产管理和生态环境保护情况进行了专项审计调查。审计期间，牢固树立研究型审计意识，深入提炼审计成果，形成有价值、有分量的审计专报9篇、审计案例1篇，向自治区审计厅汇报阶段性工作2次，均获得了上级领导的高度认可与充分肯定。

民生审计 完成了全市2020—2021年住房公积金筹集、管理、使用情况审计。

经济责任审计 完成凉城县审计局主要领导经济责任任中审计等11个审计项目和团市委原书记经济责任离任审计等4个审计项目。

审计查出问题整改 全力抓好审计署长春特派办关于商都县巩固拓展脱贫攻坚成果同乡村振兴有效衔接相关政策和资金审计等11项审计发现问题督促整改工作，并向乌兰察布市第五届人民代表大会常务委员会第一次主任会议报告了市本级预算执行和其他财政收支2021年度审计查出问题整改情况。

研究型审计 以质量管控为抓手，提升审计业务质量。一是成立了中共乌兰察布市审计局党组全面推进审计工作领导小组和各专项组；二是出台了《乌兰察布市审计局审计报告评优评差实施方案（试行）》；三是对3个预算执行、3个经济责任审计、1个其他项目审计组的审计现场进行审理；四是对商都县、察右前旗、卓资县2022年审计机关审计业务质量和依法行政进行检查。

相关工作 持续推进党史学习教育常态化长效化，把学习“四史”、《中国共产党内蒙古历史》作为每名党员的必修课、常修课，继续扎实推进“我为群众办实事”；不断深化最强党支部创建工作；有效推进“亮晒比”创先争优活动，乌兰察布市审计局在市直机关基层党建“亮晒比”创先争优擂台比武中荣获第三名；经市委组织部和市直属机关工委评定，授予乌兰察布市审计局“创建北疆模范机关先进单位”荣誉称号；大力推进包联社区党组织融合共建行动，大力推进包扶村党组织核心引领行动。局党组高度重视党风廉政建设工作，召开了全市审计系统工作视频会议暨党风廉政建设工作会议；局党组先后召开4次中心组（扩大）会议传达学习党风廉政重要会议精神和相关法规、制度及规定；局党组研究部署党风廉政建设工作3次，组织开展党风廉政建设“两个责任”专项督导工作2次，听取党风廉政建设工作汇报2次；坚持每年对旗县市区审计局局长落实党风廉政建设主体责任的情况进行述职述廉，将评议结果与领导干部任用、评先评优挂钩，推动结果运用刚性化；党组书记与分管副局长、各科室负责人逐级签订《乌兰察布市审计局2022年党风廉政建设工作责任书》，层层压实工作责任，切实做到有错必究、有责必问，逐步健全责任分解、检查监督、倒查追究的机制；认真贯彻落实“一岗双责”。全年276人次参加各类培训；制定《乌兰察布市审计局关于2022年度领导班子和正职绩效考核的工作方案》；坚持把政治标准放在首位，坚持实干实绩的用人导向，职务职级晋升18人次。完成社保审计子模块、财政审计子模块、预算执行审计子模块的运算模型搭建，积极探索经济责任模块的搭建，指导丰镇市审计局搭建智慧审计综合管理分析平台子模块。在2022年度预算执行和其他财政财务收支审计工作中，通过60多个审计分析模型，生成问题疑点15类共3000多条疑点数据。在2022年度自然资源资产审计中，采集财政、统计、林草、税务、水利等14家相关部门的电子数据共计2.86G，分析筛查了8方面25类疑点线索共计1074条；完成了全市（含市本级）12个地区财政库款、收支、专户、非税、决算及一体化数据的采集、清洗、整理等工作。（撰稿人：张　宏）

【兴安盟审计局】 2022年，兴安盟审计局实有64人。党组书记、局长王雪峰，党组成员、总审计师包书明，党组成员、副局长马德强，党组成员、经济责任审计工作联席会议办公室主任王海峰，二级调研员梁喜发，三级调研员于景友（1月—5月副局长，5月—12月三级调研员），四级调研员石俊强，党组成员、四级调研员王甫俊。设有办公室、法制科、财政税务审计科、金融审计科、农业农村审计科、固定资产投资审计科、企业审计科、行政政法审计科、社会保障审计科、经济责任和资源环境审计科、审理科、电子数据审计科、教科文卫审计科，另设盟委审计委员会办公室秘书科和机关党建人事科；下设兴安盟内部审计发展中心，增挂兴安盟审计服务保障中心牌子。

审计成果 2022年，兴安盟审计机关共完成审计项目132个，其中专项审计调查4个。查出主要问题金额834528万元，其中违规金额118063万元、管理不规范金额716465万元；审计发现非金额计量问题315个；损益（收支）不实金额733万元；出具审计报告和专项审计调查报告185篇，被批示、采用8篇次。审计处理处罚金额132178万元，其中应上缴财政62718万元，应减少财政拨款或补贴4万元，应归还原渠道资金2056万元，应缴纳其他资金4345万元，应调账处理金额63055万元；移送司法机关、纪检监察机关和有关部门处理事件22件，移送处理人员2人，移送处理金额42686万元。审计促进整改落实有关问题资金137674万元；促进拨付资金到位4124万元；核减投资额2262万元；移送处理落实事项3件。审计提出建议368条，被采纳297条；提交审计信息576篇，被批示、采用审计信息196篇次。向社会公告审计结果2篇。

兴安盟审计局实施的科右前旗供销合作社联合社专项审计项目被内蒙古自治区审计厅评为盟市审计机关三等奖审计项目；兴安盟扎赉特旗审计局实施的扎赉特旗供销合作社联合社专项审计项目被内蒙古自治区审计厅评为旗县审计机关二等奖审计项目；兴安盟科右中旗审计局实施的科右中旗供销合作社联合社专项审计项目被内蒙古自治区审计厅评为旗县审计机关三等奖审计项目。

政策落实情况跟踪审计 按照审计署、审计厅统一安排，组织完成盘活存量资金审计调查、2021年度政策跟踪审计整改“回头看”、贯彻中央八项规定精神和落实过紧日子要求审计、促进优化营商环境审计、乡村振兴（高标准农田建设）相关政策和资金审计5个重大政策落实情况跟踪审计项目，审计发现违规出借财政资金、结转超两年债券资金、“在线联审联批”工作进程缓慢等26个问题，涉及问题金额4.86亿元。

财政审计 组织完成盟本级2021年度预算执行情况、决算草案、政府财务报告审计，同步实施并完成项目预算执行和项目库建设审计和审计调查，共发现支出预算编制不细化、结转财政资金不规范、项目进度滞后、用地规划基本程序执行不严格等13个问题，涉及金额15.72亿元。针对上述问题提出提升预算编制执行效果、强化项目调度监测、完善建设项目管理制度等7条审计建议。组织完成归流河东岸（北段）生态治理与景观工程竣工决算审计，在中介审减960万元的基础上，进一步核减工程造价810万元。

金融审计 按照审计厅统一安排，组织完成乌兰浩特市农村信用合作联社资产负债损益审计，共发现26个问题，涉及资金6.15亿元。完成了自治区审计厅统一组织的自治区城商行改革化险审计监督组关于突泉蒙银村镇银行审计监督工作，审计监督共发现21个问题，涉及金额4.12亿元。

资源环境审计 完成乌海市2020年至2021年自然资源资产管理和生态环境保护暨沿黄流域生态治理和环境保护专项审计调查。积极探索开展湿地资源审计，实施了内蒙古科尔沁国家级自然保护区管理局主要领导任职期间自然资源（湿地）资产离任（任中）审计项目。审计揭示主要湖泊湿地水质情况不达标、湿地监测工作亟待完善、保护区内居民生活垃圾、农药化肥使用废弃物等缺少有效管控措施等问题。针对审计发现的问题，提出了提升湿地生态系统功能、完善资源调查监测机制、强化监督管理体制机制建设，逐步改善湿地生态环境质量等审计建议。

民生审计 按照审计署、审计厅统一安排，组织完成了科右前旗乡村振兴重点帮扶县（高标准农田建设）相关政策落实和资金审计。此次审计抽查资金40905万元（占当地同期产业帮扶资金投入的65.71%），涉及项目22个、单位15个、乡镇10个、行政村24个，入户走访农户40户。共查出问题33个，提出了完善项目库建设机制、强化资金管理等4条建议。

经济责任审计 2022年，组织对7个部门单位的7名主要领导干部进行任期经济责任审计，分别是兴安盟行政审批和政务服务局原局长任期经济责任审计、兴安盟自然资源局原局长任期经济责任审计、兴安盟委党校原副校长任期经济责任审计、兴安盟行署驻京联络处任期经济责任审计、乌兰浩特市人民法院原院长任期经济责任审计、内蒙古科尔沁国家级自然保护区管理局局长任期经济责任审计、突泉县人民检察院原院长任期经济责任审计。

审计查出问题整改 落实督促检查责任，坚持揭示问题与解决问题一体推进，加强对审计整改情况的督察检查和审计整改结果的审核把关。制定《关于进一步提高审计整改工作质效的意见》，明确整改认定标准和整改路线图，狠抓全过程整改，重点抓审计决定落实，收到立竿见影的效果，截至12月末，全盟审计查出问题整改率达96.92%。

相关工作 践行“两个维护”更加自觉。持续深化政治机关意识教育，完善细化《盟审计局党组班子政治建设责任清单》，引导审计干部深研细悟国家大政方针的政治导向，理解党中央对内蒙古确定的战略定位，清楚盟委中心工作的具体任务。理想信念根基得到巩固。坚持“五学联动”的学习机制，以学习习近平新时代中国特色社会主义思想、《习近平谈治国理政》第四卷为重点，深化铸牢中华民族共同体意识教育，巩固党史学习教育成果，共组织中心组学习12次，交流研讨4次，党支部集体学习25次，辅导讲座4次，专题党课10次，党的十九届六中全会精神全员轮训班1期。提高党支部规范化标准化建设水平。通过汇编《党支部标准化建设工作手册》，召开专题会议、组织党建督查，提高党支部工作质量，2022年第三党支部被评为“最强党支部”，局机关4个党支部中，“最强党支部”达到3个。党风廉政建设更加有力有效。围绕廉政建设工作要点，建立责任清单、任务台账，坚持与审计工作同部署、同落实、同推进。（撰稿人：张　欣）

【锡林郭勒盟审计局】 2022年，锡林郭勒盟审计局（以下简称盟审计局）实有53人。局长朝鲁（—8月）、刘宝华（8月—），副局长陈金旺、白风云、满都拉（1月—），总审计师李姝芳，盟经济责任审计联席会议办公室主任乌兰其其格，二级调研员刘兴友（2月—），助理调研员彭淑兰。设有办公室、人事科、法规和审理科、电子数据审计科、财政税收审计科、行政事业审计科、农业农村审计科、固定资产投资审计科、社保民生审计科、自然资源和生态环境审计科、金融涉外审计科、企业审计科、经济责任审计科、盟委审计委员会办公室秘书科；下设综合保障中心事业单位。

审计成果 2022年，盟审计机关共完成审计项目164个，其中审计141个、专项审计调查23个。查出主要问题金额1114853万元，其中违规金额180301万元、管理不规范金额934552万元；审计发现非金额计量问题287个；出具审计报告和专项审计调查报告181篇，被批示、采用6篇次。审计处理处罚金额245453万元，其中应上缴财政64382万元、应归还原渠道资金159627万元、应缴纳其他资金746万元、应调账处理金额20698万元；移送司法机关、纪检监察机关和有关部门处理事项21件，移送处理人员19人，移送处理金额6618万元。审计促进整改落实有关问题资金129202万元；审计促进拨付资金到位35520万元；审计后挽回（避免）损失14106万元。审计提出建议303条，被采纳213条；推动被审计单位制定整改措施13项；提交审计信息493篇，被批示、采用64篇次。

东乌珠穆沁旗审计局实施的东乌珠穆沁旗额吉淖尔镇委员会某同志、额吉淖尔镇政府某同志任职期间自然资源资产（草原）和生态环境保护履行责任审计项目被评为内蒙古自治区审计厅旗县审计机关优秀审计项目三等奖。

盟委审计委员会 5月6日，盟委书记、盟委审计委员会主任主持召开中共锡盟委审计委员会第四次会议。审议通过《〈内蒙古自治区“十四五”审计工作发展规划〉的贯彻意见》《锡林郭勒盟经济责任审计工作联席会议议事规则和办公室工作规则》《锡林郭勒盟审计局2022年度审计项目计划》。盟委审计委员会办公室向盟委审计委员会请示报告18件，自治区审计委员会办公室报告13件。

政策落实情况跟踪审计 开展12个旗县市（区）2021年第一季度至第四季度政策跟踪审计发现问题涉及锡林郭勒盟问题整改情况专项审计调查，对3个旗县“上审下”，审计调查了99个单位、78个项目，涉及资金11.9亿元。围绕优化营商环境，完成了锡林浩特市优化营商环境政策贯彻落实情况跟踪审计。

财政审计 采取现场审计与大数据审计相结合的方式，审计了盟本级15个单位，查出财政预算执行和管理方面存在的三类问题，涉及金额3.83亿元。向盟人大工委十三届十七次会议所做的《关于2021年度盟本级预算执行和其他财政收支的审计工作报告》和提交审议的《国有资产审计报告》，得到盟人大、行署的充分肯定。此外，完成了2个旗财政决算审计、2022年地方政府专项债券资金管理使用情况、加快财政资金支出进度专项审计调查和财政补助资金专项审计。完成国道331线（原省道309线）二连浩特口岸至满都拉图段、国道306线乌里雅斯太至珠恩嘎达布其段和国道306线大水菠萝至巴拉嘎尔高勒段3条公路建设项目竣工决算审计；对全盟有效扩大投资政策落实情况进行审计调查，查出在重大项目落地和优化营商环境2个方面存在15类问题。

金融审计 开展锡林浩特市优化营商环境政策贯彻落实情况跟踪审计，查出涉企专项资金拨付不及时、拖欠中小企业账款、应退未退各类保证金等问题13个，已整改9个。完成了锡盟2019年至2021年职业技能提升行动专账资金审计，通过揭示全盟职业技能提升专账资金使用和管理方面的问题，促进提高了资金使用绩效，同时为盟审计局争取2022年度上级补助资金起到了关键作用。开展锡盟义务教育阶段政策措施落实情况及义务教育专项资金管理使用情况审计，抽查义务教育资金总量22亿元，小学29所、初中13所，查出不合规问题57项。

开展苏尼特右旗农村信用合作联社2021年资产负债损益情况审计，查出在贯彻落实国家重大政策措施、深化金融改革完善公司治理和内部控制、防范化解金融风险方面存在22个问题。开展经元、金盛两个融资担保公司2021年资产负债损益情况及其他财务收支情况审计，提出了国有融资担保公司在落实国家金融政策、完善公司法人治理、防范化解金融风险、合规经营等方面的针对性意见。

农业农村审计 开展正镶白旗、苏尼特右旗乡村振兴与巩固拓展脱贫攻坚成果相关政策落实和资金审计，查出违纪违规问题50个，追责问责10人，移送问题线索14件。

资源环境审计 开展正蓝旗原旗长任职期间草原资源、土地资源资产责任履行情况审计，查出草原资源、土地资源资产管理和生态环境保护等5个方面存在的54个问题，移送问题线索5个。

经济责任审计 制定了《盟经济责任审计工作联席会议议事规则》《盟经济责任审计工作联席会议办公室工作规则》，召开2022年盟经济责任审计工作联席会议。全盟完成了15名处级领导干部、53名科级领导干部任中或离任审计，查出违规金额0.93亿元，管理不规范金额9.18亿元。盟审计局完成了13个盟直单位主要领导、2个旗政府主要领导任期或离任经济责任审计。

审计查出问题整改 认真贯彻《关于建立健全审计查出问题整改长效机制的意见》，制定《锡盟审计局关于审计整改督促检查办法》，加大对审计整改工作的跟踪督办，督促相关地区、部门问题整改落实，提升审计整改质效，维护审计监督的权威性和公信力。

研究型审计 制定《全盟审计机关“审计质量提升年”活动工作方案》《审核复核审理工作管理办法》，召开“贯彻研究型审计、提升审计工作质量”研讨会，开展全盟优秀审计项目评选，着力构建审计工作全员研究、全程研究新格局。盟委、行署主要领导分别在重大政策、预算执行、营商环境、经济责任、自然资源等审计项目作出批示，督促相关部门针对审计提出的建议逐项研究，制定具体措施切实整改。《中国审计》《内蒙古审计》采纳机关建设和研究型审计方面的署名文章7篇。

相关工作 认真落实“三重一大”、民主集中制和民主生活会等制度，坚持党建工作与审计业务同部署、同落实、同检查、同考核，强化“审计+党建”品牌建设，巩固提升“最强党支部”建设成果，继续推行“审计组+临时党小组”工作模式，联合被审计单位在审计一线开展党日活动，持续开展“双报到、双服务”活动，有效促进了党的建设与业务工作深度融合。严格执行党的政治生活制度，对标党的政治生活庸俗化交易化11种现象54种具体表现，党员干部建立台账，列出个人问题清单，制定整改措施。发挥党组织、党员在疫情防控期间战斗堡垒和先锋模范作用。与社区成立联合党支部，局党组成员亲临一线组织疫情防控工作。5名党员志愿服务突击队赴二连浩特市援助疫情防控；68人次深入包联小区开展24小时疫情防控；成立由25名党员和入党积极分子参加的疫情防控突击队。严格落实每日核酸检测、体温检测、消毒消杀、垃圾清运等制度，加强教育引导和内部管控，确保疫情防控到位。调整处级领导干部联系旗县市（区）审计机关，帮助基层审计局机关解决工作中的短板、弱项问题，推进审计事业一体发展。开展廉政警示教育，集中观看反腐倡廉警示教育等专题片，教育引导党员干部坚定信念、筑牢防线、守住底线。加强廉政风险防控，以审计一线为重点，全程跟踪督查廉政纪律和审计“四严禁”工作要求、审计“八不准”工作纪律执行情况。严格执纪问责，有效运用监督执纪“四种形态”，深入被审计单位开展廉政回访，与审计组开展廉政谈话。立足本职工作，全面推进落实行政执法“三项制度”，注重法治政府建设宣传，利用审计进点、交流反馈等方式，深入审计一线，宣传审计法律法规，提高审计法制宣传工作的针对性和实效性。坚持把审计一线作为锤炼干部的主阵地，调训2名基层审计人员、抽调13名骨干人员参加审计项目实战锻炼；争取当地党委、政府的支持，为基层审计机关增加编制和人员；通过考试招录公务员1人、事业单位8人、调入1人，为审计事业发展注入了新动能。加快完善干部的层次比例结构，充实和调整了部分工作环节岗位，提任副科3人。建立全系统数据人才库，推动审计提质增效。（撰稿人：刘国宾　孙晨焱）

【阿拉善盟审计局】 2022年，阿拉善盟审计局实有40人。局长韩燕，副局长张进（7月—）、敖登其木格，总审计师侯慧爽，阿盟经济责任审计联席会议办公室主任王贤惠，二级巡视员李东亮（—4月）、王继平，三级调研员杨信华。设有审计委员会办公室秘书科、办公室、法制审理科、财政税务审计科、行政事业审计科、企业审计科、社会保障审计科、固定资产投资审计科、农牧业审计科、金融外资审计科、经济责任审计科、电子数据审计科、自然资源和生态环境审计科、审计科研综合中心。

审计成果 2022年，阿拉善盟审计机关共完成审计和审计调查项目49个。审计查出主要问题金额430357万元，其中违规金额8428万元、管理不规范金额421920万元；移送司法、纪检监察机关处理事项25件；审计提出建议134条；提交审计专题、综合性报告23篇，提交审计信息725篇，被批示采用62篇次。阿拉善盟1个审计项目荣获2022年度内蒙古自治区优秀审计项目二等奖。

政策落实情况跟踪审计 组织完成了全盟审计机关盘活存量资金专项审计调查项目、盟本级及阿拉善左旗贯彻落实优化营商环境政策跟踪专项审计工作、盟本级和阿拉善左旗义务教育阶段政策措施落实情况及义务教育专项资金管理使用情况审计调查、全盟贯彻落实中央八项规定及其实施细则精神和落实过紧日子要求政策落实情况跟踪审计。

财政审计 完成对盟本级预算执行情况审计；完成2021年第一季度至第四季度审计整改“回头看”政策落实跟踪审计和沉淀资金“大起底”重点核查项目。完成对盟本级和旗（区）有效扩大投资政策落实情况进行审计调查；协助专班开展某工程项目竣工结算价审核工作。

经济责任审计 年初，经盟委审计委员会批准后，确定2022年度实施6个经济责任审计项目。年内，履行规定程序后，调减了2个审计项目，实际应审4个经济责任审计，截至年底，完成4个经济责任审计项目。

金融审计 完成对阿拉善农村商业银行资产负债损益审计；完成对内蒙古阿拉善民航机场有限公司2013年至2021年度资产负债损益审计。完成盟红十字会新冠肺炎疫情防控社会捐赠款物收支情况审计及2021年度“博爱一日捐”资金筹集管理和使用情况审计等项目；完成全盟网络安全和信息化建设审计。

农业农村审计 完成阿拉善右旗乡村振兴（高标准农田建设）相关政策落实和资金审计。

资源环境审计 实施资源环境专项审计，完成林业草原资源审计，对阿拉善盟林业和草原有害生物防治专项资金绩效进行审计和审计调查。

交办任务 完成自治区审计厅新增统一组织实施审计项目，加快财政支出进度专项审计调查项目、2022年地方政府专项债券资金管理使用情况专项审计调查项目、2022年全区财政补助资金专项审计等。选派12人次配合盟委组织部、盟委巡察及专班等工作，2名审计干部受邀为纪委监委及全盟党务工作者授课交流。

内部审计 召开内部审计师协会会员代表大会，选举产生内审协会第三届组织机构和由7人组成的新一届负责人；组织参加内蒙古内审协会2022年内部审计理论研究，报送5篇优秀论文；组织开展全盟内部审计工作情况调研统计3次；开展对阿拉善农村商业银行内部审计评估工作。

（撰稿人：胡　杰）

【满洲里市审计局】 2022年，满洲里市审计局实有16人。局长任杰，副局长陈文春、李惠忠、周晓玲，党组成员李艳。设有办公室、法制审理科、行政事业审计科、财税金融审计科、农业与社会保障审计科、经济责任审计科、企业审计科、政府投资审计科、资源环境审计科；下设综合保障中心1个事业单位。

审计成果 2022年，满洲里市审计局完成审计项目17个，其中审计10个、专项审计调查7个。查出主要问题金额93803.06万元，其中违规金额2861.86万元、管理不规范金额90941.20万元；审计发现非金额计量问题60个；损益（收支）不实金额5921.92万元；出具审计报告和专项审计调查报告23篇。审计处理处罚金额23450.79万元，其中应上缴财政2725.96万元、应拨付专项资金17300.00万元、应归还原渠道资金135.90万元、应调账处理金额3288.93万元；移送有关部门处理事项5件，移送处理金额217.29万元。审计促进整改落实有关问题资金18637.18万元；审计促进拨付资金到位12400.00万元；移送处理落实事项2件。审计提出建议49条；推动被审计单位制定整改措施35项；提交审计信息4篇，被批示、采用1篇次。

政策落实情况跟踪审计 完成满洲里市截至2022年2月底盘活存量资金情况的专项审计调查、满洲里市2021年第一季度至第四季度政策跟踪审计发现问题整改情况的专项审计。完成满洲里市2022年优化营商环境政策执行情况审计，发现非金额计量问题13个。完成满洲里市2020年至2021年义务教育阶段政策措施落实和资金管理使用情况的审计调查，审计发现非金额计量问题9个。

财政审计 完成满洲里市2021年本级预算执行和其他财政收支情况的审计，查出问题8个，涉及主要问题金额26644.94万元。完成满洲里市本级行政事业单位2021年度国有资产管理使用情况审计，查出问题5个，涉及主要问题金额92.97万元。完成满洲里市加快财政资金支出进度专项审计调查，查出问题4个，涉及主要问题金额21700.00万元。完成满洲里市财政补助资金专项审计，查出问题3个，涉及主要问题金额44831.55万元。完成满洲里市2022年专项债券资金管理使用情况专项审计调查。完成2021年部门预算执行和其他财政收支情况的审计，对满洲里市住房和城乡建设局、人力资源和社会保障局部门预算执行情况进行了现场审计，共查出问题10个，涉及主要问题金额11.03万元。完成满洲里市城区精细化管理（一期）工程审计，查出问题12个，涉及主要问题金额135.90万元，移送主管部门1件。完成满洲里市第一中学实验综合楼项目审计，发现非金额计量问题5个，移送主管部门3件。完成全区有效扩大投资政策落实情况审计调查，发现非金额计量问题1个。

资源环境审计 完成2018年至2020年度领导干部自然资源资产离任（任中）审计发现问题整改情况的审计调查，关注以往年度审计发现问题整改及整改责任履行情况，提出审计建议1条。

经济责任审计 完成原满洲里市人民政府敖尔金街道办事处主要负责人任期经济责任审计，查出7个问题，涉及主要问题金额328.17万元，移送主管部门1件。完成满洲里市外事会馆有限公司主要负责人任期经济责任审计，查出5个问题，涉及主要问题金额58.50万元。开展对满洲里市物业市场服务中心主要负责人任期经济责任审计，年内尚未完成。

审计查出问题整改 印发《关于进一步加强审计整改工作的通知》，按照“立行立改、分阶段整改、持续整改”三种类型，对2018年以来审计查出问题进行“大起底”，全口径建立整改台账，压实整改责任，强化部门协同，常态化推进审计发现问题有效整改、彻底整改。截至2022年末，针对整改台账中的253项问题，整改完成245项，持续整改8项，整改率97%。

研究型审计 立足研究型审计，开展审计业务经验交流会。将审计厅《进一步规范审计业务流程的实施意见》《关于审理发现审计业务质量存在有关问题的通报》等文件及一线审计经验作为学习交流重点，聚焦问题，通过交流讨论深入分析问题产生的原因，弄清楚问题本质，及时总结形成审计信息，推动后续研究型审计选题立项。

内部审计 制定《关于进一步加强和改进内部审计工作的实施办法（试行）》，通过调查问卷的方式对满洲里市机关、企事业单位内审情况开展调研，发放调查问卷52份，通过调研对满洲里市设立内审机构的单位数、人员配备、工作开展情况有了全面了解。

交办任务 开展“沉淀资金大起底专项行动”核查工作，对满洲里市全部预算单位和财政代编非预算单位沉淀资金自查情况的真实性、准确性、完整性、合规性开展全面核查。共计核查187家单位，涉及起底账户364个，起底资金账户余额4.41亿元，通过核查，上划呼伦贝尔市201.05万元，上缴满洲里市本级国库1570.06万元，撤销账户5个。

相关工作 2022年，满洲里市审计局党组以政治建设为统领，切实加强机关党建和党风廉政建设，整体效能明显提升。全年累计开展理论学习和业务培训31次，研讨交流7次。转接党组织关系3人，培养确定入党积极分子2名，预备党员转正1名，党员队伍不断增强。聚焦重点难点问题，推动“揭榜领题”工作破题见效。积极推动巡察整改，完善“三重一大”议事规则，严格落实民主集中制原则。扎实开展集中治理党内政治生活庸俗化交易化问题，推动“转观念、强作风、优环境、重落实、树形象”学习实践活动走深走实。共组织开展3场次警示教育片观看活动，签订廉政承诺书36份，严格执行审计“八不准”工作纪律等各项廉政规定，做到依法审计、文明审计。制定《满洲里市审计局审理会议规则》《满洲里市审计局审计质量检查方案》《满洲里市审计局审计报告评优评差实施方案》，开展审计

质量检查工作，向全市各相关单位发放审计法手册，结合审计进点会向被审计单位宣讲相关法律法规。（撰稿人：李　阳）

【二连浩特市审计局】 2022年，二连浩特市审计局人员编制24人。党组书记、局长裴智汇（—12月）、鲁洁（12月—），副局长赵振哲、张全刚（—3月）、方兴玉（3月—），总审计师包塔娜（3月—）。设有综合督查科、财政税收审计科、经济责任审计科、行政事业审计科、法规和审理科；下设审计内审服务中心、综合服务保障中心。

审计成果 2022年，二连浩特市审计局开展12个审计项目、9项审计核查。查出主要问题（管理不规范）金额68803万元；审计发现非金额计量问题25个；出具审计报告和专项审计调查报告25篇，提交审计信息10篇。

政策落实情况跟踪审计 按照审计厅统一安排部署，圆满地完成了第一季度国家重大政策落实情况盘活存量资金专项审计调查、2021年第一季度至第四季度政策跟踪审计发现问题整改情况专项审计调查、贯彻中央八项规定及其实施细则和落实过紧日子要求专项审计调查、促进优化营商环境专项审计。

财政审计 完成了2022年度财政预算执行审计和卫健委、市委党校、残联3个预算单位预算执行审计。

金融审计 完成了内蒙古农信社系统资产负债损益审计。完成了沉淀资金“大起底”重点核查工作（审计厅重点核查7个单位），加快财政资金支出进度专项审计调查、全区财政补助资金专项审计、全区2022年地方政府专项债券资金管理使用情况专项审计调查。

经济责任审计 完成司法局、民族事务委员会主要领导离任经济责任审计。

交办任务 完成市政府交办的沉淀资金“大起底”重点核查工作（二连浩特市重点核查135个单位）、2019年至2022年7月市煤气公司财务收支审计、优化营商环境联合检查、涉企违规收费专项整治、对民社局2022年为受新冠肺炎疫情影响困难群体增发生活补贴进行核查、新冠肺炎疫情防控期间资金使用情况审核等6项工作任务，完成北辰公交公司运营补贴情况核查、机场运营补贴核查、污水处理费用支出核实。

相关工作 召开中共二连浩特市委员会审计委员会第四次会议。抓好政治理论学习。坚持以党的创新理论武装头脑，以党组学习、支委学习、“三会一课”为载体，积极推进“两学一做”学习教育常态化制度化，把“不忘初心、牢记使命”作为加强党的建设的永恒课题，形成长效机制，深化和拓展党史学习教育，组织开展好党的二十大精神学习，把铸牢中华民族共同体意识纳入学习内容。全年组织集中学习33次，个人自学每天不少于半小时；开展主题党日12次，主要领导讲党课4次，党支部开展党性剖析活动1次、专题研讨学习2次、集中理论测试2次，观看红色电影2场，观看警示教育片3次。拓展党建教学阵地。充分发挥“学习强国”APP平台、“审计数字在线”“审计内网培训”作用，开展机关线上线下学习测试活动，增强党性观念，永葆共产党员纯洁性、先进性。抓好意识形态管控工作。进一步严格落实意识形态工作责任制，做真做实做细思想政治工作和舆论宣传工作，守好意识形态阵地，筑牢意识形态“防火墙”。

新冠肺炎疫情防控期间，坚决服从市委、市政府的统一指挥、统一协调、统一调度，成立临时党支部，组织动员30余名党员干部和志愿者投身到包联的两个小区防控一线，开展值班值守、组织居民做核酸、环境消杀等工作，建立“四清”台账，做好重点人群的管控工作，当好基层社区疫情防控督导员、防控员、宣传员。

二连浩特市审计局紧紧围绕创建全国文明城市工作的目标，积极开展包联小区、包联街路集中治理、志愿服务及灭鼠等活动。积极开展工会、统战、保密、妇女组织、青年组织、安全生产、无烟单位创建等工作。（撰稿人：王玉双）

2022年内蒙古自治区所辖市（盟）、县（市、区）审计工作统计表

审计机关	完成审计项目/个	审计查出主要问题金额/万元	审计发现非金额计量问题/个	审计期间整改金额/万元	出具审计报告和审计调查报告/篇	审计处理情况		审计促进整改落实有关问题资金/万元	审计提出建议/条	提交审计信息/篇
						审计处理处罚金额/万元	移送处理事项/件			
呼和浩特市										
呼和浩特市本级	17	1276367	162	3755	14	1022825	34	257740	48	29
新城区审计局	7	12023		59	8	85		103	3	35
回民区审计局	19	404061	3	5	19	252		252	34	
玉泉区审计局	17	569	22	324	28	569		569	31	
赛罕区审计局	13	143168	44		11	1942		1958	59	39
土默特左旗审计局	20	57742	1	11352	21	13211		10824	37	
托克托县审计局	17	6928	15	1431	17	534		425	19	60
和林格尔县审计局	14	131264	13	1440	14	131264		1201	41	1
清水河县审计局	30	3494	2	7	30	3513		3453	53	30
武川县审计局	7	19598			9	3863		39196	20	17
包头市										
包头市本级	23	130747	134	6897	23	43961	27	33630	23	201
东河区审计局	10	4338	7		10	4338		4338	17	24
昆都仑区审计局	17	6648	35	652	17	4036	2	3935	51	
青山区审计局	14	1768	1	2	14	1768		1769	24	
石拐区审计局	8	16750	10		8	5304	3	5234	14	
白云鄂博矿区审计局	5	535	10		5	535		16	11	
九原区审计局	17	10599	10	5	17	10593		10504	31	3
土默特右旗审计局	13	2604	4		13	1367		1367	7	
固阳县审计局	12	19404	58		12	19404		19404	34	60
达尔罕茂明安联合旗审计局	12	15401	35	8537	12	14766	15	8744	67	50
稀土高新区审计局	13	8740	183		13	5193		5193	59	25
乌海市										
乌海市本级	45	567053	363	131521	43	65900	6	548102	125	291
海勃湾区审计局	16	48120	29	5848	17	9279	1	32993	39	47

续表

审计机关	完成审计项目/个	审计查出主要问题金额/万元	审计发现非金额计量问题/个	审计期间整改金额/万元	出具审计报告和审计调查报告/篇	审计处理情况		审计促进整改落实有关问题资金/万元	审计提出建议/条	提交审计信息/篇
						审计处理处罚金额/万元	移送处理事项/件			
海南区审计局	33	68773	104	228	28		5	63068	62	87
乌达区审计局	15	149047	31	32554	15	81	7	56717	48	26
赤峰市										
赤峰市本级	29	516849	25	27429	26	513961	2	27429		92
红山区审计局	10	94531			10	94531		83168	38	22
元宝山区审计局	18	543	36	455	25	543		455	21	
松山区审计局	27	18658		18650	27	17473		17420		
阿鲁科尔沁旗审计局	23	4584	15		23	4584	2	4584	60	2
巴林左旗审计局	21	1730	20	1375	26	1644	1		51	12
巴林右旗审计局	30	6589	27	6589	30	6589		6589	37	
林西县审计局	5	4988	1		5	4988		4988	17	
克什克腾旗审计局	12	6430			25	6430			29	
翁牛特旗审计局	7	639	15	633	7	639		639	14	
喀喇沁旗审计局	14	4535		75	7	4373		4373	16	3
宁城县审计局	19	3390		327	19	2675		3298	44	18
敖汉旗审计局	18	6731	22	772	18	6731		6646	49	
通辽市										
通辽市本级	33	151290	13	9900	33		135	22000	124	102
科尔沁区审计局	20	150492	11	7784	20			8401	14	
科尔沁左翼中旗审计局	9	3664	5	87	9		8		16	81
科尔沁左翼后旗审计局	54	26453			54	987		961	131	
开鲁县审计局	8	40579	3		5	229		230	13	1
库伦旗审计局	11	5560			10	5362		5546	3	2
奈曼旗审计局	20	12123	14	5	17	5435		5472	59	
扎鲁特旗审计局	15	1			15	1		1		
霍林郭勒市审计局	4	6			4			6	7	
鄂尔多斯市										
鄂尔多斯市本级	38	17430	244	769	48	6970	18	8290	119	25
东胜区审计局	23	9634	68	2299	39	7089	12	7328	60	39

续表

审计机关	完成审计项目/个	审计查出主要问题金额/万元	审计发现非金额计量问题/个	审计期间整改金额/万元	出具审计报告和审计调查报告/篇	审计处理情况		审计促进整改落实有关问题资金/万元	审计提出建议/条	提交审计信息/篇
						审计处理处罚金额/万元	移送处理事项/件			
康巴什区审计局	13	15219	46		13	13880	21	934	46	1
达拉特旗审计局	16	15773	45	2260	23	2866	6	4718	63	15
准格尔旗审计局	37	25890	207	8382	37	25890	8	10531	134	57
鄂托克前旗审计局	43	18217	132	5	47	17597	23	17741	121	172
鄂托克旗审计局	24	1121	124	32	24	867	9	462	66	25
杭锦旗审计局	27	23631	136		28	22361	46	22606	94	29
乌审旗审计局	31	40974	309	11	33	40974	50	39421	148	18
伊金霍洛旗审计局	37	4066	341	175	37	2074	15	3891	108	41
呼伦贝尔市										
呼伦贝尔市本级	48	151276	178	14284	43	9394	8	50303	92	260
海拉尔区审计局	10	208574	22		10	14	1		21	57
扎赉诺尔区审计局	19	16400	36	302	19			3045	44	6
阿荣旗审计局	26	4122	1	153	26	355		355	15	65
莫力达瓦达斡尔族自治旗审计局	22	40701	39	13	21	915	1	284	42	98
鄂伦春自治旗审计局	6	21590	4	800	3	4957		800	6	23
鄂温克族旗审计局	18	16916	16	4276	18			344	30	37
陈巴尔虎旗审计局	30	175908	34	1025	30			1025	70	27
新巴尔虎左旗审计局	12	53237	20	1055	12	259		787	45	35
新巴尔虎右旗审计局	28	91293	50		20	329		4	23	75
满洲里市审计局	17	93803	60		23	23451	5	18637	49	4
牙克石市审计局	31	5104	96	151	42	5050	1	1619	85	108
扎兰屯市审计局	34	153046	20	405	34	9785	10	6	33	56
额尔古纳市审计局	24	106920	78		24	313	1	10463	12	100
根河市审计局	21	12300	34	6154	28	196	5	4008	58	95
巴彦淖尔市										
巴彦淖尔市本级	47	247997	240	1699	40	42225	33	34077	96	197
临河区审计局	12	10212	17	77	11	59365	2	272	26	92
五原县审计局	23	78461	26	537	11	4524	12	8	46	96

续表

审计机关	完成审计项目/个	审计查出主要问题金额/万元	审计发现非金额计量问题/个	审计期间整改金额/万元	出具审计报告和审计调查报告/篇	审计处理情况		审计促进整改落实有关问题资金/万元	审计提出建议/条	提交审计信息/篇
						审计处理处罚金额/万元	移送处理事项/件			
磴口县审计局	34	183971			32	4	1		62	99
乌拉特前旗审计局	5	25837	1	25751	5				20	45
乌拉特中旗审计局	22	216554	15	3842	13			209612	50	
乌拉特后旗审计局	23	17425	43	37	20	44	1	44	52	111
杭锦后旗审计局	25	2648	63		25	352		179	76	67
乌兰察布市										
乌兰察布市本级	24	41887	26	4911	5	15136	1	21021		86
集宁区审计局	29	9748	28	7265	30	430		2517	67	17
卓资县审计局	24	231	1	51	20			194	3	54
化德县审计局	16	274		274	16	274		274	45	74
商都县审计局	21	4227	8	399	21	28		4227	29	7
兴和县审计局	11	5292	3		13			5292	15	
凉城县审计局	47	1845	20	1630	47			1630	20	5
察哈尔右翼前旗审计局	17	10011	38	10011	17				7	
察哈尔右翼中旗审计局	6	7629	40	154	23	7629	17	7041	84	146
察哈尔右翼后旗审计局	9	900	2		9	900		900	13	6
四子王旗	21	66	22	66	37			66	46	
丰镇市审计局	42	1073	8	27	42				72	
兴安盟										
兴安盟本级	17	216152	122	52260	21	55749	2	62108	52	107
乌兰浩特市审计局	19	86819	32	138	32	49979	11	49806	74	95
阿尔山市审计局	14	4821	24		14	3929	3	4179	37	68
科尔沁右翼前旗审计局	15	70753	39	439	24	8304	6	7736	38	114
科尔沁右翼中旗审计局	20	175436	60	415	29	3113		2899	48	68
扎赉特旗审计局	35	179801	21	5	52	1727		1585	74	70
突泉县审计局	12	100746	17		13	9377		9361	45	54
锡林郭勒盟										
锡林郭勒盟本级	32	274950	220	34511	39	89490	13	42211	102	91

续表

审计机关	完成审计项目/个	审计查出主要问题金额/万元	审计发现非金额计量问题/个	审计期间整改金额/万元	出具审计报告和审计调查报告/篇	审计处理情况		审计促进整改落实有关问题资金/万元	审计提出建议/条	提交审计信息/篇
						审计处理处罚金额/万元	移送处理事项/件			
锡林浩特市审计局	15	405006	15	1314	15	15042	5	15038	14	
阿巴嘎旗审计局	10	59440	3	3	10	3572		3572	25	1
苏尼特左旗审计局	5	15584	5		5	80	1		8	2
苏尼特右旗审计局	14	13404		13404	13	13404		10805		
东乌珠穆沁旗审计局	14	86877		613	12	86877	2	14987	13	141
西乌珠穆沁旗审计局	12	13300		6751	12	13300		8283	20	110
太仆寺旗审计局	12	10792	22	6632	12	6213		6683	36	
镶黄旗审计局	8	43449			15	285				
正镶白旗审计局	4	6789	3		4	6788			6	
正蓝旗审计局	20	160204	19	28	20	430		17651	21	99
多伦县审计局	12	15086		1504	18				42	
乌拉盖管理区审计局	6	9972		7726	6	9972		9972	16	49
阿拉善盟										
阿拉善盟本级	15	363635	18	13666	25	339343	14	853	23	237
阿拉善左旗审计局	11	9160		3843	18	5920	5	5428	53	67
阿拉善右旗审计局	4	27254	8	26	4	27254	3	6	7	47
额济纳旗审计局	8	992	1	5	8	782		904	10	91
乌兰布和生态沙产业示范区审计局	8	23213	13		11	23198	2	15391	9	186
孪井滩生态移民示范区审计局	3	6103	1		2		1	703	32	97
省直管										
满洲里市审计局	17	93803	60		23	23451	5	18637	49	4
二连浩特市审计局	12	68803	25	863	25			37733	28	10

辽宁省

【辽宁省审计厅】 2022年，辽宁省审计厅实有238人。设有办公室（省委审计委员会办公室秘书处）、法规计划处、审理处、内部审计指导监督处、电子数据审计处、财政审计处、行政政法审计处、教科文卫审计处、农业农村审计处、自然资源和生态环境审计处、固定资产与涉外投资审计处、社会保障审计处、企业审计处、金融审计处、经济责任审计处、机关党委办公室（人事处），18个派出审计处；下设辽宁省审计服务中心1个事业单位，管理辽宁省审计学会。

领导成员

党组书记：陈　勇（—12月）

厅　　长：郭彩云

党组成员、副厅长：张　勇

郑希超（—4月）

于　森（1月—）

姜鹏飞（1月—6月）

马　丽（4月—）

总审计师：李冠华

一级巡视员：张兴民（—6月）

郑希超（4月—）

厅领导干部：刘建君（—6月）

审计成果 2022年，辽宁省审计厅完成审计项目89个。查出主要问题金额2573.97亿元，其中违规金额154.3亿元、损失浪费金额32.19亿元、管理不规范金额2387.48亿元；出具审计报告101篇，出具审计专题、综合性报告37篇，得到省领导批示115篇次。移送司法机关、纪检监察机关和有关部门处理事项130件，移送处理人员23人，移送处理金额103.12万元。审计促进增收节支16.79亿元，其中上交财政3.04亿元、减少财政拨款或补贴0.08亿元、归还原渠道资金13.67亿元；促进拨付资金到位和挽回损失5.75亿元。审计提出建议295条；推动被审计单位制定整改措施430项；促进被审计单位建立健全规章制度52项；提交审计信息657篇，被批示、采用284篇次。向社会公告审计结果6篇。

省属国有企业应收款项及境外资产管理情况审计调查项目被评为全国审计机关优秀审计项目一等奖第一名。困难群众救助补助资金审计、网络安全和信息化建设审计有关成果被审计署综合报告采用，获中央领导同志批示。

审计委员会办公室工作 提请召开省委审计委员会会议3次，研究审议议题8项。强化督办反馈，推动有关地区、部门落实委员会会议议定及领导批示事项10项；严格执行重大事项请示报告制度，向中央审计办请示报告4份，向省委审计委员会请示报告30份。组织召开省委审计委员会成员单位协调会议、省经济责任审计工作联席会议，共同研究、合力落实中央和省委审计委员会会议各项部署要求。组织传达学习中央和省委审计委员会会议精神，总结经验，研究细化落实措施，推动提高工作层次和水平。开展各地审计管理体制改革情况“回头看”，督促推动改革任务落实。制定纪检监察监督、巡视监督与审计监督贯通协同高效实施办法，加强常态化沟通协作，推动形成衔接顺畅、配合有效的大监督工作格局，促进各类监督在深化审计成果运用上相向而行、同向发力。

政策落实情况跟踪审计 着眼促进全省经济社会高质量发展，对结构调整“三篇大文章”“数字辽宁、智造强省”等重大政策措施落实情况进行跟踪审计。在各类审计中关注减税降费、助企纾困、中小企业账款清欠相关政策措施落实情况，推动法治环境和信用环境建设，促进优化营商环境。

财政审计 聚焦财政财务收支真实合法效益审计主责主业，开展省本级、24个省直部门和42个县级法检机关预算执行审计以及2个市财政收支情况审计，对参与预算分配的重点部门和资金量大、涉及面广的二、三级单位重点延伸，对政策倾斜、项目集中的重点地区、重点专项实施上下联动审计，揭示财政政策落实、财政管理、财政收支等方面存在的问题及经济社会运行中的风险隐患和体制机制问题，促进严肃财经纪律和落实过紧日子要求，推动深化财税改革，提高财政保障能力。工作报告提交省委审计委员会、省政府审议，经省人大常委会审议通过，得到充分肯定。

国有企业审计 开展3户省属国有企业资产

负债损益情况审计和部分省属企业存货管理情况审计，揭示改革任务落实、规划目标实现、制度贯彻执行、财务收支管理等方面存在的问题，促进省属国有企业加强内控制度建设、提升精细化管理水平，服务省属国有企业稳健经营、健康发展。开展鞍山银行经营管理情况审计调查，聚焦鞍山银行落实监管政策要求、信用风险管理、公司治理和内部管控、财务管理等4个方面，及时揭示风险和违规问题，推动规范管理，巩固化险成效。

资源环境审计 开展抚顺市党政主要领导干部自然资源资产离任（任中）审计，与经济责任审计同步实施，有效推动领导干部落实生态文明建设责任。开展土地使用权出让金收支情况审计，关注土地出让金收支情况及相关业务管理、土地集约利用等内容，规范专项资金管理。考虑辽宁省自然资源禀赋特点，出台领导干部自然资源资产离任审计评价指标体系实施意见并推开试点。

民生审计 开展全省职业技能提升行动专账资金审计，促进加强技能培训监管，推动就业政策有效落实；开展6市困难群众救助补助资金审计，促进救助补助资金和救助机构管理水平提升；开展12市城镇老旧小区改造项目建设管理审计，推动加强工程建设管理、提高改造项目绩效；开展医保基金及“三医联动”改革专项审计调查，推动医保基金强化管理，规范公立医疗机构经营。开展普通高中教育政策落实、农村人居环境整治等审计，跟进民生资金和项目落实“最后一公里”。

经济责任审计 对地方党委政府、省直部门、市级法检机关、省属高校和企业共32名领导干部（人员）开展经济责任审计，组织各市级审计机关对部分县（市、区）党政主要领导干部开展经济责任审计。结合领导干部经济责任审计，揭示涉嫌职务侵占、利益输送、权力寻租等问题。组织召开经济责任审计联席会议，形成经济责任规章制度、风险提示清单，出台领导干部经济责任审计结果反馈实施办法。

审计查出问题整改 经省委审计委员会审议通过并印发审计整改专项督察工作办法，联合省财政厅、省国资委等部门组成督察组，对13个市、96个县（市、区）和11个省直部门开展审计整改督察，促进超期未整改到位的181个问题切实整改。督促被审计单位切实履行整改主体责任，下达整改督办通知书56份，推动问题整改落实。牵头组织中央预算执行审计和省本级预算执行审计整改工作以及“回头看”，促进整改完成率达90%以上。及时向省纪委监委移送问题线索，向省委巡视办提供审计报告，配合省人大财经委、常委会预算工委开展年度审计查出突出问题整改情况跟踪监督，推动审计整改工作提质增效。

研究型审计 推行审前准备会、审中调度会、审后总结会、成果展示会“四会”模式，强化政策法规库、审计对象库、审计项目库、方法案例库“四库”建设，开展晒、比、评、述“四式”交流，打造学习型、研究型、创新型、复合型团队。开展4大类33个培训项目，组建全省审计理论研究骨干人才库，组织61家单位开展8方面审计科研课题研究，探索与省属高校在课题研究、项目计划咨询和人才培养等方面合作，支持鼓励考取执业注册类、专业技术类资格，提升审计人员能查能说能写本领。编发《审计科研活页》《科研工作简报》，4篇论文入选“十四五”时期国家审计创新发展东华北片区专题研讨会，推进审计科研成果转化。

内部审计 新修订《辽宁省内部审计工作规定》正式颁布，编写政策解读，为推动全省内部审计工作高质量发展提供重要制度支撑。开展内部审计人员“以审代训”，提升内部审计人员能力和水平。

交办任务 开展对16家地方中小银行专项调查，逐项核查清收处置业务，实现“摸实情、促化解、提质效、防风险”的目标，在推动金融改革化险中发挥了重要作用。组织盘锦重点企业资产负债情况专项审计核查，摸清底数，助力处置工作有序推进。对省本级和部分市养老保险风险基金借款进行核查，推动解决历史遗留问题。

相关工作 全力推进完成金审工程三期项目建设，实现署省市县四级审计机关数据互联互通。拓展“大数据+研究型审计”工作模式，绘制辽宁数据审计资源图谱，实现“挂图作战”；发挥省级职工创新工作室引领示范作用，辐射带动全省计算机审计能力提升。

推进厅机关“两学一做”学习教育常态化制

度化，选编印发全省审计机关党史学习教育典型案例，持续巩固党史学习教育成果。举办“讲述‘六地’故事、共话民族复兴”主题党日、“学习身边榜样　我是党员”等活动。发挥党支部标准化规范化建设示范点的引领作用，不断强化基层党组织政治功能和组织功能。开展审计现场廉政回访，常态化开展警示教育和关键时间节点廉政提醒，参观省反腐倡廉展览馆，开展“传家训、立家规、扬家风——读廉政家书　写廉政家书”活动，教育审计干部坚持正确审计政绩观，做到知敬畏、存戒惧、守底线。　（撰稿人：王　帅）

【沈阳市审计局】　2022年，沈阳市审计局实有176人。局长解润泽（—4月）、李艳露（4月—），副局长周成铀（—7月）、于跃、查岩（7月—）、尹孝凡（—12月）、李瑾、沈丹（12月—），总审计师康健（—2月）、徐昕（11月—），正局级领导张国宾（—2月），一级巡视员张国宾（2月—），二级巡视员刘宝石、康健（2月—10月）、周成铀（7月—）。设有市委审计委员会办公室秘书处、办公室、法规计划处、审理处、内部审计指导监督处、电子数据审计处、财政审计处、行政政法审计处、教科文卫审计处、农业农村审计处、自然资源和生态环境审计处、固定资产与涉外投资审计处、社会保障审计处、企业与金融审计处、经济责任审计处、机关党委、机关党委办公室（人事处）以及10个派出审计处。

审计成果　2022年，沈阳市审计局完成审计项目43个。查出主要问题金额37.98亿元，审计发现非金额计量问题2401个，出具审计报告和专项审计调查报告56篇。审计处理处罚金额3.08亿元，移送司法机关、纪检监察机关和有关部门处理事项7件。审计促进整改落实有关问题资金1.04亿元，促进被审计单位建立健全规章制度56项。审计提出建议136条，提交审计信息42篇，被批示23篇次、采用150篇次。

政策落实情况跟踪审计　开展2019年度至2021年度市科技创新政策落实审计，揭示了科技成果本地转化率低等问题。审计报告得到市政府领导高度关注，市政府办公室印发了《沈阳市促进科技成果本地转化行动方案》，提升科技成果本地转化率。

财政审计　开展2021年度沈阳市本级预算执行和其他财政收支审计，充分运用大数据审计分析手段，对市本级预算执行情况进行全覆盖审计，审计工作报告得到了市人大常委会的高度肯定。在非税收入征收征管审计中，揭示了沈阳市污水处理费未及时上缴财政等问题，促进完善污水处理费征收管理体制。

民生审计　开展2020年至2021年困难群众救助补助资金审计，发现应享未享“残疾人两项补贴”、违规领取低保和特困待遇等问题，促进完善《沈阳市改进提升流浪乞讨人员救助管理工作实施方案》等制度，堵塞管理漏洞。

经济责任审计　对16家单位20名领导干部开展了经济责任审计和自然资源资产离任（任中）审计，加大对违纪违规问题的查处力度，为规范权力运行、促进干部干事创业发挥了积极作用。与市委组织部联合印发了《沈阳市领导干部履行经济责任重点风险及多发问题提示清单》，为领导干部划出履责“警戒线”。

审计查出问题整改　制定《审计整改清单制管理办法》和《审计整改后续资料管理办法》，压实整改责任，推进整改工作制度化、规范化、清单化建设。出台《关于建立沈阳市审计整改督查联动机制的意见（试行）》，审计整改督查纳入市级层面督查检查考核计划，与市委督查室、市政府督查室组成联合督查组对未整改问题进行了专项督查，有效形成整改合力。

研究型审计　加强研究型审计，探索审前研讨会、审中调度会、审后分析会和成果讲评会“四会”制度，完善审计对象数据库、审计项目储备库、审计方法案例库和行业领域政策法规库“四库”数据保障，推动审计质量有效提升。建成自然资源资产审计平台、数字化审计分析平台和档案系统，优化形成315个审计模型。

（撰稿人：李晓枫）

【大连市审计局】　2022年，大连市审计局实有145人。党组书记、局长张学贵，党组成员、副局长李宏志（7月—）、于雷、谭军、范静，局领导（国有企业监事会主席副局级）李元鹏（—10月）、满富丽、吴志加（—5月），二级巡视员吴志加（5月—），一级调研员（市管）顾迎良（—12月），总审计师唐晏辉。设有办公室、法制规划处、审理处、电子数据审计处、财政审计一处、财政审计二处、行政政法审计处、教科文卫审计处、农业农村审计处、自然资源和生态环境审计处、固定资产投资审计一处、固定资产投资审计二处、企业审计处、社会保障审计处、金融与涉外审计处、经济责任审计一处、经济责任审计二处、内部审计指导监督处、机关党委办公室（人事处）。

审计成果 2022年，大连市审计局完成审计项目35个，查出违规金额4.86亿元、损失浪费金额42万元；审计发现非金额计量问题299个；审计处理处罚金额4.38亿元；移送司法机关、纪检监察机关和有关部门处理事项14件；审计提出意见478条，被采纳433条；推动被审计单位制定整改措施145项；促进被审计单位建立健全规章制度38项。向市委、市政府报送审计要情、信息专报15篇，其中9篇得到市委、市政府主要领导批示。

财政审计 开展市级预算执行审计（含政府债务调查），揭示了预算编制执行、非税收入征收管理、财政资源统筹等问题，盘活收缴资金约2.04亿元。开展城镇老旧小区改造审计，督促各级财政部门加快拨付资金6000余万元，惠及市民9.4万余户，被评为大连市2022年度法治为民办实事示范项目。

农业农村审计 聚焦粮食安全和种源保护开展审计，督促有关主管部门制定《大连市农作物种子管理法规体系完善整改工作落实方案》，助力农业综合行政执法部门破获5家生产企业重大生产经营假种子案。

审计查出问题整改 2022年度市本级预算执行和其他财政收支审计查出问题165项，有关地区、部门和单位已整改117项，整改率71%。

相关工作 提请召开党委审计委员会会议3次，推动落实会议议定事项5项。严格执行重大事项请示报告制度，向省委审计委员会上报请示报告10份，办理下级重大事项请示报告92份。加强对下级党委审计委员会的工作指导，通过上下联动统筹审计力量，推动全市审计工作。制定《信息化审计三年行动实施方案（2022—2024年）》，通过建立数据实务导师、开展“数据沙龙”等方式，提升审计干部大数据审计实战能力。

研究制定《大连市审计局关于培养高质量审计人才队伍实施方案（2022—2024年）》《中共大连市审计局党组关于加强干部梯队建设的意见》。

（撰稿人：汪津宜）

【鞍山市审计局】 2022年，鞍山市审计局实有104人。党组书记、局长阚小阳，党组成员、副局长李久韬、郑晓曦、邵伟、刘宾瑶（5月—），党组成员、总审计师王立辉。设有办公室、综合督考计划科（市委审计委员会办公室秘书科）、审理法规科、财政审计一科、财政审计二科、内部审计指导监督科、电子数据审计科、行政政法审计科、教科文卫审计科、农业农村审计科、自然资源和生态环境审计科、固定资产与涉外投资审计科、社会保障审计科、企业金融审计科、重大政策项目审计科、经济责任审计一科、经济责任审计二科、经济案件审计一科、经济案件审计二科、机关党委办公室（人事科）、派出县区审计科；下设事业单位鞍山市审计事务中心。

审计成果 2022年，鞍山市审计局完成审计项目58个。查出主要问题金额41.37亿元，审计发现非金额计量问题245个，出具审计报告、专项审计调查报告、审计结果报告71篇。审计处理处罚金额6.79亿元，移送司法机关、纪检监察机关和有关部门处理事项33件。审计促进整改落实有关问题资金22.91亿元，促进被审计单位建立健全规章制度57项。审计提出建议151条。

政策落实情况跟踪审计 组织7个县（市、区）对中央直达资金、减税降费政策落实、清理拖欠中小企业账款、优化营商环境政策落实等方面开展审计，督促各县（市、区）完成以前年度问题整改。开展铁西区5所中小学清理拖欠民营企业中小企业账款等审计调查。

财政审计 实行市县两级预算执行一体化审计。指导和带动7个县（市、区）及3个开发区同步完成审计工作，组织召开2次预算执行审计调度会，发现市本级财政管理、市直部门预算执行、市县联动一体化以及重点专项资金和重点项目建设等方面问题。

民生审计 开展全市困难群众救助补助资金审计、全市住宅专项维修资金审计调查、老旧小区改造项目审计，向党委政府报送的专报得到市主要领导批示，有关问题线索向纪检监察机关移送。

经济责任审计 完成经济责任审计计划23户，离任领导交接14户、告知16户。开展2项领导干部自然资源资产离任审计工作。联合市委组织部制定下发《鞍山市领导干部履行经济责任和自然资源资产管理、生态环境保护责任重点风险提示清单》，解答并汇总各单位对照该清单内容自我检视及整改落实情况。

研究型审计 出台鞍山市《关于深入开展研究型审计推动审计工作高质量发展的实施意见》，开展鞍山市研究型审计系列活动，以“聚焦主责主业 审计服务民生”为主题，在全市范围内开展“鞍山市研究型审计系列活动”，编制并印发《鞍山市审计局研究型审计专刊》。

（撰稿人：程 玲）

【抚顺市审计局】 2022年，抚顺市审计局实有95人。党组书记张良玉，局长周连霞，副局长王骥、柏翀、张文华（8月—）、刘志斌（8月—）、胡恩刚（—7月）、孔祥禄（—5月），总审计师张文华（—11月）、王宇（11月—）。设有办公室、综合科、法规计划科、审理科、内部审计指导监督科、电子数据审计科、财政审计科、行政政法审计科、教科文卫审计科、农业农村审计科、自然资源和生态环境审计科、固定资产投资审计一科、固定资产投资审计二科、社会保障审计科、企业审计科、金融审计科、经济责任审计一科、经济责任审计二科、审计整改督察科、机关党委办公室（人事科）；另设市委审计委员会办公室秘书科。

审计成果 2022年，抚顺市审计局完成审计项目48个。查出主要问题金额4.15亿元，审计发现非金额计量问题336个，出具审计报告和专项审计调查报告72篇。审计处理处罚金额0.41亿元，移送司法机关、纪检监察机关和有关部门处理事项6件。审计促进整改落实有关问题资金0.27亿元。审计提出建议143条，被采纳143条，提交审计信息7篇，被批示采用3篇。

审计委员会办公室工作 筹备召开了市委审计委员会第八次、第九次会议。严格落实重大事项请示报告制度和审计委员会议定事项督查督办制度，向党委审计委员会请示、报告40篇，提请审议议题10项，落实议定事项9个。

政策落实情况跟踪审计 开展“三篇大文章”政策落实和智造强省专项资金管理使用情况审计，有效强化了政策资金的精准投用和跟踪问效；开展2019年至2021年老旧小区改造项目审计调查，促进和保障了惠民政策的落地见效；开展乡村振兴政策和扶贫资金审计，推动重新出台防贫保险实施方案，推动脱贫攻坚成果与乡村振兴政策落实有效衔接。

财政审计 采取“1拖N”审计模式，延伸审计127个单位，查出主要问题金额10.89亿元，出具各类文书90件，移送问题案件线索6件。

国有企业审计 开展市供水集团和公交公司经济责任审计，深度剖析了企业经营面临困难和挑战的深层次原因，推动制定了多项企业内控制度。

民生审计 加大对城建资金、医疗卫生、应急物资、退役军人、水源保护等方面审计，促进城市维护建设资金提高绩效、医疗设备采购资金规范使用、退役军人政策措施落实落地、大伙房湿地保护责任清晰明确等，推动各项惠民利民政策真正落到实处。

经济责任审计 开展24家部门单位领导干部经济责任审计，审计报告同步抄送经济责任审计工作联席会议各成员单位，实现审计监督与纪检监察、组织人事深度融合和贯通协调。开展了清原满族自治县、抚顺县、新抚区、顺城区4个县区人民检察院领导干部经济责任审计。对全市32名领导干部实施离任经济事项交接。

审计查出问题整改 构建审计整改长效机制，审计整改工作列入市委年度督查计划，与市督考办联合办公，对超期未整改事项共同督办，有效增强了审计整改的约束力和震慑力。年内两次集中开展市本级预算执行整改复核工作，整改金额10.84亿元。

内部审计 认真开展内部审计统计调查和内部审计资料备案工作，全面掌握1063家内部审计单位的人员结构、制度建设和工作开展情况。制定《抚顺市审计局内部审计工作监督检查方案》，采取日常监督、项目监督、专项检查相结合的方式，进一步规范内部审计行为、提高内部审计质量，增强审计合力。（撰稿人：刘　阳）

【本溪市审计局】 2022年，本溪市审计局实有70人。党组书记崔保民（—1月）、沈建国（2月—），局长崔保民（—2月）、田伟（3月—），副局长邹新鹏、赵雪梅、蔡明东（10月—），总审计师穆岩屹（10月—），二级巡视员崔保民（2月—）。设有办公室、法规计划科、审理科、内部审计指导监督科、电子数据审计科、财政审计科、行政事业审计科、农业农村审计科、自然资源和生态环境审计科、固定资产与涉外投资审计科、社会保障审计科、企业与金融审计科、经济责任审计科、政策跟踪审计科、机关党委办公室（人事科）；下设事业单位本溪市审计服务中心。

审计成果 2022年，本溪市审计局完成计划内审计项目54个。查出问题金额2.48亿元，出具审计报告54篇，移送纪检监察机关处理事项5件。审计促进上缴财政资金0.99亿元，拨付资金到位0.37亿元，被审计单位制定整改措施和健全规章制度88项。审计提出建议160条，全部被采纳，提交审计信息135篇，被采用37篇次。

财政审计 对全市67家一级预算单位实施数据审计覆盖，以“四统一”创新组织方式对其中12个部门开展预算执行现场审计，促进上缴财政资金2712万元，推动拨付资金3699万元，追回资金74万元，提升了财政资金使用绩效。

国有企业审计 对全市41家一级国有企业、86家二三级子公司进行国有资本收益审计调查，摸清了现有国有资本经营收益底数，揭示了经营收益规模小、部分企事业单位未纳入收益征缴范围等问题，并有针对性地提出切实可行的审计建议，为完善国有资本经营收益管理和推动全市国资国企改革提供了重要参考。

农业农村审计 开展全市扶贫资产管理使用情况专项审计调查，涉及765项扶贫资产，覆盖全市36个涉农乡镇、办事处，揭示部分扶贫资产未能实现保值增值、未确定产权归属等问题，为市委、市政府决策提供了依据。

民生审计 开展困难群众救助资金审计调查，审查了10个街道办事处1500多份档案资料，入户走访近百户，揭示特困人员认定新政策未及时落实等诸多问题，推动兜牢民生底线。

经济责任审计 全年实施审计项目29个，查出问题143个，促进整改落实有关问题资金7363万元。梳理各行业各部门各领域多发、易发6个方面36类108个风险点，制定了本溪市领导干部经济责任风险提示清单，推动领导干部依法用权、担当作为。

审计查出问题整改 制定《本溪市审计整改工作暂行办法》，修订《本溪市审计局督促审计整改工作办法》，为推动审计整改提供制度保障。完成各类审计查出问题整改396个；制定完善政策措施和制度规则113项；促进下拨资金4.8亿元，收回问题资金3.2亿元，归还原资金渠道5.6亿元。

研究型审计 出台《关于深入开展研究型审计　推动审计高质量发展的实施意见》，将“四会”制度贯穿审计全过程，积极开展审计实务和理论研究探索，组织开展“五个一”成果评比和全局性交流研讨，加大年度考核力度，形成了囊括制度设计、组织推动、考评交流在内的完整工作闭环。（撰稿人：王　婉）

【丹东市审计局】 2022年，丹东市审计局实有62人。党组书记、局长马文艳（—9月）、苗强（9月—），党组成员、副局长吕亚军、李殿卉、邵春平、王志强，党组成员、总审计师肖培国，党组成员李世勇。设有秘书科、办公室、法规计划科、审理科、内部审计指导监督科、电子数据审计科、财政审计科、行政事业审计科、农业农村审计科、自然资源和生态环境审计科、固定资产投资审计科、社会保障审计科、企业和金融审计科、经济责任审计科、机关党委办公室（人事科）。

审计成果 2022年，丹东市审计局完成审计项目38个，审计发现问题185个，涉及金额11.2亿元，出具审计报告和专项审计调查报告55篇，提出审计建议96条，移送问题线索8件，促进增收节支及挽回损失4.06亿元，推动建立健全规章制度20个。

政策落实情况跟踪审计 围绕省委省政府、市委市政府重大决策部署，组织开展产业结构调整、信息化建设、新冠肺炎疫情防控资金管理、农村饮水安全等专项审计，促进财政资金拨付到位1.63亿元。

财政审计 完成10个市直部门和3个县(市、区)检法机关预算执行审计，揭示问题152个，涉及金额16.91亿元，促进财政资金拨付到位32169万元，规范财务核算29048万元，上缴财政资金9765万元，支付应返还款项518万元，追缴各类违规发放补贴63万元，加强资产管理11932万元，促进出台制度文件25项。开展三湾水利工程项目财务收支及项目执行情况专项审计调查，对工程超概算5.76亿元进行追踪溯源，剖析原因，为政府决策提供参考依据。持续对市医疗卫生综合楼项目、市第一中学异地新建项目、市第六人民医院新建项目、强制戒毒所异地新建项目、健康驿站5个投资项目进行跟踪审计，及时发现典型问题并提出整改意见，促进提高投资绩效。

民生审计 开展扶贫资金形成资产管理使用情况审计，重点抽查11个乡镇产业扶贫发展、扶持壮大村集体经济、少数民族发展等专项资金形成资产的管理使用情况。实施市中医院和人民医院资产负债审计，查出虚增资产、违规长期借款、拖欠职工薪酬等风险隐患问题。

经济责任审计 召开经济责任审计工作联席会议，做好领导干部任前经济责任告知和离任经济事项交接，促进更好履职尽责。实施9名领导干部经济责任审计和1名领导干部自然资源资产离任（任中）审计。

审计查出问题整改 牵头落实省委第六巡视组反馈问题和省本级预算执行等审计反映问题的整改工作，抓好市本级2021年预算执行审计发现问题整改工作，已完成整改121项，整改金额8.35亿元。制定《督促审计整改工作办法》，明确4项整改标准，推动整改工作制度化规范化。与有关部门联合制定《关于推动巡视巡察、审计发现问题整改工作常态化制度化的通知》，推动形成整改合力。 （撰稿人：于小萌）

【锦州市审计局】 2022年，锦州市审计局实有91人。党组书记、局长韩宁（—9月），党组成员、副局长于涛、王新、张忠文、张光勇，党组成员、总审计师马向辉（2月—），党组成员、市审计服务中心主任朱连志。设有办公室（审计办秘书科）、法规审理科、综合计划科、内部审计指导监督科、电子数据审计科、财政审计科、行政政法审计科、教科文卫审计科、农业农村审计科、自然资源和生态环境审计科、固定资产与涉外投资审计科、社会保障审计科、企业与金融审计科、经济责任审计科、审计督察科、机关党组织办公室（人事科）；下设事业单位锦州市审计服务中心。

审计成果 2022年，锦州市审计局完成审计项目40个，促进盘活存量资金7090.77万元，促进增收节支7072万元，移送案件线索8件，8份审计专报被市领导批示。

组织实施的某公司资产负债损益审计项目荣获全国审计机关优秀审计项目三等奖。

政策落实情况跟踪审计 开展了产业结构调整“三篇大文章”政策落实和“数字辽宁、智造强省”资金专项审计调查，促进落实项目建设专项资金1150万元。开展了行政机关（事业单位）拖欠款项对营商环境影响情况专项审计调查、南山垃圾场封场和梯子沟垃圾场建设资金使用情况专项审计，促进优化了营商环境。

财政审计 完成20个预算执行审计项目，揭示了预算编制以及国有资产管理等方面的问题，促进了财政资金规范管理。组织市县两级审计机关对部分省以上重点专项资金及财政暂付性款项有关情况进行审计，进一步严肃了财政纪律。完成政府投资审计5项，组织开展了辽宁省（锦州市）传染病区域集中救治中心道路工程决算审计、锦凌水库供水工程结算审计、市纪委监委办案业务用房改扩建工程跟踪审计等5个项目，及时揭示苗头性、倾向性问题，促进了建设项目规范管理。

国有企业审计 对11户市属国有企业开展了“三重一大”专项审计调查，揭示了5大类51个问题，提出了促进规范用权等33条审计建议，促进提高国有企业依法经营、科学决策水平。

经济责任审计 对10名关键岗位和重点部门的领导干部开展了经济责任审计，揭示了内控制度不完善、未实行收支两条线等方面存在的问题，有效促进了领导干部依法行政。

审计查出问题整改 开展市本级深化审计整改“清仓见底”专项行动，针对2017年至2021年审计查出的问题，核准认定完成整改的问题2875个，推动完成整改问题665个，涉及金额33.06亿元，促进被审计单位出台完善管理制度154项。对未完成整改的463个问题，持续加大整改督察力度。出台《锦州市审计局审计查出问题整改结果认定标准暂行办法》，统一整改认定标准，规范整改认定流程。（撰稿人：马 微）

【营口市审计局】 2022年，营口市审计局实有54人。党组书记、局长武显东，党组成员、副局长王世强（—8月）、穆野（6月—）、许林（—2月）、田海英（—12月）、刘金媛、张凌云（8月—），党组成员、总审计师李戈。设有机关党总支办公室、政策法规科、审理科、内部审计指导监督科、电子数据审计科、财政审计科、行政政法审计科、教科文卫审计科、农业农村审计科、自然资源和生态环境审计科、固定资产投资审计科、社会保障审计科、企业与金融审计科、经济责任审计科。

审计成果 2022年，营口市审计局完成审计项目39个，出具审计报告46篇，审计查出管理不规范金额9.60亿元、违规金额0.34亿元，移送处理事项10件，移送处理金额0.34亿元，出具审计决定14项，提出审计建议67条。

政策落实情况跟踪审计 围绕产业结构调整“三篇大文章”重大决策部署贯彻落实和“数字辽宁、智造强省”专项资金管理、全市城镇老旧小区改造、高标准农田项目建设等情况实施政策跟踪审计，揭示了滞拨财政补助资金、超概算投资、公共停车位配建指标低等问题，涉及资金1.78亿元，有效推动健全制度、规范管理、促进发展。

财政审计 依托大数据审计技术，对市级预算单位实施全面数据分析，对市本级财政、8个市直部门、3个省审计厅授权检法部门开展了预算执行及决算草案编制情况现场审计，对2个县区的年度财政决算情况、1个市直部门的财务收支情况实施了重点审计，揭示相关部门预算编制不完整、决算数据不准确等问题，涉及移送处理事项1件，出具审计决定8项，有效促进提高政府资金使用效率。

经济责任审计和资源环境审计 完成经济责任审计项目10个、自然资源资产离任审计项目1个，审计共查出涉及问题资金1.16亿元，提出审计建议28条，涉及移送处理事项3件，出具审计决定3项，11篇审计报告得到市领导高度重视和批示，要求相关单位认真落实整改责任，确保相关问题及时解决。

民生审计 对困难群众救助补助资金、基本公共卫生服务补助资金、残疾人就业保障金和丹东市、鞍山市风险基金借款发放养老保险情况、辽阳市医保基金及“三医联动”改革推进情况开展审计，揭示相关民生资金在征收使用管理和政策制度执行中存在的突出问题和风险隐患，推动从“兜底民生”向“品质民生”转变。

专项审计 聚焦政策落实、项目落地和资金到位，对体彩公益金、中小企业发展资金、扶贫资产等专项资金管理和使用以及农村人居环境整治等情况开展专项审计，审计共发现合同签订不规范、未签订相应抵押担保合同等问题47个，涉及资金7223.03万元，出具审计决定3项，有效提高各类专项资金的使用效率和效益。

（撰稿人：王 菁）

【阜新市审计局】 2022年，阜新市审计局实有57人。党组书记于国忠（—7月），局长于国忠（—3月）、金长起（3月—），副局长张皓（7月—，主持党组工作）、张万军（2月—）、马丽娟、刘建新（4月—）。设有机关党委办公室（办公室、人事科）、审计委员会办公室秘书科（综合法规科）、审理监督科、电子数据科、固定资产与涉外投资审计一科、固定资产与涉外投资审计二科、行政政法审计科、教科文卫审计科、企业审计科（内部审计指导监督科）、社会保障审计科、农业农村审计科、财政金融审计科、自然资源和生态环境审计科、经济责任审计科；下设事业单位审计信息中心。

审计成果 2022年，阜新市审计局组织开展40个审计项目。审计报告、调查报告被市领导批示4篇次。审计查出问题368个，涉及金额12.83

亿元，提出审计建议148条，向主管部门移送问题线索1件。审计促进整改落实有关问题资金2.01亿元，促进上缴财政资金0.74亿元，挽回或避免损失10.6万元，归还原渠道资金408.5万元，促进资金拨付106.2万元，促进被审计单位建立健全规章制度21项。

财政审计 组织开展市本级财政、高新开发区管委会和7个部门（单位）预算执行审计，将审计和整改情况向市人大常委会报告，得到市人大常委会充分肯定。促进市直部门上缴财政结存资金268万元，推动市财政部门出台《阜新市财政收回存量资金管理暂行办法》补充规定。组织开展市民服务中心PPP项目、公安“三所”、老旧小区改造、水利工程等建设项目专项审计，规范了政府投资项目管理与资金使用，提升了资金的使用效益。

民生审计 围绕推动兜牢民生底线，组织开展防疫物资采购、社会养老院、困难群众救助、“三医联动”等审计项目。市委、市政府召开专题会议研究防疫物资采购审计项目整改工作，通过退还3M口罩、补发物资等方式挽回损失，推动相关部门建章立制21项，有1人被追责问责。

审计查出问题整改 市委、市政府召开8次专题会议部署整改工作，市审计局按照“全面、精准、督办、严格、约谈、报告”要求，下达督办书48份，约谈22家单位，开展联合督查1次，与有关部门联合出台了《阜新市审计整改提示督办暂行办法》《阜新市纪检监察监督与审计监督贯通协同高效实施办法（试行）》《关于加强巡察监督与审计监督贯通的意见》，全面整改、专项整改、重点督办的工作格局初步形成。

相关工作 坚持政治立审、科技强审、以研促审、人才兴审，印发《关于开展研究型审计的实施意见》和《审计质量控制工作要点》，组织开展金审三期、“双示范市”等专题培训、年轻干部座谈会以及年度集中培训暨研究型审计案例交流会，不断锤炼审计职业精神和专业能力。

（撰稿人：杨力剑）

【辽阳市审计局】 2022年，辽阳市审计局实有62人。党组书记刘昕（2月—），局长张迎胜，党组成员、副局长刘光俊（4月—）、杨勇、李艳菊（4月—）、闫振佳（2月—）、边克吉（—5月），党组成员、总审计师陈立生（—6月）。设有秘书科、办公室、机关党务办公室（人事教育科）、法规审理科、内部审计指导与综合计划科、财政审计科、党政机关经济责任审计科、企事业单位经济责任审计科、农业农村审计科、重大项目跟踪审计科、社会保障审计科、自然资源和生态环境审计科、电子数据审计科、经济贸易审计科、政策落实与金融审计科、行政政法审计科、教科文卫审计科、政府投资绩效审计科、审计整改督查科；下设事业单位辽阳市审计服务中心。

审计成果 2022年，辽阳市审计局完成审计项目39个，查出问题金额35.59亿元，出具审计（调查）报告57篇，提出建议128条，促进资金拨付到位和挽回损失335万元，向纪检机关和有关部门移送问题线索9件。

政策落实情况跟踪审计 对产业结构调整“三篇大文章”政策落实、扶贫资产管理、招商引资项目质量等重大政策措施落实情况进行跟踪审计，关注助企纾困、中小企业账款清欠等相关情况，推进政府信用建设和地区营商环境建设发展。全市扶贫资产管理专项审计发现12类20个问题，向主管部门移送问题线索1件。招商引资项目质量审计成果获市政府主要领导肯定性批示。

财政审计 开展市本级、4个市属执法队预算执行等审计，发现5个方面28类问题，促进财政资金拨付350万元，清理撤销银行账户5个，盘活财政存量资金110.04万元，上缴涉案罚没款、执行款1038.02万元，退还企业诉讼费15.12万元。实施太子河上游左岸生态治理工程决算审计等政府投资审计项目4个，进一步推动投资审计升级转型。开展对双河生态示范项目、历史文化名城保护利用项目等跟踪审计任务，发挥审计监督保障作用。

资源环境审计 完成山水林田湖草沙一体化保护和修复治理工程跟踪审计，结合领导干部经济责任审计统筹开展文圣区主要领导自然资源资产审计，向主管部门移送2件4条问题线索。

民生审计 开展医保基金及“三医联动”审计，推动规范医保基金管理，兜牢民生底线。持续关注惠企惠民政策落地见效，依法依规揭示超时限返还退还农民工工资保证金等问题，推动了人社部门修改和完善相关制度及业务流程。

经济责任审计 完成经济责任审计 16 个，共查出问题金额 2.14 亿元，向主管部门移送问题线索 2 条。部分人力资源派遣机构超额申领劳务派遣人员社会保险费用问题呈报市政府，获主要领导批示。

审计查出问题整改 市政府召开审计整改工作推进会议，完成对《关于进一步加强审计整改工作的意见》修订，进一步健全审计整改长效机制。完成对 6 个县（市、区）政府、7 个市直部门（单位）审计整改市级绩效考核任务。经市委编办同意，增设审计整改督查科，实现了审计整改专门机构管理。

内部审计 加大对内部审计工作的指导和监督检查力度，向全市专、兼职内审人员印发《内部审计程序范例》。选取部分单位开展专项调研，推广总结先进经验和做法，推动提升内审工作质量。（撰稿人：黄淑娣）

【盘锦市审计局】 2022 年，盘锦市审计局实有 29 人。党组书记、局长郭克敏，党组成员、副局长王竹宝（援疆）、郭铧震、纪永胜、庞东方。设有办公室（机关党委办公室、人事科）、法规综合科（市委审计委员会办公室秘书科、对辽东湾工作科）、经济责任审计科、财政和金融审计科、行政事业审计科、农业外资和企业审计科、经建与社保审计科、固定资产投资审计科、电子数据审计科；下设事业单位审计信息服务中心。

审计成果 2022 年，盘锦市审计局开展 33 个审计和审计调查项目，出具报告 31 份，下达审计决定书 12 份，审计查出问题 13.63 亿元，促进拨付资金到位 1.51 亿元。提请市委、市政府 4 次召开会议研究审计或审计整改工作；被审计单位采纳审计建议 97 条，制定完善制度措施 129 项，有力促进加强管理、完善制度；向市纪委监委机关移送问题线索 22 件，向市住建部门移交问题线索 2 件。

政策落实情况跟踪审计 开展产业结构调整政策落实和“数字辽宁、智造强省”资金专项审计调查，重点关注产业结构调整重大决策部署贯彻落实、重点任务推进、“数字辽宁、智造强省”专项资金管理使用情况，切实发挥政策跟踪审计稳经济发展的作用。

财政审计 开展 2021 年度市本级预算执行及决算草案编制情况审计、8 个部门单位的预算执行及决算草案编制情况审计等，重点关注预算编制执行、专项资金绩效、政府债务管理、国有资产管理、减税降费和助企纾困政策落实等情况，以强有力的审计监督维护财经纪律权威；市人大常委会审议通过审计工作报告。

民生审计 组织实施了义务教育生均经费、职业教育资金、困难群众救助补助资金、涉农专项补贴资金、全市农村“厕所革命”等审计或专项审计调查，重点关注民生政策落实、资金使用、项目运营等情况，揭示体制机制和政策执行中的堵点、难点、断点问题，严肃查处发生在群众身边的腐败问题和不正之风，促进兜牢民生底线，使改革发展成果更多更公平惠及全体人民。

经济责任审计 对 5 名领导干部开展经济责任审计，立足于经济责任的职责定位，精准聚焦政策的执行、权力的运行和责任的落实，重点检查贯彻执行党和国家经济方针政策、决策部署情况，本部门经济社会发展规划制定执行效果情况及任期内重大经济事项决策执行情况，加大对公共权力的监督和制约；对 1 名领导干部开展自然资源资产审计，促进领导干部树立绿色发展理念和正确政绩观。

审计查出问题整改 与市政府办联合印发《关于建立上级审计机关审计查出问题整改工作协作机制的实施办法》，动态夯实整改台账数据基础，确保上级审计机关今后查出涉及盘锦市问题不漏项；与市财政局联合印发了《关于建立审计监督与财政监督工作协作机制的实施办法》，推动审计监督与财政监督贯通协作制度化、规范化，形成有效监督合力；推动历史遗留问题整改，会同市财政局、市国资委组成督察组，采取书面督察和现场督察相结合的方式，对 34 个单位、4 个县区、2 个经济开发区开展专项督察，通过专项督察，推动省委巡视指出和各级审计机关近三年查出超整改期限问题完成整改 152 个。

（撰稿人：焦百惠）

【铁岭市审计局】 2022年，铁岭市审计局实有52人。局长张波，副局长杨占荣、李化山、邵荣（—11月）、赵国东，总审计师张杰（—12月）。设有办公室、计划审理科、内部审计指导监督科、电子数据审计科、财政审计科、行政政法审计科、教科文卫审计科、农业农村审计科、自然资源和生态环境审计科、固定资产与涉外投资审计科、社会保障审计科、企业审计科、金融审计科、经济责任审计一科、经济责任审计二科、机关党总支办公室（人事教育科）。

审计成果 2022年，铁岭市审计局完成审计项目47个。查出主要问题金额29.8亿元，审计发现非金额计量问题543个，出具审计报告和专项审计调查报告62篇。审计处理处罚金额1.68亿元，移送司法机关、纪检监察机关和有关部门处理事项32件。审计促进整改落实有关问题资金9.81亿元。审计提出建议164条，提交审计信息24篇，批示、采用24篇次。

政策落实情况跟踪审计 立足服务中心大局，突出对市医院异地新建项目、疫情防控款物及相关项目建设、污水管网维修改造工程等重大项目、重大资金、重点任务密切跟踪，切实督促重大政策措施精准落地、发挥实效。聚焦防范化解重大风险，高度关注基层“三保”、地方政府债务等重点领域，及时反映重大风险隐患，发挥审计预警作用。

财政审计 开展铁岭市本级和3个市直部门预算执行及决算草案编制情况审计，调兵山市、清河区检法机关预算执行及决算草案编制情况审计，其余一级预算单位数据分析全覆盖。围绕助力县域经济发展，全市选取17个乡镇开展财政管理情况审计调查，产生极大震慑效应，对推动规范乡镇财政管理起到积极作用。

民生审计 围绕政府投资项目规范管理，对全市七个县（市、区）和经济技术开发区开展老旧小区改造项目审计，揭示出29类60余个问题。围绕全面推进乡村振兴战略，对全市乡村振兴资金管理使用和扶贫资产管理使用情况进行审计，进一步推动脱贫攻坚成果同乡村振兴有效衔接。

经济责任审计 对市直10个单位11名主要领导干部和3户市属国有企业4名主要领导人员开展经济责任审计。制定经济责任审计项目复核管理办法，对经责项目前置复核，提高质量，防范风险。

审计查出问题整改 对老旧小区改造、乡村振兴资金管理使用和扶贫资产管理使用情况等全市性审计项目，分别到各县（市、区）召开审计结果现场通报会，提出整改要求。联合市财政局、市农业农村局、市自然资源局、市住建局等部门组成督办组，对全市七个县（市、区）开展审计整改现场督办指导，构建起审计整改大格局。

相关工作 坚持和加强党对审计工作全面领导，严格落实全面从严治党要求，深入推进党风廉政建设。全力抓好研究型审计，组织召开研究型审计经验交流会。全力抓好信息化建设，完成金审工程三期网络部署及相关配套设施建设，正式投入使用。 （撰稿人：王贞洁）

【朝阳市审计局】 2022年，朝阳市审计局实有40人。局长王福辉（—7月）、陈平（7月—），副局长马春良、鲁秀静、赵锋（4月—）、朱光宇（8月—），总审计师马冀远（7月—），副县级领导干部王建华，二级调研员周军昌、王素枝。设有市委审计办秘书科、办公室、法规审理与内部审计监督指导科、电子数据审计科、财政审计科、行政事业审计科、农业农村审计科、自然资源和生态环境审计科、固定资产投资审计科、社会保障审计科、经贸审计科、经济责任审计科、机关党总支办公室（人事教育科）；下设事业单位朝阳市审计事务服务中心。

审计成果 2022年，朝阳市审计局完成审计项目33个。查出主要问题金额48.6亿元，审计发现非金额问题149个，出具审计报告和专项审计调查报告26篇。审计处理处罚金额21.8亿元，移送司法机关、纪检监察机关和有关部门处理事项9件。审计提出建议97条，提交审计信息108篇。

政策落实情况跟踪审计 围绕优化营商环境、安全生产、产业结构调整“三篇大文章”和“数字辽宁、智造强省”等重大政策措施贯彻落实情况，揭示了开工手续不完善、达产项目成效较低等16个问题，审计保障政令畅通作用显著。

财政审计 对市本级198家一、二级预算单位采用数据疑点核实与现场审计相结合的方式，揭示了预算编制不精准、财务核算不严格等问题，查出违规及管理不规范资金21.9亿元，实现了预算执行审计全覆盖。

国有企业审计 在企业投资经营环境审计中，揭示招商引资政策执行、“放管服”政策推进、支持企业发展政策落实等5个方面问题，涉及违规及管理不规范资金1.2亿元，为营造良好的投资经营环境破除阻碍。

民生审计 组织开展扶贫产业项目资产、老旧小区改造等重点民生项目和资金审计，揭示配套资金未落实、注入资金逾期未收回等问题，共查出违规及管理不规范资金6.1亿元，保障了资金充分发挥效益，推动了政策落实落地。

审计查出问题整改 将审计整改督察工作职能划入市委审计办秘书科，从党委审计办高度研究摆布、统筹推进审计查出问题整改工作。2022年，共印发督办单32件，协调推进省以上未整改问题销号8个。 （撰稿人：关佳佳）

【葫芦岛市审计局】 2022年，葫芦岛市审计局实有47人。局长赵素芝，副局长谭玉敏、王丽君（1月—）、赵兰新（—8月），总审计师王丽君（—1月）、马树军（1月—）。设有办公室、机关党总支办公室（人事科）、法规计划科、经济责任审计科、财政审计科、行政政法审计科、社会保障审计科、农业农村审计科、自然资源和生态环境审计科、固定资产审计科、教科文卫审计科、审理科、内部审计指导监督科、电子数据审计科、企业与金融审计科；下设事业单位葫芦岛市审计服务中心。

审计成果 2022年，葫芦岛市审计局完成审计（调查）项目38个，出具审计报告45份，向社会发布审计结果公告2篇，提出审计建议124条，下达审计决定11份。查出主要问题金额230.29亿元，其中违规金额1.32亿元，管理不规范金额77.74亿元，移送了案件线索8件。

政策落实情况跟踪审计 开展老旧小区改造项目、新增拖欠中小企业账款情况、产业结构调整“三篇大文章”政策落实和“数字辽宁、智造强省”专项资金等审计。

财政审计 开展8个部门的预算执行审计、财政重点专项资金审计、网络安全和信息化建设审计，市人大常务会对审计工作和审计发现问题的整改工作给予了充分认可。开展了海翔路高架桥工程建设管理和资金使用情况审计，揭示未批先建、招标及合同签订不规范等方面问题。

资源环境审计 开展连山区林业专项资金审计，揭示林业专项资金管理使用中存在的虚列、挪用、滞留等问题，涉及违纪违法问题线索移送纪委监委机关。实施了绥中县、连山区资源环境审计，揭示土地闲置等方面问题。

民生审计 开展教育专项资金管理使用情况及相关政策落实情况审计，现场延伸审计了49所学校，查处了课后服务费管理混乱、学校食堂管理混乱等方面问题，涉及违纪违法问题线索已移送纪委监委。

审计查出问题整改 对2018年以来的审计报告进行梳理，对未整改问题进行了全面督察督办。对中央预算执行审计和省本级预算执行审计查出的涉及本地区问题进行整改督办，跟踪督促检查省委审计委员会2022年度审计整改专项督察涉及本地区的问题整改情况。

交办任务 完成市委、市政府交办工作7项，减少财政支出810万元，为市委、市政府决策提供翔实数据支撑。

相关工作 以党建引领推动各项工作高质量发展，制定了《葫芦岛市审计局党组落实全面从严治党主体责任清单》，修订了《葫芦岛市审计局党组议事规则》，建立健全了3项内部管理制度。 （撰稿人：李卫东）

2022年辽宁省所辖市、县（市、区）审计工作统计表

审计机关	完成审计项目/个	审计查出主要问题金额/万元	审计发现非金额计量问题/个	审计期间整改金额/万元	出具审计报告和审计调查报告/篇	审计处理情况：审计处理处罚金额/万元	审计处理情况：移送处理事项/件	审计促进整改落实有关问题资金/万元	审计提出建议/条	提交审计信息/篇
沈阳市										
沈阳市本级	43	379800	2401	6838	56	30775	7	10357	136	42
和平区审计局	9	870	140	9	16	41		634	12	
沈河区审计局	8	3411	30	1822	14	746		3279	57	
大东区审计局	10	7246	30	10	18	1798		651	31	
皇姑区审计局	10	32574	44	1	16		1	32497	51	1
铁西区审计局	30	53379	100	31	55	53287		50117	90	
浑南区审计局	13	44945	83	52	17	12278	10	12100	63	
沈北新区审计局	16	7639	52	33	17	38		1	39	16
于洪区审计局	13	1792	48		19	1645		1619	32	
大连市										
大连市本级	35	1680343	299	7050	52	43846	14	74640	478	89
中山区审计局	6	15164	82	3947	11				30	3
西岗区审计局	10	9720	49	358	18	358		425	65	
沙河口区审计局	9	54551	16		14				35	
甘井子区审计局	22	112758	63	3670	30		1	7961	180	
旅顺口区审计局	15	161224	40	576	15		3	331	46	39
普兰店区审计局	13	68639	39	122	22			1987	54	13
长海县审计局	15	5995	58	35	22	37			78	
瓦房店市审计局	46	192389			51				135	44
庄河市审计局	18	10049	80	2165	18	349	1	349	68	
金普新区审计局	22	363981	190	10745	33	47079		36318	75	86
鞍山市										
鞍山市本级	58	413734	245	22507	71	67878	33	229102	151	1
铁东区审计局	9	8053	16		15			18	18	
铁西区审计局	3	7710	15		3				19	
立山区审计局	15	8300	14	287	23		2		38	
千山区审计局	38	9331	16		41				65	
台安县审计局	79	56865	142	1892	90	16	9	39	220	1

续表

审计机关	完成审计项目/个	审计查出主要问题金额/万元	审计发现非金额计量问题/个	审计期间整改金额/万元	出具审计报告和审计调查报告/篇	审计处理情况		审计促进整改落实有关问题资金/万元	审计提出建议/条	提交审计信息/篇
						审计处理处罚金额/万元	移送处理事项/件			
岫岩满族自治县审计局	25	35356	121	63	32	31787		2664	73	
海城市审计局	18	18483	86		29	4681	12	4894	61	3
抚顺市										
抚顺市本级	48	41504	336	2581	72	4115	6	2741	143	7
新抚区审计局	10	39881	29	615	14	45		8	28	
东洲区审计局	8	11953	78	2743	14	2991	2	2991	83	3
望花区审计局	17	32469	54	15	23	456	1	159	47	
顺城区审计局	7	43	4	43	9	4		4	5	
抚顺县审计局	8	562			8	301			25	24
新宾满族自治县审计局	23	6204	65		30	737			48	
清原满族自治县审计局	16	5495	27		20	2843			36	
本溪市										
本溪市本级	54	24754	168		54		5	21200	160	135
平山区审计局	12	19	13		12			19	16	
溪湖区审计局	12	193	23	2. 6	12			184	41	
明山区审计局	9	11967	12		9	19		6442	29	
南芬区审计局	10	158	9	158	10			158	23	
本溪满族自治县	29	2178	5		29			2178	62	22
桓仁满族自治县	16	2681	14	244	16	75		12258	37	1
丹东市										
丹东市本级	38	112038	85	35759	55	990	8	773	96	128
元宝区审计局	12	18399	13		12				25	16
振兴区审计局	12	1700	25	3	12		2		13	13
振安区审计局	9	10138	5		9			432	13	9
宽甸满族自治县审计局	20	2008	42	1663	20			222	44	57
东港市审计局	25	17424	39	32	25		1	6999	61	32
凤城市审计局	24	7809	51	288	33	114			74	29
锦州市										
锦州市本级	40	298720	132	505	40	44312	8	594	114	

续表

审计机关	完成审计项目/个	审计查出主要问题金额/万元	审计发现非金额计量问题/个	审计期间整改金额/万元	出具审计报告和审计调查报告/篇	审计处理情况		审计促进整改落实有关问题资金/万元	审计提出建议/条	提交审计信息/篇
						审计处理处罚金额/万元	移送处理事项/件			
古塔区审计局	17	8799			20				76	
凌河区审计局	8	801	11		8	16		3	20	
太和区审计局	12	4198	11		7	7			25	
黑山县审计局	26	20735	13	288	31	2821		171	57	
义县审计局	27	1923		94	54	1283		1268	47	30
凌海市审计局	15	13185	19		15	13185		1	16	
北镇市审计局	11	4450	60	82	12	1	1		33	
营口市										
营口市本级	39	99483	414	3367	46	9518	10	796	67	320
站前区审计局	7	19304	13	88	11			45		
西市区审计局	4	6722	14		6				12	
鲅鱼圈区审计局	14	30900	65	1	21				36	
老边区审计局	24	18986	16	32	28				104	
盖州市审计局	17	6178			23			3554	26	
大石桥市审计局	14	103	27		18		1		49	
阜新市										
阜新市本级	40	128331	309	12048	66	25	1	20143	148	6
海州区审计局	11	91255	29	5	14	16			37	
新邱区审计局	10	14641	26		9	3843			66	
太平区审计局	11	24936	7		11				39	
清河门区审计局	8	7354	7		11				23	25
细河区审计局	9	33862	40	10	12				30	
阜新蒙古族自治县审计局	41	169447	183		54	5175		5175	181	
彰武县审计局	48	5739			47		22		200	
辽阳市										
辽阳市本级	39	355907	200	22469	57	27206	9	16	128	
白塔区审计局	10	25417	25		13				29	
文圣区审计局	11	6756	16		14	8		8	25	
宏伟区审计局	8	1316	23	95	10	2		120	17	
弓长岭区审计局	13	9223	19	6000	19	7349		32	30	5
太子河区审计局	9	14842	7	2	12	49			18	

续表

审计机关	完成审计项目/个	审计查出主要问题金额/万元	审计发现非金额计量问题/个	审计期间整改金额/万元	出具审计报告和审计调查报告/篇	审计处理情况		审计促进整改落实有关问题资金/万元	审计提出建议/条	提交审计信息/篇
						审计处理处罚金额/万元	移送处理事项/件			
辽阳县审计局	12	342	21	41	19	179			23	
灯塔市审计局	10	707	16	707	13	707			13	
盘锦市										
盘锦市本级	33	136266	355	191	31	80	24	80	97	
双台子区审计局	12	1950	16		6	2	1	2		
兴隆台区审计局	19	8583	100	54	17	1052	1	1052	64	
大洼区审计局	11	7720	26		2	7720		5564	10	
盘山县审计局	11	155	9		11	155		155	28	
铁岭市										
铁岭市本级	47	297978	543	994	62	16789	32	98103	164	24
银州区审计局	4	16511	6		4	16477			8	10
清河区审计局	16	56893	11		24	10	2	9	37	11
铁岭县审计局	8	33747	6	13	12	13		36	12	18
西丰县审计局	16	4189	20	23	24		1	287	91	49
昌图县审计局	30	90584	22	2	43	671		1291	62	13
调兵山市审计局	32	2532	85	8	42	8		8	90	42
开原市审计局	7	718302	6		9	75419		2	4	
朝阳市										
朝阳市本级	33	486304	149	15924	26	217662	9	566	97	108
双塔区审计局	14	3885	30	2851	14			1033	33	11
龙城区审计局	19	1762	48	717	19		1	717	52	4
朝阳县审计局	40	12764	190	3058	40		3	1544	118	2
建平县审计局	55	371764	174	138	66		7	795	194	14
喀喇沁左翼蒙古族自治县审计局	35	108858	27	2	28	3996		59	79	107
北票市审计局	30	18851	88	5149	30		8	6745	89	27
凌源市审计局	35	124654	105	1779	41	1779	4	1777	97	60
葫芦岛市										
葫芦岛市本级	38	2032884	184	12217	45	102142	8	20855	124	3
连山区审计局	18	32085	13	2	18	20964		2	29	
龙港区审计局	39	10965	37	115	45	748	2	688	62	
南票区审计局	6	828	3		6				12	

续表

审计机关	完成审计项目/个	审计查出主要问题金额/万元	审计发现非金额计量问题/个	审计期间整改金额/万元	出具审计报告和审计调查报告/篇	审计处理情况		审计促进整改落实有关问题资金/万元	审计提出建议/条	提交审计信息/篇
						审计处理处罚金额/万元	移送处理事项/件			
绥中县审计局	14	3590	5		23	337		337	38	
建昌县审计局	29	300			18	300		71	12	
兴城市审计局	30	57616	57	46157	29	5197		5197	77	

吉林省

【吉林省审计厅】 2022年，吉林省审计厅实有213人。设有中共吉林省委审计委员会办公室秘书处、机关党委、办公室、政策研究室、审理处、内部审计指导监督处、电子数据审计处、财政审计处、税收征管审计处、教科文卫审计处、农业农村审计处、固定资产投资审计处、社会保障审计处、自然资源和生态环境审计处、金融审计处、企业审计处、涉外审计处、经济责任审计处、人事处；另设派出审计一处、派出审计二处、派出审计三处、派出审计四处、派出审计五处、派出审计六处、派出审计七处、派出审计八处、派出审计九处、派出审计十处；下设审计举报中心、审计研究和计算机技术中心、机关服务中心3个事业单位。

领导成员

党组书记、厅长：赵振民

党组成员、副厅长：高玉红（—8月）
韩万志（—12月）
宋敬革　韩会田

总审计师：张忠民

党组成员、驻厅纪检监察组组长：程体义

党组成员、省经济责任审计工作联席会议办公室主任：陈定国（2月—）

一级巡视员：李茹宝（—4月）

审计成果 2022年，吉林省审计厅实施审计项目146个。查出主要问题金额2135050万元；审计发现非金额计量问题492个。移送司法机关、纪检监察机关和有关部门处理事项16件。审计促进整改落实有关问题资金2020395万元；审计促进拨付资金到位15591万元。审计提出建议203条；向省委省政府报送审计综合报告、审计要情专报等16篇，被省领导批示14篇。

组织实施的2020年社会保险基金审计项目，被审计署评为2022年全国审计机关优秀审计项目三等奖。

政策落实情况跟踪审计 组织开展3市6县“一主六双”高质量发展战略推进落实情况跟踪审计。重点关注地区专项规划制定完善、项目推进管理、资金管理使用等情况。通过审计，发现部分市县存在在建项目推进缓慢、已完工项目未投入使用、专项资金闲置等问题。

组织开展部分县市秸秆综合利用政策措施落实和资金管理使用情况专项审计调查。抽查资金10.67亿元、项目57个、专业合作社47个、农户82户。重点关注秸秆综合利用、“秸秆变肉”等相关政策落实、资金管理使用及绩效、项目建设推进等情况。通过审计调查，反映了4县秸秆综合利用项目资金和3县“秸秆变肉”项目资金拨付缓慢、4县秸秆综合利用项目推进缓慢等问题。

组织开展省财政厅等5部门、长春市等11市县消费券促销活动奖补资金使用效益情况专项审计调查。重点关注消费券奖补资金拨付，消费券发放、核销、使用，以及效益效果等情况。通过审计调查，反映了省级资金未足额使用、消费券发放进度缓慢、投向结构有待优化等问题。

组织开展省财政厅所属事业单位和企业管理

的 4 只政府投资基金、吉林省投资集团和吉林省金融控股集体管理的 8 只政府投资基金管理运行绩效情况专项审计调查。重点关注财政政策和产业政策落实、基金设立和募集、基金管理、基金投资运营和效果、基金退出等情况。通过审计调查，反映了基金闲置沉淀、省内投资比例低、财政资金发挥杠杆作用不明显等问题。

财政审计 组织开展省财政厅具体组织 2021 年省本级预算执行和决算草案编制情况审计、省发展改革委具体组织分配 2021 年预算内基本建设资金情况审计。重点关注预算的真实性、完整性和合规性，财政支出结构优化、重点财政资金管理使用、落实过紧日子要求、省级教育共同财政事权转移支付、国有资产管理、预算资金绩效管理等情况。通过审计，发现省级国有资本经营预算支出没有细化到具体项目、专项资金未及时下达、结余资金收回使用管理制度不完善等问题。

组织开展省工业和信息化厅、省教育厅等 20 个省直部门（单位）预算执行和其他财政收支情况审计。重点关注省直部门（单位）预算收支、预算绩效管理和决算草案编制，落实过紧日子要求，贯彻落实中央八项规定及其实施细则精神，“三公”经费和会议费、培训费支付管理，津贴补贴发放等情况。通过审计，发现部分省直部门存在未及时清理结余资金、项目预算执行进度缓慢、资产闲置等问题。

组织开展辽源市、通化市、延边州 2021 年度财政收支审计。重点关注地方财政收入的真实性和完整性、财政支出结构优化、优化营商环境、落实过紧日子要求、地方财政“三保”政策落实、地方政府性债务风险管控等情况。通过审计，发现老旧小区改造任务未按时竣工、生态环境保护建设项目推进缓慢、已剥离表土应验收未验收等问题。

组织开展长春工业大学等 7 所高校 2021 年度财务收支情况审计。重点关注贯彻执行党和国家经济方针政策、重大决策部署，本单位发展规划和政策措施制定、执行及效果，重大经济事项决策、执行及效果，财政财务管理和经济风险防范等情况。通过审计，发现部分高校存在科研项目未及时验收、应计未计固定资产、项目未按期完工等问题。

组织开展部分地方政府专项债券和抗疫特别国债管理使用效益情况专项审计调查。重点关注地方政府专项债券的整体规模和结构、项目前期准备和资金下达使用以及项目建设和绩效等情况。通过审计调查，反映了项目推进和资金管理方面存在的突出问题，推动相关部门出台《加强地方政府专项债券全链条管理的意见》《吉林省地方政府专项债券项目库管理办法》。

组织开展吉林援藏资金和项目跟踪审计、长春金融高等专科学校新校区建设项目审计、敦白客专外部供电工程项目审计、吉林省中部城市引松供水二期工程建设项目跟踪审计。重点关注国家投资重大政策措施贯彻落实、项目建设管理、建设资金管理使用、生态环境保护等情况。通过审计，发现部分项目存在未及时清理上报结余资金、征地拆迁手续不完备等问题。

国有企业审计 组织开展吉林省吉盛资产管理有限责任公司、吉林省高速公路集团有限公司等 8 户省属国有资本投资运营企业经营情况审计调查。重点关注企业功能发挥、经济政策措施落实、企业内部管理和风险防控等情况。通过审计调查，反映了部分省属国有企业对外投资效益不佳、债务风险管控和经营管理不规范不到位等问题。

农业农村审计 组织开展通化县、乾安县、磐石市农村人居环境整治相关政策和资金专项审计。重点关注农村改厕、生活污水处理、畜禽粪污治理、村容村貌提升等情况，共抽查项目 189 个、抽查资金 7.73 亿元。通过审计，发现 3 县 710 户农村厕所改造任务未完成、2 县 6 个垃圾处理厂和污水处理设施闲置或排放不达标等问题。

组织全省审计机关开展 14 个县（市、区）扶贫项目资产专项审计调查，其中，省审计厅本级开展项目 5 个。重点关注 2016 年至 2020 年扶贫项目资产的管理情况、后续管护运营和资产处置情况、收益分配和绩效情况、资金管理和使用情况，以及 2021 年衔接乡村振兴资金管理及使用情况。通过审计调查，反映了部分县扶贫项目资产管理不规范，以及部分扶贫项目收益和绩效不佳、后续管护运营不到位和财务管理不规范等问题。

资源环境审计 组织全省各级审计机关开展

领导干部自然资源资产离任（任中）审计项目87个，涉及领导干部115人，其中，省审计厅本级开展项目13个，涉及领导干部25人。重点关注领导干部贯彻落实中央和省生态文明建设方针政策决策部署推进实施、资源环境约束性指标完成、资源环境监督管理责任履行、资源环境相关资金征管用和项目建设运行等情况。通过审计，发现部分地区存在土地批而未供或土地闲置等问题。

组织开展2市12县松花江流域水体专项治理和水质提升工程专项审计调查。重点关注水体治理等相关政策措施落实、资金管理和使用、项目建设、建后管理管护和效益效果等情况。通过审计调查，反映了部分考核断面未能稳定达标、部分工业企业污水超标超量排放、已完工部分黑臭水体部分河段“返黑返臭”等问题。

民生审计　组织开展省本级和长春地区、辽源地区、延边地区19个市县就业补助资金和失业保险基金审计。重点关注就业政策落实、相关资金分配管理使用、重点人群就业、职业技能提升等情况。通过审计，发现部分地区存在就业补助资金未及时拨付、专账资金闲置未用、未及时上解失业保险基金等问题。审计期间，促进拨付社会保险补贴资金911万元，追回各类违规资金408.7万元。

组织开展延边州、白山市等9个市县困难群众救助补助资金审计。重点关注困难群众救助补助资金投入分配、下达拨付、管理使用、资金绩效和政策目标实现等情况。通过审计，发现部分市县存在流浪乞讨人员滞站未获有效安置、不符合条件人员违规享受或重复享受困难群众基本生活救助待遇等问题，推动544名符合基本生活救助条件人员纳入保障范畴、809.48万元救助补助资金拨付到位，促进建立完善相关制度5项。

组织开展四市三县学前教育发展政策落实及资金管理使用情况专项审计调查。重点关注学前教育规划和任务目标完成，教师队伍建设，市县新建、改扩建公办园项目和公办幼儿园及普惠性民办幼儿园收费等学前教育发展政策贯彻落实，以及相关资金管理使用和绩效等情况。通过审计调查，反映了部分地区学前教育发展存在的公办园在园幼儿占比不达标、城镇小区配套幼儿园专项治理任务未完成、普惠性民办幼儿园经费补助资金未拨付等问题，推动新增10所公办幼儿园开园。

组织开展9个市州、长白山管委会、梅河口市、59个县市区疫情防控接受捐赠资金和物资专项审计。重点关注捐赠款物接收、分配、管理、使用和信息公开等情况。通过审计，发现资金和物资分配调拨不够及时、捐赠物资未及时登记入账、未将捐赠物资使用情况进行公示等问题，促进及时分配捐赠资金1.2亿元，加速调拨各类捐赠物资4500多万件。

经济责任审计　组织开展领导干部经济责任审计项目81个，涉及领导干部101名。重点关注领导干部任职期间贯彻落实党中央及省委省政府重大经济方针政策和决策部署、重大经济事项决策执行及效果、财政财务管理和经济风险防范、生态文明建设以及落实党风廉政建设责任和廉洁从政（从业）等情况。通过审计，发现重大政策措施落实不到位、财务管理不规范等问题。2022年5月，组织联席会议成员单位召开第六次全体会议，会议讨论通过《吉林省经济责任审计工作联席会议议事规则》《吉林省经济责任审计工作联席会议办公室工作规则》，为推动联席会议规范高效运行提供了制度保障。

涉外审计　组织开展亚洲开发银行贷款吉林省城市发展项目审计、亚洲开发银行贷款吉林省延吉城市发展项目审计、延边职业技术学院利用以色列政府贷款购置教学设备项目绩效情况审计。重点关注项目财务收支、项目执行管理和效益等情况。通过审计，发现超限额收取投标保证金、未及时偿还贷款本息等问题。

审计查出问题整改　7月下旬，省审计厅向省人大常委会作《关于2021年度省级预算执行和其他财政收支的审计工作报告》。截至12月底，审计工作报告反映的5个方面468个问题，完成整改371个，促进资金拨付或挽回损失9.32亿元。省人大常委会对审计查出的重要问题整改情况进行跟踪监督，专门听取审计查出突出问题部门的整改情况，并首次对重点部门审计整改报告开展满意度测评，满意度达到测评最高等次。

内部审计　组织开展内审业务专项指导及提质增效活动，制定并印发了《吉林省2022年度内部审计工作指导意见》，联合内部审计协会举办

"内部审计探索研究型审计实践"活动，推举优秀经验成果参加全国评选，一家单位实践案例获得中国内部审计协会推荐展示。继续组织开展全省内部审计统计调查工作，涉及单位 14184 家、内部审计人员 8237 人、审计项目 8220 个，审计发现问题 6540 个，涉及金额 342.17 亿元。

相关工作 筹备召开十二届省委审计委员会第一次全体会议，精心谋划会议各项议程，保障会议顺利召开。制定贯彻落实十九届中央审计委员会第五次会议精神和十二届省委审计委员会第一次全体会议精神"施工图"和"工作台账"，保障党中央及省委决策部署落地落实。持续加强重大事项督察督办，起草制定省委审计办《重大事项督察督办工作办法》，全年下发工作通知 18 份，调度重点工作 10 余次，指导市（州）建立完善运行机制 15 项。

配合省纪委监委、省委巡视办制定出台《纪检监察监督与审计监督贯通协同工作机制（试行）》《省委巡视工作办公室与省审计厅协调协作工作机制》，"三类监督"贯通协同，整体质效进一步提升。

机关党建工作取得新成绩。2022 年，吉林省审计厅先后被省委宣传部、省委组织部、省直机关工委评为"奉献社会 引领文明"主题文明实践活动文明单位、乡村振兴包保帮扶成效考评优秀单位、党建考评验收优秀单位、省直机关乒乓球比赛优秀组织单位；在 2022 年度省直机关"奋斗十四五 建功新时代"主题实践活动评选中，社保处、财政处分别受到"突出业绩"和"优秀成果"通报表扬。

稳步实施审计干部队伍建设"头雁""育苗"等"十项工程"，全年举办和选派干部参加各类培训班 33 期，培训干部 700 余人次。常态化落实审计实务导师制度，推动 22 名审计骨干与 38 名学员结成传帮带对子。深化开展"以审代训"工作，选拔 15 名基层年轻业务骨干参与省审计厅统一组织重大项目。（撰稿人：王焕春）

【长春市审计局】 2022 年，长春市审计局实有 99 人。局长李晓玲，副局长、二级巡视员孙忠林（二级巡视员 7 月—），副局长于明军、常志德（5 月—），总审计师苏丹（8 月—），一级巡视员赵力彦（—4 月）、李贵军（—11 月）。设有办公室、机关党委、审理处、电子数据审计处、干部人事处、财政金融审计处、教科文卫审计处、农业农村审计处、固定资产投资审计处、企业审计处、社会保障审计处、自然资源和生态环境审计处、经济责任审计处、派出审计一处、派出审计二处、派出审计三处、派出审计四处；下设长春市审计学会和长春市审计局机关服务中心 2 个事业单位。

审计成果 2022 年，长春市审计局开展审计及审计调查项目 92 个，查出各类违规及管理不规范问题金额 198.36 亿元；审计期间整改金额 28423 万元；审计促进整改落实有关问题资金 11247 万元，其中督促上交财政资金 6959 万元，审计后挽回（避免）损失 4433 万元；移送案件线索和事项 6 起。

公主岭市乡村振兴审计、经济圈环线高速公路等工程项目跟踪审计被评为吉林省审计厅优秀审计项目一等奖；长春师范高等专科学校经济责任审计被评为吉林省审计厅优秀电子数据审计案例二等奖。

政策落实情况跟踪审计 开展"一主六双"政策跟踪审计，着力保障政策红利充分释放；开展消费券效益审计调查，促进更好发挥消费杠杆效应。

财政审计 对市本级预算执行和决算草案、下级政府和开发区、14 个市直部门开展审计，推动财政资金提质增效。受政府委托向市人大常委会做审计工作报告，揭示问题 369 个，涉及单位 105 个。开展市政基础设施建设项目审计、净月建管中心政府投资项目审计，促进项目规范管理；对科技创新发展资金开展审计调查，揭示资金使用不规范等问题。

民生审计 开展疫情捐赠款物、困难群众补助、就业、扶贫和农村人居环境整治、林业资源等重点民生资金和项目审计，农业农村审计查出问题金额 257 万元；社保审计查出问题金额 1939 万元，纠正管理不规范资金 1383 万元，追回医保金 13 万元。

资源环境审计 对 54 名领导干部开展了任期经济责任审计以及自然资源资产离任审计，查出领导干部应负领导责任的问题金额 9882 万元，督促落实整改资金 6797 万元。

审计查出问题整改 创新整改工作方式方法，与市人大共同开展现场核查督促整改；审计工作报告反映的 359 个问题，已完成整改 325 个，整改率 90.5%；推进上级审计机关审计发现的长春市需整改问题整改到位。

交办任务 围绕土地出让金欠缴、市管国企国有资产、可盘活资金资产等开展审计；为疫情防控资金清算议价、“公参民”、奥迪 PPE 项目落地提供监督服务；抽调 20 人参加各级巡视巡察和专项整治。

相关工作 助力打赢新冠肺炎疫情防控攻坚战，完成了隔离点检查、核酸检测、包保宽城封控社区、支援九台、农安督导、“平战结合”社区包保等工作。积极履行市委审计办职责，组织召开市委审计委员会第 4 次、第 5 次会议。夯实党建工作基础，认真学习贯彻党的二十大精神。筑牢党风廉政建设防线，认真履行“一岗双责”。加强审计干部队伍建设，开展内容多样的学习培训。 （撰稿人：华伟男）

【吉林市审计局】 2022 年，吉林市审计局实有 79 人。局长陈本海，副局长孙江旭、尹永全、肖博文，总审计师闫志国，二级调研员赵世海，四级调研员常平（—11 月）。设有办公室、审计委员会秘书处、人事处、机关党委、审理处、政策研究室、社会保障审计处、电子数据审计处、内部审计指导监督处、农业农村审计处、企业审计处、派出审计处、财政审计处、税收征管审计处、教科文卫审计处、固定资产投资审计处、金融审计处、经济责任审计处、自然资源和生态环境审计处；下设吉林市审计中心事业单位。

审计成果 2022 年，吉林市审计机关共完成审计项目 367 个，查出主要问题金额 508904 万元，审计发现非金额计量问题 431 个；审计期间促进整改落实有关问题资金 62475 万元，出具审计报告和专项审计调查报告 330 篇，审计处理处罚金额 15660 万元，移送司法机关、纪检监察机关和有关部门处理事项 239 件，审计促进整改落实有关问题资金 83703 万元，审计提出建议 493 条，提交审计信息 449 篇。

吉林市审计局实施的 2020 年度桦甸市医疗保险基金筹集使用运行管理和政策措施落实情况审计项目被评为吉林省审计厅优秀审计项目一等奖；2021 年永吉县党政主要领导干部自然资源资产离任审计项目被评为吉林省审计厅优秀审计项目三等奖。吉林市船营区审计局实施的吉林市船营区残疾人联合会原理事长任职期间经济责任履行情况审计项目被评为吉林省审计厅优秀审计项目二等奖；桦甸市审计局实施的桦甸市文化广播电视和旅游局原党组书记、局长任职期间经济责任履行情况审计项目被评为吉林省审计厅优秀审计项目二等奖。数据可视化审计案例获得全省审计机关优秀电子数据审计案例一等奖。

政策落实情况跟踪审计 市本级开展了“一主六双”政策措施落实情况跟踪审计等项目，促进吉林市制定完善 4 个“一主六双”高质量发展战略专项规划，3 个“一主六双”重点项目得以顺利推进。

财政审计 市本级开展上年度市本级预算执行和其他财政收支审计，舒兰市人民政府专项债券资金管理使用情况、抗疫特别国债资金管理使用情况及消费券促销活动奖补资金使用效益情况审计调查。

国有企业审计 市本级组织实施了市属国有企业资产负债损益情况审计，及时反映影响经济安全的苗头性、倾向性、普遍性问题。

农业农村审计 市本级完成扶贫资产专项审计调查 1 项，重点关注资产未录入系统及资产闲置等问题。

资源环境审计 市本级完成昌邑区委区政府主要领导干部自然资源资产离任审计，重点关注任职期间履行自然资源资产管理和生态环境保护责任情况。

民生审计 市本级完成民生审计 5 项，着力揭示民生领域发生在群众身边的“微腐败”问题。

经济责任审计 市本级组织实施了领导干部经济责任审计，涉及党政部门、地方党委政府、国有企业等各领域。

审计查出问题整改 上级审计机关发现问题已整改到位 54 个，整改率 78.26%。首次开展了吉林地区 2021 年度审计查出问题整改“回头看”工作。

内部审计 开展内部审计工作调研，形成吉林市内部审计工作现状调研报告。

交办任务 配合完成审计署、省委巡视办、省审计厅等单位（部门）临时交办任务 49 项。同时，选派干部 76 人次累计 1496 天参与各类工作。

相关工作 开展“基层建设年”活动和“五三四五”党建提升工程，“喜迎二十大，再创新佳绩——抗联故地铸党魂”主题党日活动荣获市直机关“十佳主题党日”案例殊荣。

梳理全面从严治党主体责任清单和任务清单；开展“中梗阻”专项整治和“学习贯彻二十大纪法教育进行时”知识答题活动。开展审计干部大讲堂，做好干部选拔任用工作，10 人被选拔到科（处）级岗位，其中两名年轻干部被提拔到副处长岗位进行锻炼。

制定《审计工作数字化建设实施方案》，成立数字化建设工作攻关小组，升级改造网络机房，开发审计工作管理平台软件，数字化建设工作位居全省前列。

面对吉林市 3 月份疫情，组建 56 人的抗疫突击队，协助包保街道 28 个点位同步开展核酸检测；组织 46 名闭环管理干部承担两个重要物流卡口防控任务；安排 27 名居家干部下沉居住地社区开展防控。以满分的成绩获得全市第一批“无疫机关”称号，两个支部和三名同志被市委组织部评为全市疫情防控工作先进集体和先进个人。

审议通过《关于加强地方党委审计委员会工作指导的具体措施》《关于县（市、区）党委审计委员会重大事项请示报告的具体措施》等制度文件，调整了市委审计委员会组成人员。向本级党委审计委员会报告重大事项 14 项。

（撰稿人：杨丽婷）

【四平市审计局】 2022 年，四平市审计局实有 63 人。局长李晨光，副局长吴琳、刘婷，总审计师于智灵（6 月—），纪检组长姜延东，一级调研员郑斯忠。设有办公室、人事科、审理科、行政政法审计科、财政审计科、经济责任与自然资源审计科、企业审计科、社会保障审计科、农业生态环境审计科、固定资产投资及重大项目审计科、科教文卫审计科、电子数据审计和内部审计指导监督科；另设有机关党委（人事科）；下设四平市审计中心、四平市投资审计服务中心 2 个事业单位。

审计成果 2022 年，四平市审计局完成审计项目 59 个，其中审计 45 个、专项审计调查 14 个。查出主要问题金额 138880 万元，其中违规金额 6869 万元、管理不规范金额 132011 万元；审计发现非金额计量问题 119 个；出具审计报告和专项审计调查报告 59 篇，被批示、采用 2 篇次。审计处理处罚金额 6869 万元，移送司法机关、纪检监察机关和有关部门处理事项 2 件，移送处理金额 36.48 万元。审计提出建议 91 条，被采纳 91 条；促进被审计单位建立健全规章制度 5 项；提交审计信息 198 篇，被批示、采用 118 篇次。向社会公告审计结果 2 篇。

2020 年社会保险基金审计项目被评为吉林省审计厅优秀审计项目。

政策落实情况跟踪审计 开展消费券促销资金审计、城乡发展帮扶资金审计调查等 8 个重大政策跟踪审计。核减政府应付账款 448 万元，揭示了财务管理和经营管理方面存在的问题。

财政审计 开展四平市本级预算执行及市直 15 部门的预算执行审计，《2021 年度四平市本级预算执行和其他财政收支情况的审计报告》得到市委书记、市长和常务副市长批示。

农业农村审计 开展双辽扶贫资产专项审计调查，发现扶贫项目资产未计提折旧、到户类扶贫资产未纳入资产管理等问题，审计经验方法得到省审计厅农业处的肯定，并在全省推广。

资源环境审计 开展四平市林业局党组书记、局长自然资源资产离任（任中）审计。

民生审计 开展社会保险基金、医疗保险基金审计项目，共发现 5 大类 14 个问题，涉及金额 5985 万元。推动相关部门加强资金管理、完善制度 3 项，收回保险公司长期拖欠的城乡居民大病保险费 4003 万元，移送审计问题线索 1 件，追回大病保险金额 4000 余万元。

经济责任审计 开展领导干部经济责任审计，通过审计，反映了资产账实不符、国有商网管理不规范、国有资产闲置等 6 大类问题，查出违纪违规金额 1.25 亿元。

审计查出问题整改 起草并经市委审计委员

会审议通过《四平市审计整改工作督查办法（修订稿）》，并据此制定了《四平市审计局审计发现问题整改跟踪督办工作办法（流程）》。2021年审计报告中需要整改问题290个，已督导完成整改242个。2022年已到整改时限的71个问题，已完成整改62个，同时推动相关部门完善制度5项。按照《四平市审计局审计发现问题整改落实情况绩效考核办法》，开展“回头看”，对31个被审计单位178个问题进行绩效考核。

交办任务 开展国有资产清查复查复核工作，分两批次对市属86家行业系统、329家国有企事业单位共计415家单位开展资产复查复核。梳理自查问题414个，涉及金额96.21亿元；复查复核问题510个，涉及金额70.18亿元。下发整改告知函72份，向市纪委监委移交问题线索8个。

相关工作 坚决打赢疫情防控阻击战，干部职工在社区组建卡点5个，出动人力1790余人次，完成保供1400余包，提供买药等服务87件次，协助核酸检测32000余人次。

（撰稿人：王　蔚）

【辽源市审计局】 2022年，辽源市审计局实有50人。局长王兆卿（—12月）、李长祥（12月—），副局长孙欣、武国臣、马泠、张淇（挂职），总审计师齐永亮，纪检组长于明明。设有办公室、法制科、财政审计科、金融审计科、农业农村审计科、行政事业审计科、自然资源和生态环境审计科、内部审计指导科、经济责任审计科、电子数据审计科、机关党委和市委审计委员会办公室秘书科；下设审计中心和政府投资审计中心2个事业单位。

审计成果 2022年，辽源市审计机关共完成审计项目169个，其中审计154个、专项审计调查15个。查出主要问题金额52382.61万元，其中违规金额554.68万元、管理不规范金额51827.93万元；审计发现非金额计量问题66个；出具审计报告和专项审计调查报告222篇。移送司法机关、纪检监察机关和有关部门处理事项4件。审计促进整改落实有关问题资金49453.38万元；审计促进拨付资金到位43440.18万元。审计提出建议110条，被采纳110条；促进被审计单位建立健全规章制度5项；提交审计信息90篇，被批示、采用49篇次。

辽源市审计局《卫生收费调查领域审计应用》和《农业农村审计领域应用》两项审计案例被吉林省审计厅评为市级审计机关优秀电子数据审计案例三等奖；《粮食安全相关政策措施落实和资金管理使用情况的审计》被吉林省审计厅评为优秀审计项目。

政策落实情况跟踪审计 组织开展“一主六双”相关政策落实情况跟踪审计和消费券促销活动奖补资金使用效益情况审计调查等重大政策跟踪审计。揭示政策措施落实不到位问题4个。

财政审计 组织开展辽源市商务局、市应急局等17个部门预算执行审计和辽源市委党校、市人防办等11个部门的财政财务收支审计。

国有企业审计 组织对辽源绿色生态建设投资集团有限公司、辽源现代职业教育集团有限公司等4家国有企业开展审计调查，共发现审计问题8个，发现管理不规范资金339.45万元，非金额计量问题6个，提出审计建议7条。

资源环境审计 组织开展辽源市水利局原局长自然资源资产管理和生态环境保护责任履行情况审计，重点审计水、土地等自然资源管理和相关生态环境保护事项。

民生审计 组织对扶贫、救助、低保、网络安全和信息化建设等专项民生项目开展审计调查。共发现审计问题11个，提出建议3条。

经济责任审计 组织对辽源市商务局、市退役军人事务局、市民政局和市住建局等36个部门的领导干部开展经济责任审计。通过审计，发现负有领导责任问题5个，违规及管理不规范金额123.19万元。

审计查出问题整改 2022年，上级审计机关和本级审计机关共审计发现问题102个，督促完成整改54个、正在整改48个，整改率53%。其中，审计署审计发现问题20个，已整改19个、正在整改1个，整改率95%；市本级审计发现问题82个，已整改35个、正在整改47个，整改率43%。

相关工作 扎实推进党建工作。全年共组织中心组学习9次、交流研讨4次。严格执行领导干部上党课、“三会一课”等制度，开展红色教育2次，开展警示教育1次。辽源市审计局机关党委被评为市级“先进党组织”。积极推进大数据审计，运用大数据手段完成了对全地区财政数据、全市一级预算单位财务数据等数据采集工作，涉及全地区315家单位，采集报送数据量125.6GB。（撰稿人：薛宇豪）

【通化市审计局】 2022年，通化市审计局实有55人。局长徐德富，副局长蒋辉、白书玲，总审计师孙海英，纪检监察组组长于秀峰（—7月）、黄绪强（7月—），二级调研员朱犁强（6月—），四级调研员李昆、王福春。设有办公室、法规审理科、人事教育科、财政审计科、固定资产投资审计科、行政事业审计科、企业金融审计科、社会保障审计科、农业农村和自然资源生态环境审计科、经济责任审计科，另设机关党委（机关纪委）；下设通化市审计中心和通化市审计信息中心2个事业单位。

审计成果 2022年，通化市审计机关共完成审计项目232个。查出主要问题金额954716万元；审计发现非金额计量问题108个；出具审计报告和专项审计调查报告229篇。审计处理处罚金额65867万元；移送有关部门处理事项3件。审计促进整改落实有关问题资金87784万元。审计提出建议259条；提交审计信息66篇。

通化市审计局组织开展的辉南县人民政府2019年至2020年粮食安全政策措施落实和资金管理使用情况审计项目获吉林省审计厅优秀审计项目三等奖。

政策落实情况跟踪审计 组织开展消费券促销活动奖补资金使用效益情况审计调查、“一主六双”相关政策落实情况跟踪审计等重大政策措施落实情况跟踪审计项目。

财政审计 组织开展通化市市本级及9个部门（单位）的预算执行审计、通化市东昌区政府2021年度财务收支情况审计以及网络安全和信息化建设审计。

国有企业审计 组织开展通化市铁路建设投资开发有限公司等5户国有企业移交专项审计。

资源环境审计 组织开展通化市自然资源局领导干部自然资源资产离任（任中）审计。

民生审计 组织开展佟佳江生态湿地旅游景区基础设施建设项目等8个审计项目。

经济责任审计 完成15名领导干部经济责任审计。

审计查出问题整改 制定下发《贯彻落实中办国办关于建立健全审计查出问题整改长效机制意见的实施办法》，印发《通化市审计局跟踪督促检查审计查出问题整改情况实施细则》。

内部审计 组织召开通化市加强内部审计工作推进会议。制定内审工作年度考核责任制，对40个单位进行了专项检查考核。

相关工作 制定《通化市审计局党组关于加强审计现场监督检查的实施意见》，编撰《通化市审计局制度汇编》《通化市审计局内部控制手册》，组建通化市审计局大数据分析室。高质量完成新冠肺炎疫情防控工作，先后组织49批次、635人次投入疫情防控工作，完成了核酸检测、医务人员驻地服务保障、入户排查和卡点值守等急难险重任务。（撰稿人：赵　卿）

【白山市审计局】 2022年，白山市审计局实有35人。局长周洁，副局长胡长顺、李倩、江淑鸿（6月—），总审计师邓志鹏，纪检监察组组长卫雪鹏，二级调研员田成鹏（10月—）。设有办公室（市委审计办秘书科）、人事教育科、法制科（审计整改科）、固定资产投资审计科（重大项目稽查科）、财政审计科（监督检查科）、行政事业审计科、文教审计科、农业环保审计科、政法审计科、外资金融经贸审计科（内审科、企业监事会）等10个行政科（室），另设机关党总支；下设白山市审计中心、白山市审计信息中心2个事业单位。

审计成果 2022年，白山市审计局完成审计（调查）项目66个，审计69个单位，出具审计报告和专项审计调查报告68个，提出审计意见建议76条，促进增收节支和挽回经济损失220243万元。

政策落实情况跟踪审计 组织开展“一主六双”落实情况跟踪审计、消费券促销活动奖补资金使用效益情况审计调查、白山市本级疫情防控接受捐赠物资和资金情况的审计、靖宇县人民政府抗疫特别国债资金管理使用情况专项审计调查和靖宇县人民政府专项债券资金管理使用情况专项审计。

财政审计 组织开展2021年度市本级预算执行及决算草案编制情况审计等财政类项目9个，促进增收节支和挽回损失193978万元，促进盘活财政资金、收回闲置资金6938.53万元，整合财政专项资金42619.86万元。在对领导干部经济责任审计中，查出负有领导责任问题12个，涉及金额144419.61万元。

组织开展沿鸭绿江旅游公路白山至三道沟段景观绿化提升建设等5个政府性投资项目，共查出违规资金399万元，核减工程款和追回投资298万元；完成市交通投资集团有限公司资产负债审计、市城市发展集团公司资产负债审计2个企业审计项目，查出违规资金458万元，挽回经济损失178万元。同时，配合相关单位对8项政府投资类项目进行核查、审核和检查等工作。

经济责任审计 全年共审计领导干部45名，查出负有领导责任问题58个，涉及金额160635.9万元。

审计查出问题整改 认真落实市政府交办(转办)审计署、省审计厅审计项目整改工作。转办白山市审计局的整改事项共4项，问题18个，已完成整改16个，持续推进整改中的问题2个。

强力推动2021年下半年审计发现问题整改。2021年下半年，审计发现问题61个，2022年内，已整改问题58个，促进资金拨付20922.08万元、归还原资金渠道15792.28万元，促进10个单位建章立制，上缴财政资金4619.90万元，促进增收节支1万元，帮助7个单位调整账务，追回或避免损失75.22万元，规范工程管理、规范财务管理等其他整改措施23项。整改中的问题3个，仍在持续推进整改。 (撰稿人：董立夫)

【松原市审计局】 2022年，松原市审计局实有42人。局长吕龙，副局长张伟、张啸臣，总审计师刘明武，四级调研员张庆华、王凤鸣、杨雨林。设有办公室、法规科、财政金融税收审计科、农业资源环境审计科、经济责任审计科、社会保障审计科、行政事业与政策跟踪审计科、企业审计科、内部审计指导监督科；下设松原市审计中心1个事业单位。

审计成果 2022年，松原市审计局完成审计项目43个，出具审计报告和审计调查报告65篇，查出主要问题金额8504万元，发现非金额计量问题42个。审计期间整改金额2905万元，处理处罚金额1402万元，促进整改落实有关问题金额303万元。

政策落实情况跟踪审计 组织开展“一主六双”相关政策落实、网络安全和信息化建设、消费券促销活动奖补资金使用效益情况审计，揭示反映政策落实不到位问题15个，提出13条审计建议，推动政策落地和发挥实效。

财政审计 组织开展预算执行和财政财务收支审计，重点关注预算编制、财政保障、资金绩效和粮食安全、老旧小区改造、国企资产等方面情况，揭示反映8个方面24个问题，受政府委托向市人大常委会作了工作报告并接受审议。

组织对市本级和各县区全口径债务债权和资产资源规模、结构、来源、用途、增加变化等情况进行全面审计，摸清债务债权和资源资产底数，揭示风险，提出建议，为全市债务和资源资产统筹管理提供决策依据。

组织开展松原市委党校新址建设项目跟踪审计，提出审计建议32条，向市委、市政府报送审计专报10篇，推动项目交付使用。

民生审计 组织对2022年实施的海绵城市建设262个项目开展审计，滚动式审计15轮次，现场审计覆盖面达到100%，上报5篇审计专报，对查出的16个方面问题下发了问题清单，督促涉事单位即查即改。

组织开展市本级防疫物资保障和资金使用情况跟踪审计，重点关注物资采购、管理、发放及核酸检测和方舱医院建设情况，促进完善制度3项，节约建设资金550.8万元。

经济责任审计 以强化干部管理监督，规范权力运行为目标，完成了市委组织部委托的32名领导干部经济责任审计，制定工作方案，分类统筹实施、强化过程管理，提高了经济责任审计的效率和质量。

审计查出问题整改 制定贯彻落实中央和省委审计整改长效机制的实施方案和工作方案，形成党委领导、人大监督、政府落实、审计督促、部门推动的多方联动机制。将审计整改纳入市直部门绩效考核体系，联合市绩考中心、市政府督查室定期开展审计整改督导检查。

（撰稿人：薛　鹏）

【白城市审计局】 2022年，白城市审计局实有37人。局长赵彦峰（—5月）、徐鹏（12月—），副局长陈桂侠（—11月）、于长水、刘志新，总审计师郑国华，纪检组长潘志永。设有办公室、法规审理科、财政审计科、行政事业审计科、农业农村审计科、固定资产投资审计科、社会保障审计科、经济责任审计科、机关党总支；下设白城市审计中心。

审计成果 2022年，白城市审计局完成审计项目79个，其中审计71个、专项审计调查8个。查出主要问题金额54850万元；审计发现非金额计量问题430个。出具审计报告和专项审计调查报告98篇。审计处理处罚金额33400万元，其中应上缴财政679万元、应归还原渠道资金953万元、应缴纳其他资金47万元、应调账处理金额31720万元；移送处理事项4件。审计促进整改落实有关问题资金32951万元；审计后挽回损失218万元。审计提出建议85条；促进建立健全规章制度6项；提交审计信息29篇。向社会公告审计结果8篇。

镇赉县2022年社会保险审计项目被省审计厅评为市级优秀审计项目二等奖；医院HIS系统后台数据审计被省审计厅评为市州组优秀电子数据审计案例二等奖。

政策落实情况跟踪审计 组织开展“一主六双”政策落实跟踪审计，发现发电送出瓶颈、旅游基础设施建设和公共服务体系等5方面存在的问题。审计报告得到白城市政府主要领导批示，充分发挥了审计作为政策落实“督察员”重要作用。

财政审计 组织开展7个单位预算执行、财政收支审计，重点关注预算执行及决算草案编制、财政资金管理使用、存量资金、“三公”经费管理使用等情况。审计资金总额145.6亿元，收回临时借款640万元、移交案件线索2个，诫勉谈话7人、批评教育2人。促进建立“三重一大”事项管理和公务卡结算制度。向市人大常委会作预算执行审计工作报告，并报送审计查出问题整改情况报告，得到市人大常委会的充分肯定和高度评价。财政财务电子数据采集实现了市级一级预算单位财务数据采集全覆盖。

组织开展市本级和洮南市2020年至2022年地方政府专项债券资金和抗疫特别国债资金管理使用效益情况专项审计，查出未按计划完成项目建设、违规转移资金等问题14个，促进缴回财政资金218.8万元。

组织对生态环保专项资金进行审计，审计查出黑烟车抓拍系统未达到预期效果、网络专线闲置形成损失浪费等问题4个，移送案件线索1个。

组织开展月亮泡蓄滞洪区防洪工程及安全建设、市滑冰馆建设项目竣工决算等5个项目审计。查出超预算支出、应招标未招标等问题13个，提出审计建议16条，整改金额2.5亿元、核减工程结算价款758.7万元，促进了重大投资项目对经济发展的拉动作用。

农业农村审计 组织开展扶贫项目资产后续管理和绩效情况审计调查，发现问题12个，涉及金额近3亿元；开展镇赉县乡村振兴项目审计，涉及资金3000万元，提出审计建议4条。

资源环境审计 组织开展2个领导干部自然资源资产离任（任中）审计，发现财政资金滞拨、部分林地产权不清等5个问题。

民生审计 组织开展职工医保基金上解清算审计，失业补助疑点调查和市本级殡葬死亡、财政统发、房屋产权登记、公积金缴存4项辅助数据采集。认定了职工医保基金上解金额，对某民营加油站涉嫌骗取失业补助问题进行核实，有效促进了惠民政策落实到位。组织开展市本级疫情防控资金专项审计调查，延伸审计单位20个，发现个别单位没有对接收物资进行记账管理等问题，促进规范疫情防控资金的管理使用。

经济责任审计 组织开展55名领导干部经济责任审计，揭示了存量资金未及时上缴财政、固定资产管理账实不符、单位内部相关规章制度未严格执行等问题，有效促进领导干部守法守纪守规尽责。

审计查出问题整改 研究审议整改工作方案，建立整改台账，实行销号管理；建立审计整改督促检查联动机制，对整改情况进行联合督查督办。上级反馈市本级的88个问题，已完成整改82个，整改纠正违规资金11.6亿元。

研究型审计 召开深入开展研究型审计推动新时代审计工作提质增效座谈会。在《当代审计》杂志发表研讨文章12篇。

交办任务 派出审计业务骨干参加全市安全生产领域风险隐患专项整治专案组，开展全市供热领域专项整治“回头看”专项检查、安全生产领域专项整治检查。

相关工作 与纪委、巡察办联合印发《市委巡察办公室与市审计局协调协作工作机制》《白城市纪检监察机关与审计机关协调配合办法（试行）》。

（撰稿人：于祎森）

【延边朝鲜族自治州审计局】 2022年，延边朝鲜族自治州审计局实有39人。局长玄龙男，副局长赵卫民，总审计师吴石林。设有办公室、法规处、财政金融审计处、行政事业审计处、农业资源与环境保护审计处、固定资产投资审计处、社会保障审计处、经济责任审计处，另设机关党委；下设延边朝鲜族自治州审计中心。

审计成果 2022年，延边州审计局完成审计项目34个，查出主要问题金额84817万元，发现非金额计量问题47个，出具审计报告和专项审计调查报告40篇。审计期间促进整改落实有关问题资金4806万元，提出审计建议16条，促进被审计单位建立健全规章制度2项。向州委审计委员会上报审计要情和审计专报9篇，有6篇得到领导批示。

延边州审计局组织实施的2020年度州本级预算执行和其他财政收支情况审计和延吉市2019年至2020年粮食安全相关政策措施落实和资金管理使用情况审计分别荣获全省优秀审计项目一、二等奖。

政策落实情况跟踪审计 组织开展延边地区2021年以来“一主六双”高质量发展战略政策措施落实情况跟踪审计、全州消费券促销活动资金管理使用效益专项审计调查等项目。

财政审计 组织开展2021年度延边州本级预算执行和其他财政收支情况审计、图们市人民政府专项债券资金管理使用情况专项审计、图们市人民政府抗疫特别国债资金管理使用情况专项审计等项目。开展同级预算执行审计与网络安全和信息化建设情况审计过程中，坚持“政策+项目+资金”的工作思路，结合实际，制定审计指引，边学边审边研。

资源环境审计 组织开展汪清县领导干部自然资源资产离任审计项目，推动领导干部切实履行自然资源资产管理和生态环境保护责任。

民生审计 组织开展延吉市、图们市、珲春市就业补助资金、失业保险基金审计和图们市人民政府扶贫项目资产审计调查。

经济责任审计 全年共对24名县处级领导干部开展了经济责任审计，促进领导干部树立正确的权力观和政绩观。

审计查出问题整改 建立审计整改工作台账，运用销号制度对审计整改问题进行科学化管理。加大监督力度，与纪检、监察、巡察、督查等部门做好沟通协调与信息交流，对问题整改形成监督合力。

研究型审计 创新工作方式方法，在领导干部自然资源资产离任审计项目中，通过91卫图助手软件，结合历史影像网站，对水源地、重点流域、森林、城乡结合部等重点区域的卫星图片进行排查，对重要疑点问题通过截图取证。

内部审计 组织全州内部审计人员认真学习内部审计法律法规与业务知识，积极参与审计署、省审计厅组织的内部审计学习研讨活动。

（撰稿人：胡　彬）

【长白山管委会审计局】 2022年，长白山管委会审计局实有17人。局长姜志波，一级调研员郑世君（—3月），副局长刘文正。设有综合科、法制审理科、财政审计科、资源环境审计科、经济责任审计科、稳增长审计科、企业审计科；下设长白山保护开发区政府投资项目评估审计中心（加挂长白山保护开发区经济责任审计中心）1个事业单位。

审计成果 2022年，长白山管委会审计局完成审计项目30个。查出主要问题金额8092万元，其中违规金额2.52万元、损失浪费金额22万元、管理不规范金额8067万元；审计发现非金额计量问题7个；出具审计报告和专项审计调查报告30篇。审计处理处罚金额8069万元，其中应上缴财政4万元、应归还原渠道资金16万元、应缴纳其他资金44万元、应调账处理金额8005万元。审计促进整改落实有关问题资金292万元。审计提出建议67条，被采纳67条。

政策落实情况跟踪审计 组织对最低生活保障、稳就业、乡村振兴重大政策措施落实情况开展审计，重点关注中央、省和本地区重大决策部署贯彻落实等情况，通过审计，共发现5个问题。组织开展长白山地区“一主六双”高质量发展战略政策措施落实跟踪审计和消费券促销活动资金管理使用效益情况审计调查。

财政审计 组织对池南区、教科局等13个单位预算执行及其他财政财务收支情况开展审计，重点关注各区、各部门预算执行、专项资金分配管理使用、落实过紧日子要求、贯彻落实中央八项规定及其实施细则精神等情况，通过审计，共发现53个问题。

组织对池西区锦江花园三期、东参小区工程投资项目开展审计，重点关注项目是否存在超概算投资、基本建设程序执行违规、重大变更未经审批等情况，通过审计，共发现5个问题。

资源环境审计 组织对1名领导干部开展自然资源资产管理任中审计，重点关注领导干部贯彻落实生态文明建设方针政策决策部署推进实施、资源环境约束性指标完成、资源环境监督管理责任履行、资源环境相关资金征管用和项目建设运行等情况，通过审计，共发现2个问题。

民生审计 组织对疫情防控接受捐赠款物落实情况开展审计，重点关注疫情防控接受捐赠款物等项目推进落实等情况，通过审计，共发现10个问题。

经济责任审计 组织对9名领导干部开展经济责任审计，重点关注贯彻执行党和国家经济方针政策、省委省政府重大决策部署，重要经济事项决策、执行及效果，财政财务管理和经济风险防范等情况，通过审计，共发现11个问题。

审计查出问题整改 建立上年审计发现问题整改情况台账，上年审计整改率为80.6%。进一步完善工作制度，构建工作责任体系，起草并经长白山党工委审计委员会审议通过《关于建立健全审计查出问题整改长效机制的意见》，制定《长白山管委会审计局审计整改工作办法》。

（撰稿人：马晓明）

【梅河口市审计局】 2022年6月，梅河口市审计局实有34人。局长刘成业（—7月），副局长刘成业（7月—）、魏庆录。设有办公室、机关党委、审计一科、审计二科、审计三科；下设审计中心1个事业单位。

审计成果 2022年，梅河口市审计局完成审计项目43个，其中审计40个、专项审计调查3个。查出主要问题金额97万元。出具审计报告和专项审计调查报告47篇。审计处理处罚金额6万元，其中应调账处理金额6万元。审计提出建议37条，提交审计信息25篇。

政策落实情况跟踪审计 组织开展“一主六双”相关政策落实跟踪审计、网络安全和信息化建设政策落实跟踪审计、社区卫生服务中心相关政策落实情况跟踪审计、环境保护污水防治政策落实跟踪审计。持续关注中央及地方重大政策措施落实情况。

财政审计 组织开展市本级财政预算执行和财政局、应急局、退役军人事务局等5个市直部门预算执行审计，在规范预算执行上提出具体意见和建议。

组织开展农村义务教育学校校舍安全保障项目及资金管理使用情况审计，推动建立农村义务教育学校校舍维修改造长效机制，提高资金使用绩效。

国有企业审计 组织开展国有企业运营情况审计调查，促进市属国有企业健康发展。

资源环境审计 组织开展海龙水库管理中心、山城镇领导干部自然资源资产离任审计，结合党政领导干部经济责任审计同步实施，促进规范领导干部权力运行。

民生审计 组织开展医保资金政策及管理情况审计调查，结合社区卫生服务中心审计同步实施，保障资金安全，维护人民群众根本利益。组织开展涉粮资金专项审计调查。

经济责任审计 组织对巡察办、检察院、农业局等27个市直部门开展经济责任审计，重点关注贯彻执行党和国家经济方针政策、市委市政府决策部署。审计中发现问题23个，审计过程中即知即改问题11个。

交办任务 按照新冠肺炎疫情防控要求，建立在职党员“双报到”“双三长”工作台账，组织干部下沉社区进行疫情防控工作，参与全民核酸检测135人次、“敲门行动”79人次、高速路口执勤101人次、派出56人次参与行程查验工作、临时小区封闭管理196人次。在驰援长春过程中，全局干部完成入户及室外列队采集核酸共计1756人次，圆满完成工作任务，为打赢长春疫情防控保卫战贡献审计力量。

相关工作 强化党风廉政建设，夯实主体责任。定期专题研究部署党风廉政建设工作，制定党风廉政建设工作方案。认真贯彻落实“三重一大”事项集体决策制度，查找廉政风险点，制定防范措施，防范廉政风险；组织党员干部开展廉政读书活动，阅读《忏悔录》《清风传家》等，持续推动廉政教育常态化。全年召开警示教育会议2次，观看《零容忍》等警示教育专题片2次，组织召开党风廉政建设部署及推进会议3次。

（撰稿人：耿梓钧）

2022年吉林省所辖市（州）、县（市、区）审计工作统计表

审计机关	完成审计项目/个	审计查出主要问题金额/万元	审计发现非金额计量问题/个	审计期间整改金额/万元	出具审计报告和审计调查报告/篇	审计处理情况		审计促进整改落实有关问题资金/万元	审计提出建议/条	提交审计信息/篇
						审计处理处罚金额/万元	移送处理事项/件			
长春市										
长春市本级	92	1983577	179	28423	92	95880	6	11247	126	75
南关区审计局	29	39189	34		29	7267		30718	43	2
宽城区审计局	21	20364	36		21			20364	42	
朝阳区审计局	20	8052	8		20			8052	25	3
二道区审计局	29	31115	8	30526	29			30526	35	37
绿园区审计局	23	2238	32	82	23			1739	42	28
双阳区审计局	17	21754	34	18817	17	2931	1	2497	34	2
九台区审计局	30	98937	18		30		3	51943	43	1
农安县审计局	50	106686	102	8098	49	6202	2	46093	130	20
榆树市审计局	31	4674	5	4674	31	4674			23	
德惠市审计局	44	10739	42	8571	44			264	178	11
公主岭市审计局	63	2798	32	68	104	2798	5	423	89	3
吉林市										
吉林市本级	131	331572	149	866	80	6582	231	813	167	174
昌邑区审计局	28	241	13	1	33	162		32	19	12
龙潭区审计局	26	70418	3	46	36					
船营区审计局	30	99	45	26	29	2417	3	17934	69	2
丰满区审计局	20	139	2		20			81	9	

续表

审计机关	完成审计项目/个	审计查出主要问题金额/万元	审计发现非金额计量问题/个	审计期间整改金额/万元	出具审计报告和审计调查报告/篇	审计处理情况		审计促进整改落实有关问题资金/万元	审计提出建议/条	提交审计信息/篇
						审计处理处罚金额/万元	移送处理事项/件			
永吉县审计局	31	154	64	154	31	151		154	72	
蛟河市审计局	20	52853	24	52723	20	5200	1	47654	39	148
桦甸市审计局	31	25956	56		31	11	4	9237	39	85
舒兰市审计局	18	18813	4		18	491		7174	12	
磐石市审计局	32	8659	71	8659	32	646		624	67	28
四平市										
四平市本级	59	138880	119	3581	59	6869	2	19260	91	198
铁西区审计局	20	185	5	185	17			57	19	6
铁东区审计局	22	72484	10		22				19	
梨树县审计局	64	21733	33	2568	64	4		6885	100	13
伊通满族自治县审计局	32	79802	7	1669	32	77874		1669	19	
双辽市审计局	31	12398	1	1	29	10283	6	10348	27	77
辽源市										
辽源市本级	79	8399	48	4922	117	8399	4	5595	56	40
龙山区审计局	29	34	3		29			8	7	1
西安区审计局	15	114	7	14	15			15	12	8
东丰县审计局	22	43071	6		37	43071		43071	6	41
东辽县审计局	24	764	2	764	24			764	29	
通化市										
通化市本级	42	64515	38	4703	37	63751	3	63579	75	60
东昌区审计局	23	4	12	4	23				16	
二道江区审计局	23	623	1	610	23			610	3	3
通化县审计局	26	2436	2	812	26			1793	26	
辉南县审计局	38	877930	22	877833	38			13799	40	
柳河县审计局	46	1879	16	470	45	85		1461	45	
集安市审计局	34	7329	17	12	37	2031		6542	54	3
白山市										
白山市本级	66	74665	39	4	68	454	1	9	76	208
浑江区审计局	34	2896	6		30	2896		31	15	46
江源区审计局	21	21218	8	100	20	94	1		12	69

续表

审计机关	完成审计项目/个	审计查出主要问题金额/万元	审计发现非金额计量问题/个	审计期间整改金额/万元	出具审计报告和审计调查报告/篇	审计处理情况		审计促进整改落实有关问题资金/万元	审计提出建议/条	提交审计信息/篇
						审计处理处罚金额/万元	移送处理事项/件			
抚松县审计局	22	39908	11		22	9370		9353	24	63
靖宇县审计局	37	7813	6	118	36	27		7773	57	35
长白朝鲜族自治县审计局	19	680	18		19				22	28
临江市审计局	40	6544	5	7091	41	7091		1072		5
松原市										
松原市本级	43	8504	42	2905	65	1402		303	16	12
宁江区审计局	22	284	6		22	283		283		22
前郭尔罗斯蒙古族自治县	25	9465			25				13	
长岭县审计局	22	8469		8469	36	687		8416	61	4
乾安县审计局	48	536	15		48		1	536	17	
扶余市审计局	21	29412						24080	19	2
白城市										
白城市本级	79	54850	430	30442	98	33400	4	32951	85	29
洮北区审计局	38	3966	32	1031	38	1049	1	785	17	5
镇赉县审计局	34	83122	6		34			81330	12	
通榆县审计局	32	1648	2		51	47		47	6	8
洮南市审计局	57	95913	29		61			95790	133	10
大安市审计局	34	20896		134	41	54	23	430	52	2
延边朝鲜族自治州										
延边朝鲜族自治州本级	34	84817	47	4806	40	83399	3	2550	16	9
延吉市审计局	24	48877	21	14501	48	48877			14	4
图们市审计局	18	1365	13	647	28	1365			21	9
敦化市审计局	20	71	12	71	34	71			18	
珲春市审计局	18	6833	26		29	6700	1		11	
龙井市审计局	7	150		149	10	150		33		12
和龙市审计局	17	10102	16	191	10	10100		956	17	10
汪清县审计局	19	3910	1	3904	33	3910		5	9	
安图县审计局	24	1532		7	37	1397		1201	2	25

续表

审计机关	完成审计项目/个	审计查出主要问题金额/万元	审计发现非金额计量问题/个	审计期间整改金额/万元	出具审计报告和审计调查报告/篇	审计处理情况		审计促进整改落实有关问题资金/万元	审计提出建议/条	提交审计信息/篇
						审计处理处罚金额/万元	移送处理事项/件			
省直管										
长白山管委会审计局	30	8092	7		30	8069		292	67	
梅河口市审计局	43	97			47	6			37	25

黑龙江省

【黑龙江省审计厅】 2022 年，黑龙江省审计厅实有 370 人。设有省委审计委员会办公室秘书处、办公室、法规与审理处、综合计划处、审计督察指导处、电子数据审计处、财政税收审计处、政策落实审计处、教科文卫审计处、农业农村审计处、固定资产投资审计处、大项目跟踪审计处、社会保障审计处、自然资源和生态环境审计处、金融审计处、企业审计处、涉外审计处、经济责任审计处、人事教育处、机关党委、离退休干部处、派出省委机关审计处、派出政法审计处、派出教育审计处、派出科技文化审计处、派出经济管理审计处、派出民政社保审计处、派出自然环境资源审计处、派出工业交通审计处、派出农业水利审计处、派出卫生体育审计处、派出行政社会管理审计处、派出经济执法审计处、派出企业审计一处、派出企业审计二处、派出市地审计一处、派出市地审计二处、派出市地审计三处、派出市地审计四处；下设省政府投资审计中心、省数据审计保障中心、省审计厅机关服务中心 3 个事业单位。

领导成员

党组书记、厅长：陈军生

党组成员、副厅长：吴艳龙　孙　钢
周　伟（6 月—）
赵士颖（6 月—）

党组成员、省纪委监委驻省审计厅纪检监察组组长：徐　卫（—12 月）

党组成员、省纪委监委驻省审计厅纪检监察组组长、二级监察官：张海峰（12 月—）

一级巡视员：王学文　舒沫南

审计成果 2022 年，黑龙江省审计机关共审计单位 3067 个，查出违规问题金额 39.75 亿元，损失浪费问题金额 1.42 亿元，管理不规范问题金额 2107.87 亿元，促进增收节支 33.82 亿元，移送问题线索 545 件。

政策落实情况跟踪审计 完成 4 家国家级开发区重大项目建设和资金使用情况审计调查，共涉及 405 个重大基础设施项目、664.63 亿元投资。实施的哈尔滨高新区、利民经开区部分重大基础设施项目建设和资金使用情况审计调查共揭示重大政策执行、重大项目管理、重大资金管理使用、公共资源交易、土地管理和征迁等 8 个方面 52 个问题，问题涉及金额 31.4 亿元，提出 5 条可操作的审计建议。审计期间 3 个审计调查组共向巡视组移送 142 条问题线索，与巡视组共沟通情况 52 次，向巡视组提供资料 18 份；实施省直有关部门和 5 市地稳经济增长助企纾困相关政策措施落实情况审计调查，全省共揭示了部分地方政府和单位助推市场主体渡难关的政策效应发挥不足、部分地方政府和单位违规收取费用、部分地方政府和单位拖欠中小企业账款、部分地方政府和单位应返未返企业相关费用等 9 大类 131 个问题，问题涉及金额 70.35 亿元，促进了各地落实稳经济增长、助企纾困政策，为黑龙江省经济发展实现年初预期目标做出了审计贡献。

财政审计 组织开展预算执行及决算草案、财政收支和政府债务审计，全年共审计833个预算执行类审计项目、145个财政收支类审计项目，查出违规问题金额39.75亿元、损失浪费问题金额1.42亿元、管理不规范问题金额2107.87亿元，通过审计为国家增收节支33.82亿元，向被审计单位或有关单位提出审计建议7507条。厅本级共审计38个预算执行类审计项目、6个财政收支类审计项目，查出违规问题金额16.26亿元、损失浪费问题金额0.97亿元、管理不规范问题金额1632.14亿元，通过审计为国家增收节支15.34亿元，向被审计单位或有关单位提出审计建议176条。

国有企业审计 全年共开展审计（调查）项目6个，其中对3户企业开展了经济责任审计，对2户企业开展了财务收支（资产负债损益）审计，对12户企业集团开展了专项审计调查。出具的5份审计报告中4个审计项目报告获得省领导批示，其中2个获得省政府主要领导批示。报告问题涵盖了企业改革不到位、重大政策落实不到位、会计信息失真、经营管理不规范、企业存在经营风险等方面内容。移送问题线索7个，其中向纪检监察部门移送2个（含厅级1人），向企业集团纪委移送2个，向省国资委移送1个，向行业主管部门省财政厅移送2个。

金融审计 组织开展了省农村信用社辖内19家村镇银行风险情况等延伸审计调查。重点查出省联社未有效履行行业管理主体责任；跨区域经营行为缺乏有效管控，异地贷款逐年上升、占比高；“三会一层”运作不规范，履职不到位；资产质量不实18.25亿元，隐藏不良贷款5.22亿元，实质不良贷款持续增长，11家村镇银行不良贷款率超过监管规定，风险较高；损益不实；抵债资产未办理过户等6个方面问题。审计调查结果报告得到常务副省长批示。

农业农村审计 对11个县（市）开展2018年至2021年乡村振兴相关政策及资金审计，共审计资金751294.96万元，涉及894个项目，查出违纪违规资金123850.51万元，涉及问题361个。对公职人员伙同合作社骗取国家补助资金，建设项目围标串标，会计师事务所审核把关不严造成财政资金被骗取等10起涉嫌违法违纪案件线索移送纪委监委等部门查处。

资源环境审计 全年共对101名领导干部开展自然资源资产离任（任中）审计，组织实施县（市）森林、耕地资源专项审计调查13个，组织开展县（市、区）入河排污口治理专项审计调查16个。牵头开展省水利厅和伊春市领导干部自然资源资产离任（任中）审计2项。完成省林业和草原局领导干部经济责任审计、领导干部自然资源资产任中审计和林甸县委主要领导干部自然资源资产任中审计3项，共发现问题99个，问题涉及金额27.89亿元，出具审计报告1份，审计意见2份，得到省委省政府领导批示9次。

经济责任审计 全省共开展经济责任审计项目1904个，审计领导干部2003人，其中任中审计371人；审计报告问题13798个，其中，直接责任问题231个，领导责任问题12567个，未定责问题1000个。厅本级共对59个项目、70名领导干部实施了经济责任审计，发现问题1839个。

涉外审计 一是对黑龙江省执行的3个国外贷援款项目2021年度财务收支和项目执行情况及1个国外贷援款项目绩效情况进行了审计，涉及1个世界银行贷款项目、1个亚洲开发银行贷款项目、1个法开署贷款项目和1个以色列贷款项目。项目投资总额人民币82.86亿元，其中利用外资人民币46.95亿元，审计资金额人民币9亿元。截至2022年7月末，4个项目均已按时完成审计，出具审计报告4篇，其中，中英文无保留意见审计报告3篇，中文审计报告1篇。3个国外贷援款项目审计发现问题及审计期间整改情况已纳入《2021年度省级预算执行和其他财政收支的审计工作报告》。二是4个国外贷援款项目查出利用项目配套资金偿还到期政府债务、滞拨亚行贷款资金、损失浪费等问题金额2.74亿元，查出未对项目进行独立核算、已完工工程未结算、部分基础设施项目未按计划实施等非金额问题29项。移送有关部门处理事项1项。提出审计建议17条，被审计单位采纳审计建议17条。三是完成了哈尔滨铁路运输中级法院主要领导干部任期经济责任审计项目。查出超规定时限退还诉讼费及发放执行款、未按规定处置停用及待报废资产等管理不规范问题金额972.33万元。查出基本建设管理不符合相关要求、未完成部分培训计划等非金额计量问题10项。审计结果报告得到副省长的签批。

研究型审计 将推动研究型审计向更高层次发展作为工作重点，明确了研究型审计要围绕审计中心工作，立足新发展阶段新要求，勇于探索研究型审计发展规律，及时总结提炼研究型审计实践经验，取得了显著成效。研究制定了《关于建立健全研究型审计机制的指导意见》，为审计机关在审计工作中创新审计方式方法提供指引，解释研究型审计工作中遇到的疑惑和障碍，促进研究型审计落地生根、健康发展。同时，将研究型审计在全省范围内进行推广应用，与省社科联合作开展黑龙江省经济社会发展重点研究课题“构建研究型审计机制研究”，为全省研究型审计的高效运行提供一个制度平台。

审计理论研究 为更好服务审计实践，推动做实研究型审计，继续在打造思想建设阵地，深化理论研究方面下功夫，完成“地方审计机关开展同级PPP项目政府模式研究”“新时代黑龙江高素质专业化审计干部队伍建设研究”等课题，其中中国审计学会科研合作课题“PPP项目审计研究”在2023年3月审计署审计科研所主办的内部权威性审计学术期刊《审计研究报告》上刊登，该课题与牡丹江市审计局联合开展把实践锻炼作为提高基层审计干部提高科研能力的重要途径，同时借助审计一线人员的参与优势，丰富该课题实务与案例部分，从理论和实践两个层次为推进审计制度建设提供参考借鉴。

内部审计 根据《审计署内部审计统计调查制度》文件要求，对全省13个市（地）、省直各部门及所属单位内部审计工作开展情况进行全面统计，汇总了全省1.6万多家被审计单位内审机构设置、内审人员配备、内审工作实施取得成果等情况。对全省内审人才库人员进行重新认定、全面更新，新建了由专家人才、骨干人才和后备人才330余人组成的内审人才库，通过“以审代训”方式组织培训内审人才库人员154人次参加省本级审计项目。

相关工作 审计厅党组坚持带头加强政治理论学习，自觉落实“第一议题”制度，不断以“跟进学”强化“跟着走”，及时跟进深入学习党的二十大精神、习近平总书记对黑龙江省重要讲话重要指示精神等党的创新理论29次，切实做到自觉在思想上、政治上、行动上同以习近平同志为核心的党中央保持高度一致。审计厅党组建立了党史学习教育长效机制，组织开展理论中心组学习6次，带领各党支部开展集体学习500余次；青年理论学习小组开展集中学习96次，坚定拥护“两个确立”，做到“两个维护”。特别是党的二十大召开后，审计厅党组科学谋划，具体部署，及时制发学习宣传贯彻方案，带头深入基层党支部开展党课宣讲、参加所在支部述学活动并作点评指导；组织举办了学习党的二十大精神和学习习近平总书记重要讲话2期专题读书班。始终坚持党管意识形态原则，牢牢把握意识形态工作的领导权和话语权，组织制定了《省审计厅2022年意识形态工作要点》《省审计厅党组关于意识形态领域风险防控工作预案》等相关文件，确保做到能够及时有效开展工作、应对舆情，消除风险隐患。

（撰稿人：黄　洋）

【哈尔滨市审计局】 2022年，哈尔滨市审计局实有150人。局长贾洪涛（12月—），副局长周可、陈林、郭珉彧（6月—）、杜盛波（11月—），一级巡视员马有伟，二级巡视员金瑞生（—12月）、柳春英（1月—），一级调研员柳春英（—1月）。设有市委审计委员会办公室秘书处、办公室、法规与审理处、综合计划处、电子数据审计处、财政审计处、政策落实审计处、教科文卫审计处、行政政法审计处、农业农村审计处、固定资产投资审计处、社会保障审计处、自然资源资产审计处、金融审计处、企业审计处、涉外审计处、经济责任审计处、组织人事处、机关党委。

审计成果 2022年，哈尔滨市审计局完成审计项目50个，其中审计35个、专项审计调查15个。查出主要问题金额552931万元，其中违规金额57612万元、管理不规范金额495319万元；审计发现非金额计量问题579个；损益（收支）不实金额600万元；出具审计报告和专项审计调查报告69篇，被批示、采用57篇次。审计处理处罚金额256462万元，其中应上缴财政4919万元、应减少财政拨款或补贴2万元、应归还原渠道资金142480万元、应调账处理金额109061万元；

移送司法机关、纪检监察机关和有关部门处理事项24件，移送处理金额22320万元。审计促进整改落实有关问题资金99750万元；审计促进拨付资金到位798万元。审计提出建议128条，被采纳110条；提交审计信息69篇，被批示、采用24篇次。向社会公告审计结果1篇。

财政审计 开展市本级预算执行审计，4个区（县）2020年至2021年财政收支情况审计，2021年市本级新增政府专项债券资金管理使用情况专项审计调查和哈尔滨市县域财政状况专项审计调查，揭示违规出借财政资金问题；市本级政府债务总规模较大，债务率超出正常风险等级标准，被列入风险预警地区。

开展市二环西线改造工程一期工程项目预算执行情况审计，2021年市供水安全保障工程项目建设情况、医疗卫生设施建设项目实施情况专项审计调查，揭示多付设计费、超拨工程进度款，未及时编制竣工财务决算，部分工程未及时支付工程尾款等问题，促进规范项目管理、提高项目资金使用效益、提升建设项目管理水平。

国有企业审计 开展了3项国有企业负责同志任期经济责任审计，揭示部分集团及所属企业资产负债率偏高、盈利能力不佳、投资项目未达效、历史包袱沉重等，部分收入和成本不实、经营管理和工程项目管理不够规范等问题，促进企业规范管理，防范风险，提高效益。

经济责任审计 开展了12个市直部门及3个区党政主要领导干部，1个县（市）两名政府主要领导干部经济责任审计，揭示财政财务管理不够规范，财政改革措施落实不够到位，国有资产管理不够完善等问题，促进领导干部履职尽责、担当作为。（撰稿人：秦玉容）

【齐齐哈尔市审计局】 2022年，齐齐哈尔市审计局实有80人。局长刘强，副局长闫晓光、李晓麒（4月—），二级调研员张蕊，三级调研员明阳、赵焕成，四级调研员寇丽萍（5月—）、田凯。设有机关党委、办公室、财政税收审计处、固定资产投资与大项目跟踪审计处、经济责任审计处、市委审计委员会办公室秘书科、人事教育科、审计管理指导处、法规与审理科、社会保障审计科、综合审计科、农业农村审计科、自然资源和生态环境审计科、企业审计科、金融涉外审计科、政策落实审计科、电子数据审计科、审计整改督察综合科；下设齐齐哈尔市审计服务中心1个事业单位。

审计成果 2022年，齐齐哈尔市审计局完成审计项目90个，其中审计81个、专项审计调查9个。查出主要问题金额50.53亿元，其中违规金额3794万元、损失浪费金额2753万元、管理不规范金额49.88亿元；审计发现非金额计量问题1130个；损益（收支）不实金额1.4亿元；出具审计报告和专项审计调查报告130篇。审计处理处罚金额5.94亿元，其中应上缴财政2191万元、应归还原渠道资金6312万元、应缴纳其他资金2235万元、应调账处理金额4.86亿元；移送司法机关、纪检监察机关和有关部门处理事项75件，移送处理金额5.46亿元。审计促进整改落实有关问题资金1.84亿元；审计促进拨付资金到位175万元；审计后挽回（避免）损失605万元。促进被审计单位建立健全规章制度257项；提交审计信息115篇，被批示、采用77篇次。

富拉尔基区政府原区长离任经济责任审计、克山县人民政府乡村振兴相关政策和资金审计等5个项目在全省审计机关优秀审计项目评选中，荣获2个一等奖、3个二等奖。

政策落实情况跟踪审计 开展优化营商环境相关重点政策措施落实情况审计调查，促进优化营商环境。开展助企纾困稳经济增长相关重点政策措施落实情况审计调查，保障各项纾困措施直达基层。开展乡村振兴相关政策及资金审计，推动农业高质量发展。开展高标准农田建设资金审计，推动高标准农田建设。实施生物经济发展情况、冰雪体育及装备产业链供应链推进情况2项审计调查、养老产业政策落实情况审计，促进项目落地，推进产业发展。

财政审计 完成市本级财政预决算审计和市直部门预算执行审计，数据分析审计覆盖一级预算单位，提升政府及各部门管财用财能力水平。开展乡镇财政管理体制改革及财务治理情况专项审计调查，推动乡镇财务规范管理，防范财务风险。开展财务收支审计，推进财务管理制度健全完善。开展老旧住宅小区综合改造工程、精密智能制造创新基地、开发区孵化器3个项目跟踪审计，推动节约政府投资、提升项目建设质效。实施行洪区存量污泥处置项目竣工决算审计，促进规范项目管理，提高资金使用效益。

国有企业审计 开展全市国企改革重点任务落实情况专项审计调查，维护国有资本安全。开展扎龙国际旅游、明月岛旅游发展、齐翔建工集团3家企业资产负债损益审计，促进提升企业经营质效。

农业农村审计 完成龙江、拜泉、依安3县乡村振兴审计，促进农业高质量发展，推动脱贫攻坚与乡村振兴有效衔接；开展讷河、拜泉、龙江、依安4县（市）高标准农田建设资金审计，促进巩固提升粮食综合产能，维护粮食安全。

资源环境审计 开展市水务局、拜泉县领导干部自然资源资产（任中）离任审计，完成拜泉县森林耕地资源，讷河、泰来入河排污口治理3项专项审计调查，推动落实环境治理和生态环境保护责任，形成的入河排污口治理调查情况报告得到市委、市政府主要领导肯定。

民生审计 开展住宅专项维修资金审计，推动住宅专项维修资金事业健康发展。开展定点民营医院医保基金管理使用情况审计，推动提高医保基金管理使用水平。开展学前教育发展政策及资金审计，促进优化学前教育资源。开展体育设施建设运营管理情况审计调查，推动提升公共设施服务水平。

经济责任审计 完成经济责任审计38项，强化干部管理监督，促进领导干部履职尽责、担当作为，紧扣权力运行加强监管，推动领导干部守法守纪守规尽责。

研究型审计 建立常态化审计成果运用机制，初步建立审计对象信息库、综合审计成果信息资料库、审计理论研究成果库、领导批示专报库，推动提升审计工作质量和水平。编制《领导干部自然资源资产管理和生态环境保护责任负面清单》，提升审计预警作用，推进源头治理。

审计理论研究 注重总结归纳审计实践，编发审计实务借鉴32期、综合案例借鉴2期，建立业务分析库11个、审计模型库21个，收录112项法律法规和789项行业规范，为审计实践提供路径指引和方法借鉴。

内部审计 出台《进一步加强内部审计工作的实施意见》，加强对内部审计工作的指导和监督，促进强化内部风险防控，增强审计监督合力。组织市城管系统内审和财务人员开展“新时期如何加强内部审计工作”培训，提升有关人员专业技能和综合能力，深入推进内部审计工作。

（撰稿人：司　宇）

【鸡西市审计局】 2022年，鸡西市审计局实有48人。局长殷洪亮，副局长肖伟东、高长伟、芦珊，二级调研员孙永宏，总审计师徐承君，四级副调研员杨丽萍。设有办公室、法制与审理科、督察指导科、财政税收审计科、行政事业审计科、政策落实审计科、农业农村审计科、自然资源和生态环境审计科、固定资产投资审计科、企业与金融外资运用审计科、社会保障审计科、电子数据审计科、市经济责任审计工作办公室、市委审计委员会办公室秘书科、机关党委。

审计成果 2022年，鸡西市审计局完成审计项目54个，其中审计51个、专项审计调查3个。查出主要问题金额229355万元，其中违规金额2085万元、管理不规范金额227269万元；审计发现非金额计量问题609个；损益（收支）不实金额237万元；审计发现侵害人民群众利益34万元；出具审计报告和专项审计调查报告71篇，被批示、采用23篇次。审计处理处罚金额3425万元，其中应上缴财政1856万元、应归还原渠道资金117万元、应缴纳其他资金81万元、应调账处理金额1370万元；移送司法机关、纪检监察机关和有关部门处理事项25件，移送处理人员6人，移送处理金额20119万元。审计促进整改落实有关问题资金92247万元；审计促进拨付资金到位47840万元；审计后挽回（避免）损失239万元；核减投资额431万元；移送处理落实事项1件。审计提出建议181条，被采纳173条；推动被审计单位制定整改措施216项；促进被审计单位建立健全规章制度43项；提交审计信息43篇。向社会公告审计结果1篇。

财政审计 对2021年度市本级预算执行和决算草案进行了审计，对223家行政事业单位、42家企业、4个区及2家独立机构的重点资金及相关事项进行了延伸审计，揭示了部门预算编制不完整、政府采购预算编制不完整等问题26项。对

5个部门单位开展了2021年度预算执行和决算草案审计，查处未按规定使用公务卡结算、存量资金未及时清理上缴等问题14项。

国有企业审计 对8户粮库企业、鸡西市鸿宇房地产开发有限公司进行了资产负债损益审计，查出了企业资产方面、负债方面、损益方面、经营管理方面存在的问题，从体制机制制度层面分析原因，提出了促进企业改革发展的建议，推动国有企业改善经营管理、强化内部控制、提高管理水平，实现国有资本保值增值。

民生审计 实施了鸡西市本级困难群众救助补助资金审计，查出困难群众救助补助资金筹集、分配和使用，集中供养救助机构职责履行和救助政策落实三个方面15个问题，问题金额66万元，移送案件线索1件。

经济责任审计 对1名区政府主要领导、10名市直部门主要领导、5名公安分局主要领导、1名企业主要领导开展了经济责任审计，查出主要问题金额16831万元，审计提出建议60条，采纳审计建议57条。（撰稿人：王国斌）

【鹤岗市审计局】 2022年，鹤岗市审计局实有54人。局长司成斌，副局长高永强、杨晓光、曲直（3月—）、武春荣（—3），总审计师马江涛。设有办公室、法规与审理科、审计督察指导科、电子数据审计科、财政税收金融审计科、教科文卫审计科、农业与自然资源审计科、固定资产投资审计科、大项目跟踪审计科、行政事业与社会保障审计科、企业和涉外审计科、经济责任审计办公室、人事教育科和市委审计委员会办公室秘书科。

审计成果 2022年，鹤岗市审计局完成审计和审计调查项目39个。查出主要问题资金328218万元，其中违规金额68960万元、管理不规范金额259258万元；审计发现非金额计量问题200个；出具审计报告和审计专项调查报告53篇，被市领导批示4篇；提出审计意见建议61条。促进整改落实金额1.35亿元，移送案件线索4件，上报审计专报3篇，《中国审计报》刊登1篇。

政策落实情况跟踪审计 开展鹤岗市2022年度稳经济增长助企纾困、优化营商环境相关重点政策措施落实情况审计调查，揭示涉企违规收费整治、扩大有效投资、服务工业增长、工业企业奖补资金拨付不及时、超标准收取招投标保证金等69个问题，金额3515.88万元。

财政审计 开展市本级预算执行及决算草案编制、网络安全和信息化建设、市第三中学2011年9月至2016年4月财政财务收支审计，查出预算编制不细化、预备费安排不足、挤占上级专项、国有资产损失、虚列银行贷款利息等41个问题，金额31.4亿元。开展市第三中学、国道萝北至额布都格公路鹤岗段改扩建工程建设项目竣工决算、鹤岗市档案馆迁址改造中国解放战争的大后方——鹤岗展陈馆工程项目预算执行情况和决算审计，查出多计工程价款、多计保险费、建设程序不规范、擅自改变设计施工等问题，核减工程款1803.2万元。

国有企业审计 开展市农业农村局所属5个农场、市第二粮库、市第三粮库、市热力公司、市财信融资担保有限公司资产负债损益审计和审计调查，查出国有资产流失、耕地闲置、少收承包费、违规发包耕地、违规减免供热费、漏缴税金等49个问题，金额4740.95万元。

资源环境审计 共完成领导干部经济责任审计项目20个，查出主要问题金额1.68亿元，推动领导干部规范管理、履职尽责。完成市自然资源局主要领导自然资源资产离任审计，查出违规占用基本农田、土地整治项目多计工程款、设施农用地未备案等12个问题。

民生审计 开展绥滨县农村人居环境整治相关政策和资金、绥滨县森林耕地资源情况审计和审计调查，查出农村生活垃圾收集清理工作滞后、生活污水处理项目建设管理不到位、森林资源保护责任未有效落实、未执行采伐限额制度等41个问题，金额2178.99万元。（撰稿人：孙跃明）

【双鸭山市审计局】 2022年，双鸭山市审计局实有57人。局长赵四海，副局长宋宇宝、赵亚莉、汝兴华（—4月）、田杨勇（4月—），四级调研员梁望秋，经济责任审计服务中心主任杨瑞红。设有办公室、法规与审理科、审计督察指导科、电子数据审计科、政策落实和财政税收审计科、教科文卫审计科、农业农村和资源环境审计科、固定资产投资审计科、社会保障审计科、企业和金融外资运用审计科、经济责任审计科；下设经济责任审计服务中心和固定资产投资审计中心。

审计成果 2022年，双鸭山市审计局完成审计项目49个，其中审计45个、专项审计调查4个。查出主要问题金额81235万元，其中违规金额2968万元、管理不规范金额78266万元；审计发现非金额计量问题467个；损益（收支）不实金额51万元；审计发现侵害人民群众利益1788万元；出具审计报告和专项审计调查报告86篇。审计处理处罚金额3108万元，其中应上缴财政2622万元、应归还原渠道资金333万元、应缴纳其他资金2万元、应调账处理金额151万元；移送司法机关、纪检监察机关和有关部门处理事项12件，移送处理金额9174万元。审计促进整改落实有关问题资金15926万元；审计促进拨付资金到位9837万元；审计后挽回（避免）损失140万元；移送处理落实事项6件。审计提出建议165条，被采纳165条；促进被审计单位建立健全规章制度67项；提交审计信息3篇，被批示、采用3篇次。向社会公告审计结果2篇。

政策落实情况跟踪审计 在双鸭山市本级、下辖四县及所属经济技术开发区优化营商环境重点政策措施落实情况第二轮审计调查中，共查出问题18个，提出审计建议9条，被审计单位建立健全相关制度4项，查出的18个问题均已整改。在双鸭山市政府相关部门及宝清县政府政策措施落实情况第三轮审计调查中，共查出问题17个，提出审计意见12条，被审计单位建立健全相关制度5项，已整改问题15个，正在整改中问题2个。

国有企业审计 重点关注福利粮食储备公司资产、负债、损益方面，共查出问题11个，查出问题金额总计17.31万元。审计发现该公司在财务管理和会计核算、企业经营管理等方面存在一定问题，提出审计建议3条。

民生审计 在双鸭山市2020年尖山区老旧小区改造项目专项审计调查中，共查出问题13个，其中，非金额计量问题10个，管理不规范问题3个，提出审计建议4条。

经济责任审计 完成了29个单位的34个党政主要领导干部经济责任审计和2个主要领导干部的自然资源资产离任审计。审计共查出问题382个，查出问题金额14696万元，其中违规金额271万元，管理不规范金额14425万元。提交审计报告和审计结果报告58篇，提出审计建议90条。另外，移送处理问题7个，涉及资金9137.65万元。（撰稿人：谢金崴）

【大庆市审计局】 2022年，大庆市审计局实有64人。局长刘艳辉，副局长、总审计师范广斌，副局长陈福林（8月—）、孙洋（12月—），二级调研员王文忠、于化春，三级调研员李甲宝、陶秀杰、孙继春，纪检组长马志民。设有办公室（综合计划科）、法规与审理科、审计督察指导科、电子数据审计科、财政税收审计科（政策落实审计科）、教科文卫审计科、农业农村审计科、社会保障审计科、自然资源和生态环境审计科、金融与企业审计科、经济责任审计科、固定资产投资审计科（大项目跟踪审计科）、派出党群审计科、派出企业审计科；下设大庆市审计服务保障中心。

审计成果 2022年，大庆市审计局完成审计项目66个，其中审计62个、专项审计调查4个。查出主要问题金额22.45亿元，其中违规金额4.88亿元、损失浪费金额1765万元、管理不规范金额17.4亿元；审计发现非金额计量问题630个；审计发现侵害人民群众利益8271万元；出具审计报告和专项审计调查报告91篇、审计专报11篇，被批示12篇次；审计处理处罚金额11.2亿元，其中应上缴财政1.48亿元、应减少财政拨款或补贴1965万元、应归还原渠道资金3.39亿元、应缴纳其他资金33万元、应调账处理金额6.13亿元；移送纪检监察机关和有关部门处理事项48件，移送处理金额9052万元。审计促进整改落实有关问题资金10.61亿元；审计后挽回（避免）损失1591万元；核减投资额1965万元；移送处理落实事项1件。审计提出建议184条，被采纳184条；促进被审计单位建立健全规章制度7项；提交审计信息95篇，被采用64篇次。

政策落实情况跟踪审计 完成2021年度市级粮油储备费用情况审计和大庆市生态环境保护资金专项审计调查，揭示个别专项资金支付进度缓慢、资金未及时足额拨付、未及时发挥专项资金使用效益等方面问题12个，打通政策落实和制度执行的断点堵点，促进了政令畅通、政策有效落实。

财政审计 完成市本级2019年度至2021年度财政收支、市本级和市直部门2021年度预算执行及决算草案、肇州县和让胡路区财政收支等16个审计项目，揭示预算编制不够完整、预算执行不够严格、财政管理不够规范等问题，促进非税收入入库5.38亿元、规范支出账目7.9亿元。

国有企业审计 完成市粮食集团资产负债损益、油城公交财政补贴资金管理使用、市属国有企业债务3个审计项目，查出主要问题金额2.16亿元，揭示企业改革推进缓慢、项目前期调研不充分等方面问题65个。

农业农村审计 完成大同区2019年至2021年乡村振兴政策及资金审计，审计资金9.82亿元，查出主要问题金额4.52亿元，揭示任务落实、资金使用、项目建设等方面问题47个，推动了乡村振兴政策措施落实。

资源环境审计 完成市林草局自然资源资产任中审计、肇州县森林耕地审计、肇源县入河排污口审计3个项目，揭示履职不到位、资金管理使用不规范、自然资源遭破坏等问题，促进了自然资源资产节约集约利用。

经济责任审计 完成28名领导干部的经济责任审计，查出主要问题金额4.82亿元，促进完善制度47项。 （撰稿人：孙新远）

【伊春市审计局】 2022年，伊春市审计局实有47人。局长林福祥，副局长李庆涛、黄冬娜、乔明云，总审计师董洪峰，纪检组长邬景辉，国有企业监事会办公室常务副主任赵瑞林。设有办公室、法规与审理科、综合科、审计督察指导科、电子数据审计科、财政税收金融审计科、教科文卫审计科、农业农村审计科、固定资产投资审计科、大项目跟踪审计科、社会保障审计科、自然资源和生态环境审计科、经济责任审计科、国有企业监督一科、国有企业监督二科、人事教育科、党群审计监督科、机关党委；下设伊春市政府投资审计中心。

审计成果 2022年，伊春市审计局完成审计项目46个，其中审计41个、专项审计调查5个。查出主要问题金额65566万元，其中违规金额2513万元、管理不规范金额63053万元；审计发现非金额计量问题610个；出具审计报告和专项审计调查报告67篇。审计处理处罚金额9753万元，其中应上缴财政6318万元、应归还原渠道资金88万元、应调账处理金额3346万元；移送司法机关、纪检监察机关和有关部门处理事项3件，移送处理金额583万元。审计促进整改落实有关问题资金9223万元；审计后挽回（避免）损失377万元；核减投资额445万元。审计提出建议116条，被采纳116条；提交审计信息38篇，被批示、采用23篇次。

1个专项资金检查审计项目被评为审计署优秀项目三等奖和省审计厅优秀项目一等奖；2个离任经济责任审计项目分别被评为省审计厅优秀项目一等奖和二等奖；1个竣工决算审计项目被评为省审计厅优秀项目二等奖。

政策落实情况跟踪审计 完成优化营商环境相关重点政策措施落实情况审计调查，促进了持续优化营商环境；完成市本级及所属县（市、区）学前教育相关重点政策措施落实情况专项审计调查，促进了学前教育普及普惠安全优质发展全面推进。

财政审计 完成市本级2021年财政预算执行及决算草案编制情况审计、部分市直部门预算执行审计，促进了财政经济安全、提高了财政资金效益；完成部分县区政府财政收支审计，助力推动高质量发展和加快建立现代财政制度。

国有企业审计 完成企业混合所有制改革情况审计调查，促进了企业规范有序发展混合所有制经济；完成粮食储备轮换价差审计，提出了依据储备原粮储存品质指标和储存年限、合理安排轮换、保证储备粮质量良好、储存安全、常储常新的审计建议。

农业农村审计 开展嘉荫县2019年至2021年农村人居环境整治相关政策和资金审计，推动解决了影响乡村建设成效和体制机制问题，堵塞了管理漏洞和涉农资金管理。

资源环境审计 完成市自然资源局主要负责人领导干部自然资源资产任中审计、嘉荫县人民政府森林耕地资源专项审计调查、大箐山县人民政府入河排污口治理专项审计调查，促进了领导干部贯彻落实新发展理念。

民生审计 完成金林区困难群众救助补助资金审计，促进了特殊困难群体基本生活保障到位和惠民政策的有效落实。

经济责任审计 开展完成党政领导干部经济责任审计，促进领导干部履职尽责、担当作为；推进领导干部自查报告制度落实，召开伊春市经济责任审计联席会议全体会议第 2 次会议，推动促进联席会议成员单位发挥监督合力，促进了经济责任审计工作扎实有效开展。

审计查出问题整改 实施“审计整改攻坚破难行动”，通过加大整改督查督办力度、召开整改推进会议、完善整改机制，以及筹备召开市政府审计查出问题整改专题会议、调度会议和向市委常委会汇报审计整改工作等措施，有效提升了整改率。

研究型审计 沿着“政治—政策—项目—资金”主线，深入研究审计立项、谋划实施和成果提炼，将研究贯穿审计项目全程。局主要负责人专门就研究型审计撰写调研报告并纳入全市工作调研成果文件汇编。

相关工作 以“能力作风建设年”活动为契机，不断加强审计干部思想淬炼、政治历练、实践锻炼、专业训练，全面增强能查能说能写本领。建立“审计业务分析库”，编撰《审计业务手册》和《大数据审计应用手册》，实施“信息化建设攻坚破难行动”，优化工作流程，完善长效机制，开展“业务大讲堂”“青年学堂”，推行“双导师”制度，激励干部担当作为，有效锻造了高素质专业化审计队伍。在市政府网站设置“精神文明建设”宣传专栏，激励审计干部担当作为、干事创业，被省精神文明建设指导委员会授予“省级文明单位标兵”，跨越式提升了伊春审计机关形象。

（撰稿人：徐佳欣）

【佳木斯市审计局】 2022 年，佳木斯市审计局实有 70 人。局长王河顺喜（11 月—），副局长张鑫裕、赵大利、任伟，总审计师于凤阳，纪检组长李虹，二级调研员蒋红军，三级调研员周哲，四级调研员孙继海，审计服务中心主任薛锐。设有办公室、法规和审理科、审计督察和内部审计指导科、信息系统和电子数据审计科、预算执行审计科、财政绩效和政策落实审计科、教科文卫审计科、农业农村审计科、固定资产投资审计局、社会保障审计科、自然资源资产和生态环境审计科、金融审计科、企业审计科、涉外审计科、经济责任审计局、人事教育科；下设佳木斯市审计服务中心。

审计成果 2022 年，佳木斯市审计局完成审计项目 35 个，其中审计 28 个、专项审计调查 7 个。查出主要问题金额 16577 万元，其中违规金额 101 万元、损失浪费金额 1 万元、管理不规范金额 16474 万元；审计发现非金额计量问题 302 个；审计发现侵害人民群众利益 261 万元；出具审计报告和专项审计调查报告 55 篇，被批示、采用 1 篇次。审计处理处罚金额 367 万元，移送司法机关、纪检监察机关和有关部门处理事项 11 件，移送处理金额 649 万元。审计促进整改落实有关问题资金 6312 万元。审计提出建议 95 条，被采纳 78 条；提交审计信息 1 篇。

佳木斯市困难群众救治补助资金审计项目被评为省审计厅优秀审计项目二等奖。

财政审计 对市财政局具体组织 2021 年度市本级预算执行及决算草案编制情况、市市场监督管理系统及市教育系统 2021 年度预算执行及其他财政财务收支情况开展审计。市本级预算执行审计揭示预算安排不精细、财政管理不规范等四类问题，涉及问题金额 5230 万元；部门预算执行审计揭示预决算管理精准度不高、内控制度建设执行不到位等三类问题，涉及问题金额 1276 万元。

资源环境审计 组织开展 1 名政府主要领导干部、1 名部门领导干部自然资源资产任中审计以及桦南县森林和耕地资源审计调查。审计发现问题 39 个，审计查出问题金额 753 万元，向有关部门移送审计问题线索 6 件。

民生审计 组织桦南县农村人居环境整治相关政策和资金情况审计、佳木斯市困难群众救助补助资金情况审计，审计发现问题 52 个，查处问题资金 216 万元。

经济责任审计 对 1 名政府主要领导干部、6 名检察审判机关领导干部及 14 名部门领导干部开展经济责任审计，审计发现问题 155 个，查出问题金额 9612 万元。十四届市委审计委员会第一次会议审议通过《领导干部履行经济责任风险警示清单》，在强化对领导干部管理监督、促进领导干部履职尽责方面发挥积极作用。

审计查出问题整改 结合审计项目的实施，深入被审计单位、主管部门宣传整改工作，明确审计整改内容和要求，共同研究审计查出问题整改措施办法，促进有关单位和部门切实履行整改责任，保证审计整改效果。要求各被审计单位认真梳理审计查出的问题，层层落实责任，扎实开展整改；对暂时不能整改到位的要制订整改计划，明确整改措施，限期整改到位；按照轻重缓急原则，科学制定整改方案和措施，分类推进整改工作；对正在整改的问题要加大推进力度，整改有难度的问题要积极研究解决措施。在国务院大督查中，佳木斯市局作为审计整改工作的牵头单位，高标准完成全部审计整改工作，做到“治已病、防未病”，充分发挥审计“经济体检”作用。

研究型审计 在开展审计项目时，将研究型审计思维贯穿项目全生命周期，构建审计研究闭环链条。强化政策分析，以收集与被审计单位相关的法律法规和政策为基础，精准掌握权力运行的重点领域和关键环节，加深对被审计单位特点和规律的把握，合理确定审计重点；强化“数据先行”，利用“集中分析+分散核查”模式，组织专门力量，开展数据分析，根据市委、市政府重要工作目标、重点突破性任务中的职责分工，厘清承担的重点工作和民生实事，确保审计的目标导向；强化成果应用，加大对共性典型问题的分析研究力度，探索建立共性典型问题“负面清单”，推动部门单位认真对照、举一反三。及时与纪委监委、组织等部门联动，会商研判审计查出问题，有力推动追责问责落实和相关制度完善，提升审计结果运用的实效性。（撰稿人：刘亦男）

【七台河市审计局】 2022年，七台河市审计局实有39人。局长王宝山，副局长迟宗祥、刘庆浦（—9月）、瞿燕梅、马文斌（2月—），总审计师高英（—2月）、孟丹婷（2月—）。设有办公室、法规与审理科、财政税收审计科、教科文卫审计科、农业农村审计科、固定资产投资审计科、社会保障审计科、企业审计科及经济责任审计科；下设七台河市审计技术与信息化中心。

审计成果 2022年，七台河市审计局共完成57个审计项目计划，审计查出问题金额211008万元，其中违规金额2049万元，管理不规范金额208959万元，核减投资额2042万元，发现非金额计量问题258个，提出审计建议153条，向市纪委移送相关问题线索2件。

政策落实情况跟踪审计 开展优化营商环境重点政策措施落实情况审计调查，审计查出了未及时拨付工业企业奖补资金、超标准收取保证金等问题，提出了强化专项资金专款专用、加强招标监管、规范招标行为等建议。

财政审计 开展七台河市城区供热老旧管网改造工程竣工决算、倭肯河综合治理—宝泰隆隆鹏供水管线改造工程竣工决算、市供排水总公司二次网管设施改造工程竣工决算等审计项目，揭示了项目存在多结算工程价款、结余建设资金未及时上缴财政、未严格履行政府采购程序、项目未批先建、施工图设计未经审查擅自施工等问题。提出了对项目结算的工程量进行准确复核、准备编制项目竣工财务决算、严格按照相关法律法规执行招标程序的建议。促进推动加快项目建设，规范了工程管理，提高了资金使用绩效。

资源环境审计 开展2019年至2021年勃利县森林耕地资源专项审计调查，揭示了森林耕地资源保护责任未有效落实、森林耕地资源监管职责履行不到位等问题。提出了加强森林资源政策宣传、加强国土空间规划管控、加强专项资金预算管理的建议。

民生审计 开展困难群众救助补助资金审计，审计查出了差旅费审批制度执行不到位、低值易耗物资管理存在问题、临时救助资金发放管理不严格等问题，提出了加强救助金监管、提高救助金管理水平等建议。

经济责任审计 开展七台河市归国华侨联合会、市市场监管局、市医疗保障局等19名同志离任经济责任审计，揭示了收入未及时上缴国库、会计核算不实、采购方式不规范、城镇棚户区安置任务未完成、账面资产不实等问题。提出了进一步建立健全内控管理制度、进一步核实市华侨农场相关情况的建议。提出了加强项目采购管理、研究制定安置优惠政策定期盘点固定资产、完善财务报销管理制度等建议。（撰稿人：徐云冬）

【牡丹江市审计局】 2022年，牡丹江市审计局实有62人。局长高峰，副局长刘佳祥、田方、徐海峰，总审计师秦立军。设有办公室、法规与审理科、综合计划科、审计督察指导科、电子数据审计科、财政税收审计科、政策落实审计科、教科文审计科、农业农村审计科、固定资产投资审计科、大项目跟踪审计科、社会保障审计科、自然资源和生态环境审计科、金融审计科、企业审计科、涉外审计科、经济责任审计办公室、人事科、机关党委、卫生医疗审计科、交通水利林业审计科、公检法司审计科、总审计师、总经济师、市委审计委员会办公室秘书科；下设牡丹江市政府投资审计中心。

审计成果 2022年，牡丹江市审计局共完成审计项目96个，其中审计77个、专项审计调查19个。查出主要问题金额21947万元，其中违规金额2051万元、管理不规范金额19895万元；审计发现非金额计量问题1055个；出具审计报告和专项审计调查报告159篇。审计处理处罚金额10434万元，移送司法机关、纪检监察机关和有关部门处理事项21件，移送处理金额583万元。审计促进整改落实有关问题资金9830万元；审计促进拨付资金到位1375万元；审计后挽回（避免）损失1077万元；核减投资额1077万元；移送处理落实事项1件。审计提出建议333条，被采纳333条；提交审计信息201篇，被批示、采用76篇次。

牡丹江市河道管理处原处长离任经济责任审计项目被评为黑龙江省审计厅优秀（表彰）审计项目。

政策落实情况跟踪审计 重点关注重大招商签约项目推进落实情况、物流业降本提质增效政策落实情况、政府性融资担保惠企政策落实情况、企业获得用水用气用热服务质效等情况，对市本级及所属县区开展审计。

财政审计 组织开展2021年度市级预算执行情况和决算（草案）审计项目，重点审计财政收支的真实性和财政收入质量、政府债务风险管控、重点专项转移支付资金管理使用、落实政府过紧日子要求和预算管理制度改革推进，共查出违规和管理不规范问题55项，涉及问题资金2300余万元。在政府投资审计方面对全市2021年重点项目进行跟踪审计，抽查22个重点项目，项目总投资35.63亿元，揭示了项目资金及建设程序等方面问题27个，问题金额9.02亿元。开展市第二人民医院省级区域医疗中心建设工程项目跟踪审计及旅发大会城市更新改造项目竣工决算审计。

农业农村审计 开展穆棱市高标准农田建设专项资金审计，结合牡丹江市农业农村工作的特点，对高标准农田建设政策措施落实、建设资金管理、项目建设管理和建设项目绩效等方面进行审计，重点抽查2个部门、8个乡镇，3个项目，涉及高标准农田建设资金38746万元。

资源环境审计 开展林口县主要领导干部自然资源资产离任审计、林口县耕地资源专项审计调查及穆棱市入河排污口治理专项审计调查，揭示森林、耕地、资源保护、排污治理、资金使用、项目管理等方面的问题，以绿色审计服务绿色发展。

民生审计 开展海林市就业补助资金和失业保险基金审计、五家公立医院财政财务收支及医疗收费专项审计调查，促进民生政策更好落地、民生资金提高绩效。

经济责任审计 全市审计机关共对219名领导干部进行了经济责任审计，查出主要问题金额3.22亿元，助推清廉雪城建设。将“四个体系”工作落实情况纳入领导干部经济责任审计内容。召开全市经济责任审计工作联席会议，凝聚全市经济责任审计工作合力。

审计查出问题整改 修订完善《牡丹江市审计整改结果认定标准指导意见》，出台《牡丹江市审计整改约谈管理办法》。进一步捋顺工作程序，将被审计单位审计报告及审计整改清单送达被审计单位的同时，抄送其主管部门，进一步落实整改责任，强化主管部门监督管理作用。启动审计整改“回头看”专项工作，科学制定工作方案，调动全局审计力量，按照所有审计项目开展自查、重点项目现场抽查、整改不到位项目全面核查的工作流程。将年度审计整改工作情况在市政府常务会议及市委常委会作专题汇报，促进审计整改工作高位推动，取得实效。

研究型审计 把研究工作贯穿审计工作始终，聚焦党委政府年度重点工作，聚焦国家、省、市和区域、行业重大战略部署，沿着“政治—政策—项目—资金”这条线深入研究论证，安排本级年度审计项目计划。加大对审计发现的共性问题和苗头性、倾向性问题的研究分析力度，精准组织审计项目实施。探索对审计成果进行跨领域、跨部门、跨层级的深度提炼，精准揭示和推动解决问题。

内部审计 推动建立健全内部审计制度，对内部审计机构进行业务指导，将内部审计工作开展情况纳入经济责任审计实施方案，监督内部审计职责履行情况。开展2022年度牡丹江市本级及辖区相关单位的内部审计统计工作，截至2022年底，共有58家单位设置了内部审计机构，其中独立设置内部审计机构的有7家单位。

交办任务 以加强对党费管理使用情况的监督检查，促进牡丹江市各级党（工）委管好用好党费和上级划拨的专项党费为目标，市审计局接受市委组织部委托，开展全市党费收缴、管理和使用情况专项审计。对10个县（市）区委、3个市直党工委、28个市直党委2017年至2021年的党费实施审计，提出改进和加强党费管理使用、完善相关工作的意见和建议，促进发挥党费的政治功能和服务功能。（撰稿人：高　蕾）

【黑河市审计局】 2022年，黑河市审计局实有43人。局长尹树新，二级调研员刘伟宏、朱国民（6月—），副局长、三级调研员胡铁军（6月—），副局长马丽芳（2月—）。设有经济责任审计科、财政与金融审计科、企业审计科、农业农村与自然资源审计科、固定资产投资审计科、政策落实审计科、社会保障审计科、行政政法审计科、电子数据审计科、法规与审理科、教科文卫审计科、办公室；下设黑河市固定资产投资审计中心。

审计成果 2022年，黑河市审计局完成审计24个单位，审计查出主要问题金额559736万元，其中：违规问题金额261万元，管理不规范金额559475万元；移送问题线索6件。提出审计建议65条。

逊克县2020年社会保险基金审计项目被评为省审计厅优秀审计项目三等奖。

财政审计 组织实施了预决算执行情况审计，加大实时监管力度，提高重大资金风险防范意识，推动财政政策措施落地见效，严格财政预算管理，并督促相关部门建立完善现代财政制度、提高财政资金使用绩效。

组织开展政府投资项目审计，紧紧围绕推动加快项目建设，规范工程管理，提高资金使用绩效，重点关注和揭示工程招投标、工程监理、施工组织等关键环节存在的不规范不到位等问题，确保优质、高效、有序推进项目建设。

国有企业审计 组织开展了企业资产负债损益审计，重点关注和揭示企业在合规合法经营、混合所有制改革监管等方面存在的问题，助力国企改革三年行动推进落实。

民生审计 组织开展了疫情防控资金等项目审计，重点关注和揭示各项民生政策贯彻落实和各种专项资金管理使用等方面存在的问题，促进相关民生政策措施精准落实、相关资金规范管理，维护人民群众切身利益。

经济责任审计 组织全市审计机关对39名领导干部和领导人员开展经济责任审计，查出主要问题金额326201万元，促进领导干部履职尽责、担当作为；对5名领导干部开展自然资源资产离任（任中）审计。

审计查出问题整改 认真贯彻落实习近平总书记“一体推进揭示问题、规范管理、促进改革”重要要求和省委、市委审委会关于加强审计整改工作部署，坚持把督促审计问题整改作为重要工作来抓，推动提高思想认识、压实整改责任；制定审计机关督促审计整改工作办法，完善审计查出问题清单制度，分类梳理问题，提出整改要求。运用信息化手段，按照整改清单逐条逐项全程在线监督，实行销号管理，抓实审计整改督查。（撰稿人：安　信）

【绥化市审计局】 2022年，绥化市审计局实有48人。党组书记、局长李德政（—3月）、敖丙千（3月—），党组成员、副局长周则朴、刘宇菲、王大鹏，党组成员、总审计师刘平录（—5月）、信国峰（5月—），一级调研员张立君，二级调研员刘平录，四级调研员蒲成全、秦长江、孙成、顾丽达、韩殿斌、贾广灵，纪检组长李存秋。设有办公室、综合计划与法规审理科、审计督察指导科、电子数据审计科、财政税收审计科、政策落实审计科、行政事业审计科、农业农村审计科、固定资产投资审计科、社会保障审计科、自然资源和生态环境审计科、金融审计科、经贸审计科、经济责任审计科、人事教育科、开发区分局、派出卫生体育审计科、派出教育审计科、审委办秘书科、机关党总支；下设绥化市审计服务保障中心。

审计成果 2022 年，绥化市审计局完成审计项目 56 个，查出主要问题金额 840579 万元，审计发现非金额计量问题 164 个，审计期间整改金额 434 万元，出具审计报告 63 篇。审计处理处罚金额 68484 万元，移送司法机关、纪检监察机关和有关部门处理事项 30 件。审计促进整改落实有关问题资金 126732 万元，审计提出建议 145 条，被采纳 145 条，提交审计信息 5 篇。

政策落实情况跟踪审计 围绕重点，推动政策落实落靠。组织开展了市本级、北林区人民政府和望奎县人民政府稳经济增长助企纾困相关政策措施落实情况审计。

财政审计 聚焦主业，纵深推进财政审计。开展了市本级预算执行和决算草案编制情况、8 个市直部门预算执行情况、2 个县财政收支情况、2 所中学财务收支情况审计。主动作为，助力疫情防控攻坚。持续跟踪对市本级和 10 个县（市、区）疫情防控资金和捐赠款物管理使用情况审计。开展了市第一医院儿科中心暨第三住院部等 10 个政府投资项目审计。协同市委巡察办“巡审联动”对市本级和 10 个县（市、区）开发区开展专项审计。

国有企业审计 防范风险、促进企业合规运营。开展了绥化市客运公司、绥化市通兴汽车综合性能检测站等 2 个市属企业资产负债损益情况审计。

农业农村审计 发挥优势，助力推动乡村振兴。开展了望奎县农村人居环境整治相关政策措施落实情况审计。

资源环境审计 精准发力，守护森林耕地安全。组织开展了海伦市森林耕地资源专项审计调查。

民生审计 服务民生，兜牢社会保障底线。组织开展了市本级、北林区、青冈县困难群众救助补助资金审计。

经济责任审计 加强监督，促进权力规范运行。开展了市金融服务局、司法局、退役军人事务局、农业农村局、营商环境建设监督局、公共资源交易中心和疾病预防控制中心等 7 名市直单位主要领导任中（离任）经济责任审计。

审计查出问题整改 动真碰硬，推动整改取得实效。对十二届省委期间国家、省、市三级审计机关查出的问题开展了整改“回头看”。市委、市政府主要领导先后 7 次对审计整改工作作出批示，并分别通过召开政府常务会、市委常委会、审计委员会（扩大）会议研究问题整改，使 223 个遗留问题得到整改，整改率由原来的 83.04% 增长至 93.34%。通过问题整改促进政策资金落实 7.12 亿元，收回财政资金和基金 2.99 亿元，推动健全完善制度机制 119 项，补办完善相关手续 39 个，对无法整改且造成后果的，以及整改工作推进不力，不作为、慢作为等 46 个问题启动问责，对 55 名责任人分别作出党政纪处分。

交办任务 市县两级审计机关先后派员 200 余人次，配合省市县常规巡视巡察。先后派员 20 余人次，配合市县组织部门开展党费专项检查。

相关工作 深入推进机关能力作风建设，认真坚持“第一议题”制度，开展审计大讲堂和业务知识讲座 17 期，举办“师徒结对、互帮互促、共同提高”活动，实施“审计一线党旗红”书记党建项目，制定出台能力作风建设考核激励机制。充分运用“四个体系”方法推进审计工作，进一步优化 25 步审计业务流程，实行“一办法、两通知、三清单”审计发现问题整改长效机制。向被审计单位发放廉政作风调查问卷 100 余份，重点掌握是否存在说情抹事、求人办事、收取礼品礼金等违法违纪行为。成立审计服务保障中心，重点为开展大数据审计和投资审计项目服务。2022 年，绥化市审计局被授予省级文明单位荣誉称号。

（撰稿人：胡国忠）

【大兴安岭地区行政公署审计局】 2022 年，大兴安岭地区行政公署审计局实有 47 人。党组书记、局长边爱萍（—6 月）、冯国明（6 月—），纪检组长孟宪臣，党组成员、副局长刘守岭（—8 月）、白玲（8 月—）、郭银杉（—4 月）、王永文（4 月—）、王玉红（—4 月）、王文杰（4

月—)，二级调研员郭银杉（4月—）、王玉红（4月—)，三级调研员马树声（8月—)。设有办公室（电子数据审计科)、法规与审理科、审计督察指导科、财政和政策落实审计科、经济责任审计一科、经济责任审计二科、派出审计一科、派出审计二科、农业农村和自然资源审计科、固定资产投资审计科、社会保障审计科、教科文卫审计科、企业、金融和涉外审计科、重点项目督察科；下设大兴安岭地区投资审计中心。大兴安岭地委审计委员会办公室设在地区审计局。

审计成果 2022年，大兴安岭地区行政公署审计局完成审计项目43个，其中审计39个、专项审计调查4个。查出主要问题金额24352万元，其中违规金额422万元、管理不规范金额23930万元；审计发现非金额计量问题223个；审计期间整改金额72万元；出具审计报告和专项审计调查报告66篇。审计处理处罚金额711万元，其中应上交财政411万元、应归还原渠道资金9万元、应调账处理金额290万元；移送司法机关、纪检监察机关和有关部门处理事项20件。审计促进整改落实有关问题资金691万元；审计提出建议104条，被采纳104条；提交审计信息44篇；向社会公告审计结果2篇。

政策落实情况跟踪审计 以持续优化营商环境为目标，按照审计厅全省优化营商环境相关重点政策措施落实情况审计调查工作方案要求，完成了全区优化营商环境相关重点政策措施落实情况调查，揭示了物流业降本提质增效政策落实、用水用气用热方面保障等两类问题；以推动国家粮食安全重大政治责任落实落靠、农业高质量发展、脱贫攻坚与乡村振兴有效衔接、美丽乡村建设为目标，完成了呼玛县乡村振兴相关政策及资金审计，揭示了部分地方政府对科技企业创新创业载体服务、管理指导不到位，未建立协调服务长效机制等方面的5个问题。

财政审计 对地区财政局组织的2021年度地本级预算执行和决算草案情况以及3个地直部门的预算执行及其他财政收支情况进行了审计；以促进提高网络安全和信息化建设水平，提高资金使用绩效为目标，开展了网络安全和信息化建设审计；对漠河市2019年度至2021年度财政收支情况进行了审计。揭示了未全面履行部门职责、部门预算编制不完整、未按规定编制采购预算、财务核算不规范等69个问题。

以促进建设单位加强管理，确保建设资金合理、合法使用为目标，组织实施了加格达奇区新建看守所（拘留所）工程项目竣工决算审计、省道连崟至新华公路新林至兴华段改扩建项目前期工作和资金使用情况审计调查，揭示了监理、施工招投标期限不符合规定，监理、施工采用评标方法不符合规定，未经审批擅自调整招标方式，未按规定单独建账，多记工程造价等14个问题。

国有企业审计 以加强国有企业资产管理，维护国有资产安全，推动企业建立健全管理制度和问责机制，促进企业深化改革，实现资产保值为目标，完成了呼玛县粮库资产负债审计和塔河县粮库资产负债审计，揭示了“三重一大”制度执行不到位，未按规定计提坏账准备等17个问题。

民生审计 以推动解决影响乡村建设成效的体制机制问题、堵塞管理漏洞和落实涉农资金全面预算绩效管理为目标，完成了呼玛县农村人居环境整治相关政策和资金审计，揭示了农村改厕，农村生活垃圾治理等方面存在的10个问题。

资源环境审计 以促进领导干部正确认识和把握碳达峰碳中和，落实森林资源保护责任、落实耕地保护和维护粮食安全责任为目标，完成了呼玛县森林、耕地资源专项审计调查，发现了未经审批占用林地、违法违规占用耕地等4个问题。

经济责任审计 累计对15位领导干部进行经济责任审计，累计查出违规金额32万元，管理不规范金额11946万元，深入揭示了执行财政政策不到位、未及时清查盘盈固定资产、未全面履行“三定”方案规定的部门职责、部分大额资金支出未按“三重一大”议事规则要求进行等问题。

审计查出问题整改 审计查出整改问题325个，已整改201个；涉及应整改问题金额24352.27万元，已整改金额21172.77万元，促进建章立制35项，整改率61.85%。 （撰稿人：胡桥龙）

2022 年黑龙江省所辖市（地区）、县（市、区）审计工作统计表

审计机关	完成审计项目/个	审计查出主要问题金额/万元	审计发现非金额计量问题/个	审计期间整改金额/万元	出具审计报告和审计调查报告/篇	审计处理情况		审计促进整改落实有关问题资金/万元	审计提出建议/条	提交审计信息/篇
						审计处理处罚金额/万元	移送处理事项/件			
哈尔滨市										
哈尔滨市本级	50	552931	579	6911	69	256462	24	99750	128	69
道里区审计局	14	28425	31	25628	21			25628	43	1
南岗区审计局	9	1647	69	3	16	1535		5	33	12
道外区审计局	10	17462	19	11318	18	12		12	8	5
平房区审计局	6	6089	20	100	11	5977		5977	20	5
松北区审计局	6	9555	70		9				23	
香坊区审计局	15	57738	69	45	25	668	5	1407	47	
呼兰区审计局	29	14063	10	10	52	106	1	106	118	12
阿城区审计局	23	48512	172	204	45	21540	11	18098	87	
双城区审计局	16	14134	30	6	27	1003		40	30	
依兰县审计局	46	8341	114	1489	71	6417		3236	58	4
方正县审计局	21	11078	90		36	7874		7874	81	1
宾县审计局	19	32682	70		31	947		934	42	5
巴彦县审计局	31	11678	66		46	1477		1477	64	
木兰县审计局	21	4661	61		32				45	1
通河县审计局	42	25359	130		61	506	20	322	101	
延寿县审计局	15	19428	75		22	10789		10789	48	3
尚志市审计局	8	3668	70	26	14	2		2	41	7
五常市审计局	33	134672	61	1203	68	558		174	4	
齐齐哈尔市										
齐齐哈尔市本级	90	505345	1130	43473	130	59358	75	18390	191	115
龙沙区审计局	13	4990	5		13			4990	16	
建华区审计局	17	186	40	1	32	156		13	39	60
铁锋区审计局	19	6251	13		19	20	1	6225	18	
昂昂溪区审计局	17	454	56		28	320	3	279	22	3
富拉尔基区审计局	21	4066	55	374	36	1132	3	20	68	40
碾子山区审计局	14	5088	14		27		1	475	28	

续表

审计机关	完成审计项目/个	审计查出主要问题金额/万元	审计发现非金额计量问题/个	审计期间整改金额/万元	出具审计报告和审计调查报告/篇	审计处理情况		审计促进整改落实有关问题资金/万元	审计提出建议/条	提交审计信息/篇
						审计处理处罚金额/万元	移送处理事项/件			
梅里斯达斡尔族区审计局	40	2931	158		58	1418		1418	142	
龙江县审计局	39	5450	166		72	152	1	2	83	3
依安县审计局	24	824	32	79	24	744		335	20	23
泰来县审计局	31	11410	23		45	507		7255	63	
甘南县审计局	34	123273	135		66	3235		2828	66	
富裕县审计局	23	2597	68		45	1988		613	40	
克山县审计局	32	41738	173		32		4	20759	58	
克东县审计局	28	7792	62	2	41	4313		1921	67	
拜泉县审计局	40	38259	5	190	65	943		498	32	
讷河市审计局	46	119770	292	155	82	60792	12	47860	121	6
鸡西市										
鸡西市本级	54	229355	609	7057	71	3425	25	92247	181	43
鸡冠区审计局	21	34929	123	1	13	6147	5	26221	50	3
恒山区审计局	8	56363	9		12	576		575	21	
滴道区审计局	4	111	5		4				9	
梨树区审计局	6	981	51	319	12	973		949	24	
城子河区审计局	7	9080	47		12	27			13	
麻山区审计局	7	854	25	377	7			377	25	
鸡东县审计局	20	3349	72		35	30	9	30	37	
虎林市审计局	19	10913	121		31	46	1	46	43	24
密山市审计局	20	47581	102	6180	33	2205		1954	68	18
鹤岗市										
鹤岗市本级	39	328218	200	10327	53	77788	4	33651	61	3
向阳区审计局	4	18	13	18	4			18	14	2
工农区审计局	5	1817	12	3	5			3	11	
南山区审计局	2		6		2				5	
兴安区审计局	4	692	7		4			93	8	
东山区审计局	7	323	48	1	7			238	22	
兴山区审计局	5	3340	7		5			62	8	
萝北县审计局	26	9334	36	4	46				66	20
绥滨县审计局	32	132351	96	400	53	4958		4958	75	4

续表

审计机关	完成审计项目/个	审计查出主要问题金额/万元	审计发现非金额计量问题/个	审计期间整改金额/万元	出具审计报告和审计调查报告/篇	审计处理情况		审计促进整改落实有关问题资金/万元	审计提出建议/条	提交审计信息/篇
						审计处理处罚金额/万元	移送处理事项/件			
双鸭山市										
双鸭山市本级	49	81235	467	6003	86	3108	12	15926	165	3
尖山区审计局	8	104	18	101	8			101	28	
岭东区审计局	9	192	19	2	16			2	25	
四方台区审计局	9	83	35		14			83	27	
宝山区审计局	8	267	18		11				30	
集贤县审计局	34	21970	91	144	61	4626		3334	63	
友谊县审计局	21	5516	20	115	21	423		408	44	
宝清县审计局	34	14147	107	1813	34	609		4954	96	14
饶河县审计局	9	4694	49	2	9	172	8	102	16	2
大庆市										
大庆市本级	66	224542	630	2763	91	112054	48	106151	184	95
萨尔图区审计局	15	45	69	10	20	35		22	39	6
龙凤区审计局	18	1811	37		26	25		25	48	7
让胡路区审计局	29	5509	118		36	1726		1565	92	
红岗区审计局	25	726	29	12	29	493		12	52	6
大同区审计局	18	16	48		26	16			42	4
肇州县审计局	43	9987	92		66	5606	4	3331	76	
肇源县审计局	38	24979	159		55	16973		3291	122	
林甸县审计局	28	5356	44	53	38	1758	1	1758	59	
杜尔伯特蒙古族自治县	37	5444	85	2	53	1012	8	963	60	5
伊春市										
伊春市本级	46	65566	610	709	67	9753	3	9223	116	38
伊美区审计局	14	8634	40	8	26	35		206	26	18
乌翠区审计局	15	1062	66		15			22	38	
友好区审计局	11	129	15		11				31	
嘉荫县审计局	31	12211	61	487	31	619		487	31	4
汤旺县审计局	9	55	27	55	9			55	31	
丰林县审计局	11	352	11		11			352	28	
大箐山县审计局	8	514	90	2	15	148	1	150	40	7
南岔县审计局	14	8087	83	1	26			8087	46	14

续表

审计机关	完成审计项目/个	审计查出主要问题金额/万元	审计发现非金额计量问题/个	审计期间整改金额/万元	出具审计报告和审计调查报告/篇	审计处理情况		审计促进整改落实有关问题资金/万元	审计提出建议/条	提交审计信息/篇
						审计处理处罚金额/万元	移送处理事项/件			
金林区审计局	12	27	38	27	12				42	
铁力市审计局	36	18830	48		36	3563		3563	108	52
佳木斯市										
佳木斯市本级	35	16577	302		55	367	11	6312	95	1
向阳区审计局	8	802	9	802	15	802			21	
前进区审计局	9	443					1	443	21	
东风区审计局	12	765	2	4	9	4		4	8	8
郊区审计局	17	461	61	137	17	168		232	73	
桦南县审计局	42	38668	33		26	262		60	64	
桦川县审计局	20	3043	16	5	20	665	1	1514	50	21
汤原县审计局	14	22110	28		25	269		22110	18	
同江市审计局	27	7427	32		27	93		93	33	10
富锦市审计局	15	421	17		15				44	
抚远市审计局	26	15453	29		26	1089	2	1923	95	
七台河市										
七台河市本级	57	211008	258		88	4004	2	4004	153	
新兴区审计局	8	1187	5		8			1187	21	8
桃山区审计局	1	13208			1			13208	4	
茄子河区审计局	5	59351	5		5			45461	10	
勃利县审计局	1	8909	14		27				29	
牡丹江市										
牡丹江市本级	96	21947	1055	3490	159	10434	21	9830	333	201
东安区审计局	6	5	18		12	1	1	3	18	
阳明区审计局	6	14534	45		11	3			23	
爱民区审计局	11	581	31	254	21	95		95	29	
西安区审计局	3		7		5				8	
林口县审计局	32	837	41	100	61	52		22	65	13
绥芬河市审计局	26	230	83	15	45	10		10	68	
海林市审计局	46	2891	100	296	92	2018		303	51	
宁安市审计局	8	392	20		14	172	1	13	22	
穆棱市审计局	29	186	68	11	52	174		81	80	

续表

审计机关	完成审计项目/个	审计查出主要问题金额/万元	审计发现非金额计量问题/个	审计期间整改金额/万元	出具审计报告和审计调查报告/篇	审计处理情况		审计促进整改落实有关问题资金/万元	审计提出建议/条	提交审计信息/篇
						审计处理处罚金额/万元	移送处理事项/件			
东宁市审计局	33	24339	131	1102	50	14216	6	3597	54	24
黑河市										
黑河市本级	24	559736	222	366	33	47476	6	3419	65	
爱辉区审计局	18	1456	51		19		1		41	
逊克县审计局	22	3165	45		32		1		52	2
孙吴县审计局	19	8468	51	7	19	105	7	1	45	
北安市审计局	12	10990	36	10990	15	24		10990	25	37
五大连池市审计局	24	2367	52		30			2367	53	12
嫩江市审计局	11	614	23	51	11			13	17	
绥化市										
绥化市本级	56	840579	164	434	63	68484	30	126732	145	5
北林区审计局	3	2438	1		4	10			7	
望奎县审计局	25	10012	10	28	25			5583		
兰西县审计局	10	16149	6	8	15	8	2	8	27	
青冈县审计局	43	16266	90	1	56	8893	1	42025	131	9
庆安县审计局	38	504						504		
明水县审计局	8	1684	19		8			1684	8	
绥棱县审计局	17	3836	24		17			3836	6	
安达市审计局	4	1835	8		5			46	16	
肇东市审计局	24	3997	46		42				42	
海伦市审计局	43	7433	66	6683	43	6683	12	6683	101	
大兴安岭地区行政公署										
大兴安岭地区行政公署本级	43	24352	223	72	66	711	20	691	104	44
漠河市审计局	54	754	263		54	718	3	707	139	
呼玛县审计局	64	5513	132	146	64	1791	7	1523	97	
塔河县审计局	37	10576	35		60	306		2527	92	
加格达奇区审计局	15	4608	31		27	50	4	50	58	2
松岭区审计局	8		18		16				15	
呼中区审计局	18	1	82		25	1		1	43	
新林区审计局	10		28		17				28	

上海市

【上海市审计局】 2022年，上海市审计局实有362人。设有20个内设机构，并按有关规定设置机关党委；下设上海市审计科学研究所1个事业单位。

领导成员

党组书记、局长：刘向民

党组成员、副局长、一级巡视员：于万云
孙　琪

党组成员、副局长：徐　伟　吴晓玲
徐惠勤（8月—）
蒲亚鹏

市纪委监委驻市财政局纪检监察组组长：
刘　平

总审计师：李　文（7月—）

正局长级干部：王建平

副局长级干部：杜　娟

审计成果 2022年，上海市审计局完成审计项目35个，审计查出主要问题金额1029667万元，审计发现非金额计量问题390个，审计期间整改金额5685万元，出具审计报告和审计调查报告36篇，审计处理处罚金额9034万元，移送处理事项3件，审计促进整改落实有关问题资金2027341万元，审计提出建议240条，提交审计信息40篇。

政策落实情况跟踪审计 围绕服务长三角一体化发展战略，开展太湖及水环境综合治理重大项目审计，推动长三角生态环境共保联治。围绕服务构建新发展格局，对本市五个新城规划建设、金融服务实体经济、高校科技成果转化等政策、项目开展审计，促进完善创新发展体制机制，畅通经济循环。

财政审计 开展预算执行和决算草案、重点专项资金等审计，有效推动资金盘活，提升财政资金统筹力度和使用效益。下半年，调整优化审计项目计划，紧盯本市加快经济恢复和重振政策，对“拉动经济、助企纾困、稳岗就业、促进消费”等四大内容开展专项审计调查，助力夯实经济恢复发展基础。

民生审计 深入践行人民城市理念，围绕乡村振兴、旧住房更新改造等，加大民生审计力度，办好民生实事。根据审计署统一部署，组织区审计局同步实施了困难群众救助、就业补助等审计项目，切实维护了困难群众权益。

经济责任审计 聚焦权力运行和责任落实，开展领导干部（人员）经济责任审计，客观反映问题，准确界定责任，激励领导干部担当作为。开展领导干部自然资源资产离任审计，促进加强自然资源资产管理和生态环境保护。

审计查出问题整改 持续加大审计整改跟踪检查力度，统筹安排好专项检查和结合项目检查，将以前年度审计查出问题的整改情况，作为后续审计或整改检查的重点关注内容，并配合人大开展重点问题整改跟踪调研，形成督促合力。持续推进审计整改数字化管理，实现审计整改可追溯、可追踪、透明化。明确全市审计整改结果公开范围、内容、时间和渠道的“四个原则”，促进规范整改结果公告，强化以公开促整改。

交办任务 全面深化审计数字化转型，基本建成企业审计专题库，强化数据驱动、风险为本，不断提高审计的精准度和整体效能。

相关工作 面对空前严峻复杂的疫情，主动担当作为，迅速组织开展疫情防控财政资金审计监督，积极发挥审计职能作用。

（撰稿人：周阿江）

【黄浦区审计局】 2022年，黄浦区审计局人员实有50人。局长米文蕾，二级巡视员徐建荣，副局长李娜、于腾、钱蕊、李慧慧（2月—）。设有办公室、综合法规科、财政审计科、行政事业审计科、固定资产投资审计科、经济责任审计科、企业审计科、资源环境审计科、电子数据审计科、内部审计指导科。

审计成果 2022年，黄浦区审计局共完成审计项目36个，查出主要问题金额352462万元，审计发现非金额计量问题169个，审计期间整改金额256420万元，出具审计报告和专项审计调查报告58篇，审计处理处罚金额272455万元，移送司法机关、纪检监察机关和有关部门处理事项2件，审计促进整改落实有关问题资金1473万元，审计提出建议252条，提交审计信息69篇。

财政审计 聚焦重大改革、重要政策、重点项目，以提高部门预算管理水平，补齐管理短板，防范资金风险为总体目标，组织开展 2021 年度本级财政预算执行情况审计和 5 个部门预算执行和其他财政收支情况审计。从加强预算管理和“三资”管理，统筹盘活财政资金，推动财政资金管理提质增效等方面提出了审计建议。推动预算精细化管理，促进财政资金统筹使用，推动提高财政资金的配置效率和使用效益，规范财政分配秩序，防范财政风险。

国有企业审计 开展本区国有资本经营预算管理情况专项审计调查，全面了解和反映 2019 年度至 2021 年度国有资本运营情况，从体制、机制和制度层面提出针对性的审计建议，不断完善国有资本经营预算制度，提高黄浦区国资管理水平。

资源环境审计 明确 2022 年资源环境审计工作目标和审计重点，将财政审计、部门（单位）预算执行审计、党政领导干部和企业领导人员任期经济责任审计和政府性投资项目审计与资源环境审计有效结合，促进资源环境保护政策措施落实到位，推动城市生态文明建设可持续发展。

民生审计 开展黄浦区公共卫生体系建设情况专项审计调查，关注卫生健康基本公共服务均等化、普惠化、便捷化和公共资源向基层延伸等政策落实，以相关专项资金分配管理使用为主线，反映本区公共卫生体系建设现状，揭示存在的问题和不足，提出建设性建议，切实提升黄浦区公共卫生服务能力和水平。

经济责任审计 对 11 个部门机构 17 名党政主要负责人，以及 3 个区管企业 6 名党政主要负责人的经济责任履行情况开展审计。编写经济责任审计简明读本，对单位负责人关于经济责任审计问题的履职要求都进行了明确说明，并在新任处级干部的培训上予以发放，结合经济责任审计案例进行了详细的讲解，激励领导干部履职尽责、担当作为。

审计查出问题整改 坚持“突出重点，聚力攻坚”的指导思想，聚焦时间节点、整改标准、薄弱环节，强化清单式管理、闭环式管控，确保问题不解决不放手，整改不到位不放松。注重审计整改“关口”前移，审计组在审计过程中提醒被审计单位后续的整改工作，要求各整改单位要按照“谁管理谁负责、谁主管谁负责”的原则各司其职、各负其责，切实做到整改一项、销号一项，确保整改问题件件有着落、事事有反馈。

内部审计 加大共享力度，搭建内审信息交流共享平台，定期撰写内审动态，让内审人员及时掌握新政策、新规定，切实提升内审人员专业素质。开展内审项目评选活动，交流工作成果，激发内审人员工作热情。结合审计项目开展内部审计专项检查，以查促建，推进内部审计提质增效。通过问卷调查等形式，及时梳理内部审计人员的培训需求，有针对性地开展培训，提高培训质量。

相关工作 根据对新冠肺炎疫情防控财政资金审计工作要求，印发《关于配合做好疫情防控财政资金审计监督工作的提示》，明确“定标准、建制度、补流程、签合同、理台账、严支出、强资金、贴公示”的工作方法，督促主管部门发挥行业管理主体责任，及时明确“一把尺”，督促各单位建“账”立制，确保理好“一本账”。完善特约监督员制度，延请特约监督员对审计机关和审计人员履职尽责和遵纪守法情况实施监督，对审计队伍建设和作风建设提出意见建议，对被审计单位整改情况进行跟踪追查、督促落实。

（撰稿人：贺　萍）

【徐汇区审计局】 2022 年，徐汇区审计局实有 33 人。局长诸文彬，副局长王海燕、卞鸣慧，二级调研员魏敏。设有办公室、综合法规科（内部审计指导监督科）、财政审计科（审计整改督查科）、经济责任审计科、资源环境审计科、固定资产投资审计科、企业审计科、电子数据审计科。

审计成果 2022 年，徐汇区审计局完成审计项目 13 个，查出主要问题金额 10002 万元，审计发现非金额计量问题 35 个，出具审计报告和专项审计调查报告 21 篇，审计促进整改落实有关问题资金 2184 万元，审计提出建议 29 条，提交审计信息 56 篇。

政策落实情况跟踪审计 围绕区域科创策源能力提升，对科创发展资金使用管理情况开展审计调查，推动区域科技创新环境提升和成果转化。聚焦社区民生设施建设、管理和使用效益开展专项审计调查，促进民生福祉改善。

财政审计 开展区级预算执行和其他财政收支审计，对区退役军人事务局等3家预算单位预算执行及其他财政财务收支情况和决算草案开展审计，并对部分预算单位项目经费执行情况开展延伸审计，推动深化预算管理制度改革、强化预算约束和绩效管理。

资源环境审计 开展区生态环境管理局领导干部自然资源资产审计，客观评价主管部门生态环境保护治理目标完成情况和污染防治措施落实情况，推动区域生态环境管理工作更加精细化、持续化。

经济责任审计 召开区经济责任审计工作联席会议，通报领导干部经济责任审计工作推进情况，并就全区经济责任审计工作进行部署，紧盯重点领域、重要事项和关键环节，加强管理监督，及时发现和推动解决管理中的问题难点和风险隐患，推动权力规范运行。

审计查出问题整改 对2022年审计发现问题的整改情况进行回访检查，整改完成率为99.31%，推动有关单位制定完善相关制度。

内部审计 加大对《中华人民共和国审计法》的宣传讲解和财经纪律警示教育力度，先后对各街道、委办局等20多家单位开展指导培训。结合政府开放日活动，组织部分社区干部开展财经纪律讲座；结合审计发现的典型问题案例开展培训，促进相关单位举一反三，进一步规范内部管理。

（撰稿人：施　砚）

【长宁区审计局】 2022年，长宁区审计局实有29人。局长徐姗姗，副局长薛斌、张健华、王骋。设有办公室、综合计划科（秘书科）、法规科（内部审计指导科）、财政审计科、经济责任审计科、企业审计科、固定资产投资审计科、电子数据审计科。

审计成果 2022年，长宁区审计局完成审计项目20个，查出主要问题金额33198万元，审计发现非金额计量问题116个，审计期间整改金额3661万元，出具审计报告和专项审计调查报告23篇，审计处理处罚金额3571万元，审计促进整改落实有关问题资金254万元，审计提出建议139条，提交审计信息45篇。

政策落实情况跟踪审计 组织对区就业补助资金和失业保险基金、信息化系统等领域开展审计监督，配合市审计局对区新冠肺炎疫情防控财政资金、困难群众救助补助资金、税收和非税收入征管等开展全面延伸核查，推动更好稳预期、强信心，促进重大政策措施落地生效。

财政审计 对公共资金实行审计全覆盖，完成对本级财政及7个部门预算执行及决算草案审计，以及对区一般公共预算、政府性基金预算、国有资本经营预算审计，循着资金流向横向到边、纵向到底。完成对紫云西路道路辟建、淞虹路道路改建、临空慢行系统北翟路节点工程、纵泾港景观桥梁新建工程等6个政府投资项目审计，助推人民城市建设。

国有企业审计 聚焦国资国企改革推进、财务收支真实性、国企经营和资本运营风险，完成对东虹桥、新长宁集团资产负债损益审计，推动国资国企提高风险防控能力。

经济责任审计 完善经济责任审计工作机制，对10个部门14名领导干部开展经济责任审计，精准反映问题，客观作出评价，促进领导干部履职尽责、担当作为。

审计查出问题整改 推进审计监督与其他监督的贯通协同。区委审计委员会总体布局、系统谋划，出台《长宁区关于进一步深化审计整改工作的意见》，健全审计查出问题整改情况与区委区政府督查部门、区人大、区委巡察办协同监督工作机制。推进与“长宁人大预算联网监督”和“长宁区政治监督信息化平台”数据共享。首次探索巡审同步联动模式，在联合入驻、问题共商、方法互鉴、成果共享等方面做出尝试，促进审计监督与巡察监督加强贯通协同。

内部审计 对重点行业、重点领域加强内审指导，组织召开街镇新冠肺炎疫情防控资金工作提示培训会。全年，区属各单位及国有企业153名内审人员共完成审计项目723个，项目主要为固定资产投资审计项目、财务收支审计以及内部控制评审等方面，在促进各部门单位完善内部治理、提升发展质量方面发挥积极作用。

（撰稿人：高洁楠）

【静安区审计局】 2022年，静安区审计局实有 38 人。局长顾文虎，副局长张雪云、刘靖、陆玫。设有办公室、人事科、综合计划科、审理法规科、财政监督审计科、经济责任审计科、国资国企审计科、资源环境审计科、固定资产投资审计科、绩效审计科。

审计成果 2022 年，静安区审计局完成审计项目 24 个，审计查出主要问题金额 484100 万元，审计发现非金额计量问题 655 个，审计期间整改金额 198570 万元，出具审计报告 33 篇，移送司法机关、纪检监察机关和有关部门处理事项 1 件，审计促进整改落实有关问题资金 272143 万元，审计提出建议 59 条，提交审计信息 18 篇。

财政审计 围绕新形势下财政收支“紧平衡”的要求，对一般性支出压减、财政绩效管理、存量资金统筹盘活、财政支出结构优化、重点专项资金的管理使用等情况进行了审计，进一步强化了预算执行和决算草案编制，推动严明财经纪律，严格预算约束，把钱用在“刀刃”上。

国有企业审计 聚焦企业资金、资产、资源使用管理情况，对 2 家集团公司领导人员履行经济责任情况进行了审计，督促被审计企业和国资监管部门深化改革、完善体制机制。加强对国有企业内部审计工作的业务指导和监督，通过“以审代训、审训结合”的方式选拔企业中优秀的内审人员参加静安区审计局的国企审计项目。

民生审计 以保障民生、规范管理、促进公平为目标，采取外聘专家、实地丈量、件袋审核等方式，重点关注征收程序是否规范、征收政策是否落实到位、征收成本是否真实合规、内控制度是否健全且有效执行，持续加强旧改审计监督力度。

经济责任审计 紧紧围绕“查问题、防风险、促改革、助发展”的目标，不断提高政治站位，审计目标密切聚焦领导干部履职成效，紧扣权力运行和责任落实。本年度按计划开展对区教育局、市北高新集团等 5 家单位领导干部经济责任审计，涉及领导干部 10 人。

（撰稿人：卢成韵）

【普陀区审计局】 2022 年，普陀区审计局实有 31 人。党组书记、局长杨剑，副局长周崔军、钟开屏、余济荣。设有办公室、综合法规科、财政审计科、企业审计科、经济责任审计科（资源环境审计科）、固定资产投资审计科、电子数据审计科和内部审计指导监督科（审计整改督查科）。

审计成果 2022 年，普陀区审计局完成审计项目 27 个，查出管理不规范金额 2399 万元，审计发现非金额计量问题 91 个，审计期间整改金额 510 万元，出具审计报告和专项审计调查报告 48 篇，审计促进整改落实有关问题金额 798 万元；提出审计建议 106 条，提交审计信息 4 篇。

政策落实情况跟踪审计 紧扣各级党委政府的重大政策和决策部署，全年安排政策执行审计 4 个，为区域重点领域改革、重点工作和项目的顺利推进提供服务和保障。

财政审计 统筹安排审计资源，同步实施区本级财政和 6 个部门（单位）预决算审计。利用大数据审计方式和远程会议等技术辅助手段，按时保质完成对区一级预算单位的审计及下属单位相关事项的全覆盖审计延伸。

经济责任审计 对 9 个部门（单位）党政领导干部、1 个区管企业领导人员任期经济责任履行情况开展审计，服务对干部的监督管理。围绕区十一次党代会提出的目标导向，制订经济责任审计五年轮审计划，聚焦重点领域、重点单位、关键岗位，确保新一轮经济责任审计有重点、有实效。

审计查出问题整改 加大对审计整改的跟踪检查力度，与区委组织部沟通对接，将经济责任审计查出问题的整改情况归入被审计领导干部（人员）本人档案，区机关绩效考核领导小组办公室把整改情况纳入被审计单位年度绩效考核“一票否优”指标，有效督促整改。开展审计整改“回头看”、抽查检查等，引导被审计单位建立审计查出问题整改长效机制。

（撰稿人：方　圆）

【虹口区审计局】 2022 年，虹口区审计局实有 30 人。局长俞健青，副局长裘晓俊、钱洁明、房桂筝。设有办公室、综合法规科、财政金融审计科、政策执行审计科、资源环境审计科、国资国企审计科、经济责任审计科、固定资产投资审计科、内部审计指导科（审计整改督查科）。

审计成果 2022年，虹口区审计局完成审计项目20个，审计查出主要问题金额3336万元，审计发现非金额计量问题201个，审计期间整改金额207万元，出具审计报告和专项审计调查报告30篇，审计处理处罚金额204万元，审计提出建议247条，提交审计信息8篇。

政策落实情况跟踪审计 开展社区养老设施专项审计调查，重点对虹口区三年计划期间社区养老服务设施的建设情况、资金规范情况、设施运维情况等开展检查，通过对全区352处设施点位进行现场全覆盖调查，就完善养老服务体系、提升社区养老服务质量等方面提出可行性建议。

财政审计 完成2021年度区财政预算执行和其他财政收支情况以及决算（草案）编制情况的审计。

民生审计 开展“十四五”区旧住房修缮跟踪专项审计调查，重点对虹口区2021年度启动的27个“美丽家园”项目开展检查，督促主管部门进一步发挥规划、实施、指导和监管作用，落实群众工作机制，深化项目各参建单位主体责任，提升项目建设管理水平。

经济责任审计 完成虹口区体育局等9家单位领导干部经济责任审计。

内部审计 研究制定《关于加强一般部门内部审计工作的指导意见》，加强对一般部门（暨预算金额较小、人员编制较少、不设立内部审计内设机构的部门）内部审计工作的指导，从制度上完善本区内部审计工作，从源头上促进部门依法依规履职用权。

交办任务 根据全市对新冠肺炎疫情防控审计监督的统一部署，牵头开展本区疫情防控财政资金专项审计监督工作，对31个防疫相关部门、单位、街道、国企开展指导和监督；根据审计署统一部署和安排，完成宝山区税务局2022年税收和非税收入征管及部门预算执行审计项目。

相关工作 编写《审计常见问题案例选编（2022版）》，提高全区各部门各级领导干部资金使用意识，帮助区各级领导干部主动作为、敢于担当，同时做到守法、守纪、守规。

（撰稿人：陆怡隽）

【杨浦区审计局】 2022年度，杨浦区审计局实有34人。局长贺东明，副局长金迪、魏新。设有办公室、法规科、财政审计科、行政事业审计科、企业审计科、经济责任审计科、投资审计科、内部审计指导监督科（审计整改督查科）。

审计成果 2022年，杨浦区审计局完成审计项目26个，查出主要问题金额819590万元，审计发现非金额计量问题100个，出具审计报告和专项审计调查报告38篇，审计处理处罚金额1359万元，审计促进整改落实有关问题资金1128342万元，审计提出建议181条，提交审计信息52篇。

财政审计 在年度区本级预算执行和其他财政收支情况审计、部门预算执行和其他财政收支情况审计等工作中，克服新冠肺炎疫情影响，创新审计思路，持续贯彻政府过紧日子要求，重点把握预算完整性、规范性和效益性，推动预决算管理法律法规和财经纪律的执行。关注“三公”经费及会议经费使用、结余资金清理、内部控制等内容，进一步促进相关部门加强预算管理、盘活资金存量、优化支出结构。

民生审计 坚持把“以人民为中心”的思想贯彻到具体审计实践中，始终把维护人民群众切身利益放在重要位置，聚焦社保、疫情防控等民生领域，持续加强对民生资金和民生项目的审计监督，促进民生政策更好落地、民生资金提高绩效。

经济责任审计 以规范权力运行为导向，积极发挥“审、帮、促”作用，把履行经济决策责任、经济政策执行责任、经济管理责任和廉政责任作为经济责任审计的出发点和落脚点。完成11个部门（单位）19名领导干部的经济责任审计，通过完善协作配合机制，强化结果运用，促进领导干部履职尽责、担当作为。（撰稿人：付 强）

【闵行区审计局】 2022年，闵行区审计局实有35人。局长贾兰兰，副局长周明、徐红、邹旭华、林润怡，二级巡视员王敏，三级调研员封永平，四级调研员任伟萍、张志龙。设有办公室、综合法规科、财政审计科、行政事业审计科、资源环境审计科、企业审计科、经济责任审计科、固定资产投资审计科、整改督查科；下设闵行区审计中心1个事业单位。

审计成果 2022年，闵行区审计局完成审计项目20个，审计查出主要问题金额160304万元，审计发现非金额计量问题42个，审计期间整改金额181万元，出具审计报告和专项审计调查报告26篇，审计处理处罚金额2029万元，审计促进整改落实有关问题资金119676万元，审计提出建议64条，提交审计信息2篇。

财政审计 完成2021年度区本级预算执行和其他财政收支情况审计，重点关注财力结算清算、房屋租赁管理等重点内容，不断提高财政资金的配置效率和使用效益，规范政府购买服务管理。

民生审计 围绕区政府投资计划中的13个道路交通建设项目、10个生态环境建设项目、22个社会民生建设项目开展3个全过程跟踪审计项目，进一步起到控制投资、推进项目高质量发展的作用。

经济责任审计 对10家单位的17名领导干部开展了经济责任审计。聚焦“十三五”规划完成情况和“十四五”规划推进情况、行政监管和行政处罚权力运用情况、产业政策落地和转型发展情况、“三个美丽”建设和打造“宜居”城市等城市管理推进情况、生命健康产业聚集区推进情况、招商引资和优化营商环境实现情况等重点内容，关注相关工作的完成情况及领导干部在其中的履职尽责情况，进一步促进领导干部依法用权、主动作为。 （撰稿人：张 清）

【宝山区审计局】 2022年，宝山区审计局实有37人。局长刘德安，副局长邱大德、张海雁、余翠英。设有办公室、综合法规科、财政审计科、经济责任审计科、企业审计科、政府投资审计科、资源环境审计科、内部审计指导监督科；下设宝山区审计管理与信息中心。

审计成果 2022年，宝山区审计局完成审计项目22个，查出主要问题金额435940万元，审计发现非金额计量问题76个，审计期间整改金额6601万元，出具审计报告和专项审计调查报告31篇，审计处理处罚金额1389万元，移送纪检监察机关处理事项1件，审计促进整改落实有关问题资金163457万元，审计提出建议90条，提交审计信息71篇。

政策落实情况跟踪审计 开展产业发展区域统筹、政府投资重大工程项目管理等重大政策落实情况审计调查，在完善政策措施、堵塞管理漏洞等方面提出建议，积极发挥审计在推动政策落实中的促进作用。

财政审计 开展区本级财政审计及7个单位预算执行审计，重点关注财政绩效管理、存量资金盘活、政府财务报告编制等方面情况，促进财政资金使用的真实性、合法性、效益性。

资源环境审计 对建筑固体废弃物处置和资源化利用情况进行审计调查，推动环保政策落实，环境质量改善。对1名领导干部开展了自然资源资产离任（任中）审计，推动领导干部切实履行自然资源资产管理和生态环境保护职责。

民生审计 开展困难群众救助补助资金管理情况审计，督促民政等部门举一反三，强化治理。

经济责任审计 开展14家单位31名领导干部经济责任审计，着力推动领导干部履职尽责。完善经济责任审计工作机制，修订联席会议议事规则及办公室工作规则，组织召开经济责任审计联合反馈会。

审计查出问题整改 组织对近五年审计查出问题整改情况进行“回头看”，推进21个历史遗留问题整改完毕。协调相关主管部门召开专题会议，研究推进解决5个跨部门问题。

（撰稿人：吴 欢）

【嘉定区审计局】 2022年，嘉定区审计局实有48人。局长陆俊敏（—9月）、张杰（9月—），副局长陆琴、刘东、管月霞。设有办公室、人事科、综合法规科（审理科）、财政审计科、企业审计科、经济责任审计科、资源环境审计科（农业农村审计科）、固定资产投资审计一科、固定资产投资审计二科、社会保障审计科、电子数据审计科、内部审计指导监督科（审计整改督查科）；下设嘉定区审计信息中心1个事业单位。

审计成果 2022年，嘉定区审计局完成审计项目25个，查出主要问题金额270578万元，审计发现非金额计量问题391个，审计期间整改金额1688万元，出具审计报告和专项审计调查报告41篇，审计处理处罚金额134822万元，移送司法机关、纪检监察机关和有关部门处理事项8件，审计促进整改落实有关问题资金 144573 万元，审计提出建议 56 条，提交审计信息 55 篇。

政策落实情况跟踪审计 紧紧围绕区委、区政府中心工作，做好疫情防控财政资金审计监督工作，加强对嘉定新城建设、优化营商环境、河道综合整治等政策措施落实情况的审计，促进各项政策措施落地生效、执行到位。

财政审计 紧盯财政事权和支出责任划分改革推进、重要减税降费和惠企纾困举措落实，加大对财政资金分配、管理和使用情况的审计力度，落实党政机关过紧日子要求，努力提高财政资金使用绩效。

国有企业审计 紧盯国企改革三年行动实施方案落实、财务信息真实性、区域开发、城市建设运营等，对新城公司、绿洲控股集团、国资集团、工业区集团公司实施审计，化解重大风险隐患，防止国有资产流失。

农业农村审计 开展了本区乡村振兴专项审计调查，坚持民生理念，深化研究型审计，重点关注“两个示范村”建设、农村人居环境整治等方面情况，深入分析问题形成的原因及潜在风险点，聚焦治理能力的提升。

资源环境审计 开展了嘉定工业区领导干部自然资源资产离任（任中）审计，结合区域功能定位和自然资源资产禀赋特点，强化数据赋能，规范现场核查，通过融合式、嵌入式审计，进一步拓展资源环境审计的覆盖面。

民生审计 围绕困难群众救助补助资金和促进就业专项资金的使用管理等情况开展审计，督促民政、人社、农委等部门以及相关镇完善制度、强化治理，促进补齐民生短板，办好民生实事。

经济责任审计 开展了 11 个部门（单位）主要领导经济责任审计，修订经济责任审计联席会议议事规则及办公室工作规则，与区委组织部、区纪委监委机关、区国资委等部门共同召开经济责任审计结果联合反馈会，充分发挥审计的重要作用。

审计查出问题整改 会同区纪委监委、区政府督查室、区财政局开展对 2021 年度区本级预算执行和其他财政收支审计查出问题未整改事项的联合督查；协调推动区财政局、区国资委等主管部门联合召开专题会，研究推进跨部门跨领域问题解决。

研究型审计 在每个审计实施方案中安排研究型审计内容，将研究理念贯穿于审前、审中、审后各环节。持续加强审计项目库、事项清单库、法规库、问题库和整改库等数据库建设。

内部审计 严格落实内部审计工作联系点制度，加强内审指导、培训和考核，持续开展“以审代训”，搭建内部审计学习和交流平台，2022 年共“以审代训”20 名相关单位内审人员。

（撰稿人：吴支颐）

【浦东新区审计局】 2022 年，浦东新区审计局实有 59 人。局长康晴华，副局长吕军、殷芹、龚建伟（—12 月），总审计师沈伟荣。设办公室（组织人事处、电子数据审计处）、综合法规处（审计整改督查处）、财政审计处（行政事业审计处）、经济责任审计处（内部审计工作指导处）、综合经济审计处、投资建设审计处、资源环境审计处（绩效审计处）；下辖浦东新区审计事务中心。

审计成果 2022 年，浦东新区审计局完成审计项目 46 个，查出主要问题金额 1523556 万元，审计发现非金额计量问题 361 个，审计期间整改金额 644 万元，出具审计报告和专项审计调查报告 65 篇，审计处理处罚金额 46814 万元，审计促进整改落实有关问题资金 420151 万元，审计提出建议 105 条，提交审计信息 28 篇。

财政审计 组织开展 2021 年度区本级预算执行审计，开展地方教育附加专项资金等 2 项专项审计，对区生态环境局等 663 家区级预算单位首次开展了全覆盖审计，加强对预算执行和重点专项资金的审计，促进财政政策落实、财政资金增效、严肃财经纪律。

资源环境审计 建立资源环境审计轮审计划，覆盖全区 24 个镇和相关区级部门、区属企业，重点关注领导干部任职期间履行自然资源资产管理和生态环境保护责任情况，促进各级领导干部落实生态文明建设责任制。对区农业农村委首次实施区级部门领导干部自然资源资产离任（任中）审计；结合历年审计经验，形成镇级自然资源资产离任（任中）审计“4+1”指标评价体系。

民生审计 组织开展困难群众救助补助、低保低收入人员救助帮扶、促进就业、乡村振兴、文化基金及文化产业5项政策落实跟踪审计及调查，以惠民政策、民生资金和项目为重点，通过揭示问题、纠正差错、堵塞漏洞，促进政令畅通。

经济责任审计 对15家单位开展经济责任审计，涉及市管领导干部4名，区管领导干部36名；按照经济责任审计分类管理要求，对区委办公室等所属相当于正处级事业单位开展经济责任审计，涉及区管领导干部23名。以强化干部管理监督，促进干部履职尽责、担当作为为目标，坚持实事求是，严格落实“三个区分开来”的重要要求，准确界定责任，规范审计评价。

内部审计 促进理顺内部审计管理体制，进一步指导加强行业性内部审计制度建设，联合有关主管部门，根据行业属性、业务特点等因素，实施行业分类指导，推动建立行业性内部审计业务管理、审计质量控制等工作制度；积极推动巡审联动成果向基层转化深化，联合区纪委监委，共同指导街镇、区直属企业开展纪律监督和内审监督一体联动，在日常监督中凝聚合力，切实发挥好内审“第一道防线”功能作用。

相关工作 持续做好审计核心数据库建设，完成区级（新系统）、镇级预算一体化和土地监管等重点业务数据，以及各委办局、街镇、企业共计102家单位8个年度财务数据的采集归集，加速搭建“智慧审计”平台，涵盖财政、投资、资源环境等重点领域，已积累大数据审计方法225个。与区发改委、区财政局、区建交委等7个部门加强协作，建设新区政府投资项目综合监管信息平台，形成信息共享、部门协同、互相监督的投资建设管理新格局。进一步完善投资审计模块分析及智能预警功能，推动投资审计从数量规模向质量效益、从单一工程造价向全面投资审计、从传统审计向现代审计转变，对政府投资项目实施“全过程、全方位、全要素”的审计监督。

（撰稿人：张　楚）

【金山区审计局】 2022年，金山区审计局实有32人。局长李永革，副局长朱萃新、陈建鲁、王萍。设有办公室、法规审理科、财政审计科、行政事业审计科、经济责任审计科、固定资产投资审计科、企业审计科、内部审计指导监督科、资源环境审计科、审计整改督查科；下设金山区审计中心1个事业单位。

审计成果 2022年，金山区审计局完成审计项目32个，查出主要问题金额953203万元，审计发现非金额计量问题97个，审计期间整改金额1252万元，出具审计报告和专项审计调查报告44篇，审计处理处罚金额853174万元，审计促进整改落实有关问题资金262902万元，审计提出建议9条，提交审计信息66篇。

政策落实情况跟踪审计 聚焦本区年度重点工作任务，持续开展政策措施落实情况跟踪审计，找准问题、分析原因、提出建议，出具本区贯彻落实稳增长等政策措施情况跟踪审计调查的季度审计结果报告。按照审计署和市审计局要求，开展辖区内就业补助资金和失业保险基金审计工作。

财政审计 实施完成2021年度区财政局具体组织本级预算执行及其他财政收支情况审计和11个区本级预算部门2021年度预算执行情况的审计，抽查所属预算单位30家。

资源环境审计 制订《金山区审计局2022—2024年资源环境审计工作三年计划》。开展2018年至2021年大气污染防治政策落实情况专项审计调查。对亭林镇党政领导干部同步开展自然资源资产离任（任中）审计。

经济责任审计 对10家单位17名领导干部实施经济责任审计。修订完善《金山区经济责任审计工作联席会议议事规则》和《金山区经济责任审计工作联席会议办公室工作规则》。

审计查出问题整改 修订完善《金山区审计局审计整改督查工作管理办法》，按照审计整改工作流程图强化审计整改督促检查。

内部审计 全区内审部门共完成审计项目2494个，审计发现问题金额13987.9万元，被采纳审计意见910条。

交办任务 开展全区新冠肺炎疫情防控隔离点费用结算审计和疫情防控财政资金审计监督工作。根据区领导交办任务要求，对金山区固废综合利用项目有关经营成本测算方案和调整报告进行审核。配合开展成品油行业专项整治。

（撰稿人：何玉凤）

【松江区审计局】 2022年，松江区审计局实有40人。党组书记庄寿云，局长吴玲，副局长张新、袁洪斌、王文竞。设有办公室、综合业务科（审理科）、财政审计科、行政事业审计科、环境资源审计科、经济责任审计科、国资国企审计科、固定资产投资审计科、电子数据审计科、内部审计指导监督科（审计整改督查科）；下设松江区审计中心事业单位。

审计成果 2022年，松江区审计局完成审计项目21个，查出主要问题金额155445万元，审计发现非金额计量问题248个，审计期间整改金额1651万元，出具审计报告和专项审计调查报告24篇，移送纪检监察机关处理事项1件，审计促进整改落实有关问题资金24188万元，审计提出建议57条，提交审计信息25篇。

财政审计 完成2021年度松江区本级预算执行和其他财政收支审计、7个部门（单位）预算执行和其他财政收支审计。在对全区预算单位财政收支数据进行全覆盖的基础上，对183家单位进行了延伸审计，对46家单位进行了重点审计。

国有企业审计 以国资国企改革为切入点，完成松江区国企营收结构分析专项审计调查，掌握国企营收结构、业务布局，揭示国企在营收业务运行中存在的潜在风险，强化国有资产监督管理，推动国有资本保值增值。

农业农村审计 围绕乡村振兴目标，完成街镇集体资产管理情况专项审计，促进集体资产规范管理，保障集体资产安全完整，维护集体资产权益。

民生审计 围绕困难救助、残疾人关怀、全民健身等民生资金投入领域，完成各类专项审计及专项审计调查项目4个。

经济责任审计 紧扣权力运行和责任落实，完成对1个镇、1个街道、1个部门9名党政领导干部的经济责任审计，促进领导干部依法行政、履职尽责、担当作为。

审计查出问题整改 推动落实《松江区审计整改工作管理办法》，坚持整改台账清单式动态管理。对个别整改困难项目，由区领导召开审计整改工作推进会，依法依纪从严推进审计整改落实。（撰稿人：车懿栋）

【青浦区审计局】 2022年，青浦区审计局实有34人。局长朱民，副局长俞军军、汪畅、金海疆。设有办公室、组织人事科、综合法规科、财政审计科、资源环境审计科、企业审计科、经济责任审计科、固定资产投资审计科、固定资产投资稽察科、内部审计指导监督科。

审计成果 2022年，青浦区审计局共完成审计项目38个，查出主要问题金额368581万元，审计发现非金额计量问题207个，审计期间整改金额2253万元，出具审计报告和专项审计调查报告48篇，审计处理处罚金额1496万元，移送纪检监察机关和有关部门处理事项14件，审计促进整改落实有关问题资金351869万元，审计提出建议49条，提交审计信息12篇。

青浦区练塘镇党政领导干部任期经济责任审计项目被评为全国审计机关优秀审计项目三等奖。

政策落实情况跟踪审计 围绕服务保障进博会、长三角一体化发展和青浦新城建设，完成太湖流域水环境、示范区河（湖）长制、农村人居环境、再生资源回收利用等专项调查。参加本市新城规划建设专项调查，对进博会10个项目和17号线延伸工程开展跟踪审计。对防疫资金进行监督指导，制发工作提示，为打赢疫情防控阻击战提供审计保障。

财政审计 按照全覆盖要求，对全区339个一级、二级预算单位的52个重要事项实施全覆盖审计。促进提高财政预算管理水平，推进财政精细化管理，推动财政政策落实，促进政府部门规范运行、厉行节约。

经济责任审计 加强对领导干部任职期间的重大经济决策事项审计，完成5个单位8名领导干部经济责任审计和1个镇自然资源资产任中审计。编制《2022—2024年资源环境审计工作计划》和年度工作要点，形成5大类69项资源环境审计事项指标，构建“1+4”资源环境审计工作格局。

审计查出问题整改 对于上年未整改到位的问题进行“回头看”，区委审计委员会办公室、经济责任审计联席办分别发送审计整改告知函。召开2次审计整改推进会，多措并举推动问题整改率、资金整改率提升。

研究型审计 参加长三角审计机关工作协同机制第二次联席会议，共商“以研究型审计促进优化营商环境”举措，更好服务长三角一体化发展国家战略。

内部审计 制定《关于建立内部审计机构分片服务保障机制的指导意见》，推动内部审计机构服务进博会、服务长三角一体化、服务青浦新城建设。探索开展较大行业内审指导监督，由点及面推进本区内审工作水平的整体提升。不断拓宽内部审计人员学习培训的渠道，全年安排16家单位23名内审人员挂职审计项目。

（撰稿人：陈　亭）

【奉贤区审计局】 2022年，奉贤区审计局实有26人。局长徐秋官，副局长王斌、宋亮、曹小薇、张林雪。设有办公室、法规科、固定资产投资审计科、财政审计科、经济责任审计科、行政事业审计科、企业审计科、资源环境审计科、电子数据审计科；下设奉贤区审计中心1个事业单位。

审计成果 2022年，奉贤区审计局完成审计项目28个，审计查出主要问题金额52332万元，审计发现非金额计量问题117个，审计期间整改金额8894万元，出具审计报告和专项审计调查报告48篇，审计处理处罚金额48028万元，移送处理事项1件，审计促进整改落实有关问题资金23088元，审计提出建议202条，提交审计信息199篇。

政策落实情况跟踪审计 围绕中央、市和区对经济社会发展工作的重大决策部署，开展《关于落实穿透力政策举措促进经济更高质量发展的实施意见》政策落实情况、区管企业资产管理情况专项审计调查。

财政审计 通过单独项目审计、大数据审计实现区级部门审计全覆盖，共完成3个部门预算执行审计，并对371家区一级、二级预算单位实施大数据审计。开展关于区财政扶持资金管理和使用情况的专项审计调查、区工程建设管理的专项审计调查。开展关于区政府投资信息化项目建设管理及应用情况的专项审计调查。

资源环境审计 关注土地资源高质量利用和保护情况，开展土地资源专项审计。开展1个镇领导干部自然资源资产离任（任中）审计，强化对自然资源资产开发利用、环境保护、污染防治等重点领域的监督问效。

经济责任审计 开展13个部门（单位）的31名党政领导干部和领导人员经济责任审计。

研究型审计 编制《“防未病”手册——审计问题与建议》，印发至全区各单位，供各级领导干部对照检查。论文《国家审计坚持改革创新的历史经验》获评审计署办公厅“1982年宪法确立审计监督制度四十周年”主题征文活动二等奖。

内部审计 继续落实领导班子内部审计工作联系制度、科室内部审计工作结对联系制度，全年走访联系奉城镇、四团镇、柘林镇等5个镇，上海奉贤新城建设发展有限公司等2个国企，区农业农村委等2个部门，就内部控制管理、内审项目实施等方面提供业务指导及专业政策解读，并对具体问题提出审计建议。继续开展“以审代训”工作，全年组织安排相关内审人员参加国家审计项目17人次。至年末，全区37家内部审计机构151人共完成内部审计项目796个，共发现各类问题869个，涉及问题金额2295万元，审计整改金额达3209万元。（撰稿人：孙雯静）

【崇明区审计局】 2022年，崇明区审计局实有34人。党组书记黄幸家，局长瞿英，副局长祖红耘、沈昉瑜（—12月）、姚寅峰（12月—）。设有办公室、综合法规科、财政审计科、行政事业审计科、企业审计科、经济责任审计科和固定资产投资审计科；下设崇明区审计信息中心。

审计成果 2022年，崇明区审计局完成审计项目30个，审计查出主要问题金额205361万元，审计发现非金额计量问题69个，审计期间整改金额462万元，出具审计报告37篇，审计处理处罚金额124962万元，移送纪检监察机关处理事项2件，审计促进整改落实有关问题资金57941万元，审计提出建议146条，提交各类审计信息82篇。

财政审计 进一步加大审计信息化技术应用，深化审计监督全覆盖，对区财政局组织2021年度本级预算和其他财政收支情况实施审计。立足促进提升预算管理水平，对6个部门2021年度预算和其他财政收支情况实施审计。

民生审计 聚焦做好“六稳”工作、落实“六保”任务领域，开展本区困难群众救助补助资金及相关政策落实情况专项审计，关注应保尽保、应助尽助、应享尽享政策目标实现等方面存在的问题。

经济责任审计 坚持问题导向，聚焦重点领域和关键环节，完成7名领导干部任期经济责任审计项目，进一步促进领导干部履职尽责、担当作为。

审计查出问题整改 对历年实施的3个部门预算执行审计和5个经济责任审计项目查出问题整改情况进行"回头看"专项检查，推动被审计单位整改，制定完善管理制度7项。

内部审计 制定《上海市崇明区内部审计工作指导意见》，组织开展本区内审工作专项检查，加大内部审计工作指导监督力度。2022年，全区内部审计机构共完成审计项目767个，审计发现问题358个，发现问题金额9500万元。

（撰稿人：孙文渊）

2022年上海市本级及所辖区审计工作统计表

审计机关	完成审计项目/个	审计查出主要问题金额/万元	审计发现非金额计量问题/个	审计期间整改金额/万元	出具审计报告和审计调查报告/篇	审计处理情况		审计促进整改落实有关问题资金/万元	审计提出建议/条	提交审计信息/篇
						审计处理处罚金额/万元	移送处理事项/件			
上海市本级	35	1029667	390	5685	36	9034	3	2027341	240	40
黄浦区审计局	36	352462	169	256420	58	272455	2	1473	252	69
徐汇区审计局	13	10002	35		21			2184	29	56
长宁区审计局	20	33198	116	3661	23	3571		254	139	45
静安区审计局	24	484100	655	198570	33		1	272143	59	18
普陀区审计局	27	2399	91	510	48			798	106	4
虹口区审计局	20	3336	201	207	30	204			247	8
杨浦区审计局	26	819590	100		38	1359		1128342	181	52
闵行区审计局	20	160304	42	181	26	2029		119676	64	2
宝山区审计局	22	435940	76	6601	31	1389	1	163457	90	71
嘉定区审计局	25	270578	391	1688	41	134822	8	144573	56	55
浦东新区审计局	46	1523556	361	644	65	46814		420151	105	28
金山区审计局	32	953203	97	1252	44	853174		262902	9	66
松江区审计局	21	155445	248	1651	24		1	24188	57	25
青浦区审计局	38	368581	207	2253	48	1496	14	351869	49	12
奉贤区审计局	28	52332	117	8894	48	48028	1	23088	202	199
崇明区审计局	30	205361	69	462	37	124962	2	57941	146	82

江苏省

【江苏省审计厅】 2022年，江苏省审计厅实有218人。设有省委审计委员会办公室秘书处、办公室、综合处、法规与审理处、内部审计指导监督处、电子数据审计处、财政审计处、绩效督查处、行政事业审计处、农业农村审计处、固定资产投资审计处、社会保障审计处、自然资源和生态环境审计处、金融审计处、企业审计处、涉外审计处、经济责任审计局、人事教育处（离退休干部处）、机关党委、派出审计一处、派出审计二处、派出审计三处、派出审计四处、派出审计五处等；另设江苏审计科研所、厅机关服务中心等事业单位。

领导成员

党组书记、厅长：侯学元

党组成员、副厅长：葛红民（—3月）
王晓红（—11月）
李海洋
印兴国（3月—）
叶　松（7月—）

党组成员、总审计师：印兴国（—3月）
刁品庆（3月—）

省纪委监委派驻纪检监察组组长：杨　光

二级巡视员：谈惊雷（—4月）　王金富

审计成果 2022年，江苏省审计机关依法全面履行审计监督职责，共完成审计（调查）项目2202个。查出各类违规问题金额60.35亿元，促进增收节支和避免损失131.44亿元，推动被审计单位建立健全规章制度607项。出具审计报告和专项审计调查报告3037篇，向社会发布审计结果公告171篇；向司法机关、纪检监察机关和有关部门移送处理事项561件；向被审计单位或有关单位提出审计建议6769条，被采纳5476条。提交审计专题报告、综合性报告和信息简报等审计信息1720篇，被各级党委、政府和有关部门批示、采用934篇次。

在全国优秀审计项目评选中，江苏省审计厅参评的5个项目全部获奖。

审计委员会办公室工作 召开省委审计委员会第九次、第十次和第十一次会议，深入学习贯彻党的二十大精神、习近平总书记关于审计工作的重要讲话和重要指示批示精神、十九届中央审计委员会第五次会议精神，听取全省审计工作情况汇报，审议2021年度省级预算执行和其他财政支出情况审计报告、2023年度审计项目计划等有关文件，研究部署审计工作。年内，印发《设区市党委审计委员会重大事项请示报告实施办法》《省委审计委员会办公室向省委审计委员会报送重大事项和重要文稿工作机制》。

政策落实情况跟踪审计 省审计厅组织对13个设区市、26个县区和26个开发区开展全省优化营商环境情况专项审计调查项目，重点关注保护市场主体、优化市场环境、改善政务服务、规范监管执法等方面政策措施的落实情况，共出具13篇专项审计调查报告，揭示违规违法、管理不规范、损失浪费问题金额589.88亿元，非金额计量问题294个；向省委、省政府报送审计综合报告，获省主要领导批示；在审计过程中，推动修订和完善制度18项。组织开展支持现代服务业发展相关政策和资金审计，重点审计2019年度至2021年度国家和省发展现代服务业重大政策落实和省级专项资金使用等情况，延伸检查全省34家单位41个项目的项目建设、使用绩效等情况，揭示问题类别26个，查纠问题资金2.68亿元。

财政审计 省审计厅组织对2021年度省级预算执行和决算草案情况进行审计，统筹国有资源资产审计、政府综合财务报告审计，组织13个设区市审计局融合开展地方政府专项债券发行使用情况审计，推动制定4项管理办法，促进增收节支2.63亿元，促进清理收回及盘活存量资金18.18亿元，推动51.86亿元资金支付使用。对100多个省级部门实行数据审计全覆盖，对其中23个部门及其所属43个单位开展现场审计，促进规范部门预算管理及行政事业性国有资产管理，完善制度10余项，盘活存量资金和促进增收节支4.28亿元。7月27日，受省政府委托，厅党组书记、厅长侯学元向省十三届人大常委会第三十一次会议作《关于江苏省2021年度省级预算执行和其他财政收支情况的审计工作报告》，向社会公布审计结果。

省审计厅组织开展政府和社会资本合作

（PPP）项目管理绩效情况专项审计，挽回因政府多付费造成财政资金损失9104.35万元。省审计厅和宜兴市、吴江区审计局联合实施太湖及水环境综合治理重大项目审计，收回超范围列支的项目建设资金1393万元。组织开展江阴靖江长江隧道建设项目概预算执行情况审计，收回违规发放奖励费用337万元、被占用的资金6783万元。牵头组织全省17个承担援疆任务的市、县（市、区）审计局，对2021年度对口支援新疆伊犁州、克州发展资金和项目情况进行跟踪审计，涉及江苏省对口支援的八大类482个项目，涉及援疆资金26.73亿元，保障中央和省支援政策措施落实到位。

推进金审三期项目在省市县三级审计机关全面上线应用，做法在审计署视频会上作交流。完成《江苏审计数字化转型方案》，组织开展全省网络安全和信息化建设审计，8个案例被审计署综合报告采纳。组织开展优秀大数据审计项目评选，印发厅网络安全管理规定和审计电子数据管理办法，完成厅办公楼信息化搬迁和重大活动期间网络安全保障任务。审计一体化支撑平台获评“2022年智慧江苏标志性工程”，审计大数据中心获评“数字江苏优秀实践成果”。

国有企业审计 省审计厅组织对省农垦集团有限公司等4家企业主要领导人员开展经济责任审计，切实维护国有资产安全；融合开展省属企业改革三年行动实施方案落实推进情况专题审计，促进国有企业改革走深走实；融合开展企业国有资产管理情况专题审计，规范和加强企业国有资产管理，促进国有资产保值增值。

金融审计 省审计厅组织开展省政府投资基金运营管理情况专项审计调查，重点关注省政府投资基金的管理模式、制度建立、投资运营以及绩效管理等情况。组织开展江苏省农村信用社联合社主要领导人员经济责任审计，并同步开展农村商业银行风险防范及相关政策执行情况专题审计，着力揭示农村商业银行政策执行不到位等问题，维护江苏省金融安全。

农业农村审计 省审计厅组织苏州、镇江、泰州3个市审计局和南京市六合区、无锡市滨湖区、徐州市铜山区、南通市如东县、连云港市东海县、盐城市射阳县6个县（区）审计局，分别对常熟市、丹阳市、泰州市姜堰区、南京市六合区、无锡市滨湖区、徐州市铜山区、南通市如东县、连云港市东海县、盐城市射阳县9个县（市、区）2018年至2021年农村人居环境整治相关政策措施落实和资金管理使用情况进行了审计。抽查资金64.16亿元，涉及89个乡镇、610个行政村、2763个项目，促进增收节支2654.7万元，推动出台完善各项制度34项。

资源环境审计 省审计厅组织对全省196名领导干部开展自然资源资产离任审计，共查出基本农田划定不实等153万亩、欠征或违规返还土地出让金等162亿元。开展全省生态环境保护专项资金审计，查出违规问题金额16.48亿元，促进出台完善制度57项。

民生审计 省审计厅组织常州、苏州、泰州、宿迁4个设区市审计机关，对各设区市本级和8个县（市、区）2021年至2022年9月就业补助资金、失业保险基金、职业技能提升行动专账资金的管理使用及有关就业政策落实情况进行了审计，揭示7个方面16类120个问题，涉及不符合条件领取失业保险待遇等人员2629人次，移送骗取培训补贴等案件线索7件，推动就业优先战略和积极的就业政策落实到位。

经济责任审计 全省审计机关共完成1036名领导干部经济责任审计，查出违纪违规金额17.5亿元、损失浪费金额4.1亿元，促进增收节支14.1亿元，审计报告、审计信息等被党委政府领导批示采用196篇次，提交审计建议2777条，被有关部门单位采纳率达81%。实行“党政同审”，地方党政、省级有关部门主要领导干部经济责任审计与自然资源资产离任（任中）审计同步安排。召开省经济责任审计工作联席会议办公室会议，讨论2023年度经济责任审计工作安排等事项；印发进一步规范省管主要领导干部经济责任审计工作相关事项的通知，规范经济责任审计结果反馈、结果报送、审计整改等事项。

审计查出问题整改 8月19日，省政府召开第113次常务会议，研究部署审计整改工作，推动审计整改责任落实；8月23日，省政府召开全省审计整改工作推进电视电话会议，通报审计查出问题，对整改工作进行全面部署；8月31日，省政府办公厅专门印发通知，就进一步做好省级预算执行审计查出问题整改工作提出明确时限和具体要求。截至11月底，审计工作报告反映的284个明细问题中，“立行立改”类的201个问题全部完成整改，整改率达100%；“分阶段整改”和“持续整改”类的83个问题，已完成整改58个，整改完成率70%。通过整改，促进增收节支6.31亿元，促进资金拨付52.79亿元，盘活存量资金20.94亿元，健全完善制度185项。

审计理论研究 完成13项全省审计科研课题项目研究和结项工作以及中国审计学会合作课题、省社科应用研究精品工程课题、财经发展专项跨年度课题；获得省社科第十五届学术大会优秀论文一等奖、二等奖和审计署“宪法确定审计监督制度四十周年”主题征文三等奖；江苏40篇论文入选中国审计学会全国专题研讨会论文集；荣获全国审计宣传通联工作先进单位；编发《江苏审计》12期140万字。

内部审计 以省政府名义召开全省内部审计工作推进电视电话会议。对10家不同类型省属企业2020年至2021年内部审计工作情况进行专项检查，检查结果通报各省属企业，综合报告得到省政府领导批示。加大指导监督力度，为10多家省属单位提供法规咨询和业务指导，对11家中介机构出具的报告开展核查，组织103名内部审计人员参加“以审代训”。内部审计统计调查显示，全省共有内部审计机构4440个，内部审计人员17310人，其中专职人员5761人。

相关工作 江苏省审计厅深入学习宣传贯彻党的二十大精神，持续深化党史学习教育成果，找准党建与审计业务工作的结合点，深入推进模范机关建设，被评为“省级机关模范机关建设先进单位”。“机关党建与审计业务融合的科学机制研究”获评全省2022年度机关党建课题研究成果一等奖。召开“五个强审”三年行动总结会，通报表扬涌现出的50个先进集体和60名先进个人，持续巩固、拓展和深化三年行动成果。省委组织部、省审计厅联合召开全省审计机关专业技术类公务员分类管理工作推进会。（撰稿人：马仕贵）

【南京市审计局】 2022年，南京市审计局实有173人。局长林峥，副局长万晓义、朱益强（—5月）、薛剑春、张彦勤、任慧莉（11月—），总审计师任慧莉（—11月）、陆颖琰（11月—），市委审计委员会办公室专职副主任史慧明，一级调研员陈永康、芮云龙。设有秘书处、办公室、综合处、法规与审理处、内部审计指导监督处、电子数据审计处、财政审计处、行政政法审计处、科教文审计处、农业农村审计处、固定资产投资审计处、社会保障审计处、资源环境审计处、金融审计处、企业审计处、外资运用审计处、经济责任审计处、人事教育处（离退休干部处）、机关党委、国有企业领导干部经济责任审计处、重大项目审计处；下设南京市政府投资项目审计中心。

审计成果 2022年，南京市审计机关共完成审计项目195个，查出主要问题金额9475404万元；移送处理事项43件，移送处理人员52人；审计提出建议704条，被采纳372条；推动建立健全规章制度64项。

1个项目被评为审计署优秀审计项目，6个项目被评为全省审计机关优秀审计项目。

政策落实情况跟踪审计 围绕“六稳”“六保”、新冠肺炎疫情防控、防范化解重大风险等中央和省市的重大决策部署，组织优化营商环境、创新发展、对口支援新疆、土地资源保护和利用、国有企业改革创新发展和风险防范等审计。

财政审计 对财政“四本预算”进行全面审计，促进预算单位出台文件制度13项、统筹盘活财政资金近32.59亿元。

国有企业审计 对市区国有企业债务风险、体育集团资产负债损益进行审计；赴徐州开展地方政府隐性债务化解及融资平台公司经营管理、风险防范审计。

资源环境审计 开展市土地资源保护和利用、耕地质量提升、生态环境保护专项资金和邳州领导干部自然资源资产任中审计。

民生审计 开展民生实事、困难群众救助、残疾人保障、农村人居环境整治等审计。开展“阳光惠民”专题审计，涵盖10个市级主管部门、18项惠民专项资金线，涉及2021年资金投入51.75亿元。

经济责任审计 组织实施25名领导干部经济责任审计。

研究型审计 出台《落实审计项目质量分级

负责制的补充规定》，建立审计实施方案备案机制。

审计查出问题整改 提请印发《南京市关于建立健全审计查出问题整改长效机制的实施意见》。

内部审计 出台《南京市部门和单位内部管理领导干部经济责任审计办法》。

相关工作 认真学习贯彻党的二十大精神，组织200余人次参加“抗疫先锋队”和社区防疫保障。市局获得全省审计机关综合考核第一，市绩效考核一等奖。（撰稿人：王安生）

【无锡市审计局】 2022年，无锡市审计局人员实有100人。局长杨百海，副局长谢浩峻、唐盈洁、陶剑、陈磊（2月—），总审计师钱芳。设办公室（市委审计委员会办公室秘书处）、法规与审理处等17个处（室）。

审计成果 2022年，无锡市审计机关共完成审计项目241个，查出主要问题金额3865323万元，出具审计报告和专项审计调查报告478篇，移送处理事项58件。审计提出建议791条，促进建立健全规章制度186项。

6个项目分获全省审计机关优秀审计项目和优秀“两统筹”、大数据审计项目。市审计局和宜兴、新吴审计局分获全省审计机关“五个强审”先进单位及人才、科技强审先进单位。市审计局“锡审惠人”民生审计项目获市“民心工程奖”。

审计委员会办公室工作 市委审计委员会召开会议2次，审议制定内部审计、基层镇街审计监督2份制度文件，制定市委审计委员会重大事项请示报告清单。

政策落实情况跟踪审计 实施科创载体运行情况专项审计，市审计局的审计建议纳入市科技1号文件；聚焦优化营商环境，合理评估惠企资金绩效，开展清理欠付工程款回头看，清理金额1.57亿元。

财政审计 聚焦财政提质增效，对市级国有企业、事业单位和全市乡镇街道展盘活国有“三资”情况开展专项审计，促进增收节支18亿元。全面推广金审三期，将大数据审计模型嵌入市“阳光惠民”监管系统，5名同志入选全省大数据攻关团队。市审计局和江阴审计局开发运行政府投资审计监管系统，新吴审计局出台完善政府投资审计的文件4份。

民生审计 实施核酸检测资金审计和防疫资金审核审计，推动建立核酸检测议价机制，规范防疫资金使用；困难群众救助补助资金审计帮助503名困难群众享受应有待遇；养老服务体系建设审计推动出台养老机构膳食服务管理指引。

经济责任审计 对全市93名领导干部开展经济责任审计，其中15名领导干部同步开展自然资源资产审计。

审计查出问题整改 推动市两办出台审计整改制度文件，把审计整改列入政府督查，推动审计整改切实落地见效。

研究型审计 1篇论文获评省哲学社会科学学术大会优秀论文二等奖，1个审计案例获评审计署干部教育学院A等教学案例，1项课题被省审计厅评为优秀课题，市审计局和江阴市审计局分别出台关于研究型审计的意见。

相关工作 构建锡审“三立”党建品牌矩阵，“锡审·星火”“梁溪·益友”等品牌彰显特色；局党组获评全市县级以上党委（党组）理论学习中心组示范点；局机关党委获评市级机关基层优秀党组织。（撰稿人：庄　严）

【徐州市审计局】 2022年，徐州市审计局实有90人。局长杨远朝（—9月）、邱文莉（9月—），副局长王锐英、朱香峰、姜文（11月—）、张良（11月—），市委审计委员会办公室副主任赵慧慧（—8月）、韩松（11月—），总审计师姜文（—11月）、王小利（11月—）。设有审计委员会办公室秘书处、办公室、综合处、法规和审理处、电子数据处、经济责任审计处、内部审计指导监督处、绩效督查处、重大项目审计处、财政金融审计处、农业农村审计处、社会保障审计处、涉外审计处、行政事业审计处、企业审计处、固定资产投资处、自然资源和生态环境审计处、开发区审计处、组织人事处，另设机关党委；下设徐州市审计服务中心1个事业单位。

审计成果 2022年，徐州市审计机关共完成审计项目165个，查出主要问题金额4662263万元，审计发现非金额计量问题1331个，出具报告275篇。移送纪检监察机关和有关部门处理事项

50件，提出建议567条，提交信息55篇，获批示41次。

6个项目获全省审计机关优秀审计项目和优秀“两统筹”项目。

政策落实情况跟踪审计 开展优化营商环境、培育重点企业政策落实等7个政策跟踪审计项目，促进1993万元惠企资金拨付，收回违规借款1500万元。

财政审计 对85个一级预算单位预算执行情况进行全覆盖审计，发现113个问题，督促34家单位规范预决算编制。对城市轨道交通、老旧小区整治等107个政府投资项目开展跟踪审计，核减重大工程支出24.34亿元。

资源环境审计 完成领导干部自然资源资产离任（任中）审计12个，审计成果纳入省审计厅综合报告并获省政府主要领导批示，案例入选全市干部教育培训“四百”行动实践案例。

民生审计 开展困难群众救助、物业维修资金、公交优先发展等7个民生审计项目，市主要领导批示14次。

经济责任审计 完成经济责任审计项目72个，移送39人，提出审计建议252条。制定《市管主要领导干部经济责任审计结果反馈工作管理办法（试行）》。

研究型审计 市审计学会获中国社会组织评估4A级、徐州市哲学社会科学先进学会。开展专题研讨12次，4篇论文入选中国审计学会专题研讨会论文集，16个课题入选省审计厅科研课题，1篇论文获省学术大会一等奖。

内部审计 制定《内部审计人员“以审代训”管理办法》。

相关工作 连续两年获评市级机关标兵单位，连续三年获省审计机关综合考核第一等次，连续四届获评省文明单位；获全省审计机关“五个强审”先进单位、贯彻新发展理念区域样板先进集体、住房和城乡建设部第十三届中国（徐州）国际园林博览会表现突出奖等荣誉。

（撰稿人：蒋淑惠）

【常州市审计局】 2022年，常州市审计局人员编制87人。局长徐萍，副局长罗志敏、王祥君（8月—）、袁菲、刘明，总审计师王祥君（—8月）、朱杰（8月—）。设有市委审计委员会办公室秘书处、办公室、综合处（法规与审理处）、内部审计指导监督处、电子数据审计处、财政审计处、绩效督查处、行政事业审计处、农业农村审计处、固定资产投资审计处、社会保障审计处、自然资源和生态环境审计处、金融审计处、企业审计处、涉外审计处、经济责任审计处、组织人事处和机关党委。

审计成果 2022年，常州市审计机关共完成审计项目150个。查出主要问题金额8911080万元，审计发现非金额计量问题2914个，出具审计报告和专项审计调查报告225篇，被批示、采用31篇次。向社会公告审计结果6篇。

2个审计项目获评全省审计机关优秀审计项目。

政策落实情况跟踪审计 对政府性债务化解情况开展常态化审计，防范化解地方金融风险；赴扬州市开展优化营商环境、仪征市党政领导干部经济责任等6个项目审计；对全市11家省级开发区管理运行情况实施专项审计调查；赴新疆乌恰县和尼勒克县开展援疆审计。

财政审计 深化同级财政“四本预算”执行审计，从体制机制层面提出建议“防未病”。

国有企业审计 对城投、交投、晋陵3家市属国企集团开展国有企业运营情况专项审计调查，对地铁公司的轨道交通1号线、2号线和文化广场等项目开展跟踪审计。

金融审计 对江南银行等地方金融机构落实有关金融政策情况实施审计。

资源环境审计 开展生态环保、现代农业发展、美丽乡村发展以及全市文旅休闲明星城建设专项审计调查；组织开展新龙生态林建设运行情况等专项审计，在7个镇（开发区）开展自然资源资产离任审计。

民生审计 开展养老服务体系建设和学前教育三年行动方案专项审计调查。

经济责任审计 对77名领导干部开展经济责任审计。

审计查出问题整改 推动市委考核办将审计整改纳入高质量发展考核体系，市委督查办牵头建立“直督”机制，被审计单位主要领导领衔直报审计整改情况。市审计局推出“三清单、一台账”，确保整改进度直通市委审计委员会。市本级预算执行和决算草案审计查出的48个具体问题中，43个已整改到位，5个正在整改。

研究型审计　调整完善审计项目库，覆盖审计对象400余个；探索建立工程审计、国有企业法规库和财政审计等法规库；申报省级课题4项，确立市级课题12项，在《中国审计》等专业刊物发表论文10余篇。

内部审计　在全省内部审计工作推进会作交流，全年选调内部审计人员75人次参与17个国家审计项目。

相关工作　探索国有企业总审计师制度，积极指导武进区建立制度、配齐人员，率先破题。

（撰稿人：陆华东）

【苏州市审计局】　2022年，苏州市审计局实有102人。党组书记沈璐，局长顾浩（—6月）、沈璐（6月—），副局长陆旭东、吉宁、江峰、龚龙斌，总审计师姚东香，经济责任审计中心主任范野萍。设有市委审计委员会办公室秘书处、办公室、综合处、法规与审理处、内部审计指导监督处、电子数据审计处、财政审计处、行政事业审计处、农业农村审计处、固定资产投资审计处、社会保障审计处、自然资源和生态环境审计处、金融审计处、企业审计处、涉外审计处、经济责任审计处、人事教育处（离退休干部处）、机关党委；下设苏州市经济责任审计中心。

审计成果　2022年，苏州市审计机关共完成审计项目230个，查出主要问题金额3879739万元，出具审计报告和专项审计调查报告389篇，被批示、采用29篇次；审计提出建议772条，被采纳755条；推动被审计单位制定整改措施926项，建立健全规章制度153项；提交审计信息465篇，被批示、采用103篇次。

4个项目被评为全省审计机关优秀审计项目。

政策落实情况跟踪审计　开展养老服务体系建设政策措施落实情况专项审计调查、常熟市农村人居环境整治相关政策和资金审计等。

财政审计　实现市级预算单位财政预算审计全覆盖，市县联动开展财政专项资金使用管理情况审计。开展财政涉粮专项资金审计，促进收回各类违规发放涉粮资金560.55万元。开展生态环境保护专项资金审计，推动2075万元专项资金拨付到位。

出台《政府投资工程建设管理重点风险防范清单》。开展苏州市轨道建设及运营管理专项审计调查、京杭大运河苏州段堤防加固工程预算执行情况审计等，推动节约公共建设资金1161.93万元。

国有企业审计　开展苏州市属国有企业对外股权投资管理及效益情况专项审计调查、国有企业债券管理专项审计调查、农商行金融风险防范专项审计。

经济责任审计　对69名领导干部开展经济责任审计和领导干部自然资源资产离任审计。

审计查出问题整改　2021年度市本级预算执行和其他财政收支审计查出问题整改完成率达98.22%。

审计理论研究　成功申报并结项中国审计学会、省审计厅、市社科联等课题4项。

内部审计　建立苏州金融国企内审协作创新平台。

相关工作　以市委市政府两办名义印发《关于建立健全审计查出问题整改长效机制的实施意见》。提请市委审计委员会出台《市委审计委员会成员单位工作协调推进机制》。

（撰稿人：秦小雨）

【南通市审计局】　2022年，南通市审计局实有90人。局长史有根，副局长陆海燕、施宏伟、庄爱张、陈彦，总审计师杭亚军，纪检组长周敏。设有市委审计委员会办公室秘书处、办公室等18个内设机构，设有派出审计一处、派出审计二处2个派出机构；下设固定资产投资审核中心。

审计成果　2022年，南通市审计机关共完成审计项目177个。查出主要问题金额3555215万元；出具审计报告和专项审计调查报告259篇，被批示、采用38篇次。审计促进整改落实有关问题资金754528万元；审计提出建议677条，被采纳399条；促进被审计单位建立健全规章制度89项；提交审计信息51篇，被批示、采用19篇次。向社会公告审计结果26篇。

南通市审计局获全省审计机关“五个强审”

先进单位，1个项目被评为全省审计机关优秀审计项目。

政策落实情况跟踪审计　全市省级以上开发园区运行情况审计调查推动出台制度5项，完善园区招商引资机制。

财政审计　市本级“同级审”促进增收节支0.84亿元，盘活资金2.7亿元，拨付资金1.38亿元。公共投资审计纠正多计金额3.24亿元。

国有企业审计　研究出台市属国有企业审计三年全覆盖操作办法、全市国有粮食企业审计全覆盖工作规划。

资源环境审计　全市生态环境保护专项资金审计促进收回资金2324万元、拨付资金582万元。耕地占补平衡项目建设审计调查促进512亩新增耕地恢复种植。

民生审计　养老服务体系建设情况审计调查促进621.27万元专项资金拨付使用，推动出台制度2项。困难群众救助补助资金审计推动出台制度28项。

经济责任审计　对63名领导干部实施经济责任审计。

审计查出问题整改　推动出台《关于建立健全审计查出问题整改长效机制的实施办法》。

内部审计　融合国企审计开展社会审计机构审计报告核查。　（撰稿人：朱明浩）

【连云港市审计局】　2022年，连云港市审计局实有92人。局长马伟，副局长孙桂伟、绳艳、刘善法，总审计师王颖，经济责任审计中心主任李海涛，纪检监察组组长李文林。设有市委审计委员会办公室秘书处、办公室、法规与审理处、计划与整改督察处、内部审计指导监督处、电子数据审计处、财政金融审计处等16个处室；下设市经济责任审计中心、市重大项目稽察特派员办公室和市政府投资建设资金审核中心。

审计成果　2022年，连云港市审计机关共开展审计项目128个，查出违规金额3260594万元；移送处理事项10件，提出审计建议363条，被采纳审计建议342条；向社会公告审计结果23篇。

2个项目被评为全省审计机关优秀审计项目。

政策落实情况跟踪审计　对公安机关深化公安改革政策落实情况、市电商发展政策落实情况和全省优化营商环境情况实施专项审计调查。

财政审计　扎实开展2021年度市级预算执行审计，在本级部门预算执行和决算草案审计项目中，高效组织实施317家市一级、二级预算单位审计。

全市审计机关共对23个政府投资工程项目开展审计。其中市审计局对石梁河水库生态修复工程、全市城区园林绿化工程建设管养、全民健身活动中心等10个重点投资项目开展审计，查出违规转包工程、应招标未招标等102个问题，6个项目多计建设成本9372.41万元。推动市政府出台《公共工程审计监督管理办法》。

开展网络安全和信息化建设审计、市民政局信息系统审计。

资源环境审计　开展句容市委书记、市长和市云台山风景名胜区党工委书记、管委会主任等5个自然资源资产离任（任中）审计，以及全省生态环境保护专项资金审计。

民生审计　开展全省养老服务体系建设政策措施落实、粮食安全保障、中等职业教育经费管理等情况专项审计调查。

经济责任审计　对47名党政领导干部开展审计，做到党政同责同审，任中离任结合。共查出管理不规范金额177.46亿元，提出审计建议141条。

内部审计　作为审计署《审计机关利用内部审计成果办法》试点单位，在县区、功能板块和国企培育7个示范项目。与市卫健委等3家单位新签订推动内审工作的框架协议。

相关工作　完成任职资格首次评定和职级套转等工作，在全省专技改革推进会上作交流。

（撰稿人：杨　娟）

【淮安市审计局】　2022年，淮安市审计局实有84人。局长马乃骏，市委审计委员会办公室副主任冯静（7月—），副局长蒋启波、夏开封（10月—）、曹成，总审计师刘孝武。设有市委审计委员会办公室秘书处、办公室、法规处、审计质量管控处、内部审计指导监督处、电子数据审计处、财政金融审计处、行政事业审计处、农业农村与自然资源生态环境审计处、固定资产投资审计处、社会保障审计处、企业与涉外审计处、园区审计处、经济责任审计处、绩效督查处、人事教育处、机关党委；下设淮安市固定资产投资审计中心、淮安市市属企业监事会服务中心（大数据审计分析中心）事业单位。

审计成果 2022年，淮安市审计机关共完成审计项目173个。查出主要问题金额5987959万元，审计发现非金额计量问题1677个，出具审计报告和专项审计调查报告170篇，被批示、采用13篇次，审计提出建议456条，被采纳395条，推动被审计单位制定整改措施336项，提交审计信息44篇，被批示、采用14篇次。

淮安市审计局获评全省审计机关“五个强审”先进单位，2个项目分别被评为全省审计机关优秀审计项目、优秀大数据审计项目。

政策落实情况跟踪审计 开展80家市级行政事业单位资产清查，有力助推资产划转平台公司统一管理、国有资产保值增值、国资国企高质量发展。

财政审计 完成市本级预算执行、市直部门全部一级预算单位和主要功能园区预算执行审计，推动盘活长期沉淀财政资金4亿余元、2000余万元生态环保专项资金加快拨付。

国有企业审计 开展市属五大集团及4家市属企业资产负债损益审计，融合开展市属企业经营运行情况专项审计调查，推动出台企业债券发行管理、投资监管等制度10余项。

资源环境审计 开展全市生态环境保护专项资金审计，重点关注生态环境保护政策落实，专项资金投入、分配、管理，资金使用绩效和目标实现等情况。

民生审计 开展养老服务体系审计，摸清摸准养老真实需求；开展困难群众救助资金和社保基金审计，推动221名困难群众纳入社会保障，追回或避免社保基金损失6700余万元。

经济责任审计 对96名领导干部开展经济责任审计，同步对7名领导干部开展自然资源资产离任审计。

审计查出问题整改 开展专项行动，推动20余亿元专项债券资金加快支出、7461套延期安置房完成交付、119个公共工程项目完成决算、252.87亿元国有投资规范管理，民生领域“数据壁垒”等一些长期未解决的问题整改取得实质性突破。

内部审计 对38家单位内审工作开展督查，实施内审项目588个、查出问题254个，有力推动监督关口前移。 （撰稿人：赵　昕）

【盐城市审计局】 2022年，盐城市审计局实有71人。局长孙海山，副局长陈献东、张晓鸣、李树峰、孙红青（—11月）、陈欣彦（11月—），总审计师陈欣彦（—11月）、陶振华（11月—）。设有市委审计委员会办公室秘书处、办公室、法规与审理处、内部审计指导监督处、电子数据审计处、财政金融审计处、绩效督查处、行政事业与社会保障审计处、农业农村审计处、固定资产投资审计处、自然资源和生态环境审计处（涉外审计处）、企业审计处、经济责任审计办公室、组织人事处等14个内设机构；另设有机关党委、派出审计一处、派出审计二处；下设盐城市政府公共工程审计中心。

审计成果 2022年，盐城市审计机关共完成审计项目178个，查出主要问题金额29306358万元，出具审计报告和专项审计调查报告192篇，提交审计信息191篇，被批示、采用124篇次。

2个项目被表彰为全国优秀审计项目，6个项目被表彰为全省审计机关优秀审计项目。

政策落实情况跟踪审计 开展优化营商环境、困难群众救助、农村人居环境整治、养老服务体系建设等专项审计调查，全年开展政府债务相关审计调查4次，对国有企业新发生6%以上融资实行审计备案制。

财政审计 运用大数据技术实现对市本级一级、二级预算单位的审计全覆盖，对全市25个重点乡镇开展财政运行情况专项审计调查。扎实推进投资审计转型发展，实现市、县同频共振，被审计署确定为全国七个试点之一。开展全市2020—2021年项目招投标情况专项审计调查。

国有企业审计 落实“十四五”期间对所有市属一档国有企业轮审一遍的要求，对城投集团、城南开投公司主要领导开展经济责任审计。对9户市属区管国有企业开展专项审计调查。

经济责任审计 对65名领导干部实施任期经济责任审计，其中统一组织对射阳等3个县区公安局局长开展经济责任审计。

审计查出问题整改 审计整改持续纳入市委、市政府“目标任务综合考核”和市级督查考核计划，市两办出台《关于建立健全审计查出问题整改长效机制的实施意见》。

研究型审计 采取“市县联动+科研院所”模式，实行审计项目课题化管理，有18项研究成果在国家核心刊物发表或在市以上研讨会交流。

内部审计 坚持“六有”标准，分类打造县区和国有企业内审样板，召开全市内审工作业务培训暨总结表彰会议。

相关工作 坚持市县同步“一张网”，大力实施优秀审计项目创建和研究型审计“双轮驱动”战略，深入推进审计精品、业务培训、干部精英“三项工程”。 （撰稿人：王 刚）

【扬州市审计局】 2022年，扬州市审计局实有61人。局长周春山，副局长袁竹青（—11月）、潘宝庆、陈焕章（—9月）、冷静玉、席向振（11月—），总审计师高金松，市委审计委员会办公室副主任潘熠栋（11月—）。设有市委审计委员会办公室秘书处、办公室、法规与审理处、电子数据审计处、财政金融审计处、园区审计处、绩效督查处、行政事业审计处、农业农村与资源环境审计处、固定资产投资审计处、社会保障审计处、企业审计处、涉外审计处、经济责任审计与内部审计指导办公室、人事教育处；下设扬州市固定资产投资审核中心、扬州市经济责任审计中心。

审计成果 2022年，扬州市审计机关共完成审计项目156个，查出主要问题金额2714367万元，提出审计建议371条，提交审计信息94篇次。

政策落实情况跟踪审计 开展扬州市养老服务体系建设政策措施落实情况专项审计调查。开展扬州市对口支援新疆资金和项目跟踪审计，对智力支援等5大类32个项目开展审计。

财政审计 聚焦财政资金绩效，加强对预算执行和财政收支真实合法效益、全面预算绩效管理、支出结构优化等方面的审计监督。紧盯市委中心工作，围绕开发园区“二次创业”，派出11个审计组，组织6个县（市、区）对全市11家省级以上开发园区土地节约集约利用情况开展专项审计调查。

民生审计 开展新冠肺炎疫情防控经费审计结算工作，分两批对79家医疗机构内外采样、检测费用开展结算审计，审计专报被3位市领导批示5篇次。开展市级城镇老旧小区改造专项审计调查。

经济责任审计 市本级开展经济责任审计项目12个，根据省审计厅授权，实施连云港市赣榆区地方党政经济责任审计。

审计查出问题整改 以扬州市两办名义印发《关于进一步推进我市审计整改工作的实施意见》，首次将审计整改情况纳入高质量发展综合考核，市政府先后3次召开全市审计整改工作推进会和涉考审计项目整改专题推进会，市人大常委会首次对审计查出突出问题整改情况进行专题考察。 （撰稿人：吴佳佳）

【镇江市审计局】 2022年，镇江市审计局实有82人。局长刘晓东（—1月）、吴晓彤（1月—），副局长田茂松（—1月）、史宏、曹敏、张乐（9月—）、嵇卿（11月—），总审计师张乐（—9月）、李晓风（11月—）。设有办公室、法规与审理处、内部审计指导监督处、电子数据审计处、财政审计处、绩效督查处、行政事业审计处、农业农村审计处、固定资产投资审计处、社会保障审计处、自然资源和生态环境审计处、企业审计处、经济责任审计处、人事教育处、机关党委；下设经济责任审计中心、固定资产投资审计中心。

审计成果 2022年，镇江市审计机关共完成审计项目156个，查出主要问题金额2198972万元，移送处理事项44件，审计建议被采纳367条。

1个项目获得审计署优秀审计项目一等奖。

财政审计 制定镇江市本级2021年度预算执行和其他财政收支审计工作方案，对县区的预算执行和其他财政收支审计工作进行指导，完成市直和高新区管委会2021年度预算执行和决算草案及其他财政收支审计，融合开展市本级政府专项债券管理使用情况审计。

运用大数据技术手段，对镇江市直289个部门预算单位进行全覆盖审计调查，重点关注资产管理情况、不动产对外出租情况、银行账户管理情况等3个方面专题。

农业农村审计 开展镇江市农村人居环境整治相关政策和资金审计，重点关注农村改厕、生活垃圾和污水治理、黑臭水体治理、畜禽粪污治理等方面。

民生审计 实施养老服务体系建设政策措施落实情况专项调查、住房公积金管理及使用情况专项审计、卫生健康部门领导干部经济责任审计等项目，有效揭示政策措施落实不力、民生服务有效供给不足和服务质量不高等问题。

内部审计 对镇江市本级行政事业单位及国有企业内审工作质量开展专项检查，对各单位内审机构设置、人员配备、制度建设等基础工作及内审计划、实施、报告、整改等环节开展全方位检查，推动内部审计工作提升成效。

相关工作 完成了镇江市审计机关职级职数核定和镇江市审计机关专业技术类公务员任职资格首次评定工作。对14名学员进行审计业务导师制结业考核，2名导师制优秀学员参与了审计署联合国审计工作。成立“青年学堂”，组建4个青年理论学习小组。全年在外审计组共成立6个临时党支部。 （撰稿人：李京凝　田佳羽）

【泰州市审计局】 2022年，泰州市审计局实有42人。党组书记王根余（1月—），局长王根余（8月—），副局长张连璋、顾军、孙宏伟（8月—）、于飞，总审计师孙宏伟（—8月）、钱艳（8月—）。设有市委审计委员会办公室秘书处、办公室、法规与审理处、内部审计指导监督处、电子数据审计处、财政审计处（金融审计处）、绩效督查处、行政事业审计处、农业农村审计处、固定资产投资审计处、社会保障审计处、自然资源和生态环境审计处、企业审计处（涉外审计处）、经济责任审计办公室、人事教育处、机关党委；下设泰州市经济责任审计中心。

审计成果 2022年，泰州市审计机关共完成审计项目101个。查出主要问题金额2060700万元；出具审计报告和专项审计调查报告123篇，被批示、采用11篇次；审计提出建议288条，被采纳237条；推动被审计单位制定整改措施42项；促进被审计单位建立健全规章制度21项；提交审计信息13篇，被批示、采用12篇次。向社会公告审计结果3篇。

6个项目被评为全省审计机关优秀审计项目。

政策落实情况跟踪审计 围绕助企纾困、招商引资、便民服务等重点领域开展优化营商环境审计。部署开展市属企业混改、经营性项目盈亏情况等审计调查，推进国企改革三年行动落到实处。

财政审计 围绕财政可持续性、财政资源统筹、重大风险防范等重点领域，持续完善“横向到边、纵向到底”的财政监督体系，全面覆盖市级财政“四本预算”和74家一级预算单位，启动新一轮财政“上审下”，逐年覆盖市（区）财政决算情况，强化财政资金跟踪问效。

聚焦“一轴一核三极三城”建设部署，更加关注项目建设的经济性和效率性，对金融服务区工程、交通基础设施建设等48个市（区）重大项目跟踪审计，揭示工程招投标、概预算控制、参建单位履职等方面266个问题，累计核减投资额3.37亿元。

民生审计 围绕住房、养老、就业等民生领域，开展农村人居环境、老旧小区改造、养老服务体系建设、就业补助资金、失业保险基金等民生审计，揭示政策执行、资金管理、项目建设、运营管理等25个方面243个问题，涉及问题金额2.2亿元。

经济责任审计 加强联席会议成员单位协同联动，及时研判和解决经济责任审计中遇到的重点难点问题。构建“权力+责任+风险”为主线的监督问责链条，对41名领导干部实施经济责任审计。研究出台《市管主要领导干部经济责任审计结果反馈工作管理办法》，编写《领导干部履行经济责任常见问题清单》。 （撰稿人：沈金勇）

【宿迁市审计局】 2022年，宿迁市审计局实有65人。局长王新明，党组书记、副局长潘宏江，二级巡视员沈家山，副局长李中平、程思亮、袁春，总审计师罗洋。设有市委审计委员会办公室秘书处、办公室、法规与审理处（绩效督查处）、内部审计指导监督处、经济责任审计处、电子数据审计处、财政审计处（金融审计处）、行政事业审计处、农业农村审计处（自然资源和生态环境审计处）、固定资产投资审计处、企业审计处（涉外审计处）、社会保障审计处、机关党委（人事教育处）、派出审计一处、派出审计二处；下设经济责任和大数据审计中心、固定资产投资审计中心。

审计成果 2022年，宿迁市审计机关共完成审计项目146个，审计查出主要问题金额1966134万元，出具审计报告和审计调查报告197篇，提交审计信息147篇。

2个项目被评为全省审计机关优秀审计项目。

政策落实情况跟踪审计 对常州市交叉开展优化营商环境专项审计调查。

财政审计 开展本级预算执行和决算草案审计、本级部门预算执行和决算草案审计，对常州市交叉开展地方政府隐性债务化解情况及政府融资平台公司经营管理、风险防范审计。

国有企业审计 开展宿迁市国有企业担保和借款情况专项审计调查。

资源环境审计 开展泗阳经济开发区领导干部自然资源资产离任审计、全省生态环境保护专项资金审计。

民生审计 开展全省养老服务体系建设政策措施落实情况专项审计调查、宿迁市2019—2021年度高标准农田建设及资金使用管理情况专项审计调查、宿迁市就业补助资金和失业保险基金审计。

经济责任审计 对12名市管领导干部开展经济责任审计，统筹实施5个县区公安局局长经济责任审计。

审计查出问题整改 出台市管主要领导干部经济责任审计结果反馈工作管理办法，宿迁市两办印发关于建立健全审计查出问题整改长效机制的责任清单。

审计理论研究 与宿迁学院签订战略合作协议，组建全市审计理论研究人才库。

内部审计 宿迁市政府在全省内部审计工作推进会议上作经验交流。

相关工作 出台鼓励激励审计人员改革创新争先创优多作贡献的实施意见，获得全国五一劳动奖状。市委审计委员会召开第七次和第八次会议，出台县（区）党委审计委员会重大事项请示报告实施办法。与市相关部门联合出台进一步加强网络安全和政务信息化领域审计工作协作配合的意见、利用政务数据开展大数据审计实施办法。通过江苏省示范档案室验收。（撰稿人：孙　辉）

2022年江苏省所辖市、县（市、区）审计工作统计表

审计机关	完成审计项目/个	审计查出主要问题金额/万元	审计发现非金额计量问题/个	审计期间整改金额/万元	出具审计报告和审计调查报告/篇	审计处理情况		审计促进整改落实有关问题资金/万元	审计提出建议/条	提交审计信息/篇
						审计处理处罚金额/万元	移送处理事项/件			
南京市										
南京市本级	54	6211121	1085	2184826	91	837566	15	380681	237	130
玄武区审计局	5	34012	35	19212	5				15	2
秦淮区审计局	9	68343	59	5676	12	21613		21562	24	48
建邺区审计局	16	80852	54		16				40	35
鼓楼区审计局	15	160026	182	6847	20	16083	9	3347	48	10
浦口区审计局	9	224549	54	3	9	45155			21	10
栖霞区审计局	9	186337	99	28066	12	34900			41	66

续表

审计机关	完成审计项目/个	审计查出主要问题金额/万元	审计发现非金额计量问题/个	审计期间整改金额/万元	出具审计报告和审计调查报告/篇	审计处理情况		审计促进整改落实有关问题资金/万元	审计提出建议/条	提交审计信息/篇
						审计处理处罚金额/万元	移送处理事项/件			
雨花台区审计局	14	126612	41		18		14		59	
江宁区审计局	14	278104	101	49762	20				52	51
六合区审计局	25	165899	181	60776	40			1611	83	
溧水区审计局	11	1014762	131	208117	12	6693		4261	33	12
高淳区审计局	14	924787	147	69	21	66498	5	64226	51	3
无锡市										
无锡市本级	74	2592059	1045	725279	209	1724147	25	34561	302	48
锡山区审计局	25	239917	140	227	38	57645	6	57645	76	9
惠山区审计局	19	70490	179	2043	25		10	40360	61	7
滨湖区审计局	16	273879	77		29		5	4190	51	69
梁溪区审计局	14	509	147		31	229		70	35	34
新吴区审计局	20	72098	89	672	24	61	2	13872	44	
江阴市审计局	33	494801	163	241	57	22988	10	23068	98	27
宜兴市审计局	40	121570	314		65	28970		28970	124	80
徐州市										
徐州市本级	29	2382908	306	562288	54	695529	33	682931	83	48
鼓楼区审计局	7	88727	17		12	88629		88629	18	
云龙区审计局	6	30330	9	42	6				12	
贾汪区审计局	10	101963	30		17	3		3	33	
泉山区审计局	8	2502	17		10	1586		1586	20	1
铜山区审计局	21	476260	98	1351	42	234039		234039	100	1
丰县审计局	24	81257	314		37	34599		34599	113	
沛县审计局	19	69976	335	2998	26	66836		66836	68	
睢宁县审计局	10	1281096	148		20	78849		78849	33	
新沂市审计局	14	78853	1	77	14		5		44	
邳州市审计局	17	68391	56	35336	37	2476	12	2476	43	5
常州市										
常州市本级	50	6807998	1542	38414	75	84992	26	300983	156	38
天宁区审计局	12	427243	87		21	4134	11	74782	35	7
钟楼区审计局	10	85305	76	74	13	24	2		34	1
新北区审计局	15	228361	261	712	21	4581	7		51	5
武进区审计局	16	224175	603	1150	26	664	11		48	

续表

审计机关	完成审计项目/个	审计查出主要问题金额/万元	审计发现非金额计量问题/个	审计期间整改金额/万元	出具审计报告和审计调查报告/篇	审计处理情况		审计促进整改落实有关问题资金/万元	审计提出建议/条	提交审计信息/篇
						审计处理处罚金额/万元	移送处理事项/件			
金坛区审计局	21	935842	157	362	36	307497	6	6223	64	14
溧阳市审计局	26	202156	188	14516	33		1		63	
苏州市										
苏州市本级	28	2220048	266	415107	41	340659	1	340516	76	257
虎丘区审计局	16	316263	225	61	29	168979	4	242837	59	1
吴中区审计局	30	106192	132	1511	53	397		397	83	10
相城区审计局	22	191144	317	20077	42	115875	3	26143	83	6
姑苏区审计局	10	24889	108		20	24889		24889	37	8
吴江区审计局	37	236286	760	130459	55	25762	6	29387	119	3
常熟市审计局	14	256408	159	150749	26	25286	3	70537	56	15
张家港市审计局	30	92035	368	20666	46	20057	2	13077	104	102
昆山市审计局	24	258105	291	174766	40	83346	14	73775	87	7
太仓市审计局	19	178369	135	93	37	93		93	68	56
南通市										
南通市本级	35	1241942	300	176966	50	350424	19	187024	73	9
通州区审计局	22	93483	227	12391	46	32930	11	26048	59	2
崇川区审计局	21	264920	189	1242	25	26514	3	103493	73	5
海门区审计局	27	285580	216	1670	43	230246	23	207385	116	7
如东县审计局	12	580005	153	27198	14	166020	6	166948	20	2
启东市审计局	18	210841	248	702	26	909	5	677	66	8
如皋市审计局	19	330345	172	4084	20	61499	2	43693	43	
海安市审计局	23	548099	301	405	35	13434	15	19260	227	18
连云港市										
连云港市本级	42	2326110	435	482795	51	151330	1	150181	142	14
连云区审计局	9	152015	106	10172	11	10172	1	10172	18	
海州区审计局	12	21403	92	3	19	31	4		32	8
赣榆区审计局	15	282034	51	2836	20	2654	4	2647	36	11
东海县审计局	18	267646	122	5	22	30919		30776	53	14
灌云县审计局	14	92735	284	797	12	239		51	38	3
灌南县审计局	18	118651	334		22				44	
淮安市										
淮安市本级	56	5316702	1299	784	40	3029	1	2273	241	25

续表

审计机关	完成审计项目/个	审计查出主要问题金额/万元	审计发现非金额计量问题/个	审计期间整改金额/万元	出具审计报告和审计调查报告/篇	审计处理情况		审计促进整改落实有关问题资金/万元	审计提出建议/条	提交审计信息/篇
						审计处理处罚金额/万元	移送处理事项/件			
淮安区审计局	15	64811	85		16					
淮阴区审计局	17	18535		18510	13	18535		18151	39	
清江浦区审计局	11	149349	20	1447	11				21	3
洪泽区审计局	14	143927	101	13	23	17		13		
涟水县审计局	23	177241	140	35998	10	170819		35962	61	16
盱眙县审计局	15	76959	14		18				51	
金湖县审计局	22	40435	18		39				43	
盐城市										
盐城市本级	55	23298631	846	1477776	55	12377	39	4283	132	50
亭湖区审计局	8	65598	72	24513	8	800	1	478	25	20
盐都区审计局	9	485867	53		12	10408	2	10408	23	28
大丰区审计局	12	2490173	841		12	3	1	3	30	4
响水县审计局	9	62440	46	7799	12	389	13	389	25	8
滨海县审计局	15	133089	78	205	22	8034	2	8034	46	37
阜宁县审计局	16	1752365	123		17	449	19	39	74	10
射阳县审计局	17	289879	140		17	7353	37	7353	50	21
建湖县审计局	16	479861	136	6561	16	1266	3	1266	51	6
东台市审计局	21	248455	162	161	21	532	14	109	63	7
扬州市										
扬州市本级	49	1039625	257	3	42	266938	1	266938	77	38
广陵区审计局	10	29289	33		10			14631	16	4
邗江区审计局	22	505957	199	658	21			65039	63	8
江都区审计局	15	502495	131		17			9331	38	24
宝应县审计局	21	215445	131		28				63	2
仪征市审计局	19	215577	162	54200	19	22	16	1266	57	18
高邮市审计局	20	205979	136	328	19	328		328	57	
镇江市										
镇江市本级	37	1393819	344	8854	44	39279	30	10461	107	41
京口区审计局	14	277757	81	2095	9			9381	23	5
润州区审计局	10	68100	16	58933	10	6272	7	6272	31	21
丹徒区审计局	29	77962	60	2536	29			77905	32	1
丹阳市审计局	19	127340	44	179	19		1	694	56	13

续表

审计机关	完成审计项目/个	审计查出主要问题金额/万元	审计发现非金额计量问题/个	审计期间整改金额/万元	出具审计报告和审计调查报告/篇	审计处理情况		审计促进整改落实有关问题资金/万元	审计提出建议/条	提交审计信息/篇
						审计处理处罚金额/万元	移送处理事项/件			
扬中市审计局	26	204000	126	334	26		6	97000	78	19
句容市审计局	21	49994	78	2111	31	6671		3988	40	12
泰州市										
泰州市本级	34	1499062	286	97078	34	366933	4	95423	136	4
海陵区审计局	10	129922	103	540	11	132584	2	15476	40	2
高港区审计局	5	166528	44		5				10	
姜堰区审计局	18	21380	84	2208	27	11701	6	1745	20	
兴化市审计局	9	60200	51	2	11	14300		14300	30	
靖江市审计局	13	32387	86	491	18			26870	41	7
泰兴市审计局	12	151221	119	29	17	20	7		11	
宿迁市										
宿迁市本级	28	1252337	443	31043	50	200196	42	5425	183	46
宿城区审计局	20	279750	190	26278	28		10	82168	99	11
宿豫区审计局	32	172822	285	1901	49	22117	66	41793	168	4
沭阳县审计局	19	27458	150	2062	18	8357	61	2062	44	43
泗阳县审计局	27	169392	62	542	32	125834	29	5592	85	11
泗洪县审计局	20	64375	118	156	20		11	868	46	32

浙江省

【浙江省审计厅】 2022 年，浙江省审计厅实有 215 人。设有省委审计委员会办公室秘书处、办公室、法规和审理处、内部审计指导监督处（审计整改督查处）、电子数据审计处、财政审计处（政策跟踪审计处）、教科文审计处、农业农村审计处、固定资产投资审计处、社会保障审计处、自然资源和生态环境审计处、金融和外资审计处、企业审计处、经济责任审计一处、经济责任审计二处、经济责任审计三处、行政事业审计处、干部处、人事处、机关党委；下设计算机审计中心、审计科学研究所 2 个事业单位。

领导成员

党组书记、厅长：毛子荣

党组成员、副厅长、一级巡视员：
金建培（4 月—）

党组成员、副厅长：金建培（—4 月）
谢永刚　白剑峰
陈庆忠　王家华

党组成员、总审计师：叶　青

党组成员、经济责任审计联席会议办公室主任：张红英

党组成员：于建刚（2 月—）

一级巡视员：高占江（—11 月）

审计成果 2022 年，浙江省各级审计机关共完成审计项目 1788 个，其中审计 1283 个，专项审计调查 505 个。查出违规金额 105 亿元，促进

增收节支和挽回损失 219 亿元；移送司法机关、纪检监察机关和有关部门处理事项 801 件，移送处理人员 1055 人。审计提出建议 6645 条，被采纳 5789 条；推动被审计单位制定整改措施 3224 项；促进被审计单位建立健全规章制度 929 项；提交审计信息 7728 篇，被批示、采用 5179 篇次。

浙江省审计厅实施的浙江省 2020 年社会保险基金（基本医疗保险）审计项目、杭州市审计局实施的杭州市公共卫生服务体系专项审计调查项目、宁波市审计局实施的宁波市综合执法（城市管理）系统 2020 年度财政收支及运行情况专项审计调查项目分别被审计署评为 2022 年全国省级审计机关优秀审计项目一等奖、二等奖、三等奖；湖州市审计局实施的湖州市科技创新重大政策落实情况专项审计调查项目被审计署评为 2022 年全国市级审计机关优秀审计项目二等奖；桐乡市审计局实施的桐乡市建筑垃圾处置情况专项审计调查项目、绍兴市柯桥区审计局实施的绍兴市柯桥区镇村两级公共资金管理使用情况专项审计调查项目分别被审计署评为 2022 年全国县级审计机关优秀审计项目民生类一等奖、非民生类一等奖。

审计委员会办公室工作 印发关于加强市县党委审计委员会工作的实施意见、党委审计委员会重大事项请示报告实施办法。向中央审计委员会及其办公室请示报告重大事项 70 项，向省委审计委员会报送重要文稿 82 篇。定期统计分析市、县（市、区）党委审计委员会及其办公室运行情况，指导督促规范有效运作。

政策落实情况跟踪审计 聚焦经济稳进提质，组织实施“5+4”稳进提质政策、部分山区县高质量发展、农业高质量发展等审计，推动重大政策、项目、资金落到实处。将“5+4”稳进提质政策专项审计调查作为“一号项目”，通过审计促进 143.29 亿元专项债券资金和 9.37 亿元直达资金规范使用、2.49 亿元省级中小企业纾困资金加快兑付，有关报告、专报获省领导批示 30 人次。

财政审计 组织实施预算执行和决算草案、财政决算等审计项目，推动提高财政资金使用绩效。在省级部门预算执行审计中，对 29 家单位开展审计，促进 16.61 亿元省级专项资金加快拨付，9 个市县统筹盘活存量资金 27.44 亿元。在财政同级审中，揭示 12 个市县滞留转移支付资金 12.24 亿元等问题，促进优化统筹和下达资金 26.53 亿元。2022 年度审计工作报告首次单设板块反映国有资源、国有资产审计情况。

组织实施“4+1”重大项目、高质量发展建设共同富裕示范区集中开工重大项目、全省住房和城市建设专项资金使用和绩效等专项审计调查，充分发挥投资审计在稳投资中的职能作用。如对 153 个共同富裕示范区集中开工项目建设情况开展审计，促进各地退回违规收取资金 14.34 亿元，收回或挽回资金损失 1.17 亿元。

国有企业审计 开展省属国资国企稳健发展防范风险情况专项审计调查，及时反映金融衍生业务风险防控有待完善、大宗商品贸易风险防控有待加强等问题。开展省文投集团资产负债损益和其他财务收支审计，浙江出版联合集团、省二轻集团、省国贸集团等 3 家省属国有企业主要领导人员经济责任审计。印制《浙江省国有企业领导人员经责审计操作手册》，将国企领导人员经责审计分解为 72 个标准审计事项，逐一明确每个标准审计事项操作规范，提高现场审计工作效率。

金融审计 开展融资租赁行业防范金融风险、嘉兴银行和绍兴银行金融风险管理等专项审计调查，揭示融资租赁企业分类监管工作推进不及时、城商行授信用信管理不到位等问题，审计署领导肯定省审计厅在金融领域发挥了审计的威慑性作用。受审计署委托，完成实施 4 个国外贷援款审计项目。

资源环境审计 组织实施领导干部自然资源资产离任（任中）、钱塘江流域水生态保护、太湖及水环境综合治理等审计，反映土地集约节约管理不到位、矿山修复整治不及时、流域协同治理机制未有效落实等问题。推动省委办公厅、省政府办公厅印发建立健全领导干部自然资源资产离任审计评价指标体系的实施意见。

民生审计 组织实施十大民生实事、教育均衡化、公共卫生服务体系、困难群众救助补助资金、法院案款管理等审计项目，切实维护人民群众切身利益。如开展省政府十大民生实事推进情况专项审计调查，跟进到民生项目和资金的“最后一公里”，推动各地完善制度 60 项；开展困难群众救助补助资金审计，揭示救助政策落实不到位、资金拨付使用不及时等问题，有关成果被审计署采用。

经济责任审计 全省完成916名领导干部经济责任审计，查出违规金额9.86亿元；省审计厅实施11个省级部门12名领导干部经济责任审计，数量为近年之最，有力服务省级部门届末考察。探索“审事评人”审计新模式，开展县委书记交流会重点事项审计，揭示招商引资项目管理不规范、重大项目推进滞后等问题。

审计查出问题整改 建成审计整改一体化管理系统，在省市县三级贯通运行，实现问题归集、进展追踪、整改反馈等“一网通办”。已归集全省审计发现问题11.7万个，其中10.3万个已完成整改；向1964家被审计单位推送1.83万个问题，其中1.11万个在线完成销号。“数字+创新”赋能审计整改提质增效项目获全省改革突破奖提名奖，国务院第九次大督查审计整改督查组肯定浙江省审计整改工作走在全国前列。

研究型审计 紧扣“政治—政策—项目—资金”主线，将研究型审计理念贯穿审计工作全过程各方面。如在民生审计中，深入研究民政、卫健、教育等相关行业“十四五”规划要求及政策文件，厘清审什么、重点在哪里、从哪里切入、提什么建议；在财政同级审中，深入研究财政政策，同步安排集中财力办大事、国有资产共享共用、政府单一来源采购、深化国有资本经营预算管理改革等专题审计，积极开展信息化分析研究，提升审计工作效率。

审计理论研究 扎实推进应用型科研，重点开展审计署、中国审计学会、浙江省社科联、浙江省机关党建研究会、浙江省科技厅等5项省以上课题研究。成功立项并开展审计署重点课题“PPP项目审计研究”。高质量完成中国审计学会合作课题“地方政府专项债券省域风险治理及其审计对策研究”。政策建议成果《审计视角下我省率先构建新发展格局的主要梗阻及对策建议》经《浙江社科要报》选送刊发，获省委主要领导批示。承办中国审计学会“十四五”时期国家审计创新发展东部南部片区专题研讨会。全省29项重点课题获结项。

内部审计 新修订《浙江省内部审计工作规定》于3月1日起施行，6位省领导、审计署领导作出批示，省政府召开全省内部审计工作会议和新闻发布会推动宣传贯彻落实。省内部审计协会首次获评“5A级社会组织”的最高等级称号。

相关工作 将审计数字化改革体系构架细化升级为“1+N+2”（“1”是金审工程平台，包括“平台+大脑”；“N”是围绕审计核心业务构建的N个应用场景，包括常态化“经济体检”应用和审计整改一体化智能管理系统；“2”是构建“理论+制度”体系），其中审计常态化“经济体检”应用和“审计大脑”分别列入全省重大改革（应用）“一本账S1”和领域“大脑”一本账（第二批），18篇次理论成果和经验介绍在各级媒体发表，制作专题片在浙江电视台播出。

省审计厅被审计署确定为政务信息系统审计数据采集接口标准2家试点单位之一。审计大数据中心归集12个一级行业、51个二级行业数据资源，上线900个大数据审计方法和317个优秀大数据审计案例，“一体化架构、多层级赋能、协同共建共享”的全省审计数据归集系统初步建成，有关做法在国家审计大数据中心建设交流会上作经验介绍。

组织召开2022年省委审计委员会成员单位协调会议暨省经济责任审计工作联席会议全体会议。省审计厅与省纪委监委、省委巡视办联合印发“三类监督”贯通协同高效实施意见，与省委组织部研究制定干部监督与审计监督融合重塑实施意见，选派26名业务骨干参与纪委办案、巡视工作，向省委巡视办提供23个被巡视单位有关审计情况。

省审计厅党组出台《推进唯实惟先机关作风建设、清廉机关建设落实清单》，开展党建指导、执纪检查、暖审慰问“三合一”工作15次，将部门考核与支部党建考核合二为一，党建和党风廉政建设赋分占比达20%。《构建“五评五看”审计机关党建工作质量评价体系研究》《探索创新“三合一”工作机制 以“三统三促”提升审计党建效能》分别获评全省机关党建优秀课题研究成果一等奖、第十轮全省机关党建工作最佳创新成果优秀创新成果奖，磨亮“清廉审计”利剑有关做法被评为浙江省清廉单元建设十大创新经验优胜奖。

省审计厅晋升职级38人、晋升处级以上领导干部10人，在省委组织部年轻干部制度性交流中“1进1出”。省审计厅联合省人力社保厅出台《关于加强审计事业单位专业技术岗位结构比例动态调控的通知》，把副省级市、其他设区市、县级审计机关的高级专技岗比例上限分别调增至40%、35%、30%，全省市县审计事业单位将增加专技高级岗213个，比原有的171个增长了124%。（撰稿人：江景叨　琚　峰）

【杭州市审计局】　2022年，杭州市审计局实有107人。局长王剑，副局长吴志明（—2月）、王优健、王军（—7月）、王坚、蔡瑾（9月—），总审计师沈蔚，市经济责任审计工作联席会议办公室主任俞斌，二级巡视员徐志龙、管新建、楼宏基（—12月），一级调研员刘炎。设有办公室、组织人事处、法规和审理处、内部审计指导监督处（审计整改督查处）、电子数据审计处、财政审计处、行政事业审计处（农业农村审计处）、教科文审计处、固定资产投资审计处、重大项目审计处、社会保障审计处、自然资源和生态环境审计处、企业审计处、经济责任审计处、机关党委；下设审计事业发展服务中心。

审计成果　2022年，杭州市审计机关共完成审计项目239个，其中审计162个、专项审计调查77个。查出主要问题金额528.68亿元，其中违规金额18.84亿元；出具审计报告和专项审计调查报告306篇，被批示、采用11篇次。移送司法机关、纪检监察机关和有关部门处理事项86件，移送处理人员105人。审计促进整改落实有关问题资金58.43亿元；审计促进拨付资金到位6974万元；审计后挽回（避免）损失2676万元；移送处理落实事项11件。审计提出建议1082条，被采纳897条；推动被审计单位制定整改措施388项；促进被审计单位建立健全规章制度41项；提交审计信息1060篇，被批示、采用699篇次。向社会公告审计结果70篇。

组织实施的杭州市公共卫生服务体系专项审计调查获评审计署优秀审计项目二等奖。

财政审计　紧盯大资金、新政策，以大财政视角系统实施市本级预算执行和决算草案审计、区县财政决算审计等项目，并嵌入实施招商引资优惠政策执行等专题审计，促进出台深化集中财力办大事预算绩效管理改革等多项制度。高质量起草预算执行和其他财政收支审计结果报告、审计工作报告，全面反映15方面41个问题。

国有企业审计　市本级对杭州市9家国有企业17名主要领导人员同步实施经济责任审计，促进完善制度83个；创新开展审计全过程与组织部门沟通会商。

围绕护航亚运盛会，组织实施亚运会跟踪审计，以及西站枢纽、轨道交通工程、钱塘健康驿站等亚运保障类项目跟踪审计，促进扣回多支付工程款3.57亿元；推动编制《健康驿站施工质量验收导则（试行）》，得到浙江省住房和城乡建设厅认可，在浙江省范围内颁布实施。

民生审计　实施储备粮管理、就业补助资金和失业保险基金、全民健身公共服务体系建设等项目，推动相关政策、资金和项目落实。如储备粮管理情况专项审计调查促进收回多支付工程款和违约金460余万元，修订完善制度14项。实施就业补助资金和失业保险基金相关审计，推动市政府整合全市就业政策，出台《杭州市人民政府关于推进高质量就业工作的意见》。

经济责任审计　全市审计机关完成100家单位143名领导干部经济责任审计，查出违规金额2.66亿元；完成27个领导干部自然资源资产离任（任中）审计。市本级共对15家单位的23名领导干部经济责任审计成果进行会商研判；首次对部门主要领导实施自然资源资产责任审计。印发《杭州市市管领导干部经济责任审计工作2022—2026年规划》。

内部审计　持续深化国家审计和内部审计两审协同，全年安排20个协同审计项目。制定《杭州市关于建立“驻镇（街）审计师”制度助力村（社区）“一肩挑”干部监督试点实施方案》，探索村（社区）“一肩挑”干部内部审计监督制度，10月中旬在钱塘、临安、桐庐、建德四个区、县（市）开展试点。

审计查出问题整改　市审计局制定省市“重大审计问题清单”问题筛选整改跟踪和销号工作流程，实现省市重大审计问题清单全过程闭环管理，全年共推动各整改责任单位完善或制定制度机制66个；开展已整改问题示范案例提炼，全年共组织向浙江省审计厅和杭州市委上报示范案例

52 个，其中 3 个整改案例被省委驾驶舱采用。审计工作报告反映问题事项整改率 96.08%，促进出台完善各类制度办法 132 项。

相关工作 优化远程非现场审计等工作模式，通过大数据审计发现问题占问题总数的 61.66%，发现问题金额占问题金额总数的 77.35%。建成干部管理数字化应用平台，被浙江省审计厅列入浙江省审计系统数字化改革"一地创新，全省共享"优秀应用培育名单（第一批），向浙江省委组织部作专题汇报，2023 年 3 月获评 2022 年度杭州市改革创新最佳实践案例。建成国有企业在线审计监督应用，实现对国有企业远程监督。

出台县级党委审计委员会重大事项请示报告制度。以"政治—政策—项目—资金"为主线开展研究型审计，9 月在长三角审计机关联席会议上作经验交流发言，出台《审计科研工作助力研究型审计发展的指导意见》。与统计部门建立协同配合工作机制。印发"五张责任清单"，压实全面从严治党主体责任。开展"走基层 解难题"审计干部队伍建设调研，推动优化各区、县（市）审计机关班子结构。（撰稿人：张静婷）

【宁波市审计局】 2022 年，宁波市审计局实有 110 人。党组书记、局长、一级巡视员励永惠，党组副书记、副局长张列群，党组成员、总审计师何小宝（—10 月），党组成员、副局长徐善燧、李杰、李缜、霍敏（10 月—），党组成员、二级巡视员沈林桥，党组成员、宁波市经济责任审计工作联席会议办公室主任余伟（10 月—），市属国有企业监事会主席时胥，一级调研员李亚苗，市属国有企业监事会副主席王少青，一级调研员周柳明。市委审计委员会办公室设在市审计局，下设市委审计委员会办公室秘书处。市审计局设有办公室、法规和审理处、内部审计指导监督处（审计整改督查处）、电子数据审计处、政策跟踪审计处、财政审计处、行政事业审计处、企业审计处、金融和外资审计处、固定资产投资审计处、农业农村和资源环境审计处、经济责任审计处等 12 个职能处（室）；下设经济责任审计服务中心（计算机审计中心）、政府投资审计中心。

审计成果 2022 年，宁波市审计局完成审计项目 58 个，查出主要问题金额 384000 万元。移送司法机关、纪检监察机关和有关部门处理事项 24 件，移送处理金额 6219 万元。审计促进整改落实有关问题金额 35221 万元；审计后挽回（避免）损失 87006 万元。出具审计报告和专项审计调查报告 63 篇，被批示、采用 8 篇；审计提出建议 160 条，被采纳 102 条；推动被审计单位制定整改措施 75 项；促进被审计单位制定、完善规章制度 13 项。

宁波市审计局实施的宁波市综合执法（城市管理）系统 2020 年度财政收支及运行情况专项审计调查项目被评为审计署优秀项目三等奖。

政策落实情况跟踪审计 市本级年内共完成宁波市低收入农户精准扶持情况、"精品线路""特色街区"创建情况以及 2022 年省政府十大民生实事推进情况专项审计调查等 10 个政策跟踪审计项目。

财政审计 对宁波市财政局具体组织的 2021 年度本级预算执行和决算草案审计中，发现拆迁赔偿款等未结算或长期滞留征收部门，涉及资金 2.05 亿元。

国有企业审计 实施的政府投资基金专项审计调查中，梳理市属国有企业基金脉络，推动市财政、科技等主管部门修改和完善相关基金管理办法。

金融审计 在东海银行资产负债损益审计中，在该行开立的银行承兑汇票业务数据分析中，发现开具无真实贸易背景的银行承兑汇票以及部分关联企业利用银行承兑汇票背书后进行套利等违法行为的问题。

农业农村审计 在省审计厅同步开展的储备粮审计中，市本级共向各级纪委监委移送案件线索 4 件，涉及人数 6 人、查处违规违纪金额 6.8 亿元，推动制定和完善相关制度 23 项。

资源环境审计 市本级实施了宁波高新技术产业开发区管委会原领导的自然资源资产离任审计，按照领导干部自然资源资产离任审计评价指标体系并结合当地资源禀赋特点开展了审计评价，实现给领导干部精准"画像"。

民生审计 承接审计署同步就业补助资金与失业保险基金审计项目，查明了违规享受补贴、培训内容虚假、稳岗补贴发放不规范等方面问题，已出具3份移送处理书。

经济责任审计 市本级完成17个部门（单位）18位领导干部（人员）经济责任审计。与市委组织部联合印发了《镇乡（街道）党（工）委书记离任交接办法》，强化了镇乡（街道）“一把手”日常监督。

审计查出问题整改 完成配合国务院第九次大督查关于年度中央审计工作报告反映涉及宁波14个问题整改情况的督查工作。做好省政府有关审计汇总报告中涉及宁波319个各级各类重大审计问题的梳理分解、提请市政府常务会议专题研究、及时督促汇总并形成整改报告上报市政府。

研究型审计 2023年度审计项目立项建议征集工作联合新媒体开展线上建议征求活动，征求意见300余条，同时主动征集市级各相关部门单位对审计计划立项的意见和建议，共征集到立项建议10余件。

审计理论研究 2022年度共有13篇论文和调研文章获得省审计厅一等奖、二等奖、三等奖和优秀奖。其中《国家审计促进国家治理体系和治理能力现代化的机制及路径探索》获2021—2022年度省审计厅优秀论文一等奖，在全省科研交流会议上作专题交流。

内部审计 按计划及时完成了《宁波市内部审计工作规定》的修订工作。推进内部审计机构建设，实现了34家市直重点部门（单位）内审职能机构的全覆盖，推进了10家市直部门（单位）内设机构增挂审计处牌子并承担内审职责、7家部门（单位）内设机构承担内审职责。

交办任务 参与了省审计厅“审计大脑”四个智能模块开发以及整改智能模块等建设任务。牵头组织了省审计厅社保智审应用建设工作，成为全省唯一入选“4+1+1”全部任务试点的审计机关，“驾驶舱”设计成果已被省审计厅采纳，“公共数据调用平台”是全省唯一入围的自主创新模块，正与平台开发积极融合。

相关工作 研究出台了《关于在年轻干部中实施赛马机制的通知》，以量化打分的形式开展年轻干部能力比拼。引进行政事业干部10人。2名副局级干部分别交流到市纪委和市机关事务局任重要岗位，接收1名干部到宁波市审计局任副局级岗位，1名处级干部提任副局级岗位，2名处长提任一级调研员，3名副处长提任处长，17名干部进行了内部轮岗交流。 （撰稿人：蒋超麒）

【温州市审计局】 2022年，温州市审计局实有85人。局长林琼，副局长陈健（—4月）、谢立、姚志泉（—4月）、李秀峰（—8月）、许生陆（8月—）、董玮（8月—），总审计师高勇（—12月）、徐健（12月—），市经济责任审计工作联席会议办公室主任徐健（—12月）、邹向阳（12月—），调研员陈健（4月—）、姚志泉（4月—）。设有秘书处、办公室、法规和审理处、内部审计指导监督处、电子数据审计处、财政和金融审计处（政策跟踪审计处）、教科文审计处、农业农村和资源生态环境审计处、固定资产投资审计处、社会保障审计处、企业审计处、经济责任审计处、行政事业审计处、人事处、机关党委；下设审计发展服务中心、国有企业审计中心。

审计成果 2022年，温州市审计机关共完成审计项目187个，其中审计130个，专项审计调查57个。查出违规金额92597万元、损失浪费金额322万元、管理不规范金额2174313万元，发现非金额计量问题2124个。审计处理处罚金额268009万元；移送司法机关、纪检监察机关和有关部门处理事项142件，移送处理人员199人，移送处理金额13510万元。审计促进整改落实有关问题资金403387万元；审计后挽回（避免）损失33179万元。审计提出建议634条，被采纳529条；推动被审计单位制定整改措施73项；促进被审计单位建立健全规章制度64项；提交审计信息949篇，被批示、采用651篇。向社会公告审计结果39篇。

2022年度，全市审计机关获省审计厅优秀审计项目6个，市审计局获评社会治理专项考核优秀单位，获评重大项目建设、美丽乡村建设、“幸福温州”建设、科技创新和人才工作等4项成绩突出集体。

政策落实情况跟踪审计 开展市级工业用地高质量利用情况专项审计调查，促收缴税收和没收定金等5106.6万元、收回土地252.3亩。开展住房与城市建设专项资金使用和绩效专项审计调查，促进收回超范围使用等资金929.33万元。开展市属国有企业资产管理情况专项审计调查、文成县跨越式高质量发展专项审计调查，反映问题获省市领导批示 9 次。

财政审计 开展 2021 年度本级预算执行和决算草案审计、文成县财政决算审计，催缴非税收入 14812.82 万元。

农业农村审计 市县同步开展储备粮管理情况专项审计，全市移送案件线索 18 件，已查处 25 人。

资源环境审计 开展瓯江饮水工程建设、瓯江（温州段）流域水生态保护等专项审计调查，推动瓯江引水项目完善可行性重大调整程序。

民生审计 开展 2022 年十大民生实事推进情况、教育均衡化建设情况专项审计调查，公共卫生服务体系建设、困难群众救助、就业补助和失业保险基金等审计，推动支付民生款项 1379.11 万元、促进下达公共卫生资金 14815.43 万元、2389 名困难群众和残疾人纳入保障体系、发放救助资金 486 万元、返还社保费 576.25 万元，移送问题线索 5 件。

经济责任审计 完成 14 家单位 18 名领导干部经济责任审计，并对 15 位市管领导干部进行会商研判。

审计查出问题整改 3 个整改案例分别入选省委办总榜和省审计厅分清单整改示范案例，年度管控力指数全省第 1 名。2022 年审计工作报告立行立改类问题整改率 100%。

研究型审计 制定《温州市审计局关于深入开展研究型审计的实施意见》《2022 年研究型审计工作实施方案》，细化形成 5 个方面 17 条研究内容。

审计理论研究 全市获得省优秀论文和调研文章二等奖 8 篇、三等奖 3 篇、优秀奖 4 篇。

交办任务 配合国务院第九次大督查、省领导批示等上级审计涉及温州 414 个问题的整改落实。配合省审计厅开展“5+4”稳进提质政策落实情况两轮核查。

相关工作 参建温州市惠企利民直达智控应用，相关做法获中央改革办和国务院“职转办”推广。联合出台《关于建立检察公益诉讼与审计监督协作配合工作机制的意见》。

（撰稿人：罗　毅）

【嘉兴市审计局】 2022 年，嘉兴市审计局实有 53 人。局长江强（—3 月）、叶常青（3 月—），副局长蒋朝晖、叶常青（—3 月）、邵挺（—4 月）、宣玉泉（3 月—），市经济责任审计工作联席会议办公室主任宣玉泉（—3 月）、冯丁希（3 月—），总审计师朱伟，二级调研员钱利民。设有办公室、组织人事处、法规与审理处、内部审计指导监督处、财政审计处、行政事业与社会保障审计处、企业审计处、农业与资源生态审计处、固定资产投资审计处、经济责任审计处、直属分局；下设计算机审计中心、政府投资项目审计中心 2 个事业单位。

审计成果 2022 年，嘉兴市审计机关共完成审计项目 176 个，其中审计 118 个、专项审计调查 58 个。查出主要问题金额 902783 万元，其中违规金额 83932 万元；出具审计报告和专项审计调查报告 249 篇，被批示、采用 22 篇次。移送司法机关、纪检监察机关和有关部门处理事项 39 件，审计促进整改落实有关问题资金 291084 万元；审计促进拨付资金到位 2830 万元；审计后挽回（避免）损失 773 万元；移送处理落实事项 5 件。审计提出建议 608 条，被采纳 487 条；推动被审计单位制定整改措施 221 项；促进被审计单位建立健全规章制度 76 项；提交审计信息 397 篇，被批示、采用 258 篇次。

全市有 1 个审计项目被评为 2022 年全国审计机关优秀审计项目，有 2 个审计项目被评为 2022 年全省优秀审计项目。

政策落实情况跟踪审计 实施市属国企市场化转型情况、市级教育均衡化建设情况、市级养老服务政策落实情况等专项审计调查项目，推进中考招生等制度修订，推动开展市属国企亏损治理行动，揭示重大风险隐患。

财政审计 实施 2021 年度嘉兴市市本级预算执行和决算草案审计、市本级 2021 年度部门预算执行情况专项审计调查、嘉兴港区 2021 年度财政管理情况专项审计调查，推动被审计单位进一步严肃财经纪律。

出台《嘉兴市本级重大公共投资项目全过程跟踪审计办法》，组织对 9 个重大公共投资项目开展全过程跟踪审计，建立常态化审计专报报送机制，获得市委市政府领导批示 41 篇次。

农业农村审计 实施海盐县储备粮管理情况、市级农村富民增收政策落实情况专项审计调查，关注粮食安全和共同富裕，推动出台财政支农政策、地方储备粮管理办法等制度，促进基层公益性岗位政策落地见效。

民生审计 实施市级就业补助资金和失业保险基金审计、市级2022年省政府十大民生实事推进情况专项审计调查，督促追回超范围发放、重复发放的补助资金，促进民生资金安全规范运行，各项民生工程切实发挥效益。

经济责任审计 组织对10个部门单位主要领导开展经济责任审计，组织对6位省管、23位市管领导干部开展离任经济事项交接，促进干部履职规范尽责担当。

审计查出问题整改 出台关于建立健全审计整改长效机制的实施办法，迭代升级重大事项督察督办，动态跟踪问题整改落实进度，推动市委审计委员会领导批示和重大问题落实。

研究型审计 出台《关于深入开展研究型审计推进审计事业高质量发展的意见》，把研究型审计贯穿于审计工作全过程，专题化聚焦审计重点，专报化提炼审计成果，形成多篇研究成果。

内部审计 与市国资委联合出台《嘉兴市市属国有企业内部审计管理办法》等制度，合力推动市级国有投融资集团公司增设内审机构。推动43家单位制定内审项目284个，全年组织3期内审培训班。（撰稿人：黄佳平）

【湖州市审计局】 2022年，湖州市审计局实有63人。局长费林海，副局长张银江（9月—）、汤晓龙、汤政强、何斌，总审计师朱金龙，市经济责任审计工作联席会议办公室主任吴波。设有办公室（市委审计办秘书处）、法规与审理处、内部审计指导监督处（审计整改督查处）、财政审计处（政策跟踪审计处）、电子数据审计处（行政事业审计处）、自然资源与生态环境审计处（农业农村审计处）、社会事业审计处、企业与金融审计处、固定资产投资审计处、经济责任审计处、组宣人事处、机关党委；下设湖州市公共投资项目审计中心（湖州市预概算审查中心）、湖州市电子数据审计中心2个事业单位。

审计成果 2022年，湖州市审计机关共完成审计项目85个，其中审计54个、专项审计调查31个。查出主要问题金额502425.54万元，其中违规金额8263.7万元；出具审计报告和专项审计调查报告130篇，被批示、采用63篇次。移送司法机关、纪检监察机关和有关部门处理事项54件，移送处理人员59人。审计促进整改落实有关问题资金59167.69万元；审计促进拨付资金到位791.85万元；审计后挽回（避免）损失2643.11万元；移送处理落实事项33件。审计提出建议294条，被采纳286条；推动被审计单位制定整改措施143项；促进被审计单位建立健全规章制度152项；提交审计信息1012篇，被批示、采用925篇次。向社会公告审计结果20篇。

湖州市科技创新重大政策落实情况专项审计调查项目被审计署评为全国优秀审计项目。

政策落实情况跟踪审计 重点对湖州南太湖新区重大政策落实、市本级经济稳进提质政策落实等开展审计，对全市“5+4”稳进提质政策落实情况开展审计核查，促进出台《进一步减负纾困助力中小微企业发展的二十七条意见》等，有力推进惠企政策落实到位。

财政审计 重点对市级预算执行和决算草案、部门预算执行情况、区县政府财政决算情况等开展审计，促进出台《湖州市政府产业基金管理办法》等制度措施加强管理，推动有关部门单位上缴未纳入预算管理收入7173万元。

农业农村审计 开展湖州市农业高质量发展情况专项审计调查，重点审计调查了全市粮食生产发展、农田建设和管护提升、农业绿色发展、产业融合发展、农业“双强”突破等方面政策和资金情况，有效推进农业高质量发展战略的实施。

资源环境审计 湖州市审计机关对10个单位实施了领导干部自然资源资产离任（任中）审计，在乡镇领导干部自然资源资产离任（任中）审计中开展GEP审计试点工作。

民生审计 重点对储备粮管理、教育均衡化建设、公共卫生服务体系建设、住房与城市建设专项资金、市级公共投资项目建设管理等情况开展审计，有力促进民生福祉改善和项目规范管理。

经济责任审计 湖州市审计机关完成领导干部经济责任审计项目31个，被审计领导干部41人，出台《湖州市本级经济责任审计成果运用会商研判操作细则（试行）》《湖州市党政主要领导干部和国有企事业单位主要领导人员离任经济事项交接办法》，进一步规范经济责任审计工作。

审计查出问题整改 成立审计整改工作专班，对审计发现问题实行“一单一库一图”管理，建立重大审计问题“出入库”管理机制，建立全链条闭环管理整改模式，市本级 2021 年度审计工作报告反映的问题综合整改率 93%、金额整改率 99%，推动各级各部门出台制度办法 83 项。

审计理论研究 中标省审计厅重点课题 2 篇、一般课题 8 篇，中标总篇数位居全省前列。在全省优秀审计论文和调研文章评选中，获奖数量位居全省前列，2 篇优秀论文入选“十四五”时期国家审计创新发展专题研讨会论文集。

内部审计 认真贯彻落实新修订的《浙江省内部审计工作规定》，提请市委审计委员会印发《湖州市内部审计工作实施办法》，联合市委编办印发《进一步加强内部审计工作的通知》，积极推动市级部门单位加强内部审计机构和人员配置配备、建立国企总审计师制度等，进一步规范各部门单位内部审计工作开展。

相关工作 认真落实全市“在湖州看见美丽中国”实干争先主题实践部署要求，制订《全面深化清廉机关建设实施方案》等深入推进模范机关、清廉机关建设，被市委评为全市清廉建设基层成绩突出单位。 （撰稿人：王加春）

【绍兴市审计局】 2022 年，绍兴市审计局实有 62 人。党组书记、局长周巍（4 月—），党组成员、副局长董学强、宋伟江（—12 月）、沈大军（4 月—）、李鲁旗（12 月—），党组成员、市经济责任审计工作联席会议办公室主任（副局长级）于军（1 月—），党组成员、总审计师（副局长级）沈大军（—4 月）、王玲玲（4 月—），党组成员、二级调研员蔡立飞，二级调研员章朔风、胡云欣（6 月—），四级调研员宋伟江（12 月—）。设有市委审计办秘书处、办公室、法规和审理处、内部审计指导监督处（挂审计整改督查处牌子）、财政审计处（挂政策跟踪审计处牌子）、教科文审计处、农业农村和资源环境审计处、固定资产投资审计处、社会保障审计处、企业和金融审计处、经济责任审计处、行政事业和外资审计处、机关党总支；下设绍兴市审计发展服务中心、绍兴市计算机审计中心等事业单位。

审计成果 2022 年，绍兴市审计机关共完成审计项目 137 个，其中审计 96 个、专项审计调查 41 个。查出主要问题金额 273.91 亿元，其中违规金额 5.04 亿元；出具审计报告和专项审计调查报告 228 篇。移送司法机关、纪检监察机关和有关部门处理事项 50 件，移送处理人员 40 人。审计促进整改落实有关问题资金 14 亿元；移送处理落实事项 32 件。审计提出建议 559 条，被采纳 559 条；推动被审计单位制定整改措施 1221 项；促进被审计单位建立健全规章制度 121 项；提交审计信息 372 篇，被批示、采用 214 篇次。向社会公告审计结果 125 篇。

绍兴市柯桥区镇村两级公共资金管理使用情况专项审计调查项目被评为审计署、浙江省审计厅优秀审计项目一等奖，新昌县人民政府 2020 年度财政决算审计项目、嵊州市 2018 年至 2020 年部分公共投资项目建设管理情况专项审计调查项目被评为浙江省审计厅优秀审计项目一等奖，绍兴市柯桥区乡村振兴相关政策和资金审计项目被评为浙江省审计厅优秀审计项目二等奖，绍兴市越城区乡村振兴政策执行和资金绩效情况专项审计调查被评为浙江省审计厅优秀审计项目三等奖。

政策落实情况跟踪审计 重点实施绍兴市本级推动“1+9”惠企政策落地见效促进高质量发展专项审计调查等项目，促进有关区、县（市）镇政府退回违规收取的涉企保证金 2000 余万元。

财政审计 重点实施绍兴市财政局具体组织的 2021 年度本级预算执行和决算草案审计等项目，推动有关市级部门将 4.08 亿元上缴国库，促进资金规范支出 5.8 亿元。

民生审计 重点实施绍兴市教育均衡化建设情况专项审计调查等项目，查出违规金额 2212.94 万元，推动市县两级 16 个部门制定、修订制度机制 12 项。

经济责任审计 积极探索基于“五审五评”体系贯通经济责任审计“审、定、评”链条的标准化操作路径，完成 10 名市管领导干部经济责任审计和 26 名市管领导干部离任交接。

审计查出问题整改 组织审计整改情况专项督查 15 次，发送专题整改督办函 40 份。

研究型审计　制定《关于深化推进研究型审计工作的实施意见》，推动提升审计监督综合质效。

审计理论研究　在全省2021年度至2022年度审计科研立项课题结项评审中，2项重点科研课题、15项一般科研课题顺利结项。

相关工作　开展“审计‘四本清单’进百家、强内审、防风险”活动，完成100家市级一级预算单位和市属国有企业的上门服务工作，开展专题指导讲座24次。　（撰稿人：赵　健）

【金华市审计局】　2022年，金华市审计局实有38人。局长卢文浩（—6月）、傅国启（6月—），副局长雷寿华、任川、李虹，总审计师黄红华，市经济责任审计工作联席会议办公室主任陈忠。设有办公室、法规审理处、财政审计处、行政事业与社会保障审计处、企业审计处、固定资产投资审计处、农业农村与资源环境审计处、经济责任审计处；下设金华市计算机审计、内部审计指导中心。

审计成果　2022年，金华市审计机关共完成审计项目183个，其中审计128个、专项审计调查55个。查出主要问题金额104.55亿元，其中违规金额2.96亿元；出具审计报告和专项审计调查报告257篇，被批示、采用116篇次。移送司法机关、纪检监察机关和有关部门处理事项137件，移送处理人员260人。审计促进整改落实有关问题资金14.43亿元；审计促进拨付资金到位534万元；审计后挽回（避免）损失778.77万元；移送处理落实事项37件。审计提出建议588条，被采纳540条；推动被审计单位制定整改措施51项；促进被审计单位建立健全规章制度72项；提交审计信息809篇，被批示、采用572篇次。向社会公告审计结果40篇。

金华市审计局实施的婺城区乡村振兴相关政策和资金审计项目被评为浙江省审计厅优秀审计项目（一等奖）；金华市审计局实施的金华市综合交通枢纽建设情况专项审计调查项目、金华市审计局实施的金华市财政局具体组织的2020年度市本级预算执行和决算草案审计项目、浦江县审计局实施的浦江县岩头镇党委书记、镇长、原镇长任期经济责任审计项目被评为浙江省审计厅优秀审计项目（二等奖）；兰溪市审计局实施的兰溪市城市投资集团有限公司原董事长、原总经理任期经济责任审计项目被评为浙江省审计厅表彰审计项目（三等奖）。

政策落实情况跟踪审计　开展制造业招大引强、自贸区金义片区建设、市区低效用地处置等专项审计调查，推动出台招商引资制度10项，进一步完善招商引资评审机制。

财政审计　开展市本级2021年度预算执行和决算草案情况审计、浦江县和磐安县人民政府2021年度财政决算审计，推动补提“腾笼换鸟”专项资金455.39万元、国有土地收益基金1385.64万元，推动盘活财政存量资金3.51亿元，收缴工程项目多余砂石处置收入616.66万元。

国有企业审计　开展市本级国企运营情况专项审计调查，促进化解隐性债务，推动出台土地储备制度3项，健全市属国有企业参与储备土地开发的运作模式。

农业农村审计　开展市区储备粮管理情况、东阳市农业高质量发展专项审计调查，促进0.96亿元涉农财政资金上缴国库，推动全市出台粮食管理制度44项。

资源环境审计　开展市水利局领导干部自然资源资产离任（任中）审计、兰溪市钱塘江流域水生态保护专项审计调查，促进7365.42万元污水处理费上缴财政、推动全市出台生态环境保护制度21项。

民生审计　开展市本级民生实事推进情况、公共卫生服务体系建设情况、就业补助资金和失业保险基金审计，推动拨付核酸检测结算费用1843.43万元，促进民生实事办好办实。

经济责任审计　开展市本级6家单位8名领导干部经济责任审计，促进领导干部守规尽责、干净干事。

审计查出问题整改　重大审计问题清单指数持续保持全省第一方阵，选送的2个整改案例成功入选省委“七张问题清单”驾驶舱示范榜。

研究型审计　总结提炼的研究型审计做法被审计署工作通讯第43期采用，并加按语，全国审计系统推广。

相关工作　“金评果”一期入选2022年度全省审计十件大事。“三立强审”党建品牌被评为金华市首批机关五星级品牌。清廉审计建设做法被省纪委门户网站刊登宣传。

（撰稿人：黄　登）

【衢州市审计局】　2022 年，衢州市审计局实有 52 人。局长吴剑锋（—2 月）、徐雄强（2 月—），副局长毛金有（—4 月）、舒峰、周和忠（4 月—）、祝伟清（10 月—），总审计师王国榕（—4 月）、叶雪飞（10 月—），市经济责任审计工作联席会议办公室主任楼雯琳。设有办公室、法规和审理处、内部审计监督指导处、财政审计处、农业农村审计处、固定资产投资审计处、社会保障审计处、自然资源和生态环境审计处、金融和外资审计处、企业和开发区审计处、行政事业审计处；下设计算机审计中心和经济责任审计中心 2 个事业单位。

审计成果　2022 年，衢州市审计机关共完成审计项目 106 个，其中审计 73 个、专项审计调查 33 个。查出违规金额 51174 万元、损失浪费金额 100 万元，管理不规范金额 173494 万元，发现非金额计量问题 1531 个。审计处理处罚金额 90132 万元，移送司法机关、纪检监察机关和有关部门处理事项 82 件，涉及 123 人。审计促进整改落实有关问题资金 266177 万元，审计后挽回（避免）损失 1241 万元，核减投资额 577 万元。审计提出建议 350 条，被采纳 344 条；推动被审计单位制定、完善规章制度 64 项；提交审计信息 310 篇，被批示、采用 204 篇。向社会公告审计结果 55 篇。

全市有 4 个审计项目被评为 2022 年全省优秀审计项目。

财政审计　第八届衢州市人民代表大会常务委员会第三次会议听取审议审计工作报告，报告共反映 6 大板块 96 个问题事项。完成浙江省审计厅同步项目 2 个，衢州市定项目 2 个，衢州市政府交办任务 1 个、衢州市委巡察办交办任务 1 个。

国有企业审计　组织实施衢州市交投集团、衢州市大花园集团领导人员任期经济责任审计，推动主管部门及被审计单位完善制度文件 8 项，审计报告及专报获领导批示 4 篇次。

经济责任审计　开展领导干部经济责任和自然资源资产审计项目 8 个。制定《衢州市党政主要领导干部和国有企事业单位主要领导人员离任经济事项交接实施办法》，强化经济责任日常管理工作。

审计查出问题整改　出台《衢州市审计局“重大审计问题清单”工作内部操作细则》，压紧压实市县两级重大审计问题清单管控责任。

相关工作　印发衢州市审计局审计项目质量控制导图，以 2 张流程图，8 张责任清单明确审计各环节质量控制节点以及相关责任人员控制责任。印发《2022 年度衢州审计系统做“四能干部·创五最机关”活动考核实施细则》，出台《衢州市审计局关于开展“磨刀石”年轻干部培养工程实施方案》，加强干部队伍建设。开展“六治六提”作风建设行动，建立“周推进、月通报、季考核、年终比”工作机制。通过组织观看警示教育片“警”廉、参观警示教育基地“思”廉、开展主题党日活动“践”廉、开展“8090”理论宣讲“述”廉、邀请纪检领导讲党课“倡”廉、开展廉政风险排查“促”廉、开展廉政谈话提醒“守”廉、举行廉政知识测试“考”廉、开展审计现场执纪检查“督”廉等“九个廉”系列活动，守牢干部廉洁从审关。（撰稿人：聂　红）

【舟山市审计局】　2022 年，舟山市审计局实有 50 人。局长周军刚（—6 月）、陈琳尹（6 月—），副局长翁维波、邱浩勇（—10 月），总审计师王海芬，市经济责任审计联席会议办公室主任顾飞芬。设有办公室、综合协调处（市委审计委员会办公室秘书处）、组织人事处、法规处（审计整改督查处）、财政金融审计处、经贸审计处、固定资产投资审计处、行政事业审计处、经济责任审计处；下设审计中心、计算机审计中心 2 个事业单位。

审计成果　2022 年，舟山市审计机关共完成审计项目 81 个，其中审计 60 个、专项审计调查 21 个。查出主要问题金额 399173 万元，其中违规金额 58046 万元；出具审计报告和专项审计调查报告 100 篇，被批示、采用 5 篇次。移送司法机关、纪检监察机关和有关部门处理事项 10 件，移送处理人员 13 人。审计促进整改落实有关问题资金 61635 万元；审计后挽回（避免）损失 299 万元；移送处理落实事项 2 件。审计提出建议

276 条，被采纳 258 条；促进被审计单位建立健全规章制度 22 项；提交审计信息 855 篇，被批示、采用 368 篇次。向社会公告审计结果 47 篇。

舟山市审计局实施的舟山市市属国有企业 2018 年至 2020 年对外投资和工程建设专项审计调查项目和舟山市朱家尖禅意小镇立体停车场（一期）预算执行情况审计项目被评为省审计厅表彰审计项目。

财政审计 查明未及时收回财政专户等问题金额 9.82 亿元，健全 2 项政府专项资金管理制度。

国有企业审计 推动市政府出台《舟山市市属重点国有企业投资监督管理办法》等 10 项制度。

农业农村审计 推动出台《舟山市粮食收储有限公司政策性粮食竞价交易定价决策制度》。

资源环境审计 推动出台《关于海水养殖泡沫浮球整治工作实施细则》等 20 余项制度。

民生审计 开展残疾人社会保障、海岛教育均衡化建设等审计调查。推动海岛居民 300 万条医疗卫生电子档案升级优化。

经济责任审计 全市对 31 个单位 33 名领导干部进行经济责任审计，对 20 名领导干部进行离任交接。出台《舟山市市管党政主要领导干部和国有企事业单位主要领导人员离任经济事项交接办法》。

审计查出问题整改 对“重大审计问题清单”形成“党建统领、部门认领、审计督办”的清单工作机制。六横大桥如期开工整改经验入选省委示范案例总榜单。

内部审计 召开全市内部审计工作会议，举办 6 期内部审计培训班，推动 21 家单位建立内部审计工作机制；推进普陀区、岱山县出台《总审计师制度实施方案》。

相关工作 年度综合考核由“执法服务类”调整为“垂直管理类”。县（区）新增全额事业编 4 名。

（撰稿人：徐英英）

【台州市审计局】 2022 年，台州市审计局实有 57 人。局长王建军，副局长瞿秀根、彭雪君、杨野群，市经济责任审计工作联席会议办公室主任陈静。设有办公室（人事教育处）、机关党委、法规和审理处、审计整改督查处、经济责任审计处、财政审计处、行政事业与社会保障审计处、农业农村和资源环境审计处、企业和金融审计处、固定资产投资审计处；另设市委审计委员会办公室秘书处，负责处理市委审计委员会办公室日常事务；下设台州市审计事务中心、台州市审计信息中心 2 个事业单位。

审计成果 2022 年，台州市审计机关共完成审计项目 138 个，其中审计 115 个、专项审计调查 23 个。出具审计报告和专项审计调查报告 184 篇，被批示、采用 8 篇次。移送司法机关、纪检监察机关和有关部门处理事项 94 件。审计促进整改落实有关问题资金 169844 万元；审计促进拨付资金到位 331 万元；审计后挽回（避免）损失 928 万元；移送处理落实事项 13 件。审计提出建议 487 条，被采纳 470 条；推动被审计单位制定整改措施 544 项；促进被审计单位建立健全规章制度 89 项；提交审计信息 650 篇，被批示、采用 388 篇次。向社会公告审计结果 84 篇。

临海市审计局实施的临海市财政局具体组织的 2020 年度本级预算执行和决算（草案）情况审计项目被评为浙江省优秀审计项目一等奖；台州市审计局实施的中共绍兴市越城区委书记、绍兴市越城区区长任期经济责任审计和自然资源资产任中审计，中共天台县委常委、宣传部部长任期经济责任审计，以及玉环市审计局实施的玉环市属国有企业 2019—2020 年度运行情况专项审计调查项目等 3 个项目被评为浙江省优秀审计项目二等奖。

政策落实情况跟踪审计 组织开展“5+4”稳进提质政策、人才政策落实、单一来源采购、招商引资政策落实等一批重点审计项目、专题，一体揭示问题、规范管理、深化改革。

财政审计 实施市本级预算执行和决算（草案）审计、部门预算执行审计，督促 9 家单位 15 个竣工项目按规定转入固定资产，将 3 家执法部门的罚没收入缴入国库。出台《台州市审计局关于加强乡镇（街道）财政财务管理突出问题审计若干意见》，防范化解乡镇财政风险。

国有企业审计 进一步强化国有企业、国有资产审计监督，推动市属国企落实宏观政策、深化国有企业改革、防控重大风险、维护国有资产安全，提高国有经济竞争力。

农业农村审计 积极开展农业高质量发展情况专项审计调查，揭示乡村振兴涉农产业发展中存在的28个短板漏项。

资源环境审计 促进领导干部自然资源资产离任（任中）审计与经济责任、财政决算审计有机结合，围绕环境污染问题、农村生活污水治理、土地整治项目管理、临时用地复垦、矿山生成规模监管等5大专题开展审计。

民生审计 坚持兜牢民生底线、促进全民共富，组织开展困难群众救助补助资金专项调查，对就业补助资金和失业保险基金分配管理使用、就业重大政策贯彻落实、重点群体就业创业政策落实情况等事项进行审计。

经济责任审计 以"五审五评"全面立体精准地检视9家单位12名主要领导干部经济责任履行落实情况，促进权力规范行使。

审计查出问题整改 探索审计整改"1+1"四步工作法，创新"研究型整改""穿透式整改"，实现"重大审计问题清单"高质量清零。

研究型审计 针对党政机关审计过程中的典型问题，编印《审计典型问题及案例》，一体推进揭示问题、规范管理、促进改革。

审计理论研究 指导市审计学会完成换届，5篇课题文章被评为省优秀论文和调研文章。

内部审计 内部审计论文、经验材料、审计案例获省二等奖9篇、三等奖13篇、提名奖4篇；内部审计项目获省优秀项目3个、表彰项目5个。

交办任务 承接全省"经济体检"应用中经责、社保、整改3个领域的试点，以及省审计厅"审计大脑"4个模块的开发建设和试运行工作。作为省审计厅协同单位参与的"数字+创新"赋能审计整改提质增效获省改革突破提名奖。

相关工作 将局机关党总支部升格为机关党委，被评为"清廉文化进机关示范点"。组织开展"网络与数据安全隐患消除"专项行动，自查并整改7大类24小类问题102个。出台《年轻干部人才培养实施方案》，实施"青蓝工程"成长帮带计划。

（撰稿人：施盈馨）

【丽水市审计局】 2022年，丽水市审计局实有49人。局长邹向阳（—5月）、尚勇庆（5月—），副局长邱学明（—3月）、阎家骥（—1月）、方伟英、温小运（12月—），总审计师朱姝，市经济责任审计工作联席会议办公室主任陈樟林。设有办公室、秘书处、法规和审理处、财政审计处、经济责任审计处、大数据审计处、行政事业审计处、农业农村审计处（挂固定资产投资审计处牌子）、机关党委；下设直属审计中心、市审计培训中心2个事业单位。

审计成果 2022年，丽水市审计机关共完成审计（专项审计调查）项目128个，查出违规金额24753万元、损失浪费金额794万元，审计发现非金额计量问题1676个。审计处理处罚金额58326万元，移送司法机关、纪检监察机关和有关部门处理事项29件、涉及43人。审计促进整改落实有关问题金额11534万元，审计后挽回（避免）损失12133万元。审计提出建议447条，被采纳262条；促进被审计单位制定、完善规章制度28项；提交审计信息406篇，被批示、采用344篇。向社会公告审计结果2篇。

7个审计项目被评为2022年全省优秀审计项目。

政策落实情况跟踪审计 实施丽水市"双招双引"政策绩效情况专项审计调查，促进市本级和6个县（市、区）出台推进人防工程产权制度综合改革、规范招商引资、加强项目管理等制度17个，督促各地清退农民工工资保证金、投标保证金、质量保证金等6263.72万元。

财政审计 实施市本级预算执行和决算（草案）审计，推动将263.23亿元政府资产计入财报，降低市本级政府资产负债率约15%。

农业农村审计 实施储备粮管理情况专项审计调查，并与市委巡察开展巡审联动，发现移送案件线索4件，处理2人。

民生审计 实施丽水市住房与城市建设资金使用和绩效专项审计调查，推动各地提高"大搬快聚"无房安置补助标准，加快建成安置房1.38万套。实施丽水市区停车设施建设管理使用情况专项审计调查，推动市本级出台行政事业单位和国有企业停车泊位向社会错时开放管理规定。实施2022年省政府十大民生实事涉丽事项推进情况专项审计调查，推动建立失能人员长期护理责任保险制度。

经济责任审计 全市开展66家单位87名领导干部经济责任审计，共查出违规金额4397万元、移送问题线索12件、推动完善制度19个。

审计查出问题整改 深化“重大审计问题清单”应用，制定审计反映问题整改认定标准、审计问题清单应用工作机制和计分办法，在全市范围开展清单应用，3个典型案例被纳入省委或省审计厅清单界面，年度管控力指数排名全省第四。联合市人大、市府办开展问题整改情况实地督查，推动粮食安全管理、公墓供需矛盾、网约车专项治理等一批问题整改。

内部审计 全市获得省内部审计协会论文三等奖3篇、省内部审计协会案例一等奖1篇、三等奖6篇，获得省内部审计协会优秀项目4个、表彰项目3个。

（撰稿人：邱浩然）

2022年浙江省所辖市、县（市、区）审计工作统计表

审计机关	完成审计项目/个	审计查出主要问题金额/万元	审计发现非金额计量问题/个	审计期间整改金额/万元	出具审计报告和审计调查报告/篇	审计处理情况		审计促进整改落实有关问题资金/万元	审计提出建议/条	提交审计信息/篇
						审计处理处罚金额/万元	移送处理事项/件			
杭州市										
杭州市本级	41	3226829	770	426266	57	294962	15	7036	136	142
上城区审计局	22	48757	185	61	21	27183	3	4	71	23
拱墅区审计局	19	215661	192	4842	28	211086		6009	57	73
西湖区审计局	17	10029	204	7812	24	280	15	82	53	166
滨江区审计局	8	45673	67	16962	9	1639			26	14
萧山区审计局	17	161787	177	83830	25	50711	6	11541	64	117
余杭区审计局	11	415051	110	691	10	411966		411966	68	19
富阳区审计局	16	112424	269	2626	21	26446	12	26446	168	107
临安区审计局	18	3940	187	1239	25	934	3	934	50	137
临平区审计局	8	118074	139	3453	12	96917	9	96917	186	24
钱塘区审计局	8	553641	166	12515	8	1770		1764	38	8
桐庐县审计局	19	44962	192	7918	29	6149	1	5684	69	68
淳安县审计局	17	29884	113	2144	19	13549	11	319	44	58
建德市审计局	18	300103	353	3728	18	20220	11	15594	52	104
宁波市										
宁波市本级	58	384000	874	129425	63	79155	24	35221	160	10
海曙区审计局	24	7744	162	5436	39	2308	3	2307	67	37
江北区审计局	24	82758	133	207	25	5783	1	5783	59	145
北仑区审计局	22	34786	249	7818	27	11471		1312	66	45
镇海区审计局	16	54264	191	39147	20	40336	1	38964	51	40

续表

审计机关	完成审计项目/个	审计查出主要问题金额/万元	审计发现非金额计量问题/个	审计期间整改金额/万元	出具审计报告和审计调查报告/篇	审计处理情况		审计促进整改落实有关问题资金/万元	审计提出建议/条	提交审计信息/篇
						审计处理处罚金额/万元	移送处理事项/件			
鄞州区审计局	31	116842	256	12299	47	79765	8	74810	80	22
奉化区审计局	51	126897	336	5074	63	12671	6	4423	463	88
象山县审计局	20	257041	161	668	28	100833	1	100718	42	11
宁海县审计局	21	122483	191	3202	34	8521	1	624	70	4
余姚市审计局	22	15152	165	6476	25	7402	17	3273	61	209
慈溪市审计局	22	206858	265	10848	22	73914	7	71932	69	22
温州市										
温州市本级	33	1931244	526	40193	50	154075	30	259757	120	271
鹿城区审计局	13	21632	153	5702	21	18677		7497	48	87
龙湾区审计局	12	26812	82	1016	19	856	1	893	39	13
瓯海区审计局	10	10594	80	553	13	445	5	6129	41	36
洞头区审计局	8	11106	59	2	10	7160	3	7140	23	97
永嘉县审计局	15	9913	221	2390	22	7463	11	3198	53	37
平阳县审计局	16	27559	81	21915	27	5439	20	2939	36	68
苍南县审计局	15	67489	108	431	26	38743	6	17821	48	28
文成县审计局	14	27343	88	341	36	7771	2	4951	53	63
泰顺县审计局	11	21411	154	1073	25	20338	14	19464	34	72
瑞安市审计局	20	31001	203	4	29	5242	18	20795	60	64
乐清市审计局	14	5700	319	204	21	1011	31	8276	56	109
龙港市审计局	6	75429	50	8610	7	788	1	44526	23	4
嘉兴市										
嘉兴市本级	34	71078	304	1636	44	6150	18	3505	51	64
南湖区审计局	15	25158	175	801	24	25033	6	24785	58	62
秀洲区审计局	16	18866	122	2449	20	14171		196	46	51
嘉善县审计局	20	13722	216	2074	32	11326		10590	72	14
海盐县审计局	14	244082	142	138447	17	105256	2	34927	42	72
海宁市审计局	25	137993	189	3986	29	133963	9	42708	167	30
平湖市审计局	20	276964	201	193263	34	79103		74371	75	94
桐乡市审计局	32	114920	411	4132	49	100002	4	100002	97	10
湖州市										
湖州市本级	24	380609	281	2647	32	62476	12	14790	63	242

续表

审计机关	完成审计项目/个	审计查出主要问题金额/万元	审计发现非金额计量问题/个	审计期间整改金额/万元	出具审计报告和审计调查报告/篇	审计处理情况		审计促进整改落实有关问题资金/万元	审计提出建议/条	提交审计信息/篇
						审计处理处罚金额/万元	移送处理事项/件			
吴兴区审计局	10	82409	169	2066	19	10079	12	6155	46	84
南浔区审计局	5	20814	87	4106	8	10091	2	10091	18	189
德清县审计局	15	4507	88	803	20	1251	14	2451	40	160
长兴县审计局	15	7267	240	5011	25	2257	11	19792	80	188
安吉县审计局	16	6818	91	288	26	6531	3	5889	47	149
绍兴市										
绍兴市本级	27	2183595	533	465298	36	85216	9	8178	80	101
越城区审计局	14	26232	268	1641	22	21998	18	25917	52	32
柯桥区审计局	21	54282	214	4225	32	50048	20	56528	61	161
上虞区审计局	23	140888	274	4158	41	12528	2	11213	78	24
新昌县审计局	15	53349	123	21693	32	22672	1	22223	65	14
诸暨市审计局	14	61505	198	118	23	46443		10109	149	18
嵊州市审计局	23	219283	352	7047	42	5783		5783	74	22
金华市										
金华市本级	19	545978	293	17350	22	136424	15	21884	50	470
婺城区审计局	15	56322	159	1983	23	21928	20	31660	49	30
金东区审计局	10	17825	69	463	15	710		97	33	9
武义县审计局	16	94118	104	1041	21	86996	20	67273	50	78
浦江县审计局	25	46580	243	5598	38	15174	24	5693	81	25
磐安县审计局	13	38547	59	38	20	13197	1	12093	37	8
兰溪市审计局	19	182058	306	48125	30	6718	21	3312	74	83
义乌市审计局	17	30071	181	1864	22	28130	15	233	50	65
东阳市审计局	27	18097	220	4869	37	4980	14	5	77	10
永康市审计局	22	16000	191	3091	29	12879	7	2112	87	31
衢州市										
衢州市本级	30	64567	580	4143	43	41359	62	78691	96	68
柯城区审计局	6	81228	124	9	12	533		630	25	24
衢江区审计局	12	7485	195	479	17	4653	1	4019	44	38
常山县审计局	13	32094	116	8225	20	17170		12348	42	17
开化县审计局	19	20739	102	454	24	8614	6	53638	56	28
龙游县审计局	9	7462	161	39	21	7338	2	5764	29	68

续表

审计机关	完成审计项目/个	审计查出主要问题金额/万元	审计发现非金额计量问题/个	审计期间整改金额/万元	出具审计报告和审计调查报告/篇	审计处理情况		审计促进整改落实有关问题资金/万元	审计提出建议/条	提交审计信息/篇
						审计处理处罚金额/万元	移送处理事项/件			
江山市审计局	17	11192	253	681	32	10465	11	111087	58	67
舟山市										
舟山市本级	25	279257	385	602	25	268776	6	475	82	458
定海区审计局	11	55615	99	8	17	55290		53612	37	117
普陀区审计局	18	27788	126	108	18	969	3	967	59	56
岱山县审计局	13	19406	78	4299	13		1		50	74
嵊泗县审计局	14	17107	119	8755	27	7113		6581	48	150
台州市										
台州市本级	21	286001	396	3986	24	172249	13	162969	78	109
椒江区审计局	17	38976	349	2279	16	2285	12	38976	50	35
黄岩区审计局	13	292938	175	2625	16	36746	3	91	39	18
路桥区审计局	11	66521	189	373	13	43	7	43	47	72
三门县审计局	12	22724	120	10924	26	2034	1	2003	42	46
天台县审计局	6	57463	149	2830	9	1791	2	1174	21	7
仙居县审计局	14	10796	150	309	20	3637	24	2691	56	92
温岭市审计局	14	247805	175	426	14	1778	27	1416	44	23
临海市审计局	25	40723	293	177	21	139	18	124	51	190
玉环市审计局	23	138836	207	698	28		68	3152	57	163
丽水市										
丽水市本级	16	421849	196	45593	20	31737	8	4783	54	7
莲都区审计局	11	16410	199	2	15	4699	6	4699	52	17
青田县审计局	16	11910	246	601	14	2823	7	1	23	7
缙云县审计局	10	110417	228		18	452		58	37	181
遂昌县审计局	15	88444	126	107	17	862		615	48	3
松阳县审计局	14	26373	187	3	13	9			57	120
云和县审计局	6	9976	80	1400	9	2	2		17	46
庆元县审计局	16	11337	152	5280	38	1376	4	1376	62	4
景宁畲族自治县审计局	13	51580	80	198	198	16338	198		41	16
龙泉市审计局	11	18134	182	27	19	22			30	5

安徽省

【安徽省审计厅】 2022年，安徽省审计厅实有250人。设有省委审计委员会办公室秘书处、办公室、综合法规处、审理处、内部审计指导监督处、电子数据审计处、财政审计一处、财政审计二处、农业农村审计处、固定资产投资审计处、社会保障审计处、自然资源和生态环境审计处、金融审计处、企业审计处、涉外审计处、人事教育处、机关党委（机关纪委）、省经济责任审计局、发展统计审计室、经济贸易审计室、科技教育审计室、交通建设审计室、政法审计室、文化卫生审计室、新闻广电审计室、党委群团审计室、国有企业审计一室、国有企业审计二室、国有企业审计三室、国有企业审计四室；另设安徽省固定资产投资审计中心、安徽省审计厅机关服务中心、安徽省审计科学研究所、安徽审计职业学院4个事业单位；下设安徽省审计学会1个社会团体。

领导成员

党组书记、厅长：罗建国

党组成员、副厅长：程家楷

一级巡视员：贾宝明（4月—）

党组成员、副厅长：方　正

费明清（1月—）

党组成员、驻厅纪检监察组组长：

贾宝明（—4月）

张　峰（7月—）

党组成员、总审计师：费明清（—1月）

审计成果 2022年，安徽省审计机关共审计和专项审计调查4091个单位，查出违规问题金额62.7亿元，损失浪费问题金额4.21亿元，管理不规范金额2794.03亿元。全省审计机关共完成对2230人的经济责任审计，查出领导干部对违规行为负有直接责任和领导责任的问题金额分别是6亿元和725.73亿元。审计促进整改落实有关问题资金332.52亿元，其中，增收节支32.21亿元，已调账处理40.88亿元，审计促进拨付资金到位9.59亿元，审计后挽回或避免损失6.73亿元。审计核减固定资产投资项目投资或结算额3.12亿元。审计移送司法、纪检监察机关和有关部门处理事项582件。向被审计单位或有关单位提出审计建议14899条，其中被采纳12620条。被审计单位根据审计建议制定整改措施7706项，建立健全规章制度1191项。全省审计机关共出具审计报告和报送审计调查报告5454篇，向社会发布审计结果公告245篇。提交审计专题报告、综合性报告和信息简报3376篇，其中被党政领导和有关部门批示、采用1165篇次。

安徽省审计厅实施的安徽省粮食购销领域专项审计调查项目被审计署评为2022年度全国省级审计机关优秀审计项目一等奖，阜阳市审计局实施的太和县委书记、县长经济责任审计项目被审计署评为2022年度全国市级审计机关优秀审计项目二等奖，巢湖市审计局实施的巢湖市医疗保障基金管理中心主任经济责任审计项目被审计署评为2022年度全国县级审计机关优秀审计项目（民生类）三等奖，含山县审计局实施的2020年度县本级预算执行和其他财政收支情况审计项目被审计署评为2022年度全国县级审计机关优秀审计项目（非民生类）三等奖。

审计委员会办公室工作 坚持服务大局，保障省委审计委员会第四次、第五次会议于1月和7月召开，严格落实重大事项请示报告制度。加强省委审计委员会成员单位工作协同，召开成员单位协调会议，充分发挥联络员机制作用。强化对下级党委审计委员会办公室的领导，围绕机构设置、职责履行等情况开展调研，举办全省党委审计办业务工作培训。加强长三角审计协同工作，推进2022年度长三角“一起审”审计项目。常态化对照学习长三角先发地区经验，完善审计管理制度，加快推进安徽省金审工程三期项目建设，加强长三角审计协同，与沪苏浙审计委员会办公室共同向中央审计委员会办公室报送的构建协同机制工作报告得到审计署审计长的批示肯定，在2021年度省委综合考核中获得推进长三角一体化发展专项考核优秀等次。

政策落实情况跟踪审计 落实全省改进工作作风为民办实事为企优环境大会要求，建立审计服务保障创建一流营商环境等措施10余项，紧盯中央和省下达的用于市场主体及民生的财政资金是否及时拨付到位，组织开展直达资金以及中央和省转移支付资金审计、财政助企纾困资金专项审计，促进相关资金及时拨付。在各类审计中，关注涉企收费、减税降费等政策落实，揭示影响公平竞争环境问题，协调解决多项企业诉求，促进优化营商环境，推动激发市场主体活力各项政策落实到位。

财政审计 以助企纾困、重大财政政策落实等为重点，开展省级及 15 个省直部门预算执行、4 个市财政收支审计等工作，落实省委审计委员会第五次会议精神，向省直 100 余个部门印发审计发现问题提示单，受省政府委托向省人大常委会作 2021 年度省级预算执行和其他财政收支审计工作报告、审计查出问题整改情况报告，推动财政资金规范安全高效使用。在各类审计中，严肃查处财政财务数据造假、套取财政资金、私设“小金库”、违规发放津补贴等问题，密切关注重大资金分配管理、非刚性支出压减、“三公”经费支出、招标采购、国有资产管理等方面，推动落实中央八项规定精神和过紧日子要求。

金融审计 重点关注金融风险外溢，实施的徽商银行专项审计揭示了重要问题和重大风险，得到省主要领导的高度重视和充分肯定，推动省委、省政府对徽商银行的系统性治理。审计项目成功经验在审计署组织的金融审计培训班上作经验交流，得到审计署领导的肯定。协同相关部门推进审计署查出的桐城农商行问题整改，并积极推动落实全省农商行系统整改工作，促进地方金融体系安全稳健运行。在对地方相关审计中，重点关注政府债务等情况，推动防范化解债务风险。

国有企业审计 建立重点省属国有企业年度审计全覆盖工作机制，对 26 户重点企业实现审计全覆盖，服务保障国有资本和国有企业做强做优做大。

资源环境审计 开展引江济淮工程、长三角一体化发展水环境综合治理、省重点城际铁路建设项目跟踪审计等，揭示规划实施、任务落实、建设管理和区域协调绿色发展等方面存在的突出问题，促进完善政策支持，加快项目建设，有效发挥投资在稳增长中的基础作用。

民生审计 结合省“暖民心”行动计划，组织实施困难群众救助补助、就业补助资金和失业保险基金审计等，推动兜住兜牢民生底线。组织实施高标准农田建设资金审计，推动构建统一高效的农田建设管理机制，加快补齐农业基础设施短板，服务保障粮食安全。组织开展自然灾害救灾资金专项审计，与省纪委监委、省委组织部等 4 部门联合印发加强村（居）涉农财政资金和惠民利民政策审计工作的意见，草拟并提请省委、省政府印发《安徽省地方党政主要领导干部自然资源资产离任审计评价指标体系（试行）》。

经济责任审计 建立省经济责任审计工作联席会议议事规则和办公室工作规则，制定 2023—2027 年经济责任审计全覆盖工作方案、领导干部履行经济责任风险预警提示制度等，分领域向被审计单位发放预警提示单 400 余份。全省审计机关共完成 2230 人的经济责任审计，查出负有直接责任和领导责任问题金额分别为 6 亿元、725.73 亿元。科学统筹审计资源，组织部分市级审计机关对 8 个开发区进行交叉审计，重点关注“亩均论英雄”“招商引资、招才引智”、扩大有效投资等措施要求落实情况，服务经济运行向稳向好。

涉外审计 完成 11 个国外贷援款审计项目，促进合理有效利用外资。

审计查出问题整改 建立“重大审计发现问题清单”报送省委以及审计整改结果公告、约谈、回访核查等制度，实行问题和整改清单动态管理，截至 12 月末，重大审计发现问题清单中的 20 个问题已整改销号 9 个，2021 年审计查出问题整改率为 98.87%。提请省政府召开全省审计整改工作推进会，分领域召开审计整改专题会，促进被审计单位和主管部门压实整改主体责任和监督管理责任。全年向审计署宣传中心报送信息被采用 161 篇，在全国排名第一；向省委、省政府提交审计要情等报告 200 余篇，省两办采用信息 37 篇次。全省各被审计单位根据审计建议制定整改措施 7706 项、规章制度 1191 项。

研究型审计 成立研究型审计工作领导小组，制定《深入开展研究型审计推进审计高质量发展实施意见》，完成 33 个审计专题研究，积极开展审计项目总结，深化审计实践与理论思考融合。贯彻“三个区分开来”重要要求，推动各市县审计局全部建立贯彻落实“三个区分开来”实施意见，面向全省审计机关先后 2 次选树落实审计容错免责典型案例并择优向各地推荐，在省委审计委员会第五次会议和省政府常务会议上作专题汇报。

相关工作 制定深入学习宣传贯彻党的二十大精神27项77条具体举措，推行中心组“扁平化”学习，常态长效开展党史学习教育，推动学思用贯通、知信行统一。以增强政治功能和组织功能为重点，擦亮“支部建在审计点”，开展“两送一宣·暖审行动”，构建“123”党建到一线工作机制，有效推动党建与业务深度融合。持续深化“一改两为”，推进“我的工作我负责、我的项目我尽责”审计质效提升和“为民惠企争模范”行动，“一支部一特色”成效显著。坚持“紧盯审计组，巡察到一线”，深化党风廉政教育和“嵌入式”纪律教育，打造“廉洁审计机关、廉洁审计项目、廉洁审计干部”“三廉”审计品牌。以党建带群建、群建促党建，发挥“皖审”志愿队作用，创新开展工青妇工作，持续推动机关文化向善向好。2022年，省审计厅党组书记抓基层党建述职评议获“好”等次，省审计厅参与签订以高质量党建服务长三角一体化发展合作框架协议，入选第一批省直机关党委（党组）理论学习中心组学习示范点，乡村振兴定点帮扶成效考核获“好”等次，先后被评为全省巾帼建功先进集体、五四红旗团委、省级职工书屋示范点，多个党支部特色做法入选省委组织部、省直机关工委案例展示。

认真落实习近平总书记政治监督“三化”“三看”的重要要求，坚持从政治上看、从政治上查，探索实行以“共性+个性”“项目+单位”“关键少数+关键环节”为内容的政治监督“3+”工作机制，努力实现政治监督有形、有效、有恒。以大监督思维增强监督全覆盖有效性，探索建立“2+3+4+N”工作机制，加强上下左右内外的贯通联动，着力整合监督力量，形成监督合力，使监督常在、形成常态。运用“全周期管理”方式，坚持“三不腐”一体推进，坚持风腐同查同治，着力形成办案、治理、监督、教育的完整闭环，不断提升治理效能。结合审计工作实际，开展重点审计项目质量和作风纪律问题专项监督检查，严查“六重六轻”作风积弊，严防审计过程中的“六该六不”问题。2022年，全省审计系统共4人受到党纪政务处分。坚持从严从实、严管严治，积极开展“双学双创一推进”活动，以铁的纪律锻造过硬干部队伍，更加有力地推动纪检监察工作向研究型、高质量转变。

全年配合省委组织部选拔1名副厅级领导干部，完成6名二级巡视员、44名处级干部和37名科级干部的选拔任用和职级晋升工作，完成18名处级领导干部试用期满考察工作，开展19名干部交流轮岗，招录、遴选、军转安置干部13名，协助各市委组织部任免市审计局领导班子成员43名。全年共举办干部教育培训11期、培训7700余人次，调学129人次。首次与省委组织部联合举办审计专题培训班，相关培训视频资料向全省审计系统转播，着力提升依法审计水平，经验做法及成效被省领导专门批示肯定。强化年轻干部培养，实施年轻干部“补钙壮骨铸魂赋能充电练兵”活动，积极开展年轻干部“新春廉政第一课”“审计·微分享”、征文评选等系列活动，面向全省审计机关倡议建立“审计手稿”制度，推动年轻干部加快成长成才。从严落实干部监督，修订领导干部配偶、子女及其配偶经商办企业管理制度，完成140名领导干部个人事项申报和54名领导干部重点查核工作，完成厅机关及厅属单位50名干部档案审核认定工作，对新提任、职级晋升、交流轮岗和参加急难险重任务的干部开展集体谈话7次，组织52名新任职干部开展宪法宣誓。

（撰稿人：程　敏）

【合肥市审计局】 2022年，合肥市审计局实有131人。局长昂朝晖，副局长郭洪群、袁捷，经济责任审计局局长徐伟，总审计师王鑫，纪检组长王军。设有市委审计委员会办公室秘书处、办公室、人事教育处、综合处、法规和审理处、内部审计指导监督处、电子数据审计处、财政审计处、党委群团审计处、行政政法审计处、科教文卫审计处、农业农村审计处、社会保障审计处、金融审计处、企业审计处、涉外审计处、自然资源和生态环境审计处、重大建设项目审计处、固定资产投资审计处、开发区审计局、经济责任审计局、机关党委；下设合肥市审计事务中心1个事业单位。

审计成果 2022年，合肥市审计局完成审计项目84个，查出主要问题金额12.56亿元，移送处理事项 20 件。审计促进整改落实有关问题资金 21.16 亿元，促进拨付资金到位 1199 万元；推动被审计单位制定整改措施 787 项，建立健全规章制度 128 项，问责 125 人次。

1 个审计项目被审计署评为全国审计机关优秀审计项目，4 个审计项目被省审计厅评为全省审计机关优秀审计项目。

政策落实情况跟踪审计 开展转移支付资金、促进市场主体提质扩量增效、中小企业高质量发展等政策落实情况审计。

财政审计 开展 2021 年度市级预算执行和其他财政收支和决算草案审计，2 个县区 2021 年度财政收支审计。开展科创平台、公共服务等政府投资重大建设项目全过程跟踪审计。

国有企业审计 开展 5 家国有及国有控股企业领导人员任期经济责任审计以及财政助企纾困资金管理使用情况专项审计。

金融审计 开展合肥科技农村商业银行资产负债损益审计。

农业农村审计 开展农村人居环境整治、高标准农田建设资金审计。

资源环境审计 开展 4 县区、1 个部门党政主要领导干部自然资源资产离任（任中）审计。

民生审计 制定《关于进一步加强民生工程审计监督的意见》，开展保障性租赁住房、就业优先导向等政策跟踪审计。

经济责任审计 开展 29 项领导干部任期经济责任审计。

涉外审计 开展世界银行贷款安徽省公路养护创新示范项目——滁州子项目审计。

审计查出问题整改 制定《审计整改工作管理暂行办法（试行）》。完成 678 个问题的整改工作，对外公告审计查出问题整改结果 10 篇。

研究型审计 制定《关于深入开展研究型审计推进审计高质量发展的实施方案》，征集审计手稿 76 篇。与纪检监察、检察、公安、统计、信访等部门联合出台制度，在线索移送、信息共享、成果运用、疑难问题定性、重大案件会商等方面，形成常态化制度化的沟通协调机制。

审计理论研究 开展审计理论研究，征集科研论文 44 篇。

内部审计 开展内部审计质量检查，1 个案例被中国内部审计协会表彰为“内部审计探索研究型审计典型实践案例”。

交办任务 完成 2022 年双创活动周合肥主会场经费支出、方兴大道高速道口智能防疫查验机器人应急攻关项目研发经费审核等交办任务。

（撰稿人：叶玖玲）

【芜湖市审计局】 2022 年，芜湖市审计局实有 59 人。局长江澜（—7 月）、童宗新（7 月—），二级巡视员江澜（7 月—），副局长杨凛（—5 月）、张文清、吴祖满、苏家明（4 月—），总审计师邱威（—2 月）、张达胜（8 月—），二级调研员吴勇，四级调研员王艳清、范家琪。设有市委审计委员会办公室秘书科、办公室、综合法规科、内部审计指导监督科、财政审计科、行政事业审计科、农业农村审计科、固定资产投资审计科、社会保障审计科、自然资源和生态环境审计科、金融审计科、企业审计科、涉外审计科、人事教育科、市经济责任审计局；下设固定资产投资审计中心、计算机审计中心。

审计成果 2022 年，芜湖市审计局完成审计项目 63 个。查出主要问题金额 2.83 亿元，审计发现非金额计量问题 454 个，出具审计报告和专项审计调查报告 41 篇，其中被批示、采用 31 篇次。审计处理处罚金额 2.04 亿元，移送司法机关、纪检监察机关和有关部门处理事项 3 件。审计促进整改落实有关问题资金 2.76 亿元。提出审计建议 190 条，被采纳 190 条；提交审计信息 14 篇，向社会公告审计结果 11 篇。

政策落实情况跟踪审计 采取“1+N”模式，将重大政策落实跟踪审计与经济责任、预算执行等审计相结合，审计助企纾困、教育转移支付、旅游强省、科技创新和成果转化、救灾资金、农业高质量发展等情况。

财政审计 实施市级预算执行、决算草案和其他财政收支审计，对 4 个市直部门开展预算执行审计，对 2 个县区开展财政收支审计。紧盯轨道交通、污水、开发区建设等亿元级公共工程项目，关注项目审批、工程招投标、物资采购、工程进度、资金支付、工程结算、工程质量等关键环节，推动项目规范实施、按期建成。关注饮用水水源地保护、高标准农田建设、土地全域治理、污染防治等政策落实情况，完成宣城市饮用水水源地保护、黄山新安江流域生态保护交叉审计。

资源环境审计 制定第三轮经济责任审计全覆盖工作规划（2023—2027年），制定市管领导干部履行经济责任风险预提示办法和风险预警提示单，促进防控风险。完成29名领导干部经责审计。加强自然资源资产审计，组织4个县（市、区）审计局交叉审计乡镇自然资源资产。

民生审计 开展困难群众救助资金审计、老旧小区改造审计、粮食购销领域专项审计调查。开展部分县区和市直部门经济责任审计，揭示相关民生问题。

审计查出问题整改 顶格推动问题整改落实，市委、市政府、市委审计委员会召开会议研究审计整改工作，市人大常委会专门听取审计整改情况汇报，市政协将涉及民生整改事项列入跟踪考察和评价重点。市审计局出台整改标准认定办法，常态化调度审计整改工作，建立审计整改管理闭环，在全省率先创设“三四一”工作法，即体制上实行整改责任单位、审计机关、市政府“三级调度”，机制上实行绿色提示、黄色预警、红色督办、白色清零“四色管理”，技术上开发全市审计整改信息化管理系统，推动审计整改提速提质提效。

（撰稿人：彭晓璐）

【蚌埠市审计局】 2022年，蚌埠市审计局实有71人。局长毛大忠，副局长郭伟、吴根献，总审计师戚红宇，经济责任审计处主任陈前超，二级调研员戚大庆、汤瑶泉。设有市委审计委员会办公室秘书科、办公室（营商环境科）、综合法规科、内部审计指导监督科、电子数据审计科、财政审计科、农业农村审计科、自然资源和生态环境审计科、固定资产投资审计科、社会保障审计科、金融审计科、企业审计科、涉外审计科、人事教育科、机关党委、派出审计一室、派出审计二室；下设市经济责任审计处、市政府投融资审计中心、市监事会工作处3个事业单位。

审计成果 2022年，蚌埠市审计机关共完成审计项目196个，其中审计187个、专项审计调查9个。查出主要问题金额55.55亿元，其中违规金额7.4亿元、损失浪费金额2422万元、管理不规范金额47.91亿元；审计发现非金额计量问题1015个；损益（收支）不实金额22.4亿元；出具审计报告和专项审计调查报告284篇，被批示、采用75篇次。审计处理处罚金额19.64亿元，其中应上缴财政7.32亿元、应减少财政拨款或补贴321万元、应归还原渠道资金542万元、应缴纳其他资金1.23亿元、应调账处理金额11亿元；移送司法机关、纪检监察机关和有关部门处理事项61件。审计促进整改落实有关问题资金21.12亿元；审计促进拨付资金到位914万元；审计后挽回（避免）损失1404万元；核减投资额358万元；移送处理落实事项58件；审计提出建议619条，被采纳463条；推动被审计单位制定整改措施907项；促进被审计单位建立健全规章制度23项；提交审计信息1444篇，被批示、采用604篇次。向社会公告审计结果77篇。

蚌埠投资集团有限公司资产负债损益情况审计、五河县本级预算执行和其他财政收支审计、五河县县级社会保险基金审计项目分别获得全省审计机关优秀审计项目一等奖、二等奖、三等奖；滁州市粮食购销领域专项审计调查获得全省审计机关粮食购销领域专项审计调查优秀审计项目二等奖。

政策落实情况跟踪审计 聚焦优化营商环境、财政转移支付等9个方面重大政策落实情况，组织实施跟踪审计。

财政审计 聚焦财政财务收支主责主业，紧盯财政资金使用情况，加强预算绩效全方位、全过程审计监督，从财政沉淀资金盘活、非税收入收缴管理、国有资产管理使用等9个方面提出12类审计问题，涉及违规和管理不规范财政资金11.92亿元。

国有企业审计 紧盯国企国资两大领域，紧扣国有资产管理制度建立执行情况以及资产配置、使用、处置、收益的等关键环节，组织实施公交集团、交通集团、汽运公司等国有企业的资产负债损益审计。

金融审计 组织实施市农村商业银行信贷资产质量专项审计调查，按照省审计厅部署引入社会审计力量开展全市农商行系统资产负债损益审计，揭示了资产质量、业务经营等金融领域问题。

农业农村审计 实施完成涉农审计项目42个，共审计涉农资金总量41.42亿元，审计涉农项目 1084 个，发现涉农领域的问题 106 个、涉及问题资金 1 亿元。

资源环境审计 组织实施植树造林专项审计调查、领导干部自然资源资产离任审计项目 6 个，涉及问题金额 1458 万元。

民生审计 聚焦社会政策要兜住兜牢民生底线和重点项目推进，组织实施就业补助资金和失业保险基金、困难群众救助补助资金、畜禽养殖废弃物资源化利用项目资金使用情况等审计。

经济责任审计 完成 89 名领导干部经济责任履行情况审计，审计查出违规和管理不规范金额 22.84 亿元，非金额计量问题 266 个，出具的审计结果报告被同级党委政府领导批示 30 篇。

审计查出问题整改 印发《蚌埠市审计局审计整改标准认定办法（试行）》等制度，不断优化工作流程、规范结果认定，推动审计整改工作制度化、规范化、常态化。

研究型审计 完成 2 项安徽省审计厅科研课题结项评审，提交安徽省审计学会专题研讨会征文 3 篇，先后在《中国审计》《审计观察》等刊物发表研究论文 10 余篇。

内部审计 加强对内部审计工作的指导和监督，开展常态化内部审计统计调查，完善内部审计人才库建设，通过“以审代训、审训结合”方式，快速提升内部审计人员业务水平。

（撰稿人：肖 娴）

【淮南市审计局】 2022 年，淮南市审计局实有 62 人。党组书记、局长廖继光，二级巡视员陈寅，党组成员、副局长、三级调研员尹伊、范淮涛，党组成员、总审计师王卫东，二级调研员王宜君，四级调研员任辉。设有市委审计委员会办公室秘书科、办公室、综合法规科、审理科、内部审计指导监督科、电子数据审计科、财政金融审计科、农业农村审计科、固定资产投资审计科、社会保障审计科、自然资源和生态环境审计科、企业审计科、行政事业审计科、科教文审计科、人事教育科、机关党委；下设市经济责任审计局、市审计局直属分局；下辖淮南市固定资产投资审计中心和淮南市审计干部培训中心 2 个事业单位。

审计成果 2022 年，淮南市审计机关共完成审计项目 325 个，查出主要问题资金 24.17 亿元，审计促进整改落实有关问题资金 4.13 亿元。提交审计信息 681 篇，向社会公告审计结果 17 篇。

淮南市粮食购销领域专项审计调查项目获得全省粮食购销领域专项审计调查项目一等奖；凤台县审计局实施的驻马店镇党委书记和原镇长的经济责任审计项目获得三等奖。

审计委员会办公室工作 召开市委审计委员会第四次、第五次会议，制定《中共淮南市委审计委员会成员单位工作协调推进机制》。全年共向省委审计委员会呈报重大事项 27 项；向市委审计委员会、市政府出具审计报告、要情、专报 36 篇，被市主要领导批示 35 篇次。

政策落实情况跟踪审计 开展中央及省级转移支付资金、财政助企纾困资金、旅游强市资金管理使用及地方政府性债务管理情况等审计，推动 2156 万元各类助企纾困资金拨付企业，追回重复申报资金 139 万元，督促 700 万元闲置资金发挥效益。

财政审计 开展市本级预算以及 8 个市直部门预算执行审计，寿县、谢家集区财政收支审计。利用大数据综合分析连续 7 年对全市一级预算单位实现审计全覆盖，在全省率先对政府综合财务报告和政府部门财务报告编制情况进行审计，促进市财政局及相关部门收缴资金 2.02 亿元，制定和完善相关制度、办法 26 项。

开展全市公共投资项目造价管理情况专项审计调查，对淮南高铁南站站前广场、引江济淮工程淮南段等一批重点项目实施全过程跟踪审计和竣工决算审计，推进全市 29 个 5000 万元以上投资项目加快竣工决算进度，规范投资行为，提升资金绩效。促进市政府出台《淮南市政府性投资建设工程实施阶段全过程造价管理办法》。

农业农村审计 印发《淮南市审计局关于加强农业农村审计助力全面推进乡村振兴的意见》。年内，全市审计机关共开展 47 项涉农审计项目，推动被审计单位清理 3.49 万亩草皮种植地、1000 多亩被占用的高标准农田异地补建，维护涉农资金安全、绩效。

资源环境审计 制定《淮南市审计机关 2022—2024 年资源环境审计工作三年计划》。对寿县原县长、市自然资源和规划局原局长开展自然资源资产审计。召开“淮南审计护航绿色发展”新闻发布会，进一步宣传淮南资源环境审计工作开展情况和取得的成效。

民生审计 实施全市困难群众救助补助资金、全市义务教育标准化建设情况、自然灾害救灾资金使用情况、医保等审计项目，查出应缴未缴农民工工资保证金2287.33万元，督促5200万元居民养老补助资金拨付到位，帮助636位应享受未享受困难群众领到救助补助，促进教育部门重新修订《淮南市中小学布点规划（2022—2026）》。

经济责任审计 市本级对26名领导干部开展任中或离任审计。修订《淮南市经济责任审计工作联席会议议事规则》《淮南市经济责任审计工作联席会议办公室工作规则》，召开全市经济责任审计联席会议。联合市委组织部印发《市管领导干部履行经济责任风险预警提示办法》。

审计查出问题整改 市委办公室、市政府办公室出台关于建立审计工作长效机制的意见。市委审计委员会制发《淮南市本级审计整改约谈办法（试行）》，市政府建立审计查出问题整改月调度机制。相继开展2021年度审计项目整改“回头看”和“十三五”以来上级审计机关涉及淮南问题整改“回头看”，发出68份审计整改清单，下发审计整改提示单15份，编发《审计整改通报》10期。

研究型审计 印发《深入开展研究型审计推进审计高质量发展实施方案》，与市总工会、淮南广播电视台联合举办淮南市首届审计系统青年审计干部“研究型审计”策论大赛。制定审计容错免责制度，为各级干部担当作为提供审计制度保障。潘集区审计局提交的“三个区分开来”案例入选安徽省审计厅案例汇编。淮南市审计局出台《关于进一步加强全市审计信息化工作的意见》，组建全市审计数据分析团队，组织召开全市审计机关审计信息化工作推进会。

内部审计 举办全市内部审计骨干培训班，实施市本级内部审计工作专项审计调查。建立全市协审人才库，制定《健全协审人员参加审计项目工作机制的意见》，修订《淮南市审计局关于规范聘请社会中介机构或其他专业机构人员参与审计工作的实施意见》，充分调动社会审计力量。

相关工作 牵头完成惠利社区光伏一体化充电车棚二期工程建设并投入使用。扎实做好“社区吹哨　党员报到”，组织党员社区服务200余人次，组成防疫党员突击队，参加疫情防控督查21人次，组织志愿者赴淮南东高速收费站值守34人次。

印发《淮南市审计局派出审计组临时党支部“5+X”活动实施方案》，成立9个临时党支部。局党组年内听取党建工作报告13次，其中专题汇报5次。

局机关纪委累计对24个审计项目进行廉政回访，对20个审计组进行审中巡查，对6名新任科级干部和2名新入职人员开展廉政谈话。

（撰稿人：郝　俊）

【马鞍山市审计局】 2022年，马鞍山市审计局实有47人。局长孙兆斌，副局长马友发、王新、管毓骅，总审计师何祥俊，三级调研员曹福和、王长刚。设有市委审计委员会办公室秘书科、办公室、综合法规科、党建工作科、审理科、电子数据审计科、经济责任审计局、开发区审计室、财政审计科、固定资产投资审计科、社会保障审计科、农业和资源环境审计科、国有企业审计室（企业审计科）、内部审计指导监督室；下设正科级全额拨款事业单位市工程价款结算审计中心。

审计成果 2022年，马鞍山市审计局完成审计项目44个，其中审计39个、专项审计调查5个。查出主要问题金额29.5亿元；审计发现非金额计量问题321个；审计促进整改落实有关问题资金20.85亿元。

马鞍山市人民医院主要领导干部经济责任审计被安徽省审计厅评为2021年度全省市级审计机关优秀审计项目三等奖，全市粮食领域专项审计调查被安徽省审计厅评为2021年度全省审计机关优秀审计项目三等奖。

政策落实情况跟踪审计 围绕做好“六稳”工作、落实“六保”任务，紧盯为企优环境，在政策措施落实情况跟踪审计中，重点关注旅游强省和服务业发展资金管理使用等政策落实情况，揭示财政直达资金分配下达不及时、涉企保证金未及时退还等问题，促进拨付助企纾困专项资金，推动政策措施落地见效。

财政审计 围绕政府过紧日子要求，对市级一级预算单位公务用车使用情况进行全覆盖审计调查，推动开展公务用车专项治理工作。深入开展本级预算执行情况和决算草案审计，促进市财政局出台市本级预算指标管理暂行办法，并在全市开展非税收入和单位往来资金清理。开展市经信、卫健部门预算执行情况审计，促进拨付产业政策资金。常态化开展市属开发园区预算执行审计，揭示非税收入及结余资金上缴不及时等问题，促进上缴财政资金。

国有企业审计 组织开展市属开发园区平台公司 2019 年度至 2021 年度运营情况审计调查，着力揭示资产运营、融资担保等方面问题，促进平台公司提升运营质量、防范债务风险。

资源环境审计 完成当涂县原党政主要负责人自然资源资产离任、饮用水水源地保护、高标准农田建设管理等相关审计，促进领导干部认真履行自然资源资产管理和生态环境保护责任。

民生审计 紧盯为民办实事，加强养老、卫生健康、就业创业等重点民生领域，以及市老年养护院项目、“六化”提升改造项目、老旧小区改造等重点民生工程的审计监督，揭示县（区）基本公共卫生服务项目配套资金不到位、社保补贴和高校毕业生见习补贴发放不合规等问题，推动市人社局等部门联合开展土地征收安置补助费沉淀资金清理工作。

经济责任审计 坚持任中审计为主、任中审计与离任审计相结合，加大对经信、交运、生态环保、自然资源和规划等权力事项多、资金量大的重点部门审计，促进领导干部依法履职，推动市交运局开展货运车辆超限超载治理联合整治行动、市数据资源局在全市开展审批事项未按规定进入政务服务中心窗口受理问题摸排整改工作。

审计查出问题整改 认真贯彻落实上级关于审计整改工作有关要求，按照“发现问题—督促整改—研究共性问题—建立预防清单—服务规范管理”的闭环式审计监督工作思路，突出上下联动、注重部门协作与审计预防，认真做好审计整改“下半篇文章”，着力构建审计“治已病、防未病”一体推进的审计结果运用机制，切实做到以高质量审计整改服务全市高质量发展。

内部审计 完善内部审计工作制度，建立全市内部审计工作定期调度工作制度，加强内部审计工作精准服务和业务指导。建立内部审计工作备案及内部审计成果综合利用机制，有效利用内部审计成果，避免重复审计。开展内部审计业务培训，实施“以审代训”，组织内部审计单位积极参加理论研讨、论文评选工作，促进内部审计人员业务技能提升。内部审计单位聚焦主责主业，按计划有序开展内部审计，推进落实审计整改，健全完善内部管理制度，不断强化内部监督管理。

（撰稿人：周香和　孙　钰　陈丽红）

【淮北市审计局】 2022 年，淮北市审计局实有 64 人。局长王劲松，副局长胡国荣、高抗抗、葛雪梅，二级调研员周玉贞、朱金亮，三级调研员孟祥龙，副县级领导干部张春远，四级调研员徐萍。设有市委审计委员会办公室秘书科、办公室、综合法规科、审理科、审计整改监督科、内部审计指导监督科、电子数据审计科、财政金融审计科、行政事业审计科、农业农村审计科、固定资产投资审计科、自然资源和生态环境审计科、社会保障审计科、企业审计科、人事教育科、经济责任审计局、机关党群工作办公室；下设投资审计中心、计算机审计中心 2 个事业单位。

审计成果 2022 年，淮北市审计机关共完成审计项目 120 个，其中审计 108 个、专项审计调查 12 个。查出主要问题金额 6.7 亿元，其中违规金额 2.13 亿元、管理不规范金额 4.56 亿元；审计发现非金额计量问题 665 个；损益（收支）不实金额 704 万元；出具审计报告和专项审计调查报告 174 篇，被批示、采用 21 篇次。审计处理处罚金额 2.63 亿元，其中应上缴财政 1.97 亿元、应归还原渠道资金 3486 万元、应缴纳其他资金 2359 万元、应调账处理金额 746 万元；移送司法机关、纪检监察机关和有关部门处理事项 20 件。审计促进整改落实有关问题资金 1.71 亿元；核减投资额 455 万元；移送处理落实事项 4 件。审计提出建议 454 条，被采纳 411 条；推动被审计单位制定整改措施 555 项；促进被审计单位建立健全规章制度 32 项；提交审计信息 164 篇，被批示、采用 202 篇次。向社会公告审计结果 2 篇。

淮北市审计局组织开展的淮北市 2018 年至 2020 年公共投资项目招投标专项审计调查被安徽省审计厅评为全省审计机关优秀审计项目二等奖。

政策落实情况跟踪审计 围绕助企纾困和优化营商环境，组织实施财政助企纾困资金专项审计，揭示政策管理、项目申报、支持力度、项目争取等方面的问题，促进政策及时兑现，资金尽早下达。提交的审计专报被市委、市政府主要领导先后批示，要求采取“清单化+闭环式”管理尽快整改到位。

财政审计 组织实施市本级预算执行和其他财政收支情况审计、疫情防控专项审计，以及相山区、烈山区财政收支情况审计等，重点关注财政资金统筹、财政支出政策落实、地方财政资金安全绩效、疫情防控专项资金分配使用等情况，推动积极财政政策提质增效，提高财政资金配置效率和使用效益。6月23日，向市人大常委会专题报告市本级预算执行审计情况，得到市人大的充分肯定和高度评价。

组织实施淮水北调市级配水工程PPP项目、市人民医院新院、淮北一中东校区PPP项目、开渠路提升工程、S101淮徐快速通道建设项目等8个重点建设项目审计，赴淮南市开展城镇老旧小区改造资金和项目审计，重点关注重大公共投资项目建设管理、资金筹集及管理使用等情况，推动提高投资绩效。组织实施安徽巢湖流域水环境综合治理等2个世行贷款项目审计，开展淮北市世行贷款医疗卫生改革促进项目审计回头看，重点关注世行贷款资金使用绩效情况、重点项目建设推进情况等，促进合理有效利用外资。

民生审计 围绕就业、社保、住房、教育、乡村振兴、生态环保等民生重点领域，组织实施工伤保险基金审计，就业补助资金和失业保险基金审计，高标准农田建设资金审计，旅游强省、自然灾害、农业高质量发展相关政策落实情况审计，首次开展市河流湖泊水环境和水资源专项审计，重点关注政策措施落实、资金效益、项目建设等情况，加大对重点民生资金和项目的审计力度。同时，在审计中关注安心托幼、放心家政、文明菜市等暖民心行动推进情况，把审计监督跟进到民生项目和资金的“最后一公里”。

资源环境审计 紧紧围绕进一步保护和改善环境，打造全国资源型城市全面绿色转型发展样板区，出台《淮北市2022—2024年资源环境审计工作三年计划》；组织实施领导干部自然资源资产离任（任中）审计项目6个，提出审计建议40条，被审计单位采纳审计整改措施26项；在开展领导干部自然资源资产离任审计的基础上，首次组织开展淮北市2019—2021年河流湖泊水资源水环境专项审计工作，对自然资源资产专项审计进行探索研究。

国有企业审计 组织实施财政助企纾困资金专项审计，涉及资金2.2亿元，揭示政策管理、项目申报、支持力度、项目争取等方面的问题，促进政策及时兑现，资金尽早下达。将助企纾困、优化营商环境政策落实情况作为各类审计的关注重点，促进被审计单位及时将工程款等资金拨付至企业，涉及金额6085.33万元。

经济责任审计 组织实施经济责任审计67个，同步开展自然资源资产审计6个。制定《淮北市经济责任审计工作联席会议议事规则和办公室工作规则》等，大力推进“六审六评”，分类制定经济责任审计工作方案。与市委组织部联合印发《市管领导干部经济责任风险预警提示办法（试行）》，编制形成风险预警提示单和47项审计案例，促进权力规范运行。

审计查出问题整改 与市纪委监委、市委组织部、市人大财经委、市委督查考核办对已达到整改期限的39家部门单位开展联合检查，审计整改率达96.05%，相关部门制定完善制度13件。濉溪县审计局建立“审计整改清单”“整改检查清单”“整改复核清单”“整改回头看清单”，实现问题逐一对账整改销号。

审计理论研究 印发《关于深入开展研究型审计推进审计高质量发展的实施意见》，并督促县（区）审计局结合实际制定深入开展研究型审计的具体举措，围绕“政治—政策—项目—资金”主线，在审计工作全过程、各环节坚持研究先行，贯通闭合审前、审中、审后研究链条，推动审计工作提质增效。突出审计质量研究，开展审计质量检查，连续12年推荐参评的审计项目获评全省审计机关优秀审计项目。

内部审计 通过实地走访、分类座谈、电话了解和问卷调查等方式对全市内部审计机构设置、人员配备、工作开展和制度建设等情况进行专题调研，摸清被审计单位内审工作开展情况，落实内部审计统计调查制度，加强内部审计与国家审计的协同，组建审计人才库，首批已纳入29个单位66名专业人员，进一步充实审计人力资源“蓄水池”，推动内部审计规范健康发展。

相关工作 制定党建工作要点21条，推进党建工作与中心工作相融互动、双推双促。严肃党内政治生活，认真贯彻落实“三会一课”、组织生活会、民主评议党员等制度。丰富党建活动载体，切实做好疫情防控、文明创建、志愿服务、社区慰问、企业帮扶、乡村振兴等工作，获得市“最佳志愿服务组织”称号；积极推动审计监督与各类监督的贯通协同，着力构建“大监督”工作格局，与市纪委监委、市委组织部、市委巡察办、市委编办、市检察院等部门分别制定协调机制、实施办法、协作配合机制等；修订《淮北市审计局机关事业单位工作人员年度综合量化考核办法》，将考核结果与选拔任用、评先评优挂钩；通过审计实践锻炼、全员参与招商、选派人员援疆、开展审计手稿活动等，全面提升审计干部队伍能力和素质。4人分别获得“市高质量转型发展先进个人”“市文明家庭”“市最美家庭”“市最美志愿者”称号。（撰稿人：张晓旭）

【铜陵市审计局】 2022年，铜陵市审计局实有65人。局长陈延友（—4月）、丁灏（5月—），副局长王华、刘崧梓、毛庆艺，总审计师朱永宏（—9月）、周咏文（9月—），二级调研员丁兴虎，四级调研员阮应保、吴柳娟、缪跃东。设有市委审计委员会办公室秘书科、办公室、综合法规科、审理科、内部审计指导科、电子数据审计科、财政审计科、行政事业审计科、农业农村审计科、固定资产投资审计科、社会保障审计科、自然资源和生态环境审计科、金融审计科、企业审计科、文化教育审计科、党委群团审计科、人事科、市经济责任审计局、机关党委；下设事业单位市政府性投资审计中心。

审计成果 2022年，铜陵市审计局完成审计项目41个，其中审计36个、专项审计调查5个。查出主要问题金额18.12亿，其中违规金额11亿元、管理不规范金额7.11亿元；审计发现非金额计量问题224个；损益（收支）不实金额2307万元；出具审计报告和专项审计调查报告50篇，被批示、采用20篇次。审计处理处罚金额14.5亿元，其中应上缴财政10.61亿元、应减少财政拨款或补贴382万元、应归还原渠道资金4916万元、应缴纳其他资金1.74亿元、应调账处理金额1.61亿元；移送司法机关、纪检监察机关和有关部门处理事项4件，移送处理金额1667万元。审计促进整改落实有关问题资金5.72亿元；审计促进拨付资金到位90万元；核减投资额2463万元。审计提出建议115条，被采纳43条；推动被审计单位制定整改措施15项；促进被审计单位建立健全规章制度9项；提交审计信息8篇。向社会公告审计结果8篇。

铜陵市2020年度市直预算执行和其他财政收支审计被安徽省审计厅评为2022年全省优秀审计项目一等奖。

政策落实情况跟踪审计 按季度节点组织开展贯彻落实国家重大政策措施情况跟踪审计，重点审计2021年中央和省等各级财政安排的救灾资金相关政策落实情况、铜陵市旅游强省资金和科技创新资金及相关政策措施落实情况等。

财政审计 组织实施2021年度市本级预算执行和其他财政收支审计、市直一级预算单位预算执行全覆盖审计以及枞阳县财政收支审计，关注财政支出强度和进度，推动各类财政资金提质增效。

国有企业审计 组织对市国控集团、市建投公司、普农集团、市文投公司、市交投集团等5家国有企业2021年度经营业绩情况进行审计。

金融审计 配合实施市农商银行系统外部审计。

农业农村审计 根据省审计厅统一组织，对阜阳市颍东区实施高标准农田建设资金审计。

资源环境审计 对市水利局主要领导干部任职期间自然资源资产管理和生态环境保护责任履行情况进行审计。开展水资源生态环境保护相关资金征收管理使用情况专项审计调查。

民生审计 组织实施铜陵市就业补助资金专项审计调查、信息化专项资金使用及网络安全审计。

经济责任审计 组织对市市场监管局等12个部门（单位）主要负责人开展经济责任审计，对市委老干局等4个部门原主要负责人开展离任交接。根据省审计厅安排，开展铜陵市委党校常务副校长、池州市江南新兴产业集中区主要领导经济责任审计。

涉外审计 开展安徽公路养护创新示范项目、中国医疗卫生改革促进项目审计。

研究型审计 印发《铜陵市审计局关于深入开展研究型审计推进审计高质量发展的实施方案》，征集研究型审计典型案例 7 篇、审计手稿 42 篇。（撰稿人：朱美和）

【安庆市审计局】 2022 年，安庆市审计局实有 57 人。局长华鹏飞，副局长黄晓红、陶然、汪亚鹏，总审计师江东东，纪检监察组组长杨炬，副处级领导干部刘保卫，三级调研员章蓓蕾，四级调研员靳伦谊、檀满节、姜淮、苏琳。设有市委审计委员会办公室秘书室、办公室、综合法规科、审理科、财政审计科、农业农村审计科、固定资产投资审计科、社会保障和金融审计科、自然资源与生态环境审计科、涉外运用和行政事业审计科、企业审计科、园区审计室、人事教育科、机关党委、市经济责任审计局；下设固定资产投资审计中心（事业单位）。

审计成果 2022 年，安庆市审计局完成审计项目 53 个，其中审计 50 个、专项审计调查 3 个。查出主要问题金额 7.28 亿元，其中违规金额 1590 万元、损失浪费金额 65 万元、管理不规范金额 7.11 亿元；审计发现非金额计量问题 470 个；损益（收支）不实金额 802 万元；出具审计报告和专项审计调查报告 58 篇，被批示、采用 3 篇次。审计处理处罚金额 1783 万元，其中应上缴财政 1562 万元、应归还原渠道资金 2 万元、应缴纳其他资金 2 万元、应调账处理金额 190 万元；移送司法机关、纪检监察机关和有关部门处理事项 8 件。审计促进整改落实有关问题资金 2.42 亿元；审计促进拨付资金到位 6 万元；审计后挽回（避免）损失 3 万元；核减投资额 142 万元；审计提出建议 182 条，被采纳 112 条；推动被审计单位制定整改措施 117 项；促进被审计单位建立健全规章制度 34 项；提交审计信息 33 篇，被批示、采用 13 篇次。

安庆市审计局实施的粮食购销领域专项审计调查被安徽省审计厅评为全省市级审计机关优秀审计项目三等奖。

政策落实情况跟踪审计 围绕城乡义务教育补助经费、学生资助补助经费等中央和省对下转移支付资金、各级旅游财政专项资金管理使用情况以及旅游强省资金等内容，分季度开展重大政策措施落实情况跟踪审计。

财政审计 开展 2021 年度市级预算执行情况和决算草案审计，对市级一级预算单位预算执行情况开展数据总体分析，对三家单位部门预算执行情况开展现场审计，对迎江区、大观区开展财政收支审计。开展安庆市公共安全视频监控建设联网应用项目（雪亮工程）采购项目竣工决算审计、引江济淮工程安庆段建设项目跟踪审计，对 10 个重点建设项目开展跟踪审计。

国有企业审计 组织全市审计机关对财政助企纾困资金落实情况开展审计，促进各地足额配套奖补资金 2358.76 万元。

农业农村审计 开展农机具购置补贴资金管理使用情况专项审计调查、桐城市农村人居环境整治相关政策和资金审计。

资源环境审计 对迎江区政府原区长开展自然资源资产离任审计。

民生审计 组织开展全市困难群众救助补助资金审计、市区招商引资及营商环境专项审计调查等，助力兜牢民生底线、服务企业发展。

经济责任审计 实施经济责任审计项目 24 个，授权县（市）审计局实施领导干部经济责任审计 11 个，实现第二轮经济责任审计全覆盖。

涉外审计 按照审计署统一安排，开展安徽省养老服务体系建设示范项目六安子项目审计。

审计查出问题整改 按照《安庆市审计整改工作办法（试行）》要求，创新运用“1+3+N”模式，建立一套包含问题清单、责任清单、整改清单、销号清单等“四单”管理的整改台账，严格执行 3 个月更新汇总报告机制。市人大常委会分管负责同志就“同级审”工作报告反映问题的整改情况到市审计局进行专题调研。市人大常委会预算工委与市审计局组成联合督查组赴部分单位开展跟踪检查，并在第十八届人大常委会第八次会议上开展整改责任单位满意度测评。

研究型审计 健全审计研究机制，出台《安庆市审计局审计工作成果激励办法（试行）》，组建数据审计分析攻关团队、信息宣传骨干小组，搭建审计研究平台。

审计理论研究 围绕医保基金审计、提升项目质量、深化政策落实审计等方面深入开展理论研究，报送研究型审计案例 3 篇。

内部审计 组织开展内部审计工作交流研讨会，开展针对性业务培训，建立内部审计交流平台，到部分内部审计机构开展座谈调研，推动提高被审计单位内部审计水平。

相关工作 严格实行"审前承诺、审中督查、审后回访"的审计项目全过程监督管理，采取"四不两直"的方式不定期对审计组进行暗访和督查，制定出台《市审计局审计现场纪律巡查和审计廉政回访工作办法（试行）》《安庆市审计局党组与驻市财政局纪检监察组联系协作办法（试行）》。（撰稿人：朱水珍）

【黄山市审计局】 2022 年，黄山市审计局实有 34 人。局长洪绍球（—3 月）、冯家成（3 月—），副局长程祖杰、洪斌（—7 月）、方霞、张杰（9 月—），总审计师余根长（—11 月）、柯家华（11 月—），二级调研员汪利兵（—10 月）、余根长（11 月—），四级调研员梅文秋、方洁、汪江九、陈绍隽（6 月—）。设有市委审计委员会办公室秘书科、办公室、综合法规科（内审指导科）、财政金融审计科、农业农村审计科、固定资产投资审计科、社保外资审计科、自然资源和生态环境审计科、企业审计科、经济责任审计局；下设审计技术发展中心 1 个事业单位。

审计成果 2022 年，黄山市审计局完成审计项目 35 个。查出主要问题金额 19376 万元，其中违规金额 4323 万元、管理不规范金额 1.5 亿元；审计发现非金额计量问题 237 个；损益（收支）不实金额 263 万元；出具审计报告和专项审计调查报告 35 篇，被批示、采用 16 篇次。审计处理处罚金额 1.37 亿元，其中应上缴财政 4313 万元、应缴纳其他资金 6745 万元、应调账处理金额 2595 万元；移送司法机关、纪检监察机关和有关部门处理事项 1 件，移送处理人员 1 人，移送处理金额 600 万元。审计促进整改落实有关问题资金 1.8 亿元；审计促进拨付资金到位 1288 万元；移送处理落实事项 1 件。审计提出建议 123 条，被采纳 123 条；推动被审计单位制定整改措施 87 项；促进被审计单位建立健全规章制度 26 项；提交审计信息 193 篇，被批示、采用 16 篇次。向社会公告审计结果 6 篇。

黄山市供销合作社联合社理事会主任、黄山供销集团有限公司党委书记及董事长经济责任审计项目被安徽省审计厅评为全省市级审计机关优秀审计项目三等奖。

政策落实情况跟踪审计 开展旅游强省等 7 个专题实施重大政策措施落实审计，涉及财政资金 6.74 亿元，发现问题 49 个。

财政审计 在数据分析基础上对市本级、12 个市直部门和 2 个区县财政收支进行现场审计，联动开展财政项目资金管理专题审计，将政府债务情况纳入审计重点内容予以关注。

国有企业审计 围绕助企纾困实施政策措施落实跟踪审计，惠及企业 177 家。

金融审计 对农商行开展资产负债损益外部审计，涉及金额 11.35 亿元、贷款 162 笔、企业 71 家。

农业农村审计 开展宣城市高标准农田建设管理情况专项审计调查，充分运用 3S 技术对农田建设项目管理、实施、土地等方面进行查看。

资源环境审计 开展 2 个市自然资源资产审计，与市自然资源规划局合作建设自然资源审计数据库。

经济责任审计 完成 11 名领导干部经济责任审计，认真落实"三个区分开来"重要要求，促进领导干部依法廉洁秉公用权。

涉外审计 完成 2 个国外贷援款项目审计。

审计查出问题整改 建立审计会商、审计结果通报、审计整改结果公告、审计整改约谈和重大审计发现问题清单等制度，督促压实审计整改责任。通过"巡审联动""纪审联动"等办法，做实审计整改"下半篇文章"。

研究型审计 从月潭水库投资项目审计发现的问题出发，成立固定资产投资审计研究课题组，总结提炼出带有普遍性、倾向性的问题，从源头上提出防范的措施和建议，每类审计项目形成综合性报告。

审计理论研究 撰写论文《基层审计机关开展领导干部自然资源资产离任审计实施障碍及突破路径》，获黄山市社会科学创新发展研究课题论文优秀奖。

内部审计 完成对黄山区、休宁县、屯溪区及市交通系统内部审计培训授课，共涉及单位、部门及乡镇180多个、人员380多人。

交办任务 派遣10名干部配合参与省委、省纪委、市委、市政府、市委政法委、市委督察室等各项活动共9次。

相关工作 开展“重走红军路，立审计精神”“体悟新安江绿色发展实践，加强自然资源资产离任审计”“党建领航，魅力乡村行”等专题活动。举办全市审计系统“青春心向党，建功新时代”演讲比赛。组织全市49名审计业务骨干赴厦门国家会计学院开展为期5天的全市审计干部素质提升培训班。 （撰稿部门：综合法规科）

【滁州市审计局】 2022年，滁州市审计局实有59人。局长许同亚，副局长朱哲、郝玉瑰，总审计师张广鹏，市纪委监委驻市审计局纪检组组长赵永学，二级调研员高中伟，三级调研员郭德泉，四级调研员戴敏。设有市委审计委员会办公室秘书科、办公室、人事教育科、机关党委、综合调研科、法规审理科、内部审计指导监督科、电子数据审计科、财政审计科、金融审计科、农业农村审计科、固定资产投资和涉外审计科、社会保障审计科、自然资源和生态环境审计科、经贸审计科、经济责任审计局；下设固定资产投资审计中心。

审计成果 2022年，滁州市审计机关共完成审计项目297个。查出违规问题金额3.42亿元，损失浪费问题金额150万元，管理不规范金额11.07亿元，促进增收节支或挽回损失5.24亿元，促进拨付资金到位8300万元，移送处理事项23件，提出审计建议956条，促进被审计单位制定整改措施452项，健全规章制度26项。提交审计信息、建议570篇，被各级领导批示、采用149篇次。

滁州市审计局参与的网络安全和信息化建设审计成果被审计署相关综合报告采用，综合报告获得中央领导同志的肯定性批示；全椒县高标准农田建设管理情况专项审计调查项目被安徽省审计厅评为全省市级审计机关优秀审计项目二等奖；授权实施六安市粮食购销领域专项审计调查项目，被安徽省审计厅评为全省审计机关粮食购销领域专项审计优秀项目三等奖。

审计委员会办公室工作 向省委审计委员会报送重大事项13件，向市委审计委员会报送审计结果报告、审计专报等38余篇。

政策落实情况跟踪审计 分季度召开政策措施跟踪审计调度会，抽查117家单位（部门）、60个项目，涉及资金13.01亿元，揭示突出问题87个，提出审计建议69条。

财政审计 对市本级财政一级预算单位开展数据分析全覆盖审计，选定7家重点单位进行现场核实。

农业农村审计 在涉农审计项目中共指出问题134个，涉及问题金额2495万元，促进被审计单位建章立制11项，督促惠农补贴资金57万元发放到位。

资源环境审计 组织开展滁河流域（来安县汊河）水环境治理、畜禽养殖废弃物资源化利用、高标准农田建设资金及饮用水水源地保护等审计和专项审计调查项目。

民生审计 聚焦10项暖民心行动，推动减免特殊人群医保费用20余万元，追回违规支付医保基金5.42万元，促进医保部门建立健全规章制度2项。

经济责任审计 对140名领导干部开展经济责任审计，完成60名离任领导干部经济事项交接工作。

审计查出问题整改 出台《审计整改工作管理办法（试行）》，建立审计查出问题整改清单，持续将审计整改情况纳入县域经济考核和市直单位目标绩效考核。

研究型审计 组织提交安徽省审计厅审计创新发展专题研讨会论文3篇、研究型审计专题调研论文9篇，征集审计手稿82篇。

内部审计 对滁州市医保局、滁州市科技局、滁州市人社局等单位内部审计工作进行点对点指导。完成各县（市、区）审计局以及市直各单位2021年内部审计统计报表。

相关工作 持续深化“一改两为”，认真落实党建工作责任制。组建“审计名师”工作室，强化审计专业化队伍培养，召开年轻干部座谈会、“青廉‘茶’话会”和“书香审计青春‘悦’

读”等，积极打造模范机关，在5个外出审计组成立临时党支部，持续提升“审计点上党旗红”党建品牌影响力。（撰稿人：葛家琼）

【阜阳市审计局】 2022年，阜阳市审计局实有66人。党组书记、局长刘兴民，党组成员、副局长夏全胜、李侠（—11月）、杨秀文、邓勇（11月—），党组成员、经济责任审计事务中心主任马坚，党组成员、总审计师高雅。设有市委审计委员会办公室秘书科、办公室、综合法规审理科、内部审计指导监督科、电子数据审计科、财政金融审计科、行政事业与社会保障审计科、农业农村审计科、投资与外资运用审计科、自然资源与生态环境审计科、企业审计科、人事科；下设经济责任审计事务中心、固定资产投资审计中心。

审计成果 2022年，阜阳市审计机关共完成审计项目354个，查出主要问题金额142302万元，其中违规金额16559万元、损失浪费金额1736万元、管理不规范金额124007万元，移送纪检监察机关和有关部门处理事项40件，提出建议1228条，被采纳558条；提交审计专题、综合性报告、信息简报21篇。

太和县委书记、县长任期经济责任审计被审计署评为全国审计机关优秀审计项目二等奖；阜南县黄岗镇原任党委书记、原任镇长任职期间经济责任审计被安徽省审计厅评为全省审计机关优秀审计项目一等奖。

政策落实情况跟踪审计 组织开展助企纾困专项审计，2021年度市级兑付的促进现代农业发展、促进新型工业化和建筑业发展扶持、促进现代服务业发展扶持等3个奖补资金专项审计调查。

财政审计 常态化开展市本级、市经开区预算执行审计，对市民政局等3个部门的预算执行和其他财政收支情况进行审计。利用数据分析平台，实现对市直81家一级预算单位数据分析全覆盖。

国有企业审计 完成阜阳市全兴科技产业投资有限公司领导干部经济责任审计，审计发现5个方面的24个问题，提出审计建议3条，移送问题线索5件。

农业农村审计 采取异地交叉形式开展怀宁县高标准农田审计，审计发现问题24个，办理审计事项移送1件。

民生审计 采取异地交叉形式开展宣城市就业补助资金和失业保险基金审计、合肥市长丰县2021年困难群众救助补助资金分配管理使用情况及相关政策落实情况审计。

经济责任审计 开展经济责任审计项目10个，涉及领导干部11名。印发《阜阳市市管党政主要领导干部和国有企事业单位主要领导人员任前经济责任告知办法（试行）》等文件。

涉外审计 采取异地交叉形式对六安市开展安徽养老服务体系建设示范项目审计，审计发现问题33个。该审计项目得到省政府领导批示，获省审计厅通报表扬。

审计查出问题整改 市委审计委员会、市政府常务会议先后两次听取关于审计反馈问题整改情况的汇报，市政府常务副市长主持召开了全市审计整改工作推进会、约谈会两次。

内部审计 积极开展常态化内部审计指导监督，对市公安局等单位进行了常态化指导，高标准完成了全市内部审计统计调查工作。

相关工作 连续2年获得阜阳市领导班子综合考核优秀等次，连续3年被阜阳市政府评为阜阳市党建工作先进单位等。（撰稿人：尚 坤）

【宿州市审计局】 2022年，宿州市审计局实有47人。局长王鹏，副局长马群、凌传芳，总审计师祝建，调研员孙勇、陈立新、张奇、牛海宽，市经济责任审计中心主任吴剑。设有市委审计委员会秘书科，办公室、综合法规科、人事教育科、审理科、内部审计指导监督科、电子数据审计科、财政金融审计科、农业农村审计科、企业与外资审计科、社会保障审计科、自然资源和生态环境审计科、经济责任审计科、固定资产投资审计科、机关党总支；下设宿州市经济责任审计中心、宿州市固定资产投资审计中心2个事业单位。

审计成果 2022年，宿州市审计局完成审计及专项审计调查项目42个，查出主要问题金额34.07亿元，发现非金额计量问题305个，审计期间整改金额5670万元，出具审计报告和审计调查报告38篇，审计处理处罚金额20.88亿元，移送处理事项7件，审计促进整改落实有关问题资金22.26亿元，提出审计建议109条。上报审计专报12篇、审计要情4篇、审计简报1篇。

政策落实情况跟踪审计 开展2022年贯彻落实国家重大政策措施和宏观调控部署情况跟踪审计。重点审计中央及省财政安排的服务业发展、制造强省、“三重一创”、旅游强省、自然灾害救灾等资金的安排、下达、拨付使用等情况。审计共发现5个方面的14个问题，涉及22个政府部门、23个单位、52个项目，涉及财政资金1.3亿元。开展灵璧县2018年以来农村人居环境整治相关政策和资金情况审计（含畜禽养殖废弃物资源化利用情况专项审计调查），共发现问题14个，涉及问题金额2800万元。

财政审计 组织开展2021年度市级预算执行情况和决算草案审计，重点关注一般公共预算执行、政府性基金预算执行、国有资本经营预算执行、社会保险基金预算执行等方面，共发现8个方面31个问题，涉及问题资金2.54亿元。组织对市财政局、市发改委、市统计局等5个部门2021年度预算执行情况审计，共发现38个问题。

组织实施市本级11个PPP项目实施情况专项审计调查，共发现PPP项目存在未按竞争性磋商报价文件签订合同、未按照协议约定提供履约保函、项目实施机构多付综合服务费、项目资本金未按要求及时足额实缴到位、未及时足额取得发票等4个方面16个问题，查出问题金额3228.48万元，非金额计量类问题11个。组织开展宿州市立医院新院区建设项目、宿州市高新区云计算产业园人才培训服务保障建设项目、宿马园区三级综合医院项目跟踪审计，共发现问题资金246.68万元，非金额计量问题17个。

结合市级财政预算执行审计开展社会保险基金2021年度预算执行审计，发现财政资金拨付不到位713.41万元，应归还原渠道资金3151.99万元，应挽回基金损失3809.18万元。组织对宿州市市属企业（不含金融企业）2021年度国有资产管理情况专项审计，抽审市城投、市交旅投、市福康源公司三家企业，审计资产总额794.47亿元，占全市市属企业资产总额的56.43%，共发现18类27个问题。对砀山县困难群众救助补助资金进行审计，共发现资金管理、集中供养救助机构职责履行、救助政策落实等方面20个问题。

经济责任审计 完善经济责任审计工作联席会议制度，制定宿州市经济责任审计工作联席会议事规则和办公室工作规则，加强与纪检、组织人事等各类监督部门的联系沟通，做到“一事一议、一事一研究、一事一联席”。完成经济责任审计项目21个，涉及领导干部23名，审计共发现问题153个，涉及问题资金6.85亿元，审计促进落实有关问题资金3837.58万元。

审计查出问题整改 出台《关于建立健全审计查出问题整改长效机制的实施意见》《宿州市审计机关规范落实审计整改工作管理办法（试行）》，推动各县区、各部门认真履行审计整改责任，不断提高审计整改实效。出台《宿州市审计局审计整改约谈办法》，将审计整改约谈作为警示、提醒、督促整改的有力举措，力促审计整改落细落实。（撰稿人：丁树宝）

【六安市审计局】 2022年，六安市审计局实有45人。局长朱晓琳，副局长左照宇、赵晓方，总审计师张蕾。设有市委审计委员会办公室秘书科、办公室、人事教育科、综合法规科、审理科、电子数据审计科、财政审计科、行政事业审计科、内部审计指导监督科、农业农村审计科、经贸审计科、社会保障审计科、自然资源和生态环境审计科、金融与外资审计科、企业审计科；下设六安市经济责任审计中心、六安市投资审计中心2个事业单位。

审计成果 2022年，六安市审计机关共完成审计项目350个，审计查出问题涉及金额22.24亿元；审计期间整改金额4.27亿元；出具审计报告和审计调查报告363篇；审计发现非金额计量问题1739个；审计处理处罚金额7.11亿元；移送处理事项81件；审计促进整改落实有关问题资金7.82亿元；提出审计建议937条。

政策落实情况跟踪审计 重点关注各类政策执行、资金分配管理使用、资金使用效益发挥等情况，全市抽查17个政府部门、7个县区、52个单位、57个项目，涉及财政资金9.4亿元，共审计发现19个问题，提出意见建议11条，纠正不规范问题金额1.23亿元。

财政审计 财政审计发现问题96个，95个问题已整改到位，整改完成率为 98.96%。审计促进增收节支资金 4.46 亿元，盘活存量资金 3.05 亿元，完善规章制度 16 项，有效推动审计成果转化为治理效能。

全年完成价款结算审计项目备案 153 个，送审金额 44.21 亿元，审减 2.77 亿元，审减率 6.27%；完成跟踪审计项目 7 个，合同金额 10.65 亿元，出具审核意见单 54 份，提出合理化建议 27 条；实施征迁安置项目审计 22 个。完成竣工财务决算审计项目 10 个，投资额 9.26 亿元。

经济责任审计 全年共完成 21 名领导干部的经济责任审计，查出问题金额 35.51 亿元，审计移送司法、纪检监察和有关部门处理事项 10 件。市中医院巡审联动项目，共发现问题 29 个，移送问题线索 5 件，其中 1 件已经立案。

审计查出问题整改 全市审计机关 2021 年发现问题 2272 个，已整改完成 2266 个，整改完成率 99.74%；全市审计机关 2022 年审计发现问题 2471 个，已到整改期限 2411 个，整改完成 2275 个，整改完成率 94.35%。 （撰稿人：汪先炯）

【亳州市审计局】 2022 年，亳州市审计局实有 45 人。局长王玉红，副局长赵峰、袁芬、刘运伟（5 月—）。设有市委审计委员会秘书科、办公室、综合法规与内审指导科、财政审计科、行政事业与社保审计科、农业农村与资源环境审计科、审计整改监督科、企业与金融审计科、市经济责任审计局、固定资产投资与电子数据审计科；下设市固定资产投资审计中心（事业单位）。

审计成果 2022 年，亳州市审计局完成审计项目 46 个，其中专项审计调查项目 3 个。查出主要问题金额 7.14 亿元，其中违规金额 2395 万元、管理不规范金额 6.88 亿元、损失浪费金额 183 万元；审计发现非金额计量问题 414 个；出具审计报告和专项审计调查报告 66 篇，被批示、采用 30 篇次。审计处理处罚金额 3.28 亿元，其中应缴纳其他资金 2.89 亿元；移送司法机关、纪检监察机关和有关部门处理事项 11 件，移送处理人员 1 人，移送处理金额 725 万元。审计促进整改落实有关问题资金 6.77 亿元。审计提出建议 151 条，被采纳 151 条；提交审计信息 26 篇，被批示、采用 13 篇次。

政策落实情况跟踪审计 组织全市审计机关实施四个季度重大政策落实跟踪审计和优化营商环境专项审计调查，查出管理不规范资金 8191.03 万元。有力推动营商环境不断优化，重大政策落地落实。对亳州市高新区招商引资政策兑现情况进行专项审计，审核亳州市高新区两批次 40 个招商引资项目。

财政审计 创新组织方式，采用财政“同级审”和“上审下”相结合的方式，突出审计重点，聚焦政策落实、预算管理制度改革、支出绩效管理，查出管理不规范资金 9190 万元，提出审计建议 24 条，促进被审计单位制定管理制度 2 项。着力推动财政资金提质增效。市本级 2021 年度预算执行和其他财政收支审计工作报告及整改情况报告获得满意度测评全票通过。

加大公共投资审计监督力度，规范投资行为。出台《亳州市公共投资项目审计监督办法》（亳政办秘〔2022〕52 号），开展 7 个公共投资审计项目，审计发现问题 118 个，提出审计建议 26 条，共移送案件线索 6 件，调整核减财政资金 1027.71 万元，督促被审计单位修订完善制度 7 项。

国有企业审计 着力推动国有企业高质量发展，全面贯彻落实习近平总书记关于国资国企改革重要批示精神，实施古井房地产、市交控集团主要负责人经济责任审计，牵头组织实施全市农商银行系统专项审计，重点对国有企业领导干部任职期间的企业盈利能力、资产质量、债务风险等方面综合评判，规范资金 5687.49 万元，督促企业追回资金 446.82 万元，促进修订或完善制度 23 项，问责 2 人。

民生审计 紧盯“弱有所扶”，开展全市困难群众救助资金专项审计，审计移送问题线索 4 件，促进清退违规享受低保、特困待遇 353 人，追责问责 43 人，督促困难群众救助补助资金落实整改 84.8 万元。关注“住有所居”，开展全市公共租赁住房管理使用情况审计，市委主要负责同志对审计报告作出批示，市政府常务会议专题调度审计发现问题整改，促进空置公租房配租 340 套、腾退 467 套，督促相关保障政策落到实处，促进民生福祉不断改善。

资源环境审计 聚焦乡村振兴，开展畜禽养殖废弃物资源化利用情况审计，督促被审计单位完善制度4项，追回资金122.84万元，市政府分管领导专门调研，推动整改，审计报告得到省政府认可。

经济责任审计 印发《亳州市市管领导干部履行经济责任“防未病”预警提示办法》，全省首创编制“防未病”预警提示单。提出268项预防措施，收录150篇审计案例，印发全市各单位对照检查和自查自纠，发现问题279个，清理不规范资金2698万元，上缴财政资金329万元，实现风险防范关口前移和源头治理。经验做法在全省推广，被多家主流媒体宣传报道，并纳入新华社《智库报告》和市委2022年深化改革重点事项，在《审计观察》连载刊登。2022年市本级安排22个经济责任审计项目，审计发现问题126个，查出管理不规范资金1179.81万元，促进增收节支18万元，提出审计建议27条，促进被审计单位完善制度11项，着力推动权力规范运行。

审计查出问题整改 出台《关于进一步强化审计整改工作督促责任的意见》，实施“三单三书三函三审”工作机制，建立“一旬一调度、一月一起底、一季一督查”审计整改调度机制，切实做到清仓见底。组织召开全市审计整改工作推进会议，重点领域审计整改“回头看”3次，整改工作在全省审计整改工作调度会上通报表扬，经验做法在全省推广。

内部审计 出台《亳州市内部审计工作备案管理办法》，掌握单位内部审计工作开展、内部审计成果运用情况；对亳州市教育局、亳州市住房和城乡建设局、安徽古井集团有限责任公司、亳州城建发展控股集团有限公司等8家单位内部审计工作开展情况进行了监督指导，开展内部审计工作交流，促进提升内部审计工作质量。

（撰稿人：王方方）

【池州市审计局】 2022年，池州市审计局实有32人。局长钱立芹，副局长杨正发、王孟春，总审计师董学春，一级调研员吴熙祥，二级调研员桂良友，市属国有集团公司监事会主席陈锦旗。设有市委审计委员会办公室秘书科，市审计局办公室、综合法规科、财政审计科、行政事业审计科、经贸审计科、农业与资源环保审计科、审计信息技术应用科、经济责任审计局；下设市政府投资审计中心1家事业单位。

审计成果 2022年，池州市审计机关共审计（调查）89家单位，延伸审计91家单位，查出问题金额4.83亿元；揭示管理程序不规范、项目质量有重大缺陷等非金额计量问题335个。审计促进规范资金使用13.02亿元，促进增收节支1.1亿元；移送公安、纪检监察机关和有关部门处理事项5件；出具各类审计（调查）报告61篇；向被审计单位或有关单位提出审计建议127条，有效发挥审计监督作用。

池州市审计局参与的粮食购销领域专项审计调查项目获得审计署全国优秀审计项目一等奖；池州市东至县审计局实施的中央自然灾害救灾资金管理分配和使用情况专项审计调查项目获得安徽省审计厅全省审计机关优秀项目一等奖。

政策落实情况跟踪审计 采取市、县联动的方式，在全市开展助企纾困等重大政策落实情况审计，全面梳理助企纾困9个方面20项政策和制度，覆盖助企纾困资金21000多万元，促进拨付财政资金2900多万元，惠及企业40多家，市营商办、《池州日报》、池州新闻联播将市审计局作为优化营商环境典型先后宣传报道。重点开展水清岸绿产业优美丽长江经济带省级专项引导资金、产业发展资金（基金）、防空地下室易地建设费、省市县三级旅游财政专项资金、救灾资金和省级农业现代产业园政策等落实情况审计，提高资金使用绩效。

财政审计 以“四本预算”为基础，重点关注财政财务收支管理、财政资金绩效评价、国有资产管理等关键环节，在对市本级2021年预算执行情况进行大数据筛查的基础上，现场审计了4个重点部门、5项重大政策落实和10个重大投资项目。

全面摸排市本级重大政府投资建设项目底数，完成海绵城市建设清溪河流域水环境综合整治PPP项目、平天湖三站工程等项目工程价款结算审计，报审金额10.35亿元，核减金额1.16亿元，核减率为11.21%；开展7个重大项目的跟踪审计，涉审资金约32亿元。制定印发《池州市政府投资建设项目协审机构考核暂行办法》，采取框架协议方式公开采购30家协审机构，持续规范政府投资审计管理。

资源环境审计 完成黄山新安江流域生态保护和绿色发展、马鞍山慈湖高新技术产业开发区经济责任、宿松县高标准农田建设资金等3个异地交叉审计项目和1个援疆审计任务，配合完成池州市备用水水源保护和秋浦河生物多样性保护专项审计调查。以保障国家粮食安全为目标，对全市粮食购销领域开展专项审计调查，查出问题金额7561.45万元，移交问题线索5件。

经济责任审计 完善经济责任审计联席会议制度和任前经济责任告知制度，组织召开市经济责任审计工作联席会议，审议通过《关于推进领导干部履行经济责任审计监督全覆盖的工作方案（2023—2027年）》等3份制度文件。向17名新任职主要领导干部发放任职经济责任告知书，更新《池州市市管领导干部履行经济责任主要风险防控清单》，前移审计监督关口。完成市发改委等15个部门（单位）的15名领导干部经济责任审计。

审计查出问题整改 建立完善《池州市本级审计整改约谈办法》等审计整改长效机制，将党委、政府领导批示要求以《工作提示函》形式，会同审计报告印发各个被审计单位，落实“一月一回头、两月一起底、三月一汇报”工作运行机制，推动将整改情况纳入市委督查、巡察范围，建立健全审计整改结果公告、审计整改约谈、追责问责等制度，持续推动整改落实到位，截至12月底，当年审计发现问题整改完成率达96.18%。

内部审计 出台《关于进一步加强和改进内部审计工作的意见》《池州市审计局特约审计员工作办法》，组织召开全市内部审计工作推进交流会。从市人大代表、政协委员中聘任10名特约审计员，征求对审计工作的意见建议，不断提升审计工作影响力、公信力。

相关工作 坚持严的基调、严的措施、严的氛围，以自我革命的勇气，全面加强机关政治建设，市审计局党的二十大精神学习心得体会获得市直机关工委征文活动一等奖、《机关党建与审计业务融合发展的实践与探索》获得市直机关调研报告三等奖、“执审为民”党建品牌被评为市直机关“优秀党建品牌”。深入推进党风廉政建设，创新廉政教育方式，制作“三廉”微视频，建设审计特色廉政文化，持续固化“支部建在审计点”特色做法，推进全面从严治审向一线延伸、向末端覆盖。出台《市审计局关于进一步改进工作作风的具体措施》，积极践行“一改两为”要求，持之以恒改作风、提效能、促发展。筑牢“人才强审”理念，赴浙江省湖州市审计机关开展对标学习交流，举办审计法治与实务专题培训班，鼓励撰写审计手稿、审计专报和信息，提炼审计成效，宣传审计成果。市审计局被评为全省审计机关通联宣传工作先进单位，《论审计监督如何发挥在社会治理、依法治国和法治政府建设中的作用》获得审计署主题征文活动三等奖。

（撰稿人：朱兆龙）

【宣城市审计局】 2022年，宣城市审计局实有47人。局长黄煌（—3月）、姜圣林（3月—），副局长吴明华、李诗银（7月—），总审计师程林（7月—），二级调研员张贤才、章捷、丁宏林、肖远会（6月—）。设有市委审计委员会办公室秘书科、办公室、综合法规科、电子数据审计科、财政审计一科、财政审计二科、农业和自然资源审计科、金融与外资审计科、企业与社会保障审计科、经济责任审计科；下设市政府投资项目审计中心。

审计成果 2022年，宣城市审计局完成审计项目37个，其中审计35个、专项审计调查2个。查出主要问题金额4.32亿元，其中违规金额681万元、管理不规范金额4.25亿元；审计发现非金额计量问题193个；出具审计报告和专项审计调查报告49篇，被批示、采用39篇次。审计处理处罚金额797万元，其中应上缴财政245万元、应归还原渠道资金552万元；移送司法机关、纪检监察机关和有关部门处理事项9件，移送处理金额1745万元。审计促进整改落实有关问题资金2.99亿元；审计促进拨付资金到位1908万元；审计后挽回（避免）损失205万元；核减投资额1994万元；移送处理落实事项7件。审计提出建议123条，被采纳123条；推动被审计单位制定整改措施92项；促进被审计单位建立健全规章制度8项；提交审计信息266篇，被批示、采用19篇次。向社会公告审计结果4篇。

宣城市审计局实施的宣城市粮食购销领域专

项审计调查被安徽省审计厅评为全省审计机关优秀审计项目二等奖。

政策落实情况跟踪审计　重点对助企纾困、转移支付、旅游强省、服务业发展、科技创新、成果转化、“三重一创”“创新型省份建设”“制造强省”“专精特新”小巨人、自然灾害救灾、农业高质量发展等中央省级资金预算执行等情况开展审计和专项审计调查。

财政审计　组织开展市本级、宣城经济技术开发区、宣州区政府财政收支情况和市城市管理综合执法局预算执行情况审计。通过审计促进1.02亿元上级转移支付资金及时下达，促进盘活上缴国库4000万元。

跟踪审计建设项目2个，涉审金额28.41亿元，完成竣工决算审计项目7个，涉审金额8.61亿元，开展公共投资项目资金管理和建设运营情况、城镇老旧小区改造项目专项审计调查。

国有企业审计　开展宣城市交通投资集团有限公司董事长、宣城市城市建设集团有限公司董事长任期经济责任审计，促进企业落实“三重一大”决策制度、完善法人治理，服务保障国有资本做强做优做大。开展部分改制企业资产状况调查，促进盘活存量资产4000余万元。

金融审计　组织开展对全市农商行系统开展外部审计监督，揭示资产质量、财务核算、风险防控、政策执行等四大类53个问题，促进规范经营管理、优化信贷结构，保障金融业务安全稳健运行。

资源环境审计　组织开展宣州区原区长任期自然资源资产管理和生态环境保护责任履行情况审计，重点关注“三大污染”防治攻坚战工作计划落实情况、矿山治理修复工作、水资源保护工作、环保专项资金管理及使用、环保相关项目建设及运营情况，推动自然资源资产审计工作常态化、规范化。

民生审计　聚焦“文明菜市”“快乐健身”“便民停车”等10项暖民心行动开展审计监督，重点查看菜市场通风、排水等配套服务设施的建设和使用情况、健身器材安装进度和城市公园步道系统互联互通情况、公共停车场布局充电设施情况等，重点审查项目招投标环节、施工进度及资金拨付情况，着力解决涉及市民日常生活的难题。

经济责任审计　市经济责任审计工作联席会议通过《市管干部经济责任审计结果反馈实施办法》《市管干部经济责任审计结果运用办法》和《宣城市经济责任审计工作联席会议议事规则和办公室工作规则》，进一步规范领导干部履职行为，促进领导干部依法用权、秉公用权、廉洁用权。全年共组织对15名市管领导干部开展经济责任审计。

审计查出问题整改　对市本级2020—2022年审计发现问题整改情况开展“回头看”，对审计发现问题实行建立清单、跟踪核实、对账销号全周期动态管理。

研究型审计　制定《领导干部履行经济责任风险防范清单》《公共投资项目风险防范清单》等，对55个风险点、260种问题类型进行预警提示，要求各部门认真对照、梳理检查，坚持早发现、早纠正、早整改。　（撰稿人：王丽君）

2022 年安徽省所辖市、县（市、区）审计工作统计表

审计机关	完成审计项目/个	审计查出主要问题金额/万元	审计发现非金额计量问题/个	审计期间整改金额/万元	出具审计报告和审计调查报告/篇	审计处理情况：审计处理处罚金额/万元	审计处理情况：移送处理事项/件	审计促进整改落实有关问题资金/万元	审计提出建议/条	提交审计信息/篇
合肥市										
合肥市本级	84	125573	829	25481	84	20029	20	211626	201	659
瑶海区审计局	23	8984	144		23	620		9350	61	95
庐阳区审计局	20	44436	356	5968	32	13461		7560	92	16
蜀山区审计局	27	9527	276	5133	26	18		92819	96	23
包河区审计局	31	15804	324	285	32	5681		9362	100	51
长丰县审计局	27	454	213	279	28	450	7	1174	76	3
肥东县审计局	10	76357	77	54206	14	70	6	91999	35	86
肥西县审计局	46	73696	218	614	72	665	7	63899	145	25
庐江县审计局	72	40492	221	59	102	802		39854	182	2
巢湖市审计局	29	3611	352	95	62	395		13667	109	5
芜湖市										
芜湖市本级	63	28334	454	5348	41	20382	3	27625	190	14
镜湖区审计局	20	2944	101	2612	20	2193		2944	64	41
鸠江区审计局	28	4565	145	4563	34			4565	82	36
弋江区审计局	29	1939	93	1241	47	1453		405	112	57
湾沚区审计局	33	1619	141	466	49			537	92	4
繁昌区审计局	49	4575	228	4217	50	364		364	148	11
南陵县审计局	43	6971	526	102	39	4586		4084	193	5
无为市审计局	41	3638	262	3316	41			3638	278	92
蚌埠市										
蚌埠市本级	47	430917	444	110681	82	162623	36	110919	161	770
龙子湖区审计局	15	41363	41	41363	17		1	41363	67	38
蚌山区审计局	8	309	18		10				19	19
禹会区审计局	9	1715	28	69	13	13		1233	48	38
淮上区审计局	13	1170	24	819	26	4		824	34	29
怀远县审计局	40	47205	223	15545	48	23103	8	38309	123	267
五河县审计局	35	26281	98	11044	49	7316	10	17303	97	148
固镇县审计局	29	6570	139	1292	39	3253	6	1288	70	135

续表

审计机关	完成审计项目/个	审计查出主要问题金额/万元	审计发现非金额计量问题/个	审计期间整改金额/万元	出具审计报告和审计调查报告/篇	审计处理情况		审计促进整改落实有关问题资金/万元	审计提出建议/条	提交审计信息/篇
						审计处理处罚金额/万元	移送处理事项/件			
淮南市										
淮南市本级	50	207582	634	6391	58	38264	20	34663	191	438
大通区审计局	24	336	158		25	332	3	333	62	25
田家庵区审计局	33	2079	281	21	33	2079		2079	116	29
谢家集区审计局	34	7146	414		34	25		255	120	35
八公山区审计局	26	623	130	623	26	623		623	81	25
潘集区审计局	19	970	102		19	30		49	46	11
凤台县审计局	48	13268	258		67	1225		1280	160	38
寿县审计局	64	9700	514	9	64	2863		2004	212	49
毛集实验区审计局	27	32	173	32	28	32		32	101	31
马鞍山市										
马鞍山市本级	44	295003	321	116397	68	469	16	208500	85	145
花山区审计局	31	57	116		31		1		99	1
雨山区审计局	17	10453	127		27				60	
博望区审计局	16	3494	49		18			776	53	
当涂县审计局	74	15915	152		108			2653	598	13
含山县审计局	28	14135	126	3169	37			3973	86	37
和县审计局	12	6028	103	162	16		2	3976	43	13
淮北市										
淮北市本级	33	11537	351	222	50	14153	11	4832	135	155
杜集区审计局	21	5935	68	42	21	2423	4	2403	88	1
相山区审计局	23	1537	99		1150			1150	81	
烈山区审计局	28	1565	88		40	1544		1544	82	
濉溪县审计局	15	20419	59	89	20	7043	5	5718	36	6
铜陵市										
铜陵市本级	41	181187	224	32031	50	144958	4	57239	115	8
铜官区审计局	34	26764	113	7152	44		1	5239	97	3
义安区审计局	25	95237	187	14379	25	4063		20048	83	6
郊区审计局	14	31782	100	30	14	31782	1	31782	55	12
枞阳县审计局	36	1032	268	2576	57	958	7	6654	120	19
安庆市										
安庆市本级	53	72758	470	4941	58	1783	8	24166	182	33

续表

审计机关	完成审计项目/个	审计查出主要问题金额/万元	审计发现非金额计量问题/个	审计期间整改金额/万元	出具审计报告和审计调查报告/篇	审计处理情况		审计促进整改落实有关问题资金/万元	审计提出建议/条	提交审计信息/篇
						审计处理处罚金额/万元	移送处理事项/件			
迎江区审计局	27	21135	72	215	30	22		16239	92	24
大观区审计局	29	24546	69		18	8108		14152	65	
宜秀区审计局	37	11892	256	726	37		4		108	26
怀宁县审计局	54	46621	201	683	54		7	32161	235	66
太湖县审计局	33	10123	269	49	47	454	2	7317	182	68
宿松县审计局	71	39863	363	120	115	1116		19858	552	5
望江县审计局	52	11290	386	94	39	10826		9002	273	39
岳西县审计局	30	2732	248	430	30		3	1747	78	
桐城市审计局	33	10642	41	3431	33	407		3507	60	56
潜山市审计局	78	26272	356	1786	70	17753	2	22111	168	69
黄山市										
黄山市本级	35	19376	237	2504	35	13688	1	17978	123	193
屯溪区审计局	34	2067	181	18	43	34	2	34	103	101
黄山区审计局	30	7593	166		50	7593		7593	76	14
徽州区审计局	23	20084	136	274	28		4	14530	59	55
歙县审计局	38	23093	178	98	53	19614	4	4658	85	12
休宁县审计局	23	32160	107		23		2	7768	67	12
黟县审计局	21	2031	125	1762	26	2031	2	1857	75	1
祁门县审计局	19	5051	47	3827	19	2374	7	4967	65	87
滁州市										
滁州市本级	43	51419	373	14238	59	5164	8	18659	143	248
琅琊区审计局	28	3379	90	436	42	178		615	84	63
南谯区审计局	24	11365	117	8803	33	89		8867	67	43
来安县审计局	30	3012	121	227	45	2784	1	2049	107	7
全椒县审计局	31	16247	182	7375	44	7171		14546	89	70
定远县审计局	38	14560	140		54	5641	4	5595	108	49
凤阳县审计局	31	5223	252	1	42	1495		1496	129	46
天长市审计局	37	31182	147	41	50	18302	9	18344	131	19
明光市审计局	35	8741	172	8257	53	326	2	8583	98	25
阜阳市										
阜阳市本级	44	40906	413	3138	39	37661	21	15406	108	7
颍州区审计局	43	5826	173	2917	43	5826	1	4303	141	

续表

审计机关	完成审计项目/个	审计查出主要问题金额/万元	审计发现非金额计量问题/个	审计期间整改金额/万元	出具审计报告和审计调查报告/篇	审计处理情况		审计促进整改落实有关问题资金/万元	审计提出建议/条	提交审计信息/篇
						审计处理处罚金额/万元	移送处理事项/件			
颍东区审计局	27	23263	111	22666	44	598		581	94	5
颍泉区审计局	39	3863	178	54	38	3863	6	1144	103	2
临泉县审计局	41	41798	278	23	42	31327	5	2123	181	2
太和县审计局	49	15117	359	363	49	15117	1	14170	236	4
阜南县审计局	32	7302	169	496	33	7	1	1432	91	
颍上县审计局	36	1920	439	19	34	1920	5	1336	127	
界首市审计局	43	2307	406	176	40	2307		5822	147	1
宿州市										
宿州市本级	42	340703	305	5670	38	208766	7	222586	109	
埇桥区审计局	39	3359	245	29	39	1901	4	1930	174	27
砀山县审计局	25	1904	58	7	41	533	5	533	67	7
萧县审计局	21	3599	138	10	36	1035	3	1037	76	8
灵璧县审计局	26	13269	141	3998	27	145	6	3957	95	
泗县审计局	19	22315	108	8	40	21	2	19611	113	10
六安市										
六安市本级	42	23800	386	4631	53	22208	21	15305	132	268
金安区审计局	40	8323	278		42		19	4061	123	35
裕安区审计局	29	43536	124	2347	29	4305	4	21941	72	56
叶集区审计局	34	10656	190	6735	28	14	1	3921	95	38
霍邱县审计局	34	23000	295	18310	34		19	22947	94	36
舒城县审计局	100	55078	70	133	99	44267	9	7348	179	56
金寨县审计局	29	16899	209	10373	36		1	15786	145	149
霍山县审计局	42	41096	187	175	42	311	7	11300	97	38
亳州市										
亳州市本级	46	71351	414	531	66	32769	11	67729	151	26
谯城区审计局	35	70227	239	2871	37	3681	2	68293	137	8
涡阳县审计局	36	8126	212	331	43		12	1607	139	42
蒙城县审计局	27	57351	203	57351	37	438	3	57351	82	21
利辛县审计局	43	5302	104	119	43	10	1	5096	69	28
池州市										
池州市本级	51	48258	335		50		5	10820	127	33

续表

审计机关	完成审计项目/个	审计查出主要问题金额/万元	审计发现非金额计量问题/个	审计期间整改金额/万元	出具审计报告和审计调查报告/篇	审计处理情况		审计促进整改落实有关问题资金/万元	审计提出建议/条	提交审计信息/篇
						审计处理处罚金额/万元	移送处理事项/件			
贵池区审计局	76	3062	79	5920	95	2199		8562	220	20
东至县审计局	36	47920	119	44315	35		3	44315	87	17
石台县审计局	24	4292	41	9	24			249	45	58
青阳县审计局	38	7983	29		39			7870	25	12
宣城市										
宣城市本级	37	43144	193	1908	49	797	9	29936	123	266
宣州区审计局	36	4522	105	71	50	135	5	4451	99	61
郎溪县审计局	24	56812	124	104	33	39185	2	45440	46	43
泾县审计局	34	23489	197	17762	47	4232	7	21179	88	81
绩溪县审计局	32	3560	195	2950	43	3466	3	3434	92	80
旌德县审计局	27	3590	161		43	1188		2169	171	115
宁国市审计局	53	18841	186		81	346		10993	152	65
广德市审计局	25	15429	405		25		5	13390	121	16

福建省

【福建省审计厅】 2022年，福建省审计厅实有227人。中共福建省委审计委员会办公室设在省审计厅，下设秘书处；厅机关设有办公室、政研综合处、审理法规处、电子数据审计处、财政审计处、教科文卫审计处、农业农村审计处、固定资产投资审计处、社会保障审计处、自然资源和生态环境审计处、金融审计处、涉外审计处、经济责任审计处、内部审计指导监督处、重大政策落实跟踪审计处、人事处、机关党委、宣传审计处、党群审计处、税收征管审计处、高校与医疗健康审计处、交通审计处、水利审计处、建设审计处、政法审计处、企业审计一处（中央属单位审计处）、企业审计二处。直属事业单位有福建省审计举报中心（参照公务员法管理）、福建省审计科研所（加挂福建省政府投资项目和国外贷援款项目审计服务中心）和福建省审计厅计算机应用中心。

领导成员

党组书记、厅长：杨　红

党组成员、副厅长、一级巡视员：

王成章（—9月）

党组成员、总审计师：林建苍

党组成员、副厅长：吴克昌

省经济责任审计工作联席会议办公室主任：

陈敬辉（—12月）

副厅长、省经济责任审计工作联席会议办公室主任：陈敬辉（12月—）

党组成员、副厅长：许克付

党组成员、副厅长、机关党委书记：廖德铨

党组成员、驻省审计厅纪检监察组组长：

王　昕（2月—）

副厅级稽查专员：林志坤（—10月）

陈躬仙（—9月）

一级巡视员：王成章（9月—）

二级巡视员：孙锦鸣（—8月）

审计成果 2022年，福建省审计机关共完成审计项目2383个，其中审计2186个、专项审计调查197个。出具审计报告和专项审计调查报告3325篇，被批示、采用249篇次。审计促进整改落实有关问题资金201.84亿元；审计促进拨付资金到位91.56亿元；审计后挽回（避免）损失4.85亿元；核减投资额4.1亿元。审计提出建议7039条，被采纳6428条；推动被审计单位制定整改措施566项；促进被审计单位建立健全规章制度1035项；提交审计信息3879篇，被批示、采用1560篇次。向社会公告审计结果30篇。

党对审计工作的领导 深入学习贯彻习近平总书记关于审计工作的重要讲话重要指示批示精神，围绕进一步推动构建集中统一、全面覆盖、权威高效的审计监督体系，持续深化审计管理体制改革，省委审计委员会会议系统谋划落实中央审计委员会决策部署的具体措施，研究审议审计领域重大事项。严格落实重大事项请示报告制度，及时向中央审计委员会及其办公室和省委审计委员会报送各类请示、报告和信息。强化协调联动，组织召开省委审计委员会成员单位会议、联络员会议、协调会议，加强对市县党委审计委员会及其办公室的组织领导和业务指导，切实将党对审计工作的领导落细落实。

政策落实情况跟踪审计 聚焦省委、省政府贯彻落实党中央、国务院重大决策部署的具体措施，重点对稳增长稳市场主体保就业防风险、乡村振兴、为民办实事、重点项目建设推进等方面政策措施落实情况实施审计。共计抽查省市县三级434个单位、1777个项目，走访555家企业。每季度向省政府报送全省重大政策措施落实情况跟踪审计报告，均获得省主要领导批示。全省已整改问题583个，促进被审计单位出台制度规定41项，审计建议均被相关部门采纳。

财政审计 共完成预算执行审计项目400个、财政决算审计项目27个，延伸审计453个单位。一是积极构建财政审计大格局。组织开展全省2021年度预算执行和决算草案审计，审计重点关注深化预算管理制度改革情况，加大对重点民生资金和项目的审计力度；以大数据分析为抓手，对280家省一级预算单位实现财政财务数据分析全覆盖，向近百家单位出具提示函；推动建章立制112项，推进健全完善市县财力分档。二是着力防范地方政府债务风险。对地方政府债务情况进行大数据分析和综合研判，向8个设区市财政局和平潭综合实验区财政金融局发送预警提示函。开展地方政府债券与隐性债务专题审计，抽查2个市本级和9个县（市、区）。三是专项审计服务疫情防控工作。组织省市县150个审计组、350名审计人员开展2022年新冠肺炎疫情防控财政资金和物资审计，促进加快发放纾困贷款，审计成果得到省主要领导批示。

向福建省十三届人大常委会第三十四次会议作审计工作报告，省人大常委会认为省审计厅发挥了审计监督重要作用。向福建省十三届人大常委会第三十六次会议报告2021年度省级预算执行和其他财政收支审计查出问题整改落实情况。

国有企业审计 对17家省属国企权属的2052家公司境内外资产管理及优化布局状况开展专项审计调查，重点揭示国企改革过程出现的产业布局同质化等12个典型问题。每季度采集分析省国资委所出资17家企业经济风险预警相关数据，督促省国资委向相关企业发出监管提示函11份，推动省国资委出台风险防控相关制度2项。对省国资委所出资的17家企业运营及经济风险管控情况开展专项审计调查，查出购销类业务风险引发法律诉讼等22个问题。

金融审计 开展福建省农村信用社联合社（以下简称省联社）系统2021年度信贷投放和风险防控情况的专项审计调查，共发现34类195个问题，提出加大信贷业务风险防范和管控等建议3条。开展福建省2021年度绿色金融体系建设情况专项审计调查，审计对象为南平市、三明市政府及兴业银行、厦门国际银行、省联社等5家部门和单位，发现绿色金融体系建设4个方面16点不足和困难，提出绿色金融应统一标准体系等建议4条。

农业农村审计 对全省21个县开展人居环境整治和乡村振兴重点县相关政策落实和资金审计，审计抽查项目2507个，抽查127个单位、167个企业、120个乡镇、442个行政村、入户调查875户，揭示各类问题374个。通过督促整改，促进政策落实49项。向各级党委政府报送乡村振兴审计要情、审计专报6篇，各级党委、政府领导同志批示10篇次，建立完善制度26项，向相关部门移送案件线索5件，促进追责问责23人。

资源环境审计 全省各级审计机关共开展领导干部自然资源资产离任（任中）审计项目126个，涉及234人（其中省审计厅直接审计项目9个涉及28人）。组织实施全省自然资源部门涉及的生态环境保护科目资金专项审计，提高项目运营绩效。组织开展《领导干部自然资源资产离任审计评价指标体系》使用试点，健全完善评价指标体系。构建“总体分析、发现疑点、分散核实、系统研究”审计大数据审计方法，形成“地理信息+”审计服务模式，实现精确识别、精准审计。

民生审计 对省本级和3个设区市及其所属部分县（市、区）开展困难群众救助补助资金专项审计，对省本级和2个设区市开展医疗保险基金和“三医联动”改革专项审计调查。审计促进及时发放、归还、追回困难群众救助补助相关资金555.49万元，167名困难群众得到临时救助或有效安置，768名符合条件困难群众纳入救助补助范围，对161名不符合条件人员停发残疾人两项补贴等。

经济责任审计 全省共完成领导干部经济责任审计项目800个，涉及1083名领导干部。深化经济责任审计“1+N”组织模式，强化双回路双向闭环式审计质量控制体系，邀请地市委书记、省直部门主官、审计署业务处骨干处长授课，组成中期调研组采取“现场调研+非现场调研”方式，提前把控审计方向、方案执行等内容，坚持履行内部检讨机制，全面科学严谨把握审计报告质量。组织召开经济责任审计工作联席会议，开展2018—2020年经责审计发现问题整改“回头看”，整改率由85%提升至94.81%，进一步完善了审计联合整改工作机制，整改工作得到省政府主要领导充分肯定。

涉外审计 对国际援款中国莆田SOS儿童村项目、世界银行贷款福建渔港项目、世界银行贷款中国（福建）卫生医疗改革促进项目、亚洲开发银行贷款福建农地资源可持续利用示范项目、新开发银行贷款福建莆田平海湾海上风电项目等5个国外贷援款项目的2022年度财务收支和项目执行情况，以及以色列政府贷款龙岩人民医院购置医疗设备项目绩效情况开展审计，涉及省、市、县三级部门和基层企事业单位近300个，出具无保留意见中英文审计报告5篇、中文报告1篇，推动依规高效利用外资。其中，中国（福建）卫生医疗改革促进结果导向型项目财务收支和项目执行情况审计被审计署通报表扬。

大数据审计应用 组织开展全省网络安全和信息化建设审计。做好审计业务数据支撑，全年共为18个审计项目提供数据分析服务，涉及分析结果82万条，完成对省市县三级6809家财政一级预算单位财务电子账套数据的采集和标准化工作。累计建立各行业审计数据分析模型304个，向全省各级审计机关提供财务数据分析模型41个，汇编共享大数据审计典型案例和企业大数据审计参考。

审计查出问题整改 严格执行《福建省审计厅审计结果整改落实情况跟踪检查管理办法》，落实审计整改记账销账制度。组织完成2021年度中央、省级预算执行和其他财政收支审计整改跟踪检查，推动出台规章制度35项、112项。加强审计监督与纪检监察监督贯通协同，联合驻厅纪检组开展审计整改专项监督检查，对2017年至2020年133个未整改到位问题开展专项监督检查。

审计理论研究 参与审计署年度重点科研课题研究和中国审计学会“十四五”时期国家审计创新发展专题研讨会论文征集等活动，择优上报的论文4篇，被收入《东南片区“十四五”时期国家审计创新发展专题研讨论文汇编》，南平市审计局提交的《浅谈市县党政领导干部自然资源资产离任（任中）审计意见体例》在“十四五”时期国家审计创新发展东部南部片区专题研讨会上重点交流发言。确定2022年的全省重点研究课题，其中立项课题5个、合作课题4个，所有课题均顺利结项。

内部审计 对省国资委和16家省属国企内部审计业务培训进行指导。组织开展全省2021年度、2022年上半年度内部审计统计调查，开展省级单位内部审计工作资料报备。推广台江区审计局创新建立内部审计指导监督网格化联络机制，探索新时期内部审计指导监督方式。推动省内部审计协会开展业务培训两期共培训 260 人。

相关工作 坚持党对审计工作集中统一领导，深入开展忠诚教育活动，严格落实意识形态工作责任制，以实际行动忠诚拥护“两个确立”、坚决做到“两个维护”。坚持学习“第一议题”制度，带动全省审计系统全面学习、全面掌握、全面落实党的二十大精神，形成了一批学习成果转化。以支部“达标创星”活动为抓手，强化党务干部能力素质提升工程和“闽审临时党支部”党建品牌建设，推动基层组织全面进步、全面过硬。压紧压实全面从严治党主体责任，健全完善“四位一体”廉政预警防控机制，进一步巩固风清气正良好政治生态。

制定《福建省审计机关法治建设具体措施（2021—2025 年）》《福建省审计机关开展法治宣传教育的第八个五年规划（2021—2025 年）实施方案》，推进法治政府建设。制定《福建省审计厅行政规范性文件报备和管理规定》，完善规范性文件合法性审核机制。修订《福建省审计机关行政处罚裁量权基准》《福建省审计机关行政处罚裁量权基准适用指导规则》，健全审计行政自由裁量权基准。

加强大数据审计制度建设，出台《福建省审计厅业务处室大数据审计情况考核办法（试行）》《福建省审计厅电子数据审计证据规定（试行）》《福建省审计厅审计业务电子数据安全管理规定（试行）》等 3 项制度办法。

持续加强干部队伍建设，深化年度考核、平时考核和专项考核，全面实施全员理论素养提升、青年干部成长培育、审计实践能力强化“三大”行动，开展各类专业培训近 5000 人次，塑造敢于担当的职业精神和扎实过硬的专业能力。

（撰稿人：杨　铮）

【福州市审计局】 2022 年，福州市审计局实有 89 人（含审计中心）。党组书记、局长林冬阳，党组成员、副局长林光明、林芳、林志强，党组成员、四级调研员潘忠杰，党组成员、纪检监察组组长林赛娟（6 月—），稽查专员（副处级）余新彬，总审计师（副处级）黄建忠，副局长卓良东，二级调研员刘小红、陈立武（2 月—）、林先（8 月—9 月），三级调研员陈立武（—2 月）、卓秀琼、林先（—8 月），四级调研员翁国荣。市委审计委员会办公室设在市审计局，下设秘书处。局机关设有办公室、综合业务处、法规处、财政金融审计处、行政事业审计处、企业审计处、内部审计指导监督处、农业农村审计处、社会保障审计处、固定资产投资审计处、经济责任审计处、电子数据审计处、园区经济审计处、自然资源和生态环境审计处、重大政策落实跟踪审计处、人事教育处、机关党委；下设事业单位福州市政府固定资产投资审计中心；另有市纪委监委驻局纪检监察组。

审计成果 2022 年，福州市审计机关共完成审计和审计调查项目 282 个，查出主要问题金额 110.62 亿元，审计处理处罚金额 47.23 亿元，移送纪检监察机关等查处事项 20 件，涉及金额 9437.42 万元，促进增收节支和挽回经济损失 10.68 亿元，推动建立健全规章制度和整改措施 191 项。

政策落实情况跟踪审计 开展创新类园区产业发展、海洋经济领域政策落实、林长制政策落实等专项审计（调查），抽查 26 个部门（单位）2 家园区 4577 家企业 10.95 亿元资金。

财政审计 对 103 个部门（单位）开展预算执行与决算草案审计，29 个地方政府开展财政决算审计，查出主要问题金额 66.62 亿元。

审计 9 个公共投资项目，涉及项目投资额 1595.01 亿元，揭示项目进展滞后等问题金额 9.47 亿元。

国有企业审计 对 5 家国有企业开展国有资产管理使用、资产负债损益专项审计，查出主要问题金额 7526.84 万元，促进建立完善制度 15 项。

资源环境审计 建立“一张权责清单、一份审计指引、一套评价指标体系、一批审计方法”工作机制；对 22 个单位 34 位党政领导干部开展自然资源资产离任审计，查出主要问题金额 7593.92 万元。

民生审计 对困难群众救助补助、乡村振兴、粮食购销等相关政策和资金进行审计，查出主要问题金额 1.50 亿元，促进建立完善制度 48 项，促进增收节支 5588.69 万元。

经济责任审计 对 88 个单位 114 名党政领导

干部开展任期经济责任审计，查出应负领导责任问题金额36.05亿元。

审计查出问题整改 印发《审计结果整改落实情况跟踪督促检查管理办法》，市本级审计整改率提升至97.53%。

审计理论研究 《后疫情时代审计服务保障经济社会发展的路径探析》被市社科联列为市社科规划课题项目，被《审计观察》采用；《深化财政预算执行研究型审计的策略思考》为省审计学会中标课题，被《中国审计》刊发。

审计信息化建设 印发《"十四五"信息化专项规划》。金审工程（福州）三期项目通过初步验收，建成数据分析室并投入使用，开发数据分析模型7类452个。 （撰稿人：黄彩霞）

【厦门市审计局】 2022年，厦门市审计局实有82人。党组书记、局长黄珠龙（1月—），副厅长级领导陈添友（1月—），党组副书记、副局长史春玲（7月—），副局长许希嘉，党组成员、市经济责任审计工作联席会议办公室主任杨水凉，党组成员、副局长刘海山，副局级稽查专员蔡乾坤、杨佳音、余永福。市委审计委员会办公室设在市审计局，下设秘书处。局机关设有办公室、政研综合处、审理法规处、电子数据审计处、财政审计处、行政事业审计处、农业农村与资源环境审计处、固定资产投资审计处、社会保障审计处、金融审计处、经济责任审计处、重大政策落实跟踪审计处、企业审计处、人事处、机关党委。

审计成果 2022年，厦门市审计机关共完成审计和审计调查项目185个，其中审计157个、专项审计调查28个。查出违规金额3848万元，管理不规范金额74.49亿元；发现非金额计量问题1201个，损益（收支）不实37.13亿元。出具审计报告和专项审计调查报告288篇。审计处理处罚41.20亿元，移送纪检监察及有关部门处理事项3件。提出审计建议655条，被采纳审计建议576条。提交审计信息375篇，被批示、采用审计信息142篇次。

政策落实情况跟踪审计 跟踪减税降费政策要求和厦门市"1+N"纾困政策落实情况，推动相关部门调整或取消无企业申报的"派员参加境内会展营销推介活动"等3项扶持政策。推动2个区完善困难群众临时救助工作规范、4个区重新修订临时救助工作办事指南，相关部门打通了医疗救助数据信息传输堵点，完成服务接口改造。

财政审计 促进财政资金存量盘活和效益提升。11个部门（单位）清理结余资金、利息收入、租金收入、往来款等2.75亿元上缴财政；11家单位追回政府网站运维服务重复采购多付款项；8家部门（单位）加快专项资金支出进度，提高财政资金使用效益。

国有企业审计 市政府出台加快推进国有企业闲置资产盘活去化工作方案，推动国企闲置资产盘活。3个部门53处房产已办理产权登记或产权变更登记。2个部门自管用房已按规定移交有关部门管理。5个部门（单位）和2家国企开展资产清查盘点、规范会计核算，完善资产管理制度，加强资产出租管理。

经济责任审计 全市共对77个单位100名领导干部开展任期经济责任审计，查出应负领导责任问题金额49.88亿元。坚持任中审计和离任审计相结合、经济责任审计和自然资源资产离任审计相统筹、党政领导干部同步审计。经济责任审计结果和审计查出问题整改情况常态化作为全面从严治党主体责任检查以及市委巡察重要内容，作为领导班子民主生活会、述责述廉、年度考核、任职考核的重要依据。

深化审计成果应用 推动审计监督与其他监督的贯通协作，一方面把审计结果及整改情况作为全面从严治党主体责任检查的重要参考，另一方面将市委巡察办巡察发现问题和审计发现问题的整改情况互为监督检查的重要内容。2022年来，通过建立检察公益诉讼与审计监督协作配合工作机制，市区两级检察院利用审计成果，推动挽回国有财产损失3055万元。

审计查出问题整改 2022年，全市审计机关审计后促进增收节支和挽回经济损失11.46亿元。做好常态化跟踪督促，持续抓好"问题清单"和"整改结果"两个台账，下半年开展两轮"同级审"问题整改情况专项督促检查，对以前年度审计查出问题整改落实情况开展"回头看"，帮助解决整改中的堵点难点问题。（撰稿人：郑恩辉）

【莆田市审计局】 2022年，莆田市审计局实有61人。党组书记、局长余丽红，驻市人大纪检监察组组长曾志明，党组成员、副局长、二级调研员谢美林，党组成员、副局长蔡振华、陈建华，党组成员、总审计师陈炜华，正处级稽查专员黄素彬，副处级稽查专员郑明森、谢云和，二级调研员郑锦权，四级调研员陈国忠、林春烟、刘天球。设有秘书科、办公室、政研综合科、审理法规科、电子数据审计科、财政金融审计科、行政事业审计科、农业农村审计科、固定资产投资审计科、社会保障审计科、自然资源和生态环境审计科、企业审计科、经济责任审计室、内部审计指导监督科、重大政策落实跟踪审计科；下设事业单位计算机审计服务中心、政府投资审计服务中心、国有企业审计服务中心。

审计成果 2022年，莆田市审计机关共完成审计项目151个，其中审计138个、专项审计调查13个。查出主要问题金额133.28亿元，其中违规金额2.02亿元、损失浪费金额653万元、管理不规范金额131.19亿元；审计发现非金额计量问题2299个；损益（收支）不实金额15516万元；出具审计报告和专项审计调查报告230篇。审计处理处罚金额73.32亿元，其中应上缴财政1.51亿元、应归还原渠道资金70.48亿元、应缴纳其他资金13万元、应调账处理金额1.33亿元；移送司法机关、纪检监察机关和有关部门处理事项12件，移送处理人员1人，移送处理金额5096万元。审计促进整改落实问题资金4.93亿元；审计促进拨付资金到位196万元。审计提出建议476条，被采纳446条；推动被审计单位制定整改措施25项；促进被审计单位建立健全规章制度65项；提交审计信息179篇，被批示、采用65篇次。向社会公告审计结果3篇。

莆田市审计局《三格式化粪池改造背后的乱象》案例获得审计署经验推广，2020年度市社会保险基金审计项目被福建省审计厅表彰为质量较好的审计项目。

政策落实情况跟踪审计 开展莆田市产业发展、助企纾困、“六稳”“六保”等政策资金落实情况审计，抽查49家单位，涉及项目116个，财政资金56.97亿元，揭示了个别规划实施不到位、绩效不理想等问题。

财政审计 开展建设通道枢纽功能、绿色经济、数字经济领域财力保障等专题审计，对275个预算单位1066个支出项目全覆盖，涉及金额达22.62亿元。

国有企业审计 开展企业审计项目7个，主要揭示项目化解方案不够完善、工程管理不到位等问题9个。

经济责任和资源环境审计 对93名领导干部开展经济责任和自然资源资产离任（任中）审计，主要揭示贯彻落实上级决策部署不到位、违规占用土地等问题，查出主要问题金额67.6亿元。

民生审计 重点开展乡村振兴战略、医保基金等民生资金和项目审计13个，主要揭示乡村振兴试点示范村政策措施落实不到位、特色现代农业发展效果不佳等问题，查出问题金额4.19亿元。

内部审计 推进《关于加强内部审计管理的十条措施》贯彻落实，全市157个单位成立内审机构，配备内部审计工作人员1108名，开展各类审计项目284个，发现绩效类、合规性问题金额1.06亿元。

审计查出问题整改 印发《关于建立健全审计查出问题整改长效机制的八条贯彻措施》和《莆田市审计局审计整改督促检查工作管理办法》，市本级执行预算问题整改率提升至89%，促进全市26个未形成实物量的债券项目完成整改，涉及金额37.79亿元；促进财政部门将92宗市级经营性国有资产纳入集中统一监管；促进单位盘活处置闲置资产1.11亿元，年增加租金收入3712.80万元；促进扶持薄弱村筹集资金3211.80万元。

相关工作 开展“家庭家教家风”“我在乡间有亩田”等主题党日活动12次，组织党员干部结对帮扶仙游县砺山村贫困户16户。派出13名审计干部参与疫情防控。 （撰稿人：郑志凌）

【三明市审计局】 2022年，三明市审计局实有48人。党组书记、局长（一级调研员）卢维沙，党组成员、副局长郭澍锡（—5月）、黄桦杰（5月—）、林丽珍（4月—），副局长卢美菁，党组成员、总审计师（三级调研员）罗发淦，驻市财政局纪检监察组组长周彬，四级调研员徐小华。设有市委审计委员会办公室秘书科、办公室、人事教育科、法规科、财政金融审计科、行政事业审计科、固定资产投资审计科、企业审计科、经济责任审计科、农业农村审计科、社会保障科、政策跟踪审计科、生态环境资源审计科、内部审计指导监督科；下设事业单位网络审计工作站。

审计成果 2022 年，三明市审计机关完成审计和审计调查项目 241 个，查出主要问题金额 76.31 亿元，审计处理处罚金额 67.26 亿元，移送纪检监察机关等查处事项 13 件，移送处理人员 2 人，涉及金额 4468 万元，促进增收节支和挽回经济损失 18 亿元，推动建立健全规章制度和整改措施 215 项。

政策落实情况跟踪审计 完成省重点项目推进实施情况、2020 年以来省委省政府为民办实事项目和招商引资签约项目落实情况等专项审计，抽查 208 个部门（单位），涉及投资额 121.19 亿元，审计揭示 12 个问题。向市纪委监委移送 1 起问题线索。

财政审计 对 5 个部门（单位）开展预算执行与决算草案审计，2 个地方政府开展财政决算审计，查出主要问题金额 6.16 亿元。

国有企业审计 对 2 家国有企业开展国有资产管理使用、资产负债损益专项审计，发现主要问题金额 1.58 亿元。

民生审计 完成永安市、明溪县乡村振兴相关政策和资金审计，审计涉及专项资金总量 2.51 亿元，查纠问题金额 292 万元，移送骗补问题线索 1 起；完成市区绿道三期工程项目和第二供水工程竣工决算审计，审减建安工程投资 123.90 万元，移送 1 起问题线索；完成全市粮食领域风险专项审计调查，移送 2 起案件线索。

资源环境审计 完成市生态环境局主要领导履行生态环境保护责任审计，发现主要问题金额 3515.99 万元。

经济责任审计 完成 6 个县（市、区）法院、9 个市直部门主要领导干部和 1 个市属国有企业领导人员经济责任审计，查纠各类问题资金 3.2 亿元，移送 1 起案件线索。

审计查出问题整改 将整改审计发现问题纳入市直单位绩效管理考核内容，对问题整改不到位的给予扣分；市人大常委会对审计发现问题整改落实情况开展专题调研并组织专题审议。同时，建立审计机关内部督促整改工作机制、开展审计整改推进年活动等，督促被审计单位整改问题资金 5.62 亿元。

内部审计 组织开展内部审计工作培训会、指导内部审计机构开展内部审计，着力发挥内部审计机构职能作用。

交办任务 完成市区工业园区资源资产、债权债务及运营状况审计调查，摸清园区资源资产、债权债务和运营状况，提出有针对性的审计建议，助推园区整合提升。

相关工作 持续抓好“党建引领、审计为民”新时代审计服务品牌创建，做好“审计组+临时党组织”文章，让党旗在审计一线高高飘扬。局机关党支部被市直机关党工委评为“先进基层党组织”。

（撰稿人：叶智淳）

【泉州市审计局】 2022 年，泉州市审计局实有 55 人。党组书记、局长骆振军，党组成员、总审计师李锦忠，党组成员、副局长黄清安、陈延民、肖海华，市纪委监委驻市财政局纪检监察组组长白志诚（7 月—），三级调研员张素卿（—5 月）。设有办公室（市委审计委员会办公室秘书科）、法规科、电子数据审计科、财政金融审计科、行政事业审计科、固定资产投资审计科、农业农村和社会保障审计科、自然资源和生态环境审计科、企业审计科、经济责任审计科（经济责任审计联席会议办公室）、内部审计指导监督科、政策跟踪审计科、机关党总支（人事教育科）；下设泉州市审计局综合保障中心。

审计成果 2022 年，泉州市审计机关共完成审计项目 253 个，其中审计 216 个、专项审计调查 37 个。查出主要问题金额 76.03 亿元，其中违规金额 2.86 亿元、损失浪费金额 464 万元、管理不规范金额 73.13 亿元；审计发现非金额计量问题 3283 个；损益（收支）不实金额 3.82 亿元；出具审计报告和专项审计调查报告 352 篇，被批示、采用 170 篇次。审计处理处罚金额 23.15 亿元，其中应上缴财政 2.65 亿元、应减少财政拨款或补贴 433 万元、应归还原渠道资金 4.55 亿元、应缴纳其他资金 2.72 亿元、应调账处理金额 13.19 亿元；移送司法机关、纪检监察机关和有关部门处理事项23件，移送处理人员8人，移送处理金额1539万元。审计促进整改落实有关问题资金16.93亿元；审计促进拨付资金到位7.36亿元；审计后挽回（避免）损失558万元；核减投资额877万元；移送处理落实事项5件。审计提出建议894条，被采纳869条；推动被审计单位制定整改措施44项；促进被审计单位建立健全规章制度126项；提交审计信息758篇，被批示、采用435篇次。

政策落实情况跟踪审计　开展“两稳一保一防”政策跟踪审计，推动全市企业获得省第六期“纾困贷”57.45亿元，获得制造业中小微企业专项贷款26.90亿元，投放量均居全省首位。

财政审计　开展市本级预算执行及决算草案审计、重点领域财力保障专题审计等，推动非税收入11.73亿元上缴国库，盘活使用二次沉淀资金1.67亿元。

国有企业审计　提前2年完成对市属五大集团企业的审计全覆盖，推动建立和完善地方国有企业的重大经济风险预警指标体系。

民生审计　开展全市医保基金和“三医联动”改革政策推进情况审计调查等，促进规范民生领域及涉农专项资金24.8亿元，推动市委市政府出台4项制度，力促盘活用好民生保障资金近6000万元。

农业农村审计　开展精准扶贫和乡村振兴战略相关政策和资金审计，完成10个县（市、区）扶贫及乡村振兴审计全覆盖，助推涉农项目建设及管护更加规范。

资源环境审计　与泉州师院资环学院建立“审校结合”联动机制，开展多场自然资源和审计业务研讨会。聚焦“蓝色海湾”建设，促进区域重大战略推进实施，推动2.15亿元海洋生态保护修复项目资金拨付到位。

经济责任审计　创新建立以经济责任审计为主线、组合多样审计方法的“1+N”审计模式，对74个单位106位党政主官、公检法、国有企业领导干部开展经济责任审计，加强权力运行制约。

审计查出问题整改　深化实施审计整改“五项联动”“四项清单”制度，与纪检监察组联合开展2017年以来审计整改未到位问题“回头看”，推动查出问题整改3062个，总整改率达96.44%，提高2.08%。

研究型审计　大兴研究型审计，把研究型审计成果搬上“审计大讲堂”，形成13篇研究型审计成果和12篇调研课题成果。

内部审计　率先在全省地市中推进首批39个部门商请编办统一调整“三定”方案，建立分工明确、各司其职、齐抓共管的内部审计指导监督工作机制。

相关工作　推进大数据审计“八个一”工作机制广泛应用，推动形成各类审计分析模型133个，形成大数据审计案例31篇。

（撰稿人：洪亦申）

【漳州市审计局】　2022年，漳州市审计局实有75人。党组书记、局长曾妙玲，一级调研员曾妙玲（4月—），党组成员、副局长、三级调研员欧阳辉，副局长郭翠琴，党组成员、副局长高振强、陈奕雄（8月—），党组成员、总审计师黄勇群，市经济责任审计工作联席会议办公室主任高丹晏（8月—），驻市人大机关纪检监察组组长李华英，三级调研员郭翠琴（1月—）、吴春金、张伟成（—1月）、吴强、李瑞富（4月—），四级调研员李瑞富（—4月）。市委审计委员会办公室设在市审计局，下设秘书科。局机关设有办公室、政研综合科、审理法制科、电子数据审计科、财政金融审计科、科教文审计科、行政事业审计科、农业农村审计科、固定资产投资审计科、社会保障审计科、自然资源与生态环境审计科、企业审计科、经济责任审计科、重大政策落实跟踪审计科、开发区审计科、机关党委；下设事业单位漳州市审计局计算机应用技术中心、漳州市审计局固定资产投资审计中心、漳州市审计局政府性资金风险防控中心。

审计成果　2022年，漳州市审计机关共完成审计项目268个，其中审计246个、专项审计调查22个。出具审计报告和专项审计调查报告366篇，发现非金额计量问题1930个，损益（收支）不实金额26.40亿元。处理处罚金额58.27亿元，移送司法机关、纪检监察机关和有关部门处理26件、12人，促进整改落实有关问题24.69亿元，挽回（避免）损失8050万元；提出审计建议852

条，被采纳833条；提交审计信息245篇，被批示、采用48篇次。

市审计局实施的2020年度漳州市本级基本医疗保险基金审计和南靖县局实施的南靖县高级中学建设项目竣工结算审计被省审计厅评为“2022年推荐参评审计质量较好的审计项目”。

政策落实情况跟踪审计 组织全市对乡村振兴等38个专题开展跟踪审计。其中，工业企业培优扶强及专业化提升情况跟踪审计，推动相关单位兑现奖补资金1.05亿元，惠及331家企业。

财政审计 全市审计79家预算单位。推动出台《关于建立预算绩效管理财审联动机制的实施意见》，实现“管理+监督”深度融合。实施渔港建设管理情况专项审计调查等27个投资审计项目。聚焦政府投资项目全生命周期管理，起草并以市政府名义出台《关于进一步完善市级政府投资建设项目管理的若干措施》。

国有企业审计 全市实施13个企业审计项目。针对审计调查查出的问题，市政府组织成立全市资产资源资本运营工作专班，促进国有企业做强做优做大。

资源环境审计 实施24名领导干部自然资源资产离任（任中）审计，促进领导干部落实生态文明建设责任制。

民生审计 全市组织开展医保基金、农村养老服务等审计。严肃查处46家医院违规套取医保基金问题，推动医保部门完善制度12项，促进医保基金规范管理。

经济责任审计 对153名领导干部进行审计监督，查出违规金额3967万元。

内部审计 组织对7家单位内部审计工作开展专项检查。

审计查出问题整改 通过常态化跟踪督促、“回头看”等，持续提升审计整改质效，促进整改资金24.69亿元、建章立制67项。

（撰稿人：李伟光）

【南平市审计局】 2022年，南平市审计局实有67人。党组书记、局长陈良发，党组成员、副局长、三级调研员雷自杰，党组成员、副局长陈卷宝、李华，党组成员、总审计师上官登川，二级调研员钟昌荣，四级调研员张兴贵，驻市政府办纪检监察组组长谢舜宏。设有办公室、审理法规科、电子数据审计科、财政金融审计科、固定资产投资审计科、社会保障审计科、自然资源和生态环境审计科、企业和涉外审计科、经济责任审计科、内部审计指导监督科、重大政策落实跟踪审计科、行政事业审计科、机关党委；派出机构有南平市审计局武夷新区分局；下设事业单位南平市固定资产投资审计中心、南平市计算机审计中心。

审计成果 2022年，南平市审计机关共完成审计项目321个，其中审计315个、专项审计调查6个。查出主要问题金额68.81亿元；出具审计报告和专项审计调查报告434篇，被批示、采用37篇次。审计处理处罚金额30.19亿元；移送司法机关、纪检监察机关和有关部门处理事项69件，移送处理人员2人，移送处理金额1.54亿元。审计促进整改落实有关问题资金14.90亿元；审计促进拨付资金到位4066万元；审计后挽回（避免）损失3.05亿元；核减投资额2.58亿元；移送处理落实项目7个。审计提出建议831条，被采纳760条；推动被审计单位制定整改措施20项；促进被审计单位建立健全规章制度63项；提交审计信息264篇，被批示、采用116篇次。向社会公告审计结果11篇。

南平市审计局荣获第十四届福建省级文明单位荣誉称号。两个审计项目被省审计厅评为审计质量较好，其中建瓯市粮食领域风险防控（粮食购销）专项审计被推荐参与全国地方优秀审计项目评选。

政策跟踪审计 开展乡村振兴重点县相关政策落实和资金审计，推动22个产业发展项目完工、5个项目开工、5个项目重新投入使用，1.28亿元产业发展资金和试点示范资金加快使用。

财政审计 对全市财政及相关部门开展财政财务收支审计，查出主要问题金额37.73亿元，发现非金额计量问题236个，移送处理事项4件，推动建立健全规章制度7项。

国有企业审计 对19家国有企业开展审计，揭示问题273个，促进规范管理资金11.81亿元，推动9份文件出台，出具6份《内部审计指导意见书》。

民生审计 抽查省级重点项目22个，涉及总投资305.86亿元，揭示了虚报完成投资额等问题，督促6089万元专项债资金规范使用，出台相关文件2份。

农业农村审计 开展南平市涉粮问题专项审计调查，揭示粮食轮换管理不规范、专项资金96.86万元使用不规范等问题，向市纪委监委和市公安局分别移送了3条和1条案件线索，推动出台相关文件3份。

资源环境审计 开展审计项目19个，查出问题金额1426万元，其中，对11个环带乡镇生活污水垃圾治理情况开展专项审计调查，揭示垃圾转运二次污染等10个方面问题，有效推动全市12个污水处理厂（站）正常运行，3个乡镇因地制宜开展污水系统改造提升工程。

民生审计 开展为民办实事项目及政策落实情况跟踪审计，推动3916万元专项资金拨付使用，26个为民办实事项目加快建设进度，促进6个区域性养老服务中心、21所长者食堂规范化、制度化建设管理。

经济责任审计 开展经济责任审计项目101个，审计领导干部145人，为国家增收节支9397万元，提出审计建议338条，促进权力规范运行。

研究型审计 《搭建智慧平台 守护绿水青山》《新常态下审计监督的定位及方向》《浅谈如何做好国有企业政策落实跟踪审计》《新形势下加强国家审计整改的思考》等在《人民日报》《科技新时代》等杂志报纸上刊发。

相关工作 南平市审计局第八年获得南平市绩效管理考评优秀等次，被团市委推荐参评“全国青年文明号”。市直机关党工委星级支部考核中获得四个五星支部、一个四星支部荣誉称号。

（撰稿人：朱从安）

【龙岩市审计局】 2022年，龙岩市审计局实有53人。党组书记、局长、一级调研员郑贵豪，党组成员、副局长王思水、钟江泓（二级调研员），党组成员、总审计师赖日章，党组成员、副处级稽查专员戴桂芳，二级调研员黄文安（8月—），三级调研员黄文安（—8月）、张彩娣（8月—），四级调研员张彩娣（—8月）。中共龙岩市委审计委员会办公室设在市审计局，设市委审计委员会办公室秘书科。局机关设有办公室、政研综合科、审理法规科、财政金融审计科、经贸外资审计科、行政事业审计科、农业农村审计科、固定资产投资审计科、经济责任审计科、社会保障审计科、重大政策跟踪审计科、内部审计和监事会指导监督科、自然资源资产审计科、电子数据审计科和机关党委；下设龙岩市审计举报中心（加挂龙岩市计算机辅助审计中心牌子，参照公务员法管理）和龙岩市固定资产投资审计中心。

审计成果 2022年，龙岩市审计机关共完成审计项目295个，查出主要问题金额125.96亿元，出具审计报告和专项审计调查报告371篇，被市委市政府主要领导批示36篇次；移送处理事项13件；审计提出建议782条，被采纳444条；提交审计信息482篇。厦蓉高速龙岩互通迁建项目竣工决算审计项目、2016—2018年地震应急避难所建设项目竣工结算审计项目、长汀县粮食领域风险防控（粮食购销）专项审计项目被福建省审计厅评为审计质量较好的审计项目，龙岩市审计局获全省年度审计统计报表质量较高单位、全省审计新闻宣传工作设区市先进单位，上杭县审计局、漳平市审计局、长汀县审计局、新罗区审计局、武平县审计局获全省审计新闻宣传工作县（市、区）级先进单位。

政策落实情况跟踪审计 开展绿色经济、数字经济和文旅康养经济领域财力保障和政策落实情况跟踪审计，推动2644.8万元专项环保资金提出分配方案、2022.06万元森林生态效益补偿专项资金拨付到位。

财政审计 市本级开展34个单位的预算执行、决算草案和其他财政收支情况审计，促进上缴结余资金1201.76万元，收回违规发放工资津补贴1313.16万元。

开展万安溪引水工程等10个政府投资项目审计，查出管理不规范资金1.59亿元，其中核减项目投资0.81亿元。

国有企业审计 市本级开展市鸿盾保安服务集团财务收支审计、市属国有企业工程项目管理情况专项审计调查，加强督促上年审计查出问题整改，推动收回租金4420.51万元。

农业农村审计 对3个县实施乡村振兴相关政策和资金审计，推动821.89万元涉农资金规范使用、建立健全规章制度3项；开展粮食领域风险防控（粮食购销）专项审计，向相关部门移送问题线索2件。

民生审计 开展教育费附加、卫生健康转移支付补助资金、职工医疗互助金、住房维修基金等重点民生资金使用管理情况专项审计。

经济责任审计和资源环境审计 开展市教育局等10个单位主要领导干部任期经济责任审计、市农业农村局局长生态环境保护责任履行情况审计，开展“1+X”专项督查单位11个。

审计查出问题整改 深入实施《关于贯彻落实〈关于建立健全审计查出问题整改长效机制的意见〉的工作方案》，对审计查出问题的整改，实行编号管理、跟踪督促、情况反馈、整改销号的闭环工作机制。

审计理论研究 《擦亮美丽中国生态底色——福建省长汀县审计局助力水土流失精深治理工作纪实》被《中国审计》专题报道。

内部审计 实施“摸底+培训+督查”模式，通过开展全市1793家单位的内审情况调查、内审工作专项检查、组织内审人员参与审计项目跟班学习等举措，提升内部审计工作质效。

相关工作 龙岩市审计局围绕助力全市经济社会高质量发展在党建工作、审计质效提升、“三提三效”等工作上取得的成果亮点的5篇信息被《中国审计报》专版宣传，拍摄的《赓续红色血脉 争做审计先锋》被市委宣传部评为理论宣讲精品课视频优秀奖，并参加审计署审计宣传正能量动漫视频作品评选。（撰稿人：刘 敏）

【宁德市审计局】 2022年，宁德市审计局实有50人。党组书记、局长陈端浦，党组成员、副局长林挺仲、吴纯强、郑司扬，党组成员、总审计师林永良，经济责任审计联席会议办公室主任李保东，纪检监察组组长孙绍洪，一级调研员曾家庆（—1月）、黄颖倩（—1月），二级调研员林旭光、刘春融，三级调研员汤万冰，四级调研员钱冠中、郑江民。市委审计委员会办公室设在市审计局，下设秘书科。局机关设有办公室、审理法规科、财政金融审计科、行政事业审计科、农业农村审计科、固定资产投资审计科、社会保障审计科、自然资源和生态环境审计科、经贸审计科、经济责任审计科、内部审计指导监督科；下设事业单位固定资产投资审计中心（参照公务员法管理）、大数据审计应用中心。

审计成果 2022年，宁德市审计机关共完成审计项目275个，其中审计265个、专项审计调查10个。查出主要问题金额66.69亿元，其中违规金额2.6亿元、损失浪费金额640.34万元、管理不规范金额64.03亿元；审计发现非金额计量问题1888个；损益（收支）不实金额1.7亿元；审计处理处罚金额6.05亿元，其中应上缴财政1.9亿元、应减少财政拨款或补贴2485.86万元、应归还原渠道资金2.37亿元、应调账处理金额1.53亿元；移送司法机关、纪检监察机关和有关部门处理事项37件，移送处理人员11人，移送处理金额6434.93万元。审计促进整改落实有关问题资金2.58亿元；审计促进拨付资金到位2.27亿元；审计后挽回（避免）损失1798.77万元；核减投资额7383.28万元。审计提出建议804条，被采纳724条；推动被审计单位制定整改措施3项；促进被审计单位建立健全规章制度45项；提交审计信息324篇，被批示、采用93篇次。

宁德市本级（含东侨）2017年至2021年粮食购销领域专项资金审计项目等3个项目被评为全省审计质量较好的审计项目。

政策落实情况跟踪审计 完成重大政策措施落实情况跟踪审计，涉及财政资金85.87亿元，揭示问题22个。省市联合编组完成为民办实事项目和招商引资签约项目落实情况跟踪审计，涉及金额22.44亿元，揭示问题32个。

财政审计 完成2021年度预算执行情况和决算草案审计，市本级预算执行和其他财政收支审计结果报告揭示问题87个。

国有企业审计 成立市属国企内部审计工作指导监督组，指导市属国企对19家子企业开展内部审计，揭示问题81个，涉及金额3968万元。对4家市属国企下属64家二级子企业开展经营效益跟踪审计调查，揭示8类问题。

农业农村审计 对周宁、寿宁、柘荣3个县开展乡村振兴审计，抽查资金1.86亿元，揭示问题34个，追责处理16人。

资源环境审计 完成审计项目11个，涉及审计对象17人，揭示问题88个。协助省审计厅完成南平市光泽县党政主要领导自然资源资产离任审计。

民生审计 完成困难群众救助补助资金专项审计，揭示3个方面10个问题，实现100%整改。涉粮领域专项审计移送案件线索18件、涉及违纪违法人员10人、涉案金额2000多万元。

经济责任审计 完成审计项目105个，涉及审计对象132人，审计报告共反映问题1241个。协助省审计厅完成南平市光泽县党政主要领导干部经济责任审计。

审计查出问题整改 健全审计整改跟踪督促机制，每半年向被审计单位发送审计整改跟踪督促函并附问题清单。（撰稿人：郑巧妙）

【平潭综合实验区党工委巡察审计办公室】 2022年，平潭综合实验区党工委巡察审计办公室实有8人。党工委巡察审计办公室主任陈存国，党工委巡察审计办公室副主任林芸。设有审计监督处；平潭综合实验区廉政教育与审计事务服务中心（区属事业单位）实有7人。

审计成果 2022年，平潭综合实验区党工委巡察审计办公室完成审计项目18个，查出违规金额44万元、损失浪费金额234万元、损益（收支）不实金额1582万元；审计发现非金额计量问题293个；出具审计报告和专项审计调查报告23篇。审计处理处罚金额5815万元，其中应上交财政233万元、应归还原渠道金额42万元、应缴纳其他资金3864万元、应调账处理金额1675万元。审计提出建议57条，被采纳54条，审计促进整改落实问题金额3092万元，核减投资额117万元。

政策落实情况跟踪审计 开展省重点项目推进实施情况、文旅经济发展情况及为民办实事和招商引资签约项目落实情况专题审计，出具审计报告3篇，发现非金额计量问题68个。

财政审计 开展2021年度全区预算执行、决算草案及其他财政收支情况审计，延伸审计区交通建设局、区农业农村发展服务中心。通过审计，已缴纳其他资金1440万元，已调账处理1577万元。同时，开展信息化建设专项资金审计，发现非金额计量问题5个。

对建设通道枢纽工程等5个项目开展建设情况审计。涉及投资额8.41亿元，出具审计报告5篇，通过审计，核减投资额117万元。

资源环境审计 开展1名领导干部自然资源资产任中审计。出具审计意见书1篇，发现非金额计量问题14个。

经济责任审计 开展5个单位经济责任审计，涉及5名部门领导干部。出具审计报告和审计结果报告10篇。审计问题涉及领导责任495万元。

交办任务 完成交办配合事项4件。

（撰稿人：颜素明）

2022年福建省所辖市、县（市、区）审计工作统计表

审计机关	完成审计项目/个	审计查出主要问题金额/万元	审计发现非金额计量问题/个	审计期间整改金额/万元	出具审计报告和审计调查报告/篇	审计处理情况		审计促进整改落实有关问题资金/万元	审计提出建议/条	提交审计信息/篇
						审计处理处罚金额/万元	移送处理事项/件			
福州市										
福州市本级	60	542754	656	27177	84	228300	13	394145	189	216
鼓楼区审计局	13	10852	138	400	14	5775	2	5716	40	92
台江区审计局	15	5989	47	3	21	5541	1	1131	47	29
仓山区审计局	11	28268	71		15	2			40	49

续表

审计机关	完成审计项目/个	审计查出主要问题金额/万元	审计发现非金额计量问题/个	审计期间整改金额/万元	出具审计报告和审计调查报告/篇	审计处理情况		审计促进整改落实有关问题资金/万元	审计提出建议/条	提交审计信息/篇
						审计处理处罚金额/万元	移送处理事项/件			
晋安区审计局	15	57557	161	843	18	2323		1066	40	27
马尾区审计局	13	15471	109	87	19	1340	3	1340	50	74
长乐区审计局	25	73309	166		37	43385		43299	81	143
福清市审计局	26	136315	150		39	109358		2222	62	103
闽侯县审计局	21	12621	204		24	3465		3290	46	17
连江县审计局	34	176598	359		52	69537		73262	112	97
闽清县审计局	14	12338	131		22	1326	1	496	44	63
罗源县审计局	19	21027	174	1352	27	1951		1381	42	12
永泰县审计局	16	13146	180	15	27	15		6535	39	38
厦门市										
厦门市本级	72	562663	399	10043	134	336197	2	132593	302	111
思明区审计局	24	47745	325		42	47025	1	19431	74	68
湖里区审计局	21	20225	66		23	20212		12104	58	20
海沧区审计局	17	57542	128	1458	17	1818		13	73	6
集美区审计局	17	14780	102		20	5439		5652	49	76
同安区审计局	13	1399	51		20	155		47	40	39
翔安区审计局	21	45404	130		32	1174		4240	59	55
莆田市										
莆田市本级	41	1076022	1007		66	620996	5	42235	134	100
仙游县审计局	32	52239	431	1	58	7371	3	4608	99	15
荔城区审计局	17	29577	133	300	17	2202	2	1847	51	14
城厢区审计局	23	19693	238		35	810		367	76	12
涵江区审计局	13	53216	68		20	58	2	6	39	13
秀屿区审计局	25	102023	422	65	34	101728		196	77	25
三明市										
三明市本级	41	552042	344	1101	57	534024	6	87354	108	90
三元区审计局	14	26609	82		20	22288		3415	49	104
沙县区审计局	22	11523	107		28	974		649	64	2
永安市审计局	16	11372	116		19	7048	3	7212	53	3
清流县审计局	18	3670	54		30	1728		30183	48	2
宁化县审计局	30	4608	92	393	39	1605	1	1086	69	2

续表

审计机关	完成审计项目/个	审计查出主要问题金额/万元	审计发现非金额计量问题/个	审计期间整改金额/万元	出具审计报告和审计调查报告/篇	审计处理情况		审计促进整改落实有关问题资金/万元	审计提出建议/条	提交审计信息/篇
						审计处理处罚金额/万元	移送处理事项/件			
建宁县审计局	13	58087	115	307	18	25299		38756	44	1
泰宁县审计局	15	9284	58		22	1318	1	1261	34	27
明溪县审计局	18	17819	84		28	17588		10837	39	4
将乐县审计局	18	15798	63	92	24	13394		10416	58	2
尤溪县审计局	19	43649	52		30	39724	2	59038	49	1
大田县审计局	17	8607	116	192	23	7628		6653	37	2
泉州市										
泉州市本级	50	412496	914	29855	89	114141	11	75096	180	160
鲤城区审计局	13	3643	102		16	145		85	54	80
丰泽区审计局	18	2817	145	1851	20			229	53	47
洛江区审计局	15	1827	88	4	15	1296		1296	36	72
泉港区审计局	8	96925	206	3739	10	202	1	196	32	9
石狮市审计局	19	95868	181	2804	29	8601		768	67	8
晋江市审计局	33	26318	521	95	46	17198	3	15363	125	90
南安市审计局	32	83763	328	89	40	79268	1	71941	128	106
惠安县审计局	16	756	339	1	22	756		719	61	47
安溪县审计局	16	7455	79	3059	23	5298		81	55	8
永春县审计局	16	24317	215		21	460	6	1251	50	29
德化县审计局	17	4113	165	2177	21	4100	1	2294	53	102
漳州市										
漳州市本级	30	1030614	349	13020	37	487853	1	179410	93	133
芗城区审计局	24	10034	118	1804	28	3613		3792	67	24
龙文区审计局	19	34249	163	40	30	4314	5	7	61	
龙海区审计局	20	58308	205	391	27	42324	2	40190	80	23
长泰区审计局	19	2859	157		24	2622	2	3484	64	
漳浦县审计局	21	23654	251	2894	25	12875	2	5146	72	40
云霄县审计局	24	3110	83	54	37	2285	2	262	73	8
诏安县审计局	25	3674	90		31	268	5	2040	63	
东山县审计局	11	43058	47	2830	11	16141		8897	28	
平和县审计局	29	8148	173	156	51	5792	6	2781	85	16
南靖县审计局	26	65656	161		38	1673		37	85	1

续表

审计机关	完成审计项目/个	审计查出主要问题金额/万元	审计发现非金额计量问题/个	审计期间整改金额/万元	出具审计报告和审计调查报告/篇	审计处理情况		审计促进整改落实有关问题资金/万元	审计提出建议/条	提交审计信息/篇
						审计处理处罚金额/万元	移送处理事项/件			
华安县审计局	20	3982	133		27	2976	1	830	81	
南平市										
南平市本级	49	80701	414	90	63	47810	8	46322	157	109
延平区审计局	25	21126	149		30	8598	6	2685	81	49
建阳区审计局	15	12701	140	8	20	3200	3	3878	46	2
邵武市审计局	29	135740	239	1006	37	60211	2	60554	101	22
武夷山市审计局	22	100954	168		26	40675	11	13118	61	7
建瓯市审计局	36	220115	337	5767	63	62202	26	7279	110	7
顺昌县审计局	38	19348	142	787	62	7739	6	3100	43	25
浦城县审计局	47	14630	112	11	62	13978	1	6277	92	3
光泽县审计局	15	26016	104	209	19	3921	5	1232	26	17
松溪县审计局	18	32449	75		23	32449		1026	43	23
政和县审计局	27	24293	123	2016	29	21068	1	3548	71	
龙岩市										
龙岩市本级	50	368991	716	2360	61	33378	4	10763	120	71
新罗区审计局	21	72494	94	217	27	70546		45222	61	34
永定区审计局	26	97604	78		30	4995	1	421	71	58
上杭县审计局	56	363819	331		74	72117	7	34391	162	54
武平县审计局	40	44103	241	11	52	11887		1868	106	66
长汀县审计局	47	97782	416	2679	59	16167	1	465	50	66
连城县审计局	26	56258	213	7	31	1813		1111	123	7
漳平市审计局	29	158513	268	302	37	9534		6686	89	126
宁德市										
宁德市本级	55	355219	324	3318	72	15837	4	15705	153	81
蕉城区审计局	30	3547	270		45	3370	12	125	96	37
古田县审计局	30	40673	90		44	4071	3	749	76	2
屏南县审计局	19	15335	112		27	478		1498	53	10
周宁县审计局	21	7223	179	221	34	296			68	26
寿宁县审计局	12	3216	86	1	18	380			39	22
福安市审计局	21	132126	265		33	17267	8	943	74	54
柘荣县审计局	23	3844	122		31	3467	1	3325	69	56

续表

审计机关	完成审计项目/个	审计查出主要问题金额/万元	审计发现非金额计量问题/个	审计期间整改金额/万元	出具审计报告和审计调查报告/篇	审计处理情况		审计促进整改落实有关问题资金/万元	审计提出建议/条	提交审计信息/篇
						审计处理处罚金额/万元	移送处理事项/件			
福鼎市审计局	32	73858	272		47	13704	3	2269	91	34
霞浦县审计局	32	31856	168		49	1576	6	1210	85	2
省直管										
平潭综合实验区党工委巡察审计办公室	18	38703	293	2429	23	5815		3092	57	6

江西省

【江西省审计厅】 2022年，江西省审计厅实有212人。省委审计委员会办公室设在省审计厅，设置省委审计委员会办公室秘书处。省审计厅设有办公室、综合调研处、法规和审理处、内部审计指导监督处、电子数据审计处、财政审计处、教科审计处、农业农村审计处、固定资产投资审计处、社会保障审计处、自然资源和生态环境审计处、金融审计处、企业经贸审计处、涉外审计处、经济责任审计处、人事处、机关党委、离退休干部处及派出审计一处、派出审计二处、派出审计三处、派出审计四处、派出审计五处、派出审计六处、派出审计七处、派出审计八处、派出审计九处；下设江西省审计技术保障中心（事业单位）。

领导成员

党组书记、厅长：辜华荣（—5月）
　　　　　　　　刘文华（5月—11月）

党组成员、副厅长：刘　达

党组成员、省纪委监委驻厅纪检监察组组长：罗伟华（—5月）

党组成员、副厅长：胡志勇　胡雅萍

党组成员、省经济责任审计工作联席会议办公室主任：陈义平

党组成员、副厅长：裘红洪（10月—）

党组成员：裘红洪（9月—）

总审计师：裘红洪（—10月）

党组成员、省纪委监委驻厅纪检监察组组长：罗贤东（9月—）

一级巡视员：刘斌良（—11月）　黄正宇

二级巡视员：董　琪　刘功滨（—5月）
　　　　　　罗贤勇　程旭华　邬晓明
　　　　　　付志辉（6月—7月）
　　　　　　刘淑萍　袁静晓（9月—12月）

二级总监：孟文军（9月—）

审计成果 2022年，江西省审计机关共完成审计（调查）项目2945个，其中审计项目2859个、专项审计调查项目86个。查出主要问题金额1306.23亿元，其中违规金额82.4亿元、损失浪费金额7.91亿元、管理不规范金额1215.92亿元；审计发现非金额计量问题12110个；损益（收支）不实金额89.35亿元；审计发现侵害人民群众利益1.53亿元；出具审计报告和专项审计调查报告4132篇，被批示、采用59篇次。审计处理处罚金额318.45亿元，其中应上缴财政73.72亿元、应减少财政拨款或补贴11.12亿元、应归还原渠道资金60.8亿元、应缴纳其他资金23.7亿元、应调账处理金额149.11亿元；移送司法机关、纪检监察机关和有关部门处理事项275件，移送处理人员318人，移送处理金额45.77亿元。审计促进整改落实有关问题资金271.22亿元；审计促进拨付资金到位42.56亿元；审计后挽回（避免）损失8.71亿元；核减投资额3.6亿元；

移送处理落实事项 51 件。审计提出建议 8188 条，被采纳 5869 条；推动被审计单位制定整改措施 513 项；促进被审计单位建立健全规章制度 204 项；提交审计信息 844 篇，被批示、采用 337 篇次；向社会公告审计结果 2 篇。

江西省审计厅组织实施的某银行 2019 年度资产负债损益审计项目获得审计署省级审计机关全国优秀审计项目一等奖；宜春市审计局组织实施的宜春市 5 户市级国有企业 2021 年度资产负债损益情况专项审计调查项目获得市级审计机关全国优秀审计项目一等奖；赣县区审计局实施的 2021 年度赣县区民政局预算执行及决算草案情况审计项目、德兴市审计局实施的德兴市 2019—2020 年度自然资源资产管理和生态环境保护情况专项审计调查项目均获得县级审计机关全国优秀审计项目二等奖。

政策落实情况跟踪审计 出台《关于加强审计监督 服务稳住经济发展的若干措施》，全力服务稳住经济。围绕“放管服”改革、“六稳”“六保”、减税降费、优化营商环境、助企纾困等方面开展审计，重点关注发展和改革双“一号工程”、减税降费、金融服务实体经济等情况，揭示重大政策落实的堵点、难点、痛点。如实施助企纾困政策落实情况跟踪审计，深入揭示减税降费政策落实不到位、资金使用绩效不高、违规收费等问题 201 个，涉及金额 37.21 亿元。

财政审计 印发《2021 年度省级部门预算执行及决算草案情况审计工作方案》，实现省直一级预算单位审计全覆盖，并组织对省生态环境厅等 15 家省级部门及部分所属单位现场审计，推动财政政策提升效能。向省委审计委员会呈报 2021 年度省级预算执行和其他财政收支的审计工作报告，揭示 7 大类 1263 个问题。

组织开展 2022 年度网络安全和信息化建设审计，审计范围覆盖全省，揭示各地网络安全责任制落实不到位、信息化建设资金和项目管理不善、信创工程未落实真替真用等苗头性倾向性问题，2 个案例被审计署综合报告采用，得到中央领导同志批示。

国有企业审计 组织开展国有企业审计，深入揭示因政策落实不到位、经营管理不善、违规决策等造成风险损失的突出问题，呈报《关于江西省铁路航空投资集团有限公司存在重大损失风险情况》的专报，得到多位省领导批示。

金融审计 组织开展省农信社联合社及 32 家农商银行等金融机构审计，深入揭示金融机构在落实政策、业务经营、风险管控等方面存在的突出问题，向江西省委、省政府呈报的《关于我省地方中小银行发展状况及存在的主要问题的情况报告》等 3 篇审计专报，省委省政府主要领导高度重视并作出批示，省审计厅联合省金融监管局召开审计整改专题会，部署整改和风险防范工作。

资源环境审计 全年开展自然资源资产离任审计项目 145 个，涉及审计领导干部 180 人。向省委、省政府呈报《别让农村生活污水处理设施“晒太阳”》等 3 篇审计报告、专报，推动建章立制 28 项、84 个地方污染治理建设项目顺利入选国家库。提请省委办公厅、省政府办公厅印发《江西省关于建立健全江西省领导干部自然资源资产离任审计评价指标体系的通知》，并制定了《领导干部自然资源资产离任审计评价指标体系（试行）》和《领导干部自然资源资产离任审计评价指标库（试行）》，此项制度出台走在全国前列，得到审计署资环司高度评价。

民生审计 组织开展困难群众救助补助资金、衔接推进乡村振兴补助资金、医疗保险基金及“三医联动”改革、禁捕退捕资金、粮食专项等民生审计项目。如开展困难群众救助补助资金审计，揭示资金管理不够严格、救助政策落实不够等问题，同时多措并举，强化督促整改落实，推动审计发现的 429 个问题全部整改到位，全省制定完善相关制度文件 68 项，追责问责 83 人，其中党纪政务处分 30 人；开展 11 个县（市、区）2021 年度衔接推进乡村振兴补助资金使用情况的专项审计调查，揭示政策落实不够精准、资金管理不够严格、项目实施不够规范等问题 117 个，涉及金额 8.63 亿元。

经济责任审计 审计厅本级全年实施经济责任审计项目 38 个，涉及领导干部 50 人。向省委、省政府呈报 64 名省管领导干部经责报告和综合报告，深入揭示贯彻落实上级政策和决策部署不到位、招商引资存在乱象等突出问题，省主要领导高度重视并作出批示；推动省教育厅印发《关于进一步规范高校服务外包学生食堂管理工作的通知》；以省委审计办名义印发《江西省 2022—2026 年省管领导干部经济责任审计项目五年规划》，推进省管领导干部经济责任审计全覆盖。

涉外审计 组织开展国外贷援款项目审计 10 个，深入揭示国外贷援款和国内建设资金管理使用、设备采购、内控制度和效益等方面存在的问题，全面梳理近 3 年 16 个国外贷援款项目审计情况，向省委、省政府呈报《国外贷援款项目管理及绩效有待提升》审计专报 1 篇，得到多位省领导批示。

审计查出问题整改 依托审计整改监督平台，以审计查出问题和整改“两张清单”为抓手跟踪督促审计整改落实，并会同省人大财经委、省人大常委会预算工委等对 41 家单位实现整改督办全覆盖。截至 2022 年 10 月中旬，2021 年度省级预算执行和其他财政收支审计工作报告反映的问题已整改 1153 个，整改率 91. 29%；截至 2022 年 12 月 31 日，经济责任审计综合报告中反映的 1090 个问题，已完成整改 1047 个，整改率达 96. 06%。

内部审计 以“每周一推送、每月一调研，每季一交流，每年一活动”活动为抓手，区分党政机关、省属企业（金融机构）、省管高校及省属医院深入开展分类指导和调研工作，进一步提升内部审计工作质效。全面完成“江西省内部审计指导监督平台”建设，分步推进平台规划用户和数据全覆盖。

相关工作 提请省委办公厅、省政府办公厅印发《关于建立健全审计查出问题整改长效机制的实施意见》，这是江西首次以两办名义印发的审计整改制度文件；出台《审计发现问题线索移送工作办法》《关于查询单位和个人在金融机构账户和存款有关问题的实施意见》和《进一步规范经济责任审计（结果）报告有关事项的通知》，对问题线索移送、账户查询和经济责任审计报告格式等作出进一步规范。

连续两年被评为全国审计通联宣传工作先进单位；制定《江西省审计厅信息宣传工作考核办法》，编印《审计工作简报》，组织专班撰写《江西：传承红色基因 谱写审计新篇》，组织开展信息宣传工作考核，表彰厅机关信息宣传工作先进单位和先进个人；与省委宣传部联合举行“江西这十年”审计工作专题新闻发布会，介绍党的十八大以来江西审计有关工作情况并答记者问，20 多家中央、省级、境外媒体参加并作宣传报道。

制定《全省审计系统打造“‘审帮促’争先工程”党建品牌实施方案》，深入推进“五型”政府建设，坚持以党建引领为主线，狠抓业务推进线、质量提升线、服务发展线，积极发挥“审帮促”作用，推动党建工作与审计业务“双融合、双促进”；举办“传承红色审计精神 打造模范审计机关”专题研讨班，组织参观《奋进新时代书写新光荣——喜迎党的二十大苏区振兴十周年成就展》等；深入学习贯彻党的二十大精神，印发《关于全省审计系统深入学习宣传贯彻党的二十大精神的通知》，厅领导带头深入基层开展宣讲，在全省审计系统掀起了学习宣传贯彻党的二十大精神的热潮。

稳步推进专业技术类公务员分类改革试点。作为江西首批专业技术类公务员改革试点单位，厅党组准确把握上级要求，精心组织实施，完成 114 名纳入专业技术类公务员管理的公务员专业技术任职资格评审工作；研究制定全省审计机关专业技术类公务员任职资格常态化评审办法，推动实现分类改革常态化管理；同时，深入设区市审计机关调查研究，指导推进改革工作。

（撰稿人：甘 甜）

【南昌市审计局】 2022 年，南昌市审计局实有 97 人。党组书记、局长万仁如（—8 月）、胡崇敬（8 月—），党组成员、副局长张根全、彭艳云、徐宝华，党组成员、总审计师胡蓓蓓，市纪委监委驻市财政局纪检监察组组长黄书林，原南昌市重大项目稽察特派员办公室主任熊家芳（—6 月），三级调研员熊家芳（6 月—），四级调研员廖金红、何稳庚。市委审计委员会办公室设在市审计局，下设秘书科；市审计局设有办公室、机关党委等 19 个科室；下设市经济责任审计事务中心（事业单位）。

审计成果 2022 年，南昌市审计机关共完成审计项目 294 个，其中审计 277 个、专项审计调查 17 个。查出主要问题金额 356. 87 亿元；出具审计报告和专项审计调查报告 375 篇；审计处理处罚金额 56. 66 亿元；移送司法机关、纪检监察机关和有关部门处理事项 15 件，移送处理人员 18 人；审计促进整改落实有关问题金额 53.19 亿元；审计提出建议被采纳 644 条；提交审计信息被批示、采用 172 篇。

政策落实情况跟踪审计 年内共抽查单位 21 个。指出未足额征收农民工保证金 234.14 万元、欠付征地补偿款 677.29 万元；涉企服务优化专项行动清偿企业账款 1.53 亿元。

财政审计 开展南昌市财政局和 6 个市级部门 2021 年度预算执行及决算草案审计，查出主要问题金额 69.85 亿元，提出审计建议 25 条。对市城管局建设项目开展审计，揭示涉嫌串通投标等问题 36 个，移送处理事项 2 起。完成南昌市 544 家财政一级预算单位财务软件电子备份数据采集转换工作；开展南昌市 2021 年度信息化建设审计，查出项目管理不严格等问题 8 个。

开展 2017—2021 年度市科技发展专项资金专项审计，延伸调查 572 家单位，审计要求追回 68 家企业多补科技发展专项资金补贴 1915 万元；开展 2020—2021 年度市级商务专项资金审计，揭示资金滞留闲置、违规采购等问题 26 个。

国有企业审计 完成南昌国际体育中心有限公司 2019—2021 年财务收支审计，揭示“三重一大”决策等方面问题 28 个。

农业农村审计 开展安义县 2019—2021 年农村人居环境整治专项审计，揭示项目选址不当造成损失浪费等问题 20 个，查出主要问题金额 7367.36 万元。

资源环境审计 完成南昌市西湖区委、区政府主要领导自然资源资产离任审计，查出大气污染防治等方面问题 17 个。市领导批示“认真督促整改，抓好建议落实，普遍性问题在全市开展摸排”。

民生审计 完成进贤县、安义县等 4 个县区粮食领域专项审计调查，审计发现各类问题 110 个，查出主要问题金额 5061.22 万元；开展南昌高新开发区乡镇“三资”管理使用情况专项审计，指出清产核算覆盖不全等问题，移送处理事项 2 起。

经济责任审计 市本级完成经济责任审计项目 46 个，查出违规金额 8.78 亿元，移送处理事项 11 起，提出审计建议 133 条。

审计查出问题整改 10 月 12 日，市委市政府两办印发《关于建立健全审计查出问题整改长效机制的实施意见》；督促整改 2022 年度审计项目查出问题 991 个；组织开展全市地方政府融资平台公司审计整改自查自纠工作。

研究型审计 开展新能源汽车推广应用专项资金研究型审计，《新能源汽车推广应用专项资金审计引发的思考》上报市委年度重点课题。

内部审计 完成全市内部审计统计调查工作。全市开展内部审计项目 1189 个，查出主要问题金额 93.81 亿元，给予党纪、政务和内部纪律处分 2 人。南昌市政公用集团《内部审计跟踪 ERP 系统建设预防风险提高效益》入选省内审协会优秀论文。

交办任务 抽调全市审计系统 25 人参加市委巡察；聘请第三方审计机构对市本级棚改（旧改）专项资金开展专项审计。

相关工作 开展学习宣传贯彻党的二十大精神活动；推进市审计局专业技术类公务员分类管理实施工作；推荐晋升三级调研员 1 人，四级调研员 2 人，晋升 11 名一级主任科员，接收 2 名选调生和 8 名党政储备人才；组织全市 300 余名审计人员参加全省审计系统首届大数据审计技能大赛；金审工程（三期）项目完成项目招标代理、监理和网络安全服务采购。（撰稿人：熊　飞）

【景德镇市审计局】 2022 年，景德镇市审计局实有 56 人。党组书记、局长计群，党组成员、副局长占玉芳、冯仕超，党组成员、总审计师付彬辉，党组成员、纪检监察组组长金恺，党组成员、二级调研员吴新国，党组成员、三级调研员周先法，一级调研员陈志坚，二级调研员王桦、王民森，三级调研员章琍。设有办公室、综合调研科等 11 个科室和机关党总支；下设市审计技术保障中心。

审计成果 2022 年，景德镇市审计机关共完成审计（调查）项目 123 个，其中审计项目 118 个、专项审计调查 5 个。查出主要问题金额 314552 万元，审计发现非金额计量问题 1137 个，出具审计报告和专项审计调查报告 129 篇，被批示、采用 2 篇次。审计处理处罚金额 100 万元；移送司法机关、纪检监察机关和有关部门处理事项20件。审计促进整改落实有关问题资金153308万元。审计提出建议335条，被采纳277条；推动被审计单位制定整改措施48项；促进被审计单位建立健全规章制度21项；提交审计信息43篇，被批示、采用9篇次。向社会公告审计结果2篇。

政策落实情况跟踪审计 2022年每季度开展一次国家重大政策措施落实情况跟踪审计，以达到促进高质量发展、构建新发展格局、推动国家重大政策落地生根、促进经济持续健康发展的目标。

财政审计 不断加强预算执行和决算草案审计，采取“从纵到边，上下联动”的方式，把审计重点放在上级转移支付资金，以及市本级安排的重点专项资金管理和使用情况绩效评价上，沿着资金走向，下沉到县（市、区）财政局和专项资金使用单位进行现场调查。通过对项目绩效指标完成情况的核对，将第一手绩效评价情况及时反馈给财政部门，作为其资金分配的重要依据，助力纠正各资金使用主管部门绩效评价工作“怕庸懒”的思想。

国有企业审计 2022年对国控集团进行了审计，重点关注企业经营管理、对外投资、资金安全、风险防控等方面。同时，为贯彻落实金融服务实体政策，充分发挥审计在促进地方国有企业金融机构政策执行及风险防控方面的重要监督和保障作用，对全市国有企业融资担保公司融资担保情况进行了审计延伸调查，助力为国有资产增值和为国企纾困。

金融审计 围绕防范化解重大风险，开展了景德镇农商银行资产、负债和损益情况审计，重点关注落实金融政策、业务经营、风险管控、资产质量以及薪酬管理等方面存在的突出问题，促进金融机构化解风险。

资源环境审计 开展领导干部自然资源资产离任审计，开展乐平市原市长自然资源资产离任审计。为防范金融风险、促进乡村振兴、保护生态环境提供了审计力量。

民生审计 坚持执审为民，持续加大对重点民生资金和项目的审计力度，2022年9月开展了浮梁县粮食领域专项审计调查、市文化广电新闻出版旅游局部门预算执行及决算草案情况审计、市人社局部门预算执行及决算草案情况审计、市公路管理局财务收支情况审计。重点关注民生资金使用，保障了惠民资金落实落地。

经济责任审计 紧盯领导干部经济责任履行情况，强化审计监督，一体推进不敢腐、不能腐、不想腐。加大对重点地区、关键岗位、权力集中部门和资金、资产、资源密集领域领导干部的审计监督力度。共开展34个经济责任审计项目，围绕权力运行和责任落实，紧盯领导干部贯彻执行中央重大经济方针政策和省委省政府、市委市政府重要决策部署、重大经济事项决策等情况加强审计监督，有力促进领导干部管好财、用好权、尽好责。

审计查出问题整改 2022年，持续在审计整改“下半篇文章”上发力，做到敢于和善于揭示问题，狠抓问题整改到位，“治已病、防未病”，从根源上防止问题产生。一方面根据省审计厅《关于进一步强化审计整改督促检查责任的意见》要求，加强审计整改信息化建设，着手开展景德镇市审计整改监督平台的建设工作；另一方面严格按照中共中央办公厅、国务院办公厅《关于建立健全审计查出问题整改长效机制的意见》和省委办公厅、省政府办公厅《关于建立健全审计查出问题整改长效机制的实施意见》文件要求，加强督查检查，将审计整改工作贯穿审计全过程，制定审计查出问题清单、整改清单，形成审计整改常态长效化。（撰稿人：邱诚伟）

【萍乡市审计局】 2022年，萍乡市审计局实有46人。党组书记、局长龙军，党组成员、副局长陈博韬、周可以、江小斌，党组成员、总审计师李健，党组成员、市经济责任审计工作联席会议办公室主任谢春英，党组成员、四级调研员曾建国，一级调研员黄百灵，二级调研员张增良、彭青兰，三级调研员蔡常萍、张月萍（8月—），四级调研员苏青、肖军、余忠萍（10月—）、周敬忠（—6月）。市委审计委员会办公室设在市审计局，下设秘书科；市审计局设有办公室等11个内设科室和机关党总支；下设萍乡市审计综合服务中心。

审计成果 2022年，萍乡市审计机关共完成审计（调查）项目105个，查出主要问题金额1568515万元，出具审计报告和专项审计调查报告105篇，被批示、采用6篇次。审计处理处罚金额410491万元；移送纪检监察机关等处理事项5件，移送处理人员9人，移送处理金额87900万元；审计促进整改落实有关问题资金139412万元。审计提出建议351条，被采纳162条；促进被审计单位建立健全规章制度8项；提交审计信息（专报）9篇，被批示、采用6篇次。向社会公告审计结果1篇。

湘东区2018年至2020年度城区建设资金和项目使用管理情况的专项审计项目被评为江西省审计厅优秀审计项目。

政策落实情况跟踪审计　对全面推进乡村振兴、坚持金融服务实体经济等政策落实情况开展了跟踪审计。审计发现超标准发放农户自主改厕补助、企业未缴纳或少缴纳水资源费、涉农贷款统计不准确等问题。

财政审计　完成了2021年度市本级财政和8个市级部门预算执行、决算草案审计，3个事业单位改革落实情况审计。审计揭示国有资本经营预算执行率低、非税收入上缴国库不及时、资产处置收入未上缴财政等问题。撰写《强化屡审屡犯问题整改　规范财政预算执行》《违法占地违规建设　监管缺失导致国有资产损失》2篇专报。

对22个市本级政府投资项目开展专项审计调查，金额近30亿元。同时，采用“1+N”项目管理模式，对1个工程竣工决算和1个公共工程项目资金同步实施审计。审计揭示建设项目存在基本建设程序不到位、违规转包分包、项目资金损失浪费等问题。撰写《加强项目建设施工管理　杜绝项目建设乱象》《强化工程发包监管　维护建筑市场秩序》2篇专报。

国有企业审计　对5家市属国有企业进行审计，审计揭示企业主营业务偏弱、“三重一大”制度执行不到位、债务风险控制不到位等问题。撰写《燃气工程建设需引领　国资股东权益待保障》专报。

金融审计　按照江西省审计厅统一部署，对本市2家农村商业银行2021年度资产负债损益进行审计。审计揭示银行信贷资金违规流入房地产项目、失信人贷款划分不准确、违规向失信客户发放贷款等问题。

农业农村审计　对芦溪县2021年乡村振兴补助资金开展专项审计调查。审计揭示该县政策落实不够精准、资金管理不够严格、项目实施不够规范等问题。

资源环境审计　对芦溪县原党政主要领导开展自然资源资产离任审计。审计揭示该县自然资源资产管理使用不到位、违规供地、违规减免费用等问题。

经济责任审计　对27名县级领导干部开展经济责任审计。审计揭示部分单位工程项目建设领域缺乏监督管理、减税降费政策未执行到位、违规发放津补贴、国有资产管理不到位等问题。撰写《社有资产管理亟待加强》专报。

审计查出问题整改　起草下发了《关于建立健全审计查出问题整改长效机制的实施方案》，发放20份审计整改督办函，派出2批次12个督查组到各县区和市直部门进行现场督导检查。截至12月底，2018年以来，上级审计部门对萍乡市21个审计项目，共涉及578个问题，已整改551个，整改率95%；市本级241个审计项目，共涉及2882个问题，已整改2703个，整改率94%。

内部审计　印发了《2022年度内部审计工作指导意见》，组织召开了1次全市内部审计工作会议暨内部审计培训会，将市本级16家单位的内部审计部门纳入“江西省内部审计指导监督平台”。

相关工作　萍乡市审计局连续获评“全省文明单位”，2021年度基层党建工作获评好等次，涌现了“全市先进工作者”“审计卫士先锋岗”等一批先进典型。进一步挖掘“安源红色审计历史”，形成了《红色审计的基因样本——安源路矿工人运动中的审计监督研究》《红色审计的开篇之作——论安源路矿工人俱乐部的审计工作》等理论研究成果。召开了“党领导下的百年红色审计历史”座谈研讨会，邀请南京审计大学、江西省审计厅等专家领导进行专题研讨。

（撰稿人：彭声磊）

【九江市审计局】　2022年，九江市审计局实有74人。党组书记、局长齐桦，党组成员、总审计师湛新民，市经济责任审计工作联席会议办公室主任曹素芳，党组成员、副局长胡建军（2

月—），三级调研员钱炎如、杨利发、王涛、陈义远，市纪委监委驻市委组织部纪检监察组组长邢诗勇。市审计局设有办公室、综合调研科、财政与金融审计科等 16 个科室；下设审计服务中心。

审计成果 2022 年，九江市审计机关共完成审计（调查）项目 388 个。查出主要问题金额 11.37 亿元；审计发现非金额计量问题 1418 个；损益（收支）不实金额 0.48 亿元。出具审计报告和专项审计调查报告 529 篇，被批示、采用 25 篇。审计处理处罚金额 6.56 亿元。移送司法机关、纪检监察机关和有关部门处理事项 19 件。审计促进整改落实有关问题金额 1.44 亿元。审计提出建议 1181 条，被采纳 716 条；推动被审计单位制定整改措施 81 项。

审计委员会办公室工作 九江市委审计委员会召开了第七次会议、第八次会议，审议并原则通过了《九江市审计局 2022 年度审计项目计划》《九江市 2022—2026 年领导干部经济责任审计项目五年规划》《九江市人民政府关于 2021 年度市级预算执行和其他财政收支的审计工作报告》。严格执行重大事项请示报告制度，2022 年，市委审计委员会办公室向省委审计委员会办公室报送请示、报告、信息等 69 份；13 个县（市、区）审计局向市委审计委员会办公室报送审计文书 648 份，市委审计委员会办公室对其中存在的典型问题进行督办，进一步强化了对下级党委审计委员会及其办公室的组织领导和业务指导。

政策落实情况跟踪审计 九江市审计机关将贯彻落实国家重大政策措施审计情况贯穿于所有审计项目组织实施，重点关注经济社会发展、乡村振兴、防范化解重大风险、优化营商环境等方面政策措施落实情况、贯彻落实中央八项规定精神情况、落实政府过紧日子情况，以及以往跟踪审计发现问题的整改情况。

财政审计 以政府全口径预算执行审计为主线开展市本级预算单位 2021 年度预算执行情况审计，对市自然资源局等 11 个市直部门相关情况进行重点审计。审计发现非税收入未及时缴入国库等 5 个方面问题。向市政府提交了市本级 2021 年预算执行和其他财政收支审计结果报告，代市政府起草了市本级 2021 年度预算执行和其他财政收支审计工作报告。

组织开展经开区港城中学项目基本建设审计等 6 个项目审计。审计发现在招标投标、建设程序、财务核算、项目实施管理和其他等 5 个方面问题，向主管部门移送处理问题 8 个，向九江市经开区管委会发送建议函 1 份。

民生审计 开展对市本级、湖口县和庐山市困难群众救助补助资金管理使用等情况的审计。审计发现未及时足额安排拨付财政补助资金等 4 个方面问题，研究形成审计指南 2 份，推动制定完善制度文件 6 项。开展市本级教育费附加绩效审计，并抽查九江小学、实华学校等 8 个单位相关情况，审计发现教育费附加专项资金拨付缓慢等 7 个方面问题，提出审计建议 5 条。

资源环境审计 九江市审计机关共实施自然资源资产离任（任中）审计项目 14 个，审计查出违纪违规问题 134 个，提出建议 42 条。

经济责任审计 九江市审计机关共完成对 180 名主要领导干部经济责任审计。审计查出主要问题金额 1.67 亿元，全市审计机关提交经济责任审计报告和审计结果报告 323 篇，提出审计建议 581 条。经九江市委审计委员会第八次会议审议通过《九江市 2022—2026 年领导干部经济责任审计项目五年规划》，将市本级经济责任审计对象全部纳入审计监督范围，有力促进领导干部严格依法依规履行经济责任。

审计查出问题整改 针对审计查出问题，九江市政府专门召开 2022 年市本级预算执行和其他财政收支审计查出问题整改交办会，逐一交办整改事项，确保整改工作落到实处。市审计局对审计报告揭示问题部门和单位整改情况进行了督促和检查，并列出问题清单，建立整改事项台账，针对整改事项完成情况逐一销号。

内部审计 督促指导九江市经开区、市水利局、市民政局、市属各大医院等 10 个单位新成立党委审计委员会或审计工作领导小组。2022 年安排 13 个单位 18 名内部审计人员参加年度审计项目，提升内部审计人员的业务水平。

（撰稿人：周慧琴）

【新余市审计局】 2022 年，新余市审计局实有 44 人。党组书记、局长温林，纪检组长孔建中，党组成员、副局长谢平生、曾长生，副局长税小毛，党组成员、市经济责任审计工作联席会议办公室主任余乐明，党组成员、总审计师廖南生，二级巡视员彭水萍（—9月），二级调研员周永平（—2月），四级调研员廖志强。市审计局设有办公室、综合法规科等11个科室；下设市审计技术中心。

审计成果 2022年，新余市审计机关共完成审计（调查）项目72个，其中审计项目67个、专项审计调查5个。查出主要问题金额266942万元，其中违规金额2561万元、损失浪费金额5090万元、管理不规范金额259291万元；审计发现非金额计量问题302个；损益（收支）不实金额3247万元；出具审计报告和专项审计调查报告115篇。审计处理处罚金额18774万元，其中应上缴财政2335万元、应归还原渠道资金286万元、应缴纳其他资金14815万元、应调账处理金额1338万元；移送司法机关、纪检监察机关和有关部门处理事项11件，移送处理人员2人，移送处理金额78307万元。审计促进整改落实有关问题资金2178万元；审计促进拨付资金到位26万元。审计提出建议261条，被采纳176条；提交审计信息1篇。

新余市中央生态环境保护督察曝光问题专项审计调查和新余市渝水区2019年至2020年政府采购项目专项审计调查项目被评为江西省审计厅优秀审计项目。

政策落实情况跟踪审计 结合本地实际，重点聚焦经济社会发展、防范化解重大风险、优化营商环境等方面进行审计，揭示了担保代偿率超上限规定、违规向不符合条件企业提供贷款担保等问题30个，出具审计报告4篇，提出审计建议8条。

财政审计 完成了市本级预算执行审计、高新区财政决算审计等，揭示了财政资金管理分配使用中的问题，促进提高财政资金的使用绩效。完成了市本级行政事业性国有资产管理情况审计，揭示了资产配置使用处置方面的问题，促进了资产管理绩效。

完成了全市园林绿化建设项目专项审计调查和县（区）融资平台建设项目管理情况专项审计调查，揭示了工程领域建设项目违法转包、提前支付工程款、工程结算多计工程款、损失浪费建设资金等问题91个，出具专项审计调查报告5篇，提出审计建议8条。

金融审计 开展了新余农商银行2021年度资产负债损益审计。审计重点关注了资产负债损益的真实性与合法性、资产结构和质量、经营以及财务活动、内部控制和管理等情况。

资源环境审计 完成了领导干部自然资源资产离任审计，揭示了永久基本农田"非粮化"、农药包装废弃物管理不规范、农业环保项目建设管理不规范等问题12个，出具审计意见2篇，提出审计建议6条。

民生审计 完成了新余市家庭医生签约服务再提升工程项目资金审计，困难群众救助补助专项资金审计，市中医院、市六中、市中心幼儿园财务收支审计，揭示了重复发放救助待遇、重复收费等问题49个，出具审计报告5篇，提出审计建议15条；统筹全市审计力量，组织完成了分宜县、高新区、仙女湖区粮食领域专项审计调查，揭示了粮食领域收购、存储、销售等环节监管不到位、管理不规范等问题50个，出具专项审计调查报告3篇，提出审计建议10条。

经济责任审计 制定出台了《新余市2022—2026年市管领导干部经济责任审计项目五年规划》，有序推进经济责任审计监督全覆盖。市本级完成了经济责任审计项目27个，其中任中审计7个、离任审计20个。审计查出问题金额2.18亿元，出具审计报告54篇，提出审计建议81条。

审计查出问题整改 实行审计整改销号动态管理。一方面督促2021年审计发现问题的整改，下发整改督办函5份，开展督办检查13次；另一方面推动2022年审计发现问题的立行立改，547个问题立行立改162个，已上缴财政和归还原渠道资金1756.37万元，推动出台制度7项。

（撰稿人：熊路延）

【鹰潭市审计局】 2022年，鹰潭市审计局实有34人。党组书记杨芳（—2月）、冯玮（2月—），局长杨芳（—3月）、冯玮（3月—），党组成员、副局长阮春玲，党组成员罗徽（4月—）、姚琼（4月—），副局长罗徽（5月—）、李金生（—7月），党组成员、市经济责任审计联席会议办公室主任黄晓华，总审计师姚琼（5月—），一级调研员王惠斌，二级调研员杨芳（3月—），三级调研员王国军、李金生（6月—），鹰潭市审计事务中心主任黄琳，市纪委监委驻市财政局（兼市审计局）纪检组组长吴新华。市审计局设有办公室（市委审计委员会办公室秘书科）、财政金融和电子数据审计科、综合法规科等7个职能科（室），另有机关党总支；下设鹰潭市审计事务中心。

审计成果 2022年，鹰潭市审计机关共完成审计（调查）项目95个，其中审计项目94个、专项审计调查1个。查出主要问题金额51.16亿元，其中违规金额4559万元、管理不规范金额50.7亿元；审计发现非金额计量问题840个；出具审计报告和专项审计调查报告95篇。审计处理处罚金额1.15亿元；审计促进整改落实有关问题资金36万元。审计提出建议245条，被采纳245条。

《贵溪市2019—2020乡村振兴政策落实和资金使用情况审计》项目被江西省审计厅评为2022年度优秀审计项目。

政策落实情况跟踪审计 将重大政策审计与日常审计项目相结合，进一步突出审计重点，加强资源统筹，2022年重点审计了优化营商环境政策、提高保障和改善民生水平等重大政策落实情况。

财政审计 重点关注财政支出政策在支持科技创新、激发市场主体活力、加强重点基础设施建设、保障和改善民生等方面的普遍性、典型性问题，在市本级2021年度财政预算执行及决算草案情况审计中发现预算编制不完整、债券资金闲置、非税收入未及时上缴国库等29个问题。

完成了鹰潭市城市建设投资发展有限公司工程建设项目专项审计、余信贵大桥工程审计等审计项目11个，出具工程审计报告11篇，发现审计问题55个。

国有企业审计 2022年安排了2个国有企业项目审计，审计发现企业债务风险大，抗风险能力不强，负债率高，资产收益低，真实盈利能力弱，国有资产闲置率较高等问题。

金融审计 按照江西省审计厅的统一部署，2022年6月至9月，对鹰潭农村商业银行股份有限公司2021年度资产负债损益情况进行审计。共查出风险管理及处置、信贷及票据业务等38个问题，出具审计移送书共6份。

资源环境审计 组织实施了龙虎山景区管委会原主任自然资源资产离任审计，审计发现耕地抛荒、挤占挪用专项资金、项目未按程序报批等24个问题。

民生审计 开展了医疗保险基金及“三医联动”改革、粮食领域专项审计调查，对涉及民生领域的市直部门开展了审计。在粮食领域专项审计调查中，揭示了利用粮食产后服务工程建设项目套取财政补助资金、私营企业骗取财政补助资金等问题。

经济责任审计 2022年共计完成经济责任审计项目16个，涉及20名领导干部，共计发现问题246个。向市委、市政府报送年度综合报告1份；报送审计专报2篇，获得市委、市政府主要领导批示。

审计查出问题整改 制定并通过市委办、市政府办印发《关于建立健全审计查出问题整改长效机制的实施办法》，为鹰潭市进一步加强审计整改工作提供了制度支撑。

相关工作 鹰潭市审计局与鹰潭市委巡察办创新开展“巡审联动”监督模式。2022年，与巡察组同步进驻市住建局等单位开展工作，向巡察组提供有关预算执行、重大政策落实、执行中央八项规定等问题线索72件。全力打造“‘审帮促’争先工程”党建品牌，围绕“党建+审计”，着力抓基层、强基础、助发展，以高质量党建引领审计监督，坚持把党风廉政建设和反腐败工作纳入审计工作全过程。（撰稿人：棟　振）

【赣州市审计局】 2022年，赣州市审计局实有69人。党组书记、局长肖作信，党组成员、副局长邱波（2月—12月）、赖欣、罗淑芳（—1月）、彭洪德，党组成员、总审计师曾毓东，市经济责任审计工作联席会议办公室主任彭蔚林，二级调研员郭竞（1月—7月），三级调研员罗淑芳（1月—）、郭竞（—1月）、邱波（12月—），四级调研员郁滨、钟儒沁、廖扬彪。设有办公室、财政金融审计科、行政事业审计科等16个职能科室；下设审计技术保障中心。

审计成果 2022年，赣州市审计机关共完成审计（调查）项目543个，其中审计项目536个、专项审计调查7个。查出主要问题金额117.92亿元，其中违规金额12.53亿元、损失浪费金额0.12亿元、管理不规范金额105.27亿元；审计发现非金额计量问题2564个；损益（收支）不实金额0.95亿元；出具审计报告和专项审计调查报告889篇。审计处理处罚金额30.85亿元，其中应上缴财政3.3亿元、应归还原渠道资金7.38亿元、应缴纳其他资金12.81亿元、应调账处理金额7.36亿元；移送司法机关、纪检监察机关和有关部门处理事项61件，移送处理人员70人，移送处理金额26.34亿元。审计促进整改落实有关问题资金20.52亿元；审计促进拨付资金到位44万元；审计后挽回（避免）损失0.1亿元；核减投资额0.04亿元；移送处理落实事项13件。审计提出建议1485条，被采纳1194条；推动被审计单位制定整改措施134项；促进被审计单位建立健全规章制度26项；提交审计信息46篇，被批示、采用28篇次。

2021年度赣州市赣县区民政局预算执行及决算草案情况审计项目被评为审计署优秀审计项目。赣州市本级以及赣县区、宁都县、龙南市、章贡区、瑞金市等县（市、区）审计局实施的6个项目被评为江西省审计厅优秀审计项目。

政策落实情况跟踪审计 开展乡村振兴、优化营商环境等重大政策措施落实跟踪审计，抽查项目318个。

财政审计 完成市本级、赣州经开区和蓉江新区市级预算执行和决算草案审计，以及7个市级部门预算执行审计，17个部门单位财政财务收支审计。完成2018年至2021年市慈善会基金管理及财务收支情况审计。完成市本级网络安全和信息化建设专项审计。

国有企业审计 完成赣州市发投集团、旅投集团、国投集团等3家市属国有企业产业引导基金专项审计。完成赣州蓉江新区园区平台公司资产负债损益审计。

金融审计 完成赣州、大余、于都、瑞金等4家农商银行2021年资产负债损益审计。

农业农村审计 完成于都县、兴国县2021年度衔接推进乡村振兴补助资金政策落实及资金管理分配使用情况专项审计调查。完成16个县（市、区）粮食领域专项审计调查。

资源环境审计 完成定南县人民政府、赣州市生态环境局主要领导自然资源资产离任审计。

民生审计 完成全市困难群众救助补助资金审计项目。完成职业教育政策落实和资金使用绩效情况审计调查项目。

经济责任审计 完成领导干部经济责任审计项目41个。

审计查出问题整改 出台《赣州市审计局审计整改督查工作操作规程（试行）》。对于都县等6个县和市住建局、公路发展中心等7个单位审计整改落实情况进行现场督查，促进问题完成整改462个。建立2021年7月以来的审计整改进度台账，涉及审计项目114个，合计问题1412个。

内部审计 年内共有39家部门（单位）成立党委（党组）审计委员会。有内部审计机构214个，内部审计人员946人，年内实施审计项目1174个。推动赣州市委审计委员会出台《关于加强内部审计工作的意见》。

相关工作 大力实施党建过硬、质量提升、改革创新、素质提升“四大行动”，推进实现政治、质量、创新、人才“四个强审”。建立或完善审计业务、机关行政等制度18项。强化机关党建、党风廉政建设以及审计文化等工作，高标准打造审计文化馆、党建展示厅、审计书屋，被评为2022年度赣州市打造模范机关工作先进单位。年内提拔、晋升科级干部13人，“80后”科级正职占69%。

（撰稿人：钟　翔）

【吉安市审计局】 2022年，吉安市审计局实有41人。党组成员、局长吴斌，党组成员、副局长周木栋、曹智远、肖军（—8月），党组成员、总审计师曾宣洋，党组成员、市经济责任审计工作联席会议办公室主任陈美芳（5月—），党组成员、四级调研员吴兴平，二级巡视员黄廉传，三级调研员肖军（8月—）、杨王太。设有办公室、法规科、审理科和财政金融审计科等11个职能科室；另设市委审计委员会办公室秘书科，局机关党总支，增挂经济责任审计工作联席会议办公室牌子；下设吉安市计算机审计中心、吉安市审计局井冈山经济技术开发区审计中心。

审计成果 2022年，吉安市审计机关共完成审计项目355个。查出主要问题金额164914万元；审计发现非金额计量问题642个；损益（收支）不实金额6034万元；出具审计报告和专项审计调查报告534篇，被批示、采用53篇次。审计处理处罚金额54831万元；移送司法机关、纪检监察机关和有关部门处理事项12件，移送处理人员3人。审计促进整改落实有关问题资金48374万元；审计促进拨付资金到位2434万元；审计后挽回（避免）损失5480万元；核减投资额15395万元。审计提出建议839条，被采纳684条；提交审计信息27篇，向社会公告审计结果1篇。

政策落实情况跟踪审计 组织开展了重大政策措施落实跟踪审计和优化营商环境政策落实情况审计。通过审计，揭示了违规制定罚没款收缴任务、退款设定期限不合理等问题，促进了营商环境优化。

财政审计 完成了市本级14个部门（单位）2021年度财政预算执行情况实施审计，揭示了预算绩效管理尚不完善、财政资金管理不到位等问题，盘活存量资金3939.65万元。吉安市审计机关共完成82个工程项目审计，核减投资额15395万元。其中吉安市审计局完成了新井冈山大桥、市博物馆等项目，纠正工程造价不实金额（多计工程款）5000多万元。

国有企业审计 开展了对绿庐陵、家庐陵等融资担保有限公司2021年度资产负债损益情况审计，掌握了投融资平台债务的类型、规模、结构及平台资金使用和资产管理情况。

金融审计 组织开展了对吉安、万安、永丰3家农村商业银行股份有限公司2021年度资产负债损益审计，揭示了贷前调查不尽职、发放贷款17116.94万元等问题，进一步强化了金融机构风险意识。

农业农村审计 组织吉州区等11个县（市、区）100多名审计骨干开展了粮食领域专项审计调查，进一步保障粮食安全。开展了安福县、峡江县2019—2021年度乡村振兴政策措施落实情况审计，进一步推动了乡村振兴政策措施落实，项目落地。

资源环境审计 吉安市审计机关组织开展了领导干部自然资源资产离任审计项目20个涉及领导28人，发现问题37个，提出审计建议7条，揭示了耕地撂荒、部分企业未取得排污许可等问题，并督促及时整改到位。

经济责任审计 吉安市审计机关共完成对166名领导干部的经济责任审计，吉安市审计局完成了36个单位领导干部经济责任审计，进一步促进了领导干部履职尽责、担当作为。

审计查出问题整改 在全市范围内开展了审计整改“回头看”，牵头做好了省审计厅对王少玄同志任市长期间经济责任和自然资源资产离任审计等发现问题的整改工作。地方政府专项债券资金管理使用审计查出问题整改成效明显，在2022年省人大常委会开展的满意度测评中，吉安市满意率为100%，名列第一。

研究型审计 出台了《吉安市2022—2026年市管领导干部经济责任审计项目五年规划》，推动领导干部经济责任审计全覆盖。出台了《吉安市审计局大数据审计实施办法（试行）》，形成可复制、可推广的审计经验。

相关工作 探索巡审联动机制，实行巡察与审计同步入驻，联合工作，实现资源整合、信息互通、成果共享，有效提高监督效率。积极参与乡村振兴、社区帮扶等中心工作，共筹集资金140余万元，为6个帮扶点解决了急难愁盼问题，驻村工作队年度考核被评为“好”等次。同时获评2022年度市直单位综合考核第一等次，连续多届荣获省级文明单位称号，获平安建设、公共机构节能等先进单位荣誉。 （撰稿人：符　欣）

【宜春市审计局】 2022年，宜春市审计局实有74人。党组书记、局长周建鲜，党组成员、副局长、三级调研员陈琪（—8月），党组成员、副局长毛系元、曾春，党组成员李选才，总审计师闻清迷，市经济责任审计工作联席会办公室主任谢建新（—5月），一级调研员邓余平、张长根，二级调研员邹包寅、樊秀江、陈琪（8月—），三级调研员付慧兰、谢建新（5月—）。设有市委审计委员会办公室秘书组、秘书科、综合调研科等15个科室和机关党总支，下属事业单位市审计技术保障中心。

审计成果 2022年，宜春市审计机关完成审计（调查）项目 464 个，其中审计项目 449 个，专项审计调查 15 个。查出主要问题金额 326.39 亿元；审计发现非金额计量问题 1088 个；损益（收支）不实金额 9.29 亿元；出具审计报告和专项审计调查报告 594 篇，被批示、采用 13 篇；审计处理处罚金额 49.76 亿元；移送司法机关、纪检监察机关和有关部门处理事项 113 件，移送处理人员 126 人，移送处理金额 3.38 亿元；审计促进整改落实有关问题金额 44.49 亿元；审计后挽回（避免）损失 0.68 亿元；核减投资额 0.09 亿元；移送处理落实事项 10 件；审计提出建议 1243 条，被采纳 1104 条；推动被审计单位制定整改措施 84 项；促进被审计单位制定、完善规章制度 131 项；提交审计信息 141 篇，被批示、采用 83 篇。

2022 年，宜春市 5 户市级国有企业 2021 年度资产负债损益情况专项审计调查项目分获全国优秀审计项目一等奖和全省市级优秀审计项目一等奖，万载县黄茅镇领导干部自然资源资产任中审计项目和上高县原粮食局及下属单位 2016 年至 2021 年度资金收支、管理情况审计项目、丰城市秀美乡村建设资金专项审计调查项目分获全省县级优秀审计项目二等奖、三等奖。宜春市审计局支部建在审计组上党建模式获评全市机关党建与业务融合精品案例第 1 名。万载县审计局开展的黄茅镇领导干部自然资源资产离任审计项目案例入选审计署《长江经济带自然资源和生态环境审计巡礼》。宜春市审计局 1 个作品入选审计署 2022 年“五个十”审计宣传正能量精品。

政策落实情况跟踪审计　按季度完成四个季度重大政策措施落实情况跟踪审计，上报问题 38 个，涉及金额 3.65 亿元；按省审计厅简报要求完成金融政策、清欠中小企业账款、“三公”经费等政策措施落实情况跟踪审计，上报问题 27 个，涉及金额 1.81 亿元，联合市工信局出台《关于建立 2022 年度防范和化解拖欠中小企业账款审计专项工作联动机制的通知》。

财政审计　实施 2021 年度市级预算执行和其他财政收支审计，涉及 45 家相关部门（单位），发现无预算列收列支等 5 大类 127 个问题，促进入库各项资金 2.78 亿元，收回预算重新安排资金 0.74 亿元，归还原资金渠道 0.29 亿元，督促使用资金 5.6 亿元，推动制定各类规章制度 31 项。

国有企业审计　实施 5 户市级国有企业 2021 年度资产负债损益情况专项审计调查，共查出问题 92 个，涉及金额 74.06 亿元，移送案件线索 9 件，移送责任人 7 人，综合报告、专报等共 16 篇均获市领导批示。

经济责任审计　对 266 位领导干部任期经济责任进行了审计，其中任中审计 44 人、离任审计 222 人，发现问题 1379 个。

研究型审计　组织开展调查研究，健全审计对象库，建立完善重大审计项目库。联合社联、宜春学院等单位开展 2022 年市级审计课题研究，18 项课题均已启动立项，深入推进研究型审计。2022 年首次在审计系统内部核心刊物《中国审计》发表文章，在《中国审计报》等发表文章 10 余篇，审计研究成果创历史新高。

相关工作　2022 年，宜春市审计局确立了“政治立审、质量兴审、科技促审、人才强审”总体战略方针，提出了“一年促规范、两年强素质、三年大提升”中长期工作思路。完善工作机制，修订出台《中共宜春市委审计委员会成员单位工作协调机制》《审计现场督察指导工作规范》《两核三审一复评工作办法》等制度 16 项。积极探索深化改革举措，建立“争、查、评、奖”四位一体竞争机制，助推审计项目提质增效。加强人才队伍建设，选拔任用 7 名年轻干部到正科级、副科级岗位，全市审计机关通过人才引进、考录、遴选等方式新增干部 21 人。开通“宜春审计”微信公众号，全年发布信息动态 200 余条。

（撰稿人：毛明珺）

【抚州市审计局】　2022 年，抚州市审计局实有 49 人。党组书记、局长曾月兴，党组成员、副局长杨心灵、艾庆云、曾希国（5 月—），党组成员、总审计师陈国华（—5 月），党组成员、市经济责任审计工作联席会办公室主任吴峰（5 月—），一级调研员刘冰冰，二级调研员万高峰（5 月—），三级调研员李兆龙、陈国华（1 月—）、姜东兴，四级调研员席勇卫、桂世芳。设有抚州市委审计委员会办公室秘书科、办公室等 12 个职能科室；下设抚州市政府投资项目审计中心等两个正科级全额拨款事业单位。

审计成果 2022年，抚州市审计机关共完成审计（调查）项目502个，审计查出主要问题金额148亿元，审计缴款到市财政的金额为1亿元，促进整改落实有关问题资金60亿元；移送司法机关、纪检监察机关和有关部门处理事项38件。全市共撰写并上报审计要情、审计专报48篇，提出审计建议1302条，促进被审计单位建立健全规章制度124项。

政策落实情况跟踪审计 以审计拖欠中小企业账款方面政策措施落实情况为重点，市审计局共抽审单位29个，抽查项目46个，涉及资金总额2亿元。

财政审计 抓好重点部门一个个“小碟子”，并对7个市直单位进行重点审计，揭示了预算执行、决算草案编制、政策落实、专项资金管理、政府投资项目等方面存在问题81个，涉及违规资金5926万元。

重点实施部分政府性投资项目实施情况专项审计调查，完成汤显祖大剧院修复工程等5个工程项目的决算审计，审计投资金额3亿元，在市财政局评审基础上核减造价3340万元，审计促进整改落实有关问题资金3010万元，对被审计单位提出审计建议15条。

资源环境审计 重点关注领导干部贯彻执行中央和省市生态文明建设方针政策部署等情况。组织对全市11个县（区）2020年至2021年度生态环保资金管理使用情况进行专项审计，审计发现问题158个，涉及违规资金11亿元，移送纪检监察机关处理事项8件，涉及有关责任人员5人，提出审计建议50条。完成对崇仁县原党政主要领导和资溪县原县长的自然资源资产离任审计，发现存在问题56个，涉及违规资金1亿元，涉及土地（林地）10万亩。

民生审计 完成对南城、广昌等两个县2021年度衔接推进乡村振兴补助资金进行专项审计调查和对抚州市农商行、东乡区农商行2021年度资产负债损益审计。对9个县开展粮食领域专项审计调查，涉及问题金额2亿元，涉及政策性粮食35万吨。

经济责任审计 坚持关注领导干部贯彻执行国家重大决策部署和经济工作方针政策等情况，完成对44名领导干部履职期间经济责任的审计项目，共发现问题564个，涉及违规金额39亿元，提出审计建议152条。

审计查出问题整改 督促省党政主要领导经济责任审计和自然资源资产离任审计发现问题整改，积极推进全市招商引资优惠及奖励政策兑现情况审计发现问题整改，持续跟踪市本级（含高新区）经济发展环境审计发现问题整改，牵头抓好省人大对抚州市地方政府专项债券管理使用审计查出问题整改，推动落实2021年度市级预算执行和其他财政收支审计查出问题整改，完成2021年度审计查出问题整改清单台账的建立，先后下发整改工作提示10次，向被审计单位下发整改督办函30余份。 （撰稿人：杨志波）

【上饶市审计局】 2022年，上饶市审计局实有61人。党组书记傅骏（9月—），局长傅骏（12月—），党组成员、副局长乐以群、李长水，纪检组长任毅，党组成员、市经济责任审计工作领导小组办公室专职副主任谢建军，一级调研员朱建业（6月—），二级调研员周锋（6月—），三级调研员沈群芬（1月—），四级调研员朱樾。内设上饶市委审计委员会办公室秘书科、办公室、财政与金融审计科等12个行政编制科室；下设上饶市审计技术保障中心。

审计成果 2022年，上饶市审计机关共完成审计项目368个，其中审计352个，专项审计调查16个，查出主要问题金额332615万元；出具审计报告和专项审计调查报告588篇，审计处理处罚金额65895万元，移送司法机关、纪检监察机关和有关部门处理事项53件，移送处理人员45人。

上饶市审计局组织开展的中共余干县委书记任职期间经济责任履行情况审计项目荣获2022年度全省审计机关优秀审计项目三等奖，德兴市审计局组织开展的德兴市2019年至2020年度自然资源资产管理和生态环境保护情况专项审计调查项目被评为2021年度全国审计机关县级优秀审计项目三等奖。

政策落实情况跟踪审计 抽查88个单位、抽审资金13.26亿元；跟踪审计35个项目、总投资额7000万元。

财政审计 开展了2021年度上饶本级（含市

直、三清山管委会、上饶经济技术开发区、高铁试验区）预算执行、决算和其他财政收支情况。开展了上饶市公安局、上饶市机关事务局等7家单位部门预算执行审计。开展了政府投资审计项目10个，重点关注项目管理、工程招投标、工程结算等方面，通过审计节约国有资金5995.44万元。

开展上饶市本级网络安全和信息化建设审计。

国有企业审计 开展了上饶市13家市属企业审计调查，开展了上饶市部分地区融资平台投融资举债、管理、使用等情况专项审计。

金融审计 开展了上饶市7家农村商业银行2021年度资产负债损益审计，揭示了信贷业务及金融市场业务把关不严等问题。

农业农村审计 开展了婺源县2021年度衔接推进乡村振兴补助资金管理使用情况审计调查，揭示了高标准农田建设部分项目建设资金投入不足等问题。

资源环境审计 开展了万年县人民政府原县长自然资源资产离任审计和上饶市自然资源局2021年部门预算执行以及2020年至2021年财政收支情况审计。

民生审计 开展了德兴市和铅山县民政社会救助资金审计，上饶市涉粮领域专项审计，揭示了粮食收购损害粮食生产者利益等问题。

经济责任审计 开展了上饶市住建局、上饶市委党校、上饶市广播电视台、上饶高新技术产业园等52位领导干部经济责任审计。

审计查出问题整改 上饶市审计局修订了《上饶市审计局审计整改工作实施意见》，明确了整改责任，规范整改程序。

相关工作 中共上饶市审计局党组制定出台了《中共上饶市审计局党组工作规则（试行）》《中共上饶市审计局党组贯彻“三重一大”集体决策制度实施办法（试行）》。修订完善了《上饶市审计局审计整改实施意见（试行）》。上饶市审计局获得第十六届省级精神文明单位荣誉。上饶市审计局参加全省审计机关大数据审计技能大赛，荣获优秀组织奖第一名和个人竞赛第一名。

（撰稿人：傅雅静）

2022年江西省所辖市、县（市、区）审计工作统计表

审计机关	完成审计项目/个	审计查出主要问题金额/万元	审计发现非金额计量问题/个	审计期间整改金额/万元	出具审计报告和审计调查报告/篇	审计处理情况		审计促进整改落实有关问题资金/万元	审计提出建议/条	提交审计信息/篇
						审计处理处罚金额/万元	移送处理事项/件			
南昌市										
南昌市本级	70	2961476	726	322061	87	554374	15	520551	210	179
东湖区审计局	32	2280	57		42	2280		2280	73	21
西湖区审计局	26	4563	62	3576	26	3577		3577	69	22
青云谱区审计局	26	28872	95		49				69	28
青山湖区审计局	21	15069	167		35				65	20
新建区审计局	17	529649	79		17	8			63	22
红谷滩区审计局	12	9008	179	3	15	3541		2813	56	71
南昌县审计局	38	2259	63	2259	38	2259		2259	60	8
安义县审计局	30	2154	118	6	44	464		464	66	53

续表

审计机关	完成审计项目/个	审计查出主要问题金额/万元	审计发现非金额计量问题/个	审计期间整改金额/万元	出具审计报告和审计调查报告/篇	审计处理情况		审计促进整改落实有关问题资金/万元	审计提出建议/条	提交审计信息/篇
						审计处理处罚金额/万元	移送处理事项/件			
进贤县审计局	22	13346	22	633	22	49			52	28
景德镇市										
景德镇市本级	49	38520	902		45		18		60	11
昌江区审计局	9	26075	42	35	9	35		35	39	
珠山区审计局	8	16649	5		8	11		13741	29	10
浮梁县审计局	25	170879	72		26			139478	89	
乐平市审计局	32	62429	116		41	54	2	54	118	12
萍乡市										
萍乡市本级	57	1317170	428	45	57	394663	5	123584	192	6
安源区审计局	15	42249	22	15265	15	15465		15465	29	
湘东区审计局	2	257			2	257		257	7	
莲花县审计局	3	1958	10		3	6		6	13	
上栗县审计局	23	205199			23	61		61	77	3
芦溪县审计局	5	1682	1		5	39		39	33	
九江市										
九江市本级	45	34426	310	469	73	6121	2	1998	124	22
濂溪区审计局	18	1677	105		18	296	1	296	59	
浔阳区审计局	20	1885		956	20	1885		1885	55	
柴桑区审计局	30	5073	221		40	4958		637	78	
武宁县审计局	25	1132	50	389	41	1132	2	1132	129	
修水县审计局	40	5703	32	2135	60	2421		6	85	
永修县审计局	40	7298	170	194	59	6592	2	2695	104	
德安县审计局	13	184	115		20	184		73	95	
都昌县审计局	7	6130	26	22	7	927		22	22	
湖口县审计局	38	1457	36		60	1289		1209	116	
彭泽县审计局	39	9067	50	309	56	399		293	61	
瑞昌市审计局	13	33178	78	8	21	32939	1	1176	51	
共青城市审计局	19	4710	122	18		4630		1219	67	
庐山市审计局	41	1793	103		54	1793	11	1793	135	
新余市										
新余市本级	49	243907	291	330	78	2273	11	1961	146	1

续表

审计机关	完成审计项目/个	审计查出主要问题金额/万元	审计发现非金额计量问题/个	审计期间整改金额/万元	出具审计报告和审计调查报告/篇	审计处理情况		审计促进整改落实有关问题资金/万元	审计提出建议/条	提交审计信息/篇
						审计处理处罚金额/万元	移送处理事项/件			
渝水区审计局	12	22198	11	10	20	16336		52	46	
分宜县审计局	11	836			17	165		165	69	
鹰潭市										
鹰潭市本级	28	213302	544	8404	28	6767		15	83	
月湖区审计局	20	184697	60	14	15	56		84	43	
余江区审计局	11	39217	31		16	4223		20	31	3
贵溪市审计局	36	74360	205	12	36	500			88	
赣州市										
赣州市本级	76	247757	910	181647	109	53066	28	18592	309	15
章贡区审计局	25	1366	412	24	25	1346	16	1044	72	
南康区审计局	34	347778	70	163705	61	1113	2	1113	109	6
赣县区审计局	29	15373	106	8	52	157		80	31	
信丰县审计局	36	14169	82		63	2017	4	2017	106	
大余县审计局	10	1794	27	762	16	712		279	26	
上犹县审计局	43	5286	162		82	4468		4468	131	
崇义县审计局	44	50737	150	146	72	37246	1	37239	97	
安远县审计局	34	153509	47		34	1857		1857	111	
定南县审计局	19	5484	120	303	28	5181	1	5027	62	13
全南县审计局	44	5317	52	614	88	1421		81	93	
宁都县审计局	12	16412	43		22	1041	8	1041	22	10
于都县审计局	11	1904	14	229	19	203		57	17	
兴国县审计局	14	26555	87	13	27	5116		4909	40	
会昌县审计局	34	10012	63		48	399		399	35	2
寻乌县审计局	13	68767	21	8097	21	38	1	25	39	
石城县审计局	16	41625	50	111	31	41316		80	51	
瑞金市审计局	22	103477	62		39	95218		70546	59	
龙南市审计局	27	61838	86	7153	52	56593		56400	75	
吉安市										
吉安市本级	69	85852	328	722	106	914	6	914	194	2
吉州区审计局	30	9015	24	56	47	2724		5	74	
青原区审计局	35	9207	61	13	58	6		6	70	

续表

审计机关	完成审计项目/个	审计查出主要问题金额/万元	审计发现非金额计量问题/个	审计期间整改金额/万元	出具审计报告和审计调查报告/篇	审计处理情况		审计促进整改落实有关问题资金/万元	审计提出建议/条	提交审计信息/篇
						审计处理处罚金额/万元	移送处理事项/件			
吉安县审计局	18	1572			21	203		26	36	
吉水县审计局	23	4188	4		33	3359	5	2801	59	
峡江县审计局	19	2159	9		34	244		244	42	5
新干县审计局	10	21947		21847	16	21849		21849	50	
永丰县审计局	31	492			49				38	
泰和县审计局	12	11			20	11		11	31	
遂川县审计局	9	5694	35		14	2402	1		15	16
万安县审计局	26	1276	69		44	296		119	81	
安福县审计局	42	20505	62		56	20039		19666	59	
永新县审计局	10	206	46	7	14	206		199	31	
井冈山市审计局	21	2790	4	44	22	2578		2534	59	4
宜春市										
宜春市本级	71	1406273	355	2150	85	451945	46	396810	200	11
袁州区审计局	42	21678	56	46	31	10654	15	10359	98	3
奉新县审计局	38	120521	135	21	58	250		250	105	65
万载县审计局	33	4113	146	17	54	266	6	266	129	14
上高县审计局	70	43132	46	1056	89	5118	22	5118	149	8
宜丰县审计局	14	42337	13	121	24	24255		24255	42	
靖安县审计局	43	337433	2	9	43	77		2134	169	
铜鼓县审计局	35	23705	149	149	66	1138	6	1138	77	32
丰城市审计局	36	89318	126	4137	63	2151	11	2874	107	4
樟树市审计局	51	1119871	12	264	51	395	2	360	102	1
高安市审计局	31	55513	48		30	1343	5	1342	65	3
抚州市										
抚州市本级	102	620751	519	6825	102	166783	8	274670	262	26
临川区审计局	60	18926	85	56	60	1649		13949	130	6
东乡区审计局	40	34414	84	125	40	6126	2	3339	99	12
南城县审计局	26	135228	53	22	26	24516	4	53	106	6
黎川县审计局	22	36932	238	33891	22	1648	12	8900	62	9
南丰县审计局	12	77077	55	5628	12	321		605	32	8
崇仁县审计局	25	118971	156	165	25	118307	1	663	78	7

续表

审计机关	完成审计项目/个	审计查出主要问题金额/万元	审计发现非金额计量问题/个	审计期间整改金额/万元	出具审计报告和审计调查报告/篇	审计处理情况		审计促进整改落实有关问题资金/万元	审计提出建议/条	提交审计信息/篇
						审计处理处罚金额/万元	移送处理事项/件			
乐安县审计局	32	27229	37	51	32	4724		19226	112	7
宜黄县审计局	20	88458	46	2360	20	68669		84928	48	10
金溪县审计局	32	109324	90	5531	32	60614	4	82019	89	13
资溪县审计局	36	54245	132	42236	36	2059		49235	110	14
广昌县审计局	44	67159	150	77	44	2420		53757	108	6
抚州高新区审计局	51	89200	95	1201	51	2896	7	6258	66	17
上饶市										
上饶市本级	79	228833	176	669	113	53158	14	7391	250	35
信州区审计局	25	8416	28		40	32	2	31	63	4
广丰区审计局	33	15182	37	1	52	1655	35	1654	131	8
广信区审计局	40	50108	28		69	3329		307	136	5
玉山县审计局	46	6330	61	57	76	1524		1427	148	3
铅山县审计局	29	5519	20	5	52	929	1	460	80	3
横峰县审计局	14	1110	12	2	24	817		49	37	1
弋阳县审计局	10	2281	17		14	883		883	42	2
余干县审计局	28	7455	24		36	257		257	81	34
鄱阳县审计局	14	108	26	10	28	98	1	88	62	12
万年县审计局	14	1874	1	445	23	642		69	44	1
婺源县审计局	28	2227	10		50	49		47	98	10
德兴市审计局	8	3172		2518	11	2522			24	25
三清山风景名胜区审计局	15	201	5		15	201		201	54	

山东省

【山东省审计厅】 2022 年，山东省审计厅实有 341 人。山东省委审计委员会办公室（简称省委审计办）设在山东省审计厅，下设秘书处；山东省审计厅设有办公室、法规处（审理处）、人事处、经济责任审计处、电子数据审计处、财政审计处、教科文卫审计处、农业农村审计处、自然资源和生态环境审计处、固定资产投资审计处、金融审计处、企业审计处、社会保障审计处、涉外审计处、机关党委、离退休干部处、派出审计一处至派出审计十八处等 34 个处（室）；下设审计科学研究所、审计宣传教育中心、审计厅内部审计指导中心。

领导成员

党组书记、厅长：王金城

党组副书记、副厅长：张晓峰（3月—）

党组成员、副厅长：杨统海（—4月）

许庆豪（—6月）

李　宁

孙承明（—4月）

王玉强（4月—）

党组成员、省纪委监委驻省审计厅纪检监察组组长：崔良桐（—5月）

副 厅 长：栾心勇

党组成员、总审计师：王玉强（—4月）

省经济责任审计工作联席会议办公室主任：

孙焕军

审计成果 2022年，山东省审计机关共完成审计项目4732个，其中审计4308个，专项审计调查424个。查出主要问题金额128598740万元，其中违规金额1630158万元、损失浪费金额847305万元、管理不规范金额126121276万元；审计发现非金额计量问题33764个；损益（收支）不实金额2611813万元；审计发现侵害人民群众利益1715498万元。审计处理处罚金额6383085万元，其中应上交财政1077072万元、应减少财政拨款或补贴418934万元、应归还原渠道资金620227万元、应缴纳其他资金24248万元、应调账处理金额4242601万元；移送司法机关、纪检监察机关和有关部门处理事项901件，移送处理人员1376人，移送处理金额1663063万元。审计促进整改落实有关问题资金11200805万元；审计促进拨付资金到位1167656万元；审计后挽回（避免）损失356441万元；核减投资额453225万元。审计提出建议14614条，被采纳11508条；推动被审计单位制定整改措施7896项；促进被审计单位建立健全规章制度1946项；提交审计信息3268篇，被批示、采用1931篇次。向社会公告审计结果105篇。

组织实施的全省黄河滩区居民迁建政策落实及资金管理使用情况审计调查获评全国审计机关优秀审计项目一等奖，大数据审计、研究型审计等多项工作在审计署召开的相关会议上作交流发言，厅机关连续11年保持“全国文明单位”荣誉称号，全省审计系统省级以上文明单位覆盖率达96%以上。

审计委员会办公室工作 坚持和加强党对审计工作的集中统一领导，组织召开省委审计委员会全体会议2次，深入学习贯彻习近平总书记关于审计工作的重要论述和中央审计委员会决策部署，加强对审计领域重点工作的统筹协调和督促落实。严格落实重大事项请示报告制度，制发《省委审计委员会重大事项请示报告工作流程》，规范加强市级党委审计委员会请示报告工作，向中央审计委员会及省委审计委员会请示报告重大事项87件，受理市级党委审计委员会请示报告重大事项167件。出台《山东省审计工作重大事项督察督办办法（试行）》，推动省委审计委员会各项部署安排有效落实。组织召开全省深化审计管理体制改革推动新时代审计高质量发展工作会议，组织推进全省审计系统98项重点改革创新任务，以高质量审计更好服务经济社会高质量发展。

政策落实情况跟踪审计 聚焦黄河重大国家战略及山东省“三个十大”行动计划，组织实施就业优先、稳中求进高质量发展“政策包”、科技创新、安全生产、“三医联动”改革等32个重大政策跟踪审计项目，揭示科技资源开放共享政策落实不到位、安全生产执法监管不严格、生产经营单位主体责任履行不到位、医疗机构违规收费等问题，促进相关市县拨付滞留、闲置创业担保贷款财政贴息和培训补贴10097.58万元，促进有关部门完善生态保护制度20余项，以有力有效的审计监督推动政策落实落地。

财政审计 加强财政收支真实合法效益审计，对省级预算单位开展全覆盖大数据分析，重点对23个部门及所属96个单位进行现场审计，拓展监督广度深度，年度预算执行审计工作报告得到省人大常委会充分肯定。省市县三级联动对道路交通事故社会救助、海洋生态保护修复等8项重点资金实施专项审计，促进调减道路交通事故社会救助基金省级调剂比例，拨付结存、滞留专项资金1.03亿元。组织全省审计机关开展新增政府专项债券管理和政府债务风险防控专项审计调查，持续关注政府债务借、用、管、还风险。组织全省财政大数据审计技能竞赛，提高财政审计智慧化水平。

开展小清河复航工程、鲁南高速铁路工程、引黄灌区农业节水工程等重点建设项目审计，揭示工程进展缓慢、资金筹集不到位、多计工程费用、资金拨付不及时等突出问题，推动 3.74 亿元资本金到位，14.74 亿元项目资金拨付使用，核减工程造价 1293.7 万元，收回多结算工程款 1294.14 万元。

国有企业审计 开展全省重点国有企业科技创新发展情况专项审计调查，揭示创新主体和创新平台引领作用不足，研发投入管理绩效不高等问题，促进企业进一步提升自主创新能力。

金融审计 始终把推动防范化解重大风险摆在突出位置，组织开展全省地方重点商业银行风险管控、粮食购销领域专项审计，揭示资产风险管控不严格、支持实体经济政策落实不到位、违规开展信贷业务、自行放宽收购标准等问题，促进收回违规向“两高一剩”行业等发放的贷款 42.39 亿元，整改违规信贷业务 40.15 亿元，推动修订《山东省地方储备粮管理办法》，搭建四级粮食质量安全检验监测体系。

开展山东绿色发展基金等 7 个国外贷援款项目审计，组织实施中国（山东）自贸区建设运行情况审计调查，促进青岛片区安排 2000 万元设立专项发展基金，助力提高开放型经济水平。

资源环境审计 印发《关于加强山东省黄河流域生态保护和高质量发展审计监督的实施意见》，助力黄河流域生态保护和高质量发展。开展水资源保护利用、泰山区域山水林田湖草生态保护等专项审计，推动出台《山东省饮用水水源保护区管理规定》，促进追缴污水处理费、水资源税、水土保持补偿费 2.29 亿元，收回资金、调减造价等 2748.56 万元。组织对 16 名省管领导干部开展自然资源资产审计，督促落实自然资源资产管理和生态环境保护责任。建立资源环境审计监督与自然资源执法监督协作配合机制，凝聚监督合力。

民生审计 聚焦群众急难愁盼问题，加大民生审计力度，开展黄河滩区居民迁建审计，推动 2632.43 公顷土地完成复垦、13.83 亿元土地节余指标收益和 1.54 亿元项目配套资金拨付到位；开展困难群众救助补助资金审计，揭示 4 家机构虚报多领补助资金 729.94 万元，20 家集中供养救助机构、11 个镇街挤占挪用资金 871.82 万元等问题，兜牢兜好民生底线；开展农业保险保费补贴资金审计，揭示 14 县 3.26 亿元农业保险费补贴资金拨付不及时等问题，28 名参与骗保人员受到免职、撤职等处分，推动农业保险高质量发展。

经济责任审计 围绕促进领导干部履职尽责、担当作为，对 69 名省管领导干部开展经济责任审计，任中审计比例达到 68%。编印领导干部履行责任常见问题清单，列示 96 项问题 244 种表现形式，促进规范权力运行。开展沿黄 4 市 13 县地方党政经济责任审计与省委专项巡视联动，推动审计监督与巡视监督同频共振、互补互促。

审计查出问题整改 提请省政府召开全省审计查出问题整改工作视频会议，健全完善整改清单、审计约谈、审计整改结果认定等制度，进一步压实整改责任。开发审计整改督查管理系统，对审计整改情况实施全过程动态管理。开展整改“回头看”及专项督查 4 次、发送整改督办函 106 份，2021 年度省级预算执行审计工作报告反映的 1248 个问题中，要求立行立改的 995 个问题，已全部整改到位；要求分阶段整改的 201 个问题，有 181 个已完成整改；要求持续整改的 52 个问题，均按原定计划推进落实，整改金额共计 240.88 亿元，其中上缴国库、归还原资金渠道 58.49 亿元，统筹盘活资金 2.14 亿元，加快拨付使用 112.97 亿元，诉讼等司法途径整改 8.95 亿元，调整账务等方式整改 58.33 亿元。

相关工作 召开全省智慧审计工作推进会，部署推进智慧审计建设。在全国率先建成金审工程三期，搭建智慧审计平台，研发地理信息“一张图”“BIM+投资”等前沿技术，创新运用卫星遥感多光谱监测技术、无人机测绘、激光雷达三维建模等先进技术手段，提升审计科技化、数字化水平。组织开展全省大数据审计技能竞赛，提升审计人员大数据审计专业能力。

把学习贯彻习近平新时代中国特色社会主义思想作为首要政治任务，学习宣传贯彻党的二十大精神，严格落实“第一议题”制度，召开党组会集中学习 30 次、理论学习中心组集中研讨 12 次，及时跟进学习习近平总书记重要讲话精神，着力在全面学习、全面把握、全面落实上下真功见实效。举办全省审计工作高质量发展培训班、专题学习班、审计大讲堂等，深化青年理论学习提升工程，推进党史学习教育常态化长效化。认真落实意识形态和思想政治工作责任，召开新闻发布会4次，动态监测涉审舆情，守牢意识形态阵地。推进全省审计系统模范机关建设“三级联动”，构建全省审计工作一盘棋。

积极稳妥推进审计专业技术类公务员分类改革，完成厅机关及16市审计局首次任职资格评定等工作。坚持新时代党的组织路线和好干部标准，健全绩效考核体系，激励干部敢干真干实干。出台落实中央八项规定精神实施办法，制定加强作风建设21条措施，开展“感党恩勇担当、知敬畏守底线”集中教育，组织警示教育13次、审计廉政检查31次，持续纠治“四风”，纵深推进党风廉政建设。加强干部教育培训，组织培训27期、累计培训8400余人次，进一步提升审计干部政治能力和专业素养。加快全省审计人才库建设，建立大数据、财政审计等11个行业领域人才库，遴选全省400余名专业人才，充分发挥人才支撑引领作用。（撰稿人：宫　琦）

【济南市审计局】 2022年，济南市审计局实有229人。党组书记、局长黄厚安（—5月）、丁林桥（5月—），党组副书记、副局长许荣利，党组成员、副局长李传凤（—8月）、张传堂、吴冬梅（—10月）、刘安，党组成员、纪检组长曲学良（—10月）、马丽媛（11月—），党组成员、总审计师刘均，市经济责任审计工作联席会议办公室主任潘波。市委审计委员会办公室设在市审计局，内设市委审计委员会办公室秘书处；市审计局设有经济责任审计处、财政审计处等27个职能处室；下设市审计服务中心、市经济责任审计中心。

审计成果 2022年，济南市审计机关共完成审计项目354个，其中审计301个、专项审计调查53个。查出主要问题金额7860243万元；审计发现非金额计量问题2901个；出具审计报告和专项审计调查报告562篇。审计处理处罚金额220843万元；移送司法机关、纪检监察机关和有关部门处理事项31件。审计促进整改落实有关问题资金926359万元。审计提出建议1205条，被采纳1036条；推动被审计单位制定整改措施730项；提交审计信息269篇，被批示、采用217篇次。

2020年度章丘区级预算执行和其他财政收支情况审计项目被评为审计署优秀审计项目一等奖。济南市耕地保护和土地利用情况专项审计调查项目被评为省审计厅优秀审计项目二等奖。

审计委员会办公室工作 年内召开两次审委会会议，推动审计整改纳入全市高质量发展综合绩效考核、市属国有企业总审计师制度加快落地；审议通过《关于推动新时代审计工作高质量发展全力护航保障强省会建设的实施意见》一个纲领性文件和八个综合性文件，构建形成全市“1+8+N”审计制度体系；优化审委会及其办公室运行机制，将市委办公厅纳入审委会成员单位，建立市委审计办主任会议制度。

政策落实情况跟踪审计 围绕黄河重大国家战略、乡村振兴等重大战略，开展工业强市政策落实、起步区基础设施建设、自贸试验区建设等重点审计项目。

审计查出问题整改 出台《济南市审计整改工作管理办法》，与市委督查室、市政府督查室建立督审协同联动机制。

研究型审计 制定《关于深入开展研究型审计全面提升审计监督服务保障能力的实施意见》，2篇科研课题分别被省审计厅批准立项和予以结项，2篇调研报告获市第37次社会科学优秀成果三等奖，6篇调研报告分获全市政府系统优秀调研成果二等奖、三等奖和优秀奖。

相关工作 明确提出“一二三四”审计工作总体思路，即紧紧围绕推动新时代审计工作高质量发展一条主线，聚力强化党建引领和队伍建设两大保障，积极打造研究型、创新型、服务型三型审计，做强政策跟踪审计、财政审计、经济责任审计、投资审计四大板块；全力打造“1+5+N”数字审计新模式。打造“经济卫士、审计先锋”党建品牌，“送金融知识进社区”荣获2022年度省市区机关联动“双报到”为民办实事优秀项目。首次面向社会公开征集2023年度审计项目计划，相关新闻全网浏览量达42万次，回收问卷近3万份。（撰稿人：赵宝舒）

【青岛市审计局】 2022年，青岛市审计局实有209人。党组书记、局长管卫东（6月—）、侯杰（—6月），二级巡视员管卫东（—6月）、孙可君（—9月），副局长潘强、张伟、张祚锡，党组成员、总审计师管卫东（—6月），党组成员、纪检组长陆修茂，副局级领导干部王雷，副巡视员宋志刚。设有办公室、法规处、人事处、经济责任审计处、电子数据审计处、财政审计处、教科文卫审计处、农业农村审计处、自然资源和生态环境审计处、固定资产投资审计处、金融审计处、企业审计处、社会保障审计处、涉外审计处、内部审计指导监督处、派出审计一处至十三处、机关党委、离退休工作处；下设技术保障中心。

审计成果 2022年，青岛市审计机关共完成审计项目467个。查出主要问题金额21057865万元；移送司法、纪检监察等机关部门处理事项113件。审计促进整改落实有关问题资金302026万元；核减投资额174966万元。审计提出建议1504条，被采纳487条；促进被审计单位建立健全规章制度61项；提交审计信息259篇，被批示、采用135篇。

政策落实情况跟踪审计 开展企业资本运营绩效、先进制造业发展资金等政策措施落实情况审计和审计调查，促进出台政策措施、制度办法81项。

财政审计 首次将国有资产管理审计情况以专项报告的方式提请市人大常委会审议；市级机关闲置房产未盘活等问题进入市委决策。

国有企业审计 率先建成国内首个企业大数据审计平台，实现“集成化、智能化、全覆盖”企业审计模式。

农业农村审计 实施农业保险、高标准农田建设专项审计调查，促进出台制度40项，切实维护农民利益。

民生审计 紧紧围绕卫生、教育、就业、困难群众救助和政府办实事落实情况开展审计，持续推动保障改善民生。

经济责任审计 出台《青岛市市本级领导干部经济责任审计对象分类管理暂行办法》，健全审计全覆盖长效机制。

审计查出问题整改 以市委审计委员会名义出台审计整改约谈办法，健全审计整改体制机制。专题开展38个未整改问题“回头看”，推动31个问题整改到位，整改金额11.57亿元。

研究型审计 深化“一纵双横多面”研究型审计模式，打造9个行业审计领域创新科研团队，研发非结构化数据处理应用软件“决策查”，向统筹要效率、靠创新提效能。

审计理论研究 撰写的《以研究赋能审计，提升审计监督效能——基于自贸区建设运营情况审计调查实践的思考》等2篇论文在审计署办公厅的征文活动中获奖。《深化预算执行审计研究》入选中国审计学会合作研究课题论文集。

相关工作 出台加强区市党委审计委员会工作的实施意见。编制政策绩效审计、干部队伍建设等12个领域三年（2023—2025）行动计划，促进干部队伍能力素质建设。（撰稿人：潘铎印）

【淄博市审计局】 2022年，淄博市审计局实有121人。党组书记、局长荆国，党组副书记、副局长、一级高级主管杜贞耐，副局长、三级高级主管房虹，党组成员、三级高级主管冯淑青，党组成员、副局长、三级高级主管李晓燕，一级高级主管杜玉琳，市政府投资审计中心党总支书记、主任孙雅娟，二级高级主管刘可贵，四级高级主管周长银、王兰军、徐发亮、黄有昌，总经济师、四级高级主管王阳、张国华。设有秘书科、办公室、法规科、机关党委等8个综合科室，经济责任审计科、电子数据审计科、财政审计科、教科文卫审计科等11个业务科室；下设淄博市政府投资审计中心。

审计成果 2022年，淄博市审计机关共完成审计项目324个，查出问题金额228.17亿元，其中违规金额1.83亿元、管理不规范金额226.33亿元。移送案件线索73件，移送处理人员92人，移送处理金额2.02亿元。

粮食购销领域有关情况审计项目分获审计署、省审计厅一等奖第一名。“公共投资智慧审计新模式”被工信部评为数字政府十五佳示范案例。

政策落实情况跟踪审计 聚焦“稳中求进”政策包落实，推动拨付资金3400万元，健全工业稳增长支持政策，完善“淄惠企”平台上线运营。

财政审计 8个部门开展现场审计，对市级一级预算单位大数据分析全覆盖，揭示问题22类219项，促进规范资金8.08亿元。

对12个年度投资362.6亿元的政府项目监

督，核减工程造价7.2亿元。

国有企业审计 开展国企改革三年行动审计调查，推动27家市属企业完善现代企业制度。

金融审计 以政府债券审计为载体，促进规范债券资金29.84亿元。

农业农村审计 开展乡村振兴审计，促进60万亩农田灌排水网节水能力提高20%，推动“非粮化”“非农化”农田退耕复产。

资源环境审计 实施河湖长制落实、矿产资源保护审计，反映工程项目管护不科学、矿山治理不到位等现象。

民生审计 审计重大民生实事落实和养老服务体系建设情况，促进解决幼儿园“大班额”、促进提升长者食堂等设施运营水平；监督疫情防控物资储备和捐赠款物管理，审计市级方舱医院和隔离点建设情况。

经济责任审计 开展25名干部经济责任审计，任中审计比例超过50%。总结分析2021年经济责任审计发现问题，联合市府办开展专项督察。

审计查出问题整改 审计整改首次纳入全市高质量发展考核，常态化纳入市政府常务会议。市人大常委会首次专题询问重点部门审计整改情况。

研究型审计 研究型审计经验在全省审计系统会议上作典型发言。4项工作入选系统改革创新项目，15项科研课题获省市表彰。信息、宣传、科研等工作稳居全省前列。

内部审计 内部审计工作得到省审计厅专题报道，在全省内审会议上作典型发言。

相关工作 连续8年荣膺“全国文明单位”。被省委组织部确定为公务员平时考核工作联系点。纳入省审计厅模范机关创建“三级联动”试点，获评市党建规范化建设示范单位、模范机关建设表现突出单位。（撰稿人：赵　莎）

【枣庄市审计局】 2022年，枣庄市审计局实有56人。党组书记、局长、二级总监窦建军，党组副书记、副局长房栋（9月—），党组成员、副局长田国庆（7月—）、孙敏（—9月），副局长于晨（—1月）、刘锦平（1月—），党组成员、市审计服务中心主任李文广，二级调研员张本良（—6月）、许国强（6月—），四级调研员丁祥军。设有秘书科、办公室、法规科、人事科、机关党委、经济责任审计科、电子数据审计科、财政金融审计科、行政事业审计科、农业与资源环保审计科、固定资产投资审计科、企业审计科、社会保障审计科。

审计成果 2022年，枣庄市审计机关共完成审计项目141个，其中审计135个、专项审计调查6个。查出主要问题金额1169983万元，其中违规金额82633万元、管理不规范金额1087246万元；审计发现非金额计量问题661个；审计期间整改金额16713万元，出具审计报告和专项审计调查报告183篇。审计处理处罚金额122546万元；向司法机关、纪检监察机关移送处理事项8件。审计促进整改落实有关问题资金8770万元。审计提出建议423条；提交审计信息29篇。

2020年度市级预算执行和其他财政收支情况审计项目被评为全省优秀审计项目。全市审计机关获评市级优秀审计项目12个。

政策落实情况跟踪审计 开展全市重点国有企业科技创新发展、网络安全和信息化建设等审计项目17个；督促24家部门（单位）健全网络安全工作责任制；促进2个区印发《城乡公益性岗位扩容提质行动方案》；推动4个区（市）及枣庄高新区拨付专项债券资金37175万元。

财政审计 完成预算执行审计51项。促进上缴非税收入2607.84万元，征收土地出让金720万元、城市基础设施配套费1624.76万元；推动收回存量资金3624.35万元，盘活闲置资金27194万元。

经济责任审计 完成69名领导干部经济责任审计，编印《枣庄市领导干部履行经济责任风险防范手册》（2022年版）。积极落实《枣庄市审计容错纠错机制专项办法（试行）》要求，护航领导干部干事创业。

相关工作 举办枣庄市首届内部审计业务技能竞赛。创新引入图新地球LSV技术和两种Arctool新工具，举办枣庄市“鲁班传人”大数据审计技能竞赛。建立健全高位推进全方位多角度审计成果开发闭环机制等3个项目纳入省委审计办、省审计厅2022年度改革创新项目库；2篇科研论文获市社科联应用研究课题优秀等次。实施差异化考核，坚持“一票肯优”“一票否优”，完成审计专业技术类公务员分类管理改革；完成干部选拔任用、部职级晋升20人次。

（撰稿人：张　松）

【东营市审计局】　2022年，东营市审计局实有65人。党组书记、局长、二级巡视员魏光青，副局长张冬梅，党组成员、副局长杜金岗、齐有锋，市经济责任审计工作联席会议办公室主任李刚，副县级干部张波、温绍云、卢祥滨，二级调研员王国军、成志强、王利民（3月—），四级高级主管袁伍中（9月—）。设有13个行政科室和1个事业单位。

审计成果　2022年，东营市审计机关共完成审计项目155个。查出主要问题金额63.36亿元；审计发现非金额计量问题837个；移送处理事项2件。审计促进整改落实有关问题资金2.40亿元；提出建议432条，被采纳432条；推动被审计单位制定整改措施66项，建立健全规章制度39项；提交审计信息75篇，被批示、采用61篇次。向社会公告审计结果6篇。召开市委审计委员会会议2次，配备市委审计办兼职副主任6名，向市委审计委提报审计要情13篇。

东营市基层医疗卫生服务能力建设情况审计调查、河口区属国有企业运营及资产管理等情况专项审计调查被评为2022年山东省审计机关优秀审计项目三等奖。

资源环境审计　印发《关于加强东营市黄河流域生态保护和高质量发展审计监督的实施意见》，开展市水资源保护利用及相关资金审计、市水务局局长自然资源资产管理和生态环境保护责任情况审计，2篇相关文章被《中国审计》刊发推介。

民生审计　开展困难群众救助补助及捐赠资金审计、学前教育政策落实审计调查、就业优先政策落实情况跟踪审计。

审计查出问题整改　提请市政府召开全市审计整改工作会议，召开审计查出问题整改情况新闻发布会，在《东营日报》刊登整改报告和解读。

研究型审计　“职责+流程”清单式质量管理被省审计厅确定为重点科研课题，研究型审理做法入选全省研究型审计案例汇编。乡村振兴审计相关案例入选省审计厅优秀审计案例汇编。开展网络安全、地方重点商业银行风险管控、市属国企审计防范化解重大风险隐患。

内部审计　推动7家单位成立内部审计委员会、2家单位配备总审计师。

交办任务　开展园博园和广利河沿线资源移交管养费划转审计，防疫资金、物资及方舱医院建设情况审计调查。

相关工作　被省审计厅确定为全省审计机关模范机关建设省市县“三级联动”试点单位，荣获东营市五一劳动奖状。建立党建引领“一轴四维双融”模式，1个行动支部荣获全省审计机关优秀临时党支部，1项工作荣获全市机关党建十佳案例。连续两年保持全国文明单位称号，青年沙龙团队被团市委评为“青春担当好团队”。深化与纪检监察机关协作配合，形成“1+4+5”联动体系，省审计厅主要领导批示肯定，《山东审计简报》刊发推广。开展十大创新亮点评选，2项工作入选全省审计机关改革创新事项，1项工作列入全市数字变革创新行动方案。

（撰稿人：张　洁）

【烟台市审计局】　2022年，烟台市审计局实有99人。党组书记、局长董瑞锋（—5月）、高海军（5月—），一级调研员张邦业（—9月），党组成员、副局长钟方新、翟宇翔（—8月）、王亚贤，副局长刘云鹏（—12月）。设有秘书科、办公室、法规科、人事科（党建办）、经济责任审计科、电子数据审计科、财政审计科、教科文卫审计科、农业农村审计科、自然资源和生态环境审计科、固定资产投资审计科、金融审计科、企业审计科、社会保障审计科、涉外审计科及派出审计一科、派出审计二科、派出审计三科、派出审计四科；下设烟台市审计服务中心。

审计成果　2022年，烟台市审计机关共完成审计项目396个，其中审计367个，专项审计调查29个。查出主要问题金额4120738万元，其中违规金额121368万元、损失浪费金额5827万元、管理不规范金额3993542万元；审计发现非金额计量问题1452个；损益（收支）不实金额17803万元；审计发现侵害人民群众利益96875万元；出具审计报告和专项审计调查报告616篇，被批示、采用3篇次。审计处理处罚金额890251万元，其中应上缴财政121368万元、应减少财政拨款或补贴12907万元、应归还原渠道资金149万元、应调账处理金额755825万元；移送司法机关、纪检监察机关和有关部门处理事项54件，移送处理人员12人，移送处理金额22165万元。审计促进整改落实有关问题资金456956万元；审计促进拨付资金到位42819万元；审计后挽回（避免）损失12964万元；核减投资额12966万元。审计提出建议301条，被采纳156条；推动被审计单位制定整改措施94项；促进被审计单位建立健全规章制度29项；提交审计信息203篇，被批示、采用121篇次。向社会公告审计结果12篇。

困难群众救助补助资金审计等2个审计项目获评省优项目二等奖，粮食购销领域专项审计等3个审计项目获评省优项目三等奖。

政策落实情况跟踪审计 完成自贸区建设运营等10余项政策跟踪审计。

财政审计 完成2021年度预算执行审计，完成市区城建重点项目审计。

国有企业审计 对6家国有企业开展审计。

农业农村审计 完成乡村振兴审计。

资源环境审计 完成水资源保护、土地储备审计。

民生审计 完成困难群众救助、老旧小区等审计。

经济责任审计 对243名领导干部实施经责审计。

涉外审计 完成SOS儿童村、污水处理厂外资审计。

审计查出问题整改 审计整改被纳入《全市领导干部廉洁用权“十严禁”》，在全省审计整改专题会议上作典型发言。

研究型审计 出台《关于全面推进研究型审计促进审计事业高质量发展的实施意见》。

审计理论研究 完成并发表12个重点科研课题。

交办任务 选派干部参与省、市重点工作43人次。

相关工作 举办培训班，为全市千余名干部培训新修订审计法。在全省大数据审计技能竞赛中荣获团体、个人双一等奖。3个党支部被评为“市直机关五星级党支部”。（撰稿人：陈怡怡）

【潍坊市审计局】 2022年，潍坊市审计局实有97人。党组书记、局长张祖钊，党组成员、副局长王天玉、郭勋山，副局长张润霞，市经济责任审计工作联席会议办公室主任刘东芳。设有市委审计办公室秘书科、办公室、人事科、法制审理科、审计结果执行科、财政审计科、行政事业审计科、农业农村审计科、自然资源和生态环境审计科、固定资产投资审计科、社会保障审计科、金融审计科、企业审计科、涉外审计科、电子数据审计科、经济责任审计科、派出审计科、机关党委；下社潍坊市审计局派出审计中心和潍坊市政府性投资审计中心。

审计成果 2022年，潍坊市审计机关共完成审计项目414个，其中审计395个、专项审计调查19个。查出主要问题金额9021088万元，其中违规金额14021万元、损失浪费金额5442万元、管理不规范金额9001625万元；审计发现非金额计量问题2659个；损益（收支）不实金额20675万元；审计发现侵害人民群众利益28万元；出具审计报告和专项审计调查报告626篇。审计处理处罚金额241711万元，其中应上缴财政14733万元、应减少财政拨款或补贴3833万元、应归还原渠道资金13847万元、应调账处理金额209298万元；移送司法机关、纪检监察机关和有关部门处理事项80件，移送处理人员15人，移送处理金额147946万元。审计促进整改落实有关问题资金610970万元；审计促进拨付资金到位1671万元；审计后挽回（避免）损失3507万元；核减投资额4353万元。审计提出建议1449条，被采纳1402条；推动被审计单位制定整改措施144项；促进被审计单位建立健全规章制度30项；提交审计信息343篇，被批示、采用89篇次。向社会公告审计结果8篇。

政策落实情况跟踪审计 围绕服务经济社会发展大局，对海洋产业发展及生态保护修复、潍坊市对口支援西藏资金和项目、海绵城市建设等13项政策落实情况进行跟踪审计，推动清理回收、加快拨付、退还税费等50多亿元，推动重大决策部署落地见效。

财政审计 加大预算执行审计力度，实行省市县三级联动，创新“四个三”模式，同步开展

“市本级+1 个开发区+7 个部门+5 个系统（行业）”审计，共查出问题 132 个、涉及资金 448 亿元。跟进市级重点工程，对宝通街快速路、市中医院东院区等重点项目进行审计，全市开展投资审计项目 40 个，审计核减投资额 4353 万元。提报的审计工作报告得到市人大常委会充分肯定，并第一时间向社会进行公开。

民生审计 组织开展困难群众救助、养老服务业发展、殡葬服务行业管理等民生审计项目，发现 4176 人存在违规享受救助待遇问题，查处整改各类问题资金 3000 多万元，促进相关民生政策精准落实。

经济责任审计 全市审计部门对 24 名市管领导干部、243 名县管领导干部开展经济责任审计，查出主要问题金额 472547 万元。坚持客观评价、精准“画像”，推动将经济责任审计结果及整改情况作为领导干部考核的重要依据，促进领导干部履职尽责、担当作为。 （撰稿人：杨 琦）

【济宁市审计局】 2022 年，济宁市审计局实有 106 人。党组书记、局长王业成（6 月—），一级高级主管王岱峰（6 月—），副局长孙进，党组成员、副局长陶可星、支浩（1 月—），二级高级主管胡忠启（1 月—），市经济责任审计工作联席会议办公室主任程军，市审计服务中心主任张旸，市内部审计指导中心主任宋建波（1 月—）；下设济宁市审计服务中心和济宁市内部审计指导中心。

审计成果 2022 年，济宁市审计机关共完成审计项目 278 个，查出管理不规范金额 6956671 万元；审计发现非金额计量问题 1535 个；损益（收支）不实金额 13150 万元；出具审计报告和专项审计调查报告 430 篇。审计处理处罚金额 73591 万元；移送司法机关、纪检监察机关和有关部门处理事项 82 件，移送处理人员 87 人。审计促进整改落实有关问题资金 265593 万元；审计后挽回（避免）损失 36526 万元；核减投资额 36447 万元；审计提出建议 912 条，被采纳 773 条；提交审计信息 504 篇，被批示、采用 202 篇次。

全市开发区经济高质量发展情况专项审计调查项目荣获全省审计机关优秀审计项目一等奖。

政策落实情况跟踪审计 组织开展济宁市开发区高质量发展审计，重点关注开发区管理运行、产业发展规划、招商引资、重点项目建设等内容，提出审计建议 43 条，提报审计专报 12 篇，促进出台制度 51 项。

财政审计 组织对 2021 年度市级预算执行和其他财政收支情况及 14 个部门单位预算执行情况、政府专项债券、中央直达资金管理使用情况等进行审计，在全省率先探索关于政府融资平台转型风险防控审计。

做好市内环高架、济宁机场迁建、市公共卫生“五大中心”等重大建设项目审计工作，提交审计专报 20 篇，提出审计建议 189 条，促进被审计单位出台制度 30 项。

国有企业审计 组织对济宁市重点国有企业科技创新发展情况进行专项审计调查，摸清了 3 家市管国有企业科技创新发展情况，揭示 4 大类 7 个方面 22 个问题，提出审计建议 4 条，促进出台制度 3 项。

民生审计 组织对全市社会福利和社会救助政策落实情况进行审计调查，向市委市政府提报审计专报 4 篇，推动修订出台制度 11 项。

经济责任审计 提高任中审计比例，充分发挥好经济责任审计工作联席会议职能作用，进一步深化经济责任审计结果运用，促进依法规范用权。

审计查出问题整改 创新实施“执行科+审计组”双督促整改模式，将审计整改情况纳入市对县高质量发展综合绩效考核中党的建设指标进行考核。

相关工作 在全省创新实施审计系列职称评审“打包申报”模式，打破基层审计人才职称晋升“天花板”。 （撰稿人：刘春雨 李国帅）

【泰安市审计局】 2022 年，泰安市审计局实有 71 人。党组书记、局长、一级调研员杨承修（—6 月），党组书记、局长王庆涛（6 月—），党组副书记、二级高级主管张仁安（7 月—），党组成员、副局长刘安、程波、吴思、张伟，党组成员、四级高级主管汪培秋（7 月—），市经济责任审计工作联席会议办公室主任李兴昌，四级高级主管姜浩刚（7 月—），审计指导服务中心主任潘广怀。设有办公室、人事科、法规（审理）科、市委审计办秘书科（审计项目管理科）、财政审计科、金融审计科、教科文卫审计科、审计项目管理科、社会保障审计科、自然资源和生态环境审计科、企业审计（涉外审计）科、农业农村审计科，内部审计指导监督科，电子数据审计科，固定资产投资审计科、经济责任审计办公室，市审计局开发区分局，市审计局泰山景区分局及机关党委；下设泰安市审计指导服务中心。

审计成果 2022年，泰安市审计机关共审计247个项目，其中审计238个、专项审计调查9个。查出主要问题金额80.13亿元，其中违规金额5.07亿元、损失浪费金额71万元、管理不规范金额75.05亿元；审计发现非金额计量问题999个；损益（收支）不实金额6.28亿元；移送司法机关、纪检监察机关和有关部门处理事项4件。

政策落实情况跟踪审计 开展乡村振兴审计，揭示问题13个、违规金额740万元。深化网络安全和信息化专项审计，挽回财政资金损失2322万元，修复信息系统安全漏洞47个。

财政审计 推进财政审计，促进新增财政直达资金、地方政府专项债券资金及时拨付、精准使用、安全高效。通过整改，累计上缴国库3.21亿元、统筹盘活资金1.04亿元，促进资金拨付5.48亿元。

开展泰山区域山水林田湖草生态保护修复工程审计，实现对全部67个项目、326个子项目、154.55亿元资金的审计全覆盖。开展泰城街角游园“口袋公园”改造完善项目竣工决算审计，揭示项目建设管理、招投标管理等方面不规范等问题，推动建设项目顺利实施。

国有企业审计 对旅游经济开发区、徂汶景区的平台公司运营绩效进行专项审计，采取“巡审联动”方式对泰山财金集团、金控集团发展质量进行专项审计，对泰山索道运营中心进行审计，促进规范运行。

民生审计 实施强化就业优先政策审计调查，促进及时拨付47家贷款企业、40名贷款人财政贴息161.68万元。关注“一老一小”，揭示“中小学午餐保障及食堂改造提升工程”和社区老年“幸福食堂”建设中的不规范、不作为等问题，促进民生项目充分发挥作用。

经济责任审计 对162名领导干部开展经济责任审计，编印《市管领导干部履行经济责任以及自然资源资产管理和生态环境保护责任常见问题提醒清单》，市委书记杨洪涛亲自在扉页题词肯定。

（撰稿人：刘丰欣）

【威海市审计局】 2022年，威海市审计局实有80人。党组书记、局长、一级调研员于松涛，党组副书记、二级高级主管于天义，党组成员、副局长、三级调研员王晓辉，党组成员、副局长侯志勇，党组成员、副局长、市经济责任审计工作联席会议办公室主任房元芹，党组成员、副局长綦洪亮，政府投资审计中心主任陈京波。设有市委审计委员会办公室秘书科、办公室、法规科、政工科、审计执行科、经济责任审计科、电子数据审计科、财政审计科、教科文卫审计科、农业农村审计科、自然资源和生态环境审计科、固定资产投资审计科、金融审计科、企业审计科（挂涉外审计科牌子）、社会保障审计科；下设威海市政府投资审计中心、威海市内部审计指导中心。

审计成果 2022年，威海市审计机关共完成审计项目196个。查出主要问题金额4224804万元；审计发现非金额计量问题1576个；出具审计报告和专项审计调查报告313篇。审计处理处罚金额273685万元；移送司法机关、纪检监察机关和有关部门处理事项16件。审计促进整改落实有关问题资金251886万元。审计提出建议505条，被采纳437条；推动被审计单位制定整改措施1525项；促进被审计单位建立健全规章制度252项；提交审计信息316篇，被批示、采用132篇次。

威海市基层医疗卫生服务能力建设情况专项审计调查项目被评为山东省优秀审计项目三等奖。

政策落实情况跟踪审计 围绕“六稳”工作、落实“六保”任务，对政府专项债券管理使用情况、城市品质提升情况、地方重点商业银行风险管控情况等8个项目进行跟踪审计，推动各项上级政策发挥积极成效。

财政审计 在预算执行审计中首次融合开展市级各类资产管理使用情况审计，组织对市直220个一级、二级预算单位进行全面数据分析，推动预算执行审计全覆盖向纵深发展；首次召开预算执行审计新闻发布会，提升审计影响力。

2022年被确定为全国投资审计转型发展试点单位，探索形成具有威海特色的“323”转型路径，被审计署确定为可复制、可推广的示范模式并在全国投资审计培训班上做典型交流。

国有企业审计 全面建立国企审计大数据分析长效机制，初步完成威海市属国企“四库”建设；首次与市属国企联合开展采购专项分析，监督关口不断前移。

审计查出问题整改 出台整改约谈办法等制度4项，提高审计整改质量；出台与纪检监察等联合监督相关制度1项，打破监督壁垒、提高监督效率。

研究型审计 出台研究型审计实施意见和工作方案，明确研究型审计全流程主攻方向、推进要点与方法路径；归纳提炼有威海特色的“333”工作法，相关研究成果在山东省研究型审计工作推进会上做典型交流。

内部审计 印发内部审计“以审代训”规程等，健全完善内审工作指导、制度体系；首次组织开展全市优秀内部审计项目评选工作，发挥内部审计在促进单位完善治理、实现目标中的作用。

相关工作 全面践行“四新智慧”审计模式，在全省智慧审计推进会上作典型交流发言；创新提升国企审计“双主审双报告”模式，已取得显著成效。

（撰稿人：王宇航）

【日照市审计局】 2022年，日照市审计局实有88人。党组书记、局长田英，党组成员、副局长王茂森、别海洋、姚永西（9月—），市经济责任审计工作联席会议办公室主任厉建钊（9月—），二级高级主管阚士梅，四级高级主管张传相。设有办公室、法规科、人事科、经济责任审计科、电子数据审计科等14个科（室）；下设日照市经济责任审计中心和日照市政府投资审计中心。

审计成果 2022年，日照市审计机关共完成审计项目176个。查出违规金额26634万元、损失浪费金额4633万元；损益（收支）不实金额411846万元；审计处理处罚金额304459万元。出具审计报告和专项审计调查报告262篇，审计发现非金额计量问题1625个。审计促进整改落实有关问题金额88662万元；审计后挽回（避免）损失32883元。推动被审计单位制定整改措施772项，促进被审计单位建立健全规章制度77项。向社会公告审计结果6篇。

2022年度，全市有3个项目被评为山东省优秀审计项目。

政策落实情况跟踪审计 科技创新政策落实及资金绩效情况审计项目质量排名全省第二，获省审计厅通报表扬。

财政审计 全市功能区审计情况得到市委书记、市长及纪委书记批示，发现应上缴财政资金12.13亿元，财政部门收回并盘活存量3045万元，推动功能区预算执行工作专项整改，促进制定国有资本经营预算等制度10项。

国有企业审计 国企创新审计得到市长批示，促进国有企业创新驱动高质量发展意见加快出台。

农业农村审计 在乡村振兴审计基础上实施产业强镇审计，促进筹集拨付使用农村污染防治资金2680万元。

资源环境审计 在自然资源资产离任审计、城市生活垃圾分类专项审计中探索形成有效审计思路，被《山东审计简报》推广。

民生审计 将医保基金、“三医联动”与医疗机构经责审计联动起来，促进不合理收费退还109万元，追回医保基金、租金等715万元，促进拨付一般诊疗费等1810万元，促进区县居民医保财政资金配套到位1.44亿元。开展困难群众救助审计，推动583人纳入医疗救助，医疗领域审计情况得到市长批示3篇。

经济责任审计 在全市审计工作会议上向换届后部门单位“一把手”发放提醒函及领导干部履行经济责任风险防控清单。

审计查出问题整改 推动审计整改约谈与市委“红脸出汗”清单联动，审计整改纳入全市综合考核体系，审计整改认定标准研究课题被省审计厅立项。

研究型审计 深入推进研究型审计，对审计发现典型问题即审即报，审计情况得到市领导批示31篇次。

审计理论研究 科研课题得到省审计厅、市政府调研中心、市社科联立项。民生相关课题获得优秀等次。

内部审计 与市财政局举办内审专题培训班，

与市国资委联合印发市属国企内部审计办法，着力推动党的领导实化细化制度化。

交办任务 揭示政务云资源闲置问题，得到市委书记批示，推动全市开展专项整治；关注疫情防控物资管理机制缺位问题，推动出台应急医疗物资储备管理办法堵塞漏洞；实施政府合同专项审查，查出问题千余项，市政府常务会议专门听取汇报。（撰稿人：李　健）

【临沂市审计局】 2022年，临沂市审计局实有92人。党组书记、局长周东开，党组成员、副局长王宁、谢国光、赵琳（11月—），党组成员、市经济责任审计服务中心主任朱海英（11月—）。设有12个科室（含市委审计委员会办公室秘书科）；下设临沂市经济责任审计服务中心、临沂市重点建设项目审计服务中心。

审计成果 2022年，临沂市审计机关共完成审计项目542个，其中审计531个、专项审计调查11个。查出主要问题金额429.07亿元，其中违规金额1.54亿元、损失浪费金额199万元、管理不规范金额427.51亿元；审计发现非金额计量问题2064个；损益（收支）不实金额6.97亿元；审计发现侵害人民群众利益2074万元；出具审计报告和专项审计调查报告903篇。审计处理处罚金额115.84亿元，其中应上缴财政2865万元、应减少财政拨款或补贴1.17亿元、应归还原渠道资金1.27亿元、应缴纳其他资金800万元、应调账处理金额113.04亿元；移送司法机关、纪检监察机关和有关部门处理事项67件，移送处理人员63人，移送处理金额3.58亿元。审计促进整改落实有关问题资金67.13亿元；审计促进拨付资金到位3.65亿元；核减投资额3380万元；移送处理落实事项6件。审计提出建议1948条，被采纳1926条；推动被审计单位制定整改措施106项；促进被审计单位建立健全规章制度2项；提交审计信息437篇，被批示、采用226篇次。4个审计项目被山东省审计厅评为优秀审计项目。

政策落实情况跟踪审计 开展了科技创新、职业教育、农业保险和农机购置补贴、疫情防控、“保交楼、稳民生”和补充耕地等重大政策措施落实跟踪审计。

财政审计 实施市级一级预算单位数据分析全覆盖审计，完成部门单位预算执行现场审计17个，专项资金审计15个。

公共投资审计。实施了北京东路、奥体中心、城区4所中小学校工程、临沂科技职业学院和黑臭水体治理等审计项目9个，查出建设资金管理不到位等问题。

国有企业审计 实施投发集团、城投集团等10家市级国有企业集团及其权属企业参股的152家企业审计调查，查出问题52个。

金融审计 对莒南农商行风险管控情况开展了审计调查，发现问题金额1.74亿元，对22人进行了通报批评、责任追究。

民生审计 开展社保基金、“三医联动”、住房公积金、困难群众救助、水污染防治等民生审计项目，查出问题资金7.14亿元。

经济责任审计 对253名领导干部开展了经济责任审计，完成村居干部经济责任审计项目2167个。

相关工作 临沂市审计局是全省审计机关模范机关建设“三级联动”试点单位，连续八年保持全国文明单位荣誉称号，12个县区审计局实现省级文明单位全覆盖。（撰稿人：王　宾）

【德州市审计局】 2022年，德州市审计局实有87人。党组书记、局长、二级巡视员刘清云（—6月）、李淑华（6月—），党组副书记、一级高级主管刘国芹（9月—），党组成员、市审计服务保障中心主任、党总支书记穆耀民，党组成员、副局长、三级高级主管黄洁（9月—），党组成员、副局长李伟（3月—），二级高级主管戴希祥（9月—）、梁富修（—11月），市经济责任审计工作联席会议办公室主任李伟（—3月）、李耀国（3月—）。设有市委审计委员会办公室秘书科、办公室、法规科、人事科、执行科、经济责任审计一科、经济责任审计二科、电子数据审计科、财政金融审计科、教科文卫审计科、农业农村审计科、自然资源和生态环境审计科、固定资产投资审计科、企业外资审计科、社会保障审计科、天衢新区分局、机关党委、离退休干部科，局属事业单位德州市审计服务保障中心（正处级）。

审计成果 2022年，德州市审计机关共完成审计项目201个。查出主要问题金额2301043万元，其中违规金额34135万元、损失浪费金额988万元、管理不规范金额2265920万元；审计发现非金额计量问题2134个；出具审计报告和专项审计调查报告277篇。审计处理处罚金额45907万元；移送司法机关、纪检监察机关和有关部门处理事项52件，移送处理人员42人，移送处理金额6264万元。审计促进整改落实有关问题资金13459万元；审计促进拨付资金到位8740万元；审计后挽回（避免）损失105万元；核减投资额266万元；移送处理落实事项1件。审计提出建议543条，被采纳283条；推动被审计单位制定整改措施62项；促进被审计单位建立健全规章制度58项；提交审计信息53篇，被批示、采用40篇次。向社会公告审计结果21篇。

临邑县审计局实施的临邑县乡村振兴相关政策和资金管理及使用情况专项审计调查、禹城市审计局实施的禹城市水资源及重点水利项目管理情况审计、平原县审计局实施的2020年度县级预算执行和其他财政收支情况审计被评为2022年全省审计机关优秀审计项目。

政策落实情况跟踪审计 对省“政策包”、助企“开门红”政策等落实情况开展审计，促进资金拨付到位3400万元。

财政审计 对市发改委等12个部门单位预算执行情况进行“穿透式”审计，促进盘活存量资金5773万元，推动党政机关坚持过紧日子。

农业农村审计 持续加大乡村振兴战略实施审计监督力度，查出违规和管理不规范金额1.7亿元，移送案件线索3件。

经济责任审计 建立市管干部经济责任审计问题汇总分析机制，形成领导干部履职重大问题风险防范清单，涵盖8大类47项问题。

审计理论研究 建立纪审、巡审、组审、人审、改审“五审联动”监督贯通体系。率先推行国家审计、内部审计、社会审计“三审协同”并试点成功。与自然资源等部门建立多审协作机制。

相关工作 围绕“德能勤绩廉”五个维度，深化全员绩效管理考评体系，考评智慧化应用系统在全省首届“数字强省宣传月”获奖并推广，绩效经验在市直部门全面推开。

（撰稿人：韩淑慧）

【聊城市审计局】 2022年，聊城市审计局实有87人。党组书记、局长陈长华，党组成员、副局长吕广龙（1月—3月）、任国旭、王霞、王新刚（4月—），三级调研员吕广龙（4月—5月）、任国旭（7月—8月），二级调研员张朝彩、党安宪、吕广龙（5月—8月），二级高级主管吕广龙（8月—），三级高级主管任国旭（8月—），党组成员、经济责任审计工作联席会议办公室主任王鹏，党组成员、经济责任审计服务中心主任王余森，政府投资审计服务中心主任王新刚（1月—4月）、刘长忠（12月—）。设有办公室、人事科、法规科（挂审理科牌子）、财政金融审计科、电子数据审计科、教科文卫审计科、农业农村审计科、企业审计科（挂涉外审计科牌子）、社会保障审计科、经济责任审计科、固定资产投资审计科共11个科室，设机关党委负责局机关、派出机构和直属单位党的建设和群团工作；下设经济责任审计服务中心、政府投资审计服务中心、巡审联动服务中心。

审计成果 2022年，聊城市审计机关共完成审计项目219个，其中审计184个，专项审计调查35个。查出主要问题金额8570083万元，其中违规金额105718万元、损失浪费金额90万元、管理不规范金额8464275万元；审计发现非金额计量问题2285个；损益（收支）不实金额46884万元；审计发现侵害人民群众利益928万元；出具审计报告和专项审计调查报告333篇。审计处理处罚金额146290万元，其中应上缴财政100854万元、应归还原渠道资金9035万元、应缴纳其他资金128万元；移送司法机关、纪检监察机关和有关部门处理事项63件，移送处理人员137人，移送处理金额11588万元。审计促进整改落实有关问题资金246039万元；促进拨付资金到位8839万元。审计提出建议743条，被采纳249条；推动被审计单位制定整改措施91项；促进被审计单位建立健全规章制度20项；提交审计信息331篇，被批示、采用191篇次。向社会公告审计结果58篇。

莘县审计局部分学校政策落实及财务收支审计调查荣获审计署优秀审计项目一等奖、山东省审计厅优秀审计项目一等奖，市级国有企业发展质量及重大风险状况专项审计调查获山东省审计厅优秀审计项目一等奖，东昌府区综合行政执法局局长任期经济责任履行情况审计、东阿县2020年度县级预算执行和决算草案审计获山东省审计厅优秀审计项目二等奖，聊城市2020年度社会保险基金审计获山东省审计厅优秀审计项目三等奖。

财政审计 实施财政审计项目11个，共查出问题金额17.6亿元，移送骗取招商引资奖励、侵占国有资产等22件案件线索；促进上缴国库、归还原资金渠道2.89亿元，统筹盘活资金5015.64万元，拨付资金4.43亿元。

经济责任审计 对110名领导干部实施经济责任审计，其中任中审计67人。共查出管理不规范资金46.2亿元、违规资金4336万元。

审计查出问题整改 形成市委审计委定期听取汇报、各副市长带队督导、市委督查室跟踪督查、审计机关动态台账管理的工作机制，中央、省级预算执行审计问题整改率实现两个100%。

相关工作 首次实施对县级党委履行审计委员会职责情况考核，工作经验在全省推广。在全省率先实现市、县巡审联动服务机构全覆盖，相关做法在审计署内刊和中央巡视办网站刊发。

（撰稿人：李　鹏）

【滨州市审计局】 2022年，滨州市审计局实有98人。党组书记、局长扈献民，党组副书记孙宝臣（—4月），党组成员、经济责任审计服务中心主任孙玉芬（—9月）、崔君乐（10月—），副局长赵君，党组成员、副局长王爱云（—9月）、郭杰（10月—）、刘超（10月—），市经济责任审计工作联席会议办公室主任郭杰（—10月）、刘国伟（10月—），市经济责任审计服务中心支部委员会委员、副主任齐军（—9月）、董曰忠，市审计保障中心主任李云海（—9月）。设有4个综合科室（含秘书科）、6个业务科室、3个正科级派出分局；市经济责任审计服务中心设5个内设机构；审计保障服务中心设15个内设机构。

审计成果 2022年，滨州市审计机关共审计项目209个，查出问题金额386.5亿元，出具审计报告324篇，提出审计建议957条。其中市本级审计项目100个，查出问题金额338亿元，审计建议被采纳626条。移送问题线索28起，涉及金额24.4亿元。审计报告和要情专报获领导批示126篇次。

4个项目分获全省优秀审计项目一等奖、二等奖。

政策落实情况跟踪审计 开展政策跟踪审计项目7个，发现问题167个，金额93.1亿元，移送问题线索3起，金额3.06亿元，督促上缴财政、拨付到位资金2196万元，完善制度办法124项。

财政审计 运用大数据开展市级预算执行审计，荣获全省财政大数据审计技能竞赛三等奖，对5项专项资金进行绩效审计，省市县三级联动开展18个专题审计，揭示问题234个，金额33.3亿元。

对23个政府投资项目进行审计，涉及投资额210余亿元。对投资38.7亿元的16个项目开展结算审计，核减造价7.4亿元。制定《政府和公共投资项目审计监督办法》。

经济责任审计 全市共审计领导干部103名，市本级审计46名，对3名领导干部开展自然资源责任审计，对142名领导干部开展任职谈话提醒，对97名领导干部进行谈话回访，对6名领导干部开展任职1年左右审计，拍摄《以审为鉴　警以为戒》警示教育片。

审计查出问题整改 审计整改问题628个，金额193亿元。

研究型审计 出台《关于进一步推进研究型审计工作开展的实施意见》，3方面研究型审计成果被《山东审计简报》采用。

审计理论研究 5篇大数据审计课题入选全省重点攻关选题，3篇课题获省审计厅结项，1篇获省级创新案例。

专项审计 配合做好省审计厅对滨州市科技资金审计等5个项目，完成成品油整治、“保交楼稳民生”专项审计等7个。

内部审计 全省内部审计工作高质量发展现场观摩会在惠民县召开，获第七期更高水平富强滨州建设及时表扬。

相关工作 在全省率先完成金审三期工程建设，自主研发“预算单位财务审计智慧分析平台”，获全省新型智慧城市优秀案例。打造审计业务“积分制”考核管理体系，在《中国审计报》刊发。连续三年保持“全国文明单位”称号，获评全国节约型机关等7项称号。

（撰稿人：王　娇）

【菏泽市审计局】　2022年，菏泽市审计局实有76人。党组书记、局长陈庆勇（—4月），局长陈庆勇（—6月），党组书记王梦琳（4月—），党组书记、局长王梦琳（6月—），党组成员、副局长闫鹏（7月—）、杨以平、张卫华（7月—），一级调研员毛宝军（—11月），党组成员、市审计服务中心主任王清刚，二级调研员汪如春（—1月），党组成员、市经济责任审计工作联席会议办公室主任陈先波，市投资审计中心主任贾玉民（7月—），市审计服务中心副主任贾玉民（—7月）、白岱友、裴杰（7月—）。设有市委审计委员会办公室秘书科、办公室、法规科、人事科、经济责任审计科、电子数据审计科、财政审计科、教科文卫审计科、农业农村审计科、自然资源和生态环境审计科、固定资产投资审计科、金融审计科、企业审计科、社会保障审计科和机关党委，设菏泽市审计局鲁西新区分局；下设菏泽市审计服务中心、菏泽市投资审计中心。

审计成果　2022年，菏泽市审计机关共完成审计项目226个，其中审计220个，专项审计调查6个。查出主要问题金额5076757万元；审计发现非金额计量问题1767个；损益（收支）不实金额1740万元；审计发现侵害人民群众利益769万元；出具审计报告和专项审计调查报告344篇。审计处理处罚金额260274万元，其中应上缴财政81212万元、应减少财政拨款或补贴23550万元、应归还原渠道资金92554万元、应调账处理金额62933万元；移送司法机关、纪检监察机关和有关部门处理事项80件，移送处理人员77人，移送处理金额80222万元。审计促进整改落实有关问题资金90175万元；审计后挽回（避免）损失2259万元；核减投资额22583万元；移送处理事项5件。审计提出建议823条，被采纳613条；提交审计信息91篇，被批示、采用80篇次。

3个项目被省审计厅评为全省优秀审计项目。

政策落实情况跟踪审计　开展重点镇建设与发展情况、黄河流域生态保护和高质量发展、城区黑臭水体治理情况等专项审计调查。

财政审计　实行财政审计“三级联动”，对本级预算执行情况实现“横到边、纵到底”审计监督，推动预算管理制度改革。

国有企业审计　向8家市属国企派驻审计监督组，开展专项审计项目12个，将日常监督与专项审计相结合，实现对14家市属国企审计全覆盖。

经济责任审计　出台经济责任审计对象分类管理办法和经济责任界定及审计评价意见，对108名领导干部经济责任履行情况进行审计，其中任中审计83名。

民生审计　加大对扶贫、社会保障、教育、医疗等民生领域审计力度，在财政审计和经济责任审计中对有关民生事项予以关注。

相关工作　夯实发展根基，健全“选育管用”人才培育机制，探索全市审计系统事业单位高级岗位统筹“打包申报”，培育菏泽特色的审计文化体系。

（撰稿人：张　琰）

2022 年山东省所辖市、县（市、区）审计工作统计表

审计机关	完成审计项目/个	审计查出主要问题金额/万元	审计发现非金额计量问题/个	审计期间整改金额/万元	出具审计报告和审计调查报告/篇	审计处理情况		审计促进整改落实有关问题资金/万元	审计提出建议/条	提交审计信息/篇
						审计处理处罚金额/万元	移送处理事项/件			
济南市										
济南市本级	63	5895759	847	318908	100	22092	4	891092	249	124
历下区审计局	28	67247	216	561	39	53	1		95	
市中区审计局	26	256003	88	118066	41	103	3	7	124	
槐荫区审计局	17	333204	268	937	22	177914	3	464	67	5
天桥区审计局	12	14145	50	13464	16			31331	32	
历城区审计局	20	48288	138	9305	31	1147	1	384	44	114
长清区审计局	22	348791	138	25	31	1056	3	1029	77	1
章丘区审计局	25	128304	122	7	43	18029	6	279	64	
济阳区审计局	23	21498	129	14	35				73	
莱芜区审计局	32	116958	471	4340	60	17	9	725	102	18
钢城区审计局	36	138237	277		59	431		273	132	
平阴县审计局	36	148303	94		65	1	1	775	108	7
商河县审计局	14	343506	63	166	20				38	
青岛市										
青岛市本级	135	6571792	973	517839	190	459540	62	89433	374	177
市南区审计局	53	268007	117	152	84	7479	2	6737	132	8
市北区审计局	20	242473	118	28477	35	2828	2	1762	75	13
崂山区审计局	45	462001	279	146801	65	31998	2	26271	111	11
李沧区审计局	20	433895	102	74999	33	5015		4708	63	
城阳区审计局	31	1751728	292	52539	58	172022	16	106652	80	
即墨区审计局	27	537491	142	982	47	41097	7	31919	67	4
胶州市审计局	28	3103508	330	204357	49	8129	6	1571	95	15
平度市审计局	33	3641995	103	22	55	307752	7	4215	134	11
莱西市审计局	45	379575	283	1747	69	242149	6	13624	266	16
西海岸新区审计局	30	3665400	194	1075528	39	45560	3	15134	107	4
淄博市										
淄博市本级	46	868093	495	29564	69	53843	45	330562	147	26
淄川区审计局	44	144323	369	36260	75	10647		5159	125	12

续表

审计机关	完成审计项目/个	审计查出主要问题金额/万元	审计发现非金额计量问题/个	审计期间整改金额/万元	出具审计报告和审计调查报告/篇	审计处理情况		审计促进整改落实有关问题资金/万元	审计提出建议/条	提交审计信息/篇
						审计处理处罚金额/万元	移送处理事项/件			
张店区审计局	41	61122	206	1595	53	10339	3	10004	128	24
博山区审计局	31	15821	250	3262	49	45	5	45	100	17
临淄区审计局	26	613448	334	10272	38	2277	7	2192	99	14
周村区审计局	40	351019	227	264	71	12430	1	362	149	9
桓台县审计局	24	52278	179	3199	36	1017	5	1017	102	18
高青县审计局	21	63119	213	19221	32	807	1	23074	85	3
沂源县审计局	43	83243	434	9	82	12949	5	368	165	13
高新区审计监督中心	8	29233	33	124	11	1056	1	1056	32	2
枣庄市										
枣庄市本级	35	446795	274	15595	29	8937		4598	98	10
市中区审计局	15	27281	20	170	23	8390			35	
薛城区审计局	10	37735	64	50	10	36574	1	209	25	
峄城区审计局	13	68351	25		19				32	
台儿庄区审计局	15	132515	24		22	18026		34	44	12
山亭区审计局	36	36001	186	39	50	8284	1	3929	119	2
滕州市审计局	17	421305	68	859	30	42335	6		70	5
东营市										
东营市本级	44	453211	222	13023	44	18451		12914	115	11
东营区审计局	31	33076	159	9326	51	20			98	
河口区审计局	13	15384	93	6091	16	773		699	44	
垦利区审计局	18	16356	95	643	28	1496		1	54	
利津县审计局	31	63783	195	2991	42	4023		3564	92	1
广饶县审计局	18	51832	73	16557	28	7299	2	6815	29	63
烟台市										
烟台市本级	61	2999190	645	484274	91	783963	20	372605	164	119
芝罘区审计局	18	123358	36	118	26	108		108	22	7
福山区审计局	46	116528	71	395	80	5032	8	4998	7	7
牟平区审计局	23	31003	45	1210	37	2113	1	11262	6	1
莱山区审计局	14	145322	87	9589	23	49005	1	48995	2	15
蓬莱区审计局	21	11257	59	1358	34	3949	5	29	3	18
龙口市审计局	77	118811	106	1	109	121	16		3	3

续表

审计机关	完成审计项目/个	审计查出主要问题金额/万元	审计发现非金额计量问题/个	审计期间整改金额/万元	出具审计报告和审计调查报告/篇	审计处理情况		审计促进整改落实有关问题资金/万元	审计提出建议/条	提交审计信息/篇
						审计处理处罚金额/万元	移送处理事项/件			
莱阳市审计局	22	157741	89		35	761		759	57	5
莱州市审计局	29	111217	48	8479	46	13078		124	8	
招远市审计局	29	132487	92	34	48	1580			3	
栖霞市审计局	20	64943	58	31	29	27290	1	18070	21	22
海阳市审计局	36	108881	116		58	3251	2	6	5	6
潍坊市										
潍坊市本级	45	7250371	586	117399	69	15783	14	518161	194	95
潍城区审计局	33	74194	151	47	53	6993			103	
寒亭区审计局	33	11652	206	6137	51	2768	8	16	124	91
坊子区审计局	21	153038	82	43725	28	518		19375	68	19
奎文区审计局	19	106870	110	1201	19	1			69	
临朐县审计局	13	4483	71	1403	20	1606	17		25	79
昌乐县审计局	28	46537	188	28	41	30316	19		88	
青州市审计局	50	13895	239	2272	85			73	163	
诸城市审计局	24	219104	134	6256	36	1845			115	1
寿光市审计局	63	138081	268	65814	97	28944		11685	183	48
安丘市审计局	29	462880	176	33384	42	6303	15	1255	111	10
高密市审计局	30	480411	278	137	47	144709	7	1	106	
昌邑市审计局	26	59572	170	23780	38	1925		60404	100	
济宁市										
济宁市本级	54	4230881	558	55520	66	33607	26	249625	182	382
任城区审计局	31	328499	96	112	48	6364		6345	62	1
兖州区审计局	12	388633	34	67	20	2868		670	43	8
微山县审计局	14	493272	53	1859	18	16	7		65	52
鱼台县审计局	27	134635	56	2243	48				96	6
金乡县审计局	17	111116	29	5755	26	223		2213	51	
嘉祥县审计局	20	144784	38	594	26	6485		699	60	10
汶上县审计局	30	179056	198	5611	44	6194	3	5760	82	
泗水县审计局	13	25376	65	538	27	582	7		49	23
梁山县审计局	18	212848	123	2052	32	453	22	2	58	2
曲阜市审计局	15	296192	46	69837	27	279	3	279	39	

续表

审计机关	完成审计项目/个	审计查出主要问题金额/万元	审计发现非金额计量问题/个	审计期间整改金额/万元	出具审计报告和审计调查报告/篇	审计处理情况		审计促进整改落实有关问题资金/万元	审计提出建议/条	提交审计信息/篇
						审计处理处罚金额/万元	移送处理事项/件			
邹城市审计局	27	435083	239	13588	48	16520	14		125	20
泰安市										
泰安市本级	54	198577	292	31829	94	10789	1	35	84	31
泰山区审计局	14	33244	68	418	23				31	
岱岳区审计局	19	236533	67		29				63	
宁阳县审计局	16	137720	37	1046	21	39032			1	
东平县审计局	43	11458	143		77		3		138	
新泰市审计局	67	36322	280	3055	119				120	
肥城市审计局	34	147447	112	6729	60	107			60	
威海市										
威海市本级	54	1997632	467	116422	69	45580	7	30562	132	183
环翠区审计局	27	45593	236	8594	45	6633	1	7753	73	38
文登区审计局	45	967245	330	9889	77	5519	3	4796	129	37
荣成市审计局	40	1015802	432	25968	66	51238		45077	76	58
乳山市审计局	30	198532	111	658	56	164715	5	163698	95	
日照市										
日照市本级	73	1192474	712	84343	99	29903	6	70094	244	24
东港区审计局	29	361963	345	1793	46	6	2	1379	95	8
岚山区审计局	21	468896	323	14386	31	162657		9402	82	22
五莲县审计局	22	253152	159	14317	38	110922	4	5379	82	10
莒县审计局	31	6841	86	2365	48	971	1	2408	63	2
临沂市										
临沂市本级	52	932640	337	255282	72	61724	26	43823	174	25
兰山区审计局	50	892609	214	99167	89	374159	23	1807	164	90
罗庄区审计局	24	42815	41	6426	34	465		15	97	110
河东区审计局	29	386440	99		41	1542			96	30
沂南县审计局	40	952115	291	7	76	594341	1	593056	188	58
郯城县审计局	37	156583	150	70182	53	498	1	55	140	
沂水县审计局	41	94650	67	13162	76	51554	1	23262	143	
兰陵县审计局	56	114002	151	34	99	1090	4		174	36
费县审计局	57	127367	241	1203	100	912	5		209	26

续表

审计机关	完成审计项目/个	审计查出主要问题金额/万元	审计发现非金额计量问题/个	审计期间整改金额/万元	出具审计报告和审计调查报告/篇	审计处理情况		审计促进整改落实有关问题资金/万元	审计提出建议/条	提交审计信息/篇
						审计处理处罚金额/万元	移送处理事项/件			
平邑县审计局	24	182670	121	2300	35	6184	1	6	79	7
莒南县审计局	44	296503	118	5297	80	7784	2	7159	190	
蒙阴县审计局	40	12822	133	2761	66	18		7	144	55
临沭县审计局	48	99507	101	2798	82	58081	3	2093	150	
德州市										
德州市本级	46	1033760	500	62683	69	12449	10	3445	128	
德城区审计局	11	111778	33	2542	11					3
陵城区审计局	18	142786	195	147	25	291	3		44	5
宁津县审计局	17	59594	174	3840	21	292	1	289	51	8
庆云县审计局	19	45790	143	16178	24	911	3	819	52	
临邑县审计局	14	221074	143	2995	18	5288	8		36	4
齐河县审计局	8	170384	125	1478	14		7		31	
平原县审计局	19	246434	197	1625	28	5005	4	4887	55	14
夏津县审计局	10	71269	196	3351	12	2481	1	894	33	1
武城县审计局	12	59192	82	7235	17	5556		2352	27	7
乐陵市审计局	19	24420	191	3877	28	997	10	773	53	
禹城市审计局	8	114562	155	474	10	12637	5		33	11
聊城市										
聊城市本级	50	7290708	804	30386	79	23053	15	148844	159	109
东昌府区审计局	17	91338	145	3780	28	83598	2	83949	54	167
茌平区审计局	26	119892	237	4832	36	9522	8	3821	76	27
阳谷审计局	17	170355	127		26	3467	3	3467	57	
莘县审计局	29	33596	284	8457	45	74		292	118	21
东阿县审计局	21	328428	114	1132	30	7511	4	5648	63	
冠县审计局	17	143421	188	18809	22	5794	16		60	
高唐县审计局	25	347253	260	28194	43	524	8	18	106	7
临清市审计局	17	45092	126	286	24	12747	7		50	
滨州市										
滨州市本级	100	3377163	847	231281	160	224208	14	10691	642	94
滨城区审计局	27	83545	117	5604	44	2947	2		80	
沾化区审计局	13	57521	94	25513	19	8470		9411	26	14

续表

审计机关	完成审计项目/个	审计查出主要问题金额/万元	审计发现非金额计量问题/个	审计期间整改金额/万元	出具审计报告和审计调查报告/篇	审计处理情况		审计促进整改落实有关问题资金/万元	审计提出建议/条	提交审计信息/篇
						审计处理处罚金额/万元	移送处理事项/件			
惠民县审计局	12	23777	106	11000	20	155	12		50	18
阳信县审计局	12	29035	26	4101	17	1235		1235	26	
无棣县审计局	17	10213	81	1018	21	5497			48	
博兴县审计局	18	21747	65	12409	30	758			58	
邹平市审计局	10	262451	42	821	13	437		437	27	
菏泽市										
菏泽市本级	36	921697	388	4826	49	119478	11	22996	135	11
牡丹区审计局	14	8263	83	65	25	19			50	4
定陶区审计局	17	201302	118	366	26	1495	1	1495	58	3
曹县审计局	24	1338459	299	3581	39	34911	24		86	
单县审计局	18	457173	96	21741	26	560		560	63	13
成武县审计局	18	209707	77	17	28	28	4	27	67	2
巨野县审计局	19	207398	181	99	29	6653		172	75	
郓城县审计局	17	1310467	138	925	24	68299	6	64255	79	29
鄄城县审计局	33	104408	164		56	24928	10	71	119	7
东明县审计局	30	317883	223	13688	42	3903	24	599	91	22

河南省

【河南省审计厅】 2022 年，河南省审计厅实有 371 人。设有中共河南省委审计委员会办公室秘书处；内设办公室、组织人事处、法规处（审理处）、计划管理督察处、内部审计指导监督处、大数据审计处、财政审计一处、财政审计二处、财政审计三处、行政事业审计处、党群审计处、政法审计处、科教文审计处、医疗卫生审计处、农业农村审计处、投资审计处、地方金融审计局、金融审计一处、金融审计二处、金融审计三处、地方国有企业审计局、企业审计一处、企业审计二处、企业审计三处、企业审计四处、社会保障审计处、自然资源和生态环境审计处、经贸和外资运用审计处、经济责任审计处、机关党委、离退休干部工作处，另设省纪委监委派驻纪检监察组；下设计算机审计中心（投资审计中心）、政策研究室。

领导成员

党组书记、厅长：赵喜林

副厅长、一级巡视员：胡汉阳（—3 月）

党组成员、副厅长、一级巡视员：

吴晓春（—5 月）

党组成员、副厅长：周　凯　张少民

一级巡视员：张居贵

党组成员、副厅长、地方国有企业审计局局长：陈山旺

党组成员、省纪委监委驻厅纪检监察组组长：

丁昌盛（—1 月）

田雪梅（5 月—）

党组成员、副厅长、地方金融审计局局长：

冯亚辉（9月—）

省经济责任审计工作联席会议办公室主任：

梁　夏（9月—）

总审计师：徐家荣（9月—）

审计成果　2022年，河南省审计厅坚持以习近平新时代中国特色社会主义思想为指导，深入学习贯彻党的十九大、十九届历次全会和二十大精神，认真贯彻落实习近平总书记关于河南工作和审计工作的重要讲话指示批示精神，按照审计署和省委、省政府部署要求，立足锚定“两个确保”、推动“十大战略”，谋划并深入推动实施政治统审、主责立审、研究促审、质效提审、科技强审、人才兴审“六大行动”，制定实施审计服务助推“十大战略”工作方案，着力加大对重大政策不落实、重大损失浪费、重大弄虚作假、重大风险隐患、重大违法违规、重大体制机制问题的审计力度，依法履行审计监督职责，全面提升审计质量效率，有效服务了现代化河南建设。全省审计机关共实施审计项目4799个，促进财政增收节支259.84亿元，挽回或避免损失56.41亿元，促进财政资金拨付到位211.37亿元，促进健全完善规章制度1832项，提出审计建议1.6万条，向党委政府报送并被领导批示综合报告和审计信息2831篇次。

省审计厅领导班子在省委综合考核中连续第5年获得优秀等次；省审计厅连续第4年被省政府评为先进单位，连续第6年被评为全省依法行政先进单位。省审计厅实施的相关审计项目连续6年获得全国优秀审计项目一等奖。在2022年全国优秀审计项目评选中，省审计厅、开封市审计局、夏邑县审计局分别实施的3个审计项目同时荣获全国优秀审计项目一等奖，实现了河南省三级审计机关的“全面红”“年年红”“顶级红”。2022年省审计厅共获得各类荣誉、表彰或表扬55项。

灾后恢复重建审计　按照省委、省政府部署要求，把灾后恢复重建审计作为全省“头号”审计项目，统筹全省审计资源深入开展灾后恢复重建审计，促进加快分配使用灾后恢复重建资金27亿元，推动3000多个重建项目加快建设。审计成效受到省委、省政府的充分肯定，也得到了审计署相关司局的高度评价。省委常委会先后2次听取省审计厅灾后恢复重建审计工作汇报，省政府常务会议专门召开会议听取审计发现问题整改情况汇报，省委书记、省长等省领导先后作出25次批示。省审计厅灾后恢复重建工作入选省“能力作风建设年”优秀实战案例，被省灾后重建办考核评为好等次。

政策落实情况跟踪审计　紧紧围绕党中央、国务院出台的重大政策措施和省委、省政府重要工作部署，聚焦创新驱动政策落实、就业优先政策落实、“万人助万企”活动等加强审计监督，有力推动重大战略、重大举措、重大项目更好地引领河南现代化建设。

财政审计　通过现场审计和大数据审计相结合的方式，扎实开展财政预算执行和一级预算单位全覆盖审计，守好了财政的“钱袋子”，有力维护了财经秩序。组织开展省辖市财政收支审计，推动各级各部门进一步严肃了财经纪律。

国有企业审计和金融审计　对2021年至2022年未审计过的省属国有企业和省属金融机构实行审计全覆盖，有效摸清了风险底数，为省委、省政府决策提供了依据。

农业农村审计　组织开展巩固拓展脱贫攻坚成果和乡村振兴审计，促进相关政策措施落实430余项，促进健全规章制度235项，进一步增强了人民群众的获得感、幸福感、安全感。

资源环境审计　组织开展全省黄河流域生态保护、大气污染监测能力建设项目情况等审计，着力推动各级各部门落实生态环境保护责任，践行“绿水青山就是金山银山”的理念。

民生审计　组织开展省重点民生实事、社区养老、困难群众救助补助资金、惠民惠农财政补贴“一卡通”管理使用等专项审计，有力推动惠民富民政策落实落地，促进群众急难愁盼问题解决，增进民生福祉。

经济责任审计　全省审计机关共对1900名领导干部开展经济责任审计和自然资源离任（任中）审计。修订完善省经济责任审计联席会议议事规则，建立健全重大项目协调、重要事项通报等工作制度，全省有45个市县健全完善联席会议制度，55个市县修订完善联席会议议事规则、办公室工作规则。

审计查出问题整改 认真落实中央关于建立健全审计查出问题整改长效机制的意见，制定河南省贯彻落实工作方案和实施细则，健全完善了审计整改联席会议、巡视巡察、纪检监察、组织部门、省委、省政府督查督办部门协同推动整改机制。坚持保持高压推动整改态势，积极构建“一个总体格局”，即全面整改、专项整改、重点督办3种方式相结合的审计整改总体格局；牢牢把握“一个整改标准”，即以“见人见事见物、见文件见制度见成效”的整改标准；做到“四个不放过”，即审计整改责任不落实的不放过、审计发现问题不解决的不放过、审计整改不到位的不放过、长效机制不建立的不放过，强化审计整改体系建设，提升审计整改精细化水平。积极探索解决屡审屡犯问题，对领导讲话、财政法规、制度规定、典型案例等梳理汇编，编制口袋书印送相关领导干部近800人，广泛开展学习对照，推动依法履职用权。

内部审计 持续加强内部审计工作的指导监督，印发《河南省内部审计资料备案管理办法》，指导全省审计机关和内审单位开展内部审计工作。对省法院和检察院系统开展调研形成审计重要信息，得到省委书记楼阳生和省委副书记、政法委书记周霁批示，推进省法检系统建立健全内部审计制度。与省公安厅、教育厅联合印发《关于进一步加强新时代公安内部审计工作的意见》和《关于推进我省教育系统内部审计工作高质量发展的意见》，推动内部审计工作质量整体提升。依托国家审计项目开展社会审计报告核查，促进社会审计机构规范执业行为。

相关工作 针对制约全省审计事业高质量发展的堵点、痛点、难点、卡点，深入实施政治统审、主责立审、研究促审、质效提审、科技强审、人才兴审“六大行动”，围绕每项行动逐个制定实施方案，细化为101项具体举措，构建全省审计事业高质量发展的“四梁八柱”。全省各级审计机关迅速响应、有序推进，结合本地实际，对照总体方案，细化工作措施，形成了省、市、县三级联动的良好局面。

把审计质量效率作为审计“生命线”，在质量方面，研究制定《进一步加强审计业务质量管理的意见》《审计结论性文书复核审理审定流程》等一系列业务管理制度，强化审计质量控制，着力为一线审计人员突破疑点线索提供技术手段和可靠保障。在效率方面，研究制定《关于提高审计项目执行效率的意见》《关于加强审计项目绩效管理的意见》等制度文件，持续优化审计工作流程，推进审计项目执行制度化、规范化、科学化，审计质量、审计效率呈现持续提升的良好态势。

深入学习贯彻习近平新时代中国特色社会主义思想，持续推进党建、业务深度融合，以党建保障促进中心工作高质量发展，建设信念坚定、业务精通、作风务实、清正廉洁的高素质专业化审计干部队伍。一是坚持和加强党对审计工作的领导。深刻领悟“两个确立”的决定性意义，坚持把加强党对审计工作领导细化、实化、制度化作为践行“两个维护”的实际行动，不断完善党对审计工作领导的制度机制，严格执行重大事项请示报告制度，及时、全面、准确向中央审计委员会和省委审计委员会请示报告报备重大审计工作。二是持续深化理论武装。深入学习贯彻党的二十大精神，严格落实厅党组“第一议题”学习制度和理论学习中心组学习制度，及时跟进深入学习贯彻习近平总书记最新重要讲话、指示、批示、文章，以及党中央、国务院和省委、省政府、审计署重要会议、重要文件精神，坚决把党中央和省委的决策部署转化为审计机关具体行动。三是扎实开展“能力作风建设年”活动。紧扣提升能力、锻造作风、实干立身、争先出彩目标要求，锚定“两个确保”，围绕“十大战略”，精心谋划部署，强化组织推动，圆满完成各项任务，活动达到了预期目的，取得了显著成效，审计干部队伍能力作风得到不断提升。四是抓牢抓实全面从严治党主体责任和党风廉政建设。主要负责同志坚决扛起第一责任人职责，班子成员切实履行“一岗双责”，首位首抓、主责主抓、常态常抓。深化党风廉政建设，修订完善制度，开展以案促改，加强对审计现场和一线人员监督管理，推动落实全面从严治党主体责任。五是加强审计干部队伍建设。紧紧围绕建设高素质专业化审计干部队伍目标要求，积极开展教育培训，全力服务保障中心工作。2022年举办金融、企业、新进人员等培训约2800人次，选派参加审计署、省委组织部等部门组织的培训 85 人次。抽调 473 名市县审计机关及厅属单位转业干部参加省审计厅审计项目，积极开展“以审代培”，不断提升教育培训工作质量。（撰稿人：刘金坡）

【郑州市审计局】 2022 年，郑州市审计局实有 176 人。局长王效光（10 月—），二级巡视员刘啸峰（7 月—），副局长徐平、桑富强、于士营、乔德宁、邹鹭（—10 月），纪检监察组组长赵军，一级调研员方文改（5 月—），二级调研员刘兆煜（5 月—），三级调研员郭全民、王萍（5 月—），总审计师骆杉（—8 月），经济责任审计工作联席会议办公室主任刘明（10 月—）。设有办公室、人事处、法规处、计划管理督查处、大数据审计分析处、政策跟踪审计处、财政审计处、行政事业党群审计处、政法科教文审计处、农业农村审计处、固定资产投资审计一处、固定资产投资审计二处、金融审计处、社会保障审计处、经贸和外资运用审计处、经济责任审计一处、经济责任审计二处、企业审计处、机关党委和离退休干部工作处；下设经济责任审计中心（省参公）和郑州市财政监督检查一所、二所、三所、四所。

审计成果 2022 年，郑州市审计机关共完成审计和审计调查项目 610 个，查出违规违纪问题金额 8.09 亿元、损失浪费金额 4.71 亿元、管理不规范金额 268.05 亿元，减少财政拨款或补贴 7.72 亿元，审减投资 20.02 亿元，提出审计建议 1164 条。被河南省审计厅表彰为全省审计工作先进单位，被郑州市委市政府表彰为综合考核优秀单位、平安建设先进单位。

政策落实情况跟踪审计 开展本辖区灾后恢复重建跟踪审计工作，发现问题 37 个，26 个已整改完成，11 个正在整改中。持续开展黄河流域生态保护和高质量发展政策措施落实情况跟踪审计；对“7·30”“11·2”“1·3”三波新冠肺炎疫情相关费用支出情况开展专项审计，完成“3·18”和“4·30”疫情防控期间外溢人员隔离费用情况审计。

财政审计 开展 2021 年度市级预算执行和其他财政收支审计。开展老旧小区综合改造、金水路西延、四港联动大道南延、107 辅道快速化工程 PPP 项目、轨道交通及容纳量 4000 张床位以上的方舱医院等重点投资跟踪审计。

经济责任审计 市本级组织实施 30 名党政领导干部经济责任审计，在中牟县开展经济责任和自然资源资产离任同步审计。

民生审计 开展社区养老服务体系建设资金、全市 2021 年困难群众救助补助资金管理使用绩效和电动汽车充电基础设施建设管理及使用、被征地农民社会保障资金筹集使用及“缓解城市停车难”建设及管理相关政策落实情况等项目审计。

（撰稿人：张向伟）

【开封市审计局】 2022 年，开封市审计局实有 86 人。局长管坚勇，副局长宋平均、牛彩红、罗永福、张德文（2 月—）、刘书丽（9 月—），纪检监察组组长王芳（—5 月）、邓亚鹏（5 月—），经济责任审计工作联席会议办公室主任张德文（—2 月）、王玉（2 月—），总审计师刘向军（2 月—）。设有办公室、组织人事科、法规科、计划管理督察科、政策跟踪审计科、财政审计科、行政事业审计科、农业农村审计科、固定资产投资审计一科、固定资产投资审计二科、国有企业审计科、地方金融审计科、社会保障审计科、经贸和外资运用审计科、经济责任审计科、市委审计委员会办公室秘书科、大数据审计科、内部审计指导监督科；下设开封市投资审计服务中心和开封市计算机审计中心。

审计成果 2022 年，开封市审计机关共完成审计项目 270 个，查出问题金额 158.31 亿元，促进增收节支和挽回损失 16.29 亿元，促进资金拨付到位 19.1 亿元，提出并被采纳审计建议 685 条，促进被审计单位建章立制 177 项、制定整改措施 579 项，移送处理事项 104 件。

国有粮食企业收购、储存、销售及运营情况专项审计调查项目被审计署评为全国审计机关优秀审计项目一等奖、被河南省审计厅评为全省审计机关优秀审计项目一等奖。2022 年开封市审计局审计工作综合考核排名全省第一，被河南省审计厅表彰为全省审计工作先进单位，并先后荣获省级行政执法责任制示范点、省级服务型行政执法标兵等 31 项荣誉。

灾后恢复重建跟踪审计 审计发现问题 121

个，涉及金额 4.99 亿元，促进资金拨付和统筹使用 2.55 亿元，收回资金 1427.70 万元，推动项目实施 28 项，审计查出问题整改率 100%，提出并被采纳审计意见建议 118 条。

财政审计 对市级预算执行和其他财政收支进行全覆盖审计，揭示财政收支真实完整、预算执行进度、资金绩效等方面问题 245 个，涉及金额 51.75 亿元。

国有企业审计 对全市 69 家国有粮食企业开展专项审计，审计查出问题涉及 78 项共 91 个问题，涉及问题资金 7.24 亿元，移送案件线索 39 件。

金融审计 开展农商行资产负债损益专项审计调查，发现问题 109 个，有效防范化解金融风险。

农业农村审计 审计查出防止返贫监测和帮扶措施落实、高标准农田建设和粮食安全、农村人居环境整治等 18 个方面 140 个问题，涉及金额 5.84 亿元，移送案件线索 16 件。

民生审计 开展省重点民生实事专项审计调查，共发现主要问题 39 个，其他应关注问题 6 个，涉及问题金额 1.28 亿元，审计整改促进资金配套 76.8 万元，促进资金支付结算 968.35 万元，促进建章立制 23 项。

经济责任审计 共完成 132 名领导干部经济责任审计，其中，任中审计 72 人，离任审计 60 人，有力促进领导干部依法用权和履职尽责。

（撰稿人：张利洁）

【洛阳市审计局】 2022 年，洛阳市审计局实有人员 84 人。局长张克轩（—10 月）、张步涛（10 月—），副局长许继红（1 月—）、李永、韩喜燕，纪检监察组组长刘宇。设有市委审计委员会办公室秘书科、办公室、组织人事科、法规科（审理科）、计划管理督察科、大数据和政策跟踪审计科、财政审计科、行政政法审计科、科教文审计科、农业农村审计科、重大项目投资审计、城乡基础设施投资审计科、金融经贸和外资运用审计科、企业审计科、内部审计指导监督科、社会保障审计科、市直部门领导干部经济责任审计科、县（市、区）党政领导干部经济责任审计科、机关党委；下设洛阳市审计服务中心。

审计成果 2022 年，洛阳市审计机关共完成审计 336 个。审计查出违规金额 1172.34 亿元，管理不规范金额 1145.66 亿元，损失浪费金额 33 万元。移送处理事项 20 件，移送处理人员 2 人，移送处理金额 9627 万元。

灾后恢复重建跟踪审计 共查出在资金分配使用及其他方面存在的 5 类 71 个问题，促进拨付灾后重建资金 4499 万元，健全完善规章制度 项，推进高标准农田等灾后重建项目 11 个。

财政审计 对全市一级预算单位全覆盖审计中共发现 4 大类 39 个问题，已完成整改 37 个，促进资金拨付 4.94 亿元，收回资金 6123.6 万元。

对轨道交通 1 号线、2 号线工程，小浪底南岸灌区工程开展了跟踪审计。轨道交通 1 号线工程共查出征迁资金长期被占用、国有资产流失等 6 类 22 个问题，涉及问题 1.52 亿元；2 号线工程查出资金使用、制度执行等 5 类 18 个问题，规范各类资金使用 6335 万元，促进多项制度修订完善；小浪底南岸灌区工程共发现多支付附属物补偿款、降低标准发放补偿款等 4 类 23 个问题，涉及问题金额 8386 万元。

资源环境审计 在黄河流域生态保护专项审计中共发现项目管理、矿山治理、林业规划、违规占地、无证取水等方面问题 122 个。

民生审计 对新安县等 7 个县区开展了惠民惠农财政补贴资金“一卡通”管理使用情况专项审计，共发现各类问题 446 个，避免、挽回损失上缴国库 159 万元，推动 168 个产业项目发挥绩效。

在前坪水库移民资金专项审计中共查出挤占挪用、滞留移民安置资金，应缴未缴社保费等 类 26 个问题，促进及时发放补偿款 119 万元，收回资金 181 万元，补缴社保费用 2666 万元，推动生产安置用地整理 1565 亩。

对市本级、涧西区、洛龙区等社区养老服务体系建设资金专项审计中共查出 5 类 31 个问题，涉及金额 1.73 亿元。

经济责任审计 对 21 个单位 24 名领导干部实施了经济责任审计，共查出问题 452 个，促进增收节支 3.45 亿元，促进资金拨付 1.15 亿元，建章立制 81 项。

（撰稿人：姚科汀）

【平顶山市审计局】 2022年，平顶山市审计局实有79人。党组书记、局长马丽，党组成员、副局长邵小红、郭旭光、郭素霞，党组成员、市经济责任审计事务中心主任马鹏飞，市经济责任审计工作联席会议办公室主任宋华超，四级调研员冯国建。设有秘书科、办公室、组织人事科、法规科（审理科）、计划管理督察科（审计整改联席会议办公室）、政策跟踪审计科、财政审计一科、财政审计二科、行政事业审计科、党群政法审计科，科教文审计科，农业与资源环保审计科、固定资产投资审计一科、固定资产投资审计二科、社会保障审计科、经贸和外资运用审计科（内部审计指导监督科）、大数据审计科、机关党委、离退休干部工作科；下设经济责任审计事务中心、审计科研所。

审计成果 2022年，平顶山市审计机关共完成审计项目289个，审计查出主要问题金额367.87亿元，发现非金额计量问题656个。提交审计要情等重要审计信息被批示16篇次，促进增收节支1209万元，上交财政1136万元。提出审计建议729条。

汝州市审计局实施的2020年度财政预算执行和其他财政收支情况审计项目被评为河南省优秀审计项目一等奖；郏县审计局实施的2020年度本级财政预算执行和其他财政收支情况审计项目被评为河南省优秀审计项目三等奖。

政策落实情况跟踪审计 开展防范化解重大风险、巩固脱贫攻坚成果、推动乡村振兴、产业转型升级、惠农和惠民补贴“一卡通”审计等专项审计项目，重点关注以往年度审计反映问题整改情况，开展“回头看”。

灾后恢复重建审计 组织对全市14个市直部门、12个县（市、区）灾后恢复重建涉及的政策、资金、项目进行了跟踪审计督促收回资金3629.63万元；推动灾后重建项目加快推进或完善手续138个。

财政审计 开展市本级2021年度财政预算执行情况及其他财政收支审计，结合平顶山市中心工作，围绕基本公共服务、投资、农业农村、社会保障4个重点领域开展9个专项审计，发现问题金额33.04亿元，管理不规范金额2.73亿元。

国有企业审计 组织对7个功能类和15个非功能类国有企业进行审计，促进出台制度5项。

农业农村审计 对鲁山县、叶县2个脱贫摘帽县进行了巩固拓展脱贫攻坚成果同乡村振兴有效衔接审计。查出巩固拓展脱贫成果攻坚政策执行不到位、未充分发挥带贫效益、高标准农田非农化、非粮化等普遍性、典型性问题81个。

民生审计 开展省重点民生实事专项审计调查，发现问题47个，问题涉及金额801.64万元、人员284名。审计期间坚持边审边改，促进拨付资金720万元，及时结算160万元。

经济责任审计 对24名领导干部开展经济责任审计，审计查出主要问题金额17.67亿元，审计提出建议57条。 （撰稿人：李聪聪）

【安阳市审计局】 2022年，安阳市审计局实有92人。党组书记、局长张双献，党组成员、副局长李著亮、高星闯、胡锡荣，党组成员、总审计师陈永太，党组成员、市经济责任审计联席办公室主任王金章。设有办公室、法规科（审理科）、财政审计一科、财政审计二科、行政政法审计科、社会保障审计科、信息技术科、人事科、计划管理督查科、政策跟踪审计科、党群审计科、农业农村审计科、固定资产投资审计科、经济责任审计科、内部审计指导监督科、经贸和外资运用审计科、教科文审计科、机关党委、机关纪委、老干部工作科和秘书科；下设安阳市经济责任审计中心和安阳市政府投资审计中心。

审计成果 2022年，安阳市审计局完成审计项目38个，查出问题资金256.86亿元，违规资金0.64亿元，管理不规范资金186.22亿元，审计处理处罚11.62万元；审计促进整改落实问题资金6306万元。移送纪检监察机关等有关部门事项21件，审计提出建议132条，被采纳111条；促进被审计单位建立健全制度21项；被市领导批示的专报、要情和报告共计14次。

2022年度，安阳市文峰区原区长任期经济责任履行情况及自然资源资产管理责任离任审计项目荣获省审计厅优秀审计项目二等奖，林州市供销合作社联社2017年度至2020年度预算执行及其他财政收支情况审计项目荣获省审计厅优秀审计项目三等奖；安阳市审计局实施的安阳县县级财政运行情况审计调查项目在省审计厅年度考核中获得满分。

财政审计 审计单位10个，查出问题资金195.29亿元，出具审计报告7篇。提出建议27条，采纳23条。完成政府投资审计项目2个，查出违规金额22.79亿元，审减工程造价2000.08万元。移送纪检监察机关处理事项4件，撰写审计工作信息（专报）22篇，被批示、采用18篇次，提出审计建议20条。完成专项资金审计项目4个，查出主要问题金额15.28亿元。

民生审计 完成审计项目4个，查出问题资金0.76亿元。

经济责任审计 完成16个单位的领导干部经济责任审计，查出问题资金22.74亿元，提交审计和审计结果报告11篇，提出建议23条，采纳23条。

相关工作 全年共上报省审计厅“大数据技术方法+”审计创新应用案例28个，数据分析模型145个。（撰稿人：董芳新 付圆圆）

【鹤壁市审计局】 2022年，鹤壁市审计局实有80人。局长李双兵，副局长汤启斌、廖艳红，总审计师张海平，纪检监察组组长张志平，市经济责任审计工作联席会议办公室主任杨存旗。设有市委审计委员会办公室秘书科、办公室、政策法规科、财政审计一科、财政审计二科、行政事业审计一科、行政事业审计二科、社会保障审计科、农业农村审计科、企业金融外资运用审计科、经济责任审计科、固定资产投资审计科；内设机关党委；下设市计算机审计中心、市经济责任审计中心。

审计成果 2022年，鹤壁市审计机关共完成审计项目147个。查出主要问题金额163.95亿元，移送处理事项140件，审计促进整改落实有关问题资金32.67亿元，促进被审计单位建立健全规章制度190项。

政策跟踪审计 开展创新驱动政策落实和项目资金管理使用专项审计。

财政审计 开展市级财政预算执行和其他财政收支情况审计，同步开展中央财政资金直达、县级财政运行、惠民惠农财政补贴“一卡通”等审计，开展市第一中学、市福田小学2020—2021年度财务收支审计，市自然资源和规划局2020—2021年度预算执行及其他财政收支情况审计。

开展鹤壁市城镇老旧小区改造项目专项审计调查、亚洲开发银行贷款河南鹤壁淇河流域环境治理及生态保护项目审计。

国有企业审计 开展鹤壁市国有投融资企业资产质量和运营风险情况专项审计调查、鹤壁农村商业银行股份有限公司资产负债损益情况审计。

资源环境审计 开展山城区委书记、原区长自然资源资产管理责任审计、黄河流域生态保护专项审计、南水北调中线后续工程（河南段）生态保护和高质量发展专项审计。

民生审计 开展民生实事专项审计调查、浚县巩固拓展脱贫攻坚成果和乡村振兴审计、医保基金和“三医联动”改革专项审计调查。

开展省特大洪涝灾害灾后重建工作专项审计、鹤壁市2020—2021年度职业教育经费管理使用情况专项审计调查。

经济责任审计 开展山城区党政同审、鹤壁市市场监督管理局党组书记和原局长任期经济责任审计等49个经济责任审计项目。

审计查出问题整改 各级审计机关共发现1384个问题，已整改到位1242个。

内部审计 对26家市直单位和企业开展内审工作调研，进行内部审计机构专项统计调查工作。

相关工作 严格落实全面从严治党政治责任，打造“党旗飘扬审计路”党建品牌，推进党建工作和审计业务双融合双提升，锻造高素质专业化审计干部队伍。鹤壁市审计局被评为第二批全国节约型机关建成单位、河南省行政执法责任制示范点、鹤壁市平安建设优秀单位，获得2022年度鹤壁市高质量发展党的建设奖。

（撰稿人：郭振威）

【新乡市审计局】 2022年，新乡市审计局实有83人。局长范乃秋，副局长张俊涛、贺成运、王熙远（2月—）、王迎国（4月—），总审计师熊睿浩（—1月），纪检监察组组长张博，二级调研员牟振斌、周彦斌、赵文中（—9月），三级调研员郭文君（1月—）、万荫钦（8月—）。设有市委审计委员会办公室秘书科、办公室、组织人事科、法规（审理）科、综合科、财政审计一科、财政审计二科、行政事业审计一科、行政事业审计二科、医疗卫生审计科、农业农村审计科、固定资产投资审计一科、固定资产投资审计二科、金融审计科、社会保障审计科、企业经贸外资运用审计科、经济责任审计一科、经济责任审计二科、重大项目稽察特派员、机关党总支、离退休干部工作科；下设新乡市审计信息中心（市政府投资审计服务中心）。

审计成果 2022年，新乡市审计机关共完成审计项目273个，为市县财政增收节支9.15亿元，审计促进拨付资金到位7.75亿元，审计后挽回（避免）损失3.28亿元，提出审计建议829条，提交审计专报、审计要情89篇，获得各级领导批示85次，移交案件线索41件，移送处理35人。

新乡市审计局党组书记、局长荣立“个人二等功”；新乡市审计局被市委市政府授予“集体二等功”，并先后荣获省级卫生先进单位、第三批河南省行政执法责任制示范点等称号；新乡市原阳县巩固拓展脱贫攻坚成果和乡村振兴审计等3个项目获全省优秀审计项目；组织拍摄的《免费住院之谜》入围审计署“五个十”评选，被审计署办公厅、中央网信办网络社会工作局通报表扬。

政策落实情况跟踪审计 2022年，灾后恢复重建跟踪审计共发现问题资金8.47亿元，促进资金拨付（配套）3.09亿余元，有效提高灾后重建资金分配管理使用绩效。巩固拓展脱贫攻坚成果和乡村振兴审计共查出问题166个，查出违规违法及管理不规范问题金额3.1亿元。督促4个县（市）完成审计整改1.9亿元，上缴国库65.79万元，促进拨付资金到位626.48万元。

财政审计 财政审计促进增收入库5.2亿元，促进财政节支3.28亿元，纠正管理不规范资金2.34亿元，促进制定完善制度25项，审计移送纪检监察机关和有关部门案件线索14件，已追责问责6人。

对原阳县官厂乡黄河滩区迁建项目进行审计核实，初步核减金额2.8亿元。为切实解决市平原文化艺术中心项目结算价款争议问题，组织实施全过程审计，初步核减工程造价1.73亿元，预计可为新乡市收回超付的工程款（含利息）6000余万元。

国有企业审计 聚焦市公交集团经营状况，推动规范规制成本核算办法。

金融审计 组织对2家农村商业银行资产负债损益情况进行审计，揭示风险防控、政策落实、合规经营等方面问题62个，涉及问题资金119亿元，为推动农村商业银行深化改革提供决策依据。

民生审计 审计揭示定点医疗机构非法行医、欺诈骗保、违规收费等违法犯罪以及监管机构失职失责等问题，发现违规收费4000余万元，公安部门羁押两家民营医院涉案人员6人，取保候审3人，纪委监委正在跟进。推动及时补交城市廉租住房建设资金4000余万元，促进完善制度机制，堵住管理漏洞。

相关工作 推荐2名同志提拔为副处级领导，15名同志提拔、转任为中层干部，20名同志的职级获得晋升，让想干事的有机会、能干事的有平台、干成事的有地位。 （撰稿人：杨旭龙）

【焦作市审计局】 2022年，焦作市审计局实有62人。局长刘明胜，副局长王庆宝、司军江、闫清军、史升平，纪检监察组组长刘玉梅，市经济责任审计工作联席会议办公室主任王海建。设有办公室、组织人事科、秘书科、党建办、财政审计一科等20个科室；下设焦作市基建审计中心。

审计成果 2022年，焦作市审计机关共完成审计项目186个，共查出主要问题金额188.7亿元，其中，违规问题金额16.8亿元，损失浪费金额0.02亿元，管理不规范金额171.87亿元。审计促进增收节支13.94亿元，缴纳其他资金6.11亿元，促进拨付资金到位18.3亿元，核减投资额2.65亿元。审计移送纪检监察机关处理事项43件，移送有关部门处理事项11件。审计综合报告和信息被党政领导和上级审计机关批示355篇次，追责问责101人，提出审计建议522条，其中被采纳431条。

政策落实情况跟踪审计 围绕重大政策落实，开展灾后重建、疫情防控、涉企优惠政策落实等重点工作审计。灾后重建审计，促进17个项目开工、38个项目竣工，促进分配下拨资金2.33亿元，返还原资金渠道894.32万元，市领导先后作出批示9次。推进助企纾困政策资金落实，清理中小企业账款2894.52万元，促进8个县（市、区）涉企奖补资金拨付6167.2万元、惠及企业74家，促进涉企奖补资金拨付783万元。

财政审计 围绕预算执行和其他财政财务收支，开展财政预算执行和其他财政收支情况审计，配合省审计厅实施地方政府债务风险防范化解、中央财政资金直达等9个审计项目。促进市本级非税收入3.19亿元上缴国库。清理消化全市暂付款22.35亿元。防范债务风险，促进债券资金支付2.79亿元，推进孟州市、沁阳市、武陟县、博爱县建立专项债券制度机制。加强国有投融资企业管理，促进收回账款1.01亿元。

围绕推进重点项目资金，实施中原路综合建设PPP项目、东海大道综合建设PPP项目等跟踪审计项目18个。审减工程造价6.2亿元，开展跟踪审计项目10个，审减工程造价5.74亿元；完成8个项目的竣工决算审计，审减工程造价4651万元。

民生审计 围绕民生项目资金，对重点民生实事、惠民惠农财政补贴"一卡通"管理使用情况等进行了审计。促进基本公共卫生服务资金6257.88万元拨付到位，收回财政统筹使用180.2万元，及时拨付资金4526.32万元。规范困难群众补助资金管理2456.04万元，促进资金拨付633.91万元，停发不符合救助条件504名人，给予处分、处理83人。引起全市民政系统高度重视，审计整改率达95%，促进建章立制9项。新增被征地农民参保补贴人数4678人，落实参保补贴资金755万元。

经济责任审计 围绕权力规范运行，对44名市管领导干部实施了经济责任审计，同时对部分领导干部开展自然资源审计，查出违纪违规资金1.57亿元，管理不规范资金33.27亿元，追缴税金及有关资金547万元，罚款没收账外资金和追缴入库资金115万元，归还原渠道资金1068万元。提出审计建议116条，撰写审计要情6篇。移送案件线索7件，处理人员5名。

审计查出问题整改 围绕审计成果转化运用，对2021年度中央、省级和市级预算执行审计查出的229个问题和以前年度未整改到位的65个存量问题进行了督促整改，累计已整改到位问题280个，整改审计发现问题金额48.89亿元，促进增收节支和挽回损失9.95亿元，促进拨付到位资金8亿元，推动建立健全各项规章制度36项，有关部门根据审计移送的案件线索对20名责任人员作出党纪政纪处理、其他问责方式69人次。

（撰稿人：孙永臻）

【濮阳市审计局】 2022年，濮阳市审计局实有115人。党组成员、副局长王万东、辛同诗、赵子强、韩潮，党组成员、纪检监察组组长孟凡奇，党组成员、总审计师孙兆山，市经济责任工作联席会议办公室主任陈秀珍，市经济责任审计中心主任李伟，二级调研员张正选、林松，四级调研员熊延铭。设有濮阳市审计委员会办公室秘书科、办公室、组织人事科、法规科、计划管理督察科、内部审计指导监督科、财政金融监督审计科、大数据审计科、行政事业审计科、政法审计科、科教文审计科、农业农村审计科、市政基础设施投资审计科、重点项目投资审计科、生态环境审计科、社会保障审计科、经贸与外资运用审计科、经济责任审计管理科、经济技术开发区审计分局、工业园区审计分局、城乡一体化示范区审计分局、机关党委、离退休干部工作科等23个科室；下设经济责任审计中心、市审计局计算机审计中心、政府投资项目审计服务中心、市审计局机关后勤服务中心。

审计成果 2022年，濮阳市审计机关共完成审计项目237个，审计查出违规金额129亿元，审计发现非金额计量问题1284个；出具审计报告和专项审计调查报告282篇，被批示、采用4篇。移送处理事项71件，移送处理人员125人，移送处理金额13.7亿元。促进整改落实金额6.96亿元，促进拨付金额3205万元。推动被审计单位制定整改措施493项；促进被审计单位建立健全规章制度37项；提交审计信息176篇，被批示、采用136篇。向社会公告审计结果25篇。

濮阳市审计局被河南省人民政府表彰为"第三批河南省依法行政示范单位"，濮阳市国有粮食企业2019年至2020年度资产负债及运营情况专项审计调查项目被河南省审计厅评为全省审计机关优秀审计项目一等奖。

财政审计 完成信阳市税务局税收征管和部

门预算执行情况审计，发现问题43个，查出违规金额17.8亿元，上交财政资金4677万元，归还原渠道资金9106万元。

完成S215濮阳金堤河桥至渠村段公路改建工程竣工决算审计等10个项目和国道G106（濮范高速—濮阳县界）两侧土地一级开发整理项目跟踪审计，核减投资额1.53亿元。

金融审计 完成范县农村商业银行股份有限公司资产负债损益情况审计，查出违规金额10.1亿元，督促清收不良贷款3.3亿元。

资源环境审计 完成资源环境审计项目2个，审计查出违规金额1582.76万元。促进被审计单位建立健全规章制度5项。

民生审计 完成民生资金审计等项目5个，查出违规金额3424.77万元，查出问题被审计署引用26个、被省审计厅引用28个，发现非金额计量问题26个，出具审计报告和专项审计调查报告5篇。

经济责任审计 完成濮阳市自来水公司党委书记任中经济责任审计，查出违规金额1.8亿元；发现非金额计量问题26个；出具审计报告和审计结果报告各1篇。完成30名领导干部的经济责任审计，查出违规金额60.27亿元。

审计查出问题整改 审计署交办的26项中央预算执行审计查出问题、省审计厅交办的100项查出问题全部整改完成。

（撰稿人：胡长杰　董俊芳）

【许昌市审计局】 2022年，许昌市审计局实有49人。党组书记、局长燕万年，党组成员、副局长李铮峰、汪彦春、焦文秀（4月—）、程长国（4月—），党组成员、市经济责任联席会议办公室主任刘中伟，党组成员、总审计师徐海涛（11月—），二级调研员朱臣峰（—11月），三级调研员贾付栓（—9月）、高留彬、胡宝梅，四级调研员徐峰。设有办公室、市委审计委员会办公室秘书科、人事科、法规科、财政审计一科、财政审计二科、行政事业审计科、农业农村审计科、固定资产投资审计科、经贸和外资审计科、社会保障审计科、经济责任审计一科、经济责任审计二科等13个科（室）；下设许昌市政府投资建设项目审计中心。

审计成果 2022年，许昌市审计机关共完成审计项目296个，查出主要问题金额135.56亿元；审计发现非金额计量问题735个；出具审计报告和专项审计调查报告313篇；审计处理处罚金额27.13亿元；审计促进整改落实有关问题资金43.1亿元；核减投资额2.95亿元；移送处理事项17件；提出审计建议806条；提交审计信息296篇；推动完善规章制度70项。

许昌市2020年基本医疗保险基金审计项目被评为河南省审计厅2022年度全省审计机关优秀审计项目。

政策落实情况跟踪审计 组织开展14个重大政策落实跟踪审计，助推各级党委政府做好“六稳”工作、落实“六保”任务，促进重大政策措施落实。

财政审计 完成11个财政重点专项审计，促进整改问题金额62.9亿元，促进有关部门、单位完善制度66项。全市审计机关完成226个政府投资项目审计，审减项目投资额2.95亿元。

农业农村审计 在巩固拓展脱贫攻坚成果和乡村振兴情况审计中审计资金7.07亿元，发现问题13个，查出违法违规及管理不规范问题金额1288.59万元。

民生审计 医疗保险基金审计追回违规报销医疗保险基金222.34万元，移交问题线索5件，追责问责11人。社区养老服务体系建设资金审计查出问题18个，促进出台规章制度15项。困难群众救助补助资金审计查出问题39个，促进资金拨付5520万元，促进出台规章制度14项，追责问责2人。

经济责任审计 全市审计机关对113名领导干部开展经济责任审计，审计查出违规金额78万元，管理不规范金额5.54亿元，促进增收节支194万元，提出审计建议278条。

相关工作 严格落实外出审计组党建“七个一”工作法，积极促进为群众办实事解难题，“能力作风建设年”活动扎实推进。加强服务型执法能力建设，被市法治政府建设领导小组办公室表彰为“第二届全市服务型行政执法比武表现突出单位”。（撰稿人：于　璐）

【漯河市审计局】 2022年，漯河市审计局实有 95 人。党组书记、局长徐改全，二级调研员李东升（—6 月）、刘冠东（—10 月）、李军，三级调研员史秋学，党组成员、副局长邵艳晖、屈耀伟，四级调研员屈钦宇、张万友。设有中共漯河市委审计委员会办公室秘书科、办公室、人事教育科、法规（审理）科、计划管理督察科、政策跟踪科、财政审计一科、财政审计二科、行政事业一科、行政事业二科、社会保障审计科、农业农村审计科、固定资产投资审计科、金融和外资运用审计科、经贸审计科、经济责任审计一科、经济责任审计二科、党建工作科等 18 个职能科（室）；下设漯河市大数据审计中心、漯河市政府投资建设项目审计服务中心。

审计成果 2022 年，漯河市审计机关共完成审计项目 282 个，审计报告、专报被市领导批示 23 次，促进增收节支 5.95 亿元，促进资金拨付到位 4.22 亿元（不包含政府债券），避免损失 605 万元，促进被审计单位建章立制 150 项，移送违规违纪问题线索 45 起。

实施的 3 个审计项目被省审计厅评为全省审计机关优秀审计项目。

政策落实情况跟踪审计 开展特大洪涝灾害灾后重建工作专项审计、创新驱动政策落实和专项资金审计、大气污染监测能力建设情况审计、违规修建楼堂馆所情况审计等，推动相关政策落实。

财政审计 对一级预算单位进行全覆盖同步审计，同时对地方政府债务风险防范化解、中央财政资金直达机制运行、县级财政运行情况进行审计。开展市区中小学校建设、百城提质暨城市“双修”重点项目等专项审计。

国有企业审计 开展市公交集团、市养老产业投资发展公司资产负债损益情况审计。

金融审计 开展舞阳县农村信用联社资产负债损益审计。

农业农村审计 开展巩固拓展脱贫攻坚成果和乡村振兴、惠民惠农财政补贴“一卡通”管理使用、涉农奖补资金等审计项目。

民生审计 开展省市重点民生实事、住房维修基金管理、冬春救助等审计项目。

经济责任审计 完成 22 名领导干部经济责任审计项目。

审计查出问题整改 对审计整改工作实行“清单管理、台账管理、销号管理”的动态跟踪管理模式，开展“审计整改月”专项行动，2022 年审计查出问题整改率达 96.32%，相关部门采取整改措施、制定完善制度 150 项。

研究型审计 研究出台《经济事项风险防范清单》《审计查出问题整改指南》，系统完善预防、自查、化解、建议等一系列创新举措，扣紧审、帮、研、改、促各环节链条，形成良性审计工作闭环。

内部审计 指导推动全市 59 家单位建立内审机构，健全内审工作制度，安排专兼职内审人员 256 人。

（撰稿人：徐浩然）

【三门峡市审计局】 2022 年，三门峡市审计局实有 69 人。局长范社民，副局长白提高、高朝晖、李金萍，总审计师张丰明，经济责任审计工作联席会议办公室主任王宏刚。设有办公室、法规科（审理督查科）、政策跟踪审计科、财政审计科、行政事业审计科、党群和科教文审计科、政法审计科、社会保障审计科、农业农村审计科、固定资产投资审计科、企业审计科一科、企业审计科二科、内部审计指导监督科、经贸和外资运用审计科、经济责任审计科、金融审计科、自然资源及生态环境审计科、派出审计科等内设机构；下设市政府投资审计服务中心和电子数据审计服务中心等事业单位。

审计成果 2022 年，三门峡市审计机关共完成审计项目 185 个。查出主要问题金额 151.22 亿元，其中违规金额 91.22 亿元、管理不规范金额 59.94 亿元；审计发现非金额计量问题 741 个；出具审计报告和专项审计调查报告 194 篇。审计处理处罚金额 91.15 亿元；移送司法机关、纪检监察机关和有关部门处理事项 18 件，移送处理人员 5 人。审计促进整改落实有关问题资金 3.28 亿元；审计提出建议 421 条；提交审计信息 90 篇。

政策落实情况跟踪审计 开展全市灾后恢复重建跟踪审计，对卢氏县、渑池县的巩固扩展脱贫攻坚成果和乡村振兴审计，对市本级及灵宝市、渑池县的创新驱动政策落实专项审计调查。

财政审计 完成预算执行和财政决算审计 47 个，同步开展全市违规兴建楼堂馆所、“三保”

政策落实、大气污染监测能力建设情况、财政资金直达等专项审计。开展投资审计项目 58 个，核减投资额（工程款）1.28 亿元。

民生审计 开展困难群众救助补助资金、“一卡通”管理使用情况、省重点民生实事、促进优先就业政策和就业补助资金及失业保险基金、拆迁安置和被征地农民社会保障资金等专项审计（调查）。

经济责任审计 对 52 名党政主要领导干部和企业领导人员进行经济责任审计，审计查出主要问题金额 4.27 亿元，推动完善制度措施 17 项。

防范化解重大风险审计 开展市本级和陕州区、渑池县地方政府债务风险防范化解情况专项审计，对灵宝、湖滨农商行和灵宝融丰村镇银行开展资产负债损益审计，参与全省黄河流域生态保护专项审计调查对三门峡市本级和洛阳部分县（市、区）的审计。

审计查出问题整改 完成中央、省级、市级预算执行和其他财政支出审计整改 670 项，整改到位率 81.4%，促进上缴财政资金 3910.71 万元，归还原渠道资金 2133.26 万元，资金拨付到位 19.09 亿元，相关部门建章立制 80 项。

相关工作 扎实推进法治政府建设和精神文明创建工作，荣获河南省行政执法责任制示范点、三门峡市“七五”普法工作先进单位、平安建设先进单位等荣誉称号，省级精神文明单位标兵再创成功，三门峡市审计局志愿服务队被省精神文明建设指导委员会评为优秀志愿服务组织。

（撰稿人：谢雨芬）

【南阳市审计局】 2022 年，南阳市审计局实有 91 人。局长时德清（—12 月）、陈联咏（12 月—），副局长王匡、李冬晓、尚军生、王星建（—12 月），纪检监察组组长谢男（—12 月）、王书峰（12 月—），市经济责任工作联席会议办公室主任王刚，总审计师张清怀，市经济责任审计服务中心主任时晓，二级调研员孔雪飞、余耀伟、鲁德岑，三级调研员舒建立。设有市委审计委员会办公室秘书科、办公室、法规科、人事教育科、计划督察科、财政审计科、行政事业审计一科、行政事业审计二科、农业农村与自然资源环境审计科、固定资产投资审计一科、固定资产投资审计二科、金融审计科、企业审计科、社会保障审计科、经贸和外资运用审计科、经济责任审计科、信息管理科、机关党委，另设有市纪委监委派驻纪检监察组；下设南阳市经济责任审计服务中心。

审计成果 2022 年，南阳市审计机关共完成计划审计项目 497 个，查出主要问题金额 593.6 亿元，审计提出建议 1907 条，移送司法机关、纪检监察机关和有关部门处理事项 182 件，提交审计信息被批示 373 篇。

方城县 2020 年度县本级财政预算执行和其他财政收支情况审计、新野县商业贸易服务中心原主任离任经济责任审计、邓州市 2020 年住房公积金管理和使用情况专项审计被评为河南省审计厅优秀审计项目一等奖，南阳市审计局被评为河南省审计机关精神文明建设工作先进单位。

政策落实情况跟踪审计 重点实施了 2022 年民生实事、省特大洪涝灾害灾后重建、创新驱动政策落实等重大政策跟踪审计。

财政审计 对一级预算单位进行全覆盖同步审计，开展了市本级、淅川县、宛城区地方政府债务风险防范化解情况等 5 个专项审计，审计促进中央财政直达资金拨付 6.9 亿元。

重点组织实施了梅溪河三里河综合整治、医圣祠文化园一期征地拆迁等 9 个政府重点投资项目跟踪和竣工决算审计，核减建设投资 2.79 亿元，促进拨付企业资金 1.19 亿元。

民生审计 重点实施了全市困难群众救助补助资金专项审计、巩固拓展脱贫攻坚成果和乡村振兴审计、惠民惠农财政补贴资金“一卡通”管理使用情况审计、就业优先政策和资金管理使用专项审计。

经济责任审计 全市开展经济责任审计项目 91 个，共查出违规金额 9575.38 万元，管理不规范金额 4.62 亿元，提出审计建议 80 条。

审计查出问题整改 从严抓实审计整改“下半篇文章”，审计期间整改金额 288.2 亿元、审计促进整改落实有关问题资金 402.4 亿元。

（撰稿人：张　帅）

【商丘市审计局】 2022 年，商丘市审计局实有 85 人。局长马付恩，副局长吕义军、谢颖、陈广银，三级调研员张建新，总审计师刘丽，纪检监察组组长王东，市经济责任审计工作联席会议办公室主任徐彬。设有政策跟踪审计科、财政审计科、行政事业审计科、党群政法审计科、科教文审计科、医疗卫生审计科、农业农村审计科、固定资产投资审计科、企业审计科（内部审计指导监督科）、社会保障审计科、金融经贸和外资审计科、经济责任审计一科、经济责任审计二科；设有局办公室、市委审计办秘书科、组织人事科、法制科（审理科）、计划管理督察科行政管理机构 5 个；机关党委（机关纪委）专职机构 1 个；商丘市政府投资建设项目审计中心、商丘市数据审计中心事业单位 2 个。

审计成果 2022 年，商丘市审计局完成审计项目 41 个，审计查出主要问题金额 203. 37 亿元，提出审计建议 110 条，提交审计要情、审计专报等重要审计信息 174 篇，促进完善规章制度 357 项。

政策落实情况跟踪审计 围绕省委省政府、市委市政府重大决策部署开展政策落实跟踪审计，查出问题 123 个，查出违规违纪问题金额 1. 42 亿元，管理不规范金额 42. 83 亿元。

财政审计 重点开展市本级预算单位审计，揭示问题 140 个，涉及资金 75. 36 亿元，促进增收节支 2. 38 亿元。

国有企业审计 对商丘交运集团等 3 家国有企业进行审计，查出问题 85 个，涉及问题金额 255. 83 亿元。

金融审计 开展地方农信行社资产负债损益审计，移送市纪委、市公安案件线索共 6 件，提交市级审计要情 4 篇。

农业农村审计 组织开展巩固脱贫攻坚和乡村振兴专项审计，查出问题 113 个，查出管理不规范金额 17. 04 亿元。促进增收节支资金 4. 06 亿元。

民生审计 开展全市人民卫生健康审计，共涉及医疗机构 2749 个，发现问题 592 项，促进增收节支 2847. 74 万元，促使资金拨付到位 8665. 28 万元，挽回损失资金 120. 44 万元。

经济责任审计 完成经济责任审计项目 12 个，发现问题 106 个，涉及问题资金 69. 71 亿元，推动制度完善 16 项。

审计理论研究 撰写审计理论研究文章，在《中国审计》《审计观察》等杂志刊载文章 21 篇。其中：在《中国审计》杂志 2022 年第 17 期发表《以新标准推进新时代审计事业实现新发展》，在《审计观察》杂志 2022 年第 7 期发表《坚持“六个一”以审计高质量助力疫情防控和经济建设》。

内部审计 全市设有内审机构单位 2356 个（包含内审机构 136 个、内审人员 548 个），其中：企业 39 个、机关单位 557 个、事业单位 1743 个。

相关工作 党建工作荣获了“2022 年度商丘机关党建课题研究先进单位”等荣誉，高质量通过了 2022 年度国家级文明单位验收。

（撰稿人：桑彦峰）

【信阳市审计局】 2022 年，信阳市审计局实有 95 人。党组书记、局长卢世银（2 月—），党组副书记、副局长孙晓莉（3 月—），党组成员、副局长唐阳志、罗勇（8 月—）、刘洋生（8 月—），党组成员、纪检监察组组长陈玲玲（4 月—），党组成员、总审计师李卫华（8 月—），党组成员、审计事务中心主任李松洁（8 月—），一级调研员汪光明，二级调研员马彦忠、赵树高（8 月—）、万展武（8 月—），三级调研员孙章明（12 月—）。设有办公室、综合科、组织人事科、法规科（审理科）、计划管理督察科、政策跟踪审计科、财政审计一科、财政审计二科（金融审计科）、行政事业审计科、农业农村审计科、固定资产投资审计科、企业审计科、社会保障审计科、经济责任审计一科、经济责任审计二科、内部审计指导监督科；市委审计委员会办公室秘书科、机关党委、离退休干部工作科挂牌机构 3 个；下设信阳市审计事务中心，信阳市大数据审计中心（信阳市投资审计中心）、信阳市国有企业审计中心事业单位 3 个。

审计成果 2022 年，信阳市审计机关共完成审计项目 307 个，查出主要问题金额 252. 83 亿元，促进财政增收节支 12. 4 亿元。向纪检监察等部门移送案件线索 63 件，判刑 5 人，党纪政务处分 47 人。被省政府授予“第三批河南省依法行政示范单位”称号。

政策落实情况跟踪审计 在全省首次开展优化营商环境专项审计调查，推动市公共资源交易中心出台7项制度治理围标串标等“顽疾”，153户纳税人享受疫情税收减免优惠政策2亿多元，建立管道天然气和车用燃气工作联席会议制度稳定燃气市场；灾后恢复重建跟踪审计，实地勘察全部水毁水利项目108个、水毁道路工程58项，揭示的11类、103项问题全部整改到位，推动61个项目加快建设进度。

财政审计　重点对市财政局、交通局等20家单位预算执行情况实施审计，对商城县、潢川县开展财政运行专项审计调查，规范经费压减、绩效管理、转移支付等财务管理，推动落实过紧日子要求。对市应急救援指挥中心等重点建设项目开展竣工决算审计，深刻揭示建设项目违规招投标、高估冒算工程价款等问题，审计投资额14.4亿元，审减1.47亿元。

金融审计　对浉河区、息县、新县农村商业银行开展资产负债损益审计，深刻揭示不良资产高发引发流动风险、违规发放贷款等问题，积极防范和化解金融运行风险，促进优化金融生态。对申信发展投资集团开展资产负债损益审计，摸清企业底数，揭示运营风险，推动国有资产保值增值。

民生审计　组织全市审计机关开展惠农“一卡通”、乡村振兴、医保基金审计及“三医联动”改革推进情况等民生审计，促进兑付农机购置补贴7117.69万元，追回低保、优抚、稻谷补贴等486.54万元，将1117名应享未享人员纳入残疾人、高龄津贴等补贴范围，拨付残疾儿童康复救助资金335万元、惠及986名残疾儿童。

经济责任审计　对市应急管理局、信访局等单位18名部门负责人实施任期经济责任审计，对上天梯管理区主任同步开展自然资源资产管理责任审计，围绕权力运行和责任落实两条主线，揭示贯彻政策措施不到位、管理不规范等问题76个，查处主要问题金额2.3亿元，推动建立完善规章制度40项，7人受到党纪政务处分。

（撰稿人：王　猛）

【周口市审计局】　2022年，周口市审计局实有64人。局长胡艳华，副局长时文祥、杨凯、张建伟，总审计师魏学忠，纪检监察组组长陈华磊，二级调研员张贵成、马培新，三级调研员王海松、陈伟、王惠祥。设有办公室、人事（老干部）科、法制科、审计督查科、财政金融审计科、行政事业审计一科、行政事业审计二科、农业农村审计科、固定资产投资审计科、社会保障审计科、经贸和外资运用审计科、数据审计科、经济责任审计办公室和机关党委；下设周口市投资审计服务中心。

审计成果　2022年，周口市审计机关共完成审计项目241个、专项审计调查9个。审计查出主要问题金额259.89亿元，审计期间整改金额22.09亿元，审计处理处罚金额140.91亿元，审计促进整改落实有关问题资金109.78亿元。向有关部门移送案件线索34件、涉及人员154人。提出审计建议628条，促进建立健全规章制度31项。提交审计要情等重要审计信息29篇，其中被批示19篇次，为防范各类经济风险、服务政府宏观决策提供参考。

周口市审计局获得市级审计机关优秀审计项目三等奖，鹿邑县审计局、项城市审计局获得县级审计机关优秀审计项目一等奖，商水县审计局获得县级审计机关优秀审计项目二等奖，郸城县审计局获得县级审计机关优秀审计项目三等奖。

财政审计　组织开展市本级2021年度预算执行和其他财政收支，以及市卫生健康委员会、公安局等11个市直单位2021年度预算执行和其他财政收支审计，揭示各单位财政预算资金在筹集、分配和使用过程中存在的问题，全面科学分析当前预算执行的总体效果，有针对性地提出审计建议，促进相关部门提高财政资金使用效益，推动各项政策贯彻落实。

周口市新建北环路项目竣工财务决算审计项目，核减投资2.69亿元，促进资金到位7095.26万元，相关专题报告得到市政府领导的充分肯定。2022年跟踪审计灾后重建项目690个，审计资金24.21亿元。推动项目开工21个，促进资金拨付2.31亿元，核减拨款挽回损失887万元，促进配套资金到位841.62万元，撰写审计要情3篇，得到市领导批示，审计查出问题得到有效整改。

农业农村审计　巩固拓展脱贫攻坚成果和乡村振兴审计项目，促进拨付资金到位2492.97万元，盘活统筹使用闲置资金200万元，避免挽回损失37.8万元，制定完善规章制度22项，办理移送7件，给予党政纪处分44人，在省以上媒体发表信息9篇，撰写审计要情9篇，分别得到市县领导批示。

民生审计 惠民惠农财政补贴资金“一卡通”审计项目，追缴财政资金100多万元，办理移送事项2件，给予党政纪处分人员7名，撰写审计要情1篇，得到市主要领导批示。

经济责任审计 全市审计机关共完成48名领导干部的经济责任审计，查出违规金额766万元，促进增收节支34万元，推动领导干部依法用权、担当尽责。

（撰稿人：徐汝硕）

【驻马店市审计局】 2022年，驻马店市审计局实有83人。局长刘翠萍，副局长宋超燕、汪永华、林丽娜、范红军，总审计师陈有朋，总会计师叶向阳，总经济师师建中，经济责任审计中心主任卢振留。设有秘书科、办公室、法规科、计划管理督察科、政策跟踪审计科、财政审计一科、财政审计二科、行政事业审计一科、行政事业审计二科、农业农村审计科、投资审计一科、投资审计二科、经贸与外资运用审计科、社会保障审计科、经济责任审计科及机关党委；下设经济责任审计中心、固定资产投资审计中心和计算机审计中心。

审计成果 2022年，驻马店市审计机关共完成审计项目461个，查出主要问题金额711.75亿元；审计发现非金额计量问题1552个；审计处理处罚金额33.99亿元；移送司法机关、纪检监察机关和有关部门处理事项128件，移送处理人员413人。审计促进整改落实有关问题资金60.92亿元；移送处理落实事项23件。审计提出建议1545条，被采纳1545条；推动被审计单位建立健全规章制度340项；提交审计信息640篇，被批示、采用409篇次。向社会公告审计结果212篇。

驻马店市审计局荣获全省审计机关先进集体称号；实施的驻马店市2020年社会保险基金审计项目被评为河南省审计厅市级优秀审计项目二等奖；汝南县审计局和上蔡县审计局实施的两个项目分别被评为河南省审计厅县级优秀审计项目一等奖和二等奖。

财政审计 开展预算执行情况、决算草案以及其他财政收支情况审计，查出问题118项，涉及问题金额64.39亿元，促进资金拨付16.92亿元，增收节支1.56亿元。

完成政府投资审计项目8个，审计政府投资金额37.13亿元，发现多计工程价款等18类问题，审减投资额4.17亿元，查处违规问题资金6754.06万元，促进企业融资贷款资金到位1.85亿元。

金融审计 开展3个县农商银行资产负债损益审计，查出违规发放贷款形成不良或损失风险金额97.07亿元，违规化解处置不良资产4.99亿元。

农业农村审计 开展巩固拓展脱贫攻坚成果和乡村振兴情况审计，发现扶贫资产管理不到位等195项问题，涉及资金2.94亿元，提出审计建议27条。

资源环境审计 开展大气污染监测能力建设情况专项审计和领导干部自然资源资产离任审计。审计发现了空气监测点运维机制不畅等40余项问题，涉及资金1672.01万元。

民生审计 开展2019—2021年度社保基金、灾后恢复重建等6项民生审计，以及全市被征地农民社会保障资金等3项专项审计调查。审计发现不符合条件人员违规享受惠民惠农补贴等127类问题，涉及问题金额8.6亿元，通过审计促进资金拨付到位4194.23万元。

经济责任审计 完成18名领导干部的经济责任审计，发现落实营商环境政策不到位、脱贫攻坚政策落实不到位等方面问题425个，审计查出问题金额46.7亿元，界定领导责任18人，促进增收节支939万元，提出并被采纳审计建议79条。

审计查出问题整改 整改落实有关问题金额39.96亿元，促进拨付资金到位11.89亿元，审减投资额2.08亿元，制定《驻马店市审计局审计整改检查督促工作办法》，建立并完善审计整改工作报告和督促检查工作机制。

审计理论研究 开展领导干部自然资源资产审计评价指标体系研究和ArcGIS在领导干部自然资源资产审计中的拓展应用两项课题研究。

交办任务 开展了市政府交办的保交楼专项借款审计。

（撰稿人：叶向阳）

【济源产城融合示范区审计局】 2022年，济源产城融合示范区审计局实有69人。局长酒序文（1月—3月）、李治秀（4月—9月）、李怀永（10月—12月），副局长李建成、苗先荣，示范区纪工委监察工委派驻审计局纪检监察组组长田晓芳，党组成员樊其程、王红峰，总审计师郭艾丽。设有办公室、组织人事科、法规科等12个职能科室；另设中共济源产城融合示范区工作委员会审计委员会办公室秘书科；纪检（监察）机构按有关规定设置，下设经济责任审计局、基本建设审计中心2个二级机构（1月—11月），于11月28日重塑性改革后，二级机构变更为济源示范区审计工作事务中心。

审计成果 2022年，济源产城融合示范区审计局实施审计和审计调查项目40个，查出违规和管理不规范问题金额11.72亿元，促进财政资金加快拨付5.89亿元、促进整改落实有关问题资金2.4亿元，移送问题线索52起，给予29人党纪政务处分、50人组织处理。

《利剑出鞘 揪出“象牙塔”里的“小官巨贪”》入选审计署典型案例。

政策落实情况跟踪审计 对黄河流域生态保护、灾后恢复重建、创新驱动、大气污染监测能力建设等大政策落实情况进行审计。在灾后恢复重建跟踪审计中，促进资金拨付4000余万元，促进148个重建项目及时开工或加快推进。

财政审计 对2021年度市本级和公安局等7个部门的预算执行和其他财政收支情况进行审计。共查出10大类32个问题，促进修订完善制度9项。

组织实施省道306卫柿线济源境改建工程决算、市第二人民医院综合病房楼建设、济源海关综合业务技术用房项目等5个政府投资审计项目，共核减投资及增收节支7866.92万元。

国有企业审计 对市投资集团、文旅集团等7家国有投融资企业资产质量和运营风险进行专项审计调查，揭示国有投融资公司资产质量不高、违规举债等7个方面120多个问题，推动完善相关制度13项。

农业农村审计 开展巩固拓展脱贫攻坚成果和乡村振兴审计，揭示农村集体经济存在“糊涂账”、部分农田灌溉设施成“摆设”等问题，促进资金拨付171.2万元，移送问题线索6起。

民生审计 组织实施惠民惠农财政补贴“一卡通”管理使用情况审计、省重点民生实事专项审计，追回违规发放涉农补助资金5.7万元，促进农业部门将250.9万元农机购置补贴资金发放到户。

经济责任审计 对10个单位13名领导干部开展任期经济责任审计，共查处违规和管理不规范资金5.76亿元，移送问题线索22起。

审计查出问题整改 通过上门约谈督导、召开经济责任审计工作联席会议和整改联席会议合力督导、借力领导高位推动督导等方式，强力推动审计整改。全年共下达督办函和整改通知书22份，促进建章立制125项。

内部审计 开展全区内审统计调查，印发《关于审计工作中对社会审计机构出具的审计报告核查工作的意见》，建立全区内部审计人才库，对公安局、教体局等单位内部审计指导，促进各单位完善制度、防控风险、改善治理。

（撰稿人：郭晴晴）

2022 年河南省所辖市、县（市、区）审计工作统计表

审计机关	完成审计项目/个	审计查出主要问题金额/万元	审计发现非金额计量问题/个	审计期间整改金额/万元	出具审计报告和审计调查报告/篇	审计处理情况		审计促进整改落实有关问题资金/万元	审计提出建议/条	提交审计信息/篇
						审计处理处罚金额/万元	移送处理事项/件			
郑州市										
郑州市本级	34	712004	376	18866	31	172684		172684	81	
中原区审计局	23	221099	40	10278	23	40			64	20
二七区审计局	18	136368	2		16				3	
管城回族区审计局	23	135554	19	13877	23			6723	55	7
金水区审计局	23	215056	46	5	23		42		76	21
上街区审计局	19	212701	10		19				6	
惠济区审计局	44	340576	55	9899	42	2		2	255	28
中牟县审计局	199	73228	49		234	34510	5	34297	291	11
巩义市审计局	30	189799	23		30				3	
荥阳市审计局	38	186919	15		38				5	
新密市审计局	130	194238	68	299	141	20630	6	20630	290	14
新郑市审计局	16	166339	35		16				4	
登封市审计局	13	24623	20	10908	21			16854	31	15
开封市										
开封市本级	44	834478	423	50539	56	10276	64	74367	105	15
龙亭区审计局	5	9455	21	2481	7	1		1	13	
顺河回族区审计局	7	17570	47		9	23		47	50	4
鼓楼区审计局	18	3646	39	19	29			3205	87	
禹王台区审计局	10	14171	39	2919	14	2362	2	3116	30	25
祥符区审计局	43	71845	88	32698	50	10234	6	10245	57	110
杞县审计局	32	163388	101	86257	38	537	7	537	78	26
通许县审计局	19	221782	49	4314	28	30	3	34	57	
尉氏县审计局	38	95660	107	714	62	58070	7	58588	99	25
兰考县审计局	34	117972	94	6977	41	21583	11	32266	83	21
示范区审计局	20	33184	51	45	37	47	4	23	53	
洛阳市										
洛阳市本级	33	4276351	513	91312	48	29728	14	36145	109	7
老城区审计局	11	53603	20	676	15	676		676	31	

续表

审计机关	完成审计项目/个	审计查出主要问题金额/万元	审计发现非金额计量问题/个	审计期间整改金额/万元	出具审计报告和审计调查报告/篇	审计处理情况		审计促进整改落实有关问题资金/万元	审计提出建议/条	提交审计信息/篇
						审计处理处罚金额/万元	移送处理事项/件			
西工区审计局	11	193963	24	3	15				27	
瀍河回族区审计局	8	13183		264	14	10404		9457	17	
涧西区审计局	16	19219	29	4	26	329	1	329	46	26
偃师区审计局	36	16631	155	240	48	1139		355	114	
孟津区审计局	24	653626	277	2	39	13692			107	
洛龙区审计局	17	1751	38	38	27				44	
新安县审计局	11	827766	78	46	13	187		61	39	
栾川县审计局	52	2500953	101	907	54	159784	3	11687	117	7
嵩县审计局	33	939141	131	247	57	6396	2	5861	106	11
汝阳县审计局	19	107330	112	91	28	2338		2338	54	
宜阳县审计局	29	204155	44	609	41	3			32	11
洛宁县审计局	23	1055475	132	4	30	4		4	54	
伊川县审计局	13	860206	198	8612	13	79136		48320	18	
平顶山市										
平顶山市本级	65	2765640	287	29570	65	68514	7	27705	161	17
新华区审计局	13		57		12				34	
卫东区审计局	2	88184		88184	21			39161	41	11
石龙区审计局	4	2346	11		4				9	
湛河区审计局	8	8155	5	1	8	995		827	14	
宝丰县审计局	38	51330	39		76	14		10	105	
叶县审计局	55	81518	52	15	60	1970			115	2
鲁山县审计局	10	3535			9					
郏县审计局	13	7643	81	5247	12	145	2	5247		15
舞钢市审计局	39	450048	67	16	58	63960		415	105	
汝州市审计局	42	220309	57	40	50	1998	9	99	145	3
安阳市										
安阳市本级	38	2568600	532	258134	40	116172	21	6306	132	72
文峰区审计局	12	3955	18	1974	9			1974	30	
北关区审计局	19	35446	58	80	19	63			37	
殷都区审计局	35	28679	77	2755	28		3	2909	71	27
龙安区审计局	13	58388	11	3918	15	3933		767	31	7

续表

审计机关	完成审计项目/个	审计查出主要问题金额/万元	审计发现非金额计量问题/个	审计期间整改金额/万元	出具审计报告和审计调查报告/篇	审计处理情况		审计促进整改落实有关问题资金/万元	审计提出建议/条	提交审计信息/篇
						审计处理处罚金额/万元	移送处理事项/件			
安阳县审计局	7	8009	24	1456	7		1	3186	32	31
汤阴县审计局	26	1613	64	1175	26			443	76	7
滑县审计局	26	115273	50	52	26		1	27993	84	16
内黄县审计局	18	69627	97	21966	21	4134		19028	60	2
林州市审计局	79	486718	92		81	1676	14	77940	251	141
鹤壁市										
鹤壁市本级	32	705371	310	226532	41	96270	122	121846	132	31
鹤山区审计局	18	20270	59	27	20		2	20270	74	7
山城区审计局	17	64528	70	4971	21	5981	4	6498	62	7
淇滨区审计局	28	50172	104	21446	31		5	50172	97	32
浚县审计局	19	216240	454	2769	19	4042	2	3842	56	3
淇县审计局	33	582962	48		33		5	124092	93	5
新乡市										
新乡市本级	30	509147	338	9606	28	51754	12	47693	110	11
红旗区审计局	13	16248	38	15547	13			15547	53	79
卫滨区审计局	19	144	16	7	14			144	16	18
凤泉区审计局	6	12274	74	5009	9	12272	1	7534	25	18
牧野区审计局	18	249262	24		28	4010		4010	53	
新乡县审计局	30	11988			38	3894		3287	40	89
获嘉县审计局	23	118451	102	4401	21	4705	4	4737	62	25
原阳县审计局	15	15243	123	3807	15		18	11394	48	23
延津县审计局	17	217085	28	207220	22			460	38	20
封丘县审计局	26	107368	38		26			23473	100	21
卫辉市审计局	14	86225	47	13609	17	27109	1	28574	55	17
辉县市审计局	29	35122	139	44220	29		5	18912	67	43
长垣市审计局	33	149149	137	810	32	13229		13761	162	2
焦作市										
焦作市本级	42	999391	675	781	62	50204	45	491116	161	29
解放区审计局	7	18864	8	337	5	81		17871	19	2
中站区审计局	25	2097			26	8			21	
马村区审计局	6	89991		145	5	600		881	14	2

续表

审计机关	完成审计项目/个	审计查出主要问题金额/万元	审计发现非金额计量问题/个	审计期间整改金额/万元	出具审计报告和审计调查报告/篇	审计处理情况		审计促进整改落实有关问题资金/万元	审计提出建议/条	提交审计信息/篇
						审计处理处罚金额/万元	移送处理事项/件			
山阳区审计局	14	168660			20	6493		6982	24	3
修武县审计局	7	48776	16	9918	8	5		9945	16	
博爱县审计局	8	185128	5	93	9	180275	2	64365	5	1
武陟县审计局	13	162392	38	256	28	1098	1	74747	40	
温县审计局	26	42797	180	1984	34	27	2	5	91	3
沁阳市审计局	16	89563	71	293	22	466		33206	48	
孟州市审计局	22	79350	1	2	38	1391	4	1431	83	8
濮阳市										
濮阳市本级	57	407835	667	26306	95	100972	25	32791	201	24
华龙区审计局	25	14466	145	3	25	468	3	468	85	
清丰县审计局	25	206938	124	8276	24	8872	20	8870	81	26
南乐县审计局	25	5837	90	201	25	2752	13	3129	76	19
范县审计局	17	118720	88		17	4	4	2	47	1
台前县审计局	23	29256	89		20	5612	3	5612	83	5
濮阳县审计局	65	505539	81	22061	76	18780	3	18777	300	101
许昌市										
许昌市本级	34	153999	216	13880	39	93664	3	50704	202	13
魏都区审计局	21	3379	77	907	21			907	72	7
建安区审计局	40	28594	76	17948	40	15		17948	100	9
鄢陵县审计局	40	269864	119	3085	70	46		204951	122	45
襄城县审计局	79	214509	65	15957	11	4674		15997	52	72
禹州市审计局	47	526793	90	31607	78	37112		4753	132	15
长葛市审计局	35	158420	92	142	54	135752	14	135752	126	135
漯河市										
漯河市本级	68	78662	267	4537	73	4486	8	59827	164	178
源汇区审计局	44	1469	119	1422	28	1469	4	1469	104	269
郾城区审计局	44	3820	176	799	105		7	3681	152	86
召陵区审计局	34	1258	42	8	34	131	4	630	47	49
舞阳县审计局	57	3560	260	19	131	3470	16	105	206	154
临颍县审计局	35	2271	372	50	35	1698	6	17	262	93
三门峡市										
三门峡市本级	50	1047112	279	3059	43	810845	6	11857	84	53

续表

审计机关	完成审计项目/个	审计查出主要问题金额/万元	审计发现非金额计量问题/个	审计期间整改金额/万元	出具审计报告和审计调查报告/篇	审计处理情况		审计促进整改落实有关问题资金/万元	审计提出建议/条	提交审计信息/篇
						审计处理处罚金额/万元	移送处理事项/件			
湖滨区审计局	5	3346	22	51	5				18	9
陕州区审计局	15	34077	36	5679	15	3038	1	1399	43	9
渑池县审计局	42	39635	3		43			16499	52	6
卢氏县审计局	33	153903	196	1351	47	60669	10	1358	96	
义马市审计局	19	179577	111	166	20	29		166	59	3
灵宝市审计局	21	54584	94	22961	21	36919	1	1496	69	10
南阳市										
南阳市本级	42	2799019	382	1971410	44	2680597	23	2651785	394	40
宛城区审计局	29	102789	54	346	29	15918	2	464	94	13
卧龙区审计局	25	54242	30	26538	25		7	28189	60	21
南召县审计局	23	384000	16	381700	28	479	5	2382	64	35
方城县审计局	37	69980	47	9592	30	9766	9	69980	80	26
西峡县审计局	51	383927	35	22817	51	288	17	383927	227	24
镇平县审计局	50	149671	47	3354	50		12	89307	93	13
内乡县审计局	18	62688	114	12019	18		46	52185	161	34
淅川县审计局	37	782507	29	55501	37	7	1	55569	167	25
社旗县审计局	18	67092	30	22513	18	46391	2	22753	75	43
唐河县审计局	48	385782	58	1960	44	29067	21	138894	152	31
新野县审计局	62	49602	82	45002	55	35	19	4600	147	21
桐柏县审计局	26	398032	100	271172	26	270940	4	280100	87	34
邓州市审计局	31	246630	170	57539	36	232548	14	243875	106	26
商丘市										
商丘市本级	41	2033705	2384	6964	41	43133	83	42656	110	174
梁园区审计局	36	52147	77	1028	36	42	3	34856	194	28
睢阳区审计局	118	229031	64	2477	118		1	22655	156	69
民权县审计局	24	55191	12	25757	24	21816	8	22202	55	48
睢县审计局	30	114969	34	3	30	35782	1	34280	95	33
宁陵县审计局	32	109369	69	20012	32		3	20012	96	38
柘城县审计局	63	84445	38	4250	63	3751	45	24470	197	28
虞城县审计局	23	124013	28	599	20	124013	12	118900	43	36
夏邑县审计局	15	191113	26	3812	15	5190	13	22603	62	30

续表

审计机关	完成审计项目/个	审计查出主要问题金额/万元	审计发现非金额计量问题/个	审计期间整改金额/万元	出具审计报告和审计调查报告/篇	审计处理情况		审计促进整改落实有关问题资金/万元	审计提出建议/条	提交审计信息/篇
						审计处理处罚金额/万元	移送处理事项/件			
永城市审计局	38	347259	67	403	46	403	37	21630	163	19
信阳市										
信阳市本级	54	497029	543	194690	66	371385	44	116461	638	136
浉河区审计局	12	815305	21	11572	11	147		9506	51	57
平桥区审计局	14	16480	40	4200	16	2101		634	35	151
罗山县审计局	28	37191	28	5174	28	32252		32262	90	144
光山县审计局	30	103560	87	20051	39	28144	6	6220	162	43
新县审计局	28	79350	256	27819	30	79050	5	77294	90	299
商城县审计局	39	39099	65	23448	39	23322	3	20216	24	110
固始县审计局	18	110717	37	39223	34	4227	2	4227	115	32
潢川县审计局	34	7525	46	7241	36	7525	1	7139	49	39
淮滨县审计局	12	407175	10	407175	14	407175		407175	63	52
息县审计局	38	414867	251	134091	40	8535	2	8433	116	71
周口市										
周口市本级	56	1286067	214	136975	51	906878	12	441997	156	26
川汇区审计局	21	165530			21			165530	51	
淮阳区审计局	10	509164	8		10	48872		49153	29	
扶沟县审计局	11	324739		28149	11	323227		322760	28	
西华县审计局	32	13805	9	1311	33	12438		1174	82	
商水县审计局	16	58794	6	53998	24	58745	2	58652	33	3
沈丘县审计局	11	27541	10		11	15716		15716	15	
郸城县审计局	25	26783	145	461	30	695		560	80	
太康县审计局	9	2391	-		9	2285		2285	18	
鹿邑县审计局	24	175077	44		24	39063	20	39046	39	
项城市审计局	35	9022	12		35	1169		938	97	
驻马店市										
驻马店市本级	57	6243162	877	15547	57	157511	24	399563	242	178
驿城区审计局	42	145502	52	2664	42	11754	4	106194	102	13
西平县审计局	36	1391	41	1931	36	1391		1391	60	10
上蔡县审计局	72	129713	44	6237	72	273	20	1270	279	188
平舆县审计局	21	46918	50	21019	21	14	5	46900	62	22

续表

审计机关	完成审计项目/个	审计查出主要问题金额/万元	审计发现非金额计量问题/个	审计期间整改金额/万元	出具审计报告和审计调查报告/篇	审计处理情况		审计促进整改落实有关问题资金/万元	审计提出建议/条	提交审计信息/篇
						审计处理处罚金额/万元	移送处理事项/件			
正阳县审计局	36	29261	55	16277	36	29261	19	9750	79	79
确山县审计局	28	42945	78	979	28	31556	10	13486	125	38
泌阳县审计局	37	141857	39	119349	37	100651	3	10165	85	23
汝南县审计局	20	78954	58	1317	20	5869	14	13421	121	10
遂平县审计局	58	195748	147	7512	58	590	26	1590	195	23
新蔡县审计局	24	24631	91	119	23	107	2	1189	80	61
开发区审计局	30	37364	20	33067	30	950	1	4320	115	20
省直管										
济源产城融合示范区审计局	40	117200	334	113	46	8309	52	24071	109	28

湖北省

【湖北省审计厅】 2022 年，湖北省审计厅实有 258 人。省委审计委员会办公室设在省审计厅，下设省委审计委员会办公室秘书处；湖北省审计厅设有办公室、人事处、综合处、法规审理处、电子数据审计处、财政审计处、金融审计处、行政事业审计处、经贸审计处、农业农村审计处、社会保障审计处、固定资产投资审计处、自然资源和生态环境审计处、经济责任审计一处、经济责任审计二处、经济责任审计三处、经济责任审计四处、外资运用审计处、机关党委、离退休干部处、派出综合审计一处、派出综合审计二处、派出宣传统战审计处、派出政法和经济执法审计处、派出发展投资审计处、派出教科文卫审计处、派出农业农村审计处、派出资源环境审计处、派出民政社保审计处、派出金融审计处、派出高校审计一处、派出高校审计二处、派出企业审计一处、派出企业审计二处、派出内部审计指导监督处；下设省企事业单位内部审计指导中心、省审计科研所、省审计厅计算机审计中心、省审计厅机关后勤服务中心和省审计干部培训中心。

领导成员

党组书记、厅长：周德刚（—5 月）
陈　明（5 月—）

党组成员、省纪委监委驻省审计厅纪检监察组组长：张　雪

党组成员、副厅长：刘彩霞（—4 月）
蔡　伟（—8 月）
汤汉琴（—4 月）
廖　昉
叶长卫（11 月—）

省经济责任审计工作领导小组办公室专职副主任：叶长卫（—11 月）

一级巡视员：刘彩霞（4 月—）
汤汉琴（4 月—）
蔡　伟（8 月—）

二级巡视员：张文慧

审计成果 2022 年，湖北省审计机关共完成审计项目 3216 个，其中审计 3075 个、专项审计调查 141 个。查出主要问题金额 41458493 万元，其中违规金额 3244360 万元、损失浪费金额 310635 万元、管理不规范金额 37903497 万元；审计发现非金额计量问题 15094 个；损益（收支）

不实金额1076591万元；审计发现侵害人民群众利益67339万元；出具审计报告和专项审计调查报告4520篇，被批示、采用4485篇次。审计处理处罚金额7405800万元，其中应上缴财政1405346万元、应减少财政拨款或补贴63014万元、应归还原渠道资金2551574万元、应缴纳其他资金592015万元、应调账处理金额2793849万元；移送司法机关、纪检监察机关和有关部门处理事项469件，移送处理人员322人，移送处理金额925630万元。审计促进整改落实有关问题资金4777335万元；审计促进拨付资金到位122439万元；审计后挽回（避免）损失199604万元；核减投资额297042万元；移送处理落实事项108件。审计提出建议10694条，被采纳10409条；推动被审计单位制定整改措施2451项；促进被审计单位建立健全规章制度621项；提交审计信息4629篇，被批示、采用3702篇次。向社会公告审计结果123篇。

经贸审计处实施的涉企发展环境专项审计调查项目、农业农村审计处实施的监利市乡村振兴相关政策落实和资金管理使用情况审计项目被评为全省审计机关优秀审计项目一等奖；固定资产投资审计处实施的武汉市四环线武湖至吴家山段高速公路建设审计项目、派出高校审计一处实施的松滋市主要党政领导自然资源资产管理和生态环境保护责任审计项目、金融审计处实施的汉川农村商业银行股份有限公司2020年度资产负债损益情况审计项目被评为全省审计机关优秀审计项目二等奖；财政审计处实施的武汉市本级2019年至2021年地方政府专项债券资金申报管理使用情况审计项目、经济责任审计一处实施的武汉港航发展集团有限公司经济责任审计项目、行政事业审计处实施的黄石市西塞山经济责任审计项目被评为全省审计机关优秀审计项目三等奖。

政策落实情况跟踪审计　紧紧围绕省委省政府工作大局，找准切入点、结合点和着力点，重点关注了专项债券资金申报管理使用、直达资金管理使用、稳经济一揽子政策措施落实、农村人居环境整治、自然资源资产管理和生态环境保护情况开展了审计，揭示了部分专项债券项目申报安排不够科学、项目调整和资金使用不够规范，县市财政收支缺口较大、库款保障困难，生活污水处理未达标、生活垃圾治理不够到位，耕地保护制度执行不严格、资源开发利用不合规等问题。全年撰写4份湖北省贯彻落实国家重大政策情况跟踪审计情况报告，并上报审计署。对14个县市稳经济一揽子政策措施落实情况开展审计调查，形成的审计专报《部分县市财政运行较为困难　影响稳增长财政政策落实效果》，获省主要领导签批；向省委办公厅、省政府办公厅报送审计信息稿1篇。

财政审计　组织2021年度省本级预算执行和财政决算草案审计，重点关注预算编制执行、转移支付资金分配管理、绩效管理等方面的问题。揭示了预算编制不精准不细化、追加调整项目执行率偏低、国有资本经营预算管理不到位、专项分配不合规不及时等问题。组织对省直21个部门（单位）及其所属二级、三级预算单位实施预算执行审计，重点关注预算编制与执行、绩效管理、行政事业单位国有资产管理等情况，揭示了部门单位预算编制不精准不细化，预算执行不规范，绩效目标指标可衡量性差，资产账实不符、产权不清等问题。审计指出问题后，省直有关部门积极落实审计整改意见，清理上缴房屋租金、资产处置收入等非税收入51.3万元，退还企业工程质量保证金54.08万元，减免市场主体房屋租金154.14万元；通过省财政厅资产管理系统，登记入账价值111.7万元设备和6891.37平方米房产，核销价值145.97万元已报废资产和3.47万平方米已处置房产，对7.29万平方米未办证的房屋，分批办理房屋权属证书，收回被无偿占用的1934平方米房产。

组织全省信创工程建设实施及专项资金使用情况第二轮审计，其中省本级对在省发改委立项且尚未审计的31家省直单位开展信创工程和信息化建设情况专项审计。审计查出全省信创存在政策落实、资金使用、项目管理、合同执行、真替真用等6大类26小类470余个问题；省、市两级政府组成部门的网络安全和信息化项目存在资金绩效不佳、项目建设违规、网络和数据安全制度执行不到位等3大类8小类170余个问题。

对鄂州至咸宁高速公路建设项目、国家华中区域应急救援中心建设项目等2个项目进行了审计。从审核项目管理、征迁补偿、工程造价和财务收支的合法性、合规性入手，全面反映财务收支、项目概算编制及执行、招标投标、合同履行管理、造价管理控制、项目质量管控、征地拆迁等方面的85个问题，涉及资金231135万元，按要求出具了审计报告，对相关问题依法依规进行处理，并提出了整改意见和建议；移送经济案件线索8件，涉及11人，涉及金额8021万元。

国有企业审计 组织对24个县（市、区）2019年至2021年度涉企发展环境进行专项审计调查，对武汉城市圈城际铁路2021年度运营损益情况进行审计。查出各类违规问题资金68.82亿元，向省委省政府报送《关于24个市县区涉企发展环境专项审计调查的报告》等综合报告及专报6篇，省委省政府领导批示17人次，向被审计单位提出审计建议并被采纳75条，推动制度建设31项，追责问责59人。

金融审计 组织开展湖北银行和省农信联社主要负责人经责审计，围绕落实经济金融政策、防范化解金融风险，揭示了部分农商行支农支小力度不够、不良贷款和不良资产反映不实、违规发放贷款或核销贷款等问题，涉及金额1091.93亿元，查处了金融机构管理人员在工程项目中违规输送利益、高管及信贷人员收受客户好处费、未尽职追偿不良贷款造成巨额损失等问题线索14件，发挥审计监督职能职责助推金融服务实体经济、防范化解重大金融风险。

围绕支农惠农政策落实，组织开展了17个县市政策性农业保险补贴资金管理使用情况审计，重点关注农保政策落实、保险业务开展真实性、农保服务和资金管理情况，揭示了部分县市政策性农业保险开展过程中，政府引导不力、监管缺位，保险机构片面追求经济利益，验标不到位、支持和放任虚增标的等行为，以及保险机构管理方式落后、信息化建设严重不足，勘查定损不科学不精准，部分机构惜赔拖赔挫伤农户积极性，影响了政策性农业保险的实施效果等方面问题，涉及问题金额2.29亿元，对严重违纪违规问题，向有关部门移送案件线索17件。

农业农村审计 组织对15个县（市、区）市农村人居环境整治政策落实和资金使用情况进行了专项审计。审计发现资金拨付不及时、违规使用和损失浪费，生活垃圾清理滞后、转运不畅、处理不到位，生活污水处理设施负荷率偏低、作用未发挥，以及黑臭水体治理缓慢等方面问题。审计查出各类违纪违规问题资金2.07亿元，移送案件线索3件，撰写的审计专报《15个县市农村人居环境整治存在短板弱项》得到了省委省政府高度重视和充分肯定，省委书记王蒙徽、省长王忠林、副省长杨云彦等主要领导先后3次作出重要批示。审计对发现的问题逐一列出清单并提出处理意见，督促相关地方和部门及时整改销号，已推动问题整改到位41项，已整改追回违规资金6581.76万元。

资源环境审计 组织对24个市县区和2个省直部门48名领导干部自然资源资产离任审计，出具审计意见和审计意见重点提要各26份。查出违法占用耕地、非法采矿、超标排放、违法侵占河道等各类问题420多个，审计结果作为专项内容列入年度审计工作报告。对审计情况进行综合分析，向省委审计委员会提交“部分市县自然资源管理和生态环境保护存在的问题不容忽视”审计专报，得到省委主要领导高度重视，并作出重要批示。起草《关于贯彻落实中办　国办〈关于建立健全领导干部自然资源资产离任审计评价指标体系的意见〉的通知》下发全省审计系统，要求各市州县审计局及时贯彻学习《关于建立健全领导干部自然资源资产离任审计评价指标体系的意见》精神，扎实做好构建审计评价体系各项工作。

民生审计 组织对省本级及5个市（州）本级、41个县市2021年至2022年9月就业补助资金和失业保险基金进行审计。通过审计，摸清被审计地区就业补助资金和失业保险基金的底数，揭示上述资金在筹集分配使用中的突出问题，涉及资金1.77亿元。对上述问题，各地党委政府高度重视，积极采取各项措施进行整改，截至2022年底，整改涉及金额2632.87万元。

组织对武汉、襄阳、宜昌、十堰、荆州、潜江等6个市本级及下属江夏、长阳等14个市县2020年1月至2021年9月，困难群众救助资金分配管理使用情况及相关政策落实情况，医疗救助政策、困难残疾人生活补贴和重度残疾人护理补贴政策落实情况进行了审计。通过审计，主要发现部分地方救助政策执行不够到位、救助机构履职不够有力、救助资金管理使用不够规范和及时等问题。通过督促整改，退出保障787人，新纳入保障950人；对长期滞站的881名流浪乞讨人员（已死亡21人），落实安置保障702人、寻亲送回158人；对机构挪作他用和县乡扩大使用范围等挤占挪用救助资金问题进行全面清查，共返还救助补助资金688.11万元。

经济责任审计 全省共审计地方党政主要领导干部实施经济责任审计项目250个，审计各级党政主要领导干部和国有企事业单位主要领导人员1581名，查出被审计领导干部负有责任的各类违规和损失浪费问题金额50.01亿元、管理不规范问题金额767.20亿元，促进增收节支27.01亿元，提交审计信息466篇，向被审计单位提出审计建议4200多条。

涉外审计 实施了14个国外贷援款审计项目，审计国外贷援款项目资金人民币73.58亿元，出具14篇审计报告。审计查出部分项目围标串标、违法转分包、多计多付工程款、套取挪用项目资金等违纪违规问题金额人民币17.91亿元，提出审计建议86条，促进有关部门建立健全规章制度6项，移送案件线索1件。

审计查出问题整改 紧扣“治已病、防未病”目标，采取印发整改分工方案和问题清单、整改工作部署会、督促整改反馈、复核整改情况、联合现场抽查等多种措施，加大跟踪督促力度，深化审计结果和审计整改结果公开，深化审计整改成效，推动健全长效机制并严格执行，努力从源头上堵塞漏洞，从根本上解决问题，切实做到既“治已病”，又“防未病”。截至2021年12月底，应整改事项中已整改审计查出问题1338项，整改金额576.95亿元，占应整改问题金额的95.36%；追责问责698人；促进各地各部门制定完善地方规章制度或行业管理办法492项。

研究型审计 建立研究业务工作会议制度，紧扣“政治—政策—项目—资金”主线，围绕计划制订、现场实施、审计评价、成果利用、审计整改等审计工作的全流程、全领域，开展常态化研究、全过程研究、多形式研究，深化审计监督质量和成效，提升审计成果层次和水平。

紧扣湖北先行区建设目标定位、发展特点和地域特色，聚焦领导关注点、社会热点、民生难点、改革堵点，高标准谋划9类23项381个审计项目。研究探索市县党政主要领导干部经济责任模块化审计，实现项目统筹、内容统筹和成果统筹。将研究贯穿于审计实施全过程、各环节，推动目标整合、资源整合、流程整合、技术整合，实现目标协同、行动协同、结果协同。研究探索运用信息技术和大数据审计方法，形成可用、实用、易用的大数据审计模式，提升审计穿透性、覆盖率和精准度。深入开展研究型审理，将研究理念、思维、方法和行为融入审理工作中，统观全局、把握总体、突出重点，提高审理工作质效，全年共完成审理项目280个，提出并被采纳审计意见1300多条。把审计工作放到改革发展大局中研究、思考、定位，提炼更富价值性、适用性和前瞻性的审计成果，探索总结的融合发展、县域社保资金一揽子审计、投资、金融、乡村振兴、自然资源资产审计等经验做法在全国推介。建立12大重点行业领域研究智库，常态化开展综合研究分析。强化审计情况宏观分析研究，全年共上报27期审计情况专报，省领导累计批示77次。以“点、线、面”结合的综合思维方式对审计整改开展研究，紧盯边审边改的“点”，延伸完善整改制度机制的“线”，构建标本兼治的“面”，破解“屡审屡犯”的审计整改难题，2021年审计工作报告中反映的问题，整改率超过95%，整改问题金额576.95亿元。

审计理论研究 2021年度合作课题“深化预算执行审计研究”顺利结项；中标中国审计学会2022年度合作课题“中小银行风险及其审计研究”；开展推进湖北审计监督与其他监督贯通融合课题研究；以开展党员干部下基层察民情解民忧暖民心实践活动为契机，多次深入湖北省农业信贷融资担保有限公司、湖北省再担保集团公司走访座谈，开展广泛调查研究，全面了解政策性农业信贷担保体系建设情况和农业信贷融资担保业务开展情况；组织开展湖北省乡村振兴审计调研；组织完成高质量审计专题调研；高质量编发领导参阅件；《审计月刊》开展“学习贯彻党的二十大精神”征文活动，为深入学习贯彻党的二十大精神，推动其在审计系统落地生根、开花结果，起到了良好的促进作用。

内部审计 全省共有内审机构2641个，其中：独立设置机构576个，内审人员9601人，专职内审人员3202人。完成审计项目25607个，审计发现问题31414个，审计发现问题金额共2655025万元，增收节支549152.2万元。审计发现问题整改21815个，给予党纪、政务和内部纪律处分908人，向司法机关移送案件1件1人。

交办任务 对省人民政府办公厅《省交通运输厅关于呈报〈关于加快高速公路建设高质量发展的意见（代拟稿）〉的请示》、省住房和城乡建设厅《关于征求〈湖北省房屋建筑和市政设施工程施工过程结算暂行办法（征求意见稿）〉意见的函》等文件进行回复，就相关事项从审计角度提供意见建议。参与全省争取政策性开发性金融工具专项工作。参与编写审计署《PPP审计指南》第六章"PPP项目工程建设管理情况审计"。

（撰稿人：谢明林）

【武汉市审计局】 2022年，武汉市审计局实有202人。局长王继德，派驻纪检监察组组长祝鹏，副局长刘东喜（—10月）、易昌茂、吴方、孔小文（10月—），市经济责任审计工作领导小组办公室专职副主任高志明，总审计师罗琴，二级巡视员陈华林。设有市委审计委员会办公室秘书处、办公室、综合处、法规审理处、内部审计指导监督处、电子数据审计处、财政审计处、金融与外资审计处、行政事业审计一处、行政事业审计二处、经贸审计处、农业农村审计处、社会保障审计处、固定资产投资审计处、重大项目审计处、开发区审计处、自然资源和生态环境审计处、经济责任审计一处、经济责任审计二处、经济责任审计三处、组织人事处（离退休干部处）、机关党委；下设武汉市审计局政府投资项目审计中心、武汉市重大项目稽察特派员办公室等两家参公事业单位。

审计成果 2022年，武汉市审计机关共完成审计项目421个，其中审计394个，专项审计调查27个。查出主要问题金额8204581万元，其中违规金额503527万元、损失浪费金额42547万元、管理不规范金额7658506万元；审计发现非金额计量问题2472个；损益（收支）不实金额237939万元；审计发现侵害人民群众利益13757万元；出具审计报告和专项审计调查报告589篇。审计处理处罚金额1079627万元，其中应上缴财政4686万元、应减少财政拨款或补贴357万元、应归还原渠道资金549090万元、应缴纳其他资金83559万元、应调账处理金额441931万元；移送司法机关、纪检监察机关和有关部门处理事项152件，移送处理人员19人，移送处理金额504700万元。审计促进整改落实有关问题资金1378750万元；审计促进拨付资金到位56544万元；审计后挽回（避免）损失105786万元；核减投资额57088万元；移送处理落实事项44件。审计提出建议并被采纳1406条；推动被审计单位制定整改措施326项；促进被审计单位建立健全规章制度270项；提交审计信息552篇，被批示、采用377篇次。

黄家湖大道城市地下综合管廊及同步道路提升改造工程审计项目、江夏区供销合作社系统资产管理及经营情况专项审计调查获评2022年全国审计机关优秀审计项目；武汉市民防办公室党委书记、主任经济责任审计项目和武汉市自然资源和规划局局长、党组书记经济责任审计项目获评全省审计机关优秀审计项目（市级审计机关），黄陂区2019—2021年度村镇建设专项资金审计项目等4个项目荣获全省审计机关优秀审计项目一等奖（县级审计机关项目），蔡甸区人民医院2019年1月至2021年12月财政财务收支审计项目等3个项目荣获全省审计机关优秀审计项目二等奖（县级审计机关项目），武汉市东西湖区水务和湖泊局党委书记、局长经济责任审计项目等3个项目荣获全省审计机关优秀审计项目三等奖（县级审计机关项目）。

政策落实情况跟踪审计 围绕宏观经济发展、人民群众关切期盼，开展了招商引资政策执行、科技创新政策措施落实、清理拖欠民营企业中小企业账款等审计，揭示了部分招商引资优惠政策未落实、签约项目无法落地或进展缓慢；基金投资方向不合规、部分单位拖欠工程建设款及民营企业中小企业账款等问题。督促相关部门整改，助推惠企政策兑现、纾困政策落实，保障了政策落地、政令畅通。

财政审计 加大对财政政策贯彻落实、财政资金管理使用的审计力度，在市本级预算、部分区政府性收支以及交通、环保、旅游发展等各类财政专项资金审计中，揭示了非税收入未及时上缴入库、资金滞留、闲置等问题，推动相关部门完善预算管理、盘活存量资金，厉行节约过紧日子，促进财政资金提质增效。

对轨道交通蔡甸线、平疫结合医院建设、杨泗港快速通道青菱段等重大公共投资项目进行审计，聚焦项目建设管理、工程质量、财务收支、绩效情况，揭示了违规招投标、违法转分包、多计多付征收补偿款、多计多付工程款，以及部分项目未按施工方案、施工图设计要求施工等问题，促进规范项目建设管理、提升投资效益。对市级城建重点项目征拆工作中存在的困难和问题进行了调研，提出了对策和建议，推动相关部门改进完善制度，研究征地利益机制调整等相关政策。

国有企业审计 对产业投资集团、高科集团、公交集团等重点国企，以及商贸集团金融业务和全市融资租赁、商业保理、典当行业进行审计，揭示了企业改制进程缓慢、违规发放贷款面临损失以及房屋土地闲置、违规出租等问题，推动国有企业加强内部监督管理和风险控制，提升抗风险能力。

资源环境审计 聚焦自然资源开发利用管理和生态环境保护，开展禁捕退捕政策落实、河湖长制政策落实等审计，对35家单位55名领导干部开展自然资源资产责任审计，揭示了部分水域禁捕执法监管缺失、林业有害生物防治效果不佳、违规超面积发放生态补偿金以及部分单位和个人未经批准擅自占用土地林地、采伐林木等问题，助力守护绿水青山。

民生审计 把审计监督跟进到民生项目和资金的“最后一公里”，揭示了部分福利院套取、截留公益服务费、救助补助资金；二次供水改造后少数小区存在供水安全隐患、消防设施未连接水源；部分老旧小区改造后工程质量不符合要求；有的高标准农田撂荒、涉及“非粮化”等问题。推动各单位全面排查整改，推动修订《武汉市特困人员救助供养实施细则》。

经济责任审计 紧盯权力运行和责任落实，对176家单位221名领导干部履行经济责任情况开展审计，揭示了重大经济事项未履行集体决策程序、项目决策程序不规范、项目建设进展缓慢、资产处置不合规、采购程序不规范、国有资产经营监督管理不力以及部分企业损益不实等问题，促进领导干部履职尽责、担当作为。

审计查出问题整改 认真履行审计整改督促检查责任，坚持问题导向，以钉钉子精神推动审计整改落实，持续增强“审计一点、震慑一片、规范一面”的整改效果，维护审计监督权威。强化对审计查出问题整改情况的跟踪督促检查，依托审计发现问题整改管理信息系统对审计整改情况进行动态管理，开展整改情况“回头看”，全年促进整改落实有关问题资金137.88亿元，推动相关单位修订完善、建立健全各类制度规范270项。跟踪移送处理事项落实，追究刑事责任1人、进入司法程序3人，党纪政务处分79人次。

研究型审计 围绕“政治—政策—项目—资金”主线，加强审前、审中、审后全过程研究，把发现问题、分析问题和推动解决问题贯通起来，较好发挥了审计建设性作用。提出的审计建议被采纳1406条，提交审计专报147篇，审计反映情况获市领导批示100篇次，其中市委、市政府主要领导批示40篇次，为历年之最。

审计理论研究 武汉市区两级审计机关形成调研报告62篇。在中国审计学会开展的“国家审计在构建新发展格局中的作用”和“深化预算执行审计”专题研讨会征文中，选送的2篇优秀论文入选了中国审计学会“深化预算执行审计”专题研讨会论文集。组织开展省审计厅2019年至2021年度优秀审计论文和研究报告评选工作，收集市区审计机关各项成果30余篇，向省审计厅报送优秀成果8篇。组织开展中国审计学会“地方政府专项债及其审计”“PPP项目审计”和“中小银行风险及其审计”专题研讨会论文征集工作，报送优秀成果6篇。

内部审计 开展内部审计统计调查，对14家市属国企委托审计业务开展专项检查“回头看”，助力提升内审质量水平。对12家市属国企房屋土地资产现状开展专项调查，为市属国企提高经营效益和风险抵御能力献计献策。武汉城投集团、汉阳市政、江夏城投等3家企业被评为“全省内部审计高质量建设试点单位”。

（撰稿人：杨　坤）

【黄石市审计局】 2022年，黄石市审计局实有 80 人。局长姜健（—1 月）、夏明省（2 月—），副局长张才大、戚军（4 月—）、柯兵（4 月—），总审计师戚军（—4 月）、王福琴（8 月—），党组成员黄东玲（8 月—），二级调研员吴有祥、徐锦坤，市经济责任审计领导小组办公室专职副主任黄东玲，三级调研员台胜刚（9 月—）、汪从发（9 月—）。设有办公室（综合科）、人事科、法规审理科、电子数据审计科、财政审计科、金融外资审计科、行政事业审计科、经贸审计科、农业农村审计科、社会保障审计科、固定资产投资审计科、自然资源和生态环境审计科、内部审计指导监督科、经济责任审计一科、经济责任审计二科；下设市政府投资审计局。黄石市委审计委员会办公室设在黄石市审计局，下设秘书科。

审计成果 2022 年，黄石市审计机关共完成审计项目 161 个，其中审计 156 个，专项审计调查 5 个。查出主要问题金额 2112356 万元，其中违规金额 122559 万元、损失浪费金额 10240 万元、管理不规范金额 1979556 万元；审计发现非金额计量问题 622 个；损益（收支）不实金额 349 万元；出具审计报告和专项审计调查报告 244 篇，被批示采用 244 篇次。审计处理处罚金额 125030 万元，其中应上缴财政 64203 万元、应减少财政拨款或补贴 2179 万元、应归还原渠道资金 57728 元、应缴纳其他资金 670 万元、应调账处理金额 248 万元；移送司法机关、纪检监察机关和有关部门处理事项 12 件，移送处理人员 17 人，移送处理金额 1597 万元。审计促进整改落实有关问题资金 40595 万元；审计后挽回（避免）损失 2198 万元；核减投资额 2277 万元；审计提出建议 453 条，被采纳 453 条；推动被审计单位制定整改措施 36 项；促进被审计单位建立健全规章制度 5 项；提交审计信息 292 篇，被批示采用 292 篇次。向社会公告审计结果 7 篇。

黄石市城市发展投资集团有限公司党委书记、董事长经济责任审计项目，大冶市交通投资有限公司原党委书记、董事长和党委副书记、总经理经济责任审计项目，阳新县黄颡口镇党委书记、镇长经济责任审计项目等 3 个项目在 2022 年度湖北省审计厅优秀审计项目评选中荣获一等奖。

政策落实情况跟踪审计 持续开展跟踪审计，督促清退拖欠民营企业中小企业账款 986 万元，促进市场主体补缴税款和滞纳金 112 万元，促进应拨未拨企业进规奖励资金 40 万元，督促相关部门清退超标准预留工程质量保证金 728.89 万元。

财政审计 探索“预算执行+”审计组织模式，同步开展城维费专项资金等 5 个专项资金（基金）审计和 15 家重点单位部门预算执行审计。

金融审计 对金融领域开展延伸审计调查，以审计专报形势探究市直部分单位长期持有银行股权问题解决路径，督促收回股权，有效规避国有资金流失风险。

资源环境审计 持续加大自然资源资产审计力度，审计查出 177 个批次土地批而未供、27 宗土地闲置未用、6 家企业违法占地、自然资源资产管理专项资金被挪用等违规违纪问题。

民生审计 组织开展医保基金、城市更新专项资金等审计项目 20 余个，帮助 4230 名困难对象获得医保资助，督促落实群众拆迁补偿款 1424 万元，帮助市场主体追回拖欠工程款 2400 多万元。

经济责任审计 组织开展 98 名领导干部经济责任审计和自然资源资产（离任）审计，查出领导干部负直接责任问题金额 5.04 亿元。

审计查出问题整改 持续完善全面整改、专项整改、重点督办相结合的整改工作格局，黄石市本级年度审计工作报告反映问题 50 项，综合整改率达到 96%，整改问题资金 28.25 亿元。

审计理论研究 贯彻研究型审计理念，紧密结合审计项目开展针对性的审计理论研究和宏观政策分析，黄石市审计局科研课题“新形势下关于地方政府专项债券及其审计的几点思考”作为湖北省唯一代表入选中国审计学会“地方政府专项债及其审计”专题研讨会优秀论文集。

内部审计 出台《黄石市审计局关于支持新港（物流）工业园区加强审计工作的意见》，指导帮助新港园区组建内审机构，建立健全审计监督体制机制，服务和保障经济社会高质量发展。

交办任务 选派审计干部参与中纪委、省纪委办案、省委巡视、市委巡察 8 人次；落实市政府关于“一把手”周末跑工地要求，黄石市审计局主要负责同志全年周末跑工地 43 次；常态化组织党员干部下沉社区开展疫情防控、全国文明城市创建等志愿服务，对标对表督导问题整改。

相关工作 黄石市审计局荣获“湖北省河湖长制履职成绩突出单位”、全省审计质量考评第四名，被市委组织部、市委宣传部推荐为“全市思想政治工作示范点”，农业农村审计科被市委市政府表彰为“黄石市武汉都市圈转型升级和高质量发展示范区建设工作先进集体”，党建、党风廉政建设、平安建设、档案、法治建设等工作考核获得优秀等次。（撰稿人：纪　东）

【十堰市审计局】 2022年，十堰市审计局实有95人。局长汪正义，副局长刘蕾、刘迪和、刘斌，市经济责任审计领导小组办公室主任杨麟。设有办公室、综合科、秘书科、机关党委、机关纪委、人事科、法规审理科、电子数据审计科、财政审计科、金融审计科、行政事业审计科、经贸审计科、农业农村审计科、社会保障审计科、固定资产投资审计科、外资运用审计科、自然资源和生态环境审计科、综合审计科、政法审计科、科学教育审计科、文化卫生审计科、离退休干部科；下设经济责任审计局、固定资产投资审计局、社会保障审计局、审计培训中心和内部审计指导中心等事业单位。

审计成果 2022年，十堰市审计机关共完成审计项目296个，其中审计285个、专项审计调查11个。查出主要问题金额173463万元，其中违规金额9951万元、损失浪费金额39万元、管理不规范金额163473万元；审计发现非金额计量问题547个；损益（收支）不实金额18814万元；审计发现侵害人民群众利益39万元；出具审计报告和专项审计调查报告374篇，被批示、采用374篇次。审计处理处罚金额64064万元，其中应上缴财政4097万元、应减少财政拨款或补贴2507万元、应归还原渠道资金49897万元、应缴纳其他资金124万元、应调账处理金额7437万元；移送司法机关、纪检监察机关和有关部门处理事项26件，移送处理人员17人，移送处理金额5312万元。审计促进整改落实有关问题资金13198万元，核减投资额7663万元；移送处理落实事项6件。审计提出建议921条，被采纳920条；提交审计信息522篇。向社会公告审计结果208篇。

十堰市审计局实施的市建投办主任经责审计项目荣获湖北省审计厅优秀项目一等奖；房县、竹山县、郧阳区、张湾区实施的相关经责审计项目分别荣获湖北省审计厅优秀项目三等奖。组建的大数据分析突击队，被评为“湖北青年五四奖章集体”。

财政审计 聚焦财政收支平衡、债务风险等可持续发展问题，关注非税和土地出让金征收管理、指挥部账户、财政及部门专户沉淀资金，提高征管效能，促进财政增收挖潜，确保各类财政收入“颗粒归仓”。开展政府派出机构财政管理审计，关注资金使用、土地利用、招商引资等方面存在的共性问题，推动市委、市政府召开专题会研究解决派出机构监管问题。

对116个政府投资项目开展早春稽查行动，推动出台《城市建设重点项目调度工作机制》，加快重大项目建设进度。对市殡仪服务中心、城区水资源配置工程等13个重大项目进行审计，促进建设过程各环节规范管理。将全市所有工程项目纳入政府投资建设项目管理平台，实现全过程监督和数据互联互通互享。

金融审计 开展竹山县、郧西县融资担保公司审计，促进规范经营，有效缓解小微企业“融资难”，防范金融风险。

农业农村审计 开展全市10个县市区“一卡通”专项审计，发现问题金额5915.39万元，移送问题线索6件，助力惠民惠农政策落地见效。

资源环境审计 打造自然资源审计品牌，率先向人大报告自然资源资产审计情况。修订完善融入十堰区域特色指标的自然资源审计指标模型和评价体系实施细则。建立以资源环境管理部门业务骨干为主的自然资源审计联席会商制度。开展郧阳区干沟生态修复、竹山县全域自然资源、赛武当自然保护区等审计，拓展自然资源审计的广度、深度。

民生审计 开展全市困难群众救助补助资金审计和太和医院、妇幼保健院、中西医结合医院3所公立医院财务收支等涉及民生的专项审计，立案调查6人，推进完善规章制度9项。

经济责任审计 开展市交通局、市教育局等26个单位主要领导经责审计和9个乡镇党政主要领导经责审计，查出问题资金12400万元。探索编制《经济责任审计评价指标体系（试行）》，对被审计单位领导履职尽责情况进行量化打分。

审计查出问题整改 建立人大督察、政府督办、纪审联动的审计整改协作机制，不定期常态化开展“审计问题整改”联合督办检查。完成市本级预算执行和其他财政收支审计查出问题整改报告，在市人大常委会会议上获得高票通过。

研究型审计 围绕中心服务大局，聚焦市委、市政府关心关注的焦点和难点问题，开展工业园区发展、清洁能源利用、殡葬改革、生态环保项目资金绩效等研究型审计项目，推动相关领域规范管理和健康发展。推进国投棚改资金、房屋预售等专项审计调查，强化经济安全及防范债务风险。全年上报重要审计情况专报 14 期，被市委审计委领导批示 27 人次，为市委、市政府提供了决策依据。

审计理论研究 聚焦十堰绿色低碳发展，围绕绿色低碳示范区、汽车工业发展、守住水环境安全底线等 31 个调研课题实行“揭榜挂帅”，提升审计干部经济研究能力。“审计质量现状及其改进机制研究”中标省审计厅科研课题（全省仅 7 例），为市州审计局中唯一中标单位，并顺利通过全省重点科研课题结项。

内部审计 指导全市内审机构完成审计项目 588 个，发现问题金额 6497.85 万元，修订完善制度和业务流程 131 个，移送案件线索 1 件，给予政务和纪律处分 24 人。 （撰稿人：金 亮）

【宜昌市审计局】 2022 年，宜昌市审计局实有 78 人。局长邓钧，副局长卢发泉、罗华玉、金勇、张宜平（—3 月）、张宏劬（3 月—），市经济责任审计局局长宋银教（—3 月）、白强（3 月—），总审计师齐其芳，一级调研员李鹏宇，副县职干部、三级调研员朱心诗、叶友军，四级调研员敖士安、李春明（—10 月）、吴德纯。设有办公室、市委审计委员会办公室秘书科、人事科、机关党委、离退休干部科、电子数据审计科、综合科、法规审理科、社会保障审计科、农业农村审计科、财政审计科、行政事业审计科、外资运用审计科、金融审计科、经贸审计科、自然资源与生态环境审计科、固定资产投资审计科、高新区分局；下设宜昌市经济责任审计局，为公益一类事业单位，内设办公室、一科、二科、三科。

审计成果 2022 年，宜昌市审计局完成计划项目 84 个，其中审计 72 个、专项审计调查 12 个。查出主要问题金额 34.98 亿元，其中违规金额 13.16 亿元、管理不规范金额 21.79 亿元；审计发现非金额计量问题 203 个；损益（收支）不实金额 4 万元；出具审计报告和专项审计调查报告 66 篇，被批示、采用 66 篇次。审计处理处罚金额 3.11 亿元，其中应上交财政 3.03 亿元、应减少财政拨款或补贴 100 万元、应归还原渠道资金 58 万元、应缴纳其他资金 8 万元、应调账处理金额 602 万元；移送司法机关、纪检监察机关和有关部门处理事项 2 件。审计促进整改落实有关问题资金 0.68 亿元；审计促进拨付资金到位 87 万元；核减投资额 0.69 亿元。审计提出建议 164 条，被采纳 164 条；提交审计信息 144 篇，被批示、采用 125 篇次。向社会公告审计结果 2 篇。

宜昌市中小企业担保公司经营管理情况审计项目被评为湖北省审计厅优秀审计项目三等奖。

政策落实情况跟踪审计 一、二季度开展支持企业科技创新政策落实和专项资金使用情况审计，三季度开展中央预算内投资专项管理和使用情况审计，四季度开展农村人居环境整治相关政策落实和资金管理使用情况审计，每季度向湖北省审计厅报送审计情况。

财政审计 开展市本级财政预算执行及市民政局等 9 个部门预算执行审计，并首次将高新区预算执行纳入“同级审”范围，促进财政等部门修订完善制度 32 项。对 15 个政府投资项目进行审计，核减投资额 0.69 亿元。

国有企业审计 对原宜昌国投控股集团等 3 个市属企业开展资产负债损益审计，促进整改问题 34 个，修订出台管理制度 7 项。

金融审计 对市本级和县市区共 7 个地方政府性中小融资担保公司、小额贷款公司进行审计，揭示了政策落实、内控管理、财务管理等方面存在的问题，提出审计建议 22 条。

农业农村审计 对夷陵区、长阳自治县开展农村人居环境专项审计，督促两地整改资金 296 万元，修订完善制度 4 项。

资源环境审计 对绿色矿山建设及矿山非法开采情况进行专项审计调查，促进自然资源等部门完善卫片执法制度，及时制止和查处37起违法行为，38座应修复矿山纳入修复计划。

民生审计 开展市本级、长阳自治县、秭归县及当阳市困难群众救助补助资金审计，查出违规金额632.52万元，促进相关部门修订完善制度10项。

经济责任审计 对19名领导干部进行经济责任审计，同步开展自然资源资产审计1个，查出主要问题金额7.46亿元，其中违规金额74万元。

审计查出问题整改 出台宜昌市《关于加强全市审计整改工作的意见》《深化纪巡审联动实施办法》《审计整改工作实施细则》《审计整改跟踪检查内部流程办法》，搭建了宜昌审计整改制度框架。

研究型审计 对市级一级预算单位及经济责任审计对象进行全面摸底，坚持重点部门、重点资金五年必审，一般性部门单位重点抽审，系统行业条块式推进审计，审计覆盖面不断拓展。对国资国企、投资建设、自然资源与生态环保、教育卫生、社会保障、基层治理等重点行业领域研判分析，及时揭示管理薄弱环节和风险点。

审计理论研究 《国家审计“四个促进”形成机理研究》《人工智能与地理信息技术在农业项目审计中的应用》等5篇理论研究文章在湖北省审计厅优秀论文评选中获奖。

内部审计 对83个市直预算单位、7个国有企业内审机构设立及工作情况进行摸底调查，邀请12名内审人员参与实施预算执行审计等项目。

相关工作 创建用心服务、智慧审计为内涵的“心服务·芯审计”机关服务品牌，推动党建业务深度融合。开展普法宣讲8次，审计执法零复议、零诉讼。安排18人次参加上级统筹、巡视巡察、纪委交办等任务，公开遴选、招聘引进人才4人。

（撰稿人：郑婉婷）

【襄阳市审计局】 2022年，襄阳市审计局实有56人。局长张珍，副局长柏松俊、嘉庭友、潘武森（—4月）、王洪波、余淑琴、崔纲（4月—），总审计师郑红令，市经济责任审计局局长杨华，市政府投资审计局局长于赞军，市经济责任审计工作领导小组办公室专职副主任周和兴。中共襄阳市委审计委员会办公室（以下简称襄阳市委审计办）设在襄阳市审计局，设市委审计办秘书科。襄阳市审计局机关设有办公室、人事科、综合科、法规审理科、电子数据审计科、财政审计科、金融审计科、行政事业审计科、经贸审计科、农业农村审计科、社会保障审计科、自然资源和生态环境审计科、外资运用审计科、内审指导科、经济责任审计协调科、离退休干部科、直属机关党委、直属机关纪委；下设市经济责任审计局，市政府投资审计局。

审计成果 2022年，襄阳市审计局完成计划项目70个，完成交办审计事项12个，查出主要问题金额1521003万元，其中违规金额17776万元、损失浪费金额123万元、管理不规范金额1503103万元；审计发现非金额计量问题836个；损益（收支）不实金额121843万元；审计发现侵害人民群众利益3921万元；出具审计报告89篇。审计处理处罚金额914576万元，其中应上缴财政215429万元、应减少财政拨款或补贴31526万元、应归还原渠道资金60130万元、应缴纳其他资金4942万元、应调账处理金额602546万元。移送司法机关、纪检监察机关和有关部门处理事项44件，移送处理人员71人，移送处理金额13121万元。审计促进整改落实有关问题资金528926万元；核减投资额2513万元；移送处理落实事项38件。审计提出建议257条，被采纳254条，推动被审计单位制定整改措施191项；促进被审计单位建立健全规章制度197项；提交审计信息36篇，被批示、采用23篇次。被市级以上新闻媒体采用宣传稿件587篇次。向社会公告审计结果2篇。

2022年，襄阳市畜牧良种场书记、场长任职期间经济责任审计项目荣获全省审计机关优秀审计项目二等奖，湖北汉江粮油储备有限公司资产、负债、损益及相关政策执行审计项目荣获全省审计机关优秀审计项目三等奖。

政策落实情况跟踪审计 将稳经济一揽子政策、财政直达资金、“放管服”改革、“无申请兑现”政策落实、优化营商环境等落实情况融入各类审计项目之中。针对审计发现的问题，上报《应优化“无申请兑现”改革政策强化贯彻落实》和《应持续优化营商环境保障惠企政策有效落地》的审计专报，促进市直29家行政事业单位落实疫情防控期间房租减免政策资金 537.73 万元，相关部门清退保证金 9960.23 万元，退回多缴纳罚款 13.5 万元。

财政审计 开展市本级（含高新区、东津新区、鱼梁洲开发区）2021 年度财政预算执行和决算草案及财政管理情况审计，揭示了财政决算草案编制、“四本预算”编制与执行、财政政策执行、财政资金使用绩效等 5 大类 20 个方面问题；开展 11 个市直预算部门预算执行审计，揭示了财政资源统筹仍需完善、行政事业性国有资产管理存在薄弱环节等 5 大类问题，推动出台《襄阳市市直行政事业单位国有资产使用管理办法》等制度 10 多项；开展南漳县、保康县人民政府 2021 年度财政预算执行和决算草案及其他财政财务收支情况审计，揭示了财政决算草案编制、预算编制及执行、财政政策执行、财政管理及会计核算等方面问题，对南漳县、保康县相关责任人进行集中约谈 2 批次，下达 2 份审计整改函，推动出台《保康县服务业企业成长工程实施办法》等规章制度 4 项，移送问题线索 1 件，有力维护了财政资金安全。

开展 8 个重点投资项目、3 个政府交办项目以及援疆资金和项目跟踪审计。审计项目资金 425.94 亿元，查出问题金额 35.98 亿元，节约和挽回损失资金 1.28 亿元，提出审计建议 35 条，移送问题线索 4 件，上报审计专报和综合报告被襄阳市领导批示 3 篇次，推动出台和完善规章制度 13 项。

国有企业审计 开展襄阳市军粮供应站有限公司（襄阳环城粮油储备有限公司）资产负债损益及粮食政策执行审计，揭示了资产负债损益、财务管理、工程项目建设管理、粮食政策执行等 4 个方面 20 个问题，涉及金额 3380.57 万元，移交问题线索 3 件，促进企业完善 4 项制度，提高国有资产管理使用效益和可持续经营能力。

资源环境审计 开展 5 家单位 7 名领导干部自然资源资产离任审计，揭示了河库长制和林长制落实不到位、生态保护目标任务未完成、土地资源低效利用、环境保护履职不力等问题，出具审计意见 6 份。

民生审计 开展困难群众救助补助资金审计、工伤保险基金管理及使用情况审计、残疾人就业保障金专项审计、就业补助资金和失业保险基金审计，推动出台《关于建立襄阳市困难群众基本生活保障工作协调机制》《襄阳市工伤保险市级统筹基金缺口分担办法》《襄阳市机关、事业单位、国有企业带头安排残疾人就业办法》等制度 20 多项，促进 4 个县（市、区）取消或者调整 118 户不符合条件家庭的低保及救助待遇，93 名长期滞留救助站人员得到妥善安置，131 名低保、特困人员被纳入基本医疗保险保障范围，追回救助补助资金 20.95 万元，盘活划拨医疗救助资金 2288.23 万元。

经济责任审计 开展 19 家单位 22 名领导干部经济责任审计，揭示了重大方针政策执行、重大经济事项决策、内控制度执行及单位管理、部门预算执行及财务管理、工程项目建设管理等方面的问题，出具审计报告和审计结果报告 42 篇，查出问题金额 20.34 亿元，移送问题线索 41 件。

审计查出问题整改 持续深化党委领导、人大监督、政府主导、部门联动、审计跟踪督促、各类监督协同配合的整改工作机制，着力推进审计整改工作提质增效，审计发现问题整改率达到 95%以上。制定《关于完善审计整改工作的意见》《审计整改跟踪督办工作流程》《襄阳审计约谈办法》。

研究型审计 大力实施研究型审计，围绕“政治—政策—项目—资金”主线，把查问题、提建议、抓整改、促提升有机结合起来，以高质量审计成果服务高质量发展，荣获全省优秀审计论文和研究报告 6 篇、襄阳市第十一届社会科学优秀成果奖 2 个；向襄阳市委、市政府提交审计专报、综合报告等 24 篇，市领导具体批示 18 篇 23 人次；提出建议 257 条，被采纳建议 254 条，市政府及相关部门采纳审计建议，建立完善制度办法 197 项。

审计理论研究 圆满完成湖北省审计学会 2021 年至 2022 年度合作课题“审计查出问题整改机制研究”，在《中国审计》《审计观察》《审计月刊》等期刊杂志上发表理论研讨文章 11 篇次，在全省 2019 年至 2021 年度优秀审计论文和研究报告评选中，被评为优秀组织单位，荣获二等奖 1 个，三等奖 2 个，优秀奖 3 个，其中局党组书记、局长张珍撰写的《发挥贯通融合叠加效应——湖北省襄阳市着力构建审计监督与其他监督一体推进机制》获省审计厅二等奖。

内部审计 对11家内审工作基础较好、规模较大、二级单位较多的市直行政事业单位、市属国有企业开展调研，了解内审工作开展情况，总结成熟的经验和特色，分析存在的主要困难和问题，为进一步做好内审工作提供意见和建议，推动进一步提升内审工作质量和水平。

（撰稿人：陈　勇）

【鄂州市审计局】 2022年，鄂州市审计局实有64人。局长高月明，副局长艾义斌、陈焱华、范金双、刘冰文（11月—）、高兴周（—6月），总审计师张再宝。设有市委审计委员会办公室秘书科、办公室、人事教育科、综合科、法规审理科、电子数据审计科、财政金融审计科、行政事业审计科、经贸审计科、农业农村审计科、社会保障审计科、固定资产投资审计科、经济责任审计科、自然资源和生态环境审计科、离退休干部科。

审计成果 2022年，鄂州市审计局完成审计项目31个，其中审计30个，专项审计调查1个。查出主要问题金额382327万元，其中违规金额6669万元、损失浪费金额256万元、管理不规范金额375401万元；审计发现非金额计量问题174个；损益（收支）不实金额51万元；审计发现侵害人民群众利益20万元；出具审计报告和专项审计调查报告42篇，被批示、采用42篇次。审计处理处罚金额324101万元，其中应上缴财政5635万元、应减少财政拨款或补贴801万元、应归还原渠道资金247243万元、应缴纳其他资金589万元、应调账处理金额69832万元；移送司法机关、纪检监察机关和有关部门处理事项5件，移送处理人员22人，移送处理金额1016万元。审计促进整改落实有关问题资金157851万元；核减投资额100万元。审计提出建议101条，被采纳100条；推动被审计单位制定整改措施12项；提交审计信息34篇，被批示、采用33篇次。

2021年全市供销合作社联合社及所属单位财务收支审计项目荣获全省2022年优秀审计项目二等奖。鄂州审计局离任审计大数据平台提升效能荣获2022“荆楚杯”大数据驱动地方治理现代化创新应用十佳案例（政务服务组）。

政策落实情况跟踪审计 参与全省统一组织的农村人居环境整治资金审计、农业保险保费补贴资金审计和涉企发展环境专项审计调查。

财政审计 持续推进市本级和70家市直部门预算执行审计监督全覆盖，组织开展全市2021年度网络安全和信息化建设审计、市级专项债券资金申报管理使用审计、市卫健委系统和市教育系统财政财务收支审计，完成市教育系统“十三五”期间基础设施建设项目等4项重点投资工程审计。

国有企业审计 开展市公共交通公司资产负债损益审计。

农业农村审计 开展全市农村人居环境整治专项资金审计。

资源环境审计 开展市农业农村局、市水利和湖泊局领导干部自然资源资产审计。

民生审计 开展全市消费券专项资金、工伤保险基金审计。

经济责任审计 组织对8个市直部门和3个区级人民法院等11家单位领导干部实施经济责任审计。

审计查出问题整改 制定印发《市委审计办、市审计局审计发现问题整改督促检查工作办法（试行）》。

内部审计 完成2022年度全市内部审计统计调查工作。

相关工作 3月14日，召开八届市委审计委员会第一次会议，研究审议2022年审计项目计划（草案）等事项。8月26日，召开八届市委审计委员会第二次会议，研究审议《2021年度市本级预算执行和其他财政收支审计工作报告（草案）》《市委审计委员会成员单位协调会议制度和联络员制度（草案）》等事项。

（撰稿人：方　宇）

【荆门市审计局】 2022年，荆门市审计局实有67人。局长董明，副局长刘海泉、吴波粼、陈晓东、杨义兵，总审计师朱涛，荆门市经济责任审计工作领导小组专职副主任李世文，二级调研员祝军、吴玉金，四级调研员陈红林、刘永红。设有办公室、法规审理科、电子数据审计科、财政审计科、金融外资审计科、行政事业审计科、社会保障审计科、经贸审计科、农业农村审计科、综合科、人事科；下设荆门市经济责任审计局（参公单位）、荆门市政府投资审计局（事业单位）、计算机审计中心（事业单位）。

审计成果 2022年，荆门市审计局完成审计项目111个，查出主要问题金额723964万元，其中违规金额54039万元、管理不规范金额435730万元，非金额计量问题173个；审计处理处罚金额61317万元，其中应上缴财政1800万元、应归还原渠道资金23860万元、应调账处理金额33959万元；移送纪检监察机关和有关部门处理事项40件，出具审计报告和专项审计调查报告111篇，提出审计建议336条，被采纳336条；审计促进整改落实有关问题资金59392万元，收缴入库财政资金1510万元，归还原渠道资金35417万元，调账资金22173万元；核减投资额6650万元；提交审计信息等112篇，被批示、采用112篇次。向社会公告审计结果1篇。

财政审计 组织对荆门市直73个部门及所属212个二级单位2021年度部门预算执行情况开展全覆盖大数据审计，并对市财政、发改、交通等11个部门及所属60个单位开展重点审计，揭示了部分债券资金使用率低、专项资金闲置、挤占截留二级单位资金、固定资产闲置浪费、经营性资产监管不严等问题，并向纪检监察机关和主管部门移送了私设“小金库”、违规发放补贴、虚列支出套取资金等违纪违法案件线索5件。荆门市级预算执行审计工作报告得到市人大常委会充分肯定。

全力推进对2018年以来市直310多个政府投资项目的复核审计全覆盖，规避选择性审计的风险隐患，2022年完成审计项目35个，审计金额58.9亿元，在社会中介机构已核减5.14亿元的基础上，再审减1.19亿元，二次审减率达2.02%。加强对重点工程全过程审计，揭示和查处了一批建设单位违规招标、施工企业围标串标、违法转包以及社会中介机构不按规范进行结算审核等违纪违法问题，移送案件线索17件，促进了政府投资建设市场整体规范。

国有企业审计 组织对农谷实业集团、市城控集团、市交旅投集团及旗下的214家控股或参股公司，开展了经济责任和资产负债损益审计，其中，农谷实业集团审计揭示重大事项未经集体研究决策、借新债还旧债等问题100多个，查处违纪违规金额2.5亿元，管理不规范金额3.6亿元，移送案件线索15件。

金融审计 组织对市融资担保集团有限公司2017年至2021年度经营情况开展审计，揭示了4亿多元代偿资金存在损失风险等问题，移送案件线索3件，督促清收代偿资金6808.81万元，促进建章立制10多项。

农业农村审计 扎实开展市水利和湖泊局领导干部经济责任审计，查出问题46个，涉及金额1500多万元，移送问题线索4件，2人受到党纪政务处分。统筹开展全市惠农惠民财政补贴资金“一卡通”管理情况专项审计调查，其中沙洋、漳河和屈家岭审计局在专项审计中查出三大类22个问题，涉及金额1000多万元，钟祥市审计局在审计调查中，促进收回违规发放资金0.47万元，移交问题线索2件。

资源环境审计 配合湖北省审计厅开展“1+N”自然资源资产离任审计，揭示并查出矿山企业盗采砂石案件线索；开展荆门市生态环境局主要领导干部经济责任审计，查出粉尘污染监管不到位、未批先建、未验先投、违规对环评进行批复等问题；开展屈家岭管理区主要领导干部自然资源资产审计，查出涉及土地资源、水资源、森林资源和生态环保等5类23个问题，提出审计建议2条并督促整改。

民生审计 扎实开展全市殡葬管理服务专项审计，揭示了丧葬用品及服务收费不合理、公益性公墓覆盖率偏低、经营性公墓价格虚高等问题，移送了殡仪馆出纳涉嫌贪污公款、个人侵占单位利益、违规私建私卖墓穴非法获利、公益性公墓违规承包经营等4件案件线索，通过审计，推动重塑了殡葬管理制度体系，重建了殡葬服务经营模式，市直城区墓穴价格从最高限价38万元，降到了8万元，24种墓穴和94类丧葬用品全部降价销售，7种常用丧葬用品免费提供。此外，扎实开展了职工基本医疗保险基金市级统筹、“保交楼”、国有粮库等民生专项审计，维护了民权民利。

经济责任审计 组织对漳河新区、屈家岭管理区、市住建局、农业农村局等15个党政机关、党政部门和国有企业的 18 名领导干部开展经济责任审计，坚持查真相、说真话、报实情，揭示了部分改革事项推进缓慢、国有资产监督管理不到位、执行财经纪律不严等问题，为考核、任免、奖惩领导干部提供了可靠可用依据。

审计理论研究 积极推广研究型审计，《全力改革创新 打造审计融合发展高地》《基层财政资金绩效审计供给侧研究》等 5 篇审计论文和研究报告获得湖北省审计厅通报表彰。

内部审计 组织内审人员开展 3 期网络培训。推荐上报的荆门市城控集团审计部荣获全省内部审计高质量建设试点单位。组织开展全市内部审计先进单位和先进个人评选，10 家单位和 10 名个人荣获内部审计先进单位、先进工作者称号。

（撰稿人：徐 俊）

【孝感市审计局】 2022 年，孝感市审计局实有 61 人。党组书记、局长金正谋，党组成员、副局长高红艳（5 月—）、褚艺红（—4 月）、王嘉清（4 月—），党组成员、市经济责任审计局局长彭斌，党组成员、经责办专职副主任李磊（4 月—），二级调研员梁和平，四级调研员彭晓维、胡泽华、许玉桥。设有市委审计办秘书科、党群工作科、综合科、法制与审理科、电子数据审计科、财政审计科、企业审计科、行政事业审计科、农业农村审计科、社会保障审计科、自然资源和生态环境审计科、基本建设审计科、经济责任审计一科、经济责任审计二科、离退休干部科；下设孝感市政府投资审计局、孝感市计算机审计信息中心。

审计成果 2022 年，孝感市审计机关共完成审计项目 202 个。审计查出主要问题金额 70.31 亿元，其中查出违规金额 3.66 亿元，管理不规范金额 66.65 亿元。审计处理处罚金额 5.78 亿元，移送司法机关、纪检监察机关和有关部门处理事项 35 件，移送处理人员 42 人。审计促进整改落实有关问题资金 2.6 亿元；核减投资额 1.7 亿元。促进市县两级党委政府及相关部门出台制度办法 34 项。提交审计信息 279 篇，被批示、采用 242 篇次。

孝感高新技术产业开发区管委会主任、党工委书记经济责任审计项目被评为 2022 年全国审计机关优秀审计项目二等奖，孝昌县公安局原党组书记、局长经济责任审计项目被评为 2022 年度全省审计机关优秀审计项目一等奖，孝感市本级 2020 年基本养老保险基金审计项目被评为 2022 年度全省审计机关优秀审计项目二等奖，全省 2020 年大数据审计创新案例二等奖。

政策落实情况跟踪审计 突出优化全市营商环境建设，完成了四季度重大政策措施落实跟踪审计调查，督促有关单位退还违规收取市属国有企业的代建费等 160 余万元，支付拖欠企业工程款 1858.35 万元，督促按政策规定对 1 家茶叶企业发放“免申即享”奖励 10 万元。市经信局积极采纳审计建议，发放 51 家企业新增用电补贴奖励资金 113 万元。

财政审计 完成了市本级预算执行和财政决算草案审计，同步审计了市直“三区”。完成了 18 个单位的部门预算执行审计，推动部门预算管理进一步规范。完成全市信创工程专项审计和市本级网络安全和信息化建设审计。完成老澴河综合治理（棚改安置区）、市高新嘉园二期竣工结算审计等政府投资审计项目 9 个。

国有企业审计 完成对市自来水公司 2021 年度资产负债损益审计。

民生审计 完成全市政府投资保障性安居房专项审计调查，组织开展了全市就业补助资金和失业保险基金、全市职工基本医疗保险市级统筹、全市涉粮政策专项审计调查。

资源环境审计 完成孝感市自然资源和规划局领导干部履行自然资源资产管理责任审计。

经济责任审计 完成对市司法局、市工业学校等 10 名市管领导干部、1 个县（市、区）审计局领导干部经济责任审计。

审计查出问题整改 统筹打造审计整改工作闭环，出台了《关于进一步加强和完善审计整改工作的意见（试行）》（孝审计委发〔2022〕2 号）。提请市政府印发了《关于做好 2022 年度市本级审计查出问题整改工作的通知》，强化审计整改责任落实，推进审计查出问题全面整改销号。建立审计问题整改清单、整改台账，压实整改责任，开展跟踪检查，针对整改不积极、整改走形式、整改不彻底的 14 个问题，市委审计委员会办公室、市审计局对 9 个整改责任单位开展了集中约谈。2022 年审计工作报告反映的 134 个问题，已完成整改 123 个问题，问题资金整改率近 95%。

研究型审计 研究印发《“三区”领导干部应当履行的经济责任清单》和《“三区”审计查出问题提醒提示清单》，督促市直“三区”举一反三强整改。

审计理论研究 推动建立全市审计定期获取（采集）电子数据制度；实行“揭榜挂帅”，优化数据平台搭建，实现了安可替代后预算单位财务数据采集有效化、实时化、规范化，审计监督可视化、网络化，有力提升监督质效。择优向省审计厅推荐优秀审计论文和研究报告 7 篇参与评选。

内部审计 2022 年度市直专兼职内部审计机构共 33 个，配备专兼职内部审计人员 107 人，其中专职机构 7 个，专职人员 37 人。完成内部审计项目 197 个，审计发现问题总金额 4.70 亿元，促进问题整改涉及金额 3.76 亿元。推荐作品获“齐心话内审 建功新时代”微视频大赛一等奖。

（撰稿人：徐 娟）

【荆州市审计局】 2022 年，荆州市审计局实有 67 名。局长李翠峰，二级巡视员胡祥英，副局长黄发斌、周祖兵、黄标、黄光武，市经济责任审计工作领导小组办公室专职副主任肖舟，总审计师聂维兵，二级调研员杨光忠，市国有企业监事会主席谢涛。设有办公室、人事科、综合科、法规审理科、电子数据审计科、财政金融审计科、行政事业审计科、经贸审计科、农业农村审计科、社会保障审计科、固定资产投资审计科、自然资源和生态环境审计科、经济责任审计一科、经济责任审计二科、外资运用审计科、重大项目稽察审计科、国有企业监事会工作科、派出审计一科、派出审计二科、派出审计三科、派出审计四科、派出审计五科；设有机关党委、离退休干部科；下设荆州市政府投资审计中心。

审计成果 2022 年，荆州市审计机关共完成审计项目 273 个，其中审计 265 个，专项审计调查 8 个。查出主要问题金额 1095766.72 万元；审计发现非金额计量问题 982 个；损益（收支）不实金额 2197.51 万元；审计发现侵害人民群众利益 698.65 万元；出具审计报告和专项审计调查报告 433 篇，被批示、采用 423 篇次。审计处理处罚金额 78022.89 万元，其中应上缴财政 74318.18 万元、应归还原渠道资金 3373.24 万元、应缴纳其他资金 129.78 万元、应调账处理金额 720.06 万元；移送司法机关、纪检监察机关和有关部门处理事项 81 件，移送处理人员 35 人，移送处理金额 1151.55 万元。审计促进整改落实有关问题资金 134864.59 万元；审计后挽回（避免）损失 79.32 万元；核减投资额 23324.06 万元。审计提出建议 901 条，被采纳 901 条；推动被审计单位制定整改措施 45 项；提交专报类审计信息 63 篇，被批示、采用 42 篇次。

全市 9 个审计项目荣获省审计厅优秀审计项目。其中，市审计局实施的荆州经济技术开发区 2020 年度政府投资的审计调查项目、荆州市 2020 年度市级预算执行和其他财政收支审计项目分别荣获全省审计机关优秀审计项目一等奖、三等奖。

政策落实情况跟踪审计 围绕保持经济环境平稳健康目标，开展中央直达资金、高标准农田、就业补助资金和失业保险基金、涉企发展环境等重大政策措施落实情况跟踪审计，保障政策措施落实落地。

财政审计 统筹全市整体推进预算执行审计。运用大数据技术实现对市直 182 家部门预算单位和 15 家非预算单位财务数据审计全覆盖，着重关注各部门项目支出的执行情况及效果，深入揭示财政资金运行管理中的风险隐患。2021 年度预算执行审计工作报告和整改报告均获市人大常委会通过。

民生审计 开展困难群众救助补助资金、农村人居环境整治资金、农业保费补贴资金等审计以及惠民惠农补贴资金“一卡通”专项治理“回头看”。

金融审计 完成荆州高新投资产负债审计调查和荆州产业基金管理有限公司资产负债审计调查。

经济责任审计 全市共完成 158 家单位 184 名领导干部经济责任审计，审计查出主要问题金额 232124 万元。

审计查出问题整改 建立清单台账，加强跟踪督导，积极推进整改，整改问题金额 262385.3 万元。

审计理论研究 《巩固拓展脱贫攻坚成果与

乡村振兴有效衔接的路径探索》荣获省审计厅优秀审计论文一等奖，“从乡村振兴审计维度透视新型城镇化背景下美丽乡村建设研究”入选荆州智库优秀课题。

内部审计 《城投企业债务审计应用债务风险量化评估体系的研究》获全省内部审计论文二等奖；《浅析新形势下交通运输事业单位内部审计的实践与探究》《现代风险导向审计下高校内部审计工作发展路径探讨》获全省内部审计论文三等奖。

交办任务 围绕党委政府工作中心，对荆州中心医院新院区建设（一期）项目、荆州职业技术学院新区建设项目、市新建殡仪馆项目、市第一人民医院新门诊大楼建设项目等开展审计调查。

（撰稿人：陈文钦）

【黄冈市审计局】 2022年，黄冈市审计局实有66人。局长余红志（2月—12月），副局长郭教育、周敦超，党组成员舒迎进，总审计师雷友华（1月—4月），经济责任审计办公室专职副主任童清萍（5月—12月），经责局局长廖兴旺（5月—12月），纪检组长商鹏程（4月—12月）。设有财政金融审计科、行政事业审计科、社会保障审计科、固定资产投资审计科、农业农村审计科、电子数据审计科、经贸外资审计科、自然资源与生态环境审计科、办公室、政工科、综合科、法规审理科、市委审计办秘书科；下设市经济责任审计局、审计信息中心。

审计成果 2022年，黄冈市审计机关共完成审计项目340个，其中，市审计局完成审计项目105个，查出违规、损失浪费和管理不规范问题金额14.17亿元，促进增收节支4674万元，移送案件线索46件，推动相关部门制定整改措施274项。

政策落实情况跟踪审计 完成了审计署、省审计厅交办的黄冈地区税收和非税收入征管审计项目7个，查出11大类89个具体问题，为市场主体减免或缓缴税费52亿元，切实减轻企业负担。完成了市委、市政府交办的惠企纾困政策措施落实、市级产业发展资金使用、政府平台资产负债、黄冈化工园污水处理厂、蔷薇国际“保交楼”等审计调查20余项，审计事项得到市委、市政府领导批示肯定，并作为市政府工作重点内容，批转各部门学习落实，市政府督查室跟进整改，切实发挥了审计参谋服务作用。

财政审计 完成了市本级财政收支审计，利用大数据开展部门预算执行全覆盖审计，围绕预算编制执行、国资管理使用、项目资金绩效，重点核查14家部门单位，查出5大类14小类45个问题，涉及问题金额2.05亿元、清理国有资产2.4万平方米，推动带头过紧日子要求，提高财政资金绩效。代表市政府做的《关于2021年度市级预算执行和其他财政收支的审计工作报告》得到市人大常委会高票通过。

完成了政府投资审计项目97个，审计总金额42.7亿元，直接为政府节约投资2.9亿元，从资金结算、工程管理等方面提出规范基本建设程序、及时支付工程款、优化营商环境等审计建议，提请市政府出台《黄冈市促进政府投资项目审计转型发展若干措施》和《市区房屋征收项目审计监督实施办法》，确保黄冈市建筑业高质量发展。

资源环境审计 完成了浠水策湖、白莲河示范区等5家单位领导干部自然资源资产离任审计，向有关部门移送非法捕捞、违规侵占湿地林地污染水体、无依据核销国有资产等案件线索4件，有效服务了美丽黄冈建设。

民生审计 完成了市直困难群众救助补助资金、黄州区就业补助资金和失业保险基金审计，揭示出挪用救助资金、不符合条件人员违规享受救助待遇等5类问题共80万元，督促整改落实。完成了省审计厅就业补助资金和失业保险基金六批审计疑点核查。实施的浠水县2020年基本养老保险基金审计项目获得黄冈市涉企行政执法案卷评查唯一“优秀案卷”。完成了惠民惠农财政补贴资金“一卡通”突出问题专项治理“回头看”审计，查找出虚报冒领补助金、资金发放不及时、未按规定形式发放补助金等问题金额1512万元，及时移送相关部门处理，其中，党纪处分33人、政务处理10人，追缴收回资金88.4万元，切实保障了群众权益。

经济责任审计 完成了191家单位的247名市管领导干部经济责任审计，揭示出少数部门单位重大经济事项决策不科学不合理、国有资产管理不规范、违规超比例预留工程质保金等问题，及时向市纪委监委、市委组织部汇报有关情况，推动各级领导干部规范用权、廉洁用权。

研究型审计 深化优化了贯通协作监督机制，加强与人大、纪检监察、巡察等部门沟通联系，配合市纪委监委开展优化营商环境检查、上级环保专项资金检查，参与市委巡察，联合市财政局开展惠民惠农财政补贴资金“一卡通”突出问题专项治理“回头看”，深化与纪检监察、巡察机构信息互通、成果共享机制，形成了审计监督与各方面监督、督查同频共振的合力。投资审计转型迈出坚实步伐，市政府修订《黄冈市市级政府投资管理办法》，省审计厅检查组给予高度肯定。法治宣传教育取得明显成效，制定“八五”普法规划，录制《法治时空》节目，拍摄《依法履职践初心》宣传片，开展送法下乡进企业活动，联合市人大开展《中华人民共和国审计法》执法检查，开展宪法宣传周和宣誓活动，法治理念和执法水平明显增强。审计风险隐患得到有效防范，完成了金审三期改造，完善审计项目质量管理、案件移送、业务会议、结果公开等制度，规范了审计行为，提升了审计质量。向有关部门移送案件线索 46 件，其中黄冈市审计局移送 7 件，修订《黄冈市审计局审计事项移送管理制度》，规范了审计事项移送行为。抽调 6 名同志参与市委巡察，提供或调阅、复印各类审计文书 600 余份。

交办任务 完成了投资领域招投标治理、市区涉建领域“三乱”问题检查。出台促进稳经济一揽子政策落实的“黄金审计 24 条”，市政府新闻发布会专题推介，湖北日报等省市主流媒体报道，为黄冈市加快打造武汉都市圈重要功能区做出积极贡献。服务项目、招商引资、培育市场主体和“千人进千企”专项行动均有力推进，黄冈高科铝业有限公司成功入选省级“专精特新”小巨人企业，帮助企业申请贷款 100 万元，该企业年总产值达 7000 万元，同比超 1000 万元。黄冈市审计局获“全省节水型机关”称号。

（撰稿人：柯　鹏）

【咸宁市审计局】 2022 年，咸宁市审计局实有 63 人。局长袁国华，副局长王三国、付冬、廖志军、潘和，总审计师张荀，副县级干部廖炎军、林飞波，市经济责任审计局局长陈卫军。设有办公室、人事科（离退休干部科）、电子数据审计科、财政审计科（行政事业审计科）、农业农村审计科、社会保障审计科、固定资产投资审计科（经贸金融外资审计科）、经济责任审计科（自然资源和生态环境审计科）、法规审理科（内部审计指导监督科）、综合科、机关党委、市委审计委员会秘书科；下设咸宁市经济责任审计局、咸宁市政府投资审计局。

审计成果 2022 年，咸宁市审计机关共完成审计项目 168 个，其中审计 164 个、专项审计调查 4 个。查出主要问题金额 298919 万元，其中违规金额 18494 万元、损失浪费金额 9098 万元、管理不规范金额 271325 万元；审计发现非金额计量问题 381 个；损益（收支）不实金额 28886 万元；审计发现侵害人民群众利益 5605 万元；出具审计报告和专项审计调查报告 250 篇，被批示、采用 250 篇次。审计处理处罚金额 42798 万元，其中应上缴财政 6155 万元、应归还原渠道资金 7266 万元、应缴纳其他资金 4168 万元、应调账处理金额 25208 万元；移送司法机关、纪检监察机关和有关部门处理事项 8 件，移送处理人员 11 人，移送处理金额 4408 万元。审计促进整改落实有关问题资金 20717 万元；审计促进拨付资金到位 4592 万元；审计后挽回（避免）损失 3809 万元；核减投资额 39840 万元；移送处理落实事项 3 件。审计提出建议 590 条，被采纳 589 条；推动被审计单位制定整改措施 194 项；促进被审计单位建立健全规章制度 33 项；提交审计信息 257 篇，被批示、采用 251 篇次。向社会公告审计结果 7 篇。

获全国优秀审计项目一等奖 1 个，全省优秀审计项目一等奖和二等奖各 1 个、三等奖 3 个。

财政审计 开展了政府债券、重大产业重大项目重大事项相关资金、优化营商环境等重大政策落实情况专项审计，揭示了债券资金 2000 余万元结存未及时使用、重大产业重大项目重大事项相关资金使用缓慢、行政效能管理不够规范、降费政策措施落实不到位以及拖欠民营企业中小企业账款方面等问题。

政府投资审计局审计项目共 5 个，审计投资额 897167.75 万元，发现问题金额 216048.44 万元，审计节约和挽回损失资金 21354.16 万元，提出审计建议 26 条，移送相关部门问题线索 3 件，涉及金额13083.57万元。备案监督项目102个，其中，内部审计计划项目82个，社会中介审计项目20个。

金融审计 对阳新县2019年至2021年农业保险政策落实，保费补贴资金筹集管理使用情况，以及政策性农业保险投保、理赔的真实性进行了审计，查出主要问题金额100.42万元；审计发现非金额计量问题6个，审计后挽回损失100.42万元。审计提出建议3条，被采纳3条；推动被审计单位制定整改措施2项；促进被审计单位建立健全规章制度2项。

资源环境审计 组织实施崇阳县经济开发区领导干部自然资源资产离任审计。在对崇阳县经济开发区自然资源资产审计中，揭示了崇阳县经济开发区主要水体污染严重，企业违法用地、工业污水处理厂运行负荷偏低等方面的问题。对崇阳县经济开发区领导干部提高生态环境保护意识，提高土地利用效率，完善工业污水处理厂运营管理等方面发挥了积极作用。

民生审计 开展了通山县大社保审计、市本级2019年至2021年住宅专项维修资金审计、全市农村劳动力就业技能培训补助资金、通城县2019年至2021年优抚安置资金审计。

经济责任审计 对24家部门（单位）涉及37名领导干部经济责任履行情况进行了审计。在审计过程中，以政策为抓手，关注重大经济方针政策部署落实和领导干部履职尽责情况，揭示和反映体制性障碍、制度性缺陷及领导干部不作为、慢作为、假作为等问题，以资金为主线，紧盯资金盘子，紧追资金流向，紧扣资金绩效，揭示骗取套取、侵占挪用、损失浪费等问题，从而促进领导干部依法用权、秉公用权、廉洁用权。

研究型审计 做实审前调查，科学研究谋划，多渠道开展调查。通过上门调研、发文函询、征集调查等方式，向市委审计委员会成员单位、23个市直部门、各县市区审计局、局机关领导及业务科室等单位征求审计项目计划建议，收集建议47条，聚焦民生、投资、工程项目等全领域，涉及财政、经济责任、行政事业等全行业实现审计监督全覆盖。多领域深入研究。突出监督重点，紧盯重大决策部署贯彻落实、重要领域关键环节、重大项目、重点民生项目、权力运行和责任落实等内容，通过专题研究会对收集的意见建议的可行性和必要性进行深入研究，择优选取审计项目纳入年度审计项目计划。提高了审计实施方案的指导性、针对性和可操作性。

审计理论研究 围绕咸宁打造武汉都市圈自然生态公园城市建设，积极组织申报优秀审计论文，获得全省审计优秀论文优秀奖2篇，研究报告获得市本级二等奖1个，三等奖1个，优秀奖1个。围绕服务地方经济发展，积极参加咸宁思想库课题申报等。

内部审计 紧扣“指导监督”主线持续推进和深化内部审计工作。严格落实内部审计备案制度，突出工作重点，强化审计监督；开展市属国有企业专题调研，积极推动市属国有企业建设内部审计高质量试点单位；组织理论研讨，积极推动内部审计理论运用；开展“齐心话内审　建功新时代”微视频大赛，讲好内部审计故事，传播内部审计声音。督导实施内部审计项目490个，审计发现问题1014个，涉及金额10761.94万元。

交办任务 2022年，共完成省纪委、省委巡视组、市政府、市纪委、市委督查室、市财政局等单位交办的“县市区财政支出进度督查”“就业补助和雨露计划审计调查”“一卡通专项整治”“政府债务和融资平台专项整治”等任务19项。

（撰稿人：霍庆东　高　当）

【随州市审计局】 2022年，随州市审计局实有47人。局长曾云峰，副局长廖朝宏、敖殷、胡川，党组成员敖宏伟、韩丽超，总审计师刘大江。设有办公室、教育人事科、综合科、法规审理科、电子数据审计科、财政外资审计科、金融经贸审计科、行政事业审计科、农业农村审计科、社会保障审计科、固定资产投资审计科、自然资源和生态环境审计科、经济责任审计一科、经济责任审计二科；下设随州市投资审计中心。

审计成果 2022年，随州市审计局完成审计项目46个，其中审计44个、专项审计调查2个。查出主要问题金额83431万元，其中违规金额8879万元、管理不规范金额84551万元；审计发现非金额计量问题351个；损益（收支）不实金额3209万元；出具审计报告和专项审计调查报告46篇。审计处理处罚金额9999万元，其中应上缴财政 2071 万元、应归还原渠道资金 3302 万元、应缴纳其他资金 1300 万元、应调账处理金额 3326 万元；移送司法机关、纪检监察机关和有关部门处理事项 15 件。审计促进整改落实有关问题资金 32409 万元；审计后挽回（避免）损失 3178 万元；核减投资额 8978 万元；移送处理落实事项 15 件。审计提出建议 120 条，被采纳 120 条；推动被审计单位制定整改措施 104 项；促进被审计单位建立健全规章制度 86 项；提交审计信息 158 篇，被批示、采用 22 篇次。向社会公告审计结果 1 篇。

国家专用汽车产品质量监督检验中心建设审计、随州市中心医院院长任职期间经济责任履行情况的审计项目被评为省审计厅优秀审计项目。

政策落实情况跟踪审计　结合全市“十四五”发展规划、助企纾困政策落实、促进公共卫生体系建设和政府性债务风险防控等重大工作部署实施了市本级重大政策措施落实情况跟踪审计。

财政审计　对 39 个预算单位的预算执行情况进行审计，揭示各单位存在的预算执行不到位等各类问题 321 项；完成对 39 个市直单位行政事业性国有资产专项审计。

完成中西医结合肺科医院、市委党校新校园建设、卢家坡还建房建设、市垃圾无害化处理和城区老旧小区红线外配套微循环道路及附属设施改造等 15 个重点政府投资项目审计，审减工程项目造价 8978 万元。

对随州市 2021 年度财政扶持企业发展专项资金等进行专项审计。

民生审计　完成了全市体育彩票和福利彩票公益金专项审计、农村人居环境整治相关政策和资金审计等相关民生审计项目。

经济责任审计　对随州市民政局、随州市中医医院等 10 个单位主要领导干部开展了经济责任审计。

相关工作　积极建设大数据审计综合监管平台，对机房网络服务器等进行整合，增加云存储和空间；开展大数据技术论坛活动，实现审计业务和信息技术有机融合。

扎实开展“下基层、察民情、解民忧、暖民心”和“共同缔造”活动，先后组织 200 余人次参与社区疫情防控和环境卫生治理工作，筹措 20 万元助力社区建设“红色驿站”和人居环境整治。为乡村振兴驻点村产业发展和敬老院争取资金 35 万元，拨款 10 万元编制农旅融合规划。实施“制度建设年”活动，出台各类业务和管理制度 12 项，各项工作步入制度化、规范化轨道。

（撰稿人：刘　兴）

【恩施土家族苗族自治州审计局】　2022 年，恩施土家族苗族自治州（以下简称恩施州）审计局实有 47 人。局长王新国，副局长徐青安、杨岸军、蔡泽慧，总审计师陈宏，州经济责任审计工作领导小组办公室专职副主任张聪聪，州审计局二级调研员李东平（—7 月）。设有办公室、政工人事科、综合与法规科、财政金融审计科、行政事业审计科、经贸审计科、农业与资源环保审计科、社会保障审计科、固定资产投资审计科、外资运用审计科、经济责任审计科、自然资源和生态环境审计科；下设州政府投资审计局、州计算机审计中心。

审计成果　2022 年，恩施州审计机关共完成审计项目 139 个，其中审计 130 个、专项审计调查 9 个。查出主要问题金额 1330740 万元，其中违规金额 300022 万元、损失浪费金额 37 万元、管理不规范金额 1030681 万元；审计发现非金额计量问题 546 个；损益（收支）不实金额 220703 万元；审计发现侵害人民群众利益 2577 万元；出具审计报告和专项审计调查报告 185 篇，被批示、采用 185 篇次。审计处理处罚金额 748147 万元，其中应上缴财政 116323 万元、应减少财政拨款或补贴 2062 万元、应归还原渠道资金 130822 万元、应缴纳其他资金 36037 万元、应调账处理金额 462903 万元；移送司法机关、纪检监察机关和有关部门处理事项 32 件，移送处理人员 4 人，移送处理金额 14899 万元。审计促进整改落实有关问题资金 204962 万元；审计促进拨付资金到位 3256 万元；审计后挽回（避免）损失 247 万元；核减投资额 3357 万元。审计提出建议 462 条，被采纳 455 条；推动被审计单位制定整改措施 205 项；促进被审计单位建立健全规章制度 37 项；提交审计信息 478 篇，被批示、采用 361 篇次。向社会公告审计结果 9 篇。

恩施州审计局实施的来凤县政府性融资担保

公司2019年度经营管理审计项目，巴东县审计局实施的湖北扬帆旅游发展有限公司董事长、总经理经济责任审计项目等7个项目被评为湖北省审计厅优秀审计项目。

财政审计 开展预算执行情况及决算草案审计，查出乱收费乱摊派乱罚款122.39万元、资金滞留闲置18611.8万元、违规采购4667.19万元，保障了资金安全和有效利用。

开展州粮油储备公司财务收支审计、6县市政府投融资平台公司审计，有效防范了重大投融资和粮食安全风险。

资源环境审计 实施领导干部自然资源资产离任审计项目8个，移送案件线索3件。

民生审计 开展农村义务教育学生营养改善计划专项资金绩效审计、2021年武汉对口帮扶项目资金审计、就业补助资金和失业保险基金审计、基本医疗保险基金审计等项目，揭示了政策执行不到位、贪污截留浪费、虚报冒领等问题，维护了人民群众合法权利。

经济责任审计 对全州46名领导干部开展经济责任审计，查出违规金额5069.19万元，移送线索12件，促进领导干部履职尽责、担当作为。

审计查出问题整改 恩施州本级组织实施非涉密审计项目30个，发现问题281个，达到整改时限的问题175个，已完成整改116个，制定完善制度21项；8个县市审计机关共组织实施审计项目87个，发现问题714个，达到整改时限的问题529个，已完成整改369个，制定完善制度16项。

审计理论研究 深入开展研究型审计，形成《扎实开展绩效审计护航经济社会高质量发展》《恩施州审计局"三个聚力"重塑审计整改流程》《领导干部自然资源资产审计大数据应用策略》等高质量研究成果。2篇调研报告在全省审计机关优秀审计论文和研究报告评选活动中获奖。

内部审计 建立内部审计人才库，全年内部审计机构共开展审计项目44个。

交办任务 全州共抽调164人次参与交办任务79件。其中驻村（社区）44人、省委巡视2人、各级巡察8人，协助各级纪委办案19人次、其他交办任务91人次。 （撰稿人：万 辉）

【仙桃市审计局】 2022年，仙桃市审计局实有40人。局长刘新安，副局长邓飞、宋先宜、李翔，总审计师李敏，工会主席昌盛。设有办公室、综合科、法规审理科、电子数据审计科、财政金融外资审计科、行政事业审计科、经贸和社会保障审计科、农业农村审计科、经济责任和自然资源资产审计科、固定资产投资审计科；下设经济责任审计局、投资审计中心。

审计成果 2022年，仙桃市审计局完成审计项目18个。查出主要问题金额265400万元，其中违规金额1681万元、损失浪费金额7万元、管理不规范金额263712万元；审计发现非金额计量问题77个；审计发现侵害人民群众利益1131万元；出具审计报告和专项审计调查报告26篇，被批示、采用5篇次。审计处理处罚金额75276万元，其中、应归还原渠道资金16503万元、应缴纳其他资金20923万元、应调账处理金额37850万元；向司法机关、纪检监察机关移送问题线索4件。审计促进整改落实有关问题资金68538万元；审计促进拨付资金到位9万元；核减投资额4425.18万元；审计提出建议61条，被采纳61条；推动被审计单位制定整改措施75项；促进被审计单位建立健全规章制度65项；提交审计信息5篇，被批示、采用5篇次。向社会公告审计结果2篇。

政策落实情况跟踪审计 跟踪关注残疾人"两项补贴"、高龄津贴、优待抚恤政策的落实情况，及时查处执行惠民惠农财政补助资金"一卡通"政策不到位、违规发放"两项补贴"等问题。

财政审计 扎实开展2021年度58家市直单位部门预算执行审计，指出并纠正预算执行不到位、专项资金管理使用不规范、往来资金未及时清理等一系列问题金额6.4亿元。

组织对仙桃火车站城市配套工程、泽口灌区续建配套工程、排湖风景区乡村振兴项目、大垸子泵站拆迁还建房、汉江仙桃城区段堤防综合整治及生态修复项目、12个棚户区改造等重点建设项目开展审计监督，严肃查处了围标串标、违法分包发包等行为，指出多计多结工程款4425.18万元等问题，为促进完善仙桃市基础设施起到积极作用。

经济责任审计　组织开展10名党政领导干部的经济责任审计，已查处重大政策落实、民生保障、国有资产管理、工程建设等方面违纪违规问题金额39642万元。

审计查出问题整改　围绕“治已病、防未病”，推进审计发现问题整改，2022年通过审计查出问题整改落实情况跟踪督促检查，已督促相关单位通过上缴国库、归还资金、催收清欠、调整账务等方式整改各类问题资金32.45亿元，制定和完善各类制度或行业管理办法65项，向司法机关、纪检监察机关移送问题线索4件，通过批评教育、诫勉谈话等方式问责48人，达到了“审计一点、规范一片”的作用。

交办任务　全力配合市纪检监察机关做好政府性债务及融资平台腐败问题的专项整治工作，选派3名政治素质高、业务能力强的审计干部参与完成了省、市两级巡视巡察工作。先后对汉江仙桃城区段堤防综合整治及生态修复项目、乡村振兴项目、棚户区改造项目开展审计调查，为市委市政府科学决策提供有效参考。

相关工作　积极开展文明城市创建、疫情防控、乡村振兴、反诈禁毒、“六联六包”、“下基层、察民情、解民忧、暖民心”等实践活动，共协助社区开展疫情防控核酸秩序维护、卡口值守400余人次，依托“户户走到”“敲门行动”累计入户走访1800余户，收集并解决群众意见建议50余条，清单问题21个，推动“共同缔造”精神深入人心，为服务城市治理贡献审计力量。

（撰稿人：赵复鹏）

【潜江市审计局】　2022年，潜江市审计局实有69人。局长李长兵，副局长巴裕波、雷春林、张华，总审计师徐江红，工会主任孙芳。设有办公室、综合科、人事教育科、法规审理科、电子数据审计科、财政金融审计科；下设经济责任审计分局、投资审计分局、审计一分局、审计二分局、审计三分局、自然资源资产审计分局、项目稽查办、国有企业监事会办公室。

审计成果　2022年，潜江市审计局完成审计项目47个，查出主要问题金额109602万元，其中违规金额933万元、损失浪费金额4万元、管理不规范金额108664万元；审计发现非金额计量问题158个；损益（收支）不实金额2215万元；出具审计报告和专项审计调查报告77篇，被批示、采用73篇次。审计处理处罚金额29174万元，其中应上交财政694万元、应归还原渠道资金46万元、应缴纳其他资金25013万元、应调账处理金额3420万元；移送司法机关、纪检监察机关和有关部门处理事项7件，移送处理人员19人，移送处理金额134万元。审计促进整改落实有关问题资金11645万元；核减投资额2008万元；移送处理落实事项1件，移送处理落实人员7人。审计提出建议141条，被采纳141条；提交审计信息94篇，被批示、采用21篇次。向社会公告审计结果1篇。

政策落实情况跟踪审计　围绕营商环境优化、乡村产业振兴、困难群体保障等党委政府关注的重点工作，将招商引资、乡村产业发展、困难群众救助等各项政策融入审计项目之中，持续开展跟踪审计，推动国家重大政策措施落实见效。实施曹禺大剧院运营情况审计，及时反映文旅产业运营发展现状和问题，推动完善政策保障机制，促进整合优势资源，做大做强地方产业。

财政审计　围绕规范预算管理，推动财政资金提质增效的要求，完成2021年度市本级预算执行审计和71个一级预算单位及所属二级预算单位2021年度预算编制和执行情况审计，审计情况经市九届人大常务委员会第七次会议审议通过。

完成泰丰初级中学建设等5个政府投资项目审计，对东荆新区城市路网建设工程等2个政府投资项目进行跟踪审计，重点关注工程项目管理，项目投资控制和工程造价，项目效益，项目运营，工程环境保护等，促进政府投资全面提质增效。

按照湖北省审计厅统一安排，开展了信息化建设工程专项资金审计和对口支援新疆发展资金和项目跟踪审计。

国有企业审计　完成潜江市城市建设投资开发有限公司等4家国有企业资产负债损益审计，重点关注资产负债损益的真实合法，国有资本运营和国资收益上缴等，促进国有资产保值增值。

资源环境审计　对潜江市自然资源和规划局、潜江市农业农村局2个部门领导干部开展自然资源资产审计，促进党政领导干部既算好“经济账”，又算好“生态账”。

民生审计 开展失地农民养老保险资金审计，准确反映政策实施和账户基金管理面临的问题，推动更好保障失地农民合法权益。

经济责任审计 对中共潜江市委办公室等30个部门（单位）的33名党政主要领导干部履行经济责任情况进行审计，客观评价领导干部履责情况。

交办任务 完成市委市政府及市委审计委员会交办、委托审计事项322件，抽调20余人次参加巡察和各类专项检查。（撰稿人：张　敏）

【天门市审计局】 2022年，天门市审计局实有45人。局长吴志兵，副局长段茂顺、林茂国、蒋雄才，总审计师杨彩学。设有办公室、法规审理科、电子数据审计科、财政金融审计科、行政事业经贸审计科、农业农村审计科、社会保障审计科、固定资产投资审计科、经济责任和自然资源生态环境审计科；下设经济责任审计局、投资审计中心。

审计成果 2022年，天门市审计局完成审计项目33个。查出主要问题金额24.2亿元，其中违规金额5.85亿元、损失浪费金额6025万元、管理不规范金额17.74亿元；审计发现非金额计量问题69个；损益（收支）不实金额1.28亿元；审计发现侵害人民群众利益73万元；出具审计报告47篇。审计处理处罚金额5.85亿元，其中应上缴财政3294万元、应归还原渠道资金5.5亿元；审计促进整改落实有关问题金额2.81亿元；核减投资额1.07亿元。审计提出建议并被采纳101条；推动被审计单位制定整改措施189项；提交审计信息4篇，被批示、采用4篇次。

财政审计 组织开展了天门市2021年本级财政预算执行及其他财政收支情况、市直60个部门及所属下级单位预算执行情况和4个单位2019年至2021年财政财务收支情况审计。查出了预算编制超时下达、非税收入未及时清理、挪用专项资金等问题45个。组织开展了天门市实验初级中学建设工程、北湖大桥等8个项目竣工决算情况审计，总计送审金额9.6亿元，审定金额8.53亿元，审减金额1.07亿元。

资源环境审计 组织开展了天门市水利和湖泊局自然资源资产管理情况审计。查出20个乡镇22家农村供水水厂水质检测总大肠菌群、耐热大肠菌群等指标超标，少收水土保持费750.99万元等6个问题。提出“严格履行生态执法监管责任，按时征缴收取各项费用”等4条审计意见与建议。

经济责任审计 组织开展了天门市14个乡镇、单位部门16名党政领导干部任期履行经济责任情况审计。查出违规资金25794万元，管理不规范资金19094万元，损失浪费金额507万元。出具审计报告和审计综合性报告28篇，提出审计建议被采纳36条。

审计查出问题整改 对2021年本级预算执行审计查出问题、市直部门预算执行审计查出问题进行了专项督导。通过审计整改，督促相关单位上缴财政资金1440.08万元，退回或归还专项资金2585.87万元，拨付滞留资金1425.19万元，推进建立完善相关制度7项。

相关工作 干部队伍建设。以岗位轮训、“以审代训”“跟车滚水”等方式为主，搭配实施实务导师，开展主审课堂、集中学习等活动，多方位提升审计干部能查、能说、能写的三种能力，先后有9名审计干部参与全省交叉审计项目，2名审计干部参与市级巡察、省级巡察，工作作风均获得被审计单位好评。党风廉政建设。建立健全审前警示谈话、审中巡查督导、审后回访调查机制，先后对24个审计组执行各项廉政纪律规定情况开展了现场巡察，听取组长、主审述廉汇报12次。向审计干部家属发放44份廉洁倡议书，签订了44份家庭助廉承诺书。开展“下基层、察民情、解民忧、暖民心”实践活动并制定了其实施方案，梳理形成群众反映问题清单、服务群众的任务清单和总结落实的效果清单，以清单督办、促办。2022年，天门市审计局资助帮扶村栽种了桂花树800棵，安装了178盏路灯。督促被审计单位补植苗木16类5564棵，美化了校园环境。

（撰稿人：周　兰）

【神农架林区审计局】 2022年，神农架林区审计局实有31人。局长段东宁，副局长刘运生、王栋梁。设有办公室、法规审理科、财政审计科、行政事业审计科、农业农村审计科；下设领导干部经济责任与自然资源审计中心、政府投资审计中心、内部审计指导中心、电子数据审计中心。

审计成果 2022年，神农架林区审计局完成项目20个。查出违规及管理不规范金额45018.56万元，发现非金额计量问题98个。审计促进整改落实有关问题资金9005万元；审计核减投资额91万元。审计提出建议88条，督促被审计单位制定整改措施54项，出具审计报告、审计调查报告及审计情况专报30篇，被林区及以上载体采用信息宣传稿件40余篇次。

政策落实情况跟踪审计 全区小水电站关停政策落实审计、龙潭嘴库区移民政策落实跟踪审计等，以强有力的审计监督保障党委、政府决策在基层落地，护航林区社会经济高质量发展。

财政审计 完成政府投资审计项目4个，出具审计报告、审计调查报告及审计情况专报6篇，被党委、政府主要领导批示3篇次。组成政府投资重大项目稽查小组，对林区重大项目开展了专项稽查。印发了《神农架林区审计局聘请中介机构参与政府投资项目跟踪审计操作规程》，推动了重大建设项目的规范管理。

资源环境审计 实施自然资源资产离任审计1个，重点揭示反映自然资源资产管理利用和资金管理使用中存在的普遍性和倾向性问题，促进领导干部树立科学的发展观和正确的政绩观。

民生审计 开展涉及移民、医疗等民生领域重点专项资金的审计，共发现问题6类，涉及资金15245.06万元，提出审计建议8条。参与林区惠民惠农补贴资金“一卡通”突出问题专项治理“回头看”，精准有效促进民生保障。

经济责任审计 聚焦权力运行和责任落实，扎实开展领导干部经济责任审计，共完成领导干部经济责任审计项目10个，重点揭示重大违纪违法问题、违反财经纪律问题，推动领导干部依法用权、秉公用权、廉洁用权。

相关工作 加强机关党的建设，深入推进党史学习教育常态化制度化，创造性地开展“主题党日+”活动，审计人员的政治责任感、历史使命感和职业荣誉感不断增强；加强廉政建设，以林区“作风建设提升年”活动为契机，采取多种形式、多种方法，打造了环环相扣的党风廉政教育链；加强干部能力建设，采取干部轮岗、抽调挂职、交叉审计等方式，加强实践历练，进一步提升审计队伍的驾驭大局能力、依法审计能力、辩证思维能力、开拓创新能力和综合分析能力。

（撰稿人：李　梦）

2022年湖北省所辖市（州）、县（市、区）审计工作统计表

审计机关	完成审计项目/个	审计查出主要问题金额/万元	审计发现非金额计量问题/个	审计期间整改金额/万元	出具审计报告和审计调查报告/篇	审计处理情况		审计促进整改落实有关问题资金/万元	审计提出建议/条	提交审计信息/篇
						审计处理处罚金额/万元	移送处理事项/件			
武汉市										
武汉市本级	70	5360687	953	4355	89	1055226	107	1204298	271	177
江岸区审计局	28	25667	64	19144	36	4816		4816	125	95
江汉区审计局	35	23534	121	1026	51	352	6	302	92	78
硚口区审计局	25	30727	74		36		7		73	18
汉阳区审计局	39	149994	86	246	61	631	4	76673	125	4

续表

审计机关	完成审计项目/个	审计查出主要问题金额/万元	审计发现非金额计量问题/个	审计期间整改金额/万元	出具审计报告和审计调查报告/篇	审计处理情况		审计促进整改落实有关问题资金/万元	审计提出建议/条	提交审计信息/篇
						审计处理处罚金额/万元	移送处理事项/件			
武昌区审计局	17	48785	67	11	26				66	11
青山区审计局	22	287049	204	5812	31	5675	7	5675	63	50
洪山区审计局	19	416405	42	4	25		4		69	2
东西湖区审计局	19	216440	137	14767	24		1	73203	80	3
汉南区审计局	39	553327	102	6	54			273	130	30
蔡甸区审计局	30	64482	204	47	46	6809	4	2247	112	7
江夏区审计局	30	510706	242	31	40	4903	7	2440	115	32
黄陂区审计局	30	403807	118	61	44	53	1	113	117	34
新洲区审计局	18	112963	58	13800	26	1158	4	8705	56	11
黄石市										
黄石市本级	35	551651	191	3	58	52445	6	739	96	66
黄石港区审计局	26	83278	39		38	3298		3298	52	38
西塞山区审计局	13	7351	54		17	1552		884	42	17
下陆区审计局	18	52153	39		27	52098		784	58	27
铁山区审计局	18	13490	85		24	889	5	735	56	32
阳新县审计局	25	82070	83		37	7809		7451	69	37
大冶市审计局	26	1322360	131		43	6937	1	6468	80	75
十堰市										
十堰市本级	105	71644	70	5162	116	1565	10	1449	276	335
茅箭区审计局	11	1388	10	30	18	1325		1319	27	69
张湾区审计局	12	10145	22	181	22	9640		378	107	17
郧阳区审计局	19	7195	36		25	6507		4930	61	8
郧西县审计局	40	8778	22		53	1038	8	423	106	8
竹山县审计局	22	22464	29		28	22464	7	1454	65	9
竹溪县审计局	18	8915	22		24	2108		1675	49	32
房县审计局	35	13248	192	1983	41	11305	1	800	108	5
丹江口市审计局	25	18720	33		33	7190		2586	82	4
武当山特区审计局	9	10961	14	17656	14	413		413	40	35
宜昌市										
宜昌市本级	84	1155464	183	41085	96	18932	4	57123	224	171
西陵区审计局	15	16473	2	1723	22	6	1	12653	36	18

续表

审计机关	完成审计项目/个	审计查出主要问题金额/万元	审计发现非金额计量问题/个	审计期间整改金额/万元	出具审计报告和审计调查报告/篇	审计处理情况		审计促进整改落实有关问题资金/万元	审计提出建议/条	提交审计信息/篇
						审计处理处罚金额/万元	移送处理事项/件			
伍家岗区审计局	24	19011		5	27	317		317	64	27
点军区审计局	11	108010	28		14	45596		428	32	19
猇亭区审计局	17	8133	17	1	17	7145	1	7145	34	108
夷陵区审计局	18	16596	97	3	23	15998		17087	46	44
远安县审计局	18	1971	110	380	26	1416		1416	63	82
兴山县审计局	19	89476	49	96	27	498	1	537	63	12
秭归县审计局	24	42044	16	11699	30	4949		2345	65	136
长阳土家族自治县审计局	26	253432	21		39	48868	10	48030	83	107
五峰土家族自治县审计局	24	318318	69	11187	32	12864	9	674	66	62
宜都市审计局	21	82659	66	7	29	13620	3	13172	75	29
当阳市审计局	17	15471	23		21	725	4	547	51	69
枝江市审计局	15	274077	39	3990	20	98872	9	29542	45	33
襄阳市										
襄阳市本级	70	1521003	836	989	89	914576	44	528926	257	36
襄城区审计局	33	71371	197	3191	33		4	16218	108	17
樊城区审计局	26	249495	71		35	1018		1348	71	
襄州区审计局	24	133447	91	1	24	66776	4	67138	81	25
南漳县审计局	25	297921	76	57	35	251671	1	251671	63	1
谷城县审计局	19	31507	21	2	30	24260	2	24260	54	126
保康县审计局	24	25532	66	162	34	19821		12949	62	6
老河口市审计局	30	28326	90	6876	30	13271	16	28444	31	17
枣阳市审计局	14	148503	179	108	18	39019	4	1349	41	
宜城市审计局	15	390826	57		18	22968		22126	53	
鄂州市										
鄂州市本级	31	382327	174	5804	42	324101	5	157851	101	34
梁子湖区审计局	9	11754	35		13	11754			28	13
华容区审计局	13	58075	39	6	18	50223		49803	39	13
鄂城区审计局	11	30105	11		15	771		769	27	
荆门市										
荆门市本级	111	723964	173	612	111	61317	40	59392	336	112

续表

审计机关	完成审计项目/个	审计查出主要问题金额/万元	审计发现非金额计量问题/个	审计期间整改金额/万元	出具审计报告和审计调查报告/篇	审计处理情况		审计促进整改落实有关问题资金/万元	审计提出建议/条	提交审计信息/篇
						审计处理处罚金额/万元	移送处理事项/件			
东宝区审计局	40	23285	49		43	11610	26	11610	78	10
掇刀区审计局	45	90600	113	2	45	18693	2	17501	75	45
沙洋县审计局	36	51921	98	396	36		9	50927	96	214
钟祥市审计局	43	388094	136		51	18296	8	18296	146	9
京山市审计局	31	134330	73		38	244	6	224	105	22
屈家岭管理区审计局	12	17775	37	78	12	1710	4	61	28	10
漳河新区审计局	13	4620	69	2639	13		1	3210	35	1
孝感市										
孝感市本级	50	315708	114	31128	61	18451	18	1862	139	63
孝南区审计局	6	13278	7		11	197		197	20	11
孝昌县审计局	19	53478	32	767	26	7713		7713	48	8
大悟县审计局	30	14858	20		42	9459	15	9459	103	151
云梦县审计局	26	41240	20	1	35	1921		1824	67	14
应城市审计局	21	59966	15	103	29	4945		4945	69	
安陆市审计局	20	28805	25	1	29	14782			66	32
汉川市审计局	30	175839	67		38	305	2		111	
荆州市										
荆州市本级	57	307817	121	13808	105	73849	17	73776	181	12
沙市区审计局	14	727	41	40	19	17	3	266	46	3
荆州区审计局	15	20719	35	4	25	1	1	1	36	6
公安县审计局	16	197180	78	291	26	100	18	1228	59	8
江陵县审计局	42	101398	106	126	56	1906	2	57770	144	4
石首市审计局	40	130626	347	35	64	1162	23	1162	174	12
洪湖市审计局	11	39105	58	804	17	564	2	559	39	3
松滋市审计局	47	50158	120	228	73	63	13	35	140	11
监利县审计局	31	248038	76	178	48	362	2	68	82	4
黄冈市										
黄冈市本级	105	87237	127	735	73	24042	7	4749	144	87
黄州区审计局	28	2936	12		64	27096		21299	94	84
团风县审计局	21	1503	5	2209	32	138	1	2071	41	4
红安县审计局	18	1440	11		55		1	112	62	31

续表

审计机关	完成审计项目/个	审计查出主要问题金额/万元	审计发现非金额计量问题/个	审计期间整改金额/万元	出具审计报告和审计调查报告/篇	审计处理情况		审计促进整改落实有关问题资金/万元	审计提出建议/条	提交审计信息/篇
						审计处理处罚金额/万元	移送处理事项/件			
罗田县审计局	17	2812	32	50	32	51		325	31	32
英山县审计局	16	1272	5	108	44	264		112	56	18
浠水县审计局	32	10841	155	666	60	3083	5	3083	124	47
蕲春县审计局	20	7975	27	358	28	15890	9	1091	78	6
黄梅县审计局	30	12610	47	901	61	135383	2	56	107	11
麻城市审计局	21	6194	46		33	6690	4	245	63	24
武穴市审计局	32	6905	46	1	54	382	17	626	85	56
咸宁市										
咸宁市本级	42	153495	162	3902	63	22876	5	5755	163	65
咸安区审计局	24	17402	56	653	38	7740	2	405	75	38
嘉鱼县审计局	20	14628	34	282	32	7035		5281	75	35
通城县审计局	22	46663	34	1987	22	930	7	2378	63	37
崇阳县审计局	18	12054	27	14	29	992		262	50	31
通山县审计局	29	55930	45	1388	29	8965	6	347	96	16
赤壁市审计局	42	18348	48	4	46	2676	8	2081	126	46
随州市										
随州市本级	46	83431	351	3120	46	9999	15	32409	120	158
曾都区审计局	26	62126	151	937	26		10	38327	91	141
随县审计局	30	18423	155	172	30		3		101	47
广水市审计局	27	66200	60	28000	27	15023	6	14838	83	54
恩施土家族苗族自治州										
恩施土家族苗族自治州本级	34	667923	114	4310	49	569028	7	106176	103	220
恩施市审计局	15	113761	70	2115	18	96474		31623	46	2
利川市审计局	14	290255	36	303	17	28165		27656	34	84
建始县审计局	11	14900	44	8541	14	166	1		28	11
巴东县审计局	15	33683	46	365	21	22969	1	22883	45	25
宣恩县审计局	13	7168	33	2930	17	1242		946	37	60
咸丰县审计局	16	130641	126	451	22	803	7	42	69	10
来凤县审计局	9	62017	40	6	11	20564	5	14141	55	13
鹤峰县审计局	12	10392	37	1638	16	8736	11	1495	45	53

续表

审计机关	完成审计项目/个	审计查出主要问题金额/万元	审计发现非金额计量问题/个	审计期间整改金额/万元	出具审计报告和审计调查报告/篇	审计处理情况		审计促进整改落实有关问题资金/万元	审计提出建议/条	提交审计信息/篇
						审计处理处罚金额/万元	移送处理事项/件			
省直辖										
仙桃市审计局	18	265400	77	27904	26	75276	4	68538	61	5
潜江市审计局	47	109602	158	7569	77	29174	7	11645	141	94
天门市审计局	33	242021	69	35	47	58480	2	28069	101	4
神农架林区审计局	20	45019	98	9005	30			9005	88	30

湖南省

【湖南省审计厅】 2022年，湖南省审计厅实有306人。设有省委审计委员会办公室秘书处、办公室、法规处、审理处、电子数据审计处、财政审计一处、财政审计二处、财政审计三处、行政事业审计一处、行政事业审计二处、行政事业审计三处、农业农村审计处、固定资产投资审计一处、固定资产投资审计二处、社会保障审计处、自然资源和生态环境审计处、金融审计处、企业审计一处、企业审计二处、企业审计三处、企业审计四处、企业审计五处、涉外审计处、经济责任审计一处、经济责任审计二处、经济责任审计三处、经济责任审计四处、政策跟踪审计处、重大项目审计处、计划统计处、审计执行处、人事处、机关党委、离退休人员管理服务处；下设机关后勤服务中心、省内部审计指导中心、省国外贷援款项目审计服务中心、省审计科研所、省审计技术中心。

领导成员

党组书记、厅长：胡章胜（—10月）
陈博彰（10月—）

党组副书记、副厅长：陈博彰（—9月）
黎雁南（10月—）

副　厅　长：陈庆林（—12月）

党组成员、副厅长：谢　军
周　伟（11月—）
李绍辉

党组成员、总审计师：肖　伟

党组成员、省经济责任审计工作联席会议办公室专职副主任：周　威（12月—）

一级巡视员：张晓菊（—11月）　王小华
陈庆林（12月—）

省纪委监委驻省审计厅纪检监察组组长：
罗翠林（—8月）

审计成果 2022年，湖南省审计机关共完成审计项目4004个，其中审计3693个、专项审计调查311个。查出主要问题金额71092527万元，其中违规金额3522131万元、损失浪费金额742046万元、管理不规范金额66808349万元；审计发现非金额计量问题20665个；损益（收支）不实金额3514882万元；审计发现侵害人民群众利益78556万元；出具审计报告和专项审计调查报告5554篇，被批示、采用208篇次。审计处理处罚金额8830075万元，其中应上缴财政2546459万元、应减少财政拨款或补贴654840万元、应归还原渠道资金2734894万元、应缴纳其他资金128358万元、应调账处理金额2765522万元；移送司法机关、纪检监察机关和有关部门处理事项916件，移送处理人员722人，移送处理金额2850174万元。审计促进整改落实有关问题资金2513741万元；审计促进拨付资金到位567181万元；审计后挽回（避免）损失712305万元；核减投资额713467万元；移送处理落实事项52件。

审计提出建议 10353 条，被采纳 10178 条；推动被审计单位制定整改措施 304 项；促进被审计单位建立健全规章制度 212 项；提交审计信息 2039 篇，被批示、采用 1385 篇次。向社会公告审计结果 313 篇。

衡阳市审计局实施的衡阳市本级 2017—2019 年度城市建设资金筹集管理使用情况专项审计调查项目，长沙市天心区审计局实施的天心区三大片区征拆项目专项审计调查项目，汝城县审计局实施的汝城县中医医院党委书记、院长经济责任审计项目等 3 个审计项目被评为审计署优秀审计项目一等奖；湖南省审计厅组织实施的郴州市市长经济责任审计项目被评为审计署优秀审计项目三等奖。

政策落实情况跟踪审计 全省审计机关紧扣全面落实“三高四新”战略定位和使命任务，重点关注“五好”园区建设、“放管服”改革、助企纾困等情况，共抽查 541 家单位、1407 个项目，揭示了园区亩均产出不高、税费应减免未减免等问题，促进加快拨付或清偿欠款、退还税费 16.9 亿元。省本级组织开展了减税降费、优化营商环境、园区发展状况等政策措施落实情况的跟踪审计，坚持边审计边督促整改，促进了政令畅通和重大政策措施落地见效。优化营商环境审计被中央审计委员会办公室简报点名肯定。

财政审计 组织全省审计机关对 876 家单位开展了审计，突出财政存量资金、国有资产管理等六个方面审计重点，促进盘活使用或统筹纳入预算管理 113.2 亿元。省本级运用大数据对 105 家一级预算单位实现审计全覆盖，其中，对 16 家省直部门实施现场审计，对 16 家数据分析疑点较为集中的省直部门开展重点调查，对其余 73 家涉及数据分析疑点的省直单位实施送达核查；组织对 7 个省财政直管县开展了财政决算审计，共查出问题 254 个。

国有企业审计 5—9 月，省本级组织对湖南钢铁集团有限公司、湖南黄金集团有限责任公司、湖南省交通水利建设集团有限公司等 9 家省属国有企业的 30 名主要领导人员开展了经济责任审计，揭示了落实重大决策部署和政策措施、推进重大改革和发展战略、维护国有资产安全与实现国有资本保值增值、防范管控经营投资风险、遵守财经法纪制度等方面的问题，促进了企业主要领导人员履职尽责、担当作为。

金融审计 对 2 家农村商业银行开展了专项审计调查，向省委、省政府报送了“湖南省农村商业银行风险隐患亟待重视”的审计要情，集中反映了农村商业银行风险抵补能力不足等 4 个方面问题，时任省委书记张庆伟批示：“金融监管局紧盯问题，专项整治，不能让风险蔓延，坚决查处人为问题。”省政府召开了高风险农村商业银行风险化解专题会议，省金融稳定发展改革领导小组制定并印发了《湖南省农村商业银行重点机构风险专项整治工作方案》，部署开展为期两年的全省农村商业银行风险专项整治工作。

农业农村审计 组织对桂阳等 3 个县（市）农村人居环境整治相关政策和资金开展了审计，向省委、省政府报送了审计专报，得到了省领导批示。组织对安仁等 4 个县乡村振兴相关政策和资金开展了审计，实行了业务主审和数据分析主审“双主审”制度，同时将地理信息技术运用到高标准农田建设的审计中，提升了审计质效。

资源环境审计 对 9 名县（区）委书记开展了领导干部自然资源资产离任（任中）审计，通过完善“审计重点问题查证清单”、督促审计组对照清单落实分工、开展交叉审理等措施，提高了审计质量。审计共反映问题 364 个，涉及自然资源损毁和生态环境破坏违规面积 38635.93 公顷，查出问题金额 176340.43 万元，促进了绿色低碳发展。

民生审计 全省审计机关组织开展了教育、就业、社保、乡村振兴等民生审计项目 400 多个，揭示了滞拨截留、优亲厚友、损失浪费等侵害群众利益问题，促进兜住兜牢民生底线。省本级组织对株洲等 4 个市开展了医疗保险基金和“三医联动”改革情况专项审计调查，出台了《关于进一步加强社会保险基金审计监督的实施意见》，为全省审计机关社保基金审计监督提供了操作规范。

经济责任审计 全省审计机关组织对 1407 名领导干部开展了经济责任审计，揭示了重大经济事项决策不当、资源损毁等问题，促进了领导干部履职尽责。省本级组织对 9 个县区、10 家省直单位、9 家省属企业、4 所省属高校的 55 名省管领导干部和领导人员开展了经济责任审计，向省委组织部报送了被审计领导干部审计结果报告和审计评价意见书，为被审计领导干部精准“画像”。

涉外审计 根据审计署统一安排，对亚洲开发银行贷款农业综合开发长江绿色生态廊道项目、亚洲开发银行贷款湖南职业教育示范项目、亚洲开发银行贷款湖南省郴州东江湖生态环境保护与综合利用项目等10个国外贷援款项目开展了2021年度执行情况和财务收支审计，对张家界市人民医院利用以色列政府贷款购置医疗设备项目进行审计。对截至2021年底绩效情况进行了审计和核验工作，发现问题金额2205.66万元，非金额计量问题53个，出具2份移送处理书，维护了民生民利。

审计查出问题整改 提请以省委办公厅、省政府办公厅名义出台了《关于建立健全审计查出问题整改长效机制的实施意见》，推动全省各级各部门全面落实审计整改责任。省审计厅本级组织对4个市县审计查出问题落实情况开展专项审计，安排7个督查组分赴14个市州开展审计整改专项督查，首次约谈整改不力的10个县市区主要负责人并进行通报。2021年度省级预算执行和其他财政收支审计指出的597个问题中，立行立改的问题409个，已整改405个，占比99.02%。

研究型审计 建立分领域研究机制，明确7个牵头处室，负责相关审计领域政策研究、数据分析、组织协调和成果开发等工作，推动审计项目计划与政策研究成果贯通、审计项目实施与大数据分析贯通、审计项目审理与干部考核激励贯通、审计项目执行与内部审计贯通，提升了审计监督效能。

审计理论研究 确定“研究型审计”等5项课题作为2022年度的招标课题，通过集中评审，确定了6个重点课题、15个一般课题和4个合作课题。充分调动全省审计系统参与课题研究，注重发挥高校的优势，广泛聚合力量推进研究型审计。省审计厅与衡阳市审计局联合开展了中国审计学会合作课题“地方政府专项债审计研究”，与省社科院宏观经济研究中心联合开展课题“国家审计助力‘三高四新’战略目标实现研究”等，均取得较好的研究成果。加强《审计观察》编审工作，共编辑各类稿件2000余篇，刊登全省审计理论、实务研究成果10余篇，为审计理论研究创造了良好的学术交流平台。

内部审计 深入学习宣传《湖南省内部审计办法》，派发1000多本《内部审计相关法律法规及准则选编》等学习资料给省属各单位和全省各级审计机关，编辑280道内部审计法规知识测试题，开展网上每日一练活动。对省教育厅、湘科集团等8家省直单位和省属企业2021年度内部审计工作情况开展了专项检查，对发现的问题提出了具体的改进建议。出台《湖南省审计厅“以审代训”内部审计人员管理办法》，组织4批次共54名内部审计人员“以审代训”，参与国家审计与省委巡视，有力提升了内部审计人员的业务能力。

交办任务 配合省纪委监委出台了《湖南省推进纪检监察监督、巡视巡察监督与审计监督贯通协同高效的实施办法》，推动深化“三类监督”贯通协同，全年共抽调120余人次，参与省纪委监委办案、巡视和专项督查等工作，及时、准确、完整地向纪检监察机关提供审计资料360余份；配合省纪委监委开展了违规举债和虚假化债、“洞庭清波”、招投标领域突出问题专项治理等工作，有力促进了清廉湖南建设。

相关工作 严格执行重大事项请示报告制度，全年向中央审计委员会、中央审计办和省委审计委员会报送各类重大信息93篇。积极推行“数据主审+业务主审”双主审制度，充分发挥大数据审计的优势作用，形成了“提前介入、数据先行、专人对接、团队分析、定期讨论、疑点跟踪”的大数据审计工作方式。出台《审计质量检查办法》和《进一步提高审计项目工作效率的意见》，加强审计质量全过程管控。出台《加强干部考察考核激励担当作为的工作意见》，凭实绩选拔使用干部。全年选拔处级领导干部20名，完成职级晋升48人，轮岗交流64人，较好激发了干部干事创业激情。省审计厅连续13年被评为绩效管理先进单位，伍奉荣同志获评全国“人民满意的公务员”荣誉称号。 （撰稿人：尹学军）

【长沙市审计局】 2022年，长沙市审计局实有131人。局长秦国良（—5月）、张永久（8月—），副局长关士麟、曹旨、肖汉，总审计师肖国松，市经济责任审计工作联席会议办公室专职副主任曾延（—10月）、吉翔（10月—），市纪委监委驻市财政局纪检监察组组长师大学。设有办公室、法规审理处等24个处室及长沙市政府投资审计专业局；下设企业审计中心，另设有长沙市委审计委员会办公室秘书处。

审计成果 2022年，长沙市审计机关共完成审计项目273个，查出主要问题金额609.07亿元，其中违规金额34.85亿元；审计发现非金额计量问题5705个，出具审计报告和专项审计调查报告491篇。审计处理处罚金额85.19亿元，促进整改落实有关问题资金26.80亿元，移送案件线索111件，提出建议929条，提交审计信息264篇。向社会公告审计结果46篇。

长沙市审计局实施的长沙天心经济开发区2018年至2019年经营发展状况专项审计调查项目、长沙市自然资源和规划局局长经济责任审计项目和省审计厅组织长沙市审计局实施的中共耒阳市委书记、市长自然资源资产离任审计项目被评为湖南省审计厅优秀审计项目。

政策落实情况跟踪审计 重点对“三高四新”相关政策和资金落实情况、人才政策执行情况以及“两山”经营发展状况实施审计，督促相关单位加快拨付奖补资金1710万元、追回财政资金229.21万元、清理账款414.58万元；对“放管服”改革、助企纾困、优化营商环境等政策措施落实情况开展跟踪审计，揭示问题36个，推动完成“放管服”改革事项85件，促进重大政策落地生效。

财政审计 2月至5月，对市本级预算执行及决算草案编制情况、7个一级预算单位进行现场审计，对其他95个一级预算单位开展专项审计调查，实现了一级预算单位审计全覆盖。市本级审计工作报告反映的341个问题已整改到位318个，整改率93.26%。通过整改，追缴资金10.87亿元，加快拨付和统筹盘活资金99.67亿元，收回资金、调整账目等整改19.76亿元，追责问责54人，推动完善相关制度70余项。

对暮坪湘江特大桥等5个重大政府投资项目开展阶段性跟踪审计，揭示了土地闲置、施工单位偷工减料等突出问题。对轨道交通1号线建设情况等3个项目开展专项审计，揭示了未及时收取经营权转让费等问题。对市财政评审中心等3个财评项目开展专项审计，抽审项目256个，督促相关单位追回多计工程款，提出加强造价咨询供应商评审质量把关、完善评审中心内部控制制度等建议。

国有企业审计 按照“三年一轮审”要求重点对长沙城市发展集团有限公司等7家市属国有企业开展审计，密切关注国企改革、资产运营、产业发展等情况，促进提高国有经济竞争力、创新力和抗风险能力。按照省审计厅的统一安排，对长沙经济开发区等8个省级以上园区开展专项审计。

资源环境审计 5月至8月，根据省审计厅安排，完成了桃源县主要负责人经济责任审计、自然资源资产离任（任中）审计及财政决算审计，揭示了融资平台虚构建设项目融资、土地“非粮化、非农化”等重大问题，审计专报得到省领导重点批示。

民生审计 对4个区（县、市）乡村振兴战略实施情况开展专项审计，审计调查单位605家、农户766户，抽查资金7.05亿元，督促相关单位加快拨付补助资金4448.25万元，追回、清退或盘活资金204.63万元。对固体废弃物处置情况、工伤保险基金开展审计，揭示部分生活垃圾焚烧发电项目推进缓慢、未实现全市医疗废物在线监督全覆盖，189个建设项目未及时参加工伤保险、承保人未及时支付补充工伤保险待遇等问题。首次开展燃气特许经营专项审计，揭示了部分低保特困户未享受燃气优惠政策、多计工程价款等问题，切实维护人民群众利益。

经济责任审计 长沙市审计局对14家单位的22名领导干部实施经济责任审计，共查出问题金额110亿元，其中管理不规范金额71.35亿元，损失浪费金额37.22亿元，违规金额1.43亿元。

（撰稿人：程　磊）

【株洲市审计局】 2022年，株洲市审计局实有78人。局长刘克胤，副局长王翔、颜梦香、李子善（—5月）、龚军军（6月—），市经济责任审计办公室主任李文华，总审计师龚军军（—6月）、陈晓玲（9月—），市投资审计中心主任李荣贵（—6月）、吴汉庭（6月—），市纪委监委驻株州市财政局纪检监察组组长黄冬明。设有办公室、人事科、法制审理科、审计技术科、政策落实科、投资审计科、经济责任审计一科等19个科室；下设株洲市投资审计中心。

审计成果 2022年，株洲市审计机关共完成审计项目142个，审计查出主要问题金额290.8亿元，审计发现非金额计量问题1091个，审计期间整改金额7369万元，出具审计报告和审计调查报告222篇，审计处理处罚金额124.44亿元，移送处理事项94件，审计促进整改落实有关问题资金10.5亿元，审计提出建议458条，提交审计信息291篇。完成投资结算审计项目134个，送审金额19.98亿元，审减金额6577.48万元。上报《审计专报（要情）》21期，得到市委、市政府主要领导批示累计21次。其中《一个成本控制的样本》，经市委书记批示发至全市各县区及市级平台公司学习，市长在《株洲市审计局2022年工作总结和2023年工作计划》上作出批示并表扬。

政策落实情况跟踪审计 组织对渌口区、芦淞区、荷塘区、醴陵市、株洲高新区等县市区实施了重大政策落实跟踪审计，密切关注中央“放管服”改革、助力企业纾困增效、优化营商环境等相关措施实施情况。

财政审计 重点关注财政政策的宏观实施效果。市级财政预算执行审计将政府各部门支出等内容作为审计监督的重点；部门预算执行全覆盖审计，运用大数据审计方式对部门预算执行、政府购买服务等情况进行了全面审查。对国有资产等6大板块实施了三级联动专项审计，作出评价。

国有企业审计 开展对市属5家国有企业资产资源及政府性债务情况专项审计调查，全面摸清债务底数，盘活资产资源，助推平台公司转型发展。对全市13家国有企业直接融资、非标融资开展审计工作，落实“降等级、控成本、防腐败”相关要求。

民生审计 实施污水污泥处理运行费、职业教育发展专项经费、2021年社会保险基金预算管理等审计，就审计发现的相关问题以要情、专报形式专题向市委、市政府报告，规范行业和资金管理，保障和改善民生。

经济责任审计 株洲市审计机关完成经济责任审计项目54个，审计领导干部69人，查处各类问题金额23.65亿元，审计处理处罚应上缴财政资金1795万元；向税务部门清缴税费4.38万元；归还原资金渠道1.99亿元；提出审计整改意见和建议161条。向纪检监察机关移送案件线索20件，向主管部门移送案件线索14件。

内部审计 深入组织学习贯彻《湖南省内部审计办法》，召开全市国有企业内部审计先进工作经验交流会，开展株洲市党建与内部审计融合发展第一期专题学习培训。全市内部审计单位完成审计项目2544个，发现问题金额30.18亿元，发现问题个数1920个。

相关工作 践行“用正确的理念、找正确的方法、办正确的事情”，坚持“部分事实，即非真相”的审计理念，把握“审公平、审程序、审权限、审绩效、审整改、审腐败”的“六审”要求，树立“知其然知其所以然”严谨审计态度，一体推进发现问题、揭示问题、减少损失、规范管理、促进改革。把临时党支部建在审计组上、建在审计现场，将党的领导贯穿审计工作的全过程、各环节。采取“人随事走”的现场审计组织模式，打破科室壁垒，科学调配力量，确保审计如期圆满完成。成立由一名四级调研员和一名副科长以“1+1+X”的形式组成审计整改督查专班，并按照“在现场，面对面，要过手”的工作方法开展督查，提升了审计权威。

（撰稿人：李文星）

【湘潭市审计局】 2022年，湘潭市审计局实有96人。局长彭建平，副局长刘义军（12月—）、杨胜辉（6月—）、王跃华、刘凤舞（—12月），总审计师康海湘，工会主席石志刚（—7月）。设有市委审计委员会办公室秘书科、财政金融审计科、经济责任审计科、农业农村与资源环境审计科、固定资产投资审计科、社会保障审计科、行政事业审计科、企业审计科等20个内设科室；下设市审计综合服务中心。

审计成果 2022年，湘潭市审计机关共完成审计项目202个，其中审计191个，专项审计调查11个。查出主要问题金额2939144万元，审计发现非金额计量问题668个，出具审计报告和专项审计调查报告245篇。审计处理处罚金额980705万元，其中应上缴财政118387万元、应减少财政拨款或补贴 23580 万元、应归还原渠道资金 162291 万元、应缴纳其他资金 2955 万元、应调账处理金额 673489 万元；移送司法机关、纪检监察机关和有关部门处理事项 78 件，移送处理金额 570158 万元。审计促进整改落实有关问题资金 189588 万元；审计促进拨付资金到位 15273 万元；审计后挽回（避免）损失 21115 万元；核减投资额 20661 万元；审计提出建议 478 条，被采纳 466 条；提交审计信息 40 篇，被批示、采用 40 篇次。

湖南省审计厅组织湘潭市审计局实施的中共湘阴县委书记、县长自然资源资产离任（任中）审计项目被评为 2022 年湖南省审计厅优秀审计项目一等奖，湘潭市审计局组织实施的 2020 年度市本级预算执行和其他财政收支情况审计等 2 个项目被评为湖南省审计厅优秀审计项目三等奖。

政策落实情况跟踪审计 全市围绕“放管服”改革、助力企业纾困增效等重大政策措施落实情况等方面，对 4 个区（市、县）开展政策落实跟踪审计，推动加快拨付专项资金、清退涉企保证金、清欠等 3100 多万元。

财政审计 全市审计机关对市县两级财政、部分园区、部分单位预算执行情况开展了常态化审计，推动盘活 16153 万元滞留闲置资金。对 50 个政府投资项目开展审计，核减投资 20661 万元。

民生审计 对社保基金、水利资金、疫情防控资金等民生资金和学校、棚户区改造等民生项目开展了审计，促进兜牢民生底线。

经济责任审计 对 75 名领导干部经济责任履行情况开展了审计，查出主要问题金额 245996 万元。

审计查出问题整改 深入推进“三类监督”贯通协同高效，市本级和部分县市区局推动审计整改纳入绩效考核指标，进一步强化审计整改的严肃性。

研究型审计 深入开展研究型审计，市本级分科室明确对口服务监督部门、实行分线研究，创新开发湘潭市大数据审计综合管理平台，强化大数据审计运用支撑。 （撰稿人：罗　浩）

【衡阳市审计局】 2022 年，衡阳市审计局实有 82 人。局长邱小兵，副局长邱文（—7 月）、陈晓春（8 月—）、何华榕、肖湘东（1 月—），市经济责任审计工作联席会议办公室主任欧小英，总审计师王振旭，市审计服务中心主任彭云生，市纪委监委驻市人大机关纪检监察组组长周其钢。设有办公室、行政科、组织人事科、财政审计一科、财政审计二科等 24 个科室；下设市审计服务中心。

审计成果 2022 年，衡阳市审计机关共完成审计项目 351 个。审计查出主要问题金额 435.91 亿元，审计促进整改落实有关问题资金 42.17 亿元。其中，市本级组织实施审计项目 67 个，审计查出主要问题金额共 230.93 亿元，审计整改资金 27.81 亿元。向党委、政府呈报审计要情、审计专报、综合性报告 90 篇，市委、市政府主要领导批示 76 篇次，向纪检监察机关和有关部门移送案件线索 57 件，促进被审计单位建立健全规章制度 66 项。

衡阳市审计局实施的衡阳市本级 2017—2019 年度城市建设资金筹集管理使用情况专项审计调查项目被评为审计署、湖南省审计厅优秀审计项目一等奖，衡阳市 2020 年 1 月至 2021 年 5 月优化营商环境专项审计调查被评为湖南省审计厅优秀审计项目一等奖。

政策落实情况跟踪审计 对衡南、祁东、衡东等县市开展政策落实情况跟踪审计，共发现问题 48 个，提出审计建议 12 条，查出违规金额 1.08 亿元。

财政审计 对 5 家单位开展了 2021 年度市本级预算执行和其他财政收支审计，运用大数据对市本级 91 家预算单位 2021 年度公共资金使用情况实现审计全覆盖。全市审计机关对“三高四新”战略定位和使命任务落实等六个板块同步开展专项审计调查。通过整改，调账处理 3.55 亿元，盘活使用或统筹纳入预算管理 3.49 亿元，财政已确认收入并上缴国库 0.84 亿元。

民生审计 对四城区公共卫生资金、社会保险基金预算管理情况等开展专项审计调查，发现未及时下拨基本公共卫生服务专项资金 3055.07 万元。

经济责任审计 对市卫健委、市教育局等 12 家单位的 18 名负责人进行经济责任审计，对 1 个单位 2 名负责人同步开展自然资源资产离任（任中）审计。

审计查出问题整改　配合省委审计办2019年至2021年对衡阳市重点审计项目查出问题整改情况督导工作。由市委督查室、市政府督查室牵头开展专项督查，对省委审计办通报的落实审计整改工作不到位的县市区，加强业务指导，促进审计发现问题整改。

研究型审计　在全省率先对市本级实施审计项目发现的问题进行系统梳理提炼，形成了《2021年审计发现影响衡阳高质量发展的突出问题情况报告》。此项工作得到省审计厅和市委、市政府主要领导充分肯定，省委审计办向中央审计办推介。

专项审计　全市审计机关对全市9个省级及以上园区开展了“五好”园区产业立市情况专项审计调查和入园企业履约情况专项审计调查。牵头组织对全市11个县市区35个“保交楼”首批专项借款项目全面审核。

相关工作　深入贯彻落实“三类监督”贯通协同高效的工作部署，配合出台了《衡阳市推进纪检监察监督巡察监督与审计监督贯通协同高效的实施细则》。其经验做法得到省纪委监委、省委巡视办、省委审计办高度肯定，并在全省“三类监督”贯通协同融合视频会、《湖南审计动态》进行推介，在《中国纪检监察报》头版刊发。

（撰稿人：赵梦祥）

【邵阳市审计局】　2022年，邵阳市审计局实有87人。局长申建伟（—2月）、黄振国（2月—），副局长李伯升、朱良华，领导干部经济责任审计工作领导小组办公室专职副主任刘瑞华，总审计师唐湘月，纪检组长申鹏岚。设有中共邵阳市委审计委员会办公室秘书科、办公室、政工科、财政审计科、金融外资与社会保障审计科、行政事业审计科、农业农村与资源环境审计科、企业审计科、固定资产投资审计一科、固定资产投资审计二科、经济责任审计一科、经济责任审计二科、政策跟踪审计科、重大项目审计科、法规审理科、计划统计科、审计执行科、电子数据审计科、机关党委；下辖市内部审计管理中心、市基本建设投资审计中心。

审计成果　2022年，邵阳市审计机关共完成审计项目332个，查出主要问题金额4197149万元，其中违规金额61551万元、损失浪费金额1851万元、管理不规范金额4133747万元；审计发现非金额计量问题820个；损益（收支）不实金额418936万元；审计发现侵害人民群众利益390万元；出具审计报告和专项审计调查报告368篇。审计处理处罚金额1127407万元；移送处理事项47件，移送处理人员14人。审计促进整改落实有关问题资金190469万元；促进拨付资金到位50515万元；审计后挽回（避免）损失111325万元；核减投资额111289万元。审计提出建议754条，被采纳754条；提交审计信息178篇，被批示、采用109篇次。

邵阳市审计局2个审计项目获评湖南省审计厅优秀审计项目；武冈市、绥宁县各有1个审计项目被评为湖南省审计厅优秀审计项目一等奖；新宁县1个审计项目被评为湖南省审计厅优秀审计项目三等奖。

政策落实情况跟踪审计　完成对邵阳县、绥宁县、城步县的政策落实情况跟踪审计，发现问题49个，查出违规金额1103.37万元，管理不规范金额4353.7万元，促进整改落实有关问题资金964.92万元。

财政审计　共完成对293个单位的财政类审计，查出主要问题金额3379323万元。向中共邵阳市委审计委员会呈报审计专报2篇，皆被市委、市政府主要领导批示。

解散原中介机构库，由聘请中介机构参与投资审计转型为聘请专业技术人员直接审计。促进市本级减少政府投资成本80223万元。抽查的79个市级重点项目和中央（省）预算内投资项目，共发现问题63个，查出违规金额7800万元、管理不规范金额38600万元，挽回（避免）损失19300万元。

金融审计　对市本级和12个县市区政府债务管理情况开展专项审计。其中，市本级政府债券管理审计，共审计21个单位、53个项目，涉及政府债务55笔，查出问题10个；对3家市级政府平台公司违规举债和虚假化债情况开展专项审计，向纪委监委移送问题线索3件，出具的综合报告获市长高度认可；根据省审计厅安排，联合市财政局等5家单位对邵阳市12家公司的专项借款房地产开发项目预售资金收支情况开展审计，查出问题 10 个。

农业农村审计 对 9 个县（市）2020—2021 年乡村振兴情况开展专项审计调查，揭示违规发放多种补贴资金、部分项目进度缓慢等主要问题。

资源环境审计 完成领导干部自然资源资产离任（任中）审计项目 15 个。

经济责任审计 共实施经济责任审计项目 58 个，查出主要问题金额 40393 万元。市本级移送处理事项 3 件，报送审计专报、审计要情等 3 篇，皆被市委、市政府主要领导批示。

审计查出问题整改 邵阳市审计局共向被审计单位及分管市领导发出审计整改督办函 37 份，分管市领导先后召开整改专题调度会 7 次，推动 2021 年度市本级预算执行和其他财政收支审计查出的 460 个问题，已整改或基本整改 416 个。促进收回财政资金 153800 万元，挽回损失 85400 万元，建立健全制度 36 项。（撰稿人：李莉莉）

【岳阳市审计局】 2022 年，岳阳市审计局实有 94 人。局长刘建民，副局长付萍、毛朝晖、张锐，总审计师何军霆，市经济责任审计工作联席会议办公室专职副主任梁诚，派驻纪检监察组组长（联合派驻）许万景。设有办公室、计划统计科、财政金融审计科、行政事业审计科等 24 个科室；下设审计事务中心。

审计成果 2022 年，岳阳市审计局完成审计项目 128 个，查出主要问题金额 99.69 亿元，其中违规金额 34.11 亿元，管理不规范金额 65.51 亿元；促进财政增收节支和挽回损失 16.95 亿元。向市纪委监委等相关部门移送问题线索 18 件。向市委审计委员会呈送审计专报、综合报告 12 篇，均获领导肯定性批示。

岳阳市审计局实施的中共益阳市赫山区委书记、益阳市赫山区人民政府区长任期经济责任审计、岳阳市 2020 年度市级财政预算执行和其他财政收支情况审计、岳阳市公安局监管中心和警务实战训练基地工程项目投资建设情况审计分别获湖南省审计厅优秀审计项目一、二、三等奖。

政策落实情况跟踪审计 重点关注“三高四新”战略定位和使命任务、乡村振兴战略、“守护好一江碧水”政治责任落实情况，促进建立人才发展机制、农村人居环境改善、洞庭湖含磷浓度下降。分季度对 3 个县市区“放管服”改革、助企纾困等方面开展政策落实跟踪审计。

财政审计 围绕“三高四新”战略定位和使命任务落实、行政事业性国有资产管理、政府债券管理、社会保险基金预算管理、财政存量资金及库款保障、政府采购及政府购买服务等 6 大板块开展审计，揭示了各类问题 372 个。

对市本级 28 家单位 463 个工程项目开展专项审计调查，揭示了部分工程项目招投标不合规、变更控制不力、竣工结算严重滞后等问题。对逸馨花园保障性住房项目开展审计，为市政府化解多年来的信访难题提供决策参考。全年共实施政府投资类审计项目 80 个，审减资金 2.02 亿元。

民生审计 对社会保险基金、市直学校项目建设资金、困难群众救助补助资金管理使用等开展审计，揭示退捕渔民社保补贴不到位、被征地农民社保资金存在缺口、无预算实施项目建设、救助对象审核把关不严等问题。

经济责任审计 组织对 12 名领导干部实施经济责任审计；根据省审计厅统一安排，对衡阳市祁东县党委主要领导开展经济责任审计和自然资源资产离任（任中）情况审计。

研究型审计 撰写的《审计监督助力“三高四新”战略实施的探索与思考——以岳阳发展实践为例》进入省级重点课题；在全市审计系统启动课题研究活动，组织撰写课题研究论文 24 篇。

相关工作 创建省级清廉示范机关，开展“十廉共建”活动，岳阳市“三类监督”贯通协同高效暨清廉机关建设现场会、岳阳市清廉机关建设现场观摩会在岳阳市审计局召开，其经验做法在省直机关工委《机关党建》予以推介；推进“三类监督”贯通协同高效，实行机制联建、计划联通、力量联合、工作联推、整改联动、成果联用的“六联”举措；加强与人大监督的深度融合，建立审计计划联通、问题整改联动、平台数据联审的“三联”工作机制。建成大数据审计分析平台，对全市 83 家一级预算单位的财务和业务数据开展“穿透式”审计。通过招录、遴选、“四海揽才”、聘请政府雇员等方式引进 26 名专业人才。（撰稿人：熊　楠）

【常德市审计局】 2022 年，常德市审计局实有88人。局长张克武（—2月）、辛春生（2月—），副局长邓铁强、陈位明、刘丹（4月—），市经济责任审计工作联席会议办公室主任：刘丹（—4月）、陈成（4月—），总审计师詹卫红，派驻纪检监察组组长陆振岩。设有办公室、人事科等21个科室；下设市审计技术服务中心、市建设项目审计事务中心。

审计成果 2022年，常德市审计机关共完成审计项目323个，查出主要问题金额3692374万元。移送司法机关、纪检监察机关和有关部门处理事项84件，移送处理人员116人，移送处理金额75670万元。审计提出建议891条，被采纳891条。

湖南省审计厅组织常德市审计局实施的中共长沙市岳麓区委书记、区长自然资源资产离任（任中）审计等6个审计项目被评为湖南省审计厅优秀审计项目。

政策落实情况跟踪审计 围绕农村人居环境整治、减税降费、助企纾困以及园区经营发展等政策措施落实，组织对4个区县市开展审计，揭示园区亩均产出不高等突出问题71个，金额3.13亿元。

财政审计 组织对304个单位开展了财政预算执行审计，市本级运用大数据审计对市级109家一级预算单位实现了审计全覆盖，首次实行省市县三级审计机关联动，揭示了虚增财政收入、闲置资金资产等问题，促进盘活使用资金或统筹纳入预算管理14.85亿元。对18个政府投资项目实施审计，发现问题金额24.42亿元。

国有企业审计 组织对6个市属国有企业经营管理状况开展专项审计调查，发现领导违规决策等问题49个，涉及金额37.88亿元。

资源环境审计 组织对13名领导干部开展了自然资源资产离任（任中）审计，共发现林长制、田长制、河长制落实不到位等问题65个，涉及金额1.12亿元。

民生审计 组织对医疗、教育、就业、社保等15个民生项目开展审计，市本级重点对农村学校建设三年行动计划资金等8项民生资金开展了专项审计，揭示了一批滞拨截留、厚此薄彼、损失浪费等损害群众切身利益问题56个，涉及金额2.76亿元。

经济责任审计 组织对166名领导干部开展了经济责任审计，查出负直接责任问题金额1.56亿元。市本级对18名领导干部开展了经济责任审计，揭示了“三重一大”事项决策不当等问题192个，涉及金额14.19亿元。

审计查出问题整改 完成审计项目整改43个，推动被审计单位整改问题344个，纠正问题金额9.12亿元，完善政策制度128项，追责问责32人，问题整改率83.9%。

研究型审计 大型行业审计牵头科室开展审前调查，研究透彻政策，制定工作方案，做好审前培训。各查证科室加强审前研究，科学编制审计实施方案。审计实施方案要体现研究型审计和大数据分析成果，做到审计事项、思路方法、任务分工、完成时限“四个明确”。每一位分管局领导、各科室和区县市审计局负责人结合各自的工作短板，选择一个课题开展研究，提交一份研究报告。

内部审计 全市有内部审计机构195个，配备专职或兼职内部审计人员924人。2022年实施内部审计项目2414个，查出问题金额34.01亿元，修订完善制度1184个，给予纪律处分30人。

交办任务 抽调23人次参与省委巡视、市委巡察，以及惠民惠农财政补贴资金、洞庭清波、“保交楼”等专项整治，有力维护了安全稳定。

相关工作 扎实推进节约型机关建设，被国家机关事务管理局等4部委授予“节约型机关”称号。扎实推进清廉审计机关建设，出台《关于加强审计组和审计人员抽调中心工作廉政监督管理办法》，被评为清廉常德建设优秀市直单位。扎实推进审计质量建设，出台《审计现场管理实施细则》《进一步加强审计质量的指导意见》等制度。扎实推进干部队伍建设，出台《审计组工作报告制度》，每个项目完成后，审计组向局党组书面报告项目实施、审计成果、廉政建设等情况。

（撰稿人：刘华云）

【张家界市审计局】 2022年，张家界市审计局实有42人。局长黄章宪，副局长叶晓明、郑英明、周晶，总审计师何爱国，市委审计委员会办公室专职副主任胡家玉，派驻纪检监察组组长谷承春。设有市委审计委员会办公室秘书科；内设办公室、财政金融审计科等13个科室；下设一个正科级全额拨款事业单位审计事务中心。

审计成果　2022年，张家界市审计机关共完成审计项目142个。查出各类违规金额15.18亿元、损失浪费金额2126万元；应上缴财政和应减少财政拨款或补贴12.03亿元、应归还原渠道资金12.49亿元、应调账处理金额5.12亿元；审计后挽回（避免）损失5.78亿元。出具审计报告和专项审计调查报告96篇；提出审计建议267条，被采纳267条；推动被审计单位制定整改措施50项；促进被审计单位建立健全规章制度21项；提交审计信息16篇，被批示、采用14篇次。移送司法机关、纪检监察机关和有关部门处理事项24件。

张家界市审计局实施的张家界监狱党委书记、监狱长任期经济责任审计项目和张家界市公安局交通警察支队党委书记、支队长任期经济责任审计项目，永定区审计局实施的张家界市永定区2020年度本级财政预算执行情况审计项目，慈利县审计局实施的慈利县2020年度县级财政预算执行和其他财政收支情况审计项目和慈利县文化旅游广电体育局党组书记、局长任期经济责任审计项目被评为湖南省审计厅优秀审计项目。

政策落实情况跟踪审计　张家界市审计局对永定区农村人居环境整治、武陵源区统筹盘活财政存量资金、慈利县“放管服”改革等相关政策落实情况开展跟踪审计，共查出问题68个，涉及违纪违规金额共5.5亿元。

财政审计　3月至5月，与省审计厅上下联动、同步实施财政预算执行情况审计及六个专项审计。市本级运用大数据审计，实现对市本级121个一级预算单位2021年度预算执行情况审计全覆盖，共发现10个方面47个问题。

国有企业审计　7月，市本级组织对张家界市汽车运输有限责任公司2020—2021年资产负债损益情况实施审计，发现其子公司实施的部分建设项目存在违规招投标、虚报工程量等违法违纪问题。

资源环境审计　市本级对张家界市农业农村局党组书记、局长任期实施自然资源资产审计，共查出履行生态保护责任4大方面24个问题。

民生审计　全市共实施民生审计项目18个。重点对住房、医疗、教育、养老、就业、乡村振兴等民生专项资金开展专项审计。

经济责任审计　市本级共对5家单位的7名领导干部开展经济责任审计，形成审计专报3篇，向市纪委监委等部门移送问题线索4件。

审计查出问题整改　市本级组织对各级审计机关2019—2021年全市自然资源资产审计和部分重点单位2021年预算执行审计指出的问题整改情况开展专项审计，推动审计发现问题得到有效整改。

研究型审计　市本级积极与组织、纪检、巡察部门沟通对接，初步建立辖区轮审对象库。

内部审计　推动内部审计办法落实落地，全市审计机关先后研究出台具体落实意见，全市共有54个单位先后成立内部审计机构。

交办任务　市本级完成市委、市政府交办事项7项，及时揭示市城区部分征收项目在房屋征收补偿过程中政策执行不实、审核把关不严、弄虚作假等突出问题。

相关工作　扎实推进清廉张家界创建活动，市本级审计机关被评为市级清廉机关，创建经验被张家界市纪委监委高度肯定，先后推荐多个部门来局参观学习交流。（撰稿人：朱长征）

【益阳市审计局】　2022年，益阳市审计局实有56人。局长周飞明，副局长吴常青、田明春、周静（4月—），总审计师李立贤（—7月）、许伟（7月—），市委审计委员会办公室专职副主任田耕耘，市纪委监委驻市财政局纪检监察组组长曾惠贤。设有市委审计委员会办公室秘书科；内设办公室、人事科（离退休人员管理科）、机关党委、法规科、审理科、电子数据审计科、计划统计科、财政审计科、行政事业审计科、金融审计科、农业农村审计科、政策跟踪审计科、固定资产投资审计科、重大项目审计科、社会保障审计科、自然资源与生态环境审计科、企业审计科、经济责任审计科、内部审计指导监督科、审计执行科；下设高新区直属分局。

审计成果　2022年，益阳市审计机关共完成审计（调查）项目227个；查出主要问题金额1801834.54万元；审计发现非金额计量问题1618个；出具审计报告和专项审计调查报告244篇。

审计处理处罚金额 89210.46 万元，移送司法机关、纪检监察机关和有关部门处理事项 113 件。审计促进整改落实有关问题资金 81233.82 万元。审计提出建议 511 条，提交审计信息 52 篇。

益阳市审计局实施的益阳市住房和城乡建设局局长经济责任审计，市本级 2020 年度预算执行及其他财政收支审计，津市市委书记、市长经济责任审计 3 个审计项目获评湖南省审计厅优秀审计项目，桃江县审计局、大通湖区审计局各有 1 个审计项目被评为湖南省审计厅优秀审计项目。

政策落实情况跟踪审计 4 个区县（市）季度重大政策跟踪审计聚焦“三高四新”战略项目实施、农村人居环境整治、优化营商环境、“五好”园区创建等政策落实情况开展监督。

财政审计 省市县审计机关三级联动，推进市县 401 家一级预算单位大数据审计全覆盖，对 42 家单位开展了现场审计。全市审计机关对 215 个政府投资项目开展了审计，核减投资 4.10 亿元。益阳市审计局共审减工程造价 1.45 亿元，移送围标串标等工程招投标问题线索 5 件。

国有企业审计 全市审计机关对 11 家国有企业开展审计。益阳市审计局完成市城投集团等 3 家国有企业资产负债损益审计。

民生审计 全市审计机关开展民生审计项目 24 个。益阳市审计局完成了困难群众救助补助、就业专项等 12 个民生审计项目，移送问题线索 15 件。

经济责任审计 全市审计机关对 51 名领导干部开展了经济责任审计，同步对 17 名领导干部开展自然资源资产离任（任中）审计。益阳市审计局完成了市住房和城乡建设局等 6 家单位主要领导任期经济责任审计，移送问题线索 5 件。根据省审计厅统一组织，实施了石门县主要领导干部经济责任，移送了 5 件违纪违规且性质严重案件线索。（撰稿人：潘灵芝）

【郴州市审计局】 2022 年，郴州市审计局实有 68 人。党组书记谷群辉，局长曹世香，副局长黄康明（9 月—）、段翔宇、李蔚，总审计师李芳，派驻纪检监察组组长范楚兵。设有市委审计委员会办公室秘书科；内设办公室、法规审理科、电子数据审计科、财政金融审计科、机关党委、行政事业审计科、农业外资审计科、固定资产投资审计科、自然资源和生态环境审计科、企业审计科、经济责任审计科、重大项目审计科、计划统计科、审计执行科、内部审计指导科、人事科；下设郴州市审计事务中心。

审计成果 2022 年，郴州市审计机关共完成审计项目 695 个，其中审计 633 个，专项调查 62 个。查出主要问题金额 194.52 亿元，其中违规金额 14.23 亿元、损失浪费金额 0.06 亿元、管理不规范金额 180.23 亿元；审计发现非金额计量问题 1562 个；审计发现侵害人民群众利益 0.03 亿元；出具审计报告和专项审计调查报告 811 篇。审计促进整改落实有关问题资金 28.37 亿元，移送案件线索 59 件。审计提出建议 1362 条，被采纳 1362 条；提交审计信息 204 篇，被批示、采用 153 篇次。向社会公告审计结果 49 篇。

郴州市审计机关开展的 1 个项目获得审计署优秀审计项目一等奖，2 个项目荣获湖南省审计厅优秀审计项目一等奖，2 个项目荣获湖南省审计厅优秀审计项目二等奖。

政策落实情况跟踪审计 市本级对宜章、资兴的重大政策措施落实情况进行跟踪审计，对桂阳高新区发展状况进行专项审计调查，重点关注了农村人居环境整治、“放管服”改革和减税降费、园区发展、优化营商环境等政策执行情况，揭示了部分政务服务事项未下放、拖欠企业账款、违规收费等问题，促进政令畅通。

财政审计 实施 2021 年度市级预算执行和决算草案以及其他财政收支审计及 6 个专项审计。加大财政资源统筹、政府专项债券等财政政策落实的监督力度，积极盘活各类存量资金并尽快形成有效支出，通过审计促进资金拨付 6.28 亿元，促进市财政预算执行率从 2018 年的 71.32% 提高到 2021 年的 89.63%。

全市对 379 个政府投资项目开展了审计，核减投资 5.79 亿元。市本级对北湖机场通用航空基地项目等 7 个项目开展跟踪审计监督。开展工程建设项目招投标突出问题专项整治工作，发现总承包合同与招标文件等内容不一致等 43 个问题，涉及 20 个被审计单位，问题涉及金额 7661.55 万元。

资源环境审计 全市开展自然资源资产审计

项目22个，对河长制、田长制、林长制工作推进和重点任务落实方面进行审计，发现违规占用林地、复垦复绿后期管护不到位等问题。市本级出台《领导干部履行自然资源资产和生态环境保护责任负面清单》，划出领导干部履行生态责任“警示线”。

民生审计 市本级开展教育、粮食、大病保险、住房等民生审计项目14个。促进全市粮食系统共退赔清缴各类涉粮问题金额1271万元，建立健全规章制度128项。根据审计建议，市住房公积金管理中心共清理睡眠账户9105户、涉及金额8020.77万元。

经济责任审计 全市对111家单位166名领导干部开展了经济责任审计，查出相关问题金额22.79亿元。揭示了土地征拆中存在未批多征、政府采购程序不规范等系列问题。市本级出台了《政府依法行政负面清单》，促进了权力规范运行。

审计查出问题整改 市本级完成对2021年以来审计查出问题的整改情况开展“回头看”，促使183个问题整改到位，整改金额3.12亿元，建章立制25项。首次对审计整改不力市直单位主要负责同志进行约谈。首次联合市纪委监委对近年来审计查出的应缴未缴、应收未收、应追未追财政性资金进行专项清理，为市财政收回资金1.67亿元。

研究型审计 出台了《郴州市“十四五”审计工作规划》。同时印发了《郴州市审计工作高质量发展三年行动实施方案》和8个子方案，为全市审计工作高质量发展奠定坚实基础，实现了“一年强基础”的预期目标。

相关工作 深入学习贯彻党的二十大精神，成功创建省级文明标兵单位，荣获郴州市2022年度项目大会战先进单位、清廉郴州建设先进单位、平安建设先进单位，继续保持全省审计机关信息宣传通联先进单位、市级平安单位、市级安全生产和消防工作优秀单位等荣誉。

（撰稿人：蒋志平）

【永州市审计局】 2022年，永州市审计局实有58人。局长杨复权，副局长蒋跃军、赵颖（—8月）、刘贤华，总审计师陈红玉，市经济责任审计工作联席会议办公室主任唐亚平（—8月）。设有市委审计委员会办公室秘书科；内设办公室、人事科、综合计划科、法规审理科、审计执行科、经济责任审计室、财政金融审计科、社会保障审计科、固定资产投资审计科、农业农村涉外审计科等19个科室；下设市政府投资审计中心。

审计成果 2022年，永州市审计机关共对297个单位进行审计和调查，查出主要问题金额57.13亿元，发现非金额计量问题715个；审计处理处罚金额2.65亿元，移送处理事项18件；审计促进整改落实有关问题资金1.37亿元；审计促进拨付资金到位6585万元；审计提出建议634条，被采纳634条；提交审计信息42篇，被批示、采用36篇次。

双牌县审计局实施的双牌县职业技术学校校长任期经济责任审计项目被评为湖南省审计厅优秀审计项目一等奖，另有3个项目被评为湖南省审计厅优秀审计项目二等奖，2个项目被评为湖南省审计厅优秀审计项目三等奖，1个项目被评为湖南省审计厅优秀审计项目优胜奖。

财政审计 全市共对42个单位单独立项开展预算执行审计并延伸审计233个单位。永州市审计局组织对所有市属单位行政事业性资产管理情况开展全覆盖审计，清查出市本级可盘活财政存量资金1.38亿元、闲置土地10.48万平方米、闲置用房6.95万平方米。

全市共对69个政府投资建设项目开展审计，核减投资额1274万元。永州市审计局组织对市发改部门负责的概算审批管理、建设单位负责的概预算编制及项目实施、市财政投资评审机构负责的预决算评审等政府投资领域整个工作链条开展审计。

资源环境审计 永州市审计局统筹县市区审计力量开展全市中心城区存量土地审计，对市本级中心城区规划区189平方千米范围内的14000多个土地图斑1203个档案地块，逐宗逐块进行排查核实，在全面盘清存量土地的基础上建立数据库。同时，组织对永州市林业局及各有关单位2021年第二批省级林业生态保护修复及发展资金管理使用情况进行专项审计调查。

民生审计 全市审计机关采取专项审计与“1+N”“嵌入式”审计相结合方式，对重要民生资金开展审计。永州市审计局结合市本级年度预算执行审计对养老保险基金开展审计，结合经济责任审计对失业保险基金、就业资金、住房公积金开展审计，并与湖南省审计厅统筹实施永州市医保基金和“三医联动”改革专项审计调查、宁远县高标准农田建设专项审计。

经济责任审计 全市共对88名领导干部和领导人员开展经济责任审计，查出主要问题金额6.34亿元。永州市审计局下沉审计重心、延伸监督链条，对市本级5个二级机构的主要负责人开展经济责任审计。（撰稿人：王晓伟）

【怀化市审计局】 2022年，怀化市审计局实有73人。党组书记尹少中（2月—），局长姜小祥（3月—），副局长潘海波、舒不了（8月—）、朱蓉（11月—），总审计师杨春洪（—11月），市纪委监委驻市财政局纪检监察组组长张志军（—9月）。设有办公室、法制科、电子数据审计科等17个科室；下设建设项目审计中心。

审计成果 2022年，怀化市审计机关共完成审计项目407个，其中审计395个、专项审计调查12个。查出主要问题金额160.03亿元，其中违规金额26.05亿元、损失浪费金额899万元、管理不规范金额133.90亿元；审计发现非金额计量问题1144个；损益（收支）不实金额5.62亿元；审计发现侵害人民群众利益3125万元；出具审计报告和专项审计调查报告911篇，被批示、采用30篇次。审计处理处罚金额43.14亿元，其中应上缴财政2.94亿元、应减少财政拨款或补贴8.39亿元、应归还原渠道资金22.42亿元、应缴纳其他资金7925万元、应调账处理金额8.59亿元；移送司法机关、纪检监察机关和有关部门处理事项43件，移送处理人员29人，移送处理金额8166万元。审计促进整改落实有关问题资金19.73亿元；审计促进拨付资金到位10.76亿元；审计后挽回（避免）损失9.12亿元；核减投资额8.38亿元；移送处理落实事项18件。审计提出建议834条，被采纳834条；推动被审计单位制定整改措施74项；促进被审计单位建立健全规章制度13项；提交审计信息77篇，被批示、采用74篇次。向社会公告审计结果38篇。

怀化市审计局有2个审计项目，鹤城区、芷江县、麻阳县审计局各有1个审计项目被评为湖南省审计厅优秀审计项目。

政策落实情况跟踪审计 年内对3个县实施重大政策措施落实情况跟踪审计和1个县产业园区专项审计调查。查出问题27个，涉及问题金额1.95亿元。

财政审计 利用大数据技术对市本级118个一级预算单位进行全覆盖审计，对5家市直单位进行现场审计，对1项专项债券开展全生命周期专项审计调查。全市完成政府投资审计项目657个，通过审计核减投资额8.38亿元，核减率14.99%，印发《怀化市审计局政府投资项目购买服务管理办法》。

资源环境审计 全市对33名领导干部开展自然资源资产离任（任中）审计，揭示问题169个，提出审计建议并被采纳67条。

民生审计 年内对2个县的乡村振兴相关政策落实和资金使用情况开展审计，对市本级养老保险基金、市本级2021年1月至8月的失业保险基金进行专项审计。

经济责任审计 全市对94名领导干部实施经济责任审计，查出问题金额4.98亿元，提出审计建议168条。

审计查出问题整改 年内审计发现问题146个，已完成整改117个，整改中29个，整改率80.14%；与市纪委监委、市委巡察办联合印发《怀化市推进纪检监察监督巡察监督与审计监督贯通协同高效的若干措施》。

研究型审计 开展“政策学习研究、做实研究型审计”活动，建立完善政策法规学习库，树牢研究型审计思维。

审计理论研究 报送论文《努力建设一支高素质专业化审计“硬”队伍》《强化经责审计结果运用 促进全力规范运行》获评湖南省审计学会2020年度优秀论文二、三等奖。

内部审计 全市有内部审计机构306个，内部审计人员776名，完成审计项目1261个，发现问题金额6358.72万元，促进完善规章制度124项。

相关工作 扎实开展“三整顿两提升”干部作风建设专项活动，着力打造清廉审计机关，获评省级及以上先进集体及项目2个、先进个人3

人次，市级先进集体及项目 11 个、先进个人 20 人次。（撰稿人：唐　菊）

【娄底市审计局】　2022 年，娄底市审计局实有 71 人。党组书记王洪江（—2 月），局长彭淑媛（—2 月），党组书记、局长谢业中（2 月—），党组成员、副局长周海良、王志彪、殷革华，党组成员、市领导干部经济责任审计工作联席会议办公室主任邹国民，市政府投资审计事务中心主任杨志辉，纪检监察组组长罗湘斌。中共娄底市委审计委员会办公室设在娄底市审计局，设市委审计委员会办公室秘书科；娄底市审计局设有办公室、财政审计科等 19 个科室；下设市政府投资审计事务中心、市审计监督服务中心。

审计成果　2022 年，娄底市审计机关共完成审计项目 159 个，查出违规金额 3.99 亿元；发现侵害人民群众利益 652 万元；出具审计报告 270 篇；促进整改落实有关问题资金 11.26 亿元；被批示、采用审计信息 228 篇；向社会公告审计结果 8 篇。

娄底市审计局组织实施的娄底市 2020 年度市本级财政预算执行和其他财政收支情况审计、娄底市国家粮油储备有限责任公司粮食购销专项审计 2 个审计项目被评为湖南省审计厅优秀审计项目二等奖。双峰县审计局实施的双峰县本级 2020 年度财政预算执行和其他财政收支情况审计被评为湖南省审计厅优秀审计项目二等奖。冷水江市审计局实施的冷水江市义务教育薄弱环节改善和能力提升工作资金专项审计调查被评为湖南省审计厅优秀审计项目三等奖。涟源市审计局实施的涟源市桥头河镇原党委书记、原镇长任期经济责任审计被评为湖南省审计厅优秀审计项目三等奖。

政策措施落实跟踪审计　紧盯稳住经济大盘一揽子政策措施落实情况开展跟踪审计，揭示问题 52 个，提出审计建议 26 条。开展县市区财政运行情况专项核查，对县市区政府刚性支出需求、经常性可用财力、财政运行保障系数等进行摸底调查，提出建议意见 8 条。

财政审计　严格落实省市县三级联动推进六个专项审计要求，运用大数据技术对市本级 218 家预算单位一般性支出压减情况、公共资源交易管理情况等开展审计分析。组织开展粮油储备公司粮食购销专项审计，移送问题线索 3 件，促进出台制度 3 项。

资源环境审计　对标省自然资源资产离任（任中）审计评分细则，分解任务指标。组织开展涟源市龙山国家森林公园管理处主要负责人自然资源资产离任（任中）审计。根据省审计厅统一安排，实施了常德市鼎城区自然资源资产使用情况审计，发现的问题在省审计厅审计专报中反映，得到省委书记、省长的肯定性批示。

民生审计　分三年持续对 7 家市管公立医院开展审计，关注医改政策落实、资产运营管理绩效等，推动公立医院综合改革，促进完善公立医院运营管理机制。高度关注新化县移民资金使用情况，下发督促整改函 2 份，督促 5988 万元移民基础设施建设、惠民产业资金拨付到位。

经济责任审计　实施领导干部经济责任审计项目 23 个，创新组织模式开展全市公安系统行业经济责任审计项目，项目单独进行优秀项目评比。根据省审计厅统一安排，实施了常德市鼎城区委书记经济责任审计，发现的问题在省审计厅审计专报中反映，得到省委书记、省长的肯定性批示。

审计查出问题整改　全面排查 2018 年以来审计署、省审计厅查出的涉及娄底有关问题整改情况，21 个项目 498 个问题综合整改率 94.45%。全年推动问题整改到位 401 个，上缴财政资金 10075.98 万元，督促拨付资金 24979.95 万元，收回统筹使用资金 105912.01 万元，归还原渠道资金 23440.53 万元，促进完善制度 98 项，推动政策落实 37 项。（撰稿人：曹阿乔）

【湘西土家族苗族自治州审计局】　2022 年，湘西土家族苗族自治州（以下简称湘西州）审计局实有 68 人。党组书记张立新（2 月—），局长向文波（2 月—），副局长万前荣、石元江、唐海龙，总审计师瞿民，州经济责任审计工作联席会议办公室主任罗林燕，州纪委监委驻州财政局纪检监察组组长谌涛（4 月—）。设有办公室等 17 个科室，下设 2 个事业单位。

审计成果　2022 年，湘西州审计机关共完成审计项目 259 个。查出主要问题金额 132.84 亿元；审计发现非金额计量问题 945 个；出具审计报告和专项审计调查报告 234 篇。审计处理处罚金额10.75亿元，移送司法机关、纪检监察机关和有关部门处理事项50件。审计促进整改落实有关问题资金4.78亿元；审计促进拨付资金到位2.47亿元；审计后挽回（避免）损失7.82亿元；核减投资额7.82亿元。促进被审计单位建立健全规章制度20项。

湘西州审计局实施的湘西州本级2020年基本养老保险基金审计被评为湖南省审计厅优秀审计项目二等奖；湘西州审计局实施的湘西州本级2020年基本医疗保险基金审计被评为湖南省审计厅优秀审计项目二等奖。

政府性债务审计　湘西州审计局对吉首市、泸溪县等8县市区地方政府举债情况进行了审计，提出了加强和规范全州地方政府债务管理的审计建议。配合省审计厅完成了吉首市、凤凰县地方性政府债务审计工作。

政策落实情况跟踪审计　湘西州审计局实施了吉首市、泸溪县、凤凰县政策跟踪审计，重点揭示了少部分农村改厕效果欠佳、农村生活污水治理工作推进较慢、政务服务“好差评”制度执行欠到位等问题。

财政审计　全州审计机关对74个单位开展了财政预算执行审计，突出存量资金、资产管理6个方面重点，对20个州直部门单位进行了现场核查。

全州审计机关通过开展政府投资审计，核减政府投资6.8亿元。开展政府投资审计项目，涉及金额23.77亿元，审减5.1亿元，综合审减率达21.44%。同时，州本级持续对湘西机场建设和机场道路建设项目实施跟踪审计，启动了吉首市大兴寨水库全过程跟踪审计工作，完成了12个工程竣工决算项目审计。

民生审计　完成了全州脱贫攻坚产业资金形成资产管理情况审计、全州社保基金审计、全州55家公立养老机构审计、4个县市的世行贷款湖南省农田污染综合管理项目审计、全州医疗保险基金及“三医联动”改革情况审计调查、全州园区相关政策和资金审计、住房公积金审计、州本级物业维修资金、“保交楼、稳民生”审计等民生项目审计，揭示了一批损害群众利益问题。

经济责任审计　全州审计机关对48个单位66名领导干部开展了经济责任审计。抽调8人分别参加了湖南轨道交通控股集团有限公司、怀化学院主要负责人经济责任审计。揭示了重大经济事项决策不当等问题，促进了领导干部依法履职用权。

（撰稿人：胡贻江）

2022年湖南省所辖市（州）、县（市、区）审计工作统计表

审计机关	完成审计项目/个	审计查出主要问题金额/万元	审计发现非金额计量问题/个	审计期间整改金额/万元	出具审计报告和审计调查报告/篇	审计处理情况		审计促进整改落实有关问题资金/万元	审计提出建议/条	提交审计信息/篇
						审计处理处罚金额/万元	移送处理事项/件			
长沙市										
长沙市本级	64	4988207	1820	773160	71	545557	29	158037	191	39
芙蓉区审计局	19	118284	218	1658	19	87023	12	31624	72	6
天心区审计局	22	331075	364	108	27	127988	2	19218	62	5
开福区审计局	31	121123	168	127	24	38165	8	1472	68	56
雨花区审计局	12	19802	86	194	25	1412		1143	37	4

续表

审计机关	完成审计项目/个	审计查出主要问题金额/万元	审计发现非金额计量问题/个	审计期间整改金额/万元	出具审计报告和审计调查报告/篇	审计处理情况		审计促进整改落实有关问题资金/万元	审计提出建议/条	提交审计信息/篇
						审计处理处罚金额/万元	移送处理事项/件			
望城区审计局	27	327	194	577	178	6703	4	6703	52	33
长沙县审计局	58	294964	2243	29040	106	14791	41	14773	317	44
浏阳市审计局	17	79657	225	864	17	1431	9	1379	52	31
宁乡市审计局	23	137316	387	14	24	28832	6	33609	78	46
株洲市										
株洲市本级	28	1719558	225	4601	41	1059637	23	87680	79	48
荷塘区审计局	7	98240	152		12	554		431	19	3
芦淞区审计局	13	32092	87	2131	24	4891	2		42	16
石峰区审计局	5	67778	33		7	1980	4		22	16
天元区审计局	8	517563	92		10	36288		19	30	49
渌口区审计局	24	154090	208	58	41	101931	19	6831	86	49
攸县审计局	12	172686	55	181	29	22937	5	6570	45	78
茶陵县审计局	17	86801	124	90	27	139	14	114	63	5
炎陵县审计局	15	8588	47	100	15	2312	25	40	45	5
醴陵市审计局	13	51019	68	208	16	13745	2	3320	27	22
湘潭市										
湘潭市本级	70	2099992	224	18986	51	628212	70	84111	115	18
雨湖区审计局	11	80332	66	4	22	1043		855	32	4
岳塘区审计局	27	14225	79	302	40	2774		4611	61	8
湘潭县审计局	41	96740	166		56	11643	6	4214	74	4
湘乡市审计局	25	588167	61	42	38	328768	1	93727	144	2
韶山市审计局	28	59687	72	6794	38	8262	1	2068	52	4
衡阳市										
衡阳市本级	67	2309344	580	90791	72	790381	57	278145	168	115
珠晖区审计局	14	44075	24	913	13	213		1132	37	5
雁峰区审计局	15	36259	14	271	10	148		20324	29	5
石鼓区审计局	12	30771	33		17	104		93	30	49
蒸湘区审计局	16	97253	22	4	13	2334	2	934	8	42
南岳区审计局	10	18704	56	1699	13	1087	3	1781	15	2
衡阳县审计局	28	378208	82	6	42	3152	2	45873	72	16
衡南县审计局	40	106297	47	4448	33	35808	3	14887	89	2

续表

审计机关	完成审计项目/个	审计查出主要问题金额/万元	审计发现非金额计量问题/个	审计期间整改金额/万元	出具审计报告和审计调查报告/篇	审计处理情况		审计促进整改落实有关问题资金/万元	审计提出建议/条	提交审计信息/篇
						审计处理处罚金额/万元	移送处理事项/件			
衡山县审计局	23	181493	53	352	39	42031	1	3590	58	19
衡东县审计局	41	188432	112	46	48	95374	10	3384	71	25
祁东县审计局	35	9578	32	17	29	398	3	310	76	7
耒阳市审计局	36	951337	179	8930	117	62732	45	50747	44	8
常宁市审计局	14	7395	24	14	21	1671	1	562	31	5
邵阳市										
邵阳市本级	68	2406151	288	28732	78	872579	8	47134	142	38
双清区审计局	7	34931	21	4	7	2966	3	647	34	9
大祥区审计局	10	54684	17	1100	10	9377		5963	27	42
北塔区审计局	8	35379	30		10	34971		9779	28	
新邵县审计局	23	163071	44	695	30	1570	1	1453	50	
邵阳县审计局	30	43456	83		30	20653	14	20916	92	
隆回县审计局	16	78706	36	149	16	48705	2	45154	44	2
洞口县审计局	19	204289	38	64	22	6868	1	994	58	23
绥宁县审计局	11	45802	43	2041	11	671	8	664	26	7
新宁县审计局	27	59640	70	3798	30	35875	1	4104	83	1
城步苗族自治县审计局	8	41793	16		8	28184	1	4356	20	
武冈市审计局	28	484570	34	1223	39	15288	4	5660	65	53
邵东市审计局	77	544677	100	3	77	49700	4	43645	85	3
岳阳市										
岳阳市本级	128	996853	386	2815	136	418554	18	135199	169	39
岳阳楼区审计局	36	65606	77		54	24076	3	2292	78	
云溪区审计局	28	108331	40	60	34	28869		11758	72	3
君山区审计局	15	107722	72	46	23	41637	3	25818	35	4
岳阳县审计局	48	101365	98		67	5200		1655	154	23
华容县审计局	39	593290	109	446	65	18809	2	12499	92	10
湘阴县审计局	35	485226	76	6167	33	21490	4	12972	108	20
平江县审计局	40	174690	135	581	73	59895	2	60176	91	7
汨罗市审计局	38	153939	60	181	56	15098	2	4060	84	5
临湘市审计局	33	83705	45	45	50	3109		2545	59	
屈原管理区审计局	28	67132	28		49	13042	1	9530	59	

续表

审计机关	完成审计项目/个	审计查出主要问题金额/万元	审计发现非金额计量问题/个	审计期间整改金额/万元	出具审计报告和审计调查报告/篇	审计处理情况		审计促进整改落实有关问题资金/万元	审计提出建议/条	提交审计信息/篇
						审计处理处罚金额/万元	移送处理事项/件			
常德市										
常德市本级	34	1993230	302	3299	59	22221	49	14129	114	52
武陵区审计局	23	89853	54		38	5663	3	5072	64	12
鼎城区审计局	28	281492	50	1	44	42048	11	18501	106	34
安乡县审计局	24	37125	53		40	8368	1	8368	72	21
汉寿县审计局	31	65991	27		42	5910	2	3979	58	30
澧县审计局	23	508267	88		34	31261	2	30696	73	6
临澧县审计局	37	42613	34		65	2371	3	2020	89	7
桃源县审计局	43	373840	73	16	65	41799	4	335	114	3
石门县审计局	36	44117	71	47	52	27357	9	6946	98	17
津市市审计局	44	255845	38		56	4565		19	103	13
张家界市										
张家界市本级	40	441614	190	437	38	165540	12	46065	88	11
永定区审计局	33	44916	58	11	18	33073	8	11499	58	3
武陵源区审计局	9	52024	38	22	4	13360			12	
慈利县审计局	29	62248	173	604	18	29821	4	28251	68	1
桑植县审计局	31	183669	119	23	18	56205		25801	41	1
益阳市										
益阳市本级	45	1005753	543	36502	50	24694	19	8244	131	11
资阳区审计局	26	53969	6	616	26	148	1	987	41	4
赫山区审计局	17	66792	110	16	15	53	4	4894	50	7
南县审计局	29	64541	672	5	29	1423	37	854	81	5
桃江县审计局	30	188684	58	7078	44	48618	12	43744	82	8
安化县审计局	18	265386	101	264	18	13860	25	627	51	
沅江市审计局	21	145000	40	16590	21		4	21000	43	4
大通湖区审计局	5	3209	86	484	5	415	7	821	20	8
高新区审计局	36	8500	2	62	36		4	62	12	5
郴州市										
郴州市本级	72	821994	666	20019	92	111873	46	116909	176	95
北湖区审计局	55	32551	69	1583	58	7712	4	9208	46	10
苏仙区审计局	39	27606	80	83	52	11847	1	17497	90	5
桂阳县审计局	82	298310	127	168	88	37688	1	8326	148	9

续表

审计机关	完成审计项目/个	审计查出主要问题金额/万元	审计发现非金额计量问题/个	审计期间整改金额/万元	出具审计报告和审计调查报告/篇	审计处理情况		审计促进整改落实有关问题资金/万元	审计提出建议/条	提交审计信息/篇
						审计处理处罚金额/万元	移送处理事项/件			
宜章县审计局	42	84802	114	2122	50	3856		11661	88	18
永兴县审计局	65	93902	56	19	71	21473	2	14360	80	4
嘉禾县审计局	80	55785	64	5298	102	21775		15330	185	6
临武县审计局	23	78246	63	75	27	4538		4537	132	1
汝城县审计局	40	28794	39	12186	44	16888	2	4506	46	12
桂东县审计局	77	39635	47	256	78	5906		14944	180	1
安仁县审计局	40	77572	72	21	59	10230		10231	82	7
资兴市审计局	80	306001	165	35	87	13307	3	14331	105	36
永州市										
永州市本级	53	102959	246	5826	22	10345	3	13	51	3
零陵区审计局	27	6224	68		35	1548		1538	67	
冷水滩区审计局	13	94686	15		20	3214	8	1810	42	
东安县审计局	31	38116	5	2966	23	310	7		59	
双牌县审计局	13	17580	37	41	13	95		53	26	
道县审计局	8	29041	40		22	257		257	88	
江永县审计局	19	35618	36		11	1501		1501	32	
宁远县审计局	31	33746	91		37	7748		7748	93	1
蓝山县审计局	13	146441	33	5	13	435		433	30	16
新田县审计局	16	51762	47		12	157		136	65	2
江华瑶族自治县审计局	50	710		23	50	710			10	
祁阳市审计局	23	14455	97		34	184		182	71	20
怀化市										
怀化市本级	33	590670	206	6645	123	283751	13	106775	95	6
鹤城区审计局	31	109945	54	13	87	8459	1	1127	69	9
洪江市审计局	16	71515	64	4444	16	14264		14225	20	7
中方县审计局	15	68010	101	7771	17	8714	1	1927	38	5
沅陵县审计局	50	26028	66	17	130	2635	2	3131	38	1
辰溪县审计局	25	91153	121	92	46	5746	7	3194	55	6
溆浦县审计局	65	115640	99	354	72	17942	1	14811	73	6
会同县审计局	21	11710	72		45	11490	1	10901	116	4
麻阳县苗族自治县审计局	39	207675	185	203	48	12010	7	857	91	2

续表

审计机关	完成审计项目/个	审计查出主要问题金额/万元	审计发现非金额计量问题/个	审计期间整改金额/万元	出具审计报告和审计调查报告/篇	审计处理情况		审计促进整改落实有关问题资金/万元	审计提出建议/条	提交审计信息/篇
						审计处理处罚金额/万元	移送处理事项/件			
新晃侗族自治县审计局	13	74838	19	122	57	21358	2	10734	35	4
芷江侗族自治县审计局	18	48456	51	800	61	26766	5	21542	38	15
靖州苗族侗族自治县审计局	50	38921	71	11	50	4016	2	2682	51	5
通道侗族自治县审计局	17	25572	8	1281	101	5066	1	157	18	4
洪江市审计局	14	120206	27		57	9168		5258	97	3
娄底市										
娄底市本级	16	16533	103	5835	20	109659	17	69499	55	76
娄星区审计局	25	9357	89	745	43	13802	3	11561	44	38
双峰县审计局	42	11072	93	161	84	19095	13	2004	143	32
新化县审计局	23	569	123	1	34	1681	5	1681	78	35
冷水江市审计局	8	796	13	1202	22	16795	3	496	20	25
涟源市审计局	45	1639	115	3329	67	43628	7	27395	114	36
湘西土家族苗族自治州										
湘西土家族苗族自治州本级	102	730476	154	6409	64	72100	23	10218	167	2
吉首市审计局	15	42217	44	35	16	5269	3	11	71	
泸溪县审计局	22	39732	60	657	21	3411	6	3278	53	
凤凰县审计局	17	46642	70	27	23	14602	1	2153	47	1
花垣县审计局	21	89064	61		24	5542	1	30635	56	
保靖县审计局	17	45641	82	17	17	1730	5	1	77	
古丈县审计局	28	63481	346	223	37	1256	3	2	95	
永顺县审计局	27	256227	71	55	20	1789	4	121	60	3
龙山县审计局	10	14943	57		12	1764	4	1389	30	

广东省

【广东省审计厅】 2022年底，广东省审计厅实有317人。省委审计委员会办公室设在省审计厅，下设秘书处；广东省审计厅设有机关党委、办公室、综合计划处、法规审理处、财务管理处、整改监督处、内部审计指导监督处、电子数据审计处、经济责任审计一处、经济责任审计二处、财政审计处、金融债务审计处、行政政法审计处、教科文卫审计处、农业农村审计处、自然资源和生态环境审计处、固定资产投资审计一处、固定资产投资审计二处、企业审计处、社会保障审计处、涉外审计处、人事教育处；下设4个派出审计处。

领导成员

党组书记、厅长：马学斌（3月—）

党组副书记(保留正厅级)、副厅长：

马学斌（—3月）

党组成员、副厅长：黄建勋　刘柱棠

冯祥雄（7月—）

曾　煜（8月—）

党组成员、驻厅纪检监察组组长：张穗汉

党组成员、总审计师：冯祥雄（—7月）

党组成员：曾煜（7月—）

省经济责任审计联席会议办公室主任：

蓝炳祥（—4月）

一级巡视员：骆贵全

二级巡视员：肖炳祥　林　阳　侯志勇

审计成果 2022年，广东省审计厅完成审计单位121个。查出主要问题金额30529195万元，其中违规金额244534万元、损失浪费金额8418万元、管理不规范金额30276242万元；审计发现非金额计量问题1344个；损益（收支）不实金额2373709万元；审计发现侵害人民群众利益28618万元；出具审计报告和专项审计调查报告172篇，被批示、采用1篇次。审计处理处罚金额1553597万元，其中应上缴财政83588万元、应归还原渠道资金148649万元、应缴纳其他资金42900万元、应调账处理金额1278458万元；移送司法机关、纪检监察机关和有关部门处理事项70件，移送处理人员38人，移送处理金额1127583万元。审计促进整改落实有关问题资金2709519万元；审计促进拨付资金到位29382万元；审计后挽回（避免）损失3214万元；移送处理落实事项7件。审计提出建议456条，被采纳136条；推动被审计单位制定整改措施9项；促进被审计单位建立健全规章制度150项。向社会公告审计结果9篇。

审计委员会办公室工作 2022年，广东省委审计委员会办公室牢固树立政治机关意识，认真学习贯彻习近平总书记对广东和关于审计工作系列重要讲话和重要指示批示精神，全面贯彻落实中央及省委关于经济和审计工作各项决策部署，聚焦高质量发展这个首要任务，紧紧围绕省委省政府中心工作强化审计监督，为广东省奋力在全面建设社会主义现代化国家新征程中走在全国前列、创造新的辉煌作出审计贡献。一是认真贯彻落实中央和省委对审计工作的部署要求。提请召开3次省委常委会会议以及省委审计委员会第七次会议、第八次会议，传达学习习近平总书记、党中央对审计工作的重大决策部署，研究广东省贯彻落实措施。制定出台《省委审计委员会审计工作重大事项清单及办理机制》，向省委审计委员会请示报告审计工作重大事项48篇次，获得领导同志批示50多次。二是积极推动审计监督与其他监督贯通协同。2022年，省级审计机关向纪检监察机关提交审计事项移送处理书22份、涉及案件线索47件，选派31名审计人员参与纪检监察机关案件查办和巡视工作。将审计意见作为财政预算安排"四挂钩"之一，将领导干部审计结果和整改情况作为被审计单位领导班子民主生活会以及领导班子成员述职述廉的重要内容。建立政府督查与审计监督联动工作机制，围绕省十件民生实事将审计查出需要整改的重点问题或者难啃的"硬骨头"列入政府督查重点内容，发挥监督合力。三是加强对地方党委审计委员会及其办公室工作的指导督导。结合深调研工作，先后到清远、东莞等10多个地级市审计机关宣传宣讲党的二十大精神、中央审计委员会会议精神，努力做到传达学习全覆盖。办理受理各地级以上市委审计委员会请示报告报备审计工作重大事项300件，综合分析后编发简报信息13篇。

政策落实情况跟踪审计 对广东省实验室（含分中心）2017年启动以来的建设运行及广东省一期（2018—2022年）高水平医院建设省财政资金管理使用情况的审计表明：一是省实验室建设缺少长远规划，尚未完善后期经费支持机制；二是省业务主管部门实施方案编制审核不及时，建设资金预算安排不明晰，未及时核拨财政支持资金；三是部分地市承建的省实验室建设任务推进缓慢，部分建设资金资产管理不规范。

组织审计2019年至2021年6月中国（广东）自由贸易试验区及南沙新区建设情况。主要问题是：部分建设工作任务未落实，个别重点项目推进不理想。

财政审计 开展省级预算执行情况和决算草案审计。审计结果表明，2021年，省级一般公共预算总收入9582.96亿元、总支出9364.09亿元；省级政府性基金预算总收入4548.99亿元、总支出4541.52亿元；省级国有资本经营预算总收入41.85亿元、总支出41.85亿元；省级社会保险基金预算总收入5333.39亿元、总支出3627.59亿元。审计结果表明，省财政厅等有关部门（单位）认真统筹疫情防控和经济社会发展要求，集中财力服务保障“1+1+9”工作部署，做好“六稳”工作、落实“六保”任务，2021年度省级预算执行和财政管理情况良好。发现主要问题：一是部分资金及部分转移支付分配下达时间晚于规定；二是省级转移支付结构优化整合不到位；三是省财政未将部分省政府作为出资人形成的资产和股东权益纳入规范科目进行会计核算；四是省财政清理清算国债转贷资金和社保往来款资金工作进展不到位；五是2021年全省企业职工基本养老保险、工伤保险和省本级机关事业单位养老保险基金预算编制与实际执行偏差较大；六是部分地方政府专项债券管理存在资金使用效益不高、管理不规范等问题。

组织审计16个省级一级预算单位和48家所属单位2021年度预算执行情况，抽查财政资金177亿元。审计情况表明，有关部门单位深化预算编制管理改革，加强预算绩效管理，预算执行总体较好。主要问题：一是部门预决算编制不够完整准确，少（多）编报预决算问题依然存在；二是无预算、超预算、超范围列支公用经费、差旅费、职工福利费，或违规发放补贴；三是部分项目违规采购和招标；四是部分省级财政专项资金分配使用管理不到位，存在库外安排项目、不按规定用途使用资金、未按要求公开专项资金相关信息等问题。

组织审计梅州、惠州2个市的财政收支管理情况。主要问题：一是未按规定将上级提前安排的2021年转移支付纳入年初预算，未及时分解下达转移支付资金；二是非税收入未缴、迟缴国库。

对龙川至怀集公路龙川至连平段（以下简称龙连项目）、佛山至肇庆段城际轨道交通项目（以下简称佛肇项目）、穗莞深城际琶洲支线及广清城际清远至职教城段等重大投资项目进行审计。发现问题：龙连项目和佛肇项目建设管理不严，造成资金使用绩效不高，财务管理不规范，征地拆迁管理有待加强。穗莞深城际琶洲支线及广清城际清远至职教城段项目前期工作进度慢，资源开发与资本金延期利息增加建设成本。

国有企业审计 结合经济责任审计，组织对南粤集团、粤财控股公司等省属企业国有资产管理使用情况和省国资委及17家监管企业2018—2020年筹融资情况进行了审计。审计表明，省国资委和上述企业围绕省委、省政府关于深化国企改革的政策措施，促进了国有资产安全和保值增值。主要问题：一是部分改革发展措施落实不到位；二是部分重大经济事项决策不合规；三是个别企业违法违规经营；四是部分会计信息不实；五是部分资金使用效益不佳或审批不规范。

组织审计16个省级一级预算单位和48家所属单位以及4家省属医院行政事业性国有资产管理情况，省有关部门单位积极推进资产管理与预算管理的有机结合，不断提升资产管理水平和使用绩效。主要问题：一是部分资产信息不实；二是部分资产产权不清晰；三是部分资产长期闲置；四是违规出租（出借）资产。

金融审计 组织审计了2018年以来广东省金融服务实体经济部分政策落实情况。主要问题：一是部分政策落实不到位。二是有2项支持中小微企业的风险补偿金实施效果不理想。

农业农村审计 对汕头、韶关等14个市2021年巩固拓展脱贫攻坚成果同乡村振兴有效衔接政策落实情况的审计表明：各市积极建立扶贫资产管理制度，完善防止返贫动态监测和帮扶机制，推进乡村基础设施建设，公共服务水平明显提升。主要问题：一是部分市（县）扶贫资产管理底数不清，有的扶贫项目效益不高，村集体和农户权益保障不到位。二是防止返贫动态监测工作不深入。三是驻镇帮镇扶村有待加强。8 个市 305 个驻镇帮镇扶村工作队未配齐，4 个市 58 个工作队未及时编制帮扶规划，10 个属地市未及时足额配套帮扶资金。四是农村集中供水及村卫生站建设进展缓慢。9 个县 1179 个自然村未实现集中供水，17 个县 797 个集中供水工程未配净化消毒设备。

组织审计了“十三五”期间全省新垦造水田项目情况。截至 2021 年 10 月 31 日，全省垦造项目新增水田面积 32.49 万亩，总投资 228.5 亿元，自然资源部审核并形成水田指标 18.63 万亩，未形成指标 13.86 万亩。主要问题：一是项目指标形成时间长，验收进展慢；二是部分项目结算审核慢；三是部分费用未能按期支付；四是部分项目移交管护慢，后期管护资金未落实。

对省委农办、省农业农村厅、省乡村振兴局等部门单位 2018 年至 2021 年农村人居环境整治相关政策落实和资金管理使用情况审计，审计表明，有关省直部门和县积极推进全省农村人居环境整治工作，取得了阶段性成效。主要问题：一是农村改厕及生活垃圾处理很不规范。与“厕所革命”的要求严重不符。二是相关资金的管理不严。农村人居环境整治补助、债券资金被违规用于平衡预算，个别县将垃圾中转及清运服务项目违规发包。

资源环境审计 组织审计省生态环境厅、省自然资源厅、河源市等生态文明建设情况，审计表明：相关单位、地市在推动生态文明建设、践行绿色发展理念、促进生态环境安全等方面较好履行了职责。主要问题：一是未按规定出台规划制度；二是有 14 项海洋建设任务，10 项地质、水土防灾减灾任务，4 项林业建设任务未完成；三是部分水环境管理，部分固体废物、重金属和放射性矿管理及大气污染防治工作不到位。

民生审计 组织审计 8 个市的中心城区停车场规划建设管理、10 个市的中心城区公厕规划建设及全省文化体育相关政策落实情况。审计发现中心城区停车场规划建设主要问题：被审计的 8 个市均未按要求建立健全统筹协调工作机制、停车设施备案工作制度等停车管理制度；72 个停车场未按当地政府要求按时完工或开工，最长滞后 20 个月；有的新建停车场未按规定配建电动车充电设施或预留安装条件。中心城区公厕规划建设主要问题：一是市规划普遍低于国家最低标准（3 座/平方千米），数量不足。二是建设推进不力，3 个市的 229 座公厕未按时建成。文化体育相关政策落实主要问题：部分地区全民健身工作的规划、机制不完善；全民健身工作未纳入本地区经济社会发展规划及公共服务体系；省文化标志性建设项目推进缓慢，已纳入省“十二五”规划和省国民经济社会“十三五”规划的广东人民艺术中心至今未立项。

重点关注“广东技工”等三项工程、城镇老旧小区改造及完善农村集中供水和生活污水处理设施等省十件民生实事落实情况。审计表明：相关民生实事推进取得扎实成效。主要问题：一是部分市县存在虚报冒领、骗取财政资金、侵害群众利益等违法违规行为；有关主管部门资金安排缺乏统筹规划、对资金支出监管不到位等问题，上述问题已得到有效整改。二是部分市县未按要求建立城镇老旧小区改造工作机制，未开展城镇老旧小区改造项目；有 21 个老旧小区改造项目存在施工过程管理不到位、建筑垃圾后续处理不善等问题，上述问题已整改到位。

对全省社会保障政策落实情况、汕尾等 7 个市困难群众救助补助资金、广州等 11 个市养老服务业相关政策落实情况审计表明：相关地区和部门在认真开展困难群众救助，群众基本生活保障及养老服务等方面取得明显成效。主要问题：一是社会保险基金管理不善，工伤保险基金管理不到位，省医保局对医疗救助补助资金疏于监管，在资金大量沉淀的同时，还存在应助未助问题；截至 2021 年 9 月，省医保局未将补报的 99 种医疗机构制剂纳入省级医保范围，增加异地就医患者负担。二是有 6 个地级市挪用或截留克扣困难群众救助补助资金；有 7 个市主管部门审核把关不严和信息共享不及时，向不符合条件人员发放或重复发放救助待遇。三是部分市、县养老服务机制不健全，养老基础配备不足，养老机构扶持政策应享未享。

经济责任审计　全省审计机关共组织实施经济责任审计项目 1015 个，审计领导干部 1252 人，出具审计报告和审计结果报告 2253 篇，提出审计建议 3807 条，审计发现问题违规金额 27 亿元、损失浪费金额 2 亿元、管理不规范金额 1333 亿元，其中，界定被审计领导干部应承担直接责任问题金额 9 亿元、应承担领导责任问题金额 1353 亿元。

审计查出问题整改　《关于广东省 2020 年度省级预算执行和其他财政收支的审计工作报告》共反映 1561 个问题，截至 2022 年 6 月底，要求立行立改的问题有 990 个（占 94.02%）已整改到位，要求分阶段整改、持续整改的问题分别有 258 个和 49 个已完成整改，其余问题均已制定整改措施和计划。审计查出问题共涉及金额 1372.8 亿元，已整改问题金额 1285.12 亿元，问题金额整改到位率 93.61%。有关地区、部门和单位采取多种措施加强审计整改：省级财政通过收回结余资金、加快分解下达等整改 432.11 亿元，省直部门和单位通过加强预算管理和资金资产管理等整改 18.55 亿元，有关地区通过追缴或盘活资金、调整账目、规范管理等整改 810.78 亿元，有关省属企业通过调整账目、清收不良资产等整改 23.68 亿元；制定完善相关规章制度 564 项，约谈 37 人和 195 家单位，追责问责 131 人。

对省人大常委会重点跟踪监督的问题，各地区各部门加大整改力度，采取有效措施纠正问题，要求立行立改的问题共 20 个，有 18 个（占 90%）已整改到位；要求分阶段整改的问题共 25 个，有 17 个已完成整改；要求持续整改的问题共 7 个，有 4 个已完成整改；共整改问题金额 43.6 亿元，问题金额整改到位率 97.82%；完善基础教育高质量发展等制度 16 项。

审计科研　广东省审计学会组织开展财政审计相关研究、数字化转型背景下基于战略绩效目标和风险导向的审计监督与案例研究等 5 个专题研究，对 35 个课题组予以立项；推进 2021 年至 2022 年度署重点科研课题“审计监督的政治属性研究”顺利结项；推动审计理论研究纳入省哲学社科规划，审计理论研究列入省哲学社会科学规划年度普通立项项目成功获批，并有“财政科技专项资金绩效审计评价标准和指标体系研究”等 6 个一般面上课题顺利获得省哲学社科 2022 年度一般课题立项。

内部审计　广东省内部审计机构开展内部审计项目 4.74 万个，审计发现问题 15.7 万个，发现问题金额 867.18 亿元，其中绩效类问题金额 46.25 亿元，合规性问题金额 820.93 亿元。审计发现问题整改金额 509.31 亿元。根据审计建议给予党纪处分 339 人，政务处分 6 人，内部纪律处分 802 人，向司法机关移送案件线索 32 件、涉案人员 41 人。推动全省各地审计机关出台加强内部审计工作的意见，制定出台《广东省审计厅关于加强内部审计指导监督工作的意见》《广东省审计机关开展内部审计工作专项检查实施办法（试行）》等行业指导性配套文件。不断深化指导和监督，组织对 6 个行政机关、2 所省属高校开展内部审计专项检查；先后指导多个行政机关修订出台本单位加强内部审计工作的制度办法。认真做好内部审计宣传通联工作，省审计厅获评“2022 年度《中国内部审计》杂志宣传工作成绩突出单位”称号。

相关工作　广东省审计厅金审三期项目已完成部署、初验和试运行等，进入交付验收环节。“数字审计机关”建设稳步推进，不断提升审计管理效能。强化数据采集治理，数据资源进一步丰富。深化大数据审计效能，审计成果持续显现。

广东省审计厅坚持以习近平新时代中国特色社会主义思想为指导，以党的政治建设为统领，压实党建工作主体责任，认真做好审计机关党的建设和党风廉政建设工作，把忠诚拥护“两个确立”、坚决做到“两个维护”贯穿审计工作全过程各环节，以高质量党建引领审计工作高质量发展。牢牢把握审计工作的政治定位，全面准确学习领会党的二十大精神，认真落实“第一议题”制度，通过厅党组会议、中心组学习会、各党支部“三会一课”等形式，推动理论学习走深走实。全年召开厅党组会议 35 次、中心组学习会议 4 次。坚持组织强基，用好“两抓手三机制四品牌”，制定党建工作年度任务清单，推进模范机关创建活动。创新组织生活方式，深化党员先锋岗活动、支部联学等，举办党支部书记、纪检干部 2 个党性锤炼班，在各审计组共成立 25 个临时党支部。推动审计权力规范运行，要求厅领导、处室主要负责同志下沉审计一线，提升审计效率、减少审计自由裁量权。发挥厅机关纪委监督执纪检查作用，用好监督执纪“四种形态”。坚持党建和业务工作一起谋划、部署、落实、检查，以强有力的审计监督保障执行、促进发展。指导工青妇组织在重大节日分别开展体育、文娱和送温暖等活动，抓好老干部服务管理工作，做好精准脱贫与乡村振兴有效衔接工作，“五大振兴”工作进展顺利、成效显著。强化政治监督，压实管党治党政治责任，组织召开全省审计机关党风廉政建设视频会议、全省审计机关干部大会暨纪律教育学习月活动会议，召开以案促改专题民主生活会，制定6个方面40条整改措施。加强对审计权力运行的监督，先后对7个党支部、12个审计项目开展专项监督检查，发现并纠正问题50余个，提出意见建议70余条，形成专项检查报告5篇。坚持严的基调、严的措施、严的氛围，针对苗头性倾向性问题开展提醒谈话6人次，先后核查落实信访举报案件3件，向省直机关纪检监察工委报送违纪违法案件1件，对全厅公务员招录、干部提拔、评先评优等重大事项开展监督近20次；开展贯彻落实中央八项规定精神情况自查行动，开展主责主业违规外包和领导干部违规兼职取酬问题专项整治工作。（撰稿人：符闳弢）

【广州市审计局】 2022年，广州市审计局实有204人。党组书记、局长、市委审计委员会办公室主任、机关党委第一书记黎子良，党组成员、副局长、机关党委书记刘南群，党组成员、副局长钟晓山、陈启书、董学士，党组成员、市经济责任审计工作联席会议办公室主任高翔，党组成员、总审计师丘雷。设有市委审计委员会办公室秘书处；内设办公室、综合计划处等17个内设处室；下设审计服务中心。

审计成果 2022年，广州市审计局共完成审计项目72个，查出问题金额185.46亿元，被采纳审计建议213条，被批示、采用审计信息39篇次。

市本级、白云区审计局各有1个项目被评为全国审计机关优秀审计项目三等奖。

政策落实情况跟踪审计 重点关注财政资源统筹、绿色金融改革、国资国企改革、先进制造业和生物医药产业发展、乡村振兴战略、粤港澳湾区和南沙开发建设等情况，促进积极财政政策落实到位。

财政审计 持续深化财政审计，促进财政资金提质增效。对市本级和26个市级部门预算执行情况进行审计，健全预算绩效管理制度体系。

国有企业审计 重点关注国有企业运营风险、能源安全和网络安全等情况，促进企业持续健康发展，提升广州市能源安全保障能力，筑牢网络安全防线。审计专员办充分发挥“探头”和预警作用，有力防范化解各类风险。

资源环境审计 重点关注贯彻执行污水防治相关政策情况、城镇生活污水处理厂运行效果情况、有关资金投入使用绩效情况，着力推动广州市污水处理体系的绿色低碳循环发展，助力建设绿美广州。

民生审计 重点关注学前及义务教育、促就业保民生、社保基金、民政领域等情况，促进各项改善和保障民生政策措施落实到位。

重点关注净水厂、医科大学附属医院临床教学综合楼项目、市老年病康复工程等民生项目建设情况，促进项目规范管理和加快建设，提高财政资金绩效。

经济责任审计 围绕促进领导干部履职尽责、担当作为，完成21名干部履行经济责任情况审计。

大数据审计 深化大数据、人工智能、区块链等新技术创新应用，局数字化审计平台接入市政务区块链平台，以联盟链模式优化审计电子数据上链存证。

审计查出问题整改 2021年度审计工作报告反映的356个问题，要求立行立改的314个问题全部整改到位，分阶段整改和持续整改的42个问题有序推进。整改问题涉及金额15.02亿元，制定完善政策制度112项。

内部审计 加强对内部审计工作的指导和监督，印发《2022年度内部审计工作指导意见》。组织内部审计人员参加“以审代训”，促进提高内部审计人员的业务能力和审计水平。

（撰稿人：谢　洲）

【韶关市审计局】 2022年，韶关市审计局实有65人。党组书记、局长钟定鸿，党组成员、副局长丘光强、黄庆红、罗文达、林桂玉，党组成员、总审计师刘兵。设有市委审计委员会办公室秘书科；内设办公室、计划和整改监督科、法规审理科、电子数据审计科、经济责任审计科、财政金融审计科、行政事业审计科、农业农村与生态环保审计科、固定资产投资审计科、经贸外资审计科、人事科、机关党委；下设审计服务中心。

审计成果 2022年，韶关市审计机关共完成审计项目226个，查出非金额计量问题1449个、问题金额91.82亿元，审计促进整改落实有关金额68.39亿元。向被审计单位提出审计建议699条，审计建议采纳率为100%。移送纪检监察、司法和有关部门处理事项31项；被批示、采用审计报告和专项审计调查报告32篇；被批示、采用审计信息81篇次。

政策落实情况跟踪审计 组织市县两级开展国家和省重大政策措施落实情况跟踪审计，重点关注各地各部门做好“六稳”工作、落实“六保”任务、推动复工复产复市、优化营商环境、新冠肺炎疫情防控等政策措施落实情况。

财政审计 采用市县联合财政审计模式，实现市审计局对县级财政审计“下管一级”，构建起“横向到边、纵向到底”财政审计大格局，共发现104个问题，涉及问题金额57.38亿元。

开展莞韶园甘棠生物医药产业园、市中医院、市红色教育基地等工程审计项目，发掘重点领域重点工程的重大问题，为市委市政府节约投资成本、加强项目管理提供有力参考。

民生审计 开展医防融合政策落实、困难群众政策落实、芙蓉新城5个村被征地农民利益保障审计项目，审计发现侵害人民群众利益金额2563万元。

国有企业审计 组织开展市属国有企业资产管理情况审计调查和韶关新区实业集团有限公司2020年至2021年度资产负债损益情况审计，并与市国资委联合印发《加强市属国有企业审计协同监督工作办法》。

资源环境审计 首次对韶关市水务局开展部门党政主要领导干部自然资源资产离任（任中）审计，持续开展山水林田湖草生态保护修复试点工程项目资金管理使用情况专项审计调查，曲江区2022年度耕地保护情况专项审计调查等资源环保类审计项目，助力韶关争当北部生态发展区高质量发展排头兵。

经济责任审计 完成经济责任审计项目68个，审计经济责任人78人，提交审计报告和审计结果报告139篇。

内部审计 韶关市设立内部审计机构的单位共有210个，实有内部审计人员1314人，开展审计项目605个，审计报告反映累计问题金额2.83亿元，审计问题数量2110项，促进制定完善制度或业务流程521项。 （撰稿人：朱丽娟）

【深圳市审计局】 2022年，深圳市审计局实有137人。党组书记、局长胡卫东，党组成员、副局长、经济责任审计专业署署长彭爱萍（9月—）、袁经（—9月），党组成员、副局长、机关党委书记郑奕新，党组成员、总审计师宋令芳，党组成员、副局长胡重辉、汪隽（12月—）。中共深圳市委审计委员会办公室设在市审计局，下设秘书处；深圳市审计局内设办公室、综合计划处、法规审理处、整改监督处、大数据审计处、财政审计处、金融审计处、行政事业审计处、资金审计处、自然资源和生态环境审计处、企业审计处、固定资产投资审计处（重大项目稽察处）、机关党委（人事处）；下设经济责任审计专业署，主管深圳市审计学会、深圳市内部审计协会。

审计成果 2022年，深圳市审计局共完成审计项目214个，查出各类问题金额749.60亿元。其中，市审计局完成审计项目46个，查出各类问题金额528.92亿元，出具审计报告67篇，提交审计信息59篇，提出审计建议166条，移送处理事项68件，移送处理金额212.64亿元。

深圳市2020年度国有资本经营预算执行情况审计项目获审计署全国审计机关优秀审计项目三等奖。

政策落实情况跟踪审计 对服务民营及中小微企业、就业失业补助、助企纾困、转供电服务等政策落实开展跟踪审计。

财政审计 开展政府投资组织分配审计，关注地方政府专项债券、财政暂存暂付款挂账事项、国有土地使用权出让收支、财政专项资金等管理使用等情况。

国有企业审计 关注国有企业决策、审批、管理、执行等岗位“关键少数”从业行为，揭示影响运营管理的体制机制问题。

民生审计 审计社保基金、困难群众救助补助资金、教育财政经费和购买服务经费管理使用等情况，推进落实民生福祉。

经济责任审计 全市审计机关审计75名领导干部，查出各类问题金额41.34亿元。其中，市委审计办、市审计局审计20名市管领导干部，查出各类问题金额10.69亿元。

绩效审计 开展“高质量发展推进现代化建设”专题绩效审计，反映推动优化营商环境、促进政府有效投资、提高民生服务水平情况。

审计查出问题整改 推进省市两级审计发现问题整改及“回头看”检查，构建审计整改政务平台，出台3项审计整改规范化建设措施。

相关工作 完成局政务办公系统（OA）信创替代和政务云二期（审计专区）设备部署，金审三期应用系统进入试运行。（撰稿人：洪琪琪）

【珠海市审计局】 2022年，珠海市审计局实有92人。党组书记、局长李喜妍，党组成员、副局长邓斌、邓榜成、陈娟、林树青，党组成员、总审计师黄耀文，副局长夏思红，二级调研员张跃进、胡艳华，四级调研员杨德义。市委审计委员会办公室设在市审计局，下设秘书科。珠海市审计局设有办公室、法规审理科、整改监督科、内部审计监督科、电子数据审计科、经济责任审计科、政策跟踪审计科、财政与债务审计科、金融审计科、行政事业审计科、资源环保审计科、公共投资审计一科、公共投资审计二科、企业审计一科、企业审计二科；市审计局直属分局，为市审计局派出机构。

审计成果 2022年，珠海市审计局完成审计（调查）项目41个，查出管理不规范金额70.44亿元，违规金额5.49亿元，损失浪费金额4415.93万元，审计处理处罚金额5.90亿元，审计后挽回和避免损失3.995亿元，促进整改落实有关问题资金5.73亿元（其中增收节支5.66亿元），核减投资额3.24亿元，审计发现非金额计量问题365个，出具审计报告和专项审计调查报告56篇，提出审计建议144条，促进被审计单位建章立制36项，提交审计专题、综合性报告和信息简报75篇，其中报送重要审计信息12篇，被市主要领导批示12篇。

珠海市委审计委员会办公室、市审计局修订并率先在全市范围印发《珠海市审计机关贯彻落实“三个区分开来”建立容错免责减责机制的实施方案》，为珠海干部干事创业划出审计评价的“安全边界”；珠海市审计局率先在全省地市印发实施《珠海市审计局派驻市管企业审计专员办事处日常监督工作规程（试行）》，探索构建具有珠海特色的国企研究型审计工作新机制，着力提升国资国企审计监督效能；珠海市审计局出台《珠海市审计机关发挥审计职能作用支持服务保障“产业第一”十项措施》，充分发挥保障执行、促进发展、服务民生、预防风险的作用；珠海市审计局制定出台《珠海市审计整改结果公告办法（试行）》，进一步推进审计查出问题整改落实工作，规范审计整改结果公告。

政策落实情况跟踪审计 开展政策跟踪审计（调查）项目3个、审计专题2个，发现各类不规范问题17个，涉及不规范财政资金2070万元；提出审计建议7条，被采纳7条；报送审计信息2篇，得到市领导批示3次，移送相关线索1条；开展课题研究1项；梳理产业发展相关审计案例3个、涉及招商引资问题6个。按照省审计厅要求组织开展支持市场主体应对疫情纾困发展专项审计，提交综合报告2篇、专题报告1篇，移送案件1项。关注“民生微实事”政策落实情况，对全市“一盘棋”政策、资金、绩效等核心内容开展审计，形成综合报告2篇、专题报告1篇，采用信息1篇。

财政审计 珠海市审计局组织各行政区审计局，实施2021年度市、区财政全覆盖审计，聚焦经济监督主责主业，重点审计财政资源统筹、财政收入质量、财政支出约束、财政资金管理等情况，开展地方政府专项债券管理使用情况、“三保”（保基本民生、保工资、保运转）财政保障情况审计专题审计。揭示部分非税收入应收未收、部分财政资金闲置等财政管理问题，财政增收节支和挽回损失11.12亿元，促进财政规范管理和防范隐性债务风险。

组织实施公共投资审计项目 6 个，促进财政增收节支和挽回损失 6.8 亿元。参与市“大刀队”（珠海市政府性资金事前绩效评估领导小组）绩效评审小组工作，节约不必要的项目投资 7.6 亿元。作为编制组成员参与制定并出台《珠海经济特区规范政府投资建设工程发包与承包行为若干规定》，系统揭示国有施工企业违法分包转包问题，促进市人大立法。建成珠海审计案例平台，是全省首次采取视频形式在线管理审计案例分析，为推动审计人员能力提升打造便捷学习平台。海绵城市审计项目被省审计厅评为优秀案例，在全省审计系统推荐相关经验和做法。对医疗卫生项目开展专项审计调查，发现医用设备采购涉嫌串标潜存廉政风险等问题，经市主要领导批示，市卫生健康局研究出台多项制度规范医用设备采购。发现市建设工程质监站深基坑监测管理不到位，存在监测数据不真实潜存安全隐患等问题，经市主要领导批示，市住建局规范深基坑监测管理，化解安全风险。

聚焦主责主业，做好功能区审计监督服务保障，全年按时保质完成富山工业园经责、高新区公共财政跟踪审计调查、高新区产业投资审计调查、全市专项债券审计调查、高新区产业园审计调查 5 个审计项目。查出主要问题金额 4.69 亿元，上缴财政资金超 8000 万元，提出审计建议 22 条，提交公共配建资产管理审计专报 1 篇，得到多位市领导批示及肯定。

国有企业审计 紧绕“产业第一”工作总抓手，贴合国资国企改革发展实际，以问题风险为导向，以监督防范为主线，做好常态化“经济体检”。全年开展审计项目 8 个，查出问题金额 16.39 亿元，非金额计量问题 107 个，发出审计移送处理书 3 份，处理处分相关责任人 13 人。通过审计整改，抵押资产处置变现 1.13 亿元，盘活闲置资金 1.22 亿元。发挥审计专员办对市属国企派驻监督全覆盖优势，突破以往单个国企审计项目方式，对市属国企资产管理情况进行全面摸查，系统性提出意见及建议。

金融审计 1 月 27 日，珠海市审计局成立金融审计工作组，8 月 23 日组建金融审计科。年内开展对珠海农商银行、罗定农商银行防范化解金融风险情况进行专项审计调查，提出强化本地银行竞争优势等审计建议；开展政府投资基金服务产业发展情况专项审计调查，促进本市政府投资基金改革。

经济责任审计 完成 14 家单位 15 名主要领导干部（企业领导人员）经济责任审计，发出审计移送书 7 份，报送要情要目、重要信息专报等 7 篇，并向市委审计委员会报告年度领导干部经济责任审计情况，推进领导干部规范用权，压实党风廉政建设责任，推动各项事业高质量发展提供坚实审计保障。组织召开市级经济责任审计工作联席会议 2022 年全体会议，充分发挥联席会议平台共振作用。修订完善《经济责任审计文书参考格式》，制定《经济责任审计文书报送指引》，规范经济责任审计文书和报送。

资源环境审计 完成资源环境审计项目 2 个，参与省审计厅审计项目 1 个。项目查出主要问题 18 个、非金额计量问题 16 个，涉及金额 1354.2[illegible] 万元，其中违规金额 236.84 万元，管理不规范问题金额 1263.26 万元。提出建议 7 条，促进建立健全规章制度 6 项。继续深化对资源环境监管机构和重要自然资源开发利用及保护情况的审计，推动领导干部切实履行自然资源资产管理和生态环境保护责任，助力生态文明建设。深入调查研究，完成资源环境专项调查项目 3 个，报送调研报告 3 篇，均获市委市政府主要领导批示。

行政事业审计 组织实施 5 个行政事业审计项目，较好地完成了各项工作任务，促进财政增收节支和挽回损失约 5000 万元，追回社保基金 1[illegible] 万元，督促基金拨付到位 470 万元。完成市领导交办调查工作 2 项，调查报告 2 篇和审计信息专报 2 篇获市主要领导批示。对市农业农村局管理的重要资金监管情况进行全面深入审计，发现多项涉农专项资金存在设立、发放管理不到位的问题，审计信息专报获市主要领导批示，有效推动全市涉农资金管理的规范和资金使用绩效的提升。

审计查出问题整改 强化审计整改工作力度，在全省率先以市政府名义印发《珠海市审计整改专项行动工作方案》和《珠海市审计整改结果公告办法（试行）》。提请市政府召开 2021 年全市审计整改工作会议。履行对上级、本级审计项目查出问题的跟踪督促检查职能，配合市人大常委会做好审计查出突出问题整改工作。定期清理历史未整改到位问题，做好审计发现问题及整改情况纳入全市行政事业单位年终绩效考评工作。加强审计整改信息化建设。

内部审计　完善审计机关内部审计指导监督工作制度，出台《珠海市审计机关加强内部审计指导监督工作的实施意见》《珠海市审计机关开展内部审计工作检查实施细则（试行）》，明确细化内部审计指导监督的具体措施；对3家市属国企的内部审计工作情况开展专项监督检查；组织17家国企开展内部审计经验交流分享会，交流探讨市属国企内部审计工作基本情况、存在问题及工作意见和建议；邀请市财政局、市注册会计师协会、14家会计师事务所开展社会审计座谈会，重点围绕近三年承接市机关、企事业单位审计业务的情况及存在主要问题开展交流，加强与社会审计机构的沟通联系，增强审计监督合力；挑选市直单位3名内部审计人员参与市审计局实施的审计项目，通过“以审代培”提高内部审计人员审计实操能力。

相关工作　2022年，珠海市审计局获广东省五一劳动奖状表彰。南京审计大学粤港澳大湾区审计研究院以线上线下相结合的形式，举办2022年粤港澳大湾区大数据审计技能赛，开展6个课题研究，其中“横琴粤澳深度合作区审计制度融合创新”课题研究获得审计署、省、市领导批示；召开投资审计工作研讨会；推动珠海市地方金融风险监测中心于2022年底正式揭牌运作；建设公共投资审计研究和廉政警示教育中心，建成珠海审计案例开发平台，协助珠海审计完善多个审计案例；面向大湾区各地市审计机关及珠海内部审计部门，举办1期金融审计和自然资源审计培训班，培训200余人次；开展公共政策绩效评价、内部审计实务操作和审计署计算机审计中级技能培训等3个专题讲座，培训300多人次；向珠海市审计局派出研究生学历及以上实习生19名。

2022年，珠海市审计机关全面实施科技强审战略，为审计高质量发展蓄势赋能。制定实施《数字审计能力三年提升行动方案》，举办粤港澳大湾区和市审计系统大数据审计技能赛，大数据审计在金融和投资领域的分析应用获二等奖，被评选为精品审计案例。部署推广金审三期，完成审计全覆盖公共服务平台开发，拓展在线审计系统应用，系统成果被提名为广东省科技进步奖。推进审计数据治理工作，拓展数据归集渠道，归集各类数据32亿条。按照“广东省示范数字档案室”标准建成数字档案室，深挖电子档案资源利用价值。

巩固审计管理体制改革成果，建立完善《关于贯彻落实〈关于加强党政主要领导干部和国有企事业单位主要领导人员经济责任审计工作的若干措施〉的意见》《审计成果定期研判工作机制》等制度24项。在全省率先建立派驻市管企业审计专员制度；市经济责任审计工作联席会议办公室主任由副局长兼任调整为“单独设置，副处级”；新设金融审计科；实施审计助理制度改革。

（撰稿人：梁启敏）

【汕头市审计局】　2022年，汕头市审计局实有100人。党组书记、局长李宁，党组成员、副局长谢少勇、郑奕斌、许志东，党组成员、总审计师方文平，党组成员、三级调研员陈艾龙，经济责任审计办公室主任陈心然，二级调研员谢火燕，三级调研员卢晓云。设有市委审计委员会办公室秘书科；内设办公室、综合法规科、财政金融审计科、行政政法审计科、企业审计科、固定资产投资审计科、教科文审计科、农业农村与自然资源生态环境审计科、社会保障审计科、经济责任审计科、整改监督科；下设市计算机审计中心。

审计成果　2022年，汕头市审计机关共完成审计项目152个，其中审计135个、专项审计调查17个。查出主要问题金额2184156万元，其中违规金额9649万元、管理不规范金额2174506万元；审计发现非金额计量问题1497个；损益（收支）不实金额49489万元；审计发现侵害人民群众利益14623万元；出具审计报告和专项审计调查报告218篇，被批示、采用15篇次。审计处理处罚金额71152万元，其中应上缴财政5647万元、应减少财政拨款或补贴4321万元、应归还原渠道资金4290万元、应调账处理金额56892万元；移送司法机关、纪检监察机关和有关部门处理事项19件，移送处理金额21864万元。审计促进整改落实有关问题资金 225625 万元；审计促进拨付资金到位 96597 万元；审计后挽回（避免）损失 344 万元；核减投资额 5 万元；移送处理落实事项 2 件。审计提出建议 432 条，被采纳 292 条；推动被审计单位制定整改措施 298 项；促进被审计单位建立健全规章制度 14 项；提交审计信息 104 篇，被批示、采用 46 篇次。向社会公告审计结果 14 篇。

政策落实情况跟踪审计　组织开展市场主体纾困政策落实专项审计调查。走访 14 个行政部门、延伸调查 15 家企业和 1 家金融机构，协助各部门梳理在政策衔接中的堵点难点问题，重点反映各地、各部门助企纾困政策措施出台不及时、落实不到位、效果不明显等问题。推进各部门间的协同配合，进一步放大政策效应。

财政审计　组织开展本级预算执行及决算草案、下级政府财政管理和收支、财政直达资金以及部门预算执行情况审计等，注重从保障经济社会健康运行的高度，深入揭示体制机制制度性问题，促进公共财政资金管理机制的健全和完善。完成政府投资建设重点项目审计 9 个，共收回多付工程款 6111.18 万元，移送处理事项 4 项，揭示在工程建设管理、资金使用管理等方面存在问题，进一步推动项目加快实施，提高资金使用效益。

国有企业审计　开展国有企业资产管理情况审计调查和资产负债损益情况审计，对国有企业资产质量、运营、资产安全和对外投资等方面存在的突出问题或重大风险隐患进行提示，共移送市纪委监委事项 2 项，移送主管部门事项 1 项。

资源环境审计　围绕建设绿色生态美丽汕头目标开展水资源管理审计调查，从水资源的开发利用、节约、保护、执法监督情况进行全面审计，提出了科学配置水资源，水资源管理制度的落实，规范水资源费征收等针对性审计建议，较好地推动水资源管理水平的提升。

民生审计　组织开展社保、残疾人医疗康复救助、既有住宅增设电梯、食品安全监管等审计项目。做好民生审计的选题工作，找准审计发挥作用的切入点和着力点做深做透民生审计。加强对民生资金、项目和相关政策落实情况的审计监督，实现对重点群体“大民生”兜底性考量，及时堵住政策漏洞。

经济责任审计　组织对全市 64 名领导干部任期履行经济责任情况进行审计，以审计领导干部履职尽责情况为主线，不断推进市直部门、事业单位、国有企业领导干部，区县党政领导干部和乡镇（街道）党政主要领导干部经济责任审计，强化对权力运行的制约和监督。深化自然资源离任（任中）审计力度，同步开展县长经济责任审计及自然资源任中审计，既关注“经济账”，又算清“生态账”。

审计查出问题整改　2022 年，向省审计厅、市委、市政府共提交整改情况报告 6 篇，向整改责任单位发出整改通知、整改督办函等 50 多份，组织开展被审计单位整改情况现场督查 22 次。同时强化整改责任落实考核工作，对全市 7 个区（县）和部分责任部门审计问题整改情况进行考核评分，履行好整改落实督促检查职责。

内部审计　加强对内部审计工作的指导和监督。对 9 个重点部门及国有企业开展内部审计专项检查，对各单位内部审计的规范性、效果性进行督促检查，积极搭建内部审计交流平台，开展内部审计工作研究、征文比赛等活动，推动内部审计切实发挥职能作用。

相关工作　认真落实“第一议题”制度，以高质量党建引领和保障高质量审计监督；推动党建业务“双优同创”，加强创建特色党日活动。开展“双优同创”活动，将党建和业务工作深度融合；加强审计法治化建设，出台市审计机关开展法治宣传教育第八个五年规划暨市审计局 2022 年度普法工作安排；制定《中共汕头市审计局党组 2022 年度党风廉政建设与反腐败工作意见》等文件，加强党风廉政建设；组建了由市县两级审计机关业务骨干构成的大数据工作小组，制定了工作小组的运作机制，加强大数据审计力度。

（撰稿人：杨　琳）

【佛山市审计局】　2022 年，佛山市审计局实有 85 人。党组书记、局长伍志强，党组成员、副局长金娥、蓝杰、李伟利，副局长谢慧茹（10 月—），总审计师谢慧茹（—10 月），党组成员、总审计师龙遨海（10 月—），党组成员、市经济责任审计联席会议办公室主任李泽斌，党组成员、副局长温美球（—10月），三级调研员温美球（10月—）。佛山市委审计委员会办公室设在佛山市审计局，下设市委审计委员会办公室秘书科；佛山市审计局设有办公室、法规审理科、整改监督科、经济责任审计科、财政审计科、行政事业审计科、固定资产投资审计科、企业审计科、社会保障审计科、绩效审计科、数字化审计科。

审计成果 2022年，佛山市审计局完成审计项目22个，其中审计17个、专项审计调查5个。查出主要问题金额1901131.63万元，其中违规金额297688.46万元、损失浪费金额278.57万元、管理不规范金额1603164.60万元；审计发现非金额计量问题155个；损益（收支）不实金额9167.82万元；审计发现侵害人民群众利益97.18万元；出具审计报告和专项审计调查报告28篇，被批示、采用5篇次。审计处理处罚金额339048.66万元，其中应上缴财政297249.36万元、应归还原渠道资金8312.02万元、应缴纳其他资金27117.77万元、应调账处理金额6369.51万元；移送司法机关、纪检监察机关和有关部门处理事项4件，移送处理人员5人，移送处理金额565782.91万元。审计促进整改落实有关问题资金64412.39万元；审计促进拨付资金到位8428.15万元；移送处理落实事项6件。审计提出建议82条，被采纳73条；推动被审计单位制定整改措施92项；促进被审计单位建立健全规章制度24项；提交审计信息64篇，被批示、采用46篇次。向社会公告审计结果5篇。

政策落实情况跟踪审计 关注财政直达资金惠企利民政策措施、科技教育专项资金和人才扶持政策、医疗和公共卫生服务保障、重大交通设施建设等落实情况，审计发现主要问题30个。

财政审计 推进对市直单位预算执行情况的审计全覆盖，揭示资产管理使用、预算编制执行等突出问题271个，查出主要问题金额189.81亿元。

国有企业审计 围绕深化国企改革进行审计，促进建立健全业绩考核、薪酬管理等10多项制度，推动提升经营绩效。

农业农村审计 对黔东南州11个市县38个协作项目开展政策落实和资金管理使用审计，保障东西部协作政策落地见效。

资源环境审计 开展工业集聚区用地提升专项审计调查，促进土地资源集约利用。

民生审计 推进社会保障基金、“平安佛医保”补充医疗保险、长者饭堂等审计，移送处理多起涉嫌骗取失业保险金问题，发现侵害人民群众利益97.18万元。

经济责任审计 对3个单位、4个镇街14名党政主要领导干部履行经济责任情况进行审计。试行“巡审联动”模式，建立6项工作机制。

审计查出问题整改 对15个整改责任主体277个审计问题进行实地督查，全年整改问题金额45.39亿元，制定完善制度90项，整改率81%。

研究型审计 制定《佛山市审计机关全面提升审计工作质量水平三年行动计划》，开展5项强审行动，建立13项机制，1项课题获广东省审计厅重点科研课题优秀奖。

内部审计 代佛山市政府草拟《佛山市关于进一步加强内部审计工作实施意见》，加强全市内部审计指导监督，建立“以审代训”机制。

（撰稿人：张嘉琪）

【江门市审计局】 2022年，江门市审计局实有82人。党组书记陈新汉（—6月）、王彦（6月—），局长陈新汉（—7月）、王彦（7月—），党组成员、副局长凌健能、郑子明、刘斐，副局长林文宇，党组成员、经济责任审计办公室主任朱伟俊，三级调研员梁小玲、梁兆政。市委审计委员会办公室设在市审计局，下设秘书科；江门市审计局设有办公室、综合计划科、法规审理科、整改监督科、电子数据审计科、经济责任审计科、财政审计科、行政事业审计科、农业与资源环境审计科、固定资产投资审计科、企业审计科、社会保障审计科、人事科。

审计成果 2022年，江门市审计机关共完成审计项目211个，其中审计189个、专项审计调查22个。查出主要问题金额721355.46万元，其中违规金额27728.84万元、损失浪费金额186.79万元、管理不规范金额693439.83万元；审计发现非金额计量问题1430个；损益（收支）不实金额109167.8万元；审计发现侵害人民群众利益11632.78万元；出具审计报告和专项审计调查报告 245 篇。审计处理金额 98304. 66 万元，其中应上缴财政 17957. 89 万元、应归还原渠道资金 9771. 33 万元、应调账处理金额 70575. 43 万元；移送司法机关、纪检监察机关和有关部门处理事项 81 件，移送处理人员 8 人，移送处理金额 22673. 11 万元。审计促进整改落实有关问题资金 36008. 94 万元；审计促进拨付资金到位 2729. 9 万元；审计后挽回（避免）损失 329. 52 万元；移送处理落实事项 10 件。审计提出建议 737 条，被采纳 696 条；推动被审计单位制定整改措施 111 项；促进被审计单位建立健全规章制度 26 项；提交审计信息 97 篇，被批示、采用 12 篇次。向社会公告审计结果 13 篇。

江门市新会区古兜水电站党委书记、站长任期履行经济责任情况审计项目被评为全国审计机关优秀审计项目二等奖。

政策落实情况跟踪审计 重点关注中央直达资金、省级促进民营经济及中小微企业发展专项资金和市级工业扶持专项资金管理使用，跟踪监督检查政策执行进度、实际效果等情况。揭示了超范围使用专项资金，部分项目建设管理不规范、推进慢等 50 多个问题。

财政审计 组织实施市级财政预算执行审计，落实省市县三级财政预决算“纵向到底”全覆盖审计；开展 2021 年度预算执行和其他财政收支情况审计，共选取 14 个一级预算单位进行审计，延伸审计了 13 个下属单位。

开展江门市 2021 年度市级保障性安居工程资金投入和使用绩效、五邑华侨华人博物馆改扩建工程项目审计，对全市 44 条公路工程建设情况进行审计调查。

国有企业审计 开展江门市 2021 年度本级国有资本经营预算执行情况、市滨江建设投资有限公司和金羚集团有限公司党委书记、董事长任期履行经济责任情况审计，对市城市发展投资集团有限公司等 5 家原市属企业运营情况进行专项审计调查。

农业农村审计 开展江门市农业强市专项资金审计，对江门市 2021 年度市级农业强市专项资金管理和使用情况进行了审计，开展耕地保护和粮食安全措施工作落实情况专项审计调查，重点审计耕地保护和粮食安全措施工作落实情况。

资源环境审计 组织开展江门市 2019 年至 2020 年度生态宜居美丽乡村建设相关政策和资金审计，推动江门市农村人居环境整治、农村基础设施建设和公共服务设施完善。

民生审计 开展江门市 2021 年至 2022 年东西部协作政策落实和资金管理情况审计，对江门市基础教育情况进行审计调查，围绕重点民生资金、民生工程和基本民生保障，组织对全市 2019 年至 2021 年困难群众救助补助资金、“扶贫济困日”捐赠资金开展审计。

经济责任审计 强化领导干部经济责任意识，分类编制领导干部履行经济责任风险提示清单，帮助领导干部更好履行经济责任。开展巡审结合试点工作，选取开平市月山镇作为巡审结合试点，指导蓬江区局巡审结合项目揭露杜阮镇卫生院虚构家庭病床骗取巨额医保资金案件。2022 年，全市审计机关共审计领导干部 77 人，审计查出主要问题金额 311431. 52 万元。

审计查出问题整改 2020 年度市级预算执行和其他财政收支审计工作报告反映的 382 个问题，已整改到位 356 个，整改完成率 93. 19%，促进被审计单位制定或完善制度规范 79 项，整改问题金额 54. 42 亿元。 （撰稿人：李凌宇）

【湛江市审计局】 2022 年，湛江市审计局实有 63 人。党组书记、局长曹敏（7 月—），党组成员、副局长、三级调研员王忠，党组成员、副局长苏云峰，党组成员、总审计师许颖，党组成员、市经济责任审计工作联席会议办公室主任周吉权，二级调研员宋进耀、李驰，四级调研员唐辉（—10 月）。内设市委审计委员办公室秘书科，办公室、综合计划科、法规审理科、整改监督科、内部审计指导监督科、电子数据审计科、经济责任审计科、财税金融审计科、行政事业审计科、自然资源和生态环境审计科、固定资产投资审计科、企业审计科、社会保障审计科、派出审计科。

审计成果 2022 年，湛江市审计局完成审计和审计调查项目 60 个，提交审计报告和专项审计调查报告 70 篇，查出主要问题金额 333. 63 亿元，审计处理处罚金额 7. 05 亿元，审计移送处理事项 15 件，提出审计建议 200 条，被采纳 130 条。

政策落实情况跟踪审计 审计主要发现财政直达资金存在分配下达不及时、资金闲置、违规使用资金等问题，部分单位存在行政处罚不规范、房租减免政策落实不到位、小微企业认定不精准等问题。

财政审计 完成财政类审计59个、延伸审计单位261个，审计专项资金总额46.31亿元，审计查出主要问题金额332.51亿元。审计主要发现专项债券资金使用进度慢、超支挂账规模控制不严等问题。

开展公共投资项目审计，审计项目投资额6.73亿元，发现主要问题金额606.23万元，审计主要发现工程监督管理不到位、工程施工不规范及工程存在违规招标评标等问题。

国有企业审计 审计主要发现企业存在违规销售、“三供一业”分离移交工作进展缓慢、国有资产流失风险等问题。

资源环境审计 审计主要发现国土空间规划对“十四五”规划重大项目保障不足、工业用地开发利用监管机制不完善、闲置土地管理履职不到位等问题。

民生审计 审计主要发现部分县（市、区）年度基本公共卫生服务资金拨付率未达标、卫生强基建设支出责任未落实等问题。

经济责任审计 全年对30名领导干部进行任期经济责任审计，审计查出主要问题金额5.24亿元。审计主要发现方针政策落实不到位，任务推进缓慢或未按期完成、重大决策制度不完善、公务接待费管理使用不规范等问题。

内部审计 2022年，湛江市有内部审计机构72个，内部审计人员344人，完成审计项目2719个，审计发现问题金额0.39亿元，促进问题整改金额0.39亿元，促进制定、完善制度868项。

审计查出问题整改 通过开展现场整改督查、发整改督办函、分级分类管理、加强整改信息公开等方式强化整改。截至2022年底，湛江市审计局审结项目整改完成率86.62%。

相关工作 组织开展审计质量检查，督促县级审计机关控制审计质量。出台项目计划管理、审核复核审理、审计业务基本操作、统计工作管理等制度，前移审理关口，优化审计资源配置，提升审计工作质量。率先完成市本级审计机关金审三期终端100%部署和国产化替代工作，全体人员实现移动办公，相关工作经验在金审三期工作动态中向全省推广。

（撰稿人：谢碧霞）

【茂名市审计局】 2022年，茂名市审计局实有85人。党组书记、局长黄晓文，党组成员、副局长李家胜、梁文超、柯筱兰，党组成员、总审计师冯广周，党组成员、经济责任审计办公室主任罗华。设有办公室、党建工作科、综合计划科、财税金融社保审计科、行政政法教科文审计科、法规审理和整改监督科、农业农村和资源环境审计科、固定资产投资审计科、企业审计科、经济责任审计科、电子数据审计科；下设审计事务中心。

审计成果 2022年，茂名市审计机关共完成审计项目196个。查出主要问题金额152.08亿元，其中违规金额3.51亿元、管理不规范金额148.55亿元；审计发现非金额计量问题1090个；出具审计报告和专项审计调查报告283篇，被批示、采用3篇次。审计处理处罚金额72.28亿元，其中应上缴财政3.36亿元、应归还原渠道资金4.92亿元、应调账处理金额63.85亿元；移送司法机关、纪检监察机关和有关部门处理事项6件，移送处理金额2801万元。审计促进整改落实有关问题资金47.15亿元；移送处理落实事项3件。审计提出建议702条，被采纳683条；推动被审计单位制定整改措施356项；促进被审计单位建立健全规章制度18项；提交审计信息68篇，被批示、采用25篇次。

政策落实情况跟踪审计 开展16个政策落实跟踪审计项目，审计查出主要问题金额5979.11万元，审计处理处罚资金399.73万元。

财政审计 开展25个财政审计项目，审计处理结果促进增收节支资金24.88亿元，在推动财政资金合理配置、高效使用等方面发挥积极作用。

国有企业审计 开展3个国有企业审计项目，审计查出主要问题金额7467.67万元。

农业农村审计 开展4个农业农村审计项目，审计查出主要问题金额5339.78万元，审计处理结果促进增收节支资金84.74万元。

民生审计 开展31个民生审计项目，审计查出主要问题金额 7206.20 万元，推动各项惠民富民政策落到实处，兜牢民生底线。

经济责任审计 开展 78 个领导干部经济责任审计项目，审计查出主要问题金额 60.96 亿元，促进领导干部依法履职尽责、守法守规守纪。

审计查出问题整改 坚持强化对审计查出问题整改的跟踪督促检查，建立健全政府主导、人大监督、被审计单位整改、纪检监察巡察协同、审计跟踪督促的审计整改机制，以问责问效倒逼审计查出问题整改到位，增强审计监督效能。

内部审计 全市有 97 个单位设立独立内部审计机构，实有内部审计人员 1138 人，开展审计项目 175 个，审计发现问题金额 524.55 万元，移送有关部门处理事项 1 件。

相关工作 坚定不移推进机关党风廉政建设，加强干部教育监督管理。2022 年，茂名市审计局获得“模范党支部”的称号。（撰稿人：陈斯铭）

【肇庆市审计局】 2022 年，肇庆市审计局实有 75 人。党组书记、局长卓萍，党组成员、副局长李铖，党组成员、副局长、三级调研员闲建中，党组成员、总审计师黎凯文，党组成员、市经济责任审计联席会议办公室主任陈淑华，党组成员、副局长邹景来（5 月—），党组成员、副局长、固定资产投资审计科科长何杰峰（8 月—），二级巡视员何炼生，二级调研员苏汉中（—10 月）。设有办公室、审计计划科等 12 个科室；下设 1 个审计中心。

审计成果 2022 年，肇庆市审计机关共完成审计项目 166 个，其中审计 151 个、专项审计调查 15 个。查出主要问题金额 2590944 万元，其中违规金额 8187 万元、损失浪费金额 2944 万元、管理不规范金额 2579813 万元；审计发现非金额计量问题 1089 个；损益（收支）不实金额 103656 万元；审计发现侵害人民群众利益金额 1828 万元；出具审计报告和专项审计调查报告 215 篇。审计处理处罚金额 64282 万元，其中应上缴财政 6284 万元、应减少财政拨款或补贴 169 万元、应归还原渠道资金 2248 万元、应缴纳其他资金 4036 万元、应调账处理金额 51545 万元；移送纪检监察机关和有关部门处理事项 26 件，移送处理人员 2 人，移送处理金额 71084 万元。审计促进整改落实有关问题资金 897855 万元；审计促进资金拨付到位 27497 万元；移送处理落实事项 13 件。审计提出建议 569 条，被采纳 481 条；推动被审计单位制定整改措施 669 项；促进被审计单位建立健全规章制度 62 项；提交审计信息 159 篇，被批示、采用 47 篇次。向社会公告审计结果 14 篇。

政策落实情况跟踪审计 完成财政直达资金、省级工业园区高质量发展资金、支持市场主体应对疫情纾困发展等专项审计。

财政审计 “横向到边、纵向到底”全覆盖，持续推进县级政府财政管理 5 年轮审工作，完成市财政暂存暂付款挂账事项审计调查项目、“三保”财政保障和地方政府专项债券管理等专题审计。

国有企业审计 完成 5 家国有企业财务收支审计和肇庆市国资监管企业资产管理情况专项审计调查。

农业农村审计 完成东西部协作政策落实和资金管理使用情况审计、镇级高标准农田建设项目建设情况审计等。

资源环境审计 完成 8 个镇党政领导干部和 1 个县级部门主要领导干部自然资源资产离任（任中）审计。

民生审计 完成社保基金、教育经费等专项审计。

经济责任审计 完成 49 名领导干部任期经济责任审计。

审计查出问题整改 2022 年全市审计工作报告反映的问题整改完成率达到 91.29%。

研究型审计 印发《审计有关法律法规学习汇编》，组织市审计学会撰写论文《以大数据审计为抓手，着力提升监督效能——肇庆市开展大数据审计的探索》。

内部审计 出台《肇庆市 2022 年内部审计工作要点》《肇庆市内部审计工作指引》等制度文件。

相关工作 全面落实“第一议题”制度和严格执行重大事项请示报告制度。增设市委审计委员会办公室专职副主任。召开市委审计委员会第六次会议。

（撰稿人：杨皓淇）

【惠州市审计局】 2022年，惠州市审计局实有48人。党组书记、局长欧阳絮梅，党组成员、副局长赖巨龙、杨景，副局长李思、单焯文，党组成员颜杰雄。设有秘书科、办公室、综合计划科、法规审理科、整改监督科、电子数据审计科、经济责任审计科、财政税务审计科、行政事业审计科、自然资源和生态环境审计科、固定资产投资审计科、企业审计科；下设大数据审计中心。

审计成果 2022年，惠州市审计局完成审计项目37个，共查出违规金额33885.51万元、应上交财政资金26342.49万元、应减少财政拨款或补贴资金653.57万元、应归还原渠道资金7986.79万元，出具审计（调查）报告46篇，提交审计信息14篇，推动建章立制42项。

政策落实情况跟踪审计 对小微企业转型升级为规模以上企业奖补、省级工业园区、支持市场主体应对疫情纾困发展、东西部协作、省级产业创新能力和平台建设等政策措施落实情况进行跟踪审计调查。

财政审计 对2021年度市本级（含大亚湾开发区、仲恺高新区）财政预算执行、决算草案和其他财政收支情况，以及4个县（区）财政管理和收支情况、89个市直一级预算单位预算执行情况、20个事业单位财政财务收支情况等进行审计；对市财政暂存暂付款挂账事项、中央直达资金管理使用情况、2022年政府专项债券管理使用情况进行专项审计调查。

对惠湾高速公路工程等4个重点建设项目相关建设管理情况和市直专项债项目建设推进情况进行专项审计调查；对隆生大桥工程竣工决算进行审计。

国有企业审计 对市供水有限公司、市公共交通管理有限公司资产负债损益和经营情况进行审计，对国企改革三年行动2022年重点改革任务推进落实情况进行专项审计调查。

资源环境审计 对仲恺高新区管委会原主要领导进行自然资源资产离任审计；对市、县（区）自然资源部门开展闲置土地调查处置工作情况、市本级及惠城区垃圾治理情况进行专项审计调查。

民生审计 对2019年至2020年粮食安全情况、市2021年养老服务体系建设情况、市人社部门落实援企稳岗政策情况、市2021年住房公积金归集管理和增值收益情况及相关政策落实情况等进行专项审计调查。

经济责任审计 对仲恺高新区管委会、市自然资源局、市农业农村局、市住房和城乡建设局以及惠东县平海镇、龙门县龙城街道、大亚湾开发区霞涌街道党政主要领导任期履行经济责任情况进行任中（离任）审计。 （撰稿人：张司政）

【梅州市审计局】 2022年，梅州市审计局实有50人。党组书记、局长、市委审计办公室主任丘加悦，党组成员、副局长冯玉涛、刁向晖、张敬浩（—6月）、蓝伟庆（9月—），党组成员、总审计师林小琼，党组成员张世钦。中共梅州市委审计委员会办公室设在市审计局，下设秘书科。梅州市审计局设有办公室、综合计划财务科、法规审理科、整改监督与内审指导科、财政金融债务审计科、行政事业审计科、经济责任审计科、农业农村与资源环保审计科、固定资产投资与企业审计科、社会保障审计科、电子数据审计科；下设绩效审计室、计算机审计中心。

审计成果 2022年，梅州市审计机关共完成审计（调查）项目198个，查出违规资金3.73亿元、管理不规范资金222.30亿元，提交审计专题综合性报告和信息简报78篇，提出审计建议666条，移送司法机关、纪检监察机关和有关部门处理事项12件。

政策落实情况跟踪审计 围绕推进经济高质量发展，组织对省级工业园区高质量发展资金管理使用、支持市场主体应对疫情纾困发展、省级现代农业产业园建设等重大政策落实情况进行跟踪审计，重点关注项目进度、项目落实效果、资金使用规范性等内容，促进政策落地生根与不断完善。通过审计监督，进一步分析存在问题的原因，提出合理化建议，促进解决，助力打通政策措施贯彻落实的“最后一公里”，打破“中梗阻”。

财政审计 紧扣预算审查监督重点向支出预算和政策拓展的有关要求，持续加大对深化财政体制改革、预算绩效管理及重点资金审计力度，加强对全口径预算管理和绩效管理审计监督。市审计局组织开展市级预算执行和决算草案、财政暂存款付款挂账事项、市级部门预算执行、梅县区和五华县财政决算等审计项目，持续关注中央八项规定及其实施细则精神落实情况，揭示了部分单位财政财务管理不规范、不合规使用资金等问题，提出加强预决算编制工作、加大预算收入统筹力度、加强债务管理等建议。

国有企业审计　聚焦高质量发展，组织对全市国有资源资产、市属国有企业资产管理等情况开展审计调查，全面摸清了梅州矿产资源、水资源、森林资源、市本级行政事业单位固定资产、市政公共资源、市属国有企业资产管理的底数，揭示了存在的普遍性问题，为市委、市政府加强国有资产资源管理提供决策参考；组织开展了韩江高陂水利枢纽工程建设情况审计，重点关注了工程进度、质量、效益等状况。

民生审计　坚持以人民为中心的发展思想，以推动兜牢民生底线为目标，抓住群众最关心的利益问题，组织开展困难群众救助补助资金、学前教育公办学位供给、水利及农村集中供水专项资金、电子警察规划建设和运行管理、疫苗流通和预防接种安全等审计，进一步拓展对民生领域审计监督的广度和深度，严肃查处冲击道德底线、未兜牢民生底线等问题。

经济责任审计　开展经济责任审计项目 80 个，审计党政领导干部 96 名，查出违规资金 4028 万元，管理不规范金额 122559 万元，出具审计报告、审计结果报告共 180 篇，提出审计建议 284 条全部被采纳。

审计查出问题整改　严格实行问题整改挂销号对账管理，加强审计整改跟踪检查督导，制定了《市委巡察机构与市审计局工作协调机制》，强化“巡审联动”，推进审计发现的各项问题得到有效整改落实。2021 年度市级《审计工作报告》反映的问题基本得到整改，通过整改已上缴财政资金 2.27 亿元，促进资金拨付使用（统筹）16.43 亿元，推动完善相关制度 116 项。

相关工作　党对审计工作的领导全面加强，市委审计委员会召开第五次会议，市委审计办强化对市委审计委员会决议事项、市政府交办事项、市纪委监委移交事项的落实和督查督办，严格执行请示报告制度，把政治导向、政治要求贯穿审计工作全过程。认真贯彻落实省、市关于模范机关创建的部署要求，创新构建“学习型、攻关型、服务型、廉洁型”党组织，推动审计党建理念创新、制度体系创新、工作载体创新。驰而不息推动依法行政，在梅州市国家机关“谁执法谁普法”履职报告评议活动获得优秀等次。强化审计干部思想淬炼、政治历练、实践锻炼，深入开展调查研究，组织全局将以党的二十大精神为引领开展研究型审计工作思路和学习心得体会等梳理成文，并汇编成册，增强审计人员能查能说能写本领，提升审计干部专业胜任能力。

（撰稿人：陈媚媚）

【汕尾市审计局】　2022 年，汕尾市审计局实有 56 人。党组书记、局长李林顺，党组成员、副局长林海生（—9 月）、纪永坤（—11 月）、庄清贺、刘汉良，党组成员、总审计师吴燕。设有办公室、法规审理科、财税金融审计科、行政事业审计科、农业农村审计科、经济贸易审计科、固定资产投资审计科、整改监督科、经济责任审计科、政策跟踪审计科、自然资源和生态环境审计科、电子数据审计科、内部审计指导监督科；下设汕尾市审计局审计中心。

审计成果　2022 年，汕尾市审计机关共完成审计和审计调查项目 96 个。审计查出主要问题金额 66 亿元，审计发现非金额计量问题 552 个，审计期间整改金额 2051 万元，审计处理处罚金额 8.39 亿元，移送处理事项 26 件。

政策落实情况跟踪审计　紧紧围绕国家和省、市政策措施落实情况等开展跟踪审计，努力当好经济发展“安全员”和政策落实“督查员”。报送的审计信息、审计要目连续受到市委、市政府主要领导批示。

财政审计　对市本级、陆丰市 2021 年度预算执行、决算草案和其他财政财务收支审计。运用大数据分析技术，对 124 个市级部门 2021 年度预算执行情况进行全覆盖审计。开展地方政府债务、中央直达资金、财政暂存暂付款项和企业职工养老保险、工伤保险基金审计。

对华南师范大学汕尾校区一期工程等 11 个省市重点项目进行审计，涉及投资总额 101.27 亿元，为政府节约投资 4669 万元。

国有企业审计 组织开展了汕尾市振兴投资有限公司、汕尾市金叶发展有限公司、汕尾高新区投资开发有限公司资产负债损益及绩效审计，促进国有企业提质增效，维护国有资本安全。

民生审计 组织开展了基层医疗卫生服务能力建设和就业补助资金和失业保险基金等6项审计或审计调查，持续关注民生民事，维护老百姓的根本利益。

经济责任审计 对9个单位"一把手"实施经济责任审计，促进领导干部守法守规守纪、担当作为；同时，印发2份风险提示清单，促进领导干部依法行政，提高防范风险能力。

审计查出问题整改 通过发放整改函，联合市委、市政府督查室以定期开展督查督促等方式，积极开展督促检查，确保审计发现问题得到及时整改，有力维护审计权威性、公信力。

（撰稿人：王伟展）

【河源市审计局】 2022年，河源市审计局实有43人。党组书记、局长张河敏，党组成员、二级调研员贺新彬，党组成员、总审计师谢统鹏，党组成员、副局长何仕军、张素珍、吴月胜、袁卓周，经济责任审计工作联席会议办公室主任贺智峰。内设办公室、秘书科、综合计划财务科、法规审理科、行政事业审计科、财政金融审计科；下设河源市经济责任审计中心。

审计成果 2022年，河源市审计机关共完成审计项目153个。查出主要问题金额2018723万元，其中违规金额79611万元、管理不规范金额1938751万元；审计发现非金额计量问题1197个；损益（收支）不实金额521626万元；出具审计报告和专项审计调查报告219篇。审计期间整改金额25416万元；审计处理处罚金额189875万元，其中应上缴财政74303万元、应归还原渠道资金20619万元、应调账处理金额94854万元；移送司法机关、纪检监察机关和有关部门处理事项12件，移送处理金额3580万元。审计促进整改落实有关问题资金195342万元；审计后挽回（避免）损失8655万元。审计提出建议776条；促进被审计单位制定整改措施56项；提交审计信息7篇，向社会公告审计结果17篇。

政策落实情况跟踪审计 重点对中央及省级直达资金管理使用、省级工业园区高质量发展资金管理使用及相关政策落实、支持市场主体应对疫情纾困发展政策措施落实情况等3项重大政策措施落实情况及资金管理使用情况开展跟踪审计，推动中央、省、市重大决策部署得到贯彻执行。

财政审计 完成了2021年度市本级财政预算执行、决算草案以及其他财政收支情况审计；对8个部门单位及市政府公共运转经费2021年度预算执行情况和3家公立医院部分财政专项资金使用情况开展审计，并延伸审计5家二级预算单位；对市高新区2016年至2020年财政财务收支情况、地方政府专项债券管理使用情况进行了审计，并对部分非税收入征管情况进行专项审计调查，披露了预算管理、债务债券资金管理使用以及重点专项资金使用绩效等方面的问题，促进财政资金提质增效、非税收入规范征收管理，有效推动各部门规范预算管理，提升预算执行效率和资金使用绩效。

对全市2014年至2020年政府投资项目评审情况、市区污水收集系统跨新丰江河管道工程建设情况开展审计，促进提升政府投资工程项目资金使用绩效。

国有企业审计 对重点国有企业开展审计，揭示国企运营管理中存在的突出问题，推动深化国有企业改革、规范国有资源资产管理、防范化解重大风险。

民生审计 加大对民生项目的审计力度，对全市2021年度社会保险基金预算执行情况、粮食安全和粮食购销情况、巩固拓展脱贫攻坚成果同乡村振兴有效衔接相关政策措施落实情况等进行专项审计及调查，推动补齐民生短板，促进各项惠民富民政策发挥实效，维护人民群众切身利益。

经济责任审计 围绕促进权力规范运行，对57个单位81名领导干部履行经济责任情况开展审计，查出主要问题金额10.06亿元；持续对2个省级自然保护区管理处和24个镇（街）45名党政主要领导干部开展经济责任和自然资源资产离任审计，查出主要问题金额4.14亿元，促进领导干部切实履职尽责。

相关工作 把党的集中统一领导贯穿于审计工作的全领域和全过程；严格落实重大事项请示报告制度；健全落实党领导审计工作运行制度机

制；充分发挥审计委员会把方向、谋大局、促改革作用，抓好审计领域重大事项的总体布局，统筹谋划、整体推进和督促落实，扎实推动全市审计工作一盘棋格局。（撰稿人：唐素芬）

【阳江市审计局】 2022 年，阳江市审计局实有 55 人。党组书记、局长谢英杰（—9 月）、傅光焱（9 月—），党组成员、副局长程雪峰、李小碟（—12 月）、张德锦（7 月—），党组成员、市经济责任审计工作联席会议办公室主任杜方杰，党组成员、总审计师邓希庆（7 月—），一级调研员谢英杰，二级调研员陈小敏。设有市委审计委员会办公室秘书科；内设办公室、综合计划科、法规审理科、整改监督科、经济责任审计科、财政金融债务和电子数据审计科、行政政法审计科、教科文卫和社会保障审计科、农业农村和自然资源生态环境审计科、固定资产投资审计科；下设阳江市经济责任审计中心（加挂计算机审计技术中心牌子）和阳江市基建审计中心。

审计成果 2022 年，阳江市审计机关共完成审计项目 130 个，其中审计 116 个，专项审计调查 14 个。查出主要问题金额 36.27 亿元，其中违规金额 1.83 亿元、损失浪费金额 448 万元、管理不规范金额 34.38 亿元；审计发现非金额计量问题 957 个；损益（收支）不实金额 52522 万元；审计发现侵害人民群众利益 1071 万元；出具审计报告和专项审计调查报告 195 篇，被批示、采用 24 篇次。审计处理处罚金额 13.37 亿元，其中应上缴财政 10172 万元、应减少财政拨款或补贴 1203 万元、应归还原渠道资金 8.26 亿元、应调账处理金额 3.97 亿元；移送司法机关、纪检监察机关和有关部门处理事项 17 件，移送处理人员 1 人，移送处理金额 2668 万元。审计促进整改落实有关问题资金 2.28 亿元；审计促进拨付资金到位 9197 万元；审计后挽回（避免）损失 1207 万元；核减投资额 1207 万元。审计提出建议 463 条，被采纳 287 条；提交审计信息 72 篇，被批示、采用 26 篇。向社会公告审计结果 7 篇。

政策落实情况跟踪审计 对阳江市 2016 年至 2021 年中央及省重大政策措施落实审计查出问题的整改情况进行跟踪督查，督促城区养老服务业政策措施落实情况等 8 个专题审计查出问题的整改落实。

财政审计 完成 2021 年度市本级财政预算执行、决算草案和其他财政收支情况，市级部门预算执行和县（镇）财政管理情况等审计，促进资金拨付到位 9197 万元，上缴财政 5316 万元，归还原渠道资金 7063 万元，促进建立和完善结转结余资金的清理回收长效机制，健全预算绩效管理制度体系。对 89 个部门（单位）开展部门预算执行审计，查出主要问题金额 1.26 亿元，并严格督促整改，促进各部门单位提高管财理财的水平。

国有企业审计 通过对 1 家市属国有企业的 2 名领导干部以及 3 家县（区）属国有企业的 3 名领导干部开展经济责任审计，促进国有企业规范管理。

农业农村审计 开展阳江市 2021 年巩固拓展脱贫攻坚成果同乡村振兴有效衔接相关政策措施落实情况审计，通过审计推动有关部门（单位）建立健全防止返贫动态监测和帮扶议事协调工作机制等，问题整改完成率 82.76%。

资源环境审计 对 1 个镇的 2 名领导干部开展领导干部自然资源资产离任审计，不断提升土地、水资源等自然资源治理水平。

民生审计 通过审计推动有关部门（单位）严格监督管理养老机构、规范医疗耗材管理采购、健全公厕设施设置、完善现场法律服务等，推动生活污水处理设施稳定运行、达标排放，促进一系列民生事项得到解决或推进，切实提高保障和改善民生。

经济责任审计 对 60 名领导干部开展经济责任审计，查出主要问题金额 2.13 亿元，其中违规金额 4904 万元，管理不规范金额 1.59 亿元。

审计查出问题整改 对 2021 年度重点关注的 8 个中央、省级审计项目，涉及阳江市问题 730 个，已完成整改 666 个，整改完成率 91.23%。市级审计项目查出问题 576 个，已完成整改 515 个，整改完成率 89.41%。

内部审计 积极开展“四个检查、一个核查”工作，全年在部门预算执行和财政财务收支审计项目中对 18 个市直部门和 13 个经济责任审计部门进行指导监督检查，对市直 34 个单位报备资料进行研究和分析，内部审计指导监督工作日趋完善。

相关工作 阳江市审计局坚持以党建为引领，持续增强党组织政治功能和组织功能，抓好抓实市直机关党建示范点建设工作，开展“奋斗新征程·学习新思想”阅读进机关活动，组织各类读书学习会（读书分享会）24期（次），各支部共组织“三会”学习30多期（次），宣讲党课9堂，组织开展了4期（次）党代表层级推选活动，在外出审计组中成立临时党支部6个，深入推动党建与审计业务融合发展。稳步推进金审三期项目建设，印发了《阳江市审计局2022—2025年大数据审计工作规划》，进一步深化数据审计工作。（撰稿人：谭结桃）

【清远市审计局】 2022年，清远市审计局实有45人。党组书记、局长练贤聪，党组成员、副局长朱金燕、谭建全、黄永财、肖新宇，党组成员、市经济责任审计工作联席办公室主任谭素艳，党组成员、总审计师张锦星。设有办公室、法规审理科、财税金融审计科、经济责任审计科、农业资源环保审计科、固定资产投资审计科、行政政法审计科、企业审计科；下设审计事务中心。

审计成果 2022年，清远市审计机关共审计单位122个。查出主要问题金额2382387万元，其中违规金额34764万元、损失浪费金额739万元、管理不规范金额2346883万元；审计发现非金额计量问题451个；损益（收支）不实金额77475万元；审计发现侵害人民群众利益2139万元；审计期间整改金额212416万元。出具审计报告和专项审计调查报告155篇，审计处理处罚金额367672万元，移送处理事项19件，移送处理金额4185万元。审计促进整改落实有关问题资金277972万元；审计后挽回（避免）损失2633万元；核减投资额1943万元。

政策落实情况跟踪审计 组织开展助企纾困、城乡融合发展等政策落实跟踪审计，揭示少报拖欠中小企业账款、农村集体经济组织股份合作制改革推进缓慢、乡村振兴样板区建设项目管理不规范等问题，助推中央、省重大部署和市委“十大行动方案”在市、县执行有力、落实到位，规范资金的管理使用。

财政审计 组织开展4项全市范围的财政审计。在中央直达资金审计中，围绕“及时、直达、精准、安全、绩效”的目标要求，对中央直达资金分配下达、资金拨付、管理使用、绩效目标等情况开展审计，聚焦资金使用“最后一公里”，审计共抽查206个项目，263家单位，核实惠及群众128211人、企业156家，促进中央资金拨付落实2333万元，完善相关管理制度办法4项，推动2个县（区）为当地学校开设零余额账户，促进国库集中支付制度进一步完善。

完成黑臭水体整治、城市供水管网建设、广东金融学院清远校区工程建设等17个投资审计项目，查出资金滞留闲置、未按进度支付工程款、违规分包非法转包等主要问题金额合计888000万元，推动清远市2022年287个重大项目加快建设。

国有企业审计 完成市属国有企业资产管理等4个国企审计项目，查出主要问题金额75900万元，促进市属国企清理长期挂账5396万元，收回25项债权439万元，规范处理房屋、土地2.94万平方米，有力防止国有资产流失，取得较好经济效益。

民生审计 开展公办教育、保障性住房、生态村建设、基层医疗等9个民生审计项目，重点关注民生资金使用“最后一公里”，揭示部分县学前教育师资不足、涉农专项资金使用效率不高、部分乡镇河湖“清四乱”工作不到位等问题，发现侵害人民群众利益2139万元。

经济责任审计 全市审计机关共审计经济责任人50人，其中任中审计25人。审计查出违规金额3099万元，管理不规范金额228778万元。组织市县两级审计人员对清新区禾云镇等4个乡镇8名党政主要领导干部履行经济责任进行异地同步审计，进一步规范领导干部的经济决策，提高了镇级党政领导干部严格履行经济管理职责的能力。

审计查出问题整改 将审计发现重要情况向市委审计委员会报告，以落实委员会领导批示意见为抓手，实现高位高效推进审计发现问题整改落实，取得显著成效，如困难群众救助补助资金审计、粮食安全审计等上级重点民生审计项目整改率均达到100%。该做法受到中央审计办调研组的充分肯定。全市审计期间整改金额212400万元，审计促进整改落实有关问题资金278000

万元。　（撰稿人：盘可君）

【东莞市审计局】　2022 年，东莞市审计局实有 75 人。党组书记、局长卢炳辉（—3 月）、陈旭林（3 月—），党组成员、副局长冯坚、赵志丹、萧永清，党组成员、总审计师吴清华，党组成员、纪检组长叶宝琼，经济责任审计工作联席会议办公室主任谢宇鹏，二级调研员何志宇、梁洁玲。设有办公室、综合计划科、法规审理科、整改监督科、内部审计指导监督科、经济责任审计一科、经济责任审计二科、财政金融审计科、行政事业审计科、固定资产投资审计科、企业审计科、人事教育科（机关党委）；另设派出审计一科、派出审计二科；下设东莞市审计事务中心。

审计成果　2022 年，东莞市审计局完成审计项目 36 个，其中审计 31 个、专项审计调查 5 个。查出主要问题金额 4099864 万元，其中违规金额 159295 万元、损失浪费金额 6398 万元、管理不规范金额 3934171 万元；审计发现非金额计量问题 421 个；损益（收支）不实金额 493963 万元；审计发现侵害人民群众利益 20571 万元；出具审计报告和专项审计调查报告 49 篇，被批示、采用 15 篇次。审计处理处罚金额 654653 万元，其中应上缴财政 116666 万元、应减少财政拨款或补贴 817 万元、应归还原渠道资金 271163 万元、应缴纳其他资金 24498 万元、应调账处理金额 241509 万元；移送司法机关、纪检监察机关和有关部门处理事项 5 件，移送处理人员 1 人，移送处理金额 16070 万元。审计促进整改落实有关问题资金 1054300 万元；审计促进拨付资金到位 77395 万元；审计后挽回（避免）损失 14089 万元；移送处理落实事项 2 件。审计提出建议 327 条，被采纳 329 条；推动被审计单位制定整改措施 623 项；促进被审计单位建立健全规章制度 77 项；提交审计信息 53 篇，被批示、采用 31 篇次。

政策落实情况跟踪审计　组织对东莞市支持市场主体应对疫情纾困发展、产业创新能力和平台建设、促进民营经济及中小微企业发展等 6 个政策专题进行跟踪审计，有效促进政策落地生效。

财政审计　组织对市本级、15 个市直一级部门和 2 个镇（园区）预算执行和其他财政收支情况，以及 2 个镇财政决算情况开展审计，有效促进规范管理使用新增财政直达资金、政府专项债券资金和疫情防控财政专项资金，提升财政保障水平。

国有企业审计　组织对 5 家市属重点国有企业开展专项审计，并结合财政、经济责任等审计项目，加强对镇街（园区）出资企业的审计，促进资产保值增值，企业健康运营。

资源环境审计　组织对 3 个镇党政主要领导干部开展自然资源资产离任审计，对相关流域开展水污染治理审计调查，促进加快生态环境建设。

民生审计　组织对社保基金、公共交通运营补贴及疫情防控等民生政策资金开展审计，在对镇街开展审计过程中加强关注乡村振兴、“三保”支出等情况，切实保障民生利益。

经济责任审计　组织对 18 个部门单位、镇街的 24 名党政主要领导干部履行经济责任情况开展审计，延伸审计（调查）部门（单位）、镇街 162 个，提交审计报告、审计整改函等结果文书 44 份，促进领导干部规范用权履责。

审计查出问题整改　进一步健全完善常态化跟踪督办与专项督导相结合的整改监督工作机制，由局领导班子成员带队对各镇街（园区）开展审计整改现场督导检查，协助疏通问题堵点，有效推进加快完成审计整改。协助市政府召开审计专题会议，专门听取审计查出问题整改情况，从市级层面有力推动审计整改落实。

研究型审计　结合东莞市打造科创制造强市发展方向，对政策要求、产业发展、资金安排等加强研究分析，持续加大公共投资审计力度，经市政府同意印发《关于进一步加强重大公共工程项目审计监督的实施意见》，明确对概算投资在 10 亿元及以上的重大公共工程项目，由审计机关在建设周期内至少组织开展审计 1 次，动态更新项目库，2022 年共对 8 项重大公共工程开展审计，形成规范推进 EPC 项目建设审计专报得到市委审计委员会主要领导充分肯定。

内部审计　严格落实局领导分片督导内部审计工作机制，分片分批对全市 35 个镇街（园区）开展专题调研。强化审计业务培训指导，全年组织召开三期内部审计业务培训班，培训内部审计骨干超过 600 人次。在中国内部审计协会组织开展的内部审计理论研讨活动中获评“作出突出贡献、取得良好成效”单位，指导市供电局修改完善的论文入选《全国内部审计理论研讨优秀论文集2022》。

相关工作 大力打造“党建共建+内审指导”审计特色党建品牌，同步开展党建交流和内部审计业务指导，促进党建工作和审计业务双融合、双提升。积极打造“明法促审入基层”审计普法品牌，推动各部门单位增强对审计法律法规及国家财经法规的了解，更好支持配合审计工作开展。

（撰稿人：黄珊珊）

【中山市审计局】 2022年底，中山市审计局实有81人。党组书记、局长杨戈（—9月）、巫颖洁（9月—），党组成员、副局长巫颖洁（—9月）、冯欣荣、梁广凡，党组成员、总审计师肖稳成，市经济责任审计工作联席会议办公室主任徐淑羽。中共中山市委审计委员会办公室设在市审计局，下设秘书科。中山市审计局设有办公室、法规审理科、经济责任审计办公室、财政审计科、政策跟踪审计科、农业农村与自然资源环境审计科、社会保障审计科、行政事业审计科、固定资产投资审计科、企业审计科、电子数据审计科、整改监督科、组织人事科等；下设内部审计指导中心。

审计成果 2022年，中山市审计局完成审计项目29个，其中审计21个，专项审计调查8个。查出主要问题金额3250755万元，其中违规金额24766万元，损失浪费金额655万元、管理不规范金额3225334万元；审计发现非金额计量问题310个；损益（收支）不实金额12050万元；审计发现侵害人民群众利益2932万元；出具审计报告和专项审计调查报告41篇。审计处理处罚金额24766万元，其中应上缴财政10916万元、应减少财政拨款或补贴4796万元、应归还原渠道资金9054万元；向司法机关、纪检监察机关和有关部门移送处理事项22件，移送处理人员5人，移送处理金额406129万元。审计促进整改落实有关问题资金31374万元；审计促进拨付资金到位244万元。审计提出建议72条，被采纳27条（含去年提出本年采纳数）；推动被审计单位制定整改措施69项；促进被审计单位建立健全规章制度11项；提交审计信息42篇，被批示、采用26篇次。向社会公告审计结果1篇。

政策落实情况跟踪审计 加强对疫情纾困、省级促进民营经济及中小微企业发展专项资金、建设项目环评审批情况专项审计调查等政策措施落实情况的审计监督，发现问题50个，涉及问题金额12710.65万元，促进有关部门做好政策对接，加强资金调度，助力高效服务企业。

财政审计 继续推进全市69个一级、120个二级预算单位的财政审计全覆盖；重点审计了中山市人民政府国有资产监督管理委员会粤财信托项目；首次审计了地方政府债券管理全链条，及时揭示政府债券资金沉淀在预算部门（项目单位）未使用，项目招投标工作仍未启动，乡村振兴专项资金管理使用把关不严等问题，促进财政资金提质增效，收回财政资金10873.15万元。

开展工程建设领域监管情况、未达标水体整治、重点在建公路工程等重点投资项目审计。其中未达标水体整治工程审计调查项目，揭露投资估算虚高、项目施工单位涉嫌在清淤工程中虚报工程量套取财政资金等突出问题，该项目出具审计报告1篇、专报5篇、移送处理书2篇、整改函6篇、意见书1篇，促进节省建设投资200多亿元，获得市委书记、市长肯定。

国有企业审计 深挖中山国企发展潜能，发挥审帮促作用，组织开展4家国有企业审计和专项审计调查，发现没有按期完成省环保督察整改任务、未及时退还市财政局增量留抵税额等问题，涉及问题金额46036.33万元。

资源环境审计 组织开展4名市直部门、镇街主要领导干部自然资源资产离任（任中）审计，发现未及时完成部分市下达的目标任务、存在白图施工、市镇两级生态环境部门对主要污染物排放总量的分配机制不透明不合理等问题，推动营造风清气正的政治生态。

民生审计 加大对社保基金、城乡义务教育补助经费及“特色精品村”“美丽宜居村”建设专项资金审计调查等重点民生审计力度，有关部门根据审计移送线索查处11人骗取生育津贴，促进有关责任部门对涉及近7500万元的相关事项作出积极整改，守护好人民群众的“养老钱”“保命钱”。

经济责任审计 组织完成8名市直部门、镇街主要领导干部及市属国有企业集团领导人员的任期经济责任审计，深入揭示部分民生实事推进缓慢、个别重大经济事项决策未经专家咨询论证造成前期费用损失浪费等问题，发现问题金额64356.5万元。

审计查出问题整改 制定《中山市审计局关于明确审计整改分类与认定有关要求（试行）的通知》《中山市审计局关于完善审计整改监督工作机制的意见》，从制度层面规范审计整改工作。落实审计整改向人大常委会报告机制，加强审计监督与人大监督、党政监督等的贯通协调，提请将审计查出问题整改不到位的重要事项纳入市督查范围。截至12月底，市人大常委会重点关注的228个审计发现的突出问题中214个已整改到位，整改率93.86%，整改落实金额66.74亿元。

内部审计 中山市审计局率先在全省由市委审计委员会印发《中山市关于进一步加强内部审计工作的实施意见》《关于加强村（社区）“两委”和村级集体经济组织主要负责人经济责任审计的指导意见》等制度，为提升内部审计质效提供有力抓手和制度保障。组织对13个镇街和单位开展指导监督，全面提升内部审计质量和水平，筑牢内部审计“第一道防线”。

（撰稿人：王文静）

【潮州市审计局】 2022年，潮州市审计局实有53人。党组书记、局长邱怀球（—6月）、刘建春（6月—），党组成员、市经济责任审计工作联席会议办公室主任、二级巡视员、副局长曾锐松，党组成员、副局长曾培琼、黄世鹏，党组成员、总审计师张锡逵，二级调研员蔡舜娜（—5月）、杨桂生（—11月）。设有潮州市委审计委员会办公室秘书科；内设办公室、法规审理科、整改和内审监督科、经济责任审计一科、经济责任审计二科、财政金融审计科、行政事业审计科、自然资产和生态环境审计科、固定资产投资审计科、电子数据审计科、企业审计科；另设枫溪分局；下设审计服务中心。

审计成果 2022年，潮州市审计机关共完成审计项目69个，其中审计项目60个，专项审计调查项目9个。查出主要问题金额1166814万元，其中违规金额22715万元、损失浪费金额34万元、管理不规范金额1144064万元；审计发现非金额计量问题895个；损益（收支）不实金额5540万元；审计发现侵害人民群众利益18723万元；出具审计报告和专项审计调查报告108篇；向市政府上报专题报告18篇，均得到市委、市政府领导的批示。审计处理处罚金额22975万元，其中应上交财政7115万元、应归还原渠道资金15599万元、应调账处理金额259万元；移送司法机关、纪检监察机关和有关部门处理事项26件，移送处理金额6897万元。审计提出建议198条，被采纳157条；提交审计信息90篇，被批示、采用11篇次。向社会公告审计结果6篇。

政策落实情况跟踪审计 开展省级工业园区、省级农业现代产业园高质量发展政策落实情况跟踪审计，促进园区加快基础设施建设，产业高质量发展。开展助企纾困政策落实情况跟踪审计，助力深化“放管服”改革、优化营商环境，激发市场主体活力。

财政审计 组织实施2021年度市本级预算执行、决算草案和其他财政收支情况审计，中央、省和市直达资金分配下达、资金拨付、管理使用情况跟踪审计，财政暂存暂付性挂账审计调查，促进加快资金拨付2亿元，上缴国库1.44亿元。关注地方政府专项债券资金管理使用情况，查出主要问题金额9.13亿元。开展网络安全和信息化建设审计，揭示市公共信息管理系统存在10万条个人信息泄露风险，及时防范化解网络安全风险。

组织开展市直政府投资建设项目前期阶段造价控制管理专项审计调查，促进政府投资项目规范估算、概算、预算的编制及审核。对市韩江南堤综合整治工程等重大工程项目开展审计，规范重大工程项目的管理。

资源环境审计 全市审计机关组织实施6名领导干部自然资源资产离任（任中）审计，推动领导干部进一步增强生态文明建设的意识，助力打好污染防治攻坚战。

民生审计 开展“卫生强基建设”审计调查，助力解决人民群众“看病难、看病贵”问题。组织对全市45所义务教育阶段民办学校管理情况进行审计调查，揭示民办学校管理缺位等21个问题，助力营造良好教育生态。开展文化强市建设情况专项审计调查，推进物质文明和精神文明协调发展。开展市区路灯管理情况绩效审计、中心城区公厕建设管理使用情况跟踪审计，提升人民群众的安全感和幸福感。

经济责任审计 全市审计机关完成对37名领导干部的经济责任审计，查出违规金额3592万元，管理不规范金额178120万元，损失浪费金额54万元。

审计查出问题整改 修订《潮州市审计局审计整改监督管理办法（试行）》。2021—2022年审计共查出791个问题，已完成整改546个。

内部审计 组织对全市406个单位开展内部审计工作调查，推动市政府出台《潮州市关于进一步加强内部审计工作的实施意见（试行）》《潮州市内部审计工作指引》。

交办任务 在市政府日常决策事项中提供意见77条。推动上级审计发现的涉及潮州市的233个问题的整改通过法治广东建设考评的审核。牵头组建配合审计工作专班，保障省审计厅对潮州市党政主要领导干部的经济责任审计工作顺利完成。

相关工作 实施科技强审，完成金审三期信息化建设，加大网络爬虫等技术的应用，打通审计专网与粤政易平台通道。

完成11名新提拔干部试用期转正手续，选优配强下属事业单位领导班子成员及中层干部。开展领导干部"上讲台"10场次，组织审计综合业务培训、岗位练兵等621人次，选派干部"走出去"跟岗锻炼、参加上级"以干代训"9人次。

组织打好"干部思想作风转变"战役，深入开展"八种表现"问题查摆和整改。推送视频作品《转变干部思想作风　开展审计工作新格局》参加市直机关思想作风转变短视频大"晒"活动，获得三等奖。（撰稿人：魏　洪）

【揭阳市审计局】 2022年，揭阳市审计局实有61人。党组书记、局长、一级调研员郑旭亮，党组成员、三级调研员、副局长洪泽坤、郑晓锋，党组成员黄壮敏，总审计师陈伟辉。设有市委审计委员会办公室秘书科；内设办公室、综合计划科等14个科室；下设审计信息管理办公室、经济责任审计中心。

审计成果 2022年，揭阳市审计局共完成审计项目117个，查出主要问题金额1581877万元，其中违规金额127831万元、管理不规范金额1454018万元；审计发现非金额计量问题1191个；损益（收支）不实金额522938万元；审计发现侵害人民群众利益2871万元；出具审计报告和专项审计调查报告152篇。审计处理处罚金额196738万元，移送司法机关、纪检监察机关和有关部门处理事项103件，移送处理人员1人，移送处理金额53485万元。审计促进整改落实有关问题资金115978万元，审计提出建议313条，被采纳197条，提交审计信息190篇，向社会公告审计结果9篇。

政策落实情况跟踪审计 组织实施"中央直达资金管理和使用情况""粤菜师傅工程""支持市场主体应对疫情纾困发展"等专题开展政策落实跟踪审计，保障中央和省重大政策措施落实到位。

财政审计 对2021年度市本级财政预算执行、决算草案和其他财政收支情况、普宁市2021年度财政管理和收支情况及市财政暂存暂付款挂账事项等进行审计，切实发挥财政资金使用效益。全力开展市本级部门预算执行审计，运用大数据手段，对包括60个一级预算单位在内的140家单位实施全覆盖审计。加强对市中医院住院综合大楼建设、污水管网扩延工程等财政性资金投入的重点工程、重点项目的监督检查，切实维护国有资产权益。对全市150余家单位的网络安全和信息化建设情况进行调查，切实提高揭阳市网络安全和信息化建设水平。

国有企业审计 7月，组织对揭阳市投资控股集团有限公司2020年12月末资产质量情况专项审计调查，实践探索研究型审计，推动国企深化改革，助力国企做强做优做大。

农业农村审计 组织对揭阳市2020年度省级涉农统筹整合资金管理和使用情况进行专项审计调查，推动揭阳市涉农资金统筹整合改革；对惠来县2021年乡村振兴政策落实及资金管理使用情况进行审计，摸清惠来县巩固拓展脱贫攻坚成果同乡村振兴衔接过程中各项机制的建立健全及相关政策措施的落实情况。

资源环境审计 组织开展原揭阳空港经济区管委会常务副主任和南山镇、白塔镇等2个镇党委政府主要领导干部自然资源资产离任（任中）

审计。首次参照领导干部自然资源资产离任审计评价指标体系对部分被审计对象进行评价，推动领导干部更加自觉履行自然资源资产管理和生态环境保护职责。

民生审计 组织开展市本级社会保险基金预算执行和决算草案情况审计、揭阳市第三人民医院2018年至2020年度财务收支情况审计等项目，守好群众的“养老钱”“救命钱”。

经济责任审计 编制《地方党委政府主要领导干部履行经济责任问题清单》《党政工作部门主要领导干部履行经济责任问题清单》，促进领导干部依法履职。开展功能区和驻外机构主要领导干部经济责任审计，推进审计全覆盖。全年共实施52名领导干部的经济责任审计，查出违规金额2279万元，向纪检监察机关和有关主管部门移送事项60件。

审计查出问题整改 实行“挂销号”动态管理，组织开展“回头看”专项检查，推动化解问题存量。制订审计整改通报、约谈、移送办法（试行），加大对整改落实不到位责任单位和责任人的惩戒力度。进一步探索整改结果运用，将市直单位落实审计查出问题整改情况提请绩效评价的重要参考。

研究型审计 聚焦医疗实务开展研究型审计，套取医保基金审计案例在全省首届“共享课堂”审计案例大赛中荣获二等奖。

内部审计 组织对市直一级预算单位内部审计人员进行业务培训；对市直13个重点单位内部审计工作进行监督检查并将结果予以通报、落实问题整改，切实提升全市内部审计工作质量；将内部审计工作纳入领导干部经济责任审计内容，增强审计监督合力。

相关工作 大力推动依法审计与法治建设有机融合，荣获2022年揭阳市国家机关“谁执法谁普法”履职评议活动第一名。组织开展“擎旗筑堡垒、亮徽当先锋”“一月一主题”等志愿活动，发动党员干部下沉社区参与疫情防控和文明创建工作。

（撰稿人：周　航）

【云浮市审计局】 2022年，云浮市审计局实有48人。党组书记、局长陈新仪，党组成员、副局长冯杰焕、李菊（—6月）、严庚慧，党组成员、总审计师崔志荣，经济责任审计工作联席会议办公室主任詹荼香。设有办公室、人事科、综合计划科、法规审理科、整改监督与内审指导科、财政审计科、社会保障与企业审计科、电子数据审计科、经济责任审计科、农业农村与资源环保审计科、固定资产投资审计科；下设云浮市审计事务中心。

审计成果 2022年，云浮市审计机关共完成审计项目102个，其中审计80个、专项审计调查22个。审计查出主要问题金额789789.32万元，审计期间整改金额84197.89万元，审计处理处罚金额84941.96万元，增收节支24190.55万元，移送有关部门处理事项11件，审计提出建议424条。云浮市审计局编写的乡村振兴审计案例入选审计署优秀案例汇编；全市优化营商环境的专项审计调查成效显著，省发改委在《2022年广东省营商环境评价报告》中予以充分肯定。

政策落实情况跟踪审计 开展云浮市支持市场主体应对疫情纾困发展政策措施落实情况专项审计调查等项目21个，揭示了在重大政策落实过程中存在部分政策落实不到位、资金管理不严等问题。

财政审计 开展云浮市2021年度市级预算执行、决算草案和其他财政收支情况审计等财政审计项目28个，促进资金拨付到位243523.44万元，上交财政3073.85万元，归还原渠道资金20706.98万元。

国有企业审计 开展国有企业审计项目4个，查出主要问题金额56806.33万元。

农业农村审计 开展新兴县2020年农业生产发展资金使用情况专项审计，为推进乡村振兴保驾护航。

资源环境审计 开展5名领导干部自然资源资产离任（任中）审计，助推云浮生态环境保护和污染防治工作。

民生审计 开展云浮市2020年至2021年度住房公积金管理情况专项审计调查等12个项目，揭示了基金管理不到位等问题。

经济责任审计 开展了27名领导干部任期履行经济责任情况审计项目，有力推动各级各部门领导干部规范用权。

审计查出问题整改 联合市人大常委会财经

工委组成工作组，对审计发现问题的整改落实情况开展了审计整改调研检查，进一步推动审计整改工作制度化、规范化。

研究型审计 2022 年，云浮市审计局乡村振兴审计案例入选审计署《乡村振兴审计案例汇编》；编制了《云浮市审计发现共性问题清单》《领导干部履行经济责任重点风险防范清单》发至全市各级领导干部，推动各地各部门做好风险防范。

交办任务 开展了云城区河口街市政综合开发建设项目审计、云杨公路新建工程第一期二标段项目审计、广东药科大学云浮校区项目建设、“政企村共建”现代养殖项目概算审核等工作，核减金额 1.4 亿元。

相关工作 着力强化审计与纪检监察、巡察“三类监督”贯通协同，印发《关于建立“巡审结合”工作协调机制的实施意见（试行）》等文件，以“巡审结合”方式先后对市直 7 个部门组织开展了监督。深入开展全市审计系统“以审计精神立身，以创新规范立业，以自身建设立信”学习大讨论活动，扎实推进“三型”机关创建，局“三型”机关建设创新案例获评市直机关“十佳创新案例”。

（撰稿人：江文恬）

2022 年广东省所辖市、县（市、区）审计工作统计表

审计机关	完成审计项目/个	审计查出主要问题金额/万元	审计发现非金额计量问题/个	审计期间整改金额/万元	出具审计报告和审计调查报告/篇	审计处理情况		审计促进整改落实有关问题资金/万元	审计提出建议/条	提交审计信息/篇
						审计处理处罚金额/万元	移送处理事项/件			
广州市										
广州市本级	72	1854627	470	15493	91	25542	31	77800	213	62
荔湾区审计局	21	20325	77	341	24	2324	8	1208	53	50
越秀区审计局	24	4037	65	3229	38	65	3	77	65	52
海珠区审计局	18	19816	52	332	28	3247	1	3239	40	18
天河区审计局	18	22831	125	1277	25	2742		10329	44	22
白云区审计局	11	17989	115	105	16	136		1808	30	3
黄埔区审计局	22	23395	100	1647	28	18800	5	7267	65	11
番禺区审计局	26	4118	174	1066	35	115	14	104	58	173
花都区审计局	21	50685	73	20218	24	1725	5	1699	65	19
南沙区审计局	30	178592	101	85250	46	3009	4	5798	174	7
从化区审计局	19	10456	54	210	27	6824	1	6771	50	24
增城区审计局	25	361194	181	16043	34	326770	2	14079	64	36
韶关市										
韶关市本级	39	644026	289	43518	49	164433	9	507600	115	13
武江区审计局	10	5676	72		11	424		4681	29	6
浈江区审计局	9	2818	62	40	9			734	35	5
曲江区审计局	15	16638	59	1184	22			62211	47	7

续表

审计机关	完成审计项目/个	审计查出主要问题金额/万元	审计发现非金额计量问题/个	审计期间整改金额/万元	出具审计报告和审计调查报告/篇	审计处理情况		审计促进整改落实有关问题资金/万元	审计提出建议/条	提交审计信息/篇
						审计处理处罚金额/万元	移送处理事项/件			
始兴县审计局	11	12785	68	444	11	385		86	34	34
仁化县审计局	24	58614	217	82	33	1164	2	58182	73	9
翁源县审计局	21	49952	122	181	31	78	6	408	64	17
新丰县审计局	17	14885	84	23	23	2614	6	269	38	3
乐昌市审计局	27	43615	128	61	41	29		45773	112	6
南雄市审计局	22	7986	120	40	28	1860	4	3250	56	2
深圳市										
深圳市本级	46	5289219	633	162668	67	1235796	68	845033	166	59
罗湖区审计局	16	72280	104	16613	20	40217		570	65	6
福田区审计局	19	94200	144	1977	23	10291		2619	72	6
南山区审计局	20	23823	178	347	27	2516	4	1638	63	14
宝安区审计局	24	689858	329	3480	30	645374	14	3618	93	47
龙岗区审计局	21	1184467	293	46127	32	21726	5	62169	73	36
盐田区审计局	15	30891	136	241	20	95		1484	74	9
龙华区审计局	14	34241	143	1732	16	31735	2	27642	55	10
坪山区审计局	15	48245	149	1477	20	40081	2	1243086	47	11
光明区审计局	11	847	117		16	137		134	41	3
大鹏新区审计局	6	4093	78	98	7	409	3	300	20	
深汕合作区审计局	7	23818	34	23	8	33		8959	20	
珠海市										
珠海市本级	41	763665	365	2348	56	59026	13	57268	144	75
香洲区审计局	13	9513	94	2258	13	801	13	3123	33	43
斗门区审计局	15	109953	121	12	17	2494	1	676	53	34
金湾区审计局	14	269897	238	5578	21	157780	6	123382	54	41
汕头市										
汕头市本级	39	742608	434	154578	56	15690	15	47269	98	60
龙湖区审计局	16	226271	159	1152	23	42345	2	16348	52	3
金平区审计局	14	256674	106	7953	22	1937		24423	50	
濠江区审计局	11	194975	101	268	17	1402		119418	29	4
潮阳区审计局	23	160612	217	691	36	5822	1	3216	57	5
潮南区审计局	24	81483	162		36	1587		1462	50	

续表

审计机关	完成审计项目/个	审计查出主要问题金额/万元	审计发现非金额计量问题/个	审计期间整改金额/万元	出具审计报告和审计调查报告/篇	审计处理情况		审计促进整改落实有关问题资金/万元	审计提出建议/条	提交审计信息/篇
						审计处理处罚金额/万元	移送处理事项/件			
澄海区审计局	15	461934	212	459	17	2367	1	2012	52	7
南澳县审计局	10	59599	106	3455	11	2		11477	44	25
佛山市										
佛山市本级	22	1901132	155	8669	28	339049	4	64412	82	64
禅城区审计局	12	196267	119	2889	15	7190	7	133668	40	15
南海区审计局	21	503556	237	334	24	275017	4	11346	74	23
顺德区审计局	20	65761	157	12356	25	5973	5	16555	60	62
三水区审计局	10	86812	65	7331	11	2219	1	1683	31	30
高明区审计局	12	8262	113	3256	15	1876		4481	40	44
江门市										
江门市本级	68	335844	452	11780	66	9678	15	934	251	5
蓬江区审计局	13	64857	122	1117	13	766	6	1384	35	10
江海区审计局	14	7620	121		15	2569	6	5604	49	38
新会区审计局	25	80998	143	3366	33	71572	7	24679	99	20
台山市审计局	23	107512	154	4182	28	10358	15	1131	90	4
开平市审计局	26	84494	127	47645	34	1859	16	1275	84	5
鹤山市审计局	23	7404	116	1693	34	155	6	544	76	14
恩平市审计局	19	32626	195	16943	22	1348	10	644	53	1
湛江市										
湛江市本级	60	3336251	619	57899	70	70549	15	153828	200	11
赤坎区审计局	10	3855	58	15	13	698	1	3280	42	5
霞山区审计局	11	49955	57	36	15	809		309	27	
坡头区审计局	10	3686	79	816	10	832	16	370	51	4
麻章区审计局	12	28831	103	1541	13	9566		6256	39	1
遂溪县审计局	8	89485	34	185	9	3056		2502	15	2
徐闻县审计局	10	123767	46	47046	12	7679	4	7639	33	
廉江市审计局	15	246449	81	1366	15	50068		399	46	2
雷州市审计局	13	226157	122	8	13	91968	4	7181	32	1
吴川市审计局	14	131872	60	104	19	8367	5	7912	43	2
茂名市										
茂名市本级	57	934470	362	47445	87	433140	1	351591	190	44

续表

审计机关	完成审计项目/个	审计查出主要问题金额/万元	审计发现非金额计量问题/个	审计期间整改金额/万元	出具审计报告和审计调查报告/篇	审计处理情况		审计促进整改落实有关问题资金/万元	审计提出建议/条	提交审计信息/篇
						审计处理处罚金额/万元	移送处理事项/件			
茂南区审计局	16	21363	35	1	24	20174		19393	55	3
电白区审计局	31	95330	128	2188	39	40084		34961	126	
高州市审计局	41	273425	130	20678	60	159013		31023	115	18
化州市审计局	25	132198	243	33469	34	39316		29169	111	2
信宜市审计局	26	63964	192	18310	39	31089	5	5385	105	1
肇庆市										
肇庆市本级	35	1535565	355	45903	49	9464	12	544806	129	86
端州区审计局	16	205258	64	57142	20	10538		81533	47	8
鼎湖区审计局	15	141067	132	9416	21	1368	2	24728	56	19
高要区审计局	19	243407	105	11325	26	7557	1	65999	77	5
广宁县审计局	16	52668	75	3285	19	145	2	25327	54	18
怀集县审计局	17	107924	70	17072	22	231	3	13287	51	3
封开县审计局	17	40059	67	442	20	2919	1	12782	50	4
德庆县审计局	17	114378	132	53896	23	31426	3	21824	67	15
四会市审计局	14	150618	89	9584	15	634	2	107569	38	1
惠州市										
惠州市本级	37	923762	272	163202	46	455758	19	1076	126	14
惠城区审计局	29	70329	134	6723	36	5706	2	2326	72	4
惠阳区审计局	26	172988	232	24407	37	107551	4	2743	75	
博罗县审计局	36	207370	190	57994	42	11490	9	974	128	2
惠东县审计局	27	32534	266	4456	35	10928	18	16792	106	5
龙门县审计局	40	130953	231	42501	43	55251	32		70	5
大亚湾开发区审计局	29	31183	188	2521	33	6285	18	4079	143	7
仲恺高新区监察与审计局	3	16031	12		3	30	1		9	
梅州市										
梅州市本级	40	967046	343	7475	60	262276	6	340707	143	15
梅江区审计局	16	81470	91	5320	23	47290		45024	51	7
梅县区审计局	10	141746	106	4757	13	7849	2	3	33	14
大埔县审计局	23	97345	103	1287	34	3248	1	1261	96	3
丰顺县审计局	29	378355	158	37	46	1029	2	1255	83	4

续表

审计机关	完成审计项目/个	审计查出主要问题金额/万元	审计发现非金额计量问题/个	审计期间整改金额/万元	出具审计报告和审计调查报告/篇	审计处理情况		审计促进整改落实有关问题资金/万元	审计提出建议/条	提交审计信息/篇
						审计处理处罚金额/万元	移送处理事项/件			
五华县审计局	19	202421	110	1356	30	11638	1	1219	65	4
平远县审计局	18	176049	59	260	28	40649		39952	66	5
蕉岭县审计局	18	158952	103	75	24	32104		31546	53	14
兴宁市审计局	25	57085	122	183	41	2592		696	76	12
汕尾市										
汕尾市本级	33	549420	257	1068	41	78037	12	37933	117	68
城区审计局	16	21643	86	18	21	657	8	683	52	5
海丰县审计局	17	56434	98	44	26	1171	5	948	49	19
陆河县审计局	15	17684	37	912	19	3074		1428	47	20
陆丰市审计局	15	15785	74	9	24	977	1	74762	63	40
河源市										
河源市本级	31	785532	332	1142	44	61609	8	50338	99	4
源城区审计局	18	299525	129		31	573		1867	67	
紫金县审计局	20	277453	142	216	30	93212		14184	274	
龙川县审计局	29	68756	110	18642	42	76		29741	143	2
连平县审计局	17	291514	90	50	17	27731		1252	68	
和平县审计局	21	70366	311	7	33	3147	4		81	
东源县审计局	17	225577	83	5359	22	3527		97960	44	
阳江市										
阳江市本级	45	171006	467	40931	79	40225	7	22116	146	29
江城区审计局	18	118197	69	24	26	60213	1	66	50	3
阳东区审计局	20	15219	185		26	378		4	73	24
阳西县审计局	19	41456	125	281	28	29634	9	535	51	7
阳春市审计局	21	14087	92	1614	27	3292		113	113	9
海陵试验区审计局	7	2733	19	9	9	16		34	21	
清远市										
清远市本级	25	1630967	188	92611	35	157017	5	97038	84	28
清城区审计局	11	136723	23	37306	14		3	590	31	4
清新区审计局	10	139673	19	64534	16	29914	2	2597	52	2
佛冈县审计局	18	91280	52	2812	18	55459		46029	56	16
阳山县审计局	10	129798	25	1269	12	106281	1	105712	21	9

续表

审计机关	完成审计项目/个	审计查出主要问题金额/万元	审计发现非金额计量问题/个	审计期间整改金额/万元	出具审计报告和审计调查报告/篇	审计处理情况		审计促进整改落实有关问题资金/万元	审计提出建议/条	提交审计信息/篇
						审计处理处罚金额/万元	移送处理事项/件			
连山壮族瑶族自治县审计局	11	72658	18	2888	11	648		14285	29	12
连南瑶族自治县审计局	6	90954	20	2893	7	384		71	20	1
英德市审计局	17	52456	70	8305	26	13469	6	8078	104	34
连州市审计局	14	39673	36	1595	16	4496	2	4437	43	8
东莞市										
东莞市本级	36	4099864	421	270003	49	654653	5	1054300	327	53
中山市										
中山市本级	29	3250755	310	62779	41	24766	22	31374	72	42
潮州市										
潮州市本级	35	314300	533	3067	53	19994	22	27352	120	50
湘桥区审计局	7	304591	86	2255	11	756		908	22	2
潮安区审计局	11	210968	173	11	19	819	4	814	35	35
饶平县审计局	16	336954	103	685	25	1404		280	21	3
揭阳市										
揭阳市本级	32	1340512	604	11074	46	165229	41	40251	104	94
榕城区审计局	15	60331	62	70	18	17943	15	30	32	5
揭东区审计局	18	58432	152	569	18	1114	4	1039	52	23
揭西县审计局	13	10562	168	175	18	1552	15	251	31	24
惠来县审计局	19	97712	86	6073	24	10751	9	74260	41	21
普宁市审计局	20	14326	119	403	28	146	19	145	53	23
云浮市										
云浮市本级	30	493574	386	7500	56	58327	5	225660	151	19
云城区审计局	15	50497	100	28772	17	18023	3	19427	38	2
云安区审计局	15	94267	139	2434	19	1446		76448	57	15
新兴县审计局	15	78725	55	8176	20	321		34731	46	5
郁南县审计局	16	44247	95	35978	19	4571	3	4518	88	9
罗定市审计局	11	28480	110	1338	17	2254		40519	44	7

广西壮族自治区

【广西壮族自治区审计厅】 2022年，广西壮族自治区审计厅实有244人。设有自治区党委审计委员会办公室秘书处、自治区审计厅办公室、综合处、审理处、财政审计处、行政事业审计处、农业农村审计处、自然资源和生态环境审计处、固定资产投资审计处、金融审计处、企业审计处、社会保障审计处、涉外审计处、经济责任审计局、电子数据审计处、内部审计指导监督处、人事处、机关党委、离退休人员工作处、派出党群审计处、派出发展统计审计处、派出工信商务审计处、派出教育科技审计处、派出政法与经济执法审计处、派出农水资源环境审计处、派出民政社保审计处、派出交通建设审计处、派出文体传媒审计处、派出卫生健康审计处、派出企业审计一处、派出企业审计二处；下设内部审计指导中心、机关服务中心、审计科学研究所、审计培训中心。

领导成员

党组书记、审计委员会办公室主任：

苏海棠（—12月）

罗海山（12月—）

厅　　长：眭国华

党组成员、副厅长、一级巡视员：曾纪芬

党组成员、副厅长：尹明勇　桂忠才

党组成员、自治区纪委监委驻审计厅纪检监察组组长：黄仁兴

党组成员、总审计师：黄小忠

党组成员、自治区经济责任审计工作联席会议办公室主任（自治区党委审计委员会办公室副主任、自治区经济责任审计局局长）：高　原

审计成果 2022年，广西壮族自治区审计机关共完成审计项目1577个，审计查出主要问题金额2062.68亿元，其中违规金额146.15亿元；损失浪费金额4.1亿元；管理不规范金额1912.43亿元。促进增收节支、挽回（避免）损失和核减投资额214.23亿元，同比增长21.23%。提出审计建议4738条，促进被审计单位制定整改措施和健全规章制度879项，移送问题线索228件，报送请示报告1976篇，获自治区党委审计委员会领导批示605篇。其中自治区本级请示报告89篇，获自治区党委审计委员会领导批示11篇。

将审计整改纳入党政督查和自治区本级区直部门绩效考评体系；预算执行审计发现问题整改成效得到自治区党委、政府通报表扬；推动《广西审计监督条例》纳入自治区人大立法规划；首次将广西审计促发展突出贡献集体和个人列入自治区评比表彰项目，对近3年在审计事业发展中作出突出贡献的100个集体和200名个人予以表彰；夯实规范管理的制度基础，着力提升审计质量。加强与司法、组织、行业主管等部门的监督联动。与自治区高级人民法院、自治区人民检察院研究制定了生态司法与审计监督协调配合机制，与自治区财政厅联合印发《关于建立预算绩效监管审财联动机制的意见》，与自治区国资委联合印发《国资监督与审计监督协同工作办法》，与自治区绩效办联合印发《关于加强绩效审计工作的指导意见》，初步形成监督合力。网络安全和信息化建设审计、乡村振兴审计、困难群众救助补助资金审计成果获审计署综合采用并给予充分肯定。

政策落实情况跟踪审计 以服务推动高质量发展、服务融入新发展格局、促进政令畅通为目标，按照“专项审计”和“项目化”管理方式组织重大政策措施落实情况审计。围绕中央和自治区重大决策部署，开展部分县乡村振兴政策和相关资金审计、全区大气污染防治专项审计调查等5个专项审计项目；将重大政策措施落实情况纳入预算执行、经济责任等各类审计的重点审计内容，加大对优化营商环境等政策措施审计力度。

财政审计 开展自治区本级预算执行和决算草案以及13个部门的预算执行和决算草案审计，重点关注预算编制管理及改革措施落实、零基预算改革相关措施落实、全面实施预算绩效管理等9方面内容；聚焦地方政府性债务管理关键环节，组织对自治区本级、柳州市等3个市本级和忻城县等15个县（市、区）的政府性债务管理及风险情况开展专项审计调查。积极探索实施预算绩效管理全链条审计，联合自治区绩效办出台《深化预算绩效审计监督实施意见》，在预算执行审计、重大投资项目审计、民生专项审计等项目中开展绩效审计。审计查出主要问题金额1697.57

亿元，出具审计报告 1763 篇，挽回（避免）损失和节约投资 214.23 亿元，审计促进财政资金提质增效效果明显。

组织实施广西重点工业园区建设管理专项审计调查，通过对全区 154 个工业园区进行调查了解，揭示园区管理体制机制存在问题；对靖西至龙邦、河池至百色高速公路等投资项目进行竣工决算审计，开展自治区重大水利工程实施专项审计调查和 PPP 项目实施情况专项审计调查；对平陆运河、第一届全国学生（青年）运动会比赛场馆建设情况开展跟踪审计。

国有企业审计 与自治区国资委联合对自治区直属 24 家国有企业贸易业务、应收账款等 5 方面存在问题和风险进行检查，重点关注国有资产管理和推进工业高质量发展专项审计调查项目。揭示相关问题 66 个，涉及问题金额 140.67 亿元，督促企业建立完善相关内控制度 130 多项。开展广西壮族自治区农村信用社联合社改革和风险管理情况专项审计调查，重点关注农合机构在改革发展、风险管控中存在的突出问题。

农业农村审计 组织开展国家乡村振兴重点帮扶县乡村振兴政策和资金审计，同步开展扶贫项目资产审计，2022 年已完成 20 个县的审计，揭示了产业项目后续培育不足、联农带农作用未发挥、扶贫项目资产确权分类错误、扶贫项目资产运营效益不佳等问题 421 个、涉及金额 225.90 亿元。联合自治区党委农办印发《关于开展扶贫项目资产审计暨后评估发现问题整改及自查自纠专项行动工作的通知》，督促指导审计发现问题整改工作，推动建立健全相关制度 29 项。相关审计成果获自治区领导肯定性批示。

资源环境审计 扎实开展全区大气污染防治专项审计调查、全区森林资源资产管理和开发利用情况专项审计调查等专项审计，组织开展土壤污染防治专项审计调查发现问题“回头看”，加强与自治区高级人民法院、自治区人民检察院协同协作，推动“生态司法+审计”机制充分发挥实效，组织开展 9 县（区）13 名党政主要领导干部自然资源资产离任（任中）审计，建立健全领导干部自然资源资产离任（任中）审计制度。

民生审计 组织开展 9 个设区市困难群众救助补助资金分配管理使用情况及相关政策落实情况审计、广西残疾人事业发展补助资金使用绩效情况专项审计调查、就业补助资金和失业保险基金审计，共揭示扩大范围支出救助补助资金、部分产业项目未带动脱贫群众持续增收等问题 469 个，涉及金额 10 亿元。开展部分县（区）2019 年至 2021 年义务教育经费管理使用情况审计、财政补助广西部分高校专项资金管理使用情况专项审计调查等项目，揭示义务教育政策措施落实不到位、高校专项资金使用不规范等方面问题。

经济责任审计 推进与自治区经济责任审计工作联席会议成员单位的协作配合，深化联席会议成员单位“审前协商、审中协作、审后运用”机制，推动形成经济责任审计监督合力。全区共对 594 名领导干部（人员）开展经济责任审计，涉及问题金额 234.49 亿元，提出审计建议 1715 条；向纪检监察机关、司法机关及有关主管部门移送问题线索 298 件，涉及 269 人，同比增长 33%。涉及金额 10.7 亿元，同比增长 55.3%。

涉外审计 开展 16 个国外贷援款项目审计，查出管理不规范、损失浪费等 45 个问题。

大数据审计 有序推进金审三期项目建设，贯彻落实信创工程工作部署。充分运用广西数字化审计业务管理平台，加强各领域、各层级、各系统间数据关联分析，促进“精准审计”。加强数据资源分析利用，找准大数据审计思路和方向精准发力，提升大数据审计能力和审计工作效能。完成两次全区财政数据采集报送和数据标准化工作，完成更新财政审计全覆盖子系统数据，形成标准表 12 张，审计模型 34 个。在住房公积金绩效管理审计中的大数据技术运用经验做法得到审计署肯定。

审计查出问题整改 凝聚审计整改合力，推动审计整改与党政督查、绩效考评相结合，将 2021 年度自治区本级预算执行和其他财政支出审计查出问题整改情况专项检查列入 2022 年自治区督查检查考核备案事项，将审计整改情况列入区直部门绩效考核内容，形成督促整改合力，提升审计整改效能。优化审计整改顶层设计，制定《广西壮族自治区审计机关督促审计整改工作指引》，坚持立行立改、边审边改，规范指导全区各级审计机关督促检查审计整改工作。不断完善行业领域联动协作机制。通过“审计走进区直和基层单位”调研服务活动，分类督促指导行业审计发现问题整改工作，联合自治区党委农办开展扶贫项目资产审计暨后评估发现问题整改及自查自纠专项行动，联合自治区国资委对10多家自治区直属企业开展审计发现问题整改现场督查，联合自治区生态环境厅开展全区土壤污染防治专项审计调查发现问题的整改联合督查，推动审计整改做实做细。通过联动协作，落实整改成效明显，得到自治区党委、政府通报表扬。

相关工作 印发《广西壮族自治区审计厅专项审计调查办法（试行）》《广西壮族自治区审计厅关于开展审计项目后评估工作的指导意见》等4项制度，建立后评估制度，进一步规范审计过程管理；创新审理方式，持续推动审理模式由审后控制向全过程跟踪转变，提前介入移送问题的审理，力争将审计质量问题发现在源头、研究在现场、解决在一线。印发《2022年度全区内部审计工作指导意见》《2022年全区内部审计业务指导监督工作方案》，通过座谈交流、现场指导等方式强化对全区内部审计指导监督，推动全区内部审计工作高质量发展。

聚焦“政治—政策—项目—资金”，举办“研究型审计领导论坛”，大兴调查研究之风，致力推进研究型审计常态化。广泛开展主题宣传、岗位练兵、党课展播、演讲比赛等活动，严格落实意识形态工作责任制，推进党支部标准化、规范化建设。通过“一对一”审计实务导师制、举办能查能说能写“三能”论坛、新时代新理论新知识“三新”讲堂等，着力提高审计干部能查能写能说的能力。1个集体被评为全区党内法规工作先进集体，1个集体被评为全区人大代表工作先进集体，1名同志被评为自治区党委信息先进个人。

建立和完善“我为群众办实事”常态化长效化机制，持续巩固深化党史学习教育成果。全面加强机关党的建设，广泛开展主题宣传、岗位练兵、党课展播、演讲比赛等活动，推进党建与业务深度融合。严格落实意识形态工作责任制，推进党支部标准化、规范化建设，以党建为引领抓好机关群团建设。印发《开展清廉审计机关建设实施方案》等方案，围绕审计机关管理薄弱点、审计流程的关键点、权力运行的风险点加强党风廉政建设。自治区审计厅受邀在全区巡视巡察工作会议暨十二届自治区党委第二轮巡视工作动员部署会上作典型经验交流发言。获评2022年全区模范机关示范单位。（撰稿人：王晓凤　陶桂萍）

【南宁市审计局】 2022年，南宁市审计局实有87人。局长徐铭斯（—11月）、周梅清（11月—），副局长黄辉武、杨连业、李生明、邱丽萍，总审计师梁露霞，市经济责任审计工作联席会议办公室主任、市委审计委员会办公室副主任李栋沛。设有南宁市委审计委员会办公室秘书科；内设办公室、综合科、审理科、财政审计科、行政事业审计科、农业农村审计科、自然资源和生态环境审计科、固定资产投资审计科、金融审计科、企业审计科、社会保障审计科、涉外审计科、电子数据审计科、内部审计指导监督科、人事科；下设公共投资审计中心。

审计成果 2022年，南宁市审计局完成审计项目56个，查出主要问题金额155.89亿元，促进增收节支和挽回损失浪费36.01亿元，促进整改金额142.39亿元，向有关部门移送案件线索25件，提出审计建议285条。向南宁市委、市委审计委员会和南宁市人民政府报送各类信息、专报61篇，获市领导批示15篇，向广西内部审计师协会报送内部审计理论研讨论文28篇。

组织实施的马山县乡村振兴审计、困难群众救助补助资金审计成果经审计署采用后获得中央领导批示，荣获第十届全区审计机关计算机审计成果演示一等奖；2个审计项目分别荣获全区优秀审计项目一等奖、二等奖；全区优秀计算机审计项目评比、审计技术创新应用项目评比一等奖获奖数量全区第一；市本级获评“广西审计促发展突出贡献集体”，6名审计干部获评“广西审计促发展突出贡献个人”；3名审计干部被评为全区审计系统“最美审计人”。

政策落实情况跟踪审计 开展直达资金绩效、工业振兴、产业招商等审计，揭示和反映部分县（市、区）“保运转”政策落实不到位、部分单位未及时停止收取和清退各类保证金、部分招商引资项目未实际落地等问题14个，涉及金额8336.73万元。

财政审计 完成对市财政局及市属4个开发

区（风景区）管委会组织的本级预算执行和决算草案情况的审计，重点审计了市统计局等22个一级预算单位及54个所属单位的预算执行和决算草案情况，揭示预算编制不够完整和准确、过紧日子要求落实不到位、非税收入未及时上缴等问题107个，涉及金额44亿元。

完成4个重大项目的审计（调查），揭示部分项目未批先建、多计回购价款、个别项目资本金被挪用、部分应公开招标的项目未进行公开招标等68个问题，涉及金额33.06亿元。

经济责任审计 完成经济责任审计项目12个，审计1个城区和市本级11个单位15名领导干部，揭示问题191个，涉及金额5.41亿元，提出审计建议49条。

农业农村审计 完成乡村振兴审计项目3个，重点聚焦产业帮扶相关政策落实、资金管理使用、扶贫项目资产管理、水利发展资金支持农业农村生产、防灾防旱及安全饮水重点任务等方面情况，揭示问题73个，涉及金额2.88亿元。

民生审计 完成困难群众救助补助资金、部分县（市、区）2019年至2021年义务教育经费情况等审计，揭示集中供养机构设置和人员配备不完善、部分指标未能达到保障义务教育财政经费投入“两个只增不减”要求、扩大范围使用义务教育资金等问题15个，涉及金额5.66亿元。

审计查出问题整改 南宁市各整改责任单位经整改推动制定完善制度或各类工作规范142项，2021年以来上级审计机关13个审计项目查出涉及南宁市的367个问题，各级各部门已完成312个问题的整改。《2021年度市本级预算执行和其他财政支出情况审计报告》反映的201个问题，已完成131个问题的整改，立行立改问题整改完成率91.67%。

（撰稿人：莫小萍）

【柳州市审计局】 2022年，柳州市审计局实有92人。党组书记陈岳龙，局长胡兰，副局长刘秋文、詹科明、廖凤英，党组成员左付均，总审计师廖文俊，市审计委员会办公室副主任蒋志刚。设有市委审计委员会办公室秘书科；内设办公室、综合和审理科、财政金融审计科、行政事业审计科、农业农村审计科、自然资源和生态环境审计科、固定资产投资审计科、企业审计科、社会保障审计科、经济责任审计办公室、电子数据审计科、内部审计指导监督科、人事科、机关基层党组织、柳东分局，以及柳州市政府投资项目审计中心。

审计成果 2022年，柳州市审计局完成审计项目48个，查出问题金额40.25亿元。审计后挽回（避免）损失2423万元。审计促进拨付资金到位5135万元。提出审计建议156条，促进被审计单位建立健全规章制度和整改措施152项，移送纪检监察机关及有关部门处理事项13件，向党委、政府提交审计信息和专报36篇。编报的信息稿件获市级以上媒体采用378篇，其中获国家级媒体采用38篇、审计署媒体采用35篇、自治区级媒体采用8篇、自治区审计厅媒体采用81篇。

乡村振兴审计工作经验获人民网刊载推广，审计案例被审计署编入2022年度市县审计局领导干部培训班案例汇编在全国推广。被自治区审计厅授予全区审计信息和新闻宣传工作成绩突出集体，获全区优秀审计项目评选一等奖、全区审计机关计算机审计成果演示一等奖，获自治区级荣誉28项，获市级荣誉6项。

财政审计 完成所有一级预算单位财务数据采集工作，构建124个不同领域审计分析模型，审计经验在全区推广应用。提出建议并出台《柳州市关于建立预算绩效监管审财联动机制的实施方案》《柳州市关于深化预算绩效审计监督的实施方案》。完成审计项目37项，查出主要问题金额22.50亿元。

完成固定资产投资审计项目16个，查出主要问题金额1.49亿元。推动市级层面出台《柳州市市属国有企业投资建设项目管理暂行办法》等制度5项。

完成专项资金审计项目10个，审计专项资金总额2594.63亿元，查出主要问题金额13.90亿元。

农业农村审计 围绕产业帮扶和扶贫项目资产等乡村振兴重点领域开展审计，共完成农业审计项目4个，审计总金额110.20亿元，提出审计建议17条，共发现各类问题71个，涉及问题金额21.55亿元，促进被审计单位和上级主管部门出台有关制度办法方案20项。

民生审计 完成4个民生审计项目，促进增收节支176.90万元，提出审计建议16条，累计报送信息8篇，其中向党委、政府提交重要审计信息2篇，重要事项转送函2份，推动被审计单位出台或完善制度9项。审计发现的19个问题被自治区审计厅纳入全区综合报告，获自治区领导肯定性批示，其中4个问题被审计署纳入全国综合报告，综合报告获中央领导批示。

经济责任审计 完成经济责任审计项目14项，审计查出主要问题金额12.97亿元，提出审计建议41条，移送纪检监察机关等案件线索6件。同时实施资源环保审计项目3项，审计促使市环境卫生管理处完善《柳州市环境卫生管理处工程项目采购管理制度》等9项制度，推动柳州市人民政府修订《柳州市城市生活垃圾处理费征收与使用管理办法》。

审计查出问题整改 推动柳州市委、市政府出台《柳州市审计整改工作实施细则（试行）》，审计整改纳入绩效考评指标体系。建立审计整改清单制度，实行审计整改的对账销号管理。自行设计开发审计整改系统，实现审计整改信息化管理。通过审计整改，推动建立和完善制度69项，收回及盘活财政资金2.08亿元，收回超付或扣减多计工程款780.11万元，移送案件线索12件，立案和处理处分23人。2021年柳州市本级预算执行和其他财政支出审计报告反映的63个主要问题中52个问题已整改完毕，完成整改率82.54%。

（撰稿人：林长其　黄　琳）

【桂林市审计局】 2022年，桂林市审计局实有96人。党组书记李强（—9月），局长李强（—10月），党组成员赵素云（—6月）、全宏星、张志文、罗大伟（3月—）、蒙忠宁，副局长赵素云（—6月）、全宏星、张志文（3月—）、傅春灵，总审计师张志文（—3月）、石雅之（10月—），经济责任审计办公室主任罗大伟，纪检组长谢长剑。设有办公室、人事教育科、经济责任审计办公室、法规计划科、审理科、财政审计科、金融审计科、行政事业审计科、企业审计科、农业农村审计科、自然资源和生态环境审计科、社会保障审计科、电子数据审计科、固定资产投资审计一科、固定资产投资审计二科、旅游外资审计科，以及桂林市公共投资项目审计中心、桂林市审计干部培训中心。

审计成果 2022年，桂林市审计局完成审计项目40个，查出主要问题金额31.81亿元，其中应上缴财政9.61亿元，应减少财政拨款或补贴36万元，应归还原渠道资金4.9亿元，应调账处理金额5.8亿元；已上缴财政3474万元，已归还原渠道资金69万元，已调账处理金额8130万元。移送纪检监察机关、有关部门处理事项7件。提交审计报告和专项审计调查报告50篇，被批示、采用1篇。

获第十届全区计算审计成果演示二等奖；审计项目获2022年全区优秀审计项目一等奖1个、三等奖1个。

政策落实情况跟踪审计 抽查29个部门及单位共24个项目，涉及财政资金40.92亿元，深入揭示存在的突出问题和风险隐患29项，提出改进政策优化措施的建设性意见建议18条。

财政审计 完成6个预算执行审计项目，查出主要问题金额22.94亿元。揭示了未严格控制代编预算、追加指标控制不严执行率低、新增政府债券支出进度慢等40个问题。

对市本级407个预算单位实现“一体化”平台财务数据分析审计全覆盖，完成审计项目14个，查出主要问题金额6.5亿元。

开展桂林市琴潭千亩荷塘、桂林文武巷、秀峰区荷韵生态体育公园、桂林市漓江流域山水林田湖草沙一体化保护和修复工程等重大投资项目审计。完成审计项目6个，查出主要问题金额1.24亿元。

民生审计 完成审计项目1个，查出主要问题金额734万元。揭示儿童收养登记不符合规定、流浪乞讨人员长期滞站未得到有效安置等4大类26个问题，审计成果汇入全国、全区综合报告，分别获得习近平总书记、蓝天立主席等领导的重要批示。

经济责任审计 审计领导干部13人，查出主要问题金额29.63亿元。揭示在财政资金管理、国有资产处置、重大事项和项目投资决策等方面存在的重大违法违纪问题，向纪检监察机关移送处理人员4人。与市自然资源局联合印发《桂林市自然资源执法与领导干部自然资源资产离任（任中）审计工作协作机制》，促进审计监督和自然资源执法监督的有机贯通。

审计查出问题整改 坚持边审边改、边审边促，规范指导整改，提高审计整改可操作性。通过审计促进整改落实有关问题资金 13.91 亿元，制定整改措施和建立健全规章制度 10 项。

专项审计 完成审计项目 12 个，审计专项资金总额 28.82 亿元，查出主要问题金额 1.05 亿元。（撰稿人：龙 雨）

【梧州市审计局】 2022 年，梧州市审计局实有 54 人。党组书记、局长李旭长，副局长周康、彭雪梅、卢秋诚，总审计师麦庆（—10 月）、张刚华（10 月—），经济责任审计分局局长陈朝晖。设有市委审计委员会办公室秘书科；梧州市审计局内设办公室、综合科、审理科、财政金融审计科、行政事业审计科、农业农村审计科、自然资源和生态环境审计科、固定资产投资审计科、企业审计科、社会保障审计科、经济责任审计分局、电子数据审计科、内部审计指导监督科、人事科；下设政府投资审计中心。

审计成果 2022 年，梧州市审计局完成审计项目 40 个，查出主要问题金额 22.32 亿元，其中应上缴财政 1019 万元，应减少财政拨款或补贴 4150 万元，应归还原渠道资金 7 万元，应调账处理金额 1988 万元；已上缴财政 848 万元，已减少财政拨款或补贴 900 万元，已调账处理金额 769 万元。移送司法机关、纪检监察机关处理事项 10 件。向市委、市政府出具审计工作报告、信息 43 篇，获批示、采用 38 篇。

获全国工会职工书屋示范点、自治区民族团结进步示范机关、广西三八红旗集体、自治区无烟党政机关等称号，获 2022 年全区审计机关优秀审计项目一等奖 1 个和三等奖 1 个、2021 年度全区审计机关优秀计算机项目二等奖、第十届全区审计机关计算机审计成果演示评选三等奖、2021 年度全区审计信息和新闻宣传工作成绩突出集体等荣誉。

财政审计 开展市本级预算执行情况审计，发现年初预留预算不合理、未及时下达上级转移资金、新增政府债务资金未形成实际支出等问题，涉及金额 18.45 亿元。并进一步延伸审计保障绿色高质量发展相关政策和资金、契税补贴等。继续深化对 297 个市本级一级预算单位的部门预算执行和决算草案进行全覆盖审计。通过加强预算执行审计，促进财政增收节支和盘活存量资金近 1.7 亿元。

农业农村审计 组织开展蒙山县巩固拓展脱贫攻坚成果同乡村振兴有效衔接相关政策和资金审计，累计抽查资金 1 亿多元（占比 78%）、项目 70 个，抽查单位、乡镇及行政村 49 个。

经济责任审计 全年共审计领导干部 12 名，查出应负有关责任问题金额 1.85 亿元。与组织部门强化监督联动，向新任的主要领导干部发放任前经济责任告知承诺书，并推动审计结果报告以及审计整改报告归入被审计领导干部本人档案。

大数据审计 推进梧州审计数据分析研判中心建设，市本级建立和优化审计分析模型 7 个，分析研判审计疑点记录 5500 多条。做好审计数据储存和使用动态化管理，从应用需求出发，更新财政、医保社保等 12 类数据信息。全市获全区审计机关优秀计算机审计项目二等奖和三等奖 5 个，市本级在全区审计机关计算机审计成果演示中获厅本级和市级组第 6 名。

专项审计 聚焦生活垃圾处理费的征收管理、征收对象等内容，揭示现行征收办法严重滞后，上门征收的随意性、自主性较大等现象，审计专报得到市委审计委员会主要领导肯定性批示，督促有关部门联合研究解决方案。同时审计调查了科技成果转化项目后补助资金，督促多付、错付科技后补助资金支出的问题整改到位。

内部审计 稳步推进全市近 700 个单位内部审计资料备案。面向市直各有关单位建立市本级内部审计人才库，通过开展“以审代训”提升内审人员实务能力。（撰稿人：盘慧童）

【北海市审计局】 2022 年，北海市审计局实有 56 人。党组书记、局长劳太强，副局长刘文惠、李小文、何瑞强、蔡章伟，总审计师陈玲（5 月—）。设有办公室、法规综合审理科、电子数据审计科、财政金融审计科、固定资产投资审计科、行政事业审计科、企业审计科、重大政策跟踪审计科、社会保障审计科、交通与建设审计科、农业农村审计科、经济责任审计科（生态文明审计科）；下设政府投资审计中心、经济责任审计中心。

审计成果 2022年，北海市审计局完成审计项目17个，查出主要问题金额70.25亿元，其中应上缴财政7611万元，应减少财政拨款或补贴1118万元，应归还原渠道资金7274万元，应调账处理金额40.59亿元；已上缴财政1596万元，已减少财政拨款或补贴777万元，已归还原渠道资金5962万元，已调账处理金额3.3亿元。移送司法机关、纪检监察机关处理事项23件，建议有关部门处理事项23件。出具审计工作报告、信息44篇，被采用23篇。

1个审计项目获全国优秀审计项目二等奖，2个审计项目分别获得2022年全区审计机关市级优秀审计项目一等奖和三等奖。

政策落实情况跟踪审计 完成审计项目1个，查出主要问题金额14.71亿元。审计调查发现存在债券项目资金未按项目进度拨付、“桂惠贷”贴息未拨付到位、稳岗补贴未发放到位等问题，提出审计建议5条，促进相关政策落地见效。

财政审计 完成审计项目1个，查出主要问题金额7.2亿元。审计发现预算编制、执行、预算绩效管理、国有资产管理以及部门预算执行和财政专项资金等方面存在问题。出台《关于深化预算绩效审计监督的实施意见》及《关于建立预算绩效监管审财联动机制的意见》。

经济责任审计 修改完善《北海市经济责任审计工作联席会议制度》，完成审计项目3个，查出主要问题金额37.2亿元。出台《北海市经济责任审计和自然资源资产审计结果反馈制度（试行）》《北海市领导干部自然资源资产离任审计与生态环境保护执法监督工作协作机制（试行）》等制度，并联合市委组织部组织18名领导干部签订《领导干部自然资源资产管理和生态环境保护责任告知承诺》。

专项审计 完成审计项目8个，查出主要问题金额2.44亿元。审计发现专项资金项目检查监督不到位、部分县区及园区滞留和超范围使用专项资金、未及时拨付企业扶持资金等问题，提出审计建议5条。

审计整改 对一县三区及市直相关部门共52个整改责任单位落实审计整改情况开展检查，召开专题汇报会18场，查阅整改台账资料1337份，发出整改催办函38份，重点实地检查37次，涉及未整改到位问题231个、金额27.97亿元。出台《北海市审计整改工作实施细则（试行）》，建立审计整改管理系统，进一步完善审计整改配合协调机制，推动整改工作制度化、长效化、智能化。

相关工作 建设大数据分析室，完善北海审计工作管理平台；组建大数据分析团队，积极推行“集中分析、发现疑点、分散核实、系统研究”的数字化审计方式；对具备大数据审计条件的相关审计项目实行实施方案和大数据审计实施方案“双方案”工作机制，归纳总结相关领域100余个审计方法模型并推广运用。获全区审计机关审计技术创新应用项目一等奖1个，5个项目在全区审计机关优秀计算机审计项目评选中获奖。

（撰稿人：黄希祺）

【防城港市审计局】 2022年，防城港市审计局实有30人。局长农桂军，副局长黄广东、苏莺、卢遥本。设有办公室、法规审理和内审监督科、财政和社保审计科、电子数据审计科、农业生态资源和企业审计科、经济责任审计分局、固定资产投资审计科。

审计成果 2022年，防城港市审计局完成审计项目18个，查出主要问题金额75.83亿元，审计促进整改落实有关问题金额17.81亿元，向纪检监察机关移送问题线索8条。向党委政府提交专题报告和重要审计信息12篇，获得领导批示5篇。

实施的粮食购销专项审计、防城区党政主要领导干部经济责任审计项目分别获得2022年度全区审计机关优秀审计项目二、三等奖。

政策落实情况跟踪审计 清理拖欠中小企业账款方面，查出拖欠账款62.10万元；“三保”政策落实方面，查出防城区尚未建立“三保”工作专项汇报制度；工业园区建设方面，查出工程未按合同约定时间完工、应付未付工程款376.57万元；东兴市和防城区中央财政转移支付资金支出执行率较低；基层“三保”风险防范政策落实方面，查出财政暂付性款项规模未有效控制、拖欠民生项目工程款70万元。

财政审计 开展市本级预算执行和决算草案

情况审计以及市退役军人事务局、市外事办公室两个部门预算执行和决算草案情况审计。审计发现预算编报不精准、财政收入不完整、推行零基预算管理改革工作不到位、部门预算支出管理管控不严、预算绩效管理效益不高等 27 个问题。

开展市本级教育系统 2018—2020 年政府投资项目建设管理情况专项审计调查，对 10 所海湾新区新建学校的建设管理情况进行审计监督；开展市沙潭江生态科技产业园启动区（一期）工程项目执行情况审计，同时完成了文昌大道铁路交通框架桥工程竣工结算审计。审计发现代建项目未按规定执行管理、未严格执行基本建设程序、工程变更管理不到位、未及时办理竣工结算和竣工财务决算等问题。

资源环境审计 开展海洋部门领导干部自然资源资产离任（任中）审计，初步发现围填海历史遗留问题处置进展缓慢、部分审批海域闲置 2 年未开发利用、部分大陆自然岸线被侵占、海洋禁养区内存在 264 处海产养殖、未按市政府决策要求推进广西北仑河口边境海岸带生态修复工程项目销号工作、海砂采矿权和海域使用权“两权”联合出让工作推进缓慢、应收未收海域使用金 1314 万元等 13 个问题。

经济责任审计 完成审计项目 7 个，发现部分重大事项未经集体决策、未严格执行政府采购、未严格执行内部控制制度、财务管理不规范等问题。有效推动干部规范用权、担当履职。印发《市本级经济责任审计和自然资源资产离任（任中）审计相关文书参考格式》，促进规范研究型经济责任审计和自然资源资产审计工作。

专项审计 组织实施上思县巩固拓展脱贫攻坚成果同乡村振兴有效衔接相关政策和资金审计，防城港市土地出让金征收管理使用情况专项审计调查，市本级福利彩票公益金的筹集、分配、使用和绩效专项审计，以及粮食购销专项审计。审计查出扶贫项目资产移交后续管理有待完善、土地出让收支管理不规范、部分资金使用绩效不达标、粮食购销领域不据实申领合理损耗费用等问题，其中上思县巩固拓展脱贫攻坚成果同乡村振兴有效衔接相关政策和资金审计发现问题 13 个，涉及金额 2621.54 万元。报送的审计要情获市委书记、市长批示。（撰稿人：邓英俊）

【钦州市审计局】 2022 年，钦州市审计局实有 22 人。党组书记、局长张日辉（—6 月）、罗滨（6 月—），党组成员谭灵坚、黄兴越、滕基雄，副局长陈洪珊、陆静、郑康，纪检组长邓鸣。设有办公室、法规综合科、财政审计科、行政事业审计科、农业与资源环保审计科、固定资产投资审计科、金融外资审计科、企业审计科、社会保障审计科、经济责任审计分局、电子数据审计科；下设公共投资审计中心、经济责任审计中心、钦州港经济技术开发区公共投资审计所。

审计成果 2022 年，钦州市审计局完成审计项目 33 个，查出主要问题金额 17.29 亿元，其中应上缴财政 6028 万元，应归还原渠道资金 2154 万元，应调账处理金额 1.82 亿元；已上缴财政 3279 万元，已归还原渠道资金 710 万元，已调账处理金额 1.14 亿元。移送司法机关、纪检监察机关处理事项 18 件。提交审计工作报告、信息 27 篇，被采用 2 篇。

获全区优秀审计项目 2 个，全市优秀审计项目 4 个，1 人获评广西审计促发展突出贡献个人，2 人获评为全区审计系统“最美审计人”。

政策落实情况跟踪审计 组织开展钦州市突发疫情防控资金管理使用情况跟踪审计。查出主要问题金额 1495.83 万元。揭示支出手续不够完善、多计多付集中隔离点费用、滞留防疫资金、市本级物资采购审批与实际采购差异较大、疫情防控医疗物资管理不规范、重点关项目未及时投入使用等问题，追回多计多付资金 8.25 万元。

财政审计 完成审计项目 3 个，查出主要问题金额 12.22 亿元。完成固定资产投资审计项目 16 个，查出主要问题金额 1.21 亿元。完成的竣工结算审计项目，审计金额 8.46 亿元。审计查出多计工程造价、建设项目合同管理不规范、未严格执行基本建设程序、不按施工合同约定工期完成建设项目、竣工结算资料不完整等问题。

国有企业审计 完成审计项目 1 个，查出主要问题金额 1156.25 万元。其中违规金额 1006.59 万元，管理不规范金额 149.66 万元。审计发现存在抽逃资金 932 万元，少缴税款 62.70 万元，账外资产 28 项未登记入账等问题。审计处理金额 1037.36 万元，向纪检监察机关移送事项 2 件，涉及人员3人。审计促进整改落实有关问题资金398.66万元，提出建议4条，提交审计信息1篇。

行政事业审计 完成审计项目3个，查出主要问题金额2198.61万元。审计发现非金额计量问题10个，其中违规金额19.31万元，管理不规范金额1258.48万元。审计促进增收节支164.46万元，其中上缴财政1.73万元，归还原渠道资金162.74万元。

民生审计 完成审计项目1个，查出主要问题金额149.16万元。通过审计医保基金，延伸审计了5家民营医院。审计发现违规收费、分解住院、超范围行医等主要问题11个。

经济责任审计 完成审计项目6个，查出主要问题金额2.06亿元，提交审计报告和审计结果报告12篇，提出审计建议21条。

专项审计 完成审计项目2个，查出主要问题金额1.30亿元。审计发现未及时足额征水资源费、应缴未缴水土保持补偿费、未按规定分配使用水利专项资金、挤占挪用水利专项资金、超标准超范围支付工程及相关费用、违规拨付预算资金、虚报套取财政资金、拖欠项目工程款、工程进展缓慢、工程项目未及时发挥效益等问题。

（撰稿人：钟秀华）

【贵港市审计局】 2022年，贵港市审计局实有57人。党组书记、局长杨伟明，副局长潘家秩、黄远斌、胡鸿，总审计师王秋生，纪检组长韦全贤。设有办公室、经济责任审计局、综合科、财政审计科、行政事业审计科、农业和资源环境审计科、固定资产投资审计科、企业和金融审计科、社会保障审计科、电子数据审计科、组织人事科；下设公共投资审计中心、综合审计中心。

审计成果 2022年，贵港市审计局共完成审计项目17个，查出主要问题金额69.15亿元，其中应归还原渠道资金172万元。移交违纪违法问题线索14件，促进建立健全制度措施3件；移送处理金额3.71亿元。提出审计建议112条，被采纳109条。提交信息109篇。

获自治区优秀审计项目2个、自治区优秀计算机审计项目5个、自治区审计技术创新应用项目二等奖1个。

政策落实情况跟踪审计 重点对促进防范化解重大风险、促进生态环境绿色发展、清理拖欠农民工工资和保障中小企业账款支付等方面实施跟踪审计，查出问题24个，涉及金额1.05亿元，提出整改意见12条。

财政审计 继续开展财政管理重点事项审计，推动各级各部门过紧日子，进一步优化支出结构，提高财政资金绩效。完成审计项目1个，查出问题资金41.12亿元。

以促进提高公共投资效益和完善工程建设管理为目标，完成审计项目2个，查出主要问题金额6.99亿元。

资源环境审计 与自治区审计厅同步开展全市大气污染防治情况专项审计调查，发现在VOCs污染防治、秸秆综合利用工作推进等方面存在短板，各县（市、区）在大气污染防治工作方面存在监管、防治专项资金筹集使用以及防治项目管理不到位等18个问题，查出问题金额748.8万元，移送案件线索8件。

经济责任审计 完成审计项目8个，查出主要问题金额14.13亿元。审计对象涵盖党政工作部门主要领导干部、事业单位主要领导干部和国有企业领导人员。全年提交经济责任审计成果信息12篇，被采用9篇，其中获市委市政府主要领导批示6篇。

审计查出问题整改 出台《贵港市审计查出问题整改认定标准》，联合贵港市财政局印发《关于建立预算绩效监管审财联动机制的意见》，建立预算绩效监管审财联动机制，以预算绩效结果倒逼各单位不断提高资金使用绩效。市绩效办印发《贵港市2022年度绩效考评工作方案》，将审计整改列入年度绩效考评。与巡察、纪委、法院、国资委、公安等单位（部门）相互提供协查材料10次。

内部审计 通过举办培训班及抽调各单位内部审计人员参加市级审计项目、上门授课等方式提高全市的内部审计工作。贵港市本级内部审计机构或者履行内部审计职责的内设机构共有35个，其中独立设置机构5个；内部审计人员158人，其中专职人员19人；共完成审计项目111个，审计发现问题整改资金3084.14万元；制定制度7项、完善制度69项，优化业务流程35个。

（撰稿人：张　宁）

【玉林市审计局】 2022年，玉林市审计局实有28人。党组书记、局长党刚强，副局长廖焕强、陈任诗、苏丽艳，总审计师陈进（—2月）、梁毅（2月—），纪检组长方敏。设有秘书科、法规科、财政税务审计科、政策落实审计科、行政事业审计科、资源环境审计科、固定资产投资审计科、社会保障审计科、企业审计科、经济责任审计分局、电子数据审计科、玉东新区审计科、党建廉政绩效科；下设政府投资审计中心。

审计成果 2022年，玉林市审计局共完成审计项目30个，审计查出主要问题金额69.97亿元，审计促进整改落实金额11.25亿元，提出审计建议97条，移送违纪违法问题线索14件。

2个项目分别获评全区优秀审计项目一等奖、三等奖，在全区审计机关优秀计算机审计项目评选中获二等奖4个、三等奖7个，被评为“优秀组织单位”。

政策落实情况跟踪审计 围绕市县两级“三保”运行风险防范、增值税留抵退税、政府专项债券资金使用、优化营商环境等方面相关政策措施落实情况实施跟踪审计，累计抽查93个部门及单位、120个项目，涉及财政资金8.66亿元，查出主要问题金额7亿元，共出具4份审计报告并报送市政府。2篇信息获得市政府政务信息采用。

财政审计 完成财政审计项目3个，查出主要问题金额10092.62万元。以市委审计办、督查绩效办的名义印发《玉林市深化预算绩效审计监督的实施意见》，不断加大对市县两级财政审计工作统筹协调力度。

完成固定资产投资审计项目3个，审计发现主要问题40个，问题金额17.07亿元，核减投资额467万元，移送问题线索2件，提交审计信息1篇，推动出台制度12项。

国有企业审计 强化市直属国有企业重点领域审计监督，开展国有企业债务情况调查，收集市直5家集团公司及3个开发园区国有企业相关资料进行分析，针对审计发现的12个风险点提出审计建议，审计结果得到市委、市政府高度重视。企业审计整改情况纳入了《玉林市国资委履行出资人职责企业负责人经营业绩考核办法》的业绩考核特殊事项管理内容。

资源环境审计 组织实施玉林市大气污染防治审计调查，审计发现问题21个，涉及问题金额368.25万元，提出审计建议2条。

民生审计 完成审计项目6个，查出主要问题金额39.86亿元，移送纪检监察机关案件线索10件，提交审计工作报告、信息4篇，1篇获市主要领导批示。

经济责任审计 完成审计项目8个、审计领导干部8人，查出主要问题金额1.28亿元，移送问题线索7件，促进被审计单位建立完善制度19项。审计共查出中职教育领域主要问题金额2194.13万元，移送问题线索6件。将领导干部自然资源资产离任审计工作纳入经济责任审计工作联席会议制度，审计发现自然资源方面问题40个，“两江”污染治理方面问题17个，《玉林市“两江”流域禁养区养殖“反弹”亟需引起重视》审计专报得到市政府主要领导签批并纳入2022年第四季度攻坚方案。

内部审计 积极构建“实务指引+以审代训+调研交流”+“日常监督+项目监督+专项检查”的“3+3”指导监督模式，充分发挥内部审计在单位内部管理和权力监督中的作用。全市已建立内部审计机构42个，其中独立内部审计机构33个，专（兼）职内部审计人员111人。推动市国资委印发《关于推荐玉林市国资委出资企业总会计师、总审计师人才库人选的函》，建立健全企业总审计师人才库。 （撰稿人：杨金玲）

【百色市审计局】 2022年，百色市审计局实有41人。党组书记、局长农斌，副局长蔡伯伦、黄建初、梁才勇，总审计师陆青松。设有市委审计委员会办公室秘书科；百色市审计局内设办公室、综合科、审理科、财政金融审计科、行政事业审计科、农业农村审计科、自然资源和生态环境审计科、固定资产投资审计科、企业审计科、社会保障审计科、经济责任审计科、电子数据审计科、内部审计指导监督审计科；下设经济责任审计中心、政府投资审计中心。

审计成果 2022年，百色市审计局完成审计项目19个，查出违规违法或管理不规范问题245个，涉及金额91.09亿元；督促完成整改问题179个，整改金额42.06亿元，其中上缴财政或公共资金5298.17万元、避免或挽回损失8695.96万元、促进资金（补助）拨付到位1.29亿元、归还原渠道资金1078.34万元、调整账目规范核算资金17.84亿元，推动建立完善制度29项，移送违法违纪问题线索3件，督促追责问责3人次。提出审计建议60条，促进建立完善制度30余项。

5项审计成果得到市委审计委员会主要领导批示，直接审计和参与审计查出的乡村振兴、困难群众救助补助资金方面共计31个问题被全国综合报告采用。3个审计项目分别被评为自治区优秀审计项目一、二、三等奖。

财政审计 组织开展百色市本级2021年度财政预算执行和决算草案审计，查出财政支出不规范、收入不完整、预算绩效管理不规范等问题22个，违规金额7.71亿元，促进整改增收节支6180万元。

完成对百色市应急医院、百色市百隆高速永乐出口连接线道路改造工程PPP项目2个重大建设项目竣工决算的审计，揭示结算审核把关不严等问题9个，涉及金额1.04亿元，避免或挽回损失8552.69万元。开展市重点工业园区建设管理情况专项审计调查，揭示园区土地利用效率低等问题8个，提出审计建议3条。组织开展市本级政府投资项目结算情况专项审计调查。《关于2021年度投资审计工作情况的报告》得到了市委书记的肯定批示。

国有企业审计 组织对市属9家国有企业投资运营管理及债务情况开展专项审计调查，审计发现问题44个，涉及问题金额60亿元，推动制定完善制度10余项，督促追回款项3.53亿元、化解拖欠中小企业款项3亿元，有力推动市属国有企业战略性整合重组。

农业农村审计 对凌云、乐业、田林、隆林等4个县开展乡村振兴有效衔接相关政策和资金审计，查出政策衔接断档、产业扶持项目稳定增收持续性不强等突出问题83个，涉及金额20.32亿元，促进加快资金拨付1.08亿元，推动完善产业项目利益联结等机制12项。同时配合自治区审计厅对德保、靖西、那坡3个县（市）开展审计，实现全市国家乡村振兴重点帮扶县全覆盖审计目标。

民生审计 组织开展住宅专项维修资金和义务教育经费专项审计，查出民生资金管理不规范等问题41个，涉及金额3.31亿元，促进整改收缴民生资金4382.55万元，促进惠民富民政策落到实处。

经济责任审计 稳步推进领导干部经济责任审计全覆盖，完成对5名领导干部经济责任履行情况的审计，审计共发现违规违纪或管理不规范等问题55个，涉及问题金额17.92亿元。开展田阳区党政主要领导干部自然资源资产离任（任中）审计，揭示存在耕地保护责任落实不到位等问题40个，查处问题金额9651.54万元，提出加强生态环境保护和污染防治工作审计建议4条。

（撰稿人：黄　勰）

【贺州市审计局】 2022年，贺州市审计局实有53人。局长黄伟勇，副局长魏明新（—6月）、黄自珍、张平、朱国毅（6月—），总审计师吴荣林，纪检组长李春分。设有市委审计委员会办公室秘书科；贺州市审计局内设办公室、综合审理科、企业与外资运用审计科、财政金融审计科、行政事业单位审计科、固定资产投资审计科、社会保障审计科、经济责任审计分局、电子数据审计科、政府投资审计中心、审计信息管理中心及国有企业审计中心。

审计成果 2022年，贺州市审计局完成审计项目37个，查出主要问题金额34.04亿元。移送司法机关、纪检监察机关处理事项14件。提交审计工作报告、信息140多篇，被采用56篇。

获得市级嘉奖公务员集体、贺州市第二批创建模范机关示范单位、贺州市第三批民族团结进步示范单位等荣誉。

政策落实情况跟踪审计 完成政策落实审计项目1个。重点关注减税降费、基层“三保”、拖欠中小企业账款等领域政策措施落实情况，强化对推进“放管服”改革、便民利民政务服务事项“微改革”、优化营商环境等方面的审计监督，助力建设服务型政府，把贺州打造成为全区营商环境的高地。

财政审计 完成财政审计项目6个，重点关注落实过紧日子要求和财政支出绩效等情况，促进预算绩效管理更全面。2021年度市本级预算执行和其他财政收支的审计工作报告得到市人大常委会充分肯定。

强化督查指导，推进全市政府投资审计于7月底完成转型，同时推动全市审计机关加快清理存量“以审代结”项目。完成计划内投资审计项目6个，实施市委、市政府临时交办的政府投资审计项目17个，共核减投资额1.64亿元。此项工作得到了贺州市市长、常务副市长的充分肯定，在多个全市性大会上表扬审计部门“讲政治顾大局，工作成效突出”。

国有企业审计 完成审计项目4个。在对贺州城建投资集团有限公司实施的相关审计中，就发现的不良贷款问题形成审计专报报市委审计委员会。贺州市委书记对审计专报作了重要批示，直接推动市直属企业全面开展小额贷款问题专项整治工作。

经济责任审计 完成14家单位和企业的16名主要领导经济责任审计项目，共查出各类问题288个，问题金额28.34亿元，提出审计建议43条，促进财政增收节支1082.26万元，向纪检监察机关、公安机关移送问题线索5件。推动“巡审联动”，在实施贺州市投资促进和商务局等部门领导干部经济责任审计时，同时开展巡察工作，形成了“1+1>2”的叠加效应。

专项审计 完成专项资金审计项目6个。向中央审计委员会呈报的困难群众救助补助资金审计情况和乡村振兴重点帮扶县相关审计情况综合报告中，贺州市审计局审计查出的问题分别有33个和13个被采用，习近平总书记及李强、李希等中央领导同志对报告作了重要批示。

（撰稿人：练　军）

【河池市审计局】 2022年，河池市审计局实有36人。党组书记、局长樊伟，副局长白华（6月—）、郭孟谢、韦景升（—6月），经济责任审计局局长黄辉，总审计师覃慧琴（—6月）、兰国灵（6月—），市政府投资审计中心主任覃后敢。设有市委审计委员会办公室秘书科；河池市审计局内设办公室、综合科、审理科、财政金融审计科、行政事业审计科、农业农村审计科、自然资源和生态环境审计科、固定资产投资审计科、企业与外资运用审计科、社会保障审计科、经济责任审计局、电子数据审计科、内部审计指导监督科；下设河池市政府投资审计中心。

审计成果 2022年，河池市审计局完成审计项目29个，查出主要问题金额80.02亿元，其中应上缴财政550万元，应归还原渠道资金13.5亿元，应调账处理金额6.58亿元，应缴纳其他资金5114.54万元。移送司法机关、纪检监察机关处理事项12件，涉及50人，涉及金额2.03亿元。提交审计工作报告37篇，提出审计意见建议109条，报送自治区审计厅稿件信息26篇，被采用6篇。

获得全区优秀审计项目一等奖1个、三等奖1个，荣获2021年全区审计机关优秀计算机审计项目评选一等奖1个、二等奖2个、三等奖4个。乡村振兴重点帮扶县产业帮扶政策落实和资金以及扶贫资产审计工作成果被审计署采用编报后得到中央领导同志重要批示，15项审计工作获得市委、市人民政府主要领导批示。

政策落实情况跟踪审计 重点开展基层“三保”、拖欠中小企业账款、自治区级和市级层面重大项目建设推进情况等方面的重点审计。审计发现问题28个，问题金额10.18亿元。

财政审计 完成2021年度市本级预算执行和决算草案情况审计和市本级及部分县（区）政府性债务管理及风险情况审计项目共2个，查出问题31个，主要问题金额48.43亿元，形成4篇审计成果材料获得市领导批示。

完成固定资产投资审计项目6个，查出主要问题金额2.69亿元。审计发现管理不到位、违规支付资金、企业挂靠、转包、工程结算不实及投资绩效差等一系列问题。

国有企业审计 完成审计项目2个，涉及金额56.3亿元。审计发现存在违规使用贷款资金、违规无偿向关联方提供资金、违规处理企业之间债权债务、出借资金给相关企业和个人等重大问题，形成国有资产损失风险，并将2件问题线索移送处理。

行政事业审计 完成审计项目6个。查出问题金额3.83亿元，审计共发现问题73个，提出审计建议19条且被采纳，促进被审计单位完善内部管理制度13项。

农业农村审计 完成审计项目4个，查出主要问题金额2.06亿元。编写的《基于地理信息技术的耕地“非粮化”“撂荒”核查方法》获审计署《审计业务动态》采用，2篇信息专报得到市委、市人民政府主要领导及相关领导批示4次，推动建章立制16项。

资源环境审计 完成市本级大气污染防治专项审计调查、大化瑶族自治县原主要领导干部自然资源资产离任（任中）审计等2个审计项目，查出主要问题32个，问题金额2.18亿元，提出切实可行的审计建议7条。促进出台《河池市65蒸吨及以上燃煤和燃生物质锅炉超低排放改造工作方案》《河池市汽车排放检验与维护（I/M）制度实施方案》两个规范性文件，移送案件线索1件。

经济责任审计 完成审计项目8个，审计查出“放管服”政策落实、财务管理、政府采购、国有资金管理等方面共119个主要问题涉及金额25.70亿元，促进增收节支、挽回（避免）损失550万元，提出审计建议17条，移送问题线索件9件，涉及12人。 （撰稿人：吕娟娟　杨　波）

【来宾市审计局】 2022年，来宾市审计局实有43人。党组书记、局长杨春阳，副局长覃敬钧、林子、韦春香（6月—），总审计师丁振扬（9月—）。设有办公室、综合科、审理科、财政金融审计科、行政事业审计科、农业农村与资源环境审计科、固定资产投资审计科、企业审计科、社会保障审计科、经济责任审计分局；下设政府投资审计中心、经济责任审计中心。

审计成果 2022年，来宾市审计局完成市本级审计项目19个，查出问题资金22.66亿元，推动整改落实有关问题资金4.76亿元，促进增收节支和挽回损失5288.63万元，移送问题线索7件。

政策落实情况跟踪审计 重点关注优化营商环境、巩固脱贫与乡村振兴衔接、扎实稳住经济一揽子政策措施、区域协调发展等政策落实情况，查出扶贫资产未按要求确权、三江口新区建设补助资金2亿元未产生效益、部分企业应享未享一次性留工培训补贴等35个问题，涉及资金4.69亿元。

财政审计 完成2021年度市本级预算执行和决算草案情况审计，查出财政暂付性款项清理进度缓慢、部分预算单位坐支应缴财政款项等38个问题，涉及资金16.99亿元。

完成来宾市纬十路、江滨路及配套绿化工程项目竣工决算审计等3个政府投资审计项目，查出45个问题，涉及资金4961.67万元，从项目的勘察、设计、监理、绩效上多维度审核工程项目，督促被审计单位落实工程价款结算审核管理主体责任。

国有企业审计 围绕企业资产负债损益情况对市国投集团开展审计，关注国有企业改革发展，揭示政府平台公司资产负债损益的真实、合法、效益等方面存在的突出问题，加强债务风险管理，规范企业融资、投资、资金等经营管理。

农业农村审计 按照自治区审计厅统一部署，抽调市县审计力量对忻城县乡村振兴重点帮扶县相关政策落实和资金以及扶贫项目资产管理情况进行审计，共查出产业扶贫项目效益不高、产业项目库建设和执行不规范、部分产业项目未与脱贫群众建立稳固的利益联结机制等28个问题，涉及资金401.99万元。

资源环境审计 完成大瑶山国家级自然保护区管理中心主任任职期间履行自然资源资产管理情况审计，查出未及时收取旅游开发区管理费、护林点占用林地未批先建、科级干部承包土地未及时清退等6个问题，涉及资金130.71万元。

民生审计 自治区、市、县三级联动完成来宾市困难群众救助补助资金项目审计，查出部分市（县）民政部门扩大范围使用困难群众救助补助资金，截留和侵占困难群众救助补助资金、主管部门与集中供养机构其他收支管理不规范等36个问题，涉及资金2511.28万元。推动被审计单位出台《开展社会救助对象家庭经济状况核对存在问题整改工作方案》《物资储备仓库管理制度》，有效推进福利机构转变运营管理模式，及时支付502名城乡低保人员救助资金。

经济责任审计 出台《来宾市委管理的党政主要领导干部和国有企事业单位主要领导人员任职经济责任告知承诺办法（试行）》，前移审计关口，增强领导干部的经济责任意识。推动完成领导干部经济责任审计10项，查出违规发放津贴补贴、应收未收土地租金、固定资产未入账、往来账款长期不清理等127个问题，涉及资金4221.62万元。 （撰稿人：罗　刚）

【崇左市审计局】 2022年，崇左市审计局实有45人。党组书记、局长伍春，副局长李峥玄、韦青培（—7月）、黄全盛（5月—），总审计师周海明，市经济责任审计分局局长梁国正，市政府性投资审计中心主任黄全盛（—4月）。设有办公室、综合科、审理科、财政金融审计科、行政事业审计科、农业农村审计科、自然生态审计科、固定资产投资审计科、企业审计科、社会保障审计科、经济责任审计分局、电子数据审计科；下设政府性投资审计中心。

审计成果 2022年，崇左市审计局完成审计项目26个，查出主要问题金额40.05亿元；已上缴财政1.72亿元，已归还原渠道资金9215万元，已调账处理金额1.22亿元。移送司法机关、纪检监察机关处理事项14件，建议有关部门处理事项2件。提交审计工作报告28篇、新闻信息8篇、审计论文4篇、党委信息11篇、政务信息9篇，被采用45篇。向市委、市政府报送审计要情14篇，获市委、市政府主要领导批示8篇。获得审计奖项14个，其他奖项2个。

政策落实情况跟踪审计 对所辖7个县（市、区）重大政策落实情况实施审计全覆盖，完成审计项目5个，查出问题金额23.87亿元。审计发现问题37个，督促问题整改落实4个。

财政审计 完成审计项目3个，查出问题金额9.48亿元。审计发现国有资本经营收益未及时上缴、项目绩效评价结果未得到充分利用等41个问题，提出整改意见和建议11条。

完成固定资产投资审计项目6个，查出问题金额1.32亿元。在对2个项目预算执行情况和3个工程结算审计中，发现建设项目未严格执行基本建设程序、未及时编制竣工决算、PPP项目扩大适用范围等问题。

对市本级2021年度部门预算执行和决算草案编制情况全覆盖审计，审计发现问题13个，查出问题金额314.49万元。针对存在问题提出审计建议3条。

农业农村审计 完成审计项目2个，查出问题金额4.09亿元。审计发现宁明县2019年度、2020年度高标准农田建设项目选址不合理，2019年度高标准农田建设范围内建设木材加工厂等问题。

民生审计 实施崇左市困难群众救助补助资金、崇左市就业补助资金和失业保险基金2个审计项目，查出问题金额188.49万元。审计发现扩大范围支出救助补助资金、救助物资发放管理不规范、向不符合条件人员所在企业发放社会保险补贴等18个问题。

经济责任审计 完成审计项目4个，查出管理不规范问题金额4535.35万元。审计发现被审计单位存在部分重大事项、重大经济开支未经党组会讨论、财务管理不规范等问题52个，提出整改意见和建议13条，被采纳13条。

大数据审计 完成99个一级预算单位数据采集工作。被自治区审计厅评为优秀计算机审计项目一等奖1个、二等奖2个、三等奖1个；荣获全区审计机关计算机审计成果演示评比三等奖。提交审计信息2篇，被采用2篇。

专项审计 对7个县（市、区）巩固拓展脱贫攻坚成果同乡村振兴有效衔接开展专项审计调查，涉及资金总额120.65亿元、项目15053个，指出问题160个，督促指导被审计单位完成问题整改76个，推动建立健全相关制度5项。

（撰稿人：韦武凯）

2022年广西壮族自治区所辖市、县（市、区）审计工作统计表

审计机关	完成审计项目/个	审计查出主要问题金额/万元	审计发现非金额计量问题/个	审计期间整改金额/万元	出具审计报告和审计调查报告/篇	审计处理情况		审计促进整改落实有关问题资金/万元	审计提出建议/条	提交审计信息/篇
						审计处理处罚金额/万元	移送处理事项/件			
南宁市										
南宁市本级	56	1558914	593	193598	78	1558895	3	1423881	285	18
兴宁区审计局	7	92135	72	1	9	92135	5	33358	36	4
青秀区审计局	11	33739	31	400	18	33739		25723	118	
江南区审计局	24	84823	207	5542	33	84759		54835	105	
西乡塘区审计局	24	22341	211	18	35	21032		12785	118	
良庆区审计局	10	65194	37	366	11	65194		46026	34	
邕宁区审计局	20	158	166		25	158	15	43	110	18
武鸣区审计局	19	66197	55	22	26	66197	1	32922	81	3
隆安县审计局	9	26807	29	1630	11	21679		22270	35	
马山县审计局	12	70538	54	7384	15	70538	9	67557	45	1
上林县审计局	11	35272	87	25424	11	35272		32550	45	1
宾阳县审计局	28	57125	100	56	28	806		322	106	
横州市审计局	13	6229	54	142	16	6229			51	
柳州市										
柳州市本级	48	402484	178	132546	54	178181	13	258194	156	36
城中区审计局	11	2549	86	416	13		1	2478	34	7
鱼峰区审计局	12	52266	161	118	17	53706		12246	58	8
柳南区审计局	6	18954	64	14	6		1	14	31	61
柳北区审计局	7	1004	58	1	9	1003	1	297	25	1
柳江区审计局	10	13953	37	4926	13	13582	2	5789	27	3
柳城县审计局	7	7886	24	2206	8	7886	2	4371	23	102
鹿寨县审计局	10	67	7509	39	915	15	5351	1	7133	43
融安县审计局	7	1889	69	1541	9	176	2	1677	29	41
融水苗族自治县审计局	12	37108	27	6341	16	37108		7145	29	8
三江侗族自治县审计局	7	42242	64	36602	7	42242		36602	14	4

续表

审计机关	完成审计项目/个	审计查出主要问题金额/万元	审计发现非金额计量问题/个	审计期间整改金额/万元	出具审计报告和审计调查报告/篇	审计处理情况		审计促进整改落实有关问题资金/万元	审计提出建议/条	提交审计信息/篇
						审计处理处罚金额/万元	移送处理事项/件			
桂林市										
桂林市本级	40	318092	313	16413	50	204607	7	145616	141	17
叠彩区审计局	7	973	10	347	7			633	9	
象山区审计局	7	9092	24	454	7		2		35	2
七星区审计局	14	3232	69		14			2708	43	29
雁山区审计局	5		40	881	5				20	
临桂区审计局	9	23550	26	6119	13		4	17431	46	4
阳朔县审计局	20	5448	98	3631	20	303	5	531	39	23
灵川县审计局	13	13	48	13	17				37	
全州县审计局	13	104300		2150	15	42		84	27	
兴安县审计局	10	1041	19	572	10			428	11	10
永福县审计局	7	26487	25	527	10	26487	5	25960	32	2
灌阳县审计局	11	5215	66	11	11	5215	1	1591	57	1
龙胜各族自治县审计局	8	9441	91	21	14	9077		1295	29	
资源县审计局	13	16014	82	7251	15	14893		289	48	1
平乐县审计局	5	4602	84	186	7	4602	5	1406	22	5
恭城瑶族自治县审计局	12	12221	43	9190	19	12221	2	10864	40	3
荔浦市审计局	9	272	23	91	11			194	21	
梧州市										
梧州市本级	40	223227	241	2317	51	20596	10	169659	142	43
万秀区审计局	5	3	25		7	3			16	
长洲区审计局	6	6244	1	167	8	167		39	19	
龙圩区审计局	6	2872	7	841	9		6	841	22	
苍梧县审计局	20	113864	104	3000	25	27255		27245	54	
藤县审计局	9	14693	66	4251	13	4613	4	4668	28	
蒙山县审计局	9	17162	64	5356	12	16540	1	16466	35	
岑溪市审计局	20	6626	26	4215	21	2439		69	40	1
北海市										
北海市本级	17	702525	152	57175	19	438984	23	560530	90	25
海城区审计局	7	24760	49	1125	6	70	4	3564	33	22

续表

审计机关	完成审计项目/个	审计查出主要问题金额/万元	审计发现非金额计量问题/个	审计期间整改金额/万元	出具审计报告和审计调查报告/篇	审计处理情况		审计促进整改落实有关问题资金/万元	审计提出建议/条	提交审计信息/篇
						审计处理处罚金额/万元	移送处理事项/件			
银海区审计局	8	98886	21	71	8		4	71	28	5
铁山港区审计局	20	86009	56	31838	25	699	2	32936	81	15
合浦县审计局	19	13614	43	43	19		7	274	69	4
防城港市										
防城港市本级	18	758296	153	238	28	320611	6	178132	64	
港口区审计局	10	7827	121	1	14				27	
防城区审计局	10	9604	27	14	9	9540		14	22	
上思县审计局	25	13510	21		25	13239		13239	116	
东兴市审计局	3	7857	29		6	7857		7851	26	
钦州市										
钦州市本级	33	172913	132	1189	40	26399	18	123644	57	27
钦南区审计局	24	16418	157	14490	27	15799	3	14862	69	4
钦北区审计局	79	41453	94	9531	85	18912	6	15447	106	11
灵山县审计局	13	11146	48	261	20	4516	8	5069	45	11
浦北县审计局	17	3342	17	237	20	1827	3	730	40	22
贵港市										
贵港市本级	17	691471	123	58979	25	172	14		112	109
港北区审计局	11	51538	72	725	15	51538	1	28995	53	7
港南区审计局	5	91819	27	172	6		3	39712	29	1
覃塘区审计局	6	67418	22	420	6			49142	19	3
平南县审计局	8	16810	43	20	8		3	1170	27	125
桂平市审计局	15	34260	87	3364	25	30513	2	8	57	3
玉林市										
玉林市本级	30	699741	294	28105	38	113897	14	84440	97	13
玉州区审计局	11	26767	41	1	14	96	1		33	3
福绵区审计局	5	53	40		6	2	2	2	16	1
容县审计局	16	14815	69	148	19	13572	8	10769	48	34
陆川县审计局	17	494821	109	1060	17		16	1060	65	57
博白县审计局	10	224936	23	137	13	40091	7	81212	37	14
兴业县审计局	9	69000	17		12		2	36000	38	2
北流市审计局	13	41495	95	40300	13	41495	7	41495	64	1

续表

审计机关	完成审计项目/个	审计查出主要问题金额/万元	审计发现非金额计量问题/个	审计期间整改金额/万元	出具审计报告和审计调查报告/篇	审计处理情况		审计促进整改落实有关问题资金/万元	审计提出建议/条	提交审计信息/篇
						审计处理处罚金额/万元	移送处理事项/件			
百色市										
百色市本级	19	910956	142	5458	20		3	420558	60	5
右江区审计局	14	165045	27	4220	14		1	18227	83	4
田阳区审计局	11	297085	51	1712	11		2	118578	49	11
田东县审计局	16	21566	51	1038	16		2	18156	64	30
德保县审计局	2	22255	5	20549	2			22065	6	6
那坡县审计局	6	41518	28	411	6	259	2	41517	18	25
凌云县审计局	9	40435	53	35404	14		1	458	41	2
乐业县审计局	14	83966	92	25195	14		1	6233	50	3
田林县审计局	9	35527	31	35375	9		2	152	25	1
西林县审计局	10	517573	51	16525	13		3	25485	67	20
隆林各族自治县审计局	9	110373	40	58	15		3	47163	31	3
靖西市审计局	7	90939	33	85420	7		1	90939	20	3
平果市审计局	12	139709	58	14924	15			15184	57	30
贺州市										
贺州市本级	37	340351	300	12793	49	40615	14	353350	112	43
八步区审计局	11	204836	36	1	18			166943	102	18
平桂区审计局	177	19183	37	770	19		3	11368	58	1
昭平县审计局	70	54284	30	106	70	15684	1	7987	26	1
钟山县审计局	12	42758	54	37	12		1	2448	25	8
富川瑶族自治县审计局	16	39884	42		16		1	18757	36	
河池市										
河池市本级	29	800179	123	191552	41	20337	12	358027	109	8
金城江区审计局	6	28160	17	23824	6			23824	33	2
宜州区审计局	6	5995	27	5305	7			5305	25	
南丹县审计局	8	100045	40	9674	9	2	119	27620	19	
天峨县审计局	4	100	2		6				8	
凤山县审计局	4	14216			4				14	
东兰县审计局	18	725	106	3992	21			7020	51	

续表

审计机关	完成审计项目/个	审计查出主要问题金额/万元	审计发现非金额计量问题/个	审计期间整改金额/万元	出具审计报告和审计调查报告/篇	审计处理情况		审计促进整改落实有关问题资金/万元	审计提出建议/条	提交审计信息/篇
						审计处理处罚金额/万元	移送处理事项/件			
罗城仫佬族自治县审计局	4	19004	3	12682	6			12704	7	
环江毛南族自治县审计局	12	16765	77	3178	15	1358	8	5901	48	
巴马瑶族自治县审计局	5	153796	25	39868	8			53490	21	2
都安瑶族自治县审计局	6	66057	7	647	6	1319	1	647	14	7
大化瑶族自治县审计局	8	7964	20	414	9			6558	24	
来宾市										
来宾市本级	19	226554	126	843	19	11015	7	47588	62	
兴宾区审计局	8	11824	33	242	12	2156		106	35	2
忻城县审计局	3	19300	4	1	3		4	17160	8	
象州县审计局	5	30566	15	4916	5		1	30134	23	
武宣县审计局	7	36257	380	11	9		1	13135	23	
金秀瑶族自治县审计局	6	12731	33	77	6	1050	1	6946	17	1
合山市审计局	12	20937	33	475	12	7809		6558	41	2
崇左市										
崇左市本级	26	400486	178	8903	28		14	91983	118	
江州区审计局	9	51204	34	1680	12		3	5415	66	
扶绥县审计局	9	140039	49		13			111195	32	
宁明县审计局	2	90660	10		2				8	
龙州县审计局	11	9596	29	7806	12	17	1	20154	26	
大新县审计局	20	40097	60	991	25	12466			64	3
天等县审计局	13	77999	51		15	3288			41	
凭祥市审计局	3	173307	41		3		2	92753	36	6

海南省

【海南省审计厅】 2022年，海南省审计厅实有139人。设有海南省委审计委员会办公室秘书处；海南省审计厅设有办公室、人事处（老干部工作处）、法规审理处、审计执行处、内部审计指导监督处、电子数据审计处、财政审计一处、财政审计二处、财政审计三处、教科文卫审计处、农业农村审计处、固定资产投资审计一处、固定资产投资审计二处、固定资产投资审计三处、社会保障审计处、自然资源和生态环境审计一处、自然资源和生态环境审计二处、企业审计一处、企业审计二处、经济责任审计处等21个处（室）及机关党委；下设海南省审计科研所。

领导成员

党组书记、厅长：刘劲松

党组成员、副厅长：贺庆华　王生辉

副　厅　长：李映红

党组成员、省纪委监委驻审计厅纪检监察组组长：王孝云

党组成员、省经济责任审计工作联席会议办公室主任：赵江泽

党组成员、总审计师：王拔智（7月—）

党组成员：伍学云（—3月）

王守书（—11月）　李长征

一级巡视员：伍学云（3月—）

王守书（11月—）

二级巡视员：王旭平（—12月）

审计成果 2022年，海南省审计厅完成审计项目122个，其中审计105个、专项审计调查17个。查出主要问题金额339.88亿元，其中违规金额24.38亿元、损失浪费金额1855万元、管理不规范金额315.32亿元；审计发现非金额计量问题3198个；损益（收支）不实金额1036万元；审计发现侵害人民群众利益3035万元；出具审计报告和专项审计调查报告156篇。审计处理处罚金额20.25亿元，其中，应上缴财政5.9亿元、应归还原渠道资金4.94亿元、应缴纳其他资金8.98亿元、应调账处理金额3869万元；移送司法机关、纪检监察机关和有关部门处理事项27件，移送处理人员33人，移送处理金额1.89亿元。审计促进整改落实有关问题资金53.59亿元；审计促进拨付资金到位74.63亿元；审计后挽回（避免）损失1956万元；移送处理落实事项1件。审计提出建议332条，被采纳257条；推动被审计单位制定整改措施15项；促进被审计单位建立健全规章制度24项；提交审计信息37篇，被批示、采用9篇次。向社会公告审计结果2篇。

政策落实情况跟踪审计 开展11个重点园区政策跟踪审计，揭示问题44个，涉及金额51.66亿元，推动建章立制11项。

财政审计 开展海南省本级、洋浦开发区政府预算执行审计、海南省发展改革委2021年度省本级财政投资和预算执行情况审计及24家省级有关部门预算执行情况审计，指导19个市县审计机关及实施同级预算执行审计，查出问题191个，涉及金额132.64亿元，移送案件线索1件，出具审计要情6篇，推动建章立制19项。开展海南省大数据管理局信息化项目审批管理情况和海南省社会管理信息化平台项目2021年度预算执行情况审计，揭示问题17个，得到海南省主要领导批示。

开展19个重大公共投资项目审计，涉及项目总投资305.43亿元，查出问题金额65.36亿元，核减投资1.71亿元。

国有企业审计 开展海南日报社、海南海钢集团有限公司5家省属国有企业审计，揭示问题58个，涉及金额7.71亿元，移送案件线索5件，出具审计要情2篇，推动建章立制23项。

金融审计 开展海南省农村信用社联合社审计，揭示问题25个，涉及金额97.56亿元，移送案件线索3件，推动全省农信系统先后整改出台制度57项。

农业农村审计 开展农业农村审计项目3个，出具审计报告3篇。查出主要问题金额8281.89万元，审计处理处罚金额490.83万元。审计提出的52条建议均被采纳；推动被审计单位制定整改措施52项；促进被审计单位建立健全规章制度11项；提交审计信息3篇，被批示和采用2篇次。4个涉农项目审计方案、审计案例入选审计署优秀方案和案例，2篇涉农审计报告入选审计署优秀报告。建立乡村振兴审计“政策库”“项

目库”和“资金库”。

资源环境审计 开展海南省自然资源和规划厅、海口市自然资源和规划局领导干部自然资源资产离任审计，发现问题38个，涉及违规金额1.75亿元，促进增收节支1793.63万元，移送案件线索3件，涉及金额2410.2万元，提出6条审计建议，报送审计要情2篇，获省委省政府主要领导批示；贯彻落实两办《关于建立健全领导干部自然资源资产离任审计评价指标体系的意见》精神，印发《海南省2022年审计年度市县党政主要领导干部自然资源资产离任（任中）审计工作方案》，组织实施海口市、三亚市、三沙市和儋州市4个地级市党政主要领导干部自然资源资产离任（任中）审计；指导12个沿海市县审计机关实施市县自然资源和规划局局长经济责任和自然资源资产离任审计上下联审及海湾生态环境和资源保护情况专项审计调查。

民生审计 开展海南省医疗保险基金和“三医联动”改革专项审计调查，揭示问题39个，问题金额3.62亿元，移送问题线索1件，获得海南省领导批示1次。开展海南省17个市县2021年困难群众救助补助资金审计，揭示了白沙黎族自治县民政局未对9名长期滞留流浪乞讨人员进行有效安置等问题336个，问题金额9.2亿元，移送问题线索6件，出具审计要情2篇，获得海南省领导批示2次。

经济责任审计 开展34个经济责任审计项目，查出违法违规问题475个、涉及206.17亿元。其中直接责任的问题1个、涉及121.02万元；领导责任的问题386个、涉及163.41亿元；其他问题88个、涉及42.75亿元。上报审计专题报告、综合报告和审计要情38篇，向纪检监察机关、司法机关移送案件线索15件。与海南省委组织部联合印发《省管领导干部经济责任审计结果运用会商研判实施办法》，联合海南省纪委监委、海南省委巡视办印发《关于进一步加强对海南省法定机构纪检监察监督、巡视巡察监督、审计监督工作的实施意见》《关于推进纪检监察监督巡视巡察监督与审计监督贯通协同高效的工作任务清单及责任分工》。制定了《贯彻落实2022审计年度经济责任审计工作指导意见的实施办法》，得到中共海南省委审计委员会主要领导的批示肯定。

审计查出问题整改 2021年度中央预算执行和财政支出审计查出涉及海南的104个问题，已整改97个。省审计厅审计查出问题2001个，整改1734个，尚未整改到位267个，立行立改类问题基本整改完成。印发《海南省审计整改责任追究办法》《落实省领导对审计查出问题整改工作有关批示的通知》2项整改规范性文件。建立审计发现问题反馈机制、“四张清单”制度、审计约谈和通报机制。与人大监督、政协民主监督、纪检监察监督、巡视巡察监督、统计监督等监督力量形成合力，与行业主管部门、市县政府同频共振，构建全省“一体化”的监督格局。将审计整改结果纳入市县、部门领导班子党风廉政建设责任制考核、市县高质量发展综合考核体系和省直部门、单位绩效考核评估内容，将审计整改监督纳入省人大常委会年度监督计划重要内容。

研究型审计 成立计划策划专班，并制定其工作实施方案。策划2022年至2025年中长期规划审计项目备选库。制订2022年度审计项目计划，安排审计项目7类74个。建立审计项目实施“超时预警机制”，实行红黄绿白“四色”管理，强化督促检查，让各处室在日常生活中都能掌握本处室各个审计项目的动态情况。

审计理论研究 完成中国审计学会重点课题发布。组织完成审计署“十四五”国家审计研究，推荐上报一篇论文《如何实现海南自贸港背景下的产业园区审计监督全覆盖》，在“十四五”时期国家审计创新发展东部南部片区专题研讨会上做演示发言。组织召开中国审计学会重点课题项目审计研究协调会。成功申报完成中国审计学会重点科研课题“PPP项目审计研究”立项工作。

内部审计 首次组织16名内部审计人员参加海南省审计厅部门预算执行审计和经济责任审计项目，其经验成果在全省审计系统展示。举办业务指导“小讲堂”活动4次，开展内部审计系统培训。首次开展海南省政府12个组成部门内部审计业务质量监督检查。开展20个单位省本级部门预算执行审计非现场疑点核查审计。为司法行政戒毒系统、全省药监系统、工信厅系统、省委宣传部宣传系统4个系统单位专题授课。举办3期专题培训，惠及113个单位570人次。在《中国内部审计》《海南审计》期刊上发表论文3篇，被中宣部微信公众号“学习强国”选用海南内部审计的经验做法《戮力创新　推动海南内部审计事业发展》。

截至2022年底，海南省建立健全内部审计机构（不含中央驻琼单位和私营企业）376个，内部审计人员1648人，其中专职人员576人。全年完成审计项目3724个。根据审计建议给予党纪、政务和内部纪律处分23人。

相关工作　海南省审计厅4个党支部标准化规范化建设的经验做法被海南省委直属机关工委收录并在海南省级机关中推广。审计执行处、经济责任审计处2个党支部获评省直机关“标准化党支部示范点”。印发《海南省审计厅审计组临时党支部（党小组）管理办法》，规范临时党支部工作。组织党员干部赴海南省廉政教育基地参观学习，召开“廉内助”家风教育暨新提拔使用干部“家庭式”廉政谈话会。联合海南省纪委监委驻海南省审计厅纪检监察组开展审计组廉政巡查和审后廉政回访。海南省审计厅获海南省直机关党建工作优秀单位，海南省直机关第一批“争创模范机关示范点”，“椰树杯”党建创新引领工作创优大赛三等奖。

选拔任用正处级领导干部3名、副处级领导干部4名，晋升公务员职级33名，轮岗交流干部38名。联合海南省委组织部和海南省委党校举办海南省第1期新时代基层干部主题培训示范班，开展全厅干部和市县审计局负责人业务能力知识考核，组织实施培训项目28项，领导干部和业务骨干“上讲台”授课38人次，培训干部8000余人次。组织干部参加审计署、海南省委组织部等单位开展的视频、网络、现场培训班98期700余人次。

开展习近平法治思想、海南自贸港法相关法律法规等法治专题培训。组织全厅在职审计干部运用“法宣在线”云平台学法，定期通报学习考试情况。修订《查询被审计单位在金融机构账户和存款暂行规定》等业务管理制度。印发《进一步规范审理流程的通知》。制定和编发《审理工作动态》。组织开展全省审计项目质量和行政执法检查。组织审计干部现场旁听行政诉讼案件庭审。在重要时间节点，通过法治宣传栏、新闻通讯稿、微信公众号、网站专栏、普法短视频、报刊、工作通讯等载体，宣传民法典、海南自贸港相关法律法规、宪法等法律法规以及国家大政方针政策。制订宪法宣传周活动方案，开展送法“进乡村”“进社区”活动。制定《2022年审计项目后评估工作实施方案》，组织“财政审计现场管理”后评估案例分享会。根据《国家审计准则》设立了28项跟踪审理要点。

海南省金审工程三期项目于3月底完成竣工验收，正式投入使用。按照《海南省政务信息化项目建设管理办法》（琼府办〔2020〕38号）、《关于进一步明确省政务信息化项目建设密码应用有关要求的通知》（琼国密局字〔2021〕2号）和审计署《金审工程三期项目商用密码应用指南》要求，编制金审三期密码应用建设项目初步设计方案，并完成项目立项工作。

（撰稿人：施美容）

【海口市审计局】　2022年，海口市审计局实有66人。局长李冬青，副局长曹德静、黄兴，总审计师林明龙，经济责任审计工作联席会议办公室主任王俏婷，三级调研员刘桂云。设有海口市委审计委员会办公室秘书科；海口市审计局设有办公室、法规审理科、审计执行科、内部审计指导监督科、财政审计科、行政事业审计科、农业和资源环境审计科、固定资产投资审计科、社会保障审计科、企业审计科、经济责任审计科；下设海口市工程项目审计中心（海口市电子数据审计技术中心）。

审计成果　2022年，海口市审计局完成审计项目57个，其中审计43个、专项审计调查4个。查出主要问题金额148.37亿元，其中违规金额3.81亿元，损失浪费金额7182.96万元，管理不规范金额134.64亿元；审计发现非金额计量问题374个；审计发现侵害人民群众利益207.03万元；出具审计报告和专项审计调查报告74篇。审计处理处罚金额6.99亿元，其中应上缴财政1.16亿元，应归还原渠道资金3.53亿元，应缴纳其他资金2.21亿元，应调账处理金额844万元；移送司法机关、纪检监察机关和有关部门处理事项18件，移送处理单位17家，移送处理金额7万元。

审计促进整改落实有关问题资金3.36亿元；审计提出建议126条；促进被审计单位建章立制29项；提交审计信息37篇。向社会公告审计结果3篇。

海口市财政局具体组织2021年度市本级预算执行和决算草案编制情况审计项目被评为海南省审计机关优秀审计项目二等奖。

政策落实情况跟踪审计 开展新冠肺炎疫情防控专项资金和政策落实情况跟踪审计，揭示问题19个。开展海口综合保税区优化营商环境和财政资金绩效审计，揭示问题15个，涉及金额1.48亿元，推动综保区出台制度9项。

财政审计 开展财政审计项目5个，揭示问题102个，移送问题线索2件，出具审计要情6篇，推动海口市政府出台《海口市2022年市直行政事业性国有资产清查工作方案》和海口市财政局出台《海口市预算绩效管理提质增效实施方案》。

开展22个政府投资项目进行审计，揭示问题130个，审减工程造价3.34亿元。移送问题线索14件，首次对结算审核单位进行移送，该单位受到诚信处罚。

国有企业审计 开展海口市菜篮子产业集团有限责任公司2021年度资产、负债、损益情况审计，揭示问题5个，提出审计建议3条。

资源环境审计 开展海湾环境资源保护专项审计，揭示问题10个，提出审计建议3条。

民生审计 开展困难群众救助补助资金审计，揭示问题8个，涉及金额8723.85万元。开展基层医疗卫生机构标准建设项目及配套设施资金专项资金审计，揭示问题21个，涉及金额4446.71万元。开展为民办实事九大事项专项审计，揭示问题6个，涉及金额464.47万元。

经济责任审计 开展领导干部经济责任审计项目17个，揭示问题143个，涉及金额15.29亿元。修订《海口市经济责任审计工作联席会议议事规则》和《海口市经济责任审计工作联席会议办公室工作规则》。派出7人次参与巡视巡察工作，配合提供审计成果材料10批次。

审计查出问题整改 向海口市委、海口市政府专题报告审计整改情况12次，推动召开审计整改会议19次。审计整改情况纳入全市综合绩效考核内容，列入海口市委巡察和纪检监察监督内容。与海口市人大联合探索监督方式，在全省率先开展审计整改情况满意度测评。印发《审计整改督导工作实施办法》，开展现场督导25次。上级审计机关查出问题的整改完成率100%，促进政府和相关职能部门建章立制117项。

内部审计 推动海口市委办公室、海口市政府办公室印发《海口市关于加强内部审计工作的意见》。对29家政府部门及国有企业开展内部审计工作专项检查。指导全市482家单位完成内审工作统计。

交办任务 开展蹲点调研活动，提交《乡村振兴特色产业扶持资金效益调研报告》《国有资产保值增值调研报告》。为778项“两重一大”议题、常务会议题等提出意见建议。

相关工作 完成党组织换届，培养入党积极分子8名，预备党员转正1名；疫情期间党员志愿服务保障4批次近300名旅客顺利返程，参与社区疫情防控期间志愿服务1100余人次，获得感谢信52封、纪念证书7份、锦旗1面；投入近30万元修建永华村道路5条，派驻乡村振兴工作队3名帮扶责任人均获得年度考核优秀等次。

签订廉政建设责任书77份，开展集体廉政谈话、任前廉政谈话10次，谈话提醒17人次，组织廉政教育活动6次。对82家单位开展廉政回访，聘请特约审计员7名，开展审计项目现场“飞行检查”2次。

制订2022年度普法计划，开展普法和法治建设活动28次。法律顾问及法律助理提供法律服务153项，公职律师参与法制审核工作45项。鼓励新进人员参加执法资格考试，在编人员持证率100%。

组织11名科室骨干开展审计讲堂4期。开展部门预算执行审计大比武等活动6场次。组织和参加培训500余人次。安排25人次参加上级审计机关“以审代训”项目。选拔正科级领导干部2人，职级晋升5人，轮岗交流22人。

（撰稿人：彭玉姣）

【三亚市审计局】 2022年，三亚市审计局实有34人。局长唐彪，副局长陈运球、江玉雄、汪祥山（7月—），总审计师汪祥山（—7月）、郑辉贤（12 月—），党组成员陈科夫（—6 月），经济责任审计工作联席会议办公室主任董家宏。设有三亚市委审计委员会办公室秘书科；三亚市审计局设有办公室、法规审理科、审计执行科、内部审计指导监督科、电子数据审计科、财政审计科、农业农村审计科、经济责任审计科、教科文卫审计科、固定资产投资审计科、社会保障审计科、企业审计科、自然资源和生态环境审计科；下设三亚市政府投资审计中心。

审计成果 2022 年，三亚市审计局完成审计项目 30 个，其中审计 20 个、专项审计调查 10 个。查出主要问题金额 102.12 亿元，其中违规金额 25.17 亿元，损失浪费金额 377 万元，管理不规范金额 76.92 亿元；审计发现非金额计量问题 253 个；审计发现侵害人民群众利益 86 万元；出具审计报告和专项审计调查报告 39 篇，被批示、采用 2 篇次。审计处理处罚金额 37.91 亿元，其中应上缴财政 26.28 亿元、应归还原渠道资金 83 万元、应调账处理金额 11.63 亿元；移送司法机关、纪检监察机关和有关部门处理事项 7 件，移送处理人员 1 人，移送处理金额 1415 万元。审计促进整改落实有关问题资金 85473 万元；审计促进拨付资金到位 633 万元；审计后挽回（避免）损失 1501 万元；核减投资额 941 万元；移送处理落实事项 2 件。审计提出建议 110 条，被采纳 81 条；推动被审计单位制定整改措施 197 项；促进被审计单位建立健全规章制度 61 项；提交审计信息 47 篇，被批示、采用 3 篇次。

政策落实情况跟踪审计 开展三亚市新冠肺炎疫情防控专项资金和政策落实情况、三亚方舱医院建设、“雪亮工程”项目跟踪审计，持续对凤凰岛二期和亚龙湾瑞吉度假酒店游艇码头 2 个环保督察整改情况项目进行跟踪审计，提出审计建议 11 条，揭示了施工单位未按施工设计图纸要求施工、偷工减料、项目管理不到位等问题。

财政审计 开展 7 个财政审计项目，发现问题 120 个，移送重大问题线索 3 件，揭示了重大经济贪腐、重大国有资产流失等风险。

开展投资审计项目 17 个和项目核查工作 2 个，配合参与清算项目 4 个。审计查出管理不规范金额 19.99 亿元，多计造价 6077.30 万元。推动完善制度 30 项，促进增收节支 1.39 亿元，挽回财政损失 1471.35 万元。

资源环境审计 开展凤凰岛二期和亚龙湾瑞吉度假酒店游艇码头 2 个项目的环保督察整改情况跟踪审计，揭示了施工单位未按施工设计图纸要求施工、偷工减料、项目管理不到位等问题。开展三亚市海湾生态环境和资源保护专项审计调查，查出问题 15 个，移送案件线索 1 件。开展三亚市自然资源和规划局财务收支情况审计，查出问题 64 个，违规金额 14.57 亿元，管理不规范金额 18.91 亿元，损失浪费金额 66.38 万元，促进增收节支 8598.02 万元，作出处理（整改）意见 39 项，提出审计建议 3 条，移送审计线索 3 件。

经济责任审计 首次试点采用“以审代训”审计模式。与三亚市纪委等六个部门单位共同印发了“六位一体”监督贯通融合机制。年内，完成了 5 个单位 5 名领导干部经济责任审计，审计发现问题 84 个，涉及资金 10.99 亿元，向有关部门移送问题线索 2 件。

审计查出问题整改 自 2018 年以来，审计署和海南省审计厅审计三亚市共查出问题 210 个和三亚市本级审计发现问题 750 个，已完成整改。海南省委常委、三亚市委书记周红波在三亚市委常委会上对审计整改工作给予“成绩斐然”的高度肯定。

研究型审计 出台《三亚市审计局做实研究型审计的若干措施》。

内部审计 出台《“以审代训”内部审计人员管理办法（试行）》，抽调 6 名国有企业内部审计业务骨干全程参与实施某国企领导干部经济责任审计项目。

交办项目 完成交办任务 23 个，发现问题金额 1.87 亿元，核减工程项目成本金额 14.98 亿元。

相关工作 三亚市委审计委员会办公室向海南省委审计委员会提交重大事项请示报告 16 篇，向三亚市委审计委员会提交重大事项请示报告 20 篇。出台了《审计现场管理办法》《审核复核审理工作管理办法（试行）》《优秀审计项目评选工作管理办法（试行）》等制度。提拔晋升干部 14 名，其中非市管四级调研员 1 名，公务员科级干部 9 名，事业编干部 4 名。科级干部转正 4 名，新录用选调生1名，公务员2名。

（撰稿人：羊建权）

【儋州市审计局】 2022年，儋州市审计局实有23人。局长沈江，副局长谭必丹（3月—）、梁启辉（6月—）、陈道才、陈达洲，总审计师王俊，儋州市经济责任审计工作联席会议办公室主任齐和平，三级调研员覃景标，四级调研员梁慧。设有儋州市委审计委员会办公室秘书科；儋州市审计局设有办公室、法规审理科、审计执行科、内部审计指导监督和电子数据审计科、财政审计科、农业农村和企业审计科、固定资产投资审计科、教科文卫和社会保障审计科、经济责任审计科；下设儋州市政府投资审计中心。

审计成果 2022年，儋州市审计局完成审计项目25个，其中审计21个、专项审计调查4个。查出主要问题金额109.15亿元，其中违规金额2.32亿元、损失浪费金额76万元、管理不规范金额106.83亿元；审计发现非金额计量问题147个；出具审计报告和专项审计调查报告31篇。审计处理处罚金额1657万元，其中应上缴财政1649万元，应缴纳其他资金8万元；移送司法机关、纪检监察机关和有关部门处理事项16件。审计促进整改落实有关问题资金72万元；审计后挽回（避免）损失9.48亿元；核减投资额2.43亿元。审计提出建议131条，被采纳131条；推动被审计单位制定整改措施39项；促进被审计单位建立健全规章制度30项；提交审计信息14篇，被批示、采用2篇次。

政策落实情况跟踪审计 开展儋州市2022年疫情防控专项资金和政策落实情况跟踪审计，发现问题10个，查出主要问题金额1.10亿元，揭示疫情防控资金支出缓慢、防疫物资管理混乱，出入库数量不符，台账不完善等问题。

财政审计 开展2021年度儋州市本级政府预算执行及编制本级决算草案情况和儋州市本级有关部门2021年度预算执行情况审计，共查出问题金额100.56亿元，促进增收节支金额2.97亿元，揭示财政资源统筹力度不够、财政资金分配不及时、审核把关不严、财政资金支出进度慢、财政管理不规范等各类问题。

开展公共投资审计项目10个，查出问题57个，主要问题金额4.88亿元，核减投资额2.43亿元，整改金额4.85亿元，提出合理化建议29条，移交案件线索13件。

农业农村审计 开展儋州市乡村振兴资金绩效管理使用绩效和政策落实情况审计，揭示单位之间相互串通投标、违法转包等问题13个，查出主要问题金额1744.07万元，均已完成整改。

资源环境审计 开展资源环境审计项目共3个，揭露部分被审计单位未实现“两违”零增量目标、生态环境保护和自然资源资产管理、财政财务管理不力、健全落实“湾长制”配套制度、入海排污口及入海河流管理不到位、水质监测不达标等问题。

民生审计 开展2021年为民办实事事项专项审计，揭示初中阶段学校安装AED自动除颤仪设备项目资金支出不及时、儋州市普通中小学宿舍维修资料审核不严等7个问题，查出主要问题金额58.61万元。开展儋州市平价蔬菜保供行动落实情况专项审计，指出部分常年蔬菜基地撂荒、批发市场项目建设滞后等9个问题，查出主要问题金额89.05万元。上述16个问题已完成整改。

经济责任审计 建立经济责任审计“三张清单”，制订2022年领导干部经济责任审计计划，印发《2022年度领导干部经济责任审计工作方案》，共计完成经济责任审计6个，发现问题101个，共查出问题金额2.43亿元，已完成整改1.47亿元。

审计查出问题整改 追回财政资金9.48亿元，上级审计机关对儋州市审计出具9篇审计报告，共查出88个问题，已整改84个问题，整改率95%，推动出台和修订规章制度39项。

研究型审计 印发《关于推进研究型审计的实施意见》。成立研究型审计领导小组。制订有针对性的审计人才培养计划。

队伍建设 提拔正科级干部3名，晋升公务员5名，提拔下属单位1名，平职交流1名；挂职锻炼2名，选派巡查4名，从乡镇调入干部1名。制定《儋州市审计局2022年度学习培训计划》《2022年审计干部大讲堂计划》及《2022年度培训计划》，开展培训83场次，累计培训干部8232人次。

（撰稿人：余锶钒）

2022 年海南省所辖市、县（区）审计工作统计表

审计机关	完成审计项目/个	审计查出主要问题金额/万元	审计发现非金额计量问题/个	审计期间整改金额/万元	出具审计报告和审计调查报告/篇	审计处理情况		审计促进整改落实有关问题资金/万元	审计提出建议/条	提交审计信息/篇
						审计处理处罚金额/万元	移送处理事项/件			
海口市										
海口市本级	57	1483702	374	2750	74	69887	18	33573	126	37
秀英区审计局	11	86251	120	7900	13	85649	2	3036	36	8
龙华区审计局	15	48580	83	113	19	565		448	59	6
琼山区审计局	7	89141	23		9				21	2
美兰区审计局	13	102610	4	1	18	440			28	6
三亚市										
三亚市本级	30	1021195	253		39	379128	7	85473	110	47
海棠区审计局	9	18314	40	10	13	271		5	31	
吉阳区审计局	16	54234	48		17				62	3
天涯区审计局	4	9196	38	12	6	563	6	47	10	3
崖州区审计局	6	54957	50	62	9	195		47	25	
儋州市										
儋州市本级	25	1091548	147	65	31	1657	16	72	131	14
省直辖										
五指山市审计局	39	31859	47	181	46		11	37	103	10
琼海市审计局	35	507574	339	90682	48			93670	121	6
文昌市审计局	18	263098	183	748	25	71525	8		53	14
万宁市审计局	22	442967	198	2074	31	16943	2	34965	73	16
东方市审计局	52	23641	477	473	73	13278		2392	138	30
定安县审计局	26	51593	119	2021	36	29802	1	3047	60	3
屯昌县审计局	20	19957	105		26		1	5	74	11
澄迈县审计局	21	352199	121		27	4735	6	25	63	66
临高县审计局	20	126088	114		24	2		107	74	26
白沙黎族自治县审计局	18	104141	177	119	24	89262		2469	99	17
昌江黎族自治县审计局	18	198262	113		29			284	82	12
乐东黎族自治县审计局	21	177489	112	1592	22	3015	1	3150	70	3

续表

审计机关	完成审计项目/个	审计查出主要问题金额/万元	审计发现非金额计量问题/个	审计期间整改金额/万元	出具审计报告和审计调查报告/篇	审计处理情况		审计促进整改落实有关问题资金/万元	审计提出建议/条	提交审计信息/篇
						审计处理处罚金额/万元	移送处理事项/件			
陵水黎族自治县审计局	38	430373	307	32	46	32	6	13	154	9
保亭黎族苗族自治县审计局	28	324888	123	3576	35		1	348	165	7
琼中黎族苗族自治县审计局	16	51507	197	857	21		6	201	50	8

重庆市

【重庆市审计局】 2022年，重庆市审计机关实有1772人。市委审计委员会办公室设在市审计局，下设秘书处。市审计局设有办公室、政策研究室、审计计划管理处（审计整改督查处）、法规审理处、内部审计指导监督处、重庆市经济责任审计工作联席会议办公室、电子数据审计处、重大政策执行审计一处、重大政策执行审计二处、财政审计一处、财政审计二处、财政审计三处、农业农村审计处、投资审计一处、投资审计二处、社会保障审计处、自然资源和生态环境审计处、金融审计处、企业审计一处、企业审计二处、企业审计三处、经济责任审计一处、经济责任审计二处、组织人事处、财务处、机关党委、离退休人员工作处；下设重庆市审计中心。

领导成员

党组书记、局长：姜国杰

党组成员、副局长：邓开伟（—9月）

戴　希　朋　薇

于　娟（9月—）

市经济责任审计工作联席会议办公室主任：

李嘉荣

党组成员、驻局纪检监察组组长：邹　凯

党组成员、总审计师：于　娟（—9月）

审计成果 2022年，重庆市审计机关共完成审计项目1172个（含跨年度项目），其中审计1012个、专项审计调查160个。查出主要问题金额122422422万元，其中违规金额722514万元、损失浪费金额96905万元、管理不规范金额121603003万元；审计发现非金额计量问题11410个；损益（收支）不实金额3083464万元；审计发现侵害人民群众利益17393万元；出具审计报告和专项审计调查报告1380篇，被批示、采用273篇次。审计处理处罚金额1063297万元，其中应上缴财政645020万元、应减少财政拨款或补贴3708万元、应归还原渠道资金73785万元、应缴纳其他资金9万元、应调账处理金额340772万元；移送司法机关、纪检监察机关和有关部门处理事项362件，移送处理人员336人，移送处理金额98476万元。审计促进整改落实有关问题资金20162545万元；审计促进拨付资金到位535625万元；审计后挽回（避免）损失212715万元；核减投资额203391万元；移送处理落实事项58件。审计提出建议4383条，被采纳4149条；推动被审计单位制定整改措施4316项；促进被审计单位建立健全规章制度688项；提交审计信息3469篇，被批示、采用1671篇次。向社会公告审计结果52篇。

重庆市审计局本级完成审计项目80个，其中审计74个、专项审计调查6个。查出主要问题金额39629209万元，其中违规金额215456万元、损失浪费金额 80739 万元、管理不规范金额 39333013 万元；审计发现非金额计量问题 1184 个；损益（收支）不实金额 156025 万元；出具审计报告和专项审计调查报告 112 篇，被批示、采用 11 篇次。审计处理处罚金额 236599 万元，其中应上缴财政 206110 万元、应归还原渠道资金 9346 万元、应调账处理金额 21142 万元；移送司法机关、纪检监察机关和有关部门处理事项 9 件，移送处理人员 19 人，移送处理金额 23442 万元。审计促进整改落实有关问题资金 11109247 万元；审计促进拨付资金到位 58660 万元；审计后挽回（避免）损失 27913 万元；核减投资额 21142 万元；移送处理落实事项 2 件。审计提出建议 329 条，被采纳 325 条；推动被审计单位制定整改措施 508 项；促进被审计单位建立健全规章制度 397 项；提交审计信息 16 篇，被批示、采用 10 篇次。向社会公告审计结果 7 篇。

重庆市审计局实施的重庆市中医院医改政策执行和管理情况审计项目获 2022 年度全国审计机关优秀审计项目二等奖。

政策落实情况跟踪审计　紧扣稳住经济大盘，持续强化重大政策落实跟踪审计。围绕落实成渝地区双城经济圈建设、深化“放管服”改革、推动科技创新政策措施等部署要求，组织全市审计机关对稳住经济大盘、推进科技创新、优化营商环境、助企纾困等政策措施落实情况进行专项审计，准确把握政策要义、认真研判问题成因，揭示了困难行业恢复发展等政策执行有偏差、科技奖补资金使用偏离政策初衷等典型问题，推动清偿欠款、清退税费和保证金、落实租金减免等 1.32 亿元。完成推动成渝地区双城经济圈建设政策措施落实情况专项审计调查项目，重点调查了领域任务落实、项目建设、工作进展等情况，积极揭示反映政策协同、规划落实、重点任务协同实施过程中的薄弱环节和突出问题，推动成渝地区双城经济圈建设各项决策部署落地落实。

财政审计　聚焦财政资金提质增效、财政风险防范，统一组织全市审计机关开展了 2021 年度市本级和各区县财政预算执行和决算草案编制情况审计和 11 个市级一级预算单位的预算执行及其他财政财务收支真实合法效益审计，及时预警风险点，推动收缴财政收入和国有资本经营收益、盘活存量资金等 36.73 亿元，促进全市财政规范管理、提升财政资金绩效、防范化解财政运行风险。组织 21 个区县审计机关与审计署驻重庆特派办共同实施 2021 年度税收和非税收入征管及部门预算执行等情况审计，重点关注研发费用加计扣除和增值税留抵退税等税收优惠政策落实、税收和非税收入征管、贯彻落实中央八项规定精神等情况，促进规范预算管理，提高财政资金使用效益。组织开展轨道交通六号线支线二期、重庆港主城港区果园作业区二期扩建工程、配套仓储项目、华岩隧道西延伸段、潼南航电枢纽工程 5 个重大项目的竣工决算审计和水利投资集团建设管理专项审计调查，重点关注公共投资政策执行、项目建设管理、资金筹集使用情况，促进投资有效落地、提高资金绩效。

国有企业审计　以推动深化国资国企改革、促进国有资产保值增值和防范化解重大金融风险为目标，对市城投集团、重庆高速集团、市地产集团、市江北嘴投资集团、对外经贸集团等 9 家市级国有企业领导人员开展任期经济责任审计暨 2021 年度财务收支审计，对重庆股份转让中心公司进行了 2021 年度财务收支审计。重点关注国企深化改革、稳定经济大盘政策措施落实、重大经济事项决策、经营风险管控、建设项目管理等事项，揭示反映国有企业运营和发展中的突出矛盾和重大风险隐患，及时向有关部门移送了国企审计中发现的有关违纪违法问题线索，有效防范化解国企领域重大风险。

金融审计　以防范化解重大金融风险为目标，对三峡担保集团、进出口担保公司、兴农担保集团 3 家金融机构领导人员进行任期经济责任审计暨 2021 年度财务收支审计，重点对集团坚守主责主业、服务“三农”小微、助企纾困、重大风险防范、内部控制执行、财务信息真实性等方面内容进行了关注，及时揭示审计发现的典型问题，确保不发生区域性金融风险底线。

农业农村审计　深入贯彻以人民为中心的发展思想，聚焦推进乡村振兴战略实施，成立农业农村和乡村振兴审计工作专班，组织开展对城口县、彭水县、巫溪县 3 个国家重点帮扶县巩固拓展脱贫攻坚成果同乡村振兴有效衔接相关政策和资金审计，重点关注脱贫群众持续稳定增收等情况，持续增强“经济体检”的敏锐性、预判性和精准度，推动各项惠农政策落实落地，涉农资金高效安全使用，确保农业农村稳定发展。完成对重庆市2019—2021年度耕地保护和项目建设情况审计，及时揭示耕地保护重复建设或“非粮化”等突出问题，助力农业农村稳定发展。

资源环境审计 紧扣重庆市筑牢长江上游重要生态屏障的功能定位和建设山清水秀美丽之地的目标任务，统筹开展了市和区县88名领导干部自然资源资产离任（任中）审计，充分研判区域功能定位、资源禀赋特点。紧密围绕水资源管理，上下联动实施了对市和19个区县水利部门水资源管理责任落实的“穿透式”审计以及水污染防治资金管理使用、水利项目建设管理专项审计，强化对自然资源开发利用、环境保护、污染防治等重点领域的监督问效，督促解决一批水资源管理、水污染治理等方面的突出问题。扎实履行市级河流小安溪河长制牵头部门职责，牵头组织小安溪巡河工作2次，督促相关区县加强落实上下游、左右岸联防联控工作，推动小安溪流域水质稳定达标、持续向好。

民生审计 聚焦兜住兜牢民生底线，开展了对稳就业、困难群众救助补助、养老托育、义务教育、医疗保险基金、国外贷款项目建设等民生资金和项目的审计监督，揭示了失业保险稳岗返还、高龄津贴等民生政策执行有偏差，公立医院违规加价或变相加价销售药品耗材，以及大量民生资金跑冒滴漏、闲置沉淀等问题。民政、医保等主管部门根据审计建议严肃开展行业自查自纠，已追回或归垫被挤占挪用、骗取套取的民生资金4579万元。尤其是在近三年连续跟踪审计医保基金的基础上取得重大突破，向公安机关移送54家民营医院骗取套取医保基金的案件线索。

经济责任审计 立足“围绕权力、紧扣责任、追查资金”，对28名党政领导干部进行经济责任审计，开展对巴南区7名市管领导干部的同步“1+N”审计，密切关注重大政策措施落实、推进高质量发展、严肃财经纪律等情况，实现从政策制定到执行、从资金项目分配到具体管理的全链条监督。持续完善经济责任审计工作机制，优化经济责任审计联席会议成员单位协作流程，协助组织部门开展了47名审计对象的提醒谈话，探索编制分领域经济责任审计操作指引和履行经济责任提示清单，着力分析研判隐藏在经济问题背后的政治端倪、政治逻辑，做到立足经济监督、体现政治要求、维护政治纪律。

审计查出问题整改 构建全方位整改工作机制，首次提请市政府出台年度重点审计整改工作方案，对整改任务和时限作出具体安排。高标准夯实审计整改“三类责任”，坚持揭示问题与推进整改并重，建立审计发现问题清单与整改台账，理顺整改工作流程，建立“汇总清单、认定结果、后续督促、对账销号”的整改闭环跟踪机制，首次牵头统筹经济责任审计工作联席会议成员单位联合开展审计整改“回头看”，并与市乡村振兴局、市生态环境局等主管部门联合开展相关领域审计整改督促检查，推动形成了党委领导、人大监督、政府落实、多部门协同推进整改的良好工作格局。首次提请市政府对17个行业主管部门的整改监管责任进行明确，并细化分工任务，推进相关主管部门出台或修订市级层面的制度办法58项，审计监督实效显著增强。

研究型审计 坚持把研究型审计作为推动审计工作高质量发展的必由之路，先后3次召开党组会听取项目研究情况汇报，逐一细化工作要求和进度安排，并将研究型审计开展情况作为优秀项目评选、审计质量检查、年度目标考核的重要内容，推进建立审计立项与目标研究、审计对象与政策研究、审计建议与成果研究等全链条研究流程，引导审计人员历史地、发展地、辩证地思考研判问题。加强对典型性、普遍性问题和体制机制问题的综合分析，通过前置研判审核流程、分类别制定撰写模板等方式，推动审计结果文书质量明显提升。建立重大问题、重大风险直报市委书记、市长制度，共提交审计结果报告、专报等34篇，获得批示30篇次，为市委、市政府宏观决策提供了重要参考。

内部审计 进一步加强和规范内部审计工作，通过项目计划指导、加强培训、与相关部门单位建立内部审计协作机制等方式，分层分类扩大内部审计指导监督覆盖面。全年共举办内部审计专题培训班5期，累计培训内部审计人员近1100人。开展19家市级单位内部审计工作专项检查，并在5个经济责任审计项目中同步开展内部审计

检查，及时通报检查结果并督促整改，推动提升内部审计工作质量。（撰稿人：陈　驰）

【万州区审计局】 2022 年，万州区审计局实有 48 人。局长任红梅，副局长程驰、付勇、杨源，经济责任审计工作联席会议办公室主任付伟。设有办公室、法规审理科、整改督查与内审管理科、重大政策执行审计科、财政审计科、企事业审计科、农业与资源环保审计科、经济责任审计科（经济责任审计工作联席会议办公室）、投资审计科、电子数据审计科；下设万州区审计中心。

审计成果 2022 年，万州区审计局完成审计项目 22 个，其中审计 17 个、专项审计调查 5 个。查出主要问题金额 5083373 万元，其中违规金额 569 万元、损失浪费金额 265 万元、管理不规范金额 5082538 万元；审计发现非金额计量问题 352 个；出具审计报告和专项审计调查报告 20 篇，被批示、采用 13 篇次。审计处理处罚金额 569 万元，其中应上缴财政 541 万元、应归还原渠道资金 27 万元；移送司法机关、纪检监察机关和有关部门处理事项 22 件，移送处理人员 11 人，移送处理金额 25518 万元。审计促进整改落实有关问题资金 13328 万元；审计促进拨付资金到位 6603 万元；核减投资额 2971 万元；移送处理落实事项 13 件。审计提出建议 120 条，被采纳 120 条；推动被审计单位制定整改措施 60 项；促进被审计单位建立健全规章制度 29 项；提交审计信息 239 篇，被批示、采用 148 篇次。向社会公告审计结果 1 篇。

实施的万州区供销合作社党委书记、主任经济责任审计项目被评为重庆市审计局优秀项目一等奖。

政策落实情况跟踪审计 开展推动成渝地区双城经济圈建设、促进养老托育服务健康发展、优化营商环境、科技创新等 4 个政策措施落实情况审计或审计调查，共揭示问题 70 个。

财政审计 开展 2021 年度税收和非税收入征管及部门预算执行、2021 年度区县财政预算执行和决算草案编制情况审计，对区卫生健康委、区市场监管局 2021 年度预算执行和其他财政财务收支进行审计。

开展固定资产投资审计项目 3 个，查出多计竣工结算价款 2971.88 万元，多计资金利息、管理费和其他待摊投资 1137.88 万元。

经济责任审计 对 2 个乡镇、1 个区级部门、3 个国有企业 11 名领导干部（人员）开展经济责任审计，对 1 个乡镇 2 名领导干部开展自然资源资产离任审计。

审计查出问题整改 实施审计问题整改现场核查认定和整改销号集体审理制度；与区人大预算工委、区委督查室及经济责任审计联席会议成员单位开展审计整改联合督查、“回头看”等 11 次。

研究型审计 完善重大建设项目审计库和经济责任审计对象库，开展审计对象研究；采取“财政审计+”组织模式，开展审计组织方式研究；结合审计项目开展课题研究，完成一般课题论文 8 篇。

专项审计 开展义务教育资金使用、亚洲开发银行贷款项目、医疗保险基金和“三医联动”、2021 年度新增政府专项债券项目 4 个专项审计或审计调查，揭示问题 102 个。

内部审计 对全区 875 个行政事业单位、国有企业内部审计机构建立及运行情况进行调查，优选 27 名内部审计人员建立“以审代训”人员库，抽选其中 3 名参与审计项目实训；对 10 个单位开展内部审计工作专项检查；指导开展系统内部审计专题培训 2 次。（撰稿人：张　静）

【涪陵区审计局】 2022 年，涪陵区审计局实有 53 人。局长王平（—9 月）、贺雷（9 月—），副局长蒋青峰（—6 月）、黄龙、薛滔（7 月—）、余飞（7 月—），纪检组长徐晓琼，经济责任审计联席会议办公室主任姚平。设有办公室、法规审理科、整改督查与内审管理科、重大政策执行审计科、财政审计科、企事业审计科、农业与资源环保审计科、投资审计科、经济责任审计科（经济责任审计工作联席会议办公室）、电子数据审计科；下设重庆市涪陵区审计中心。

审计成果 2022 年，涪陵区审计局完成审计项目 27 个，其中审计 23 个、专项审计调查 4 个。查出主要问题金额 14139615 万元，其中违规金额 11763 万元、管理不规范金额 14127852 万元；审计发现非金额计量问题 216 个；损益（收支）不实金额 11487 万元；出具审计报告和专项审计调查报告 34 篇，被批示、采用 31 篇次。审计处理处罚金额 4856 万元，其中应上缴财政 7367 万元、应归还原渠道资金 4395 万元、应缴纳其他资金 9 万元、应调账处理金额 36982 万元；移送司法机关、纪检监察机关和有关部门处理事项 10 件，移送处理人员 6 人，移送处理金额 660 万元。审计促进整改落实有关问题资金 562185 万元；审计后挽回（避免）损失 36982 万元；移送处理落实事项 2 件。审计提出建议 118 条，被采纳 112 条；推动被审计单位制定整改措施 13 项；促进被审计单位建立健全规章制度 1 项；提交审计信息 140 篇，被批示、采用 91 篇次。向社会公告审计结果 2 篇。

实施的重庆市涪陵中心医院党委书记和原院长经济责任审计项目被评为重庆市审计局优秀审计项目二等奖。

政策落实情况跟踪审计 实施了科技创新、优化营商环境、促进养老托育服务健康发展等政策措施落实情况审计。

财政审计 对涪陵区 2021 年度财政预算执行和决算草案编制、税收和非税收入征管及部门预算执行等情况实施审计；对区级部门（单位）2021 年度预算执行和其他财政财务收支实施审计；对涪陵区 3 个乡镇（街道）2021 年度财政决算和其他财政财务收支实施审计。完成涪陵区公共投资建设项目竣工决（结）算审计 9 个，审减投资 8.6 亿元；对 2 家区属国有企业 2021 年度竣工决算项目建设管理实施审计调查。

国有企业审计 对涪陵区区属 9 家国有金融企业经营管理情况实施审计调查。

资源环境审计 实施涪陵区原大顺乡党委书记、人民政府乡长自然资源资产离任审计。

民生审计 开展重庆市 2021 年困难群众救助补助资金审计、重庆市 2021 年医疗保险基金和“三医联动”审计。实施 2020—2021 年义务教育资金使用情况专项审计调查。

经济责任审计 对 6 个部门（单位）、3 个乡镇（街道）共 13 名领导干部实施经济责任审计。

审计查出问题整改 2022 年度市级预算执行和其他财政收支审计工作报告反映的 26 个问题事项完成整改 25 个；区级预算执行和其他财政收支审计整改完成率 90.41%，审计整改促进增收节支 11.96 亿元。

内部审计 共实施内部审计项目 294 个，审计发现问题金额 6817.69 万元；审计发现问题 1359 个。通过整改收回资金 443.5 万元，挽回损失 224.5 万元，归还原渠道资金 549.85 万元。

（撰稿人：吴　越）

【渝中区审计局】 2022 年，渝中区审计局实有 39 人。局长方晓，副局长高亚男、曾春艳、欧阳丽，纪检组长覃西（4 月—），经济责任审计工作联席会议办公室主任梁涛（9 月—）。设有办公室、法规审理科、整改督查与内审管理科、重大政策执行审计科、财政审计科、企事业审计科、投资审计科、经济责任审计科（经济责任审计工作联席会议办公室）、电子数据审计科；下设渝中区审计中心。

审计成果 2022 年，渝中区审计局完成审计项目 26 个，其中审计 19 个、专项审计调查 7 个。查出主要问题金额 1187285 万元，其中违规金额 1327 万元、管理不规范金额 1185958 万元；审计发现非金额计量问题 141 个；损益（收支）不实金额 2208 万元；出具审计报告和专项审计调查报告 31 篇，被批示、采用 27 篇次。审计处理处罚金额 4207 万元，其中应上缴财政 1012 万元、应归还原渠道资金 314.7 万元、应调账处理金额 2880 万元；移送司法机关、纪检监察机关和有关部门处理事项 6 件，移送处理人员 6 人。审计提出建议 85 条，被采纳 85 条；提交审计信息 136 篇，被批示、采用 119 篇次。

实施的重庆市第五十七中学校党委书记和原校长经济责任审计项目被评为重庆市审计局优秀审计项目三等奖。

政策落实情况跟踪审计 对促进养老托育服务健康发展和优化营商环境 2 项政策措施落实情况开展审计；对助企纾困稳就业和稳住经济大盘政策措施落实情况开展专项审计调查，揭示问题 60 个，涉及问题金额 1.24 亿元，督促出台完善制度 2 项，完成案件线索移送 1 件。

财政审计 对 49 个部门及企事业单位预算执行和决算草案编制情况进行审计，发现问题 10 个，涉及金额 14.39 亿元。推进投资审计转型发展，对区级重点基础设施、教育领域、老旧小区改造等重大投资工程项目开展审计调查，揭示和反映问题101个，提出审计建议15条。

国有企业审计 开展区国有企业2019—2021年对外投资情况专项审计调查，发现问题31个，涉及金额4.84亿元，促进《重点工作业务流程及具体操作标准》等4项制度出台。

资源环境审计 实施党政领导干部自然资源资产离任（任中）审计1个。

经济责任审计 对部门街道、人民团体、学校、国有企业等10个单位共12名领导干部的经济责任审计。

审计查出问题整改 协助整改完成市级及以上问题14个，整改率93.3%；督促指导完成区本级问题整改33个，整改率91.67%。

研究型审计 与西南政法大学联合开展大数据审计背景下加强审计取证质量控制的路径重点课题研究；在川渝审计青年交流活动中围绕“基层审计如何有效服务成渝地区双城经济圈建设”进行主题发言。 （撰稿人：张 航）

【大渡口区审计局】 2022年，大渡口区审计局实有25人。局长龙子武，副局长单珺、武如清、张香玲，纪检组长吴蔚翔，经济责任审计工作联席会议办公室主任唐柏青。设有办公室、法规审理科、整改督查与内审管理科、财政审计科、投资审计科、经济责任审计科（经济责任审计联席会议办公室）；下设大渡口区审计中心。

审计成果 2022年，大渡口区审计局完成审计项目15个，其中审计12个、专项审计调查3个。查出主要问题金额467078万元，其中违规金额839万元、管理不规范金额466239万元；审计发现非金额计量问题98个；损益（收支）不实金额2703万元；出具审计报告和专项审计调查报告15篇，被批示、采用3篇次。审计处理处罚金额2497万元，其中应上缴财政817万元、应归还原渠道资金22万元、应调账处理金额1656万元；移送纪检监察机关和有关部门处理事项7件，移送处理人员15人，移送处理金额251万元。审计促进整改落实有关问题资金6859万元；审计后挽回（避免）损失1656万元；核减投资额1703万元。审计提出建议57条，被采纳57条；推动被审计单位制定整改措施13项；促进被审计单位建立健全制度16项；提交审计信息57篇，被批示、采用19篇次。向社会公告审计结果2篇。

实施的大渡口区招商投资促进局局长经济责任审计项目被评为重庆市审计局优秀项目三等奖。

财政审计 完成区级财政预算执行及决算草案编制及2个部门预算执行审计。对6个政府投资项目开展竣工结（决）算及预算执行审计。

资源环境审计 完成区委农业农村工委书记、区农业农村委主任自然资源资产离任（任中）审计。

经济责任审计 完成5个单位7名领导干部经济责任审计。

审计查出问题整改 提请区政府督查办发送工作提醒及整改督查通知2期，并在全区进行通报。结合4个经济责任审计项目开展审计整改“回头看”。促进被审计单位建立健全制度19项。

研究型审计 围绕“公园大渡口、多彩艺术湾”工作目标和责任落实，结合重庆国际小球赛事中心、重庆音乐半岛等重点项目，收集纲领性和指导性文件，查阅有关调研报告，熟悉被审计单位的职能职责和政策法规，挖掘和发现管理中的漏洞和风险点。

内部审计 推进将内部审计工作纳入区级各部门、镇街及区属国有企业的年度综合目标考核保障指标。开展内部审计统计调查2次。依托重庆市内部审计指导监督系统，进行内部审计资料备案。开展内部审计项目质量检查和优秀项目评比。 （撰稿人：詹 颖）

【江北区审计局】 2022年，江北区审计局实有33人。局长郭胜，副局长胡建（—6月）、陈世滨、高艳红（6月—）、冯利娜，纪检组长罗翠渝，经济责任审计工作联席会议办公室主任徐茜（6月—）。设有办公室、法规审理科、整改督查与内审管理科、重大政策执行审计科、财政审计科、企事业审计科、投资审计科、经济责任审计科、电子数据审计科；下设江北区审计中心。

审计成果 2022年，江北区审计局完成审计项目32个，其中审计28个、专项审计调查4个。查出主要问题金额5232592万元，其中违规金额13246万元、管理不规范金额5219346万元；审计发现非金额计量问题173个；出具审计报告和专项审计调查报告37篇，被批示、采用27篇次。审计处理处罚金额13474万元，其中应上缴财政13246万元、应调账处理金额228万元；移送司法机关、纪检监察机关和有关部门处理事项14件，移送处理人员10人，移送处理金额4656万元。审计促进整改落实有关问题资金1934501万元；审计后挽回（避免）损失228万元；核减投资额228万元；移送处理落实事项5件。审计提出建议92条，被采纳92条；推动被审计单位制定整改措施299项；促进被审计单位建立健全规章制度2项；提交审计信息103篇，被批示、采用44篇次。向社会公告审计结果1篇。

实施的江北区征地事务中心党组书记、主任经济责任审计项目被评为重庆市审计局优秀审计项目二等奖。

政策落实情况跟踪审计 开展助企纾困稳就业政策措施落实情况专项审计等6个审计项目，抽查18个部门、35家企事业单位，发现问题34个，涉及问题金额12072.87万元。

财政审计 查出问题金额282608万元，促进区财政局收回16家单位存量资金20410万元，查出3家虚报冒领骗取财政资金补贴企业退回补贴资金113万元。促进区委、区政府、区财政局等出台制度13项。

国有企业审计 认真开展原“8+3+1”国有企业合并重组2019—2021年资产、负债、损益审计，全面摸清四大国有集团的资产负债、财务收支、经营管理等情况，促进《重庆市江北区区属国有企业管理办法》出台。

资源环境审计 开展鱼嘴镇原党委书记自然资源资产离任审计，在审计中贯彻落实协作机制，与区规划自然资源局、区生态环境局、区农业农村委等部门加强协作。

经济责任审计 全年组织实施审计项目7个。联合区纪委监委机关等7个单位出台《江北区区级经济责任审计对象分类管理办法》，以经济责任审计为载体，同步开展自然资源资产离任审计、重大政策跟踪审计。

审计查出问题整改 联合区纪委监委、区人大等部门，每年分两次对审计整改情况进行书面督查或实地督查，确保整改到位。

内部审计 指导全区48家单位报送内部审计项目68个，内部审计单位发现问题127个，督促整改90个，审计发现问题金额333.58万元，整改金额206.24万元，向司法机关移送案件线索1件、涉案人员1人。 （撰稿人：陈　诗）

【沙坪坝区审计局】 2022年，沙坪坝区审计局实有35人。局长赵卫红，副局长廖承东、谭毅、李缇，纪检组长李卫华，经济责任审计工作联席会议办公室主任王敏。设有办公室、财政审计科、重大政策执行审计科、企事业审计科、经济责任审计科、投资审计科、法规审理科、整改督查与内审管理科、电子数据审计科；下设沙坪坝区审计中心。

审计成果 2022年，沙坪坝区审计局完成审计项目27个，其中审计24个、专项审计调查3个。查出问题金额36.03亿元，揭示违规金额40万元，管理不规范金额36.03亿元；审计发现非金额计量问题207个；损益（收支）不实金额22万元；出具审计报告和专项审计调查报告31篇，被批示、采用2篇次。审计处理处罚金额2.34亿元，其中应上缴财政38万元、应归还原渠道资金2万元、应调账处理金额2.34亿元；审计促进整改落实有关问题资金3.68亿元；审计后挽回（避免）损失2.34亿元；核减投资额2.34亿元；移送处理事项8件。审计提出建议111条，被采纳111条；推动党委政府及有关部门出台制度和文件92项；提交审计信息223篇，被批示、采用73篇次。

实施的征地征收专项审计调查被评为重庆市审计局优秀审计项目一等奖。

政策落实情况跟踪审计 开展科技创新、稳就业等审计调查，揭示反映职业培训、组合式减税降费政策落实等方面21个问题，推动党委政府及有关部门出台规范性制度文件8项。

财政审计 完成区级财政预算执行及决算草案编制审计，揭示反映部分非税收入未及时上缴、部分预算编制未细化未及时统筹等问题20个，查缴及督促被审计单位上缴或归还财政资金184.97万元。完成区人民医院井双院区周边市政道路等结算审计项目11个，审计投资额41.28亿元，核减工程投资2.34亿元。

资源环境审计 开展沙坪坝区回龙坝镇党政主要领导自然资源资产离任（任中）审计，揭示反映对行政处罚后续整改监管不到位等问题 5 个。

民生审计 组织开展义务教育、养老托育、医疗保险、农村人居环境等民生热点审计，延伸审计 15 个机关单位、9 所中小学、21 家社会机构，揭示资源配置不均、政策覆盖不全、保障水平不足等问题。

经济责任审计 完成 6 个单位 8 名干部经济责任审计，揭示反映议事决策机制执行不到位、固定资产管理不规范、非税收入未及时上缴等 7 类 30 余项问题，促进领导干部规范用权。

审计查出问题整改 健全完善与区人大预算工委工作联系机制，会同区人大财经委及预算工委开展审计整改专项调研 4 次、联合督查 5 次，审计整改“回头看”3 次。与区人大联合探索审计整改监督方式，在全市率先开展审计整改情况满意度测评。

研究型审计 总结归纳近五年审计查出的典型问题及案例，编印《2017—2021 年度审计发现问题及对策措施》《审计典型案例汇编》。主动对接区人大和区政协，积极收集人大代表和政协委员建议为审计研究“赋能”，提升审计项目成果水平。

内部审计 开展专项以及不定期检查 12 次，“面对面”现场指导单位 9 家，参与国家审计内部审计人员 40 名，编印《沙坪坝区内部审计工作动态》4 期，在全区政务内网“内部审计交流平台”“内部审计法规学习”上传财经类法律法规汇编 10 册，线上线下答疑 80 余次，有效提高内部审计工作质量和水平。 （撰稿人：廖澜骏）

【九龙坡区审计局】 2022 年，九龙坡区审计局实有 33 人。局长蔡森川，副局长章丽、张莎（2 月—）、王鹏（2 月—），纪检组长肖竹，经济责任审计工作联席会议办公室主任李荣智（2 月—）。设有办公室、法规审理科、整改督查与内审管理科、重大政策执行审计科、财政审计科、企事业审计科、投资审计科、经济责任审计科、电子数据审计科、审计中心。

审计成果 2022 年，九龙坡区审计局共完成审计项目 26 个，其中审计 19 个、专项审计调查 7 个。查出主要问题金额 345100 万元，其中违规金额 5533 万元、管理不规范金额 339523 万元；审计发现非金额计量问题 288 个；损益（收支）不实金额 6 万元；出具审计报告和专项审计调查报告 26 篇，被批示、采用 50 篇次。审计处理处罚金额 5099 万元，其中应上缴财政 3533 万元、应归还原渠道资金 2000 万元；移送司法机关、纪检监察机关和有关部门处理事项 9 件，移送处理人员 9 人，移送处理金额 47 万元。审计促进整改落实有关问题资金 36964 万元；审计后挽回（避免）损失 575 万元；核减投资额 575 万元。审计提出建议 51 条，被采纳 51 条；促进被审计单位建立健全规章制度 6 项；提交审计信息 56 篇，被批示、采用 62 篇次。向社会公告审计结果 2 篇。

实施的 2019—2021 年度九龙坡区乡村振兴专项审计调查项目被评为审计署优秀审计项目三等奖；实施的九龙坡区乡村振兴专项审计调查项目、九龙坡区渝州路街道党工委书记和办事处主任经济责任审计项目分别被评为重庆市审计局优秀审计项目一等奖、二等奖。

政策落实情况跟踪审计 完成促进养老托育服务健康发展政策措施落实情况、城市管理水平提升情况、渝隆集团投资管理情况 3 个专项审计调查共 5 个审计项目。推动相关单位共修订或制定《领导集体决策重大问题议事规则》等 12 项规范性文件。

财政审计 开展了本区财政预算执行审计，重点对组织财政收入情况、招商引资财税优惠政策执行情况等方面进行审计，揭示问题金额 20.29 亿元，盘活财政结转结余资金 3956.98 万元。

国有企业审计 开展重庆市征创住房服务有限公司党委书记、董事长任期经济责任审计协同 2019—2021 年度九龙坡区征地与房屋征收情况审计调查，促进区属国有企业规范财务制度建设、优化国有资产运营管理、强化国有资本审计监督。

农业农村审计 开展 2019—2021 年度九龙坡区乡村振兴专项审计调查，向区纪委监委移送问题线索 3 件。推动区振兴办出台区级层面制度 2 项，乡镇出台完善制度 5 项。

资源环境审计 对杨家坪街道开展了部门领导干部自然资源资产离任（任中）审计，着重反映了生态环境质量考核任务完成不到位问题。

民生审计 开展区医疗保险基金和“三医联动”专项审计调查，查出问题16个，移送医保骗保问题线索1件。

经济责任审计 完成1个街道、2个部门、1所学校、1所医院8名处级领导干部和2个区属国有企业领导人员任期经济责任审计。向区纪委监委机关及各主管部门移送问题线索3件，出具审计决定2篇。

审计查出问题整改 联合区人大常委会办公室制定《关于加强人大监督与审计监督联动协作的实施办法》，建立“四个清单”动态管理机制，加强整改督查联动。配合区人大常委会预算工委对7个单位经济责任审计整改情况开展现场督查，组织全区32家单位召开审计整改督办会，对审计结果进行通报。

研究型审计 围绕全区“两大主题”“三大方向”“四轮驱动”战略，建立行业资料库9个，编写数据分析模型53个，建立完善全区72家预算单位审计对象资料库，更新完善15个行业政策法规包，筑牢研究型审计基础。

内部审计 2022年，全区共有内部审计专兼职机构47个，专兼职内部审计人员350人；完成审计项目256个，审计总金额27362.1万元，促进增收节支4769.13万元，提出建议意见被采纳535条。 （撰稿人：罗 珣）

【南岸区审计局】 2022年，南岸区审计局实有35人。局长马俊，副局长王凌颖、蔺艳（9月—）、刘佳循（8月—），纪检组长刘柳，经济责任审计工作联席会议办公室主任蔺艳（—9月）、张帆（9月—）。设有办公室、法规审理科、整改督查与内审管理科、重大政策执行审计科、财政审计科、企事业审计科、投资审计科、经济责任审计科（经济责任审计工作联席会议办公室）、电子数据审计科；下设南岸区审计中心。

审计成果 2022年，南岸区审计局完成审计项目11个，其中审计8个、专项审计调查3个。查出主要问题金额600257万元，其中违规金额61963万元、管理不规范金额538293万元；审计发现非金额计量问题106个；损益（收支）不实金额262008万元；出具审计报告和专项审计调查报告8篇。审计处理处罚金额62349万元，其中应上交财政61963万元、应调账处理金额386万元。审计促进整改落实有关问题资金10771万元；审计后挽回（避免）损失386万元；核减投资额386万元。审计提出建议34条，被采纳24条；提交审计信息63篇，被批示、采用40篇次。

实施的区（含经开区）安置房管理情况审计项目、区供销社资产管理营运中心财务收支项目分别被评为重庆市审计局优秀审计项目二等奖、三等奖。

政策落实情况跟踪审计 对促进养老托育服务健康发展政策措施落实情况、科技创新政策措施落实情况等进行跟踪审计，延伸审计单位62个，查出问题金额1908.76万元，揭示问题34个。

财政审计 开展2021年度区县财政预算执行和决算草案编制情况审计、经开区纵七路道路工程结算审计等项目，查出问题50个，查出问题金额183566.44万元。

国有企业审计 对国有企业资产管理情况进行审计调查，查出问题22个，查出问题资金414781.81万元。

经济责任审计 开展4名领导干部经济责任审计，创新编制“重大经济事项决策清单”，推进公权力规范运行。

审计查出问题整改 牵头统筹开展审计整改“回头看”专项检查，建立“清单汇总、结果认定、后续督促、对账销号”闭环跟踪机制，与区政府督查办建立月度联合现场检查制度，并结合巡察工作，强化审计整改督促力度。2022年审计整改率95.08%。

研究型审计 1篇课题获市审计局专项课题表彰，1篇资政参考获得区领导肯定性批示，开展项目复盘23次，及时总结提炼、查漏补缺。

内部审计 自主开发填报平台、建立备案机制，全面掌握全区内部审计情况。同步对6家单位的内部审计项目进行质量检查，促进规范内部审计工作流程制度。 （撰稿人：刘 畅）

【北碚区审计局】 2022年，北碚区审计局实有35人。局长李厚杰，副局长唐小勤、张渝玲、廖振华，纪检组长侯相红，经济责任审计工作联席会议办公室主任张筱枫。设有办公室、法规审理科、整改督查与内审管理科、重大政策执行审计科、财政审计科、企事业审计科、投资审计科、经济责任审计科、电子数据审计科；下设审计中心。

审计成果 2022 年，北碚区审计局完成审计项目 21 个，其中审计 18 个、专项审计调查 3 个。查出主要问题金额 1017398 万元，其中违规金额 18358.27 万元、管理不规范金额 19419 万元；审计发现非金额计量问题 192 个；出具审计报告和专项审计调查报告 24 篇，被批示、采用 27 篇次。审计处理处罚金额 18274 万元，其中应上缴财政 17805.74 万元；移送司法机关、纪检监察机关和有关部门处理事项 6 件。审计核减投资额 2771.64 万元。审计提出建议 81 条，被采纳 81 条；提交审计信息 127 篇，被批示、采用 50 篇次。向社会公告审计结果 2 篇。

政策落实情况跟踪审计 完成成渝地区双城经济圈建设政策落实情况审计调查，抽查单位 24 个，发现问题 10 个。完成优化营商环境政策措施落实情况审计，调查走访相关责任单位和企业 32 家，抽查项目 3784 个、资金 111.93 亿元，发现问题 25 个。

财政审计 参与审计署组织的 2021 年度税收和非税收入征管及部门预算执行审计，开展 2021 年度北碚区财政预算执行和决算草案审计，采取“1+N”数字化分析审计模式，完成全区 81 个一级预算单位 2021 年度预算执行和财政财务收支审计。完成投资审计项目 3 个，送审金额 49150 万元，审减金额 2688 万元，综合审减率 5.47%，查出其他问题 13 项。

经济责任审计 开展经济责任审计项目 6 个，涉及 6 个单位 9 名党政领导干部，查出违规金额 1132 万元，管理不规范金额 19419 万元。

审计查出问题整改 强化审计整改跟踪督促、公告、约谈、问责，推动被审计单位压实整改主体责任。2021 年度审计项目查出问题 454 个，整改 449 个，整改率 98.89%。

研究型审计 建立健全研究型审计落实机制，完善数字化审计数据库，将研究型审计贯穿审计全过程，审前研究调查先行、审中强化过程研究、审后研究巩固提升，以研促审、以审提质。

内部审计 指导内部审计单位实施内部审计项目 464 个，处理问题金额 851 万元，挽回损失 37 余万元，制定修订制度 32 项，优化业务流程 83 个。

（撰稿人：马洪涛）

【綦江区审计局】 2022 年，綦江区审计局实有 46 人。局长郑平，副局长尹政权、李开强、黎天府（8 月—），纪检组长李必强，经济责任审计工作联席会议办公室主任周小泉。设有办公室、法规审理科、整改督查与内审管理科、财政审计科、重大政策执行审计科、企事业审计科、投资审计科、经济责任审计科（经济责任审计工作联席会议办公室）、电子数据审计科；下设审计中心。

审计成果 2022 年，綦江区审计局共完成审计项目 45 个，其中审计 41 个、专项审计调查 4 个。查出主要问题金额 2264398 万元，其中违规金额 4825 万元、损失浪费金额 134 万元、管理不规范金额 2259437 万元；审计发现非金额计量问题 178 个；损益（收支）不实金额 809 万元；出具审计报告和专项审计调查报告 68 篇，被批示、采用 68 篇次。审计处理处罚金额 7356 万元，其中应上缴财政 2853 万元、应归还原渠道资金 1971 万元、应调账处理金额 2530 万元；移送司法机关、纪检监察机关和有关部门处理事项 26 件，移送处理人员 9 人，移送处理金额 526 万元。审计促进整改落实有关问题资金 8042 万元；审计促进拨付资金到位 537 万元；审计后挽回（避免）损失 3649 万元；核减投资额 2530 万元；移送处理落实事项 12 件。审计提出建议 118 条，被采纳 118 条；促进被审计单位建立健全规章制度 85 项；提交审计信息 137 篇，被批示、采用 49 篇次。向社会公告审计结果 2 篇。

政策落实情况跟踪审计 完成 2021 年第四季度重大政策、重大项目审计、科技创新政策措施落实情况审计，出具审计报告 3 篇，向区纪委监委移送问题线索 1 件，促进出台或修订完善制度 8 项。

财政审计 对本级财政一级预算单位 2021 年度的预算执行情况进行数据分析全覆盖，对区教委、区财政局等 7 个重点部门（单位）进行现场审计，发现项目预算编制不精准、应收未收垃圾处置费等问题37个。

国有企业审计 完成国有企业审计项目2个，出具审计报告4篇，促进整改落实有关问题资金4606万元。

农业农村审计 完成2019—2021年农业民生专项审计调查，揭示了制度建设、项目管理、种粮及地力保护补贴、水稻生产全程社会化服务等11个方面的40个问题。

资源环境审计 完成5个单位17名党政主要领导干部自然资源资产离任（任中）审计，提出审计意见5条，查出问题42个，涉及违规金额1.02万元、管理不规范金额7033万元。

民生审计 完成重庆市2021年医疗保险基金和“三医联动”、重庆市2021年困难群众救助补助资金审计。向纪检监察机关移送问题线索6件，向有关部门移送问题线索4件。

经济责任审计 完成13个单位29名党政主要领导干部或事业单位、国有企业负责人的任期经济责任审计。全年共查出问题91个，涉及违纪违规金额707万元；向区纪委监委移送问题线索6件。

审计查出问题整改 对应整改未整改完毕问题的3个责任单位进行年度目标考核扣分，促进相关部门单位完善制度76项。

研究型审计 分特大、较大、一般及较小三类管理审计对象并建立中长期项目库，结合审计项目做实课题研究3篇。

内部审计 指导完成111个内部审计计划项目，抽调内部审计人员5人参加国家审计项目，完善3个内部审计机构印章，对4个内部审计中心的项目审理进行全程指导。（撰稿人：陈　曦）

【大足区审计局】 2022年，大足区审计局实有42人。局长蓝兴友，副局长杨再辉、黎娟、王霞，纪检组长陈清伦（—3月）、张怡（3月—），经济责任审计工作联席会议办公室主任彭吉丽。设有办公室、法规审理科、整改督查与内审管理科、重大政策执行审计科、财政审计科、企事业审计科、投资审计科、经济责任审计科（经济责任审计工作联席会议办公室）、电子数据审计科；下设大足区审计中心。

审计成果 2022年，大足区审计局完成审计项目29个，其中审计24个、专项审计调查5个。查出主要问题金额703617万元，其中违规金额15531万元、管理不规范金额688086万元；审计发现非金额计量问题400个；出具审计报告和专项审计调查报告31篇。审计处理处罚金额15531万元，其中应上缴财政15427万元、应归还原渠道资金103万元；移送司法机关、纪检监察机关和有关部门处理事项2件，移送处理金额472万元。审计促进整改落实有关问题资金8794万元；审计后挽回（避免）损失14143万元；核减投资额5115万元。提出审计建议126条，被采纳126条；推动被审计单位制定整改措施466项；促进被审计单位建立健全规章制度6项；提交审计信息12篇，被批示、采用12篇。

政策落实情况跟踪审计 作为重庆市审计局的派出审计组实施了推动成渝地区双城经济圈建设政策措施落实情况专项审计调查。

财政审计 实施2021年度大足区财政预算执行和决算（草案）编制情况审计、区文化旅游委等8个部门2021年度预算执行和其他财政财务收支审计、9个投资审计项目，查出主要问题金额472934万元，提出审计建议62条，推动制定整改措施150项。

资源环境审计 对大足区古龙镇原党委书记杨贵兵、原镇长开展领导干部自然资源资产离任审计，查出主要问题金额76万元，提出审计建议3条。

民生审计 实施重庆市2021年医疗保险基金和“三医联动”审计，查出主要问题金额122.02万元。

经济责任审计 对1个镇街、2个部门、2家企业领导干部经济责任情况进行审计，查出主要问题金额3146.39万元，提出审计建议29条。

审计查出问题整改 推动出台《中共重庆市大足区委审计委员会关于进一步加强审计整改工作的意见》，2022年督促各有关单位专题研究审计整改243次，督促完成2019年以来的审计问题整改39个。

研究型审计 完成108个单位财务数据和42个单位业务数据的采集工作，建立数据分析信息库。

内部审计 指导完成审计项目210个，审计发现问题金额 5390.26 万元，促进挽回损失 2261.15 万元，促进建立健全制度 96 项、优化完善业务流程 120 项。（撰稿人：唐　云）

【渝北区审计局】　2022 年，渝北区审计局实有 47 人。局长李梅，副局长曹霞、欧林、刘静，纪检组长谢贤友，经济责任审计工作联席会议办公室主任黄明荣。设有办公室、法规审理科、整改督查与内审管理科、重大政策执行审计科、财政审计科、企事业审计科、投资审计科、经济责任审计科（区经济责任审计工作联席会议办公室）、电子数据审计科；下设渝北区审计中心。

审计成果　2022 年，渝北区审计局完成审计项目 29 个，其中审计 19 个、专项审计调查 10 个。查出主要问题金额 653143 万元，其中违规金额 983 万元、损失浪费金额 708 万元、管理不规范金额 651451 万元；审计发现非金额计量问题 275 个；损益（收支）不实金额 382 万元；出具审计报告和专项审计调查报告 49 篇，被批示、采用 21 篇次。审计处理处罚金额 18432 万元，其中应上缴财政 11971 万元、应归还原渠道资金 122 万元、应调账处理金额 6338 万元；移送司法机关、纪检监察机关和有关部门处理事项 8 件，移送处理人员 17 人，移送处理金额 4080 万元。审计促进整改落实有关问题资金 27855 万元；审计促进拨付资金到位 1094 万元；审计后挽回（避免）损失 6519 万元；核减投资额 6450 万元。审计提出建议 176 条，被采纳 176 条；推动被审计单位制定整改措施 223 项；促进被审计单位建立健全规章制度 27 项；提交审计信息 172 篇，被批示、采用 113 篇次。向社会公告审计结果 2 篇。

实施的重庆空港新城开发建设有限公司原党委书记、董事长经济责任审计项目被评为重庆市审计局优秀审计项目一等奖。

政策落实情况跟踪审计　开展促进养老托育服务健康发展、助企纾困稳就业、成渝地区双城经济圈建设等重大政策措施落实跟踪审计。

财政审计　以投资审计为重点，推进规范村级集体经济发展、招投标领域和财经秩序专项整治，相关审计建议直接转化为政策措施。

国有企业审计　开展国有企业资产负债损益审计、融资及使用情况审计调查。

资源环境审计　开展洛碛镇党政主要领导干部自然资源离任（任中）审计，揭示 6 大类问题。

民生审计　开展医保基金和“三医联动”审计，对全区 24 家公立医疗机构审计全覆盖，移送涉嫌欺诈骗保案件线索 3 件。

经济责任审计　对 8 个单位 11 名领导干部开展经济责任审计，经审计移送后，受到党纪政纪处分 2 人，受到诫勉谈话等处理 2 人。

审计查出问题整改　建立审计问题清单管理机制，将相关问题提请区委常委会专题审议；细化审计整改工作机制，与区委组织部、区纪委监委、区人大财经委协同形成整改合力。

研究型审计　开展 6 次政策集中学习、10 次“数据疑点”集中攻坚，发挥平台研究型审计支撑性作用和大数据审计引领作用；4 项课题在市审计局评审中获得一等奖。

内部审计　联合区农业农村委、区国资委等单位出台内部审计工作管理办法，将内部审计工作纳入年度考核范围。（撰稿人：吴艾泓）

【巴南区审计局】　2022 年，巴南区审计局实有 35 人。局长肖秋生，副局长刘方宇、李渊，纪检组长陈果，经济责任审计工作联席会议办公室主任李蓉。设有办公室、法规审理科、整改督查与内审管理科、重大政策执行审计科、财政审计科、企事业审计科、投资审计科、经济责任审计科、电子数据审计科；下设巴南区审计中心。

审计成果　2022 年，巴南区审计局完成审计项目 17 个，其中审计 16 个、专项审计调查 1 个。查出主要问题金额 385420 万元，其中违规金额 4612 万元、管理不规范金额 380807 万元；审计发现非金额计量问题 107 个；出具审计报告和专项审计调查报告 17 篇，被批示、采用 14 篇次。审计处理处罚金额 6001 万元，其中应上缴财政 4612 万元、应调账处理金额 1388 万元；移送司法机关、纪检监察机关和有关部门处理事项 9 件，移送处理人员 8 人，移送处理金额 5703 万元。审计促进整改落实有关问题资金 6467 万元；审计后挽回（避免）损失 1388 万元；核减投资额 1388 万元；移送处理落实事项 1 件。审计提出建议 56 条，被采纳 56 条；推动被审计单位制定整改措施

96项；促进被审计单位建立健全规章制度4项；提交审计信息78篇，被批示、采用44篇次。向社会公告审计结果1篇。

实施的重庆巴源建设投资有限公司党支部书记、执行董事、总经理经济责任审计项目被评为重庆市审计局优秀审计项目三等奖。

政策落实情况跟踪审计 开展养老托育、助企纾困稳就业专项审计调查，发现问题55个，问题金额2.41亿元。

财政审计 开展区2021年度预算执行和决算草案编制情况审计以及区科技局、区交通局等5个部门（单位）现场重点审计，查出问题66个，问题金额20亿元。

资源环境审计 开展区水利局主要领导自然资源资产离任审计，发现问题15个。

民生审计 开展渝中区医保基金审计，发现问题15个，问题金额8611万元。

经济责任审计 对区发展改革委、区工商联等6个单位7名领导干部开展经济责任审计，发现问题80个，问题金额1532万元。

审计查出问题整改 严格落实审计整改记账销账制度，跟踪督促审计整改落实，代区政府分别向区委、区人大常委会报告关于审计查出问题整改情况。

研究型审计 推深做实研究型审计，荣获2022年度内部审计课题研究组织奖、全市2022年优秀内部审计课题。

内部审计 推动出台《关于进一步强化内部审计职责的通知》。指导全区108个内部审计单位完成内部审计项目506个，审计总金额100亿元，促进增收节支4476万元。 （撰稿人：涂蕊玲）

【黔江区审计局】 2022年，黔江区审计局实有43人。局长陈子进，副局长王明昌、任国林（—3月）、施方林（—5月）、陈艳红（3月—）、向栂渝（12月—），纪检组长程洪全，经济责任审计工作联席会议办公室主任石晓红。设有办公室、法规审理科、整改督查与内审管理科、重大政策执行审计科、财政审计科、企事业审计科、农业与资源环保审计科、投资审计科、经济责任审计科（经济责任审计工作联席会议办公室）、电子数据审计科；下设黔江区审计中心。

审计成果 2022年，黔江区审计局完成审计项目26个，查出问题金额65.54亿元，发现非金额计量问题286个，出具审计报告和审计调查报告28篇，审计处理处罚金额2126万元，移送纪检监察机关和有关部门处理事项4件，审计促进整改落实有关问题资金6803万元，审计提出建议106条，提交审计信息87篇。

实施的黔江区生态环境局党组书记、局长经济责任审计项目被评为重庆市审计局优秀审计项目三等奖。

政策落实情况跟踪审计 开展耕地保护和项目建设管理专项审计、涪陵区科技创新政策落实交叉审计，揭示问题95个，促成完善管理制度3项。

财政审计 对税收征管、区级财政和部门预算执行情况进行“穿透式”监督，揭示问题85个，查出问题金额9.52亿元，督促上缴财政资金4285.72万元，促成完善规章制度3项。

国有企业审计 开展重庆峡谷城文旅集团有限公司2020—2021年财务收支审计和重庆市黔江区城市建设投资（集团）有限公司2名领导任期经济责任审计，揭示问题30余个，促成完善管理制度2项。

民生审计 开展困难群众救助补助、义务教育和医疗保险基金民生专项审计，揭示问题86个，查出问题金额950.73万元，督促上缴财政资金222.76万元，促成完善规章制度4项。

经济责任审计 实施13名领导干部经济责任审计和1名领导干部自然资源资产离任审计，揭示问题157个，促进增收节支698.43万元，促成完善管理制度5项。

审计查出问题整改 将审计报告、决定、要情专报等反映的问题全面纳入整改清单，严格实行销号管理。全年开展专项检查3次，联合区人大常委会预算工委开展跟踪督查1次。2021年度区级预算执行和其他财政收支审计揭示问题整改率85.03%，促成修订完善管理制度25项。

研究型审计 将国资国企审计作为2022年度研究型审计探索实践重点，实施区属国有企业债务专项调查和安畅公司等3家公益性建设单位的调研，撰写国企调研报告2篇，推动出台《黔江区区属国有企业融资及担保管理办法》，促成国有企业完善管理制度 13 项；对区属国有企业在中信银行的融资情况进行全面梳理，促成中信银行减免国有企业融资费用 1412.08 万元。

内部审计 修订完善内部审计工作业务规程等制度 5 项，完成内部审计计划项目 74 个，评选并表彰优秀内部审计项目 3 个。

（撰稿人：杨春亚）

【长寿区审计局】 2022 年，长寿区审计局实有 46 人。局长聂华甫（—7 月）、王见付（7 月—），副局长李敏、江大才、程雪艳，纪检组长陈湧健，经济责任审计工作联席会议办公室主任赵勇。设有办公室、法规审理科、整改督查与内审管理科、重大政策执行审计科、财政审计科、企事业审计科、投资审计科、经济责任审计科（经济责任审计工作联席会议办公室）、电子数据审计科；下设长寿区审计中心。

审计成果 2022 年，长寿区审计局完成审计项目 30 个，其中审计 26 个、专项审计调查 4 个。查出主要问题金额 236.25 亿元，其中违规金额 7200 万元、管理不规范金额 235.53 亿元；审计发现非金额计量问题 291 个；损益（收支）不实金额 25.48 亿元。审计处理处罚金额 7200 万元，其中应上缴财政 5722 万元、应归还原渠道资金 1478 万元；移送司法机关、纪检监察机关和有关部门处理事项 15 件。审计促进整改落实有关问题资金 3953 万元；审计促进拨付资金到位 4 万元；审计后挽回（避免）损失 3946 万元；核减投资额 1247 万元。审计提出建议 81 条，被采纳 81 条；推动被审计单位制定整改措施 21 项。

政策落实情况跟踪审计 组织开展推动成渝地区双城经济圈建设、助企纾困稳就业等重大政策措施落实情况审计，移送问题线索 3 件，撰写审计要情 3 篇，推动相关部门开展专项整改，有效促进重大政策落地落实。

财政审计 联动实施区级预算执行审计与部门预算执行审计，采取数据全覆盖的审计模式，对全区财务数据系统分析、筛选疑点、分散核实，选择区财政局等 7 个单位开展现场审计。移送问题线索 1 件，撰写审计要情 3 篇。

民生审计 开展医疗保险基金和“三医联动”改革专项审计调查，撰写审计要情 1 篇，向公安机关移送问题线索 2 件。

经济责任审计 对区水利局、新市街道等 13 个单位 20 名领导干部开展经济责任审计，同步开展区水利局原主要领导自然资源资产离任审计，揭示了政策执行不到位、内部控制制度不健全等问题，移送问题线索 6 件，撰写审计要情 15 篇。

审计查出问题整改 制定审计整改工作实施细则，完善审计整改约谈、责任追究等机制，推行主审跟踪制度，联合开展督查，逐一认定销号，严格考核问效，区级预算执行和其他财政收支审计查出问题整改完成率达到 98%。

研究型审计 在审计工作全流程、全领域强化研究思维，加大对政策法规、审计对象、成果开发的研究。

内部审计 推动区委审计委员会出台《关于建立内部审计指导监督协作机制和强化审计整改监督检查工作的实施方案》。统一编制全区年度内部审计计划 125 个，开展“以审代培”8 人次、内部审计统计调查 2 次，结合经济责任审计项目对 10 个单位内部审计进行监督检查。

（撰稿人：兰怀亮　刘园园）

【江津区审计局】 2022 年，江津区审计局实有 52 人。局长张进洪（—8 月）、刘静（8 月—），副局长陆成林、曹树容、幸冲，经济责任审计工作联席会议办公室主任刘燕，一级调研员刘德福，四级调研员陈家富。设有办公室、法规审理科、整改督查与内审管理科、电子数据审计科、政策执行科、监察室、财政审计科、企事业审计科、经济责任审计科、投资审计科；下设审计中心。

审计成果 2022 年，江津区审计局完成审计项目 32 个，其中审计 26 个、专项审计调查 6 个。查出主要问题金额 697977 万元，其中违规金额 807 万元、管理不规范金额 697169 万元；审计发现非金额计量问题 273 个；损益（收支）不实金额 1763 万元；出具审计报告和专项审计调查报告 41 篇，被批示、采用 14 篇次。审计处理处罚金额 1713 万元，其中应上缴财政 736 万元、应归还原渠道资金 71 万元、应调账处理金额 905 万元；移送司法机关、纪检监察机关和有关部门处理事项 2 件，移送人员 2 人，移送金额 175 万元。审计促进整改落实有关问题资金 39659 万元；审计促进拨付资金到位 7492 万元；审计后挽回（避免）损失 1026 万元；核减投资额 1026 万元。审计提出建议 98 条，被采纳 28 条；促进被审计单位建立健全规章制度 45 项；提交审计信息 60 篇，被批示、采用 52 篇次。向社会公告审计结果 1 篇。

实施的江津区民政局局长、党委书记经济责任审计项目被评为重庆市审计局优秀审计项目三等奖。

政策落实情况跟踪审计 紧扣推进成渝地区双城经济圈建设、优化营商环境等工作任务开展审计监督，完成审计项目 2 个，揭示问题 27 个，提出审计建议 9 条。

财政审计 实施区本级财政预算执行审计，对 82 个预算单位的财务数据和业务数据开展数据分析。

国有企业审计 对 1 家国有企业开展 2019—2021 年度经济责任审计，发现问题 12 个，问题金额 11905.53 万元，促进企业完善建立制度 20 个。

资源环境审计 对 2 个乡镇的领导干部进行自然资源资产任中审计，发现问题 23 个，提出审计建议 5 条。

民生审计 开展区 2021 年困难群众救助补助资金审计、区医疗保险基金和“三医联动”改革专项审计调查 2 个审计项目，发现问题 32 个，涉及问题金额 1161.37 万元。

经济责任审计 开展经济责任审计项目 11 个，涉及领导干部 20 名，发现问题 204 个，涉及金额 35522.10 万元，移送案件线索 1 件。

审计查出问题整改 梳理《屡审屡犯及共性问题清单》，建立问题台账、督查台账、整改台账，审计整改率 98.39%。

研究型审计 建立健全研究型审计工作机制。建立“审前学习，审中研判，审后总结”机制。围绕区属国有企业保值增值和国有企业经济责任审计的问题开展课题研究。

内部审计 对全区 721 家单位开展内部审计统计调查。对 13 个单位内部审计工作开展情况进行专项检查和业务指导。联合江津区农业农村委对全区 30 个镇街开展内部审计。

（撰稿人：李　悝）

【合川区审计局】 2022 年，合川区审计局实有 48 人。局长屈直（—8 月）、王远明（8 月—），副局长陈忠、邢林、陈余（—2 月）、罗杨（2 月—），经济责任审计工作联席会议办公室主任张贵来。设有办公室、法规审理科、整改督查与内审管理科、重大政策执行审计科、财政审计科、企事业审计科、农业与资源环保审计科、投资审计科、经济责任审计科（区经济责任审计工作联席会议办公室）、电子数据审计科；下设合川区审计中心。

审计成果 2022 年，合川区审计局完成审计项目 35 个，其中审计 30 个、专项审计调查 5 个。查出主要问题金额 3038476 万元，其中违规金额 23965 万元、损失浪费金额 653 万元、管理不规范金额 3013857 万元；审计发现非金额计量问题 524 个；出具审计报告和专项审计调查报告 44 篇，被批示、采用 42 篇次。审计处理处罚金额 23965 万元，其中应上缴财政 23965 万元；移送司法机关、纪检监察机关和有关部门处理事项 42 件，移送处理人员 55 人，移送处理金额 4342 万元。审计促进整改落实有关问题资金 252996 万元；审计促进拨付资金到位 72767 万元；审计后挽回（避免）损失 23902 万元；核减投资额 3667 万元；移送处理落实事项 9 件。审计提出建议 141 条，被采纳 141 条；推动被审计单位制定整改措施 459 项；促进被审计单位建立健全规章制度 22 项；提交审计信息 63 篇，被批示、采用 40 篇次。向社会公告审计结果 2 篇。

实施的合川区教育专项资金审计调查、合川区三庙镇党委书记和原镇长经济责任审计分别被评为重庆市审计局优秀审计项目二等奖。

政策落实情况跟踪审计 开展推动成渝双城经济圈建设政策措施落实情况专项审计调查等 5 个项目，提出审计建议 21 条，促进《合川区推动成渝地区双城经济圈建设领导小组办公室工作规则的通知》《关于进一步规范农民专业合作社财务管理工作的通知》等文件出台。

财政审计 开展 2021 年度区县财政预算执行和决算草案编制情况审计，发现 36 类问题，推动建立健全《关于进一步严格落实过紧日子要求加强财政财务支出管理的通知》等6项制度。

民生审计 开展教育专项资金审计调查，查出问题金额1439万元，非金额计量问题26个，6篇要情获区领导批示。开展2021年困难群众救助补助资金审计，推动合川区成立社会救助工作小组，促进相关单位完善《合川区救助站物资管理制度》等制度4项。

经济责任审计 完成领导干部经济责任审计项目10个，查出问题金额365454.23万元，非金额计量问题251个，移送处理事项15件，移送处理人员28人，移送处理金额960万元。

审计查出问题整改 分类建立整改台账，完善三级督促审计整改的联动机制，持续跟踪审计查出问题整改情况，审计发现的792个问题已整改完成771个，整改率达97.3%。

研究型审计 组织人员参加全市审计机关青年技能挑战赛暨川渝审计青年交流活动荣获第一名。撰写《EPC模式的公共投资建设项目审计思路探讨》获市审计局一般课题论文二等奖。

内部审计 完成内部审计项目337个，收回资金10.31万元。到11个单位开展内部审计调研、项目实施指导和内部审计质量检查，抽选15名内部审计人员参与年度审计项目实施。完善内部审计机制，出台《进一步完善内部审计工作通知》。

（撰稿人：李 银）

【永川区审计局】 2022年，永川区审计局实有41人。局长龙晓燕，副局长杨泽露、潘忠胜、刘欣（—5月）、王磊磊（5月—），经济责任审计工作联席会议办公室主任喻文龙，纪检组长王利红。设有办公室、法规审理科、整改督查与内审管理科、重大政策执行审计科、财政审计科、企事业审计科、投资审计科、经济责任审计科（经济责任审计工作联席会议办公室）、电子数据审计科；下设永川区审计中心。

审计成果 2022年，永川区审计局完成审计项目49个，其中审计40个、专项审计调查9个。查出主要问题金额161179万元，其中违规金额28844万元、管理不规范金额132335万元；审计发现非金额计量问题382个；损益（收支）不实金额13万元；出具审计报告和专项审计调查报告55篇，被批示、采用46篇次。审计处理处罚金额31973万元，其中应上缴财政28673万元、应归还原渠道资金171万元、应调账处理金额3127万元；移送司法机关、纪检监察机关和有关部门处理事项24件，移送处理人员22人、法人12人，移送处理金额1370万元。审计促进整改落实有关问题资金12535万元；审计促进拨付资金到位965万元；审计后挽回（避免）损失2970万元；核减投资额2970万元；移送处理落实事项8件。审计提出建议145条，被采纳145条；推动被审计单位制定整改措施161项；提交审计信息125篇，被批示、采用43篇次。向社会公告审计结果2篇。

实施的永川区基层医疗机构医改推进情况专项审计被评为审计署优秀审计项目三等奖，实施的重庆市永川职业教育中心原党委副书记、校长经济责任审计被评为重庆市审计局优秀审计项目二等奖。

财政审计 对全区69个一级预算单位绩效管理开展调查，开展的“制度创新”科研项目得到区领导肯定。

国有企业审计 在区2022年国企改革中充分采纳审计建议，完善制度设计。

民生审计 实施了老旧小区改造、乡村振兴相关政策和资金专项审计调查，揭示了专项资金被挪用、高标准农田建设不规范、产业保险政策执行不到位等问题。

经济责任审计 实施了11个经济责任审计项目，“探索巡审结合，形成优势互补”经验材料被《重庆市经济责任审计工作通讯》采用。

审计查出问题整改 建立健全“审计问题清单”，与区人大预算工委、区政府督查办沟通协调，持续推进问题整改，发现问题466个，已整改到位452个。

研究型审计 编写的《研究型思维做深基层医疗机构医改审计》被审计署网站登载。

内部审计 向全区被审计对象宣传《重庆市内部审计工作办法》，开展内部审计业务培训，现场指导区教委、区民政局内部审计工作。对4个单位开展内部审计监督检查工作。

（撰稿人：吴念松）

【南川区审计局】 2022年，南川区审计局实有34人。局长刘长华（—7月）、陈娟（7月—），纪检组长娄忠敏，副局长陈娟（—7月）、王华娟、罗源棋，经济责任审计工作联席会议办公室主任王华娟（兼，—5月）、叶宏林（5月—）。设有办公室、法规审理科、整改督查与内审管理科、重大政策执行审计科、财政审计科、企事业审计科、经济责任审计科（经济责任审计工作联席会议办公室）、投资审计科、电子数据审计科；下设南川区审计中心。

审计成果 2022年，南川区审计局完成审计项目28个，其中审计26个、专项审计调查2个。查出主要问题金额5881663万元，其中违规金额34047万元、管理不规范金额5847616万元；审计发现非金额计量问题197个，审计期间整改金额86万元，出具审计报告和专项审计调查报告35篇，均获批示。审计处理处罚金额69649万元，其中应上缴财政19111万元、应归还原渠道资金14936万元、应调账处理金额35602万元。移送纪检监察机关和有关部门处理事项10件，移送处理人员1人，移送处理金额83万元。审计促进整改落实有关问题资金183842万元；审计后挽回（避免）损失16998万元；核减投资额16998万元；移送处理落实事项1件。审计提出建议90条，均被采纳，推动被审计单位制定整改措施90项，促进被审计单位建立健全规章制度3项；提交审计信息59篇，被批示、采用72篇次。向社会公告审计结果2篇。

政策落实情况跟踪审计 完成助企纾困和稳住经济大盘审计，向区税务局移送问题线索1件，发现问题33个，提出审计建议33条。

财政审计 完成2021年度南川区财政预算执行和决算草案编制情况审计，查出主要问题金额190250万元。移送区纪委监委机关问题线索2件、区财政局问题线索1件。完成区民政局等4个部门（单位）2021年度预算执行和其他财政财务收支情况审计，发现问题27个，提出审计建议27条。

完成公共投资审计9个，核减投资额16998万元。移送区纪委监委机关问题线索2件、区住房城乡建委问题线索1件。发现问题58个，提出审计建议32条。

国有企业审计 完成重庆市南川区禹光水务投资有限公司2021年度财务收支审计，查出主要问题金额1312万元。发现问题4个，提出审计建议2条。

资源环境审计 完成3个单位6名领导干部的自然资源资产离任（任中）审计，移送区纪委监委机关问题线索1件。发现问题54个，提出审计建议10条。完成秀山县2019—2021年度耕地保护和项目建设情况审计，发现问题线索3件。

民生审计 完成南川区2021年1月至2022年9月医疗保险基金审计；发现问题20个，提出审计建议3条，移送区公安局问题线索2件。

经济责任审计 完成6个单位9名领导干部经济责任审计，发现问题84个，提出审计建议21条。

审计查出问题整改 印发《审计整改跟踪督查办法》，构建全过程动态管理机制。审计发现问题197个，其中完成整改191个，促进建立健全长效机制6项。

研究型审计 强化前期调研工作，实行“横道图”式现场管理，明确各项任务时间节点，每两周开展审中研讨，确保审计项目顺利进行。

内部审计 完成全区456个部门（单位）内部审计工作统计调查。抽调4名内部审计人员参与审计项目。对部分单位2022年审计项目质量开展专项检查，指出问题5个，提出审计建议6条。

（撰稿人：骆钰君）

【璧山区审计局】 2022年，璧山区审计局实有34人。局长周梁，副局长李焰梅、龚建烈、张伟，纪检组长袁其亚，经济责任审计工作联席会议办公室主任周波。设有办公室、法规审理科、整改督查与内审管理科、财政审计科、重大政策执行审计科、企事业审计科（电子数据审计科）、投资审计科、经济责任审计科（经济责任审计工作联席会议办公室）；下设审计中心。

审计成果 2022年，璧山区审计局完成审计项目26个，其中审计23个、专项审计调查3个。查出主要问题金额3670408万元，其中违规金额69430万元、管理不规范金额3600978万元；审计发现非金额计量问题260个；损益（收支）不实金额94343万元；出具审计报告和专项审计调查报告26篇，被批示、采用26篇次。审计处理处罚金额69430万元，其中应上缴财政68116万元、应归还原渠道资金1314万元；移送司法机关、纪检监察机关和有关部门处理事项8件，移送处理人员5人，移送处理金额61万元。审计促进整改落实有关问题资金501117万元；审计促进拨付资金到位34525万元；审计后挽回（避免）损失4万元；移送处理落实事项1件。审计提出建议96条，被采纳96条；推动被审计单位制定整改措施96项；促进被审计单位建立健全规章制度53项；提交审计信息160篇，被批示、采用95篇次。向社会公告审计结果1篇。

实施的2021年困难群众救助补助资金审计项目被评为重庆市审计局优秀审计项目三等奖。

政策落实情况跟踪审计 交叉实施了永川区人民政府科技创新政策措施落实情况审计，揭示了创业种子引导基金风险控制不到位等15个问题。

财政审计 完成本级财政预算执行审计，查出虚增财政收入、应收未收土地款及城市建设配套费等25个问题。深化部门预算执行审计，重点对区级9个部门（单位）预算执行和其他财政财务收支进行了审计，审计发现预算编制、财政存量资金管理使用等8个方面共43个问题。完成投资决算审计项目1个。

国有企业审计 完成1家国有企业经济责任审计，完成2家国有企业2021年度财务收支审计。

资源环境审计 完成区水利局自然资源资产离任（任中）审计，审计发现5个方面70个问题，下达审计决定金额456.16万元，移送问题线索2件。

民生审计 完成区2021年困难群众救助补助资金审计，1名党员干部受到党内严重警告处分；完成2021年医疗保险基金和“三医联动”审计，审计发现7个方面43个问题，向区公安局移送审计案件线索1件。

经济责任审计 完成6个单位6名领导干部经济责任审计，审计查出问题174个，违规金额2532.81万元。

审计查出问题整改 与区委办公室协同建立审计专报反映问题整改闭环管理机制，和区委督查办等单位联合开展审计整改专项督查4次，将审计结果和整改成果运用于财政预算安排和绩效评价。

研究型审计 撰写研究型审计理论文章、案例7篇，1篇论文获市审计局科研课题评审三等奖，1篇案例被《重庆审计》杂志采用。

内部审计 将常见问题及整改要求编入《内部审计工作手册》，印发300余册。内部审计工作开展情况纳入区重点工作跟踪督办系统，并纳入全区综合目标考核。

（撰稿人：何　川）

【铜梁区审计局】 2022年，铜梁区审计局实有31人。局长罗昌西（—7月）、周俊（7月—），副局长刘黎、向红、孙红（8月—），纪检组长徐德富。经济责任审计工作联席会议办公室主任符蓉。设有办公室（电子数据审计科）、法规审理科、整改督查与内审管理科、财政审计科、重大政策跟踪审计科、企事业审计科、投资审计科、经济责任审计科（经济责任审计工作联席会议办公室）；下设铜梁区审计中心。

审计成果 2022年，铜梁区审计局完成审计项目23个，其中审计17个、专项审计调查6个。查出主要问题金额974420万元，其中违规金额1726万元、管理不规范金额972694万元；审计发现非金额计量问题429个；出具审计报告和专项审计调查报告41篇，被批示、采用2篇次。审计处理处罚金额2294万元，其中应上缴财政1230万元、应归还原渠道资金496万元、应调账处理金额568万元；移送司法机关、纪检监察机关和有关部门处理事项7件，移送处理金额414万元。审计促进整改落实有关问题资金175422万元；审计促进拨付资金到位91400万元；审计后挽回（避免）损失1008万元；核减投资额7342万元；移送处理落实事项1件。审计提出建议73条，被采纳54条；促进被审计单位建立健全规章制度1项；提交审计信息142篇，被批示、采用23篇次。

实施的铜梁二中原党委副书记、校长经济责任审计项目被评为重庆市审计局优秀审计项目三等奖。

政策落实情况跟踪审计 实施区优化营商环境政策措施落实情况审计，促进优化营商环境制度体系建设。

财政审计 对全区预算执行及决算草案编制情况实施审计；开展淮远河大桥至富家桥段水生态环境治理工程等 3 个重大项目竣工结算、决算审计；实施 2021 年度城市管理专项审计调查。

国有企业审计 对 2 家国有企业进行财务收支审计和建设管理专项审计调查。

农业农村审计 实施 2021 年度乡村振兴政策落实及专项资金使用审计调查。

资源环境审计 对区水利局主要领导干部自然资源资产进行离任（任中）审计。

民生审计 开展 2021 年度民政专项资金审计和 2021 年度医疗保险基金审计。

经济责任审计 完成 11 名党政主要领导干部经济责任审计工作。

审计查出问题整改 建立健全审计整改结果运用机制，审计整改工作被区委督查室纳入 2022 年度督查检查考核年度计划，被区委考核办作为扣分事项列入部门、镇街 2022 年度综合目标考核。

研究型审计 把研究作为基本前置，深入审查分析审计对象，促进精准揭示问题。

内部审计 组织培训内部审计人员 110 人次，“以审代训”抽调 12 人次，对 11 个内部审计项目开展专项检查。 （撰稿人：沈 阳）

【潼南区审计局】 2022 年，潼南区审计局实有 37 人。局长杨德海，副局长莫刚、李晓兰、胡妮娜，纪检组长陈世军，经济责任审计工作联席会议办公室主任陈虹伶。设有办公室（电子数据审计科）、法规审理科、整改督查与内审管理科、重大政策执行审计科、财政审计科、企事业审计科、投资审计科、经济责任审计科（区经济责任审计工作联席会议办公室）；下设审计中心。

审计成果 2022 年，潼南区审计局完成审计项目 30 个，其中审计 26 个、专项审计调查 4 个。查出主要问题金额 230180 万元，其中违规金额 25357 万元、损失浪费金额 40 万元、管理不规范金额 204781 万元；审计发现非金额计量问题 477 个；损益（收支）不实金额 9 万元；审计发现侵害人民群众利益 3 万元；出具审计报告和专项审计调查报告 37 篇，被批示、采用 5 篇次。审计处理处罚金额 25357 万元，其中应上缴财政 25357 万元；移送司法机关、纪检监察机关和有关部门处理事项 13 件，移送处理人员 30 人，移送处理金额 2504 万元。审计促进整改落实有关问题资金 19271 万元；审计促进拨付资金到位 4315 万元；审计后挽回（避免）损失 1488 万元；核减投资额 1375 万元。审计提出建议 135 条，被采纳 135 条；推动被审计单位制定整改措施 21 项；促进被审计单位建立健全规章制度 11 项；提交审计信息 68 篇，被批示、采用 47 篇次。向社会公告审计结果 2 篇。

实施的潼南区农投集团党委书记、董事长经济责任审计项目被评为重庆市审计局优秀审计项目二等奖。

政策落实情况跟踪审计 实施了成渝地区双城经济圈建设政策措施落实情况专项审计调查，揭示问题 10 个，5 篇审计要情获区领导肯定性批示，有效促进了重大政策措施落地见效。

财政审计 开展潼南区 56 个部门预算执行审计，揭示了财务、采购管理不规范等问题，助推财政资金提质增效。开展了人民小学、东升大桥和电力高专投资审计，有效保障了资金效益和项目质量。

资源环境审计 对区水利局局领导干部开展自然资源资产离任（任中）审计，审计查出生态文明体制改革任务落实不到位等 55 个问题，提出审计建议 6 条，推动出台制度 8 项，促进水资源规范管理。

民生审计 开展了医疗保险基金审计，通过大数据分析发现 821 名已死亡人员报销医保基金 18.48 万元，43 家医疗机构违反报销规定报销医保基金 87.76 万元等问题。

经济责任审计 对 15 名领导干部开展了经济责任审计，查出问题金额 1.44 亿元、损失浪费金额 40 万元，增收节支 33 万元，有效推动领导干部履职尽责。

审计查出问题整改 建立《经济责任审计整改后评估办法》，涵盖审计整改主体责任落实、任务完成、成效巩固、整改亮点等 4 类 16 项指标；通过经济责任审计整改后评估，促进 180 个问题整改到位。

内部审计 开展全区 22 个单位内部审计项目

质量检查，发现未按规定编写通知书、方案、底稿等7类问题，“以审代训”抽调4名内部审计人员参与审计项目提升专业能力。

（撰稿人：应　静）

【荣昌区审计局】　2022年，荣昌区审计局实有37人。局长刘定朝，纪检组长邓文成，副局长李晓燕、刘君建、石申英，经济责任审计工作联席会议办公室主任孙亮。设有办公室（电子数据审计科）、法规审理科、整改督查与内审管理科、重大政策执行审计科、财政审计科、企事业审计科、投资审计科、经济责任审计科（经济责任审计工作联席会议办公室）；下设荣昌区审计中心。

审计成果　2022年，荣昌区审计局完成审计项目26个，其中审计25个、专项审计调查1个。查出主要问题金额3411713万元，其中违规金额980万元、管理不规范金额3411713万元；审计发现非金额计量问题241个；损益（收支）不实金额1677万元；审计发现侵害人民群众利益17279万元；出具审计报告和专项审计调查报告53篇，被批示、采用40篇次。审计处理处罚金额1129万元，其中应上缴财政673万元、应归还原渠道资金128300万元、应调账处理金额4160万元；移送司法机关、纪检监察机关和有关部门处理事项8件，移送处理人员6人，移送处理金额1206万元。审计促进整改落实有关问题资金137463万元；审计促进拨付资金到位2632万元；审计后挽回（避免）损失1888万元；核减投资额1763万元；移送处理落实事项4件。审计提出建议211条，被采纳211条；推动被审计单位制定整改措施171项；促进被审计单位建立健全规章制度9项；提交审计信息95篇，被批示、采用67篇次。向社会公告审计结果2篇。

荣昌区交通局党委书记、局长经济责任审计项目被评为重庆市审计局优秀审计项目。

政策落实情况跟踪审计　对綦江区科技创新政策措施落实情况进行交叉审计，揭示了13个问题，涉及问题金额2.16亿元，发现问题线索2件。实施成渝地区双城经济圈建设政策措施落实情况专项审计调查。

财政审计　对綦江区2021年度财政预算执行及决算草案编制情况进行交叉审计。出具2021年部门预算执行审计报告23篇，完成政府投资审计项目11个，揭示各类问题80余个，印发《政府投资项目建设管理常见负（正）面行为清单》。

国有企业审计　对重庆市昌泰市政工程有限公司2017—2021年资产负债损益进行审计，揭示问题36个，撰写审计专报4篇。

资源环境审计　实施区水利局主要领导干部自然资源资产审计，发现问题24个，提出审计建议11条。

民生审计　在国外贷援款项目审计中，揭示突出问题10个；实施区2021年1月至2022年9月医疗保险基金审计，促进医保基金高效运行。

经济责任审计　对6个单位9名党政主要领导干部开展经济责任审计，发现主要问题110个，并推动出台《领导干部经济责任审计发现主要问题清单》。

审计查出问题整改　持续完善审计查出问题整改台账和整改督办台账，建立健全审计整改半年通报制度。

研究型审计　强化政策法规研究，加强审前调查和成果应用研究，并对突出问题进行审计研究。

内部审计　完成全区352家单位内部审计统计调查工作，对11家区属国有企业五年来内部审计工作开展情况进行了专项检查，推进85个单位建立内部审计机构。

（撰稿人：李世银）

【开州区审计局】　2022年，开州区审计局实有43人。局长肖仁军，副局长姜平、王忠芬，纪检组长李晓波，经济责任联席会议办公室主任陈伟。设有办公室、法规审理科、整改督查与内审管理科、重大政策执行审计科、财政审计科、企事业审计科、投资审计科、经济责任审计科、电子数据审计科；下设开州区审计中心。

审计成果　2022年，开州区审计局共完成审计项目52个，其中审计47个、专项审计调查5个。查出主要问题金额240222万元，其中违规金额4534万元、管理不规范金额235687万元；审计发现非金额计量问题437个；损益（收支）不实金额521663万元；审计发现侵害人民群众利益2万元；出具审计报告和专项审计调查报告73

篇，被批示、采用 7 篇次。审计处理处罚金额 22512 万元，其中应上缴财政 3367 万元、应归还原渠道资金 1167 万元、应调账处理金额 17977 万元；移送司法机关、纪检监察机关和有关部门处理事项 18 件，移送处理人员 23 人，移送处理金额 2937 万元。审计促进整改落实有关问题资金 11760 万元；审计后挽回（避免）损失 11551 万元；核减投资额 17977 万元。审计提出建议 179 条，被采纳 177 条；推动被审计单位制定整改措施 73 项；促进被审计单位建立健全规章制度 1 项；提交审计信息 155 篇，被批示、采用 55 篇次。向社会公告审计结果 1 篇。

实施的开州区满月镇政府 2020 年度预算执行和决算草案编制情况审计项目被评为重庆市审计局优秀审计项目三等奖。

政策落实情况跟踪审计 实施推动成渝地区双城经济圈建设政策措施落实情况专项调查，查出主要问题金额 1204 万元，发现问题 3 个。实施促进养老拖育服务健康发展政策措施落实情况审计，查出主要问题金额 459 万元，发现问题 16 个，提出建议 4 条均被采纳。

财政审计 实施 2021 年度区县财政预算执行和决算草案编制情况审计、40 个乡镇（街道）2021 年度预算执行和决算草案编制情况审计、60 个部门（单位）2021 年度预算执行和其他财政财务收支审计等项目审计，发现问题 37 个，移送线索 1 件，移送处理人员 2 人，提出审计建议 9 条均被采纳。

资源环境审计 实施区南门镇党委书记和党委副书记、镇长自然资源资产离任（任中）审计，发现问题 14 个，提出审计建议 3 条均被采纳。

民生审计 实施医疗保险基金及“三医联动”改革专项审计调查，发现问题 5 个，移送处理事项 2 件，提出审计建议 4 条。

经济责任审计 对 23 名区管领导干部进行经济责任审计，查出主要问题金额 3417 万元，提出审计建议 50 条。

研究型审计 印发《关于深入推进研究型审计工作的通知》，系统深入开展研究型审计。

内部审计 共完成审计项目 182 个，查出问题金额 5804 万元。（撰稿人：王　漓）

【梁平区审计局】 2022 年，梁平区审计局实有 36 人。局长涂善俊，副局长高保勇、刘坚、刘晓燕，纪检组长廖忠文。设有办公室（电子数据审计科）、法规审理科、整改督查与内审管理科、重大政策执行审计科、财政审计科、企事业审计科、投资审计科、经济责任审计科（经济责任审计工作联席会议办公室）；下设梁平区审计中心。

审计成果 2022 年，梁平区审计局完成审计项目 30 个，其中审计 25 个、专项审计调查 5 个。查出主要问题金额 6026459 万元，其中违规金额 5291 万元、管理不规范金额 6021167 万元；审计发现非金额计量问题 305 个；损益（收支）不实金额 11 万元；出具审计报告和专项审计调查报告 29 篇，被批示、采用 2 篇次。审计处理处罚金额 5291 万元，其中应上缴财政 5287 万元、应归还原渠道资金 4 万元；移送司法机关、纪检监察机关和有关部门处理事项 17 件，移送处理人员 1 人，移送处理金额 133 万元。审计促进整改落实有关问题资金 13971 万元；审计促进拨付资金到位 46958 万元；审计后挽回（避免）损失 60 万元；核减投资额 60 万元；移送处理落实事项 10 件。审计提出建议 80 条，被采纳 97 条；促进被审计单位建立健全规章制度 8 项；提交审计信息 170 篇，被批示、采用 89 篇次。向社会公告审计结果 1 篇。

实施的梁平区 2020 年度教育专项经费管理使用情况审计项目被评为重庆市审计局优秀审计项目二等奖。

政策落实情况跟踪审计 重点关注全区养老托育、助企纾困稳就业、稳住经济大盘政策措施落实等情况，抽查养老托育补助资金 6795. 10 万元、社保资金 22175 万元、项目 215 个，促进制度规范 4 项。

财政审计 通过财政预算执行和决算草案审计、区级部门预算执行审计，查处问题金额 543479 万元，与财政部门合力督促 189 个预算单位撤销银行账户 267 个。

国有企业审计 完成 3 家国有企业财务收支审计，揭示违反中央八项规定精神等问题。开展区级国有企业融资和担保审计调查，发现企业融资债务风险大等问题，推动出台《关于加强区属国有企业债务风险管控的通知》等制度6项。

农业农村审计 完成梁平区2019年度高标准农田建设项目竣工决算审计，发现项目建设规划不完善、项目实施不规范等5个方面11个问题。

资源环境审计 开展1名领导干部自然资源资产审计，审计建议推动出台《梁平区湿地生态补水协调管理办法》等4项制度，某公司因涉嫌非法占用林地和基本农田被移送区检察院。

民生审计 完成重庆市2021年医疗保险基金和“三医联动”审计，揭示部分医疗机构和个人骗取医保基金、违规多报销医保基金等4个方面13个问题。

经济责任审计 印发《经济责任审计对象分类管理办法》，动态管理审计对象，修订完善《领导干部离任经济责任事项交接办法》，明确划分离任和接任领导干部的经济责任。

审计查出问题整改 将审计整改纳入纪检监察、巡察监督与审计监督贯通协同任务清单，区委督查办、区考核办将审计整改纳入年度综合目标考核指标体系，整改率达到94.8%。

内部审计 会同区政府督查办对全区各部门（单位）内部审计工作开展情况进行专项督查，组织全区内部审计人员业务培训和全区7个重点部门开展内部审计课题研究。（撰稿人：张　静）

【武隆区审计局】 2022年，武隆区审计局实有25人。局长龚文（—9月）、谢成甫（9月—），副局长刘太友、谭建梅，纪检组长张婷，经济责任审计工作联席会议办公室主任蔡洁（—6月）。设有办公室（电子数据审计科）、法规审理科、整改督查与内审管理科、财政审计科、经济责任审计科、投资审计科、企事业审计科、重大政策执行审计科；下设武隆区审计中心。

审计成果 2022年，武隆区审计局完成审计项目28个，其中审计26个、专项审计调查2个。查出主要问题金额696938万元，其中违规金额32657万元、损失浪费金额331万元、管理不规范金额663949万元；审计发现非金额计量问题782个；损益（收支）不实金额388万元；出具审计报告和专项审计调查报告36篇，被批示、采用9篇次。审计处理处罚金额32657万元，其中应上缴财政6023万元、应减少财政拨款或补贴3708万元、应归还原渠道资金22925万元；移送司法机关、纪检监察机关和有关部门处理事项17件，移送处理人员17人，移送处理金额918万元。审计促进整改落实有关问题资金2111万元；核减投资额3776万元；移送处理落实事项4件。审计提出建议130条，被采纳117条；提交审计信息23篇，被批示、采用21篇次。向社会公告审计结果1篇。

财政审计 完成2021年度武隆区级财政预算执行和决算草案编制情况审计、8个区一级预算部门（单位）2021年度预算执行和其他财政财务收支审计、2个乡镇2021年度财政决算和其他财政财务收支审计、2021年度武隆区税收和非税收入征管及部门预算执行审计。完成10个政府投资工程项目结算审计。

资源环境审计 完成区水利局和石桥乡领导干部自然资源资产离任（任中）审计。

民生审计 完成武隆区2021年1月至2022年9月医疗保险基金审计。

经济责任审计 完成对区水利局、双河镇、区工业发展（集团）有限公司、区建设投资（集团）有限公司等10个单位15名区管领导干部经济责任审计，提交审计报告和审计结果报告20篇，得到区委、区政府主要领导肯定性批示9篇。

审计查出问题整改 建立审计问题整改跟踪督查机制；加强与区人大、区纪委监委、区政府督查办协同配合，形成推进审计整改强大合力。

研究型审计 将研究型审计贯穿审计工作全流程，抓好审前调查研究被审计对象、审中分析研判问题思路、审后分析提炼成果经验。

内部审计 协调区政府办公室印发了《关于进一步加强全区内部审计工作的通知》，开展辖区内部审计业务培训，并组织内部审计干部进行挂职锻炼。

（撰稿人：王红胜）

【城口县审计局】 2022年，城口县审计局实有29人。局长樊顺成，纪检组长杨谦，副局长刘军、袁其飞（—6月）、胡令（6月—），经济责任审计工作联席会议办公室主任王旭。设有办公室（电子数据审计科）、整改督查与内审管理科（中共城口县委审计委员会办公室）、法规审理科、重大政策执行审计科、财政审计科、投资审计科、经济责任审计科（经济责任审计工作联席会议办公室）；下设城口县审计中心。

审计成果 2022年，城口县审计局共完成审计项目29个，其中项目审计25个、专项审计调查4个。查出违规金额5741万元；审计发现非金额计量问题246个；出具审计报告和专项审计调查报告30篇。移送纪检监察机关处理事项2件，移送处理金额11万元。审计促进整改落实有关问题资金5538万元。审计提出建议94条，被采纳94条；推动被审计单位制定整改措施36项。提交审计信息78篇，被采用23篇次。

实施的县财政预算执行和决算草案编制情况审计项目被评为重庆市审计局优秀审计项目三等奖。

财政审计 开展本级财政预算执行和决算草案编制审计，发现问题17个。对5个部门（单位）3个乡镇开展2021年度决算和其他财政财务收支审计。对4项财政支出重大工程项目进行审计。

国有企业审计 对县国有企业资产管理情况进行审计调查，发现部分国有企业存在持续经营能力不足、债务规模大等问题。

资源环境审计 开展了乡镇领导干部自然资源资产离任（任中）审计。

民生审计 开展了2021年1月至2022年9月医疗保险基金审计，延伸审计了5家公立医院、3家民营医院和2家基层卫生医疗机构。

经济责任审计 开展了5名党政主要领导，1名国有企业主要领导干部经济责任审计，查出问题100个。

审计查出问题整改 2021年7月至2022年6月，审计查出问题109个。截至2022年11月7日，已完成整改106个，审计查出问题整改率97%。

内部审计 开展2022年内部审计统计调查工作，对410个单位进行统计，共有28个单位设置内部审计机构，内部审计人员67人。2022年共开展内部审计项目10个，发现审计问题金额64万元，发现审计金额类问题个数6个，整改金额64万元；发现非金额类问题个数19个已全部整改。

（撰稿人：陈 行）

【丰都县审计局】 2022年，丰都县审计局实有38人。局长闵绍兴，副局长梁军权，经济责任审计工作联席会议办公室主任张长发。设有办公室（电子数据审计科）、法规审理科、整改督查与内审管理科、重大政策执行审计科、财政审计科、企事业审计科、投资审计科、经济责任审计科（经济责任审计工作联席会议办公室）；下设丰都县审计中心。

审计成果 2022年，丰都县审计局完成审计项目22个，其中审计19个、专项审计调查3个。查出主要问题金额767428万元，其中违规金额609万元、损失浪费金额1539万元、管理不规范金额765279万元；审计发现非金额计量问题305个；损益（收支）不实金额244398万元；审计发现侵害人民群众利益108万元；出具审计报告和专项审计调查报告26篇，被批示、采用17篇次。审计处理处罚金额1389万元，其中应上缴财政296万元、应归还原渠道资金312万元、应调账处理金额780万元；移送司法机关、纪检监察机关和有关部门处理事项10件，移送处理人员16人，移送处理金额550万元。审计促进整改落实有关问题资金41561万元；审计促进拨付资金到位66314万元；审计后挽回（避免）损失780万元；核减投资额780万元；审计提出建议83条，被采纳83条；推动被审计单位制定整改措施79项；促进被审计单位建立健全规章制度7项；提交审计信息119篇，被批示、采用43篇次。向社会公告审计结果1篇。

实施的丰都县树人镇党委书记和镇长经济责任审计项目被评为重庆市审计局优秀审计项目二等奖。

政策落实情况跟踪审计 开展丰都县稳住经济大盘、助企纾困政策措施落实情况专项调查。

财政审计 对县规划自然资源局等4个部门（单位）实施2021年度部门预算执行和其他财政财务收支审计，对2个乡镇实施2021年度财政决算和其他财政财务收支情况进行审计。对梁平区2021年度财政预算执行和决算草案编制情况进行交叉审计。对龙河新城滨江区域基础设施建设工程跟踪审计等7个项目进行审计。

国有企业审计 完成4家国有企业运营情况

的监督检查并提出审计建议。

民生审计 开展医疗保险基金审计。

经济责任审计 对9个单位13名县管主要领导干部实施经济责任审计。

审计查出问题整改 出台《丰都县审计查出问题整改认定和跟踪督查办法（试行）》，发出整改建议函13期。联合开展审计整改“回头看”10次，将审计整改纳入经济社会发展目标考核倒扣分。

研究型审计 出台《关于深入推进研究型审计的通知》，将研究型审计纳入全年工作要点，层层压实责任。

内部审计 县委、县政府将内部审计工作纳入全县年度经济社会发展业绩考核并实行倒扣分。全县一级预算单位内部审计机构设置实现全覆盖。出台《内部审计指导员制度》。

（撰稿人：江　舟）

【垫江县审计局】 2022年，垫江县审计局实有45人。局长姚鸿，副局长周兴福（—8月）、白云（—4月）、李琼、李一奎（8月—），纪检组长闵长江。经济责任审计工作联席会议办公室主任李一奎（—8月）、王强（8月—）。设有办公室、法规审理科、整改督查与内审管理科、重大政策执行审计科、财政审计科、企事业审计科、投资审计科、经济责任审计科；下设审计中心。

审计成果 2022年，垫江县审计局共完成审计项目29个，其中审计26个、专项审计调查3个。查出主要问题金额36.58亿元，其中违规金额5031.56万元、管理不规范金额36.07亿元；审计发现非金额计量问题257个；出具审计报告和专项审计调查报告25篇，被批示、采用3篇次。审计处理处罚金额5183.49万元，其中应上缴财政5036.48万元、应归还原渠道资金9.01万元、应调账处理金额138万元；移送司法机关、纪检监察机关和有关部门处理事项11件，移送处理人员17人，移送处理金额1137.13万元。审计促进整改落实有关问题资金48253万元；审计促进拨付资金到位7456万元；审计后挽回（避免）损失1510万元；核减投资额138万元；移送处理落实事项5件。审计提出建议239条均被采纳；推动被审计单位制定整改措施360项；促进被审计单位建立健全规章制度45项；提交审计信息117篇，被批示、采用57篇次。向社会公告审计结果1篇。

2022年，实施的垫江县校办产业（联营）中心2020年度财务收支审计项目被评为重庆市审计局优秀审计项目三等奖。

政策落实情况跟踪审计 实施推动成渝地区双城经济圈建设政策措施落实情况专项审计调查，查出问题2个。同四川省大竹县审计局协同推进2021年度审计发现的未开通跨省交通班车问题整改。

财政审计 交叉审计了石柱县2021年度财政预算执行和决算草案编制情况。实施垫江县预算执行、财政决算审计项目8个以及东部片区新型城镇化PPP项目2022年度跟踪审计。实施政府投资工程竣工决算审计项目1个、建设管理审计调查项目2个，促进建设行业规范管理。

国有企业审计 实施了垫江县朝阳实业有限公司2019—2021年度财务收支审计。

农业农村审计 实施垫江县乡村振兴专项资金审计，探索“巡审结合”取得良好成效。

资源环境审计 实施垫江县水利局党委书记、局长自然资源资产离任（任中）审计。

民生审计 围绕困难群众救助补助、就业、医疗、教育等民生领域实施审计项目5个。

经济责任审计 组织实施领导干部经济责任审计项目4个，被审计领导干部5名，移送违纪违法问题线索2件，其中涉及被审计领导干部1名。

审计查出问题整改 与县人大联合开展审计整改专项核查，对11个单位的整改情况进行督导。2021年度审计发现问题已整改443个，整改率91%。

研究型审计 编制《领导干部履行经济责任重点风险提示清单》等两项清单，并与县纪委监委机关联合制作宣传画册。

内部审计 协调解决全县机关单位“三定方案”中内审职能缺失问题。开展内审工作专项核查，组织“以审代训”，指导的县中医院内审课题研究获全市二等奖。（撰稿人：黄秀萍）

【忠县审计局】 2022年，忠县审计局实有

37人。局长易文明，副局长肖晓明、范宏、沈仁平，纪检组长王洪春，审计中心主任胥才林，经济责任审计工作联席会议办公室主任张洪平。设有办公室（电子数据审计科）、法规审理科、整改督查与内审管理科、重大政策执行审计科、财政审计科、企事业审计科、投资审计科、经济责任审计科；下设忠县审计中心。

审计成果 2022年，忠县审计局完成审计项目26个，其中审计23个、专项审计调查3个。查出主要问题金额3010582万元，其中违规金额2322万元、管理不规范金额3008259万元；审计发现非金额计量问题161个；出具审计报告和专项审计调查报告34篇。审计处理处罚金额29008万元，其中应上缴财政2111万元、应归还原渠道资金211万元、应调账处理金额26685万元；移送司法机关、纪检监察机关和有关部门处理事项7件，移送处理金额422万元。审计促进整改落实有关问题资金46678万元；审计后挽回（避免）损失609万元；核减投资额98万元。审计提出建议72条，被采纳72条；提交审计信息17篇，被批示、采用17篇次。

实施的忠县乌杨街道集镇移民安置小区综合帮扶项目决算审计项目被评为重庆市审计局优秀审计项目。

政策落实情况跟踪审计 完成促进养老托育服务健康发展政策措施落实情况审计1个，共抽查了6个部门，23个社团组织，35家企业，涉及财政资金4923.90万元，查出问题10个，提交审计专报2篇，获县领导肯定性批示2篇。

财政审计 完成财政审计项目6个，发现问题58个，提出审计建议15条，促进被审计单位完善制度11项。

国有企业审计 完成企业审计项目3个，发现问题39个，发现问题金额17.32亿元，提出审计建议11条。

金融审计 完成国外贷援款项目1个，查出问题6个、提出建议2条。

资源环境审计 完成领导干部自然资源资产离任（任中）审计项目1个，发现问题11个，提出审计建议2条。

民生审计 完成忠县2021年医疗保险基金和“三医联动”审计，发现问题22个，提出审计建议4条，移送案件4件，提交审计专报5篇，获县主要领导批示5篇。

经济责任审计 完成12个单位16名县管领导干部的经济责任审计，提出审计建议35条，印发《全县经济责任审计工作方案》，召开忠县经济责任审计工作联席会、研讨推进会、集中见面会、方案研究会各1次，促进权力规范运行。

审计查出问题整改 建立整改台账，健全审计整改销号、整改监督协作等6方面长效机制，适时开展整改情况“回头看”，将审计整改情况纳入督查事项，并作为工作考评、干部任免选拔的重要参考依据。

研究型审计 对县级9个部门和3个平台公司开展走访调研，发现存在的财政困难和风险13个，提出针对性建议38条，助推县财政防范化解运行风险。完成研究型审计课题1篇。

内部审计 组织内部审计单位参与市内部审计协会业务知识培训，开展全县内部审计知识竞赛1次。组织实施内部审计项目274个，组织6个内部审计单位参加内部审计课题研究，安排4名内部审计人员参加国家审计项目。

（撰稿人：李春红）

【云阳县审计局】 2022年，云阳县审计局实有40人。局长秦茂涛，副局长向兵、徐勇，纪检组长蒲庆华，经济责任审计工作联席会议办公室主任向兵。设有办公室（电子数据审计科）、法规审理科、整改督查与内审管理科、重大政策执行审计科、财政审计科、企事业审计科、投资审计科、经济责任审计科（经济责任审计工作联席会议办公室）；下设审计中心。

审计成果 2022年，云阳县审计局共完成审计项目34个，其中审计30个、专项审计调查4个。查出主要问题金额587104万元，其中违规金额6477万元、管理不规范金额580626万元；审计发现非金额计量问题188个；出具审计报告和专项审计调查报告42篇。审计处理处罚金额6670万元，其中应上缴财政5239万元、应调账处理金额192万元；移送司法机关、纪检监察机关和有关部门处理事项5件，移送处理金额102万元。审计促进整改落实有关问题资金46439万元；审计促进拨付资金到位86509万元；审计后挽回

（避免）损失 78 万元；核减投资额 271 万元；审计提出建议 94 条，被采纳 94 条；提交审计信息 93 篇，被批示、采用 65 篇次。向社会公告审计结果 2 篇。

实施的县双江街道原党工委书记、办事处主任经济责任审计被评为重庆市审计局优秀审计项目一等奖。

财政审计 组织开展县本级财政预算执行和决算草案审计以及 10 个部门（单位）预算执行审计。按月开展政府隐性债务核查，针对性提出意见建议。

资源环境审计 开展水利局主要领导干部自然资源资产离任（任中）审计，抽查县智慧水利大数据平台（一期）等项目，发现问题 15 个，向县委、县政府出具审计专报 2 篇。

民生审计 开展医保基金、义务教育、耕地保护专项审计，揭示问题金额 7.5 亿元，移送案件线索 1 件，提出审计建议 12 条。

经济责任审计 实施经济责任审计项目 12 个，对 7 个乡镇（街道）、4 个部门、1 家医院 19 名党政主要领导干部经济责任审计，查出问题 120 个，移送案件线索 2 件。

审计查出问题整改 推动县委、县政府将审计整改纳入年度综合目标考核并建立台账，督促被审计单位认真履行审计整改主体责任；推动出台《“三社”融合发展信贷风险补偿资金管理办法》《县属国有资产监督管理办法》等制度 30 余项。

研究型审计 在广泛征求意见、反复研讨的基础上，制订审计项目计划，做深做细实施方案；系统分析被审计单位相关情况，揭示共性问题和重大风险隐患。深度挖掘问题实质，促进成果转化。

内部审计 开展内部审计项目 403 个，查出问题 713 个，金额 4949 万元，完成整改金额 4031 万元。邀请县卫生健康委、县城管局等 4 名内部审计人员参加部门预算执行和领导干部经济责任审计等重点项目；制定内部审计优秀项目评选办法，评选县级优秀项目 6 个；深入 10 个单位开展内部审计业务质量专项检查。（撰稿人：扶　星）

【奉节县审计局】 2022 年，奉节县审计局实有 33 人。局长王见付（—8 月）、王继刚（8 月—），副局长冉伟、肖斌、周娅，纪检组长王旭平，经济责任审计工作联席会议办公室主任黄国强。设有办公室（电子数据审计科）、法规审理科、整改督查与内部审计管理科、财政审计科、重大政策执行审计科、企事业审计科、投资审计科、经济责任审计科（经济责任审计工作联席会议办公室）；下设审计中心。

审计成果 2022 年，奉节县审计局完成审计项目 22 个，其中审计 21 个，专项审计调查 1 个。查出主要问题金额 1996121 万元，其中违规金额 53312 万元、管理不规范金额 2116413 万元；审计发现非金额计量问题 119 个；出具审计报告和专项审计调查报告 24 篇，被批示、采用 52 篇次。审计处理处罚金额 54927 万元，其中应归还原渠道资金 17542 万元、应调账处理金额 631 万元；移送司法机关、纪检监察机关和有关部门处理事项 16 件，移送处理人员 3 人，移送处理金额 705 万元。审计促进整改落实有关问题资金 65209 万元；审计后挽回（避免）损失 23501 万元；促进被审计单位建立健全规章制度 19 项，提交审计信息 110 篇。

实施的奉节县医疗保障局 2020 年度预算执行和其他财政财务收支审计获评重庆市优秀审计项目二等奖。

财政审计 对县商务委等 7 个部门（单位）开展预算执行审计，延伸抽查了县住房城乡建委等 16 个部门及企事业单位，查出问题金额共计 62.43 亿元，移送案件线索 1 件，上报审计专报 3 篇，促进县委、县政府和相关部门出台或修订制度 8 项。

国有企业审计 对 4 家县属国有企业及下属国有和国有资本占控股或主导地位的 43 家子公司资产管理情况进行专项审计调查，发现问题 182 个，涉及问题金额 4.21 亿元，提出建议意见 13 条，上报审计专报 10 篇，移送审计线索 6 件。

资源环境审计 对县水利局主要领导开展自然资源资产任中审计，发现问题 11 个，提出审计建议 3 条。

民生审计 对奉节县 2021 年 1 月至 2022 年 9 月医疗保险基金进行审计，揭示问题 21 个，涉及问题金额 24103 万元，移送线索 5 件。

经济责任审计 对8个单位开展领导干部经济责任审计，审计发现问题资金201318万元，上报审计专报1篇，移送县纪委监委问题线索3件。

审计查出问题整改 向县纪委监委和县委巡察办提出贯彻落实“三类监督”贯通协同建议方案，明确健全日常沟通、协同监督、线索移送、整改治理等具体操作举措。建立整改认定机制，规范认定标准，及时向被审计单位发送审计整改认定函并持续追踪，审计结果运用和整改情况纳入经济社会实绩考核。

内部审计 对内部审计工作进行常态化监督检查，开展内部审计工作专项检查，举办内部审计业务培训暨经验交流会，组织内部审计人员参与经济责任审计和自然资源资产离任审计项目，进行实战锻炼；建立“奉节内部审计”微信群，畅通交流渠道。 （撰稿人：黄婷婷）

【巫山县审计局】 2022年，巫山县审计局实有34人。局长熊跃权，副局长龚榆林、王世权、陆忠贵，纪检组长陈玲，经济责任审计工作联席会议办公室主任向天泉。设有办公室（电子数据审计科）、法规审理科、整改督查与内审管理科、重大政策执行审计科、财政审计科、企事业审计科、投资审计科、经济责任审计科（经济责任审计工作联席会议办公室）；下设巫山县审计中心。

审计成果 2022年，巫山县审计局完成审计项目26个，其中审计23个，专项审计调查3个。查出违规金额8106万元；审计发现非金额计量问题275个；损益（收支）不实金额929万元；出具审计报告和专项审计调查报告32篇。审计处理处罚金额10551万元，其中应上缴财政3609万元、应归还原渠道资金4497万元、应调账处理金额2445万元；移送司法机关、纪检监察机关和有关部门处理事项8件，移送处理人员4人，移送处理金额2182万元。审计促进拨付资金到位8196万元；审计后挽回（避免）损失917万元；核减投资额2263万元。审计提出建议93条，被采纳56条；推动被审计单位制定整改措施106项；提交审计信息13篇，被批示、采用12篇次。向社会公告审计结果1篇。

财政审计 对县财政预算执行和决算（草案）、10个部门预算执行和其他财政收支、4个乡镇财政决算和其他财政收支情况进行审计。

国有企业审计 对重庆市龙唐影业有限公司2019—2021年度财务收支开展审计。

资源环境审计 对县水利局原党委书记、局长进行自然资源资产离任审计。

民生审计 对县2021年1月至2022年9月医疗保险基金以及县2021年困难群众救助补助资金开展了审计。

经济责任审计 开展经济责任审计项目7个，审计党政领导干部12人，查出问题金额6500万元，提出审计建议21条。

审计查出问题整改 建立由分管县领导牵头、相关部门主要负责人为成员的县审计整改分工责任制，针对整改问题，建立审计整改台账，建立“月督促、季报告、半年集中督查”机制。

内部审计 对全县26个乡镇（街道）、29个政府部门、2家县属重点国有企业内部审计工作进行督查，进行内部审计指导20余次，完成全县570个单位内部审计统计调查工作。

（撰稿人：陈　强）

【巫溪县审计局】 2022年，巫溪县审计局实有32人。局长冉立新（—8月）、陈永鑫（8月—），副局长童清沛、冉文宁、夏琳洁，纪检组长刘汉平。设有办公室（电子数据审计科）、法规审理科、整改督查与内审管理科、重大政策执行审计科、经济责任审计科（经济责任审计工作联席会议办公室）、财政审计科、投资审计科；下设巫溪县审计中心。

审计成果 2022年，巫溪县审计局完成审计项目33个，其中审计31个、专项审计调查2个。查出主要问题金额2163907万元，其中违规金额1084万元、管理不规范金额2162823万元；审计发现非金额计量问题221个；损益（收支）不实金额141万元；出具审计报告和专项审计调查报告39篇，被批示、采用14篇次。审计处理处罚金额1461万元，其中应上缴财政1045万元、应归还原渠道资金39万元、应调账处理金额377万元；移送司法机关、纪检监察机关和有关部门处理事项2件，移送处理人员5人，移送处理金额207万元。审计促进整改落实有关问题资金8968

万元；审计后挽回（避免）损失 375 万元；核减投资额 437 万元。审计提出建议 114 条，被采纳 114 条；提交审计信息 114 篇，被批示、采用 57 篇次。向社会公告审计结果 2 篇。

实施的巫溪县委农业农村工委书记、主任经济责任审计项目被评为重庆市审计局优秀审计项目一等奖。

财政审计 完成巫溪县 2021 年度预算执行和财政财务收支审计、10 个单位（部门）预算执行及其他财政财务收支审计、国外贷援款项目审计、县人民医院二期住院楼项目竣工结算审计等 4 个重大公共工程投资审计项目。

国有企业审计 完成 7 家县属国企财务收支审计。

资源环境审计 完成巫溪县水利局原党组书记、局长自然资源资产离任审计。

民生审计 完成重庆市 2021 年医疗保险基金和“三医联动”审计、重庆市国家乡村振兴重点帮扶县巩固拓展脱贫攻坚成果同乡村振兴有效衔接相关政策和资金审计、“十三五”期间县城建设征地拆迁资金专项审计。

经济责任审计 完成 8 个部门的 14 名党政领导干部任期经济责任审计。

审计查出问题整改 审计工作报告反映的问题整改率 94.05%，较上年提高 1.65 个百分点。

研究型审计 注重审计对象研究，分管领导带队走访县财政局等单位 20 余次，加强与被审计单位沟通交流，提升审计监督效能。

内部审计 指导实施内部审计项目 33 个，配合县乡村振兴局实施全县 30 个乡镇巩固脱贫攻坚成果和乡村振兴有效衔接资金审计调查。

（撰稿人：刘小洪）

【石柱土家族自治县审计局】 2022 年，石柱土家族自治县（以下简称石柱县）审计局实有 30 人。局长杨林权（7 月—），副局长廖俊忠、周巧巧、崔林，纪检组长谭生钊，经济责任审计工作联席会议办公室主任周霞，审计中心主任王金宁。设办公室、法规审理科、重大政策执行审计科、财政审计科、企事业审计科、整改督查与内审管理科、经济责任审计科、投资审计科；下设石柱土家族自治县审计中心。

审计成果 2022 年，石柱县审计局完成审计项目 19 个。查出主要问题金额 17.43 亿元，其中违规金额 1659 万元、管理不规范金额 17.27 亿元；审计发现非金额计量问题 149 个；审计期间整改金额 1.66 亿元；出具审计报告 19 篇，被批示 19 篇。审计处理处罚金额 1659 万元，其中应上缴财政 1659 万元；移送司法机关、纪检监察机关和有关部门处理事项 11 件，移送处理人员 18 人，移送处理金额 1846 万元。审计后挽回（避免）损失 121 万元；核减工程投资 231.20 万元；移送处理落实事项 6 件。审计提出建议 58 条，被采纳 58 条；促进被审计单位建立健全规章制度 51 项；提交审计信息 47 篇，被批示、采用 20 篇次。向社会公告审计结果 1 篇。

实施的重庆石柱南宾公司 2020 年度财务收支审计项目被评为重庆市审计局优秀审计项目三等奖。

财政审计 开展丰都县财政预算执行和决算（草案）审计，揭示防范化解财政风险等 5 大类 16 个问题。开展对县人力社保局等 53 个一级预算部门财政财务收支审计。开展石柱农旅集团建设管理、县曹家湾水库（烟草援建水源工程）项目竣工结算以及市审计局组织的外资项目审计。

国有企业审计 对重庆石柱建设工程质量检测有限公司 2021 年度财务收支进行了审计，查出问题资金 127.86 万元。

农业农村审计 开展石柱县 2019 年高标准农田建设项目竣工决算审计，对资金使用和建设管理情况进行了重点关注。共发现项目建设管理等 6 个方面 14 个问题，涉及金额 1431.37 万元，移送案件 4 件。

资源环境审计 对县水利局 1 名领导干部开展自然资源资产离任（任中）审计。审计延伸了 3 个相关单位或部门，出具审计意见 1 份，提出建议 3 条。

民生审计 对石柱县医疗保障局医疗保险基金筹集使用、运行管理、政策落实情况进行了审计，发现医保基金运行管理、违规报销医保基金等 4 个方面 12 个问题，涉及金额 2589.54 万元，移送至有关部门调查处理案件线索 1 件。

经济责任审计 对县人力资源和社会保障局等 9 个单位实施了党政领导干部经济责任审计。

出具审计报告9篇，移送至有关部门调查处理案件线索3件，审计要情2篇，提出审计建议31条。

审计查出问题整改 共完成审计项目19个，共发现审计问题280个。相关部门和单位通过上缴国库、收回借款和结转结余等方式推进问题整改，促进财政增收节支2434.91万元，14个部门单位制定完善各项管理制度51项。

研究型审计 将研究融入审计计划、审前调研、审计项目和审计整改全过程；围绕“政治—政策—项目—资金”这条主线，找准审计发现问题深层次机制体制缺陷。

内部审计 石柱县内部审计机构131个、配备专（兼）人员344人。审结内部审计项目365个，审计金额2191.82万元，促进增收节支1942.29万元，制定完善制度75条。

（撰稿人：李亚军）

【秀山土家族苗族自治县审计局】 2022年，秀山土家族苗族自治县审计局实有33人。局长雷天军（—8月）、田茂林（8月—），副局长刘军（—8月）、杨诚、邹国光（9月—），纪检组长冉贤军（8月—），经济责任审计工作联席会议办公室主任吴科林（8月—）。设有办公室（电子数据审计科）、法规审理科、整改督查与内审管理科、重大政策执行审计科、财政审计科、企事业审计科、投资审计科、经济责任审计科（经济责任审计工作联席会议办公室）；下设审计中心。

审计成果 2022年，秀山土家族苗族自治县审计局完成审计项目32个，其中审计29个，专项审计调查3个。查出主要问题金额2210888万元，其中违规金额4598万元、管理不规范金额2206290万元；审计发现非金额计量问题250个；损益（收支）不实金额752610万元；出具审计报告和专项审计调查报告32篇，被批示、采用28篇。审计处理处罚金额28891万元，其中应上缴财政4429万元、应归还原渠道资金169万元、应调账处理金额24292万元；移送司法机关、纪检监察机关和有关部门处理事项10件，移送处理金额410万元。审计促进整改落实有关问题资金1937389万元；审计后挽回（避免）损失28206万元；核减投资额28206万元；移送处理落实事项1件。审计提出建议112条，被采纳106条；提交审计信息28篇，被批示、采用28篇。向社会公告审计结果2篇。

实施的县应急管理局党委书记、局长经济责任审计项目被评为重庆市审计局优秀审计项目一等奖。

财政审计 完成秀山县2021年度财政预算执行和决算草案编制情况审计、69个县级部门单位2021年度预算执行审计和雅江等3个乡镇2021年度财政决算审计，揭示问题87个，提出审计建议20条。

国有企业审计 审计3个县属企业集团，向纪委监委机关移送案件线索1件。

资源环境审计 完成县兰桥镇主要领导干部自然资源资产离任审计，揭示问题16个，提出审计建议5条。

民生审计 开展2021年困难群众救助补助资金审计、2021年医疗保险基金审计、2019—2021年度耕地保护和项目建设情况审计，发现问题53个，向司法机关移送案件线索2件。

经济责任审计 对县城市管理局、雅江镇、县华渝物流公司等5个单位8名主要领导开展经济责任审计，揭示问题99个，提出审计建议25条，移送纪委监委机关案件线索5件。

审计查出问题整改 推动县委审计委员会制定《审计整改跟踪督查办法》，加强与县委、县政府督查室沟通协作，对7个单位审计整改不到位进行了扣分。

研究型审计 撰写《聚焦林地保护，守护长江经济带生态环境》审计案例；《行业建设管理审计调查研究》获重庆市审计局一般课题论文三等奖。

内部审计 推动县政府出台《关于进一步加强内部审计工作的意见》，抽选2名内部审计人员参加国家审计项目。修订出台《聘请社会审计机构参与审计项目管理办法》，强化中介机构管理。

（撰稿人：李蔚航）

【酉阳土家族苗族自治县审计局】 2022年，酉阳土家族苗族自治县（以下简称酉阳县）审计局实有34人。局长张鹰（—7月）、周伟（7月—），副局长冉鹂霜（—5月）、倪亚梅、曾海琳（6月—），纪检组长梁胜举（—10月）、陈传华（10月—），经济责任审计工作联席会议办公室主任刘义峰（6月—）。设有办公室、法规审理科、财政审计科、经济责任审计科、投资审计科、整改督查与内审管理科、重大政策执行审计科；下设酉阳土家族苗族自治县审计中心。

审计成果 2022年，酉阳县审计局完成审计项目23个，其中审计20个、专项审计调查3个。查出主要问题金额369880万元，其中违规金额91万元、管理不规范金额369788万元；审计发现非金额计量问题184个；损益（收支）不实金额941万元；出具审计报告和专项审计调查报告26篇。审计处理处罚金额1429万元，其中应归还原渠道资金91万元、应调账处理金额1337万元；移送司法机关、纪检监察机关和有关部门处理事项2件，移送处理金额87万元。审计促进整改落实有关问题资金51142万元；审计后挽回（避免）损失1183万元；核减投资额1183万元。审计提出建议155条，被采纳153条；推动被审计单位制定整改措施2项；促进被审计单位建立健全规章制度12项；提交审计信息15篇，被批示、采用7篇次。

财政审计 实施了县财政预算执行和决算草案编制情况审计，5个部门预算执行审计；完成了2021年度税收和非税收入征管及部门预算执行审计；完成了2018年农村饮水安全巩固提升工程竣工结算审计等5个重大公共工程投资审计项目。

资源环境审计 实施了县水利局主要领导干部自然资源离任审计。

民生审计 对县医保局2021年1月至2022年9月医疗保险基金筹集使用、运行管理、政策落实情况进行审计，延伸抽查3家公立医院、3家民营医院和3家基层卫生医疗机构。

经济责任审计 实施了县水利局、桃花源中学、毛坝乡等7个部门、乡镇主要领导经济责任审计。

审计查出问题整改 推动县委县政府出台制度5项，推动部门制定完善规章制度20项。对2017年以来审计发现问题未完成整改的124个问题形成专报，推动县人大、县政府专题督办整改3次。

研究型审计 在乡镇领导经济责任审计中开展大数据初探研究并形成课题调研报告1篇，总结出在乡镇经济责任审计中行之有效的大数据审计方法。

内部审计 完善审计内部管理制度3项，与县国资服务中心联合印发《关于深化县属国有企业内部审计的通知》，指导6个单位科学编制内部审计项目计划30个，组织内部审计人员培训1次，参与国家审计项目4人次，同步开展内部审计监督检查4次。

（撰稿人：田　明）

【彭水苗族土家族自治县审计局】 2022年，彭水苗族土家族自治县（以下简称彭水自治县）审计局实有30人。局长尤文锋（—7月）、田燕（7月—），副局长李昕屿，纪检组长苏远海，经济责任审计工作联席会议办公室主任陶红。设有办公室（电子数据审计科）、法规审理科、整改督查与内审管理科、财政审计科（重大政策执行审计科）、投资审计科、经济责任审计科（经济责任审计工作联席会议办公室）；下设彭水自治县审计中心。

审计成果 2022年，彭水自治县审计局完成审计项目21个，其中审计20个、专项审计调查1个。查出主要问题金额1596257万元，其中违规金额28711万元、管理不规范金额1567546万元；审计发现非金额计量问题276个；损益（收支）不实金额30091万元；出具审计报告和专项审计调查报告33篇。审计处理处罚金额34045万元，其中应上缴财政28212万元、应归还原渠道资金498万元、应调账处理金额5334万元；移送司法机关、纪检监察机关和有关部门处理事项4件，移送处理人员2人，移送处理金额84万元。审计促进整改落实有关问题资金63433万元；审计后挽回（避免）损失5334万元；核减投资额5334万元。审计提出建议85条，被采纳85条；提交审计信息65篇，被批示、采用13篇次。

实施的彭水县龙塘乡党委书记和乡长经济责任审计项目被评为重庆市审计局优秀审计项目三等奖。

财政审计 开展本级2021年财政预算执行和其他财政财务收支审计，以及3个县级预算单位2021年度部门预算执行和其他财政收支审计。

国有企业审计 开展城市建设投资有限责任公司2021年度财务收支审计。

资源环境审计 开展桑柘镇党委书记和镇长经济责任审计暨自然资源资产离任（任中）审计。

民生审计 开展2021年至2022年9月医疗保险基金审计和2020—2021年度义务教育资金使用情况专项审计调查。

经济责任审计 对15名党政领导干部开展经济责任审计。

审计查出问题整改 开展2019—2021年度审计发现问题整改“回头看”和共性典型案例剖析；制定整改任务清单推进逐条落实销号。配合人大常委会及政府督查部门等开展专题调研、专项督查，做好审计情况报告和审计结果及整改情况公告等工作，推进审计整改落实到位。

内部审计 印发2022年度内部审计工作要点，运用重庆市内部审计指导监督系统，建立101个县级各级预算单位账号。与主管部门联合印发行业内部审计指导监督协作机制，对6个部门及国企开展现场专项检查及业务指导。与县委编办联合印发《关于加强内部审计职责的通知》，规范全县内部审计业务工作。（撰稿人：郑 蝶）

【两江新区审计局】 2022年，两江新区审计局实有6人。局长谢毅，副局长盈德华、谢芳，四级调研员张东、游海。设有办公室、综合审计科、投资审计科、财政审计科、法规审理科、企事业审计科、整改督查与内审管理科、重大政策跟踪审计科、经济责任审计科、电子数据审计科；下设两江新区审计中心。

审计成果 2022年，两江新区审计局共完成审计项目13个。查出主要问题金额388440万元，其中损失浪费金额12491万元、管理不规范金额375949万元；审计发现非金额计量问题249个；出具审计报告和专项审计调查报告18篇。审计处理处罚金额3768万元，其中应调账处理金额3768万元；移送司法机关、纪检监察机关和有关部门处理事项2件，移送处理人员6人，移送处理金额3万元。审计促进整改落实有关问题资金3768万元；审计后挽回（避免）损失3768万元。审计提出建议51条，被采纳51条；推动被审计单位制定整改措施431项；促进被审计单位建立健全规章制度25项。

政策落实情况跟踪审计 开展推动成渝地区双城经济圈建设政策措施落实情况专项审计调查，抽查30个部门（单位），揭示问题8个。对九龙坡科技创新政策措施落实情况进行交叉审计，抽查3个平台42家企业。抽查市级重大项目5个，揭示问题21个。

财政审计 完成2021年度两江新区财政预算执行和决算草案审计，延伸审计单位23家，揭示问题19个，提出审计建议3条，推动出台文件3个。

完成两江新区涉水公园及环境整治项目结算审计等投资审计项目2个，审减金额3768万元，综合审减率约5.75%，发现问题40个，提出审计建议7条。

国有企业审计 开展两江新区国有企业资产管理情况审计调查，发现问题29个，提出审计建议4条，综合报告、审计专报获党工委领导肯定性批示4篇。

经济责任审计 完成6个单位6名国有企事业单位的党政主要领导干部和主要领导人员经济责任审计，揭示问题154个，提出审计建议23条，移送问题案件线索2件。统筹实施1个单位1名领导干部自然资源审计。

审计查出问题整改 收集、梳理两江新区2020年以来涉及的所有市级、区级审计项目83个，向新区纪工委（监察室）、巡察办抄报审计发现问题整改清单，为开展巡视巡察工作提供支持。

研究型审计 完成群众性课题20篇，获得市审计局科研课题立项1个、专项课题二等奖1个，深入推动理论研究与审计实践相结合，促进审计工作高质量发展。

内部审计 对266家单位实施内部审计统计调查；对12家机关企事业单位开展内部审计工作专项检查；结合审计项目核查发现问题，移送有关部门处理事项2件；指导完成理论课题4篇，其中《基于PDCA循环模型对国有企业内部审计质量控制的思考》等2篇分获市审计局优秀内部审计课题一、二等奖。（撰稿人：王 青）

【万盛经济技术开发区审计局】 2022年，万盛经济技术开发区（以下简称万盛经开区）审计局实有31人。局长胡小成，副局长唐勇、李曦、蓝代艳。设有办公室（电子数据审计科）、法规审理科、整改督查与内审管理科、财政审计科、投资审计科、经济责任审计科（经济责任审计工作联席会议办公室）；下设万盛经济技术开发区审计中心。

审计成果 2022年，万盛经开区审计局完成审计项目21个。查出主要问题金额410.63亿元，其中违规金额1559万元、管理不规范金额4104782万元；审计发现非金额计量问题100个；损益（收支）不实金额223447万元；出具审计报告和专项审计调查报告21篇，被批示、采用21篇次。审计处理处罚金额1668万元，其中应上缴财政273万元、应归还原渠道资金1286万元、应调账处理金额109万元；移送司法机关、纪检监察机关和有关部门处理事项12件，移送处理人员4人，移送处理金额3898万元。审计促进整改落实有关问题资金11850万元；审计促进拨付资金到位3360万元；审计后挽回（避免）损失1553万元；核减投资额1553万元；移送处理落实事项3件。审计提出建议51条，被采纳51条；推动被审计单位制定整改措施7项；促进被审计单位建立健全规章制度15项；提交审计信息53篇，被批示、采用27篇次。向社会公告审计结果2篇。

财政审计 开展2021年度区级财政预算执行和决算草案编制情况审计、部门（单位）2021年度预算执行和财政财务收支情况审计，查出问题16个，移送问题线索1件，提出审计建议4条，报送审计专报2篇，促进建立健全相关制度11项。开展投资审计项目7个，提出审计建议43条，报送审计专报3篇，获得主要领导肯定性批示11篇。

民生审计 开展2021年至2022年9月医疗保险基金审计，查出问题12个，移送公安部门案件线索3件，提出审计建议2条，报送审计专报2篇。

经济责任审计 完成4个单位7名区管领导干部的经济责任审计，查出问题83个，提交审计结果报告6篇，提出审计建议17条，促进健全完善各类制度6项。

审计查出问题整改 起草并推动万盛经开区党工委审计委员会印发《关于加强审计整改工作的实施办法》。

研究型审计 总结的“经济责任审计立项‘重建一张表’‘做好三件事’”工作经验，被市经济责任审计办在全市范围推广宣传。

内部审计 指导全区完成内部审计项目69个，查出主要问题金额894.52万元，发现问题458个，提出审计建议398条。指导、推动14个内部审计单位完善内部审计制度。完善《内部审计人员电子工作手册》，构建内部审计业务框架系统。组织中介机构报告核查，移送问题线索3件。

（撰稿人：郝晓强）

2022年重庆市本级及所辖区、县审计工作统计表

审计机关	完成审计项目/个	审计查出主要问题金额/万元	审计发现非金额计量问题/个	审计期间整改金额/万元	出具审计报告和审计调查报告/篇	审计处理情况		审计促进整改落实有关问题资金/万元	审计提出建议/条	提交审计信息/篇
						审计处理处罚金额/万元	移送处理事项/件			
重庆市本级	80	39629209	1184	13610	112	236599	2	11109247	329	16
万州区审计局	22	5083373	352	757	20	569	22	13328	120	239
涪陵区审计局	27	14139615	216	2975	34	48756	10	562185	114	140
渝中区审计局	26	1187285	141	2647	31	4207	6	1551	85	136
大渡口区审计局	15	467078	98	470	15	2497	7	6859	57	57

续表

审计机关	完成审计项目/个	审计查出主要问题金额/万元	审计发现非金额计量问题/个	审计期间整改金额/万元	出具审计报告和审计调查报告/篇	审计处理情况		审计促进整改落实有关问题资金/万元	审计提出建议/条	提交审计信息/篇
						审计处理处罚金额/万元	移送处理事项/件			
江北区审计局	32	5232592	173	23	37	13474	14	1934501	92	103
沙坪坝区审计局	27	360338	207	166	31	23430	8	36805	111	223
九龙坡区审计局	26	345100	288		26	5533	9	36964	51	
南岸区审计局	11	600257	106	4859	8	62349		10771	34	63
北碚区审计局	21	1017398	192	8317	24	18274	6	18377	81	127
綦江区审计局	45	2264398	178	3762	68	7356	26	8042	118	137
大足区审计局	29	703618	400	1783	31	15531	2	8794	126	12
渝北区审计局	29	653143	275	4319	49	18432	8	27855	176	172
巴南区审计局	17	385420	107	23854	17	6001	9	6467	56	78
黔江区审计局	26	655402	286	508	28	2126	4	6803	106	87
长寿区审计局	30	2362487	291	4	27	7200	15	3953	81	27
江津区审计局	32	697977	273	19009	41	1713	2	39659	98	60
合川区审计局	35	3038476	524	351	44	23965	42	252996	141	63
永川区审计局	49	161179	382		55	31973	24	12535	145	125
南川区审计局	28	5881663	197	86	35	69649	10	183842	90	59
璧山区审计局	26	3670408	260	160	26	69430	8	501117	96	160
铜梁区审计局	23	974420	429	2271	41	2294	7	175422	73	142
潼南区审计局	30	230180	477	72	37	25357	13	19271	135	68
荣昌区审计局	26	3411713	241	23091	53	1129	8	137463	211	95
开州区审计局	52	240222	437	5807	73	22512	18	11760	179	155
梁平区审计局	30	6026459	305	520	29	5291	17	13971	97	170
武隆区审计局	28	696938	782	2	36	32657	17	2111	130	23
城口县审计局	29	423402	246	3	30	132554	2	5879	94	78
丰都县审计局	22	767428	305	24	26	1389	10	41561	83	119
垫江县审计局	29	365769	257	323	25	5183	11	48253	239	117
忠县审计局	26	3010582	161	30582	34	29008	7	46678	72	17
云阳县审计局	34	587104	188	1042	42	6670	5	49039	94	93
奉节县审计局	22	1996121	119	4814	24	54927	16	65209	67	110
巫山县审计局	26	606203	275	116	32	10551	8	321027	93	13
巫溪县审计局	33	2163907	221	170	39	1461	2	8968	114	114
石柱土家族自治县审计局	19	174329	149	16550	19	1659	11		58	47

续表

审计机关	完成审计项目/个	审计查出主要问题金额/万元	审计发现非金额计量问题/个	审计期间整改金额/万元	出具审计报告和审计调查报告/篇	审计处理情况		审计促进整改落实有关问题资金/万元	审计提出建议/条	提交审计信息/篇
						审计处理处罚金额/万元	移送处理事项/件			
秀山土家族苗族自治县审计局	32	2210888	250	4596	32	28891	10	1937389	112	28
酉阳土家族苗族自治县审计局	23	369880	184		26	1429	2	51142	155	15
彭水苗族土家族自治县审计局	21	1596257	276	4055	33	34045	4	63433	85	65
两江新区审计局	13	388440	249	1208	18	3768	2	3768	51	18
万盛经济技术开发区审计局	21	4106341	100	181	21	1688	12	11850	51	53

四川省

【四川省审计厅】 2022年，四川省审计厅实有269人。省委审计委员会办公室设在审计厅，下设秘书处。审计厅设有办公室、综合与计划管理处、法规处、审理处、内部审计监督指导处、电子数据审计处、财政审计处、审计整改督查处、经济责任审计处、教科文卫审计处、农业农村审计处、固定资产投资审计处、社会保障审计处、自然资源与生态环境审计处、企业审计处、金融审计处、涉外审计处、人事处、离退休人员工作处19个内设机构；另设派出审计一处、派出审计二处、派出审计三处、派出审计四处、派出审计五处、派出审计六处；按省委有关规定，设机关党办，派驻机构——驻厅纪检监察组；下设四川省审计科学研究所、机关服务中心（省审计干部培训中心）、计算机技术中心、政府投资审计中心。

领导成员

党组书记、厅长：陶志伟

党组成员、副厅长：沈　健（—12月）
朱大兴　康东进
李文双
陈代勇（12月—）

党组成员、机关党委书记：
陈代勇（—11月）
周　兵（11月—）

党组成员、驻省审计厅纪检监察组组长：
彭惠琴（7月—）

省经济责任审计工作联席会议办公室主任：
周　兵（—12月）

一级巡视员：沈　健　康东进（11月—）

二级巡视员：孙志刚　周　波　李齐辉
冷　天　曹国华　张　毅
罗贤明　吴　波　郭　全
铁　英（—10月）

审计成果　2022年，四川省审计机关共完成审计项目4593个，其中审计3924个、专项审计调查669个。查出主要问题金额73921961万元，其中违规金额5665138万元、损失浪费金额41429万元、管理不规范金额68215394万元；审计发现非金额计量问题27812个；损益（收支）不实金额1613682万元；审计发现侵害人民群众利益45535万元；出具审计报告和专项审计调查报告5121篇，被批示、采用200篇次。审计处理处罚金额31212694万元，其中应上缴财政4752821万元、应减少财政拨款或补贴313646万元、应归还原渠道资金2138096万元、应缴纳其他资金

377157万元、应调账处理金额23630972万元；移送司法机关、纪检监察机关和有关部门处理事项1013件，移送处理人员353人，移送处理金额2732450万元。审计促进整改落实有关问题资金29726997万元；审计促进拨付资金到位762431万元；审计后挽回（避免）损失311691万元；核减投资额421853万元；移送处理落实事项326件。审计提出建议15753条，被采纳13175条；推动被审计单位制定整改措施4396项；促进被审计单位建立健全规章制度1735项；提交审计信息4750篇，被批示、采用1889篇次。向社会公告审计结果458篇。

四川省审计厅实施的2020年度省本级预算执行和决算草案编制情况审计项目被审计署评为全国审计机关优秀审计项目。

政策落实情况跟踪审计 围绕中央和省委、省政府重大决策部署，持续跟踪“六稳”“六保”、国资国企、政府投资等重点领域政策措施和改革部署落实。聚焦乡村振兴战略，对重点帮扶县、耕地保护、种粮补助、农村人居环境整治、乡村振兴信贷投放等政策落实和资金使用情况进行审计。聚焦民生保障，对困难群众救助、住宅维修、就业补助和失业保险等领域政策落实和资金使用情况进行审计。聚焦国企改革，对国有企业投资、债务风险、经营性国有资产统一监管、省级粮食企业执行粮食政策等进行审计。聚焦成渝地区双城经济圈建设，对川渝产业合作示范园区建设管理进行审计。围绕促进投资项目极速审批、快速开工等，研究出台《关于进一步落实促投资稳经济决策部署更好发挥审计作用的通知》。

财政审计 坚持以大财政视角统筹推进财政审计工作，以推动深化预算管理制度改革，促进积极的财政政策提质增效为目标，对省级预算执行及决算草案编制、13个一级预算单位及所属的25个单位预算执行情况进行现场审计。聚焦重大风险防范和财政稳健运行，对22个市县政府性债务风险管理情况、6个市县财政决算情况开展审计，推动市县政府有效防范财政风险，促进提升财政治理水平。深刻认识财经纪律是党的路线方针在财经领域的集中体现，会同省发展改革委、财政厅等部门在全省开展严肃财经纪律整治突出问题专项行动，充分释放出财经纪律越来越严的信号，形成强烈震慑效应。

国有企业审计 组织对省属国企投资效益和债务风险情况、省级经营性国有资产集中统一监管情况开展审计，重点揭示了对外股权投资管理不力、企业“空转贸易”、债务风险积聚、财务信息失真等问题，为推动国有企业健全完善制度机制、聚焦主业规范投资、防范风险堵塞漏洞等发挥积极作用。

金融审计 组织对7个市本级和15个县（市、区）政府性债务风险管理情况开展审计，揭示了违规新增隐性债务、隐性债务化解不实、政府债券管理使用不规范等问题，推动相关市县政府有效防范财政风险。组织开展16家农商行金融支持乡村振兴信贷投放审计调查，所提建议已被纳入成渝共建西部金融中心规划联合实施细则的内容。

农业农村审计 助力四川建设新时代更高水平“天府粮仓”，组织对10市75县（区）耕地保护情况开展审计，促进治理“非农化”“非粮化”耕地等120余万亩，健全完善相关制度449项。组织实施乡村振兴帮扶县相关政策落实和资金专项审计，揭示了部分地方产业发展持续性不强、联农带农机制落实较差等问题，促进巩固拓展脱贫攻坚成果同乡村振兴有效衔接。其中，审计发现的典型问题被审计署综合报告采用，得到习近平总书记等中央领导同志阅批。

资源环境审计 深入推进生态文明建设，聚焦区域性和行业性资源禀赋特点，以筑牢长江黄河上游生态屏障为指引实施专项审计调查，突出对重点生态功能县（区）领导干部自然资源资产离任（任中）审计，推动建设美丽四川。组织对“三州”和攀枝花4个市本级及所辖31个县林草资源生态保护修复情况开展专项调查，助力进一步筑牢长江上游生态屏障。

民生审计 深入践行以人民为中心的发展思想，对老百姓最关心最直接最现实的利益问题加强监督，促进普惠性、基础性、兜底性民生建设。组织对就业补助、中小学教师培训项目和公立医院开展审计，严肃查处虚假培训、挪用财政资金及医院违规收费等问题，开展“9·5”泸定地震救灾款物应急审计和防疫隔离点等专项审计，促进救灾款物安全规范、疫情防控综合能力提升。

经济责任审计 省本级组织对市级党政、省直部门、高校的43名主要负责同志和13名副厅级领导机构主要负责人开展经责审计，首次对省委政研室等9个党群部门（单位）主要领导干部开展专项经责审计，创新组织实施方式，提升审计效能。推动财经审计知识纳入党校主体班课程，联合省委组织部摄制经济责任审计宣传教育片，扩大教育警示覆盖面。

涉外审计 组织实施9个国外贷援款项目审计，2份报告获得署领导表扬性批示，并在审计署组织的全国国外贷援款审计培训会上作交流发言。

审计查出问题整改 认真落实建立健全审计查出问题整改长效机制相关要求，印发审计整改跟踪检查办法、整改结果认定办法和公告办法，建设审计整改管理信息系统，建立审计整改全过程跟踪督查机制，落实“整改不结、问题不销”闭环管理。加强与各主管部门沟通衔接，及时通报审计发现问题，推动相关行业部门在耕地保护、就业资金、医疗保障等21个方面开展专项治理，审计整改由点及面、推动完善治理的能力进一步增强。组织全省审计机关开展深化审计整改专项行动，经过集中攻坚，促进一批重点、难点以及遗留问题得到解决，推动4137个存量问题整改销号。至专项行动结束，全省审计机关近三年查出的11.04万个问题已整改销号10.58万个，审计整改成效明显。

研究型审计 认真贯彻落实审计署“着眼宏观研究‘国之大者’，谋划长远研究前沿问题，弄清大政方针蕴含的政治意图、战略考虑和实践要求”的要求，把研究工作贯穿审计工作始终，沿着“政治—政策—项目—资金”主线研究立项、实施审计。组织研发建成审计项目管理系统，开发审计项目储备、计划新建及下发、项目流程管控等功能，建立审计对象数据库和中长期审计项目库。《深化党政领导干部经济责任审计研究》获批审计署年度重点课题，《区域经济审计模式的初步探索》被收录在《中国审计研究报告2021》；全面建成小康社会的四川实践综述文章《紧握审计“利剑”护航全面小康》被省委党史研究室纳入汇编。

审计理论研究 完成审计署2021—2022年重点课题《深化党政领导干部经济责任审计研究》，围绕中国特色社会主义审计制度，对党政领导干部经济责任审计从理论及实践两方面开展了相对系统的研究，探索了党政领导干部经济责任审计评价体系。

内部审计 组织40家省级部门（单位）结合审计项目开展2021年度预算执行自查，推动18家单位建立健全内部审计工作制度，联合省卫生健康委、省中医药管理局印发18家委（局）直属医院内部审计工作调研检查情况的通报和加强卫生健康系统内部审计工作的通知，对全省卫生健康系统内部审计工作进行规范。会同四川省政府国有资产监督管理委员会建立指导监督省属国有企业内部审计工作协作机制。

相关工作 深入学习贯彻党的二十大精神，坚持不懈用习近平新时代中国特色社会主义思想凝心铸魂，教育引导全体审计干部深刻领悟“两个确立”的决定性意义，增强“四个意识”、坚定“四个自信”、做到“两个维护”，不断提高政治判断力、政治领悟力、政治执行力。召开全省审计机关党风廉政建设视频会，制发党风廉政建设年度工作要点和责任清单，以抓好巡视、督查工作反馈问题整改为契机，系统解决影响审计事业发展和干部队伍建设的各类问题，着力营造风清气正、干事创业的良好氛围。《四川省加强党政主要领导干部经济责任审计促进权力规范运行的实践》课题首次入选并登载于《法治蓝皮书·四川依法治省年度报告（2022）》。坚持把过硬专业能力作为重要基础，全年举办各类培训班19期，培训干部3228人次，选派3235名干部参加审计署、省委及相关部门举办的线上线下培训，建立97名干部组成的审计师资库，遴选181人更新审计专业巡视人才库，遴选38人建立审计专业高级职称评审专家库，“遇账能查、提笔能写、开口能讲”的复合型审计人才队伍不断壮大。坚持不懈正风肃纪，严格落实中央八项规定精神和省委、省政府十项规定及其实施细则，带头落实过紧日子要求，持续纠治“四风”问题，力戒形式主义、官僚主义及烦琐哲学，严格执行审计“四严禁”工作要求和“八不准”工作纪律，推进依法文明廉洁审计，全省审计系统纪律作风建设持续优化。统筹省市县三级审计机关完成金审三期项目建设，实现了署省市县四级审计机关互联互通，建成了国家审计大数据中心（四川部分）、国家审计数字化管理平台（四川部分）、审计综合作业平台三大应用系统和相关支撑保障系统，实施商用密码改造并通过商密测评。

（撰稿人：青林林）

【成都市审计局】 2022年，成都市审计局实有169人。局长曾军，副局长李永平、郭兰涛、刘江、黄浩、杨艳（12月—）、黄宇（9月—）、黄少泉（—9月），纪检组长周虹，机关党委书记王小青，总审计师杨艳（—12月）、程世斌（12月—），市经济责任审计工作联席会议办公室主任唐翀（12月—），二级巡视员葛云伦、邓勉、李永平（12月—），一级调研员周世秀、温刚。成都市审计局设有市委审计委员会办公室秘书处；内设办公室、综合与计划管理处、法规处、内部审计监督指导处、电子数据审计处、财政审计处、部门审计一处、部门审计二处、政策跟踪审计处、经济责任审计处、教科文卫审计处、农业农村审计处、固定资产投资审计处、社会保障审计处、自然资源与生态环境审计处、企业与金融审计处、人事处等处室；下设成都市财政投资和国资投资项目审计中心。

审计成果 2022年，成都市审计机关共完成审计项目697个。查出主要问题金额883.05亿元；审计促进整改落实有关问题资金263.96亿元；出具审计报告和专项审计调查报告775篇；移送司法机关、纪检监察机关和有关部门处理事项140件；提出建议2085条。

政策落实情况跟踪审计 聚焦成渝地区双城经济圈建设、公园城市示范区建设以及“三个做优做强”、产业建圈强链等重大任务，开展成都大运会、李家岩水库、“东进”区域骨架工程等重大项目跟踪审计，促进节约资金和挽回损失12.59亿元；同时，持续关注市级公共资源交易情况，推动主管部门出台制度9项。

财政审计 开展全市财政预算执行审计，促进清理收回、上缴财政资金72.76亿元；开展全市严肃财经纪律整治突出问题专项行动，推动整改问题金额18.83亿元，促进健全完善制度69项。

开展备案类工程项目投资监管专项审计，推动以市政府办公厅名义出台政府投资项目决策与审批管理办法等制度4项；开展全市2021年度土地出让收支审计，促进上缴财政资金28.82亿元、盘活闲置土地13485.59亩，推动以市政府名义出台加强土地出让及供后管理实施意见。

国有企业审计 开展市属国有企业营运及管理情况专项审计，追回各类资金414.19亿元、盘活闲置房产6.53万平方米，推动以市政府名义出台市属国有企业投资监督管理办法等制度3项。

民生审计 开展困难群众救助补助资金、耕地保护政策落实专项审计，促进各层面健全完善制度204项；开展中心城区老旧小区改造、远郊市县饮用水安全供给、市残联扶残助残专项资金等审计，促进解决群众急难愁盼问题。

经济责任审计 完成14名市管领导干部经济责任审计，组织区（市）县审计局对28名县处级、15名乡科级领导干部开展镇（街道）自然资源资产离任（任中）审计，积极探索建立审计评价指标体系。

审计查出问题整改 开展深化审计整改专项行动，对2019年以来审计查出的12820个问题整改情况进行督促检查，促进整改问题金额54.56亿元。

相关工作 完成金审三期部署应用，强化数据治理，累计建设财政、投资、企业、社保等领域大数据审计分析模型306个，实现各应用场景“数据画像”。

实施审计“双导师制”，制定年轻干部“十个一”成长清单，在全市推广运用“蓉易审”微信小程序，选派38人次参加上级审计项目、纪委专案或巡视巡察等工作。（撰稿人：韩橙颜）

【自贡市审计局】 2022年，自贡市审计局实有53人。局长何忠，副局长刘同、赵嗣利、罗宏、杨俊鑫、尹永刚（挂职、8月—），机关党委书记郭晋荣，总审计师熊艺，纪检组长赵东。自贡市审计局设有审计委员会办公室秘书科；内设办公室、综合与计划管理科、法规审理与内部审计监督指导科、电子数据审计科、财政审计科、政策跟踪审计科、经济责任审计科、农业农村审计科、固定资产投资审计科、社会事业审计科、自然资源与生态环境审计科、企业与金融审计科、开发区审计科、组织人事科、机关党委；下设政府投资审计中心。

审计成果 2022年，自贡市审计机关共完成审计项目127个，其中审计106个、专项审计调查21个。查出主要问题金额356963万元，其中违规金额9042万元、损失浪费金额4万元、管理不规范金额347916万元；审计发现非金额计量问题1064个；损益（收支）不实金额5211万元；出具审计报告和专项审计调查报告151篇。审计处理处罚金额109036万元，其中应上缴财政20139万元、应减少财政拨款或补贴6966万元、应归还原渠道资金30869万元、应缴纳其他资金598万元、应调账处理金额50463万元；移送司法机关、纪检监察机关和有关部门处理事项39件，移送处理人员13人，移送处理金额2690万元。审计促进整改落实有关问题资金316388万元；审计促进拨付资金到位86万元；审计后挽回（避免）损失2345万元；核减投资额5033万元；移送处理落实事项23件。审计提出建议448条，被采纳293条；推动被审计单位制定整改措施7项；促进被审计单位建立健全规章制度64项；提交审计信息247篇，被批示、采用134篇次。向社会公告审计结果16篇。

自贡市审计局实施的市属国有企业经营和国有资本运营管理情况专项审计调查获四川省优秀审计项目（市级）二等奖，自贡市荣县审计局实施的荣县国家粮食储备有限公司粮食购销政策执行和经营管理情况专项审计获四川省优秀审计项目（县级）三等奖，获省委、省政府“2016—2020年四川省普法先进单位”表彰。

政策落实情况跟踪审计 围绕稳经济一揽子政策措施，持续跟踪“六稳”“六保”、拼经济搞建设决策部署落实。开展川渝产业合作示范园区建设管理情况等审计。

财政审计 开展市级财政预算执行及决算草案审计、2021年度市级部门预算执行审计。开展审计厅授权的成都市3个区县政府债务审计和水利工程项目推进情况专项审计调查。开展市住建局信息系统审计、富荣产城融合带基础设施建设项目（C、D）段工程跟踪审计、自贡市老年病医院建设项目一期工程竣工决算审计。

农业农村审计 开展全市高标准农田建设管理和利用情况专项跟踪审计、农村人居环境整治相关政策和资金审计。

资源环境审计 开展市水务局、区县部门及乡镇领导干部自然资源资产离任（任中）审计。

民生审计 开展全市困难群众基本生活救助补助资金管理使用情况审计。

经济责任审计 开展市水务局、市民政局等7个部门（单位）主要领导干部经济责任审计和1名区县审计局主要负责人经济责任审计。

审计查出问题整改 审计工作报告所附清单所列109项问题，已完成整改75项，基本完成整改20项，正在整改14项，整改完成率87.16%。整改问题金额25.8亿元。建立或修订完善制度48项，责任追究21人。

研究型审计 继续探索市县联动开展审计项目提高审计质效的机制，年内实施市县联动审计项目8个，带动提升区县审计质量。

审计理论研究 《以高质量审计保障经济社会高质量发展》《以研究型审计护航国资国企高质量发展》等5篇研究成果被《中国审计》《现代审计》采用。

内部审计 指导20个内部审计单位、30名内部审计人员开展审计监督，促进2项内部控制制度制定或修订。

相关工作 提高能查、能说、能写能力，全年参与全市疫情防控、巡视巡察、纪检监察及审计厅交办事项等25人（次）；组织人员参加各类培训250人（次），审计成果被审计署、省审计厅各类媒体采用122篇。 （撰稿人：李　俊）

【攀枝花市审计局】 2022年，攀枝花市审计局实有60人。局长王玖斌，副局长顾民、陈益、奉勇，总审计师蔡华，机关党总支书记李旭，经济责任审计工作联席会议办公室主任黎敏（7月—）。设有14个科（室）；下设1个事业单位。

审计成果 2022年，攀枝花市审计机关共完成审计项目78个，其中审计61个、专项审计调查17个。查出主要问题金额305920万元，其中违规金额17278万元、损失浪费金额566万元、管理不规范金额288075万元；审计发现非金额计量问题590个；损益（收支）不实金额60272万元；出具审计报告和专项审计调查报告 96 篇。审计处理处罚金额 247064 万元。移送司法机关、纪检监察机关和有关部门处理事项 19 件，移送处理人员 16 人，移送处理金额 272025 万元。审计促进整改落实有关问题资金 127050 万元；审计促进拨付资金到位 15987 万元；审计后挽回（避免）损失 4715 万元；核减投资额 4640 万元；审计提出建议 427 条，被采纳 293 条；推动被审计单位制定整改措施 32 项；促进被审计单位建立健全规章制度 15 项；提交审计信息 277 篇，被批示 32 篇次。向社会公告审计结果 9 篇。

攀枝花市 2021 年下半年市级政府投资重大项目跟踪审计项目被评为四川省审计厅优秀审计项目三等奖。

财政审计　出台《部门预算执行审计数据分析框架》，开展预算执行审计，推动盘活存量资金 1.04 亿元。

国有企业审计　取消国有企业外派监事会，对市国投集团运营情况和资产质量开展专项调查。

金融审计　开展攀枝花市农商行支持乡村振兴信贷投放专项审计调查，移送问题线索 2 件。

农业农村审计　开展农村人居环境整治情况审计调查，移送问题线索 4 件。

资源环境审计　开展攀西地区林草资源保护与生态修复审计，形成的 3 篇审计报告和 1 篇专报均得到市长肯定批示。

经济责任审计　开展经济责任审计，移送问题线索 11 件，1 名县处级干部被开除党籍、开除公职，涉嫌犯罪问题已移送检察机关。

审计查出问题整改　发出《做好审计查出问题整改工作的提醒敦促函》19 份，促进全市完成整改 32 个、基本完成整改 17 个，整改问题金额 11.38 亿元。

审计理论研究　7 篇文章在省审计学会和市政务调研评比中获奖，1 篇文章在中国政府审计研究中心第十一届审计理论创新发展论坛上做交流。

交办任务　开展严肃财经纪律专项行动，发出问题移交函 10 份，推动有关部门建章立制 132 项，对 10 件违反财经纪律典型案例进行全市通报。

相关工作　推荐市经济责任审计办公室主任 1 名，提拔 5 名科级干部，晋升 9 名干部职级，选派 3 名干部到基层挂职锻炼。

（撰稿人：胥　哲）

【泸州市审计局】　2022 年，泸州市审计局实有 73 人。局长王雪莉，副局长古刚、周习兵、吴念霞（4 月—）、蔡浩，总审计师邓芳，机关党委书记吴念霞（—3 月）、祝愿（3 月—），经济责任审计分局局长先春平（7 月—），一级调研员龚百川，二级调研员毛能均。设有办公室、政策法规科、内部审计监督指导科（审计执行督查科）、财政审计科、行政事业审计科、农业外资审计科、固定资产投资审计科、企业和金融审计科、社会保障审计科、人事科、电子数据审计科、自然资源和生态环境审计科、国有企业领导人员经济责任审计科，另设有市委审计办秘书科、机关党委；下设经济责任审计分局及泸州市审计服务中心。

审计成果　2022 年，泸州市审计机关共完成审计项目 144 个，其中审计 97 个，专项审计调查 47 个，出具审计报告和专项审计调查报告 161 篇，查出主要问题金额 1535380 万元，非金额计量问题 915 个；审计处理处罚金额 575849 万元，移送司法机关、纪检监察机关和有关部门处理事项 46 件；审计促进整改落实有关问题资金 707752 万元，促进拨付资金到位 64751 万元，挽回（避免）损失 3404 万元；向被审计单位提出审计建议 512 条，被采纳 487 条，推动制定整改措施 467 项，促进建立健全规章制度 44 项；采用发布审计信息 271 篇，被批示 32 篇次。

泸州市 7 个区（县）2018—2020 年度高标准农田建设、管理和利用情况专项审计调查被四川省审计厅评为优秀审计项目三等奖（市级），泸州市梓潼路学校校长任期经济责任审计被四川省审计厅评为优秀审计项目三等奖（县级）。

政策落实情况跟踪审计　开展成渝双城经济圈建设、防范化解重大风险、优化营商环境等重大政策措施落实情况跟踪审计，开展“上下一盘棋”联动审计，促进完善制度机制、减轻企业负担优化营商环境、推动国家重大政策措施落地落实。

财政审计　开展市级财政预算执行及决算草

案编制情况审计，对185个市级一级预算单位开展预算执行情况全覆盖审计；开展县（市、区）法院、检察院资产负债及预算执行情况专项审计调查；开展网络安全和信息化建设审计。

开展4个政府投资项目建设管理实施情况专项审计、市政府和国有投资建设项目招投标、省市重点建设项目建设管理专项审计调查。

国有企业审计 开展政策性粮食储备企业粮食购销领域专项审计，向纪检监察机关移送违纪违法线索9件。

金融审计 开展2家农村商业银行支持乡村振兴信贷投放情况专项审计调查，推动建章立制强化信贷风险防范，促进投放助农信贷7亿元。

农业农村审计 统筹7个区（县）实施耕地保护政策落实情况专项审计调查。

资源环境审计 统筹开展自然资源责任审计项目11个，对2个区林竹业资源保护利用情况和1个区的水资源管理情况开展专项审计调查。

民生审计 组织实施公益性岗位补贴资金、全市残疾人保障政策落实和资金筹集管理使用情况、泸县“9·16”地震灾后恢复重建等审计或专项审计调查项目，促进兑付直补资金9433万元、推进灾后重建项目12个、促使健全完善制度机制15项。

经济责任审计 开展9名领导干部经济责任审计，向纪委监委、主管部门移送重大问题线索8件。创新开展经济责任专项审计。对2名区（县）审计局局长实施任期经济责任审计；对1家市属国有企业领导人员开展经济责任审计。

审计查出问题整改 市委审计委员会出台《关于建立健全审计查出问题整改长效机制的责任分工方案》，集中开展深化审计整改专项行动，梳理问题清单，推动整改销号存量问题209个，涉及金额37.97亿元。

研究型审计 探索审计组“前沿探索”、分管领导“及时跟进”、局党组“全程导航”的“研究型审计”新模式，将研究贯穿审计项目全过程各环节。

审计理论研究 《大数据技术及方法在促进成渝双城经济圈建设政策贯彻落实的专题研究》通过评审并结题。

内部审计 对50余家单位内部审计工作进行现场指导，全市内部审计机构完成审计项目600个，发现问题1096个，挽回损失3412.81万元，推动完善制度机制299项。

相关工作 认真履行市委审计委员会办公室职责，强化多种监督形式贯通协作，推动出台《关于建立巡察监督、人大监督、审计监督工作贯通融合机制的实施意见》；进一步增强审计队伍信息化、规范化、专业化建设，电子数据审计和信息化建设工作做法和成效获审计署电子数据司高度肯定；强化机关党建和党风廉政建设，全局干部职工无因违纪违法行为受到责任追究的情形。

（撰稿人：赖雪琴　邓开元）

【德阳市审计局】 2022年，德阳市审计局实有77人。局长李可，党组成员、二级调研员李晖，副局长余锡贵、管云海，机关党委书记杨帮国，经济责任审计工作联席会议办公室主任蔡谷华，总审计师徐荣福，二级调研员张泽琴。设有办公室、政工人事科、综合与计划管理科、法规与内审监督科、审理科、财政审计科、经济责任审计科、教科文卫与涉外审计科、农业农村审计科、固定资产投资审计科、社会保障审计科、资源环境审计科、金融与企业审计科、审计整改督查科、市委审计办秘书科、机关党委；下设政府投资审计中心、审计信息管理中心。

审计成果 2022年，德阳市审计机关共完成审计项目189个，其中审计147个、专项审计调查42个。查出主要问题金额167.49亿元，其中违规金额10.01亿元、损失浪费金额0.04亿元、管理不规范金额157.44亿元；审计发现非金额计量问题1128个；出具审计报告和专项审计调查报告241篇，被批示、采用6篇次。审计处理处罚金额16.18亿元，其中应上缴财政4.20亿元、应减少财政拨款或补贴0.01亿元、应归还原渠道资金2.78亿元、应缴纳其他资金0.42亿元、应调账处理金额8.77亿元；移送司法机关、纪检监察机关和有关部门处理事项62件，移送处理人员27人。审计促进整改落实有关问题资金12.04亿元；促进拨付资金到位0.20亿元；审计后挽回（避免）损失0.02亿元；核减投资额0.07亿元。审计提出建议696条，被采纳557条；促进被审计单位建立健全规章制度13项；提交审计信息

53 篇，被批示、采用 29 篇次。

什邡市恒安粮油有限公司粮食购销情况专项审计调查、四川成德产城实业有限公司董事长及原总经理经济责任审计被四川省审计厅评为优秀审计项目三等奖。

财政审计 实施本级预算执行和决算草案情况审计，查出主要问题金额 17.64 亿元。开展 79 个重点项目、3 个大中型水库等专项审计调查，助推 36 个项目加快建设进度，挽回损失 237.63 万元。

国有企业和金融审计 开展审计项目 4 个，移送处理事项 5 件；向市委、市政府提交结果报告、专题报告 2 篇，获市领导批示 2 篇。

农业农村审计 开展耕地保护政策落实审计，揭示土地撂荒、土地流转“非粮化”等问题 80 余个，涉及金额 2.76 亿元。

资源环境审计 开展 12 名党政主要领导干部自然资源资产离任（任中）审计工作，查出 9 大类 113 个问题。

民生审计 开展就业补助资金和失业保险基金等专项审计，促进资金拨付到位 2803.14 万元，追回违规发放资金 369.24 万元。

经济责任审计 完成 47 名领导干部经济责任审计，查出主要问题金额 4.02 亿元，提出审计建议 187 条。

审计查出问题整改 印发 91 份提醒敦促函，推动 85 个问题整改销号，促进清退、上缴、收回财政资金 6.91 亿元。

相关工作 开展基层“大走访”，走访帮扶村 5 个、群众 56 人、管理服务对象 20 人，为民办实事 3 件。 （撰稿人：许　婷）

【绵阳市审计局】 2022 年，绵阳市审计局实有 85 人。局长徐强，副局长张勇、郑学锋、于晓红，总审计师邓小孟，经济责任审计工作联席会议办公室主任曹蓉，机关党委书记徐敏。设有市委审计委员会办公室秘书科；内设办公室等 20 个科室；下设绵阳市审计信息中心（绵阳市投资审计服务中心）。

审计成果 2022 年，绵阳市审计机关共完成审计项目 186 个，其中审计 141 个、专项审计调查 45 个。查出主要问题金额 1437786 万元，其中违规金额 41345 万元、损失浪费金额 69 万元、管理不规范金额 1396371 万元；审计发现非金额计量问题 1409 个；损益（收支）不实金额 111082 万元；出具审计报告和专项审计调查报告 193 篇，被批示、采用 16 篇次。审计处理处罚金额 67554 万元，其中应上缴财政 41282 万元、应减少财政拨款或补贴 360 万元、应归还原渠道资金 25887 万元、应调账处理金额 23 万元；移送司法机关、纪检监察机关和有关部门处理事项 31 件，移送处理人员 17 人，移送处理金额 18813 万元。审计促进整改落实有关问题资金 67546 万元；审计促进拨付资金到位 65851 万元；审计后挽回（避免）损失 360 万元；核减投资额 359 万元；移送处理落实事项 5 件。审计提出建议 596 条，被采纳 416 条；促进被审计单位建立健全规章制度 17 项；提交审计信息 311 篇，被批示、采用 158 篇次。向社会公告审计结果 62 篇。

中共梓潼县委原书记任期经济责任审计、绵阳市安州区塔水镇原党委书记和原镇长任期经济责任审计项目被评为四川省审计厅优秀审计项目。

政策落实情况跟踪审计 开展优化营商环境政策落实情况审计，推动“政务服务不够优化”等问题实打实解决。

财政审计 开展预算执行、财务收支等审计，推动完善预算绩效评价等 4 项制度，织牢财经纪律安全防护网。

国有企业审计 开展市属国有企业房地产项目运营情况审计，堵塞融资管理、拆迁安置、项目营销等环节漏洞，促进国有企业规范投资。

农业农村审计 开展耕地保护情况审计，摸清耕地规模，助力守牢耕地红线。

资源环境审计 开展自然资源资产、大气污染防治审计，推动生态环境质量持续改善。

民生审计 开展困难群众救助资金审计，摸清困难群体规模及社会救助体系建设情况，助力兜牢民生底线。

经济责任审计 对 43 名领导干部（人员）开展经济责任审计，推动权力规范运行。

审计查出问题整改 提出“体系化”整改思路，出台“体系化”整改实施办法，开展审计查出问题整改专项行动，化解 2019 年以来存量问题 336 个。

相关工作 入选第二批全国投资审计转型发展试点单位，积极构建投资审计监督新体系，《坚持问题导向　以三个建设着力构建投资审计监督新体系》被审计署《投资审计转型发展工作动态》采用推广。（撰稿人：李扬玲）

【广元市审计局】 2022 年，广元市审计局实有 84 人。局长李兴荣，副局长张焕良（—5 月）、王慧利、何晓蓉、王仕发（7 月—）、徐多海，机关党委书记高明（—7 月）、何城贤（7 月—），总审计师王仕发（—7 月），财政监督检查局局长宋伟，经济责任审计工作联席会议办公室主任廖呈鑫，二级调研员昝鹏程（—10 月）。设有市委审计委员会办公室秘书科；内设办公室、综合与计划管理科、法规与审理科、内部审计监督指导科、电子数据审计科、财政审计科、政策跟踪审计科、经济责任审计科、行政事业审计科、农业农村审计科、固定资产投资审计科、社会保障审计科、自然资源与生态环境审计科、企业审计科、金融与涉外审计科、人事科；下设市财政监督检查局、直属审计分局、市固定资产投资审计中心、市审计信息中心。

审计成果 2022 年，广元市审计机关共完成审计项目 226 个，其中审计 209 个、专项调查 17 个。查出主要问题金额 41.03 亿元，其中违规资金 3.57 亿元、损失浪费金额 684 万元、管理不规范金额 37.4 亿元；审计发现非金额计量问题 1849 个。损益（收支）不实金额 5670 万元。出具审计报告和专项调查报告 252 篇，被批示、采用 8 篇次。审计处理处罚金额 15.6 亿元、应归还原渠道资金 1.61 亿元、应缴纳其他资金 1254 万元、应调账处理金额 11.33 亿元；移送司法机关、纪检监察机关和有关部门处理事项 60 件，移送处理人员 1 人，移送处理金额 6.69 亿元。审计促进整改落实有关问题资金 7.52 亿元；审计促进拨付资金到位 5060 万元；审计后挽回（避免）损失 1837 万元；核减投资额 1.94 亿元；移送处理落实事项 6 件。审计提出建议 827 条，被采纳 744 条；推动被审计单位制定整改措施 62 项；促进被审计单位建立健全规章制度 82 项；提交审计信息 318 篇，被批示、采用 157 篇次。向社会公告审计结果 34 篇。剑阁县易地扶贫搬迁审计、苍溪县百利镇主要领导干部自然资源资产离任审计等 2 个项目获评全省优秀项目。

政策落实情况跟踪审计 聚焦“稳投资稳增长”战略，实施重大水利、重大交通、重大民生基础设施等项目审计，促进项目加快建设。

财政审计 积极开展预算执行、决算草案及部门预算执行情况审计，促进财政政策提质增效；实施政府债务风险防范化解情况专项审计，促进政府债务风险化解。

国有企业审计 完成 43 家国企资产负债损益情况审计，推动国企健全完善制度机制。

农业农村审计 完成耕地保护审计，助力“天府粮仓”广元实践加快推进；农业农村审计工作在全省作经验交流发言。

资源环境审计 实施境内主要河流流域生态风险的审计，护航绿色经济发展。

民生审计 完成残疾人就业保障金征收情况等系列民生领域审计，实施公立医院综合改革情况进行专项审计，促进《广元市推动公立医院高质量发展实施方案》加快出台。

经济责任审计 实施 57 个经济责任审计项目，推动市县两级政府落实《四川省市县重大经济事项决策规定（试行）》要求，修订完善党委政府议事规则 40 余件。

审计查出问题整改 开展审计整改专项行动，化解存量问题 197 个，完成问题金额整改 1.1 亿余元，问题整改率达 96.4%。推动将审计整改作为年度绩效考评、人大评议质询、领导班子（干部）考核评价的重要指标、依据和参考。推动市委审计委员会出台审计整改通报、约谈、移送制度。

相关工作 深入实施党风廉政建设“月问诊、季把脉、年体检”和“三级四岗”抓党建工作责任清单制。（撰稿人：白　洁）

【遂宁市审计局】 2022 年，遂宁市审计局实有 49 人。局长杨志敏，副局长唐春林、杨冬、张治国，经济责任审计工作联席会议办公室主任杨艳，总审计师王杨（8 月—），二级调研员何玉毅、杨晓春（8 月—），三级调研员敬杰秀，四级调研员周林丽。设有遂宁市委审计委员会办公室秘书科；内设办公室、人事科、综合法规科、财政审计科、经济责任审计科、行政事业审计科、社会保障审计科（电子数据审计科）、内部审计监督指导科、政策跟踪审计科、自然资源与生态环境审计科、固定资产投资审计科、企业金融审计科、农业农村与涉外审计科；下设政府投资审计中心、电子审计技术中心。

审计成果 2022年，遂宁市审计机关共完成审计项目99个，查出主要问题金额895046万元，发现非金额计量问题793个；审计期间整改金额38142万元；处理处罚金额749266万元，移送处理事项35件；促进整改落实有关问题资金228651万元，增收节支84197万元；提出建议337条，被采纳264条；提交审计信息30篇，被批示、采用13篇次。

安居区农业农村局局长任期经济责任审计项目被评为全省优秀审计项目三等奖。

政策落实情况跟踪审计 对地方新增政府债券资金使用、重大水利工程推进、网络安全和信息化建设、困难群众救助补助资金使用及政策执行、农村人居环境整治资金使用及政策执行、“保交楼”专项借款项目等开展政策落实跟踪审计。

财政审计 开展2021年度市级财政预算执行和决算编制情况进行审计，对市应急局等5部门开展预算执行审计，对财政收支真实性、存量资金清理以及地方政府债券资金管理使用情况进行专项审计调查。开展全省重大水利工程、全市EPC建设项目“回头看”、遂宁发展集团实施建设项目履职履约专项审计调查等。开展网络安全和信息系统专项审计。

国有企业审计 开展国企改革三年行动专项审计调查。

农业农村审计 开展耕地保护政策落实情况审计、农村人居环境整治相关政策和资金专项审计。

资源环境审计 联合潼南区审计局跨区域开展水污染防治专项审计调查，对市农业农村局主要领导开展自然资源资产离任审计，《遂宁市开展资源环境审计全力保障生态安全》被省委办公厅《每日要情》刊登。

民生审计 开展困难群众救助补助资金审计。

经济责任审计 开展4名党政领导主要干部经济责任审计。

审计查出问题整改 制发“审计整改十条措施机制”及审计整改督查办法等工作制度，市人大常委会首次对部门审计整改情况开展满意度测评。

研究型审计 实施审计项目全过程研究，开展审计质量提升专项行动。

审计理论研究 以“探索数据挖掘技术在多行业多角度数据关联分析中的运用”为题开展研究，形成《困难群众救助补助资金审计方法体系》；形成调研报告《探索审计助力国有企业高质量发展的路径》。

内部审计 制发《遂宁市市级部门（单位）预算执行重点风险提示清单》。

交办任务 开展严肃财经纪律整治突出问题专项行动。

相关工作 举办全市审计系统党员干部培训班，开展“深化投资领域改革，打造清廉审计机关”专项行动，制发《遂宁市审计监督容错纠错激励干部担当作为实施办法（试行）》《关于建立健全巡察与审计协调协作机制的意见》《关于建立检察公益诉讼与审计监督协作配合工作的意见》，举办“遂宁审计慧”大讲座8期，新选任或招录干部5人，提拔县级领导干部1名。

（撰稿人：祝　昊）

【内江市审计局】 2022年，内江市审计局实有61人。局长刘祎，副局长王应全、岳璋，纪检组长李永强，机关党委书记柳大鹏，总审计师马忠全。设有机关党办、市委审计委员会办公室秘书科；内设办公室、综合与计划管理科、法规与审理科、内部审计监督指导科、电子数据审计科、财政审计科、政策跟踪审计科、经济责任审计科、教科文卫审计科、农业农村审计科、固定资产投资审计科、社会保障审计科、自然资源与生态环境审计科、企业与金融涉外审计科、人事科、派出审计一科、派出审计二科；下设内江市审计局投资审计中心、内江市审计信息中心。

审计成果 2022年，内江市审计机关共完成审计项目238个，查出主要问题金额143.40亿元，发现非金额计量问题2281个。移送司法机关、纪检监察机关和有关部门处理事项43件，移送处理人员6人。审计促进整改落实有关问题资金3.38亿元；挽回（避免）损失2.54亿元；核减政府投资3.31亿元。审计提出建议933条，促进建立健全制度118项；提交审计信息549篇，被批示、采用279篇次。向社会公告审计结果100篇。

广汉市委原书记和市长任期经济责任审计、内江市东兴区人民医院原院长任期经济责任审计被评为四川省审计厅优秀审计项目。

政策落实情况跟踪审计 开展重大政策措施落实情况跟踪审计，实施川渝产业合作示范园区建设管理情况、制造业高质量发展专项审计。

财政审计 完成48个单位部门预算执行审计，开展严肃财经纪律整治突出问题专项行动。开展投资审计依法依规履职专项整治、建设责任主体履职履约情况专项审计。

国有企业审计 开展粮食购销领域专项审计，发现问题138个，涉及金额2.61亿元。

金融审计 完成隆昌、威远农村商业银行支持乡村振兴信贷投放专项审计调查，发现问题金额5.2亿元，提出审计建议7条。

农业农村审计 完成财政衔接推进乡村振兴补助资金、农村人居环境整治相关政策和资金审计，抽审资金11.60亿元，抽审项目428个。

资源环境审计 完成1名县级领导干部、9名科级领导干部自然资源资产离任（任中）审计。

民生审计 开展养老机构运行管理情况、残疾人社会保障情况专项审计调查，发现问题88个，提出审计建议9条。

经济责任审计 完成63个单位72名领导干部经济责任审计，发现问题577个，涉及金额3.02亿元。

审计查出问题整改 印发《关于建立健全审计查出问题整改长效机制工作责任清单》，建立"两书一函两清单"体系。开展全市深化审计整改专项行动。

研究型审计 1篇论文获"自然资源与生态环境审计"征文二等奖。

内部审计 指导16个单位内部审计机构开展预算执行审计，开展1029个单位内部审计统计调查。

相关工作 被市直机关工委树为党建品牌"培塑示范点"，9人入选四川省审计师资库，获评"四川省无烟单位"。

（撰稿人：李怡颖）

【乐山市审计局】 2022年，乐山市审计局实有66人。局长张强，副局长颜宇、金中强、庞麟，机关党委书记郑祝彬，总审计师周妮，经济责任审计工作联席会议办公室主任李光发。设有市委审计委员会办公室秘书科；内设办公室、政策法规科、督查与内审指导科、电子数据审计科、财政审计科、政策跟踪审计科、农业农村审计科、固定资产投资审计科、社会保障审计科、国有企业审计科、经济责任审计科、自然资源与生态环境审计科、机关党委（人事科）；下设市政府投资审计中心（审计信息化中心）。

审计成果 2022年，乐山市审计机关共完成审计项目153个，其中审计118个、专项审计调查35个。查出主要问题金额2636685万元，其中违规金额66237万元、管理不规范金额2570448万元；审计发现非金额计量问题674个；损益（收支）不实金额228678万元；出具审计报告和专项审计调查报告172篇。审计处理处罚金额75098万元，其中应上缴财政27905万元、应减少财政拨款或补贴1万元、应归还原渠道资金26775万元、应缴纳其他资金4735万元、应调账处理金额15682万元；移送司法机关、纪检监察机关和有关部门处理事项29件，移送处理金额4062万元。审计促进整改落实有关问题资金4347万元；审计促进拨付资金到位570万元；审计后挽回（避免）损失913万元；核减投资额482万元。审计提出建议491条，被采纳395条；推动被审计单位制定整改措施5项；促进被审计单位建立健全规章制度19项；提交审计信息59篇，被批示、采用18篇次。

乐山市就业创业促进中心原主任任期经济责任审计被评为全省优秀审计项目三等奖。

政策落实情况跟踪审计 围绕巩固拓展脱贫攻坚成果、困难群众救助补助相关政策落实和资金使用、"十三五"水利发展规划落实及部分重大水利工程建设推进、部分区县2019年至2021年农村人居环境整治相关政策等落实情况进行跟踪审计。

财政审计 对市本级2021年度市级财政预算执行和其他财政收支情况、5个部门及13个所属单位预算执行情况开展审计。

民生审计 开展困难群众救助补助资金、医疗救助补助资金、困难残疾人生活补贴和重度残疾人护理补贴等方面审计。

国有企业审计 实施市属粮食购销领域专项审计，收缴违规挪用财政资金获得收益15.57万元；聚焦3家市属重点国企生产经营、财务管理、投资效益情况开展审计，揭示企业投资绩效差，损失浪费等问题，促进企业防范和化解财务风险。

农业农村审计 开展乡村振兴激励奖补资金管理使用、耕地保护政策落实、农村人居环境整治等审计。

经济责任审计 完成10名市管领导干部经济责任审计。

审计查出问题整改 制定《审计发现问题整改标准及督查办法（试行）》等制度规定，年度审计查出问题整改完成率为92%。

专项审计 对重大水利工程推进情况开展专项审计调查，梳理“十三五”水利规划落实情况和推动“十四五”水利规划科学组织和落实。

（撰稿人：吴小明）

【南充市审计局】 2022年，南充市审计局实有73人。局长陈斌，副局长杨永红、李西蜀（—9月）、何鹏、陈雅麒（10月—），经济责任分局局长陈长清（—6月），总审计师岳有普（—4月）、胥洪流（10月—），纪检组长金恒元。设有市委审计委员会办公室秘书科、机关党委；内设办公室、人事科、综合计划执行科、法规审理科、内部审计监督指导科、财政审计科、政策跟踪审计科、经济责任审计科、固定资产投资审计科、党群审计科、行政政法审计科、农业农村审计科、教科文卫审计科、企业审计科、自然资源与生态环境审计科、社会保障审计科、金融涉外审计科、园区审计科；下设政府投资审计中心、审计信息技术服务中心。

审计成果 2022年，南充市审计局完成审计项目81个，查处主要问题金额41.49亿元，促进增收节支和挽回损失3.79亿元，健全完善制度机制32项，提出审计建议179条，向有关机关移送案件线索17件。

四川阆中燃气公司董事长、总经理经济责任审计项目被评为全国优秀审计项目二等奖、全省优秀审计项目一等奖，南充市2020年度基本养老保险基金审计项目被评为全省优秀审计项目二等奖，仪陇县金城镇原工人文化宫及电影院棚户区改造项目前期费用审计被评为全省优秀审计项目二等奖。

政策落实情况跟踪审计 开展稳经济大盘、减税降费、稳企纾困、就业创业等政策落实情况跟踪审计，抽查政府采购项目201个、涉及财政资金5.2亿元，抽查政府投资工程项目236个、涉及投资45.06亿元，力保政策落实、措施落地。

财政审计 开展严肃财经纪律整治突出问题专项行动，系统梳理3年来查出的违反财经纪律突出问题264个，涉及金额4.25亿元，披露弄虚作假骗取奖补资金等一系列虚报冒领、高估冒算问题。

国有企业审计 对市辖三区132家国有企业债务资金进行专项审计调查，摸清了企业债务规模、总量、增量、风险，为市委市政府科学决策提供有力支撑。

资源环境审计 组织完成14名乡镇领导干部自然资源资产离任（任中）审计，出具综合报告1篇。揭示自然资源管理和生态环境保护领域突出问题60个，提出审计建议30条。

民生审计 开展全市2019年至2021年落实耕地保护和稳定粮食生产政策、资金管理使用等专项审计，揭示土地流转管控不严、耕地“非粮化”问题整改、财政资金使用不规范等问题246个。

经济责任审计 完成经济责任审计项目71个，揭示被审计领导干部负有领导责任的问题953个。

专项审计 开展2021年城乡义务教育公用经费专项审计，整治套取营养改善计划等专项资金等问题，有力促进农业农村、就业、教育等主管部门采取稳妥措施，补齐短板。

（撰稿人：高黎明）

【眉山市审计局】 2022年，眉山市审计局实有71人。局长徐琳（—1月）、李旭锋（1月—），副局长张征、刘志勇、罗维、张亚平，经济责任分局局长刘锦兵（—11月），市经济责任审计工作联席会议办公室主任刘锦兵（11月—），机关党委书记邱建，总审计师马军。设有市委审计委员会办公室秘书科；内设办公室、法制科、内部审计监督指导科、财政审计科（党群审计科）、审计整改督查科、经济责任审计科、教科文卫政法审计科、农业农村审计科、固定资产投资审计科、社会保障审计科、自然资源和生态环境审计科、企业审计科、金融审计科、园区审计科、人事监察科；下设市审计中心、市电子数据审计中心。

审计成果 2022年，眉山市审计局共完成审计项目147个，其中审计131个、专项审计调查16个。查出主要问题金额2454393万元，其中违规金额356552万元、损失浪费金额157万元、管理不规范金额2097683万元；审计发现非金额计量问题729个；损益（收支）不实金额87564万元；审计发现侵害人民群众利益10万元；出具审计报告和专项审计调查报告203篇，审计专报等被批示、采用26篇次。审计处理处罚金额324253万元，其中应上缴财政173408万元、应减少财政拨款或补贴46890万元、应归还原渠道资金45299万元、应缴纳其他资金42109万元、应调账处理金额16545万元；移送司法机关、纪检监察机关和有关部门处理事项30件，移送处理金额3465万元。审计促进整改落实有关问题资金36951万元；审计促进拨付资金到位2668万元；审计后挽回（避免）损失18256万元；核减投资额46890万元；移送处理落实事项6件。审计提出建议390条，被采纳390条；推动被审计单位制定整改措施733项；促进被审计单位建立健全规章制度41项；提交审计信息278篇，被批示、采用170篇次。向社会公告审计结果28篇。

眉山市高标准农田和农田水利设施建设管理利用情况专项审计调查项目被评为审计署优秀（表彰）审计项目二等奖和四川省审计厅优秀（表彰）审计项目一等奖。

政策落实情况跟踪审计 持续跟踪“六稳”“六保”、乡村振兴、粮食安全、防范化解重大风险、优化营商环境等方面重大政策措施落实情况。

财政审计 对85个一级预算单位及部分二、三级预算单位实施2021年度预算执行审计监督。开展严肃财经纪律整治突出问题专项行动。出台《政府投资建设项目审计使用中介机构工作结果作为审计证据的审查复核办法》。

国有企业审计 开展市本级粮食购销领域企业专项审计和2019年至2021年市属国有企业领导干部经济责任暨企业运营管理情况专项审计。

金融审计 开展全市7家小额贷款和担保公司运营管理与风险情况专项审计调查。完成信息化建设情况专项审计。

农业农村审计 印发《做好审计监督护航新时代更高水平“天府粮仓”示范区建设的实施意见》。组织开展六县（区）耕地保护政策落实情况审计。

资源环境审计 实施市林业局局长自然资源资产任中审计，对全市森林资源保护利用情况开展专项审计调查。

民生审计 开展德阳市就业补助资金和失业保险基金审计。完成困难群众救助补助资金审计。

经济责任审计 出台《建立健全屡巡屡审屡犯问题整改长效机制的意见》。完成5个市级部门经责审计项目。

审计查出问题整改 设立审计整改督查科，出台《眉山市审计局整改跟踪检查办法》，印发《关于常态化开展审计整改落实情况跟踪检查通知》，争取审计整改信息系统在眉试点运行。开展深化审计整改工作专项行动和移送“回头看”专项行动。

内部审计 开展全市内部审计统计调查。

其他工作 出台《审计干部B岗学习锻炼制度》，机关第一党支部被评为全市“五好三优”头雁支部。巩固脱贫攻坚成果，为帮扶村太和镇群富村争取中省财政项目资金600万元，集体经济增收10万元。

（撰稿人：郑田铧）

【宜宾市审计局】 2022年，宜宾市审计局实有76人。局长陈永生，副局长雷继隆、刘学军（6月—）、肖军（—7月）、徐剑平、王正强、汪波（7月—），总审计师魏伟（—7月）、赵利锋（8月—），机关党委书记洪胜，经济责任审计工作联席会议办公室主任罗国庆（2月—），纪检组长白彦，二级巡视员杨发成。设有市委审计委员会办公室秘书科；内设办公室、综合与计划管理科、整改督查科（内部审计监督指导科）、政策法规审理科、电子数据审计科、财政审计科、经济责任审计科、行政事业审计科、农业农村审计科、固定资产投资审计科、社会保障审计科、自然资源与生态环境审计科、企业与金融审计科、机关党委（人事科）；下设宜宾市投资审计中心、宜宾市审计信息中心和宜宾市国企国资审计中心。

审计成果 2022 年，宜宾市审计机关共完成审计项目 185 个，其中审计 141 个，专项审计调查 44 个。查出主要问题金额 137.81 亿元，移送司法机关、纪检监察机关和有关部门处理事项 105 件。审计促进整改落实有关问题资金 22.12 亿元，移送处理落实人员 87 人，促进相关单位建立健全规章制度 167 项。

财政审计 开展市、县同级财政预算执行及财政总决算（草案）审计和部门预算执行情况审计，对财政收支真实性等 3 方面财政资金进行上下联动专项审计。

对市康复医院李庄院区整体搬迁南溪等 4 个重大项目开展跟踪审计，推动问题整改落实 27 个；对全市 7 个重大水利项目进行审计，揭示问题 65 个，提出审计意见 54 条；对全市 45 个防控隔离点、1 个方舱医院等防疫项目建设开展专项审计。

国有企业审计 “上门把脉” 9 家市属国有企业，提出审计意见建议 38 条，督促指导完善内控制度 91 项。

资源环境审计 对 20 名乡镇党政主要领导干部开展自然资源资产离任（任中）审计，揭示问题 106 个，提出审计建议 29 条。

民生审计 开展江安、兴文两县农商银行支持乡村振兴信贷投放情况专项审计调查，查出违规问题 24 个；开展全市就业补助资金和失业保险基金审计，住房公积金的归集、提取、贷款和管理情况专项审计，重点揭示政策执行和监管不严等问题。

经济责任审计 审计领导干部 53 人，提出审计建议 154 条。

审计查出问题整改 开展审计查出问题整改情况专项审计调查，推动出台规范性文件 59 个；市人大常委会运用预算联网监督系统跟踪督促审计发现问题整改，并在市人大常委会上对审计整改进行现场督查及满意度测评。

交办任务 开展严肃财经纪律整治突出问题专项行动，推动行业主管部门开展专项治理 37 次，促进建立健全制度机制 185 项；市、县（区）审计、财政联合开展严肃财经纪律及财务管理专项检查，对 848 个一级预算单位存在问题进行督促整改。

相关工作 开展宜宾市政务信息系统资源共享利用专项审计调查，促进卫健系统建立完善数据资源共享利用机制。 （撰稿人：胡梦琼）

【广安市审计局】 2022 年，广安市审计局实有 52 人。局长熊祥俭，副局长唐思平、唐术原、蔡曦，机关党委书记杜海燕（挂职四川省剑阁县委常委、副县长），总审计师张迎春，经济责任审计工作办公室主任田勇财（9 月—）。设有市委审计委员会办公室秘书科；内设办公室、法规审理科、计划与内审指导科、电子数据审计科、财政金融审计科、经济责任审计科、政策跟踪审计科、行政事业审计科、农业农村审计科、固定资产投资与外资审计科、社会保障审计科、自然资源与生态环境审计科、企业审计科、人事科；下设政府投资审计中心、审计信息中心。

审计成果 2022 年，广安市审计机关共完成审计项目 207 个。查出主要问题金额 617796 万元，其中违规金额 95602 万元、损失浪费金额 36 万元、管理不规范金额 522156 万元；审计发现非金额计量问题 1346 个；损益（收支）不实金额 86929 万元；出具审计报告和专项审计调查报告 184 篇，被批示、采用 21 篇次。审计处理处罚金额 493248 万元，其中应上缴财政 28693 万元、应减少财政拨款或补贴 13665 万元、应归还原渠道资金 149826 万元、应缴纳其他资金 34981 万元、应调账处理金额 266080 万元；移送司法机关、纪检监察机关和有关部门处理事项 43 件，移送处理人员 19 人，移送处理金额 10057 万元。审计促进整改落实有关问题资金 63167 万元；审计促进拨付资金到位 9058 万元；审计后挽回（避免）损失 2429 万元；核减投资额 13842 万元；移送处理落实事项 6 件。审计提出建议 615 条，被采纳 569

条；推动被审计单位制定整改措施 745 项；促进被审计单位建立健全规章制度 26 项；提交审计信息 116 篇，被批示、采用 57 篇次。向社会公告审计结果 20 篇。

四川经准检验检测集团股份有限公司董事长和原总经理任期经济责任审计项目被评为省审计厅优秀审计项目二等奖，邻水县交通投资集团有限公司董事长和原总经理任期经济责任审计项目被评为省审计厅优秀审计项目二等奖。

政策落实情况跟踪审计 开展优化营商环境等政策措施落实情况跟踪审计，推动相关单位全额清退超标准预留工程质量保证金、违规收费、涉企保证金抵押金等 5900 余万元。

财政审计 对市县 581 个预算单位预算执行情况进行全覆盖审计，有效促进各预算单位节省开支、盘活存量。

组织对 10 个单位 144 个已完工重点项目开展结（决）算办理情况专项审计调查；完成 17 个在审政府工程项目“去库存”任务，审减多计工程造价 3.07 亿元。选取 21 个省市“挂图作战”重点项目开展跟踪审计，促进节约政府工程投资 1700 余万元。

国有企业审计 组织对 11 家市属国企 2019 年至 2021 年度投融资效益与风险情况开展专项审计调查，有力推动国有资产保值增值。

民生审计 组织对 6 个县（市、区）耕地保护政策落实情况、2 个县农村人居环境整治情况实施专项审计。组织开展岳池县人民医院财务收支审计。

经济责任审计 完成 2 名领导干部经济责任审计、1 名领导干部自然资源资产离任审计；组织对全市工会系统开展重大经济事项决策及财务管理专项审计调查。

审计查出问题整改 首次将审计整改落实情况纳入年度审计项目计划，推动 2021 年度审计工作报告反映问题整改率达 91.2%；组织开展深化审计整改专项行动，完成 178 个存量问题整改、涉及金额 1.06 亿元。

相关工作 成功创建“党建铸魂·经济卫士”党建品牌，并被列为全市党建品牌建设示范点；制订大数据审计能力提升三年行动计划，市县两级审计机关共有 8 名干部取得计算机审计中级资格。

（撰稿人：莫　逆）

【达州市审计局】 2022 年，达州市审计局实有 73 人。局长高月睿，副局长刘杰（1 月—）、熊波、蒋普辉，经济责任审计工作联席会议办公室主任吴伪，总审计师王雷，机关党委书记罗意。设有市委审计办秘书科；内设办公室、法规科（审理科）、内部审计监督指导科、电子数据审计科、财政审计科、政策跟踪审计科、经济责任审计科、农业与资源环保审计科、固定资产投资审计科、社会保障审计科、企业与金融审计科、人事科（党建办）、派出审计一科、派出审计二科；下设达州市经济责任审计分局、达州市计算机信息审计中心、达州市政府投资审计中心。

审计成果 2022 年，达州市审计局共完成审计项目 55 个，其中审计 51 个、专项审计调查 4 个。查出主要问题金额 274039 万元，其中违规金额 6527 万元、损失浪费金额 1239 万元、管理不规范金额 266272 万元；审计发现非金额计量问题 381 个；损益（收支）不实金额 988 万元；出具审计报告和专项审计调查报告等 55 篇。审计处理处罚金额 17401 万元，其中应上缴财政 372 万元、应减少财政拨款或补贴 5511 万元、应归还原渠道资金 749 万元、应缴纳其他资金 20 万元、应调账处理金额 10749 万元。移送司法机关、纪检监察机关和有关部门处理事项 10 件，移送处理人员 28 人，移送处理金额 3318 万元。审计促进整改落实有关问题资金 6586 万元；审计后挽回或避免损失 954 万元；核减投资额 16096 万元。审计提出建议 103 条，被采纳 103 条；促进被审计单位建立健全规章制度 120 项；提交审计信息 281 篇，被批示、采用 193 篇次。向社会公告审计结果 31 篇。

达州市科学技术局原局长任期经济责任审计项目被评为四川省优秀审计项目一等奖、大竹县人民医院 2020 年度财务收支审计项目被评为四川省优秀审计项目二等奖。

政策落实情况跟踪审计 围绕重大项目建设、稳经济大盘、成渝地区双城经济圈建设、优化营商环境、乡村振兴、保障和改善民生等重大政策措施落实情况进行政策跟踪审计。

财政审计 开展预算执行审计，对市乡村振兴局等3个部门（单位），农业农村、卫生健康等2个系统29个单位进行了全面检查和重点检查，对其余190余个单位进行了疑点核查。开展乡村振兴、地质灾害治理和大气污染防治等3类专项资金管理使用和绩效情况审计，发现地方政府债券等部分专项资金闲置、绩效管理有待提高等12个问题。

国有企业审计 开展大竹县2家粮食购销企业贯彻落实国家粮食收购、销售、储存等政策规定的情况审计，揭示粮油仓罐有效利用偏低等4个方面35个问题。

农业农村审计 对全市落实耕地保护有关政策和筹集、管理、使用财政资金情况进行了全覆盖审计，推动在全市开展土地流转专项整治工作。

资源环境审计 完成全市7个乡镇、11名党政主要领导干部自然资源资产管理责任审计，揭示了环保政策落实不到位等3方面21个问题。

民生审计 对市本级和通川区、渠县困难群众救助补助资金进行了审计，推动在全市开展社会救助领域腐败和作风问题综合治理，相关经验做法被民政部表彰为15个年度创新实践优秀案例之一。

经济责任审计 完成5家国有企业、2个事业单位主要领导干部经济责任审计。

审计查出问题整改 促进市委市政府出台《审计整改约谈办法》、市人大在全省率先出台《审计查出问题整改工作监督办法》，市政府对5家国有企业主要负责同志开展约谈。实施“审计整改专项行动+审计项目后评估”，高效完成全省审计整改管理系统试点任务，督促存量问题348个清零。

研究型审计 与审计署法规司、南京审计大学合作开发优秀审计项目案例。与四川文理学院合作共建“万达开审计发展研究中心”，举办首届研究型审计论文征集暨评选大赛，形成研究成果23篇，审计厅通报表扬7篇。

专项审计 对达州市第一人民医院项目、8个大中型水库推进情况进行专项审计调查。围绕推动川渝产业合作示范园区建设开展审计，推动重大项目稳步推进，建立健全工作机制，签订10项专项合作协议。

内部审计 推动市县党政机关设立内审机构（含合署）346个、明确职责1008个，实施项目755个；市属国有一级企业建立总审计师制度，配备总审计师2名；乡镇设立片区审计站45个，完成745个村“三资”审计调查、3个村经济责任审计试点，揭示问题6000余个、涉及金额35.71亿元、移送线索40件。

相关工作 新增出台审计委员会“决策领导、运转运行、督办落实”等3方面6项机制，明确审计重大事项提交市委常委会研究决定等24项具体内容，深化“四同八有”党建工作法，开展“四心”作风问题整顿。会同市纪委监委、市委组织部印发《审计发现问题容错纠错机制实施办法》，成为2022年度达州和全省审计系统唯一入选的“改革典型案例”。启动达州数字审计中心建设，构建“3+2”数据分析小组。全年市县20人通过中级以上职称考试，2人获得全省表彰，11人获得“五优干部”“达州好人”等荣誉称号。

（撰稿人：廖俊宇）

【雅安市审计局】 2022年，雅安市审计局实有71人。局长江洪，副局长陈浮、李辉、肖向前，机关党委书记杨霞，党组成员王晓勤（省审计厅下派干部），经济责任审计工作联席会议办公室主任李沛。设有办公室、综合与计划管理科、法规科、内部审计监督指导科、财政审计科、政策跟踪审计科、经济责任审计科、行政事业审计科、农业农村外资审计科、固定资产投资审计科、社会保障审计科、自然资源与生态环境审计科、企业金融审计科、人事科；下设审计技术服务中心。

审计成果 2022年，雅安市审计机关完成审计项目共170个，查出违规问题和管理不规范金额29.17亿元，帮助被审计单位挽回或避免损失1183.24万元，核减政府投资额0.34亿元，向各级纪检监察机关和有关主管部门移送问题线索15项，提出审计意见建议579条，促进健全规章制度19项，整改问题730个，整改金额8.61亿元。

财政审计 开展财政预算执行审计全覆盖，推动解决市本级非税收入未及时缴库、县（区）财政收支管理等问题。开展雅州新区项目投资、经开区土地节约集约利用、滨江绿廊结算等专项审计。

金融审计 开展粮食领域专项检查、农商行专项审计、市属国企产业布局和投融资专项审计调查。

农业农村审计 开展耕地保护政策落实情况专项审计调查，发现土地流转监管不到位等9方面问题。

资源环境审计 全市统筹开展自然资源和生态环境审计项目9个，对10名领导干部履行自然资源资产管理和生态环境保护责任进行精准评价。

民生审计 开展困难群众救助补助、企业工伤预防、就业补助和失业保险基金等审计检查，“6·1”芦山地震和“9·5”泸定地震灾后恢复重建跟踪审计，有效护航全市抗震救灾工作规范有序开展。

经济责任审计 完成5名党政主要领导干部经责审计，修订完善《雅安市市本级重大经济事项决策实施细则（试行）》。

审计查出问题整改 开展审计整改专项行动。对74个被审计单位进行专项检查，清理并督促完成问题整改销号，促进完善管理措施19条，审计整改率由91.23%提升至96.96%，同时对不能立即整改到位问题持续进行跟踪检查。

（撰稿人：张　薛）

【巴中市审计局】 2022年，巴中市审计局实有61人。局长黄拥军（—2月）、严文（2月—），副局长易旭东、李三荣（—5月）、刘迎春（5月—）、赵志勇（—7月）、张治国（7月—），总审计师刘迎春（—7月）、刘飞（7月—），经济责任审计工作联席会议办公室主任丁林。设有市审计委员会办公室秘书科；内设机关党委办公室、办公室（人事科）、综合与计划管理科、法规审理科、财政审计科、审计整改督察科、行政事业审计科、社会保障审计科、农业农村审计科、经济责任审计科，自然资源和生态环境审计科、固定资产投资审计科、派出审计一科、派出审计二科、审计信息中心、政府投资审计中心、国有资产审计中心，经开区审计分局。

审计成果 2022年，巴中市审计机关共完成审计项目162个，查出主要问题金额536300万元，审计发现非金额计量问题765个，出具审计报告和专项审计调查报告165篇，移送司法机关、纪检监察机关和有关部门处理事项23件，审计促进整改落实有关问题资金114935万元。审计提出建议477条，提交审计信息131篇。

巴中市恩阳区审计局区属国有粮食企业粮食购销领域专项审计调查项目被评为审计署优秀审计项目（民生类）二等奖，被评为四川省审计厅优秀审计项目一等奖。巴中市审计局基本养老保险基金审计项目被评为四川省审计厅优秀审计项目二等奖。

政策落实情况跟踪审计 印发政策跟踪审计报告4期，揭示粮食购销领域、困难救助补助资金政策落实等方面存在的问题50个。

财政审计 完成望王山城市综合体市政道路一期建设工程、望王山运动公园二期（健康步道）等5个政府重大投资项目审计。组织对诺水河至光雾山公路（米仓大道）、张家河生态修复（一期）等4个重点项目开展跟踪审计，提出审计建议26条。对市级253个一级预算单位实行全覆盖数据分析，重点延伸审计26个市级部门预算执行情况，推动部门进一步严肃财经纪律、提高财务管理能力和核算水平。

国有企业审计 聚焦国有企业改革、资产负债及损益情况，完成对市公用事业投资集团审计，有效促进市属国有企业深化改革和规范管理。

农业农村审计 完成通江县乡村振兴重点帮扶县相关政策落实和资金审计。

民生审计 完成2021年度全市困难群众救助补助资金审计。

经济责任审计 完成7名市管领导干部经济责任审计，有效促进了领导干部依法依规履职尽责。

（撰稿人：陈　帅）

【资阳市审计局】 2022年，资阳市审计局实有52人。局长龙平，副局长廖念俊、段有阔、袁军，机关党委总支书记蒲敏，总审计师谢彬，市经济责任审计工作联席会议办公室主任韩志林。中共资阳市委审计委员会办公室、资阳市经济责任审计工作联席会议办公室设在市审计局，设有市委审计委员会办公室秘书科。市审计局设有办公室等13个科室；管理正科级事业单位资阳市投资审计中心。

审计成果 2022年，资阳市审计局完成审计项目64个，查出主要问题和管理不规范金额48.24亿元，核减投资额2.03亿元，向纪检监察机关等移送问题线索32件，提出并采纳建议197条。

政策落实情况跟踪审计 开展川渝产业合作示范园区建设管理等情况审计。

财政审计 审计市级财政预算执行情况、高新区三年财政决算等，查出问题70个，提出审计建议11条；审计部门预算执行情况，查出并督促相关单位整改违规发放钱物等问题80个。开展天府国际艺术城、职业教育培训基地等省市重点建设项目审计，查出资金“跑冒滴漏”等75个问题。

金融审计 开展农商行支持乡村振兴信贷投放等情况审计。

民生审计 开展困难群众救助补助资金等情况审计。

经济责任审计 完成9名党政领导干部经济责任审计。

审计查出问题整改 开展审计整改专项整治行动，对三年未整改事项督促清仓见底，整改率由85.09%提升到95.63%。市委、市政府主要负责同志对审计整改工作批示5次。

研究型审计 积极开展研究型审计，充分运用审计成果，向市委市政府报送专报等101篇次，形成调研课题1篇。

内部审计 全市有内审机构130个（含独立机构28个），1个县明确将内审机构和职责编入乡镇（街道）“三定方案”。

相关工作 实施人才强审工程，组织各专项培训19场次259人次，选派11人参加上级审计以及纪检监察、巡视巡察等工作。优选12名导师帮带18名青年干部，选派6名年轻干部到基层一线锻炼，选任提拔5名优秀年轻干部。获评“建设模范机关先进党组织”“五好党支部”，3项工作获先进，7名干部被表扬表彰。

（撰稿人：王雪茹）

【阿坝藏族羌族自治州审计局】 2022年，阿坝藏族羌族自治州审计局实有43人。局长潘建虹，副局长欧亚州、邓维学、孙燕，州经济责任审计工作联席会议办公室主任王华英，三级调研员罗秀英、韩卫东，四级调研员杨卫（农业农村审计科科长）。设有14个科（室）；下设固定资产投资中心。

审计成果 2022年，阿坝藏族羌族自治州审计机关完成审计项目125个，审计查出违规金额33910万元，管理不规范金额331818万元，损失浪费金额735万元，审计处理处罚金额159640万元。出具审计报告和专项审计调查报告157篇，移送问题线索15件，被审计单位采纳审计建议497条。

茂县2020年财政预算执行和决算草案审计项目被评为四川省审计厅优秀审计项目三等奖。

政策落实情况跟踪审计 围绕灾后恢复重建、民生、生态环保等重点领域，持续开展跟踪审计并督促186个单位对审计发现问题进行整改。开展“6·10”马尔康震群地震灾后恢复重建、若尔盖草原湿地山水林田湖草沙冰一体化保护和修复、黄河干流若尔盖段应急处置工程和部分州庆项目的跟踪审计。

财政审计 开展财政预算执行和决算草案审计，查出财政非税收入未及时缴库等8个问题；开展直达资金跟踪审计、州本级200个一级预算单位（部门）预算执行审计全覆盖；完成州本级及7个县（市）地质灾害防治、乡村振兴衔接等专项资金专项审计。

国有企业审计 完成辖区5个工业园区的专项审计。

农业农村审计 完成署定5个国家级帮扶县、省定3个省级帮扶县、州定2个省级帮扶县和茂县等3个帮扶县乡村振兴政策落实和资金使用情况审计。

资源环境审计 完成全州13个县（市）21名乡镇党政主要领导干部的自然资源资产离任（任中）审计工作，开展州本级和若尔盖等6县林草资源生态保护修复专项审计调查。

民生审计 统筹11个县（市）对藏传佛教寺庙财务管理情况进行审计。首次组织统战、民宗、财政等部门参加的联合督导检查组，对寺庙财税监管职能部门履职情况和2021年寺庙审计发现问题整改情况进行专项监督检查。

经济责任审计 完成4名党政主要领导干部经济责任审计。

审计查出问题整改 对2019年至2021年审

计查出问题开展审计整改专项审计调查，共清理存量问题335个、认定“已经完成整改”并销号189个、分阶段整改问题69个，持续整改问题77个。

研究型审计 建立“三会”“三审”制度机制，纵深推进研究型审计，全面提高审计人员业务素质，不断提升审计工作质效。

相关工作 紧盯单位薄弱环节、关键领域，综合运用专题学习典型案例、观看警示教育片、集体谈心谈话、开展风险排查等方式加强教育管理。州审计局班子的公信力和凝聚力得到增强，树牢风清气正的审计队伍良好形象。

（撰稿人：洪 涛）

【甘孜藏族自治州审计局】 2022年，甘孜藏族自治州（以下简称甘孜州）审计局实有61人。局长辛勤，副局长吴建刚（—6月）、江勇刚、唐铭、何琼英（6月—），纪检组长毛雪梅，总审计师何琼英（—6月）、吴建刚（6月—），州经济责任审计工作联席会议办公室主任童红英，机关党委书记夏益军。设有州委审计委员会办公室秘书科；内设办公室、机关党办、法规与审理科、执行监督与内部审计指导科、电子数据审计科、财政审计科、政策跟踪审计科、经济责任审计科、行政事业审计科、农业农村审计科、固定资产投资审计科、自然资源与生态环境审计科、社会保障与企业金融审计科；下设经济责任审计分局、董事监事管理中心、审计信息和投资审计中心。

审计成果 2022年，甘孜州审计机关共组织实施审计和审计调查项目389个，查出主要问题金额72.57亿元，促进增收节支和整改落实问题金额28.86亿元，为国家节约建设资金8943.15万元，提出审计建议504条。

甘孜州审计局实施的中共德格县委书记和县长任期经济责任审计、德格县审计局实施的德格县2021年重大政策措施落实情况跟踪审计项目被评为四川省审计厅优秀（表彰）审计项目。

政策落实情况跟踪审计 持续关注“六稳”“六保”、生态环保、乡村振兴等领域政策措施落实情况，跟踪检查120余个单位，促进化解拖欠民营企业中小企业账款4481万元、加快财政资金拨付22.33亿元。

财政审计 对州县预算执行及51个州县预算单位开展现场审计，促进清理盘活资金3.464亿元，解缴非税收入1.68亿元，清理往来款1822.76万元，推动建立健全有关制度4项。

对州、县79个交通、水利等重大项目实施审计，配合审计署、审计厅开展川藏铁路跟踪审计，核减投资额8943.15万元。

国有企业审计 对2个森工企业、2个州属企业和18个县属企业实施审计，提出审计建议50余条。

经济责任审计 对凉山州1个县、甘孜州2个州级部门、1个州属企业和28名乡科级领导干部实施经济责任审计，同步完成凉山州1个县和甘孜州1个州属企业领导干部自然资源资产审计，提出审计意见60余条。

专项审计 对大渡河流域3县（市）、州本级和康定等9县（市）、全州教育系统实施了耕地保护专项审计调查、林草资源生态保护修复专项审计调查、乡村振兴相关政策和资金专项审计，统筹18个县（市）有序推进教育系统专项和藏传佛教寺庙等审计，提出审计建议70余条。

相关工作 全省涉藏审计业务培训在甘孜县举办。“9·5”泸定地震发生后，及时启动突发重特大自然灾害救灾款物审计监督工作应急预案，抽派州县审计力量35人次，组建9个审计组，主动深入灾区一线开展监督保障工作。

（撰稿人：林咏峰 汪晓萍 漆家曦 安俊洁）

【凉山彝族自治州审计局】 2022年，凉山彝族自治州（以下简称凉山州）审计局实有65人。局长高为民（—4月）、胡晓华（4月—），副局长晏泽荣、朱国刚、许艳，机关党委书记余天伟，总审计师冯志凌，州经济责任审计工作联席会议办公室主任杜凯（10月—），纪检组长沙马古且（6月—）。设有州委审计委员会办公室秘书科；内设机关党委、办公室、人事科、法规科、内部审计监督指导科、电子数据审计科、财政审计科、审计整改督查科、经济责任审计科、行政事业审计科、农业农村审计科、固定资产投资审计科、社会保障审计科、自然资源与生态环境审计科、企业审计科、外资与金融审计科；下设事业单位凉山州审计信息中心。

审计成果　2022年，凉山州审计机关共完成审计项目587个，其中审计515个、专项审计调查72个。查出主要问题金额750139万元，其中违规金额69560万元、损失浪费金额3918万元、管理不规范金额676660万元；审计发现非金额计量问题1829个；损益（收支）不实金额96874万元；出具审计报告和专项审计调查报告587篇。审计处理处罚金额261703万元，其中应上缴财政22831万元、应减少财政拨款或补贴35940万元、应归还原渠道资金86155万元、应缴纳其他资金58万元、应调账处理金额116717万元；移送纪检监察机关及有关部门案件线索40件，移送处理人员11人，移送处理金额17515万元。审计促进整改落实有关问题资金110836万元；审计后挽回（避免）损失37006万元；核减投资额45677万元；移送处理落实事项8件。审计提出建议1886条，被采纳1815条；提交审计信息609篇，被批示、采用93篇次。向社会公告审计结果47篇。

凉山州2020年度基本医疗保险基金筹集使用和运行管理情况审计被评为四川省审计厅优秀审计项目。

政策落实情况跟踪审计　开展清理拖欠民营企业中小企业账款、深化国有企业改革等相关政策措施落实情况、专项资金的管理使用情况等跟踪审计。

财政审计　完成州本级及17县市本级2021年度财政预算执行及财政决算（草案）审计工作。

国有企业审计　完成12个项目，审计查出主要问题金额5.36亿元，督促整改金额3982.31万元。

农业农村审计　完成8县（市）农村人居环境整治、6县巩固拓展脱贫攻坚成果同乡村振兴有效衔接相关政策和资金审计，审计综合报告获州政府主要领导批示。

资源环境审计　完成28个领导干部自然资源资产离任（任中）审计项目，对全州13个县（市）2019年以来林草资源生态保护修复情况开展专项审计调查。

经济责任审计　完成72名领导干部经济责任审计。

审计查出问题整改　成立审计整改督查科，制定《凉山州审计局审计整改跟踪检查办法》，完成移送移交审计问题线索“回头看”。

相关工作　凉山州审计机关始终把政治建设摆在首位，认真落实中央、省、州对审计工作的决策部署，忠诚履责，服务大局，强化学习，弘扬伟大建党精神，积极开展教育活动，加强党风廉政建设，营造风清气正的政治生态。持续开展帮扶村定点帮扶工作，严防规模性返贫，为乡村振兴帮扶贡献力量。（撰稿人：刘瑛怡）

2022年四川省所辖市（州）、县（市、区）审计工作统计表

审计机关	完成审计项目/个	审计查出主要问题金额/万元	审计发现非金额计量问题/个	审计期间整改金额/万元	出具审计报告和审计调查报告/篇	审计处理情况		审计促进整改落实有关问题资金/万元	审计提出建议/条	提交审计信息/篇
						审计处理处罚金额/万元	移送处理事项/件			
成都市										
成都市本级	68	5688124	606	427899	89	212123	34	1907794	381	18
锦江区审计局	13	19824	56	1666	13	2269		582	44	
青羊区审计局	24	231490	10		26	3439	2	3974	32	

续表

审计机关	完成审计项目/个	审计查出主要问题金额/万元	审计发现非金额计量问题/个	审计期间整改金额/万元	出具审计报告和审计调查报告/篇	审计处理情况		审计促进整改落实有关问题资金/万元	审计提出建议/条	提交审计信息/篇
						审计处理处罚金额/万元	移送处理事项/件			
金牛区审计局	27	6969	145	624	43	6420	1	3737	46	
武侯区审计局	12	14485	94	23	16	1415	1	43	61	1
成华区审计局	34	85076	104	1357	34	9723	4	28014	81	5
龙泉驿区审计局	17	217222	122	101371	24	402	5	635	65	23
青白江区审计局	22	42523	112		21	35558	7	36648	50	
新都区审计局	18	45714	127	3439	18	4911	11	3310	75	15
温江区审计局	15	157734	46	282	15	1238	2	5750	41	6
双流区审计局	31	1123488	111	353649	47	355590	4	355523	131	1
郫都区审计局	45	171839	79	78070	50	44082	10	3133	122	10
新津区审计局	46	96671	90	978	56	75997	2	14744	72	
金堂县审计局	41	35199	190	949	36	24046	12	1210	125	1
大邑县审计局	42	57157	41	17515	42	13454		3061	121	2
蒲江县审计局	62	109249	90	6562	62	2626	4	2626	51	4
都江堰市审计局	20	20828	173	1840	21	13014	1	13169	74	5
彭州市审计局	26	95844	83	244	26	65951	2	1714	83	2
邛崃市审计局	27	22047	73	5137	27	13825		12701	76	
崇州市审计局	38	67922	273	378	38	1674	26	3396	121	8
简阳市审计局	17	380243	82	7880	19	102049	9	229725	68	53
天府新区审计局	15	125438	73	215	15	43347	1	4727	23	
高新区审计局	30	10473	157	1419	30	4419	2	3377	98	
东部新区审计局	7	4910	13		7				44	
自贡市										
自贡市本级	29	132906	299	10636	38	16530	11	75465	93	210
自流井区审计局	13	8546	55	4619	14	8129		78	42	4
贡井区审计局	17	58931	141	53	18	786		785	50	2
大安区审计局	10	44039	114	1	12	36174	5	163	63	13
沿滩区审计局	11	36298	49	19	12	30215	6	2744	32	4
荣县审计局	18	27088	107	800	20	3402	12	223962	73	8
富顺县审计局	29	49151	299	10461	37	13798	5	13188	95	6
攀枝花市										
攀枝花市本级	27	154954	256	32834	38	115575	12	35985	146	102

续表

审计机关	完成审计项目/个	审计查出主要问题金额/万元	审计发现非金额计量问题/个	审计期间整改金额/万元	出具审计报告和审计调查报告/篇	审计处理情况		审计促进整改落实有关问题资金/万元	审计提出建议/条	提交审计信息/篇
						审计处理处罚金额/万元	移送处理事项/件			
东区审计局	8	34636	48	430	10	34205		34205	42	64
西区审计局	5	3248	33	13	7	3233	1	2702	26	39
仁和区审计局	17	7990	33	4907	20	3082	2	3083	76	26
米易县审计局	13	64302	140	389	13	30217	2	21533	111	46
盐边县审计局	8	40790	80	10040	8	30749	2	29542	26	
泸州市										
泸州市本级	33	1086515	338	223595	39	537674	17	606365	156	169
江阳区审计局	14	88140	41	73558	14	5712	4	70460	38	21
纳溪区审计局	17	37912	34	605	20	5883	4	5339	50	18
龙马潭区审计局	17	101671	99	9683	18	6000	1	5382	70	23
泸县审计局	20	68533	112	1089	25	479	4	86	61	6
合江县审计局	18	29312	111	9	23	305	1	307	56	12
叙永县审计局	12	113238	67	19158	12	18033	3	18040	45	10
古蔺县审计局	13	10055	113	1	16	1760	12	1768	36	12
德阳市										
德阳市本级	35	606421	203	17909	39	24863	21	6169	112	4
旌阳区审计局	25	152822	114	100	34	13897	3	156	84	
罗江区审计局	11	200982	40	1285	11	3	5		21	
中江县审计局	44	158601	337	19127	60	29367	8	29115	210	7
广汉市审计局	28	53682	187	47	36	7461	7	4520	78	41
什邡市审计局	30	378410	196	23507	44	78526	18	74976	130	1
绵竹市审计局	16	123974	51	34197	17	7663		5506	61	
绵阳市										
绵阳市本级	54	967472	547		54	33815	17	33815	192	102
涪城区审计局	21	34087	122		22	772	1	772	70	12
游仙区审计局	7	12414	26		7		2		21	8
安州区审计局	27	13903	185		27	10	2	10	79	19
三台县审计局	7	41369	66	15351	7	15355	2	15353	16	43
盐亭县审计局	15	117943	41		15		7		48	14
梓潼县审计局	7	53235	50		10		2		39	38
北川羌族自治县审计局	15	174948	162	10438	18	10759	1	10759	55	3

续表

审计机关	完成审计项目/个	审计查出主要问题金额/万元	审计发现非金额计量问题/个	审计期间整改金额/万元	出具审计报告和审计调查报告/篇	审计处理情况		审计促进整改落实有关问题资金/万元	审计提出建议/条	提交审计信息/篇
						审计处理处罚金额/万元	移送处理事项/件			
平武县审计局	14	12272	111	23	17	330		325	38	37
江油市审计局	19	15627	157	7153	19	7231		7231	48	35
广元市										
广元市本级	59	305082	523	24608	62	94158	11	27539	205	95
利州区审计局	38	18878	160	3043	38	18313	9	1712	124	202
昭化区审计局	15	30318	124	663	18	7533		5961	72	2
朝天区审计局	19	11539	119	1	19	11538		11538	66	
旺苍县审计局	24	4049	253	918	36	1000	6	388	89	2
青川县审计局	19	18145	156	1	19	1846	4	11704	71	5
剑阁县审计局	12	16866	233	5282	18	16866	1	16375	75	12
苍溪县审计局	40	4715	281	870	42	4715	29		125	
遂宁市										
遂宁市本级	22	265159	204	38107	22	259779	11	27522	81	21
船山区审计局	16	32614	149		16	32614	1	32251	58	1
安居区审计局	16	623	159	1	16	622	3	277	62	7
蓬溪县审计局	13	58555	98	1	13	57098	7	10992	48	1
大英县审计局	18	8497	85	13	18	8490	1	8083	45	
射洪市审计局	14	529596	98	17	14	390660	12	149524	43	
内江市										
内江市本级	60	532226	607	963	65	27615	19	19644	160	373
市中区审计局	21	99379	338	408	29	3555	2	6029	78	89
东兴区审计局	24	359213	200	192	33	14170	12	2428	105	43
威远县审计局	60	28609	292	61	71	7805	1	1146	179	12
资中县审计局	46	39420	517	87	60	351	7	788	208	22
隆昌市审计局	27	375144	327	5	72	3556	2	3767	203	10
乐山市										
乐山市本级	39	2229040	339	31	49	12699	15	357	118	14
市中区审计局	15	35597	4	4	19	7	2	1689	3	
沙湾区审计局	6	27922	11		6	26844			49	
五通桥区审计局	6	57337	4		7	3263	2		22	
金口河区审计局	8	28347	4	3	4	28095	3		38	2

续表

审计机关	完成审计项目/个	审计查出主要问题金额/万元	审计发现非金额计量问题/个	审计期间整改金额/万元	出具审计报告和审计调查报告/篇	审计处理情况		审计促进整改落实有关问题资金/万元	审计提出建议/条	提交审计信息/篇
						审计处理处罚金额/万元	移送处理事项/件			
犍为县审计局	13	60348	78	75	14		2	2	37	1
井研县审计局	9	1342	22		8				43	
夹江县审计局	4	149898	12	68855	7	32			16	
沐川县审计局	15	1820	17	15	15	1577	1		37	
峨边彝族自治县审计局	7	946	28	946	7	946		756	23	
马边彝族自治县审计局	11	1585	4	1248	11	1585		1528	32	
峨眉山市审计局	20	42503	151	92	25	50	4	15	73	42
南充市										
南充市本级	81	414909	596	25	81	14343	17	14285	179	13
顺庆区审计局	24	159486	171	54352	24		1	21018	114	9
高坪区审计局	22	272909	217	11	22	6064	5	272909	64	14
嘉陵区审计局	16	25229	276	3	16	316		134	53	7
南部县审计局	63	31878	74	1085	86	31878		29971	166	22
营山县审计局	13	17074	61	380	13	16105		16105	42	11
蓬安县审计局	30	9885	62	6939	43		3	9685	69	7
仪陇县审计局	15	118188	101	5706	15	19987	6	19048	51	30
西充县审计局	40	208082	91		40	2733		2733	74	15
阆中市审计局	28	188181	151	6576	28	727	4	147	95	11
眉山市										
眉山市本级	24	2067721	122	199096	30	227896	10	1642	63	102
东坡区审计局	21	90900	84	2	28	20254	3	11206	60	21
彭山区审计局	18	57912	98	20641	23	798	1	608	44	63
仁寿县审计局	24	124190	130	21098	35	67524	12	16994	73	8
洪雅县审计局	20	41294	101	14	26	6176	2	5980	43	37
丹棱县审计局	21	22033	94		31	549		75	62	4
青神县审计局	19	50341	100	12014	28	1052	2	1052	45	43
宜宾市										
宜宾市本级	24	881183	196	19812	36	211546	28	156932	67	91
翠屏区审计局	21	15219	131	86	26	2514	8	2521	59	53
南溪区审计局	26	71544	155	4906	30	4219	4	2057	79	55

续表

审计机关	完成审计项目/个	审计查出主要问题金额/万元	审计发现非金额计量问题/个	审计期间整改金额/万元	出具审计报告和审计调查报告/篇	审计处理情况		审计促进整改落实有关问题资金/万元	审计提出建议/条	提交审计信息/篇
						审计处理处罚金额/万元	移送处理事项/件			
叙州区审计局	8	135157	105	2303	11	244	4	3170	26	30
江安县审计局	11	53548	82	1798	10	16011	8	5634	28	30
长宁县审计局	18	45208	99	13	27	36851	8	35471	66	24
高县审计局	7	24239	54		10	4973	10		24	55
珙县审计局	17	16981	121	1	23	11828	3	9313	56	51
筠连县审计局	8	18709	43	186	11	550	6	2637	29	46
兴文县审计局	20	12057	180	17	22	2914	16	3332	80	28
屏山县审计局	25	104221	98	6821	32	29952	10	131	78	75
广安市										
广安市本级	41	396357	582	5362	50	373497	15	26522	133	10
广安区审计局	29	21270	90	45	18	17699	1	12018	62	38
前锋区审计局	19	9480	189	196	21	9463	3	7318	144	25
岳池县审计局	34	16890	165	58	38	16823	2	10863	97	4
武胜县审计局	27	18425	161	275	19	2563	15	2393	67	5
邻水县审计局	27	82015	82		18	842	7	842	35	6
华蓥市审计局	30	73359	77	673	20	72358		3208	77	28
达州市										
达州市本级	55	274039	381	5096	55	17401	10	6586	103	281
通川区审计局	21	19364	82	2813	21	18940	9	18940	64	68
达川区审计局	77	2870	13	5	77	2563	2	2524	379	46
宣汉县审计局	29	16169	76	52	29	6	4	14416	74	41
开江县审计局	35	3254	43	3254	35		5	3254	132	63
大竹县审计局	58	265896	136	1	58	13714	5	13714	123	49
渠县审计局	36	26086	245	6	36	8573	3	8420	107	81
万源市审计局	22	67951	47	318	22		7	38941	36	36
高新区审计局	26	3200	78	1100	26	15	2	1300	76	10
雅安市										
雅安市本级	24	159839	139		22		3	6893	23	5
雨城区审计局	15	882	103	464	15	669	1	664	52	17
名山区审计局	24	61697	84	1882	24	4329		1477	101	6
荥经县审计局	17	8366	84	7368	17	7602		7729	73	20

续表

审计机关	完成审计项目/个	审计查出主要问题金额/万元	审计发现非金额计量问题/个	审计期间整改金额/万元	出具审计报告和审计调查报告/篇	审计处理情况		审计促进整改落实有关问题资金/万元	审计提出建议/条	提交审计信息/篇
						审计处理处罚金额/万元	移送处理事项/件			
汉源县审计局	15	9030	64	2	15	54	1	24	51	1
石棉县审计局	14	3120	150				5		61	7
天全县审计局	30	12033	183	3533	30	3291	4	4009	103	28
芦山县审计局	19	11427	100		19				77	1
宝兴县审计局	12	32714	62		12		1	2968	40	7
巴中市										
巴中市本级	45	188685	270	185	45	2176	2	28208	95	17
巴州区审计局	26	26000	19	900	26	15	9	2400	75	54
恩阳区审计局	23	42776	98	638	25	42756		25660	72	16
通江县审计局	19	47062	86	17378	19	27	6	25507	61	5
南江县审计局	30	158000	166	1246	30	36003	4	33161	103	3
平昌县审计局	19	73780	100	4	20	270	2		71	36
资阳市										
资阳市本级	64	482400	344	46218	67	157977	32	71441	197	46
雁江区审计局	29	34563	55	24	35	8022	5	4910	71	31
安岳县审计局	35	36033	133	2987	43	12038	8	11185	89	42
乐至县审计局	31	17200	104	11	31	3345	13	16937	80	20
阿坝藏族羌族自治州										
阿坝藏族羌族自治州本级	31	241077	378	29846	37	93717	14	22537	130	140
马尔康市审计局	9	52880	62		9	22769		92880	42	11
汶川县审计局	8	10177	75	7329	8	3954			39	93
理县审计局	7	10438	44	12	7	10433	3	7	25	11
茂县审计局	11	7018	72	948	11	4071		477	68	45
松潘县审计局	8	5648	49	458	8	3859		41	54	6
九寨沟县审计局	6	2215	94		6	2212		1879	50	
金川县审计局	6	5656	13	1431	6	1545		1415	40	45
小金县审计局	5	2602	39	1795	5	968		96	27	3
黑水县审计局	5	542	41		5			356	30	8
壤塘县审计局	10	19627	62		10	13294		8855	62	102
阿坝县审计局	6	4005	36	193	6	990	2	6020	20	4

续表

审计机关	完成审计项目/个	审计查出主要问题金额/万元	审计发现非金额计量问题/个	审计期间整改金额/万元	出具审计报告和审计调查报告/篇	审计处理情况		审计促进整改落实有关问题资金/万元	审计提出建议/条	提交审计信息/篇
						审计处理处罚金额/万元	移送处理事项/件			
若尔盖县审计局	7	3076	52	1	7	1811		1798	43	14
红原县审计局	6	800	23		6			758	27	7
甘孜藏族自治州										
甘孜藏族自治州本级	50	228556	348		50	2893	31	3068	151	63
康定市审计局	21	12983	226	76	21	9449	1	192	70	
泸定县审计局	16	1585	112	3	16	1585	1		60	
丹巴县审计局	16	10758	44	2450	16	10400		9712	45	
九龙县审计局	16	79869	34	4907	16	11347	4		44	
雅江县审计局	18	81371	111		18	109			52	
道孚县审计局	19	361	89		19	170			50	7
炉霍县审计局	15	58968	62		15	929	2		45	
甘孜县审计局	17	460	55		17	398			51	
新龙县审计局	17	2370	82		17	2205	6		42	40
德格县审计局	17	103438	108		17	103150	4	9103	50	15
白玉县审计局	17	18336	126	13951	17	18336	3		60	
石渠县审计局	13	2333	497	1	13	2333	1	2209	26	
色达县审计局	19	239704	113	241	19	138447			51	
理塘县审计局	18	15878	133		18	15872	3	2960	66	
巴塘县审计局	15	24571	137	1207	15	10035	2		53	
乡城县审计局	14	18210	44		14	160		6	68	6
稻城县审计局	19	154616	105		19	121980	8	36069	62	
得荣县审计局	17	11712	66	428	17	11712	4	11712	97	6
凉山彝族自治州										
凉山彝族自治州本级	29	292790	204	16813	29	130640	1	52651	110	137
西昌市审计局	102	28781	193	545	102	21788	9	21788	304	202
会理市审计局	28	52555	213	1	28	1538	1	1538	79	
木里藏族自治县审计局	18	38535	47		18	36143		1	41	
盐源县审计局	27	3767	51		27	3318		3318	85	
德昌县审计局	53	18703	165		53	3745	3	3745	102	
会东县审计局	23	13738	56		23	3846	5	3846	82	102

续表

审计机关	完成审计项目/个	审计查出主要问题金额/万元	审计发现非金额计量问题/个	审计期间整改金额/万元	出具审计报告和审计调查报告/篇	审计处理情况		审计促进整改落实有关问题资金/万元	审计提出建议/条	提交审计信息/篇
						审计处理处罚金额/万元	移送处理事项/件			
宁南县审计局	30	12619	61		30	4808	3	991	68	
普格县审计局	24	14234	67		24	4796	3	4796	69	
布拖县审计局	20	1959	90	295	20	376	1	376	60	30
金阳县审计局	21	6076	47		21	1411	3	1025	50	
昭觉县审计局	17	21298	44		17	6267		1407	55	15
喜德县审计局	22	5132	46		22	2150		615	142	3
冕宁县审计局	85	74342	193		85	734	5	734	369	105
越西县审计局	24	59149	44		24	8081	3	8081	62	1
甘洛县审计局	20	34365	127	23	20	4157		4147	67	
美姑县审计局	22	12885	110	11874	22	1012	1	161	68	
雷波县审计局	22	59203	71	26029	22	26885	2	1608	73	15

贵州省

【贵州省审计厅】 2022年，贵州省审计厅实有267人。中共贵州省委审计委员会办公室设在贵州省审计厅，设中共贵州省委审计委员会办公室秘书处。贵州省审计厅设有办公室、计划管理与整改督察处、法规处、审理处、内部审计指导监督处、电子数据审计处、财政审计处、教科文卫审计处、行政政法审计处、农业农村审计处、固定资产投资审计处、社会保障审计处、自然资源和生态环境审计处、金融审计处、企业审计处、涉外审计处、经济责任审计处、人事教育处、规划财务处、宣传处（机关党委办公室）；设有省委机关审计处、宣传审计处、统战审计处、外事及驻外机构审计处、政法审计处、教育审计处、科学技术审计处、工信建设审计处、民政社保审计处、资源环境审计处、交通运输审计处、农业水利审计处、贸易审计处、卫生体育审计处、社会管理审计处、经济执法审计处、广电通讯审计处、发展统计审计处、群团文化旅游审计处、地方金融审计处、省企业审计一处、省企业审计二处、省企业审计三处、省企业审计四处、省企业审计五处、省企业审计六处、省企业审计七处；下设贵州省审计厅政府投资审计中心、贵州省审计信息技术服务中心、贵州省审计培训中心、贵州省审计厅机关服务中心。

领导成员

党委书记、厅长：熊　杉

党委委员、副厅长：李　凌　徐嵩舜
谢　俊（10月—）
朱　平（—12月）

党委委员、省经济责任审计工作联席会议办公室主任：李　丽

总审计师：谢　俊（—10月）

二级巡视员：张　艳　岑　明　谢　青
李　雪　李　楠（11月—）
谢春秀（—4月）

审计成果 2022年，贵州省审计机关共实施审计项目989个（贵州省审计厅实施审计项目84个）。查出主要问题金额3854.79亿元，其中违规

金额379.17亿元、损失浪费金额24.66亿元、管理不规范金额3450.96亿元；累计发现非金额计量问题6337个，促进资金拨付到位、增收节支和挽回避免损失共122.34亿元，核减投资额4.65亿元；累计向纪检监察机关和有关部门移送处理事项550件涉及606人，审计提出建议2838条，促进被审计单位建立健全规章制度365项。

省审计厅组织实施的困难群众救助补助资金审计、网络信息化审计、乡村振兴审计形成的部分审计成果被审计署纳入了呈报党中央和国务院的相关报告，多次获得党和国家领导批示。向省委、省政府上报的各类审计成果，共获得省领导批示140余次。贵州省审计厅实施的黔西市2020年乡村振兴审计项目、金沙县审计局实施的金沙县疫情防控和捐赠款物专项审计项目、息烽县审计局实施的息烽某公司董事长经济责任审计项目被评为全国审计机关优秀审计项目三等奖。

政策落实情况跟踪审计 按照党中央、国务院和省委、省政府重大决策部署，紧紧围绕“四新”主攻“四化”主战略和“四区一高地”主定位，重点关注巩固拓展脱贫攻坚成果同乡村振兴有效衔接政策落地落实、地方政府专项债券管理和使用绩效、新型城镇化建设等重大民生保障政策落实情况，揭示了重点专项资金和重大投资项目、产业项目利益联结机制落实等方面存在的问题，并提出审计建议，推动重大政策落地落实，助力贵州省经济高质量发展发挥了建设性作用。

财政审计 坚持以提高财政资金绩效、深化预算管理体制改革为目标，通过开展2021年度省级预算执行和决算草案编织情况审计、国家金库贵州省分库2021年度省级预算资金的收纳、划分、留解和拨付情况审计，安顺市、黔西南州2021年度财政收支情况审计，贵州省发展改革委员会组织分配2021年度省级财政投资情况审计、全省地方政府专项债券审计、贵州省发展和改革委员会、贵州省财政厅、贵州省人民检察院、贵州省高级人民法院、贵州省公安厅、贵州省自然资源厅、贵州省公安厅交通管理局、贵州省商务厅、贵州省机关事务管理局、贵州省广播电视台、贵州省体育局、贵州省妇女联合会2021年度预算执行和决算草案及其他财政收支情况审计等18个财政审计，倒逼被审计单位强化专项资金的管理使用和重大风险的防范化解。揭示问题43个，涉及问题金额19.12亿元；2021年度地方政府专项债券管理使用情况审计，揭示问题311个，涉及问题金额214.93亿元，有效促进了财政资金的规范管理使用和重大风险的防范化解。贵州省审计厅党委书记、厅长受贵州省人民政府委托向省十三届人大常委会作了《关于2021年度贵州省省级预算执行和其他财政收支的审计工作报告》和《关于2021年度省级预算执行和其他财政收支审计查出问题整改情况的报告》，均得到省人大常委会的充分肯定和高度评价。

组织对遵义市、黔南布依族苗族自治州2021年度网络安全和信息化建设情况进行审计。紧紧围绕“政治—政策—资金—项目”主线，从信创项目产生的政治背景出发，研究相关政策措施，扎实开展审前调研，掌握资金、项目总体情况，合理编制审计实施方案，加强大数据技术对信息化项目的应用。审计揭示了信息化建设中存在资金管理使用不规范、项目管理不严格、网络和数据安全制度执行不到位等问题，推动被审计单位完善网络安全责任及考核等制度26项，编制网络安全和信息化建设审计操作指引，撰写关于网络安全和信息化建设调研报告，推动贵州省网络安全和信息化建设高质量发展，形成的部分审计成果被审计署纳入了呈报党中央和国务院的相关报告，并被审计署数据司来函表扬。

组织对凯里市、西秀区、钟山区、碧江区、清镇市、黔西市、桐梓县等7个县（市、区）新型城镇化建设项目开展专项审计调查。重点关注新型城镇化项目在投资决策、资金筹集使用、建设管理及投资绩效等方面存在的问题及风险隐患，促进规范项目管理，加快项目建设，提高投资绩效。对省发展改革委2021年度省级财政投资情况开展审计，重点关注了省发展改革委在项目预算编制、专项资金分配管理、投资计划下达、投资绩效等方面履职尽责的情况，促进规范专项资金的分配管理，提高专项资金效益。

国有企业审计 对贵州省汽车产业发展情况进行了专项审计调查，全面摸清了贵州省汽车产业基本情况、企业经营现状、项目进展情况，揭示了贵州省汽车产业发展中存在的问题和困难，推动贵州省汽车产业更加科学、规范、高质量发展。开展了贵州出版集团有限公司、贵州钢绳集团有限公司2家国有企业资产负债损益审计。重点围绕国有企业贯彻执行国家和省委省政府经济方针政策和决策部署、深化国有企业改革、财务收支真实合法效益情况、财务及投资风险等方面开展审计，揭示了企业经营管理中存在的问题和风险隐患，促进省属国有企业严守财经法纪，提高经营管理水平和效益，更好地服务于全省发展大局。

金融审计　按照“抓定位、防风险、促发展”的总体思路，开展了遵义市新浦长征村镇银行、六盘水市钟山凉都村镇银行、铜仁市丰源村镇银行风险防控专项审计调查，深入揭示了部分地区村镇银行在股权结构、业务状况、资产质量、内控体系等方面的问题，提出化解风险的对策建议，3家村镇银行根据审计调查建议修订了《关联交易管理办法》《流动性风险应急预案》等9项制度，更好地促进了贵州省村镇银行的发展。

农业农村审计　组织实施了纳雍县、沿河土家族自治县、剑河县、望谟县、罗甸县、关岭布依族苗族自治县、从江县等乡村振兴重点帮扶县相关政策落实和资金审计，共抽查了农业（帮扶）产业项目692个、部门和单位260个、乡（镇、街道）161个、行政村311个，入户调查农户1600户。揭示了产业扶持和就业帮扶成效不佳等方面的问题159个，产业项目利益联结机制落实不到位等方面的问题261个，其中140个问题被审计署综合报告采用，并有2个问题作为综合报告典型案例，并被审计署农业农村审计司来函表扬。

资源环境审计　认真贯彻落实“绿水青山就是金山银山”理念，组织完成遵义市、黔南布依族苗族自治州、黔西南布依族苗族自治州、修文县、普定县、松桃县、天柱县主要领导干部7个自然资源资产离任（任中）审计，涉及领导干部10名。重点围绕耕地保护、生态环境保护、自然资源资产管理等方面，揭示问题242个。印发了《关于开展领导干部自然资源资产离任审计评价指标体系试评价工作的通知》，组织全省审计机关参照中共中央办公厅、国务院办公厅印发《关于建立健全领导干部自然资源资产离任审计评价指标体系的意见》（厅字〔2022〕26号），对2022年开展的自然资源资产和生态环境审计项目进行试评价，为2025年建立贵州省评价指标体系打好基础。

民生审计　2021年11月至2022年3月，对毕节市、铜仁市和黔南布依族苗族自治州实施困难群众救助补助资金审计，摸清了困难群众救助补助资金规模、保障对象、保障标准等基本情况，揭示资金被挤占挪用、救助补助政策落实不到位等主要问题106个，涉及问题金额16.44亿元。上报的多个问题被审计署综合报告采用，审计发现的问题得到中央领导的重要批示，根据批示精神全省开展了困难群众救助补助资金审计问题专项治理工作，审计成效明显。实施的医保基金和“三医联动”改革专项审计调查共抽审了铜仁市、黔南州以及黔东南州。调查从医药、医疗、医保三个方面切入，揭示药品耗材医疗设备层层加价导致价格虚高、民营医院欺诈骗保、地方政府及其部门违规以公立医院融资举借债务等主要问题168个，涉及问题金额53.19亿元。审计将6.78亿元医疗救助资金纳入社保基金财政专户管理；促进收缴、原渠道归还资金3.82亿元；促进资金拨付到位3.81亿元；累计追责问责200余人、建章立制100余项。

经济责任审计　组织实施遵义市、黔南布依族苗族自治州、修文县、普定县、松桃县、天柱县党政主要领导干部及省广播电视台、贵州理工学院、贵州开放大学（贵州职业技术学院）、贵州出版集团有限公司、贵州钢绳集团有限公司主要领导人员等11个经济责任审计，揭示了落实省委、省政府重大经济方针政策决策部署不到位，重大经济决策不规范，财政财务管理及经济风险防范方面，民生保障和改善、生态文明建设项目管理方面问题共303个，涉及问题金额2498.96亿元。特别是在地方党政主要领导干部经济责任审计中，针对地方平台公司成为经营风险、债务风险、廉政风险、社会责任风险的聚集地和引爆点的重大风险隐患，更加突出以地方平台公司为审计重点，揭示了地方平台公司违法违规向民营企业出借资金、给予补贴，接盘民营企业不良资产等问题。并形成专报上报省委审计委员会，相关省领导作出批示和部署，相关部门已出台相关规定规范平台公司管理，推动平台公司转型、改革，成效突出。

涉外审计 组织实施贵阳市全球环境基金可持续城市发展综合项目、德国复兴信贷银行中德财政合作贵州省森林可持续经营项目、亚洲开发银行贷款农业综合开发长江绿色生态廊道项目、世界银行贷款铜仁农村公路项目、世界银行贷款贫困片区产业扶贫试点示范项目、亚洲开发银行贷款贵州省石漠化区水资源高效利用示范工程项目、世界银行贷款贵州农村发展项目、世界银行贷款贵州省养老服务体系建设项目、亚洲开发银行贷款贵州贵安新区新型城镇化智慧交通体系发展项目等9个国外贷援款公证审计项目和贵州黔南民族医学高等专科学校购置教学设备及土建项目绩效审计项目1个，项目投资总额281.48亿元，其中利用外资86.81亿元，抽审子项目117个，审计查出问题66个，涉及问题金额8.83亿元，审计建议被采纳66条，减少财政资金损失浪费427.09万元，促进被审计单位建章立制9项，在规范国外贷援款项目资金管理使用、提升项目绩效等方面发挥了积极作用。

专项审计 组织实施白云区、仁怀市、平坝区、盘州市、望谟县、黎平县、长顺县、思南县等8个县（市、区）学前教育专项资金审计项目，揭示被审计地区学前教育领域资金分配管理使用和政策执行中的突出问题130个，提出审计建议29条，助力贵州省学前教育高质量发展。

审计查出问题整改 加强审计查出问题整改督促检查，推动审计查出问题全面整改落实到位，高质量做好审计监督“下半篇文章”，更好发挥审计“治已病、防未病”的重要作用。制定《贵州省审计机关审计查出问题分类整改实施暂行办法》，建立“三个三”审计整改工作机制，对审计查出问题全口径建立台账，推进建立问题整改主体责任单位和省级行业主管部门“双台账”，采取“按月+按季度+适时”的方式全流程跟踪调度，按照“事要解决”“钱要追回”“人要处理”要求，严格落实三级审核机制，做到审核不过关决绝不放过，确保整改实效。强化审计监督与党委政府督查、纪检监察、人大监督等各类监督协作配合，进一步凝聚形成审计整改强大合力，审计整改权威进一步树立、效率进一步提升、成效进一步凸显。截至2022年12月底，2021年度省级预算执行和其他财政收支审计查出的立行立改类问题672个，已按时限要求完成整改622个，整改率92.55%。

着力提升审计业务质量 贵州省审计厅以审计质量提升为载体，扎实推进研究型审计机关工作，制定出台《审计质量提升年活动实施方案》，通过加强审计项目计划管理、优化项目组织方式、精心编制实施方案、深化审计现场管理、强化审理复核、加强审计会议审定、规范审计文书表达、抓严抓实审计整改、强化质量考核、加强对内审工作的监督指导等方式，助力了审计工作高质量发展，确保“审计质量提升年”行动取得实效。进一步规范和优化优秀审计项目评选工作，修订印发《贵州省审计机关优秀审计项目评选办法（试行）》；组织完成全省优秀审计项目评选，向审计署报送参评项目，获审计署表彰省级项目三等奖1个、县级项目三等奖2个。

内部审计 组织全省各级审计机关对228个单位实施的247个内部审计项目进行了专项检查，检查共发现问题1887个，针对发现的问题下达检查意见书209份。积极推动被审计单位规范内部审计行为，切实提高内部审计工作质量和水平。省审计厅派出调研组赴贵州省盘江煤电集团有限公司、贵州省交通厅、黔南州审计局等13家单位及部分下属单位就内部审计工作开展情况进行调研，撰写了《贵州省内部审计工作综合情况报告》，为出台贵州省内部审计指导性文件奠定了基础。

相关工作 紧扣《贵州省“十四五”审计工作发展规划》，加强对信息化建设的战略部署，克服疫情、搬迁等意外情况和困难，较好地完成了主要建设内容，基本完成构建全省集中统一的审计大数据中心、审计综合作业平台、审计数字化管理平台、综合服务支撑系统的建设任务。

坚持把全省审计干部队伍建设摆在更加突出位置，先后调整配备市（州）审计局领导班子12名，推荐厅机关2名35岁以下干部到县（区）审计局任职、1名35岁以下干部提拔到省属国企任职，从多所“985”高校选调12名优秀毕业生，择优录用64名公务员，从系统外选调14名优秀干部，接收安置2名“85后”军转干部，干部的年龄结构、职称等级、学历层次和专业水平得到显著优化。先后完成《贵州省“十四五”审计人才发展规划》《贵州省审计厅关于加强审计项目人员考评工作的实施办法（试行）》《贵州省审计厅跟班学习人员管理办法（试行）》等规章制度，成为全国审计系统率先出台《“十四五”审计人才发展专项规划》的省份。

坚持将管党治党主体责任抓在手上，印发《2022年全省审计机关党的建设工作要点》，召开全省审计机关党风廉政建设工作会议和警示教育大会，与省纪委省监委派驻第十七纪检监察组召开工作会商会，推动党风廉政建设向纵深推进。严格落实中央八项规定及其实施细则精神，制定改进作风狠抓落实21条具体措施。常态化开展预防提醒谈话、集中约谈，累计开展廉政提醒谈话2800余人次。（撰稿人：陶再炀）

【贵阳市审计局】 2022年，贵阳市审计局实有88人。局长周毅（—3月）、李菊（3月—），副局长文玉宏、朱云进、陈刚，总审计师周静，市经济责任审计工作联席会议办公室主任肖岚，固定资产投资审计评审中心主任齐云。设有中共贵阳市委审计委员会办公室秘书处；内设办公室、法规与整改督察处、审理处、内部审计指导监督处、电子数据审计处、财政审计处、行政事业审计处、农业农村审计处、固定资产投资审计处、重大项目审计处、社会保障审计处、自然资源和生态环境审计处、企业审计处、经济责任审计处、教科文卫审计处、金融审计处、人事教育处（机关党委办公室）；下设参公事业单位贵阳市固定资产投资审计评审中心。

审计成果 2022年，贵阳市审计机关共完成审计项目138个，其中审计111个、专项审计调查27个。查出主要问题金额1500551万元，其中违规金额439095万元、损失浪费金额1505万元、管理不规范金额1059951万元；审计发现非金额计量问题514个；损益（收支）不实金额41772万元；审计发现侵害人民群众利益680万元；出具审计报告和专项审计调查报告173篇，被批示、采用5篇次。审计处理处罚金额52114万元，其中应上缴财政33188万元、应归还原渠道资金6185万元、应缴纳其他资金646万元、应调账处理金额12095万元；移送司法机关、纪检监察机关和有关部门处理事项25件，移送处理人员12人，移送处理金额251104万元。审计促进整改落实有关问题资金231858万元；审计促进拨付资金到位20505万元；审计后挽回（避免）损失7万元。审计提出建议345条，被采纳151条；促进被审计单位建立健全规章制度3项；提交审计信息957篇，被批示、采用184篇次。向社会公告审计结果3篇。

息烽县都市现代化农业扶贫开发投资有限公司董事长2018年3月至2020年12月任期经济责任审计项目被审计署评为全国审计机关优秀审计项目三等奖，南明区本级2017年至2020年部分政府投资项目建设情况专项审计调查项目被评为全省审计机关优秀审计项目二等次。

审计委员会办公室工作 坚持党对审计工作的集中统一领导，认真履行审计委员会办公室职责，深入学习贯彻习近平总书记关于审计工作的重要讲话和指示批示精神、中央审计委员会和省委审计委员会有关会议和文件精神，审议年度本级预算执行和其他财政支出报告和问题整改落实情况报告、年度审计项目计划草案等审计重要事项；协调督促有关方面落实各级党委审计委员会工作部署和要求，认真开展好审计重大事项请示、报告、报备工作，全年报送重大事项共计121件，提请召开市县两级审计委员会全体会议23次，其中单独召开14次。

政策落实情况跟踪审计 紧紧围绕党中央、省委、市委部署要求，以促进政策落实、项目落地、资金生效为目标，坚持“四主四市”工作思路，扎实推进“强省会”行动，组织完成贵阳贵安2021年度地方政府专项债券审计以及清镇市新型城镇化建设调查项目审计，重点揭示了贵阳市部分区县、平台公司拖欠中小企业账款及农民工工资、违规发放自主创业补贴、挤占挪用专项资金、违反招投标程序等问题，推动国家重大决策部署和省、市工作部署落地见效。

财政审计 组织完成2021年度本级预算执行和编制决算草案、各级金库2021年度办理财政预算收纳划分留解情况、部门预算执行和决算草案及其他财政收支审计，并按照十一届贵阳市委常委会第49次（扩大）会议明确将各开发区预算执行情况纳入审计监督范围的要求，组织完成贵阳国家高新区管委会、贵阳综合保税区管委会

2021年度财政财务收支情况审计。通过审计，重点揭示未及时拨付专项资金、未及时开工建设导致资金沉淀、未及时征收国有资本经营收益、专项资金被挪用、预决算编报不规范、国有资产管理不严格等方面问题，促进中央、省、市重大决策部署落地见效，为贵阳贵安提升经济质量与效益提供强有力的审计监督保障。

国有企业审计 组织完成贵阳市农业农垦投资发展集团有限公司2021年资产、负债、损益审计以及贵州天河潭旅游有限责任公司、贵阳青岩古镇景区管理有限公司2019年至2021年财务收支情况审计调查等国有企业审计，重点揭示违反招投标程序、管理人员失职造成投资损失浪费、建设单位失职渎职导致施工单位虚报费用骗取国家建设资金、部分项目因论证不充分造成资产低效闲置等问题，向贵阳市纪检监察机关移送处理事项20余项，审计结果得到贵阳市委、市政府主要领导充分肯定和高度评价。

资源环境审计 组织完成贵阳市有关区县主要领导干部自然资源资产离任审计及贵阳市2020年至2021年林业财政专项资金审计，重点揭示未全面落实垃圾分类实施方案、落实耕地“非农化”政策不力、未严格落实环评审批制度、大量污水入河，河监测断面多次水质抽样检测不达标、未完成城镇污水处理厂进水生化需氧量浓度达标任务、部分污水治理工程管护不善，存在雨污混流等方面问题，促进领导干部牢固树立绿色发展理念和正确政绩观。

民生审计 组织完成贵阳贵安农村“五治”资金使用情况专项审计调查、贵阳市本级学前教育专项资金审计以及贵阳市本级2022年筑城温暖活动资金专项审计调查等民生审计。针对学前教育“入园难”“入园贵”等社会热点难点问题，围绕学前教育规划、普惠政策落实、经费保障机制、学前教育日常监管等重点内容，延伸审计6个部门和单位，抽查12个学前教育机构，重点揭示超标准收取保教费、对无证幼儿园排查不彻底、治理不到位、违规造册发放营养补助资金等问题，助推学前教育高质量发展。组织完成贵阳贵安“一圈两场三改”建设资金使用情况专项审计调查，共计抽查206个建设项目，针对农贸市场、老旧小区、背街小巷改造发放群众满意度调查问卷共计927份，重点揭示贯彻落实政策措施、资金筹集使用、履行基本建设程序、项目招投标、项目建设管理等方面存在的问题，有效保障人民群众切实利益。

经济责任审计 组织完成贵阳市29名领导干部经济责任审计，揭示相关领导干部违规决策对外投资造成资金损失、违规制定和执行招商扶持奖励政策、违规向区属平台公司注资和出借大量财政资金、国企资金长期被民企无偿占用等问题。按规定召开全市经济责任审计工作联席会议及经济责任审计结果反馈会，进一步规范单位管理、促进权力规范运行，提升经济责任审计在党和国家监督体系中的重要作用。

审计查出问题整改 各级党委审计委员会、政府分别召开会议高位安排部署审计整改工作，由政府制定出台审计整改方案，成立整改工作领导小组和专班，压实被审计单位整改主体责任、主管部门的监督管理责任，探索提出分类整改要求，对问题实行对账销号动态管理，统筹协同推进审计整改落实。2022年10月，贵阳市审计局局长李菊受贵阳市人民政府委托向市人大常委会作《市人民政府关于2021年度贵阳市市本级预算执行和其他财政收支审计工作报告审议意见研究处理情况以及审计中有关问题整改落实情况的报告》，贵阳市人大常委会首次听取调研工作组跟踪调研报告，首次听取重点整改责任单位的整改报告，首次对全市的整改报告形成审议意见，首次通过表决的形式通过整改报告，进一步完善贵阳市审计整改跟踪监督机制，有力推动审计查出问题的整改。

研究型审计 围绕“审计质量提升年”行动，通过融合式、嵌入式、整合式、上下联动等方式，认真开展研究型审计，沿着“政治—政策—项目—资金”主线层层聚焦实施审计，按照“资金—项目—政策—政治”路径分析研判提出建议，抓实抓细审计全过程质量管理，助推审计工作高质量发展。

内部审计 加强业务指导和监督，认真贯彻落实内部审计统计调查制度。完成贵阳市1474家内部审计统计调查报表审核、汇总上报工作，组织完成对贵阳市国有企业、医院、教育系统等27家单位内部审计工作质量检查。

相关工作 参加全省审计机关主题演讲比赛，荣获全省审计机关主题演讲比赛优秀组织奖和个人二等奖；组织贵阳市审计系统272名干部全力参与疫情防控攻坚战，由贵阳市审计局党组书记担任党支部书记的盐务街道办事处临时党支部荣获贵阳市直机关疫情防控先进集体表彰；完成贵阳市审计局投资审计系统设计开发、贵阳市审计系统金审三期改造建设工作。（撰稿人：卫小芳）

【六盘水市审计局】 2022年，六盘水市审计局实有60人。局长代云盘（—6月），副局长卢德正（6月—）、李成培、董巍娜，副局长、市经济责任审计工作联席会议办公室主任张立敏，总审计师王小月，六盘水市政府投资审计中心主任王坤平。设有办公室、政策法规科、计划管理与整改督察科、电子数据审计科、财政审计科、行政事业审计科、农业农村审计科、固定资产投资审计科、社会保障审计科、自然资源和生态环境审计科、金融与外资审计科、企业审计科、经济责任审计科、人事教育科；下设六盘水市政府投资审计中心。

审计成果 2022年，六盘水市审计机关共完成审计项目45个。查出主要问题金额2150895万元，审计处理处罚金额85490万元，移送纪检监察机关、司法机关处理事项44件。审计提出建议119条；向省审计厅和六盘水市委、市政府提交审计专题、综合报告和审计信息252篇次，被批示、采用107篇次。

六盘水市审计局实施的安顺市2020年养老保险基金、医疗保险基金审计项目，钟山区审计局实施的钟山区大河镇原党委书记、镇长2018年3月至2020年12月任期经济责任审计项目，盘州市审计局实施的盘州市柏果镇党委副书记、镇长2018年1月至2020年12月任期经济责任审计项目被评为贵州省审计厅优秀审计项目。

财政审计 完成市县两级同级财政预算执行情况审计和21个部门预算执行情况审计，揭示预算编制批复不规范118024万元，未按规定征收缴纳收入16656万元，违规改变项目计划和资金用途2756万元等问题。完成计划内政府投资审计项目2个，核减投资9737万元。

民生审计 完成民生类专项资金审计项目2个，查出主要问题金额16070.53万元。

经济责任审计 完成经济责任审计项目12个，查出违规金额2227万元，管理不规范金额31043万元，提出审计建议36条。

相关工作 全面落实“全国审计一盘棋下的全省审计一盘棋”重要部署，抽派65人次参与乡村振兴审计、地方金融机构风险防控专项审计调查、新型城镇化建设项目专项审计调查、“三医联动”审计调查、税收审计等10个审计项目，圆满完成了上级审计机关交办的各项任务。

（撰稿人：匡奇珊）

【遵义市审计局】 2022年，遵义市审计局实有31人。党组书记、局长严天宁，党组成员、副局长李镇薇、付同涛（3月—）、刘畅（3月—），党组成员、总审计师付同涛（—3月）、何学洪（3月—），党组成员、市经济责任审计工作联席会议办公室主任王竞（3月—）。设有办公室、人事教育科、政策法规科、财政金融审计科、行政事业审计科、农业与资源环保审计科、固定资产投资审计科、经济责任审计科、企业审计科。

审计成果 2022年，遵义市审计机关完成审计及审计调查项目共计110个，查出主要问题金额3383843万元，审计决定处理处罚金额404168万元，移送纪检监察机关和有关部门78件55人，移送处理金额68642万元。审计促进整改落实有关问题金额102106万元，审计提出建议336条。其中，市审计局实施审计及审计调查项目13个，向市委审计委员会呈报审计专报11期，向市纪委市监委等部门移送案件线索和问题疑点36件，2人受到开除党籍开除公职处分，涉嫌犯罪问题依法移送检察机关审查起诉，8人受到诫勉谈话，4人受到批评教育，1名干部受到降低退休待遇处分，其他线索正在核实办理。

遵义市审计局实施的遵义市道桥建设（集团）有限公司2018年至2020年度资产、负债及所有者权益审计项目被评为2022年全省审计机关优秀审计项目一等次，绥阳县审计局实施的绥阳县教育体育局局长任期经济责任审计项目被评为全省审计机关优秀审计项目三等次。

财政审计 市县两级审计机关聚焦财政财务收支真实合法效益，对本级财政预算执行和编制决算草案情况、国家金库办理预算资金情况、部门预算执行情况等开展了审计。其中市审计局对国家金库遵义市中心支库办理市级2021年预算收支情况、遵义市本级2021年度地方政府专项债券管理使用情况、遵义市2021年度市本级财政预算执行和编制市级决算草案情况、遵义市播州区2021年度财政收支情况进行了审计，对市水务局、市市场监督管理局2021年部门预算执行及其他财政财务收支情况进行了审计。通过审计，进一步促进了财政资金规范管理使用。6月10日，市委审计委员会召开全体会议，审议了《遵义市2021年市级预算执行及其他财政支出情况审计报告》。6月27日，市审计局代市政府向市人大常委会作工作报告，并全票通过审议。

国有企业审计 根据省纪委省监委要求，经市委市政府交办，市审计局组织对遵义道桥建设（集团）有限公司2018年至2020年度资产、负债及所有者权益进行审计。审计揭示了道桥集团存在资产负债率居高不下、举债约束机制缺失、项目投资回报率低、项目建设推进缓慢、项目管理混乱、违反招投标程序，以及涉嫌挪用公款、违规用车、违规兼职、账实不符等问题，移送市纪委市监委等部门处理事项18件。

农业农村审计 为深入贯彻落实党中央、国务院关于坚决守住不发生规模性返贫底线的决策部署，按照省审计厅的统一安排部署，市审计局完成对正安县乡村振兴相关政策落实和资金管理使用情况审计。重点聚焦产业帮扶相关政策落实和资金管理使用情况，揭示和反映正安县产业帮扶在带动脱贫群众稳定持续增收方面存在的问题与不足，提出意见建议，促进巩固提升脱贫地区特色产业发展，完善联农带农机制，提高脱贫人口家庭经营性收入，夯实脱贫基础，防止发生规模性返贫。

资源环境审计 完成了播州区原区长自然资源资产离任审计，重点关注了被审计领导干部贯彻落实生态文明方针政策和决策部署情况，遵守自然资源资产管理和生态环境保护法律法规情况，以及履行自然资源资产管理和生态环境保护监督职责的情况，通过审计推动被审计领导在自然资源资产管理和生态环境保护工作中守土有责、守土负责、守土尽责。

经济责任审计 全市完成对28家单位、41名领导干部的经济责任审计，审计查出主要问题金额62019万元。其中市审计局完成了对市市场监督管理局党委书记局长经济责任审计和遵义市第四中学党委书记校长经济责任审计，并向市委审计委员会以及市经济责任联席会议成员相关单位出具了审计结果报告和审计报告。

审计查出问题整改 认真贯彻落实习近平总书记关于审计整改工作的重要指示精神和中央、省委关于审计整改工作的决策部署，按照《贵州省审计机关审计查出问题分类整改实施暂行办法》，结合整改工作实际，对审计查出问题按立行立改、分阶段整改、长期整改提出要求，实施精准管理。

专项审计 对仁怀市2019年至2021年学前教育专项资金进行审计，揭示被审计地区学前教育领域资金分配管理使用和政策执行中的突出问题，推动建成广覆盖、保基本、有质量的学前教育公共服务体系，满足人民群众对“幼有所育”的美好期盼，助力仁怀市学前教育高质量发展。

对桐梓县2020年以来新型城镇化建设项目开展审计，重点关注政策措施落实情况、资金筹集及使用情况、建设管理情况等方面，以项目为抓手，通过揭示问题，有针对性地提出意见建议，促进城镇化政策措施落实，促进新型城镇化项目有序推进，促进全面提升城镇综合承载能力，提升城镇居住品质。

相关工作 根据省审计厅的统一安排部署，组织完成了遵义市世界银行贷款贵州农村发展项目2021年度财务收支和项目执行情况审计；组织对6个县（市、区）2022年度税收征管情况开展审计；组织对全市33家单位内部审计工作开展情况进行专项检查，对1576家单位开展了内部审计统计调查；组织开展了2021年工业和信息化、能源结构调整及城乡建设发展专项资金、2021年基层库款保障水平及“四化”和生态环保基金延伸审计；参与了铜仁市医疗保险基金和“三医联动”改革专项审计调查，以及审计署审计发现挪用住宅维修基金问题整改督导等工作。按照市委书记的批示，对正安县举办第二届吉他音乐节活动情况进行了调查；按照市委巡察办的要求，对遵义市老干部局财务状况进行了调查。

（撰稿人：胡林彬）

【安顺市审计局】 2022年，安顺市审计局实有58人。局长罗继荣，副局长汪泽荣、黄峰、王海（4月—）、甘宗祥（—4月），纪检组长徐家猛（—5月），经济责任审计工作联席会议办公室主任吴宏祥，总审计师伍树鼎，固定资产投资审计中心主任毛南宏（6月—）、陈华（—6月）。设有办公室等11个科（室），下设固定资产投资审计中心、经济技术开发区固定资产投资审计中心、黄果树风景名胜区固定资产投资审计中心。

审计成果 2022年，安顺市审计机关共完成审计项目65个，专项审计调查1个。查出主要问题金额1549997万元，其中违规金额254969万元、损失浪费金额1140万元、管理不规范金额1293887万元；审计发现非金额计量问题305个；损益（收支）不实金额187605万元；审计发现侵害人民群众利益2467万元；出具审计报告和专项审计调查报告71篇，被批示、采用3篇次。审计处理处罚金额486634万元，其中应上缴财政7096万元、应减少财政拨款或补贴740万元、应归还原渠道资金238948万元、应缴纳其他资金2042万元、应调账处理金额237807万元；移送司法机关、纪检监察机关和有关部门处理事项12件，移送处理人员14人，移送处理金额6793万元。审计促进整改落实有关问题资金111972万元；审计促进拨付资金到位25465万元；审计后挽回（避免）损失6万元；核减投资额2634万元；移送处理落实事项2件。审计提出建议192条，被采纳106条；推动被审计单位制定整改措施20项；促进被审计单位建立健全规章制度7项；提交审计信息180篇，被批示、采用26篇次。向社会公告审计结果3篇。

关岭县巩固拓展脱贫攻坚成果同乡村振兴有效衔接相关政策和资金审计项目被评为省级优秀审计项目三等次。

政策落实情况跟踪审计 开展国家重大政策措施落实情况跟踪审计。

财政审计 开展2021年度市本级预算执行及决算草案编制情况审计，国家金库安顺市中心支库2021年度市级财政预算资金收纳、划分、留解和拨付情况审计，政府专项债券审计，安顺市生态环境局2021年度预算执行和决算草案及其他财政收支审计，安顺市商务局2021年度预算执行和决算草案及其他财政收支审计，安顺市应急管理局2021年度预算执行和决算草案及其他财政收支审计。

开展安顺学院改扩建工程一期建设项目竣工决算审计。

国有企业审计 开展安顺市国有资产管理有限公司2021年度资产负债损益审计。

农业农村审计 开展关岭县巩固拓展脱贫攻坚成果同乡村振兴有效衔接相关政策和资金审计，贵州省紫云苗族布依族自治县乡村振兴重点帮扶县相关政策落实和资金审计。

资源环境审计 开展安顺市生态环境局党委书记、局长任职履行生态环境保护责任情况审计。

民生审计 开展安顺市本级2021年度东西部协作资金使用情况审计，2021年度城乡居民大病医疗保险专项资金审计，平坝区学前教育专项资金审计。

经济责任审计 开展安顺市生态环境局局长、党委书记经济责任审计，安顺市国有资产管理有限公司党委书记、董事长、党委副书记、副董事长兼总经理济责任审计，安顺市实验学校校长经济责任审计。

审计查出问题整改 市审计局党组高度重视，采取多种方式督促推动问题整改。截至12月底，各类审计发现的839个问题加上12月省审计厅新增反馈42个问题，共计881个问题，已完成整改684个，整改中197个。下一步将按市政府工作部署，继续加强审计查出问题跟踪督促，推动问题整改落实到位。对于整改不到位、整改不力、屡审屡犯的，提出问责建议。

研究型审计 把开展研究型审计作为“全省审计质量提升年行动”的具体抓手，制定了安顺市审计局关于贯彻《贵州省审计厅“审计质量提升年”行动实施方案》的意见，印发了《安顺市审计局推进大数据审计工作的实施方案》《安顺市审计局审计工作流程图》《安顺市审计局审计整改结果分类认定实施细则》等控制制度。着眼于宏观政策背景、立足于被审计对象、落脚于提高审计质量，深入开展审前调研、审中小结、审后总结，加强审前、审中、审后三个环节的问题研究和经验总结，把研究融入、贯穿于审计立项、实施、报告全过程各方面。安顺市审计局实施的关岭县巩固拓展脱贫攻坚成果同乡村振兴有效衔接相关政策和资金审计项目和安顺市西秀区审计局实施的西秀区文体广电旅游局 2020 年度部门预算执行和其他财政收支情况审计项目被省审计厅评为全省优秀审计项目三等次。

审计理论研究 针对审计发现问题整改、领导干部经济责任审计和审计质量提升 3 个方面存在的困难和问题开展调查研究，形成了《关于近年来审计查出问题整改落实情况的调研报告》《关于经济责任审计“穿透式”调研的报告》和《让青年审计干部在审计高质量发展中发挥主力军的作用》3 篇调研报告，通过理论与实践的科学结合，在推动审计查出问题整改落实到位，进一步发挥经济责任审计在经济监督和干部监督中的作用，培养新时期青年审计干部提升审计质量方面取得了较好效果，促进了安顺审计工作高质量发展。

内部审计 全市审计机关共对 15 家单位的内部审计工作进行了专项检查，并抽查了 15 个内部审计项目，检查结束后向被检查单位出具了检查反馈意见，填报了 2022 年度内部审计检查发现问题表。

相关工作 以党的政治建设为统领，持续深化机关党的建设，持续强化理论武装，持续夯实基层基础，持续推进正风肃纪，持续推动党建和业务深度融合，持续加强督促指导，建设让党中央放心、让人民群众满意的模范机关，以高质量机关党建引领推动审计工作高质量发展，更好发挥审计在党和国家监督体系中的重要作用。坚持以习近平新时代中国特色社会主义思想为指导，深入学习贯彻习近平法治思想和习近平总书记视察贵州重要讲话精神，全面学习贯彻党的二十大精神，紧紧围绕市委、市政府和省审计厅的工作部署，进一步提升依法审计、依法行政、依法办事的意识和能力，统筹推进法治建设、强化审计监督和普法宣传教育等工作。

完成数据分析室建设，设备、空调、线路等均已按照要求安装完毕，并保障所辖县区局的相关设备也运行顺利。截至 2022 年底，全市金审三期工程均按节点完成相关工作。

认真做好《党政领导干部选拔任用工作条例》的学习宣传，把干部选拔任用相关政策、规章、文件学习列入党组理论学习和党员干部政治理论学习的重要内容，在学习贯彻党的干部路线方针政策、遵守干部选拔任用工作各项纪律、履行干部选拔任用工作程序、深化干部人事制度改革和强化干部选拔任用工作监督、开展整治用人上不正之风，以及加强干部队伍自身建设等方面，局党组高度重视，准备充分，组织严密，程序到位，使干部选拔任用工作进展顺利，进一步树立了良好选人用人导向。

全面贯彻落实中央、省委、市委作风建设的有关要求，根据全市作风革命要求，在全局开展整治形式主义、官僚主义的作风革命，教育引导全局干部职工转变作风、提升效能，以高质量审计工作不断推动全市经济社会高质量发展。

（撰稿人：夏露露）

【毕节市审计局】 2022 年，毕节市审计局实有 63 人。局长王雄伟，副局长陈志勇、项学新（—4 月）、罗兰宽（4 月—）、李刚（4 月—），总审计师杨大莲（—4 月），市经济责任审计工作联席会议办公室主任卢永峰，市政府投资审计中心主任陈国忠。设有办公室、法规和审理科、电子数据审计科、财政审计科、农业农村审计科、行政事业审计科、社会保障审计科、固定资产投资审计科、自然资源和生态环境审计科、企业和金融审计科、经济责任审计科、人事教育科（机关党委办公室）；下设毕节市政府投资审计中心、毕节市经济责任审计办公室。

审计成果 2022 年，毕节市审计机关共完成审计项目 100 个，其中审计 99 个、专项审计调查 1 个。查出主要问题金额 270.40 亿元，其中违规金额 57.49 亿元、损失浪费金额 800 万元、管理不规范金额 212.83 亿元；审计发现非金额计量问题 761 个；损益（收支）不实金额 29.31 亿元；审计发现侵害人民群众利益 2.75 亿元；出具审计报告和专项审计调查报告 100 篇，被批示、采用 9 篇次。审计处理处罚金额 74.38 亿元，其中应上缴财政 3.36 亿元、应减少财政拨款或补贴 100 万元、应归还原渠道资金 69.53 亿元、应缴纳其他资金 0.53 亿元、应调账处理金额 0.95 亿元；移送司法机关、纪检监察机关和有关部门处理事项 65 件，移送处理人员 94 人，移送处理金额 18.43 亿元。审计促进整改落实有关问题资金 2.27 亿元；审计促进拨付资金到位 0.95 亿元；审计后挽回（避免）损失 34 万元；核减投资额 1923 万元；移送处理落实事项 8 件。审计提出建议 316 条，被采纳 72 条；促进被审计单位建立健全规章制度 31 项；提交审计信息 392 篇，被批示、采用 138 篇次。

金沙县疫情防控资金和捐赠款物专项审计项目获评全国审计机关优秀审计项目三等奖、全省审计机关优秀审计项目一等次，毕节市第一人民医院 2019 年至 2021 年财务收支审计项目获评全省审计机关优秀审计项目一等次，黔西市人民医院院长 2018 年至 2020 年任职期间经济责任履行情况审计项目获评全省审计机关优秀审计项目二等次。

政策落实情况跟踪审计 聚焦推动重大政策落地落实，开展纳雍县、赫章县巩固拓展脱贫攻坚成果同乡村振兴有效衔接相关政策和资金审计、市本级 2021 年度地方政府专项债券管理使用情况审计以及黔西市新型城镇化专项审计调查，及时发现和纠正“上有政策、下有对策”“有禁不止、有令不行”等行为，确保各项政策措施落到实处、发挥实效。

财政审计 对毕节市工信局等 3 家市直单位 2021 年度预算执行和其他财政收支情况进行审计，对国家金库毕节市中心支库 2021 年度办理市本级预算资金收纳、划分、拨付及预算收入退库情况进行审计，对毕节市第一人民医院等 2 家市直单位 2019 年至 2021 年财务收支进行审计、对金沙县财政决算收支进行审计，着力揭示专项资金拨付不及时、监管不到位，内控制度执行不严，会计基础不规范、往来款清理不及时等问题，促进财政规范管理、完善制度、防范风险。

完成了毕节市双山职教城高、中等职业学校教师公租房建设项目（一期）竣工财务决算审计，紧扣贯彻落实重大经济政策、执行基本建设程序情况、参建单位履约履职情况、建设资金使用效益等情况开展审计，发现业主单位及审核中介机构竣工结算审核把关不严，造成重大国有资金损失 1661.35 万元，审计促进追回多付工程款 423.15 万元。

民生审计 对大方县等 6 个县（市、区）开展困难群众救助补助资金审计，审计发现重复享受救助补助待遇、不符合救助补助条件享受救助补助、应救助未救助及已死亡人员、服刑人员、财政供养人员享受救助补助等问题。促进收回违规发放资金 233.72 万元，补发或拨付资金 1116.35 万元。

经济责任审计 聚焦权力运行，推进领导干部经济责任审计，完成毕节市科技局等 3 家市直部门主要负责同志经济责任履行情况审计，完成毕节市交通运输集团有限责任公司主要领导经济责任审计和金沙县党政主要领导经济责任及自然资源资产（任中）审计，促进了领导干部依法履行职责，规范权力运行，切实维护财经秩序，保障经济社会健康发展。

审计查出问题整改 制定了《毕节市审计局加强审计查出问题整改工作方案》，聚焦审计整改中重点、难点、热点问题，压紧压实被审计单位的主体责任、主管部门的监管责任和市审计局的督导责任，推动审计查出问题整改全覆盖。着力强化与市督查考核局协同联动，促进问题整改有力有序有效推进。对照审计报告，建立问题清单，认真执行“一月一调度”工作机制，实行动态管理，严格对账销号，全面推动审计查出问题整改落实到位。“十三五”以来，各级审计机关共反馈 4746 个问题，已整改 4009 个，整改率为 84.47%。

研究型审计 扎实开展“审计质量提升年”行动，做深做实研究型审计，制定出台审计现场管理办法，从严加强审计管理。高质量抓好审前准备，分析研判被审计单位可能存在重大问题的领域和薄弱环节，为编制高质量实施方案提供依据；高质量抓好审计实施，建立“周小结、旬调度、月汇报”工作机制，定期开展项目讨论，及时研究审计发现的问题；高质量抓好审后总结，切实发挥审计建设性作用，向市委审计委员会报送审计专报 5 篇，均获得市委审计委员会领导批示。

交办任务 一是助力新冠肺炎疫情防控。审计干部闻令而动、义无反顾，切实扛起防控责任，以守土有责、守土负责、守土尽责的使命与担当坚守抗疫一线，在全市疫情防控攻坚战中展现审计新担当新作为。二是助力乡村振兴。定期到乡村振兴联系村威宁县羊街镇双河村和联系乡威宁县新发乡开展调研，帮助联系点理清发展思路，解决实际问题，切实做好乡村振兴联系帮扶工作。三是助力文明城市创建。定期组织干部赴包联单位天河社区开展文明实践活动，通过发放宣传手册、宣传袋、口罩等宣传品、开展问卷调查等方式，营造人人支持、人人参与文明城市创建的浓厚氛围。四是助力法治政府建设。出台《审计项目审理委员会会议制度》《审计项目质量控制制度》等11项制度，进一步提高依法审计意识，不断提高审计质量，助力毕节市获评“全国法治政府建设示范市”。

相关工作 成立毕节市审计系统信息工作专班，定期制定信息工作的目标任务和落实措施。组建信息员队伍，配齐配强信息工作专（兼）职人员24名，为开展信息工作提供有力保障。制定信息宣传工作考核办法，每季度印发信息工作情况通报，充分调动了审计干部工作积极性，进一步扩大信息源、提升信息质量。2022年，全市审计机关获采用信息共121篇，审计信息宣传工作获全省审计系统第一名。

加强优秀年轻干部培养选拔使用，完成市审计局机关和所属参公管理事业单位共18名科级干部选拔任用和27名干部职级晋升工作，进一步充实和优化中层干部队伍；完成县级审计机关66名干部职级晋升工作；配合省审计厅完成9名干部晋升一级至四级调研员工作，进一步激发队伍整体活力。按照网格化管理要求，落实局领导班子成员对口联系县（市、区）审计局制度，定期到审计一线了解实情、解决问题、推动工作。认真贯彻落实全省政府系统“改进作风、狠抓落实”工作部署以及全市深化作风建设警示教育大会精神，以“防范廉政风险、提升审计质量”为主题，深入开展审计机关作风突出问题整治。聚焦重点开展监督，围绕关键少数、关键部位、关键环节，强化审计现场管理监督检查，组织开展廉政谈话60人次，督促审计人员落实工作纪律，坚持树新风、明规矩、严纪律，推进正风肃纪。

（撰稿人：张人俊）

【铜仁市审计局】 2022年，铜仁市审计局实有50人。局长田仁华，副局长陈辉廷、陈世新，总审计师、市固定资产投资审计评审中心主任陈静，纪检组长田峰，市经济责任审计工作联席会议办公室主任庞晓旭。内设13个科（室）；下设固定资产投资审计评审中心，铜仁市审计信息中心。

审计成果 2022年，铜仁市审计机关完成审计项目计划100个，其中审计98个、专项审计调查2个。查出问题金额994876.42万元，其中违规金额120168.08万元，损失浪费金额1597.17万元，管理不规范金额873111.17万元。审计发现非金额计量问题428个。审计期间整改金额114664.62万元。损益（收支）不实金额22169.01万元。出具审计报告和专项审计调查报告127篇，被批示、采用12篇次。审计处理处罚金额212010.40万元，其中应上缴财政82373.36万元、应减少财政拨款或补贴741.08万元，应归还原渠道资金124171万元、应缴纳其他资金1911.24万元、应调账处理金额2813.72万元。移送司法机关、纪检监察机关和有关部门处理事项146件，移送处理人员116人，移送处理金额12679.65万元。审计促进整改落实有关问题资金168250.98万元，审计促进拨付资金到位4703.82万元，审计后挽回（避免）损失172.18万元，核减投资额1807.62万元，移送处理落实事项2件。审计提出建议317条，被采纳305条。促进被审计单位建立健全规章制度29项。提交审计信息456篇，被批示、采用288篇次。

铜仁市审计局组织实施的江口县2020年至2021年7月乡村振兴审计项目被评为全省审计机关优秀审计项目三等次；铜仁市万山区审计局组织实施的仁山街道党工委原书记、办事处原主任任期经济责任审计项目被评为全省审计机关优秀项目一等次。

财政审计 完成财政和预算执行审计45个，延伸审计单位26个，审计查出问题金额798622.93万元。

农业农村审计 组织实施沿河县2021年巩固拓展脱贫攻坚成果同乡村振兴有效衔接相关政策和资金审计，查出违规问题26个，涉及资金

3263.01万元，审计期间纠正及整改违规问题1357.3万元，向市纪检监察机关移送案件线索4件，涉及县处级领导1人，科级干部5人。

资源环境审计 组织开展玉屏侗族自治县领导干部自然资源资产离任（任中）审计，审计发现问题19个，涉及问题金额1041.53万元。

民生审计 开展思南县学前教育专项资金审计，审计发现问题20个，涉及问题金额11811.33万元。

经济责任审计 市审计局组织对玉屏侗族自治县党政主要领导任期经济责任进行审计，全市审计经济责任人37人，其中县处级4人，乡科级31人，地方企业、金融机关2人；提交审计报告和审计结果报告65篇；查出主要问题金额95927万元。

审计查出问题整改 市委审计委员会办公室、市审计局通过建立“双台账”、下发督促函等形式落实整改督促责任，开展审计整改现场督导5次。省审计厅反馈问题整改率86.4%，《2021年度市本级预算执行和其他财政收支审计工作报告》所列问题275个，完成整改240个，整改率87.27%。松桃自治县人民政府、市水务局列为2022年审计查出突出问题整改责任单位。

研究型审计 2022年在玉屏县实施深入式审计，将铜仁市审计局实施的党政主要领导干部经济责任和自然资源资产离任（任中）审计、政府财务收支审计、投资审计调查等统筹一体推进，与玉屏县审计局年度7个审计计划项目同步实施，形成“1+4+7”大审计模式，深化了审计结果运用。在思南、德江两个县试点开展乡镇党政主要领导干部经济责任交叉审计，取得较好成效。玉屏县平溪街道领导干部经济责任审计与市委巡察同步互动，形成巡察、审计贯通协同。探索审计审理提前介入、“周结月报”、“一项目一案例”等机制，与市检察院建立公益诉讼机制。4篇审计案例文章获《审计观察》采纳推介。

内部审计 2022年度全市内部审计机关39个，内审人员109人（专职人员62人），完成审计项目196个，审计发现问题409个。市审计局组织对全市22个单位开展内部审计检查，在铜仁市人民医院、市城交集团的内部审计检查中发现程序、规范等方面问题7个。

相关工作 3月3日至4日，在江口县举办180余人全市审计质量提升专题培训班。3月4日晚上组织全市审计机关“三八”国际妇女节联谊工会活动。6月17日在德江县组织举办全市审计机关“喜迎二十大、奋进新征程”主题演讲比赛。“七一”在石阡县困牛山红军壮举纪念地开展支部联建。建立“师徒”传帮带机制，为年轻审计干部成长搭建平台。（撰稿人：杨　涵）

【黔西南布依族苗族自治州审计局】 2022年，黔西南布依族苗族自治州审计局（含义龙分局）实有47人。局长张庆星，副局长沈浩廷、龙敏，州经济责任审计工作联席会议办公室主任李明凤。设有州委审计委员会办公室秘书科；内设办公室、计划管理与整改督察科、政策法规科（审理科）、电子数据审计科、财政审计科、教科文卫审计科、农业农村审计科、固定资产投资审计科、社会保障审计科、自然资源和生态环境审计科、企业审计科、经济责任审计科、人事科；下设州政府性投资建设项目前置审计中心、决算审核中心和审计信息技术服务中心。

审计成果 2022年，黔西南布依族苗族自治州审计机关共完成审计项目82个，查出主要问题金额43亿元，审计发现非金额计量问题446个，审计期间整改金额4.43亿元，审计处理处罚金额24.61亿元；移送处理事项59件；出具审计报告91篇；提出并被采纳审计建议200条。实施的审计项目获全省审计机关3项表彰。2人获省审计厅“贯彻党代会、喜迎二十大”主题演讲比赛优秀奖，1人被州委州政府表彰为平安黔西南建设先进个人，1人获审计署会计基础培训考核优秀。

政策落实情况跟踪审计 对晴隆县乡村振兴相关政策落实和资金跟踪审计。抽查2021年至2022年6月底资金情况，审计查出五个方面共17个问题，共涉及金额1.68亿元。审计提出加强项目、资金管理、建立健全扶贫项目资产长效运行管理机制等精准审计建议，并通过整改督促，处理责任人1人、建立完善相关制度机制1项。

财政审计 全州完成财政和部门预算审计49个，查出问题232个，主要问题金额25.09亿元；提出并被采纳审计建议80条；移送事项9件。8

月 26 日，受州政府委托向人大常委会作《审计工作报告》连续第六年获大会表决全票通过。

组织实施政府性投资审计项目 9 项，查出审计问题 55 个，问题金额 1.37 亿元，移送事项 4 件。

资源环境审计 实施安龙县原县长自然资源资产离任审计，查出违规占用基本农田造成资金损失等 23 个问题，涉及问题金额 1.08 亿元，提出审计建议 4 条，督促生态保护治理和高质量发展。

民生审计 开展学前教育专项资金审计，查出问题 15 个，涉及主要问题金额 4250 万元。完成望谟县巩固拓展脱贫攻坚成果同乡村振兴有效衔接相关政策和资金的审计。查出四个方面共 18 个问题，涉及金额 7474 万元。推动整改政策资金落地问题 2 个、防止返贫致贫监测和帮扶方面问题 4 个、促进脱贫群众稳定增收方面问题 9 个、资金管理使用绩效方面问题 3 个。

经济责任审计 审计机关完成经济责任审计项目 12 个，发现问题 230 个，查出问题金额 11.53 亿元。其中，违规金额 2.8 亿元，管理不规范金额 8.48 亿元，损失浪费金额 2494 万元，移送事项 42 件。

相关工作 聚焦审计发现问题，各级协同抓实整改。12 月 20 日，受州政府委托在州九届人大第六次会议上作《审计查出问题整改情况的报告》，得到全体代表充分肯定。抓实研究型审计。"一把手"亲自谋划部署推动；探索推进"三制""四库"；明确 8 名高级审计师为专家委员会专家，2 次推进研究型审计工作，2 次召开研究型审计工作交流暨高质量发展推进会。持续推进干部队伍、党风廉政和精神文明建设。县市审计机关新增领导 9 名，新任用州局科级干部 5 名；采取"现场观摩+座谈交流"方式推进"模范机关"深化创建；常态化开展"会前一刻钟"警示教育 14 次，组织开展全州审计系统酒驾醉驾专项警示教育 1 次，专题警示教育 2 次。（撰稿人：刘崇芳）

【黔东南苗族侗族自治州审计局】 2022 年，黔东南苗族侗族自治州（以下简称黔东南州）审计局实有 43 人。局长李昌钦，纪检组长李万秉，副局长刘才泉、周小燕，总审计师李志军，州经济责任审计工作联席会议办公室主任朱珠，州政府投资前置审计中心主任龙家茂。设有办公室、法规审理和整改督察科、财政审计科、行政事业社会保障审计科、经济责任审计科、固定资产投资审计科、农业农村审计科、自然资源与生态环境审计科、企业金融外资审计科、人事教育科（机关党的建设办公室）；下设黔东南州经济责任审计办公室（内设经济责任审计一科、审计二科、审计三科）、黔东南州政府投资前置审计中心（内设投资审计一科、审计二科）。

审计成果 2022 年，黔东南州审计机关共完成审计计划项目 151 个，审计单位 172 个，出具审计报告 194 篇，审计查出主要问题金额 2203337 万元。其中，违规金额 75487 万元，损失浪费金额 708 万元，管理不规范金额 2127142 万元，发现非金额计量问题 773 个，移送相关部门处理事项 32 项（移送处理人员 14 人），移送处理金额 34011 万元；审计促进整改落实有关问题资金 142891 万元，提出审计建议 494 条，被采纳建议 222 条。代州人民政府向州人大常委会报告的《关于 2021 年度州级预算执行和其他财政收支的审计工作报告》和《关于 2021 年度州级预算执行和其他财政收支审计查出问题整改情况的报告》得到会议肯定，获满意评价。2022 年，全州审计机关聚焦主责主业，全面履行审计监督职责，扎实推进"审计质量提升年"行动，在全省审计系统综合目标考核中被评为一等次。

凯里市审计局实施的凯里市文体广电旅游局 2020 年度部门预算执行及其他财政收支情况审计项目被评为贵州省县级审计机关优秀审计项目三等次。

政策落实情况跟踪审计 完成了 6 个国家重大政策措施落实情况跟踪审计项目。审计重点揭示了政策措施贯彻落实中存在的突出问题，及时总结改革发展中的创新举措和取得的成效，推动中央和地方各级党委、政府重大决策部署落实到位，促进政令畅通和经济平稳运行、健康发展。同时关注了经济社会发展过程中出现的新情况、新问题，有针对性提出对策建议，保障经济社会平稳健康运行。审计查出主要问题金额 8973 万元，发现非金额计量问题 34 个，提出建议 18 条，被采纳建议 5 条。

财政审计 完成77个财政预算执行和决算草案编制审计、金库预算资金收纳划拨情况审计以及部门预算执行和其他财政收支审计项目。审计重点关注新发展、新要求，强化对预算执行、预算公开、财政支出标准体系建设、资金使用绩效等的审计监督，助推了财政资源统筹和深化财政管理体制改革。审计查出主要问题金额1351657万元。其中，违规金额37387万元，管理不规范1314270万元，发现非金额计量问题357个，移送处理事项9件，移送处理金额27324万元，审计处理处罚45114万元，审计促进整改落实有关问题资金55086万元，提出审计建议235条，被采纳建议158条。

全州审计机关完成了18个政府投资建设项目审计，重点关注建设单位项目审批，农民工工资支付、工程招投标、工程结算等程序的合法合规情况以及财务管理、内部控制制度等的完善性、有效性、合法合规性，着力推动政府投资建设项目的规范管理。审计项目投资额130419万元，核减投资额（工程款）19358万元，审计查出主要问题金额33800万元。其中，未按规定征收缴纳收入3万元，工程结算款不实24072万元，未按进度支付工程款97万元，挤占建设成本52万元，会计核算不实2624万元，其他6952万元。

国有企业审计 完成5个国有企业的财务收支和资产负债损益情况审计，审计重点关注了相关企业财务收支的真实、合法和效益性，着力促进国有企业深化改革，提高管理水平，增强国有企业经济活力、控制力、影响力和抗风险能力，着力助推国有企业高质量发展。审计查出主要问题金额588227万元。其中，违规出借资金2255万元，资产质量不实622万元，财务收支核算不实197789万元，其他387561万元。

资源环境审计 完成贵州雷公山国家级自然保护区管理局领导干部自然资源资产任中审计，审计关注了被审计单位贯彻执行国家有关自然资源保护的法律、法规和方针政策以及自然保护区内的自然环境和自然资源保护等情况。审计查出管理不规范资金54万元。其中，未按规定纳入预算管理29万元，扩大开支范围或提高开支标准列支25万元，发现非金额计量问题11个。

经济责任审计 完成领导干部经济责任审计单位24个。审计深入揭示了领导干部落实有关重大经济决策部署不到位，推动重要发展规划、重要目标任务完成不力、“三重一大”制度执行不严以及财政财务收支管理不规范等问题，谨慎客观地评价了领导干部履职情况，有力促进了被审计单位领导干部履职尽责、担当作为、廉洁从政和规范用权。审计查出主要问题金额38758万元。其中，违规金额441万元，损失浪费金额454万元，管理不规范金额37863万元，审计提出建议84条，被采纳建议16条。

审计查出问题整改 全州审计机关对审计署、省审计厅、州本级审计查出问题建立健全了整改台账，执行整改责任包保机制，定期跟踪督促整改落实，压实相关单位的审计整改责任，促进了审计整改工作的制度化和规范化。截至2022年底，州本级2021年度审计工作报告指出的178个立行立改问题已全部整改完成，65个分阶段整改问题，已整改54个。以清退收回、收缴财政、归还原渠道等方式追回财政资金2.68亿元促进相关单位制定和完善制度、措施，建立健全规范管理长效机制42项，充分发挥了“治已病”“防未病”的职能作用。

研究型审计 成立研究型审计工作领导小组，制定了“黔东南州审计质量提升年”行动方案，明确了审前立足研究、深入分析，审中立足实践、明确方向，审后立足成果、总结评估等多项具体措施，将研究理念、思维、方法和行动融入审计工作全过程，不断推动审计工作高质量创新发展。2022年全州审计机关被采用和获有关领导批示的审计信息达493篇。其中州局提交的4篇审计专报得到州委、州政府相关领导肯定批示和签字转办，《浅谈公立医院审计应关注的几个重点内容》《积极转变审计思路，促进重大政策措施落地见效》等多篇审计信息、审计调研文章在审计署、省政府、审计厅门户网站或相关内部刊物中刊出。

审计理论研究 黔东南州审计局上报贵州省审计厅4篇审计重点科研课题。

内部审计 根据审计署《内部审计统计调查制度》要求定期开展内部审计统计调查工作2次，全州共统计2196单位（次）。开展内部审计质量检查工作1次，州县两级审计机关对32个单位的内部审计工作开展了专项检查，查出问题273个。

开展内部审计调研工作1次，主要了解内审机构的设置及人员配备情况、近年来开展内部审计统计调查和内部审计专项检查的工作情况及存在的问题、困难、内部审计工作取得的成效等。

交办任务 按照省审计厅统一部署，协助省审计厅完成了黎平县学前教育专项资金审计和锦屏县乡村振兴重点帮扶县相关政策落实和资金审计工作。

相关工作 始终坚持“围绕审计抓党建，抓好党建促审计”，以标准化规范化党支部创建为抓手，着力夯实基层战斗堡垒。全州审计机关15个党支部获“星级党支部”授牌，其中州局党支部被评为“5星级党支部”，并获“全州党支部标准化规范化建设示范点”命名，局机关被州委评为“机关党的建设和模范机关建设工作先进单位”。在全省审计系统岗位大练兵大比武竞赛中荣获第2名。制定印发了《全州审计系统“改进作风、狠抓落实”年工作实施方案》，深入开展作风问题自查自纠，坚决革除顽瘴痼疾，营造风清气正、苦干实干、赶超突围的良好氛围。持续强化干部职工日常监督管理，全州累计组织干部职工开展纪律教育、警示教育67次，开展廉政提醒谈话628人次，进一步筑牢了审计干部的廉洁底线。先后16次深入相关县（市）开展干部队伍建设专题调研，配合州委组织部完成9名县（市）审计机关正、副科级领导干部的选任。2022年完成了5名省管干部和3名州管干部个人有关事项报告集中填报。组织全州审计干部参加各级各类审计业务培训596人次。对所有科级以上领导干部建立健全了廉政档案，持续强化全过程的监管。 （撰稿人：吴永海）

【黔南布依族苗族自治州审计局】 2022年，黔南布依族苗族自治州（以下简称黔南州）审计局实有43人。局长李先文，副局长罗宪平、林雪洪、朱成智，总审计师冯丽芳，黔南州经济责任审计工作联席会议办公室主任刘亚凌。设有办公室、法规审理科、计划管理与整改督察科、电子数据审计科、财政社保与党政机关审计科、农业农村审计科、自然资源与生态环境审计科、国企国资与事业单位审计科、经济责任审计科、人事教育和政工党建科；下设黔南州固定资产投资审计中心。

审计成果 2022年，黔南州审计机关共完成审计项目110个，查出主要问题金额452.03亿元，其中违规金额6.14亿元，损失浪费金额0.22亿元，管理不规范金额445.67亿元。审计发现非金额计量问题794个；损益（收支）不实金额53.81亿元；出具审计报告135篇，被批示、采用22篇次。审计处理处罚金额85286.02万元，其中应上缴财政34672.82万元、应归还原渠道资金23829.45万元、应缴纳其他资金546.71万元、应调账处理金额26237.02万元；移送司法机关、纪检监察机关和有关部门处理事项52件，移送处理人员91人，移送处理金额3424.06万元。审计促进整改落实有关问题资金49633.49万元；审计促进拨付资金到位8410.64万元；审计后挽回（避免）损失8.86万元；核减投资额6295.57万元；移送处理落实事项11件。审计提出建议333条，被采纳189条；推动被审计单位制定整改措施73项；促进被审计单位建立健全规章制度98项；提交审计信息136篇，被批示、采用86篇次。向社会公告审计结果2篇。

黔南州审计局在2022年度市县审计机关综合考核获一等次；龙里县审计局实施的湾滩河镇主要领导任期经济责任审计项目获省审计厅2022年县级审计机关优秀审计项目二等次。

财政审计 重点围绕预算和执行、管理和改革、安全和绩效等方面，组织开展财政、信息化审计项目54个，在审计中持续关注揭示国家重大战略和重大政策措施的落实情况、公共财政运行中的风险隐患和体制机制性问题，其中州本级预算执行情况审计、专项债审计及部门预算执行情况审计查出问题34个，对财政管理过程中出现的新情况、新问题，深入分析原因，提出有针对性、可操作性的审计建议8条。

完成投资审计项目13个，涉及项目总投资34.34亿元，审计查出项目招投标程序不规范、结算管理不到位、拖欠企业款项、拖欠农民工工资、资产长期闲置、占用其他专项资金等问题，涉及问题金额39414.3万元（其中多计投资额9033.11万元），移送处理事项9件。开展重点项目个案性的“审计解剖”，从项目存在的具体问题着手，分析解剖出疑点，梳理提出加强政府投资项目管理意见建议。为党委政府“治乱化债”提供决策参考。

资源环境审计 持续全面推进自然资源资产离任（任中）审计，对黔南州林业局，8个县级自然资源资产管理部门和5个乡（镇、街道）的19名领导干部开展了审计，查出问题167个，涉及金额6734.3万元，移送纪检监察等相关部门问题线索10件。

民生审计 组织开展罗甸、三都乡村振兴相关政策落实和资金审计及长顺县学前教育专项资金审计。通过审计，揭示相关单位在政策措施落实、项目实施和资金管理使用方面的问题38个，推动相关单位建立完善机制制度11项，清退违规发放资金140.56万元，促进财政资金拨付到位1712.75万元，追责问责22人次。

经济责任审计 组织开展23个经济责任审计项目，对27名领导干部（含5名县审计局局长）的经济责任审计，查出问题金额72.04亿元。其中，违规金额1.61亿元、管理不规范金额70.42亿元、损失浪费金额136.91万元，提出审计建议85条，移送纪检监察等相关部门问题线索20件。

审计查出问题整改 黔南州委、州政府召开13次会议研究、部署和推进审计整改工作，高位推动，压实压紧整改责任；制定印发《黔南州审计局审计查出问题整改工作管理督察制度（试行）》，推动审计整改工作规范化、制度化。通过持续开展“审计查出问题整改专项整治”，累计督查整治审计查出问题615个，督促整改完成444个，在整改过程中处理、追责49人，促进相关单位建立健全制度，清退违规收取资金8484.6万元，归还原渠道资金58609.48万元，收回违规发放、结余结转资金5970.79万元，促进财政资金、补贴拨付到位70945.76万元。

研究型审计 以研究型审计为抓手，抓实抓细审计全过程质量管理。修订了《黔南州审计局审计现场管理办法》，提交了一批有价值的审计成果。如2022年共发布44期审计动态，分别涵盖了审计工作的方式方法、审计关注重点、对典型问题的探讨、各审计组优秀经验做法、审计过程中遇到的难点答疑等。同时不断总结黔南审计经验，形成了29篇审计信息被审计署、省审计厅采用。针对审计查出的问题，及时形成专题报告呈报州委、州政府，有效服务州委州政府科学决策。

审计理论研究 以青年理论学习小组为契机，加强年轻审计干部培养，组织开展理论研究座谈会12次，营造浓厚学术研究氛围；积极开展课题研究，向贵州省审计学会报送“高质量审计处理意见建议对提升审计项目质量的研究”等2个课题、4篇论文；认真归纳总结，向黔南州委守法普法办公室呈报《虚造造林套取资金》和《审计促进扶贫搬迁政策落地有效化解群众集体信访隐患》2个案例，获黔南州“以案释法”优秀典型案例，黔南州审计局被评为组织工作先进单位。

内部审计 对黔南州中医院、黔南州交运集团的内部审计工作情况开展专项检查；对依法属于审计监督对象的800余家单位开展了两次内部审计统计调查；通过微信交流群向黔南州内部审计单位累计推送50余篇业务信息。

相关工作 开展退休老干部、老党员、困难党员走访慰问20余人次；组织开展“关爱残疾人群·奉献微薄力量”暨认领、圆梦“微心愿”15个；组织在职党员到社区报到，参与社区疫情防控、卫生整治等志愿服务活动；为帮扶村协调解决道路维修资金3.38万元；选派党员骨干21人次参加州、县两级纪委专案办理，选派审计力量53人次参加州、县两级巡察工作，向巡察机构提供有关审计报告、资料等32篇。

（撰稿人：杨安杰）

2022 年贵州省所辖市（州）、县（市、区）审计工作统计表

审计机关	完成审计项目/个	审计查出主要问题金额/万元	审计发现非金额计量问题/个	审计期间整改金额/万元	出具审计报告和审计调查报告/篇	审计处理情况		审计促进整改落实有关问题资金/万元	审计提出建议/条	提交审计信息/篇
						审计处理处罚金额/万元	移送处理事项/件			
贵阳市										
贵阳市本级	29	963427	150	3893	29	2698	3	84677	52	171
南明区审计局	10	21935	44	1847	19	11205	2	29726	23	86
云岩区审计局	9	114790	16	1	11	5	1	44283	25	107
花溪区审计局	10	28305	34		11	1066	3	3918	30	86
乌当区审计局	12	112974	53	1038	14	5000		9403	43	54
白云区审计局	10	45479	36	453	14	114	5		30	106
观山湖区审计局	10	361	59		12				28	52
开阳县审计局	13	16856	23		16	7808	3	3692	31	69
息烽县审计局	11	51027	48	1197	13	162	6		34	68
修文县审计局	10	50281	10	6100	16	1071	2	40434	10	96
清镇市审计局	14	95116	41	33	18	22985		15725	39	62
六盘水市										
六盘水市本级	12	94562	114	3507	16	20110	34	13812	32	45
钟山区审计局	6	241353	35	1878	8	16500	3	713	17	67
六枝特区审计局	9	12534	36	496	11	7829	6	384	25	58
水城区审计局	9	39042	27	35	11	50		248	25	27
盘州市审计局	9	1763402	34		11	41000	1	29404	20	55
遵义市										
遵义市本级	13	1611285	112	3888	14	176225	21	588	40	4
红花岗区审计局	6	256	25	29	6	227	2	227	16	6
汇川区审计局	6	3367	32	77	6	3290		100	22	61
播州区审计局	9	395868	30		11	3967	2	2432	25	42
桐梓县审计局	6	182943	17		6	38486	2	83249	17	49
绥阳县审计局	5	1204	18	12	5	1	4		11	6
正安县审计局	8	10085	54		10	1722	6	8732	24	22
道真仡佬族苗族自治县审计局	8	194892	100	107829	8	1648	8	664	29	27

续表

审计机关	完成审计项目/个	审计查出主要问题金额/万元	审计发现非金额计量问题/个	审计期间整改金额/万元	出具审计报告和审计调查报告/篇	审计处理情况		审计促进整改落实有关问题资金/万元	审计提出建议/条	提交审计信息/篇
						审计处理处罚金额/万元	移送处理事项/件			
务川仡佬族苗族自治县审计局	6	379207	76	7121	6	38195		3171	13	26
凤冈县审计局	6	7194	17	376	6	1179		666	27	36
湄潭县审计局	5	9554	41	3935	5	7730	9	4008	18	36
余庆县审计局	7	123697	34	30	7	260	26		35	32
习水县审计局	6	92903	35		6	1629	2	1231	24	3
赤水市审计局	7	3910	14	13	9			1263	14	36
仁怀市审计局	7	3794	12	1200	7		4	2291	16	25
新蒲新区审计局	5	17203	14	7269	5	7570		8651	16	6
安顺市										
安顺市本级	24	672606	157	285	28	315516	7	4906	71	16
西秀区审计局	6	304731	27	563	6	40452	2		21	53
平坝区审计局	9	89184	28		9	56168		7429	20	45
普定县审计局	7	187825	40	6	7	143	2	98227	22	66
镇宁布依族苗族自治县审计局	6	95292	18	40	6	52864	1		18	
关岭布依族苗族自治县审计局	8	54496	23		9	21472		1376	20	
紫云苗族布依族自治县审计局	6	145861	12	547	6	16		33	20	
毕节市										
毕节市本级	25	1573969	330	53749	25	244366	30	7355	89	102
七星关区审计局	9	165151	40	70	9	4679	3	1152	26	1
大方县审计局	9	200809	60	2966	9	166892	8		26	46
金沙县审计局	12	246038	102	25	12	51940	1		36	34
织金县审计局	7	165299	45	30	7	86345	10	75	21	7
纳雍县审计局	10	81702	49	1154	10	21283	4	13247	19	48
威宁彝族回族苗族自治县审计局	9	84536	52	19480	9	44751	1	22	35	37
赫章县审计局	9	124569	33	19	9	122535	4		30	33
黔西市审计局	10	61970	50	71	10	963	4	872	34	84
铜仁市										
铜仁市本级	17	243811	105	45680	22	32712	15	17288	59	8

续表

审计机关	完成审计项目/个	审计查出主要问题金额/万元	审计发现非金额计量问题/个	审计期间整改金额/万元	出具审计报告和审计调查报告/篇	审计处理情况		审计促进整改落实有关问题资金/万元	审计提出建议/条	提交审计信息/篇
						审计处理处罚金额/万元	移送处理事项/件			
碧江区审计局	8	68629	48	15	10	14152	11	63270	18	56
万山区审计局	8	43401	31	4028	10	1341	30	874	27	73
江口县审计局	8	60745	16	25153	10	19656	18	11028	20	22
玉屏侗族自治县审计局	8	41412	25	7984	10	25621	9	16458	23	30
石阡县审计局	8	15217	36	4172	10	3156	14	3139	17	9
思南县审计局	10	31197	36	148	13	3194	18	2068	48	78
印江土家族苗族自治县审计局	8	111041	50	224	10	101026	8	46469	24	58
德江县审计局	8	161755	34	16	10	1668	13	1372	24	56
沿河土家族自治县审计局	9	36224	16	27243	12	8299	4	5897	25	4
松桃苗族自治县审计局	8	181445	31	2	10	1185	6	389	30	62
黔西南布依族苗族自治州										
黔西南布依族苗族自治州本级	16	222632	198	26533	19	178713	23	46633	51	8
兴义市审计局	9	22340	28	14746	11	7403	6	6382	32	8
兴仁市审计局	8	13936	45		9	13936		9506	10	
普安县审计局	8	7600	19	18	9	7554	2	5279	19	2
晴隆县审计局	8	81902	43	255	9	3502		3764	22	
贞丰县审计局	8	22296	29	35	8	14305	20	20	13	2
望谟县审计局	8	33806	27	12	9	2081	1	1979	20	
册亨县审计局	9	6967	31	2738	10	4229	6	929	18	6
安龙县审计局	8	18552	26		7	14384	1	1	15	
黔东南苗族侗族自治州										
黔东南苗族侗族自治州本级	35	532630	187	27090	36	21991	5	15192	79	78
凯里市审计局	8	61593	42	1104	8	1	1	231	58	26
黄平县审计局	10	63171	37	7616	12	21143	2	3322	34	50
施秉县审计局	8	13235	23	12700	8	77		77	21	4

续表

审计机关	完成审计项目/个	审计查出主要问题金额/万元	审计发现非金额计量问题/个	审计期间整改金额/万元	出具审计报告和审计调查报告/篇	审计处理情况		审计促进整改落实有关问题资金/万元	审计提出建议/条	提交审计信息/篇
						审计处理处罚金额/万元	移送处理事项/件			
三穗县审计局	10	239121	45	46	10	38339	9	8328	62	36
镇远县审计局	9	299942	21	2	9	238			24	83
岑巩县审计局	8	8381	28	17	8	467		2617	19	95
天柱县审计局	9	107449	32	174	9	518		69332	29	83
锦屏县审计局	10	126545	30	481	11	146	3	540	22	53
剑河县审计局	8	149241	10		10	185	2	87354	25	58
台江县审计局	7	5104	21		7	810		810	25	12
黎平县审计局	12	102112	16	1209	12	3943		5028	37	68
榕江县审计局	7	325178	32	3	7	5432	7	104	17	172
从江县审计局	7	6072	38	3544	7	2062	1	2007	20	50
雷山县审计局	9	38375	86	166	9			2105	26	87
麻江县审计局	7	66745	22	19617	7	934		36096	20	
丹寨县审计局	8	685	101	64	8	701	9	8845	31	39
黔南布依族苗族自治州										
黔南布依族苗族自治州本级	18	2957709	116	1826	21	7763	4	3788	49	2
都匀市审计局	8	395192	51	64	10	9989	2	126	19	29
福泉市审计局	7	659743	129	1696	8	4420	7	16026	23	8
荔波县审计局	8	120889	73	278	10	13954	9	9713	26	
贵定县审计局	8	61796	55	7	8	710	3	4987	27	7
瓮安县审计局	7	11224	35	409	9		1	40	21	9
独山县审计局	9	38736	76	8	13	1266	9	839	28	26
平塘县审计局	9	18602	41	33	12	548	2	222	30	7
罗甸县审计局	7	83563	35	37	8	6863	4	3181	20	30
长顺县审计局	7	110016	41	3818	9	31786	1	4744	27	6
龙里县审计局	7	41063	45	3775	9	3170	5	2978	27	9
惠水县审计局	8	11485	69	870	8	3110	3	2532	21	1
三都水族自治县审计局	7	10252	28	2009	9	1702	1	365	14	2

云南省

【云南省审计厅】 2022年，云南省审计厅实有271人。设有省委审计委员会办公室秘书处；内设办公室、计划财务处、法规督查处、审理处、电子数据审计处、财政审计处、行政事业审计处、农业农村审计处、固定资产投资审计一处、固定资产投资审计二处、金融审计处、企业审计处、社会保障审计处、自然资源和生态环境审计处、涉外审计处、经济责任审计一处、经济责任审计二处、经济责任审计三处、派出审计一处、派出审计二处、派出审计三处、派出审计四处、派出审计五处、派出审计六处、派出审计七处、派出审计八处、派出审计九处、派出审计十处、派出审计十一处、派出审计十二处、派出审计十三处、派出审计十四处、派出审计十五处和机关党委（人事处）、离退休人员办公室；下设机关服务中心、审计科研培训中心、计算机技术中心、内部审计指导中心4个直属事业单位。

领导成员

党组书记、厅长：谢 健

党组成员、副厅长：王洪斌（—3月）
杨晓源（—12月）
谢 凡 付云昆
张 勇（7月—）

副 厅 长：苏 莉（—12月）

省纪委监委驻省审计厅纪检监察组组长：
龚学艺

经济责任审计工作联席会议办公室主任：
聂继媛（—11月）

总审计师：李 涛

一级总监：单治光（—6月）

二级巡视员：刘晓云

审计成果 2022年，云南省审计机关共完成审计项目4187个。查出主要问题金额5023.57亿元；出具审计报告和专项审计调查报告4799篇，被批示、采用164篇次。移送处理事项1986件，移送处理人员637人，移送处理金额297.78亿元。审计促进整改落实有关问题资金696.95亿元，审计促进拨付资金到位25.58亿元，审计后挽回（避免）损失17.65亿元，核减投资额55.18亿元。审计提出建议12750条，被采纳11350条；推动被审计单位制定整改措施1402项；促进被审计单位建立健全规章制度466项；提交审计信息4444篇，被批示、采用2093篇次；向社会公告审计结果1610篇。全省4个审计项目被评为全国优秀审计项目。

审计委员会办公室工作 严格落实重大事项请示报告制度，共上报中央审计委员会及其办公室各类报告、信息34篇，报送审计结果文书数量走在地方审计机关前列。中央审计委员会办公室简报专文刊载省委审计委员会工作情况、投资审计巡检工作开展情况，“点名”肯定省交通投资建设集团审计整改成效。共向省委审计委员会报送综合报告、专题报告、审计重要情况专报等52篇，获批示113篇次。起草的《当前地方政府财政收入现状、风险分析及对策建议》信息被省委采用并报中办。省委《每日动态》刊发了省审计厅国企审计创新做法和财政直达资金管理使用存在问题及对策建议。

政策落实情况跟踪审计 围绕促进“六稳”“六保”任务落实以及统筹疫情防控和经济社会发展等方面，紧扣重大政策落实、重大项目推进、重点资金保障，对中央和省委、省政府出台的重大政策措施落实情况持续开展跟踪审计，努力当好政策措施贯彻落实的“督查员”。2022年，全省共完成重大政策措施6个方面12个专项2130个审计项目，审计单位1276个，涉及资金1839.19亿元。

财政审计 以专项债券资金破题，开展地方政府债务审计，深挖并移送了8个地方新增政府隐性债务问题。按照审计署统一部署，开展税收和非税收入征管及部门预算执行情况审计，审计结果汇入审计署上报国务院的全国税收审计报告。省级预算审计揭示的“2021年省本级部分部门经常性支出未得到有效压减”的问题被新华社《国内动态清样（第3050期）》采用，并得到了中央领导的批示。部门预算审计收缴45个单位财政结余资金及非税收入2.34亿元，促进9个单位出台管理制度12项，督促10个单位清理归还中小企业欠款1958.99万元。印发加强违规兴建楼堂馆所和乱设乱用财政专户乱存乱放财政资金审计监督的通知，首次开展政府财报审计，推动全省上下真正过紧日子，提高财政资金使用绩效。

实施彩票公益金审计，揭示资金分配拨付不及时、违规扩大支出范围、部分彩票公益金项目建设进度缓慢等问题。45所高校审计促进盘活资金3.89亿元，促进主管部门及各高校健全完善制度45项。

出台加强投资审计工作的规定，开展投资审计巡检“回头看”，深挖以审代结、违规招标、实施全过程跟踪审计、超出审计资源安排投资审计项目等问题，进一步规范全省投资审计行为，防范审计风险。组织对昆明市、曲靖市、玉溪市、红河州7个国家级和23个省级开发区（园区）招商引资及园区建设成效进行专项审计调查，查出各类违规违纪问题涉及金额42.37亿元，揭示9大类149项问题，提出78条审计建议，推动27个项目落地，促进各园区健全完善政策措施20余项，推动出台《云南省“十四五”产业园区发展规划》。

国有企业和金融机构审计 积极创新“大数据+穿透式+贯通融合”审计方式，有效融合国家审计、内部审计、中介审计力量，加强与纪检监察、巡视巡察的贯通协同，以全覆盖、穿透式、大兵团作战、大数据分析为基础，深入揭示国企存在的突出问题，做到审计一家、规范一片，处理一个、教育一批，整改一隅、带动全局，以监督的穿透性提升审计的震慑力，推动国企聚焦主责主业，聚力改革发展。组织全省审计机关和内审人员共1000余人组成218个审计组对全省146个粮食主管部门、191家国有涉粮企业进行专项审计，共发现具体问题2395个、移送问题线索577件。省政府领导高度重视，积极督促有关部门抓好涉粮问题专项审计整改工作。

农业农村审计 扎实开展巩固拓展脱贫攻坚成果同乡村振兴有效衔接审计，揭示返贫致贫监测数据不准确和帮扶范围更新不及时、农村供水保障不稳定、奖补资金发放不及时、搬迁群众就业质量有待提升、产业项目闲置绩效不佳等147个关乎群众切身利益的问题。完成10个重点帮扶县相关政策落实和资金审计，揭示政策落实、项目实施、资金管理方面的241个具体问题。组织开展全省“十三五”易地扶贫搬迁债务情况审计，涉及搬迁资金1118.95亿元。

民生审计 开展困难群众救助补助资金审计，查出问题279个、涉及问题金额2.05亿元。组织就业补助资金和失业保险基金审计，揭示就业政策落实、高校毕业生及重点群体就业、职业培训、稳岗扩岗、失业保险基金管理使用等方面的问题。

资源环境审计 持续加强领导干部自然资源资产离任（任中）审计，重点揭示了永久基本农田“非农化”“非粮化”、土地资源闲置浪费、部分生态文明建设相关任务目标未完成、城镇“两污”及海绵城市建设工作监管不到位等问题。围绕全省“湖泊革命”攻坚战，树牢研究型审计理念，统筹全省审计“一盘棋”，采取“上审下”和“异地交叉审”的组织方式，对九大高原湖泊保护治理情况开展研究型审计。

经济责任审计 出台《关于“十四五”期间加强权力运行监督服务党风廉政建设和高质量发展的实施意见》《云南省审计机关经济责任审计流程规范操作指引》《省审计厅出台领导干部“双责”审计联动机制大力推进作风革命提升审计效能的实施意见》等制度，强化统筹谋划，加强成果共享，推动领导干部履职尽责、担当作为。对28名省管领导干部开展经济责任审计，审计成果得到省委组织部充分运用，纳入领导干部个人档案，审计评价为“一般”的领导干部被约谈。

审计查出问题整改 省委、省政府高度重视审计整改工作，建立了“月调度、季通报”制度，省级层面先后召开16次会议，对整改涉及的重大问题逐项研究讨论、细化方案、明确责任，推动审计发现问题得到彻底解决。省委审计委员会印发了审计查出问题整改责任追究办法和整改约谈办法，省委审计委员会办公室、省审计厅制定出台贯彻落实审计整改长效机制若干措施，建立更严格的审计整改责任体系、工作机制。省委审计办、省审计厅坚持把推进审计整改当成首要政治任务来抓，印发审计查出问题整改督促工作方案，首次对2个市开展了审计整改专项审计调查，联合省纪委省监委、省政府办公厅、省委督查室、省政府督查室等单位先后组织整改督查8次，压紧压实整改责任。

研究型审计与理论研究 开展“十四五”云南省审计工作发展规划年度实施情况评估，推动规划按节点落实。制发研究型审计重点项目推进办法，沿着“政治—政策—项目—资金”主线开展研究型审计，把宏观、中观和微观结合起来开展综合研究，向省委、省政府报送政策落实、政府专债、园区建设、乡村振兴、涉粮问题、双责审计、困难救助等方面的综合或专题报告，以改革思维提出改进建议，为领导决策提供了建设性参考。厅机关42篇研究型审计专项成果在《中国审计》《审计观察》等期刊发表。

内部审计 采取内部审计工作调研与专项检查相结合的方式，对云南大学等9家省属单位的内部审计制度建立健全、内部审计工作质量情况等进行了监督检查。深入实施“以审代训”，共抽调内审人员152人参与省审计厅审计89个项目，促进国家审计与内部审计相互补充、有机融合。组织开展云南省内部审计人才库建库工作，264名内审人员进入人才库。省审计学会和省审计厅财政审计处牵头完成审计署“地方政府专项债及其审计”“PPP项目审计”课题；组织人员参加中国审计学会“十四五”时期国家审计创新发展专题研讨会，2篇论文入选论文集。截至2022年底，全省共有内部审计机构1072个、内审人员4226人，开展审计项目14249个，审计发现问题35989个，发现问题金额369.72亿元。

相关工作 坚定不移把自觉做到“两个维护”作为加强党的建设、强化党的领导的首要政治任务，深入学习贯彻落实党的二十大精神，全年开展各类宣讲556场次，覆盖党员1.8万人次。加强基层党建工作，出台审计组临时党支部管理办法，健全和优化基层党组织，深入推进模范机关创建，审计厅机关规范化建设示范党支部创建达标率达98%。印发内部巡察评价办法，开展全省信息化建设管理专项巡检及投资审计整改、财务专项检查巩固成果“回头看”，积极支持驻厅纪检监察组开展工作，认真整改纪检监察建议指出问题，印发加强和规范审计权力运行的规定。

积极开展“对标先进、争创一流”主题实践活动，引导、激励审计干部“寻标、对标、达标、创标”，营造“比、学、赶、超”氛围。深入推进清廉审计建设和“清廉机关”创建活动，认真落实“清廉云南”建设七个专项行动，制定贯彻落实具体措施和任务清单；分阶段抓好以小见严纠“四风”专项行动，紧盯公务用车、办公用房、违规吃喝、违规发放津贴等问题，严格落实中央八项规定精神，抓早抓小，纠肃并举，化风成俗，以“清廉云南”建设引领和推动“清廉审计”建设。

出台2021—2030年审计专业人才中长期发展规划、一线考察识别干部实施细则，与省人力资源和社会保障厅联合印发《审计专业人员高级职称评价标准条件（试行）》，“云南审计干部在线学习平台”上线运行，大数据审计竞赛吸引全省4854名审计人员参与角逐。全省1252名审计干部报考中高级审计专业技术资格。制定专业技术类公务员专业技术任职资格评定办法，首次开展常态化专业技术任职资格评定以及专业技术类公务员职级晋升，完成厅机关专业技术类公务员管理的全流程改革工作。（撰稿人：张　茜）

【昆明市审计局】 2022年，昆明市审计局实有153人。局长钱宏俊，副局长智云（三级调研员）、何建新（10—）、龚迎燕、童福军（三级调研员）、张颖（10—），领导干部任期经济责任审计工作联席会议办公室主任杨俊，市政府重点建设项目稽察办公室主任郑红（三级调研员），市政府重点建设项目稽察特派员李燕、钟燕（三级调研员），市政府国有企业监事会主席张顺朝、钟长富（三级调研员），一级调研员蔡继林、张宗能，二级调研员郑联、杨挺、付一民、陈林、杜建宝、赵歌平，四级调研员刘辉明、王坚、廖开阳、陈洪林、刘长青、刘应祥、翁永贵、赵文学、李坤云、黄江昆、闫曦、王爱玲、李莉。设有中共昆明市委审计委员会办公室秘书处；内设办公室、计划财务处、法规督查处、审理处、科技审计处、财政审计处、行政事业审计处、农业农村审计处、固定资产投资审计一处、固定资产投资审计二处、社会保障审计处、自然资源和生态环境审计处、企业审计一处、企业审计二处、经济责任审计一处、经济责任审计二处、经济责任审计三处、综合审计处（内部审计指导监督处）和机关党委（人事处）、离退休人员办公室；下设昆明市审计技术中心。

审计成果 2022年，昆明市审计机关共完成审计项目495个，其中审计451个、专项审计调查44个。查出主要问题金额570.35亿元，其中违规金额36.87亿元、损失浪费金额0.15亿元、管理不规范金额533.33亿元；审计发现非金额计量问题1049个；损益（收支）不实金额35.72亿元；审计发现侵害人民群众利益69366万元；出具审计报告和专项审计调查报告554篇，被批示、采用30篇次。审计处理处罚金额161.58亿元，其中应上缴财政36.49亿元、应减少财政拨款或补贴6.86亿元、应归还原渠道资金7.19亿元、应缴纳其他资金4.42亿元、应调账处理金额106.61亿元；移送司法机关、纪检监察机关和有关部门处理事项126件，移送处理人员35人，移送处理金额16.64亿元。审计促进整改落实有关问题资金43.15亿元；审计促进拨付资金到位3.16亿元；审计后挽回（避免）损失6.66亿元；核减投资额33.18亿元；移送处理落实事项21件。审计提出建议1708条，被采纳1399条；推动被审计单位制定整改措施97项；促进被审计单位建立健全规章制度48项；提交审计信息648篇，被批示、采用336篇次。向社会公告审计结果173篇。

安宁市市属公立学校2020年度财政财务收支情况审计调查项目被评为2022年审计署全国审计机关优秀审计项目县级非民生类二等奖和云南省县级优秀审计项目一等奖；昆明联合产权交易有限公司2020年度资产负债损益审计项目被评为云南省州级优秀审计项目二等奖；昆明幼儿师范高等专科学校校长任职期间履行经济责任情况审计项目被评为云南省州级优秀审计项目三等奖；石林县公证处2016年至2018年度财务收支情况审计项目被评为云南省县级优秀审计项目二等奖；五华区2008年经济适用房配建廉租房建设项目竣工决算审计项目被评为云南省县级优秀审计项目二等奖。

政策落实情况跟踪审计　完成市2018—2021年度招商引资及园区建设成效审计调查，抽审单位25个、项目176个、资金35.76亿元。开展2022年市级减税降费政策措施落实情况专项审计调查。

财政审计　完成市本级2021年财政决算草案及预算执行情况审计，揭示问题27个，查出应缴未缴资金4.59亿元，长期借款未收回3000万元，预算外暂付款科目未清理80万元。

完成市省级工业园区2018—2021年财务收支审计，发现问题33个，促进完善规章制度3项。

完成政府投资审计项目8个，核减投资4488.42万元，查出问题47个，提出审计建议30条。

企业审计　组织县区审计局实施全市涉粮问题专项审计，查出违规问题金额15.63亿元，其中收缴财政8809.36万元；提出审计建议69条。移送问题线索33件。开展3家市属国有企业资产、负债、损益情况审计、1名市属国有企业领导人员经济责任审计，查出问题62个，提出审计建议19条。

资源环境审计　市县两级审计机关共对19名领导干部开展自然资源资产和生态环境保护责任审计，发现问题68个，涉及金额23亿元，提出审计建议38条，移送事项15项。

经济责任审计　完成13名市管领导干部经济责任审计，发现问题166个，涉及金额232.61亿元。移送问题线索2件，涉及人数1人，涉及金额32.36万元。196名领导干部完成年度报告，对5名领导干部实施离任经济责任事项交接，对101名领导干部进行任前经济责任告知。

审计查出问题整改　组织市本级各部门和各县（市）区政府等部门共325人开展审计整改工作培训，召开审计整改专题督办会。

内部审计　全市内审机构开展审计项目3137个，涉及金额58982万元，发现问题3675个，整改1970个，整改金额26722万元。

相关工作　选拔任用6名科级领导干部，选派6名优秀年轻干部到基层和省审计厅挂职锻炼。2022年，昆明市审计局荣获2022年度州（市）审计机关综合考评优秀等次。（撰稿人：刘　璐）

【曲靖市审计局】　2022年，曲靖市审计局实有48人。局长李维（4月—），副局长李维（—4月）、张乔明（—9月）、王清林、李启功、吴兴斌、徐亚宾（9月—）、陶所文（9月—），总审计师李亚莉，二级调研员张乔明（5月—）、王清林（5月—）、徐安民（11月—），三级调研员陈守忠，四级调研员张丽。设有市委审计委员会办公室秘书科；内设办公室、人事科、计划财务科、审理科、法规督查科、电子数据审计科、财政审计科、经济责任审计一科、经济责任审计二科、固定资产投资审计一科、固定资产投资审计二科、企业审计科、社会保障审计科、行政事业审计科、农业农村审计科、资源环保审计科、金融审计科。

审计成果 2022 年，曲靖市审计机关共完成审计项目 272 个，其中审计 248 个、专项审计调查 17 个。查出主要问题金额 1475586 万元，审计发现非金额计量问题 423 个，出具审计报告和专项审计调查报告 348 篇，移送司法机关、纪检监察机关和有关部门处理事项 83 件，移送处理人员 22 人。向社会公告审计结果 71 篇。

麒麟区南宁街道办事处 2018 年度村级财务收支情况审计调查、富源县一级预算单位 2020 年度预算执行及其他财政财务收支审计调查被评选为省级优秀审计项目。

政策落实情况跟踪审计 积极审查市级各有关部门 2022 年重大政策措施贯彻落实情况，重点关注乡村振兴、国资国企改革、粮食安全保障、减税降费政策落实等重大战略实施、重要改革深化、重大项目推进、重点资金保障、政策措施衔接等情况。

财政审计 完成财政预算执行审计项目 87 个，查出主要问题金额 445794 万元，8 月、12 月分别向市人大常委会报告预算执行审计工作情况和审计查出问题整改工作情况。完成财政决算审计项目 53 个，查出主要问题金额 589721 万元。

国有企业审计 完成企业审计项目 27 个，延伸审计单位 8 个，审计查出主要问题金额 251793 万元。

农业农村审计 组织开展 2020 年至 2021 年高标准农田建设项目和资金使用情况审计，共发现 4 个方面 8 类 20 个问题。组织开展“十三五”期间易地扶贫搬迁债务情况进行审计，揭示了应付未付工程款、应付未付征地拆迁款等形成的债务问题。

资源环境审计 完成 11 个领导干部自然资源资产离任（任中）审计项目，审计县处级领导干部 1 名、乡科级领导干部 17 名，共揭示 26 个问题。

民生审计 完成彩票公益金使用管理情况审计，促进规范和加强彩票资金管理。开展曲靖市沪滇协作资金管理使用情况审计，巩固拓展脱贫攻坚与乡村振兴有效衔接。

经济责任审计 完成经济责任审计 81 项，查出主要问题金额 362503 万元，其中违规金额 93708 万元、管理不规范金额 269424 万元。

审计查出问题整改 中共曲靖市委审计委员会研究制定印发《曲靖市审计查出问题整改实施办法》，压实各级各部门抓审计整改工作的责任链条。各整改责任单位通力合作，深入推动整改落实，2022 年整改率较上年提升 6.13 个百分点。

交办任务 完成交办、配合事项 38 件。查出主要问题金额 171 万元，交办、配合事项工作量 1212 人天。

（撰稿人：许泰舟）

【玉溪市审计局】 2022 年，玉溪市审计局实有 70 人。局长杨文钦，副局长许立贞、李国录（—3 月）、张雄、郭永珍、刘伟（4 月—），领导干部任期经济责任审计工作联席会议办公室主任李广川，重点项目稽察特派员曾丽娟（正处级）。设有市委审计委员会办公室秘书科；内设办公室、法规科、电子数据审计科、财政审计科、行政事业审计科、农业农村审计科、固定资产投资审计科、社会保障审计科、自然资源和生态环境审计科、经济责任审计一科、经济责任审计二科、企业审计科、党建办公室（人事科）等 14 个内设机构；下设固定资产投资审计中心。

审计成果 2022 年，玉溪市审计机关共完成审计（调查）项目 189 项，审计查出主要问题金额 2393787 万元，促进增收节支 38125 万元。揭示非金额计量问题 681 个。提出审计建议 515 条，被采纳 371 条。出具审计（调查）及专题、综合性报告 244 篇，信息简报 485 篇。共查处移送处理事项 202 件，涉及金额 185208 万元。

玉溪市人防系统人防工程审批建设及资金资产管理使用等情况专项审计调查获 2021 年度全国优秀审计项目一等奖。

政策落实情况跟踪审计 开展市本级及 4 个县区促进优化营商环境情况专项审计调查，审计累计抽审 200 项（次）行政权力事项和 342 件办理事项。开展 2021 年新增财政资金直达市县基层直接惠企利民情况专项审计，抽审部门 124 个，抽审项目139项。

根据市委巡察工作统一部署，抽调市县审计力量组成10个审计组，在全省率先开展供销合作社系统深化综合改革重大政策措施落实情况跟踪审计，共发现问题金额52577万元，移送处理事项111个。

财政审计 参与审计署对玉溪市2021年度税收收入和非税收入征管及部门预算执行等情况审计；统筹开展市本级2021年度财政决算草案编制及预算执行情况审计；对峨山县2021年度财政决算情况进行审计。

对市广电局等4个一级预算单位及其所属二级预算单位部门预算执行情况进行审计，实现纵向到底的审计全覆盖。

全市开展重大建设项目审计（调查）34项，涉及建设项目226个，投资总额104.12亿元。核减工程投资3亿元，移送问题线索42件。组织开展玉溪至楚雄高速公路（玉溪段）征地拆迁资金筹集管理使用情况专项审计调查；完成通海、澄江、新平、易门等4个县工业园区近三年招商引资及园区建设成效专项审计调查；开展葛井苑一期建设项目竣工决算审计。

资源环境审计 对市生态环境局原局长、峨山县委原书记和原县长任职期间履行环境保护责任情况开展审计，揭示问题19个，提出审计建议4条，促进被审计单位建章立制12项。参与省厅对九大高原湖泊保护治理情况审计，具体负责审计异龙湖保护治理情况。

经济责任审计 对7名领导干部进行审计，查出问题金额18376.49万元。对35名领导干部开展离任交接，189名领导干部提交履行年度经济责任情况报告。

专项审计 对抚仙湖径流区休耕轮作土地流转资金收支情况开展专项审计，揭示休耕轮作土地流转项目运作管理、土地流转租金兑付和资金收支管理等方面29项53个问题，涉及金额2.09亿元。

（撰稿人：王　曦）

【保山市审计局】 2022年，保山市审计局实有34人。局长杨先超（—5月）、李红霞（5月—），副局长李红霞（—5月）、周兆祥、郑继波，总审计师王绍婷，经济责任审计办公室主任袁英，二级巡视员李东伟，三级调研员胡艳顺、杨国寿。设有市委审计委员会办公室秘书科；内设办公室、计划财务科、法规科、电子数据审计科、财政审计科、行政事业审计科、农业与自然资源环境审计科、固定资产投资审计科、社会保障审计科、企业与金融审计科、经济责任审计一科、经济责任审计二科。

审计成果 2022年，保山市审计机关共完成审计和审计调查项目180项，查出主要问题资金175.60亿元，其中违规资金4.91亿元、管理不规范资金170.69亿元；移送处理事项68件，其中移送纪检监察机关32件，移送处理人员11人。

保山市审计局开展的龙陵县政府主要领导自然资源资产审计项目获评2022年度全国审计机关优秀审计项目二等奖、云南省州市审计局优秀项目第一名。

财政审计 开展预算执行审计46项、财政决算审计4项，对51个行政事业单位进行审计，查出主要问题金额838042.22万元。

国有企业审计 对13户企业开展审计，审计查出主要问题金额918179.57万元。

经济责任审计 对34名领导干部开展了经济责任审计，其中县处级领导干部2名，乡科级领导干部32名，审计查出主要问题金额228080.97万元。同时，对38名领导干部离任经济事项进行交接鉴证，开展年度报告领导干部436名，任前告知领导干部157名。

审计查出问题整改 市委审计委员会会议审议审计查出问题整改督查情况专项报告，市政府常务会议2次研究审计整改工作，并将审计整改纳入政府督查事项，按季度开展审计整改专项督查工作；市监委对整改工作落实不力的1个县级政府提出了监察建议，对未认真落实审计整改要求的1个单位进行了提醒。

内部审计 全市有23个内部审计机构，其中4个专职机构，有内审人员109人。完成166个审计项目，审计金额总计5090.51万元，提出建议意见被采纳167条。

交办任务 完成交办事项22项，抽调人员配合省纪委监委、市纪委监委参与有关专案及专项工作。

相关工作 保山市审计局和昌宁县审计局保

持全国文明单位荣誉，隆阳区审计局、腾冲市审计局、龙陵县审计局保持省级文明单位荣誉。保山市审计局、施甸县审计局、昌宁县审计局2022年度执行党风廉政建设责任制考核评定为优秀等次。

（撰稿人：段珏鑫）

【昭通市审计局】 2022年，昭通市审计局实有78人。局长吴君尧，副局长李文胜、秦绍平、王胜、朱彦，经济责任审计工作联席会议办公室主任陈道义，总审计师谢德华，二级巡视员李绍军（—10月），一级调研员赵萍，二级调研员王兴宝（—11月），三级调研员丁昌勇，四级调研员潘为莲，副处级待遇干部游有芬、郭正黎。设有中共昭通市委审计委员会办公室秘书科；内设办公室、法规督查科、审理科、电子数据审计科、财政审计科、农业农村审计科、固定资产投资审计一科、固定资产投资审计二科、社会保障审计科、企业审计科、经济责任审计一科、经济责任审计二科、自然资源和生态环境审计科、机关党委（人事科）；下设昭通市审计计算机技术中心、昭通市投资审计中心、昭通市重点工程建设项目稽察办公室。

审计成果 2022年，昭通市共完成审计项目384个，查出主要问题金额1569399万元，其中，违规金额196580万元、管理不规范金额1370695万元。移送司法机关、纪检监察机关和有关部门处理事项204件，促进整改落实有关问题资金68712万元。

盐津县2021年困难群众救助补助资金审计项目荣获全国审计机关优秀审计项目二等奖，中国共产党大关县委员会政策研究室（原新农办）新农村建设资金使用情况专项审计、水富港扩能工程建设及2018年至2019年资产负债损益情况审计调查被云南省审计厅分别评为优秀审计项目二等奖、三等奖。

政策落实情况跟踪审计 对市本级及11个县（市、区）开展重大政策措施落实情况跟踪审计；对4个县（市、区）工业园区管委会进行重大政策执行重大项目管理重点资金使用进行专项审计调查，发现有关问题42个，涉及金额41211.79万元，依法移送问题线索10件。

财政审计 组织开展市本级财政预算执行、决算草案编制审计项目2个；开展彝良、水富2个县财政决算审计和3个部门预算执行情况审计；对昭通学院、昭通卫生职业学院及扎西干部学院3个学校财务管理及往来款项管理情况进行审计；对市本级及11个县（市、区）27项“一卡通”财政补贴开展专项审计；对市本级和11个县（市、区）优化营商环境开展专项审计调查。

全市完成投资审计项目35个，审计概算投资总额1179557.11万元，共查出问题183个，核减投资3467.02万元，移送相关问题线索4件。

国有企业审计 组织对全市涉粮问题、昭通市航空旅游集团有限公司经营管理及投资效益情况、昭通市新华书店2019年至2021年资产负债损益情况、昭通市2019年至2021年天麻产业专项资金进行专项审计和审计调查，发现问题金额93280.05万元。

农业农村审计 开展巩固拓展脱贫攻坚成果接续乡村振兴相关政策和资金、高标准农田建设、农村“厕所革命”和易地搬迁债务审计，审计发现问题金额23891.31万元。

资源环境审计 开展党政主要领导干部自然资源资产审计项目17个，涉及党政领导干部25名。

民生审计 组织完成市本级和11个县（市、区）2020至2021年度彩票资金管理使用情况审计，审计发现问题136个，涉及问题金额5531万元，向有关部门移送问题线索3件。

经济责任审计 市审计局对19名领导干部进行经济责任审计，其中，市直部门主要领导10人，县（市、区）长4人，县级公安局局长、法院院长4人，市航空旅游集团有限公司主要领导1人。11个县级审计机关共开展审计项目36个，查出主要问题金额27401.95万元。

审计查出问题整改 出台《昭通市审计整改工作实施细则（试行）》，形成“两本台账”“三张清单”“五个责任”“五项机制”审计整改管理体系，实行半月调度、月报告和季通报。推动完成审计署、省审计厅和市审计局审计反馈问题整改636个。

研究型审计 出台研究型审计实施办法，围绕乡村振兴有关政策落实和资金使用审计，推动市委、市政府制定出台《提升财政资金衔接资金使用整体效益 12 条措施》。

审计理论研究 干部职工撰写的《干部作风大提升要做到“六个必须更加”》《昭通市审计局突出“六个强化”促干部作风大提升》等 5 篇理论文章和经验材料被“学习强国”、《云南审计研究》《昭通经济与社会》等主流媒体和刊物刊载。

相关工作 昭通市审计局被表彰命名为“云南省模范机关创建示范单位”“昭通市民族团结进步示范单位”；永善县审计局被省委省政府荣记“一等功公务员集体”，被省委省政府命名表彰为“民族团结进步示范单位”；昭通市审计局和绥江、彝良、永善、大关、盐津县审计局建成“昭通市模范机关创建示范单位”；昭通市审计局党组书记抓基层党建述职评议被市委考核评议为好等次，党风廉政建设工作被市委考核评定为优秀等次，2022 年度综合绩效考评分别被云南省审计厅、昭通市委市政府评定为优秀等次。全市 17 名审计干部通过审计副高级职称资格考试，13 名干部通过中级职称资格考试。（撰稿人：苏　攀）

【丽江市审计局】 2022 年，丽江市审计局实有 38 人。党组书记、局长张爱武（—12 月）、李新梅（12 月—），党组成员、副局长冷德华、钱万定（9 月—）、皮之中，党组成员、经济责任审计工作联席会议办公室主任钱万定（—9 月）、张崔芬，一级调研员张爱武（12 月—）。设有市委审计委员会办公室秘书科；内设办公室、法规科、电子数据审计科、财政审计科、农业农村审计科、经济责任审计科、行政事业审计科、自然资源和生态环境审计科、固定资产投资审计科、社会保障审计科、计划财务科等 12 个科室；下设固定资产投资审计中心。

审计成果 2022 年，丽江市审计机关共完成审计（调查）项目 143 个，查出主要问题金额 1255700 万元，促进增收节支 50900 万元，政府投资审计挽回损失浪费资金 7173.78 万元，向相关部门移送问题线索 47 件，提出审计建议 469 条，被审计单位采纳 352 条，向社会公告审计结果 48 篇，审计工作得到各级领导批示 32 人次。

2022 年，丽江市审计局被审计署确定为投资转型发展试点单位，并在审计署 2022 年度投资审计视频培训班上作交流发言；玉龙县县本级预算单位 2019 年度预算执行和其他财政财务收支情况专项审计调查被评为云南省审计厅县级优秀审计项目三等奖；“玉龙县县本级预算单位 2019 年度预算执行和其他财政财务收支情况专项审计调查”项目组长段秀英被评为云南省审计厅县区优秀审计项目组长（主审）；数据分析在丽江市商务局原局长经济责任审计中的应用案例被评为云南省审计厅 2022 年度优秀数据分析应用案例，数据分析技术在华坪县 2020 年度部门预算执行专项审计调查中的应用案例和数据分析在大具乡乡长经济责任审计中的应用案例被评为云南省审计厅 2022 年度入选数据分析应用案例。

政策落实情况跟踪审计 对玉龙县人民政府、宁蒗县人民政府牵头实施的贯彻落实省委省政府丽江现场办公会 2 个乡村振兴示范园（田园综合体）建设项目推进情况进行审计（调查）。

财政审计 完成了市本级 2021 年预算执行审计、中央民大丽江实验学校财政补助专项资金审计、丽江师范高等专科学校财务管理及往来款情况专项审计调查、宁蒗县乡村振兴资金审计等项目。

全市审计机关共完成政府投资建设审计项目 69 个，审计金额 513400 万元，查出各类违规违纪问题 414 个，涉及金额 114900 万元，挽回损失浪费资金 7173.78 万元，向纪检监察和行业主管部门移送问题线索 22 件，提出审计建议 264 条。

国有企业审计 开展市国投、市城乡投、市旅投等 3 家公司 2021 年度资产负债损益情况的审计，揭示了存在的突出问题，提出完善内控管理和监管机制等审计建议。

资源环境审计 开展全省九大高原湖泊的阳宗海保护治理情况审计，永胜县 2018 年程海湖生态修复项目（一期）竣工决算审计，宁蒗彝族自治县傈僳湾水库工程项目竣工决算审计，泸沽湖污水管网泵站改造工程竣工决算审计等。

经济责任审计 对 144 名新任领导干部发放了任前经济责任告知书，对 49 名领导干部的离任经济事项交接审计并出具了鉴证意见。全市共完成 25 名领导干部任期经济责任审计，查出问题金额 30200 万元，审计查出问题定责金额 30200 万元，向纪委监委移送问题线索 4 件，涉及金额 89.66 万元。

专项审计 对市县两级储备粮油的购销、储备、轮换情况实施审计，出具审计报告 11 篇、审计决定 2 份，向纪委监委和相关部门移送处理书 25 份。按审计决定，相关部门已上缴省级财政 17.13 万元，涉案款退缴永胜县监察委员会 98.98 万元。

审计查出问题整改 对 5 个县（区）和 34 家市级单位的审计查出问题整改情况开展了专项督查；市政府常务会议听取审计查出问题的整改情况报告并作安排部署；市人大调研组对 10 家单位审计查出问题的整改落实情况开展了专题调研；市审计局持续对各级审计机关查出问题整改情况进行跟踪检查，有力推动整改工作落实见效。

内部审计 举办市政府投资建设项目管理及风险防控专题培训班，进一步规范全市政府投资建设项目管理，提高建设项目管理水平和风险防控能力，提高投资绩效。

相关工作 制定了推进作风革命加强机关效能建设“十条措施”和实施方案，大力推行“三个工作法”，把党建工作延伸到审计一线，充分发挥党组织的战斗堡垒作用。着力建设清廉审计机关，履行“一岗双责”，认真落实意识形态责任制工作，及时做好重要节点和敏感时段的舆论宣传。吃透全省审计机关专技改革工作要求，把好“入口”，摸清人员情况，稳步推进专技改革工作。深化审计监督和纪检监察等各类监督贯通协作，落实“巡审同步”要求，抽调业务骨干 15 人次参与办案。（撰稿人：周禄平）

【普洱市审计局】 2022 年，普洱市审计局实有 42 人。局长马利波（4 月—），二级巡视员段萍（4 月—），副局长罗恒林、胡庆明、彭学德、高霞，经济责任审计工作联席会议办公室主任陶军，总审计师李富平，三级调研员李学章，四级调研员杨正东。设有办公室、计划财务科、法规科、电子数据审计科、财政审计科、行政事业审计科、农业农村审计科、固定资产投资审计科、社会保障审计科、自然资源和生态环境审计科、企业审计科、经济责任审计科；下设普洱市政府投资审计中心。

审计成果 2022 年，普洱市审计机关共完成审计项目（调查）333 个。查出主要问题金额 302.14 亿元，其中违规金额 5.39 亿元、损失浪费金额 384 万元、管理不规范金额 296.72 亿元；审计发现非金额计量问题 759 个；损益（收支）不实金额 1 亿元；出具审计报告和专项审计调查报告 403 篇。审计处理处罚金额 183.48 亿元，其中应上缴财政 4886 万元、应减少财政拨款或补贴 1.98 亿元、应归还原渠道资金 3.84 亿元、应缴纳其他资金 2332 万元、应调账处理金额 176.94 亿元；移送司法机关、纪检监察机关和有关部门处理事项 145 件，移送处理人员 36 人，移送处理金额 13.19 亿元。审计促进整改落实有关问题金额 62.54 亿元；审计促进拨付资金到位 6.68 亿元；审计后挽回（避免）损失 2.09 亿元。审计提出建议 1027 条，被采纳 991 条；促进被审计单位制定整改措施 21 项，建立健全规章制度 1 项；提交审计信息 230 篇，被批示、采用 75 篇。向社会公告审计结果 180 篇。

政策落实情况跟踪审计 对减税降费、优化营商环境、重大风险防控等重大政策措施落实情况进行跟踪审计，上报专题报告、综合报告 10 篇。

财政审计 开展市本级财政预算执行和 1 个县区财政决算进行审计，共查出主要问题金额 19.61 亿元。全市审计机关重点审计预算单位 11 个，查出主要问题金额 9.84 亿元。

完成投资审计项目 86 个，查出多计工程价款 1.92 亿元。

国有企业审计 完成国投集团及下属 13 个子公司资产负债损益审计，查出主要问题金额 3.34 亿元。

民生审计 完成民生审计项目 57 个，查出主要问题金额 9.11 亿元，促进各项惠民富民政策落到实处。

经济责任审计 全市审计机关对 76 名领导干部开展经济责任审计，审计查出主要问题金额 11.43 亿元；对 2 名领导干部同步开展了自然资源资产离任（任中）审计。

审计查出问题整改 制定出台关于加强审计发现问题整改工作的实施意见，以及整改督查、整改约谈和责任追究办法 3 个配套文件。开展审计整改跟踪督检专项行动和“回头看”，推动问题整改实现清零。

交办任务 组织干部职工深入挂联村回访 4

次，自筹投入经费47.14万元。选派1名联防所长和1名联防员做好强边固防工作，投入疫情防控经费53万元。

相关工作 启动全市审计机关公务员分类管理改革工作。开展审计干部职工教育培训527人次。成功举办普洱市职工职业技能大赛大数据审计竞赛。抽调参与纪检监察、巡视巡察等专项工作75人次。8家审计机关保持“省级文明单位”称号。（撰稿人：藤建云）

【临沧市审计局】 2022年，临沧市审计局实有56人。局长吴杰，副局长邓绍华（三级调研员）、郑国琼、范和昌、陈文鸿、字绍和（—12），领导干部任期经济责任审计工作联席会议办公室主任王为民，总审计师杨秋凌，三级调研员字绍和（12月—）。设有中共临沧市委审计委员会办公室秘书科；内设办公室、计划财务科、法规科、电子数据审计科、财政审计科、行政事业审计科、农业农村审计科、固定资产投资审计一科、固定资产投资审计二科、社会保障审计科、自然资源和生态环境审计科、企业与金融审计科、经济责任审计一科、经济责任审计二科、人事科；下设电子数据分析处理中心、投资审计中心。

审计成果 2022年，临沧市审计机关共审计单位242个，查出主要问题金额182.96亿元，其中违规金额5.87亿元，损失浪费金额66万元，管理不规范金额177.08亿元；审计处理处罚资金29.19亿元，审计促进整改落实有关问题资金12.96亿元，审计促进拨付资金到位3.48亿元，审计后挽回损失2041万元。提出审计建议803条，提交审计信息48篇，向社会公告审计结果63篇。移送纪检监察机关案件线索107件，涉及人员8人，涉及金额32.4亿元。

财政审计 重点对全市64个部门预算编制及执行、预算绩效管理等情况进行审计调查，查出主要问题金额122.73亿元，涉及违规变更调整预算、违规改变项目计划等问题29个。

共实施审计调查项目55个，查出主要问题金额13.34亿元，核减投资额4276万元。

国有企业审计 对1户市属企业2021年资产负债损益情况开展审计，为全市开展企业审计提供经验。

民生审计 开展全市高标准农田建设和乡村振兴等民生相关领域的审计，促进各项惠民利民富民政策落到实处。全市共开展专项资金审计33项，查出主要问题金额35.28亿元。

经济责任审计 全市共对47名领导干部开展经责审计，查出主要问题金额19.9亿元，提出审计建议131条。

审计查出问题整改 围绕市、县审计局2021年度审计查出问题的整改情况，以及2021年度本级政府向同级人大常委会审计工作报告涉及的问题，对双江县开展跟踪审计，推动实现整改清零。

交办任务 对市政府2021年第四季度、2022年一至三季度关于重大政策落实、重点领域环节、重大资金安排等提出审计意见。

相关工作 开展“审计质效提升年”活动，印发《临沧市审计机关“审计质效提升年”实施方案》《临沧市审计局关于严格执行市局机关预算执行管理工作的通知》《临沧市审计局关于进一步加强优秀审计项目评选工作的通知》《临沧市审计局关于进一步加强审计信息报送工作的通知》等，从业务管理、内部控制、机关作风等方面进一步加强管理，促进各项年度目标顺利实现，内部管理水平逐步提升。

建设“清廉机关”，研究制定《临沧市审计局清廉机关建设实施方案》《临沧市审计局“清廉机关”建设工作责任分解方案》，组建了临沧市审计局清廉机关建设工作专班，年内召开党组理论学习9次、干部职工会议学习54次，开展纪律教育和警示教育10场307人次。市审计局连续19年在党风廉政建设工作考核中被评定为优秀。

开展队伍专业化建设，选派390余人次参加署、省、市开办的各类培训，配合组织部完成2名处级干部试用期满考核工作，完成机关4名科级干部试用期满考核工作，两名班子成员晋升为三级调研员。（撰稿人：陈丽娴）

【楚雄彝族自治州审计局】 2022年，楚雄彝族自治州审计局实有39人。局长王之忠，副局长胡晓雯、李秋洪、陈绍能、陶光明、杨军（7月—），领导干部任期经济责任审计工作联席会议办公室主任李章明，总审计师李绍琴（7月—）。设有州委审计委员会办公室秘书科；内设办公室、计划财务科、法规科、审理督查科、电子数据审计科、财政审计科、行政事业审计科、农业农村审计科、固定资产投资审计一科、固定资产投资审计二科、社会保障审计科、自然资源和生态环境审计科、企业审计科、金融与涉外审计科、经济责任审计一科、经济责任审计二科、经济责任审计三科、内部审计指导监督科、人事教育科、党总支办公室。

审计成果 2022 年，楚雄彝族自治州审计机关共完成审计项目 460 个，审计查出违规金额 196176 万元、损失浪费金额 17 万元、管理不规范金额 1218179 万元；审计发现非金额计量问题 1286 个，损益（收支）不实金额 320093 万元。通过审计，上交财政金额 30542 万元，促进增收节支 111943 万元，挽回（避免）损失 36124 万元；移送处理事项 192 件、涉及金额 82506 万元。

楚雄彝族自治州审计局被省审计厅表扬为“全省涉粮审计先进集体”。

政策落实情况跟踪审计 开展全州地方政府专项债券资金管理使用、乡村振兴重点帮扶县相关政策落实和资金审计、“十三五”期间易地扶贫搬迁债务审计。

财政审计 开展州本级预算和 4 个州级部门预算审计，28 个州级预算单位审计调查，姚安县南华县 2021 年度财政决算审计，楚雄师范学院、云南现代职业技术学院财务管理及往来款情况专项审计调查，楚雄一中、广通医院、州级检验检测机构整合改革涉改部门财政财务收支审计，县级财政权责发生制列支情况核查。

固定资产投资审计 开展楚雄医专德贷、楚雄医专教育补短板、永仁县拉里么水库等项目竣工决算审计，楚雄市水环境综合治理政府和社会资本合作（PPP）等项目审计调查，楚雄州招商引资及园区建设成效专项审计调查。全州共审减投资额 30760 万元。

国有企业审计 开展楚雄州振彝项目投资有限公司（楚雄州水务发展有限责任公司）2019 年至 2021 年资产负债损益审计。

资源环境审计 开展 25 名领导干部自然资源资产离任（任中）审计以及龙川江流域生态环境保护治理审计调查，经验做法在全省审计系统推广。

民生审计 开展全州城镇老旧小区改造项目专项审计调查、全州高标准农田建设项目和资金审计、全州涉粮问题专项审计。

经济责任审计 开展 89 名领导干部经济责任审计，办理 279 人次的领导干部任前告知和 35 名领导干部离任交接，949 人报送履行经济责任情况报告。

审计查出问题整改 自 5 月开始，州委常委会每月听取 1 次审计整改情况汇报并形成制度；州人民政府领导对审计工作批示 24 次（其中涉及审计整改 14 次），对整改不力的禄丰市、双柏县和州搬迁安置办进行约谈，开展整改专项督查 4 次。

研究型审计 对专项债券、龙川江流域生态环境保护治理、招商引资及园区建设、城镇老旧小区改造、高标准农田建设、国有企业、高校财务管理及往来款 7 个项目开展研究型审计，成立 4 个专班汇总提炼审计重要情况。

交办任务 派出 39 人次配合纪委监委专案、巡视巡察和专项监督检查，向州委组织部等部门提供 23 批次 146 家部门 538 人次的审计意见。

相关工作 开展 7 家州级部门网络安全和信息化建设情况审计调查。（撰稿人：李　静）

【红河哈尼族彝族自治州审计局】 2022 年，红河哈尼族彝族自治州审计局实有 55 人。局长李朝晖，稽查特派员张程山，副局长张德文、何仕华、陈红欣、普发俊，经济责任审计工作联席会议办公室主任李强，总审计师赵学敏。设有州委审计委员会办公室秘书科；内设办公室、法规科、人事科、计划财务科、审理督查科、电子数据科、财政审计科、农业农村审计科、行政事业审计科、投资审计科、社会保障审计科、自然资源和生态环境审计科、企业金融审计科、科经济责任审计一科、经济责任审计二科、内部审计指导监督科；下设红河州投资审计中心、红河州审计计算机技术中心。

审计成果 2022 年，红河哈尼族彝族自治州（以下简称红河州）审计机关共完成审计项目 329 个，其中审计 307 个、专项审计调查 22 个。查出主要问题金额 989772 万元，其中违规金额 12445 万元、损失浪费金额 5307 万元、管理不规范金额

860042万元；审计发现非金额计量问题1045个；损益（收支）不实金额76639万元；出具审计报告和专项审计调查报告381篇，被批示、采用23篇次。审计处理处罚金额563589万元，其中应上缴财政68263万元、应减少财政拨款或补贴8550万元、应归还原渠道资金161961万元、应缴纳其他资金51512万元、应调账处理金额296429万元；移送司法机关、纪检监察机关和有关部门处理事项102件，移送处理人员63人，移送处理金额122363万元。审计促进整改落实有关问题资金294186万元；审计促进拨付资金到位20万元；审计后挽回（避免）损失6112万元；核减投资额10582万元；移送处理落实事项18件。审计提出建议936条，被采纳882条；推动被审计单位制定整改措施2项；促进被审计单位建立健全规章制度23项；提交审计信息560篇，被批示、采用244篇次。向社会公告审计结果62篇。

红河州境内南盘江流域生态环境保护情况审计项目、红河州2020年医疗保险基金筹集管理使用情况审计项目和蒙自市2020年度涉农专项资金分配、管理和使用情况审计项目被云南省审计厅评为优秀审计项目。

政策落实情况跟踪审计 开展养老服务体系建设、巩固拓展脱贫攻坚成果、减税降费、文物保护、“厕所革命”、园区经济等政策措施跟踪审计，不断加大中央、省、州重大政策措施贯彻落实情况跟踪审计力度。

财政审计 共组织实施预算执行类审计60个、财政决算类审计11个、行政事业类审计103个、专项资金审计类35个、投资审计类64个，审计查出主要问题金额87.48亿元。

国有企业审计 完成企业财务收支审计项目1个，审计查出问题金额32.71万元。

农业农村审计 共完成乡村振兴重点帮扶县审计项目1个，审计查出问题金额4999万元；完成高标准农田建设审计项目1个，审计查出问题金额219万元。

资源环境审计 完成领导干部自然资源资产离任（任中）审计项目15个，审计查出问题金额20745.54万元。

民生审计 完成就业补助资金项目1个，审计查出问题资金10万元；完成住房租赁相关资金审计项目4个，审计查出问题金额233.31万元。

经济责任审计 共完成领导干部经济责任审计项目80个，审计查出主要问题金额13.78亿元。

审计查出问题整改 出台加强和改进审计整改制度13项，开展专项督查1次，审计查出2018个问题已整改1530个。

研究型审计 建立健全研究型审计落实机制16项，将立项、问题、建议当课题研究，开展“审计质效提升年”活动，全面提升审计工作质量和水平。

内部审计 制定出台《关于加强内部审计工作的意见》，对内部审计工作的业务指导和监督，组建内审人才库36名，从中选调4人次参与审计工作。

交办任务 抽调22人次配合巡视巡察、督促检查工作。

相关工作 强化党建与审计深度融合，探索党建+业务研讨活动，把党小组建在项目上，实现党建、业务同部署同落实同考核机制。红河州审计局被命名为“云南省模范机关创建示范单位”，全州党风廉政建设责任制检查考核获优秀等次。全州共调整使用干部18人。2022年度领导干部自然资源资产离任审计等业务培训159人次，选派领导干部赴省审计厅、武汉大学、州委党校等单位专题培训139人次，其他各类培训509人次。积极鼓励全州审计人员参加审计职称考试，通过考试18人，其中，高级8人、中级10人。

（撰稿人：李　军）

【文山壮族苗族自治州审计局】 2022年，文山壮族苗族自治州（以下简称文山州）审计局实有56人。局长何淑清（—9月）、杨俊（9月—），副局长陆明会、李洪光、江春慧、左雯璐，领导干部经济责任审计工作联席会议办公室主任何继波，总审计师杨世琼，重点项目稽察特派员王永贵、侯拥军、刘朝科。设有州委审计委员会办公室秘书科；内设办公室、人事科、计划财务科、法规科、财政审计科、经济责任审计科、自然资源和生态环境审计科、农业农村审计科、固定资产投资审计科、社会保障审计科、行政事业审计科、企业金融审计科；下设计算机技术中心、政府投资审计中心、国有企业监事会监督管理中心。

审计成果 2022年，文山州审计机关共完成审计项目273个，其中审计218个、专项审计调查55个。查出主要问题金额7356433万元，其中违规金额905514万元、损失浪费金额6949万元、管理不规范金额6443970万元；审计发现非金额计量问题634个；损益（收支）不实金额4216942万元；审计发现侵害人民群众利益4232万元；出具审计报告和专项审计调查报告315篇，被批示、采用9篇次。审计处理处罚金额2236529万元，其中应上缴财政98183万元、应减少财政拨款或补贴25373万元、应归还原渠道资金607971万元、应缴纳其他资金97900万元、应调账处理金额1407102万元；移送处理事项137件，移送处理人员17人，移送处理金额110344万元。审计促进整改落实有关问题资金1505082万元；审计促进拨付资金到位210万元；审计后挽回（避免）损失3897万元；核减投资额25182万元。审计提出建议758条，被采纳647条；促进建立健全规章制度34项；提交审计信息583篇，被批示、采用220篇次。向社会公告审计结果215篇。

政策落实情况跟踪审计 完成4个项目，查出问题金额57574万元。移送处理事项4件。

财政审计 完成176个项目，查出问题金额983811万元。移送处理事项38件，移送处理金额3846万元。完成国有资产专项审计调查9个，查出问题金额4559803万元。移送处理事项3件，移送处理金额233万元。

国有企业审计 完成13个项目，查出问题金额453516万元。移送处理事项32件，移送处理金额46577万元。

农业农村审计 完成21个项目，查出问题金额90773万元，移送处理事项7件，移送处理金额2465万元。

资源环境审计 完成14个项目，查出问题金额131547万元。移送处理事项15件，移送处理金额30994万元。

经济责任审计 完成36个项目，查出问题金额1079409万元。移送处理事项38件，移送处理金额26229万元。

审计查出问题整改 11月，开展审计整改专项督查工作。12月，州人大常委会开展审计整改情况满意度测评。

内部审计 文山州有内部审计机构31个，其中专职机构9个。审计人员126人，其中专职人员23人，完成审计项目233个，促进增收节支10889万元。（撰稿人：李志祥）

【西双版纳傣族自治州审计局】 2022年，西双版纳傣族自治州审计局实有26人。局长周娜，副局长周红英、高黎林，总审计师刘怡，二级调研员蒋凌云，三级调研员王帮云，四级调研员高徽云。设有州委审计委员会办公室秘书科；内设办公室、法规科、财政审计科、经济责任审计科、农业与自然资源环境审计科、固定资产投资审计科、电子数据审计科、社会保障审计科；下设西双版纳州内部审计指导中心。

审计成果 2022年，西双版纳傣族自治州审计机关共完成审计项目103个，其中审计89个、专项审计调查14个。查出主要问题金额749372万元，其中违规金额199892万元、损失浪费金额46万元、管理不规范金额549433万元；审计发现非金额计量问题462个；损益（收支）不实金额19023万元；出具审计报告和专项审计调查报告120篇，被批示、采用12篇次。审计处理处罚金额324414万元，其中应上缴财政65036万元、应减少财政拨款或补贴1628万元、应归还原渠道资金228578万元、应缴纳其他资金1069万元、应调账处理金额28101万元；移送司法机关、纪检监察机关和有关部门处理事项52件，移送处理人员18人，移送处理金额204085万元。审计促进整改落实有关问题资金261007万元；审计促进拨付资金到位187万元；审计后挽回（避免）损失1423万元；核减投资额1329万元。审计提出建议341条，被采纳341条；推动被审计单位制定整改措施81项；促进被审计单位建立健全规章制度6项；提交审计信息195篇，被批示、采用34篇次。向社会公告审计结果32篇。

政策落实情况跟踪审计 围绕优化营商环境、深化“放管服”改革、巩固拓展脱贫攻坚成果等开展审计监督，重点关注重大项目落地推进、“六稳”“六保”政策任务落实等情况。针对重大政策落实中的存在机制体制问题，深入剖析原因，提出具有针对性和可操作性的审计建议，进一步促进改革，完善制度。

财政审计 围绕预算执行及财政政策贯彻落实情况实施审计，重点关注预算支出约束力、支出结构合理性及一般性支出压减情况，重大项目前期费管理使用情况，政府性债务规模结构及资金管理使用等情况，推动盘活存量资产、规范财政管理。

以加强重点建设项目管理、促进政府投资效益提高为目标，组织开展西双版纳景洪工业园区道路（龙栋大道）大修工程项目竣工决算审计、曼点水库工程专项审计调查，持续推进政府投资审计工作转型。

国有企业审计 围绕贯彻落实国家重大决策部署，开展西双版纳州土地发展有限公司2020—2021年度资产、负债、所有者权益审计，重点揭示国有企业超规定发放工资、购买服务效率低下、国有资金损失浪费等问题，移送问题线索4件。

资源环境审计 围绕“绿水青山就是金山银山”，开展领导干部自然资源资产管理责任审计和西双版纳州高标准农田审计调查，形成《西双版纳州生态资源价值分析报告》《西双版纳州亚洲象保护审计调查情况报告》，得到州委、州政府主要领导的批示肯定。

民生审计 围绕改善民生，开展全州养老服务体系建设项目资金审计，查出主要问题金额335.53万元，移送处理事项3件。围绕规范高校财务收支管理，开展西双版纳职业技术学院财务管理及往来款项管理审计调查，查出主要问题金额1434.81万元，移送问题线索4件。

经济责任审计 围绕规范权力运行、推动责任落实，对18名领导干部进行经济责任审计，促进领导干部履职尽责，促使被审计单位加强财政财务管理，规范公共权力运行。

审计查出问题整改 切实履行审计发现问题跟踪督促责任，对2021年7月至2022年6月出具的审计报告、审计决定等审计结果文书所揭示问题的审计整改情况进行专项审计调查。通过督促，审计查出的756个问题已完成整改591个，整改完成率为78.17%。

相关工作 围绕深入学习宣传贯彻党的二十大精神，组织开展审计“菁英论坛”“二十大报告天天读”等活动，年内共开展学习宣讲14场次，覆盖人数239人次。开展“对标先进、争创一流”主题实践活动，全州审计机关均创成模范机关示范单位，并蝉联州级规范化建设示范党支部。持续推进清廉审计建设，全州审计机关党风廉政建设考核均为优秀等次。（撰稿人：王　丽）

【大理白族自治州审计局】 2022年，大理白族自治州（以下简称大理州）审计局实有63人。局长彭云宁（—4月）、肖云江（4月—），副局长沈万炳、杨辉（12月—）、李云斌（4月—）、莫春芳（12月—），经济责任审计工作联席会议办公室主任陈丽云，总审计师段晓洋，稽察特派员李锦娣、彭红云、杨序。设有州委审计委员会办公室秘书科；内设办公室、计划财务科、人事科、法规督查科、审理科、财政审计科、行政事业审计科、社会保障审计科、农业农村审计科、经济责任审计一科、经济责任审计二科、企业与金融审计科、电子数据审计科、投资审计一科、投资审计二科、自然资源和生态环境审计科和2个派出审计科。

审计成果 2022年，大理州审计机关共完成审计项目300个，其中审计266个，专项审计调查34个。审计发现非金额计量问题733个；损益（收支）不实金额133208.38万元；出具审计报告和专项审计调查报告311篇；审计处理处罚金额709846.89万元，移送纪检监察机关和有关部门处理事项114件，移送处理人员13人，移送处理金额44473.9万元。审计促进整改落实有关问题资金266838.62万元；审计后挽回（避免）损失1330.01万元，核减投资额386.98万元；提出审计建议835条，审计建议被采纳816条；推动被审计单位制定整改措施78项，提交审计信息156篇，被批示、采用61篇次。向社会公告审计结果54篇。

大理州审计局参与的省税务局2021年度税收和非税收入征管及部门预算执行情况审计项目，获得党和国家领导人批示。被中共云南省委党的建设工作领导小组命名为“云南省模范机关创建示范单位”，获云南省审计厅、云南省总工会、云南省妇女联合会组织的云南省第十九届职工职业技能大赛大数据审计竞赛优秀组织奖。实施的

2所高校财政性存量资金及财务管理情况专项审计调查，以及大理州、大理市、宾川县、祥云县审计局推开专业技术类公务员管理改革等，因工作成效突出，被中共云南省审计厅党组通报表扬为“2022年度全省审计机关做出突出贡献的集体”。数据分析技术在某县长任职期间履行经济责任情况审计中的应用案例、数据分析在弥渡县人民医院2019年至2020年度财务收支审计中的应用案例获云南省审计厅2022年度数据分析应用案例等评选结果优秀等次。

财政审计 完成2021年度州本级和10个州级部门的预算执行审计及181家州级部门预算执行全覆盖审计调查，揭示问题108个，涉及金额49525.75万元，发出审计整改通知37个。

完成11个县美丽县城专项审计调查和洱海流域面源污染末端拦截审计，实施6个县农村公路专项审计调查、滇西区域医疗中心、州人民医院医疗核心区建设项目跟踪审计，大理日报社综合业务用房，洱海入湖河流水环境综合治理——洱源县弥茨河综合治理工程竣工决算审计。

民生审计 开展永平县巩固拓展脱贫攻坚成果同乡村振兴有效衔接相关政策和资金审计，抽查资金24824.81万元、项目43个，揭示了4个方面10类问题，完成大理、巍山、弥渡等8个县（市）“十三五”期间易地扶贫搬迁债务情况审计，完成大理州高校财务管理及往来款专项审计调查。

资源环境审计 全州开展13名领导干部自然资源资产离任（任中）审计项目，开展玉溪星云湖保护治理情况审计。

经济责任审计 全州完成53名领导干部经济责任审计，查出主要问题金额72.68亿元。

审计查出问题整改 对上级审计机关反馈问题整改情况的开展6轮专项督查，加强跟踪调度和整改指导，核实各项整改措施和整改效果，督促被审计单位严格落实整改主体责任，确保审计发现问题从严从实整改。2022年上级审计机关反馈大理州问题共计86项，已销号3项、完成整改36项、基本完成整改9项、部分整改38项。

专项审计 开展大理漾濞6.4级地震灾后恢复重建（第一阶段），全州高标准农田建设，全州宗教场所建筑改造补助资金，大理州疫情防控指挥部，大理州住房公积金管理系统网络安全和信息化建设专项审计。

相关工作 坚持党对审计工作的领导，制定《关于加强县（市）党委审计委员会领导的意见》《县（市）党委审计委员会重大事项请示报告实施办法》《审计重大事项督察督办实施办法》。扎实推进审计工作质效提升，制定《大理州审计局2022年度提质增效工作措施》。

（撰稿人：吴健敏）

【德宏傣族景颇族自治州审计局】 2022年，德宏傣族景颇族自治州（以下简称德宏州）审计局实有33人。局长杨善武（—5月）、杨华（5月—），副局长杨常纪、胡文萍、杨留念（9月—）。设有州委审计委员会办公室秘书科；内设办公室、计划财务科、法规科、电子数据审计科、财政审计科、农业农村审计科、社会保障审计科、自然资源和生态环境审计科、固定资产投资审计科、经济责任审计科、行政事业审计科；下设投资项目审计中心。

审计成果 2022年，德宏州审计机关共完成审计项目115个，查出主要问题金额1447641万元，处理处罚金额192479万元，移送处理事项67件，移送处理人员48人，促进整改落实资金183231万元，提交信息281篇，向社会公告审计结果46篇。

政策落实情况跟踪审计 以资金、项目、政策和重大改革任务推进情况为抓手，扎实做好政策跟踪审计，完成全州5个县、市“十三五”期间易地扶贫搬迁建设项目债务情况审计、巩固拓展脱贫攻坚成果同乡村振兴有效衔接相关政策和资金审计，推动党中央重大决策部署落地落实。

财政审计 完成州本级2021年度预算执行及决算草案审计，州教育体育局及6所州属学校、2所高校预算执行、财务管理及往来款情况的审计调查，促进被审计单位健全内部管理制度，优化财政支出结构，提高资金使用绩效。

围绕政府投资项目财政性资金使用的主线，加强对工程的设计、立项、合同、预算、招投标、开工等全过程审计，完成学校、医院、交通等州政府重点工程项目竣工决算审计10项，全面揭示建设程序、概算执行、项目管理等方面违法违规行为，核减投资2572万元，促进财政性资金的安全与节约。

国有企业审计 完成对州国有资本投资控股集团公司2020年至2022年6月资产负债损益情况审计，有效促进国企“处僵治困”、建章立制、规范管理，为深化国有企业改革提供审计参考。

民生审计 完成涉粮问题专项、高标准农田建设、彩票公益金使用管理情况审计，着力揭示侵害群众利益问题，推动惠民政策落实落细，有效遏制群众身边的“微腐败”。

经济责任审计 围绕领导干部“四权一廉”，推行领导干部任期内轮审制度和权力清单制度，完成州级部门主要领导干部任期经济责任审计3项、自然资源资产离任（任中）审计2项、离任经济事项交接鉴证4人、督促52名州级单位主要领导干部报告年度履行经济责任情况。

（撰稿人：李志远）

【怒江傈僳族自治州审计局】 2022年，怒江傈僳族自治州（以下简称怒江州）审计局实有32人。局长赵书云，副局长杨金艳、赵红江、刘婕（2月—），总审计师和丽雯。设有办公室、计划财务科、法规审理督查科、电子数据审计科、财政审计科、农业农村审计科、社会保障审计科、自然资源和生态环境审计科、企业审计科、经济责任审计科、行政事业审计科；下设固定资产投资审计中心。

审计成果 2022年，怒江州审计机关共完成审计项目91个，其中审计77个、专项审计调查14个。查出主要问题金额290884万元，其中违规金额1846万元、损失浪费金额19万元、管理不规范金额289018万元；审计发现非金额计量问题549个；损益（收支）不实金额11577万元；审计发现侵害人民群众利益226万元；出具审计报告和专项审计调查报告95篇。审计处理处罚金额49608万元，其中应上缴财政1647万元、应归还原渠道资金5996万元、应缴纳其他资金14149万元、应调账处理金额27814万元；移送司法机关、纪检监察机关和有关部门处理事项81件，移送处理人员6人，移送处理金额68609万元。审计促进整改落实有关问题资金13356万元；核减投资额401万元。审计提出建议296条，被采纳275条；提交审计信息73篇，被批示、采用21篇次。向社会公告审计结果28篇。

政策落实情况跟踪审计 聚焦“三大攻坚战”“放管服”改革和“六稳”“六保”，对乡村振兴、国资国企改革、粮食安全保障、地方政府债券资金、优化营商环境、减税降费等政策落实情况进行监督，推动政令畅通、令行禁止。

财政审计 聚焦财政支出结构优化、转移支付健全完善、财政资金统筹盘活等情况，完成州本级财政和13个州级部门预算执行审计（调查），推动深化预算制度管理改革、加强财政资源统筹。围绕发挥政府投资效益，完成州级医疗卫生单位重大建设项目推进情况专项审计调查。

国有企业审计 聚焦国企改革，完成怒江投资开发集团有限公司2021年度资产负债级损益审计，推动国有企业深化改革走深走实。

农业农村审计 聚焦惠农政策落实，完成泸水市、兰坪县乡村振兴重点帮扶县审计，组织全州审计机关完成“十三五”期间易地扶贫搬迁债务审计，巩固拓展脱贫攻坚成果同乡村振兴有效衔接。

资源环境审计 聚焦自然资源开发保护，组织全州审计机关完成2019年至2021年水资源管理开发利用情况“一条线”审计，推动水资源规范管理、有序开发。

民生审计 聚焦保障和改善民生，完成涉粮问题专项审计、彩票资金管理使用情况审计、企业集团帮扶资金审计，助力惠民政策落地生根、发挥实效。

经济责任审计 聚焦促进权力规范运行，完成2名正处级领导干部经济责任审计，4名正处级离任交接鉴证、11名正处级领导干部任前经济责任告知，推动领导干部严格依法行使公共权力。

审计查出问题整改 怒江州人民代表大会常务委员会对审计查出问题整改情况开展专题调研、满意度测评，强化审计查出问题整改情况督查，《2021年度州本级预算执行和其他财政收支的审计工作报告》反映7类199个问题，截至12月完成整改150个。

相关工作 推进作风革命、加强机关效能建设，开展“审计质效提升年”“重学习、抓落实、创一流”主题实践活动。加强廉政教育，举办违纪违法典型案例专题讲座、全州审计机关党纪法规知识竞赛，发放家庭助廉倡议书。加强干部教育培训，开展“审计讲堂”11期，举办培训班5期、参训180人次。（撰稿人：张李斌）

【迪庆藏族自治州审计局】 2022年，迪庆藏族自治州（以下简称迪庆州）审计局实有人员25人。局长傅冰，副局长张柱能、郑永平、周达松。设有办公室、法规科、行政事业审计科、财政审计科、固定资产投资审计科、经济责任审计科、农业和自然资源审计科等7个科室；下设迪庆州政府投资审计中心、迪庆州审计计算机技术中心2个事业机构。

审计成果 2022年，迪庆州审计机关共完成审计项目（审计调查）173个，审计查出主要问题金额549250.97万元；审计发现非金额计量问题260个；审计期间整改金额14871.86万元；审计促进整改落实有关问题资金197437.2万元；审计移送处理事项32件、移送处理金额30736.97万元。出具审计和审计调查报告173篇，向被审计单位提出审计建议454条，被采纳审计建议454条。提交审计信息237篇。对审计发现的重大问题及时向州委政府作了汇报，并得到州委、州政府主要和分管领导批示15次。为维护财经秩序、保障和改善民生、推动党风廉政建设贡献了审计力量。

政策落实情况跟踪审计 完成了德钦县乡村振兴相关政策落实和资金审计、“十三五”期间易地搬迁债务情况审计等2个重大政策审计落实跟踪计项目。

财政审计 完成2021年州本级财政决算（草案）编制情况审计和2021年度预算执行和其他财政收支情况审计、云南迪庆香格里拉经济开发区管理委员会2019—2021年度财政预算执行及其他财务收支情况专项审计调查等3项财政管理审计。

完成香格里拉市、维西县、德钦县2021年度预算执行和其他财政财务收支及决算草案编制情况审计（专项审计调查）共60项。

对迪庆香格里拉经济开发区中心片区市政基础设施建设项目、开发区“11·3”金沙江干流白格堰塞湖中心片区滨江大道灾后恢复重建工程等40个项目进行竣工决算审计。

资源环境审计 完成州生态环境局、香格里拉市上江乡人民政府、德钦县升平镇人民政府、维西县中路乡人民政府4项领导干部自然资源资产审计。

民生审计 完成养老服务体系建设资金审计、维西县农村集体土地确权登记发证项目、德钦县石漠化资金管理等4个专项资金审计。

经济责任审计 完成州人力资源和社会保障局、州生态环境局、州统计局等17名领导干部经济责任审计，对98名领导干部进行了任前经济责任告知，完成了49项领导干部离任交接事项并出具鉴证意见，收集了261名领导干部履行经济责任情况年度报告。（撰稿人：七林杰布）

2022年云南省所辖市（州）、县（市、区）审计工作统计表

审计机关	完成审计项目/个	审计查出主要问题金额/万元	审计发现非金额计量问题/个	审计期间整改金额/万元	出具审计报告和审计调查报告/篇	审计处理情况		审计促进整改落实有关问题资金/万元	审计提出建议/条	提交审计信息/篇
						审计处理处罚金额/万元	移送处理事项/件			
昆明市										
昆明市本级	78	4557328	467	19343	96	861509	29	154217	393	22

续表

审计机关	完成审计项目/个	审计查出主要问题金额/万元	审计发现非金额计量问题/个	审计期间整改金额/万元	出具审计报告和审计调查报告/篇	审计处理情况		审计促进整改落实有关问题资金/万元	审计提出建议/条	提交审计信息/篇
						审计处理处罚金额/万元	移送处理事项/件			
五华区审计局	27	4171	19	2399	27	2709	1	1184	88	
盘龙区审计局	49	25372	112		49	25372	2	23867	163	51
官渡区审计局	30	309283	99	6011	34	14087	5	4398	118	64
西山区审计局	17	17690	57	317	17	25505	10	10812	69	88
东川区审计局	15	9196	7	1251	16	1260	5	23	72	2
呈贡区审计局	32	20047	50	5	38	15661	8	10711	120	1
晋宁区审计局	17	9439			17	7906	9	7632	52	1
富民县审计局	24	29387	38	2537	24	3256	23	2537	106	112
宜良县审计局	44	13636	33	1991	53	11644	3	5760	119	105
石林彝族自治县审计局	39	932	10	32	39	845	2	174	64	64
嵩明县审计局	27	84557	66	82	36	84112	5	43840	86	1
禄劝彝族苗族自治县审计局	18	396042	20	11942	17	396042	9	893	16	7
寻甸回族彝族自治县审计局	23	90522	61	2453	36	29941	9	29476	65	95
安宁市审计局	55	135941	10	28228	55	135941	6	135941	177	35
曲靖市										
曲靖市本级	31	675150	148	40421	40	50978	8	3164	96	122
麒麟区审计局	29	183760	54	14186	36	561	7	3627	199	47
沾益区审计局	18	123967	21	3	21	13813	6	198	60	31
马龙区审计局	20	78048	67	4621	24	1679	6	1489	108	43
陆良县审计局	34	6610	16	74	52	249	6	249	93	55
师宗县审计局	25	101760	24	362	32	92977	3	92555	69	43
罗平县审计局	28	161607	23	771	28	21525	15	815	57	45
富源县审计局	28	31921	18	28850	32	49	5		85	15
会泽县审计局	28	4372	16	813	28	3506	5	3664	8	1
宣威市审计局	31	57671	52	16230	43	5431	22	4459	66	30
玉溪市										
玉溪市本级	46	790950	355	16555	70	95190	131	41538	173	87
红塔区审计局	24	203023	25	36	31	16871	2	16867	67	26
江川区审计局	21	214716	25		21	1217	3	8	58	53

续表

审计机关	完成审计项目/个	审计查出主要问题金额/万元	审计发现非金额计量问题/个	审计期间整改金额/万元	出具审计报告和审计调查报告/篇	审计处理情况		审计促进整改落实有关问题资金/万元	审计提出建议/条	提交审计信息/篇
						审计处理处罚金额/万元	移送处理事项/件			
通海县审计局	14	327281	39	1	18	8208	10	9812	31	83
华宁县审计局	12	201630	63		15	2164	7	52	19	3
易门县审计局	14	205697	44		16	2295	28	104334	35	27
峨山彝族自治县审计局	15	154930	33		19	97058	4	13103	22	3
新平彝族傣族自治县审计局	14	47911	26	7	21	5088	15	2155	50	85
元江哈尼族彝族傣族自治县审计局	15	122319	36	8	19	766	10	1091	34	16
澄江市审计局	14	125330	35	222	14	211	7	452	26	102
保山市										
保山市本级	25	123	155	1	28	122	13	25	100	47
隆阳区审计局	31	12	108		37	2	21	2	100	44
施甸县审计局	16	9	38		16	6	15	1	50	42
龙陵县审计局	27	1	5	2	43	1	7		82	26
昌宁县审计局	42	8	383	1	66	4	8	4	137	56
腾冲市审计局	39	24	10		37	24	4	22	56	75
昭通市										
昭通市本级	64	1035913	368	79703	64	158687	65	17832	203	20
昭阳区审计局	20	55347	58	3442	20	6784	13	6144	62	8
鲁甸县审计局	13	22229	37	9631	13	22229	2	10248	37	8
巧家县审计局	103	86764	229	52	103	20208	10	13079	312	1
盐津县审计局	23	192898	96	1083	23	81281	17	1239	76	45
大关县审计局	18	11840	34	218	18	3591	21	3271	59	11
永善县审计局	19	20383	41	593	19	19451	23	1981	37	24
绥江县审计局	16	6984	42	125	16	815	16	479	41	54
镇雄县审计局	46	16196	97	468	46	1619	4	5192	52	13
彝良县审计局	15	95011	37	161	15	2957	16	95	39	8
威信县审计局	28	5027	22	1	28	5027	7	4858	54	10
水富市审计局	19	22665	23		20	840	10	768	32	4
丽江市										
丽江市本级	37	955341	231	68067	37	213989	33	158392	131	57

续表

审计机关	完成审计项目/个	审计查出主要问题金额/万元	审计发现非金额计量问题/个	审计期间整改金额/万元	出具审计报告和审计调查报告/篇	审计处理情况		审计促进整改落实有关问题资金/万元	审计提出建议/条	提交审计信息/篇
						审计处理处罚金额/万元	移送处理事项/件			
古城区审计局	15	40919	75	95	15	16451	1	7787	55	
玉龙纳西族自治县审计局	45	11847	62	235	45	1700	3	1650	211	4
永胜县审计局	19	36074	39	904	19	8160	4	942	57	
华坪县审计局	22	108189	157	11	25	25199	2	3856	170	1
宁蒗彝族自治县审计局	22	97663	74	56	20	68169		69575	92	20
普洱市										
普洱市本级	77	2456804	260	31218	86	1686085	58	491590	208	74
思茅区审计局	25	70123	30	416	29	2810	16	2745	137	27
宁洱哈尼族彝族自治县审计局	28	9542			36	9542	3	4711	69	17
墨江哈尼族自治县审计局	29	291427	109	42230	36	10089	29	9872	116	12
景东彝族自治县审计局	25	534	19	32621	32	332	5	332	60	56
景谷傣族彝族自治县审计局	35	20290	33	667	46	20271	2	14568	97	
镇沅彝族哈尼族拉祜族自治县审计局	30	6301	66		33	736	6	732	86	2
江城哈尼族彝族自治县审计局	15	6448	19	1291	18	3445	3	707	47	
孟连傣族拉祜族佤族自治县审计局	32	47317	31	156	38	780	2	484	91	28
澜沧拉祜族自治县审计局	27	109479	186	11	35	99503	18	98475	85	14
西盟佤族自治县审计局	10	3208	6	1708	14	1202	3	1202	31	
临沧市										
临沧市本级	37	1112584	275	21714	46	5255	61	73232	103	19
临翔区审计局	25	125460	78	447	25	2454	12	1121	61	8
凤庆县审计局	77	54949	143	15814	75	25017	9	13738	194	3
云县审计局	25	57868		293	25	56821		148	167	

续表

审计机关	完成审计项目/个	审计查出主要问题金额/万元	审计发现非金额计量问题/个	审计期间整改金额/万元	出具审计报告和审计调查报告/篇	审计处理情况		审计促进整改落实有关问题资金/万元	审计提出建议/条	提交审计信息/篇
						审计处理处罚金额/万元	移送处理事项/件			
永德县审计局	16	143749	42	428	17	10524	2	39755	39	
镇康县审计局	12	96901	35	3645	13	96901	5	550	37	13
双江拉祜族佤族布朗族傣族自治县审计局	22	85796	30	349	22	37778		411	101	4
耿马傣族佤族自治县审计局	14	125061	61	400	17	44432	6	29	54	
沧源佤族自治县审计局	14	27204	3	311	11	12744	12	652	47	1
楚雄彝族自治州										
楚雄彝族自治州本级	48	805570	355	67191	63	348772	29	324305	146	17
楚雄市审计局	54	67324	230	1391	64	13517	2	13517	167	28
禄丰市审计局	45	142587	131		53	15615	18	14989	177	18
双柏县审计局	38	69517	119	491	38	4822	37	4564	131	5
牟定县审计局	40	96223	29		51	1522	11	1495	100	2
南华县审计局	34	22415	140	26	42	1761	17	1844	123	12
姚安县审计局	48	22601	47	307	48	7272	19	7264	143	2
大姚县审计局	48	70993	154	3606	57	2557	20	2405	181	60
永仁县审计局	35	62443	17		43	1572	24	1572	95	4
元谋县审计局	38	45571			51	3721	4	3578	57	39
武定县审计局	32	9123	64		37	7899	11	7666	120	
红河哈尼族彝族自治州										
红河哈尼族彝族自治州本级	36	337166	257	1036	50	318560	42	120993	127	39
个旧市审计局	27	79800	45	2	39	1795	32	992	86	70
开远市审计局	10	38702	52	233	12	23998	22	23355	45	109
蒙自市审计局	24	81665	85	36	31	21762	3	5804	87	80
弥勒市审计局	24	83810	35	8224	24	58528	30	55019	54	13
屏边苗族自治县审计局	45	5459	111	51	22	467	5	317	72	28
建水县审计局	20	21937	60	1072	27	5496	3	20883	54	47

续表

审计机关	完成审计项目/个	审计查出主要问题金额/万元	审计发现非金额计量问题/个	审计期间整改金额/万元	出具审计报告和审计调查报告/篇	审计处理情况		审计促进整改落实有关问题资金/万元	审计提出建议/条	提交审计信息/篇
						审计处理处罚金额/万元	移送处理事项/件			
石屏县审计局	24	34453	97	538	23	3314	2	2391	76	34
泸西县审计局	9	189476	63	1763	12	124909	8	61406	31	
元阳县审计局	27	17242	66	16189	27	1053	8	17242	59	36
红河县审计局	32	14740	78	1011	39	12860	11	8401	99	16
金平苗族瑶族傣族自治县审计局	15	79106	50		28	12592	9	61	41	45
绿春县审计局	23	2577	22	200	30	567	2	143	65	8
河口瑶族自治县审计局	13	3546	24		17	503	1	207	40	35
文山壮族苗族自治州										
文山壮族苗族自治州本级	59	6438011	198	22701	72	2067764	49	1404975	179	121
文山市审计局	27	290314	32	1392	31	27474	13	5713	56	75
砚山县审计局	16	52307	35	49	19	3692	11	2726	46	56
西畴县审计局	24	25215	79	2198	28	6420	13	4865	58	39
麻栗坡县审计局	19	40836	57	419	20	1026	8	716	46	35
马关县审计局	43	61268	25	1071	49	15179	5	7758	84	12
丘北县审计局	23	211080	60	32195	27	77357	21	47038	85	92
广南县审计局	45	171453	123	326	49	17795	8	13084	171	74
富宁县审计局	17	65949	25	5	20	19822	9	18207	33	79
西双版纳傣族自治州										
西双版纳傣族自治州本级	25	381809	76	213	27	134011	8	93416	76	58
景洪市审计局	33	152587	126	136	39	82171	25	4243	94	67
勐海县审计局	19	4250	169	547	19	1199	5	2708	62	54
勐腊县审计局	26	210725	91	418	35	107031	14	160638	109	16
大理白族自治州										
大理白族自治州本级	43	1283689	264	22656	48	354962	28	3537	169	50
大理市审计局	21	139254	11	28571	21	136884	7	136576		15

续表

审计机关	完成审计项目/个	审计查出主要问题金额/万元	审计发现非金额计量问题/个	审计期间整改金额/万元	出具审计报告和审计调查报告/篇	审计处理情况		审计促进整改落实有关问题资金/万元	审计提出建议/条	提交审计信息/篇
						审计处理处罚金额/万元	移送处理事项/件			
漾濞彝族自治县审计局	13	2836	56	285	13	721	10	109	31	26
祥云县审计局	23	315293	62	2021	23	19113	5	5108	66	1
宾川县审计局	50	3118	57	12	54	326	4	317	76	29
弥渡县审计局	24	79802	110	1748	24	59945	5	58340	102	5
南涧彝族自治县审计局	18	15240		78	18	15240	7	2847	56	
巍山彝族回族自治县审计局	21	35583	31	532	21	19488	8	4125	64	15
永平县审计局	17	154628	63	181	17	293	9	41	59	10
云龙县审计局	18	3300	33	34	18	152	6	87	36	4
洱源县审计局	19	10157	45		20	10085	14	403	87	
剑川县审计局	21	71443			21	68857	7	53392	59	
鹤庆县审计局	12	26642	1	15139	13	23782	4	1956	30	1
德宏傣族景颇族自治州										
德宏傣族景颇族自治州本级	24	134599	124	400	27	24304	36	19298	101	63
瑞丽市审计局	20	217897	17		20	159980	5	159980	57	28
芒市审计局	20	727843	24	40545	20	1428	6	1315	62	50
梁河县审计局	17	167214	64	12	21	3880	8	158	58	23
盈江县审计局	13	54140	7	109	13	273	8	109	42	69
陇川县审计局	21	145948	53		26	2614	4	2371	75	48
怒江傈僳族自治州										
怒江傈僳族自治州本级	25	57964	244	23137	25	15291	25	917	56	47
泸水市审计局	16	129768	66	9969	17	174	36	175	45	11
福贡县审计局	15	65794	106		15	6282	3	2079	43	6
贡山独龙族怒族自治县审计局	14	13516	54	16	17	12019	5		83	9
兰坪白族普米族自治县审计局	21	23842	79	219	21	15842	12	10185	69	

续表

审计机关	完成审计项目/个	审计查出主要问题金额/万元	审计发现非金额计量问题/个	审计期间整改金额/万元	出具审计报告和审计调查报告/篇	审计处理情况		审计促进整改落实有关问题资金/万元	审计提出建议/条	提交审计信息/篇
						审计处理处罚金额/万元	移送处理事项/件			
迪庆藏族自治州										
迪庆藏族自治州本级	37	200392		9953	37	136	15	4891	104	64
香格里拉市审计局	45	244935	45	3827	50	17249	10	5627	134	91
德钦县审计局	39	77984	208	1092	37	13316		8919	114	32
维西傈僳族自治县审计局	52	25940	7		52	36	7		102	50

西藏自治区

【西藏自治区审计厅】 2022年，西藏自治区审计厅实有156人。

领导成员

党组副书记、厅长：徐景浙

党组成员、副厅长（一级巡视员）：王端述 马陵田

党组成员、副厅长：拉巴次仁 吴陵涌 张秋雷 次 旦

党组成员、总审计师：巴桑扎西

二级巡视员：邓东风

审计成果 2022年，西藏自治区（以下简称自治区）审计厅完成审计项目35个，查出问题金额523.44亿元，出具审计报告、决定51篇，上报审计要情、专题报告61篇，移送问题线索20件，促进增收节支、挽回损失10.09亿元，促进制定、完善制度35项。自治区党委、自治区党委审计委员会和自治区人民政府领导同志对审计工作作出批示161条，对审计工作给予高度评价和充分肯定。自治区审计厅连续两年在区直经济发展类单位考核中荣获第1名，实现“两连冠”。同时，在2022年初自治区党委首次地厅级领导班子和领导干部考核中，自治区审计厅党组及党组书记、厅长均获得优秀等次。法治建设稳步推进，依法行政工作连续多年保持在区直单位前列。在主责主业上，自治区审计厅始终坚持履行审计监督职责，紧紧围绕稳定、发展、生态、强边、民生保障和改善、全面从严治党6个方面强化审计监督，优质高效推进各项审计工作任务落实。

政策落实情况跟踪审计 组织开展自治区重大政策措施落实情况跟踪审计、乡村振兴重点帮扶县相关政策落实和资金审计、日喀则市2021年至2022年巩固拓展脱贫攻坚成果同乡村振兴衔接政策落实情况审计。关注各部门各单位在抓好“四件大事”、保障和改善民生、招商引资、优化营商环境、助企纾困、乡村振兴、政府债务、国企改革、金融对实体经济支持等方面的重大政策措施落实情况。揭示部分国有企业和单位在房租减免优惠政策落实、转供电清理规范、疫情防控政策落实、政策性融资担保、涉企收费等方面存在的突出问题。向自治区党委审计委员会及时上报政策跟踪审计报告3篇，按照自治区主要领导批示持续跟踪督办，推动自治区稳经济一揽子政策中合计67项政策有64项政策得到较好落实，对尚未落实政策持续督办。

财政审计 组织开展自治区本级2021年财政预算执行及决算草案审计。开展自治区财政厅、教育厅、卫健委等9家单位部门预算执行审计，重点关注预算执行、收入统筹管理、盘活存量资

金、平安西藏建设、援藏资金使用管理、软件正版化管理、信创项目和网络安全建设资金管理使用、重大项目财政支出进度、落实党政机关过紧日子要求、遵守中央八项规定及其实施细则精神、以前年度审计查出问题整改等情况。重点揭示预算执行进度、重点专项资金使用管理、资产管理处置等方面存在的突出问题，有效促进财政预算管理规范，提升了财政资金使用绩效。

组织阿里地区狮泉河镇集中供热工程（一、二级管网及末端采暖工程和热源厂部分）、阿里地区日土县乌江经班摩掌至空九边防公路改建工程施工全一标段、国道 561 线当雄县宁中乡经旁多乡至林周县松盘乡段公路改建工程、拉萨市柳东大桥工程施工一标段、西藏自治区档案局（馆）新馆建设项目和西藏自治区档案学术研究与交流中心建设项目、拉萨市白定医院一期建设工程、西藏自治区羊八井至大竹卡公路改建工程项目施工二标段、国道 318 线竹巴笼至林芝公路重点路段整治改建工程（海通沟段）等项目开展审计。重点关注国家投资重大政策措施贯彻落实、规划推进、项目建设管理、建设资金筹集管理使用、工程概预算控制、竣工决算编制、征地拆迁补偿，以及工程建设管理、招投标管理、工程质量管理和环境保护措施等情况。重点揭示了存量隐性债务化解不实、新增债务有禁不止、虚假招标、工程转包或违法分包、投标人相互串通投标、挪用征地拆迁补偿金等工程领域重大违法违规问题，促进发挥重大项目投资在稳增长中的基础作用，助推高原经济高质量发展先行区创建。

坚持以重点资金和重点项目为抓手，以推动信息化项目建设规范有序、资金使用安全高效、助推数字西藏建设为目标，先后对拉萨市委办公室、自治区民政厅、自治区人民检察院、自治区高级人民法院等单位开展了网络安全和信息化建设情况审计。重点关注网络安全责任制和等级保护制度落实情况、网络和数据安全风险隐患情况、建设目标任务与政策落实情况、资金筹集管理和使用情况、工程建设和管理情况等。重点揭示网络安全责任制落实不到位、信息化项目统筹规划不足、多头管理、重复建设、损失浪费等突出问题和重大风险隐患。西藏自治区 2021 年度网络安全和信息化建设审计成果，被审计署纳入综合报告中上报中央网信委和安可工作领导小组，获得中央领导同志肯定性批示。常务副主席在《关于上报西藏自治区 2021 年度网络安全和信息化建设审计工作情况报告的请示》上作批示。

资源环境审计 坚持以践行绿色发展理念，促进领导干部认真履行自然资源资产管理和生态环境保护责任为目标，组织开展昌都市政府主要领导干部自然资源资产离任（任中）审计。重点关注领导干部贯彻执行中央和自治区生态文明建设方针政策和决策部署、生态文明体制改革重点任务推进、“两高”项目审批监管、国家资源环境约束性指标完成、资源环境监督管理责任履行、资源环境相关资金征管用和项目建设运行等情况。重点揭示了自然资源资产产权制度落实不到位、土地储备管理工作不到位等 11 类问题，提出审计评价、建议 12 条，切实推动领导干部树立和坚持绿色发展理念，严守生态保护、环境质量、资源利用三条红线。超前谋划，率先依据中央文件，制定《西藏自治区党政主要领导干部自然资源资产离任审计评价指标体系（试行）》，推动党中央生态文明建设各项决策部署在西藏落地落实，助力实现自治区生态文明建设走在全国前列。

民生审计 坚持以保障和改善民生为根本，强化民生审计。围绕困难群众救助补助政策落实，重点揭示了违规发放特困人员救助供养资金等问题，查出问题金额 1.32 亿元，有力提升困难群众救助补助资金使用效益和规范性。习近平总书记等 8 位中央领导同志在审计署综合报告上作出重要批示，审计署社保司来函明确自治区审计厅上报的 255 个问题，在全国综合报告中采用 156 个，充分肯定工作成果。围绕巩固拓展脱贫攻坚成果同乡村振兴有效衔接，重点揭示了联农带农机制、产业帮扶项目资产和资金管理等方面存在的突出问题，查出问题金额 2.91 亿元，有力促进惠民政策落实落地。

经济责任审计 坚持以促进科学发展和领导干部履职尽责、担当作为、廉洁用权、干净干事为目标，组织开展昌都市人民政府、自治区财政厅、教育厅、卫健委、区政府驻成都办事处等单位主要领导干部经济责任审计。重点关注贯彻执行中央和自治区经济方针政策、重大决策部署，本地区经济社会发展规划和政策措施制定、执行及效果，财政财务管理和经济风险防范、资源开发利用、土地使用权出让管理、援藏资金使用管理、民生保障和改善、生态文明建设、落实中央八项规定精神、履行党风廉政建设责任和遵守廉洁从政规定等情况。重点揭示了领导干部在贯彻落实国家重大经济方针政策和决策部署、重大经济决策、重大风险防范，以及廉洁从政（从业）等方面存在的突出问题，审计查出的多起违规违纪问题线索均已移送有关部门处理，推动领导干部规范用权、廉洁从政。同时，组织编写近年来审计发现政府采购、津补贴发放、地方政府债务、土地出让管理、招商引资、乡村振兴、国有企业经营管理、工程项目建设、审计整改等11个领域常见违规问题典型案例，纳入自治区党委党校教学内容，结合地市审计开展案例警示教育，促进各级各单位和领导干部规范用权。

审计查出问题整改 坚持把审计整改作为审计监督的重要一环，审计工作“下半篇文章”更加权威高效。一是坚持高位推进审计整改。首次汇总形成《关于2021年以来审计查出问题整改情况的报告》，提请自治区党委审计委员会第2次会议审议，督促被审计单位压实整改责任，加快推进整改工作。对2021年底前未按时限完成自治区党政主要领导任期经济责任审计和自然资源资产离任审计整改任务的2个市和6家区直单位，提请自治区人民政府召开专题会议进行集体约谈，并将约谈情况通报区纪委监委派驻纪检监察组和相关市纪委监委，不断提高审计整改严肃性和权威性。二是持续健全完善制度机制。在2021年制定《关于进一步加强审计发现问题整改工作的意见》基础上，出台《关于落实审计查出问题整改督促检查责任实施办法》《关于审计查出问题整改落实情况考核评分办法》，规范审计整改工作程序。深化实施“整改举措双重审核、整改任务建立清单、整改责任台账管理、整改推进逐月对账、整改完成限时报告、整改不实严肃问责、整改档案统一保管”的七步整改工作法，形成台账管理、定期督办、动态更新、销号归档的整改工作闭环机制。三是率先建成审计整改信息系统。坚持边探索、边研究、边完善，研发并试运行审计整改信息系统，实现了项目、问题、整改、销号等信息实时录入，将传统审计整改实践转化为高效管理模式，大大提升了审计整改督办效率。四是审计整改成效明显。2021年以来审计发现需整改的1600个问题已完成整改1288个，整改率达到75%，整改资金104.42亿元，建立完善各类规章制度270余项，追责问责270余人次，审计整改成效显著提升。其中，为全区社保基金追回少计的利息收入5.65亿元，纠正了长期未执行国家规定的优惠利率违规问题，切实维护了全区参保群众的切身利益。推动健全完善《西藏自治区扶贫产业项目资产管理实施意见（试行）》和《西藏自治区财政衔接推进乡村振兴补助资金管理办法》等52项制度，追责问责80余人，促进扶贫产业项目分红2500余万元，受益群众19700余人。自治区人大常委会在听取审计整改工作汇报时，予以充分肯定。

相关工作 一是落实全面从严治党主体责任，政治生态持续向好。厅党组认真贯彻落实《党委（党组）全面从严治党主体责任规定》，带头执行党的政治纪律和政治规矩，严格执行民主集中制，凡涉及“三重一大”事项，均经党组会集体研究讨论决定，会前充分征求建议、会上充分发表意见、会后坚决执行决定，努力打造民主与集中相统一、团结一致干事创业的良好氛围。二是充分发挥考核“指挥棒”作用。结合自治区党委考核办制定的2022年度区直单位考核指标体系，进一步细化完善审计厅已连续实施三年的精准化绩效考核制度并严格执行，并将考核结果作为干部提拔使用、职级晋升、年度评先评优的重要依据，大力营造干事创业良好氛围。三是加强青年干部培养。多角度加强干部历练，选派4名优秀干部开展驻村工作助力乡村振兴，选派5名干部下沉社区参与疫情防控，选派1名优秀民族干部参与联合国审计，选派4名干部参与巡视工作，在审计项目中，注重培养青年干部担任项目主审，通过实践历练，从不同角度培养审计职业精神和提升专业能力。坚持凭能力用干部、以实绩论英雄，认真贯彻《关于进一步激励广大干部新时代新担当新作为的意见》，完成2批次干部选拔任用工作，对35名干部进行选拔任用和晋升职级，每年开展优秀审计青年评选激励青年干部担当作为。四是营造良好的工作生活环境。着力打造厅机关廉政文化走廊，在规定范围内协调解决干部职工子女入学入托等问题，进一步改善食堂饮食，新购买中巴车一辆，开通机关至南苑班车，最大程度保障干部职工合理需求。（撰稿人：多吉桑珠）

【拉萨市审计局】 2022 年，拉萨市审计局实有 53 人。党组书记、副局长德庆央吉，党组副书记、局长任玉萍，党组成员、副局长林大山、杜春梅、曲松、王鹏、刘子佩，纪检组长岳济邦。设有市委审计委员会办公室秘书科（议事机构）；内设办公室、法规与审理科、电子数据审计科、财政审计科、行政事业与社会保障审计科、农业与资源环保审计科、固定资产投资审计科、企业审计科、经济责任审计科；下设信息中心。

审计成果 2022 年，拉萨市审计局共完成审计项目 18 个，查出主要问题金额 196219.19 万元，其中违规金额 1236.10 万元、损失浪费金额 48.18 万元、管理不规范金额 194934.91 万元；审计发现非金额计量问题 38 个；出具审计报告和专项审计调查报告 14 篇，审计处理处罚金额 66751.51 万元，其中应上缴财政 46988.29 万元、应归还原渠道资金 2573.60 万元、应调账处理金额 129467.68 万元；移送司法机关、纪检监察机关和有关部门处理事项 13 件，移送处理金额 7888.82 万元。审计促进整改落实有关问题资金 75396.16 万元；挽回（避免）损失 58206.54 万元；核减投资额 7876.53 万元。审计提出建议 48 条，被采纳 48 条；向社会公告审计结果 2 篇。

城关区团结新村扎细街道棚户区基础设施改造项目审计被评为西藏自治区审计厅优秀审计项目。

政策落实情况跟踪审计 开展拉萨市 2019 年至 2021 年高龄老人健康补贴专项审计，拉萨市 2019 年至 2021 年经济困难的高龄、失能老年人补贴专项审计，2022 年稳增长政策措施落实情况跟踪审计。重点揭示了高龄老人健康养老补贴基础数据填报不规范、补贴对象识别不精准、补贴发放管理不规范等问题。

财政审计 开展拉萨市财政局 2021 年度本级预算执行和其他财政收支情况审计，拉萨市外事办 2021 年度部门预算执行和其他财政收支情况审计，拉萨市统计局 2019 年至 2021 年预算执行情况审计。重点揭示了政府采购预算编制比例较低、预算编制不科学、预算调减比率过大、部门预算执行进度缓慢、往来款未及时清理等问题。

开展曲水县生态奶牛养殖场建设项目审计，拉萨市东环线北线建设项目审计，拉萨市两岛市政基础设施综合整治工程审计。重点揭示了基本建设未履行程序直接发包、未按规定招标、违反工程造价管理有关规定多计工程款、未按合同约定执行、未及时办理财务竣工决算、工程结算审核力度不严等问题。

开展拉萨市 2021 年促销专项资金审计——拉萨市“冬日嗨购·惠暖拉萨”促消费系列活动跟踪审计及“情满拉萨乐享消费”汽车促销活动审计。重点揭示使用消费券宣传力度不足，优惠政策知名度和群众参与度不高，对运营商的监督力度不够，资料归集力度不佳等问题。

资源环境审计 开展拉萨市生态环境局原党组副书记、局长自然资源资产离任（任中）审计。重点揭示生态环境保护相关资金使用不规范、相关项目建设未按合同约定对项目进行验收等。

民生审计 开展曲水县乡村振兴产业项目相关政策和资金情况审计。重点揭示了产业帮扶项目规划建设不合理、项目库建设和执行不规范、帮扶项目后续培育不足、财政支持政策未有效落实等问题。

经济责任审计 开展拉萨市生态环境局原党组副书记、局长任期经济责任履行情况审计，拉萨市文化局党组书记、副局长和党组副书记、局长任中经济责任履行情况审计，拉萨市暖心燃气热力有限公司党委书记、董事长任期经济责任履行情况审计。重点揭示执行政府决策不到位、未完成政府既定的目标任务、坐支非税收入、扩大开支范围、违规发放津贴补贴、“三重一大”决策未落实、未按规定配备会计机构负责人、资金支出未履行相关审批程序、超额发放企业负责人薪酬等问题。

审计查出问题整改 参与制定《拉萨市纪检监察、组织、巡察、审计监督联动协调工作办法（试行）》，深化审计结果运用，推动建立贯通协调机制。2022 年，对《拉萨市人民政府关于 2021 年度本级预算执行和其他财政收支的审计工作报告》《拉萨市人民政府关于 2020 年度本级预算执行和其他财政收支审计查出问题整改落实情况报告》进行公开。

交办任务 开展“十三五”前期经费绩效审计，信息化建设项目绩效审计，区外各类机构设置及管理运行情况审计。重点揭示了前期工作经费管理办法执行不到位、前期经费切块下达、滚动使用方式致使财政资金长期沉淀在用款部门、部分项目未按规定履行招投标程序、个别建设项目实际执行超概算、未按规定及时办理房屋产权证、未按规定续签合同造成国有资产流失等问题。

（撰稿人：尼玛次登）

【日喀则市审计局】 2022年，日喀则市审计局实有56人。党组副书记、局长扎西旺堆，党组成员、副局长田世新、王占军、马骁、张向民、马利民、益西、姜曙、仲陈健、黄波、赵苏钦，二级调研员扎西卓玛，三级调研员努增卓玛。市委审计委员会办公室设在市审计局，下设秘书科。设有办公室（政工人事科）、法规科（审理室）、财政审计科、行政事业审计科、社会保障审计科、固定资产投资审计科、农业资源环保审计科、企业审计科、经济责任审计科、派出审计一科、派出审计二科；下设信息网络中心、政府投资审计中心、后勤服务中心。

审计成果 2022年，日喀则市审计局共完成审计项目21个。查出主要问题金额2389862万元，其中违规金额830159万元、损失浪费金额165万元、管理不规范金额1559537万元；审计发现非金额计量问题125个，损益（收支）不实金额87281万元；出具审计报告和专项审计调查报告191篇，被批示、采用1篇次。审计处理处罚金额826180万元，其中应上缴财政33786万元、应减少财政拨款或补贴335万元、应归还原渠道资金363742万元、应缴纳其他资金427246万元、应调账处理金额1069万元；移送司法机关、纪检监察机关和有关部门处理事项14件，移送处理人员1人，移送处理金额112957万元。审计促进整改落实有关问题资金3827万元；审计促进拨付资金到位3827万元；核减投资额7481.39万元；审计提出建议787条，被采纳752条；推动被审计单位制定整改措施290项；提交审计信息20篇，被批示、采用1篇次。向社会公告审计结果1篇。

2020年度谢通门县巩固和提升脱贫攻坚成果情况审计项目被评为西藏自治区审计厅2022年度优秀表彰项目一等奖。

政策落实情况跟踪审计 开展2020年度谢通门县巩固和提升脱贫攻坚成果情况审计，揭示了返贫监测对象和范围不准确等巩固拓展脱贫攻坚决策部署贯彻落实方面存在的突出问题。

财政审计 开展市本级2021年度预算执行和决算草案审计，重点关注预算执行的真实性完整性合规性、一般性支出压减、财政资金绩效等情况，促进规范财政预算管理，提高财政资金使用绩效。开展市检察院、市地震局和仲巴县2021年度财政预算执行及其他财政收支情况审计。同时，以大数据审计疑点推送开展2021年度市直预算单位部门预算执行和其他财政收支情况审计，促进有关部门加快支出进度、规范财政资金高效使用。

紧扣政府投资项目建设管理、建设资金筹集管理使用、工程建设管理、招投标管理等情况，开展政府投资项目竣工决（结）算审计300个，审计核减资金7481.39万元，核减率3.57%。通过审计，促进加强投资成本控制，规范项目建设管理，保障资金安全，提高资金使用效益。制定出台《关于切实做好投资审计工作的实施意见》《日喀则市审计局社会中介机构参与政府投资审计管理办法》，召开第三方中介机构座谈会，对依法独立行使审计监督权、加强中介机构管理和强化投资审计整改责任等方面进行了规范。

采集1700余个部门财务数据、18个县区年度财政数据、大平台数据、财政一体化数据、决算数据，同时采集了财政供养数据、扶贫建档立卡数据、各部门银行账户数据、工商数据、医院HIS数据等，数据总量达到了600个GB以上。同时，积极运用大数据审计模式，强化现场审计与非现场审计结合，提升审计工作效能，实现全市一级预算单位审计全覆盖，并在经济责任等各类审计项目中逐步推广使用。

资源环境审计 制定《领导干部自然资源资产离任审计暂行规定》，并将自然资源资产离任审计内容纳入经济责任审计及其他相关专项审计，为下一步自然资源资产审计工作的推广开展积累经验、奠定基础。

民生审计 围绕住房准入审核、租售和使用管理、退出机制等方面存在的突出问题，开展2018—2019年保障性安居工程及租赁补贴发放合规性专项审计，重点揭示资金管理、政策执行、住房管理和使用等方面存在的突出问题，促进提高资金使用绩效，推动住房保障相关政策措施落实。聚焦巩固拓展脱贫攻坚成果同乡村振兴有效衔接，组织开展拉孜县乡村振兴重点帮扶县相关政策落实和资金审计，重点揭示了联农带农机制、产业扶持政策落实等方面存在的突出问题，有力促进惠民政策落实落地。

开展日喀则市 2021 年困难群众救助补助资金专项审计，重点揭示了未及时安排拨付财政补助资金、扩大范围支出救助补助资金等问题，推动完善社会救助体系，促进财政支出政策提质增效，兜牢基本民生保障底线。

经济责任审计 开展日喀则珠峰城市投资发展集团有限公司、珠峰农投集团主要领导人员任期经济责任审计。开展市人民医院、市政府国资委、市财政局、市交运局党政主要领导干部和珠峰城投集团、珠峰农投集团主要领导人员任期经济责任审计，着力揭示领导干部在贯彻执行国家重大经济方针政策、重大风险防范以及廉洁从政（从业）等方面存在的突出问题，查出违规及管理不规范问题资金 215.01 亿元，审计查出的违纪违规问题线索均已移送有关部门处理，有力推动领导干部规范用权、廉洁从政。召开日喀则市经济责任审计工作联席会议、听取各成员单位意见建议，着力形成“审前充分协商、审中协作配合、审后结果共用”的协作配合工作机制和经济责任审计整改长效机制，提升经济责任审计整体效能。

审计查出问题整改 制定出台《关于进一步加强审计发现问题整改工作的意见》，加大对有关县（区）、部门和单位审计发现问题整改情况跟踪督促力度，实时进行跟踪，加强审计整改的动态管理，建立审计项目问题整改台账，对整改情况进行实时更新、动态销号，掌握整改工作进展。

交办任务 按照市委审计委员会部署安排，组织开展全市“十三五”及 2021—2022 年度产业项目审计，受疫情影响，已完成 5 个县（区）的现场审计，其余县的审计工作将在 2023 年接续开展。

相关工作 党建工作。深入开展政治理论学习。2022 年，共召开党组理论中心组学习会 23 次，干部职工学习会 8 次。每次学习会安排班子成员研讨发言，科级干部随机发言，注重发言质量，培养审计干部理论引导实践的习惯和学习理论的主动性，倒逼干部主动学习理论，提升“能说”本领。打造积极健康的党内政治文化。开展党建、工会、共青团和妇委会主题活动，加强民族团结教育、公民法治教育，组织开展专题研讨、知识竞赛和志愿服务等活动，提升机关党建工作的吸引力和感召力，不断推动机关文化建设健康向上。加强机关党建阵地建设。完善充实日喀则市审计局党建文化走廊、审计书屋。

队伍建设。着力加大“躺平式”干部集中整治，整治“躺平式”和有“躺平式”倾向的干部，不断巩固和拓展作风建设成效，确保中央重大决策部署和区、市党委工作要求落地见效，树立以能力用干部，以实绩论英雄的用人导向，2022 年，局机关提拔使用干部 3 名，职级晋升干部 6 人。

制度建设。完善审计业务管理制度，起草并印发《日喀则市经济责任审计工作联席会议制度》《中共日喀则市委员会审计委员会关于进一步加强审计查出问题整改工作的意见》《中共日喀则市委员会审计委员会关于切实做好投资审计工作的实施意见》等 3 项审计业务管理和规范性文件；在 2021 年制定的《关于建立巡察与审计工作协调机制的意见（试行）》（日委巡办发〔2021〕7 号）基础上，加强审计监督与纪检监察监督贯通协同，出台制定《中共日喀则市纪委机关 日喀则市审计局关于印发〈日喀则市纪检监察机关与审计机关加强协作配合工作办法（试行）的通知〉》（日纪发〔2022〕9 号），实现纪检监察监督、巡视巡察监督与审计监督信息互通、监督互动、优势互补、成果互享，以更加协同有效的监督促进公权力规范运行，进一步形成监督合力，以制度优势推进治理效能。

人才培养。开办“审计大讲堂”和“中青年干部读书班”，每周组织干部轮流授课，品读经典书目等，不断提高审计人员理论业务水平，形成带着学、互帮学、主动学、交流学的学习氛围。2022 年共举办审计大讲堂 18 期、中青年读书班 10 期。

审计业务管理。全力推进审计全覆盖。实施审计项目和审计组织方式两统筹，实现对部门领导干部经济责任和预算执行的同步审计，本级财政预决算审计与部门预决算审计的同步实施，以及其他审计与政策措施落实情况跟踪审计的有机结合，借助大数据审计分析，完成了市县两级预算全覆盖数据采集和标准化工作，基本可实现数据分析和使用，并建立了定期采集机制，以大数据审计全力助推审计全覆盖。

新冠肺炎疫情防控工作。面对日喀则市突如其来的新冠肺炎疫情，审计干部闻令而动，主动请缨奔赴疫情防控一线，攻坚克难，局主要领导身先士卒，共派出52名审计干部参与社区防疫工作、方舱医院管理、隔离酒店管理和商铺监督等工作，用真情和大爱践行了伟大抗疫精神，赢得了广大人民群众的高度评价，密切了党群干群关系，充分发挥党员先锋模范作用和审计铁军顽强拼搏的精神，用实际行动为疫情防控作出审计贡献。

（撰稿人：扎西旺加）

【昌都市审计局】 2022年，昌都市审计局实有42人。党组书记、副局长、一级调研员刘治成，党组副书记、局长、一级调研员提宝格松，党组副书记、副局长、二级调研员张志伟，党组副书记、副局长付豪，党组成员、二级调研员四朗央宗，党组成员、副局长、三级调研员张远成，党组成员、四级调研员土登扎西。设有办公室（财务科）、法规科、审理科、电子数据审计科、财政审计科、行政事业审计科、固定资产投资审计科、自然资源和生态环境审计科（农业农村审计科）、企业审计科、社会保障审计科、经济责任审计科、派出审计科；下设市政府投资审计中心、信息中心（市审计干部培训中心）。

审计成果 2022年，昌都市审计局完成19个审计项目，审计59家单位，查出问题金额1199403.12万元，出具审计报告18篇，被批示、采用18篇次。移送司法机关、纪检监察机关和有关部门处理事项4件，挽回经济损失1.12亿元；提出审计建议51条，被采纳51条；提交审计信息175篇。

财政审计 完成2021年度市本级财政预算执行决算草案审计，涉及金额667473.41万元，提出审计建议2条，并向市人大常委会报告了《昌都市2021年本级财政预算执行和其他财政收支审计查出问题整改落实情况报告》。对市城市管理和综合执法局、市宗教事务局、市市场监管局、市疾控中心等4家一级预算单位开展了2021年预算执行情况审计，查出问题22个，涉及金额2565.99万元，提出审计建议10条。在开展市本级财政预算执行审计项目过程中，嵌入开展了“十三五”期间和“十四五”规划开局阶段项目前期经费管理使用及绩效情况、信息化建设项目绩效审计、区外各类机构设置及管理运行情况审计。

完成市人民医院2019年至2021年财务收支情况审计。查出问题20个，涉及资金15257.31万元，提出审计建议6条。完成了昌都市交通有限责任公司、昌都市运输（集团）有限责任公司财务收支审计，涉及金额20311.15万元，提出审计建议6条。

民生审计 完成中央扶持项目资金使用情况专项审计调查，根据组织部委托，昌都市审计局派出了2个审计组，对贡觉县、边坝县中央扶持项目资金使用情况开展了资金检查，同时对9个县（区）审计局开展中央扶持项目资金使用情况专项审计调查项目进行了督导检查，向昌都市委组织部提交了《昌都市中央扶持项目资金使用情况专项审计调查通报》。完成贡觉县乡村振兴相关政策落实和资金审计，查出问题14个，涉及金额663.39万元，提出审计建议4条。

经济责任审计 完成了国安办、市交通运输局、市信访局等8名党政主要领导干部经济责任审计。查出问题77个，涉及金额485982万元，提出审计建议23条，并向委托部门提交了审计结果报告。

大数据审计 对市医保局、市教育局、市卫健委、市交通行政执法大队4家财务独立核算单位开展非现场大数据审计，涉及金额7149.87万元，查出问题3个，均为常规问题。

审计查出问题整改 坚持揭示问题与解决问题相统一，出台了《昌都市审计局关于进一步规范审计整改工作的通知》，坚决做到问题不解决不放过、整改不到位不销账，扎实做好审计监督“下半篇文章”，维护审计的严肃性和权威性，更好发挥审计监督“治已病、防未病”作用。

交办任务 协助开展益西公司财务调查。配合市政府完成了昌都交通（集团）有限责任公司历史遗留问题协查工作。配合审计厅经责处开展昌都市政府主要领导干部经济责任审计及自然资源资产离任（任中）审计。

相关工作 开展理论学习 45 场次，推动最新理论和创新实践入脑入心。强化外出审计党员干部教育管理监督，采取“审计组+临时党小组”模式，推动业务学习与党员学习相同步，有效解决学习不到位、不及时等问题。认真落实“三会一课”、组织生活会等制度，积极谋划举办形式多样的主题党日活动，多次组织干部职工参观昌都博物馆、革命历史纪念馆、岗托村、十八军军营遗址、昌都烈士陵园等红色遗址，有效增强了组织生活感染力、提升了支部工作凝聚力。开展昌都市审计局“不作为、慢作为”专项整治活动，完善《昌都市审计局干部全程纪实登记制度》，将每名干部职工请销假、迟到早退、下乡出差、值班备勤、工作实绩等量化指标进行了全程纪实，为精准评价考核每名干部提供了量化依据。把作风建设抓在经常、融入日常、做在平常，从根本上解决了“为什么审计”“为谁审计”“怎么审计”的问题，打造了一支“敢督善审、作风过硬”的审计队伍。 （撰稿人：秦 茹）

【林芝市审计局】 2022 年，林芝市审计局实有 35 人。党组书记、副局长、一级调研员边巴卓玛，党组副书记、局长付瑞理，党组成员、副局长米玛郭杰、蒋红梅，党组成员、副局长、三级调研员李萍，党组成员、总审计师郭华。设有办公室、政工人事科、法规科、行政事业社会保障审计科、电子数据审计科、经济责任审计科、财政审计科、企业审计科、固定资产投资审计科、农业农村与自然资源生态环境审计科；辖区内设有巴宜区审计局、工布江达县审计局、波密县审计局、察隅县审计局、墨脱县审计局。

审计成果 2022 年，林芝市审计局实施审计项目 20 个，查出各类违规违纪金额 20.28 亿元，处理处罚金额 1.09 亿元，提出审计意见和建议 59 条，审计促进整改落实有关问题资金 5.54 亿元，向纪检监察机关等部门移送处理事项 6 件 16 项。

林芝市 7 县（区）扶贫专项审计调查项目荣获全区优秀审计项目一等奖，林芝市巴宜区林芝镇康扎村人居环境整治二期工程建设专项审计项目荣获全区优秀审计项目二等奖。

政策落实情况跟踪审计 实施重大政策措施落实跟踪审计和经开区管委会建设管理专项审计调查。重点在招商引资、民生政策落实等方面精准发力，促进了重大政策措施顺利落地生效。

财政审计 开展市本级 2021 年财政预算执行和其他财政收支情况审计、米林县 2020 年至 2021 年财政决算及其他财政收支审计、市人大办和市文化广播电视局部门预算执行及其他财政收支情况审计等。通过审计，发现存在闲置存量资金、挪用挤占、资金违规采购等问题，促进了资金的提质增效。

开展八一镇水系连通工程投资审计、318 国道沿线城市周边国土绿化工程等 4 个审计项目，促进了政府投资项目建设质量和效益。

资源环境审计 首次试点开展朗县金东乡领导干部自然资源资产审计，拓展了经济责任审计全覆盖的内涵和外延。

经济责任审计 实施市民政局、市农业农村局和朗县金东乡主要领导干部经济责任审计。通过审计，发现存在违规采购、损失浪费等问题，促进了权力规范运行。

审计查出问题整改 将审计整改作为审计“下半篇文章”重要工作，切实履行审计整改跟踪检查和报告责任，认真梳理归纳了审计发现问题，制定《审计发现问题清单》和《问题整改台账》，向 17 家被审计单位下达审计整改工作督办函 7 份，督促主管部门约谈整改缓慢的被审计单位 2 家，截至 2022 年 12 月，2021 年度完成整改 261 个，整改率达 89%。在全面做好中央第九次环保大督察相关问题整改工作中，履行审计监督职责，实时跟进相关县区的整改进度，做好“指导、监督、服务”工作；在促进国资国企创新发展上，向市委市政府提交《林芝市国有企业改革和经营管理存在问题需引起高度重视》专报，揭示了影响国有企业发展的体制机制问题，提出加强国有企业和国有资本管理的高质量审计建议，受到了市委市政府主要领导的高度重视，责令相关部门着重就企业资源整合、建立健全现代企业制度等加强整改工作。扎实推进“三联动”贯通协同。着力把审计监督同人大监督、纪检监督、巡视巡察等贯通起来，做到“一果多用”，2次与市人大财经委组成联合监督检查组，对11个部门开展整改情况进行专项调查，扎实推进审计查出问题有效整改；向纪检监察机关提供审计报告、整改情况报告等，与巡察机构互通巡察、审计发现问题及整改情况，积极选派10余名两级审计机关业务骨干协助开展了自治区党委巡视、市委巡察等工作，对巡审联动发现的问题加强执纪监督。

相关工作 充分运用现代信息技术开展审计，全方位增强运用大数据技术查核问题、评价判断、宏观分析的能力，开展了财政管理系统数据、一级预算单位财务数据等跨行业数据的集中采集和标准化处理分析，利用横向比对，追踪延伸资金流向，实现“无死角”监督；在全区率先完成了审计署金审工程三期项目建设落地工作，制定出台《审计业务电子数据管理办法》，使审计工作更加规范化，有效提高了大数据审计的可操作性。

坚持把加强党的建设作为统一思想，提升党员干部凝聚力、向心力的有效手段，紧扣主题主线、凸显审计特色，着力打造“审计铁军·经济卫士”审计党建品牌，印发宣传册，制作完成“为一城审，安万民计”党建宣传片，不断加大对党建品牌的宣传力度。积极探索推进“党建+业务”“临时党支部（党小组）+审计组”模式，将党建工作延伸至审计一线，促进党建业务深度融合，以党建“核心”引领审计“匠心”，用高质量党建凝聚起推动林芝审计高质量发展的强大动力。疫情防控期间党员干部踊跃报名，冲锋在前，在疫情防控一线贡献审计力量，充分展现出了党员干部在危难时刻敢于挺身而出的审计铁军担当。

鉴于米林、朗县未设立县级审计局，创新推行“123”工作法（在审计计划安排上做到“一盘棋”抓谋划，在审计项目和审计组织方式上做到“两统筹”促落实，在审计资源整合上做到派出审计科、县区审计局、社会中介服务“三合力”提质效），着力强化米林、朗县的审计监督，实施了米林县财政预决算、朗县县城污水处理及收集系统工程、金东乡主要领导经济责任和自然资源资产审计等8个审计项目，着力破解制约审计机构不健全、专业人员紧缺、能力素质不足等难题。实施审计“1+N”模式。开展实施“党政主要领导干部经济责任离任审计+经济责任任中审计+研究型审计+自然资源资产审计”审计模式，将经济责任审计与研究型审计、自然资源资产审计项目统筹安排，做到同时进点、同时实施或分步实施，实现“一审多项”“一审多果”，强化审计监督效能。

努力实行审计关口前移。邀请广东省审计厅和自治区审计厅业务专家向市、县、乡党政主要领导干部开展了自然资源和固定资产投资等领域重点问题专题培训，并结合巡察联动机制，选派3名业务骨干为巡察组和领导干部讲授票据查阅、企业审计常见问题等知识，通过全面落实审计监督工作关口前移，将一些问题消化在萌芽状态，充分发挥了审计监督“治已病、防未病”作用。

（撰稿人：王　诲）

【山南市审计局】 2022年，山南市审计局实有33人。党组书记、副局长罗布，党组副书记、局长张春梅，党组成员、副局长、三级调研员陈雪峰，党组成员、总审计师索朗央金，党组成员、副局长罗布占堆、夏波。设有审计委员会办公室秘书科；内设办公室、综合计划科、法规和审理科、电子数据审计科（派出审计一科）、财政审计科、行政事业审计科（派出审计二科）、农业农村审计科、固定资产投资审计科、自然资源和生态环境审计科、企业审计科、社会保障审计科、经济责任审计科；下设审计信息中心。

审计成果 2022年，山南市审计局完成审计项目11个。查出495个问题，查出主要问题金额32.38亿元，其中管理不规范金额28.50亿元、违规资金3.45亿元、损失浪费资金0.43亿元。针对存在问题，提出审计建议71条，移送问题线索25件。

山南市委党校（行政学院）原常务副校长任期经济责任审计项目被评为自治区审计厅优秀审计项目二等奖。

审计委员会办公室工作 山南市和8个县（区）已成立审计委员会，并认真履行审计委员会职责，均已至少召开过一次审计委员会会议，对审计工作作出具体安排部署。严格执行重大事项请示报告制度，规范重大事项请示报告的内容、程序，切实把党的领导贯穿审计工作全过程、各环节。督促审计问题整改，推动审计发现问题认真彻底整改到位。

政策落实情况跟踪审计　根据西藏自治区审计厅统一安排，紧扣区党委、市委重要决策部署，将重大政策落实情况跟踪审计贯穿于其他审计项目中同步实施，并及时向审计厅上报重大政策措施落实情况跟踪审计报告。

财政审计　开展市本级财政预算执行审计、措美县和隆子县财政预算执行审计、市科技局部门预算执行情况审计。查出 243 个问题，涉及资金 28.69 亿元。针对存在问题，提出审计建议 15 条，移送问题线索 12 件。从审计情况看，2021 年财政总体预算执行情况良好，财政改革发展各项工作取得积极进展，为经济持续健康发展和社会和谐稳定提供了有力支撑。

着力提高政府投资效益，规范建设领域经济秩序，加强对项目立项审批、工程招投标、合同签订、资金管理使用、竣工决算等方面的审计监督，不断规范投资项目建设管理，提高项目支出绩效。开展了“十三五”政府投资项目和安徽省第七批援藏项目审计。查出 117 个问题，涉及资金 1.39 亿元。针对存在问题，提出审计建议 41 条，移送问题线索 6 件。

资源环境审计　开展加查县人民政府自然资源资产管理情况、隆子县加玉乡原乡长和贡嘎县杰德秀镇原镇党委书记、镇长自然资源资产离任审计，2022 年完成加查县人民政府自然资源资产管理情况审计，查出 45 个问题，涉及资金 0.27 亿元。针对存在问题，提出审计建议 3 条，移送问题线索 1 件。

民生审计　扎实开展困难群众救助补助资金分配管理使用情况审计和洛扎县乡村产业帮扶相关政策落实和资金管理使用情况审计，查出 22 个问题，涉及资金 537.21 万元。针对存在问题，提出审计建议 6 条，移送问题线索 2 件。

经济责任审计　贯彻党管干部原则，重点关注领导干部重大经济方针政策、重大决策部署执行情况，开展了市旅发局、生态环境局等 4 名党政领导干部以及市自来水总公司、市二职等 2 名国有企事业单位领导人员经济责任审计。2022 年完成市自来水总公司、市二职等 2 名国有企事业单位领导人员经济责任审计，查出 68 个问题，涉及资金 1.98 亿元。针对存在问题，提出审计建议 6 条，移送问题线索 4 件。

审计查出问题整改　制定了《市审计局关于落实审计问题整改督促检查责任实施办法》，成立市审计整改督办工作领导小组，印发《关于进一步做好 2021—2022 年度审计查出问题整改工作的催办通知》，建立数字化清单月督办制度，规范整改工作流程，组成审计整改工作专班督促整改。审计过程中共查出 752 个问题，涉及资金 50.85 亿元，截至年底，681 个问题 38.98 亿元资金已完成整改，整改率为 90.56%。上缴财政国库资金 5391.04 万元，上缴财政专户资金 694.81 万元，盘活存量资金 1.12 亿元。修改完善规章制度 25 项，免职 4 人、降职 1 人、约谈 40 人、提醒谈话 48 人、诫勉谈话 1 人、批评教育 3 人、作书面检查 22 人。

交办任务　完善与相关部门的协调配合机制，会同纪检、检察、财政、消防等部门起草协作配合工作规程、协同联动机制等，与市检察院联合下发了《关于建立健全公益诉讼与审计监督协作配合工作机制的意见》，与消防救援支队联合下发了《审计领域协作配合工作机制》，形成衔接顺畅、配合有效的大监督工作格局。根据市委组织部的统一安排，抽调 2 人配合自治区巡视组开展区党委巡视工作；根据市纪委统一安排，抽调 4 人配合市纪委监委开展案件调查巡察工作。

相关工作　采取理论辅导、领学串讲、体会交流等形式，学习宣传贯彻落实党的二十大精神、中央第七次西藏工作座谈会、区党委十届三次全会、市委二届四次、五次全会精神。开展党组理论学习中心组学习 27 次，市委组织部干部莅临市审计局列席旁听 1 次，党员干部讲党课 19 次，开展集中学习 33 次，基层宣讲 4 次，知识测试 5 次。开展形式多样、主题鲜明的“庆七一，党建共建”系列活动。组织或参加各类培训 4 次，累计参训人员 110 人次，培训时间 5 天。

建立、修改完善了《山南市审计局政府采购内控制度》《山南市审计局国有资产管理暂行办法》《财务管理制度》等内控制度，确保了工作的有效运行。持续加强审计业务管理。制定《山南市审计局政府投资项目操作细则》《山南市审计局关于协审机构参与政府投资项目审计管理办法》《关于落实审计查出问题整改督促检查责任实施办法》，规范审计业务管理。

深化审计审理工作，全面提升审计质量和审计业务水平。以新修订审计法公布为契机，采取党组专题学习、干部集中学习、审计现场宣讲等多形式多层次宣传贯彻审计法，印制发放新修订审计法宣传册120本。

关心关爱干部职工，积极对接协调住建部门，解决了因干部职工住宿楼年久失修，常年出现漏水、管道堵塞等老大难问题，大大改善了干部职工的住宿环境。（撰稿人：徐　伟）

【那曲市审计局】 2022年，那曲市审计局实有36人。党组书记、副局长、一级调研员嘎多罗布，党组成员、副局长周文健、李新科、尼玛德吉、米玛次仁，党组成员白玛欧珠。设有审计委员会秘书科；内设办公室、审理科（电子数据审计科）、财政审计科、自然资源和生态环境审计科（农业农村审计科）、社会保障审计科（企业审计科）、行政事业审计科、经济责任审计科、固定资产投资审计科、审计一科、审计二科、审计中心、财务室、机关后勤服务中心。

审计成果 2022年，那曲市审计局完成审计项目32个。财政预算执行审计1个，部门预算执行审计1个（大数据审计），经济责任审计14个，专项资金审计1个，国有企业审计3个，固定资产投资审计10个。完成现场审计项目32个，出具审计报告28篇。开展审计整改检查工作3次，召开审计整改研判会3次，下达审计整改催办函4件。

政策落实情况跟踪审计 3月，开展第二季度政策跟踪审计，查出2个问题，涉及资金12271.06万元。

财政审计 2022年3月，开展那曲市2022年度财政预算执行及其他财务收支情况审计的审计工作，查出14个问题，涉及金额429364.81万元。2022年，采取非现场审计的方式，对那曲市32家一级预算单位预算执行情况进行了大数据审计，提升了审计效率和查核问题的精准度。非现场大数据审计有效促进绩效目标管理与预算安排有机结合，提高财政资金使用效益，确保财政资金花在刀刃上。

2022年5月，对那曲市发展和改革委员会（粮食局）涉粮专项资金收支情况进行了审计，查出9个问题，涉及资金18933.59万元。

开展“十三五”政府投资项目审计10个，7个项目已出具审计报告，3个项目已完成现场审计工作，查出59个问题，涉及资金66654.54万元。

国有企业审计 2022年1月，分别对那曲市国家粮食储备库、西藏那曲市粮油门市部、那曲市粮油贸易公司3家企业2019年至2021年资产负债、所有者权益及财务收支情况进行了审计，查出67个问题，涉及资金22324.89万元。

民生审计 2022年6月，对聂荣县乡村振兴重点帮扶县相关政策落实和资金审计，查出12个问题，涉及资金3985.2万元。

经济责任审计 完成经济责任审计项目14个，涉及领导干部26人；查出问题156个，涉及资金17178.42万元，通过审计促进领导干部依法用权、秉公用权、廉洁用权，维护了财经法纪，强化内部管理。

交办任务 按照审计厅相关要求，2022年4月，完成了“十三五”前期经费绩效、信息化建设项目绩效、区外各类机构设置及管理运行情况共3个专题审计调查。

相关工作 全年召开理论学习中心组学习会25次，支部学习会22次，周例学习会30次，讲党课6次，专题研讨或交流发言49人次，撰写学习心得体会4次，知识测试2次，取得较好成绩。那曲市委审计委员会审议通过《那曲市审计局审计查出问题督促整改管理办法》，传达学习《印发〈关于进一步发挥改革效能有力推进纪检监察监督巡视巡察监督与审计监督贯通协同高效的指导意见〉的通知》及自治区领导有关批示，听取了《那曲市审计局关于2021年审计发现问题整改情况“回头看”专项检查报告》，审议通过《那曲市2021年度本级预算执行和其他财政收支的审计工作报告》。

开展狠抓意识形态工作。班子成员围绕意识形态领域撰写调研报告7篇，认真落实党组成员向党组汇报分管领域及个人意识形态工作开展情况机制。引导党员干部明辨是非，坚决反对和抵制各种错误思潮和负面言论。加大对重大节假日期间的监督力度，组织全体干部集体学习违纪违规典型案例通报精神，强化审计干部大局意识、担当意识和权责意识。督促班子成员履行好“一岗双责”，严格落实“三重一大”议事决策机制，审计组外出前层层签订党风廉政建设责任承诺书等。围绕4个大问题和11个具体问题，认真开展“改进作风狠抓落实”活动，围绕“四查四问”和“八个抓落实”工作要求，强化队伍管理和纪律规矩意识，切实提升廉洁自律能力，不断提升依法文明廉洁审计水平。

始终着眼审计事业发展需求加强队伍建设，先后安排4名领导干部参加市委党校学习，选派5名优秀干部参加巡视巡察任务，选派26人下沉社区参加防疫工作，选派2人驻村点担任第一书记和大学生村官。严把发展党员质量关，严选入党积极分子和发展党员关，吸收2名同志为预备党员、2名为积极分子。落实党员“三包”构筑党群关系，采取党员干部入户走访和送去慰问金等方式，帮助他们解决力所能及的问题，使困难群众切实感受到党关的怀和温暖。结合《学习二十大，政府“是什么、干什么、怎么干”学习实践活动》开展学习会7次，研讨会3人次。围绕如何谱写中国式现代化那曲篇章、推进那曲高质量发展、推进“四个示范市”建设，结合职能坚持稳中求进工作总基调，立足“审计监督首先是经济监督”定位，聚焦审计主责主业，做好常态化“经济体检”工作，聚焦谋思路、谋出路、谋新路，进行深入学习研讨。

（撰稿单位：那曲市审计局办公室）

【阿里地区审计局】 2022年，阿里地区审计局实有32人。党组书记、副局长、一级调研员庞兴圃，党组副书记、局长益西平措，党组成员、二级调研员中次仁，党组成员、副局长、二级调研员普布，党组成员、副局长、三级调研员顿珠班久，党组成员、副局长胡岳妮。阿里地区审计局设有办公室、法规审理科、经济责任审计科、财政审计科、行政事业和企业审计科、电子数据审计科、固定资产投资审计科、自然资源和生态环境审计科（农业农村审计科）、派出审计科和政府投资审计中心。

审计成果 2022年，阿里地区审计机关共审计34个项目，查出各类违规违法问题金额22943.59万元，向有关部门移送案件线索14件，为推动阿里地区经济社会长治久安和高质量发展作出积极贡献。

财政审计 组织5个县级审计局对6座寺庙开展财税监管工作，围绕财税监管试点寺庙的财务状况、财政收支、接受使用捐赠以及财务公开等情况开展审计监督。

组织开展2016年至2021年度阿里地区信息化建设项目绩效情况专项审计，重点关注资金使用、项目管理、网络和数据安全制度执行等情况，反映了网络安全专项资金管理使用等方面存在的突出问题和薄弱环节。

紧紧围绕提高财政资金绩效这条主线，加大对重点资金、重点部门、重点领域的审计监督，深化预算执行和决算草案审计，持续加大对财政存量、转移支付、专项资金、“三公”经费以及中央八项规定及其实施细则精神落实情况的审计力度，推动盘活沉淀资金、统筹整合专项资金，促进提高财政资金使用绩效。

组织实施噶尔县2021年度预算执行和其他财政财务收支情况审计。按照《阿里地区“十三五”政府投资项目全覆盖审计工作方案》，对105个项目进行审计，涉及金额567413.18万元，完成了地区狮泉河镇扶贫搬迁“康乐新居”幼儿园建设项目竣工决算审计和噶尔县、地直机关部门重点项目审计调查。开展服务保障资金审计，重点揭示了“三重一大”决策制度执行不到位、超预算拨付资金、扩大开支范围等问题，促进了动员支前保障服务资金进一步规范管理。

政策落实情况跟踪审计 组织实施阿里地区2022年重大政策跟踪审计，及时反映了新情况新问题，并从体制机制层面分析原因和提出建议，有力助推了阿里地区各项重大政策措施贯彻落实。

经济责任审计 坚持紧盯权力运行和责任落实，客观公正地进行审计评价，组织对3家单位5名党政主要领导干部经济责任审计，重点关注了领导干部贯彻落实党中央国务院重大政策措施和区党委政府、地委行署重大决策部署、推动经济高质量发展情况，重点审计了领导干部贯彻落实中央八项规定精神、履行党风廉政建设责任和遵守廉洁从政规定等情况，有力推动领导干部规范用权、廉洁从政。

民生审计 组织实施措勤县脱贫攻坚巩固项目审计。

国有企业审计 按照地委、行署指示要求，组织实施了地区热电联产运营情况专项审计调查，重点检查企业重大经济决策和内部控制管理制度建立和执行情况和企业财务收支的真实、合法、效益情况，有力促进了企业规范管理。

相关工作 2022 年，阿里地区审计局聚焦“四件大事” “四个确保”，聚力“四个创建”“四个走在前列”，落实地委“12114”工作思路，全面从稳定、发展、生态、强边、民生保障和改善、全面从严治党 6 个方面强化审计监督。

坚持把学习宣传贯彻党的二十大精神作为当前和今后一个时期的首要政治任务。贯彻落实习近平总书记关于西藏工作的重要论述、在西藏视察时的重要讲话精神和新时代党的治藏方略，贯彻落实自治区第十次党代会和全区改进作风狠抓落实工作动员部署会精神。全年召开党组理论学习中心组学习会 9 次，支部集中学习 14 次，局领导带头讲党课 4 次，选派县级领导参加地委党校（行政学院）组织的系列培训班 10 人次。同时以“3·28”百万农奴解放纪念日、七一建党、十一国庆等重大节日为契机，深入开展新旧西藏对比座谈会、学雷锋志愿服务、重温入党誓词、党性教育、专题学习研讨等主题党日活动。明确党组负责人是履行党风廉政建设第一责任人职责，对全局党风廉政建设负总责，做到与审计业务工作一起部署、一起落实。研究制定《阿里地区审计局学习宣传贯彻党的二十大精神工作方案》，充分利用党组会、党组理论学习中心组、支部集中学习等形式，深入开展学习研讨 6 次，撰写学习心得体会 25 篇，知识测试 1 次。

积极选派县级领导干部和业务骨干参加审计署、自治区审计厅、地委党校组织的市县审计局领导干部培训班、“以审代训”以及理论学习研讨班等 10 人次。

按照“疫情就是命令、防控就是责任”的总体要求，始终把新冠肺炎疫情防控作为一项重要的政治任务，坚决克服松懈麻痹思想和厌战情绪，抓紧抓实各项常态化防控措施。积极组织干部职工深入学习贯彻党中央、国务院、区党委、政府和地委行署关于疫情防控工作系列重要决策部署和批示指示精神。在西藏发生疫情后，13 名党员干部职工志愿参加疫情防控各项工作，累计服务时长 600 余天，同时，选派 3 名干部参加核酸检测培训，实现机关自行开展核酸检测，共计开展核酸检测 40 余次，累计检测 1000 余人次。

（撰稿人：洛桑达瓦）

2022 年西藏自治区所辖市（地区）、县（市、区）审计工作统计表

审计机关	完成审计项目/个	审计查出主要问题金额/万元	审计发现非金额计量问题/个	审计期间整改金额/万元	出具审计报告和审计调查报告/篇	审计处理情况		审计促进整改落实有关问题资金/万元	审计提出建议/条	提交审计信息/篇
						审计处理处罚金额/万元	移送处理事项/件			
拉萨市										
拉萨市本级	44	1052109	34	3066	39	40778		43844	54	9
城关区审计局	43	122600	212		44		2		137	

续表

审计机关	完成审计项目/个	审计查出主要问题金额/万元	审计发现非金额计量问题/个	审计期间整改金额/万元	出具审计报告和审计调查报告/篇	审计处理情况		审计促进整改落实有关问题资金/万元	审计提出建议/条	提交审计信息/篇
						审计处理处罚金额/万元	移送处理事项/件			
堆龙德庆区审计局	4	370	231		18			272	83	
达孜区审计局	12	2245715	34		11			2245715	45	
林周县审计局	39	7115	8		39		3	5125	90	
当雄县审计局	36	111201	65		36		4	1376	100	
尼木县审计局	3	175	16		3	175		175	16	
曲水县审计局	2	63348	22		2				72	
墨竹工卡县审计局	12	1		111	5			82	6	
日喀则市										
日喀则市本级	9	2389862	125		191	826180	14	3827	787	20
桑珠孜区审计局	2	542	17		2				41	
南木林县审计局	3	245	18	118	5		1		11	1
江孜县审计局	5	1206	21		6				13	
定日县审计局	3	197		159	3		2	191	18	
萨迦县审计局	30	139	16		30			30	45	
拉孜县审计局	26	194	10	194	13			194	13	
昂仁县审计局	3	986	15		3			678	12	
谢通门县审计局	3	60	16		3			24	22	2
白朗县审计局	4	29610	25		7			29261	16	
康马县审计局	3	1350	27	7	3		2	1343	11	
定结县审计局	11	24			11		1		32	4
亚东县审计局	11	208		11	11			209	16	4
吉隆县审计局	3	41133	19		3			18630	11	3
聂拉木县审计局	5	8	12		5			8	20	3
昌都市										
昌都市本级	19	1199403	72	45	18		4	11200	51	175
卡若区审计局	10	10251	7	8	10	19			14	
江达县审计局	5	3356	12	50	5			2561	16	2
类乌齐县审计局	4	836	6	140	4			836	9	
丁青县审计局	9	895	20	1	9			895	28	
察雅县审计局	35	18207	100		35			18207	9	
八宿县审计局	4	2025	8		4			2025	9	2

续表

审计机关	完成审计项目/个	审计查出主要问题金额/万元	审计发现非金额计量问题/个	审计期间整改金额/万元	出具审计报告和审计调查报告/篇	审计处理情况		审计促进整改落实有关问题资金/万元	审计提出建议/条	提交审计信息/篇
						审计处理处罚金额/万元	移送处理事项/件			
左贡县审计局	5	511	18		5			471	15	
芒康县审计局	5	37335	20	34	5			37335	18	5
洛隆县审计局	4				4				20	3
林芝市										
林芝市本级	21	208800	215	55400	25	1	24	37000	59	20
巴宜区审计局	7	6804	65		7		1	6804	28	
工布江达县审计局	5	654	27	23	5			654	17	
墨脱县审计局	16	403	21	403	1			265	4	3
波密县审计局	5	54	69		11		4	52	35	1
察隅县审计局	3	78640	47		3			390	11	
山南市										
山南市本级	11	323800							71	
乃东区审计局	1	2657	6		1				3	2
扎囊县审计局	2	2609	8		2			2609	11	
贡嘎县审计局	2	18003	6		6			14513	8	2
桑日县审计局	2	38384	5		2				22	4
加查县审计局	3	5899	6	1075	1				10	1
隆子县审计局	2	5	31	1	2			6	4	
错那县审计局	3	8262	53	246	5			246	18	
浪卡子县审计局	3	18	46		3			18	13	2
那曲市										
那曲市本级	32	558441	92		28		19	721784	99	
色尼区审计局	2	212752	6		2			199783	10	
嘉黎县审计局	6	9802	13		6	15	2	9652	15	
比如县审计局	6	19403	36	1377	6				27	6
聂荣县审计局	1	452951	1						3	1
安多县审计局	3	20742	5		3	859		258	12	
索县审计局	6	61940	3	849	6			19359	17	
巴青县审计局	6	21777	32	21439	6		1	21439	59	1
阿里地区										
阿里地区本级	25	21121	70		16	2767	13	68	29	6

续表

审计机关	完成审计项目/个	审计查出主要问题金额/万元	审计发现非金额计量问题/个	审计期间整改金额/万元	出具审计报告和审计调查报告/篇	审计处理情况		审计促进整改落实有关问题资金/万元	审计提出建议/条	提交审计信息/篇
						审计处理处罚金额/万元	移送处理事项/件			
普兰县审计局	6	840	8		4	840	1		11	
札达县审计局	1		3		1				3	
噶尔县审计局	4	198	23		4	198			11	
日土县审计局	5	120								
改则县审计局	2	665	4		2				8	

陕西省

【陕西省审计厅】 2022 年，陕西省审计厅实有 297 人。省委审计委员会办公室设在省审计厅，下设秘书处。设有办公室、政策法规处、审理稽核处、内部审计指导监督处、电子数据审计处、财政审计处、行政事业审计处、农业农村审计处、固定资产投资审计处、社会保障审计处、自然资源和生态环境审计处、金融审计处、企业审计处、涉外审计处、经济责任审计处、人事处（离退休人员服务管理处）、机关党委（机关纪委）、财政决算审计处、预算绩效审计处、行政政法审计处、教科文卫审计处、群团宗教审计处、经济执法审计处、农林水利审计处、交通建设审计处、发展统计审计处、民政社保审计处、资源环境审计处、银行业审计处、非银行金融机构审计处、外事外贸审计处、党政领导干部经济责任审计处、企业负责人经济责任审计处、国资监管审计处、经济贸易审计处、装备制造企业审计处、能源化工企业审计处；下设审计研究所、报送审计中心、审计计算机技术信息中心。

领导成员

党组书记、厅长：赵宝田

党组成员、副厅长：王　健　牟军利

吴向荣

姜学武（4 月—）

张文耀

总审计师：孟　华

一级巡视员：阎观臻（7 月—）

贠东福（7 月—）

二级巡视员：杨　啸

审计成果 2022 年，陕西省审计机关共完成审计项目 4792 个，其中审计项目 4464 个、专项审计调查项目 328 个。查出主要问题金额 22190079 万元，其中违规金额 2240070 万元、损失浪费金额 107815 万元、管理不规范金额 19842194 万元；审计发现非金额计量问题 11049 个；损益（收支）不实金额 323013 万元；审计发现侵害人民群众利益 45 万元；出具审计报告和专项审计调查报告 4927 篇，被批示、采用 278 篇次。审计处理处罚金额 1362398 万元，其中应上缴财政 829409 万元、应减少财政拨款或补贴 9943 万元、应归还原渠道资金 116794 万元、应缴纳其他资金 28131 万元、应调账处理金额 378121 万元；移送司法机关、纪检监察机关和有关部门处理事项 377 件，移送处理人员 96 人，移送处理金额 268356 万元。审计促进整改落实有关问题资金 1185260 万元；审计促进拨付资金到位 244001 万元；审计后挽回（避免）损失 50522 万元；核减投资额 143665 万元；移送处理落实事项 67 件。审计提出建议 9364 条，被采纳 8120 条；推动被审计单位制定整改措施 1831 项；促进被审计单位建立健全规章制度 406 项；提交审计信息 391 篇，被批示、采用 270 篇次。向社会公告审计结果

63篇。

政策落实情况跟踪审计 全省共抽查单位1978个、项目4032个。组织对全省招商引资政策落实和项目落地情况、政府投资基金管理运行及效益情况、政府专项债情况、直达资金管理使用情况开展专项审计。按照审计署的统一部署，组织开展了10个市区的信息化专项审计，有力促进了陕西省信息化建设工作顺利推进。组织开展了全省博物馆高质量发展专项审计调查，报送的专项审计调查报告被省政府主要领导和分管领导分别作出批示。

财政审计 连续4年开展省一级预算单位大数据筛查全覆盖审计，2022年对104个省级一级预算部门单位和60所省属高校、中职院校2021年度预算执行及财务收支情况进行了大数据全覆盖审计。对财政厅、发改委、教育厅、国资委等单位坚持每年开展重点审计，组织对十四运会和残特奥会（筹）组委会、各市执委会和各项目竞委会开展了财务决算审计，对6个市及所属58个区县开展税收和非税收入征管及部门预算执行情况审计。全省共审计市、县政府、财税部门和预算执行单位2270个。积极向省委审计委员会、省人大、省政府报告预算执行审计工作，报告向社会公告后，社会舆论反响良好。

组织对东庄水库枢纽工程、引汉济渭工程、西咸机场三期扩建工程、京昆高速改扩建项目等重大基础设施建设项目进行跟踪审计；对十四运会场馆项目、部分高速公路项目进行决算审计；对2022年度省级重点建设项目推进情况、省属企业投资项目建设效益情况、陕西对口支援西藏阿里地区经济社会发展项目进行专项审计或审计调查。全省共审计投资项目1927个，审计项目投资额3023.5亿元，核减投资额14亿元，推动完善稳投资工作机制，促进规范了建设项目管理，确保项目高质量建设。

国有企业审计 实现了重点省属国有企业审计全覆盖，组织开展了30家省属国有企业2021年度经济运行及资产负债损益情况、陕西省深化国资国企改革三年行动方案落实情况、全省清理拖欠中小企业账款情况专项审计调查。以防范企业经营风险和国有资产损失风险为重点，分析了省属企业国有资产收益、财务及经营风险、经济结构布局等方面的突出问题，摸清了国有企业拖欠中小企业账款底数，有力推动了省属企业深化改革、优化布局、提升资产质量及抗风险能力，督促拖欠单位偿还中小企业账款23.95亿元。全省共审计重点国有和国有控股企业145家，查出主要问题金额120亿元，进一步推动企业完善法人治理结构，规范经营管理，提高经营效益。

金融审计 开展了省金控集团等6家金融机构审计、全省16家省属地方金融企业资产质量专项审计调查，查出主要问题金额20.29亿元。将防范化解重大金融风险作为审计关注的重点内容，强化融资平台专项审计成果运用，积极督促开发区（新区）整改，促进了风险防范和内控机制的完善，维护了经济和金融安全。

农业农村审计 分两轮次对26个乡村振兴重点帮扶县巩固拓展脱贫攻坚成果同乡村振兴有效衔接相关政策执行和资金进行了审计，对现场发现的问题及时督促整改，督促整改到位资金1.83亿元，落实就业帮扶7771人。全面开展粮食企业和基层粮库粮食购销业务专项审计，共查出涉粮问题1153个，向各级纪委监委、主管部门移送问题线索129件。积极配合粮食专项整治工作，组织召开全省协调推进会，建立全省粮食专项整治信息报送制度，督促抓好审计查出问题整改，发挥审计效能，推动粮食领域建章立制。

资源环境审计 围绕深入贯彻落实习近平总书记关于秦岭、黄河生态环境保护重要指示批示精神，组织开展了秦岭生态环境保护审计“回头看”，推动解决秦岭生态环境治理。组织对陕西省黄河流域范围内的12个县（区）开展黄河流域生态环境保护专项审计，深入揭示了水环境保护与水资源管理、工业污染水环境、农村面源污染水环境等方面存在的问题。组织对21名党政主要领导干部开展自然资源资产离任审计，发现并推动解决自然资源资产和生态环境领域存在的突出问题。组织开展了50个县耕地保护专项审计，揭示了耕地保护相关政策未有效落实、耕地面积持续减少、高标准农田建设质量不高、基本农田“非粮化”、耕地保护相关资金管理使用不到位等问题959个。

民生审计 组织对全省就业资金和失业保险基金进行审计。揭示了未按规定安排就业补助资金、向不符合条件人员发放创业担保贷款、骗取、套取、冒领就业补助等问题；对全省疫情防控资金和捐赠款物进行了专项审计，揭示了疫情防控政策落实不到位、捐赠款物管理使用不规范、集中隔离点方舱项目拖欠工程款，以及疫苗接种、核酸检测等方面存在的问题；按照审计署统一部署，组织开展了医保基金和“三医联动”审计，揭示了部分地区医保基金结余赤字、支撑能力下降，套取、骗取医保基金，挤占挪用医保基金等问题。

经济责任审计 充分发挥经济责任审计工作联席会议作用，积极推进经济责任“结合审”“同步审”“交叉审”，着力发挥审计对权力运行的监督制约。全省共审计1067名领导干部，查出领导干部负有直接和领导责任问题金额3.68亿元，提出审计建议2508条，为加强干部监督管理提供了有力依据。

涉外审计 持续加强国外贷援款项目审计，组织开展“一带一路”沿线投资绩效专项审计调查，揭示了外资运用项目投资、资产管理和运营绩效等方面存在的问题，促进规范利用外资和境外投资行为，提高了资金使用效益。

审计查出问题整改 连续两年组织全省审计机关对以前年度审计查出问题整改情况进行“回头看”，2022年首次将审计查出问题整改“回头看”列入审计项目计划予以实施，2019年至2021年审计反映的7.5万多个问题，已督促完成整改6.8万多个，整改率91%。

研究型审计 坚持把研究融入贯穿于审计立项、实施、报告全过程各方面，强化审计资源整体统筹和优化配置，扎实开展审前调研、审中小结、审后总结，以各环节工作质量保证整体工作质量。立足经济监督落实政治要求，坚持从财政财务收支情况分析研究，回答政治政策问题，更好地服务于党委、政府决策。

审计理论研究 与省社科联将审计重点课题研究作为陕西省哲学社会科学重大理论与现实问题研究项目，提出8个选题方向，2022年共立项课题21个。陕西省审计学会第十四届青年审计论坛，围绕“审计监督助推经济社会高质量发展研究”“构建审计工作一盘棋格局研究”“开展研究型审计路径研究”等内容开展征文活动，共征集论文213篇。审计研究所被中国时代经济出版社表彰为审计通联宣传工作先进单位，陕西省审计学会被中国审计学会评为先进单位。

内部审计 组织对20家省级行政企事业单位的内部审计工作进行检查，指导促进提升内审管理水平。制定《陕西省审计机关核查社会审计报告工作暂行规定》《2022年陕西省内部审计工作指导意见》，修订《陕西省内部审计规定》，印发《陕西省审计厅关于成立陕西省内部审计师协会换届工作领导小组的通知》，确保第四届会员代表大会暨换届工作顺利完成。

交办任务 组织开展一季度招商引资、二季度政府投资基金项目、秦岭生态环境保护全覆盖审计、专项借款项目原有预售资金使用情况专项审计、2022年清理拖欠中小企业账款专项调查等多项任务。

相关工作 切实加强机关党建，开展“喜迎二十大、建功新时代”系列活动、“读好书、求新知、强本领”系列读书学习活动。坚持落实党风廉政建设主体责任，强化对审计一线、重点领域、关键岗位和关键环节的监督检查。加强业务培训，举办培训班31个（次），培训人员1707人次。完成与西北政法大学合作的陕西省审计干部培训基地建设及实习工作，推动高素质专业化审计人才队伍建设。制定出台陕西省审计机关《法治建设实施方案》，提高依法审计能力。制定《审计业务流程》，从审计立项、审计实施、审理复核、出具报告等各环节，对操作规程进行规范。加强审计信息化建设，金审三期项目建设完成，核心系统全省推广使用。 （撰稿人：许亚斌）

【西安市审计局】 2022年，西安市审计局实有108人。党组书记、局长徐琳茹，党组成员、副局长王建军（—2月）、白永平、姬卫华（3月—）、孔宏（12月—），党组成员、总审计师王恭让，副局级领导胡小煜（—2月）、张建斌，市纪委监委驻市财政局纪检监察组组长庄军，二级巡视员马少民（—12月）、王建军（2月—）、胡小煜（—3月）。市委审计委员会办公室设在市审计局，下设秘书处。市审计局设有办公室、组织人事处、审理稽核处、审计整改处、内部审计指导监督处、电子数据审计处、财政审计处、行政事业审计处、农业农村审计处、固定资产投资审计处、社会保障审计处、自然资源和生态环境审计处、金融审计处、企业审计处、经济责任审计处、机关党委；设有派出党群部门审计处、派出重大建设项目审计处、派出企业经济责任审计处、派出综合审计处；下设西安市计算机审计信息中心。

审计成果 2022年，西安市审计机关共完成审计项目306个，其中审计260个、专项审计调查46个。查出主要问题金额8789041万元，其中违规金额1105500万元、损失浪费金额4641万元、管理不规范金额7678899万元；审计发现非金额计量问题1176个；损益（收支）不实金额14351万元；出具审计报告和专项审计调查报告306篇，被批示、采用25篇次。审计处理处罚金额502904万元，其中应上缴财政115197万元、应减少财政拨款或补贴195万元、应归还原渠道资金50942万元、应缴纳其他资金6337万元、应调账处理金额330231万元；移送司法机关、纪检监察机关和有关部门处理事项47件，移送处理金额86916万元。审计促进整改落实有关问题资金173662万元；审计促进拨付资金到位27677万元；审计后挽回（避免）损失199万元；核减投资额54万元。审计提出建议810条，被采纳698条；推动被审计单位制定整改措施117项；促进被审计单位建立健全规章制度29项；提交审计信息40篇，被批示、采用26篇次。6个审计项目、5篇审计综合报告受省审计厅表彰。

政策落实情况跟踪审计 对全市2019年至2021年招商引资政策落实和项目落地情况进行专项审计调查，发现违规收取企业履约保证金6656万元、虚报投资额210亿元、企业欠缴国有建设用地使用权出让价款25亿元等突出问题，提出审计建议4条。

财政审计 开展预算执行审计172个，其中西安市一级预算部门单位审计全覆盖，提出审计建议41条。开展全市2022年财政直达资金专项审计调查，发现5大类14个问题，涉及资金10.48亿元。开展全市2022年省级重点建设项目推进情况专项审计调查，涉及建设项目191个、总投资6610.37亿元，发现项目进展缓慢、建设资金未到位等4大类10个问题，提出4条审计建议。对市级行政事业单位房产现状开展专项审计调查，涉及504家单位827处房产，客观揭示房产闲置、收益损失等4大类44个问题和风险，提出5条审计建议。

国有企业审计 对8个企业开展审计，其中对市工业合作联社及其所属企业的资产状况进行专项审计调查，发现3大类17个问题，提出6条审计建议。对市级重要商品储备情况开展专项审计调查，延伸11家承储企业，查出制度不完善、监管不到位等问题，提出4条审计建议。

金融审计 对市本级和4个区县（开发区）设立的7支政府投资基金进行审计，发现4大类11个问题，提出4条审计建议。对2020年至2022年地方政府专项债券开展专项审计，揭示专项债券在发行、资金使用、监管、偿还等方面的问题和风险隐患22个，提出审计建议3条。

农业农村审计 对4个区县耕地保护情况开展专项审计，揭示突出问题11个，提出6条审计建议。对临潼区乡村振兴政策落实和资金管理使用情况开展审计，查出4类12个问题，促进拨付高标准农田建设资金3049万元、兑付无害化户厕提升改造补助资金719万元。

资源环境审计 对秦都区黄河流域生态环境保护开展专项审计，揭示7大类31个问题，提出4条审计建议。对全市工业固体废物处置情况开展审计调查，抽查15个区县（开发区）121家企业，发现5大类39个问题，提出4条审计建议。对经济技术开发区领导干部实施自然资源资产离任审计，查出5大类25个问题。

民生审计 对全市新冠疫情防控资金和捐赠款物开展专项审计，揭示捐赠资金分配使用不及时等6大类问题，促进建章立制4项。开展全市医疗保险基金及“三医联动”改革专项审计调查，揭示违规多结算医保基金、基层医疗机构设备闲置床位使用率低等问题，提出4条审计建议。对全市粮食购销领域开展专项审计，发现应急成品粮储备及供应网点不足、主管部门监督管理不到位、储粮企业库存数量不实等问题125个，已整改122个，整改率97.6%，出台规范性管理制度21项，移送问题线索18件。对全市2020—2021采暖季天然气补贴情况进行审计，促进财政增收节支4537.7万元。

经济责任审计 西安市审计局开展领导干部（领导人员）经济责任审计项目11个，揭示经济责任履行中的突出问题和风险隐患87个。

审计查出问题整改 加强对审计发现问题整改落实情况的跟踪推进，96个审计项目已整改781个问题，促进上缴财政资金8.51亿元、盘活资金16.34亿元、拨付资金66.02亿元，被审计单位采纳审计建议338条，制定和完善规章制度38项，市人大常委会审议审计查出问题整改情况报告时认为“审计机关扎实推进整改，审计整改工作取得明显成效”。

内部审计 组织全市32名内审人员参加以审代培、市委巡查和疫情防控、财政收支、国企经营风险等审计。举办全市国有企业内审培训暨经验交流会。

交办任务 204人次参与涉水领域腐败问题专项治理以及巡视巡察、纪检监察、疫情防控等专项工作。

相关工作 编制金审工程三期建设方案，完成项目招标采购工作；完成了165台国产化终端的适配和替代工作，开展了金审工程三期行政办公子系统试运行，系统运转良好。

（撰稿人：高静雯）

【铜川市审计局】 2022年，铜川市审计局实有54人。党组书记、局长党莉，党组成员、副局长张金川、张岗战、石建雄，总审计师王金明。设有市委审计委员会办公室秘书科；内设办公室、政策法规科、审理稽核科、内部审计指导监督科、电子数据审计科、财政金融审计科、行政事业审计科、农业农村审计科、固定资产投资审计科、社会保障审计科、自然资源和生态环境审计科、企业审计科、经济责任审计科；下辖省审计厅铜川审计处（市固定资产投资审计中心）、市内部审计管理中心、市审计局计算机信息中心。

审计成果 2022年，铜川市审计机关共完成审计项目55个，查出主要问题金额157446万元，审计发现非金额计量问题197个，核减投资金额1010万元，移送有关部门处理事项4件，审计提出建议55条。

铜川市司法局业务用房建设项目竣工决算审计、铜川市耀州区停车收费情况专项审计调查、宜君县人民防空办公室2013年至2019年10月工作情况专项审计被陕西省审计厅评为表彰审计项目。铜川市文体场馆PPP项目竣工决算审计的综合报告、铜川市2020年度市级预算执行和其他财政收支情况的审计报告、耀州区2020年就业补助资金和失业保险基金审计综合报告、耀州区2020年财政预算执行情况及其他财政收支情况审计综合报告被陕西省审计厅评为表彰审计专项综合报告。

政策落实情况跟踪审计 围绕招商引资政策落实、政府投资基金、专项债券管理、财政直达资金开展重大政策跟踪审计，3篇审计情况报告获市委市政府主要领导批示。

财政审计 开展了市级财政2021年度预算执行和其他财政收支审计和6个部门的预算执行和财政收支审计，运用大数据审计方式对一级预算单位开展全覆盖审计筛查。开展印台区2021年度财政收支情况审计。

对照金干部学院、铜川市第一中学北关校区综合教学楼建设项目进行了竣工决算审计。

国有企业审计 开展了铜川市属国有企业全覆盖审计，报送审计报告5篇，铜川市委书记李九红作出专门批示，市政府办成立了防范化解重大风险专班。

农业农村审计 开展了耀州区、印台区、宜君县耕地保护情况审计和耀州区、印台区巩固拓展脱贫攻坚成果同乡村振兴有效衔接相关政策和资金情况审计。

民生审计 开展了市本级及新区管委会疫情防控资金和捐赠款物专项审计，铜川市2021年度住房公积金筹集、使用及管理情况审计。

经济责任审计 完成了对9名领导干部的经济责任审计和2名领导干部的自然资源资产审计。

审计查出问题整改 受铜州市政府委托，向市人大常委会报告我市2020年度市级财政预算执行和其他财政收支审计查出问题整改情况，获充分肯定。开展2021年度审计和其他督查查出问题整改情况专项审计，完善审计整改工作机制。

专项审计 开展市本级粮食购销领域、涉水领域专项审计。开展2021年度全市网络安全和信息化建设专项审计。

相关工作 以“党建领航　红色审计”为品

牌，实施党建“四项工程”，领航红色审计高质量发展，作为市直机关4个党建观摩点之一进行经验交流。开展了“比质量、促提升、树形象”活动，组织对区县审计业务质量开展全覆盖专项检查。开设“审计大讲堂”，按照“一月一讲”“一科室一主题”模式，分享工作经验、学习相关政策、拓展工作思路、提升业务能力。

（撰稿人：井勃兴）

【宝鸡市审计局】 2022年，宝鸡市审计局实有62人。党组书记、局长王炳绪，党组成员、副局长、宝鸡审计处处长张拴科（—5月），党组专职副书记、宝鸡审计处处长段宝中（8月—），副局长汪彩玲（—8月），党组成员、副局长谭鸿彬、李虎勤、魏小让（8月—），党组成员、纪检组长董兴功，党组成员、一级调研员王世辉（—5月），党组成员、二级调研员王连强（—5月），总审计师滑惠红。设有市委审计委员会办公室秘书科、办公室、审理稽核科、内部审计指导监督科、财政审计科、财政监督检查科、行政事业审计科、农业农村审计科、固定资产投资审计一科、固定资产投资审计二科、社会保障审计科、自然资源和生态环境审计科、企业审计科、经济责任审计一科、经济责任审计二科、政策审计科、省属企事业审计科、机关党委；下设重大项目审计服务中心、计算机审计信息中心。

审计成果 2022年，宝鸡市审计机关共完成审计和审计调查项目293个，查出主要问题金额81.01亿元，发现非金额计量问题501个，移送案件线索69件，审计提出意见建议639条，审计要情和综合报告被党委政府领导批示批办76篇，提交审计信息103篇。

经济责任审计项目被《光明日报》以“加快推进经济责任审计全覆盖”为题进行了报道。金台区斗鸡粮食购销中心粮食购销领域专项审计获全国审计机关优秀审计项目三等奖。

政策落实情况跟踪审计 对12个县、区及2个管委会招商引资政策落实和项目落地情况开展专项审计调查，对政府投资基金管理运行及效益情况进行了专项审计，揭示政策执行不到位等方面问题11个。

财政审计 实施财政决算、预算执行审计109个，对2018—2021年度政府专项债券管理使用情况进行专项审计，查处预算编制不完整、挤占专项资金等方面问题63个。核减政府重点投资项目投资额7.15亿元，促进完善工程建设管理制度20多项。

民生审计 实施应对新冠肺炎疫情防控资金和捐赠款物专项审计、医疗保险基金及“三医联动”改革专项审计调查、乡村振兴和耕地地力保护专项审计、涉水领域专项审计，积极参与房地产行业风险化解，促进了各项利民惠民政策落实落细。

经济责任审计 对65个单位负责人开展经济责任审计、自然资源资产离任审计，揭示典型问题6类34个。创新经济责任审计模式，一次进点对凤翔区公检法和5个常委单位开展审计，扩大了监督覆盖面。

审计查出问题整改 开展2021年度审计和其他督查查出问题整改情况专项审计，对12个县区2021年度审计查出问题整改情况进行专项检查考核，查出问题1087个，督促完成整改1062个。

相关工作 精心组织开展审计质量提升年活动，制订修订10项相关制度，改进审理复核和审计业务会形式，试点推行审计项目撤点验收，全力打造精品审计项目，提升审计质量。

加快金审三期项目建设，完成国产化终端更换和审计专网达标改造，对市县两级一级预算单位2021年财务数据进行2次全覆盖式采集和全面分析核查，提升审计信息化水平。

（撰稿人：白松涛）

【咸阳市审计局】 2022年，咸阳市审计局实有56人。党组书记、局长薛泰峰（—11月）、王蔚（11月—），党组成员、副局长张建伟、祝朝霞、张莉（—4月）、李婷，党组成员、陕西省审计厅驻咸阳审计处处长樊延平，党组成员、陕西省审计厅驻咸阳审计处副处长黄青文（—11月）、张启胜、赵银川，党组成员、总审计师赵旭。设有综合科、秘书科（党建办公室）、政策法规科、审理稽核科、电子数据审计科、财政审计科、内部审计指导监督科、行政事业审计科、农业农村审计科、社会保障审计科、固定资产投资审计科、重大项目稽察审计科、企业审计科、党政领导干部经济责任审计科、企事业领导干部经济责任审计科、自然资源和生态环境审计科；下设内审管理中心、计算机审计中心。

审计成果 2022年，咸阳市审计机关共完成审计项目470个，查出主要问题金额40.86亿元，核减投资额3.68亿元。审计促进整改落实有关问题金额1.63亿元，向纪委监察机关和有关部门移送处理事项7件。出具审计报告和专项审计调查报告509篇，审计提出审计意见建议1073条。

咸阳市审计局获得2022年度审计通联宣传工作先进单位、2022年度全省应对新冠肺炎疫情防控资金和捐赠款物专项审计先进单位以及2022年度全省博物馆专项审计调查工作先进单位。选送的咸阳良友（集团）有限公司十九大以来粮食购销领域专项审计被评为全省审计机关表彰审计项目，市本级文物保护政策措施贯彻落实以及文物保护项目资金管理使用和绩效情况专项审计调查报告被评为优秀审计专项综合报告。

政策落实情况跟踪审计 组织对2022年全市重大政策措施落实情况进行跟踪审计，审计涉及招商引资、专项债券等方面内容；对“十四运”咸阳执委会经费使用和“三供一业”专项资金情况进行审计，审计发现超预算支出等7个方面问题。

财政审计 积极探索大数据审计模式，有序推进金审三期项目建设，运用大数据分析对全市111家一级预算单位2021年度预算执行及其他财政财务收支情况进行审计，实现了全市一级预算单位审计监督全覆盖。

组织对高新区高科一路高架桥、市亭口水库等重大民生建设项目进行竣工决算审计，助力优化良好经济发展环境。

民生审计 组织开展全市新冠肺炎疫情防控专项资金审计，审计发现专项资金使用、社会捐赠款物分配等方面问题，涉及资金总额2.1亿元。开展全市困难群众救助补助资金审计，审计共抽查16个部门、22个乡镇及6家救助机构，审计资金总额1.61亿元。

经济责任审计 组织实施市乡村振兴局、市医保局等27个单位主要领导干部任期经济责任审计，并配合省审计厅完成了紫阳县党政主要领导干部任期经济责任审计。

专项审计 对市本级及4个县市区耕地保护情况进行专项审计，审计涉及耕地保护项目63个，审计发现耕地保护政策落实等5个方面62项问题；开展全市涉水领域、国有供热企业资产负债损益和博物馆高质量发展专项审计。

审计查出问题整改 先后组织对2021年审计查出问题、其他督查查出问题和《审计查出问题整改情况报告》中的25个未整改到位问题，以及2022年1月至8月审计项目中发现的问题整改情况进行跟踪检查，督促审计查出问题整改落实到位。

交办任务 根据市政府工作安排，组织对市天然气有限公司2021年至2022年天然气价格联动补贴进行了审计核查，并向市政府专题报告了核查情况。

（撰稿人：赵媚茹）

【渭南市审计局】 2022年，渭南市审计局实有62人。党组书记、局长孙坤刚，党组成员、副局长李美娟、张凯、杨韬，市属国有企业监事会主席王忠义，党组成员、二级调研员张春喜。设有党政办公室、政策法规与审理稽核科、电子数据审计科、财政与金融外资政府债务审计科、行政事业审计科、农业农村审计科、固定资产投资审计科、社会保障审计科、自然资源与生态环境审计科、驻渭企事业单位与市属国有企业审计科、党政企事业单位领导干部经济责任审计科、国资监管审计科、开发区审计科；下设内部审计管理中心和计算机信息中心。

审计成果 2022年，渭南市审计机关共实施审计项目277个，其中审计265个、专项审计调查12个。查出主要问题金额513482万元；出具审计报告和专项审计调查报告277篇，被批示、采用24篇次。审计提出建议625条，被采纳523条；推动被审计单位制定整改措施212项；促进被审计单位建立健全规章制度41项；提交审计信息19篇，被批示、采用6篇次。

市级行政事业单位国有资产管理情况专项审计调查、白水县人民政府2020年度财政收支情况审计、大荔县2020年度财政预算执行和其他财政收支情况审计获评2022年陕西省审计机关优秀审计项目；韩城市应急管理局原党组书记、局长任期经济责任履行情况审计项目、富平县教育局原局长任期经济责任履行情况审计、蒲城县荆姚镇原党委书记、原党委副书记、镇长任期经济责任履行情况审计获评 2022 年陕西省审计机关表彰审计项目；渭南市 9 个县市区管委会 2021 年度困难群众救助补助资金管理使用情况审计综合报告、富平县 2020 年度预算执行和其他财政收支情况审计结果报告获评 2022 年全省审计机关优秀审计专项综合报告；获全省 2022 年度应对新冠肺炎疫情防控资金和捐赠款物专项审计先进单位；获 2022 年度全省博物馆专项审计调查先进单位。

政策落实情况跟踪审计 组织实施了全市招商引资政策落实和项目落地、政府投资基金管理运行和效益、地方专项债券、直达资金等四个季度重大政策措施落实情况跟踪审计项目，切实发挥审计监督重要作用。

财政审计 对市本级 2021 年度预算执行和其他财政收支，合阳、富平县人民政府 2021 年度财政收支情况进行了审计，进一步完善了财政监督制约机制，规范了预算管理，提高了财政资金使用效益。

完成了 2022 年省级重点建设项目专项审计调查及 2022 年度市级重点建设项目全要素跟踪审计调查。完成了渭南市抽黄供水输水管线工程竣工结算、渭清公园足球场竣工决算审计，完成恒大珺睿府专项借款原有预售资金专项审计。真实客观反映市级重点项目建设中存在的难点和堵点，充分发挥了审计机关重大项目稽察职责。

农业农村审计 组织开展安康市白河县国家乡村振兴重点帮扶县巩固拓展脱贫攻坚成果同乡村振兴有效衔接相关政策和资金审计；在组织四个县区开展的耕地保护专项审计中将高标准农田建设情况纳入审计重要内容进行了交叉审计。

民生审计 开展了新冠肺炎疫情防控专项资金和捐赠款物审计、9 个县市区（管委会）2021 年度困难群众救助补助资金专项审计，联合市民政局等部门对审计发现问题整改进行集中联合督查和“回头看”，督促问题全部整改。

经济责任审计 全年组织实施经济责任审计项目 10 个，指导监督 17 个单位前后任领导干部进行离任交接。

审计查出问题整改 提请召开市政府常务会议，专题研究部署审计查出问题整改工作；召开全市审计查出问题整改推进会；对市县两级 2021 年审计查出问题整改工作进行专项审计。推动审计整改标准化、规范化建设。

相关工作 创新开展新修订的审计法“十个一”宣贯活动，通过开展全维度、多层次“讲、学、普、用”普法活动，在全市审计系统全面掀起了学法、用法新热潮，审计工作法治建设迈上新台阶。 （撰稿人：孟晟博）

【延安市审计局】 2022 年，延安市审计局实有 82 人。党组书记、局长刘江，党组成员、审计工作中心主任郝秀芳，党组成员、副局长刘宏伟、高宝军、王宪儒、周建勋、吴耀东，总审计师赵延平，审计工作中心副主任刘柏青、路方、薛延峰，三级调研员常森堂。设有市委审计委员会办公室秘书科；内设政秘科、政策法规和审理稽核科、财政金融审计科、行政事业审计科、农业农村审计科、经济责任审计科（市经济责任审计领导小组办公室）、自然资源和生态环境审计科、社会保障审计科；下设审计工作中心、审计信息中心、开发区审计室。

审计成果 2022 年，延安市审计机关共完成审计项目 974 个，其中审计 967 个、专项审计调查 7 个。查出主要问题金额 381.28 亿元，其中违规金额 38.25 亿元、管理不规范金额 343.01 亿元、损失浪费金额 0.02 亿元；出具审计报告和专项审计调查报告 974 篇，被批示、采用 91 篇次。审计处理处罚金额 8.94 亿元；移送处理事项 145 件。审计促进整改落实有关问题资金 2.37 亿元；核减投资额 8.99 亿元；审计提出建议 985 条，被采纳 606 条；向社会公告审计结果 198 篇。

就业补助和失业保险，高新区、南泥湾开发区、新区建设发展绩效审计被省审计厅评为优秀项目。

政策落实情况跟踪审计 跟踪审计 3 项重大政策落实情况，揭示问题 31 个，查出问题金额 76.03 亿元。

财政审计 对市本级和 5 个县（市、区）政府进行财政审计，对 19 个部门单位进行预算执行审计，揭示问题 299 个，查出问题金额 111.68 亿元。开展 20 个决算和跟踪审计，核减建安投资 4.42 亿元。

国有企业审计 对 11 家市属国有企业进行审

计，揭示问题221个，涉及144.36亿元。

民生审计 开展耕地保护和乡村振兴等4个专项资金审计，揭示问题276个，查出问题金额0.57亿元。

经济责任审计 审计5个部门，捆绑实施1个自然资源资产审计，揭示问题87个，查出问题金额6.88亿元。

专项审计 开展招商引资、财政直达等5个专项审计调查，揭示问题159个，查出问题金额87.6亿元。

审计查出问题整改 出台《整改检查考核办法》，建立与人大、纪检、巡察、考核联动机制，1141个问题，整改完成902个，促进拨付、盘活、追回6.65亿元，建章立制115项，问责18人次。

研究型审计 建立审计方案研究机制；着力制定《审计程序全流程标准化精细化实施细则》，全过程、规范化管控，提升审计质量。

内部审计 吸纳会员199个，建立“以审代培”机制。

交办任务 牵头推进审计署、省审计厅涉及延安的25个项目、213个问题的整改工作。

相关工作 筹备召开市委审委会会议。出台加强县级党委审委会工作的意见。策划并建成延安审计史展馆。打造延安审计文化。打造“四严四正”党建品牌。（撰稿人：牛双龙）

【汉中市审计局】 2022年，汉中市审计局实有47人。党组书记、局长王玲（—3月）、王生波（5月—），党组成员、副局长彭泽鑫、毛林、文大军，总审计师张斌，党组成员、市固定资产投资审计中心主任王彦。设有市委审计委员会办公室秘书科；内设办公室、法规审理科、内部审计指导监督科、电子数据审计科、财政审计科、行政事业审计科、农业与资源环保审计科、经贸金融审计科、社会保障审计科、政策审计科、园区审计科、中省企事业审计科、经济责任审计一科（市经济责任审计工作领导小组办公室）、经济责任审计二科、经济责任审计三科、固定资产投资审计科、国资监管审计科；下设固定资产投资审计中心、电子数据审计中心、局机关事务服务所和预算绩效审计中心。

审计成果 2022年，汉中市审计机关完成审计（调查）项目431项，审计查出主要问题金额362705万元，其中违规金额40206万元，管理不规范金额322498万元。审计后应上交财政21484万元，归还原渠道资金8737万元，核减投资额6683万元，移送处理事项31件。

政策落实情况跟踪审计 组织全市审计机关对2022年中央直达资金、基层“三保”资金等情况进行审计。对汉中市中心城区教育“双减”及义务教育优质均衡发展政策落实开展专项审计调查。查出违规违纪问题47个，归还原渠道资金15858.54万元，促进完善制度机制12项。

财政审计 开展本级财政预算执行审计和2个县财政收支审计，通过审计督促上缴财政收入5497.54万元、清理盘活存量资金3248.12万元、归还原渠道资1627.5万元、清退涉企违规收费43.33万元。对市本级240家一级预算单位进行预算执行全覆盖审计，查出管理不规范资金11577.55万元，移送案件线索2个，出具审计专报1篇，审计整改建议函108份，促进完善制度机制7项。

国有企业审计 开展市城投公司等4家企业资产负债损益审计，严肃查处国企因经营不善等造成损失（风险）的突出问题。

金融审计 注重揭示政府投融资平台公司风险管控问题开展政府投资基金审计，关注项目建设等风险隐患开展全市涉水领域审计。

农业农村审计 开展农机购置补贴等专项审计，查出联农带农机制建立健全等5大类34个问题，提出审计整改建议1条，移送事项2件。

资源环境审计 开展2个部门领导干部开展自然资源资产离任审计，查出违纪违规问题17个，提出审计建议8条，促进建章立制3项；开展秦岭生态“回头看”专项审计整改；对全市2022年在建的14个污水处理设施建设项目开展跟踪审计，发出审计整改建议函4份。

民生审计 对市公共卫生中心建设等12个建设项目进行跟踪审计，对汉台区城镇老旧小区改造项目资金进行专项审计，对汉中市省级重点建设项目推进情况开展审计调查。市本级审减投资额43200万元。

经济责任审计 对28个部门单位和企业的领

导干部开展经济责任审计，查出违规违纪问题218个，提出审计建议90条，归还原渠道资金3.14万元，促进建章立制50项，对审计发现的4件问题线索向相关部门进行移送，发出审计建议书4份。

审计查出问题整改 对全市2021年度审计和其他督查查出问题整改情况进行专项审计，促进拨付、盘活、追回资金83100万元，完善制度246项，移送问责处理174件，整改率达到93.83%。

研究型审计 积极探索建立“1234”整改机制，运用1个审计项目全流程管理系统，建立《汉中市审计查出问题整改办法》和《汉中市审计查出问题整改考核实施细则》2项制度，使用红黄蓝3色清单，对审计整改进行分类管理，获得全省优秀审计项目和优秀综合报告8项。

交办任务 创新开展市级重点建设项目“审帮促”工作，组织全市审计机关对104个市级重点建设项目开展跟踪审计。 （撰稿人：马 洁）

【榆林市审计局】 2022年，榆林市审计局实有96人。党组书记、局长张玉团，党组副书记、二级调研员蔡文东（4月—），党组成员、副局长郭鹏、马晓娟、刘二康（4月—），党组成员、总审计师惠艳芹，党组成员刘新中。内设政秘科、法规审理科、财政金融审计科、经济责任审计科、社会保障审计科、农业与资源环保审计科、教科文卫审计科、企业审计科；下设陕西省审计厅榆林审计处（榆林市固定资产投资审计处）、榆林市审计服务中心、榆林市审计信息中心。

审计成果 2022年，榆林市审计机关共完成审计项目1330个，审计期间整改金额81911万元，审计促进整改落实有关问题资金111741万元。出具审计报告和报送审计调查报告1529篇。

政策落实情况跟踪审计 开展全市招商引资政策落实和项目落地情况、博物馆高质量发展及专项资金绩效情况、政府投资基金管理运行及效益情况、清理拖欠民营企业中小企业账款情况专项审计调查，开展了全市粮食企业和基层粮库粮食购销业务、优化营商环境政策落实情况、涉水领域、财政直达资金及相关行业性政策落实情况和根治拖欠农民工工资专项审计。

财政审计 开展市本级2021年度预算执行及决算草案编制和其他财政收支情况审计，对市本级10个预算单位2021年度预算执行、决算草案编制和财政支出绩效情况以及2个开发区管委会财政收支情况进行了审计。开展了市本级433个预算单位大数据核查审计。开展2021年市本级政府投资情况、2022年省级重点建设项目专项审计调查。开展了榆林黄河东线马镇引水工程等11个项目的跟踪审计。完成了“雪亮工程”等市政府交办事项的审计工作。

国有企业审计 对榆林能源集团有限公司及所属部分企业、榆林市公路局所属7户国有企业的资产负债损益情况进行了审计。开展了助企纾困相关政策落实情况审计评估。

农业农村审计 开展了巩固拓展脱贫攻坚成果同乡村振兴有效衔接“两月一审计”专项审计督查。对3个省级乡村振兴重点帮扶县相关政策落实和资金进行了审计。对各县市区贯彻落实耕地保护政策措施、相关资金分配管理使用等情况进行了审计。

民生审计 对全市困难群众救助补助资金、应对新冠肺炎疫情防控资金和捐赠款物、医保基金和“三医联动”改革情况、全市35家公立医院进行了专项审计或审计调查。开展了十四运和残特奥会榆林筹委会财务决算、省十七运榆林筹委会及榆林运动员村村委会财务收支专项审计。

经济责任审计 对市直32个部门单位主要负责人开展了任期经济责任审计；对市直2个单位主要负责人开展了自然资源资产离任（任中）审计。

审计查出问题整改 对6个县市区和市直24个部门单位进行了审计整改督察。开展了2021年度审计和其他督察查出问题整改情况专项审计。完成2020年度中央预算执行审计、2021年度和2020年度省级预算执行审计查出问题整改工作。

相关工作 召开了五届市委审计委员会第一次会议。研究印发了《中共榆林市委审计委员会关于加强县级党委审计委员会工作的实施意见》。举办了“喜迎二十大，奋进新征程”微党课大赛、“四比四争当，喜庆二十大”主题演讲比赛。积极开展党员“双报到”活动，主动参与社区志愿服务及疫情防控。 （撰稿人：薛元元）

【安康市审计局】 2022年，安康市审计局实有59人。党组书记、局长周庆意（—7月）、杨克山（7月—），党组成员、省属企事业审计处处长兰天安（—7月）、刘昕玫（7月—），党组成员、副局长郭峰、刘际和（—9月）、张本财（9月—）、米筠（9月—），总审计师杨宁，省属企事业审计处副处长余祖军、吴万群（—5月），重大项目审计和国企监事事务中心主任熊英。设有政办科、法制科、财政金融审计科、行政事业审计科、经贸与社保审计科、农业农村与资源环境审计科、固定资产投资与外资审计科、行政效能审计科、经济责任审计科、电子数据科；下设省属企事业审计处、重大项目审计和国企监事务中心、村级财务审计指导中心。

审计成果 2022年，安康市审计局完成审计项目537个，查出问题资金563204.32万元，查出非金额计量问题1577个，审计期间整改金额13081.08万元，出具审计报告和审计调查报告585篇，审计处理处罚金额11669.36万元；移送处理事项93件；审计促进整改落实金额231952.91万元，提出审计建议1356条，提交审计信息44篇。

安康市影剧院装修工程预算执行情况审计、安康中心城区停车收费情况专项审计、安康市汉滨区新城办事处2017—2019年度财政决算情况审计、安康市自然资源局2021年行政效能（绩效）审计、安康市市本级单位外聘人员（含劳务派遣人员）专项审计调查报告、安康高新产业发展投资（集团）有限公司2020年度资产负债损益情况审计报告、宁陕县审计局关于2020年度预算执行暨其他审计工作整改情况专项审计调查报告等7个审计项目和报告被陕西省审计厅评为优秀（表彰）审计项目（综合报告）。

政策落实情况跟踪审计 对市本级及十个县区重大政策措施落实情况进行全覆盖审计，涉及资金4.64亿元，发现问题91个。

财政审计 揭示财政收入未按规定缴库、部分直达资金支付进度缓慢等问题，促进1.23亿元预算收入征缴入库，7个单位加快2263.89万元直达资金使用进度；对31个市级重大公共投资项目开展项目竣工结（决）算审计和跟踪审计，审减工程造价1.3亿元。

开展村财审计项目453个，覆盖516个行政村，发现问题854个，查出问题资金9572.45万元，移送问题线索21件。

对64个部门开展行政效能审计，发现问题253个，查出问题资金5648.42万元，提出审计建议139条，移送事项2项，以审促改54项。

农业农村审计 对全市十县区2020年至2021年巩固脱贫攻坚成果与乡村振兴有效衔接政策资金开展全覆盖审计，促进上缴财政资金917.22万元，促进资金拨付到位1.71亿元，促进政策落实39个，完善规章制度70项，问责处理287人次。

民生审计 完成粮食购销和涉水领域专项审计，实施新冠肺炎疫情防控资金和捐赠款物使用等审计，开展2022年人大代表票决民生实事项目审计。

经济责任审计 对96个单位117名领导干部任期经济责任履行情况进行审计，发现问题989个，查出问题资金13亿元，发出移送处理书25份，提出审计建议319条。

审计查出问题整改 利用审计问题整改平台，加快问题整改，2021年审计查出问题整改率92.8%。

研究型审计 加强对县（市、区）研究型审计指导，印发《关于开展研究型审计推动审计高质量发展的实施意见》。

内部审计 强化内部审计监督，对市本级43个市级部门及国有企事业单位内审情况进行专项检查。

（撰稿人：李正治）

【商洛市审计局】 2022年，商洛市审计局实有52人。党组书记、局长屈鹏，党组成员、副局长徐丹红（—9月）、赵飞虎、张志博，总审计师赵楠。设有党政办公室、审理稽核科、内部审计监督科、电子数据审计科、财政金融审计科、行政事业审计科、农业农村审计科、固定资产投资审计科、社会保障审计科、资源环境审计科、企业审计科、经济责任审计科；下设内部审计管理中心、审计信息中心；陕西省审计厅商洛审计处设审计处办公室、审计处一科、审计处二科。

审计成果 2022年，商洛市审计机关共完成审计项目156个，查出主要问题金额1249856万元，其中违规金额15222万元，损失浪费金额15979万元，管理不规范金额1218654万元；审计发现非金额计量问题532个；移送纪检监察机关等部门处理案件47件；核减投资额7733万元；审计期间整改金额3824万元；提出审计建议396条。

市审计局被市委市政府评为2021年度全市污染防治攻坚战成效考核优秀单位，被表彰为2021年度全市法治建设考核优秀单位。在2022年全省审计机关优秀审计项目和优秀审计综合报告评选中，全市5个审计项目受到表彰。

政策落实情况跟踪审计 开展国家重大政策措施落实情况跟踪审计，重点审计了全市招商引资政策和项目落地情况，向市政府提交专题报告1篇。

财政审计 对市本级2021年度财政预算执行和其他财政收支情况进行了审计，发现预算编制不规范、资金支出绩效不高等问题，并提出相应建议。对丹宁高速建设项目征地拆迁专项资金进行了跟踪审计，推动征地拆迁工作顺利开展。完成了商洛市十四运场馆项目竣工决算等3个审计项目，核减工程造价248万元。

国有企业审计 完成了全市粮食企业和基层粮库粮食购销业务专项审计，查出问题164个，向纪检监察机关及主管部门移交案件线索27件，涉及金额2984万元。对商洛市储备粮管理有限公司2020年至2021年度资产负债损益情况进行了审计，查出问题9个。

农业农村审计 对商州区耕地保护情况进行了审计，通过审计促进拨付使用耕地保护资金800余万元。

资源环境审计 实施了市发改委原主任自然资源资产管理责任履行情况审计，发现节能减排年度指标任务未完成等问题6个，并提出对应整改意见。

民生审计 组织对市中心医院、市中医医院、市妇幼保健院3家市级公立医院开展了专项审计，发现问题48个，出具审计报告6篇，推进全市公立医院资金使用、内控管理的规范化。

经济责任审计 完成经济责任审计项目96个，查出人员超编、挤占专项经费等问题，对以往审计发现问题整改情况进行了检查，推进问题整改到位。（撰稿人：李怡斌）

【杨凌示范区审计局】 2022年，杨凌示范区审计局编制总数6名。党组书记、局长刘玲，党组成员、副局长李小彬。设有2个科室。成立党工委审计委员会，党工委书记任审计委员会主任，办公室设在示范区审计局。

审计成果 2022年，杨凌示范区审计局（以下简称示范区）共开展审计项目124个，涉及资金106.51亿元，促进增收节支1.93亿元，其他违规资金19.24亿元，累计发现问题315个，党工委管委会领导批示审计报告、审计整改28次，向被审计单位提出审计意见建议126条，督促相关单位整改问题107个，完善制度29项。

2022年被省审计厅评为2022年度应对新冠肺炎疫情防控资金和捐赠款物专项审计先进单位。

政策落实情况跟踪审计 示范区本级开展了2021年第四季度、2022年第一季度至第三季度共四次重大政策措施落实情况跟踪审计，重点围绕中省及示范区重大决策部署等方面，共涉及单位16个，涉及资金33.43亿元，发现16类37个问题，提出审计建议9条，有力地推进了国家重大政策在示范区的贯彻落实。

财政审计 开展了2021年度示范区本级及杨陵区预算执行和其他财政收支的审计。重点围绕决算草案、预算编制、预算执行、专户资金、非税收入、债务风险等方面，涉及资金12.18亿元，发现管理不规范资金5.65亿元，发现问题33个，提出审计建议9条。

示范区本级开展了60个政府投资和以政府投资为主的重点建设项目审计，涉及工程造价17.24亿元，促进增收节支1.61亿元，避免了重复建设及财政资金浪费，从审计监督角度确保各项目规范高效实施。

民生审计 示范区本级开展了第十四届全国运动会杨凌示范区执委会（竞委会）财务收支、直达资金、涉水领域等13个民生项目专项审计，涉及资金46.39亿元，发现问题100个，促进增收节支290.64万元，审计发现其他不合规资金11.93亿元，进一步促进了社会公平、规范资金使用管理。

经济责任审计 开展了9名原任领导干部的经济责任（自然资源资产）离任审计，4名领导干部任中经济责任审计，审计查出资金管理不规范等 145 个问题，促进增收节支 185.09 万元，涉及不规范资金 1.66 亿元，提出 39 条审计建议，为客观公正评价和使用干部提供了参考依据。

审计查出问题整改 示范区本级对 2021 年审计查出问题和审计机关牵头汇总的中省督查查出 137 个问题进行“回头看”，已整改 121 个，正在整改 16 个，整改率 88.32%，促进拨付、盘活、追回资金总额 880.73 万元，完善制度 14 项，推动了审计整改工作落实落细，确保审计监督取得实效。（撰稿人：孙宸晗）

【韩城市审计局】 2022 年，韩城市审计局实有 73 人。党组书记、局长李庆松，党组成员、副局长师战奎、贺天学，党组成员、一级主任科员梁红刚，党组成员、总审计师赵海军，党组成员、政府投资审计中心主任柳秋霞（6 月—），副主任梁世杰、吴彬，电子数据审计中心主任李伟军，副主任张冰峰、王志龙。设有审计委员会办公室秘书科；内设办公室、财政金融审计科、行政事业审计科、经济责任审计科、政策与投资审计科；下设电子数据审计中心、政府投资审计中心。

审计成果 2022 年，韩城市审计局完成审计项目 69 个，查出主要问题金额 48878 万元，审计发现非金额计量问题 46 个；出具审计报告和专项审计调查报告 69 篇；审计提出建议 97 条。提交审计信息 110 余篇，被采用 80 余篇次；向社会公告审计结果 1 期 5 篇。

2020 年度财政预算执行及其他财政收支情况审计报告被陕西省审计厅表彰为市级审计机关优秀审计综合报告；2021 年韩城市应急管理局原党组书记、局长任期经济责任履行情况审计和韩城市西庄镇原党委书记、原镇长任期经济责任履行情况审计 2 个项目被陕西省审计厅表彰为市级审计机关表彰审计项目；审计通联宣传工作被审计署时代经济出版社评为先进单位；十四届青年审计论坛被陕西省审计厅表彰为优秀组织奖。

政策落实情况跟踪审计 开展了招商引资政策落实和项目落地情况、地方政府专项债券管理使用情况审计，有力推进了中省重大政策落实见效。

财政审计 开展了市本级财政预算执行审计和市法院等 3 个部门的预算执行及其他财政财务收支审计，查出问题 20 个，提出建议 11 条。

国有企业审计 完成了 4 家国有企业资产、负债、损益审计，督促企业根据审计建议建立健全现代企业制度，提升财务管理水平。

农业农村审计 关注高标准农田项目建设和后续使用管护、相关资金分配管理使用等情况，开展耕地保护专项审计，保障粮食安全。

资源环境审计 按照省审计厅统一安排，抽调 18 名业务骨干外出开展黄河流域生态环境保护专项审计。

经济责任审计 组织开展 7 名领导干部经济责任审计项目，审计查出重大经济事项决策不规范等方面问题。

审计查出问题整改 对中央、陕西省、渭南市三级审计查出的 132 个问题和韩城市本级审计查出的 387 个问题整改落实情况进行监督检查，建立审计整改台账，将审计发现问题督导整改到位。

交办任务 完成市委市政府交办事项 11 个。开展了韩城恒大御景半岛地产建设项目有关情况的审计，为房地产领域风险防范化解工作提供了可靠依据。

相关工作 从严落实党风廉政建设主体和监督责任，把党风廉政建设与审计业务工作同安排、同部署、同检查、同考核；同时开展了创文、乡村振兴、政法、统战、信访、深化改革、妇女、工会、包联小区新冠肺炎疫情防控等工作。

（撰稿人：张冰峰）

2022年陕西省所辖市、县（市、区）审计工作统计表

审计机关	完成审计项目/个	审计查出主要问题金额/万元	审计发现非金额计量问题/个	审计期间整改金额/万元	出具审计报告和审计调查报告/篇	审计处理情况		审计促进整改落实有关问题资金/万元	审计提出建议/条	提交审计信息/篇
						审计处理处罚金额/万元	移送处理事项/件			
西安市										
西安市本级	31	6541701	432	15169	31	13503	9	8026	158	8
新城区审计局	16	956	34		16	404		236	23	
碑林区审计局	23	127028	63	5312	23	9880	8	7664	58	
莲湖区审计局	27	11513	20	1796	27	6582		6386	69	5
灞桥区审计局	17	115534	86		17	13067	5	2331	55	
未央区审计局	20	103652	41	1887	20	2217		1988	67	
雁塔区审计局	25	94842	39	7225	25	11005		5136	20	
阎良区审计局	14	121683	63	3990	14	18546	4	13229	47	
临潼区审计局	26	954816	100	26732	26	322573	7	24388	73	
长安区审计局	27	159606	97	475	27	3302	6	28108	45	27
高陵区审计局	14	129647	35	9	14	15025	2	1314	49	
鄠邑区审计局	18	270451	70	7457	18	24547	1	12835	51	
蓝田县审计局	28	65775	94		28	296	5	133	74	
周至县审计局	20	91837	2	71837	20	71837		61888	21	
铜川市										
铜川市本级	24	146544	135	562	24	4036	4	589		
王益区审计局	6				6					
印台区审计局	6	47			6	47			29	
耀州区审计局	14	10784	48		14				26	
宜君县审计局	5	70	14		5					
宝鸡市										
宝鸡市本级	28	556743	174	7435	25	1681	13	4471	124	18
渭滨区审计局	5	253	14		10				37	2
金台区审计局	18	25557	23		14	4807	10		46	
陈仓区审计局	13	76			13					
凤翔区审计局	36	14716	36		36		10		95	4
岐山县审计局	32	12550		202	32	202		202	43	14
扶风县审计局	22	50152	41		22	1252	21		57	22

续表

审计机关	完成审计项目/个	审计查出主要问题金额/万元	审计发现非金额计量问题/个	审计期间整改金额/万元	出具审计报告和审计调查报告/篇	审计处理情况		审计促进整改落实有关问题资金/万元	审计提出建议/条	提交审计信息/篇
						审计处理处罚金额/万元	移送处理事项/件			
眉县审计局	34	52749	62		32	100				
陇县审计局	34	117	26	117	34	117	3	117	49	19
千阳县审计局	22	4012	17	20	38		6		50	
麟游县审计局	15	4625	22	48	15				41	15
凤县审计局	25	39096	55	592	25	1161	1	1161	75	4
太白县审计局	9	49478	31	46968	9	2	5	2	22	5
咸阳市										
咸阳市本级	51	196140	231	80785	54	15662	5	11281	170	2
秦都区审计局	33	5391	4		32	910			32	
渭城区审计局	21	1842		11	21				52	
三原县审计局	52	11000	78		58				72	
泾阳县审计局	32	9449	91		35				120	
乾县审计局	18	25383	10		18	6		6	53	
礼泉县审计局	31	24758	78	1642	37	1125		2084	75	
永寿县审计局	30	4471	74	732	30		2		77	
长武县审计局	40	64892	137	53770	61	1		53770	86	
旬邑县审计局	16	1745	28		16	37		145	32	
淳化县审计局	47	26846	25	26826	47	48		48	74	
武功县审计局	35	23113	50	662	35	662		30	59	
兴平市审计局	14	881	15		15				43	
彬州市审计局	50	12783	89		50	2713		2713	128	
渭南市										
渭南市本级	30	219277	258	538	30	10916	2	81259	27	15
临渭区审计局	5	328	8		5	64		1	24	
华州区审计局	23	122398			23	136		2	24	
潼关县审计局	20	38595	108		20		2		63	
大荔县审计局	16	168			16	89			39	
合阳县审计局	14	2226	54		14	32			15	
澄城县审计局	2	1640	3		2	1641			10	
蒲城县审计局	32	8163	52	216	32	6		6	188	
白水县审计局	48	110673	17	58	48	36		7	73	3

续表

审计机关	完成审计项目/个	审计查出主要问题金额/万元	审计发现非金额计量问题/个	审计期间整改金额/万元	出具审计报告和审计调查报告/篇	审计处理情况		审计促进整改落实有关问题资金/万元	审计提出建议/条	提交审计信息/篇
						审计处理处罚金额/万元	移送处理事项/件			
富平县审计局	13	9706		1	13	7897			52	1
华阴市审计局	5	308			5	1			13	
延安市										
延安市本级	173	3126401	1180	16829	173	58581	136	22817	382	3
宝塔区审计局	1	25			1				2	
安塞区审计局	299	458935			299	16		16		
延长县审计局	85	4295		4295	85	4295				85
延川县审计局	2				2					
志丹县审计局	8	448		30	8				1	
吴起县审计局	75	474	10	433	75	433				
甘泉县审计局	69	14773	153	9	69	9		9	187	
富县审计局	58	875	6		58	874	2	874	76	
洛川县审计局	14	6171	51		14		6		39	
宜川县审计局	31	1349	8		31					
黄龙县审计局	15	86679	78		15				42	
黄陵县审计局	62	561			62		1		37	
子长市审计局	82	111820	127	3078	82	25235			219	
汉中市										
汉中市本级	99	152286	321	6644	129	17252	26	1991	240	7
汉台区审计局	23	12278	45		24	88	1		48	6
南郑区审计局	34	9092	19		38	2615	1	2	73	
城固县审计局	38	31414	70	19	49	3283	13	3442	107	4
洋县审计局	30	12655	103	3870	36	1224	5		78	
西乡县审计局	23	8076	39	1487	27	81	1		49	
勉县审计局	32	3295	6		42	3293		669	68	2
宁强县审计局	18	47527	52	320	18	3622	1	485	41	
略阳县审计局	25	16908	54	19	29	751	1	105	72	
镇巴县审计局	49	6813			65	640	1	640	85	34
留坝县审计局	28	27794	31	16371	32	4100	2	4073	56	1
佛坪县审计局	32	34567	134	7071	43	34	2	6956	105	8
榆林市										
榆林市本级	72	714878	728	81368	78	6540	4	94275	252	6

续表

审计机关	完成审计项目/个	审计查出主要问题金额/万元	审计发现非金额计量问题/个	审计期间整改金额/万元	出具审计报告和审计调查报告/篇	审计处理情况		审计促进整改落实有关问题资金/万元	审计提出建议/条	提交审计信息/篇
						审计处理处罚金额/万元	移送处理事项/件			
榆阳区审计局	299	14477	170		359	9739	15	8079	412	
横山区审计局	57	32343	4	13	57	4634	6	4634	93	
府谷县审计局	139	190299	390		139				539	
靖边县审计局	6	10641	79		64		2		278	22
定边县审计局	40	56828	67		40	29		29	102	
绥德县审计局	19	61077	68	40	32					
米脂县审计局	145	578	91	490	145				61	
佳县审计局	28	68108	17		28					
吴堡县审计局	92	666	37		92	3		3	177	
清涧县审计局	177	18892	64		237	673	2			
子洲县审计局	149	20960	33		151				315	
神木市审计局	107	9763	32		107	4723	1	4721	121	1
安康市										
安康市本级	82	190369	502	1501	96	1970	11	93493	289	4
汉滨区审计局	63	53948	117	6143	64	1873	6	16064	98	1
汉阴县审计局	29	3931	104	64	27	725	1	2044	64	
石泉县审计局	49	55766	172	601	63	310	7	3	107	11
宁陕县审计局	36	22719	125	64	44		2	18172	75	
紫阳县审计局	56	34226	69	1721	56	234	3	228	139	1
岚皋县审计局	34	33098	180	1000	49	4702	22	3710	100	
平利县审计局	41	131612	128	1	41	94	17	94167	124	16
镇坪县审计局	35	26831	40	759	35			643	81	8
白河县审计局	45	6340	93	1227	44	552	17	2588	74	3
旬阳市审计局	67	4364	47		66	1209	7	841	205	
商洛市										
商洛市本级	30	834290	113	472	30	11253	9	401	76	8
商州区审计局	22	24157	84	3	24	2	1	3	71	
洛南县审计局	25	76563	226	1874	32	43	10	43	152	
丹凤县审计局	18	37467	29		18	645	12	622	45	2
商南县审计局	13	59933	21	9	13	52		52	28	4
山阳县审计局	16	112851	26	156	16	25	7	18	26	

续表

审计机关	完成审计项目/个	审计查出主要问题金额/万元	审计发现非金额计量问题/个	审计期间整改金额/万元	出具审计报告和审计调查报告/篇	审计处理情况		审计促进整改落实有关问题资金/万元	审计提出建议/条	提交审计信息/篇
						审计处理处罚金额/万元	移送处理事项/件			
镇安县审计局	27	102891	18	1309	27	4728		645	23	2
柞水县审计局	5	1699	9		4	16		12	12	
杨凌示范区										
杨凌示范区本级	95	197100	98	8100	95			25700	39	20
杨陵区审计局	29	163930	38	5158	29			81878	87	
省直管										
韩城市审计局	69	48878	46		69	2833			97	

甘肃省

【甘肃省审计厅】 2022年，甘肃省审计厅实有268人。省委审计委员会办公室设在省审计厅，下设秘书处。省审计厅设有办公室、综合管理处、法规审理处、指导监督处、电子数据审计处、财政审计处、重大政策执行审计处、党政审计处、农业农村审计处、固定资产投资审计处、社会保障审计处、自然资源和生态环境审计处、金融审计处、企业审计处、涉外审计处、经济责任审计工作管理处、地方领导干部经济责任审计处、人事教育处、机关党委、老干部处20个处室；公检法司审计局、教育科技审计局、建设交通审计局、文化旅游审计局、农林水利审计局、卫生医疗审计局、资源环境审计局、投资融资审计局、企业审计一局、企业审计二局10个派出审计局；下设机关后勤服务中心、审计科研培训中心、电子数据审计中心3个直属事业单位。

领导成员

党组书记、厅长：马自学（—7月）

郝文杰（7月—）

党组成员、副厅长：潘卫东　陈炎人

魏　炜　孔　斌

党组成员、省纪委监委派驻省审计厅纪检监察组组长：王立军

厅总审计师：徐明丽

省经济责任审计工作联席会议办公室主任：

吴跟运

审计成果 2022年，甘肃省审计机关共实施审计项目4096个，查出违规问题金额101.32亿元。通过审计处理，促进增收节支39.18亿元，其中上缴财政资金22.92亿元；向各级党委政府上报审计报告、审计专报、审计信息等7226篇。

甘肃省审计厅法治建设情况被甘肃省委全面依法治省委员会评为优秀等次；甘肃省审计厅东西部协作成效综合评价被甘肃省委农村工作领导小组（省实施乡村振兴战略领导小组）评为好等次。

政策落实情况跟踪审计 准确把握政策落实跟踪审计定位，以确保政令畅通为目标，开展稳经济一揽子政策、区域经济发展战略相关政策、耕地保护政策措施、“放管服”改革政策、优化营商环境政策、保居民就业政策等重大政策落实情况跟踪审计，严肃查处政策措施落实不到位、项目推进缓慢、财政资金使用绩效不高影响政策目标实现等问题，提出改进意见建议，切实提高政策执行效果。

财政审计 围绕积极的财政政策加力提效要求，开展了19家省级一级预算单位预算执行情况及3个市财政收支情况审计，重点关注预算收支、

决算草案编制、财政支出结构优化等方面的问题。聚焦政府债务和政府投资基金风险防范，组织实施了省级预算执行审计和白银等 7 个市（州）专项债券管理使用情况审计调查。受省政府委托，向省十三届人大常委会第三十二次会议作了《关于 2021 年度省级预算执行和其他财政收支的审计工作报告》，报告对审计查出的问题不回避、不遮掩，得到省人大常委会高度评价。

开展了丝绸之路（敦煌）国际文化博览会三大场馆项目资产情况、兰州中川国际机场三期扩建工程建设情况等重大项目审计，及时揭示项目建设管理过程中存在的问题，进一步规范了投资项目建设管理，推动提高投资绩效。积极组织市（州）审计机关参与审计署统一组织的网络安全和信息化建设情况审计项目，向审计署及时报送审计报告和审计整改情况，其中 2 个案例被审计署采用。

国有企业审计 全面贯彻落实省委、省政府关于高风险机构化险工作的决策部署，制定印发《推动防范化解金融风险加强金融机构经济责任审计工作方案》，并纳入省委、省政府地方金融风险化解“1+N”责任和政策体系，为全省防范化解地方金融风险贡献审计力量。开展了省水务投资有限责任公司等 4 家企业资产负债损益以及其他财务收支情况审计、兰州兰石集团有限公司经营管理及绩效情况专项审计调查，揭示经营管理中的风险隐患，推动激发市场主体活力。

农业农村审计 聚焦全面实施乡村振兴战略，统筹省市县三级审计力量 240 余人，分 2 批推进 23 个国家乡村振兴重点帮扶县审计全覆盖。抽审资金 145.65 亿元，涉及项目 1041 个，延伸审计 261 个乡镇、889 个行政村，入户走访农户 2312 户，提出审计建议 80 多条，向省委、省政府上报了《县区巩固拓展脱贫攻坚成果同乡村振兴有效衔接中应高度重视研究解决的突出问题及对策建议》审计专报。审计工作得到了中央审计委员会办公室和审计署的充分肯定，审计署先后 2 次安排甘肃省审计厅在全国农业农村审计工作会议上就抓该项工作的方法和取得的工作成效进行交流发言。甘肃省审计厅共报送审计发现问题 311 个，审计署将其中 168 个问题纳入综合报告。

资源环境审计 围绕生态文明建设和高质量发展，开展了陇南市等 10 个市县党政主要领导干部自然资源资产离任审计、全省耕地保护政策措施落实及资金管理使用情况专项审计调查。结合近年来审计查出问题情况，梳理印发《资环审计常见违法违规行为问题清单》《甘肃省党政主要领导干部自然资源资产离任审计评价指标体系（试行）》等，促进自然资源资产节约集约和合法利用。在沿黄 9 省区中率先开展黄河流域甘肃段生态保护和高质量发展专项审计调查，审计成果被中央审计办简报 4 次对甘肃的经验做法予以推广。

民生审计 坚持以人民为中心的发展思想，把改善人民生活品质、推动共同富裕作为审计工作的切入点和着力点，组织全省审计机关 65 名业务骨干组成 5 个审计组，开展了全省就业补助资金和失业保险基金审计，对省本级和兰州市、天水市等 4 个市（州）进行重点审计。组织实施了武威市等 4 个市（州）及所属的 12 个县（区）困难群众救助补助资金分配管理使用及相关政策落实情况审计，查出的 120 个问题被纳入中央审计委员会办公室全国综合报告呈报中央审计委员会。根据中央领导同志的指示批示，专项治理工作已完成，整改成效显著。

经济责任审计 以深化干部管理监督，促进干部履职尽责、担当作为为目标，开展了张掖市等 10 个市县 20 名党政主要领导干部、省水利厅等 10 个省直部门单位 12 名领导干部以及靖远煤业集团有限责任公司等 3 家企业 6 名领导人员的经济责任审计，促进领导干部依法用权、廉洁用权、干事担当。认真履行经济责任审计工作联席会议职能，充分发挥各成员单位作用。坚持审计关口前移，分类制定地方党政主要领导干部履行经济责任正面清单和负面清单，促进审计向“治已病”和“防未病”并重转变。

涉外审计 完成了 10 个国外贷援款项目审计，促进合理有效利用外资，防范化解外债风险。

审计查出问题整改 加强审计现场监督，调研检查 26 个审计组现场，回访 31 个审计组，走访被审计单位 103 个。扎实做好省委第三巡视组反馈问题整改，4 个方面 25 类 36 个问题已全部完成整改，一些需要长期坚持的工作也在不断巩固提升之中。

把抓好审计整改作为重大政治任务，制定印发《甘肃省审计厅关于加强审计整改工作的实施办法（试行）》，建立健全审计查出问题整改长效机制，对审计查出的问题，第一次按照立行立改、分阶段整改、持续整改分类提出整改要求，第一次明确被审计单位主体责任、行业主管部门的监管责任和审计机关的督促检查责任，凝聚整改合力。由厅主要负责同志担任组长，成立审计整改工作督查专班，召开2021年度中央、省级预算执行和其他财政收支审计查出问题整改督查工作部署会议，强化整改督促检查责任。较之以往，问题整改率得到提升、整改完成时限大幅提前。

研究型审计　加快金审工程三期项目建设应用和持续优化，完成财政、社保等行业数据库建设，实现全省一级预算单位财务数据集中管理。大力推广大数据审计工作模式，变审计人员“路上跑”为审计数据“线上跑”，变“现场找线索”为“带线索到现场”，促进实现从现场审计为主向后台数据分析和现场审计并重转变。将研究型审计作为基本前置，把立项当课题来研究、把问题当课题来研究、把建议当课题来研究，以研究型审计和内部审计为专题编印2期《审计研究资料摘编》，为助力做实研究型审计提供参考依据。

相关工作　配合省纪委监委、省委巡视办，在全国率先制定出台《甘肃省纪检监察监督巡视巡察监督审计监督贯通协同实施办法》，立足监督相互贯通，细化联络协调、信息共享、线索移送、结果反馈、人员抽调等方面具体措施，推动信息沟通、工作联通、成果融通，责任明确，操作性强，得到署领导批示，中央审计委员会办公室印发各省参考借鉴。

制定印发《甘肃省审计机关审计项目计划管理办法》，科学谋划年度审计项目计划，严格审核把关审计实施方案，加强审计现场督促检查，扎实有序推进审计项目开展。修订《甘肃省审计厅审计质量管理控制制度》等3项制度。完善《甘肃省审计厅业务工作年度目标任务完成情况绩效考评办法（试行）》，科学设置考核指标，合理确定权值赋分。

坚持用制度管人、管事、管权，全面规范机关内部管理，制定出台《中共甘肃省审计厅党组工作规则》《甘肃省审计厅人事工作规范（试行）》《甘肃省审计厅年度考核实施办法（试行）》等9项制度办法，修订完善《审计现场管理办法》《审计质量管理控制制度》等10项制度办法，力求使每一项工作做到有规可依、有章可循，切实把制度效能转化为审计监督治理效能。

认真落实全面从严治党主体责任，召开全省审计机关全面从严治党暨党风廉政建设工作会议，签订《落实全面从严治党主体责任加强党风廉政建设承诺书》，层层传导责任和压力。加强党建引领，全面提高机关党建质量，1个党支部被省委直属机关工委表彰为先进基层党组织，2个党支部被命名为省直机关标准化建设示范党支部，2名党员被分别表彰为省直机关优秀党务工作者、优秀共产党员。

聚焦能力提升加强教育培训工作，制定印发《2022年度全省审计干部重点教育培训计划》，开展专题培训2期，培训220余人次；全省各级审计机关派员参加审计署、省委组织部等实施的各类现场培训及视频培训累计32期5082人次。评选出全省审计系统审计业务标兵集体60个，全省审计系统审计能手60名，充分调动审计干部干事创业的积极性、主动性、创造性。

加强审计厅门户网站、微信公众号等阵地管理，全年共审核并刊登各类稿件信息1650篇，向省级以上主流媒体报送并刊登信息92篇。视频《我们这十年 | 甘肃审计篇》在省委宣传部主办的线上主题成就展展播、《如磐的初心　平凡的坚守》获省第六届践行社会主义核心价值观“强国复兴有我”主题微电影微视频创作展播活动二等奖，图片作品《盘点2021 | 2021我们在这里》入围2022年全国审计机关“五个十”审计宣传正能量精品展播活动，配合审计署完成黄河流域甘肃段生态保护和高质量发展专项审计调查项目和“八一”主题系列采访拍摄，制作作品《审计甄选，揭开最“清澈”的优秀密码》和《军魂，永不褪色的精神烙印》，在全国审计机关展播，进一步提升了审计社会影响力。

（撰稿人：刘春瑾）

【兰州市审计局】　2022年，兰州市审计局实有134人。局长谢慧芬，副局长张永花、魏晓洲，市经济责任审计工作联席会议办公室主任戴积慧。设有办公室、人事科、机关党委、综合管理科、法规审理科、指导监督科、电子数据审计科、财政审计科、重大政策执行审计科、党政审计科、农业农村审计科、社会保障科、自然资源和环境审计科、金融审计科、企业审计科、经济责任审计工作管理科、区县经济责任审计科、园区审计科 18 个行政科室；公检法司审计分局、教科文体审计分局、建设交通审计分局、发展经济审计分局、农林水利审计分局、民生保障审计分局、资源环境审计分局、投资融资审计分局、企业审计一分局、企业审计二分局 10 个派出分局。

审计成果 2022 年，兰州市审计机关共完成审计项目 220 个。审计查出主要问题金额 1589425.75 万元，出具审计报告 216 篇；审计发现非金额计量问题 893 个，处理处罚金额 131431.32 亿元，移送纪检监察机关及相关部门处理事项 29 项；审计促进整改落实有关问题金额 224717.07 亿元，向被审计单位提出意见建议 484 条，促进被审计单位建立健全规章制度 98 项。

兰州市审计局实施的兰州市 2018 年至 2019 年财政转移支付资金管理使用情况专项审计调查、市直部门（单位）及所属预算单位 2019 年度预算执行电子数据审计项目分别被评为甘肃省审计机关优秀审计项目一、二等奖；永登县审计局实施的永登县文体广电和旅游局局长经济责任履行情况审计项目被评为甘肃省审计机关优秀审计项目一等奖；安宁区审计局实施的安宁区 2020 年度区级部门（单位）预算执行情况电子数据审计被评为甘肃省审计机关优秀审计项目二等奖；兰州市审计局，兰州市审计局自然资源和生态环境审计科、财政审计科，城关区审计局，西固区审计局，永登县审计局被表彰为“全省审计系统审计业务标兵集体”；6 名同志被表彰为“全省审计能手”。

政策落实情况跟踪审计 重点关注稳经济一揽子政策措施落实、乡村振兴战略实施等，开展了全市和红古区重大政策措施落实，以及榆中县乡村振兴相关政策和资金审计。

财政审计 重点对市本级及高新区、榆中生态创新城、13 个市级部门和所属 138 个预算单位开展审计，发现 19 个方面 560 个问题，其中 515 个立行立改问题已全部整改落实到位，整改完成率 100%；剩余问题分阶段或持续整改。

完成 39 项政府投资项目跟踪审计，从过去以审计造价为主的监督思路调整为紧盯项目审批、招投标、施工管理以及资金绩效等关键环节，重点关注制度执行、机制完善、参建单位履职尽责以及项目绩效情况。

国有企业审计 完成市供销合作社联合社、佛慈制药公司、兰州粮油集团、兰州科技发展集团，以及市委、市政府交办的兰州能源投资集团、兰州航空产业发展（集团）有限公司等 6 家市属国有企业经营管理及绩效审计及专项审计调查。

资源环境审计 完成全市耕地保护政策措施落实及资金管理使用情况专项审计调查，参与完成省审计厅耕地保护专项审计调查，揭示了耕地保护责任落实、耕地质量保护与提升、耕地利用与监管等方面问题。

民生审计 重点开展全市困难群众救助补助资金专项审计调查和教育办学条件改善及均衡发展专项资金专项审计调查，揭示资金拨付、管理、使用以及项目实施过程中存在的违纪违规问题。

经济责任审计 制定《经济责任任前告知书》《经济责任重点事项和重点风险提示清单》，完成 9 项经济责任离任审计项目，11 项经济责任任中审计项目，12 项经济责任交接审计项目。

审计查出问题整改 制定《兰州市关于建立健全审计查出问题整改长效机制的实施意见》，督促完成市本级审计问题整改 611 个、上级审计涉兰问题整改 17 个；组织审计整改“回头看”2 次，向 31 个单位下达整改通知及问题清单共 50 项。

研究型审计 编制《审计查出共性问题风险防范提示清单》，围绕财政和部门预算、经济责任、政府投资项目、民生保障、乡村振兴、国有企业、自然资源审计 7 个方面，对共性问题的表现形式、定性依据、产生原因进行分析，针对性地提出建议对策，预防和减少同类问题发生。2 篇研究型论文被甘肃审计学会推荐参与国家审计创新发展专题研讨会。

相关工作 制定《关于加强审计监督与其他监督贯通协同工作事项清单》，组建工作专班，配合市纪委监委、市委巡察办制定《兰州市推动各类监督贯通协同工作办法（试行）》《兰州市纪检监察监督巡察监督审计监督贯通协同工作事项清单》，推动纪巡审贯通协同，向纪检监察机关及相关职能部门移送问题线索 23 件，全年选派 52 人次参加省市委巡视巡察、纪检监察和上级审计工作；推动经济责任审计贯通协同，向经责联席会议的请示报告重大经济责任审计事项，制定《领导干部经济责任审计指引》《领导干部经济责任审计法规操作指引》，完善与组织部门监督贯通协同机制；推动财政预算执行审计贯通协同，建立财政、审计数据信息共享机制，实现 6 个系统端口信息实时共享，探索“预算执行审计+”模式。

兰州市审计局机关党委被评为“市直机关党建示范点”，4 个党支部被评为“市直机关示范性党支部”；实施年轻干部政治素质、业务能力“双提升”计划，全面推行审计实务导师制；制定《清廉审计建设重点任务清单》《贯彻中央八项规定实施细则 20 条措施》和《审计组廉政管理规定》，推进“清廉兰州”建设；推进法治政府建设，被评为“全省‘七五’普法工作先进集体”；开通“兰州市审计局”微信公众号，累计发布信息 130 余条。（撰稿人：李芬娥）

【嘉峪关市审计局】 2022 年，嘉峪关市审计局实有 47 人。局长闫涛，副局长李维涛、温春来（—7 月）。设有办公室、法规审理科、经济责任管理科（经济责任审计工作联席会议办公室）、审计指导监督科、财政审计科、重大政策执行审计科（市委审计委员会办公室秘书科）、固定资产投资审计科、社会保障审计科、企业审计科、电子数据审计科；下设基建审核中心、涉农资金审计中心、资源环境保护资金审计中心、重大项目稽察办公室。

审计成果 2022 年，嘉峪关市审计局共完成审计项目 27 个，其中审计 25 个、专项审计调查 2 个。查出主要问题金额 68677.38 万元，其中违规金额 377.38 万元、管理不规范金额 68300 万元；审计促进拨付资金到位 44.86 万元，移送处理落实事项 12 件；审计提出建议 76 条，被采纳 76 条；促进被审计单位建立健全规章制度 17 项；提交审计信息 11 篇，被批示、采用 9 篇次。

嘉峪关市审计局实施的嘉峪关市居家和社区养老服务改革试点专项资金管理使用情况审计项目被评为甘肃省审计机关优秀审计项目一等奖，嘉峪关市残疾人联合会原党组书记理事长经济责任履行情况审计项目被评为甘肃省审计机关优秀审计项目二等奖。嘉峪关市审计局、嘉峪关市审计局法规审理科被表彰为“全省审计系统审计业务标兵集体”，1 名同志被表彰为“全省审计能手”。

政策落实情况跟踪审计 对有关部门和单位信息系统的安全性、可靠性和经济性进行监督检查，完成信息化建设情况专项审计调查。重点关注数字政府建设、清理整治变相审批情况、政务大厅“一窗通办”、高频政务服务事项“跨省通办”“省内通办”、公共服务事项审批等，完成“放管服”改革优化营商环境政策落实及资金管理使用情况审计。

财政审计 以加强财政资源统筹，优化财政支出结构，提高财政资金使用绩效为目标，重点关注预算编制、预算执行及决算草案编制、专项资金管理使用、财政存量资金清理、贯彻落实过紧日子要求、中央八项规定及“三公”经费政策落实、国有资产和政府采购管理、预算绩效管理和地方政府债务风险管控等，完成嘉峪关市 2021 年度市级预算执行和决算草案情况审计，以及嘉峪关市科技局、嘉峪关市公共资源交易中心 2 个部门预算执行审计项目。

国有企业审计 以推动国有企业高质量发展，促进资产保值增值为目标，重点关注贯彻落实国企改革措施、国有资本经营预算编制、执行和绩效、财务收支真实合法效益、国有资产保值增值、债务风险及管控等，完成嘉峪关市公共交通建设运营（投资）集团有限责任公司 2019 年 4 月至 2021 年 12 月财务收支情况的审计。

农业农村审计 以促进城乡融合发展，全面推进乡村振兴战略为目标，重点关注政策落地、长效机制建立、重点任务落实、资金管理使用、产业扶持项目实施效果等，完成乡村振兴相关政策落实及资金管理使用情况审计。

资源环境审计 围绕耕地保护责任落实、耕地占补平衡执行、耕地质量保护与提升、违法占用和破坏耕地、耕地“非粮化”“非农化”、土地项目建设与资金管理使用情况，完成耕地保护政策落实及资金管理使用情况专项审计调查，以及嘉峪关市林草局原党组书记、局长自然资源资产离任审计工作。

民生审计 对2021年市政府开展的背街小巷整治、老旧小区改造提升、雄关公园设施改造、公共场所安装自动除颤仪、南市区农贸市场建设、老年大学改建、孝老饭庄扩容提质等7项惠民实事进行专项审计调查。完成嘉峪关市居家和社区养老服务改革试点专项资金管理使用情况审计和困难群众救助补助资金审计。开展新冠肺炎疫情防控专项资金管理使用情况审计，对2022年1月至3月嘉峪关市财政局拨付的新冠疫情防控专项资金管理使用情况进行审计，涉及26家相关单位。

经济责任审计 完成嘉峪关市林草局、嘉峪关市财政局、嘉峪关市政务服务管理局、嘉峪关市退役军人事务局等10家单位12名领导干部经济责任审计工作。完成嘉峪关市委政法委、嘉峪关市委宣传部、嘉峪关市发展改革委、嘉峪关市司法局等17家单位18名领导干部的离任经济责任事项交接工作。

审计查出问题整改 印发《嘉峪关市审计局审计整改督查工作办法》，促进审计查出问题整改工作制度化、规范化。嘉峪关市审计局对25家单位2022年度审计查出问题整改情况作出评价，纳入2022年度部门和领导班子考核体系指标。

内部审计 印发《中共嘉峪关市委审计委员会关于进一步加强和改进内部审计工作的意见》，督促相关部门和行业建立内部审计机构，在全市范围组织推荐优秀内部审计人才，建立人才资源库，首批入库43人。按照《关于对委托社会审计机构开展审计事项进行备案管理的通知》要求，完成2022年度社会审计备案工作。

相关工作 坚持党对审计工作的集中统一领导，严格落实全面从严治党主体责任，做到党建工作和审计业务工作同部署、同落实、同考核。开展依法行政和审计质量提升专题培训、审计案卷互审互评、优秀审计项目及优秀审计人员评选等活动，推行审计项目全流程精细化管理，进一步提升审计干部业务水平，全面落实审计监督职责。

（撰稿人：张秀华）

【金昌市审计局】 2022年，金昌市审计局实有28人。局长姬兴洲，副局长张岩、周乙文、谢瑞仁，市经济责任审计工作联席会议办公室主任邱进新。设有办公室、经济责任审计科、财政审计科、基本建设审计科、农业和资源环境审计科、企业和社会保障审计科、法规审理科、党政审计科、重大政策执行审计科、秘书科；下设固定资产投资审核中心。

审计成果 2022年，金昌市审计机关共完成审计项目58个，其中审计项目54个、专项审计调查项目5个。查出主要问题金额168148万元，其中违规金额3306万元、损失浪费金额2359万元、管理不规范金额162483万元；审计促进整改落实有关问题资金30885万元，促进拨付资金到位11202.67万元，审计后挽回（避免）损失3637.59万元，移送处理落实事项6件；审计提出建议116条，被采纳68条；促进被审计单位建立健全规章制度10项；提交审计信息14篇，被批示、采用14篇次。

金昌市审计局实施的2021年度市级预算执行及其他财政收支情况审计项目被评为甘肃省审计机关优秀审计项目二等奖；金昌市审计局法规审理科被表彰为“全省审计系统审计业务标兵集体”；1名同志被表彰为“全省审计能手”。

财政审计 完成2021年度市、县、区级预算执行和其他财政收支情况审计，2021年度区级预算单位电子数据预算执行审计，金川区财政局具体组织2021年度区级预算执行和编制区级决算（草案）情况审计、金川区新华路街道2021年度预算执行和其他财政收支情况审计等9个审计项目。

农业农村审计 金川区衔接推进乡村振兴补助资金审计、金川区2017至2021年度粮食储备政策措施落实情况审计、金昌市耕地和粮食安全政策措施落实及资金管理使用情况的专项审计调查项目。

资源环境审计 完成金川区耕地保护政策措施落实及资金管理使用情况专项审计调查、永昌县耕地保护政策措施落实及资金管理使用情况专项审计调查、关于耕地和粮食安全政策措施落实及资金管理使用情况的专项审计调查项目。

民生审计 完成市儿童福利和社会救助管理

情况专项审计、城市棚户区（老旧小区）改造项目跟踪审计、金川区2020年果菜茶有机肥替代化肥试点项目专项资金审计、金昌市养老体系建设专项审计调查、城市棚户区（老旧小区）改造项目跟踪审计、残疾人就业保障金审计等民生领域6个审计项目。

经济责任审计 累计完成领导干部经济责任审计项目41个，审计发现问题130个，查出问题资金3.43亿元，金昌市审计局向市纪委监委报送市管干部廉政档案补充材料31份，金川区局向区委组织部反馈领导干部履行财经纪律情况15次，有效服务于干部监督管理。

审计查出问题整改 制定印发《审计问题整改标准认定办法》和《审计整改结果公告办法》，切实解决审计报告质量参差不齐、审计整改标准不统一、认定程序不规范、整改标准宽松软、整改结果公告不及时不全面等突出问题，相关经验做法被《中国审计报》宣传报道。

研究型审计 实施审计项目“三个一”（1篇审计报告+1篇审计专报+1篇调研报告）审计成果研究总结模式，围绕“政治—政策—项目—资金”正反两条线，分析提炼审计研究成果，市委、市政府主要领导在呈送的18篇审计专报上批示27次。

内部审计 探索制定《金昌市关于进一步推动内部审计工作高质量发展的实施意见》，着力构建覆盖本单位上下贯通、执行有力的内审组织体系，建立健全与内部其他监督力量高效协同贯通机制，形成覆盖各业务领域各工作环节的制度体系。

相关工作 在浙江大学成功举办全市审计干部及内审人员能力素质提升培训班，全年累计培训审计干部职工169人次。开创“笃学力行·审计讲坛”学习品牌，累计开展理论知识和业务技能学习分享活动25期；创新打造“金审悦读·好书分享”书香机关建设品牌，持续开展读书分享活动19期。组建队伍积极参加全市“创清廉机关，树清廉形象”演讲比赛和“喜迎二十大，一起向未来”读书征文活动并喜获佳绩。

（撰稿人：王嘉懿）

【白银市审计局】 2022年，白银市审计局实有42人。党组书记何军邑，局长史文娟，副局长王自军、狄长元、李生军（8月—），市经济责任审计工作联席会议办公室主任董艳萍（8月—）。设有市委审计委员会办公室秘书科；内设办公室、法规审理科、电子数据审计科、财政金融审计科、重大政策审计科、党政审计科、农业农村审计科、固定资产投资审计科、社会保障审计科、自然资源环境审计科、企业审计科；下设经济责任审计办公室、基建和购买服务审计中心、金审数据中心。

审计成果 2022年，白银市审计机关共完成审计项目240个，其中审计228个、专项审计调查12个。查出主要问题金额355847.83万元；审计处理处罚金额61964.32万元，向市、县有关主管部门和纪委监委移送问题线索27件；审计促进整改落实有关问题金额174277.82万元，促进拨付资金到位23944.06万元，核减投资额10742.44万元；审计提出建议548条，被采纳344条；促进被审计单位建立健全规章制度42项；提交审计信息89篇，被批示、采用73篇次。

白银市审计局实施的会宁县乡村振兴相关政策落实和资金管理使用情况审计项目被评为甘肃省审计机关优秀审计项目二等奖，白银区审计局实施的银光幼儿园园长任职以来经济责任履行情况审计项目和景泰县审计局实施的2020年度预算执行和其他财政收支情况审计项目被评为甘肃省审计机关优秀审计项目二等奖。白银市审计局农业农村审计科、会宁县审计局、靖远县审计局被表彰为“全省审计系统审计业务标兵集体”，4名同志被表彰为“全省审计能手”。

财政审计 运用“大数据支撑、大兵团作战”审计新模式，组织精干力量高质高效完成市县两级221个一级预算部门的预算执行审计，实行审计全覆盖，促进提高财政资金使用绩效。开展政府投资审计项目15项，核减投资额5045.82万元。

国有企业审计 以推动企业高质量发展为目标，完成了全市6家国有企业资产负债损益情况的审计，促进国有企业健康发展。

资源环境审计 聚焦权力运行和责任落实，坚持党政同责、同责同审，全年共开展9个单位领导干部自然资源资产审计，促进领导干部守法守纪守规、廉洁用权、履职尽责、担当作为。

民生审计 统筹市、县审计力量，采取“上审下”“交叉审”等途径，开展民生审计 44 项，通过对会宁、靖远县乡村振兴、东西部协作资金和全市耕地保护审计，查出各类问题 119 个，提出审计建议 35 条。

经济责任审计 组建“新老结合、专精搭配”的审计团队，以任中审计为重点，完成领导干部经济责任审计 120 项，审计发现主要问题金额 37024.86 万元，非金额计量问题 85 个。

审计查出问题整改 压紧压实审计整改各方责任，严格台账管理，实时对账销号，督促相关部门单位整改问题 955 个，占已到整改期限问题的 92%。

研究型审计 着力把好审前强化调查研究，审中注重查深查透，审后持续跟踪整改三个环节，形成了财政、社保、经责、大数据审计等方面成果文章 24 篇。

交办任务 按照市委、市政府决定，组织实施了市城投公司资产负债损益情况审计、市融媒体中心清产核资审计等 5 个临时审计项目。

相关工作 全市审计机关按照“坚持一个加强、聚焦一个突出、抓实两大行动、推进三个争创”的思路和做法，先后部署开展“争创优秀审计项目”“争创先进集体先进个人”“争创模范机关党支部”等工作。 （撰稿人：靳尚鹏）

【天水市审计局】 2022 年，天水市审计局实有 86 人。局长何敬忠，副局长吴方勇、刘建斌、汪建明，市经济责任审计工作联席会议办公室主任李毅，市电子数据审计中心主任祁建荣。设有市委审计委员会办公室秘书科；内设办公室、综合管理科、指导监督科、电子数据审计科、财政审计科、党政审计科、农业农村审计科、教科文审计科、固定资产投资审计科、社会保障审计科、自然资源和生态环境审计科、企业审计科、建设交通审计科、卫生医疗审计科、党政领导干部经济责任审计科、企业领导干部经济责任审计科 17 个行政科室；重大政策执行审计分局和天水经济开发区审计分局 2 个派出分局；下设天水市电子数据审计中心。

审计成果 2022 年，天水市审计机关共完成审计项目 318 个。审计查出主要问题金额 1524543.44 万元，其中违规金额 56423.57 万元，管理不规范金额 1468119.86 万元；审计期间整改金额 48879.31 万元。审计处理后，应上缴财政资金 733887.97 万元，应归还原渠道资金 39915 万元，应缴纳其他资金 5639.7 万元，应调账处理 352568.84 万元；移送处理事项 25 件，涉及资金 767.63 万元；提出审计建议 926 条。

天水市审计局实施的渭河流域天水主干道生态环境保护专项审计调查项目和秦州区 2019 年学前教育政策落实情况专项审计项目分别被评为甘肃省审计机关优秀审计项目一、二等奖；张家川县审计局实施的县供销合作社联合社经济责任审计项目被评为甘肃省审计机关优秀审计项目一等奖。天水市审计局、天水市审计局财政审计科、秦州区审计局、麦积区审计局、武山县审计局、甘谷县审计局被表彰为“全省审计系统审计业务标兵集体”，5 名同志被表彰为“全省审计能手”。

政策落实情况跟踪审计 开展了武山县 2022 年第二季度重大政策措施贯彻落实情况和天水市退役军人权益保障政策措施落实情况跟踪审计，涉及资金 133816.04 万元，审计发现问题 33 个，提出审计建议 6 条。

财政审计 开展了 2021 年度市级预算执行审计和秦安县、张家川县财政收支情况审计，并对 9 个一级预算单位进驻现场开展审计，审计发现年初预算未细化等问题 55 个。通过审计整改，累计上交财政资金 61563.98 万元，促进拨付资金 14122.96 万元。

开展了全市公共安全视频监控联网应用项目等 4 个工程竣工决算审计、天水古城西关片区综合保护与利用项目及天水市有轨电车示范线工程（二期）项目建设情况专项审计调查、麦积山景区游客服务中心项目和天水市职教园区建设项目（一期）跟踪审计。审计发现拖欠工程款、未按程序编制和审批初步设计文件等问题，移送处理事项 3 件。

国有企业审计 开展了市城乡规划设计研究院有限公司和市文化旅游投资发展有限责任公司资产负债损益情况审计，审计发现应交未交税金等问题 12 个。通过整改，企业上缴税金 1.55 万元，积极清理收回应收款 94.5 万元。

农业农村审计 开展了麦积区、秦安县乡村振兴重点帮扶县相关政策落实和资金审计，抽查资金96895.76万元，涉及项目51个，审计发现产业帮扶项目建设和后续扶持等方面问题40个，审计期间已整改问题5个，整改资金801.2万元，完善规章制度1项。

资源环境审计 开展了清水县牛头河流域生态环境保护情况和市矿产资源管理和生态环境保护情况专项审计调查，重点审计了19个单位，延伸审计了2个乡镇、2家企业，审计发现制度不健全、污染源未得到有效管控等问题49个。

民生审计 开展了全市发展壮大村级集体经济专项审计、秦州区困难群众救助补助资金专项审计、一区五县2022年东西部协作帮扶资金管理使用及项目进展情况专项审计、2018年至2021年城镇老旧住宅加装电梯工程资金专项审计和市级网络安全和信息化建设5个专项审计。开展了2021年新型冠状病毒肺炎疫情期间捐赠款物管理使用情况专项审计调查、天水市公共卫生体系建设专项审计调查、市级科技计划项目专项资金3个专项审计调查。

经济责任审计 对市直行政事业单位和县区公安、法院、检察院、审计局等27名领导干部进行了经济责任审计，对12名领导干部进行离任交接。审计查出主要问题金额72493.13万元，发现问题207个，移送处理事项10件，涉及资金243.24万元。 （撰稿人：孔德刚　倪琼洁）

【武威市审计局】 2022年，武威市审计局实有46人。局长李林山，副局长高博、董波、陆银德（8月—），市经济责任审计工作联席会议办公室主任董德。设有办公室、法规科、财政金融审计科、经济责任审计科、资源环境和企业审计科、政策数据审计科、农业农村审计科、社会保障审计科、固定资产投资审计科；下设武威市市属国有企业监事会服务中心和审计事务服务中心。

审计成果 2022年，武威市审计机关共完成审计项目378个，其中审计372个、专项审计调查6个。查出主要问题金额235321.4万元，其中违规金额12131.76万元，管理不规范金额223189.63万元；审计促进整改落实有关问题资金75379.31万元，促进拨付资金到位922.33万元，审计后挽回（避免）损失112万元，核减投资额7860.89万元；移送处理落实事件96件。审计提出建议364条，被采纳364条；促进被审计单位建立健全规章制度63项；提交审计信息230篇，被批示、采用65篇次。

武威市审计局实施的武威市凉州区2020年度乡村振兴相关政策措施落实和资金分配管理使用情况审计项目被评为甘肃省审计机关优秀审计项目二等奖；武威市凉州区审计局实施的武威市凉州区皇台九年制学校建设项目竣工决算审计项目被评为甘肃省审计机关优秀审计项目二等奖。武威市审计局资源环境与企业审计科、凉州区审计局、古浪县审计局被表彰为“全省审计系统审计业务标兵集体”；4名同志被表彰为“全省审计能手”。

政策落实情况跟踪审计 组织开展2021年度网络安全和信息化建设情况审计，凉州区2020年度乡村振兴相关政策措施落实和资金分配管理使用情况审计，古浪县、天祝县2021年度东西部协作和对口支援资金分配管理和使用情况审计；组织实施全市耕地保护政策措施落实及资金管理使用情况专项审计调查，促进政策措施落实落地，规范资金管理使用。

财政审计 制定印发了《武威市审计局2022年财政审计工作方案》，组织开展市本级2021年度预算执行和决算草案编制情况审计、民勤县2020年财政决算和2021年预算执行情况审计，对市本级5个一级预算单位开展部门预算执行审计，组织开展全市一级预算单位财政数据采集及整理，汇总数据采集整理结果，并利用数据分析实现本级财政一级预算单位审计全覆盖。

完成武威市博物馆、武威市影剧院、武威市人力资源市场和社会保障服务中心及农民工培训中心、武威市经济发展投资（集团）有限公司利用德国促进贷款建设武威市城区集中供热项目竣工决算审计。

农业农村审计 完成甘肃省古浪县乡村振兴重点帮扶县相关政策落实和资金审计。

资源环境审计 完成年度全市生态及地质灾害避险搬迁工程跟踪审计和市水务局领导干部自然资源资产离任（任中）审计。

经济责任审计 组织实施经济责任审计项目

22个，完成离任交接审计30个，完成领导干部廉政审查8次202人。人大、政协代表审查2次20人。

审计查出问题整改 坚持把审计问题整改作为提升监督实效、落实全面从严治党主体责任的重要举措。市委审计委员会、市政府共召开审计整改专题会议2次，召开全市审计整改推进会1次，武威市人大常委会对2021年度市本级预算执行和其他财政收支审计查出问题整改落实情况开展专题调研和专题询问各1次，武威市审计局开展专项督促检查3次，年内审计查出问题整改率达92.19%。

内部审计 武威市设立内部审计机构的单位共23个，内部审计人员102人，年内共完成审计项目128个。武威市审计局结合实施审计项目对被审计单位内部审计工作情况开展日常监督，并组织开展专项检查1次，年内各内审机构报送内审统计报表2次。

交办任务 抽调干部2人次，参加十四届省委第一轮第七巡视组巡视工作。

相关工作 坚持“制度立审、素质强审、实干兴审、创新活审”，组织开展“干部能力素质提升年”“审计能力提升年”“喜迎二十大·深化模范机关创建”“学用新思想·建功新时代”青年大学习等活动，全面提升审计队伍七种能力，创建模范机关。修订购买服务管理办法等制度15项，以制度建设保障机关高效运行。认真贯彻落实新时期党的组织路线，提拔5名科级领导干部，晋升2名干部职级，聘任2名高级、1名中级审计师。

（撰稿人：柯海霞）

【张掖市审计局】 2022年，张掖市审计局实有39人。局长王春燕，副局长朱骞、王维力、陈维文，市经济责任审计工作联席会议办公室主任邹永红。设有市委审计委员会办公室秘书科；内设办公室、综合管理科、法规审理科、电子数据审计科、财政金融审计科、重大政策执行审计科、党政审计科、农业农村审计科、固定资产投资审计科、社会保障审计科、自然资源和生态环境审计科、企业审计科、领导干部经济责任审计科；下设市审计综合服务中心。

审计成果 2022年，张掖市审计机关共完成审计项目195个，其中审计187个、专项审计调查8个。查出主要问题金额1058426万元，其中违规金额37533万元、损失浪费金额168万元、管理不规范金额1020725万元；审计促进整改落实有关问题资金202516.4万元，移送处理落实事项59件；审计提出建议390条，被采纳346条；促进被审计单位建立健全规章制度46项；提交审计信息83篇，被批示、采用47篇次。

临泽县审计局实施的县水务局局长自然资源资产离任（任中）审计项目和县2021年疫情防控资金物资管理使用情况跟踪审计项目分别被评为甘肃省审计机关优秀审计项目一、二等奖。肃南县审计局实施的肃南县妇幼保健计划生育服务中心原主任经济责任履行情况审计项目被评为甘肃省审计机关优秀审计项目二等奖。张掖市审计局财政金融审计科、临泽县审计局、高台县审计局、山丹县审计局被表彰为“全省审计系统审计业务标兵集体”，4名同志被表彰为“全省审计能手”。

政策落实情况跟踪审计 开展肃南县政府贯彻落实国家重大政策措施跟踪审计及财政收支审计，组织张掖市供销社系统审计及成品油行业专项整治、粮食系统专项整治有关审计工作。

财政审计 组织张掖市2021年度市级财政预算执行和财政收支审计，推动财政政策提升效能、减税降费政策和政府过紧日子要求有效落实。

组织张掖市食品药品检（监）测能力建设项目、市社会福利院、市救助管理站暨市未成年人社会保护中心、市黑河城区段治理工程（一期工程）竣工决算审计，查出工程结算不实资金662.46万元。

国有企业审计 组织张掖市城投集团公司2017年以来、张掖市军粮供应有限责任公司2015年至2021年资产负债损益情况审计，审计发现问题75个，向市纪委监委移送案件线索9件。

农业农村审计 组织2021年张掖市牛产业发展专项资金核查，组织张掖市巩固拓展脱贫攻坚成果同乡村振兴有效衔接审计和临泽县耕地保护政策专项审计调查，指出项目建设、政策落实等四个方面22个问题。

资源环境审计 组织张掖经开区管委会主要领导自然资源资产审计，促进领导干部守法守纪守规尽责。组织全市耕地保护政策措施落实及资金管理使用情况专项审计调查，促进相关部门坚守耕地红线，确保耕地保护政策落地落实。

民生审计　完成2016年燃煤锅炉拆并补助资金专项审计，组织张掖市困难群众救助补助资金审计，促使县区17个集中供养机构加强和规范管理，为32名事实无人抚养儿童办理了抚养手续，对149名未救助到位的困难群众给予医疗救助，追回155名不符合条件享受困难群众救助待遇资金313.17万元。

经济责任审计　全力配合保障了甘肃省审计厅对张掖市原党政主要领导、民乐县党政主要领导经济责任和自然资源资产离任审计工作。组织张掖市城投、市财政局等14个部门单位主要领导干部的经济责任审计，完成了张掖市纪委监委、市地震局2个单位领导干部离任经济责任事项交接。

审计查出问题整改　持续跟进督促做好审计署对甘肃省国家种子基地建设相关资金审计、甘肃省2021年财政收支等6篇审计报告指出问题整改工作，对涉及张掖市的156个问题细化分解任务，召开各类督查及整改推进会7次。对2022年各类审计中指出的308个问题，明确时限要求，跟踪督促落实，确保审计指出问题全面整改到位。

研究型审计　制定印发《关于开展研究型审计推进审计工作高质量发展的实施意见》，努力以研究成果助力审计工作高质量发展。

内部审计　督促全市195个单位设立了内部审计机构，组织张掖市直单位88名内部审计人员开展了业务培训。

相关工作　健全完善部门数据采集报送机制，共采集158个一、二级单位和国有企业的财务备份数据，以及财政大平台、住房公积金等6个单位的业务管理数据。修订完善《张掖市审计局网络安全和信息化系统管理制度》等9项制度规定，及时整理编印《张掖市审计局网络与信息安全制度汇编》并下发县区参照执行。

召开张掖市审计工作会议暨党风廉政建设工作会议，大力开展经常性廉政警示教育，制定张掖市审计局《领导班子作风建设问题整改任务清单》。认真落实《甘肃省审计厅关于加强审计项目质量分级管理控制的意见》和《甘肃省审计质量岗位责任及过错追究办法》。提拔使用5名科级干部，13名干部晋升职级，积极协调增设了市委审计委员会办公室秘书科。张掖市审计局党支部被张掖市委组织部命名为五星级标准化党支部。

（撰稿人：孙晓巍）

【平凉市审计局】　2022年，平凉市审计局实有50人。局长杨尚辉，副局长王耀军、成勇。设有市委审计委员会办公室秘书科；内设办公室、法规审理科、财政金融审计科、重大政策审计执行科、社会保障审计科、领导干部经济责任审计科、固定资产投资审计科、党政审计科、农业农村审计科、自然资源和生态环境审计科、政法审计科、社会审计核查科；下设平凉市电子审计中心。

审计成果　2022年，平凉市审计机关共完成审计项目253个，其中审计245个、专项审计调查8个。查出主要问题金额1536296.21万元，其中违规金额227500万元、损失浪费金额1583.58万元、管理不规范金额1307212.63万元；审计促进整改落实有关问题资金575643.3万元，促进拨付资金到位2919.49万元，核减投资额2988.04万元，移送处理落实事项127件；审计提出建议519条，被采纳519条；促进被审计单位建立健全规章制度4项；提交审计信息27篇，被批示、采用27篇次。

静宁县审计局实施的静宁县沣泰粮油有限公司2020年至2021年经营管理和绩效情况审计、静宁县2021年度县级预算执行和决算草案及其他财政收支情况审计项目被评为甘肃省审计机关优秀审计项目一等奖；泾川县审计局实施的泾川县2020年度县级预算执行和其他财政收支情况审计、崇信县审计局实施的崇信县2020年度县级预算执行和其他财政收支情况审计项目被评为甘肃省审计机关优秀审计项目二等奖。静宁县审计局、庄浪县审计局、崆峒区审计局、泾川县审计局被表彰为“全省审计系统审计业务标兵集体”。4名同志被表彰为“全省审计能手”。

政策落实情况跟踪审计　重点围绕“六稳”“六保”、减税降费、优化营商环境、重大项目落地等开展审计。对华亭市第二季度重大政策落实跟踪审计，揭示反映了优化营商环境、积极财政政策落实等方面的问题 21 条 2.09 亿元，对项目未开工或进展缓慢的问题，向市政府报送了呈阅件。

财政审计 聚焦中央、省市重大政策落实，促进财政资金提质增效，完成财政预算执行审计 13 个，财政决算审计 13 个，促进上缴财政资金 0.56 万元。

完成天门塬片区 5 条道路、柳湖路（定北路—双桥路段）道路改扩建工程 2 个 2021 年市列重点政府投资项目和平凉职业技术学院项目建设竣工决算情况的审计等政府投资项目审计 2 项，审计查出主要问题金额 7930.91 万元，促进上缴财政资金 5.29 万元。

国有企业审计 聚焦推动国企三年改革行动方案目标落实，完成市属 3 家国有企业及其 64 家子公司资产负债及所有者权益情况审计，发现资产管理、经营管理、融资担保等 6 个方面 53 条 77 个问题，查出违规资金 7435.35 万元。完成市属 2 家粮食企业专项审计，向市纪委监委移送问题线索 12 项，向行业主管部门移送处理事项 23 项。

农业农村审计 完成 2013 年以来全市扶贫项目资产管理使用情况进行了审计调查，庄浪、静宁县巩固拓展脱贫攻坚成果同乡村振兴有效衔接相关政策和资金审计等农业农村审计项目 4 项，推动盘活资金 919.45 万元，健全完善制度机制 7 项。

资源环境审计 聚焦维护和保障生态文明建设，完成黄河流域平凉市泾河干流综合治理项目工程建设、全市河流沟道湖库管理保护情况的审计和审计调查以及 4 名领导干部自然资源资产情况审计，查出违规资金 2341.51 万元，查出挪用专项债券资金、项目建设进展缓慢、河道生态治理不彻底、项目管理不规范等问题 33 条，促进了自然资源保护责任和政策制度的有效落实。

民生审计 以促进提高东西部协作资金使用绩效为目标，完成了对崆峒区、泾川县、灵台县等 5 县（区）东西部协作资金管理使用情况专项审计调查项目，发现项目建设进展缓慢、部分医疗设备未发挥作用、资金滞留闲置等问题 11 个，查出管理不规范资金 210 万元。

经济责任审计 紧盯财政资金分配、国有资产处置、公共资源交易等重要领域和关键环节，完成 5 名市管领导干部任中经济责任审计和 18 名市管领导干部离任经济责任审计，查出违规资金 0.26 万元，管理不规范资金 132.23 万元，促进了领导干部依法依规用权和担当作为。

审计查出问题整改 制定《平凉市审计局审计整改督促检查工作暂行办法》，建立审计整改“一台账、两清单”，形成审计整改闭环管理模式。市政府专题召开推进会，对各级各部门落实审计整改责任、推动审计问题整改作出安排部署。加大审计现场整改落实力度，现场整改落实率达 50% 以上。对尚未整改到位的问题采取印发整改督办件、通知书的方式盯办落实，累计发送审计整改督办件、通知书 17 件次，2022 年审计查出问题整改率达 95% 以上。

研究型审计 组织召开全市审计系统研究型审计专题研讨会，印发《关于深入开展研究型审计加快推进审计事业高质量发展的实施意见》，明确研究型审计的思路重点、方法路径和目标任务。建立中长期审计项目库，在 2022 年实施的国有企业、扶贫资产、重大投资项目等审计中，加强对审计对象的分析研究，科学制定审计实施方案，加大对审计发现问题的汇集分析。

内部审计 全市各内审机构积极开展内部审计，完成领导干部任期经济责任审计、财务收支审计、信息系统审计等内部审计项目 97 项，开展 2022 年度全市优秀内部审计项目评选，10 个内审项目获得市级优秀内审项目。

相关工作 大力推行“党建+”模式，深化“党建强审、质量提升”品牌内涵，开展迎接党的二十大“八个一”活动。机关党组织、在职党员社区“双报到”，为帮扶的庄浪县卧龙镇山赵村协调项目资金 65 万元；实施创城行动、法制宣传 30 余次；先后选派 30 多名干部参与新冠肺炎疫情防控。机关党总支被评为“市直机关先进基层党组织”。

（撰稿人：刘　岩）

【酒泉市审计局】 2022 年，酒泉市审计局实有 32 人。局长周燕冰（3 月—）、刘红艺（—3 月），副局长李际平、刘莉、郭建荣、殷德华（12 月—），市经济责任审计工作联席会议办公室主任赵斌（12 月—）、殷德华（—12 月），市审计事务中心主任杨晓宏。设有市委审计委员会办公室秘书科；内设办公室、法规审理科（指导监督科）、经济责任审计科、财政金融审计科、重大政策执行审计科、农业农村审计科（自然资源和生态环境审计科）、固定资产投资与外资运用审计科、社会保障审计科、企业审计科、电子数据审计科；下设酒泉市审计事务中心。

审计成果 2022 年，酒泉市审计机关共完成审计项目 286 个，其中审计 259 个、专项审计调查 27 个。查出主要问题金额 533702. 96 万元，发现非金额计量问题 663 个，审计期间整改金额 71577. 75 万元，审计处理处罚金额 5. 3 万元，移送问题线索 84 件，审计促进整改落实有关问题资金 143110. 39 万元，出具审计报告和审计调查报告 298 篇，提出合理化意见建议 603 条，提交审计信息 343 篇。

酒泉市审计局实施的酒泉市国有粮食企业 2020 年至 2021 年资产负债损益情况审计被评为甘肃省审计机关优秀审计项目一等奖；酒泉市本级 2020 年社会保险基金审计和酒泉市肃州区 2020 年保障性安居工程资金投入和使用绩效情况审计被评为甘肃省审计机关优秀审计项目二等奖。酒泉市审计局、肃州区审计局、金塔县审计局、玉门市审计局、瓜州县审计局被表彰为“全省审计系统审计业务标兵集体”。5 名同志被表彰为“全省审计能手”。

政策落实情况跟踪审计 对敦煌市、肃北县、阿克塞县开展重大政策措施贯彻落实情况跟踪审计，着力揭示重大政策执行中存在的部分财政资金效益未发挥、民生支出政策未及时落实、政府投资项目进展缓慢、“放管服”改革工作不到位等问题和重大风险隐患，确保中央、省市重大政策措施和决策部署落地生根。

财政审计 开展 2021 年酒泉市市级预算执行和决算草案及部门预算执行审计，揭示财政运行、管理中存在的主要问题，提出完善财政和预算管理制度机制的审计建议，推动财政政策提升效能，减税降费政策和政府过紧日子要求有效落实。2022 年 9 月向酒泉市委、市政府报告了酒泉市级预算执行和决算草案及部门预算执行审计结果，并向酒泉市人大常委会作审计工作报告，受到了市人大常委会的充分肯定。

对酒泉市人民医院迁址项目、酒泉经济开发区产业孵化基地项目等 21 项重大政府投资项目实施审计，促进加快重点项目建设，提高投资绩效，核减工程造价 1526. 46 万元。

对金塔县、瓜州县 2021 年乡村振兴政策落实和资金管理使用情况进行专项审计调查，揭示和反映政策落实、资金管理、项目建设等方面存在的突出问题。完成了酒泉市智慧城市运管中心、全民健康信息平台、工程建设项目审批管理系统等 3 个信息系统建设运行情况的审计，促进网络安全和信息化建设水平提高。

国有企业审计 组织酒泉市审计机关完成了酒泉市国有粮食企业资产负债损益审计、全市供销社及所属企业资产负债损益审计、酒泉市经投集团、交投集团资产负债损益审计，向纪检监察机关、发改部门、国资管理部门等单位（部门）移送案件线索 20 件。

资源环境和经济责任审计 开展了酒泉市 24 名党政部门主要领导干部和国有企事业单位主要领导干部的经济责任审计，完成了 25 名领导干部离任经济责任事项交接，对酒泉市自然资源局原局长自然资源资产管理情况进行了离任审计，对领导干部履行经济责任情况进行量化评分和等次确定，及时将评价结果报送市委组织部运用。

审计查出问题整改 提请市委、市政府研究印发了《关于深入贯彻落实建立健全审计查出问题整改长效机制有关要求的通知》，将整改工作列入年度督查工作计划，加大对审计发现问题整改的督促检查力度。制定了《酒泉市审计局贯彻落实〈甘肃省纪检监察监督巡视巡察监督审计监督贯通协同实施办法（试行）〉责任清单》，及时与纪检监察机关和巡察机构沟通移送案件线索办理情况，提供审计发现的问题。2020 年市级预算执行和其他财政收支审计发现的 510 个问题，已整改 501 个，整改率达 98. 24%；2021 年市级预算执行和决算草案及部门预算执行审计发现的 339 个问题，已完成整改 304 个，整改率达 89. 7%。

相关工作 提请召开酒泉市委审计委员会会议 2 次。组织召开酒泉市经济责任审计工作联席会议。提请酒泉市委审计委员会会议审议通过了《关于加强党对审计工作全面领导的若干措施》，对加强党对审计工作集中统一领导提出了 20 项具体措施。制定出台了《县（市、区）党委审计委员会重大事项请示报告工作实施细则》和《县（市、区）审计机关重大事项报告工作规定》，推进全市审计工作一盘棋。提请市委市政府研究出台了《关于进一步深化投资审计工作若干措施》和《酒泉市市管部门单位主要领导离任经济责任事项交接办法》。

（撰稿人：白嘉念　于建华　赵丽丽）

【庆阳市审计局】　2022 年，庆阳市审计局实有 48 人。局长付玲珍，副局长门杜娟、冯明、张煜，经济责任审计办公室主任田涛。设有办公室、综合法制科、指导监督科、电子数据审计科、财政金融审计科、重大政策执行审计科、党政事业审计科、农业环保审计科、固定资产投资审计科、企业社保审计科；下设经济责任审计办公室和市政府投资项目审计中心。

审计成果　2022 年，庆阳市审计机关共完成审计项目 224 个。查出主要问题资金 2209130 万元，审计期间整改资金 91756 万元，出具审计报告和审计调查报告 224 篇；审计处理处罚资金 1686314 万元，移送处理事项 63 件；审计促进整改落实有关问题资金 281877 万元，提出审计建议 612 条，提交审计信息 351 篇。市委市政府领导对审计工作批示 87 次，向市政府常务会议汇报审计工作 15 次 29 项。

庆阳市审计局实施的惠农政策落实和资金管理使用审计项目被评为全国审计机关优秀审计项目二等奖；庆阳能源化工集团有限公司经营管理情况专项审计调查被评为甘肃省审计机关优秀审计项目一等奖；庆阳市 2021 年度市级预算执行和决算草案编制情况审计和“再造一个子午岭”工程实施及资金管理使用情况审计被评为甘肃省审计机关优秀审计项目二等奖。庆阳市审计局、庆阳市审计局固定资产投资审计科、宁县审计局、华池县审计局、环县审计局被表彰为“全省审计系统审计业务标兵集体”，4 名同志被表彰为“全省审计能手”。另外，庆阳市审计局先后荣获“全国普法工作先进单位”“全国节约型机关”“全省脱贫攻坚先进集体”“全市精神文明建设先进集体”等称号。推荐上报的 1 个审计项目被审计署评为全国优秀审计项目二等奖，向省审计厅推荐上报审计项目 5 个，其中 1 个被评为全省审计机关优秀审计项目一等奖，4 个被评为二等奖。

政策落实情况跟踪审计　组织对环县、镇原县乡村振兴相关政策措施落实及资金管理使用、东西部协作资金管理使用、市级信息化建设专项资金管理使用、正宁县重大政策措施落实及“保交楼、稳民生”庆阳市金融中心商业住宅工程项目进行审计。

财政审计　深化人大监督与审计监督的协作配合，邀请市人大常委会财经工委领导及相关人员参加市级财政预算执行审计、县区财政收支审计进点会。组织对市本级预算执行、决算草案及市住建、人社、农业农村、卫生健康委等 4 个部门预算执行情况审计，镇原县、正宁县 2021 年财政收支审计、庆阳机场航线财政补贴专项审计调查及市福彩中心 2019 年至 2021 年财务收支情况审计。

在全省审计系统首次开展国有资产审计，并受市政府委托，向人大进行报告。

组织对北师大庆阳附属学校、庆阳市实验小学迁建项目进行竣工决算审计，对宁长二级公路遗留问题开展专项审计调查，西合及东绕城公路等 4 个跟踪审计项目完成年度审计任务。

经济责任审计　组织对市交通局、市自然资源局、市司法等 8 个部门单位原主要领导及市扬黄管理局、市中心血站等 4 个单位现任主要领导等 12 名同志进行经责审计。

资源环境审计　组织对市自然资源局原局长自然资源资产离任审计、甘肃建投陇东公司股权保值增值情况等专项审计调查。

审计查出问题整改　通过对 2021 年度市级财政预算执行审计整改，上缴财政资金 10971.61 万元；归还原资金渠道 58840.68 万元；已调账处理资金 124994.5 万元；促进拨付资金到位 268519.31 万元；挽回损失资金 14602.4 万元；收回用款指标 879.21 万元；出台规章制度 106 项，修订规章制度 79 项。

研究型审计　6 次召开研究型审计研讨会，总结形成了审计项目“四个一”成果提炼模式（每个审计项目必须形成 1 篇审计信息，1 篇审计专报，1 篇审计报告、1 篇研究型文章），提高审计成果附加值，评选出 5 篇研究型审计文章，推荐上报省审计厅关于乡村振兴及自然资源审计研究的2篇课题文章，均被评为“全省优秀审计研究课题”。

相关工作 推行“日汇总、周报告、旬调度、月总结”审计机制，落实“四清单”“五复核”项目管理制度，层层逐级设防把关。运用“庆阳审计”微信公众号开展“指尖普法”，举办法律宣传4场，印发资料5000余份，审计进点等各类会议配发审计法律法规读本1000余册，组织参加省审计厅举办的审计法答题竞赛活动，荣获第1名。在市政府廉政会及全市干部监督工作等会议上作经验交流4次。

加快推进大数据审计应用，对市、县级财政预算执行及财务收支审计项目，采集财务电子数据，通过数据关联比对、综合分析、深度挖掘，锁定疑点线索，提高审计精准度。购置无人机、探地雷达等投资审计设备14台（件），研发运用项目管理“甘特图”及整改管理软件，加快研发政府投资审计管理软件，全面加快智慧审计平台应用。

组织业务骨干赴湖北、山东、广西、云南等省市审计机关学习。在浙江大学举办庆阳审计人员能力提升培训。举办全市内部审计、网络安全、投资审计等培训班5期，累计培训1136人次。积极汇报优化经济责任审计机构设置，增设1名正科级职数，提拔任用科级干部9名，晋升职级9名。

推深做实“庆审先锋”品牌党建，研究发布庆阳审计LOGO，建成融审计研究室、图书阅览室等功能为一体的数字化党员活动中心，成功创建市级文明单位、五星级党支部、书香型党组织。

（撰稿人：李瑞阳）

【定西市审计局】 2022年，定西市审计局实有37人。局长王云龙，副局长史学华、伍维山（9月—）、张华荣（3月—）、王国会（—3月），市经济责任审计工作联席会议办公室主任郑晓炜，总审计师张华荣（—3月）。设有办公室、综合管理科、法规审理监督科、财政金融审计科、重大政策执行审计科、农业农村审计科、固定资产投资审计科、社会保障审计科、自然资源和生态环境审计科、企业审计科、经济责任审计科；下设定西市审计局计算机审计中心。

审计成果 2022年，定西市审计机关共完成审计项目299个，其中审计295个、专项审计调查4个。查出主要问题金额628025.32万元，其中违规金额2846.19万元、管理不规范金额625179.13万元；审计促进整改落实有关问题资金151936.44万元，促进拨付资金到位82.59万元；审计后挽回（避免）损失36190.11万元，移送处理落实事项35件；审计提出建议911条，被采纳711条；促进被审计单位建立健全规章制度3项；提交审计信息290篇，被批示、采用181篇次。

定西市审计局实施的渭源县巩固拓展脱贫攻坚成果同乡村振兴有效衔接相关政策执行和资金使用情况审计、临洮县审计局实施的临洮县城市投资开发集团有限公司原总经理经济责任履行情况审计、渭源县审计局实施的渭源县人民医院原院长经济责任履行情况审计被评为甘肃省审计机关优秀审计项目二等奖。通渭县审计局、陇西县审计局、临洮县审计局被表彰为“全省审计系统审计业务标兵集体”，4名同志被表彰为“全省审计能手”。

政策落实情况跟踪审计 开展安定区等3县区重大政策措施落实情况审计。采取全面调查和重点审计相结合的方式，开展市直部门网络安全和信息系统国产化专项审计调查，有效防范信息系统安全风险。

财政审计 开展2021年度市级预算执行和决算草案及其他财政收支情况审计、市工信局等5个部门2021年度预算执行和其他财政收支审计和渭源县2021年度财政收支情况审计，同步对市本级119个一级预算单位财务电子数据进行全覆盖审计。

国有企业审计 开展市建投公司、水投公司2户企业原任主要领导人员经济责任履行情况审计。

农业农村审计 开展国家重点帮扶县通渭县、渭源县和岷县乡村振兴全覆盖审计，抽审资金19.15亿元、产业项目190个，审计查出3个县在政策衔接落地、产业扶持项目实施效果和帮扶资金管理使用及项目绩效等方面存在问题65个。开展2021年度青岛·定西东西部协作资金管理使用情况审计，揭示问题31个。

资源环境审计 开展市生态环境局和市畜牧兽医局主要领导自然资源资产（任中）审计，审计查出履行自然资源资产管理和生态环境保护政策、重大决策、监督责任方面存在问题16个。

民生审计 开展全市2020年至2021年粮食储备政策措施落实及资金管理使用情况审计、市本级和通渭县、漳县就业补助资金及失业保险基金审计、全市2019年至2021年住宅专项维修资金审计调查和市中医院门诊综合楼建设项目审计，审计查出粮食仓储基础设施维修建设滞后、粮食存储管理不规范和住宅专项维修资金管理混乱、资金使用效益较低以及就业补助资金管理使用不规范等问题61个。

经济责任审计 开展市发展改革委等8个部门原任主要领导经济责任离任审计、市建投等2家企业原任领导人员经济责任离任审计和市妇联等2个单位经济责任事项交接，揭示问题48个。

审计查出问题整改 提请市委市政府修订《定西市审计查出问题整改工作办法》，推行问题清单、责任清单和整改清单“三项清单”管理，下发整改督办函11份，会同市直有关主管部门开展审计整改现场联合督查2次。对2019年各级审计委员会成立以来审计查出问题整改情况开展“大起底、大清理”行动，促进整改率达到98.2%。

研究型审计 突出审计成果运用，注重从全市层面发现问题、分析研究、提出建议，推动审计工作从“点上发力”向“面上见效”转变，向市委市政府上报审计综合报告、审计专报13期，被市委市政府采用推荐上报政务信息11篇。

内部审计 开展市交运局等16个部门（单位）的内部审计工作检查。检查采取座谈交流、查阅资料等方式，重点关注内部审计制度建立及执行、内部审计工作计划编制和内部审计工作开展等情况。

交办任务 按照市委市政府安排，开展定西创发公司征地拆迁资金筹集使用审计调查和定西众远机动车检测公司、市广升担保公司、定西宾馆3家企业资产负债损益情况审计。

相关工作 会同市纪委监委、市委巡察办研究制定《关于加强全市纪检监察机关、巡察机构和审计机关贯通协作的实施意见》，及时共享审计成果，移送问题线索，全方位深化协作，多领域融合共促。2022年7月，会同市纪委监委，组织开展对通渭县和岷县巩固拓展脱贫攻坚成果同乡村振兴有效衔接联合监督检查，探索了“纪审”联动监督新路径。（撰稿人：赵正刚）

【陇南市审计局】 2022年，陇南市审计局实有44人。局长贾永文，副局长张俭、李晖、李红易，经济责任审计办公室主任姬瑛。设有市委审计委员会办公室秘书科；内设办公室（党建办）、综合管理科、法规审理科、指导监督科、电子数据审计科、财政审计科、重大政策执行审计科、党政审计科、农业农村审计科、政府投资审计科、社会保障审计科、自然资源和生态环境审计科、企业审计科、经济责任审计工作管理科、地方领导干部经济责任审计科；下设审计信息中心。

审计成果 2022年，陇南市审计机关共完成审计和专项审计调查529个，其中审计517个、专项审计调查12个。查出主要问题金额671934.29万元，其中违规金额4727万元、管理不规范金额667207.29万元，出具审计报告和专项审计调查报告751篇；审计处理处罚金额200896.7万元，移送司法机关、纪检监察机关和有关部门处理事项30件；审计促进整改落实有关问题资金96859.68万元，促进拨付资金到位11231万元；审计提出建议739条，被采纳679条；促进被审计单位建立健全规章制度88项；提交审计信息44篇。

陇南市审计局实施的两当县贯彻落实重大政策措施情况审计项目被评为甘肃省审计机关优秀审计项目一等奖，陇南市武都区2020年度稳就业政策贯彻落实和就业资金管理使用情况审计项目和白龙江流域（文县段）生态环境保护治理专项审计调查项目被评为甘肃省审计机关优秀审计项目二等奖。陇南市审计局、陇南市审计局法规审理科、成县审计局、徽县审计局、武都区审计局被表彰为“全省审计系统审计业务标兵集体”，4名同志被表彰为“全省审计能手”。

政策落实情况跟踪审计 完成文县、康县贯彻落实重大政策措施情况审计，查出问题资金

7.73亿元，发现问题155个，完善相关制度4项。通过审计，在推动重大政策、重大改革、重大项目、重大资金落实见效等方面发挥了积极作用。

财政审计 完成2021年度市本级和4个单位预算执行审计，发现问题56个，移送问题线索1件，有效促进了财政资金提质增效。

国有企业审计 完成市龙嘉水务投资有限公司和市龙江城乡发展集团有限公司2020年至2021年资产、负债、损益及其他财务收支情况审计，发现问题15个；完成市如意国有资本投资运营有限公司负责人任职期间经济责任履行情况的审计，发现问题6个。通过审计，摸清了企业运营情况和资产负债损益的真实性、合法性和效益性。

农业农村审计 完成文县、宕昌县、西和县3个县乡村振兴政策落实和资金管理使用情况审计和市本级2022年青岛东西协作帮扶资金分配管理使用情况审计。组织县区农业农村、审计等部门完成了2019年以来全市高标准农田建设项目专项审计。通过审计，在巩固拓展脱贫攻坚成果、全面推进乡村振兴，深化东西部协作帮扶工作方面发挥了积极作用。

资源环境审计 完成市林草局领导干部自然资源资产管理履行情况等“一拖三”审计。对白龙江流域（武都段）生态环境保护情况进行专项审计调查，发现问题78个，移送问题线索6件。组织市、县审计力量41人对九县区耕地保护政策落实及资金管理使用情况进行交叉审计，发现问题204个。通过审计，提高了加强耕地保护和自然资源资产管理的责任意识，规范了生态环境治理项目的审批程序。

民生审计 陇南市审计局完成了徽县、宕昌县2020年至2021年困难群众救助补助资金审计，发现问题68个，移送问题线索7件，促进了困难群众救助政策落实，资金安全高效运行。

经济责任审计 陇南市审计局完成了市水务局、市疾控中心等35个单位领导干部履行经济责任情况审计，发现问题129个，移送问题线索2件，在促进领导干部履行职责、依法行政、廉洁从政和严肃财经纪律、加强财务管理等方面发挥了重要作用。

相关工作 鼓励审计人员自主研发陇审数据分析软件和审后业务数据管理软件，实现了数据批量采集、清理转换、分析比对、审批下载等功能。完善修订《市审计局工作规则制度汇编》，规范办事程序，积极推进“美丽机关”建设常态化。

（撰稿人：李晓斌）

【临夏回族自治州审计局】 2022年，临夏回族自治州（以下简称临夏州）审计局实有99人。局长崇尚豪，副局长马莉萍、胡建军、马中龙，州经济责任审计工作联席会议办公室主任甘鸿波。设有州委审计委员会办公室秘书科；内设办公室、法规审理科、财政金融审计科、重大政策执行审计科、党政和企业审计科、农业农村审计科、社会保障审计科、固定资产投资审计科、自然资源和生态环境审计科；下设州审计局经济责任审计办公室、州审计事务中心、州审计科研培训中心。

审计成果 2022年，临夏州审计机关共完成审计项目638个，其中审计584个、专项审计调查54个。查出主要问题金额734028万元，其中违规金额24991万元、损失浪费金额96万元、管理不规范金额707321万元；审计促进整改落实有关问题资金341513万元，促进拨付资金到位14941万元，审计后挽回（避免）损失25498万元，核减投资额2436万元，移送处理落实事项16件；审计提出建议800条，被采纳720条。

东乡县审计局实施的东乡县人民医院院长经济责任履行情况审计项目被评为甘肃省审计机关优秀审计项目二等奖。临夏州审计局经济责任审计办公室、康乐县审计局、积石山县审计局被表彰为“全省审计系统审计业务标兵集体”，2名同志被表彰为“全省审计能手”。

政策落实情况跟踪审计 对2022年和政县第一季度、积石山县第二季度、临夏县第三季度、东乡县第四季度贯彻落实国家重大政策措施情况进行了审计，有力促进了中央和省州重大政策落实落地。

财政审计 对州本级2021年度预算执行情况，广河县、和政县2020年至2021年度财政决算的真实、合法、效益情况，以及12个州级预算单位2021年度预算执行和其他财政财务收支情况进行了审计，强化了预算约束，严肃了财经纪律，盘活了一批存量资金，相关审计结果得到州人大常委会高度评价。

国有企业审计 对州河湟文旅有限公司、州盛河城乡投资发展集团有限公司、州惠河水务投资集团有限公司、州凯润农牧投资发展集团有限公司等4家州属国有企业2021年度资产负债损益情况开展了审计，推动国有企业健全现代企业制度，促进国有资产保值增值。

农业农村审计 对8县（市）东西部协作相关政策资金进行了审计，对7县（市）巩固拓展脱贫攻坚成果同乡村振兴有效衔接相关政策落实和资金情况进行了审计，进一步巩固拓展脱贫攻坚成果同乡村振兴有效衔接。

资源环境审计 对州林草局、临夏县、康乐县2020年至2021年度林草资源管理利用保护情况进行了专项审计调查，推动相关政策落地、项目实施、效益发挥。

民生审计 对州级和8县（市）2021年医疗保险基金，3家州级医院、3家县级医院、3家基层医疗机构2021年公共医疗服务情况，临夏县、永靖县2021年度义务教育阶段学生营养餐管理发放情况进行了专项审计调查；对全州新冠肺炎疫情防控资金和捐赠款物进行了审计，推动各项民生项目资金规范管理、高效使用。

经济责任审计 对18个州直单位和临夏县、永靖县审计局主要负责人开展了经济责任审计，促进领导干部规范用权、履职尽责。

审计查出问题整改 制定《审计整改工作制度（试行）》，面向县（市）和部门，靠实被审计单位整改主体责任、行业主管部门监管责任，加强部门协同、形成整改合力；靠实分管局长督促整改“第一责任”、审计组长直接责任和局整改办综合协调责任，从问题交办、清单管理、对账销号健全责任到人、环环相扣、闭环管理机制，确保整改有人管、盯着督、抓得实。

研究型审计 在开展重大审计项目前，组织开展审前培训和审前调查研究，找准审计的切入点和突破口，进一步明确审计重点，细化工作措施。审中定期召开审计发现问题分析讨论会，研究剖析审计过程中遇到的新情况新问题，动态调整审计工作思路和突破方向，确保审深查透每一个审计项目。审后加强对问题的分析研究和归纳总结，提出针对性操作性强的审计建议。2022年围绕重点审计工作撰写高质量审计专报5期，州委州政府主要领导做出批示3次，为党委政府决策提供了参考。

相关工作 不断深化全面从严治党，进一步提升支部建设规范化水平，局机关1个支部被表彰为“州直机关标准化建设示范党支部”。制定《审计组廉政管理办法》和《审计组人员遵守廉政规定承诺书》，形成审前明规矩、审中常跟踪、审后有回访的监督工作机制，推动全面从严治党主体责任贯通到底、明确要求到岗到人。大力营造干事创业、奋发向上的氛围，激励干部担当作为，2名同志被记三等功，3人获嘉奖。

（撰稿人：李　慧）

【甘南藏族自治州审计局】 2022年，甘南藏族自治州（以下简称甘南州）审计局实有46人。局长杨林海，副局长行燕、加西加措、杨怀弟，州经济责任审计工作联席会议办公室主任夏永胜。设有办公室、法规审理和核查监督科、重大政策执行和财政金融审计科、农业农村审计科、固定资产投资审计科、社会保障审计科、自然资源和生态环境审计科、国有资产和电子数据审计科；下设甘南州经济责任审计局（内设经济责任审计一科、二科、三科、四科）和大数据审计中心。

审计成果 2022年，甘南州审计机关共完成审计和审计调查项目359个。审计查出主要问题资金610417万元，出具审计（调查）报告445篇；审计处理处罚金额13924万元，审计期间整改金额10740万元；审计促进整改落实资金7599万元，移送处理事项18件；提出建议652条，被采纳546条；提交审计专题、综合性报告和信息简报82篇。

合作市审计局实施的合作市供销合作社财政财务收支情况审计被评为甘肃省审计机关优秀审计项目二等奖。玛曲县审计局、卓尼县审计局、迭部县审计局被表彰为“全省审计系统审计业务标兵集体”，3名同志被表彰为“全省审计能手”。

政策落实情况跟踪审计 统筹全州审计力量，抽调30余人组成8个审计组，对全州2019年至2021年草畜平衡和草原奖补资金管理使用情况进行了专项审计调查，审计共涉及专项资金95954.81万元，有效促进了全州草原生态恢复、各类保障政策措施和补助资金的落实。

财政审计 对州本级预算执行和州级决算草案编制情况进行了审计；对全州一级预算单位2021年财务数据进行了采集、整理，并向省审计厅报送了相关数据；对碌曲县2020年至2021年度财政决算及其他财政收支情况进行了审计，查出各类问题34个，提出综合性建议4条，促进了财政资金规范化。

全面认真落实审计署和省、州关于投资审计的要求，对棚户区改造、安置小区、集中供热和给排水以及城市基础设施建设等24项涉及民生领域、基础设施建设领域的重点项目进行跟踪审计或竣工决算审计。

农业农村审计 对卓尼县2021年巩固脱贫攻坚成果与乡村振兴有效衔接政策措施落实及补助资金管理使用情况审计调查，审计涉及衔接资金22678.4万元。对夏河、合作、玛曲三县市省外、省内对口援藏政策措施落实和资金管理使用专项审计调查，共涉及资金5649.55万元。对夏河、合作、玛曲三县市东西部协作政策措施落实和资金管理使用专项审计调查，共涉及协作资金10384.3万元。

资源环境审计 对甘南黄河上游水源涵养区山水林田湖草沙一体化保护和修复工程专项资金进行跟踪审计调查；对卓尼县、夏河县人民政府2019年至2021年重点生态修复治理资金进行审计调查，对甘南州沙化草原治理鼠害天敌野化繁育生态控鼠项目进行审计。

民生审计 聚焦保障和改善民生水平，检查低保政策措施和相关规定落实情况，对迭部县、玛曲县2021年城乡低保资金筹集管理使用情况进行了审计，确保了保障政策落实到位，专项资金使用效益得以发挥，弱势群体的权益得到保障。

经济责任审计 严格落实《党政主要领导干部和国有企事业单位主要领导人员经济责任审计规定》《领导干部自然资源资产离任审计规定（试行）》，重点对州机关事务局、州残联等14个州管领导干部进行任中经济责任审计，对合作市、碌曲县等4个县市审计局负责人进行离任经济责任审计。

内部审计 州直部门有内审机构的单位3个，从业人员8人，年内完成内审项目19个，审计资金总额25757.92万元，审计发现问题10个，提出审计建议被采纳19条。

交办任务 抽调16名业务骨干参加省、州委巡视巡察和巡察整改评估工作，参加省审计厅重大项目审计以及其他单位各项监督检查等工作；抽调2人配合天津市审计局对卓尼县、迭部县开展审计调查；按照州政府安排部署，抽调2名审计骨干，完成了对部分县市乡村振兴绩效评价专项督察工作；完成州委组织部和相关部门单位委托的216余名拟提拔任用、转正任职、职级职务晋升干部审计情况的审查。

相关工作 2022年，按照局党组提出的“117543”审计工作思路，在全州审计机关组织开展“科学管理行动”“质量提升行动”“整改落实行动”“作风整治行动”促进了审计部门自身建设全面加强。（撰稿人：李　锁）

【兰州新区审计局】 2022年，兰州新区审计局实有29人。局长李玉和，副局长李富平。设有办公室、法规审理科、财政与重大政策执行审计科、党政与经济责任审计科、固定资产投资审计科、企业与金融审计科。

审计成果 2022年，兰州新区审计局完成审计项目193个，其中审计191个、专项审计调查2个。查出主要问题金额393191.43万元，其中违规金额179285.33万元、核减工程价款68658.46万元、管理不规范金额145247.64万元；审计促进整改落实有关问题资金2326.16万元，核减投资额68658.46万元；审计提出建议88条，被采纳88条；促进被审计单位建立健全规章制度1项；提交审计信息150篇。

兰州新区审计局固定资产投资审计科被表彰为“全省审计系统审计业务标兵集体”，1名同志被表彰为“全省审计能手”。

财政审计 完成2020年信息化建设项目审计和新区29家一级预算单位财务数据采集和标准化数据全覆盖采集工作。完成兰州新区教育体育局（教育考试院）2020年至2021年度和新区本级、三个园区2021年度预算执行及其他财政收支情况审计。重点关注各部门财政绩效管理情况，推动新区各预算单位不断增强绩效意识。

持续推进投资审计转型发展，切实改变以

"核减"为单一重心的投资审计模式，树立起了规范公共投资管理、优化公共投资结果和提高公共投资绩效的宏观投资审计目标。完成投资审计项目170个，其中完成结算审计项目148个，决算审计项目22个。

资源环境审计 扎实开展兰州新区自然资源局原主要领导自然资源资产离任审计，通过审计重点揭示自然资源资产管理开发利用和生态环境保护领域的突出问题和风险隐患，督促领导干部切实履行自然资源资产管理和生态环境保护责任，促进自然资源资产节约集约利用和生态环境安全，推动兰州新区绿色发展。

民生审计 完成2022年新冠肺炎疫情防控资金专项审计和耕地保护政策落实专项审计调查重点关注疫情防控资金和物资的管理使用、乡村振兴政策措施落实、耕地质量保护与提升、农田项目建设等资金管理使用情况。

经济责任审计 完成新区第一人民医院原院长、教育体育局原局长、卫健委原主任等18名领导干部经济责任审计工作。重点关注领导干部贯彻执行党中央国务院决策部署和省委省政府、新区党工委管委会安排要求，行业重要发展规划和政策措施的制定、重大经济事项决策、执行及效果，财政财务管理和经济风险防范、落实党风廉政建设责任和遵守廉洁从政规定等情况，同时关注以往审计发现问题的整改情况。

审计查出问题整改 不断巩固和扩大"审计整改推进年"活动，修订完善了审计整改认定标准，将审计整改情况纳入国有监管企业月度绩效考核和行业主管部门年度绩效考核，并制定了月度绩效考核相关打分标准，有力督促新区各国有集团加强审计发现问题整改落实。到整改期限的问题316个，完成整改287个，整改率90.82%，督促上缴财政资金1238.66万元。

研究型审计 把审计研究贯穿于审计项目全过程，初步构建"目标—层次—导向—运用"为基本框架的研究型审计模型，形成项目实施、问题分析、研究总结、经验交流"四位一体"的结果运用机制，努力做到一个项目、一篇报告、一篇要情或信息、一份研究成果，为党工委管委会经济决策提供参考。

内部审计 将对内部审计的业务指导和监督纳入年度工作内容，与审计业务工作同部署、同落实、同检查。对新区各国有集团公司内部审计情况进行专项审计调查，并现场检查指导兰州新区城市发展投资集团有限公司、兰州新区商贸物流投资集团有限公司和兰州新区现代农业投资集团有限公司2022年内审工作开展情况及审计发现问题整改情况，促进新区各国有集团内审工作不断规范。

交办任务 配合审计署兰州特派办、省审计厅在新区开展的各项审计任务；持续加强审计监督与纪检监察、巡视巡察、组织人事等贯通协调，在独立开展审计工作的同时，积极参与新区党工委巡察工作和纪工委监工委案件查办工作。

（撰稿人：张琼友）

【甘肃矿区审计局】 2022年，甘肃矿区审计局（与中核四〇四有限公司审计处合署办公）实有13人。副局长王玲。设有审计风险科一个职能科室，下设审计中心作为支持服务机构。

审计成果 2022年，甘肃矿区审计局完成审计项目3个，审计发现问题31个，提出审计建议12条，被采纳12条；出具审计报告3篇。

经济责任审计 对甘肃中核公铁运输有限公司、甘肃中核和诚实业有限公司、甘肃新核建设实业有限公司等3家单位原总经理任职期间的经济责任履职情况进行了审计，审计资金量4.56亿元，提出审计问题31个，审计建议12条。在审计过程中，不断推进审计发现问题的整改落实工作，促进被审计单位提升企业管理水平，规范经营活动，有效转化审计成果。

审计查出问题整改 在审计报告中对审计查出问题明确了整改时限，加强与被审计单位的沟通协调，要求被审计单位及时反馈整改措施、整改情况，切实履行整改责任，确保审计整改落实落地，做好审计工作的"下半篇文章"。

相关工作 以政治能力建设引领业务能力提升，组织审计人员认真钻研审计管理的相关知识，积极参与上级部门安排的审计任务，更快地提升工作能力；鼓励审计人员参加职业资格考试、职称考试，多角度、全方位"充电"，年度内引进1名审计专业硕士研究生，1名审计专业本科毕业生。

（撰稿人：李志昕）

2022 年甘肃省所辖市（州）、县（市、区）审计工作统计表

审计机关	完成审计项目/个	审计查出主要问题金额/万元	审计发现非金额计量问题/个	审计期间整改金额/万元	出具审计报告和审计调查报告/篇	审计处理情况		审计促进整改落实有关问题资金/万元	审计提出建议/条	提交审计信息/篇
						审计处理处罚金额/万元	移送处理事项/件			
兰州市										
兰州市本级	50	1128941	527	41788	50	101971	10	22110	110	264
城关区审计局	14	285910	19	584	14	1		121791	30	20
七里河区审计局	18	26537	39	15	14	2456	2	3487	39	37
西固区审计局	12	18695	44		12	18695			48	
安宁区审计局	12	3213	61	81	12		5	899	26	1
红古区审计局	26	58558	104	42	26	8309	6	50023	57	4
永登县审计局	21	36936	41	49	21		1	11763	62	24
皋兰县审计局	28	15717	48		28		5	2935	44	
榆中县审计局	39	14918	10		39			11709	68	
嘉峪关市										
嘉峪关市本级	27	68677	275	3419	27		12	30712	76	11
金昌市										
金昌市本级	35	100913	126	7932	30	25104	4	922	81	7
金川区审计局	8	16499	17		7	31	2	26385	18	1
永昌县审计局	15	50736	2	3598	24	50736		3578	17	6
白银市										
白银市本级	51	48100	145	673	46	30600	7	44900	111	22
白银区审计局	48	89274	258	1189	48		5	37243	88	17
平川区审计局	43	30035	76	91	60	765	3	689	86	16
靖远县审计局	27	46035	67	568	27	653	7		73	2
会宁县审计局	38	52455	122		50	26688	2	42732	116	17
景泰县审计局	33	89948	71		33	3259	3	48714	74	15
天水市										
天水市本级	63	1087031	561	3589	93	695797	17	116715	189	133
秦州区审计局	41	62220	61	2	50	62218	2	14456	93	18
麦积区审计局	32	183294	45		53	185778		13241	84	45
清水县审计局	46	7124	66	1	77	4108	3	4075	109	26

续表

审计机关	完成审计项目/个	审计查出主要问题金额/万元	审计发现非金额计量问题/个	审计期间整改金额/万元	出具审计报告和审计调查报告/篇	审计处理情况		审计促进整改落实有关问题资金/万元	审计提出建议/条	提交审计信息/篇
						审计处理处罚金额/万元	移送处理事项/件			
秦安县审计局	30	76519	112		44	76519			87	50
甘谷县审计局	28	45434	20	45283	38	45434	2	45434	32	34
武山县审计局	32	300	60		47	300		289	74	23
张家川回族自治县审计局	46	62620	192	5	69	62620	1	31548	258	52
武威市										
武威市本级	40	30400	118	17859	40		31	17859	64	53
凉州区审计局	53	32889	253	236	53		5	30602	116	60
民勤县审计局	77	69484	260	1617	78	19831	26	3564	28	37
古浪县审计局	158	30376	122	384	294	149	32	117	131	32
天祝藏族自治县审计局	50	72174	40	1517	50		2	23237	25	48
张掖市										
张掖市本级	47	346946	159	268719	43	29925	23	28	65	6
甘州区审计局	14	75308	492		16	9	3	65604	45	7
肃南裕固族自治县审计局	27	60497	32	7	34		5		34	64
民乐县审计局	24	130630	1	111	23	130168	2	129694	50	
临泽县审计局	27	356178	82	32393	36	259	12	259	39	5
高台县审计局	21	38225	47	2	24		5		42	1
山丹县审计局	35	50642	62	5194	33	23000	9	6931	115	
平凉市										
平凉市本级	50	299693	229	64020	70	164406	54	164406	126	5
崆峒区审计局	39	197687	131	319	59	9949	17	9949	109	5
泾川县审计局	28	153871	55	5	36	673	2	673	24	3
灵台县审计局	35	72617	59	2548	35	512	30	512	88	2
崇信县审计局	26	17212	75	17212	26	17212		17212	60	
庄浪县审计局	27	60189	44	50	41	22281	9	22279	20	12
静宁县审计局	13	729871	75	9052	13	359475	15	359475	33	
华亭市审计局	35	5154	50		43	1139		1138	59	
酒泉市										
酒泉市本级	54	255800	324	21620	54		9	122832	123	100

续表

审计机关	完成审计项目/个	审计查出主要问题金额/万元	审计发现非金额计量问题/个	审计期间整改金额/万元	出具审计报告和审计调查报告/篇	审计处理情况		审计促进整改落实有关问题资金/万元	审计提出建议/条	提交审计信息/篇
						审计处理处罚金额/万元	移送处理事项/件			
肃州区审计局	32	78957	73	16976	32		9	23888	44	36
金塔县审计局	42	15321	14	19037	42		15	11000	59	61
瓜州县审计局	58	42883	59	2417	57	1	11	1512	127	41
肃北蒙古族自治县审计局	21	10805	42	783	20		20	9635	68	25
阿克塞哈萨克族自治县审计局	29	15430	29		26		1	15430	67	31
玉门市审计局	25	70737	20	7822.7	36		2	58071	45	31
敦煌市审计局	25	43769	102	2923	31	5	17	743	70	18
庆阳市										
庆阳市本级	36	1177302	553	85359	36	962464	31	88018	130	137
西峰区审计局	25	247554	76	43	25	244772	1	32	74	32
庆城县审计局	20	72008	111		20	35764	19	29804	70	45
环县审计局	21	14887	150		21	14974		14974	71	14
华池县审计局	25	144033	93	5909	25	132064	8	5701	73	15
合水县审计局	26	38346	116		26	30333		4861	67	13
正宁县审计局	20	101840	71	415	20	51816				42
宁县审计局	22	172311	120		22	161687	4	138487	41	20
镇原县审计局	29	240849	104	30	29	52440			86	33
定西市										
定西市本级	28	255481	408	72578	39	174246	2	52619	82	290
安定区审计局	24	93017	37	156	40	56675		4	50	
通渭县审计局	54	60026	438	230	70	45058		42727	199	
陇西县审计局	76	80683	66	1	125	36219	28	36223	298	
渭源县审计局	23	19265	131	11033	33	5558	4	4204	39	
临洮县审计局	23	45817	123	1	36	44013		1792	63	
漳县审计局	52	28998	185	19	74	13796	1	13796	134	
岷县审计局	19	44738	76	142	22	6942		571	46	
陇南市										
陇南市本级	62	295142	252	23856	62	46104	21	53526	124	19
武都区审计局	75	98442	196	193	133	98423		3829	55	
成县审计局	53	23643	123	64	55	75	7		118	1

续表

审计机关	完成审计项目/个	审计查出主要问题金额/万元	审计发现非金额计量问题/个	审计期间整改金额/万元	出具审计报告和审计调查报告/篇	审计处理情况		审计促进整改落实有关问题资金/万元	审计提出建议/条	提交审计信息/篇
						审计处理处罚金额/万元	移送处理事项/件			
文县审计局	18	85217	66		32	1462		1462	41	
宕昌县审计局	59	8557	20	851	59	8557		851	40	
康县审计局	26	73891	32	59	44	162	2	19142	49	24
西和县审计局	41	15510	95	2	63	15171		4988	41	
礼县审计局	66	18510	55		66	18474		592	123	
徽县审计局	90	12469	147	18	169	12469		12469	112	
两当县审计局	39	40553	69	68	68				36	
临夏回族自治州										
临夏回族自治州本级	84	439806	425	45525	109	107906	15	118990	230	27
临夏市审计局	77	63096	106	5	69	14309		5088	139	
临夏县审计局	47	2909	1	9	68	2909	1	2741	71	
康乐县审计局	76	2092	12	56	62	500		2092	78	
永靖县审计局	61	17186	77	11	84	10392		10392	43	
广河县审计局	80	6066	4	888	110	3109		102	48	
和政县审计局	56	776	13	11	54	776		11	28	55
东乡族自治县审计局	97	3765	10	37	108	3765		3765	119	
积石山保安族东乡族撒拉族自治县审计局	60	198332	5	197425	60	198332		198332	44	
甘南藏族自治州										
甘南藏族自治州本级	74	339998	115	1311	97	2438	6	1429	119	50
合作市审计局	13				13				31	
临潭县审计局	15	73634	10		23	261	6		25	
卓尼县审计局	113	181644	18	526	125	903			154	
舟曲县审计局	33	4373	38	85	47	344	1	20	90	
迭部县审计局	59	7720	105	8818	77	7261	5	6150	122	32
玛曲县审计局	22	331	44		33				56	
碌曲县审计局	8				8				12	
夏河县审计局	22	2717			22	2717			43	

续表

审计机关	完成审计项目/个	审计查出主要问题金额/万元	审计发现非金额计量问题/个	审计期间整改金额/万元	出具审计报告和审计调查报告/篇	审计处理情况		审计促进整改落实有关问题资金/万元	审计提出建议/条	提交审计信息/篇
						审计处理处罚金额/万元	移送处理事项/件			
兰州新区										
兰州新区审计局	193	393191	237		193			2326	88	150
甘肃矿区										
甘肃矿区审计局	3		31		3			12		3

青海省

【青海省审计厅】 2022年，青海省审计厅实有157人。设有省委审计委员会办公室秘书处；内设办公室、法规审理处、电子数据审计处、财政审计处、行政事业审计处、农业农村审计处、固定资产投资审计一处、固定资产投资审计二处、社会保障审计处、自然资源和生态环境审计处、金融与外资运用审计处、内部审计指导监督处（企业审计处）、重大政策跟踪审计处、经济责任审计一处、经济责任审计二处、人事处、机关党委（机关纪委）、离退休干部处、派出审计一局、派出审计二局、派出审计三局、派出审计四局及信息中心。

领导成员

党组书记、厅长：朱　清（—3月）
　　　　　　　　陈兆超（3月—）

党组成员、副厅长：张得庆
　　　　　　周　晖（—6月，援青，审计署挂职干部）
　　　　　　何世海　李　敏
　　　　　　高　勇（7月—，援青，审计署挂职干部）

党组成员、总审计师：刘巧玲

党组成员、省经济责任审计工作厅际联席会议办公室主任：赵　勇

纪检监察组组长：吴庆洋

审计成果 2022年，青海省审计厅共完成审计项目25个，查出主要问题金额4095555万元，其中违规金额33737万元、损失浪费金额4759万元、管理不规范金额4057057万元；审计发现非金额计量问题694个；损益（收支）不实金额2822万元；出具审计报告和专项审计调查报告22篇，被批示、采用3篇次。审计处理处罚金额124242万元，其中应上缴财政74390万元、应归还原渠道资金13067万元、应缴纳其他资金375万元、应调账处理金额35648万元；移送司法机关、纪检监察机关和有关部门处理事项8件，移送处理人员1人，移送处理金额733万元。审计促进整改落实有关问题资金98264万元；审计促进拨付资金到位1285万元；审计后挽回（避免）损失3万元；核减投资额303万元；移送处理落实事项5件。审计提出建议49条，被采纳28条；推动被审计单位制定整改措施674项；促进被审计单位建立健全规章制度9项；提交审计信息8篇，被采用1篇次。

海南州兴海县原县委书记、原县长经济责任审计项目被评为全国优秀审计项目三等奖。

政策落实情况跟踪审计 按季度跟踪审计各地各部门贯彻落实国家重大政策措施情况，促进“六稳”“六保”等政策措施落地落实。中央财政直达资金政策措施贯彻落实方面，揭示支出进度缓慢、直达资金闲置、监控管理不规范、建设项目存在质量安全等问题，推动直达资金尽快落地见效。助企解困政策贯彻落实方面，揭示部分单位瞒报拖欠账款、未建立长效机制、无依据多支

付建设项目设备购置款、挪用项目款项等问题，推动营造良好营商环境，助力中小企业稳定发展。乡村振兴政策措施贯彻落实方面，揭示产业、就业、医疗等政策衔接不畅，政策合力不足、执行标准不严、落实效果不好等问题，推动巩固拓展脱贫攻坚成果同乡村振兴有效衔接。

财政审计 开展2021年度省本级预算执行及决算草案编制情况审计，揭示省本级一般公共预算结转占全年财力比重过高、预算结转结余规模较大、非税收入征缴不及时、涉企补贴资金管理不完善等问题，促进提升政府及其各部门管财用财能力和水平。开展部门预算执行情况审计，揭示超预算、无预算列支费用，国有资产底数不清、闲置，未经批准擅自变更项目建设内容，虚假招投标等问题，促进规范财务收支管理，进一步严肃财经纪律。

开展西宁市部分中小学校重点建设项目专项审计，揭示未履行基本建设程序、项目招投标、工程价款结算等方面问题；开展西宁大学校园建设项目专项审计，揭示落实国家政策法规、项目建设管理、合同管理和执行等方面问题；开展“5·22”玛多灾后恢复重建跟踪审计，揭示资金管理使用、参建单位履职尽责等方面问题，督促建设单位切实履行主体责任和建立健全相关管理监督制度体系，促进相关参建单位履职尽责、项目顺利完成、提高投资绩效。

国有企业审计 开展省属国有企业债务风险情况专项审计调查，重点关注省属14家国有及国有控股企业在融资性债务、资金拆借、负债类往来账、基本建设项目投资、对外股权投资等方面情况，揭示国有企业存在的风险隐患及问题，促进防范化解重大风险，推进青海省国企深化改革。

金融审计 开展柴达木循环经济试验区产业投融资情况专项审计调查，揭示违规发放贷款、改变债券资金用途、重大经济事项决策程序不规范、执行政策不到位等问题，促进规范管理，防范债务风险。

农业农村审计 开展2019年至2021年全省高标准农田建设资金审计，揭示省级农田建设规划编制滞后未充分发挥规划引领作用、施工单位编制虚假资料骗取财政资金、未按合同要求完成工程量涉嫌多支付工程款、擅自调整项目建设内容等问题，推动建立相关制度3项，促进惠民项目发挥实效。

资源环境审计 开展2022年度木里矿区以及祁连山南麓青海片区生态环境综合整治资金跟踪审计，揭示部分收入未及时上缴财政、部分工作滞后、部分项目资金使用不合规等方面问题，促进出台《高原高寒木里矿区山水林田湖草沙冰一体化保护和综合治理规划（2020—2023年）》等9项制度，保障综合整治资金安全、合规、有效。开展领导干部自然资源资产离任审计，揭示生态环境专项规划未编制及指标任务未完成、建设项目违规占地、政府投资项目长期闲置、建设项目违规招投标、应征未征水土保持补偿费等方面问题，促进领导干部履职尽责，管好用好自然资源资产。

民生审计 开展2020年至2021年困难群众救助补助资金审计，揭示救助资金管理使用、救助职责履行以及救助政策落实等方面问题，推动省（市、州）政府及相关部门制定、修改、废止有关政策法规制度或措施办法等37项，促进被审计单位建立健全内部管理制度114项。

经济责任审计 开展党政主要领导干部和国有企事业单位主要领导人员经济责任履行情况审计，揭示重大经济决策程序不规范、执行政策不到位、领导干部违规在企业兼职、违规发放津补贴、扩大专项资金列支范围、项目资金未发挥效益等问题，准确界定责任，促进规范管理，推动领导干部履职尽责、担当作为。

涉外审计 开展德国促进贷款青海西宁绿化和生态保护项目、亚洲开发银行贷款青海海东城乡环境综合治理项目、世界银行贷款青海西宁城市交通项目、世界银行贷款青海西宁环境综合治理项目2021年度财务收支及项目执行情况审计，揭示配套资金不到位、项目管理不规范、评标专家履职不到位、辅助性水利设施管护不到位、超付工程款和施工单位围标串标等问题，督促被审计单位出台《西宁市湟水投资管理有限公司财务管理审批规程（修订）》等制度4项，推动加快工程进度，提高外资使用绩效。

审计查出问题整改 健全整改工作长效机制，省委巡视办将审计整改情况纳入巡视范围，全省党风廉政建设责任制考核内容首次纳入审计结果及整改情况，党委政府督查机构不定期对重点整改事项督查督办，形成党委领导、政府统筹、人大监督、被审计单位落实、行业主管部门监管、审计机关督促、督查机构督办的“大整改”格局。实行清单化管理、项目化推进、台账化落实，对审计查出的问题明确整改责任主体，分类提出整改要求，逐项分解到有关地区部门和单位，压紧压实各方责任。有关地区、部门和单位认真履行主体责任，采取上缴国库、退还税费、归还资金原渠道和收回无依据发放补贴、统筹使用或加快拨付资金进度、调整投资计划和账目等方式积极整改；主管部门切实履行监督管理责任，坚持举一反三，推动标本兼治，出台完善相关制度办法。

审计理论研究 聚焦主责主业加强审计理论研究，立项“审计监督助推青海经济社会高质量发展的机制和路径研究”“深化党政领导干部经济责任审计研究——党政领导干部经济责任审计面临的新情况新问题”等17个科研课题，提升审计干部能查能说能写能力。立足审计工作实践，从政策研究、过程管理、方法提炼、案例总结等方面着手，编印《青海省重点领域审计常见问题提示清单》《青海省审计发现违纪违法问题典型案例》，引导各级领导干部依法规范使用权力，严格执行财经纪律，发挥警示教育作用。制定《青海省审计厅审计移送事项管理办法（试行）》，加强审计发现问题线索管理，规范问题线索处置和审计事项移送行为。与省纪委监委等部门联合印发《关于深入推进纪检监察监督巡视巡察监督与审计监督贯通协同高效的工作机制》，提高监督成果综合运用水平。

相关工作 加强机关党的建设，制定厅党组加强党的政治建设责任清单，把中央和省委关于加强党的政治建设和全面从严治党工作的部署要求细化为具体措施，着力强化政治机关建设。制定落实党史学习教育常态化长效化若干措施，落实厅机关党组织理论学习“第一议题”学习制度，深入学习贯彻习近平新时代中国特色社会主义思想、习近平总书记关于青海工作和审计工作重要讲话重要指示批示精神，以及党的十九大、二十大精神和省第十四次党代会精神；加强基层党组织标准化规范化建设，扎实开展“讲政治、比奉献，讲担当、比业绩”活动；修订《审计组临时党小组管理办法》，发挥党支部在审计一线的战斗堡垒和党员先锋模范作用。加强党风廉政建设，以“忠诚履职、廉洁从审”为主线，坚持正面引导和反面警示相结合，组织开展审计干部反腐倡廉警示教育，以案示警、以案为戒、以案促改；开展“转作风、强素质、提效能”作风建设行动，“六查六看”摆问题，健全台账促整改，加固作风建设堤坝；开展“坚持依法审计 恪守权力边界”专项整治活动，集中整治影响审计成效“行业病”；印发《青海省经济责任审计业务指引》《青海省审计厅文明审计暂行办法》等工作规范，进行审计岗位风险点排查和评估，进一步优化审计程序、加强审计现场管理、规范审计权力运行。加强审计干部队伍建设，制定《2022年度人才工作要点及责任分工》，形成“一把手”负总责，分管领导具体抓，班子成员齐抓共管的人才工作局面；加强审计干部教育培训，持续推进实务导师制，建立导师与指导对象一对一“导学”关系，加强对优秀年轻干部的培养锻炼；开展优秀案例评选、审计技能比武、“十佳审计能手”评选等活动，促进党员干部进一步树立争先、创先、领先意识。（撰稿人：安志宙）

【西宁市审计局】 2022年，西宁市审计局实有61人。局长何平，副局长刘建红、张文玲，总审计师丁北涛。设有市委审计委员会办公室秘书科；内设办公室、法规审理科、财政审计科、行政事业审计科、社会保障审计科、农业农村审计科、自然资源与生态环境审计科、固定资产投资审计一科、固定资产投资审计二科、金融与外资运用审计科、电子数据审计科、经济责任审计一科、经济责任审计二科、内部审计指导监督科、重大政策跟踪审计科、派出审计科。

审计成果 2022年，西宁市审计机关共完成审计项目120个，其中审计115个、专项审计调查5个。查出主要问题金额896011.12万元，其中违规金额63386万元、损失浪费金额4万元、管理不规范金额832621.12万元；审计发现非金额计量问题498个；损益（收支）不实金额33998万元；出具审计报告和专项审计调查报告125篇，被批示、采用5篇次。审计处理处罚金额 321110.11 万元，其中应上缴财政 163738 万元、应减少财政拨款或补贴 614 万元、应归还原渠道资金 56468 万元、应缴纳其他资金 428 万元、应调账处理金额 99666 万元；移送司法机关、纪检监察机关和有关部门处理事项 1 件。审计促进整改落实有关问题资金 29660.75 万元；审计促进拨付资金到位 578 万元；审计后挽回（避免）损失 120 万元；核减投资额 1494 万元；移送处理落实事项 2 件。审计提出建议 207 条，被采纳 24 条；推动被审计单位制定整改措施 14 项；促进被审计单位建立健全规章制度 13 项；提交审计信息 157 篇，被批示、采用 42 篇次。向社会公告审计结果 66 篇。

政策落实情况跟踪审计 开展西宁市本级 2022 年度国家重大政策措施落实情况跟踪审计，揭示就业补助资金支出率偏低、老旧小区电梯改造项目尚未开工资金未发挥效益等问题，促进直达资金支出效率，推动重大政策落地见效。

财政审计 开展预算执行和专项资金审计，揭示部分存量资金未上缴财政、挪用项目资金缴纳土地划拨款等问题，推动落实过紧日子要求，切实提高财政资金使用绩效。

开展西宁市中心广场北扩、市香格里拉及周边路网综合整治工程等重大公共工程项目审计，揭示项目基本建设程序、招投标、合同签订、项目管理等方面存在的问题，规范建设程序。

国有企业审计 开展国有粮食企业购销、西宁公交集团资产负债和损益等国有企业审计，揭示私设“账外账”、违规发放津补贴等问题，促进企业提高风险防控意识。

资源环境审计 开展领导自然资源资产审计，揭示违规占用耕地、投标人利用虚假资料骗取中标等问题，细化自然资源资产管理和生态环境保护内容，积极构建多元化的资源环境审计格局。

民生审计 开展困难群众救助、乡村振兴、医疗保险基金等专项审计，揭示违规享受救助待遇、挪用农村户厕补助资金等问题，保障资金安全和使用效率，推动惠民富民政策落到实处。

经济责任审计 开展党政主要领导干部和国有企事业单位主要领导人经济责任审计，揭示部分借款长期未收回、长期股权投资无收益等问题，督促被审计单位进一步完善内控制度，促进领导干部规范用权和责任落实。

审计查出问题整改 贯彻落实《关于进一步抓紧抓实抓好审计发现问题整改工作的实施意见》要求，持续加大审计发现问题整改力度，明确问题整改的目标要求、整改责任、工作机制和组织保障，推进整改工作取得良好成效。

交办任务 积极配合中央军委审计署兰州审计中心对中国人民武装警察部队西宁支队进行财经管理审计，协助提供审计涉及地方政府单位的相关资料和数据，并对相关问题进行了调查取证，助力审计工作顺利完成。（撰稿人：李维剑）

【海东市审计局】 2022 年，海东市审计局实有 14 人。局长刘顺山，副局长俞彩虹、车桂平，总审计师宋谔。设有局综合科、财政金融审计科、行政事业审计科、农业农村和资源环保审计科、经济责任审计科。

审计成果 2022 年，海东市审计局完成审计项目 14 个。查出主要问题金额 4269 万元，其中违规金额 3039 万元，管理不规范金额 1229 万元，提出审计建议 71 条，被采纳审计建议 19 条。

政策落实情况跟踪审计 围绕促进经济高质量发展，推动国家和省、市重大政策措施落实情况开展审计，共抽查了 44 个单位、234 个项目，涉及财政资金 246395.47 万元，审计发现直达资金未及时支出 2362 万元、资金闲置未发挥效益 318.40 万元、项目配套资金未到位 3090.77 万元等 8 个问题。

财政审计 开展市本级 2021 年度预算执行和其他财政财务收支情况审计，审计发现年初预算与下达指标不一致，财政存量资金脱离预算管理支出，6 家单位存在把办案经费、差旅费、学习考察费等费用，通过国库集中支付到个人账户、隐瞒财力、隐匿“三公”经费支出等 15 类问题。

公共投资审计 开展海东市博物馆项目投资审计，发现未办理初步设计概算、项目建设程序不合规、账务处理不准确、多计待摊投资等 9 项问题。

资源环境审计 开展平安区人民政府主要领导自然资源资产任中审计，发现部分生态环境专项规划未编制，部分财政资金应缴未缴，部分项目建设程序履行不到位等问题，涉及金额

1659.11万元。开展祁连山南麓海东片区生态环境综合整治资金和项目实施情况跟踪审计，发现部分图斑后期管护措施不到位，复绿效果不明显，项目管理和资金管理不规范等问题。

民生审计 开展医保基金管理使用情况专项审计，发现重复收费、变相提高标准、串换收费等违反医疗保险基金管理规定的问题，涉及金额135.13万元。开展乡村振兴专项审计，发现部分项目实施进度缓慢、项目资料不完善，部分单位项目实施程序不合规、资金使用和财务核算不规范等29个问题。开展少数民族运动会资金使用绩效审计，发现资金未及时入账、结余资金未及时上缴国库、改变专项资金用途等三类问题，涉及金额27.25万元。对乐都区、平安区、民和县、互助县开展审计调查，追缴违规发放特困供养金、农村低保金共24852元，取消低保待遇33人，纳入事实无人抚养儿童保障范围45人。

经济责任审计 对6名领导干部开展了任期（离任）经济责任审计，发现部分单位未履行招投标程序、违规串标、项目投资超概算、项目未实施，造成资金闲置、财务不规范、挤占项目经费等问题，提出审计意见建议8条。

审计查出问题整改 审计发现问题共29个，已完成整改20个。2021年度市本级财政预算执行和其他财政收支情况审计共发现134个问题，已完成整改102个，正在整改32个。

（撰稿人：祁文春）

【海北藏族自治州审计局】 2022年，海北藏族自治州（以下简称海北州）审计局实有11人。局长李兵，副局长李松升、张明福（2月—），总审计师马文礼（2月—）。设有综合科、财政审计科、专项审计科、经济责任审计科；下设海北州审计服务中心。

审计成果 2022年，海北州审计局完成审计项目9个。全州共查出主要问题金额40556.75万元，审计发现非金额计量问题353个，审计期间整改金额188.4万元，出具审计报告和审计调查报告60篇，审计处理处罚金额16273.39万元，审计促进整改落实有关问题资金12920.55万元，审计提出建议188条，提交审计信息296篇。

政策落实情况跟踪审计 围绕防范和化解拖欠中小企业账款政策措施与监督机制落地等，共抽查8个单位和1家企业，发现问题11个，提出审计建议4条。

财政审计 开展海北州本级2021年度财政预算执行及其他财政财务收支情况审计，揭示预算执行及决算（草案）编制、财政资金绩效管理等方面问题14个，提出审计建议4条。

完成了40个重点工程建设审计项目的调查（抽查），在履行全面从严治党政治责任和工程项目建设全过程2个方面提出8条建议。

民生审计 制定《门源“1·08”6.9级地震灾后恢复重建情况第一轮跟踪审计实施方案》，确定审计目标、审计对象和范围、审计内容和重点、审计调查方法等。开展困难群众救助补助资金审计，揭示流浪乞讨人员救助资金发放情况未进行公示等9类问题。

经济责任审计 开展海北州农牧和科技局局长、中共海北州委政法委员会副书记、海北州残疾人联合会原理事长任职期间经济责任履行情况审计，推动全面从严治党向纵深发展、激励领导干部担当作为、干事创业。（撰稿人：杨晓婷）

【黄南藏族自治州审计局】 2022年，黄南藏族自治州（以下简称黄南州）审计局实有14人。局长谭涛，副局长张万军、王四海，总审计师杜长征。设有综合科、财政审计科、经济责任审计科、重大政策跟踪审计科、行政事业与社会保障审计科、农牧与自然资源生态环境审计科。

审计成果 2022年，黄南州审计机关共完成审计项目83个。查出违规资金276.29万元，管理不规范资金223574.02万元，应上缴财政资金248.3万元，已上交财政资金121.36万元；非金额计量问题425个；促进整改落实73309.95万元；提出审计建议275条；移交问题线索11件，移交资金117.21万元；报送审计专报8篇，被党政领导和上级审计机关批示、采纳3篇次；促进被审计单位制定相应整改措施130项，建立健全规章制度15项。

政策落实情况跟踪审计 围绕财政直达资金、中小企业和民营企业账款清欠等重大政策落实开展跟踪审计，查出违规资金1.3万元，管理不规范资金10821.95万元，揭示建设项目进展缓慢等问题。

财政审计 抽审36家部门（单位），查出管理不规范资金17955.97万元，应上缴财政374.85万元，应调账处理268.99万元，非金额计量问题12个，促进增收节支692.82万元。对4家部门（单位）开展财政财务收支情况审计，查出管理不规范资金23.85万元，已上缴财政2万元，非金额计量问题4个。

完成黄南州科技馆主体工程建设项目、泽库县“补短板”连通工程——泽曲镇夸日龙村5个自然村连通砂路工程等8个项目竣工结算审计，查出多计工程价款、未按图纸施工、监理单位履职不到位等问题，审减资金1693.37万元，促进提高政府投资绩效，规范建设领域秩序。

资源环境审计 探索开展乡镇一级领导干部自然资源资产离任审计，审计查出基本农田“非农化”“非粮化”管控措施落实不力，矿山管护、占补平衡耕地后期管护不到位等43个问题，提出审计建议15条。

民生审计 开展全州粮食局和粮食储备有限责任公司资产负债损益专项审计，查出问题90项，违规资金41.35万元，管理不规范资金3160.8万元。

经济责任审计 完成39项审计，查出违规资金6万元，管理不规范资金2971.04万元，非金额计量问题111项，提出审计建议137条。同时，以经济责任审计为依托，对6家单位实施“巡审联动”审计。

审计查出问题整改 以挂牌督办、现场督查、召开推进会、印发提醒函等形式，持续强化审计整改，推动审计监督提质增效。2022年，中央、省、州三级审计机关审计发现的1874项问题，已整改1433项，正在整改441项，整改率为76.45%；《2020年度州本级预算执行和其他财政收支审计工作报告》反映六个方面135个明细问题，已整改到位或基本整改的122个，正在整改需持续推进的13个，整改率达90.37%。

（撰稿人：斗毛吉）

【海南藏族自治州审计局】 2022年，海南藏族自治州（以下简称海南州）审计局实有17人。局长王红丽，副局长胡忠民、蔡连海、张朴。设有办公室、财税金融审计科（挂外资运用及固定资产投资审计科牌子）、行政事业与社会保障审计科、法规科、经济责任审计科、农牧与资源环保审计科。

审计成果 2022年，海南州审计局完成审计项目15个，查出主要问题金额2.99亿元，其中违规金额1.92亿元，损失浪费金额200万元，管理不规范金额1.05亿元；审计处理处罚金额4835万元，移送处理审计发现问题线索15件。提交审计信息28篇，采用16篇次。

财政审计 开展2021年度海南州本级预算执行和其他财政财务收支审计，海南州委党校、州委办公室和贵南县人民政府预算执行情况和决算以及其他财政收支情况审计，揭示未经批准调整预算、扩大支出范围、财政票据管理使用不规范等问题，督促被审计单位强化预算刚性约束意识、加强财政资金管理，进一步规范本级预算收支管理和财政分配秩序。

开展共和县国家粮食仓储物流建设项目情况专项审计，针对查出4个问题分别移送纪委监委、海南州住建部门进行处理。

资源环境审计 开展贵德县人民政府原县长森林资源资产离任审计，重点关注领导干部贯彻落实党中央重大决策部署、遵守法律法规，以及履职期间森林资源资产实物量与生态环境质量改善变化等情况，针对审计发现问题，推动领导干部更好履行自然资源资产管理和生态环境保护责任。

民生审计 开展贵南县巩固拓展脱贫攻坚成果同乡村振兴有效衔接相关政策落实和资金使用情况专项审计，揭示问题线索，依法推进整改，用心用力助推民生事业发展。

经济责任审计 开展6名领导干部经济责任审计，重点关注领导干部贯彻落实党中央、国务院决策部署和重大政策措施，推动经济高质量发展，以及中央八项规定及其实施细则精神贯彻落实等情况，查出问题58个，提出审计建议15条，移送处理事项9件。

（撰稿人：德却才让）

【果洛藏族自治州审计局】 2022年，果洛藏族自治州（以下简称果洛州）审计局实有9人。局长王爱民，副局长鹿玉青（4月—）、刘森

(8月—)，总审计师夏云。设有办公室、综合审计科、经济责任审计科。

审计成果 2022年，果洛州审计机关共完成审计项目47个。查出主要问题金额31609万元，管理不规范金额31110万元，审计处理处罚金额809万元，提出审计建议86条，移送有关问题5件。

政策落实情况跟踪审计 对果洛州2020年至2021年度新增财政直达资金筹集分配、下达拨付、管理使用情况进行审计，延伸审计了州民政局等43家政府机构和单位。对班玛县、达日县、甘德县、玛多县拖欠中小企业、民营企业账款情况进行了审计。

财政审计 开展2021年度本级财政预算执行和其他财政收支审计，抽查州教育局等19家州直预算单位的37个预算项目绩效情况，提出审计意见建议，有力推进了专项整合、存量盘活、优化结构、深化改革，提升了审计工作效能。

资源环境审计 开展7名领导干部自然资源资产履职情况审计。深入贯彻习近平生态文明思想，重点围绕牢固树立国家重要生态安全屏障的生态环保目标，推动领导干部守法守纪守规尽责。

民生审计 配合青海省审计厅对玛多"5·22"地震灾后重建工作进行了第三轮、第四轮跟踪审计，对玛沁县、甘德县、达日县、班玛县、玛多县乡村振兴重点帮扶县相关政策落实和资金管理使用情况进行了审计。

审计查出问题整改 开展2018年度至2021年度州本级审计查出问题整改"回头看"工作，推动594个存量问题完成整改，涉及金额累计233186.01万元。对未及时完成整改的问题，督促相关部门单位建立审计整改工作台账，明确整改责任主体和整改时限，并按立行立改、分阶段整改、持续整改等方式，分类提出整改要求并跟进督促，确保了审计整改任务落实到位，审计效能不断提升。 （撰稿人：陈令章）

【玉树藏族自治州审计局】 2022年，玉树藏族自治州（以下简称玉树州）审计局实有18人。局长沈万忠，副局长龙保、梁秀金，总审计师卓玛，纪检监察组组长旦巴文次，二级调研员赵玉良。设有综合科、行政事业与社会保障审计科、财政金融审计科、农牧资源环保审计科、经济责任审计科、投资审计科。

审计成果 2022年，玉树州审计机关共完成审计项目124个，其中审计122个、专项审计调查2个。查出主要问题金额276137万元，其中违规金额12619万元、管理不规范金额263518万元；审计发现非金额计量问题490个；损益（收支）不实金额4万元；出具审计报告和专项审计调查报告156篇。审计处理处罚金额27833万元，其中应上缴财政7084万元、应归还原渠道资金343万元、应调账处理金额20405万元；移送司法机关、纪检监察机关和有关部门处理事项19件，移送处理人员1人，移送处理金额4428万元。审计促进整改落实有关问题资金19765万元；审计促进拨付资金到位2054万元；审计后挽回（避免）损失2054万元。审计提出建议470条，被采纳359条；提交审计信息34篇，被批示、采用4篇次。向社会公告审计结果24篇。

政策落实情况跟踪审计 对玉树州本级及一市五县相关单位防范和化解清理拖欠中小企业账款任务部署、台账建立、清偿计划、解决方案制定、工作目标完成、新增拖欠账款、体制机制问题等进行了审计，发现拖欠民营企业账款清偿进度缓慢、个别单位未建立完整准确的总账和明细账等问题。

财政审计 开展2021年玉树州本级财政预算执行和州委办公室、州政府办公室部门预算执行审计，重点关注财政政策提质增效和政府过紧日子等相关政策措施落实情况，提出加强预算管理、及时拨付资金、强化制度建设等意见建议。

完成投资审计项目50个，其中教育项目5个、北京对口支援项目45个，通过审计促进了投资有效落地、提高资金绩效。

国有企业审计 开展玉树州粮油储备公司、州粮油购销有限公司和京玉旅游公司等州级企业财务收支审计。

资源环境审计 开展玉树州水利局党组书记、局长自然资源资产离任（任中）审计，督促领导干部切实履行自然资源资产管理和生态环境保护责任，推动生态文明建设。

民生审计 开展囊谦县脱贫攻坚服务平台建设、王树州"厕所革命"、王树州各乡镇"温暖工程”等项目审计。

经济责任审计 完成6名领导干部经济责任审计，重点关注领导干部贯彻执行廉洁纪律和财经法律法规等情况，针对审计发现问题，提出加强制度建设、规范权力运行、强化问责追责等意见建议，推动领导干部守法守纪守规尽责。

审计查出问题整改 对各类审计发现问题进行了梳理，实行问题清单、台账管理制度，按项逐条跟踪检查整改情况，对账销号，对整改不力的部门单位发函督办，确保整改问题实事求是、全面精准。2022年，审计署反馈的14项问题，整改12项，正在整改2项；省审计厅反馈的60项问题，整改42项，正在整改18项；州本级查出的372项问题，已整改123项，正在整改196项，未整改56项。（撰稿人：马菊兰）

【海西蒙古族藏族自治州审计局】 2022年，海西蒙古族藏族自治州（以下简称海西州）审计局实有28人。局长刘隽武，副局长候彦慧、白华洁，纪检组长白小军，总审计师魏玉金。设有办公室、法规审理与电子数据审计科、财政金融与重大政策审计科、经济责任与企业审计科、行政事业与社会保障审计科、农业农村与资源环保审计科；下设审计服务中心。

审计成果 2022年，海西州审计局共完成审计项目43个，发现问题435个，查出主要问题金额4.63亿元，核减投资额8961.9万元，审计移送问题线索29件75条，报送审计专报9篇。

政策落实情况跟踪审计 完成2022年度国家重大政策落实情况跟踪审计2项，查出管理不规范资金1843.34万元。

财政审计 开展2021年度州本级及大柴旦行委预算执行和其他财政收支审计、法检两院预算执行和其他财政收支审计，查出项目库管理不规范、未形成有效支出等40个问题，涉及管理不规范资金近4亿元。

开展全州国有资产专项审计，发现国有资产长期游离于监督之外、违规经营担保业务、资产长期闲置随意处置、存在较大投资风险等4大类68个问题。开展海西州公安局、州教育局、州医院等15个政府投资项目审计，关注规划推进、项目建设管理、招标投标、资金管理使用等重点内容，促进投资有效落地、提高资金绩效，核减投资额8961.9万元。

资源环境审计 开展格尔木市原市长自然资源资产审计，通过审计摸清了被审计地区自然资源总量；完成大柴旦行委2017年至2018年草原生态奖补、森林生态效益补偿基金审计，审计发现问题金额377万元。联合青海省审计厅对2021年第一、第二、第三季度木里矿区综合整治项目政策落实、规划执行、种草复绿、建设程序、税款缴纳、资金管理使用等情况进行跟踪审计，涉及资金2.8亿元。

民生审计 开展乌兰县乡村振兴专项审计，木里矿区以及祁连山南麓海西片区生态环境综合整治情况审计，发现扶贫项目资产底数不清、资金闲置浪费缺乏监管、木里综合整治项目残煤拍卖收入未上缴财政等问题。

经济责任审计 开展海西州扶贫开发局原局长、州委宣传部原常务副部长、柴达木日报社原社长等11个单位领导干部经济责任审计，围绕构建一体推进不敢腐、不能腐、不想腐体制机制，切实发挥好“经济体检”功能，促进领导干部按照法定权限和程序行使权力。（撰稿人：陈　燕）

2022 年青海省所辖市（州）、县（市、区）审计工作统计表

审计机关	完成审计项目/个	审计查出主要问题金额/万元	审计发现非金额计量问题/个	审计期间整改金额/万元	出具审计报告和审计调查报告/篇	审计处理情况		审计促进整改落实有关问题资金/万元	审计提出建议/条	提交审计信息/篇
						审计处理处罚金额/万元	移送处理事项/件			
西宁市										
西宁市本级	35	793688	168	19652	35	271309	13	13354	33	74
城东区审计局	5	1796	11	33	5	1		1734	10	
城中区审计局	12	4806	75		14	4706	1	6706	18	6
城西区审计局	17	27427	67		17		1		47	6
城北区审计局	11	27853	46		8	27853	2	200	20	
湟中区审计局	12	4806	75		14	4706	1	6706	18	6
大通回族土族自治县审计局	12	32867	58	40	18	16678		803	24	68
湟源县审计局	12	5336	33	80	12	564	1	186		
海东市										
海东市本级	14	4269	87	4	21	3101		1180	71	
乐都区审计局	20	122	64	8	25			122	31	90
平安区审计局	10		44		16				26	
民和回族土族自治县审计局	28	1340	57	1075	28			220	95	
互助土族自治县审计局	22	55944	42	42819	22			13125	74	67
化隆回族自治县审计局	19	416	7	216	25			200	62	3
循化撒拉族自治县审计局	10	12	38		12	14			8	
海北藏族自治州										
海北藏族自治州本级	9	2181	87		12	1624		1300	36	151
门源回族自治县审计局	10	29018	44		13	9759		5651	17	89
祁连县审计局	15	7355	26	188	16	4887		5451	33	5
海晏县审计局	12	1019	165	1	11			38	83	25
刚察县审计局	8	983	31		8	3		481	19	26

续表

审计机关	完成审计项目/个	审计查出主要问题金额/万元	审计发现非金额计量问题/个	审计期间整改金额/万元	出具审计报告和审计调查报告/篇	审计处理情况		审计促进整改落实有关问题资金/万元	审计提出建议/条	提交审计信息/篇
						审计处理处罚金额/万元	移送处理事项/件			
黄南藏族自治州										
黄南藏族自治州本级	14	8423	163		42		1	4658	20	68
同仁市审计局	19	104710	72	647	23		2	108	102	6
尖扎县审计局	15	19326	126	76	25		3	3	74	10
泽库县审计局	13	15882	32		27		1	23	41	6
河南蒙古族自治县审计局	12	75233	32	40	12		4	68518	38	20
海南藏族自治州										
海南藏族自治州本级	15	29946	76	6	15	4835	15	29732	41	28
共和县审计局	8	27791	65	52	7		2	27741	22	
同德县审计局	10	2705	23	372	12	87	6	536	16	72
贵德县审计局	9	3855	26		8		2	1138	23	23
兴海县审计局	6	5465	16		7			2577	25	7
贵南县审计局	10	23564	28	8	10		1	26729	26	
果洛藏族自治州										
果洛藏族自治州本级	7	16416		15947	7	213	5	15947	37	45
玛沁县审计局	4	1133	4	1	4			2527	18	107
班玛县审计局	8	3589	9	2619	8		1	2625	11	5
甘德县审计局	8	5308	39	1	8		2	7578	23	4
达日县审计局	12	2748	63	6087	12				64	5
久治县审计局	6	72.6	57		6			91	43	2
玛多县审计局	2	2342			2			2342	16	2
玉树藏族自治州										
玉树藏族自治州本级	28	101086	169	3337	30	680	3		114	
玉树市审计局	14	45683	25	2	16	24799	13	17685	45	25
杂多县审计局	12	117065	61		14				33	9
称多县审计局	17	136	125	6	25	133		12	83	
治多县审计局	12	496	8		17	11		5	32	

续表

审计机关	完成审计项目/个	审计查出主要问题金额/万元	审计发现非金额计量问题/个	审计期间整改金额/万元	出具审计报告和审计调查报告/篇	审计处理情况		审计促进整改落实有关问题资金/万元	审计提出建议/条	提交审计信息/篇
						审计处理处罚金额/万元	移送处理事项/件			
囊谦县审计局	35	11345	92	2059	44	2152	3	2057	119	
曲麻莱县审计局	6	326	10		10	58		6	44	
海西蒙古族藏族自治州										
海西蒙古族藏族自治州本级	43	46312	345	10561	56	17639	29	13410	88	124
格尔木市审计局	41	24500	397	9986	47	24500	1	24500	122	102
德令哈市审计局	17	190	30	67	23	190	4	190	38	118
茫崖市审计局	18	16926	66	1	26			16926	53	
乌兰县审计局	31	2183	161	1820	31			1820	139	215
都兰县审计局	11	67241	65		11		7	67241	128	83
天峻县审计局	24	8321	249	159	24	8113	5	4419	57	126
大柴旦行委审计局	11	606	11	606	14			606	14	18

宁夏回族自治区

【宁夏回族自治区审计厅】 2022年，宁夏回族自治区审计厅实有153人。设有审计委员会办公室秘书处；内设办公室、法规审理处、内部审计监督指导处、财政审计处、行政事业审计处、农业农村审计处、固定资产投资审计处、社会保障审计处、自然资源和生态环境审计处、金融审计处、企业审计处、涉外审计处、经济责任审计局、政策落实审计处、机关党委（人教处）、派出审计一处、二处、三处、四处、五处、综合督查处；下设审计科研培训宣传中心、审计厅信息中心、计算机审计服务中心。

领导成员

党组书记、厅长：梁积裕（—4月）

潘　军（4月—）

党组成员、副厅长：李　伟（1月—）

张　龙　宋海燕

党组成员、纪检监察组组长：陈晓梅

党组成员、总审计师：莫德敏

党组成员、自治区经济责任审计工作联席会议办公室主任：王　荣（—2月）

一级巡视员：刘　佳（4月—）

二级巡视员：段雅美（—2月）

薛　峰（—12月）

高凤英（4—5月）

审计成果 2022年，宁夏回族自治区（以下简称自治区）审计机关共完成审计项目454个，其中审计378个、专项审计调查76个。查出主要问题金额3855301万元，其中违规金额166161万元、损失浪费金额5609万元、管理不规范金额3683530万元；审计发现非金额计量问题3903个；损益（收支）不实金额584748万元；审计发现侵害人民群众利益2193万元；出具审计报告和专项审计调查报告561篇，被批示、采用11篇次。审计处理处罚金额516854万元，其中应上缴财政

122549 万元、应减少财政拨款或补贴 7680 万元、应归还原渠道资金 68476 万元、应缴纳其他资金 18321 万元、应调账处理金额 299826 万元；移送司法机关、纪检监察机关和有关部门处理事项 186 件，移送处理人员 10 人，移送处理金额 64779 万元。审计促进整改落实有关问题资金 462851 万元；审计促进拨付资金到位 123504 万元；审计后挽回（避免）损失 4204 万元；核减投资额 7197 万元；移送处理落实事项 29 件。审计提出建议 1612 条，被采纳 1558 条；推动被审计单位制定整改措施 579 项；促进被审计单位建立健全规章制度 202 项；提交审计信息 383 篇，被批示、采用 53 篇次。向社会公告审计结果 61 篇。

自治区网络安全和信息化建设、乡村振兴重点帮扶县审计成果获中央领导同志肯定性批示，16 篇审计专报、综合报告等得到自治区领导批示肯定，4 个审计项目被评为全国审计机关优秀审计项目。

政策落实情况跟踪审计 聚焦“六稳”“六保”、减税降费、稳住经济 33 条政策措施和自治区稳保促 50 条措施等重大政策开展跟踪审计，有效推动政令畅通、令行禁止。

财政审计 开展 2021 年度自治区本级预算执行和其他财政支出情况审计，围绕重大政策落实、重点民生资金、重大投资项目、国有资产等内容，揭示财政预决算管理等 16 个专题的 133 个问题，推动健全现代预算制度；完成 2021 年度自治区本级预算执行和决算草案编制情况、自治区本级政府债务管理情况和金凤区政府债务管理情况审计，促进规范管理，守住风险底线。组织全区审计机关开展“9·20”突发新冠肺炎疫情防控资金和捐赠款物专项审计，助力疫情防控；构建财政审计数据库，筑牢研究型审计根基。

开展 2021 年度网络安全与信息化建设审计，揭示自然资源厅网络安全与信息化建设中存在的突出问题和风险隐患，保障相关项目建设依法合规和财政资金规范高效运行。

开展交通厅经济责任审计，揭示了政策执行、职责履行、财政财务管理等 5 个方面 43 个问题，涉及问题金额 38.23 亿元。开展银昆高速宁夏段工程审计，揭示了建设程序不规范、工程设计不严谨、工程管理不到位、工程质量存在隐患、征地拆迁存在漏洞等问题，涉及问题金额 4.7 亿元，促进规范项目建设管理，为自治区党委、政府决策提供参考。

国有企业审计 开展自治区属国有企业重点改革任务专项审计调查，覆盖 16 个履行国有企业出资人职责部门及其所监管的 91 家自治区属国有企业。深入揭示“混合所有制改革成效不明显、经营管理不规范、国有资产存在损失风险”等体制障碍、机制缺陷和制度漏洞，涉及 5 方面 30 个问题、违规违法及管理不规范问题金额 22.47 亿元。深入剖析改革责任担当、开拓创新、政策保障等深层次原因，研究提出审计建议，助力国企改革三年行动收官。

金融审计 开展固原市本级地方政府债务管理情况、吴忠市本级地方政府债务管理情况、黄河农商行及部分市县农村商业银行资产负债损益以及其他财务收支情况审计。通过以往审计发现问题和督促整改，修订《宁夏科技担保基金管理办法》，明确基金的风险补偿事项、盘活产业引导基金闲置资金 7 亿元、整合设立乡村振兴基金等，有力促进防范化解金融风险、支持地区经济发展。

资源环境审计 开展黄河流域宁夏段 4 市 10 个县（市、区）生态保护情况专项审计调查，发现用水权改革制度体系尚未形成、生态保护规划落实不到位、非常规水利用率低、湿地保护修复目标未完成、水污染防治专项资金未发挥效益等问题，纠正违规金额 1.12 亿元，推动自治区发改委、水利厅、生态环境厅、宁东管委会等单位建立健全制度 20 余项，服务建设黄河流域生态保护和高质量发展先行区。

民生审计 开展涉粮审计，重点揭示了粮食购销存等 8 个方面 59 个问题，涉及问题资金 2.93 亿元，守稳守好“粮袋子”。组织开展原州区、海原县巩固拓展脱贫攻坚成果同乡村振兴有效衔接相关政策和资金审计，揭示了验收单弄虚作假、壮大村集体经济分红未收回等 30 个问题，纠正违规金额 3810.29 万元，追责问责 3 人，助推乡村全面振兴样板区建设。开展自治区本级 2019 年至 2021 年基础教育质量提升相关项目资金专项审计调查，揭示了政策执行、专项资金管理使用、绩效管理等方面存在的问题；开展自治区教育厅 2021 年度预算执行情况审计，查出预算编制不完整、预算执行率较低、资产管理不规范等问题。

经济责任审计 开展13个单位19名区管领导干部经济责任审计，紧盯权力运行和责任落实，揭示政策措施未有效落实、经济决策事项不合规、资金资产管理使用不规范等问题，推进问题整改252个，促进领导干部依法、秉公、廉洁用权。

审计查出问题整改 全区审计机关紧密联系、主动对接审计署对自治区审计查出问题整改工作，有效推动2018年以来审计查出的需要立行立改的4338个问题全部整改完毕，阶段性整改的733个问题，整改率达96.6%。提请自治区党委审计委员会研究出台了《关于建立健全审计查出问题整改长效机制的实施意见》，全面夯实被审计单位整改主体责任、主管部门监督管理责任和审计机关督促检查责任。以“见人见事见物、见制度见文号见成效”为标准，完善审计整改结果认定办法。加强审计整改组织保障，成立综合督查处，将审计整改纳入厅机关目标责任考核。自治区党委审计办与自治区纪委监委、党委巡视办联合印发实施意见，推进“三类监督”贯通协同。自治区党委督检考办首次将审计整改情况纳入自治区效能目标管理考核。

审计理论研究 2021年度“新发展格局视角下审计监督在促进黄河流域生态保护和高质量发展先行区建设中的作用研究”和2022年度“中小银行风险及其审计研究”入选中国审计学会合作课题。制定印发《自治区审计厅审计科研课题专家指导制暂行办法》和《自治区审计厅审计科研课题评审专家聘请管理暂行办法》，进一步规范审计科研课题评审专家管理。《贯彻落实〈党政主要领导干部和国有企事业单位主要领导人员经济责任审计规定〉实施意见》《自治区本级经济责任审计对象分类管理办法（试行）》等4项制度入选审计署经责司《地方审计机关经济责任审计工作法规制度选编》。

内部审计 组织5个地级市审计机关，对全区3221家单位填报2021年度和2022年上半年度内部审计统计报表进行审核汇总，并按时上报审计署。制定印发《关于进一步加强和改进内部审计指导监督工作的实施意见》，规范了审计机关对内部审计指导监督工作。与自治区国资委联合，组织国有企业内部审计机构开展债务专项审计，进一步规范被检查单位内部审计管理工作；选派内审人员40人次开展“以审代训”，培养提升内审人员业务能力。

相关工作 健全完善审计委员会会议制度，出台《自治区党委审计委员会审计监督重大事项督察督办工作办法》等重要制度4项。向中央审计委员会及其办公室报送综合报告、制度文件、信息简报等20篇，学习宣传贯彻新修订审计法和优化营商环境、黄河流域生态保护审计方面的经验做法被中央审计委员会办公室采用。组织开展全区审计管理体制改革落实情况“回头看”，提出33项具体措施。

持续推进研究型审计。制定《关于开展“研究型审计推进年”活动的实施方案》，细化完善《“研究型审计推进年”任务清单和考核表》，组织开展研究型审计考核工作，充分发挥考核“指挥棒”作用。全面收集梳理各项政策法规，充分应用北大法宝、审计查出问题定性系统，为开展研究型审计打下坚实基础。制定出台《审计项目业务审定会制度》等，组织对自治区国有企业重点改革任务落实情况等18个审计项目开展现场质量管理检查工作，切实发挥项目审理“把脉提质”作用。组织对银川市及所辖6个市、县（区）审计机关开展审计项目质量检查，全方位“体检”审计项目总体情况，压实各市、县（区）审计局全过程全链条审计质量责任，切实守好审计质量“生命线”。

大数据审计取得新成效。开展国有产权领域大数据分析应用，采集整理股权变更登记等各类数据12万余条（除卫生健康），建立营利性用地无溢价、砂料矿的采矿权溢价率较低、“作废”或“中止”后重新交易、存在附加条件土地或矿业权交易、挂牌地块为违法用地等10个数据模型，移交问题线索及辅助数据1580条，进一步规范国有产权交易行为，确保国有资产安全和保值增值。

持续强化审计机关自身建设。扎实开展“五型”模范机关建设，持续深化“321”审计党建品牌和“一支部一品牌”创建，党建创新工作在区直机关党建创新交流会上做经验介绍。率先在全区开展专业技术类公务员分类改革试点工作，专业化队伍建设工作在全区公务员工作推进会上做经验交流。组织 270 余人（次）参加自治区和审计署各类培训、挂职锻炼、驻村工作等，培养提升能查能说能写本领。（撰稿人：史海红）

【银川市审计局】 2022 年，银川市审计局实有 44 人。党组书记、局长葛琪，党组成员、副局长、经济责任审计局局长马立鹏，党组成员、副局长郭文斌（—12 月）、范春平（—8 月）、李晓燕（12 月—）、张洁琨（12 月—）。设有市委审计委员会秘书科；内设办公室（机关党建科）、法规审理科、财政金融审计科、政策落实跟踪审计科、固定资产投资审计科、企业审计科、社会保障审计科、农业与自然资源环境审计科、行政事业审计科、经济责任审计科、重大项目稽查审计科、内部审计与整改督办科、监察室；设立派出企业审计办、派出园区审计办 2 个派出审计办；下设银川市审计数据分析中心。

审计成果 2022 年，银川市审计局共完成审计项目 36 个，审计查出违规及管理不规范金额 3.45 亿元，审计处理处罚金额 160.4 万元，应上缴财政资金 255.35 万元，提出审计意见和建议 144 条；移送市纪委和相关主管部门事项 50 余项；提交审计要情 13 期、专报 9 期，以强有力的审计监督助推银川市经济社会高质量发展、保障“两个示范市”创建。

银川市属各部门管理企业以及下属子公司资产负债损益情况专项审计获自治区审计项目质量等级评定一等奖。银川市退役军人事务局 2021 年度部门预算执行情况审计获自治区审计项目质量等级评定三等奖。

政策落实情况跟踪审计 组织开展银川市本级政策性粮食储备管理情况专项审计、银川市老旧小区居住条件改善政策落实情况审计和银川市本级公立医院综合改革政策落实情况专项审计调查。粮食储备抽查近 2 万吨粮食，调查走访 12 家应急成品粮油承储企业，查找粮食安全监管、粮食承储、粮食轮换等 6 方面 36 个问题，积极推进边审计边促整改，助力保障粮食安全。基础教育反映扩发范围使用资金、建设项目未及时结算问题被自治区预算执行报告采纳。

财政审计 组织开展了银川市财政局 2021 年度市本级预算执行及其他财政收支情况审计及银川市本级 2021 年度政府财务报告审计、灵武市人民政府 2021 年度财政决算审计。促进各部门（单位）出台完善《银川市财政预算执行考核暂行办法》《银川市本级预算单位财政拨款结余结转资金管理办法》等 200 余项制度，盘活调整存量资金 6.95 亿元，有效加强了财政及部门预算执行。

组织开展银川市“交通疏堵 6+N”重点工程跟踪审计、沈阳东路快速通道及中北部片区建设跟踪审计；持续关注工程建设政府采购领域问题，促进基础设施建设提速提质，审计服务地方经济发展的针对性、精准性和层次性显著提升，形成《专题报告》4 期、《督查通报》5 期、审计要情 8 期，督促整改建设程序不规范、推进不力等问题 126 个，完成整改 95 个，达到与市委、市政府工作思路“同步”，与重点工作和重大项目“同速”效果，推动加快工程进度、提高资金绩效。人防工程反映易地建设收费标准问题，自治区有关部门已启动调整工作，切实将制度优势更好转化为治理效能。

国有企业审计 组织实施银川中科元昊科技有限公司 2021 年度资产负债损益审计；银川土地开发投资有限公司 2021 年度资产负债损益审计。揭示企业法人治理结构不健全、实收资本投资主体不合规、“三重一大”事项决策方式不合规等问题，持续推动提升国有企业活力和效率，部分国有企业补缴国资收益 2315.21 万元；持续关注行政事业性国有资产管理情况，促进国有资产产权关系清晰、数量及价值信息准确可信、国有资产保值增值。

资源环境审计 组织实施了银川市自然资源局领导干部自然资源资产离任审计，通过数据提取、现场勘察，全面掌握全市自然资源资产存量管理情况及存在问题，共查出未严格执行协议出让土地程序等问题 12 个。持续开展自然资源资产审计，全力组织实施黄河流域宁夏段生态保护专项审计调查，共发现生态保护修复、环境污染治理等四方面 22 类 39 个问题，推动筑牢生态安全屏障。

民生审计 开展银川市就业创业补助资金和失业保险基金专项审计（署定）；银川市基础教育质量提升项目资金专项审计调查等项目，审计揭示了政策贯彻落实不到位、骗取资金、违规发放资金、资产管理不到位等63个问题，形成审计要情2期，审计移送事项3项。追回培训监管不到位套取资金22.39万元，处理相关责任人2名，促进特殊困难群体基本生活保障到位，审计成果得到市委市政府领导充分肯定。

经济责任审计 开展银川市档案馆（银川市地方志编纂委员会办公室）等10个单位主要负责同志的经济责任审计工作，揭示领导干部在贯彻执行党和国家经济方针政策等7个方面问题，银川市委出台《关于建立激励干部担当“两榜四机制”的实施意见》，审计部门被列为领导干部“红黄榜”考核评定部门。编制《2022年经济责任审计工作实施方案》，完成银川市教育局等10个单位主要负责同志的经济责任审计工作，揭示领导干部在贯彻执行党和国家经济方针政策等7个方面125个问题，为规范权力运行、促进依法行政、推进国家治理体系和治理能力现代化发挥重要作用。

审计查出问题整改 2022年，审计署、自治区审计厅反馈银川市贯彻落实国家重大政策措施跟踪审计等查出问题16个，已全部整改。银川市本级审计项目查出问题977个，截至2022年12月底，要求立行立改、分阶段整改的问题已整改到位；要求持续整改的问题均制定了详细的整改措施和计划。通过审计整改，收回财政资金6.32亿元，制定修订各类规章制度117项，联合市委、政府督查室持续开展督查督办，审计权威进一步彰显，“治已病、防未病”功能进一步强化。

相关工作 银川市审计局在全市审计系统开展提高“政治三力”提升“业务三能”活动，坚持以党的建设为统领，以各项工作争先进为目标，突出机关党建与业务工作深度融合，开展“分管领导大讲堂”“科长开讲啦”等形式的集体学习，坚持把理论学习作为提升干部队伍素质的“第一跑道”，探索形成搞好理论武装、用好党务干部、带好党员队伍、建好党建阵地、抓好工作落实的“五好”模式，走出了一条新时代机关党建工作的新路子。一是抓阵地建设，激发党建新活力。结合审计工作特点，投入10万余元打造“党建阵地+青年之家+科室之家”三项阵地建设，形成覆盖全局、深入一线、贴近党员的党建前沿阵地。二是抓载体创新，助推事业新发展。持续深化“勤审为民　善计为公”党建品牌，支部书记由“60后”转向“80后”，支部委员、党小组组长“90后”占75%，局机关支部始终保持旺盛的生机与活力，把党小组建在审计一线，党建与业务深度融合在审计一线，廉政风险防线筑牢在审计一线，不断提升党组织凝聚力、战斗力。三是抓党员队伍，提升服务新风尚。局主要领导召开青年干部座谈会，与全局45岁以下年轻干部畅谈理想、共话青春，激励青年审计干部常怀志气、骨气、底气，不负青春、不负韶华。做优做实“党史青年说”“学习二十大·我是报告诵读者”等活动，组建理论学习、阅读、体育等兴趣小组，局团支部获得“五星级团支部”荣誉称号。

（撰稿人：汤　玲）

【石嘴山市审计局】 2022年，石嘴山市审计局实有41人。局长罗万信（1月—），副局长张惠勇、王立山（—4月）、李新平（4月—）、王斌，党组成员向晓静。设有办公室、法规审理与内部审计指导监督科、财政金融审计科、电子数据审计科、固定资产投资审计科、社会保障审计科、企业审计科、经济责任审计科、政策落实审计科、农业农村与自然资源生态环境审计科。

审计成果 2022年，石嘴山市审计局共完成审计项目25个，累计查出各类问题217个，提出审计建议58条，查处主要问题金额228786万元，促进被审计单位建立健全规章制度43项，移交问题线索9件。

政策落实情况跟踪审计 重点开展黄河流域石嘴山段生态保护专项审计、重点产业资金和政策落实情况跟踪审计、四大提升行动——农村环境整治政策落实跟踪审计，揭示生态保护修复和环境污染治理方面存在的问题，盘活闲置资金1000余万元，促进加快建设进度项目6个。

财政审计 开展2021年度石嘴山市本级预算执行和其他财政收支审计、大武口区人民政府2021年度财政决算情况审计，审计部门（单位）83个，查出各类问题98个，提出审计建议17条。运用大数据分析审计实现了石嘴山市160家部门单位和涉及的194家工业商贸企业全覆盖，实现了财政预算资金审计全覆盖，有效促进财政资金提质增效。

开展山水林田湖草资金使用情况专项审计调查，以及沙湖—星海湖连通水系生态修复与水质提升、三排五排入黄段人工湿地恢复与重建、星海湖水体生态修复与湖滨缓冲带工程等 4 个项目的竣工决算审计工作，揭示项目管理不到位、资金使用效益不规范等问题 114 个，查出损失浪费、管理不规范等违规资金 19905. 58 万元，促进增收节支 1046. 74 万元，移送问题线索 6 件。

国有企业审计 对石嘴山市属国企进行资产负债损益审计，揭示企业会计信息不实、国企改革推进缓慢等 67 个问题，形成审计专报 3 篇，促进出台制度 3 项。

民生审计 围绕民生政策的普惠性、基础性和兜底性，重点关注基础教育、困难救助群体、就业补助和失业保险政策落实情况，开展基础教育质量提升专项审计、就业补助资金和失业保险基金审计，揭示资金管理使用和政策执行存在的突出问题，促进惠民政策的落地生效。

经济责任审计 对 7 名石嘴山市管干部开展经济责任审计，查出各类问题 110 个，违规违纪和管理不规范资金 27370. 43 万元，提出整改意见 19 条，推动干部担当作为干事创业。

（撰稿人：张金鹏）

【吴忠市审计局】 2022 年，吴忠市审计局实有 31 人。局长马克林，副局长李鹏、马志明、孙培军，市经济责任审计工作联席会议办公室主任蒲建芳。设有市委审计委员会办公室秘书科（法规审理科）；内设办公室、经济责任审计局、财政审计科、行政农业社保审计科、固定资产投资审计科、企业审计科、内部审计与整改督办科。

审计成果 2022 年，吴忠市审计局共完成审计项目 36 个，查出各类违规违纪、损失浪费及管理不规范资金 1. 59 亿元，出具审计报告和专项审计调查报告 42 篇，审计发现问题 82 个，提出审计建议 53 条。

宁夏吴忠国家农业科技园区管委会土地承包情况专项审计调查项目被审计署评为 2022 年全国审计机关优秀审计项目三等奖。黄河流域宁夏段（利通区）生态保护情况专项审计调查项目被自治区审计厅评为市级审计机关优秀审计项目。

政策落实情况跟踪审计 围绕中央、自治区和吴忠市重大政策措施，开展政策落实情况跟踪审计，对贯彻落实全国稳经济大盘、自治区稳经济保增长出台政策措施情况、减税降费及涉企违规收费和清理拖欠中小企业账款政策落实情况等开展审计，抽查市县区重点项目 12 个，涉及概算投资额 5. 45 亿元，抽查专项资金 2. 46 亿元。

财政审计 开展 2022 年度市本级财政预算执行审计和 6 个部门（单位）2021 年度预算执行情况审计，重点关注财政支出进度、财政资源统筹等情况，认真落实财政政策提升效能和政府过紧日子要求，有效促进绩效管理质量提升，提高预算管理水平，确保财政资金见成效。

开展吴忠市 2020—2021 年中央预算内投资项目专项审计调查、市“互联网+医疗”信息化建设项目跟踪审计、市第一再生水厂循环利用工程跟踪审计等，重点关注项目审批、工程招投标、投资控制、工程质量、投资绩效等方面存在的问题，规范政府投资建设行为，提高投资效率。

国有企业审计 开展市城乡建设投资开发有限公司资产、负债、损益审计，重点检查企业重大经济决策、重大项目、资金使用、资源利用以及内部管理情况，促进国有资产保值增值。

资源环境审计 开展黄河流域生态保护专项审计调查、金积工业园区管理委员会主要负责同志自然资源资产离任审计，重点关注绿色低碳、能耗“双控”、生态保护、污染治理，以及中央环保督察问题整改情况。

民生审计 开展国家乡村振兴重点帮扶县（西吉县）相关政策落实、基础教育质量提升、吴忠市农村公路养护资金使用等专项资金审计项目，参加自治区审计厅组织实施的就业补助资金和失业保险基金审计，把审计监督跟进到民生项目和资金的“最后一公里”，推动改革发展成果及各项政策更加惠及和保障民生。

经济责任审计 围绕规范权力运行和责任落实，采取“1+N”审计组织方式，开展 11 个部门、12 名企业领导干部经济责任审计，依法揭示领导干部经济责任履行中存在的问题，强化对权力运行的制约和监督。

审计查出问题整改 压实被审计单位整改主体责任、主管部门监督管理责任和审计机关督促检查责任，向市委审计委员会、市人大常委会专题汇报审计整改工作情况，针对重点难点问题提出建设性意见和建议，促进问题解决。建立审计查出问题整改台账，采取市级领导督办、组成联合督察督办组、下发督办单等形式开展审计查出问题整改落实情况专项督察，推动相关问题整改落实。制定《吴忠市纪检监察监督、巡察监督与审计监督贯通协助机制（试行）》，推动审计与纪检监察、人大、组织人事在信息互通、线索移送、重要事项办理中通力配合，形成监督合力。

研究型审计　开展“研究型审计推进年”活动，以“政治—政策—项目—资金”为主线，围绕国家、自治区和市委政府重点工作以及社会热点、民生难点、改革堵点问题，开展立项调研、征求意见、研究讨论，确定7项年度审计科研课题，制定审计项目审前、审中、审后各项具体措施，统筹研究型审计推进年各项活动。建立研究型审计工作机制，修订完善审计现场管理办法、审计项目审理办法、审计项目业务审定会等5项制度，规范审计业务流程，提高审计项目质量。

相关工作　坚持思想建党、理论强党，深入学习贯彻党的二十大精神，开展“大学习、大讨论、大宣传、大实践”活动，推动党史学习教育常态化长效化，用党的创新理论统一思想、凝聚力量、指导实践。认真落实全面从严治党要求，将党建、党风廉政建设与审计业务工作同谋划、同部署、同推进、同考核。加强机关党的建设，深化基层党建全面提升年活动，认真落实“三强九严”工程要求和“三会一课”制度，深化模范机关创建工作，促进机关党建与审计业务深度融合，抓党建、带业务、促发展，推进新时代机关党建高质量发展。坚持作风建设永远在路上，认真贯彻落实中央八项规定精神和自治区“八条禁令”，加强机关作风建设和廉政风险防控，开展违规收送红包礼金和不当收益及违规借转贷或高额放贷专项整治工作，以严的基调强化正风肃纪，推进作风建设常态化长效化。深化对党忠诚教育、理想信念教育和革命传统教育，弘扬伟大建党精神，践行社会主义核心价值观，加强审计机关党员干部教育、监督和管理，强化责任担当，努力锻造高素质专业化审计干部队伍。

（撰稿人：李忠祥）

【固原市审计局】　2022年，固原市审计局实有21人。局长蒙卫斌，副局长拜春晖、杨升、虎伟（—9月）、余广乾（9月—）。设有市委审计委员会办公室秘书科；内设办公室、法规审理科、审计一科、审计二科、审计三科、审计四科、经济责任审计局；下设计算机技术中心。

审计成果　2022年，固原市审计局完成审计项目31个，其中专项审计调查2个。查出主要问题金额88289万元，其中违规金额3540万元、管理不规范金额84749万元；审计发现非金额计量问题59个；损益（收支）不实金额2632万元；出具审计报告和专项审计调查报告31篇。审计处理处罚金额26449万元，其中应上缴财政3504万元、应归还原渠道资金256万元、应缴纳其他资金46万元、应调账处理金额22643万元；移送司法机关、纪检监察机关和有关部门处理事项2件，移送处理人员3人。审计促进整改落实有关问题资金9068万元；审计促进拨付资金到位1801.20万元；审计后挽回（避免）损失2099.26万元；核减投资额7万元。审计提出建议77条，被采纳77条；推动出台政策文件及制度36项；提交审计信息46篇，被批示、采用10余篇次。向社会公告审计结果2篇。

宁夏六盘山产业扶贫开发投融资集团有限责任公司专项审计项目被自治区审计厅评为二等级。

政策落实情况跟踪审计　实施基础教育质量提升资金使用情况跟踪审计，督促市财政安排市直义务教育阶段课后服务绩效工资187万元。

财政审计　对68个一级预算单位预算执行及其他财政收支开展审计，着力规范财政资金高效使用。

国有企业审计　开展固原市水利勘察设计院、九龙集团公司资产负债及损益审计，推动国有资产保值增值。

民生审计　完成困难群众救助补助资金、住房公积金等审计，交叉审计同心县乡村振兴项目和资金管理使用，推动政策惠及民生。

经济责任审计　开展19名领导干部经济责任审计，制定《固原市本级经济责任审计对象分类管理办法（试行）》《固原市领导干部自然资源资产离任审计工作方案》。

审计查出问题整改　提请市委和政府召开会

议3次，专题研究整改工作，将审计整改纳入年度目标效能考核。印发审计监督重大事项督察督办工作办法等规范性文件。

研究型审计 举办2022年春季研究型审计培训班，青年科研课题“固原市预算执行绩效审计情况研究”被自治区审计厅评为优秀。

内部审计 固原市共设立内部审计机构10个，内部审计人员27人，开展内部审计项目136个，审计发现问题235个。

相关工作 推动党建与业务融合，创建“141”党建强审品牌。组织调研县（区）审计机关和审计业务质量检查。通过区级精神文明单位复验。

（撰稿人：徐 严）

【中卫市审计局】 2022年，中卫市审计局实有24人。局长张海涛，副局长张军、雍军、温旭茹。设有办公室、法制科、财政与金融审计科、政策执行与企业审计科、行政事业审计科、农业与自然资源审计科、固定资产投资审计科、经济责任审计局、审计服务中心。

审计成果 2022年，中卫市审计机关共完成审计项目83个，查出主要问题金额194950.79万元，出具审计报告和审计调查报告83篇。审计处理处罚金额6038.04万元，移送纪检监察机关和有关部门处理事项5件；审计促进整改落实有关问题资金93737.4万元；审计提出建议288条；提交审计信息157篇。

中卫市建设投资有限责任公司（宁夏沙坡头旅游产业集团有限责任公司）党委书记、董事长经济责任审计项目被评为2023年市级审计机关审计项目二等奖，中宁县易地搬迁专项审计调查被评为2023年市级审计机关审计项目三等奖。网络安全等2个审计项目14个案例内容被自治区综合报告采用。

政策落实情况跟踪审计 紧扣政策落实、营收增效、国资保增，以摸清家底、揭示风险、规范运营、促进发展为目标，对市属10多家企业及关联企业开展了审计调查。共发现资产负债损益不实、资产存在损失风险等6大类30个问题，涉及资金1.2亿元，提出处理意见30余条，进一步理顺市属国有企业产权关系，推进市属国有企业重组改革。

财政审计 以高质量发展为目标，着眼于促进全面实施预算绩效管理，促进财政资金提质增效，落实好过紧日子要求，推动进一步做好“六稳”工作、落实“六保”任务，推动财政管理体制改革，推动建立全面规范透明、标准科学、约束有力的预算制度引领高质量发展，完成对市本级65个一级预算单位财务数据审计分析，持续深化财政预算执行监督，为地方财政促进增收1.02亿元，盘活存量资金0.49亿元。促进财政资金加快支出0.86亿元，规范11个部门（单位）国有资产管理。

围绕市委和政府关于经济工作的决策部署和重点任务，加大对政府投资项目的审计力度，组织实施8个投资项目审计，涉及资金0.97亿元，及时反映进度延缓、管理不规范、损失浪费等问题，促进规范建设项目管理。

经济责任、自然资源资产离任审计 完成市教育局等12个单位主要负责同志的经济责任、自然资源资产审计工作，揭示领导干部在贯彻执行党和国家经济方针政策等7个方面101个问题。

民生审计 开展基础教育质量提升相关资金专项审计调查，重点抽查9个学校，涉及资金2.48亿元，促进了沙坡头区基础教育质量提升。实施自治区乡村振兴重点帮扶县相关政策落实和资金审计，抽查7个乡镇56个村，涉及资金4.6亿元，巩固拓展脱贫攻坚成果同乡村振兴有效衔接。

审计查出问题整改 认真贯彻落实《关于建立健全审计查出问题整改长效机制的实施意见》，以健全制度、完善机制为抓手，制定《审计查出问题整改工作管理办法》，通过市政府分管领导集体约谈、个别约谈重点整改单位，提请召开市委审计委员会、政府专题会、政府常务会专题研究审计问题整改情况，夯实审计整改各方职责，推动形成全员全流程抓整改的大格局。并将审计整改作为绩效考核评价减分指标，以考核倒逼被审计单位落实整改责任。切实履行好审计整改跟踪督促检查责任，梳理2018年以来各级审计机关审计查出问题清单，多次下发整改通知督促整改，总体整改率达到90%以上。特别是2020年度中央预算执行和其他财政支出情况审计查出问题整改率达到95%。进一步化解问题存量、遏制问题增量，确保审计发现问题整改到位。

研究型审计 成立研究型审计工作领导小组，将研究型审计工作纳入2022年重点工作任务，明确各项具体工作科室和完成时间。制定印发《关于开展“研究型审计推进年”活动的实施方案》，围绕选题立项、审计实施、项目管理、审后提升4个方面，确定4个研究型审计试点项目和12项研究型审计任务。结合黄河流域生态保护、网络安全和信息化建设审计项目，开展了4次研究型审计系列专题研讨会，2个研究型审计项目成效显著。

专项审计 实施黄河流域宁夏段生态保护专项审计调查，调查有关单位27家，抽查44个污水处理厂及管网工程等，涉及资金1.94亿元，查出5大类58个问题，推动黄河流域中卫段沿线生态保护治理体系和治理能力现代化

相关工作 持续保持全国文明单位、自治区文明单位荣誉，成功创建“让党中央放心、让人民群众满意”的模范机关、五星级党支部、先进基层党组织、机关党建工作示范党支部等荣誉，有效发挥党建对审计业务工作的引领作用。不断加大年轻干部培养力度，先后提拔科级干部4名，内设科室及事业机构负责人年轻干部占比78%，有5名干部连续3年被市委组织部评为“优秀公务员”，并荣获三等功，干部面貌焕然一新。

（撰稿人：刘芳霞）

2022年宁夏回族自治区所辖市、县（市、区）审计工作统计表

审计机关	完成审计项目/个	审计查出主要问题金额/万元	审计发现非金额计量问题/个	审计期间整改金额/万元	出具审计报告和审计调查报告/篇	审计处理情况		审计促进整改落实有关问题资金/万元	审计提出建议/条	提交审计信息/篇
						审计处理处罚金额/万元	移送处理事项/件			
银川市										
银川市本级	36	195112	254	23470	36	16699	84		117	98
兴庆区审计局	12	491457	80	30595537	6	19030776	2	5267261	25	75
西夏区审计局	10	9521	65	1137	10			9	32	38
金凤区审计局	13	19728	69	2380	13	36	2	11504	35	39
永宁县审计局	13	68444	44	23418	13	366	8	54288	41	25
贺兰县审计局	14	28497	67	1430	14		8	9603	52	42
灵武市审计局	19	56000	82	5058	19	17759	8	5058	57	65
石嘴山市										
石嘴山市本级	25	228786	217	941	28	26090	9	8216	58	45
大武口区审计局	13	39056	104		11		6		43	
惠农区审计局	9	15195	23		11	1973		30391	38	45
平罗县审计局	16	13404	128	4695	23	3741	22	7863	80	200
吴忠市										
吴忠市本级	36	15979	82	3069	42	4742	1	9124	53	20

续表

审计机关	完成审计项目/个	审计查出主要问题金额/万元	审计发现非金额计量问题/个	审计期间整改金额/万元	出具审计报告和审计调查报告/篇	审计处理情况		审计促进整改落实有关问题资金/万元	审计提出建议/条	提交审计信息/篇
						审计处理处罚金额/万元	移送处理事项/件			
利通区审计局	19	26675	155	6224	16	19305	2	11982	65	15
红寺堡区审计局	12	23543	78	753	14	4477		20044	45	44
盐池县审计局	22	30321	200	1901	44	5681	9	17031	87	6
同心县审计局	22	30215	81		30	365	16	21602	67	52
青铜峡市审计局	16	60654	145	661	22	38672	8	30980	41	3
固原市										
固原市本级	31	88289	59	62400	31	26449	2	9068	77	46
原州区审计局	33	105807	51	105591	33			243	16	15
西吉县审计局	14	189505	34	805	16	188699	3	176528	50	69
隆德县审计局	9	24269	33	440	11	61			19	
泾源县审计局	15	20959	135	1503	30			4816	98	21
彭阳县审计局	13	221881	45	1829	13		2	78370	52	38
中卫市										
中卫市本级	32	73894	145	47	32	4872	3	82863	158	73
沙坡头区审计局	13	9515	117	16	13	909	1	1341	42	
中宁县审计局	20	96696	43	942	20	2181	1	2178	49	57
海原县审计局	18	14846	40	314	18			7355	39	27

新疆维吾尔自治区

【新疆维吾尔自治区审计厅】 2022年，新疆维吾尔自治区审计厅实有250人。自治区党委审计委员会办公室设在审计厅。审计厅设有办公室、政策法规处、审理处、内部审计指导监督处、电子数据审计处、财政审计处、教科文卫审计处、农业农村审计处、固定资产投资审计处、社会保障审计处、自然资源和生态环境审计处、金融审计处、企业审计处、涉外审计处、经济责任审计处、督察处、财务处、人事处、机关党委、离退休干部工作处，另设派出审计一处、派出审计二处、派出审计三处、派出审计四处、派出审计五处、派出审计六处、派出审计七处、派出审计八处、派出审计九处、派出审计十处、派出审计十一处、派出审计十二处、派出审计十三处、派出审计十四处；下设自治区固定资产投资审计技术保障中心（参照公务员法管理单位）、自治区审计科学研究所、自治区审计厅计算机技术中心、自治区审计干部宣传教育中心、自治区审计厅机关服务中心。

领导成员

党组书记、副厅长：王彦楼（—7月）
海拉提·巴拉提（7月—）
党组副书记、厅长：
海拉提·巴拉提（—7月）
薛　江（7月—）
党组成员、副厅长：薛　江（—7月）

王　军
高　伟（援疆）
齐明达

总审计师：高翠萍（二级巡视员）
纪检监察组组长：姚　芮
一级巡视员：肖文英
二级巡视员：王　凯　孟建萍（—3月）
涂新民（—5月）　潘红炜
申富强（—12月）　白天山
穆尼热·艾力

审计成果　2022年，新疆维吾尔自治区（以下简称自治区）审计机关共完成审计项目1808个，其中审计1655个、专项审计调查153个。查出主要问题金额3027.97亿元，其中，违规金额211.42亿元、损失浪费金额5.05亿元、管理不规范金额2811.50亿元；审计发现非金额计量问题6586个；损益（收支）不实金额101.52亿元；出具审计报告和专项审计调查报告2037篇，被批示、采用233篇次。审计处理处罚金额566.07亿元，其中应上缴财政74.66亿元、应归还原渠道资金371.79亿元、应缴纳其他资金35.25亿元、应调账处理金额82.71亿元；移送司法机关、纪检监察机关和有关部门处理事项160件，移送处理金额8.27亿元；审计促进整改落实有关问题金额326.67亿元；审计促进拨付资金到位46.97亿元；审计后挽回（避免）损失10.92亿元。审计提出建议6048条，被采纳5866条；推动被审计单位制定整改措施1481项，促进被审计单位建立健全规章制度116项；提交审计信息1247篇，被批示、采用364篇次。

政策落实情况跟踪审计　聚焦政策落实，推动政令畅通。对职业教育改革发展政策措施落实情况进行审计，推进健全完善职业教育相关制度规定20项，清理“空壳”院校22所，20所院校改善办学条件。在各类审计项目中揭示拖欠企业账款、违规收费等严重损害营商环境问题，督促清理拖欠款项19.7亿元。

财政审计　聚焦财政管理，促进提质增效。组织开展本级预算执行、政府投资项目管理、部门预算执行、地方财政收支等审计，推动财政资金提质增效。将地方财政收支管理作为经责审计重点关注事项，首次实现年度内14个地、州、市财政审计全覆盖。对80家自治区部门单位开展大数据核查，查出问题488个，涉及金额3.9亿元。

持续加大重点领域、重点行业投资项目审计力度，全区审计机关共核减投资额30.17亿元。开展16个重点水利项目专项审计调查，揭示部分项目进展缓慢、引水能力不足等问题。组织9个地、州、市审计机关对政法系统260个项目进行专项审计调查，揭示超概算、招投标不规范等问题，自治区召开专题会议研究部署整改工作。组织11个受援地审计机关对1839个援疆项目进行审计，促进援疆资金更好发挥经济社会效益。

金融审计　密切关注财政、金融领域风险、国有资产安全，在财政、经责等审计中揭示专项债券挤占挪用、违规以政府社会资本合作模式和特许经营方式实施项目等问题。组织13个地、州、市审计机关开展农信社专项审计调查，揭示违规放贷、资产不实等突出问题。开展投资企业经营管理审计，揭示违规收购形成浮亏、资产损失风险等问题，推动完善区域性风险防范化解机制。

资源环境审计　自治区实施101个领导干部自然资源资产离任（任中）审计项目，加强审计评价指标体系探索运用。在11个地、州、市经济责任现场审计期间，及时编制《生态文明建设管理方面审计重点及重点问题清单》，加强对生态文明建设审计工作的指导。加强与自治区测绘局沟通，充分运用遥感技术、地理信息系统、全球定位系统等新技术新方法，对自然资源、生态环境变化情况进行遥感影像对比分析，查找疑点。组织并授权对2个地州、3个县共11名领导干部开展自然资源资产离任（任中）审计，揭示永久基本农田划定重叠，耕地“非农化”，无证、越界开采、越界堆料、未按规定完成矿山恢复治理等问题，提升了审计效率和质量。

民生审计　实现35个乡村振兴重点帮扶县审计全覆盖，督促拨付、收回资金37.61亿元，审计查出的产业帮扶项目建设和后续扶持、联农带农机制建立健全、产业扶持政策落实、产业帮扶项目资产和资金管理等4个方面269个问题被审计署综合报告采用117个，采用率44%。开展困难群众救助补助资金审计，促进2000余名困难群众享受救助待遇、追回违规发放的补助资金

1329.49万元，审计查出的173个问题被审计署综合报告采用78个，采用率45%。

经济责任审计 聚焦权力规范运行，促进担当尽责。全区共完成321家单位527名领导干部经责审计，查出负有直接责任问题金额5.07亿元。特别是举全区之力组织实施11个地、州、市29名党政主要领导干部经责审计，2年内实现了14个地、州、市党政主要领导干部经责审计全覆盖。针对审计反映的领导干部财经法纪意识不强等问题，自治区党委举办提升领导干部推动财政审计工作法治化制度化规范化能力专题培训班，27个部门和14个地、州、市党政主要负责同志共500余人参加培训。

涉外审计 坚持揭示问题和推动解决问题并重，通过关注国外贷援款管理机制运行情况和揭示存在的问题，助推国外贷援款资金充分发挥效益。开展了6个国外贷援款项目审计，共查出4类33个问题，涉及问题金额21.58亿元。

审计查出问题整改 认真贯彻落实审计整改长效机制意见，高位推动整改。自治区党政主要领导多次对审计整改作出指示批示；召开自治区党委常委会会议，对中央预算执行、自治区本级预算执行、乡村振兴审计整改等工作作出专题部署；自治区人大财经委对审计查出的突出问题开展专题调研；自治区人民政府7次召开专题会议研究部署推进整改工作，不断巩固拓展审计整改成效。截至2022年12月底，中央预算执行和其他财政收支审计涉及自治区的105个问题，已完成整改103个。自治区本级预算执行和其他财政收支审计查出的5个方面742个问题，已完成整改628个，追责问责126人，健全完善制度104项。

审计理论研究 积极推进研究型审计，开展审前政策研究、组织审中研讨、做好审后总结。组织开展重大政策跟踪审计、经责审计等12个课题研究，建立审计研究目录20个。召开5次工作交流会，总结经验教训，查找短板弱项，做到研究与实践互促共进。

内部审计 加强对内部审计工作的指导和监督，完成自治区本级、地县两级、国企内审机构的分类集中分析研究，为下一步分类指导打好基础。

相关工作 坚持党对审计工作的集中统一领导，严格执行重大事项请示报告制度，提请召开自治区党委审计委员会会议4次，审议年度审计项目计划等重大事项18项。制定年度履行重大事项请示报告责任清单，向中审委、中审办、自治区党委审计委报送请示、报告98篇。各地县共召开党委审计委员会会议126次，出台制度规范400余项。研究制定《关于深化学习贯彻实效 进一步加强新时代审计工作的实施意见》，提出5项重点任务25项具体措施，建立台账跟踪督办。加强对地县党委审计委员会工作领导和指导。制定《地县党委审计委员会重大事项请示报告工作实施细则》《重大事项请示报告工作有关问题答疑》，规范各地工作运行。发挥联合党支部、审计组临时党支部战斗堡垒作用和党员先锋模范作用，把党对审计工作的领导落实到支部"末端"。实施专业技术类公务员分类改革试点，推进审计实务导师制，加强干部教育培训，不断提升审计干部"能查、能说、能写"的能力。召开党风廉政专题讲座暨警示教育大会，通报审计系统违纪违法典型案例，全区审计机关共开展纪律、警示教育1100余次，审计项目现场检查和廉政"回头看"300余次，25个审计机关获评文明单位。推进审计信息化建设。完成自治区本级及地州市836个单位财务及业务数据采集，完善数据分析模型，进行数据分析和疑点核实，优化"大数据分析+现场核查"的审计模式。5个网络安全和信息化审计案例被审计署采用。（撰稿人：刘俊锋）

【乌鲁木齐市审计局】 2022年，乌鲁木齐市审计局实有137人。党组书记韩枫，党组副书记、局长樊伟（12月—），党组成员（正县级）周念，党组成员、副局长朱卫红，副局长白莉，总审计师张秀黎。设有乌鲁木齐市委审计委员会办公室秘书科；内设办公室、组织人事科、政策法规科、审理科、内部审计指导监督科、电子数据审计科、财政审计科、教科文卫审计科、农业农村审计科、固定资产投资审计科、社会保障审计科、自然资源和生态环境审计科、金融及涉外审计科、企业审计科、经济责任审计科、督察科；下设审计信息中心、政府投资审计中心。

审计成果 2022年，乌鲁木齐市审计局完成审计项目 20 个，审计发现非金额计量问题 102 个，查出主要问题金额 300954 万元；审计期间整改金额 16008 万元；审计促进整改落实有关问题资金 14868 万元。移送处理事项 8 件，涉及金额 6244 万元，移送处理人员 1 人。向被审计单位提出建议 55 条，推动建立健全规章制度 11 项，提交审计信息 11 篇。

政策落实情况跟踪审计 完成 2021 年度乌鲁木齐市职业教育改革发展政策措施落实情况专项审计，通过揭示全市职业教育改革发展政策措施落实、重点项目实施和专项资金管理等方面存在的问题，促进乌鲁木齐市职业教育高质量发展。在自治区审计厅现场指导下，完成了和田县国家乡村振兴重点帮扶县产业帮扶相关项目资金审计，查出问题金额 36000 万元，同时指导全市各区（县）开展财政衔接推进乡村振兴补助资金项目专项审计，促进惠农政策落实，巩固拓展脱贫攻坚成果同乡村振兴有效衔接。

财政审计 完成市财政局、市统计局等 5 家单位预算执行审计，促进财政支出科学合理使用，推动国家财政经济安全和财政资金规范高效运行。发现绩效评价结果应用需进一步加强、部分单位项目支出预算执行率低、会计基础工作不规范等问题，查出主要问题金额 66114 万元。

对重点建设项目的推进和落地、资金筹集管理使用、项目质量安全和进度、工程建设管理和绩效等情况进行审计，完成乌鲁木齐奥林匹克体育中心建设项目预（概）算执行等审计项目 5 个，审计项目投资额共计 152314 万元；查出各类违规资金 10509 万元，审计核减投资额 10509 万元，审减率 6.8%。揭露多计工程结算价款等问题。

国有企业审计 完成乌鲁木齐热力（集团）有限公司 2021 年资产负债损益审计，揭示严重违纪违法问题和重大风险隐患，推动深化国有企业改革，促进企业提升经营管理水平。查出主要问题金额 171021 万元，发现损益不实、代收代付款转增净资产、对外投资亏损等问题。

金融审计 完成乌鲁木齐农商银行风险情况专项审计调查，及时揭示风险暴露的重点业务领域和环节，查出主要问题金额 69949 万元，促进加强风险管理，进一步完善普惠金融服务体系。

资源环境审计 授权并指导乌鲁木齐县、高新区（新市区）审计局开展板房沟镇、青格达湖乡主要领导干部自然资源资产离任（任中）审计，促进领导干部认真履行自然资源资产管理和生态环境保护责任，坚决贯彻落实绿色发展理念。

经济责任审计 完成 6 个单位 11 名党政领导干部和企事业单位领导人员经济责任审计，查出主要问题金额 27735 万元，领导干部负有领导责任问题金额 27735 万元。揭露大额资金支出未经领导集体决策、违规发放津贴补贴等问题。

审计查出问题整改 建立健全审计整改工作联动机制，全年召开审计整改专题部署会议 5 次，印发督办通知 3 次，形成“政府督察—人大监督—部门联动—审计跟踪”的工作格局。以国务院第九次大督查为契机，推动被审计单位压实整改主体责任，圆满完成 2021 年二季度贯彻落实国家重大政策措施、住房公积金和住宅专项资金、中央预算执行和其他财政收支、自治区预算执行和其他财政收支审计的督促整改工作，加快推进乌鲁木齐市主要领导经济责任审计、市本级预算执行和其他财政收支审计整改工作，推动完善相关制度规定 7 项，追责问责 15 人次。

相关工作 党建与业务同安排共落实。通过扩大审计人才招录渠道、选派干部赴审计署交流学习和赴市委巡察办挂职锻炼、组织参加各类专题培训、让青年干部到审计（基层、防疫）一线历练、发挥审计骨干“传帮带”作用等方式，不断向首府审计队伍补充新生力量，提升审计干部能查能说能写本领，为全市审计高质量发展打造人才梯队。对 67 个市本级一级预算单位开展全覆盖数据审计，以数据分析发现问题线索，提升数字化审计应用水平。 （撰稿人：鲍佳颖）

【克拉玛依市审计局】 2022 年，克拉玛依市审计局实有 31 人。局长程先宝，副局长高华、刘利。设有办公室（人事科）、法制监察科、财政审计科、企业审计科、行政事业与社会保障审计科、经济责任审计科、固定资产投资审计科和农业资源环保审计科；下设经济责任审计室、审计数据分析中心。

审计成果 2022 年，克拉玛依市审计局完成审计项目和专项审计调查项目 30 个。查出主要问题金额 46136 万元，其中违规金额万 3944 元、管理不规范金额 42192 万元；审计发现非金额计量问题 208 个；出具审计报告和专项审计调查报告 39 篇，被批示、采用 1 篇次。审计处理处罚金额 4752 万元，其中应上缴财政 309 万元、应归还原渠道资金 3362 万元、应调账处理金额 1078 万元。移送有关部门处理事项 5 件。审计促进整改落实有关问题资金 4006 万元；审计后挽回（避免）损失 3 万元；核减投资额 350 万元。审计提出建议 83 条，被采纳 83 条；提交审计信息 2 篇。

政策落实情况跟踪审计 持续对财政直达资金、中央及自治区转移支付资金管理使用情况、市网络安全和信息化建设项目情况进行跟踪审计。

财政审计 深入开展 2021 年度市级预算执行和其他财政收支情况审计，揭示 4 个方面 10 个问题，提出 3 方面审计建议。完成公共投资审计项目 13 个，涉及造价 12.99 亿元。

国有企业审计 对 1 家国有企业开展审计，上报重要审计信息 1 篇。

民生审计 开展克拉玛依市 2020—2021 年度困难群众救助补助资金审计、全市住宅专项维修资金审计，完成对克拉玛依市国有企业改革推进情况的审计调查。

经济责任审计 完成市林草局领导干部自然资源资产审计和市科协、市住建局、市应急管理局等 9 个经济责任审计项目，完成 20 位领导干部的离任经济责任事项交接工作。

审计查出问题整改 认真开展审计整改情况“回头看”，针对自治区自然资源资产和经济责任“两项审计”整改、保障性安居工程审计整改、市本级同级财政审计整改，建立审计整改跟踪督导机制，逐项列出整改清单，逐项销号。

专项审计 对克拉玛依市支持旅游发展政策落实情况、信息化建设项目情况开展专项审计，促进专项资金落实到位。

相关工作 采取“以审代培”、挂职锻炼、业务“大练兵”、审计业务知识规范测试等方式，审计人员实践锻炼和专业能力不断提高。在全区各地州率先开展研究型审计试点，探索制定《市审计局关于开展研究型审计的实施意见》，充分利用审计署“审计大讲堂”、法宣在线、“学习强国”学习平台开展学习，成立研究型审计小组，常态化开展研究型审计项目，定期组织交流讨论。充分发挥优秀审计研究成果的示范和引领作用，对 2021 年度市、区两级审计机关优秀项目进行评选，对 9 个项目予以表彰，进一步激励了广大审计人员的积极性。不断强化实践锻炼，积极响应自治区和市委工作要求，选派 8 名专业干部参与塔城地区专项审计任务，选派 10 名业务骨干对昌吉州阜康市领导开展经济责任审计，抽调 2 名业务骨干参加 2022 年自治区党委巡视和市委巡察工作，帮助审计干部在一线磨砺成长。

（撰稿人：张樱凡）

【吐鲁番市审计局】 2022 年，吐鲁番市审计局实有 30 人。党组书记、副局长郭红兵，党组副书记、局长田桂林，党组成员、副局长张宜豪（援疆）、肖顶乾。设有办公室、法规审理科（督察室）、经济责任审计科、固定资产投资审计科、财政金融审计科、农业社会保障审计科、行政事业审计科、企业及涉外审计科、电子数据审计科；下设政府投资审计中心。

审计成果 2022 年，吐鲁番市审计局完成审计项目 14 个，查出主要问题金额 43796 万元，其中违规金额 28905 万元，管理不规范金额 14891 万元；审计发现非金额计量问题 32 个；审计促进整改落实有关问题资金 27739 万元，审计促进拨付资金到位 793 万元。提出审计建议 23 条，被采纳 20 条。

政策落实情况跟踪审计 以推动党中央重大决策部署贯彻落实，促进经济持续健康发展为目标，做好“六稳”工作，落实“六保”任务。2022 年，吐鲁番市审计局在各审计项目安排中，重点关注积极财政政策、三大攻坚战、国资国企改革、金融服务实体经济、创新驱动发展、区域协调发展等国家重大战略和政策措施措施情况。按照每季度确定一个主攻方向、聚焦一个重点方面，做到了党委政府的重大政策部署推进到哪里，审计就跟进到哪里，确保各项政策措施落到实处、发挥实效。

财政审计 根据自治区审计厅要求，由自治区审计厅派出审计人员与吐鲁番市、各区县审计局混合编组，开展吐鲁番市本级和托克逊县预算执行及其他财政收支情况审计。对市纪律检查委员会、人民政府办公室、财政局局机关、自然资源局、水利局、疾病预防控制中心、司法局、公安局、教育局、文物局、文化体育和旅游局、职业技术学院、党校等13家所属一级预算单位，并对有关事项进行了延伸审计。查出本级财政预算执行管理及延伸预算单位问题共16个，提出审计建议3条。完成固定资产投资审计项目2个。

金融审计　对托克逊县农村信用社联合社风险情况专项审计调查。围绕金融服务实体经济的重点领域和薄弱环节，以“有效防范化解金融风险，完善普惠金融服务体系，服务实体经济和支持企业发展”为目标。关注农信社信用风险、流动性风险、公司治理风险和风险化解和抵御能力，检查其落实各项监管措施、建立健全风险管控机制的情况，及时揭示风险暴露的重点业务领域和环节，提出应对和防范之策，做到风险早揭露、早治理，促进金融机构加强风险管理。此次审计查出问题4项29条。

资源环境审计　完成领导干部自然资源资产任中审计1个，审计查出问题7项14条。

经济责任审计　开展市林草局、市科技局、驻乌办、吐鲁番火洲果业的4个单位的领导干部经济责任审计及自然资源资产审计。通过持续对领导干部实施经济责任审计，被审计单位领导干部自觉遵守国家财经纪律意识进一步增强。

交办任务　成立3个审计组，统筹开展自治区审计厅统一项目。乌恰县县委原书记和县委原副书记、原县长任期经济责任审计；吐鲁番市软件正版化专项审计；吐鲁番市党政机关电子公文系统安全可靠应用全面替代工程专项资金审计；吐鲁番市信息化建设专项资金审计；吐鲁番市网络安全和信息系统审计。以上5个审计项目通过创新管理方式，坚持新的发展理念，加大政策措施、经济责任等审计工作的结合力度，逐步形成“一审多项”“一审多果”“一果多用”。

相关工作　通过选派干部参加培训以及巡视、巡察等工作，培养和造就一支党性强、业务精、结构优、有战斗力的高素质审计干部队伍；通过主题党日活动、“党员双报到”等活动，强化机关支部的凝聚力和战斗力，推动支部党建规范化。建立健全行政执法责任制，将承担的行政执法职责、审计执法责任目标落实到依法审计的各个环节，层层分解到各岗位，并加大监督检查力度，全面推进了廉政风险防控管理机制建设。

（撰稿人：吕菲菲）

【哈密市审计局】　2022年，哈密市审计局实有53人。党组书记、副局长许咸敏，党组副书记、局长张炀，党组成员、副局长李晓华（援疆）、戚卫新、阿不力克木·热合曼。设有市委审计委员会办公室秘书科；内设办公室、政策法规科、内部审计指导监督科、电子数据审计科、财政金融审计科、行政事业审计科、农业农村审计科、固定资产投资审计科、自然资源和生态环境审计科、企业审计科、经济责任审计科、督察科；下设市经济责任审计中心、市固定资产投资审计中心、市审计信息技术室。

审计成果　2022年，哈密市审计局完成审计项目25个，其中审计项目23个、专项审计调查2个，查出主要问题金额591262万元，其中违规金额5064万元、损失浪费金额9万元、管理不规范金额586189万元；审计发现非金额计量问题81个；出具审计报告和专项审计调查报告27篇。移送司法机关、监察机关和有关部门处理事项2件。审计提出建议70条，被采纳70条。

政策落实情况跟踪审计　密切关注“放管服”改革、促进优化营商环境、清退小微企业账款等重大政策措施落实情况。

财政审计　强化预算执行审计，重点审计财政资金绩效、预决算公开、重大支出等，完成市本级预算执行审计及14个市直部门预算执行审计。完成政府投资审计项目4个。

国有企业审计　围绕促进国有企业加强管理、防范经营风险、提高经济效益开展审计，完成国有企业资产负债损益审计1个。

民生审计　完成惠民惠农财政补贴资金审计和巩固拓展脱贫攻坚成果同乡村振兴有效衔接跟踪审计。

经济责任审计　抓住权力运行和责任落实两个重点，把守法守纪守规尽职放到突出位置，着力检查领导干部守法守纪守规尽职情况，促进领导干部主动作为、有效作为。完成经济责任审计项目5个，审计查出主要问题金额4732万元。

内部审计　对内部审计工作开展情况进行专

项督查，促进14家单位建立内部审计机构。

相关工作 从严从实开展党风廉政建设，严格审计纪律，强化审计队伍建设，招录引进干部2名，提拔晋升干部2名。 （撰稿人：杨 雪）

【昌吉回族自治州审计局】 2022年，昌吉回族自治州（以下简称昌吉州）审计局实有59人。党组书记余萍，党组副书记、局长蔡文，党组成员、副局长张旭、王怀涛。设有昌吉州党委审计委员会办公室秘书科；内设办公室（组织人事科）、法规审理科、督察内审科、经济责任审计科、财政审计科、企业金融审计科、农业农村社保审计科、电子数据审计科、自然资源和生态环境审计科、教科文卫审计科；下设政府投资审计中心。

审计成果 2022年，昌吉州审计局完成审计项目31个，其中审计27个、专项审计调查4个。查出主要问题金额978762.8万元，其中：违规金额11908.26万元，损失浪费金额91.62万元，管理不规范金额966762.92万元；审计发现非金额计量问题87个；损益（收支）不实金额12130.07万元；审计期间整改55118.78万元，出具审计报告和专项审计调查报告44篇。审计处理处罚金额112819.12万元，其中应上缴财政20485.6万元、应缴纳其他资金10739.63万元、应调账处理金额60882.54万元；移送处理事项2项。审计促进整改落实有关问题资金57132.16万元；审计促进拨付资金到位144.88万元，审计后挽回（避免）损失16.88万元。审计提出建议116条，被采纳116条；提交审计信息54篇。

政策落实情况跟踪审计 围绕职业教育改革发展、政府投资项目管理及投资领域重大政策落实情况开展审计，重点揭示职业院校办学指标不达标；校企合作政策落实不到位，校企合作形式单一、协议履行不完整、制度执行不严格；对中央预算内项目监督管理不到位，监测调度流于形式；未按有关规定推进信用体系建设，落实“放管服”改革工作不到位等问题。

财政审计 完成2021年度州本级财政预算执行、2个县市决算、3个园区及6个部门财政财务收支审计，发现财政预算编制不细化、超预算支出、政府采购不规范、虚增财政收入、应收未收土地出让金、违规平衡预算等问题。

完成项目造价管理审计、项目债券审计及转移支付资金使用和管理情况专项审计3项，查出主要问题金额2.73亿元，揭露拖欠企业账款、未取得用地规划及工程规划手续、项目基本建设程序倒置、未公开招标选定勘察设计单位等问题。

国有企业审计 完成对昌粮集团粮食领域腐败问题专项审计，发现问题212个，移交问题97个，7个问题向主管单位发出审计建议函。

金融审计 完成银行风险情况专项审计项目1项，揭示违规放贷、资产不实、管理漏洞、内控制度不完善等问题27个，查出主要问题金额11.71亿元。

农业农村审计 完成开展乡村振兴相关政策落实和资金使用情况审计项目，查出主要问题金额10.44亿元，发现产业政策措施落实不到位、项目资产资金管理不规范等问题。

民生审计 完成困难救助补助资金管理使用情况审计项目。通过审计规范困难群众救助补助资金核算，保障福利机构运行经费及时到位，严禁挤占、挪用困难救助补助资金现象。

经济责任审计 完成伊犁州新源县、昌吉州文旅局、园林宾馆和7县市公安局主要领导经济责任审计。揭露优化营商环境政策落实不力、违规决策重大经济事项、重大经济事项决策制度不健全等问题。

审计查出问题整改 29个（已到整改期限）审计项目查出353个问题已完成整改309个，整改率87.5%。正在整改44个、占比12.5%。累计整改问题资金1.67亿元，其中上缴国库资金7340.67万元，返回原渠道资金4510.44万元，促进拨付资金2888.42万元，挽回经济损失269.51万元，调账处理1661.82万元。被审计单位采纳审计意见建议89条，健全完善规章制度56项。审计机关发出移送处理书和审计意见函16份、移交问题线索23件，给予1人政务撤职处分并追缴违法所得19.2万元，诫勉谈话和约谈5人，对2家违规企业在全州通报并列入黑名单。

相关工作 积极探索党建与业务双创双促，采取临时党小组+审计组方式把党对审计工作的领导贯穿审计项目全过程，对党建各项工作实行清单式管理。充实审计力量，先后选调、调任、提任、晋升31人，干部平均年龄41岁，审计干部梯队逐年优化，通过培训与实践融合，不断提升队伍素质。强化大数据分析，充分运用专业机构的高科技手段和行业主管部门成果，有效提高发现问题的精准度。印发《昌吉州审计局业务流程和建立四级复核制度（试行）》《昌吉州审计局审计整改督促检查工作办法》等制度，完善审前调查阶段和现场审计阶段文书模板83项。强化现场管理，优化审理程序，不断推进审计质量提升。（撰稿人：郭　瑜）

【博尔塔拉蒙古自治州审计局】 2022年博尔塔拉蒙古自治州（以下简称博州）审计局实有28人。党组书记、副局长包闻疆，党组副书记、局长王京辉，党组成员、副局长、三级调研员韩军，副局长、三级调研员刘红霞。设有自治州党委审计委员会秘书科；内设办公室、组织人事科、审计监督科、计算机审计科、财政审计科、行政事业审计科、企业和社会保障审计科、经济责任审计科（自然资源和生态环境审计科）、固定资产投资审计科；下设固定资产投资审计技术保障中心。

审计成果 2022年，博州审计局共完成审计项目19个，查出主要问题金额3133万元，审计发现非金额计量问题3个；出具审计报告和专项审计调查报告11篇，被批示、采用1篇次。审计处理处罚金额148万元。审计促进整改落实有关问题资金128900万元；向纪检监察机关、主管部门移送案件线索11件，2名相关责任人受到党纪政务处分。审计提出建议6条，被采纳6条；提交审计信息8篇。

财政审计 开展自治州本级及本级各部门2021年度预算执行及决算草案实施现场审计、温泉县2021年度财政决算及其他财政收支情况审计、2021年度自治州本级预算执行和决算草案编制情况审计。持续开展125家单位预算执行全覆盖审计，对5家单位实施现场审计。

对2022年支持新疆发展资金和项目跟踪审计、博尔塔拉河生态文化长廊工程审计调查，组织开展2022年对口支援博州发展资金和项目跟踪审计。

实施温泉县农村信用社2021年风险情况专项审计调查；实施2021年度网络安全、信息化建设项目审计；组织全州审计机关开展了软件正版化审计。

民生审计 组织博乐市、精河县、温泉县审计局开展2022年国家乡村振兴产业帮扶相关项目资金审计、网络安全和信息化建设审计、正版软件管理使用情况审计、国家粮食收储企业专项审计。

经济责任审计 开展疆内州外县（市）党政主要领导干部经济责任交叉审计、州林草局单位主要领导干部经济责任审计、州林草局领导干部自然资源资产任中审计、统筹审计资源组织实施了对阿勒泰地区哈巴河县党政主要领导任期经济责任审计。

审计查出问题整改 自治区审计厅2022年推送的50个问题全部整改完毕，博州党委巡察办与博州党委审计委员会办公室联合印发《十三届自治州党委第三轮“巡审联动”工作方案》，博州党委审计委员会办公室、博州审计局多次与博州纪委监委和博州党委巡察办会商，结合博州实际对照《中央关于进一步发挥改革效能有力推进纪检监察监督、巡视巡察监督与审计监督贯通协同高效的指导意见》制定了具体贯彻落实措施。促进建立健全制度7项，向纪检监察机关等部门移送问题线索11件。（撰稿人：聂慧敏）

【巴音郭楞蒙古自治州审计局】 2022年，巴音郭楞蒙古自治州（以下简称巴州）审计局实有50人。党组书记、副局长孟宪清，党组副书记、局长包金喜，副局长蔺飞虹、邓华，固定资产投资审计处处长王俊，经济责任审计处处长刘婧婷，四级调研员孙至武。巴州党委审计委员会办公室设在巴州审计局。设有办公室、政策法规科、审理科、电子数据审计科、财政审计科、行政事业和社会保障审计科、农业农村审计科、自然资源和生态环境审计科、金融与涉外审计科、企业审计科、项目稽察科、人事科；下设经济责任审计处、固定资产投资审计处和计算机审计中心。

审计成果 2022年，巴州审计局完成审计项目35个，查出主要问题金额53700万元，其中违规金额8528万元、管理不规范金额45171万元；

审计发现非金额计量问题 228 个；损益（收支）不实金额 1238 万元；出具审计报告和专项审计调查报告 45 篇。审计处理处罚金额 9229 万元，其中应上缴财政 3752 万元、应归还原渠道资金 2317 万元、应缴纳其他资金 2081 万元、应调账处理金额 1078 万元；移送司法机关、纪检监察机关和有关部门处理事项 8 件，移送处理金额 332 万元。审计查出问题整改金额 921 万元。审计提出建议 185 条，被采纳 185 条；促进被审计单位建立健全规章制度 9 项；提交审计信息 240 篇，被批示、采用 33 篇次。

巴州审计局在 2022 年全自治区审计系统大数据审计案例评审中获优秀组织奖，撰写的《国有资产管理不规范审计案例》被评为应用奖，《公车审计技术方法审计案例》和《职业教育财政资金投入保障情况和高职生助学金政策执行情况审计案例》被评为鼓励奖。

政策落实情况跟踪审计　围绕职业教育改革发展政策措施落实情况对州本级及和静县进行了审计，重点揭示职业院校办学承载能力建设、产教融合和校企合作推进、学生资助政策落实等问题。

财政审计　完成州本级预算执行和决算草案编制审计、和静县决算审计以及 8 个部门单位预算执行及政策落实跟踪审计，查出问题 140 项、查出主要问题金额 0.9 亿元，发现财政资源统筹仍需加强、财政支出分配投向和使用效果还不够精准优化、违规使用财政资金、预算编制仍不够科学等问题。2022 年度，已完成整改 133 项，需持续整改 7 项；已促进非税收入及时收缴入库 0.24 亿元，相关部门、单位上缴财政 0.15 亿元，归还原渠道资金 0.2 亿元，盘活资金 0.17 亿元，促进拨付资金到位 1.83 亿元，追回资金 0.16 亿元、促进政策落实或完善规章制度办法 56 项，办理审计移送事项 1 件。

完成中交新疆乌尉公路包 PPP 项目 4 个子项目征收补偿资金审计、巴州阿瓦提农场引水工程竣工决算审计、巴州第一中学南校区综合教学楼竣工决算审计、博湖县塔什店至扬水站公路改建工程竣工决算审计等 4 个项目，查出主要问题金额 0.34 亿元，揭露建设单位履行基本建设程序不到位、多记工程价款等问题。

金融审计　完成且末县农村信用合作联社风险情况专项审计、巴州国信建设发展投融资有限公司 2020 年度资产负债损益情况审计，查出主要问题金额 3.06 亿元，发现风险管理体系不完善、公司运行机制不健全、违规发放贷款等问题。

农业农村审计　组织 8 个县市乡村振兴审计。

民生审计　完成对州本级及和静县困难群众救助补助资金审计、福利彩票公益金专项审计，进一步推动完善优化分层分类、城乡统筹的社会救助体系，促进特殊困难群体基本生活保障到位，促进资金合理分配管理及政策落实情况，对社会福利事业及相关公益事业良好发展起到积极促进作用。

经济责任审计　完成巴州机关事务管理局、巴州科学技术局、巴州发展和改革委员会等 10 个部门单位主要领导干部经济责任审计，查出主要问题金额 0.76 亿元，其中管理不规范问题金额 0.34 亿元，违规问题金额 0.42 亿元，被审部门领导应负直接责任问题金额 0.1 亿元，应负领导责任问题金额 0.66 亿元。揭露领导干部在对其管辖范围内贯彻执行党和国家经济方针政策不到位、资金管理使用不规范等问题。

网络信息安全审计　完成 2021 年度网络安全和信息化建设专项审计，揭露落实正版化软件不到位、资产管理不规范等问题。

审计查出问题整改　《关于做好自治区 2021 年住房公积金和住宅专项维修资金审计查出问题整改工作的通知》中涉及巴州的三个问题，积极与巴州住房公积金管理中心对接、督促整改，对已整改的相关印证资料进行审核后呈报自治区审计厅。对审计厅反馈原巴州党委书记、原州长经济责任审计、自然资源资产离任（任中）审计查出问题及 2020 年度财政决算和其他财政收支情况审计报告反馈问题的整改工作进行督促、核实。2021 年自治区审计厅反馈农业保险审计查出问题，对各县市整改情况进行督促，截至年底，均已整改完成。对 2021 年底开展直达资金审计查出问题的整改情况进行督促，巴州上报审计厅的全部问题均已完成整改销号。抓好粮食购销领域督导反馈问题整改。针对自治区协调办移交涉及巴州审计局一项整改问题“指导职能部门作用发挥不明显，2017 年以来巴州审计部门较少组织对全州粮食行业部门和企业开展审计”，建立整改台账，结合2021年第四季度重大政策跟踪落实情况审计，组织各县市审计机关开展粮食企业专项审计，并对2017年至2021年8月地方储备粮贷款利息、管理和轮换费用等财政补贴情况进行核实；对2017年以来耕地力保护补贴到户到人电子数据以及财政供养人员电子信息进行比对分析，向巴州纪委监委移送线索2件，督促17.85万元专项资金及时拨付。抓好州本级审计查出问题整改。严格执行《巴州审计局整改检查办法》《巴州审计局建立健全审计查出问题整改长效机制工作方案》，通过召开经济责任审计结果反馈会、将审计整改列入2022年度全州绩效考核，加强与纪检、巡察等部门贯通协作，形成合力推动整改，向相关部门出具审计报告25篇。

相关工作 完成巴州本级和八县一市2020—2021年度财政一体化平台数据采集、州本级2021年62个一级预算单位财务数据采集校验工作和巴州本级困难群众救助补助资金审计数据筛查核实工作。加快审计干部专业化培养，开展党风廉政教育，提升审计干部整体素质。巴州审计局机关荣获自治州2021年度“访民情惠民生聚民心”驻村工作先进集体、优秀组织单位等荣誉称号，1名同志荣获全国“人民满意的公务员”称号。

（撰稿人：沈小燕　韦育航）

【阿克苏地区审计局】 2022年，阿克苏地区审计局实有71人。局长王莉萍，副局长艾斯哈尔·艾米肉拉、艾克拜尔·阿布都瓦依提、赵海云。设有阿克苏地委审计委员会办公室秘书科；内设办公室、法制审理科、财政金融审计科、文教社保审计科、农业农村审计科、企业审计科、经济责任审计科、自然资源和生态环境审计科、固定资产投资审计科、整改督察科、电子数据审计科；下设固定资产投资服务保障中心。

审计成果 2022年，阿克苏地区审计局完成审计项目58个，查出主要问题金额77.5亿元，查出违规金额8.2亿元，管理不规范金额69.2亿元，上交财政2.2亿元，审计期间整改金额16.7亿元，核减投资额1.6亿元，提交审计报告、专项审计调查报告、审计信息65篇，被批示、采用审计报告和专项审计调查报告4篇，向司法机关、纪检监察机关有关部门移送处理事项4件，审计促进整改落实有关问题资金9亿元，审计提出意见建议164条，被采纳164条。

1个大数据审计案例获自治区审计厅应用奖。组织实施英吉沙县乡村振兴产业扶持政策落实和资金审计，审计结果经自治区党委审计办汇总上报，党中央领导作出重要批示。

政策落实情况跟踪审计 围绕财政直达资金政策落实方面开展审计，发现资金支付进度缓慢未及时发挥使用效益、挪用专项资金等问题，查出主要问题金额22.64万元。

财政审计 完成2个财政审计项目，发现预算编制不精准、非税收入未及时上缴国库、沉淀资金未及时盘活等问题，查出主要问题金额15.83亿元；对地区本级129个部门2021年度预算执行情况进行大数据全覆盖审计，现场审计25个预算单位部门，发现公务卡结算不规范、超预算支付公务用车运行维护费、未及时上缴财政资金、未及时清理往来款等问题，查出主要问题金额4460.74万元。

完成阿克苏地区农村富余劳动力培训基地建设项目概（预）算执行审计、阿克苏纺织工业城（开发区）轻工五金城项目（一期）概（预）算执行审计、阿克苏地区第一人民医院综合楼建设项目竣工财务决算审计等8个投资审计项目，发现项目概算执行不严、建安工程施工费超概算等15个问题，查出主要问题金额3377.91万元。

金融审计 完成1个金融审计项目，发现违规发放贷款、贷款分类不准确等问题，查出主要问题金额5.02亿元。

企业审计 完成2个企业审计项目，发现落实企业“两金”清理专项工作不到位、清理“僵尸”企业工作推动缓慢、未及时收回股权转让款、财务数据不真实、固定资产管理不规范等问题，查出主要问题金额36.26亿元。

农业农村审计 完成新和县金泰粮油购销有限责任公司2018年1月至2021年12月粮食购销储领域专项审计调查、英吉沙县乡村振兴重点帮扶县相关政策落实和资金审计、乌什县2022年巩固脱贫攻坚成果及乡村振兴相关政策落实和资金审计，发现47个问题，查处问题金额198.84万元、查出问题金额17.7亿元。

资源环境审计 完成伽师县自然资源资产审计、库车经济技术开发区自然资源资产审计，发现推进解决农村宅基地“一户多宅”工作落实不力、退耕还林还草确权登记工作落实不到位、贯彻全社会信用体系建设政策不到位、应收未收水资源费、水土保持补偿费等31个问题，查出主要问题金额983.95万元。

民生审计 完成住房公积金、养老保险、医疗保险、农村学前教育审计，通过审计，进一步规范了养老、医疗保险基金管理，推动完善养老保险、基本医疗保险基金统筹制度，有效缓解农村幼儿“入园难、入园贵”的问题，一定程度上缓解了适龄幼儿的生活困难，让广大人民群众感受到党和政府的关怀和温暖，更好地保障和改善民生。

经济责任审计 完成阿克苏技师学院、阿克苏开放大学、阿克苏地区供销合作社联合社、地区政务服务和公共资源交易中心、绿色实业开发有限公司等9个单位领导干部经济责任审计，审计查出管理不规范金额29.47亿元，被审计企业领导人员应负主管责任问题金额0.02亿元，应负领导责任问题金额29.45亿元。揭露落实企业“两金”清理专项工作不到位、拖欠中小企业账款和乱收费等82个问题。

科技和文化旅游审计 完成2个科技和文化旅游审计项目，查出主要问题金额5373.16万元；发现项目资金拨付不及时，以拨代支资金等问题，涉及问题金额75.34万元。

审计查出问题整改 地区主要领导6次研究部署审计整改工作，对审计整改作出指示批示8次，召开4次会议专题部署整改事宜，全年中央预算执行和其他财政收支审计涉及的26个问题已全部整改完毕。自治区本级预算执行和其他财政收支审计涉及的15个问题，已整改8个。地区本级预算执行和其他财政收支审计涉及的7个方面211个具体问题已整改206个，整改率达97.6%，整改金额6.98亿元，健全完善制度37项。

相关工作 发挥党建引领作用，推行“审计组+临时党支部”模式，做到两手抓、两手硬、两促进。开展审计质量检查、质量抽查、业务指导30余次。参加审计署、审计厅业务视频培训2次100余人次，组织开展“审计大讲堂”15期，大力推行研究型审计，加强案例分析、公文写作、大数据审计等培训。荣获2022年自治区“访民情惠民生聚民心”驻村工作先进集体称号；荣获地直机关工委“五个好”党支部称号。

（撰稿人：罗　阳）

【克孜勒苏柯尔克孜自治州审计局】 2022年，克孜勒苏柯尔克孜自治州（以下简称克州）审计局实有40人。党组书记、副局长热斯别克·阿布都克日木，党组副书记、局长赵永忠，党组成员、副局长马江红。设有办公室、审计委员会秘书组办公室、法规审理督察科、电子数据审计科、科教文卫和社会保障审计科、自然资源和生态环境审计科、农业农村审计科、财政金融企业审计科、经济责任审计科等10个行政科室以及计算机中心、经济责任审计中心、投资评审中心等3个事业科室。

审计成果 2022年，克州审计局完成审计项目17个，审计查出问题资金520604万元，涉及违规资金13521万元，损失浪费资金2444万元，管理不规范资金504638万元，审计期间整改金额15085万元，审计发现非金额计量问题74个，提出审计建议31条，被采纳审计建议31条，审计监督效能大幅提升。

政策落实情况跟踪审计 根据自治区审计厅统一安排，开展克州本级及县市2021年度新增财政资金直达县（市）基层直接惠企利民专项审计。主要查出问题直达资金台账数据未及时更新。

财政审计 完成财政审计类项目59个，财政资金审计中重点关注预决算编制情况、预算执行调整情况、资金分配行为、财政存量使用及财政资金的使用效率等。审计查出主要问题金额103.51亿元，核减投资额（工程款）17万元，未按规定纳入预算管理49624万元，未按规定征收缴纳收入8368万元，违规出借财政资金9013万元。重点揭示了收入预算编制、预算绩效管理、国有资产管理、财政资金审批规范性、地方政府债券资金管理使用、财政存量资金统筹盘活等方面问题，促进财政政策加力提效。

对克州医养结合健康扶贫养老中心项目进行了竣工决算审计。对计划内政府重点投资项目进行审计，重点围绕项目建设相关活动进行全程跟踪，发现概（预）算执行不严格，超概算投资3849万元，未经批准擅自变更内容，增加投资5291.56万元。通过审计，进一步促进政府投资建设项目完善投资程序，规范项目管理，提高项目资金使用效益。

农业农村审计 受自治区审计厅委托对阿克苏柯坪县乡村振兴重点帮扶县相关政策落实和资金审计。扶贫资产收益均归村委会，未与脱贫群众建立利益联结机制，资产收益未惠及农户。产业帮扶项目联农带农作用不足，绩效目标未实现。消费帮扶“832平台”管理不够规范。政府采购脱贫地区农副产品工作不到位，支持乡村振兴力度不足。扶贫产品认定不规范，产业扶持政策落实情况，财政资金脱离监管，违规参保，造成财政资金损失。

经济责任审计 完成部门领导干部经济责任审计项目11个，共查出违反财经法规制度问题111个，其中直接责任问题11个，领导责任问题97个，未定责问题3个；涉及金额20817万元，其中州本级查出问题金额11844万元（其中违规金额1307万元、管理不规范金额10537万元）；县（市）查出问题金额8973万元（其中违规金额7万元、管理不规范金额8966万元）。以上审计项目，均按相关规定出具了经济责任审计报告和审计结果报告。主要查出财务管理和内部管理不规范、挤占各类专项资金、扩大开支范围、固定资产管理核算不合规、非税收入未上缴等问题，以及重大经济事项把关不严、未严格执行“三重一大”事项集体决策和领导干部“四个不直接分管”制度等问题。

审计查出问题整改 认真落实自治区、自治州党委、人民政府对审计整改工作的部署要求，履行审计整改督促职责，积极发挥审计“治已病、防未病”作用，压实被审计单位整改主体责任，督促及时整改到位，督促行业主管部门履行监督管理责任。加强与纪检监察、巡察、组织等部门联系，自治州纪委监委、自治州党委巡察办已将审计查出问题整改情况纳入巡察内容，州委组织部门将审计整改情况纳入干部年终考核参考依据，形成整改合力，多部门协调推进整改工作的新格局，确保审计查出问题整改落实到位。

相关工作 健全完善长效机制。先后出台《关于进一步加强审计整改督促工作的意见》《关于加强审计整改督查工作的通知》等制度文件，推动审计整改工作制度化、长效化。突出政治标准，强化专业素养，努力提升审计干部政治能力、专业能力、宏观政策研究能力、审计信息化能力。通过开设“审计讲坛”，有计划地安排大家将审计实践中的所思、所想、所得上台讲授开展交流，多次邀请有关部门上门开展专题讲座。对新进人员采取“以会代训”“以老带新”“以审代教”等形式开展岗位培训，更好地促进年轻干部的成长。

（撰稿人：李均均）

【喀什地区审计局】 2022年，喀什地区审计局实有50人。党组书记、副局长赵东岳，党组副书记、局长赵东岳（—12月）、苏伟光（12月—），副局长何晓燕、史先勇（援疆）、刘锦（援疆）。设有审计委员会办公室综合科、办公室、政策法规科、电子数据审计科、财政审计科、科教文卫审计科、农业农村审计科、固定资产投资审计科、社会保障审计科、自然资源和生态环境审计科、金融外资审计科、经济责任审计科、督察科、企业审计科；下设固定资产投资审核中心、计算机审计中心。

审计成果 2022年，喀什地区审计局完成审计项目28个，其中审计17个、专项审计调查11个。查出主要问题金额217692万元，其中损失浪费金额1052万元，管理不规范金额216597万元；审计发现非金额计量问题125个；损益（收支）不实金额27340万元；审计期间整改64789万元，出具审计报告和专项审计调查报告29篇。移送处理事项8项，移送处理人员2人，移送处理金额5608万元。审计促进整改落实有关问题资金38636万元；审计促进拨付资金到位346万元。审计提出建议119条，被采纳114条；推动被审计单位制定整改措施47项，被审计单位建立健全规章制度9项。

政策落实情况跟踪审计 开展2021年度喀什地区职业教育改革发展政策措施落实情况、9县市2021年巩固拓展脱贫攻坚成果同乡村振兴有效衔接以及政府投资1亿元以上重点审计项目情况，深入揭示体制障碍、机制缺陷和制度漏洞，推动落实助企纾困政策，促进优化营商环境，推动党中央、自治区党委决策部署及地委工作要求落地见效。

财政审计 开展对本级2021年度财政预算执行和其他财政收支情况、疏勒县人民政府2021年度本级预算执行和财政决算情况、地区住建局、地区农业农村局、地区交通局等5个地直部门预算执行情况进行审计，并对全部预算单位开展一次大数据审计全覆盖。查出各类问题85条，涉及问题金额1163万元，促进相关单位建立和完善相关规章制度37项，严守“三公”经费支出底线和不发生政府债务风险和不发生系统性金融风险的红线，推动各级政府落实过紧日子要求，确保有限资金用在“刀刃”上。

认真贯彻《审计署关于进一步完善和规范投资审计工作的意见》等规定，将规范政府投资审计行为，全面提升投资审计工作水平作为重点，制定并印发了《喀什地区审计机关政府投资项目跟踪审计暂行办法》《喀什地区审计机关委托社会中介机构参与政府投资项目审计质量管理办法》，将重大政府投资建设项目纳入年度项目计划，组织对口援疆项目资金、11个县（市）“煤改电”入户改造工程等投资总额超过亿元以上的重点项目进行了跟踪审计调查，开展了地委党校（喀什地区行政学院）新校区建设项目、南疆（喀什）国家区域医疗中心建设项目、提孜那甫河莫莫克水利枢纽工程项目、喀什六中东城校区建设项目等重大建设项目跟踪审计工作，完成了对喀什监狱等4家单位2012年以来建设项目管理和资金使用情况专项审计调查。审计查出问题金额6681万元，其中未按进度支付工程款893万元。通过审计，及时揭示了重大政府投资建设项目履行基本建设程序、资金管理使用、项目管理及质量情况、以及执行土地、环保、工程招投标、设备采购中存在的围标串标、以次充好、多计工程量、超付工程款等违纪违法行为。

民生审计 认真贯彻落实“以人民为中心”的理念，以兜住兜牢民生底线为目标，将就业补助资金和失业保险基金审计、困难群众补助等群众关心、领导关切、社会各界关注的重大民生项目纳入审计重点，组织对各县市困难群众救助补助资金、就业补助资金和失业保险基金等进行了专项审计调查。及时揭示了预算编制不完整、未履行地方支出责任、挤占挪用或扩大范围支出救助补助资金、未及时足额支付救助资金或降低生活补助标准、救助物资发放管理不规范、违规享受救助待遇、政府集中采购管理缺位等4大类38个问题，审计查出主要问题金额588万元，推动解决了民生工程体制机制性障碍，不断健全制度，堵塞制度漏洞，促进政令畅通，推动党中央各项惠民政策得到全面有效贯彻，不断提升人民群众的幸福感、获得感、安全感。

经济责任审计 聚焦领导干部权力运行和经济责任落实，采取预算执行、经济责任审计和领导干部自然资源资产离任审计“1拖N”方式，强化对领导干部“关键少数”的监督，组织开展了对地区住建局、地区客运总站、地区工信局等5个地直单位和地区林草局和莎车县阿扎特巴格镇经济责任审计与自然资源资产离任（任中）审计项目，完成了对阿勒泰地区富蕴县经济责任审计任务。全地区共完成14个单位29名领导干部经济责任审计工作，重点审计了贯彻落实国家重大经济方针政策和决策部署，重大经济事项决策执行及效果，财政财务管理和经济风险防范，落实党风廉政建设责任和廉洁从政等情况，审计查出问题金额4243万元，涉及领导责任4240万元。通过审计，用权力制约权力，促进了党员领导干部依法尽职尽责，看住了钱、管好了权，念好了权力运行的“紧箍咒”，确保了权力不被滥用、资金不被侵蚀浪费。

审计查出问题整改 聚焦审计整改“下半篇文章”，严格落实整改工作责任制，明确各级党委政府承担审计查出问题整改工作责任主体，审计机关承担督促检查责任，对自治区经济责任审计反馈的喀什地区8个方面34个具体问题5条审计建议、自治区困难救助资金使用专项审计调查反馈的喀什地区4类38个问题，以及2021年度自治区本级预算执行和其他财政收支等审计查出涉及喀什地区21个方面23项具体问题，逐项建立整改台账，明确整改责任主体和整改期限，确保问题得到真改实改，动态清零。

相关工作 2022年，地委审计委员会共召开2次会议，书记专题会1次，完成中央审计办4项9个项目、自治区党委审计办的审计任务6项11个具体项目，针对困难群众救助补助资金审计、就业补助资金和失业保险基金审计、乡村振兴重点帮扶县相关政策落实和资金审计、网络安全和信息化建设及正版软件管理使用情况等项目，向自治区党委审计委员会提交高质量审计结果。坚持党建带业务，将党建工作融入审计工作各环节，深入开展爱国主义教育、党团主日、警示教育等活动。（撰稿人：刘　军）

【和田地区审计局】　2022年，和田地区审计局实有48人。党组书记、副局长周南平，党组副书记、局长艾热提·热介甫，党组成员、副局长李瑞俊（援疆）、周民、杨永坚。设有办公室、政策法规审理督察科、财政审计科、经济责任审计科、农业农村社保审计科、电子数据审计科；下设固定资产投资服务中心和计算机技术保障中心。

审计成果　2022年，和田地区审计局完成审计项目22个。审计查出主要问题金额280232万元。其中，违规金额84576万元，损失浪费金额145万元，管理不规范金额95509万元，审计发现非金额计量问题215个，损益（收支）不实金额66260万元，审计期间整改55825万元，出具审计报告和专项审计调查报告27篇，被批示、采用27篇次。审计处理处罚金额120202万元，其中应上缴财政12175万元，应缴纳其他资金10419万元，应调账处理金额15936万元，移送处理事项2项，移送处理人员2人，移动处理金额1595万元。审计促进整改落实有关问题资金19189万元。审计提出建议85条，被采纳85条。推动被审计单位制定整改措施4项，提交审计信息12篇。

政策落实情况跟踪审计　围绕职业院校办学承载能力建设、技术技能人才培养、职业院校和专业建设、产教融合和校企合作推进、专业教师队伍建设、财政经费投入保障、学生资助政策落实、公平就业环境建设等情况，重点对地区教育局、人力资源和社会保障局、财政局等部门，和田职业技术学院、和田地区中等职业技术学校、和田地区师范学校、和田玉才中等职业技术学校（民办）、和田地区技师学院等8家单位在职业教育改革发展政策措施落实以及重点项目实施和专项资金管理、促进构建现代职业教育体系、深化职业教育改革发展等方面进行了审计。审计发现职业院校基本办学条件不达标、办学承载能力不足，教育质量提升项目绩效目标未实现，资金使用率低，项目实施进度缓慢，资金闲置未发挥效益等问题。审计查出主要问题金额0.06亿元。

财政审计　完成对和田地区本级财政预算执行和决算草案编制情况审计。完成对和田地委统战部等6个一级预算单位进行延伸审计。以“上审下”方式，完成对民丰县人民政府2021年度财政决算及其他财政收支情况进行审计。审计发现预算编制不完整，预算编制不细化，未经预算审批程序拨付资金及财政部门和部分预算单位延压非税收入不及时缴入国库等问题。审计查出主要问题金额4.31亿元。

围绕产业等相关政策落实、民生工程建设、乡村振兴推进、生态文明建设和援疆项目实施等方面，完成对和田地区本级和和田市2022年支持新疆发展资金和项目跟踪审计。审计查出15个援疆项目进度缓慢，项目管理不到位，未严格落实建设项目法人责任制和结余资金未及时清理等问题，主要问题金额0.95亿元。

完成对皮山县波斯干水库除险加固工程竣工决算审计，皮山县桑株河中型灌区节水配套改造项目竣工决算情况审计和2022年支持新疆发展资金和项目跟踪审计。审计发现业主监管不到位，造成与施工单位结算不实，多计少计工程造价，地方配套资金未到位，造成拖欠15家中小企业工程款等问题。审计查出主要问题金额0.19亿元。

金融审计　围绕县市农信社信用风险、流动性风险、公司治理风险和抵御能力，完成对策勒县农村信用合作联社专项审计调查。审计发现违规发放贷款、贷款分类不准确和贷款展期不规范等问题。审计查出主要问题金额1.2亿元。

农业农村审计　围绕巩固提升脱贫成效、主要帮扶政策的稳定情况，扶贫资金投入形成的资产登记管理使用情况，产业、就业是否有可持续发展能力和健全防止返贫监测帮扶机制建立情况，和田地区审计局组成审计组赴克州阿克陶县开展审计。审计发现乡村振兴规划编制不到位，前期论证不充分或后期监管不到位，致使4个产业项目形成损失浪费；前期论证不充分，选址不科学，导致项目建成后种植农作物成活率低等问题。审计查出主要问题金额 0.74 亿元。

资源环境审计 围绕土地、水、林草生态环境治理、土壤污染防治等资源资产管理相关责任情况，完成对洛浦县拜什托格拉克乡党政主要领导干部自然资源资产离任（任中）审计。审计发现农田地膜未回收处理导致土壤污染和耕地基本农田撂荒等问题。审计查出非金额计量问题 14 个。

经济责任审计 围绕强化对领导干部的管理监督，促进领导干部履职尽责、担当作为，促进经济高质量发展，促进全面深化改革，促进权力规范运行，促进反腐倡廉，推进国家治理体系和治理能力现代化，完成对巴州且末县、和田地区民政局、和田地区疾病预防控制中心、和田职业技术学院和和田地区洛浦县拜什托格拉克乡党政主要领导干部经济责任审计。审计发现未按要求化解拖欠民营企业中小企业账款，县级福利构运行管理监督不到位，公用经费使用把关不严，长期拖欠中小民营企业欠款，乡村债务清理化解不到位和落实优化营商环境政策不力等问题。审计查出主要问题金额 19.32 亿元。

信息化审计 围绕网络安全和信息化建设项目目标任务、政策落实、资金筹集、使用和正版软件经费预算化管理等情况，完成对和田地委机要保密局 2021 年度网络安全和信息化建设情况审计，完成对 2022 年党政机关及事业单位软件正版化审计调查。审计发现，未及时按合同约定支付设备款，提前实施并完工验收的 2022 年建设项目形成拖欠市场主体账款，资产未进行会计核算和竣工结决算审核报告内容缺失较多，未将正版软件采购经费纳入预算等方面问题。

专项审计 围绕和田、于田、玉河监狱系统及和田戒毒所信息化建设项目、硬件升级改造等情况，完成对和田玉河监狱、于田监狱和和田监狱专项审计调查。审计发现债务或应付未付款项，结算不实等问题。

审计查出问题整改 由和田地委主要领导亲自指挥、行署分管领导亲自督办，严格落实审计整改督促责任，切实做好审计查出问题整改这个“下半篇文章”。同时，强化同纪检巡察、组织人社和发改财政等部门贯通协作机制，确保审计查出问题全部整改到位。

相关工作 强化审计队伍建设，以新时代审计工作新要求、新业态为目标，组织全局审计干部参加审计署、自治区审计厅组织的各领域审计专业培训 4 场，培训人员 80 人。强化审前廉政谈话，审中执纪监督和审后廉政回访等制度落实，铸牢全局审计干部依法审计、廉洁审计和文明审计思想防线。2022 年荣获 2021 年度自治区“访民情惠民生聚民心”驻村工作先进集体；荣获自治区“访民情惠民生聚民心”驻村工作优秀组织单位。

（撰稿人：刘　涛）

【伊犁哈萨克自治州审计局】 2022 年，伊犁哈萨克自治州（以下简称伊犁州）审计局实有 68 人。党组书记、副局长张新民，党组副书记、局长胡尔曼哈力·洪海（—6 月）、祖力甫哈尔·阿布都热甫（6 月—），党组成员、副局长军卡、赵东明、杨麟（援疆）。设有机关党委、办公室（人事教育处、离退休干部工作处）、法规审计处、财政金融审计处、行政事业审计处、农业农村审计处、社会保障审计处、固定资产投资审计处、企业审计处、经济责任审计处和自然资源审计处；下设审计事务服务中心和计算机技术中心。

审计成果 2022 年，伊犁州审计局本级完成审计和专项审计调查 30 个，查出主要问题金额 5.8 亿元，审计促进整改落实有关问题资金 1.5 亿元；出具审计报告和专项审计调查报告 32 篇，审计提出建议 94 条。向州党委审计委员会报送专报 5 篇。

向自治区审计厅上报计算机审计案例 9 篇，1 篇获应用奖，1 篇获鼓励奖；向自治区内审协会报送审计论文 5 篇，1 篇获三等奖；14 篇理论文章、审计论文、审计案例被《新疆审计》刊载。

政策落实情况跟踪审计 围绕 2021 年度自治区职业教育改革发展政策措施落实情况开展审计，涉及金额 1099.13 万元，重点揭示院校办学承载能力、专业建设和学生就业、专业教师队伍建设、产教融合和校企合作推进、财政经费投入保障、学生资助政策落实等 6 个方面 21 个问题，促进构建现代职业教育体系；围绕 2022 年乡村振兴重点帮扶县相关政策落实和资金开展审计，涉及金额 3.32 亿元，重点揭示产业帮扶在带动脱贫群众稳定持续增收方面存在的问题与不足，防止发生规模性返贫等问题，巩固拓展脱贫攻坚成果同乡村振兴有效衔接。

财政审计 完成2021年度自治州本级预算执行及决算草案编制情况审计；运用大数据审计技术，完成149个一级预算单位数据核查全覆盖，查出主要问题金额4.97亿元，发现预算编制、执行、重大政策措施落实跟踪、重大公共工程项目等4个方面96个问题，促进财政资金提质增效；向州人民政府和州党委审计委员会提交了审计结果报告，向州人大常委会提交工作报告，审计结果得到州人大常委会的充分肯定。完成州畜牧局及下属单位财政财务收支审计。

完成2022年支持新疆发展资金和项目跟踪审计、23个援疆项目资金审计和伊宁市供热领域专项审计调查，查出主要问题金额3.69亿元，发现未严格履行基本建设程序、招标过程不规范、中标合同签订不规范、多计工程价款、未经消防验收投入使用、未及时编制项目竣工财务决算、未及时办理环评审批手续及水土保持审批手续，未办理竣工验收备案、未按规定移交建设项目档案、项目未及时实施造成资金闲置等问题；完成2022年自治区监狱系统等3个建设项目管理和资金使用情况专项审计调查。

完成州政务服务管理局等2个单位网络安全和信息化建设审计，提高被审计单位网络安全和信息化建设水平；结合财政预算执行审计，组织州本级及县市审计局完成正版软件管理使用情况审计，查出主要问题金额270.37万元，发现未按规定实行政府集中采购、未将正版软件购置经费纳入年度部门预算、未按合同履约进度施工和付款、部分办公计算机安装盗版操作系统和盗版办公软件等问题，推进党政机关使用正版化软件。

金融审计 完成伊犁农村商业银行风险情况专项审计调查，查出主要问题金额3.05亿元，发现信用风险、流动性风险、公司治理风险、风险化解和抵御能力情况等4个方面26个问题，有效防范化解金融风险，做到风险早揭露、早治理，促进金融机构加强风险管理。

经济责任审计 完成9个单位10名领导干部经济责任审计，查出主要问题金额19214.06万元，其中管理不规范问题金额18569.61万元，违规金额644.45万元，被审计领导应负直接责任问题金额537.45万元，应负领导责任问题金额18676.61万元，揭露清理中小企业欠款、盘活存量资金、政府采购等政策执行不到位，重大事项未经党组会议集体研究，重点建设项目推进不力，非税收入应收未收应缴未缴、固定资产管理不规范等问题，促进权力规范运行，促进反腐倡廉，促进全面深化改革，促进经济高质量发展。

审计查出问题整改 完成中央预算执行和其他财政收支审计查出问题整改10个；自治区本级预算执行和其他财政收支审计查出问题整改6个；伊犁州党政主要领导经济责任和自然资源资产审计查出问题整改59个；州本级预算执行和其他财政收支情况审计问题整改88个。通过审计，盘活存量资金2728.98万元，增加财政收入949.06万元；疫情防控期间，通过边审边改，推动落实中小微企业扶持成果，减轻企业和个人负担721万元。

相关工作 印发实施《自治州关于加强内部审计工作的实施意见》《自治州关于政府向社会力量购买审计服务管理办法》《自治州审计人才库管理办法》，有效整合了国家审计、内部审计和社会审计的力量；组织指导全州1581家单位完成内审统计年报工作，在推进机构健全、人员配备、业务开展等方面不断完善和进步；向州本级81家部门单位征集审计人才69名，为开展研究型审计提供了智力支撑。

推动“五个好”党支部创建、“四个合格党员”建设和“四个走在前列”示范引领行动。选派干部参加各类培训420人次，坚持科技强审，启动自治州政务服务信息化体系——审计大数据平台建设项目。荣获自治区文明单位和自治州民族团结进步示范单位。（撰稿人：付晓洁）

【塔城地区审计局】 2022年，塔城地区审计局实有29人。党组书记、副局长赛力克·吐尔逊，党组副书记、局长李新忠，党组成员、副局长、二级调研员廖军，党组成员、副局长祁兆威（援疆）。设有办公室（组织人事科）、法规审理督察科、财政金融审计科、社会保障审计科、固定资产投资审计科、经济责任审计科、农业农村与自然资源环境审计科、数据审计科；下设审计技术保障中心。

审计成果 2022年，塔城地区审计局完成审计项目14个，其中审计13个、专项审计调查1个。查出主要问题金额2.47亿元，审计发现非金额计量问题60个，出具审计报告和专项审计调查报告14篇，审计处理处罚金额2331万元。审计促进整改落实有关问题资金1104万元，审计促进拨付资金到位4122万元。移送处理事项5件，审计提出建议88条，提交审计专题调研报告、信息、审计要情1篇。

政策落实情况跟踪审计 完成地区2家职业教育改革发展政策措施落实专项审计，审计查出问题整改率56%。聘请第三方机构对地区9家国有企业经营管理情况进行审计。

财政审计 完成地区2022年度本级财政预算执行和5家部门单位财务收支和预算执行情况审计，运用大数据对125家一级预算单位预算执行进行大数据核查。审计查出主要问题2.2亿元。对网络安全和信息化建设、正版化软件使用开展等6个专项审计。督促各级政府和有关部门强化风险意识，落实过紧日子要求，盘活用好资金，防范化解风险。

金融审计 完成新疆乌苏农村商业银行股份有限公司审计项目，查出主要问题金额1.8亿元，发现信贷投放不精准、担保不规范、贷后管理不到位，贷款分类不准确，未及时下调贷款五级分类导致不良贷款率、拨备覆盖率等指标不实，未全面准确的反映资产质量等问题11个。

资源环境审计 开展自然资源资产离任（任中）审计项目2个。

民生审计 完成塔城地区12个重点示范村跟踪审计、重点帮扶县乡村振兴相关政策落实审计及2021年度及以前援疆审计等3个审计项目。其中对塔城地区12个重点示范创建村每个示范村1000万元资金的产业项目选取、项目建设和效益情况开展全过程跟踪审计，每月出具跟踪审计报告向地委审计委员会主要领导汇报，审计进展情况报告得到主要领导高度重视，及时向主管部门和财政部门沟通，合力推进重点示范村建设，确保政策用足用好、资金管理规范，发挥了审计建设性作用。

经济责任审计 完成对地区发展和改革委员会经济责任审计项目，查出主要问题金额19万元，其中管理不规范问题金额18万元，揭露执行中央、自治区投资项目在线审批规定不严格、“十三五”规划中期评估和总结评估工作执行不到位、重大事项决策机制执行不到位等问题11个。年内组织开展经济责任审计项目2个。

审计查出问题整改 严格贯彻落实中共中央办公厅《关于建立健全审计查出问题整改长效机制的意见》，地委审计委员会2次召开会议听取审计整改情况汇报，研究整改工作，塔城地区行署专员主持召开行署党组会、地区推进会2次安排部署推进审计整改工作。压实被审计单位整改主体责任、主管部门监督责任和审计机关督促落实责任，规范督查整改程序和要求，年内下发整改督办函24份。加强对审计整改报告及整改印证资料的复核，重点把关审计整改时限要求、整改问题数量、建议采纳情况等，实行整改销号动态管理，避免出现重复整改或整改盲区。建立和完善审计查出问题整改情况通报制度，加强信息资源共享互通和过程跟踪，形成工作闭环，凝聚监督合力，确保任务落实。为助力地区纪委监委、地区巡察办监督和巡察工作，推进“三类监督”贯通协同，对近5年被审计单位的审计报告提出问题整改落实情况和审计建议采纳情况进行清查梳理，抄送纪委和巡察办，并对新出具的审计报告及时抄送纪委和巡察办，实现成果共享。对超过整改时限仍未完成整改、整改推进不力的、推诿扯皮、敷衍整改的，及时向纪委移送问题线索，并作为年度绩效考核指标向地委组织部、地委督查室等考核单位反馈，作为年度考核的重要依据。

相关工作 有效提升党支部组织力和战斗功能，按期完成支部换届选举、扎实开展党支部“五个好”标准化规范化创建活动。通过多种形式组织开展主题党日活动12场次，组织开展干部集中学习35次，加强党员队伍管理，落实党内干部激励关怀，走访慰问年老体弱老党员、老军人20人次。全面推进权力公开透明，修订完善了《地区审计局党组工作规则》，进一步规范党组权力运行。强化公权力运行风险防控，梳理查找岗位廉政风险点180个，制定整改措施187条，自觉提高防控能力。坚持“有形覆盖”和“有效覆盖”相统一，在优化资源配置，在盘活用好审计资源上下功夫、挖潜力，强化科室间协同配合，

依托大数据分析支持和计算机审计优势，实现大数据赋能，提高审计效率。（撰稿人：王雅静）

【阿勒泰地区审计局】 2022年，阿勒泰地区审计局实有36人。党组书记刘新斌，党组副书记、局长塔拉甫·地里达汗，党组成员、副局长班训波、王素萍，党组成员、地区固定资产投资服务中心主任刘继能。设有办公室、法规审理科、督察和内部审计指导监督科、电子数据审计科、经济责任和资源环境审计科、财政金融审计科、行政事业和社会保障审计科、农业农村和企业审计科、固定资产投资和外资审计科；下设经济责任审计中心和固定资产投资服务中心。

审计成果 2022年，阿勒泰地区审计局共完成审计项目14个，查出主要问题金额132759万元，其中违规金额20777万元、管理不规范金额111828万元；审计发现非金额计量问题162个；损益（收支）不实金额17916万元；出具审计报告和专项审计调查报告12篇，被批示、采用10篇次。审计处理处罚金额36266万元，其中应上缴财政12878万元、应归还原渠道资金12387万元、应缴纳其他资金270万元、应调账处理金额10730万元。审计促进整改落实有关问题资金80708万元；审计后挽回（避免）损失3万元。审计提出建议27条，被采纳27条；推动被审计单位制定整改措施31项；促进被审计单位建立健全规章制度4项；提交审计信息78篇，被批示、采用72篇次。

财政审计 扎实开展2021年度地区本级预算执行、决算草案以及其他财政收支审计，查出预算管理、财政收支管理等方面问题6个，涉及金额1.32亿元，已督促完成整改5个，整改金额1.09亿元。完成地区人大工委、地区纪委监委、地区教育局等4个部门单位2021年度部门预算执行及其他财务收支情况审计，查出预算执行、绩效管理等方面问题47个、涉及金额0.57亿元，已督促完成整改32个、整改金额0.22亿元。

开展维稳、补充耕地、引额供水二期补偿、新疆萨尔托海水利枢纽、地区人民医院（南区）迁建等重点项目跟踪审计，总投资146.10亿元，查出未严格履行基本建设程序、项目管理不规范等方面问题250个、涉及金额45.75亿元，已督促整改241个、整改金额35.78亿元，累计节约财政资金9.53亿元，追回超付资金0.44亿元，有力保障地区重大项目合规有序实施和财政资金安全有效使用。

国有企业审计 完成地区粮食购销公司2021年度财务收支审计，查出财务管理、经营管理2个方面4个问题，已督促完成整改3个问题。

金融审计 6月至7月，根据自治区审计厅统一安排，采取“上审下”方式，对哈巴河县农村信用社开展专项审计调查，查出信用风险、流动性风险等3个方面问题18个，涉及金额1.26亿元，已督促完成整改13个，整改金额0.97亿元，审计质量得到上级审计机关的充分肯定。

农业农村审计 根据自治区审计厅统一安排，对莎车县开展审计，查出联农带农机制建立健全、产业扶持政策落实等方面问题40个，涉及金额2.85亿元，已督促完成整改26个，整改金额1.52亿元，建立完善相关制度规定15项，审计质量和成效得到审计署、自治区审计厅的充分肯定；对吉木乃县、青河县开展审计，查出联农带农机制建立健全、产业扶持政策落实等方面问题27个，涉及金额1.22亿元，已督促完成整改19个，整改金额0.98亿元。

资源环境审计 组织县（市）审计机关和27家社会中介机构，持续开展山水林田湖草试点项目跟踪审计项目85个，查出未严格履行基本建设程序、项目管理不规范、财务管理不合规等3个方面65个问题，涉及金额10.34亿元，已督促完成整改。

民生审计 组织开展地区本级2021年度教育专项资金审计，重点关注教育基础设施建设、“两免一补”和学生资助资金政策落实情况，抽审金额2.81亿元，查出中职学生学习生活补助金未筹集发放到位等3个方面16个问题，涉及金额1.42亿元；统筹组织各县（市）统一开展县（市）2021年度教育专项资金审计，促进教育专项资金规范管理。

经济责任审计 根据自治区审计厅统一安排，对乌什县党政主要领导干部经济责任进行审计，查出贯彻执行党和国家经济方针政策、重大经济事项决策等方面问题30个，涉及金额41.10亿元，审计成果得到审计厅充分肯定；结合《关于建立巡察与审计工作协调机制的意见》，对交通运输局、地区交通建设投资发展有限公司、地区第一高级中学和7个乡镇党政主要领导开展经济责任审计。

审计查出问题整改 审计查出问题114个，已督促完成整改93个，整改率81.58%。上级审计机关推送问题6个，已督促完成整改6个，整改率100%。持续督促地区党政主要领导经济责任审计反馈的35个问题的整改，已督促完成整改17个。

相关工作 成功创建自治区“五个好”标准化规范化党支部示范点；荣获自治区三八红旗集体称号，被阿勒泰地区行署评为阿勒泰地区三八红旗集体。研究制定印发《地区审计局“审计质量提升年”实施方案》，搭建被审计单位预算收支支出、决算收入支出、项目支出、基础信息及内设机构等项目数据库系统，为审计全覆盖夯实基础。制定完善《阿勒泰地区审计局审计现场管理办法》《阿勒泰地区审计局审计业务会议制度》《阿勒泰地区审计局审核复核审理工作办法》等6项审计业务管理制度，进一步规范审计现场管理、审核复核审理、审计业务会议和移送处理工作。

（撰稿人：候文婷）

2022年新疆维吾尔自治区所辖市（州、地区）、县（市、区）审计工作统计表

审计机关	完成审计项目/个	审计查出主要问题金额/万元	审计发现非金额计量问题/个	审计期间整改金额/万元	出具审计报告和审计调查报告/篇	审计处理情况		审计促进整改落实有关问题资金/万元	审计提出建议/条	提交审计信息/篇
						审计处理处罚金额/万元	移送处理事项/件			
乌鲁木齐市										
乌鲁木齐市本级	20	300954	102	16008	25	19162	8	14868	55	11
天山区审计局	1	10		10	2	10		10	4	
沙依巴克区审计局	7	6852	52	5093	10	6850	1	5147	27	2
高新技术产业开发区（新市区）审计局	4	165	2	2	4	4	1		11	
水磨沟区审计局	6	2269	56	280	9				18	
经济技术开发区（头屯河区）审计局	6	513846	27		7	1421		1208	29	2
达坂城区审计局	3	838	18		3				11	
米东区审计局	12	170497	2	99	12	368	1		46	1
乌鲁木齐县审计局	5	1756	33	192	5				22	
克拉玛依市										
克拉玛依市本级	30	46136	208	3539	39	4752	5	4006	83	2

续表

审计机关	完成审计项目/个	审计查出主要问题金额/万元	审计发现非金额计量问题/个	审计期间整改金额/万元	出具审计报告和审计调查报告/篇	审计处理情况		审计促进整改落实有关问题资金/万元	审计提出建议/条	提交审计信息/篇
						审计处理处罚金额/万元	移送处理事项/件			
独山子区审计局	12	120344	225		20	862	3	203	58	2
克拉玛依区审计局	4	24379	9		7	66			13	
白碱滩区审计局	8	708		420	14	512		452	25	1
乌尔禾区审计局	10	4040	101	4041	16	262		262	43	
吐鲁番市										
吐鲁番市本级	14	43796	32		14			27739	23	8
高昌区审计局	6	132403	13	70697	6				14	
鄯善县审计局	14	26460		48	19	19313		19052	15	
托克逊县审计局	34	25950	102	658	37			3510	75	16
哈密市										
哈密市本级	25	591262	81	32	27		2	32	70	2
伊州区审计局	25	60268	81	1203	24	5391	10	2309	75	
巴里坤哈萨克自治县审计局	22	6352	80	2411	27		5	3941	86	
伊吾县审计局	17	11858	43	480	17			851	50	
昌吉回族自治州										
昌吉回族自治州本级	31	978763	87	55119	44	112819	2	57132	116	54
昌吉市审计局	22	48791	135	43	25	370	16		66	8
阜康市审计局	15	18098	53	287	20			288	62	
呼图壁县审计局	8	91279	35	477	12				34	7
玛纳斯县审计局	14	23547	52	13153	16	16710	3	13909	35	3
奇台县审计局	7	171816	20	27	8	27			22	
吉木萨尔县审计局	29	4873	38		30	896	4	896	39	
木垒哈萨克自治县审计局	13	43386	37	1	16	14780	3	14779	33	77
博尔塔拉蒙古自治州										
博尔塔拉蒙古自治州本级	19	3133	3	2775	11	148	11	128900	6	8

续表

审计机关	完成审计项目/个	审计查出主要问题金额/万元	审计发现非金额计量问题/个	审计期间整改金额/万元	出具审计报告和审计调查报告/篇	审计处理情况		审计促进整改落实有关问题资金/万元	审计提出建议/条	提交审计信息/篇
						审计处理处罚金额/万元	移送处理事项/件			
博乐市审计局	14	2408	78	9	9	8503	7	8574	34	7
阿拉山口市审计局	11	1858	59	4	9	1858		4	24	
精河县审计局	13	169230	59	49895	11		3		33	
温泉县审计局	9	14031	71	330	10		2		37	69
巴音郭楞蒙古自治州										
巴音郭楞蒙古自治州本级	35	53700	228	921	45	9229	8	5749	185	240
库尔勒市审计局	11	17271	30	14768	15	2130		1841	42	
轮台县审计局	17	7497	51	461	19	197	1	15	102	
尉犁县审计局	15	7797	68	3129	21	1969	4	192	65	111
若羌县审计局	19	5061	66	390	23	988	5	878	132	
且末县审计局	18	9876	91	24	25	2984	6	1198	103	4
焉耆回族自治县审计局	12	5543	46	3333	15	1479		41	47	
和静县审计局	14	1660	45	683	19	694	4	256	67	
和硕县审计局	11	1932	20	248	12			376	41	
博湖县审计局	15	1273	39	252	18	828		827	80	44
阿克苏地区										
阿克苏地区本级	58	774618	115	167364	65	82113	4	90553	164	
库车市审计局	20	121211	42	2174	20	121144	2	7799	61	7
温宿县审计局	41	130	38	130	46	130			47	
沙雅县审计局	18	743	80	10	18	388		156	51	
新和县审计局	13	9007	69	4101	13		1	12	39	1
拜城县审计局	16	47534	42	175	16	77		22913	102	
乌什县审计局	21	205885		17697	21			4312	141	
阿瓦提县审计局	10	35712	7	3	10				23	1
柯坪县审计局	15	14564	42	3686	20	1306		1941	49	
克孜勒苏柯尔克孜自治州										
克孜勒苏柯尔克孜自治州本级	17	520604	74	15085	2				31	24

续表

审计机关	完成审计项目/个	审计查出主要问题金额/万元	审计发现非金额计量问题/个	审计期间整改金额/万元	出具审计报告和审计调查报告/篇	审计处理情况：审计处理处罚金额/万元	审计处理情况：移送处理事项/件	审计促进整改落实有关问题资金/万元	审计提出建议/条	提交审计信息/篇
阿图什市审计局	14	308880	22		16	129060			45	3
阿克陶县审计局	7	148329	38		7	45848		11096	57	12
阿合奇县审计局	8	28187	9	165	16			122	33	8
乌恰县审计局	16	51931	18	2829	16	18538	4		36	15
喀什地区										
喀什地区本级	28	217692	125	64789	29		8	38636	119	12
喀什市审计局	13	7925	53	14	13	6154	7	5750	65	
疏附县审计局	52	122315	204	38905	52	546		546	136	
疏勒县审计局	21	27319	87	10447	24	31	2	31	64	
英吉沙县审计局	8	13241	41		8	350	1	304	38	
泽普县审计局	13	12608	6	12292	13				52	25
莎车县审计局	23	12660	140	2775	23	11049	3	9553	182	
叶城县审计局	53	16585	45		53	321		259	101	
麦盖提县审计局	17	24036	67	1299	18	13	2	13	59	2
岳普湖县审计局	39	42279	12	4861	42	42279		42279	94	
伽师县审计局	8	984	4	714	8	714		714	12	
巴楚县审计局	12	4075	18	233	13	109		109	34	
塔什库尔干塔吉克自治县审计局	9	4317		1420	9	1849			47	
和田地区										
和田地区本级	22	280232	215	55825	27	120202	2	19189	85	12
和田市审计局	13	18909	69	9262	13				43	
和田县审计局	13	2860	39	9	16	381		1002	40	
墨玉县审计局	19	36305	126	3861	21			10221	54	2
皮山县审计局	19	473309	143	467505	23		2		63	
洛浦县审计局	13	48819	16	40726	13	7504		7504	62	
策勒县审计局	10	226568	242	456	11	15993	2	45838	36	
于田县审计局	21	8595	8589	6315	21	6351		6342	78	
民丰县审计局	15	33513	52	6556	18	187		8050	54	36
伊犁哈萨克自治州										
伊犁哈萨克自治州本级	30	58027	122	2755	32	1763		14955	94	

续表

审计机关	完成审计项目/个	审计查出主要问题金额/万元	审计发现非金额计量问题/个	审计期间整改金额/万元	出具审计报告和审计调查报告/篇	审计处理情况		审计促进整改落实有关问题资金/万元	审计提出建议/条	提交审计信息/篇
						审计处理处罚金额/万元	移送处理事项/件			
伊宁市审计局	36	935	3		34	896			130	
奎屯市审计局	19	100712	44	26	21	1042		1026	49	1
霍尔果斯市审计局	40	122966	66	153	40	31225		7	71	
伊宁县审计局	19	35522	12	8914	20	503				
察布查尔锡伯自治县审计局	53	117020	30	14308	58	37361	1	8515	98	
霍城县审计局	23	140621	27	126	24	8081	3	282	57	
巩留县审计局	44	19077	175	4477	48	9			137	
新源县审计局	17	36704	44	16	18	36704		16	30	
昭苏县审计局	13	22547	43	1665	13				34	
特克斯县审计局	23	3752	64	3680	46				52	
尼勒克县审计局	13	63639	7	710	14	808		808	29	5
塔城地区										
塔城地区本级	14	24723	60	2876	14	2331	5	1104	88	1
塔城市审计局	10	638	7	624	10			14	16	
乌苏市审计局	17	174379	6	1532	17	163428	3	638	50	
沙湾市审计局	15	47070	50	4	19	35179	4	12045	41	2
额敏县审计局	12	4290	72	3553	13	4288	3	216	25	
托里县审计局	14	25199	14	3299	16	483	3	13	38	2
裕民县审计局	13	5082	11	558	14	6076	1	558	27	
和布克赛尔蒙古自治县审计局	18	1347	94		18		2		94	
阿勒泰地区										
阿勒泰地区本级	14	132759	162	20534	12	36266		80708	27	78
阿勒泰市审计局	6	19066	37	6554	7	8431			188	44
布尔津县审计局	15	8339	12	1399	15	5978	2	1342	14	36
富蕴县审计局	7	138478	21	34924	7	138055		84	19	37
福海县审计局	8	12923	43	4150	10	4125		4245	29	
哈巴河县审计局	9	63901	24	5	9	137	3	34	20	59
青河县审计局	8	1179	63	66	9			6	26	
吉木乃县审计局	9	103934	53	9	11	1800			34	4

新疆生产建设兵团

【新疆生产建设兵团审计局】 2022年，新疆生产建设兵团（以下简称兵团）审计局实有36人。设有兵团党委审计委员会办公室秘书处；内设办公室、政策法规研究处（审计整改督察处）、财政教科文卫社保审计处（电子数据审计处）、固定资产投资审计处、企业和金融审计处、经济责任和资源环境审计处。

领导成员

党组书记、局长：王小兖

党组成员、副局长：赵宜男

靳　辉（援疆）

沙　星　赵民山

纪检监察组组长：马小惠

审计成果 2022年，兵团审计局出具审计报告34份，出具审计要情1份、审计要目1份，查出主要问题金额66.09亿元，其中违规金额20.29亿元、损失浪费金额0.0082亿元、管理不规范金额45.79亿元；审计期间整改金额3.94亿元；审计处理处罚金额19.24亿元，其中应上交财政3.74亿元、应缴纳其他资金0.053亿元、应调账处理15.44亿元；审计查出非金额计量问题231个，移送处理事项9件，其中移送纪检监察机关2件、移送有关部门7件。

财政审计 1月至4月，兵团审计局对新疆生产建设兵团医院2021年度预算执行及其他财政财务收支情况进行审计，审计发现执行“三重一大”决策程序及相关制度不严格、内控管理制度不健全、执行不力、政府采购活动违反相关制度规定、全面预算绩效管理不科学不规范、绩效评价不到位、落实过紧日子要求不严格等问题63个，问题金额约12亿元，办理8件移送，收回违规资金281万元。

兵团和各师市审计机关派出10个审计组，对11个师市“访惠聚”项目资金进行了审计，抽审2个师本级51个团场的123个连队，抽审资金5800多万元，审计发现政策措施落实不到位、预算约束不严格，资产管理、项目实施和财务管理不规范等97个问题，涉及问题资金2294万元。

兵团审计局组织对兵团科技局2021年度兵团科技发展专项资金分配、管理、使用及绩效情况进行审计，延伸审计了石河子大学和新疆农垦科学院，审计发现财政科研体制机制不完善、科技成果转化率偏低和质量不高、产学研融合存在痛点等13个问题，查出问题资金1.88亿元。

国有企业审计 开展兵团投资公司国资国企改革重点内容审计、兵团国资公司国资国企改革重点内容审计。揭示了企业存在财务管理混乱、财务收支真实性无法核实、未按期结转固定资产、投资决策不规范、投资本金及股利存在损失风险、企业资金闲置时间过长、企业制度改革推进缓慢、法人治理结构存在重大缺陷、对权属企业绩效考核不到位、去机关化改革不到位、未制定工资总额管理工作制度等问题，提出有针对性的意见和建议，并督促相关问题整改落实。

资源环境审计 对第十二师委员会党委书记、政委自然资源资产管理和生态环境保护责任履行情况进行审计。揭示了第十二师退耕还林地29257.9亩保存率低于65%、应收未收闲置土地1895.34亩、水池等建筑物违规占用基本农田9.1亩、通航产业园违规用地74.03亩、草原生态修复治理任务未完成、兵团乌鲁木齐经济技术开发区94家排污企业未办理排污许可证、6个建设项目未办理环境影响评价批复即开工建设、兵团乌鲁木齐经济技术开发区准东分区污水处理厂建而未用、应收未收土地出让金及滞纳金19.87亿元、土地竞买保证金管理不规范、应缴未缴耕地占用税3371.61万元和历次审计查出问题整改不到位等问题。

民生审计 兵团审计局组织对兵团本级及5个师市困难群众救助补助资金进行审计，审计发现困难群众救助补助资金筹集、分配和拨付，集中供养和救助机构资金管理使用和救助职责履行，以及困难群众基本生活救助和医疗救助政策落实等问题22个，问题金额3239万元，出具审计移送书1份，追回违规资金18万元。

兵团审计局组织五个师市开展就业资金、失业保险、职业能力提升资金专项审计，审计发现扩大范围发放补贴、就业统计数据不一致、信息未按规定公示等16个问题。

经济责任审计 对第十二师委员会原党委书

记、政委进行离任经济责任审计。揭示了27个政府投资项目无初步设计及概算、虚报招商引资到位资金6.73亿元和实物量20.29亿元、固定资产投资项目未全部开立农民工工资账户、应收未收闲置土地1895.34亩、37个招商引资项目未办理建设规划用地许可证、建设工程规划许可证或未履行环评手续即开工建设等问题。

对兵团党委政策研究室主任开展经济责任审计，揭示了兵团党委政策研究室下属事业单位兵团经济研究所往来款项93.88万元长期挂账未清理、超预算列支印刷费等费用47.45万元、公务接待陪餐人数超标、在部门日常办公经费中无依据列支加班餐、以虚增就餐人数方式摊薄人均消费等问题。

开展兵团开放大学党委书记经济责任审计，揭示了学费收入94.28万元未上缴兵团财政专户、无预算和超预算安排支出578.48万元和应付款项42.22万元长期挂账未及时清理、虚列油料款费用支出4万元、个别人员超等级乘坐交通工具多核报差旅费用8034元、总投资511.51万元的学生公寓楼等3个在建工程项目未按照要求纳入固定资产管理、兵团民族师范学校实施校区道路升级改造项目少计资产193.56万元、新购置的19.68万元车辆未及时纳入资产管理、房产出租未履行审批手续等问题。

对兵团统计局党组书记、局长开展任期经济责任审计，揭示将国家统计局经常性统计调查项目专项经费45万元违规用于“访惠聚”工作队经费支出和对口帮扶27团扶贫项目、违规以加班餐的名义为非本局工作人员支付机关食堂就餐费用0.43万元等问题。

对第一师阿拉尔市原党委常委、纪委书记、监委主任进行任期经济责任审计，揭示了在编制年初预算时未将上年结转结余项目资金14.28万元纳入预算编制、总投资323.6万元的廉政风险干预系统建设项目未按照要求纳入固定资产管理等问题。

审计查出问题整改 按照审计整改工作要求，兵团审计局2022年重点抓好以下两个方面的整改工作。一是按季度持续抓好审计署历次审计兵团反馈问题整改工作。涉及审计项目4个，应整改问题182个，截至2022年底已整改到位161个，整改问题金额356.56亿元，推动有关部门单位健全完善规章制度办法63项。二是抓好兵团审计局本级审计查出问题整改工作，应整改问题521个，问题金额349.08亿元，截至2022年底已整改到位问题502个，整改问题金额111.72亿元，整改到位率96.35%，推动相关部门单位健全完善规章制度办法49项，审计整改成效明显。

内部审计 2022年，全兵团拥有内部审计机构的部门单位共计137个，其中独立设置内审机构60个，拥有内部审计人员309人（其中专职人员237人）。2022年内部审计机构共实施审计项目1142个，审计查出问题总计4347个（其中非金额计量问题3519个），问题金额17.45亿元。截至2022年底已整改到位非金额计量问题3054个，整改问题金额5.34亿元。向司法机关移送或报告案件线索1件2人，根据审计建议给予党纪、政务和内部纪律处分22人，推动相关单位健全完善规章制度办法232项，审计整改成效明显。兵团审计局按照审计署内审司工作部署，定期统计上报兵团内审工作开展情况，加强对内部审计工作业务指导和监督，加大对内审人员的培训教育力度，提升内部审计工作质量和水平。

网络安全和信息化建设审计 组织对兵团信创项目进行跟踪审计，审计发现运维响应不及时、资产闲置浪费、项目建设进度慢等10个问题，涉及金额1295.13万元，汇总2021年度网络安全和信息化建设审计情况报送至兵团党委和审计署。

相关工作 2022年，兵团审计局共选派兵师56人次审计干部，实地参加审计署面向地方审计机关举办的18个审计业务培训班；组织150余人次参加审计署的线上视频培训班；选派2名干部参加审计署交流挂职。（撰稿人：丁　博）

【第一师阿拉尔市审计局】 2022年，第一师阿拉尔市审计局实有30人，党组书记、局长曹新明，党组成员、副局长唐名正，党组成员、副局长王先灵，第一审计中心主任林胜群。设有综合科、业务科；第一审计中心内设财务收支经责审计科、固定资产投资审计科；第二审计中心内设固定资产投资审计科、经济责任审计科、财金审计科。

审计成果 2022年，第一师阿拉尔市审计局完成审计（调查）项目 73 个，审计查出主要问题 442 个，审计发现问题金额 299273.34 万元，审计处理处罚金额 271793.92 万元，审计提出建议 217 条均被采纳；师市主要领导批示审计专报 5 篇，提交审计（调查）报告 73 篇，结果报告 5 篇，审计决定 47 篇，向人大提供审计工作报告 1 篇、审计整改报告 1 篇。

政策落实情况跟踪审计　持续做好兵团向南发展重大战略决策跟踪审计，通过对重大建设项目和对师市 31 个单位和部门、13 个团镇医院、2 个师直属医院 2021 年防疫资金进行跟踪审计，促进国家相关政策措施落到实处、发挥实效。

财政审计　对本级财政预算单位预算执行情况和法院、检察院系统两级四院及团镇等 8 个预算单位开展系统性的预算执行及其他财政收支审计，通过运用大数据审计方式，实现了一级预算单位全覆盖，基本达到“审计一个单位规范一个行业”的目标。

对师市交通、市政、水利、农业、政法、教育、文化等领域共 7 类 34 个建设项目开展竣工决算审计，有效提高投资绩效，并强化对社会中介机构的监督。

国有企业审计　聚焦国资国企改革，对新鑫国有资产管理有限公司和阿拉尔水利水电工程服务有限公司开展资产负债损益审计，在防止国有资产流失、严肃企业财经纪律、防范企业经营风险、提高企业经营管理水平、促进企业提质增效等方面，取得了显著成效。

民生审计　对师市 2021 年度就业、公共卫生、困难群众救助补助、学前教育、团场人才引进、交通运输补贴、农业发展、项目前期费等 10 类专项资金管理使用情况进行审计，涉及 464 个预算单位，着力揭示重点领域重要环节存在的风险问题，在盘活闲置资金，规范资金使用，切实发挥资金使用效益，促进国家惠民政策措施落地生根。

经济责任审计　根据《师市领导干部经济责任审计“十四五”规划》，进一步完善了与组织、纪委等部门沟通协调机制，健全领导干部经济责任审计目录库。对 4 名领导干部展开离任（任中）经济责任审计或资产资源审计，查出管理不规范资金 15155.15 万元。

援疆审计　和台州市审计局采取“统分结合、专家指导、现场培训”的方式，联合开展 2022 年台州市对口援疆发展资金和项目跟踪审计，主要对教育、公共文化、设施农业等 3 类 6 个援疆建设项目开展竣工决算审计。

审计查出问题整改　始终坚持做好审计“下半篇文章”，健全审计查出问题整改机制，采取审计报告送达后 50 天提示、60 天催办、70 天约谈和责任追究的方式，推动整改成效全面提升。加强和相关部门的联动，邀请住建、发改、农业、财政等行业主管部门参加审计整改推进协调会，助推审计整改工作落到实处，深化审计结果运用，确保审计成果最大化。　（撰稿人：刘玉焱）

【第二师铁门关市审计局】　2022 年，第二师铁门关市审计局（以下简称师市审计局）实有 20 人。党组书记、局长鲁军，党组副书记、副局长曹丽珍，党组成员、第一审计中心主任王道琴，党组成员、第二审计中心主任许聪，党组成员、第三审计中心主任徐艳玲。设有综合科；下设第一审计中心、第二审计中心、第三审计中心。

审计成果　2022 年，师市审计局完成审计项目 12 个，出具审计报告 12 篇，移送处理书 16 篇，揭示问题 116 个，向师市党委审计委员会提交专题报告 5 篇，有效发挥了审计在防范化解风险隐患、保障财政资金安全高效使用和服务经济高质量发展等方面的建设性作用。

财政审计　在开展本级预算执行审计中，对师市司法局、科技局、应急管理局及 22 团、31 团等单位进行了重点延伸审计。完成了师市“访惠聚”驻连（村）工作队工作经费及各类资金管理使用情况和铁门关市征地和拆迁补偿资金使用绩效审计，充分发挥了审计在维护财经秩序、提高财政资金使用效益等方面的重要作用。

资源环境审计　对二十四团党政主要领导任职期间自然资源资产管理情况和生态环境保护责任履行情况进行审计。重点关注了土地、水、森林等自然资源和相关生态环境保护情况。进一步增强了领导干部自然资源资产保护意识。

民生审计　坚持以项目立项审批、招投标程序、投资绩效等为重点，完成了对社会关注度高、事关民生的铁门关职业技术学院和铁门关市人民医院建设项目审计，揭示了项目单位不严格履行建设项目审批程序、部分标段未履行政府采购程序等问题，督促项目单位履职尽责、加强管理，促进项目顺利完成。

经济责任审计 完成了对铁门关职业技术学院等2个事业单位和新疆金川热电有限责任公司等2家国有企业主要领导人员经济责任审计，揭示了被审计单位政策执行不到位、财务管理能力不强等问题，充分发挥了经济责任审计在健全领导干部监督管理、促进廉政建设方面的重要作用。

审计查出问题整改 严格落实审计查出问题对账销号整改制度，做到问题性质清、整改要求清、责任单位清、整改时限清。上一年度审计发现问题247个，其中要求规定期限内整改的问题224个，已整改219个，整改率97.77%；要求持续整改的问题23个，正在有序推进中。

研究型审计 围绕师市党委中心工作，充分考虑审计监督的有效覆盖，科学编制年度审计项目计划。坚持边审计边研究，不断思考总结提高，审计方向更加明确、审计思路更加清晰，形成“学—审—研”的有效循环，不断探寻审计新思路新方法，审计工作质效进一步提升。

内部审计 制定了2022年度内部审计工作要点，切实发挥内部审计自我监督、自我完善的职能作用。组织内审人员参加审计署审计业务骨干培训班，实施审计系统依法行政法治大培训，完成内审机构人员培训54人次，抽调人员参加政府审计项目，提高内审人员实战能力。

相关工作 认真履行教育、管理、监督审计干部的责任，把加强思想政治工作落到实处，提高审计干部政治站位和政治能力，练好“能查、能说、能写”的基本功。树立鲜明用人导向，培养推荐优秀人才，全年提拔任用正科级干部2人，一级至四级主任科员职级晋升6人，激励审计干部新时代有新担当、新作为。（撰稿人：巩建军）

【第三师图木舒克市审计局】 2022年，第三师图木舒克市审计局实有45人。党组书记、局长武维明，党组成员、副局长贾霞云、翟庆，党组成员、第三师农牧团场第一审计中心主任李华，第三师农牧团场第二审计中心主任彭秋华。设有师市党委审计委员会办公室；内设综合科、财政科教文卫社保科、经济责任审计和企业审计科（审计整改督查科）；下设第三师农牧团场第一审计中心、第三师农牧团场第二审计中心、图木舒克固定资产投资审计中心。

审计成果 2022年，第三师图木舒克市审计局完成审计项目18个，审计调查5个，出具审计报告18篇、专题报告2篇、审计简报5篇，审计发现问题83个（金额类问题55个，非金额类问题28个），涉及违规资金11160.63万元，管理不规范资金95656.87万元。师市党委批示审计报告8篇，移交处理1件。审计促进整改资金120074.65万元，提出审计建议72条，全年印发审计信息专报5篇，督办2份。

政策落实情况跟踪审计 对师市2021年招商引资优惠政策落实情况进行审计，重点对园区45家企业享受的各类优惠政策落实和兑现情况进行核实，审计发现问题6个，涉及资金581.59万元，提出审计建议10条。

财政审计 对第三师四十六团、叶城二牧场、五十四团、第三师图木舒克市党委政研室、第三师图木舒克市公安局、住房和城乡建设局、科技局、退役军人事务局等部门2021年度预算执行及其他财政收支情况进行审计，出具审计报告9篇、专题报告1篇，发现问题55个，涉及资金94544.59万元，提出审计建议42条。委托社会审计中介对年度政府投资5000万元及以上17个重大项目进行全过程跟踪审计，撰写全过程跟踪审计年度报告13篇，印发审计信息专报5篇，督办函2份，纠正问题12个。

国有企业审计 对新疆前海集团有限责任公司和新疆唐辉高科发展有限公司2021年资产、负债、损益情况进行审计，揭露损害国家利益、履职不到位、损失浪费等问题6个，提出审计建议6条。

经济责任审计 完成第三师图木舒克市司法局党组书记、局长，第三师图木舒克市市场监督管理局局长，第三师图木舒克市城市管理局局长，第三师图木舒克市水利局局长，第三师图木舒克市民政局原局长，第三师中级人民法院原党组书记、院长等6名领导干部经济责任审计，出具审计报告6篇、审计结果报告6篇，发现问题12个（金额类问题3个，非金额类问题9个），涉及违规资金 30 万元，管理不规范资金 1539.17 万元，提出审计建议 12 条。

审计查出问题整改 2022 年，到达整改期限问题 78 个，已完成整改 70 个，审计促进整改资金 120074.65 万元，其中已上缴财政或归还原资金渠道金额 30391.82 万元，调账处理金额 6574.23 万元，其他处理金额 83108.6 万元。

相关工作 开展“啄木鸟”党建品牌创建工作，全年提拔科级干部 2 人，职级晋升 3 人，新招录干部 8 人。组织单位副科级以上干部开展“转观念提能力强作风”研讨活动，梳理问题 12 条，逐一制定整改措施。组织干部深入基层社区开展疫情防控等志愿服务 30 人次。

（撰稿人：翟建明）

【第四师可克达拉市审计局】 2022 年，第四师可克达拉市审计局实有 7 人。党组书记、局长张荣华，副局长胡江川、张平，第一审计中心主任张萍（—10 月），第二审计中心主任马吉新。设有办公室（政策法规室）；下设三个审计中心。

审计成果 2022 年，第四师可克达拉市审计局完成审计项目 60 个，审计查出违规金额 2023.71 万元，管理不规范金额 89702.96 万元，调减利润 5390.04 万元，调整账务 33147.61 万元，揭示存在损失或潜在损失金额 8120.3 万元，收缴师市财政 5758.01 万元，发现问题 355 个，提出各类管理建议 106 条；经济责任审计中，界定领导干部应负直接责任 5 项、领导责任 108 项，出具审计报告 45 篇、审计管理意见书 2 份；向纪委监委移送案件线索 8 件、金额 3168.13 万元，向相关行业部门移送问题线索 17 件，进一步发挥审计监督利剑作用。

财政审计 开展师市 2021 年度本级财政预算执行、决算草案及其他财政收支审计，重点关注预算执行、资金分配、财政资金绩效、非税收入等情况，审计发现师市土地出让金征收不到位、专项资金分配不及时、国有资本经营收益管理不到位等问题，并提出合理化建议，督促相关单位加强财政管理，向师市党委提供一份合格的“经济体检报告”，并受师市委托向市人大常委会报告。

对可克达拉市 G316 互通立交、66 团铁路大桥、70 团灌区节水配套改造项目、可克达拉市儿童福利院等 28 个师市重点政府投资项目和援疆项目进行审计，重点关注项目审批、农民工工资支付、工程招投标、工程结算等程序的合法合规情况以及财务管理、内部控制等制度。

经济责任审计 对 73 团、76 团、绿华糖业公司等 6 单位 8 名主要领导干部开展经济责任审计，并同步实施 73 团、76 团党政主要领导干部自然资源资产离任（任中）审计。重点关注 8 名领导干部贯彻兵团党委和师市党委重大决策部署、主要经济指标完成、重大改革任务推进、财政资金管理、国有资产管理、审计整改落实等方面，并对其履职尽责情况作出审计评价。

大数据审计 审计局积极筹措资金 8 万元配备 4 台高性能计算机和相关技术设备，建成大数据审计分析室，搭建起数据分析平台。集中采集师市 347 个预算单位的各类数据 260 万余条，并进行数据统一分析，筛查出疑点 1300 余条，实现财政审计数据分析全覆盖。拓宽大数据审计广度，首次使用 ArcGIS 软件搭建分析平台将永久基本农田、国土“三调”、生态保护红线等矢量数据与最新卫星影像图进行叠加分析，有针对性地检查被审计单位永久基本农田划定、退耕还林复垦、生态核心保护区内滥垦滥伐等情况，切实提高审计效能。

专项审计 对师市“访惠聚”工作经费进行重点抽查，重点检查专项资金预算编制的测算依据是否真实合理，购置的固定资产是否及时入账、权属关系是否清晰，确保专项经费专款专用。积极与镇江前指对接，对 18 个团场基层党建阵地改造项目、产业发展引导基金进行审计，深入相关连队、企业检查项目资金落实情况，确保每一分援疆资金用在党建阵地建设和足额补助到相关企业。组织审计力量，对 18 个团场的应收款项清收工作的真实性、完整性进行审计，摸清团场应收款项的底数、清收现状，发现各类突出问题 16 个，并就个别团场存在的工作推动缓慢等问题认真剖析原因，提出合理化建议，供师市党委决策。组织审计力量，对团场的“三供一业”运行管理情况进行专项审计调查，重点关注 13 个团场“三供一业”市场化运营后的运行管理情况、资产分离移交情况、运行管理资金来源和使用情况等，发现各类突出问题32个，提出意见建议5条，促进民生资金落实到位、发挥实效。

审计查出问题整改 研究制定《师市党委审计委员会加强审计整改工作的八项具体措施》，明确被审计单位、行业主管部门的整改责任、时限，做到整改工作有章可循、有规可依、有据可查。

（撰稿人：魏 龙）

【第五师双河市审计局】 2022年，第五师双河市审计局实有7人（援疆1人）。党支部书记、局长苏金祥，副局长黄均田（援疆），党支部副书记、副局长刘武，第一审计中心主任刘红。设有综合科；下设第五师第一审计中心、第二审计中心。

审计成果 2022年，第五师双河市审计局完成审计项目20个，其中审计项目19个、专项审计调查1个。查出主要问题金额66370万元，其中违规金额16365万元、损失浪费金额1824万元、管理不规范金额48179万元；审计发现非金额计量问题77个；审计发现侵害人民利益49万元；出具审计报告和专项审计调查报告20篇。审计处理处罚金额474万元，其中应上缴财政62万元、应归还原渠道资金5万元、应调账处理金额406万元；移送纪检监察机关和有关部门处理事项9件、移送处理人员11人，移送处理金额49万元。审计促进整改落实有关问题资金163万元；核减投资额9954.74万元。审计提出建议42条，被采纳41条；单位建立健全规章制度4项；提交审计信息13篇，被批示、采用8篇。

财政审计 完成2021年度本级预算执行情况、决算草案以及其他财政收支情况及6个部门（单位）预算执行情况和决算以及其他财政收支情况审计和整改工作，追回挤占挪用资金77.94万元、促进拨付资金5091万元，健全完善制度3项。

完善《师市政府投资和重大公共工程审计业务操作指南》，完成师市疫情防控救治能力提升建设项目审计、经开区标准化厂房装修项目审计、师市1.72平方公里市政基础设施PPP项目审计。查出违规及不规范问题38个、审减工程造价9954.74万元、追回超付工程款46.69万元。

民生审计 完成就业补助和失业保险基金审计，查出非金额计量问题2个，提出2条建议，促进专项基金管理规范、透明。

经济责任审计 完成5名领导干部任期经济责任审计。出具审计报告及审计信息15篇、年度审计结果通报1篇。查出违规金额81万元、管理不规范金额2216万元，提出建议14条。

专项审计 完成师市2019年至2021年林业草原生态保护恢复专项资金审计、“访惠聚”驻连（村）工作队经费管理使用情况审计、维稳防控补助经费使用情况审计。查出非金额计量4个，提出建议4条，挽回损失3.2万元。

审计查出问题整改 开展2022年度审计项目整改情况专项检查，出具审计整改专项报告1篇，涉及问题118个，完成整改问题62个、已部分整改问题7个，推动被审计单位建立制度4项。

内部审计 第五师双河市有内审机构1个（新赛股份公司审计部），内审人员1人，完成审计项目2个、发现问题6个。

交办任务 完成上级审计机关人员抽调任务。抽调2人次赴兵团及其他师开展审计。完成本级机关人员抽调任务，选派2名同志参加师市巡察和驻连管寺工作，先后抽调干部7人次参与新冠肺炎疫情防控和维稳督导。积极开展招商引资工作，完成招商引资年度任务1000万元。

相关工作 组织全局认真学习党的二十大精神、习近平新时代中国特色社会主义思想、党章、新修订审计法、中央经济工作会议精神、全国审计工作会议精神等。组织政治学习24次，党员完成读书笔记1.5万字以上，撰写心得体会103篇。完成“兵团党员教育”等学习平台计划课程及考试测试。查摆出党支部四个方面6个具体问题，研究制定整改措施6项；党员自查问题85个。组织开展“党旗映天山”“铸牢中华民族共同体意识”“作风建设我承诺”等主题党日，丰富党员教育形式，深化党性教育。选派1名党务干部参加党建业务培训，参加审计署、兵团审计局视频培训246人次。培养入党积极分子2名，发展预备党员1名，预备党员转正1名。审计局党支部连续两年获评师市机关“十星”党支部。

（撰稿人：张 杰）

【第六师五家渠市审计局】 2022年，第六师五家渠市审计局实有11人。党组书记、局长邱建江，党组成员、副局长孟新国、李永胜（3月—），第一审计中心主任刘志江（4月—），第二审计中心主任王建康（5月—），第三审计中心主任土春芳，四级调研员马卫东。下设第一审计中心、第二审计中心、第三审计中心。

审计成果 2022年，第六师五家渠市审计局审计项目计划26个，完成审计项目28个，完成全年计划的107.7%（审计26个，专项审计调查2个）。审计查出主要问题金额1289160万元，其中，违规金额417248万元，管理不规范金额870819万元，损失浪费金额1093万元。审计发现非金额计量问题224个，损益（收支）不实4776万元，审计期间整改金额18276万元。审计处理处罚50309万元。移送处理事项13件（移送司法机关1件，移送纪检监察机关2件，移送有关部门10件）。

政策落实情况跟踪审计 结合上级工作安排和师市党委工作中心，重点关注乡村振兴、就业、高标准农田建设相关政策落实、资金管理使用及绩效情况，推动政策落地发挥实效等重大政策跟踪审计。

财政审计 对2021年本级预算执行、其他财政收支情况进行审计，抽审公安系统2019—2021年度预算执行和其他财政收支审计以及教育局、农业农村局、102团、106团、六运湖农场预算执行和其他财政收支审计等项目。

组织开展五家渠三中建设项目竣工决算审计、五家渠四中建设项目跟踪审计、援疆资金审计以及师市团场污水处理厂建设运行及污水处理费收支情况专项审计调查等项目。

国有企业审计 围绕师市党委深化国资国企改革工作，对师市所属新疆国恒投资发展集团有限公司等5家国有监管企业进行审计。针对审计发现问题，提出审计建议23条。

资源环境审计 对102团自然资源资产管理和生态环境保护责任履行情况进行审计。针对审计发现的问题提出审计建议4条。

经济责任审计 采取“1+N”审计模式，完成了教育局等10个单位11名同志离任经济责任审计和5名同志任中经济责任审计。

审计查出问题整改 对14个团场、32个行政事业单位进行了审计整改督导检查。2021年度审计揭示问题625个，已整改518个，整改率82.9%。2021年以前年度尚未完成整改问题66个，完成整改12个，正在整改问题54个（含需长期整改问题30个，无法整改问题20个），审计整改率18.2%。

相关工作 第六师五家渠市党委审计委员会情况。协助师市党委审计委员分别于3月17日、12月20日召开2次会议。注重从体制机制层面提出建议。全年报送审计报告和信息163篇，审计提出建议112条，被采纳审计建议85条。多举措开展业务培训，提升审计本领。全年共参与培训审计业务知识、依法行政等培训150余人次。

（撰稿人：孙　瑞）

【第七师胡杨河市审计局】 2022年，第七师胡杨河市审计局实有24人。党组书记、局长马洪良，党组成员、副局长王峰（—5月）、王莉（5月—），第一审计中心主任蒲冬梅（—8月），第二审计中心主任张泽廷。设有综合科、业务科；下设第一审计中心、第二审计中心、固定资产投资审计中心（挂牌在第一审计中心）。

审计成果 2022年，第七师胡杨河市审计局组织实施审计、稽查项目22个。查出金额问题87个，查出主要问题金额26740万元，其中，违规资金16.05万元，管理不规范金额26600万元，审计期间已整改15800.1万元。审计发现非金额计量问题58个，提出审计建议22条。出具审计报告和审计稽查专题报告22篇、审计决定11份，移送线索2件，被师市领导批示19篇。

审计委员会办公室工作 4月12日，召开2022年师市党委审计委员会第一次会议，学习贯彻习近平总书记关于审计工作的重要指示精神，中央、兵团党委审计委员会有关会议精神，通报2021年审计工作及整改情况、研究部署师市2022年审计重点工作。

政策落实情况跟踪审计 围绕就业补助资金和失业保险基金开展重大政策落实跟踪审计，审计发现问题4个，提出审计建议4条，确保就业资金的安全使用。

财政审计 对师市本级2021年度预算执行、决算草案及其他财政收支情况开展审计。审计查出问题金额 1034.98 万元，揭示部分专项资金未及时拨付等问题 6 个，提出审计建议 2 条。

开展 2021 年“访惠聚”驻连（村）工作队工作经费及各类资金管理使用情况专项审计，重点抽查了师市“访惠聚”办公室，123 团、124 团、130 团等团场，共发现问题 7 个，提出审计建议 2 条。

对师市人民医院建设、137 团医院综合楼配套建设、乡村振兴美丽连队建设等 7 个重点民生援疆项目完成竣工决算审计，出具审计报告 7 篇，审计发现招投标不规范、未严格履行基本建设程序等 8 个问题，提出审计建议 1 条。及时回笼预留 25% 的援疆项目资金约 3000 万元，确保援疆项目资金按时到位。

对国家重大节水供水工程——奎屯河引水工程项目开展审计稽查。揭示出政府采购制度执行不严、公用经费管理不规范等问题，并提出有针对性的审计稽查建议。

民生审计 开展 2021 年困难群众救助补助资金审计，重点关注资金投入分配、下达拨付、管理使用和政策目标实现等情况，审计发现困难人员个人账户资金管理使用不规范等问题 5 个，查处违规金额 19.39 万元，针对部分团场（单位）低保核查工作不到位，向不符合条件人员发放低保金问题，出具审计决定 1 份，并向师市纪委监委移送问题线索 2 件。把审计监督跟进到民生政策落实和资金使用的“最后一公里”，确保兜住兜牢民生底线。

经济责任审计 2022 年，第七师胡杨河市审计局坚持“全面审计、突出重点”和“党政同责、同责同审”的方针，结合“1 拖 N”的审计方法，对统战部、人社局、职业技术学校等 5 个单位 8 名领导干部开展经济责任审计。审计查出国有资产管理使用不规范等问题 75 个，提出审计建议 11 条，揭示问题背后的体制障碍、制度漏洞，审慎客观的对领导干部做出评价，促进领导干部主动作为，为组织人事部门提供参考依据。

相关工作 全力做好新冠肺炎疫情防控工作，党组书记、局长作为督导组成员，到 123 团、126 团指挥防疫工作。共计 21 名审计干部下沉社区，投入疫情防控第一线、最前沿。

（撰稿人：赵媛媛）

【第八师石河子市审计局】 2022 年，第八师石河子市审计局实有 54 人。党组书记、局长刘文，党组成员、副局长余红，第一审计中心主任段志江。设有 3 个科室 4 个审计中心。

审计成果 2022 年，第八师石河子市审计局完成审计项目 20 个，审计项目单位 91 个。审计查出问题金额 114107.26 万元，其中违规金额 424.6 万元、管理不规范金额 113682.66 万元；审计发现非金额计量问题 102 项；审计促进整改落实有关问题资金 114107.26 万元，促进增收节支 3700 万元。审计发现问题 124 个，提出可行性审计意见和建议 49 条，向师市纪委监委移送案件线索 1 件 1 人，审计质量和效益有了明显的提升，问题整改落实得到进一步加强。

一份租赁合同现出的真形——某公司主要负责人经济责任审计项目在 2022 年度审计教学案例评选中被审计署评为 B 类教学案例，入选审计干部培训案例库。

财政审计 纵深推进财政预算执行审计，依托大数据分析模式，实行“三年”一轮回滚动审计模式，把有限的资金用在“刀刃”上，看好政府“钱袋子”。

积极响应上级审计机关对投资审计转型的要求，加大对投资审计力度，创新审计方式方法，促进政府投资规范管理。完成对师市老旧小区改造等项目共计 33 个，助力为师市经济高质量发展。

资源环境审计 组织开展对 5 个团场兵团减轻连队职工负担补助资金和 7 个团场耕地地力保护补贴资金、师市生态环境保护资金使用绩效审计，督促清缴生态环境保护资金 384.33 万元。重点揭示资金沉淀闲置 2540 万元、资产损失浪费等 6 类问题。

经济责任审计 积极开展领导干部经济责任审计，受师市党委组织部委托，按照党政同责、同责同审的要求，将任期经济责任审计纳入师市工作的总体部署。

审计查出问题整改 充分发挥审计“治已病、防未病”的重要作用，着力构建审计问题整改长效机制，制订了《师市审计系统平时绩效与年度量化考核办法》，切实做好审计“下半篇文章”。

内部审计 为加强对内部审计的监督管理，促进基层单位建立健全内部审计工作机制和制度。组织参加各类培训等72人次，选派2人参加审计署在大连举办为期20天的审计业务提升培训班。

相关工作 厘清审计权责清单。认真开展普法宣传教育，梳理41项权责清单，投入4万多元订购《新修订审计法释义》和审计法规等相关书籍，组织参加各类普法培训班及业务大讲堂学习12次，参与人员320多人次，将法治思维融入日常工作中。

重点培养4~5名大数据审计人才，已采集整合了财政、社保、医保等多个部门的部分数据信息库，总数据量已超过18GB。

全局居家办公的39名党员干部充分发挥党员先锋模范作用，2名中心主任担任4社区、24社区新冠肺炎疫情防控工作指挥长，统筹协调安排落实社区疫情防控工作，8名同志受到师市疫情防控工作指挥部的通报表彰。

抓好队伍能力建设，采取多种方式加强培训和交流，以培养“能查、能说、能写”的复合型审计干部为重点，提高审计人员综合素质和业务技能。 （撰稿人：聂志忠）

【第九师审计局】 2022年，第九师审计局实有6人。党支部书记、局长姚继东，党支部副书记、副局长王红，党支部纪检委员、第一审计中心主任黄红梅。设有综合科；下设第一审计中心、第二审计中心。

审计成果 2022年，第九师审计局完成审计项目17个。审计查出违反财政法规金额1353.50万元、损失浪费金额8530.34万元、管理不规范金额75324.69万元，审计处理处罚金额43477.5万元；移送纪检监察机关、主管部门线索问题9件。

第九师审计局获得审计署表彰、全国审计机关优秀审计项目三等奖。

审计委员会办公室工作 4月19日，第九师党委审计委员会第六次会议召开。会议强调，坚决把思想和行动统一到党中央和兵团党委关于审计工作的决策部署上来。坚持党对审计工作的领导，坚持围绕中心，服务大局，坚持守正创新、履职担当。会议传达学习2022年全国审计工作会议精神及兵团党委审计委员会2022年工作要点、审议《第九师2022年度审计项目计划（送审稿）》，审计局局长在会议上汇报2021年度审计整改工作情况。

财政审计 开展巴克图经开区2019—2021年预算执行及运营管理情况专项审计调查。重点关注单位预算编制是否规范、预算执行是否合规、财政资金使用是否高效。审计发现私存私放财政资金、“三公”经费及差旅费报销资料不齐全、程序不规范、财政资金结余未及时上缴财政、固定资产管理不规范等问题。开展经开区管委会提供服务情况、土地资源管理利用情况、环境保护情况调查，发现经开区管理运营中存在土地利用率偏低，造成资源浪费等问题。提出审计建议3条。

开展2020年魏德友爱国主义教育基地建设项目审计、师妇幼保健中心建设项目竣工决算审计、一六八团2017年供水工程建设项目竣工决算审计、一六八团2018年集约化养猪基地建设项目竣工决算审计、一六八团2018年牲畜无害化处理建设项目竣工决算审计，审计核减工程造价905万元，收缴项目财政结余资金337.32万元，出具审计报告5篇，提出审计建议7条，促进建设单位加强项目管理、合理有效使用建设资金。

开展白杨市党委党校（行政学院）基础设施等11个项目，进行全过程跟踪审计，审计发现项目建设管理方面存在问题，出具情况报告1篇，提出规范管理意见3条，有效促进工程规范、有序建设，资金安全高效使用，达到项目预期效益。

国有企业审计 开展昇力公司国有资本经营情况专项审计调查、新疆白杨城市建设投资有限公司2020年至2021年度资产负债损益及其他财务收支情况审计、新疆绿翔糖业有限责任公司2021年度资产负债损益及其他财务收支情况审计、师直属8家企业资产质量审计调查等项目，重点关注企业资金风险防控、企业经营管理、企业资产管理、财务管理、建设项目管理方面，审计发现企业在重大经济决策、重大风险防控、企业资产管理及内控制度执行方面存在问题。审计提出建议12条，提交审计报告4篇。

经济责任审计 开展九师中级人民法院党组书记、院长，166团原党委书记、政委、党委副书记、团长，168团党委副书记、团长，团结农场党委副书记、团长，人社局原党组书记、局长，朝阳新区管委会原主任6个单位7位主要领导干部经济责任（离任）审计。重点关注领导干部贯彻执行党和国家经济方针政策、决策部署、财政财务管理、债务风险防范和化解情况、遵守财经纪律和遵守廉洁从政规定等。审计查出主要问题金额9383.64万元，其中违规金额132.78万元、损失浪费金额15.71万元、管理不规范金额9235.15万元。

专项资金审计 开展派出单位“访惠聚”驻连（村）工作队工作经费及各类资金管理使用情况专项资金审计，审计发现挤占挪用财政资金、扩大范围违规发放、资金监管存在漏洞等突出问题，提出审计建议6条，有效维护了财政资金安全和效益提升，加快推进了全师乡村振兴步伐，确保各项惠民利民政策落到实处，切实保障了辖区人民群众切身利益。

审计查出问题整改 扎实做好2021年审计发现问题整改及以前年度审计整改工作，按照“谁审计、谁负责督促整改”的原则，制定整改任务清单，建立并完善审计整改责任追究制度。2022年审计发现问题229个，已到期应整改问题229个，已整改到位203个、未整改到位问题26个，整改率88.65%。

相关工作 完成兵团及师领导交办的各项工作，派人参加兵团审计局统一组织的项目，参加兵师巡视巡察共3人约120个工作日；协助纪委监委梳理案件线索4人约240个工作日；选派1人参加新冠肺炎疫情防控指挥部常态化工作。加强审计干部党员党性教育，落实全面从严治党主体责任，健全各项工作制度，有效促进审计质量提高。

（撰稿人：李小凤）

【第十师北屯市审计局】 2022年，第十师北屯市审计局实有10人。党组书记、局长蒋红，党组成员、副局长蒋桂华，党组成员、副局长陈贤友，三级调研员涂志刚。设有经济责任审计科、法制科；下设农牧团场审计一中心、审计二中心。

审计成果 2022年，第十师北屯市审计局共查出违规金额6597.99万元，管理不规范金额137978.36万元，非金额计量问题78个，审计期间促进整改落实971.9万元，移送案件线索12件，被审计单位采纳审计意见和建议29条，发表审计信息43篇。

政策落实情况跟踪审计 结合第十师北屯市各项重点改革任务，组织开展供给侧改革、深化“放管服”、优化营商环境、乡村振兴等重大政策措施、重点资金落实情况相关审计，揭示反映政策落实和改革进程中的新情况新问题，从体制、机制层面分析原因、提出建议，促进政令畅通、政策见效和制度完善。

财政审计 组织开展预算执行及决算草案审计、政府债务化解、公务支出公款消费等审计，对预算编制及执行、财政资金统筹使用、遵守中央八项规定及其实施细则精神等情况予以重点关注，着力揭示反映预算收入编制的科学性和准确性有待提高、财政政策落实不到位等34个问题。

开展第十师北屯市—182团—黄花沟公路、国道576（149团—福海渔场段）公路2个重大项目审计，从项目建设程序、项目进度、项目管理情况入手进行全过程跟踪审计，切实将审计关口前移。针对审计发现工程建设领域存在的问题，师市党委审计委员会办公室印发了《第十师北屯市建设领域存在问题情况的通报》，并牵头起草了《第十师北屯市公共工程投资建设项目参建单位重点问题风险点责任控制清单》，进一步规范工程建设领域市场行为、促进防范化解风险。

国有企业审计 组织开展国有企业资产负债损益审计项目2个，将企业财务收支真实性、国有资产保值增值、国资国企改革推进等情况作为审计切入点，揭示反映在推进国资国企改革过程中存在的突出问题和经营管理中的风险隐患，共揭示反映32个问题，涉及金额43502.74万元，其中违规金额112.89万元、管理不规范金额43389.85万元，向相关部门移送问题线索3件。

民生审计 组织开展就业补助资金及失业保险、困难群众救助、乡村振兴等民生类审计项目3个，重点关注相关政策衔接落地、民生资金、资产管理使用绩效等情况，推动相关政策资金项目落地见效。

经济责任审计 组织开展经济责任审计项目2个，自然资源资产离任（任中）审计1个，重点关注贯彻落实重大经济方针政策和决策部署、重大经济决策、重大风险防范等情况，揭示反映相关问题涉及金额 5290.86 万元，其中违规金额 3665.54 万元，管理不规范金额 1625.32 万元，发现非金额计量问题 24 个，促进领导干部依法作为、主动作为、有效作为。

相关工作 采用“审计组+临时党小组”模式，在本级预算执行审计外派审计组中设置 2 个临时党小组并配置 2 名廉政监督员，审计期间开展主题党日活动 3 次，切实将党建工作延伸至审计一线；组织全体党员干部深入学习党的二十大精神、习近平总书记视察新疆和兵团时的重要讲话精神，全年共组织政治理论学习 14 次，专题党课 5 次，党日活动 13 次；以“双导师”“双主审”等制度为载体，2022 年 35 岁以下年轻干部担任组长、主审 9 人次，选派 5 名干部参与巡视巡察工作，全年组织参加审计署、兵团审计局、师市组织的各类培训 145 人次，412.5 天，开展师市审计系统依法行政业务培训 8 场，102 人次。

（撰稿人：周　晨）

【第十一师审计局】 2022 年，第十一师审计局实有 7 人。党支部书记、局长张树喜，党支部副书记、副局长张燕、王光灿。下设审计中心。

审计成果 2022 年，第十一师审计局完成审计项目 25 个，其中审计 22 个、专项调查 3 个。查出主要问题金额 32925.7 万元，其中违规金额 498.67 万元，损失浪费金额 99.57 万元，管理不规范金额 32327.46 万元；审计发现非金额计量问题 136 个；出具审计报告和专项审计调查报告 26 篇，被批示、采用 26 篇。移交纪检监察机关线索 1 件，移送处理金额 17421 万元。审计促进整改落实有关问题资金 8288.15 万元。审计提出建议 189 条，被采纳 189 条。

政策落实情况跟踪审计 以贯彻落实党中央、国务院重大决策部署和兵团党委师党委要求，促进政令畅通为目标，明确政策落实跟踪审计定位，聚焦师党委制定出台关于重大改革事项重大政策落实情况进行跟踪审计。由审计署组织全国审计机关开展就业补助资金和失业保险基金、医疗保险基金及“三医联动”改革相关资金审计。

财政审计 聚焦财政政策、科技政策等，开展预算执行及决算草案、税收和非税收入征管、重大公共工程投资、网络安全和信息化建设等审计，推动财政政策提升效能、减税降费政策和政府过紧日子要求有效落实。对十一师本级开展预算执行及决策草案审计；对师人社局、社保局、民政局、宣传部、融媒体、网信办、科技局等 7 个部门和单位进行部门预算执行审计和决算草案审计；对重点公共投资项目盛天投资公司盛天一期给排水管网改造项目和第十一师养老服务设施提升项目进行审计。聚焦“访惠聚”工作，加强对“访惠聚”工作队工作经费及资金的审计监督。

国有企业审计 围绕国有企业资产负债损益的真实性、合法性、效益性以及国企改革和三年行动方案决策部署，对师属企业兵团城建集团、市政轨道集团、雁池科技公司、兵团六建 4 家单位进行审计。重点关注师国有企业重大投资项目、资产处置以及风险防控等情况，促进企业提升财务管理水平和会计信息质量，提高经营管理绩效和国有资产（资本）保值增值。关注混合所有制改革、国有企业法人治理结构和健全市场化经营机制，助力打好国资国企改革攻坚战。

金融审计 对师属企业建咨集团开展专项审计调查，严肃查处铤而走险、风险绑架等恶意行为，促进压实各方责任。

经济责任审计 以强化干部管理监督，促进干部履职尽责，担当作为为目标，加强对党政主要领导干部和国有企事业单位主要领导人员经济责任审计。对兵团城建集团、市政轨道集团、雁池科技公司等 3 个单位 4 位正职领导干部进行经济责任审计，其中离任经济责任审计项目 1 个，任中经济责任审计项目 3 个。

审计查出问题整改 被审计单位落实整改问题数量 143 个（其中，已完成整改问题数量 116 个，取得阶段性成果问题数量 27 个），未整改问题数量 26 个，问题整改率 84.62%。促进整改问题金额 8287.95 万元，其中促进增收节支金额 2354.04 万元（已上交财政 221.45 万元，已归还原资金渠道金额 2132.59 万元），调账处理金额 3160.84 万元，审计后挽回（或避免）损失金额 2773.07 万元。审计移送处理事项 2 件（移送纪检监察机关线索 5 件，移送建设局 1 件），移送问题涉及金额 17421 万元。

研究型审计 启动审计信息化系统建设试点，秉承实用先行、持续优化的原则，已建立6个审计标准数据库，2022年所有审计项目均实现在线工作。通过审计信息化建设为抓手，主动适应当前疫情防控新形势，探索推动审计工作线上线下相结合、现场审计与远程审计相结合、居家办公与在岗办公相结合。

审计理论研究 组织开展4次依法行政和审计业务培训，师审计干部及师属企业审计人员共计208人次参加，邀请新疆内审协会、新疆审计厅原领导、兵团审计局业务处室领导、新疆中泰集团总审计师等专家授课。全体审计干部参加了审计署金审工程三期项目相关应用系统使用操作课程、审计署关于2022年度审计机关业务骨干视频培训、兵团组织的履职能力夜校培训。组织开展审计管理系统培训及大数据审计案例分析。

内部审计 第十一师下属企业共有19个内部审计机构，内部审计人员共计45人，其中，大学本科36人，大专及以下9人；其中有职称人员37人。共进行226个审计项目，其中，内部控制和风险管理审计28个，经责审计137个，其他61个。共发现审计问题金额2.6亿元，其中，绩效类0.22亿元，合规性2.38亿元。审计发现问题637个，其中，金额类162个，非金额类475个。审计发现问题整改金额类共1.28亿元，审计发现问题整改非金额类338个。

交办任务 第十一师审计局参与师属企业建咨集团重大风险专班及恒大项目专班工作，积极协助国有企业止损挽损，维护师国有资产安全。

相关工作 召开2022年第十一师审计委员会会议，研究审议了《第十一师审计局审计工作汇报》《第十一师审计局关于2022年度审计工作要点报告》等三个议题。十一师党委副书记、师长以“坚持全面从严治党　推进基层审计机关廉政建设向纵深发展”为题，为师审计局全体党员干部开展了一次主题党课。

第十一师审计局参加师四项经济指标重点工作，指导帮助企业开展“两金”清收，按照“明确标准、打通堵点，贯彻到底”的要求，持续推动企业“两金”清收考核工作横向到边、纵向到底。提出“两金”虚假清收的六种情况认定标准，确保“两金”清收考核一把尺子量到底，清收工作公平公正。

第十一师审计局制定《审计局干部绩效考核实施办法及计分细则》这一核心办法，围绕核心陆续制定了5项配套管理制度，建立“1+5”的制度体系，将全局党建和业务工作量化、细化，通过评分指标体系进行季度评分，将部门工作全面纳入考核。

第十一师审计局面对严峻的新冠肺炎疫情防控形势，坚决贯彻落实师党委部署要求，闻令而动，听令而行，组织力量、集中资源，全力支援疫情防控工作，积极参加师机关疫情防控指挥部综合协调组工作及师机关各类志愿活动，统计疫情防控数据动态台账并建立模型进行数据透视分析，充分发挥先锋模范作用。（撰稿人：唐婉欣）

【第十二师审计局】 2022年，第十二师审计局实有7人。党组成员、副局长、三级调研员张双，党组成员、副局长鹿新（援疆干部）、袁霞，审计中心主任陆军、副主任胡雪琦。下设审计中心。

审计成果 2022年，第十二师审计局完成审计项目19个，查出主要问题金额745421.1万元，其中违规金额23.9万元，管理不规范金额745182.2万元。审计发现非金额计量问题141个。下达审计决定4份，审计处理处罚1828.63万元。审计移送处理书8份，移送违规违纪违法线索13条，移送金额909.93万元。审计要情2份。提出审计建议62条。

政策落实情况跟踪审计 以就业重大政策的贯彻落实和失业保险基金的规范管理使用为目标，开展十二师就业补助资金和失业保险基金审计，重点关注政策执行的有效性，政策本身的系统性、协同性；重点关注资金使用的真实合法、资金使用效益；揭示了违规审批已就业人员发放就业见习补贴资金3.37万元，就业政策落实不到位等6个问题。

财政审计 开展预算执行和财务收支情况审计项目2个，对师本级预算执行进行审计，重点关注了财政收支政策落实、财经法纪执行、“三公”经费使用、律师费等方面，揭示了预算执行、决算草案、中央八项规定精神执行、落实过紧日子等方面，存在本级预算编制不精准、预算约束力不强、编制的决算草案未与预算相对应、未严格履行公务接待程序等30个问题，查出问题金额610664.08万元。围绕部门财务收支情况审计，重点对教育局2020年至2021年部门预算执行情况进行审计，揭示专项资金挤占或被挤占、自定标准发放春节值班补贴等16个问题，查出问题金额3873.39万元。

通过审计，提升了财政部门和各预算单位的管理水平，有效规范了财政财务收支行为，强化财政资金的使用安全，提高了财政资金的使用效益，推动财政资金提质增效。

开展兵团一中五一校区建设项目跟踪审计，兵团西山新区基础设施供排水、供热、供气管网建设项目跟踪审计，十二师市政基础设施供排水项目跟踪审计等3个政府投资建设项目，涉及投资金额148794.58万元，揭示项目施工图审查未通过已开工建设、多计工程结算价款、项目存在先开工后实施招投标、超进度支付工程款等26个问题，查出问题资金32701.23万元。

国有企业审计 开展全面深化改革审计项目2个，积极配合团场综合配套改革工作，开展团场农工合作社发展运营情况审计调查。揭示合作社不进行财务核算或财务核算混乱、挪用财政资金、公款私存、涉嫌侵占财政资金、财政奖补资金未按规定直接拨付到受奖补主体等19个问题；积极配合国资国企改革工作，开展十二师天恒投资（集团）有限公司2020—2021年资产、负债、损益情况审计，揭示收入、成本核算不规范，损益不实；盘亏资产未及时进行账务处理，账实不符等问题12个问题，查出问题资金28875.18万元。

民生审计 开展民生类审计7个。完成高标准农田建设资金审计，揭示完工工程质量不合格，未通过验收已投入使用、超额支付工程款、虚报项目建设内容，套取财政资金等10个问题。完成“访惠聚”驻连（村）工作队工作经费及各类资金管理使用情况审计，揭示未按规定比例实施为民办实事项目、慰问品发放不规范、提前支付工程质保金等15个问题。完成2019年至2021年林业财政专项资金绩效审计，揭示团级绩效目标“双监控”工作落实不到位、未按规定用途使用林业财政专项资金、国家级公益林管护不规范等15个问题。完成2022年对口支援兵团第十二师发展资金和项目跟踪审计，揭示非建设类援疆资金未及时使用、援疆项目未按规定取得相关手续开工建设等4个问题。完成乡村振兴补助资金及重点项目推进情况审计，揭示未按规定进行竣工财务决算、未取得相关建设手续即开工建设等8个问题。

经济责任审计 开展党政领导干部经济责任审计和自然资源资产离任审计项目4个。通过对西山农牧场主要领导经济责任审计和自然资源资产离任审计，揭示部分经济指标未完成、团场综合配套改革工作落实不到位、部分建设项目招投标流于形式、部分项目擅自变更建设内容，未经师发展改革委批准等46个问题，查出问题金额10538.06万元。通过对师教育局主要领导经济责任审计，揭示交流轮岗工作检查督导不到位、财务监管职责履行不到位等5个问题。通过对天恒基投资（集团）公司主要领导经济责任审计，揭示董事会履行议事规则和外部董事配置不规范、多计工程结算价款、基本建设项目投资核算不规范等问题12个问题，查出问题资金28875.18万元。

审计查出问题整改 切实加大对审计查出问题整改的跟踪督促力度。完成了兵团审计局关于某任领导的经济责任审计和自然资源资产离任审计、2021年十二师本级预算执行情况审计整改工作。完成了2021年3个被审计单位未完成整改的12个问题。2022年审计查出的问题共219个，已完成整改219个。（撰稿人：刘超平）

【第十三师新星市审计局】 2022年，第十三师新星市审计局实有7人。党组书记、局长陈均，党组成员、副局长李双玲，党组成员、第一审计中心主任王彬，第二审计中心主任周玉萍。设有审计委员会办公室、综合科；下设第一审计中心（内设经济责任审计科、自然资源审计科、财政审计科）和第二审计中心。

审计成果 2022年，第十三师新星市审计局完成审计项目25个。出具审计报告26份，审计查出主要问题金额101366万元，其中违规金额8000万元、管理不规范金额93366万元；审计发现非金额计量问题172个。审计处理处罚共4982万元，其中应上交财政资金4893万元，应归还原渠道资金40万元，应调账处理金额46万元。向被审计单位提出加强和改进管理提高效益方面的审计建议83条。出具审计专题（要情）报告3篇、审计建议函3份，移送纪委及相关单位进一步调查处理事项5件，移送金额共1706万元。

审计委员会办公室工作 3月28日，组织召开师市党委审计委员会，通过《十三师新星市党委审计委员会2021年工作总结和2022年工作要点》《十三师新星市审计局2022年度统一组织项目计划》《十三师新星市对社会中介机构参与政府投资项目审计的监督方案》等文件，进一步强化党对审计工作的集中统一领导。

财政审计 完成本级预算执行及138个单位预算执行情况审计，审计查出管理不规范金额6589万元，提出了加强预算收支管理、债权债务清理等合理化建议5条，达到了规范财政资金管理的目的。

完成十三师新星市2021—2022年教育和文化类、公共医疗卫生服务类、基础设施及其配套类共计29个重大建设项目两期跟踪审计，完成火箭农场医院、黄田农场学校建设项目竣工决算审计。上报审计要情1份，获师市党委主要领导签批。重大项目基本实现审计过程全覆盖，从项目可行性研究、立项、设计、规划、招投标等各事项进行事前控制，实施预算审查，强化在建项目跟踪审计，抓好竣工结算审计，把好政府投资项目最后一道防线。

完成火箭农场医院住院部、养老院、师残疾人康复中心及精神卫生中心二次装修建设项目竣工决算审计，黄田农场市政道路——五纵五横（一期）道路建设项目竣工决算审计。审计查出项目存在招标流于形式，工程签证资料不真实、不合规，项目进度缓慢、工程滞后，结算把关不严超付工程款，竣工决算多计工程量，待摊投资不实、多计监理费等问题，审计核减工程费用7004.55万元。

经济责任审计 完成了对财政局、师市职业技术学校、国库支付中心、工会等13个单位15名党政领导干部和国有企业负责人经济责任审计，对1个单位主要负责人开展自然资源资产审计。审计查出"三重一大"决策程序不规范、不到位，重大事项、重大资金决策不履行集体决策程序，对项目、资金监管不到位，违规套取专项资金等问题，依法按照程序作出处理，提出有针对性的审计意见建议。并针对部分单位执行财经纪律、建设项目围标串标、套取专项资金、职业技能培训执行不规范等问题分别向相关部门出具审计移送处理书。

专项审计 完成了对师"访惠聚"驻连（村）工作队工作经费、河南省对口支援十三师新星市发展资金和项目4类专项资金管理使用情况的专项审计调查，提出审计意见建议6条。通过审计，促进了国家政策落实落地，加快了资金使用，发挥了资金使用效益。

审计查出问题整改 针对2022年审计查出问题，各被审计单位通过上缴国库、统筹使用结转结余资金、调整账目等方式，整改完成金额67959.66万元，整改率72.48%。

研究型审计 师市审计局认真落实研究型审计要求，坚持凡审必研、研以致用，审计人员沿着"政治—政策—项目—资金"主线，扎实开展审计。在审计理念、方法、管理上不断改革创新，用问题思维看事实、用政策思维看改革、用政治思维看发展，深入开展计算机研究型审计，加强审计全覆盖，发挥审计建设性作用，提高审计工作质量。 （撰稿人：信　鸽）

【第十四师昆玉市审计局】 2022年，第十四师昆玉市审计局实有5人。党支部书记、局长、一级调研员庞开洪，副局长郭建盛（—3月），党支部副书记、副局长杨雪萍（4月—）。设有综合科。

审计成果 2022年，第十四师昆玉市审计局完成审计项目15个，其中审计10个、专项审计调查5个。查出主要问题金额11322.23万元，其中违规金额3.91万元，管理不规范金额11318.32万元；审计发现非金额计量问题56个，出具审计报告和专项审计调查报告15篇。审计处理处罚金额11292.23万元，其中应上缴财政8685.93万元，应归还原渠道3.91万元，应调账处理金额2632.39万元。审计促进整改落实有关问题资金11322.23元。审计提出建议29条，被采纳29条；推动被审计单位建立健全规章制度4项。

政策落实情况跟踪审计 重点关注师市减税

降费政策、支持南疆师市工业发展措施政策、职业培训补贴政策落实情况和南疆师团重点建设项目推进情况。通过审计，指出了对定点职业培训机构补贴资金发放程序不规范、产业园建设项目资金保障不力等问题，并提出相应的审计建议。

财政审计 完成2021年师市本级、皮山农场和发展改革委财政预算执行情况审计，关注了部分团场2021年乡村振兴补助资金管理使用情况和师市12个预算单位非税收入管理情况。通过审计揭示预算编制不精准、债权债务清理结算不及时、个别预算单位非税收入票据管理不规范和资产管理不规范等问题。

经济责任审计 以强化干部监督管理，促进领导干部履职尽责、担当作为为目标，对师市1个部门和2家国有企业主要领导干部实施了经济责任审计。审计指出了相关单位存在"三重一大"制度执行不到位、预算调整未履行程序、财政专项资金长期闲置、物资采购管理不规范等问题，收回长期结余资金105.7万元。

专项审计 对师市部分团场2021年乡村振兴补助资金进行专项审计，重点关注了师市农业农村局在补助资金的分配、管理、使用和领导工作小组工作落实方面等情况，并延伸审计224团、225团两个单位。通过审计，指出项目资金预算执行率低、补助资金管理使用不规范、竣工财务决算不及时等问题，并提出审计建议2条。

援疆审计 重点抽审了8个北京市对口支援师市项目，涉及基础设施建设及配套、文化教育、产业支援促进就业等方面援疆资金7040万元。审计发现部分建设项目在合同管理、项目实施和档案资料规范方面存在问题，个别建设项目资金支付进度与实际工程进度不符、合同清单和实际采购内容不符等。审计建议在今后的项目实施中，师市发展改革委应督促各建设单位加快项目实施进度，对往年已完工的建设项目做好结项处理，同时与财政局加强业务沟通，及时掌握资金拨付情况。

审计查出问题整改 认真贯彻落实2022年师市党委审计委员会第一次会议精神，加大督促审计问题整改力度。2022年度审计发现问题共76个，师市审计局派出审计组对2022年度师市审计发现问题整改情况进行抽查审计。被审计单位完成问题整改68个，正在整改8个，问题整改率89.47%。

相关工作 坚决贯彻从严治党政策方针，领导干部履行"一岗双责"，加强公职人员警示教育，开展以"学纪法树新风，推动兵团第八次党代会精神落地见效"为主题教育活动，扎实推进党风廉政建设和反腐败工作，积极发挥审计监督作用。持续加强党员干部党风廉政教育，剖析部门风险管控点，制定部门廉政风险及防控措施档案。派出2人分别参加兵团党委和师市党委巡视巡察工作。

（撰稿人：陈麒宇）

2022年新疆生产建设兵团及所辖师（市）审计工作统计表

审计机关	完成审计项目/个	审计查出主要问题金额/万元	审计发现非金额计量问题/个	审计期间整改金额/万元	出具审计报告和审计调查报告/篇	审计处理情况		审计促进整改落实有关问题资金/万元	审计提出建议/条	提交审计信息/篇
						审计处理处罚金额/万元	移送处理事项/件			
新疆生产建设兵团本级	34	660924	231	39364	31	192410	9	746168	100	2

续表

审计机关	完成审计项目/个	审计查出主要问题金额/万元	审计发现非金额计量问题/个	审计期间整改金额/万元	出具审计报告和审计调查报告/篇	审计处理情况		审计促进整改落实有关问题资金/万元	审计提出建议/条	提交审计信息/篇
						审计处理处罚金额/万元	移送处理事项/件			
第一师阿拉尔市审计局	73	299273	204	67464	73	271794		271794	217	38
第二师铁门关市审计局	12	6672	75	2671	12	6672	16	2672	39	6
第三师图木舒克市审计局	18	11161	28	1653	18		1	120075	72	5
第四师可克达拉市审计局	60	96928	147	3711	60	10185	25	2015	106	3
第五师双河市审计局	20	66370	77	226	20	474	9	163	64	13
第六师五家渠市审计局	26	1289160	224	18276	41	50309	13	235307	112	4
第七师胡杨河市审计局	22	26740	58	15800	22		2	18699	22	15
第八师石河子市审计局	20	114107	102	114107	20		1	114107	49	28
第九师审计局	17	85209	110	3693	17	43478	9	24536	41	11
第十师北屯市审计局	10	144576	78	972	10	1699	12	80100	29	43
第十一师审计局	25	32926	136		26	17421	1	8288	189	
第十二师审计局	19	745421	141		19	1829	8	572	62	7
第十三师新星市审计局	25	101366	172		26	4982	5	67959	83	6
第十四师昆玉市审计局	15	11322	56	19	15	11292		11322	29	

科研、培训、宣传出版、学术团体

【审计署审计科研所】 2022年，审计署审计科研所实有58人。设有科研所办公室、财政审计研究室、金融审计研究室、企业审计研究室、自然资源资产审计研究室、审计法制研究室、数据审计研究室、审计史研究室、科研管理处、人事处。

领导成员

所　长：姜江华（—10月）

副所长：刘力云　陈基湘

工作综述 2022年，审计署审计科研所（以下简称科研所）坚持以习近平新时代中国特色社会主义思想为指导，深入学习宣传贯彻党的二十大精神，深刻领会习近平总书记关于审计工作的重要讲话和重要指示批示精神，在审计署党组的坚强领导下，认真落实署领导关于审计科研工作的部署要求，聚焦主责主业，把立项当课题，把问题当课题，把建议当课题，加强对审计对象的研究，深入推进审计科研工作向应用型研究全面转型，推动做实研究型审计，较好完成了各项工作。

推进应用型研究转型 全面落实署党组关于加强科研工作的新要求，聚焦审计对象开展研究，主动将科研工作融入审计事业发展大局，提升科研成果的应用价值。2022年共编发《审计研究报告》33期、《国外审计动态》8期，科研成果得到署领导批示17次。

扎实开展重大课题研究 “习近平总书记关于审计工作重要论述研究”课题取得阶段性研究成果；《中国特色审计学本科和审计专硕课程（教材体系）建设研究》《审计硕士专业学位论文基本要求》经署领导同意已呈报国务院学位办；“中国审计思想史研究”经署领导同意结项。

组织开展地方政府专项债研究 联合法规司、审理司、审计干部教育学院开展了“地方政府专项债”课题研究，形成15篇研究报告，科研所2篇报告获奖，相关成果得到侯凯审计长、章轲副审计长、赵保林总审计师批示。获奖课题组成员受邀在财政司作专题讲解交流，并赴中办督查室为“地方政府专项债”专项调研提供咨询。

组织开展“揭榜挂帅”课题研究 探索建立了“揭榜挂帅”课题研究制度，围绕审计对象历史沿革、发展脉络、改革方向、业务背景及风险防控等，组织对24项课题进行研究，21项课题顺利结项。《大型企业集团财务危机预警研究——以海航和恒大为例》等3篇报告按署领导批示送业务司局研阅。

组织开展青年课题研究 2022年度立项的青年课题10项，7项顺利结题，《信托业务风险特征及应对策略》《耕地占补平衡制度》《模型算法审计》等5篇课题报告呈报署领导审阅，受到肯定。

组织开展REITs专题研究 根据署领导要求，科研所组织开展了我国REITs（Real Estate Investment Trust，不动产投资信托基金）发展问题研究，各研究室针对“我国REITs发展中的财税问题”“我国基础设施REITs发展”“REITs与PPP结合问题”“产业园区REITs”“保障房REITs”等5个方面进行专题研究，研究成果得到署领导肯定。

组织开展审计监督制度四十周年主题征文和研讨活动 科研所与法规司、中国审计学会共同举办“1982年宪法确立审计监督制度四十周年”主题征文活动，共评选出获奖论文18篇。

党建工作 深入学习宣传贯彻党的二十大精神，扎实做好党建各项工作，确保科研工作坚持正确政治方向。强化统筹安排，制订印发《审计科研所党委认真学习宣传贯彻党的二十大精神方案》，将各项目标和任务细化分解；理论学习中心组以“深入学习贯彻党的二十大精神，准确把握新时代审计工作前进方向，不断提升审计科研工作质量”为主题开展集体学习；开展学习宣传贯彻党的二十大精神专题领学和研讨活动，党委班子成员分别作领学发言，提出开展理论研究要始终坚持实践基础上的理论创新，并组织12名处室主要负责同志结合职责和研究方向分享了学习体会，把党的二十大精神转化为指导实践的强大力量；抓好学习培训，各党支部坚决扛起学习宣传贯彻二十大精神政治责任，组织党员干部认认真真读原文、悟原理，并积极开展青年理论学习，切实将思想和行动统一到党中央的决策部署上来。扎实开展党委领导下的行政领导人负责制试点，坚决落实署党组各项决策部署。全面加强党的领导，发挥好党委把方向、管大局、作决策、促改革、保落实的领导作用，全年共召开党委会21次，研究和审议涉及思想政治、意识形态、科研工作谋划和专业技术岗位聘任等方面的事项76项。严格落实意识形态工作责任制，坚持用学术讲政治，强化了对重点科研成果的意识形态审核审批流程；扎实开展“学查改”专项工作，通过深入“学”，做到入脑入心，通过系统“查”，自觉对标对表，通过强化“改”，坚持标本兼治，切实发挥科研“智库”作用，服务审计中心工作。

廉政建设 党委书记认真履行第一责任人职责，其他党委班子成员、各处室主要负责同志履行好“一岗双责”，与各党支部书记签订全面从严治党责任承诺书。认真开展警示教育，结合审计科研工作实际，认真组织领学《审计干部反腐倡廉教育警示录（四）》，督促科研干部知敬畏、存戒惧、守底线。开展学术学风教育，落实科研诚信建设主体责任，组织全体审计科研人员参加全国哲学社会科学道德和学风建设论坛，集中接受科研诚信教育，促进坚守学术底线、杜绝学术不端。做好巡视整改工作，党委切实承担起巡视整改主体责任，制定35项整改措施，并已全部销账办结，切实做好巡视整改“下半篇文章”。

制度建设 制定印发了《审计署审计科研所关于加强意识形态工作的办法》《中共审计署审计科研所委员会关于推进应用型科研工作的意见（试行）》《审计署审计科研所揭榜挂帅课题研究项目实施办法（试行）》等13项制度文件，修订了《审计科研所科研工作考核办法》。

队伍建设 开展专业技术岗位选拔聘任工作，截至年底已完成聘任实施方案中的主要工作，拟聘人选已按工作程序报署人教司审批。全年安排3名科研业务骨干到对口业务司局交流，20余名科研骨干参加部门预算执行审计、部长经责审计、联合国审计等项目。青年理论学习小组“关键小事”调研报告获得中央国家机关二等奖和审计署一等奖，“我来当主讲”活动有3名同志在审计署获奖。

综合管理 加强保密和财务等综合管理工作。按要求认真抓好保密自查自评、保密教育、微信保密管理；进一步规范财务管理，做好年度预决算、年中预算调整、日常支出管理等工作；按照财政部批复，完成了国资委原监事会工作技术研究中心划转资产入账工作。抓好国家安全人民防线建设和社会治安综合治理工作。加强组织领导，完善科研所主要领导负责、综合部门协调、各处室齐抓共管、全员参与的工作机制；强化学习教育，抓好工作落实，突出新冠肺炎疫情防控等重点领域和国家重要会议、重大活动等重要时点，及时发现安全隐患解决问题。着手打造研究型审计科研信息平台，在审计专网“知识管理分系统”嵌入“审计科研信息”模块，用以归集展示各级审计机关科研成果和应用型研究资料，信息平台已上线运行。（撰稿人：方　平）

【审计署审计干部培训中心（审计宣传中心）】 2022年，审计署审计干部培训中心（审计宣传中心）（以下简称中心）实有33人。设有办公室、统筹策划处、新闻协调处、新闻信息处、网站管理处、舆情分析处、音像制作处。

领导成员

主　　任：王志成

副 主 任：俞国庆　张　莹（—7月）

工作综述 2022年，中心坚持以习近平新时代中国特色社会主义思想为指导，认真学习宣传贯彻党的二十大精神，深入贯彻落实党的十九届六中全会精神，在审计署党组正确领导下，按照审计署审计宣传（政务公开）工作领导小组部署要求，坚持稳中求进、守正创新，强化政治意识，聚焦主责主业，优化业务流程，提升宣传质效，审计新媒体传播力、引导力、影响力、公信力稳步提升。

截至12月底，署门户网站、政务微信公众号、今日头条号和“审计Talk”微信公众号累计发布宣传产品7396件，总阅读量约3711.29万次；总粉丝量约62.46万，其中政务微信公众号、今日头条号和“审计Talk”微信公众号粉丝量分别为26.8万、34.26万和1.4万。署政务微信公众号被中央网信办表彰为“2022年网评工作‘创四优’竞赛活动表现突出的优秀账号”，署今日头条号被中央网信办表彰为“2022年度走好网上群众路线百个成绩突出账号”。系列片《你好扶贫审计人》获得中组部第十六届全国党员教育电视片评选典型事迹片三等奖。视频《我愿许下的愿望一路生花》在“2022年行业电视节目推介活动”中获短视频类好作品。部分作品被中央媒体转载。

坚持守正创新，聚焦主责主业 始终把学习宣传习近平新时代中国特色社会主义思想摆上重要位置，署门户网站和政务微信公众号坚持每天转载习近平总书记重要活动、会议、文章、讲话精神，第一时间传播权威声音、强化思想引领，推动形成审计机关和审计干部学习总书记重要讲话精神的浓厚氛围。及时发布国务院重要工作动态和相关政策解读，转载新华网等中央媒体报道，回应关心关切。

“奋进新征程　建功新时代”主题宣传务实热烈。把迎接、宣传、贯彻党的二十大作为贯穿全年的工作主线，全面展现党的十八大以来审计工作在管理体制改革、监督体系构建等方面的新变化、新举措、新成效。开设“审计这十年”专栏，围绕保障性住房、黑土地保护等内容制作4期产品，突出报道审计助力民生保障的成效。用小切口呈现大主题、小故事反映大变化、小视角折射大时代，策划制作10期产品，讲好审计工作围绕党和国家中心工作，开展审计监督方面取得的重要成效和审计干部立足本职、担当奉献、追梦圆梦的感人故事。开设“聚焦二十大”专栏，及时转载权威媒体关于党的二十大最新进展及相关精神报道40余篇，第一时间策划制作《各级审计机关收听收看党的二十大开幕会》等20多篇专题稿件，营造学习宣传党的二十大精神的浓厚氛围。开设“学习贯彻党的二十大精神”等专栏，做好党中央重要会议、习近平总书记重要讲话重要活动，以及党的二十大精神权威解读的及时转载。完成署召开学习宣传贯彻党的二十大精神动员部署会等重要会议、重要活动的宣传报道。策划报道全国各级审计机关学习贯彻党的二十大精神的特色做法，并由中心领导带队，深入江西、福建等地方审计一线，蹲点调研学习贯彻党的二十大精神，推动审计工作高质量发展的经验成果。组织刊发署各单位和地方审计机关主要负责同志撰写的理论文章和学习体会29篇，推动学习贯彻党的二十大精神向工作聚焦、促实践转化。

署党组重点工作报道及时有力。围绕中心、服务大局，紧扣署党组决策部署，研究制定《2022年审计宣传工作计划》，围绕审计工作报告、审计查出问题整改情况报告、审计结果公告、全国审计工作会议等重要事项，快速准确宣传审计机关依法全面履行审计监督职责，贯彻《“十四五”国家审计工作规划》，高质量完成各项审计任务取得的成效。署门户网站持续做好地方审计机关审计公告转载工作，及时同步转载省、自治区、直辖市和计划单列市审计机关公告的2021年度预算执行审计情况及整改报告。配合做好署信息公开工作，及时在相关栏目发布公开信息35篇，不断加大政务公开力度。

审计业务宣传出新出彩。突出政策落实跟踪、资源环境等重点工作，围绕助企纾困、民生保障等关键领域，把“做实研究型审计”作为贯穿全年的重点宣传内容，开展“研究型审计助力审计工作高质量发展”主题宣传活动，充分展现各级审计机关开展研究型审计的经验成效，新闻综述《“坚决做实研究型审计”——各级审计机关开展研究型审计纪实》受到侯凯审计长和王文斌副审计长的批示。

先进典型报道有声有色。重点对党中央、国务院和署党组表彰奖励的优秀审计干部采访报道，先后策划制作13期《受嘉奖的审计人谈研究型审计》系列产品，集中宣传3名审计系统全国“人民满意的公务员”先进事迹，全面展现审计干部敢于担当的职业精神和扎实过硬的专业能力。

原创产品栏目亮点纷呈。加强品牌栏目建设，加大原创产品生产，打造“优秀审计项目”“研究型审计”等13个原创栏目。“优秀审计项目”栏目全年刊发20篇稿件，单篇平均阅读量超过1.4万。挖掘审计历史，策划开设“审计史·说”栏目，15期特色产品对公众了解审计、认识审计和关注审计发挥引导作用。

宣传基础工作扎实细致。拍摄编辑各类领导讲话、会议活动等20余次，档案类资料约10个小时；完成约2000个小时、1000余盘视频档案数字化转换工作。启动中心内部制度修订完善工作。负责管理署机关图书馆，按照读者需求采购图书，举办“世界读书日”线上图书赠阅活动。

相关工作 党建工作方面，中心领导班子旗帜鲜明讲政治，深入学习贯彻习近平新时代中国特色社会主义思想，持续加强党的政治建设。组织召开中心领导班子2021年度专题民主生活会，主要负责同志当好全面从严治党第一责任人，班子其他成员切实履行“一岗双责”。坚持民主集中制，集体研究“三重一大”等事项，党支部纪检委员列席监督。注重对党员干部的教育管理监督，加强对2名入党积极分子的教育培养。严格执行新形势下党内政治生活的若干准则，认真落实“三会一课”、民主生活会、双重组织生活等制度。严格规范组织生活，按时召开党员大会、支委会和党小组会。全面规范党务工作，清查整治突出问题，提升党建工作质量。

研究制定《认真学习宣传贯彻党的二十大精神工作方案》，原原本本、逐字逐句学习党的二十大报告和党章，引导党员干部提高政治站位，有效履行职责。系统学习《中国共产党宣传工作简史》，认真开展“对党忠诚　始于足下”主题教育，持续推动“学查改”专项工作落实见效，组织12名青年干部开展“我来当主讲”主题学习活动，2名同志的学习成果分别被署机关党委评为三等奖和优秀奖。

廉政建设方面，严格执行审计“四严禁”工作要求和审计“八不准”工作纪律，组织签订党风廉政责任书，学习违纪违法典型案例，加强节假日期间“四风”问题的提醒督导检查。开展警示教育活动，学习《审计干部反腐倡廉教育警示录（四）》，观看“纪法课堂”视频，教育党员干部知敬畏、存戒惧、守底线。认真开展领导干部报告个人有关事项和规范领导干部配偶、子女及其配偶经商办企业行为有关工作。

审计干部队伍建设方面，研究制定《2022年度学习培训实施方案》，坚持集体学习和个人自学、授课辅导和现场教学、交流研讨和经验分享相结合，提高干部政治判断力、政治领悟力、政治执行力。邀请审计科研所专家授课，系统组织审计业务培训。坚持业务学习与宣传实践相融合，成立青年学习研究小组，打造宣传精品。组织3名同志专业技术岗位聘任、1名同志职级晋升工作。选派10名业务骨干参加审计项目、联合国审计和工作交流等。选派年轻同志赴新华社学习交流，参与国家重大活动报道，提高新闻素养和技能。

（撰稿人：王锦萱）

【审计署计算机技术中心】 2022年，计算机技术中心实有30人。设有办公室、系统建设处、网络运行处、应用运行处、审计数据服务处、安全保密处、审计技术服务处、标准化处。

领导成员

主　　任：杨　莉

副 主 任：李春兰

工作综述 2022年，审计署计算机技术中心在审计署党组的正确领导下，坚持以习近平新时代中国特色社会主义思想为指导，深入学习贯彻党的二十大精神以及中央审计委员会历次会议精神，深刻领悟“两个确立”的决定性意义，带头增强“四个意识”、坚定“四个自信”、做到“两个维护”，坚持以党的政治建设为统领，用党的理论武装头脑、指导实践。聚焦主责主业，自觉将研究型审计理念贯穿始终，较好完成信息化建设、运维、安全、标准化等各项工作。

践行研究型审计理念 紧紧围绕审计工作大局，聚焦主责主业，将研究型审计理念贯穿各项工作始终。组织制定《计算中心开展研究型审计的工作方案》，研究审计信息化工作中存在的困难和问题。根据实际工作需要，报分管署领导同意后确立了“面向审计应用系统的智能运维研究”等6个课题，年内全部通过验收。课题通过构建面向审计应用系统的配置管理数据库和智能客服平台、应用RFID（射频识别）标签技术等手段，解决工作中的实际问题，实现了自动化运维探索、资产批量盘点和可视化展示、提高大数据中心效率等目标。

推进信息化建设相关工作 根据审计署金审三期项目办统一安排，派出团队全程深度参与项目办建设专班工作，会同电子数据审计司共同推动重点信息化建设任务。按照审计署党组“统一规划、两级部署、以用为本”的工作要求，在金审工程三期项目建设办公室的统一组织下，完成3方面66项建设任务和217个里程碑事件。7月21日，金审三期中央本级项目通过竣工验收。持续优化各类应用系统。全力支持地方审计机关金审三期建设。

有序推进技术改造项目建设、圆满完成企业审计平台项目全部建设任务、持续做好AO澳门版运维保障工作，统筹推进财政审计数据分析系统、经责审计管理平台和审计知识管理系统等其他信息化项目，应用成效逐步显现。自主研发的内部审计统计调查数据处理等工具在审计项目中得到了较好应用，有效提升了信息化支撑业务能力。

扎实推进软件正版化工作 组织开展正版化相关工作。对照软件正版化年度检查细则，及时补充完善资料。梳理全署软件资产，摸清家底。组织软件正版化工作培训。梳理全署各单位自查、监督检查和整改落实情况，顺利完成正版化检查任务。

全力保障信息系统稳定运行 积极践行一体化运维管理体系，在提供安全、稳定、可靠的应用环境基础上，按照“抓规范、促提升、重支持、保稳定”的工作思路，持续提升运维保障能力和水平，全力保障信息系统稳定运行。一是深挖制度效能，不断完善统一运维服务管理体系。组织制修订多项运维制度。建立AB岗工作制和机动补位机制，确保非常时期各项工作正常有序开展。实行7×24小时值班制度，确保节假日等非工作时间审计信息系统的正常运转。二是持续优化升级，保障近百个审计应用系统的稳定运行。通过应用系统数据库、中间件的负载均衡改造等技术手段，提升应用系统健壮性。三是夯实基础工作，保障计算、存储和网络环境的安全可靠。做好机房环境常态化巡检和监控，确保机房基础设施正常运行。严格落实机房环境的安全可靠和节能降耗。积极推进机房环境监控系统升级改造。做好网络运行维护及视频会议等技术保障工作。

强化数据服务工作 建立数据处理情况通报机制，及时总结反馈各类数据报送及处理中存在的问题。根据任务轻重缓急，科学调配资源，有效提升数据处理的质量和效率。主动靠前服务，积极为审计工作提供技术支持。为审计项目提供技术支持，积极探索数据治理，努力提升治理效率，为大数据审计提供技术支持。

加强网络安全运营能力建设 坚持底线思维，增强忧患意识，以筑牢网络安全屏障为目标，不断提升网络安全防护能力。一是持续提升常态化安全运营能力。开展网络安全专项监测，定期对审计署网络和信息资产进行安全基线扫描。二是不断加强网络安全防护能力。会同数据司开展研究大数据安全治理工作，组织研究技术方案，开展大数据安全治理平台和核心信息管控系统建设。三是细致推进日常保密管理工作。做好计算中心保密检查和涉密人员管理，完善保密管理体系。配合署网信办、保密办相关工作。

加强标准体系建设 继续履行国际标准化组织审计数据服务技术委员会（ISO/TC 295）和全国审计信息化标准化技术委员会（SAC/TC 341）两个秘书处职责，推动审计信息化标准体系建设，引领审计数据标准国际进程。由ISO/TC 295制定的《审计数据采集》国际标准获得2022年中国标准创新贡献奖一等奖。

国内审计信息化标准化工作方面：成功召开第二届第三次全体委员会议。推动审计信息化标准化工作顶层设计，初步完成数据标准方面的标准体系梳理。积极推进审计信息化领域多项国家标准制修订工作，有序开展已有标准的复审工作。

国际审计信息化标准化工作方面：成功召开ISO/TC 295第三次全体会议。来自中国、芬兰、印度、印度尼西亚、日本、荷兰、俄罗斯、泰国、菲律宾、保加利亚等国家的51名代表参会。顺利推进2个国际标准项目和1个技术规范项目。

队伍建设 审计署计算机技术中心严格落实民主集中制，坚持依法决策、科学决策、民主决策。严格执行“三重一大”集体决策制度。严格落实“一岗双责”，带头旗帜鲜明讲政治，带头严于律己守底线，示范带动全体干部坚定信念、对党忠诚、清正廉洁。多措并举加强干部培养。组织编写人事工作手册，规范人事管理各项工作。高度重视干部成长，大力拓展干部培养渠道，积极开展交流轮岗、职称评审、岗位聘用、学习培训等工作。

（撰稿人：卢　靖）

【审计署国外贷援款项目审计服务中心】 2022年，审计署国外贷援款项目审计服务中心（以下简称外资中心）实有18人。设有综合管理部、审计一部、审计二部、审计三部。

领导成员

主　　任：刘　瑛

副 主 任：辛　风

审计成果　2022年，外资中心按照审计署统一部署，实施29个中央层级国外贷援款项目，出具29份审计报告，其中向世界银行等国际金融组织出具28份审计报告，向署涉外司提交1份绩效审计报告。审计发现虚列支出、扩大开支范围或提高开支标准、项目效果未达预期目标、违规采购和工程质量存在安全隐患等问题82个，涉及金额7.8亿元，审计提出建议70条，被采纳70条，提交审计重要信息1篇，被中办国办采用。同时，外资中心积极联合国审计工作，参与出具16篇审计报告或管理意见书，揭示联合国相关机构在预算、财务、战略、人力、采购等领域存在的65个问题，审计成果被联合国审计委员会例会审计长报告采用，引起联合国机构治理层和管理层高度重视，受到联合国行政和预算问题咨询委员会的高度评价。

2022年，外资中心执行的1个项目在全国国外贷援款项目审计报告审读检查中被评定为优，并得到表扬。

涉外审计　聚焦主责主业，依法全面履行国外贷援款项目审计监督职责，不断提升审计质量和成果利用水平。一是立足实际，守正创新，全力做好国外贷援款项目审计工作。外资中心探索出具第1份管理意见书，并将有深度和分量的审计报告和审计管理意见书抄送财政部门和主管部门，加强部门间协同联动，为经济决策提供参考，一体推进揭示问题、规范管理、促进改革。二是坚持问题导向，外资审计成果利用取得新突破。组织对7个中央部门国外援款管理和使用情况开展专题调研，深入研究国外援助项目的管理体制机制，深刻揭示了底数不清、管理不严等问题，形成审计重要信息，被中办、国办采用。从审计机关“四个报告”的高度来谋划国外贷援款审计工作，中央决算草案编报不完整等多个审计发现问题进入“四个报告”，实现成果共享。三是积极承担联合国审计工作，年内派出21人次参加联合国审计项目，累计投入125人周，11人次不畏疫情，远赴境外开展审计。参审人员作为审计组组长、主审受邀参加联合国行政和预算问题咨询委员会、联合国大会第五委员会的质询答辩、被审计单位执行局会议，并就主要审计发现问题和建议作主题发言，有效推动联合国相关机构提升内部管理水平和治理效能。

审计查出问题整改　注重推进审计全口径、全周期规范管理，打磨审计建议，谋划好审计整改“下半篇文章”。外资中心统筹规划项目安排，采取“压茬推进、节点控制、责任到人”的方式，分批次、有重点地推进审计工作。建立审计项目进展交流汇报制度，先后召开11次审计业务会，不断夯实审计取证，打磨审计建议。强化审计整改落实，明确问题整改期限，2022年审计发现问题中，立行立改和限期整改问题占比达100%。将审计发现问题整改情况作为一项重点内容列入审计实施方案，在审计过程中持续跟踪、督促整改，并在审计报告中予以反映。

研究型审计　不断把握“研以致用”的目标和方向，扎实推进研究型审计。将研究型审计贯穿国外贷援款项目审计全过程，深入研究被审计项目的特点，厘清审计思路。扎实开展“能力提升年”活动，不断提升“能查能说能写”的专业能力。依托“三会一课”、青年理论学习小组、实务导师课堂和“双周四”学习等平台开展专题学习研讨，青年理论学习小组选派1人参加“我来当主讲”活动，获得优秀奖；以审计案例为抓手，拓展审计思路和方法，开展“一日一案例”分享活动；以审计成果为导向，组织全体人员开展审计实务微课题研究；以审计项目复盘为契机，总结得失，明确差距，全面提升审计工作质量。

相关工作　党支部建设方面，坚持以政治建设为统领，坚持党对审计工作的集中统一领导，严格落实署党组决策部署，聚焦重要领域和关键环节，加大揭示和查处问题的力度。树立整体思维，统筹各方力量，持续优化项目组织模式，大幅提升整体工作效能。一是加强政治建设，拧紧理想信念“总开关”，把党中央对审计工作的集中统一领导、署党组对审计工作的决策部署贯彻落实到工作全过程各环节。坚定理想信念，强化理论武装，第一时间组织全体同志收听收看习近平总书记在中国共产党第二十次全国代表大会上的报告，开展“学习贯彻党的二十大精神”系列主题党日活动，深刻领悟“两个确立”的决定性意义，做“两个维护”的忠实践行者，坚定不移在思想上政治上行动上同以习近平同志为核心的党中央保持高度一致。严明党的政治纪律和政治规矩，严格执行请示汇报制度。扎实做好思想政治工作，强化思想引领、精神激励、人文关怀和心理疏导。二是夯实组织基础，充分发挥党支部的战斗堡垒作用和共产党员的先锋模范作用。扎实推进党支部标准化规范化建设，年内共组织召开党员大会12次，党小组会30次，支委会19次，主题党日活动15次，青年理论学习小组活动14次。坚持共产党员在审计项目中走在前、做表率，2位领导班子成员4次担任联合国审计临时党支部书记，1人带队前往纽约开展现场审计，以实际行动践行对党忠诚。三是积极推进党支部标准化规范化建设，严肃党内政治生活。年内共组织召开党员大会12次，支委会13次，开展主题党日活动13次。扎实开展“学查改”专项工作，按照“六对照六看六查”的要求，深入查摆9个问题，并落实整改。

党风廉政建设方面，外资中心主要负责同志是第一责任人，领导班子其他党员领导干部认真履行“一岗双责”，发挥“关键少数”示范作用，扛起党风廉政建设主体责任。加强廉政教育经常性提醒，逢会必讲、逢节必提，教育引导党员干部弘扬新风正气，增强拒腐防变的能力。

审计干部队伍建设方面，坚持以事业为上，突出政治标准，切实加强领导班子和干部队伍建设。一是以政治建设为统领，锻造对党忠诚、担当作为的坚强领导集体。外资中心领导班子坚决落实党中央决策部署，带头研究外资审计工作新特点，进一步探索和深化项目组织方式，大幅提升整体工作效率。坚持集体领导制度，自觉加强对“一把手”和领导班子的监督，严格按制度和程序办事，先后召开主任会议12次，主任办公会议15次，全体工作人员会议8次。二是加强多岗位、多平台锻炼，打造高素质专业化审计人才队伍。安排青年干部承担40余个国外贷援款项目和联合国审计项目的组长、主审重任，选派多名审计骨干参加预算执行审计、省部级领导干部经济责任审计等重大审计项目，派出2名同志到署业务司和联审办（纽约办）交流，对工作已满4年的3名青年审计人员进行内部轮岗。派出2名同志参与国际标准化工作，由外资中心人员参与制订的《审计数据采集》国际标准获得中国标准创新贡献奖项目一等奖。三是强化正向激励，拓宽审计人员成长渠道。严格按照相关程序选拔2名政治素质过硬、业务能力突出、工作作风扎实的中层管理人员。在考核方案中加大审计报告和审计成果比重，引导全体人员树立问题导向和成果意识。关注审计人员的职业发展需求，开展外资中心首次专业技术岗位聘用工作，1名同志顺利通过2022年度高级审计师资格评审，7名同志顺利通过2022年度高级审计师资格考试。

（撰稿人：王静卿）

【中共审计署党校　审计署审计干部教育学院】　2022年，中共审计署党校、审计署审计干部教育学院（以下简称校院）实有23人。设有综合事务部、教务部、教研部、信息化部、考试部。

领导成员

署党校

校　　长：侯　凯

常务副校长：张　俊（—4月）

　　　　　　蔡　峰（4月—）

教育学院

院　　长：张　俊（—4月）

　　　　　蔡　峰（4月—）

副 院 长：王景东（8月—）　李云玲

工作综述　2022年，在审计署党组的正确领导下，校院深入学习宣传贯彻党的二十大精神，牢牢把握“坚持党校姓党、服务审计大局”的办学宗旨和职责定位，狠抓党的建设，办好主责主业，加强综合管理，建设平安校园，推动各项工作取得了新的成效。

深化学思践悟，深入学习宣传贯彻党的二十大精神　坚持把党的二十大精神作为“第一议题”，列入党委专题学习和理论学习中心组学习重要内容，班子成员带头读原文、悟原理，谈体会、讲党课，校院主要负责同志撰写的体会文章被中央党校中央和国家机关分校《党校工作通讯》刊载。将党的二十大精神列为培训必修课，及时举办深入学习贯彻党的二十大精神网络培训班；配合署机关党委采购学习书籍、谋划知识竞赛，推动全署全员学习；指导学员开展“党的二十大精神学习夜校”等特色活动，与审计博物馆共同策划“庆祝党的二十大胜利召开审计简史展”并组织学员参观，引导广大学员胸怀“国之大者”，更加有效履行审计监督职责。

突出政治统领，推动全面从严治党向纵深发展 一是坚持理论先行，保持正确方向。党委常态化组织专题学习和党委理论学习中心组学习，全面把握习近平新时代中国特色社会主义思想的核心要义、精神实质、丰富内涵和实践要求。扎实开展“学查改”专项工作，补好短板弱项，谋划校院发展。立足党校和审计特色，组织开展“贯彻总书记中青班讲话精神，做忠诚干净担当的审计干部”“在审计工作中贯彻落实习近平总书记重要讲话和指示批示精神”2项课题研究，系统总结我署的贯彻举措和实际成效。

二是增强组织功能，打造坚强堡垒。深化党委领导下的行政领导人负责制试点工作，组织修订《中共审计干部教育学院委员会工作规则》，细化明确了“三重一大”决策事项内容。坚持党的一切工作到支部的鲜明导向，狠抓党支部建设，着力增强党支部的政治功能和组织功能，教研部党支部被命名为中央和国家机关“四强”党支部。充分发挥群团组织作用，顺利完成校院基层工会和妇委会换届工作。

三是树立鲜明导向，锻造过硬队伍。坚持重实干、重业绩，加强干部历练培养，选派年轻同志参加南京特派办实施的审计项目，现场感受审计实践，锤炼良好作风。围绕做实研究型教学，推动全员参与课题研究和案例开发，在研究中学习审计业务。

四是涵养纪律作风，营造良好生态。加强日常教育监督，专题学习《审计干部反腐倡廉教育警示录（四）》，邀请署党组派驻纪检组长作警示教育，在重点班次开设警示教育课程。加强廉政风险点防控，邀请专家讲解招标采购领域的负面清单及警示案例，对采购经办人进行提醒谈话，防患于未然。配合完成某位同志在校院任职期间经济责任审计工作，扎实抓好相关问题的整改落实。严格执行中央八项规定及其实施细则精神，推进精文减会。

服务审计一线，办好教育培训主责主业 一是开发实战课程，满足审计一线需求。一方面，突出理论教育和党性教育主业主课，组织开发《关于深入学习中国特色社会主义审计，努力成为新时代合格审计干部的若干思考》等3门课程，引导学员进一步提高政治站位，牢记职责使命，推动审计工作高质量发展。另一方面，将课程设计列为党委会议重要议题反复讨论研究，着力锻炼学员“能查、能说、能写”的能力。在计算机审计中级培训中吸收计算机审计实践中应用的新技术新成果，谋划开发时空信息技术在审计中的应用系列课程，新增爬虫技术等应用案例；在计算机中级考试工作中强化考察知识技能应用，减少识记类题目比重，增加案例分析类题目比重，案例分析、上机实操题目取材于最新审计实践。开设“审计技术方法”等系列实务课程，如针对会计基础培训班，坚持“围绕会计讲审计，突出运用讲知识”，将以单纯讲授会计基础知识的课程体系重构为会计基础知识、审计实践中的常见问题和应用提高三大课程模块，增设了一系列审计技术方法专题课程，使学员学会了就能用，受到学员广泛好评。

二是党建与业务深度融合，体现部门党校特色优势。在中央党校规定的课程之外，紧紧围绕处长和审计两个关键词打造处级干部进修班特色课程单元，引导学员结合实际研讨习近平总书记关于审计工作的重要讲话和重要指示批示精神等。注重发扬榜样力量，邀请获得全国荣誉称号的审计人员代表和获评全国优秀审计项目一等奖的主审代表为学员授课，深入交流抓党建、带队伍、促业务、出成果的真知灼见和切身体会。组织“如何当好审计处长”专题研讨，受到中央党校和国家机关分校的充分肯定，在分校召开的2023年春季学期教学会议上公开表扬。

三是创新教学方法，提升培训成效。针对学员的不同特点和培训需求，综合运用多种教学方法加强教学互动。如市县审计局领导干部培训班积极探索“训前摸底”“课前提问”“连线一线”“直面对话”等教学方式，有针对性地搭建交流互动平台，实现教学相长、学学相长；计算机审计中级培训班首次探索入学测试“云监考”，坚持课堂讲授与上机实践相结合，开发网络课件和视频微课，开设网络课堂，充分利用视频会议、网络培训平台、线上答疑等方式应对疫情影响，同时广泛邀请审计业务骨干结合审计实践传授经验、讲授方法，其中来自署机关业务司和特派办的授课教师占比达80%；审计机关业务骨干培训班通过“现场培训+视频会议”方式组织培训，共有31个省（市、自治区）和新疆生产建设兵团的3.3万名学员通过审计专网视频会议参加培训，有效拓宽了培训覆盖面。此外，继续向江西会昌、贵州丹寨、河北顺平等定点帮扶和对口支援地区开展送教上门，量身定制培训课程并选派优质师资，提供了“解惑、解渴”的专业培训。

四是从严加强教学管理，营造良好校风学风。坚持严暖结合，将“严”的主基调贯穿培训始终，按照属地新冠肺炎疫情防控要求全程实行封闭管理，加强考勤，严格请假和跟班听课制度。组织学员成立互帮互学小组，让基础好的学员利用课余时间梳理知识点，走上讲台分享学习方法、答疑解惑，营造比学赶超的浓厚氛围，同时对基础薄弱的学员进行点对点帮扶，确保跟上学习进度不掉队。引导学员积极撰写学习体会，《我们从未按下“暂停键”》《我们的学习故事》《不一样的春天》等宣传报道在审计署官微发表，取得了较好反响。同时，积极了解和关注学员思想、学习和生活动态，全天候保障教学服务，做到及时响应、高效有序、贴心服务、不漏一人，把关爱送到每一位学员的心坎里。培训期间，学员严守校规校纪，全身心投入学习，展现了良好的精神风貌。

五是强化学考用贯通，履行好考试职能。扎实开展审计专业技术资格考试具体组织实施工作，针对审计署、人力资源社会保障部修订印发《审计专业技术资格规定》和《审计专业技术资格考试实施办法》后的首次考试，及时组织专家修订考试大纲、协助修编教材、调整试卷结构、编制考试样题，扎实做好考务配套改革；将习近平新时代中国特色社会主义思想贯穿到考试工作各环节，把握正确的政治方向，推动以考促学、学以致用。2022年，32个省级考区共有8.69万人报名参加考试，报考人数同比增长5%，创历史新高；克服疫情防控困难，顺利组织完成年度内2次考试，切实保障了考生权益。

六是加强综合管理，建设平安校园。加强法治宣传教育，认真做好网络安全保护，严格落实意识形态工作责任制，着力管好课堂、科研、宣传和考试“四个阵地”。强化社会治安综合治理，常态化开展安全隐患排查整治，通过公开招标对消防隐患问题进行系统性整改。引入第三方工程咨询服务助力项目建设，全年组织实施近百项各类维修改造项目，进一步改善了办学条件。落实节能要求，校院顺利创成节约型机关。组织开展物业服务审计并督促问题整改，不断提升后勤服务保障水平。（撰稿人：李海涛）

【审计博物馆】 2022年，审计博物馆（以下简称博物馆）实有16人。设有综合管理部、展陈部。

领导成员

馆　　长：李雪斌

副 馆 长：胡胜校

工作综述 2022年，博物馆坚持“准确定位、聚焦主业、规范管理、争创佳绩”工作思路，把握政治建设、业务建设、安全建设、队伍建设、管理建设、廉政建设“六大建设”工作重点，切实加强党的建设、领导班子以及干部队伍建设，大力抓好藏品征集、业务研究、展陈宣传等各项工作，持续提升综合管理水平。2022年全年接待线下参观7891人次，线上参观22万人次。顺利召开审计藏品征集工作视频会议，与广东省审计厅签署支持广东省红色审计文化“遗址”建设发展合作协议，做实研究型审计博物馆建设，稳步推进博物馆评级工作。

藏品征集管理 召开2022年度审计机关审计藏品工作视频会，征集到由侯凯审计长签发的联合国审计的审计报告（中英文版）等各类实物及电子资料200余件；为筹备2023年庆祝建署40周年专题展，征集1986年以来审计机关382位先进工作者相关事迹材料、电子照片；完成6202件藏品手工登记入账，加强藏品管理系统功能的学习和利用；购买藏品柜、装具、无酸纸等，不断改善藏品保管环境。

陈列展览工作 一是进一步提升宣传工作的主动性敏感性，及时宣传党的二十大精神，有针对性、分步骤地更新展陈内容21处，新增民生审计案例等内容。二是持续推行“送展上门”活动，策划推出“实干铸就辉煌路 勇毅前行谱华章——庆祝党的二十大召开，中国审计简史展”，在署党校、教育学院送展上门展出。三是根据新的研究成果、新增藏品及时调整基本展陈，新增有关阮啸仙研究著作的展柜展示、更新商代甲骨文展示等。四是开展数字化建设。首次开发了自助扫码讲解功能，1月1日新版审计博物馆网站正式上线，及时更新实景漫游，丰富网站构成。

研究型博物馆建设 贯彻落实侯凯审计长关于坚决做实研究型审计的要求，组织全馆人员撰写《推进党史学习教育常态化长效化，促进审计博物馆高质量发展》等11篇论文，陆续在《中国审计》《中国文物报》等报纸期刊发表。

博物馆评级工作 推动博物馆高质量发展，拟于2023年参加博物馆定级评估。制定分工明细表，将175条任务计划按月分解到人，定期召开会议研究总结，已按计划完成88条，评级工作稳步推进。

开展审计宣传 设计制作经济责任审计、民生审计及校招海报，提供给15个特派办，用于向高校毕业生宣传科普审计知识，宣传党领导下的审计历史文化。积极开展国际博物馆日系列活动，在活动现场赠阅《审计知识读本》科普读物、“审计基础知识问答”宣传折页；派人为驻地审计机关讲述红色审计发展史专题；更新外围栏杆上的公益广告，新增习近平总书记有关文博工作和审计工作的重要论述等内容。与中国时代经济出版社深度合作完成《红色审计 百年图谱（1921—2021）》一书，精心编排录制该书课程视频。

开展交流合作 先后为山东省审计厅、审计署西安特派办、萍乡市审计局、国防大学联合勤务学院审计系等单位提供展览素材、介绍办展经验、给予指导支持等。与广东省审计厅签署支持广东省红色审计文化“遗址”建设发展合作协议。入选首批江苏省博物馆研学基地，当选南通市博物馆联盟副理事长单位，参加中国博物馆协会第九届博博会、国家文物局中国革命纪念馆高质量发展峰会，深化学习借鉴、交流合作。

党建工作 认真贯彻落实中央八项规定及其实施细则精神，严格执行《审计博物馆落实全面从严治党责任办法》，组织全馆干部职工签订廉洁承诺书；深入学习领会习近平总书记在十九届中央纪委六次全会上的重要讲话精神，认真学习贯彻侯凯审计长在全国审计机关党风廉政建设工作会议上的讲话精神，常态化开展形式多样的廉政警示教育活动，驰而不息纠正“四风”；规范招标工作，制定《审计博物馆项目评标工作管理办法》等制度，在涉及展陈布展、安全建设、馆舍维修等项目，组成评标小组打分集体研究，邀请南京特派办纪检监察人员到现场监督，将廉政风险降到最低。

认真组织学习党的十九届六中全会精神和《习近平谈治国理政》第四卷。第一时间组织全体干部职工集中收看党的二十大开幕会直播视频，及时组织全馆召开学习会，分享交流初学体会。及时研究部署，出台《审计博物馆学习宣传贯彻党的二十大精神工作方案》，制订专题学习计划，严格贯彻落实。制作党的二十大专题展板、悬挂宣传横幅、更新要点展陈、拓展讲解内容、播放宣传视频，充分发挥好意识形态重要阵地作用。订购并发放党的二十大精神学习用书，组织开展党支部专题学习、主题党日等活动，领导班子带头读原著、学原文、悟原理，引导全馆人员把学习党的二十大精神与学习贯彻习近平总书记关于审计、文博工作的重要讲话和指示批示精神结合起来，与博物馆工作实际紧密联系起来。

认真贯彻落实审计署党组关于意识形态工作的决策部署，保持高度的政治敏感性和鉴别力，坚持正确意识形态导向，主要负责同志切实担负起抓意识形态工作的责任；不断加强对干部职工的教育引导，增强责任意识，切实提高政治判断力、政治领悟力、政治执行力；持续强化阵地建设，在展览展陈、宣传讲解等工作中，不断提高政治站位，旗帜鲜明反对和抵制各种错误观点，坚决在意识形态方面不出任何问题。

按照审计署党组有关要求，坚持深学精研、严查细剖、真抓实改，组织召开专题学习会，深入学习习近平经济思想；开展“我来当主讲”主题活动，青年干部结合博物馆实际，围绕“更好按经济规律办事，青年怎么办”进行研讨交流；召开专题组织生活会，严格按照“六对照六看六查”要求，逐条对照，对标对表，共查找出5个方面问题，制定12条整改措施，建立整改台账，稳步推进落实，取得良好成效。

认真制定党支部党建工作要点，严格落实“三会一课”制度，扎实推动党史学习教育常态化长效化开展。全年共召开支部会议14次，理论学习11次，主题党日活动7次，专题党课学习4次，组织生活会2次。组织召开司局级党员领导干部民主生活会，广泛征求意见，认真查摆存在的突出问题，制定整改措施。充分运用好“博物馆党员之家”微信群、党建宣传展板等载体，强化政治理论学习；为党员过政治生日，擦亮红色底色；发展1名同志入党，壮大党组织力量。

队伍建设 领导班子严格执行民主集中制原则，坚持充分酝酿、征求意见、会议决定的决策流程；班子团结协作，优势互补，做博物馆建设的“带头人”“领头雁”。为扎实推进研究型博物馆创建工作，领导班子带头开展常态化学习研究，撰写研究文章，为干部职工深入开展研究工作作出表率。

组织干部职工参加有关政治理论、审计和文博业务等主题培训班，收看署初任培训班有关视频，夯实基础，提升技能；全年共推出12期《审博文苑》电子月刊、6期业务宣传展板，梳理学习党和国家决策部署、习近平总书记指示精神、审计及文博行业发展前沿和热点关注；组织前往南通博物苑、南通群英馆、中华慈善博物馆等单位开展学习调研，学习先进办馆经验，提升展陈宣传水平；组织1名讲解员参加江苏省第二批红色旅游“五好”讲解员评比，荣获“五好”讲解员称号。

认真组织干部职工签订岗位责任书，明确责任分工，强化纪律要求；根据《审计博物馆2021年度考核工作实施方案》，严密组织考核工作，并确定优秀等次3人、特别表扬1人；制定《审计博物馆劳务派遣人员续聘工作方案》，通过资格审查、民主评议等程序对1名续聘人员的德、能、勤、绩、廉等方面情况进行全面考核。

工会针对职工需求做好周到细致服务工作。在春节等传统节日，组织开展慰问、发放节日慰问品、举办主题活动等；职工生日当天，及时送上祝福和蛋糕券；组织开展夏送清凉、冬送温暖活动；做好生病职工的慰问；积极组织开展健步走、学练太极等丰富多彩的文体活动。

综合管理 深入学习贯彻习近平总书记关于加强安全工作的重要指示精神，持续加强和规范国家安全人民防线建设的组织和管理，认真落实审计署关于安全工作及社会治安综合治理工作的部署要求，组织全员签订安全责任书，将安全责任层层落实到岗、到人。进一步提升博物馆安全防护措施，更新红外入侵报警系统，安装燃气泄漏报警系统，开展防汛防台安全检查和应急准备工作，确保馆舍安全。严格执行巡查以及24小时值守制度，在法定假日和重点时期进行全方面消防安全和治安安全检查。严格落实周末值班安全巡查报告和馆领导带班制度。

根据审计署网络安全工作部署，经常性开展网络安全宣传教育，提高网络安全意识，常规性进行网络安全检查，确保所有网络设备均按要求规范使用，状态良好。在党的二十大等重大会议活动、重要时间节点，提前对接出版社进行网络数据自查，扎实开展网站系统检测，进行全面安全加固等，持续加强博物馆网络和网站的实时监管，确保运行正常。

落实落细审计署及驻地新冠肺炎疫情防控要求，展馆电梯、卫生间、展柜等公共重点部位每天进行消毒，咨询台常备温度计、口罩、酒精等防疫物品。严格执行参观者入馆体温检测、身份证登记、核酸及“两码”查验、限流入馆等登记检测措施；在中央优化调整疫情防控政策后，及时调整接待参观相应具体措施，制定新的应急预案，全体干部职工认真做好自身的疫情防控，平稳安全推进博物馆各项工作。

高度重视法制建设，认真学习审计法及文博相关法律法规，开展依法审计专题业务培训，坚持牢固树立依法治理理念；在“12·4”宪法日等重要时间节点，通过制作宣传展板、工作群传达学习、参与普法知识答题等方式，开展法治宣传教育工作。持续开展制度“废、改、立”工作，新修订18项制度，形成了覆盖博物馆全部工作内容和内部管理环节的制度体系。不断加强博物馆内部管理，更换馆区广场休息椅、扩建电动自行车车棚、主楼地下室加装新风系统，着手开展维修主楼屋顶漏雨改造工程等。

（撰稿人：陈雅婷）

【中国审计报社】 2022 年，中国审计报社实有 29 人。设有办公室、总编室、新闻部、专刊部、记者部、新媒体部、财务和资产管理部、发行部、全媒体运营中心。

领导成员

党委书记、社长、总编辑：黄 峥

党委副书记、副社长：孔凡青

党委委员、副社长、副总编辑：赵晓强

党委委员、纪检组长：王松宝

工作综述 2022 年，中国审计报社坚决贯彻习近平总书记关于审计、宣传工作的一系列指示精神，在审计署党组的正确领导下，自觉扛起“举旗帜、聚民心、育新人、兴文化、展形象”的使命任务，聚焦主责主业，加快媒体深度融合，统筹政治效益、社会效益、经济效益，通过“融合传播年”等系列活动，充分发挥了审计署党组和审计系统的“喉舌”作用，推动实现审计宣传工作高质量发展。

强固政治忠诚坚强有力 坚持以党的政治建设为统领，以成立报社党委为契机，不断强化党组织领导作用。一是抓好二十大精神学习宣贯。认真贯彻习近平总书记关于“全面学习、全面把握、全面落实”等重要指示，把学习宣传贯彻党的二十大精神作为首要政治任务，提高政治站位，把握根本要求，制订学习计划，参加网络培训，组织理论测试，3 位社领导作专题党课辅导，持续兴起学习贯彻热潮。二是建强基层党组织。严格按照程序步骤选举产生第一届党委。周密筹划组建下属 3 个支部，选准配强党务干部。全年发展党员 1 名，预备党员转正 2 名。持续为群众帮困解难，把组织的关心关怀传递给每名困难群众。三是严肃党内政治生活。贯彻执行民主集中制，认真落实“三会一课”制度，全年共召开支委会 11 次、党员大会 18 次、民主生活会 2 次、组织生活会 2 次、党课 7 次。党委成立后召开党委会 2 次，研究报社多项“三重一大”事项。四是加强党风廉政建设。坚定扛起全面从严治党主体责任，加强对领导班子的政治监督和报社运营的日常监督。搞好警示性教育，组织兼职廉政监督员培训并补聘 4 名监督员。狠抓审计署党组第五轮巡视反馈问题整改，针对 4 个方面 31 项具体问题，立查立改、彻查彻改，全部问题整改完毕并持续巩固提高。

审计主流舆论巩固壮大 恪守政治家办报原则，以媒体深度融合发展为抓手，构建“策采编播发”一体化流程，不断提升审计宣传传播力、引导力、影响力、公信力。（一）瞄准重点筑牢宣传工作主阵地。一是紧扣迎接宣传贯彻党的二十大精神这条主线，深入推进“奋进新征程 建功新时代”重大主题宣传。在头版开设“审计这十年”栏目，集中展现各级审计机关谋划审计工作的新思路新举措；开设“我看审计这十年”栏目，回顾党的十八大以来审计事业所取得的成就和发展。二是突出审计署工作部署和审计中心工作，周密策划全国审计工作会议等宣传报道。开设“贯彻落实全国审计工作会议精神”栏目，集中报道全国审计机关贯彻落实全审会精神情况；推出“我与联合国审计”栏目，讲述中国审计人员的联合国审计故事；聚焦审计质量控制，开设专栏报道各地审计机关践行“深、实、细、准、效”的探索实践。三是聚焦研究型审计，全方位、多层次展现各级审计机关的创新实践。通过“学习专刊”等栏目连续刊登文章，探寻研究型审计的内在机理与实践应用；与南京审计大学政府审计学院协办“多维度”专栏，从高校学者角度分析解读政策，总结审计工作实践、提出意见建议。（二）紧盯热点呼应审计人员关切点。一是精心报道“两会”盛况。提前谋划设计，结合审计行业特色，重点打造视频类融媒报道，先后推出微视频栏目“审计人的两会期待”5 期，“审计人热议政府工作报告”20 期，邀请审计人结合报告内容和审计工作实际，表达“奋进新征程、建功新时代”的决心与信心。二是用心讲好冬奥故事。克服疫情影响，先后赴冬奥组委审计监察部、北京赛区、延庆赛区、张家口赛区和审计署机关等现场采访拍摄，推出短视频和文字报道《冬奥跟踪审计：七年一剑》《贺新春 迎冬奥 审计工作者祝北京冬奥会圆满成功》等多个产品。三是悉心做好节日报道。不断创新报道形式，采取综合报道、消息、简讯、组图、图片等方式，报道基层审计机关《迎新春、送祝福》开展春节慰问、国家网络安全宣传周、宪法宣传周的报道。将传统文化和审计故事相结合，先后推出图文栏目《审计人的二十四节气》。（三）打造亮点增强品牌栏目竞争力。一是创建新品牌。寻找新的热点话题和重要审计题材，探索在报纸重要版面和新媒体开设《看审计话发展——基层审计委员会主任访谈》栏目、“展望2022厅局长访谈”，宣传基层审计委员会助推地方经济发展发挥的重要作用以及审计工作亮点，形成“拳头”产品，提升报社核心竞争力，进而扩大报纸的覆盖面和新媒体的传播力。二是擦亮老品牌。持之以恒做好“审计之声”新闻播报和“一诗一话”两个新媒体固定栏目，及时播发审计要闻，认真甄选经典文化，使“老字号”焕发新活力，成为审计人心目中的固定栏目、品牌栏目。三是推出微视频。开设微信视频号，加大原创视频创作力度，记录重大任务、重要事件、突发情况等中的审计作为，展现审计人精神风貌。《他们，奋战在首都战“疫”一线》等采访视频获得了社会较高关注度。（四）疏通堵点唱响媒体融合主旋律。一是推进媒体深度融合发展。通过强化媒体审读融合理念，采用全媒体报道方式，以Vlog、短视频、图文等形式，促进在采编组织方式、报道内容和形式上进行创新实践。坚持移动优先策略，探索实施“报、网、微、端”协同生产机制和融合报道模式。二是构建立体化审计宣传新格局。突出专业性和权威性深度报道，提升评论与数据报道能力。助力做实研究型审计，与法规司合作推出“学习贯彻新修订审计法”4个专版；与审理司合作开设“聚焦审计质量控制”栏目，共刊发6篇文章等。审计之声客户端、报社微信公众号以“第一时间”发布为要务，研发视频化节目。三是参加“融媒创新运营”专题培训。为了提升采编人员融媒业务专业能力，组织30余人次参加由记协和人民日报媒体技术公司联合举办的线上培训，学习新媒体平台运营和推广策略，以及热门平台运营模式、建设思路、风险管理等等，同时注重加强培训成果巩固与运用。四是建立审读工作机制。组建由总编室牵头的审读小组，从主题宣传、内容导向、出版规范等方面对所办媒体进行全方位“体检”，及时查漏补缺、整改纠正，有力有效提高报纸和新媒体质量。五是完成历年《中国审计报》数字化档案收集整理。建设历史报纸数据库，为读者提供历史报纸信息查询、统计等服务。六是探索“新闻宣传+服务”新模式。研发“审计宣传内容智能审校及动态监测平台”，与5个省级审计机关签订服务合同，探索建立新媒体宣传服务收入新途径。七是建立通讯员投稿平台。畅通来稿直接到达采编系统渠道，提升采编工作效率。目前全国31个省（自治区、直辖市）已有近3000个通讯员进行了注册。

内部管理质效稳步提升　按照“打基础、做规范”和“以管理出效益”的工作思路，着力提升队伍能力素质，优化完善内部管理，持续夯实建设基础，不断提高人、财、物使用效益。（一）加强人才队伍建设。大兴调查研究之风，不断增强脚力、眼力、脑力、笔力，努力打造一支政治过硬、本领高强、求实创新的审计宣传队伍。一是抓好专业技术岗位聘用工作。全年共聘用中级专技岗2人。二是抓好专业技术职称评审工作。2名同志获得副高级专业技术职务资格，4名同志获得中级专业技术职务资格。推荐10名同志分别参加国家新闻出版署、北京市人社局职称评审。三是抓好社聘人员公开招聘。聘用社会人员6人，计划接收2023年度应届毕业生2人。（二）优化完善内部管理。一是持续完善财务制度。修订出台《中国审计报社财务管理办法》《中国审计报社国有资产管理暂行办法》和《中国审计报社合同管理办法》，提升财务工作科学化、规范化水平。二是加强预决算管理。认真完成决算报告及财务报表审计工作，科学编制2023年度部门预算。三是抓严抓实审计问题整改。积极配合审计署内部审计指导监督司完成某位领导的经济责任审计，改进现金管理方式，调整会计科目使用，完善成本核算口径，加强流程监督管控。完成盘亏资产的情况调查报告，提出解决建议，有效解决了历史遗留问题。四是不断完善信息安全制度。开展安全等保评测，加强报社信息设施建设。对采编系统二级域名进行ICP备案，开展网络安全二级等保评测，提升网络安全防护能力。五是有效应对新冠肺炎疫情。严格落实疫情防控责任，制定《采编系统应急预案》《积极应对新冠疫情影响确保报纸正常出版发行的应急预案》，合理调配和储备物资，统筹各类资源，开展远程办公，在人民日报印刷厂搭建第二应急办公区域，确保了报纸正常编辑出版。（三）守紧守牢安全底线。着眼为二十大召开营造浓厚安全氛围，认真贯彻落实上级对国家安全、人民防线、综合治理、保密等工作的决策部署。扎实开展安全教育，多次召开专题会议，播放专题教育片。严密组织各项安全排查，整改问题、堵塞漏洞。严格落实保密规定，做好涉密文件的传达、保管和销毁工作。加强重大活动和节日期间值班，切实掌握安全工作主动权。（撰稿人：李丹丹）

【中国时代经济出版社有限公司】 2022 年，中国时代经济出版社有限公司实有 90 人。设有总编室（办公室）、财务部、人力资源部、《中国审计》编辑部、图书编辑一部、图书编辑二部、融合服务部、数字创新部、事业发展部、质量检查部、印制部、发行部；下属企业《审计观察》杂志社有限公司。

领导成员

党委书记、执行董事、经理、总编辑：杜光宇

副 经 理：乔晚根（—2 月） 鹿云飞 石 晶

监 事：王晓峥

纪检组长：杨选留

工作综述 2022 年，中国时代经济出版社有限公司（以下简称出版社）在审计署党组的正确领导下，以习近平新时代中国特色社会主义思想为指导，认真学习贯彻党的二十大精神、中央审计委员会第五次会议精神，坚持围绕中心、服务大局，自觉承担"举旗帜、聚民心、育新人、兴文化、展形象"的使命任务，努力推动各项工作健康发展。

党建工作 出版社党委坚持不懈抓好习近平总书记在中央和国家机关党的建设工作会议上的重要讲话的贯彻落实，紧扣"十四五"发展规划，全面落实党中央决策部署和署党组各项要求。

一是牢记"国之大者"，积极践行"两个维护"。社党委不断增强"四个意识"、坚定"四个自信"、做到"两个维护"。年初，研究制定了出版社 2022 年党建工作要点。党委书记、纪检组长紧紧围绕加强党的建设、落实意识形态工作责任制、做好审计宣传与出版工作、党建理论与业务工作实际相融合等内容，为全社党员干部职工讲授专题党课。"七一"前后，社党委围绕建党 101 周年，组织开展线上"党啊，我想对你说"主题活动；结合学习《审计干部反腐倡廉教育警示录（四）》，开展了"以案为鉴守底线、党规党纪驻心间"为主题的党风廉政建设警示教育活动。

二是坚定理想信念，压紧压实全面从严治党主体责任。社党委始终把学懂弄通做实习近平新时代中国特色社会主义思想作为首要政治任务，着眼审计事业发展全局，切实发挥党委"把方向、管大局、作决策、促改革、保落实"的领导作用，以学习贯彻习近平总书记在中央审计委员会第 5 次会议上的重要讲话精神为根本遵循，不断强化理论武装，进一步增强主动性、掌握主动权、打好主动仗，提高为审计人员服务的工作水平。通过专题学习研讨、主题党日等多种形式，推动党史学习教育常态化长效化，培养党员干部职工对党的感情，把对党忠诚体现在履职尽责、做好审计宣传与书刊出版工作的实际行动上；社党委研究制定了落实"学查改"专项工作的具体安排，结合各党支部召开专题组织生活会情况，汇总形成了全社"学查改"问题清单及"学查改"工作台账，并在工作中扎实有序推进各项工作落实落细。

三是提高政治站位，深刻认识党的二十大的重要意义。为深入学习宣传贯彻党的二十大精神，社党委紧紧围绕审计宣传出版工作，坚持在"实"字上做文章，切实将学习成果转化为推动审计工作的思路举措和扎实成效。社党委认真落实署党组书记、审计长侯凯同志在全署学习宣传贯彻党的二十大精神动员部署会上的讲话要求，及时研究修订出版社学习宣传贯彻党的二十大精神工作方案，党委书记亲自部署，明确"七个聚焦"，全力抓好各项具体工作安排，强调全体党员干部职工要以高度的政治责任感和历史使命感，深入学习贯彻党的二十大精神，切实将思想和行动统一到党的二十大精神上来。

审计宣传与期刊出版 精心组织重大主题宣传工作，全面展现审计监督服务"国之大者"的

成果成效。《中国审计》杂志转载新华社关于党的二十大报道文章，刊发审计署党组传达学习党的二十大精神、审计署召开学习宣传贯彻党的二十大精神动员部署会、审计署党组理论学习中心组开展学习贯彻党的二十大精神专题学习研讨、审计署召开学习贯彻党的二十大精神宣讲会等新闻报道；组织省市审计厅（局）长撰写贯彻落实党的二十大精神署名文章，介绍审计机关将学习成果转化为实践方案的思路举措。利用“观点”“评论”“信息窗”等栏目宣传各地审计机关学习贯彻党的二十大精神的实践举措。

聚焦审计署重点工作，全景展示审计工作高质量发展的生动实践。《中国审计》杂志对全国审计工作会议、新修订《中华人民共和国审计法》贯彻落实等做了重点专题报道。聚焦新时代审计事业改革发展新特点、新部署、新要求，组织策划《奋力开创新时代审计事业高质量发展新局面》专题，就如何贯彻落实全国审计工作会议精神，围绕“国之大者”谋划和做好今后一个时期审计工作，邀请审计署业务司、审计署驻地方特派员办事处、省级审计厅负责人谈想法思路和具体举措。

《审计观察》杂志开设“深入学习贯彻党的二十大精神”专栏，邀请中央党校、中央党史和文献研究院、中央财经大学等单位的专家学者，多角度解读党的二十大精神，并在微信公众号平台开设“喜迎二十大”“奋进新征程　建功新时代”专栏，第一时间转载中央主流媒体新闻报道、权威解读，广泛宣传各级审计机关深入学习宣传党的二十大精神的活动情况。

《审计观察》杂志重点关注税收征管审计、乡村振兴审计、资源环境审计、审计理论研究创新、“双碳”审计、“适度超前”投资中的审计新作为、审计助力专项债等重点审计工作，组织策划了《推动税收审计高质量发展　看紧国家“钱袋子”》《更好发挥审计在乡村振兴中的保驾护航作用》《审计在“适度超前”投资中的新作为》等专题报道。该杂志围绕做实研究型审计，通过关注审计前沿领域和审计人员开展研究型审计的重点需求，刊登《开展研究型审计更好服务构建新发展格局》《关于推深做实研究型审计的实践与思考》《研究型审计在高校中层干部经济责任审计中的应用》等文章。

积极探索转型发展，持续提升两刊品牌影响力。《中国审计》杂志加快媒体融合步伐，自主策划并组织开展“中国审计央企行”专项活动，完成了对中国石化、中国中核、中国中车等六家中央企业的采访报道。

审计图书出版　为深入挖掘红色审计历史、展现党领导下的审计工作成就，出版社着力在红色主题出版物方面狠下功夫，为《红色审计　百年图谱（1921—2021）》《新中国内部审计史》两本图书选题向国家新闻出版署申报了主题出版；同时，进一步优化图书选题，围绕审计署年度宣传重点，组织开展了《历览审计：岁月变迁中的坚守与创新》《从年鉴看发展：审计这十年》以及新时代审计整改丛书、新时代审计人员专业能力提升丛书、审计师考试教材的出版工作；出版了服务国家审计当前工作需要的内部学习型出版物《审计干部反腐倡廉教育警示录（四）》；“审计常用定性表述及适用法规向导丛书”、《审计署重点科研课题研究报告（2020—2021）》，以及“国家社科基金项目”扶持的《社会资本、融资约束与民企创新投资研究》等图书，受到了审计机关、审计人员的广泛欢迎。

融合发展与知识管理服务　出版社坚持书、刊、网、微同向发力，持续推进百度百科图书词条建设，推出《中国审计》电子刊，对48本图书和部分期刊进行了数字加工；逐一梳理全社新媒体平台账号，加强统一管理；编制完成了上线书刊订阅小程序，并做好宣传和推介工作；安装了无线局域网设备，对全社的带宽进行了升级；启动数字创新业务，发布了审计问题定性检索系统产品。同时，完成了年度出版融合工程两个子计划的申报工作，完成了审计署机关党委《习近平谈治国理政》第四卷专题测试以及技术支持工作，为审计署人教司知识管理分系统提供知识服务，加工处理文章3000余篇。

领导班子和队伍建设　一是从实抓好领导班子建设，强化班子理论学习，以党委理论学习中心组学习、专题研讨等形式，及时跟进学习党的创新理论成果。社领导班子成员参加所在党支部的组织生活，带头讲党课、加强支部党建工作指导督导。班子成员深入审计工作一线，分赴河北、河南、山东、辽宁、吉林、黑龙江等地开展调研，亲自督办落实精准宣传。二是发掘社内人才，引进社会人才，不断加强队伍建设。为有效激励和规范人才队伍建设工作，建立和完善符合出版文化企业建设与发展要求的人力资源管理机制，出版社启动了竞聘中层管理人员、公开招聘方案。全年选拔聘用了5名中层管理人员，从3400多名报考人员中遴选、录用10人。通过盘活社内现有人才、注入新鲜血液的方式，实现了职位能上能下、人员能进能出。三是完善考评体系，激励职工干事创业。出版社通过采取定量分析与定性分析相结合的方法，对社内各部门的经营业绩进行综合评价、严格考核；通过动态监管，督促部门及时调整工作进度，引导部门从宏观和长远的角度谋划经营发展，激励职工创造更多的价值，促进出版社可持续发展。在现有的考核基础上，通过深入分析研究考核及分配制度执行过程中存在的问题与不足，进一步完善了《中国时代经济出版社有限公司2022年度绩效考核办法》，为今后科学合理考核部门业绩确定了科学依据。

（撰稿人：王文友）

【中国审计学会】 2022年，中国审计学会共有单位会员179个、个人会员2000名。学会第八届理事会有理事207人、常务理事68人。设有计算机审计分会、审计教育分会、环境审计专业委员会3个分支机构，学术委员会、培训委员会2个专业委员会。学会办事机构为秘书处，实有5人。秘书处设有办公室和《审计研究》编辑部2个处室。学会主办《审计研究》杂志。

领导成员

顾　　问：董大胜　耿建新　石爱中
　　　　　张　通
会　　长：孙宝厚
副 会 长：姜江华（常务）　高培勇
　　　　　晏维龙　蔡　春　张继勋
　　　　　韩大元　郑志明
秘 书 长：姜江华（兼）
副秘书长：刘力云　王会金　杨　莉
　　　　　高永宁　刘　铮　王大强

工作综述 2022年，中国审计学会（以下简称学会）坚持以习近平新时代中国特色社会主义思想为指导，深入学习宣传贯彻党的二十大精神，认真学习贯彻落实习近平总书记关于审计工作的重要讲话和重要指示批示精神，在审计署党组的正确领导下，围绕聚焦主责主业推动新时代审计事业高质量发展，推动做实研究型审计，积极组织开展理论和实务研讨活动，在繁荣审计理论研究、丰富和完善中国特色社会主义审计理论体系方面发挥了积极作用。

坚持党对社团工作的集中统一领导，切实把思想和行动统一到党中央的决策部署上来。严格按照章程规定，坚持中国共产党的全面领导，深入开展党建活动。围绕推动落实习近平总书记重要指示和中央经济工作决策部署，深入学习贯彻习近平新时代中国特色社会主义思想特别是习近平经济思想，不断提高政治判断力、政治领悟力、政治执行力，进一步加深了对习近平总书记关于审计工作的重要讲话和重要指示批示精神的理解与把握。立足工作实际，及时组织学习党的二十大报告。在审计理论研究骨干培训班上把学习宣传贯彻党的二十大精神作为重要内容，在《审计研究》杂志开设学习宣传贯彻党的二十大精神专栏，组织相关专题文章。

组织开展审计科研课题研究，为审计事业发展提供理论支撑。组织对2022—2023年度审计署重点科研课题的公开招标和立项评审。2022—2023年度审计署重点科研课题有三个方向，即“地方政府专项债及其审计研究”“PPP项目审计研究”“中小银行风险及其审计”。5月，组织专家对课题申请进行立项评审。经审计署批准后确定了15项立项课题。组织对2021—2022年度审计署重点科研课题的中期检查和结项评审。1月，组织专家对2021—2022年度审计署重点科研课题共4个方向18个课题进行中期检查。9月下旬至10月，组织专家进行结项评审。与部分省级审计学会、特派办理论研究会合作开展课题研究。选定了“地方政府专项债及其审计”“PPP项目审计”及“中小银行风险及其审计”三个课题研究方向，与28个省级审计学会和14个特派办理论研究会合作开展课题研究。9月，组织开展了中期研讨交流。10月，面向全国审计机关和审计人员征集专题研讨会论文。组织开展国家社科基金社科学术社团主题学术活动项目。3月，征集

“十四五”时期国家审计创新发展专题研讨会论文，并分别委托黑龙江、四川、浙江和湖北等四省审计学会负责收集、评审片区论文。5月，四个片区对收到的312篇论文进行了评审和遴选，组织开展了片区专题研讨。6月17日，学会召开了专题研讨会。学会申报的“国家审计在决战脱贫攻坚中的作用研究”“‘十四五’时期国家审计创新发展研究”“国家审计促进经济高质量发展研究”三个研究类项目均获批立项。通过评审，学会继续获得国家社科基金优秀学术社团奖补。

举办培训班和研讨等活动，组织多方面力量参与理论研究，营造浓厚的审计研究氛围。11月3日至5日以线上方式举办了2022年度审计理论研究骨干培训班。审计署党组成员、副审计长章轲以“认真学习宣传贯彻党的二十大精神奋力谱写审计理论研究工作新篇章”为题作了报告，要求广大审计理论研究人员深刻把握国家审计面临的新形势新任务新要求，把立项当课题、把问题当课题、把建议当课题研究，把审计经验知识化，推动理论研究转型，扎实开展应用型科研。来自全国各地审计机关、各级审计学会、审计专业硕士培养院校的审计理论研究骨干和中国审计学会部分个人会员通过100多个接入点在线参加了培训。9月28日召开纪念中国特色社会主义审计监督制度建立40周年专家座谈会。审计署党组成员、副审计长章轲出席座谈会并讲话，董大胜、石爱中、张通等审计署老领导和南京审计大学政府审计学院院长周维培等出席座谈会并发言，会长孙宝厚作总结发言。专家观点摘要刊发在《中国审计报》上。6月至11月，与审计署法规司、审计科研所共同组织开展了“1982年宪法确立审计监督制度四十周年”主题征文活动，经专家评审，最终评选出18篇获奖论文。继续办好《中国审计报》的“审计理事专栏”。组织理事们围绕贯彻落实新修改审计法、有效发挥审计监督作用、推动审计工作高质量发展等撰写文章，刊登在《中国审计报》上。

召开理事会和常务理事会会议，对学会重大事项进行审议并作出决策。4月1日至7日组织召开了八届三次理事会会议，审议通过了学会2021年工作报告、2022年工作要点、增补变更理事、发展会员等事项。7月18日至21日组织召开了八届二次常务理事会会议，审议通过了环境审计专业委员会作为分支机构事宜。11月28日至12月9日组织召开了八届四次理事会会议，审议通过罢免学会某常务理事、理事的议案等。三个会议均以通讯方式召开。

开展10省市审计科研和审计学会工作情况调研，加强与地方的交流。12月1日至2日，与审计科研所组成联合调研组，通过召开视频座谈会方式，分两次（每次5个省市）对广东、上海、湖南、四川、陕西、江苏、浙江、安徽、山东、湖北等10个省市审计科研所和审计学会工作情况开展了调研，调研报告呈报审计署分管领导，获得肯定性批示。

编辑出版《审计研究》杂志及课题研究报告，推动审计理论成果交流传播。全年共编辑出版6期《审计研究》杂志，刊登论文78篇，总计170余万字。继续每期围绕审计实践中的热点和难点开设专题，安排2—3篇文章围绕专题展开讨论。向中国知网定制了投稿系统并正式上线运行。9月8日，以线上方式召开杂志通联宣传座谈会。经过努力，《审计研究》杂志编辑出版工作绩效、学术影响力和社会影响力得到进一步提升。在中国知网发布的影响因子年报中，2022年度各项重要指标均有一定提升，被中国学术期刊（光盘版）电子杂志社、中国学术文献国际评价研究中心和清华大学图书馆评为“2022中国最具国际影响力学术期刊”。2022年国家社科基金资助期刊年度考核良好，2023年继续获得资助。出版了《审计署重点科研课题研究报告（2020—2021）》和《中国审计学会2021年度合作课题研究报告选编》，宣传推广审计理论研究成果，促进研究成果更好服务审计实践。

学会的三个分支机构——审计教育分会、计算机审计分会、环境审计专业委员会组织开展了课题研究和研讨活动，为繁荣审计理论研究发挥了积极作用。中国审计学会、审计署审计科研所与西南财经大学合作成立的中国政府审计研究中心，以及与西南政法大学合作成立的审计与法治研究中心也组织开展了多项学术研讨活动，课题研究成果丰硕，在提升审计学科的学术影响力方面作出了贡献。　　（撰稿人：赵　娜）

【中国内部审计协会】 2022年，中国内部审计协会（以下简称协会）秘书处实有34人。设有综合业务部、事业发展部（国际事务部）、准则与学术部、职业教育部、公共宣传部。

领导成员

名誉会长：李金华

会　　长：鲍国明

副 会 长：席　晟　王文宗　秦荣生　晏维龙　张海坤　王建军　肖　伟　沈立强　陈　巍　李如祥

监 事 长：于永平

秘 书 长：沈立强（兼）

副秘书长：吴晓军　刘智伊

工作综述 2022年，协会深入学习宣传贯彻党的二十大精神，认真贯彻落实党和国家各项方针政策，紧紧围绕“服务、管理、宣传、交流”的办会宗旨，坚持稳中求进的工作总基调，充分发挥协会各项职能作用，面对疫情反复延宕带来的前所未有的冲击，攻坚克难、拼搏创新，努力推动内部审计事业的高质量发展。

在内部审计领域推动学习宣传贯彻党的二十大精神 围绕党的二十大召开，协会开展了一系列学习宣传活动。8月至12月，开展“内部审计这十年”主题宣传活动，共征集到不同形式的主题作品近400件，在协会微信公众号陆续择优发表作品50篇，累计阅读量近6万人次，受到广泛关注与好评，为迎接和庆祝党的二十大胜利召开营造了浓厚氛围；党的二十大召开后，协会微信公众号及时转发有关二十大的新闻报道，推送内部审计学习贯彻党的二十大精神的资讯；11月，邀请中共中央党校（国家行政学院）教授李江涛做客协会直播讲堂，为广大内审人员推出一期题为“以中国式现代化全面推进中华民族伟大复兴”的学习辅导公益直播讲座；第11期《中国内部审计》杂志刊登了会长鲍国明题为“团结奋斗　勇毅前行　谱写新时代中国内部审计新华章”的署名文章，号召广大内审人员和内审协会工作者，在党的二十大精神感召下，建功新时代，奋进新征程。

开展“内部审计探索研究型审计”实践案例展示活动 3月至11月，组织开展了“内部审计探索研究型审计”实践案例展示活动，共有97篇被推选为“内部审计探索研究型审计典型实践案例”。12月，以线上方式召开“内部审计探索研究型审计”实践案例展示活动等年度重点工作总结交流大会。各省、自治区、直辖市、计划单列市内部审计（师）协会代表，以及案例申报单位的代表等800余人参加，5家典型案例申报单位的代表在会上作交流发言。为了推动此项活动的开展，3月，邀请时任审计署审计科研所所长姜江华做客协会直播讲堂，推出一期题为“对做实研究型审计推动审计高质量发展的几点思考”的公益直播讲座。在线学习人数近5000人；协会媒体还转载或刊发了多篇有关研究型审计理论和实践成果的文章，协会2022年的《内部审计会员资讯》中也增设了“研究型审计专题”。

聚焦“三重压力”带来的风险挑战开展内部审计理论研讨 为助力内部审计所在单位积极应对需求收缩、供给冲击、预期转弱三重压力带来的新风险、新挑战，2月至7月，组织开展了以“新形势下内部审计在应对风险挑战中的地位和作用”为主题的内部审计理论研讨活动，共征集到论文465篇，创历史新高。学术委员会委员经过评审，评选出优秀论文142篇。

围绕内部审计数字化转型开展相关研究和交流 8月，赴中信银行审计部调研，听取他们数字化审计方面的经验介绍和对相关准则规范制定的意见建议；9月，召集国家税务总局、中国石油化工集团有限公司、南京审计大学等单位的13位专家，以线下和线上结合的方式召开了内部审计数字化准则编写的研讨会。此外，还与中国信息通信研究院合作，共同编写了《内部审计赋能企业数字化转型研究报告》以及相关书籍，举行了“内部审计数字化卓越案例”征集等活动；与中国通信标准化协会在推动IT审计标准化建设方面签订了战略合作协议；参加南京审计大学举办的以“数字化时代内部审计未来发展”为主题的2022年国际内部审计研讨会。

修订完善并推动落实经济责任审计准则指南 3月，修订完成并发布《第3204号内部审计实务指南——经济责任审计》，全文4.7万余字；7月，组织召开了两场“经济责任审计准则和指南在审计实务中运用情况”专题座谈会，来自11家企业（含金融机构）和12家行政事业单位的内部审计人员参会，审计署内部审计指导监督司应邀派员到会指导。

坚持以线上方式巩固拓展同业交流活动 举办分领域、分专题的业务交流活动。9月，以线上方式举办了主题为“内部审计助力统筹发展与安全”的第三届能源领域会员单位交流活动，来自电力、核能、煤炭、油气、新能源等领域单位的审计机构负责人、业务骨干参加了交流；10月，以线上方式举办了主题为“内部审计促进金融机构合规稳健经营”的第十届金融行业会员单位交流活动，部分金融机构审计负责人、审计业务骨干参加了交流；12月，以线上方式组织7家民营企业内部审计负责人围绕本单位内部审计在单位中的定位、开展情况及工作中遇到的难点痛点等问题进行了交流活动。同月，以线上方式与北京市地铁运营有限公司联合举办了2022年城市轨道交通行业内部审计交流会，16个城市的轨道交通企业内部审计人员参加了会议。

以线上方式开展国际和海峡两岸同业交流。11月，与台湾内部稽核协会的代表以“内部审计数字化转型”为主题进行了线上交流讨论；12月，亚洲内部审计师协会联合会（ACIIA）主办，协会承办的主题为“驾驭变革时代”的2022年亚洲首席审计执行官（CAE）论坛以线上方式成功举行。来自国际和亚洲内部审计职业组织领导人、亚太及其他地区企业内部审计负责人、高校和咨询机构专家等近200名中外代表参加论坛并参与讨论。10月，协会成功推荐大连万达集团审计部副总经理方栗双进入ACIIA执行委员会担任委员；会长鲍国明获得亚洲内部审计协会联合会（ACIIA）颁发的内部审计杰出贡献奖。

新冠肺炎疫情防控形势下创新开展培训和CIA考试工作 在计划内面授培训班受疫情冲击全部停办的情况下，协会加大了网络培训力度，全年举办网络直播专题培训8期，开设新专题课程36个；新转为录播的专题课程26个；举办公益直播培训3期；提供后续教育课程、审计专业资格考试、国际资格证书考试辅导课程等网络录播培训课程60余科。全年为多家单位提供了网络、面授相结合的定制化培训服务。全年累计参加网络培训的学员超过2万人次。

全年举行了三次国际注册内部审计师（CIA）资格证书的计算机考试，第四季度考试受疫情影响推迟至2023年1月举行。共有7909人提交了申请，报考科目合计32445科，3625人获得CIA资格，年内中国内地CIA持证人员已超过5.8万人，继续稳居全球首位。

以提升会员价值为核心加强会员发展和会员服务 协会积极宣传、努力提升会员价值，把个人会员的发展与证书年检、后续教育培训宣传等工作紧密结合，积极宣传国际内部审计师协会（IIA）新规，抓住时机提供配套个人会员会籍服务，激发内部审计人员入会积极性；注重跟踪单位会员变化情况，及时主动与之取得联系并更新信息，确保会员服务不断档。2022年新增单位会员26家，个人会员891人，单位会员总数491家，个人会员总数1512人。

加大对会员服务管理系统中会员专区内容的开发和充实力度，将与中国信通院等机构合作的研究成果纳入其中；全年提供《内部审计会员资讯》10期。据统计，协会微信公众号全年编发信息1100余篇，关注人数13万余人，同比净增1.6万余人，阅读量累计110多万人次，转发6万余次。此外，协会还发布了《中国内部审计蓝皮书（2021）》，汇编了2021年度理论研讨优秀论文集，为会员了解协会工作、分享协会工作成果提供了新内容。

加强与上级部门沟通联系并落实相关工作部署 认真完成民政部等部委部署的社团管理相关工作。3月至6月，主动申报参加了全国性社会组织评估工作，最终获得全国性社会组织4A等级。5月，根据民政部要求按时完成协会年检上报工作，年检结果为“合格”。此外，还配合民政部开展了社会团体分支（代表）机构专项整治工作；根据民政部、国家发展改革委、市场监管总局通知要求组织开展了2022年度全国性行业协会商会收费自查自纠工作。

加强与审计署的沟通联系合作，自觉接受其业务指导，认真履行政府购买服务合同。组织完成了审计署2020—2021年度内部审计科研课题中期检查，2月至6月组织实施了2021—2022年度内部审计科研课题公开招标和立项评审工作，择优确定了9个科研课题；协助审计署内部审计指导监督司完成2021年度和2022年上半年内部审计统计调查工作。

通过开展职业教育帮扶积极践行社会责任 继续开展“情暖天山·大爱无疆——社会组织援疆行动”，向新疆维吾尔自治区提供内部审计职业教育培训帮扶，免费为自治区派出师资，提供了50个学时的面授培训和400节网络专题培训课程。此外，还联合河北省保定市审计局向其下辖的革命老区50位内部审计人员免费提供200节网络专题课程培训。

以党建工作为引领加强协会自身建设 加强协会治理，按期召开理事会等相关工作会议。2月至3月，协会以通讯方式召开了第七届常务理事会第九次会议、第七届理事会第五次会议、监事会第五次会议。8月，以通讯方式召开中国内部审计协会第七届常务理事会第十次会议、地方协会会长秘书长会议暨CIA考试和通联宣传工作会议。9月正式发布了《中国内部审计协会团体标准管理办法（试行）》，同时完成了协会在“全国团体标准信息平台”的注册工作。

加强协会党支部建设，发挥好党建引领作用。深入推进落实《中央和国家机关行业协会商会党建工作质量攻坚三年行动方案》，成立由支部书记任组长的党建工作质量攻坚行动领导小组，推动落实质量攻坚行动具体工作部署。10月，党支部组织秘书处全体职工集体收看党的二十大开幕盛况；12月，支部书记以“以党的二十大精神为指引，推动新时代内部审计和协会工作高质量发展”为题给全体党员职工讲党课。

加强秘书处内部管理，不断提升员工能力素质。修订了《中国内部审计协会秘书处考勤管理制度》等四个内部管理制度；首次开展了中层岗位人员任期考核和资深主管选聘工作。

（撰稿人：李云頔）

【南京审计大学】 2022年，南京审计大学有全日制在校本科生、研究生、留学生共1.8万余名；专任教师1200余名，其中，正高职称200余名，具有博士学位760余名；拥有浦口、莫愁两个校区，占地面积120万平方米。中共审计署党校、审计署审计干部教育学院位于浦口校区。

领导成员

党委书记：晏维龙

党委副书记：董必荣　俞安平

纪委书记：龚亲华

党委常委：晏维龙　董必荣　俞安平
裴　育　卢亚娟　龚亲华
周方舒　李乾文　任志成
姜　海　强　飙　陈祖华
孙宏斌

校　　长：董必荣

副 校 长：裴　育　卢亚娟　周方舒
李乾文　任志成　陈　骏
姜　海

工作综述 2022年，南京审计大学设有政府审计学院、会计学院等18个学院（教学部），中内审学院、国富中审学院、经济与金融研究院等5个特色研究院；设立润园、泽园、澄园、沁园4个书院，实行书院和学院“双院制”育人模式；设有本科专业37个，其中国家级一流本科专业建设点18个，省级一流专业建设点11个，教育部特色专业建设点3个，教育部“专业综合改革试点项目”2项，江苏省“十二五”重点专业（类）5个，江苏高校品牌专业3个，江苏省特色专业5个；建有国家级在线精品课程2门，国家级一流本科课程5门，国家级课程思政示范课程1门、国家级虚拟教研室1个；建有国家级教学团队1个、国家级课程思政教学名师8个、国家级课程思政教学团队1个，江苏省高校“青蓝工程”优秀教学团队4个；建有“现代审计发展研究中心”“经济监督研究中心”“金融风险管理研究中心”“政府审计与区域治理法治化研究院”“江苏劳动法治研究基地”和“江苏科技金融体系创新研究基地”等江苏省高校哲学社会科学研究基地6个，“公共工程审计”“审计信息工程”“金融工程”“江苏省审计大数据工程”等省级重点实验室4个；“江苏省现代智能审计一体化应用技术工程研究中心”“江苏省智慧工程审计工程研究中心”等江苏省工程研究中心2个；学校参与的审计数据采集国际标准（ISO/PC 295）成为ISO首个审计领域的国际标准。

作为审计署和教育部合作设立的“中国政府审计奖学金”项目承办单位，以及商务部“援外学历学位教育”项目承办单位，招收和培养来自“一带一路”沿线国家审计专业硕士研究生，高质量通过教育部来华留学质量认证；被国际内部审计师协会（IIA）认证为中国唯一的“内部审计教育伙伴”（IAEP）合作级高校；被英国特许公认会计师公会（ACCA）评为“白金级培训机构”；与帝国理工大学、伯明翰大学、贝尔法斯特女王大学、新南威尔士大学、西澳大学、欧亚国立大学等多所国际知名院校建立长期合作关系；与法国SKEMA商学院建立中外合作办学机构——国际联合审计学院，与澳大利亚科廷大学建立会计学专业中外合作办学项目；获批教育部“高层次国际化人才培养创新实践项目”基地建设单位；与教育部中外人文交流中心共建“审计中外人文交流研究院”；入选“江苏—英国高水平大学联盟”“江苏—加拿大高校合作联盟”“江苏—韩国高校合作联盟”。学校累计选派教师65人次执行96项联合国审计任务，16名教师入选了联合国审计人才库；与世界审计组织、亚洲审计组织、联合国审计委员会、联合国内部监督事务厅、世界银行、国际内部审计师协会、英国特许公认会计师公会、国际会计师联合会等国际行业组织建立了广泛的合作关系；聘请国际内部审计师协会原秘书长兼CEO理查德·钱伯斯教授为海外荣誉院长；美国、法国、巴西、印度、南非等近30个国家和地区审计长受聘学校荣誉教授；主办和承办30余场重大国际会议、国际培训班等。

学习宣传贯彻党的二十大精神　10月16日，党的二十大胜利召开当天，南京审计大学党政领导班子成员集体学习党的二十大报告，党委常委会研究并发布学习宣传贯彻党的二十大精神工作方案，各级党组织认真落实方案要求，产生丰硕成果。党委理论学习中心组专题学习贯彻党的二十大精神，各二级党组织围绕学习贯彻党的二十大精神开展专题理论学习、学术研讨会、师生座谈会等，党委班子开展“第一议题”学习和专题讨论，各二级党组织安排学习宣传贯彻工作开展集中学习80余场次，专题辅导44场次，覆盖师生16000余人次，组建四支129名成员的党的二十大精神巡讲团，持续开展立体式宣讲；全体校领导分别围绕党的二十大精神面向不同群体开展专题党课，连续举办8期“书记校长座谈会”和“书记校长下午茶”，分别就“学习宣传贯彻党的二十大精神”这一主题与师生代表进行座谈；邀请江苏省委宣讲团成员、江苏省社科院党委书记、院长夏锦文和群众杂志社副总编辑、南京大学博导李程骅分别做主题宣讲。年内宣讲团已深入校内师生群体及校外单位开展宣讲52场，覆盖8000余人；11月10日，召开党的二十大精神“三进”方案研讨暨本科教育教学评估工作交流会，深入学习贯彻党的二十大精神，推进党的最新理论创新成果进课堂、进教材、进头脑；组织开展了国家社科基金、教育部哲学社会科学、南京市社会科学基金等党的二十大精神专项项目的研究阐释，在《审计与经济研究》《南京审计大学学报》上开辟“深入学习贯彻党的二十大精神”专栏，组织专家学者、全校党员干部深入研究；连续组织召开“学习阐释党的二十大会议精神”学术研讨会、“学习宣传贯彻党的二十大精神，深入推进审计法学研究”研讨会、全国首届马克思主义监督思想与国家治理学术论坛等；开展“党的二十大和我的人生路”青春使命教育活动，组织学生深入行业企业进行调查，围绕乡村振兴开展实践服务；以党日活动、主题班会、辅导员说课等多种形式，开展习近平总书记重要回信精神专题学习教育；开展“习近平总书记重要足迹学思践悟寻访分享”主题教育，开展“学习二十大、永远跟党走、奋进新征程”“厚植爱国主义情怀，建设美丽南审”等主题活动，开展“献礼二十大　奋进新征程”主题作品和第四届网络宣传思想教育优秀作品评选，征集征文、视频、音乐、书画、海报等作品588件。

第五次党代会胜利召开　9月24日至25日，中国共产党南京审计大学第五次党员代表大会胜利召开，党委书记晏维龙代表第四届校党委在开幕式上做题为“立足新起点　开启新征程——奋力推进一流特色大学建设再上新台阶”的工作报告。大会通过了《中国共产党南京审计大学第五次党员代表大会选举办法》，通过了中国共产党南京审计大学第五届委员会委员和中国共产党南京审计大学纪律检查委员会委员候选人名单，成功选举产生新一届党委委员和新一届纪委委员，大会一致通过《中国共产党南京审计大学第五次党员代表大会关于第四届委员会报告的决议》《中国共产党南京审计大学第五次党员代表大会关于纪律检查委员会工作报告的决议》，提出“三步走”发展战略，描绘了到21世纪中叶建成“审计特色鲜明的世界一流大学”的宏伟蓝图，号召全体南审人立足新起点、开启新征程！

入列江苏高水平大学建设 根据江苏高水平大学建设领导小组相关文件精神，南京审计大学正式成为江苏高水平大学建设高峰计划 B 类建设高校。

科研成果 2022 年，南京审计大学获批国家社科基金 20 项（含重点项目 2 项），其中后期资助项目 9 项（排全国高校第 24 位、全国财经类高校第 3 位）。获批立项国家自科基金 25 项（含外国学者研究基金 1 项），获批江苏省社科基金重点项目 4 项、江苏省软科学重点项目 2 项，均实现该领域突破。审计领域的首个国家社科基金重大项目“中国共产党领导的百年审计理论与实践研究”开题。

学科专业建设 1 月 13 日，江苏省教育厅印发《关于公布“十四五”江苏省重点学科名单的通知》（苏教研函〔2022〕2 号），南京审计大学统计学、理论经济学、法学、计算机科学与技术、公共管理、马克思主义理论 6 个学科获批“十四五”江苏省重点学科；5 月 25 日，江苏省教育厅印发《关于公布 2022 年省级产教融合型品牌专业立项建设名单暨服务外包类专业嵌入式人才培养项目审核结果的通知》，南京审计大学计算机科学与技术、审计学、金融学三个专业成功获批产教融合型品牌专业建设点；6 月 7 日教育部办公厅印发《关于公布 2021 年度国家级和省级一流本科专业建设点名单的通知》（教高厅函〔2022〕14 号），南京审计大学经济学、电子商务、信用管理、劳动与社会保障、工商管理、物流管理、信息管理与信息系统 7 个专业入选第三批国家级一流本科专业建设点，税收学、保险学、工程管理、市场营销、人力资源管理、数学与应用数学、软件工程、英语、汉语国际教育、汉语言文学 10 个专业入选省级一流本科专业建设点。

博士学位授予单位及相关学位授权点通过核查 8 月 22 日，国务院学位委员会印发了《关于下达需要加强建设的新增博士、硕士学位授予单位建设进展核查结果的通知》（学位办〔2022〕17 号），南京审计大学博士学位授予单位及相关学位授权点通过核查。南京审计大学将从 2023 年起招收统计学博士研究生。

举办中国审计教育 40 周年暨南京审计大学发展专家座谈会 10 月 10 日，庆祝中国审计教育 40 周年暨南京审计大学发展专家座谈会在宁成功举行。会议回顾和总结中国审计高等教育 40 年来取得的成功经验和南京审计大学建校 40 年来取得的成绩。

举办国际内部审计研讨会 11 月 19—20 日，2022 年国际内部审计研讨会——数字化时代内部审计未来发展，在南京审计大学敏达学术报告厅举行。会上大家共同分享对数字化时代内部审计行业发展的思考。

3 个新学院揭牌成立 12 月 8 日，南京审计大学 3 个新学院揭牌成立，它们分别是内部审计学院（中内协内部审计学院）、计算机学院（智能审计学院）、数学学院（公共数学教学部）。

ACCA 再次通过 9 门免考资质认证 6 月 2 日，接英国特许公认会计师公会（ACCA）通知，南京审计大学 ACCA 项目再次通过全球统考 9 门免考资质认证，将免考资格延长至 2029 年。

新冠肺炎疫情防控工作 4 月 15 日，在参加江苏省教育厅新冠肺炎疫情防控工作视频会议后，南京审计大学连夜召开疫情防控工作线上紧急会议，并随即召开学校新冠肺炎疫情防控工作领导小组会议，就落实省点调会精神和相关文件要求再部署；迅速建立相关工作体制机制，每日下午 4 点召开校园新冠肺炎疫情防控管理师生诉求意见碰头会，针对存在的焦点难点问题，主持召开 20 余场会议并迅速推进相关措施，共解决实际问题 100 余项，针对不同群体，开展多场座谈活动，为校内外南审人排忧解困；迅速组建党员突击队，全校共 166 名机关党员火速集结并承担每日晚上 10 点至早上 6 点学生送医服务，各二级党组织也在第一时间成立党员突击队，共同构筑群防群治的严密防线；全面开启线上教学工作，组建一支 400 人的线上教学“学生助管团队”，线上协助任课教师做好课前准备，线下帮助同学们解决各种技术问题；持续开通 24 小时心理热线，安排专业心理老师轮流值班，提供专业的心理疏导与咨询；录制《用“心”防疫三步骤》，并将南京脑科医院心理科医生请到学校，筑牢学生心理健康保护屏障；12 月，疫情防控措施优化调整，同学们陆续踏上归途，学校也贴心为大家提供免费送站服务，帮助学子顺利踏上返乡旅途。

（撰稿人：袁 珍）

审计理论与科研

科研成果综述

2022年，审计署审计科研所坚持以习近平新时代中国特色社会主义思想为指导，深入学习宣传贯彻党的二十大精神，深刻领会习近平总书记关于审计工作的重要讲话和重要指示批示精神，在署党组的坚强领导下，认真落实署领导关于审计科研工作的部署要求，聚焦主责主业，把立项当课题，把问题当课题，把建议当课题，加强对审计对象的研究，深入推进审计科研工作向应用型研究全面转型，推动做实研究型审计，较好完成了各项工作。全年刊发《审计研究报告》33期、《国外审计动态》8期，现概述及选登9篇。

一、国外贷援款预算管理制度的现状、问题及建议

（一）国外贷援款预算管理制度的现状

国际金融组织和外国政府贷款赠款，也称国外贷援款，属于财政资金，理应纳入政府预算管理。然而，2006年颁布的关于国外贷援款管理的纲领性文件《国际金融组织和外国政府贷款赠款管理办法》（财政部令第38号），并未就国外贷援款预算管理制度作出规定。由于财政资金不纳入预算，分散了国家财力，收支存在很大的随意性，甚至引发腐败现象，在审计机关的努力推动下，国外贷援款在实践中开始逐步纳入预算管理。2014年新修订的《中华人民共和国预算法》第四条第二款规定："政府的全部收入和支出都应当纳入预算。"2016年，财政部对《国际金融组织和外国政府贷款赠款管理办法》（财政部令第38号）进行修订，颁布了新的《国际金融组织和外国政府贷款赠款管理办法》（财政部令第85号）（以下简称85号令），明确了国际金融组织和外国政府贷款赠款的预算管理制度，这标志着我国初步建立起国外贷援款预算管理制度的基本框架。此后，又出台了一系列配套制度，进一步细化了国外贷援款预算管理的相关内容。

（二）国外贷援款预算管理制度存在的主要问题

1. 除转贷地方政府的贷款外，其他贷款预算管理制度不明确。

近年来，地方政府债务一直是防范化解地方政府财政风险的重点，也是各方加强监管的重点之一，所以财政部对转贷地方政府的这部分国际金融组织和外国政府贷款预算管理也比较重视，出台的专门的预算管理办法，从预算编制、预算审批、预算执行、预算调整、决算、监督等环节作出了明确规定。相比之下，对其他贷款的预算管理，除85号令中的一般规定外，具体规定不甚明确：一是对拨付贷款的预算管理不明确，拨款不需要偿还财政部门，但仍然是财政资金，对其管理使用仍然需要严格的预算管理。然而，目前只是通过签署执行协议进行管理，执行协议的内容可以随着双方约定的变化而改变，缺乏制度保障，需要进一步完善相关预算管理制度。二是财政部可以把贷款转贷给省级政府，还可以转贷给国务院有关部门、中央企业、金融机构等，对转贷给国务院有关部门、中央企业、金融机构等使用的贷款的预算管理，缺少具体规定，也需要进一步完善。

2. 赠款预算编制环节不完善，其他环节制度未细化。

赠款预算管理制度重点强调了预算编制，在预算执行、预算调整、决算、监督等方面存在诸多制度缺失和不规范问题。而且赠款与无偿援助资金预算管理不统一，无偿援助资金更是存在多头管理问题，各行其是的问题。一是对于财政部接受的赠款而言，只是强调了纳入中央一般公共预算，经预算管理程序审核后相应列入中央部门预算或中央对地方转移支付。对于列入中央部门预算或中央对地方转移支付后的预算管理，缺乏明确规定。二是预算编制方面，要求项目实施单位按规定将赠款年度资金使用计划、采购计划、出国（境）团组计划等报同级财政部门审核确认或备案，对地方财政来说，没有要求把赠款年度资金使用计划纳入地方同级财政预算管理。另外，在项目申请审批方面，申请项目不像贷款项目那样还有其他相关部门参与评审，而是由省级财政部门、国务院有关部门和中央企业等机构，直接向财政部报送赠款申请及项目概念书，最终由财政部审核批准。三是预算执行方面，财政总预算会计制度缺失。《关于印发〈财政总预算会计制度〉的通知》（财库〔2015〕192 号），对外债有明确的核算记账科目，然而对赠款，第六十条规定："各级财政部门管理的国际金融组织和外国政府赠款的会计核算不适用本制度"。四是预算调整方面，向同级财政部门逐级提出申请，由财政部与赠款方协商后办理赠款法律文件的变更手续，不需要报经同级人大批准，脱离了人大对预算的监督。五是缺失决算方面的规定，监督方面也主要是财政部门的检查监督和项目绩效评价。六是财政部接受的赠款与其他中央主管部门接受的无偿援助资金预算管理办法不统一。两者均是代表中国政府接受的不需要偿还的财政资金，均可分为指定用途和无指定用途两类，两者应当制定统一的预算管理办法。七是定向无偿援助资金预算管理散乱，缺乏制度保障。定向无偿援助资金，由各中央归口管理部门自己编入部门预算，自行制定预算管理办法，指导、督促实行部门预算管理的项目单位将定向国外援款纳入本单位的部门预算。中央归口管理部门只是向中央财政部门报送预算草案、决算草案汇总表，作为中央预算草案、决算草案的附表，没有正式编入中央预算、决算。从预算管理角度看，几乎处于“放羊”状态，存在众多隐患和腐败风险。

3. 现行贷援款预算管理制度的一个重大缺陷是财政专户管理。

在账户管理方面，目前总体要求是把国际金融组织和外国政府贷款赠款纳入财政专户管理。有些赠款和无偿援助资金甚至允许在部门的实体银行账户管理，如全球环境赠款基金项目中的中央项目实施单位的赠款项目指定账户可以开设在本单位的财务司局或其具体实施项目的下属事业单位，无偿援助资金只是要求原则上应将其收到的定向国外援款存放在财政部门按币种开设的定向国外援款财政专户。

然而，财政专户使得财政资金收支管理游离于开设在人民银行的国库单一账户之外，存在诸多弊端和风险隐患，归纳起来主要有四个方面：一是大量财政性资金分散储存在财政专户，不利于加强财政资金集中管理、发挥财力统筹效益；二是部分财政收支通过财政专户核算，致使国库收支报表无法准确反映预算收支真实情况，对国库收支统计信息的准确性与完整性产生影响；三是财政部门对财政专户集中进行拨款时，会导致国库库存现金异常波动，影响宏观调控能力；四是财政专户资金收支，脱离了国库管理部门对其收支的动态监控和监督，容易导致资金截留或者挤占挪用，以及财政收支数据造假等情况的出现，甚至滋生腐败。除这些通病外，把国外贷援款纳入财政专户管理，还存在提款报账程序烦琐，整个过程涉及部门多、时间长，部门之间的衔接不畅，导致资金滞留，拨付不及时，资金运行效率不高等方面的问题。

（三）进一步完善国外贷援款预算管理制度的建议

1. 完善现行国外贷援赠款预算管理制度。

在贷款预算管理方面，促进对拨付贷款以及转贷给国务院有关部门、中央企业、金融机构等使用的贷款的预算管理制度。在赠款和无偿援助资金管理方面，进一步完善赠款各预算环节的管理制度；改革无偿援助项目多头管理局面，借鉴全球环境基金赠款项目的做法，实行统一归口财政部管理，尽快建立健全相应的无偿援助资金预算管理制度，消除制度性缺失隐患。

2. 把国外贷援款纳入国库单一账户管理。

目前财政部正在积极推行的预算管理一体化建设，已经具备了把财政专户纳入国库单一账户的技术条件。建议审计机关结合近年来清理财政专户发现的问题，重点揭示国外贷援款财政专户存在的弊端和问题，推动深化预算执行和国库管理改革，最终实现财政一个账户、一本账。为了满足财政专户资金的特别需要，可以在国库单一账户下，设立财政专户子账户。

3. 改革管理职责安排、程序和相关配套制度。

推动国外贷援款预算管理制度改革，必然涉及国外贷援款项目的相关管理部门的职责划分、业务管理流程的调整，以及财务管理、会计核算等相关配套制度的改革。在推进国外贷援款预算管理制度改革的同时，还应密切关注相关管理职责安排、程序和配套制度存在的问题，促进相关体制机制和制度的改革。

二、串通投标的法律问题及审计取证对策研究

（一）串通投标相关案例实证分析

本文以“串通投标”为标题，在“北大法宝”司法案例数据库进行相关检索，截至2022年9月底共计8件司法案例，从客体要件、客观要件、主体要件、主观要件等法律责任构成四要件方面进行实证分析（见表1）。

表1 串通投标罪司法判决汇总

案例序号	标题	审理法院	判决书文号
1	张某某等串通投标案	重庆市高级人民法院	（2011）长法刑初字第00333号
2	冯某某等贪污、受贿、串通投标案	湖北省高级人民法院	（2013）鄂刑一抗字第00001号
3	刘某某等串通投标案	新疆维吾尔自治区高级人民法院生产建设兵团分院	（2016）兵1202刑初42号
4	汤某受贿案	湖南省高级人民法院	（2016）湘刑终39号
5	杨某某等行贿、合同诈骗、串通投标案	湖南省高级人民法院	（2016）湘刑终249号
6	陈某某、云南大自然龙某牧业有限公司串通投标案	云南省高级人民法院	（2019）云刑终1255号
7	邓某某贪污、受贿、串通投标、利用影响力受贿案	广东省高级人民法院	（2020）粤刑终2号
8	王某某受贿、利用影响力受贿、行贿、串通投标案	广东省高级人民法院	（2020）粤刑终251号

1. 客体要件。

串通投标违法行为的客体要件是指这一违规行为所侵犯的客观法律关系，其损害的客体具有双重性和复杂性，包括法益和秩序两个方面。一方面，损害了法律所保护的其他主体利益，既包含招投标活动当事人的合法权益，也包含国家、集体或者他人的合法权益，如案例4。另一方面，损害了管理秩序、市场秩序及其背后的价值目标。管理秩序是指国家机关运用国家权力对招投标主体进行管理的活动，其价值目标是合法、有序、高效。市场秩序是指有关法律法规中规范招投标活动的自由贸易和公平竞争秩序，其价值目标是公开、公平、公正。

2. 客观要件。

串通投标违法行为的客观要件是指这一违规行为所需要具备的具体表现形式，即在招投标过程中违反有关法律规定所发生的限制性竞争行为的统称，包括以下三个方面：一是投标人之间的串通投标。某一投标人在招标投标过程中，为排斥其他投标人竞标，组织安排多个投标人或与特定投标人串通投标，如案例1和案例6。二是投标人与招标人之间的串通投标。某一投标人在同一招标投标过程中，为排斥其他投标人竞标，与招标人互相串通投标，如案例2、案例3、案例4和案例7。三是投标人与其他投标人及招标人之间的串通投标。某一投标人在同一招标投标过程中，为排斥其他投标人竞标，既与招标人互相串

通投标，又与某些特定投标人串通投标，如案例5和案例8。

3. 主体要件。

串通投标违法行为的主体要件是指这一违规行为的法律关系主体范围，主要包括招标人、投标人和招标投标代理机构。从司法实践来看，还包括评标委员会及专家、其他主体或个人等。一是将招标人、投标人限定于法人和其他组织，范围过于狭窄，还应当包括个人，如案例3。二是行为主体还应当包括非法定性主体，即不具备投标人资格的自然人或单位利用他人名义参加投标并串通投标的情形，如案例3、案例4、案例5、案例7和案例8。三是串通投标违法行为不是必要共同犯罪，可以由单个主体构成。实践中，经常出现一人同时挂靠多个单位，然后以多个单位名义参加某一工程的投标，如案例1。

4. 主观要件。

串通投标违法行为的主观要件是指这一行为法律责任主体的主观意愿，即行为人必须是出于故意，产生原因包括以下两个方面：一是通过串通投标行为获取非法利益，如案例1、案例3和案例5。二是出于地方保护、部门保护等其他动机。虽然未谋取个人不正当利益，但仍然侵犯了本区域、本部门外的其他投标人的合法权益，侵犯了社会主义市场经济的自由贸易和公平竞争秩序，应认定为违规行为。

（二）串通投标的主要表现形式和特征

1. 串通投标的主要表现形式。

实践中串通投标行为方式较为复杂，除了横向串标与纵向串标外，还包括更为复杂的混合串标。一是投标人与投标人之间的横向串标。即投标人之间通过口头约定或书面协议的方式相互勾结，对招标投标事项私下进行串通，并采取非法联合行动，共同损害招标人或其他投标人利益的行为。如案例1、案例5。二是投标人与招标人之间的纵向串标。即投标人与招标人相互勾结，由招标人向投标人非法泄露相关信息等方式进行串通，为投标人谋取中标提供方便，损害其他投标人利益的行为。三是投标人与投标人、招标人、评标委员等相互串通的混合串标。该类行为主体既包括了投标人与投标人、招标人之间的相互串通，也包括了与评标委员的相互勾结，混合串标的主要内容包括了上述多种方式的综合运用，如案例7和案例8中。

2. 串通投标的本质特征。

串通投标属于一种隐性违规或变相违规的行为，其本质特征主要体现在以下三个方面：一是形式合法，表面上看不具有直接违法性。串通投标行为在形式上合法，在客观上符合法律法规关于招标投标活动及后续合同的成立、有效与生效的一切要件，满足法律法规适用过程中的形式化要求。二是实质违法，本质上看具有间接违法性。串通投标行为在实质上所追求和实现的结果违反了招投标法律法规的强行性规定，侵害了招投标活动当事人的合法权益和国家、集体或者他人的合法权益，以及损害了管理秩序、市场秩序等。三是隐蔽性强，较难认定。串通投标行为人以合法形式掩盖其实质追求违法结果的实施方式具有较强的隐蔽性，不仅不易被发现，而且在法律关系上难以认定。

（三）针对串通投标的审计取证对策

1. 取证范围。

在对招投标事项开展审计时需要被审计单位提供相关的业务管理资料，并形成完整和闭环的证据链。一是招标投标业务的基础性资料。招投标过程一般包括招标、投标、开标、评标、定标和合同签订等环节，包括招标申请、招标公告、招标文件、投标文件、招标投标情况书面报告、开标记录、合同协议等。二是认定串通投标的补充性资料。如果仅靠上述基础性资料很难揭示并认定串通投标的违规行为，还需要取得其他补充性资料作为认定其实质间接性违法的有力证据。

2. 取证标准。

本文遵循“实质认定优于形式判断”的原则，仅就串通投标违法行为的一般性取证标准做原则性探讨。一是关注串通投标行为的不合理性。审计人员要从形式合法中找出不合理的地方，透过现象看本质、抓住问题的关键，发现背后的串通规则及利益输送。二是关注串通投标结果的损害性。实践中对于直接经济损失数额的确定规则还存在着不同意见，对于审计机关而言，在取证时只需要认定串通投标的“中标项目金额”以及存在“直接经济损失”或“违法所得数额”即可。三是关注招标人权力的寻租性。审计人员应当选择有利益输送或有权力寻租可能性的部门，紧扣项目资金流向，从下到上贯通“资金—项目—政策—政治”，查证招投标当事人没有合法权限或合理辩解向被审计单位人员提供利益的事项。

3. 取证方式。

审计机关除了要求被审计单位提供招投标活动的相关业务管理资料之外，还应当综合运用以下取证方式。一是积极利用电子招标投标平台分析取证。审计机关应当积极利用电子招标投标平台的数据库，通过对投标文件电子档案开展数据分析，可以大幅缩减翻阅对比纸质资料的工作量，快速精确锁定高度雷同等疑点问题。如果要将平台数据的分析结果作为最终审计证据，还应当向被审计单位进行核实或向投标人进行调查取证。二是引入“举证责任倒置”规则调查取证。当审计人员就某一事项向投标人进行调查取证时，如果投标人没有正当理由且无法解释事实情况，则由其承担不利后果。三是非法证据排除原则的适用。审计人员在对串通投标问题进行取证时，必须按照法律的要求和法定程序取得事实材料，不得通过不合规的手段获取信息资料。

三、我国 REITs 发展的现状、问题及建议

随着基础设施规模的不断扩大，资产沉淀问题严重，亟须通过融资方式的创新改善项目现金流，而发行 REITs（不动产投资信托基金）能够缓解一定的融资压力，形成在公开市场中流通的证券，提供相对稳定的现金流，改善资金流动性，为解决不动产项目后续融资问题提供更加合理和有效的方式。

（一）我国 REITs 的发展现状

自 2021 年 6 月首批 9 只 REITs 产品上市以来，截至 2022 年 11 月底，沪深两市上市的 REITs 达 21 只，发行规模总计 648.69 亿元。资产类型涵盖了仓储物流、产业园、生态环保、交通、能源、保障房等行业，项目所在地以长三角、珠三角、京津冀等东部发达地区为主。

1. 在目前的 REITs 中，产业园区基础设施共有 7 只，发行数量占比最高。我国已先后发行上市 7 只产业园区基础设施 REITs（以下简称产业园 REITs），发行数量占总数的三分之一，发行规模占总规模的 21.31%。截至 2021 年末，我国约有 2781 个国家级开发区和省级开发区，其中省级开发区占绝对比重，占比高达 75.76%，国家级开发区仅占比 24.24%①。目前发行的产业园 REITs 采用“公募基金+ABS+项目公司”结构，涉及较多交易环节和主体，造成代理链条较长、代理成本较高、代理层级较多等复杂环境。这一现状进一步造成对产业园 REITs 的各个环节的监管涉及不同层级、区域的政府部门，容易产生监管风险。

2. 保障房 REITs 以未来产生的运营现金流为主要收益来源，有效连接了保障房市场和资本市场。从底层资产的受众看，3 只保障房 REITs 项目的配租对象均包括单位和个人，且以个人为主，个人租户占比均接近或超过 80%。对租户的选择上，均体现了保障房政策要求，项目所在地域人口资源丰富，租赁住房需求大，通过发行保障房 REITs 打通了保障房建设的“募、投、管、退”循环，以存量带动增量效果显著。

3. PPP 项目资产沉淀规模过大，亟须通过金融产品创新改善融资方式。国内 PPP 项目在经历了一波快速发展之后，目前很多项目均面临投资回报率较低的现实情况，造成项目缺少持续现金流，形成较高的资产负债率和流动性压力，亟须盘活沉淀的固定资产，通过金融产品创新，优化资本结构，扩大融资渠道，提高 PPP 项目的资金周转率。发行 REITs 能够缓解一定的融资压力，不仅能够化解 PPP 项目中资产负债率较高的风险隐患，有利于实现宏观层面的去杠杆，也有利于提高 PPP 项目的整体发展质量，促进资金和资产之间实现良性互动。

（二）我国 REITs 发展中存在或潜在的主要问题

通过近两年来 REITs 的发行试点，该产品已经越来越得到市场的认可，相信在未来一段时间其规模会不断扩大，而发展中存在或潜在的问题也值得关注。

1. REITs 项目审核标准和资金成本较高，可承接的不动产项目数量有限。从目前情况看，REITs 项目审核标准仍然比较高，大部分不动产

① 资料来源：中国开发区网。

项目难以满足 REITs 试点的准入要求。缺乏优质资产，在当前和未来很长一段时间，均将成为制约 REITs 发展的瓶颈，通过 REITs 模式盘活存量资产的初衷，在实现过程中存在一定的难度。一是项目回报方式不满足要求，REITs 项目需满足现金流持续、稳定，投资回报良好，现金流来源合理分散且由市场化运营产生，不依赖第三方非经常性收入等条件，真正符合条件的优质项目相对较少。二是 REITs 的资金成本较高。我国基础设施融资模式主要有政策性贷款、城投债、PPP、政府专项债等。以政策性贷款为例，基础设施政策性贷款具有期限长、成本低的特点，其成本主要体现在 3.05% ~ 3.45% 的贷款利率，明显低于商业银行中长期贷款利率 4.75% ~ 4.9%。

2. 部分 REITs 产品估值不准确，可能会导致国有资产流失或 REITs 融资受阻。对底层资产的估值，是基础设施 REITs 定价的核心。目前，我国发行的 REITs 产品大多采用收益法（自由现金流贴现法）进行估值，即预测项目产生的净现金流，并采用合适的贴现率和预测期限进行贴现。从目前 REITs 产品的市场表现来看，部分基础设施 REITs 的估值并不准确，估值偏低或偏高均会产生较大风险，如果 REITs 产品估值偏低，则会产生国有资产流失风险。高速公路类基础设施 REITs，普遍存在一开始估值偏高，现在产品价格持续走低、大幅偏离估值的情形。

3. 目前 REITs 税负较重，税收政策条款还不够具体明确。从我国实际来看，虽然已经发布了《关于基础设施领域不动产投资信托基金（REITs）试点税收政策的公告》（以下简称“公告”），明确了 REITs 试点过程各环节的一些涉税政策，但仍然还存在一些问题，包括税负较重，长期来看可能导致企业和投资者参与动力不足，有些税收政策尚不明确，给实践操作带来不确定性，还有 REITs 设立和退出环节可能存在重复征收。

4. REITs 存在委托代理风险和运营风险，信息披露还有待提高。一是运营管理方面存在委托代理风险和运营风险。基金管理人缺乏专业的不动产管理能力，一般委托外部管理机构进行管理运营，当面临信息不对称和利益冲突时，会发生“代理人”风险。二是信息披露制度不完善。信息披露缺乏有效衔接，REITs 信息披露的程度还需进一步提高，从上交所和深交所等官方信息披露渠道来看，关于市场准入的详细信息、募集资金的用途、违规处罚等信息披露内容并不多。

5. 作为一种新型金融产品，基础设施 REITs 监管制度不够完善。基础设施 REITs 在其发行、募集、投资、管理等各个环节涉及证监会、发改委、财政部等不同政府部门，作为一种新兴的基础设施融资工具，目前其监管制度和监管环境保障还不够完善。由于基础设施 REITs 参与主体较多，涉及原始权益人、公募基金管理人、中介机构、运营管理机构等多个主体，每一个主体均需要监管部门通过制定监管制度进行规制。由于基础设施 REITs 交易和监管规制不够系统，原始权益人可能出现底层资产“以次充好”“一次性套现”等行为。

（三）对策建议

1. 优化 REITs 项目认定标准和程序，多渠道加强符合 REITs 项目要求的项目储备。适当简化项目申报、审核和发行手续，加强审核机制的透明度和流程自动化管理，加快推进不动产登记手续的统一办理。重点加强对可行性缺口补贴类项目储备和挖掘。加大对地方政府融资平台和国资平台公司的转型升级，扩大 REITs 项目储备。促进平台公司基础设施项目经营管理能力提升，协助政府开发具有一定资质的 PPP 项目。

2. 建议健全项目评估工作制度，优化委托评估流程，相关部门要做好项目合规性把关，加强顶层设计，对有意向的项目加强培育辅导，坚决杜绝有些劣质或不成熟的项目在申请上市和 REITs 扩募过程中乘虚而入。REITs 应定位为基础设施直接融资的有益补充工具，需要按照“成熟一个、上市一个”的原则，稳步有序推进，不宜盲目大规模推广。

3. 完善基础设施 REITs 底层资产估值机制。建议资产评估协会等部门制定基础设施 REITs 的估值细则，规范资产评估方法，明确无风险报酬率、贴现率、特有风险调整系数等重要参数的取值方法和取值范围，加强底层资产估值的系统化、标准化和规范化，以提升估值的公允性。积极探索适合不同类型基础设施 REITs 的最优估值方法，在筛选项目时，重点关注项目评估的价值基础、所得税以及贴现率等难点，形成完整的底层资产评估体系。针对中介公司估值偏高的问题，综合考虑资产评估价格、市场变现价格等因素与中介公司的收费标准挂钩，不能仅与资产评估价格挂钩，引导中介公司合理估值。

4. 推动 REITs 税收政策条款的细化和完善。当前尚无针对 REITs 的法律，建议相关主管部门尤其是财税部门，总结 REITs 实践，着眼于国家减税降费政策大环境进行 REITs 税收政策的顶层设计，制定 REITs 方面的专门法律和税收政策，对 REITs 涉及的纳税主体、征税范围、税种税率、计税依据、税收减免优惠政策、税收征收的规范等方面作出规范。

5. 推动建立 REITs 监管分工和协同机制。建议由国家发革改革委、财政部负责 REITs 设立相关工作的监管，由证监会负责 REITs 发行和交易过程中的监管，适时成立专门的监督管理委员会或行业协会。由国家发展改革委牵头成立 REITs 联席会议办公室，将财政部、证监会、银保监会、国资委等相关部门纳入联席会议中，推动有关部门的统筹协调，共同构建有利于行业发展的政策环境。逐步完善相关法律法规，推动建立和完善严格的 REITs 的信息披露制度，充分披露投资者关心的项目发展情况、分红情况等。

四、中小银行资本补充专项债政策实施中存在的主要问题及建议

2020 年 6 月，银保监会、财政部、审计署等六部委印发了《中小银行深化改革和补充资本的工作方案》（银保发〔2020〕25 号，以下简称“2020 年银保发 25 号文”），允许省级政府发行专项债补充中小银行资本金。2020 年 7 月 1 日，国务院常务会议决定，在 2020 年新增地方政府专项债限额中安排一定额度，用于补充中小银行资本金。为了更有效地利用地方财政资金，促进中小银行资本补充专项债更好地实现其增强服务地方实体经济、促进中小银行深化改革和防范化解金融风险的三个主要政策目标，有必要及时跟踪中小银行资本补充专项债政策的实施情况及效果。

（一）中小银行资本补充专项债政策实施的情况

2020 年 11 月，财政部先行下达新增专项债额度 2000 亿元，用于补充中小银行资本，约占 2020 年新增专项债额度的 5.83%，由省级政府负责制定具体实施方案。2020 年 12 月，广东省发行首只中小银行资本补充专项债。截至 2021 年底，20 个省份共发行 2100 亿元中小银行资本补充专项债，共支持了 315 家中小银行，其中包括 27 家城商行和 288 家农村金融机构（包括 123 家农商行、159 家农信社和 6 家农合银行）。注资的农村金融机构、城商行金额占比分别为 63.5%、36.5%。从发行金额来看，排前三的省份为河南、辽宁和内蒙古，发行金额分别为 257 亿元、196 亿元和 162 亿元。从支持的中小银行数量来看，甘肃省最多，共计 48 家，且均为农村金融机构。

目前中小银行专项债的注资主要采用间接入股和转股协议存款两种方式：（1）间接入股方式，即地方政府通过市属国有独资金融控股集团有限公司或国有金融资本管理有限公司等（简称“金控平台”）注资中小银行。其入股资金计入银行实收资本科目，属于核心一级资本。（2）转股协议存款方式，即省政府发行地方专项债券后，转贷给市县级地方政府，由各市县财政部门以转股协议存款的方式补充中小银行资本。转股协议存款补充的是银行的其他一级资本，只有转为普通股后才算作核心一级资本。

（二）中小银行资本补充专项债政策实施中存在的主要问题及其形成原因分析

1. 债券项目审批阶段：中小银行资本补充专项债项目审批标准不够明确。中小银行获得资本补充专项债支持的重要前提条件是“具备可持续市场化经营能力”，而该条件可自由解读空间较大。只要中小银行资本充足率低于监管标准，按政策规定就都有资格获得立项支持。这个政策漏洞打通了地方金融风险直接向财政风险传导的通道，可以通过中小银行资本补充专项债这个“筐”装下各种中小银行不当获取政府性资金的“烂果”，如果立项审批不严格导致这种“烂果”数量过多，金融风险将直接加剧地方财政风险，并掩盖、递延中小银行风险，阻碍区域金融市场风险的有序释放或适当出清。

2. 债券发行融资阶段：区域内金融机构交叉购买中小银行资本补充专项债，加深了区域内中小银行风险关联度。在行政干预下，区域内中小银行作为债券投资者交叉购买中小银行资本补充专项债，构成了区域内中小银行股权“互购圈”，本质上打通了中小银行资产变成股权的路径，资产和股权相互循环持有，暂时满足了资本充足率监管指标，但在掩盖当前中小银行风险的同时，也埋下了将来发生更大规模、更大范围区域金融风险，甚至导致系统性金融风险的隐患。

3. 债券资金使用管理阶段：对中小银行注资方式的政策规定不完善、针对中小银行资本补充专项债特殊性的债券资金使用管理规定不到位。国务院常务会议决定及相关政策允许省级政府以认购可转债等方式补充中小银行资本金，没有具体提及“金控平台”间接入股和转股协议存款这两种实践中使用的方式。截至 2021 年底，对 315 家中小银行资本补充专项债的注资只采用了间接入股和转股协议存款两种方式，没有一家采用可转债方式。中小银行资本补充专项债作为一项特殊的地方政府专项债，其资金由中小银行统筹使用，无法规定具体用途。因此，中小银行资本补充专项债资金的使用管理需要根据其特殊性制定相关具体规定。

4. 债券资金使用效果评价阶段：中小银行资本补充专项债券的实施效果与其增强服务地方实体经济能力、促进中小银行深化改革和防范化解金融风险的三个政策目标要求存在差距。

一是增强服务地方实体经济能力方面，还存在中小银行获取资本补充专项债支持后新增贷款不升反降的情况。例如，T 农商行 2021 年获得资本补充专项债额度为 93 亿元。该农商行 2020 年、2021 年贷款增加额分别为 149.42 亿元、140.79 亿元。该农商行获得的专项债理论上可释放的新增贷款额度超过 1000 亿元（仅考虑维持一级核心资本充足率 10.2%），其 2021 年新增的 140.79 亿元贷款明显小于理论测算值。

二是促进中小银行深化改革的成效并不理想。政策制定方面，侧重于强调中小银行风险处置，忽视了对完善公司治理、改善股权结构、健全内控机制等促进中小银行改革目标的相关具体规定。政策实施方面，2100 亿元中小银行资本补充专项债中，转股协议存款注资、金控平台注资分别占 56.87%、43.13%。地方政府以金控平台方式注资将有助于改善中小银行股权结构、完善其公司治理，但占比不高。

三是中小银行资本补充专项债对处置风险的作用，更多体现在表面上改善了资本充足率等指标，在区域实体经济未根本好转、中小银行改革未彻底实施的情况下，其很可能只是起到扬汤止沸的效果。

（三）政策建议

1. 明确和细化中小银行资本补充专项债立项审批标准，压缩立项审批政策执行的自由裁量空间。在三个主要政策目标中，要明确中小银行资本补充专项债更倾向于化解金融风险，还是更倾向于增强服务地方实体经济能力。建议首先对没有救助价值的高风险中小银行进行兼并、重组、收购承接或破产退出，在风险有序释放或适当出清基础上，对有救助价值的中小银行进行支持，促进其深化改革，切实增强其服务“三农”、民营企业、小微企业和保就业的能力。

2. 完善中小银行资本补充专项债发行规定，以市场机制规范发行。避免行政干预中小银行资本补充专项债发行，依靠市场增信手段增加专项债信用水平，实现以市场机制完成中小银行资本补充专项债的发行。压缩区域内中小银行股权“互购圈”的范围，在全国金融市场体系中分散区域金融风险，控制中小银行资本补充专项债发行规模，建议不宜大规模使用。另外，《商业银行股权管理暂行办法》（银监会令 2018 年第 1 号）第十条规定，“商业银行股东……不得以……债务资金等非自有资金入股，法律法规另有规定的除外”。建议进一步明确中小银行资本补充专项债资金可作为“法律法规另有规定的除外”的情形，以确保采用该专项债方式向中小银行注资的合规性。

3. 相关规定增加债券资金对中小银行注资的具体方式，财政等相关部门尽快出台中小银行资本补充专项债券资金的使用管理规定。建议在债券资金对中小银行注资的具体方式中补充“金控平台”间接入股和转股协议存款两种方式，并放在可转债方式之前。建议财政等相关部门尽快出台统一、具体的中小银行资本补充专项债券资金使用管理规定。严格规范资金的使用管理，避免中小银行资本补充专项债券资金使用中产生道德风险。

4. 建议审计机关重点关注中小银行获取资本补充专项债支持后，其信贷能力和信贷规模提升情况、公司治理等方面改革的具体举措和防范化解中小银行风险的实际效果。建议对已经获得中小银行资本补充专项债支持的金融机构开展专项审计调查，重点关注其资本补充专项债资金到位前后的资本充足率等监管指标的改善情况；服务区域内"三农"、民营企业、小微企业和保就业等提升情况；推动转换公司治理机制、完善内控机制、改善股权结构等改革情况；从短期和长期两个时间尺度，客观具体评价中小银行资本补充专项债资金在防范化解中小银行风险中发挥的实际作用。

（撰稿人：崔孟修　杜宏伟　王海滨　隋学深　王玉凤　陈彦达）

审计研究报告选登

【地方政府专项债券偿付风险及防控机制研究分析】

摘要：专项债券作为地方政府拉动投资最直接、最有效的政策工具之一，在助力稳投资稳增长，增强发展内生动力等方面具有重要作用。但随着债券发行规模不断扩大，风险防控责任落实不到位、项目监管不严等因素影响，专项债券存在一定的偿付风险。本文首先从债务规模、债务率、偿债率、借新还旧率等角度分析了地方政府专项债券偿债风险，然后针对专项债券偿付风险防控机制中的债券管理、项目管理、资金管理中的问题及原因进行了分析，最后提出了强化地方政府举债市场化约束，落实主体责任；建立项目全流程监测机制，提升管理实效；加强债券资金穿透式管控，防范流动性风险；加强专项债券偿付风险审计监督，促进协同防控等建议。

专项债券是指地方政府为有一定收益的公益性项目发行，以公益性项目对应的政府性基金收入或专项收入作为还本付息资金来源的政府债券。2015 年首次发行以来，专项债券作为地方政府的重要融资途径，在助力稳投资稳增长、增强发展内生动力等方面发挥了重要作用。当前，国内经济发展面临多年未有的需求收缩、供给冲击、预期转弱三重压力，在消费低迷、投资不振的情况下，专项债券作为地方政府拉动投资最直接、最有效的政策工具之一，必将发挥更大作用。在专项债券扩容增效的同时，深入分析专项债券偿付风险隐患特征，剖析专项债券风险防控机制存在的问题及其形成原因，提出健全偿付风险防控机制的建议，保障专项债券还本付息，具有重要现实意义。

一、地方政府专项债券偿付风险分析

近年来，我国地方政府专项债券发行规模逐年扩大。截至 2021 年底，专项债务余额 16.70 万亿元，低于专项债务限额（18.17 万亿元）约 8 个百分点[①]，专项债券总体风险可控。经课题组调研分析，专项债券逆周期调节作用逐渐发挥的同时，自身的风险隐患也在不断集聚，呈现出风险积聚和递延的趋势。一些地方的债务规模和增长速度明显超出了还款能力，债务违约风险较高，特别是部分欠发达地区和市县地方政府的债务风险隐患需高度关注。

（一）专项债券规模扩张推动地方政府债务风险上升

1. 专项债券成为地方政府主要融资渠道。

专项债券规模增长较快，仍控制在限额区间内。新增专项债券实际发行额从 2015 年的 959 亿元增加到 2021 年的 3.58 万亿元，增长了 36 倍；同期，新增专项债务限额从 2015 年的 1000 亿元快速增长到 2021 年的 3.65 万亿元[②]。

专项债务余额[③]占地方政府债务余额（含一般债务余额和专项债务余额）的比重超过一半。新增专项债券发行额占新增债券发行额的比重，从 2015 年的 16.22% 上升到 2021 年的 82.01%（见图 1）。截至 2021 年底，地方政府专项债务余额占地方政府债务余额（30.47 万亿元）比重达到 54.81%（见图 2）。

---

① 财政部《2021 年 12 月地方政府债务发行和债务余额情况》。

② 财政部新闻办公室，加强和完善地方政府专项债券管理国务院政策例行吹风会文字实录，2021 年 12 月 16 日。

③ 2020 年底，全国地方政府专项债券余额占专项债务余额比重为 99.8%。

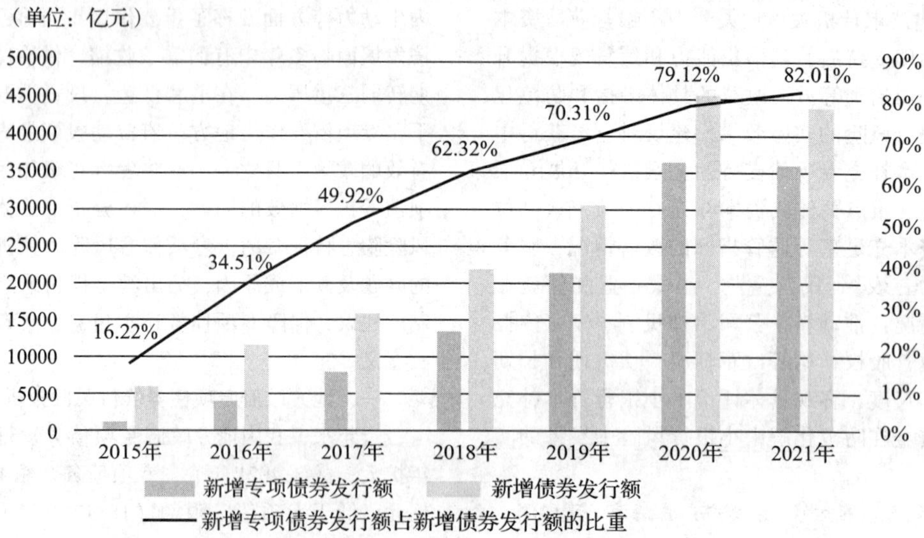

图 1　新增专项债券发行额占新增债券发行额的比重

资料来源：2021 年相关数据均来自财政部《2021 年 12 月地方政府债券发行和债务余额情况》，其他数据均来自中国地方政府债券信息公开平台。若无特殊说明，下同。

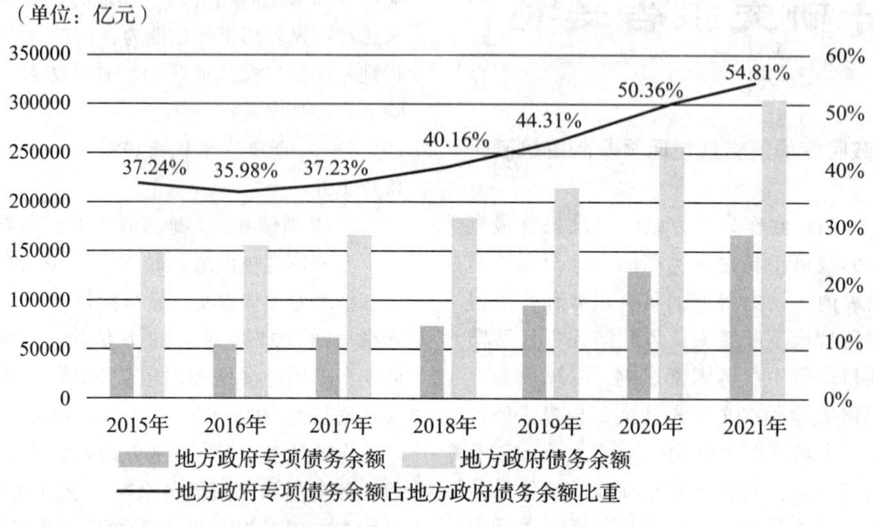

图 2　专项债务余额占地方政府债务余额的比重

2. 专项债券推动地方政府债务率上升。

总体来看，我国地方政府法定债务风险在可控范围内。截至 2020 年末，地方政府债务余额 25.66 万亿元，控制在限额 28.81 万亿元之内；地方政府债务率[①] 93.6%，低于国际上通行的 100% 到 120%之间的标准。但是，在专项债券发行规模扩容的推动作用下，近年来，我国地方政府的债务风险总体呈先降后升趋势，如地方政府债务率从 2015 年的 89.2%下降到 2017 年的 72.3%低点，在 2018 年以后呈现逐年上升趋势，到 2020 年末地方债务风险已超过 2015 年的相关指标（见图 3）。

（二）专项债券偿付风险积聚并递延

根据《地方政府专项债务预算管理办法》（财预〔2016〕155 号），专项债务本金通过对应

① 债务率：一般是指年末债务余额与当年政府综合财力的比率，是衡量债务规模大小的指标。

的政府性基金收入、专项收入、发行专项债券等偿还。近年来，一些地方受财政收入增长乏力、专项债券项目收益不高等因素影响，已到期的专项债券主要依靠借新还旧渠道偿还。

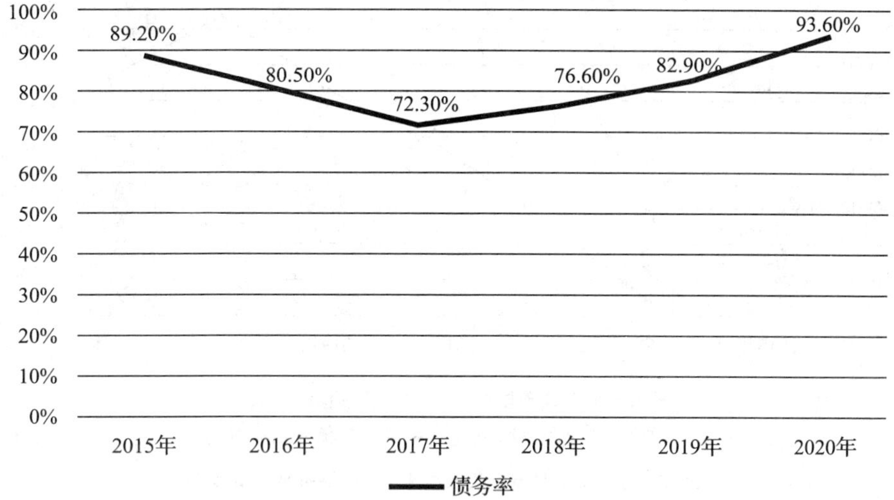

图3　我国地方政府历年债务率

1. 专项债券偿债风险呈上升趋势。

地方政府性基金收入对专项债券的本息覆盖率直接体现地方政府的偿还能力。我国地方政府性基金收入主要来源为国有土地使用权出让收入，占比从 2015 年的 85.16% 上升到 2021 年的 93.57%。近年来，受“房住不炒”等政策因素和经济因素影响，地方政府土地出让收入增速持续下降，带动地方政府性基金收入增速冲高回落，由 2017 年最高点的 34.7%下降到 2021 年的同比基本持平（见图 4）。同期，专项债务余额持续高于政府性基金收入规模，专项债务增速以 2018 年为拐点，大幅超过政府性基金收入增速（见图 5）。

专项债券还本付息额从 2015 年的 3 亿元上升到 2020 年的 1.02 万亿元；专项债券还本付息额占政府性基金收入的比重由 2015 年的 0.01%上升到 2020 年的 10.44%（见图 6）。这表明，专项债券的现有偿债率①逐年上升。

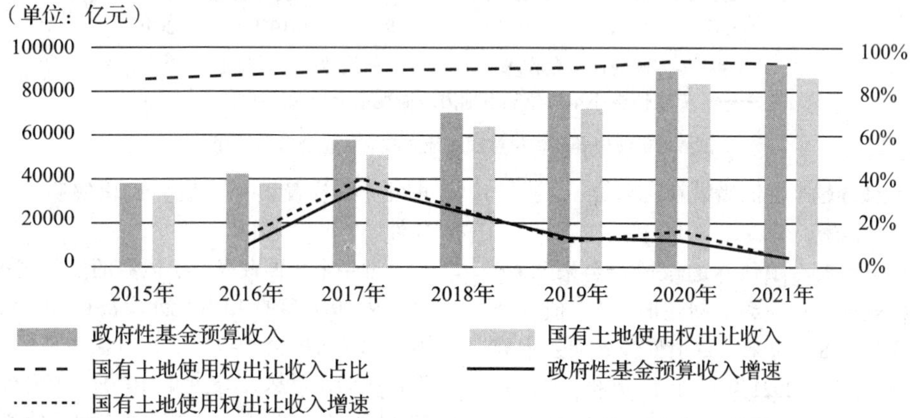

图4　国有土地使用权出让收入与地方政府性基金收入增速

资料来源：财政部国库司历年财政收支情况报告。

① 偿债率：一般是指是偿还债务本息额和当年综合财力的比值，是衡量偿债能力的指标。

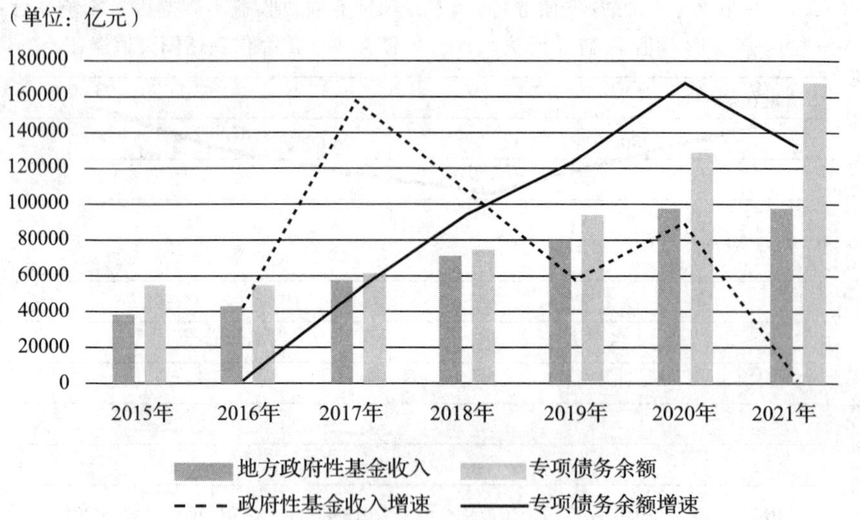

图 5　地方政府性基金收入增速与专项债务余额增速

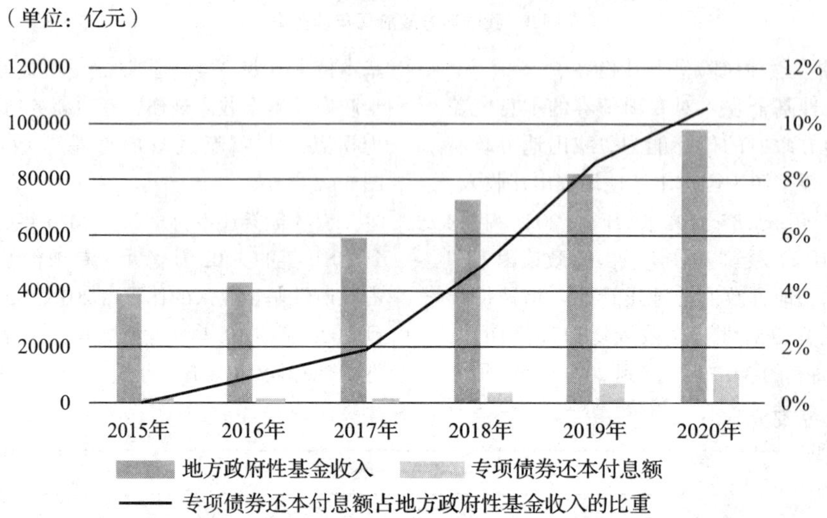

图 6　专项债券还本付息额占地方政府性基金收入比重

2. 专项债券越来越依赖借新还旧偿还，推动偿付风险逐年积聚。

从近年来到期专项债券的偿债资金来源看，通过发行再融资专项债券借新还旧[①]是偿债资金的主要来源。2018 年以来，专项债券到期还本额从 1616 亿元增长到 2021 年的 1.14 万亿元[②]，其中 80%以上依靠借新还旧偿还。2018 年至 2021 年，专项债券借新还旧率分别为 84.03%、80.35%、82.63%和 117.44%（见图 7）。以此倒推，安排财政性资金等偿还本金比例不足 20%。其中，2021 年借新还旧率超过 100%，存在发行再融资债券置换存量债务或化解隐性债务的可能性。

近年来，再融资专项债券的发行规模逐年上升，从 2018 年的 1358 亿元增长到 2021 年的 1.34 万亿元，再融资专项债券发行额占新增专项债券发行额的比重从 2018 年的 10.04%上升到 2021 年的 37.34%（见图 8）。由于地方政府债务实行限

① 借新还旧是指举借新债偿还当年到期债务本金。当前专向债券举借新债的方式为发行再融资专项债券。

② 资料来源：中国地方政府债券信息公开平台中 2021 年到期专项债券发行额汇总统计得出。

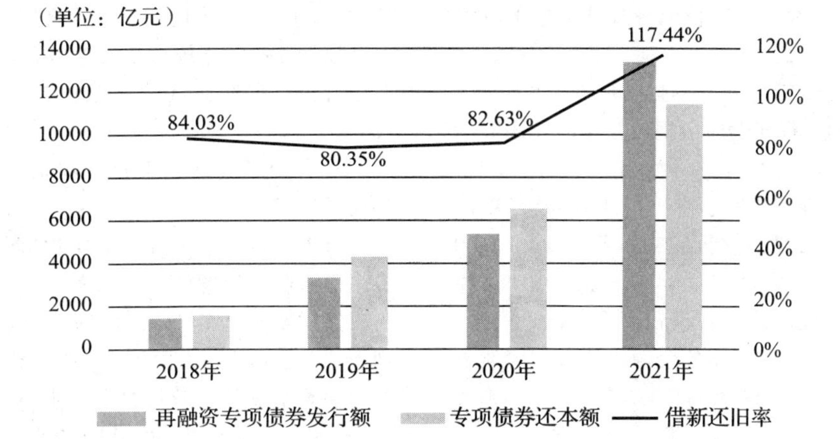

图7 专项债券借新还旧率

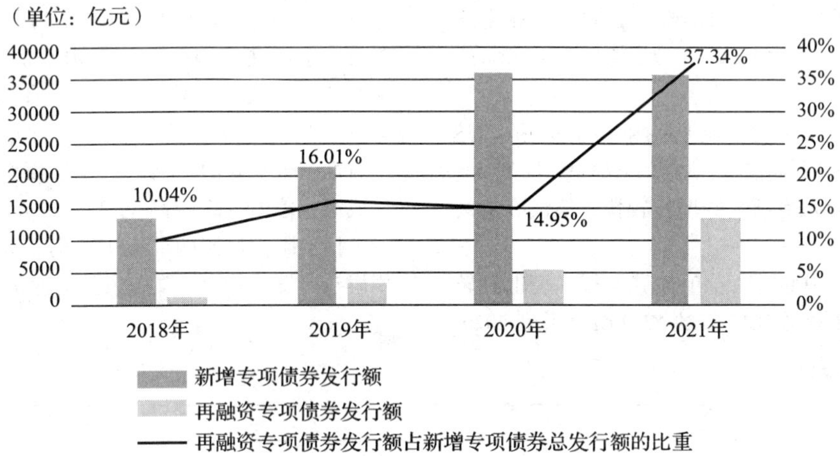

图8 再融资专项债券发行额占比

额管理，在专项债务限额总量控制的前提下，再融资专项债券发行比重快速上升，一方面挤占了新增专项债券发行额度，影响了新增项目的融资需求，另一方面会导致债务风险逐年滚动积聚。

3. 专项债券偿付风险逐年递延，偿债高峰集中。

2018年以来，随着专项债券发行期限逐步放宽至30年（财库〔2018〕61号），专项债券平均发行期限逐年延长，2015—2021年的平均发行期限①分别为6.42年、6.25年、6.07年、6.07年、9.02年、14.62年和14.16年。专项债券发行期限的延长有助于促进项目建设运营周期与资金需求周期的匹配。但是目前绝大多数专项债还本方式为到期一次性还本，发行期限的延长会一定程度导致债券偿付风险的递延。如2020年，全国共发行1848只地方政府债券，总额6.45万亿元，其中，到期一次性还本债券数量占比91.8%，金额占比95.9%；2021年，全国共发行1993只地方政府债券，总额7.49万亿元，其中，到期一次性还本债券数量占比86.7%，金额占比92.48%②。

专项债券偿债高峰集中，年度间偿债压力不均衡。以到期一次还本估算未来偿债高峰③，2021年底专项债券余额在2023—2024年将出现第

① 年度债券平均期限，以当年单只债券发行额占当年债券总发行额比重作为权重，对单只债券发行期限做加权平均求和。

② 资料来源：财政部网站公布的各月《地方政府债券市场报告》中相关数据汇总。

③ 由于专项债券还本方式相关数据难以获得，而如上文所述，绝大多数专项债券还本方式为到期一次还本，因此，本文以到期一次还本估算未来偿债高峰。

一个集中偿债高峰，后期偿债规模波动幅度较大（见图 9）。

（三）部分地区专项债券偿付风险较高

1. 西部地区近期偿债负担较重，借新还旧率较高。

截至 2020 年底，东、中、西部地区①专项债务余额分别为 5.77 万亿元、3.75 万亿元和 3.40 万亿元，占比分别为 44.66%、29.04% 和 26.30%，东部地区债务规模较高，占比近一半；东、中、西部地区专项债务余额占地方政府债务余额的比重分别为 57.30%、48.33% 和 43.43%，东部地区占比最高，超过一半。

西部地区近期偿债压力上升较快。2020 年底专项债券还本付息额占政府性基金收入的比重达到 18.06%，远超过中部 11.57% 和东部 8.72% 的水平（见图 10）。

2020 年底，西部地区到期专项债券借新还旧率达到 85.93%，处于最高位，呈先降后升趋势（见图 11）。

2. 中部地区专项债券增长较快，偿债率持续上升。

近年来，中部地区专项债券发行规模上升较快，发行额占比从 2015 年的 17.29% 上升到 2020 年的 30.33%（见图 12）。如上文所述，中部地区专项债券还本付息额占政府性基金收入的比重持续上升，与东部地区的差距呈扩大趋势（见图 10）。

3. 部分省（区、市）专项债券偿付风险显性化。

分省（区、市）看，截至 2020 年底，专项债券余额居前 4 位的江苏、山东、广东、浙江等省份，偿债能力总体较强。专项债券余额居中的天津、江西、贵州、云南等 4 个省份偿债负担较重，专项债务余额超过政府性基金收入的 2 倍以上，天津、贵州、云南偿债率超过 20% 的警戒线，其中，天津的偿债率居全国之首，专项债务余额超过政府性基金收入的 5 倍，偿债率超过 35%。专项债券余额在全国处于较低水平的辽宁、河北、黑龙江、安徽、内蒙古、甘肃、青海、宁夏、新疆等 9 个省（自治区），由于专项债务余额超过政府性基金收入的 2 倍以上或偿债率超过 20% 的警戒线，偿债风险较高（见图 13）。这表明，在专项债券限额控制的前提下，仍有部分省份债务规模超过偿债能力，债务风险显性化。

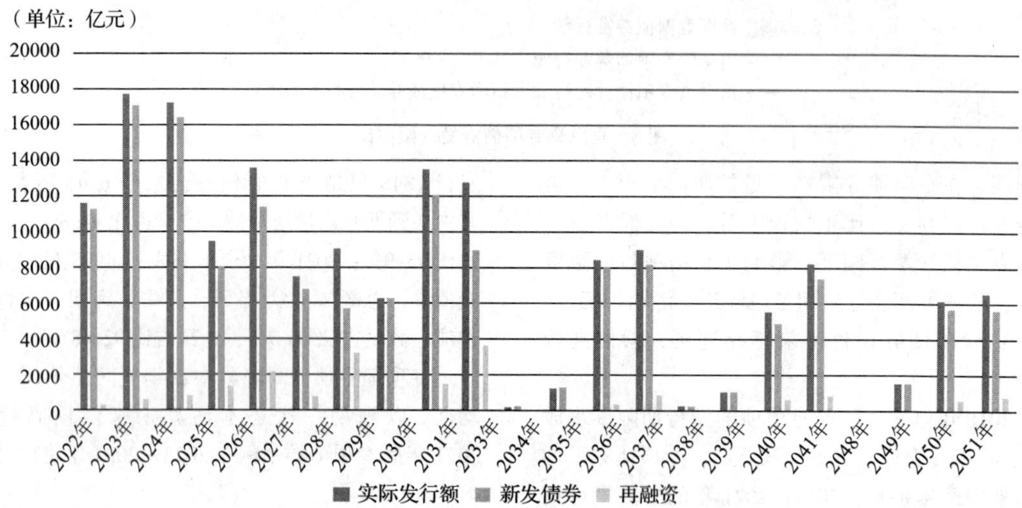

图 9　2021 年底专项债券余额预计还本年限分布

① 东中西部地区划分参考财政部划分标准。其中东部地区包括北京、天津、辽宁、上海、江苏、浙江、福建、山东、广东，中部地区包括河北、山西、吉林、黑龙江、安徽、江西、河南、湖北、湖南、海南，西部地区包括内蒙古、广西、重庆、四川、云南、贵州、西藏、陕西、甘肃、青海、宁夏、新疆。

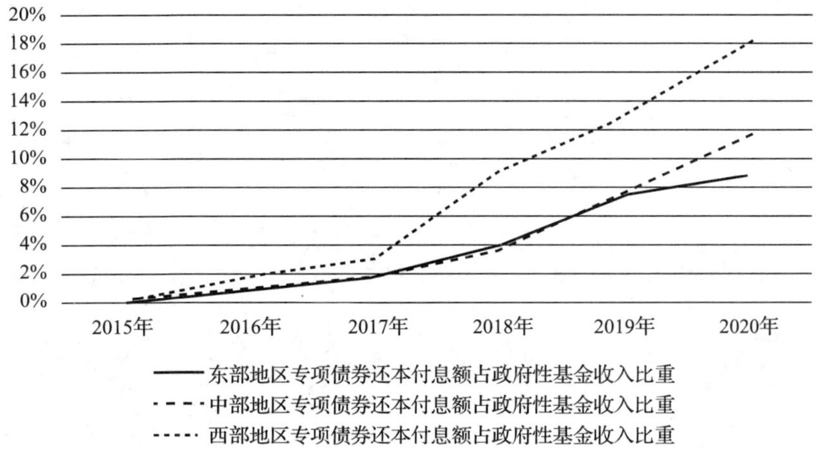

图 10　分地区专项债券还本付息额占政府性基金收入比重

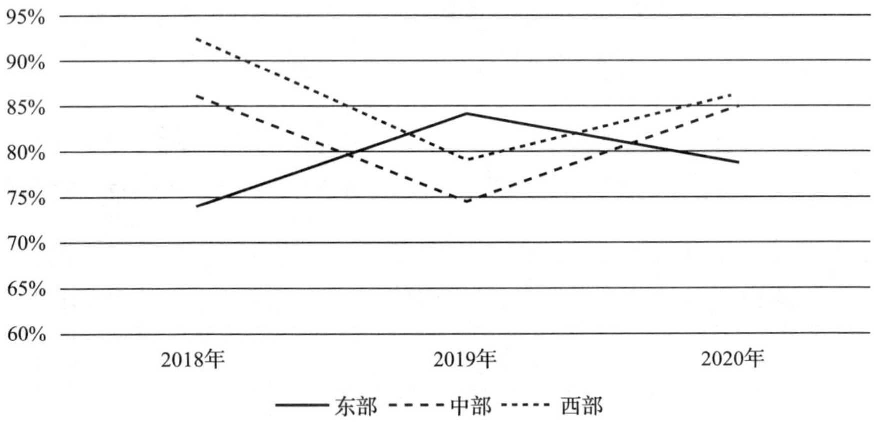

图 11　分地区专项债券借新还旧率

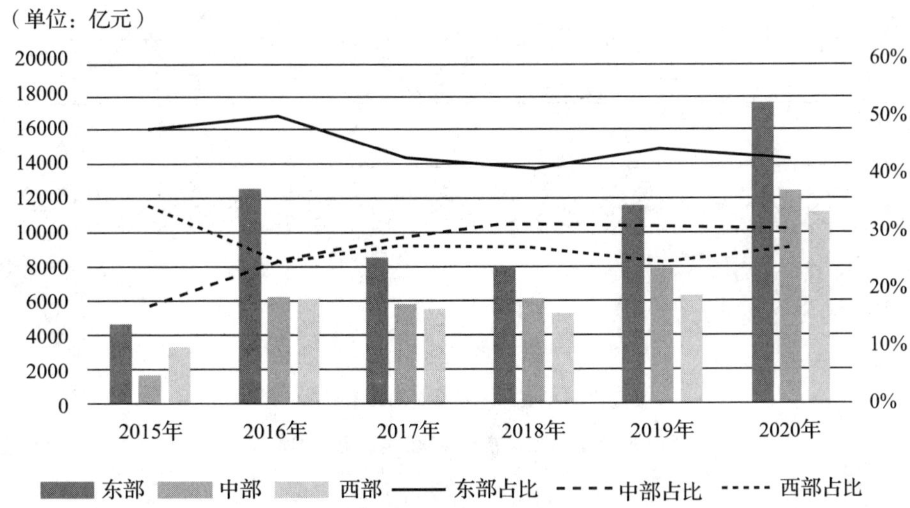

图 12　分地区专项债券发行额及占比

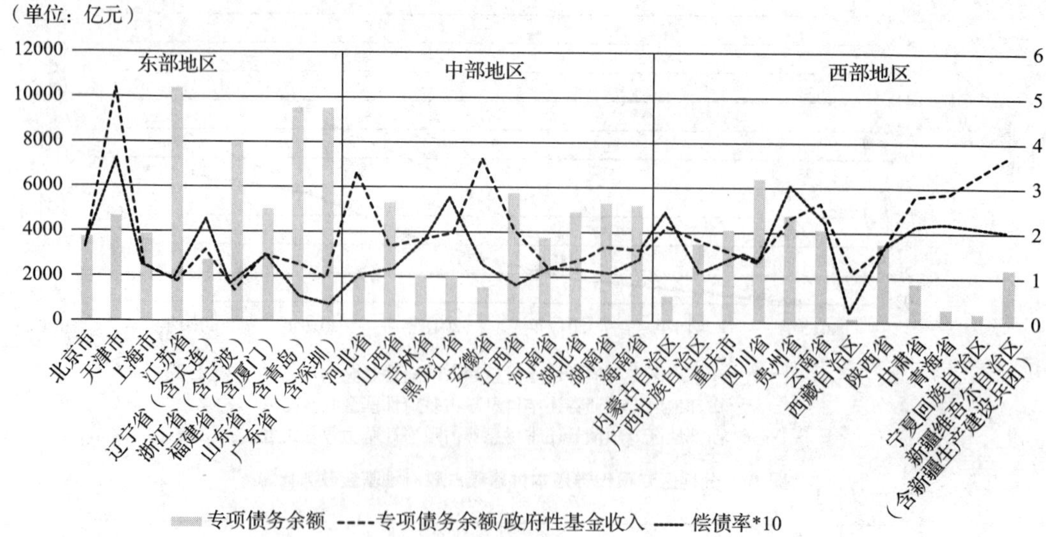

图 13　截至 2020 年底各省（区、市）专项债券偿付风险

从借新还旧率看，截至 2021 年底，北京、天津、辽宁、广东、山西、吉林、安徽、湖南、内蒙古、重庆、贵州、宁夏、新疆等 13 个省（自治区、直辖市）[①] 借新还旧超过 100%（见图 14）。

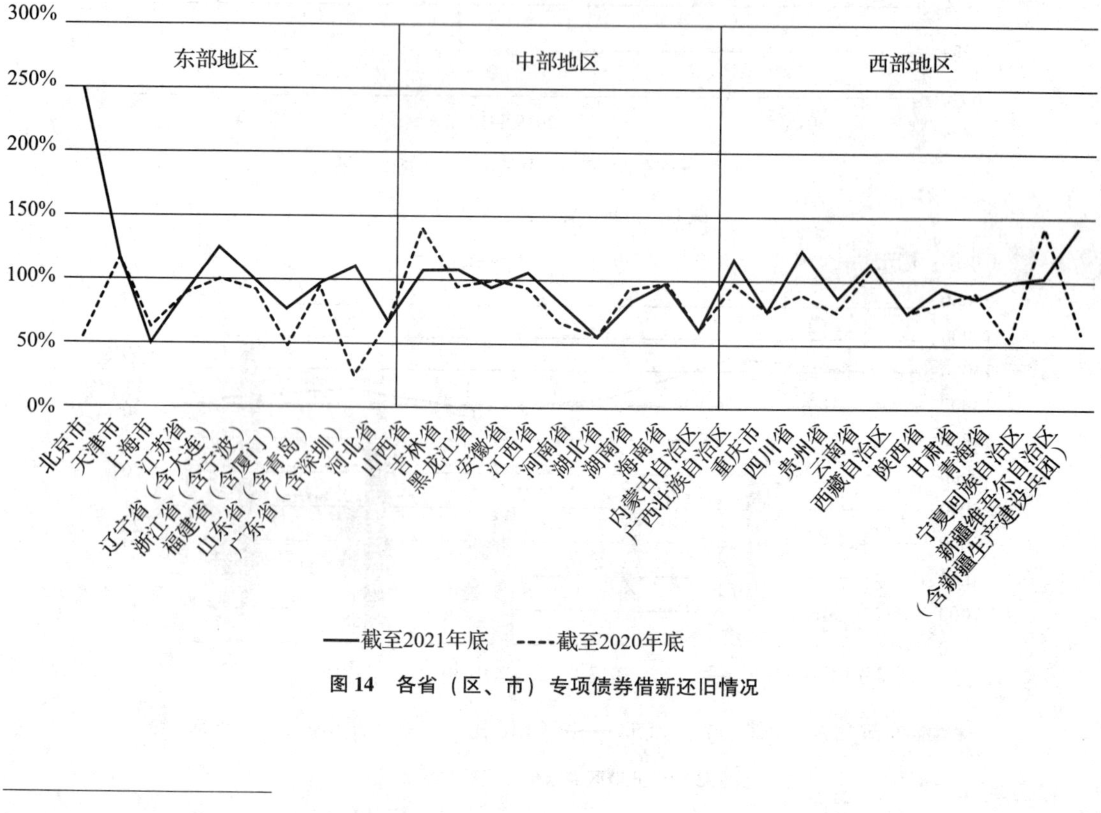

图 14　各省（区、市）专项债券借新还旧情况

① 截至 2022 年 2 月 28 日，河南省尚未披露 2021 年度再融资专项债券发行额数据。

从具体省（区、市）实际情况看，选择偿债能力较强的山东省（含青岛市）、债务风险居中的湖北省和债务风险较高的重庆市共4地进行详细分析。截至2021年底，山东省发行专项债券到期规模最大，为1452.62亿元，借新还旧率最低，为72%；重庆市借新还旧率最高，为99%。由于部分再融资债券未披露偿还对应到期债券情况，因此从再融资债券已披露偿还对应到期债券的借新还旧率看，山东省、湖北省、重庆市均超过80%，青岛市最低，为30%。其中，青岛市有62%的再融资债券未披露偿还对应到期债券情况，存在较大隐性债务风险；湖北省再融资债券均披露偿还对应到期债券情况，且将3期到期债券在借新还旧环节分17期发行再融资债券，发行期限1—10年，一定程度分散了到期集中偿付风险；山东省由于还款来源发生变化，将5期到期债券中的31.96亿元转为一般债券管理①（见表1）。

表1　截至2021年底4省（市）借新还旧情况

地区	到期债券（亿元）		再融资债券总额（亿元）				借新还旧率	
		其中：披露借新还旧债券		其中：披露偿还对应到期债券	其中：未披露偿还对应到期债券	其中：未披露偿还对应到期债券占比		其中：披露偿还对应到期债券
山东省	1452.62	1090.23	1048.07	902.07	146	14%	72%	83%
青岛市	116.69	116.69	92.06	34.54	57.52	62%	79%	30%
湖北省	950.17	916.83	732.37	732.37	0	0%	77%	80%
重庆市	746.12	630.16	736.34	512.34	224	30%	99%	81%

二、地方政府专项债券偿付风险防控机制存在问题及原因分析

近年来，财政部门采取了多项措施，持续强化专项债券项目资金的“借、用、管、还”全流程管控，初步建立了专项债券风险防控机制。但是受风险防控责任落实不到位等因素影响，目前仍存在债券管理约束不力、项目管理不到位、债券资金管理不严等问题，导致专项债券出现一般化倾向，融资收益自平衡要求难落实，偿付风险隐患上升。

（一）债券管理约束不力，偿付风险难识别

我国在实行地方政府债务限额管理的同时，逐步放宽了专项债券的发行规模、发行品种、发行利率、发行期限、发行方式和资本金使用等限制条件（财预〔2016〕155号、财库〔2018〕61号、财库〔2020〕36号），同时建立了地方政府信用评级、债务资金信息公开、项目绩效评估等市场约束机制（财库〔2015〕85号、财预〔2018〕209号、财预〔2021〕8号、财预〔2021〕61号），以规范地方政府举债行为，防范债务风险。但从运行情况看，专项债券限额管理不到位，信用评级、发行定价、信息披露、收益评估等方面尚未形成真正的市场化风险识别机制，无法对债券本身和投资项目形成有效约束，引致专项债券风险隐患递延。

1. 限额管理不到位。

地方政府债务限额实行中央统一确定债务总限额并逐级下达分地区债务限额的管理办法，但是从限额分配结果分析，债务总量控制的情况下地区风险仍不容忽视。如前文所述，从全国层面看，东、中、西部地区专项债券还本付息额占政府性基金收入比重、专项债券借新还旧率以及专项债券偿债率等指标地区间差异仍然较大，中、西部地区债务风险较高。同时，地区间限额使用率②差异也较大，截至2020年底，东、中、西部地区限额使用率分别为86.31%、91.73%和90.57%，东部地区较低，表明限额管理的正向激励作用，即向财政实力强、举债空间大、债务风险低、债务管理绩效好的地区多安排新增限额以促进拉动投资建设的作用，并没有充分发挥。从省级财政部门限额分配结果看，有些省级财政部门未充分分析市县经济发展实际或债务风险等级，

① 山东省财政厅《关于更正2016年、2017年部分山东省政府专项债券信息披露文件的说明》，2020年1月9日。

② 本文所称专项债券限额使用率为专项债券余额占限额的比例。

存在向财力困难或债务高风险地区多安排债务限额，加重债务负担、加大偿付风险的情况。

2. 信用评级和发行利率未体现偿债主体风险差异。

在省级政府代发模式下，专项债券的信用评级对象为省级政府，且评级结果同质化，均为最高级 AAA 级，不能体现不同地区间的信用区分以及信用溢价等。市县政府是我国专项债的主要承债主体。据不完全统计，2020 年市县政府专项债券余额占本省专项债券余额的比重排名靠前的四川、江苏、福建、河北、辽宁等省份，占比均超过 98%，重庆、天津、湖北等占比较低的省（直辖市）也超过 65%。以省级政府为评级对象的评级办法，不能体现同一省份的不同市县级政府之间的信用风险差异，一定程度掩盖了实际用债主体即市县政府的信用风险。

以信用评级为基础，专项债券发行利率主要以同期国债收益曲线作为基准，并上调一定幅度。在专项债券发行早期，专项债券利率要与相同待偿期限记账式国债利率挂钩，其利率走势与国债利率波动基本一致。2020 年取消挂钩要求后，地方财政部门主要按既定招标发行规则确定债券发行利率及各承销商债券中标额（财库〔2020〕43 号），部分地方还存在“指导投标”“商定利率”等非市场化方式干预债券发行定价的行为，地方政府专项债券收益与同期限国债收益利差较小。如 2022 年 2 月，10 年期国债利率为 2. 79%，而安徽、甘肃、北京、天津、湖北、河南同期专项债券利率分别为 3. 05%、3. 05%、2. 94%、2. 87%、2. 98%、3. 06%，差异较小。

3. 集合发行信息披露不充分。

财政部已制定专项债券信息披露要求，指导各地充分披露项目收益专项债券的项目情况、收益和融资平衡方案等信息。但自 2018 年以来（财库〔2018〕61 号），大部分地方政府开始采用集合发债模式，增加单笔债券对应项目个数，项目“打捆发行”，“肥瘦搭配”无限制。同一笔债券对应的多个项目之间，在建设周期、项目方案、施工进度和收益实现等方面存在明显区别，对单一债券的信息披露要求难以与项目包内多个项目相匹配，信息披露的自律作用无法充分发挥。如湖北省 2021 年发行的第 13 批专项债券共包含 15 期专项债券，对应 441 个项目，其中 14 期为多种形式的打包债券，打包项目数量从 3 个到 84 个不等。

此外，已发行专项债券的信息披露文件，还存在文件缺失、信息内容简略、分类不全面、有效信息少且模糊不清等现象，例如资金投向不明确、偿债来源模糊，缺少债券存续期内动态信息披露等。个别债券还存在披露信息内容不兼容，甚至披露信息错误等情况。

4. 绩效评估对运营期关注不足。

财政部已经要求各发债主体开展地方政府债务绩效评价（财预〔2021〕61 号）。现有的专项债绩效评价仍是基于一般公共支出项目的绩效评价办法，主要反映项目决策、管理、产出和效益，对建设期目标关注较多，对运行期绩效关注缺乏手段。专项债券是以公益性项目对应的政府性基金收入或专项收入作为还本付息资金来源的政府债券，兼具财政、金融属性，且多数专项债券收益与国有土地使用权出让收入关联。专项债不仅要考虑一般财政支出的绩效约束，还得考虑项目长期运营过程中的不确定性导致的经济效益波动和债券偿付风险增加等问题。如果地方政府有意“包装”“虚大”收入发债，靠常规的事前绩效评价和绩效目标管控，评价效果将大打折扣，可能变得可有可无。目前从全国范围来看，各省级政府尚未全面实施绩效评价，各地指标体系、评价标准、工作流程等关键内容也尚未明确，因此，这项政策的实施效果尚难以确定。

（二）项目管理不到位，融资收益不平衡

近年来审计发现，部分地区存在项目管理不到位，虚增项目收入骗取专项债券发行资格、重复申报或虚假申报套取专项债券资金、项目实际收益难以覆盖还本付息支出等问题比较突出，直接影响了专项债券的还款能力，导致借新还旧比例逐年提高，偿债风险上升。

1. 虚增项目收入骗取专项债券发行资格。

部分地区将无收益或低收益项目打捆包装，虚报为收益能覆盖债券本息的项目，获取政府专项债券资金。不仅如此，近年来地方政府规避监管、“打擦边球”的手法不断翻新。部分地区将经营性项目或市政道路等没有收益的公益性项目，与有收益的公益性项目通过“打包拼盘”

的方式包装成一个整体项目申报专项债券资金，再用项目建成后周边土地的增值收益来平衡项目融资等。

2. 重复申报、虚假申报套取专项债券资金。

部分地区将有收益的公益性项目以打包或单独申报的方式重复申报、虚假申报套取专项债券资金。湖北省2020年审计发现①，5个市县违规将5个已办理竣工决算的项目申报发行专项债券，1.94亿元直接用于道路建设还本付息、农村公路提档升级等其他项目支出。

3. 项目实际收益难以覆盖还本付息支出。

在项目实际运营过程中，即便是前期收益预测相对规范的项目，由于受市场不确定等不可抗因素和经营管理不善等人为因素影响，也存在实际收益难以覆盖融资成本的情况。特别是与土地出让金收入相关的土地储备、棚户区改造等专项债券，由于土地收储周期较长，受宏观经济发展、房地产市场以及政策环境的影响，土地出让金收入的不确定性较高，影响专项债券按期偿还。审计署审计发现，至2020年底，55个地区专项债余额1.27万亿元中，有5个地区将204.67亿元（占1.6%）投向无收益或年收益不足本息支出的项目。江苏省审计厅抽查2019年以来本省发行的989个项目，有147个项目（数量占比15%）2020年实际收益小于资金平衡方案明确的预期收益，涉及债券资金346.12亿元。湖北省2020年发行新增专项债券中有77期债券披露了预计收益，其中12期债券2020年度（期数占比16%，发行额占比17%）已取得收益低于预期19.84亿元，其中包含2期债券已取得收益为负数，合计为-0.05亿元②。甘肃省车辆通行费受疫情影响同比减收65.97%，大幅降低了甘肃省政府收费公路项目的实际收益；2020年上半年的5期23个收费公路项目中，覆盖倍数不足1.5的占比73.91%，不足1.1的占比21.74%。

（三）资金管理不严，效率低下

近年来，财政部门采取多项措施加强债券资金的使用和监管（国发〔2014〕43号、财预〔2016〕155号、财预〔2020〕94号、财预〔2021〕61号、财预〔2021〕110号），促进资金安全、规范、高效运行。但是审计发现，一些地区还存在资金使用不规范、投向领域不合规以及资金闲置等问题，影响了债券资金对有效投资的拉动，也为债券资金偿还埋下了风险隐患。

1. 债券资金拨付不及时。

部分地区专项债项目建设进度较快，融资进度要求高，由于专项债券项目申报入库等原因导致资金拨付不到位；有的项目存在竣工决算办理不及时或结算后仍有资金未支付。山东省2020年审计发现，3市30县未按规定时间拨付债券资金134.54亿元；2市6县13个项目未及时办理竣工决算等，3.51亿元资金闲置在项目单位；2市23县56个项目未按合同约定进度支付工程款，造成28.32亿元资金滞留。江苏省2020年审计发现，2个市本级19个项目已完工结算，但仍有1.5亿元债券资金结余沉淀在项目单位。

2. 债券资金长期大量闲置。

部分地区由于前期论证不充分、规划设计和方案制定不合理等导致未按期开工建设，有的项目进度较慢或者无法实施，致使专项债券资金申报和项目建设进度不匹配，部分专项债券资金发行后长期闲置在财政部门或者项目单位，未及时形成实物工作量，资金使用绩效不佳的同时增加利息负担。据不完全统计，2020年全国共有北京、江苏、河南、湖北等15个省（直辖市）级审计机关审计发现专项债券资金存在长期大量滞留等问题。其中，湖北省44.38亿元专项债券资金未及时使用，增加利息负担1.66亿元；江苏省专项债券资金结存在财政部门44.62亿元，结存在项目单位92.65亿元；河南省84.82亿元债券资金滞留国库超过90天，349.48亿元债券资金滞留项目单位超过180天；贵州省13个项目20.40亿元专项债券资金超过8个月未投入项目建设，占债券到位资金的94.53%。其中，相当部分债券资金滞留时间超过1年，个别资金闲置超过3年。

3. 违规将债券资金用于经常性项目支出，平衡一般公共财政预算等。

部分地区未严格落实专项债券资金使用专款管理要求，将资金挪用于经常性支出、平衡一般

① 本文审计发现的内容若无特殊说明，均来自审计署和各省级审计机关预算执行和其他财政收支的审计工作报告。

② 资料来源：中国地方政府债务信息公开平台。

公共财政预算等。山东省2020年审计发现，4市20县将29.04亿元债券资金出借给乡镇、企业等周转使用，有的用于购买理财产品或其他项目建设等。广东省审计发现，1个市的2个区将专项债券资金用于偿还政府购买服务金、发放人员工资等支出，涉及金额5.41亿元。河南省审计发现，郑州等2个市本级和夏邑等3个县将4.37亿债券资金用于支付涉企财政补贴、棚户区拆迁补偿等与债券项目无关的支出。湖北省审计发现，3个市县将335.65万元项目资金用于人员和办公经费支出。

4. 债券资金被违规调整投向，超范围使用，有的违规用于楼堂馆所。

部分地区由于项目申报时未列入总投资范围，或项目建设规模、内容发生调整，将资金挪用于其他项目建设，甚至有部分债务沉重地区将专项债券资金违规用于楼堂馆所、形象工程、政绩工程，以及各类非公益性资本支出项目的建设，且没有进行相应公告或信息披露。审计署审计发现，至2020年底，55个地区专项债余额1.27万亿元中有413.21亿元（占比3.25%）未按规定用途使用。国务院通报，2020年青海、宁夏、贵州、云南等4个地方政府债务风险较高的地区，有8个项目不同程度存在违规兴建楼堂馆所问题，包含将专项债券资金违规用于楼堂馆所建设的情况①。湖北省2020年审计发现，12个市县未按规定程序报省财政审批，将50个专项债项目资金35.76亿元自行调整用于其他建设项目。重庆市2019年审计发现，9个区县违规改变6.4亿元新增债券资金用途。贵州省2020年审计发现，15个县违规将专项债券资金12.41亿元用于非债券项目建设。

（四）原因分析

我国为控制债务规模、审慎应对债务风险，将举债权严格限定在省级政府。这种省代发统管下的专项债券管理模式，类似于省级政府为主导的行政审批制，省级政府不仅为市县政府背书增信，更为其承担“兜底”救助的责任，专项债券“市政收益债券”的性质一定程度上演变成为信用债，呈现出与一般债券趋同化的特点，有些地方甚至存在“项目跟着资金走”“为了融资而融资”“包装融资”等现象。专项债券风险防控的主体责任未落实，导致管理市场约束不健全与行政管控不到位并存，难以快速抓取识别债务风险信号并及时采取有效措施遏制苗头性、倾向性偿付风险隐患问题。

一是专项债券市场约束机制不健全。省级政府增信代发会掩盖实际偿债主体市县政府的偿债风险，容易造成偿债权责的不对等并助长无序融资，市县政府和主管部门责任意识淡薄，即使建立了完备的管理市场机制也难以有效发挥约束作用。例如，在债券资金发行、使用、管理和偿还过程中，涉及的参与主体除省、市、县各级政府债券管理部门、项目主管部门外，还包括财务评估、法律鉴定、信用评级、绩效评估等第三方中介机构，以及承销机构和债券投资者等。在偿债权责不对等的情况下，这些市场参与主体的评估对象虚化，市场监督作用难以发挥。如前文所述，存在专项债券市场信用评级无效、非市场化定价、信息披露缺失、收益评估不实、绩效管理流于形式等问题，市场约束机制尚未真正发挥风险识别、预警与制约的作用。

二是专项债券行政管控责任落实不到位。专项债券的融资收益平衡特点要求债券资金与项目一一对应，在管理上必然面临项目多、小、散的情况，而且随着专项债券规模的扩张和风险防控要求的提高，债券管理难度会日益加大。省级政府代发统管模式已经不能完全适应债券项目资金细化监管的要求。如前文所述，首先，在项目审核入库环节，存在财政部门与发展改革部门申报审核标准不统一、数据库不对接，以及省级管理部门对市县项目难以实地审核等情况，导致虚增项目收入申报、重复申报或虚假申报等屡禁不绝，项目实际收益难以覆盖本息。其次，在债券发行管理环节，存在限额分配、期限设置、计息方式、发行节奏、偿债方式等方面的管理粗放问题。如有的省级财政部门不顾下级财政用款计划，大量集中打包发行并统一下达债券募集资金，致使债券资金与项目需求错配，为后期项目资金使用埋

① 《国务院办公厅关于部分债务沉重地区违规兴建楼堂馆所问题的通报》（国办发〔2021〕39号）。财政部新闻办公室，加强和完善地方政府专项债券管理国务院政策例行吹风会文字实录，2021年12月16日。

下隐患。再次，在债券资金使用环节，存在资金使用环节链条长，财政部门与项目主管部门、项目实施单位数据对接不及时，项目进度难以跟踪等情况，导致资金拨付不及时、资金长期大量闲置、违规调整资金用途等问题。如有的地区未严格落实对新增债券使用进度情况的月度通报制度，对部分债券使用进度较慢市县未采取实质性监督制约措施。最后，在债券偿付环节，存在偿付资金入库监控不及时，省级财政部门难以核实偿债资金真实来源等情况，导致偿付风险隐患较大。如宁波市2020年审计发现，市财政局尚未建立专项债项目全生命周期监管机制等。

三、健全地方政府专项债券偿付风险防控机制的建议

健全地方政府专项债券偿付风险防控机制的关键是进一步夯实主体责任，将事后的债务重整拓展到事前的债务风险预防，进一步健全地方政府专项债券偿付风险有效识别、预警和应对机制，实现市场约束与行政管控协同作用，将专项债券规模控制在合理水平并实现地区间、层级间、期限间的分布相对均衡，确保专项债券促进经济社会发展的同时按时还本付息。

（一）强化地方政府举债市场化约束，落实主体责任

中央财政部门进一步深化地方政府专项债券管理改革，促进落实地方政府主体责任。一是优化限额管理，向省级政府试点下放限额管理权限，允许省级政府在一定区间内自主确定本省总限额，鼓励省级政府根据市场价格预警信号动态调整省内各市县限额分配比例。二是试点下放债券发行权限，开展以市县为单位的省“代发代还”模式。对债务率低、财政实力强的市县，允许并鼓励省级财政部门组织单独代发、单独管理，债券名称上标注“××市县”专项债券，不再与其他市县集合发行；对债务率较高、财力弱的市县，难以单独发行的，仍沿用由省级财政部门组织集合代发的模式，并加强过程管控。三是试点开展市县政府信用评级。除对省级政府出具评级报告外，对市县两级政府进行评级，并公开债务、财力等数据。四是进一步放宽发行限制。发行环节约定债券计息起始日期范围，允许在一定期限内（如半年）根据资金使用日期开始计息。鼓励单一项目发债，细分债券规模和期限结构。鼓励采用提前还本、分期还本等灵活偿还方式，平滑未来偿债高峰。加强再融资专项债券发行管理，控制借新还旧比例，对到期后不具备融资收益平衡的债券，按程序转为一般债券管理。五是健全市场定价机制。切实取消一级市场发行指导定价，鼓励引入流动性风险溢价、信用风险溢价、无风险利率等指标，参考国债利率、一般债券利率以及发行主体信用评级和项目融资收益平衡等情况，构建市场化利率形成机制。

（二）建立项目全流程监测机制，提升管理实效

地方财政部门、项目主管部门以及项目实施单位等各类参与主体联合建立项目审批、融资、建设和运营全流程监测机制，提升项目管理实效。一是项目储备时，关注项目主管部门和项目单位在项目实施方案中详细分析项目融资收益平衡情况，不具备条件的项目不得纳入专项债券项目库。二是项目融资发行时，关注项目用地、规划许可、环评、施工许可等审批手续办理进度，征地拆迁、市政配套等开工前准备推进情况，促进地方政府建立跨部门协调机制。三是项目建设时，关注项目投向是否调整、运营单位招投标进展、专项债券资金安排进度、配套融资到位、项目建设进度及实物工作量完成情况等。四是项目运营时，关注项目资产登记管理单位在项目全生命周期内实施项目运营涉及的财务收支核算等情况，包括项目自身经营收入、项目营业成本、项目形成资产等情况。

（三）加强债券资金穿透式管控，防范流动性风险

地方财政部门加强债券资金的发行、使用、管理、偿还全过程穿透式管控，防范偿付风险。一是建立专项债券资金专户制度，要求项目实施单位在商业银行开立专门用于专项债券募集资金的接收、存储及划转的债券资金管理专用账户。专用账户独立于其日常经营账户，确保专项债券资金“一个口子”进、“一个口子”出。二是搭建项目收益监测平台。由财政部门会同发展改革、人民银行、银监、证监等部门建立动态大数据监测平台，实现财政系统与专项债券对应项目的会计核算信息、银行账户系统的自动化对接和数据

采集，及时掌握项目资金使用、项目建设进度、项目运营管理和收入收缴等情况。三是完善偿债资金管理制度，建立单个项目资产运营收益监测和入库情况公开披露制度，确保项目运营期收益及时上缴国库，夯实偿债来源；建立偿债资金动态平衡调控机制，允许调入相关公益性项目专项收入弥补还本付息差额，同时防范偿债资金长期大量闲置浪费或被挤占挪用。四是建立偿债资金流动性风险预警机制，建立科学的偿付风险预警模型，动态跟踪核对真实数据与测算数据的差异，定期评估债券项目实际收益能力和地方政府实际偿债能力，预警偿债风险，并根据风险评估结果调整发行节奏和限额规模。五是健全处理处罚机制，通过扣减新增限额、暂停发行使用、收回闲置资金、通报负面典型等措施，强化对债券资金使用违法违规行为的硬性约束。

（四）加强专项债券偿付风险审计监督，促进协同防控

在总结历年地方政府债务审计经验的基础上，结合近年来地方政府专项债券偿付风险积聚的新特点、新趋势，加强审计监督，有效发挥审计作为“经济体检”的“治已病、防未病”作用。一是在审计对象选取上，专项债券责任主体（即地方各级政府）、专项债券管理部门（即各级财政管理部门）、专项债券项目主管部门（即各级项目主管部门）、专项债券项目实施单位等都纳入审计监督对象，同时把负责专项债券财务评估、法律鉴定、信用评级和绩效评估等的第三方中介机构也纳入审计监督范围或审计延伸对象。二是在审计范围和重点内容上，在财政部门地方政府债务风险评估预警办法的基础上，综合地方政府新增隐性债务情况和历年地方政府债务审计情况，建立审计视角的地方政府债务风险评估机制，既关注债务风险显性指标，如债务率、偿债率、借新还旧率等，又关注实际测算指标，如实际债务率、估算平均偿债率、单体项目借新还旧率等，以此为基础选择实际债务风险高、偿债压力大的地区开展审计。审计重点内容确定方面，在以往审计重点关注专项债券发行管理和资金使用等内容的基础上，进一步加大债券偿付风险审计力度，重点关注偿付资金管控不到位、偿付风险预测不科学、偿债计划安排不合理、偿付风险地区分化加剧、风险逐年积聚递延等问题隐患。三是在审计方式方法选择上，加大数据比对和模型化分析力度，根据专项债券的投向及用途分类开展数据分析。如将地铁建设项目与所在地区及周边地区人口数据、土地出让记录以及固定资产投资和房地产数据进行关联，审查专项债券对应项目是否存在超标准建设、建设项目与国家政策相违背问题；对新建高铁、高标准高速公路项目，提前预警因列车上座率低、高速公路使用率不足导致的专项债券无法偿还等风险。四是在审计项目组织上，在偿付风险高峰期（预计 2023—2024 年）组织地方审计机关开展较大范围的专项债券风险防控审计调查，摸清底数。平常年份，可结合所开展的财政审计、金融审计、企业审计、投资审计、经责审计、政策跟踪审计等项目开展专项债券对应项目资金审计，持续关注专项债券发行、管理和使用情况，促进加强风险防控。

（撰稿人：崔　竹　李培培　李　龙　李璨融）

【大型企业集团财务危机预警研究——以海航和恒大为例】

摘要：当前大型企业集团“爆雷”事件频发，国企、民营和合营企业概莫能外，巨额债务违约有引发系统性金融风险的隐患。本文分析了海航和恒大等典型大型企业集团由盛转衰的过程，发现投资激进，经营不善，以高杠杆高负债驱动增长，隐匿表外巨额负债掩盖风险，关联方违规占用和转移资产，控股金融机构作为融资工具是大型企业集团财务危机的主要原因，提炼出预警大型企业集团财务危机需要着重关注的指标和特征，据此提出需要重点审计的事项，从审计角度构建揭示和预警大型企业集团财务危机的模型。并围绕防范化解大型企业集团风险，牢牢守住不发生系统性金融风险的底线，提出了相关建议。

一、引　　言

目前，有关财务危机的定义和判断还没有统一标准。很多时候，财务失败、债务重组和破产清算等概念与财务危机混同。本文将财务危机定义为因企业内部现金流产生能力缺失和外部融资能力丧失，从而无法支付到期账务或费用的现象，包括从无法履行到期还本付息义务到破产清算以

及处于两者中间的各种状态（谷祺等，1999；郑和明，2014）。

海航集团从2015年开始，连续三年入围世界500强，总资产超过1万亿元，总负债7365亿元，是8家A股上市公司和5家港股上市公司的实际控制人。2021年，海南省人民政府牵头会同相关部门共同成立的海南省海航集团联合工作组在尽职调查中发现，海航集团债务全面逾期、严重资不抵债。恒大集团从2016年开始，连续6年入围世界500强，总资产超过2.3万亿元，总负债1.95万亿元，是1家A股上市公司和5家港股上市公司的实际控制人。2020年8月，人民银行等部委对房地产企业融资提出了“三道红线”的监管要求，受此影响，恒大集团各类债务全面逾期，爆发财务危机。

海航和恒大等大型企业违规担保质押、频繁关联交易，采用银行信贷、信托、租赁、债券等各种融资方式激进扩张和高杠杆经营。在经历短暂辉煌和虚假繁荣后迅速陨落，甚至资不抵债，给社会带来巨大经济损失。因此，研究海航和恒大财务危机原因，从审计角度构建预警大型企业集团财务危机的模型，揭示、描述和预警大型企业集团财务风险，具有较强的现实意义。

二、海航集团和恒大集团发生财务危机的原因分析

（一）投资激进且经营不善

大型企业短期内跨行业跨领域经营，激进并购海内外大量公司，收购项目质量参差不齐。同时，多元化经营协同性差，整合难度大，后续管理不当、经营不善导致被收购的企业，连年亏损，反噬公司利润。2017—2018年，海航控股先后收购山西航空、鹏翔航空等公司，但是并购企业所带来的营业收入并没有转化为净利润，虽然营业收入增长，但净利润从正变负。恒大集团新能源汽车产业、恒腾网络、恒大冰泉、恒大童世界和健康产业在危机爆发期也处于亏损状态。

（二）通过高杠杆实现资产负债快速扩张

第一，资产扩张主要依靠负债驱动。2014—2016年是海航集团资产扩张最快的时期，呈现出加速扩张的态势。这三年的增长速度分别为21.2%、45.28%和116.66%，资产规模从2014年末的0.32万亿元迅速扩张至2017年末的1.23万亿元。恒大资产从2012年的2389.91亿元迅猛增长到2020年的23011亿元。

两者资产扩张均依靠有息负债驱动。表内显性有息负债主要是短期借款、一年内到期的非流动性负债等流动性负债，还有长期借款、应付债券等非流动性负债。表外隐性有息负债有的隐藏在所有者权益科目，有的隐藏在子公司资产类的长期股权投资科目。2014—2016年，海航集团表内显性有息负债从2135.75亿元增加到4120.27亿元，隐藏表外有息负债的少数股东权益从2014年的539.51亿元增加到2016年的3273.06亿元。

第二，经营活动产生的净现金流远不能满足扩张需求。从现金流量来看，经营活动现金净流入为负值或很小，投资活动现金流量主要依靠筹资活动实现。恒大集团经营活动产生的现金流量净额为负，海航集团经营活动产生的现金流量净额很少。

2012—2017年，海航集团经营活动产生的现金流量净额为1723亿元，投资活动产生的现金流量净额为负7100亿元，筹资活动产生的现金流量净额6436亿元。2012—2020年，恒大集团经营活动产生的现金流量净额为负2258亿元，仅2018年和2020年为正；筹资活动产生的现金流量净额为7171.71亿元，仅2018年和2020年筹资活动现金流量净额为负值；投资活动产生的现金流量净额为负3527亿元。

第三，通过各类融资和欠款放大杠杆。大型企业集团通过银行信贷、理财、信托、保理、租赁、私募基金等各种融资方式，形成巨额有息负债（张强、夏陈亮、隋学深，2019）。

2020年恒大集团财务报表显示，短期借款为3810.55亿元，长期借款为3354.77亿元，这7165.32亿元负债主要来自银行借款、非标融资和发行债券，合约负债是预收客户的房款，应付贸易账款及其他应付款项为8291.74亿元，其中超过2000亿元是以商业承兑汇票支付的上下游建筑工程款，剩下的是应付联营企业的贸易账款。海航也通过各类信托计划、明股实债、产业投资基金等非标债权进行融资，形成巨额债务。

第四，高比例股权质押。将上市公司股票和非上市公司股权高比例质押进行融资。大型企业集团在快速扩张期间，由于对资金的大量需求，

将子公司股权进行质押，部分质押率达到或者接近 100%。

海航集团将大量的股权进行质押。当债务企业偿付困难，或者上市公司股票价格下降时，容易形成不良资产。海航系控股平台海航科技、海航资本、海航旅游、大新华航空、海航基础等上市公司大股东，将其持有的上市公司股份几乎悉数质押。如表 1 所示，截至 2017 年底，海航科技集团有限公司作为海航科技（600751）大股东，将其持有的 6.02 亿股海航科技股票全部质押，质押比例高达 100%。海航投资、渤海金控（渤海租赁）、凯撒旅游、海航控股、海航基础等上市公司被海航系股东质押的股票比例均超过 94%。

表 1　部分海航系控股平台股权质押情况

序号	股票代码	上市公司	控股股东	质押比例
1	600751	海航科技	海航科技集团有限公司	100%
2	000616	海航投资	海航资本集团有限公司	100%
3	000415	渤海金控	海航资本集团有限公司	99.12%
4	000796	凯撒旅游	海航旅游集团有限公司	99.98%
5	600221	海航控股	大新华航空有限公司	99.97%
6	600515	海航基础	海航基础控股集团有限公司	94.97%

注：资料来源于上市公司年报；股东资料和质押比例时间节点为 2017 年底海航集团未重组前。

第五，利用夹层金融工具融资。永续债（权）及股权对赌协议是典型的夹层金融工具，属性介于债权和股权之间，在满足一定前提条件下可以记作所有者权益，目前被很多金融机构或者企业集团用来进行监管套利。股权对赌协议本质上是一种债权融资，因为很多时候协议中规定了净利润总额要求、分红比例和股权回购时间。

恒大集团为了降低资产负债率和“去杠杆”，在 2012 年首次通过发行永续债方式融资，融资成本远高于普通债券利率。2013 年发行永续债期限为“2+3”，前两年利率为 10%—12%，第三年跳升至 18%。2017 年，恒大集团分三轮引入 1300 亿元战略投资，用于替换到成本较高的永续债。恒大集团与战略投资者签署了回报高昂的协议，承诺 2018—2020 年净利润分别不得少于 500 亿元、550 亿元和 600 亿元，每年度利润分派率不低于 60%，并设置恒大集团回购股权的相关条件。

（三）表外隐藏大量负债和不良资产

为了规避监管和隐藏不良资产，一些大型企业集团通过各种会计操纵将部分负债和风险资产隐藏在表外。表外负债典型模式是明股实债和少数股东权益。

有的大型企业集团通过设计复杂的交易结构，错误利用持股比例低于 50% 不纳入合并报表范围的会计准则，将其负债和资产隐藏在实际控制但持股比例不超过 50% 的子公司报表中，形成庞大的表外负债。举例说明如下：如图 1 所示，假设私募基金公司设立产业投资基金或者城镇化基金（母基金），其中金融机构 A 作为私募基金母基金有限合伙人出资 0.99 亿元，私募基金公司作为管理人出资 0.01 亿元作为普通合伙人。

母基金根据大型企业集团对资金的需求（例如 2 亿元）设立投资子基金，其中母基金通过认购子基金份额出资 1 亿元作为劣后级，金融机构 B 作为优先级出资 1 亿元，子基金一般由主导融资的金融机构管理。子基金通过认购大型企业集团设立的特殊目的实体股份，将 2 亿元资金注入到大型企业集团实际控制的公司。大型企业集团通过项目股权公司股权质押、收益差额补足、到期回购股份等形式向资金提供方提供担保。特殊目的实体融入资金由大型企业集团统一调配。

一是明股实债形式。如果大型企业集团认购项目公司股份少于 50%，合并报表中可以不包括项目公司，而实际上这一套交易结构实际由大型企业集团主导设计，以项目公司股权投资融入的资金均在其资产负债表外。这种收益率固定，由大型企业集团担保而融入的资金实际上是大型企业集团的负债。

二是少数股东权益形式。如果大型企业集团认购项目公司股份超过 50%，则在合并表报表中需要纳入项目公司，子基金投入认购项目公司股权投资的资金可以被当成权益投资，在合并报表中体现为少数股东权益。例如，根据 Wind 数据库相关数据显示，2012—2020 年恒大集团的少数股东损益/净利润、少数股东权益/所有者权益长期存在较大差异（如图 2 所示），说明少数股东权益分配与恒大集团一般利润分配方式不一致，涉嫌通过少数股东权益形式进行表外融资。

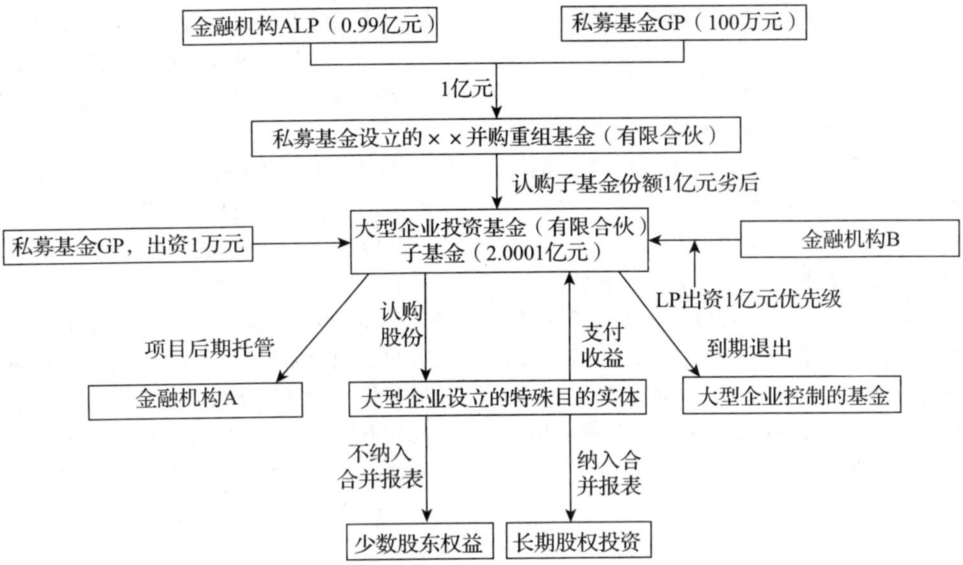

图 1　大型企业集团表外融资结构图

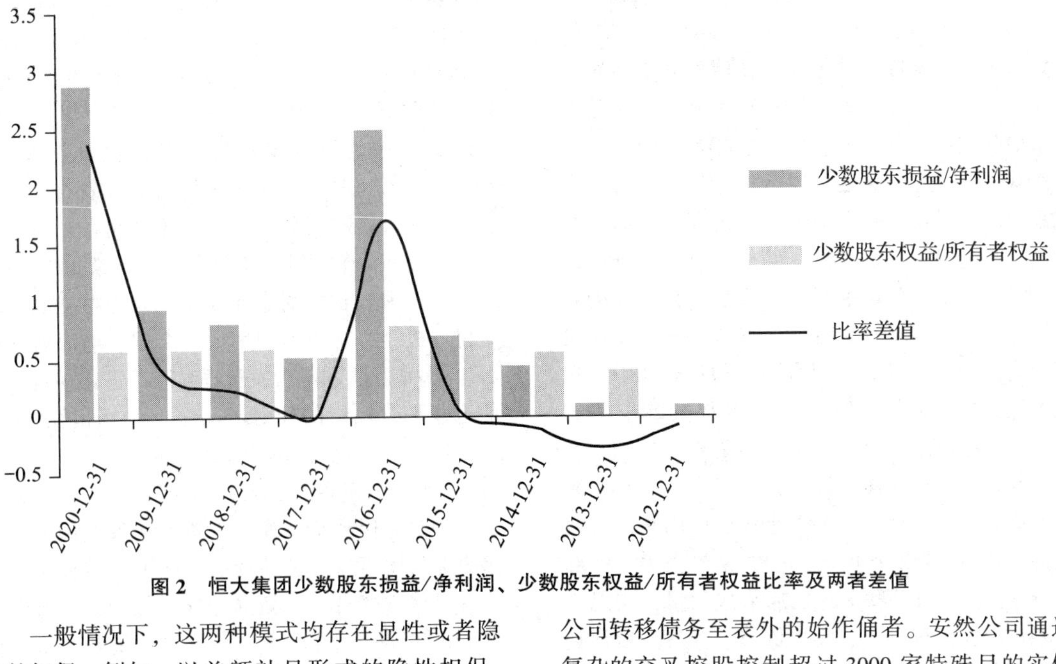

图 2　恒大集团少数股东损益/净利润、少数股东权益/所有者权益比率及两者差值

一般情况下，这两种模式均存在显性或者隐性的担保。例如，以差额补足形式的隐性担保，这样可以规避需要全体股东同意的要求。根据凤凰网报道，2017 年 11 月，原海航集团副董事长兼首席执行官谭向东表示，海航集团在表外有超过 1 万亿元资产和负债。

隐藏表外负债早有先例，安然公司是利用子公司转移债务至表外的始作俑者。安然公司通过复杂的交叉控股控制超过 3000 家特殊目的实体（SPE，Special Purpose Entity）。根据美国当时的会计准则，特别目的实体符合特定的条件，可以不纳入合并报表（葛家澍等，2002）。安然公司通过特殊目的实体进行关联交易，将大量负债和不良资产转出表外。

三是将应收账款和收益资产证券化后进行融资。大型企业集团将应收账款（收益权），未来租赁收益和股权收益权打包成基础资产出售进行融资，从而实现高杠杆运营。

（四）公司治理失效

大型企业集团容易形成庞大而复杂的企业组织和公司网络，可能利用错综复杂的股权关系控制很多“空壳公司”，进行资本运作和收并购，从而逃避监管。海航整个集团内部，进行大量关联交易，内部成员企业往来非常密集，各法人实体独立性有限。子公司大量融资，由集团统一进行调配，通过拆借及子公司互相持股的方式粉饰财务报表。根据 2021 年上市公司的治理报告显示，海航系存在股东及关联方非经营性资金占用、未披露担保等问题。

其一，非经营性资金占用。一是关联方大量无偿拆借上市公司及并表子公司的资金。二是上市公司借款被关联方统筹使用。例如海航控股贷款资金到账后被关联方实际使用，海航基础及其公司以及子公司为海航集团偿还到期银行贷款。三是为关联方融资提供担保，在债务逾期后履行担保义务，实现银行资金转移至关联方。四是海航系关联方代上市公司收款并将款项据为己有。

其二，违规担保且未履行信息披露义务。海航系上市公司及其并表子公司普遍存在为海航系成员企业违规担保的情形。例如，海航基础股东及关联方在未经公司董事会、股东大会审议同意的情况下，擅自以海航国际旅游岛开发建设（集团）有限公司为海航集团有限公司提供 13.01 亿元担保，为海航实业集团有限公司提供 20 亿元担保。且上述担保行为未履行信息披露义务。

其三，涉嫌转移和掏空公司资产。一是往来款减值。例如，对融资租赁业务形成的长期应收款进行减值实现资产的转移。二是投资类资产和存货减值。经过关联交易之后形成大量的交易性金融资产、债权资产、股权资产、存货。后期通过非真实贸易、股权减值、资产减值、不良资产处置等方式将上述债权或资产核销，从而实现资产的转移。例如，上市公司投资关联方控制的未有实质生产经营业务的公司，或者投资不良资产率高、存在大量抵押担保事项的公司，使投资的股权价值可能面临较大的减值风险。三是向实际控制人大额分红。

（五）控股金融机构作为融资工具

财务危机爆发前，恒大集团金融板块有盛京银行、恒大人寿和恒大财富等公司。海航集团则有前渤海信托、渤海人寿、联讯证券、华安财险等公司。

大型企业集团通过隐秘手段实际控制金融子公司。通过表决权委托、关联关系、一致行动人约定、资产代持、股权代持、抽屉协议等方式突破监管限制，实际控制金融企业。与控制的金融子公司存在大量资金往来。海航系渤海人寿官网披露 2020 年年报显示，其面临较大信用风险，主要原因是大量资金投入海航系。一是通过自主持仓债券形式购入海航系发行的公司债；二是通过信托或者资管计划等非标形式向海航系公司提供资金。财新报道显示，盛京银行与恒大集团的关联交易金额超过 1000 亿元。为了防止恒大财务危机蔓延至盛京银行，2022 年 6 月至 9 月，沈阳市国资委所属企业受让了恒大集团所持有的盛京银行股份。2022 年 11 月，盛京银行起诉恒大集团，起诉书显示恒大集团未按期归还盛京银行贷款 325.95 亿元。

所属财富公司涉嫌自融甚至是非法集资。2020 年，湖南省长沙市雨花区打非办发布的风险提示，恒大集团旗下恒大财富等公司在未取得金融业务资质的情况从事融资业务，涉嫌非法集资。2021 年 9 月，恒大财富 400 多亿元理财产品出现兑付危机。海航集团利用大集金服、前海航交所等 10 多家互联网平台发行理财产品进行融资。目前这些平台发行的理财产品全部“暴雷”，相关债权申报规模超过 300 亿元。

（六）利用各种手段规避监管

一是内保外贷。为了将资产转移至国外，大型企业集团可能通过外贷形式向国外转移大量资产。具体方式有虚假贸易担保、保理、银行保函等。以保函为例，境内企业通过申请开立融资性保函，为境外关联企业虚假贸易提供担保，并将等额定期存单作为质押。由于足额抵质押，境内银行没有足够的动力按照规定对资金用途和担保履约可能性进行严格的尽职调查。基于保函，境外关联企业获得境外银行贷款。贷款到期后，关联企业将资金转移后宣布违约，境内担保银行扣划境内企业质押的定期存单，从而实现资金违规出境。

二是商业承兑汇票。为了满足“三道红线”中净负债率不高于100%的要求，恒大集团利用商业承兑汇票将有息负债变为经营负债。由于恒大集团处于产业链优势地位，将原本利用贷款支付上下游供应商的货款，改为用商业承兑汇票支付，其大量负债从银行端转移至上下游供应商，从而实现有息负债的降低。

（七）财务危机初期与金融机构合谋掩盖风险

部分金融机构对大型企业集团融资行为大开绿灯，审核机制流于形式，未进行实质性的贷前调查、贷中审查和贷后检查。风险控制浮于表面，导致抵押物价值高估、质押债权悬空、重复质押等问题频出。金融机构无视民间借贷和有关非法集资信息违规放贷；投后管理形同虚设，允许贷款多次展期，且不上报征信系统；为了掩盖不良资产，在财务危机初期帮助大型企业集团掩盖风险，与企业合谋将不良资产转入表外。

三、大型企业集团财务危机审计预警模型的构建和应用

（一）有关财务危机的审计预警需要关注的指标

1. 常规指标。

常规指标判断标准主要参考财务管理的一般经验。主要关注大型企业集团的偿债能力、运营能力、成长能力、盈利能力。其中偿债能力使用两个指标衡量，分别是净利润有息债务覆盖比率、货币资金/（负债—预收款项）；运营能力使用总资产周转率衡量；成长能力使用净利率增长率衡量；盈利能力使用本期资产税前利润率衡量。

2. 特别关注指标。

特别关注指标需要通过综合分析、交叉对比和专业判断获取，指标判断标准依靠审计人员经验。主要有10个指标：（1）子公司其他应收款占流动资产比例。比例越高表示子公司所融入的资金由集团统一进行调配可能性越大。海航集团旗下某控股公司2016年第三季度资产负债表中其他应收款账面余额占流动资产比重达近五成，这主要是与内部关联企业之间的往来款，存在资金在内部统一调配的特征。（2）少数股东权益和长期股权投资。主要用来测算大型企业集团表外负债规模。通过对比企业少数股东损益/净利润比率、少数股东权益/所有者权益比率来判断表外负债情况，如果两者之间数值长期存在较大差异，说明少数股东权益的分配方式与企业正常利润分配方式不同，此时企业存在表外负债的可能性较大。（3）不计入表内的金融产品。大型企业集团的表外金融产品往往是与违规自融和非法集资行为相关联。需要核实是否存在通过财富公司、互联网平台、金交所以及其他类私募金融产品融资的行为。（4）企业有息负债。有息负债主要来自金融机构借款，这是金融风险从实体传导向金融体系的纽带。大型企业集团通过银行信贷等种类繁多的方式融资，形成大量有息负债，从而使大型企业集团与金融体系高度联结，并具有一定的系统重要性。一旦破产清算将造成区域性甚至系统性金融风险。（5）资金流动性情况。虽然大型企业集团具有清偿能力，但如果无法及时利用自身持有的资金（例如货币资金受限），或获得足够的自由资金（例如资产无法及时出售）偿还到期债务，也会造成财务危机。（6）融资结构和成本。如果大型企业集团无法通过价格相对便宜的债券融资，而是使用大量成本高昂的非标债权、永续债等方式融资，表明企业可能存在财务危机的苗头。（7）不良资产转移到表外的情况。通过与实际控制的子公司、项目公司、联营公司、合营公司进行交易，将不良资产转移至不纳入合并报表的特殊目的实体，形成应收账款或者其他应收账款之后进行减值或核销，从而掩盖企业实际经营情况。（8）股票股权质押情况。质押上市公司股票或者非上市公司股权是大型企业集团重要的融资手段，股权质押比例越高，财务风险越大。（9）担保以及隐性担保情况。大型企业集团为粉饰财务报表，经常通过实际控制的非上市子公司融资，这些子公司资信较差，金融机构往往要求大型企业集团提供显性或隐性的担保。大型企业集团担保金额越大，其财务风险越大。（10）利润分配情况。如果存在长期不分配利润的情况，可能是因为大型企业集团存在利润造假，无实际可分配的利润，账面上体现为未分配利润在所有者权益中占比过高。如果长期高频率高比例分红，可能是因为实际控制人通过分红掏空企业或者是通过股权对赌协议形成明股实债。

（二）审计预警模型构建

审计预警模型的独特优势在于，通过审计挖掘出被预警对象的深层次关系和信息，综合审计人员的经验，从而全面精确地描述大型企业集团风险（姜秀华等，2001；杨淑娥等，2003）。

首先参照评级指标，设置3个档次和9个级别（有关档次和级别设置方法可以向作者索要）。然后设置相应的指标（如表2所示），并将模型测算出来的值映射到各个档次。表2的指标由定量指标、定性指标和例外调整事项组成，其中例外调整事项可视情况向下或向上调整等级。

（三）财务危机预警模型的应用与检验

一般而言，指标权重基准值为5%。其中，对前文分析引发大型企业集团财务危机具体原因相关指标权重高于基准值，赋予6%的权重。因为偿债能力使用净利润有息债务覆盖比率、货币资金/（负债-预收款项）等两个指标，所以权重分别为2.5%。由于存在审计意见购买的可能性，赋予财务报表审计情况权重为2%。受限货币资金与担保以及隐性担保存在一定的联系，因此将其权重确定为3%。未分配利润可能与财务造假有关，也有可能与掏空公司有关，在两个指标均存在的情况下，将其权重确定为4%。

表2　大型企业集团财务危机审计预警模型指标体系

	因子	占比	得分	计算公式或指标
定量指标	齿轮比率	5%	5	（一年内到期的长期负债+应付票据+短期借款）/所有者权益（或股东权益）合计
	净利润有息债务覆盖比率	2.5%	2.5	净利润/有息债务
	货币资金/（负债-预收款项）	2.5%	2.5	货币资金/（负债-预收款项）
	总资产周转率	5%	5	企业销售收入净额/资产总额
	净利率增长率	5%	5	当期净利润-上期净利润/上期净利润×100%
	本期资产税前利润率	5%	5	利润总额/资产总额
	子公司其他应收款占流动资产比例	6%	6	其他应收款/流动资产
	受限货币资金占比	3%	3	受限货币资金/货币资金
	表外股票股权质押	5%	5	股权质押融资/总负债
定性指标	表外负债测度	6%	6	少数股东权益、资产证券化
	负债规模、结构与成本	6%	6	负债类型、杠杆比例和成本
	资产转移核销情况	6%	6	资产证券化规模、不良资产处置规模、资产核销和减值情况
	违规从控制的金融公司融资	6%	6	金融板块自融和关联交易情况
	担保以及隐性担保情况	6%	6	对外担保和承诺情况
	财务报表审计情况	2%	2	审计意见
	相关子孙公司、项目公司、联营公司、合营公司情况	5%	5	公司层级
	国家宏观政策、产业政策和有关金融监管规定	5%	5	宏观政策和监管友好程度
	未分配利润情况	4%	4	未分配利润/所有者权益

续表

	因子	占比	得分	计算公式或指标
例外调整事项	信用记录	5%	5	公司、股东和实际控制人信用状况
	重大事项	5%	5	涉及重大诉讼；非法融资行为；管理层违法犯罪；行业政策及行业情况；频繁更换审计事务所；财务造假；外部信用评级
	外部支持事项	5%	5	母公司/集团/股东支持、外部企业支持、政府支持

根据上述分析和建立的模型，将海航集团和恒大集团有关数据输入模型。结果显示，恒大集团得分为42分，海航集团得分为38分，发生财务危机可能性较大。其中，恒大集团为CCC，海航集团为CC，与实际较为吻合。

（四）审计预警发挥作用需要重点查核的事项

厘清大型企业集团关系。对大型企业集团做好审前研究，一是找出企业与企业之间的关系，包括大型企业集团设立或者实际控制的特殊目的实体、联营企业、关联企业。二是核实关键人员身份信息。有利于公司发现企业和企业之间的关系。三是弄清人员和企业之间的联系。找出企业之间关系、关键人员的身份信息，以及企业和人员之间的联系是审计工作的基础，他们之间的关系往往具有一定的复杂性和隐蔽性，因此审计人员要抽丝剥茧，做好大型企业集团“画像”。

梳理出大型企业集团表外负债和不良资产。根据梳理出大型企业集团控制的特殊目的实体、关联企业等，通过核查有关少数股东权益、长期股权投资、担保、股权回购协议等科目或事项，排查内部关联交易情况，找出大型企业集团隐藏的债务和转移的不良资产。

查核大型企业集团所属公司股权股票质押情况。一是查核上市公司的股票质押是否满足资产流动性、股票质押率、股票质押贷款额度监管要求。二是非上市公司股权质押是否满足押品真实存在、抵质押率、押品估值等监管要求。

分析大型企业集团经营金融化的合法合规性。一是分析大型企业集团自身经营模式金融化情况，即经营的资金是否主要来自借款，经营的方式是否主要是投资和并购，经营的特征是否高杠杆。二是集团内部的金融板块经营情况。关注是否存在通过一致性行动人或者代持股份、空壳公司控制金融机构的行为；集团是否存在通过控制金融机构融资的情况。三是关注旗下企业互联网融资平台、财富管理公司等是否存在自融和非法集资的问题。

摸排大型企业集团通过关联交易等方式转移和核销资产底数。一是资金被关联方占用情况。着力发现关联方是否无偿拆借公司及并表子公司的资金；借款是否被关联方统筹使用；关联方是否代公司收款并将款项据为己有。审计过程中要特别关注预付款、应收账款、其他应收款减值的理由。二是关注实际控制人投资形成的股权、债权、交易性金融资产的减值和转让情况，是否存在高价购买后核销或者以不良资产名义低价处置。关注购买的存货、无形资产以及并购形成的商誉减值情况。三是关注大型企业集团是否通过内保外贷等方式向海外转移资产。

查清大型企业集团体系内的担保抵押行为。一是查清大型企业集团成员企业相互担保和对外担保情况。二是关注违规担保的问题。主要核查是否经过合法程序和及时披露。

四、几点建议

（一）建议财政部修改完善会计准则和信息披露制度，补齐财务造假漏洞

安然财务造假事件之后，为了强化会计信息的可信度，美国国会2002年7月通过了《萨班斯法案》（Sarbanes-Oxley Act of 2002），法案要求上市公司在财务报告中披露所有表外融资。美国证监会（SEC）、财务会计准则委员会、美国注册会计师委员会均针对企业表外融资进行了规定。

建议财政部研究资产负债表外融资行为和特殊目的实体的会计处理办法，完善信息披露制度，堵塞财务造假漏洞，在财务报告中披露全部表外

债务和不良资产。

（二）在审计中着力揭示财务造假、虚假去杠杆和债务风险等问题

审计机关在对股权结构复杂、扩张速度快、杠杆高和负债规模大的企业进行审计时，应当重点查核以下事项。

股权结构和财务造假方面。当前不少大型央企也设立了名目众多的子公司和合伙公司，形成了庞大而复杂的企业组织结构，为其将负债和亏损转移至表外提供方便。第一，揭示巨额表外负债情况。主要核查金融机构（资管产品）入股大型国企并表子公司形成的长期股权投资科目，非标形式的永续债权，以及非并表子公司、合伙企业少数股东权益等科目。第二，揭示虚增收入等问题。主要核查关联方直接对倒或通过第三方间接对倒虚增企业营业收入的行为。第三，揭示隐藏亏损和虚增利润等问题。

虚假去杠杆方面。民营企业面临金融严监管和“三道红线”等去杠杆要求，而国有企业则有资产负债率考核目标。因此，有动力使用永续债（权）、股权对赌协议、明股实债等夹层金融工具降低负债率。当前，标准化的永续债券已引起监管部门高度关注，但非标形式的永续债权（永续信托计划、永续保险债权计划等）还存在监管漏洞，有监管套利的空间。

公司治理方面。公司治理失效容易产生廉洁风险。关注通过大量关联交易后，以减值、核销和处置不良资产等方式或名义将资产转移至相关利益方的行为。此外，也要揭示违规为民营企业担保，承接民营企业风险的情况。

与民营企业合营方面。一是摸清合营企业实际控制人。二是揭示国有企业放任合营企业滥用国有企业信用，充当甩手掌柜的问题。

大型企业集团债务风险方面。将在金融机构存在较大风险敞口且融资手段复杂多样、形成巨额债务的大型企业集团作为重点审计对象，从整体并表风险管理角度全面系统揭示大型企业集团真实债务风险。

（撰稿人：张强）

【永续债与国有企业资产负债管控研究】

摘要：永续债被认为兼具“股性”和“债性”的特征，目前的会计处理中基本被计入企业权益工具，但是从发行情况看，其本质应该是金融负债。本文以公开市场中国有企业发行的永续债作为样本，从永续债的主要特征、特殊赎回条款、会计处理原则等方面入手，在分析永续债的本质和国有企业永续债的存量及总量基础上，对可能的风险隐患进行了研究，并提出了相关的政策建议。总体来说，完善永续债的会计处理以及防范永续债风险将成为两项重点工作。

国有企业开展去杠杆和资产负债管控工作，能够防范经济风险，间接促进控制宏观杠杆率，推动经济社会平稳运行。近年来，永续债成为国有企业去杠杆的重要金融工具，对其会计处理和监督管理也在不断完善。在国有企业基本完成去杠杆任务的情况下，如果不出台新的调控举措，未来一段时间，永续债可能会进入平稳发展的周期，完善永续债的会计处理以及防范永续债的风险将成为两项重点工作。

一、明股实债的永续债

在国有企业存量永续债的会计处理中，有98.30%的债券都被计入权益工具，仅有1.70%被计入金融负债①。而从永续债的主要特征、特殊赎回条款、会计处理原则等方面来看，永续债更加符合债务相关的特征和属性，因此，永续债的本质是明股实债。

（一）永续债更加符合金融负债的相关特征

随着金融市场的发展，金融工具不断创新，会计确认问题日益突出，以其主要特征进行划分能够更真实地反映其本质（章颖薇等，2015）。将永续债与金融负债、权益工具进行对比，从是否有固定期限、偿还时间、票面利率、偿付顺序、是否需要担保等主要特征上进行比较，永续债的大多数特征更符合金融负债的属性（如表1所示）。

① 如无特殊说明，本文涉及的数据均来源于Wind资讯。

表1 永续债主要特征对照

金融负债		永续债	权益工具	
主要特征	一致性	主要特征	一致性	主要特征
有固定期限	√	无固定期限，但大部分都采用“3+N”年和“5+N”年两种期限类型，发行规模占比达到93.43%，其余期限发行规模合计占比不到7%	×	无固定期限
到期偿还	√	发行人有权进行赎回，若不赎回面临利率跳升，大部分到期后都会偿还。目前，国有企业发行的永续债仅有31只选择了展期，其他债券都选择在利率跳升前偿还	×	不赎回
票面利率	—	高票面利率。永续债的发行初期票面利率比一般债券高2%左右，近几年，票面利率有所下降，大部分债券比一般债券高1%左右	—	分红
偿付顺序	√	大多数永续债与一般债券具有相同的偿付顺序	×	清偿顺序在普通债券后
需要担保	×	一般不需要担保，但不排除“暗箱”担保	√	—

（二）特殊赎回条款的增加使永续债表现出更强的债务属性

权益工具的特点是长期性和稳定性，即没有约束条件下的长期持有。但是，从国有企业永续债的信息披露来看，已经完全颠覆了类似的长期性和稳定性，特殊赎回条款在不断增加，使得永续债并没有一直持续，由于融资成本的原因，企业有较大动力在首个赎回日就进行赎回（吴辉，2017），从相关条款的内容来看永续债更像是利率高一点的普通债券（如表2所示），而永续债的价值恰恰也体现在此，类似于普通债券却可以不计入负债科目，结构简单且投资者群体更加广泛，能够有效地降低资产负债率（张继强等，2013；王旭光，2018）。

表2 永续债特殊赎回条款的有关内容

序号	条款类型	有关内容
1	利率跳升机制	在国有企业存量的1539只永续债中，几乎全部债券都有利率跳升机制（仅1只债券未包含利率跳升），有1484只债券在利率到期后跳升300BPS，其中有945只债券的期限是3+N，即有61.40%的债券会在3年后到期提前偿还，这也是近几年债券市场中永续债最常规的操作
2	偿付顺序	在国有企业存量的1539只永续债中，有1153只债券的偿付顺序为普通，占比74.92%，有386只债券的偿付顺序为次级，占比25.08%。永续债作为权益工具，其偿付顺序应该次于一般债，但实际情况是，绝大多数永续债与一般债券具有相同的偿付顺序
3	交叉违约保护条款	交叉违约保护条款是如果债券债务合同中的债务人在其他贷款合同项下出现违约，则也视为对本合同的违约，这显然是债务条款，而非权益条款。在国有企业的存量永续债中从2020年后陆续包含交叉违约保护条款（2020年57只，2021年70只），其有可能会成为接下来发行永续债的主要条款内容之一
4	会计准则变更或其他政策变化	在国有企业存量的1539只永续债中，有786只债券包含会计准则变更或其他政策变化条件下有权进行提前赎回，如“若未来因会计准则的变更或更新而影响公司在合并财务报表中将本次发行的债务融资工具计入公司权益时，发行人有权对本次发行的债务融资工具进行赎回”。包含此条款是国有企业对未来政策的预估及自身权益的保护，从侧面印证了对永续债可能进行重新分类的担忧

续表

序号	条款类型	有关内容
5	回售条款	如果存在回售条款，即投资人有权选择回售永续债，则表明发行方偿债意愿更加强烈。在存量永续债中，共有52只债券具有回售条款，其中2018年1只、2019年6只、2020年18只、2021年27只。虽然，总体占比并不高，但从趋势上看，包含回售条款的债券数量正在不断增加

（三）会计处理原则中的判断标准模糊使永续债未来可能面临重新分类为金融负债

从2013年武汉地铁发行第一只永续债以来，对于永续债的会计处理准则及其实务操作一直在探索和完善。现行规定主要依据到期日、利率跳升和偿债顺序等方面判断永续债属于权益工具还是金融负债，通过诸多的严苛条件，避免不符合条件的永续债被计入权益工具，但这些限制很容易被模糊的表述所稀释，规定中多次出现"谨慎判断""谨慎分析""审慎考虑""严格执行"等措辞，这意味着判断永续债的主动权都让渡给了发行方，造成发行方通过设置诸多条款的形式掩饰永续债的债务实质而计入权益工具（罗勤，2017；刁安红，2020；赵长利，2022）。规定中以发行方是否自主决定赎回永续债作为判断合同义务的标准，即只有发行方自主掌握是否赎回才符合权益工具的标准，但实际发行中利率跳升机制的存在，永续债续期必然面对高额的财务成本使发行方不得不提前赎回，已经违背上述标准，不应该计入权益工具。随着永续债发行规模的不断扩张，会计处理原则存在变化的可能性，而一旦政策趋紧，国有企业的永续债面临重新分类为金融负债，其降低杠杆的作用则会消失，并且会影响企业的再融资，进而产生流动性风险。自2019年开始，发行方已经意识到可能面临的重新分类风险，在永续债的公告信息中开始出现对会计准则或其他政策变化的预估条款，即如果发生重新分类风险发行人有权提前赎回永续债，在2020年、2021年包含该条款的债券数量占当年发行债券数量的比例均在60%左右（如图1所示）。

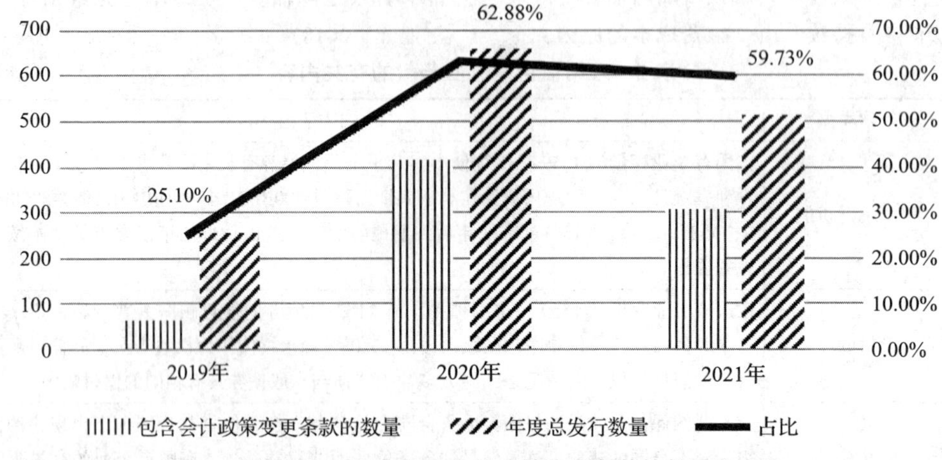

图1　发行的永续债中包含会计政策变更条款的数量及占比

二、永续债的发行规模和可能的风险隐患

近年来，国有企业永续债的发行数量和发行金额不断增加，2020年度发行金额接近1万亿元，虽然受到外部宏观环境的影响，在2021年发行规模有所下降，但存量规模依然超过2万亿元。随着利率跳升期限的到来，在未来几年反而面临较大的高杠杆风险、偿付风险、融资成本风险、信息披露风险。

（一）2015年之后发行规模不断增加，未来可能进入平稳发展周期，但存量规模依然庞大

自首只永续债发行后，国有企业永续债发行数量和发行规模呈现不断增长趋势，分别在1个时间点和1个时间周期呈现了爆发式增长。如上文所述，2015年的发行金额相比2014年增长了

287.67%，之后的2016年、2017年发行规模与2015年相当。2018年9月，中共中央办公厅、国务院办公厅印发的《关于加强国有企业资产负债约束的指导意见》提出“推动国有企业平均资产负债率到2020年年末比2017年年末降低2个百分点左右”。2018年、2019年、2020年永续债发行金额不仅与之前年度相比有大幅度增长，并且还呈现了逐年增加的趋势，与2017年相比分别增长了46.97%、92.86%、173.81%。永续债的规模有总量和存量两个概念，由于永续债主要采用2+N、3+N、5+N等发行期限，而利率跳升一般都是300BPS，类似于惩罚性条款，实际操作过程中大多数国有企业都会在2年、3年、5年的时间节点提前偿还，不会使债务一直持续。因此，从2013年发行永续债后，2016年开始就有永续债陆续到期偿还，图2显示了存量永续绩的数量及金额。2013年发行的永续债均已偿还，因此图2中2013年已经没有存量永续债，2018年之前的大部分永续债也已偿还。在2020年新冠肺炎疫情暴发后，全球经济增速放缓，全球贸易往来减少，我国经济出现了一定程度的下滑，国有企业在完成有关资产负债管控目标后，永续债的发行有收缩的迹象。从存量规模来看，2021年永续债在发行数量和发行规模开始呈现下降趋势，发行数量环比下降22.12%，发行金额环比下降33.83%，该年度呈现供小于求的状况，进入净偿还周期。但是这一下降趋势不具有典型性和持续性，在未来的永续债陆续到期后，如果没有其他金融工具的创新，国有企业大概率会通过继续发行新的永续债来偿还到期债务，如果仅从2022年1月至6月的数据来看，发行数量同比增加64.24%，发行金额同比增加64.05%，已经达到2020年的同期水平，发行数量、发行金额是2020年1月至6月的105.47%、93.85%。

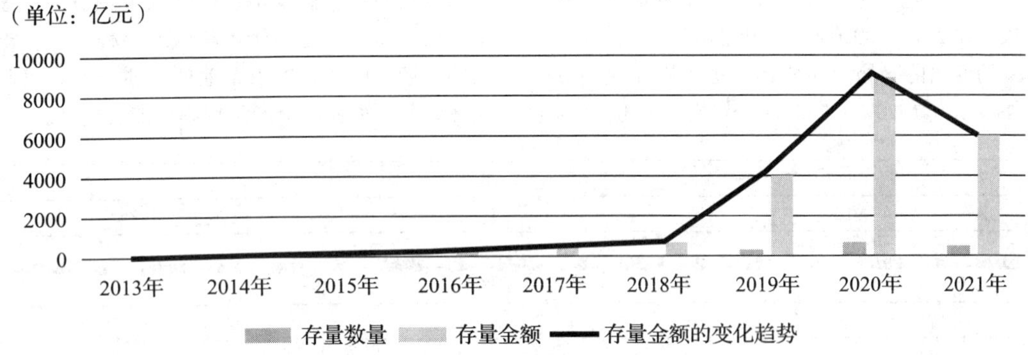

图2　永续债发行存量及金额存量

（二）通过永续债美化资本结构，掩盖真实的财务杠杆

1. 永续债的发行集中在每年的第四季度。

2018年9月，中共中央办公厅、国务院办公厅印发《关于加强国有企业资产负债约束的指导意见》中提出，“推动国有企业平均资产负债率到2020年年末比2017年年末降低2个百分点左右”。该规定要求降低资产负债率，考核工作的时间节点是“年末”，这直接推动了国有企业在年末必须完成上述指标要求，而在第四季度集中发行永续债也成了完成指标的主要方式之一，2020年和2021年这两年第四季度都是当年发行数量、发行金额最高比例的时间周期（如图3所示）。2020年第四季度发行数量和发行金额占当年的比重分别是37.58%、38.79%，2021年虽然整体债务规模缩小，但第四季度仍然是全年发行数量、发行金额占比最高的季度，比重分别是41.05%、39.36%。从月份来看，12月都是当年发行数量、发行金额最高的月份，2020年12月、2021年12月发行数量占当年的比例是12.80%、18.80%，发行金额占当年的比例是12.53%、17.68%。

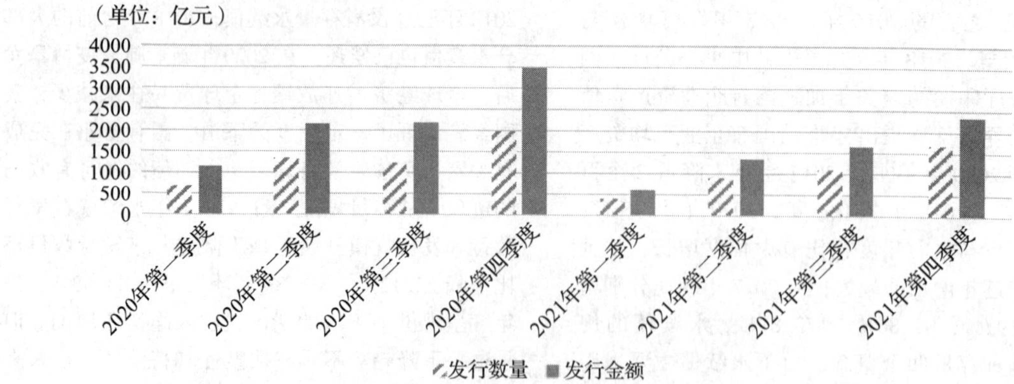

图 3　永续债按季度统计的发行数量和发行金额

2. 假设永续债计入金融负债企业资产负债率将高于考核线。

以中央企业永续债存量最大的建筑与工程行业为例，选择债券发行数量前三名的 A、B、C 上市公司作为一个整体进行研究。假设上述整体样本中发行的永续债均计入金融负债而不是计入权益工具，在 2018—2020 年这一时间范围内，资产负债率的变化情况如图 4 所示，每年增加资产负债率 1.47%、1.20%、2.39%，与资产负债率的变化趋势相对应，永续债每年发行金额分别为 414.5 亿元、394.6 亿元、901.5 亿元。国务院国资委对该行业的考核指标是资产负债率低于 75%，对于研究样本而言 2020 年发行永续债相比 2019 年增加了 128.46%，才实现了资产负债率低于 75%的目标，假设永续债计入金融负债，该样本的资产负债率将高于考核线。另外，因上市公司的资产一般均是中央企业的优质资产，以此推测建筑与工程业的资产负债率可能会更高。

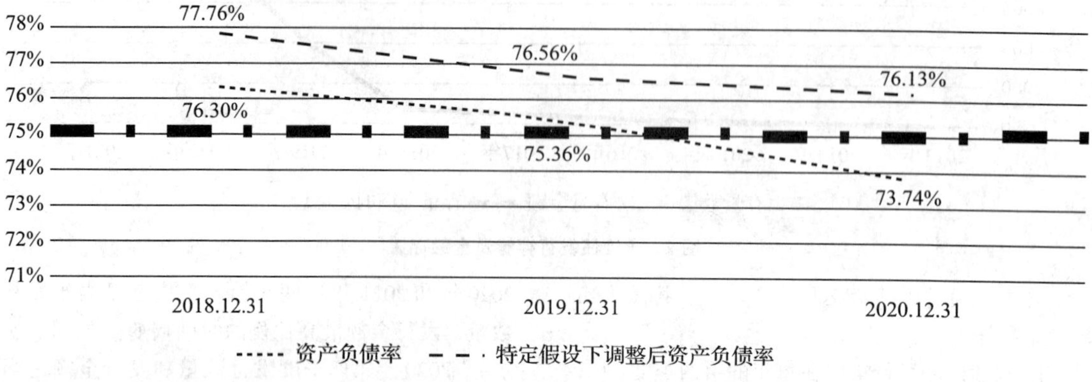

图 4　特定假设下资产负债率的变化情况

（三）“雪球效应”不断堆积，“以债养债”能否持续存在不确定性

1. 永续债的发行和偿还呈现三年周期循环的特点，2022—2024 年的偿还压力较大。

在永续债的发行过程中，采用 3+N 的发行期限最多，比例达到 63.55%，国有企业基本都会在三年到期后选择赎回，赎回资金大多数是通过发行新的永续债，也就是说，永续债的发行和偿还呈现了比较明显的三年一个周期的特征，从图 2 可以看出 2013—2018 年的大部分永续债均已被提前偿还，而 2019—2021 年的存量永续债会陆续面临利率跳升（如图 5 所示），2022—2024 年，合计金额分别有 5200 亿元、8765 亿元、5271 亿元，国有企业大概率都会提前进行偿还，而这一时间周期内偿还金额超过 1.92 万亿元。对于国有企业而言，如果不赎回则会在未来面对更高的财务成本，但如果提前赎回，要么发行新的永续债，承担更高的融资成本，要么以现有的资金进行偿还，压缩资金流动空间。特别需要关注的是，从 2013 年开始永续债已经经历了 3 个三年周期，通过不

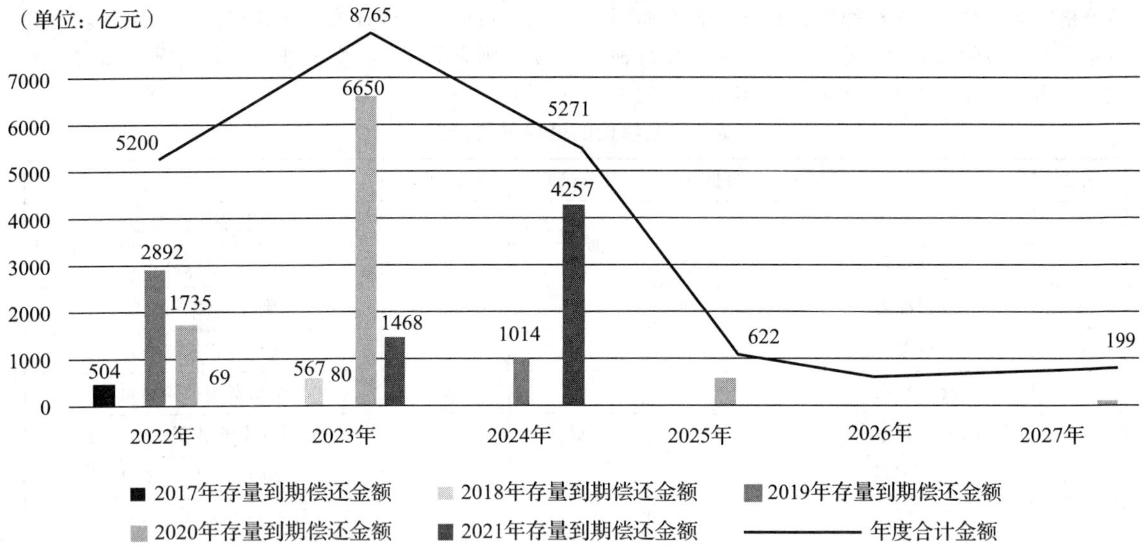

图5　永续债未来的偿还规模

断发行新债券偿还旧债券，融资成本和流动性风险也在逐渐累积，还需要防范“雪球效应”。

2. “以债养债”是否能够持续存在不确定性。

2013—2018 年的存量永续债绝大多数已经偿还，偿还比例达到了 90.89%（按上文三年一个周期，该时间段包含了 2 个三年周期），在 2018 年之后的发行公告中，较多的发行公告会直接披露该年度发行的永续债被用来偿还某一年度的某只永续债，存在“以债养债”的现象。但是，在当前的宏观背景下，加之会计政策面临潜在变化的情况下，未来永续债是否会设置更加严格的发行条款，甚至永续债是否还能计入权益工具，是国有企业不得不面临的现实问题，未来是否还能继续“以债养债”，以及如果不得不提前偿付所带来的流动性不足，都可能带来较大的不确定性和经营风险。

（四）增加融资成本，稀释国有资本经营收益

在国有企业发行永续债的过程中，不仅增加了融资成本，降低了再融资能力，加大了财务风险，还稀释了国有企业的经营利润（杨有红，2020）。仍然以上文提及的 A、B、C 等 3 家上市公司这一整体样本为例，假设永续债按照同期发行的 3 年期和 5 年期普通债券的平均利率（发行利率数据来源于中国货币网）进行计算，B 上市公司在 2019 年、2020 年分别能够节省财务费用 0.31 亿元、1.44 亿元，C 上市公司在 2018 年、2019 年、2020 年分别能够节省财务费用 0.66 亿元、1.07 亿元、3.39 亿元。同时，由于永续债被计入权益工具中，所发生的全部利息费用，即非强制付息需要计入利润分配，这也意味着本应分配给股东的利润会被永续债的利息所稀释。B 上市公司在 2019 年、2020 年的永续债利息费用分别为 7.47 亿元、5.27 亿元，C 上市公司在 2018 年、2019 年、2020 年的永续债利息费用分别为 6.51 亿元、7.33 亿元、19.64 亿元。

（五）国有企业发行永续债的相关信息披露不够充分

国有企业在发行永续债的过程中，由于其信用评级较高，成为市场发行的主要主体，因而也降低了其充分披露信息的积极性，形成对投资者的信息不对称。与特殊赎回条款的不断增加相比，发行公告的信息内容相对较少。目前永续债并没有明确的关于信息披露的强制性规定。如果以信息披露相关规定较为完备的优先股作为参照进行对比，证监会出台的优先股有关规定包括《公开发行证券的公司信息披露内容与格式准则第 32 号——发行优先股申请文件》《公开发行证券的公司信息披露内容与格式准则第 33 号——发行优先股预案和发行情况报告书》《公开发行证券的公司信息披露内容与格式准则第 34 号——发行优先股募集说明书》，这些规定的相关内容涉及发

行价格、发行对象、发行种类等 16 个方面。而国有企业发行的存量永续债除了发行价格、发行种类、赎回方式等方面进行了充分披露之外，关于发行对象、发行方式、交易费用、初始利差、定价原则等多个方面都未进行充分披露（如表 3 所示）。

表 3　永续债的信息披露情况

序号	披露类型	充分披露	部分披露	未披露	主要特征
1	发行价格	√			发行方明确披露发行价格
2	发行对象			√	发行对象披露不足
3	发行种类	√			明确披露债券的类型
4	发行方式			√	发行方式披露不足
5	交易费用			√	交易费用披露不足
6	发行利率		√		发行利率的披露不够充分
7	初始利差			√	初始利差披露不足
8	定价原则			√	定价原则披露不足
9	利息发放方式	√			明确披露利息发放方式
10	赎回方式	√			明确披露债券的赎回方式
11	具体的使用用途		√		使用途径披露不够充分
12	偿债顺序	√			明确披露偿债顺序
13	是否担保	√			明确披露是否担保
14	会计处理及依据		√		会计处理披露不够充分
15	税务处理及依据			√	税务处理披露不足
16	发行风险分析			√	发行风险分析披露不足

三、对策建议

杠杆管理是国有企业生产经营和财务活动的重要方面之一，需要国有企业从内部管理中开展自我约束和提质增效，降低存量负债，盘活存量资产，提升经营效益。在国有企业内部管理的基础上，还需要加强外部的监督管理，完善有关机制。另外，对于永续债的发行、偿还、风险等问题的探讨，都离不开一个基本问题：现有条款下的永续债到底是金融负债还是权益工具？如果仅仅是完成了去杠杆的指标任务，而并没有实际降低国有企业的杠杆率（许晓芳、陆正飞，2020；南晓莉、段胜英，2022），需要发行方、监管方关注和反思，使“跑偏”的永续债回到正常轨道中。

（一）按照实质重于形式的原则进一步明确永续债的会计处理规定

随着永续债规模的不断扩大，从政策视角来看，建议严格界定永续债作为权益工具进行处理的标准。一是设置利率跳升和最高利率的具体范围，现有的规定并未设置上述内容，其后果就是为避免过高的财务成本，大部分国有企业都会选择不延期而提前赎回永续债，由此明显违背了永续债的设计初衷，在会计处理上自然就应该计入金融负债而不是权益工具。如果让永续债回归权益工具的本质，第一步就应该设置合理的利率跳升的范围，以及多次续期后的最高利率。从债券设计常识和国际通行经验两个方面来进行对比分析，从而确定合理的范围。二是明确永续债的偿债顺序，现有规定中“审慎考虑”是否能够导致合同义务的履行，很容易产生误解，并造成重新分类的风险。建议在规定中明确永续债的偿债顺序优于股权，次于普通债券。三是严格限制交叉违约保护条款和回售条款，这两个条款内容都带有明显的债务属性，不应该作为权益工具相关的条款设计。因此，建议在准则中限制交叉违约保护条款和回售条款的使用，或者在发行过程中对于其作出详细解释和说明。

（二）合理控制国有企业的永续债发行规模，防范风险

在永续债的发行和融资过程中，可能面临短期偿债金额大、批量赎回、未真实反映负债状况等而产生的流动性风险，因此建议国有企业在永续债的发行中，控制发行规模，防范风险。一是从长远考虑永续债的发行规模，对永续债的发行期限批次间隔等因素作出合理的设计和规划，避免债券在某一时间集中到期、集中偿付，影响国有企业流动性。二是优化债务结构，从目前国有企业发行的永续债数量和规模来看，永续债更多的是在短期内降低了财务杠杆，并没有明显提高国有企业的盈利能力，实质性解决资产负债率过高的问题，反而要承担更高的融资成本并在到期后大量赎回，需要从长远考虑优化国有企业的债务结构。三是创新其他融资工具，压缩永续债债务规模。通过创新其他融资工具，拓宽融资渠道，加大直接融资比重。包括上市增发、引入战略投资者、加大混改力度、加强国有企业兼并重组或资本合作等方式进行股权融资。不断完善债转股工作，在前期市场化法治化债转股探索工作的基础上，对市场前景好、转股意愿强的国有企业创新转换方式，不断推进债转股工作。对于国有企业而言，从根源上解决资产负债率过高的问题，核心是改善生产经营活动，摆脱对金融工具的依赖，增加自身盈利能力，通过内源性资金增加流动性。

（三）完善国有企业资产负债管控制度，分行业分企业细化资产负债管控目标

目前国有企业的资产负债管控还不够细化，缺少明确的资产负债管控制度。建议不仅控制负债率还要控制负债规模，根据国有企业的行业属性，功能类型等因素，在现有分类管控的基础上进一步细化分类，设置一定的杠杆率预警线或监管线，在国有企业领导人员考核工作中设置明确的权重和分值，对超过预警线或监管线的国有企业进行重点监控，防止国有企业的过度融资、虚假去杠杆。在管企业向管资本转变的过程中，更加需要强化出资人的保护意识，提高国有企业资本利用率、竞争力等，避免形式主义的会计指标造假，使国有企业资产负债率保持在合理范围内。

（四）强化永续债信息披露要求，增强市场透明度

在永续债的信息披露方面，目前还没有明确的规定，因此国有企业并没有详细披露发行信息的义务，以及完善信息披露机制的动机，造成市场中大多数企业的信息披露不完整、不规范，甚至披露内容杂乱无章。从长远来看，这既不利于投资主体之间的信息沟通，也不利于证券市场的监督管理，更不利于永续债债券市场的稳定发展。建议参照优先股等融资工具的披露规定，出台专门的规定，明确要求对永续债的发行方式、发行利率、债券资金的使用途径、会计和税务处理等信息进行详细披露。

（撰稿人：王海滨）

【规范商业承兑汇票管理使用　治理拖欠中小企业账款】

摘要：本报告针对大企业滥用商业承兑汇票拖欠中小企业账款问题，分析了滥用商业承兑汇票导致商业承兑汇票功能异化，没有达到缓解中小企业融资难的目标，反而加剧了中小企业融资难融资贵问题，并从企业和监管两个方面剖析了其成因，针对性地提出了治理大企业滥用商业承兑汇票拖欠中小企业账款问题的四点建议：严格落实《保障中小企业款项支付条例》，保护中小企业合法权益；建立与企业偿付能力相匹配的商业承兑汇票签发制度；健全商业承兑汇票市场的信用配套制度；加强对国有大型企业商业承兑汇票兑付情况、商业承兑汇票逾期风险监管的审计监督。

党中央、国务院高度重视治理拖欠中小企业账款问题。习近平总书记在2018年民营企业座谈会上明确要求纠正一些政府部门、大企业利用优势地位以大欺小、拖欠民营企业款项的行为。李克强总理多次就清理拖欠民营企业中小企业账款工作召开国务院常务会议，特别关注了商业承兑汇票可能产生的拖欠款问题。我国中小企业是国民经济和社会发展的生力军，贡献了全国60%以上的GDP、80%以上的城镇劳动就业、90%以上的企业数量，是扩大就业、改善民生的重要支撑。近年来，受国内外复杂多变的经济形势、疫情反复、市场萎缩等不利因素影响，中小企业生产经

营十分困难。大企业通过商业承兑汇票变相拖欠中小企业账款、逾期现象突出，加剧了中小企业资金困境甚至危及其生存，这成为许多中小企业心中的痛点，治理这一问题刻不容缓。

一、我国商业承兑汇票市场基本情况分析

商业汇票是出票人签发的，委托付款人在见票时或者在指定日期无条件支付确定的金额给收款人或者持票人的票据，包括由银行和农村信用合作社承兑的银行承兑汇票（以下简称“银票”），由企业集团财务公司承兑的财务公司承兑汇票（以下简称“财票”），由银行、农村信用合作社、财务公司以外的法人或非法人组织承兑的商业承兑汇票（以下简称“商票”）等。商票具有支付结算工具和融资工具的双重属性，服务中小微企业具有独特优势（宋汉光，2020）。

（一）商业承兑汇票市场整体规模超万亿元

根据上海票交所的数据，2021 年我国商业汇票市场承兑金额 24.15 万亿元，其中商票 3.80 万亿元，占比为 15.73%；承兑余额 14.98 万亿元，其中商票 2.16 万亿元，占比为 14.42%。虽然商票占比不高，但是总体规模已超万亿元，且商票是基于商业信用的短期债务凭证（杨子强、王晓青，2006），其中隐藏的风险不可小觑。从横向市场对比来看，商票承兑类似于承兑人向收票人发行短期债券，2021 年我国短期融资券发行额（0.52 万亿元）加超短期融资券发行额（4.67 万亿元）为 5.19 万亿元，商票（3.80 万亿元）占短期融资券和超短期融资券总和的比例为 73.22%，商票市场规模不小。从纵向对比来看，上海票交所数据显示 2018—2021 年商票承兑余额增速波动很大，明显大于银票承兑余额增速波动幅度。

（二）商业承兑汇票签发主要集中在国有、大型企业，头部企业商业承兑汇票承兑余额在本行业中占比较大

根据上海票据交易所《2021 年票据市场发展回顾》，“2021 年中小微企业用票企业家数达到 314.73 万家，占比 98.70%；中小微企业用票金额达到 69.10 万亿元，占比 72.19%，票据市场服务中小微企业的导向突出”。由于票交所统计的是票据签发（承兑）、背书和贴现业务的数据，中小微企业用票企业家数占比高、用票金额占比高并不代表中小微企业在商票市场中占据优势地位，本文认为应该从商票签发的企业分布情况来评价商票市场参与者市场支配力量更合适。

由于企业商票数据从公开渠道获取难度较大，本文对可获得 2021 年商票数据且商票承兑余额较大的 50 家企业进行排序，2020 年商票承兑余额高达 2052.67 亿元的恒大地产集团 2021 年数据不可得。2021 年这 50 家企业的商票承兑余额合计为 5039.55 亿元，占整个商票市场未到期承兑余额（2.16 万亿元）的比重为 23.33%，因此这 50 家样本企业具有一定的代表性，也表明商票市场集中度较高。从企业性质来看，这 50 家企业中，国有企业商票承兑余额占比为 85.78%。2021 年底，商票承兑余额排前三的企业分别是中国石油天然气集团有限公司〔635.60 亿元，占石油和天然气开采业（2 家）比重为 85.62%〕；中国航空工业集团有限公司〔383.65 亿元，占铁路、船舶、航空航天和其他运输设备制造业（5 家）比重为 53.60%〕；鞍钢集团有限公司〔355.49 亿元，占黑色金属冶炼和压延加工业（3 家）比重为 56.41%〕。

（三）商业承兑汇票承兑余额大的企业具有投资回报期较长、资金需求大的行业特点

这 50 家样本企业所属的行业多为能源、钢铁、大型设备设施制造等重工业，以及房地产业、建筑业，这些行业的共同特征是投资回报期较长，资金需求大。从表 1 可以发现，石油和天然气开采业（742.37 亿元），土木工程建筑业（726.04 亿元），铁路、船舶、航空航天和其他运输设备制造业（715.77 亿元）的商票承兑余额排前三；房地产业，石油和天然气开采业，零售业，铁路运输业，有色金属冶炼和压延加工业，黑色金属冶炼和压延加工业，铁路、船舶、航空航天和其他运输设备制造业 7 个行业商票占应付票据比重超过了 50%，表明这些行业使用商票的意愿较高。

表 1　2021 年底 50 家样本企业所属行业商票承兑余额、商票使用情况

序号	行业	商票承兑余额（亿元）	商票占应付票据的比重
1	石油和天然气开采业	742.37	81.51%
2	土木工程建筑业	726.04	27.31%
3	铁路、船舶、航空航天和其他运输设备制造业	715.77	54.53%
4	黑色金属冶炼和压延加工业	630.15	58.27%
5	电力、热力生产和供应业	349.75	33.31%
6	房地产业	321.30	83.53%
7	计算机、通信和其他电子设备制造业	219.56	37.15%
8	电气机械和器材制造业	193.08	38.98%
9	煤炭开采和洗选业	152.41	26.66%
10	汽车制造业	136.06	23.54%
11	铁路运输业	125.31	70.33%
12	房屋建筑业	125.21	49.06%
13	零售业	119.16	70.64%
14	有色金属冶炼和压延加工业	105.12	68.18%
15	专用设备制造业	96.88	20.42%
16	化学纤维制造业	94.74	43.76%
17	化学原料和化学制品制造业	76.52	26.58%
18	开采专业及辅助性活动	73.86	11.45%
19	通用设备制造业	36.26	7.21%
合计		5039.55	

注：商票承兑余额数据来自上市公司 2021 年年报和发债企业 2021 年年报；集团公司合并报表时部分应付商票可能因为内部往来而抵消；企业所属行业类型来自企查查和 wind。

二、商业承兑汇票市场存在的滥用问题表现及后果

由于实体企业间的批发性商业交易很难实现“钱货同时两讫”（王国刚、罗煜，2022），赊买赊卖属于常态性商业现象，但是应收账款流动性差难以变现，一旦供应链的上家企业开始拖欠货款就容易形成“三角债”等风险（孔燕，2020）。而商票作为一项具备融资功能的支付结算工具，其流动性和法律效力强于应收账款，可通过供应链核心企业的信用为中小企业增信，在实践中可成为难以通过银行信贷或资本市场融资的中小企业的重要融资工具之一（游庆奎，2016；薛艳艳，2020），有助于缓解中小企业融资难问题。但是从商票的发展来看，占据优势地位的大企业签发商票拥有极大的自主权，规模超万亿元的商票市场监管几乎空白，商票出现了一定程度的滥用现象，滥用商票导致商票的功能逐渐异化。

（一）滥用商业承兑汇票成为高杠杆房地产企业掩盖债务风险躲避监管的重要手段

2020 年 8 月楼市去杠杆正式开始，央行和住建部推出“三道红线”融资新规（剔除预收款后的资产负债率不超过 70%，净负债率不超过 100%，现金短债比不低于 1），踩中红线数量越多的企业，表明其杠杆越高，对其融资限制越高，特别是踩中“三道红线”的企业下一年不能增加有息负债。“三道红线”指标核心就是控制房地产企业的有息负债无序扩张，从计算公式可以发现商票是不计入有息负债的，因而高杠杆房地产企业利用商票结算逃避监管的现象愈演愈烈。从表 2 可以发现中国恒大、绿地控股、融创中国、

碧桂园、华夏幸福这些踩线较多的企业在2020年签发了大量的商票，商票余额较2019年有大幅增长，而这为2021年房地产企业商票大规模逾期埋下了隐患。无论是从应付商票在应付票据中的占比来看还是从应付商票在应付账款和应付票据中的占比来看，房地产企业2020年使用商票意愿较2019年有所提升。

表2　2020年房地产企业三道红线踩线情况、应付商票变化、商票使用意愿变化情况

序号	企业简称	2020年三道红线踩线数量	2020年应付商票变化（亿元）		应付商票/应付票据		应付商票/（应付账款+应付票据）	
			余额	净增加额	2020年	2019年	2020年	2019年
1	中国恒大	3	2052.67	419.56	99.79%	98.70%	41.52%	34.91%
2	绿地控股	3	210.96	117.40	82.47%	100.00%	6.43%	16.78%
3	融创中国	1	206.26	141.26	91.31%	83.85%	16.83%	4.44%
4	碧桂园	1	193.07	67.04	99.99%	98.44%	4.94%	4.12%
5	华夏幸福	3	144.56	68.05	100.00%	58.12%	25.12%	9.89%
6	保利地产	0	111.04	69.01	74.43%	91.59%	7.33%	10.01%
7	荣盛发展	1	78.84	48.06	97.28%	68.50%	23.53%	21.66%
8	中南建设	1	70.84	-4.51	65.76%	75.31%	16.82%	11.82%
9	新城控股	1	64.62	25.54	95.24%	92.84%	11.18%	13.99%
10	金科股份	0	56.95	-15.89	100.00%	100.00%	16.62%	0.35%
11	阳光城	1	52.33	23.79	92.90%	97.10%	16.94%	23.46%
12	万科A	1	6.07	-3.34	100.00%	53.70%	0.20%	3.71%
13	华侨城A	0	3.78	3.29	76.56%	100.00%	1.32%	0.56%
14	招商蛇口	0	0.43	-0.63	100.00%	100.00%	0.09%	0.30%
15	金地集团	0	0.00	-1.11	0.00%	28.32%	0.00%	0.28%
16	龙湖集团	0	0.00	-6.06	0.00%	100.00%	0.00%	1.00%
合计			3252.42	951.46	95.43%（平均）	92.80%（平均）	14.77%（平均）	13.06%（平均）

注：如公司年报已披露了三道红线指标数据则直接采用公司的披露数，如公司年报未披露数据则根据央行和住建部所定义的剔除预收款后的资产负债率、净负债率、现金短债比公式进行计算，以集团合并报表数据来计算；中国恒大、融创中国、碧桂园、龙湖集团这4家港股上市公司年报未披露应付商票数据，用上市公司对应的发债主体的年报数据代替；平均占比是指16家房地产企业应付商票的合计数比应付票据合计数，16家房地产企业应付商票的合计数比应付账款加应付票据的合计数。

通过商票逃避监管，房地产企业的债务风险只是从监管指标上得到了控制，而实际上这只是房地产企业通过财务会计手段将债务从有息负债转到商票，房地产企业并未真正降低负债水平，房企的债务风险因表面合规而被暂时掩盖，房地产行业风险并未真正化解，房企的债务风险迟早会暴露。2021年6月29日三棵树发公告称，其2021年第一季度持有的恒大票据出现逾期情形，这拉开了房地产行业商票大规模逾期的序幕。

（二）商业承兑汇票逐渐异化为大企业利用优势地位以大欺小、挤压中小企业利润空间的工具

中小企业往往是商票的被动接受者。在商票的签发阶段，商票的签发者大多为资产规模较大、在供应链中处于核心地位和优势地位、企业信用较高的大型企业。从2021年50家商票承兑余额

比较大的企业来看，商票签发主要集中在国有、大型企业，头部企业商票承兑余额在本行业中占比较大。占据优势地位的企业即使有充足的资金也不愿意采用现金结算，而是签发大量商票，随意挤压中小企业利润空间。比如，某大型央企2021年现金流状况良好，现金及现金等价物余额为1367.89亿元，经营活动产生的现金流量净额为3414.69亿元，自由现金流为798.5亿元，但其商票承兑余额高达635.60亿元，并且商票占应付票据的比重高达92.70%。又如，有的大型企业集团通过其下属的财务公司开具的财票（实质为商票）支付中小供应商账款，并指定中小企业到其财务公司贴现，变相压低中小供应商实际收到的账款。在商票的流转阶段，商票相较于银票存在明显的信用风险与流动性风险。规模较大、议价能力较强的供应商通常可以选择不接受商票作为付款方式；而规模较小、议价能力较弱的中小企业，其手中持有的商票流转不出去，往往成为商票的最大被动持有者。

商票滥用进一步加剧了中小企业融资贵的问题。中小企业持有的商票要转变为有效现金流存在三个方面的问题。一是商票的全国信用体系尚不完善（郭晓广，2019），只有区域市场认可商票的信用，因而大企业签发的商票跨区域时其支付结算功能无法使用，意味着持票人难以把商票背书交易给其供应商。二是中小企业如果是持有商票至到期日兑付，而日常经营中购买材料、发放工资、支付银行贷款利息等刚性需求是要支付现金的，就会面临流动资金不足的风险，同时还丧失了将资金用于流动周转、扩大规模的机会。三是持票的中小企业如果想提前变现，通常找属地银行贴现，但是需要支付贴现息，到手的现金是打了折扣的。根据上海票交所数据，2021年商票贴现1.22万亿元，商票全市场贴现加权平均利率为4.20%，以商票未到期余额/承兑发生额估算出商票平均期限约为6.84个月（假定票据签发在全年是均匀分布的），从而估算出平均贴现费用高达292.07亿元。而一旦银行基于风险偏好限制不予商票贴现时，中小企业只能通过一些民间票据中介机构实现现金流回款，需要支付更高的资金成本。根据汇票圈统计，即使在房地产企业商票大规模逾期前，部分房企商票在民间贴现利率最高就已达到36%，远远高于商票市场贴现加权平均利率。

（三）商业承兑汇票逾期不兑付风险向实体经济层层扩散，不仅造成了中小企业生存困难，还危及供应链的安全

2021年下半年以来，房地产企业商票出现大面积逾期。根据上海票交所数据，2022年2月有1148家企业的商票持续逾期，其中房地产业有468家，占比40.77%，恒大、荣盛、绿地、中南建设等大型房企出现在逾期名单上。考虑到恒大商票规模及数据的可得性，本文基于上市公司数据重点研究了恒大商票逾期给供应商造成的影响。

商票逾期不兑付将危及持票中小企业的生存。商票的本质是一种信用融资，是以商业信用为基础的。当出票企业滥用商票，最终逾期兑付，甚至无法兑付时，出票企业的信用风险将传导至中小供应商。中小供应商持有的已到期商票难以变现，持有的未到期商票同时丧失了支付流通与融资的双重功能，将面临资金链断裂的问题，但又缺少其他融资渠道，讨债还可能面临维权时间长、成本高、执行不力等风险。这对于资金本身不充裕、风险承受能力较弱的中小供应商而言，无异于雪上加霜。以恒大为例，根据不完全统计，2021年“踩雷”恒大商票的上市公司有46家。这46家公司2021年应收恒大商票余额共计358.72亿元，为2020年恒大商票承兑余额2052.67亿元的17.48%（恒大未公布2021年数据），具有一定的代表性。除了利亚德、汉嘉设计、国光股份、浩洋股份这4家公司以外，42家上市公司2021年归属于上市公司股东的净利润较2020年均呈现了不同程度的下跌，有的跌幅甚至高达3890.79%，平均来看，42家上市公司归属于上市公司股东的净利润较上年下降了-238.31%。这42家上市公司利润较上年下跌的重要原因之一是：42家上市公司对恒大业务依赖性较强，共持有恒大商票358.34亿元，而恒大商票逾期导致需要计提坏账准备182.41亿元（坏账准备平均计提比例为50.91%，最高100%，最低19.61%），直接冲减当期利润。比如广田集团2021年底应收恒大商票50.81亿元，计提坏账准备25.4亿元，同期归属于上市公司股东的净利润为-55.88亿元。这42家上市公司规模、盈利能

力、融资能力、抗风险能力等远远超过一般的中小企业，可想而知，规模较小、流动资金并不充裕的中小企业受商票“爆雷”事件的冲击将更大，生存将更加困难。从上市公司后期向恒大催债的情况来看，需要投入大量的资源进行协商和诉讼，中小企业根本无力负担讨债的诉讼成本。比如嘉寓股份 2021 年涉及出票人为恒大集团有限公司的商票案件共计 137 件，累计涉案金额 1.25 亿元。从 2021 年 10 月 8 日至 11 月 16 日仅一个多月时间，全筑股份向法院提起与恒大地产集团相关的诉讼就达 333 起。

商票逾期风险逐渐向外扩散，破坏整个供应链的稳定。当持有逾期商票的中小供应商资金链断裂，这些中小供应商无法向自己的供应商付款，也无法发放工资，从而形成连锁反应，商票逾期风险从开票企业层层向外扩散至供应链上的其他主体与环节。从“踩雷”恒大商票的 46 家上市公司的行业分布来看，恒大商票逾期风险逐渐从房地产业传导到房屋建筑、装饰装修、建材、家具、家电、楼宇系统、园林、销售服务、规划设计等行业。“踩雷”恒大商票的上市公司有的由于流动性不足、巨额亏损等问题开始出现债务违约、债务重整等现象，这也表明恒大商票逾期风险通过第二层链条不断向外扩散，债务链层层拖欠。如广田集团 2022 年 5 月公告称其部分银行债务逾期、被债权人申请债务重整。又如全筑股份在 2022 年 5 月 24 日发布了关于无法按期归还募集资金的公告。

三、大企业滥用商业承兑汇票拖欠中小企业账款的成因分析

商票的发展背离了解决中小企业融资难问题的初衷，反而加剧了中小企业融资难融资贵的问题，加重了中小企业的负担，主要是因为市场机制无法解决自身所产生的占据优势地位的大企业与中小企业交易地位不对等问题，而监管尚未对占据优势地位的企业签发商票和履约形成强有力的约束机制，商票在一定程度上出现了滥用现象，导致商票存在较大的信用风险和道德风险。

（一）占据优势地位的大企业与中小企业交易地位不对等导致大企业极易滥用商业承兑汇票

在市场经济体制中，如果完全自由放任市场竞争，必然导致“马太效应”，尤其是在一些市场规模效应较强的行业容易形成垄断，大企业越来越强，中小企业越来越弱，大企业可以利用自己的市场优势地位，有能力也有动力多开商票挤压中小企业利润空间，损害中小企业合法权益。大企业通常在供应链中占据优势地位，中小企业对这些强势主体有很强的业务依存度，即使强势主体提出无理的结算要求，中小企业为了保持继续合作关系只能被动接受，即使不愿意也没有能力采取诉讼或者仲裁等手段来解决账款拖欠问题。商票具有支付结算和融资工具的双重属性，占据优势地位的大企业通过滥开商票获取相关利益。

（二）商业承兑汇票签发几乎处于监管空白状态

商票签发机制不健全（陈武朝，2020），企业可以随意决定是否签发商票、签发多少商票，极易出现商票的滥用。随着 2016 年上海票交所的成立，商票基本从纸票转成了电子票据。商票通过网银即可开立，不受企业规模的限制，签发手续简便。人民银行于 1997 年 5 月年发布的《商业汇票承兑、贴现与再贴现管理暂行办法》只是要求银票出票人资信状况良好、具有支付汇票金额的资金来源，对商票出票人没有任何限制。人民银行和银保监会于 2022 年 11 月发布的自 2023 年 1 月 1 日正式开始施行的《商业汇票承兑、贴现与再贴现管理办法》明确了商票承兑的金额应当与真实交易关系和债权债务关系、承兑申请人的偿付能力相匹配，但是如果监管部门在后续指导意见中不明确如何评估商票承兑人的经营和财务状况及偿付能力，这一要求将很难在实践中落地。

（三）商业信用基石不牢，信用配套制度不健全

商票是信用的载体，信用是商票的基础，没有信用就没有商票。从我国票据市场发展历史来看，票据市场是在信用制度不健全的背景下建立起来的（汤莹玮，2018；周文婷，2019）。信用配套制度不健全，商票信用信息不公开不透明不共享，难以对企业履约形成强有力的约束机制，一些企业大量签发超出其偿还能力的商票并出现了商票大规模逾期未兑付的情况。

一是商票信息尚未纳入人民银行征信系统（卢立伟等，2021）。商票信息仍然散落在人民银行、银保监会、商业银行、法院等各个机构，商

票承兑汇总信息、商票违约信息无法展示在企业的征信报告中，商业银行只能掌握企业在本行的商票业务情况，无法了解企业在其他银行的商票业务情况，难以准确判断企业是否超出其偿还能力签发商票，商业银行也无法了解企业在其他银行的商票违约信息，可能继续给已经在其他银行发生商票违约的企业提供融资。

二是商票信用评级制度缺失。目前商票承兑人仅披露商票承兑情况和逾期情况，信息披露较为有限，绝大部分商票承兑人都不是上市主体或发债主体，其经营和财务状况及偿付能力是无法从公开渠道获取的。由于信息不对称（周荣芳，2021），市场主体对开票企业的信用判断难以做到清晰准确。商票的信用评级目前只有商业银行在贴现和转贴现阶段才对商票进行内部信用评级，商票市场并没有建立市场化的信用评级制度，因而只有一些表面信用较好的大型企业才能签发具有区域流通价值的商票，商票难以跨区域顺畅流通。被迫接受商票的中小企业不了解开票企业的信用状况，承担了开票企业的信用风险，并为开票企业的信用风险溢价支付更多的贴现费用。

三是对商票超额签发、无理拒付等不诚信行为处罚力度低，导致商票违约成本低。《票据管理实施办法》规定，对于商票故意压票、拖延支付的，由中国人民银行按每日票据金额 0.7‰的罚款进行处罚。《商业汇票承兑、贴现与再贴现管理办法》仅规定银票和财票的承兑限额、付款期限超出规定的由银保监会处以罚款，但是对于商票没有罚款相关规定。上海票交所目前已经可以查询商票承兑信用信息，从具体查询情况来看，不少企业并未按照要求披露商票承兑情况和逾期情况，而中国人民银行 2020 年第 19 号公告要求，当承兑人披露信息存在延迟、虚假或者承兑的票据持续逾期，金融机构应当审慎为承兑人办理银行承兑业务，并没有其他针对性的处罚措施。

四、治理大企业滥用商业承兑汇票拖欠中小企业账款问题的政策建议

商票作为一种标准化的金融工具，其制度设计优于应收账款，如果规范有序适度合理地使用，可以弥补中小企业商业信用不足，成为中小企业融资的有效工具。通过完善相关制度、规范商票使用、引导商票回归支付结算和融资工具的本源，才能建立起治理大企业滥用商票拖欠中小企业账款的长效机制。

（一）严格落实《保障中小企业款项支付条例》，保护中小企业合法权益

大企业滥用商票拖欠中小企业账款的重要原因是签发企业在供应链中具有优势地位，中小企业缺乏主动权和议价权，市场机制无法解决自身产生的这一问题，只有通过强有力的外部监管和监督，才能促进形成一个公平竞争的市场环境。《保障中小企业款项支付条例》为解决大企业利用优势地位滥用商票拖欠中小企业账款提供了基本的法律依据和保障，但是该条例只是提供了总体指导原则，具体到实践中如何落地还需要监管部门制定一系列细化、具有操作性的规章制度。比如监管部门需要明确大中小微企业的划分标准，商票的合理付款期限是多少，什么行为可界定为大企业强制中小企业接受商票等。又如各行业自律协会需要结合本行业的特点，制定商票领域的大企业滥用市场优势地位拖欠账款的判断标准，总结本行业大企业利用优势地位滥用商票拖欠中小企业账款的做法，针对这些做法制定相应的应对措施等。

（二）建立与企业偿付能力相匹配的商业承兑汇票签发制度

商票最大的信用风险是逾期不兑付风险。只有加强对商票逾期风险的监管，限制企业随意签发远超出实际偿付能力的商票，才能从源头上降低商票的信用风险。一方面金融监管部门要严格设置商票的签发条件，控制企业商票签发规模与其偿付能力相匹配。金融监管部门通过制定一系列的监控指标，如企业的财务信息是否透明，企业未来一段时间的现金流测算是否足以覆盖包括商票在内的流动负债，企业的信用评级是否优良等，并建立保证金制度来控制企业商票签发规模。另一方面金融监管部门出具相关指导意见，规定商业银行在商票的承兑过程中承担起部分审查监督的责任。

（三）健全商业承兑汇票市场的信用配套制度

健全商票信用配套制度，发挥信用在商票风险识别、管理、处置等环节的基础作用，让企业

不敢滥开商票和随意违约。一是建立鼓励商票承兑企业披露信息的机制，对于积极披露经营和财务状况及偿付能力、商票承兑情况和逾期情况等相关信息的企业，在商票承兑规模、发行标准化票据等政策方面给予一定的支持。二是建立商票市场信用评级制度。通过独立第三方信用评级机构，综合评估企业的经营状况、财务状况、信用状况、是否存在延期承兑或拒付情况，建立市场化信用评级体系，并定期进行更新，向社会公开。三是将商票信息纳入人民银行征信系统。人民银行征信系统采集商票信息，在企业征信报告中展现商票承兑汇总信息、违约信息等情况，通过征信体系依法在金融系统里发挥失信惩戒的作用，让商票违约者无法继续从金融系统里融资。四是健全违约惩戒制度。违约惩戒机制属于事后监管，其发挥作用的前提是具有一定的震慑力。在《商业汇票承兑、贴现与再贴现管理办法》的后续配套制度里，监管部门需要在综合考虑商票承兑人行业习惯、交易期限、违约主观意愿等因素的前提下，对商票承兑限额、付款期限超出宽限范围的企业处以罚款，还要明确恰当且有威慑力的罚款标准，同时还要强化对商票承兑信用信息披露的强制性罚款措施，以解决商票领域违约成本太低的问题。

（四）加强对国有大型企业商业承兑汇票兑付情况、商业承兑汇票逾期风险监管的审计监督

大企业滥用商票拖欠中小企业账款的形成原因，既有企业层面的因素，也有监管层面的因素，因此需要分别从企业审计、金融审计两个方面加强对大企业滥用商票拖欠中小企业账款情况的监督。

加强对国有大型企业商票兑付情况的审计监督。根据对 2021 年 50 家商票承兑余额较大的样本企业分析，商票承兑余额大的企业以国有为主，因此要加强对重点行业的国有大型企业商票的开具、期限、兑付情况的审计监督。一是关注商票承兑余额大、使用商票意愿高的行业。根据对 2021 年 50 家商票承兑余额较大的企业所属行业的分析，审计要重点关注能源、钢铁、大型设备设施制造等重工业，以及房地产业、建筑业等行业。根据对 2021 年 50 家商票承兑余额较大企业所属行业商票使用意愿分析，审计要重点关注商票占应付票据比重超过 50% 的行业，如房地产业，石油和天然气开采业，零售业，铁路运输业，有色金属冶炼和压延加工业，黑色金属冶炼和压延加工业，铁路、船舶、航空航天和其他运输设备制造业等行业。二是关注重点行业的国有大型企业商票业务是否存在变相拖欠中小企业账款的情况。关注新开商票期限是否限制在 6 个月以内，合同约定支付方式是否公平合理，是否存在现金流充足却大量使用商票支付账款的情况，是否存在通过财务公司强制贴现变相加重中小企业负担的情况，是否按期兑付商票，逾期未兑付商票是否支付了逾期利息等。三是关注重点行业的国有大型企业商票逾期的风险。关注重点行业的国有大型企业商票规模是否超过了其偿付能力，是否存在行业性商票逾期风险。

加强对商票逾期风险监管的审计监督。商票逾期不兑付将严重威胁供应链中小企业生存，金融审计应加强对金融监管部门商票逾期风险监管职责履行情况的监督，揭示商票逾期风险监管存在的薄弱环节和不足之处，推动金融监管部门建立与企业偿付能力相匹配的商票签发制度，健全商票市场的信用配套制度，防范商票逾期风险。

（撰稿人：陈彦达）

【中外信托发展比较及建议】

摘要：本文对当前中英美三国信托业务发展现状、法律法规体系、监管体系进行了比较研究，梳理分析了当前我国信托业在业务结构、法律法规和监管机制等方面存在的主要问题及风险隐患，提出了三点对策建议：一是通过完善法律法规，改革现行监管体制机制，促进业务结构调整，引导信托业回归本源；二是完善信托风险监管，强化功能监管，防范属地监管风险；三是将揭示风险隐患和回归本源改革作为审计重点。

信托业务起源于英国，但现代信托制度在 19 世纪初传入美国后才得以快速发展。我国信托制度在 20 世纪 80 年代后得到真正发展。截至 2021 年底，我国信托资产规模余额为 20.55 万亿元。信托业在快速发展过程中产生了一定的风险隐患。为了更有效地防范信托业风险，促进信托业回归本源，本文对当前中英美三国信托业务发展现状、法律法规体系、监管体系进行了比较研究，梳理分析了当前我国信托业存在的主要问题及风险隐患，提出了对策建议。

一、中美信托业务发展现状及其比较

（一）我国信托业务发展现状分析

1. 我国信托业务主要分类。

按照信托财产来源不同，我国信托分为单一资金信托、集合资金信托和管理财产信托。按信托功能不同，我国信托分为主动管理类信托和事务管理类信托，其中主动管理类信托又细分为融资类信托和投资类信托。融资类信托①包括信托贷款、带有回购、回购选择权或担保安排的股权融资型信托、信贷资产受让信托等，其产生的是债务关系；投资类信托②包括私募股权投资信托（PE）、证券投资信托等，其产生的是股权关系。事务管理类信托③主要包括股权代持、员工福利计划、股权激励计划、财产权信托中的事务管理类信托等。

2. 我国信托业发展特点。

从2017年至2021年基本数据来看，我国信托业呈现以下主要特点：一是信托业总体趋稳向好（见图1）。信托资产规模和利润总额趋于稳定并略有回升，固有资产、所有者权益、实收资本和信托赔偿准备金稳步增长。二是信托业务结构总体改善。具有通道特征的单一资金类信托大幅压降，集合资金类和管理财产类信托增长较快（见图2）；主动管理类信托稳步增长，事务管理类信托持续下降，主动管理类信托风险较高的融资类信托下降较快，投资类信托占比持续提高（见图3）。三是资金投向结构改善。按信托资金投向分类来看，投向工商企业占比最高在2021年末达到27.73%，其次是证券投资占比22.37%，向金融机构、基础产业和房地产领域等调控领域投资占比呈现下降趋势（见图4）。

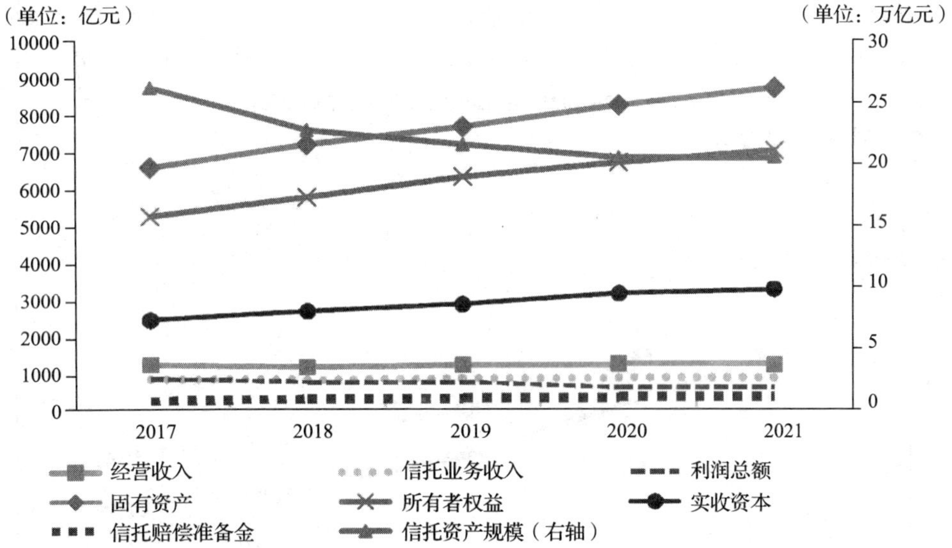

图1　2017—2021年我国信托业规模、业绩和资本变化

资料来源：中国信托业协会网站。

① 融资类信托是指以资金需求方的融资需求为驱动因素和业务起点，信托目的以寻求信托资产的固定回报为主，信托资产主要运用于信托设立前已事先指定的特定项目。

② 投资类信托是指以信托资产提供方的资产管理需求为驱动因素和业务起点，以实现信托财产的保值增值为主要目的，信托公司作为受托人主要发挥投资管理人功能，对信托财产进行投资运用的信托业务。

③ 事务管理类信托主要利用信托权益重构、名实分离、风险隔离、信托财产独立性等制度优势，和信托公司自身作为专业机构受托人的身份优势，为法人和个人委托人提供的融资或投资管理以外的信托事务管理并获得收益。

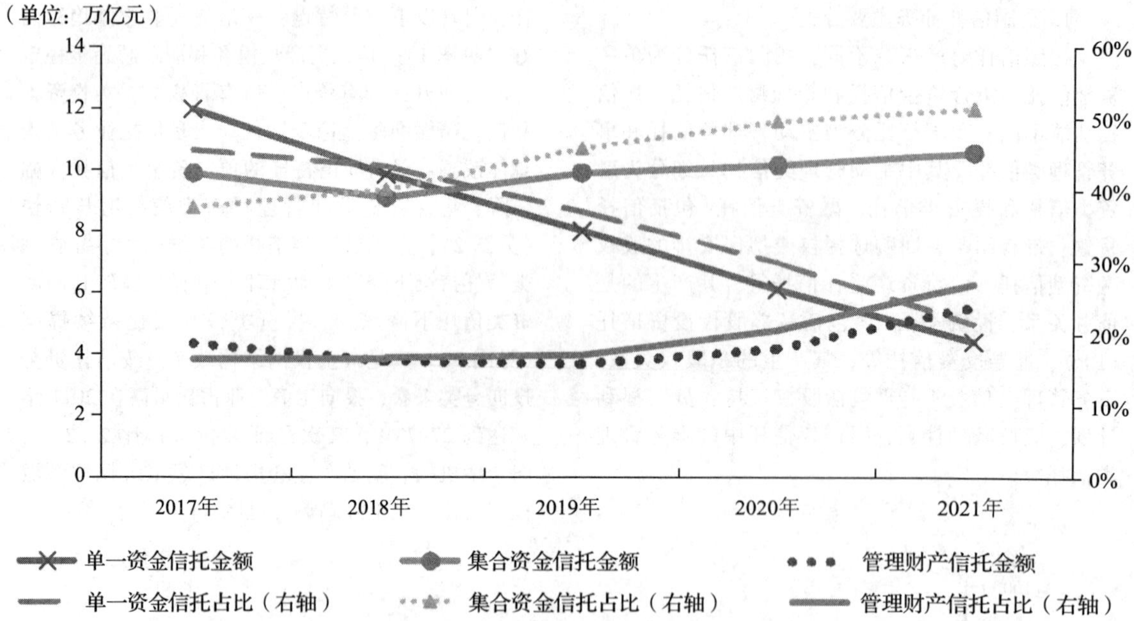

图 2　2017—2021 年我国信托财产资金来源变化

资料来源：中国信托业协会网站。

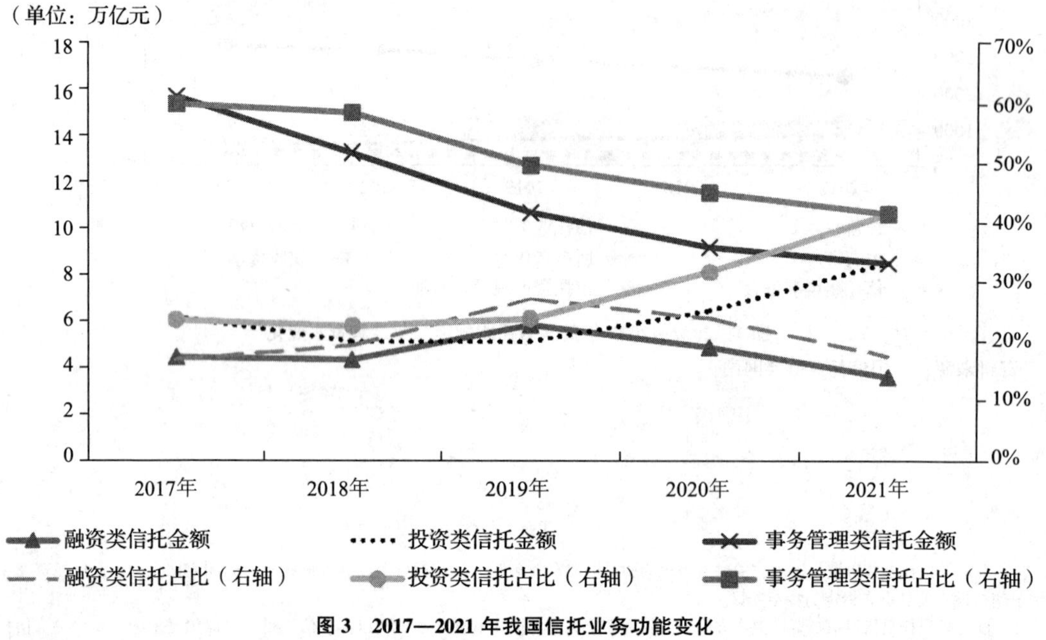

图 3　2017—2021 年我国信托业务功能变化

资料来源：中国信托业协会网站。

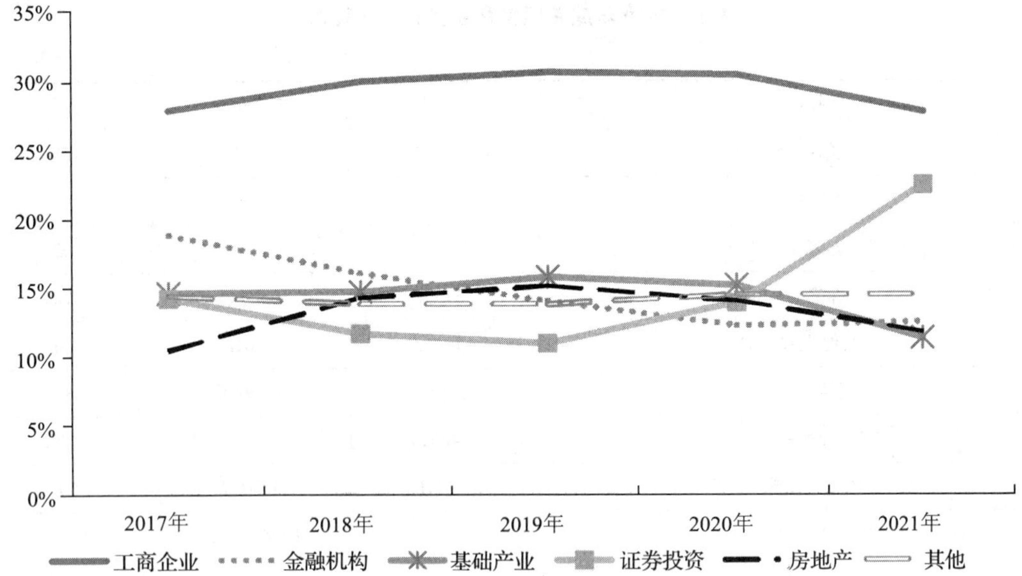

图4 2017—2021年我国信托业务投向变化

资料来源：中国信托业协会网站。

（二）美国信托业务发展现状分析

1. 美国信托业务主要分类。

美国信托业务按客户类型分类，可以分为个人信托和代理、公司信托和代理、养老金业务、投资管理以及托管和保管业务。按照是否具有投资决定权，分为管理型和非管理型。

个人信托业务主要指财富管理，包括家族办公室服务、私人银行、证券经纪和相关服务、财富和遗产规划等。个人信托通常包括遗产信托（家族信托）和慈善信托。公司信托和代理主要有债券受托人业务、资产证券化的受托人及代理相关服务、公司代理业务。养老金业务的账户分为DB、DC[①]和其他退休账户。投资管理代理账户包括具有投资权限的个人代理账户和机构代理账户，也包括信托部门和信托子公司管理的共同基金。托管和保管包括股票债券托管、基金的托管以及服务外包、全球托管体系等。

2. 美国信托业务的特点。

一是托管和保管占比很高。从表1中可见，托管和保管项下总额高达约129.46万亿美元，其主要原因是美国没有类似我国的股票和债券中央登记体系，上市公司和债券发行人需要指定一家股票、债券交易托管人，而信托公司是主要的交易托管人。二是养老金占比较高。管理类和非管理类的养老金信托总额共计约7.57万亿美元，这主要是美国法律规定养老金资产管理计划必须以信托方式设立。三是美国非管理类的资产远高于管理类资产，分别是13.6万亿美元（扣除托管和保管业务）和5.36万亿美元。从单项信托资产规模来说，不考虑托管和保管业务，非管理类的公司信托和代理金额最大，为3.85万亿美元。从收入金额来看，不考虑托管和保管业务，投资管理代理账户收入最高，为95.7亿美元。

① DB账户是指未来获得的收入是固定的，DC账户表示缴纳养老保险费固定。

表 1　2020 年底美国信托业务数据一览表

（单位：百万美元）

信托类别	管理类	非管理类	业务收入
个人信托及代理	750909	386932	4700
养老金			
-养老金 DC	595321	2076354	1029
-养老金 DB	634567	3036645	1101
-其他类养老金	454412	773612	2243
公司信托和代理	27822	3846606	1884
投资管理代理账户	2340514	—	9572
其他信托账户	552976	3430772	607
托管和保管账户	—	129458782	16110
其他信托相关收入			1032
合计	5356522	143009703	38506

注：—表示原表格中无数据。收入总计与分项收入相加存在一定差异，可能是有未公布的分项收入。

资料来源：美国存款保险公司 Quarterly Banking Profile：Fourth Quarter 2020。

表 2　2020 年底管理类信托持有的资产情况

（单位：百万美元）

资产种类	金额
无息存款	5087
有息存款	81654
国债类证券	131956
市政类证券	251763
货币市场共同基金	157714
其他短期证券	160426
其他票据和债券	341462
普通股优先股	4011171
房地产按揭贷款	2048
房地产	66706
其他资产	146535
合计	5356522

资料来源：美国存款保险公司 Quarterly Banking Profile：Fourth Quarter 2020。

（三）中美信托业务比较

一是业务结构存在较大差异。我国主动管理类信托 2021 年末占比约 58.80%，事务管理类占比约 41.20%，说明我国信托业务仍然是主动管理类占主导地位。美国非管理类信托远高于管理类信托。二是美国信托可以吸收公众存款，我国《信托公司管理办法》第二十一条规定，“信托公司不得开展除同业拆入业务以外的其他负债业务，且同业拆入余额不得超过其净资产的 20%。中国银行业监督管理委员会另有规定的除外”，可见我国信托公司不可以吸收公众存款，但可以同业融资。三是信托资金投向结构不同。2021 年末我国信托资金投向工商企业占比 27.73%。从美国管理类信托资金投放结构来看，其主要资金投向是各类金融产品。

二、中英美信托法律法规体系及其比较

（一）我国信托法律法规体系

目前我国信托法律法规体系（见图 5）主要包括“一法三规”，即 2001 年颁布的《中华人民共和国信托法》，2007 年修订颁布的《信托公司管理办法》《信托公司集合资金信托计划管理办法》和 2010 年制定的《信托公司净资本管理办法》。监管部门针对不同类型的信托业务制定了一些具体的规定，如房地产信托、资本市场信托、银信合作信托、基础设施建设信托以及其他类型的创新信托业务（如资产证券化、慈善信托）等，主要采取通知、指引、意见、公告、办法等方式对具体业务进行指导。基于宏观调控和防范风险的需要，信托业监管部门有时会通过“窗口指导”方式对信托公司的具体业务进行调控①。当前对信托业影响最大的是 2018 年人民银行、银保监会、证监会、外汇局发布的《关于规范金融机构资产管理业务的指导意见》（以下简称“资管新规”），明确要求打破刚性兑付、实行净值化管理，消除多层嵌套和通道，规范资金池运作、防范流动性和期限错配风险，严格资管产品的杠杆操作、避免过度加杠杆行为，强化资本和风险准备金计提要求，加强非标准化业务管理、防范影子银行风险等。2020 年的《信托公司资金信托管理暂行办法（征求意见稿）》是“资管新规”在信托业的配套制度，但是尚未正式发布。2022 年的《关于调整信托业务分类有关事项的通知（征求意见稿）》，将进一步厘清业务边界和服务内涵，引导信托公司以规范方式发挥信托制度优势。

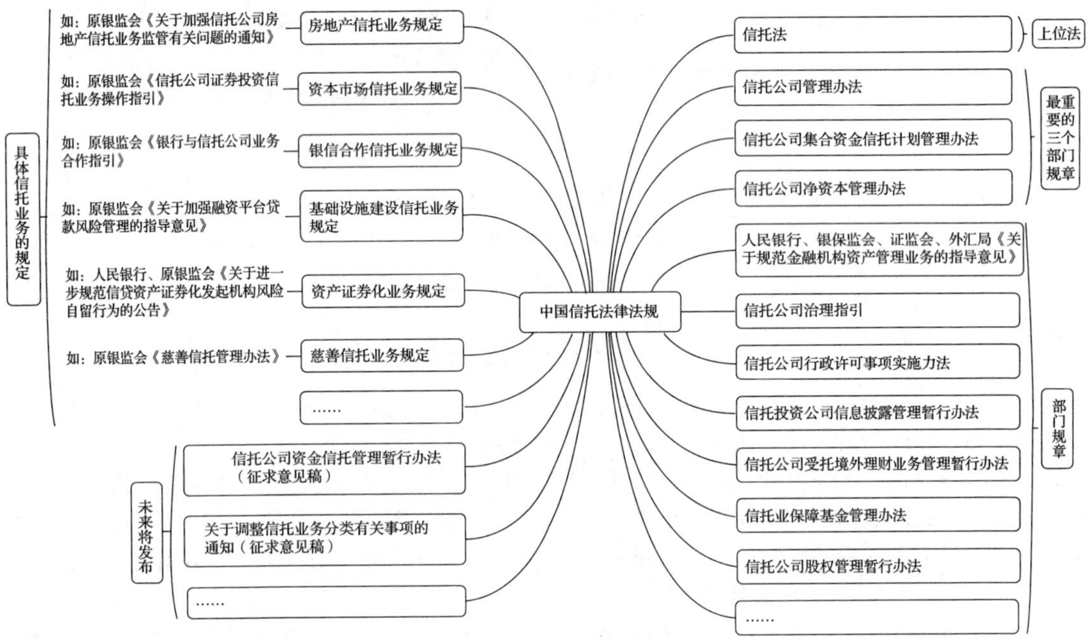

图 5　中国信托法律法规体系

---

① 2022 年 3 月，银保监会向多家信托公司进行窗口指导，要求信托公司不得新增以银行信贷资产作为底层资产的财产权信托。

（二）英国信托法律体系

英国信托法律体系较为完善，颁布了信托相关法案、法定文件（条例、法令等），如 2013 年《信托（资本和收入）法》、2020 年《儿童信托基金（第 2 号修正案）条例》、2018 年《国家职业储蓄信托（修正）令》等（见图 6）。除了大量成文法以外，英国还重视判例的作用，各级法院审判信托案件时的相关案例，为信托司法实践提供了重要依据。同时，英国信托法律体系在委托人和受托人的权责关系，受益人的权利保护以及信托财产所有权归属等方面的规定较为明确，涉及的业务范围也较为广泛，如慈善信托的相关法律法规包括 2006 年《慈善法》；房地产信托包括 2014 年《房地产投资信托（2010 年公司税法修正案）条例》；不动产信托包括 1996 年《土地信托和受托人任命法》；有价证券信托包括 2018 年《风险投资信托（股票和证券交易）（修订）条例》；遗产信托包括 2014 年《遗产和受托人权力法》；养老金信托包括 2008 年《养老金法》、2022 年《职业养老金计划（主信托）（修订）条例》等；其他财产或财产权信托包括 2004 年《儿童信托基金法》、2016 年《国民保健服务基金会信托（信托基金：受托人的任命）修正案（第 2 号）令》等。

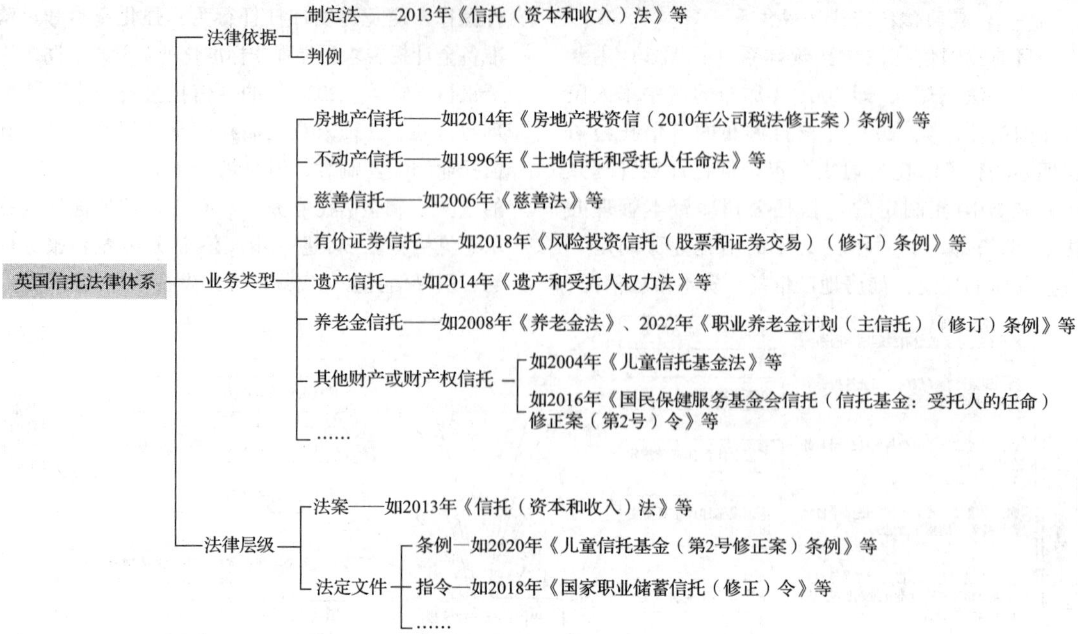

图 6　英国信托法律体系

（三）美国信托法律体系

美国信托法律体系主要分为五个层面，分别是基于判例的规则、国会通过全国执行的信托特别法、统一州法委员会制订的部分信托“统一法”、地方法规和信托活动涉及其他领域相关法律（见图 7）。一是基于衡平法的判例规则。美国法律协会通过整编各州涉及信托法原理和规范的判例，形成《信托法重述（第 3 版）》，作用是填补法律的漏洞和作为制定法律的依据。二是国会已经颁布且仍在执行的三个成文的信托特别法。《信托公司准备法》用于规范信托公司业务活动，《信托契约法》用于规范信托契约，《投资公司法》用于规范投资公司利用信托基金投资的行为。三是统一州法委员会制订的与信托相关的“统一法”。目前各州普遍采用的“统一法”是《统一信托条例》，影响较大的还有《统一谨慎投资人法》，规定了投资组合整体判断规则、风险收益权衡规则、分散投资规则、谨慎委托规则、成本控制规则以及事前标准规则。四是各州制定的法律，如纽约州颁布的《遗产、权力与信托法》，规定遗产信托受托人免责、受托人谨慎义务等内容。五是各个领域相关法律的规范。《雇员退休收入安全法》明确养老金业务受到劳工部的监管；《证券法》和1940年《投资顾问法》明确证券投资业务受到美国证券交易委员会监督，作为投资顾问受1940年《投资顾问法》约束。

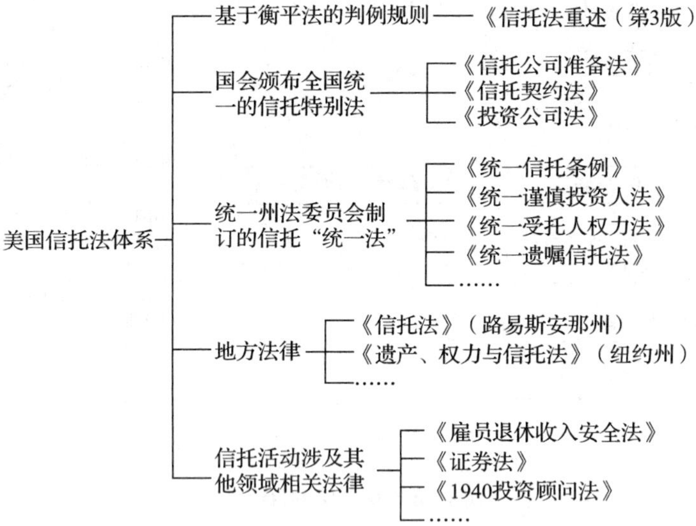

图7　美国信托法律体系

（四）三国信托法律比较

一是依据不同。英美信托法主要建立在衡平法基础上，且法律实施中较为注重判例的指导性，而我国信托法主要是建立在合同法基础上。英美法系对于信托法律的设计是基于信托财产的双重所有权原则，我国则坚持“一物一权”所有权和收益权相分离的原则。我国和英美在委托人权利、受益人权利等内容的设定方面存在一定差异。二是框架不同。英美对信托法律制度的规定主要是以法律和条例等形式，而我国信托法律法规体系为“一法三规”，包括上位法和部门规章。在具体信托业务规定方面，我国监管部门主要根据遇到的问题采取通知、指引、意见、公告、办法等方式对具体业务进行指导，除了部分业务出台了相关的业务管理办法，大部分业务没有形成系统的管理规则体系。

三、中英美信托业监管体系比较

（一）我国信托业监管体系

从微观监管来看，我国信托业务由取得牌照的信托公司来经营，按照分业监管原则，银保监会对信托公司及其业务活动实施监督管理，银保监会目前对信托公司采用了属地化监管制度，由信托公司注册地所属的地方银保监局具体监管信托公司，包括信托公司的准入、非现场监管、风险分析、监管评级、现场监管等。目前我国信托业形成了“一体三翼”的行业监管体系（见图8），“一体”是指中国银保监会信托部，“三翼”是指中国信托业协会、中国信托业保障基金有限责任公司和中国信托登记有限责任公司，分别代表了信托行业的政府监管部门、行业自律组织、安全保障机制、市场约束机制四大主体。从宏观审慎管理来看，根据《宏观审慎政策指引（试行）》，中国人民银行作为宏观审慎管理牵头部门，从防范和化解系统性金融风险角度，监管信托公司。

一些行业主管部门对信托业务涉及其领域的活动也有监管权限。人民银行、外汇局、证监会规范信托公司在金融市场和外汇市场的行为，民政部和银保监会共同监管慈善信托，社保基金理事会股权资产部承担信托贷款项目投资工作，人力资源社会保障部监管信托业的企业年金基金管理业务（信托公司申请企业年金基金管理业务之前应当先经银保监会同意）等。

（二）英国信托业务监管体系

英国信托发展的一个重要特点是并没有专营信托业务的金融机构，更多的是将信托作为一个金融工具，银行、保险公司、证券公司、投资公司等均可以开展信托业务。因此英国对信托业的

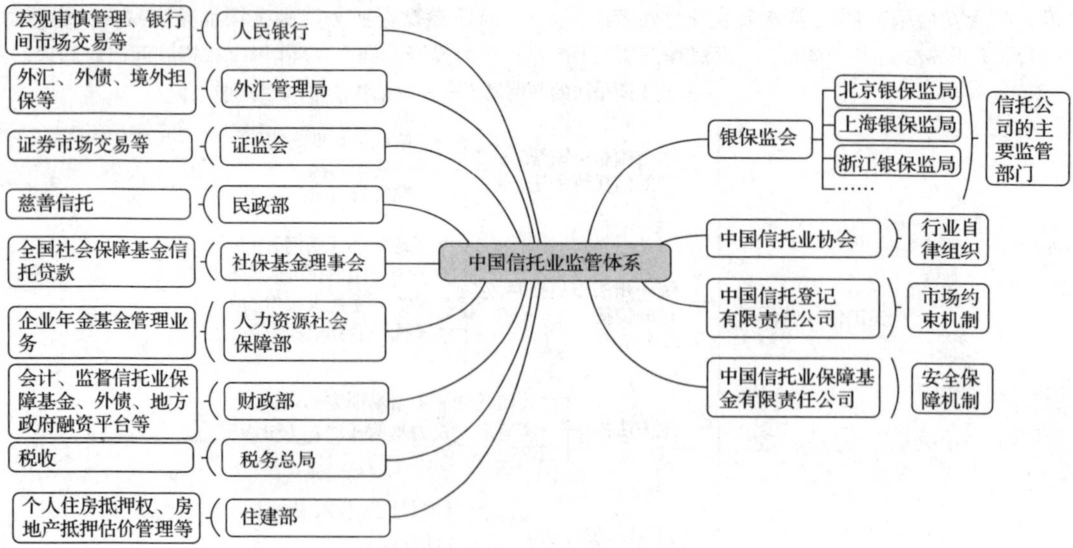

图 8　中国信托业监管体系

监管主要是针对不同的信托业务分别进行的。英国采用“双峰”金融监管模式，2013 年金融服务管理局拆分为审慎监管局和金融行为监管局。审慎监管局和金融政策委员会都是英格兰银行的一部分，前者主要着重微观审慎监管，监管包括银行、保险公司、信用社和大型投资公司在内的约 1500 家金融机构，金融政策委员会则着重宏观审慎监管。英国在英格兰银行之外设立金融行为监管局，直接向议会和财政部负责，并接受金融政策委员会的指导和建议。银行、信用社和保险公司需接受金融行为监管局和审慎监管局的共同监管（见图 9）。

除获得豁免权的公司外，金融服务提供商、投资公司和消费信贷公司在开展金融活动时必须得到金融行为监管局的授权。同时，英国有些信托业务还有专门的监管机构，如慈善信托需接受慈善委员会的监管。养老金信托需接受养老金监管局的监管，金融行为监管局和养老金监管局共同应对养老金和退休收入部门的风险。另外，英国养老金信托还会受到工会、社会舆论、投保人等方面的社会监督。

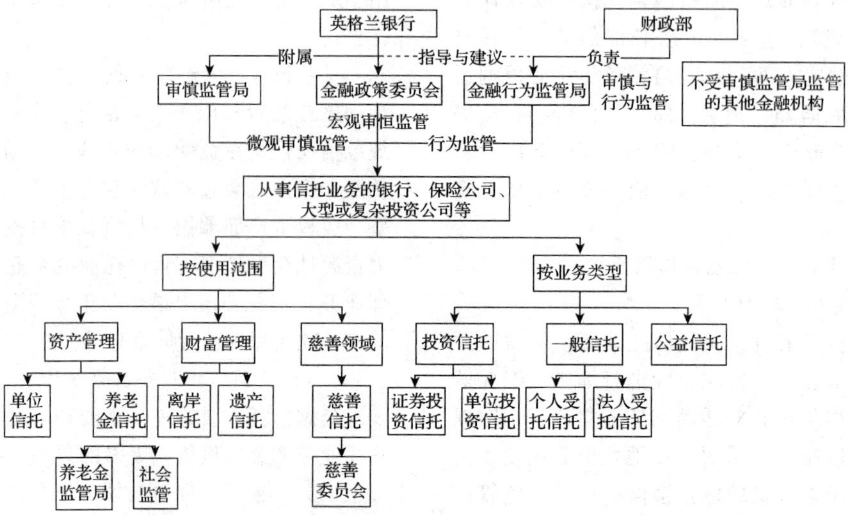

图 9　英国信托业务监管体系

（三）美国信托业务监管体系

在美国，信托不是一个独立的行业，银行、信托公司、储蓄机构均可经营信托业务。美国金融是典型的混业经营模式，信托公司除了经营信托业务，还可以经营银行业务。美国信托业务需要持牌经营，全国性银行信托业务或者信托公司的牌照由美国货币监理署发放，地方性银行信托业务或者信托公司牌照由州监管当局发放。美国信托业务的监管呈现出“双层多头”的特点（见图10）。

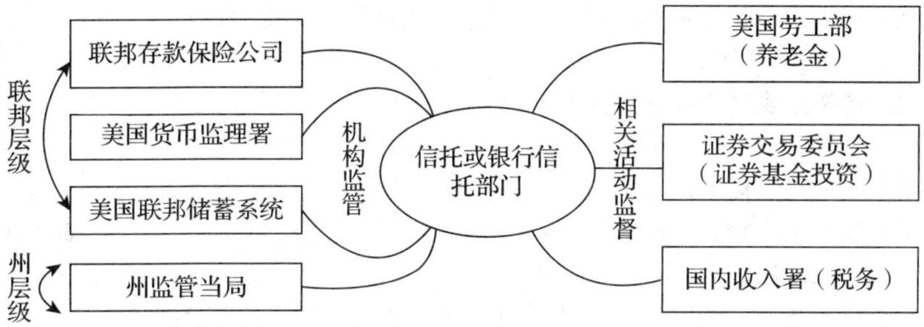

图10　美国信托业务监管体系

联邦层面的监管部门有美联储、美国货币监理署和联邦存款保险公司。

美联储为了将监管资源集中在潜在风险最大的领域，将金融机构信托活动纳入其整体的安全性和稳健性监管。美联储参考信托业务的风险以及风险评估情况决定检查信托活动的频率和范围。监管信托业务和其他相关服务，一般包括传统信托服务，如个人信托、企业信托、转让代理服务和员工福利账户服务，以及托管和证券借贷服务、清算和结算、资产管理和投资咨询活动。

货币监理署根据《国民银行法》发放信托牌照，根据《国民银行信托权法》相关条款，对信托进行监管，发布有关监管规则和条例，对不遵守法规或以其他方式从事风险行为的信托公司或者银行采取监管行动。

联邦存款保险公司对从事信托业务的信托公司或者银行进行监督，防止因政策、经营活动或账户管理等行为造成公司资本损失或有负债的增加，或者带来风险损失。通过定期检查投保金融机构的信托业务来达到保护银行储户的目的。

州层面的监管部门主要是州金融监管当局。例如，纽约州金融服务局（DFS），加利福尼亚州商业监管部门（DBO）对所在州金融机构从事设立信托公司或者开展信托业务进行许可，并对辖区内信托公司（包括全国性银行或信托公司设立在该辖区的分支机构）和信托业务进行监管。

此外，一些行业主管部门对信托业务涉及其领域的活动进行规范、约束和管理。例如，美国劳工部对以信托形式管理养老金的行为进行监管，美国证券交易委员会对证券基金投资类信托进行监管。

（四）三国信托业监管体系比较

一是监管模式方面，我国针对信托业分业经营特点采取分业监管模式，银保监会负责信托公司准入和管理。英美从信托业务功能监管角度采用了混业监管方式，只要经营信托业务就要取得业务牌照，有一套信托业务的监管规则，并不针对不同类别的金融机构采取不同的规则。英国混业监管模式集中度高，例如单位信托和开放式投资公司作为主要的公募型集合投资产品由金融行为监管局监管。美国信托牌照许可为联邦和州双层监管模式，“双层”监管模式能扩大监管范围，但容易产生监管重复问题，比如接受联邦监管部门监管的全国性银行和信托公司，在州开展信托业务时还要接受州金融监管当局的监管。同时美国在联邦层面对信托业采取“多头监管”模式，能在一定程度上防范监管俘获风险，但也容易产生监管重复问题。

二是宏观审慎监管方面，英美都设有专门的监管部门从防范系统性风险角度监管从事信托业务的金融机构。我国由人民银行从防范系统性风险角度监管信托公司。

三是信托风险监管方面，我国信托业保障基金募集行业互助资金用于化解和处置信托业风险，美国联邦存款保险公司除了化解和处置信托风险之外，还对从事信托业务的金融机构进行检查和监管来达到保护银行储户的目的。美联储根据信托业务的风险以及风险评估情况决定信托业务检查的频率和范围；货币监理署对不遵守法规或以其他方式从事风险行为的信托公司或者银行采取监管行动。

四、当前我国信托业发展中存在的主要问题及风险隐患

（一）我国信托业务结构优化调整尚未完全到位，未充分发挥信托制度价值，回归“受人之托，代人理财”的信托本源功能还有一定差距

信托在金融领域本质上并不是一个行业，而是一种制度安排，这个制度赋予其在资产管理、财富管理和社会服务方面具有独特的市场价值。尽管 2018 年“资管新规”后，信托业务结构有较大调整，但是距离信托业回归本源的政策要求还有较长的路要走。由于业务结构调整尚未完全到位，导致信托制度价值没有充分发挥，具体表现如下。

一是有的信托公司融资类主动管理型信托资产压降不到位。2020 年上半年，银保监会下发《关于信托公司风险资产处置相关工作的通知》，对信托公司提出了“三位一体”的工作目标。重点是要求信托公司加大表内外风险资产的处置和化解工作；对压降信托通道业务提出了明确的要求；要求信托公司压降违法违规严重、投向不合规的融资类信托业务。监管部门 2020 年为信托公司制订的压降计划是，全年全行业压降具有影子银行特征的融资类信托 1 万亿元。但 2020 年，有的信托公司存在融资类主动管理型信托资产不降反升的情形。如江苏信托，2019 年融资类规模为 1067.04 亿元，2020 年融资规模上升至 1781.75 亿元，上升 66.98%。在单一信托通道业务严监管的情形下，有的信托公司单一类信托资产规模仍然上升，如重庆信托，2019 年和 2020 年单一类信托资产规模分别为 267.92 亿元和 284.42 亿元。

二是个别信托公司守正不足，主营信托业务偏离。信托公司的本源业务是“受人之托，代人理财”，经过 40 余年的快速发展，信托公司业务逐渐偏离本源，很多信托公司通过银信合作异化为融资通道，传统融资类资金信托业务成为信托公司利润的主要来源。有些信托公司将房地产、股权投资、证券买卖等作为主营业务，具有较大的经营风险。究其原因，主要由于信托公司的主动管理能力不足以及资金募集渠道狭窄，与《信托法》出现一定偏离，只注重商事信托，民事信托和公益信托等主动管理型信托业务没有充分发展。

（二）弱资质企业再融资困难，加剧了信托公司的信用风险

信托公司经营面临的主要风险包括信用风险（尤其是房地产、信政合作等重点领域）、市场风险（主要来自证券投资信托业务、直接投资的权益类资产以及融资类业务质押品价格波动）、流动性风险、操作风险、声誉风险、信息科技风险等其他风险。融资信托的收紧对不同类型的企业影响有所差异。对于经营状况良好的大企业而言，其抗风险能力较强，较容易获得市场其他融资渠道的支持。而弱资质企业融资渠道较窄，较为依赖以信托为代表的非标融资渠道。收紧融资类信托后，部分企业的再融资困难，偿债风险加大，债务违约可能性会大幅上升，使得信托公司信用风险上升。

（三）我国信托法律法规层级不够、体系不完备

一是中国信托法律层级不够，以部门规章为主。我国除了一部专门的信托法律之外，法律法规体系主要由银保监会的各类管理办法、实施办法、暂行办法、指引、意见、规定和通知等组成。《信托公司管理办法》《信托公司集合资金信托计划管理办法》《信托公司净资本管理办法》作为部门规章，在跟其他领域的行政法规发生冲突时法律效力较低。对于具体信托业务，监管部门采取通知、意见的方式进行规范，通知、意见等经常发生变化，稳定性不够，相关权威稳定的管理规则体系尚不完善。

二是我国信托法律法规体系不健全，基本监管立法缺失。我国只有一部专门的信托法律，信托成文法立法滞后，信托法律法规体系存在不足。对于信托业监管而言，尚未从基本法律的层面解决信托监管机构的职责划分、监管手段、法律责任等具体问题。从信托法律法规梳理来看，监管部门并没有制定专门针对家族信托的管理制度和

办法，家族信托等回归本源业务的法律法规缺位。

（四）我国现行信托业监管体制机制需进一步完善来防范信托风险

一是我国信托业分业监管体制容易产生监管缺位、监管不一致等问题，不利于风险防范。我国信托业监管体制存在的问题主要是由于分业监管模式在应对跨市场、跨行业的信托业务发展时，容易产生监管缺位、监管不一致等问题。银保监会监管的是信托公司，但是对于其他金融机构所开展的具有信托属性的业务难以监管。比如，对于本质上具有信托属性的创新金融产品（各类私募基金产品、互联网资管产品），在很长一段时间内存在监管的“真空”。信托公司可以投资资本市场、货币市场、实业市场，还可以开展融资、贷款、证券投资、债券承销、股权投资等金融业务。信托业务横跨多个金融市场，同时接受人民银行、银保监会、证监会等的监管，各监管部门对其管辖范围内的信托业务有不同的监管要求、风险识别方式和风险管理手段，监管容易出现不一致、沟通成本较高等问题。比如，原银监会和证监会对于具有同样信托属性的信托计划和资管计划曾经设立了不同的监管标准。

二是监管部门对信托业风险预警和揭示关注不够。我国信托监管部门的职责是从监管信托业务的事务性规范来定义的，较少涉及信托风险防范职责。银保监会信托部涉及风险监管的职责主要有风险分析、根据风险监管需要开展现场调查、提出个案风险监控处置和市场退出措施并承担组织实施具体工作，但是对于信托业前端的风险管理如风险监测和风险预警关注不够。信托业保障基金的职责主要是化解和处置信托业风险，并没有早期纠正风险的职责和相关制度设计。人民银行履行宏观审慎管理职责时，更多关注的是具有系统重要性的银行和保险公司，对信托公司关注不多。其他涉及信托业务监管的行业主管部门，在制定具体信托业务监管规则时，更多考虑的是规范性管理。

三是我国信托业属地监管存在一定的风险。信托业属地监管目前存在两个方面的问题。一方面，属地监管在信托业全国异地展业情况下可能会产生监管盲区。信托公司普遍在注册地以外设立业务、营销等部门，甚至有的信托公司形成异地管理总部运营模式，弱化虚化注册地的职能作用，但是其监管还是由注册地银保监局负责，注册地银保监局无法对辖区内信托公司在辖区外的信托活动进行监管，信托公司异地展业的所在地银保监局无法对其在辖区内的信托活动进行监管。另一方面，属地监管容易产生“监管俘获”。我国部分信托公司具有国企性质或地方国资委为大股东，往往与属地的银保监局等监管机构具有天然的“亲近”关系，还有银保监局工作人员到信托公司担任高管的情况，这些可能会影响监管的有效性。

五、对策建议

（一）通过完善法律法规，改革现行监管体制机制，促进业务结构调整，引导信托业回归本源

一是提升部分信托规定的法律效力位阶，尽快推出信托行业的监管新规和监管细则，以法治化、市场化手段增强信托行业的公信力和市场影响力。以信托制度价值为核心竞争力，促进信托业务结构真实、有效调整，满足市场资产管理需求和家族信托、公益慈善信托等社会服务需求。尽快完善具体信托业务的管理制度体系，将现有的通知、意见、公告等上升为部门规章，将部门规章条例上升为法律，由法律来规范信托活动，增加信托的公信力，为信托健康发展提供良好的法律基础。完善有关家族信托等法律法规，弥补家族信托等制度空白，出台有关支持和鼓励信托业回归本源的政策，为信托业务开展和回归本源提供法律依据，从政策角度引导信托业回归本源。

二是借鉴判例法思维方式，完善司法解释和相关信托法律制度。加强对信托风险案例的重点剖析和研究，发现法律和规章制度方面的漏洞并及时完善，从法律层面防范信托领域相关风险。

三是及时修订《中华人民共和国信托法》，从法律层面解决监管的职责划分边界不清、标准不统一等问题。在信托法中对信托业监管作原则性和授权性规定，贯彻功能监管理念①，同时为具体的监管制度安排留出接口，兼顾立法的稳定性与监管的适度灵活性。

---

① 功能监管是对相同功能、相同法律关系的金融产品按照同一规则监管。

（二）完善信托风险监管，强化功能监管，防范属地监管风险

一是加强信托监管体系中的风险监管导向。进一步明确银保监会信托部在信托风险监测和风险预警方面的职责。考虑制定信托业保障基金参与早期纠正风险的制度。人民银行在宏观审慎管理中，需要关注信托业可能引发的系统性风险。证监会、人社部、社保基金等其他行业主管部门，不仅要关注事务性管理，更要加强对所辖领域信托风险的管理。二是强化功能性监管原则。为了解决我国分业监管下存在的监管不一致、监管空白等问题，我国信托业也要按照功能性监管原则，将所有开展信托业务的金融机构和所有具有信托属性的金融产品都统一纳入到信托业监管范围。同时，需要一个核心监管部门牵头所有的辅助监管机构，具体完成监管职责。三是防范信托属地监管的风险。防范信托属地监管风险，可在保持现有属地监管模式不变的情况下，一方面，加大对地方银保监局履职尽责的监督，完善监管任职回避等制度，加大对信托监管领域违法违纪案件查处力度；另一方面，整顿信托异地展业存在的问题，要求把总部搬回注册地，减少监管盲区。

（三）将揭示风险隐患和回归本源改革作为审计重点

基于上述比较分析结果，审计机关对信托行业开展审计，应重点关注信托风险防范和回归本源改革的情况。具体包括：一是关注信托业务结构调整的真实性和通道类业务风险是否真正缓解等问题。例如，是否存在为了压降融资类通道业务将贷款包装成投资，进行虚假业务结构调整的情况（操作方式是信托公司以股权形式投资，但要求有抵押物，并且资金使用期限较短，有固定资金使用成本，本质上仍是贷款）。二是关注单一类信托资产规模下降是否存在通过多层嵌套分解“化整为零”的情况。三是关注融资类信托收紧后，弱资质企业再融资遇阻产生违约给存量信托带来的兑付风险。四是促进信托业回归本源，着重发展资产管理、财富管理和社会服务等方面业务，发挥其制度价值。

（课题组组长：姜江华；副组长：刘力云；执笔人：隋学深、张强、陈彦达、王玉凤、夏诗园）

重要财经审计法规文件

国务院办公厅关于推动个人养老金发展的意见

国办发〔2022〕7号　2022年4月8日

各省、自治区、直辖市人民政府，国务院各部委、各直属机构：

为推进多层次、多支柱养老保险体系建设，促进养老保险制度可持续发展，满足人民群众日益增长的多样化养老保险需要，根据《中华人民共和国社会保险法》《中华人民共和国银行业监督管理法》《中华人民共和国保险法》《中华人民共和国证券投资基金法》等法律法规，经党中央、国务院同意，现就推动个人养老金发展提出以下意见：

一、总体要求

以习近平新时代中国特色社会主义思想为指导，全面贯彻党的十九大和十九届历次全会精神，认真落实党中央、国务院决策部署，坚持以人民为中心的发展思想，完整、准确、全面贯彻新发展理念，加快构建新发展格局，推动发展适合中国国情、政府政策支持、个人自愿参加、市场化运营的个人养老金，与基本养老保险、企业（职业）年金相衔接，实现养老保险补充功能，协调发展其他个人商业养老金融业务，健全多层次、多支柱养老保险体系。

推动个人养老金发展坚持政府引导、市场运作、有序发展的原则。注重发挥政府引导作用，在多层次、多支柱养老保险体系中统筹布局个人养老金；充分发挥市场作用，营造公开公平公正的竞争环境，调动各方面积极性；严格监督管理，切实防范风险，促进个人养老金健康有序发展。

二、参加范围

在中国境内参加城镇职工基本养老保险或者城乡居民基本养老保险的劳动者，可以参加个人养老金制度。

三、制度模式

个人养老金实行个人账户制度，缴费完全由参加人个人承担，实行完全积累。参加人通过个人养老金信息管理服务平台（以下简称信息平台），建立个人养老金账户。个人养老金账户是参加个人养老金制度、享受税收优惠政策的基础。

参加人可以用缴纳的个人养老金在符合规定的金融机构或者其依法合规委托的销售渠道（以下统称金融产品销售机构）购买金融产品，并承担相应的风险。参加人应当指定或者开立一个本人唯一的个人养老金资金账户，用于个人养老金缴费、归集收益、支付和缴纳个人所得税。个人养老金资金账户可以由参加人在符合规定的商业银行指定或者开立，也可以通过其他符合规定的金融产品销售机构指定。个人养老金资金账户实行封闭运行，其权益归参加人所有，除另有规定外不得提前支取。

参加人变更个人养老金资金账户开户银行时，应当经信息平台核验后，将原个人养老金资金账户内的资金转移至新的个人养老金资金账户并注销原资金账户。

四、缴费水平

参加人每年缴纳个人养老金的上限为12000元。人力资源社会保障部、财政部根据经济社会发展水平和多层次、多支柱养老保险体系发展情况等因素适时调整缴费上限。

五、税收政策

国家制定税收优惠政策，鼓励符合条件的人员参加个人养老金制度并依规领取个人养老金。

六、个人养老金投资

个人养老金资金账户资金用于购买符合规定

的银行理财、储蓄存款、商业养老保险、公募基金等运作安全、成熟稳定、标的规范、侧重长期保值的满足不同投资者偏好的金融产品，参加人可自主选择。参与个人养老金运行的金融机构和金融产品由相关金融监管部门确定，并通过信息平台和金融行业平台向社会发布。

七、个人养老金领取

参加人达到领取基本养老金年龄、完全丧失劳动能力、出国（境）定居，或者具有其他符合国家规定的情形，经信息平台核验领取条件后，可以按月、分次或者一次性领取个人养老金，领取方式一经确定不得更改。领取时，应将个人养老金由个人养老金资金账户转入本人社会保障卡银行账户。

参加人死亡后，其个人养老金资金账户中的资产可以继承。

八、信息平台

信息平台由人力资源社会保障部组织建设，与符合规定的商业银行以及相关金融行业平台对接，归集相关信息，与财政、税务等部门共享相关信息，为参加人提供个人养老金账户管理、缴费管理、信息查询等服务，支持参加人享受税收优惠政策，为个人养老金运行提供信息核验和综合监管支撑，为相关金融监管部门、参与个人养老金运行的金融机构提供相关信息服务。不断提升信息平台的规范化、信息化、专业化管理水平，运用“互联网+”创新服务方式，为参加人提供方便快捷的服务。

九、运营和监管

人力资源社会保障部、财政部对个人养老金发展进行宏观指导，根据职责对个人养老金的账户设置、缴费上限、待遇领取、税收优惠等制定具体政策并进行运行监管，定期向社会披露相关信息。税务部门依法对个人养老金实施税收征管。相关金融监管部门根据各自职责，依法依规对参与个人养老金运行金融机构的经营活动进行监管，督促相关金融机构优化产品和服务，做好产品风险提示，对产品的风险性进行监管，加强对投资者的教育。

各参与部门要建立和完善投诉机制，积极发挥社会监督作用，及时发现解决个人养老金运行中出现的问题。

十、组织领导

推动个人养老金发展是健全多层次、多支柱养老保险体系，增强人民群众获得感、幸福感、安全感的重要举措，直接关系广大参加人的切身利益。各地区要加强领导、周密部署、广泛宣传，稳妥有序推动有关工作落地实施。各相关部门要按照职责分工制定落实本意见的具体政策措施，同向发力、密切协同，指导地方和有关金融机构切实做好相关工作。人力资源社会保障部、财政部要加强指导和协调，结合实际分步实施，选择部分城市先试行 1 年，再逐步推开，及时研究解决工作中遇到的问题，确保本意见顺利实施。

国务院办公厅关于进一步推进省以下财政体制改革工作的指导意见

国办发〔2022〕20 号　2022 年 5 月 29 日

各省、自治区、直辖市人民政府，国务院各部委、各直属机构：

省以下财政体制是政府间财政关系制度的组成部分，对于建立健全科学的财税体制，优化资源配置、维护市场统一、促进社会公平、实现国家长治久安具有重要作用。党的十八大以来，按照党中央、国务院决策部署，根据中央与地方财政事权和支出责任划分改革安排，各地不断完善省以下财政体制，充分发挥财政职能作用，在推动经济社会发展、保障和改善民生以及落实基层“三保”（保基本民生、保工资、保运转）任务等方面取得积极成效。同时，省以下财政体制还存在财政事权和支出责任划分不尽合理、收入划分不够规范、有的转移支付定位不清、一些地方“三保”压力较大、基本公共服务均等化程度有待提升等问题。为更好发挥财政在国家治理中的基础和重要支柱作用，健全省以下财政体制，增强基层公共服务保障能力，经国务院同意，现提出以下意见。

一、总体要求

（一）指导思想。以习近平新时代中国特色社会主义思想为指导，全面贯彻落实党的十九大和十九届历次全会精神，坚持稳中求进工作总基调，完整、准确、全面贯彻新发展理念，加快构建新发展格局，按照深化财税体制改革和建立现代财政制度的总体要求，进一步理顺省以下政府间财政关系，建立健全权责配置更为合理、收入划分更加规范、财力分布相对均衡、基层保障更加有力的省以下财政体制，促进加快建设全国统一大市场，推进基本公共服务均等化，推动高质量发展，为全面建设社会主义现代化国家提供坚实保障。

（二）基本原则。

——坚持统一领导、全面规范。坚持党中央集中统一领导，厘清政府与市场边界，保持与行政管理体制相适应，在中央和地方分税制的原则框架内，遵循完善政府间财政关系的基本原则，理顺地方各级财政事权和支出责任以及政府间收入划分关系等，逐步形成规范的省以下财政体制。

——坚持因地制宜、激励相容。坚持省负总责、分级负责，尊重地方的自主性和首创精神，鼓励各地区因地制宜采取差异化措施，激励与约束并重，充分调动省以下各级政府积极性，以增量改革为主、适度调整存量结构，优化权责配置和财力格局，增强财政体制的适应性和有效性。

——坚持稳中求进、守正创新。把握好改革的节奏与力度，平稳有序推进改革，保持财政体制连贯性和政策连续性。鼓励解放思想、探索实践，着力破解体制机制难题，创新管理模式，发挥财政体制在改革发展中的引导和保障作用。

二、清晰界定省以下财政事权和支出责任

（三）合理划分省以下各级财政事权。结合本地区实际加快推进省以下各级财政事权划分改革，根据基本公共服务受益范围、信息管理复杂程度等事权属性，清晰界定省以下各级财政事权。适度强化教育、科技研发、企业职工基本养老保险、城乡居民基本医疗保险、粮食安全、跨市县重大基础设施规划建设、重点区域（流域）生态环境保护与治理、国土空间规划及用途管制、防范和督促化解地方政府债务风险等方面的省级财政事权。将直接面向基层、由基层政府提供更为便捷有效的社会治安、市政交通、城乡建设、农村公路、公共设施管理等基本公共服务确定为市县级财政事权。

（四）明晰界定省以下各级财政支出责任。按照政府间财政事权划分，合理确定省以下各级财政承担的支出责任。省级财政事权由省级政府承担支出责任，市县级财政支出责任根据其履行的财政事权确定。共同财政事权要逐步明确划分省、市、县各级支出责任，按照减轻基层负担、体现区域差别的原则，根据经济发展水平、财力状况、支出成本等，差别化确定不同区域的市县级财政支出责任。推动建立共同财政事权保障标准，按比例分担支出责任，研究逐步推进同一市县不同领域的财政支出责任分担比例统一。上级财政事权确需委托下级履行的，要足额安排资金，不得以考核评比、下达任务、要求配套资金等任何形式，变相增加下级支出责任或向下级转嫁支出责任。

三、理顺省以下政府间收入关系

（五）参照税种属性划分收入。将税基流动性强、区域间分布不均、年度间收入波动较大的税收收入作为省级收入或由省级分享较高比例；将税基较为稳定、地域属性明显的税收收入作为市县级收入或由市县级分享较高比例。对金融、电力、石油、铁路、高速公路等领域税费收入，可作为省级收入，也可在相关市县间合理分配。除按规定上缴财政的国有资本经营收益外，逐步减少直至取消按企业隶属关系划分政府间收入的做法。

（六）规范收入分享方式。税收收入应在省以下各级政府间进行明确划分，对主体税种实行按比例分享，结合各税种税基分布、收入规模、区域间均衡度等因素，合理确定各税种分享比例。对非税收入可采取总额分成、分类分成、增量分成等分享方式，逐步加以规范。省内同一税费收入在省与市、省与省直管县、市与所辖区、市与所辖县之间的归属和分享比例原则上应逐步统一。除国家另有规定外，逐步取消对各类区域的财政收入全留或增量返还政策，确需支持的通过规范的转移支付安排。逐步规范设区的市与所辖区之间的收入关系。结合税源实际合理编制各级收入预算，依法依规征税收费，严格落实退税减税降费政策，严禁虚收空转、收“过头税费”、乱收费，不得违规对税费收入指标进行考核排名。逐步清理不当干预市场和与税费收入相挂钩的补贴或返还政策。

（七）适度增强省级调控能力。结合省级财政支出责任、区域间均衡度、中央对地方转移支付等因素，合理确定省级收入分享比例。基层“三保”压力较大的地区以及区域间人均支出差距较大的地区，应逐步提高省级收入分享比例，增强省级统筹调控能力。区域间资源分布不均的地区，省级可参与资源税收入分享，结合资源集中度、资源税收入规模、区域间均衡度等因素确定省级分享比例。省级财政应完善省以下增值税留抵退税分担机制，缓解退税相对集中市县的退税压力，确保退税政策及时准确落实到位。省级因规范财政体制集中的收入增量，原则上主要用于对下级特别是县级的一般性转移支付。

四、完善省以下转移支付制度

（八）厘清各类转移支付功能定位。建立健全省以下转移支付体系，根据财政事权属性，加大对财力薄弱地区的支持力度，健全转移支付定期评估机制。一般性转移支付用于均衡区域间基本财力配置，向革命老区、民族地区、边疆地区、欠发达地区，以及担负国家安全、生态保护、粮食和重要农产品生产等职责的重要功能区域倾斜，不指定具体支出用途，由下级政府统筹安排使用。共同财政事权转移支付与财政事权和支出责任划分改革相衔接，用于履行本级政府应承担的共同财政事权支出责任，下级政府要确保上级拨付的共同财政事权转移支付资金全部安排用于履行相应财政事权。编制预算时，共同财政事权转移支付暂列一般性转移支付。专项转移支付用于办理特定事项、引导下级干事创业等，下级政府要按照上级政府规定的用途安排使用。

（九）优化转移支付结构。围绕“兜底线、促均衡、保重点”目标，调整省以下转移支付结构，优化横向、纵向财力格局，推动财力下沉，增强基层公共服务保障能力，推动落实中央重大决策部署。建立一般性转移支付合理增长机制，结合均衡区域间财力需要，逐步提高一般性转移支付规模。根据基本公共服务保障标准、支出责任分担比例、常住人口规模等，结合政策需要和财力可能等，足额安排共同财政事权转移支付，落实各级支出责任，确保共同财政事权履行到位。合理控制专项转移支付新增项目和资金规模，逐步退出市场机制能够有效调节的相关领域，整合政策目标接近、资金投入方向类同、资金管理方式相近的项目。

（十）科学分配各类转移支付资金。贯彻政府过紧日子的要求，坚持勤俭节约的原则，按照规范的管理办法，围绕政策目标主要采用因素法或项目法分配各类转移支付资金。采用因素法分配资金，应选择与财政收支政策有较强相关性的因素，赋予不同因素相应权重或标准，并结合实际情况运用财政困难程度、支出成本差异、绩效结果等系数加以调节，采取公式化方式测算，体现明确的政策导向和支持重点。确需以项目形式下达的转移支付可采用项目法分配资金，遵循公平、公正、公开的原则，结合实际采取竞争性评审等方式，按照规范程序分配。转移支付资金分配应与下级政府提供基本公共服务的成本相衔接，同时充分考虑下级政府努力程度，强化绩效管理，适度体现激励约束。

五、建立健全省以下财政体制调整机制

（十一）建立财政事权和支出责任划分动态调整机制。根据事务管理及执行方式、机构职能调整等客观实际，动态调整省以下各级财政事权和支出责任划分。健全共同财政事权支出责任动态调整机制，结合各地区经济发展、财政自给率变化、保障标准调整等情况，适时调整省以下各级财政支出责任分担比例。

（十二）稳步推进收入划分调整。探索建立省以下区域间均衡度评估机制，定期开展评估。根据财政事权和支出责任划分动态调整情况，结合省以下区域间经济社会发展、财政收入分布和规模、财政收支均衡度等变化，适时稳步调整省以下政府间收入划分。省级可通过合理调整收入分享方式或分享比例等办法，抑制收入虚收空转行为。省以下各级政府财政体制调整，涉及收入和支出项目的划分以及上解等具体办法，应依法报同级人民代表大会常务委员会备案。

（十三）加强各类转移支付动态管理。严格各类转移支付设立条件和决策程序，健全转移支付定期评估和退出机制。根据省以下区域间均衡度等变化，及时调整完善各类转移支付资金分配办法。加强资金绩效管理和监督，探索建立以共同财政事权转移支付和专项转移支付为重点的后评价制度，将绩效评价、后评价结果作为完善政策、安排预算、改进管理的重要依据。强化各类转移支付资金分配、拨付、使用监管，科学高效、规范合理用好资金。健全财政资金直达机制，将与中央财政直达资金对应的地方财政资金纳入直达范围，加快资金分配下达，加强资金管理和监控，根据支出轻重缓急和项目实际进度统筹安排支出，更好发挥惠企利民作用。

六、规范省以下财政管理

（十四）规范各类开发区财政管理体制。未单独设立财政管理机构的开发区（含园区，下同）等预决算按照部门预决算管理，纳入同级政府或设立该开发区地方政府的部门预决算并单独列示。单独设立财政管理机构的开发区，参照实行独立财政管理体制，预决算纳入同级政府或设立该开发区地方政府的预决算并单独列示。各地区在依法依规的前提下，可结合本地实际探索创新开发区财政管理体制模式，更好调动各方面积极性。各地区要加强开发区政府性债务管理，保持与财政管理体制相适应，强化开发区管委会等政府派出机构举债融资约束，坚决遏制地方政府隐性债务增量，合理控制政府债务规模，切实防范债务风险。

（十五）推进省直管县财政改革。按照突出重点、利于发展、管理有效等要求，因地制宜逐步调整优化省直管县财政改革实施范围和方式。对区位优势不明显、经济发展潜力有限、财政较为困难的县，可纳入省直管范围或参照直管方式管理，加强省级对县级的财力支持。对由市级管理更有利于加强区域统筹规划、增强发展活力的县，适度强化市级的财政管理职责。

（十六）做实县级“三保”保障机制。建立县级财力长效保障机制。坚持县级为主、市级帮扶、省级兜底、中央激励，全面落实基层“三保”责任。建立健全事前审核、事中监控、事后处置的工作机制，严格省级对县级“三保”支出预算安排方案的审核制度，强化“三保”支出预算执行硬性约束，加强“三保”支出库款保障和运行监控，结合实际逐步推动“三保”相关转移支付纳入省对下直达资金范围，做好“三保”风险防范和应急处置。

（十七）推动乡财县管工作提质增效。将财政收入难以覆盖支出需要、财政管理能力薄弱的乡镇纳入乡财县管范围。加强财力薄弱乡镇支出保障，防范化解乡镇财政运行风险，加大对农村公益性事业发展的支持力度。结合预算管理一体化系统建设和应用，调整优化乡镇财政职能，强化县级财政对乡镇预算编制、预算执行、国有资产管理等监督，提升乡镇财政管理效率和水平。

（十八）加强地方政府债务管理。坚持省级党委和政府对本地区债务风险负总责，省以下各级党委和政府按属地原则和管理权限各负其责。落实省级政府责任，按属地原则和管理权限压实市县主体责任，通过增收节支、变现资产等方式化解债务风险，切实降低市县偿债负担，坚决查处违法违规举债行为。健全地方政府债务限额分配机制，一般债务限额应与一般公共预算收入相匹配，专项债务限额应与政府性基金预算收入及项目收益等相匹配，促进融资规模与项目收益相平衡，完善专项债券资金投向领域禁止类项目清单和违规使用专项债券处理处罚机制。

各地区、各有关部门要充分认识进一步推进省以下财政体制改革的重要意义，把思想和行动统一到党中央、国务院决策部署上来，增强“四个意识”、坚定“四个自信”、做到“两个维护”，主动谋划，精心组织，周密安排，扎实推进改革。各省、自治区、直辖市人民政府要按照本意见要求，制定实施方案，细化政策措施，推动各项改革任务落地见效。财政部等有关部门要加强对地方的指导督促，积极配合地方推进改革，确保各项任务落地见效。

国务院办公厅关于进一步盘活存量资产扩大有效投资的意见

国办发〔2022〕19号　2022年5月19日

各省、自治区、直辖市人民政府，国务院各部委、各直属机构：

经过多年投资建设，我国在基础设施等领域形成了一大批存量资产，为推动经济社会发展提供了重要支撑。有效盘活存量资产，形成存量资产和新增投资的良性循环，对于提升基础设施运营管理水平、拓宽社会投资渠道、合理扩大有效投资以及降低政府债务风险、降低企业负债水平等具有重要意义。为深入贯彻习近平新时代中国特色社会主义思想，完整、准确、全面贯彻新发展理念，加快构建新发展格局，推动高质量发展，经国务院同意，现就进一步盘活存量资产、扩大有效投资提出以下意见。

一、聚焦盘活存量资产重点方向

（一）重点领域。一是重点盘活存量规模较大、当前收益较好或增长潜力较大的基础设施项目资产，包括交通、水利、清洁能源、保障性租赁住房、水电气热等市政设施、生态环保、产业园区、仓储物流、旅游、新型基础设施等。二是统筹盘活存量和改扩建有机结合的项目资产，包括综合交通枢纽改造、工业企业退城进园等。三是有序盘活长期闲置但具有较大开发利用价值的项目资产，包括老旧厂房、文化体育场馆和闲置土地等，以及国有企业开办的酒店、餐饮、疗养院等非主业资产。

（二）重点区域。一是推动建设任务重、投资需求强、存量规模大、资产质量好的地区，积极盘活存量资产，筹集建设资金，支持新项目建设，牢牢守住风险底线。二是推动地方政府债务率较高、财政收支平衡压力较大的地区，加快盘活存量资产，稳妥化解地方政府债务风险，提升财政可持续能力，合理支持新项目建设。三是围绕落实京津冀协同发展、长江经济带发展、粤港澳大湾区建设、长三角一体化发展、黄河流域生态保护和高质量发展等区域重大战略以及推动海南自由贸易港建设等，鼓励相关地区率先加大存量资产盘活力度，充分发挥示范带动作用。

（三）重点企业。盘活存量资产对参与的各类市场主体一视同仁。引导支持基础设施存量资产多、建设任务重、负债率较高的国有企业，把盘活存量资产作为国有资产保值增值以及防范债务风险、筹集建设资金、优化资产结构的重要手段，选择适合的存量资产，采取多种方式予以盘活。鼓励民营企业根据实际情况，参与盘活国有存量资产，积极盘活自身存量资产，将回收资金用于再投资，降低企业经营风险，促进持续健康发展。

二、优化完善存量资产盘活方式

（四）推动基础设施领域不动产投资信托基金（REITs）健康发展。进一步提高推荐、审核效率，鼓励更多符合条件的基础设施REITs项目发行上市。对于在维护产业链供应链稳定、强化民生保障等方面具有重要作用的项目，在满足发行要求、符合市场预期、确保风险可控等前提下，可进一步灵活合理确定运营年限、收益集中度等要求。建立健全扩募机制，探索建立多层次基础设施REITs市场。国有企业发行基础设施REITs涉及国有产权非公开协议转让的，按规定报同级国有资产监督管理机构批准。研究推进REITs相关立法工作。

（五）规范有序推进政府和社会资本合作（PPP）。鼓励具备长期稳定经营性收益的存量项目采用PPP模式盘活存量资产，提升运营效率和服务水平。社会资本方通过创新运营模式、引入先进技术、提升运营效率等方式，有效盘活存量资产并减少政府补助额度的，地方人民政府可采取适当方式通过现有资金渠道予以奖励。

（六）积极推进产权规范交易。充分发挥产权交易所的价值发现和投资者发现功能，创新交易产品和交易方式，加强全流程精细化服务，协助开展咨询顾问、尽职调查、方案优化、信息披露、技术支撑、融资服务等，为存量资产的合理流动和优化配置开辟绿色通道，推动存量资产盘活交易更加规范、高效、便捷。采取多种方式加大宣传引导力度，吸引更多买方参与交易竞价。

（七）发挥国有资本投资、运营公司功能作用。鼓励国有企业依托国有资本投资、运营公司，按规定通过进场交易、协议转让、无偿划转、资产置换、联合整合等方式，盘活长期闲置的存量资产，整合非主业资产。通过发行债券等方式，为符合条件的国有资本投资、运营公司盘活存量资产提供中长期资金支持。

（八）探索促进盘活存量和改扩建有机结合。吸引社会资本参与盘活城市老旧资产资源特别是老旧小区改造等，通过精准定位、提升品质、完善用途等进一步丰富存量资产功能、提升资产效益。因地制宜积极探索污水处理厂下沉、地铁上盖物业、交通枢纽地上地下空间综合开发、保障性租赁住房小区经营性公共服务空间开发等模式，有效盘活既有铁路场站及周边可开发土地等资产，提升项目收益水平。在各级国土空间规划、相关专项规划中充分考虑老港区搬迁或功能改造提升，支持优化港口客运场站规划用途，实施综合开发利用。

（九）挖掘闲置低效资产价值。推动闲置低效资产改造与转型，依法依规合理调整规划用途和开发强度，开发用于创新研发、卫生健康、养老托育、体育健身、休闲旅游、社区服务或作为保障性租赁住房等新功能。支持金融资产管理公司、金融资产投资公司以及国有资本投资、运营公司通过不良资产收购处置、实质性重组、市场化债转股等方式盘活闲置低效资产。

（十）支持兼并重组等其他盘活方式。积极探索通过资产证券化等市场化方式盘活存量资产。在符合反垄断等法律法规前提下，鼓励行业龙头企业通过兼并重组、产权转让等方式加强存量资产优化整合，提升资产质量和规模效益。通过混合所有制改革、引入战略投资方和专业运营管理机构等，提升存量资产项目的运营管理能力。

三、加大盘活存量资产政策支持

（十一）积极落实项目盘活条件。针对存量资产项目具体情况，分类落实各项盘活条件。对产权不明晰的项目，依法依规理顺产权关系，完成产权界定，加快办理相关产权登记。对项目前期工作手续不齐全的项目，按照有关规定补办相关手续，加快履行竣工验收、收费标准核定等程序。对项目盘活过程中遇到的难点问题，探索制定合理解决方案并积极推动落实。

（十二）有效提高项目收益水平。完善公共服务和公共产品价格动态调整机制，依法依规按程序合理调整污水处理收费标准，推动县级以上地方人民政府建立完善生活垃圾处理收费制度。建立健全与投融资体制相适应的水利工程水价形成机制，促进水资源节约利用和水利工程良性运行。对整体收益水平较低的存量资产项目，完善市场化运营机制，提高项目收益水平，支持开展资产重组，为盘活存量资产创造条件。研究通过资产合理组合等方式，将准公益性、经营性项目打包，提升资产吸引力。

（十三）完善规划和用地用海政策。依法依规指导拟盘活的存量项目完善规划、用地用海、产权登记、土地分宗等手续，积极协助妥善解决土地和海域使用相关问题，涉及手续办理或开具证明的积极予以支持。坚持先规划后建设，对盘活存量资产过程中确需调整相关规划或土地、海域用途的，应充分开展规划实施评估，依法依规履行相关程序，确保土地、海域使用符合相关法律法规和国土空间用途管制要求。

（十四）落实财税金融政策。落实落细支持基础设施 REITs 有关税收政策。对符合存量资产盘活条件、纳税金额较大的重点项目，各级税务机关做好服务和宣传工作，指导企业依法依规纳税，在现行税收政策框架下助力盘活存量资产。支持银行、信托、保险、金融资产管理、股权投资基金等机构，充分发挥各自优势，按照市场化原则积极参与盘活存量资产。鼓励符合条件的金融资产管理公司、金融资产投资公司通过发行债券融资，解决负债久期与资产久期错配等问题。加强投融资合作对接，积极向有关金融机构推介盘活存量资产项目。

四、用好回收资金增加有效投资

（十五）引导做好回收资金使用。加强对盘活存量资产回收资金的管理，除按规定用于本项目职工安置、税费缴纳、债务偿还等支出外，应确保主要用于项目建设，形成优质资产。鼓励以资本金注入方式将回收资金用于具有收益的项目建设，充分发挥回收资金对扩大投资的撬动作用。对地方政府债务率较高、财政收支平衡压力较大的地区，盘活存量公共资产回收的资金可适当用于“三保”支出及债务还本付息。回收资金使用应符合预算管理、国有资产监督管理等有关政策要求。

（十六）精准有效支持新项目建设。盘活存量资产回收资金拟投入新项目建设的，优先支持综合交通和物流枢纽、大型清洁能源基地、环境基础设施、“一老一小”等重点领域项目，重点支持“十四五”规划102项重大工程，优先投入在建项目或符合相关规划和生态环保要求、前期工作成熟的项目。有关部门应加快相关项目审批核准备案、规划选址、用地用海、环境影响评价、施工许可等前期工作手续办理，促进项目尽快落地实施、形成实物工作量。

（十七）加强配套资金支持。在安排中央预算内投资等资金时，对盘活存量资产回收资金投入的新项目，可在同等条件下给予优先支持；发挥中央预算内投资相关专项示范引导作用，鼓励社会资本通过多种方式参与盘活国有存量资产。对回收资金投入的新项目，地方政府专项债券可按规定予以支持。鼓励银行等金融机构按照市场化原则提供配套融资支持。

五、严格落实各类风险防控举措

（十八）依法依规稳妥有序推进存量资产盘活。严格落实防范化解地方政府隐性债务风险的要求，严禁在盘活存量资产过程中新增地方政府隐性债务。坚持市场化法治化原则，严格落实国有资产监督管理规定，做好财务审计、资产评估、决策审批等工作，除相关政策规定的情形外，应主要通过公共资源交易平台、证券交易所、产权交易所等公开透明渠道合理确定交易价格，严防国有资产流失。充分保障债权人的合法权益，避免在存量资产转让过程中出现债权悬空。多措并举做好职工安置，为盘活存量资产创造良好条件和氛围。所有拟发行基础设施REITs的项目均应符合国家重大战略、发展规划、产业政策、投资管理法规等相关要求，保障项目质量，防范市场风险。

（十九）提升专业机构合规履职能力。严格落实相关中介机构自律规则、执业标准和业务规范，推动中介机构等履职尽责，依法依规为盘活存量资产提供尽职调查、项目评估、财务和法律咨询等专业服务。积极培育为盘活存量资产服务的专业机构，提高专业化服务水平。对违反相关法律法规的中介机构依法追责。

（二十）保障基础设施稳健运营。对公共属性较强的基础设施项目，在盘活存量资产时应处理好项目公益性与经营性的关系，确保投资方在接手后引入或组建具备较强能力和丰富经验的基础设施运营管理机构，保持基础设施稳健运营，切实保障公共利益，防范化解潜在风险。推动基础设施REITs基金管理人与运营管理机构健全运营机制，更好发挥原始权益人在项目运营管理中的专业作用，保障基金存续期间项目持续稳定运营。

六、建立工作台账强化组织保障

（二十一）实行台账式管理。全面梳理各地区基础设施等领域存量资产情况，筛选出具备一定盘活条件的项目，建立盘活存量资产台账，实行动态管理。针对纳入台账项目的类型和基本情况，逐一明确盘活方案，落实责任单位和责任人。地方各级人民政府要加强指导协调，定期开展项目调度，梳理掌握项目进展情况、及时解决存在问题，调动民间投资参与积极性。

（二十二）建立健全协调机制。由国家发展改革委牵头，会同财政部、自然资源部、住房城乡建设部、人民银行、国务院国资委、税务总局、银保监会、证监会等部门，加强盘活存量资产工作信息沟通和政策衔接，建立完善工作机制，明确任务分工，做好指导督促，协调解决共性问题，形成工作合力，重大事项及时向党中央、国务院报告。各地区建立相关协调机制，切实抓好盘活存量资产、回收资金用于新项目建设等工作。

（二十三）加强督促激励引导。对盘活存量资产、扩大有效投资工作成效突出的地区或单位，以适当方式积极给予激励；对资产长期闲置、盘活工作不力的，采取约谈、问责等方式，加大督促力度。适时将盘活存量资产、扩大有效投资有关工作开展情况作为国务院大督查的重点督查内容。研究将鼓励盘活存量资产纳入国有企业考核评价体系。对地方政府债务率较高的地区，重点督促其通过盘活存量资产降低债务率、提高再投资能力。当年盘活国有存量资产相关情况，纳入地方各级政府年度国有资产报告。

（二十四）积极开展试点探索。根据实际工作需要，在全国范围内选择不少于30个有吸引力、代表性强的重点项目，并确定一批可以为盘活存量资产、扩大有效投资提供有力支撑的相关机构，开展试点示范，形成可复制、可推广的经验做法。引导各地区积极学习借鉴先进经验，因地制宜研究制定盘活存量资产的有力有效措施，防止“一哄而上”。

国务院办公厅关于进一步优化营商环境降低市场主体制度性交易成本的意见

国办发〔2022〕30号 2022年9月7日

各省、自治区、直辖市人民政府，国务院各部委、各直属机构：

优化营商环境、降低制度性交易成本是减轻市场主体负担、激发市场活力的重要举措。当前，经济运行面临一些突出矛盾和问题，市场主体特别是中小微企业、个体工商户生产经营困难依然较多，要积极运用改革创新办法，帮助市场主体解难题、渡难关、复元气、增活力，加力巩固经济恢复发展基础。为深入贯彻党中央、国务院决策部署，打造市场化法治化国际化营商环境，降低制度性交易成本，提振市场主体信心，助力市场主体发展，为稳定宏观经济大盘提供有力支撑，经国务院同意，现提出以下意见。

一、进一步破除隐性门槛，推动降低市场主体准入成本

（一）全面实施市场准入负面清单管理。健全市场准入负面清单管理及动态调整机制，抓紧完善与之相适应的审批机制、监管机制，推动清单事项全部实现网上办理。稳步扩大市场准入效能评估范围，2022年10月底前，各地区各部门对带有市场准入限制的显性和隐性壁垒开展清理，并建立长效排查机制。深入实施外商投资准入前国民待遇加负面清单管理制度，推动出台全国版跨境服务贸易负面清单。（国家发展改革委、商务部牵头，国务院相关部门及各地区按职责分工负责）

（二）着力优化工业产品管理制度。规范工业产品生产、流通、使用等环节涉及的行政许可、强制性认证管理。推行工业产品系族管理，结合开发设计新产品的具体情形，取消或优化不必要的行政许可、检验检测和认证。2022年10月底前，选择部分领域探索开展企业自检自证试点。推动各地区完善工业生产许可证审批管理系统，建设一批标准、计量、检验检测、认证、产品鉴定等质量基础设施一站式服务平台，实现相关审批系统与质量监督管理平台互联互通、相关质量技术服务结果通用互认，推动工业产品快速投产上市。开展工业产品质量安全信用分类监管，2022年底前，研究制定生产企业质量信用评价规范。（市场监管总局牵头，工业和信息化部等国务院相关部门及各地区按职责分工负责）

（三）规范实施行政许可和行政备案。2022年底前，国务院有关部门逐项制定中央层面设定的行政许可事项实施规范，省、市、县级编制完成本级行政许可事项清单及办事指南。深入推进告知承诺等改革，积极探索“一业一证”改革，推动行政许可减环节、减材料、减时限、减费用。在部分地区探索开展审管联动试点，强化事前事中事后全链条监管。深入开展行政备案规范管理改革试点，研究制定关于行政备案规范管理的政策措施。（国务院办公厅牵头，国务院相关部门及各地区按职责分工负责）

（四）切实规范政府采购和招投标。持续规范招投标主体行为，加强招投标全链条监管。2022年10月底前，推动工程建设领域招标、投标、开标等业务全流程在线办理和招投标领域数字证书跨地区、跨平台互认。支持地方探索电子营业执照在招投标平台登录、签名、在线签订合同等业务中的应用。取消各地区违规设置的供应商预选库、资格库、名录库等，不得将在本地注册企业或建设生产线、采购本地供应商产品、进入本地扶持名录等与中标结果挂钩，着力破除所有制歧视、地方保护等不合理限制。政府采购和招投标不得限制保证金形式，不得指定出具保函的金融机构或担保机构。督促相关招标人、招标代理机构、公共资源交易中心等及时清退应退未

退的沉淀保证金。（国家发展改革委、财政部、市场监管总局等国务院相关部门及各地区按职责分工负责）

（五）持续便利市场主体登记。2022年10月底前，编制全国统一的企业设立、变更登记规范和审查标准，逐步实现内外资一体化服务，有序推动外资企业设立、变更登记网上办理。全面清理各地区非法设置的企业跨区域经营和迁移限制。简化企业跨区域迁移涉税涉费等事项办理程序，2022年底前，研究制定企业异地迁移档案移交规则。健全市场主体歇业制度，研究制定税务、社保等配套政策。进一步提升企业注销“一网服务”水平，优化简易注销和普通注销办理程序。（人力资源社会保障部、税务总局、市场监管总局、国家档案局等国务院相关部门及各地区按职责分工负责）

二、进一步规范涉企收费，推动减轻市场主体经营负担

（六）严格规范政府收费和罚款。严格落实行政事业性收费和政府性基金目录清单，依法依规从严控制新设涉企收费项目，严厉查处强制摊派、征收过头税费、截留减税降费红利、违规设置罚款项目、擅自提高罚款标准等行为。严格规范行政处罚行为，进一步清理调整违反法定权限设定、过罚不当等不合理罚款事项，抓紧制定规范罚款设定和实施的政策文件，坚决防止以罚增收、以罚代管、逐利执法等行为。2022年底前，完成涉企违规收费专项整治，重点查处落实降费减负政策不到位、不按要求执行惠企收费政策等行为。（国家发展改革委、工业和信息化部、司法部、财政部、税务总局、市场监管总局等国务院相关部门及各地区按职责分工负责）

（七）推动规范市政公用服务价外收费。加强水、电、气、热、通信、有线电视等市政公用服务价格监管，坚决制止强制捆绑搭售等行为，对实行政府定价、政府指导价的服务和收费项目一律实行清单管理。2022年底前，在全国范围内全面推行居民用户和用电报装容量160千瓦及以下的小微企业用电报装“零投资”。全面公示非电网直供电价格，严厉整治在电费中违规加收其他费用的行为，对符合条件的终端用户尽快实现直供到户和“一户一表”。督促商务楼宇管理人等及时公示宽带接入市场领域收费项目，严肃查处限制进场、未经公示收费等违法违规行为。（国家发展改革委、工业和信息化部、住房城乡建设部、市场监管总局、国家能源局、国家电网有限公司等相关部门和单位及各地区按职责分工负责）

（八）着力规范金融服务收费。加快健全银行收费监管长效机制，规范银行服务市场调节价管理，加强服务外包与服务合作管理，设定服务价格行为监管红线，加快修订《商业银行服务价格管理办法》。鼓励银行等金融机构对小微企业等予以合理优惠，适当减免账户管理服务等收费。坚决查处银行未按照规定进行服务价格信息披露以及在融资服务中不落实小微企业收费优惠政策、转嫁成本、强制捆绑搭售保险或理财产品等行为。鼓励证券、基金、担保等机构进一步降低服务收费，推动金融基础设施合理降低交易、托管、登记、清算等费用。（国家发展改革委、人民银行、市场监管总局、银保监会、证监会等国务院相关部门及各地区按职责分工负责）

（九）清理规范行业协会商会收费。加大对行业协会商会收费行为的监督检查力度，进一步推动各级各类行业协会商会公示收费信息，严禁行业协会商会强制企业到特定机构检测、认证、培训等并获取利益分成，或以评比、表彰等名义违规向企业收费。研究制定关于促进行业协会商会健康规范发展的政策措施，加强行业协会商会收费等规范管理，发挥好行业协会商会在政策制定、行业自治、企业权益维护中的积极作用。2022年10月底前，完成对行业协会商会违规收费清理整治情况“回头看”。（国家发展改革委、民政部、市场监管总局等国务院相关部门及各地区按职责分工负责）

（十）推动降低物流服务收费。强化口岸、货场、专用线等货运领域收费监管，依法规范船公司、船代公司、货代公司等收费行为。明确铁路、公路、水路、航空等运输环节的口岸物流作业时限及流程，加快推动大宗货物和集装箱中长距离运输“公转铁”“公转水”等多式联运改革，推进运输运载工具和相关单证标准化，在确保安全规范的前提下，推动建立集装箱、托盘等标准化装载器具循环共用体系。2022年11月底前，开展不少于100个多式联运示范工程建设，减少企业重复投入，持续降低综合运价水平。（国家发展改革委、交通运输部、商务部、市场监管总局、国家铁路局、中国民航局、中国国家铁路集团有限公司等相关部门和单位及各地区按职责分工负责）

三、进一步优化涉企服务，推动降低市场主体办事成本

（十一）全面提升线上线下服务能力。加快建立高效便捷、优质普惠的市场主体全生命周期服务体系，全面提高线下“一窗综办”和线上“一网通办”水平。聚焦企业和群众“办好一件事”，积极推行企业开办注销、不动产登记、招工用工等高频事项集成化办理，进一步减少办事环节。依托全国一体化政务服务平台，加快构建统一的电子证照库，明确各类电子证照信息标准，推广和扩大电子营业执照、电子合同、电子签章等应用，推动实现更多高频事项异地办理、“跨省通办”。（国务院办公厅牵头，国务院相关部门及各地区按职责分工负责）

（十二）持续优化投资和建设项目审批服务。优化压覆矿产、气候可行性、水资源论证、防洪、考古等评估流程，支持有条件的地方开展区域综合评估。探索利用市场机制推动城镇低效用地再开发，更好盘活存量土地资源。分阶段整合各类测量测绘事项，推动统一测绘标准和成果形式，实现同一阶段“一次委托、成果共享”。探索建立部门集中联合办公、手续并联办理机制，依法优化重大投资项目审批流程，对用地、环评等投资审批有关事项，推动地方政府根据职责权限试行承诺制，提高审批效能。2022年10月底前，建立投资主管部门与金融机构投融资信息对接机制，为重点项目快速落地投产提供综合金融服务。2022年11月底前，制定工程建设项目审批标准化规范化管理措施。2022年底前，实现各地区工程建设项目审批管理系统与市政公用服务企业系统互联、信息共享，提升水、电、气、热接入服务质量。（国家发展改革委、自然资源部、生态环境部、住房城乡建设部、水利部、人民银行、银保监会、国家能源局、国家文物局、国家电网有限公司等相关部门和单位及各地区按职责分工负责）

（十三）着力优化跨境贸易服务。进一步完善自贸协定综合服务平台功能，助力企业用好区域全面经济伙伴关系协定等规则。拓展“单一窗口”的“通关+物流”“外贸+金融”功能，为企业提供通关物流信息查询、出口信用保险办理、跨境结算融资等服务。支持有关地区搭建跨境电商一站式服务平台，为企业提供优惠政策申报、物流信息跟踪、争端解决等服务。探索解决跨境电商退换货难问题，优化跨境电商零售进口工作流程，推动便捷快速通关。2022年底前，在国内主要口岸实现进出口通关业务网上办理。（交通运输部、商务部、人民银行、海关总署、国家外汇局等国务院相关部门及各地区按职责分工负责）

（十四）切实提升办税缴费服务水平。全面推行电子非税收入一般缴款书，推动非税收入全领域电子收缴、“跨省通缴”，便利市场主体缴费办事。实行汇算清缴结算多缴退税和已发现的误收多缴退税业务自动推送提醒、在线办理。推动出口退税全流程无纸化。进一步优化留抵退税办理流程，简化退税审核程序，强化退税风险防控，确保留抵退税安全快捷直达纳税人。拓展“非接触式”办税缴费范围，推行跨省异地电子缴税、行邮税电子缴库服务，2022年11月底前，实现95%税费服务事项“网上办”。2022年底前，实现电子发票无纸化报销、入账、归档、存储等。（财政部、人民银行、税务总局、国家档案局等国务院相关部门及各地区按职责分工负责）

（十五）持续规范中介服务。清理规范没有法律、法规、国务院决定依据的行政许可中介服务事项，建立中央和省级行政许可中介服务事项清单。鼓励各地区依托现有政务服务系统提供由省级统筹的网上中介超市服务，吸引更多中介机构入驻，坚决整治行政机关指定中介机构垄断服务、干预市场主体选取中介机构等行为，依法查处中介机构强制服务收费等行为。全面实施行政许可中介服务收费项目清单管理，清理规范环境检测、招标代理、政府采购代理、产权交易、融资担保评估等涉及的中介服务违规收费和不合理收费。（国务院办公厅、国家发展改革委、市场监管总局等国务院相关部门及各地区按职责分工负责）

（十六）健全惠企政策精准直达机制。2022年底前，县级以上政府及其有关部门要在门户网站、政务服务平台等醒目位置设置惠企政策专区，汇集本地区本领域市场主体适用的惠企政策。加强涉企信息归集共享，对企业进行分类“画像”，推动惠企政策智能匹配、快速兑现。鼓励各级政务服务大厅设立惠企政策集中办理窗口，积极推动地方和部门构建惠企政策移动端服务体系，提供在线申请、在线反馈、应享未享提醒等服务，确保财政补贴、税费减免、稳岗扩岗等惠企政策落实到位。（各地区、各部门负责）

四、进一步加强公正监管，切实保护市场主体合法权益

（十七）创新实施精准有效监管。进一步完善监管方式，全面实施跨部门联合“双随机、一公开”监管，推动监管信息共享互认，避免多头执法、重复检查。加快在市场监管、税收管理、进出口等领域建立健全信用分级分类监管制度，依据风险高低实施差异化监管。积极探索在安全生产、食品安全、交通运输、生态环境等领域运用现代信息技术实施非现场监管，避免对市场主体正常生产经营活动的不必要干扰。（国务院办公厅牵头，国务院相关部门及各地区按职责分工负责）

（十八）严格规范监管执法行为。全面提升监管透明度，2022年底前，编制省、市两级监管事项目录清单。严格落实行政执法三项制度，建立违反公平执法行为典型案例通报机制。建立健全行政裁量权基准制度，防止任性执法、类案不同罚、过度处罚等问题。坚决杜绝“一刀切”“运动式”执法，严禁未经法定程序要求市场主体普遍停产停业。在市场监管、城市管理、应急管理、消防安全、交通运输、生态环境等领域，制定完善执法工作指引和标准化检查表单，规范日常监管行为。（国务院办公厅牵头，国务院相关部门及各地区按职责分工负责）

（十九）切实保障市场主体公平竞争。全面落实公平竞争审查制度，2022年10月底前，组织开展制止滥用行政权力排除、限制竞争执法专项行动。细化垄断行为和不正当竞争行为认定标准，加强和改进反垄断与反不正当竞争执法，依法查处恶意补贴、低价倾销、设置不合理交易条件等行为，严厉打击“搭便车”“蹭流量”等仿冒混淆行为，严格规范滞压占用经营者保证金、交易款等行为。（国家发展改革委、司法部、人民银行、国务院国资委、市场监管总局等国务院相关部门及各地区按职责分工负责）

（二十）持续加强知识产权保护。严格知识产权管理，依法规范非正常专利申请行为，及时查处违法使用商标和恶意注册申请商标等行为。完善集体商标、证明商标管理制度，规范地理标志集体商标注册及使用，坚决遏制恶意诉讼或变相收取“会员费”“加盟费”等行为，切实保护小微商户合法权益。健全大数据、人工智能、基因技术等新领域、新业态知识产权保护制度。加强对企业海外知识产权纠纷应对的指导，2022年底前，发布海外重点国家商标维权指南。（最高人民法院、民政部、市场监管总局、国家知识产权局等相关部门和单位及各地区按职责分工负责）

五、进一步规范行政权力，切实稳定市场主体政策预期

（二十一）不断完善政策制定实施机制。建立政府部门与市场主体、行业协会商会常态化沟通平台，及时了解、回应企业诉求。制定涉企政策要严格落实评估论证、公开征求意见、合法性审核等要求，重大涉企政策出台前要充分听取相关企业意见。2022年11月底前，开展行政规范性文件合法性审核机制落实情况专项监督工作。切实发挥中国政府网网上调研平台及各级政府门户网站意见征集平台作用，把握好政策出台和调整的时度效，科学设置过渡期等缓冲措施，避免“急转弯”和政策“打架”。各地区在制定和执行城市管理、环境保护、节能减排、安全生产等方面政策时，不得层层加码、加重市场主体负担。建立健全重大政策评估评价制度，政策出台前科学研判预期效果，出台后密切监测实施情况，2022年底前，在重大项目投资、科技、生态环境等领域开展评估试点。（各地区、各部门负责）

（二十二）着力加强政务诚信建设。健全政务守信践诺机制，各级行政机关要抓紧对依法依规作出但未履行到位的承诺列明清单，明确整改措施和完成期限，坚决纠正“新官不理旧账”“击鼓传花”等政务失信行为。2022年底前，落实逾期未支付中小企业账款强制披露制度，将拖欠信息列入政府信息主动公开范围。开展拖欠中小企业账款行为集中治理，严肃问责虚报还款金额或将无分歧欠款做成有争议欠款的行为，清理整治通过要求中小企业接受指定机构债务凭证或到指定机构贴现进行不当牟利的行为，严厉打击虚假还款或以不签合同、不开发票、不验收等方式变相拖欠的行为。鼓励各地区探索建立政务诚信诉讼执行协调机制，推动政务诚信履约。（最高人民法院、国务院办公厅、国家发展改革委、工业和信息化部、司法部、市场监管总局等相关部门和单位及各地区按职责分工负责）

（二十三）坚决整治不作为乱作为。各地区各部门要坚决纠正各种懒政怠政等不履职和重形式不重实绩等不正确履职行为。严格划定行政权力边界，没有法律法规依据，行政机关出台政策不得减损市场主体合法权益。各地区要建立健全营商环境投诉举报和问题线索核查处理机制，充分发挥12345政务服务便民热线、政务服务平台等渠道作用，及时查处市场主体和群众反映的不作为乱作为问题，切实加强社会监督。国务院办公厅要会同有关方面适时通报损害营商环境典型案例。（各地区、各部门负责）

各地区各部门要认真贯彻落实党中央、国务院决策部署，加强组织实施、强化协同配合，结合工作实际加快制定具体配套措施，确保各项举措落地见效，为各类市场主体健康发展营造良好环境。国务院办公厅要加大协调督促力度，及时总结推广各地区各部门经验做法，不断扩大改革成效。

国务院办公厅转发国家发展改革委关于在重点工程项目中大力实施以工代赈促进当地群众就业增收工作方案的通知

国办函〔2022〕58号　2022年7月5日

各省、自治区、直辖市人民政府，国务院各部委、各直属机构：

国家发展改革委《关于在重点工程项目中大力实施以工代赈促进当地群众就业增收的工作方案》已经国务院同意，现转发给你们，请认真贯彻落实。

国务院办公厅

2022年7月5日

关于在重点工程项目中大力实施以工代赈促进当地群众就业增收的工作方案

国家发展改革委

以工代赈是促进群众就近就业增收、提高劳动技能的一项重要政策，能为群众特别是农民工、脱贫人口等规模性提供务工岗位，是完善收入分配制度、支持人民群众通过劳动增加收入创造幸福生活的重要方式。重点工程项目投资规模大、受益面广、带动效应强，吸纳当地群众就业潜力巨大，是实施以工代赈的重要载体。在重点工程项目中大力实施以工代赈，既是促进有效投资、稳就业保民生、拉动县域消费、稳住经济大盘的重要举措，也是推动人民群众共享改革发展成果、提高劳动者素质的有效手段。要坚持以习近平新时代中国特色社会主义思想为指导，完整、准确、全面贯彻新发展理念，统筹发展和安全，推动高质量发展，进一步扩大以工代赈投资规模，充分发挥以工代赈政策作用。为贯彻落实党中央、国务院决策部署，现就在重点工程项目中大力实施以工代赈促进当地群众就业增收制定如下工作方案。

一、实施对象范围

（一）推动政府投资重点工程项目实施以工代赈。各地区、各部门在谋划实施政府投资的重点工程项目时，要妥善处理好工程建设与促进当地群众就业增收的关系，深刻把握以工代赈政策初衷，在确保工程质量安全和符合进度要求等前提下，按照“应用尽用、能用尽用”的原则，结合当地群众务工需求，充分挖掘主体工程建设及附属临建、工地服务保障、建后管护等方面用工潜力，在平衡好建筑行业劳动合同制用工和以工代赈劳务用工之间关系的基础上，尽可能多地通过实施以工代赈帮助当地群众就近务工实现就业增收。鼓励非政府投资的重点工程项目积极采取以工代赈方式扩大就业容量。

（二）明确实施以工代赈的建设领域和重点工程项目范围。交通领域主要包括高速铁路、普速铁路、城际和市域（郊）铁路、城市轨道交通，高速公路、沿边抵边公路，港航设施，机场，综合交通和物流枢纽等。水利领域主要包括水库建设、大中型灌区新建和配套改造、江河防洪治理等。能源领域主要包括电力、油气管道、可再生能源等。农业农村领域主要包括高标准农田、现代农业产业园等产业基础设施、农村人居环境整治提升、农业面源污染治理等。城镇建设领域主要包括城市更新、城市地下综合管廊、城市排水防涝、城市燃气管道等老化更新改造、保障性住房、县城补短板强弱项、产业园区配套基础设施、城镇污水垃圾处理设施、教育卫生文化体育旅游公共服务项目等。生态环境领域主要包括造林绿化、沙化土地治理、退化草原治理、水土流失和石漠化综合治理、河湖和湿地保护修复、森林质量精准提升、水生态修复等。灾后恢复重建领域主要包括基础设施恢复和加固、生产条件恢复、生活环境恢复等。发展改革部门要会同相关部门深入研究制定各领域重点工程项目中能够实施以工代赈的建设任务和用工环节指导目录。

二、重点工作任务

（三）形成以工代赈年度重点项目清单。国务院教育、生态环境、住房城乡建设、交通运输、水利、农业农村、文化和旅游、卫生健康、体育、能源、林草、乡村振兴等相关部门要会同发展改革部门根据国家中长期发展规划、专项规划，综合考虑工程项目特点、当地群众务工需求等，在国家层面列出适用以工代赈的重点工程项目，分领域形成年度项目清单，指导地方建立本地区适用以工代赈的项目清单，实行动态管理。各地区、各部门要在 2022 年启动建设的重点工程项目中，围绕适合人工作业、劳动密集型的建设任务和用工环节，抓紧组织实施以工代赈。

（四）以县域为主组织动员当地群众参与。重点工程项目业主单位、施工单位要根据能够实施以工代赈建设任务和用工环节的劳务需求，明确项目所在县域内可提供的就业岗位、数量、时间及劳动技能要求，并向相关县级人民政府告知用工计划。项目所在地县级人民政府要与业主单位、施工单位建立劳务沟通协调机制，及时开展政策宣讲和劳动力状况摸底调查，组织动员当地农村劳动力、城镇低收入人口和就业困难群体等参与务工，优先吸纳返乡农民工、脱贫人口、防止返贫监测对象。培育壮大劳务公司、劳务合作社、村集体经济组织等，提高当地群众劳务组织化程度。项目业主单位要督促指导施工单位做好以工代赈务工人员合同签订、台账登记、日常考勤等实名制管理工作。

（五）精准做好务工人员培训。项目所在地县级人民政府要统筹各类符合条件的培训资金和资源，充分利用项目施工场地、机械设备等，采取“培训+上岗”等方式，联合施工单位开展劳动技能培训和安全生产培训。探索委托中等职业技术学校、技工院校开展培训，提升当地群众中小型机械设备操作技能和安全生产知识水平。依托实施以工代赈专项投资项目，有针对性地开展劳动技能培训和安全生产培训，为重点工程项目提前培养熟练劳动力。

（六）及时足额发放劳务报酬。相关地方人民政府要督促项目施工单位尽量扩充以工代赈就业岗位，合理确定以工代赈劳务报酬标准，尽可能增加劳务报酬发放规模。施工单位要建立统一规范的用工名册和劳务报酬发放台账，经务工人员签字确认后，原则上将劳务报酬通过银行卡发放至本人，并将劳务报酬发放台账送县级相关部门备案。坚决杜绝劳务报酬发放过程中拖欠克扣、弄虚作假等行为。

三、严格规范管理

（七）项目前期工作明确以工代赈要求。重点工程项目可行性研究报告或资金申请报告等要件中，要以适当形式体现能够实施以工代赈的建设任务和用工环节，在社会效益评价部分充分体现带动当地群众就业增收、技能提升等预期成效。初步设计报告或施工图设计文件要明确实施以工代赈的具体建设任务和用工环节及可向当地提供的就业岗位。相关部门要在批复文件中对项目吸纳当地群众务工就业提出相关要求。

（八）项目建设环节压紧压实各方责任。重点工程项目业主单位要在设计、招标投标过程中明确以工代赈用工及劳务报酬发放要求，在工程服务合同中与施工单位约定相关责任义务。施工单位负责以工代赈务工人员在施工现场的日常管理，及时足额发放劳务报酬，保障劳动者合法权益。监理单位要把以工代赈务工人员在施工现场的务工组织管理和劳务报酬发放等作为工程监理的重要内容。

（九）强化事前事中事后全链条全领域监管。各级发展改革部门要联合相关部门、项目业主单位等，围绕当地务工人员组织、劳务报酬发放、劳动技能培训和安全生产培训等，对重点工程项目以工代赈实施情况加强监管和检查，发现问题及时督促整改。项目建成后，项目竣工验收单位要会同相关部门、业主单位、施工单位和项目所在地县级人民政府对以工代赈实施情况开展评价，并将评价结果作为项目竣工验收、审计决算的重要参考。

四、组织保障措施

（十）形成工作合力。坚持中央统筹、省部协同、市县抓落实，国家发展改革委要会同相关部门完善协调机制，统筹推进重点工程项目实施以工代赈。各省（自治区、直辖市）人民政府要加强组织领导和工作力量配备，确保国家和省级重点工程项目实施以工代赈措施落地见效。相关市县人民政府要落实属地责任，加强与项目业主单位、施工单位的沟通衔接，抓好以工代赈务工人员组织、劳动技能培训和安全生产培训、劳务报酬发放监管等具体工作。

（十一）加大投入力度。扩大以工代赈投资规模，在重点工程配套设施建设中实施一批以工代赈中央预算内投资项目，劳务报酬占中央资金比例由原规定的15%以上提高到30%以上，并尽可能增加。利用中央财政衔接推进乡村振兴补助资金（以工代赈任务方向）支持符合条件的农村小型公益性基础设施建设。地方各级人民政府要根据自身财力积极安排以工代赈专项资金，统筹相关领域财政资金加大以工代赈投入。鼓励各类金融机构依法依规加大对实施以工代赈项目的融资支持力度。引导民营企业、社会组织等各类社会力量采取以工代赈方式组织实施公益性项目。

（十二）做好总结评估。各地区、各部门要加强重点工程项目实施以工代赈政策宣传解读，及时总结推广典型经验做法。国家发展改革委要会同相关部门建立健全相关工作规范流程，定期调度重点工程项目实施以工代赈工作进展，纳入现有以工代赈工作成效综合评价范围。相关部门要将本领域重点工程项目实施以工代赈工作成效纳入现有相关考核评价范围。对工作积极主动、成效明显的地方予以督查激励，并通过安排以工代赈专项投资等多种方式给予倾斜支持。

发展改革委　工业和信息化部　公安部　住房城乡建设部　交通运输部　水利部　农业农村部　商务部　审计署　广电总局　能源局　铁路局　民航局关于严格执行招标投标法规制度进一步规范招标投标主体行为的若干意见

发改法规规〔2022〕1117号　2022年7月18日

各省、自治区、直辖市、新疆生产建设兵团发展改革委、工业和信息化主管部门、公安厅（局）、住房城乡建设厅（委、局）、交通运输厅（局、委)、水利（水务）厅（局)、农业农村厅（局、委)、商务厅（局)、审计厅（局)、广播电视局、能源局、招标投标指导协调工作牵头部门、公共资源交易平台整合工作牵头部门，各省、自治区、直辖市通信管理局，审计署各特派员办事处、国家能源局各派出机构、各地区铁路监管局、民航各地区管理局，全国公共资源交易平台、中国招标投标公共服务平台：

招标投标制度是社会主义市场经济体制的重要组成部分，对于充分发挥市场在资源配置中的决定性作用，更好发挥政府作用，深化投融资体制改革，提高国有资金使用效益，预防惩治腐败具有重要意义。近年来，各地区、各部门认真执行《招标投标法》及配套法规规章，全社会依法招标投标意识不断增强，招标投标活动不断规范，在维护国家利益、社会公共利益和招标投标活动当事人合法权益方面发挥了重要作用。但是当前招标投标市场还存在不少突出问题，招标人主体责任落实不到位，各类不合理限制和隐性壁垒尚未完全消除，规避招标、虚假招标、围标串标、有关部门及领导干部插手干预等违法行为仍然易发高发，招标代理服务水平参差不齐，一些评标专家不公正、不专业，导致部分项目中标结果不符合实际需求或者实施效果不佳，制约了招标投标制度竞争择优功能的发挥。为全面贯彻党的十九大和十九届历次全会精神，按照第十九届中央纪委第六次全会、国务院第五次廉政工作会议部署，现就严格执行招标投标法规制度、进一步规范招标投标各方主体行为提出以下意见。

一、强化招标人主体责任

（一）*依法落实招标自主权*。切实保障招标人在选择招标代理机构、编制招标文件、在统一的公共资源交易平台体系内选择电子交易系统和交易场所、组建评标委员会、委派代表参加评标、确定中标人、签订合同等方面依法享有的自主权。任何单位和个人不得以任何方式为招标人指定招标代理机构，不得违法限定招标人选择招标代理机构的方式，不得强制具有自行招标能力的招标人委托招标代理机构办理招标事宜。任何单位不得设定没有法律、行政法规依据的招标文件审查等前置审批或审核环节。对实行电子招标投标的项目，取消招标文件备案或者实行网上办理。

（二）*严格执行强制招标制度*。依法经项目审批、核准部门确定的招标范围、招标方式、招标组织形式，未经批准不得随意变更。依法必须招标项目拟不进行招标的、依法应当公开招标的项目拟邀请招标的，必须符合法律法规规定情形并履行规定程序；除涉及国家秘密或者商业秘密的外，应当在实施采购前公示具体理由和法律法规依据。不得以支解发包、化整为零、招小送大、设定不合理的暂估价或者通过虚构涉密项目、应急项目等形式规避招标；不得以战略合作、招商引资等理由搞“明招暗定”“先建后招”的虚假招标；不得通过集体决策、会议纪要、函复意见、备忘录等方式将依法必须招标项目转为采用谈判、询比、竞价或者直接采购等非招标方式。对于涉及应急抢险救灾、疫情防控等紧急情况，以及重大工程建设项目经批准增加的少量建设内容，可以按照《招标投标法》第六十六条和《招标投标法实施条例》第九条规定不进行招标，同时强化项目单位在资金使用、质量安全等方面责任。不得随意改变法定招标程序；不得采用抽签、摇号、抓阄等违规方式直接选择投标人、中标候选人或中标人。除交易平台暂不具备条件等特殊情形外，依法必须招标项目应当实行全流程电子化交易。

（三）*规范招标文件编制和发布*。招标人应当高质量编制招标文件，鼓励通过市场调研、专家咨询论证等方式，明确招标需求，优化招标方案；对于委托招标代理机构编制的招标文件，应当认真组织审查，确保合法合规、科学合理、符合需求；对于涉及公共利益、社会关注度较高的项目，以及技术复杂、专业性强的项目，鼓励就招标文件征求社会公众或行业意见。依法必须招标项目的招标文件，应当使用国家规定的标准文本，根据项目的具体特点与实际需要编制。招标文件中资质、业绩等投标人资格条件要求和评标标准应当以符合项目具体特点和满足实际需要为限度审慎设置，不得通过设置不合理条件排斥或者限制潜在投标人。依法必须招标项目不得提出注册地址、所有制性质、市场占有率、特定行政区域或者特定行业业绩、取得非强制资质认证、设立本地分支机构、本地缴纳税收社保等要求，不得套用特定生产供应者的条件设定投标人资格、技术、商务条件。简化投标文件形式要求，一般不得将装订、纸张、明显的文字错误等列为否决投标情形。鼓励参照《公平竞争审查制度实施细则》，建立依法必须招标项目招标文件公平竞争审查机制。鼓励建立依法必须招标项目招标文件公示或公开制度。严禁设置投标报名等没有法律法规依据的前置环节。

（四）规范招标人代表条件和行为。招标人应当选派或者委托责任心强、熟悉业务、公道正派的人员作为招标人代表参加评标，并遵守利益冲突回避原则。严禁招标人代表私下接触投标人、潜在投标人、评标专家或相关利害关系人；严禁在评标过程中发表带有倾向性、误导性的言论或者暗示性的意见建议，干扰或影响其他评标委员会成员公正独立评标。招标人代表发现其他评标委员会成员不按照招标文件规定的评标标准和方法评标的，应当及时提醒、劝阻并向有关招标投标行政监督部门（以下简称行政监督部门）报告。

（五）加强评标报告审查。招标人应当在中标候选人公示前认真审查评标委员会提交的书面评标报告，发现异常情形的，依照法定程序进行复核，确认存在问题的，依照法定程序予以纠正。重点关注评标委员会是否按照招标文件规定的评标标准和方法进行评标；是否存在对客观评审因素评分不一致，或者评分畸高、畸低现象；是否对可能低于成本或者影响履约的异常低价投标和严重不平衡报价进行分析研判；是否依法通知投标人进行澄清、说明；是否存在随意否决投标的情况。加大评标情况公开力度，积极推进评分情况向社会公开、投标文件被否决原因向投标人公开。

（六）畅通异议渠道。招标人是异议处理的责任主体，应当畅通异议渠道，在招标公告和公示信息中公布受理异议的联系人和联系方式，在法定时限内答复和处理异议，积极引导招标投标活动当事人和利害关系人按照法定程序维护自身权益。实行电子招标投标的，应当支持系统在线提出异议、跟踪处理进程、接收异议答复。不得故意拖延、敷衍，无故回避实质性答复，或者在作出答复前继续进行招标投标活动。

（七）落实合同履约管理责任。招标人应当高度重视合同履约管理，健全管理机制，落实管理责任。依法必须招标项目的招标人应当按照《公共资源交易领域基层政务公开标准指引》要求，及时主动公开合同订立信息，并积极推进合同履行及变更信息公开。加强对依法必须招标项目合同订立、履行及变更的行政监督，强化信用管理，防止“阴阳合同”“低中高结”等违法违规行为发生，及时依法查处违法违规行为。

（八）加强招标档案管理。招标人应当按照有关规定加强招标档案管理，及时收集、整理、归档招标投标交易和合同履行过程中产生的各种文件资料和信息数据，并采取有效措施确保档案的完整和安全，不得篡改、损毁、伪造或者擅自销毁招标档案。加快推进招标档案电子化、数字化。招标人未按照规定进行归档，篡改、损毁、伪造、擅自销毁招标档案，或者在依法开展的监督检查中不如实提供招标档案的，由行政监督部门责令改正。

（九）强化内部控制管理。招标人应当建立健全招标投标事项集体研究、合法合规性审查等议事决策机制，积极发挥内部监督作用；对招标投标事项管理集中的部门和岗位实行分事行权、分岗设权、分级授权，强化内部控制。依法必须招标项目应当在组织招标前，按照权责匹配原则落实主要负责人和相关负责人。鼓励招标人建立招标项目绩效评价机制和招标采购专业化队伍，加大对招标项目管理人员的问责问效力度，将招标投标活动合法合规性、交易结果和履约绩效与履职评定、奖励惩处挂钩。

二、坚决打击遏制违法投标和不诚信履约行为

（十）严格规范投标和履约行为。投标人应当严格遵守有关法律法规和行业标准规范，依法诚信参加投标，自觉维护公平竞争秩序。不得通过受让、租借或者挂靠资质投标；不得伪造、变造资质、资格证书或者其他许可证件，提供虚假业绩、奖项、项目负责人等材料，或者以其他方式弄虚作假投标；不得与招标人、招标代理机构或其他投标人串通投标；不得与评标委员会成员私下接触，或向招标人、招标代理机构、交易平台运行服务机构、评标委员会成员、行政监督部门人员等行贿谋取中标；不得恶意提出异议、投诉或者举报，干扰正常招标投标活动。中标人不得无正当理由不与招标人订立合同，在签订合同时向招标人提出附加条件，不按照招标文件要求提交履约保证金或履约保函，或者将中标项目转包、违法分包。

（十一）加大违法投标行为打击力度。密切关注中标率异常低、不以中标为目的投标的“陪标专业户”。重点关注投标人之间存在关联关系、不同投标人高级管理人员之间存在交叉任职、人员混用或者亲属关系、经常性“抱团”投标等围标串标高风险迹象。严厉打击操纵投标或出借资质等行为导致中标率异常高的“标王”及其背后的违法犯罪团伙。经查实存在违法行为的，行政监督部门严格依法实施行政处罚，并按照规定纳入信用记录；对其中负有责任的领导人员和直接责任人员，需要给予党纪、政务处分或组织处理的，移交有关机关、单位依规依纪依法处理；涉嫌犯罪的，及时向有关机关移送。不得以行政约谈、内部处理等代替行政处罚，不得以行政处罚代替刑事处罚。

三、加强评标专家管理

（十二）严肃评标纪律。评标专家应当认真、公正、诚实、廉洁、勤勉地履行专家职责，按时参加评标，严格遵守评标纪律。评标专家与投标人有利害关系的，应当主动提出回避；不得对其他评标委员会成员的独立评审施加不当影响；不得私下接触投标人，不得收受投标人、中介人、其他利害关系人的财物或者其他好处，不得接受任何单位或者个人明示或者暗示提出的倾向或者排斥特定投标人的要求；不得透露评标委员会成员身份和评标项目；不得透露对投标文件的评审和比较、中标候选人的推荐情况、在评标过程中知悉的国家秘密和商业秘密以及与评标有关的其他情况；不得故意拖延评标时间，或者敷衍塞责随意评标；不得在合法的评标劳务费之外额外索取、接受报酬或者其他好处；严禁组建或者加入可能影响公正评标的微信群、QQ 群等网络通讯群组。招标人、招标代理机构、投标人发现评标专家有违法行为的，应当及时向行政监督部门报告。行政监督部门对评标专家违法行为应当依法严肃查处，并通报评标专家库管理单位、评标专家所在单位和入库审查单位，不得简单以暂停或者取消评标专家资格代替行政处罚；暂停或者取消评标专家资格的决定应当公开，强化社会监督；涉嫌犯罪的，及时向有关机关移送。

（十三）提高评标质量。评标委员会成员应当遵循公平、公正、科学、择优的原则，认真研究招标文件，根据招标文件规定的评标标准和方法，对投标文件进行系统地评审和比较。评标过程中发现问题的，应当及时向招标人提出处理建议；发现招标文件内容违反有关强制性规定或者招标文件存在歧义、重大缺陷导致评标无法进行时，应当停止评标并向招标人说明情况；发现投标文件中含义不明确、对同类问题表述不一致、有明显文字和计算错误、投标报价可能低于成本影响履约的，应当先请投标人作必要的澄清、说明，不得直接否决投标；有效投标不足三个的，应当对投标是否明显缺乏竞争和是否需要否决全部投标进行充分论证，并在评标报告中记载论证过程和结果；发现违法行为的，以及评标过程和结果受到非法影响或者干预的，应当及时向行政监督部门报告。招标人既要重视发挥评标专家的专业和经验优势，又要通过科学设置评标标准和方法，引导专家在专业技术范围内规范行使自由裁量权；根据招标项目实际需要，合理设置专家抽取专业，并保证充足的评标时间。积极探索完善智能辅助评标等机制，减轻专家不必要的工作量。鼓励有条件的地方和单位探索招标人按照工作价值灵活确定评标劳务费支付标准的新机制。

（十四）强化评标专家动态管理。充分依托省级人民政府组建的综合评标专家库和国务院有关部门组建的评标专家库，建立健全对评标专家的入库审查、岗前培训、继续教育、考核评价和廉洁教育等管理制度。加强专家库及评标专家信息保密管理，除依法配合有关部门调查外，任何单位和个人不得泄露相关信息。严格规范评标专家抽取工作，做到全程留痕、可追溯。评标专家库管理单位应当建立评标专家动态考核机制，将专家依法客观公正履职情况作为主要考核内容，根据考核情况及时清退不合格专家。

（十五）严格规范和优化评标组织方式。积极推广网络远程异地评标，打破本地评标专家“小圈子”，推动优质专家资源跨省市、跨行业互联共享。评标场所应当封闭运行，配备专门装置设备，严禁评标期间评标委员会成员与外界的一切非正常接触和联系，实现所有人员的语言、行为、活动轨迹全过程可跟踪、可回溯。有关部门应当规范隔夜评标管理，落实行政监督责任；评标场所应当为隔夜评标提供便利条件，做好配套服务保障。

四、规范招标代理服务行为

（十六）切实规范招标代理行为。招标代理机构及其从业人员应当依法依规、诚信自律经营，严禁采取行贿、提供回扣或者输送不正当利益等非法手段承揽业务；对于招标人、投标人、评标专家等提出的违法要求应当坚决抵制、及时劝阻，不得背离职业道德无原则附和；不得泄露应当保密的与招标投标活动有关的情况和资料；不得以营利为目的收取高额的招标文件等资料费用；招标代理活动结束后，及时向招标人提交全套招标档案资料，不得篡改、损毁、伪造或擅自销毁；不得与招标人、投标人、评标专家、交易平台运行服务机构等串通损害国家利益、社会公共利益和招标投标活动当事人合法权益。

（十七）加强招标代理机构及从业人员管理。行政监督部门应当加强对在本地区执业的招标代理机构及从业人员的动态监管，将招标代理行为作为“双随机、一公开”监管的重点内容，纳入跨部门联合抽查范围，对参与围标串标等扰乱市场秩序的行为严格依法实施行政处罚，并按照规定纳入信用记录。加强招标代理行业自律建设，鼓励行业协会完善招标代理服务标准规范，开展招标代理机构信用评价和从业人员专业技术能力评价，为招标人选择招标代理机构提供参考，推动提升招标代理服务能力。

五、进一步落实监督管理职责

（十八）健全监管机制。各地行政监督部门要按照职责分工，畅通投诉渠道，依法处理招标投标违法行为投诉，投诉处理结果反馈当事人的同时按规定向社会公开，接受社会监督；合理利用信访举报及时发现违法问题线索，鼓励建立内部举报人制度，对举报严重违法行为和提供重要线索的有功人员予以奖励和保护；建立投诉举报案件定期统计分析制度，聚焦突出问题，开展专项整治。积极适应招标投标全流程电子化新形势，加快推进“互联网+监管”，充分依托行政监督平台在线获取交易信息、履行监管职责；不断探索完善智慧监管手段，及时预警、发现和查证违法行为；加强电子招标投标信息的防伪溯源监督管理，防止招标投标电子文件伪造、篡改、破坏等风险发生。健全各行政监督部门协同监管和信息共享机制，监管执法过程中涉及其他部门职责的，及时移交有关部门处理或联合处理，着力解决多头处理、职责交叉、不同行业间行政处罚裁量权标准不一致等问题，提高执法水平和效率。指导公共资源交易平台坚持公共服务定位，健全内部控制机制，切实守住廉洁和安全底线，自觉接受行政监督，并积极配合支持行政监督部门履行职责。加强对行政监督部门及其工作人员的监督约束，严禁以规范和监管之名行违规审批、插手干预、地方保护、行业垄断之实。

（十九）加大监管力度。各地行政监督部门要进一步深化“放管服”改革，切实将监管重心从事前审批核准向事中事后全程监管转移。全面推行“双随机、一公开”监管，提升监管主动性和覆盖面。坚决克服监管执法中的地方保护、行业保护，以零容忍态度打击招标投标违法行为，对影响恶劣的案件依法从严从重处罚并通报曝光。招标人发生违法行为的，依法严肃追究负有责任的主管人员和直接责任人员的法律责任，不得以他人插手干预招标投标活动为由减轻或免除责任。与公安机关建立有效的协调联动机制，加大对围标串标等违法犯罪行为的打击力度。加强与纪检监察机关、审计机关协作配合，按照规定做好招标投标领域违规违纪违法问题线索移交，对收到的问题线索认真核查处理。加强地方监管执法力量建设，鼓励监管体制改革创新，推动人财物更多投入到监管一线，加强监管的技术保障和资源保障。

（二十）健全信用体系。加快推进招标投标领域信用体系建设，构建以信用为基础、衔接标前标中标后各环节的新型监管机制。严格执行具有一定社会影响的行政处罚决定依法公开的规定，并及时推送至全国信用信息共享平台和公共资源交易平台，同步通过“信用中国”网站依法公示。坚持行政监督、社会监督和行业自律相结合，科学建立招标投标市场主体信用评价指标和标准，推动信用信息在招标投标活动中的合理规范应用。对违法失信主体依法依规实施失信惩戒，情节严重的依法实施市场禁入措施。

各地招标投标指导协调工作牵头部门和行政

监督部门要进一步强化政治站位，认真履职尽责，推动招标投标法规制度切实执行，大力营造公开、公平、公正和诚实信用的市场环境。国家发展改革委会同国务院有关部门加强对各地招标投标工作的指导协调和典型经验复制推广，适时开展专项督查检查，对监管职责不履行、责任落实不到位的地方和单位，视情进行督办、通报、向有关方面提出问责建议。

本意见自2022年9月1日起施行，有效期至2027年8月31日。

财政部关于加大审计重点领域关注力度　控制审计风险　进一步有效识别财务舞弊的通知

财会〔2022〕28号　2022年9月30日

各省、自治区、直辖市财政厅（局），深圳市财政局，新疆生产建设兵团财政局，各注册会计师协会，各会计师事务所：

为贯彻落实《国务院办公厅关于进一步规范财务审计秩序　促进注册会计师行业健康发展的意见》（国办发〔2021〕30号），指导会计师事务所和注册会计师提高应对财务舞弊的执业能力，充分发挥审计鉴证作用，现就有关事项通知如下。

一、充分认识加大审计重点领域关注力度、控制审计风险、进一步有效识别财务舞弊的重要意义

随着我国社会主义市场经济高质量发展深入推进，注册会计师行业规模和服务范围不断扩大，在社会主义市场经济建设中发挥着日益重要的作用。中央领导高度重视注册会计师行业，多次作出重要批示指示。国办发〔2021〕30号文件明确要求各地区、各部门从经济社会发展和全面深化改革开放的大局出发，充分认识推动注册会计师行业健康发展的重要性，将相关工作摆到重要议事日程。注册会计师行业发展总体向好，为提升会计信息质量和经济效率、维护市场秩序作出了重要贡献。但仍然存在少数会计师事务所和注册会计师在执行审计业务时未严格遵守审计准则、在一些审计重点领域审计程序执行不到位、审计证据获取不充分、未能有效揭示财务舞弊等问题，引发社会各界对会计师事务所职责履行效果的高度关注。因此，指导会计师事务所和注册会计师加大审计重点领域关注力度、控制审计风险、进一步有效识别财务舞弊，是推动注册会计师行业切实履行审计鉴证职责、合理保证会计信息质量、帮助财务报告使用者作出有效决策判断的重要举措，是保障注册会计师行业长远健康发展的重要基础，是回应社会关切、维护市场秩序和公众利益的重要手段。

二、会计师事务所要不断健全质量管理体系，完善审计程序

完善的质量管理体系是提升会计师事务所整体审计质量、防范审计风险的基石。各会计师事务所要高度重视，对标《会计师事务所质量管理准则第5101号——业务质量管理》《会计师事务所质量管理准则第5102号——项目质量复核》《中国注册会计师审计准则第1121号——对财务报表审计实施的质量管理》，充分认识构建完善质量管理体系任务的系统性、复杂性，扎实做好贯彻实施工作，确保按照时间要求建成并运行在全所范围内统一的质量管理体系。会计师事务所治理层要高度重视、深度参与和引领推动，依照事务所自身规模、服务范围、业务性质和具体情形，“量身定制”符合自身实际情况的质量管理体系框架，杜绝盲目“照搬照抄”。各会计师事务所要认真对照本通知要求，查找自身在审计环节中存在的突出问题与薄弱环节，及时有效识别、评价和应对其对执业质量的不利影响，相应完善自身审计程序。进驻企业前要多方渠道收集企业财务、经营信息并形成客户风险分析和应对报告，进驻企业后要对存在财务舞弊行为的重点领域采取针对性审计程序，切实防范、揭示会计造假行为。实施整合审计时，要高度关注管理层凌驾内部控制之上的风险。

三、注册会计师要严格执行审计准则，提高应对财务舞弊的执业能力

注册会计师要严格执行审计准则，在整个审计过程中保持充分的职业怀疑，对财务舞弊等风险因素保持警觉，当识别出可能存在由于财务舞弊导致的错报且涉及管理层时，应当考虑重新评价由于财务舞弊导致的重大错报风险的评估结果，以及该结果对审计程序的性质、时间安排和范围的影响。要针对相应风险点强化审计程序、扩大抽查比例、增加审计证据，有效控制审计风险。要在审计过程中对企业遵守会计准则情况作出职业判断；要在做好其他领域审计的同时，加大对货币资金、存货、在建工程和购置资产、资产减值、收入、境外业务、企业合并、商誉、金融工具、滥用会计政策和会计估计、关联方关系及交易等11个近年来财务舞弊易发高发领域的关注力度，做好有效应对（详见附件）。

四、财政部门、注册会计师协会要持续加强审计秩序管理和业务指导

财政部门、注册会计师协会在开展会计师事务所执业质量检查中，要对会计师事务所在上述重点领域是否贯彻风险导向审计理念、相关审计程序是否实施到位、获取的审计证据是否足以有效支持审计报告意见类型等列入重点关注范围。要进一步规范审计秩序，严格依法依规处理处罚，坚决清理注册会计师行业“害群之马”，强化震慑，促进会计师事务所提升执业质量和职业声誉、注册会计师提升专业胜任能力和塑造职业精神。中国注册会计师协会要动态掌握注册会计师审计过程中遇到的新领域、新情况、新问题，在国务院财政部门指导下及时充实、完善审计准则，发布问题解答，加强对注册会计师审计业务的规范和指导。

本通知自2022年11月1日起施行。

附件：

财务舞弊易发高发领域及重点应对措施

会计师事务所和注册会计师在审计过程中，要严格执行执业准则规则，控制审计风险，在做好其他领域审计的同时，加大对下列近年来财务舞弊易发高发领域的关注力度，合理运用职业判断，对发现的可能存在的舞弊风险做好有效应对。

一、货币资金相关舞弊风险应对措施

（一）针对虚构货币资金相关舞弊风险。一是严格实施银行函证程序，保持对函证全过程的控制，恰当评价回函可靠性，深入调查不符事项或函证程序中发现的异常情况；二是关注货币资金的真实性和巨额货币资金余额以及大额定期存单的合理性；三是了解企业开立银行账户的数量及分布，是否与企业实际经营需要相匹配且具有合理性，检查银行账户的完整性和银行对账单的真实性；四是分析利息收入和财务费用的合理性，关注存款规模与利息收入是否匹配，是否存在“存贷双高”现象；五是关注是否存在大额境外资金，是否存在缺少具体业务支持或与交易金额不相匹配的大额资金或汇票往来等异常情况。

（二）针对大股东侵占货币资金相关舞弊风险。一是识别企业银行对账单中与实际控制人、控股股东或高级管理人员的大额资金往来交易，关注是否存在异常的大额资金流动，关注资金往来是否以真实、合理的交易为基础，关注利用无商业实质的购销业务进行资金占用的情况；二是分析企业的交易信息，识别交易异常的疑似关联方，检查企业银行对账单中与疑似关联方的大额资金往来交易，关注资金或商业汇票往来是否以真实、合理的交易为基础；三是关注期后货币资金重要账户的划转情况以及资金受限情况；四是通过公开信息等可获取的信息渠道了解实际控制人、控股股东财务状况，关注其是否存在资金紧张或长期占用企业资金等情况，检查大股东有无高比例股权质押的情况。

（三）针对虚构现金交易相关舞弊风险。一是结合企业所在行业的特征恰当评价现金交易的合理性，检查相关内部控制是否健全、运行是否有效，是否保留了充分的资料和证据；二是计算月现金销售收款、现金采购付款的占比，关注现金收、付款比例是否与企业业务性质相匹配，识别现金收、付款比例是否存在异常波动，并追查波动原因；三是了解现金交易对方的情况，关注使用现金结算的合理性和交易的真实性；四是检查大额现金收支，追踪来源和去向，核对至交易的原始单据，关注收付款方、收付款金额与合同、订单、出入库单相关信息是否一致；五是检查交易对象的相关外部证据，验证其交易真实性；六是检查是否存在洗钱等违法违规行为。

二、存货相关舞弊风险应对措施

（一）针对虚构存货相关舞弊风险。一是根

据存货的特点、盘存制度和存货内部控制，设计和执行存货监盘程序；二是关注是否存在金额较大且占比较高、库龄较长、周转率低于同行业可比公司等情形的存货，分析评价其合理性；三是严格执行分析性程序，检查存货结构波动情况，分析其与收入结构变动的匹配性，评价产成品存货与收入、成本之间变动的匹配性；四是对异地存放或由第三方保管或控制的存货，严格执行函证或异地监盘等程序。

（二）针对账外存货相关舞弊风险。一是在其他资产审计中，关注是否有转移资产形成账外存货的情况；二是关注存货盘亏、报废的内部控制程序，关注是否有异常大额存货盘亏、报废的情况；三是存货监盘中，关注存货的所有权及完整性；四是关注是否存在通过多结转成本、多报耗用数量、少报产成品入库等方式，形成账外存货。

三、在建工程和购置资产相关舞弊风险应对措施

（一）针对利用在建工程掩盖舞弊的风险。一是检查是否存在与企业整体生产经营规划不符或与预算不符的异常在建工程项目；二是检查是否存在非正常停工或长期未完工的工程项目，关注有无通过虚构在建工程项目或虚增在建工程成本进行舞弊的情形。

（二）针对通过购置固定资产实施舞弊的风险。一是复核购置固定资产的理由及其合理性；二是检查购置固定资产相关的采购合同、采购发票等，判断固定资产计价的准确性，关注是否存在混淆费用和成本属性来操纵利润的情形；三是复核已入账固定资产的验收情况，观察固定资产是否确实存在并了解其使用情况。

四、资产减值相关舞弊风险应对措施

（一）针对通过不恰当计提减值准备人为调整资产账面价值的舞弊风险。一是对于存在减值迹象的资产，复核企业资产减值的测试过程和结果，评价管理层作出的与资产减值相关的重大判断和估计，必要时利用专家工作；二是对于持续存在减值迹象的资产，关注一次性大额计提减值的合理性，以及是否存在以前年度未予充分计提减值的情况。

（二）针对通过不恰当计提坏账准备人为调整利润的舞弊风险。一是复核企业对应收账款进行信用风险评估的相关考虑和客观证据，评价是否恰当识别各项应收账款的信用风险特征；二是评价应收账款账龄与预期信用损失计算的合理性，复核计提坏账准备的准确性，检查计提方法是否按照坏账政策执行；三是检查应收账款的期后回款情况，关注是否存在通过虚构回款冲减往来款等情形，评价应收账款坏账准备计提的合理性。

五、收入相关舞弊风险应对措施

（一）针对收入确认存在的舞弊风险因素。一是客观评价企业哪些类型的收入或收入认定可能存在重大舞弊风险；二是严格核查收入的交易背景，关注是否存在复杂的收入安排，收入确认是否取决于较高层次的管理层判断等；三是详细查阅是否存在股权激励等可能构成舞弊动机的事项；四是关注企业管理层变更后，收入确认政策是否发生重大变化。

（二）针对虚增或隐瞒收入舞弊风险。一是严格执行针对收入的分析程序，关注报告期毛利率明显偏高或毛利率波动较大、经营活动现金流量与收入不匹配等情况；二是借助数据分析工具，加强对收入财务数据与业务运营数据的多维度分析，有效识别异常情况；三是检查交易合同，并综合运用函证、走访、实地调查等方法，关注商业背景的真实性、资金资产交易的真实性、销售模式的合理性和交易价格的公允性等，识别是否存在虚构交易或进行显失公允的交易等情况，必要时，延伸验证相关交易的真实性；四是将业务系统和财务系统纳入信息系统一般控制和应用控制进行评价和测试，关注有无异常设定的超级用户等情况；五是分析收入确认政策的合规性，关注是否存在不恰当地以总额法代替净额法核算等情形。

（三）针对提前或延迟确认收入舞弊风险。一是严格实施收入截止测试，关注收入是否被计入恰当的期间；二是检查临近期末执行的重要销售合同，关注是否存在异常的定价、结算、发货、退货、换货或验收条款，关注期后是否存在退货以及改变或撤销合同条款的情况；三是复核重要合同的重要条款，关注是否存在通过高估履约进度，或将单项履约义务的销售交易拆分为多项履约义务实现提前确认收入以及通过将多项履约义务合并为单项履约义务延迟确认收入的情况。

六、境外业务相关舞弊风险应对措施

（一）针对虚构境外经营相关舞弊风险。一是结合境外业务所在国家或地区的经济环境和企业自身发展情况，评价境外经营的合理性；二是检查境外业务供应链、交易流程、相关内部控制和财务报告编制流程，关注境外经营的真实性；三是充分了解企业内外部风险因素，关注企业面临业绩压力、存在扭亏为盈等重大变化下管理层的舞弊风险，评价是否存在可能导致对其持续经营能力产生重大疑虑的情况，重点关注企业境外经营所在地是否存在影响持续经营的事项。

（二）针对虚构境外收入相关舞弊风险。一是分析境外销售毛利率是否存在异常，相同或类似产品是否存在境外销售价格明显高于境内、境外销售毛利率明显高于境内等情形；二是核查企业海关出口数据、出口退税金额、境外客户应收账款函证情况、物流运输记录、发货验收单据、出口信用保险数据等，评估其是否与境外销售收入相匹配；三是检查企业汇兑损益的计算是否准确，是否与现有销售收入相匹配；四是关注境外业务的结算方式，销售回款是否来自签订业务合同的往来客户，对存在第三方代收货款情形的，关注是否与第三方回款的支付方存在关联关系或其他利益安排，充分评估第三方回款的必要性和商业合理性。

（三）针对利用境外业务虚增虚构资产舞弊风险。一是对于储存在境外银行的货币资金，执行银行函证程序，关注是否存在被冻结的货币资金，是否存在大额境外资金，以及缺少具体业务支持或与交易金额不相匹配的大额资金或汇票往来等异常情况；二是对于源自境外客户的应收款项，考虑相关公司的信用风险、当前状况及未来经济情况的预测，评估管理层计提的预期信用减值损失是否恰当，检查是否存在大额应收款项减值或核销等情况；三是对于已通过海运或空运等方式发货但尚未到达海外客户的存货，向货运公司函证以验证存货的数量和金额，关注相关交易的真实性；四是关注税收缴纳等特殊领域，考虑利用专家工作，并充分评估专家的胜任能力、专业素质、客观性和工作结果。

七、企业合并相关舞弊风险应对措施

（一）针对操纵合并范围实施舞弊的风险。一是检查控制的判断依据，充分关注与被投资企业相关安排的设计目的与意图，综合考虑有关合同、协议等约定的相关主体财务和经营决策、决策人员权力限制、利润分享或损失承担机制等因素，判断是否对被投资企业具有控制，并据此确定合并财务报表的合并范围是否恰当；二是评估未纳入合并范围的子公司可能对财务会计报告整体产生的影响，关注有无人为调整合并范围的情形。

（二）针对滥用企业合并实施舞弊的风险。一是关注企业合并的商业实质，是否与合并方的发展战略协同，特别是涉及复杂的交易、付款安排，相关的会计处理是否符合实质重于形式原则；二是检查被合并企业的业绩真实性、财务数据合理性，是否存在通过虚增收入达到高溢价并购以及并购业绩承诺精准达标的情况；三是关注被合并企业的内部控制情况，是否存在隐性关联方交易、违规为关联方担保、大股东违规占用资金等问题。

八、商誉相关舞弊风险应对措施

（一）针对确认高额商誉相关舞弊风险。一是分析企业合并对价合理性、商誉金额的合理性、企业合并过程中专家意见的合理性；二是复核企业合并中合并成本计量的准确性，判断是否存在应计入合并成本中的或有对价；三是检查企业是否以购买日公允价值重新确认和计量被购买方所有可辨认资产和负债（包括被购买方拥有但未在个别财务报表中确认的资产和负债），是否因未能恰当识别和确认被购买方的可辨认资产（尤其是无形资产）和负债而形成高额商誉。

（二）针对商誉未被恰当分摊至相关资产组或资产组组合的舞弊风险。一是评价管理层商誉分摊方法的恰当性，判断是否存在为了避免计提商誉减值准备而扩大分摊商誉资产组或资产组组合的范围，将商誉分摊至可收回金额较高但与商誉不相关的资产组的情况；二是检查购买日后相关资产组或资产组组合发生了重组、处置等变化，或某些资产组已经与商誉不再相关时，是否对商誉进行重新分摊；三是检查是否存在人为安排合并范围内子公司间的交易，以提高资产组的相关收入或盈利的情形。

（三）针对商誉减值测试过程中的相关舞弊风险。一是评价与管理层进行商誉减值测试相关的内部控制设计和运行的有效性；二是复核管理层商誉减值测试方法的合理性及一致性，评价管理层在减值测试中采用的关键假设的合理性并核实与上年关键假设的变化，关注盈利预测所使用基础数据和参数的相关性、准确性及完整性；三是评价商誉减值测试所涉及专家的胜任能力、专业素质和客观性，判断专家工作结果的恰当性，尤其要关注利用评估机构出具评估报告的情形。

（四）针对商誉减值确认相关舞弊风险。一是复核企业以前年度商誉减值计提情况，有无以前年度未计提或少计提而在本年度大幅计提商誉减值的情形，检查其理由和依据；二是关注企业是否存在与商誉有关的业绩承诺并分析其达标情况，关注是否存在精准达标或未达标，但未充分计提商誉减值的情况；三是检查商誉减值测试所依据的信息与管理层年度展望等相关信息的一致性。

九、金融工具相关舞弊风险应对措施

（一）针对金融工具分类和计量相关舞弊风险。一是检查金融工具分类的恰当性，关注债务工具和权益工具的区分不当、混淆业务模式与管理层投资时的主观意图、金融工具分类随意调整、复合金融工具或混合金融工具的拆分错误等情形；二是检查金融工具计价的准确性，关注因企业自身信用风险变化导致的金融负债公允价值变动的会计处理方式是否恰当，复核摊余成本计算的结果，并对公允价值计量的金融工具检查其报告期末公允价值数据来源或测试其估值模型。

（二）针对金融工具终止确认相关舞弊风险。一是关注金融资产终止确认是否满足合同权利终止或满足规定的转移，关注交易对手方的履约能力、交易条件、是否存在关联方关系等，分析其商业合理性，关注有无人为安排交易以满足某些监管要求或合同义务等情形；二是关注金融负债现时义务是否解除、终止确认的时点是否恰当，是否存在以承担新金融负债的方式替换原金融负债，人为提前或者不当终止确认金融负债虚增利润。

（三）针对利用复杂金融产品实施舞弊的风险。一是了解金融产品和服务的业务模式和盈利方式，是否符合企业会计准则和监管规范要求，特别关注混合金融工具会计处理的恰当性；二是关注是否存在“资金池”、刚性兑付、违规承诺收益或其他利用多层嵌套、通道业务等方式将表内信用风险表外化的迹象；三是关注保理业务的商业实质，对相关的应收账款本身的真实性、可收回性进行分析，分析保理业务涉及的应收账款是否存在虚构交易或空转贸易情形。

十、滥用会计政策和会计估计相关舞弊风险应对措施

（一）针对滥用会计政策和会计估计变更实施舞弊的风险。一是结合企业经营状况，充分了解变更会计政策和会计估计的意图及其合理性；二是评价会计政策和会计估计变更前后经营成果发生的重大变化，检查是否存在通过会计政策和会计估计变更实现扭亏为盈，是否存在滥用会计政策和会计估计变更调节资产和利润等情况。

（二）针对混淆会计政策变更、会计估计变更和前期差错更正实施舞弊的风险。关注是否正确划分会计政策变更、会计估计变更和前期差错更正，是否如实反映相关的交易和事项，并进行相应会计处理和披露。特别是重要项目的会计政策、重大和异常交易的会计处理方法、在新领域和缺乏权威性标准或共识的领域采用重要会计政策产生的影响、会计政策的变更等，以及其对财务会计报告反映的信息质量的影响。

十一、关联方相关舞弊风险应对措施

（一）针对通过未识别出或未披露的关联方实施舞弊的风险。一是保持职业怀疑态度，关注交易金额重大、交易发生频次较少且交易时间集中、交易条件与其他对手方明显不同、交易规模和性质与对方的能力明显不匹配，以及其他不具有合理商业理由的交易，关注是否存在关联交易非关联化；二是针对不具有合理商业理由的交易采取进一步审计程序，通过背景调查、交易信息分析等方法，评估对手方与企业的关系，识别将原关联方非关联化行为的动机及后续交易的真实性、公允性，以及是否存在通过相关交易增加利润的可能。

（二）针对通过关联方实施舞弊的风险。一是加强关联交易舞弊风险的评估与控制，关注是否存在通过以显失公允的交易条款与关联方进行交易、与关联方或特定第三方串通舞弊进行虚假交易或侵占被审计单位资产、实际控制人或控股股东通过凌驾于被审计单位内部控制之上侵占被审计单位资产等方式影响关联交易真实性、价格公允性，从而粉饰财务会计报告或进行利益输送的舞弊行为；二是关注交易商业安排的合理性、资金资产交易的真实性、销售模式的合理性和公允性、关联交易金额上限的合规性等内部控制流程和控制措施的有效性。

财政部　人力资源社会保障部　税务总局　国家医保局关于印发《社会保险基金预算绩效管理办法》的通知

财社〔2022〕65号　2022年5月27日

人民银行，各省、自治区、直辖市财政厅（局）、人力资源社会保障厅（局）、医疗保障局，新疆生产建设兵团财政局、人力资源社会保障局、医疗保障局，国家税务总局各省、自治区、直辖市和计划单列市税务局，中央国家机关养老保险管理中心，中国农业发展银行：

为贯彻落实《中共中央 国务院关于全面实施预算绩效管理的意见》有关精神，进一步提升社会保险基金预算管理水平，我们制定了《社会保险基金预算绩效管理办法》。现予以印发，请遵照执行。

社会保险基金预算绩效管理办法

第一章　总　　则

第一条　为全面实施社会保险基金预算绩效管理，建立科学、合理、规范的预算绩效管理体系，提高社会保险基金管理水平，根据《中华人民共和国预算法》《中华人民共和国社会保险法》《中华人民共和国预算法实施条例》《中共中央 国务院关于全面实施预算绩效管理的意见》等有关规定，制定本办法。

第二条　本办法所称社会保险基金预算绩效管理，是指在社会保险基金预算管理全过程中融入绩效理念和要求，通过合理确定绩效目标、全面实施绩效运行监控、科学开展绩效评价和切实强化结果应用，进一步改善政策实施效果、提升基金使用效益、促进基金精算平衡、防范基金运行风险的预算管理活动。

第三条　社会保险基金预算绩效管理的对象是各项社会保险基金。包括：企业职工基本养老保险基金、城乡居民基本养老保险基金、机关事业单位基本养老保险基金、职工基本医疗保险（含生育保险）基金、城乡居民基本医疗保险基金、工伤保险基金、失业保险基金，以及根据国家法律法规建立并纳入预算管理的其他社会保险基金。

第四条　社会保险基金预算绩效管理的基本原则：

（一）统一领导，分级负责。中央统一领导社会保险基金预算绩效管理，各省（自治区、直辖市，以下统称省）具体负责本省社会保险基金预算绩效管理工作。加强总体设计，按照促进社会保险制度更加公平更可持续的要求，建立目标明确、管理规范、职责清晰的社会保险基金预算绩效管理制度、绩效指标体系和绩效管理系统。

（二）全程管理，全面覆盖。落实全面实施预算绩效管理要求，建立预算编制有目标、预算执行有监控、预算完成有评价、评价结果有应用的社会保险基金预算绩效管理链条，对社会保险基金预算编制、执行、调整、决算、监督实施全程绩效管理，将各项社会保险基金收入、支出、结余全部纳入预算绩效管理范围，实现预算和绩效管理一体化。

（三）突出共性，兼顾个性。绩效管理制度和指标体系适应社会保险基金管理特点。突出各项社会保险基金运行和管理的共性特征，强化预算绩效管理的统一性；兼顾不同社会保险基金项目的差异，体现预算绩效管理的针对性。

（四）激励相容，约束有力。健全绩效管理的激励约束机制，在资金安排或政策调整时注重对绩效评价结果的运用，加强对社会保险基金预算绩效管理工作的考核。

第五条 社会保险基金预算绩效管理由财政部门牵头，社会保险行政部门、社会保险经办机构和税务部门密切配合。财政部门主要负责牵头制定绩效管理办法、绩效评价方案和指标体系，审核并下达绩效目标，组织和指导绩效监控、绩效评价，审定绩效评价报告，反馈和应用绩效评价结果，推进绩效信息公开等工作。社会保险行政部门主要负责绩效目标初审、指导经办机构开展绩效监控和绩效评价、形成并向财政部门报送绩效评价报告、提出绩效评价结果应用建议等工作。社会保险经办机构和税务部门具体负责绩效目标制定、运行监控、绩效自评、结果应用等工作。相关部门要各司其职，形成合力。

第六条 中央层面负责制定全国社会保险基金预算绩效管理制度，推进社会保险基金绩效指标体系和绩效管理信息化建设，审核下达分省区域绩效目标，指导地方开展绩效管理相关工作，适时对各省开展绩效评价。

省级层面负责制定本省区域绩效目标并报中央层面审核后实施或分解下达至统筹地区，负责组织、协调、指导和考核等工作，并开展省级绩效评价。统筹地区具体负责本区域社会保险基金预算绩效目标管理、绩效运行监控、绩效评价和结果应用等工作。企业职工基本养老保险实行全国统筹后，各省绩效管理工作由省级层面承担。

第二章 绩效目标

第七条 制定社会保险基金预算绩效目标要全面贯彻落实党中央、国务院关于社会保险工作的重大决策部署，紧密结合国民经济和社会发展规划及社会保险事业发展相关专项规划等。整体绩效目标由中央层面统一制定。分省区域绩效目标由省级层面制定。分省区域绩效目标制定和调整应按程序报中央层面审核。将绩效目标设置作为社会保险基金预算安排的前置条件。

第八条 社会保险基金预算绩效目标按时间段分为总体目标和年度目标。总体目标主要结合党中央、国务院关于社会保险工作的总体部署，反映未来一定时期内社会保险政策预期实施效果。年度目标是实现总体目标的年度计划任务。

第九条 社会保险基金预算绩效指标是绩效目标的分解和细化，是衡量绩效目标实现程度的具体工具，采取定量与定性相结合的方式设定，涵盖决策、过程、产出、效益等方面。

（一）决策指标主要包括社会保险基金管理相关政策制定和调整完善等方面。

（二）过程指标主要包括社会保险基金管理相关政策执行、基金预算管理、风险防控等方面。

（三）产出指标主要包括基金收入和支出的数量、质量、时效、成本等方面。

（四）效益指标主要包括经济效益、社会效益、可持续发展、满意度等方面。

绩效指标选取应遵循可取、可比、可测、可用原则。

第十条 中央层面在部署社会保险基金预算时，同步下达指导性的社会保险基金预算分省区域绩效目标和指标。社会保险基金预算区域绩效目标的批复按照现行社会保险基金预算批复程序执行。

第三章 绩效运行监控

第十一条 绩效运行监控是在社会保险基金预算执行过程中，对社会保险基金绩效目标实现程度和预算执行进度进行跟踪、分析和监测的日常管理活动。

第十二条 绩效运行监控内容包括：绩效目标完成、预算执行进度、风险防控、财务管理与核算等情况。重点关注社会保险费收入完成、一般公共预算安排的财政补助收入到位、社会保险待遇支付、社会保险基金收支结余等情况。

第十三条 绩效运行监控由统筹地区组织开展，主要采用目标比较法，运用定量分析和定性分析相结合的方式，定期将绩效实现情况与预期绩效目标进行比较分析。绩效监控包括及时性、合规性和有效性监控等。

第十四条 统筹地区要及时纠正绩效监控中发现的问题，改进工作中的薄弱环节，确保绩效目标如期保质保量实现。

第四章 绩效评价、结果反馈及应用

第十五条 绩效评价是在社会保险基金年度预算执行完毕后，按照相关要求，运用科学、合理的绩效评价指标、评价标准和方法，依据设定的绩效目标，对目标实现程度、政策产出效果等进行客观公正的测量、分析和评判，形成评价结果的活动。

第十六条 绩效评价内容主要包括：社会保险基金预算管理工作开展、社会保险基金管理相关政策落实、社会保险基金可持续运行等情况。

第十七条 绩效评价包括统筹地区自评和上级部门绩效评价。统筹地区自评由同级财政部门牵头组织，要注重提高绩效自评质量。省级财政部门牵头组织对省以下统筹地区开展省级绩效评价。条件成熟时，财政部牵头组织开展全国绩效评价。

根据工作需要，绩效评价工作可委托中介机构、专家等第三方具体实施。

统筹地区自评和省级绩效评价采用定量与定性评价相结合的方式，具体评价方法以比较法为主。

第十八条 各统筹地区按要求分险种开展绩效自评工作，并于每年5月底前向省级层面报送上一年度绩效自评报告。各省按要求开展全省绩效评价工作，并于每年7月底前向中央层面报送上一年度本省绩效评价报告。

绩效自评报告和省级绩效评价报告要做到内容完整、数据真实、结果客观，及时发现存在的问题，未完成绩效目标或偏离绩效目标较大时要分析并说明原因，研究提出改进措施。

第十九条 省级层面要结合各统筹地区自评结果开展省级绩效评价，对各统筹地区实际绩效情况进行分析评价，提出有针对性的建议措施，并及时将评价结果反馈相关统筹地区。

第二十条 要强化绩效评价结果应用，将绩效评价结果作为完善社会保险基金管理相关政策、改进管理的重要依据，逐步在资金安排中应用绩效评价结果。对绩效评价中发现的问题要及时整改。

第五章 组织实施

第二十一条 加大社会保险基金绩效信息公开力度，逐步推动社会保险基金预算重要绩效目标、绩效评价结果等绩效信息向同级人大报送并向社会公开，接受人大和社会各界监督。

第二十二条 中央层面按照部门职责开展对各省社会保险基金预算绩效管理工作的考核，建立考核结果通报制度，对预算绩效管理工作成效明显的给予表扬，对工作推进不力的进行约谈并责令限期整改。

第六章 附 则

第二十三条 中央国家机关养老保险管理中心管理的社会保险基金预算绩效管理参照本办法相关规定执行。

第二十四条 各省可根据本办法并结合本省实际情况，制定具体实施办法。

第二十五条 本办法自2023年1月1日起实施。

本办法中社会保险行政部门是指人力资源社会保障行政部门和医疗保障行政部门，社会保险经办机构是指人力资源社会保障经办机构和医疗保障经办机构。

财政部关于进一步加强国有金融企业财务管理的通知

财金〔2022〕87号 2022年7月20日

人民银行、银保监会、证监会，各省、自治区、直辖市、计划单列市财政厅（局），新疆生产建设兵团财政局，财政部各地监管局，各中央金融企业，其他各国有金融企业：

为深入贯彻落实党中央、国务院关于进一步严肃财经纪律、整饬财经秩序、规范财务管理的工作要求，引导金融企业规范有序健康平稳运行，促进金融业高质量发展，现就进一步加强国有金融企业财务管理通知如下：

一、规范金融企业收支管理，夯实财务基础，促进降本增效高质量发展

（一）加强财务预算管理，合理控制费用开支。金融企业应当严格遵守财经法律法规和制度规定，牢固树立过紧日子思想，以成本管控为中心，严格预算管理、强化内部控制，对非必要费用支出应减尽减，避免铺张浪费，及时纠正不必要、不规范的支出。

金融企业应当精简会议、差旅、培训、论坛、庆典等相关活动，加强地点相同、对象重叠、内容相近等活动整合，积极采用视频、电话、网络等新型方式开展，节约相关费用开支。严格控制一般性赞助支出，有效整合广告支出和企业文化建设支出。

金融企业应当从严从紧核定因公出国（境）、公车购置及运行、业务招待费预算。对无实质内容的因公出国（境）、业务招待等活动，要坚决予以取消。巩固公务用车制度改革成果，加强保留车辆使用管理，严格控制车辆报废更新，切实降低公务用车运行成本。严格控制业务招待活动数量和费用预算，分类按要求确定和落实商务、外事和其他公务招待标准，明确业务招待费的申请、审批、实施、报销等程序。

金融企业开展商务宴请严禁讲排场、杜绝奢侈浪费，严格按规定执行招待标准，严禁购买提供高档酒水。金融企业因商务招待活动需要赠送纪念品的，应当节约从简，以宣传企业形象、展示企业文化或体现地域文化等为主要内容。

金融企业应当严格规范办公用房管理，严禁违规购建办公用房，严禁豪华装饰办公用房以及配备高档办公家具；严格新增资产配置管理，与资产存量情况挂钩，办公用房等资产存在闲置或对外出租、具备再利用条件的，原则上在同一县级区域内不得申请新增（含租用）同类资产，对于闲置办公用房等资产要及时整合利用或处置，避免资源浪费。

金融企业集中采购应当遵循公开、公平、公正、诚实信用和效益原则，可以采用公开招标、邀请招标、竞争性谈判、竞争性磋商、单一来源采购、询价，以及有关管理部门认定的其他采购方式。金融企业应按采购计划实施集中采购，并纳入年度预算管理。计划外的集中采购事项，应按企业内部相关规定报批。采购计划的重大调整，应按程序报集中采购管理委员会审议。

金融企业应当严格执行国家关于职工个人待遇相关规定，由个人承担的娱乐、健身、旅游、招待、购物、馈赠等支出不得在企业成本费用中列支。其中，为职工建立补充医疗保险，所需费用按照国家规定的标准在成本费用中列支；超过规定标准部分或超过医疗保险报销范围部分，由职工个人负担。

（二）严格落实履职待遇、业务支出管理要求，进一步强化金融企业对下属部门和机构的管理责任。金融企业应当按规定严格落实履职待遇、业务支出管理要求，按标准规范配置公务用车、办公用房，国内出差、因公出国（境）按规定标准乘坐交通工具、落实住宿和餐饮标准，严格规范内部各级分支机构、子机构差旅、住宿、接待标准。

金融企业应当建立健全负责人公务用车管理制度，严格落实 1 人 1 车或多人 1 车为负责人配备（包括购置、租赁）公务用车，不得为参加车改人员既发放公务用车补贴又提供公务用车保障。

金融企业应当落实内部管理主体责任，及时传达和细化管理政策，督促下属部门和机构落实制度；按规定分级分档确定各级机构负责人履职待遇、业务支出各项标准，其他高级管理人员以及下属部门和机构主要负责人各项标准不超过总公司（或总行）副职负责人标准，下属部门和机构其他负责人应当低于总公司（或总行）副职负责人标准。

中央金融企业、各省份所属金融企业，以及相关部门所属金融企业应当按对应层级依规合理确定履职待遇、业务支出各项标准，并予以落实。

（三）积极优化内部收入分配结构，科学设计薪酬体系，合理控制岗位分配级差。金融企业应当主动优化内部收入分配结构，充分发挥工资薪酬的正向激励作用，有效落实总部职工平均工资增幅原则上应低于本企业在岗职工平均工资增幅，中高级管理岗位人员平均工资增幅原则上不高于本企业在岗职工平均工资增幅的政策要求。金融企业要有效履行对控股子公司、分支机构、直管企业以及其他实际控制企业薪酬管理的主体责任。

金融企业应当合理控制岗位分配级差，充分调动一线员工、基层员工的积极性，有效平衡好领导班子、中层干部和基层员工的收入分配关系，对于总部职工平均工资明显高于本企业在岗职工平均工资的，其年度工资总额要进一步加大向一线员工、基层员工倾斜力度。

金融企业应当严肃分配纪律，严格清理规范工资外收入，将所有工资性收入一律纳入工资总额管理，不得在工资总额之外以其他形式列支任何津贴、补贴等工资性支出，实现收入工资化、工资货币化、发放透明化。

（四）建立健全薪酬分配递延支付和追责追薪机制。金融企业应当综合考虑市场条件、业绩情况、承担风险、薪酬战略等因素，科学设定不同岗位薪酬标准，并合理确定一定比例的绩效薪酬。对于金融企业高级管理人员及对风险有直接或重要影响岗位的员工，基本薪酬一般不高于薪酬总额的35%，根据其所负责业务收益和风险分期考核情况进行绩效薪酬延期支付，绩效薪酬的40%以上应当采取延期支付方式，延期支付期限一般不少于3年，确保绩效薪酬支付期限与相应业务的风险持续期限相匹配，国家另有规定的从其规定。

金融企业应当制定绩效薪酬追索扣回制度，对于高级管理人员及对风险有直接或重要影响岗位的员工在自身职责内未能勤勉尽责，使得金融企业发生重大违法违规行为或者给金融企业造成重大风险损失的，金融企业应当依法依规并履行公司治理程序后将相应期限内已发放的部分或全部绩效薪酬追回，并止付未支付部分或全部薪酬。绩效薪酬追回期限原则上与相关责任人的行为发生期限一致。绩效薪酬追索扣回规定适用于已离职或退休人员。

二、加强金融资产管理，维护金融债权，有效防范金融风险

（五）做实资产风险分类，准确合理计提风险拨备，真实公允反映经营成果。金融企业应当加强资产质量管理，做实资产风险分类，定期对各类资产风险分类开展重检，真实准确反映资产质量，不得以无效重组等方式隐瞒资产的真实风险状况。

其中，无效重组是指对不符合条件的债务人进行的债务协议重组（不包括法院主持下的破产重整等司法重组），或者重组后债务人难以实质性提质增效、化解风险的债务重组。不符合条件的债务人一般为已不能清偿到期债务，且资产不足以清偿全部债务或者明显缺乏清偿能力的债务企业，并具有下列条件之一：（1）已由国务院国资委或省级人民政府列入“僵尸企业”名单；（2）主要靠政府或企业总部补贴和银行续贷等方式维持生产经营，资产负债率超过85%且最近三个会计年度连续亏损，经营性净现金流为负值，并经债权金融企业评估存在实质性经营风险；（3）因生产经营困难已停产半年以上或半停产1年以上，并经债权金融企业评估复工无望。

金融企业应当综合评估自身资产状况，科学预测潜在风险，根据资产质量变化情况，客观合理评估资产减值损失，对承担风险和损失的资产根据有关规定及时足额提取各项准备金，增强风险抵御能力，真实反映盈利情况，不得通过人为调整准备金操纵利润。

（六）加强不良资产核销和处置管理，有效防范道德风险和国有资产流失。金融企业应当严格落实“符合认定条件、提供有效证据、账销案存、权在力催”基本原则，加大不良资产核销力度，用足用好现有核销政策。对于申请核销的不良资产，应当采取必要保全措施和实施必要追偿程序，切实履行对借款人及债务关联人、担保财产等尽职追索，认真查明原因，对于因履职不力等主观原因形成资产损失的，按规定确保相关责任认定和追究到位。

对于已核销资产，除依据国家有关规定权利义务已终结的外，金融企业应当实行账销案存管理，建立核销后资产管理制度，按年度向董事会报告不良资产核销管理情况，包括核销资产情况、已核销资产清收处置进展、责任认定和责任追究情况等。其中，对于提交董事会审议通过的核销资产，应当建立统计台账，逐笔跟踪、监测处置进展情况。

对已核销资产仍享有的合法权益，金融企业应当做到“账销案不销、追偿力不减、积极查线索、充分维权益”，定期检查追偿情况，切实履行清收职责；建立健全追偿责任制度、明确责任人，并依据追偿效果动态调整不良资产核销授权。对于核销时仍有追偿回收价值的已核销资产，如连续三年以上无实质性清收处置进展，金融企业应当向同级财政部门和金融管理部门进行报告。

金融企业不良资产对外转让应当坚持“依法合规、公开透明、洁净转让、真实出售”原则，及时充分披露相关信息，严禁暗箱操作，防范道德风险，不得通过处置不良资产进行利益输送。严禁通过虚假转让不良资产，掩盖金融企业真实资产质量情况。所处置的不良资产（包括银行初次转让以及资产管理公司后续转让），除依照国家有关规定与原债务人及利益相关方债务重组、资产重整外，不得折价转让给该资产原债务人及关联企业等利益相关方。其中，资产管理公司以批量转让方式购入的不良资产应当主要采取清收、债务重组、债转股等方式进行处置。金融企业应当对不良资产处置建立检查抽查制度，严厉打击利益输送等违法违规行为。

（七）强化境外投资管理，有效防范跨境资产风险。金融企业境外投资应当遵循“依法合规、服务大局、商业运作、风险可控、廉洁自律、权责清晰”的原则，有效服务国家宏观政策和实体经济，按照市场化方式，审慎运作、严控风险、廉洁经营、权责对等，失责必问、问责必严。

金融企业境外投资决策要建立全流程、全链条管理机制，事前要实施尽职调查和可行性论证；事中要强化全面预算、逐级授权、项目跟踪、风险监测、资产监管和资金管控，实施决策、执行、监测不相容岗位分离机制，防范境外投资廉洁风险；事后开展绩效评价，实施追踪问效。对于发生损失的项目要依法落实责任认定、责任追究。

三、压实金融企业主体责任，准确实施会计核算，真实完整披露财务会计报告

（八）金融企业要依法依规做好会计核算、编制财务会计报告，确保财务会计报告真实完整。金融企业应当根据法律法规、国家统一的会计制度规定，依据实际发生的经济业务事项进行会计核算，填制会计凭证、登记会计账簿，做到数据真实、计算准确、来源可靠，保证账证相符、账账相符、账实相符、账表相符，不得混用科目，不得虚列、隐瞒、推迟或提前确认收入，不得虚增、多列、不列或少列费用、成本，不得虚增或虚减资产、负债、所有者权益，不得通过操纵会计信息调节财务指标和监管指标、隐匿风险，不得通过设计实施复杂交易等方式实现特定会计意图以规避监管要求。

金融企业应当依法依规编制财务会计报告，不得编制和对外提供虚假或者隐瞒重要事实的财务会计报告，切实履行会计信息质量主体责任；金融企业负责人对本企业财务会计报告的真实性、完整性负责。

（九）金融企业要依法接受会计师事务所独立审计，为其独立客观发表审计意见提供有效支持和保障。金融企业要为会计师事务所执业过程中落实对股东负责机制、畅通报告路径、履行必要审计程序、客观发表审计意见提供有效支持和保障。

为保障审计质量和独立性，金融企业应当严格落实定期轮换制度，按规定聘用年限轮换会计师事务所、审计项目主管合伙人和签字注册会计师。

金融企业外部审计会计师事务所选聘工作由股东（大）会或董事会委托董事会审计委员会负责落实，具体事宜按照独立和不相容岗位分离原则，可由董事会审计委员会授权金融企业内部与财务报表编制职能无关的部门或机构办理；如金融企业未设立董事会审计委员会，可由内部与财务报表编制职能无关的部门或机构负责落实办理，确保外部审计独立性。对于未设股东（大）会或董事会的金融企业，会计师事务所选聘工作由履行出资人职责的机构决定或授权金融企业决定。

会计师事务所选聘方式可按规定采用公开招标、邀请招标、竞争性谈判、竞争性磋商等。会计师事务所选聘评价标准应当突出质量因素，不以报价水平为决定因素，对于低价竞争、恶意压标压价的会计师事务所，应在评标和计算平均报价时予以剔除。审计费用要根据市场公允水平、同业轮换普遍情况变化、审计工作量等因素合理确定。

四、财政部门要积极履行国有金融资本出资人职责，有效维护所有者权益

（十）各级财政部门要督促金融企业加强内部管理，促进金融治理规范有序。引导本级所属金融企业加强财务管理、健全风险管理和内控机制，完善法人治理结构，推动金融企业规范、有序、健康发展，促进国有金融资本保值增值。

（十一）各级财政部门要切实加强国有股权董事实质化管理，落实出资人监督机制。国有股权董事要在法律法规和有关操作指引规范下，行使权利、履行义务，有效发挥“参与决策、把握流程、执行监督、信息枢纽”作用，做到忠实勤勉，更好发挥对金融企业和管理层监督制约作用。

（十二）各级财政部门要压实会计师事务所独立审计责任，切实发挥独立审计的第三方监督作用。落实会计师事务所对金融企业股东负责机制，要求承担金融企业审计业务的会计师事务所独立客观地对金融企业财务状况、经营成果、现金流量发表审计意见，对于金融企业以通用目的为编制基础的财务报表出具适用于各利益相关方的审计报告。

同时，各级财政部门要加强金融风险信息监测，建立健全预测预警机制，有效防范金融风险外溢，切实防止地方金融风险向中央转移集聚；及时开展财会监督检查，严肃查处违反财经纪律、财务造假、内部控制失效等问题，筑牢金融企业财务管理根基，有效维护财经纪律。

五、其他

（十三）适用范围。本通知适用于国有金融企业，包括在中华人民共和国境内外依法设立的国有独资及国有控股金融企业（含国有实际控制金融企业）、主权财富基金、国有金融控股公司、国有金融投资运营机构，以及金融基础设施等实质性开展金融业务的其他企业或机构。其他金融企业可参照执行。

人民银行、银保监会、证监会请将本通知发送至所属金融基础设施等实质性开展金融业务的企业或机构执行。

各省、自治区、直辖市、计划单列市财政厅（局）及新疆生产建设兵团财政局请将本通知发送至辖内国有金融企业执行。

（十四）实施时间。本通知自印发之日起施行。

财政部关于盘活行政事业单位国有资产的指导意见

财资〔2022〕124号　2022年10月25日

党中央有关部门，国务院各部委、各直属机构，全国人大常委会办公厅，全国政协办公厅，最高人民法院，最高人民检察院，各民主党派中央，有关人民团体，有关中央管理企业，各省、自治区、直辖市、计划单列市财政厅（局），新疆生产建设兵团财政局：

行政事业单位国有资产是党和国家事业发展的物质基础和重要保障。近年来，行政事业单位国有资产规模不断壮大，管理水平不断提高，但还存在部分资产统筹不够、使用效益不高等现象。为落实政府过紧日子要求，有效盘活行政事业单位国有资产，根据《行政事业性国有资产管理条例》（国务院令第738号）、《国务院关于进一步深化预算管理制度改革的意见》（国发〔2021〕5号）等法规制度，现提出以下意见。

一、总体要求

（一）指导思想。以习近平新时代中国特色社会主义思想为指导，深入贯彻党的二十大精神，完整、准确、全面贯彻新发展理念，着力推动高质量发展，主动构建新发展格局，加快推进行政事业单位各类国有资产盘活利用，建立健全资产盘活工作机制，通过自用、共享、调剂、出租、处置等多种方式，提升资产盘活利用效率，为保障行政事业单位履职和事业发展、促进经济社会发展提供更加坚实的物质基础。

（二）基本原则。

统筹资源。通过盘活存量资产，推进存量资产充分利用和调剂共享，切实提高现有资产使用效益；以存量调控增量，优化资源配置，推动解决资产重复配置、闲置浪费等问题。

全面覆盖。将行政事业单位低效运转、闲置的房屋、土地、车辆、办公设备家具、大型仪器、软件等资产纳入盘活范围，充分发挥资产效能。货币形式的行政事业单位国有资产按照预算管理规定予以管理和盘活。

因地制宜。结合工作实际，区分资产类别研究明确盘活方式，有针对性地盘活资产。鼓励因地制宜探索盘活资产的有效路径，总结提炼可复制、可推广的经验和做法，以点带面推动资产盘活利用。

激励约束。将资产盘活成效与新增资产配置预算挂钩，通过预算约束推动资产盘活利用。加强监督检查，全面提升资产盘活积极性。

二、盘活方式

（三）优化在用资产管理。行政事业单位要最大限度发挥在用资产使用价值，以最精简的资产保障单位履职和事业发展。要全面准确掌握资产使用状况，加强资产配置可行性论证，能够通过现有资产功能挖潜、修旧利废满足业务工作要求的，应当减少配置；到期仍具有使用价值的资产要继续使用，切实做到物尽其用。

（四）推进资产共享共用。按规定将国家重大科研基础设施和大型科研仪器纳入科研设施与仪器国家网络管理平台，通过平台向社会开放共享。根据行业资产管理情况，筛选具备条件的资产开展共享共用，包括但不限于仪器设备、文体设施、软件资产、数据资源等。教育、医疗卫生、科技、文化体育等领域行业主管部门要牵头建立本行业资产共享共用机制。

（五）加强资产调剂。行政事业单位闲置资产，优先在本单位、本部门内部调剂利用。对使用价值大、利用范围广的闲置资产，积极推进跨部门、跨地区、跨级次资产调剂。对因技术原因需要更新，但仍具有使用价值的资产，通过转变用途，调剂到技术要求相对较低的单位、部门，最大程度激发资产效能。

（六）实施公物仓管理。鼓励有条件的县级以上财政部门建立公物仓，会同有关主管部门建立健全公物仓管理机制，将低效、闲置资产，大型会议（活动）、临时机构配置资产等，统一纳入公物仓集中管理、调配使用。行政事业单位在配置资产时，应首先考虑从公物仓调剂解决，节约财政资金，优化资源配置。

（七）开展资产出租、处置。除国家另有规定外，行政事业单位难以调剂利用的办公用房、仪器设备等资产，按照规定的权限批准后，可以对外出租或处置。行政事业单位国有资产出租、处置应当遵循公开、公正、公平和竞争择优的原则，以市场化方式出租、出售的，依照有关规定可以通过相应公共资源交易平台进行。

（八）探索资产集中运营管理。鼓励探索行政事业单位国有资产统一管理、市场化运营的盘活方式。有条件的地方财政部门可建立资产集中运营平台或者委托专业机构，整合行政事业单位低效、闲置资产，实行专业化、市场化运营和管理，提升资产资源统筹能力和资产运营收益。

三、组织实施

（九）研究制定资产盘活方案。行政事业单位要系统梳理资产使用情况，全面摸清行政事业单位资产底数，结合年度资产盘点工作开展专项清理，重点对房屋、土地、车辆、办公设备家具、大型仪器等资产使用状况进行摸底，厘清低效、闲置资产并准确标注资产使用状态，形成待盘活资产清单，逐项研究并有针对性地制定盘活方案。

（十）有序组织资产盘活工作。行政事业单位要立足单位实际，充分利用各种盘活方式，能够在本单位范围内盘活的资产，要加快盘活利用；本单位无法盘活的，要及时将待盘活资产信息报本单位上级主管部门。上级主管部门要建立健全部门资产盘活机制，指导所属单位通过资产调剂等方式盘活资产，有效推动资产在本部门所属单位间盘活利用。对于本部门无法有效盘活的资产，要及时将资产信息反馈本级财政部门。财政部门要加强组织协调和政策指导，整合行政事业单位待盘活资产信息，建立健全信息发布机制，促进待盘活资产由闲置向在用转化，打通部门间资产盘活通道。

（十一）规范资产盘活管理。各部门及其所属单位要强化责任意识，加强资产全生命周期管理，在规范审批程序的基础上，加快办理资产出租、处置事项，相关收入按照本级财政部门的规定，上缴国库或纳入单位预算管理，防止国有资产流失。严禁借盘活资产名义，对无须处置的行政事业单位国有资产进行处置或者虚假交易，以变相虚增财政收入。各级财政部门要加强监督检查，确保资产盘活合法合规、收入管理规范有序。

四、工作要求

（十二）加强信息技术支撑。加快推进资产管理融入预算管理一体化系统，建立预算资金形成资产的全链条管理机制，准确核算和动态反映资产配置、存量等情况，全面展示可共享、调剂资产信息，完善在线审核流程，推动实现资产跨部门、跨地区、跨级次共享调剂。鼓励基于物联网技术开展资产使用管理动态监测，实时掌握资产使用情况，为盘活资产提供更加及时准确的基础信息。

（十三）建立激励约束长效机制。建立资产存量与新增资产配置预算挂钩机制，充分结合存量资产使用状况审核新增资产，优化资产配置，从源头节约财政资金。对闲置浪费严重的部门、单位，财政部门可视情况停止批复新增资产配置预算。各部门及其所属单位要全面总结经验，汇总本部门资产盘活工作情况，并纳入行政事业性国有资产年报予以反映，持续推进资产盘活工作。

（十四）确保资产盘活工作取得实效。有效盘活并高效使用行政事业单位国有资产，是贯彻落实过紧日子要求、加强财政资源统筹的重要举措。各级财政部门、各部门及其所属单位要高度重视，提高站位，明确责任，积极作为，制定有针对性的落实方案，明确工作流程和具体要求，全力破解行政事业单位国有资产管理中的痛点、堵点和难点问题，确保盘活工作取得实效，全面提升行政事业单位国有资产管理效能。

保险保障基金管理办法

（2022 年 10 月 26 日中国银行保险监督管理委员会、中华人民共和国财政部、中国人民银行令 2022 年第 7 号公布　自 2022 年 12 月 12 日起施行）

第一章　总　　则

第一条　为了规范保险保障基金的筹集、管理和使用，保障保单持有人合法权益，促进保险业健康发展，防范和化解金融风险，维护金融稳定，根据《中华人民共和国保险法》等有关法律、行政法规，制定本办法。

第二条　本办法所称保险公司，是指经国务院保险监督管理机构批准设立，并在境内依法登记注册的中资保险公司和外资保险公司。

法律、行政法规规定的经营商业保险业务的其他保险组织参照适用本办法。

第三条　本办法所称保险保障基金，是指依照《中华人民共和国保险法》和本办法规定缴纳形成，在本办法第十六条规定的情形下，用于救助保单持有人、保单受让公司或者处置保险业风险的非政府性行业风险救助基金。

本办法所称保单持有人，是指对保单利益依法享有请求权的主体，包括投保人、被保险人或者受益人。

本办法所称保单受让公司，是指经营有人寿保险等长期人身保险业务的保险公司被依法撤销或者依法实施破产的，接受该保险公司依法转让长期人身保险合同的有相应资质的公司。

第四条　保险保障基金分为财产保险保障基金和人身保险保障基金。

财产保险保障基金由财产保险公司缴纳形成。

人身保险保障基金由人身保险公司缴纳形成。

第五条　保险保障基金以保障保单持有人利益、维护保险业稳健经营为使用原则，依法集中管理，统筹使用。

第二章　保险保障基金公司

第六条　设立国有独资的中国保险保障基金有限责任公司（以下简称保险保障基金公司），依法负责保险保障基金的筹集、管理和使用。

保险保障基金公司依法独立运作，其董事会对保险保障基金的合法使用以及安全负责。

第七条　保险保障基金公司依法建立健全公司治理结构、内部控制制度和风险管理制度，依法运营，独立核算。

保险保障基金公司和保险保障基金应当各自作为独立会计主体进行核算，严格分离。

第八条　保险保障基金公司依法从事下列业务：

（一）筹集、管理、运作保险保障基金；

（二）监测保险业风险，发现保险公司经营管理中出现可能危及保单持有人和保险行业的重大风险时，向国务院保险监督管理机构提出监管处置建议；

（三）对保单持有人、保单受让公司等个人和机构提供救助或者参与对保险业的风险处置工作；

（四）在保险公司被依法撤销或者依法实施破产等情形下，参与保险公司的清算工作；

（五）管理和处分受偿资产；

（六）国务院批准的其他业务。

保险保障基金公司按照前款第二项规定向国务院保险监督管理机构提出监管处置建议的，应当及时将有关情况同时抄报财政部、中国人民银行。

第九条　保险保障基金公司设立董事会，董事会成员由国务院保险监督管理机构、财政部、中国人民银行、国家税务总局、司法部推荐。董事长为公司法定代表人，由国务院保险监督管理机构推荐，报国务院批准。

保险保障基金公司应当依照《中华人民共和国公司法》的规定设立有关组织机构，完善公司治理。

第十条 为依法救助保单持有人和保单受让公司、处置保险业风险的需要，经国务院保险监督管理机构商有关部门制定融资方案并报国务院批准后，保险保障基金公司可以以多种形式融资。

第十一条 保险保障基金公司应当与国务院保险监督管理机构建立保险公司信息共享机制。

国务院保险监督管理机构定期向保险保障基金公司提供保险公司财务、业务等经营管理信息。国务院保险监督管理机构认定存在风险隐患的保险公司，由国务院保险监督管理机构向保险保障基金公司提供该保险公司财务、业务等专项数据和资料。

保险保障基金公司对所获悉的保险公司各项数据和资料负有保密义务。

第十二条 保险保障基金公司解散须经国务院批准。

第三章 保险保障基金的筹集

第十三条 保险保障基金的来源：

（一）境内保险公司依法缴纳的保险保障基金；

（二）保险保障基金公司依法从被撤销或者破产的保险公司清算财产中获得的受偿收入；

（三）捐赠；

（四）上述资金的投资收益；

（五）其他合法收入。

第十四条 保险保障基金费率由基准费率和风险差别费率构成。缴纳保险保障基金的保险业务纳入保险保障基金救助范围。

基准费率和风险差别费率的确定和调整，由国务院保险监督管理机构提出方案，商有关部门，报经国务院批准后执行。

第十五条 保险公司应当及时、足额将保险保障基金缴纳到保险保障基金公司的专门账户。有下列情形之一的，可以暂停缴纳：

（一）财产保险保障基金余额达到行业总资产6%的；

（二）人身保险保障基金余额达到行业总资产1%的。

保险保障基金余额，是指行业累计缴纳的保险保障基金金额加上投资收益，扣除各项费用支出和使用额以后的金额。

第四章 保险保障基金的使用

第十六条 有下列情形之一的，可以动用保险保障基金：

（一）保险公司被依法撤销或者依法实施破产，其清算财产不足以偿付保单利益的；

（二）国务院保险监督管理机构经商有关部门认定，保险公司存在重大风险，可能严重危害社会公共利益和金融稳定的；

（三）国务院批准的其他情形。

第十七条 动用保险保障基金，由国务院保险监督管理机构拟定风险处置方案和使用办法，商有关部门后，报经国务院批准。

保险保障基金公司参与风险处置方案和使用办法的拟定，并负责办理登记、发放、资金划拨等具体事宜。

第十八条 保险公司在获得保险保障基金支持期限内，国务院保险监督管理机构视情依法对其采取限制高级管理人员薪酬、限制向股东分红等必要监管措施。

第十九条 保险保障基金公司应当对财产保险保障基金和人身保险保障基金分账管理、分别使用。

财产保险保障基金用于向财产保险公司的保单持有人提供救助，以及在根据本办法第十六条第二项认定存在重大风险的情形下，对财产保险公司进行风险处置。

人身保险保障基金用于向人身保险公司的保单持有人和接受人身保险合同的保单受让公司提供救助，以及在根据本办法第十六条第二项认定存在重大风险的情形下，对人身保险公司进行风险处置。

财产保险保障基金和人身保险保障基金之间可以相互拆借。具体拆借期限、利率及适用原则报经国务院保险监督管理机构批准后施行。国务院保险监督管理机构对拆借资金使用情况进行监督检查。

第二十条 保险公司被依法撤销或者依法实施破产，其清算财产不足以偿付保单利益的，保险保障基金按照下列规则对财产保险、短期健康保险、短期意外伤害保险的保单持有人提供救助：

（一）保单持有人的保单利益在人民币5万元以内的部分，保险保障基金予以全额救助。

（二）保单持有人为个人的，对其保单利益超过人民币5万元的部分，保险保障基金的救助金额为超过部分金额的90%；保单持有人为机构的，对其保单利益超过人民币5万元的部分，保险保障基金的救助金额为超过部分金额的80%。

本办法所称保单利益，是指解除保险合同时，保单持有人有权请求保险人退还的保险费、现金价值；保险事故发生或者达到保险合同约定的条件时，被保险人、受益人有权请求保险人赔偿或者给付的保险金。

第二十一条 经营有长期人身保险业务的保险公司被依法撤销或者依法实施破产的，其持有的人寿保险合同，必须依法转让给其他经营有相应保险业务的保险公司；不能同其他保险公司达成转让协议的，由国务院保险监督管理机构指定经营有相应保险业务的保险公司接收。

除人寿保险合同外的其他长期人身保险合同，其救助方式依照法律、行政法规和国务院有关规定办理。

第二十二条 被依法撤销或者依法实施破产的保险公司的清算资产不足以偿付人寿保险合同保单利益的，保险保障基金可以按照下列规则向保单受让公司提供救助：

（一）保单持有人为个人的，救助金额以转让后保单利益不超过转让前保单利益的90%为限；

（二）保单持有人为机构的，救助金额以转让后保单利益不超过转让前保单利益的80%为限；

（三）对保险合同中投资成分等的具体救助办法，另行制定。

除人寿保险合同外的其他长期人身保险合同，其救助标准按照人寿保险合同执行。

保险保障基金依照前款规定向保单受让公司提供救助的，救助金额应当以保护中小保单持有人权益以维护保险市场稳定，并根据保险保障基金资金状况为原则确定。

第二十三条 为保障保单持有人的合法权益，根据社会经济发展的实际情况，经国务院批准，国务院保险监督管理机构可会同有关部门适时调整保险保障基金的救助金额和比例。

第二十四条 保险公司被依法撤销或者依法实施破产，保险保障基金对保单持有人或者保单受让公司予以救助的，按照下列顺序从保险保障基金中扣减：

（一）被依法撤销或者依法实施破产的保险公司保险保障基金余额；

（二）其他保险公司保险保障基金余额。

其他保险公司保险保障基金余额的扣减金额，按照各保险公司上一年度市场份额计算。

第二十五条 保险保障基金公司救助保单持有人保单利益后，即在偿付金范围内取得该保单持有人对保险公司等同于赔偿或者给付保险金清偿顺序的债权。

第二十六条 保险公司被依法撤销或者依法实施破产的，在撤销决定作出后或者在破产申请依法向人民法院提出前，保单持有人可以与保险保障基金公司签订债权转让协议，保险保障基金公司以保险保障基金向其支付救助款，并获得保单持有人对保险公司的债权。

清算结束后，保险保障基金获得的清偿金额多于支付的救助款的，保险保障基金应当将差额部分返还给保单持有人。

第二十七条 下列业务不属于保险保障基金的救助范围，不缴纳保险保障基金：

（一）保险公司承保的境外直接保险业务；

（二）保险公司的再保险分入业务；

（三）由国务院确定的国家财政承担最终风险的政策性保险业务；

（四）保险公司从事的企业年金受托人、账户管理人等企业年金管理业务；

（五）自保公司经营的保险业务；

（六）国务院保险监督管理机构会同有关部门认定的其他不属于保险保障基金救助范围的业务。

保险公司被依法撤销或者依法实施破产，其股东、实际控制人、董事、监事、高级管理人员及相关管理人员因违反法律、行政法规或者国家有关规定，对公司被依法撤销或者依法实施破产负有直接责任的，对该股东、实际控制人、董事、监事、高级管理人员及相关管理人员在该保险公司持有的保单利益，该股东、实际控制人在该保险公司持有的财产损失保险的保单利益，保险保障基金不予救助。

第五章　监督和管理

第二十八条　国务院保险监督管理机构依法对保险保障基金公司的业务和保险保障基金的筹集、管理、运作进行监管。

第二十九条　财政部负责保险保障基金公司的国有资产管理和财务监督。

保险保障基金公司预算、决算方案由保险保障基金公司董事会制定，报财政部审批。

第三十条　保险保障基金公司应当建立科学的业绩考评制度，并将考核结果定期报送国务院保险监督管理机构、财政部等有关部门。

第三十一条　保险保障基金的资金运用应当遵循安全性、流动性和收益性原则，在确保资产安全的前提下实现保值增值。

保险保障基金的资金运用限于银行存款，买卖政府债券、中央银行票据、中央企业债券、中央级金融机构发行的金融债券，以及国务院批准的其他资金运用形式。

第三十二条　保险保障基金公司可以委托专业的投资管理机构对保险保障基金进行投资管理，并对委托投资管理的保险保障基金实行第三方托管。

第三十三条　保险保障基金公司应当按照下列规定提交有关报告：

（一）按月向国务院保险监督管理机构、财政部、中国人民银行等有关部门报送保险保障基金筹集、运用、使用情况；

（二）按照有关规定，向国务院保险监督管理机构、财政部、中国人民银行等有关部门报送经审计的公司年度财务报告；

（三）应当依法提交的其他报告。

保险保障基金公司未按照本办法规定及时向国家有关部门提交有关报告的，由国家有关部门责令改正。

第三十四条　当保险公司被处置并使用保险保障基金时，保险公司股东、实际控制人、董事、监事、高级管理人员及相关管理人员对保险保障基金公司负有报告、说明、配合有关工作以及按照要求妥善保管和移交有关材料的义务，如上述人员未按照前述规定履行义务的，保险保障基金公司应当报告国务院保险监督管理机构，由国务院保险监督管理机构依法采取监管措施。

第三十五条　保险保障基金公司应当定期向保险公司披露保险保障基金的相关财务信息。

保险保障基金公司可以对未按照本办法规定及时缴纳保险保障基金的保险公司及人员进行公示。

第六章　法律责任

第三十六条　保险公司违反《中华人民共和国保险法》规定，未按照本办法规定及时缴纳保险保障基金的，由国务院保险监督管理机构对保险公司和负有直接责任的高级管理人员、直接责任人员依法进行处罚。

第三十七条　保险保障基金公司董事、高级管理人员以及其他工作人员，违反法律、行政法规和本办法规定运用保险保障基金，或者以侵吞、窃取、骗取等手段非法占有保险保障基金，构成犯罪的，依法追究刑事责任。

第七章　附　　则

第三十八条　本办法由国务院保险监督管理机构会同财政部、中国人民银行解释。

第三十九条　本办法自 2022 年 12 月 12 日起施行，原中国保险监督管理委员会、财政部、中国人民银行 2008 年 9 月 11 日发布的《保险保障基金管理办法》（中国保险监督管理委员会令 2008 年第 2 号）同时废止。

审计署　人民银行　银保监会　证监会关于审计机关查询单位和个人在金融机构账户和存款有关问题的通知

审法发〔2022〕7号　2022年2月10日

2021年10月23日，国家主席习近平签署第100号主席令，公布《全国人民代表大会常务委员会关于修改〈中华人民共和国审计法〉的决定》，自2022年1月1日起施行。修订后的审计法第三十七条第二款、第三款规定："审计机关经县级以上人民政府审计机关负责人批准，有权查询被审计单位在金融机构的账户。""审计机关有证据证明被审计单位违反国家规定将公款转入其他单位、个人在金融机构账户的，经县级以上人民政府审计机关主要负责人批准，有权查询有关单位、个人在金融机构与审计事项相关的存款。"为进一步落实上述规定，规范审计机关查询被审计单位在金融机构的账户和有关单位、个人在金融机构的存款（以下统称单位、个人账户和存款）工作，现就有关事项通知如下：

一、审计机关在审计（含专项审计调查，下同）过程中，有权依法向金融机构查询单位、个人账户和存款，并取得证明材料，金融机构应当予以协助。审计机关查询的账户和存款，包括单位、个人在政策性银行、商业银行、城市信用合作社、农村信用合作社、保险公司、信托投资公司、财务公司、金融租赁公司、中央国债登记结算公司、中国证券登记结算有限责任公司、证券公司、证券投资基金管理公司、期货公司以及经国务院金融监督管理机构批准设立的其他金融机构（以下统称金融机构）开立的银行、资金、证券、基金、信托、保险等各类账户，以及在金融机构办理的储蓄账户、结算账户以及买卖证券、基金等的资金账户的资金。

二、审计机关查询单位、个人账户和存款应当严格依法履行审批程序。查询被审计单位账户应当经县级以上人民政府审计机关（含省级以上人民政府审计机关派出机构，下同）负责人批准，制发协助查询通知书；查询其他单位、个人存款应当取得相关的证明材料（主要涉及其他单位、个人与被审计单位之间的关系、款项的来源、款项使用情况、相关当事人确认的被审计单位违反国家规定将公款转入其他单位、个人在金融机构账户的调查记录等），以此认定被审计单位违反国家规定将公款转入其他单位、个人在金融机构账户，并经县级以上人民政府审计机关主要负责人批准，制发协助查询通知书。

三、审计机关查询单位、个人账户和存款时，应当向有关金融机构送达协助查询通知书。审计人员具体执行查询任务时，应当由两名以上审计人员参加，并出示审计人员的工作证件和审计通知书。

四、审计机关查询单位、个人账户和存款时，应当向金融机构提供账户名称、账号或者有关身份信息。对因群众举报等原因，审计机关无法提供上述信息的，审计机关应当向金融机构说明原因，由金融机构协助查询。

五、审计机关查询单位、个人账户和存款的内容，主要包括开户销户情况、交易日期、内容、金额和账户余额情况，以及交易资金流向、交易设备和网络信息、第三方支付信息等记录。

六、审计机关查询单位、个人账户和存款时，可以对相关资料进行抄录、复印、照相，或拷贝电子数据，但不得带走原件。金融机构应当在其提供的证明材料上注明来源并盖章。

七、金融机构应当依法协助审计机关办理查询工作，如实提供相关资料，不得隐匿。金融机构协助复制存款资料等支付了成本费用的，可以按照相关规定向审计机关收取工本费。

八、审计机关需要到异地查询单位、个人账户和存款的，可以直接到异地金融机构进行查询，也可以委托当地审计机关查询。

九、对金融机构提供的有关资料以及在查询工作中知悉的国家秘密、工作秘密、商业秘密、个人隐私和个人信息，审计机关和审计人员应当依法予以保密。对审计机关查询单位、个人账户和存款的情况和内容，金融机构及其工作人员应当保密，不得告知有关单位或者个人。

十、审计机关和审计人员违反本通知的规定

进行查询，由上级审计机关依法追究有关人员的责任；金融机构和有关工作人员未按本通知的规定协助查询，由有关金融监管机构依法追究有关人员的责任。

十一、以上各项规定请各级审计机关、各金融机构认真贯彻执行。对执行中遇到的问题，请及时报告上级审计机关和相应的金融监管机构。

十二、本通知自印发之日起执行。《审计署 人民银行 银监会证监会关于审计机关查询被审计单位在金融机构账户和存款有关问题的通知》（审法发〔2006〕67 号）同时废止。

附件：1. 协助查询单位账户通知书（略）

2. 协助查询单位、个人存款通知书（略）

审计署 人力资源社会保障部关于印发《审计专业技术资格规定》和《审计专业技术资格考试实施办法》的通知

审人发〔2022〕18 号 2022 年 7 月 5 日

各省、自治区、直辖市及新疆生产建设兵团审计厅（局）、人力资源社会保障厅（局），中央和国家机关各部委、各人民团体人事部门，中央军委审计署综合局，各中管金融企业、中央企业人力资源部门：

为加强审计专业人员队伍建设，完善审计人才评价工作机制，更好地适应审计工作高质量发展要求，根据《人力资源社会保障部 审计署关于深化审计专业人员职称制度改革的指导意见》（人社部发〔2020〕84 号）和国家职业资格制度等有关规定，我们制定了《审计专业技术资格规定》和《审计专业技术资格考试实施办法》，现印发给你们，请遵照执行。

审计专业技术资格规定

第一条 为加强高素质专业化审计专业人员队伍建设，科学客观公正评价审计专业人员，推动审计工作高质量发展，根据审计专业人员职称制度改革要求和国家职业资格制度，制定本规定。

第二条 在国家机关、企事业单位、社会团体等组织中从事审计及相关工作的审计专业人员，适用本规定。

第三条 国家设置审计专业技术资格，分为初级、中级、高级三个级别，列入国家职业资格目录。

审计专业技术资格的英文名称为 Audit Qualifications（简称 AudQ）。初级审计专业技术资格及助理审计师的英文名称为 Assistant Auditor（简称 AAud）；中级审计专业技术资格及审计师的英文名称为 Proficient Auditor（简称 PAud）；高级审计专业技术资格的英文名称为 Senior Audit Qualification，高级审计师的英文名称为 Senior Auditor（简称 SAud），正高级审计师的英文名称为 Principal Auditor（简称 PrAud）。

第四条 审计专业技术资格实行全国统一组织、统一大纲、统一命题的考试制度。

第五条 审计署、人力资源社会保障部共同负责审计专业技术资格制度的政策制定，并按职责分工对审计专业技术资格制度的实施进行指导、监督和检查。

第六条 审计署、人力资源社会保障部成立全国审计专业技术资格考试办公室，办公室设在审计署人事教育司，承担审计专业技术资格考试的日常管理工作。

审计署建立审计专业技术资格考试专家库，负责组织专家开展拟定考试大纲、考试命审题、考试阅卷及结果公布等工作，研究提出考试专业设置、考试科目调整、考试合格标准及免予考试政策等。人力资源社会保障部负责审定考试专业设置、考试科目、考试大纲及免予考试政策等，会同审计署开展考试质量评估。

第七条 凡遵守中华人民共和国宪法和法律法规，具备良好的审计职业道德和敬业精神，符合初级、中级、高级审计专业技术资格考试报名条件的人员，即可报名参加相应级别的考试。

应届毕业生可以凭所在院校开具的应届毕业证明作为符合相应学历条件，报名参加当年度审计专业技术资格考试。

第八条 具备国家教育部门认可的高中毕业（含高中、中专、职高、技校，下同）及以上学历，均可报名参加初级审计专业技术资格考试。

第九条 具备下列条件之一者，可以报名参加中级审计专业技术资格考试：

（一）高中毕业，取得初级审计专业技术资格，从事审计相关工作满10年；

（二）具备大学专科学历，从事审计相关工作满5年；

（三）具备大学本科学历或学士学位，从事审计相关工作满4年；

（四）具备双学士学位（包括第二学士学位），从事审计相关工作满2年；

（五）具备硕士学位或研究生学历，从事审计相关工作满1年；

（六）具备博士学位。

在审计及相关合规、稽核、内部控制、风险管理等岗位工作；或在会计、经济、统计、工程或教育科研等岗位工作，且有相关审计实践经验的；可以视同从事审计相关工作（下同）。

取得相应学历学位前后的审计相关工作年限合并计算，工作年限计算截止日期为考试年度的12月31日（下同）。

第十条 具备下列条件之一者，可以报名参加高级审计专业技术资格考试：

（一）具备大学专科学历，取得中级审计专业技术资格后从事审计相关工作满6年；

（二）具备大学本科学历或学士学位，取得中级审计专业技术资格后从事审计相关工作满5年；

（三）具备硕士学位或研究生学历，取得中级审计专业技术资格后从事审计相关工作满4年；

（四）具备博士学位，取得中级审计专业技术资格后从事审计相关工作满2年。

取得中级会计、经济、统计专业技术资格或工程师等相关专业中级职称，符合本条规定的学历、年限条件的，可以报名参加高级审计专业技术资格考试。

第十一条 初级、中级和高级审计专业技术资格考试实行相对固定的全国统一合格标准。根据审计人才队伍建设需要，人力资源社会保障部会同审计署可以单独划定相关地区、专业类别或科目的考试合格标准。

各省、自治区、直辖市人力资源社会保障行政主管部门会同审计机关，可以根据本地区人才需求状况，确定本地区本年度参加高级审计师职称评审的使用标准。

第十二条 初级、中级审计专业技术资格考试合格，由各省、自治区、直辖市人力资源社会保障行政主管部门颁发人力资源社会保障部统一印制或制作的审计专业技术资格证书，包含纸质证书和电子证书。纸质证书由人力资源社会保障部、审计署联合用印，电子证书使用人力资源社会保障部专业技术人员职业资格证书专用电子印章。达到全国统一合格标准的，证书在全国范围有效。达到单独划定地区合格标准的，证书载明有效区域，在证书载明区域内有效。

高级审计专业技术资格考试合格，由全国审计专业技术资格考试办公室颁发统一印制或制作的高级审计专业技术资格考试合格证明，包含纸质证明和电子证明。纸质证明由全国审计专业技术资格考试办公室用印，电子证明使用相应专用电子印章。达到全国统一合格标准的，在全国范围有效。达到单独划定地区合格标准的，证明载明有效区域，在证明载明区域内有效。从事审计相关工作的公务员具备合格证明，可以作为审计专业能力水平的证明，但不得参加专业技术人才职称评审。企事业单位、社会组织的审计专业人员取得合格证明，自考试合格之日起5年内可以参加高级审计师职称评审；达到当地当年度使用标准的，由所在省、自治区、直辖市的人力资源社会保障行政主管部门、审计机关发布通知，可以参加当地当年度高级审计师职称评审。

第十三条 通过考试取得初级审计专业技术资格，即具备助理审计师职称。通过考试取得中级审计专业技术资格，即具备审计师职称。参加高级审计专业技术资格考试合格取得高级审计专业技术资格并通过高级审计师职称评审，即具备高级审计师职称。具备高级审计师以上职称人员跨地区任职的，其职称应当按照当地职称管理部门认可的方式认定，鼓励跨地区审计职称互通互认。

企事业单位、社会组织等用人单位可以在审计相关工作岗位上聘用具备审计专业技术资格及相应职称的人员；可以在总审计师等审计管理岗位上优先聘用具备高级审计师职称以上人员。

第十四条 审计专业人员应当认真履行工作职责，按照专业技术人员继续教育的有关规定接受继续教育，不断提高专业能力和业务水平。用人单位应当按照规定对审计专业人员参加继续教育予以保障。

第十五条 获得审计专业博士学位人员经全国审计专业技术资格考试办公室审核，可以免予考试，取得中级审计专业技术资格。

第十六条 取得二级造价工程师职业资格证书，可对应初级审计专业技术资格，报考中级审计专业技术资格考试。

取得注册会计师全国统一考试合格证书、一级造价工程师职业资格证书，可对应中级审计专业技术资格，报考高级审计专业技术资格考试。

取得资产评估师、税务师职业资格证书，符合相应的学历、年限条件，可对应初级或中级审计专业技术资格，报考高一级审计专业技术资格考试。

第十七条 具备其他系列副高级职称以上资格，在审计相关工作岗位从事审计相关工作满2年，可以视作符合《审计专业人员职称评价基本标准》规定的学历、年限条件，报名参加高级审计专业技术资格考试，符合条件人员相应参加审计系列高级职称评审。

第十八条 从事审计相关工作的公务员参加高级审计专业技术资格考试取得合格证明，按照规定接受继续教育且未参加审计职称评审，后续首次转入企事业单位、社会组织等任职的，自转入企事业单位、社会组织等任职之日起5年内可以参加高级审计师职称评审。

第十九条 发现以不正当手段取得审计专业技术资格等行为，按程序撤销其审计专业技术资格。

第二十条 本规定施行前取得的初级、中级审计专业技术资格证书与按照本规定取得的证书效用等同。高级审计专业技术资格考试合格证明按照本规定施行。各地执行的考试报名和资格评价条件、职业资格与审计专业技术资格对应关系，与本规定不一致的按照本规定执行。

第二十一条 本规定由审计署、人力资源社会保障部按职责分工负责解释。

第二十二条 本规定自发布之日起施行。2002年6月6日人事部、审计署联合发布的《高级审计师资格评价办法（试行）》（人发〔2002〕58号）和2003年1月13日审计署、人事部联合发布的《审计专业技术初、中级资格考试规定》（审人发〔2003〕4号）同时废止。

审计专业技术资格考试实施办法

第一条 审计署考试中心负责审计专业技术资格考试的具体组织实施。审计署考试中心具体拟定考务工作细则、考场规则及相关工作标准和流程，由全国审计专业技术资格考试办公室（以下简称全国审计考办）审定。

各省、自治区、直辖市的人力资源社会保障行政主管部门人事考试机构承担本地区审计专业技术资格考试考务工作，按照专业技术人员资格考试考务工作有关规程组织实施考试。

第二条 全国审计考办负责组织全国审计专业技术资格考试巡考和监督检查。

各省、自治区、直辖市的人力资源社会保障行政主管部门、审计机关负责本地区考试工作的监督检查。

第三条 初级、中级审计专业技术资格考试均设《审计相关基础知识》和《审计理论与实务》2个科目。

高级审计专业技术资格考试设《高级审计实务》1个科目。

根据审计人才队伍建设需要，审计专业技术资格考试可以按程序分设专业类别。报名分专业类别的考试时，应试人员可以根据工作需要选择一个专业类别参加考试。

第四条 获得审计专业硕士学位人员报名参加初级、中级审计专业技术资格考试，可以免予考查《审计相关基础知识》科目。

第五条 审计专业技术资格考试原则上每年组织一次。

初级、中级审计专业技术资格考试成绩实行2年为一个周期的滚动管理方法，应试人员须在连续的两个考试年度内通过全部应试科目，方可取得相应级别审计专业技术资格证书。分专业类别的考试时间和考试成绩滚动管理周期可根据考试科目、方式、频次等调整。

第六条 考试报名证明事项实行告知承诺制，符合考试报名条件的应试人员按照考试机构规定的程序和要求报名，凭准考证和有效身份证件在指定的日期、时间、地点和考场参加考试。

中央和国务院各部门及所属单位、中央管理企业的人员按属地原则在工作地或居住地报名参加考试。港澳台居民、军队人员、外国籍人员在工作地或居住地就近报名参加考试。

第七条 考点原则上安排在设区的市以上城市的大中专院校、中考高考定点学校或考试机构建设的专门场所，优先安排在人事考试标准化考场、教育考试标准化考场进行。

考点在考试期间应当具备符合要求的信号屏蔽、视频监控等安全设备，制定应急预案，按要求建立有关部门单位参与的考试安全协调联动机制。无纸化考试考点应当具备足够数量的考点机、监考机、考试机等，并满足有关软、硬件和网络要求。

第八条 考试收费纳入行政事业性收费目录，包括上缴中央财政的考务费和补偿当地组织实施成本的考试费，一般由当地承担考务工作的人事考试机构向应试人员收取，按照行政事业性收费规范收支管理；审计署考试中心执收考务费汇缴至中央财政。考试收费标准按照国家有关规定确定。

第九条 审计署考试中心具体组织专家拟定考试大纲，全国审计考办审核，报人力资源社会保障部审定后发布。有关单位可以按照考试大纲要求组织编纂考试用书。

审计署考试中心按照考试大纲要求具体组织专家开展考试征题和命题，建立试题库，加强对参与考试工作专家的管理。全国审计考办按照考试大纲要求组织专家进行考试审题并审定试卷，规范工作流程，对考试专家库实行动态管理。

第十条 按照安全、科学、高效的原则，审计署考试中心具体组织考试阅卷工作，采取有效措施保障考试数据安全和阅卷结果科学，提高阅卷工作效率。全国审计考办组织进行考试阅卷结果验收，采取适当方式公布考试结果。

审计署考试中心建立考试结果反馈机制，开展考试结果分析，提升试题试卷质量。全国审计考办建立试题试卷质量评估和审查机制，研究提出考试专业类别设置、考试科目、大纲及考试方式调整等政策建议，坚持正确的考试评价导向，推动提升考试国际化水平，不断加强考试的科学性、针对性和实用性。

第十一条 审计署考试中心具体开展对各地人事考试机构审计专业技术资格考试相关考务工作的指导。

当地承担考务工作的人事考试机构具体开展当地考试报名、考点考场设置、考务培训与实施、考试期间试卷管理，以及违纪违规复核、成绩复查、证书信息变更等考务信息工作，会同当地审计机关开展资格审核。审计署考试中心总体组织试卷管理，对考务信息进行审核和规范管理，积极利用新技术方法提高信息化水平。

第十二条 坚持回避原则和考试与培训分开的原则。凡参与考试命（征）题、审题、阅卷等工作的专家及工作人员，不得报名参加当次相关科目的考试，不得参与或举办与考试内容相关的培训。

应试人员参加培训坚持自愿原则。

第十三条 考试相关工作、试题试卷等的涉密等级按照国家有关规定确定。各级考试实施机构会同有关部门切实做好考试各环节的安全保密工作，严防泄密和考试舞弊。

第十四条 参与考试组织实施的有关机构、专家及工作人员，应当严格执行专业技术人员资格考试有关的法律法规和规章制度，遵守考试工作纪律和保密规定。

第十五条 对违反考试工作纪律和有关规定的人员，依法依规给予处理处分；构成犯罪的，依法追究刑事责任。

第十六条 本办法自发布之日起施行。2003年1月13日审计署、人事部联合发布的《审计专业技术初、中级资格考试实施办法》（审人发〔2003〕4号）同时废止。

审 计 结 果 公 告

中华人民共和国审计署审计结果公告（2022年第1号）

中央部门单位2021年度预算执行等情况审计结果

2021年11月至2022年2月，审计署依法审计了41个中央部门和所属单位2021年度预算执行情况，对交通运输部、水利部等下属单位层级多、数量大的部门进行了重点延伸，共抽查财政拨款2100.16亿元，并继续重点关注行政事业类国有资产管理使用情况。审计结果表明：中央部门单位预算执行和国有资产管理情况总体较好，但财政资源统筹还有待加强，落实过紧日子要求不够严格，违反财经纪律的行为仍有发生，部分国有资产基础管理还存在薄弱环节。

一、财政资源统筹有待加强

（一）部分收入未上缴。2021年，已纳入国有资本经营预算的6户部属企业未按规定申报缴纳国有资本经营收益1487.81万元；6个部门和13家所属单位项目结余资金9068.01万元未及时清理上交财政；5个部门和15家所属单位5.03亿元非税收入未上缴财政。

（二）财政收支统筹兼顾不够。一方面，多申领预算。10个部门和18家所属单位在专项资金结存的情况下又申报同类资金，造成54.48亿元闲置；4个部门和4家所属单位在已有足额预算安排、无预算需求等情况下，多申领11.78亿元。另一方面，部分收入游离于预算之外。14个部门和150家所属单位未将事业收入、结转资金等34.36亿元纳入部门预算；8个部门未将24家所属单位纳入预算管理，涉及2021年收入7.26亿元。

二、违反财经纪律和过紧日子要求

共涉及25个部门和121家所属单位资金25.73亿元。

（一）违规使用财政资金。7个部门和24家所属单位无预算、超预算支出等6908.34万元；3个部门和17家所属单位在年底前超进度支付、以拨作支等5505.6万元；6个部门和11家所属单位通过挤占项目专项、转嫁摊派等方式增加一般性支出2.68亿元；2个部门的5家所属单位未经批准违规出借资金、购买理财等7.24亿元；13个部门和26家所属单位未公开招标、设定不合理招标条件等违规采购13.63亿元。

（二）依托部门职权或行业资源违规收费。1个部门和8家所属单位依托部门职权或影响力等，通过强制开展培训、收取企业赞助等违规收费6400.9万元；1个部门和3家所属单位未经批准违规举办论坛庆典、开展评比表彰等活动收费501.79万元；6个部门所属的6家新闻出版单位通过有偿新闻等方式，收取版面费、赞助费等2442.73万元。

（三）公务用车改革仍需深化。相对于公务接待、公务出国已较规范的情况，公务用车管理还显薄弱。1个部门和8家所属单位变相或超编制配备60辆；3家所属单位超标准购置26辆；1个部门和11家所属单位违规占用下属单位及其他企业48辆；5个部门所属单位仍未完成公车改革，涉及公车11辆。

三、行政事业性国有资产管理不够严格

（一）国有资产基础管理还存在薄弱环节。涉及26个部门的155.67万平方米房产和1.67万亩土地、24.01亿元资产。其中：16个部门共17.43万平方米房产，以及1.42亿元对外投资、无形资产和设备等未入账，成为账外资产；11个部门的18个基建项目建成投用后应计入未计入固定资产账，涉及金额20.32亿元；5个部门136.71万平方米房产和1.66万亩土地未及时办理产权登记，时间久远后易产生产权纠纷；1个部门1.53万平方米房产和2.27亿元资产未及时进行划转。

（二）违规使用和处置国有资产。涉及26个部门的57.19万平方米房产和2.78万亩土地、3.52亿元资产。其中：19个部门无偿向外部单位等出借35.53万平方米房产、1495.71万元设备用于经营等；20个部门未经批准或备案违规出租21.66万平方米房产和2.78万亩土地、1.15亿元资产，对外投资和处置资产1.55亿元；2个部门超标准配备办公设备1.03万台（件），涉及6734.44万元。

（三）部分国有资产使用效益低下。涉及9个部门的351.14万平方米房产、土地等。其中：1个部门机构改革后尚未按规定重新核定公务用车编制，全国所属278家二三级单位公务用车超出规定441辆；2个部门所属单位2470辆公务用车使用率较低，其中289辆2021年全年未使用；8个部门351.14万平方米房产、土地及3569.91万元设备长期闲置，有的还需按期支付物业费。

对审计发现的问题，审计署已依法出具了审计报告、下达了审计决定书，提出了审计建议：一是健全完善有利于财政资源统筹的体制机制，增强公共财政统筹能力，严格部门预算管理主体责任，督促将全部收入和支出依法纳入预算。二是继续压减非必要非刚性支出，严格落实中央八项规定及其实施细则精神，把政府过紧日子作为常态化纪律要求，勤俭办事业。三是加强行政事业性国有资产基础管理，健全完善相关管理制度，避免资产闲置浪费。

审计指出问题后，有关部门和单位正在积极整改。

审计查出的主要问题

序号	部门名称	问题摘要
1	中央社会主义学院	2019年至2021年，院本级多申报退休人员经费预算3593.43万元，其中2021年1116.82万元。
		院本级在申报2020年和2021年学院业务费等项目预算时，未统筹考虑结转资金587.61万元，分别申报年度预算2213.24万元、2304.19万元，至2021年底结转资金为1581.82万元。
		院本级在申报2020年和2021年购房补贴预算时，未统筹考虑可用于发放购房补贴的售房款236.21万元，申报预算280万元，不利于充分发挥财政资金效益。
		至2021年底，院本级国有资产出租收入等371.18万元未按规定上缴财政。
		至2021年底，院本级财政补助资金532.95万元长期结转，未按规定上交财政。
		院本级未经批准召开1个会议，支出36.01万元。
		2020年至2021年，院本级图书出版未按规定执行政府采购程序，直接与服务商签订合同，合同金额369.96万元。
		2018年，院本级洗衣房改造项目未按规定执行建设工程施工定点政府采购程序，直接与非定点采购单位签订施工合同，涉及投资140.25万元。
		院本级未按规定将实际执行的5项预算支出标准目录报财政部备案，也未在2020年和2021年向财政部说明本单位项目支出标准建设情况。
		院本级1个项目预算绩效目标与计划期内任务数不对应；1个项目支出绩效自评得分评定依据不充分，仅对少部分培训班开展满意度评价。
		至2021年底，院本级住宅专项维修资金41.78万元未按规定存入专户，长期挂账。
		至2021年底，院本级2020年12月已完工并投入使用的1个基建项目，未办理竣工财务决算。
		2019年至2021年，院本级未经批准在系统内开展2项评比表彰活动，支出55.6万元。
		2017年至2021年，院本级未经批准，将723.28平方米房产无偿出借给所属服务中心的下属企业用于对外经营。

续表

序号	部门名称	问题摘要
1	中央社会主义学院	院本级 2011 年在手续不全的情况下投资 648.47 万元建设停车楼，至 2021 年底，仍未办理规划许可证和施工许可证，也未计入固定资产。
		2018 年至 2021 年，所属服务中心未按规定执行政府采购程序，直接与服务商签订保洁、会议及保卫等服务购买合同，已支出 1237.78 万元，其中 2021 年 192.86 万元。
		2018 年至 2020 年 1 月，所属服务中心下属餐饮公司未据实核算利润成本，而是通过自定利润率确认净利润，再以此结合营业收入倒推营业成本，造成财务信息失真。
2	外交部	部本级未根据当年实际支出需求编制信息化工程项目预算，一次性申请项目总预算 2996 万元，当年仅执行 3.68%，导致 2885.6 万元闲置。
		至 2021 年底，部本级 1 项日常维护经费项目因缺乏支出标准，执行中有的同类设备采购价格相差较大；扩大支出范围购买设备 45.29 万元。
		部本级 2020 年未经批准将 5800 平方米房产对外出租，2021 年取得租金收入 510 万元，未按规定上缴财政。
		部本级 2005 年与外部企业合作建设的 1 个综合办公楼，未经评估转为经营性资产，至 2021 年底仍未纳入固定资产账，涉及资产 1.66 亿元。
		至 2021 年底，部本级和所属中国人民外交学会 972.3 万元结余资金未按规定上交财政。
		2020 年至 2021 年，部本级和所属中国人民外交学会未按规定执行政府采购程序，直接委托印刷或采购会议服务等，共支出 1199.13 万元，其中 2021 年 866.88 万元。
		2017 年至 2021 年，所属中国人民外交学会将房屋修缮、车辆租赁等事项交给不具备服务条件的学会服务中心办理，服务中心再转向外部公司采购，由此获得外交学会支付的服务费 127.28 万元。
		所属中国国际问题研究院扩大支出范围，在专项经费中列支人员经费等 88.24 万元。
		至 2021 年底，所属中国国际问题研究院 1 处面积 1437 平方米的房产未入固定资产账。
		2019 年至 2021 年，所属中国国际问题研究院超出核定的绩效工资总额发放奖金 90.79 万元。
		至 2021 年底，所属外交部机关及驻外机构服务中心等单位下属 55 户企业未办理完成国有产权登记。
		2018 年至 2021 年，所属北京外交人员服务局下属北京交远建筑有限公司，违规使用员工个人账户收支工程款等资金，至 2021 年底有 80 多万元工程款沉淀在个人账户。
		2018 年至 2021 年，所属北京外交人员服务局下属北京外交人员房屋服务公司，未按规定履行“三重一大”决策程序报废或捐赠家具家电。
		所属北京外交人员服务局及其下属北京外交人员房屋服务公司，执行基本建设管理相关规定不到位，至 2021 年底 2 个基建项目共超预算 4.5 亿元。
3	发展改革委	委本级未将售房款、住宅专项维修资金等 617.24 万元纳入部门预算。
		委本级使用自有资金 497.33 万元支付楼层改造、供配电改造等，但未编制预算。
		所属机关服务中心未经批准，将部分房产等委托给新成立的会议中心管理公司对外经营。至 2021 年底，该公司取得经营收入 556.32 万元。
		所属经济体制与管理研究所未将取得的房屋租金、定期存款利息等收入 342 万元纳入预算。
		所属经济体制与管理研究所 1 个社会调查系统项目的量化绩效指标不完整且部分指标值设置不合理。

续表

序号	部门名称	问题摘要
3	发展改革委	所属城市和小城镇改革发展中心2016年未经批准设立1户企业，至2021年底已实缴出资180万元。
		所属城市和小城镇改革发展中心下属中城新型城镇化基金管理有限公司2019年以来违反合伙企业法，在4户有限合伙企业中担任普通合伙人；2021年将拟设立私募基金的3300万元，协议用于明股实债等非私募基金投资活动。
		所属基建物业管理中心未经批准，由下属企业以收取“管理服务费”方式，将1400多平方米行政房产出租给2家社会公司，2021年收取106.57万元。
		至2021年底，所属基建物业管理中心对外投资账实不符，未及时对已发生股权变更的2户下属企业的长期股权投资进行账目调整。
		2020年，所属基建物业管理中心未经备案，将1户下属企业无偿划转给另外1户下属企业，涉及国有资产权益144.21万元。
		至2021年底，所属基建物业管理中心下属的2户企业超编制配备公务用车4辆。
		2019年以来，所属原中国改革报社深圳记者站个别工作人员违规开办1户企业从事广告代理业务。
		2006年以来，所属原中国经济导报社部分工作人员违规持有下属企业20%股份，至2021年底仍未退出。
		所属原中国经济导报社的21个派驻机构2020年违规开展报刊发行活动，2021年报社按发行量向上述派驻机构核发189.22万元宣传奖励。
		所属原中国经济导报社2016年违规受赠下属企业超标车辆1辆，至2021年底仍未清退。
4	教育部	部本级未履行公开招标程序，直接委托1家单位举办6期专题研讨班，支出培训费等884.55万元。
		所属职业技术教育中心研究所无计划召开11个会议，支出231.97万元。
		所属教育装备研究与发展中心申报2020年和2021年基本科研业务费项目预算时，未统筹考虑2019年结转资金702.38万元，分别申报年度预算306.25万元、332.5万元，至2021年底结转资金为1023.11万元。
		2020年1月和2021年6月，所属学位与研究生教育发展中心未按规定委托集中采购机构代理采购，自行选择2家公司作为互联网接入服务商，涉及采购金额116万元。
		所属学校规划建设发展中心部分培训业务收支未按规定在该单位账务核算，而是在其下属企业核算，涉及收入70.41万元、支出59.29万元。
		所属国家开放大学未将下属培训中心、《中国远程教育》杂志社2家事业单位纳入预算管理，2家单位2021年总收入2851.83万元、总支出2663.02万元。
		所属国家开放大学下属《中国远程教育》杂志社举办的1个会议收支和1份杂志的发行收入，未按规定在本单位账务核算，而是在国家开放大学其他下属企业核算，共涉及收入185.51万元、支出93.9万元。
		至2021年底，所属国家开放大学未及时收缴考试费、学费等1.95亿元，未按规定收回1户企业股权转让收入3.08亿元。
		2020年至2021年，所属国家开放大学未按规定将11名在企业任职取酬干部的行政、工资等关系转入企业，仍保留事业编制。
		至2021年底，所属北京大学未履行备案或审批程序对外出租房产64处，总面积14147.66平方米，2021年租金收入1905.18万元。
		至2021年底，所属北京大学12个已建成并投入使用的基本建设项目尚未办理竣工财务决算。

续表

序号	部门名称	问题摘要
5	工业和信息化部	部本级超合同进度向4家承担培训任务的单位支付培训费204.6万元。
		部本级无预算安排项目支出446.89万元。
		至2021年底，部本级和所属中国软件评测中心、中国机电设备招标中心未经批准，无偿出借5495.89平方米房产；所属中国软件评测中心、国家工业信息安全发展研究中心未经批准，出租9219.46平方米房产。
		2019年至2021年，部本级和所属中国电子信息产业发展研究院、中国软件评测中心和国家工业信息安全发展研究中心未严格履行政府采购程序，或超预算采购，或未按规定公开招标，共涉及金额5.93亿元。
		所属中国电子信息产业发展研究院、中国软件评测中心和国家工业信息安全发展研究中心未将结转资金1.51亿元纳入预算；所属中国机电设备招标中心未将医疗补助收入63.5万元纳入预算。
		所属中国电子信息产业发展研究院、中国软件评测中心和国家工业信息安全发展研究中心无计划召开203个会议，共支出502.21万元。
		所属中国电子信息产业发展研究院下属的赛迪工业和信息化研究院未及时清理已注销（吊销）股权投资170.48万元，其下属1户企业未及时确认应收股利23.44万元。
		所属中国电子信息产业发展研究院下属的赛迪工业和信息化研究院2008年8月至2010年4月未经集体决策，对外无偿出借资金1.92亿元，其中3697万元面临损失。
		所属中国机电设备招标中心下属的中招国际招标有限公司3辆车未在固定资产账登记、2辆车重复登记。
		至2021年底，所属产业发展促进中心1个项目未及时验收，财政拨款1.34亿元尚未支出。
		至2021年底，所属中国软件评测中心和所属中国电子信息产业发展研究院、国家工业信息安全发展研究中心等单位下属的3户企业少计投资8538.67万元，其中中国软件评测中心和1户下属企业还少计投资收益5279.88万元。
		至2021年底，所属中国电子信息产业发展研究院、中国软件评测中心和国家工业信息安全发展研究中心共计24299.56平方米房产，未办理产权登记或确认固定资产。
		至2021年底，所属国家无线电监测中心、中国电子信息产业发展研究院、中国工业互联网研究院等单位下属的16户企业，未纳入国有资本经营预算管理。
		2019年至2021年，所属机关服务局未按规定上缴房产出租收入144.19万元。
		2019年至2021年，所属中国电子信息产业发展研究院、国家工业信息安全发展研究中心等单位下属的3户企业，共少计少缴国有资本经营收益898.55万元。
		2011年至2019年，所属中国电子信息产业发展研究院、中国软件评测中心未经批准向下属企业无偿出借资金，至2021年底尚有2.45亿元未收回。
6	国家民委	委本级在编制民族工作经费项目预算时，未细化到基层单位和具体项目，涉及金额5800万元。
		至2021年底，委本级批复所属中央民族大学保留和处置的公务用车未按规定对应具体车型、车号。
		至2021年底，委本级4处房产共计9116.74平方米未登记固定资产账。
		2019年至2021年，委本级将职工班车通勤费用82.82万元摊派给所属机关服务中心下属企业。
		2019年至2021年，所属机关服务中心违规将4处共3104.83平方米的房产对外出租，取得租金2171.68万元，其中1878.67万元未纳入预算。

续表

序号	部门名称	问题摘要
6	国家民委	所属机关服务中心未经批准，将 1 处 1861.45 平方米的房产出借给其下属企业，2019 年至 2021 年下属企业获取经营收益 609.09 万元。
		所属机关服务中心下属中国民族经济开发有限公司违规代持 1 家私募基金公司 29% 的股权。
		至 2021 年底，所属机关服务中心下属中国民族经济开发有限公司压减管理层级不彻底，下属企业层级最高达 7 级。
		2019 年至 2021 年，所属机关服务中心下属中国民族经济开发有限公司在未开展实质性工作的情况下，违规收取 3 家子公司服务费等 1781 万元。
		所属中央民族大学、中国民族报社扩大开支范围，在项目经费中列支日常经费 360 万元。
		所属中央民族大学无预算开展 15 个项目的政府采购，合同金额 4279.12 万元，2021 年已支出 1680.48 万元。
		所属中央民族大学未将非财政拨款结转资金纳入预算，当年发生支出 2.02 亿元。
		所属中央民族大学 2 个项目绩效自评结果不真实，在相关工作未完成的情况下，自评为满分或高分。
		至 2021 年底，所属中央民族大学公务用车处置收入 21.5 万元未按规定上缴财政；应处置未处置公务用车 1 辆、保留超标准公务用车 2 辆。
		至 2021 年底，所属中央民族大学附属中学长期超编租赁公务用车 2 辆，其中 1 辆超标准。
		2020 年至 2021 年，所属中央民族大学将 528.74 平方米房产对外出租，取得租金 109.38 万元未纳入预算。
		至 2021 年底，所属中国民族报社少计对下属 3 户企业投资共 2577.5 万元。
		2015 年至 2021 年，所属民族文化宫取得场地出租、餐饮经营等 3 项收入 260.84 万元未纳入预算。
		2013 年至 2021 年，所属民族文化宫未经公开招标，将 1 处 1260 平方米的房产对外出租，取得租金 2395.04 万元。
7	公安部	部本级未将所属机关服务中心等 5 家事业单位纳入部门预算，2021 年收入和支出分别共计 3.91 亿元、3.63 亿元。
		部本级未及时将 1 个基本建设项目经费 7000 万元拨付至项目单位。
		2019 年至 2021 年，部本级 3 个服务类项目先确定供应商实施项目，后履行政府采购程序，合同金额 517.9 万元。
		部本级和所属南昌铁路公安局的 3 个基建项目前期工作不充分，2021 年底有 3.65 亿元项目资金闲置。
		至 2021 年底，部本级和所属第一研究所未将 3.85 亿元土地及房产等计入资产账。
		所属第一研究所等 2 家单位未将结转资金 2.77 亿元纳入预算。
		所属第一研究所 1 个项目先确定拟购房产，后履行竞争性谈判程序。
		至 2021 年底，所属中国人民警察大学、中国维和警察培训中心未按规定将取得的非税收入 5184.46 万元上缴财政。
		所属中国人民警察大学等 3 家单位未将事业收入等 3522.48 万元纳入预算。
		所属中国人民警察大学在申报 2 个项目预算时未统筹考虑上年结转资金 1469.74 万元，申报年度预算 2000 万元，2021 年底结转资金 3445.42 万元。

续表

序号	部门名称	问题摘要
7	公安部	所属中国刑事警察学院等3家单位的3个基建项目，因土地及规划手续办理滞后等进展缓慢。
		所属2家单位的2个基建项目未按规定及时转固定资产等，涉及投资3.18亿元。
		所属1家单位超编制配备公务用车1辆。
		所属1家单位擅自变更1个基建项目部分房屋的用途、外立面材料等，涉及面积3399.71平方米。
		所属1家单位未按批复要求将1个基建项目的办公用房改为其他辅助用房，涉及面积1875平方米。
		所属南京警犬研究所、第一研究所下属3户企业未按财政部要求纳入统一企业报表系统管理。
8	民政部	部本级未将所属中国社会报社、乡镇论坛杂志社、中国老年报社等8家事业单位和机构纳入部门预算，2021年共计收入1.8亿元、支出1.94亿元。
		部本级未将已投入使用的高级社工师资格评审系统计入无形资产，涉及金额35万元。
		2019年至2021年，部本级未将受赠收入857.14万元纳入预算，其中2021年252.81万元。
		2019年至2021年，部本级审核不严，2个项目的执行单位虚报支出19.23万元。
		2019年至2020年，部本级和所属一零一研究所超项目进度和合同约定支付16.5万元。
		至2021年底，所属一零一研究所未按规定将65万元结余资金上交财政。
		至2021年底，所属一零一研究所1个项目的4个建设目标未按期完成，涉及财政投入664.12万元。
		至2021年底，所属一零一研究所委托外部单位开发的5个项目未按期完成验收，涉及合同金额717.5万元。
		2018年以来，所属一零一研究所超编制配备公务用车3辆。
		2018年，所属一零一研究所2个项目未履行政府采购程序，合同金额488万元。
		所属一零一研究所2018年将累计投入2401.94万元建设的电子政务平台违规委托外部企业经营，因出现经济纠纷，平台已停用。
		2008年至2020年，所属一零一研究所和国家康复辅具研究中心1283.62万元科研设备购置后长期闲置。
		2002年至2021年，所属国家康复辅具研究中心未经批准将793.76平方米房产对外出租，取得的出租收入中有110万元未纳入单位账务核算。
		2014年以来，所属国家康复辅具研究中心未将6067.65万元事业收入和经营收入纳入预算，其中2021年1908.87万元。
		2017年至2018年，所属国家康复辅具研究中心未经批准登记成立2家事业单位。
9	司法部	部本级未将所属中国律师杂志社、中国司法杂志社、法治周末报社3家事业单位纳入部门预算，2021年共计收入1733.96万元、支出1422.76万元。
		部本级在申报2021年中央专项彩票公益金法律援助项目预算时，未统筹考虑结转资金，仍申报年度预算1.3亿元，至2021年底结转资金为1.29亿元。
		部本级未经批准违规开展评比活动，支出17.74万元。
		2020年至2021年，部本级为中国公证协会等2家非预算单位编报并拨付预算295.07万元。
		2017年至2021年，部本级1个政府采购项目未按规定公开招标，直接指定承接单位，已支出1748.74万元，其中2021年355万元。

续表

序号	部门名称	问题摘要
9	司法部	部本级和所属预防犯罪研究所等2家单位扩大开支范围，在项目经费中列支物业费、供暖费、版面费等282.13万元。
		所属法制日报社和国家司法考试中心未将2.74亿元经营收入等纳入预算。
		至2021年底，所属1家单位的食堂专用账户已不符合单设条件，但尚未撤销。
		2019年至2021年，所属1家单位34.88万元其他收入未按规定上缴财政。
		2018年至2021年，所属机关服务局未经批准，将7502.3平方米房产对外出租，取得租金1125.84万元，其中2021年800万元。
10	财政部	部本级未将售房款及其利息收入402.18万元纳入部门预算，所属北京监管局未将医疗补助收入31.5万元纳入预算。
		2020年至2021年，部本级采购《中国财政》杂志多支付邮费44.35万元。
		至2021年底，所属机关服务中心未对1个已投入使用的项目编报竣工财务决算，也未清理上交预计的结余资金1900余万元。
		2020年至2021年，所属预算评审中心、中国清洁发展机制基金管理中心审核把关不严，委托有重大违法记录的会计师事务所从事绩效评价等工作，共支付服务费219.14万元，其中2021年185.88万元。
		2019年至2021年，所属预算评审中心未经批准出租2556.16平方米房产，共取得出租收入1251.66万元，其中2021年317.22万元。
		至2021年底，所属世界银行贷款项目评估中心、财政票据监管中心和机关服务中心共有4辆公务用车长期闲置；所属预算评审中心1辆公务用车运行费预算远超实际支出。
		2019年至2021年，所属北京国家会计学院未按规定履行政府采购程序，直接委托外部单位提供印刷服务，涉及金额597.76万元，其中2021年79.8万元。
		2020年至2021年，所属北京国家会计学院无新增资产配置预算租用1026.06平方米办公用房，合同金额303.39万元。
		至2021年底，所属2户中央文化企业未按规定完成公司制改制，所属机关服务中心下属财政部招待所和财政部青岛休养所2家事业单位未按规定完成转企改制工作。
11	自然资源部	2018年至2020年，部本级和所属国家基础地理信息中心未按规定公开招标，已拨付财政资金6015.92万元。
		所属中国自然资源经济研究院等3家单位未将租用办公用房等支出299.73万元纳入预算。
		2020年至2021年，所属信息中心扩大开支范围，在项目经费中列支办刊经费161.03万元，其中2021年59.64万元。
		至2021年底，所属国土卫星遥感应用中心少计收入1105.11万元；已投入使用的1个项目未及时转固定资产。
		至2021年底，所属国土卫星遥感应用中心应处置未处置公务用车1辆。
		2020年至2021年，所属国土卫星遥感应用中心、测绘发展研究中心等3家单位向参会代表转嫁会议费27.37万元，其中2021年5.07万元。
		所属国土卫星遥感应用中心、海洋咨询中心等8家单位事业收入等3482.51万元未纳入部门预算。
		2018年至2021年，所属国家基础地理信息中心下属的1户企业违规转分包政府采购服务项目，合同金额3116.17万元。

续表

序号	部门名称	问题摘要
11	自然资源部	2020年和2021年，所属信息中心等3家单位预算绩效评价指标量化程度偏低，不具有可衡量性；所属国家基础地理信息中心部分预算绩效评价指标设定存在内容重复、与项目关联度不高等问题。
		至2021年底，所属宣传教育中心307.57万元资产账实不符。
		所属中国自然资源报社、物业中心未经批准出租房产，2021年取得房租收入736.43万元。
		所属国家基础地理信息中心等3家单位项目支出绩效自评结果不客观，在未进行满意度调查和收集佐证材料的情况下即自评满分。
		至2021年底，所属机关服务局1144.72万元应收款长期未清理。
		至2021年底，所属国土卫星遥感应用中心等单位下属或出资的56户企业未办理国有资产产权登记；所属国家基础地理信息中心等单位下属或出资的21户企业未纳入国有资本经营预算管理。
		所属大地传媒集团、海洋出版社的9个项目进展缓慢，至2021年底结转资金9929.94万元。
		所属大地传媒集团、中国地图出版社未按规定编制内部控制管理手册；中国地图出版社未执行固定资产、样书和成品库定期盘点的资产管理内部控制有关规定，资产账实不符。
		2020年，所属大地传媒集团和中国地图出版社下属4户企业未按政策要求减免小微企业房屋租金34.4万元。
		所属机关服务局下属北京山水宾馆未制定资产管理办法以及出租房屋管理制度，2021年未进行资产评估即向个人出租房产3072平方米，合同金额397.6万元。
12	住房城乡建设部	部本级未将以前年度结转资金152.88万元纳入部门预算。
		至2021年底，部本级2.19万平方米房产未及时转入固定资产。
		2020年至2021年，部本级国家科技重大专项管理工作经费493.96万元沉淀在所属单位。
		2020年至2021年，所属机关服务中心未经批准出租出借房产7622.04平方米，租金收入628.95万元未按规定上缴财政，其中2021年420.8万元；上述房产中至2021年底有5167.01平方米未登记为出租出借。
		至2021年底，所属机关服务中心和住房城乡建设部主管的中国建筑出版传媒有限公司的4项对外长期股权投资未登记入账。
		2016年至2021年，所属科技与产业化发展中心违规以“全国建设行业科技成果推广项目”名义，向入选企业收取费用560万元，其中2021年98万元。
		2019年至2021年，所属科技与产业化发展中心未将其下属企业上交利润426.24万元纳入预算，其中2021年152.2万元。
		至2021年底，所属科技与产业化发展中心下属的北京康居认证中心有限公司未按规定办理企业产权登记。
		所属信息中心在其主办的《中国建设信息化》杂志上，为99家公司做广告宣传，但未按规定明确“广告”标识，涉及金额88.37万元；违规收取版面费38.59万元。
		2019年至2021年，所属信息中心下属的1户企业未经董事会决策对外投资2.71亿元，其中2021年3140万元。
		至2021年底，所属中国风景园林学会下属《中国园林》杂志社、所属中国城市规划设计院下属中国城市规划设计院海南分院、所属中国建筑学会下属《建筑热能通风空调》编辑部等3户企业，未按时完成国有企业公司制改革。
		至2021年底，住房城乡建设部主管的中国建筑出版传媒有限公司下属北京建筑工业印刷厂和中国建筑书店华南销售中心2户企业，未按时完成中央文化企业公司制改制。

续表

序号	部门名称	问题摘要
13	交通运输部	部本级和所属海事局未将801.29万元支出纳入部门预算。
		部本级和所属上海海事局、南海航海保障中心向企事业单位转嫁培训费、依托职权收取费用等1685.45万元。
		所属上海海事局扩大支出范围，在港口建设费中列支新录用人员制式服装费和初任培训费等175.39万元。
		所属长江口航道管理局项目结余资金128.29万元未按规定上交财政。
		所属长江航务管理局机关事务中心、长江航道局、广东海事局等5家单位结转资金2017.42万元未纳入部门预算。
		所属长江航务管理局及下属单位计划外召开会议，支出56.27万元。
		所属南海航海保障中心下属的广州航标处租金收入39.99万元未纳入部门预算。
		至2021年底，所属南海航海保障中心未按时完成公务用车改革。
		所属南海航海保障中心下属的广州海事测绘中心违反国库集中支付管理要求，向实有资金账户变相划转资金335.59万元。
		2011年至2021年，所属广东海事局、南海航海保障中心、长江海事局等7家单位未经审批出租国有资产，取得租金收入1.68亿元，其中2021年6187.57万元。
		至2021年底，所属广东海事局、上海海事局等7家单位61处房屋或土地、224艘船舶，长期未办理国有资产权属变更或登记。
		2019年至2021年，所属广东海事局下属的后勤管理中心在对外投资分红款逐年增加的情况下，投资收益预算反而逐年减少，其中2021年仅为实际分红款的55.18%；所属东海航海保障中心下属的上海航标处在重大活动奖励自有资金连续2年未支出的情况下，仍编报预算370万元，至2021年底全部未支出。
		2019年至2021年，所属东海航海保障中心、南海航海保障中心、长江三峡通航管理局等4家单位违规占用下属单位车辆18辆。
		至2021年底，所属东海航海保障中心已完工并达到可使用状态的在建工程2522.6万元未及时转固定资产。
		至2021年11月底，所属东海航海保障中心、上海海事局的3个工程项目未及时计入在建工程，涉及金额2.18亿元。
		2020年至2021年，所属中国交通通信信息中心、广东海事局、南海航海保障中心等7家单位采购过程中存在虚假招标等行为，涉及金额4406.41万元。
		至2021年底，所属湛江海事局少计无形资产1256万元。
		至2021年底，所属江苏海事局、南海航海保障中心等2家单位的4个项目未及时办理竣工财务决算，涉及金额1.94亿元。
14	水利部	2019年至2021年，部本级违规借用所属企业车辆并要求其承担费用632.25万元，其中2021年149.36万元；所属海河水利委员会下属的引滦工程管理局、长江水利委员会本级及其机关服务中心违规借用下属企事业单位车辆14辆。
		2019年至2021年，部本级、所属黄河水利委员会下属的水文局和长江水利委员会下属的水文局等单位未履行政府采购程序，直接对外委托项目或自行采购设备，涉及金额600.83万元，其中2021年303.83万元。

续表

序号	部门名称	问题摘要
14	水利部	2019 年至 2021 年，部本级违规要求所属综合开发管理中心、发展研究中心，为中国水利职工思想政治工作研究会等 3 个社团，以及已脱钩的中国水利企业协会承担人员经费 1416.63 万元，其中 2021 年 656.85 万元。
		所属发展研究中心将应由自身承担的部分财政项目对外委托，同时又承接横向创收项目，涉及金额 735.1 万元。
		所属河湖保护中心支出 41.1 万元聘用 4 名公务用车专职司机，但全年 4 辆车总计使用 20 次，资金使用绩效不高。
		所属长江水利委员会本级、黄河水利委员会下属的惠金黄河河务局等 4 家单位未将 3120.84 万元地方财政拨款收入纳入预算。
		所属长江水利委员会本级、发展研究中心 4 个项目绩效指标设置不细化；所属黄河水利委员会下属的水文局 6 个项目绩效目标等与任务数不匹配，个别绩效指标未量化。
		所属长江水利委员会下属的水文局、黄河水利委员会下属的山东黄河河务局和河南黄河河务局等 4 家单位扩大开支范围，在项目经费中列支人员经费等 4011.85 万元，其中 2021 年 344.83 万元。
		至 2021 年底，所属长江水利委员会下属 2 户企业、黄河水利委员会下属 1 户企业拖延支付工程款等 764.61 万元。
		至 2021 年底，所属珠江水利委员会本级、黄河水利委员会下属 14 家单位的 126.88 万平方米房产尚未办理房屋所有权证；黄河水利委员会下属 5 家单位 1094.57 万平方米土地尚未办理土地使用权证。
		至 2021 年底，所属珠江水利委员会本级、海河水利委员会下属 3 家单位和黄河水利委员会下属 3 家单位，未经批准出租出借办公用房 7555.37 平方米，取得租金收入 323.14 万元。
		所属珠江水利委员会本级、黄河水利委员会下属的河南黄河河务局等 22 家单位未经批准向 25 户企业出借资金 1.83 亿元，至 2021 年底 8143.2 万元未收回。
		至 2021 年底，所属珠江水利委员会本级、黄河水利委员会下属的移民局的 22 个项目尚未完成竣工财务决算，涉及金额 6.85 亿元。
		所属海河水利委员会本级、黄河水利委员会下属的永济黄河河务局等 3 家单位未经批准出租河道控导工程管护用地 1853.59 万平方米及一处防汛疏浚码头，取得租金收入 658.16 万元。
		至 2021 年底，所属海河水利委员会本级项目结余等 1092 万元未按规定上交财政。
		所属黄河水利委员会本级组织实施的黄藏寺水利枢纽工程仅完成 2021 年投资计划 5.35 亿元的 56.64%。
		所属黄河水利委员会下属的水文局、三门峡库区水文水资源局和长江水利委员会下属的水文局等 6 家单位，超进度支付项目款 2762.89 万元。
		2017 年至 2021 年，所属黄河水利委员会下属的经济发展管理局未经批准，新建防汛仓库等 1.15 万平方米，总投资 4800.17 万元。
		2020 年，所属黄河水利委员会下属的河南河洛水务有限责任公司将地方拨付的 9126.32 万元财政资金，以耕地占用税和滞纳金的名义返还地方，助其虚增财政收入。
		2015 年至 2021 年，所属黄河水利委员会下属的河南黄河河务局工程建设中心虚列项目支出 2880.41 万元，其中 2021 年 621.65 万元。
		2019 年至 2021 年，所属海河水利委员会下属的漳卫南运河管理局在申报公务用车运行费预算时编报不实，多报公务用车数量，至 2021 年底结转资金 235.39 万元。

续表

序号	部门名称	问题摘要
14	水利部	至2021年底，所属海河水利委员会下属的漳卫南运河管理局公务用车改革不彻底，自行审批14家下属单位保留公务用车25辆。
		所属海河水利委员会下属的漳卫南运河管理局2个项目支出预算编报不实，多申领财政资金49.99万元。
		2019年至2021年，所属黄河水利委员会下属的郑州黄河河务局、海河水利委员会下属的漳卫南运河管理局等3家单位，依托管理职能等，收取运行管理费、技术服务费等473.53万元，其中2021年185.2万元。
		至2021年底，所属珠江水利委员会下属的珠江水利科学研究院、黄河水利委员会下属的牡丹黄河河务局和山东黄河河务局等7家单位未将股权投资收益、房租收入等2504.85万元纳入预算，其中2021年1304.85万元。
		所属黄河水利委员会下属的东平湖管理局梁山黄河河务局未经批准投资入股2户企业，涉及金额900万元。
		至2021年底，所属珠江水利委员会下属的广西大藤峡水利枢纽开发有限责任公司违规变更采购及运输合同，导致采购成本增加1111.3万元，且未按规定对3个项目和新增电缆采购等事项公开招标，涉及金额1.07亿元。
		至2021年底，所属黄河水利委员会下属的山东恒润投资有限公司违规出借资金6.34亿元。
		至2021年底，所属黄河水利委员会下属的天津九洲方圆投资发展有限公司因违规决策，导致经营事项发生重大经济纠纷被法院查封196套房产，涉及国有资产4236.6万元。
		至2021年底，所属珠江水利委员会下属的广州兴水投资管理有限公司违反合同约定，将部分合同内容分解委托给其他企业，涉及金额370.58万元。
		所属珠江水利委员会下属的珠江水利水电开发有限公司内控不严，未经审批，根据不实信息向2户企业支付559万元，其中490万元尚未追回。
		所属珠江水利委员会下属的珠江设计公司安徽分公司个别管理人员违规经商办企业。
		2014年6月至2021年，所属黄河水利委员会下属的三门峡黄河明珠（集团）有限公司违规向内部人员集资，至2021年底集资余额9671.94万元。
		2015年至2021年，所属中国水利水电出版社违规向5家控股公司提供书号，取得收入850.4万元，其中2021年344.5万元。
15	商务部	至2021年底，部本级未将所属承德培训基地等3家单位的收支和资产纳入部门预算，2021年3家单位总收入1050.16万元。
		至2021年底，商务部1处508.9平方米房产未登记入账。
		至2021年底，部本级将部分闲置土地登记为在用状态。
		至2021年底，部本级2个基建项目未纳入部本级核算，其中1个项目达到可使用状态但未办理竣工财务决算。
		2019年至2021年，部本级1个项目年度绩效评价指标设置不细化。
		2018年至2021年，所属国际贸易经济合作研究院无偿使用商务部房产。
		所属中国国际经济技术交流中心3个项目收支未纳入账务核算，涉及收入119.37万元、支出124.4万元。
		至2021年底，所属广州特派员办事处超标准租赁办公用房232.48平方米。

续表

序号	部门名称	问题摘要
15	商务部	所属中国国际电子商务中心未经批准，将4719.01平方米房产出租给下属企业，取得房租收入340.02万元。
		2020年至2021年，所属中国国际电子商务中心违规购买理财性质产品，其中2021年4.08亿元。
		所属中国国际电子商务中心下属企业2015年未经批准同意其控股企业增资扩股，丧失控股地位。
16	卫生健康委	至2021年底，委本级、所属北京协和医学院分别有29.44万元、147.31万元项目结余资金未按规定上交财政。
		2019年至2021年，所属国际交流与合作中心1个项目未结合结转资金情况统筹安排年度预算，至2021年底结转资金增至2.63亿元。
		至2021年底，所属医药卫生科技发展研究中心未按规定清理或原渠道收回215项课题结余资金1.41亿元。
		2016年至2020年，所属干部培训中心收支核算不完整，涉及金额2761.17万元。
		至2021年底，所属干部培训中心1辆公务用车未纳入账务核算，涉及金额44.11万元。
		2016年至2021年，所属干部培训中心未履行政府采购程序，直接委托6家公司提供培训服务，涉及金额3101.83万元，其中2021年340.66万元。
		2016年至2019年，所属中国医学科学院规避公开招标规定，违规分拆应公开招标的工程项目，涉及合同金额275.55万元。
		2019年，所属中国医学科学院与工程实施单位签订补充协议，违规超原合同采购金额10%支付工程款28.08万元。
		2020年至2021年，所属中国医学科学院下属的医学实验动物研究所未履行政府采购程序，直接与公司签订试剂耗材购买或土地房屋租赁合同，涉及金额2927.14万元。
		2021年，所属中国医学科学院下属的医学实验动物研究所、医药生物技术研究所、药物研究所、基础医学研究所等4家单位扩大开支范围支出512万元。
		至2021年底，所属中国医学科学院下属的北京康蓝生物技术有限公司未及时收回682.5万元股利。
		2020年，所属流动人口服务中心在受托事项财政拨款中违规提取管理费27.5万元，计入该中心事业收入。
		2020年至2021年，所属职业安全卫生研究中心与2个项目的承担单位签订补充合同，增加采购金额共131.34万元，均超过原合同采购金额的10%，且其中1个项目未履行政府采购程序，涉及金额376.38万元。
		至2021年底，以前年度审计反映的“所属科学技术研究所未经批准出借房屋2058.25平方米”问题未整改到位。
17	应急部	部本级重复申报、多申报预算1.05亿元。
		部本级未结合结转资金情况统筹安排年度预算，至2021年底，部分专项结转资金1.16亿元。
		2019年至2021年，部本级未按规定上缴房租收入1137.58万元，其中2021年404.58万元。
		至2021年底，部本级及所属南方航空护林总站、森林防火预警监测信息中心安排的3个项目因前期准备不充分等进展缓慢，结转资金5.07亿元。
		部本级未经批准开展评比达标表彰活动，支出活动经费16.75万元。
		至2021年底，部本级未及时退还相关企业履约保证金840.62万元，违规多收取履约保证金103.8万元。

续表

序号	部门名称	问题摘要
17	应急部	部本级和所属离退休干部局未将地方医疗补助收入等 497.73 万元纳入预算。
		2018 年至 2021 年，部本级和所属华北科技学院、信息研究院未经批准出租房产 5.29 万平方米；2021 年，所属信息研究院、国家减灾中心未经批准无偿出借办公用房 2700 平方米给下属企业。
		至 2021 年底，部本级及所属国家减灾中心、信息研究院对下属企业的管理制度不健全；对所属信息研究院等 4 家单位对外投资监管不到位，部分企业产权不明。
		2020 年至 2021 年，所属中国消防救援学院未按规定编制事业收入预算等，共涉及资金 7380.27 万元。
		2018 年至 2019 年，所属华北科技学院、应急总医院未经批准分别处置国有资产 705.95 万元、3685.88 万元。
		至 2021 年底，所属华北科技学院、应急总医院 4773.67 万元往来款长期挂账未清理。
		2020 年至 2021 年，所属应急总医院 1 个项目未纳入在建工程核算，涉及金额 865.51 万元。
		2019 年至 2021 年，所属信息研究院规避政府采购等规定，违规分拆应公开招标的项目，涉及金额 686.19 万元，其中 2021 年 544.4 万元；所属应急总医院 3 个项目未按规定公开招标，涉及金额 1 亿元。
		至 2021 年底，所属南方航空护林总站、中国消防救援学院、华北科技学院的 4 个基建项目于 2020 年建成投入使用但未编报竣工财务决算，涉及投资 6423.65 万元，其中 3 个项目未及时转固定资产。
		至 2021 年底，所属中国安全生产科学研究院、化学品登记中心的 2 个项目建设进度滞后，结转资金 6.26 亿元。
		至 2021 年底，所属中国安全生产科学研究院下属企业对投资企业日常管理缺失，长期未参加股东会、董事会，不掌握企业经营管理状况。
18	人民银行	总行和所属北京营业管理部、集中采购中心等 4 家单位少计地方财政补助资金等收入 1.74 亿元。
		总行在金融业综合统计项目未达到付款条件也未实际付款的情况下，计列支出 6348.22 万元。
		至 2021 年底，总行未将 1745.34 平方米房产、部分古钱币等纳入固定资产核算。
		2012 年至 2021 年，总行将外聘人员工资等 4167.44 万元转嫁给下属北京人银科工贸有限责任公司，其中 2021 年 844.27 万元；2021 年，总行将信息服务费 109.88 万元转嫁给下属中国金币集团有限公司。
		2019 年至 2021 年，总行未经批准租赁办公用房 388.23 平方米，涉及租金 586.41 万元，其中 2021 年 209.72 万元。
		至 2021 年底，国家外汇管理局所属外汇研究中心的 913 万元往来款未及时清理。
		至 2021 年底，国家外汇管理局拖欠 10 户企业信息化建设费用 4309.63 万元，其中 2021 年 2250.17 万元。
		2016 年至 2021 年，所属 2 家企事业单位之间的代发工资、缴纳社保等往来款核算不准确，涉及金额 1.08 亿元，其中 2021 年 3490.82 万元。
		2010 年至 2021 年，所属中国钱币博物馆将所有权属于总行但由其代管的贵金属纪念币，纳入其自身固定资产核算，涉及金额 4691.03 万元。
		所属北京营业管理部未经批准擅自变更计算机机房工程、食堂综合更新改造工程等项目的建设内容。

续表

序号	部门名称	问题摘要
18	人民银行	至2021年底，所属中国人民银行清算总中心、中国人民银行机关服务中心、中国钱币博物馆等单位下属70户企业未完成国有产权登记。
		至2021年底，所属中国印钞造币集团有限公司违规向部分职工发放住房补贴131.6万元，其中2021年8.64万元。
19	国资委	委本级和31家所属事业单位未按规定将上年结转资金2.4亿元纳入预算。
		至2021年底，所属轻工机关服务中心、商业机关服务中心、冶金机关服务中心等4家单位未将资产出租出借取得的收入3.81亿元纳入预算，其中2021年1.09亿元。
		2019年至2021年，所属轻工机关服务中心、机械机关服务中心、商业机关服务中心等6家事业单位，未经批准出借资金10.33亿元。
		2019年至2020年，所属纺织机关服务中心、建筑材料工业技术情报研究所未将房租、借款利息等收入1892.53万元纳入预算管理。
		所属纺织机关服务中心为部分职工多缴纳住房公积金26.38万元。
		所属纺织机关服务中心未经批准将代管的行政资产对外出租，收入44.1万元未上缴财政。
		所属纺织机关服务中心未经批准向其下属企业无偿出借房产并承担物业费供暖费117.03万元。
		2019年至2020年，所属建筑材料工业技术情报研究所、轻工机关服务中心、机械工业信息研究院下属3户企业超编制、超标准购置公务用车，涉及金额60.8万元。
		所属建筑材料工业技术情报研究所超额发放2020年度绩效工资91.91万元。
		所属建筑材料工业技术情报研究所1个项目2020年绩效自评结果不真实，在相关工作未完成的情况下，部分指标即自评满分。
		2017年以来，所属机械工业信息研究院违规占用下属企业9辆车，作为院领导班子公务用车。
		所属机械工业信息研究院超标准为领导干部配置办公用房278平方米。
		至2021年底，所属机械工业信息研究院3名领导班子成员违规持有该院控股企业股份。
		至2021年底，所属机械工业信息研究院应收未收租金4104万元。
		2012年以来，所属机械工业信息研究院未经批准出租出借房产2.4万平方米。
		至2021年底，所属冶金机关服务中心青岛疗养院2008年未经批准出借的资金3.49亿元仍未收回。
		所属冶金机关服务中心大连疗养院2011年未经批准对外出借2.1亿元，2020年同意借款方将未经评估房产和1060万元现金抵偿借款。
		2014年以来，所属商业网点建设开发中心未经批准代持17户企业股权，并为代持企业提供担保，因承担连带责任造成国有资产损失212.56万元。
		至2021年底，所属中国轻工业质量认证中心、中国纺织信息中心、国家建筑材料展贸中心等单位下属28户企业，未报送国有企业财务会计决算报告，涉及资产3.28亿元。
		至2021年底，所属石化机关服务中心、中国家用电器研究院、中国纺织信息中心等单位下属55户企业，尚未完成国有资产产权登记。
		至2021年底，所属纺织机关服务中心下属华纺房地产开发有限公司北京分公司应计未计利息6029.26万元，对外出借资金2000万元逾期未收回，违规无偿出借资金至少造成国有权益损失1428.08万元。

续表

序号	部门名称	问题摘要
19	国资委	至2021年底，所属机械工业信息研究院、中国企业联合会、冶金工业规划研究院等单位下属8户企业未按期完成公司制改革；所属国资委信息中心、国资委机关服务中心、轻工离退休干部局等单位下属5户企业未按期完成经营性国有资产集中统一监管试点改革。
		至2021年底，所属机械工业信息研究院下属的机械工业出版社尚未纳入国有资本经营预算管理。
		所属有色金属机关服务中心下属的北京中金瀚商贸公司未按规定上缴国有资本经营收益25.74万元。
		2020年，所属轻工机关服务中心下属的北京国轻天地贸易有限责任公司虚增营业收入3362.47万元。
		2020年至2021年，所属建筑材料工业技术情报研究所下属的北京华信高技术有限公司违规代开发票85.43万元。
20	海关总署	至2021年底，署本级结余资金330.75万元未按规定上交财政。
		至2021年底，署本级在机构改革后尚未按规定重新核定系统公务用车编制，所属二、三级单位机要和应急用车数量超出车改要求，部分车辆使用率不高。
		署本级17台投影仪账实不符。
		至2021年底，署本级和所属北京海关、广州海关超标准配备办公设备，涉及金额2008.55万元。
		2017年至2021年底，所属北京海关、广州海关采购台球桌、液晶电视等物品49.71万元，其中2021年18.64万元。
		至2021年底，所属北京海关、重庆海关未按要求将1.52万平方米的5处房产以及原值2.27亿元的办公设备等资产划转至事业单位。
		至2021年底，所属北京海关对投资企业的196.27万元投资款未追缴收回。
		所属重庆海关2020年底在加油卡余额为33.13万元的情况下充值20万元，至2021年底余额为43.31万元，不利于提高财政资金使用绩效。
		所属广州海关、海关科学技术研究中心未将2020年结转资金1.61亿元纳入预算。
		至2021年底，所属广州海关未经批准将8650.28平方米的房产，交由下属企业对外经营。
		所属中国电子口岸数据中心未将2019年至2021年取得的投资收益532.72万元纳入预算。
		所属中国电子口岸数据中心在专用基金等大量结存的情况下，仍申请同类资金7371.15万元，至2021年底结存2.43亿元。
		所属中国电子口岸数据中心下属企业违规转分包项目，获利83.23万元。
		至2021年底，所属中国电子口岸数据中心、重庆海关下属技术中心等3家事业单位，违规无偿占用行政办公用房4097.5平方米。
		2017年至2020年，所属上海海关未执行政府采购程序，直接向下属企事业单位委托业务，涉及金额2225万元。
		至2021年底，所属上海海关工会、天津海关后勤管理中心、上海海关后勤管理中心等单位下属248户国有企业未办理国有资产产权登记。
		至2021年底，所属青岛海关后勤管理中心、南京海关后勤管理中心、天津海关后勤管理中心等单位下属327户国有企业未纳入国有资本经营预算管理，2021年取得净利润4.17亿元。
		至2022年2月，上年度审计发现的海关总署51处房产土地闲置问题仍未整改到位。

续表

序号	部门名称	问题摘要
21	税务总局	局本级扩大支出范围，使用297.47万元信息化运维经费出版图书等。
		2021年，局本级和所属税务机关在公开地方财政拨款预决算时，未按规定细化至款级科目。
		至2021年底，局本级和所属湖南、山东等7省市税务机关将8.46万平方米房产等无偿交由下属单位使用；所属河北、辽宁、广东等11省市税务机关未经批准，对外出租出借房产并少收取租金3900多万元。
		至2021年底，局本级和所属江苏、上海、辽宁等6省市税务机关超标准配置办公设备或家具，涉及资产金额4725.89万元，其中价值781.07万元的打印机等资产购置后长期闲置。
		所属重庆市税务干部学校虚列17.25万元职工教育培训支出，人为提高预算执行率。
		2020年至2021年，所属陕西、黑龙江、云南等10省市税务机关未将事业收入等13.38亿元纳入部门预算。
		2020年至2021年，所属湖北、山西等9省市税务机关未将地方财政拨款收入及上年结转结余资金11.81亿元纳入预算。
		2020年和2021年，所属吉林省税务局多编报其他收入预算16.28亿元和10.5亿元。
		2019年至2021年，所属广东省税务局在预算编制时未统筹考虑上年结转资金情况，各年结转资金规模为1.59亿元、1.28亿元、8908.36万元。
		2019年至2021年，所属河南、上海2省市税务机关多申领人员经费等预算908.87万元。
		至2021年底，所属云南省部分税务机关3674.2万元结余资金未按规定上交财政。
		所属重庆市税务局2020年度决算少列人员经费2479.02万元、多列项目经费3648.68万元。
		所属上海、四川、辽宁等6省市税务机关在相关票证存量能满足本年需求的情况下，仍支出4530.34万元印制通用定额发票等票证。
		2020年至2021年，所属四川、山东等9省市税务机关在当年大量结余的情况下，仍为公务用车加油卡充值165.38万元，至2021年底加油卡余额达1212.37万元；所属深圳、广东2省市税务机关在年底突击花钱，充值ETC通行卡和燃气卡、预付培训费用等26.68万元；所属云南省昆明市税务局预付2家维修单位车辆维修款50.78万元，又向另一家非定点维修单位支付维修费13.73万元，不利于提高财政资金使用绩效。
		2019年至2021年，所属深圳市税务局以委托研究的名义，将自身承担的40项科研课题经费转至2个税收研究会，至2021年底已支付521.18万元，并从中报销或发放误餐、交通补助等。
		2020年至2021年，所属武汉市税务局为完成报刊订阅计划，支付499.26万元订购70种报纸杂志。
		2019年至2021年，所属河南、广东、湖北、湖南4省税务机关在单位场所能够满足需求且无外地人员参加的情况下，在酒店举办培训或召开业务会等，涉及金额80.95万元。
		2020年，所属陕西省榆林市税务局扩大开支范围，将维修改造项目资金247.94万元用于绿化工程。2019年和2020年，所属重庆忠县税务局分别支付18.54万元和23.64万元举办文艺演出。
		2019年至2021年，所属西安市税务局的134.67万元停车场收入未纳入账务核算。2020年至2021年，所属山东省税务局下属酒店以“白条”入账263.05万元。至2022年1月底，所属太原市税务局下属山西新唐明印业有限公司的9066.59万元资金未纳入账务核算。
		至2021年底，所属机关服务中心投资的2个内部宾馆（培训中心）相关对外投资情况未纳入账务核算。
		至2021年底，所属广东省税务局未及时清理已撤销的下属事业单位银行存款6370.93万元，且该单位的相关印鉴仍由个人保存。

续表

序号	部门名称	问题摘要
21	税务总局	至2021年底，所属四川、山东、河北等13省税务机关部分公务用车使用率低。
		江苏省泰州市姜堰区税务局无偿占用其他单位车辆2辆。
		2020年至2021年，所属湖南、河南2省税务机关在部分车辆使用率低的情况下，又新购或租入15辆，涉及金额186.25万元。
		2020年至2021年，所属湖北省税务机关未经鉴定就核销557台刚满最低使用年限且仍可使用的计算机等设备，其中46台账面原值61.08万元的照相机和笔记本电脑实际仍由原使用人保管。
		2020年至2021年，所属深圳等5省市税务机关在16.27万平方米办公用房闲置的情况下又租用办公用房，支付租金1117.2万元。
		至2021年底，所属河北、山西等16省市税务机关的302.61万平方米房产和40.9万平方米土地闲置。
		至2021年底，所属浙江省税务机关房产闲置问题仍未整改到位。
22	市场监管总局	局本级为经费自理的事业单位编报基本支出预算370.69万元。
		2020年至2021年，局本级自行提高支出标准，多支付因公临时出国（境）护照签证委托服务费245.67万元。
		2019年至2021年，局本级将应直接承担的公共服务事项通过政府采购委托外部企业实施，涉及金额159.8万元。
		至2021年底，局本级未按规定将1个基建项目纳入账务核算，涉及金额2.88亿元。
		至2021年底，局本级和所属中国合格评定国家认可中心、中国纤维质量监测中心未经批准无偿向下属单位出借办公用房1.71万平方米。
		所属中国合格评定国家认可中心等3家单位在编制年度预算时，未统筹考虑上年结转资金1153.96万元。
		所属中国合格评定国家认可中心未履行政府采购程序采购服务876.87万元。
		至2021年底，所属中国合格评定国家认可中心下属企业对外借款197.14万元尚未收回，存在损失风险。
		所属中国纤维质量监测中心下属企业依托事业单位职能举办有偿培训，违规收费47.4万元。
		所属中国纤维质量监测中心未经审批向下属企业无偿转让10个产品证明商标。
		所属认证认可技术研究中心等3家单位未按规定将其他收入91.64万元纳入预算。
		所属机关服务中心和中国个体劳动者协会下属的《光彩》杂志社等2户企业未纳入国有企业财务会计决算编报范围，涉及资产2550.98万元。
		所属机关服务中心在挂职干部宿舍闲置的情况下，在下属招待所安排局本级挂职干部等人员住宿，多支出住宿费660.55万元。
		至2021年底，所属机关服务中心等2家单位未及时清理往来款项4520.77万元。
		至2021年底，所属机关服务中心未及时核销已划转的股权投资4500万元，未按规定将对外投资825万元纳入财务核算。
		至2021年底，所属信息中心的1个项目未按期完工验收。
		所属宣传中心1个项目绩效指标设置不完整、绩效自评不准确。
		至2021年底，所属中国计量科学研究院、中国检验检疫科学研究院和中国特种设备检测研究院等单位下属23户企业未按期完成公司制改革。

续表

序号	部门名称	问题摘要
23	体育总局	所属反兴奋剂中心预算编制不准确，在医疗补助等收入来源相对稳定的情况下，仅编制相关收入预算 12.64 万元，实际取得 136.78 万元。
		所属汽车摩托车运动管理中心未经批准对外出租出借资产，涉及资产价值 3953.77 万元。
		所属体育器材装备中心接收并发放的 1139.69 万元赞助物资未纳入账务核算。
		所属小球运动管理中心 47.87 万元资产未经核实即核销，核销后也未按程序备案。
		至 2021 年底，所属小球运动管理中心资产账实不符，涉及资产价值 31.04 万元。
		2019 年至 2021 年，所属冬季运动管理中心购置的 70.07 万元设备和软件未纳入账务核算。
		2020 年，所属冬季运动管理中心未履行政府采购程序采购服务 267.68 万元。
		2020 年至 2021 年，所属中国拳击协会向赛事承办单位违规收取技术服务费 200 万元。
24	统计局	局本级未将所属中国信息报社纳入部门预算，涉及收支 3416.6 万元。
		2020 年至 2021 年，所属中国信息报社违规开展有偿新闻收费 150.3 万元。
		至 2022 年 1 月底，局本级 94.36 万元结余资金未按规定上交财政。
		至 2021 年底，局本级 1 个基建项目未按规定转入固定资产，涉及金额 3746.83 万元。
		2020 年至 2021 年，局本级及所属单位的 7 个项目未按实际情况进行绩效评价；17 个项目未按规定设置产出、效益等绩效指标；14 个项目未结合年度工作计划设定绩效目标等。
		所属北京调查总队未将可预计的地方财政拨款收入 1313.52 万元纳入部门预算。
		2019 年至 2021 年，局本级主管的中国统计出版社有限公司未经著作权人许可，转让其作品使用权，取得收入 2489.3 万元。
		至 2021 年底，所属中国信息报社、机关服务中心和局本级主管的中国统计出版社有限公司下属 7 户已被吊销营业执照的企业，未按规定办理注销登记。
25	国际发展合作署	署本级未将地方财政拨款收入 43 万元纳入部门预算。
		署本级 1 个项目未根据执行情况及时申请调减预算，至 2021 年底结转资金 27.91 万元、结余资金 335.12 万元。
		至 2021 年底，署本级将应承担的 58 名外借人员薪酬等转嫁给出借单位。
		2019 年至 2020 年，署本级未及时支付项目委托费用 12.86 万元。
26	医保局	2020 年至 2021 年，局本级向 36 家单位摊派费用 21.45 万元。
		局本级和所属单位将应承担的 59 名外借人员薪酬等转嫁给出借单位。
		至 2021 年底，局本级和所属单位尚未按要求制定部门项目支出标准。
		2019 年至 2021 年，局本级和所属单位未根据部门预算等编制政府采购实施计划。
		所属 1 家单位预算编报不准确，编报经营收支预算各 1823 万元，实际执行为 73.01 万元、177.2 万元。
27	乡村振兴局	局本级在项目预算中编列与其职责无关的内容，涉及金额 285.5 万元。
		局本级将本级培训费预算 114.5 万元编入所属全国扶贫宣传教育中心预算。
		2020 年至 2021 年，局本级未将获得的医疗补助收入 98 万元纳入部门预算。
		局本级向不符合规定的单位购买服务 30 万元。
		2020 年至 2021 年，局本级和所属全国扶贫宣传教育中心违规与不具备承接资格的单位签订委托培训等协议，涉及金额 113.16 万元。

续表

序号	部门名称	问题摘要
27	乡村振兴局	2019 年，所属全国扶贫宣传教育中心未对相关项目支出绩效进行有效监控，425.01 万元资金使用绩效不高。
		至 2021 年底，局本级未制定对外投资管理相关制度，且对所属信息中心等单位的 47 户对外投资企业资产经营等情况均不掌握。
		2019 年至 2021 年，局本级和所属单位预算绩效目标设定不合理，12 个项目的指标设置不完整，32 个项目超过 50% 的指标未量化，20 个项目的 38 个指标设定值明显低于实际完成情况。
		2019 年至 2020 年，局本级和所属 4 家单位 27 个项目的 52 个绩效指标未完成。
		至 2021 年底，所属信息中心 169.61 万元应收款挂账问题尚未完成整改。
28	中科院	院本级为西北农林科技大学水土保持研究所等 3 家非所属单位代编预算 6181.25 万元。
		院本级年初预算 18.9 亿元未细化。所属文献情报中心和科技战略咨询研究院等 2 家单位项目支出预算 1474.3 万元未细化。
		院本级在专项资金预算中编报所属企业经费预算 2387.31 万元。
		院本级 2 个采购合同未按规定实施政府采购，涉及金额 602.46 万元。
		至 2021 年底，院本级到期未收回中科院知识产权专项引导资金 4000 万元，其中 2900 万元长期闲置。
		院本级和所属科技战略咨询研究院扩大开支范围，在项目支出中列支所属企业培训经费、人员绩效工资等 124.6 万元。
		所属科技战略咨询研究院 3 个项目预算编报超出实际需求或执行缓慢，资金使用效率低，至 2021 年底结转资金 1597.8 万元。
		所属单位在自有房产对外出租情况下，以更高价格承租房产。所属计算机网络信息中心未按规定采取公开招租方式出租房产 4037.52 平方米。
		所属计算机网络信息中心等 3 家单位违规将 3 个非预算单位业务纳入财务核算，其中 2 个是未按规定登记的社会组织。
		所属中国科学院大学等 3 家单位教育收费收入 2.07 亿元未按要求及时上缴财政。
		2018 年至 2021 年，所属 7 家单位在基本科研业务费中违规分摊院所公共管理和运行费用、发放在编人员工资等 2315.98 万元。
		至 2021 年底，所属中国科学院控股有限公司、微电子研究所、自动化研究所等单位下属 43 户企业未办理国有产权登记，未依法确认产权归属。
		2020 年，所属中科院科技服务有限公司未按政策要求减免小微企业和个体户承租人房租，涉及金额 369.56 万元。
		至 2021 年底，所属中国科学院控股有限公司 6939.03 万元往来款长期挂账未清理。
		所属心理研究所部分职工未经审批在职创办企业或兼职，有的还以该所名义开展业务并无偿占用科研用房和固定资产。
29	社科院	至 2021 年底，院本级中心档案馆项目未及时办理竣工财务决算，未转入固定资产，涉及金额 4022 万元。
		2019 年至 2021 年，院本级未经批准将 197.9 平方米房产对外出租，取得租金 22.5 万元。
		2018 年至 2021 年，院本级和所属财经战略研究院等 4 家单位的 13 个项目预算编制不准确、执行率低，至 2021 年底结转资金 2.25 亿元。

续表

序号	部门名称	问题摘要
29	社科院	至2021年底，所属财经战略研究院和工业经济研究所的53个课题未按期结项。
		所属财经战略研究院和经济研究所的2个项目绩效指标不完整、不细化。
		至2021年底，院本级和所属经济研究所等44家单位的3220个已结项课题结余资金3.32亿元，未按规定统筹使用。
		所属经济研究所未经批准无偿出借房产233.01平方米。
		所属信息情报研究院等3家单位扩大开支范围，在财政项目资金中列支劳务费等74.99万元。
		至2021年底，所属外国文学研究所未按规定将房屋处置收入259万元上缴财政。
		至2021年底，所属亚太与全球战略研究院2个项目结余资金110.59万元，未按规定上交财政。
		所属服务局未将190.3万元房租收入纳入账务核算。
		2019年至2021年，所属服务局未经批准将203平方米房产对外出租，取得租金76.38万元。
		2018年至2021年，所属中国社会科学出版社和社会科学文献出版社部分物资采购无比价记录或审批流程，涉及采购金额1.22亿元。
		至2021年底，所属当代中国研究所960.56万元往来款长期挂账未清理。
		2020年至2021年，所属哲学研究所和工业经济研究所的2个项目绩效指标设定不合理，部分绩效指标的实际完成值远超设定值。
		2017年至2020年，所属中国社会科学出版社未按规定计提图书存货跌价准备。
30	中央广电总台	2020年至2021年，台本级未按规定实施公开招标，采购镜头、摄像机和系统开发服务共7720.95万元。
		2018年以来，台本级超编制配备的44辆公务用车未及时申请重新核定。2021年，台本级未经备案，批准由下属企业为地方记者站超标准配备公务用车22辆；下属2户企业车改后超编制配备公务用车2辆。
		至2021年底，台本级1505.22万元设备闲置3年以上，4768.29万元资产长期未入账。
		至2021年底，台本级1个基本建设项目进度滞后，工程造价增加1283万元。
		台本级4个建设项目未按规定履行评审程序。
		2019年至2021年，台本级1个项目相关年度目标未按期完成；4个项目绩效指标设定未细化、指标值设定偏低或自评依据不充分。
		所属中国国际电视总公司下属1户企业扩大支出范围，在项目经费中列支人员经费129.03万元。
		所属国广传媒发展有限公司下属1户企业违规开展有偿新闻等收费39.15万元。
		至2021年底，所属中国国际电视总公司、央广传媒集团有限公司、国广传媒发展有限公司等下属42户企业未完成国有资产产权登记。
		至2021年底，所属中国国际电视总公司、央广传媒集团有限公司的14458.98平方米房产未办理产权变更或产权登记，其中3809.11平方米被下属企业无偿占用或长期闲置。
		主管的中央新闻纪录电影制片厂（集团）2010年10月违规对外投资，相关项目自2015年停工至今。
		至2021年底，所属国广传媒发展有限公司向总台少缴纳6443万元广播广告承包费问题仍未整改。

续表

序号	部门名称	问题摘要
31	银保监会	会本级编报住房改革支出预算时未统筹考虑上年结转资金情况，当年该项支出结转结余资金319.24万元。
		会本级编报部分项目支出预算时未细化到具体预算单位，涉及金额3850万元。
		会本级虚设“消费者投诉维权”项目编报预算。
		至2021年底，会本级未按规定上缴资产处置等收入107.04万元。
		会本级扩大支出范围，在其他项目经费中列支监管信息化项目支出3494.16万元。
		会本级和所属北京、河北银保监局等9家单位扩大支出范围，在项目支出中列支基本支出2403.57万元。
		会本级监管监测审查支出项目的部分绩效评价指标统计口径不一致、目标值设定不符合规定；执法办案支出项目绩效评价指标目标值设置过低。
		所属北京、河北银保监局等10家单位违规在项目支出预算中编报基本支出内容，涉及金额1327.72万元。
		至2021年底，所属山西、厦门银保监局和阜阳银保监分局未按规定上交结余资金134.46万元。
		所属河南银保监局在年底超合同进度付款35.52万元。
		所属河北银保监局、辽阳银保监分局未按规定履行罚款催缴职责，涉及金额170万元。
		至2021年底，所属阜新银保监分局拖欠阜新银行办公用房租赁费198万元。
		会管单位上海保险交易所股份有限公司及其控股子公司中保保险资产登记交易系统有限公司向会员单位重复收费50万元。
		至2021年底，会管单位中国银行业协会990.54万元应收款项长期未收回，面临损失风险。
		2020年，会管单位中国银行业协会未经批准合作举办评比达标表彰活动。
		至2021年底，会本级未完成违规转嫁银行保险消费者投诉维权热线人员及运维费用问题的审计整改。
32	证监会	会本级和所属36家派出机构未将地方财政补助资金5.3亿元纳入部门预算。
		会本级向所属中国证券登记结算公司和期货监控中心转嫁外借人员薪酬等689.63万元。
		会本级为经费自理的所属行政中心编制财政补贴预算17.94万元。
		会本级未落实绩效改进要求，在前两年均超额完成相应绩效指标的情况下，仍下调5项绩效指标值。
		会本级和所属北京、深圳证监局违规发放职工医疗补贴等228.84万元。
		所属中国期货市场监控中心存款明细账核算不准确，存在不同银行账户串户记账问题；为其他单位垫付的房租和物业费506.88万元在该中心成本费用中列支，未确认为应收款项。
		至2021年底，所属湖北、深圳、北京证监局房产出租收入1766.68万元未上缴财政，其中2021年51.71万元。
		至2021年底，所属北京证监局职工教育经费166.22万元长期挂账，未及时盘活。
		2020年至2021年，所属全国中小企业股份转让系统有限公司未将股票公开发行申购冻结资金的利息收入2.23亿元缴入证券投资者保护基金，其中2021年7011.14万元。
		2019年至2021年，所属中国证券业协会和全国中小企业股份转让系统有限公司违规向会员单位等收取培训费、服务费6107.11万元，其中2021年5877.6万元。

续表

序号	部门名称	问题摘要
33	供销合作总社	社本级在编制会费项目预算时，未统筹考虑结转资金情况，至 2021 年底结转 78.22 万元、结余 14.68 万元。
		社本级未将 437.25 万元自有资金支出纳入部门预算。
		至 2021 年底，社本级未将对深圳市中商房地产有限公司的投资纳入长期投资核算，涉及资产 2774.93 万元。
		至 2021 年底，社本级 1 处 1291.09 平方米的房产未办理产权证，也未纳入固定资产账核算。2011 年至 2021 年，所属机关服务中心未经批准将上述房产对外出租，共取得收入 1340.41 万元，其中 2021 年 178.58 万元。
		至 2021 年底，社本级未制定“僵尸企业”处置方案等，有 6 户“僵尸企业”长期未清理。
		主管的中国果品流通协会违规与企业合作举办评比表彰活动和技术展会，收取合作费 40 万元。
		2019 年至 2021 年，所属信息中心向其他单位违规收取信息服务费等 36.4 万元，其中 2021 年 10.3 万元。
		所属中华合作时报社未经政府采购程序，直接确定印刷服务商，2021 年支付印刷费 134.88 万元。
		2019 年至 2021 年，所属中华合作时报社未经批准举办全国性论坛或开展评比表彰并违规收费 1306.5 万元，其中 2021 年 346.05 万元。
		2002 年至 2021 年，所属管理干部学院在与企业合作经营期刊过程中，违规出租刊号或将编辑等工作交由合作方承担，并收取管理费 268.3 万元，其中 2021 年 40 万元。
		所属北京市中佳出租汽车公司内部控制缺失，未制订财务管理等制度，2021 年未履行采购程序，直接与 1 家公司签订 20 辆运营车辆更新合同，合同金额 280.96 万元。
		所属供销集团 2018 年违反决策程序，将 3300 万元财政资金投入相关企业，部分资金存在损失风险。
		至 2021 年底，所属供销集团下属北京全国棉花交易市场集团有限公司未按规定将 10 辆公务用车登记划转至实际用车的下级公司。
		2019 年至 2020 年，所属供销集团下属宁夏四季青冷链物流公司违反集团内部不得为个人提供担保的规定，为供货人提供累计 1000 万元融资担保，该供货人获得累计 1000 万元贷款后转借给该物流公司使用。
		2017 年至 2020 年，所属供销集团下属 4 户企业开展无实物流转的融资性贸易，虚增收入 4.8 亿元，至 2021 年底有 1.64 亿元逾期未收回。
		2019 年，所属供销集团下属中国再生资源开发有限公司未经批准违规收购民营企业，涉及投资 3.85 亿元。
34	能源局	局本级 9 个项目应纳入未纳入政府购买服务预算，涉及金额 323.34 万元。
		至 2021 年底，局本级未按合同约定期限支付 1 个项目工程款 1611.92 万元。
		至 2021 年底，局本级 1 个国际贷援款项目推进缓慢，涉及金额 4658.3 万元。
		所属华东监管局、电力业务资质管理中心未将地方财政补助资金 316 万元纳入部门预算。
		2019 年至 2021 年，所属 1 家单位利用受托实施的行政许可事项，向监督对象限定和变相限定技术服务单位，帮助技术服务单位承接业务 5247.96 万元，其中 2021 年 2214.49 万元。
		2019 年至 2021 年，局本级主管、中国能源传媒集团有限公司主办的《中国电力报》违规开展有偿新闻等收费 4694.41 万元，其中 2021 年 1741.82 万元。

续表

序号	部门名称	问题摘要
35	民航局	局本级未将所属中国民用航空西北地区管理局下属的3户企业纳入国有资本经营预算管理，其中2户企业少缴国有资本经营收益296.03万元。至2021年底，1户企业应上缴未上缴投资收益1457.68万元。
		所属中国民用航空飞行校验中心1个项目在未统筹考虑上年结转资金4256.79万元的情况下申请预算，2021年底结转资金增至6718.88万元。
		所属中国民用航空飞行校验中心未经批准，将1331.64平方米房产对外出租并取得租金收入53.93万元；2019年至2021年，未将机坪、房产租金等收入1599.66万元纳入部门预算，其中2021年750万元。
		至2021年底，所属中国民用航空飞行校验中心迁建工程项目有3923.6万元应付款因存在分歧长期未支付，导致2786.5万元民航发展基金自2012年以来一直结转。
		所属中国民用航空飞行校验中心2018年在政府采购中违规设置指向特定供应商的评分条件，涉及合同金额1.22亿元，至2021年底已支付8048.7万元，其中2021年3414.6万元。
		所属中国民用航空华北地区管理局3个项目年度绩效目标设定与实际情况不符，在项目已有明显进展的情况下，照搬上年度目标。2020年，所属中国民用航空飞行校验中心1个项目绩效自评仅论述了项目必要性，未按规定反映当年实际进展。
		所属中国民航大学于2008年和2013年未经批准向其下属企业出借资金7125万元，至2021年底已全部逾期。
36	矿山安监局	局本级未将地方医疗补助收入35.5万元纳入部门预算。
		局本级在基本支出和项目支出中重复申报公务用车运行维护费预算24.67万元。
		局本级未按要求完成煤矿特种作业人员操作资格认定行政审批事项下放，并将应由地方承担的费用58万元在本级预算中安排支出。
		局本级4名退休人员违规在所属社会团体领取兼职补贴3.07万元。
		局本级4个项目绩效目标未按要求突出核心产出和效果，其中3个项目未设定绩效指标。2020年，局本级1个项目绩效自评结果不真实，将不属于项目支出范围的内容纳入评价指标。
		至2021年底，局本级未按规定开展项目支出标准体系建设工作。
		2020年，局本级未经批准，将1个项目结转资金20万元用于其他项目支出。
		所属24家单位未按法定时限公开预算，其中所属广东局2020年决算和2021年预算均未公开。
		所属山西局、河北局未经批准无偿出借房产7806.17平方米。2019年至2021年，所属山西局、甘肃局、江西局下属3家事业单位未经批准，将1270平方米房产对外出租并取得租金收入187.99万元，其中2021年96.48万元。
		至2021年底，所属重庆局5984平方米业务用房自2018年建成后一直闲置。
		至2021年底，所属江西局下属1家单位及吉林局、辽宁局10套房产无产权证，其中4套房产未按要求计价入账。
		2019年至2021年，所属吉林局2368.7万元罚没收入未执行“罚缴分离”制度，其中2021年963.88万元。
		2020年至2021年，所属陕西局、湖南局、福建局等下属8家事业单位13个项目预算科目编列错误，涉及金额4254.91万元，其中2021年186.86万元。
		至2021年底，所属福建局2个中央基建投资项目2014年以来一直未开工，1013.04万元财政资金闲置。

续表

序号	部门名称	问题摘要
36	矿山安监局	至2021年底，所属山西局、吉林局、新疆局下属4户企业未按时完成公司制改革；所属山西局下属2家单位未按规定办理国有资产产权登记。
		2020年，所属河南局、广西局下属2户企业少申报国有资本经营收益520.99万元。
		2019年，所属江西局下属江西煤矿抢险排水站超预算采购设备117.35万元。
		2017年，所属四川局未经批准，向其机关服务中心出借资金370万元，至2021年底有200万元未收回。
		2015年以来，所属四川局、内蒙古局、山西局下属3户企业相关领导人员违规经商办企业。
37	药监局	局本级未将所属2家事业单位纳入部门预算，涉及收入8932.46万元、支出8860.44万元。
		局本级代编所属1家事业单位项目支出预算168万元。
		局本级未将所属中国食品药品检定研究院、信息中心、机关服务中心等单位下属9户企业纳入国有企业财务会计决算编报范围，涉及资产总额1.75亿元。
		局本级及所属7家单位在相关基本支出结转487.58万元的情况下，继续申报预算1951.94万元，2021年底结转538.79万元。
		2019年至2020年，局本级和所属药品评价中心、行政事项受理服务和投诉举报中心在租用设备用房或办公用房、采购物业管理服务时，未履行政府采购程序，直接与采购对象签订合同，涉及金额1393.12万元，其中2021年支付409.54万元。
		所属信息中心未将财政医疗补贴和宿舍管理费收入83.33万元纳入预算。
		所属信息中心向下属企业转嫁房租66.08万元；至2021年底，违约拖欠中小企业工程款382.1万元。
		所属执业药师资格认证中心违规占用药监局机关服务中心下属企业的车辆128次。
		2019年至2021年，所属食品药品审核查验中心违规在会议费中列支交通费57.61万元。2020年至2021年，所属药品评价中心违规向10户企业收取会议支持合作费240万元，其中2021年220万元。
		2019年至2021年，所属高级研修学院在无出版物经营许可证的情况下，向各省药监部门、药企等销售图书2.71万册，取得收入145.19万元，其中2021年79.97万元。
		至2021年底，所属机关服务中心的2户企业未办理国有资产产权登记；所属中国药学会、信息中心、机关服务中心等单位下属6户企业未完成公司制改革。
38	中国地质调查局自然资源综合调查指挥中心	中心本级在1个项目上年结转611.04万元的情况下，继续申领预算520万元，2021年底结转734.34万元。
		中心本级项目支出预算体系设置不完善，有的未对相关职责进行细化，有的未细化到项目实施主体。
		至2021年底，中心本级和所属廊坊自然资源综合调查中心实施的2个项目因前期准备不足等，主要任务无法实施或推进缓慢，涉及资金1580.8万元。
		2020年和2021年，中心本级和所属昆明自然资源综合调查中心等13家单位未将利息收入9491.27万元纳入部门预算，其中2021年4198.84万元。
		所属西安矿产资源调查中心等5家单位2021年实施的9个项目未编报上年结转资金1594.45万元。
		所属西宁自然资源综合调查中心在1个项目预算执行率较低的情况下，未经批准改变项目预算支出用途，于2021年底支出25.45万元。

续表

序号	部门名称	问题摘要
38	中国地质调查局自然资源综合调查指挥中心	至2021年底，所属西宁自然资源综合调查中心等4家单位的3272.41平方米房产等资产未登记入账、账实不符；所属烟台海岸带地质调查中心等2家单位已处置的8324.24平方米房产仍挂在固定资产账上，涉及账面价值312.66万元；所属西安矿产资源调查中心等2家单位未办理5.39万平方米土地、房屋等资产权属证书。
		所属呼和浩特自然资源综合调查中心未经批准无偿出借95.32平方米房产。
		至2021年底，所属西宁自然资源综合调查中心3177.09平方米房产长期闲置。
		2020年，所属海口海洋地质调查中心的1个政府采购项目存在串通投标问题，涉及合同额251.34万元。
39	中国文联	会本级将所属中国民间文艺家协会专项工作经费预算100万元编入本级预算，未将中国文学艺术发展专项基金结转资金2093.87万元列入部门决算。
		至2021年底，会本级和所属中国文学艺术基金会等3家单位1756.36万元项目结余资金未清理上交财政。
		2020年和2021年，会本级和所属中国舞蹈家协会3个项目预算绩效指标存在未设置下限、缺少评分依据、目标不细化等问题。2020年，会本级和所属中国戏剧家协会2个项目在相关工作未完成的情况下，绩效自评均满分。
		所属中国书法家协会1个会议超出规定人数147人，涉及支出40.36万元。
		所属中国戏剧家协会在2个项目上年财政资金结转481.52万元的情况下，继续申领预算340万元，2021年底结转514.46万元。
		所属电视艺术中心委托不符合资质的企业承担艺术考级活动并取得收入50.63万元。
		至2021年底，所属中国电影家协会部分办公用房账实不符；2006年以来，未经审批无偿向下属企业出借办公用房1146.35平方米。
		至2021年底，所属中国摄影家协会等3家单位少计收入1139.37万元；所属中国民间文艺家协会等3家单位往来款562.42万元未清理。
		至2021年底，所属《曲艺》杂志社未办理150万元国有资产产权登记及工商变更登记。
		2020年至2021年，所属机关服务中心未经批准将会本级房产对外出租，租金收入25.88万元未上缴财政，其中2021年12.94万元。
		至2021年底，审计发现的会本级未清理挂账资金中，仍有556.34万元未清理。
40	中国记协	会本级未将所属新闻培训中心纳入部门预算，涉及收入624.75万元、支出325万元。
		会本级2个项目的9个绩效目标存在未设置下限等问题。2019年和2020年，会本级4个项目支出绩效自评结果不客观、不准确，在未完成绩效指标的情况下自评满分，或在已完成绩效指标的情况下自评零分。
		2019年至2021年，会本级在2016年至2018年的政府采购服务合同到期后，未按规定重新履行政府采购程序，逐年直接续签，其中2021年49.35万元。
		至2021年底，会本级少计固定资产165.6万元、无形资产219.43万元。
		至2021年底，所属机关服务中心往来款53.45万元长期未清理。
41	中国残联	会本级1个项目的绩效指标不完整，未设置产出指标；所属中国盲文出版社1个项目缺乏细化量化的绩效指标，难以评价执行结果。
		至2021年底，会本级和所属中国康复研究中心等3家单位应收款1400.62万元长期未清理。

续表

序号	部门名称	问题摘要
41	中国残联	所属中国视障文化资讯服务中心和中国听力语言康复研究中心未经批准向下属企业出租出借房产，涉及资产原值409.27万元。
		所属单位个别司局级干部办公用房面积超标。
		至2021年底，所属中国残疾人辅助器具中心482.27平方米房产闲置。
		至2021年底，所属华夏出版社1个财政资金资助项目进展缓慢。
		2016年至2021年，所属华夏出版社未将其主办的杂志和图书相关收入2349.83万元纳入本级财务，而是由其子公司进行核算，其中2021年488.54万元。
		至2021年底，所属全国残疾人用品开发供应总站、上海国际康复活动中心、《中国听力语言康复科学杂志》社未按时完成公司制改革。
		至2021年底，所属华夏文化集团等2家单位出资成立的3户企业未办理国有资产产权登记。
		2020年和2021年，所属中国康复科学所违规开展经营活动取得收入1700.56万元，其中2021年980.38万元。
		2020年和2021年，所属中国听力语言康复研究中心少计收入1134.3万元，其中2021年220.2万元；至2021年底，少计无形资产155.6万元。

中华人民共和国审计署审计结果公告（2022年第2号）

审计署移送违纪违法问题线索查处情况

审计署持续跟踪了解移送有关部门的违纪违法问题线索查处情况，近期了解到的情况如下：

一、中国石油天然气集团有限公司所属企业涉嫌倒卖进口原油问题

审计发现，2015年至2020年，中国石油天然气集团有限公司所属企业涉嫌倒卖进口原油。2021年4月，审计署将此问题线索上报党中央、国务院。国务院联合调查组进行了核查调查并公开通报，至2022年1月，按照党中央、国务院决定，有关部门对中国石油倒卖进口原油问题依规依纪依法进行了严肃处理，对违法违规获利予以追缴。

二、一些债务沉重地区兴建楼堂馆所问题

审计发现，2015年以来，青海、宁夏、贵州、云南等4个地方政府债务风险较高的地区，有8个项目不同程度存在违规兴建楼堂馆所问题。2021年6月，审计署将此问题线索上报党中央、国务院。2021年10月，国务院办公厅印发《关于部分债务沉重地区违规兴建楼堂馆所问题的通报》（国办发〔2021〕39号）进行了公开通报，要求加大监督问责力度，抓实抓细楼堂馆所建设管理，坚决刹住违规兴建楼堂馆所的不正之风。

三、中国东方资产管理股份有限公司原党委委员、副总裁胡小钢涉嫌违规决策造成国有资产损失问题

审计发现，2015年至2016年，胡小钢涉嫌违规决策低价处置不良资产造成国有资产损失，并通过亲属收受钱款。2019年7月，审计署将此问题线索移送中央纪委国家监委调查。2022年1月，胡小钢被开除党籍、开除公职，收缴违纪违法所得，并移送司法机关。

四、国家税务总局山东省税务局总会计师高萍涉嫌受贿问题

审计发现，2017年5月至2019年6月，高萍涉嫌在项目建设中，通过亲属收受供应商贿赂。2020年6月，审计署将此问题线索移送中央纪委国家监委驻国家税务总局纪检监察组调查。2021

年9月，高萍被开除党籍、开除公职，收缴违纪违法所得，并移送司法机关。

五、中国农业发展银行原巡视工作办公室主任贾楞涉嫌违规放贷问题

审计发现，2007年至2013年，贾楞在担任中国农业发展银行内蒙古分行党委书记、行长期间，涉嫌违规发放贷款造成国有资产损失。2020年10月，审计署将此问题线索移送中央纪委国家监委驻中国农业发展银行纪检监察组调查。2022年6月，贾楞被开除党籍，并移送司法机关。

六、云南省曲靖市人大常委会原副主任傅学宾涉嫌受贿问题

审计发现，2008年以来，傅学宾涉嫌利用职务之便为特定企业谋利，并通过配偶收受商品房等。2021年6月，审计署将此问题线索移送云南省纪委监委调查。2022年8月，傅学宾被开除党籍、开除公职，并移送司法机关。

七、北京市农业农村局涉嫌利用企业出具的虚假材料完成高标准农田建设任务问题

审计发现，2020年，该局涉嫌利用大庆市胜腾工程管理服务有限公司出具的虚假验收证明等，虚报完成高标准农田建设任务。2021年4月，审计署将此问题线索分别移送北京市监委和黑龙江省住建厅调查。至2021年10月，北京市农业农村局2名责任人被免职或批评教育；大庆市胜腾工程管理服务有限公司及3名责任人被处以2.5万元至50万元罚款。

八、中国进出口银行上海分行原党委书记、行长李莅涉嫌违规干预贷款发放问题

审计发现，2014年，李莅涉嫌违规干预贷款发放并通过配偶收受钱款。2020年9月，审计署将此问题线索移送中央纪委国家监委驻中国进出口银行纪检监察组调查。2022年9月，李莅被开除党籍、开除公职，收缴违纪所得，并移送司法机关。

九、中国人民财产保险股份有限公司青岛分公司涉嫌骗取保险理赔金和财政补贴问题

审计发现，2020年至2021年6月，该公司涉嫌违规骗取保险理赔金和财政补贴。2021年11月，审计署将此问题线索移送银保监会青岛监管局调查。2022年7月，青岛分公司及所属公司4名责任人被警告，并处罚款合计123万元。

十、淄博齐翔石油化工集团有限公司涉嫌内幕交易问题

审计发现，2014年12月至2015年4月，该公司涉嫌内幕交易。2018年12月，审计署将此问题线索移送证监会山东监管局调查。2022年6月，该公司被警告处分，没收公司及相关人员违法所得，并处罚款2194.39万元。

十一、建设银行吉林分行原党委书记、行长张勤涉嫌为特定企业融资提供便利问题

审计发现，2010年，张勤涉嫌利用职务之便为特定企业融资提供便利，造成国有资产损失。2019年7月，审计署将此问题线索移送中央纪委国家监委调查。2022年1月，张勤被开除党籍，取消退休待遇，收缴违纪违法所得，并移送司法机关。

十二、辽宁省沈阳市自然资源保护行政执法支队辽中大队临时负责人韩斌斌涉嫌失职渎职放任基本农田被长期占用问题

审计发现，2018年以来，韩斌斌涉嫌压案不查等，放任基本农田被长期非法占用。2020年12月，审计署将此问题线索移送辽宁省纪委监委调查。2022年1月，韩斌斌被党内警告。

十三、中国银行河南分行原副行长周路涉嫌违规决策问题

审计发现，2012年至2015年，周路涉嫌违规决策进行类信贷投资，造成贷款损失风险。2019年12月，审计署将此问题线索移送中央纪委国家监委驻中国银行纪检监察组调查。2021年12月，周路被开除党籍、开除公职，收缴违纪违法所得，并移送司法机关。

十四、山西华泰会计师事务所有限公司和山西博林会计师事务所有限公司涉嫌出具虚假审计报告帮助部分企业骗取财政奖励资金问题

审计发现，2017年至2021年，两家会计师事务所涉嫌违反执业准则要求，出具虚假审计报告帮助部分“伪高新”企业骗取财政奖励资金。2022年7月，审计署将此问题线索移送山西省财政厅调查。2022年9月，两家会计师事务所被没收违法所得和罚款合计74.6万元，山西华泰会计师事务所有限公司被暂停经营业务6个月。

十五、浦发银行贵阳分行原行长王兴涉嫌违规放贷问题

审计发现，2014年至2018年，王兴涉嫌违

规发放贷款，并通过配偶收受钱款。2019 年 12 月，审计署将此问题线索移送上海市纪委监委调查。2022 年 5 月，王兴被开除党籍，收缴违纪违法所得，并移送司法机关。

十六、富滇银行原副行长曹艳丽涉嫌违规放贷问题

审计发现，2015 年至 2016 年，曹艳丽涉嫌利用职务便利违规发放贷款。2021 年 9 月，审计署将此问题线索移送云南省纪委监委调查。2022 年 9 月，曹艳丽被开除党籍、开除公职，收缴违纪违法所得，并移送司法机关。

十七、阳光农业相互保险公司所属 11 个保险社、中国人寿财产保险股份有限公司所属 1 家公司、中国人民财产保险股份有限公司所属 2 家公司涉嫌审核把关不严，造成农业保险财政补贴和赔偿金被骗取等问题

审计发现，2018 年 6 月至 2020 年 6 月，上述单位涉嫌审核把关不严，造成农业保险财政补贴和赔偿金被骗取等问题。2021 年 10 月和 11 月，审计署将上述问题线索移送银保监会黑龙江监管局调查。至 2022 年 7 月，相关单位被处罚款合计 505 万元；18 名责任人被警告，并处罚款合计 95 万元。

十八、福建省平和县、建宁县、永春县和仙游县相关单位涉嫌非法占用永久基本农田、高标准农田等问题

审计发现，2014 年至 2021 年，平和县小溪镇人民政府、永春县岵山镇永春聚园柑桔专业合作社、仙游县度尾镇屏山村村委会、福建省闽江源莲业发展有限公司，涉嫌非法占用永久基本农田、高标准农田等。2021 年 10 月，审计署将上述问题线索移送福建省自然资源厅处理。至 2022 年 11 月，上述单位已进行整改，退回财政补助资金，并被处罚金。

十九、甘肃省华池县发展改革局原局长李雨、副局长方建鹏等人涉嫌履职不力造成国有资产损失问题

审计发现，2016 年 12 月，李雨、方建鹏等人涉嫌在购买易地扶贫搬迁安置房屋过程中履职不力，造成国有资产损失。2020 年 11 月，审计署将此问题线索移送甘肃省纪委监委调查。2022 年 3 月，李雨、方建鹏等 5 人分别受到党内严重警告、党内警告和降级等处分。

二十、四川省昭觉县农业农村局原局长罗俊、机械化股原股长万勇等人涉嫌高价采购造成财政资金损失问题

审计发现，2020 年，罗俊、万勇等人涉嫌在昭觉县中央财政制种大县奖励项目农机具招标采购中履职不到位，高价采购造成财政资金损失。2021 年 12 月，审计署将此问题线索移送四川省纪委监委调查。2022 年 9 月，罗俊被开除党籍、政务撤职，万勇被开除党籍、开除公职，并移送司法机关。

二十一、广西壮族自治区昭平县交通运输局副局长卢威涉嫌失职导致扶贫资金被骗取问题

审计发现，2018 年 12 月，卢威涉嫌失职导致扶贫资金被骗取。2020 年 5 月，审计署将此问题线索移送广西壮族自治区纪委调查。2021 年 11 月，卢威受到党内警告处分。

二十二、安徽省砀山县李庄镇原人大主席倪铭键涉嫌套取扶贫资金问题

审计发现，2017 年 12 月至 2018 年 3 月，倪铭键涉嫌套取扶贫资金。2020 年 9 月，审计署将此问题线索移送安徽省纪委监委调查。2021 年 12 月，倪铭键等 4 人被党内严重警告、党内警告、记大过等，并收缴违纪违法所得。

二十三、黑龙江省依安县和克山县 3 名乡镇干部涉嫌失职渎职导致农业补贴资金被骗取问题

审计发现，2018 年至 2020 年，依安县新兴镇原党委委员赵清君、克山县西联乡原副乡长朱国发和河北乡农业站站长唐宝财，涉嫌失职渎职导致农业补贴资金被骗取。2021 年 5 月，审计署将此问题线索移送黑龙江省纪委监委调查。至 2022 年 4 月，赵清君等 3 人分别受到党内警告、政务警告、诫勉等处理处分。

二十四、陕西省周至县板房子镇原镇长杨远涉嫌虚报农村户厕改造项目完成数套取财政资金问题

审计发现，2019 年，杨远涉嫌虚报农村户厕改造项目任务完成数套取财政资金。2021 年 10 月，审计署将此问题线索移送陕西省纪委监委调查。2022 年 4 月，杨远被党内严重警告、政务记大过。

二十五、广东省怀集县龙村原村党支部书记、村委会主任卢星帮等人涉嫌侵占村集体资产问题

审计发现，2017 年 8 月至 2018 年 2 月，卢星帮等人涉嫌利用职务之便侵占村集体资产。2020 年 7 月，审计署将此问题线索移送广东省纪委监委调查。至 2021 年 8 月，卢星帮等 5 人被党内严重警告和党内警告等。

二十六、吉林省长白朝鲜族自治县铭远新能源科技有限责任公司原董事长金哲涉嫌违规审批出借公司资金问题

审计发现，2019 年 10 月至 2020 年 8 月，金哲涉嫌违规审批出借公司资金。2020 年 11 月，审计署将此问题线索移送吉林省纪委监委调查。至 2021 年 12 月，金哲被开除党籍、开除公职。

大 事 记

审计署领导重要活动大事记

1月

1月4日上午 审计长侯凯列席国务院常务会议。

1月4日下午 副审计长王陆进主持召开审计业务会议，研究2021年度预算执行审计上下联动工作。行政司、交通运输局、农业水利局以及相关企业局负责同志参加会议。

1月5日上午 审计长侯凯参加李克强总理主持召开的减税降费视频座谈会。

1月5日上午 副审计长秦博勇在金融一局调研。金融司负责同志参加调研。

1月5日上午 总审计师章轲出席2021年度有关经济责任审计项目集中审理交接会。审理司、企业司主要负责同志参加会议。

1月5日下午 副审计长王文斌出席全国宣传部长会议。办公厅负责同志参加会议。

1月5日下午 副审计长王陆进主持召开2021年度中央部门预算执行审计中期汇报会。财政司、税收司、行政司、相关派出局主要负责同志参加会议。

1月5日下午 总审计师章轲出席国务院有关专题会议。企业司主要负责同志参加会议。

1月6日上午 全国审计工作会议以视频形式召开，审计长侯凯出席会议并讲话。副审计长秦博勇主持会议，总审计师章轲宣读审计署关于表彰2021年全国审计机关优秀审计项目的决定、中共审计署党组关于奖励优秀审计案例先进个人的决定。署领导王文斌、王陆进、宋依佳、郝书辰出席。署机关各单位、各派出审计局、在京各直属单位主要负责同志，驻审计署纪检监察组负责同志，有关受邀单位代表和署特约审计员在署机关主会场参加会议。各省、自治区、直辖市和计划单列市、副省级省会城市、新疆生产建设兵团审计厅（局），各特派员办事处、博物馆、教育学院主要负责同志、其他司局级干部及各处室（部门）负责人在分会场参加会议。

1月6日下午 党组书记侯凯主持召开党组会议，传达学习习近平总书记关于党史学习教育的重要指示、党史学习教育总结会议、中央政治局专题民主生活会精神，研究《中共审计署党组党史学习教育专题民主生活会领导班子对照检查材料》和有关人事事项。党组成员王文斌、王陆进、宋依佳、郝书辰、章轲出席。副审计长秦博勇，秘书局、办公厅、政研室、人教司、机关党委（巡视办）、服务局、驻审计署纪检监察组负责同志列席相关议题的研究。

1月6日下午 审计长侯凯主持召开审计长会议，研究《关于审计机关查询单位和个人在金融机构账户和存款有关问题的通知》和有关审计情况报告。署领导秦博勇、王文斌、王陆进、宋依佳、郝书辰、章轲出席。秘书局、办公厅、政研室、法规司、审理司、数据司、财政司、农业司、投资司、机关党委（巡视办）、服务局、计算中心、科研所主要负责同志列席相关议题的研究。

1月7日上午 审计署召开党史学习教育总结大会，审计长侯凯出席会议并讲话，副审计长王文斌主持会议。署领导秦博勇、王陆进、宋依佳、郝书辰、章轲出席。署机关各单位、各派出审计局、在京各直属单位主要负责同志，驻审计署纪检监察组负责同志，机关楼内其他司局级领导干部在主会场参加会议。各特派员办事处、博物馆、教育学院司处级领导干部和一级、二级巡视员在各分会场参加会议。

1月7日下午 副审计长秦博勇在金融二局、金融三局调研。金融司负责同志参加调研。

1月7日下午至8日 副审计长王陆进赴山东省济南市调研山东省纪检监察监督与审计监督贯通协调工作开展情况。秘书局主要负责同志参加调研。

1月7日下午 中央纪委国家监委驻审计署纪检监察组组长宋依佳（以下简称宋依佳组长）主持召开驻审计署纪检监察组组长办公会。

1月10日上午 审计长侯凯列席国务院常务会议。

1月10日上午 副审计长王文斌在署机关分会场出席全国保密工作会议。署保密委员会成员单位和宣传审计局主要负责同志参加会议。

1月10日上午 副审计长王陆进主持召开2021年度地方财政收支审计中期汇报会。政研室、财政司、各特派员办事处负责同志参加会议。

1月10日下午 副审计长王文斌主持召开署机关党委十届二次全委会。

1月11日至14日 审计长侯凯在中央党校（国家行政学院）参加省部级主要领导干部学习贯彻党的十九届六中全会精神专题研讨班。

1月11日上午 副审计长王陆进在财政部审计现场调研。财政司主要负责同志参加调研。

1月11日下午 受审计长侯凯委托，副审计长王文斌主持召开专题会议，传达学习习近平总书记在中央政治局专题民主生活会上的重要讲话精神。署领导秦博勇、王陆进、宋依佳、郝书辰、章轲出席会议。

1月12日上午 副审计长王陆进在发展改革委审计现场调研。财政司主要负责同志参加调研。

1月12日下午 副审计长秦博勇在全国政协参加谈心谈话会。

1月13日上午 总审计师章轲在北京市审计局调研。法规司、科研所主要负责同志参加调研。

1月13日下午 副审计长王陆进指导政法审计局司局级党员干部党史学习教育专题民主生活会。巡回指导组成员参加会议。

1月14日上午 副审计长秦博勇会见中国出口信用保险公司董事长宋曙光。金融司负责同志参加会见。

1月14日下午 宋依佳组长主持召开驻审计署纪检监察组组长办公会。

1月14日晚至16日上午 总审计师章轲出席中央政法工作会议。

1月17日上午 党组书记侯凯主持召开党组会议，传达学习习近平总书记在省部级主要领导干部学习贯彻党的十九届六中全会精神专题研讨班上的重要讲话，研究有关人事事项。党组成员王文斌、王陆进、宋依佳、郝书辰、章轲出席。副审计长秦博勇，办公厅、人教司、机关党委（巡视办）、服务局、驻审计署纪检监察组负责同志列席相关议题的研究。

1月17日上午 审计长侯凯主持召开审计长会议，研究有关审计情况报告。署领导秦博勇、王文斌、王陆进、宋依佳、郝书辰、章轲出席。秘书局、办公厅、政研室、法规司、审理司、财政司、行政司、科研所主要负责同志列席相关议题的研究。

1月17日下午 副审计长秦博勇在中国银行股份有限公司审计现场调研。金融司负责同志参加调研。

1月18日至20日上午 审计长侯凯出席十九届中央纪委第六次全体会议。宋依佳组长列席会议。

1月18日下午 副审计长秦博勇在中国工商银行股份有限公司审计现场调研。金融司负责同志参加调研。

1月19日上午 受审计长侯凯委托，副审计长王陆进列席国务院全体会议和常务会议。

1月19日下午 副审计长秦博勇在中国建设银行股份有限公司审计现场调研。金融司负责同志参加调研。

1月19日下午 中央经济责任审计工作部际联席会议办公室主任郝书辰（以下简称郝书辰主任）出席2022年领导干部报告个人有关事项工作动员部署视频会议并讲话。

1月20日上午 受审计长侯凯委托，副审计长王陆进参加李克强总理主持召开的专家学者和企业界人士《政府工作报告（征求意见稿）》征求意见座谈会。

1月20日下午 党组书记侯凯主持召开党组会议，听取关于审计署2022年“一下”预算安排的汇报。党组成员王文斌、王陆进、宋依佳、郝书辰、章轲出席。秦博勇副审计长，办公厅、人教司、机关党委（巡视办）、驻审计署纪检监察组负责同志列席会议。

1月21日上午 审计长侯凯出席国务院有关专题会议。

1月21日上午 副审计长秦博勇参加全国政协常委座谈会。

1月21日上午 副审计长王文斌出席2022年中央和国家机关党的工作暨纪检工作会议。机关党委委员、机关纪委委员在署机关分会场参加会议。

1月21日上午 郝书辰主任指导农业司司局级党员干部党史学习教育专题民主生活会。巡回指导组成员参加会议。

1月21日下午 审计长侯凯参加李克强总理主持召开的教科文卫体界人士和基层群众代表《政府工作报告（征求意见稿）》征求意见座谈会。

1月21日下午 宋依佳组长主持召开驻审计署纪检监察组长办公会，传达学习十九届中央纪委第六次全体会议精神。

1月24日上午 党组书记侯凯主持召开中共审计署党组党史学习教育专题民主生活会。党组成员王文斌、王陆进、宋依佳、郝书辰、章轲出席。副审计长秦博勇，秘书局、办公厅、政研室、人教司、机关党委（巡视办）主要负责同志，驻审计署纪检监察组负责同志列席会议。党史学习教育中央第十九指导组到会指导。

1月24日下午 中央审计办主任、党组书记、审计长、审计署全面从严治党工作领导小组组长侯凯主持召开中央审计办主任办公会议、党组会议和全面从严治党工作领导小组扩大会议，传达十九届中央纪委第六次全体会议精神，研究国务院文件、有关经济责任审计报告、《2021年全国审计机关党风廉政建设工作总结》《传达十九届中央纪委第六次全体会议精神暨2022年全国审计机关党风廉政建设工作视频会议方案》和有关人事事项。署领导王文斌、王陆进、宋依佳、郝书辰、章轲出席相关会议。秘书局、办公厅、政研室、法规司、审理司、内审司、数据司、财政司、税收司、行政司、农业司、投资司、社保司、资环司、金融司、企业司、涉外司、经责司、国际司、人教司、机关党委（巡视办）、服务局、计算中心、教育学院、驻审计署纪检监察组负责同志列席相关议题的研究。

1月24日下午 副审计长秦博勇在最高人民法院参加党外人士座谈会。

1月25日上午 审计长侯凯在中央纪委机关出席十九届中央纪委常委会会议。

1月25日上午 副审计长秦博勇在国家开发银行审计现场调研。金融司负责同志参加调研。

1月25日上午 总审计师章轲出席2022年对台工作会议。国际司、统战审计局主要负责同志参加会议。

1月25日下午 审计长侯凯参加李克强总理主持召开的各民主党派、全国工商联负责人和无党派人士代表《政府工作报告（征求意见稿）》征求意见座谈会。

1月25日下午 宋依佳组长指导驻审计署纪检监察组司局级党员干部党史学习教育专题民主生活会。巡回指导组成员参加会议。

1月25日下午 总审计师章轲指导审理司司局级党员干部党史学习教育专题民主生活会。巡回指导组成员参加会议。

1月26日上午 副审计长王文斌指导企业司司局级党员干部党史学习教育专题民主生活会。巡回指导组成员参加会议。

1月26日上午 副审计长王陆进指导行政司司局级党员干部党史学习教育专题民主生活会。巡回指导组成员参加会议。

1月26日上午 总审计师章轲指导科研所司局级党员干部党史学习教育专题民主生活会。巡回指导组成员参加会议。

1月26日下午 副审计长王文斌出席有关专项工作领导小组会议。

1月26日晚 副审计长王文斌出席有关专项联合调查组全体会议。企业司主要负责同志参加会议。

1月28日上午 副审计长王文斌主持召开署机关党委十届三次全委会。

1月28日上午 郝书辰主任出席全国组织部长会议。

1月29日上午 受审计长侯凯委托，副审计长王文斌看望慰问署机关办公楼内各单位干部职工、驻署武警官兵和物业后勤人员。办公厅、服务局主要负责同志参加活动。

1月30日上午 审计长侯凯在人民大会堂出席2022年中共中央国务院新春团拜会。

2022年春节（2月1日）前夕 署领导分别走访慰问署老领导和离休干部。离退休干部工作领导小组成员单位和相关司局负责同志参加走访慰问。

2月

2月7日上午 副审计长王陆进主持召开审计业务会议，研究2021年度中央部门预算执行审计工作。财政司、行政司主要负责同志参加会议。

2月7日下午 副审计长王文斌出席解决可再生能源补贴拖欠问题部际工作小组第一次全体会议。企业司主要负责同志参加会议。

2月8日上午 党组书记侯凯主持召开党组会议，传达学习中央有关文件和2022年对台工作会议精神，研究《审计署2022年度外事及港澳台工作计划》《中共审计署党组关于2021年度干部选拔任用工作情况的报告》和有关人事事项。党组成员王文斌、王陆进、宋依佳、郝书辰、章轲出席。秦博勇副审计长，秘书局、办公厅、国际司、人教司、机关党委（巡视办）、驻审计署纪检监察组负责同志列席相关议题的研究。

2月8日上午 审计长侯凯主持召开审计长会议，研究《2022年联合国审计项目计划》。署领导秦博勇、王文斌、王陆进、宋依佳、郝书辰、章轲出席。秘书局、办公厅、政研室、法规司、审理司、涉外司、国际司、人教司、科研所主要负责同志列席会议。

2月8日下午 审计长侯凯指导财政司司局级党员干部党史学习教育专题民主生活会。巡回指导组成员参加会议。

2月9日上午 副审计长王文斌出席国务院办公厅有关专题会议。企业司主要负责同志参加会议。

2月10日上午 审计署召开传达中央纪委六次全会精神暨2022年全国审计机关党风廉政建设工作视频会议，审计长侯凯出席会议并讲话，宋依佳组长传达中央纪委六次全会精神，副审计长王文斌主持会议。署领导秦博勇、王陆进、郝书辰、章轲出席。署机关各单位、各派出审计局、在京各直属单位主要负责同志，驻审计署纪检监察组负责同志，署机关办公楼内其他司局级领导干部在署机关主会场参加会议。各省、自治区、直辖市和计划单列市、新疆生产建设兵团审计厅（局），各特派员办事处、博物馆、教育学院主要负责同志和其他司局级干部及各处室（部门）负责人在分会场参加会议。

2月10日上午 审计长侯凯主持召开警示教育大会并讲话，宋依佳组长通报有关违纪违法案例。署领导秦博勇、王文斌、王陆进、郝书辰、章轲出席。署机关各单位、各派出审计局、在京各直属单位主要负责同志，驻审计署纪检监察组负责同志，署机关办公楼内其他司局级领导干部在署机关主会场参加会议。各特派员办事处、博物馆、教育学院主要负责同志和其他司局级干部及各处室（部门）负责人在分会场参加会议。

2月11日上午 总审计师章轲在双榆树办公区出席审计署离退休干部工作领导小组征求意见座谈会。领导小组成员单位主要负责同志参加会议。

2月14日上午 审计长侯凯列席国务院常务会议。

2月14日下午 副审计长秦博勇会见中国投资有限责任公司党委副书记、监事长胡浩。金融司负责同志参加会见。

2月15日上午 审计长侯凯和宋依佳组长出席中央有关专题会议。

2月15日下午 党组书记侯凯主持召开党组会议，研究中央有关文件、《中共审计署党组关于报送2021年度工作情况的报告》《中共审计署党组2021年落实全面从严治党主体责任情况报告》《审计署领导班子2021年度工作总结》《关于2022年中央和国家机关党的工作暨纪检工作会议精神及贯彻落实措施的报告》和有关人事事项，听取关于2022年预算草案编制的汇报。党组成员王文斌、王陆进、郝书辰、章轲出席。副审计长秦博勇，秘书局、办公厅、政研室、法规司、人教司、机关党委（巡视办）、驻审计署纪检监察组负责同志列席相关议题的研究。

2月17日上午 审计署审计系列高级职称评审委员会主任委员、审计长侯凯主持召开2021年度高级审计师资格评审会。署领导秦博勇、王文斌、王陆进、郝书辰、章轲和部分在京评委出席会议。

2月18日 中央审计办主任、党组书记、审计长侯凯主持召开中央审计办主任办公会议和党组会议，研究2021审计年度有关经济责任审计报告。署领导秦博勇、王文斌、王陆进、宋依佳、郝书辰、章轲出席相关会议。秘书局、办公厅、政研室、法规司、审理司、企业司、涉外司、经责司、机关党委（巡视办）、企业一局、企业二局、企业三局、企业四局、企业五局、企业六局、企业七局、企业八局、太原特派办、沈阳特派办、哈尔滨特派办、上海特派办、南京特派办、武汉特派办、广州特派办、郑州特派办、济南特派办、西安特派办、兰州特派办、昆明特派办、成都特派办、长沙特派办、长春特派办、重庆特派办、驻审计署纪检监察组负责同志列席会议。

2月21日上午 党组书记侯凯主持召开党组会议，研究有关人事事项。党组成员王文斌、王陆进、宋依佳、郝书辰出席。秦博勇副审计长，人教司、机关党委（巡视办）、驻审计署纪检监察组负责同志列席会议。

2月21日上午 副审计长王陆进主持召开审计业务会议，研究有关资金审计工作。行政司、科学技术局、农业水利局主要负责同志参加会议。

2月21日下午 副审计长王陆进参加财政司党支部第二党小组组织生活会。

2月22日上午 审计长侯凯在中央纪委机关出席十九届中央纪委常委会会议。

2月22日上午 副审计长王文斌出席国务院各部门负责同志会议。

2月22日下午 副审计长秦博勇出席中央生态环境保护督察工作领导小组第五次会议。资环司负责同志参加会议。

2月23日上午 副审计长秦博勇在署机关以视频方式为2022年度市县审计局主要负责人培训班学员授课。

2月23日上午 郝书辰主任出席2022年考试录用公务员面试工作动员视频会议并讲话。

2月23日下午 审计署党组召开第五轮巡视工作动员部署会，党组书记、巡视工作领导小组组长侯凯出席会议并讲话。副审计长、巡视工作领导小组副组长王文斌主持会议，中央经济责任审计工作部际联席会议办公室主任、巡视工作领导小组副组长郝书辰宣布巡视组组长授权任职及任务分工决定。中央纪委国家监委驻审计署纪检监察组组长、巡视工作领导小组副组长宋依佳出席。署巡视工作领导小组成员单位负责同志，各巡视组成员，被巡视单位领导班子成员，一级、二级巡视员以及各处室（部门）负责人分别在署机关主会场和各分会场参加会议。

2月24日上午 2021年度审计署领导班子和署领导考核及审计署2021年度干部选拔任用工作“一报告两评议”会议在署机关召开。党组书记、审计长侯凯主持会议并代表署领导班子作工作总结，代表署党组作选拔任用工作情况报告。署领导秦博勇、王文斌、王陆进、宋依佳、郝书辰、章轲出席。署机关各单位、各派出审计局、在京各直属单位、驻审计署纪检监察组副司局级及以上领导干部，部分党员干部群众代表参加会议。中央组织部有关同志到会指导。

2月25日上午 副审计长秦博勇在国家电网有限公司审计现场调研。资环司主要负责同志参加调研。

2月25日下午 总审计师章轲先后参加审理司党支部第一党小组组织生活会、审理司党支部组织生活会。

2月28日上午 审计长侯凯在中央纪委机关参加十九届中央纪委常委会集体学习。

3月

3月1日上午 审计长侯凯会见西藏自治区党委副书记，自治区人民政府主席，拉萨市委书记严金海。郝书辰主任参加会见。

3月1日至3日 副审计长秦博勇出席全国政协十三届常委会第二十次会议。

3月1日下午 党组书记侯凯主持召开党组会议，传达学习习近平总书记关于进一步加强中央和国家机关领导班子建设的重要讲话精神，研究《2022年审计署党的建设工作要点》和有关人事事项。党组成员王陆进、宋依佳、郝书辰、章轲出席。秘书局、办公厅、政研室、人教司、机关党委（巡视办）、驻审计署纪检监察组负责同志列席相关议题的研究。

3月1日下午 审计长侯凯主持召开审计长会议，听取关于2022—2023年度审计署重点科研课题选题的情况汇报，研究《审计署2021年大事记》和有关审计情况报告。署领导王陆进、宋依佳、郝书辰、章轲出席。秘书局、办公厅、政研室、法规司、审理司、财政司、农业司、人教司、机关党委（巡视办）、科研所、驻审计署纪检监察组负责同志列席相关议题的研究。

3月1日下午 副审计长王文斌出席中央反腐败协调小组国际追逃追赃和跨境腐败治理工作办公室2022年度工作会议。企业司主要负责同志参加会议。

3月2日上午 副审计长王陆进会见河北省委常委、常务副省长葛海蛟。政研室主要负责同志参加会见。

3月2日晚 副审计长王文斌出席有关行业专项整治工作专题会议。企业司主要负责同志参加会议。

3月4日至10日 副审计长秦博勇出席全国政协十三届五次会议。

3月4日下午 副审计长王文斌在人民大会堂列席全国政协十三届五次会议开幕会。

3月4日晚 郝书辰主任出席北京2022年冬残奥会开幕式。

3月5日上午、8日上午、11日上午 审计长侯凯在人民大会堂分别列席十三届全国人大五次会议开幕会、第二次全体会议、闭幕会。

3月7日下午 副审计长王陆进以视频方式列席全国政协十三届五次会议大会发言。

3月8日下午 郝书辰主任会见国家税务总局副局长郝军辉。税收司主要负责同志参加会见。

3月9日上午 审计长侯凯在中央纪委机关出席十九届中央纪委常委会会议。

3月9日上午 郝书辰主任出席财经信息技术乡村振兴审计数据接口国家标准计划项目启动会并讲话。

3月12日上午 总审计师章轲出席全国新冠肺炎疫情防控工作电视电话会议。

3月13日晚 总审计师章轲出席北京2022年冬残奥会闭幕式。

3月14日上午 审计长侯凯列席国务院常务会议。

3月14日上午 副审计长王陆进主持召开会议，部署“四个报告”起草工作。秘书局、政研室、审理司以及各业务司负责同志参加会议。

3月14日上午 郝书辰主任以视频方式为2022年度市县审计局副职领导干部培训班学员授课。

3月15日上午 郝书辰主任会见人民银行副行长刘桂平。税收司主要负责同志参加会见。

3月15日下午 党组书记侯凯主持召开党组会议，研究《审计署2022年度审计法治工作计划》《2021年度审计署干部职工思想动态分析报告》、有关经济责任审计报告和有关人事事项。党组成员王文斌、王陆进、郝书辰、章轲出席。副审计长秦博勇列席会议。秘书局、办公厅、政研室、法规司、审理司、内审司、人教司、机关党委（巡视办）、驻审计署纪检监察组负责同志列席相关议题的研究。

3月15日下午 审计长侯凯主持召开审计长会议，研究《审计署2022年度培训项目计划》。署领导秦博勇、王文斌、王陆进、郝书辰、章轲出席。秘书局、办公厅、政研室、法规司、数据司、人教司、机关党委（巡视办）、服务局、计算中心负责同志列席相关议题的研究。

3月15日下午 党组书记侯凯主持召开党组理论学习中心组学习会，集体学习党章，观看中央组织部制作的《党章电视辅导教材》。党组成员王文斌、王陆进、郝书辰、章轲出席。副审计长秦博勇参加学习。秘书局、办公厅、政研室、人教司、机关党委（巡视办）、驻审计署纪检监察组负责同志列席学习会。

3月16日上午 副审计长秦博勇出席民建十一届十九次主席会议、十一届十八次中常委会议。

3月16日上午 副审计长王文斌出席2021年度中央和国家机关部分部门机关党委书记现场述职评议会。机关党委（巡视办）主要负责同志参加会议。

3月17日上午　副审计长王陆进在科技部审计现场调研。行政司主要负责同志参加调研。

3月21日上午　审计长侯凯列席国务院常务会议。

3月21日上午　副审计长章轲指导联合国秘书处2021财年期末审计组、联合国基金方案2021财年期末审计组、联合国“团结”系统2021财年期末审计组下一步工作。联审办主要负责同志参加上述活动。

3月21日下午　副审计长王陆进主持召开会议，部署专项调研工作。政研室、相关业务司和科研所负责同志参加会议。

3月22日上午　副审计长秦博勇会见国家开发银行董事长赵欢。金融司负责同志参加会见。

3月22日下午　党组书记侯凯主持召开党组会议，传达学习中央有关文件和全国两会精神，研究贯彻落实举措及其他有关人事事项。党组成员王文斌、王陆进、郝书辰、章轲出席。副审计长秦博勇列席会议。秘书局、办公厅、政研室、法规司、人教司、机关党委（巡视办）、驻审计署纪检监察组负责同志列席相关议题的研究。

3月23日下午　审计长侯凯在农业农村部参加李克强总理主持召开的座谈会。

3月23日下午　副审计长王文斌、郝书辰主任在署机关分会场出席2022年全国巡视工作会议暨十九届中央第九轮巡视动员部署会。署党组巡视工作领导小组成员、机关党委（巡视办）班子成员参加会议。

3月24日上午　署党组理论学习中心组召开学习会，党组书记侯凯主持并讲话。党组成员王文斌、章轲出席，党组成员王陆进、郝书辰作重点发言。副审计长秦博勇参加学习。中央和国家机关工委有关负责同志，秘书局、办公厅、政研室、人教司、机关党委（巡视办）、驻审计署纪检监察组负责同志列席学习会，资环司、企业司主要负责同志作交流发言。

3月24日上午　党组书记侯凯主持召开党组会议，研究有关人事事项。党组成员王文斌、王陆进、郝书辰、章轲出席。副审计长秦博勇列席会议。人教司、机关党委（巡视办）、驻审计署纪检监察组负责同志列席相关议题的研究。

3月24日下午　审计长侯凯以视频方式会见古巴共和国驻华大使佩雷拉。国际司主要负责同志参加会见。

3月28日上午　郝书辰主任出席署考核领导小组会议并讲话。署考核领导小组成员和业务司、派出局、特派办、直属单位相关代表参加会议。

3月29日上午　审计长侯凯在中央纪委机关出席十九届中央纪委常委会会议。

3月29日上午　副审计长秦博勇出席中投公司董事会2022年度第二次会议。

3月29日上午　副审计长王文斌出席全国人大常委会预算工委国有资产管理情况座谈会。企业司主要负责同志参加会议。

3月29日下午　审计长侯凯列席国务院常务会议。

3月29日下午　郝书辰主任会见国家税务总局副局长郝军辉。税收司主要负责同志参加会见。

3月30日上午　郝书辰主任出席全国人大常委会预算工委财政社会保障资金分配使用情况座谈会。社保司主要负责同志参加会议。

3月30日下午　副审计长王陆进出席全国人大常委会预算工委地方政府债务管理与改革座谈会。财政司负责同志参加会议。

3月31日上午　党组书记侯凯主持召开党组会议，听取关于署各单位2021年度综合考核的情况汇报，研究有关人事事项。党组成员王文斌、王陆进、郝书辰、章轲出席。副审计长秦博勇列席会议。秘书局、办公厅、政研室、法规司、审理司、人教司、机关党委（巡视办）、驻审计署纪检监察组负责同志列席相关议题的研究。

3月31日上午　审计长侯凯主持召开审计长会议，研究有关审计情况报告。署领导秦博勇、王文斌、王陆进、郝书辰、章轲出席。秘书局、办公厅、政研室、法规司、审理司、金融司、科研所负责同志列席相关议题的研究。

3月31日下午　审计长侯凯以视频方式出席上海合作组织成员国最高审计机关负责人第5次会议。副审计长秦博勇，数据司、国际司主要负责同志参加会议。

4月

4月6日上午　审计长侯凯列席国务院常务会议。

4 月 7 日下午 审计长侯凯参加李克强总理主持召开的经济形势专家和企业家座谈会。

4 月 7 日下午 副审计长秦博勇主持召开业务会议，研究特高压电网工程试审工作。投资司主要负责同志参加会议。

4 月 8 日上午 审计长侯凯、副审计长秦博勇在人民大会堂出席北京冬奥会、冬残奥会总结表彰大会。

4 月 9 日上午 副审计长章轲在京参加“履行植树义务，共建美丽中国”主题 2022 年共和国部长义务植树活动。

4 月 11 日上午 受署党组委托，副审计长章轲以视频方式出席教育学院全体干部大会，宣布该院主要负责同志任免决定。人教司主要负责同志参加会议。

4 月 11 日下午 受署党组委托，副审计长王陆进出席发展统计局全体干部大会，宣布该局主要负责同志任免决定。人教司负责同志参加会议。

4 月 12 日上午 受署党组委托，副审计长王文斌以视频方式出席京津冀特派办全体干部大会，宣布该办主要负责同志任免决定。人教司主要负责同志参加会议。

4 月 12 日下午 郝书辰主任出席全国人大常委会预算工委车船税立法后评估座谈会。税收司主要负责同志参加会议。

4 月 12 日下午 副审计长王文斌主持召开企业审计工作座谈会。企业司、各企业审计局主要负责同志参加会议。

4 月 13 日上午 审计长侯凯列席国务院常务会议。

4 月 13 日上午 副审计长王文斌主持召开机关党委十届四次全委会会议。

4 月 13 日上午 副审计长章轲参加审理司党支部、发展统计局党支部“学查改”专项工作主题联学活动。

4 月 13 日下午 党组书记侯凯主持召开党组会议，研究有关经济责任审计报告和有关人事事项。党组成员王文斌、王陆进、郝书辰、章轲出席。副审计长秦博勇列席会议。秘书局、办公厅、政研室、法规司、审理司、内审司、经责司、人教司、机关党委（巡视办）、驻审计署纪检监察组负责同志列席相关议题的研究。

4 月 13 日下午 审计长侯凯主持召开审计长会议，研究有关审计情况报告。署领导秦博勇、王文斌、王陆进、郝书辰、章轲出席。秘书局、办公厅、政研室、法规司、审理司、财政司、农业司、社保司、科研所负责同志列席相关议题的研究。

4 月 14 日 党组书记、审计长、巡视工作领导小组组长侯凯主持召开巡视工作领导小组 2022 年第 1 次会议，听取第五轮巡视工作情况汇报。巡视工作领导小组副组长王文斌、郝书辰出席。巡视工作领导小组成员单位负责同志参加会议。

4 月 15 日上午 受署党组委托，副审计长王文斌以视频方式出席南京特派办全体干部大会，宣布该办主要负责同志任免决定。人教司主要负责同志参加会议。

4 月 15 日下午 副审计长秦博勇出席首都规划建设委员会全体会议。

4 月 15 日下午 副审计长章轲在双榆树办公区出席地方政府专项债课题研讨会。

4 月 18 日下午 受署党组委托，副审计长秦博勇出席金融司全体干部大会，宣布该司主要负责同志任职决定。人教司主要负责同志参加会议。

4 月 19 日上午 审计长侯凯在中央纪委机关出席十九届中央纪委常委会会议。

4 月 19 日下午 审计长侯凯、副审计长秦博勇列席中央全面深化改革委员会第二十五次会议。

4 月 19 日下午 副审计长章轲先后参加审理司党支部第一党小组、审理司党支部“学查改”专项工作组织生活会。

4 月 20 日上午 审计长侯凯列席国务院常务会议。

4 月 20 日上午 副审计长王文斌会见国资委党委委员、副部长级干部，中国安能建设集团有限公司党委书记、董事长周国平一行。企业司主要负责同志参加会见。

4 月 20 日上午 副审计长王陆进指导统战审计局 2021 年度中央部门预算执行审计项目后评估工作。行政司主要负责同志参加活动。

4 月 20 日上午 受署党组委托，郝书辰主任出席农业司全体干部大会，宣布有关同志任职决定。人教司主要负责同志参加会议。

4 月 20 日下午 副审计长秦博勇参加全国政

协学习习近平新时代中国特色社会主义思想2022年度第二季度座谈会。

4月21日上午 党组书记侯凯主持召开党组会议，传达学习习近平总书记在中央全面深化改革委员会第二十五次会议上的讲话精神、习近平总书记关于廉洁文化的重要论述及中共中央办公厅印发的《关于加强新时代廉洁文化建设的意见》，研究有关人事事项。党组成员王文斌、王陆进、郝书辰、章轲出席。副审计长秦博勇列席会议。秘书局、办公厅、政研室、法规司、资环司、人教司、机关党委（巡视办）、驻审计署纪检监察组负责同志列席相关议题的研究。

4月21日上午 审计长侯凯主持召开审计长会议，研究有关审计情况报告。署领导秦博勇、王文斌、王陆进、郝书辰、章轲出席。秘书局、办公厅、政研室、法规司、审理司、财政司、税收司、农业司、科研所负责同志列席相关议题的研究。

4月21日下午 审计长侯凯会见中央纪委副书记、国家监委副主任傅奎。企业司主要负责同志参加会见。

4月22日上午 副审计长王文斌出席迎接党的二十大胜利召开主题成就展政治建设单元协调推进会。办公厅有关同志参加会议。

4月22日上午 副审计长章轲出席法规司党支部、审理司党支部、离退休办党总支、科研所党委、博物馆党支部、教育学院党委“牢记习近平总书记嘱托　努力成为可堪大用能担重任的栋梁之材”主题联学活动。机关党委（巡视办）主要负责同志参加活动。

4月22日下午 审计署与国资委签署审计监督信息共享、贯通协作备忘录仪式在署机关举行，审计长侯凯、国资委主任郝鹏出席仪式并讲话。副审计长王文斌、国资委副主任袁野签署备忘录。审计署及国资委相关司局负责同志参加仪式。

4月24日上午 副审计长王文斌出席国务院促进中小企业发展工作领导小组会议。企业司主要负责同志参加会议。

4月24日下午 副审计长王文斌出席国务院推进政府职能转变和“放管服”改革协调小组专题会议。

4月24日下午 副审计长王陆进指导民政社保局2021年度中央部门预算执行审计项目后评估工作。行政司主要负责同志参加活动。

4月25日上午 中央审计办主任、党组书记、审计长侯凯主持召开中央审计办主任办公会议和党组会议，研究《关于2021年度中央预算执行和其他财政支出情况的审计报告》，听取关于第五轮巡视情况的汇报。署领导秦博勇、王文斌、王陆进、郝书辰、章轲出席相关会议。秘书局、办公厅、政研室、法规司、审理司、内审司、数据司、财政司、税收司、行政司、农业司、投资司、社保司、资环司、金融司、企业司、经责司、人教司、机关党委（巡视办）、发展统计局、驻审计署纪检监察组负责同志列席相关议题的研究。

4月25日下午 审计长侯凯、副审计长秦博勇出席国务院第五次廉政工作会议。

4月25日下午 副审计长王陆进主持召开中央部门预算执行审计复核审理情况座谈会。审理司、行政司负责同志参加会议。

4月26日上午 审计长侯凯参加十九届中央纪委常委会集体学习。

4月27日上午 审计长侯凯列席国务院常务会议。

5月

5月5日上午 审计长侯凯列席国务院常务会议。

5月9日下午 郝书辰主任出席国务院联防联控机制电视电话会议。

5月10日上午 审计长侯凯在人民大会堂出席纪念中国共产主义青年团成立100周年大会。

5月10日下午 审计长侯凯出席推进南水北调后续工程高质量发展领导小组全体会议。

5月11日上午 审计长侯凯列席国务院常务会议。

5月11日下午 党组书记侯凯主持召开党组会议，传达学习习近平总书记有关重要指示和重要讲话精神，听取有关审计情况专项报告和审计整改情况汇报，研究有关人事事项。党组成员王文斌、王陆进、郝书辰、章轲出席。副审计长秦博勇列席会议。秘书局、办公厅、政研室、法规司、审理司、财政司、行政司、农业司、资环司、金融司、企业司、涉外司、人教司、机关党委

(巡视办)、驻审计署纪检监察组负责同志列席相关议题的研究。

5月11日下午 审计长侯凯主持召开审计长会议，研究《审计署审计整改工作业务流程》。署领导秦博勇、王文斌、王陆进、郝书辰、章轲出席。秘书局、办公厅、政研室、法规司、审理司、数据司、人教司负责同志列席会议。

5月13日上午 副审计长秦博勇出席中投公司监事会2022年第二次会议。中央审计办主任、审计长侯凯出席中央审计委员会会议。副审计长王陆进，秘书局、政研室主要负责同志列席会议。

5月17日上午 审计长侯凯在中央纪委机关出席十九届中央纪委常委会会议。

5月17日上午 副审计长王陆进出席中央宣传部举行的“中国这十年”系列主题新闻发布会。

5月17日下午 中央审计办主任、党组书记、审计长侯凯主持召开中央审计办主任办公会议和党组会议，传达学习中央审计委员会会议精神，研究关于给予有关人员处分的意见和有关人事事项。署领导秦博勇、王文斌、王陆进、郝书辰、章轲出席相关会议。秘书局、办公厅、政研室、法规司、审理司、人教司、机关党委（巡视办)、驻审计署纪检监察组负责同志列席相关议题的研究。

5月17日下午 审计长侯凯主持召开审计长会议，研究有关审计工作方案和专项审计调查工作方案。署领导秦博勇、王文斌、王陆进、郝书辰、章轲出席。秘书局、办公厅、政研室、法规司、审理司、税收司、投资司、科研所负责同志列席相关议题的研究。

5月18日下午 副审计长王陆进出席全国人大常委会预算工委全体会议，就2021年度中央预算执行和其他财政收支审计工作报告有关情况作介绍。政研室、财政司主要负责同志参加会议。

5月18日晚 副审计长王文斌出席庆祝中国贸促会建会70周年大会暨全球贸易投资促进峰会。

5月19日上午 副审计长秦博勇出席中央生态环境保护督察工作领导小组第六次会议。资环司负责同志参加会议。

5月20日上午 副审计长王陆进出席全国人大财经委全体会议，就2021年度中央预算执行和其他财政收支审计工作报告有关情况作介绍。政研室、财政司、企业司、资环司主要负责同志参加会议。

5月20日下午 审计长侯凯出席国务院全体会议。

5月20日下午 审计长侯凯列席国务院常务会议。

5月20日下午 副审计长章轲出席2022年度审计机关审计藏品工作视频会议。办公厅、人教司、机关党委（巡视办)、科研所、报社、出版社、培训中心（宣传中心）负责同志在主会场参加会议，各省级审计机关、各特派办、教育学院负责同志和博物馆全体同志在各分会场参加会议。

5月23日上午 郝书辰主任出席海关履行监管职责和税收征管情况审计项目视频培训班并讲话。税收司、相关特派办主要负责同志参加培训班。

5月23日下午 党组书记侯凯主持召开党组会议，研究有关人事事项。党组成员王文斌、王陆进、郝书辰、章轲出席。副审计长秦博勇，人教司、机关党委（巡视办)、驻审计署纪检监察组负责同志列席会议。

5月24日至26日 副审计长王文斌出席第九次全国信访工作会议。

5月25日下午 审计长侯凯出席全国稳住经济大盘电视电话会议。

5月26日下午 中央审计办主任、党组书记、审计长侯凯主持召开中央审计办主任办公会议和党组会议，研究有关审计工作方案、《审计署因私出国（境）管理办法（修订稿）》和有关人事事项。署领导秦博勇、任洪斌、王陆进、郝书辰、章轲出席相关会议。秘书局、办公厅、政研室、法规司、审理司、财政司、行政司、资环司、企业司、经责司、人教司、机关党委（巡视办)、离退休办、科研所、驻审计署纪检监察组负责同志列席相关议题的研究。

5月26日下午 审计长侯凯主持召开审计长会议，研究有关审计工作方案。署领导秦博勇、任洪斌、王陆进、郝书辰、章轲出席。秘书局、办公厅、政研室、法规司、审理司、财政司、农业司、投资司、社保司、资环司、金融司、企业司、经责司、科研所负责同志列席相关议题的研究。

5月27日下午 审计长侯凯会见中央组织部分管日常工作的副部长姜信治。郝书辰主任，秘书局、企业司、经责司主要负责同志参加会见。

5月31日下午 审计长侯凯以视频方式出席亚洲审计组织理事会第58次会议。副审计长秦博勇，国际司主要负责同志参加会议。

5月31日下午 中央纪委国家监委驻审计署纪检监察组组长任洪斌（以下简称任洪斌组长）主持召开驻审计署纪检监察组组长办公会。

6月

6月1日上午 审计长侯凯列席国务院常务会议。

6月1日上午 副审计长秦博勇出席有关专项审计调查进点会。投资司、相关特派办主要负责同志参加进点会。

6月1日上午 郝书辰主任出席住房租赁相关资金审计视频培训班并讲话。社保司、相关特派办主要负责同志参加培训班。

6月1日下午 党组书记侯凯主持召开党组会议，听取关于确定2022年度干部交流人选的情况汇报，研究有关人事事项。党组成员王文斌、任洪斌、王陆进、郝书辰、章轲出席。副审计长秦博勇列席会议。人教司、机关党委（巡视办）、驻审计署纪检监察组负责同志列席相关议题的研究。

6月1日下午 副审计长王陆进出席有关经济责任审计视频培训班并讲话。行政司、相关派出局主要负责同志参加培训班。

6月1日下午 郝书辰主任出席农产品有关专项审计调查视频培训班并讲话。农业司、相关特派办主要负责同志参加培训班。

6月2日上午 郝书辰主任出席有关审计视频培训班并讲话。农业司、相关地方审计机关主要负责同志参加培训班。

6月2日下午 审计长侯凯列席中央政治局常委会会议。

6月2日下午 副审计长王陆进出席有关专项审计调查视频培训班并讲话。财政司、相关特派办负责同志参加培训班。

6月6日下午 党组书记侯凯主持党组扩大会议，署领导秦博勇、王文斌、任洪斌、王陆进、郝书辰、章轲，退出领导班子的老领导胡泽君出席会议。署机关各单位、各派出审计局、京内各直属单位主要负责同志，驻审计署纪检监察组负责同志参加会议。

6月7日下午 党组书记侯凯主持召开党组会议，传达学习中央政治局常委会会议精神，研究中央有关文件和有关人事事项。党组成员王文斌、任洪斌、王陆进、郝书辰、章轲出席。副审计长秦博勇列席会议。秘书局、办公厅、政研室、涉外司、国际司、人教司、机关党委（巡视办）、驻审计署纪检监察组负责同志列席相关议题的研究。

6月7日下午 审计长侯凯主持召开审计长会议，研究有关审计工作方案。署领导秦博勇、王文斌、任洪斌、王陆进、郝书辰、章轲出席。秘书局、办公厅、政研室、法规司、审理司、科研所负责同志列席会议。

6月7日晚 审计长侯凯与联合国审计委员会主席、智利审计长贝穆德斯通电话。副审计长章轲，涉外司、国际司主要负责同志参加活动。

6月8日上午 审计长侯凯列席国务院常务会议。

6月10日上午 党组书记侯凯主持召开党组会议，研究有关人事事项。党组成员王文斌、任洪斌、王陆进、章轲出席。人教司主要负责同志列席会议。

6月10日上午 副审计长王陆进出席有关审计视频培训班并讲话。政研室、相关特派办负责同志参加培训班。

6月10日上午 副审计长王陆进会见贵州省常务副省长吴强。财政司主要负责同志参加会见。

6月10日下午 副审计长秦博勇在杭州听取南京特派办关于有关专项审计调查情况汇报。金融司负责同志参加汇报。

6月10日下午 任洪斌组长在金融三局调研。驻审计署纪检监察组负责同志参加调研。

6月13日上午 副审计长王文斌会见银保监会副主席周亮。企业司主要负责同志参加会见。

6月13日下午 副审计长王文斌主持召开审计署机关党委十届五次全委会。

6月14日上午 副审计长王文斌列席国务院有关专项领导小组全体会议。

6月15日上午 审计长侯凯列席国务院常务会议。

6月16日下午 审计长侯凯会见中央统战部副部长陈旭。

6月16日上午 任洪斌组长到中央纪委国家监委驻人民银行纪检监察组调研交流。驻审计署纪检监察组负责同志参加活动。

6月16日上午 副审计长章轲参加审理司党支部党员大会。

6月16日下午 副审计长章轲在京会见中国红十字会党组书记、常务副会长王可。行政司负责同志参加会见。

6月17日上午 副审计长秦博勇在民建中央谈话。

6月17日上午 副审计长王陆进出席有关专项工作部际联席会议第一次全体会议。行政司主要负责同志参加会议。

6月20日至22日 副审计长秦博勇出席全国政协十三届常委会第二十二次会议。

6月20日上午 任洪斌组长到中央纪委国家监委驻银保监会纪检监察组调研交流。驻审计署纪检监察组负责同志参加活动。

6月21日上午 审计长侯凯在中央纪委机关出席十九届中央纪委常委会会议。

6月21日上午 副审计长章轲主持召开会议，研究中国红十字会监事会2022年下半年工作。中国红十字会监事会有关同志参加会议。

6月21日下午 受国务院委托，审计长侯凯向十三届全国人大常委会第三十五次会议作《国务院关于2021年度中央预算执行和其他财政收支的审计工作报告》。政研室主要负责同志列席会议。

6月21日下午 副审计长章轲在中国国际贸易促进委员会审计现场调研。外交审计局、贸易审计局负责同志参加调研。

6月22日上午 审计长侯凯列席国务院常务会议。

6月22日下午 副审计长王陆进参加十三届全国人大常委会第三十五次会议分组审议。政研室、财政司、资环司、企业司负责同志参加分组审议。

6月23日上午 副审计长王陆进主持召开会议，听取国家重点研发计划项目资金审计中期汇报。行政司、相关特派办负责同志参加会议。

6月23日下午 任洪斌组长约谈有关特派办分党组主要负责同志。驻审计署纪检监察组负责同志参加约谈。

6月23日下午 郝书辰主任为2022年度审计机关业务骨干视频培训班学员授课。

6月24日上午 副审计长王陆进主持召开中央审计委员会成员单位联络员暨审计整改协调推进会议。秘书局、政研室、财政司、税收司、金融司、企业司、经责司负责同志参加会议。

6月24日下午 党组书记侯凯主持召开党组会议，集体学习《信访工作条例》，听取关于确定出版社2021年度效益考核及负责人经营业绩考核结果的情况汇报，研究《审计署国有资产审计工作机制》《审计专业技术资格规定（修订稿）》《审计专业技术资格考试实施办法（修订稿）》和有关人事事项。党组成员王文斌、任洪斌、王陆进、郝书辰、章轲、赵保林出席。副审计长秦博勇列席会议。秘书局、办公厅、政研室、法规司、财政司、行政司、农业司、资环司、金融司、企业司、涉外司、人教司、机关党委（巡视办）、驻审计署纪检监察组负责同志列席相关议题的研究。

6月27日上午 署党组理论学习中心组召开学习会，党组书记侯凯主持学习会并讲话。署领导秦博勇、王文斌、任洪斌、王陆进、郝书辰、章轲、赵保林出席，并就学习贯彻习近平总书记在中央政治局常委会会议和中央审计委员会会议上的重要讲话精神，推动审计工作高质量发展作交流发言。秘书局、办公厅、政研室、法规司、人教司、机关党委（巡视办）、驻审计署纪检监察组负责同志参加学习会。

6月27日上午 副审计长王文斌主持召开审计署机关党委十届六次全委会。

6月27日下午至29日 副审计长王文斌在江西赣州出席赣南等原中央苏区振兴发展战略实施十周年座谈会并调研。机关党委（巡视办）主要负责同志参加活动。

6月28日上午 副审计长秦博勇会见青海省

副省长刘涛。资环司负责同志参加会见。

6月28日 副审计长王陆进在武汉大学审计现场调研。行政司、武汉特派办主要负责同志参加调研。

6月28日上午 副审计长章轲会见青海省副省长刘涛。

6月29日上午 审计长侯凯列席国务院常务会议。

6月29日 副审计长王陆进在中南大学审计现场调研。行政司、长沙特派办主要负责同志参加调研。

6月30日下午 副审计长王文斌主持召开审计署网络安全和信息化领导小组等7个议事协调机构领导小组会议。各议事协调机构成员单位主要负责同志参加会议。

6月30日下午 副审计长王文斌为署机关各单位、在京直属单位主要负责同志作保密专题辅导报告。

6月30日下午 副审计长章轲听取中国红十字会监事会有关工作情况汇报。

7月

7月1日上午 副审计长秦博勇参加民建中央理论学习中心组学习。

7月1日上午 副审计长王文斌出席国家政务数据共享协调小组会议。办公厅负责同志参加会议。

7月1日上午 任洪斌组长为驻审计署纪检监察组全体同志讲授题为“践行忠诚干净担当 锻造让党放心、人民信赖的纪检监察铁军”的主题党课。

7月1日下午 副审计长王文斌以视频方式听取有关单位财务收支审计情况汇报。企业司主要负责同志参加会议。

7月1日下午 郝书辰主任会见税务总局副局长王道树。税收司主要负责同志参加会见。

7月3日 郝书辰主任在怀柔基地参加2022年审计专业技术资格初中级资格考试审题工作。

7月4日至6日 副审计长秦博勇在广州特派办听取有关单位审计组工作情况汇报，并到中国南方电网有限责任公司审计现场、广东省审计厅调研。投资司、金融司负责同志分别参加有关活动。

7月4日 副审计长王文斌在中国医药集团有限公司、中国交通建设集团有限公司审计现场调研。企业司主要负责同志参加调研。

7月4日上午 任洪斌组长主持召开驻审计署纪检监察组组长办公会。

7月4日至6日 副审计长章轲在河南省审计厅、郑州特派办、基层联系点河南省开封市兰考县审计局、河南省红十字会、河南省郑州市灾后重建项目现场调研。法规司、郑州特派办主要负责同志参加相关调研活动。

7月4日下午 副审计长王陆进主持召开有关经济责任审计中期汇报会。行政司、各中央部门审计局主要负责同志参加会议。

7月5日上午 副审计长王文斌会见北京市委副书记、副市长殷勇和北京市委常委、副市长靳伟一行。金融司主要负责同志参加会见。

7月5日上午 副审计长王陆进主持召开有关经济责任审计中期汇报会。总审计师赵保林出席。财政司、相关特派办负责同志参加会议。

7月5日下午 副审计长王陆进出席有关专项审计调查中期汇报会。总审计师赵保林主持。财政司、企业司、相关特派办负责同志参加会议。

7月6日上午 审计长侯凯列席国务院常务会议。

7月6日上午 副审计长王文斌在中国能源建设集团有限公司审计现场调研。企业司主要负责同志参加调研。

7月6日至7日 任洪斌组长在沈阳特派办调研并督导办分党组巡视整改专题民主生活会。驻审计署纪检监察组负责同志参加活动。

7月6日上午 副审计长王陆进会见青海省副省长刘超。总审计师赵保林，财政司负责同志参加会见。

7月6日至7日 郝书辰主任在怀柔基地参加2022年审计专业技术资格高级资格考试审题工作。

7月6日下午 审计长侯凯出席国务院专题会议。

7月6日下午 副审计长王陆进、总审计师赵保林出席财政司第六期“财政审计课堂”。

7月7日上午 副审计长秦博勇出席南水北

调后续工程中线引江补汉工程开工动员大会。

7月8日上午 审计长侯凯在中央纪委机关出席十九届中央纪委常委会会议，并参加集体学习。

7月8日上午 副审计长王文斌以视频方式听取有关单位财务收支审计情况汇报。企业司主要负责同志参加会议。

7月8日下午 党组书记侯凯主持召开党组会议，研究署领导工作分工。党组成员王文斌、任洪斌、王陆进、郝书辰、章轲、赵保林出席。副审计长秦博勇，人教司主要负责同志列席会议。

7月8日下午 副审计长王文斌在中国铁路通信信号集团有限公司审计现场调研。企业司主要负责同志参加调研。

7月8日下午 副审计长王陆进出席财政司干部大会。总审计师赵保林主持会议。

7月11日 副审计长秦博勇出席有关专项审计调查中期汇报会。金融司、相关派出局、特派办负责同志参加会议。

7月11日 副审计长王文斌在中国安能建设集团有限公司、中国黄金集团有限公司审计现场调研。企业司主要负责同志参加调研。

7月11日上午 任洪斌组长主持召开驻审计署纪检监察组组长办公会。

7月11日至15日 副审计长王陆进在中央党校（国家行政学院）参加省部级干部民族和宗教工作专题研讨班。

7月11日上午 副审计长章轲在社保司、涉外司调研。

7月12日上午 副审计长王文斌在中国有色矿业集团有限公司审计现场调研。企业司主要负责同志参加调研。

7月12日上午 副审计长章轲在国际司调研。

7月12日上午 总审计师赵保林会见全国人大常委会预算工委预决算审查室主任何成军。财政司负责同志参加会见。

7月12日下午 审计长侯凯参加李克强总理主持召开的经济形势专家和企业家座谈会。

7月12日下午 副审计长王文斌出席专项联合审计汇报会。企业司主要负责同志参加会议。

7月12日下午 任洪斌组长在出版社、报社调研。驻审计署纪检监察组负责同志参加调研。

7月13日上午 审计长侯凯列席国务院常务会议。

7月13日 副审计长王文斌在中国中车集团有限公司、中国铁塔股份有限公司审计现场调研。企业司主要负责同志参加调研。

7月13日 副审计长章轲以视频方式出席2022年中老高级审计研讨班。法规司、国际司、科研所主要负责同志参加研讨班。

7月13日上午 总审计师赵保林出席全国人大常委会预算工委预算执行监督工作座谈会。

7月14日上午 副审计长秦博勇出席有关专项审计调查中期汇报会。投资司、相关特派办负责同志参加会议。

7月14日上午 副审计长王文斌在新兴际华集团有限公司审计现场调研。企业司主要负责同志参加调研。

7月14日下午 审计长侯凯、副审计长王文斌在国资委出席2021年度中管企业主要领导人员经济责任审计整改工作推进会。企业司、经责司主要负责同志参加会议。

7月14日下午 任洪斌组长在民政社保局、教育审计局调研。驻审计署纪检监察组负责同志参加调研。

7月15日上午 副审计长王文斌主持召开机关党委第九次常委会会议。

7月15日上午 副审计长王文斌在中国建材集团有限公司审计现场调研。企业司主要负责同志参加调研。

7月15日上午 任洪斌组长在中央纪委机关出席派驻纪检监察组工作会议。

7月15日上午 总审计师赵保林会见中央纪委国家监委第六监督检查室主任李佰平。财政司、上海特派办负责同志参加会见。

7月15日下午 副审计长王文斌在中国国新控股有限责任公司审计现场调研。企业司主要负责同志参加调研。

7月17日至19日 副审计长王文斌、总审计师赵保林出席中国共产党中央和国家机关代表会议。

7月18日至22日 副审计长秦博勇在中央党校（国家行政学院）参加省部级干部推动绿色

低碳发展专题研讨班。

7月18日上午 任洪斌组长主持召开驻审计署纪检监察组组长办公会。

7月18日上午 副审计长章轲在外资中心调研。

7月19日下午 副审计长章轲在中国造血干细胞捐献者资料库管理中心调研。行政司、社保司、群团文化局负责同志参加调研。

7月20日上午 副审计长王陆进出席财政司财政审计工作思路研讨会。总审计师赵保林主持。财政司、行政司负责同志参加研讨会。

7月20日上午 受署党组委托，副审计长章轲在署老领导罗进新家中为其祝寿。离退休办主要负责同志参加祝寿活动。

7月20日下午 党组书记侯凯主持召开党组会议，研究《审计署公务员辞去公职后从业行为限制清单（试行）》和有关人事事项。党组成员王文斌、任洪斌、王陆进、郝书辰、章轲、赵保林出席。秘书局、办公厅、政研室、法规司、数据司、国际司、人教司、机关党委（巡视办）、计算中心、驻审计署纪检监察组负责同志列席相关议题的研究。

7月20日下午 总审计师赵保林在审理司调研。

7月20日晚 审计长侯凯以视频方式出席联合国审计委员会第76次例会。副审计长章轲，涉外司、国际司、外资中心主要负责同志参加会议。

7月21日上午 审计长侯凯列席国务院常务会议。

7月21日至22日 任洪斌组长在哈尔滨特派办、长春特派办调研。驻审计署纪检监察组负责同志参加调研。

7月21日下午 副审计长王文斌出席金审工程三期项目（中央投资部分）竣工验收会议。数据司、计算中心主要负责同志参加会议。

7月22日上午 副审计长秦博勇出席民建十一届二十次主席会议、十九次中常委会议。

7月22日上午 副审计长王文斌以视频方式听取有关审计情况汇报。企业司主要负责同志参加会议。

7月22日上午 郝书辰主任与援青援藏干部集体谈话。人教司主要负责同志参加谈话。

7月25日上午 副审计长王文斌出席中国矿产资源集团有限公司成立大会。

7月25日上午 任洪斌组长主持召开驻审计署纪检监察组组长办公会。

7月25日上午 副审计长王陆进主持召开有关专项审计审前准备情况汇报会。行政司、中央机关局、宣传审计局、统战审计局、外交审计局、农业水利局、经济执法局主要负责同志参加会议。

7月25日上午 副审计长章轲在双榆树办公区出席科研所博士后开题报告评审会。相关课题专家组成员参加会议。

7月25日下午至27日 副审计长章轲在博物馆、江苏省南通市审计局调研，并出席中国红十字会监事会基层红十字工作座谈会。南京特派办、博物馆主要负责同志参加相关活动。

7月25日晚 副审计长王文斌以视频方式出席世界审计组织大数据工作组第六次会议开幕式并致辞。数据司、国际司主要负责同志参加会议。

7月26日至27日 审计长侯凯参加省部级主要领导干部“学习习近平总书记重要讲话精神，迎接党的二十大”专题研讨班。

7月26日上午 副审计长秦博勇会见中国中信集团有限公司党委委员、副总经理王国权。金融司主要负责同志参加会见。

7月26日上午 副审计长王文斌出席2022年度审计署党务干部综合培训班开班式。

7月26日下午 任洪斌组长以视频方式督导郑州特派办分党组以案促改专题民主生活会。驻审计署纪检监察组负责同志参加会议。

7月26日下午 总审计师赵保林在法规司调研。

7月27日上午 副审计长王文斌会见北京市常务副市长崔述强。京津冀特派办主要负责同志参加会见。

7月27日上午 任洪斌组长在外交审计局调研。驻审计署纪检监察组负责同志参加调研。

7月27日上午 副审计长王陆进在发展改革委出席推进有效投资重要项目协调机制第一次会议。财政司负责同志参加会议。

7月28日上午 副审计长王文斌出席有关专项整治工作启动部署会。企业司、税收司负责同志参加会议。

7月28日下午 中央审计办主任、党组书记、审计长侯凯主持召开中央审计办主任办公会议和党组会议，传达学习习近平总书记在省部级主要领导干部“学习习近平总书记重要讲话精神，迎接党的二十大”专题研讨班上的重要讲话精神和习近平总书记对机关事务工作重要指示精神，听取关于暑期工作安排的汇报，研究有关经济责任审计工作方案和有关人事事项。署领导秦博勇、王文斌、任洪斌、王陆进、郝书辰、章轲、赵保林出席相关会议。秘书局、办公厅、政研室、法规司、审理司、行政司、企业司、涉外司、经责司、人教司、机关党委（巡视办）、服务局、驻审计署纪检监察组负责同志列席相关议题的研究。

7月28日下午 审计长侯凯主持召开审计长会议，研究有关专项审计工作方案。署领导秦博勇、王文斌、任洪斌、王陆进、郝书辰、章轲、赵保林出席。秘书局、办公厅、政研室、法规司、审理司、行政司、科研所主要负责同志列席会议。

7月29日至30日上午 中央统战工作会议在京召开，审计长侯凯参加第一次全体会议，副审计长王陆进全程参加会议。

7月29日上午 任洪斌组长出席地方审计机关派驻纪检组长研讨班。驻审计署纪检监察组负责同志参加研讨班。

7月29日上午 总审计师赵保林在企业一局调研。法规司、审理司负责同志参加调研。

7月29日下午 审计长侯凯列席国务院常务会议。

7月29日下午 任洪斌组长出席驻审计署纪检监察组专题业务会议。驻审计署纪检监察组负责同志参加会议。

7月31日上午 副审计长秦博勇出席国务院办公厅有关专题会议。金融司主要负责同志参加会议。

8月

8月1日下午 副审计长秦博勇在发展改革委出席川藏铁路建设领导小组全体会议。投资司主要负责同志参加会议。

8月2日上午 副审计长秦博勇出席国务院有关专题会议。金融司主要负责同志参加会议。

8月8日上午 副审计长章轲会见中国日报社社长兼总编辑曲莹璞。中央机关局、宣传审计局负责同志参加会见。

8月15日上午 副审计长王文斌会见住房城乡建设部副部长姜万荣。政法审计局、工信建设局、群团文化局主要负责同志参加会见。

8月15日上午 任洪斌组长主持召开驻审计署纪检监察组组长办公会。

8月15日至16日上午、17日至18日 副审计长章轲参加社保司、涉外司、国际司、外交审计局、科研所、外资中心“能查、能说、能写”支部（党委）联学活动。

8月15日下午 副审计长王文斌会见中国广核集团有限公司党委书记、董事长杨长利。企业司主要负责同志参加会见。

8月15日下午 副审计长王陆进在发展改革委出席推进有效投资重要项目协调机制第二次会议。财政司负责同志参加会议。

8月16日上午 审计长侯凯在中央纪委机关出席十九届中央纪委常委会会议。

8月16日上午 副审计长王文斌会见中国有色矿业集团有限公司党委书记、董事长奚正平。企业司主要负责同志参加会见。

8月16日上午 副审计长王陆进出席推动有关专项审计工作方案培训班，总审计师赵保林主持。相关特派办负责同志参加培训班。

8月16日下午 中央审计办主任、党组书记、审计长侯凯主持召开中央审计办主任办公会议和党组会议，研究中央有关文件，传达学习中央统战工作会议精神，研究有关审计工作方案和人事事项。署领导秦博勇、王文斌、任洪斌、王陆进、郝书辰、章轲、赵保林出席相关会议。秘书局、办公厅、政研室、审理司、数据司、金融司、涉外司、经责司、人教司、机关党委（巡视办）、科研所、驻审计署纪检监察组负责同志列席相关议题的研究。

8月16日下午 审计长侯凯主持召开审计长会议，研究有关审计工作方案。署领导秦博勇、王文斌、任洪斌、王陆进、郝书辰、章轲、赵保林出席。秘书局、办公厅、政研室、审理司、社保司、科研所主要负责同志列席会议。

8月17日上午 副审计长秦博勇出席国务院

办公厅有关专题会议。金融司主要负责同志参加会议。

8月17日上午 副审计长王文斌在怀柔基地出席2022年度后勤服务保障工作暨社会治安综合治理工作培训班开班式。

8月17日上午 副审计长王陆进主持召开国务院第九次大督查第一督查组第一次全体会议。

8月17日上午 郝书辰主任会见黑龙江省委常委、常务副省长沈莹。哈尔滨特派办负责同志参加会见。

8月17日下午 副审计长王文斌出席有关专项整治工作领导小组第二次全体会议。税收司、企业司负责同志参加会议。

8月17日下午 任洪斌组长参加驻审计署纪检监察组案件审理专题学习。

8月17日下午 副审计长王陆进出席有关专项审计培训班。行政司、各中央部门审计局负责同志参加培训班。

8月17日下午 郝书辰主任会见海关总署副署长孙玉宁。税收司主要负责同志参加会见。

8月18日上午 审计长侯凯列席国务院常务会议。

8月18日下午 审计长侯凯列席有关协调小组会议。

8月18日下午 任洪斌组长在政法审计局调研。驻审计署纪检监察组负责同志参加调研。

8月19日上午 副审计长秦博勇出席有关经济责任审计审前培训班。金融司、相关派出局、特派办负责同志参加培训班。

8月19日上午 副审计长王陆进会见四川省省长黄强。总审计师赵保林，财政司负责同志参加会见。

8月19日下午 署党组理论学习中心组举办专题读书班，党组书记侯凯主持并讲话。署领导秦博勇、王文斌、任洪斌、王陆进、郝书辰、章轲、赵保林出席，并围绕习近平总书记相关重要论述交流读书心得体会。秘书局、办公厅、政研室、人教司、机关党委（巡视办）、驻审计署纪检监察组负责同志参加读书班。

8月22日至24日上午 副审计长秦博勇出席全国政协十三届常委会第二十三次会议。

8月22日上午 副审计长王文斌在怀柔基地出席2022年度财务工作培训班开班式。

8月22日上午 任洪斌组长主持召开驻审计署纪检监察组组长办公会。

8月22日上午 副审计长王陆进出席国务院第九次大督查动员部署会议。

8月22日下午 副审计长王文斌会见北京市常务副市长崔述强，副市长隋振江、靳伟一行。京津冀特派办主要负责同志参加会见。

8月22日下午 副审计长章轲听取中国红十字会监事会有关工作情况汇报。

8月22日下午 副审计长章轲会见民政部规划财务司、社会救助司、社会事务司、养老服务司、儿童福利司主要负责同志。社保司主要负责同志参加会见。

8月23日上午 副审计长章轲出席有关专项审计调查视频培训班。社保司、民政社保局、卫生体育局、经济执法局、各省级审计机关、各特派办负责同志参加培训班。

8月23日下午 党组书记侯凯主持召开党组会议，听取2021年度干部选拔任用工作民主评议结果情况汇报，研究有关人事事项。党组成员王文斌、任洪斌、王陆进、郝书辰、章轲、赵保林出席。人教司、机关党委（巡视办）、驻审计署纪检监察组负责同志列席会议。

8月23日下午 副审计长章轲会见中国国际贸易促进委员会党组书记、会长任鸿斌和副会长张慎峰一行。贸易审计局主要负责同志参加会见。

8月24日上午 审计长侯凯列席国务院常务会议。副审计长王陆进列席相关议题的研究。

8月24日上午 任洪斌组长在科研所调研。驻审计署纪检监察组负责同志参加调研。

8月24日上午 郝书辰主任出席2021年度干部选拔任用工作民主评议结果通报会议。署机关各单位、各派出审计局、各在京直属单位副司局级以上领导干部，各特派办、博物馆、教育学院主要负责同志，以及党员干部群众代表，分别在署机关主会场和各分会场参加会议。

8月24日上午 副审计长章轲、总审计师赵保林出席科研所博士后中期考核会议。相关课题专家组成员参加会议。

8月24日下午至9月3日上午 副审计长王陆进作为国务院第九次大督查第一督查组组长，

带队赴山西省开展实地督查。

8月24日下午至26日 副审计长章轲在安徽省审计厅、合肥市审计局世行贷款医疗卫生改革促进结果导向型项目审计现场、安徽省红十字会、安徽省红十字应急救护培训安徽医科大学工作站调研。社保司、涉外司负责同志参加调研。

8月25日上午 审计长侯凯出席国务院专题会议。

8月25日至27日 郝书辰主任在怀柔基地参加2022年审计专业技术资格考试试卷审校工作。

8月25日下午 副审计长秦博勇会见中国石油天然气集团有限公司董事长、党组书记戴厚良。金融司、金融一局主要负责同志参加会见。

8月25日下午 任洪斌组长在广电通讯局调研。驻审计署纪检监察组负责同志参加调研。

8月25日下午 总审计师赵保林会见四川省副省长李云泽。

8月26日上午 副审计长王文斌出席有关经济责任审计审前培训班。企业司、相关特派办负责同志参加培训班。

8月29日上午 全国深化“放管服”改革持续优化营商环境电视电话会议在京召开，审计长侯凯在国务院小礼堂主会场出席会议。署领导秦博勇、王文斌、任洪斌、郝书辰、章轲、赵保林，署机关各单位、各派出审计局和驻审计署纪检监察组四级调研员及以上干部，各在京直属单位主要负责同志在署机关分会场参加会议。

8月29日下午 副审计长王文斌在双榆树办公区出席科研所博士后中期考核会议。相关课题专家组成员参加会议。

8月29日下午 郝书辰主任主持召开审计业务会议，研究有关经济责任审计工作。审理司、经责司、相关特派办负责同志参加会议。

8月29日下午、30日下午 副审计长章轲以视频方式出席二十国集团最高审计机关（“审计20”）负责人第一次会议。社保司、国际司主要负责同志参加相关会议。

8月30日上午 郝书辰主任出席全国“人民满意的公务员”和“人民满意的公务员集体”表彰大会。

8月30日上午 受署党组委托，副审计长章轲在署老领导吕培俭家中为其祝寿。离退休办主要负责同志参加祝寿活动。

8月30日下午 副审计长秦博勇会见国务院发展研究中心主任陆昊。

8月30日下午 副审计长章轲会见国资委副主任谭作钧。

8月31日上午 审计长侯凯列席国务院常务会议。

8月31日至9月3日上午 副审计长章轲在贵州省审计厅、贵州省黔东南州丹寨县审计局、贵州省红十字会、丹寨县调研。其间，在丹寨县排调镇甲石村出席审计署向帮扶单位捐赠计算机设备交接仪式，并看望署挂职干部。社保司、机关党委（巡视办）、成都特派办负责同志参加相关活动。

9月

9月1日上午 副审计长秦博勇出席川藏铁路审计监督工作机制协调会。投资司、成都特派办主要负责同志参加会议。

9月1日上午 副审计长王文斌会见中国国新控股有限责任公司党委书记、董事长周渝波。企业司主要负责同志参加会见。

9月1日上午 任洪斌组长在国资委参观中央企业科技攻关成效展。驻审计署纪检监察组负责同志参加活动。

9月1日至11月30日 郝书辰主任在中央党校（国家行政学院）参加省部级干部习近平新时代中国特色社会主义思想高级研修班。

9月1日下午 副审计长秦博勇出席国务院办公厅有关专题会议。金融司主要负责同志参加会议。

9月2日下午 任洪斌组长在署机关出席中央纪委三室“资本与权力勾连”调研座谈会。

9月5日上午 任洪斌组长主持召开驻审计署纪检监察组组长办公会。

9月5日上午 副审计长章轲在双榆树办公区出席有关审计组中期业务会。涉外司、发展统计局、科研所、外资中心负责同志参加会议。

9月5日下午 副审计长王文斌出席中央有关工作领导小组会议。

9月5日下午 副审计长王陆进主持召开审

计业务会议，研究有关经济责任审计报告。审理司、行政司、经责司、相关特派办负责同志参加会议。

9月6日上午 副审计长秦博勇主持召开审计业务会议，研究有关自然资源资产离任审计意见。资环司、资源环境局、相关特派办主要负责同志参加会议。

9月6日下午 副审计长王文斌会见国家机关事务管理局副局长和培林。服务局主要负责同志参加会见。

9月7日上午 受审计长侯凯委托，副审计长秦博勇列席国务院常务会议。

9月7日上午 任洪斌组长在金融司调研。驻审计署纪检监察组负责同志参加调研。

9月7日下午 副审计长王文斌会见中国储备粮管理集团有限公司党组书记、董事长邓亦武。企业司主要负责同志参加会见。

9月7日下午 副审计长王陆进主持召开审计业务会议，研究有关经济责任审计报告。总审计师赵保林出席。财政司、审理司、经责司、相关特派办负责同志参加会议。

9月8日上午 副审计长王文斌出席中央和国家机关基层党组织建设质量提升推进会。机关党委（巡视办）、农业水利局主要负责同志参加会议。

9月8日上午 任洪斌组长出席全国纪检监察系统表彰大会。

9月8日 副审计长王陆进主持召开有关审计中期汇报会。政研室、相关特派办负责同志参加会议。

9月8日上午 副审计长章轲在怀柔基地出席联合国维和行动2022年期末审计组中期业务会。涉外司主要负责同志参加会议。

9月8日上午 总审计师赵保林会见北京市常务副市长崔述强。财政司负责同志参加会见。

9月8日下午 受审计长侯凯委托，副审计长秦博勇出席国务院专题会议。

9月9日 副审计长王文斌参加机关党委（巡视办）党支部主题党日活动。

9月9日上午 任洪斌组长先后主持召开驻审计署纪检监察组业务学习会和组务会。

9月9日下午 副审计长秦博勇出席首都规划建设委员会第44次全体会议。投资司负责同志参加会议。

9月9日下午 副审计长章轲出席全国新冠肺炎疫情防控工作电视电话会议。

9月13日上午 审计长侯凯在中央纪委机关出席十九届中央纪委常委会会议。

9月13日上午 任洪斌组长主持召开驻审计署纪检监察组组长办公会。

9月13日上午 副审计长王陆进、总审计师赵保林出席财政审计工作领导小组会议。领导小组成员单位负责同志参加会议。

9月13日上午 副审计长章轲参加国际司党支部党日活动。

9月13日下午 审计长侯凯列席国务院常务会议。

9月13日下午 副审计长章轲出席有关审计组交流会。外资中心主要负责同志参加会议。

9月14日上午 副审计长秦博勇出席民建十一届二十一次主席会议、二十次中常委会议。

9月14日上午 总审计师赵保林在双榆树办公区出席科研所博士后中期考核会议。相关课题专家组成员参加会议。

9月14日下午 党组书记侯凯主持召开党组会议，集体学习《纪检监察机关派驻机构工作规则》，研究有关人事事项。党组成员王文斌、任洪斌、王陆进、章轲、赵保林出席。副审计长秦博勇列席会议。秘书局、办公厅、政研室、法规司、人教司、机关党委（巡视办）、驻审计署纪检监察组负责同志列席相关议题的研究。

9月15日下午 副审计长秦博勇出席民建中央法制委员会2022年全体会议。

9月15日下午 副审计长王文斌会见国家电网有限公司党组书记、董事长辛保安。企业司主要负责同志参加会见。

9月15日下午 副审计长王陆进、总审计师赵保林出席财政司第七期“财政审计课堂”。

9月15日下午 副审计长章轲在北京市审计局就业补助资金和失业保险基金项目审计现场调研。社保司主要负责同志参加调研。

9月16日下午 副审计长秦博勇在民建中央谈话。

9月19日上午 任洪斌组长主持召开驻审计

署纪检监察组组长办公会。

9月20日上午 任洪斌组长在中国航空发动机集团有限公司审计现场调研。驻审计署纪检监察组负责同志参加调研。

9月20日上午 副审计长王陆进在财政部审计现场调研。财政司负责同志参加调研。

9月20日下午 党组书记侯凯主持召开党组会议，研究有关人事事项。党组成员王文斌、任洪斌、王陆进、章轲、赵保林出席。副审计长秦博勇，人教司、机关党委（巡视办）、驻审计署纪检监察组负责同志列席会议。

9月20日下午 审计长侯凯主持召开审计长会议，研究有关专项审计工作方案。署领导秦博勇、王文斌、任洪斌、王陆进、章轲、赵保林出席。秘书局、办公厅、政研室、法规司、审理司、税收司、行政司、金融司、企业司、科研所负责同志列席会议。

9月21日上午 审计长侯凯列席国务院常务会议。副审计长王陆进列席相关议题的研究。

9月21日下午 副审计长王陆进、总审计师赵保林出席财政审计工作座谈会，听取部分特派办对财政审计工作的意见建议。财政司、行政司、相关特派办负责同志参加会议。

9月22日上午 副审计长王陆进出席国务院有关专题会议。财政司负责同志参加会议。

9月22日下午 审计长侯凯在中央纪委机关出席十九届中央纪委常委会会议，并参加集体学习。

9月23日上午 署党组理论学习中心组召开学习会，党组书记侯凯主持学习会并讲话。党组成员王文斌、任洪斌、王陆进、章轲、赵保林出席，并结合学习《习近平谈治国理政》第四卷，习近平总书记在省部级主要领导干部专题研讨班上的重要讲话精神，习近平法治、经济、生态文明思想3个学习纲要等，交流学习体会。秘书局、办公厅、政研室、法规司、人教司、机关党委（巡视办）、驻审计署纪检监察组负责同志参加学习会。

9月23日上午 副审计长秦博勇出席国务院办公厅有关专题会议。金融司主要负责同志参加会议。

9月23日下午 审计长侯凯在中央纪委机关出席十九届中央纪委常委会会议。

9月23日下午 任洪斌组长在国家开发银行审计现场调研。驻审计署纪检监察组负责同志参加调研。

9月23日下午 副审计长王陆进参加政研室党支部在香山革命纪念地开展的“喜迎二十大、建功新时代”主题党日活动。

9月24日上午 副审计长章轲参加第18期中国科技会堂论坛。

9月26日上午 审计长侯凯列席国务院常务会议。

9月26日至30日 副审计长王文斌在中国第一汽车集团有限公司、中国船舶集团有限公司审计现场调研。企业司主要负责同志参加调研。

9月26日上午 任洪斌组长主持召开驻审计署纪检监察组组长办公会。

9月26日下午 副审计长章轲以视频方式出席2022年中俄审计研讨会。资环司、国际司负责同志参加会议。

9月27日上午 副审计长章轲会见全国政协常委、外事委员会委员周树春。

9月27日下午 党组书记侯凯主持召开党组会议，研究有关人事事项。党组成员任洪斌、王陆进、章轲、赵保林出席。副审计长秦博勇，人教司、机关党委（巡视办）、驻审计署纪检监察组负责同志列席会议。

9月28日上午 审计长侯凯出席国务院专题会议。

9月28日上午 任洪斌组长在财政司调研。总审计师赵保林，驻审计署纪检监察组负责同志参加调研。

9月28日下午 副审计长章轲在双榆树办公区出席中国审计学会纪念中国特色社会主义审计监督制度建立40周年专家座谈会。

9月30日上午 副审计长章轲会见国资委副主任谭作钧。

9月30日下午 审计长侯凯在人民大会堂出席2022年国庆招待会。

10月

10月7日上午 审计长侯凯出席十九届中央纪委第七次全体会议。

10月8日上午 审计长侯凯列席国务院常务会议。

10月8日上午 任洪斌组长主持召开驻审计署纪检监察组组长办公会。

10月9日至12日 审计长侯凯列席党的十九届七中全会。

10月9日至12日 任洪斌组长出席党的十九届七中全会。

10月9日下午 副审计长王文斌会见中国医药集团有限公司党委书记、董事长刘敬桢。企业司主要负责同志参加会见。

10月10日上午 副审计长章轲以视频方式出席庆祝中国审计高等教育40周年暨南京审计大学发展专家座谈会。

10月10日下午 副审计长王文斌会见中国能建集团有限公司党委书记、董事长宋海良。企业司主要负责同志参加会见。

10月10日晚 副审计长章轲以视频方式出席“金砖国家”最高审计机关负责人第三次会议。国际司主要负责同志参加会议。

10月11日 副审计长王文斌在国家电网有限公司、中国铝业集团有限公司审计现场调研。企业司主要负责同志参加调研。

10月12日 副审计长王文斌在中国华电集团有限公司、中国机械工业集团有限公司审计现场调研。企业司主要负责同志参加调研。

10月12日下午 副审计长章轲主持召开审计业务会议，研究外资审计工作。涉外司、科研所、外资中心主要负责同志参加会议。

10月13日上午 党组书记侯凯主持召开党组会议，听取关于2022年部分项目预算细化及预算调剂的汇报，研究署领导工作分工、有关人员处分意见和有关人事事项。党组成员王文斌、任洪斌、章轲、赵保林出席。副审计长秦博勇列席会议。办公厅、人教司、机关党委（巡视办）、驻审计署纪检监察组负责同志列席相关议题的研究。

10月13日上午 审计长侯凯主持召开审计长会议，研究有关审计工作方案、《审计署审计查出问题整改分类试行办法》。署领导秦博勇、王文斌、任洪斌、章轲、赵保林出席。秘书局、办公厅、政研室、法规司、审理司、数据司、财政司、税收司、行政司、农业司、投资司、社保司、资环司、金融司、企业司、涉外司、经责司、科研所负责同志列席相关议题的研究。

10月14日 副审计长王文斌在中国电子科技集团有限公司、国家开发投资集团有限公司审计现场调研。企业司主要负责同志参加调研。

10月16日至22日上午 审计长侯凯、副审计长章轲出席中国共产党第二十次全国代表大会，任洪斌组长列席会议。

10月16日上午、22日上午 副审计长秦博勇列席中国共产党第二十次全国代表大会开幕会、闭幕会。

10月18日 副审计长王文斌在中国航天科技集团有限公司、中国航空工业集团有限公司审计现场调研。企业司主要负责同志参加调研。

10月20日 副审计长王文斌在中国航空发动机集团有限公司、中国核工业集团有限公司审计现场调研。企业司主要负责同志参加调研。

10月21日 副审计长王文斌在中国移动通信集团有限公司、中国储备粮管理集团有限公司审计现场调研。企业司主要负责同志参加调研。

10月23日上午 审计长侯凯、任洪斌组长出席二十届中央纪委第一次全体会议。

10月23日上午 审计长侯凯出席党的二十届一中全会，任洪斌组长列席会议。

10月24日上午 任洪斌组长先后主持召开驻审计署纪检监察组组长办公会和组务会。

10月24日上午 副审计长章轲出席联合国秘书处2022财年期中审计组交流会。涉外司、外资中心负责同志参加会议。

10月25日下午 党组书记侯凯主持召开党组会议，传达学习党的二十大会议精神，研究有关人事事项。党组成员王文斌、任洪斌、章轲、赵保林出席。秘书局、办公厅、政研室、法规司、人教司、机关党委（巡视办）、服务局、驻审计署纪检监察组负责同志列席相关议题的研究。

10月25日上午 副审计长秦博勇出席中央统战部党外人士情况通报会。

10月25日上午 任洪斌组长在企业司调研。驻审计署纪检监察组负责同志参加调研。

10月25日上午 受署党组委托，副审计长章轲在署老领导翟熙贵家中为其祝寿。离退休办主要负责同志参加祝寿活动。

10月25日下午 副审计长秦博勇参加民建中央理论学习中心组学习。

10月26日上午 审计长侯凯列席国务院常务会议。

10月26日下午 审计长侯凯、任洪斌组长在中央纪委机关出席中央纪委国家监委传达党的二十大精神会议。

10月27日下午 审计署召开学习宣传贯彻党的二十大精神动员部署会，审计长侯凯主持会议并讲话。署领导秦博勇、任洪斌、章轲、赵保林出席。署机关各单位、各派出审计局、各特派员办事处、各直属单位，驻审计署纪检监察组党员干部分别在署机关主会场和各分会场参加会议。

10月27日下午 受署党组委托，总审计师赵保林出席交通运输局全体干部大会，宣布该局主要负责同志任免决定。人教司主要负责同志参加会议。

10月28日上午 受署党组委托，副审计长王文斌出席企业二局全体干部大会，宣布该局主要负责同志任免决定。人教司主要负责同志参加会议。

10月28日上午 副审计长章轲在怀柔基地参加涉外司党支部、外资中心党支部、联合国秘书处2022财年期中审计组临时党支部、联合国基金方案2022财年期中审计组临时党支部学习贯彻党的二十大精神主题联学活动并作宣讲。

10月28日 副审计长章轲在怀柔基地出席联合国基金方案2022财年期中审计组、联合国秘书处2022财年期中审计组中期汇报会。涉外司、外资中心主要负责同志参加会议。

10月31日至11月2日上午 副审计长秦博勇出席全国政协十三届常委会第二十四次会议。

10月31日上午 副审计长王文斌在中国建筑集团有限公司审计现场调研。企业司主要负责同志参加调研。

10月31日上午 任洪斌组长主持召开驻审计署纪检监察组组长办公会。

10月31日下午 副审计长章轲参加国际司党支部、社保司党支部学习贯彻党的二十大精神主题联学活动并作宣讲。

10月31日下午 总审计师赵保林在有关经济责任审计项目集中审理工作现场调研。审理司主要负责同志参加调研。

11月

11月1日上午 审计长侯凯在中央纪委机关出席二十届中央纪委常委会会议。

11月1日下午 副审计长章轲会见大连市市长陈绍旺。

11月2日上午 审计长侯凯列席国务院常务会议。

11月2日上午 副审计长王文斌在国家能源投资集团有限公司审计现场调研。企业司主要负责同志参加调研。

11月2日上午 副审计长章轲出席有关审计专题视频研讨班并讲话。社保司、相关派出局、各特派办、各省级审计机关负责同志参加培训班。

11月2日下午 党组书记侯凯主持召开党组会议，传达学习中央办公厅印发的《推进领导干部能上能下规定》，研究有关文件和有关人事事项。党组成员王文斌、任洪斌、章轲、赵保林出席。秘书局、办公厅、政研室、法规司、审理司、内审司、投资司、人教司、机关党委（巡视办）、科研所、驻审计署纪检监察组负责同志列席相关议题的研究。

11月2日下午 审计长侯凯主持召开审计长会议，研究有关审计情况报告。署领导王文斌、任洪斌、章轲、赵保林出席。秘书局、办公厅、政研室、法规司、审理司、财政司、行政司、科研所负责同志列席会议。

11月2日下午 副审计长秦博勇出席民建中央在京主席座谈会。

11月3日上午 副审计长王文斌在中国电信集团有限公司审计现场调研。企业司主要负责同志参加调研。

11月3日上午 副审计长章轲出席中国审计学会2022年度审计理论研究骨干培训班并讲话。

11月3日下午 副审计长秦博勇会见中央财经委员会办公室副主任廖岷。金融司、郑州特派办主要负责同志参加会见。

11月4日上午 总审计师赵保林出席有关审计视频培训班并讲话。财政司负责同志参加培训班。

11月4日下午 总审计师赵保林会见国管局副局长赵建国。行政司主要负责同志参加会见。

11月5日下午至13日上午 副审计长章轲率中国审计代表团赴巴西里约热内卢出席世界审计组织第24届大会和世界审计组织理事会第76次会议。香港、澳门特别行政区审计署主要负责人，国际司负责同志参加会议。

11月7日上午 党组书记侯凯主持召开党组会议，研究有关人事事项。党组成员王文斌、任洪斌、赵保林出席。副审计长秦博勇，人教司主要负责同志列席会议。

11月7日上午 受署党组委托，副审计长王文斌出席企业六局全体干部大会，宣布该局主要负责同志调整决定。人教司主要负责同志参加会议。

11月7日上午 任洪斌组长主持召开驻审计署纪检监察组组长办公会。

11月8日上午 副审计长王文斌以视频方式听取有关单位审计情况汇报。企业司主要负责同志参加会议。

11月8日下午 党组书记侯凯主持召开党组会议，听取关于接收预备党员等情况汇报，研究《关于2021年度中央预算执行和其他财政支出审计查出问题整改情况的报告》和有关人事事项。党组成员王文斌、任洪斌、赵保林出席。秘书局、办公厅、政研室、法规司、审理司、数据司、财政司、税收司、行政司、农业司、投资司、社保司、资环司、金融司、企业司、涉外司、经责司、人教司、机关党委（巡视办）、驻审计署纪检监察组负责同志列席相关议题的研究。

11月8日下午 审计长侯凯主持召开审计长会议，研究有关审计情况报告。署领导王文斌、任洪斌、赵保林出席。秘书局、办公厅、政研室、法规司、审理司、财政司、农业司、科研所负责同志列席会议。

11月8日下午 副审计长秦博勇参加民建十一届二十二次主席会议、二十一次中常委会议、2022年度民建中央领导班子述职和民主评议会。

11月9日上午 任洪斌组长会见中央纪委国家监委驻银保监会纪检监察组组长王陆进。驻审计署纪检监察组负责同志参加会见。

11月9日上午 总审计师赵保林出席全国人大常委会预算工委组织的2021年度审计查出突出问题整改情况跟踪监督座谈会。政研室主要负责同志参加座谈会。

11月9日下午 审计长侯凯出席中央组织部人才工作专题会议。

11月10日上午 审计长侯凯、副审计长秦博勇参加署机关工会组织的党的二十大精神问答及“踔厉奋发　勇毅前行”活动。

11月10日上午 总审计师赵保林出席2022年中央部门预算执行等情况审计培训班并讲话。财政司、税收司、行政司、相关派出局负责同志参加培训班。

11月10日下午、11日上午 中央审计办主任、党组书记、审计长侯凯主持召开中央审计办主任办公会议和党组会议，研究有关经济责任审计报告和有关自然资源资产离任（任中）审计意见。署领导秦博勇、王文斌、任洪斌、赵保林出席相关会议。办公厅、政研室、法规司、审理司、财政司、行政司、资环司、经责司、人教司、机关党委（巡视办）、资源环境局、京津冀特派办、沈阳特派办、哈尔滨特派办、南京特派办、武汉特派办、广州特派办、济南特派办、昆明特派办、成都特派办、长沙特派办、长春特派办、驻审计署纪检监察组负责同志列席相关议题的研究。

11月10日下午 总审计师赵保林出席中央部门审计局主要负责同志座谈会。行政司主要负责同志参加座谈会。

11月11日上午 任洪斌组长出席中央纪委国家监委第三、第四监督检查室联系派驻机构工作会议。

11月11日下午 审计长侯凯在中央纪委机关参加二十届中央纪委常委会集体学习。

11月11日下午 副审计长秦博勇出席国务院联防联控机制电视电话会议。

11月14日上午 署党组理论学习中心组召开学习会，党组书记侯凯主持学习会并讲话。署领导秦博勇、王文斌、任洪斌、赵保林出席。与会人员观看大型电视专题片《领航》第十五集：自我革命，交流学习党的二十大精神感想体会，并结合分管工作，就贯彻落实提出思路举措。秘书局、办公厅、政研室、法规司、人教司、机关党委（巡视办）、驻审计署纪检监察组负责同志参加学习会。

11 月 14 日上午　任洪斌组长主持召开驻审计署纪检监察组组长办公会。

11 月 14 日下午　审计署召开学习贯彻党的二十大精神宣讲会，党组书记、审计长侯凯以“在习近平新时代中国特色社会主义思想指引下，奋力开创审计工作高质量发展新局面”为题，为全署党员干部讲党课，宣讲二十大精神。署领导秦博勇、王文斌、任洪斌、赵保林出席。署机关各单位、各派出审计局、各特派员办事处、各直属单位，驻审计署纪检监察组党员干部分别在署机关主会场和各分会场参加会议。

11 月 15 日下午　副审计长秦博勇、总审计师赵保林在北京展览馆参观“奋进新时代”主题成就展。

11 月 16 日上午　受署党组委托，副审计长王文斌出席数据司全体干部大会，宣布该司主要负责同志调整决定。人教司主要负责同志参加会议。

11 月 16 日上午　总审计师赵保林主持召开优秀审计项目评选领导小组会议。领导小组成员单位主要负责同志参加会议。

11 月 16 日上午　受署党组委托，总审计师赵保林出席群团文化局全体干部大会，宣布该局主要负责同志调整决定。人教司主要负责同志参加会议。

11 月 16 日下午　总审计师赵保林出席有关专题工作会议。秘书局、政研室、数据司和相关业务司专项工作牵头人参加会议。

11 月 17 日上午　副审计长王文斌主持召开审计业务会议，研究 2022 年中央企业财务收支审计有关工作。企业司、企业审计局、相关特派办负责同志参加会议。

11 月 17 日下午　党组书记侯凯主持召开党组会议，听取关于拟组织实施有关审计项目的汇报，研究有关人事事项。党组成员王文斌、任洪斌、赵保林出席。副审计长秦博勇列席会议。秘书局、办公厅、政研室、法规司、审理司、投资司、人教司、机关党委（巡视办）、驻审计署纪检监察组负责同志列席相关议题的研究。

11 月 17 日下午　审计长侯凯主持召开审计长会议，研究《关于 2022 年全国审计机关优秀审计项目评选情况的报告》《审计机关审计业务质量检查办法》。署领导秦博勇、王文斌、任洪斌、赵保林出席。秘书局、办公厅、政研室、法规司、审理司、财政司、金融司、企业司、人教司、机关党委（巡视办）、科研所负责同志列席相关议题的研究。

11 月 18 日上午　副审计长王文斌出席 2022 年度通联宣传工作暨审计文化书屋建设工作座谈会。办公厅、报社、出版社、培训中心（宣传中心）主要负责同志在署机关主会场参加会议，各省、自治区、直辖市和计划单列市、新疆生产建设兵团审计厅（局）负责同志在各分会场参加会议。

11 月 18 日上午　任洪斌组长先后主持召开驻审计署纪检监察组组务会、组长办公会。

11 月 18 日下午　中央审计办主任、党组书记、审计长侯凯主持召开中央审计办主任办公会议和党组会议，传达习近平总书记重要批示精神，研究有关经济责任审计报告。署领导秦博勇、王文斌、任洪斌、赵保林出席相关会议。秘书局、办公厅、政研室、法规司、审理司、财政司、行政司、企业司、经责司、机关党委（巡视办）、宣传审计局、科学技术局、工信建设局、民政社保局、资源环境局、贸易审计局、卫生体育局、社会管理局、重庆特派办、驻审计署纪检监察组负责同志列席相关议题的研究。

11 月 21 日上午　副审计长章轲以视频方式出席有关审计培训班并讲话。社保司、各特派办负责同志参加培训班。

11 月 21 日下午　受署党组委托，副审计长王文斌以视频方式出席深圳特派办全体干部大会，宣布该办主要负责同志调整决定。人教司主要负责同志参加会议。

11 月 21 日晚　副审计长王文斌以视频方式出席国际标准化组织审计数据服务技术委员会第三次年会开幕式并致辞。数据司、国际司、计算中心、外资中心负责同志参加会议。

11 月 22 日下午　审计长侯凯列席国务院常务会议。

11 月 22 日下午　受署党组委托，副审计长章轲出席科研所全体干部大会，宣布该所主要负责同志调整决定。人教司负责同志参加会议。

11月22日下午 总审计师赵保林出席省区市党委组织部长、统战部长，中央和国家机关等有关单位负责人会议。人教司主要负责同志参加会议。

11月23日上午 党组书记侯凯主持召开党组会议，听取关于2022年统一组织审计项目工作经费等情况汇报，有关人员处分意见和有关人事事项。会议还宣布了中央有关决定并研究党组成员分工。党组成员王文斌、任洪斌、章轲、赵保林、王本强出席。办公厅、法规司、人教司、机关党委（巡视办）、驻审计署纪检监察组负责同志列席相关议题的研究。

11月23日上午 副审计长秦博勇出席金融委第73次全体会议。金融司负责同志参加会议。

11月23日上午 受署党组委托，总审计师赵保林出席农业水利局全体干部大会，宣布该局主要负责同志调整决定。人教司主要负责同志参加会议。

11月23日下午至12月3日 审计长侯凯率中国审计代表团赴智利出席联合国审计委员会第52次特别会议、联合国外聘审计团第62次例会和联合国外聘审计团技术小组第38次会议。涉外司、国际司主要负责同志参加会议。

11月23日下午 副审计长秦博勇出席有关审计视频培训班并讲话。投资司、相关特派办主要负责同志参加培训班。

11月25日下午 副审计长秦博勇会见国家开发银行董事长赵欢。金融司、太原特派办负责同志参加会见。

11月28日上午 受审计长侯凯委托，副审计长秦博勇列席国务院常务会议。

11月28日上午 任洪斌组长主持召开驻审计署纪检监察组组长办公会。

12月

12月4日上午 副审计长章轲出席疫情防控工作情况通报会。

12月5日上午 副审计长秦博勇主持召开审计业务会议，研究有关经济责任审计报告。金融司、相关派出局、特派办负责同志参加会议。

12月5日 任洪斌组长先后主持召开驻审计署纪检监察组组长办公会、2022年专题调研成果分享会。

12月6日上午 署领导秦博勇、任洪斌、郝书辰、章轲、赵保林在人民大会堂参加江泽民同志追悼大会。

12月6日下午 副审计长章轲在企业司调研。

12月12日下午 副审计长章轲出席有关审计培训班并讲话。

12月14日 副审计长秦博勇出席中国民主建国会十一届六中全会。

12月15日至17日 副审计长秦博勇出席中国民主建国会第十二次全国代表大会。

12月15日至16日 副审计长章轲出席中央经济工作会议。

12月20日上午 党组书记侯凯主持召开党组会议，传达中央经济工作会议精神，研究调整规范经济责任审计及相关审计整改报告的报送程序和内容体例，有关经济责任审计报告和有关人事事项。党组成员任洪斌、郝书辰、章轲、赵保林、王本强出席。秘书局、办公厅、法规司、内审司、财政司、行政司、农业司、社保司、资环司、金融司、企业司、经责司、人教司、机关党委（巡视办）、科研所、驻审计署纪检监察组负责同志列席相关议题的研究。

12月20日下午 审计长侯凯列席国务院常务会议。

12月23日上午 审计长侯凯出席中央农村工作会议第一次全体会议。

12月23日 副审计长章轲在署定点帮扶县河北省保定市顺平县调研慰问。机关党委（巡视办）主要负责同志参加活动。

12月25日下午 审计长侯凯在署机关以视频方式出席全国新冠肺炎疫情防控工作电视电话会议。

12月27日上午 任洪斌组长主持召开驻审计署纪检监察组组长办公会。

12月27日上午 副审计长章轲在离退休办、科研所、报社、培训中心（宣传中心）、审计学会、外资中心调研。

12月27日下午 副审计长章轲在企业三局、企业五局调研。企业司负责同志参加调研。

12月28日上午 副审计长章轲主持召开专题会议，研究意识形态相关工作。办公厅、机关党委（巡视办）、报社、出版社、培训中心（宣传中心）主要负责同志参加会议。

12 月 28 日下午 副审计长章轲在企业二局调研。企业司负责同志参加调研。

12 月 28 日下午 副审计长章轲参加国际司党支部党日活动。

12 月 28 日下午 受国务院委托，王本强副审计长在十三届全国人大常委会第三十八次会议上作《国务院关于 2021 年度中央预算执行和其他财政收支审计查出问题整改情况的报告》。

12 月 29 日上午 党组书记侯凯主持召开党组会议，传达中央农村工作会议精神，听取关于当前审计项目受新冠肺炎疫情影响情况及下一步工作建议的汇报，研究《2023 审计年度统一组织审计项目计划草案》《全国审计工作会议筹备方案》《全国审计工作会议报告稿及结束时总结讲话稿》《中共审计署党组 2022 年度民主生活会实施方案》和有关人事事项。党组成员任洪斌、郝书辰、章轲、赵保林、王本强出席。秘书局、办公厅、政研室、法规司、审理司、内审司、数据司、财政司、税收司、行政司、农业司、投资司、社保司、资环司、金融司、企业司、涉外司、经责司、人教司、机关党委（巡视办）、服务局、计算中心、科研所、驻审计署纪检监察组负责同志列席相关议题的研究。

12 月 29 日上午 审计长侯凯主持召开审计长会议，研究《2023 年联合国审计项目计划》。署领导任洪斌、郝书辰、章轲、赵保林、王本强出席。秘书局、办公厅、涉外司、国际司、人教司、科研所负责同志列席会议。

12 月 29 日下午 总审计师赵保林出席有关审计中期汇报会并讲话。财政司、税收司、行政司和相关派出局负责同志参加会议。

12 月 29 日下午 副审计长王本强参加十三届全国人大常委会第三十八次会议分组审议。财政司、行政司、农业司、社保司、企业司负责同志参加分组审议。

审计工作统计

2022 年审计工作综合情况统计表
——全国审计机关

指标名称	单位	合计	审计署本级汇总	审计署派出局汇总	审计署特派办汇总	地方审计机关汇总
一、审计单位	个	77921	41	119	286	77475
审计	个	71629	41	115	241	71232
专项审计调查	个	6292		4	45	6243
二、审计查出主要问题金额	万元	2273974239.81	18162917	122021546.73	830748324.12	1303041451.96
违规金额	万元	58193252.54	1381838	231891.37	2246124.16	54333399.01
损失浪费金额	万元	4848003.74		84907.99	456206.29	4306889.46
管理不规范金额	万元	2210932983.53	16781079	121704747.37	828045993.67	1244401163.49
三、审计发现非金额计量问题	个	443573	209	1010	5379	436975
四、损益(收支)不实	万元	143123792.25	7958	9983045.1	61261880.78	71870908.37
五、审计发现侵害人民群众利益	万元	5589860.81		2413.93	644922.93	4942523.95
六、审计期间整改金额	万元	70895262.95	9121	4202935.12	14337764.63	52345442.2
七、审计报告和专项审计调查报告	篇	100360	39	113	302	99906
被批示、采用审计报告和专项审计调查报告	篇·次	9944			2	9942
八、审计处理情况	—	—	—	—	—	—
审计处理处罚	万元	237412068.3	7229	17459987.17	44567493.13	175377359
其中:应上交财政	万元	33143558.58	5563	72380.33	1482574.42	31583040.83
其中:罚没	万元	37389.47				37389.47
应减少财政拨款或补贴	万元	2936653.9		2347.27	32703.6	2901603.03
应归还原渠道资金	万元	41047656.03		4139217.68	6330763.75	30577674.6
应缴纳其他资金	万元	15968031.05		63979.3	650789.99	15253261.76
应调账处理金额	万元	144316168.74	1666	13182062.59	36070661.37	95061778.78

续表

指标名称	单位	合计	审计署本级汇总	审计署派出局汇总	审计署特派办汇总	地方审计机关汇总
移送处理事项	件	15190	174	—	112	14904
司法机关	件	249	3	—	7	239
纪检监察机关	件	8190	131	—	73	7986
有关部门	件	6751	40	—	32	6679
移送处理人员	人	12736	489	—	324	11923
司法机关	人	275	2	—	8	265
纪检监察机关	人	9243	460	—	156	8627
有关部门	人	3218	27	—	160	3031
移送处理金额	万元	30133071. 71	2542849. 54	—	1232942. 79	26357279. 38
司法机关	万元	853021. 31	56705. 65	—	2232. 39	794083. 27
纪检监察机关	万元	13321418. 41	1318091. 76	—	566769. 5	11436557. 15
有关部门	万元	15958631. 99	1168052. 13	—	663940. 9	14126638. 96
九、审计处理结果落实情况	—	—	—	—	—	—
审计促进整改落实有关问题资金	万元	367896399. 59	5429079	7156322. 39	165024916. 01	190286082. 19
其中：增收节支	万元	46530510. 15	629563	513062. 24	13353333. 83	32034551. 08
已上交财政	万元	23850256. 21	11776	356276. 28	5845124. 19	17637079. 74
已减少财政拨款或补贴	万元	2263185	315220		12147. 11	1935817. 89
已归还原渠道资金	万元	20417068. 94	302567	156785. 96	7496062. 53	12461653. 45
已缴纳其他资金	万元	24278351. 21		45800. 12	1966079. 08	22266472. 01
已调账处理金额	万元	90566480. 84	2473	5620978. 12	36662160. 95	48280868. 77
审计促进拨付资金到位	万元	23436875. 38			9322038. 19	14114837. 19
审计后挽回(避免)损失	万元	6197267. 54		129. 03	1746130. 65	4451007. 86
核减投资额	万元	5388309. 45	160400			5227909. 45
移送处理落实事项	件	2717	44	—	21	2652
司法机关已处理	件	51	1	—	2	48
纪检监察机关已处理	件	1313	28	—	13	1272
有关部门已处理	件	1353	15	—	6	1332
移送处理落实人员	人	4783	405	—	66	4312
已追究刑事责任	人	119		—	2	117
已给予党纪政纪处分	人	2351	206	—	50	2095
有关部门已处理人员	人	2313	199	—	14	2100
十、审计成果利用情况	—	—	—	—	—	—
审计提出建议	条	229439	67	325	1009	228038

续表

指标名称	单位	合计	审计署本级汇总	审计署派出局汇总	审计署特派办汇总	地方审计机关汇总
其中：建议制定修改部门规定	条	2870		4	6	2860
建议制定修改法律法规	条	26			1	25
被采纳审计建议	条	197099	67	305	937	195790
被审计单位制定整改措施	项	71024		201	2641	68182
被审计单位建立健全规章制度	项	19519	74	171	746	18528
促进修改法律法规	条					
提交审计信息	篇	67333	137	42	714	66440
审计专题、综合性报告	篇	11003	28			10975
信息简报	篇	46520	109	42	714	45655
其中：重要审计信息	篇	7180	104	10	278	6788
被批示、采用审计信息	篇·次	34487	154	17	453	33863
审计专题、综合性报告	篇·次	8355	23			8332
信息简报	篇·次	21061	131	17	451	20462
其中：重要审计信息	篇·次	4464	131	6	320	4007
审计信息移送案件事项	项	194	36	—	—	158
涉案人员	人	406	232	—	—	174
涉案金额	万元	9110740.8	3052081.24	—	—	6058659.56
十一、向社会公告审计结果	篇	4996	2	—	—	4994
十二、被审计领导干部	人	30627	1	8	40	30578
其中：负直接责任问题金额	万元	6588587.97		16400	602530.39	5969657.58
涉嫌个人经济问题人数	人	6				6
金额	万元	55753.87				55753.87
十三、交办、配合事项	件	5647		38	50	5559
十四、审计机关	个	3219	1	30	18	3170
审计署及其派出机构	个	49	1	30	18	
省级审计机关	个	32				32
地级审计机关	个	438				438
县级审计机关	个	2700				2700
十五、审计人员	人	111700	780	552	2436	107932
审计署及其派出机构	人	3768	780	552	2436	
省级审计机关	人	8802				8802
地级审计机关	人	27714				27714
县级审计机关	人	71416				71416

2022 年审计工作综合情况统计表
——审计署派出审计局

指标名称	单位	审计署派出局汇总	中央机关审计局	宣传审计局	统战审计局	外交审计局
一、审计单位	个	119	5	6	4	4
审计	个	115	5	6	4	4
专项审计调查	个	4				
二、审计查出主要问题金额	万元	122021546.73	1205285.85	185938.55	51623.73	61655.64
违规金额	万元	231891.37	2163.04	3684.11	4239.71	2497.07
损失浪费金额	万元	84907.99				
管理不规范金额	万元	121704747.37	1203122.81	182254.44	47384.02	59158.57
三、审计发现非金额计量问题	个	1010	43	88	63	24
四、损益(收支)不实	万元	9983045.1		5792.02	11040.61	5864.61
五、审计发现侵害人民群众利益	万元	2413.93		2413.93		
六、审计期间整改金额	万元	4202935.12	59.7			20277.55
七、审计报告和专项审计调查报告	篇	113	3	5	4	4
被批示、采用审计报告和专项审计调查报告	篇·次					
八、审计处理情况	—	—	—	—	—	—
审计处理处罚	万元	17459987.17	2163.04	11881.61	17560.01	57021.89
其中:应上交财政	万元	72380.33	1432.04	753.65	4891.26	2497.07
其中:罚没	万元					
应减少财政拨款或补贴	万元	2347.27				2347.27
应归还原渠道资金	万元	4139217.68	731	2960.46		26826.28
应缴纳其他资金	万元	63979.3		2115.48	21.5	
应调账处理金额	万元	13182062.59		6052.02	12647.25	25351.27
九、审计处理结果落实情况	—	—	—	—	—	—
审计促进整改落实有关问题资金	万元	7156322.39	2914.24	3550.39	15565.52	20253.24
其中:增收节支	万元	513062.24	2014.24	3550.39	3390.03	15605.01
已上交财政	万元	356276.28	1283.24	644.74	3348.26	15605.01

续表

指标名称	单位	审计署派出局汇总	中央机关审计局	宣传审计局	统战审计局	外交审计局
已减少财政拨款或补贴	万元					
已归还原渠道资金	万元	156785.96	731	2905.65	41.77	
已缴纳其他资金	万元	45800.12				
已调账处理金额	万元	5620978.12	900		12175.48	2300.96
审计促进拨付资金到位	万元					
审计后挽回(避免)损失	万元	129.03				
核减投资额	万元					
十、审计成果利用情况	—	—	—	—	—	—
审计提出建议	条	325	7	11	11	12
其中:建议制定修改部门规定	条	4				
建议制定修改法律法规	条					
被采纳审计建议	条	305	4	11	11	12
被审计单位制定整改措施	项	201		18		15
被审计单位建立健全规章制度	项	171	3	7		6
促进修改法律法规	条					
提交审计信息	篇	42	1			1
审计专题、综合性报告	篇					
信息简报	篇	42	1			1
其中:重要审计信息	篇	10	1			
被批示、采用审计信息	篇·次	17	1			
审计专题、综合性报告	篇·次					
信息简报	篇·次	17	1			
其中:重要审计信息	篇·次	6	1			
十一、被审计领导干部	人	8		1		
其中:负直接责任问题金额	万元	16400				
涉嫌个人经济问题人数	人					
金额	万元					
十二、交办、配合事项	件	38	1		3	2

续表

指标名称	单位	政法审计局	教育审计局	科学技术审计局	工信建设审计局	民政社保审计局
一、审计单位	个	4	6	5	5	4
审计	个	4	6	5	5	4
专项审计调查	个					
二、审计查出主要问题金额	万元	287937.95	84595.17	340580.38	453927.22	576996.66
违规金额	万元	5219.34	52082.24	10999.1		68455.7
损失浪费金额	万元					
管理不规范金额	万元	282718.61	32512.93	329581.28	453927.22	508540.96
三、审计发现非金额计量问题	个	12	27	52	45	40
四、损益(收支)不实	万元	70391.19	466.61	7122.88		
五、审计发现侵害人民群众利益	万元					
六、审计期间整改金额	万元	9099.25	301.64	21350.18		
七、审计报告和专项审计调查报告	篇	4	4	5	5	5
被批示、采用审计报告和专项审计调查报告	篇·次					
八、审计处理情况	—	—	—	—	—	—
审计处理处罚	万元	75610.53	55844.33	48270.87		61924.45
其中:应上交财政	万元	5219.34	21282.24	369.59		65
其中:罚没	万元					
应减少财政拨款或补贴	万元					
应归还原渠道资金	万元			8200.12		61824.45
应缴纳其他资金	万元		30800	20656.69		
应调账处理金额	万元	70391.19	3762.09	19044.47		35
九、审计处理结果落实情况	—	—	—	—	—	—
审计促进整改落实有关问题资金	万元	32573.27	79470.48	319242.87	226406.3	61924.45
其中:增收节支	万元	5187.94	49169.36	1432.64	348.79	61889.45
已上交财政	万元	5187.94	20469.36	369.59	348.79	65
已减少财政拨款或补贴	万元					

续表

指标名称	单位	政法审计局	教育审计局	科学技术审计局	工信建设审计局	民政社保审计局
已归还原渠道资金	万元		28700	1063.05		61824.45
已缴纳其他资金	万元			21530.5		
已调账处理金额	万元	27385.33	3095.73	11875.13		35
审计促进拨付资金到位	万元					
审计后挽回(避免)损失	万元					
核减投资额	万元					
十、审计成果利用情况	—	—	—	—	—	—
审计提出建议	条	8	17	12	16	13
其中:建议制定修改部门规定	条				2	
建议制定修改法律法规	条					
被采纳审计建议	条	8	12	12	15	13
被审计单位制定整改措施	项	5			14	
被审计单位建立健全规章制度	项		6			
促进修改法律法规	条					
提交审计信息	篇		1			2
审计专题、综合性报告	篇					
信息简报	篇		1			2
其中:重要审计信息	篇		1			
被批示、采用审计信息	篇·次					
审计专题、综合性报告	篇·次					
信息简报	篇·次					
其中:重要审计信息	篇·次					
十一、被审计领导干部	人				1	1
其中:负直接责任问题金额	万元					
涉嫌个人经济问题人数	人					
金额	万元					
十二、交办、配合事项	件	2	1			2

续表

指标名称	单位	资源环境审计局	交通运输审计局	农业水利审计局	贸易审计局	卫生体育审计局
一、审计单位	个	7	5	6	7	6
审计	个	7	5	6	7	6
专项审计调查	个					
二、审计查出主要问题金额	万元	313604.41	110153.36	250604.51	809559.78	91873.28
违规金额	万元	52.3	3958.96	1632.14	22765.87	1371.25
损失浪费金额	万元					
管理不规范金额	万元	313552.11	106194.4	248972.37	786793.91	90502.03
三、审计发现非金额计量问题	个	55	29	120	44	40
四、损益(收支)不实	万元	1105.11	6010.44	2880.41	81587.89	5199.91
五、审计发现侵害人民群众利益	万元					
六、审计期间整改金额	万元	82392.08	26398.86	3287.41		2788.67
七、审计报告和专项审计调查报告	篇	7	5	4	7	6
被批示、采用审计报告和专项审计调查报告	篇·次					
八、审计处理情况	—	—	—	—	—	—
审计处理处罚	万元	82409.98	7838.12	1632.14	22845.91	7140
其中:应上交财政	万元	52.3	1882	1092	428.02	3112.72
其中:罚没	万元					
应减少财政拨款或补贴	万元					
应归还原渠道资金	万元		2076.96	540.14		1222
应缴纳其他资金	万元					
应调账处理金额	万元	82357.68	3879.16		22417.89	2805.28
九、审计处理结果落实情况	—	—	—	—	—	—
审计促进整改落实有关问题资金	万元	52.3	58919.92	1749.1	532857.12	2413.75
其中:增收节支	万元	52.3	58744.53	1749.1	301968.02	521.49
已上交财政	万元	52.3	3733	1223.96	301928.02	9.49
已减少财政拨款或补贴	万元					

续表

指标名称	单位	资源环境审计局	交通运输审计局	农业水利审计局	贸易审计局	卫生体育审计局
已归还原渠道资金	万元		55011.53	525.14	40	512
已缴纳其他资金	万元					
已调账处理金额	万元		175.39		56654.22	1209.76
审计促进拨付资金到位	万元					
审计后挽回(避免)损失	万元					
核减投资额	万元					
十、审计成果利用情况	—	—	—	—	—	—
审计提出建议	条	21	13	17	21	14
其中:建议制定修改部门规定	条					2
建议制定修改法律法规	条					
被采纳审计建议	条	21	13	17	21	12
被审计单位制定整改措施	项		13	28	21	
被审计单位建立健全规章制度	项		16		68	2
促进修改法律法规	条					
提交审计信息	篇				7	
审计专题、综合性报告	篇					
信息简报	篇				7	
其中:重要审计信息	篇				4	
被批示、采用审计信息	篇·次				4	
审计专题、综合性报告	篇·次					
信息简报	篇·次				4	
其中:重要审计信息	篇·次				3	
十一、被审计领导干部	人	1			1	1
其中:负直接责任问题金额	万元					16400
涉嫌个人经济问题人数	人					
金额	万元					
十二、交办、配合事项	件			1		1

续表

指标名称	单位	社会管理审计局	经济执法审计局	广电通讯审计局	发展统计审计局	群团文化审计局
一、审计单位	个	7	5	4	4	3
审计	个	7	5	4	4	3
专项审计调查	个					
二、审计查出主要问题金额	万元	445725.2	96522.56	19170.74	28297.79	25565.11
违规金额	万元	1793.68	119.35	129.03	94.36	
损失浪费金额	万元					
管理不规范金额	万元	443931.52	96403.21	19041.71	28203.43	25565.11
三、审计发现非金额计量问题	个	69	17	30	18	14
四、损益(收支)不实	万元	1235.51	1918.01		8477.6	10234.46
五、审计发现侵害人民群众利益	万元					
六、审计期间整改金额	万元	1043.68	61.13	949.75	2227.22	
七、审计报告和专项审计调查报告	篇	8	4	4	4	3
被批示、采用审计报告和专项审计调查报告	篇·次					
八、审计处理情况	—	—	—	—	—	—
审计处理处罚	万元	9082.84	51253.13	1231.36	13618.08	11563.52
其中:应上交财政	万元	1689.88			94.36	23.49
其中:罚没	万元					
应减少财政拨款或补贴	万元					
应归还原渠道资金	万元	103.8		129.03		
应缴纳其他资金	万元		119.35			15.67
应调账处理金额	万元	7289.16	51133.78	1102.33	13523.72	11524.36
九、审计处理结果落实情况	—	—	—	—	—	—
审计促进整改落实有关问题资金	万元	9619.81	65269.12	5752.31	16427.5	3639.73
其中:增收节支	万元	1689.88	627.77	129.03	94.36	
已上交财政	万元	1689.88			94.36	
已减少财政拨款或补贴	万元					

续表

指标名称	单位	社会管理审计局	经济执法审计局	广电通讯审计局	发展统计审计局	群团文化审计局
已归还原渠道资金	万元		627.77	129.03		
已缴纳其他资金	万元		12.78			
已调账处理金额	万元	865.51	40655.06	5623.28	8477.6	3639.73
审计促进拨付资金到位	万元					
审计后挽回(避免)损失	万元			129.03		
核减投资额	万元					
十、审计成果利用情况	—	—	—	—	—	—
审计提出建议	条	13	7	11	12	7
其中:建议制定修改部门规定	条					
建议制定修改法律法规	条					
被采纳审计建议	条	10	7	11	12	7
被审计单位制定整改措施	项	14	4	19	25	
被审计单位建立健全规章制度	项	4		12	23	
促进修改法律法规	条					
提交审计信息	篇					2
审计专题、综合性报告	篇					
信息简报	篇					2
其中:重要审计信息	篇					
被批示、采用审计信息	篇·次					
审计专题、综合性报告	篇·次					
信息简报	篇·次					
其中:重要审计信息	篇·次	2				
十一、被审计领导干部	人					
其中:负直接责任问题金额	万元					
涉嫌个人经济问题人数	人					
金额	万元					
十二、交办、配合事项	件			2	4	

续表

指标名称	单位	金融审计一局	金融审计二局	金融审计三局	企业审计一局	企业审计二局
一、审计单位	个	3	4	5	3	1
审计	个	2	3	3	3	1
专项审计调查	个	1	1	2		
二、审计查出主要问题金额	万元	7188396.96	8529684.81	80931108.12	1088599.83	593111.05
违规金额	万元	33400	3355.04			
损失浪费金额	万元			2000		
管理不规范金额	万元	7154996.96	8526329.77	80929108.12	1088599.83	593111.05
三、审计发现非金额计量问题	个	24	25	40	29	5
四、损益(收支)不实	万元	64441.75			173730	254000
五、审计发现侵害人民群众利益	万元					
六、审计期间整改金额	万元	2074768.02	149	4747.78	44.27	18983.16
七、审计报告和专项审计调查报告	篇	3	4	5	3	1
被批示、采用审计报告和专项审计调查报告	篇·次					
八、审计处理情况	—	—	—	—	—	—
审计处理处罚	万元	6875516.23	3355.04	87466.6	50370.84	424926.6
其中:应上交财政	万元	761.18	107.04	24158.97	69.84	
其中:罚没	万元					
应减少财政拨款或补贴	万元					
应归还原渠道资金	万元	4017499.04	3050	97.87	10301	200
应缴纳其他资金	万元	4419.51	198			5633.1
应调账处理金额	万元	2852836.5		63209.76	40000	419093.5
九、审计处理结果落实情况	—	—	—	—	—	—
审计促进整改落实有关问题资金	万元	181712.37	3598506.04	84485.5	52280.28	
其中:增收节支	万元	4167.44	8.04		486.87	
已上交财政	万元		8.04		69.84	
已减少财政拨款或补贴	万元					

续表

指标名称	单位	金融审计一局	金融审计二局	金融审计三局	企业审计一局	企业审计二局
已归还原渠道资金	万元	4167.44			417.03	
已缴纳其他资金	万元			24256.84		
已调账处理金额	万元	87553.51	3595300	60228.66	47466.78	
审计促进拨付资金到位	万元					
审计后挽回(避免)损失	万元					
核减投资额	万元					
十、审计成果利用情况	—	—	—	—	—	—
审计提出建议	条	10	14	24	9	3
其中:建议制定修改部门规定	条					
建议制定修改法律法规	条					
被采纳审计建议	条	10	14	24	9	3
被审计单位制定整改措施	项		9	11	5	
被审计单位建立健全规章制度	项			22	2	
促进修改法律法规	条					
提交审计信息	篇		5	2	4	5
审计专题、综合性报告	篇					
信息简报	篇		5	2	4	5
其中:重要审计信息	篇				2	
被批示、采用审计信息	篇·次		3	2	3	2
审计专题、综合性报告	篇·次					
信息简报	篇·次		3	2	3	2
其中:重要审计信息	篇·次				2	
十一、被审计领导干部	人					
其中:负直接责任问题金额	万元					
涉嫌个人经济问题人数	人					
金额	万元					
十二、交办、配合事项	件		1		2	1

续表

指标名称	单位	企业审计三局	企业审计四局	企业审计五局	企业审计六局	企业审计七局	企业审计八局
一、审计单位	个	1	1	1	1	1	1
审计	个	1	1	1	1	1	1
专项审计调查	个						
二、审计查出主要问题金额	万元	2473703.84	3072123.4	3472971.81	4546494.73	3042841.67	1642892.62
违规金额	万元				11914.08		1965
损失浪费金额	万元	1059.13	1784.74		80064.12		
管理不规范金额	万元	2472644.71	3070338.66	3472971.81	4454516.53	3042841.67	1640927.62
三、审计发现非金额计量问题	个	10	2	7	15	11	12
四、损益(收支)不实	万元	105600	76400	4588600	362974.5	2051400	2086571.59
五、审计发现侵害人民群众利益	万元						
六、审计期间整改金额	万元	1928377.74			5628.03		
七、审计报告和专项审计调查报告	篇	1	1	1	1	1	1
被批示、采用审计报告和专项审计调查报告	篇·次						
八、审计处理情况	—	—	—	—	—	—	—
审计处理处罚	万元	1293390.02	143456.62	2363121.44	2938833.72	1570136.72	1170521.53
其中:应上交财政	万元				1306.34		1092
其中:罚没	万元						
应减少财政拨款或补贴	万元						
应归还原渠道资金	万元	83.53	2030.88		468.12		873
应缴纳其他资金	万元						
应调账处理金额	万元	1293306.49	141425.74	2363121.44	2937059.26	1570136.72	1168556.53
九、审计处理结果落实情况	—	—	—	—	—	—	—
审计促进整改落实有关问题资金	万元	104997	407.98			1675331.8	
其中:增收节支	万元		90.1			145.46	
已上交财政	万元					145.46	
已减少财政拨款或补贴	万元						

续表

指标名称	单位	企业审计三局	企业审计四局	企业审计五局	企业审计六局	企业审计七局	企业审计八局
已归还原渠道资金	万元		90.1				
已缴纳其他资金	万元						
已调账处理金额	万元		317.88			1655043.11	
审计促进拨付资金到位	万元						
审计后挽回(避免)损失	万元						
核减投资额	万元						
十、审计成果利用情况	—	—	—	—	—	—	—
审计提出建议	条	3	3	3	3	3	7
其中:建议制定修改部门规定	条						
建议制定修改法律法规	条						
被采纳审计建议	条	3	3			3	7
被审计单位制定整改措施	项						
被审计单位建立健全规章制度	项						
促进修改法律法规	条						
提交审计信息	篇		8	4			
审计专题、综合性报告	篇						
信息简报	篇		8	4			
其中:重要审计信息	篇		2				
被批示、采用审计信息	篇·次			2			
审计专题、综合性报告	篇·次						
信息简报	篇·次			2			
其中:重要审计信息	篇·次						
十一、被审计领导干部	人						
其中:负直接责任问题金额	万元						
涉嫌个人经济问题人数	人						
金额	万元						
十二、交办、配合事项	件	2	2	6	1	3	1

2022年审计工作综合情况统计表
——审计署驻地方特派员办事处

指标名称	单位	审计署特派办汇总	京津冀特派办	太原特派办	沈阳特派办
一、审计单位	个	286	19	15	13
审计	个	241	18	11	11
专项审计调查	个	45	1	4	2
二、审计查出主要问题金额	万元	830748324.12	75285833.03	17302635.08	80570775.87
违规金额	万元	2246124.16	13649.8	13378.17	25558.88
损失浪费金额	万元	456206.29	5610.26	270475.3	4224.05
管理不规范金额	万元	828045993.67	75266572.97	17018781.61	80540992.94
三、审计发现非金额计量问题	个	5379	365	322	241
四、损益(收支)不实	万元	61261880.78	13702825.77	1672479.82	7544801.95
五、审计发现侵害人民群众利益	万元	644922.93	420.11	0.68	
六、审计期间整改金额	万元	14337764.63	1307870.93	152144.79	49727.37
七、审计报告和专项审计调查报告	篇	302	22	16	15
被批示、采用审计报告和专项审计调查报告	篇·次	2			
八、审计处理情况	—	—	—	—	—
审计处理处罚	万元	44567493.13	11439.61	13378.17	1790385.77
其中:应上交财政	万元	1482574.42	11249.5		214303.15
其中:罚没	万元				
应减少财政拨款或补贴	万元	32703.6			
应归还原渠道资金	万元	6330763.75	190.11	10870.01	61270.84
应缴纳其他资金	万元	650789.99		2508.16	3914.27
应调账处理金额	万元	36070661.37			1510897.51
移送处理事项	件	112	7	11	4

续表

指标名称	单位	审计署特派办汇总	京津冀特派办	太原特派办	沈阳特派办
司法机关	件	7	4	2	
纪检监察机关	件	73	2	7	2
有关部门	件	32	1	2	2
移送处理人员	人	324	19	11	3
司法机关	人	8	6	1	
其中:地厅级及以上	人				
县处级	人				
乡科级及以下	人	8	6	1	
纪检监察机关	人	156	6	9	2
其中:地厅级及以上	人	4			
县处级	人	37	2	4	2
乡科级及以下	人	115	4	5	
有关部门	人	160	7	1	1
其中:地厅级及以上	人				
县处级	人				
乡科级及以下	人	160	7	1	1
移送处理金额	万元	1232942. 79	1823. 66	2112	32841. 46
司法机关	万元	2232. 39	1507. 55	439. 94	
纪检监察机关	万元	566769. 5	307. 56	1644. 14	71
有关部门	万元	663940. 9	8. 55	27. 92	32770. 46
九、审计处理结果落实情况	—	—	—	—	—
审计促进整改落实有关问题资金	万元	165024916. 01	18003508. 86	1774837. 81	15398347. 3
其中:增收节支	万元	13353333. 83	396765. 54	24407. 83	1546973. 29
已上交财政	万元	5845124. 19	6229. 06	296. 53	1478712. 12
已减少财政拨款或补贴	万元	12147. 11		163. 99	
已归还原渠道资金	万元	7496062. 53	390536. 48	23947. 31	68261. 17

续表

指标名称	单位	审计署特派办汇总	京津冀特派办	太原特派办	沈阳特派办
已缴纳其他资金	万元	1966079.08	6198.26	760914.19	43916.9
已调账处理金额	万元	36662160.95	12378244.21	740000.5	4251677.19
审计促进拨付资金到位	万元	9322038.19	4368483.12	1048918.01	76297.34
审计后挽回(避免)损失	万元	1746130.65	828.33	43270.37	1478992.28
核减投资额	万元				
十、审计成果利用情况	—	—	—	—	—
审计提出建议	条	1009	62	87	45
其中:建议制定修改部门规定	条	6			
建议制定修改法律法规	条	1			
被采纳审计建议	条	937	48	87	45
被审计单位制定整改措施	项	2641	116	197	115
被审计单位建立健全规章制度	项	746	75	44	33
促进修改法律法规	条				
提交审计信息	篇	714	30	60	27
审计专题、综合性报告	篇				
信息简报	篇	714	30	60	27
其中:重要审计信息	篇	278	29	7	27
被批示、采用审计信息	篇·次	453	75	22	22
审计专题、综合性报告	篇·次				
信息简报	篇·次	451	75	22	22
其中:重要审计信息	篇·次	320	74	4	22
十一、被审计领导干部	人	40	3	1	3
其中:负直接责任问题金额	万元	602530.39	865.74		
涉嫌个人经济问题人数	人				
金额	万元				
十二、交办、配合事项	件	50	1	1	5

续表

指标名称	单位	哈尔滨特派办	上海特派办	南京特派办	武汉特派办	广州特派办
一、审计单位	个	16	16	18	13	21
审计	个	15	13	15	12	17
专项审计调查	个	1	3	3	1	4
二、审计查出主要问题金额	万元	86788464.61	52982216.76	33666918	8868082.12	59216577.24
违规金额	万元	2766.08	804602.43	2914	82673.87	4161.5
损失浪费金额	万元	553.51	749.1	3170		12935.36
管理不规范金额	万元	86785145.02	52176865.23	33660834	8785408.25	59199480.38
三、审计发现非金额计量问题	个	307	250	559	184	323
四、损益(收支)不实	万元	12915256.98		6009390.86	46889.03	4016150.68
五、审计发现侵害人民群众利益	万元	1404.82	334374.24	81216.05		42.39
六、审计期间整改金额	万元	176.89	351497	142416.61	969862.13	3235821.81
七、审计报告和专项审计调查报告	篇	18	16	16	14	21
被批示、采用审计报告和专项审计调查报告	篇·次					2
八、审计处理情况	—	—	—	—	—	—
审计处理处罚	万元	3957522.56	3011160.82		2699315.82	4161.5
其中:应上交财政	万元		129862.38		61354.22	
其中:罚没	万元					
应减少财政拨款或补贴	万元		31975.47			
应归还原渠道资金	万元	29200	1111362.21		2326583.3	37.4
应缴纳其他资金	万元	122056.8	138990.56		16607.89	4124.1
应调账处理金额	万元	3806265.76	1598970.2		294770.41	
移送处理事项	件	16	5	8	4	6
司法机关	件					
纪检监察机关	件	12	2	5	3	3

续表

指标名称	单位	哈尔滨特派办	上海特派办	南京特派办	武汉特派办	广州特派办
有关部门	件	4	3	3	1	3
移送处理人员	人	33	12	17	7	11
司法机关	人					
其中:地厅级及以上	人					
县处级	人					
乡科级及以下	人					
纪检监察机关	人	17	5	16	7	8
其中:地厅级及以上	人					
县处级	人			5	2	1
乡科级及以下	人	17	5	11	5	7
有关部门	人	16	7	1		3
其中:地厅级及以上	人					
县处级	人					
乡科级及以下	人	16	7	1		3
移送处理金额	万元	559875.11	431004.21	2810.41	4710.5	40546.55
司法机关	万元					
纪检监察机关	万元	368475.11	37929.78	1401.86	710.5	23605.16
有关部门	万元	191400	393074.43	1408.55	4000	16941.39
九、审计处理结果落实情况	—	—	—	—	—	—
审计促进整改落实有关问题资金	万元	4831074.41	3361776.85	15100301.12	2414208.27	4706223.83
其中:增收节支	万元	971400.44	1398297.98	4033875.03	2168846.2	65018.84
已上交财政	万元	23098.54	1465.43	3822525.03	56243.57	
已减少财政拨款或补贴	万元		1184.9			
已归还原渠道资金	万元	948301.9	1395647.65	211350	2112602.63	65018.84
已缴纳其他资金	万元	22.68	349758.97	22525.32	15889.14	2419.84

续表

指标名称	单位	哈尔滨特派办	上海特派办	南京特派办	武汉特派办	广州特派办
已调账处理金额	万元	666805.95	1516745.42	1424325.51	229472.93	1310622.66
审计促进拨付资金到位	万元		39413	1643026.82	258380.19	14418.89
审计后挽回(避免)损失	万元	30	2961.34	79045.96		570.57
核减投资额	万元					
十、审计成果利用情况	—	—	—	—	—	—
审计提出建议	条	51	48	49	38	73
其中:建议制定修改部门规定	条					
建议制定修改法律法规	条					
被采纳审计建议	条	51	25	46	38	73
被审计单位制定整改措施	项	33	202	408	39	136
被审计单位建立健全规章制度	项	22	39	73	10	44
促进修改法律法规	条					
提交审计信息	篇	44	24	50	23	55
审计专题、综合性报告	篇					
信息简报	篇	44	24	50	23	55
其中:重要审计信息	篇	44	24	9	4	15
被批示、采用审计信息	篇·次	21	17	24	5	6
审计专题、综合性报告	篇·次					
信息简报	篇·次	21	17	24	5	6
其中:重要审计信息	篇·次	21	17	3	4	2
十一、被审计领导干部	人	3	1	2	3	3
其中:负直接责任问题金额	万元	12016.79			4495.27	
涉嫌个人经济问题人数	人					
金额	万元					
十二、交办、配合事项	件	2	1	4	1	1

续表

指标名称	单位	郑州特派办	济南特派办	西安特派办	兰州特派办	昆明特派办
一、审计单位	个	17	14	12	16	12
审计	个	11	12	11	14	10
专项审计调查	个	6	2	1	2	2
二、审计查出主要问题金额	万元	60977294.07	21166215.97	49679126.45	36987086	77108296.94
违规金额	万元	18749.5	3664.81	73949.42	162785.02	52622.98
损失浪费金额	万元	9769.83	11362.47	435.6	3762	1811.65
管理不规范金额	万元	60948774.74	21151188.69	49604741.43	36820538.98	77053862.31
三、审计发现非金额计量问题	个	320	271	146	219	74
四、损益(收支)不实	万元	79096	3790677.96	5429378	5189412.54	41659.8
五、审计发现侵害人民群众利益	万元	2602.79	1182.26	83184.66		13266.46
六、审计期间整改金额	万元	130122.15	637385.78	611996.39	285478.06	2144412.63
七、审计报告和专项审计调查报告	篇	17	15	12	17	13
被批示、采用审计报告和专项审计调查报告	篇·次					
八、审计处理情况	—	—	—	—	—	—
审计处理处罚	万元	3653004.03	6636.92	2665581.5	4673923.37	51093.23
其中:应上交财政	万元	18604	3389.48	14948.36	18.03	866.2
其中:罚没	万元					
应减少财政拨款或补贴	万元		716.63			
应归还原渠道资金	万元	391.78	1099.27	145627.6	166554.55	50227.03
应缴纳其他资金	万元				199.79	
应调账处理金额	万元	3634008.25	1431.54	2505005.54	4507151	
移送处理事项	件	5	6	11	2	1
司法机关	件					
纪检监察机关	件	5	5	9	1	1

续表

指标名称	单位	郑州特派办	济南特派办	西安特派办	兰州特派办	昆明特派办
有关部门	件		1	2	1	
移送处理人员	人	4	5	74	2	1
司法机关	人					
其中：地厅级及以上	人					
县处级	人					
乡科级及以下	人					
纪检监察机关	人	4	5	14	2	1
其中：地厅级及以上	人	1				
县处级	人	2	2	7		
乡科级及以下	人	1	3	7	2	1
有关部门	人			60		
其中：地厅级及以上	人					
县处级	人					
乡科级及以下	人			60		
移送处理金额	万元	465.58	4803.47	43764.45	535.89	372
司法机关	万元					
纪检监察机关	万元	465.58	2863.47	43436.33	338.71	372
有关部门	万元		1940	328.12	197.18	
九、审计处理结果落实情况	—	—	—	—	—	—
审计促进整改落实有关问题资金	万元	15399064.59	5992751.49	4087403.1	5526490.3	56023744.58
其中：增收节支	万元	131286.18	642278.28	351912.73	46526.23	435120.64
已上交财政	万元	39398.26	22018.04		7858.83	260174.13
已减少财政拨款或补贴	万元		5737.32		1756.1	3000
已归还原渠道资金	万元	91887.92	614522.92	351912.73	36911.3	171946.51
已缴纳其他资金	万元		619416.71	70100	3906.23	5221.73

续表

指标名称	单位	郑州特派办	济南特派办	西安特派办	兰州特派办	昆明特派办
已调账处理金额	万元	2735668.98	4469745.14	2132804.97	1688418.12	416767.26
审计促进拨付资金到位	万元	277302.3	154280.55	789033.8	327940.82	8052.33
审计后挽回(避免)损失	万元		44403.92			26107.5
核减投资额	万元					
十、审计成果利用情况	—	—	—	—	—	—
审计提出建议	条	48	42	42	46	37
其中:建议制定修改部门规定	条	2				1
建议制定修改法律法规	条					
被采纳审计建议	条	48	42	42	46	37
被审计单位制定整改措施	项	198	113	241	46	3
被审计单位建立健全规章制度	项	66	17	44	54	70
促进修改法律法规	条					
提交审计信息	篇	25	47	63	40	37
审计专题、综合性报告	篇					
信息简报	篇	25	47	63	40	37
其中:重要审计信息	篇	6	10	21	4	26
被批示、采用审计信息	篇·次	5	34	60	17	29
审计专题、综合性报告	篇·次					
信息简报	篇·次	5	34	60	17	29
其中:重要审计信息	篇·次	2	7	60	4	24
十一、被审计领导干部	人	1	3	1	1	1
其中:负直接责任问题金额	万元					
涉嫌个人经济问题人数	人					
金额	万元					
十二、交办、配合事项	件	1	1	1	3	5

续表

指标名称	单位	成都特派办	长沙特派办	深圳特派办	长春特派办	重庆特派办
一、审计单位	个	20	19	15	13	17
审计	个	18	14	13	12	14
专项审计调查	个	2	5	2	1	3
二、审计查出主要问题金额	万元	34976893.39	9103108.66	11787644	47016714.37	67264441.56
违规金额	万元	285195.67	223239.74	126456.81	77239.04	272516.44
损失浪费金额	万元	100529.81	20138.56		596.66	10082.13
管理不规范金额	万元	34591167.91	8859730.36	11661187.19	46938878.67	66981842.99
三、审计发现非金额计量问题	个	410	307	180	455	446
四、损益(收支)不实	万元	50779.78	353155.37		401087.83	18838.41
五、审计发现侵害人民群众利益	万元	108863.72	9582.78	8781.97		
六、审计期间整改金额	万元	117887.53	343945.68	104809.39	32051.43	3720158.06
七、审计报告和专项审计调查报告	篇	23	22	14	14	17
被批示、采用审计报告和专项审计调查报告	篇·次					
八、审计处理情况	—	—	—	—	—	—
审计处理处罚	万元	284696.23	411267.18	4434571.76	3924372.67	12974981.99
其中:应上交财政	万元	143657.38	2704.04	155000	693342.53	33275.15
其中:罚没	万元					
应减少财政拨款或补贴	万元				11.5	
应归还原渠道资金	万元	132587.39	14164.43	728895.28	1301313.63	250388.92
应缴纳其他资金	万元		203274.66	130802.44	28215.48	95.84
应调账处理金额	万元	8451.46	191124.05	3419874.04	1901489.53	12691222.08
移送处理事项	件	5	7	2	7	5
司法机关	件			1		
纪检监察机关	件	3	5	1	6	1

续表

指标名称	单位	成都特派办	长沙特派办	深圳特派办	长春特派办	重庆特派办
有关部门	件	2	2		1	4
移送处理人员	人	56	17	2	11	39
司法机关	人			1		
其中:地厅级及以上	人					
县处级	人					
乡科级及以下	人			1		
纪检监察机关	人	31	16	1	11	1
其中:地厅级及以上	人	1			2	
县处级	人	5	3		1	1
乡科级及以下	人	25	13	1	8	
有关部门	人	25	1			38
其中:地厅级及以上	人					
县处级	人					
乡科级及以下	人	25	1			38
移送处理金额	万元	5741.24	4027.89	2663.79	77150.58	17694
司法机关	万元			284.9		
纪检监察机关	万元	1932.7	3649.38	2378.89	76767.33	420
有关部门	万元	3808.54	378.51		383.25	17274
九、审计处理结果落实情况	—	—	—	—	—	—
审计促进整改落实有关问题资金	万元	4784730.71	1525576.97	3412297.26	2659854.62	22723.94
其中:增收节支	万元	203742.54	866112.82	17259.71	52101.27	1408.28
已上交财政	万元	81337.06	100		45297.96	369.63
已减少财政拨款或补贴	万元	304.8				
已归还原渠道资金	万元	122100.68	866012.82	17259.71	6803.31	1038.65
已缴纳其他资金	万元		63664.78		1970.3	154.03

续表

指标名称	单位	成都特派办	长沙特派办	深圳特派办	长春特派办	重庆特派办
已调账处理金额	万元	362913.02	107164.22	14867.96	2210365.53	5551.38
审计促进拨付资金到位	万元	270444.13	6642.59	30431.6	5681.63	3291.07
审计后挽回(避免)损失	万元	10487.88	47883.91	11012.13	536.46	
核减投资额	万元					
十、审计成果利用情况	—	—	—	—	—	—
审计提出建议	条	102	59	65	62	53
其中:建议制定修改部门规定	条			3		
建议制定修改法律法规	条			1		
被采纳审计建议	条	102	30	62	62	53
被审计单位制定整改措施	项	179	488	37	70	20
被审计单位建立健全规章制度	项	10	38	7	94	6
促进修改法律法规	条					
提交审计信息	篇	26	54	62	40	7
审计专题、综合性报告	篇					
信息简报	篇	26	54	62	40	7
其中:重要审计信息	篇	26	7	7	9	3
被批示、采用审计信息	篇·次	42	23	22	18	11
审计专题、综合性报告	篇·次					
信息简报	篇·次	42	22	22	17	11
其中:重要审计信息	篇·次	42	4	4	16	10
十一、被审计领导干部	人	4	4	1	3	2
其中:负直接责任问题金额	万元	1067.45	8210.77	169300	400446.73	6127.64
涉嫌个人经济问题人数	人					
金额	万元					
十二、交办、配合事项	件	14	2	3	2	2

2022 年审计工作综合情况统计表
——地方审计机关

指标名称	单位	地方审计机关汇总	北京市	天津市	河北省
一、审计单位	个	77475	1049	508	4700
审计	个	71232	981	457	4628
专项审计调查	个	6243	68	51	72
二、审计查出主要问题金额	万元	1303041451.96	25108029.39	35419938.73	75752922.77
违规金额	万元	54333399.01	520814.1	1278677.87	773047.36
损失浪费金额	万元	4306889.46	40181.4	109475.62	2967.17
管理不规范金额	万元	1244401163.49	24547033.89	34031785.24	74976908.24
三、审计发现非金额计量问题	个	436975	8113	2866	18962
四、损益(收支)不实	万元	71870908.37	800849.74	6163891.44	16333715.73
五、审计发现侵害人民群众利益	万元	4942523.95	895.5	24207.23	132.5
六、审计期间整改金额	万元	52345442.2	1137783.63	761491.7	4495729.49
七、审计报告和专项审计调查报告	篇	99906	1401	857	6255
被批示、采用审计报告和专项审计调查报告	篇·次	9942	235	60	211
八、审计处理情况	—	—	—	—	—
审计处理处罚	万元	175377359	626492.68	2659923.12	3855841.4
其中:应上交财政	万元	31583040.83	270645.62	1191429.94	644827.6
其中:罚没	万元	37389.47	1.26		121.08
应减少财政拨款或补贴	万元	2901603.03	24644.75	859.27	341.9
应归还原渠道资金	万元	30577674.6	4508.76	91576.08	18798.79
应缴纳其他资金	万元	15253261.76	3260.01	5553.8	110.01
应调账处理金额	万元	95061778.78	323433.54	1370504.03	3191763.1
移送处理事项	件	14904	126	144	394
司法机关	件	239	6	9	
纪检监察机关	件	7986	73	71	169
有关部门	件	6679	47	64	225
移送处理人员	人	11923	16	236	168
司法机关	人	265	3	10	

续表

指标名称	单位	地方审计机关汇总	北京市	天津市	河北省
其中：地厅级及以上	人				
县处级	人	1			
乡科级及以下	人	264	3	10	
纪检监察机关	人	8627	13	182	162
其中：地厅级及以上	人	61	1		5
县处级	人	486	4	48	23
乡科级及以下	人	8080	8	134	134
有关部门	人	3031		44	6
其中：地厅级及以上	人	3			
县处级	人	28		4	
乡科级及以下	人	3000		40	6
移送处理金额	万元	26357279. 38	440052. 43	196090. 56	1404817. 62
司法机关	万元	794083. 27	15338. 9	1123. 83	
纪检监察机关	万元	11436557. 15	225612. 91	96296. 2	38968. 87
有关部门	万元	14126638. 96	199100. 62	98670. 53	1365848. 75
九、审计处理结果落实情况	—	—	—	—	—
审计促进整改落实有关问题资金	万元	190286082. 19	10263671. 33	14816272	6675755. 06
其中：增收节支	万元	32034551. 08	483948. 11	89854. 16	363528. 84
已上交财政	万元	17637079. 74	451485. 94	65768. 86	185926. 53
已减少财政拨款或补贴	万元	1935817. 89	23467. 96	62. 79	196. 82
已归还原渠道资金	万元	12461653. 45	8994. 21	24022. 51	177405. 49
已缴纳其他资金	万元	22266472. 01	200002. 01	10452. 38	692. 22
已调账处理金额	万元	48280868. 77	394385. 42	1118082. 75	6171180. 79
审计促进拨付资金到位	万元	14114837. 19	77093. 1	136968. 84	76124. 72
审计后挽回(避免)损失	万元	4451007. 86	34370. 92	25070. 71	73658. 04
核减投资额	万元	5227909. 45	75978. 07	7550. 45	165605. 81
移送处理落实事项	件	2652	7	9	45
司法机关已处理	件	48			
纪检监察机关已处理	件	1272	2	2	8
有关部门已处理	件	1332	5	7	37
移送处理落实人员	人	4312	32		176

续表

指标名称	单位	地方审计机关汇总	北京市	天津市	河北省
已追究刑事责任	人	117			
已给予党纪政纪处分	人	2095			162
有关部门已处理人员	人	2100	32		14
十、审计成果利用情况	—	—	—	—	—
审计提出建议	条	228038	3648	1523	13759
其中:建议制定修改部门规定	条	2860	117	34	
建议制定修改法律法规	条	25	4		
被采纳审计建议	条	195790	3360	1311	13139
被审计单位制定整改措施	项	68182	3972	551	1798
被审计单位建立健全规章制度	项	18528	959	158	1058
促进修改法律法规	条				
提交审计信息	篇	66440	389	1742	833
审计专题、综合性报告	篇	10975	4	44	163
信息简报	篇	45655	248	1606	529
其中:重要审计信息	篇	6788		36	10
被批示、采用审计信息	篇·次	33863	204	918	664
审计专题、综合性报告	篇·次	8332	10	31	155
信息简报	篇·次	20462	183	759	167
其中:重要审计信息	篇·次	4007		23	11
审计信息移送案件事项	项	158			
涉案人员	人	174			
地厅级及以上	人	7			
县处级	人	41			
乡科级及以下	人	126			
涉案金额	万元	6058659.56			
十一、向社会公告审计结果	篇	4994	52	4	36
十二、被审计领导干部	人	30578	261	228	1581
其中:负直接责任问题金额	万元	5969657.58		21272.63	1628.41
涉嫌个人经济问题人数	人	6			
金额	万元	55753.87			
十三、交办、配合事项	件	5559	4	51	1

续表

指标名称	单位	山西省	内蒙古自治区	辽宁省	吉林省
一、审计单位	个	2990	1910	2224	1651
审计	个	2942	1778	2026	1552
专项审计调查	个	48	132	198	99
二、审计查出主要问题金额	万元	47492358.29	16241817.38	36226684.75	4991946.63
违规金额	万元	1833344.47	1069798.54	2159573.44	456310.23
损失浪费金额	万元	42409.35	22601.41	351708.34	10857.74
管理不规范金额	万元	45616604.47	15149417.43	33715402.97	4524778.66
三、审计发现非金额计量问题	个	10550	4974	9843	25280
四、损益(收支)不实	万元	3105326.51	151174.76	242453.87	101295.09
五、审计发现侵害人民群众利益	万元			2622.4	14441.79
六、审计期间整改金额	万元	809713.81	369923.98	321449.32	1494832.9
七、审计报告和专项审计调查报告	篇	3385	1943	2663	1805
被批示、采用审计报告和专项审计调查报告	篇·次	344	30	154	134
八、审计处理情况	—	—	—	—	—
审计处理处罚	万元	10256212.26	3646194.81	1614983.58	2615744.2
其中:应上交财政	万元	1230327.69	643969.49	199825.36	85659.45
其中:罚没	万元	2396.9	211.11	17.31	1823.22
应减少财政拨款或补贴	万元	116865.42	57651.41	18954.17	1364.78
应归还原渠道资金	万元	336772.75	890145.62	908078.74	288383.13
应缴纳其他资金	万元	7123713.81	803239	51056.26	100855.22
应调账处理金额	万元	1448532.59	1251189.29	437069.05	2139481.62
移送处理事项	件	519	484	273	36
司法机关	件	4	1	7	
纪检监察机关	件	182	105	123	9
有关部门	件	333	378	143	27
移送处理人员	人	107	1474	75	20
司法机关	人	1	2	7	
其中:地厅级及以上	人				
县处级	人				
乡科级及以下	人	1	2	7	

续表

指标名称	单位	山西省	内蒙古自治区	辽宁省	吉林省
纪检监察机关	人	81	79	49	19
其中:地厅级及以上	人	2		1	
县处级	人	10	4	9	
乡科级及以下	人	69	75	39	19
有关部门	人	25	1393	19	1
其中:地厅级及以上	人				
县处级	人		1	1	
乡科级及以下	人	25	1392	18	1
移送处理金额	万元	1354425.12	481541.66	1164460.33	76947.97
司法机关	万元	620.9		1779.82	
纪检监察机关	万元	695788.1	142437.27	1038025.2	247.23
有关部门	万元	658016.12	339104.39	124655.31	76700.74
九、审计处理结果落实情况	—	—	—	—	—
审计促进整改落实有关问题资金	万元	4758721.39	3751178.16	2189615.8	2316763.18
其中:增收节支	万元	755450.17	472025.34	542697.73	76393.7
已上交财政	万元	489109.97	286942	149459.26	53050.19
已减少财政拨款或补贴	万元	75451.07	9977.61	8303.13	215.11
已归还原渠道资金	万元	190889.13	175105.73	384935.34	23128.4
已缴纳其他资金	万元	36833.42	17642.55	1918.43	1484.45
已调账处理金额	万元	1198993.58	599306.44	325941.97	2052226.07
审计促进拨付资金到位	万元	435098.62	157620.05	167137.44	115291.09
审计后挽回(避免)损失	万元	17031.35	19564.38	52924.86	21993.86
核减投资额	万元	140436.22	26324.33	8495.52	25.77
移送处理落实事项	件	59	292	22	1
司法机关已处理	件		1		
纪检监察机关已处理	件	14	120	6	
有关部门已处理	件	45	171	16	1
移送处理落实人员	人	42	50	13	13
已追究刑事责任	人		2		1
已给予党纪政纪处分	人	11	39	4	2

续表

指标名称	单位	山西省	内蒙古自治区	辽宁省	吉林省
有关部门已处理人员	人	31	9	9	10
十、审计成果利用情况	—	—	—	—	—
审计提出建议	条	7319	4231	6877	1841
其中：建议制定修改部门规定	条	42	136	225	
建议制定修改法律法规	条				
被采纳审计建议	条	6225	3372	6074	1403
被审计单位制定整改措施	项	465	251	1734	46
被审计单位建立健全规章制度	项	111	231	213	15
促进修改法律法规	条				
提交审计信息	篇	775	3875	1247	452
审计专题、综合性报告	篇	72	331	76	47
信息简报	篇	564	3266	966	131
其中：重要审计信息	篇	20	380	35	37
被批示、采用审计信息	篇·次	266	1081	489	245
审计专题、综合性报告	篇·次	33	68	136	27
信息简报	篇·次	99	968	273	158
其中：重要审计信息	篇·次		233	19	18
审计信息移送案件事项	项		1	2	
涉案人员	人			3	
地厅级及以上	人				
县处级	人			1	
乡科级及以下	人			2	
涉案金额	万元			370.3	
十一、向社会公告审计结果	篇	5	29	41	9
十二、被审计领导干部	人	935	715	820	879
其中：负直接责任问题金额	万元	36180.21	13344.52	30452.51	19.42
涉嫌个人经济问题人数	人				
金额	万元				
十三、交办、配合事项	件	3	21	7	44

续表

指标名称	单位	黑龙江省	上海市	江苏省	浙江省
一、审计单位	个	3067	463	2192	1788
审计	个	2915	423	1929	1283
专项审计调查	个	152	40	263	505
二、审计查出主要问题金额	万元	21490400.93	6860064.56	100682289.9	23953024.7
违规金额	万元	397490.57	25750.43	603460	1051067.91
损失浪费金额	万元	14177.48	483615.07	137674.91	55528.95
管理不规范金额	万元	21078732.88	6350699.06	99941155	22846427.84
三、审计发现非金额计量问题	个	15086	3365	23034	21803
四、损益(收支)不实	万元	221706.41	1067805.25	7215288.12	1050736.87
五、审计发现侵害人民群众利益	万元	26014.6	1546.35	32530.64	116574.85
六、审计期间整改金额	万元	246634.41	488688.27	8037301	1940392.91
七、审计报告和专项审计调查报告	篇	4869	651	3037	2563
被批示、采用审计报告和专项审计调查报告	篇·次	161	110	265	248
八、审计处理情况	—	—	—	—	—
审计处理处罚	万元	2891191.55	1499345.95	10195251.31	4611303.99
其中:应上交财政	万元	227768.09	51229.18	1042729	937501.03
其中:罚没	万元	1898.42		1.65	29.6
应减少财政拨款或补贴	万元	5463.95	31964.67	266387.01	11091.17
应归还原渠道资金	万元	464051.58	6373.55	399289	1484864.94
应缴纳其他资金	万元	420503.17	1315.79	238646.3	2528.9
应调账处理金额	万元	1773404.76	1408462.76	8248200	2175317.95
移送处理事项	件	545	31	561	801
司法机关	件	28		5	23
纪检监察机关	件	173	18	499	577
有关部门	件	344	13	57	201
移送处理人员	人	74	1	637	1055
司法机关	人	5		2	26
其中:地厅级及以上	人				
县处级	人				
乡科级及以下	人	5		2	26

续表

指标名称	单位	黑龙江省	上海市	江苏省	浙江省
纪检监察机关	人	55	1	608	903
其中:地厅级及以上	人	4		4	
县处级	人	5		48	17
乡科级及以下	人	46	1	556	886
有关部门	人	14		27	126
其中:地厅级及以上	人				
县处级	人				
乡科级及以下	人	14		27	126
移送处理金额	万元	462398.54	6189.83	613439.21	161232.41
司法机关	万元	27128.31		6911.22	36299.07
纪检监察机关	万元	35801.89	5870.15	553121	95444.82
有关部门	万元	399468.34	319.68	53406.99	29488.52
九、审计处理结果落实情况	—	—	—	—	—
审计促进整改落实有关问题资金	万元	2169752.87	5000388.73	6203810	4247517.88
其中:增收节支	万元	338153.58	316216.3	1131459.22	2035065.19
已上交财政	万元	146404.09	283928.76	425692	949228.06
已减少财政拨款或补贴	万元	5053.28	21733.38	356502.22	16091.48
已归还原渠道资金	万元	186696.21	10554.16	349265	1069745.65
已缴纳其他资金	万元	15277.23	3972.94	87678.07	2211.21
已调账处理金额	万元	746357.17	1777229.34	4454764	2040101.1
审计促进拨付资金到位	万元	72815.24	1249189.01	318277.57	192617.13
审计后挽回(避免)损失	万元	7527.37	8857.1	183023.76	153679.68
核减投资额	万元	39395.16	60117.11	617335.26	100148.18
移送处理落实事项	件	14	2	56	332
司法机关已处理	件	1		5	16
纪检监察机关已处理	件	1	2	43	196
有关部门已处理	件	12		8	120
移送处理落实人员	人	32	7	89	617
已追究刑事责任	人	1		6	30
已给予党纪政纪处分	人	1	7	56	265

续表

指标名称	单位	黑龙江省	上海市	江苏省	浙江省
有关部门已处理人员	人	30		27	322
十、审计成果利用情况	—	—	—	—	—
审计提出建议	条	7507	2031	6769	6645
其中：建议制定修改部门规定	条	46	15	104	181
建议制定修改法律法规	条				1
被采纳审计建议	条	7028	1578	5476	5789
被审计单位制定整改措施	项	133	2205	2693	3224
被审计单位建立健全规章制度	项	263	436	607	929
促进修改法律法规	条				
提交审计信息	篇	779	832	1720	7728
审计专题、综合性报告	篇	192	87	517	1407
信息简报	篇	572	347	996	4938
其中：重要审计信息	篇	87	12	548	45
被批示、采用审计信息	篇·次	307	559	934	5179
审计专题、综合性报告	篇·次	90	145	348	1203
信息简报	篇·次	214	177	493	3463
其中：重要审计信息	篇·次	86	14	231	56
审计信息移送案件事项	项		3	8	11
涉案人员	人		2		7
地厅级及以上	人				
县处级	人				
乡科级及以下	人		2		7
涉案金额	万元		345.54	1011.95	101.68
十一、向社会公告审计结果	篇	11	200	171	608
十二、被审计领导干部	人	1843	304	1036	916
其中：负直接责任问题金额	万元	5146.69		259505.41	17155.87
涉嫌个人经济问题人数	人	1			
金额	万元	7.3			
十三、交办、配合事项	件	180	5	712	116

续表

指标名称	单位	安徽省	福建省	江西省	山东省
一、审计单位	个	4091	2383	2941	4732
审计	个	3821	2186	2858	4308
专项审计调查	个	270	197	83	424
二、审计查出主要问题金额	万元	28609389. 59	15060339. 37	13691930. 9	128598740. 9
违规金额	万元	627002. 34	452725. 8	1747595. 47	1630158. 79
损失浪费金额	万元	42095. 21	7164. 41	71976. 05	847305. 44
管理不规范金额	万元	27940292. 04	14600449. 16	11872359. 38	126121276. 7
三、审计发现非金额计量问题	个	27807	20938	11919	33764
四、损益(收支)不实	万元	639692. 11	1395189. 58	893521. 24	2611813. 92
五、审计发现侵害人民群众利益	万元	1812. 55	51779. 06	15291. 77	1715498. 93
六、审计期间整改金额	万元	1072518. 87	178763. 82	834630. 26	5694838. 1
七、审计报告和专项审计调查报告	篇	5454	3325	4128	7312
被批示、采用审计报告和专项审计调查报告	篇・次	302	249	59	44
八、审计处理情况	—	—	—	—	—
审计处理处罚	万元	1569386. 61	3928060. 96	3184249. 67	6383085. 19
其中:应上交财政	万元	562736. 85	415738. 84	1662471. 91	1077072. 6
其中:罚没	万元	47. 71	1541. 46	5229. 21	
应减少财政拨款或补贴	万元	19138. 27	40741. 94	111162. 96	418934. 96
应归还原渠道资金	万元	219040. 52	1835838. 17	607949. 17	620227. 55
应缴纳其他资金	万元	240054. 49	35037. 8	236964. 77	24248. 51
应调账处理金额	万元	528416. 48	1600704. 21	565700. 86	4242601. 57
移送处理事项	件	582	216	274	821
司法机关	件	1	4	15	27
纪检监察机关	件	444	128	180	442
有关部门	件	137	84	79	352
移送处理人员	人	528	43	317	1321
司法机关	人	1		8	128
其中:地厅级及以上	人				
县处级	人				
乡科级及以下	人	1		8	128

续表

指标名称	单位	安徽省	福建省	江西省	山东省
纪检监察机关	人	461	39	296	1035
其中:地厅级及以上	人	11			2
县处级	人	41		9	76
乡科级及以下	人	409	39	287	957
有关部门	人	66	4	13	158
其中:地厅级及以上	人	2			1
县处级	人	3			
乡科级及以下	人	61	4	13	157
移送处理金额	万元	501267.89	65118.16	456746.36	1623343.58
司法机关	万元	20.34	1360.23	9434.55	201870.59
纪检监察机关	万元	285370.38	29294.39	361291.2	442140.89
有关部门	万元	215877.17	34463.54	86020.61	979332.1
九、审计处理结果落实情况	—	—	—	—	—
审计促进整改落实有关问题资金	万元	3912446.92	2018416.68	2716438.29	11200805.76
其中:增收节支	万元	379797.33	902636.49	2033570.17	942685.55
已上交财政	万元	143196.36	252811.68	1521476.78	455926.15
已减少财政拨款或补贴	万元	20678.07	36810.04	85209.5	307846.17
已归还原渠道资金	万元	215922.9	613014.77	426883.89	178913.23
已缴纳其他资金	万元	196203.69	23951.01	143716.69	15240.35
已调账处理金额	万元	534517.6	684702.07	203989.85	3301987.53
审计促进拨付资金到位	万元	96459.88	915620.19	425553.4	1167656.28
审计后挽回(避免)损失	万元	67394.45	48485.14	87142.69	356441.18
核减投资额	万元	31233.9	40987.66	35666.58	453225.5
移送处理落实事项	件	68	19	51	50
司法机关已处理	件				
纪检监察机关已处理	件	48	8	31	31
有关部门已处理	件	20	11	20	19
移送处理落实人员	人	128	27	82	458
已追究刑事责任	人	2		2	2
已给予党纪政纪处分	人	69	10	70	106

续表

指标名称	单位	安徽省	福建省	江西省	山东省
有关部门已处理人员	人	57	17	10	350
十、审计成果利用情况	—	—	—	—	—
审计提出建议	条	15180	7039	8179	14614
其中:建议制定修改部门规定	条	133	97	91	42
建议制定修改法律法规	条			3	
被采纳审计建议	条	13234	6428	5866	11508
被审计单位制定整改措施	项	9995	566	513	7896
被审计单位建立健全规章制度	项	1639	1035	204	1946
促进修改法律法规	条				
提交审计信息	篇	3395	3879	844	3268
审计专题、综合性报告	篇	525	431	122	719
信息简报	篇	1739	3437	606	1904
其中:重要审计信息	篇	616	80	11	389
被批示、采用审计信息	篇·次	1190	1560	337	1931
审计专题、综合性报告	篇·次	390	229	73	641
信息简报	篇·次	423	1323	251	850
其中:重要审计信息	篇·次	158	48	11	324
审计信息移送案件事项	项				80
涉案人员	人				55
地厅级及以上	人				6
县处级	人				15
乡科级及以下	人				34
涉案金额	万元				39720. 25
十一、向社会公告审计结果	篇	245	30	2	105
十二、被审计领导干部	人	2230	1083	1667	2528
其中:负直接责任问题金额	万元	60029. 32	1049. 89	501. 93	1553619. 34
涉嫌个人经济问题人数	人				
金额	万元				
十三、交办、配合事项	件	373	438	8	64

续表

指标名称	单位	河南省	湖北省	湖南省	广东省
一、审计单位	个	4799	3216	4004	3233
审计	个	4473	3075	3693	2769
专项审计调查	个	326	141	311	464
二、审计查出主要问题金额	万元	115999379.2	41458492.98	71092527.92	76757788
违规金额	万元	3577008.08	3244360	3522131.49	2971299.16
损失浪费金额	万元	185976.7	310635.98	762046.79	54150.51
管理不规范金额	万元	112236394.4	37903497	66808349.64	73732338.33
三、审计发现非金额计量问题	个	22509	15094	20665	24337
四、损益(收支)不实	万元	2552539.11	1076591	3514882.64	6644914.77
五、审计发现侵害人民群众利益	万元	335.11	67561.23	78556.87	584482.19
六、审计期间整改金额	万元	6277888.52	429851	1255598.07	4254717.23
七、审计报告和专项审计调查报告	篇	5651	4520	5554	4330
被批示、采用审计报告和专项审计调查报告	篇·次	308	4485	208	281
八、审计处理情况	—	—	—	—	—
审计处理处罚	万元	13777970.16	7405325.39	8830075.36	8992918.86
其中:应上交财政	万元	2686647.25	1405344	2546459.13	2280273.18
其中:罚没	万元	5070.58	19	1856.73	1436.32
应减少财政拨款或补贴	万元	238456.65	63014.39	654840.42	47049.25
应归还原渠道资金	万元	793721.34	2551103	2734894.69	1673130.33
应缴纳其他资金	万元	1318932.09	592015	128358.74	156683.63
应调账处理金额	万元	8740212.83	2793849	2765522.38	4835782.47
移送处理事项	件	1030	469	916	856
司法机关	件	8	8	12	21
纪检监察机关	件	592	300	515	316
有关部门	件	430	161	389	519
移送处理人员	人	2137	322	722	204
司法机关	人	19	3	4	15
其中:地厅级及以上	人				
县处级	人				
乡科级及以下	人	19	3	4	15

续表

指标名称	单位	河南省	湖北省	湖南省	广东省
纪检监察机关	人	1528	250	700	172
其中:地厅级及以上	人	2	1	5	4
县处级	人	22	6	12	17
乡科级及以下	人	1504	243	683	151
有关部门	人	590	69	18	17
其中:地厅级及以上	人				
县处级	人	3	1		
乡科级及以下	人	587	68	18	17
移送处理金额	万元	581280.97	925630	2513741.78	5590487.65
司法机关	万元	156.58	35193.36	363334.68	77190.93
纪检监察机关	万元	248232.43	824512.97	1519472.17	1176459.06
有关部门	万元	332891.96	65923.67	630934.93	4336837.66
九、审计处理结果落实情况	—	—	—	—	—
审计促进整改落实有关问题资金	万元	11282435.15	4777639.87	2850174.65	10422014.3
其中:增收节支	万元	2477330.99	2384309.13	1678265.43	1208955.81
已上交财政	万元	1417319.19	1270722.54	1066354.95	380751.1
已减少财政拨款或补贴	万元	139206.3	245503.46	54830.86	67685.71
已归还原渠道资金	万元	920805.5	868083.13	557079.62	760519
已缴纳其他资金	万元	278371.32	309286.69	33096.59	52028.76
已调账处理金额	万元	2847860.02	1530122.98	786138.8	5198171.72
审计促进拨付资金到位	万元	1940888.14	125804.33	567181.31	766792.64
审计后挽回(避免)损失	万元	526739.95	199749.45	712305.99	115974.34
核减投资额	万元	341742.5	297042.46	713467.26	58579.95
移送处理落实事项	件	246	108	52	123
司法机关已处理	件	6	2	1	2
纪检监察机关已处理	件	123	40	35	18
有关部门已处理	件	117	66	16	103
移送处理落实人员	人	1048	231	42	23
已追究刑事责任	人	17	3		8
已给予党纪政纪处分	人	624	53	28	7

续表

指标名称	单位	河南省	湖北省	湖南省	广东省
有关部门已处理人员	人	407	175	14	8
十、审计成果利用情况	—	—	—	—	—
审计提出建议	条	14895	10694	10353	11189
其中:建议制定修改部门规定	条	327			67
建议制定修改法律法规	条				
被采纳审计建议	条	12462	10409	10178	8595
被审计单位制定整改措施	项	5550	2451	304	6720
被审计单位建立健全规章制度	项	1769	621	212	1298
促进修改法律法规	条				
提交审计信息	篇	4037	4629	2039	2623
审计专题、综合性报告	篇	667	1504	405	636
信息简报	篇	3307	1982	1030	1938
其中:重要审计信息	篇	892	363	358	281
被批示、采用审计信息	篇·次	2728	3702	1385	1030
审计专题、综合性报告	篇·次	485	1439	361	372
信息简报	篇·次	2185	1469	550	645
其中:重要审计信息	篇·次	720	213	254	182
审计信息移送案件事项	项	7		1	5
涉案人员	人	80			14
地厅级及以上	人				
县处级	人	25			
乡科级及以下	人	55			14
涉案金额	万元	714.49			5978900
十一、向社会公告审计结果	篇	261	123	313	303
十二、被审计领导干部	人	1732	1581	1407	1252
其中:负直接责任问题金额	万元	703826.71	483384.2	448642.68	96360.03
涉嫌个人经济问题人数	人	1		1	1
金额	万元	38.85		55699.75	7.62
十三、交办、配合事项	件	141	115	1479	634

续表

指标名称	单位	广西壮族自治区	海南省	重庆市	四川省
一、审计单位	个	1577	707	1172	4593
审计	个	1370	613	1012	3924
专项审计调查	个	207	94	160	669
二、审计查出主要问题金额	万元	20626776.62	10564221	122422423	73921961.73
违规金额	万元	1461502.56	574135	722514.85	5665138.25
损失浪费金额	万元	41005.71	7283	96905.01	41429.39
管理不规范金额	万元	19124268.35	9982803	121603003.1	68215394.09
三、审计发现非金额计量问题	个	9665	7110	11410	27812
四、损益(收支)不实	万元	168930.81	39366	3083464.4	1613682.83
五、审计发现侵害人民群众利益	万元	1625.84	7816	17393.2	45535.77
六、审计期间整改金额	万元	1708703.25	131267	267628.57	2497215.7
七、审计报告和专项审计调查报告	篇	2015	917	1380	5121
被批示、采用审计报告和专项审计调查报告	篇·次	57	96	273	200
八、审计处理情况	—	—	—	—	—
审计处理处罚	万元	7662241.24	969450	1063297.52	31212694.17
其中:应上交财政	万元	1565454.71	369823	645020.34	4752821.04
其中:罚没	万元	343.16	548		1115.53
应减少财政拨款或补贴	万元	205769.08	32	3708.86	313646.74
应归还原渠道资金	万元	632411.95	93654	73785.64	2138096.74
应缴纳其他资金	万元	720056.06	191051	9.97	377157.08
应调账处理金额	万元	4538549.44	314890	340772.71	23630972.57
移送处理事项	件	298	119	362	1013
司法机关	件	4	10	20	16
纪检监察机关	件	187	40	180	537
有关部门	件	107	69	162	460
移送处理人员	人	269	48	336	353
司法机关	人	2	1	13	14
其中:地厅级及以上	人				
县处级	人			1	
乡科级及以下	人	2	1	12	14

续表

指标名称	单位	广西壮族自治区	海南省	重庆市	四川省
纪检监察机关	人	225	38	249	286
其中:地厅级及以上	人			4	4
县处级	人	12	4	25	27
乡科级及以下	人	213	34	220	255
有关部门	人	42	9	74	53
其中:地厅级及以上	人				
县处级	人		2	1	6
乡科级及以下	人	42	7	73	47
移送处理金额	万元	100653.71	49963	98476.09	2732450.68
司法机关	万元		1545	8174.42	3740.07
纪检监察机关	万元	47148.25	16095	69759.55	621665.34
有关部门	万元	53505.46	32323	20542.12	2107045.27
九、审计处理结果落实情况	—	—	—	—	—
审计促进整改落实有关问题资金	万元	10622501.24	1111471	20162545.07	29726997.8
其中:增收节支	万元	1314897.13	399743	1131692.34	5695334.72
已上交财政	万元	1049009.19	219224	368664.9	4333671.18
已减少财政拨款或补贴	万元	57070.76	3016	9796.74	241026.54
已归还原渠道资金	万元	208817.18	177503	753230.7	1120637
已缴纳其他资金	万元	216628.2	58405	9.97	20129196.64
已调账处理金额	万元	2149461.61	494490	1361562.93	1344859.47
审计促进拨付资金到位	万元	351818.94	1582729	535625.64	762431.45
审计后挽回(避免)损失	万元	682329.51	11907	212715.81	311691.05
核减投资额	万元	145053.59	37735	203391.23	421853.97
移送处理落实事项	件	27	4	58	326
司法机关已处理	件	1		1	4
纪检监察机关已处理	件	15	1	15	149
有关部门已处理	件	11	3	42	173
移送处理落实人员	人	18	1	20	617
已追究刑事责任	人	1		1	8
已给予党纪政纪处分	人	6	1	8	281

续表

指标名称	单位	广西壮族自治区	海南省	重庆市	四川省
有关部门已处理人员	人	11		11	328
十、审计成果利用情况	—	—	—	—	—
审计提出建议	条	6128	2360	4383	15753
其中:建议制定修改部门规定	条	242	33		257
建议制定修改法律法规	条	1	2		1
被采纳审计建议	条	5442	1716	4149	13175
被审计单位制定整改措施	项	662	307	4316	4396
被审计单位建立健全规章制度	项	545	119	688	1735
促进修改法律法规	条				
提交审计信息	篇	392	401	3469	4750
审计专题、综合性报告	篇	145	326	165	732
信息简报	篇	247	73	2787	3790
其中:重要审计信息	篇	118	24	554	691
被批示、采用审计信息	篇·次	213	143	1671	1889
审计专题、综合性报告	篇·次	94	94	141	567
信息简报	篇·次	119	49	1363	1160
其中:重要审计信息	篇·次	69	31	443	332
审计信息移送案件事项	项	4	5		18
涉案人员	人				6
地厅级及以上	人				1
县处级	人				
乡科级及以下	人				5
涉案金额	万元	625.89	1531		33870.14
十一、向社会公告审计结果	篇	109	32	52	458
十二、被审计领导干部	人	594	210	437	1049
其中:负直接责任问题金额	万元	6321.12	6929	10797.4	411160.91
涉嫌个人经济问题人数	人				1
金额	万元				0.35
十三、交办、配合事项	件	6	4	2	68

续表

指标名称	单位	贵州省	云南省	西藏自治区	陕西省
一、审计单位	个	991	4187	114	4792
审计	个	953	3698	112	4464
专项审计调查	个	38	489	2	328
二、审计查出主要问题金额	万元	38547886.69	50235722.7	5451816.08	22190080.41
违规金额	万元	3791707.93	4678915.55	906049.19	2240070.6
损失浪费金额	万元	246622.02	80608.09	34452.5	107815.63
管理不规范金额	万元	34509556.74	45476199.06	4511314.39	19842194.18
三、审计发现非金额计量问题	个	6337	12697	1397	11049
四、损益(收支)不实	万元	1840224.49	5965897.58	122066.87	323013.08
五、审计发现侵害人民群众利益	万元	210869.55	195949.28		45.59
六、审计期间整改金额	万元	1133825.79	1159158.15	204989.9	607809
七、审计报告和专项审计调查报告	篇	1159	4799	283	4927
被批示、采用审计报告和专项审计调查报告	篇·次	82	164	24	278
八、审计处理情况	—	—	—	—	—
审计处理处罚	万元	5825302.12	14023469	1189872.05	1362400.77
其中:应上交财政	万元	413299.21	1264927.52	150142.78	829409.17
其中:罚没	万元	191.38	10454.86	0.4	1860.65
应减少财政拨款或补贴	万元	12012.01	154919.74	335.52	9943.91
应归还原渠道资金	万元	3073251.38	3397028.65	388297.2	116794.56
应缴纳其他资金	万元	179993.34	970711.66	433683.33	28131.76
应调账处理金额	万元	2146746.18	8235881.43	217413.22	378121.37
移送处理事项	件	550	1986	85	377
司法机关	件	3	3	1	1
纪检监察机关	件	373	1274	40	133
有关部门	件	174	709	44	243
移送处理人员	人	606	637	2	96
司法机关	人	1			
其中:地厅级及以上	人				
县处级	人				
乡科级及以下	人	1			

续表

指标名称	单位	贵州省	云南省	西藏自治区	陕西省
纪检监察机关	人	540	483	2	70
其中:地厅级及以上	人	5	6		
县处级	人	38	26		
乡科级及以下	人	497	451	2	70
有关部门	人	65	154		26
其中:地厅级及以上	人				
县处级	人	2	3		
乡科级及以下	人	63	151		26
移送处理金额	万元	765607.66	2977793.36	128319.27	268357.75
司法机关	万元	1447.64	439.31		85.8
纪检监察机关	万元	687879.69	1815016.18	119015.64	16925.8
有关部门	万元	76280.33	1162337.87	9303.63	251346.15
九、审计处理结果落实情况	—	—	—	—	—
审计促进整改落实有关问题资金	万元	2045935.18	6969517.08	108397.73	1185260.5
其中:增收节支	万元	490780.44	2019915	47604.19	265382.83
已上交财政	万元	146016.86	606956	46908.65	100994.43
已减少财政拨款或补贴	万元	4832.77	120505		7466.31
已归还原渠道资金	万元	339930.81	1292454	695.54	156922.09
已缴纳其他资金	万元	20634.69	194849.24		15361.99
已调账处理金额	万元	597254.37	3958519.23	5545.5	189422.19
审计促进拨付资金到位	万元	278014.65	255762.94	10	244001.66
审计后挽回(避免)损失	万元	4386.29	176544.1	19635.29	50522.13
核减投资额	万元	46486.16	551793.28	24276.39	143665.77
移送处理落实事项	件	38	462	1	67
司法机关已处理	件	2	3		2
纪检监察机关已处理	件	16	305		11
有关部门已处理	件	20	154	1	54
移送处理落实人员	人	38	298		144
已追究刑事责任	人	4	24		4
已给予党纪政纪处分	人	9	207		45

续表

指标名称	单位	贵州省	云南省	西藏自治区	陕西省
有关部门已处理人员	人	25	67		95
十、审计成果利用情况	—	—	—	—	—
审计提出建议	条	2838	12750	1273	9364
其中：建议制定修改部门规定	条	101	122	5	313
建议制定修改法律法规	条		10		
被采纳审计建议	条	1353	11350	1076	8120
被审计单位制定整改措施	项	1316	1402	290	1831
被审计单位建立健全规章制度	项	366	466	4	406
促进修改法律法规	条				
提交审计信息	篇	3344	4444	67	391
审计专题、综合性报告	篇	243	573	6	232
信息简报	篇	2408	3402	40	99
其中：重要审计信息	篇	126	461	4	33
被批示、采用审计信息	篇·次	1393	2093	17	270
审计专题、综合性报告	篇·次	81	447	5	159
信息简报	篇·次	947	1322	12	73
其中：重要审计信息	篇·次	99	324		22
审计信息移送案件事项	项		8		2
涉案人员	人		1		
地厅级及以上	人				
县处级	人				
乡科级及以下	人		1		
涉案金额	万元		675.34		660.87
十一、向社会公告审计结果	篇	13	1610	2	63
十二、被审计领导干部	人	252	852	40	1067
其中：负直接责任问题金额	万元	1001382.48	553028.13	10677.93	35449.13
涉嫌个人经济问题人数	人	1			
金额	万元				
十三、交办、配合事项	件	22	753	3	24

续表

指标名称	单位	甘肃省	青海省	宁夏回族自治区	新疆维吾尔自治区	新疆生产建设兵团
一、审计单位	个	4096	716	454	1808	327
审计	个	3958	692	378	1655	306
专项审计调查	个	138	24	76	153	21
二、审计查出主要问题金额	万元	27970587.39	5548558.09	3855301.12	30279692.83	5938357.47
违规金额	万元	1013213.21	124106.93	166161.36	2114155.74	2934111.79
损失浪费金额	万元	9210.11	7623.78	5609.28	50487.27	25289.14
管理不规范金额	万元	26948164.07	5416827.38	3683530.48	28115049.82	2978956.54
三、审计发现非金额计量问题	个	12544	3767	3903	6586	1789
四、损益(收支)不实	万元	969753.79	115276.8	584748.26	1015179.82	245915.48
五、审计发现侵害人民群众利益	万元	1726723.08		2193.77	38.4	49.9
六、审计期间整改金额	万元	1018640.7	67592.34	905119.34	2304222.3	236522.87
七、审计报告和专项审计调查报告	篇	5746	917	561	2037	341
被批示、采用审计报告和专项审计调查报告	篇·次	569	25	11	233	42
八、审计处理情况	—	—	—	—	—	—
审计处理处罚	万元	5702949.23	568820.11	516854.83	5660664.44	1075786.47
其中:应上交财政	万元	1233808.94	216848.72	122549.4	746568.26	109711.53
其中:罚没	万元	293.27	13.53	0.87	852.96	13.3
应减少财政拨款或补贴	万元	17159.63	30815.89	7680.34	16639.04	12.93
应归还原渠道资金	万元	747634.16	76832.96	68476.74	3717878.44	124784.47
应缴纳其他资金	万元	144060.01	1501.91	18321.71	352482.25	353024.38
应调账处理金额	万元	3560286.49	242820.63	299826.64	827096.45	488253.16
移送处理事项	件	516	97	186	160	77
司法机关	件	1				1
纪检监察机关	件	131	16	44	89	26
有关部门	件	384	81	142	71	50
移送处理人员	人	23	5	10	51	30
司法机关	人					
其中:地厅级及以上	人					

续表

指标名称	单位	甘肃省	青海省	宁夏回族自治区	新疆维吾尔自治区	新疆生产建设兵团
县处级	人					
乡科级及以下	人					
纪检监察机关	人	20	5	5	50	21
其中:地厅级及以上	人					
县处级	人				1	2
乡科级及以下	人	20	5	5	49	19
有关部门	人	3		5	1	9
其中:地厅级及以上	人					
县处级	人					1
乡科级及以下	人	3		5	1	8
移送处理金额	万元	363164.62	7873.4	64779.11	82747.13	97881.53
司法机关	万元	342.72				545
纪检监察机关	万元	94351.82	949.32	13811.68	76601.12	42950.63
有关部门	万元	268470.08	6924.08	50967.43	6146.01	54385.9
九、审计处理结果落实情况	—	—	—	—	—	—
审计促进整改落实有关问题资金	万元	2492769.26	168704.37	618125.33	3266744.15	233295.46
其中:增收节支	万元	443334.02	71696.61	149977.05	1330730.06	61120.45
已上交财政	万元	232081.07	61933.11	127020.56	288144.68	60900.7
已减少财政拨款或补贴	万元	6164.43	1128.65	3997.69	5988.04	
已归还原渠道资金	万元	205088.52	8634.85	18958.8	1036597.34	219.75
已缴纳其他资金	万元	62308.71	338.95	1588.78	78637.39	58452.44
已调账处理金额	万元	1403679.9	82409.67	167265.83	449447.88	110890.99
审计促进拨付资金到位	万元	498216.19	8823.15	123504.6	469696.31	13.68
审计后挽回(避免)损失	万元	92419.44	3622.04	4204.93	109179.43	59915.62
核减投资额	万元	116061.3	3100.23	7197.76	301720.11	12216.97
移送处理落实事项	件	56	7	29	13	8
司法机关已处理	件	1				
纪检监察机关已处理	件	11		10	9	2
有关部门已处理	件	44	7	19	4	6
移送处理落实人员	人	25	3	20	8	10

续表

指标名称	单位	甘肃省	青海省	宁夏回族自治区	新疆维吾尔自治区	新疆生产建设兵团
已追究刑事责任	人			1		
已给予党纪政纪处分	人	12		7	1	4
有关部门已处理人员	人	13	3	12	7	6
十、审计成果利用情况	—	—	—	—	—	—
审计提出建议	条	8323	1954	1612	6048	959
其中：建议制定修改部门规定	条	50	37	40		3
建议制定修改法律法规	条			3		
被采纳审计建议	条	6523	1234	1558	5866	793
被审计单位制定整改措施	项	406	105	579	1481	24
被审计单位建立健全规章制度	项	151	22	203	116	3
促进修改法律法规	条					
提交审计信息	篇	1512	929	383	1247	25
审计专题、综合性报告	篇	474	25	32	51	22
信息简报	篇	537	903	151	1109	3
其中：重要审计信息	篇	18	218	20	318	3
被批示、采用审计信息	篇·次	949	76	53	364	23
审计专题、综合性报告	篇·次	414	21	15	39	19
信息简报	篇·次	383	37	29	314	4
其中：重要审计信息	篇·次	19	4	8	52	3
审计信息移送案件事项	项	1			2	
涉案人员	人				6	
地厅级及以上	人					
县处级	人					
乡科级及以下	人				6	
涉案金额	万元	29.81			102.3	
十一、向社会公告审计结果	篇	13	25	61	8	
十二、被审计领导干部	人	2057	222	186	527	87
其中：负直接责任问题金额	万元	6922.57	138971.15	406.12	50668.89	4822.98
涉嫌个人经济问题人数	人					
金额	万元					
十三、交办、配合事项	件	97	24	94	50	16

续表

指标名称	单位	大连市	宁波市	厦门市	青岛市	深圳市
一、审计单位	个	211	311	201	467	214
审计	个	193	245	173	354	161
专项审计调查	个	18	66	28	113	53
二、审计查出主要问题金额	万元	2674819.34	1408830.94	749760.2	21057870.54	7495988.43
违规金额	万元	69129.61	119177.37	3848.31	206458.61	798101.74
损失浪费金额	万元	42.33	9334.05	1045.53	45611.01	23208.78
管理不规范金额	万元	2605647.4	1280319.52	744866.36	20805800.92	6674677.91
三、审计发现非金额计量问题	个	916	2983	1201	2933	2338
四、损益(收支)不实	万元	91851.51	51111.35	371310.55	105410.8	537717.25
五、审计发现侵害人民群众利益	万元		71.49		21427.32	92437.35
六、审计期间整改金额	万元	28672.61	220606.91	11501.92	2103447.61	234787.73
七、审计报告和专项审计调查报告	篇	286	393	288	724	286
被批示、采用审计报告和专项审计调查报告	篇·次	23	34	31	2	1
八、审计处理情况	—	—	—	—	—	—
审计处理处罚	万元	91671.5	422165.24	412021.81	1323472.7	2028415.82
其中:应上交财政	万元	54384.06	110293.04	3376.32	192688.83	710925.85
其中:罚没	万元					
应减少财政拨款或补贴	万元	90.04	7000.46	779.93	173679.58	6018.48
应归还原渠道资金	万元		124770.49	149971.73	20442.7	182803.72
应缴纳其他资金	万元		101.31	157.23	15027.88	
应调账处理金额	万元	37197.4	179999.94	257736.6	921633.71	1128667.77
移送处理事项	件	18	69	3	113	98
司法机关	件	2			8	1
纪检监察机关	件	10	40	1	25	10
有关部门	件	6	29	2	80	87
移送处理人员	人	23	34	2	97	11
司法机关	人	2			4	
其中:地厅级及以上	人					

续表

指标名称	单位	大连市	宁波市	厦门市	青岛市	深圳市
县处级	人					
乡科级及以下	人	2			4	
纪检监察机关	人	19	30	2	91	11
其中:地厅级及以上	人					
县处级	人				26	
乡科级及以下	人	19	30	2	65	11
有关部门	人	2	4		2	
其中:地厅级及以上	人				1	
县处级	人					
乡科级及以下	人	2	4		1	
移送处理金额	万元	2558.4	16989.49	22299.2	398293.99	2134820.55
司法机关	万元	200.21			710.63	282.32
纪检监察机关	万元	1825.48	10782.29	12.07	23629.92	8733.17
有关部门	万元	532.71	6207.2	22287.13	373953.44	2125805.06
九、审计处理结果落实情况	—	—	—	—	—	—
审计促进整改落实有关问题资金	万元	122015.43	548292.11	174084.02	311967.79	2197258
其中:增收节支	万元	79084.23	235155.89	111516.22	194474.13	74995.46
已上交财政	万元	78858.76	127912.75	1027.82	20706.33	20852
已减少财政拨款或补贴	万元	89.54	7004.78	2858.69	173680.3	4200.5
已归还原渠道资金	万元	135.93	100238.36	107629.71	87.5	49942.96
已缴纳其他资金	万元	334.83	30.66	1.5	15027.88	
已调账处理金额	万元	31535.86	197895.95	62300.23	101626.71	2117517.99
审计促进拨付资金到位	万元	22.99	37214.46	13.33		
审计后挽回(避免)损失	万元	358.3	108350.85	3068.75	170775.68	1880.12
核减投资额	万元		91196.05	654.22	174966.8	
移送处理落实事项	件		35	2	1	40
司法机关已处理	件					
纪检监察机关已处理	件		16			1
有关部门已处理	件		19	2	1	39
移送处理落实人员	人	4	67	2		

续表

指标名称	单位	大连市	宁波市	厦门市	青岛市	深圳市
已追究刑事责任	人		4			
已给予党纪政纪处分	人	4	25	1		
有关部门已处理人员	人		38	1		
十、审计成果利用情况	—	—	—	—	—	—
审计提出建议	条	1244	1196	655	1504	789
其中:建议制定修改部门规定	条	70	38	22		1
建议制定修改法律法规	条					
被采纳审计建议	条	1200	973	576	489	733
被审计单位制定整改措施	项	756	390	15	55	1086
被审计单位建立健全规章制度	项	58	141	88	8	288
促进修改法律法规	条					
提交审计信息	篇	196	599	375	259	201
审计专题、综合性报告	篇	20	93	23	67	47
信息简报	篇	46	506	352	179	154
其中:重要审计信息	篇	7	20	7		46
被批示、采用审计信息	篇·次	122	461	142	135	143
审计专题、综合性报告	篇·次	16	123	16	52	38
信息简报	篇·次	35	338	126	71	105
其中:重要审计信息	篇·次	6	11	3		40
审计信息移送案件事项	项					
涉案人员	人					
地厅级及以上	人					
县处级	人					
乡科级及以下	人					
涉案金额	万元					
十一、向社会公告审计结果	篇	2	84	2	1	44
十二、被审计领导干部	人	105	118	98	225	75
其中:负直接责任问题金额	万元	2403.62			55823.84	850
涉嫌个人经济问题人数	人					
金额	万元					
十三、交办、配合事项	件		15	14		41